D1860621

देवीशंकर अवस्थी रचनावली

आलोचना संवाद

खण्ड एक

'कहै कबीर जिय संसा नाही
सबद अनाहद बागा'

देवीशंकर अवस्थी रचनावली

आलोचना संवाद

खण्ड एक

भूमिका

अशोक वाजपेयी

सम्पादक

रेखा अवस्थी

कमलेश अवस्थी

वाणी प्रकाशन

वाणी प्रकाशन

4695, 21-ए, दरियागंज, नयी दिल्ली 110 002

शाखा

अशोक राजपथ, पटना 800 004

फ़ोन : +91 11 23273167 फ़ैक्स : +91 11 23275710

www.vaniprakashan.in
vaniprakashan@gmail.com
sales@vaniprakashan.in

DEVI SHANKER AWASTHI RACHNAWALI-1
Edited by Rekha Awasthi, Kamlesh Awasthi

ISBN : 978-93-87648-27-2
Rachnawali

© 2018 कमलेश अवस्थी

प्रथम संस्करण

सम्पूर्ण (सेट) मूल्य : ₹ 7500

इस पुस्तक के किसी भी अंश को किसी भी माध्यम में प्रयोग
करने के लिए प्रकाशक से लिखित अनुमति लेना अनिवार्य है।

सिटी प्रेस, दिल्ली-110 095 में मुद्रित

वाणी प्रकाशन का लोगो मक़बूल फ़िदा हुसेन की कूची से

बेटे अनुराग, वरुण और पत्नी कमलेश, 1962

दिल्ली विश्वविद्यालय विभागाध्यक्ष डॉ. नगेन्द्र, दशरथ ओझा, सत्यदेव चौधरी और मनमोहन गौतम के साथ, 1961 के बाद

नामवर सिंह के साथ

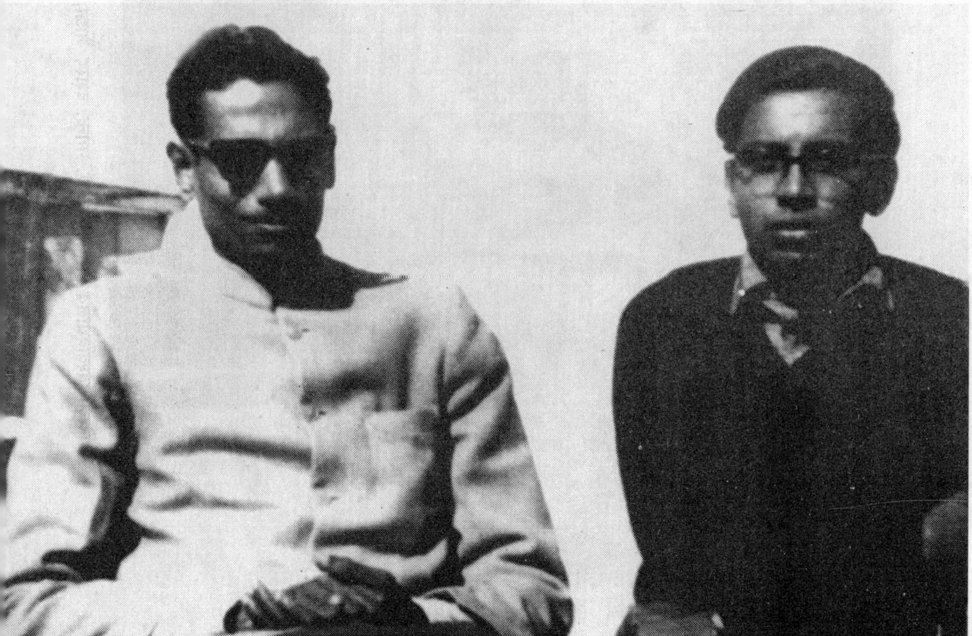

अशोक वाजपेयी के साथ

लक्ष्मीनारायण लाल, सर्वेश्वर दयाल सक्सेना, ओमप्रकाश दीपक (हाथ में सिगरेट) के साथ, 1964

कलकत्ता में अमृतलाल नागर, हरिशंकर परसाई एवं चन्द्रगुप्त विद्यालंकार के साथ, 1965

मुक्तिबोध की अन्त्येष्टि में, 1964

कथा समारोह, कलकत्ता; दिसम्बर 1965 में एक सत्र में अध्यक्षता। साथ में दूधनाथ सिंह, माइक पर रवीन्द्र कालिया

अमृतलाल नागर, विष्णुकान्त शास्त्री, भगवतीचरण वर्मा के साथ बातचीत में मशगूल। साथ में गंगाप्रसाद विमल, मोहन राकेश, कलकत्ता, 1965

कलकत्ता में हरिशंकर परसाई, श्रीकान्त वर्मा के साथ अनेक रचनाकारों के बीच बोलते हुए, 1965

1965 में कलकत्ता समारोह में अमृतलाल नागर, जैनेन्द्र कुमार, भगवतीचरण वर्मा, चन्द्रगुप्त विद्यालंकार, हरिशंकर परसाई, लक्ष्मीनारायण लाल, राजेन्द्र अवस्थी, कमलेश्वर, भीष्म साहनी, मन्नू भण्डारी, ममता कालिया, रवीन्द्र कालिया, दूधनाथ सिंह, गंगाप्रसाद विमल के साथ (तीसरी पंक्ति में)

अज्ञेय एवं नगेन्द्र, शोक सभा, गाँधी सन्निधि, जनवरी, 1966

कानपुर, 1955

कानपुर, 1957

आगरा, 1960

कानपुर, 1961

दिल्ली, 1962

दिल्ली, 1963

कलकत्ता, 1965

कलकत्ता, 1965

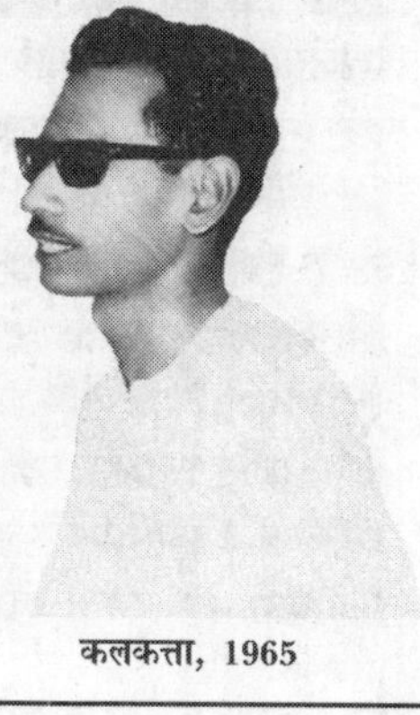

कलकत्ता, 1965

अनुक्रम

आलोचना : समीक्षा

कविता : आलेख

कविता : समीक्षा

उपन्यास : आलेख

उपन्यास : समीक्षा

कहानी : आलेख

कहानी : समीक्षा

नाटक : आलेख

नाटक : समीक्षा

भूमिका

आलोचक आलोक

इन दिनों लिखी जा रही ज्यादातर कविता की ही स्मृति क्षीण नहीं है—कई बार लगता है कि कुछ ऐसा दुस्संयोग है कि सारी हिन्दी की स्मृति ही धीरे-धीरे गायब या कम से कम शिथिल हो रही है। कई बार वैधता की तलाश में या कुछ औचित्य पाने की गरज से हम कभी-कभार प्राचीनों का यहाँ-वहाँ जिक्र जरूर करते रहते हैं या कुछ को शताब्दी आदि के बहाने याद कर लेते हैं। पर हमारी सजग-सक्रिय स्मृति नहीं है—अगर वह है तो उसका कोई साक्ष्य दिखाई-सुनाई नहीं देता। अगर ऐसे स्मृति-समय में हमें देवीशंकर अवस्थी नामक आलोचक की याद न आती हो जिसकी कुल 36 वर्ष की आयु में मृत्यु हुए पचास वर्ष हो चुके तो उसमें अचरज क्या—हम तात्कालिकता के ऐसे उछाह में हैं कि हमें पिछले की कोई जगह या जरूरत नजर नहीं आती। आज जो हम कर रहे हैं उसने हमारे ध्यान और यत्न की सारी जगह घेर ली है—किसी याद या कृतज्ञता के लिए अब न तो जगह बची है और न ही अभाग्य से फुर्सत। हमारी भाषा जयकार या धिक्कार करती है, बहिष्कार भी—वह याद नहीं करती। कृतिकार तो फिर भी पुनरुज्जीवन पा लेते हैं। लेकिन आलोचक की नियति, किसी हद तक उसका लक्ष्य भी, लोप हो जाना है। किसी कृति या कृतिकार पर अपने पाठ-अतिपाठ द्वारा अर्थ की जो तह आलोचक जमाता है, हालाँकि वह उसकी अर्थ की अपनी तहों से तदाकार हो जाती है और लगभग उसका अनिवार्य अंग बन जाती है, वह भुला दिया जाता है। हमें याद भी नहीं रहता कि वह अर्थ सबसे पहले उस आलोचक ने खोजा-पाया था। आज शान्तिप्रिय द्विवेदी, शिवदान सिंह चौहान आदि को कौन याद करता है? हिन्दी के पाठ्यक्रम न होते तो शायद नन्ददुलारे वाजपेयी आदि भी बिल्कुल भुला दिये गये होते।

आज रचना का भूगोल पूरी स्वतन्त्रता और खुलेपन का है—आप जो चाहें वह कर सकते हैं। किसी तरह की बाधा नहीं है, प्रतिभा और साहस की बुनियादी बाधा के अलावा। ऐसे, भूगोल में यह याद बाकी नहीं रह गयी है कि यह स्वतन्त्रता एक लम्बी लड़ाई के बाद हासिल हुई है। राजनीतिक स्वतन्त्रता मिलने के आस-पास शुरू हुई लड़ाई का घमासान छठवें दशक में अपने लगभग चरम पर था—उस लड़ाई में

रचना के साथ-साथ आलोचना भी शामिल थी। उस समय के दिवंगत (और अब भुला दिये गये) योद्धाओं में से एक देवीशंकर अवस्थी थे। उन्हें याद करना उस रणगाथा को भी याद करना है जो कि कायदे से हमारी हिन्दी जातीय स्मृति का अनिवार्य हिस्सा होना चाहिए। अगर यह रणगाथा न होती तो हमारे पास बहुत सारी हिम्मत, इतना खुला आकाश, अबाधता की ऐसी भावना भी सम्भवतः न होती। बरसों पहले लायनेल ट्रिलिंग ने 'वाचाल और मुद्राओं-भरे वर्तमान' से दूर शान्त जगह की कामना की थी जहाँ अतीत के साथ रहकर कुछ जाना जा सके। जगह तो दूर, हम तो लगता है, ऐसी किसी कामना तक से दूर हैं।

देवीशंकर अवस्थी को याद करना उन्हें एक व्यापक साहित्यिक संग्राम में अवस्थित कर उस संग्राम के फलितार्थों पर विचार करने की ऐतिहासिक-सी लगती जिम्मेदारी भर के लिए जरूरी नहीं है। वह इसलिए भी जरूरी है कि अगर हम पिछले पचास वर्षों के आलोचनात्मक एजेण्डा पर विचार करें तो पायेंगे कि किसी न किसी रूप में उसके बुनियादी मुद्दे देवीशंकर अवस्थी के अपने आलोचकीय एजेण्डे में शामिल हैं। अगर यह एजेण्डा कुल मिलाकर पिछले पाँच दशकों से अब तक चला आ रहा है तो इसमें अवस्थी जी जैसे आलोचकों की सूझ-बूझ और पूर्वानुमान की क्षमता का तो योगदान है ही, आलोचना के अपेक्षाकृत कम बदलने, रचना के मुकाबले कुछ अधिक स्थिर रहने का किंचित् दुःखद प्रमाण भी मौजूद है।

एक आलोचक के रूप में सक्रिय रहने के लिए देवीशंकर अवस्थी को यों बहुत कम वक्त मिला था—बमुश्किल तमाम दस-पन्द्रह बरस। पर इस अरसे में उन्होंने समीक्षा की उपयोगिता, रचना और आलोचना के सम्बन्ध, समकालीनता का सन्दर्भ और आन्तरिक अध्ययन-विधि, आधुनिकता और भारतीयता, नयी कविता और बोधगम्यता, काव्यविषयों का अभाव, सामान्य पाठक और आलोचक, साहित्यिक लेखक का व्यवसाय, कविता और संगीत, विशेषीकरण, असहिष्णुता और सांस्कृतिक अन्तराल, आदि विषयों पर निबन्ध लिखे। मुक्तिबोध, धर्मवीर भारती, भारत भूषण अग्रवाल, त्रिलोचन, नरेश मेहता, श्रीकान्त वर्मा के कवितासंग्रहों, हजारीप्रसाद द्विवेदी, भगवती चरण वर्मा, अश्क, भैरवप्रसाद गुप्त, अमृतलाल नागर, राजेन्द्र यादव आदि के उपन्यासों की समीक्षा की और रेणु, रामकुमार, उषा प्रियंवदा, राजेन्द्र यादव, अमरकान्त, मोहन राकेश, कमलेश्वर, महेन्द्र भल्ला आदि की कुछ कहानियों पर सटीक टिप्पणियाँ कीं। उन्होंने हिन्दी में पुस्तक समीक्षा की एक वयस्क और जिम्मेदार विधा को पहली सुविचारित मान्यता देने का उपक्रम 'विवेक के रंग' संचयन सम्पादित कर और नयी कहानी की पहचान प्रतिष्ठापन, विकास और विश्लेषण तथा मूल्यांकन के लिए 'नयी कहानी : सन्दर्भ और प्रकृति' संचयन सम्पादित कर कहानी पर गम्भीर आलोचनात्मक विचार और विश्लेषण को एकत्र और संग्रथित किया। इस निरी सूची से ही स्पष्ट है कि उस युवा आलोचक के सरोकारों की

दुनिया कितनी व्यापक थी। बल्कि इस मुकाम पर यह नोट करना भी जरूरी है कि नये साहित्य को लेकर जो सामान्य मतैक्य पिछले पाँचेक दशकों में विकसित हुआ है उसका सूत्रपात्र उसी समय हो चुका था और देवीशंकर अवस्थी उसके स्थापतियों में से एक हैं।

अवस्थी जी कानपुर से दिल्ली आये थे, पढ़ाने। नये साहित्य की पहचान, प्रतिष्ठा की लड़ाई—यह उसका सौभाग्य है और किसी हद तक उसके टिकाऊ और व्यापक होने का कारण भी महानगर में नहीं छोटे शहरों में इलाहाबाद, बनारस, पटना यहाँ तक कि सागर, राजनाँदगाँव जैसे केन्द्रों में लड़ी गयी थी। इसीलिए उन दिनों संघर्षधर्माओं की इस असंगठित पर जुझारू बिरादरी में परस्पर बहुत गरमाहट और भाईचारा था। सबसे बढ़कर आपस में खुला संवाद और सहज स्वीकार भाव था। तब जीवनदृष्टि की असहमतियाँ और नाराजियाँ संकीर्णताओं और कट्टरताओं में रूढ़ नहीं हुई थीं। सीधे-सरल आत्मविश्वास से देवीशंकर अवस्थी कह सकते थे :

> *"जब निर्मल या रघुवीर सहाय या शमशेर का बचाव इसी वैयक्तिक रचनाशीलता के आधार पर किया जाता है तब वह वस्तुतः उस परम्परा का भी बचाव है जो 'दी' हुई नहीं है और आधुनिक जीवन की तमाम उद्‌भावनाओं की श्रेष्ठता के साथ अर्जित की गयी है।"*

यह टिप्पणी इस कथन के बाद की गयी है कि "जनप्रियता की माँग पर तमाम कविता न केवल सार्वजनिक कविता बन कर रह गयी थी बल्कि एक निहायत कृत्रिम काव्य सामने आ रहा था, उस समय वैयक्तिक कल्पनाशीलता एवं रचनात्मक आकांक्षा को पहचानना आलोचना का अपना कर्तव्य है।" इसी बिन्दु पर हम यह भी याद कर सकते हैं कि अवस्थी जी ने विवेक के रंग पद का इस्तेमाल किया था—विवेक का एक रंग ही सम्भव या वांछनीय नहीं है। जिसे आज की बहसों में बहुलता कहा जाता है क्या उसे ही उन्होंने आज से पचास बरसों पहले विवेक के रंग नहीं कहा था? अगर उस समय के साहित्यिक परिवेश को ध्यान में रखें तो इस बहुलता के एसर्शन का महत्त्व समझ में आता है। एक ओर परिमल का व्यक्ति-स्वातन्त्र्य का आग्रह था और दूसरी ओर प्रगतिशील चेतना का सामाजिकता पर जोर। देवीशंकर अवस्थी किसी सदाशय समन्वयवादिता के चलते विवेक के कई रंगों का उल्लेख नहीं कर रहे थे बल्कि उस उल्लेख के द्वारा उस परिस्थिति में आलोचना की नयी नागरिकता को एक जटिल, तनाव-भरे बिन्दु पर अवस्थित करने की चेष्टा कर, उस संवाद-संस्कृति को आगे बढ़ाने की चेष्टा कर रहे थे जो अभाग्यवश एकाध दशक बाद कमजोर पड़ गयी।

किसी हद तक अगर आज हिन्दी में संवाद की सम्भावना बहुत कम बची है और असहमति, विरोध, मत-विभिन्नता, शत्रुता, असहिष्णुता, अनुदारता आदि सभी

लगभग समानार्थी बातें हो गयी हैं तो यह याद करना हमारे लिए स्वास्थ्यकर हो सकता है कि हिन्दी के संवाद की स्थिति पचास बरसों पहले ऐसी नहीं बल्कि इसके ठीक उलट थी। देवीशंकर अवस्थी ने स्वयं अपनी स्थापनाओं द्वारा इस संवाद को कैसे आगे बढ़ाया था यह हम थोड़ी देर बाद देखेंगे। अभी तो हम इस पर एक नजर डालें कि अपने सम्पादन द्वारा उन्होंने किस तरह संवाद की स्थिति रेखांकित की और उस साहित्यिक नागरिकता का विकास जिसके केन्द्र में अनेकरंगिता या कि बहुलता का निस्संकोच खुला स्वीकार है। हम सामाजिक-आर्थिक रूप से भले 'सिविल सोसायटी' के स्तर पर अभी तक न पहुँचे हों लेकिन अवस्थी जी के जमाने में साहित्य एक जीता-जागता स्पन्दित-उत्सुक पड़ोस था, कम से कम लेखकों के लिए।

कविताएँ 1954 और 'कलजुग' पत्रिका के अतिरिक्त 'कहानी विविधा', 'विवेक के रंग', 'नयी कहानी : सन्दर्भ और प्रकृति' और 'साहित्य विधाओं की प्रकृति' चार पुस्तकें हैं जिनका सम्पादन अवस्थी जी ने किया था। इनमें से अन्तिम का प्रकाशन उनकी मृत्यु के पन्द्रह वर्ष बाद हो पाया। इन तीनों पुस्तकों में संकलित लेखकों की सूची में अज्ञेय, शमशेर, बालकृष्ण राव, प्रभाकर माचवे, रघुवंश, साही, भारती, नामवर सिंह, निर्मल वर्मा, श्रीकान्त वर्मा, कुँवर नारायण, मार्कण्डेय, यशपाल, नेमिचन्द्र जैन, राजेन्द्र यादव, दूधनाथ सिंह, अश्क, हरिशंकर परसाई, मोहन राकेश, रामस्वरूप चतुर्वेदी, नित्यानन्द तिवारी आदि शामिल हैं। एक ओर अर्न्स्ट फिशर, बेलिंस्की, क्लींथ ब्रुक्स, राबर्ट पेन वारेन, रेने वैलेक हैं तो दूसरी ओर रवीन्द्रनाथ ठाकुर, रामचन्द्र शुक्ल, हजारी प्रसाद द्विवेदी, मुक्तिबोध, गणेश त्र्यंबक देशपाण्डे और नामवर सिंह भी। तीनों ही पुस्तकें, यह ध्यान देने की बात है, नियोजित संवाद नहीं हैं, पर जो संवाद अपने आप ही चल रहा था उसे रेखांकित करने की कोशिश है। ऐसे आलोचक हैं जो स्वयं सीधे हस्तक्षेप कर संवाद को सम्भव बनाते हैं। यहाँ ऐसा हस्तक्षेप नहीं है पर निश्चय ही ऐसा अभूतपूर्व उपक्रम है जिसमें संवाद का सारा चालू भूगोल अपनी सभी सम्भव रंगतों में स्पष्ट है। आज यह भूगोल तितर-बितर-सा हो गया है। पर हमारी बौद्धिक-आलोचनात्मक परम्परा में वह इतना व्यापक और केन्द्रीय रहा है। यह देखकर आज दुःखद आश्चर्य ही हो सकता है। ऑडेन ने कभी लिखा था :

अनिश्चित और भयभीत
जब एक निचले बेईमान दशक से
चतुर आशाएँ दम तोड़ती हैं.....

शायद अनजाने ही अवस्थी जी आनेवाले निचले और बेईमान समय के विरुद्ध एक बौद्धिक और सजग अवरोध गढ़ रहे थे। यह और बात है कि आज हमारे सामने अपनी आशाओं-दुराशाओं का चातुर्य भी पूरी तरह से बेनकाब है।

अवस्थी जी ने आलोचक के रूप में जो किया उसका समग्र आकलन यहाँ जरूरी नहीं है। पर उसके कुछ पहलुओं को, इस प्रसंग में, देखना-परखना उपयोगी होगा। वे साहित्य की अपनी स्वतन्त्र सत्ता को स्वीकार करते थे। उनके अनुसार "साहित्य न तो दर्शनशास्त्र है, न समाजशास्त्र। मनोवैज्ञानिक, दार्शनिक या सामाजिक सत्य रचना के भीतर तभी मूल्यवान् होते हैं जब वे उसकी समग्रता, संकलनता एवं कलात्मकता की रक्षा करते हों।" रक्षा की यह चिन्ता सिर्फ एक कथन तक सीमित नहीं है—वह अनेक स्तरों पर व्यक्त हुई है। जब वे कहते हैं कि "प्रत्येक रचना स्व-निर्भर, एकतान और जटिल-संकुल स्तरों वाली होती है और युग तथा रचयिता से अलग होकर उसका अपना एक स्वतन्त्र अस्तित्व भी होता है" तो यह एक ऐसे सन्दर्भ में कथन है जिसमें रचना की स्वतन्त्रता का या तो अस्वीकार है या कि उसको खतरा है। पर यह स्वतन्त्रता अवस्थी जी के यहाँ किसी तरह की निस्संग निरपेक्षता का पर्याय नहीं है। बल्कि वे जोर देते हैं कि "कृति की स्वतन्त्र सत्ता, उसकी सापेक्षता, दोनों का एक गत्यात्मक मानदण्ड पर सन्तुलन अपेक्षित है।" यहाँ यह गौरतलब है कि आग्रह गत्यात्मकता और सन्तुलन दोनों पर है और इन दो अवधारणाओं को अवस्थी जी के आलोचनात्मक स्वभाव की परिभाषा भी कहा जा सकता है।

निरी सामाजिकता और तथाकथित यथार्थपरकता की सीमाएँ पहचानने में अवस्थी जी से कोई चूक नहीं हुई थी। उन्होंने इसरार किया है कि "तब लगता है कि कविता उस ऊँचाई से हट रही है जहाँ पर कि एक प्रकार की दार्शनिक (मैटाफ़िज़िकल) कार्यवत्ता को भी अपना लेती है—मात्र सामाजिक या मनोवैज्ञानिक ही नहीं।" इस इसरार में वे आगे जाकर यह टिप्पणी करते हैं कि "मजा यह है कि आलोचना भी इसी सामाजिक या मनोवैज्ञानिक भूमिका का अतिक्रमण नहीं कर पा रही है। वह भी जैसे भुला बैठी है कि कविता का एक आयाम ऑटोलॉजिकल और मैटाफ़िज़िकल भी होता है।" यह तो ज़ाहिर ही है कि यह समकालीन रचना और आलोचना के सरोकारों की सीमा पर एक टिप्पणी है। पर इसे हम उस समय की सक्रिय-वाचाल परिमलियन और प्रगतिशील दोनों ही दृष्टियों की आलोचना के रूप में भी ले सकते हैं। जो सामाजिक होने को व्यग्र था वह भी मैटाफ़िज़िकल से उतना ही दूर था जितना कि वह मनोवैज्ञानिक के आसरे चल रहा था। अवस्थी जी इन दो दृष्टियों की सीमा पहचान कर ही उन्हें अपने निजी आलोचनात्मक संवाद में जगह देते हैं, उनमें किसी तरह का समन्वय करके नहीं। महेन्द्र भल्ला के कहानी-संसार का विश्लेषण करते हुए अवस्थी जी पाते हैं कि "व्यक्ति और समाज के बीच जो बेखबरी आ गयी है वही 'बेखबरी' अन्ततः भय, आतंक या आततायीपन तक ले जाती है, जिसमें समाज न व्यक्ति की रक्षा कर पाता है और न व्यक्ति की चोट से अपना बचाव।" यह सजगता, बेबाक लेकिन जिम्मेदार, स्पष्ट लेकिन चिन्तित, सटीक हिस्सेदारी अवस्थी जी के अपने आलोचनात्मक विवेक का रंग है। वह किसी और

रंग से न तो आक्रान्त है और न ही किसी और रंग पर चढ़कर अपनी छटा दिखाता है। दूसरे रंगों से उसका तनाव-उलझाव सब है—वह निस्संग नहीं है। पर वह हर हालत में अपना ही रंग है। अपने इसी रंग से अवस्थी जी त्रिलोचन के 'भौजी' पर सानेट का मर्मोल्लेख करते हैं, नरेश मेहता को हिन्दी भाषा की अपनी जीनियस की याद दिलाते हैं, 'बूँद और समुद्र' की कमजोरी उसके विच्छिन्न चिन्तन में पाते हैं, हजारी प्रसाद द्विवेदी के 'चारु चन्द्रलेख' को एक टूटा हुआ दर्पण पाते हैं 'जिस पर पड़नेवाला प्रतिबिम्ब समग्र नहीं होता', नामवर सिंह को कविता नहीं उपन्यास की दृष्टि से कहानी पढ़ने का उद्यम करते देखते हैं, भारती को नवरहस्यवाद में उलझे दिखाते हैं। कथा-आलोचना की भाषा की अविकसित अवस्था का आकलन करते हुए अवस्थी जी ने लिखा है कि "पल्लव की भूमिका जिस प्रखरता और शक्ति से नये काव्यान्दोलन के उन्मेष को सूचित करती है, वैसी प्रखरता, स्पष्टता या मौलिकता प्रेमचन्द के उपन्यास-कहानी-सम्बन्धी विचारों में न मिलेगी। प्रेमचन्द ही नहीं, जैनेन्द्र, इलाचन्द्र जोशी, यशपाल या अज्ञेय भी इस सम्बन्ध में उतने ही उदासीन और असम्पृक्त दिखते हैं।"

अवस्थी जी की सजगता का एक पक्ष यह भी है कि वे साहित्य के पाठक को एक महत्त्वपूर्ण तत्त्व मानते थे और यह भी कि "समीक्षक की सफलता इसी में है कि पाठक को वह इतना प्रबुद्ध कर दे कि वह समीक्षा की भी समीक्षा कर सके।" आज से पचास बरस पहले का समय आलोचक का अपने को इस तरह वेध्य बनाने का समय नहीं था। इसी तरह हालाँकि सिद्धान्त का इतना विशद उत्तर-आधुनिक व्यापार नहीं फैला था, अवस्थी जी यह पहचान पाये थे कि "दैनिक जीवन के शुद्ध एवं अमहत्त्वपूर्ण यथार्थ से महत्त्वपूर्ण यथार्थ की ओर हम साहित्य में आते हैं एवं तुच्छ यथार्थ से महत्त्वपूर्ण दिशा सिद्धान्त के क्षेत्र में मिलती है।" यही नहीं, उन्होंने नयी कहानी के सन्दर्भ में यह उस समय चौंकानेवाली स्थापना भी की कि "अगर कविता के लिए संगीत या चित्र के लिए फोटोग्राफी, तो कहानी के लिए किस्सागोई सबसे अधिक बाधक है।"

भारतीयता और आधुनिकता के प्रश्न पर अवस्थी जी ने निर्भीक चिन्तन किया है। उनके अनुसार आधुनिकता के तत्त्व भारतीयता के विरोधी नहीं हैं और भारतीयता को प्राचीनतावाद से एकात्म करने की जरूरत नहीं है। पर उनके सामने यह भी साफ है कि "आधुनिकता के, आधुनिक सभ्यता के पूरे दर्द और हर्ष को भोगे बिना ही जो लोग भारतीयता, भारतीय परम्परा या अपनी आध्यात्मिकता का ढोल पीटते हैं, वे या तो स्वयं ग़ैर-ईमानदार हैं या इस भारतीयता-आध्यात्मिकता को भी हल्का बनाते हैं।" आज से पाँच दशक पहले यह कहना आसान बात नहीं थी कि सोचने-विचारने के भारतीय ढंग का नये साहित्य ने रचनात्मक उपयोग किया है और "आगे बढ़कर ऐसे दायित्वों को भी स्वीकार किया है जिनकी कभी माँग

नहीं की गयी थी—यथा आत्मजिज्ञासा, आत्मान्वेषण या अस्तित्व की समस्या आदि को दर्शन या तत्त्व चिन्तन के लिए न छोड़कर साहित्य में स्वीकारने का अर्थ छोटा नहीं है।" यह ठीक है कि नये साहित्य का एक सुसंगत काव्यशास्त्र विकसित करने का अवसर अवस्थी जी को नहीं मिला पर उसकी कई बीज धारणाएँ उनके यहाँ विवक्षित हैं। बहुत सारे शब्द या पदांश जो महत्त्वपूर्ण अवधारणाओं या गुणों-अवगुणों के लिए नये रूप में सन् साठ के आसपास प्रयुक्त होना शुरू हुए थे उन्हें सबसे पहले अवस्थी जी ने 'विवेक के रंग' की भूमिका में नोट किया था। उनमें प्रामाणिकता, अरूपीकरण, संवेदनात्मक ज्ञान, ज्ञानात्मक संवेदन से लेकर प्रतीकव्यवस्था, महत्त्वबोध, प्रतिबद्धता आदि शामिल हैं।

'भक्ति का सन्दर्भ' में अवस्थी जी ने भक्ति को वेद और लोक की सम्मिलित भूमि पर अवस्थित किया है। अपने शोध प्रबन्ध में प्रेम की स्वतन्त्रता के वर्तमान सन्दर्भ में उनका 'स्वकीया' और 'परकीया' का विशद विश्लेषण इस पुराने द्वन्द्व को नयी प्रासंगिकता देता है। 'हमकों लिख्यौ है कहा' के पत्र-संकलन से अवस्थी जी के समकालीनों की कई पीढ़ियों के लेखकों से उनके संवाद और बहस के अनेक पहलू जाहिर होते हैं। वे एक संवादरत, संवादप्रिय लेखक थे; वे असहमत होते और दूसरों की असहमति का सम्मान भी करते थे।

जब भी हम अपने साहित्य संघर्ष की, अपनी आलोचनात्मक परम्परा की, संवाद के अपने उत्तराधिकार की, सजगता और विवेक की, साहित्य में दृष्टियों की बहुलता की याद करेंगे, देवीशंकर अवस्थी एक भरोसेमन्द साथी की तरह बरबस याद आयेंगे। वे साहित्य की एक व्यतीत सिविल सोसायटी के सजग-सक्रिय आलोचक-नागरिक थे और अतिरेकों को बरजते हुए विवेक के अपने रंग द्वारा उन्होंने उस आलोचक-नागरिकता को संवाद, सहकार और द्वन्द्व के लिए पर्युत्सुक और सशक्त किया था।

यह भी नोट करने की बात है कि देवीशंकर जी आलोचक भर नहीं थे—उनकी रुचि और साहित्यिक सक्रियता में सम्पादन, ललित लेखन, यात्रा-वृत्तान्त, डायरी, व्यंग्य, एकांकी यहाँ तक कि कविता तक शामिल थे। यह अपने समय, समाज और साहित्य का सिर्फ़ आलोचना की दृष्टि से देखना नहीं है, उनके भरे-पूरेपन का सर्जनात्मक आस्वादन करना भी है। यह ऐसी जिजीविषा का साक्ष्य है जो पूरे चौकन्नेपन, संवेदना और बुद्धि से अपने समय की जटिल सचाई को महसूस करती, समझने की कोशिश करती और साहित्य के अर्थ और प्रासंगिकता को दूसरों तक पहुँचाने का जतन करती है। देवीशंकर जी ने दूर झरोखे से कुछ देखकर बखान नहीं किया : वे हिस्सेदार सहचर लेखक थे—औरों के साथ थे, उनकी व्यथा और संघर्ष में, उनके एकान्त और उम्मीदों में साझीदार थे।

यह रचनावली उनके कृतित्व के विवेक, उनकी विश्लेषण-क्षमता, उनकी हिस्सेदारी और साझेदारी को अनेक रंगों में प्रस्तुत करती है। इस उम्मीद के साथ कि इन रंगों

से हमें अब भी साहित्य, समय और समाज को समझने के लिए रोशनी मिल सकती है। कालावधि कितनी ही बीत जाये एक सच्चे ईमानदार और विवेकसम्पन्न लेखक का उजाला न तो धूमिल होता है, न मलिन। हम आश्वस्त हैं यह रचनावली इसे पर्याप्त रूप से प्रमाणित कर पायेगी।

24 जनवरी, 2018 **अशोक वाजपेयी**

सी-301, अनुपम अपार्टमेंट्स,
वसुन्धरा इन्क्लेव,
दिल्ली-110096

देवीशंकर अवस्थी : व्यक्ति और परिवेश

हिन्दी साहित्य संसार में युवा आलोचक की उपस्थिति के रूप में देवीशंकर अवस्थी एक ऐसा नाम है, जिसका जीवन जितना ही छोटा दिखाई देता है, पर काम उतने ही बड़े दिखते हैं। दुनिया के अधिकांश बड़े लोगों की कहानी यही है। एक मध्यवर्गीय परिवार में जन्मे देवीशंकर अवस्थी की जिन्दगी का सफ़र काफी विविध प्रकार के उतार-चढ़ावों से भरा हुआ है। उनके जीवन के रास्ते टेढ़े-मेढ़े और ऊबड़-खाबड़, घुमावदार दिखाई देते हैं। उनका बाल्यकाल और आरम्भिक शिक्षाकाल का अधिकांश हिस्सा ननिहाल में बीता। शिक्षाकाल उनका अत्यन्त संघर्षपूर्ण और रोमांचक है। पर देवीशंकर ने किशोर अवस्था से लेकर युवाकाल तक, जो व्यक्तित्व के निर्माण का काल होता है, बड़े धैर्य, लगन और साहस के साथ संघर्ष किया। यह संघर्ष की कथा उनके जीवन भर साथ-साथ जुड़ी रही। स्वयं उनकी आकस्मिक मौत (13 जनवरी, 1966) उनके संघर्षपूर्ण जीवन की अन्तःकथा तो है ही, साथ-साथ एक भयावह ट्रैजिडी टिप्पणी भी है। मृत्यु तो सबकी होती है, पर असमय मृत्यु मनुष्य जीवन की शायद सबसे कारुणिक गाथा है।

ऐसे लेखक की जिन्दगी के इतिवृत्त को जानना भी कम रोमांचक अनुभव नहीं है। उत्तर प्रदेश की धरती में पैदा हुए देवीशंकर अवस्थी के रचनात्मक विकास में बैसवाड़े की मिट्टी का पूरा योगदान रहा है। उनकी सहृदयता, अक्खड़ता, साफगोई, सरलता, प्रखरता उस भूमि की ही देन है। उनका जन्म 5 अप्रैल, 1930 को उन्नाव (उत्तर प्रदेश) जिले के सथनी बालाखेड़ा गाँव के मध्यवर्गीय शिक्षित परिवार में हुआ था। देवीशंकर का लालन-पालन एक भरे-पूरे संयुक्त परिवार में हुआ था, चाहे अपने गाँव सथनी में या ननिहाल रायबरेली जिले के पांड़ेनपुरवा (जिसे अब पूरे पाण्डे कहते हैं) में। यद्यपि उनके बचपन का अधिकांश समय पैतृक गाँव के बजाय अपने ननिहाल में ही बीता। यह कहना गलत न होगा कि उन्हें खेलने-कूदने, उठने-बैठने, घूमने-घामने से लेकर पढ़ने-लिखने के संस्कार-बीज ननिहाल में ही मिले।

अवस्थी जी के पिता का नाम शिवमाधव अवस्थी और माँ का नाम दुर्गावती अवस्थी था। शिवमाधव जी अपने पाँच भाइयों में चौथे नम्बर पर थे। ये सभी भाई

शुरू-शुरू में मुम्बई रेललाइन पर नासिक के पास पाचोरा में कपड़े का साधारण कारोबार करते रहे। बताते हैं कि बाद में भले ही कुछ समय मुम्बई और कोलकाता में किया, पर मूलतः व्यापारी वृत्ति न होने के कारण वहाँ न तो वे व्यापार ही जमा सके, न ही नौकरी लगन से कर पाये। चूँकि सबके परिवार, बाल-बच्चे यहीं गाँव में रहते थे, अतः अन्ततः धीरे धीरे वे अपने घर वापस आ गये। और फिर एक-एक कर पास ही बसी व्यवसायी नगरी कानपुर की ओर बढ़े। गाँव में खेती-बाड़ी भी उतनी ज्यादा न थी कि इतने बड़े कुटुम्ब के साथ सहज ढंग से रह सकें। मुम्बई, कोलकाता की संस्कृति का प्रभाव पूरे परिवार पर कमोबेश जरूर रहा होगा।

दूसरी ओर शिवमाधव जी के तीन बड़े भाई उस संयुक्त परिवार में मुखिया की निर्णायक भूमिका निभाने के लिए काफी थे। यही नहीं उनके माता-पिता और चाचा आदि भी परिवार में पूर्णतः सक्रिय थे। उनके बाबा स्वतन्त्रता से पूर्व भारतीय फौज में सूबेदार थे। दूसरे चाचा भी पढ़े-लिखे और समझदार थे, जिन्होंने अपने बेटों, भतीजों आदि की परवरिश में कोई कसर नहीं छोड़ी। सबके संस्कार, विवाह आदि सोच-समझकर सुशील और सम्भ्रान्त परिवारों में किये। पूरे परिवार में जबरदस्त एका और संगठन था। सब एक-दूसरे का अदब करते, प्यार करते। लेकिन अपने गुस्सैल स्वभाव के चलते जब-तब उनमें बहस होती, तर्क होते, कभी-कभी इतने तेज कि लगता आवेश में ये भागा, वह कूदा। पर दूसरे ही क्षण खाना खाने के समय सब भाई प्रेम से बैठकर प्रसन्न मुद्रा में एक साथ भोजन करने बैठ जाते। तब वे ऐसे बतियाते जैसे बच्चे। लगता जैसे कुछ समय पूर्व कुछ हुआ ही न हो। पर दुःखद यह रहा कि 44 साल की अल्पायु में ही 13 अगस्त, 1947 को शिवमाधव जी का अचानक देहावसान हो गया।

दूसरी ओर देवीशंकर की माँ बुद्धिमान, दृढ़प्रतिज्ञ, दूरद्रष्टा, पढ़ने-लिखने में रुचि रखने वाली धार्मिक वृत्ति की महिला थीं। अपने चार बच्चों—दो बेटों, दो बेटियों को उस कठिन समय में उन्होंने पढ़ाने-लिखाने की ठान ली थी। कभी ससुराल और कभी मायके के बीच सामंजस्य बनाये रखने में उन्हें अतिरिक्त प्रयास करने पड़े होंगे। परम्परागत पुरुष सत्तात्मक कान्यकुब्ज ब्राह्मण परिवारों में महिलाओं का अस्तित्व कैसा रहा है—यह किसी से छिपा नहीं है। पर यहाँ देवीशंकर की माँ दुर्गावती ने यथानाम तथागुण को चरितार्थ करते हुए जमाने के नकारात्मक पहलुओं को दरकिनार कर अपनी निर्णायक भूमिका निभाने का कठोर कदम सोच-समझकर उठाया था। इसमें उनके पति की रजामन्दी इसलिए भी रही होगी कि उनके उस भरे-पूरे संयुक्त परिवार में सब बच्चे और स्त्रियाँ बराबर थे। अपनी पत्नी दुर्गावती की इच्छा के अनुरूप शिवमाधव जी अपने बच्चों को न तो अलग से अच्छी शिक्षा दिला सकते थे और न ही उनके बहुमुखी विकास के लिए कुछ अलग से सोच ही सकते थे। परिणामस्वरूप देवीशंकर के बचपन का अधिकांश समय अपने पैतृक गाँव की अपेक्षा ननिहाल में ही बीता।

असल में उन्नाव और रायबरेली दो जिलों के अधिकांश भाग को मिलाकर 'बैसवाड़ा' क्षेत्र बनता है। लगभग 60-65 मील लम्बे और 30-35 मील चौड़े बैसवाड़े जैसे अंचल का भारतीय इतिहास और संस्कृति में विशिष्ट स्थान है। साहित्य और संस्कृति के लिए उर्वरा इस भूमि में पैदा होने वाले आचार्य महावीर प्रसाद द्विवेदी, प्रतापनारायण मिश्र, सूर्यकान्त त्रिपाठी 'निराला', गया प्रसाद शुक्ल, रामविलास शर्मा, शिवमंगल सिंह 'सुमन', सुरेश अवस्थी, अशोक वाजपेयी, सुमित्रा कुमारी सिन्हा, अजित कुमार, कीर्ति चौधरी, स्नेहमयी चौधरी, नन्द दुलारे वाजपेयी आदि के नाम प्रमुख हैं। देवीशंकर को अपना जन्म बैसवाड़ा बताने में शायद इसीलिए अच्छा लगता था।

प्रारम्भिक शिक्षा के लिए देवीशंकर का दाखिला पांड़ेनपुरवा के प्राइमरी स्कूल में करा दिया गया था। तभी अपनी प्रखरता के चलते अवस्थी जी ने अपने प्रधानाचार्य और अध्यापकों को प्रभावित कर लिया था। प्रश्नाकुलता ने उन्हें खुली आँखों से खुद देखने का हौसला दिया। तब भारत आजाद नहीं हुआ था। अंग्रेजी शासन था और उसमें भारतीयों का शोषण और उन पर हो रहे अत्याचारों की कहानियाँ गाँव की सरहद पर बैठे लोगों से, कुएँ की जगत पर बैठे बुजुर्गों से, खेतों पर काम करने के बाद सुस्ताते किसान भाइयों से बालक देवीशंकर अनायास सुन-सुनकर भीतर ही भीतर विचार मन्थन तभी करने लगा था और स्वतन्त्र भारत का सपना देखने लगा था। देश-सेवा का भाव भी उस बालमन को कुछ-कुछ समझ आने लगा था।

जिज्ञासु देवीशंकर बचपन से ही परख गये थे कि कौन सही है और कौन गलत—वे उनकी संगति में उठते-बैठते, जो उन्हें 'दिव्य-दृष्टि' जैसी देते। खुद अवस्थी जी 'अनुभव का विराट विग्रह' लेख में अपने बचपन में चले जाते हैं और लिखते हैं—"तब आठ-नौ साल का था।... बातें मन्त्रमुग्ध की भाँति सुनता रहता था। तभी एक दिन बैलगाड़ियों में हम लोग लालगंज (जिला रायबरेली) के लिए चल दिये। बैलों के गले की घंटियाँ बजती थीं और मुझे लगता था कि जवाहर लाल मेरी पीठ थपथपा देंगे। उनके रंगबिरंगे चित्र अपने-आप उभरते थे—कुछ किंवदंतियों एवं बड़े-बूढ़ों की चर्चा के कण मिश्री के डलों के समान बनते जा रहे थे।"

"सूर्यास्त के आसपास नेहरू जी आये। कुछ कहकर चले गये। और कुछ नहीं याद, केवल एक शब्द 'विनोबा' अब तक कानों में गूँज रहा है। अब जानता हूँ कि सन् 40 के व्यक्तिगत सत्याग्रह आन्दोलन के प्रथम सत्याग्रही विनोबा भावे की बात कही थी।" इसी का प्रभाव था कि जब अवस्थी जी के ननिहाल विनोबा भावे आते हैं, भूदान आन्दोलन के सन्दर्भ में, तो अवस्थी जी उनके साथ-साथ रहकर काम करते हैं, हाथ बँटाते हैं, कुछ सीखना-समझना-जानना चाहते हैं—एक सन्त की संगति में।

वे लिखते हैं—"1945-46 में रायबरेली में पढ़ रहा था। परिवार का राजनीतिक वातावरण मेरे चारों ओर था। मैं भी स्थानीय स्टूडेण्ट कांग्रेस वगैरह का जिम्मेदार

पदाधिकारी था। एक दिन जेल से कुछ ही दिन पूर्व छूटे नेहरू जी ट्रेन से रायबरेली स्टेशन पर आ रहे थे। मैं भी अपने को बहुत महत्त्वपूर्ण नेता या व्यक्ति मानता हुआ स्टेशन पर व्यवस्थारत था। पर जब नेहरू जी आये—मैं अपनी सारी महत्ता को भुलाए पास खड़ा निहारता रहा।"

1942 में भले ही अवस्थी जी बारह-तेरह बरस के रहे होंगे। पर अंग्रेजों के अत्याचारों और भारतीयों के प्रति उनके दुर्व्यवहार की कहानियाँ वे बचपन से सुनते-देखते आ रहे थे। इसका प्रभाव यह हुआ कि जीवन को समझने का उनका दृष्टिकोण तार्किक होता गया। उचित और अनुचित, सही और गलत, न्याय और अन्याय के बीच की फाँक को वे बहुत छुटपन से पहचानने लगे थे। तभी उनमें देश के प्रति, देशवासियों के प्रति प्रेम की भावना निरन्तर बनी रही।

परिवार के माहौल ने उस आग में घी का काम किया।

वे लिखते हैं—"अगस्त सन् 1942 के दिन थे। 'भारत छोड़ो' के नारे से गगन गूँज रहा था। समस्त राष्ट्र 'करो या मरो' के मूलमन्त्र से अनुप्राणित हो चुका था। माँ सरस्वती की बेड़ियों को तोड़ने के लिए अगणित युवक आगे बढ़ रहे थे।... गाँव की चौपालों में भविष्य की चर्चाएँ होने लगीं। इस बात पर सभी एकमत थे कि इस बार ब्रिटिश सत्ता का जुआ उतार फेंका जाये।"

असल में, उस किशोरावस्था में अंग्रेजों के दमन-चक्र से भयभीत गाँववासियों का भयभीत चेहरा अवस्थी जी अपने में देखते हैं "...निर्दोष व्यक्तियों को साढ़े सात-सात साल की सजा दी गयी। राष्ट्रीय सरकार स्थापित होने के पश्चात् वे लोग छूट-छूट कर आये। कितने ही इज्जतदारों की इज्जत धूल में मिला दी गयी। सम्मानित और शरीफ व्यक्तियों को बुलवाकर थाने में मेहतरों द्वारा जूतों से पिटवाया जाता, फिर उनसे मनमाना रुपया वसूलकर छोड़ा जाता। बहू-बेटियों का रास्ता चलना कठिन था। थाने के सामने से निकलना दुरूह था। बिना सलाम किये तो कोई जा ही नहीं सकता था।"[5]

बमुश्किल मिली स्वतन्त्रता के लिए स्वतन्त्रता-संग्राम में अपने प्राणोत्सर्ग करने वाले शहीदों और उनके परिवारवालों के त्याग को अवस्थी जी स्मरण करते हुए देश के नेताओं से विनम्र अनुरोध करते हुए कहते हैं कि जिन शहीदों की बदौलत वे ऊँचे-ऊँचे पदों पर आसीन हो चुके हैं, उनकी स्मृति को चिरस्थायी बनाने में ये अपने कर्त्तव्य की ओर ध्यान दें।

ग्रामीण परिवेश में बचपन गुजारने वाले अवस्थी जी को मानवता का पाठ जैसे संस्कार के रूप में मिल गया था। वे अपने सामनेवाले के भीतर तक प्रवेश कर जाते हैं—फिर चाहे छोटे-बड़े किसान, जमींदार, कर्मचारी, मजदूर, कर्मठ मेहनतकश युवा हों या बुजुर्ग।

1957 में 'दुलारे दउआ' से जुड़ी 18-20 साल पहले की स्मृतियाँ अवस्थी जी को

विचलित कर रही हैं, क्योंकि दउआ बीमार हैं। वे बेहद अच्छे इंसान हैं, इतने अच्छे कि अवस्थी जी ने शायद उनसे बहुत कुछ सीखा है। वे लिखते हैं—"दुलारे दउआ 82 वर्ष के हैं। वे बीमार हैं, सुनकर मैं जैसे हतप्रभ रह गया। जन्म और आनबान से ठाकुर, पेशे से किसान और स्वभाव से मनुष्य, ऐसे हैं दुलारे दउआ। पिछले 60 वर्षों में वे सिर्फ एक बार बीमार पड़े हैं—वह भी मियादी बुखार था, ऐसा गाँव के बड़े-बूढ़ों का कहना है; बाकी न मालूम इंफ्लुएंजा, प्लेग और चेचक के कितने मरीजों को वे कन्धे पर लाद कर सिंधौर के घाट पहुँचा आये होंगे।"

"...पर मैं जानता हूँ, तुम सबसे बड़े हो, तुम उन लोगों में हो जिन्हें समाज की धुरी कहा जाता है, उन लोगों में हो, जिनके कारण गाँव अभी भी पवित्रता का स्पर्श किये रहते हैं... ।"

इस प्रकार देखा जाये तो देवीशंकर अवस्थी के बाल्यकाल पर जिस तरह ग्रामीण परिवेश का गहरा प्रभाव पड़ा, कालान्तर में उनके किशोर जीवन पर स्वराज्य आन्दोलन का भी असर दिखता है। इन दोनों प्रभावों ने उन्हें मानवतावादी, हिम्मती, जुझारू और संघर्षशील बनाया।

किशोरावस्था में अपने खराब स्वास्थ्य के चलते अवस्थी जी की पढ़ाई-लिखाई में व्यवधान भले ही आये, पर अपनी जागरूकता के कारण उसमें रुकावट कभी नहीं आयी—अलबत्ता इसी कारण प्राइवेट हाई स्कूल से पढ़ने के बावजूद उन्होंने फर्स्ट क्लास पास होने की शुरुआत की। इसे वे एम.ए., एल.एल.बी. तक बरकरार रखते हैं। इण्टर, बी.ए., एम.ए. सब वे कानपुर आकर अपने मामा के घर पर रहकर पढ़ते हैं, जो एक गोदाम सा था। यह जीवन अत्यन्त संघर्षपूर्ण था, जिसका चयन देवीशंकर ने स्वयं किया था। कहना न होगा कि अपनी पढ़ाई के साथ-साथ वे अपने परिवार के दायित्वों का भरपूर निर्वाह तो करते ही थे, गाँव-पड़ोस-सम्बन्धियों की चिन्ताएँ भी उन्हें कम नहीं होती थीं। उनके सरोकार केवल अपने परिवार तक ही सीमित नहीं रहते।

देवीशंकर अवस्थी बहुत लोकप्रिय व्यक्ति थे। कानपुर से जब कभी वे गाँव पांड़ेनपुरवा आते, तो बच्चों से लेकर बुजुर्ग तक सभी दौड़-दौड़कर आते और उनका स्वागत करते। पूरे गाँव के लोग उन्हें 'श्याम बाबू' कहते थे, यहाँ तक कि उनके बड़े मामा भी। घर के इस सम्बोधन में जितनी आत्मीयता घुली थी, उतना ही आदर भी। सबके लिए वे दशरथ के राम की तरह थे 'सबहि राम प्रिय जेहि विधि मोही'। अहीर, पासी हरिजन, कुर्मी, कहार, कोरी अपनी अवस्था का खयाल न करते हुए उनके पैर बहुत प्यार और श्रद्धा से छूते। देवीशंकर भी समान भाव से सबको उम्र के मुताबिक आदरपूर्वक पुकारते, हाल-चाल पूछते। उनकी समस्याओं के निवारण के तत्काल उपाय करते। गैर पढ़ा-लिखा हो या विद्वान, बच्चा हो या वृद्ध, वे सबके घनिष्ठ हो जाते।

होली, दिवाली ही नहीं, छोटे त्योहारों पर भी वे गाँव जरूर आते। उनके आने पर छत पर खूब शोर होता। गाँववाले समझ जाते कि 'श्यामबाबू' आये हैं। वे जानना चाहते कि 'श्यामबाबू' कैसे आये हैं—साइकिल से या बैलगाड़ी से या घोड़े से। उन्हें घोड़े की सवारी पसन्द थी। घर में अच्छी नस्ल का बड़ा घोड़ा—वर्जिया घोड़ा मौजूद था; इसलिए वे उस पर बैठकर कभी पांड़ेनपुरवा से लालगंज तो कभी लालगंज से गाँव तक आते थे। तब न सड़कें थीं न बसें, इसलिए घोड़े पर सवारी करना सबसे सुगम था।

देवीशंकर बहुत ही सजग, सहज और अनौपचारिक थे। गन्ना के खेतों में टहल-टहल कर गन्ने चूसते समय उसके रस और बतरस का एक साथ लुत्फ उठाते। भले ही वे शहर में रहने लगे थे, पर शहरी बनावटीपन या आभिजात्य उन्हें छू नहीं पाया था। आम, अमरूद, फालसे, खिन्नी, शकरकन्द सब उन्हें पसन्द थे और चाव से माँग-माँगकर खाते।

घर में अखण्ड रामायण पाठ होता तो वे सस्वर घण्टों पढ़ते और आनन्द लेते। राजगद्दी के बाद बन्दूक से फायरिंग करते। बन्दूक चलाने में शुरुआत के डर को उन्होंने अपने निर्भीक अभ्यास से ही खत्म कर लिया। धीरे-धीरे उनके अचूक निशाने और निर्भीकता के लिए दूर-दूर तक के लोग उन्हें जानने लगे।

देवीशंकर हर क्षण को जीना जानते थे। हर त्योहार वे बड़े हर्षोल्लास से सबके साथ मिलकर मनाते थे। होली वे मस्ती के साथ जी भर कर खेलते। गुड़िया (सावन का त्योहार) के अवसर पर 'तेवारिन के बाग' में अखाड़ा खुदता, उसी में कुश्ती लड़ी जाती और कूदा के अवसर पर 'तेवारिन के बाग', उसी में कुश्ती लड़ी जाती और कूदा-फाँदा जाता। वे इसमें बाकायदा भाग लेते, लँगोट बाँधकर अखाड़े में उतरते, कुश्ती लड़ते। मगर जीत-हार की भावना से नहीं; बल्कि कुश्ती और उसके बाद बड़ों के पैर छूने की रस्म जो बरसों से चली आ रही थी, उसे जिलाए रखने की चाहत उनमें थी। ऐसा करने के लिए वे औरों को भी प्रोत्साहित करते।

असल में अपने गाँव, जनपद, प्रदेश, देश के चतुर्मुखी विकास की ओर देवीशंकर का ध्यान चौतरफा जाता है। इसके लिए वे शिक्षा और समझदारी को प्राथमिकता देते हुए हर वर्ग में इसका बीजारोपण अनायास करते चलते हैं। इसके लिए उनके प्रयास अलग से भी हैं। पढ़ाई के दौरान ही नहीं, प्राध्यापक बन जाने के बाद भी गर्मियों की छुट्टियों में, होली, दिवाली या दशहरे की छुट्टियों में उनके गाँव जाने का कुछ अर्थ होता था। गाँव में सबसे मिलना और पूछना-जानना कि कौन क्या कर रहा है, कहाँ पढ़ रहा है, कितनी प्रगति कर रहा है? अगर कुछ नहीं कर रहा तो क्यों? क्या कर सकता है? क्या पढ़ा जाये, कहाँ पढ़ा जाये आदि की सलाह-मशविरा अवस्थी जी पूरे गाँव में आते-जाते बाँट जाते थे—फिर वह चाहे केदार पासी हो या सज्जन कहार, ललित किशोर पाण्डे हो या सूरज प्रसाद—उनके लिए सब अपने होते।

तभी शायद अपनी बीस वर्ष की अवस्था में वे अपने पूरे समाज के उत्थान, पुनर्निर्माण की बात करते हुए एक लेख में कहते हैं–"हमने सामाजिक पुनर्निर्माण का दीप जलाया है, आर्थिक और सामाजिक स्वतन्त्रता तथा साम्य के दीपक जलाने का व्रत लिया है। साहित्यिक एवं संस्कृति का वह ज्योति स्तम्भ हमें आलोकित करना है जो जल, थल एवं वायु में प्रकाश दे सके।" वे यह भी कहते हैं कि 'आज संस्कृति, समाज, साहित्यिक जीवन के प्रत्येक क्षेत्र में एक गतिरोध उत्पन्न हो गया है। हम न तो भलीभाँति प्राचीन को त्याग सके, न सम्यक् रूप से नवीन को ग्रहण ही कर सके हैं।... इन दीपों के आलोक में हमें इस गतिरोध को समाप्त करना है।'

सच तो यह है कि आगे चलकर देवीशंकर जी भले ही एक आलोचक के रूप में जाने गये, पर उसके मूल में कहीं गहरी जड़ें उनमें समाज-सुधारक की तरह एक अच्छे मानव के रूप में हैं, जो समाज को अपने ज्ञान से सींचना चाहता है, उसे हरा-भरा देखना चाहता है, उसे स्वस्थ फूलों से, फलों से समृद्ध देखना चाहता है।

तभी शायद वे अपने पिता का तर्पण कराने आये पुरोहित को शुद्ध श्लोक उच्चारण की सीख दे बैठते हैं। पण्डित जी के यह कहने पर 'आपको तो हमसे ज्यादा सब आता है' अवस्थी जी उनके महत्त्व को बताते हैं और मन्त्रोच्चारण की शुद्धता पर ही उन्हें आजीवन अपना बना लेते हैं। अवस्थी जी का यह परम्परा के प्रति अनुराग कहा जा सकता है।

यहाँ यह बताना जरूरी है कि देवीशंकर ने इण्टर करने के बाद बी.ए. और एम.ए. डी.ए.वी. कॉलेज, कानपुर से किया। डी.ए.वी. कॉलेज उस समय न केवल कानपुर बल्कि पूरे उत्तर प्रदेश का प्रतिष्ठित कॉलेज था। अपनी पढ़ाई के अलावा सांस्कृतिक, साहित्यिक, राजनीतिक गतिविधियों के लिए दूर-दूर तक विख्यात इस कॉलेज की आबोहवा अवस्थी जी के लिए ऑक्सीजन की तरह थी। विभिन्न विषयों की समितियों के सदस्य वे बनाये गये, कुछ के सर्वेसर्वा भी। मन्त्री, अध्यक्ष, उपाध्यक्ष, सम्पादक, संयोजक पदों पर होने के कारण ही तत्कालीन प्राचार्य कालिका प्रसाद भटनागर के वे प्रिय शिष्यों में हो गये। लगभग सभी सभाओं और कार्यक्रमों में प्रमुख वक्ता होने से अन्य गुरुजनों की निगाह में भी वे प्रियपात्र और अग्रगण्य बने।

1953 में डी.ए.वी. कॉलेज, कानपुर से एम.ए. करने के बाद ही देवीशंकर की नियुक्ति प्राध्यापक के रूप में उसी कॉलेज में हो गयी थी। एक तरह से जिन्दगी की विधिवत् नयी शुरुआत उनकी यहीं से शुरू होती है। इससे पूर्व पिता के आश्रय के अभाव में माँ या मामा द्वारा ही उनके भरण-पोषण की विधिवत् व्यवस्था होती रही। यह व्यवस्था इतनी सुदृढ़ थी कि देवीशंकर के मित्र भी, जो उन्हें हमेशा अपने से ज्यादा प्रिय लगे, उसमें खप जाते थे। माँ या मामा का अथाह विश्वास उन्होंने पा लिया था, इसलिए उन पर आर्थिक, सामाजिक या अन्य किसी भी प्रकार का दबाव न था, उल्टे उनसे किसी प्रकार के काम की आशा की जा सकती थी–फिर

वह चाहे परिवार-सम्बन्धी हो, गाँव या शहर से जुड़ी हो। शायद हर जरूरतमन्द उन पर आँख मूँदकर भरोसा कर सकता था।

नौकरी लगते ही देवीशंकर को अपने कर्त्तव्यों के निर्वाह की जरूरत पहले सूझी—अपनी माँ, भाई, बहिन को गाँव से कानपुर लाने और अपने साथ रखने की—एक घर-परिवार बसाने की। अभी तक वे रहते मामा के गोदामनुमा घर में, खाना कभी वहीं, कभी चाचा, कभी बड़ी बहिन के यहाँ खा लेते थे। पर अब वे स्थायी रूप से कानपुर शहर में अपने छोटे भाई उदयशंकर और बहिन रेखा को पढ़ाने की बात सबसे पहले सोचने लगे। माँ जो अभी तक अपने मायके पांड़ेनपुरवा में ही रह रही थीं, उन्हें अपने साथ रखकर देवीशंकर अपना सपना पूरा करना चाहने लगे। यह सही है कि अभी तक देवीशंकर के मामाओं ने इन लोगों के लालन-पालन से लेकर शिक्षा-दीक्षा में कोई कसर नहीं छोड़ी थी, बल्कि उनके योगदान ने ही इन सबका मनोबल सदैव ऊँचा रखा।

कानपुर के मनीराम बगिया के एक पुश्तैनी किराए के छोटे से मकान में देवीशंकर अपनी माँ सहित भाई-बहिन को नौकरी लगते ही ले आये थे। उनकी बड़ी बहिन और बहनोई वहाँ पहले से रहने आ गये थे। चार-पाँच कमरों के साथ बराण्डा, छत आदि की सुविधाओं से युक्त यह मकान शहर के बीचो-बीच स्थित था। शहर तो बड़ा था, पर बसाया गलियों में गया था, कुछ गलियाँ तो इतनी सँकरी कि अगर आँधी आती तो पता भी न लगता, पता भी लगता तो अगले दिन अखबार से।

पर, खैर अवस्थी जी का यह मकान बहुत पतली गली में तो न था—बल्कि तिराहे पर था, भरे बाजार में। नीचे दुकानें और ऊपर अवस्थी जी का दो-तीन मंजिल का मकान, जिसे आज के युग में कहें कि एक फ्लैट पहली मंजिल पर, दूसरा दूसरी मंजिल पर और तीसरी मंजिल पर छत, जो गर्मी में रात में सोने के लिए और सर्दी में धूप खाने और कपड़े सुखाने के लिए काफी थी। और इसी घर से देवीशंकर ने जिन्दगी के एक नये सफर की शुरुआत की थी। और इसी घर में जुलाई 1956 में विवाह के बाद मैं भी उनके सफर की साथिन बनी।

अपने भाई-बहन को अच्छे स्कूल में दाखिला दिलाकर अवस्थी जी को एक सुखद अनुभूति हुई होगी—इसका अन्दाज उनके व्यवहार से लगाया जा सकता था। अंग्रेजी का 'केयरिंग' शब्द अवस्थी जी के लिए फिट बैठता था—'सबकी चिन्ता—सब तरह की चिन्ता'। एक तरह से शुभचिन्तक बेटा, भाई, पति, मित्र, सम्बन्धी, बाद में पिता सब कुछ वह थे।

उसी घर में बैठकर सन् 1960-61 तक अवस्थी जी का अधिकांश लेखन हुआ। अपना शोधकार्य भी उन्होंने यहीं बैठकर पूरा किया। यों तो शोध के लिए दूर-दूर तक वे भटके हैं, पर आचार्य हजारी प्रसाद द्विवेदी के निर्देशन में कार्य करने के लिए दर-दर भटकना उन्हें प्रिय लगा होगा।

जब तब अवस्थी जी के इस घर में साहित्यिक गोष्ठियाँ होतीं। बड़े-बड़े साहित्यिक आते—पण्डित विद्यानिवास मिश्र, नामवर सिंह, शिवमंगल सिंह 'सुमन', अजित कुमार, रामस्वरूप चतुर्वेदी, राममनोहर त्रिपाठी, ओंकार श्रीवास्तव, नीरज, शिवकुमार मिश्र आदि इनमें से कुछ तो घर में ही रुकते, कुछ कहीं और—पर घर का माहौल जरूर साहित्यमय बना रहता। चाय-कॉफी के दौर चलते ही रहते। खुद अवस्थी जी उन साहित्यकारों से ललककर मिलने जाते, जो कहीं और ठहरे होते या आते-जाते किसी ट्रेन में कानपुर से गुजर रहे होते। इनमें से सबसे अधिक मिलना अवस्थी जी का अपने आचार्य हजारी प्रसाद द्विवेदी से कानपुर सेंट्रल स्टेशन पर उनके कहीं आने-जाने के दौरान होता। पर मिलने-मिलाने और साहित्यिक चर्चा के लिए समय देवीशंकर जरूर निकाल लेते।

देवीशंकर जी अपने सम्पर्क में आनेवाले हर व्यक्ति में साहित्य का बीज अनायास बो देते थे। वे स्वयं रोजाना अखबार पढ़ते, कई अखबार पढ़ते और दूसरों को भी पढ़ाते, कहते कि अखबार पढ़ने से हर तरह से ज्ञान हो जाता है। धीरे-धीरे साहित्यिक पत्र-पत्रिकाएँ भी उनके सम्पर्क में आनेवाला पढ़ने लगता। साथ में रहनेवालों को कभी प्रेमचन्द, महादेवी तो कभी निराला के किस्से उठते-बैठते असंख्य सन्दर्भों में वे सुनाते रहते। तब गोदाम में काम करनेवाले नौकर जग्गू और लोटन कहार भी सब ध्यान से सुनते। कबीर, तुलसीदास, सूरदास के दोहे तो उन्हें याद भी हो गये। एक दिन डी.ए.वी. कॉलेज, कानपुर में कवि-सम्मेलन था, तो देवीशंकर जी अपने परिवार के सदस्यों के साथ जग्गू और लोटन को भी कविताएँ सुनाने ले गये थे।

इसी तरह एक बार की बात है—पण्डित महावीर प्रसाद द्विवेदी के जन्मदिन पर उनके जन्म-स्थान दौलतपुर में एक बड़े समारोह का आयोजन था। उसमें महादेवी वर्मा, मैथिलीशरण गुप्त, विद्यावती कोकिल सरीखे साहित्यकार आ रहे थे। देवीशंकर अवस्थी भी वहाँ आमन्त्रित थे। वे कानपुर से पांड़ेनपुरवा गये थे। वहीं उन्होंने कुछ पढ़े-लिखे नवयुवकों से कहा कि चलो तुम लोगों को महादेवी वर्मा के दर्शन करा लाएँ, वहाँ और भी बहुत से लेखक-कवि आ रहे हैं। फिर क्या था—सबने एक-एक साइकिल की व्यवस्था की और सुबह-सुबह चल दिये। दौलतपुर जानेवाला रास्ता उन दिनों कच्चा था, इसलिए 8-10 किलोमभ्टर की दूरी तय करने में उन्हें दो घण्टे लग गये थे।

दौलतपुर में उस दिन एक मेले जैसा माहौल था। द्विवेदी जी का घर उनकी पुस्तकों, उनकी व्यक्तिगबत प्रयोग की चीजों से भरा था। देवीशंकर नयी पीढ़ी को यही दिखाना और बताना चाहते थे। वे साहित्य-कर्म एक विशिष्ट कर्म को नहीं, बल्कि सामाजिक कर्म मानते थे और इसलिए उसमें ज्यादा से ज्यादा जन-समाज की हिस्सेदारी को विकसित होते देखना चाहते थे। अपने स्तर पर जितना उनसे सम्भव था, उन्होंने किया भी। मेल-मिलाप, खान-पान, सहयोग-सहानुभूति, बहस-मुबाहिसा,

अध्ययन-अध्यापन, आलोचना तथा सम्पादन, मैत्री और यायावरी में कोई उनकी बराबरी नहीं कर सकता था।

तब पढ़ने और पढ़ाने का माहौल था। तब शिक्षक भी चाहते कि उनका कोर्स पूरा हो जाये, उनके शिष्य सन्तुष्ट रहें। इसके लिए रविवार को छुट्टी के दिन अवस्थी जी एक्स्ट्रा क्लास में जाते हैं—ऐसा उनकी डायरियों में लिखा हुआ है और उनके मित्रगण भी बताते हैं। पढ़ने-पढ़ाने में देवीशंकर की रुचि का ही परिणाम था कि कॉलेज से घर लौटते रास्ते में पड़नेवाली किताबों की दुकानों—'साहित्य निकेतन' और 'साहित्य रत्नालय' में पुस्तकों से मुखातिब होते आते। कभी-कदा शाम को इत्मीनान से वहाँ बैठकर किताबें उलटते-पलटते, घण्टों पढ़ते रहते। कुछ किताबें खरीद भी लाते—क़भी उधार भी, जिनका हिसाब तनख्वाह मिलने पर ही होता। उनकी डायरी में उधारी लेने और चुकाने का हिसाब भी जगह-जगह लिखा होता।

बताते हैं कि जिस अनुपात में देवीशंकर जरूरतमन्दों की सहायता करते थे, कभी-कभी उनकी आय से वह कहीं अधिक हो जाता। पर वे किसी को यह बात मालूम होने देना भी नहीं चाहते थे, लेकिन जाननेवालों की कमी नहीं थी। असल में, तब देवीशंकर कुछ ज्यादा ही लिखने लगे थे, कुछ पैसों के लिए। यों तो हर पत्रिका से पैसे मिलते भी नहीं थे, पर जिससे मिलते थे, उससे वे अपने हक की आशा जरूर करते थे। बचपन से वे स्वतन्त्रता-संग्राम अपने हक के लिए देखते आ रहे थे। इसलिए न केवल खुद, बल्कि अपने शिष्यों को भी वे अपने अधिकारों के लिए लड़ाई लड़ने का सबक देना न भूलते।

अपनी मित्र-मण्डली में देवीशंकर के लोकप्रिय होने के पीछे उनका व्यवहार था। ईमानदारी, उदारता, सहृदयता, स्पष्टवादिता, कर्मठता, सहनशीलता, त्याग, सेवाभाव और आपसी सौहार्द उनके व्यक्तित्व के गुण थे। इसके चलते ही वे जहाँ जाते, अपनी बिरादरी बना लेते। कानपुर रहते हुए भी हर शनिवार वे लखनऊ चले जाते, जहाँ उनकी एक साहित्यिक बिरादरी थी, जिसमें कुँवर नारायण, गिरिजा कुमार माथुर, ठाकुर प्रसाद सिंह, सुरेन्द्र तिवारी, सुरेन्द्र दीक्षित, कृष्णकुमार कक्कड़, प्रेमशंकर, भगवतीचरण वर्मा, श्रीलाल शुक्ल, अमृतलाल नागर, यशपाल, मुद्राराक्षस जैसे दिग्गज साहित्यकारों का सान्निध्य उनकी साहित्यिक भूख को न जाने कितना तृप्त कर जाता। कभी-कभी उनके मित्र कहते भी कि देवीशंकर शरीर से कानपुर में और दिमाग से लखनऊ में रहते हैं। लखनऊ की गोष्ठियों में कभी-कभी अज्ञेय तथा अन्य साहित्यकार भी आते रहते।

1 जुलाई 1956 को देवीशंकर का विवाह कानपुर के एक पारम्परिक परिवार की लड़की कमलेश मिश्र के साथ लखनऊ में सम्पन्न हुआ। जिस प्रकार अवस्थी जी का जीवन परम्परा और आधुनिकता का मिश्रण था, उसी प्रकार विवाह में भी गैर-जरूरी परम्पराओं को अवस्थी जी ने शुरू से नकार दिया था। अपनी इच्छा से

उन्होंने जयमाल कराया था, जिसकी भनक दोनों परिवारों के बुजुर्गों और मुखियों को लग ही नहीं पायी और शानदार जयमाल भी हो गया। नवविवाहिता से पर्दा आदि भी नहीं कराया गया, पर शालीनता बरकरार रखी गयी।

इस विवाह में मुखिया अवस्थी जी की माँ और मामा ही थे। दोनों को विश्वास था कि देवीशंकर जो भी निर्णय लेंगे, गलत नहीं होगा—इस तरह निर्णायक भूमिका देवीशंकर की थी। शादी के बाद उन्होंने एक शानदार पार्टी भी रखी, जिसमें लखनऊ-कानपुर के सभी प्रमुख साहित्यकार मौजूद थे—अपने साहित्य और कविताओं के साथ। उनकी पत्नी का साहित्य और साहित्यकारों से परिचय का इससे अच्छा कोई तरीका हो ही नहीं सकता था। अपने जीवन-काल में भी अपनी पत्नी को साहित्य और समाज की भूमिका बताने का देवीशंकर का निरन्तर प्रयास बना रहा।

विवाह के बाद देवीशंकर 7 जुलाई को अपनी पत्नी के साथ हनीमून के लिए अपने प्रिय स्थान रानीखेत चले गये थे। पूरा कुमायूँ मण्डल घूमने का उनका यह तीसरा-चौथा अवसर रहा होगा, पर डायरी में वह दर्ज करते हैं—"नैनीताल, रानीखेत, चौपटिया गार्डेन पहले इतने सुन्दर कभी नहीं लगे।" अपनी पत्नी को समझने का उनका यह नायाब तरीका भी था। उन्होंने अठारह वर्ष की अपनी पत्नी को आधुनिकता और परम्परा में अपने प्यार से ढालने का मन में संकल्प कर लिया होगा।

पहाड़ों पर घूमना असल में, देवीशंकर को बहुत प्रिय था, इसलिए विवाह के पहले वैसे भी जब-तब जाते रहे। पहाड़ पर अकेले घूमना उन्हें पसन्द था—प्रकृति के साथ सीधा तादात्म्य अधिक से अधिक वे करना चाहते थे। कभी-कभी कहते भी कि पहाड़ों पर चिल्लाने से अपनी आवाज जब अपने तक वापस आती है, तो लगता है कि अपने-आपको पहचान रहा हूँ। अपने को जानना बहुत जरूरी है। वहीं, वह अपने को जान पाता है।

पर अपने घुमक्कड़ स्वभाव के चलते देवीशंकर उत्तर-दक्षिण में हिमालय से कन्याकुमारी तक और पूरब-पश्चिम में पुरी-कलकत्ता से लेकर गुजरात तक घूम आये थे। मुम्बई के पास एलिफेंटा की गुफाओं की चित्रकारी जैसे उनके मानस-पटल पर छा-सी गयी थी। हर जगह घूमने के बाद वे अपनी प्रतिक्रिया अपने मित्रों को पत्रों में लिखते थे। हर स्थान को वे सांस्कृतिक दृष्टि से देखने का प्रयास करते—फिर वह चाहे सारनाथ का बौद्ध-स्तूप हो, शिवसमुद्रम, सोमनाथपुरम, श्री रंगपट्टनम या अजन्ता-एलोरा की गुफाएँ। मुझे अच्छी तरह याद है कि मई 1958 में अवस्थीजी भाषाविज्ञान का एक महीने का कोर्स करने मैसूर चले गये। जबकि हमारी पहली सन्तान के होने का समय जून का अन्तिम सप्ताह था। इस घुमक्कड़ी का वह पूरा उपयोग आलोचना और डायरी लेखन में करते रहे। जब मई 1963 में उन्होंने विद्यानिवास मिश्र के निबन्ध संग्रह 'आँगन का पंछी और बनजारा मन' की समीक्षा धर्मयुग में लिखी तब उन्होंने इस मैसूर यात्रा का बहुत ही विचारोत्तेजक उल्लेख कलात्मक

ढंग से किया है। मिश्र जी भी वहाँ भाषा-विज्ञान का कोर्स कर रहे थे और वे लोग साथ-साथ पढ़ और घूम रहे थे। मध्य भारत के मन्दिरों का चक्कर वे 'बाणभट्ट की आत्मकथा' और 'चारु चन्द्रलेख' पढ़कर दुबारा लगाने की सोचते ही रह गये।

देवीशंकर चाहे पहाड़ों पर जाते या किसी शहर अथवा गाँव में, यदि एक सप्ताह तक रुकते तो उनकी डाक वहाँ के पोस्ट-मास्टर के नाम द्वारा वहाँ पहुँच जाती और वे पोस्ट ऑफिस जाकर प्रतिदिन ले आते। पत्र लिखने-पढ़ने के बेहद शौकीन देवीशंकर को उनके मित्र से लेकर परिवारी जन पत्र लिखते भी खूब थे। तब फोन-मोबाइल-ईमेल का जमाना नहीं था, पत्र ही सम्पर्क के साधन थे। देवीशंकर उसका भरपूर उपयोग करते।

देवीशंकर की पत्नी जिस परिवेश से आ रही थी, वहाँ भौतिक संसाधनों की कमी नहीं थी—बड़ा आलीशान मकान, दुकान, ऐशोआराम के साधन भी, भरा-पूरा परिवार दुलार-प्यार सब कुछ। दूसरी ओर देवीशंकर जी का छोटा-सा घर—पतली गली में, सँकरी सीढ़ियाँ, सामान्य से दरवाजे, बैठक आदि। भले ही पत्नी के लिए वहाँ इन सब स्थितियों से सामंजस्य बिठा पाना आसान नहीं था, पर देवीशंकर ने अपने प्यार की मजबूत डोर से अपनी पत्नी को हमेशा के लिए बाँध लिया था। उस प्यार के आगे सारी भौतिकताएँ बौनी हो गयी थीं।

अपनी पत्नी के अनुरूप देवीशंकर ने भी अपने को ढालने का खूब प्रयास किया। विवाह से पूर्व शुद्ध खादी कुर्त्ता-धोती, पाजामा, टोपी पहननेवाले देवीशंकर पैंट-शर्ट, सूट-टाई में आ गये थे। सामंजस्य उनके व्यक्तित्व में था। वे मानते थे कि सुखमय जीवन के लिए स्थितियों से सामंजस्य स्थापित करना जरूरी है। वे स्वयं भी प्रसन्न रहते और सामनेवाले को भी प्रसन्न रखते—चाहे कोई भी हो। इसलिए उनकी बिरादरी बेल की तरह—अमर बेल की तरह फैलती गयी कानपुर से दिल्ली तक ही नहीं, बल्कि वहाँ तक, जहाँ उनके चरण पड़े थे—उसके आगे भी...।

इसी छोटे से घर में जब देवीशंकर अपना शोध कर रहे थे, पूरे घर में कागज ही कागज। कॉलेज से लौटने के बाद वे अपने शोधकार्य में समर्पित भाव से जुट जाते। कुछ कॉपी करने के लिए पत्नी को भी जुटा लेते। टाइप-राइटर घर में ही ले आते थे। घर में टाइपिस्ट आता, टाइप करता, अवस्थी जी गलतियाँ सुधारते जाते, कुछ संशोधन भी।

अवस्थी जी का शोधकार्य पूरा हुआ। पत्नी के साथ देवीशंकर आगरा विश्वविद्यालय में अपनी डिग्री लेने आगरा गये थे। तब उन्हें पी-एच.डी. और उनकी पत्नी कमलेश को एम.ए. (समाजशास्त्र) की डिग्री मिली थी। यह बात 1960 की है। दोनों की खुशी का ठिकाना न था।

तभी देवीशंकर जी ने दिल्ली विश्वविद्यालय के हिन्दी विभाग में निकली जगहों में एप्लाई किया और वहाँ उनका चयन भी हो गया। 16 जुलाई 1961 को उन्हें

वहाँ ज्वाइन करना था। जैसे-जैसे देवीशंकर के मित्रों, गुरुजनों और सम्बन्धियों को पता लगता कि वे दिल्ली विश्वविद्यालय जा रहे हैं, सबकी अपने-अपने ढंग की प्रतिक्रिया होती। सब खुश थे, पर जिन्दगी का यह अहम निर्णय था। परिवार में माँ, भाई, बहिन, पत्नी और दो बच्चे। सात प्राणी साथ रहें या छूटें...। पर अवस्थी जी ने यह निर्णय खूब सोच-विचारकर लिया था—अपने से अधिक, सबके हित में। वे आगे बढ़ना चाह रहे थे, लिखना-पढ़ना चाह रहे थे, शायद उसके लिए कानपुर उतना उपयुक्त न था।

अवस्थी जी के गुरुजनों ने उन्हें कानपुर रहने की ही सलाह दी—परिवार के हित में और उनके हित में भी। पर अवस्थी जी दूर-द्रष्टा थे, महत्त्वाकांक्षी भी। साहित्यिक ज्ञान के लिए वे यहाँ-वहाँ भागे जाते थे। बात 1953 के अक्टूबर माह की है जो उनके एक लेख में दर्ज है कि भारतीय हिन्दी परिषद का ग्यारहवाँ अधिवेशन पटना में होने जा रहा था। अवस्थी जी उसमें जाते हैं और लिखते हैं—"इस बार यह अधिवेशन चन्द्रगुप्त के पाटलिपुत्र में होने जा रहा था। विचार आया क्यों न इकट्ठे तमाम विद्वानों के सम्पर्क और सत्संग को प्राप्त किया जाये। अस्तु डॉ. हरदेव बाहरी (प्रधानमन्त्री भा. हि. परि.) का पत्र मिलते ही हम लोग (मैं और भाई अजित शंकर) पटना के लिए तैयार हो गये। 8 अक्टूबर को पटना जंक्शन पर उतरते ही डॉ. त्रिलोकीनाथ दीक्षित से भेंट हो गयी। स्टेशन से बाहर आते-आते आचार्य हजारी प्रसाद द्विवेदी, उपन्यासकार यशपाल आदि दर्जनों साहित्य महारथी दिखाई पड़े। भोजन कर ही रहे थे कि डाइनिंग रूम में श्री रामवृक्ष जी बेनीपुरी आ गये। बेनीपुरी जी के साथ हम दोनों उनके घर गये। बेनीपुरी जी बड़े जिन्दादिल आदमी निकले। बातचीत के दौरान उन्होंने शिकायत की कि आजकल हिन्दी में रचनात्मक के स्थान पर विश्लेषणात्मक साहित्य का निर्माण हो रहा है। मुझे उसी समय डॉ. देवराज और जे.बी. प्रीस्टले याद आ गये। बेनीपुरी जी के घर से लौटकर आने पर डॉ. धर्मवीर भारती के कमरे में प्रसिद्ध डच विद्वान 'रामकथा' के लेखक फादर कामिल बुल्के से भेंट हो गयी। उन्होंने रामकथा के सम्बन्ध में अपनी कुछ नयी अवधारणाओं का जिक्र किया।

वहाँ पहले सत्र की श्री कन्हैयालाल माणिकलाल मुंशी ने अध्यक्षता की। दूसरे सत्र की डॉ. धीरेन्द्र वर्मा ने। विषय प्रवर्त्तन हरदेव बाहरी ने किया। डॉ. रामकुमार वर्मा, डॉ. हजारी प्रसाद द्विवेदी, रामधारी सिंह दिनकर एवं पण्डित रामनरेश त्रिपाठी आदि विद्वानों ने अपने सुझाव दिये। डॉ. इन्द्रनाथ मदान ने अगले दिन अध्यक्षता की। डॉ. चन्द्रबली पाण्डेय, डॉ. राजबली पाण्डेय, डॉ. उदयनारायण तिवारी, डॉ. सुधीन्द्र, आचार्य विनयमोहन शर्मा, डॉ. भगीरथ मिश्र, डॉ. दीनदयालु गुप्ता, डॉ. विश्वनाथ प्रसाद आदि विद्वानों ने भाषा में अभिव्यंजना शक्ति और सुसम्पादित अंग्रेजी हिन्दी कोश की आवश्यकता, अन्य भाषियों के बीच सद्भाव, विश्वविद्यालयों के पाठ्यक्रमों में

एकरूपता की आवश्यकता, वर्तनी आदि पर सार्थक चर्चाएँ कीं और उनके रचनात्मक सुझाव आदि ने देवीशंकर के प्राध्यापकीय जीवन की शुरुआत के लिए मार्गदर्शन किया। पटना से आने के बाद वे दुगने उत्साह के साथ अध्ययन-लेखन में रमते चले गये और इसी क्रम में कानपुर से दिल्ली की ओर कदम बढ़ा दिये।

दिल्ली आने पर दिल्ली विश्वविद्यालय में देवीशंकर का स्वागत हुआ था। पढ़ाने के लिए उन्हें उनके प्रिय विषय दिये गये थे। कुछ दिनों में ही दिल्ली घूम-घूमकर अवस्थी जी ने यहाँ भी अपनी मित्र-मण्डली बना ली थी। रिश्तेदारों से भी जाकर मिल आये थे। विश्वविद्यालय में भी वरिष्ठ लोगों को उन्होंने प्रभावित कर लिया था—अपने ज्ञान से। आचार्य हजारी प्रसाद द्विवेदी के निर्देशन में शोधकार्य करना उनके लिए गौरव की बात थी। विभिन्न विषयों की वृहत जानकारी के लिए उन्हें लोग जानने लगे थे, पहचानने लगे थे। सम्भवतः इस कारण ही उनकी मित्रता न केवल हिन्दी वालों से हुई, बल्कि अंग्रेजी, अर्थशास्त्र जैसे विषयों के लोग भी उनके मित्र बन गये।

दिल्ली के मॉडल टाउन में अवस्थी जी ने मकान किराये पर ले लिया था। विश्वविद्यालय के पास होने के कारण प्रायः दिल्ली विश्वविद्यालय के लोग मॉडल टाउन ही आकर रहने लगे। बल्कि मॉडल टाउन तब लेक्चरर बस्ती-सा हो गया था। नामवर सिंह, रामदरश मिश्र, विश्वनाथ त्रिपाठी, अजित कुमार, सावित्री सिन्हा, मन्मथनाथ गुप्त, उदयभान मिश्र, सर्वेश्वर दयाल सक्सेना, रमेश गौड़ जैसे छोटे-बड़े साहित्यकार भी वहीं आ गये थे। जो नहीं आये थे, वे गोष्ठियों के बहाने आते-जाते रहते।

देवीशंकर का घर जल्दी ही सबका घर हो गया था। दिल्ली जो कोई आता ठहरता—कोई थोड़े दिन-कोई ज्यादा दिन। नामवर सिंह आये तो एक बार तो लम्बे रुके। पण्डित कृष्ण शंकर शुक्ल भी महीनों रहे। ऐसे रहने वालों की एक लम्बी फेहरिस्त है—सम्बन्धियों, साहित्यकारों और मित्रों की। उसी दौरान राजेन्द्र यादव, मन्नू भण्डारी, मोहन राकेश, भारत भूषण अग्रवाल, अशोक वाजपेयी दिल्ली आ गये थे। नेमिचन्द्र जैन, सुरेश अवस्थी, अज्ञेय जी, रघुवीर सहाय, प्रयाग शुक्ल, कमलेश, श्रीकान्त वर्मा, कन्हैयालाल नन्दन, बच्चन जी, आदि साहित्यकारों से जल्दी ही अवस्थी जी के सम्बन्ध अनौपचारिक हो गये थे। और जल्दी ही सब एक-दूसरे के यहाँ आने-जाने लगे थे। रामदरश मिश्र बताते हैं कि जब कई दिन हम लोग अवस्थी जी के यहाँ नहीं पहुँचते तो वे सपत्नीक मुस्कराते हुए उनके यहाँ पहुँच जाते। विश्वनाथ त्रिपाठी के साथ भी ऐसा ही होता। एक विशेष अनुराग था अवस्थी जी में सबके प्रति।

अपने मोहल्ले के आस-पड़ोस में भी अवस्थी जी लोकप्रिय हो गये थे। चीनी आक्रमण के दौरान, सुरक्षा की दृष्टि से मोहल्ला समितियाँ बनीं। एक दिन अवस्थी जी तसला आदि मँगाकर खाई खोदने में जुट गये। एल शेप के चूने से बने विशाल प्लाट में देखकर लोगों का ध्यान गया। जब वे आगे आये तो अवस्थी जी को

फावड़ा चलाते देख उन्हें भी प्रेरणा मिली। तब घरों के रौशनदानों और खिड़कियों के शीशों पर काले कागज लगाने, पर्दे लगाने के सरकारी फरमान तो थे, पर कार्यरूप में परिणत करने की अगुआई के लिए भी अवस्थी जी घर-घर जाते। रात-रात मोहल्ले में पहरा देते, जब अन्य लोगों ने उन्हें देखा तो और लोगों के अलावा लेखकों में भी उत्साह आया।

देवीशंकर जितना समाज और साहित्य के प्रति समर्पित थे, उतना ही अपने परिवार के प्रति भी। कर्त्तव्यपरायणता, स्पष्टवादिता, प्रेम, सेवाभाव, सहनशीलता उनके व्यक्तित्व के खास गुण थे, जिसके चलते परिवार का हर सदस्य उनके लिए बराबर था। माँ के लिए वे श्रवण कुमार थे तो भाई-बहिन के लिए पिता समान। पत्नी के लिए आदर्श पति, तो बच्चों के लिए आदर्श पिता। अपनी सामर्थ्य भर, बल्कि सामर्थ्य से बाहर सबको उस ऊँचाई तक पहुँचाने की आकांक्षा थी, जिससे वे समाज का, परिवार का सर ऊँचा कर सकें। शिक्षा उसका माध्यम थी—अपने भाई को इंजीनियरिंग, बहिन को दिल्ली विश्वविद्यालय में, अपने तीनों बच्चों को अच्छे स्कूल में भर्ती करवाया था—भले ही अपना जीवन रहते वे उन्हें पनपते न देख सके, पर अवस्थी जी का बीजारोपण ही है, जो आगे-आगे राह दिखाता रहता है।

संकट की घड़ियों में अवस्थी जी का स्मरण और अधिक घनीभूत होता है, जब कोई राह नहीं सूझती। लगता है, दूसरों को राह देने वाला, दिखाने वाला, सहारा देने वाला व्यक्ति अपनों को बेसहारा कर गया है। पर तब तमाम राहें, सहारे मिल जाते हैं दरख्त की तरह, जिन्हें कभी अवस्थी जी लगा गये थे, जाने-अनजाने।

कहना न होगा कि अवस्थी जी का संक्षिप्त जीवन साहित्य और समाज के साथ पूर्णतः संयुक्त होकर अर्थवान बना रहा। शायद वे जानते थे कि लिखने का अर्थ तभी सार्थक हो पायेगा, जब साहित्य समाज की बोलती, बतियाती आवाज बने। वे एक वाक्पटु व्यक्ति थे, शायद इसीलिए वे लेखक के रूप में दो टूक दिखाई पड़ते हैं। उनका गतिमय जीवन और लेखन दो टूक आदमी की दास्तान है।

कमलेश अवस्थी

श्याम सिन्धु,
2/346-ए, आजाद नगर,
कानपुर (उ.प्र.)

इस लेख में देवीशंकर अवस्थी के लेखों से उद्धृत उद्धरण रचनावली के खण्ड-दो 'आलोचना सरोकार' और खण्ड-चार 'विविधा' में संगृहीत हैं। सं.

रचनावली के बारे में

'क्या कहूँ आज जो नहीं कही'

—निराला

देवीशंकर अवस्थी रचनावली का प्रकाशन बहुत पहले अपेक्षित था। इस समय वही घिसा-पिटा मुहावरा ही दोहराना उचित होगा कि 'देर आयद दुरुस्त आयद...'। देवीशंकर जी के देहावसान के 52 वर्ष हो गये पर आज तक यही लगता है कि यह अभी-अभी कल का हादसा है। 11 जनवरी, 1966 की वह शाम कभी भूल नहीं पाती जब दरियागंज और लाल किला के बीच सुभाष पार्क (पहले एडवर्ड पार्क) के आसपास कहीं बस ने उनके स्कूटर को धक्का मारा। तब भाई साहब राजेन्द्र यादव और जवाहर चौधरी के अक्षर प्रकाशन से अपनी दो पुस्तकों—'नयी कहानी : सन्दर्भ और प्रकृति' एवं 'अठारहवीं शताब्दी के ब्रजभाषा काव्य में प्रेमाभिव्यक्ति' (शोधप्रबन्ध) के कम्पोज्ड मैटर को देखकर ही लौट रहे थे। मुरली मनोहर प्रसाद सिंह उनके साथ थे। घर में मैं और अम्मा खाने पर उनका इन्तजार कर रही थीं। भाभी बच्चों के साथ कानपुर अपने मायके गयी थीं। उन्हें चार-पाँच दिन बाद लौटना था। भाई साहब के साथ हम सभी किताबों के प्रकाशन को लेकर बहुत उत्साहित थे। असीम प्रसन्नता के क्षणों में यह वज्रपात...

हमें अब भी यही आस है कि जैसे अपनी लम्बी यात्राओं के बाद वे मुस्कुराते हुए घर में दाखिल होते थे, उसी तरह अब भी किसी दिन वे आ जायेंगे और हँसते हुए कहेंगे—'देखो, तुम्हारे लिए क्या लाया हूँ?' पर 52 वर्ष तो 52 वर्ष होते हैं। प्रतीक्षा भी बराबर बनी ही रहेगी। यह अपनी भावना और गहरे लगाव की पीड़ा से उत्पन्न इच्छा है। भाई साहब की इस असामयिक, आकस्मिक, अपूरणीय क्षति से हमारे घर में एक बहुत बड़ा शून्य, डरावना अकेलापन छाया रहा है। धीरे-धीरे हम लोगों ने हिम्मत करके भाई साहब के लेखों तथा अन्य रचनाओं की सूची बनानी शुरू की। उनके द्वारा सँभाल कर रखी पत्रिकाओं, किताबों, अखबारों से खोज-खोज कर न जाने कितनी सूचियाँ बनीं। ये सूचियाँ और उनकी रचनाओं के पन्ने, फाइलें और पत्रिकाएँ ही उनके साथ-साथ होने, रहने की अनुभूति देती रहीं। हमे उनके संस्पर्श, साहचर्य, सरोकार को उनकी रचनाओं में पाने की कोशिश करते। यह उन

दिनों की दास्तान है जब हम लोग अपने दुःख को भूलने के लिए लगातार पत्रिकाओं के सम्पादकों और भाई साहब के मित्रों से पत्र-व्यवहार करके उनकी रचनाओं के बारे में सूचनाएँ एकत्र करने के जुनून की गिरफ्त में थे। जल्दी ही हम सबने महसूस किया कि इस एकत्रित की गयी सामग्री का प्रकाशन होना चाहिए।

चार-छह महीनों तक शोक तथा श्रद्धांजलि सभाएँ, संवेदना पत्र तथा दोस्तों-मित्रों का आना-जाना जारी रहा। इसी दौरान कई पत्रिकाओं ने विशेष सामग्री के साथ अपने अंक प्रकाशित किये। पर धीरे-धीरे एक ठण्डापन भी शुरू हो गया। अक्षर प्रकाशन से 'नयी कहानी : सन्दर्भ और प्रकृति' पुस्तक तो प्रकाशित हो गयी पर शोधप्रबन्ध का प्रकाशन अर्थाभाव के कारण अटक गया। फिर दो साल बाद 1968 में प्रकाशित हो सका। 13 जनवरी, 1966 तक उनकी केवल चार पुस्तकें प्रकाशित हुई थीं—1. कविताएँ : 1954, 2. आलोचना और आलोचना, 3. कहानी विविधा तथा, 4. विवेक के रंग। इसके अतिरिक्त 'भूले बिसरे चित्र' उपन्यास के संक्षिप्त संस्करण का सम्पादन लम्बी भूमिका के साथ राजकमल प्रकाशन से छप चुका था। प्रकाशित पुस्तकों में 'आलोचना और आलोचना' दिल्ली आने से पहले ही कानपुर के प्रज्ञा प्रकाशन ने 1961 में प्रकाशित कर दी थी। इस संग्रह में उन्होंने फरवरी 1961 तक के अपने लेख संकलित किये थे। रचनावली के काम के दौरान हमारा ध्यान इस तथ्य की ओर गया कि 1960 में 'समीक्षक' पत्रिका में 'आलोचना और आलोचना' के साथ उनकी दो नयी किताबों का विज्ञापन छपा था—साहित्य निकेतन, कानपुर के आगामी प्रकाशन के रूप में। इस विज्ञापन में शोधप्रबन्ध का उल्लेख था तथा 'नव्य समीक्षण' (1950 से 1960 तक) नामक निबन्ध संग्रह का भी जिक्र था। पर ऐसा लगता है कि दिल्ली आने के बाद कानपुर की योजनाएँ कानपुर में ही रह गयीं। जुलाई, 1961 में दिल्ली विश्वविद्यालय और दिल्ली के साहित्य-संसार में वे अपनी अन्यान्य नयी योजनाओं में व्यस्त हो गये। इस तरह अपनी नयी पुस्तक की योजनाओं को उन्होंने ज्ञानपीठ, राजकमल और अक्षर प्रकाशन के सहयोग से क्रियान्वित किया। 'विवेक के रंग' पुस्तक की बहुत प्रशंसा हुई। उन्हें बहुत ख्याति मिली और उन्हें व्यापक दृष्टिसम्पन्न सहृदय समालोचक माना जाने लगा। 'नयी कहानी : सन्दर्भ और प्रकृति' के प्रकाशन के बाद इस ख्याति में और भी वृद्धि हुई। साहित्य जगत् में उनकी एक पहचान स्थापित हो गयी। यद्यपि यह किताब उनके निधन के बाद ही प्रकाशित हुई थी। 'कहानी-विविधा' आज 55 वर्ष बाद भी इतनी लोकप्रिय है कि यह किसी न किसी विश्वविद्यालय या बोर्ड के द्वारा पाठ्यक्रम का हिस्सा बनी हुई है।

विषय और चयन की अद्भुत समझदारी के कारण राधाकृष्ण प्रकाशन के श्री ओमप्रकाश जी के आग्रह पर एक और नयी किताब की योजना 1965 में ही साहित्य की विविध विधाओं के स्वरूप को लेकर उन्होंने बनायी। अभी उन्होंने संगृहीत किये जानेवाले लेखों की सूची ही बनायी थी कि यह अप्रत्याशित घटित हो गया।

हम लोगों ने लेख इकट्ठे किये, अनुवाद किये और करवाये। पर दो बार पाण्डुलिपि तैयार कर देने के बाद कई वर्षों तक प्रकाशक की ओर से टालमटोल चलता रहा। अन्ततः हमारी समझ में यही आया कि यह इनकार का तरीका है। तब हमने अन्य प्रकाशनों से इसके प्रकाशन की सम्भावनाएँ तलाशनी शुरू कीं।

दिल्ली आने के बाद देवीशंकर जी के लेखन की गति और परिमाण में चौंकाने वाली वृद्धि का नोटिस जरूर लिया जाना चाहिए। कहानी, कविता, गीत, उपन्यास, नाटक और रंगकर्म—सभी पर उनका फोकस है। इस क्रम में हर विधा की विशिष्टता और पार्थक्य को उन्होंने रेखांकित किया। अलग-अलग विधाओं की आलोचना सैद्धान्तिकी या आलोचना दृष्टि के मानक बनाने का सार्थक प्रयास किया। आलेख, पुस्तक-समीक्षाएँ और अनुवाद आदि के साथ उन्होंने ज्वलन्त सामयिक मुद्दों पर लेख लिखे। इन सभी की जो सूची हम लोगों ने बनायी उसमें लगभग चार निबन्ध संग्रहों की पर्याप्त सामग्री का अनुमान लगाया। भाई साहब के अनेक मित्रों से पाण्डुलिपि बनाने, दिखाने और किताबों के शीर्षक आदि तय करने के लिए समय माँगा, सूचियाँ भेजीं पर लम्बे इन्तजार और निःशब्द चुप्पियों के बाद संकोच और भय को तिलांजलि दे दी। अचानक आये इस तूफान से जूझने का संकल्प लिया। पर जाहिर है कि हम स्त्रियों के लिए यह रास्ता इतना आसान भी नहीं था।

घर-परिवार की आर्थिक, सामाजिक और मानसिक दिक्कतों से लेकर बच्चों की पढ़ाई-लिखाई की जद्दोजहद करते 12 साल निकल गये। इस बीच आपातकाल में मुरली मनोहर प्रसाद सिंह के गिरफ्तार कर लिए जाने से और भी ज्यादा दिक्कतों या तनाव में समय गुजरता रहा। पर आपातकाल खत्म होते ही मुरली जी के सहयोग से 'रचना और आलोचना' शीर्षक से भाई साहब के अति प्रमुख आलेखों का संग्रह तैयार किया। 1978 में मैकमिलन इण्डिया प्रकाशन ने भाभी श्रीमती कमलेश अवस्थी से अनुबन्ध किया। 1979 में 'रचना और आलोचना' का प्रकाशन मैकमिलन ने किया। यद्यपि देहावसान के 13 वर्ष बाद संग्रह प्रकाशित हो सका पर 'रचना और आलोचना' के प्रकाशित होते ही हिन्दी आलोचना संसार से लगभग विस्मृत और बेदख़ल कर दिये गये देवीशंकर अवस्थी पूरे दमखम के साथ उपस्थित हो बहस के लिए आ डटे। मैकमिलन से डॉ. देवीशंकर अवस्थी के निबन्ध संग्रह के प्रकाशन के लिए हम लोग कहानीकार डॉ. माहेश्वर और आलोचक डॉ. श्यामबिहारी राय के बहुत आभारी हैं कि तमाम बन्द दरवाजों के बीच उन लोगों के सहयोग से प्रकाशन जगत का बन्द बुलन्द दरवाजा खुल गया। 1981 में मैकमिलन ने ही भाई साहब के सम्पादन में तैयार की गयी तीसरी पुस्तक 'साहित्य विधाओं की प्रकृति' को प्रकाशित किया। 15 साल बाद किताब प्रकाशित हुई। सुधी पाठकों ने इसका पुरजोर स्वागत किया। हिन्दी में यह अपने ढंग की ऐतिहासिक अनूठी पुस्तक है जिसमें देवीशंकर अवस्थी ने 10 अन्तर्राष्ट्रीय विद्वानों के साथ 6 हिन्दी और एक बांग्ला, एक मराठी के विद्वानों को

एक साथ हिन्दी समाज के सामने उपस्थित किया। सोचने की बात है कि यह पुस्तक यदि 1967-68 में ही राधाकृष्ण प्रकाशन से छप गयी होती तो हिन्दी का बृहत्तर पाठक समुदाय अन्तर्राष्ट्रीय स्तर पर हो रही अद्यतन बहसों से रू-ब-रू हो चुका होता। यहीं यह उल्लेखनीय है कि इस पुस्तक में संकलित अंग्रेजी लेखों का अनुवाद करने में श्री रत्नधर झा, हरभगवान मेंहदीरत्ता, आनन्द स्वरूप वर्मा, नारायण कुमार, त्रिनेत्र जोशी, मुरली मनोहर प्रसाद सिंह आदि से पूरी मदद मिली। हम हृदय से सबके आभारी हैं। मैकमिलन इण्डिया से हिन्दी प्रकाशन बन्द हो जाने के बाद और राधाकृष्ण प्रकाशन के बिक जाने के बाद उसके नये मालिक श्री अशोक माहेश्वरी ने 'साहित्य विधाओं की प्रकृति' का दूसरा संस्करण राधाकृष्ण प्रकाशन से ही प्रकाशित किया।

मैकमिलन इण्डिया का हिन्दी प्रकाशन बन्द हो जाने के कारण देवीशंकर अवस्थी के दो निबन्ध संग्रहों के प्रकाशन की योजना पुनः स्थगित हो गयी। यद्यपि इसी बीच 1973 से ही 'नयी कहानी : सन्दर्भ और प्रकृति' राजकमल प्रकाशन से लगातार प्रकाशित हो रही थी। सम्भवतः शीला संधू और राजेन्द्र यादव के बीच अक्षर प्रकाशन की किताबों के प्रकाशन को लेकर कोई सहमति हो गयी थी परन्तु 'विवेक के रंग' पुस्तक बाजार में उपलब्ध नहीं थी। उसकी चर्चा एवं उल्लेख बराबर किया जाता था। इसलिए भाभी और मैंने भारतीय ज्ञानपीठ से बार-बार बात की। उसके नये निदेशक श्री बिशन टण्डन को विश्वास में लेकर 'विवेक के रंग' के अगले संस्करण का अनुरोध किया। परन्तु सम्भवतः उन दिनों ज्ञानपीठ की आर्थिक स्थिति डाँवाडोल थी। शायद इसीलिए या अन्य किन्हीं कारणों से वे हमारे अनुरोधों को पहले तो टालते रहे; अन्ततः कॉपीराइट को वापस करने के हमारे आग्रह को उन्होंने मान लिया। स्वीकृति पत्र देने में काफी वक्त लगाया, पर अन्ततः दे दिया।

उन्हीं दिनों भाई साहब के समकालीन लेखकों की षष्टिपूर्ति का चलन शुरू हो गया था। काफ़ी जोर-शोर से षष्टिपूर्ति के कई कार्यक्रम आयोजित हो चुके थे। हम लोगों ने भी सोचा कि यदि भाई साहब जीवित होते तो 1990 में वे भी 60 वर्ष पूरा करते। हमने संकल्प किया कि वे नहीं उपस्थित रहेंगे तो क्या पर हम उनकी षष्टिपूर्ति का उत्सव जरूर करेंगे। सबसे पहले हमने राजेन्द्र यादव से बात की। राजेन्द्र जी और अजित कुमार जी दो ऐसे रचनाकार दिल्ली में थे जिन्हें मैं बचपन से जानती थी। राजेन्द्र जी ने पूरी योजना सुनकर तत्काल अपनी रज़ामन्दी दी कि 'हंस' के अप्रैल 1990 अंक में देवीशंकर अवस्थी की षष्टिपूर्ति के अवसर पर विशेष सामग्री प्रकाशित की जायेगी और उनके आलोचनात्मक अवदान पर एक सेमिनार भी 'हंस' द्वारा आयोजित होगा। इसके बाद हम लोग पूरे उत्साह से इस आयोजन की तैयारी में जुट गये। हमने भाई साहब के अधिकांश महत्त्वपूर्ण लेखों (उपन्यास, कहानी, कविता, गीत, आलोचना) के 60-70 सेट तैयार किये। अपने कई हमउम्र लेखकों से उनपर लेख लिखने का आग्रह कर सामग्री दी। दिल्ली और अन्य हिन्दी प्रदेशों से निकलने वाले हिन्दी समाचार-पत्रों

में काम करनेवाले सभी लेखक साथियों से सम्पर्क किया। सभी के पास उनकी आलेख सामग्री इस अनुरोध के साथ भेजी गयी कि 5 अप्रैल, 1990 के दिन या उसकी पूर्वसन्ध्या पर अवस्थी जी के लेख उनकी स्मृति में प्रकाशित करें और सम्भव हो तो किसी लेखक का संक्षिप्त मूल्यांकनपरक लेख भी प्रकाशित करें। सभी मित्रों, लेखकों एवं पत्रकारों ने बेहद उत्साह के साथ इस आयोजन को सफल बनाया। दिल्ली, लखनऊ, कानपुर, इलाहाबाद, पटना, जयपुर, भोपाल के सभी प्रमुख समाचार-पत्रों जैसे जनसत्ता, हिन्दुस्तान, नवभारत टाइम्स, दैनिक जागरण, राष्ट्रीय सहारा, नयी दुनिया, अमर उजाला, आज आदि में षष्टिपूर्ति के अवसर पर देवीशंकर अवस्थी को याद किया गया। हंस, अप्रैल, 1990 का अंक भी विशेष सामग्री के साथ प्रकाशित हुआ।

आलोचनात्मक अवदान पर केन्द्रित सेमिनार में अवश्य परिवर्तन हुआ। यह बड़ा परिवर्तन था। इसका श्रेय भी श्री राजेन्द्र यादव को ही है। मैंने तो साहित्य अकादेमी से सम्पर्क किया नहीं था। सम्भवतः राजेन्द्र जी के माध्यम से ही यह खबर वहाँ कार्यरत आदरणीय शानी और विष्णु खरे जी को मिली होगी। तत्काल यह कार्यक्रम अकादेमी ने स्वीकार कर लिया। इस तरह पूर्व निर्धारित वक्ताओं में श्री उदय प्रकाश ने देवीशंकर अवस्थी के आलोचनात्मक अवदान पर अपने आलेख का पाठ किया। श्री श्रीलाल शुक्ल, श्री राजेन्द्र यादव, श्री विष्णु प्रभाकर, श्री अजित कुमार, श्री विश्वनाथ त्रिपाठी, श्री रामदरश मिश्र, श्री नित्यानन्द तिवारी, श्री कुँवर नारायण, श्री नेमिचन्द्र जैन, श्री विष्णु खरे और श्री रमेश उपाध्याय सहित तत्कालीन अनेक युवा रचनाकार भी षष्टिपूर्ति की इस स्मृति गोष्ठी में शामिल हुए। षष्टिपूर्ति के अवसर पर विभिन्न अखबारों और पत्रिकाओं में प्रकाशित आलेख और साहित्य अकादेमी आयोजित स्मृति संगोष्ठी में पढ़े गये निबन्ध तथा उनके अनेक मित्रों द्वारा लिखे गये संस्मरण को प्रोफेसर राजेन्द्र कुमार ने सम्पादित किया और 'आलोचना का विवेक' नाम से लोकभारती से इस पुस्तक का प्रकाशन 2004 में हुआ।

1990 के इस आयोजन और बड़े पैमाने पर देवीशंकर अवस्थी के महत्त्वपूर्ण आलेखों के अखबारों और पत्रिकाओं में प्रकाशन के प्रभाव से उनकी पुस्तकों की माँग बढ़ी। प्रकाशकों के बीच भी सुगबुगाहट फिर से शुरू हुई। सबसे पहले वाणी प्रकाशन के श्री अरुण माहेश्वरी ने उनकी तीन पुस्तकों—'आलोचना और आलोचना', 'विवेक के रंग' तथा 'रचना और आलोचना' के पुनःप्रकाशन के प्रस्ताव के साथ हमसे सम्पर्क किया।

फरवरी-मार्च 1995 में वाणी प्रकाशन का बहुत बड़े स्तर पर तीनों पुस्तकों के लोकार्पण-विमोचन का आयोजन त्रिवेणी सभागार, नयी दिल्ली में सम्पन्न हुआ। 1995 में दूसरी बड़ी योजना का सूत्रपात इस तरह हुआ कि हमारी भाभी श्रीमती कमलेश अवस्थी ने भाई साहब के मित्रों से सलाह-मशविरा करके 'देवीशंकर अवस्थी आलोचना सम्मान' की घोषणा जारी की। यह पुरस्कार 35 वर्षों के युवा आलोचक की पिछले एक वर्ष यानी जनवरी से दिसम्बर के बीच प्रकाशित आलोचना पुस्तक,

आलेख, समीक्षा या सम्पादन-अनुवाद पर एक पाँच सदस्यीय निर्णायक समिति द्वारा तय करके दिया जायेगा और आगामी वर्ष, 5 अप्रैल को देवीशंकर अवस्थी के जन्मदिन पर सम्मान प्रदान किया जायेगा। बाद में निर्णायक समितियों ने प्रावधानों में कुछ परिवर्तन भी किये। हिन्दी संसार ने 'आलोचना सम्मान' को हाथों-हाथ लिया। अभी तक आलोचना के लिए, वह भी युवा आलोचक के लिए, कोई पुरस्कार नहीं था, यद्यपि कहानी-कविता में शुरू हो चुके थे। पिछले दो दशकों से भी अधिक समय से यह पुरस्कार जारी है। अपनी पारदर्शिता के लिए ख्यात भी है। अब तक पुरस्कृत युवा 22 आलोचकों में से अनेक यथा मदन सोनी, पुरुषोत्तम अग्रवाल, विजय कुमार, डॉ. शंभुनाथ, वीरेन्द्र यादव, पंकज चतुर्वेदी, अरविन्द त्रिपाठी, प्रियम अंकित, जितेन्द्र श्रीवास्तव, संजीव कुमार, वैभव सिंह आदि अपना खास मुकाम बना चुके हैं।

1997 में वाणी प्रकाशन ने ही देवीशंकर अवस्थी के भक्ति सम्बन्धी आलेखों का संग्रह 'भक्ति का सन्दर्भ' और 1999 में आलोचना सम्बन्धी आलेख एवं कुछ पुस्तक समीक्षाओं का संग्रह 'आलोचना का द्वन्द्व' नाम से प्रकाशित किया। 2003 में समसामयिक मुद्दों, सरोकारों, चिन्तन तथा ललित लेखन से जुड़े संग्रह को स्वराज प्रकाशन, दिल्ली ने 'विवेक के कुछ और रंग' नाम से प्रकाशित किया।

रचनाओं और पुस्तकों के प्रकाशन के सन्दर्भ में एक बार फिर सन् 2001 में भारतीय ज्ञानपीठ के साथ नाता जुड़ा। प्रसंग और सन्दर्भ है पत्र-संचयन 'हमकों लिख्यौ है कहा' का। हमारे भाई साहब पत्रों का उत्तर तुरन्त देने के बाद भी उन्हें R (Replied) लिखकर तार वाले क्लिप में खोंस देते या सम्पादित पुस्तकों से सम्बन्धित पत्रों की एक फाइल में रख देते। पहले भाई साहब ने स्वयं और बाद में हमारी भाभी नें बहुत जतन से यह सब सामान सँजो कर रखा। कानपुर में 77/1 हालसी रोड से पत्रों के इस सफर में हिन्दी विभाग, डी.ए.वी. कॉलेज, 32/147 मनीराम बगिया तथा 'कलजुग' कार्यालय, राममोहन हाता से हिन्दी विभाग स्नातकोत्तर संस्थान (सान्ध्य), दिल्ली विश्वविद्यालय के साथ सी 7/77 मॉडल टाउन एवं सी 5/16 मॉडल टाउन, दिल्ली-110009 तक के पत्रों को वे भाई साहब की तरह ही सँभाल कर रखती रहीं। दिल्ली में भाई साहब के बाद कई मकान बदलने पड़े। फिर 1969-70 में उन्होंने कानपुर रहने का निर्णय लिया और दिल्ली छोड़ दी। पत्रों के साथ भाई साहब की सारी किताबें और लेखन सामग्री दिल्ली से कानपुर चली गयी। 1998 के आसपास इन पत्रों को प्रकाशित कराने के बारे में सलाह-मशविरा उन्होंने शुरू किया। क्योंकि पत्र देवीशंकर के नहीं थे। उनके पास अन्यों के पत्र थे जो उन्हें लिखे गये थे या उनके लिखे पत्रों के जवाब में आये थे। पर थे बड़े महत्त्वपूर्ण। इनमें तत्कालीन साहित्यिक-सांस्कृतिक जीवन की सक्रियता की धड़कन सुनाई देती थी। अधिकांश पत्र भाभी ने हाथ से नकल किये तथा कुछ टाइप कराये। लगभग 250 पत्रों का यह श्रमसाध्य काम उन्होंने एक सवा साल में पूरा कर लिया। इस बीच श्री दिनेश

मिश्र भारतीय ज्ञानपीठ के नये निदेशक बने। उन्होंने 'विवेक के रंग' के ज्ञानपीठ से अलग होने पर खेद जताया। खेद तो हम लोगों को भी बहुत था परन्तु पुस्तक की उपलब्धता की माँग को लेकर यह कदम उठाया गया था। बातों-बातों में दिनेश जी से भाई साहब के पास आये संरक्षित पत्रों की बात हुई। इन लगभग 250 पत्रों में 14 पत्र ज्ञानपीठ के लक्ष्मीचन्द्र जैन और 'विवेक के रंग' से सम्बन्धित थे। बात आगे बढ़ी। ज्ञानपीठ ने पुस्तक के प्रकाशन के लिए सहमति दे दी। उन दिनों श्री पद्मधर त्रिपाठी भी ज्ञानपीठ से सम्बद्ध थे। उनके पास भी भाई साहब की कई यादें थीं। सन् 2001 में 'हमकों लिख्यौ है कहा' नाम से पुस्तक का प्रकाशन हुआ। पुस्तक का नाम ब्रजभाषा कवि जगन्नाथ दास 'रत्नाकर' के उस पद से लिया गया है जिसमें उद्धव के वृन्दावन आने पर व्याकुल-बेचैन गोपियाँ कृष्ण के पत्र का सन्देश पूछ रही हैं। वास्तव में भाई साहब भी बहुत बेचैनी और प्रेम से पत्रों का इन्तजार करते थे। यह पुस्तक सन् 1953 से जनवरी 1966 के 12 वर्षों के साहित्यिक-सांस्कृतिक परिवेश का जीता-जागता दस्तावेज़ तो है ही, साथ ही देवीशंकर अवस्थी की साहित्यिक सक्रियता, सूझबूझ, सरोकारों और मित्रों-परिचितों के साथ उनकी 'संवादप्रियता' की अनूठी दास्तान भी है। यद्यपि इस पुस्तक का उस तरह से स्वागत या चर्चा-परिचर्चा नहीं हुई जैसी अपेक्षित थी या होनी चाहिए थी। पर आज भी यह बात पूरे विश्वास से कही जा सकती है कि आनेवाले समय में 'हमकों लिख्यौ है कहा' पत्र-साहित्य का विरल दस्तावेज़ तो सिद्ध होगा ही, सन् 1950 के बाद के हिन्दी साहित्य के इतिहास का महत्त्वपूर्ण स्रोत ग्रन्थ भी माना जायेगा।

देवीशंकर अवस्थी की पुस्तकों के प्रकाशन का यह लम्बा विवरण इसलिए बहुत जरूरी है कि हमारा भाषाभाषी समाज यह जान सके कि पुस्तक के लेखन-प्रकाशन के पीछे कितने खलल, व्यवधान, सहयोग-असहयोग, समीकरण, सरोकार झेलने होते हैं। किसी पुस्तक या पत्रिका के प्रकाशन में कितना श्रम, कितना धन जरूरी होता है! परन्तु हमारा हिन्दी भाषाभाषी समाज अपने लेखकों की कितनी स्मृति रखता है!

कहना यह है कि देवीशंकर अवस्थी का लेखन विलम्बित गति से भी रुक-रुक कर प्रकाशित होता रहा। पर उनकी कविताएँ, डायरी, पत्र अभी तक पुस्तक रूप में प्रकाशित नहीं हो सके हैं। अब रचनावली में हिन्दी भाषी समाज उन्हें पढ़ेगा। इन व्यवधानों के बावजूद साहित्य अकादेमी ने उनके आलोचनात्मक अवदान को अन्ततः स्वीकार किया। सन् 2006 में 'भारतीय साहित्य निर्माता' सीरीज़ में 'देवीशंकर अवस्थी' नाम से एक विनिबन्ध (मोनोग्राफ) एवं 2012 में 'देवीशंकर अवस्थी : रचना संचयन' प्रकाशित किया। राष्ट्रीय पुस्तक न्यास (नेशनल बुक ट्रस्ट) ने भी 'भारतीय पुस्तक माला' के अन्तर्गत 2008 में 'देवीशंकर अवस्थी : संकलित निबन्ध' शीर्षक पुस्तक का प्रकाशन किया। यह उल्लेख करना आवश्यक प्रतीत होता है कि दिल्ली विश्वविद्यालय और जवाहरलाल नेहरू विश्वविद्यालय जैसे कई अन्य विश्वविद्यालयों

में उनके आलोचनात्मक अवदान पर एम. फिल., पीएच.डी. का शोधकार्य हो रहा है। विभिन्न सम्पादित पुस्तकों में उनके कई लेख और समीक्षाएँ संगृहीत की जा रही हैं। राजस्थानी सहित भारतीय भाषाओं में उनके लेखों का अनुवाद हो रहा है।

वैचारिक नवोन्मेष और साहित्यिक ऊर्जा से भरपूर देवीशंकर अवस्थी अपनी सक्रियता, जागरूकता और आत्मीयता के कारण दिल्ली जैसे नये शहर में 2 वर्ष के अन्दर ही विभिन्न समितियों—सरकारी-गैर-सरकारी एवं विश्वविद्यालयी समितियों के सलाहकार, सदस्य और पदाधिकारी बना दिये गये थे। उनको मिले पत्रों के संग्रह 'हमकों लिख्यौ है कहा' से ज्ञात होता है कि वे कितनी-कितनी समितियों के सदस्य, सलाहकार और पदाधिकारी थे, यहाँ तक कि केन्द्रीय हिन्दी निदेशालय ने मास्को विश्वविद्यालय के लिए उनका नाम भेज दिया था। प्रकाशन विभाग, भारत सरकार द्वारा प्रस्तावित बांग्ला विद्वान श्री विनय घोष लिखित 'ईश्वर चन्द्र विद्यासागर' का उन्होंने अनुवाद किया था।

1995 में भाई साहब की तीन पुस्तकों के पुनःप्रकाशन के लोकार्पण-विमोचन के अवसर पर डॉ. नामवर सिंह ने ठीक ही कहा था कि 'बीच बहस से उठकर चले गये देवीशंकर'—इस टिप्पणी पर संशोधन यही है कि वे स्वयं उठकर नहीं गये थे, 'उठा लिये गये थे।' मृत्यु ने उनका अपहरण कर लिया। उनकी रचनाओं का पुस्तकाकार प्रकाशन ही उनकी उपस्थिति को जीवित रखेगा और बहसों में हस्तक्षेप को सुनिश्चित करेगा। रचनावली का प्रकाशन इसी दिशा में एक और बड़ा कदम है।

रचनावली की परिकल्पना

सन् 2013 में वाणी प्रकाशन से देवीशंकर अवस्थी के सम्पूर्ण लेखन को प्रकाशित करने का सुखद प्रस्ताव मिलते ही हमने भाई साहब के लेखन को एक बार फिर से खँगाला। सन् 1950 से 1966 यानी 50-60 पहले की पत्रिकओं में छपे लेखों की कटिंग्स या पत्रिकाएँ भाभी के पास जर्जर हालत में भी सुरक्षित हैं। रचनावली के सम्पादन के लिए भाभी के आग्रह को मैंने आदेश माना। लेकिन 2000 से अधिक पृष्ठों की सामग्री का संकलन-सम्पादन किस तरह किया जाय? समग्र लेखन का सम्पादन और प्रकाशन इतना चुनौतीपूर्ण होगा, इसका अन्दाजा पहले 'रचना और आलोचना', 'भक्ति का सन्दर्भ' और 'आलोचना का द्वन्द्व' को तैयार करते वक्त कभी महसूस नहीं हुआ था। समग्र लेखन प्रकाशित हो, इसकी इच्छा हम लोगों को बहुत रही पर हमने कभी इसके स्वरूप को अपनी सोच का हिस्सा नहीं बनाया था। यह समस्या अनेक संकल्पों और विकल्पों के रास्ते से गुजरी। पहला आसान विकल्प यह था कि प्रकाशन के कालक्रमानुसार प्रकाशित संग्रहों को संगृहीत कर तीन खण्डों में और जो सामग्री अभी तक पुस्तक रूप में संगृहीत नहीं है, उसे संगृहीत कर एक और खण्ड बनाकर चार खण्ड में ग्रन्थावली का रूप दिया जाय। दूसरा विकल्प था कि भाई साहब के लेख, निबन्ध, आलेख, पुस्तक समीक्षा, टिप्पणी,

ललित गद्य, रेखाचित्र, व्यंग्य, रिपोर्ताज, एकांकी, कविता और डायरी को विधा और विषय की संगति के अनुसार तत्कालीन बहसों के बीच पत्रिकाओं के नाम के साथ कालक्रमानुसार प्रस्तुत किया जाय।

काफी सोच-विचार के बाद यह दूसरा विकल्प ही सुसंगत और रचनात्मक लगा। इसलिए मैंने रचनावली का यही स्वरूप निर्धारित किया तथा कालक्रम की पद्धति को अपनाया है। यह पद्धति श्रमसाध्य अवश्य है परन्तु यह पद्धति देवीशंकर अवस्थी के आलोचनात्मक और रचनात्मक क्रमिक विकास, योगदान और तत्कालीन परिदृश्य को अधिक सुचिन्तित, पारदर्शी एवं जीवन्त रूप में उपस्थित करेगी। पर इस दूसरे विकल्प के साथ विधाओं का प्रश्न भी गम्भीरता से पीछा करता रहा। मैंने देवीशंकर अवस्थी के 'साहित्य की सभी सृजनात्मक विधाओं के अलग-अलग मानकों की तर्कसंगत व्याख्या' के महत्त्वपूर्ण योगदान को और अधिक स्पष्टता के साथ रखने का प्रयास इस पद्धति के माध्यम से किया है। हर विधा पर केन्द्रित आलेख एवं उस विधा की पुस्तक समीक्षा को अलग-अलग उपखण्ड बना कर कालक्रमानुसार प्रस्तुत करना ज्यादा वस्तुपरक और तर्कसंगत प्रतीत हुआ।

एक दुविधा और मोह 'आलोचना और आलोचना' को लेकर मन में उठा कि भाई साहब के स्वयं तैयार किये संग्रह को क्या ज्यों का त्यों रचनावली में ले लेना चाहिए? परन्तु जैसे-जैसे रचनावली का काम आगे बढ़ा वैसे-वैसे मन मुक्त व निर्लिप्त होता गया। सामग्री संयोजन के दौरान इस निबन्ध संग्रह पर कवि राजकमल चौधरी की समीक्षा (1962) पढ़ने को मिल गयी। अपनी समीक्षा में उन्होंने थीम के अनुसार निबन्धों का संयोजन करने की सलाह दी थी। 'विवेक के रंग' के सम्पादन-संचयन से मार्गदर्शन ग्रहण किया। 'रचना और आलोचना' (1979), 'भक्ति का सन्दर्भ' (1997), 'आलोचना का द्वन्द्व' (1999) तथा 'विवेक के कुछ और रंग' (2003) के लेखों के क्रम में भी बदलाव इन्हीं कारणों से हुआ।

चार खण्डों में रचनावली इसी परिकल्पना की योजना के साथ प्रकाशित हो रही है। देवीशंकर अवस्थी की आलोचना दृष्टि को रचनावली के खण्ड एक में 'आलोचना संवाद', खण्ड दो में 'आलोचना सरोकार' और खण्ड तीन में 'आलोचना भक्ति' नाम से सूत्रबद्ध किया है तथा रचनावली के खण्ड चार को 'विविधा' संज्ञा दी है। देवीशंकर अवस्थी आलोचना को भी रचना मानते थे। आलोचनात्मक लेखन को कविता, कहानी की तरह सृजन का माध्यम माना। आलोचना को दोयम दर्जा मानने की मान्यता की उन्होंने तीखी आलोचना की है। वे सुधी सहृदय, बहुज्ञ पाठक और आलोचक थे। उन्होंने स्वयं कई विधाओं में लिखने के प्रयोग किये हैं, उन सबको खण्ड चार 'विविधा' में समाहित कर लिया गया है।

रचनावली के प्रकाशन में इस प्रविधि को अपनाने के कारण वाणी प्रकाशन के सम्पादकीय विभाग को काफी परेशानी उठानी पड़ी। चूँकि ग्रन्थावली के अनुसार सभी

किताबों की कम्पोजिंग हो गयी थी। पर कालक्रम, विषय और विधागत संयोजन के कारण सारी सामग्री बिखर गयी। उलटफेर हो गया। सारे लेखों का संयोजन कर अनुक्रम सूचियाँ मैंने तैयार कीं तब फिर से काम शुरू हो सका। प्रकाशन की पेचीदगियों की जानकारी कम होने तथा प्रेस कॉपी बनाने की मेरी अल्पज्ञता से वाणी प्रकाशन पर काम का बोझ कुछ ज्यादा हो गया। एक पुस्तक की प्रेस कॉपी बनाने और रचनावली की तैयारी का अन्तर एवं कार्यभार भी समझ में आया।

रचनावली के सम्पादन के दौरान कालक्रमानुसार प्रविधि के अनुपालन से देवीशंकर अवस्थी के लेखन और जीवन से परिचय अद्भुत रहा और चौंकानेवाला भी। प्रति एक वर्ष का चार्ट या ग्राफ बनाने पर उनके वैविध्यपूर्ण लेखन का परिमाण आश्चर्यचकित कर देता है। स्वास्थ्य, शिक्षा, रोजगार एवं अर्थाभाव सम्बन्धी तमाम प्रारम्भिक परेशानियों के बावजूद स्वाध्याय से ज्ञानार्जन कर इण्टरमीडिएट करके कानपुर के डी.ए.वी. कॉलेज में 1949 में दाखिला लेते हैं। मामा के गोदाम में डेरा जमाते हैं। पढ़ते-पढ़ते ही मेधावी छात्र की छवि के कारण परीक्षाफल आने पर शिक्षक नियुक्त कर लिये जाते हैं। छात्र-जीवन का यदा-कदा का लेखन अब नियमित होने लगता है। 1953 से कविताएँ और आलोचनात्मक लेखन से हुई शुरुआत 1954-55 में वैचारिक तैयारी और पूरे आत्मविश्वास के साथ विभिन्न साहित्य विधाओं में लेखन करना शुरू कर देते हैं। 1956-57 तक अपना एक मुकाम बना लेते हैं। यही नहीं, 1957 में ही 'कलजुग' के सम्पादन की जिम्मेवारी भी ले लेते हैं। इस समय तक लखनऊ, इलाहाबाद, पटना, बनारस, ग्वालियर, नागपुर, हैदराबाद जैसे साहित्य केन्द्रों से उनके गहरे सम्पर्क स्थापित हो जाते हैं। उनकी साहित्यिक यात्रा के आप सभी सहभागी और साक्षी बनें, इसी प्रयोजन से रचनावली का संयोजन-नियोजन किया गया है। रचनावली अब उनके निबन्धों का मात्र संकलन ही नहीं बल्कि उनके सम्पूर्ण लेखन का कालक्रम से विषय एवं विधागत प्रामाणिक दस्तावेज़ भी है। चार खण्डों में संयोजित रचनावली के परिचयात्मक विवरण में मैंने तत्कालीन परिदृश्य और आज के विमर्शों के साथ डॉ. देवीशंकर अवस्थी की आलोचना दृष्टि की व्याप्ति एवं संगति को केन्द्र में रखा है।

त्रुटि-स्वीकार

पाँच प्रकाशित निबन्ध संग्रहों, प्रविष्टियों, सम्पादित पुस्तकों की भूमिकाओं, पत्रों एवं अनुवाद के अतिरिक्त आ. भाभी से प्राप्त लिखित, टंकित या फोटोकॉपी से प्राप्त डायरी, कविताओं तथा अन्य असंकलित अथवा अप्रकाशित सामग्री का यथाशक्ति, यथाज्ञान सम्पादन करने का प्रयास मैंने किया है। संस्कृत, प्राकृत, ब्रजभाषा तथा अंग्रेजी के उद्धरणों एवं विद्वानों के नामों में कुछ त्रुटियाँ-अशुद्धियाँ जरूर रह गयी होंगी। हिन्दी टंकण की अशुद्धियों से हम सभी वाकिफ़ हैं। यथासम्भव उन्हें भी दूर

करने का प्रयास किया गया है। आधी से अधिक रचनाओं की मूल प्रति न होने के कारण कुछ लेखों का प्रकाशन तथा रचनाकाल डायरी की नोटिंग्स, भाभी को लिखे पत्रों का 'हमकों लिख्यौ है कहा' के पत्रों की सूचनाओं पर आधारित है।

आलोचना संवाद : खण्ड एक

रचनावली के इस खण्ड में देवीशंकर अवस्थी के 52 आलेख और 53 पुस्तक समीक्षाएँ संगृहीत हैं। ये सभी लेख एवं पुस्तक समीक्षाएँ साहित्य की विधाओं के सैद्धान्तिक एवं व्यावहारिक आलोचना विवेचन से सम्पृक्त हैं। अतः इस खण्ड की परिकल्पना विधागत संयोजन की प्रस्तुति पर आधारित है। इन संकलित लेखों और समीक्षाओं को पाँच उपखण्डों में नियोजित किया गया है। इन पाँच उपखण्डों के दो-दो भाग हैं—आलेख और समीक्षा। उदाहरण के लिए आलोचना के अपने मानकों से जुड़े प्रश्नों, विवादों की पड़ताल या नये मानकों को स्थापित करने की कोशिशों से सम्बद्ध लेखों को 'आलोचना : आलेख' तथा आलोचना पुस्तकों की समीक्षा को 'आलोचना : समीक्षा' उपखण्ड में कालक्रम से मैंने संयोजित किया है। इसी प्रविधि का अनुपालन मैंने कविता, उपन्यास, कहानी और नाटक विधा सम्बन्धी आलेखों तथा पुस्तक समीक्षाओं के संचयन-सम्पादन में किया है। ये सभी 105 लेख एवं समीक्षाएँ सन् 1954 से सन् 1966 के बीच लिखे गये हैं या प्रकाशित हुए हैं। यद्यपि देवीशंकर अवस्थी सन् 1950 में जब डी.ए.वी. कॉलेज, कानपुर में बी.ए. के छात्र थे, तब से ही उनके लेख दैनिक पत्रों और पत्रिकाओं में प्रकाशित होने लगे थे। परन्तु विधागत संयोजन की प्रविधि पर आधारित होने के कारण 'आलोचना संवाद : खण्ड एक' में संगृहीत उनका सबसे **पहला लेख** उपेन्द्रनाथ अश्क के उपन्यास 'गर्मराख' पर लिखी समीक्षा है, जो मार्च 1954 में 'कल्पना' पत्रिका में प्रकाशित हुआ था।

'आलोचना' उपखण्ड में 'आलोचना और आलोचना' से 7 लेख, 'रचना और आलोचना' से 4 लेख तथा 'आलोचना का द्वन्द्व' से 10 लेख 'आलोचना : आलेख' भाग में संगृहीत हैं। दो लेखों में एक क्रमशः 'रचना और आलोचना का अन्तराल' सर्वथा अप्रकाशित है एवं दूसरा 'साहित्य का वर्तमान स्तर' यद्यपि 'जनयुग' में प्रकाशित है पर पहली बार रचनावली में संकलित हो रहा है। इस तरह इस भाग में 23 आलेख हैं जिनमें दो मूलरूप से अंग्रेजी में लिखे गये थे। इसलिए अंग्रेजी के साथ हिन्दी अनुवाद भी दिया जा रहा है। इसी तरह 'आलोचना : समीक्षा' भाग में 7 असंकलित समीक्षाएँ पहली बार रचनावली में संगृहीत हो रही हैं। यद्यपि ये सातों समीक्षाएँ विभिन्न पत्रिकाओं में प्रकाशित हो चुकी हैं।

सन् 1957 में इलाहाबाद में 15, 16, 17 दिसम्बर को साहित्यकार सम्मेलन सम्पन्न हुआ। इसमें इलाहाबाद के सभी मूर्धन्य, वरिष्ठ एवं प्रख्यात साहित्यकारों के

साथ देशभर के हिन्दी के युवा लेखक सम्मिलित हुए। देवीशंकर अवस्थी भी इस सम्मेलन में आमंत्रित वक्ता थे। उन्होंने 'आलोचना के मान' सत्र में 'सामान्य पाठक और आलोचक' निबन्ध का पाठ किया या वक्तव्य दिया। इसी सत्र में अमृतलाल नागर को भी वक्तव्य देना था। भाई साहब का यही लेख 'कल्पना' के मार्च 1959 के अंक में प्रकाशित हुआ। इसलिए रचनावली में दोनों तिथियाँ टंकित की हैं। परन्तु 1957 में लिखे जाने की वजह से रचनावली के 'आलोचना : आलेख' भाग का यह पहला आलेख है चाहे 'कल्पना' में यह मार्च 1959 में छपा। 1958 में ग्वालियर की 'आलोकन' संस्था ने शरदोत्सव कार्यक्रम के अन्तर्गत लेखक सम्मेलन 20 अक्तूबर को आयोजित किया। कवि वीरेन्द्र मिश्र* के आमन्त्रण पर देवीशंकर अवस्थी ने 'लेखक का व्यवसाय' विषय पर मुख्य वक्तव्य दिया। लिखित निबन्ध की प्रति कार्यक्रम में वितरित की गयी। इस आलेख में वे लेखन को वस्तु और बाजार मूल्य के दुष्चक्रों से बाहर निकालना चाहते हैं। उनके अनुसार 'लेखक' इस बिकनेवाली प्रवृत्ति से 'ऊपर उठकर व्यापक मूल्यों के लिए संघर्ष करते हैं।' यह लेख 'साहित्यिक लेखन : एक व्यावसायिक समस्या' नाम से संगृहीत है। उनके प्रत्येक लेख में वैचारिक, सामाजिक एवं सांस्कृतिक बहसों की अनुगूँजें सुनाई देती हैं। बहसों को समझने के बहुस्तरीय संकेत व्यंजित होते हैं। ये दो मिसालें हैं। इसके बाद तो न जाने कितने सम्मेलन, संगोष्ठियाँ, विवेचनाएँ, व्याख्यान और साथ-साथ लेखन भी उसी गति से बराबर साथ चलता रहा। समझ नहीं आता कि इसे दुर्योग कहें या संयोग कि 24-25-26 दिसम्बर, 1965 का कलकत्ता समारोह उनके जीवन का अन्तिम लेखक सम्मेलन और वहाँ दिया गया व्याख्यान अन्तिम व्याख्यान...! 'आलोचना' उपखण्ड के 'आलेख' भाग का अन्तिम लेख 'रचना और आलोचना : अन्तराल के प्रश्न पर पुनर्विचार' उनके जीवन का प्रकाशित अन्तिम लेख है। उन्होंने स्वयं इस लेख को 'कल्पना' को भेजा था जो उनके बाद अप्रैल, 1966 में प्रकाशित हुआ। 1654 से 1966 तक 'कल्पना' और उनका सम्बन्ध बहुत आत्मीय रहा।

'कविता' उपखण्ड में 'आलेख' के अन्तर्गत 14 लेख संकलित हैं। इनमें 4 लेख 'आलोचना और आलोचना' से, 3 लेख 'रचना और आलोचना' से तथा 5 लेख 'आलोचना का द्वन्द्व' से कालक्रमानुसार संयोजित किये गये हैं। निराला जी पर लिखे 2 लेख रचनावली में पहली बार प्रकाशित हो रहे हैं। मुक्तिबोध पर एक लेख 'लिंक' पत्रिका के लिए भाई साहब ने अंग्रेजी में लिखा था। मूल अंग्रेजी लेख के साथ हिन्दी अनुवाद भी दिया जा रहा है। कविता के भिन्न-भिन्न कथ्य, स्वरूप, शैली, आन्दोलन और रसज्ञता या आस्वादन जैसे बिन्दुओं को आधुनिक जीवन दृष्टि से समझने के प्रयास में वे नयी आलोचनात्मक प्रज्ञा की उद्भावना करते हैं।

'कविता : समीक्षा' भाग में उनकी 24 कवियों की कविता पुस्तकों की समीक्षाएँ

---

* 'हमकों लिख्यौ है कहा', पृ. 594, भारतीय ज्ञानपीठ (2001)

संगृहीत हैं। त्रिलोचन, दुष्यन्त कुमार, भारतभूषण अग्रवाल, राजा दुबे, जगदीश गुप्त, कुँवर नारायण, अजित कुमार, नरेश मेहता, श्रीकान्त वर्मा, धर्मवीर भारती, वीरेन्द्र कुमार जैन, गिरिजा कुमार माथुर, शकुन्त माथुर, बच्चन, नरेन्द्र शर्मा, नवीन और दिनकर सहित 8 और कवियों की पुस्तकों पर उन्होंने विस्तृत समीक्षाएँ लिखीं। कवियों के बीच भी वे उतने ही लोकप्रिय रहे जितने कहानीकारों के बीच। उन्होंने 'समसामयिक बोध और समसामयिक लेखन' के जीवन्त सम्पर्क को नयी आलोचनात्मक चेतना के लिए अनिवार्य माना। इस उपखण्ड में 5 समीक्षाएँ पहली बार रचनावली में संकलित हो रही हैं। सभी समीक्षाओं का कालक्रम मई, 1957 से जनवरी, 1964 तक का है जिनमें 'दिगन्त' से 'उर्वशी' तक की समीक्षाएँ सम्मिलित हैं।

'उपन्यास' उपखण्ड के 'आलेख' भाग के अन्तर्गत 5 लेख संकलित हैं। 'आलोचना और आलोचना' से 2 लेख, 'रचना और आलोचना' तथा 'आलोचना का द्वन्द्व' से एक-एक लेख संगृहीत हैं। पाँचवाँ लेख 'चारुचन्द्रलेख : एक टूटा दर्पण' है, जिसे भाई साहब ने 'विवेक के रंग' में उपन्यास की पुस्तक-समीक्षा के अन्तर्गत संगृहीत किया था। परन्तु रचनावली में इस लेख को 'आलेख' भाग में संयोजित करने का आधार यह है कि मई, 1964 में इलाहाबाद की 'विवेचना' संगोष्ठी में इस आलेख को स्वतन्त्र लेख के रूप में ही पढ़ा गया था। दूसरा आधार यह है कि 'विवेक के रंग' और 'नयी कहानी : सन्दर्भ और प्रकृति' की भूमिका में इन पुस्तकों के अन्तर्गत संकलित समीक्षाओं की उत्कृष्टता को वे 'आलोचना-पद्धति के बदलाव' एवं 'नये कथाशास्त्र' की भूमिका के रूप में देखते हैं। कहना ही होगा कि 'चारुचन्द्रलेख' पर देवीशंकर अवस्थी का यह आलेख उपन्यास के विवेचन की नयी वस्तुपरक प्रज्ञा निर्मित करता है।

'भूले बिसरे चित्र' उपन्यास के संक्षिप्त संस्करण की लम्बी भूमिका को भी आलेख के अन्तर्गत ही मैंने संकलित किया है। चूँकि उपन्यास का संक्षिप्तीकरण भी उन्होंने ही किया था। उन्होंने इस उपन्यास के कथ्य के रूपबन्ध की विस्तार से विवेचना की है। इस उपखण्ड के समीक्षा भाग के अन्तर्गत संगृहीत 7 समीक्षाओं में उपेन्द्रनाथ अश्क, अमृतलाल नागर, राजेन्द्र यादव और भैरवप्रसाद गुप्त जैसे लेखकों के महत्त्वपूर्ण उपन्यासों की समीक्षाएँ उन्होंने सन् 1954 से 1960 के बीच लिखी थीं।

'आलोचना संवाद : खण्ड एक' के चौथे उपखण्ड में 'कहानी' विधा के नये आलोचनात्मक मानकों को चर्चा के केन्द्र में लाने की दृष्टि से देवीशंकर अवस्थी के लिखे सभी 9 लेख संगृहीत हैं। इनमें 6 लेख 'रचना और आलोचना' और 3 लेख 'आलोचना का द्वन्द्व' में प्रकाशित हैं। दिसम्बर, 1965 में आयोजित कथा समारोह, कलकत्ता में दिये गये व्याख्यान पर आधारित लेख को टेप रिकॉर्डर में सुन-सुनकर मैंने तैयार किया था। उनकी गम्भीर ठसकदार आवाज का टेप भाभी के पास सुरक्षित है। कलकत्ता कथा समारोह के कई दुर्लभ चित्र भी रचनावली के फोटो अलबम में प्रकाशित किये जा रहे हैं।

देवीशंकर अवस्थी की कथा आलोचना सम्बन्धी मान्यताओं पर पिछले 55 वर्षों

से चर्चा हो रही है। वह कहानीकारों के सर्वमान्य आलोचक रहे। कमलेश्वर ने उनके निधन के बाद लिखा था—"हिन्दी कथालोचना में देवीशंकर अवस्थी ने सबसे पहले कविता को रूपबन्ध, प्रतीकों, मिथकों वाली या परिवेशगत भाषा की व्यंजनाओं वाली कसौटी पर कसना बन्द किया और उसे खालिस कथानक की आन्तरिक अन्विति को पहचानने और स्वीकारने की परिपाटी शुरू की थी।" देवीशंकर अवस्थी के आकस्मिक निधन ने आलोचना के इस सम्भावनाशील दौर का अन्त कर दिया।

पाँचवाँ और अन्तिम उपखण्ड 'नाटक' के 'आलेख' भाग में एक ही आलेख है जो 1965 में 'नटरंग' पत्रिका में प्रकाशित हुआ था। बहुत तैयारी के साथ छानबीन करके तथ्यों के आधार पर इस आलेख में भारतेन्दु युग से लेकर 1965 तक के नाट्य लेखन, रंगशाला और नाटक समीक्षा के हर पहलू का विश्लेषण किया गया है। लिखित नाट्य लेखन के समीक्षक और रंगकर्म के समीक्षक के अन्तर को भी उन्होंने रेखांकित किया।

तीन नाटक समीक्षाएँ भी उन्होंने लिखीं। 'कलजुग' में दो समीक्षाएँ 1957 में प्रकाशित हुईं। मार्कण्डेय, कर्तार सिंह दुग्गल और ब्रिटिश लेखक विलियम कांजलेकों के नाटकों (हिन्दी अनुवाद 'धरती हमारी है', अनुवादक—रामचन्द्र टण्डन) की समीक्षा देवीशंकर अवस्थी ने नाटक समीक्षक के रूप में ही की है। नाटक पर 'आलेख' और 'समीक्षा' लिखने के बीच 5 से 8 वर्ष का अन्तराल है।

इस तरह 105 लेखों की साहित्यनिधि के रूप में देवीशंकर अवस्थी की रचनावली का 'आलोचना संवाद : खण्ड एक' विद्वत्समाज के आगे प्रस्तुत है।

यह उल्लेख भी जरूरी है कि अथक प्रयासों के बावजूद कुछ आलेखों की रचना या प्रकाशन तिथि तथा पत्रिका का नाम नहीं जा सका। ये सभी आलेख 'आलोचना और आलोचना' में संकलित हैं। स्पष्ट तौर पर सन् 1961 से पहले के ये आलेख हैं। इसीलिए ऐसे आलेखों के नीचे 'आलोचना और आलोचना' टंकित किया गया है। एकाध बाद के आलेख और पुस्तक समीक्षा में भी यह कमी है।

रचनावली की प्रेरक

रचनावली को तैयार करने की प्रेरणा देने, उत्साहित करने, अपनी चिन्ताओं से अवगत कराने, सबसे ज्यादा भरोसा करने एवं अन्ततः मुझे सम्पादन का दायित्व प्रदान करने के लिए परम आदरणीया प्रेममयी भाभी श्रीमती कमलेश अवस्थी का आभार किन शब्दों में व्यक्त करूँ...वही हैं मूलाधार और आदिशक्ति। प्रेम योगिनी...श्याममय... श्यामलीन...। रचनावली का प्रकाशन वस्तुतः उनकी तपस्या का परिणाम है।

रचनावली के सलाहकार और सहयात्री

रचनावली को तैयार करने के दौरान सलाह-मशविरा देने और भूमिका लिखने के

लिए श्री अशोक वाजपेयी जी ने अपनी व्यस्तताओं के बीच भी निरन्तर बार-बार स्नेह के साथ समय दिया।

रचनावली को तैयार करने से प्रकाशित होने तक की यात्रा में शुरू से लेकर अन्त तक श्री मुरली मनोहर प्रसाद सिंह का सहयोग अविस्मरणीय है। कहते हैं कि यात्रा में एक साथी मिल जाये तो रास्ता हँसी-खुशी कट जाता है।

चि. अनुराग अवस्थी ने हर दिन बुआ-फूफा का ध्यान रखा और रचनावली की हर समस्या के समाधान के लिए सदैव तत्पर रहे। चि. वरुण ने रचनावली के अलबम के लिए पुरानी-पुरानी तस्वीरों के डिजिटल उपलब्ध कराये। चि. वत्सला ने अपनी गुगुल क्षमता और काव्याभिरुचि से रचनावली के काम को आसान बनाया। हमारे बड़े बहनोई यानी जीजा श्री मुरलीधर पाण्डेय ने लगातार मेरा उत्साहवर्धन किया और मनोबल बढ़ाया।

आभार

युवा कवि और अंग्रेजी के व्याख्याता संजीव कौशल का बहुत आभार। अंग्रेजी साहित्य की कई जानकारियों की पुष्टि में उन्होंने मेरी मदद की है। वाणी प्रकाशन के प्रबन्ध निदेशक श्री अरुण माहेश्वरी और उनकी सम्पादकीय टीम को बहुत-बहुत धन्यवाद। श्री अरुण माहेश्वरी की सदाशयता की जितनी प्रशंसा की जाये वह कम ही होगी।

पुण्य स्मरण

और सबसे अन्त में अपने अग्रज डॉ. देवीशंकर अवस्थी का पुण्य स्मरण कबीर के एक दोहे के साथ करना चाहती हूँ। कबीर ने यह दोहा अपने निर्गुण ईश्वर, जो प्रेम और ज्ञान का पुंज है, को सम्बोधित किया था। पर मुझे इस दोहे में अपने अग्रज का व्यक्तित्व प्रतिबिम्बित दिखाई देता है। उनके स्नेह की वर्षा से हम सब अब भी सिक्त हैं। उनके जीवन-मूल्य, उनके सरोकार, उनका जीवन व्यवहार और उनकी ज्ञान पिपासा ही सदा हमारे सम्बल और पथ-प्रदर्शक हैं–

कबीर बादल प्रेम का हम पर बरस्या आई।
अंतरि भीगी आत्मा हरी भरी बनराई॥

रेखा अवस्थी

10 फरवरी, 2018

220, सहयोग अपार्टमेंट्स
मयूर विहार, फेज-I
दिल्ली-110091
मो. : 9818183255

आभार स्वीकार

‘देवीशंकर अवस्थी रचनावली’ के इस वास्तविक रूप में आने तक प्रत्यक्ष एवं परोक्ष रूप से अवस्थी जी के विभिन्न मित्रों तथा अन्य अनेक लोगों का सहयोग रहा है। उन सबके प्रति मैं हृदय से आभारी हूँ। वाणी प्रकाशन के प्रबन्ध निदेशक श्री अरुण माहेश्वरी की भूमिका इसमें बहुत महत्त्वपूर्ण रही है। उन्होंने देवीशंकर अवस्थी की महत्त्वपूर्ण पुस्तकों के प्रकाशन का बीड़ा सदैव उठाया है। रचनावली का प्रकाशन उनकी इस जिम्मेवारी को पूरा करने का अनुपम उदाहरण है। वे धन्यवाद के सबसे बड़े हक़दार हैं।

श्री अशोक वाजपेयी का योगदान इस रचनावली को वर्तमान स्वरूप देने में अमूल्य है। उन्होंने रचनावली की भूमिका लिखना भी सहज रूप से स्वीकार किया। उन्हें हृदय से धन्यवाद और स्नेहाशीष।

रचनावली के प्रकाशन के अवसर पर अवस्थी जी के घनिष्ठ मित्र श्री कृष्णचन्द्र खेमका, श्री राजेन्द्र यादव, श्री कुँवर नारायण, श्री अजित कुमार और स्नेहमयी चौधरी को याद कर रही हूँ। रचनावली के प्रकाशन को लेकर वे उत्सुक रहा करते थे। उन सभी को आदर के साथ नमन।

हमारे इस महती कार्य में परिवार के सदस्यों का अभूतपूर्व योगदान है। अवस्थी जी के छोटे भाई श्री उदयशंकर अवस्थी एवं उनकी पत्नी श्रीमती रेखा का आदरपूर्ण निश्छल सहयोग हमेशा मिलता रहा है। अवस्थी जी की छोटी बहन रेखा अवस्थी ने अथक परिश्रम और विवेक से रचनावली का सम्पादन एवं संयोजन किया है। मुरली मनोहर प्रसाद सिंह ने अपनी तमाम स्वास्थ्य सम्बन्धी परेशानियों के बावजूद सदैव की भाँति रचनावली के काम में निःस्वार्थ असीम सहयोग दिया है।

अपने परिवार के सभी सदस्यों, दोनों बेटों अनुराग और वरुण के प्रेम सिंचित सहयोग और प्रोत्साहन से ही रचनावली को प्रकाशित कराने की दुष्कर योजना आज फलीभूत हो रही है। बेटी वत्सला ने अंग्रेजी के कठिन मुहावरों, शब्दों को हमें समझाने में अपने पति फ्रांसिस डाकून्हा एवं नातिन

शाश्वती के साथ मिलकर बड़ा योगदान किया है। मेरा स्वास्थ्य और मनोबल स्थिर बनाये रखने में बहू गौरी और स्मिता का बहुत सहारा मिला। पौत्र कार्तिकेय, अभ्युदय, पोती देविका और पतोहू रुचि कौशल ने फोटो सेक्शन सँभाल कर मेरा काम हल्का कर मुझे निश्चिन्त कर दिया। इस तरह यह रचनावली सबके सहयोग से अवस्थी जी को समर्पित हो रही है।

15 फरवरी, 2018

कमलेश अवस्थी

श्याम सिन्धु,
2/346-ए, आजाद नगर,
कानपुर (उ.प्र.)
मो. : 9451017123

आलोचना : आलेख

सामान्य पाठक और आलोचक

नयी समीक्षा-1

साहित्यिक लेखन : एक व्यावसायिक समस्या

साहित्यिक अध्ययन की प्रकृति

समसामयिक सांस्कृतिक गतिविधि और साहित्यिक समीक्षा

साहित्य का स्वरूप और प्रकृति

विशेषीकरण, असहिष्णुता और सांस्कृतिक अन्तराल

रचना और आलोचना

नयी समीक्षा-2

साहित्य का विरोध

समीक्षाशास्त्र : उपयोगिता का प्रश्न

आलोचना की विविध परिभाषाएँ और उसका स्वरूप

हिन्दी शोध : कुछ प्रतिक्रियाएँ

हिन्दी आलोचना का वर्तमान घटिया स्तर

New Writing and the Problem of Critical Standards in Hindi

नवलेखन और आलोचनात्मक मानदण्ड की समस्या

रचना और आलोचना का अन्तराल

आधुनिकता और भारतीयता

समकालीनता का सन्दर्भ और आन्तरिक अध्ययनविधि

नये-पुराने के बीच सह-अस्तित्व या संघर्ष?

साहित्य का वर्तमान स्तर

'आलोचना' का मतिरोध

The Nature of Aesthetic Experience : Experience as Value

सौन्दर्यानुभूति की प्रकृति

रचना और आलोचना : अन्तराल के प्रश्न पर पुनर्विचार

सामान्य पाठक और आलोचक

जिन्दगी को कैसे जिया जाय, यह सीखने के दौरान जहाँ मनुष्य ने विज्ञान, साहित्य, कला आदि अनेक मानवीय प्रयत्नों का विकास किया, वहीं अन्य अनेक शक्तियाँ भी उपलब्ध कीं जो उसके स्वभाव का अंश बन गयीं। पदार्थों के रूप, गुण, मात्रा आदि में अन्तर कर सकने की एक ऐसी ही स्वाभाविक शक्ति या प्रवृत्ति मनुष्य में होती है। शीतोष्ण, लाल-पीले, नरम-कठोर के अन्तर को समझते और स्पष्ट करते-करते मनुष्य जाने-अनजाने अपने सम्पर्क में आने वाले प्रत्येक जीवधारी पदार्थ या घटना का अन्तर प्रति-अन्तर बूझते हुए समीक्षा की दिशा में बढ़ता है। इसी अर्थ में हम कह सकते हैं कि प्रत्येक प्रौढ़ व्यक्ति एक समीक्षक होता है। परन्तु भावनात्मक आवेग की स्थिति में मनुष्य का यह विवेक प्रभावात्मक स्वरूप ग्रहण कर लेता है। बहुधा किसी कथा-कविता को पढ़ते-सुनते अथवा नाटक-फिल्म देखते हुए व्यक्ति इतना अधिक बह जाता है कि कुछ समय के लिए उसी के मध्य जीने लगता है। उसके आत्मपाती अनुभव के बाद पीछे हटकर वस्तुगत ढंग से उसे देख नहीं पाता। किसी कथा के मध्य के मूल्यों के संघर्ष के बीच से होकर गुजरना तथा उनका महत्त्व बौद्धिक रूप से आँकना, या किसी पात्र की पात्रता, उपयुक्तता आदि को मद्देनजर रखना भिन्न-भिन्न क्रियाएँ हैं। आत्मगत अनुभूति और वस्तुनिष्ठ परख ये दोनों बातें सचेत पाठक के लिए उतनी ही आवश्यक हैं जितनी सजग रचयिता के लिए। कृतिकार के प्रेष्य अनुभव का केवल भावन करना, पर उसकी परीक्षा न करना जीवन में अन्ध-भाव से चलना है। लेखक जिसको अभिव्यक्त करता है, उसके प्रति पाठक-समूह को पूर्ण जाग्रत-बोध देना एक प्रकार से लेखक के कार्य को पूर्णता प्रदान करना है। समीक्षात्मक परीक्षण का यही मुख्य कार्य है। समीक्षा करने वाला कृति के स्वाद या रस के समक्ष अपनी विवेक शक्ति (discriminating power) को सामान्य पाठक की भाँति कुण्ठित नहीं होने देता।

यह बात बहुत स्पष्ट रहनी चाहिए कि आलोचक भी पाठक ही है—पर वह विशिष्ट पाठक है। वह ऐसा पाठक है जो एक प्रकार के अनुभव—साहित्यिक अनुभव—का मूल्यांकन करता है। कोई उपन्यास या कविता अच्छी है या बुरी, तथा उसमें वे गुण

हैं या नहीं जो उसे आगे जीवित रख सकेंगे अथवा वे कौन-से गुण हैं जो उसे अब तक जीवित रख पाये हैं? जब ऐसे प्रश्न उठाये जाते हैं तो एक कृति को वास्तव में ऐतिहासिक परिप्रेक्ष्य में रखकर देखा जाता है। सामान्य पाठक ऐसे प्रश्नों को बचा जाता है। वह दैनिक व्यवहार की वस्तुओं के स्थायी तत्त्वों को तो ढूँढ़ लेता है, पर कलाकृतियों के इन स्थायी तत्त्वों का निर्णय करने का न तो उसके पास धैर्य होता है न अपेक्षित ज्ञान तथा न वह विश्लेषण-शक्ति जो मूल्यों के स्थिर साँचों के भीतर होने वाले परिवर्तनों को विवेचित कर सके, यद्यपि इस विवेक में ही कला का पूर्ण रसबोध है। यह एक प्रकार की सजग अभिज्ञता है, मानसिक और भावात्मक कल्पना है तथा एक प्रकार की शिक्षा भी है।

पर इसका अर्थ यह नहीं है कि रचना के प्रभावात्मक स्वरूप की उपेक्षा कर दी जाय। साहित्य यदि प्रेषण का एक प्रकार है तो विस्तृत और गहरे अनुभवों वाले विविध पाठकों पर उसकी प्रभाव-क्षमता भी एक प्रकार का मूल्यांकन ही है; फिर समीक्षक यही नहीं करता, बल्कि पाठक में रचना जैसी है वैसी ही देखने और दाद देने के लिए उस रचना के प्रति बोध और प्रशंसा का भाव भी जाग्रत करता है। इस प्रकार के कार्य के लिए उसे प्रभाववादी या आत्मचरितात्मक ढंग भी स्वीकार करना पड़ता है। वास्तव में सहृदय भावक की यही स्थिति है जो पाठक और समीक्षक दोनों में अपेक्षित है।

अतीत के साहित्य को पढ़ते समय इस प्रभाव को व्यक्त करना आलोचक के लिए आवश्यक नहीं है, क्योंकि वे तो अब तक बन चुके होते हैं। उसे उस साहित्य में एकत्र तथ्यों के उन विविध साँचों एवं अन्तःसम्बन्धों की खोज करना उचित है जो हमारे युग के लिए भी काम के हैं। प्राचीन लेखकों का अध्ययन अजूबेपन और उनकी न्यूरोसिस को समझने की बजाय वर्तमान पाठकों को उनका मूल्य समझाने के लिए होना चाहिए। ऐसा समीक्षक साहित्य को सामाजिक गत्यात्मकता के संघात के अन्दर देखता है। परम्परा तथा वैकासिक अभ्युदय के विभिन्न पक्षों के साथ साहित्यिक कृति के विविध संयोगों अथवा विलगाव और कृति द्वारा प्रचारित वास्तविक प्रवृत्तियों की खोज के निश्चित मूल्यांकन में समीक्षा के मूल तत्त्व निहित हैं। लेकिन किस परम्परा में किस स्थान पर हैं, क्या उसने अपने युग के सर्वश्रेष्ठ मूल्यों को अभिव्यक्ति दी है, क्या उसने वस्तुगत सत्य की व्यंजना की है, इन प्रश्नों के उत्तर देते समय बहुधा समीक्षक द्वारा अल्पज्ञात या अज्ञात कृतियाँ प्रकाश में आ जाती हैं और अपेक्षाकृत प्रतिष्ठितों का महत्त्व घट जाता है। ऐसा अध्ययन साहित्यिक पाठक समुदाय के भीतर नैरन्तर्य-परम्परा के तत्त्वों का बोध तो जगाता ही है, उन पारस्परिक सम्बन्धों को भी स्पष्ट करता है जो साहित्य के अतिरिक्त समाज की अन्य हलचलों एवं कार्यों में व्याप्त रहे हैं। इस इतिहास-बोध के द्वारा पाठक विकास की आन्तरिक प्रक्रिया को समझता है तथा विकसित हुए सत्य की धारणा को जाग्रत

कर पाता है, जो उसे बीते ही नहीं, समसामयिक साहित्य के प्रति भी सहानुभूति एवं विकासमान मूल्यों को समझने की चेतना प्रदान करता है। बिना इस इतिहास-बोध (Historical sense) के समीक्षा एकेडेमिक और जीवन्त विकास-प्रक्रिया से अलग हो जाती है। कहना न होगा कि हिन्दी में इस समय विश्वविद्यालयों में इस प्रकार की समीक्षा (ऐकेडेमिक) के प्रभूत दर्शन किये जा सकते हैं जो पाठक के लिए नीरस भी है और व्यर्थ भी।

स्पष्ट है कि समीक्षक का कार्य विश्लेषण, समीकरण और मूल्यांकन है। और उसके मूल्यांकन के मानदण्ड का आधार जीवन है। जिस प्रकार कलाकार-लेखक की कृति का मूल क्षेत्र साहित्य की सापेक्षता और सन्दर्भ में देखा गया जीवन है, वैसे ही समीक्षक का कच्चा माल जीवन के सन्दर्भ में स्थित साहित्य है तथा इस परीक्षण में तार्किक विश्लेषण और बौद्धिक व्याख्या के अन्तर्गत मूल्यों का परीक्षण उसी प्रकार होता है जैसे कि लेखक लिखते समय किन्हीं चरित्रों या भावनाओं को तौलता रहता है। इस प्रक्रिया में सफलता प्राप्त करने के लिए आवश्यक है कि लेखक की ही भाँति आलोचक को भी जिस समाज में वह रहता है उसके मूल्यों, मूल्य-स्रोतों और साँचों तथा मूल्यों की सापेक्ष स्थिति, इन सबकी गम्भीर चेतना हो। स्पष्ट है कि उस स्थल पर वह सामान्य पाठक से ऊपर उठकर कृतिकार के स्तर पर आ जाता है। इस स्तर पर आकर फिर उसे यह बताने की आवश्यकता नहीं रहती कि उसने किसी विशिष्ट कृति के प्रति कैसी प्रतिक्रिया की है, वह अपने निष्कर्षों को इस प्रकार उपस्थित करें जिससे कि पाठकगण यह समझ सकें कि वह लेखक द्वारा उठायी गयी समस्याओं एवं मूल्य-द्वन्द्वों से किस प्रकार और क्यों उस प्रकार उलझा है।

समीक्षक के मस्तिष्क में लेखक और पाठक दोनों होते हैं (तथा जिस समाज में समीक्षा और समीक्षक ने अपने उत्तरदायित्व का निर्वाह किया है, वहाँ पाठक के मस्तिष्क में लेखक के पूर्व आलोचक की भी स्थिति विद्यमान रहती है, वह उससे प्रेरित किंवा चालित होता रहता है)। अतः उसे एक ओर लेखक के अभिप्रेत को सहानुभूति देनी होती है और दूसरी ओर, उस पाठक-समाज की कठिनाइयों में प्रवेश करना होता है जो एक नये विचार को जीवन देने का प्रयास करते हैं तथा अपने मूल्य-साँचों को इस प्रकार पुनः सँवारते हैं कि उनके भीतर नये सत्य समाहित हो सकें। अतः आलोचक को उस सम्पूर्ण परिस्थिति को समग्रता में ग्रहण करना होता है जिसके अन्तर्गत सृजन-प्रक्रिया और प्रस्तुतीकरण दोनों घटित हुए हैं। इस प्रकार वह कृति की तात्कालिकता और व्यापक साहित्य-भण्डार की इकाई की सत्ता, इन दोनों रूपों को सँभालकर उसकी शक्ति का आत्मपाती बोध और सीमाओं तथा उपलब्धियों की वस्तुगत स्वीकृति पाठकों को प्रदान करता है। इसी क्रम में वह समीक्षा का भार अन्ततः समय पर न डालकर स्वयं उसके स्थायित्व का निर्णय करने का प्रयास करता है।

हम सबके मन में अपने चारों ओर के जीवन, घटनाओं, दृश्यों तथा तत्सम्बन्धी मूल्यों की एक सामान्य धारणा विद्यमान रहती है। परन्तु इस औसत जागतिक तस्वीर के भीतर ही उसके विरोध छिपे होते हैं जो एक विशिष्ट अंश में पहले उभरते हैं और आगे फिर फैलते हैं। जीवन की यही विकास-प्रक्रिया है। इन्हें विरोध कहा जाय या नये ज्ञानखण्ड—पहले एक छोटे से समूह में उदित होते हैं। प्रारम्भ में उन्हें सामाजिक-आर्थिक कारणों से मान्यता प्राप्त नहीं होती, पर दूरदर्शी कलाकार एवं मर्मदर्शी समीक्षक इन्हें अभिव्यक्त करते हैं और स्वीकृति देते हैं। समीक्षक यहाँ एक सेतु है जो इन स्वीकृत एवं नये सत्यों के मध्य विद्यमान रहता है। दोनों प्रकार के मूल्यों के मध्य जो एक चुनौती की स्थिति होती है (एक ओर सामान्य धारणा वाला पाठक और दूसरी ओर लेखक) उस अन्तराल को आलोचक पाटने की चेष्टा करता है। वह पाठक की बौद्धिक चेतना का परिष्कार ही नहीं, विस्तार भी करता है जो आगे बढ़कर कवि के भावसत्य को आत्मसात् कर पाती है।

इन सामान्य पाठकों के भी अनेक स्तर होते हैं—कालक्रम से भी और ज्ञान की दृष्टि से भी। एक ही लेखक अनेक युगों में प्रशंसित रहता है, पर हर युग की प्रशंसा का स्तर और आयाम भिन्न होते हैं, अतः यहाँ इनके विवेचन में जाना ठीक नहीं, पर ऐसे कलाकार लेखकों के बारे में यह बात ध्यान में रखने की है कि उनकी कृति की संयोजित जटिलता ऐसी होती है कि उनके युग के ही विविध स्तरों के नाना प्रकार के पाठक उसमें रस प्राप्त कर सके होंगे। तात्पर्य यह कि उसने अपने युग के जगत चित्र (World picture) के विविध मन्तव्यों एवं विरोधों (Contentions & Contradictions) को समोया है। उसका मूल्य-पैटर्न ऐसा रहा है जो परस्पर विरोधी दिखने वाले मूल्यों के मूल में जाकर उनका समीकरण कर सका है। कुशल समीक्षक जब इनका उद्घाटन करता है तब वह मानो सामान्य पाठकों को इन मूल्यों की अवगति प्रदान कर विकास-प्रक्रिया को समझने में ही नहीं, सचेत रूप से आगे बढ़ाने में सहायता प्रदान कर रहा है।

परन्तु इन समस्त दायित्वों को निभाने के लिए आलोचक को अवकाश-साध्य परिश्रम करना होता है, और इसी अर्थ में उसे पेशेवर आलोचक (Professional critic) कहा जाता है। सृजन-प्रक्रिया, चतुर्दिक् विकीर्ण जीवन, ज्ञान के नये उन्मेष और उनके भावात्मक बोध द्वारा जाग्रत या परिवर्तित मूल्य या मूल्यार्थ, ऐतिहासिक विकास-क्रम में उत्पन्न साहित्यधारा में साहित्यकार का स्थान और इसके लिए इतिहास-बोध इन सबको आत्मसात् करने के लिए उसे अनुभूति-सापेक्ष, साहित्यशास्त्र-सापेक्ष तथा सम्बन्धित अन्य शास्त्र-सापेक्ष होना पड़ता है जबकि सामान्य पाठक केवल अनुभूति-सापेक्ष होकर पढ़ता है। इसके अतिरिक्त उसमें एक और विशिष्टता होती है अभिव्यंजन-क्षमता की। इसके साथ मिला हुआ प्रश्न है कि इस अभिव्यंजना का पाठक कौन है? सहज भाव से उत्तर दिया जा सकता है—साहित्य का पाठक। पर तनिक गहराई से देखने

पर प्रतीत होता है कि साहित्य का प्रत्येक पाठक आलोचना नहीं पढ़ता—पढ़ना पसन्द भी नहीं करता। तुलसी या प्रेमचन्द के थोड़े ही पाठक रामचन्द्र शुक्ल या रामविलास शर्मा को पढ़ते हैं। वास्तव में पाठकों के (विशेष रूप से समसामयिक साहित्य के) दो स्पष्ट वर्ग होते हैं—एक तो विशुद्ध मनोरंजन की दृष्टि से पढ़ने वाला (general reader) और दूसरा प्रबुद्ध पाठक वर्ग (critical reader)। पहले वर्ग के साथ यदि किसी प्रकार के समीक्षक का सम्बन्ध होता है तो वह केवल बुक रिव्यूवर (इसके सम्बन्ध में आगे चर्चा करूँगा) का होता है। हम जिस आलोचक की बात कर रहे थे, वह दूसरे प्रकार के पाठकों से सम्बन्धित होता है। इन दोनों (आलोचक और प्रबुद्ध पाठक) के सम्बन्ध का उल्लेख करते हुए एक भय का भी उल्लेख कर देना अनुचित न होगा। अपनी शास्त्र-सापेक्ष अभिज्ञता के कारण बहुधा आलोचक अपने पाठक का समधर्मा भावक न बनकर विशेषज्ञ परामर्शदाता बन जाता है। यह प्रवृत्ति यहाँ तक बढ़ जाती है कि वह केवल अन्य विशेषज्ञ के ही लिए बोधगम्य रहता है। ऐसी आलोचना जैसा कि डैविड डैचेज ने संकेत किया है, पाठकों और लेखकों के मध्य मध्यस्थ का कार्य न करके उल्टे अविशेषज्ञों—सामान्य पाठकों द्वारा किये जाने वाले आस्वाद में बाधक बन जाती है। किसी भी सभ्यता की श्रेष्ठता का मापदण्ड यही है कि सामान्य प्रबुद्ध जन अपने सांस्कृतिक परिवेश की कैसी जागरूक चेतना रखते हैं, न कि उसके विशेषज्ञ जन। समीक्षक की सफलता इसी में है कि पाठक को वह इतना प्रबुद्ध कर दे कि वह समीक्षा की भी समीक्षा कर सके।

अभी 'रिव्यूवर' की बात उठ चुकी है। नये साहित्य की विचारात्मक सीमा-रेखा 'रिव्यू' है, यह मन्तव्य भी प्रकट किया गया है। रिव्यूवर भी एक प्रकार का समीक्षक ही है, परन्तु अपने लक्ष्यीभूत पाठक तथा कार्यप्रणाली के कारण उसे पेशेवर आलोचक से अलग किया जा सकता है। पाठक-समुदाय की दृष्टि से 'रिव्यूवर' अधिक महत्त्वपूर्ण होता है, यद्यपि उसका दावा यह नहीं हो सकता है कि वह स्थायी साहित्य में कुछ नया जोड़ रहा है। (पर इसके अर्थ यह नहीं कि उसका अपना व्यक्तिगत महत्त्व स्थायी नहीं होता), पर उसकी अन्तरिम रिपोर्ट लेखक की जनप्रियता और सामाजिक स्वीकृति को प्रभावित कर सकती है। यह बात समसामयिक लेखक के लिए कम महत्त्व की नहीं है, क्योंकि आखिरकार साहित्यकार को मान्यता सामाजिक स्वीकृति द्वारा ही तो मिलती है। पुस्तक-समीक्षक की पहुँच अधिक पाठकों तक होती है और उसे अपने पाठकों को अधिक ध्यान में रखना होता है। इसके अतिरिक्त उसके समक्ष समय एवं स्थान की सीमाएँ भी होती हैं, इसलिए उसका कार्य एक स्क्रिप्ट राइटर जैसा हो जाता है। (जो अन्तर स्वतन्त्र लेखक एवं स्क्रिप्ट राइटर में होता है लगभग वैसा ही, स्वतन्त्र समीक्षक एवं रिव्यूवर में भी होता है)। वह एक ओर पुस्तक-प्रदर्शक होता है, दूसरी ओर व्यवसाय का एजेण्ट या प्रकाशन का पाठक तथा एक तीसरे और अधिक महत्त्वपूर्ण स्तर पर पाठकों का विश्वासपात्र होता है जो यह बताता है

कि कौन-सी पुस्तक एक नीरस यात्रा के लिए उपयुक्त है, किससे रविवार की छुट्टी बिताई जा सकती है और कौन भविष्य में क्लासिक हो जाने की सम्भावना रखती है। स्वतन्त्र या पेशेवर समीक्षक जहाँ अपनी राय केवल महत्त्वपूर्ण पर ही देता है (पढ़ना और भी चाहिए) वहाँ रिव्यूवर को हर प्रकार के नवप्रकाशित साहित्य के बारे में कहना होता है। परन्तु बोध और विश्लेषण की एक-जैसी शक्तियाँ दोनों प्रकार के समीक्षकों में अपेक्षित हैं। अन्तर है कि अलग-अलग ढंग से पाठकों से सम्बन्ध रखने के कारण उन्हें अपने-अपने निष्कर्ष पृथक ढंग से उपस्थित करने होते हैं।

बहुधा रिव्यूवर किसी पुस्तक के बारे में अत्यन्त सामान्यीकृत निर्णय दे देता है जैसे कि अच्छी या बुरी है, परन्तु यहाँ उसका एक विशेष दायित्व है। लेखक एक विशेष मूल्य-पैटर्न के सन्दर्भ में अपनी थीम उपस्थित करता है, रिव्यूवर उसे पहचान कर जब अपने निष्कर्ष निकालेगा तब अनिवार्य रूप से अपने मूल्य-संघर्षों को भी उस प्रसंग में मानसिक रूप से लावेगा। अब यदि उसने अपने मूल्य-साँचे की तुला पर ही लेखक को तौला तो उसके निर्णय एकांगी हो सकते हैं या पाठक रिव्यूवर अथवा लेखक के मूल्यों से अपरिचित रह जावेगा। अतः उसे अपने निष्कर्ष इस प्रकार उपस्थित करने चाहिए जिनसे कि पाठकों को दोनों मूल्य-सेटों का ज्ञान हो सके। यह बात इसलिए और भी महत्त्वपूर्ण है कि लिखित साहित्य साक्षरता का ही एक पहलू है और शिक्षा के प्रसार के साथ-साथ हमारे यहाँ साहित्य के पाठकों में वृद्धि होगी, अतः अभी चाहे 'रिव्यू' उतनी महत्त्वपूर्ण न हो, पर आगे उसका महत्त्व निश्चित रूप से उभरेगा।

बढ़ते हुए पाठक समाज के भी कुछ अपने खतरे होते हैं। सबसे अधिक यह कि यह समाज अपनी संख्या वाली लोकप्रियता के लालच में डालकर बहुधा लेखक को सस्ती चीजें लिखने के लिए पथ-भ्रष्ट कर सकता है। कवि-सम्मेलन या बाक्स आफिस हिट के परिणाम हमसे छिपे नहीं हैं, अथवा अत्यधिक प्रबुद्ध तर्कप्रवण पाठक को अचम्भे में डालकर उसके तर्कबोध को कुण्ठित करने का प्रयास भी लेखक कर सकता है। इन दोनों अतिवादी स्थितियों में आलोचक एक प्रकार से सेंसर का कार्य करता है। यहाँ पर उत्तरदायित्व सीधे-सीधे साहित्य और उसके माध्यम से व्यापक विकास-प्रक्रिया के प्रति होता है।

गत्यात्मक मानवीय परिस्थिति के मध्य साहित्य को एक महत्त्वपूर्ण पार्ट अदा करना है; विज्ञान ने भौतिक जीवन पर हमारा नियमन स्थापित कराया है, साहित्य हमारे भावात्मक जगत का प्रसार करके, विज्ञान द्वारा उद्भावित ज्ञानखण्डों को भावात्मक मूल्य देकर एक मानवीय सन्तुलन दे सकता है। साहित्यकारों का इस स्थल पर दायित्व होता है कि वे उन साधनों को खोज सकें जिनके माध्यम से हमारे भीतर और बाहर होने वाली विकास-प्रक्रिया में साहित्य अपना पूरा योग दे सके। इस दायित्व का साधारण जन (या पाठक) के साथ सम्बन्ध स्थापित करते हुए लेजी

और स्पाल्डिंग ने जिस बात को कहा है वह पूरे प्रसंग को आलोकित कर देती है, जिन्दगी का एक रास्ता ढूँढ़ते और विकसित करते हुए मनुष्य ने जितने भी मूल्यों को जन्म दिया है, उनमें हम लोगों ने सत्य, कल्पना-शक्ति और सामाजिक न्याय को सर्वोच्च स्थान दिया है। लेखक या समीक्षक के लिए इससे अधिक सार्थक और कोई उद्देश्य नहीं माना जा सकता कि वह सामान्य जन को उन मूल्यों के ऐतिहासिक अर्थों एवं भविष्य की सम्भावनाओं को सम्पूर्ण भाव से ग्रहण करा सके, क्योंकि यह मनुष्य के इतिहास—उस इतिहास के जो अभी मात्र प्रारम्भ हुआ है—सचेत सृजन की पहली सीढ़ी है।

यह आलेख साहित्यकार सम्मेलन, इलाहाबाद में 17 दिसम्बर, 1957 को
'आलोचना के मान' सत्र में पढ़ा गया था।
कल्पना : मार्च, 1959

नयी समीक्षा-1

प्रिय भाई,

'वसुधा' मिली। राधिकाचरण तिवारी की चर्चा 'साहित्य के हिन्दी मानदण्ड' बड़ी फड़कती चीज मिली। सबसे पहले उसी को चट कर गया। उनसे दो-एक जगह मतभेद है—एक तो यह कि माचवे जी हिन्दी-मराठी आवागमन आलोचना के प्रवर्त्तक नहीं हैं—उनका क्षेत्र 'साहित्य में आयात-निर्यात अथवा आलोचना है।' पर यह क्षेत्र केवल हिन्दी-मराठी तक ही सीमित नहीं है। दूसरी असहमति है रामविलास जी की युगप्रवर्तना से। 'बैसवाड़ी आलोचना' के प्रवर्त्तकों की यदि बात उठेगी तो दौलतपुर की गंगाधूलि से द्विवेदी जी सोंटा लेकर खड़े हो जायेंगे, निराला जी लाख बीमार हों पर बैसवाड़े का पानी उनकी भुजाओं में अब भी है और फिर वाजपेयी जी भी बैसवाड़े के ठहरे (इन पंक्तियों का लेखक भी बैसवाड़े का ही है)। वास्तव में रामविलास जी 'फौजदारी वकालत-पद्धति' के आलोचक हैं। वकील जैसे मुकदमे की दरखास्त बनाते समय, बहस करते समय अपने मतलब के नुक्ते ढूँढ़ता है वैसे ही रामविलास जी भी। शुक्ल जी के पीछे पड़ गये तो उन्हें रामविलास शर्मा बना कर छोड़ा और यशपाल को अमार्क्सवादी ही सिद्ध किया। अब भला बताइए यशपाल आलोचकों की व्यर्थता क्यों न घोषित करते फिरें और इस तरह तुलसी पर लिखी उनकी (यशपाल जी की) सम्पादकीय आलोचना या अन्य आलोचनाएँ अपने आप अनालोचना बन जाती हैं। रामविलास जी के तुलसी को प्रगतिवादी समझते समय ऐसा लगता है कि या तो तुलसी ने मार्क्स का शिष्यत्व ग्रहण कर लिया था (कवि द्रष्टा होता है न!) या फिर मार्क्स ने अपना ग्रन्थ तुलसी-साहित्य को पढ़कर लिखा होगा। बहरहाल शर्मा जी को साहित्य में समाज की सीधी अभिव्यक्ति ही भाती है। अप्रत्यक्ष प्रतीकात्मक अनुभूति को वे स्वीकार नहीं कर सकते। एक प्रकार की हिन्दी आलोचना और भी होती है, जो तिवारी जी द्वारा बनायी गयी किसी श्रेणी के अन्तर्गत नहीं आती है, परन्तु लक्षण प्रत्येक के होते हैं। इस महान समन्वयवादी (आचार्य ह.प्र. द्विवेदी क्षमा करें, तुलसी की महानता का मुख्य कारण समन्वय की भावना थी, यह उन्हीं ने तो बताया है।) आलोचना को 'थीसिसी आलोचना' कहना

चाहिए। इसका कोई एक युगप्रवर्त्तक नहीं है। यह पूरे अर्थों में प्रजातन्त्रवादिनी है (या यदि भारती जी आज्ञा दें तो लिटिलमैनों की पूरी समीक्षण-प्रतिभा इसमें उभरी है)। इस आलोचना के पारंगत केवल विश्वविद्यालयीय सज्जन ही नहीं होते, सरकारी दफ्तरों से लेकर अकादमियों तक यह रोग फैल गया है। सुना है कि इधर कुछ पूँजीपतियों को भी यह होने वाला है। इसके बारे में विस्तृत निर्देश के लिए आप श्री श्रीलाल शुक्ल, डिस्ट्रिक्ट प्लानिंग ऑफिसर फैजाबाद या श्री राजेन्द्र यादव 29, ग्रीक चर्च रोड, कलकत्ता-26, से लिखा-पढ़ी कर लें। पर इधर जो तत्त्व मेरी समझ में आया है वह यह है कि इसमें अपनी कविताओं के उद्धरण दिये जा सकते हैं। (नाम न पूछिए परसाई जी, मिलने पर कान में बता दूँगा।) इस प्रकार अहोरूपम् अहोध्वनि का एकदम 'नव लेखन' है।

सम्पादकजी, हिन्दी का आलोचक एक विशेष जन्तु होता है। वह एक साथ अध्यापक, अनुसन्धित्सु, आलोचक (और कभी-कभी सम्पादक) होता है। चूँकि वह अध्यापक है अतः अपने प्रतिभाशाली विद्यार्थी की सृजनात्मक कृति में भी सुधार की कलम लगाने के सहज अधिकार से मण्डित है। फिर अध्यापक होने के लिए पी-एच.डी. होना अब जरूरी होता जा रहा है, इसलिए उसे रिसर्च में सर अवश्य लगाना चाहिए; क्योंकि इधर यूनीवर्सिटीज का एक मुख्य कार्य रिसर्च भी माना जाने लगा है। वहाँ पर सर्च नहीं रिसर्च ही होती है—यानी कि जो खोजा जा चुका हो उसे खोजो। हिन्दी का 'शोध या अनुसन्धान' उस अर्थ को पूरी तरह वहन करने में असमर्थ है। (रिसर्च कार्य के लिए एक विशेप प्रकार की प्रतिभा या मेधा चाहिए, यह बात भुला दी गयी है।) और 'गुरुजी', क्या बताऊँ करेला ऐसे ही क्या कम होता है फिर नीम चढ़ा! अध्यापक जी ऐसे ही विद्यार्थियों के मध्य महान्, ऊपर से पीएच.डी. हो गये (या करने लग गये तो फिर आलोचक कहलाने से कोई रोक नहीं सकता। आप विश्वास मानें हिन्दी के सौ प्रतिशत डॉक्टर आलोचक होते हैं और भाषाओं के बारे में माचवे जी से पूछिएगा, पता उनका आपको मालूम ही है)। ये आलोचक जिस समय समसामयिक साहित्य की खेती पर उतरते हैं उस समय बरबस काँजी हौस' (व्युत्पत्ति डॉ. वासुदेवशरण अग्रवाल से पूछिएगा) यानी कि पोंड की याद आती है। वास्तव में इन्हें अपने अध्ययन के दौरान नये साहित्य की गन्ध तो लगने नहीं दी गयी अतः जब यह गन्ध आ जाती है तो ये भड़क उठते हैं। कुछ इस गन्ध को ही गालियाँ देकर नष्ट करने पर तुल जाते हैं और कुछ लोग तुलसी, सूर, मीरा के कवच के भीतर आलोचना करने लगते हैं। पर भाई अपनेराम उस व्यक्ति को आलोचक मानने को तैयार नहीं जो समसामयिक साहित्य से जूझकर उसके उभरते हुए विकासशील स्वस्थ अंकुर को न पहचान सके। (छायावाद की डिटेल्स में चाहे शुक्ल जी गलत रहे हों पर सब मिलाकर कवियों की शक्ति को वे पहचान सके थे और उनका मूल्यांकन गलत सिद्ध नहीं हुआ)।

अब आलोचना की ही चर्चा चल गयी तो सम्पादक जी, आपसे एक बात पूछना चाहता हूँ कि क्या इस समय नयी कविता, नयी कहानी, नये उपन्यास की भाँति 'नयी समीक्षा भी हिन्दी में आ गयी है। यह तो सभी (?) स्वीकार करते हैं कि नयी कृतियों की समीक्षा' के लिए मानदण्डों—यानी कि नयी समीक्षा-पद्धति-की आवश्यकता पड़ती है। यों तो आप जानते ही हैं कि हिन्दी में अभी भी भक्ति काल की लड़ियाँ चल रही हैं और नयी कविता का स्पुतनिक भी उड़ रहा है अतः समीक्षा के क्षेत्र में भी 'छपाई सफाई अच्छी है, भाषा में कुछ ही दोष हैं, दाम ज्यादा है' से लेकर उद्धरण-बहुला अनेक प्रकार की आलोचनाएँ छपती हैं। इनके मध्य से 'नयी समीक्षा' को छाँटना और मुश्किल हो जाता है।

अभी उस दिन अपने कुछ मित्रों के बीच बैठा हुआ था। साहित्य चर्चा चल रही थी। एक अध्यापक मित्र ने कहा, "फलाँ सज्जन के कुछ निबन्ध 'नयी कविता' पर निकले हैं मुझे बहुत अच्छे लगे हैं। उनकी शैली तो बहुत ही सशक्त है; एकदम शास्त्रीय।" तो क्या आप इस शास्त्रीय शैली को ही समीक्षा मानियेगा जिसमें कि कुछ शब्दों के भीतर सारी की सारी रचना का क्रिया-कलाप किया जाता है। मेरे लिए तो ऐसे लेखक अपठनीय होते हैं। नयी कविता मैं समझ लेता हूँ पर ऐसी शास्त्रीय समीक्षाएँ मेरी समझ में नहीं आतीं जो हिन्दी समीक्षा को शुक्ल जी से पीछे ले जाती हैं। कुछ आलोचकों ने हिन्दी में साहित्यिक, प्रगतिवादी, मनोविश्लेषणात्मक और प्रभाववादी समीक्षा पद्धतियों का जिक्र किया है। क्या साम्प्रतिक हिन्दी आलोचना इन्हीं खानों में बन्द है? ऐसा तो नहीं है, तिवारी जी ने स्वयं 10 प्रकार की आलोचनाएँ गिनाई हैं, पर इतना अवश्य है कि 'नव लेखन' के जहाँ अन्य प्रकारों का अपना-अपना एक व्यक्तित्व बन गया है वहाँ 'नयी समीक्षा' का अब भी कोई स्पष्ट स्वरूप नहीं उभरा है। यदि इस समीक्षा का सही स्वरूप उभर कर सामने आ गया होता तो यशपाल जी को आलोचना के आगे प्रश्नचिह्न न लगाना पड़ता और न 'आलोचना' के भूतपूर्व सम्पादकों को ही हिन्दी आलोचना में गतिरोध (साहित्यकार सम्मेलन, प्रयाग, 1957) दिखाई देता, परन्तु फिर भी इतना तो निश्चित ही है कि हिन्दी आलोचना व्याख्या से आगे बढ़कर विश्लेषण तक अवश्य आ गयी है। विश्लेषण सामाजिक पृष्ठभूमि से लेकर सृजन प्रक्रिया तक, तथा कथ्य की विविध भावभूमियों और संवेदनाओं से लेकर बिम्ब-शक्ति की नाप तक फैलता है। अधिक विस्तार में इस समय न जाऊँगा, पर इस समीक्षा की शैली भी बदल चुकी है, शास्त्रीय तो नहीं रही है। हमारे आधुनिक साहित्य पर पश्चिम का गहरा प्रभाव पड़ा है और हिन्दी समीक्षा (म.प्र. द्विवेदी से अब तक) इसका अपवाद नहीं है। परन्तु इस बीच पाश्चात्य चिन्तन का प्रभाव और गहराई तक गया है। पर हिन्दी की नयी समीक्षा अभी भी मूल्यांकन की निर्भ्रान्त उपलब्धियों तक नहीं पहुँच सकी है। इस ओर ध्यान देना आवश्यक है।

मूल्यांकन की जब बात उठाता हूँ तो मेरा तात्पर्य 'नयी कविता' या 'नयी कहानी'

के मूल्यांकन से नहीं है, वह तो अभी 'इन मेकिंग' है अतः उसकी उपलब्धियों का आकलन फिलहाल सम्भव नहीं है बल्कि प्राचीन कृतियों या प्रवृत्तियों के मूल्यांकन से ही है। प्रगतिवादी समीक्षा ने आलोचना क्षेत्र में, 'सामाजिक पृष्ठभूमि' नामक अध्याय को प्रविष्ट तो करा दिया था, पर थीसिसी या अन्य समीक्षा पद्धतियों में यह पृष्ठभूमि साहित्य के कथ्य को शिल्प से जोड़ कर नहीं दिखाई जा सकी, दूसरी ओर फ्रायड के प्रभाव से समस्त कृति को कुण्ठाग्रस्त दिखलाने की भी विश्लेषण पद्धति अपनाई जाती रही है। चूँकि विश्लेषण की इस प्रणाली के लिए एक 'मेथडॉलॉजी' विद्यमान थी, अतः उसका रेडीमेड प्रयोग किया जा सका जबकि मार्क्स की मेथडॉलॉजी का प्रयोग कला-साहित्य के क्षेत्र में छिटपुट उदाहरणों को छोड़ कर ठीक से नहीं हो पाया था। यदि मार्क्स की पुस्तक 'बाल्ज़ाक' पर लिख गयी होती तो सम्भवतः उसका यह स्थूल रूप न दिखलाई पड़ा होता जो प्रकाशचन्द्र गुप्त आदि की प्रगतिवादी समीक्षाओं में दिखाई पड़ा था। वास्तव में सामाजिक पृष्ठभूमि को साहित्य के साथ जोड़ने के लिए अधिक श्रम, अधिक गहरी प्रज्ञा और विश्लेषण के साथ इतिहास के निर्भ्रान्त बोध की अपेक्षा रहती है। मनोविश्लेषण को भी एकान्त व्यक्ति नहीं सामाजिक व्यक्ति के सन्दर्भ में देखना ही उपयुक्त है। 'नयी समीक्षा' दोनों प्रणालियों के समन्वय (थीसिसी समन्वय नहीं) की ओर बढ़ी है। इस दिशा में डॉ. नामवर सिंह एवं डॉ. शम्भूनाथ सिंह की छायावाद से सम्बन्धित समीक्षाएँ महत्त्वपूर्ण कृतियाँ हैं। पर अभी भी 'नयी समीक्षा' अधिकांश 'बुक रिव्यूज़' तक ही सीमित है। अब इसका समय ही नहीं, नये समीक्षकों का दायित्व भी है कि वे पुराने साहित्य का भी नवीन दृष्टि से मूल्यांकन करके साहित्यिक परम्परा के आन्तरिक सम्बन्धों एवं विकास को अधिक स्पष्ट करें।

अतीत के साहित्य के प्रति किसी प्रकार का प्रशंसात्मक बोध जगाने के स्थान पर उस साहित्य में एकत्र तथ्यों के उन विविध साँचों एवं अन्तःसम्बन्धों की खोज करना उचित है जो हमारे युग के लिए भी काम के हैं। प्राचीन लेखकों का अध्ययन उनके अजूबापन या न्यूरोसिस को समझाने की बजाय वर्तमान पाठकों को उनका मूल्य समझाने के लिए होना चाहिए। परम्परा तथा वैकासिक अभ्युदय के विभिन्न पक्षों के साथ साहित्यिक कृति के विविध संयोग अथवा विलगाव प्रकृति द्वारा प्रचारित प्रवृत्तियों के निश्चित मूल्यांकन में नयी समीक्षा के मूल तत्त्व निहित हैं। लेखक किस परम्परा के किस स्थान पर है? उसने क्या अपने युग के सर्वश्रेष्ठ मूल्यों को अभिव्यक्ति दी है? क्या वस्तुगत सत्य की व्यंजना की है? इन प्रश्नों का उत्तर देने से साहित्यिक पाठक समुदाय के भीतर नैरन्तर्य परम्परा के तत्त्वों का बोध जागता है; साथ ही ऐसा अध्ययन उन पारस्परिक सम्बन्धों को भी स्पष्ट करता है जो साहित्य के अतिरिक्त समाज की अन्य हलचलों-गतिविधियों में व्याप्त रहे हैं। इस इतिहास-बोध के द्वारा पाठक विकास की आन्तरिक प्रक्रिया को समझने के साथ ही विकसित होते हुए

सत्य की उस धारणा को भी जाग्रत कर पाता है जो उसे बीते ही नहीं समसामयिक साहित्य के प्रति भी सहानुभूति और विकासमान मूल्यों को समझने की चेतना प्रदान करती है। कहना न होगा कि इस समय इस चेतना को जगाना ही सबसे बड़ा धर्म है 'नयी समीक्षा' का। इस दिशा में डॉ. नामवर सिंह द्वारा की गयी 'साकेत' की समीक्षा ('प्रसारिका' में प्रकाशित) द्रष्टव्य हैं।

इसी के साथ-नयी समीक्षा' का दूसरा दायित्व भी स्पष्ट है—समसामयिक साहित्य का विश्लेषण। विकास की प्रक्रिया में आगत युग के जिन विकासमान मूल्यों को लेखक सहेजता है, उनके प्रति सामान्य पाठकों में तो एक उपेक्षा होती है क्योंकि वे अपनी शाब्दिक तस्वीर के बाहर देख नहीं सकते। पर समीक्षक के लिए आवश्यक है कि वह लेखक के स्तर पर जाकर अपनी विश्लेषणप्रवण बुद्धि द्वारा इन नये विकासमान मूल्यों को चुनकर पाठक समाज के सामने उपस्थित कर सके। इसके लिए मात्र 'बुकरिव्यू' न होकर कृति अथवा कृतियों पर स्वतन्त्र विचार होने चाहिए। और यहीं पर सम्पादक जी, आप जैसे लोगों का दायित्व है कि केवल दो पेज या चार पेज पुस्तक समीक्षा के स्तम्भ के लिए ही न रखें; नयी रचनाओं पर स्वतन्त्र निबन्ध लिखवा कर 'नयी समीक्षा' के व्यावहारिक स्वरूप को उभरने में सहायता दें।

नयी समीक्षा प्रणाली बन रही है, इसका एक स्पष्ट उदाहरण है—नये समीक्षकों द्वारा प्रयुक्त समीक्षण-शब्दावली। संवेदना, सौन्दर्य-बोध, आस्था, ईमानदारी, संवेग, मूल्यांकन, कथ्य और शिल्प, सृजन-प्रक्रिया, फ्रस्ट्रेशन, लय आदि आज जिन अर्थों में और जिन सन्दर्भों में प्रयुक्त हो रहे हैं, उसके पहले हिन्दी समीक्षा के क्षेत्र में कभी प्रयुक्त नहीं हुए थे। यह एक स्वतन्त्र निबन्ध का विषय है, इस पर फिर कभी। अभी तो पत्र लम्बा होता जा रहा है, इसलिए आज यहीं तक।

कष्ट के लिए क्षमा करें। धन्यवाद।

वसुधा : 1958

साहित्यिक लेखन : एक व्यावसायिक समस्या

इधर हिन्दी में लेखक, उसके व्यवसाय, राज्याश्रय के औचित्य आदि पर काफी चर्चा हुई है। अधिकांश बातें कुछ संकीर्ण घेरों के भीतर रहकर कही गयी हैं। ये संकीर्ण घेरे व्यक्तिगत राग-द्वेष के भी रहे हैं, प्रत्यक्ष रूप से राजनीतिक मतवादों से भी अनुप्राणित हुए हैं तथा व्यक्तिगत होड़ और स्वार्थपूर्ति के प्रयत्न में भी एक-दूसरे पर कीचड़ उछालने का प्रयास किया गया है। प्रस्तुत लेखक यहाँ पर इन विवादों और प्रवादों के खण्डन-मण्डन में न जाकर, समस्या के मूल को उसके वस्तुगत परिवेश में रखकर देखना चाहता है।

साहित्य-सृजन-प्रक्रिया के मूल में स्वान्तःसुखाय की भावना भले ही विद्यमान हो, (इसके विवेचन में पड़ना यहाँ अप्रासंगिक होगा) पर उसका अन्तिम लक्ष्य श्रोता या पाठक प्राप्त करना ही है। जैसे ही रचना समाप्त हुई कि फिर उसका प्रकाशन सृजन-प्रक्रिया का ही अगला और शायद अन्तिम कदम है; और इस स्टेज पर लेखक पसन्द करे या न करे, उसने एक वस्तु (Commodity) का उत्पादन किया है जिसे कि उसे अन्य वस्तुओं के समान ही बाजार में भेजना है। (यह बात दूसरी है कि लेखक इतना धनी हो कि अपनी इस उत्पादित वस्तु को वह मुफ्त में ही वितरित कर दे)। आज उसकी इस उत्पादित वस्तु का यदि बाजार-मूल्य (Market Value) नहीं है तो फिर वह इस युग के साहित्यिक उत्पादन का अंग नहीं बन सकती। इसके विपरीत यदि विज्ञान के क्षेत्र में कोई नयी खोज हुई हो तो उसका प्रकाशन बिना किसी मार्केट-वैल्यू के प्रश्न के हो जायगा; भले ही उसका कोई व्यावहारिक प्रयोग फिलहाल सम्भव न हो। यह स्थिति साहित्य-सृजन को प्रभावित करती है। कहना यों चाहिए कि आज का साहित्य इस मार्केट-वैल्यू की चलनी में छनकर आता है।

ऐसी अवस्था में मन में अनेक प्रश्न उभरते हैं—इस सबका प्रभाव लेखन की विषयवस्तु पर क्या पड़ता है? स्थायी साहित्य के कौन-से स्वस्थ रूप इस अड़चन के कारण जनता तक नहीं पहुँच पाते? सामान्य पाठक-वर्ग और समीक्षक (जो स्वयं एक प्रबुद्ध पाठक होता है) पर इसका प्रभाव क्या पड़ता है? ऐसे प्रश्न मन में उस समय तत्काल उभरते हैं, जब कोई व्यक्ति आधुनिक साहित्य के स्वरूप पर

विचार करने बैठता है। क्योंकि ये परिस्थितियाँ साहित्य-सृजन के नियामक तथ्य (Conditioning Factors) हैं। आज का जो जनप्रिय साहित्य है, जिसकी माँग होती है, क्या उसके बारे में यह कहा जा सकता है कि इसमें उन लेखकों का प्रयास है, जो इस बिकने वाली वस्तु-प्रवृत्ति (Commodity view) से ऊपर उठकर रुपये-पैसे के बजाय साहित्य के उच्चतर और व्यापक मूल्यों के लिए संघर्ष करते हैं। इस बात के उत्तर के द्वारा यह जाना जा सकता है कि वर्तमान युग का साहित्य कहाँ तक वर्तमान युग की मूल विशेषताओं का प्रतिबिम्ब है और उसका कितना अंश इस व्यापारी युग की जनप्रिय माँगों के द्वारा यथार्थ का विस्तारित किया हुआ रूप है? हमारा अनुमान है कि आधुनिक साहित्य का एक बड़ा अंश यथार्थ का चित्रण न होकर स्फीतीकरण-प्रक्रिया का परिणाम है।

हम बहुधा अध्यापन, डाक्टरी, वकालत आदि पेशों, यहाँ तक कि अब वैज्ञानिक पेशे (अखिल भारतीय प्रशासकीय सेवाओं की भाँति वैज्ञानिक सेवाओं के भी गठन की बात चल रही है) के सन्दर्भ में यदि लेखन-व्यवसाय को रखकर देखें तो शायद बात और अधिक स्पष्ट हो सके। इन व्यवसायों में कुछ व्यक्ति लगे होते हैं, जो अपना पूरा समय इन्हें देते हैं और इनसे अपनी जीविका कमाते हैं। इन सब लोगों की कुछ निर्धारित न्यूनतम योग्यताएँ होती हैं जिनको पूरा किये बिना वे उस व्यवसाय में प्रवेश नहीं पा सकते। यदि इन व्यवसायों में लगे व्यक्तियों से उनके कार्य के महत्त्व और रचनात्मकता के बारे में प्रश्न किये जायें तो इनमें से प्रत्येक सफलता के साथ यह दिखा सकता है कि उनमें से हर एक ज्ञान के क्षेत्र का विस्तार करता हुआ, चतुर्दिक विकीर्ण मानव-समाज के मानसिक, शारीरिक रूप को विकसित एवं परिवर्तित कर रहा है; समाज के दृष्टिकोण को प्रगतिगामी बना रहा है या सामाजिक जीवन के ढाँचे में एक परिवर्तन ला रहा है।

परन्तु लेखक किसी न्यूनतम योग्यता को प्राप्त करके उस प्रकार लेखक नहीं बन सकता जैसे कोई एल-एल.बी. या एम.बी.बी.एस. करके वकील या डाक्टर बनता है। कौन लेखक बने या न बने, इस पर कोई प्रतिबन्ध नहीं है। जिसके भी नाम से कोई चीज प्रकाशित होती है वही लेखक कहला सकता है परन्तु इसका जिक्र पहले ही हो चुका है कि एक भिन्न प्रकार का प्रतिबन्ध प्रकाशन के क्षेत्र में अवश्य है। यहीं एक तथ्य को और देख लेना चाहिए कि उल्लिखित व्यवसायों के समान पूरा समय देकर लिखने वाले आलोचकों, उपन्यासकारों, नाटककारों एवं कवियों की संख्या अपेक्षाकृत कम है। अन्य व्यवसायों में लगे लोग अपने अवकाश के क्षणों में कुछ लेखनकार्य भी कर लेते हैं। इस प्रकार लेखन या साहित्य-सृजन नाम की जो एक सामाजिक क्रिया है, वह एक ऐसी दुर्भाग्यपूर्ण भूमि है जिसमें प्रत्येक अपना जोर दिखा सकता है। इस तरह इस समय एक निश्चित अर्थ में लेखन-व्यवसाय का अस्तित्व नहीं के बराबर है।

पर एक और महत्त्वपूर्ण तथ्य है कि साहित्य-सृजन के कार्य में व्यवसाय बनने के बीज विद्यमान हैं, क्योंकि जनता कहीं-न-कहीं किसी-न-किसी प्रकार के साहित्य की माँग अवश्य करती है; तथा समाचार-पत्रों, रेडियो, फिल्मों, नाट्य मण्डलियों आदि के साथ सम्बन्धित तथाकथित बहुत से लेखक लोग भी इसके प्रमाण हैं। किन्तु फिर भी लेखन वैसा ही व्यवसाय नहीं बन सका जैसे कि अन्य हैं। वास्तव में कोई भी क्रिया तब तक एक सुसंगठित व्यवसाय का रूप धारण नहीं कर सकती जब तक कि उसके लिए आवश्यक सामाजिक दबाव न हों; तथा ये दबाव निर्भर करते हैं उस व्यवसाय के अन्ततः विकसित होने वाले आकार पर। इस सम्बन्ध में लेवी और स्पाल्डिंग ने विज्ञान के व्यवसाय बनने का अत्यन्त रोचक उदाहरण दिया है। उनके अनुसार 19वीं शती तक विज्ञान भी साहित्य की भाँति ही एक अवकाश के क्षणों में किया जाने वाला कार्य था (जिसे कि कुछ सनकी लोग ही किया करते थे) जिससे किसी प्रकार के आर्थिक लाभ की आशा नहीं की जा सकती थी। औद्योगिक क्रान्ति के फलस्वरूप धीरे-धीरे व्यापारी वर्ग सामने आने लगा। पर उस सामन्ती वातावरण में इस सद्यः धनिक बने वर्ग का मान बहुत नहीं था। अपनी सामाजिक मर्यादा को बढ़ाने के लिए जहाँ एक ओर उन्होंने प्रजातन्त्र आदि की पुकार उठायी वहीं विश्वविद्यालयों आदि को प्रभूत दान देकर अपनी मर्यादा को ऊपर उठाना चाहा और इसके फलस्वरूप विज्ञान आगे बढ़ा है। उस समय तक विज्ञान, यन्त्र और उद्योग का परस्पर सम्बन्ध स्थापित नहीं हो सका था। जब युद्ध, उद्योग और व्यापार-क्षेत्र में विज्ञान का उपयोग हुआ तभी उसे वह सामाजिक मान्यता मिल सकी जिसके फलस्वरूप एक व्यवसाय के रूप में उसका विकास सम्भव हो सका और आज तो यह स्थिति है कि विज्ञान की किसी भी खोज के लिए सरकार और प्राइवेट संस्थाएँ मुक्तहस्त दान देती हैं, चाहे उससे कोई तात्कालिक लाभ न भी हो रहा हो; क्योंकि उसके विकास में एक उपयोग की सम्भावना छिपी हुई है। अगर उद्योग के साथ विज्ञान का सम्बन्ध न जुड़ गया होता तो कहा नहीं जा सकता कि उसका क्या हश्र हुआ होता? इस प्रकार जिज्ञासु की बौद्धिक सन्तुष्टि, औद्योगिक-व्यापारिक उपयोग, सामाजिक कल्याण और संहार में उसकी प्रयोजनीयता ने आज के वैज्ञानिक प्रोफेशन को उसका वर्तमान स्वरूप, आदर और चमक दी है। भारत में यह प्रक्रिया और देर से हुई है। स्वतन्त्रता के बाद ही वैज्ञानिक व्यवसाय ऊपर आ सका है। साहित्य के क्षेत्र में ऐसा नहीं हो सका। साहित्य विदेश में भी और हमारे देश में भी या तो अन्य कार्यों में लगे लोगों की हॉबी के रूप में रहा है या फिर सामन्तों के आश्रय में कवि रहते रहे हैं। हिन्दी साहित्य में इसके अनेक उदाहरण प्राप्त होंगे। आदिकाल के कवि राजा के आश्रित ही थे, चाहे वे चन्द हों या विद्यापति। भक्तिकाल का कवि भक्त पहले था तथा कविता उसका बाई-प्रोडक्ट थी जिसे वह अपना व्यवसाय कभी नहीं बनाता। कुछ राजा या सामन्त भी शौकिया कविता करते रहे जैसे रहीम या 'बेलि

किसन' के लेखक पृथ्वीराज। रीतिकाल के अधिकांश कवि या तो राजाओं के आश्रय में थे या फिर वे भक्त थे—मन्दिरों और सम्प्रदायों से सम्बन्धित थे।

19वीं शती के उत्तरार्द्ध में ऐसी स्थितियाँ आयीं जिनमें कि संगठित व्यवसाय के रूप में उसका उदय सम्भव था। कागज का उत्पादन बढ़ा, छपाई की व्यवस्था हुई, यातायात की सुविधाएँ मिलीं। फिर इसके साथ-साथ शिक्षा का प्रसार प्रारम्भ हुआ। परिणामतः पुस्तक बिक्री और उसके साथ-साथ इन पुस्तकों के लिखने वालों के लिए एक व्यवसाय की सम्भावना पूरी तरह उपस्थित हो गयी।

पर यह नया उदित होता हुआ व्यवसाय दो बातों से नियमबद्ध (Conditioned) हो रहा था। लेखक किस वर्ग से लिये जायें तथा व्यापार की आवश्यकताएँ क्या हैं? इस समय के पूर्व तक लेखकगण व्यापक सामान्य जनता के बीच से न आकर एक छोटे-से वर्ग विशेष से आते थे। भक्त कवि इसका अपवाद था, परन्तु इससे हमारी स्थापना में कोई अन्तर नहीं आता, क्योंकि वह अपने धार्मिक मतवाद या अपने इष्टदेव से इतना अभिभूत हो उठता था कि उसे सामान्य जन की आशा-आकांक्षाओं को प्रधानतया वस्तुगत रूप से अभिव्यक्त करने की बात ही याद नहीं आती थी—हाँ, उसने प्रारम्भ में जन-भाषा का सहारा अवश्य लिया पर धीरे-धीरे वह भी एक प्रकार की अर्द्धधार्मिक, साहित्यिक रूढ़ भाषा में पहुँच गया था; तथा रीतिकाल के कवियों का तो लक्ष्यीभूत श्रोता भी एक सीमित वर्ग ही था जिसके कारण उनका लक्ष्य और रूप सभी कुछ प्रभावित होता रहा। पर नयी परिस्थितियों में लेखन का द्वार एक व्यापक जनवर्ग के लिए उन्मुक्त हुआ और उसका प्रभाव अनिवार्य रूप से साहित्य पर पड़ा है; क्योंकि आखिरकार साहित्य होता वर्ग की ही उपज है—यों उसका भावन अन्य वर्गों के लोग भी कर सकते हैं—यह दूसरी बात है कि वर्ग-विभिन्नता होते हुए भी उनमें समानता के तत्त्व कम नहीं होते।

दूसरा तथ्य ऊपर व्यापारिक आवश्यकता का कहा गया है। व्यापार के अपने नियम, तर्क और प्रयोजन होते हैं जिनका प्रभाव वह अपने सम्पर्क में आने वाले प्रत्येक तथ्य पर छोड़ता है। जब लेखन शब्द से छपे हुए अक्षर तक पहुँचता है तो व्यापार के सम्पर्क में आता है। व्यापार का प्रयोजन लाभ है और इसी कारण उसका तर्क या नियम है कि उन वस्तुओं को खोजो जो सबसे अधिक विक्रयशील हों। यह खोज साहित्यिक वस्तुओं का व्यापारी साहित्य में भी करता है। व्यापार की प्रक्रिया सीधे-सादे खरीद-फरोख्त से आगे बढ़कर फाइनैन्सिंग और उत्पादन के संगठन तक पहुँचती है। व्यक्ति कारीगर की चीज खरीदकर बाजार पहुँचने से व्यापार प्रारम्भ करता है और फिर उसके स्थान पर मशीन की स्थापना करके या उसं कारीगर के काम की दिशा को बदलकर मशीनीकृत परिनिष्ठित (Standardized) वस्तु का उत्पादन कर उसे उपभोक्ता तक पहुँचाता है। यह वास्तव में व्यापार की आन्तरिक संगति है। उसके अर्थशास्त्र की अनिवार्यता है। इसका प्रभाव लेखन पर क्या पड़ता है, यह हमें देखना है?

यहाँ पर यह ध्यान में रखने वाली बात है कि लेखन कभी भी एक मशीनकृत उद्योग नहीं बन सकता। वह तो विचार, अनुभव और भावना की उपज है जो मशीन में कभी नहीं आ सकते, परन्तु (लेखन) वस्तु-सृजन के जितने पक्ष को मशीनों के उपयोग के लिए कब्जे में लाया जा सकता है उतने को व्यापार अपने अधिकार में करने का प्रयास करता ही है। व्यापारी इस बात की खोज कर सकता है कि कौनसी वस्तु अधिक बिकेगी और कौन कम। यही नहीं, वह इसकी भी खोज करता है कि बाजार को, उत्पादित वस्तु के खपाने के लिए, कितना मोड़ा जा सकता है। पहली स्थिति वर्तमान माँग को सन्तुष्ट करने की होती है और दूसरी पठन-पाठन रुचि को इस प्रकार निर्देशित करती है कि वह एक विकसित होते हुए बाजार को निरन्तर सँभाले रह सके। इस प्रकार व्यापार का संसार कलात्मक अभिरुचि को बनाता भी है। इसके लिए विज्ञापन, प्रलोभन, प्रचार किया जाता है। जनमस्तिष्क पर, इस प्रकार दबाव डालकर उसके शैक्षिक स्तर और गुण को प्रभावित करने का प्रयास किया जाता है।

फिर लेखन ही नहीं, इस व्यापारिक युग के मूल्यों का प्रभाव लेखक पर भी आवश्यक रूप से पड़ता है। जिस युग में पैसा ही सारे मान-सम्मान, सामाजिक मर्यादा और सुख का मापदण्ड हो, उस युग का लेखक भी इस अर्थ-मूल्य से प्रभावित होता ही है।

एक और अन्तर्विरोध यहीं पर कह देना उचित होगा। लेखक एक संगठित व्यवसाय के सदस्य फिलहाल नहीं हैं। (शायद भविष्य के आर्थिक दबाव में हो सकें) इसलिए अपने सदस्यों पर कोई नियम, लेखन-क्षमता या पारिश्रमिक के बारे में नहीं लगा सकते। ये लेखक भी मनुष्य हैं और उनमें मानवोचित दुर्बलता भी स्वाभाविक ही है। अतः अर्थ की पुकार पर इन लोगों ने समर्पण किया है। ऐसी कहानियों को लिखा जो बाजार में बिक सकें। उन्होंने ऐसे निबन्ध लिखे जो अखबारों में छप सकें। एक बारगी उन्होंने उस वस्तु की रचना शुरू की जो प्रेसों में भुनाई जा सके। दैनिक अखबार का पेट भरना है, उसके लिए कुछ सनसनीखेज आकर्षक समाचार या टाइटिल देना है। मासिक या पाक्षिक पत्र के सम्पादक के अनुरोध (या आज्ञा) पर व्यंग्य लिखना है अथवा किसी कवि के बसन्त-वर्णन को देना है या एक चटपटी मोहक कहानी लिखनी है। फिर रेडियो है जहाँ से पहले ही से वार्ता या कहानी का विषय आपके पास आता है जिसमें आपको कुछ निर्देश भी दिये गये होंगे। सूचना-विभाग किसी सरकारी काम की तारीफ में नाटक लिखवाने का आयोजन कर सकता है या फिर सिनेमा का लुभावना आकर्षण है। तात्पर्य यह कि एक लम्बा-चौड़ा सुसंगठित पाठक-बाजार है जिसके लिए सामान बनाने वाला लेखक होना चाहिए पर जिसे बेचने की अनेक एजेन्सीज हैं। जाहिर है कि यह सब एक ऊँचे दर्जे के तन्त्र-कौशल की माँग करते हैं। वक्तव्य वस्तु पर यहाँ जोर नहीं होगा, जोर टेकनीक पर होगा। इस प्रकार लेखन-व्यवसाय के एक हिस्से को एक-प्रकार के

मेकेनाइज्ड ट्रेड में बदल दिया जाता है। इस व्यापारवाद ने लेखकों पर पहला प्रभाव यह डाला कि उनका सृजन-कार्य आर्थिक लाभ को दृष्टि में रखकर होने लगा तथा दूसरा इससे भी अधिक भयानक प्रभाव यह पड़ा कि लेखक-वर्ग दो हिस्सों में बँट गया—एक वर्ग तो वह जो इस अर्थ को दृष्टि में रखे बगैर उतना ही लिखता है जिसका कि वह अनुभव करता है अथवा जिसका विचार या भावना उसे कहने या लिखने के लिए विवश करती है। उसके बाजार-मूल्य को वे ध्यान में नहीं रखते। ऐसे लोगों को लिखने के अतिरिक्त अन्य कोई कार्य करना आवश्यक हो जाता है। पर इनके लेखन को भी तो बाजार में आना चाहिए तथा यदि हम पिछले वर्षों में प्रकाशित काव्य-संग्रहों को देखें तो ज्ञात होगा कि लेखकों ने स्वयं अपने पैसों से उन्हें छपाया है, भले ही नाम किसी प्रतिष्ठित प्रकाशक का दे दिया गया हो, यानी ठीक ऐसे साहित्य को प्रकाश में आना कठिन हो गया है। (दूसरा वर्ग मार्केट-वैल्यू के लिए लिखने वाला बन गया जो कि विक्रयशील वस्तु की टेकनीक को ही सजाता रहता है।) ऐसे लोगों का साहित्य मैकेनाइज नहीं हो सकता, एक फार्मूले में उसी प्रकार नहीं बदला जा सकता जैसे कि फिल्मी कहानी को बदला जाता है। यदि ऐसा सम्भव होता तो कविता आज इतनी उपेक्षित न होती। हमारे प्रकाशकों का विज्ञापन विभाग जनता को काव्य-प्रेमी बना दिये होता। पर काव्य ऐसी साहित्य-विधा है जो सबसे कम किसी फार्मूले में ढाली जा सकती है—इसीलिए उसके प्रकाशन और प्रचार की ओर भी सबसे कम ध्यान है।

स्पष्ट है कि ऐसा साहित्यकार इस स्थिति में वही व्यक्ति हो सकता है जो सरकारी नौकर हो, अध्यापक हो, डाक्टर हो, वकील हो (या डाकू अथवा कोचवान हो) यानी कि जीविका का कोई न कोई जरिया जरूर हो। यह भी हो सकता है कि वह अपने लेखन का कुछ हिस्सा कलम घसीट लेखन को दे, पर यहाँ खतरा यह है कि धीरे-धीरे साधन कहीं साध्य न बन जाय और केवल टेकनीक-क्षमता मात्र ही शेष रह जाय। हिन्दी में इसके अनेक उदाहरण हैं। नाम न लूँगा क्योंकि मेरी खोपड़ी इतनी मजबूत नहीं है, पर फिल्म मुख्यतः और रेडियो गौणतः इसका प्रमाण उपस्थित करेंगे। वस्तुतः रेडियो, सिनेमा, समाचारपत्र के लेखक उसी प्रकार टेकनीशियन हैं जैसे रेडियो-इंजीनियर, कैमरामैन या कम्पोजीटर अथवा मशीनमैन।

यानी कि सृजनात्मक लेखक का आज की आर्थिक व्यवस्था में कोई अपना व्यवसाय नहीं है।

परन्तु उन्हें एक सामाजिक प्रयोजन को पूरा करना ही है। एक लेखक के शब्दों में—

"जब तक मनुष्य एक-दूसरे को समझने का प्रयास करेगा तथा जीने का एक सन्तोषजनक रास्ता ढूँढ़ेगा, जब तक मनुष्य को विचलित करने वाली समस्याएँ हैं तब तक ऐसे व्यक्ति होते ही रहेंगे जो ऐसी समस्याओं से—उन्हें स्पष्ट करने

के लिए लिखित शब्द के माध्यम से—संघर्ष करेंगे, प्रयोग करेंगे। रास्ता लम्बा होगा, अलाभकर होगा, कुछ समय के लिए सामाजिक मर्यादा भी देने वाला न होगा पर यह रास्ता विचार और भावना की ईमानदारी अवश्य चाहेगा। लेकिन यह भी ध्यान में रखना है कि अन्ततः मानवीय समस्याओं का समाधान होगा ही। लेखन-व्यवसाय की यह स्थिति चिरकालिक नहीं है। जीवन-प्रक्रिया के और अधिक विकास के साथ स्थिति में परिवर्तन होगा। इस विकास का एक पक्ष आर्थिक मानदण्डों से साहित्य के मूल्यांकन को बचाना भी होगा। व्यापार-जगत से स्वतन्त्र साहित्य का अनिवार्यतः मानवीय प्रयोजन है।"

सभी दिशाओं में सामाजिक जागरूकता का संघर्ष ऐसे प्रश्नों की ओर भी ध्यान ले जायगा और तब ऐसे कदम अवश्य उठाए जावेंगे जिनमें कि साहित्य का प्रकाशन अन्य माध्यमों से हो सकेगा जैसा कि आज के वैज्ञानिक साहित्य में होता है और तभी समाज के एक उस बड़े वर्ग को भी लेखन-क्षेत्र में आने के लिए प्रोत्साहन मिल सकेगा जो अभी तक अछूता पड़ा है।

यहीं पर हम इस धारणा को निरर्थक कह देना चाहते हैं कि लेखक संघर्षों, अभावों और कठिनाइयों में ही प्रभावकर लिख सकता है तथा कोई प्रोत्साहन उसकी क्षमता को नष्ट कर देगा। परिस्थितियाँ उसके जीवन को सापेक्ष गति से प्रभावित करती हैं और यह एक स्वतन्त्र अध्ययन का विषय है कि परिस्थितियों ने किन लेखकों को प्रोत्साहित किया एवं किन्हें हतोत्साहित या बाधित किया। यह परिस्थितियाँ क्या हैं, क्या हो सकती हैं और उनका प्रभाव क्या हो सकता है, यह सावधानीपूर्वक निरीक्षण और अध्ययन का विषय है। इतना हम लोगों ने देखा ही है कि किस प्रकार की बाजार-स्थिति ने लेखक को उकसाया कि वह अपने अधिक महत्त्वपूर्ण दायित्व को छोड़कर बाजार की सन्तुष्टि के लिए लिखे। अतः हमारे विचार से लेखकों को सक्रिय प्रोत्साहन इस विषय में मिलना चाहिए कि वे बाजार की चिन्ता किये बिना मानवीय सत्यों की खोज में अधिक गहरे जा सकें; उसी प्रकार जैसे कि पदार्थ सत्यों का पता लगाने के लिए वैज्ञानिक प्रोत्साहित किये जाते हैं।

हमारी वर्तमान व्यवस्था में स्पष्ट रूप से ऐसी सामाजिक, आर्थिक शक्तियाँ काम कर रही हैं जो मानव-शक्ति के एक बड़े भाग को वैज्ञानिक-यान्त्रिक उपलब्धियों की दिशा में मोड़ देती हैं तथा समाज को उनके प्रति सचेत-सजग भी रखती हैं। तुलनात्मक दृष्टि से देखने पर यहीं वर्तमान समाज का असन्तुलित दृष्टिकोण उभर आता है। जीवन के एक क्षेत्र (विज्ञानादि) में इतनी अतिरिक्त बौद्धिक सजगता है, पर कला-साहित्य के प्रति भयंकर उपेक्षा का भाव है। कला-मूल्यों के प्रति नितान्त दरिद्र-भाव समसामयिक जीवन में प्राप्त होता है।

जिन समस्याओं का समाधान नितान्त आवश्यक है पर हैं उपेक्षित; वस्तुतः वे सभी सामाजिक समस्याएँ हैं और इसीलिए मानवीय हैं। यहीं पर लेखक, साहित्यिक

की आवश्यकता और दायित्व सामने आते हैं। यह दुर्भाग्य की बात है कि लेखक समाज से आज प्रोत्साहन नहीं पाता और जहाँ पर कुछ प्रोत्साहन है भी, वह शक्ति को गलत मार्गों पर ले जाने वाला है या फिर उस प्रोत्साहन को द्विविध व्यवहार द्वारा व्यर्थ भी कर दिया जाता है। जैसे कि हमारे देश में आज चित्र-कला या संगीत सीखने के लिए कुछ छात्रवृत्तियों आदि का प्रबन्ध है। छात्र जिस समय अपने जीवन के कुछ निर्माणकारी वर्षों को इस कला-शिक्षा में लगाकर बाहर आता है तो देखता है कि किसी ऐसे व्यवसाय या कैरियर का अभाव है जहाँ वह अपनी प्रतिभा का उपयोग कर सके। परिणामतः या तो वे अस्थायी कार्य करते फिरते हैं या फिर कहीं अधिक स्थायी अन्य कार्यों या व्यवसायों में प्रवृत्त हो जाते हैं। अपने देश में ही साहित्य अकादमी या ललितकला अथवा संगीत-नाटक अकादमियाँ बनाई गयी हैं—ऊपर से देखने में यह सब कला-साहित्य आदि को प्रोत्साहन देने के समान है पर वास्तव में इनमें केवल पिष्टपेषण का कार्य होता है। जिन लोगों को अपने-अपने क्षेत्रों में प्रतिष्ठा और स्वीकृति मिल चुकी है उन्हें ही इन अकादमियों द्वारा पुरस्कृत-सम्मानित या प्रकाशित किया जाता है, संघर्ष में डूबे हुए—जिनके मार्केट-वैल्यू की ओर बहक जाने का डर है, ऐसे तरुण प्रतिभाशाली लेखकों-कलाकारों की वहाँ कोई भी पूछ या पहुँच सम्भव नहीं है। यदि विश्वविद्यालयों की ओर आइए तो स्थिति और भी अधिक भयंकर मिलेगी, पुराना सिरका बनाकर साहित्य को स्वीकार (Recognise) किया जाता है। अपवादों की बात यहाँ पर और अधिक मैं नहीं करता पर सामान्य तौर पर हिन्दी का अध्यापक नयी प्रतिभाओं, नये साहित्य एवं नवीन परिस्थितियों के प्रति नितान्त अप्रबुद्ध है। जहाँ कहीं भी इन विद्यापीठों के प्रचण्ड दबावों से बचकर कुछ व्यक्ति इनमें अध्यापक-पदों पर आ सके हैं, उन्हें इस दबाव का अनुभव होता होगा कि वे अपने-अपने विभागों में किस प्रकार अस्पर्श्य हैं, सारी शैक्षिक परम्पराओं, साहित्यिक मानदण्डों के हत्यारे माने जाते हैं। इसका परिणाम प्रबुद्ध जनों से छिपा नहीं रह सकता।

कारण स्पष्ट है, केवल पुरानी मान्यताओं से चिपटे रहने वाला नये जीवन के अनुरूप व्यक्तित्व का कोई विकास नहीं कर सकता। मेरा व्यक्तिगत अनुभव है कि ऐसे अच्छे-अच्छे विद्यार्थी जो प्रथम श्रेणी में पास होकर आते हैं, जब नये साहित्य के सम्पर्क में आते हैं तो कुछ भौचक्के से रहकर या तो बगैर पूरी तरह समझे इसकी निन्दा प्रारम्भ कर देते हैं या फिर तुलसी, सूर तथा बिहारी के खोल में विश्राम करने लगते हैं जहाँ इस नयेपन की गन्ध भी न छू सके। केवल एक छोटा-सा प्रतिशत (मुख्य रूप से सृजनशील लेखकों का) बच जाता है जो इस नयेपन को निष्ठापूर्वक समझने, ग्रहण करने का प्रयास करता है। वास्तव में यह एक मुख्य कारण है जिसके कारण नये साहित्य के समीक्षकों में से अधिकांश सृजनशील लेखक हैं।

हमारे विश्वविद्यालयों में निराला, महादेवी या सुमित्रानन्दन पन्त पर पीएच.डी.

प्राप्त की जा सकती है पर वे इस उपाधि के योग्य न समझे जावेंगे (इससे इन लेखकों का गौरव न बढ़ेगा, मैंने केवल इस दिशा की ओर इंगित किया है) यहाँ तक कि यदि इन विद्यापीठों का कोई साहित्य का अध्यापक सृजनशील कार्यों में भी लगा हुआ है तो उसे सृजन-कार्य के लिए उसके अधिकारियों से किसी प्रकार का अतिरिक्त सम्मान या लाभ नहीं मिलना है, बल्कि एक बड़ी सम्भावना इस बात की है कि अवमानना मिले। समस्त साम्प्रतिक साहित्य में नया महत्त्वपूर्ण जोड़ने वाला विश्वविद्यालय-क्षेत्र के बाहर है; जो कुछ पहले से विद्यमान है उसी का विश्लेषण, मूल्यांकन, समीक्षा, सम्पादन या पुनर्व्याख्या ही उसके भीतर है। और इस प्रकार के लेखकों के लिए विश्वविद्यालयीय अध्यापन रेडियो या फिल्मी या क्लर्की से किसी कदर अच्छा नहीं है। उन्हें यहाँ भी अपनी प्रतिभा के उचित प्रयोग के स्थान पर किसी घिसी-पिटी पद्धति पर अनुशासनपूर्वक आगे कदम बढ़ाना होगा जैसा कि अन्य विद्यार्थी या विशुद्ध अध्यापक करते हैं। मैं नहीं जानता कि सिद्ध-साहित्य लिखकर भारती ने ज्ञान एवं मानवीय सत्य और खोज को अधिक आगे बढ़ाया है या इतना ही परिश्रम करके लिखे गये किसी रचनात्मक साहित्य के माध्यम से आगे बढ़ता। सृजनशील लेखक के लिए ऐसा साहित्य Hack Writing ही है। लेखक चाहे भारती हों या बच्चन, शिवमंगल सिंह हों या नीरज, मोहन राकेश हों या शिवप्रसाद सिंह। अपने ऐसे लेखन में किस प्रकार गिरिजाकुमार, माथुर, इलाचन्द्र जोशी, नेपाली, प्रदीप या अन्य व्यावसायिक लेखकों के व्यावसायिक लेखन से किन अर्थों में ये लोग श्रेष्ठ हैं, यह विचार का विषय है। यहाँ पर दोनों वर्गों के व्यावसायिक लेखन की बात मैं कर रहा हूँ, श्रेष्ठ मूल्यों वाले वास्तविक लेखन के बारे में नहीं।

वास्तव में आवश्यकता इस बात की है कि एकेडेमिक अध्ययन और जीवन्त लेखन एवं विचारधाराओं के संयोजन एवं सम्मिलन पर ध्यान दिया जाय। सृजनशील लेखक एवं नवलेखन को ही महत्त्व न मिले, समीक्षा की नयी प्रणालियों, आकलन की नयी पद्धतियों एवं मानदण्डों का भी भरपूर उपयोग विश्वविद्यालयों द्वारा होना चाहिए। क्योंकि इस क्षेत्र में भी इनका प्रत्याशित नेतृत्व अब पिछड़ने लगा है। यहाँ पर मैं राजेन्द्र यादव और साही* के विवाद में नहीं जाना चाहता, परन्तु सम्प्रति कुछ अपवादों को छोड़कर यदि पत्र-पत्रिकाओं में प्रकाशित होने वाले श्रेष्ठ आलोचनात्मक निबन्धों को लिया जाय तो एक बड़ी संख्या ऐसे लेखकों की मिलेगी जो विश्वविद्यालयों से या तो सम्बन्धित नहीं हैं या फिर वहाँ पर उनकी स्थिति नगण्य है। यह पूछा जा सकता है कि अपने विकसित समीक्षानुभव के बावजूद विश्वविद्यालयों में प्रतिष्ठित समीक्षकों ने कितना और कितने प्रभाव के साथ इस बात को आलोकित करना

---

* 'सुप्रभात' के कुछ अंकों में राजेन्द्र यादव एवं विजयदेवनारायण साही के मध्य 'विश्वविद्यालयीय समीक्षा' के प्रदेय पर वैचारिक संघर्ष हुआ था।

चाहा है कि आज क्या हो रहा है? कब उन्होंने नवीन आलोक में पुरानी कृति का मूल्यांकन करना चाहा है–अज्ञेय या रेणु के सन्दर्भ में प्रेमचन्द के महत्त्व को कितने लोगों ने आकलित करना चाहा है? अथवा विकास-मान धारा को एक ऐसे आलोचनात्मक फ्रेम में जो एक साथ भूत और वर्तमान है, क्या उन्होंने कसना चाहा है? साहित्य के ऐतिहासिक मूल्यों को आज की चेतना के रचनात्मक सहयोग में स्थापित किया जाना चाहिए।

आज विश्वविद्यालयों से अनेक ऐसे ग्रन्थों का प्रकाशन होता है जिन्हें सामान्य प्रकाशक कभी नहीं छापना पसन्द करता क्योंकि सामाजिक ज्ञान-विज्ञान के क्षेत्र में मूल्यवान होते हुए भी उनका विक्रय-मूल्य लाभप्रद नहीं है। इसी प्रकार उन रचनात्मक कलात्मक कृतियों (Creative literature) को भी प्रकाशन मिलना चाहिए। यह कार्य विश्वविद्यालयों एवं अकादमियों जैसी संस्थाओं के द्वारा ही होना चाहिए।

जिस प्रकार विज्ञान हमारे चतुर्दिक् विस्तृत भौतिक संसार के प्रति सचेतनता, सजगता तथा ज्ञान लोक को देता है उसी प्रकार से वास्तविक सर्जनात्मक साहित्य भी मानवीय सम्बन्धों का गहरा ज्ञान और उनमें भी जो सबसे अधिक गहन महत्त्व के होते हैं, उन्हें लोक को देता है। फिर क्यों वैज्ञानिक के लिए दिन-दिन आर्थिक सुरक्षा की व्यवस्था होती जा रही है और लेखक के लिए नहीं। उसे वह सामाजिक मर्यादा भी नहीं प्राप्त होती जो वैज्ञानिक को प्राप्त होती है। जैसा कि पहले ही कहा जा चुका है, अन्तर यह है कि विज्ञान केवल सृजनात्मक ही नहीं है, उसे आर्थिक लाभप्रद कार्य के लिए उपयोग में लाया जा सकता है, परन्तु एक बात ध्यान में रखने की है कि अधिकांश वैज्ञानिक विज्ञान के सामाजिक उपयोग का फल प्राप्त नहीं करते। एलेक्ट्रो मैगनेटिक सिद्धान्त के द्वारा सूर्य के धब्बों का अध्ययन करते-करते यदि रेडियो, टेलीविजन या रडार बन गया तो उस सिद्धान्त के आविष्कर्ता वैज्ञानिक की अपेक्षा उसके निर्माता (Manufacturer) को अधिक लाभ होता है। इस प्रकार वैज्ञानिक अर्थलाभ के प्रलोभनों से अलग रहकर अपना काम कर सकता है, और उस पर इस आर्थिक व्यवस्था का गहरा प्रभाव भी नहीं पड़ता, परन्तु जब लेखक की कृति के आधार पर कोई फिल्म बनती है तो उसकी टेकनीक और सृजनशीलता पर सीधा प्रभाव पड़ता है, अतः यह स्थिति उसके लिए भयावनी है। एक और बात स्पष्ट है कि कोई वैज्ञानिक किसी नये सत्य की खोज निर्द्वन्द्व होकर कर सकता है और उसको बराबर प्रोत्साहन मिलता जायगा, पर यदि लेखक ने मानवीय सम्बन्धों के किसी अप्रिय नये सत्य की ओर इशारा कर दिया तो उसे परम्परा आदि के नाम पर निन्दा मिलेगी। एक लेखक के शब्दों में, "Truth in science cUn be commercially useful. Truth in literature can not always be." परन्तु व्यापार सम्पूर्ण सत्य से Concerned न होगा, पर मनुष्य तो है अतः इसका समाधान भी आवश्यक है।

अस्तु, साहित्य का यदि व्यापारिक उपयोग न भी हो सके, तब भी ऐसी समस्याओं का समाधान आवश्यक है, क्योंकि व्यापार सम्पूर्ण सत्य से सम्पृक्त नहीं होता, पर साहित्य सम्पूर्ण सत्य से सम्पृक्ति रखकर ही अस्तित्व लाभ करता है। लेखन व्यवसाय न बने यह अच्छा है, पर लेखक को व्यवसाय की सुरक्षा मिलनी ही चाहिए।

अक्टूबर, 1958, ग्वालियर में 'आलोकन' संस्था के शरदोत्सव में आलेख पाठ
'आलोचना और आलोचना' में संगृहीत

साहित्यिक अध्ययन की प्रकृति

साहित्यिक अध्ययन की उपयोगिता को स्वीकार कर लेने के बाद यह प्रश्न और अधिक महत्त्वपूर्ण बनकर सामने आता है कि इस अध्ययन का स्वरूप या प्रकृति क्या हो? साहित्य और साहित्यिक अध्ययन एक ही नहीं हैं—एक कला रूप है और दूसरा विज्ञान तो नहीं, पर अध्ययन का एक प्रकार अवश्य है। सृजनानुभव उसमें सहायक हो सकता है, पर अध्येता का कार्य बिल्कुल दूसरा है। उसे अपने साहित्याध्ययन के अनुभव को बौद्धिक शब्दावली में रखना तथा एक सुसंगत व्यवस्था में पिरोना होता है क्योंकि बिना एक सुसम्बद्ध व्यवस्थापन के किसी भी तथ्य-भण्डार या विवेचना को ज्ञान की कोटि में नहीं रखा जा सकता। यद्यपि यह सत्य है कि समीक्षक की विषयवस्तु या उसका कच्चा माल अत्यन्त अतार्किक, भावात्मक एवं अनीन्द्रिय ग्राह्य पदार्थ होता है, परन्तु संगति एवं सुसम्बद्धता का उतना ही बड़ा अनुशासन एवं बुद्धिपरकता तथा तार्किकता का उतना ही गहरा आग्रह उसके लिए आवश्यक है जितना कि इतिहासज्ञ, समाजशास्त्री या मनोविज्ञानवेत्ता को स्वीकार करना पड़ता है।

इसी अनुशासन से बचने के लिए कतिपय समीक्षकों ने रचना की समीक्षा को भी एक प्रकार की रचना या द्वितीय सृजन कहा है। उनके अनुसार साहित्य अध्ययन नहीं, आस्वादन की वस्तु है और हम अपने आस्वादन-जन्य प्रभावों को ही व्यक्त करें; क्योंकि शेष बातें साहित्य सम्बन्धी सूचनाएँ मात्र हो सकती हैं। इस प्रकार साहित्यिक विद्वत्ता एवं साहित्यिक सराहना और आस्वादन में अन्तर उपस्थित करने का प्रयास किया जाता है। यहाँ यह याद रखना आवश्यक है कि यह द्वितीय सृजन सदैव हीन कोटि का एवं अनुवाद मात्र होगा—अतः इसे कोई बहुमान देने की आवश्यकता ही नहीं उठती। दूसरे, जैसा कि उपयोगिता अंश में स्पष्ट किया जा चुका है, रचना के अनेक स्तर एवं जटिल संयोजनाएँ होती हैं। अनुभूति-सापेक्ष एवं शास्त्र-सापेक्ष समीक्षक इन स्तरों एवं जटिलताओं को समझने में सहायता देता है। ये तथाकथित सूचनाएँ कृति को सही परिदृश्य में उपस्थित करने में सहायता देती हैं। जहाँ तक कलाकृति के प्रयोजनों का प्रश्न है, यहाँ पर उनका विवेचन बहुत प्रासंगिक न होगा।

बहरहाल समस्या अभी अनुत्तरित है कि साहित्य-कला का अध्ययन किस प्रकार

किया जाय? कुछ लोगों ने विज्ञान की प्रविधि (Methodology) उस पर घटानी चाही है। इसके अनेक प्रयास किये गये। विकासमूलक जैविक मतों को लागू करने का प्रयत्न हुआ, उसे काव्यपुरुष के रूपक द्वारा समझाने की चेष्टा हुई। आर्थिक, राजनीतिक सिद्धान्तों के अनुरूप व्याख्यायित करने की चेष्टा भी कम नहीं हुई (या कम नहीं हो रही है)। कभी आँकड़े और चार्टों का संयोजन एवं प्रयोग हुआ तो कभी नितान्त वस्तुपरक अध्ययन पर बल दिया गया। परन्तु ये सदैव सफल नहीं सिद्ध हुए और कभी-कभी रिचर्ड्स जैसे समीक्षकों को इनकी भविष्यत् सम्भावनाओं पर ही सन्तोष कर लेना पड़ा है। पर इसका तात्पर्य यह नहीं कि समाजशास्त्र, मनोविज्ञान, इतिहास, जीवशास्त्र या अर्थशास्त्र आदि का प्रयोग साहित्य में नितान्त वर्जित है। एक बड़ा क्षेत्र है जिसमें इनका प्रवेश शुभ ही नहीं, आवश्यक था, कभी-कभी अन्योन्याश्रित हो जाता है परन्तु इन्हें साधन के रूप में एक सीमा तक ही स्वीकार करना उचित है। इसके अतिरिक्त इनकी आगमन-निगमनपरक विवेचना-शैली, विश्लेषण-समन्वय तथा तुलना-ढंग भी साहित्यिक अध्ययन में स्वीकरणीय है। फिर भी साहित्यिक अध्ययन के अपने नियम और ढंग भी हैं जो विज्ञान के न होते हुए भी बौद्धिक होते हैं। वास्तव में मानवविद्याओं (Humanities) तथा भौतिक-सामाजिक (Physical & Social) विज्ञानों में अन्तर होता है।

पर इस अन्तर को स्पष्ट कैसे किया जाय? विलहेम डिल्थी ने यह अन्तर व्याख्या एवं बोध (Explanation and Comprehension) का बताया है। यानी कि एक (वैज्ञानिक) कार्यकारण सम्बन्धों की व्याख्या करना चाहता है और जबकि दूसरा (इतिहास और कला का अध्येता) घटना को पूरे परिदृश्य में समझना चाहता है एवं उसके वास्तविक अर्थ का बोध प्राप्त करना चाहता है। बोध की यह प्रक्रिया आत्मपरक एवं वैयक्तिक होती है। विण्डेल बैण्ड ने विज्ञान की अध्ययन-प्रणाली को 'सामान्य नियम' ढूँढ़ने वाली कहा है तथा इतिहास को विशिष्ट या फिर-फिर घटित होने वाले तथ्यों को पकड़ने वाला माना है। एक अन्य विद्वान ने कला, इतिहास आदि को संस्कृति का विज्ञान कहा है तथा अन्य को प्रकृति का विज्ञान माना है। संस्कृति सम्बन्धी विज्ञान व्यक्ति का अध्ययन करता है—एवं व्यक्ति का अध्ययन किसी न किसी मूल्य-सन्दर्भ में होता है। इसीलिए इसे सांस्कृतिक प्रक्रिया कहा गया है। एक अन्य विद्वान ने विज्ञान को दोहराये जाने वाले तथ्य (Facts of repetition) तथा इतिहास को नैरन्तर्य वाले तथ्य (Facts of succession) कहा है।

हम इसके विस्तृत विवेचन में न जाकर मात्र इतना ही कहेंगे कि इनमें से किसी भी मत को आत्यन्तिक सत्य के रूप में नहीं स्वीकार किया जा सकता। इन्होंने सत्य को किसी न किसी कोण से पकड़ने का प्रयास अवश्य किया है। यदि हम मात्र सैद्धान्तिक ऊहापोह में न जाकर केवल ठोस सवाल पूछें तो समस्या अधिक स्पष्ट हो सकेगी। हम तुलसी या कालिदास को क्यों पढ़ते हैं? क्या उनकी देशगत, कालगत

या धर्मसाधना आदि को समझने के लिए? शायद नहीं। 'तुलसी एवं कालिदास' को क्या तुलसी और कालिदास बनाता है? स्पष्ट है कि यह वैयक्तिक एवं मूल्यपरक समस्या है। जब हम भक्तिकाल या छायावाद का अध्ययन करते हैं तब भी इन युगों की अलग-अलग उन विशिष्टताओं या व्यक्तित्व का अध्ययन करते हैं जो उन्हें अन्य युगों से पृथक करते हैं परन्तु इस पृथक्करण एवं अध्ययन के लिए किसी एक अतिसरलीकृत सामान्य नियम की स्थापना कठिन है। इतिहास का परिप्रेक्ष्य एकमात्र सामान्य तत्त्व है, जो हमें इस कार्य में सहायता दे सकता है; परन्तु वह भी आत्यन्तिक रूप से नहीं, साध्य भी नहीं। यों कुछ लोग क्रिया-प्रतिक्रिया अथवा परम्परा-विद्रोह के नियम की संस्थापना बड़ी सुविधा से करके निश्चिन्त हो लेते हैं (जैसे कि 'द्विवेदी युग के विरुद्ध प्रतिक्रिया छायावाद में' और 'छायावाद में स्थूल के प्रति सूक्ष्म का विद्रोह' या 'प्रगतिवाद में छायावाद की प्रतिक्रिया' आदि) परन्तु वास्तव में ये नियम साहित्यिक प्रक्रिया के बारे में निश्चित कथन नहीं हैं। हम आज इन नियमों के आधार पर यह नहीं कह सकते कि 15 वर्ष बाद साहित्य का स्वरूप क्रिया-प्रतिक्रिया के फलस्वरूप क्या होगा। वास्तव में इन्हें किसी प्रकार का नियम मानने में ही संकोच का अनुभव होता है।

ऊपर विविध विद्वानों के विज्ञान तथा इतिहास के अन्तर बताने वाले जिन विविध मतों का उल्लेख किया गया है, उनके सार-तत्त्व का पता लगाने पर ज्ञात होता है कि विज्ञान की प्रक्रिया सामान्यीकृत है और साहित्य की विशिष्ट, वैयक्तिक एवं बोध-प्रधान। पहली में नियम पर जोर है, दूसरी में 'अप्रतिम' स्थिति का संकेत। परन्तु यह जो वैयक्तिकता है इसे अधिक दूर तक खींचने का एक दुष्परिणाम हो सकता है कि उसे भावात्मक प्रलाप की संज्ञा दी जाने लगे। वास्तव में वैयक्तिकता और अप्रतिमता सापेक्ष शब्द हैं। कोई भी कृति नितान्त वैयक्तिक नहीं होती, वह अपनी परम्परा की उस युग तक की अन्तिम कृति होती है जिससे कि नयी परम्परा का नैरन्तर्य भी क्षरित हो सकता है। यह सत्य है कि 'मानस' और 'कामायनी' एक नहीं हैं। पर यों तो एक कूड़े का ढेर दूसरे कूड़े के ढेर से अलग और विशिष्ट होता है। दोनों ढेरों का आकार, रासायनिक तत्त्व आदि अद्वितीय होते हैं, अतः विशिष्टता को बहुत खींचना उचित नहीं; फिर कृतियों के माध्यम 'शब्द' विशिष्ट न होकर सामान्य होते हैं। वास्तव में कृति एक साथ विशिष्ट और सामान्य होती है जैसे कि प्रत्येक व्यक्ति अपने-आप में विशिष्ट भी होता है तथा अपने देश, जाति, सेक्स, पेशे आदि में सामान्य भी। वेलेक एवं वारेन के ये शब्द इस प्रसंग में अत्यन्त सार्थक हैं कि साहित्यिक समीक्षा एवं साहित्यिक इतिहास दोनों ही किसी कृति, किसी लेखक, किसी युग या राष्ट्रीय साहित्य के विशिष्ट वैयक्तिक चरित्र को आँकने का प्रयास करते हैं। परन्तु यह चरित्रांकन एक साहित्यिक सिद्धान्त के आधार पर सार्वजनिक शब्दावली में ही पूरा किया जा सकता है। परन्तु इस आदर्श के द्वारा सहानुभूतिपूर्ण

ग्रहण एवं रसास्वादन का महत्त्व कम नहीं हो जाता। ये तो साहित्यिक अध्ययन की प्रारम्भिक शर्तें हैं। ध्यान यह रहे कि इस अध्ययन से केवल पठनकला को ही सहायता नहीं मिलती, उसके अपने संगठित ज्ञान का अलग से भी महत्त्व है। पठनकला (art of reading) एक वैयक्तिक संस्कार है और इसी रूप में वह समाज में साहित्यिक संस्कार को प्रसरित होने में सहायता भी देती है, लेकिन ये संस्कार साहित्यशास्त्र (सिद्धान्त) का स्थान नहीं ग्रहण कर सकते। मैं समझता हूँ कि डैविड डैचेज का यह आग्रह बहुत उचित नहीं है कि आलोचक को सदैव अपने सिद्धान्त और व्यवहार में सुबोध ही रहना चाहिए। जहाँ तक सामान्य पाठक का सम्बन्ध है, यह धारणा ठीक है; परन्तु कभी-कभी अपने अध्ययन के समुचित संगठन में अपनी विशिष्ट एवं सार्वभौम पद्धतियों के समन्वय द्वारा समीक्षक ऐसी शब्दावली का प्रयोग भी कर सकता है जो विशेषज्ञ ही समझ सके। परन्तु यह विशेषज्ञ-सापेक्ष ज्ञानराशि न तो उपेक्षणीय है और न कम महत्त्वपूर्ण। साहित्यिक सिद्धान्तों (काव्यशास्त्र) का निर्माण इसीलिए आवश्यक होता है।

कल्पना : जुलाई, 1959

समसामयिक सांस्कृतिक गतिविधि और साहित्यिक समीक्षा

क्या साहित्य-समीक्षा आज भी सम्भव है? यह प्रश्न उठाते हुए सहज ही एक उत्तर एक दूसरे प्रश्न के रूप में दिमाग में उभरता है कि यदि पहले सम्भव थी, तो इस समय क्यों नहीं सम्भव है। यदि इस विचार को स्वीकार न करें तो सहज ही दूसरा सवाल उठता है कि नये साहित्य एवं प्राचीन साहित्य (विशेष रूप से क्लासिक्स) में अन्तर क्या है? क्या क्लासिक्स का अध्ययन यों ही रोज किये जाने वाले पठन-पाठनों से भिन्न होता है। दोनों प्रकार के साहित्यों के मूल्यों की एकता या विभिन्नता इस प्रसंग में नितान्त द्रष्टव्य है। आखिर मनुष्य एक निरीह अनजान प्राणी बना नहीं रह सकता, एक स्थिति ऐसी आती है जब वह महत्त्वपूर्ण समझी जाने वाली वस्तुओं की सार्थकता की जाँच कर लेना चाहता है। सार्थकता की यह परीक्षा अनेक कोणों से होने लगती है। कुछ लोग तो उसकी अपनी प्रकृति और स्वरूप के आधार पर जाँचते हैं; परन्तु बहुधा लोग नैतिकता या विज्ञान आदि की कसौटियाँ प्रयोग में लाने लगते हैं। ऐसे अवसरों पर साहित्य जैसे अनीन्द्रिय ग्राह्य क्रिया-व्यापार के अपरिभाष्य तथा सूक्ष्म मूल्यों की रक्षा करना कठिन हो जाता है। अपनी राजनीतिक चेतना के कारण मनुष्य नारेबाजी को एवं नैतिक दृष्टि सम्पन्न होने के कारण बँधे-बँधाये ढाँचों की चेतना को मूल्यवान मानने लगता है, तथा जो कुछ इनके भीतर नहीं समा पाता, उसे वह सन्देह की दृष्टि से देखने लगता है। प्लेटो जैसे विचारक ने अपने युग के ज्ञान और नैतिकता के सन्दर्भ में ही कलाओं की निन्दा की थी। तब से यह प्लेटोवाद प्रत्यक्ष या परोक्ष रूप से सामने आता है। भारतीय काव्य-चिन्तन के क्षेत्र में प्लेटोवादी स्वर बहुत सशक्त कभी नहीं हो सका। प्रयोजन की दृष्टि से चतुर्वर्ग फल-प्राप्ति एवं मनोरंजन सर्वसम्मत लक्ष्य बने रहे। यहाँ हमें इनकी परीक्षा नहीं करनी है, पर आधुनिक काल में काव्य की उपयोगिता पर प्रश्न-चिह्न लगाने वाला प्लेटोवादी स्वर यहाँ भी प्रमुख बना हुआ है। इससे बचने का एक रास्ता तो यह है कि विज्ञान आदि को साहित्य-क्षेत्र में प्रविष्ट ही न होने दें एवं दूसरा मार्ग अरस्तू का है जिसमें कि काव्य द्वारा प्राप्त होने वाले ज्ञान को अधिक यथार्थ या सत्य के निकट माना जाता है। बहरहाल सामान्यतया प्लेटो और अरस्तू के मत

ही भिन्न-भिन्न रूपों और संशोधनों के साथ उपस्थित किये जाते रहे हैं। एक यदि साहित्य को अनुपयोगी, बुद्धि को कुण्ठित करने वाला एवं ख्याली पुलाव समझता है तो दूसरा मानता है कि साहित्य एक अप्रतिम ज्ञान और आनन्द देता है, जो हमारे व्यक्तित्वों को अतिरिक्त समृद्धि देता है।

यदि अरस्तू के इस मत को हम स्वीकार कर लें तो इसका अर्थ होगा कि इस विशिष्ट, अप्रतिम ज्ञान की प्राप्ति के लिए हम पढ़ते हैं और फिर नये साहित्य एवं क्लासिक्स के अन्तर की बात भी मिट जाती है। परन्तु इसी स्थल पर दूसरा महत्त्वपूर्ण सवाल उठ खड़ा होता है कि साहित्य हमारी सभ्यता एवं संस्कृति का एक व्यापार (activity) यदि है तो इस अप्रतिम, विशिष्ट तत्त्व द्वारा उसकी व्याख्या कैसे सम्भव हो। परिणामस्वरूप एक विचित्र असुविधा में हम पड़ जाते हैं। साहित्य का एक सिद्धान्त जो कालिदास, बाणभट्ट या तुलसीदास पर लागू हो जाता है, आधुनिक कहानियों पर कैसे लागू किया जा सकता है। प्रश्न श्रेष्ठता अथवा निकृष्टता का नहीं, भिन्नता का है। साहित्य के उपयोग या मूल्य के सम्बन्ध में आज का जिज्ञासु प्राणी किसी सामान्यीकृत कथन को मानने में संकोच का अनुभव करेगा।

इस संकोच का कारण है : केवल नये और पुराने साहित्य के बीच ही नहीं, नये साहित्य के भी विविध रूपों में परस्पर प्रकृति, उद्देश्य और मूल्यों में पर्याप्त विभिन्नता प्राप्त होती है। रेडियो के लिए, टेलीविजन के लिए, सिनेमा के लिए, दैनिक अखबार, साप्ताहिक पत्र या मासिक पत्रिका के लिए लिखे जाने वाले समसामयिक साहित्य-रूपों में परस्पर वैभिन्न्य ढूँढ़ना कठिन नहीं होगा। तुलसी ने प्राकृतजन-गुणगान करने वाले कवि को अपने से अलग करके देखा अवश्य था, पर आज के अर्थ में व्यावसायिक लेखक, प्रचारक लेखक या गम्भीर लेखक के अन्तर शायद उनकी समझ में नहीं आवेंगे। ये सारे के सारे आधुनिक प्रश्न हैं, जिन्होंने कि आधुनिक साहित्य की प्रकृति, प्रयोजन और मूल्य में पुराने से अन्तर उत्पन्न किया है। आज के साहित्य के कभी-कभी एकदम भिन्न उद्देश्य प्रतीत होते हैं।

इस नये रुख को उपस्थित करने वाला मौलिक कारण शिक्षा का नया प्रसारी रूप है। पहले जमाने में थोड़े लोग साक्षर होते थे और अधिकांश असाक्षर जन इन साक्षरों से मौखिक उपदेश ग्रहण किया करते थे। जो पढ़े-लिखे होते थे, वे उस समय के उपलब्ध ज्ञान का भरपूर उपयोग कर अपने को पूर्णतया ज्ञानवान और खुली आँख वाला बनाये रखने का प्रयास करते थे। ज्ञान-विज्ञान की इतनी दिशाएँ एवं इन दिशाओं में भी परस्पर इतनी अधिक विविक्ति न होने के कारण उस समय यह सम्भव भी था। साधारण अपढ़ जनता इन्हें पर्याप्त आदर देती है। मौखिक कथा-वार्ताओं आदि के माध्यम से निर्देशन प्राप्त होने के कारण स्मृति एवं कल्पना को बढ़ने के लिए खुलकर अवकाश मिलता था। जिस युग में अधिकांश अनदेखा हो, उसमें कल्पना के पंखों को अधिक फैलाना ही चाहिए और जहाँ पर साक्षर जन

कम हों वहाँ पर स्मृति में सहज रूप से बस जाने वाले रूपों का आधिक्य अनिवार्य है। इसी कारण मौखिक परम्परा के माध्यम से बढ़ने वाले साहित्य से स्मरणीय एवं अलंकारों के प्रति सहज उन्मुख भाव प्राप्त होता है। ऐसी मनःस्थिति में, यह बात सहज ही समझ में आ जाने वाली है कि ये पाठक या श्रोतागण जिस भी साहित्य या कला-रूप में प्रवेश पा जाते थे, अपनी कल्पना और स्मृति के सहारे उसमें भाग लेता अनुभव करते थे। वे ऐसे कला-जगत के, इस प्रकार संरक्षक बन जाते हैं जो उनके दैनिक कार्य-व्यापार एवं हृदय के निकट है; और इस कला-जगत के भीतर एकता एवं शक्ति भी संरक्षित रह पाती थी। इस तरह सब मिला कर यह सारा समूह (पाठकों, श्रोताओं, अध्येताओं एवं सर्जकों का) लगभग समान स्तर पर रह जाता था एवं साहित्य के अनेकमुखी प्रयोजन या मूल्य अथवा व्यावसायिक एवं गम्भीर के अन्तर नहीं उभर पाते थे। वहाँ स्पष्ट प्रकृति के एवं निश्चित लक्ष्य थे, सम्मान की एक सहज भावना थी एवं लोक-साहित्य और शिष्ट साहित्य के मध्य कोई गहरा अन्तराल नहीं था।

पर आज स्थिति नितान्त गम्भीर हो गयी है। साक्षरता बढ़ती जा रही है, पर पढ़ने का उपयोग या लक्ष्य कोई निश्चित नहीं है। पढ़ना सुलभ, पर पढ़ने का प्रयोजन अस्पष्ट; परिणाम है कि साहित्यकार के अतिरिक्त आदर की वह भावना भी नहीं रही और स्मृति-कल्पना के भी पंख कट गये। पढ़ने की सुलभता के कारण प्रत्येक मनुष्य अपने से बाहर जगत के विभिन्न स्रोतों से कुछ न कुछ ग्रहण करता है परन्तु उसकी कोई सीमा नहीं कि सच-झूठ, तथ्य और मिथ्या, शुद्ध या भ्रष्ट के ग्रहण स्रोत क्या हों? डैविड डैचेज के शब्दों में–

> *"लिपि के आविष्कार ने इसे सम्भव बनाया, छापेखाने ने एक बड़े पैमाने पर इसे व्यवहार्य सिद्ध किया और आधुनिक प्रकाशन-पद्धति ने इसे अनिवार्य बना दिया।"*

वास्तव में पढ़ने के अनेक उपयोग हो सकते हैं, अच्छे-भले एवं बुरे भी। पढ़ना तो अपने-आप में साधन मात्र है और यह साधन अनिवार्य है जबकि साध्य ऐच्छिक हो गया है। फिर पढ़ने के लिए सामग्री जिस प्रकाशन-पद्धति से होकर आती है वह एक व्यवसाय है जो लाभ के लिए है। लाभ वाला यह पक्ष साहित्य के प्रति आधुनिक अनोखे रुख को स्पष्ट करता है। एक जमाने में लाभ राजा जयसिंह या विक्रम से होता था तब विपथगा होने के खतरे कम थे (क्योंकि पहले तो श्रोता-संख्या कम और फिर वह भी रसिक) पर अब तो लाखों-करोड़ों की रुचियाँ हैं, उनकी भूखें हैं और उनकी तृप्ति लेखक को भी धन-सम्मान देती है। ऐसी दशा में अपने सहज पथ को छोड़कर इस पाठक-समूह का बैरा बन जाना कुछ अनहोना नहीं है।

इसी समस्या के साथ जुड़ी समस्या अभिजात एवं जनप्रिय साहित्य की है। इसके कारण ही साहित्यिक मूल्यों के बारे में ऐसा भ्रम फैला हुआ है। दो श्रेणियों के पाठक समसामयिक जीवन के अत्यन्त प्रत्यक्ष सांस्कृतिक तथ्य हैं। दोनों श्रेणियों के पाठकों

का अन्तर वास्तव में बुद्धि का अन्तर नहीं है। वास्तविक साक्षरता, बुद्धि या कौशल की पर्याय न होकर मस्तिष्क एवं कल्पना की एक स्थिति है जो किसी भी बौद्धिक स्तर पर सम्भव है। पर साक्षरता आज वास्तविक न होकर अधूरी है। यह कहने के लिए हमें क्षमा किया जाय कि इस अर्द्धसाक्षरता की अपेक्षा छोटे बच्चे, पुराने अपढ़ अधिक साक्षर होते हैं, क्योंकि कुछ मृत खोखले साँचों के द्वारा उनकी ग्रहणशीलता एवं क्रियात्मकता नष्ट तो नहीं हो जाती। पर आज का अर्द्धसाक्षर तो बस निष्क्रिय रूप से पढ़ता जाता है और ज्यों-ज्यों पढ़ता जाता है त्यों-त्यों उसकी निष्क्रियता बढ़ती जाती है। वे अपने विवेक से काम लेना छोड़ देते हैं। जो जैसा है वैसा ही ग्रहण कर लेते हैं। इसके अतिरिक्त जो ग्रहण करते हैं उसका भी सचेष्ट उपयोग नहीं करते। वे उपयोग करें भी क्यों? किसी बौद्धिक प्रकाश या प्रयोजन के लिए तो वे पढ़ते नहीं। औद्योगिक युग ने अवकाश दिया, नीरसता दी, परस्पर के परिचय एवं प्रेम-भावनाएँ, सौहार्द और सहानुभूति कम हुई, परिवार कुटुम्ब एवं समाज की चूलें कमजोर पड़ी हैं; जीवन के संघर्ष और जटिलताएँ भी बढ़ी हैं। ऐसी स्थिति में वे इस अवकाश को भरने के लिए और दुर्वह स्थितियों से पलायन के लिए जो कुछ मिल जाता है उसे ही पढ़ जाते हैं। यही कारण है कि आज के साहित्य का गुण है कि वह पठनीय (Readable) हो, न कि स्मरणीय (Memorable)। प्रकाशन-पद्धति भी कहती है कि आज पढ़ो चाव से और कल भुला दो, क्योंकि कल नयी किताब फिर आने वाली है, उसे भी तो खरीदा जाना है। परन्तु जब साहित्य में मौखिक तत्त्व प्रधान था, तब उसे मस्तिष्क में बना ही रहना चाहिए था। इसीलिए हम देखते हैं कि आधुनिक पुस्तकें प्राचीन महनीय (Classics) कृतियों से कितनी भिन्न हैं।

इसके अतिरिक्त साहित्य द्वारा प्राप्त होने वाले आनन्द का भी प्रश्न आता है। प्राचीन भारतीय काव्यशास्त्र में मनोरंजन का स्थान बहुत ऊँचा था, पर आज धीमानों को काल बिताने के लिए काव्य एवं शास्त्र विनोद की अपेक्षा अनेक सहज और आकर्षक माध्यम विद्यमान हैं। वह नये दायित्वों की ओर भी देखता है। (देखिए—कल्पना के अप्रैल '60 अंक में रामस्वरूप चतुर्वेदी का लेख—साहित्य के नये दायित्व) यदि आनन्द को श्रेष्ठ कोटि के आनन्द के रूप में लिया जाय, तब भी प्रश्न उठता है कि क्या 'बूँद और समुद्र' तथा कादम्बरी से मिलने वाला आनन्द भी एक ही प्रकार का है। आधुनिक युग का बौद्धिक तो आनन्द या मनोरंजन को निम्न श्रेणी का ही मूल्य प्रदान करने के लिए तैयार होगा। सब मिलाकर आनन्द का प्रश्न अत्यधिक सापेक्षिक है और उसके आधार पर एक सामान्य (Common) एवं सर्वमान्य साहित्यिक मूल्य की प्रतिष्ठा करना कठिन होगा। अधिक आनन्ददायक को श्रेष्ठ माना जाय, यह कसौटी हमें उपयुक्त नहीं प्रतीत होती है।

वर्तमान युग का एक अन्य सांस्कृतिक-साहित्यिक तथ्य है जो इस रूप और परिमाण में हमें प्राचीनकाल में नहीं मिलता। एक ओर तो पेशेवर आलोचकों की एक

पूरी जमात उठ खड़ी हुई है जो पाठक को चाहे-अनचाहे रचना का मूल्य बता देना चाहती है, तथा दूसरी ओर आलोचकों एवं लेखकों के अनेक समुदाय, दुर्ग और प्राचीरें बन गयी हैं जिनके कारण समुचित विश्लेषण और सराहन का कार्य नहीं हो पाता। रचना का कार्य इन्हीं स्थितियों के भीतर होता है। यह एक ऐसी कृत्रिम पर सशक्त स्थिति है जो आधुनिक रचनाओं की प्रकृति, प्रयोजन और मूल्य को दूर तक प्रभावित करती है।

ऊपर के विवेचन से स्पष्ट है कि साहित्य आज अनेक प्रकार के पाठकों, श्रोताओं को सम्बोधित करता है। अनेक प्रकार के उद्देश्यों एवं प्रयोजनों के लिए काम करता है। ऐसी स्थिति में इस अनेकधा विभक्त साहित्य के लिए कहना पड़ जाता है कि आज इसकी समीक्षा सम्भव है? हम मानते हैं कि सम्भव तो है, पर जिस नवीन समीक्षाशास्त्र की इसके लिए आवश्यकता है उसे अंशतः समाजशास्त्र की भी कृति होना पड़ेगा। यदि ऐसा न होगा तो हमें समसामयिक साहित्य जैसा है और जैसा होना चाहिए—दोनों के अधिकांश भाग को छोड़ देना होगा। इसीलिए साहित्यशास्त्र एवं समाज-विद्याओं के मध्य एक संयोजन एवं समन्वय की स्थिति विचारणीय है।

प्राचीनकाल के पूर्व और पश्चिम के काव्यशास्त्रियों ने अपने समय के उपलब्ध साहित्य का विश्लेषण करने के उपरान्त आकलन करना चाहा था। आज भी उसी की आवश्यकता है। और यह सम्भव भी है बशर्ते कि साहित्य द्वारा इस समय किये जाने वाले विविध कार्य-व्यापारों एवं प्रयोजनों को भली-भाँति पृथक किया जा सके। कितने प्रकार से विविध काल्पनिक स्थितियों का व्यवहार किया जाता है; तथा साथ ही कितने भिन्न अभिप्रायों से आज के पाठक इनकी ओर अभिमुख होते हैं, इसका अध्ययन होना चाहिए। हम इन अभिप्रायों के मूल में स्थित आर्थिक, सामाजिक स्थितियों की, उन्हें प्रेरित करने वाली मानसिक प्रवृत्तियों की विवेचना करते चलें तो अच्छा ही है। पर अधिक आवश्यक कार्य है कि इन अभिप्रायों एवं कार्य-व्यापारों का अन्तर समझा जाय। आज तक द्वन्द्व सम्भवतः नैतिक एवं सौन्दर्यपरक के बीच न होकर साहित्यिक और असाहित्यिक का है। क्योंकि हम मानते हैं कि कोई भी रचना अपने लेखक के अभिप्रेत प्रयोजन से विलग होकर भी जीवित रह सकती है। और उसके साहित्यिक मूल्य लेखकों के अभिप्रेत से बहुधा पृथक होते हैं। 'सत्ती मैया का चौरा' उपन्यास का साहित्यिक मूल्य उसकी प्रतीक-शक्ति के भीतर है जबकि लेखक शायद कम्युनिस्ट दर्शन के प्रचार को भी अपने को अभिप्रेत मानता रहा हो। अतः पहला कार्य साहित्यिक और असाहित्यिक मूल्यों के अन्तर करने का है। अच्छी और बुरी किताब की चर्चा तभी की जा सकती है। इस प्रकार सम्भवतः हम देख सकेंगे कि वास्तविक मूल्य प्रत्यक्ष और ऊपर दिखायी पड़ने वाले प्रयोजनों या व्यापारों पर आधृत नहीं होते हैं। उदाहरणार्थ किसी पुस्तक में पत्रकारिता वाली विधि पर कुछ सूचनाएँ दी गयी हैं, किसी मत विशेष के पक्ष में प्रचार किया गया है, अब यदि इन दोनों को भुला देने के बाद वह कृति किसी मानवीय अनुभव को आलोकित

करती है एवं उसकी सराहना इस सूचना या प्रचार में सीमित नहीं है तो उसे हम साहित्यिक मूल्य कह सकते हैं एवं उस कृति का साँचा और संगठन भी इस मूल्य का एक अंग होगा। यह प्रस्तुतीकरण कृति का वास्तविक कार्य (Function) होगा। पुस्तक रिव्यूवर किताब के प्रत्येक मूल्य को बताता है, किसी किताब में क्या बात पठनीय है, इसका वह उल्लेख करता है परन्तु आलोचक केवल साहित्यिक मूल्यों को विविक्त और आकलित करता है।

अगर साक्षरता और प्रकाशन-व्यवस्था ने पुस्तकों की विशाल राशि विभिन्न उद्देश्यों के लिए उपस्थित कर दी है तथा पाठक-वर्ग की एकता को समाप्त कर उसे विशृंखलित कर दिया है, तो हम अपनी समीक्षा सम्बन्धी धारणाओं में तभी एकरूपता ला सकेंगे जब इस 'साहित्यिक प्रयोजन' को हम दृष्टि में रखेंगे। यह ध्यान रहे कि इस प्रयोजन के मूल्य अपने-आप में अप्रतिम होने चाहिए—इसी प्रसंग में यह भी खोज होनी चाहिए कि क्या यह मूल्य प्राचीन क्लासिक्स में भी उपलब्ध होते हैं। यदि केवल पहली बात (अप्रतिमता) है तो इसका अर्थ होगा कि नये साहित्यिक मूल्य सामने आये हैं, परन्तु ऐसे किसी निष्कर्ष पर पहुँचने के पूर्व वास्तविक उचित मूल्य एवं नये मूल्य का अन्तर स्पष्ट कर लेना होगा।

ऊपर हम यह भी कह चुके हैं कि उपयोगहीन अवकाश को बिताने के लिए, नीरसता एवं संघर्ष से पलायन करने के लिए लोग पढ़ते हैं पर इस पलायनवादी की सदैव और सर्वत्र निन्दा करना उचित नहीं है। त्रासदायक स्थितियों या बातों को भुलाने का प्रयत्न कुछ ऐसी निन्दनीय बात नहीं है। हाँ, यह अवश्य है कि उन स्थितियों से कैसे निपटा जाय, इसके बारे में सोचना एक अधिक श्रेष्ठ क्रिया है, बजाय केवल उन्हें भुलाने को पढ़ते रहने के लिए। इसी प्रकार अवकाश के समय दर्शन चिन्तन या गणित की समस्याओं या किसी सिद्धान्त के बारे में सोच-विचार भी मानव-समाज की एक श्रेष्ठ परिणति है। दैनिक जीवन के शुद्ध एवं अमहत्त्वपूर्ण यथार्थ से महत्त्वपूर्ण यथार्थ की ओर हम साहित्य में आते हैं एवं तुच्छ यथार्थ से महत्त्वपूर्ण दिशा सिद्धान्त के क्षेत्र में मिलती है।

परन्तु क्या साहित्य यह महत्त्वपूर्ण यथार्थ मात्र ही उपस्थित करता है? इस प्रश्न का उत्तर एक दूसरे प्रश्न के माध्यम से मिलेगा। आज का पाठक किस उद्देश्य से पढ़ना प्रारम्भ करता है, यह देखने के लिए इस बात पर ध्यान देना होगा कि पाठक सजग मस्तिष्क से पढ़ता हुआ कृति के मन्तव्यों को आगे बढ़कर लेता है या मूक आत्मसमर्पण कर देता है। बहुधा पाठक चाहता है कि लेखक ही सब कुछ कर दे, उसे अपनी ओर से कोई प्रयास न करना पड़े। पर यह स्थिति किसी प्रकार भी स्वस्थ नहीं होती क्योंकि बड़ी से बड़ी रचना में शक्ति, उत्तेजना, अन्तर्दृष्टि या आलोक देने की सम्भावना मात्र रहती है। कलात्मक आस्वाद इस प्रकार दुहरी प्रक्रिया होती है, कृति का कलात्मक मूल और प्रमाता का सजग बोध। पाठक कभी आत्मसमर्पण न

करे पर सहयोग सदैव करे; साथ ही उसको कल्पना का एक ऐसा प्रकार विकसित करना चाहिए कि जैसे ही पुस्तक का मस्तिष्क पर प्रभाव पड़े वैसे ही एक महत्त्व को वह जन्म दे सके।

परन्तु जब यह दुहरी प्रक्रिया न घटित हो सके तब दोष किसका माना जाय, पुस्तक का या पाठक का? यह वह बड़ा जटिल प्रश्न है जिसका उत्तर खोजने में प्रजातन्त्र के भीतर जनशिक्षा की तमाम समस्याओं को देखना पड़ेगा। पुस्तक और पाठक दोनों ही एक-दूसरे के पूरक होते हैं और उनको अलग-अलग ढंग से देखना असम्भव है। जब हम इन समस्याओं से उलझते हैं तो फिर साहित्यिक मूल्य हाथ से छँटते प्रतीत होते हैं। इसलिए पुनः प्रयोजन वाले प्रश्न की ओर लौट चलना समीचीन होगा। कैसा मनोरंजन है—आनन्द कैसा है, या कृति में किस प्रकार के पलायन को तृप्ति मिलती है, यह बहुत महत्त्वपूर्ण सिद्ध होगा। इस प्रकार के परिणामस्वरूप एकदम नये उत्तेजक साहित्यिक साँचों एवं धारणाओं के बदलाव एवं पुनर्संगठन सामने आ सकते हैं अथवा पुरानी ही धारणाओं या पूर्वाग्रहों का उत्तेजक समर्थन भी हो सकता है। यहीं हमें यह भी ध्यान में रखना चाहिए कि सरस साहित्य जितना भ्रष्ट कर सकता है समाज को, उतना विज्ञान भी नहीं। साहित्य में भी सबसे अधिक खतरा उपन्यास से है। इन काल्पनिक गप्पों का हमारी संस्कृति से क्या योग है, इस पर बहुधा हम ध्यान नहीं देते। पर वास्तव में इनका महत्त्व आकलित होना चाहिए। इन्हीं सब कारणों से या यदि वर्तमान समीक्षक इस प्रश्न से प्रारम्भ करें कि यह अथवा कोई किताब क्यों पढ़ी जाय? तो उसे अधिक मौलिक और गहरे प्रश्नों की ओर जाने में सहायता मिलेगी।

हमारे वर्तमान साहित्य-पाठक-वर्ग में साहित्यिक प्रश्नों के प्रति जड़ता आ गयी है। हम अब साहित्यिक महत्त्व एवं मूल्यों को विवाद का विषय नहीं बनाते। उसका परिणाम है कि साहित्यिक मूल्यों के बारे में प्रबुद्ध पाठक भी अनजान मिलेगा। ऊपर जिन प्रश्नों को उठाया गया है, उनके उत्तर शायद पाठकों के पूर्वाग्रह पर चोट कर सकेंगे; और उन्हें अपने पूर्वाग्रहों के समर्थन में कुछ कहने के लिए उत्तेजित भी कर सकेंगे। यह उत्तेजना पाठक-वर्ग की जड़ता दूर करने में सहायक होगी तथा अत्यधिक सजग एवं सचेष्ट साहित्यिक चिन्तन ही हमारी समसामयिक साहित्यिक समीक्षा को सही दिशा दे सकेगा।

'रचना और आलोचना' में यह लेख 'आधुनिक युग में समीक्षा' नाम से संगृहीत है।

कल्पना : मई, 1960

साहित्य का स्वरूप और प्रकृति

'साहित्य' शब्द इतने भिन्न-भिन्न अर्थों में प्रयुक्त होता है कि बहुधा यह प्रश्न उठता है कि क्या सचमुच ही उसका एक स्पष्ट स्वरूप निर्धारित भी किया जा सकता है? इस समस्या ने भारतीय और पश्चिमी सभी विद्वानों को प्रभावित किया है। अंग्रेजी में 'साहित्य' का समानार्थी शब्द 'लिट्रेचर' है। लिट्रेचर 'लेटर' या 'अक्षर' से सम्बन्धित है और इसी कारण अक्षरों में लिखी गयी प्रत्येक वस्तु लिट्रेचर कहलाने लगी। 'अक्षर' तो नहीं, पर सहित या एकीकरण की भावना से उद्भूत 'साहित्य' शब्द में भी किसी विशिष्ट 'प्रकार' की सीमा या मर्यादा नहीं है। परिणाम सामने हैं—हम यात्रा-साहित्य, अश्लील साहित्य, वैज्ञानिक साहित्य, धार्मिक साहित्य, राजनीतिक साहित्य, प्रचार साहित्य या कृषि साहित्य आदि साहित्यों की बात करते हैं। इसे यों भी कह सकते हैं कि अक्षर में आ गयी प्रत्येक वस्तु को साहित्य कहा जाने लगा है। एडविन ग्रीन लॉ ने तो यहाँ तक कह दिया है कि 'सभ्यता के इतिहास से सम्बन्धित कोई भी क्रिया हमारे प्रदेश से बाहर नहीं है।' पण्डित महावीर प्रसाद द्विवेदी ने 'ज्ञानराशि के संचित-कोश का नाम साहित्य' माना है। रुद्रधर ने 'श्राद्ध-विवेक' में कहा था—'परस्पर सापेक्षाणां तुल्यरूपाणां युगपदे क्रियान्वियित्वं साहित्यम्' यानी कि 'परस्पर सापेक्षिक तुल्य कोटि की वस्तुओं के संग्रह को साहित्य कहते हैं।' महाकवि कल्हण ने 'विक्रमांक देव-चरित' में 'भाषा विशेष के ग्रन्थ को साहित्य कहा है।'

इस सम्बन्ध में हमें इतना ही कहना है कि साहित्य का इतना व्यापक अर्थ स्वीकार करने पर अपने अध्ययन के लिए कोई निर्धारित क्षेत्र उपलब्ध नहीं होता। अतः जब हम लोग साहित्य शब्द की चर्चा करेंगे तब इस व्यापक अर्थ से हमारा सम्बन्ध न होगा। हम साहित्य को एक विशिष्ट अर्थ में सीमित कर लेंगे। यह सीमा निर्धारण प्राचीनकाल से चला आ रहा है। 'भामह' ने उसे 'काव्य' के अर्थ में सीमित कर दिया था। 'साहित्य' की व्युत्पत्ति की गयी थी—'सहितस्य भावः साहित्यम्'। परन्तु समस्या यह बनी हुई थी कि यह सहितत्व, एकीकरण एवं मिलन किसका? भामह ने उत्तर दिया कि शब्द और अर्थ का सह-भाव या सहितत्व होता है तथा इस सहितत्व को एक विशेष क्षेत्र में सीमित भी उन्होंने किया है एक अन्य समानार्थक

शब्द 'काव्य' द्वारा। भामह की काव्य परिभाषा है 'शब्दार्थौ सहितौ काव्यम्' अर्थात् शब्द और अर्थ का सहितत्व ही काव्य है। यह बात कालिदास ने भी संकेतित की थी। रघुवंश के आदि में की गयी वन्दना का उद्देश्य है "वागर्थाविव सम्पृक्तौ वागर्थप्रतिपत्तये जगतः पितरौ वन्दे पार्वती परमेश्वरी।" वाक् और अर्थ की प्रतिपत्ति शब्द और अर्थ की सम्पृक्ति ही है। परन्तु इस संकेतित अर्थ को काव्यशास्त्री भामह ने स्पष्ट रूप प्रदान कर दिया। साहित्य और काव्य इस प्रकार पर्यायवाची रूप में प्रयुक्त होने लगे। भर्तृहरि के प्रसिद्ध श्लोक 'साहित्य संगीत कला विहीनः' में साहित्य काव्य का पर्याय ही है। राजशेखर ने काव्य पुरुष का शरीर शब्द और अर्थ माना है। साहित्य काव्य है और उसमें शब्दार्थ का सहभाव है, यह मान लेने के बाद भी इस सहभाव का अपना विशिष्ट गुण या प्रकार हमें उपलब्ध नहीं होता। शब्द और अर्थ का सहभाव तो प्रत्येक सार्थक शब्द में होता है। वाचक और वाक्य के सम्बन्ध की इस अनिवार्यता का अनुभव विचक्षण काव्यशास्त्री कुन्तक को हुआ था। कुन्तक ने अपने ग्रन्थ 'वक्रोक्तिजीवितम्' में इस प्रश्न को स्पष्ट रूप से उठाया है। उन्होंने प्रश्न किया, वाच्य और वाचक के सम्बन्ध के (नित्य) विद्यमान होने से इन दोनों (शब्द और अर्थ) के साहित्य (सहभाव) का अभाव कभी नहीं होता। तब 'शब्दार्थौ सहितौ काव्यम्' यह कहने का क्या प्रयोजन? कुन्तक ने इसके बाद ही उत्तर देते हुए कहा है, 'सत्यमेतत् किन्तु विशिष्टमेवेह साहित्यमभिप्रेतम्' (सत्य है, किन्तु यहाँ विशिष्ट प्रकार का साहित्य (सहभाव) अभिप्रेत है।) यह विशिष्टता या अपूर्व रहस्य तत्त्व क्या है? वक्रोक्तिजीवितम् के प्रथम अध्याय की नौवीं कारिका में इसका उत्तर उन्होंने दिया है कि अनेक पर्यायवाची शब्दों के होते हुए भी उन सबकी अपेक्षा विलक्षणरूप से जो अर्थ को प्रकाशित कर सके, केवल वही शब्द काव्यमार्ग में शब्द कहा जाता है। इसी प्रकार सहृदयों को आनन्दित करने वाला अपने (स्पन्द) स्वभाव से सुन्दर (पदार्थ ही काव्य मार्ग में वस्तुतः) अर्थ (शब्द से व्यवहार) किये जाने योग्य होता है। इसी बात को और अधिक सुन्दर रूप में उपस्थित करते हुए कुन्तक ने साहित्य का स्वरूप निर्धारित करनेवाली प्रसिद्ध कारिका में बताया :

साहित्यमनयोः शोभाशालितां प्रति काप्यसौ।
अन्यूनानतिरिक्तत्वमनोहारिण्यवस्थितिः ।। व.जी.1/17

—अर्थात् जिसमें शब्द और अर्थ दोनों की शोभा के प्रति न्यून और आधिक्य से रहित (परस्पर स्पर्द्धापूर्वक) मनोहारिणी श्लाघनीय स्थिति हो वह साहित्य है।

साहित्य के बारे में कुन्तक की इस परिभाषा से अधिक स्पष्ट एवं सारग्राहिणी मीमांसा दुष्प्राप्य है। इस बात को घुमा-फिराकर बहुधा विद्वानों ने स्वीकार किया है अथवा यों कहें कि इसी निष्कर्ष पर पहुँचे हैं। डिक्विन्सी ने विचार प्रकट करते हुए उस साहित्य को अपने क्षेत्र से बहिष्कृत कर दिया है जो केवल कथ्य (कुन्तक के शब्दों में 'अर्थ') पर जोर देता है एवं रीति (शैली) की उपेक्षा करता है। सुमित्रानन्दन

पन्त ने विभिन्न पर्यायवाची शब्दों (जैसे लहर, वीचि, उर्म्मि, तरंग, हिलोर अथवा पवन, समीर, वायु प्रभंजन, अनिल आदि) की सूक्ष्म अर्थच्छायों के अन्तर को स्पष्ट करते हुए उनकी व्याख्या के लिए उपयुक्तताओं का संकेत किया है।

"भिन्न-भिन्न पर्यायवाची शब्द प्रायः संगति भेद के कारण एक ही पदार्थ के भिन्न-भिन्न स्वरूपों को प्रकट करते हैं। तथा कविता के लिए चित्रभाषा की आवश्यकता पड़ती है, उसके शब्द सस्वर होने चाहिए, जो बोलते हों, सेब की तरह जिनके रस की मधुर लालिमा भीतर न समा सकने के कारण बाहर झलक पड़े। जो अपने भाव को अपनी ही ध्वनि में आँखों के सामने चित्रित कर सके...। भाव और भाषा का सामंजस्य उसका स्वरैक्य ही चित्रराग है। जैसे भाव ही भाषा में घनीभूत हो गये हों, निर्झरणी की तरह उनकी गति और रव बन गये हों, छुड़ाये न जा सकते हों...।

"जहाँ भाषा और भाव में मैत्री अथवा ऐक्य नहीं रहता, वहाँ स्वरों के पावस में केवल शब्दों के 'बटु समुदाय' ही दादुरों की तरह, इधर-उधर कूदते, फुदकते तथा साम-ध्वनि करते सुनाई देते हैं।" ('पल्लव' की भूमिका से)

वेलेक और वॉरेन ने अपने प्रसिद्ध ग्रन्थ 'थ्योरी ऑफ लिट्रेचर' (साहित्य के सिद्धान्त) में शब्द और अर्थ के इस विशिष्ट सहभाव को अनुभव किया है। उनके अनुसार 'शास्त्र-विज्ञान' की भाषा विशुद्ध रूप से अभिधामूलक और पारदर्शिनी होती है। वहाँ हम शब्द पर नहीं रुकते। (पवन, समीर और अनिल की विभिन्न अर्थच्छायों पर न रुक कर एक सामान्य वायुतत्त्व तक हम पहुँच जाते हैं।) वहाँ न शब्द का सौन्दर्य है और न उसके संगीत का। मुख्य बात 'वाक्य' है। इसलिए शास्त्रीय या वैज्ञानिक विवेचन का अनुवाद, एक से दूसरी भाषा में अपेक्षाकृत सरल होता है। परन्तु साहित्य की भाषा वेलेक और वॉरेन के अनुसार अस्पष्टताओं से भरी पड़ी होती है।

(1) उसमें भिन्नार्थक, पर एकस्वरूपी शब्द होते हैं जैसे :

'कनक कनक ते सौ गुनी मादकता अधिकाय।
वा खाये बौराए जग वा पाये बौराय।।'

'कनक' शब्द दो भिन्नार्थों में—सोने और धतूरे के लिए प्रयुक्त हुआ है। अन्य क्षेत्रों में ऐसा नहीं होता।

(2) उसमें कितनी ही अतर्कसिद्ध मनमानियाँ भी रूढ़ हो जाती हैं, जिन्हें कि तोड़ा नहीं जा सकता। जैसे कि व्याकरण का लिंग या काल। उदाहरणार्थ—'अनिल डोल रहा है', 'वायु बह रही है' में लिंग के अन्तर मनमाने हैं। या फिर 'मैं कल आऊँगा', 'मैं कल आ रहा हूँ' में काल-वाची क्रियाएँ भी रूढ़ि सिद्ध प्रयोगों पर अधिक आश्रित हैं, तर्क पर कम।

(3) इस भाषा में ऐतिहासिक घटनाओं, स्मृतियों एवं आसंगों का गहरा प्रभाव

होता है। अनेक प्रकार के कवि समय, कवि प्रसिद्धियाँ, कथानक रूढ़ियाँ इन्हीं का परिणाम हैं।

सब मिलाकर साहित्यिक भाषा का स्वरूप अत्यधिक लाक्षणिक होता है। फिर साहित्य की भाषा मात्र वाच्यतत्त्व व्यंजक ही नहीं होती है विज्ञान की भाँति, इसका अपना अभिव्यंजनात्मक पहलू भी होता है। यह लेखक के टोन एवं झुकाव को भी वहन करती है। इस प्रकार मात्र कथन या निरूपण ही नहीं इसके द्वारा प्रभावन भी होता है। इन कार्यों के लिए साहित्यिक भाषा में छन्द, प्रास, ध्वनि पैटर्न आदि विविध रचनातन्त्रों का भी कम-अधिक मात्रा में सचेष्ट उपयोग होता है।

वेलेक और वॉरेन शब्द और अर्थ के इस सहभाव की ओर ही उपयुक्त मन्तव्य में ध्यान दिला रहे हैं। हम फिर से एक बार कुन्तक को याद कर लें कि साहित्य में शब्द और अर्थ न्यून एवं आधिक्य से रहित होते हैं। उसके लिए दोनों ही महत्त्वपूर्ण हैं, कोई किसी से घटकर या बढ़कर नहीं है। प्रसाद के 'श्रद्धा-रूप-वर्णन' की ये पंक्तियाँ लीजिए :

"कुसुम कानन-अंचल में मन्द,
पवन प्रेरित सौरभ साकार।
रचित परमाणु पराग शरीर,
खड़ा हो ले मधु का आधार।।"

इसमें विभिन्न शब्दों के स्थान पर पर्यायवाची शब्द रख कर देखिए तो ज्ञात होगा कि काव्य का सारा सौन्दर्य तिरोहित हो गया है। इसी बात को वामन, राजशेखर आदि साहित्याचार्यों ने 'काव्यपाक' और 'वाक्यपाक' कहा है। प्रत्येक शब्द अनिवार्य होता है। परन्तु शब्द और अर्थ के 'अन्यूनातिरिक्तत्व' में भी कुछ स्खलन मिल सकते हैं। कुन्तक ने अपनी परिभाषा में इन स्खलनों को पूरी तरह समाप्त कर दिया है। उन्होंने प्रश्न किया है कि इस प्रकार का साम्य दोनों दूषित (शब्दार्थ) में भी हो सकता है। (तो क्या उसको भी साहित्य कहा जा सकता है? आचार्य का उत्तर है, नहीं।) शब्द और अर्थ का परस्पर स्पर्द्धि समभाव 'शोभाशालितां प्रति' है। शोभाशालिता यानी सौन्दर्यशालिता के प्रति यह सद्‌भाव है—दूषित के प्रति नहीं। यह सौन्दर्यशालिता ही सहृदयों को आह्लाद देनेवाली है। इसी प्रकार वक्रोक्तिजीवितकार ने एक शब्द का दूसरे अर्थ के साथ और एक अर्थ का दूसरे शब्द के साथ साहित्य मानने का भी विरोध किया है। कुन्तक ने जिस मनोहारिणी एवं सहृदयों को आनन्द देनेवाली (तद्विदाह्लादकारिणी) स्थिति का निरूपण किया है, वह साहित्य के प्रयोजन को भी स्पष्ट करती है। यह प्रयोजन (आह्लाद) तिल में तेल के समान ही साहित्य में रहता है। इस प्रकार उनकी परिभाषा मात्र अभिव्यंजनामूलक ही नहीं है, वह प्रयोजन (आनन्द देना) की ओर भी स्पष्ट निर्देश करती है। उन्होंने 'पदादिवाक्यपरिस्पदसारः साहित्यमुच्यते' में वाङ्मय का सार साहित्य को कह कर उसकी महिमा भी प्रतिष्ठित की।

परन्तु ऐसे महिमा प्रतिष्ठापनों एवं साहित्य की अपनी विशिष्ट स्थिति का एक परिणाम हुआ कि उसका क्षेत्र और सीमित करते हुए उसे श्रेष्ठ लेखन के पर्याय के रूप में देखा जाने लगा। फलाँ व्यक्ति साहित्य बोल रहा है अथवा आप क्या खाक लिखेंगे, साहित्य तो मैं लिखता हूँ, आदि कथन लेखक के एक 'प्रकार' विशेष की अपेक्षा उसके गुण की ओर इंगित करते हैं। इसी प्रवृत्ति का बढ़ाव है मात्र महान् पुस्तकों को साहित्य के क्षेत्र में गिनना। इसमें साहित्य को अत्यधिक पूज्य, विरल और श्रेष्ठ वस्तु माना जाने लगता है। 'एनसाइक्लोपीडिया ब्रिटैनिका' में 'लिट्रेचर' की परिभाषा में 'उत्तमोत्तम विचारों की लिपिबद्ध अभिव्यक्ति' कह कर इसी बात को घोषित किया गया है। यदि आप इन्हें उचित मानें तो शंकर के दार्शनिक विचार, चाणक्य के राजनीति सम्बन्धी चिन्तन अथवा मार्क्स के द्वन्द्वात्मक भौतिकवाद को भी साहित्य के अन्तर्गत मानना पड़ेगा। या यदि इन व्यापक धारणाओं में न जाकर अपने मर्यादित अर्थ (काव्य के समानार्थक) में भी साहित्य को हम लें तो इस परिभाषा के अनुसार मात्र महान् पुस्तकें ही साहित्य के अन्तर्गत गिनी जावेंगी। पृथ्वीराज रासो, पद्‌मावत, सूर सागर, रामचरित मानस, बिहारी सतसई, कामायनी, गोदान, पल्लव, राम की शक्ति पूजा आदि जैसी कृतियाँ ही परिगणन योग्य सिद्ध होंगी।

परन्तु साहित्य के इतिहासकार के लिए न तो चाणक्य, शंकर, वल्लभ या मार्क्स विवेचन के लिए परिगणनीय है। और न मात्र तुलसी, सूर, बिहारी या प्रसाद। पहला वर्ग हमें साहित्य की विशिष्ट सीमा से बाहर ले जाता है और दूसरे वर्ग का महत्त्व शैक्षिक दृष्टि से चाहे जितना हो पर सब मिलाकर साहित्यिक परम्परा को यह दृष्टिकोण दुर्बोध बना देता है। कोई कृति अपने आप में एकान्त सत्य नहीं होती है, वह अपने समय तक की परम्परा की अन्तिम कड़ी भी होती है। यदि हम मात्र महान् पुस्तकों तक ही अपने को सीमित कर लेंगे तो तमाम काव्य रूपों के विकास एवं काव्य प्रक्रिया का वास्तविक स्वरूप अस्पष्ट रह जायेगा। साहित्य को सामाजिक, भाषिक, वैचारिक तथा अन्य परिस्थितियाँ नियमित एवं अनुकूलित करती रहती हैं। ये सभी महान् पुस्तकों को साहित्य मान लेने पर हमारे दृष्टिपथ से ओझल हो जायेंगी। रामचरितमानस की शैली और शिल्प के पीछे सिद्धों और योगियों से लेकर प्रेम गाथाएँ लिखने वाले सूफियों की परम्परा विद्यमान है—यह बात कैसे स्पष्ट होगी, यदि हम मात्र 'मानस' को ही साहित्य की पुस्तक मान कर अन्य कृतियों की उपेक्षा कर देंगे? अतः यह स्पष्ट रहना चाहिए कि "साहित्य एक प्रकार का लेखन है, जो अच्छा भी हो सकता है, बुरा भी, महान् भी हो सकता है और क्षुद्र भी।" कोई कृति साहित्यिक कृति है, यह कहने का अर्थ श्रेष्ठता निर्धारण नहीं है। उसके पैमाने दूसरे होते हैं, जिन पर अलग विचार होना चाहिए।

ऊपर हमने शास्त्र या विज्ञान से साहित्य की भाषा का अन्तर स्पष्ट करते हुए उसकी लाक्षणिकता की ओर संकेत किया था। बहुधा हम अपने दैनिक जीवन में

जिस भाषा का प्रयोग करते हैं, उसमें भी लाक्षणिकता, अलंकार-योजना एवं प्रभावन प्राप्त होता है, ऐसी स्थिति में क्या दैनिक बोलचाल को 'साहित्य' की संज्ञा दी जानी चाहिए? स्पष्ट है कि दैनन्दिन व्यवहार की प्रत्येक अभिव्यक्ति को साहित्य मान लेना न तो उचित है और न सम्भव। इस स्थिति में तो क्षेत्र 'ज्ञानराशि के संचित कोष' से भी अधिक व्यापक हो जाता है। इस सम्बन्ध में यह याद रखना चाहिए कि दैनन्दिन भाषा की कोई एक निश्चित धारणा या स्तर नहीं है। विभिन्न स्तर, विभिन्न पेशों एवं विभिन्न कार्यों में लगे व्यक्तियों की बोलचाल की भाषाएँ नितान्त भिन्न होती हैं। विद्यार्थी की भाषा, दुकानदार की भाषा, क्लर्क की भाषा और किसान की भाषा आदि अनेक बोलचाल की भाषाएँ होती हैं। उसके अतिरिक्त दैनन्दिन भाषा यदि एक समय लक्षणा और अलंकार मूलक होगी तो दूसरे क्षण विशुद्ध पारदर्शिनी एवं तध्यपरक भी हो जायेगी, ठीक विज्ञान की भाषा की भाँति। परन्तु साहित्यिक भाषा एक युग में बहुत कुछ स्थिरीकृत (Standardized) होती है और उसके बारे में एक सामान्य धारणा होती है। दोनों प्रकार की भाषाओं के बीच एक बड़ा अन्तर और होता है : शब्द शक्ति, अलंकार-विधान, छन्द-योजना, वर्णचयन, ये सभी साहित्यिक भाषा में सचेष्ट रूप से प्रयुक्त होते हैं, जबकि दैनन्दिन की भाषा में इनका स्वतः स्फूर्त प्रयोग ही अधिक होता है। इन दोनों के मध्य इन रचनातन्त्रों के प्रयोग में मात्रा का अन्तर इतना बढ़ जाता है कि वह गुण का अन्तर हो जाता है। यह ध्यान रहे कि परिमाण का अन्तर जब बढ़ जाता है तो वहाँ गुणात्मक परिवर्तन उपस्थित हो जाता है। 100 डिग्री सेंटीग्रेड पर पहुँच कर गरम पानी भाप बन जाता है और भाप तथा पानी में तापक्रम का ही अन्तर नहीं रह जाता, गुण का भी अन्तर हो जाता है।

ऊपर के विवेचन के बाद अब हम इस स्थिति पर आ गये हैं कि साहित्य के कतिपय लक्षणों का निर्धारण कर सकें। परन्तु यह बात फिर याद दिला देना आवश्यक है कि ये लक्षण मूल्यांकन के मापदण्ड नहीं हैं, मात्र स्वरूप का निर्धारण या निर्देश करते हैं।

1. सरसता (रोचकता और आनन्ददायकता) : प्रयोजन की दृष्टि से साहित्य का सबसे प्रधान लक्षण उसकी आनन्ददायकता है। पाठक इस आनन्द एवं आह्लाद देने वाले तत्त्व की ओर कृति की रोचकता के कारण बढ़ता है। 'कुन्तक' ने भी 'तद्विदाह्लादकारिणी' एवं 'मनोहारिण्यवस्थितिः' कह कर इसी तत्त्व की ओर संकेत किया है। पर हम कुन्तक की बात को और विस्तार देना चाहते हैं। उसने आह्लाद या आनन्द को काव्यमर्मज्ञ (तद्‌विद्) तक सीमित कर दिया है। हम कहना चाहेंगे कि काव्य सर्वजन रुचिर होता है। इतिहास की पुस्तक प्रत्येक व्यक्ति नहीं पढ़ेगा, गणित एवं भौतिक शास्त्र हर एक को नहीं आकर्षित करते, समाज शास्त्र एवं मनोविज्ञान कुछ ही लोगों को मोहते हैं। पर शायद ही कोई व्यक्ति ऐसा मिले जिसने कलाकृति से आनन्द न प्राप्त किया हो, उसके निकट न आया हो। यह बात दूसरी है कि

उसका मर्मज्ञ अधिक गहरा आनन्द ले पाता है, पर आनन्द प्रत्येक व्यक्ति लेता है। डीक्विन्सी ने इस तथ्य को ही उजागर करते हुए लिखा है—

"साहित्य उन्हीं और केवल उन्हीं कृतियों का समुच्चय होता है जो प्रथमतः अपने कथ्य एवं शिल्प के ढंग के कारण सामान्य मानवीय रुचियों की होती हैं, तथा द्वितीय उनमें रूप विधान का तत्त्व तथा आनन्द जो उस रूप विधान से प्राप्त होता है, अनिवार्य माने जाते हैं।"

सर्वजन रुचिरतावाली बात को अत्यधिक सरलीकृत रूप में न देखना चाहिए। इस रोचक गुण के होते हुए भी उसके प्रयोजन एवं आनन्द को पूरी तरह से ग्रहण करने के लिए तैयारी करनी होती है। गेटे ने 80 वर्ष की आयु में दुःख प्रकट करते हुए कहा था कि प्यारे अच्छे आदमी यह नहीं जानते कि पढ़ना सीखना कितना कठिन होता है। उसने कहा कि मैं सारे जीवन प्रयत्न करने के बाद अब कुछ सीख पाया हूँ। सत्य ही, गीता और समाचार-पत्र एक ढंग से नहीं पढ़े जा सकते। इसके लिए काव्यानुशीलन के अभ्यास से मनोमुकुर को विशदीभूत करके वर्णनीय तन्मयीभावन योग्य (अभिनवगुप्त) बनाना होता है। बहुधा पाठक अपने पूर्वग्रहों, अज्ञात, सहस्मृतियों आदि की समस्याओं के कारण एक कृति को उचित परिप्रेक्ष्य में पढ़ नहीं पाता। उससे तो वास्तव में आधे रास्ते पर चल कर मिलना होता है। (रास्ते पर चलने की यह योग्यता, 'समीक्षाशास्त्र' भी देता है।) ऐसी स्थिति में लोग पूछ सकते हैं कि जब पढ़ना इतना कठिन होता है तो फिर क्यों इतना परिश्रम किया जाय? पर वास्तव में पढ़ने से छुटकारा नहीं मिल सकता, वैसे ही जैसे कि जीने से छुटकारा नहीं मिलता। सैमुअल बटलर ने एक बड़ी अच्छी बात कही है कि—"जीवन क्या जीने लायक है। यह प्रश्न मात्र गर्भस्थ शिशु पूछ सकता है।" वास्तव में लेखक अपनी कृति द्वारा जिन्दगी में हिस्सा बाँटने-बँटाने के लिए जो हमें आमन्त्रित करता है, उसे हम ठुकरा नहीं सकते। हमारी रुचि उधर ले ही जायेगी। फिर यदि पढ़ने में दाँव बड़ा है तो उसका पुरस्कार भी कम महत्त्वपूर्ण नहीं। मनुष्य में गहरे में एक जिजीविषा होती है और अध्ययन उसे उकसाता है। जिस व्यक्ति ने जितना ही अधिक पढ़ना सीखा, उतना ही वह पुस्तकीय-निधि के माध्यम से कहीं अधिक गहरा और व्यापक जीवन जी सकेगा। कलाकृति जीवन से सीधे उगती है और उसके द्वारा हम जीवन के अधिक समीपी और ताजे सम्पर्क में आते हैं।

2. शक्ति प्रदायकता : इस आनन्ददायक गुण के लिए डीक्विन्सी ने एक दूसरे शब्द का भी प्रयोग किया है—शक्ति। उसके अनुसार—"जो कुछ भी साहित्य है 'शक्ति' प्रेषित करने का प्रयास करता है और जो साहित्य नहीं है वह ज्ञान देने का।" वास्तव में इसका कारण अंग्रेजी का 'प्लेजर' (शब्द) है। अंग्रेजी में यह शब्द हल्के मनोरंजन से सम्बन्धित है। जबकि भारतवर्ष में 'आनन्द' एक श्रेष्ठ स्थिति का सूचक है। भारतवर्ष में 'उपनिषद्' में कहा गया है—

"आनन्दाद्ध्येव खल्विमानि भूतानि जायन्ते, आनन्देनैव जातानि, आनन्दं सम्प्रयन्त्यभिसंविशन्ति।" (सब कुछ आनन्द से ही उत्पन्न है, सब कुछ आनन्द में ही जीवित है और सब कुछ आनन्द में ही लय हो जायेगा)

परन्तु साहित्य हल्के अर्थ में मनोरंजन नहीं है। इसी कारण पश्चिमी विचारक ने उसके लिए 'शक्ति' शब्द का प्रयोग किया है। बताया है कि ऐसे साहित्य का कार्य आन्दोलित करना है। 'शक्ति' को जिस अर्थ में डीक्विन्सी ने प्रयुक्त किया है, उसे ठीक उसी रूप में आचार्य रामचन्द्र शुक्ल ने भी स्वीकार किया है। उनके अनुसार–

"मनुष्य की सजीवता मनोवेग या प्रवृत्ति में, भावों की तत्परता में है। नीतिज्ञों और धार्मिकों का मनोविकारों को दूर करने का उपदेश घोर पाखण्ड है। इस विषय में कवियों का प्रयत्न ही सच्चा है जो मनोविकारों पर सान ही नहीं चढ़ाते बल्कि उन्हें परिमार्जित करते हुए सृष्टि के पदार्थों के साथ उनके उपयुक्त सम्बन्ध निर्वाह पर जोर देते हैं। यदि मनोवेग न हों तो स्मृति, अनुमान, बुद्धि आदि के रहते भी मनुष्य बिल्कुल जड़ है। प्रचलित सभ्यता और जीवन की कठिनता से मनुष्य अपने इन मनोवेगों को मारने और अशक्त करने पर विवश होता है। इनका पूर्ण और सच्चा निर्वाह उसके लिए कठिन होता है और इस प्रकार उसके जीवन का स्वाद निकल जाता है।"

डीक्विन्सी कहता है कि–

"अब अगर यह पूछा जाय कि 'शक्ति प्रेषण' के क्या अर्थ हैं तो अपनी बारी में, मैं पूछूँगा कि उस स्थिति को आप क्या नाम देंगे जिसमें कि अत्यन्त सान्द्र रूप से और एक बलशाली चेतना के साथ मैं संवेगों को अनुभव करने के लिए तत्पर कर दिया जाऊँ जिन्हें कि सामान्य जीवन उद्दीप्त करने के लिए या तो कभी नहीं या विरल अवसर देता है, और जो पहले सुप्त पड़े थे तथा चेतना के प्रभात के निकट कठिनता से थे–ऐसे अनुभव के असंख्य प्रकार इस क्षण हर मानव मस्तिष्क में इस 'अभाव में पड़े हैं कि कोई कवि उन्हें संयोजित (उद्‌बुद्ध) कर दे।" ('कंसर्निंग लिट्रेचर' नामक निबन्ध से)

यदि सरसता का तात्पर्य भारतीय काव्यशास्त्र की रसात्मकता से लिया जाय तो उपर्युक्त दोनों गुणों–आनन्द और शक्ति का 'रस' में अन्तर्भाव हो जाता है।

3. व्यावहारिक उद्देश्य का अभाव : किसी भी प्रबुद्ध पाठक के सम्मुख यदि नीचे लिखी पुस्तकों की सूची उपस्थित कर दी जाय तो कुछ पुस्तकों का व्यावहारिक उद्देश्य तत्काल बताया जा सकता है और कुछ का नहीं। सूची निम्न प्रकार है :

(1) एशिया का भूगोल–डडले स्टाम्प।

(2) भारतीय इतिहास का सर्वेक्षण–के.एम. पनिक्कर।

(3) गोदान–प्रेमचन्द।

(4) हैमलेट–शेक्सपीयर।

(5) रामचरित मानस—तुलसीदास।

(6) बिहारीसतसई—बिहारीलाल।

(7) रसायन शास्त्र—रामचरण मेहरोत्रा।

उपर्युक्त सूची को देखते ही पहली, दूसरी और सातवीं पुस्तकों का उद्देश्य तत्काल बताया जा सकता है कि एशिया के भूगोल, भारतवर्ष के इतिहास, अर्थशास्त्र, एवं रसायनिक क्रियाओं के बारे में यह ज्ञान देंगी। परन्तु मानस, गोदान, हैमलेट या सतसई के बारे में आप ऐसे ही किसी उद्देश्य को नहीं कह सकते। गोदान को हम केवल किसान का चरित्र जानने के लिए नहीं पढ़ते, उसकी आर्थिक अवस्था जानने में भी अर्थशास्त्र की पुस्तक अधिक सहायक होगी। इसी प्रकार 'सतसई' से भी श्रृंगार की चेष्टाएँ ही यदि जाननी हों तो 'कामसूत्र' का अध्ययन अधिक उपादेय होगा। परन्तु इसका तात्पर्य यह नहीं कि साहित्य प्रयोजनहीन होता है। पर उसका कोई स्पष्ट भौतिक उपयोगी प्रयोजन मुख्य नहीं होता।

4. वैयक्तिक अनुभव और आत्मबोध : सृजन के मूल बिन्दु की दृष्टि से यदि विचार किया जाय तो साहित्य का अन्य लेखन प्रकारों से एक मौलिक अन्तर है कि उसमें वैयक्तिक अनुभव का प्रकाशन होता है और उस अनुभव को लेखक बोध-प्रक्रिया से होकर गुजारता है। अन्य किसी भी लेखन में विषय का अनुभव विषय की दृष्टि से ही अभिव्यक्त होता है, पर साहित्य में साहित्यकार विषय का स्वयं जैसा भावन या अनुभव करता है, वही व्यक्त होता है। उसके व्यक्तित्व के प्रिज़्म' पर वस्तु का यथार्थ विविध रंगीन किरणों का रूप धारण कर लेता है। समाज, यथार्थ, वस्तु जो भी आप कहें, उसके व्यक्तित्व के माध्यम से ही सीमित और विशिष्ट होता है। फिर इस अनुभव को वह अपने चेतन एवं बोध की कसौटी पर कस भी लेता है। लेखन—'अचेतन-चेतन क्रिया' है इसी अर्थ में। वह अनुभव अचेतन रूप से अनजाने ही कर लेता है। पर जब अभिव्यक्ति की दुर्विचार समस्या आती है तब वह उसकी स्पष्ट, समुचित एवं मूल्यवान अभिव्यंजना के प्रति सचेत हो उठता है। इस सचेत आत्मबोध के कारण ही बहुधा सृजन-प्रक्रिया के दौरान में मूल अनुभूति का स्वरूप बहुत कुछ बदल भी जाता है, उसमें नये तत्त्व मिल जाते हैं। हर्बर्ट रीड ने कुछ अफसोस के टोन में "इस अनुभूति के स्फटिक के मलिन हो जाने की बात कही है।" पर यह विवाद की बात है कि यह स्फटिक मलिन हो जाता है या और अधिक मूल्यवान बन जाता है?

5. कल्पना का सन्दर्भ : सृजन बिन्दु से रूप-रचना प्रक्रिया की ओर आने पर साहित्य का सर्वाधिक प्रमुख स्वरूप-निर्देशक तत्त्व 'कल्पना का सन्दर्भ' सिद्ध होता है। एक भी कलाकृति ऐसी नहीं होगी जो यथार्थ की हूबहू प्रतिकृति हो। 'गोदान' को हम सब यथार्थवादी उपन्यास कहते हैं, पर ठीक 'होरी' जैसा एक भी किसान सारे भारतवर्ष में नहीं निकल सकता। इस कथन के बावजूद हम यह भी कहना चाहेंगे

कि 'होरी' ही वास्तविक भारतीय किसान का प्रतिनिधि है। पर यह विरोधाभास नहीं है—कल्पना शक्ति का चमत्कार है। विभिन्न किसानों में उपस्थित गुणों-अवगुणों, कमजोरियों एवं शक्तियों को लेखक ने अपनी कल्पना से एक स्थान पर एकत्र कर दिया है और यह पात्र अपने आप में स्वतन्त्र व्यक्तित्व भी है और प्रतिनिधि पात्र भी। इस कृति में लेखक ने यथार्थ की बिखरी वस्तुओं, परिस्थितियों या घटनाओं का ही नया संयोजन किया है। यों लेखक अपने श्रेष्ठ कलात्मक सृजन की स्थिति में प्रकृति या यथार्थ के विरुद्ध भी जा सकता है। गेटे ने एक बार एकरमान से बातचीत करते हुए उसे प्रसिद्ध चित्रकार रूबेन का एक लैण्डस्केप दिखाया। चित्र में गोधूलि वेला में नगर, ग्राम, पेड़, पशु, मनुष्यों का चित्रण किया गया था। सब कुछ एकदम प्रकृत और यथार्थ था। पर ध्यान से देखने पर एकरमान ने आश्चर्यचकित होकर लक्षित किया कि चित्र में पेड़ों की छायाएँ बाहर की ओर पड़ रही हैं और मजदूरों की भीतर की ओर। पेड़ों की छाया में मजदूरों की प्रकाशवान सूरतें उभारी गयी थीं और उन मजदूरों की छायाएँ भीतर दूसरी दिशा की ओर पड़ती दिखाई गयी थीं। स्पष्ट है कि भिन्न-भिन्न दिशाओं में छायाएँ दिखना प्रकृति विरुद्ध है। पर गेटे के अनुसार कलाकार की प्रतिभा इसी स्थान पर उभरती है। वह इसे प्रकृति के विरुद्ध नहीं प्रकृति के ऊपर जाना कहता है। उसके अनुसार,

> *"कलाकार प्रकृति के ऊपर खड़ा होकर उसे अपने श्रेष्ठ उद्देश्यों के अनुरूप व्यवहृत करता है।...वास्तव में कलाकार को विस्तृतियों में निश्चय ही प्रकृति का ईमानदारी और श्रद्धा के साथ अनुकरण करना चाहिए। परन्तु कलात्मक सृजन के उच्च-स्तरों में, जिनसे कि एक चित्र बनता है, उससे अपेक्षाकृत स्वातन्त्र्य है, और यहाँ पर वह कल्पना या झूठ का प्रयोग कर सकता है, जैसा कि रुबेन ने अपने लैण्डस्केप में दुहरे प्रकाश द्वारा किया है। ...कलाकार का प्रकृति से दोहरा सम्बन्ध होता है। वह साथ ही उसका मालिक भी होता है और गुलाम भी।"*

यहीं पर एक चेतावनी अति आवश्यक है कि कल्पना प्रयोग का तात्पर्य यथार्थ का बहिष्करण नहीं है, वह तो प्रत्येक कृति में ईश्वर की सत्ता की तरह व्याप्त रहता है, और इसी कारण उसे अलग से एक तत्त्व के रूप में हम दिखा नहीं रहे हैं।

6. रूपाकार एवं माध्यम का सचेष्ट उपयोग : साहित्य या कला में रूप, शिल्प, फार्म या एक साँचा अवश्य होता है। अन्य लेखन प्रकारों (शास्त्र-विज्ञान आदि) में इस बात का महत्त्व नहीं कि उन्हें कैसे लिखा गया है। अर्थशास्त्र की पुस्तक प्रश्नोत्तर शैली में भी लिखी जा सकती है, वार्तालाप के ढंग पर भी उसके विषय को समझाया जा सकता है, तथा उसका विवरणात्मक-तथ्यात्मक निरूपण भी हो सकता है। परन्तु इससे उस पुस्तक का न तो 'प्रकार' बदलता है और न इससे उसकी उत्कृष्टता या अपकृष्टता पर ही प्रभाव पड़ता है। पुस्तक 'अर्थशास्त्र' की

ही कही जायेगी। परन्तु साहित्यिक कृति में उसके रूपाकार का अत्यधिक महत्त्व होता है। यह बात हम पीछे भी कह चुके हैं। भावजगत की वस्तु को आकार देने का प्रयास, ऐसा आकार देने का प्रयास, जिससे कि वह भाव अधिक-से-अधिक सम्प्रेष्य बन सके और अन्य चित्रों में भी वैसी ही दीप्ति या द्युति उत्पन्न कर सके, कलाकार का लक्ष्य होता है। इसके लिए वह भाषा, छन्द, अप्रस्तुत विधान, वर्णयोजना आदि की सम्भावनाओं का अधिक-से-अधिक उपयोग करता है। अनेक चरित्रों, बिम्बों, प्रतीकों, घटनाओं, कथावस्तु के मोड़ों, संवाद की वक्रताओं आदि की खोज और प्रयोग करता है। रूप और माध्यम इस दृष्टि से भी महत्त्वपूर्ण होते हैं कि इनके द्वारा हम साहित्य की भी अनेक विधाओं को पहचानते और उनका वर्गीकरण करते हैं। गद्य, पद्य, कहानी, उपन्यास और नाटक के विभाजन रूपाकार एवं माध्यम के ही हैं। यों मूल रूप से वे कलाकृतियाँ, साहित्यिक रचनाएँ हैं। कुछ लोगों ने उसे विविधता में एकता स्थापित करने वाला कहा है तो कुछ ने उसे जैविक शरीर का रूपक दे दिया है। राजशेखर ने 'काव्य मीमांसा' में काव्य पुरुष का रूप बताते हुए कहा है—

> *"शब्द और अर्थ तेरे शरीर हैं। संस्कृत भाषा मुख है। प्राकृत भाषाएँ तेरी भुजाएँ हैं। अपभ्रंश भाषा जंघा है। पिशाच भाषा चरण है। और मिश्र भाषाएँ वक्षस्थल हैं। तू सम, प्रसन्न, मधुर, उदार और ओजस्वी है। तेरी वाणी उत्कृष्ट है। रस तेरी आत्मा है। छन्द तेरे रोम हैं। प्रश्नोत्तर, पहेली, समस्या आदि तेरे वाग्विनोद हैं। और अनुप्रास, उपमा आदि तुझे अलंकृत करते है।..."*

पर काव्य पुरुष या साहित्य शरीर की कल्पना भी अनेकत्व में एकत्व की स्थापना का प्रयास ही है। इससे अधिक इसे घसीटना साहित्य का भी अपमान करना है और मनुष्य शरीर का भी।

साहित्य के स्वरूप सम्बन्धी विवेचन को समाप्त करने के पूर्व एक बात की ओर ध्यान दिलाना आवश्यक है और वही बात वास्तव में साहित्यिक अध्ययन की आधारशिला है। कोई भी साहित्यिक कृति केवल सतह पर से समझी नहीं जा सकती। वह बहुस्तरीय ही नहीं होती, बल्कि उसका अत्यन्त जटिल स्तर विधान होता है। जो कृति जितने ही जटिल-स्तरों पर आधृत होती है, वह उतने ही अधिक व्यक्तियों एवं युगों में प्रिय होती है। अतः साहित्यिक अध्ययन का प्रारम्भ कृति के इन विविध-स्तरों के विश्लेषण द्वारा होना चाहिए। ये स्तर रूप और शिल्प के भी होते हैं। और उसको अभिव्यक्त करनेवाली जीवन और जगत् की छवियों के भी।

साहित्य के ऊपर उल्लिखित तत्त्व कृतियों में भिन्न-भिन्न मात्रा में मिलते हैं। कभी-कभी कुछ कृतियाँ ऐसी भी होती हैं कि हम उन्हें ललित साहित्य (साहित्य का हम जिस अर्थ में उपयोग कर रहे हैं) या शक्ति-साहित्य के अन्तर्गत रखें अथवा

ज्ञान और शास्त्र के अध्ययन सिलसिले में, हमें ऐसी कृतियों के साहित्यिक क्षेत्र में, ऐसी कृतियों में दोनों तत्त्व मिले होते हैं। हमारा विचार है कि अपने साहित्यिक या कलात्मक तत्त्वों को ही ध्यान में रखना चाहिए। यदि इतिहास उपन्यास की रोचकता लेकर लिखा गया है तो हमारा कर्म उसके औपन्यासिक गुण का अध्ययन या आकलन होगा, ऐतिहासिक तथ्यों की प्रामाणिकता या अप्रामाणिकता का निर्णय इतिहासज्ञ के अध्ययन का क्षेत्र है।

लहर : जुलाई, 1960

विशेषीकरण, असहिष्णुता और सांस्कृतिक अन्तराल

अपने एक निबन्ध (लेखन : एक व्यावसायिक समस्या) में मैंने लेखन की व्यावसायिक समस्या का प्रश्न उठाया था। उसमें मैंने यह कहना चाहा था कि लेखन में व्यवसाय की क्षमता विद्यमान होने पर भी वर्तमान पूँजीवादी व्यवसाय की पद्धति उसके स्वरूप पर बुरा प्रभाव डालने वाली है। अचानक ही एक दिन एक प्रसिद्ध कवि मित्र (जो कवि-सम्मेलनों में यथेष्ट ख्याति अर्जित कर चुके हैं) ने बताया कि फिल्मों में गीत लिखने के उन्होंने कुछ कण्ट्राक्ट लिये हैं, पर मन में डर रहे हैं कि कहीं उनका कविरूप ही इस व्यवसाय के द्वारा नष्ट न हो जाय। उनका दूसरा भय कुछ इस भाँति का भी था कि कवि-सम्मेलनों ने ही उनकी साहित्यिक प्रतिष्ठा को अब तक खासी हानि पहुँचायी है और अब फिल्मों के कारण वे एकदम ही अपदस्थ न कर दिये जायें! पहले भय का यथेष्ट विश्लेषण उक्त निबन्ध में किया जा चुका है; परन्तु दूसरे भय ने मुझे कुछ सोचने को पुनः विवश किया।

इस बात से हमारे सांस्कृतिक जीवन का एक तथ्य प्रकट होता है कि प्रतिष्ठित ललित कलाओं एवं नवीन कलामाध्यमों के बीच एक गहरा अन्तराल विद्यमान है। केवल फिल्म ही नहीं, रेडियो (और अब टेलीविजन भी) रेकार्डिंग, सुगम संगीत, फोटोग्राफी आदि के प्रति भी अभिजात कलावादी या मानववादी का दृष्टिकोण कुछ उदार नहीं है। वह इनके प्रति असहानुभूतिपूर्ण है। ये नये माध्यम ही नहीं, साहित्य के क्षेत्र में ही नये रूप अब तक यथेष्ट मान्यता अर्जित नहीं कर सके हैं। कविता की अपेक्षा उपन्यास या कहानी आज भी हीनतर कलारूप माने जाते हैं। किसी विश्वविद्यालय के पुस्तकालय में चले जाइए, हिन्दी (अंग्रेजी भी) -विभाग के अध्यक्ष से बात कर आइए, उपन्यास के प्रति आपको उपेक्षा-भाव मिलेगा। एक विद्वान अध्यापक ने कुछ दिनों पूर्व अत्यन्त गम्भीरतापूर्वक मुझे सलाह दी थी कि उपन्यास की अपेक्षा कविता-पुस्तक पढ़ा करो, क्योंकि उपन्यास में कपोल कल्पनाएँ बहुत होती हैं। जब मैंने उनको बताना चाहा कि उपन्यास अधिक यथार्थमूलक होता है, तो वे सीधे आध्यात्मिक स्तर पर पहुँच गये और कविता को अधिक ऊँची कोटि का अध्यात्म-दर्शन बताना चाहा।

अस्तु, इस प्रवृत्ति का एक दुःखद परिणाम यह हुआ है कि इन माध्यमों का प्रयोग हल्की कोटि के लोगों द्वारा होने लगा है। ये माध्यम यद्यपि जनता के हैं, सर्वसाधारण के हैं, पर कलारूप होने के कारण निजी संवेदना की भी अभिव्यक्ति करते हैं। ये माध्यम हमारी सभ्यता के कल्पनाशील एवं बौद्धिक स्तर को भी व्यक्त करते हैं। अतः समस्या यह है कि कैसे हम निजी-वैयक्तिक गुणों एवं संवेदनाओं वाली परम्परा के दाय को सुरक्षित रखते हुए भी इन माध्यमों को ह्रासशील होने से बचाएँ, अश्लीलताओं एवं मनुष्य को कमजोर बनाने वाले तत्त्वों से इनकी रक्षा करें। यह समस्या आसान नहीं है। यह देखकर कभी-कभी आश्चर्य होता है कि हिन्दी में एक ओर तो 'कल्पना' या 'कृति' जैसी पत्रिकाएँ निकलती हैं और दूसरी ओर 'जासूस' या 'रंगशाला'। सिनेमा के गानों की लाखों प्रतियाँ बिक जाती हैं और कविता-संग्रह दुकानों पर रोते रहते हैं। इसी प्रकार हिन्दी में इस समय अभिव्यंजना की श्रेष्ठतम समृद्धि और दरिद्रता के एक साथ दर्शन हो सकते हैं। कुछ लोग श्रेष्ठतम अध्येताओं की उपलब्धि प्राप्त करते हैं और कुछ निकृष्टतम कूड़े में ही रस ले लेते हैं। यदि हम किसी प्रजातान्त्रिक परम्परा को समृद्ध करना चाहते हैं, कोई सामाजिक समानता चाहते हैं, तो सांस्कृतिक धरातल की इस विषमता को तोड़ना ही होगा। ऐसी दशा में कथित मानवविद्याओं के अधिष्ठाताओं में बद्धमूल उस 'अहंभावना' को तोड़ना होगा, जो उन्हें इन जनप्रिय माध्यमों से दूर रखती है।

परन्तु कठिनाई यह है कि ये मानववादी इस बढ़ते हुए अन्तराल और उसके परिणामों को ध्यान में रखते ही नहीं हैं। कारण यह कि समाज के राजनीतिक, आर्थिक, धार्मिक, सामाजिक आदि आयामों की सम्पूर्ण परिस्थितियों को ध्यान में रखे बिना ही वे इन माध्यमों पर विचार करने लगते हैं; एवं इसी कारण वे नितान्त अगतिशील बन जाते हैं। यह मानववादी प्रेम, करुणा आदि शाश्वत तत्त्वों की बात करता है, परन्तु आधुनिक सन्दर्भ में इन शब्दों के कितने प्रकार हो सकते हैं, इस पर ध्यान नहीं देता। इसी प्रकार मशीनीकरण एवं यन्त्र-विज्ञान आदि के पेशों के प्रति भी वह सन्देहशील ही नहीं है, उनकी उपेक्षा भी करता है। वह समझता है कि ये मात्र साधन हैं; परन्तु वह यह भूल जाता है कि इनके द्वारा लक्ष्य का भी विकास होता है। मान लीजिए कि सत्य की खोज मानवजीवन का परम साध्य है तो निश्चित ही विज्ञान या यन्त्र मनुष्य की इस सत्य-जिज्ञासा को बलवती बनाते हैं। इसके अतिरिक्त उनको उपेक्षा देने का परिणाम यह भी होता है कि इन पेशों में लगे लोग भी साहित्य या अन्य कलाओं के प्रति एक उपेक्षा का भाव रखने लगते हैं, एवं भौतिक दृष्टि से अधिक समृद्ध एवं प्रभावशाली होने के कारण उनकी उपेक्षा अधिक होती है तथा सांस्कृतिक अन्तराल और अधिक चौड़ा होता है।

ऊपर की इस विवेचना द्वारा मैं ज्ञान के क्षेत्र के या जो आज मानव-विद्याओं एवं समाज-विद्याओं के मध्य विद्यमान है, उस अन्तर्विरोध को प्रकट कर रहा हूँ। इसी

कारण अब तक जन-कलाओं एवं वैयक्तिक निजी संवेदनाओं के तनाव की इतनी उपेक्षा की जा रही है। इस प्रकार, इनसे सम्बन्धित तमाम महत्त्वपूर्ण प्रश्न—मानवतावादी का मशीन-विरोधी पूर्वाग्रह तथा सामाजिक विद्याओं द्वारा सामाजिक मनुष्य को जानने की उपयोगिता—अचर्चित रह जाते हैं। इसी कारण आज के अधिकांश साहित्य के अध्यापक नये काव्य या नये साहित्य से चिढ़ते हैं। वे आज के युग के अनेक जटिल अन्तःसम्बन्धों, द्रुतगतिशीला परिवर्तमानता एवं पारस्परिक व्यवहार के अनेक कोणों को समझ ही नहीं पाते हैं। फलतः नया साहित्य उन्हें दुरूह एवं अनर्गल लगने लगता है। यदि रचनाकार इस यथार्थ की उपेक्षा कर दे तो इस वस्तुस्थिति के जानकार उसे खयाली पुलाव पकाने वाला समझ लेते हैं। बहरहाल दोनों ही प्रकार से वह शीशमहल निवासी हो जाता है एवं व्यापक जनधारा से कट जाता है। इसलिए आवश्यकता इस बात की है कि समाज-विद्याओं का भरपूर उपयोग मानव-विद्याओं के क्षेत्र में किया जाये। उसके द्वारा प्रारम्भ में विवेचित अन्तर्विरोध भी समाप्त हो सकेगा। इसको यों समझना सरल होगा कि एक ओर तो आधुनिक सभ्यता विज्ञान एवं मशीन आदि की देन जनप्रिय कलाएँ एवं माध्यम (फिल्म, रेडियो, टेलीविजन, पत्र-पत्रिकाएँ आदि) हैं और दूसरी ओर इनके सामाजिक प्रभावों एवं निहितार्थों आदि का समाजशास्त्र द्वारा विश्लेषण होता है। उनकी सामाजिक परिस्थिति एवं वातावरण की छानबीन एवं अध्ययन इन्हीं समाज-विद्याओं द्वारा ही सम्भव है, परन्तु समाजशास्त्र आदि मूलतः मूल्यपरक नहीं हैं, यह कार्य मानव-विद्याओं का है। तात्पर्य यह कि समाजशास्त्र की विधि से जनप्रिय माध्यमों की सम्पूर्ण अवगति या नियमन मानवतावादी के हाथ में हो। तभी इन माध्यमों का उचित उपयोग हो सकेगा।

ये माध्यम शक्तिशाली हैं, यह बात ऊपर कही जा चुकी है। इनका समुचित उपयोग शिक्षा के क्षेत्र में भी किया जा सकता है। फिल्म, रेडियो, रेकार्डिंग, पत्र-पत्रिका, टेलीविजन आदि शिक्षा के क्षेत्र में अत्यधिक उपयोगी हो सकते हैं, यह संसार के अधिकांश शिक्षाशास्त्री मानते हैं, परन्तु फिल्म, रेडियो आदि के ये शैक्षणिक प्रयोग अत्यन्त नीरस एवं बेजान रहे हैं। इसी कारण इनकी उपयोगिता पर भी लोग सन्देह प्रकट करने लगते हैं। पर कारण यह कि इनका उत्पादन या प्रस्तुतीकरण अत्यन्त अकलात्मक एवं कल्पनाहीन ढंग से हुआ है। यहीं तीसरा द्वन्द्व उभरकर आता है, शिक्षाशास्त्री एवं मानववादी का। आजकल शिक्षा-प्रणाली को सभी कोसते हैं और इसी दौरान शिक्षाविदों के प्रति भी अनास्था या अधैर्य का भाव जागता है। इससे निबटने के लिए आज शिक्षाशास्त्री ऐसी शिक्षा की कल्पना करना चाहता है जो जीवन में भौतिक उद्देश्य को पूरा करने का साधन बने; परन्तु बहुधा मानववादी इस जीविकावाद के प्रति भी घृणा का भाव रखता है। परिणाम यह होता है कि इन नये व्यावसायिक कलारूपों के लिए, जिस प्रकार के सूक्ष्म कलात्मक बोध के अन्तर्गत विकसित हुए व्यक्तियों की आवश्यकता है, वैसे जन उसे मिल नहीं पाते

और उन क्षेत्रों में हीन, अविकसित रुचि वाले व्यक्ति कब्जा करके उस शैक्षणिक उद्देश्य को पूरा नहीं करने देते जो कि अभिप्रेत होता है। यह इतना बड़ा द्वन्द्व है कि इसी कारण हमारे विद्यार्थियों का कलाबोध एवं सौन्दर्यबोध अत्यन्त भोंड़ा होता है। साहित्य-कला-विभागों एवं शिक्षा-विभागों का आत्यन्तिक विभाजन रुचि-अपरिष्करण के लिए बहुत अंशों तक उत्तरदायी है। जैसे बिना समाज-विद्याओं के हम सांस्कृतिक दृष्टि से अंशतः अन्धे हैं, वैसे ही शिक्षाशास्त्र से असम्पृक्त होने के कारण लँगड़े भी।

वास्तव में मानव-विद्याओं को सामाजिक-विद्याओं, शिक्षाशास्त्र आदि के जीवन्त सम्पर्क में उसी प्रकार रहना चाहिए, जैसे कि जन-माध्यमों के; और तभी उपहासास्पद एवं अशुचि को हम हतोत्साहित कर सकेंगे, जो कुछ विवेकसम्मत है, उसे प्रोत्साहित। यहाँ पर मैंने विचारार्थ केवल समस्या उठायी है। समाधान की ओर भी इंगित किया गया है। पर यह समन्वय पाठ्यक्रमों के किस स्तर पर हो, यह अलग से विचारणीय बात है जिस पर कि गम्भीरतापूर्वक हम सबको सोचने की आवश्यकता है।

कल्पना : अगस्त, 1960

रचना और आलोचना

रचना और आलोचना का पारस्परिक सम्बन्ध क्या है अथवा क्या हो—यह एक पुराना सवाल है। इसे भिन्न-भिन्न शब्दों में अनेक बार दुहराया गया है। सच पूछो तो इसके मूल में भी समीक्षा की उपयोगिता सम्बन्धी प्रश्न छिपा हुआ है। मैं कहना चाहूँगा कि समीक्षा कृति एवं कृतिकार के लिए उपयोगी है, सामान्य पाठक के लिए उपयोगी है एवं ज्ञान की एक विशिष्ट शाखा के रूप में अपने-आप में भी उपयोगी है; उसकी इस रूप में अपनी स्वतन्त्र सत्ता भी है। परन्तु इन सभी उपयोगिताओं के मूल में आधारभूत या उपजीव्य सामग्री वह रचना विशेष ही होती है। वह रचना की जटिल संकुलता एवं अर्थस्तरों को स्पष्ट करके पाठकों को रचना का जो जीवन्त बोध देकर ज्ञान के एक आयाम का विस्तार करती है—यही उसकी चरम सार्थकता है। इस सार्थकता के मूल में रचना और आलोचना की गहरी सम्पृक्ति स्पष्ट है। चाहे सिद्धान्त का निर्माण हो, चाहे इन स्थापित मापदण्डों के व्यवहार का प्रश्न हो, रचनाओं का अद्यावधि और नजदीकी ज्ञान आवश्यक होता है। रचना के सभी पक्षों एवं स्तरों पर इस सम्पृक्ति की विद्यमानता काम्य है।

काव्य की सृजन-प्रक्रिया अनेकमुखी होती है। कवि एक साथ ही काल के एक ही मुहूर्त में रचना की प्रेरणा एवं भाव-सूत्र का ग्रहण करता, विचार के अंकुश से काटता-छाँटता, कल्पना के माध्यम से आवश्यक बिम्ब-विधान की आयोजना करता तथा भाषा के स्थापित स्टैण्डर्ड रूप के निकट अपनी अभिव्यक्ति को लाकर पूरी रचना को सम्प्रेषणीय बनाने का प्रयास करता है। समीक्षक को भी रचना की विविक्ति के समय इस अनेकमुखता के साथ विविध स्तरों पर द्रुत-गति से संचरण करना पड़ेगा—दोनों के मध्य गहन सम्पृक्ति के लिए। यदि केवल बिम्बों की मोहकता का ही वह ध्यान रखे या मात्र भाषा की विशिष्टताओं का ही अनुशीलन करे अथवा केवल विचारों या दृष्टिकोण की ही विवेचना समीक्षक करे तो रचना पूर्ण रूप से उजागर न हो सकेगी। इस एकांगी समीक्षण में कभी उसका कोई पक्ष उभर आवेगा और कभी कोई। हिन्दी में हम सम्प्रति ऐसी एकांगी समीक्षाओं के प्रभूत मात्रा में दर्शन कर सकते हैं। अलंकार पर थीसिस लिखी जायेगी, छन्द-योजना अनुसन्धान का विषय बनेगी,

भक्ति-सिद्धान्त विवेच्य होंगे—अलग-अलग व्यक्तियों द्वारा भिन्न-भिन्न पुस्तकों में भी और एक ही व्यक्ति की एक ही लेखक पर लिखी गयी पुस्तक में भी इनके लिए भिन्न-भिन्न अध्याय निर्धारित होंगे। अनुसन्धान के लिए लिखी जाने वाली किसी पुस्तक को उठा लीजिए : पहला अध्याय—पृष्ठभूमि, दूसरा अध्याय—जीवनी, तीसरा अध्याय—रचनाएँ, चौथा अध्याय—काव्य-सौन्दर्य : इसके अलंकार, छन्द, रस आदि अनेक उपविभाग, पाँचवाँ अध्याय—भाषा, छठा अध्याय—जीवन-दर्शन एवं सातवाँ अध्याय—उपसंहार तथा निष्कर्ष का मिलेगा। स्पष्ट है कि ऐसे अध्ययनों में रचना के समकालिक वैविध्य को ग्रहण नहीं किया जाता और रचना तथा आलोचना के मध्य जो भी सम्पृक्ति होनी चाहिए, वह खण्डित हो जाती है। मनुष्य का स्नायविक संगठन कैसे काम कर रहा है, इसका सघन आत्मसातीकरण कवि पहले करता है एवं अपनी सृजन-प्रक्रिया के दौरान इस स्नायविक प्रतिक्रिया के लय या साँचे को पकड़ने का प्रयास करता है, अथवा यों कहें कि अनुभूति विशेष या विविध अनुभूतियों के लिए वह एक साँचा (पैटर्न) खोजता है और जब एक बार यह साँचा पकड़ में आ जाता है तब वह उससे बाहर की ओर भी यदा-कदा संचरण करके भीतर की ओर लौटता है। अर्थात् लिखता भीतर से है और उसमें संशोधन और परिष्कार बाहर से करता है। समीक्षक बाहर की ओर से प्रभाव ग्रहण करता है एवं भीतर की ओर से महत्त्व का आकलन करता है। पर यह होता एक ही समय और साथ-साथ है।

रचनाकार के लिए वातावरण का बोध अत्यधिक आवश्यक है। एक प्रकार से वह वातावरण की भाषा बोलता है—यह भाषा समझ में आने वाली रूप और लय की होती है। इसे हम उसी प्रकार से समझें जैसे कि एक विशेषज्ञ के अपने क्षेत्र के वातावरण को सहज (अभ्यास के कारण प्रवृत्तिमूलक) भाव से पहचान कर उसकी अभिव्यक्ति उस वातावरण की भाषा में करता है। कवि में काव्य के वातावरण की विशेषज्ञ जैसी ही पहचान होती है। वह उसके विविध तत्त्वों को सोद्देश्य ढंग से संयोजित करता है और सफलता का आदर्श है कि कृति में ऐसा कुछ न हो जो उसमें किसी न किसी विशिष्टता की स्थापना न करता हो। जो उसकी समग्रता के लिए अनुपयोगी हो, उसे चेखव के शब्दों में निर्मम भाव से फेंक देना चाहिए। जहाँ रचनाकार इस निर्ममता को नहीं अपना पाता, वहाँ समीक्षक निर्ममतापूर्वक उसकी ओर संकेत करता है। अस्तु, कभी-कभी तो एक ही तत्त्व, घटना, परिस्थिति या पात्र दुहरा, तिहरा कार्य करता है। ऐसा भी होता है कि एक सफल रचना में लेखक सदैव नये निश्चय या निर्णय करता चलता है और हर नया निश्चय एक नयी सम्भावना का द्वार उन्मुक्त करता है। इसके अतिरिक्त कोई भी तत्त्व अपने-आप में स्वतन्त्र एवं पूर्ण न होकर अन्य तत्त्वों के सन्दर्भ में ही अर्थवान बनता है तथा इन विविध तत्त्वों की अन्योन्य क्रीड़ा ही वस्तुओं को ध्वनित करती रहती है। इस क्रीड़ा में उन्हें वह छोड़ देता है जो उसके समग्र प्रभाव के लिए उपयोगी नहीं प्रतीत होते। उसके

भीतर वातावरण अनिवार्यता आदि का बोध ही आवश्यक नहीं, बल्कि संगठनाकार का भी ऐसा बोध (Sense of structure) आवश्यक है जिसमें यह सारी बातें ढल सकें और प्रवेश, विकास एवं चरम सीमा भी स्पष्ट रहे।

नाटक और कथा-साहित्य में यह कार्य घटनाओं एवं पात्रों के माध्यम से होता है, तथा कविता में बिम्बों या रूपकों द्वारा। कविता को ही लीजिए—अपने सारे निर्माण के दौरान वह व्यंजनाओं के अनेक शरों का सन्धान करती है—एक बिम्ब के निहितार्थ प्रथम पंक्ति में, तीसरी पंक्ति में दूसरी को पार कर आती हुई एक आवाज, चौथी पंक्ति में एक व्यंग्यात्मक संकेत, आठवीं पंक्ति में ऊपर की पंक्तियों में व्यंजित सारे वातावरण की प्रतिक्रिया आदि विविध शर हमें एक ही कविता में उपलब्ध होते हैं। इतना ही नहीं, अनायास ही फिर ये सारे सन्धानिक शर एक ही लक्ष्य को एक ही समय में बेधते हैं। आते ये भिन्न-भिन्न दिशाओं से हैं परन्तु लक्ष्य का केन्द्र एवं बेधने का समय एक ही क्षण और बिन्दु होता है। काव्य की यही समग्रता होती है।

विस्तार से इस सृजन-प्रक्रिया को देने का तात्पर्य है कि काव्य-रचना की जटिलता और विविधता का परिचय देकर समीक्षक के उत्तरदायित्व की गुरुता को संकेतित कर उसके द्वारा अपनाने योग्य प्रणाली को भी समझने की चेष्टा की जाय। ऊपर के विवेचन से यह भी स्पष्ट है कि ये विभिन्न तत्त्व हर सफल कृति में परस्पर अन्योन्याश्रित रूप से अनुस्यूत रहते हैं। सारे तत्त्व रचना के साँचे में ढल जाते हैं, उनका पृथक्-पृथक् विश्लेषण सम्भव भी नहीं और उचित भी नहीं।

अगर हम यहाँ प्रश्न पूछें कि साहित्य के इस समग्र स्वरूप का विश्लेषण और आकलन कैसे किया जाय? स्पष्ट उत्तर है कि साहित्य की प्रकृति प्रयोजना एवं मूल्यांकन में अनिवार्य रूप से एक समीपी, पारस्परिक सम्बन्ध होना चाहिए। किसी वस्तु का उपयोग वही है जो उसकी प्रकृति के लिए उद्दिष्ट है एवं उसकी प्रकृति वही होगी जो उसका प्रयोजन या कार्य (Function) होगा। कृति को वही करना चाहिए जो कर सकती है एवं उसी क्षमता को मूल्य प्रदान करना चाहिए। वह जो है और जो कर सकती है उसी को मूल्य देना उपयुक्त होगा। उसी की जैसी प्रकृति एवं प्रयोजन (स्वभाव और कार्य) वाली वस्तुओं की तुलना में उसका मूल्यांकन होना चाहिए। पर इस मूल्यांकन के पूर्व रचना जो कर रही है और जो है उसको जानने के लिए उसकी समग्रता का समीपी अध्ययन आवश्यक है।

बहुधा कृति की अनेकमुखता एवं स्तर की विविधता के कारण समीक्षकों का ध्यान कृति की अपेक्षा अन्य बाह्य विशिष्टताओं की ओर आकर्षित हो जाता है। ऐसी स्थिति में कृति मात्र साधन बनकर रह जाती है। जब ऐसा नहीं भी होता, तब भी अध्येता बहुधा उसे भाव-पक्ष और कला-पक्ष (या विषयवस्तु और रूप-विधान) के कृत्रिम द्वैत में विभाजित कर देता है। यह द्वैत विभाजन हमें आचार्य शुक्ल में तो मिलता ही है, आगरा शैली के आलोचक महारथियों, प्राध्यापकों एवं अनुसन्धायकों ने

इस विभाजन को हास्यास्पद सीमा तक हमारे साहित्य में पहुँचा दिया है। साधारणतः विषयवस्तु से हमारा तात्पर्य भावों एवं विचारों से होता है एवं उन समस्त भाषिक विशेषताओं को 'रूप-विधान' के नाम से समझा जाता है जो उन भावों और विचारों को सम्प्रेषित करती हैं। परन्तु ध्यानपूर्वक देखने पर ज्ञात होगा कि विषयवस्तु में रूप के तत्त्व भी निहित रहते हैं। एक उपन्यास या नाटक की घटनाएँ विषयवस्तु के अन्तर्गत गिनी जाती हैं, परन्तु कथानक में उनका क्रम 'रूप-विधान' का अंग बन जाता है और इस क्रम से विच्छिन्न हो जाने पर उनका कलागत प्रभाव भी नष्ट हो जाता है। ऐसे ही रूप-विधान के अन्तर्गत भाषा में शब्द स्वतन्त्र रूप से कलात्मक प्रभाव के प्रति उदासीन रहते हैं; परन्तु एक सन्दर्भ विशेष में संयोजन ऐसा हो जाता है कि उनकी ध्वनि और अर्थ की इकाइयाँ विशेष अर्थों (भाव-पक्ष) से भास्वर हो उठती हैं। वास्तव में यदि विभाजन किसी सुविधा के लिए करना ही है तो उपादान और संगठनाकार (Material & Structure) का होना चाहिए, जैसा कि वेलेक और वॉरेन ने सुझाया है। उपादान के अन्दर तथाकथित भाव-पक्ष और रूप-पक्ष के वे सारे तत्त्व आ जाते हैं जो स्वतन्त्र रूप से कलात्मक प्रभाव से हीन होते हैं एवं संगठनाकार के अन्तर्गत इन्हीं तत्त्वों का संयोजित स्वरूप आवेगा जो कि कलात्मक आनन्द की सृष्टि करता है। समीक्षा करते समय इस संगठन-संयोजन एवं कृति के कार्य (Function) से प्रारम्भ करना अधिक समीचीन होगा। कौन-से तत्त्वों की अपेक्षा यह बात जाननी अधिक आवश्यक है कि कैसे और किस इष्ट से वे उपादान क्रमबद्ध किये गये हैं जिससे कि वह संगठित रचना एक कलाकृति बन सकी है। परन्तु यहीं यह कह देना आवश्यक है कि जब हम रचना पर केन्द्रित होने के लिए कहते हैं तो 'शुद्ध काव्यवादियों' की बात नहीं दुहरा रहे हैं। हम कहना चाहते हैं कि किसी कलाकृति में विचार या उद्देश्य का आ जाना कोई खतरा नहीं उत्पन्न करता—बशर्ते कि वह रचना में उसका उपजीव्य 'उपादान' बनकर आवे, उसी प्रकार से जैसे घटनाएँ, पात्र या वातावरण आते हैं। इस सम्बन्ध में यह भी याद रखना चाहिए कि नितान्त तथाकथित 'शुद्ध' कविताएँ या उपन्यास भी अशुद्ध ढंग से पढ़े जाकर किसी न किसी अभिप्राय से सम्बन्धित किये जा सकते हैं। इस प्रकार विशुद्धता पर अत्यधिक बल देने की आवश्यकता नहीं—हाँ, प्रत्यक्ष प्रचार या सूचनावाही अभिप्रायों से बचने की आवश्यकता अवश्य होती है।

अस्तु, इस संगठनाकार के विश्लेषण में अनेक ऐसे प्रश्न उठते हैं कि काव्य क्या है? उसका अस्तित्व कहाँ है? संगठनाकार की समग्रता का तात्पर्य क्या है एवं उसे कैसे विश्लेषित किया जा सकता है?

यह तो जाहिर है कि सफेद कागज पर रंगीन निशान बनाना (यानी कि लिखना) कविता नहीं है—यह बात दूसरी है कि लिखने एवं छपने की विधियों ने उसके रूप को कुछ न कुछ प्रभावित अवश्य किया है। कुछ लोग उसे पाठकों के पठन में

मानते हैं, पर पढ़ने वाला अपनी ओर से बहुत कुछ जोड़ता-घटाता रहता है, अतः वास्तविक कविता को काव्य-पठन नहीं माना जा सकता। कुछ उसे वर्णों या ध्वनियों में सीमित कर देना चाहेंगे, पर हमारा विचार है कि 'वर्ण योजना' साहित्य का एक तत्त्व है, उसी में काव्य का अन्यतम अस्तित्व स्वीकार नहीं किया जा सकता, अन्यथा काव्य, चित्र-काव्य, प्रहेलिका, बिन्दुमती या अक्षर-च्युतक के खिलवाड़ के स्तर पर पहुँच जायगा। इसी प्रकार उसे पाठक या सामाजिक अनुभूति के हाथों सौंप देना भी अराजकता को प्रश्रय देना है। प्रत्येक प्रमाता के संस्कार, शिक्षा, रुचियाँ इतनी भिन्न होती हैं कि उन्हें किसी प्रकार का प्रमापक नहीं माना जा सकता। वास्तव में पाठक के मनोविज्ञान का अध्ययन शैक्षिक योजनाओं के लिए चाहे कितना ही उपयोगी क्यों न हो, पर साहित्यिक अध्ययन की सीमाओं के वह बाहर ही रहेगा। हर मनोवैज्ञानिक सिद्धान्त का परिणाम अराजकता, संशय एवं मूल्य सम्बन्धी भ्रम है, क्योंकि यह काव्य के सम्पूर्ण साँचे एवं गुणों से असम्पृक्त है।

इस मनोवैज्ञानिक अध्ययन सिद्धान्त का ही एक रूप है, जब उसे लेखक की अनुभूति के साथ एकात्म कर दिया जाता है। इस बात से इनकार नहीं किया जा सकता कि रचनाकाल में कोई कृति कर्ता का अनुभव ही है, पर रच जाने के बाद उसका एक स्वतन्त्र अस्तित्व हो जाता है और उस समय स्वयं रचनाकार एक विशिष्ट पाठक मात्र बन जाता है। बहरहाल इस अनुभव का अध्ययन करते हुए पण्डितों ने उसे लेखक का सचेत अनुभव या अभिप्राय समझा है और उसी के सन्दर्भ में रचना को पढ़ना चाहा है। पर वास्तव में उस रचित कृति को छोड़कर हमारे पास ऐसा कोई साधन नहीं होता जिसके आधार पर उस सचेत अनुभव या अभिप्राय को हम प्रामाणिक रूप से जान सकें। उसके पत्र, डायरियाँ आदि भी लेखक के तोड़े-मरोड़े या रेशनलाइज्ड विचार हो सकते हैं, अथवा सृजन के दौरान उनका रूप परिवर्तित हो गया होगा, जैसा कि रचना-प्रक्रिया की चर्चा करते हुए हमने संकेत किया है। वास्तव में कृति लेखक द्वारा पाठकों को दिया गया कोई सन्देश विशेष न होकर एक स्वतन्त्र सत्ता है जिसकी सापेक्षता एक सीमा तक ही होती है। पर कृति और कृतिकार के मध्य किसी सम्बन्ध के आत्यन्तिक अभाव को हम प्रतिपादित नहीं करना चाहते। बिम्साट और बियर्डसले ने बताया कि किसी कृति के बारे में तीन प्रकार के ज्ञान हमें प्राप्त होते हैं—1. आन्तरिक यानी कि स्वयं कविता द्वारा प्राप्त अर्थ, 2. बाह्य-लेखक की डायरी, पत्र-जर्नल्स आदि जो हमें यह बताते हैं कि क्यों, कब और किसके प्रति वह कृति विशेष लिखी गयी, 3. मध्यवर्ती-कवि के निजी और अर्धनिजी अनेक अर्थ, जो वह बाद को करता है।

वास्तव में काव्य को उसके प्रथम अर्थ में ही पढ़ा जाना चाहिए, अन्य अर्थों से कुछ सहायता मात्र ली जा सकती है। जीवनीपरक अध्ययन दो दृष्टियों से कुछ उपयोगी भी है, एक तो नितान्त निजी प्रसंग या अभिप्राय सामान्य अर्थों को प्रभावित

करने लगते हैं। (बिहारी का 'नहिं पराग' वाला दोहा उस प्रसंग से सम्बन्धित करके ही पढ़ा और समझा जाता है।) दूसरे जीवनीपरक अध्ययन कुछ अनुत्तरदायी पाठकों की सनकों एवं लालबुझक्कड़ी प्रयासों या व्याख्याओं को सन्तुलित भी करता है। वास्तव में इस प्रकार के अध्ययन की यही सबसे बड़ी उपयोगिता है; परन्तु इसका तात्पर्य यह नहीं कि लेखक की सृजन-प्रक्रिया की कलाविधि और उस समय की सम्पूर्ण चेतन-अचेतन क्रियाशीलता या मानसिक स्थिति के बारे में रहस्यवादी अनुमान लगाए जायें।

रचनाकार के वैयक्तिक मनोविज्ञान से आगे बढ़कर जुंग जैसे लोग इस अनुभव की व्याख्या सामूहिक-सामाजिक शब्दावली में करने लगते हैं। पर कविता में मात्र सामूहिक अनुभव ही नहीं होते और न मात्र आद्यबिम्ब ही प्रयुक्त होते हैं। आद्यबिम्बों (Archtypal Images) के साथ ही अनेक अत्यन्त निजी बिम्ब एवं अनुभव उसमें गुम्फित रहते हैं। वास्तव में सामूहिक अनुभव, जातिगत स्मृतियाँ एवं अनेक आद्यबिम्बों की स्थिति कविता की संकुलता की ओर ही संकेत करती है, विभिन्न स्तरों में से एक स्तर इनका भी होता है और उनका अध्ययन भी उसी पूर्वकथित समग्रता की ही दृष्टि से होना चाहिए। ये तत्त्व भी तभी मूल्यवान हैं जब कृति के लिए उपादान (मेटीरियल) बन जायें।

सामाजिक मनोविज्ञान से आगे बढ़कर रचना के समाजशास्त्रीय अध्ययन की ओर रुचि बढ़ी है। प्रगतिवाद के बाद से साहित्य के सामाजिक पक्ष पर अत्यधिक जोर दिया जाने लगा है। "साहित्य समाज का दर्पण, प्रतिबिम्ब या अभिव्यक्ति होता है" ऐसे कथन हिन्दी साहित्य के विद्यार्थियों को खूब रटा दिये जाते हैं। इन कथनों का स्वाभाविक परिणाम है कि कृति को सामाजिक अध्ययन के लिए उपजीव्य सामग्री मान लिया जाता है। यह तो निर्विवाद है कि साहित्य किसी न किसी प्रकार का सामाजिक चित्र अवश्य होता है एवं व्यवस्थित ढंग से अध्ययन करने वाले का सबसे अधिक सरल उपयोग उसका सामाजिक इतिहास की सामग्री के रूप में अनुशीलन ही है। परन्तु साहित्यिक अध्ययन या समीक्षा की दृष्टि से इस प्रकार के अध्ययन का कोई सीधा सम्बन्ध नहीं होता। तुलसीदास ने उत्तरकाण्ड में कलि वर्णन में अपने युग को ही अभिव्यक्त किया है, यह ज्ञान मानस के समग्र प्रभाव या अर्थ को किसी प्रकार विवर्धित नहीं करता। ऐसे अध्ययनों का उपयोग तभी है जब निश्चित शब्दावली में यह बताया जा सके कि लेखक द्वारा चित्रित सामाजिक चित्र तथा वास्तविक सामाजिक यथार्थ परस्पर किस सीमा तक सम्बन्धित हैं। क्या वह चित्रित रूप अभिप्राय की दृष्टि से यथार्थवादी है? अथवा सामाजिक जीवन का व्यंग्य, विरूप चित्र या रोमैण्टिक आदर्शीकरण मात्र है? स्पष्ट है कि ऐसे अध्ययन के लिए यह अनिवार्य है कि अध्येता साहित्य के अतिरिक्त अन्य स्रोतों से भी सामाजिक जीवन की अवगति प्राप्त करे; तभी वह ऊपर पूछे गये प्रश्नों का उत्तर दे सकेगा।

हर आलोचनात्मक पुस्तक में पृष्ठभूमि का अध्याय (बहुधा असम्पृक्त असम्बद्ध रूप से) रखने वाले समीक्षा-साहित्य में साहित्य की सामाजिक परिस्थिति विशेष के महत्त्व को संकेत करने की तनिक भी आवश्यकता हम महसूस नहीं करते। वास्तव में साहित्य की सबसे अधिक तात्कालिक पृष्ठभूमि भाषा एवं साहित्य की परम्पराओं की होती है, ये परम्पराएँ एक सामान्य सांस्कृतिक वातावरण से घिरी होती हैं जो कि अपनी पाली में व्यापक सामाजिक जीवन से उद्भूत होता है। इस प्रकार किसी कृति को अपेक्षाकृत कम प्रत्यक्ष एवं ठोस तरीके से ही आर्थिक, राजनीतिक या सामाजिक परिस्थितियों से सम्बन्धित किया जा सकता है। सम्बन्ध होते अवश्य हैं (प्रत्येक मानवीय कार्यवाही एक-दूसरे से कमोबेश सम्बन्धित रहती है) पर बहुधा वे अत्यधिक सूक्ष्म, वायवीय एवं दूर के होते हैं। इनके मध्य 'शार्टकट' नहीं खोजे जा सकते। जहाँ पर शार्टकट होते हैं वहाँ जिन भ्रमों की सृष्टि होती है वे रामविलास शर्मा, रांगेय राघव, यशपाल, भदन्त आनन्द कौसल्यायन जैसे लोगों के तुलसी सम्बन्धी विचारों में देखे जा सकते हैं। स्वयं मार्क्स ने इन सम्बन्धों की वायवीयता का अनुभव करते हुए कहा था कि कला के चरम विकास के बहुत से युग समाज के विकास से मेल नहीं खाते। हमें ऐसा लगता है कि सामाजिक परिस्थिति विशेष का अध्ययन कलात्मक मूल्यों के बोध की सम्भावना तो निश्चित करता है, पर स्वयं उन मूल्यों को नहीं। यों इस दिशा में अध्ययन का एक बड़ा क्षेत्र अनस्पर्शित पड़ा है जो अधिक प्रयत्न एवं प्रतिभा-साध्य है। साहित्य और समाज के बीच जब निर्भरता की मात्रा का, समाजशास्त्री, मानव-तत्त्व-शास्त्री, मनोतत्त्ववेत्ता एवं साहित्यिक अध्येता मिल-जुलकर अन्वेषण कर सकते हैं। इसी प्रकार शैलियों, साहित्य-रूपों, छन्दों और साहित्यिक विचारधाराओं आदि की समाज-सापेक्षता का अध्ययन किया जा सकता है। परन्तु ये अध्ययन साहित्येतर ही अधिक होंगे। साहित्य तो दर्शनशास्त्र है न समाजशास्त्र। उसके अध्ययन की भी अपनी प्रकृति और प्रणाली है। मनोवैज्ञानिक, दार्शनिक या सामाजिक सत्य रचना के भीतर तभी मूल्यवान होते हैं जब वे उसकी समग्रता, संकुलता एवं कलात्मकता की रक्षा करते हैं। यह तनिक खेद की बात है कि हमारे साहित्यिक इतिहासों में सामाजिक, दार्शनिक, राजनीतिक या धार्मिक पीठिका की चर्चा अधिक मिलती है, साहित्यिक परम्पराओं का उल्लेख अपेक्षाकृत कम होता है। यद्यपि इस प्रकार की खानेबन्द, रूढ़ समीक्षा-पद्धति के प्रति यत्र-तत्र असन्तोष प्रकट किया गया है। कुछ लोगों ने नयी दिशाओं की ओर छिटपुट प्रयास भी किया है या कमी का अनुभव किया है।

आवश्यकता आज इस बात की है कि समीक्षा अधिक सन्तुलित हो—यानी कि रचना के साथ उसकी गहरी सम्पृक्ति हो, रचना के सभी स्तरों के साथ। प्रत्येक रचना स्व-निर्भर, एकतान एवं अत्यधिक जटिल-संकुल स्तरों वाली होती है और युग तथा रचयिता से अलग होकर उसका अपना एक स्वतन्त्र अस्तित्व भी होता है।

उसका इसी रूप में अध्ययन प्रारम्भ होना चाहिए। लेखक के व्यक्तित्व या अतीत के अर्थ हमारे आड़े न आवें। किसी रचना के समसामयिक अर्थों से ही हमारा अधिक सम्बन्ध होता है। वे रचनाएँ जो विभिन्न युगों में आदृत एवं सम्मानित रहती हैं, वे भी बहुधा भिन्न-भिन्न कारणों से प्रिय और सम्मान्य प्रतीत होती हैं। आज का अर्थ अधिक मूल्यवान है, आलोचना में। पर इसका तात्पर्य यह नहीं है कि उसे हम इतिहास के परिप्रेक्ष्य से अलग करके देखने की बात प्रतिपादित कर रहे हैं। रचनाकार तथा इतिहास से नितान्त असम्पृक्त कर देने के तात्पर्य होंगे कि उसे समाज के सामान्य ज्ञान (General core of knowledge) के सन्दर्भ से अलग करके एकदम समझ से परे बना दिया जाय। परन्तु उसका इतिहास का परिदृश्य उसके समीपी अध्ययन का बाधक या अपने-आप में साध्य न बन बैठे, यह हमारा आग्रह अवश्य है। रचना के संकुल स्तरों एवं अनेकमुखता का विश्लेषण अब अवश्य होना चाहिए। पोलिश दार्शनिक रोमन इनगार्डेन (Roman Ingarden) ने इन स्तरों की अवस्थिति की ओर बड़े स्पष्ट एवं सार्थक संकेत किये हैं। उनके अनुसार सबसे पहला स्तर किसी रचना में, वर्ण-संयोजना का होता है। इस वर्ण-संयोजना को वर्णों या ध्वनियों के वास्तविक उच्चारण या गायन के साथ एक करके देखने का भ्रम न होना चाहिए। इसी प्रथम स्तर के ऊपर अर्थ की इकाइयों का दूसरा स्तर उदित होता है। हर शब्द का एक अर्थ होता है और प्रसंगानुसार वे अर्थवान शब्द इस प्रकार मिलते हैं कि उनसे वाक्य का संगठन खड़ा हो जाता है। इस वाक्य-संगठन पर वस्तु रूपी तीसरे स्तर का विकास होता है अर्थात दृश्य, घटना, पात्र, वातावरण आदि। फिर ये घटनाएँ, पात्रादि एक विशेष दृष्टि-बिन्दु से देखे जाते हैं। यही इनगार्डेन के अनुसार चतुर्थ स्तर है; उसने अन्तिम स्तर पर दार्शनिक गुणों (Metaphysical qualities) की चर्चा की है। एक रचना पवित्र है या उदात्त, भयावनी है या त्रासद—ये बातें इस अन्तिम स्तर की हैं। इस प्रकार एक रचना के अनेक स्तर, उपस्तर एवं इनमें जटिल पारस्परिक सम्बन्ध होते हैं। इनके स्पष्टीकरण के बिना रचना के वास्तविक महत्त्व को जानना सम्भव नहीं है और इनके जानने के लिए, जैसा कि पीछे कहा जा चुका है, रचना का समीपी अध्ययन आवश्यक है। यहीं यह याद दिला देना आवश्यक है कि भारतीय काव्यशास्त्र के ग्रन्थों में इस प्रकार के समीपी अध्ययन के प्रचुर प्रमाण मिलते हैं। उनकी मुख्य कमी यह है कि अधिकांश आचार्यों ने अपने-अपने सम्प्रदाय से सम्बन्धित बात का ही अधिक अध्ययन किया है तथा रचयिता एवं युग को भी नितान्त उपेक्षित कर दिया है। हम जब निरपेक्ष एवं सापेक्ष दोनों अध्ययन परम्पराओं की अतिवादिता से बचकर साहित्यिक अध्ययन करेंगे तो एक बार फिर से इस देश की काव्यचिन्तन परम्परा से जीवन्त भाव से जुड़ेंगे ही नहीं, उसे अधिक विशद भी बनावेंगे। इस अध्ययन में हमें भारतीय साहित्यशास्त्र से उपयुक्त शब्दावली भी प्राप्त हो सकती है। पश्चिम में भाषाविज्ञान की सहायता से शैलीशास्त्र (Stylistics) का

विशेष अध्ययन प्रारम्भ हुआ है—कहना न होगा कि इस दिशा में भारतीय शब्दशक्ति, वक्रोक्ति, रीति एवं ध्वनि आदि के सिद्धान्त महत्त्वपूर्ण देन दे सकने में समर्थ हैं।

मूल्यांकन के प्रश्न पर हम यहाँ विस्तार से विचार नहीं कर रहे हैं। फिर भी जैसा कि पीछे संकेत किया जा चुका है कि कलाकृति जो है, जैसा कार्य कर रही है एवं उसका जो प्रयोजन है, उसी के अनुरूप उसे मूल्य दिया जाता है एवं मूल्य आँकने के लिए उसी प्रकार की अन्य वस्तुओं से उसकी तुलना की जाती है। अतः पहले इस समीपी अध्ययन के द्वारा रचना की प्रकृति एवं उसी प्रकार की अन्य रचनाओं का विश्लेषण कर लेना आवश्यक है। प्रयोजन की दृष्टि से होने वाले अनेक विवादों में यहाँ न फँसकर हम केवल इतना ही कहना चाहते हैं कि साहित्य आनन्द भी है और ज्ञान भी। नटों की कलाबाजी या क्रिकेट मैच की अपेक्षा गुणात्मक रूप से भिन्न एक श्रेष्ठ प्रकार का गम्भीर आनन्द एवं कुछ सूचनाओं या आज अपने मत के लिए दी जाने वाली दलीलों की अपेक्षा वह भिन्न प्रकार का ज्ञान है। साहित्य मनुष्य को उसके चतुर्दिक विकीर्ण जीवन एवं स्वयं उसके अपने व्यक्तित्व का एक जाग्रत विवेक देता है। पाठक उसके माध्यम से जीवन के अनेक अज्ञात पक्षों के ताजे, गहरे एवं निकट सम्पर्क में आता है। यह ज्ञान ही है और अन्य प्रकार के ज्ञान की अपेक्षा न तो श्रेष्ठ है और न निकृष्ट, अधिक नजदीकी अवश्य है भाव की दृष्टि से। अतः मूल्यांकन के समय उसके प्रयोजन के इस विशिष्ट रूप के महत्त्व को आँकने की आवश्यकता होती है और यह आकलन साहित्यिक ही हो, उसकी अपनी प्रकृति एवं प्रयोजन के अनुकूल हो, यह अनिवार्य है। इसके लिए आवश्यक है कि सम्पूर्ण कृति का वैसा समीपी अध्ययन किया जाय, जैसा कि ऊपर कहा जा चुका है। कृति की स्वतन्त्र सत्ता, उसकी सापेक्षता दोनों का एक गत्यात्मक मानदण्ड पर सन्तुलन अपेक्षित है। हिन्दी में अब ऐसे प्रयत्न अधिक व्यवस्थित एवं संगठित रूप से होने चाहिए यानी कि रचना और आलोचना के मध्य एक गहरी सम्पृक्ति स्थापित होनी ही चाहिए जिसका कि फिलहाल हमारे यहाँ अभाव है।

कल्पना : नवम्बर, 1960

नयी समीक्षा-2

(उदयभान मिश्र को लिखा गया एक पत्र)

प्रिय भाई,

'कथ्य' स्तम्भ के लिए आप बराबर मुझे स्मरण दिला रहे हैं—बन्धु! मैं भूला नहीं हूँ, पर सोचता हूँ कि क्या लिखूँ? ऐसा नहीं है कि लिखने के लिए मन में कुछ है नहीं; पर एक उदासीनता मन को व्याप रही है। आपके मन में शायद एक प्रश्न वाचक चिह्न उभर रहा होगा कि ऐसा क्यों? पहला कारण तो यह कि आलोचना पढ़ता ही कौन है? विद्यार्थी पढ़ते हैं, पर उनके लिए न तो आपकी पत्रिका है और न परीक्षा-उपयोगी मैं लिखता ही हूँ। पर इतना ही यथेष्ट नहीं है, बहुत से लोग न भी पढ़ें तो भी लिखा जा सकता है—इस आशा में कि "उत्पत्स्यते मम कोऽपि समान धर्मा, कालो हि निरवधि विपुला च पृथ्वी।" पर दूसरा कारण कहीं गहरे मुझे मथता है। इस बीच इतने जोर-शोर से 'आलोचना' की निस्सारता या विपथगामिता की चर्चा की गयी है कि मन में सचमुच ही कभी-कभी सारे समीक्षात्मक प्रयासों की व्यर्थता का एहसास होने लगता है। मुझे याद है कि 1957 में प्रयाग के साहित्यकार सम्मेलन में इस निस्सारता का प्रश्न यशपाल जी ने उठाया था एवं डॉ. धर्मवीर भारती ने उसे अपना समर्थन दिया था। तबसे कितने ही कण्ठों में यह आवाज बराबर प्रतिध्वनित हुई है। लक्ष्मीकान्त वर्मा भी उसकी खोट बताते हैं और नरेश मेहता, या श्रीकान्त वर्मा भी। कवि अजित कुमार ने मुझे लिखे गये अपने एक व्यक्तिगत पत्र में हिन्दी के तमाम समीक्षकों की नासमझी पर गहरा असन्तोष व्यक्त किया था। पिछले वर्ष पुराने खेवे के कृती लेखक श्री भगवती चरण वर्मा ने स्वातन्त्र्योत्तर हिन्दी-साहित्य का 'ग्राम्या' में आकलन करते हुए 'आलोचना' के पिछड़ेपन का संकेत किया था। यह सारे असन्तोष तो कृती साहित्यकारों के हैं, पर स्वयं आलोचकों को भी कम असन्तोष नहीं है। अभी मैं आपके पत्र का ही एक पिछला अंक उलट-पुलट रहा था। भाई डॉ. रामदरश मिश्र ने भी उसमें समसामयिक आलोचना की 'धींगा-मुश्ती' पर आक्रोश व्यक्त किया है। हिन्दी में की जानेवाली पुस्तक-समीक्षाओं के बारे में असन्तोष का स्वर बहुत ऊँचा है। हाँ, शरणस्थली एक है—विद्यापीठों की कुर्सियाँ।

उनमें प्रतिष्ठित प्रत्येक अध्यापक अपने परीक्षा-उपयोगी 'नोट्स' को भी श्रेष्ठतम आलोचना मानता है। उसे इस बात का पता ही नहीं है कि हिन्दी के नवलेखन के क्षेत्र में (या रचनात्मक लेखन के क्षेत्र में) समीक्षाओं एवं समीक्षकों को इस बुरी तरह कोसा जा रहा है। पर सारी ट्रेजेडी मेरे जैसे अध्यापकों की है जो उस आरामगाह में बैठते नहीं और बाहर आकर ईंटें खाने के लिए तत्पर रहते हैं। सच मानिये ईंटें खानी होती हैं। अभी 'कल्पना' में डॉ. लक्ष्मीनारायण लाल ने अपने पत्र में और किया क्या है? एक कवि (डॉ. जगदीश गुप्त) के काव्य विकास के सन्दर्भ में मैंने उनकी पुस्तक की समीक्षा 'कल्पना' में की थी। फिर क्या था लगे हाथ एक पत्थर इस वाक्यांश पर भी "शब्द दंश का कवि...ब्रज भाषा में भी लिखता रहा है।" ऐसे कितने ही पत्थर आप ने खाए भी होंगे।

अस्तु इस पर भी आप 'कथ्य' लिखने के लिए कहते हैं। परन्तु नहीं मैं लिखूँगा। समीक्षा की अनिवार्यता और उपयोगिता पर मेरा विश्वास है। इतना ही नहीं मैं यह भी कहना चाहूँगा कि हिन्दी साहित्यिक समीक्षा में नयी दिशाओं में नये आयामों का उद्‌घाटन हुआ है। पिछले दस वर्षों में हिन्दी में नयी समीक्षा का उदय निश्चित उपलब्धि है। नयी समीक्षा नयी कविता या 'नयी कहानी' के वजन पर गढ़ लिया गया या चौंकाने वाला शब्द नहीं है। आप 'समीक्षक' के सम्पादक हैं, मैं आपसे ही पूछना चाहूँगा कि क्या हिन्दी में व्यावहारिक समीक्षाओं की नयी प्रणाली सामने नहीं आयी है? याकि सैद्धान्तिक स्तर पर समस्याओं को नये सन्दर्भ में नहीं उठाया गया है? मैं उन समीक्षाओं की बात नहीं कहता जो विद्यापीठों के नियमित उत्पादन के अन्तर्गत लिखी गयी हैं। यद्यपि वहाँ भी कतिपय शोध ग्रन्थ नयापन लेकर भी प्रकाशित हुए हैं। पुरानी और नयी समीक्षा विधियों का अन्तर देखना हो तो आप एक ही पुस्तक की समीक्षा दोनों प्रकार के समीक्षकों से करा लीजिए। हिन्दी की पत्र-पत्रिकाओं में कभी-कभी इस अन्तर को स्पष्ट रूप से पढ़ा जा सकता है। पुराना समीक्षक जहाँ भाव पक्ष तथा कला पक्ष के पुराने व्यर्थ के द्वंद्व से चिपटा रहता है, वहीं नया समीक्षक इस पचड़े से अलग रह कर रचना के विविध जटिल स्तरों का उद्‌घाटन करता है। अलंकारों, छन्दों या रसों में बन्द खानेदार समीक्षा आज आउट ऑफ डेट मानी जायेगी। उपन्यासों, कहानियों या नाटकों की समीक्षाओं में भी कथानक, पात्र, संवाद आदि के साँचे अलग-अलग नहीं ढाले जाते। इन विविध तत्त्वों की संयोजना पारस्परिक सम्पृक्ति में होती है और प्रभाव समग्रता का पड़ता है। इस ओर स्पष्ट रूप से ध्यान दिया गया है। दोनों प्रकार की समीक्षाओं में प्रयुक्त शब्दावली ही उनके अन्तर को स्पष्ट करने के लिए पर्याप्त होगी।

इन सबसे अधिक महत्त्वपूर्ण बात है कि रचना की सृजन-प्रक्रिया के आधार पर समीक्षाएँ लिखी गयी हैं। इस दशक की समीक्षा की सबसे बड़ी उपलब्धि मेरे विचार से सृजन-प्रक्रिया समझने या समझाने का प्रयास है। इसी प्रसंग में यह भी कह देना

चाहता हूँ कि सृजनशील लेखकों द्वारा लिखी गयी समीक्षा एवं पेशेवर आलोचकों द्वारा लिखी गयी समीक्षा के मध्य कृत्रिम दीवारें खड़ी करना ठीक नहीं है। सृजनशील लेखक अपने सृजन के पश्चात् जब बौद्धिक व्याख्या करने बैठता है तब उसमें और पेशेवर आलोचक द्वारा की जानेवाली आलोचनाएँ बहुत भिन्न नहीं होती हैं। दोनों ही प्रकार के लेखक एक रचना विशेष के प्रबुद्ध पाठक मात्र हो जाते हैं। अस्तु इस बीच सृजन के प्रारम्भ से लेकर रचना की अन्तिम परिणति तक की समस्त प्रक्रिया को आधारभूमि बना कर रचना के संगठनाकार को विश्लेषित करने के प्रयास हुए हैं।

पिछली समीक्षा की अपेक्षा आज की नयी समीक्षा एक और दिशा में भी नितान्त विकसित एवं भिन्न दिखाई पड़ती है। पुरानी शैली (पं. रामचन्द्र शुक्ल द्वारा प्रवर्तित) पर लिखे जाने वाले शोध-प्रबन्धों को देख जाइए और अनिवार्य रूप से पृष्ठभूमि पर एक अध्याय लिखा मिलेगा जिसे कि कुछ गिनी-चुनी इतिहास की पुस्तकों के आधार पर ढाल दिया जाता है। परन्तु उन सामाजिक परिस्थितियों एवं साहित्य के उदाहरणों के मध्य कोई संगति या कोरिलेशन मिलाने की आवश्यकता नहीं अनुभव की जाती। परन्तु इधर ऐसे प्रयास बराबर हुए हैं जिनमें इस कोरिलेशन को स्थापित करने की चेष्टा की गयी है। मैं इस समय नाम नहीं गिनाऊँगा, पर नाम याद कर लेने कठिन नहीं हैं।

प्रगतिवादी समीक्षा शैली का एक अतिरेक हमें इस दशक के प्रारम्भ की पुस्तक समीक्षाओं में बहुधा दीख पड़ता है कि केवल युगीन विक्षोभ आदि को रचना में दिखा कर लेखक की सजगता को इंगित करके उसकी पीठ थपथपा दी जाती थी या 'रगड़' देने का प्रयास किया जाता था। ऐसी समीक्षाओं में युग-प्रभाव प्रमुख हो गया था, रचना गौण। पर पाँच वर्षों में ऐसी अनेक पुस्तक समीक्षाएँ देखी जा सकती हैं जिनमें रचना की कलात्मकता, उसके संगठन, बिम्बविधान आदि की विस्तार से चर्चा की गयी है।

नदी के द्वीप, मैला आँचल, बूँद और समुद्र, बावरा अहेरी, धूप के धान, अभी बिल्कुल अभी, चक्रव्यूह, अकेले कण्ठ की पुकार, ओ अप्रस्तुत मन, सत्ती मैया का चौरा, कनुप्रिया आदि पर लिखी ऐसी कितनी ही समीक्षाएँ मेरे मन पर अनायास उभर रही हैं। समीक्षकों के नाम नहीं गिनाऊँगा। अन्यथा दलबन्दी में मान लिया जाऊँगा।

इसी प्रकार सैद्धान्तिक समीक्षा के क्षेत्र में नये साहित्य का मूल्यांकन, साहित्य और समाज के पारस्परिक प्रभाव, लेखक और व्यक्ति स्वातन्त्र्य या राज्याश्रय, साहित्य के नये दायित्व, रचना और आलोचना की सम्पृक्ति, आलोचना की प्रविधि, यथार्थ और आदर्श, रंगमंच का शिल्प, कथा साहित्य के उपयोग, साहित्य के मानदण्ड आदि को लेकर कितनी ही चर्चाएँ हुई हैं। इन समीक्षाओं का स्वर इस अर्थ में एकदम नया रहा है कि इनमें उठाई गयी समस्याएँ जीवन्त लेखन की रही हैं, केवल एकेडेमिक नहीं। यहीं पर हमें यह भी स्वीकार करने में आपत्ति नहीं है कि यद्यपि

भारतीय काव्यशास्त्र का आधार नयी समीक्षा में त्यागा नहीं गया पर बराबर यह अनुभव किया गया कि नव लेखन के लिए यह शास्त्र बहुत उपयोगी सिद्ध नहीं हो रहा है। परिणामस्वरूप पश्चिमी काव्यशास्त्र की अधुनातन उपलब्धियों को समेटने का शक्तिशाली प्रयास हमें बराबर प्राप्त होता है। हम यदि पश्चिमी कृति साहित्य से प्रभावित हुए हैं तो पश्चिमी आलोचना से भी ग्रहण करते जा रहे हैं। अगर पश्चिम में रोमैण्टिक नवोत्थान की बात कही गयी है तो हिन्दी में भी 'कृति ग्रुप' ने उसका नारा बुलन्द किया है पर इन्हें मैं हेय दृष्टि से नहीं देखना चाहता। अन्यत्र काव्य के बारे में मैंने जो बात कही है वही आलोचना के बारे में कहना चाहता हूँ कि द्वितीय महायुद्ध के पश्चात् एवं स्वतन्त्रता के आगमन की संक्रान्तिकालीन परिस्थिति में हम जिस गतिरुद्ध स्थिति में थे, उसे हमने पश्चिमी साहित्य एवं लोक जीवन इन दो दिशाओं से प्रभाव ग्रहण कर तोड़ा। जिस बौद्धिक स्थिति में हम खड़े थे उसमें यह न अनायास था और न अनुचित ही।

इसका अर्थ यह भी न लिया जाय कि हिन्दी आलोचना भटकी नहीं है। पर यह तो प्रत्येक मानवीय क्रिया के लिए सम्भव है। हम नयी कविता (और अब नयी कहानी) की बहुधा बात करते हैं। पर इस तथ्य से कौन इनकार करना चाहेगा कि उसका 80 प्रतिशत से अधिक उत्पादन भविष्य के लिए खाद बन जायेगा। परन्तु जो बीस प्रतिशत से भी कम शेष रहता है, वह हमारी मूल्यवान सम्पत्ति है। इसी प्रकार समीक्षाओं या समीक्षकों को गाली देने के स्थान पर यह कहीं अच्छा होगा कि अच्छी समीक्षाओं की चर्चा हो। उन्हें दुबारा छापा जाये या कि संकलित रूप में प्रकाशित किया जाये।

इलियट ने समीक्षकों की कसौटी बताते हुए कहा है कि उन्हें नयी कविता की परख होनी चाहिए। यही बात प्रत्येक बौद्धिक व्यक्ति के लिए कही जा सकती है। वास्तव में नयी कविता, नयी कहानी या नये नाटक के समान ही एक अच्छी 'नयी समीक्षा' की भी पहचान होनी चाहिए।

पत्र लिखने बैठा था, पर कथ्य जो मेरा था उसे लिख गया, क्षमा करेंगे।

आपका ही

समीक्षक : 1960

साहित्य का विरोध

पहला अनुरोध साहित्यकारों एवं साहित्य-प्रेमियों से है और दूसरी अपील छद्मरूप से साहित्य का विरोध करने वालों से। बहुत दिन हुए प्लेटो ने पूरी दृढ़ता के साथ साहित्य का विरोध किया था। कलाओं का विरोध करने वाले यह विरोध बहुधा विज्ञान एवं नैतिकता की कसौटी पर करते हैं। साहित्य के अपरिभाषेय सूक्ष्म मूल्यों की रक्षा इन स्थूल आधारों पर बहुत नहीं हो पाती। प्लेटो ने भी अपने युग के स्थापित ज्ञान और नैतिकता के सन्दर्भ में ही कलाओं का विरोध किया था। तब से यह प्लेटोवाद अनेक रूपों में सिर उठाता रहा है, परन्तु सदैव उतनी ही तीव्रता के साथ उसका विरोध किया गया। इस विरोध के मुख्यतया दो रूप रहे : एक ढंग रहा कि विज्ञान और नीति को साहित्य के क्षेत्र में आने ही न दिया जाय और दूसरा ढंग अरस्तू, फिलिप सिडनी या शैली का था जिसमें कि कलाओं को अधिक यथार्थ एवं सत्य के अधिक निकट स्वीकार किया गया।

अत्यधिक शुद्धतावादी युगों को छोड़कर सामान्यतः अरस्तू आदि का मत ही समाज में प्रतिष्ठित रहा है। परिणामस्वरूप साहित्य-कलाओं आदि के प्रति एक अतिरिक्त सम्मान की भावना स्थापित हो गयी। बिना किसी प्रकार के ननु-नच के उसे श्रेष्ठ एवं मूल्यवान माना जाने लगा। इसका एक दुष्परिणाम हुआ कि साहित्य के विवेकपूर्ण ग्रहण और चिन्तन पर एक रोक लग गयी। यह बात शायद विचित्र लगे कि साहित्य की महत्ता का यह जनघोषित, पर अस्पष्ट और अपरिमाणित रूप समस्त समीक्षात्मक प्रयासों को भोंथरा और धारहीन बना देने वाला सिद्ध हुआ है। किसी समय प्लेटो और अरस्तू, पीकॉक और सिडनी इत्यादि के विवाद जिस गर्मागर्मी से हुए थे, साहित्य के स्वरूप, प्रकृति और प्रयोजन को लेकर वैसी जीवन्त-चर्चाएँ और विश्लेषण हमें आज उपलब्ध नहीं होते हैं। सामान्य रूप से साहित्य की महत्ता-सूचक प्राचीन आचार्यों के मतों का चर्वितचर्वण और घोषणा होती रहती है, परन्तु दूसरे पक्ष के समर्थन में एक पंक्ति भी दिखाई नहीं पड़ती।

ऐसी स्थिति में ऐसा ज्ञात होता है कि कलाओं को अत्यधिक प्रतिष्ठा और मान्यता हमारे समाज में प्राप्त है। प्लेटोवाद जैसे समाप्त हो गया है। शायद यह बात

वदतोव्याघात प्रतीत हो कि प्लेटोवाद आज का अधिक सशक्त स्वर है। यह स्वर अक्षरों में नहीं, वर्तमान समाज के व्यवहार में निहित रहता है। कलाओं के प्रति जैसी उदासीनता या हीनरुचि का परिचय तथा साहित्यकारों-कलाकारों के प्रति जैसी अवज्ञा वर्तमान औद्योगिक पूँजीवादी समाज ने दिखाई है, वैसे उदाहरण इतिहास में पहले शायद ही कभी मिल सकें। हर्बर्ट रीड ने अपनी पुस्तक 'कविता और अराजकतावाद' में पूँजीवादी अवज्ञा का स्वरूप बड़े स्पष्ट रूप में दिखाया है। यदि कभी सम्मान या उदारता का भाव दिखाया भी जाता है, तो इसलिए नहीं कि उसके मूल्य इस समाज के सदस्यों ने समझ लिए हैं; बल्कि साहित्य की महत्ता का जो घोषित पर अरूप रूप विद्यमान है, उसके अनुसार अपने को सुसंस्कृत एवं स्पष्ट सिद्ध किया जा सके। उसका कलाप्रेम एक अभिजात स्नॉबरी है, मूल्यों का वास्तविक स्वीकरण नहीं। मेरा यह व्यक्तिगत अनुभव है कि कवियों आदि की अनुपयोगिता पर बहुधा व्यंग्य किये जाते हैं, पर सभा-समितियों में उन पर श्रद्धा के पुष्प अर्पित किये जाते हैं। अभी कुछ दिनों पूर्व की बात है कि एक संस्था के निदेशक महोदय से बात हो रही थी। वे साहित्य एवं साहित्यकारों को काफी गालियाँ देते रहे, परन्तु जब मैंने उनसे कहा कि क्या आप अपने विचारों को लिपिबद्ध रूप में अभिव्यक्त करने की कृपा करेंगे, तो वे साफ मुकर गये। कौन अपनी देह नुचवाए! यानी कि उन्हें भय था कि इस बात के लिए उनकी व्यक्तिरूप में निन्दा की जायेगी।

वर्तमान सामाजिक-व्यवहार का यह प्लेटोवादी रुख दोहरी मार करता है। एक ओर तो प्रत्यक्ष विवाद के क्षेत्र में न आने के कारण वह साहित्य-चिन्तन को पैना नहीं बनाने देता, बल्कि उसे गोठिल कर देता है, दूसरी ओर साहित्य को वास्तविक मूल्य भी नहीं मिलने देता, जिससे कि हमारे सांस्कृतिक जीवन में सूक्ष्म मूल्यों का अभाव होता जाता है। अगर साहित्य के पक्ष-विपक्ष का द्वन्द्व स्पष्ट रूप से सम्मुख होता तो हम साहित्यिक मूल्यों को अधिक ठीक से जानते होते। इसलिए यदि कला-विरोधियों को खुलकर बोलने के लिए प्रोत्साहित किया जाये तो शायद कला-चेतना अधिक समृद्ध और सशक्त बन सकेगी। साहित्य के परस्पर दलीय युद्धों एवं सामान्य जन-विश्वास से ऊपर उठकर या अलग हटकर उसके उपयोग या उद्देश्य सम्बन्धी प्रश्नों को उठाकर हम साहित्य के आन्तरिक एवं अधिक महत्त्वपूर्ण प्रश्नों तक पहुँच सकते हैं। उपन्यासों में कपोलकल्पित घटनाएँ या व्यक्ति रहते हैं, फिर भी हम उन्हें पढ़ते हैं? ऐसे प्रश्न सम्भवतः हमें उचित दिशा में ले चल सकेंगे, क्योंकि आखिर साहित्य 'कुछ' है अवश्य, वह 'कुछ' करता है एवं उसका 'कुछ' उद्देश्य है और उनके आलोक में उसका मूल्य आँका जा सकता है।

हमारे युग को सांस्कृतिक विरासत चाहे जितनी समृद्ध मिली हो, परन्तु जो मूल्य एवं प्रयोजन कभी महत्त्वपूर्ण विवाद के विषय थे, उन्हें अत्यन्त आत्मसन्तोषपूर्ण ढंग से स्वीकार कर लेना बहुत कुछ आलस्य भाव का द्योतक है। इन मूल्यों के वास्तविक

संरक्षक पाठकगण ही होते हैं, जहाँ यह बात सही है, वहीं यह बात भी सत्य है कि पहले से ही ऐसे कोई नियुक्त संरक्षक नहीं होते। पढ़ने वाले बदलते रहते हैं और जब उनमें ऐसी दीर्घ सुस्ती आ जाये कि वे अपने पूर्वग्रहों की रक्षा में भी समर्थ न हो सकें तो फिर समीक्षकों का यह दायित्व हो जाता है कि वे उन पूर्वग्रहों पर चोट करें जिससे कि वे विरोधी वक्तव्य देने के लिए उत्तेजित हो सकें।

मैं अपने अनुरोध को फिर दुहरा दूँ कि कला-विरोधियों के स्वर को मुखर बनाइए, उन्हें विरोध करने के लिए प्रोत्साहित कीजिए। कला-विरोधी खुलकर विरोध करने का साहस जुटाएँ। समीक्षक-पाठक जनता के पूर्वग्रहों पर तीखे प्रहार करें।

कृति : जनवरी, 1961

समीक्षाशास्त्र : उपयोगिता का प्रश्न

साहित्य और साहित्यिक अध्ययन में अन्तर होता है। बहुधा हमें ऐसे अध्ययन के रूपों, प्रकारों एवं सिद्धान्तों की विवेचना पढ़ने को मिलती रहती है; परन्तु ऐसी विवेचनाओं को पढ़ने के पूर्व आवश्यक है कि ऐसे अध्ययन की उपयोगिता पर विचार कर लिया जाय; तथा यह भी जान लेना आवश्यक है कि ऐसा अध्ययन अन्य अध्ययनों से कहाँ तक विशिष्ट होता है। यहीं पर यह याद कर लेना भी आवश्यक है कि इस अध्ययन की विविध संज्ञाएँ हैं—साहित्यशास्त्र, काव्यशास्त्र, अलंकारशास्त्र, समीक्षा या समालोचनाशास्त्र आदि नामों से विद्वानों ने इसे पुकारा है।

बहुधा लोगों ने साहित्य और उसके अध्ययन के अन्तर को मिटा देना चाहा है। राजशेखर ने 'काव्य-मीमांसा' में किसी पुराने आचार्य का मत उद्धृत किया है कि कवि और भावक में भेद नहीं है क्योंकि दोनों ही कवि हैं। प्रसिद्ध अंग्रेजी विद्वान जानसन ने तो अत्यन्त शक्ति के साथ कहा था, "To judge of poets is only the faculty of poets; and not of all poets, but the best." (कवियों का निर्णय (परख) कर सकना कवि की ही शक्ति है और सभी कवियों की नहीं, मात्र श्रेष्ठतम की।) परन्तु जैसा कि राजशेखर ने आगे कालिदास को उद्धृत किया है कि कवित्व से भावकत्व पृथक् है। एक का विषय शब्द-रचना है और दूसरे का विषय रसास्वादन है जैसे कि एक पत्थर (शालिग्राम की शिला आदि) स्वर्ण उत्पन्न करता है और दूसरा पत्थर (कसौटी) उसकी परीक्षा करता है। अस्तु, कोई चाहे या न चाहे आज ऐसे लेखकों का शक्तिशाली अस्तित्व है जो सृजन नहीं समीक्षण परीक्षण करते हैं। अब यह मान लिया गया है कि 'कविः करोति काव्यं रसं जानाति पण्डितः।' असफल कवि आलोचक बन जाता है—यह मत पहले भी मान्य नहीं था और अब भी नहीं है। जैसा कि स्काट जेम्स ने कहा है कि जहाँ तक सृजन व्यापार का सम्बन्ध है, रचनाकार प्रामाणिक साक्षी है; परन्तु कृति के बाद एक सत्ता पाठक की भी होती है और इसी स्थान पर समीक्षक या साहित्य-अध्येता उभर कर आता है। रचना के विविध स्तरों, सन्दर्भों, निहितार्थों, छवियों और उनके चयन क्षेत्र के विवरणों के साथ पाठक उस रचना को पढ़ता है तथा पाठक अपनी कठिनाइयों को रचनाकार के सामने रखता

है। कोई भी रचना एक प्रकार से लेखक और पाठक के बीच सेतु का कार्य करती है। इस मध्यवर्ती कार्य को करते हुए उसकी अनेक सत्ताएँ हो जाती हैं–साहित्य के सम्बन्ध में राजशेखर ने मानो स्काट जेम्स के इस प्रश्न का ही हजार वर्ष पूर्व उत्तर दिया था कि समीक्षक क्या होता है–"पाठक, सराहक, स्वीकृतिदाता, निर्णायक या नियामक"। राजशेखर ने कहा था–

"स्वामी मित्रं च मन्त्री च शिष्यश्चाचार्य एव च।
कवेर्भवति हि चित्रं किं हि तद्यन्न भावकः ॥"

(काव्य-मीमांसा)

जेम्स ने स्वयं भी अपने प्रश्न का उत्तर देते हुए उसके इन सभी रूपों को मान्यता दी है।

इसी से मिलती-जुलती एक बात बहुधा कह दी जाती है कि ऐतिहासिक विकासक्रम में समीक्षा बाद को आयी, समीक्ष्य (यानी कलाकृति) पहले। परन्तु यह समस्या ठीक वैसे ही है जैसे कि यह पूछा जाय कि पहले मुर्गी पैदा हुई थी या अंडा। वास्तव में ये दोनों ही समानान्तर क्रियाएँ हैं। पहली कलाकृति जब देखी या सुनी गयी तब उस भावक के पास कोई न कोई धारणा अवश्य विद्यमान थी जिसके आधार पर उसने उसे पसन्द या नापसन्द किया होगा। यही नहीं स्काट जेम्स ने अपने ग्रन्थ 'मेकिंग ऑफ लिटरेचर' में प्रथम कलाकार का विश्लेषण करते हुए बताया है कि उसने अपनी कृति में समीक्षात्मक धारणा की ही अभिव्यक्ति की होगी। इसी समानान्तर अस्तित्व के कारण हम काव्य के युगीन विकास के साथ-साथ विचारों (जिनमें काव्यशास्त्र भी सम्मिलित है) के इतिहास को भी युगीन परिस्थितियों के सन्दर्भ में विकसित होता हुआ देख सकते हैं। परन्तु इन अनुभवों, प्रभावों का सचेष्ट बौद्धिक विश्लेषण और फिर उन उपलब्धियों का संयोजन एवं अन्वयन शास्त्र के रूप में कलाकृतियों के बाद सामने आता है। समीक्षा रसबोध की बौद्धिक व्याख्या और मूल्यांकन है। इस व्याख्या एवं आकलन के लिए जिन सिद्धान्तों को उपस्थित किया जाता है (या किया जायगा) उन्हें ही हम साहित्य-शास्त्र कहते हैं। वास्तव में समीक्षा और समीक्षक का एक ऐतिहासिक अस्तित्व है जो कृति एवं कृतिकार से भिन्न है। यह ऐतिहासिक अस्तित्व इस बात का प्रमाण है कि उसकी कुछ न कुछ उपयोगिता अवश्य होनी चाहिए, अन्यथा मानवता ने उसे इतने दिनों तक वहन न किया होता। हम यहाँ कहना चाहते हैं कि साहित्यिक अध्ययन या समीक्षाशास्त्र की सर्वप्रथम उपयोगिता पाठक के लिए है। किसी भी कलाकृति का अन्तिम उद्देश्य पाठक प्राप्त करना है। अतः कलाकृति का मूल्यांकन कर सकने की क्षमता पाठक में होनी चाहिए अन्यथा वह अयथार्थ, कृत्रिम, भोंडे एवं हानिकर को ही अपनी सराहना का मूल्य दे बैठेगा। समीक्षा सामान्य पाठक को वे सिद्धान्त भी देती है जिससे कि पाठक का सौन्दर्यबोध और जीवन-बोध अधिक गहरा होता है तथा व्यावहारिक

समीक्षा उन सिद्धान्तों को लागू करने का रास्ता ही नहीं बताती, बल्कि पाठक को अच्छी और बुरी कृतियों का अन्तर निर्देश कर सकने की शक्ति भी देती है।

यों तो प्रत्येक मनुष्य में अन्तर कर सकने की एक जन्मजात प्रकृति होती है। हम शीत, उष्ण, लाल, पीले के अन्तर से समीक्षण-क्रिया का प्रारम्भ करते हैं और फिर धीरे-धीरे सुन्दर-असुन्दर, मधुर-कर्कश के अन्तर को स्पष्ट करते-करते उस प्रकृति का और विकास कर लेते हैं। इस प्रकार अपने सम्पर्क में आने वाले प्रत्येक व्यक्ति, पदार्थ या घटना की जाने-अनजाने समीक्षा करने लगते हैं। इसी अर्थ में हम कह सकते हैं कि प्रत्येक प्रौढ़ व्यक्ति समीक्षक होता है। दैनिक जीवन में तो अपनी अन्तर कर सकने वाली, मूल्य और उपयोगिता आँक लेने वाली इस शक्ति के बल पर सामान्य व्यक्ति यह तो जान लेता है कि यह कपड़ा अधिक टिकाऊ होगा या इस मिठाई में कौन-कौन सी कमियाँ या विशेषताएँ हैं; अथवा यह लड़की क्यों अधिक सुन्दर लगती है बजाय दूसरी लड़की के। परन्तु भाव, विचार और कल्पना के क्षेत्र में मनुष्य अपनी इस प्रकृति का सचेष्ट प्रयोग नहीं कर पाता। किसी कथा या कविता को पढ़ते या नाटक-फिल्म को देखते समय सामान्य व्यक्ति उसमें इतना बह जाता है कि कुछ काल के लिए उसी के मध्य जीने लगता है (यदि मिठाई वाला दृष्टान्त लें तो कह सकते हैं कि मग्न होकर उसे वह खाता तो जाता है, पर क्यों इतनी अधिक वह सुस्वादु है, यह नहीं बता पाता।) उसके आत्मपरक अनुभव के बाद, पीछे हटकर उसे वस्तुगत ढंग से देख नहीं पाता। किसी कथा या भावचित्र के मध्य से भावात्मक रूप से गुजरना तथा उनका महत्त्व बौद्धिक रूप से अनुभव करना या किसी पात्र की पात्रता को दृष्टि क्षेत्र के भीतर रखना भिन्न-भिन्न क्रियाएँ हैं। आत्मपरक अनुभूति और वस्तुपरक अनुभूति सचेत पाठक के लिए उतनी ही आवश्यक है जितनी कृतिकार के लिए। वास्तव में कृतिकार के प्रेष्य अनुभव का मात्र भावन करना, पर उसकी परीक्षा न करना जीवन में अन्धभाव से चलना ही नहीं है, पीछे भी लौटना है। परन्तु जैसा कि यहाँ पर कहा जा चुका है कि पाठक की अन्तर और परीक्षा कर सकने वाली विवेकशक्ति बहुधा भावात्मक काल्पनिक प्रसंगों में कुण्ठित हो जाती है। इसी स्थान पर समीक्षाशास्त्र और समीक्षक उसकी सहायता करते हैं, जाग्रत बोध देते हैं। किसी कृति की अच्छाई-बुराई तथा स्थायित्व या क्षणिकता का निर्णय करने के लिए पाठक के लिए ये सिद्धान्त मूल्यवान और महत्त्वपूर्ण साधन हैं।

फिर मात्र निर्णय ही नहीं, साहित्यिक अध्ययन के ये सिद्धान्त उसके रसबोध को गहरा और व्यापक भी बनाते हैं। वास्तव में प्रत्येक कलाकृति की संयोजना अत्यन्त जटिल होती है एवं उसके विभिन्न स्तर होते हैं। सामान्य पाठक इस जटिलता एवं स्तरक्रम की एकाध स्थितियों का ही भावन कर पाता है, पर समीक्षा के ज्ञान से सम्पन्न होकर या समीक्षक द्वारा कृति का विश्लेषण पढ़कर उसकी संयोजित जटिलता को वह अधिक गहन भाव से समझ पाता है। एक उदाहरण लें—बिहारी का दोहा है—

घाम घरीक निवारिये कलित ललित अलि पुंज।
जमुना तीर तमाल तरु मिलित मालती कुंज।।

सामान्य पाठक इसे किसी पथिक-प्रति सहानुभूतिपूर्ण वचन समझकर रह जायगा; पर काव्य-रीति से परिचित व्यक्ति इस दोहे में अभिसारिका का सन्देश, अभिसार स्थल की निर्जनता और इन सबके मूल में स्थित रतिभाव का भावन करके शृंगार रस का प्रिय आस्वादन करेगा। स्पष्ट है कि दूसरे पाठक का रसबोध पहले की अपेक्षा अधिक गहन और सूक्ष्म होगा।

विश्वनाथ कविराज ने साहित्य दर्पण में काव्यशास्त्र का प्रयोजन वही माना है जो काव्य का—यानी पुरुषार्थ चतुष्टय की प्राप्ति।

"अस्य ग्रन्थस्य काव्याङ्गतया काव्यफलैरेव फलवत्त्वमिति काव्यफलान्याह।"

(यह ग्रन्थ काव्यों का अंग है और इसके भी वे ही प्रयोजन हैं जो काव्य के हुआ करते हैं।) फिर काव्य का प्रयोजन बताते हुए वे कहते हैं : "काव्य के द्वारा अल्पबुद्धि मानव को बिना किसी साधना के (धर्म, अर्थ, काम और मोक्ष रूप) पुरुषार्थ चतुष्टय की प्राप्ति हुआ करती है।" "चतुर्वर्गफलप्राप्तिः सुखादल्पधियामपि" इस कथन के द्वारा पाठक के लिए काव्य-प्रयोजन स्पष्ट किया गया तथा काव्य के प्रयोजनों के अनुरूप काव्यशास्त्र के प्रयोजन बताने से यह सिद्ध होता है कि काव्यशास्त्र अल्पबुद्धि वालों (सामान्य पाठक) को चतुर्वर्ग फल प्राप्ति कराने वाला होता है। आज हम चतुर्वर्ग पर उतना विश्वास न भी करें तब भी इतना तो कहा ही जा सकता है कि उसके द्वारा पाठक जीवन के अधिक निकट गहरे और ताजे संस्पर्श में आते हैं। साहित्य यदि जीवन की आलोचना है तो वह आलोचना द्वारा इस जीवन को अधिक समझ सकेगा।

समीक्षा की उपयोगिता कवि के लिए भी है। कवि के सामने सृजनकाल में दो मुख्य समस्याएँ रहती हैं। प्रथम तो अभिव्यंजना की समस्या और दूसरे अनुभूति की मूल्यपरक चिन्ता। समीक्षा इन दोनों में उसे सहायता पहुँचाएगी। समीक्षाशास्त्र द्वारा काव्य, काव्य की प्रक्रियाओं, उपमानों के औचित्य एवं शक्ति आदि का विवेचन होता रहता है। आलोचक यह बताता है कि किसी कवि की कोई उक्ति क्यों अधिक मार्मिक और प्रभावकर है अपेक्षाकृत किसी दूसरी उक्ति के। साहित्य के आन्तरिक अध्ययन (Intrinsic Study) में अभिव्यंजना-रीति की चर्चा अनिवार्य होती है। रचनाकार इन पद्धतियों के अध्ययन से अपनी अभिव्यक्ति को उपयुक्त आकार देने में समर्थ होता है। कला-सृजन एक अचेतन-चेतन क्रिया है—प्रेरणा किसी अचेतन अविश्लेषित स्रोत से आती है; फिर उस प्रेरणा को रूपाकार देते समय लेखक सचेत एवं सजग हो उठता है। वह उसके लिए सबसे अधिक उपयुक्त शब्द एवं रीति का चयन कर सकता है। यदि प्राचीन लेखकों की हस्तलिखित प्रतियाँ उपलब्ध हों तो उनसे ज्ञात हो सकता है कि कभी-कभी लेखकों ने एक पद में बीसों बार परिवर्तन

किया है। यूरोप में इस प्रकार के अध्ययन बहुत हुए हैं। संस्कृत-साहित्यशास्त्र में शब्दपाक या वाक्यपाक (वामन, राजशेखर आदि) की चर्चा आयी है। शब्दपाक का अर्थ यह बताया गया है कि जहाँ भाव के सर्वाधिक उपयुक्त शब्द का प्रयोग होता है वहाँ शब्दपाक होता है, उसमें फिर परिवर्तन वांछनीय नहीं होता। बिहारी के दोहों से एक भी शब्द बदल देने या हटा देने से अर्थ की कमनीयता में व्याघात उपस्थित हो जाता है। जयशंकर प्रसाद की पंक्तियों—

कुसुम कानन अंचल में मन्द, पवन प्रेरित सौरभ साकार,
रचित परमाणु पराग शरीर, खड़ा हो ले मधु का आधार।

में आप पर्यायवाची शब्द रख देखें और पावेंगे कि सारा अभिव्यक्ति-सौन्दर्य समाप्त हो गया। पन्त जी ने पल्लव की भूमिका में शब्दों की इस उपयुक्तता (शब्दपाक) पर सूक्ष्म विचार किया है।

जहाँ तक कथन के मूल्यवान होने का सम्बन्ध है यदि लेखक को मूल्यों की समीक्षित चेतना है तो वह अपने कथन के वजन को निरख सकता है और अभिव्यक्ति को रोक या प्रकाशित कर सकता है। जहाँ लेखक को प्रारम्भ में यह चेतना नहीं भी है वहाँ समीक्षक के विमर्श और विश्लेषण द्वारा उसे इन मूल्यों की अवगति हो सकती है तथा अपनी अन्य कृतियों में वह वैचारिक और भावात्मक दोनों दृष्टियों से अधिक मूल्यवान बन सकता है। यह कहना कठिन है कि सजग आलोचकों के अभाव में संसार के तमाम रचयिताओं के काव्य का विकास किस दिशा में हुआ होता?

इसके अतिरिक्त साहित्यिक अध्ययन या समीक्षा की तीसरी उपयोगिता विशुद्ध ज्ञान की दृष्टि से भी है। सभ्य और सुसंस्कृत व्यक्ति के लिए ज्ञान का छोटा अणु भी उपयोगी एवं आवश्यक होता है। मानवता ने अपने विकास के दौरान ज्ञान को एक विशिष्ट मूल्य दे रखा है। इसी कारण अपने नितान्त गौण रूप में भी ज्ञान का अपना अधिकार और दाय होता है। समीक्षण के द्वारा हम रचना की प्रक्रिया, निबन्धन एवं व्यवस्था तथा अर्थ के विविध कोणों का ही ज्ञान नहीं प्राप्त करते, बल्कि मानसिक पृष्ठभूमि का वैज्ञानिक स्वरूप, एक विशिष्ट सामाजिक, ऐतिहासिक सन्दर्भ में रचना की संयोजना और कार्यकारण सम्बन्ध, सांस्कृतिक जीवन की झलक एवं दार्शनिक-धार्मिक हलचलों का विवरण भी प्राप्त करते हैं। ये सभी बातें उसी प्रकार ज्ञान-खण्ड हैं जैसे इतिहास, समाजशास्त्र या अर्थशास्त्र। साहित्यिक समीक्षण द्वारा उपलब्ध ज्ञान न तो ज्ञान की अन्य शाखाओं से श्रेष्ठ होता है और न निकृष्ट।

इतना हम अन्त में कह देना उचित समझते हैं कि साहित्यशास्त्रीय ज्ञान का श्रेष्ठतम उपयोग एवं महत्तम मूल्य वहीं है जहाँ वह आस्वाद और रसबोध के अवधारण, विवेक एवं सराहन में सहायता करता है; तथा उचित का ग्रहण और अनुचित का त्याग, खरे का स्वागत और खोटे का तिरस्कार, महत्त्व की स्वीकृति और क्षुद्र की

उपेक्षा को सम्भव बनाता है। समीक्षा और उसके शास्त्र की यही उपादेयता है और इसके लिए आलोचना कलाकृतियों की परीक्षा युग, व्यक्ति, टेकनीक और माध्यम की दृष्टि से करती है।

आलोचना की उपयोगिता पर प्रश्न-चिह्न लगाने वाला एक बड़ा तर्क अभी अनुत्तरित रह गया है। पूर्व और पश्चिम दोनों में ही साहित्यशास्त्र या साहित्यिक अध्ययन की बड़ी पुरानी परम्परा है। 2500 वर्षों से भी अधिक इस लम्बे काल में नाना प्रकार के मत और सम्प्रदाय साहित्यिक अध्ययन के क्षेत्र में विकसित हुए। प्रत्येक अपने को ही प्रमाण-वाक्य घोषित करता है। एक ही लेखक के बारे में परस्पर इतनी विरुद्ध सम्मतियाँ पढ़ने को मिलती हैं कि साहित्यिक आलोचना की उपयोगिता पर भयंकर सन्देह होने लगता है। आई.ए. रिचर्ड्स ने कुछ ऐसी ही स्थितियों से घबराकर खेदपूर्वक कहा था कि काव्यालोचन के सिद्धान्त-निर्माण में उतनी भी सावधानी और गम्भीरता नहीं बरती गयी जितनी कि पोलजंपिंग जैसे (साधारण) खेलों के लिए नियम बनाते समय। मैं समझता हूँ कि गम्भीरता कम नहीं बरती गयी; परन्तु बदलती अभिरुचि, बदलते युग और साहित्य के विकासमान "क्षणे क्षणे नवता" प्राप्त करने वाले स्वरूप के कारण एक सर्वमान्य एवं शाश्वत नियम की स्थापना न तो हो सकी है और न सम्भव है। प्रत्येक युग के साहित्य-अध्येताओं ने अपने-अपने ढंग से मूल्यांकन की प्राप्त कसौटियों में परिवर्तन, परिवर्द्धन और संशोधन किये हैं। प्रत्येक युग ने अपनी जागतिक तस्वीर (World-Picture) तथा जीवन-दृष्टि के अनुरूप अपना मानदण्ड बनाया है और उसी के अनुरूप कुछ लेखक किसी युग में अधिक प्रिय हो जाते हैं, कुछ उपेक्षित। परन्तु यहीं एक समस्या आ खड़ी होती है कि कुछ लेखक (यथा वाल्मीकि, कालिदास, तुलसी या शेक्सपियर) सभी युगों में समादृत रहते हैं। प्रत्येक युग इन्हें अपने मानदण्ड के चौखटों में बैठा लेने का प्रयास करता है। कभी-कभी इनके लिए चौखटे के आकार-प्रकार में कुछ परिवर्तन भी कर लिया जाता है; परन्तु इससे इन सैद्धान्तिक चौखटों की उपयोगिता पर सन्देह न करके यह स्वीकार करना अधिक सत्य होगा कि महनीय कृतियों की संयोजना एवं अन्वयन अत्यन्त जटिल होता है, एक नहीं अनेक स्तर होते हैं एवं प्रत्येक युग का समीक्षाशास्त्र इनमें से कुछ स्तरों के भेद तथा जटिलता के किसी न किसी अंश को उघाड़ने में समर्थ होता है। जितने अंश तक वह कलाकृति से सम्पृक्ति प्राप्त करके उसकी सम्भावनाओं, पक्षों और अंशों को स्पष्ट करती है, उतनी ही वह लाभदायक है; और यह बात आलोचक की शिक्षा-दीक्षा, जीवन के दीर्घव्यापी गम्भीर अनुभव की सार्थकता पर निर्भर रहती है। वास्तव में न साहित्य स्थिर है न साहित्यशास्त्र। इसीलिए साहित्यशास्त्र या समीक्षा के आगे प्रश्न-चिह्न लगाना उचित नहीं है। यद्यपि यह भी सही है कि आलोचना-सिद्धान्त पर अनिर्भर रहकर भी रचना का आस्वादन हो सकता है। परन्तु यह भी सही है कि आलोचना-सिद्धान्तों के प्रयोग और विकास

द्वारा रचना के अभिशंसन (Appreciation) को स्पष्ट केन्द्रित और विवर्द्धित किया जा सकता है।

वास्तव में आलोचना के विविध मत-मतान्तरों से घबराकर भागने या किसी एक ही मत को परम सत्य मानकर बैठ जाने की अपेक्षा आवश्यकता इस बात की है कि विभिन्न समीक्षा-दृष्टियों को एकसार किया जाय तथा उन्हें एक समग्रता के भीतर पिरोया जाय। इस अन्वयन और एकसारीकरण में ही दृष्टि की वह पूर्णता निहित है जो कृति के अधिक से अधिक रसबोध को उपलब्ध करा सकेगी।

कल्पना : फरवरी, 1961

आलोचना की विविध परिभाषाएँ और उसका स्वरूप

प्रत्येक प्रौढ़ व्यक्ति आलोचक होता है। यह बात चौंकानेवाली नहीं है। किसी भी वस्तु, विषय या व्यक्ति के सम्पर्क में आने पर मनुष्य उसका कुछ-न-कुछ प्रभाव ग्रहण करता है। यह प्रभाव ग्रहण अत्यधिक प्रवृत्तिमूलक अथवा भावात्मक होता है। तत्पश्चात्, उस विषय या वस्तु का सज्ञान अथवा अचेतन रूप से मनुष्य कुछ-न-कुछ विश्लेषण भी करता है—यह क्रिया बौद्धिक अधिक होती है। अन्त में हम उसकी अच्छाई-बुराई आदि के बारे में एक निश्चित मत भी बना लेते हैं। उदाहरण के लिए एक व्यक्ति एक दुकानदार के यहाँ एक कपड़ा देखता है। कुछ कपड़ों को देखते ही वह उनकी ओर आकर्षित होता है। आकर्षित होने के बाद कपड़ों को हाथ में लेकर अधिक निकट से उनके रंग, डिजाइन, बनावट, टिकाऊपन, मूल्य आदि की परीक्षा करता है। इस परीक्षण में वह अपनी बुद्धि का भी उपयोग करता है और साथी या दुकानदार या अन्य किसी ग्राहक की भी राय लेता है और प्रभावित होता है। अन्त में वह एक या कुछ कपड़ों को अच्छा या बुरा निर्णय देते हुए खरीदता या अस्वीकृत करता है। यानी कि समीक्षा के मूल में अन्तर कर सकनेवाली शक्ति निहित होती है। जब हम बताते हैं कि कौन-सी मिठाई क्यों श्रेष्ठ है तब अपनी अन्तर कर सकनेवाली स्वादुशक्ति का परिचय देते हैं, जब हम यह कहते हैं कि क्यों एक मिठाई अधिक श्रेष्ठ है तब और भी ऊँची कोटि के स्वाद अनुभव को व्यक्त किया जाता है। जीवन में हम शीत, उष्ण, लाल, पीले के अन्तर से समीक्षण क्रिया का प्रारम्भ करते हैं। धीरे-धीरे सुन्दर-असुन्दर, मधुर-कर्कश के अन्तर को स्पष्ट करते हुए हम इस वृत्ति का इतना विकास कर लेते हैं कि अपनी सम्पृक्ति में आनेवाली हर घटना, प्रत्येक पदार्थ एवं व्यक्ति की जाने-अनजाने समीक्षा करने लगते हैं। इसी अर्थ में प्रत्येक प्रौढ़ व्यक्ति आलोचक होता है पर यह समीक्षावृत्ति अत्यधिक रूप से प्रभावपरक होती है। परिणामस्वरूप अपने दैनिक व्यवहार में प्रयुक्त होनेवाली अपेक्षाकृत कम भाव-प्रतिक्रिया जगानेवाली कृतियों की उत्कृष्टता, अपकृष्टता, टिकाऊपन या निर्बलता का निर्णय करने में वह समर्थ हो जाता है। पढ़ते समय, चित्र देखते समय, काव्य सुनते समय अपनी तीव्र भावोन्मेषिनी शक्ति के कारण पाठकों को कला-कृतियाँ अपने साथ बहा

ले जाती हैं। मनुष्य कुछ क्षणों के लिए उन्हीं के मध्य जीने लगता है (यानी कि वह मिठाई तो खाता रहता है, पर यह नहीं बता पाता कि क्यों यह इतनी सुस्वादु है।) पाठक स्वाद या रस लोभ एवं कृति के प्रभाव में कुछ इतना बह जाता है कि उस समय कृति से पृथक् खड़े होकर उसका वस्तुपरक विवेचन नहीं कर पाता। किसी कथा के मूल्य संघर्षों के बीच से भावात्मक रूप से गुजरना तथा उनका बौद्धिक रूप से महत्त्व अनुभव करना या किसी पात्र की पात्रता, उपयुक्तता आदि को दृष्टि पथ में रखना, भिन्न-भिन्न क्रियाएँ हैं। आत्मपरक अनुभूति और वस्तुपरक परख जितनी कृतिकार के लिए आवश्यक है, उतनी ही समीक्षक के लिए भी। पर पाठक कृति के तात्कालिक प्रभाव में इतना बह जाता है कि वह अपनी समीक्षण वृत्ति को भी कुण्ठित हो जाने देता है। यहीं पर कला समीक्षक उभर कर आता है। वह प्रभाव भी ग्रहण करता है तथा कृति का सर्वेक्षण करते हुए एक प्रकार की विवेचनपरक स्वीकृति भी प्रदान करता है। उसमें व्यक्त मूल्यों का उसे आकलन ही नहीं कृति के सर्वांगीण प्रभाव का मूल्यांकन भी करना होता है। कृतिकार के पुण्य अनुभव का मात्र भावन करना पर उसकी परीक्षा न करना जीवन में अन्धभाव से चलना है। लेखक जिन धारणाओं को पाठक समूह तक पहुँचाना चाहता है, उसके प्रति पूर्ण जागृति बोध प्राप्त करना या कराना कलाकार के ही कार्य को पूरा करना है।

साहित्य, पदार्थ जगत् से परे भाव एवं विचारों का क्षेत्र है। समीक्षा इन अनिन्द्य ग्राह्य पदार्थों का लेखा-जोखा लेने का प्रयास करती है, अतः उसे स्थूल व्यावहारिक, उपादेयताओं के मापदण्डों का परित्याग कर साहित्य दर्शन या जीवन दर्शन की सूक्ष्म प्रणालियों का अवलम्ब ग्रहण करना होता है।

ऊपर समीक्षण क्रिया के प्रसंग में हमने तीन स्थितियों का संकेत किया है—कपड़े का प्रभाव, कपड़े की पूरी जाँच-पड़ताल और फिर खरीदने, न खरीदने के निर्णय। साहित्यिक समीक्षा के क्षेत्र में भी ठीक यही स्थिति है। इन तीन क्रियाओं को लेकर ही समीक्षा की तीन प्रमुख शैलियाँ भी बन गयी हैं : प्रभावाभिव्यंजक, व्याख्यात्मक एवं निर्णयात्मक। तथा इन्हीं तीन क्रियाओं में से एक, दो अथवा तीनों के आधार पर समीक्षा सम्बन्धी परिभाषाएँ भी विचारकों ने दी हैं। नीचे हम उन्हीं की परीक्षा एवं विमर्श करेंगे। डिक्शनरी ऑफ वर्ल्ड लिटरेचर में कहा गया है : "That is the ideal order in structure responses, voluntary understanding, final evaluation."

स्पष्ट है कि भाव के मनोवैज्ञानिक विकास क्रम में पहली स्थिति स्वाभाविक प्रभावगत प्रतिक्रिया की होती है। जहाँ पाठक अपने इस प्रभाव की बिना किसी तटस्थ विश्लेषण एवं व्याख्या के मात्र भावाभिभूत अभिव्यक्ति प्रस्तुत करता है, वहीं प्रभावाभिव्यंजक (या रचनात्मक) समीक्षा का उदय होता है। कार्लाइल ने अपनी परिभाषा में इसी का संकेत किया है : "Literary criticism is nothing and should be nothing but the recital of one's personal adventures with a book." अर्थात्

"समीक्षा न तो और कुछ है तथा उसे न और कुछ होना चाहिए सिवाय व्यक्ति के किसी पुस्तक के प्रति निजी प्रयत्नों की गाथा के।" इसी को और स्पष्ट करते हुए कार्लाइल ने कहा है : "To have sensations in the presence of a work of art and to express them that is the function of criticism for the impressionistic critic." यानी "प्रभाववादी समीक्षक का व्यापार मात्र इतना है कि किसी कलाकृति के समक्ष संवेदन का अनुभव और उन संवेदनाओं की अभिव्यक्ति करे।"

पर वैयक्तिक संवेदनों की अभिव्यक्ति के बारे में यह ध्यान में रखना चाहिए कि मनुष्य की रुचियाँ इतनी भिन्न होती हैं कि यदि उन्हें ही आधार मान लिया जायेगा तो कृतियों का वास्तविक मूल्यांकन सम्भव नहीं होगा। वैयक्तिक रुचियाँ समाज की स्थापित परम्परा से लेकर पागलपन की सनकों तक फैली होती हैं—ऐसी स्थिति में किसे प्रमाण माना जाय, यह निश्चित करना असम्भव है। इस समीक्षा शैली द्वारा पाठक को रचना का वह सघन बोध नहीं प्राप्त होता, जिसकी समीक्षा से अपेक्षा की जाती है, क्योंकि समीक्षक यह बताने में अधिक दिलचस्पी लेता है कि रचना पढ़ कर उसके हृदय में कौन-से संवेदन जाग्रत हुए, अपेक्षाकृत यह बताने के कि रचना में ऐसा क्या है जो उन संवेदनों को उद्दीप्त कर रहा है। जब प्रभावाभिव्यंजक समीक्षा कृति की व्याख्या करने का प्रयास करती है, उस समय वह भी भावात्मक अनुभूति के वेग के कारण एक दूसरी कलाकृति बन जाती है[1], जो निश्चित रूप से पहले की अपेक्षा हीन होती है। मौलिक कलाकृति जहाँ जीवन के यथार्थ के आवेग से परिचालित होती है वहीं यह प्रभावपरक कलाकृति उस कृति से प्रभाव ग्रहण करती है। यथार्थ से जितना ही दूर का यह नाता होता जाता है, कलाकृति की शक्ति उतनी ही घटती जाती है। प्रभाववादी समीक्षक जब निर्णय या मूल्यांकन की ओर बढ़ता है, उस समय भी अहा हा, वाह-वाह, सुन्दर आदि भावोच्छ्वास एवं विरुदावली प्रकाशन ही अधिक होता है, बौद्धिक एवं मूल्यपरक निर्णय नहीं।

समीक्षण-प्रक्रिया का दूसरा चरण खोजबीन, विश्लेषण, व्याख्या, परीक्षण आदि की क्रियाएँ हैं। यहाँ अपने स्वाद या आनन्द मात्र से (व्यक्तित्व से) तटस्थ होकर कलाकृति के प्रकृत रूप पर समीक्षक की दृष्टि जमी है। कलाकृति क्यों प्रकाशित कर रही है; उसमें काव्यानुभूति का स्वरूप और प्रकार क्या है; किन ऐतिहासिक, सामाजिक परिस्थितियों या कलाकार के सर्जक व्यक्तित्व की कुण्ठाओं अथवा शक्तियों से वह परिचालित हो रही है; कृति के रूप और निर्णय के उपादान क्या हैं, इन उपकरणों की संयोजन विधि कैसी है—ये सभी प्रश्न व्याख्यात्मक समीक्षा से सम्बन्धित हैं। डब्ल्यू. एच. हडसन ने आलोचना की परिभाषा को व्याख्या क्षेत्र में सीमित करते हुए

1. "Each of us if we are sensitive to impressions and express ourselves well, will produce a new work of art to replace the work which gave us sensations. That is the art of criticism." Spingarn—The New Criticism.

कहा है : “If creative literature may be defined as an interpretation of life under the various forms of literary art, critical literature may be defined as an interpretation of that interpretation and of the forms of art through which it is given.”

“सृजनात्मक साहित्य यदि विभिन्न साहित्य-कला रूपों में जीवन की व्याख्या कहा जा सकता है तो समीक्षात्मक साहित्य उस व्याख्या तथा उन कलारूपों की व्याख्या कहा जा सकता है।” बाबू श्याम सुन्दर दास ने इस तथ्य को हूबहू स्वीकार करते हुए कहा है: “यदि साहित्य जीवन की व्याख्या है तो आलोचना उस व्याख्या की व्याख्या।” व्याख्यात्मक समीक्षक न तो अपनी वैयक्तिक रुचियों को ही महत्त्व देता है और न ही किन्हीं मानदण्डों को ही उपयुक्त मानकर चलता है। प्रत्येक कृति अपने आप में एक स्वतन्त्र व्यक्तित्व रखती है, उसके इस व्यक्तित्व के विविध तत्त्वों की वह व्याख्या करता है। वह न तो उत्तम-मध्यम-अधम की श्रेणियाँ बनाता है और न तुलना करते समय श्रेष्ठता या निकृष्टता का निर्णय करता है। भिन्न-भिन्न कारणों से रचना पर प्रकाश डाल कर उसके विभिन्न पक्षों को उजागर करना ही व्याख्यात्मक समीक्षक का काम्य कर्म है। मोल्टन ने इसे स्पष्ट करते हुए कहा है–

> *“व्याख्यात्मक समीक्षक कृति की परीक्षा विशुद्ध परीक्षण की दृष्टि से करता है, कला को शेष प्रकृति के समान अन्तर विकास की वस्तु मानते हुए कलाकार के व्यवहार में कला के नियमों को देखता है..और जो कि तभी आत्मसात किये जा सकते हैं जबकि उस विशेष प्रकार (कला) के अनुकूल बिना किसी बाह्य हस्तक्षेप के मस्तिष्क का दृष्टिकोण हो।”*

बहुत से विचारकों (सेण्ट व्यूर्व, ऑडेन, आर्नल्ड आदि) के अनुसार, आलोचना का सर्वोत्तम ध्येय सर्वोत्तम साहित्यिक एवं सांस्कृतिक परम्पराओं का पालन करना है। मानव जीवन की आधारभूत एकता, कलाकार के अनुभवों और उसकी कृतियों का पारस्परिक सम्बन्ध तथा कलात्मक मूल्यों एवं जीवन के अन्य मूल्यों से सम्बन्ध स्थापित करना आलोचना का पुनीत ध्येय है। स्पष्ट है कि ऐसी समीक्षा पाठकों, लेखकों सभी को रचना के प्रति एक जाग्रत बोध देती है। कृति के निहितार्थों, उसके अस्पष्ट रचना स्रोतों एवं प्रभाव की अरूप रेखाओं का स्फटिकवत् स्पष्टीकरण करने का उसका प्रयास स्तुत्य है। इसी कारण आचार्य रामचन्द्र शुक्ल जैसे विलक्षण समीक्षक ने भी प्रभावाभिव्यंजक और निर्णयात्मक समीक्षाओं की निन्दा करते हुए व्याख्यात्मक समीक्षाओं की ओर ही अपना झुकाव दिखाया है। उनके अनुसार–

> *“व्याख्यात्मक आलोचना किसी ग्रन्थ में आयी हुई बातों को एक व्यवस्थित रूप में सामने रखकर उनका अनेक प्रकार से स्पष्टीकरण करती है। यह मूल निर्धारित करने नहीं जाती। ऐसी आलोचना अपने शुद्ध रूप में काव्य वस्तु तक ही परिमित रहती है अर्थात् उसी के अंग-प्रत्यंग की विशेषताओं को ढूँढ़*

निकालने और भावों की व्यवच्छेदात्मक व्याख्या करने में तत्पर रहती है। पर इस व्याख्यात्मक समालोचना के अन्तर्गत बहुत-सी बाहरी बातों का भी विचार होता है—जैसे सामाजिक, राजनीतिक, साम्प्रदायिक परिस्थिति आदि का प्रभाव।" (हि.सा. का इतिहास, पृ. 484)

व्याख्या की परिणति किसी-न-किसी प्रकार के निर्णय या मूल्यांकन में अवश्य होती है। कपड़ा परीक्षित हो गया फिर खरीदना उचित है या नहीं, मूल्य ठीक है या कम-ज्यादा है, ये सभी नितान्त स्वाभाविक हैं। कलाएँ भी मानवीय कार्यवाहियों का ही प्रकाश हैं और कला समीक्षण भी मनुष्य की ही क्रिया है, ऐसी स्थिति में सामान्य प्रक्रिया से वह अलग नहीं हो सकती। अन्तर मात्र इतना है कि वह अपेक्षाकृत अधिक श्रमसाध्य, बोध साध्य (अथवा प्राचीन शब्दावली में तप-साध्य) श्रेष्ठतर क्रिया है। सम्पूर्ण मानवता जीवन में जो कुछ उपलब्ध करती आयी है उसका उसने सदैव मूल्यांकन किया है। जिसे उसने मूल्यवान समझा है उसे सूम के धन के समान वक्षस्थल में सँजो रखा है पर जो उसे अनुपयोगी लगा है उसे बिना किसी ममत्व के झाड़कर अलग हो गयी है। दुनिया सचमुच ही बड़ी भुलक्कड़ है, वह उतना ही याद रखती है जितना मूल्यवान होता है। अस्तु मूल्यांकन की यह स्वाभाविक प्रवृत्ति न चाहने पर भी व्याख्यात्मक कृतियों में झलक उठती है। वह मुखर भले न हो पर निर्णयपरक अर्थ उसमें निहित रहते हैं जिनकी ध्वनि सुनी जा सकती है। शुक्ल जी तुलसी को श्रेष्ठ कवि मान रहे हैं और सूर को अपेक्षाकृत छोटा, यह उनकी व्याख्याओं से स्पष्ट है। वास्तव में समीक्षक यदि मूल्यांकन से कतराता है तो इसका अर्थ है कि उसमें अपेक्षित प्रतिभा या साहस की कमी है जिसके कारण अपने उत्तरदायित्व को वह पूरी तरह निभा नहीं पा रहा है। आर्नल्ड, लेविसमन्फोर्ड जैसे व्यक्तियों ने इस उत्तरदायित्व को ध्यान में रखकर ही आलोचकों को युग से भी बड़ा कहा है। रिचर्ड्स के अनुसार—

"इस क्षेत्र (आलोचना) के व्यक्ति अपने युग की प्रथम श्रेणी की बुद्धि रहे हैं। कृति की विशेषताएँ (अन्तर या बाह्य) बता देना पर्याप्त नहीं है, वह कृति कितनी मूल्यवान है, उसकी अनुभूति मानवता के व्यापक विकास सन्दर्भ में कितनी महत्त्वपूर्ण है, यह बताना समीक्षा के प्रकृत क्षेत्र के भीतर ही रहना है।"

आचार्य शुक्ल के प्रिय समीक्षक आई.ए. रिचर्ड्स ने इस तथ्य को पहचान कर ही कहा था, आलोचक का तात्पर्य किसी वस्तु के मूल्यों का निर्णय करना है (To set up as critic is to set up as a judge of value)। ये मूल्य क्या हैं? क्या जीवन के मूल्य साहित्य के मूल्यों से भिन्न होते हैं (मेरा विचार है कि जीवन के श्रेष्ठतम मूल्य साहित्य पर भी लागू होते हैं) अथवा इन मूल्यों की कसौटी क्या है? ये सभी अत्यन्त विवादास्पद प्रश्न हैं और उनका निर्णय करने में अनेक समीक्षा सम्प्रदाय उठ खड़े हुए हैं जो महत्त्वपूर्ण होते हुए भी एकांगी हैं। परन्तु हम इस स्थान पर इन

प्रश्नों की छानबीन में प्रस्तुत नहीं होंगे अन्यथा हम अपने विवेच्य प्रसंग से च्युत होकर विपथगा भी बनेंगे।

एनसाइक्लोपीडिया ब्रिटेनिका में समीक्षा को मुख्यतः निर्णय मानते हुए घोषित किया गया है, "साहित्य या ललित कलाओं में एक सुन्दर विषय के गुणों एवं मूल्यों का निर्णय करने की कला ही समीक्षा है, इसमें निर्णय की निर्मिति तथा अभिव्यक्ति निहित है।" परन्तु जब विक्टर ह्यूगो कहते हैं, **"रचना अच्छी है या बुरी, यही समीक्षा का क्षेत्र है।"** तब वे नैतिक निर्णय पर पहुँच जाते हैं। अच्छाई-बुराई का निर्णय कर देना, नम्बर दे देना वास्तविक मूल्यांकन नहीं है। बहुधा लोग अच्छाई-बुराई का निर्णय अपनी वैयक्तिक रुचि (मूल में प्रभाववादी समीक्षा) के अनुसार दे बैठते हैं। शुक्ल जी ने ऐसी समीक्षा पद्धति के लिए अत्यन्त उपयुक्त टिप्पणी दी है–

> *"केवल निर्णयात्मक समालोचना की चाल बहुत कुछ उठ गयी है। अपनी भली-बुरी रुचि के अनुसार कवियों की श्रेणी बाँधना, उन्हें नम्बर देना अब एक बेहूदा बात समझी जाती है।"*

यद्यपि यह सम्भव है कि आलोचक निर्णय देने के पूर्व अपने मन में ही व्याख्या कर ले। पर व्यापक साहित्यिक संस्कार के लिए आवश्यक है कि व्याख्या एवं निर्णय या आकलन समन्वित रूप में सामने आये। अंग्रेजी समीक्षक मोल्टन ने स्पष्ट रूप से कहा है कि **कोई भी निर्णयात्मक समीक्षा तब तक किसी मूल्य की नहीं होती जब तक कि व्याख्यात्मक समीक्षा उसके पूर्व न आयी हो**। प्रत्येक विवेकी समीक्षक ने इस बात का अनुभव किया है कि समीक्षा एक संश्लिष्ट तात्त्विक क्रिया है। उसकी प्रक्रिया ऋजु एवं सरल न होकर अत्यन्त जटिल एवं सूक्ष्म होती है। मैथ्यू आर्नल्ड ने यद्यपि व्याख्या एवं निर्णय के नाम नहीं लिए पर समीक्षा का जो भी स्वरूप उन्होंने प्रस्तुत किया है वह अत्यन्त संश्लिष्ट है–'संसार में जो श्रेष्ठतम जाना या सोचा गया है उसको पढ़ने एवं प्रचारित करने का तटस्थ प्रयत्न।' इस परिभाषा में भाव की तटस्थता (व्यक्तिगत रुचि ही नहीं वस्तुगत दृष्टिकोण), श्रेष्ठतम की पहचान, फिर उसकी समझ (पहचान और समझ में निर्णय एवं व्याख्या निहित हैं) तत्पश्चात् उसका प्रचार (अभिव्यक्तिकरण) आदि अनेक तत्त्वों पर बल दिया गया है। कुछ ऐसा ही समन्वयात्मक प्रयत्न शिप्ले द्वारा सम्पादित 'डिक्शनरी ऑफ वर्ल्ड लिट्रेचर' में किया गया है। उसके अनुसार–

> *"कलाकृति के उस सज्ञान मूल्यांकन या सराहना को समीक्षा कहते हैं जो या तो आलोचक की व्यक्तिगत रुचि के या किन्हीं स्वीकृत सौन्दर्यपरक धारणाओं के अनुसार किया गया हो।"*

इस परिभाषा में व्याख्या एवं निर्णय ही नहीं प्रभावात्मकता को भी समेटने का प्रयास किया गया है परन्तु इस बात में एक बड़ा दोष यह है कि मूल्यांकन का पैमाना व्यक्तिगत रुचि को भी स्वीकार किया गया है। वैयक्तिक प्रभाव ग्रहण समीक्षा

की प्रारम्भिक क्रिया और स्थिति है, निर्णय का मापदण्ड बन जाने पर वह लाभ की अपेक्षा हानि अधिक पहुँचाती है। साहित्य दर्शन एवं जीवन दर्शन की निश्चित धारणा के अभाव में समीक्षा का स्वरूप अत्यधिक अनिश्चित एवं तरल हो जाता है, उसमें वैयक्तिक पूर्वग्रहों की प्रधानता हो जाने का भय रहता है, जबकि टी.एस. इलियट के शब्दों में आलोचक को अकसर पहले अपने वैयक्तिक पूर्वग्रहों एवं सनकों को अनुशासित करने का प्रयास करना चाहिए। के. जामिया ने डिक्शनरी ऑफ वर्ल्ड लिट्रेचर में ऊपर कही गयी बात को ही अधिक सन्तुलित करने के लिए बताया है कि कृति की प्रेरक शक्ति, विकास की अवस्थाओं का पुनः भावन है तथा कृति के भाव सौन्दर्य एवं अभिप्रायों को यथासम्भव समझना एवं उनकी व्याख्या करना ही कलाकृति की समीक्षा है।

समीक्षा की एक अत्यन्त सटीक एवं व्यवस्थित परिभाषा डॉ. देवराज ने दी है—"आलोचना किसी कलाकृति में निबद्ध अनुभूति के विश्लेषण, व्याख्या और मूल्यांकन का प्रयत्न है।"

विश्लेषण, व्याख्या एवं मूल्यांकन की ये तीनों प्रक्रियाएँ सर्वथा सर्वतन्त्र स्वतन्त्र नहीं हैं। लेखक ने अपने मन्तव्य को स्पष्ट करते हुए बताया है कि कृति के उपादानभूत तत्त्वों का विश्लेषण ही प्रथम क्रिया के अन्तर्गत है। विश्लेषण का लक्ष्य आलोच्य कृति के उन तत्त्वों या अंशों का पृथक्करण है जो कृति की प्रभावात्मकता के हेतु हैं। प्रत्येक कृति में लेखक की अनुभूतियाँ निबद्ध होती हैं। जीवन के महत्त्वपूर्ण स्पन्दनों की अभिव्यक्ति के लिए कलाकार संगीत, चित्र, लय, वर्णयोजना, अप्रस्तुत विधान आदि अनेक उपकरणों का प्रयोग करता है। विश्लेषण के समय समीक्षक इस अभिव्यक्ति को संगठित एवं प्रभविष्णु रूप देने वाले तत्त्वों को विविक्त करता है। व्याख्या के द्वारा इन विश्लेषित तत्त्वों को कलाकार के परिवेश में स्थित अधिक व्यापक समदृष्टियों से सम्बन्धित कर दिया जाता है। वह उन समसामयिक तथा ऐतिहासिक प्रभावों की छानबीन करता है जिन्होंने कलाकार द्वारा विशिष्ट सामग्री के चयन और उस सामग्री के संगठन में निहित गौरव को निर्धारित किया। फिर कलाकृति स्वयं अपने समसामयिक जीवन से प्रभावित ही नहीं होती, प्रभावित करती भी है। इस प्रभाव के स्वरूप, प्रकार एवं गुण की व्याख्या भी समीक्षा की इस स्थिति में होनी चाहिए। किसी कलाकृति की व्याख्या का अर्थ है, उसे कार्य और कारण दोनों रूपों में रचयिता के युग, वातावरण और परिवेश से सम्बद्ध कर देना। व्याख्या के अन्तर्गत ही रचनाकार या मनोविज्ञान, रचना में उसकी अभिव्यक्ति की स्थितियों तथा कृति में आयी घटनाओं, चरित्रों आदि की मनोवैज्ञानिक या समाजशास्त्रीय परीक्षा भी सम्मिलित हैं।

परन्तु विश्लेषण और व्याख्या अपने आप में काम्य नहीं है। इनका चरम प्रयोजन कृति विशेष का मूल्यांकन है। मूल्यांकन में अर्थ या अभिप्राय का आकलन

निहित है। इसमें कलाकृति के विभिन्न पहलुओं का अलग-अलग मूल्यांकन (चित्र विधान, संगीत योजना, चरित्र-चित्रण, कल्पना की व्यापकता, बौद्धिक या नैतिक स्वर का) भी सम्भव है, जैसे कि एक व्यक्ति का मूल्यांकन भी अनेक कारणों से सम्भव है। इसी कारण बहुधा विभिन्न समीक्षक विभिन्न कलाकृतियों में विभिन्न कोटियों के प्रभावों को देखते या स्वीकारते हैं तथा उनमें मूल्यांकन सम्बन्धी मतभेद हो सकते हैं।[1] कलाकृति के इन विभिन्न कोणों या विभिन्न प्रभावों में से जो समीक्षक अपनी दृष्टि के अन्तर्गत जितने अधिक को स्वीकार कर सकेगा, उसकी समीक्षा भी उतनी ही मूल्यवान बनेगी। हम यह पहले कह चुके हैं कि समीक्षा का रास्ता ऋजु और सरल नहीं, सूक्ष्म तथा जटिल होता है तथा कलाकृति भी अत्यधिक संकुल स्तरोंवाली होती है। ऐसी स्थिति में समीक्षा को इन विविध जटिल एवं संकुल स्तरों को विश्लेषित, व्याख्यायित एवं आकर्षित करना होता है। स्पष्ट है कि समीक्षा को अधिक-से-अधिक बहुमुखी होना पड़ता है। यों मूल्यांकन के सबसे अधिक आवश्यक पहलू पर विचार करते हुए डॉ. देवराज ने एक महत्त्वपूर्ण बात कही है, "कलाकृतियों की एक विशेषता की कभी उपेक्षा न होनी चाहिए...उनकी वह शक्ति जिसके द्वारा वे हमारे सचेत जीवन और अनुभूति को समृद्ध बनाती हैं।" मनुष्य के समसामयिक तथा ऐतिहासिक अनुभव से हमारा सम्बन्ध स्थापित करके कलाकृति इस कार्य को सम्पादित करती है। इसके लिए केवल यथार्थ का विश्लेषण या रचनातन्त्र की विवृत्ति ही यथेष्ट नहीं है। उसमें निबद्ध अनुभूति के महत्त्व का यह संकेत या स्पष्टीकरण नितान्त आवश्यक है कि प्रकाशित अनुभूति कहाँ तक स्वयं हमारी चेतना का विस्तार और संगठन करने में समर्थ है।

स्पष्ट है कि ऐसी समीक्षा साहित्य के पाठकों, लेखकों आदि को एक नयी चेतना एवं सजग बोध भी देती है और अपने आप में एक मूल्यवान अभिव्यक्ति बन जाती है।

मई, 1961

1. संस्कृति का दार्शनिक विवेचन—डॉ. देवराज के आधार पर।

हिन्दी शोध : कुछ प्रतिक्रियाएँ

हिन्दी में इधर 'विचार' पर शोध होने के बजाय 'शोध' पर विचार अधिक होता रहा है। इस 'विचार' में शोधसरिता में डूबे हुओं, पार किये हुओं एवं उसके प्रवाह से पतित लोगों ने तो विचार किया ही है—और कभी-कभी तो आसपास से गुजरते हुए दर्शकों (यानी कि अन्य विद्याक्षेत्रों में लगे व्यक्तियों) ने भी कुछ कहना अपना कर्तव्य समझा है। पर हालत यह है कि 'मर्ज बढ़ता गया ज्यों-ज्यों दवा की'। इसी प्रसंग में यह भी ध्यान देने योग्य बात है कि सभी 'विचारक' (या भिषग्रत्न) इस बात पर सहमत हैं कि 'व्याधि' है अवश्य—उसकी मात्रा के सम्बन्ध में मतभेद अवश्य हो सकता है। यों इंग्लैण्ड अथवा अमरीका के दर्जनों लेखकों-अध्यापकों के ऐसे कथन उद्धृत किये जा सकते हैं जिन्हें यदि उद्धरण चिह्नों के भीतर न रखा जाये तो सहज ही हिन्दी शोध के ऊपर आक्षेप मान लिया जायेगा। पर यह सब कहकर मैं समस्या की गम्भीरता को कम नहीं करूँगा।

अस्तु, इस रोग के विचार-उपचार की बात करते समय मेरे मन में मुख्य रूप से दो बातें उठती हैं। पहली बात तो यह कि जब तक शोधकार्य को जीविका के प्रश्न से अलग नहीं कर दिया जाता तब तक उपाधिपरक तिकड़म को समाप्त नहीं किया जा सकता। आखिर अध्यापन के लिए एक मोटा (छिछला ही क्यों न हो) शोधग्रन्थ क्यों अनिवार्य है? सृजनात्मक लेखन, आलोचना की दृष्टि या लेखन से अलग गहन अध्ययन मात्र क्या सफल अध्यापन के लिए शोध से कहीं अधिक उपयोगी नहीं है? पिछले दस-बारह वर्षों में विश्वविद्यालयों में नियुक्ति के लिए जो प्रार्थनापत्र भेजे गये हैं, अगर उन्हें इकट्ठा किया जा सके तो मेरा विश्वास है कि निश्चित रूप से यह सिद्ध हो जायेगा कि अधिकांशतः साहित्यिक समझ की दृष्टि से हीनकोटि के व्यक्ति नियुक्त किये गये हैं। इस हीनता को बहुधा शोधकार्य या 'ब्यूरोक्रेटिक सीनियारिटी' के नाम पर छिपाने की चेष्टा की गयी है। शोधकार्य के इस जीविकापरक आधार के दोषों पर विस्तार से विचार किया जा सकता है। पर मैं चाहूँगा कि इस पर वे लोग विचार करें जो इस प्रकार की नियुक्तियों के कर्ता-धर्ता हैं।

मैं इससे भी अधिक गहरी दूसरी समस्या को यहाँ उठाना चाहता हूँ—क्योंकि

यदि जीविकापरक आधार समाप्त भी कर दिया जाये तो संख्या कम भले ही हो जाये शोध की मूल प्रकृति में कोई बड़ा परिवर्तन हो जायेगा, ऐसा नहीं लगता। शोध की समस्या को हम लोग पूरी अध्ययन-अध्यापन विधि से काट कर देखने के अभ्यस्त हो गये हैं। सारी समस्या जैसे एम.ए. पास कर लेने के बाद ही खड़ी होती है, उसके पहले सब ठीक ही है। पर मूल त्रुटि इसी स्थल पर है। शोध की समस्या हमारे समूचे उच्चतर अध्ययन-अध्यापन के अन्तर्गत है। अगर हमारे शोधप्रबन्ध हीनतर हैं तो हमारे एम.ए. के अधिकांश शीर्षस्थान या श्रेणी प्राप्त करने वाले विद्यार्थी भी बहुत बेहतर नहीं होते। बहुधा 'शीर्षस्थ' विद्यार्थी साहित्यिक समझ में हीनतर हुआ करता है। मुझे लगता है कि समस्या को वहीं पर देखना और सुधारना होगा।

प्रारम्भिक प्रश्न है : एक विशिष्ट विद्यानुष्ठान की समाप्ति पर हम किस प्रकार के विद्यार्थी चाहते हैं? वे श्रेष्ठतम विधियाँ (टेकनीक्स) क्या हैं जिनके द्वारा उसे उचित ढंग से पढ़ना सिखाया जा सकता है? वह कार्यक्रम (पाठ्यक्रम) क्या हो जो माध्यमिक स्तर से प्रारम्भ हो और पीएच.डी. तक ले जाया जा सके।

पहले प्रश्न का स्पष्ट और निर्भ्रान्त उत्तर है कि हम ऐसा विद्यार्थी चाहते हैं जिसमें 'साहित्यानुराग' सचमुच ही बना रहे। उसकी चेतना ऐसी भोथरी न हो जाये कि उसका अध्ययन लचीला, तत्पर, संवेदनशील एवं पुनर्रचनात्मक न रह जाये। (हमारी वर्तमान शिक्षा विधि का प्रमुख दोष यही है कि साहित्य के अध्ययन-अध्यापन में रत अधिकांश जन उसके प्रति न तो ऐसी गहरी सम्पृक्ति या लगाव रखते हैं कि साहित्य मूल्यों को गर्व के साथ अनुभव कर सकें और उनमें स्वभावगत वह संवेदना शेष रहती है कि नयी या पुरानी किसी भी रचना का अपने भीतर 'पुनः सृजन' कर सकें। बहुत से विद्यार्थी साहित्य के विद्यार्थी इसीलिए हैं क्योंकि वे विद्यार्थी हो सकते हैं और बहुत से अध्यापक भी इसीलिए हैं कि वे हो गये।)

माध्यमिक स्कूलों के बारे में अधिकृत रूप से कह सकना मेरे लिए सम्भव नहीं है पर जो थोड़ा-बहुत मैं अनुभव कर सका हूँ उससे लगता है कि वहाँ पर 'उद्देश्यों' की इतनी अधिक 'अनेकता' है कि विद्यार्थी उन अनेकताओं में विखण्डित हो जाता है, उसकी शक्ति बिखरा ही नहीं दी जाती बल्कि प्रभावहीन भी कर दी जाती है। माध्यमिक कक्षाओं के विद्यार्थी के लिए 'सूचना' का हर टुकड़ा महत्त्वपूर्ण होता है, क्योंकि स्थापित मानदण्ड परिमाणपरक है न कि गुणपरक। ऐसी अवस्था में साहित्य जैसी भावविद्या का वैयक्तिक, मानवीय, जीवन्त संस्पर्श विजड़ित हो जाता है। अतः यदि साहित्य के प्रति एक गुणात्मक रुचि जाग्रत करनी है तो ऐसी शिक्षा-पद्धति की व्यवस्था करनी होगी जो छात्र में विद्यमान सहज कलारुचि को बना ही न रहने दे, बल्कि अधिक पैनी, दायित्वपूर्ण एवं समग्र बना दे। इस पद्धति के बारे में कोई ठोस कार्यक्रम बताना मेरे लिए कठिन है।

परन्तु स्नातक कक्षाओं में जो विद्यार्थी कम से कम आजकल आते हैं उनकी

साहित्यिकता के लिए सबसे महत्त्वपूर्ण काम है कि 'क्या-क्या अधिक सीखें' की अपेक्षा 'क्या क्या भूल जायें।' यानी कि माध्यमिक स्तर पर प्रतिष्ठापित उद्देश्यों की अनेकरूपता के अनुरूप प्राप्त शिक्षा को कुछ विशिष्ट धार देनी होगी। इस सम्बन्ध में यह भी कहा जा सकता है कि विभिन्न विषयों का बहुमुखी ज्ञान विद्यार्थी में उस समीक्षादृष्टि को जन्म दे सकता है जिससे रचना की अर्थसंकुलता को ग्रहण किया जा सकेगा। पर यह बात ऊपर से देखने में जैसी अच्छी लगती है, वैसी व्यवहार में है नहीं। दर्शन, मनोविज्ञान, समाजशास्त्र, काव्यशास्त्र, इतिहास आदि सभी साहित्यिक अध्ययन के साधन हैं। इनका यदि साधनरूप में उपयोग ही सिखाया जाये तब तो आपत्ति न होगी अन्यथा उपयोग विरहित काव्यशास्त्र भी साहित्यिक अभिरुचि को नष्ट करने वाला सिद्ध हो सकता है। सभी सिद्धान्तों की सिद्धि भी और साक्षी भी उनके उपयोग में ही है। हिन्दी में ऐसे अध्यापकों की कमी नहीं है जो काव्यशास्त्र के गहरे पण्डित हैं पर व्यवहार में एक भी कविता का वे ठीक से सराहन या मूल्यांकन नहीं कर सकते। इसलिए केवल काव्यप्रकाश, रस-मीमांसा, ऐस्थेटिक्स या दर्शन के ग्रन्थों का अध्ययन ही पर्याप्त नहीं है। विविध विद्याक्षेत्रों (डिसीप्लिंस) के अध्ययन की सबसे बड़ी उपयोगिता यही है कि ताजी से ताजी रचना की व्यावहारिक समीक्षा प्रस्तुत की जा सके और यह समीक्षा कुछ दिनों तक टिक सके। इस प्रकार साहित्य मूल्यों की ठीक से रक्षा की जा सकेगी। अतः हिन्दी-विभागों में साहित्येतर ज्ञानसम्पन्न व्यक्तियों की उपयोगिता तो है पर 'केन्द्र' साहित्य पर ही रहना चाहिए। 'कामायनी' की मनोवैज्ञानिकता या दार्शनिक पृष्ठभूमि, 'रामचरितमानस' का दर्शन, 'साकेत' का गाँधीवाद या 'पृथ्वीराज रासो' की ऐतिहासिकता साहित्यिक अध्ययन की दिशा नहीं सूचित करते, बल्कि साहित्य का अन्य शास्त्रों के लिए साक्षी रूप में उपयोग सूचित करते हैं। एम.ए. हिन्दी के प्रश्नपत्रों का यदि विश्लेषण किया जाये तो यही साहित्येतर दृष्टि हमारे विश्वविद्यालयों में बलवती मिलेगी। इस पद्धति से ढलकर आने वाले विद्यार्थी से हम किस प्रकार 'साहित्यिक अध्ययन' की आशा कर सकते हैं? अगर हिन्दी के शोधग्रन्थों में ऐतिहासिक पृष्ठभूमि, दार्शनिकता, पात्रों की मनोवैज्ञानिकता, जीवनदर्शन आदि पर लम्बे-लम्बे अध्याय मिलते हैं या साहित्यिक विश्लेषण के नाम पर रसों, अलंकारों, छन्दों के बँधे-बँधाये साँचों में भरे हुए साहित्यद्रव के दर्शन होते हैं तो आश्चर्य ही क्या? यह क्या आकस्मिक है? कहना न होगा उच्चतर अध्ययन के क्षेत्र में जिस असाहित्यिक दृष्टिकोण की हमने प्रतिष्ठा कर दी है उसी का यह प्रस्तार है। इसी का परिणाम यह भी है कि विश्वविद्यालयों में ऐसे अध्यापक विरल नहीं हैं जो भरतमुनि से लेकर रामचन्द्र शुक्ल तक के सिद्धान्तों से परिचित हैं, जिन्हें भारतीय दर्शन हस्तामलक है, जो संस्कृत, पाली, अपभ्रंश के पण्डित हैं, इतिहास-पुराणादि में भी जिनकी गति है पर जो यह नहीं कह सकते कि निराला अच्छे कवि हैं या नहीं और चतुरसेन और अज्ञेय में कौन अच्छा कहानीकार है? और अगर ये

लोग बताने की चेष्टा भी करेंगे तो दूसरे के लिखे हुए उद्धरणों को जुटा कर ही कुछ कह सकने में समर्थ होंगे। सम्भवतः इन्हीं खामियों के कारण ही कुमारी तूव ने 'दि सेवानी रिव्यू' के एक परिसंवाद में जो बात कही थी, उसे मैंने विद्यार्थियों से बात करते हुए बराबर महसूस किया है कि जिसकी उन्हें आवश्यकता है वह नहीं पढ़ाया जाता और जिसकी उन्हें न तो आवश्यकता है और न जिसमें उनकी दिलचस्पी है वही उनके ऊपर लादा जाता है ('दि सेवानी रिव्यू', आटम, 1947, 571)।

इसका तात्पर्य यह नहीं है कि इन साहित्येतर दृष्टियों का कोई उपयोग नहीं है। वस्तुतः एक प्रबुद्ध पाठक में यह क्षमता होनी चाहिए कि वह इनको उपयुक्त 'सन्दर्भ' में रख सके। यानी कि उसमें यह ज्ञान हो कि किस लेखक का अध्ययन करते समय इनका कैसे उपयोग करे। मुख्य बात वह कलाभिरुचि है जिससे कि स्वतन्त्र रूप से अपने प्रत्यक्ष अनुभव (अध्ययन) के द्वारा वह किसी लेखक के मूल्य और महत्त्व को पहचान सके एवं तर्कपूर्ण ढंग से अपने विश्वास में आ सकने योग्य शब्दावली में अभिव्यक्त कर सके। कलात्मक अभिरुचि से तात्पर्य ही यही है कि प्रज्ञा का एक क्रियाशील मूल्यबोध के भीतर प्रयोग किया जा सके। ध्यान रहे कि इस प्रयोग का हमारे दैनिक जीवन के विविध चयनों एवं महत्त्वपूर्ण निर्णयों पर भी प्रभाव पड़ता है। इसी प्रकार की अभिरुचि के निर्माण से साहित्य को विद्यापीठों की जड़ता से निकाल सामान्य जीवन के भीतर प्रतिष्ठित किया जा सकेगा। मैं समझता हूँ कि एम.ए. तक हमारी शिक्षणविधि ऐसी हो कि उससे ऐसे ही अभिरुचिसम्पन्न, संवेदनशील पर अविशेषज्ञ पाठक विद्यार्थी तैयार हो सकें।

अनुसन्धान के क्षेत्र में पहुँचते ही विद्यार्थी को दो विपरीत दिशाओं में काम करना पड़ सकता है : एक ओर तो वह विशेषीकरण की ओर जायेगा और दूसरी ओर अन्य भाषाएँ पढ़ेगा; मूल पाण्डुलिपियों का पाठ करेगा एवं सम्बद्ध विद्याओं—इतिहास, समाजशास्त्र, विज्ञान, दर्शन, मनोविज्ञान, अर्थशास्त्र आदि—का परिश्रमपूर्वक अध्ययन करके उस ज्ञान का इस प्रकार उपयोग करेगा कि उसकी परख अधिक दायित्वपूर्ण हो सके, रचना के सभी स्तरों की अन्तर्योजना का समुचित विश्लेषण हो सके और उस लेखक से सम्बद्ध प्रश्नों का मूल्यांकन या पुनर्मूल्यांकन भी सम्भव हो सके। पर अनुसन्धान के क्षेत्र में घुसने के पूर्व ही उसे कम से कम इतना 'जान' लेना होगा कि 'लेखक' प्रभावित कर रहा है—उस लेखक के अभिप्रायों के माध्यम से उसे जान लेना होगा, एक परम्परा के भीतर उसे 'रखकर' जानना होगा तथा अन्य सम्बद्ध लेखकों की समता-विषमता के माध्यम से उसकी शक्ति एवं सीमाओं को भी तौलकर 'समझ' लेना होगा।

इस प्रकार के पाठकनिर्माण के लिए पाठन (अध्ययन) की श्रेष्ठतम विधियाँ क्या हैं—यह प्रश्न और अधिक जटिल है। इस प्रकार के अध्ययन (जिसमें कि समीक्षा

चेतना जाग्रत रहती है) में रचना के साथ एक वैयक्तिक रागबोध का नाता जुड़ा रहने के साथ एक प्रकार की तटस्थता का बना रहना भी आवश्यक है। यह तटस्थता तो इस समय के हमारे अध्ययन-अध्यापन में मिल जाती है पर अध्यापक-आलोचक अपनी व्याख्या पद्धति को ऐसा रूप कम ही दे पाते हैं कि वह गहरे रूप से प्रभावित करता हुआ विद्यार्थी में एक वैयक्तिक सम्बन्ध की चेतना जगा दे। उसे वह आन्तरिक रूप से प्राप्त कर ले। 'सेवानी रिव्यू' के उसी परिसंवाद में एफ.आर. लीविस ने विश्लेषण की परिभाषा करते हुए कहा था, हम 'जिसे विश्लेषण कहते हैं, सचमुच ही, वह एक निर्माण या सृजन की प्रक्रिया है। यह कवि के शब्दपाठ की प्रतिक्रिया (रेस्पांस) में उस सृजनप्रक्रिया के मध्य से अधिक सचेष्ट अनुगमन है। यह पुनःसृजन है जिसमें कि एक सावधान उन्मुखता (अटेंटिवनेस) के द्वारा हम सामान्य से अधिक विश्वस्तता एवं समग्रता निर्धारित करते हैं। प्रथमतः उद्देश्य है कविता के परिपूर्ण अध्ययन को प्राप्त करना—अध्ययन जो कि सम्पूर्ण आदर्श अध्ययन के निकट पहुँच सके।' यानी कि अपने सहज बोध के आधार पर सहयोगी मस्तिष्कों (अध्यापक और विद्यार्थी) के साथ मिलकर पारस्परिक विमर्श से उस रचना को जैसी है वैसी ही उसके पूर्ण अभिप्रायों के साथ समझने की चेष्टा करें। रचना के जो अर्थ कवि-अभिप्रेत अर्थों से अलग निकलते हों, उनका भी संकलन किया जाना चाहिए और इसी स्थल पर इतिहास, मनोविज्ञान, समाजशास्त्र आदि का कवि की सामाजिक-बौद्धिक पीठिका के सन्दर्भ में किया गया अध्ययन काम में आता है। ('दि सेवानी रिव्यू', आटम, 1947, पृ. 595-7)

जब कविता पर कविता या उपन्यास पर उपन्यास की भाँति जोर दिया जाता है तब तटस्थता को अपने आप प्रोत्साहन मिलता है। कविता को अर्थ, अभिप्राय, शब्दचयन, अलंकार, रस-योजना आदि में टुकड़े-टुकड़े कर देने से उसकी पूरी सत्ता तिरोहित हो जाती है। वस्तुतः उसे उसकी समग्रता में लेकर पूरी गठन और अन्तर्योजना (जिसके अन्तर्गत पूरे अर्थ को ऊपर गिनाये गये विविध तत्त्व बार-बार पुनर्पुष्ट करते हैं) का विश्लेषण जब किया जायेगा तभी वैयक्तिक सम्पृक्ति और तटस्थता का आदर्श निभ सकेगा। मैंने अकसर एम.ए. में पढ़ाते समय यह अनुभव किया है कि यदि कविता के अन्त में अलंकार का नाम न गिना दीजिए तो सामान्य विद्यार्थी कुछ असन्तुष्ट दिखने लगेगा जैसे कि अलंकार की अर्थप्रक्रिया उसके लिए महत्त्वपूर्ण नहीं है—महत्ता केवल नाम की है। जाहिर है कि यह परिपाटी भी वैसी ही असाहित्यिक है जैसी कि तुलसीदास की रचना में अद्वैत या विशिष्टाद्वैत मात्र की ओर इंगित।

इसी प्रकार सांस्कृतिक पृष्ठभूमि या बौद्धिक पीठिका की चर्चा तब तक बेकार है जब तक कि छपे हुए अक्षरों के साथ उसकी प्रसंगानुकूलता न दिखा दी जाये। मुख्य चीज वे शब्द हैं जो पृष्ठ पर छपे हैं और सारी व्याख्या, आकलन उन्हीं पर निर्भर होना चाहिए। फिर अध्यापक जब एक कविता की व्याख्या विद्यार्थी को सम्बोधित

करता है तब वस्तुतः वह सहयोगी प्रयास की भी अपील होती है और तब लीविस के शब्दों में उसका रूप कुछ इस प्रकार होगा : 'कविता इस भाँति निर्मित हुई है, क्या ऐसा नहीं है? यह उस ओर उस वस्तु के साथ ऐसा सम्बन्ध वहन करती है, क्या तुम इससे सहमत नहीं हो?' (वही)। दूसरे शब्दों में प्रत्यक्ष मूल्यांकन की यह सारी प्रक्रिया अन्तिम रूप ग्रहण करने के पूर्व बार-बार दूसरों को प्रेषित की जाती है, आलोचित होती है और परिवर्तित की जाती है। लीविस की इस धारणा के नीचे यह विश्वास विद्यमान है कि एक संकुल रचना की परिपूर्ण समझ और सराहन के लिए एक व्यक्ति का एक या अनेक बार का अध्ययन ही पर्याप्त नहीं है। यह क्रिया एक 'कोलेबोरेशन' है, 'कामन परसूट' है। इस 'सहकारी प्रयास' में विशेषज्ञ भी योग देता है, सामान्य अध्ययन वाला अभिरुचिसम्पन्न पाठक भी।

एक लेखक की विशिष्टताओं को निश्चित करने में भी तटस्थता का भाव बढ़ता है। अन्य सम्बद्ध लेखकों से निश्चित तुलनाएँ इस कार्य को गति देती हैं। पर यह कार्य शुद्ध आलोचना की पारिभाषिक शब्दावली की माँग करता है और सम्भवतः हिन्दीशोध (एवं हिन्दी आलोचना) का सबसे कमजोर बिन्दु यही है। प्रांजल भाषा, गहरी संवेदना, काव्यात्मक अनुभूति, प्रबन्धकाव्य, मुक्तक, रसात्मकता, भावुकता आदि शब्द हमारे यहाँ इतने अस्पष्ट ढंग से प्रयुक्त होते हैं जिसकी कोई सीमा नहीं है। आलोचना और शोध के क्षेत्र में निश्चित, ठोस अर्थों वाली भाषा ही ग्रहणीय है। दूसरे तुलनादि के समय भी लेखकों की जीवनी आदि पर ध्यान देने की अपेक्षा मुख्यतः लेखकों के 'टेक्स्ट' पर ही ध्यान केन्द्रित करना चाहिए। तभी हम कह सकेंगे कि मैथिलीशरण, प्रसाद और अज्ञेय के परम्पराबोध के मुख्य अन्तर क्या हैं? यानी कि टेक्स्ट का अध्ययन शब्दावली की समस्या को भी हल करता है। अगर केवल यह कह दिया जाये कि ऊपर गिनाये गये तीनों लेखकों में परम्पराबोध है तो बात उलझी ही रह जाती है। स्पष्टता के लिए तीनों के परम्पराबोध की विशिष्टता का उद्घाटन करना होगा।

इस प्रकार के अध्ययन का प्रभाव अध्येता (या अनुसन्धाता) के मूल्यबोध पर भी पड़ता है। वह विवश हो जाता है कि बार-बार एक विशिष्ट या निश्चित प्रकार के हास्य, भावुकता, प्रेम, पारिवारिक-सामाजिक सम्बन्धों पर अपने रुख को परिभाषित करता है। और अन्ततः वह अपने स्थान को भी परिभाषित करता है। इस प्रकार लेखक को अनेक परम्पराओं में स्थान देते-देते वह स्वयं अपना मूल्यांकन कर सकने की निर्वैयक्तिकता ग्रहण कर लेता है। तटस्थता का इससे बड़ा प्रमाण और क्या हो सकता है।

पर इन सारी विधियों से कहीं अधिक महत्त्वपूर्ण बात है कि विद्यार्थियों में एक जागरूक श्रोताभाव (अलर्ट सेंस ऑफ ऑडिएंस) पैदा किया जाये। अर्थात् उन्हें समसामयिक साहित्य का श्रेष्ठतम सबसे पहले पढ़ाया जाये। मेरे विचार से एम.ए. में ही एक पूरा प्रश्नपत्र समसामयिक साहित्य का होना चाहिए। अगर किसी कारणवश

एम.ए. में यह सम्भव न भी हो सके तो अनुसन्धान करने के पूर्व उसे यह प्रश्नपत्र अनिवार्य कर दिया जाये। इसकी रूपरेखा पर अलग से विचार हो सकता है। समसामयिक साहित्य पर जोर देने के अनेक कारण हैं :

1. वर्तमान समाज में सबसे बड़ी समस्या यही होती जा रही है कि कैसे व्यक्ति को उसके समाज के साथ सावयविक रूप से पुनर्संघटित किया जाये! समसामयिक साहित्य का बोध उसे अपनी जीवनचेतना के साथ अधिक सम्बद्ध करेगा। आधुनिक जीवनबोध उसे भयावह न लगेगा।

2. अतीत के सारे साहित्य का महत्त्व तभी होता है जब उसे हमारे वर्तमान के लिए प्रसंगानुकूल (रेलेवेंट) बनाया जा सके। यही पुनर्मूल्यांकन की प्रक्रिया होती है जो हर संवेदनशील पीढ़ी करती आयी है। अपने अतीत को अपने समसामयिक बोध में हमें पुनः खोजना होता है। आलोचना और शोध की सबसे महत्त्वपूर्ण उपलब्धि यही होती है। कहना न होगा कि इस उपलब्धि के लिए उपर्युक्त चेतना तब तक नहीं मिल सकती जब तक समसामयिक साहित्य के साथ पाठक या विद्यार्थी की सम्पृक्ति न होगी। मुझे लगता है कि हिन्दी के शोधप्रबन्धों (आधुनिक साहित्य पर लिखे गये भी) की सबसे बड़ी कमी इस आधुनिकताबोध का अभाव ही है। यही वह कारण है जिससे आचार्य शुक्ल द्वारा स्थापित मान्यताओं, मानदण्डों या आकलनों से हम अब तक आगे नहीं बढ़ पाये हैं।

3. इस अध्ययन के द्वारा एक ऐसी आकांक्षा उत्पन्न होगी कि उन गम्भीर लेखकों को ढूँढ़ निकाला जाये और समर्थन किया जाये जो तात्कालिक लाभ के लिए हीनरुचि के श्रोताओं-पाठकों के शिकार न बन कर अपने व्यक्तित्व एवं दायित्व को सुरक्षित रख सके हैं। इस प्रकार एक अधिक ईमानदार मूल्यबोध उभरता है।

4. इसके द्वारा समसामयिक साहित्य के लिए अधिक पाठक भी उपलब्ध हो सकेंगे जो कि सांस्कृतिक गतिशीलता के लिए नितान्त आवश्यक है। ऊपर दिखाई गयी विधि पर विचार करने से ज्ञात होगा कि यह पद्धति हवाई दर्शन मात्र नहीं है। यह मुख्यतः अध्यापनक्षम है। इसके अन्तर्गत मतों एवं रुचियों के वैभिन्य के लिए पर्याप्त अवकाश है—इसलिए कि इसके अन्तर्गत एक ही शर्त है कि अपनी बात को ठोस उदाहरण द्वारा समर्थित कीजिए। इसके अन्तर्गत शायद समय की बचत भी सम्भव हो सकेगी, क्योंकि यह स्पष्ट एवं पैने ढंग से विशिष्ट उद्देश्य को सामने रखकर आगे बढ़ती है और इस बढ़ाव का एक समीक्षात्मक ढाँचा बराबर उसे मिलता जाता है। अन्ततः यह विद्यार्थी के ध्यान को मूल्यांकनपरक निर्णयों एवं मानदण्डों के स्थापन की ओर प्रेरित करती है।

इस प्रकार की शिक्षणविधि और कार्यक्रम को सुविधा के साथ स्वीकार नहीं किया जायेगा—यह मैं जानता हूँ। वॉरेन और वेलेक ने जो बात इंग्लैण्ड के लिए कही थी

कि 'प्रमुख स्थानों पर अब भी ऐसे व्यक्ति हैं जो हर प्रकार के सिद्धान्तों एवं व्यवस्था (थियरी ऐंड सिस्टम) के प्रति घृणा करते हैं, हर चीज जो आधुनिक और समसामयिक है...' वह हिन्दी पर कहीं अधिक लागू होती है। ऐसे व्यक्ति बहुत अधिक शक्तिशाली हैं जिनसे यदि समसामयिक साहित्य के बारे में कुछ पूछा जाये तो एक नाराज दृष्टि के अतिरिक्त कुछ न मिलेगा, इतना ही नहीं अतीत के साहित्य के बारे में भी दर्जनों लेखकों, आलोचकों को बीच में लाये बगैर वे कुछ न कह सकेंगे। ये लोग एक ऐसे पाण्डित्य पर विश्वास करते हैं जो सुरक्षित रहे, जिसमें किसी प्रकार की जवाबदेही न हो, विस्फोटों की कम से कम गुंजाइश हो और छपे पन्नों का बल लेकर पेशे में उन्नति की जा सके। विद्यार्थी विश्वविद्यालय में पहुँचते ही इन शक्तिमानों से परिचित हो जाता है। वह जान जाता है कि महाशय 'क' और 'घ' कैरियर, उपाधि आदि के लिए अधिक महत्त्वपूर्ण हैं बजाय 'ख' और 'ग' के—साहित्यिक समझ से रहित भले क्यों न हों। वह यह भी जान लेता है कि किसके विचारों को लिखने से अधिक अंक मिलते हैं और किसके विचार कम नम्बर दिलाते हैं। शोधकर्ता भी जानता है कि उसके सम्भावित परीक्षकों के विरुद्ध जाना घातक होगा और परिणामस्वरूप अज्ञेय को शोध और हिन्दीशोध का अन्तर करना पड़ता है। अज्ञेय केवल इतना भूल जाते हैं कि यह अन्तर शोध और हिन्दीशोध का नहीं, शोध और एकेडेमिक शोध का है जो इंग्लैण्ड और अमरीका में भी देखा जा सकता है। डिपार्टमेण्ट के चेयरमैन के मत के विरुद्ध राय रखने वाले कितने व्यक्ति वहाँ पर 'प्रमोशन' प्राप्त कर पाते हैं? ऐसे लोगों की शक्ति कैसे कम की जाये? यह प्रश्न महत्त्वपूर्ण तो है पर इसके सिवा हम कुछ नहीं कह सकते हैं कि इन शीर्षस्थ व्यक्तियों के लेखन की मूल धारणाओं, प्रतिपत्तियों तथा उपयोगिताओं को निर्भीकतापूर्वक चुनौती दी जानी चाहिए। यह चुनौती तरुण अध्यापक देने का साहस कर सकें तो बहुत अच्छा; पर यदि वे यह साहस नहीं कर पाते तो विश्वविद्यालयों से पृथक लिखने-पढ़ने वाले लोगों को इस 'दुष्चक्र' को तोड़ना होगा।

जिन सिद्धान्तों की हमने ऊपर चर्चा की है उनके आधार पर विश्वविद्यालयों के लिए चार या पाँच वर्षों (बी.ए. और एम.ए.) का एक पाठ्यक्रम बनाया जा सकता है। इस प्रकार के एक पाठ्यक्रम की एक रूपरेखा मैंने सोची भी है (जो बहुत कुछ एफ.आर. लीविस द्वारा सुझाये गये कार्यक्रम का यहाँ की परिस्थितियों के अनुसार स्वीकरण है) पर इस स्थान पर उसकी चर्चा करना बहुत उचित न होगा। यहाँ पर केवल इतना कहना है कि इस पाठ्यक्रम के अन्त में जो विद्यार्थी निकलेंगे वे यह जानते होंगे कि अपने समसामयिकों को कैसे पढ़ा जाना चाहिए तथा परम्परा के श्रेष्ठतम लेखकों के श्रेष्ठतम से परिचित होकर उसे अभिव्यक्त कैसे किया जाये! इनमें से जो लोग माध्यमिक कक्षाओं में अध्यापन के लिए जावेंगे उनसे केवल यह प्रत्याशा

की जाये कि इस अभिरुचि और ज्ञान को वे अपने अपेक्षाकृत अप्रौढ़ विद्यार्थियों तक प्रेषित कर सकें। परन्तु जो लोग अधिक ऊँची वस्तु अर्जित करना चाहते हैं वे इन्हीं दिशाओं में अधिक दूरव्यापी कार्य कर सकते हैं : महत्त्वपूर्ण व्यक्तियों के बारे में कहीं अधिक जानना, महत्त्वपूर्ण पर अपेक्षाकृत गौण लेखकों का अधिक अध्ययन, तथा साथ ही इतिहास, दर्शन, मनोविज्ञान, समाजशास्त्र, युगीन विज्ञान आदि का अध्ययन करते हुए अपनी स्वतन्त्र अभिरुचि का प्रयोग—विशेषतः अपने समसामयिकों पर। हिन्दी भाषा और भाषाविज्ञान पर पाठ्यक्रम, पाठानुसन्धान विधियों का अध्ययन, साहित्यिक अध्ययन के लिए भिन्न-भिन्न दृष्टियों (जीवनीपरक, मनोविज्ञानपरक, ऐतिहासिक, समाजशास्त्रीय, दार्शनिक आदि) को प्रत्यक्ष या परोक्ष ढंग से पढ़ने-पढ़ाने की व्यवस्था भी हो सकती है।

पीएच.डी. के प्रबन्ध मुख्यतः दो प्रकार के होंगे। कुछ विद्यार्थी अपनी प्रतिभा से अनुसन्धाता होते हैं। सन्, सम्वतों की छानबीन, पाण्डुलिपियों की प्रामाणिकता, भिन्न-भिन्न पाठ, पुराने ग्रन्थागारों में उपलब्ध पुस्तकराशि आदि कृच्छसाध्य विषयों पर ये लोग कार्य करते रहेंगे और उनके कार्य का मूल्य-महत्त्व भी है। परन्तु इनके इर्द-गिर्द हिन्दी अध्ययन पीठ बनाना बहुत बड़ी गलती होगी। ऐसा काम अपने आप में महत्त्वपूर्ण भले ही हो पर सामान्य विद्यार्थियों की रुचि को निहायत गोठिल कर देने वाला होता है।

अन्य बहुत से विद्यार्थियों को पीएच.डी. मिल जानी चाहिए यदि वे निश्चित रूप से विस्तार के साथ प्रबुद्ध शब्दावली में यह सिद्ध कर सकें कि एक अच्छे लेखक—नया या पुराना—की उपलब्धियों को वे आत्मसात कर सके हैं और गृहीत वस्तु को कागज पर प्रभावकारी ढंग से अनूदित कर सके हैं। अगर इस प्रकार का कार्य पहले भी हो चुका है तो उससे घबराने की बात नहीं है क्योंकि एक तो हर एक अपने विशिष्ट व्यक्तित्व को रखेगा ही, दूसरे हम साहित्य से प्रेम करते हैं, उसके श्रेष्ठ लेखकों से परिचित हैं या होना चाहते हैं और यह भी इच्छा करते हैं कि यह प्रेम और ज्ञान दूसरों को भी सिखा सकें न कि तुलसीदास या सूरदास के विशेषज्ञों के पीछे घूमना चाहते हैं।

हिन्दी अनुशीलन : 1962

हिन्दी आलोचना का वर्तमान घटिया स्तर

इस आलेख का अन्तिम पैराग्राफ धर्मयुग में नहीं छपा था। अब रचनावली में इस आलेख का अविकल प्रकाशन हो रहा है। आलेख का मूल शीर्षक था 'प्रक्रिया, विश्लेषण तत्पर साहित्य-निकष।' सम्भवतः एक पूरी सुचिन्तित योजना के साथ यह आलेख लिखा गया था। हिन्दी आलोचना के तत्कालीन परिदृश्य को बदलने की ईमानदार कोशिश हम देख और पढ़ सकते हैं।

प्रिय भाई,

हिन्दी के जीवन्त लेखन से सम्बद्ध आप-हम सभी जन बराबर यह अनुभव करते रहे हैं कि आलोचना-कार्य एक निहायत घटिया स्तर पर पहुँच गया है। बीसवीं शती के तीसरे एवं चौथे दशकों में हिन्दी-आलोचना का जो रूप बन गया था, आलोचना के नाम पर लिखी जानेवाली पुस्तकों की अधिसंख्या उसी रूप की विकृतियाँ प्रतीत होती हैं। वास्तविक आलोचना के स्थान पर जिस शास्त्राभ्यासी जड़ता एवं शोध को प्रश्रय मिला है, वह जीवन्त लेखक से नितान्त असम्पृक्त ही नहीं है, उसके सन्दर्भ में एकदम अक्षम एवं असमर्थ भी। यह एक खेदपूर्ण तथ्य है कि पिछले पन्द्रह वर्षों में कुछ अपवादों को छोड़ कर जो भी महत्त्वपूर्ण आलोचना-कार्य हुआ है, वह सृजनशील लेखकों द्वारा ही सम्पन्न हुआ है। पर यह लेखन एक आपद्धर्म है और बहुधा एक प्रकार का Self-Justification भी। इसी कारण इसकी अपनी सीमाएँ भी रहीं। पैनी दृष्टि के होते हुए भी इन आलोचनाओं में तटस्थता के अभाव में एकांगीपन बराबर विद्यमान रहा। सृजनशील लेखकों के अतिरिक्त दो-चार आलोचकों ने यदि प्रयास किये भी तो वे प्रयास नवलेखन को स्थापित करने की चेष्टा में प्रयुक्त होने के कारण पक्षधर रहे और इनमें भी वही एकांगिता रही। तटस्थ विश्लेषण और मूल्यांकन की दिशा में आगे बढ़ना एक प्रकार से अवरुद्ध हो गया। जबकि प्रत्याशा यह होनी चाहिए कि आचार्य शुक्ल द्वारा स्थापित भूमि में एक ऐसी पीढ़ी अब तक उभर कर आ जाती जिसकी आत्मिक तृप्ति समीक्षा-व्यवसाय में ही होती। पर तृप्ति की यह अनिवार्यता हिन्दी-समीक्षा में लगभग विरल ही है।

स्पष्ट है कि इस स्थिति के लिए हमारे विश्वविद्यालय तो उत्तरदायी हैं ही, लेखक

भी कम जिम्मेदार नहीं हैं। स्वतन्त्रता के पश्चात् एकदम से अवसरों का जो विस्तार (खासकर हिन्दी-विभागों का) हुआ है उसमें बहुधा ऐसे लोग पद-प्रतिष्ठित हो गये हैं जिनके मन में न तो साहित्यिक-मूल्यों के प्रति कोई गहरा लगाव है और न जिनमें किसी प्रकार की साहित्यिक समझ ही है। 'अनुग्रह' के सहारे आगे बढ़ने वाले इन पुष्टिमार्गियों ने आलोचना का 'प्रकृत रास्ता ही छेंक लिया।' अपने समसामयिक सन्दर्भ से कटे, साम्प्रतिक बोध से रहित ये व्यक्ति एक प्रकार के पुनरुत्थानवाद एवं चर्वित-चर्वणावादी पाण्डित्य में विश्वास करते रहे। परिणाम सामने है: पुराने साहित्य पर शोध की जाती रही, पर हजारी प्रसाद द्विवेदी ने परम्परा के मूल्यांकन की जो दृष्टि चौथे दशक में दी थी उससे आगे एक कदम भी नहीं बढ़ा गया। इसी प्रकार काव्यशास्त्र पर दर्जनों ग्रन्थ लिखे गये पर उन पुराने सिद्धान्तों की वैसी युगीन व्याख्याएँ दुर्लभ ही रहीं जिनसे कि उन सिद्धान्तों की प्रसंगानुकूलता स्पष्ट की जा सकी होती। अरस्तू या कालरिज की जैसी विवेचनाएँ अमरीका के 'काव्य-समीक्षकों' ने की हैं उसका एक अंश भी हमें प्राप्त नहीं होता। पाठ्यक्रमों, प्रश्नपत्रों को उठा कर देख जाइये, उनका मूल साँचा 25 वर्ष पहले वाला ही बना हुआ है। हमारी पढ़ाई एवं परीक्षा को इस सांचे में साहित्य की अपेक्षा साहित्येतर मूल्यों पर अधिक जोर रहता है। सामाजिक पृष्ठभूमि, दार्शनिक विचार, वैयक्तिक जीवनी आदि पर विशेष बल मिलता है। जहाँ पर काव्यत्व आदि की चर्चा का प्रश्न आता भी है वहाँ पर छन्द, अलंकार, काव्यरूप, अनुभाव, संचारी भाव आदि कुछ इस ढंग से बताये जाते हैं कि इन सबकी विविक्ति सदा प्रमुख हो जाती है और रचना गौण। भाव पक्ष-कला पक्ष व शैली और शिल्प; कुछ अच्छाई और कुछ बुराई आदि की विविधाओं में रचना की समग्रता एवं स्वतन्त्रता का तिरोभाव हो जाता है।

इस सारी स्थिति का एक भयंकर दुष्परिणाम सांस्कृतिक स्तर पर देखा जा सकता है। हमारे अधिकांश पाठक-समुदाय का रुचि बोध इस एकेडेमिक जड़ता के भीतर कुण्ठित कर दिया गया है। हमारे प्रथम श्रेणी के विद्यार्थी भी नये साहित्य (या नयी परिस्थितियों) के प्रति समुचित रूप से तत्पर नहीं हो पाते। वे बहुधा पुराने साहित्य के उसी खोल में जा छिपते हैं जिसे उन्हें पहले से ही पहनाया गया था। इस प्रकार जीवन्त लेखन के लिए पाठकों की कमी पड़ती जा रही है। यह स्थिति न तो सामान्य सांस्कृतिक स्तर के लिए उपयुक्त है और न नवलेखन के लिए। इस समस्या को समसामयिक साहित्य की दुरूहता कहकर उड़ाया नहीं जा सकता। अगर यह दुरूहता कहीं है भी तो यह आलोचक का दायित्व है कि इस दुरूहता का वहन करते हुए वह सामान्य पाठक के बोध को पैना करे एवं उस रचना की अर्थवता को सम्प्रेषणीय भी बनावे।

ऐसा भी नहीं है कि तमाम तरुण शिक्षक एवं बुद्धिमान विद्यार्थी इस स्थिति की घुटन को महसूस न करते हों। पर वे करें क्या? नवलेखन से सम्बद्ध व्यक्तियों

ने विश्वविद्यालयों को बहुधा उपेक्षा एवं हिकारत की निगाह से देखा। वहाँ अपना कार्यक्षेत्र बनाने का दायित्व उन्होंने स्वीकार ही नहीं किया। एक अन्तराल बढ़ता गया। परिणाम स्वरूप घुटन महसूस करते हुए भी इन शिक्षकों या अध्यापकों के सामने यह समस्या बनी ही रही कि आखिर विकल्प क्या है? तुलसीदास या कामायनी का पिष्टपेषण वाला अध्ययन उन्हें रुचता भले न हो, पर वह भी कहाँ था जो उन्हें साम्प्रतिक मूल्यवत्ता प्रदान कर सके। रस, ध्वनि या वक्रोक्ति-सिद्धान्तों की ऐतिहासिक ही नहीं पुनर्व्याख्या ही कहाँ प्रस्तुत थी जिसे वे पढ़कर एक विकल्प प्राप्त कर सकते। एक ओर जीवन्त लेखन एवं उच्चतर अध्ययन-अध्यापन का यह अन्तराल सांस्कृतिक वातावरण को कुण्ठित करता रहा और दूसरी ओर राजनीति के विष से दंशित साहित्यिकों ने भी तमाम साहित्यिक मूल्यों को अप्रतिष्ठित करने की भरपूर चेष्टा की। राजनीतिक विश्वास अवधार्य हैं या हो सकते हैं, समसामयिक राजनीति में किसी से प्रतिबद्ध होना भी 'अनुचित नहीं' है; पर उसकी सारी शब्दावली साहित्यिक विवेचन भी तभी ग्राह्य हो सकती है जब वह साहित्य की अपनी प्रकृति एवं व्यापार का आन्तरिक अंग बन जाय। राजनीतिक दलों के पक्षधरों या राज्याश्रितों ने बहुधा साहित्यिक विवेचनाओं में आन्तरिक प्रविधियों एवं साहित्य के मूल्यों को बहिष्कृत ही किया है। राजनीतिक विश्वास के आधार पर एक लेखक को जितनी तेजी से अपनी ओर खींचा गया, उतनी ही धारा से उसे स्थिति बदलते ही फेंक दिया गया है। प्रगति, प्रतिक्रिया, जनवाद, वैयक्तिक स्वातन्त्र्य, सामूहिक जन, विश्व शान्ति आदि नारे साहित्य के विवेचन में धड़ल्ले से प्रयुक्त हुए हैं।

इसी सन्दर्भ में एक और तथ्य भी ध्यान देने योग्य है: हिन्दी में छपना, छपाना, तो सरल है ही; प्रतिष्ठित या स्थापित दोनों के लिए वास्तविक रचनाशीलता की अपेक्षा पद, लोक व्यवहार, सभा-चातुर्य आदि अधिक मान्य विधियाँ हैं। और इस प्रकार एक दूसरे ढंग की साहित्यिक राजनीति का बोलबाला है। इसके परिणामस्वरूप जीवन्त लेखन में भी तमाम 'चतुर' जनों का जाल फैल गया है। पर समसामयिक समीक्षा का दायित्व है कि 'प्रतिभाशाली' एवं 'चतुर' के मध्य पहचान कर सके। ईमानदारी एवं 'सच्चाई', साहित्य के भी मूल्य हैं—इसे सबसे अधिक आलोचना को ही याद रखना होता है।

इस प्रकार स्पष्ट है कि न तो स्वस्थ समीक्षा है और न रचनाशीलता के लिए उत्प्रेरक वातावरण। तब फिर उपाय क्या है? मात्र निष्क्रिय ऊब या असन्तोष या गाली देने से तो काम चलेगा नहीं। हमारे मन में है कि इस समस्या को सीधे मुँह से पकड़ने की आवश्यकता है। इस परिस्थिति पर एक सुनियोजित, संगठित एवं एकाग्र प्रहार करना होगा। जड़ता को जड़ से तोड़ना और नया विकल्प साथ ही उपस्थित करना ही एकमात्र पथ है।

इसी कारण हमारी योजना है कि इस परिस्थिति को सामने रख कर ही एक

समीक्षा-पत्र निकाला जाय। इस पत्र के माध्यम से ही प्रहार एवं निर्माण करने का प्रयास किया जाय। साहित्यिक अभिरुचि को प्रबुद्ध करते हुए पुनः रचना की ओर लौटने का प्रयास हम करना चाहते हैं। समीक्षा-पद्धति के बारे में कोई घोषणापत्र निकालने हम नहीं जा रहे हैं; पर इतना कह देना आवश्यक है कि आलोचना के क्षेत्र में जो साहित्येतर प्रश्न प्रमुख हो उठे हैं—उन्हें हम अलग रखना चाहेंगे। जीवनी, दर्शन, इतिहास, समाजशास्त्र, मनोविज्ञान, राजनीति ही नहीं, साहित्यशास्त्र को भी हम उपकरण ही मानते हैं। ये अन्ततः एक साहित्यिक रचना के आन्तरिक अध्ययन के लिए प्रयुक्त किये जा सकते हैं। पर वस्तुतः रचना की सघनता शब्द के माध्यम से ही सृजित होती है। इस शाब्दिक चयन के विश्लेषण के लिए इन तमाम शास्त्रों का सहयोग सम्भव है—पर उतना ही जितना कि इस चयन के लिए औचित्यपूर्ण हो। साहित्यिक पाण्डित्य को हम आदर की दृष्टि से देखते हैं, पर हमारा लक्ष्य साहित्यिक पाण्डित्य नहीं साहित्य-समीक्षा है। हम यह भी स्वीकार करते हैं कि साहित्यिक अध्ययन एवं आलोचना में मूल्य-निर्णय के पूर्व इस बात को अधिक देखना होगा कि कृति विशेष में जो घटित होता हुआ सत्य है वह अपने समस्त संकुल अर्थस्तरों के साथ समझा जा सके। इसके लिए हमारा विश्वास है कि अकेला बड़े से बड़ा आलोचक सक्षम नहीं होता। इसके लिए एक प्रकार के सहयोगी प्रयास की तीव्र आवश्यकता है। रचना के संकुल स्तरों की समझ और सराहना के लिए भिन्न-भिन्न दृष्टि-बिन्दुओं से उस पर प्रकाशवृत्त केन्द्रित करना ही अभीष्ट है। चूँकि न्यस्त स्वार्थों, प्रतिष्ठित प्रतिष्ठानों के विरोध में हम वाणी ऊँची करना चाहते हैं अतः प्रकाशकों से फिलहाल बहुत सहयोग मिलने की सम्भावना भी नहीं है। तमाम न्यस्त स्वार्थों से अलग रखने के लिए ही हम चाहते हैं कि लेखकों का ही एक समुदाय इसके आर्थिक पक्ष का बोझ सम्हाले। प्रारम्भिक व्यय कम रखने के लिए ही हमारी योजना यह भी है कि शुरू में इसे छपवाने की बजाय केवल साइक्लोस्टाइल कराया जाय। प्रत्येक अंक को हम विशिष्ट योजनाबद्ध रूप में भी निकालना चाहते हैं। इसके लिए हम आपका सभी प्रकार का सहयोग चाहते हैं। सबसे बड़ी सिद्धि तो हमारी यही है कि अधिकाधिक व्यक्ति इसे पढ़ें तथा रचना की समझ और सराहना में अपना-अपना सहयोग दें। इस सहयोगी प्रयास से ही अपेक्षित फल की उपलब्धि सम्भव है। आप इसके आर्थिक और बौद्धिक पक्ष में तो सहयोग दें ही—साथ ही इसके प्रचार-प्रसार में भी हम आपकी सहायता के आकांक्षी हैं।

धर्मयुग : 1963

New Writing and the Problem of Critical Standards in Hindi

So far as creative writing in Hindi is concerned, the impact of 'modernity' becomes clear in the forties. It is a historical fact that this movement of 'modernity' took its roots during the Second Wrold War. 'Tar Saptak' edited by 'Agyeya' was published in 1943 and we can say that this is the first anthology of 'modern' verse. In this anthology there is a clear attempt to break the romantic tradition of 'Chhayavad'.

In the socio-hiostorical situation of 1930's, the individualist imagination was forced to see the hard realities of life and the overall impact of marxist philosophy and *left-politics* made the realistic feeling more acute. This feeling created a literature which is known in Hindi as the literature of 'Pragativad' and 'Prayogvad'. But in fact this is one and the same movement and the difference between the so called two currents is more artifical than real. Or we can say that this duality was more on the plain of criticism than on the level of creative endeavour. The social consciousness of 'Pragativad' and personality-conciousness of 'Prayogvad' are so much intermingled that there is not even one single poet who can be put exclusively in either of the two categories. Evidence regarding the identity of the two trends could clearly be seen in the new writing of the 'fifties'.

Basically, these tendencies served as a prelude to the 'new writing' movement. As a matter of fact the 'modernity' gained literary value only after 1950. The nomenclatures 'Nayee Kavita', 'Nayee Kahani', 'Nayee Alochana' or 'Nav Lekhan' show that the emphasis on the "new" is neither casual nor improvised for the sake of novelty and fashion. In fact it became a value for creative effort and the criteria for judgement.

When we say that the first clear symptoms of modernity are traceable in the creative writing of the forties, we mean that it is there that the basic fundamentals about life and literature are challenged for the first time. One can argue that the Chhayavad (Romantic) movement also did the same thing. For the first time in the 'Chhayavad' the individual will asserted itself. But a close scrutiny of the 'Chhayavad' shows that here the challenge was not directed towards fundamentals of poetry and society 'Chhayabad' was more concrened with the super-structural problems of socio-ethical nature and even in this field there is a clear reformist touch. Not only the reformist touch, one can also see the revivalist tendencies and vociferious clamouring for the tradition.

Each and every 'Chhayavadi' poet tried to justify his stand on some Apta Praman (Accepted authority) note. I do not want to decry the love for tradiction. But I certainly want to decry the lack of enterprise and lack of strong personality to stand against the onslaught of traditional thinkers. The result was that 'Chhayavad' poetry, more often than not, escaped from the contemporary reality. The more it was devoid of contemporary feeling the more fake and emotionless it became. The optimism of 'Chhayavad' was magnified and the loneliness and pessimism were also out of focus. Even the tone of the struggle over-reached itself. On the whole the 'Chhayavad' Movement compromised at many points with the traditional ethics, social structure and classical poetics.

But the modernist literature emerging from 'Pragativad' and 'Prayogvad' not only challenged the basic social structure, but also made it quite evident that classical poetics was quite incapable of analysing and evaluating this literature. That is why, from this point a widening gap between creative writing and professional criticism becomes clear. So far 'Chhayavad' is concerned, though critics like Ram Chandra Shukla were a little unsympathetic to it, they were able to discern its strong and weak points in concrete terms; but this is not the case with the modernist movement. The professional critics (it is more correct to call them Academic Critics) with their old tools of 'Ras', 'Alankar' etc. and some new but insufficient tools of psychology and sociology, tried to assess this new, and for them quite baffling, literature. In their very first attempts they were dazed and failed to discern anything worthwhile and were only left to their stock trade-in abuses.

It is a significant fact that the old guard critics have failed even in mustering a little courage for a second attempt. This fact is again a proof that the overall sensibility of our literature has changed. Consequently the burden of criticism of this new writing too fell on the shoulders of the creative writer. It is clear that it is not a very happy situation for the development and growth of an enlightened critical sensibility. The criticism written by the creative writers is bound to be unbalanced and more often an attempt at self-justification. In fact it has been a kind of emergency-duty and some very good work has bee done by the creative writters in the field of criticism also. But their self-justification and the rather casual way of thinking has created a chaos in the field of critical standards.

Any serious student of literature could see without much difficulty that the main theme in the field of criticism, in the last decade, has been a consideration of the creative process. And, perhaps, it is needless to emphasise that the question of creative process is not very important in the domain of critical analysis and evaluation. Some time it may illumine a level of meaning in the poem, but its consideration certainly has little relevance.

Apart from the creative writers, of course, there were also certain critics who gave their sympathies to the modernist writing. But they always remained preoccupied with the question of recognition and establishment of new writing. Hence they were also victims of a new set of prejudices and imbalance. They overlooked the weaknesses and irrelevancies of new writing and in this way these new critics are also responsible for the chaos regarding the critical stanards. And then there were extra-literary reasons of this chaos. Writers' own cliques and conclaves, existence of cunning but pseudowriters, governmental favours and corrupting influences of the capitalist society remained very much active in creating a mist or artificial hallows around certain figures resulting in the critical anarchy.

Fortunately in the last three or four years a new thingking is slowly emerging. A new note in the field of valuation and revaluation is coming up. In the field of poetry-criticism there is a voice for studying a poem as a poem, not as a social document or subject of psychology. A few younger writers are trying to evolve methodology and the relevant terminology for this kind of close literary analysis of poems. They want to describe what is happening in a poem rather than pass judgement on is. By this widening of the scope of scrutiny and perception one can hope, that a new critical sensibility will grow in the general academic field also.

The second important aspect is the emergence of a new approach to the relevance and meaning of tradition. This will ultimately lead to the more important and fruitful activity of critical revaluation.

Thirdly, it is encouraging to see a new awakening about the importance of fiction. Before the fifties there was hardly any fiction-criticism worth the name, in Hindi. But now there is some significant effort going on in this area, although one clear weakness could be visualised in the fact that the short story—a less important genre—has attracted greater attention than the novel.

In the field of dramatic criticism also some new attempts have been made. But, on the whole, the new trends in criticism are rather feeble and there is urgent need for more concerted effort for the renovation of critical activity.

नवलेखन और आलोचनात्मक मानदण्ड की समस्या

हिन्दी के सृजनात्मक लेखन पर 'आधुनिकता' का प्रभाव बीसवीं सदी के चौथे दशक में परिलक्षित होना शुरू हो गया था। यह ऐतिहासिक तथ्य है कि आधुनिकता के आन्दोलन के बीजांकुर द्वितीय विश्वयुद्ध के समय शुरू हुए। अज्ञेय के सम्पादन में 1943 में 'तारसप्तक' का प्रकाशन हुआ। हम इसे 'आधुनिक' पद्य का पहला संकलन कह सकते हैं। इस संकलन में बहुत ही स्पष्ट रूप में 'छायावाद' की रोमाण्टिक परम्परा से अलग एक प्रस्थान दिखाई देता है।

सन् '30 की सामाजिक, ऐतिहासिक परिस्थिति में वैयक्तिक कल्पना जीवन की कठोर वास्तविकताओं को देखने के लिए विवश कर दी गयी और मार्क्सवादी दर्शन तथा *वामपन्थी* राजनीति के व्यापक प्रभाव ने यथार्थ अनुभूति को तीव्रतर कर दिया। इस यथार्थ अनुभूति से जिस साहित्य की सृष्टि हुई उसे हिन्दी साहित्य में 'प्रगतिवाद' और 'प्रयोगवाद' की संज्ञा देते हैं। लेकिन तथ्य तो यह है कि ये दोनों एक ही आन्दोलन हैं। और इन दोनों धाराओं के बीच भेद वास्तविक न होकर कृत्रिम है। हम यह भी कह सकते हैं कि यह दोहरापन सृजनात्मक धरातल के बजाय आलोचना के धरातल पर कहीं ज्यादा था। प्रगतिवाद की सामाजिक चेतना और प्रयोगवाद की व्यक्ति चेतना के बीच इतना अधिक अन्तःमिश्रण है कि किसी भी एक कवि को निर्विवाद रूप से दोनों में से किसी एक श्रेणी का कवि नहीं कहा जा सकता। इन दोनों धाराओं की पहचान का एकत्र साक्ष्य पाँचवें दशक के नवलेखन में स्पष्ट रूप से दिखाई देता है।

बुनियादी बात तो यह है कि ये प्रवृत्तियाँ नवलेखन आन्दोलन की भूमिका के रूप में सामने आयीं। यह एक हकीकत है कि सन् '50 के बाद ही 'आधुनिकता' को साहित्यिक प्रतिष्ठा मिली। 'नयी कविता', 'नयी कहानी', 'नयी आलोचना' अथवा 'नवलेखन' आदि संज्ञाएँ यह बताती हैं कि नयेपन का यह आग्रह न तो आकस्मिक है और न नये फैशन के अलंकरण के रूप में है। सचाई तो यह है कि यह नयापन सृजनात्मक प्रयासों के लिए मूल्य और आलोचना के लिए निर्णय की कसौटी बन गया।

जब हम यह कहते हैं कि चौथे दशक के सृजनात्मक लेखन में आधुनिकता

के पहले चिह्न स्पष्ट रूप में परिलक्षित होते हैं तो मेरा मतलब है कि जीवन और साहित्य में स्थापित मान्यताओं के खिलाफ चुनौती के प्रकट होने के पहले संकेत मिलते हैं। कोई यह तर्क रख सकता है कि छायावादी आन्दोलन ने भी यही किया था क्योंकि छायावाद में ही पहली बार वैयक्तिक भावना का आग्रह प्रकट हुआ था। छायावाद का सूक्ष्म विश्लेषण यह दर्शाता है कि यहाँ चुनौती का निशाना कविता और समाज की आधारभूत मान्यताएँ नहीं हैं। छायावाद सामाजिक-नैतिक प्रकृति की बाह्य अधिरचना की समस्याओं के प्रति कहीं अधिक चिन्तित है और इस पहलू पर भी उसका दृष्टिकोण स्पष्टतः सुधारवादी है। इसके अतिरिक्त यहाँ केवल सुधारवादी संस्पर्श ही नहीं है बल्कि पुनरुत्थानवादी प्रवृत्तियाँ और परम्परा के प्रति मुखर गौरव मण्डन के स्वर भी हैं।

हर 'छायावादी' कवि स्वयं को सही ठहराने के लिए किसी-न-किसी आप्त प्रमाण का सहारा लेता है। मैं यहाँ परम्परा के प्रति उनके प्रेम की निन्दा नहीं कर रहा किन्तु पारम्परिक चिन्तनों के दृष्टिकोणों से आक्रान्त होने के कारण इन रचनाकारों में पहलकदमी की कमी और सशक्त व्यक्तित्व के अभाव की आलोचना निश्चित रूप से कर रहा हूँ। नतीजा यह कि छायावादी कविता प्रायः ही समकालीन वास्तविकता से पलायन का रुख अपनाती रही। समकालीन जीवनानुभूति से जितनी दूरी बढ़ी उतनी ही वह बनावटी और भावहीन होती गयी। छायावादी कविता के आशावाद को अतिरंजित ढंग से बढ़ा-चढ़ाकर देखा गया तथा उसकी ऐकान्तिकता और निराशा को अनदेखा कर दिया गया। यहाँ तक कि संघर्ष के उसके स्वर का भाष्य भी अतिरंजित ढंग से किया गया। निष्कर्ष यह कि छायावादी काव्यान्दोलन ने प्रचलित रूढ़ नैतिकता, सामाजिक ढाँचे और पुराने काव्यशास्त्र से अनेक बिन्दुओं पर समझौता किया।

इसके ठीक विपरीत 'प्रगतिवाद' और 'प्रयोगवाद' के आन्दोलनों के परिणामस्वरूप लिखे गये आधुनिक साहित्य ने केवल आधारभूत सामाजिक ढाँचे को ही चुनौती नहीं दी बल्कि उसने दो टूक ढंग से यह भी जाहिर कर दिया कि प्राचीन काव्यशास्त्र नये साहित्य का विश्लेषण और मूल्यांकन करने में सर्वथा असमर्थ है। यही कारण है कि उस युग से ही सृजनात्मक लेखन और पेशेवर समालोचना के बीच खाई बढ़ती गयी है। जहाँ तक छायावाद का सम्बन्ध है, रामचन्द्र शुक्ल जैसे आलोचक उसके प्रति बहुत अधिक सहानुभूति न रखने के बावजूद उसके सशक्त और कमजोर बिन्दुओं को ठोस ढंग से रखने में कामयाब हो गये; पर आधुनिकतावादी आन्दोलन के प्रसंग में इस तरह की बात नहीं कही जा सकती है। पेशेवर आलोचकों (उन्हें अकादमिक आलोचक कहना अधिक उपयुक्त है) ने रस, अलंकार आदि जैसे पुराने औजारों तथा मनोविज्ञान एवं समाजविज्ञान के कुछ नये उपादानों की सहायता से इस नये—पर अबूझ और अग्राह्य साहित्य के मूल्यांकन का प्रयत्न किया। अपने पहले प्रयत्न में

ही वे विभ्रम के शिकार हो गये तथा उसमें कुछ भी सार्थक सामग्री ढूँढ़ने में विफल होने के कारण गालीगलौज पर उतर आने के लिए मजबूर हो गये।

खास बात यह कि पुरानी पीढ़ी के आलोचकों ने फिर से इस दिशा में थोड़ा भी प्रयत्न करने का उत्साह नहीं दिखाया। इस तथ्य से यह प्रमाणित होता है कि हमारे साहित्य की संवेदना एकदम बदल गयी है। नतीजा यह कि नवलेखन की विवेचना का दायित्व भी सृजनशील रचनाकर्मियों के ऊपर ही आ गया। प्रबुद्ध आलोचनात्मक संवेदनशीलता के विकास और विस्तार के लिहाज से जाहिर है कि यह कोई सुखद स्थिति नहीं है। रचनाकर्मियों द्वारा लिखी गयी आलोचना असन्तुलित होने के लिए अभिशप्त है और अकसर इस प्रकार की आलोचना स्वयं के औचित्य स्थापन की कोशिश भर होती है। वास्तविकता तो यह है कि ऐसी आलोचना एक आपद्धर्म के रूप में लिखी जाती है। फिर भी इस प्रक्रिया में रचनाकर्मियों ने कुछ गम्भीर किस्म की बहुत ही अच्छी आलोचनाएँ लिखी हैं, किन्तु उनके स्वयं के औचित्य स्थापन और प्रायः ही हलके-फुलके ढंग के चिन्तन ने आलोचनात्मक मानदण्डों के क्षेत्रों में एक प्रकार की अराजकता उत्पन्न कर दी है।

साहित्य का कोई भी गम्भीर पाठक यह आसानी से कह सकता है कि पिछले दशक के दौरान समालोचना के क्षेत्र में सृजनात्मक प्रक्रिया पर विचार ही मुख्य विषय के रूप में हावी रहा है। सम्भवतः यहाँ यह बताना अनावश्यक होगा कि आलोचनात्मक विश्लेषण और मूल्यांकन के क्षेत्र में सृजनात्मक प्रक्रिया पर विचार कोई खास महत्त्व नहीं रखता है। कभी-कभार किसी कविता में अर्थबोध की कोई कौंध भले ही यह दे दे, पर सृजनात्मक प्रक्रिया पर विचार की कोई सार्थकता नहीं होती।

रचनाकर्मियों के अतिरिक्त, निःसन्देह, कुछ आलोचकों ने भी आधुनिकतावादी लेखन को अपनी सहानुभूति दी। पर उनके ऊपर इस नयी धारा की स्वीकृति और उसे प्रतिष्ठित करने के प्रयत्न में ही अपना सारा प्रयास केन्द्रित करना पड़ा। अतः वे भी एकदम नये ढंग के पूर्वाग्रहों और असन्तुलन के शिकार बन गये। नवलेखन की दुर्बलताओं और अप्रासंगिकताओं की अनदेखी करने के कारण ये समालोचक भी आलोचनात्मक मानदण्डों के मामले में अराजकता के लिए जिम्मेवार रहे हैं। इसके अतिरिक्त इस अराजकता के कुछ साहित्येतर कारण भी हैं। लेखकों की अपनी मण्डलियाँ, उनके सम्मेलन, चालाक और छद्मवेशी लेखकों का अस्तित्व, सरकारी अनुग्रह और पूँजीवादी समाज के भ्रष्ट प्रभावों आदि के परिणामस्वरूप एक कुहासा या कुछेक व्यक्तित्वों के इर्द-गिर्द बनाये गये कृत्रिम प्रभामण्डल से यह आलोचनात्मक अराजकता और भी बढ़ गयी।

सौभाग्यवश पिछले तीन या चार वर्षों के अन्दर एक नयी चिन्तनधारा प्रकट हुई है। मूल्यांकन तथा पुनर्मूल्यांकन को लेकर एक नया स्वर सुनाई पड़ने लगा है। काव्य-मीमांसा के क्षेत्र में कविता को कविता के रूप में पढ़ने, न कि सामाजिक

दस्तावेज या मनोवैज्ञानिक विषय के रूप में देखने पर जोर दिया जाने लगा है। कुछ नये लेखक एक ऐसी पद्धति और उपयुक्त शब्दावली का विकास कर रहे हैं जिससे कविताओं का सघन साहित्यिक विश्लेषण हो सके। वे मूल्य-निर्णय के बजाय यह बताना ज्यादा उपयुक्त समझते हैं कि कविता में क्या घटित हो रहा है। जाँच-परख और बोध के दायरे के विस्तार से यह आशा व्यक्त की जा रही है कि सामान्य रूप में अकादमिक हलकों में नयी आलोचनात्मक संवेदनशीलता का विकास होगा।

इस सन्दर्भ में ही दूसरा उल्लेखनीय महत्त्वपूर्ण पहलू है परम्परा की प्रासंगिकता और अर्थवत्ता के प्रति नये दृष्टिकोण का उद्भव। अन्ततः यह पहलू आलोचनात्मक मूल्यांकन की कहीं अधिक महत्त्वपूर्ण और फलप्रद सक्रियता की दिशा में आलोचना को आगे ले जायेगा।

तीसरी बात है कथा साहित्य के महत्त्व को लेकर एक नयी जागरूकता का उभार। छठे दशक के पहले कथा-समालोचना नाम की चीज का कोई अस्तित्व ही न था, पर अब इस क्षेत्र में सार्थक प्रयास हो रहे हैं, यद्यपि उपन्यास की तुलना में कहानी जैसी अल्प महत्त्व की विधा पर अधिकतम ध्यान केन्द्रित होना इस दिशा में प्रकट हो रही कमजोरी का भी ठोस संकेत देता है।

नाट्यालोचन के क्षेत्र में कुछ नये प्रयत्न हो रहे हैं। इस सबके बावजूद कुल मिलाकर आलोचना के क्षेत्र में नयी धारा का रुझान अब भी बहुत कमजोर है और आलोचनात्मक सक्रियता के पुनर्जीवन के लिए समवेत प्रयास की अविलम्ब आवश्यकता है।

'न्यू रायटिंग एण्ड द प्रॉब्लम ऑफ क्रिटिकल स्टैण्डर्ड्स इन हिन्दी'
पोस्ट-ग्रेजुएट इवनिंग स्टडीज, दिल्ली विश्वविद्यालय की
वार्षिक पत्रिका के लिए अंग्रेजी में लिखा : 1964
अनुवाद : रेखा अवस्थी

रचना और आलोचना का अन्तराल

काशी में अपने घर की छत पर डॉ. नामवर सिंह ने फरवरी 1964 में एक संगोष्ठी आयोजित की थी जिसमें मुख्य वक्ता देवीशंकर अवस्थी थे। श्री गोविन्द सिंह की रिपोर्ट में डॉ. देवराज, शिवप्रसाद सिंह, बच्चन सिंह, त्रिलोचन शास्त्री, विष्णुचन्द्र शर्मा, काशीनाथ सिंह, धूमिल, पद्मधर त्रिपाठी, श्रीकृष्ण तिवारी, कृष्णनाथ तथा हंगरी के हिन्दी विद्वान श्री दाब्रोब्रूनी इत्यादि रचनाकारों के शामिल होने का जिक्र है। संगोष्ठी की रिपोर्ट गोविन्द सिंह ने डाक से देवीशंकर जी को भेजी थी और उसी रिपोर्ट में अवस्थी जी ने अपने हाथ से कुछ सुधार भी किये थे। यह रिपोर्ट अब तक हमारे घर में सुरक्षित है। इसी रिपोर्ट से अवस्थी जी का मुख्य वक्तव्य और समापन वक्तव्य दिया जा रहा है।

"सभापति जी, मित्रो, एक प्रश्न मन में कई दिनों से है। मैंने नामवर जी से चर्चा की। उन्होंने अनुरोध किया, इसे मैं सबके सामने रखूँ। वाराणसी एक तीर्थ है। साहित्यिक तीर्थ भी है। इस नगरी में रहने वाले जो मेरे समानधर्मा हैं, विचारक हैं, जिनसे मेरा कन्सर्न है, मैं उसकी चर्चा करना चाहूँगा। प्रश्न मेरे मन में बना है। आपके सामने रखूँगा। चाहूँगा कि इस पर विभिन्न दृष्टियों से देखा जाय; यही गोष्ठी की सार्थकता होगी। यह प्रश्न अपने में सोचने को विवश कर सकेगा, तो भी कम सार्थकता नहीं होगी। आज समसामयिक, जीवन के सन्दर्भ में जो कुछ लिखा जा रहा है, रचना-सामर्थ्य के अनुसार जो कुछ सामने आ रहा है, उसकी समसामयिक आलोचना में कहाँ तक सम्पृक्ति है? यह अपने आप में केवल एक थ्योरीटिकिल सवाल नहीं है। एकेडेमिक आलोचना से अलग हटकर आलोचना का कोई लक्ष्य है या नहीं? यों यह भी कहा जा सकता है कि रचना और आलोचना में कहीं न कहीं सम्पृक्ति अवश्य है। एक ऐसा स्थल जरूर कहीं आता है, जहाँ आलोचना और रचना एक साथ होती हैं। सम्पृक्ति का कोई स्तर अवश्य है। रचनाकार कृति के पहले अपने मन में कहीं न कहीं उसका मूल्यांकन अवश्य कर लेता है। तब कृति आती है। यह सम्पृक्ति इसी स्तर पर कहीं है। प्रश्न इस सम्पृक्ति से हटकर प्रत्यक्ष अभिव्यक्ति का है। यह बौद्धिक वातावरण का भी प्रश्न है कि रचना जेनुइन है या नहीं? कौन-सी रचना प्रामाणिक

है और कौन-सी अप्रामाणिक? यानि कि सवाल समसामयिक जीवन से सम्बन्धित है कि आज जो कुछ आ रहा है, उसमें कितना प्रामाणिक है और कितना फैशन से सम्बद्ध होकर आ रहा है? फैशन की यह समस्या तनिक आगे बढ़कर युगधर्म जीटगिस्ट (Zeitgeist) की समस्या बन जाती है। यह रचना वास्तविक है या रूढ़ि या फैशन अथवा कनफैशन्स के अन्तर्गत है इसकी पहचान आखिर आलोचक को ही करनी होती है पर इस पहचान का कोई मानदण्ड नहीं है। उदाहरणार्थ अभी धर्मयुग में एक गोष्ठी का विवरण प्रकाशित हुआ था। इसमें मुक्तिबोध जी ने कहा था कि नयी कविता की एक रूढ़ि बन गयी है। उन्होंने 'क्षण' जैसे दस पाँच प्रतीक गिनाये और कहा कि बस इनसे नयी कविता बन जाती है। अतएव यह स्थिति नयी कविता की प्रमुख रचनाओं को छिपा लेती है, भले ही, वे कितनी ही प्रामाणिक क्यों न हों? पिछले दस-बारह साल की कविता को देखा जाय, तो कितनी ही कविताएँ जो छपने के समय बहुत ही जेनुइन लगी थीं आज फटे हुए गुब्बारे जैसी हैं। पिछले दस-पन्द्रह साल में कई नाम आये और अस्त हो गये। अब अगले दस-पन्द्रह साल बाद कौन कवि या रचना प्रमुख रहेगी या क्या हम यह कह सकते हैं कि कौन-सी रचना क्यों महत्त्वपूर्ण है। ऐसी प्रामाणिक बात क्या स्पष्ट रूप से कही जा सकती है? क्या आज की आलोचना से यह स्पष्ट रूप से आर्टीकुलेट हो सकेगा। हम अपने सांस्कृतिक परिवेश को देखते चलें। क्या आज की आलोचना इससे मेल खाती है? हिन्दी में आलोचना का कार्य यूनिवर्सिटीज से सम्बद्ध रहा आया है। पुरानी परम्परा को देखा जाय, तो सहवर्ती जीवन और यूनिवर्सिटीज के हिन्दी विभाग सम्बन्धित रहे हैं। सन् उन्नीस सौ पचास के आसपास से हिन्दी-विभागों का और विस्तार हुआ है। पर इस विस्तार में सहवर्ती रचनाकार का उससे कोई सम्बन्ध नहीं। इसी कारण रचनाकार ने आलोचना-व्यवहार पर एकेडेमिक जड़ता का आरोप लगाया है। मैं खुद एक यूनिवर्सिटी में पढ़ाता हूँ। इस आरोप को स्वीकार करता हूँ। इसका कारण क्या हो सकता है? एक प्रकार से साहित्य से नहीं, तमाम जीवन से अध्यापक अलग है। स्वतन्त्रता के बाद से तो वह राजनीति से और दूर चला गया। अब पहले जैसा नहीं रहा। समस्याओं से कतराकर एकेडेमिक ढंग से वह सामने है। हम बहुधा यह आरोप सुनते हैं कि विश्वविद्यालय देश के बौद्धिक जीवन से कटे हुए हैं या कि उनमें कुछ जोड़ नहीं रहे। ये एक नितान्त अव्यावहारिक धरातल पर हैं। बहरहाल सामाजिक वास्तविकता से कट जाने के कारण ये अध्यापक आलोचक उस समसामयिक बोध से भी अलग हुए जो कि एक आलोचक की प्राथमिक आवश्यकता है। इसी कारण परम्परा के गत्यात्मक बोध की जगह एक रूढ़िप्रियता के शिकार दूसरे विश्वविद्यालय होते गये। फिर भी सरकार प्रकाशक और पुरस्कार आदि के ऐसे कई माध्यम सामने आये हैं जिनसे कि अध्यापक सम्बन्धित हैं। सुख-सुविधा के एवेन्यूज दिखाई दिये और उनके साथ अवसरवादिता और कैरियरिज्म। अतएव व्यक्ति हटता गया। आपसी

होड़, व्यवहार पटुता का माध्यम और जिससे थोड़ा-सा ज्यादा सामाजिक सम्बन्ध सॉफ्ट है, वह आदमी अधिक महत्त्वपूर्ण हो गया। जो दो-चार के साथ बैठे उसे बढ़ना ही चाहिए। इसे मैं चतुरजनों का जाल कहूँगा, इसने दृष्टि को और धुँधला किया। बातें अधिक उलझे ढंग से आयीं। स्वयं समीक्षक के रूप में रचनाकार, तीसरे ऐसे लोग, जो नये साहित्य के साथ सम्बद्ध हैं, सहानुभूतिशील हैं और अपनी समझ को पैनी बनाने में लगे हैं। पहले मैं एकेडेमिक आलोचक की बात लूँगा। समसामयिक जीवन से हटते हुए ये लोग समसामयिक साहित्य के समझने में ही असफल नहीं रहे। पुराने साहित्य को नये मूल्यांकन में भी असफल हुए। उनकी आलोचनाएँ देखें। रीवेल्युऐशन है ही नहीं। समसामयिक प्रवृत्ति से हटने के कारण लिटरेरी शिड्यूल्स बनते गये। एकेडेमिक आलोचना अपनी प्रवृत्ति से कन्जरवेटिव होती है। परन्तु कन्जरवेटिव में भी एक खुलापन होता है। यह ठीक है कि धूमिल जी की रचना अभी यहाँ पढ़ी गयी, कल से वहाँ नहीं पढ़ाई जा सकती। पर वह उन्मुखता और संस्कार तो दिया जा सकता है जो नये के प्रति विद्यार्थी का मन खुला रखती है। जाहिर है कि एकेडेमिक आलोचना की अपनी एक लाइन है। दूसरी तरफ हैं स्वयं समीक्षक रचनाकार। शायद यह सही होगा कि दस-बारह साल में इनकी आलोचना महत्त्व ग्रहण कर सकती है। देखा जाय, तो रचनाकारों ने स्वयं समीक्षक के रूप में अपने को पेश कर आपद्धर्म का परिचय दिया है। इनमें सेल्फ जस्टीफिकेशन की प्रवृत्ति एकदम साफ है। अपनी रचना-प्रक्रिया, लेखन को जस्टीफाई करने के लिए उनको आलोचना का स्टैण्ड लेना पड़ा। एकेडेमिक आलोचना की धुँधली दृष्टि के कारण जो अन्तराल आया, उसके कारण एक विवशता ने भी इस बात को जन्म दिया। अज्ञेय को ही देखा जाय। अज्ञेय के सम्पादन में उनकी और दूसरों की रचनाशीलता का विकास हुआ। इसके लिए बाहरी प्रयत्न नहीं किये गये। रचनाकार के सामने एक मजबूरी थी। इस वजह से ऐसा किया गया। इस कारण रचनाकार पर कोई आरोप नहीं लगाया जा सकता है, पर उसका जोर इस जस्टीफिकेशन के लिए अपनी रचना-प्रक्रिया पर था। रचना के आब्जेक्टिव असेसमेन्ट की सम्भावनाओं से अपरिचित ये लोग एक दूसरे रहस्यवाद 'रचना-प्रक्रिया' पर ही बात करते रहे—क्योंकि विशिष्टता को स्थापित करना ही सबसे सरल था। रचना-प्रक्रिया में सब मिलाकर मूल्यांकन का प्रश्न बहुत महत्त्वपूर्ण नहीं है—इस तथ्य पर ध्यान नहीं दिया गया। फिर भी इन लोगों ने अर्थ के एक लेबिल (Lebel) को उद्‌घाटित किया। समसामयिक साहित्य से कन्सर्न्ड कुछ लेखकों-आलोचकों की सारी चेष्टा इसीलिए रही कि नवलेखन को कैसे स्थापित किया जाय। अतएव ये पुराने से अलग हो गये। इनके लिए नया होना ही पर्याप्त था। वस्तुतः जिटगिस्ट (Zeitgeist) की समस्या से सबसे अधिक यही पीड़ित हैं। इन लोगों में एकांगिता रही। जस्टीफिकेशन में इनका एक विशेष दृष्टिकोण रहा। केवल नवीनता की बात लेकर चले और कहना चाहा कि नयी है।

यह बतलाने का प्रयत्न नहीं किया कि पूरा आन्दोलन किन जगहों में ठोस मानवीय समस्या से सम्पर्क रखता है, आदर्श (Moral) से सम्बन्ध रखता है, इनने इसकी समीक्षा नहीं की। इनकी अधिकतर चेष्टाएँ एकेडेमिक आलोचकों, यूनिवर्सिटी के आलोचकों को उत्तर देने में लगीं। एकाध व्यक्ति अवश्य रहा है, जिसने सही ढंग से इधर ध्यान दिलाया है। मैं नाम नहीं लूँगा। इस गोष्ठी में मैं किसी का भी नाम पेश नहीं करूँगा। नाम से क्या लेना देना। महत्त्व की बात यह है कि आब्जेक्टिव एसेसमेण्ट सामने रखे जायें। रचनाकारों को और एकेडेमिक आलोचकों को एक साथ इस ओर आना चाहिए। अपने-अपने को आयडेण्टीफाई करने के कारण नये मूल्यों का प्रसार नहीं हो रहा है। इस प्रकार सब मिलाकर एक सीन जो उभरता है, पुष्ट नहीं है, प्रकाशवान नहीं है। पर आशा की बात है कि कोई चीज इस धुँधलके में उभरती सी दिखलाई जरूर पड़ती है।

इधर दस-बारह साल में पत्र-पत्रिकाओं आदि पर जो परिचर्चाएँ सामने आयीं, जो बातें उठायी गयीं, उनमें पालेमिक्स के माध्यम से एक क्रिटिकल सिन्सियर्टी लगती रही। चर्चाओं के बीच एक सीन ऐसा बराबर काम करता रहा, जहाँ रचनाकार और समीक्षक एक दिखलाई पड़ते रहे। अन्तराल की इस स्थिति में यह बात ध्यान रखने योग्य है। तीसरे वर्ग के लोगों ने कुल मिलाकर इस बौद्धिक वातावरण में अपने को कहीं एसर्ट नहीं किया, यह त्रुटिपूर्ण है। परिणाम यह हुआ कि जो कुछ लिखा जा रहा है, रचना का मूल्यांकन ठीक से न हो सका। रचना के सन्दर्भ में 'संस्कृति के चार अध्याय' उल्लेखनीय है। यह रचना बड़े जोरशोर से आयी। स्थापित नहीं हो सकी। इसके पीछे सत्ता का, और लोगों का बड़ा बल रहा। जोरशोर से इस पर लिखा और लिखवाया गया। फिर भी समसामयिक बौद्धिक वातावरण में स्वीकृति नहीं मिली। लेखन और समीक्षा में आपस में जो करस्पाण्डेंस हुआ है, वह विशिष्ट रूप से न हो, पर एक ऐसा टोटल सीन जरूर दिया है, जिसके कारण फेक रचनाओं को स्वीकृति नहीं मिली। प्रश्न यही उठता है कि किस जगह खड़े होकर सारी बात को असेस करने की आवश्यकता है। निर्देशन चाहूँगा कि किन इश्यूज को किस प्रकार से उठायें, ये जो असम्पृक्ति है लगती है, रचना और आलोचना के बीच, कि जिसके कारण रचनाकार और आलोचक परस्पर आक्षेप करते हैं कि आप ठीक कहते हैं, आप ठीक नहीं कहते, दूर किया जाय। यह दूरी मिटाई जा सके। अन्तराल की खाई पट सके। कैसे रचनाकार का मूल्यांकन ठीक हो। कैसे आलोचक की दृष्टि अनाविल एवं वस्तुनिष्ठ हो सके। आम चर्चा है कि साहित्य जटिल, दुरूह होता जा रहा है। आलोचना का कार्य है कि पाठक के प्रवेश का मार्ग सरल करे। पुनर्मूल्यांकन और मूल्यांकन हों। साहित्यिक मूल्यों के प्रति एक आत्मीय एवं सिन्सियर लगाव पैदा होना चाहिए।"

सभी वक्ताओं के विचारों, सुझावों और प्रश्नों का उत्तर देते हुए डॉ. देवीशंकर

अवस्थी ने कहा—"हाँ, कुछ बातें हैं, जिन पर मैं कहूँगा। एक तो जल्दी असेसमेण्ट की बात उठायी गयी है। असेसमेन्ट बाद में हो सकता है पर रचना की पहचान तत्काल होनी चाहिए। जहाँ तक पहचान का सवाल है, वहाँ लेग (Lag) की बात नहीं उठती। पर इसे पहचान के अभाव का ही अन्तराल माना जायेगा। समसामयिक प्रभाव को ग्रहण करें, समझ सकें, पहचान सकें, सुनियोजित कर सकें और व्यक्त कर सकें, तो यह एक ठीक बात हो सकती है। पर इसके साथ ही रचनाशीलता की परम्पराएँ हैं और उनकी भी पहचान एवं सापेक्षिकता का बोध एक आवश्यक बात हो सकती है। क्योंकि जहाँ तक रचना का प्रश्न है, समसामयिक बोध से पूर्ण तो रहेगी ही, पर उनमें कुछ मूल्य शाश्वत भी होते हैं। इनके ही आधार पर कालान्तर में रचना खड़ी रह सकती है। आलोचना केवल समसामयिक बाध देगी, तो कैसे इस तथ्य को जाँच सकेगी कि रचना आगे भी महत्त्वपूर्ण बनी रहेगी। आलोचना जब रचना को सही ढंग से नहीं पकड़ पाती और रचना के सम्बन्ध में उसका मूल्यांकन गलत ठहरता है, तो वहीं अन्तराल की बात उठती है। तब महसूस होता है कि आलोचना में कहीं गैप आ गया है। अतएव बात केवल सम-सामयिक बोध अथवा प्रभाव तक ही सीमित नहीं मानी जा सकती है। एकेडेमिक आलोचकों की बात को नामवर जी ने स्पष्ट कर दिया है, पर मैं बता दूँ कि तमाम गड़बड़ियाँ वहाँ से ही पैदा होती हैं। जिस काम को करना चाहिए, वह तो करते नहीं हैं और जो नहीं करना चाहिए वह किया जाता है। विद्यापीठ तो विकृतियाँ क्रिएट करते हैं। जितनी गलतफहमी इनके कारण होती है, उतनी किसी और से नहीं। इस बात को मैं खूब नापतौल कर ही कह रहा हूँ। समसामयिक बोध को ही जब विकृत कर दिया जाता है, तो फिर इससे बड़ी बाधा और क्या हो सकती है। मेरा खयाल है कि अन्तराल के मूल में एक यही बड़ा कारण है, जो शायद आज के पहले कभी इतना प्रखर नहीं था। विश्वविद्यालयों में काव्यानुशासन दिया जाता है तब भी उसकी प्रवृत्ति ऐसी तो नहीं होनी चाहिए कि युग की रचनाशीलता से वह कट जाय—वरना फिर उस अनुशासन का महत्त्व ही क्या रहा। वस्तुतः काव्यानुशासन का सारा एप्रोच ही हिन्दी में विकृत है। शायद हिन्दी में ही नहीं अन्य विषयों में भी यही हाल हो। मेरे मन का बोझ आप सबने हल्का किया है। समसामयिक बोध के इसी सन्दर्भ में यह भी याद रखना है कि उसके व्यापक असेसमेण्ट की आवश्यकता है। लिटरेरी क्रिटिक और लिटरेरी स्कालर को एक में मिला देने से झगड़ा पैदा हो जाता है। बात और उलझ जाती है। हर बात पर साफ-साफ सोचने में ही लाभ हो सकता है। इसी सन्दर्भ में मैंने सारी बातें रखीं और इसी सन्दर्भ में लोग यहाँ इकट्ठे भी हुए हैं।"

फरवरी, 1964

काशी की संगोष्ठी में दिया गया वक्तव्य

आधुनिकता और भारतीयता

इस सन्दर्भ में भारतीयता से तात्पर्य 'परम्परा' से रहा है क्योंकि आधुनिकता और पश्चिमीपन भी अविरोधी नहीं है और 'आधुनिकतावादी' दृष्टि को पश्चिम में कम विरोध नहीं सहना पड़ा है। चार्ल्स बोदवाँ की किताब 'मिथ ऑफ माडर्निटी' पढ़ जाइए—देखिए उसने आधुनिकता का कैसा मजाक उड़ाया है। उसने आधुनिकता का सम्बन्ध तानाशाही से तो जोड़ा ही है, उसे ही बढ़ती हुई कीमतों, मुद्रास्फीति, बेईमानी आदि के लिए जिम्मेदार ठहराते हुए कहा है कि 'अब विशिष्ट जन अपने को आधुनिक कहलाने में अपमान का अनुभव करते हैं।' और यह अपवादस्वरूप उदाहरण नहीं है। पश्चिम के कला-इतिहास में इनसे भी अधिक तीखे उदाहरण आसानी से मिल जाते हैं। अतः पुनः दोहराना चाहूँगा कि इनको परस्पर विरोधी बना कर न खड़ा करना चाहिए। इसलिए भी कि मार्क्स के अनुसार आपकी सारी मोर्चेबन्दी और तैयारी इस पर निर्भर करती है कि विरोधी कौन है? अब अगर भारतीयता को आधुनिकता के विरोध में खड़ा कर दिया जायेगा तो बहस के नुक्तों में बल का आग्रह बदल जायेगा और विपथगा बन जाने की पूरी सम्भावना रहेगी। भारतीयता माने प्राचीनतावाद नहीं ही है।

इसलिए प्रश्न परम्परा का है—उसी के सन्दर्भ में आधुनिकता के औचित्य-अनौचित्य का है। इस सम्बन्ध में एक बात की ओर ध्यान दिलाना आकर्षक भी है और महत्त्वपूर्ण भी कि आधुनिक युग के पूर्व परम्परा के प्रति ऐसी सप्रश्नता कभी नहीं दिखी। वस्तुतः परम्परा के प्रति सप्रश्नता का, लगाव का, सम्बन्ध का यह भाव स्वयं अपने आपमें आधुनिक है। पर परम्परा के प्रति यह सरोकार जागा क्यों? क्या इसलिए नहीं कि अतीत से अलगाव का एक बोध सहज ही हमें महसूस होता है, क्या हम यह महसूस नहीं करते कि इतिहास से हम भिन्न हैं या कि इतिहास के प्रति एक वैशिष्ट्य का अनुभव नहीं करते? इसके पहले इतिहास के प्रति विशिष्टता का यह बोध कभी नहीं जागा। कहना चाहूँगा कि धीरे-धीरे मन से यह मनवा लिया गया है कि परम्परा खो चुकी है और अब नूतनता में ही उसे पुनरुपलब्ध किया जा सकता है। क्या इसी बिन्दु से कलाओं में आधुनिकता के साथ सरोकार का सवाल नहीं उठता?

अगर इस कथन में सच्चाई है, तो आधुनिक कलाकार मात्र परम्परा के प्रसंग में ही आधुनिक होगा, पुराने से भिन्न हो जाने के अर्थ में। उसके कलारूप, नमूने, विषय, उसके रुख अपने पाठकों के नीतिबद्ध या प्रथाप्राप्त एवं प्रत्याशित कलारूपों, नमूनों, विषयों या रुखों से भिन्न और विरोधी होते हैं। परिणामस्वरूप आधुनिक होने के लिए उस एक परम्परा का आधार होना आवश्यक है, जिसकी रीतिपरक प्रत्याशाओं को निराश करना या अपर्याप्त सिद्ध करना होता है। जिस समय पाठक एक प्रथानुसारी कृति के प्रति रूढ़ प्रतिक्रिया करता है और कवि से माँग करता है कि उसकी इन प्रथानुसारी प्रत्याशाओं के अनुरूप ही लिखे, जब सामान्यता में वैशिष्ट्य खो जाता है, तब क्या कला में आधुनिक की आवश्यकता नहीं पड़ती? यह बात दूसरी है कि ऐसे समयों में कभी-कभी 'भिन्नता' को ही विशिष्ट समझने का भ्रम हो जाया करता है—पर पाठक को एक सचेत-विवेकी संस्कार देने के लिए इस भिन्नता के महत्त्व को भी भुलाया नहीं जा सकता।

क्या परम्परा और प्रथा परस्पर विरोधी है?

यह बात तो तात्कालिक परम्परा (या कि परम्परा न कह कर 'प्रथा' कहें) के सन्दर्भ में आधुनिकता की आवश्यकता की हुई। छायावादी भावुकता और कविसम्मेलनी संस्कारों में पली हमारी पाठकजनता के सामने क्या फिर उसी प्रकार आधुनिकता के इस रूप की समस्या नहीं उठी थी जिस प्रकार की आन्तरिक रचनाधर्मी माँग के नीचे भारतेन्दु युग का साहित्य बदलना शुरू हुआ था।

यह तो प्रथारूपिणी परम्परा की बात हुई। पर अभी यह भी कहा जा चुका है कि अपने से अलग इतिहास के वैशिष्ट्य का जो बोध है, वह 'नवीनता' के मध्य ही पुनः उपलब्धक्षम है। इस उलटबांसी का तात्पर्य क्या है? साफ है कि यहाँ पर परम्परा और प्रथा को परस्पर विरोधी माना जा रहा है। प्रथा (या तात्कालिक परम्परा) का उल्लंघन से इतिहास या परम्परा के वैशिष्ट्य को पुनः प्राप्त किया जा सकता है। यों कहें कि पुत्र पिता के अनुरूप न होकर पितामह या प्रपितामह के चरित्रांश को ग्रहण कर सकता है। पैतृकानुवृत्ति की धारणा की यह अनुकूलता बराबर देखी जा सकती है। उदाहरणार्थ यह आकस्मिक नहीं है कि स्वच्छन्दतावाद के प्रारम्भिक कवि श्रीधर पाठक कालिदास को अपने लिए खोज निकालते हैं और तब से छायावादियों तक बराबर उनके साथ एक गहन सम्पृक्ति बनी रहती है और अचानक ही फिर महाभारत और उसके पात्र गहरी प्रसंगानुकूलता से आलोकित हो उठते हैं। वस्तुतः अतीत को परम्परा की इस पुनरुपलब्धि द्वारा ही वर्तमान के लिए प्रसंगानुकूल बनाया जाता है। इसीलिए जब यह कहा जाता है कि 'नयी कविता' की आधुनिकता के अन्तर्गत एक प्रकार की आदिमवृत्ति भी है या आदिम आवेगों का ग्रहण है, तो आश्चर्य न होना चाहिए।

प्रसंगानुकूलता की यह माँग लेखक को कभी भी अपने ही देश तक सीमित नहीं कर सकी है। (अब तो यह और भी असम्भव है)। यदि हम आज पश्चिम के साहित्य, दर्शन, पुराणगाथा एवं कलाभिप्रायों से कुछ ग्रहण करते हैं, तो वह अनुचित कैसे हो गया? क्या इस देश की जीवन्त मेधा ने इसके पूर्व अन्यत्र कहीं से ग्रहण नहीं किया? शर्त आप केवल इतनी लगा सकते हैं कि वह कलासृजन की आन्तरिक माँग के अनुकूल हो। पर इसी आन्तरिक माँग की अनुकूलता का ही दबाव तो है कि छायावादी जिन पश्चिमी कवियों को पढ़ते थे उनके स्थान पर आज दूसरे आ विराजे हैं। पुराने और नये कवियों के वैयक्तिक संग्रह देख जाइए, यह बदलाव साफ जाहिर हो जाता है। इसीलिए निर्मल वर्मा के इस कथन कि 'आज हमें पश्चिमी ज्ञान-विज्ञान से होकर गुजरना पड़ेगा' पर राकेश का यह मन्तव्य मुझे नितान्त निस्सार (प्लैटीट्यूड) लगा कि "अन्तर इतना ही है कि मैं हमें शब्द को रेखांकित करना चाहूँगा। यानी 'हमें' गुजरना होगा। यह नहीं कि यूरोप वाले जिस तरह गुजरे, हम भी उसी लोक से गुजरेंगे।" यह बात तो इतनी स्वयंसिद्ध है कि इसे 'मेरा' मन्तव्य कहने की आवश्यकता ही नहीं होती। बिना अपने को, अपने संस्कारों एवं शताब्दियों से जातीय अवचेतन में विद्यमान विश्वासों को लिए कौन गुजरेगा? कोई और चाहे गुजर भी जाये, पर कलाकार कैसे गुजरेगा? मुख्य बात तो रविशंकर के शब्दों में 'कलाकार का आन्तरिक आग्रह' ही है। पर इस आग्रह को मुखर बनाने वाले तत्त्वों में सचेत बौद्धिकता अनिवार्य है, जो कि कलानुभव के प्रथम क्षण से लेकर कलाकृति के अन्तिम रूपायन क्षण तक सक्रिय रहती है। यही और यहीं बौद्धिकता प्रसंगानुकूलताओं की खोज करती है और इस खोज में यूरोप के परिवेश में भी मानवीय परिस्थिति उकेरी जा सकती है। और प्रमथ्युगाथा भारतीय लेखक को भी आदिम अग्नि का जीवन्त स्पर्श दे सकती है। अगर हमारे देश में सामन्तवाद-साम्राज्यवाद के साथ ही समाजवाद का प्रयोग भी शुरू हो गया, तो उद्योग-धन्धों की अमानवीयता भी आ गयी है और इसे यूरोप की नकल क्यों कहा जाये? यूरोप में व्यक्ति अकेला हो गया है, तो कितने जन कह सकते हैं कि हमारे देश में भी परिवार (खासकर संयुक्त परिवार) की जड़ें खोखली नहीं हुई हैं? फिर सामन्तवाद, साम्राज्यवाद या समाजवाद की कटी-छँटी समयश्रेणियाँ वहाँ भी नहीं पायी जातीं—यह कलाकारों को भले ही बताने की जरूरत हो, इतिहास के अध्येताओं के लिए सामान्य बात है।

आधुनिकता से बचाव का कोई रास्ता नहीं है!

रहा प्रश्न यह कि पश्चिमी देश अब पूर्वी देशों की ओर निर्देशन के लिए देखने लगे हैं, अतः हम लोग क्यों पश्चिम से कुछ लें? तो इस सम्बन्ध में एक ही प्रश्न पूछना

चाहूँगा। मान लीजिए कि एक व्यक्ति पहाड़ की तलहटी में खड़ा होकर ही यह कहता है कि पहाड़ के उस ओर भी ऐसी ही तलहटी है और एक व्यक्ति तमाम ऊँचाई को चढ़कर, भागकर उस ओर की तलहटी को देखता है। क्या दोनों व्यक्तियों का अनुभव एक ही होगा–निष्कर्ष भले ही एक ही हो! मेरा अनुमान है कि कम से कम कोई कलाकार तो अनुभव की इस समानता को नहीं ही स्वीकार करेगा–चाहे हेब्बार हों, रविशंकर हों या राकेश। इसी प्रकार आधुनिकता के, आधुनिक सभ्यता के पूरे दर्द और हर्ष को भोगे बिना ही जो लोग भारतीयता, भारतीय परम्परा या अपनी आध्यात्मिकता का ढोल पीटते हैं, वे या तो स्वयं गैरईमानदार हैं या इस भारतीयता-आध्यात्मिकता को भी हल्का बनाते हैं। मेरे लिए यह 'च्यूइंग गम' नहीं है, प्रखर बौद्धिकता एवं गहरी संवेदनशील यात्रा और खोज द्वारा आयत्त करने की साधना है और इसका कोई 'शार्टकट' नहीं है। इसका रास्ता आधुनिकता के जंगल से होकर ही है। मुझे नहीं लगता कि कलाकार और बुद्धिजीवी के लिए आधुनिकता से बचाव का कोई रास्ता है। वस्तुतः अनुभव की इन स्थितियों से गुजरने पर ही उसे 'मौलिकता' या 'अद्वितीयता' की प्राप्ति सम्भव हो सकती है, जिसकी ओर हेब्बार ने बार-बार इशारा करना चाहा है। इस मौलिकता या अद्वितीयता की बात ही 'प्रथा' को तोड़ने की ओर इंगित करती है–मैं नहीं समझता इसे नाना प्रकार के परदों में छिपाने की चेष्टा क्यों की जाती है। दूसरी बात यह भी कि मौलिकता एवं अद्वितीयता के साथ आधारवत पहली शर्त समकालीनता का बोध है। स्पष्ट रूप से पहचान में आ सकने योग्य प्रमाणित सत्य 'समकालीनता' के प्रति प्रतिबद्धता ही है। (स्टीफेन स्पेंडर वाले अर्थ में 'समकालीन' और 'आधुनिक' का विभाजन–यहाँ उद्दिष्ट नहीं है। हमारी आधुनिकता में अभी इस प्रकार के अन्तर नहीं किये जा सकते–और पश्चिम में भी इन अन्तरों की खासी आलोचना की गयी है।) इस जगह फैशन के खतरे की समस्या उठाई जा सकती है, पर कम से कम साहित्य के बारे में तो यह कहा जा सकता है कि विवेकी पाठक के लिए फैशनेबुल और प्रामाणिक को अलगा लेना इतना कठिन नहीं है। पर दूसरी समस्या इससे अधिक गहरी है, जिसकी ओर गजानन माधव मुक्तिबोध ने अपनी डायरी में इंगित किया है कि भक्तिकाल, रीतिकाल या छायावादयुग की भाँति ही–

> *'आधुनिक भाव-बोध के अन्तर्गत कुछ विशेष प्रकार के भाव-समुदाय आते हैं, कुछ विशेष प्रकार की सौन्दर्य परिकल्पनाएँ आती हैं, एक खास काट और एक खास किस्म की अभिरुचि का ही सन्निवेश होता है...एक विशेष प्रकार के भाव-समुदायों को ही मान्यता प्राप्त है, अन्यों को नहीं।'*

वस्तुतः इस समस्या में प्रामाणिक अनुभवों के फैशनगत अनुकूलन एवं दबावों की बात निहित है। ऐसी कृतियाँ अप्रामाणिक तो नहीं होतीं, पर साथ ही अन्य बहुतेरे अनुभवबिम्बों का सचेत रूप से दमन, इन कृतियों के लेखक करते रहते हैं

और धीरे-धीरे उनकी अनुभूतिक्षमता एक प्रकार के 'कण्डीशंड रिफलेक्स' के अन्तर्गत एकांगी और पक्षाघात पीड़ित हो जाती है। पूरी मानवीय सृजनात्मकता की दृष्टि से आधुनिकता या अन्य किसी ऐसे फैशन का यह रूप विचारणीय है और इसकी सावधानीपूर्वक छानबीन की जानी चाहिए।

आधुनिकता के तत्त्व भारतीयता के विरोधी नहीं हैं

आधुनिकता की अनिवार्यता और आशंकाओं की चर्चा करते हुए भी उसके तत्त्वों की बात जान-बूझकर नहीं उठाई गयी। इसलिए कि तत्त्वों का परिगणन अधूरा भी होगा और 'क्लासरूमीय' भी। इसलिए कतिपय मूल स्थितियों की ओर यहाँ संकेत ही किया जा सकता है। आधुनिकता के भाव के मूल में मूलतः प्रगति का भाव लगा हुआ है। 'प्रगति' की धारणा चूँकि आशा से आलोकित भविष्य पर आधारित है, अतः उस आशालोक तक पहुँचने की एक त्वरा भी उसमें निहित है। इस त्वरा ने 'गति' को महत्त्व दिया, उसके प्रति आकर्षण और आदर बढ़ा। गति का सहायक यन्त्र है। परन्तु गति और यन्त्र जिस सर्वव्यापी नाश या ट्रेजेडी के कगार तक ले आते हैं (अन्तर्राष्ट्रीय सम्बन्धों के विद्यार्थी के लिए यह बताना तनिक भी कठिन न होगा कि इस क्षेत्र में 'शीतयुद्ध' के क्षेत्रों की व्यर्थता कितनी प्रमाणित हो गयी है। जंगबाज कौन है—इसका निर्धारण आज किसी विचारधारा के आधार पर नहीं किया जा सकता।) वे आधुनिक लेखक को इस 'ट्रेजेडी' की समग्रता में ग्रहण कराते हैं। परिणाम यह कि मूल उपादानों या तत्त्वों के एक रहते हुए भी 'प्रगति' और 'आधुनिकता' की अवधारणाओं में एक बड़ा अन्तर हो जाता है। प्रथम की प्रकृति मूलतः आशापरक है, दूसरे की मूलतः ट्रैजिक और विनाशभयाक्रान्त गोकि ये आत्यन्तिक स्थितियाँ हैं और इन छोरों के बीच अनुभवों की बहुरंगी दुनिया बसती है।

भारतीयता को प्राचीनतावाद से एकात्म करने की जरूरत नहीं

अस्तु, इस प्रकार गति, यन्त्र और आधुनिकता एक ही पेंच में सघन रूप से गुम्फित हैं। और यह पेंच अतीत और भविष्य को आमने-सामने रखकर वर्तमान की नियति को आँकता है। इस सम्मुखीकरण में ही परम्परा के विविध पक्षों या रेशों का ग्रहण, अस्वीकार या निन्दा निहित है। यह अवश्य है कि 'आधुनिकता' की अवधारणा के पूर्व भी वर्तमान को इतना महिमामण्डित करके और इतनी समाधि से देखने की चेष्टा नहीं की गयी थी। वर्तमान को आँकने की प्रक्रिया में ही आधुनिक कला की तमाम प्रविधियाँ और शिल्प प्रयुक्त होते हैं—या यों कहें कि इन कलाशिल्पों

द्वारा इस यथार्थ की खोज की चेष्टा की जाती है। अनुभव की तरफ से शिल्प की ओर आना और शिल्प की ओर से अनुभव की ओर जाना—'आधुनिकता' के प्रभाव के तले ये दोनों ही प्रक्रियाएँ एक में समाहित हो गयी हैं।

'आधुनिकता' की जिस नियति का संकेत ऊपर किया जा चुका है उसी के कारण आधुनिक कलाओं का मूल स्वर 'विडम्बना' (आयरनी) का हो गया है—ठीक उसी प्रकार जैसे कि मध्ययुग की कलाओं का मूल स्वर धार्मिक था। मध्ययुग का पवित्रताबोध विशिष्ट महत्त्वगर्भित पृष्ठभूमि और आनुषंगिकता देकर यथार्थ के संसार के परे तक की दृष्टि दे देता था; कुछ-कुछ उसी तरह 'विडम्बना' भी व्यक्ति की बौद्धिक क्रीड़ा और व्यवहार के कल्पनाशील स्पन्दित वातावरण को खोजकर वस्तुओं को कहीं अधिक 'सिग्नीफिकेंट' वास्तविकता के प्रतीकों में प्रस्तुत करती है। किसी वस्तु का ऐसा 'विडम्बित' प्रयोग उसका मजाक उड़ाना ही नहीं होता, वह ऐसी कल्पनाशील कलादृष्टि भी देता है, जो तमाम मानदण्डों को नियन्त्रित या संक्रमित करती है—वह 'अतिमा दृष्टि' भी होती है।

जहाँ तक भारतीयता के तत्त्वों का प्रश्न है—पहले ही कहा जा चुका है कि भारतीयता को प्राचीनतावाद (ऐंटी क्वैरियनिज्म) से एकात्मक करने की जरूरत नहीं है। उसे 'परम्परा' के अर्थ में ही स्वीकार किया जा सकता है। और साहित्य के क्षेत्र में 'परम्परा' का सबसे प्रभावशाली प्रयोग माध्यम के लिए प्राप्त 'भाषा' है। इस सम्बन्ध में यहाँ केवल एक उदाहरण देना पर्याप्त होगा। भारतीय चिन्तन की प्रकृति पर विचार करते हुए कहा गया है कि वह निषेधात्मक ढंग से निरपेक्ष सत्ता को ग्रहण करती है (निगेटिवली ग्रास्पिंग दि ट्रुथ) और 'नयी कविता' के सबसे अधिक विदेशी लगने वाले कवि कुँवर नारायण की भाषा में निषेधात्मक शब्दों की भरमार है। 'सुख की अनंग पुनरावृत्तियाँ', 'आकाश की निस्सीम नीली सतह', 'असंख्य सीपियों', 'एक असम्भव बूँद के लिए', 'उन अनन्त ज्योति-संकेतों को' ये पाँच प्रयोग एक अचानक खुल गयी छोटी कविता 'नीली सतह पर' (चक्रव्यूह) से हैं। 'अशरीर सम्भोग', 'निष्काम स्मृति-जगमगाहट', 'अजनबी विदाओं', 'अजानी दिशाओं', 'असम्भव ऊँचाइयों', 'अपार अन्धकार', 'अनपुरे घाव', 'अविलोकित', 'अयाचित नागमणि', 'मृत्यु के निष्पक्ष, समयातीत घेरे में' आदि इसी प्रकार सहज ही चुन लिए गये प्रयोग हैं। क्या ये प्रयोग भारतीय चिन्तन परम्परा में नहीं हैं? यही नहीं, इन्हीं प्रयोगों में बहुवचनों के प्रयोग की बहुलता भी भारतीय चिन्तन की उसी विशेषता को सूचित करती है, जिसे **हाजिमे नाकामुरा** ने साधारण के लिए विशिष्ट का त्याग तथा अरूप सिद्धान्तों का अतिरेक (प्रिपांडरेन्स ऑफ ऐब्स्ट्रैक्ट्स नोशंस) कहा है।

अगर भारतीयता से तात्पर्य सोचने-विचारने के भारतीय ढंग से है, तो कहना चाहूँगा कि नये साहित्य में इस ढंग का रचनात्मक उपयोग हुआ है। पर यदि भारतीय

परम्परा का अर्थ मात्र कुछ शैलीगत रूढ़ियों (अधिकांश लोग परम्परा को शैली के अर्थ में ही देखते हैं) से है, तो निश्चय ही उनका त्याग किया गया है। नये साहित्य ने आगे बढ़कर ऐसे दायित्वों को भी स्वीकार किया है जिनकी कभी माँग नहीं की गयी थी—यथा आत्मजिज्ञासा, आत्मान्वेषण या अस्तित्व की समस्या आदि को दर्शन या तत्त्वचिन्तन के लिए न छोड़कर साहित्य में स्वीकारने का अर्थ छोटा नहीं है और क्या कोई भारतीयता का दावेदार यह कहने का साहस कर सकता है कि यह दायित्व भारतीयता का अविरोधी नहीं है?

धर्मयुग : 29 नवम्बर, 1964

समकालीनता का सन्दर्भ और आन्तरिक अध्ययनविधि

एक शब्द लीजिए 'समयबोध' : शब्द अस्पष्ट है और तरल। साहित्य के सन्दर्भ में इसका या इसके पर्यायवाची शब्दों का प्रयोग बहुधा किया जाता है। यह तरल-व्यापक शब्द अपने वृत्त में रचनाकार को भी समेट लेता है और पाठक-आलोचक को भी। समसामयिक साहित्य के मूल्यांकन में तो यह प्रयुक्त होता ही है, पुराने साहित्य के सन्दर्भ में भी यह उतना ही अधिक महत्त्वपूर्ण है।

मेरे सामने समस्या है कि यह समय या समकालीनता का बोध साहित्यिक आलोचना का शब्द है या नहीं? यह कहना शायद एक शब्दाडम्बर माना जाये कि लेखक की प्रथम प्रतिबद्धता समकालीन के प्रति होती है—विशेष रूप से इसलिए कि कलानुभव का क्षेत्र नहीं है और यदि किसी के प्रति प्रकट या निहित दायित्व सम्भव है तो वह भी समसामयिक जीवन के प्रति ही है। एक तात्कालिक तर्क प्रस्तुत किया जा सकता है कि लेखक अपने युग को अतिक्रान्त कर भिन्न युगों में पहुँच सकता है, अतः उसकी प्रारम्भिक प्रतिबद्धता की बात कह कर अनुभूति की 'प्रामाणिकता' पर सन्देह नहीं प्रकट किया जा सकता। हम स्वीकार करेंगे—इसलिए कि जैसे एक कविता (आधुनिक या प्राचीन) पाठक के 'काव्यानुभव' का एक ठोस और जीवन्त कारण होती है वैसे ही अतीत का एक विशिष्ट साक्षात्कार रचनाकार में कला अनुभव का एक ठोस कारण हो सकता है। लेकिन इस स्वीकरण के साथ एक शर्त है कि यह साक्षात्कार प्रामाणिक, अर्थवान एवं गणनीय तभी हो सकता है जब समकालीनता के साँचे में उसको स्वीकार किया जाये। समकालीन और अतीत या भविष्य के मध्य रूपान्तरण अथवा परकायप्रवेश अनिवार्य हो जाता है। यह बात किसी अतीत इतिहास की घटना या गाथा को लेकर लिखी जाने वाली रचना के सन्दर्भ में बराबर देखी जानी चाहिए। 'उर्वशी' की अपेक्षा 'साकेत' इसीलिए मुझे महानतर रचना लगती है कि 'उर्वशी' कार उस कारण को समकालीन जीवन की प्रसंगानुकूलता नहीं दे सका; जबकि 'साकेत' कार ने काव्य को संयुक्त परिवार के जिस घटन-विघटन के आधार पर अर्थवान बनाया है, वह उसे 'मानस' कार से एकदम भिन्न भूमि पर खड़ा करता है। यानी इस लेख की शब्दावली में 'उर्वशी' की

अनुभूति अपेक्षाकृत अप्रामाणिक है। समकालीनता की इस पड़ताल में इस प्रकार अनुभव की प्रामाणिकता ही नहीं, अनुभव की अद्वितीयता भी एक अंश तक निहित होती है। पर इस अद्वितीयता की चर्चा तनिक आगे; फिलहाल, हम समकालीनता और अनुभव की प्रामाणिकता पर ही विचार करें।

बहुधा समसामयिक रचनाकार अतीत में एक प्रकार के परम्पराबोध के लिए जाते हैं। परम्परा का यह रूप सामान्यतः पैतृकानुवर्ती (अटाविस्टिक) होता है लेकिन यह पलायन नहीं है, स्थिति की दृढ़ता है और आधुनिक हिन्दी साहित्य भारतेन्दु के समय से ही परम्परा के इसी रूप को स्वीकारता आया है। भारतेन्दुमंडल के लेखकों ने रीतिकाल को पार कर भक्तिकाल से अपने को जोड़ा था। साथ ही यह भी ध्यान में रहे कि 'समकालीनता' एक कटा हुआ टुकड़ा नहीं है; वह भी परम्परा यानी इतिहासबोध का अंग होती है और जब हम अनुभव की प्रामाणिकता की बात उठाते हुए समकालीनता को उसकी एक कसौटी मानते हैं तब यह निहित होता है कि परम्परा की प्रत्यक्ष या परोक्ष अविच्छिन्नता को भी कहीं स्वीकार करते हैं। यहीं यह भी कहना शायद प्रासंगिक होगा कि 'समकालीनता' से हमारा तात्पर्य समय की वर्ष, दिवस, मास जैसी इकाइयों से न होकर, उस रुख से है जो तमाम समसामयिक जीवन की प्रक्रियाओं के प्रति हमें उन्मुख रखता है, उससे प्रतिबद्ध करता है और जिसके कारण हम उन तमाम असंगतियों या दबावों का अनुभव करते हैं जो इस जीवनप्रक्रिया से उद्‌भूत होते हैं।

बहरहाल, रचना की अनुभूति की प्रामाणिकता एवं अर्थवत्ता ही नहीं, मेरा विश्वास है कि आलोचना की प्रामाणिकता और महत्ता की नाप भी यही है। समसामयिक साहित्य की आलोचना की दुरूहता को छोड़ भी दिया जाये तो अतीत के तमाम साहित्य की आलोचना में भी समकालीनता ही वह सन्दर्भसाँचा बनती है जिस पर पुरानी रचना को नयी अर्थवत्ता दी जाती है। महावीरप्रसाद द्विवेदी, रामचन्द्र शुक्ल, निराला एवं रामविलास शर्मा ने तुलसी सम्बन्धी धारणाओं में इस सन्दर्भसाँचे में कैसे बदलाव किये हैं, यह अधिक शोध की अपेक्षा नहीं रखना। हम यह भी जानते हैं कि कितने ही लेखकों का यश उठता-गिरता रहता है और जिनका यश बना भी रहता है उनके भी यश के सन्दर्भ बराबर बदलते रहते हैं।

परन्तु समकालीनता पर जोर का एक सबसे बड़ा खतरा है कि समकालीन को फैशन की रूढ़ियों से अलगाना कठिन होता है। कितने ही लेखक ऐसे होते हैं कि साहित्यिक आन्दोलन के एक युग में बड़े ही प्रसिद्ध एवं महत्त्वपूर्ण माने जाते हैं—यहाँ तक कि वास्तविक प्रतिभाएँ भी दबी रहती हैं, पर शीघ्र ही, उनके यश के गुब्बारे फट जाते हैं। काव्य के क्षेत्र में द्विवेदीयुग में रामचरित उपाध्याय, सनेही; छायावादियों में रामकुमार वर्मा; प्रगतिवादियों में अंचल, सुमन, नेपाली आदि ऐसे ही फटे हुए गुब्बारों के उदाहरण हैं। कथासाहित्य में भी इसी प्रकार आंचलिकता के फैशन के कितने ही

शिकार हुए और अब लगता है कि वह समाप्त है। इस बीच 'एक्सपीरिएंसकल्ट' के कहानीलेखकों का फैशन भी बढ़ा है। हम कह सकते हैं कि प्रत्येक युग में मूल्यों का एक दिग्भ्रम होता है। दूसरी ओर, कला के कुछ स्वीकृत अभिसमय (कन्वेंशन) एवं कतिपय नैतिक या धार्मिक या सामाजिक पूर्वग्रह होते हैं जो उस युग की अभिरुचि को संघटित करते हैं और अपने समकालीन ही नहीं अतीत के साहित्य को भी हर युग अपने इस स्तर पर ही देखता है। सब मिला कर वे कारण अस्पष्ट से हैं जिनके कारण कुछ रचनाएँ जनप्रियता, आदर एवं यश के शिखरों तक कुछ समय के लिए पहुँच जाती हैं और उस युग के श्रेष्ठतम मस्तिष्क भी उनसे धोखा खा जाते हैं। लगता है कि कुछ ऐसी शक्तियाँ हैं जो उत्कंठा एवं उत्तेजना के विशिष्ट मिश्रण को उद्दीप्त कर देती हैं और परिणामस्वरूप कुछ समसामयिक रचनाओं पर अन्ध एवं असन्तुलित निर्णय दिये जाने लगते हैं। यह एक जटिल समस्या है और शायद एक प्रकार के समुदायविश्लेषण के बिना इसका समाधान सन्देहास्पद है। अवचेतन में स्थित सामूहिक अभिप्रायों के ज्ञान से ही इस सम्बन्ध में कुछ उजाला शायद मिल सकता है। पर इतना तो निश्चित है कि एक युग में समसामयिक 'चतुर' कलाकारों एवं 'प्रतिभाशाली कलाकारों' में अन्तर कर सकना तनिक कठिन होता है। बहुत से लोग शायद यह कहना चाहें कि इसीलिए, 'शाश्वत मूल्यों' की खोज होनी चाहिए, न कि समकालीनता की। पर एक दिये हुए ऐतिहासिक क्षण में इन शाश्वत मूल्यों का निर्णय भी उतना ही कठिन है, और यह निर्णय भी समकालीन पूर्वग्रहों से रंग कर ही सामने आ सकता है।

समकालीनता के सन्दर्भ में जब हम अनुभव की 'प्रामाणिकता' की बात कहते हैं तब एक समस्या और उठती है कि रचना में व्यक्त समकालीनता तथा पाठक-आलोचक की समकालीनता की संगति किस प्रकार बिठाई जाये? इस सम्बन्ध में तमाम इतिहासवादी पाण्डित्य अकसर कुछ विषयों (आइटमों) के युग्मों को एक-दूसरे के परिपार्श्व में रखकर देखता आया है; जैसे कि इस प्रविधि से 'उर्वशी' की अनुभूति की समकालीनता (यानी कि प्रामाणिकता) जाँचने वाले लोग आधुनिक व्यक्ति की प्रेमसम्बन्धी अतृप्ति के परिपार्श्व में पुरुरवा की प्रेमसम्बन्धी अतृप्ति रख कर स्वयं तृप्त हो जायेंगे। पर इस प्रकार किसी रचना की स्फुट चर्चा ही सम्भव है और सम्भवतः हर रचना में इस प्रकार की प्रामाणिकता दिखाई जा सकती है। मुझे लगता है कि तुलना हमारे समग्र अनुभव के साथ प्रेमचन्द, अज्ञेय या दिनकर की कृतियों से रचित समग्र संसार के मध्य हो सकती है। और इन दोनों संसारों के मध्य का यह व्यापार कुछ साहित्यिक समीक्षा के शब्दों—संगति, एकता, विन्यस्त प्रतिकूलता, गहनता, विशदता आदि के माध्यम से ही होना चाहिए। 'जीवनानुरूप' का 'कलानुरूप' के रूप में लगभग अन्वय किया जा सकता है। अगर 'कलानुरूप' के आन्तरिक सन्दर्भसाँचे में उसे न देखा गया तो फिर 'समाजेतिहास' या 'जीवनी'

के बाह्य सन्दर्भसाँचे में रख कर उसे देखना पड़ेगा। और इस बाह्य सन्दर्भ-साँचे में साहित्य एक दस्तावेज़ मात्र बन कर रह जाता है। उससे बहुधा अनुभव की प्रामाणिकता की जगह 'इतिहास' या 'व्यक्ति' की प्रामाणिकता लक्षित होती है। इसलिए इस साँचे को अन्ततः आन्तरिक सन्दर्भसाँचे में घुलाकर समीक्षा के मार्ग में बढ़ा जा सकेगा। यह इसलिए और भी कि तात्कालिक फैशन एवं अभिरुचि की रूढ़ियों के चमचमाते छलावे को पहचानने में ही नहीं, रचना की समग्र सत्ता और अर्थवत्ता को समझने में भी रचनाविन्यास के आन्तरिक विश्लेषण का ही सहारा लिया जा सकता है। रचना का समीपी अध्ययन ही बता सकेगा कि रचनाकार तमाम तात्कालिक फैशन से ऊपर उठ कर अपनी अद्वितीयता में संवेदनाओं की नयी बारीकियों को कितना अनुभव कर सका है, क्योंकि अनुभवगत इन बारीकियों के साथ ही उनका विन्यासशिल्प भी बदलना चाहिए एवं परस्पर संघटित होना चाहिए। बल्कि यों कहें कि प्रामाणिक रचनाकार स्वयं अपने को एक नयी तरह देखने लगते हैं और इस प्रक्रिया में वे इसी के उपयुक्त शिल्प ढूँढ़ते हैं। शब्दचयन, बिम्बयोजना, आन्तरिक तुकें, अन्त्यानुप्रास, व्यंग्य एवं विरोधाभास, तनाव एवं ढीलापन, एक खण्ड से दूसरे खण्ड में संक्रमण आदि विविध उपकरणों का विश्लेषण करते हुए ही यह जाना जा सकता है कि रचना के स्तर पर प्रामाणिकता कितनी और कैसी है।

इस प्रकार विश्लेषण की प्रक्रिया एवं निर्णय की प्रक्रिया अलग-अलग मंजिलें नहीं बनतीं। विश्लेषण या अध्ययन के साथ ही साथ निर्णय भी होता चलता है। और यह निर्णय होता है अद्वितीयता एवं ईमानदारी का, पर कविता की समझ और सराहना के साथ ही अधिक विस्तार में रचना के तमाम निहितार्थों, आशयों, व्यंग्यों को उनके संगठन के सन्दर्भ में अलग लिया जायेगा। तभी हम कह सकते हैं कि दो दिये गये लेखकों (यहाँ तक कि एक ही कवि की दो कविताओं) में अपना 'अप्रतिमत्व' कितना है। आज की यान्त्रिक जिन्दगी की वेदना या तल्खी दिखानेवाली पंक्तियाँ अज्ञेय, भारतभूषण, रघुवीर सहाय, श्रीकान्त या कैलाश वाजपेयी में एक साथ एक ही लेख में दिखाई जा सकती हैं पर इस 'वेदनाबोध' या इनके प्रति विद्रोह के गुणात्मक अन्तर मात्र आन्तरिक सन्दर्भसाँचे से स्पष्ट किये जा सकते हैं।

ईमानदारी शब्द को दो अर्थों में प्रयुक्त किया जा सकता है। एक तो कवि के उस दृष्टिकोण के लिए जो वह अपने काव्यविषय के प्रति अपने निजी जीवन में रखता है। पर मुझे लगता है कि यह अर्थ समीक्षात्मक विश्लेषण के लिए अप्रासंगिक है, क्योंकि रचनाकार अपने निजी जीवन में उस विषय के प्रति बहुत ईमानदार होते हुए भी एक बुरी, अपर्याप्त रचना या भावुकतापूर्ण खण्ड की रचना कर सकता है। मैं ईमानदारी का प्रयोग इस मूल्यनिर्णय के लिए करना चाहूँगा कि रचनाकार कविता के विविध तत्त्वों को संघटित करने में कितना सफल हो सका है। भावुक कवि बहुधा इस संघटन में ही असफल होता है। अतः जब इस ईमानदारी की हम बात

करते हैं तब तात्पर्य मात्र इतना होता है कि यह कविता अपने आप को स्फीत नहीं करती या कि यह अत्यधिक भावुक नहीं है। स्पष्ट होना चाहिए कि इस ईमानदारी का निर्णय भी आन्तरिक अध्ययनविधि से ही सम्भव है।

यों एक पंक्ति में समस्या यों भी रखी जा सकती है कि प्रामाणिकता, समकालीनता, अद्वितीयता एवं ईमानदारी जैसे शब्द साहित्यिक समालोचना के लिए प्रसंगानुकूल हैं या नहीं और यदि हैं तो किस अर्थ में? यह भी, कि इनकी पहचान की प्रक्रिया क्या हो?

माध्यम : जून, 1965

नये-पुराने के बीच सह-अस्तित्व या संघर्ष?

बहुत दिनों तक समन्वयवाद हमारा साहित्यिक मूल्य रहा। फिर धीरे-धीरे सह-अस्तित्व की धारणा बल पकड़ती गयी। यों तो यह शब्द अन्तर्राष्ट्रीय राजनीति के शब्दकोश का है पर अन्य क्षेत्रों में भी स्वीकृत होता गया है। राजनीति से आया यह शब्द जब वैचारिक क्षेत्र में पहुँचता है तो एक विशेष प्रकार की नीति या पद्धति को अपनाता है, इसकी अपनी वैचारिक कूटनीति होती है। इसके प्रति सावधानी की जरूरत है। विचारों तथा साहित्य के क्षेत्र में यह शब्द बहुत कुछ नयी और पुरानी पीढ़ी के संघर्ष के सन्दर्भ में है। पिछले कुछ वर्षों में यह संघर्ष कटुता की जिस सीमा तक पहुँच गया, उससे चिन्तित बहुत-से लोगों को सह-अस्तित्व का फार्मूला बड़ा आसान समाधान लगा। अगर पूँजीवादी और समाजवादी पद्धतियों के मध्य सह-अस्तित्व सम्भव है तो साहित्य की नयी और पुरानी पीढ़ी के मध्य क्यों नहीं? इस तर्क-पद्धति पर चलने वाले सुधीजन वैचारिक सह-अस्तित्व के समस्त निहितार्थों तथा परिणामों के प्रति ही नहीं, इसके वास्तविक क्षेत्र एवं स्थिति से भी कम परिचित लगते हैं।

अन्तर्राष्ट्रीय सम्बन्धों के क्षेत्र में सह-अस्तित्व की अवधारणा यदि एक ओर सुविधाजीवी है तो दूसरी ओर जिन्दा रहने की अनिवार्य शर्त भी। वहाँ पर संघर्ष का अर्थ कितना भयावह हो सकता है, इसे जानने के लिए बहुत तेज कल्पना की आवश्यकता नहीं है। परन्तु वैचारिक क्षेत्र के संघर्ष में भौतिक अस्तित्व को बनाये रखने की कोई बाधा नहीं है। कहा जा सकता है कि विचार जिन्दगी से कम महत्त्वपूर्ण हैं—जीवित रहना ज्यादा बड़ी शर्त है। पर इतना ही होता तो व्यक्तिगत रूप से इस तर्क-पद्धति को मैं स्वीकार न करता। मेरे लिए जिन्दा रहना विचारपूर्वक जिन्दा रहना भी है। अतः इस तर्क को अस्वीकार भी कर दें तो दूसरी बात है कि राजनीतिक व्यवस्था के क्षेत्र का सह-अस्तित्व अपनी सीमाओं और क्षेत्रों में परिभाषित है, जबकि विचारों के क्षेत्र में ऐसा कुछ नहीं हो सकता। तीसरे वहाँ पर भी सह-अस्तित्व को स्वीकारते हुए भी एक सतत प्रतिद्वन्द्विता की भी स्वीकृति है और यह सम्भावना बराबर है कि दो में से अन्ततः एक को ही चुना जा सकेगा। इसके अतिरिक्त सह-अस्तित्व दो जिन्दा व्यवस्थाओं या विचारों के बीच ही सम्भव है। समाजवादी

व्यवस्था के साथ सामन्ती व्यवस्था के सह-अस्तित्व की कोई कल्पना भी नहीं करता। विचारों के क्षेत्र में सह-अस्तित्व का प्रश्न बराबर उन्हीं लोगों द्वारा उठाया जाता है जो या तो यथास्थिति को बनाये रखना चाहते हैं या फिर जो इन यथास्थितिशीलों से कोई तात्कालिक लाभ उठाना चाहते हैं। वस्तुतः सह-अस्तित्ववादियों की यही मुख्य राजनीति है।

आइए, एक ठोस उदाहरण द्वारा इस वैचारिक सह-अस्तित्व की स्थिति पर विचार करें। पं. नन्ददुलारे वाजपेयी वरिष्ठ और प्रतिष्ठित समीक्षक हैं। 'आलोचना' के बीसवें अंक के 'नयी कविता' शीर्षक सम्पादकीय में उन्होंने लिखा है–

'इसका यह अर्थ नहीं है कि हिन्दी की नयी कविता वर्तमान समय में इस विशेष शैली या प्रकार तक सीमित है। हिन्दी के अधिकांश प्रौढ़ तथा गण्यमान्य कवि अब भी भिन्न प्रकार की रचनाएँ प्रस्तुत कर रहे हैं, जिनकी अपनी गरिमा और महत्त्व है। यह कहना भी अनुचित न होगा कि हमारी नयी कविता का प्रतिनिधि और प्रांजल रूप वही है, जो उन प्रौढ़ कवियों द्वारा प्रस्तुत किया जा रहा है। न तो मात्रा में और न वैशिष्ट्य में इन प्रशस्त रचनाओं की समता नये प्रयोगों और अभ्यासों द्वारा की जा रही है। ...हिन्दी-कविता की स्वस्थ और प्रांजल परम्परा को छोड़कर इस अटपटी शैली की रचना को नयी कविता का नाम देना भ्रामक ओर असमीचीन होगा।'

इस परम्पराबोध, इतिहास-दृष्टि या आलोचनात्मक समझ के परिपार्श्व में एक नये समीक्षक डॉ. रघुवंश का यह मन्तव्य रख कर देखिए– '

आज के हिन्दी काव्य में वे सभी परम्पराएँ क्रियाशील हैं, जो द्विवेदी युग से चली आ रही हैं और उनके अध्ययन के माध्यम से हम युग के इस जीवन की प्रतिच्छाया देख सकते हैं। यह ठीक है कि काव्य की जीवन्त धारा से ये सभी परम्पराओं के कवि बहुत दूर जा पड़े हैं, क्योंकि हिन्दी साहित्य और काव्य अपने इस संक्रान्तियुगीन दायित्व को न केवल समझ सका है, वरन् उसका वहन भी कर रहा है। परन्तु प्रत्यक्ष में स्थिति यह है कि काव्यधारा के महत्त्वपूर्ण कवि आज भी लब्धप्रतिष्ठ द्विवेदीयुगीन तथा छायावादी कवि जान पड़ते हैं। परन्तु यह उनकी स्थिति, उनकी ऐतिहासिक अनिवार्यता के रूप में ही स्वीकृत है। आज भी ये कवि प्रायः अपनी पिछली उपलब्धियों में जी रहे हैं, यही इनकी थाती है। साहित्य की वास्तविक काव्यधारा नये हाथों में जा चुकी है..। ...आज की नयी कविता हिन्दी काव्य की वही (भविष्य की नदी की धारा को निश्चित करनेवाली) धारा है।'

सवाल उठता है कि चिन्तन, विचार, अध्ययन, इतिहास आदि के क्षेत्र में उन दोनों में से कौन-सा विचार स्वीकृत होगा? और यदि दोनों स्वीकृत होते हैं तो मूल्यों की स्थिति क्या होगी? एक व्यक्ति 'नयी कविता' को एकदम नकार कर पुराने प्रौढ़

कवियों की रचनाओं को ही 'नयी कविता' की आज की मुख्य काव्य-परम्परा मानता है। यही नहीं, अगर दोनों अंशों का विश्लेषण किया जाय तो स्पष्ट हो जाता है कि जहाँ वाजपेयी जी ने बगैर इन कविताओं (नयी) पर विचार किये केवल उड़ते आरोप लगाए हैं वहीं रघुवंश जी ने पूर्ववर्ती कवियों की परम्परा और उपलब्धि की चर्चा करने के बाद अपना मन्तव्य दिया है। कहना न होगा कि दूसरे व्यक्ति का कथन आलोचना (और इसीलिए विचार) के क्षेत्र का है और पहले व्यक्ति का वैचारिकता से विरहित। इस सम्बन्ध में यह बताना भी अप्रासंगिक न होगा कि पहला कथन लेख के प्रारम्भ से लिया गया है और दूसरा कथन लेख के बीच में आता है—उस समय जबकि वह मैथिलीशरण, पन्त, दिनकर आदि की रचनाओं को अज्ञेय आदि के परिपार्श्व में रख कर जाँच चुका होता है।

प्रश्न उठता है कि वैचारिक सह-अस्तित्व की कल्पना आगे बढ़ाने वाले लोग इन नितान्त भिन्न कथनों की संगति किस रूप में बिठाना चाहेंगे? शायद कुछ लोग दोनों ही मन्तव्यों के 'अच्छे' अंश को स्वीकार करने की वकालत करेंगे—ये शायद अपने को समन्वयवादी कहना चाहेंगे। पर यह कहने की आवश्यकता नहीं है कि ऐसा कहने वालों की अपनी मूल्य सम्बन्धी धारणा निहायत ढुलमुल है। वे यह नहीं देख पा रहे कि परम्परा को देखने की दो भिन्न दृष्टियाँ हैं, दो भिन्न मूल्य हैं। एक स्थापितों के बीच अपनी रक्षा चाहता है, अपने परिचितों के परिवेश में ही जीना चाहता है और दूसरा आगे बढ़कर अपने समसामयिक यथार्थ बोध से जूझता है और उस यथार्थ की रचनागत छवियों को झाँकता है। वस्तुतः समस्या आज की जीवन्त रचनाशीलता को पहचानने की है न कि सब जगह से कुछ-कुछ अच्छा चुनकर गुलदस्ता बनाने की। कहना न होगा कि वैचारिक अस्तित्व की यह धारणा मूल्यों-सम्बन्धी जिस दिग्भ्रम को उपस्थित करेगी वह हमारी पूरी सांस्कृतिक प्रक्रिया के लिए घातक होगी।

इससे मिलती-जुलती धारणा का ही प्रकाशन कभी-कभी इस रूप में होता है कि साहित्य में न कुछ नया है और न कुछ पुराना—यहाँ तो बस 'रस' है, अमृत है, आनन्द है। ऐसे लोग ही नये लेखकों पर बहुधा दलबन्दी का आरोप करते हैं। वस्तुतः ये महाजन एक ओर उस पूरे इतिहास को नकार देना चाहते हैं जिसमें कि नये-पुराने के सह-अस्तित्व से नहीं, संघर्ष से रचनाशीलता को बल मिलता आया है। तनिक कल्पना कीजिए कि महावीर प्रसाद द्विवेदी और सुमित्रानन्दन पन्त के काव्य-सिद्धान्तों का सह-अस्तित्व बना रहता तो आज हिन्दी-कविता कहाँ पर होती। जहाँ तक दलबन्दी का आरोप है, यह कहा जा सकता है कि तमाम नये लेखक जो एक ही 'वर्ल्ड व्यू' में हिस्सा बँटाते हैं, उसे ये समझ नहीं पाते। या फिर वह एक चतुर राजनीति है जिसमें अपनी संवेदना की झुठाई को दूसरों पर दलबन्दी का आरोप लगाकर छिपाया जाता है। मैं नहीं समझ पाता कि वैचारिक मतैक्य

या समान भावबोध पर आधारित दल जैसी स्थिति से इतना अधिक बिदकने की क्या आवश्यकता? वस्तुतः यहाँ भी प्रतिष्ठापीठ (या सत्तापीठ) को बनाये रखने के लिए 'यथास्थिति' की राजनीति का प्रकाशन ही होता है। वैचारिक राजनीति के इस पहलू के प्रति सचेत रहने की आवश्यकता है। इस राजनीति की मोर्चेबन्दी में अकसर समाप्त पर प्रतिष्ठित लेखक और तात्कालिक स्वार्थ सिद्ध करने में संलग्न कुछ युवाजन संयुक्त मोर्चे भी बनाते हैं।

वैचारिक सह-अस्तित्व के इस विरोध का तात्पर्य यह नहीं है कि किसी प्रकार की पंक्तिबद्धता की वकालत करना चाहता हूँ। वस्तुतः विरोध मैं चुके हुए और जीवन्त के सह-अस्तित्व का कर रहा हूँ। स्वयं नयी पीढ़ी के लेखकों के बीच बहुत अधिक वैचारिक मतभेद है। पर ये मतभेद रचनाशीलता के उद्दीपक हैं। उदाहरणार्थ मुक्तिबोध ने नयी कविता की आलोचना की कि एक खास काट की अनुभूतियाँ ही उसमें स्थान पा रही हैं। इस प्रकार उन्होंने उसके क्षेत्र-विस्तार की ओर इंगित किया या दिनकर ने लोकप्रियता वाले 'जनता के ब्रह्मास्त्र' का प्रयोग नयी कविता पर किया है। वैचारिक आधार पर इन दोनों के सह-अस्तित्व को मैं स्वीकार न करूँगा। पर समसामयिक लेखकों के बीच इतना अवश्य है कि एक ऐसी सामान्य भूमि अवश्य होती है (चाहे उसे युगबोध कहें या समसामयिकता की पहचान या व्यापक विश्वदृष्टि) जहाँ अत्यधिक वैचारिक मतभेद के होते हुए भी एक व्यापक नयी रचनाशीलता को स्वीकार किया जाता है। इस समान पहचान के कारण ही अज्ञेय, मुक्तिबोध, शमशेर, रघुवीर सहाय, नागार्जुन, कुँवर नारायण एक रचनात्मक सन्दर्भ से जुड़े स्वीकार किये जाते हैं। इसके बाद इनके मूल्यांकन में अलग-अलग वैचारिक बिन्दुओं से बल दिया जा सकता है। गोकि इस समसामयिक वैचारिक मतभेद के क्षेत्र में भी मैं सह-अस्तित्व की अपेक्षा संघर्ष का हामी हूँ। रचनाशीलता के लिए एक चुनौती होनी ही चाहिए और वैचारिक संघर्ष हर रचनाकार को अपने स्तर पर उद्‌बुद्ध करता है :

कौन कब तक बन सकेगा कवच मेरा?
युद्ध मेरा, मुझे लड़ना
इस महा जीवन समर में अन्त तक कटिबद्ध।

यह कवि की विरासत है, उससे उसे वंचित क्यों किया जाय?

जनयुग : 6 जून, 1965

साहित्य का वर्तमान स्तर

किसी साहित्य के वास्तविक स्तर का उद्‌घाटन साहित्यिक विवादों में होता है, जैसे किसी देश के राजनीतिक स्तर का पता संसदीय कार्यवाहियों से चलता है अथवा किसी जाति के नैतिक स्तर का पता युद्ध में। कोई साहित्य किन कृतियों को लेकर बहस करता है, बहस में किन प्रश्नों को उठाता है, प्रश्नों पर विचार करते हुए किस कोटि—किस हद तक जाता है और फिर उस विचार-चर्चा में लेखकों तथा पाठकों का कितना बड़ा हिस्सा भाग लेता है, इससे उस साहित्य की जागरूकता और बौद्धिक क्षमता का पता चलता है।

हिन्दी में इस बीच ऐसे कई साहित्यिक-विवाद हुए हैं जिनके ठोस आधार पर साहित्य के स्तर का विश्लेषण किया जा सकता है। पत्रिकाओं में इसके लिए पर्याप्त सामग्री है। वैसे, वर्तमान से प्रायः असन्तोष ही होता है और उसकी तुलना में अतीत अपनी तात्कालिक कटुताओं को खोकर काफी गौरवपूर्ण प्रतीत होता है, किन्तु यह कहना कठिन है कि प्रयोगवाद तथा नयी कविता सम्बन्धी विचार-विमर्श छायावाद सम्बन्धी चर्चाओं से किसी मामले में निम्न स्तर का है। निश्चय ही नयी कहानी की चर्चा उस स्तर तक नहीं पहुँच सकी किन्तु विगत गौरवशाली युग में प्रेमचन्द की कथा कृतियों पर होने वाली चर्चाओं को याद करें तो आज के लिए अधिक खेद न होगा।

किन्तु समसामयिक बोध का एक ही स्तर नहीं है। उदाहरण के लिए, जनवरी '64 की 'कल्पना' में प्रकाशित 'उर्वशी' सम्बन्धी चर्चा, जो अनेक दृष्टियों से काफी प्रतिनिधिपूर्ण है। यहाँ उल्लेखनीय यह नहीं है कि एक कृति के मूल्य को लेकर समकालीन लेखकों में मतभेद है, बल्कि यह कि मूल्यांकन का कोई एक आधार नहीं है: आग्रह भिन्न मूल्यों का ही नहीं बल्कि आग्रह की भाषा भी भिन्न है। कुछ लेखक एक समीक्षा को कुरुचिपूर्ण और निम्न स्तर की कहते हैं तो दूसरी ओर ऐसे भी लेखक हैं जो रुचि और स्तर की बात को अप्रासंगिक तथा मूल प्रश्न से ध्यान हटानेवाली चीज मानते हैं। एक के लिए जो बात नितान्त असाहित्यिक है, दूसरे के लिए सर्वथा साहित्यिक।

शराफत की दुहाई

ऐसी स्थिति में स्वयं 'स्तर' शब्द ही विचारणीय हो जाता है और लगता है कि जिस 'स्तर' को हम सामान्यतः सहमति का विषय मानते हैं उसके मूल में भी भिन्न-भिन्न मूल्य-बोध कार्य करते हैं। इस प्रसंग में एक नये लेखक का यह कथन विचारणीय है कि–

> *"यह हिन्दी के लिए बड़े दुर्भाग्य की बात है कि जब कभी भी कोई बात तीव्र एवं तीक्ष्ण ढंग से कही जाती है तो लोग बराबर उसका अर्थ व्यक्तिगत राग-द्वेष से जोड़कर उसके महत्त्व को कम कर देते हैं। बात जो कही गयी है वह मीठी है या कड़वी है, तेज है या कुण्ठित है, इसका विश्लेषण तो होने लगता है किन्तु यह प्रश्न उठाना लोग भूल जाते हैं कि बात गलत है या सही है, सप्रमाण है या गैर-जिम्मेदार है। –सत्य की परख जब छूट जाय या उसकी क्षमता न रह जाय और उसके बदले 'शराफत' की दुहाई देकर सत्य का गला दबाने का प्रयास किया जाय तो वह घातक सिद्ध होता है। इससे विकास की गति तो धीमी पड़ती ही है, साथ ही मूल्य भी कृत्रिमता का रूप धारण करने लगते हैं।"*

और यह मूल्य आलोचना का ही नहीं बल्कि 'रचना' का भी है। 'एक साहित्यिक की डायरी' में लगभग ऐसी ही स्थिति पर विचार करते हुए गजानन माधव मुक्तिबोध ने लिखा है कि एक कविता केवल इस बात के लिए 'कमजोर' कहकर लौटा दी गयी कि उसमें समाज में पायी जाने वाली कुछ अवसरवादी प्रवृत्तियों पर गहरी चोट की गयी थी। कुछ लोग यही चाहते हैं कि–

> *"अपने को पीसने वाली परिस्थितियों और प्रवृत्तियों को उनके नंगे पाशविक रंग में पेश मत करो–किन्तु क्या वे ऐसा खुलकर कहेंगे? हरगिज नहीं। वे मूर्ख थोड़े ही हैं"।*

कहने की भाषा कुछ इस प्रकार होगी कि यह कला नहीं है, सुरुचिपूर्ण नहीं है, और तय है कि यदि उस रचना को तथाकथित 'कला' एवं 'सुरुचि' के अनुरूप ढालने की कोशिश की जाय तो मूल कथ्य ही बदल जाएगा। जैसा कि मुक्तिबोध ने कहा है जहाँ भी रचना में "उग्रता-मूलक आलोचनात्मक" स्वर रहता है वहाँ शिकायत सुनने को मिलती है कि "बौद्धिक रूप से भद्र" नहीं है, जिसमें निर्णायक बात बौद्धिकता नहीं, भद्रता है। शायद कुछ लोगों को अब भी स्मरण हो, रघुवीर सहाय की एक ऐसी ही कविता 'हमारी हिन्दी' 1957 की 'युगचेतना' में प्रकाशित हुई तो उस पर हंगामा खड़ा हो गया, और उस समय भी अन्ततः 'रुचि' और 'स्तर' के ही शस्त्र इस्तेमाल किये गये।

इसलिए ऐसा प्रतीत होता है कि स्तर के निर्णय में कहीं न कहीं 'रुचि' का गहरा हाथ रहता है जो अन्ततः साहित्य से अधिक साहित्येतर मान्यताओं और मूल्यों द्वारा निर्धारित होती है।

भद्रता बनाम स्पष्टता

व्यवहार में जिन गुणों के लिए किसी कृति को ऊँचे स्तर का कहा जाता है उनका यदि विश्लेषण करें तो काफी रोचक बातें मालूम होती हैं। उदाहरण के लिए 'गम्भीरता' को प्रायः ऊँचे स्तर का गुण माना जाता है और इस प्रकार वह गम्भीर समझा जाता है जो किसी प्रकार के विवाद में न पड़े, विवाद में पड़े भी तो कोई पक्ष न ले, पक्ष ले भी तो पक्षधर प्रतीत न हो, पक्षधर प्रतीत भी हो जाय तो सिर्फ सैद्धान्तिक बातें करे, सैद्धान्तिक बातें करे तो सिद्धान्त को स्पष्ट करने के लिए किसी का नाम न ले, ले भी तो सांकेतिक ढंग से और फिर वह सांकेतिकता भी यथासम्भव मृदु हो तो क्या कहने? निश्चय ही एक दृष्टि से यह 'गुण' है किन्तु दूसरी दृष्टि से यह दोष भी हो सकता है। यहाँ विवाद में न पड़ने का अर्थ होगा ज्वलन्त प्रश्नों से कतराना, नाम न लेने का अर्थ होगा कायरता और कोरी सैद्धान्तिकता बघारने का अर्थ होगा अस्पष्टता। इस प्रकार यह गम्भीरता चाहे जितने ऊँचे स्तर की हो किन्तु वस्तु-सत्य से काफी ऊपर होगी और जो वस्तु-सत्य से ऊपर हो उसे मूल्यवान कहना कठिन होगा। एक स्थिति वह भी होती है कि जब सम्राट को निर्वस्त्र कहना ही पड़ता है और जो उस समय भी उसे वस्त्र-विभूषित कहकर अपनी गम्भीरता की रक्षा करता है, उसे सम्राट स्वयं अपना सिंहासन ही क्यों न दे दें, सरस्वती के मन्दिर की देहली भी उसके लिए अस्पृश्य मानी जाती है।

स्पष्ट है कि स्तर के नाम पर प्रायः दो विरोधी मूल्यों की टकराहट होती रहती है और इसका असर भाषा पर भी पड़ता है: शब्द ही नहीं बदलते, शब्दों के अर्थ और मूल्य भी बदल जाते हैं। यदि स्थिति-स्थापक-पक्ष का प्रयत्न ऐसे शब्दों के प्रयोग की दिशा में रहता है जो वस्तु-स्थिति को अधिक से अधिक ढकने में समर्थ हैं तो स्थिति को बदलने वाले प्रायः नंगे और बेलौस शब्दों का प्रयोग करते हैं और इसी को देखकर अकसर निम्न स्तर की शिकायत की जाती है। इसी तुला पर एक ओर अनेक पैनी आलोचनाएँ निम्न स्तर की ठहराई गयी हैं तो दूसरी ओर हास्य-व्यंग्य की अनेक समर्थ रचनाएँ घटिया स्तर की मान ली गयी हैं। शायद इसीलिए इधर अंग्रेजी में 'कॉमेडी' के महत्त्व को पुनः प्रतिष्ठित किया जा रहा है। कबीर इसी के चलते आज तक ठीक-ठीक 'कवि' नहीं माने गये और निराला मानवीय सहानुभूति प्राप्त करने के बावजूद कवि और लेखक के रूप में केवल विद्रोही साहित्यकारों में मान्य हुए। इसी प्रवृत्ति के चलते प्रेमचन्द कभी 'घृणा के प्रचारक' कहलाये और पीछे द्वितीय श्रेणी के कथाकार, और अब मुक्तिबोध नयी कविता के शोध-प्रबन्धों में भी बिना स्थान पाये मर गये। यह भी स्तर-निर्णय का ही एक रूप है।

निरन्तर ह्रास का दर्शन

स्तर विवेक का एक उदाहरण यह भी है कि उधर आजादी मिली, इधर कुछ लोगों ने साहित्य में गतिरोध की आवाज उठायी। गतिरोध को 'मतिरोध' करार देकर साहित्य आगे बढ़ गया, फिर भी कहने वाले कहते रहे कि आजादी ने साहित्य को कुछ नहीं दिया। अजब नहीं जो आज कुछ लेखक, अन्य क्षेत्रों की देखा-देखी अपने यहाँ भी यह नारा लगाएँ कि साहित्य का स्तर गिर रहा है। जहाँ सतयुग से क्रमशः गिरते हुए कलियुग तक आने की धारणा घुट्टी में पड़ी हो वहाँ यदि साहित्य में भी आज कलियुग दिखायी पड़े तो क्या आश्चर्य? वर्तमान तो हमेशा कलियुग होता ही है, कठिनाई सिर्फ यह है कि उस धारणा के अनुसार सारा हिन्दी साहित्य ही कलियुग की उपज है—आज की तुलना में भले ही प्रसाद, प्रेमचन्द, रामचन्द्र शुक्ल के युग को द्वापर कहा जाय लेकिन उस समय यह भी कलियुग ही था, और इसी तरह छायावाद के खिलाफ भक्तियुग को चाहे त्रेता या सतयुग कहा गया हो किन्तु तुलसीदास स्वयं अपने कलियुग का दुःखद प्रसंग लिख गये हैं। इसलिए आज भी कोई चाहे तो इतिहास की पुनरावृत्ति करने का हठ कर सकता है किन्तु ध्यान रखना होगा कि इस कलियुग से त्राण पाने के लिए सिर्फ एक ही उपाय बच रहता है—प्रतीक्षा एक कल्कि की जो अचानक अवतरित होकर सब कुछ ठीक कर दे। इस विषय में जो कम से कम खतरनाक बात कही जा सकती है वह यह कि जहाँ करिश्मे में विश्वास हो, वहाँ सिर्फ ज्योतिष पनप सकता है—करिश्मे के वातावरण में न आलोचना की आवश्यकता है न रचना की सम्भावना।

मूल्य बोध की क्षमता का ह्रास

जिस प्रकार भ्रष्टाचार की चर्चा भ्रष्टाचार में आहुति का काम कर रही है, उसी तरह साहित्य में भी स्तर गिरने की निरन्तर शिकायत, सम्भव है, गिरावट में और भी योग दे। आसार दिखायी पड़ने लगे हैं; और अब एक नयी स्थिति उत्पन्न हो रही है जो और भी चिन्ताजनक है: स्तर गिरने से अधिक गिरने के बोध का अभाव। मूल्यों के ह्रास से भी अधिक भयावह है मूल्यांकन की क्षमता का ह्रास। साहित्य में 'मूल्यों के विघटन' की जो इतनी चर्चा चली थी वह अस्पष्ट इसलिए रह गयी कि पीड़ित तो हैं वे अपनी मूल्यांकन-क्षमता के ह्रास से; किन्तु कहते हैं कि मूल्यों का ह्रास हो रहा है। जहाँ रोज दिन-दहाड़े सच को झूठ और झूठ को सच कहने का व्यापार चल रहा हो वहाँ सच-झूठ का इस तरह गड्डमड्ड हो जाना स्वाभाविक है कि विवेक करना असम्भव हो जाये; और तब उदासीनता की एक यह भी स्थिति आती है जब लोग इस दिशा में प्रयास करना भी छोड़ देते हैं और कहने लगते हैं कि "क्या फर्क पड़ता है।" क्या हम आये दिन कहीं-न-कहीं यह जुमला नहीं सुनते?

कवि केदारनाथ सिंह ने एक कविता में अभी-अभी लिखा है—

तुमने जहाँ लिखा है 'प्यार'
वहाँ लिख दो 'सड़क'
फर्क नहीं पड़ता
मेरे युग का मुहावरा है—
फर्क नहीं पड़ता।

मैं बहस शुरू तो करू—
पर चीजें एक ऐसे दौर से होकर गुजर रही हैं।

कि सामने की मेज को सीधे मेज कहना
अज्ञात अपराधियों के बीच रख देना है।

और भाषा जो मैं बोलना चाहता हूँ
मेरी जिह्वा पर नहीं
बल्कि दाँतों के बीच की जगहों में
सटी हुई है।

और फिर अमरकान्त की 'हत्यारे' शीर्षक कहानी जैसे इसी मूल्य-बोध-हीन मनःस्थिति की सम्भावित परिणति की भयंकरता को उजागर करती है जिसमें संसार की बड़ी से बड़ी चीज को अपने पाँवों की धूल समझने वाले दो नवयुवक छात्र "देश के चौमुखी विकास और विश्वशान्ति के लिए" गरीब स्त्री को धोखा देकर मुफ्त में अपनी भूख मिटाते हैं, कायर की तरह भागते हैं और एक निहत्थे मजदूर को छुरा मारकर अपनी बहादुरी का परिचय देते हैं। मूल्यहीनता अन्ततः हत्या की ओर ले जाती है!

इसलिए स्तर गिरने की शिकायत करने से भी ज्यादा जरूरी है आज अपने स्तरबोध, बल्कि मूल्यबोध की क्षमता को कायम रखना। जिस प्रकार शेखर जोशी की कहानी 'बदबू' के मजदूर नायक को एक बार अपने मैले हाथों की बदबू महसूस नहीं होती है तो वह चिन्तित हो उठता है, उस प्रकार की चिन्ता आज सचमुच कितने लोगों में है? और फिर उस 'गुलमोहर' का भी बोध जिसके बारे में रघुवीर सहाय ने लिखा है कि—

दूसरे तीसरे जब इधर से निकलता हूँ
देखता हूँ, अरे इस वर्ष गुलमोहर में
अभी तक फूल नहीं आया

—इसी तरह आशा करते रहना कितना अच्छा है, विश्वास रहता है कि वह प्रज्वलित रूप में भूल नहीं आया।

जनयुग : 27 जून, 1965

'आलोचना' का मतिरोध

हिन्दी में आलोचना के क्षेत्र की अवतंस पत्रिका 'आलोचना' के इस बहुप्रतीक्षित, अतिविज्ञापित एवं महत्त्वाकांक्षी विशेषांक को पूरा पढ़ सकने के लिए बड़ा धैर्य चाहिए। सबसे ज्यादा महत्त्वपूर्ण एक सम्पादकीय वाक्य लगा—इसलिए कि वह इस विशेषांक पर चिपक कर बैठता है। वाक्य है : 'गरज यह कि युग के केन्द्रीय प्रश्नों और हकीकतों को गड्डमड्ड करके एक ऐसा 'कन्फ्यूजन' का वातावरण पैदा किया गया है कि साधारण मनुष्य की चेतना इससे कुण्ठित होती गयी।' इस वाक्य में 'युग' के आगे 'साहित्य' और 'मनुष्य' की जगह 'पाठक' के शब्द रख लीजिए। 'आलोचना' के इस विशेषांक का पूरा परिचय मिल जायेगा।

इस मतिभ्रम (कन्फ्यूजन) का सबसे बड़ा उदाहरण स्वयं सम्पादकीय है। 'भले ही हिन्दी के संवेदनशील रचनाकार, प्रगतिवादी हों या कला के लिए 'कलावादी' आजादी के बाद कुछ ही दिनों में यह महसूस करने लगे (हों) कि आजादी के पहले की सरल दुनिया का अन्त हो गया, जीवन भी और उसकी समस्याएँ भी जटिल हो गयीं...पर शिवदान सिंह चौहान के लिए 'आलोचना' और अधिक सरलीकृत हो गयी है। जिस सादगी और सरलता से वे भारतीय आजादी का महत्त्व बताते-बताते साहित्य से बगैर कोई जीवन्त सम्बन्ध जोड़े उसकी असफलताओं पर उतर आते हैं उस पर केवल मर जाया जा सकता है—और कुछ नहीं। खुद ही देश के विराट् ऐतिहासिक परिप्रेक्ष्य को उत्साहजनक बताना और फिर उसकी झलक न मिलने पर असन्तोष प्रकट करना मासूमियत है। प्रगतिवादी शब्दावली के साथ ही नयी समीक्षा के चलतू शब्दों और लहजे का सह-अस्तित्व इस लेख में पूरी तौर पर विद्यमान है। पर चलिए यही क्या कम है कि चौहान साहब को यह पता चल गया कि नये काव्य और नये कथा साहित्य में युग की वास्तविकता को ही गहरी कलात्मक अभिव्यक्ति मिली है। उसका 'टिकाऊ' पर श्रेष्ठ भाग कौन-सा होगा, यह चौहान साहब ने गुप्त रखना चाहा है, हमीं लोग क्यों उस परदे के भीतर झाँकें।

सम्पादकीय से आगे बढ़कर सम्पादन को देखना आवश्यक है। पहला खण्ड है स्वातन्त्र्योत्तर सिद्धान्त चर्चा। इस चर्चा में 'सौन्दर्यशास्त्र' पर दिये गये दो परिचयात्मक

लेखों की प्रासंगिकता सम्पादक ही स्पष्ट कर सकता है या वे लेखक जिन्होंने इस विशेषांक में इस तरह के विषयों पर लिखना उचित समझा। इसी तरह पहले तीन लेखों पर भी आपत्ति उठाई जा सकती है।

हम आप भले ही बहुत दिनों से सुनते आ रहे हों कि स्वतन्त्रता के बाद 'प्रगतिशील', 'प्रयोगशील' जैसे खाने या खेमे अनावश्यक हो गये हैं और कविता या कहानी में 'नयी' विशेषण के अन्तर्गत दोनों ही प्रवृत्तियाँ अन्तर्भुक्त हो गयी हैं, पर चौहान साहब और उनके लेखकों के लिए आज भी वे महत्त्वपूर्ण ही नहीं यथार्थ श्रेणियाँ हैं। उन्होंने शायद यह देखने की चेष्टा भी नहीं की कि वही शमशेर, गिरिजाकुमार, केदारनाथ सिंह, केदारनाथ अग्रवाल, त्रिलोचन, श्रीकान्त वर्मा, नरेश मेहता, मुक्तिबोध आदि प्रगतिशील—चर्चा में भी हैं और प्रयोगशील में भी—यहाँ तक कि गीत-चर्चा (या गान) में भी। राजनीतिक सम्बद्धता के अतिरिक्त किस आधार पर ये प्रगतिशील हैं यह कहीं स्पष्ट नहीं हो सका और प्रयोगशीलता की चर्चा तो यों भी अधिक हवाई होती है। और फिर इन दोनों से अलगाकर 'गीत' की चर्चा की गयी है या फिर प्रबन्ध काव्य से अलगाने के लिए मुक्तक के स्थान पर गीत-विवेचना है? यों इस खण्ड का मुकुटमणि लेख 'हिन्दी कविता : प्रवृत्यात्मक विवेचन और मूल्यांकन' है जिसमें काफी छुआछुऔवल खेलने के बाद 'नयी कविता' को ही मुख्य प्रवृत्ति माना गया है। या इस लेख के लेखक नयी कविता के सिद्धान्तशास्त्री आचार्य जगदीशगुप्त का यह पहला वाक्य ही अविस्मरणीय है; 'हिन्दी साहित्य में 'स्वतन्त्रता' जिस विधा में सबसे अधिक प्रतिफलित हुई है वह है कविता, परन्तु यह प्रतिफलन वस्तु के स्तर पर उतना नहीं हुआ जितना काव्य के निहित रूप तथा अभिव्यंजनाशक्ति के स्तर पर।' आचार्यपाद गुप्त ने 'वस्तु' और 'रूप', 'भाव-पक्ष' और 'कलापक्ष' का जो अन्तर किया है उससे तमाम छात्रों और अध्यापकों का कल्याण होगा। इसका मतलब यह हुआ कि **बूँद और समुद्र, मैला आँचल, उखड़े हुए लोग, झूठा सच** आदि के सन्दर्भ स्वतन्त्रता के यथेष्ट प्रतिफलन नहीं हैं तथा हत्यारे, बदबू, मलबे का मालिक, प्रश्नवाचक पेड़, महुए का पेड़ आदि कहानियों में स्वतन्त्रता का प्रतिफलन बहुत क्षीण है। यों सम्पादक महोदय से यह पूछना भी उचित होगा कि क्या बहुत से लोगों की तरह वे भी मानते हैं कि पन्त, बच्चन, नरेन्द्र, दिनकर आदि का स्वातन्त्र्योत्तर साहित्य मुख्य परम्परा न होकर प्रवाहप्रतीति जल है। क्योंकि प्रबन्ध काव्यों के प्रसंग को छोड़कर उनका कहीं नाम भी नहीं आता और प्रबन्ध विवेचन में भी सब से ज्यादा महत्त्व के अधिकारी भारती माने गये हैं।

आलोचना खण्ड को देखा जाय तो जहाँ हजारी प्रसाद द्विवेदी, नगेन्द्र, नन्ददुलारे वाजपेयी आदि का तो नामोल्लेख भी नहीं होता और प्रगतिवादी तथा 'नयी समीक्षा' के दो फूहड़ खानों के भीतर दो मामूली से लेखों को भरा गया है। इनमें भी मानव

जी का लेख न भूतो न भविष्यति ही है। उनके लेखे नयी समीक्षा का अर्थ है प्रयोगवादियों (या मार्क्सवाद-विरोधी) द्वारा लिखी गयी आलोचना।

स्वातन्त्र्योत्तर काल की कृतियों के मूल्यांकन के अन्तर्गत 'चाँद का मुँह टेढ़ा है' पर विष्णुचन्द्र शर्मा का लेख सचमुच ही पठनीय है—बाकी अंक में सूचनाएँ हैं या स्तुतियाँ और दिलचस्पी इन दोनों में से एक में भी नहीं है।

योजना देख कर ही मैंने इसमें सहयोग देना स्वीकार नहीं किया था। आज सोचता हूँ कि वह निर्णय ठीक था और आशंका के अनुकूल ही अंक निकला है। हिन्दी आलोचना में गतिरोध हो या नहीं पर चौहान साहब की 'आलोचना' में निश्चित रूप से मतिरोध है। लगता है कि उनकी पकड़ न अब रचना पर है और न 'आलोचना' पर।

जनयुग : 4 जुलाई, 1965

The Nature of Aesthetic Experience : Experience as Value

I am not an artist, I can't talk about the mysteries of creation and the obscurities of artist's aesthetic experience. As a reader, or at most as a critic of literature. I would always like to define and locate the 'modus operandi' of my experience. In this search and endeavour I would certainly reject the idealist theories of philosophy which try to create a schism between subjet and object, between appearance and reality of those which try to go beyond the world of senses and intellect. For me the aesthetic experience is not something different from 'an' experience. So it would not be proper for me to limit the aesthetic experience to the experience of 'beauty' only. Awe, horror, poverty, the grotesque and torture are as much part of human experience as the beautiful and magnifiscent, grandeur and love are.

Some theorists of art have defined the aesthetic experience as the experience of 'art' object' only. I do not accept this proposition too. My stand is that the aesthetic experience is part of human experience. In fact such theorists are suffering from 'pleasure' dogma. They really try to avoid the 'not always pleasurable' situations of life. In the so-called ordinary or daily experience suffering, pain, weeping horror, antipathy, enmity, hate are more akin to us; at the same time we try to avoid such situations. As concrete human situations, they also creep in, some times prominently, in literature and arts. To avoid this anamalous situation pleasure theory comes in. According to this theory the experience of an art-object is devoid of crudities of daily life, it is something different in quality. But as human experience of daily life and human experience objects are not qualitatively different, I find myself in disagreement here.

In our confrontations with the ordinary life or natural objects, sometimes we have an experience of the same magnitude as in seeing a 'piece of art'. The only difference then between an ordinary human experience and an aesthetic experience lies in their intensity of meaningfulness. The former is more personal, more temporal, limited and less meaningful in the context of broader life and human (or even personal) destiny. We may then call that experience aesthetic, which organizes this meaning more purposefully. In such an experience, we impose an 'order', a 'form' over the scenes or situations of human confrontation. This order or form is always taken from the pattern of life we live. The organisation of ordinary experiences into a more meaningful pattern is the real function of aesthetic experience. The function being always closely related to the nature, the aesthetic experience cannot be different from ordinary human experiences. As experience is in itself, a 'value', why must we super-impose 'pleasure' or something else as its value. Its obejct is not limited to art-pieces only, any thing or scene or situation can arouse such mental processes. Yes, it is a mental (or better, psychological) process. It is neither emotion, nor basic instincts, nor 'Sthayi Bhavas' and certainly not imagination also.

But this is only the basic problem. There are other problems of medium, etc. related to the super-structure. The imposition of one kind of pattern over the experiences implies the imposition, through the medium of another kind of pattern. In such a case some sort of conflict can not be ruled out. But, then, how do we reconcile it?

1965 : Seminar of English Department,
Institute of Post-Graduate (Evening) Studies.
University of Delhi, Delhi-7

अनुवाद

सौन्दर्यानुभूति की प्रकृति

मैं कोई कलाकार नहीं हूँ। कला सृजन के रहस्यों और कलाकार की सौन्दर्यानुभूति की गूढ़ता की चर्चा मैं नहीं कर सकता। एक पाठक या अधिक-से-अधिक साहित्य के आलोचक के रूप में मैं अपनी अनुभूति के स्रोत और दृष्टिबिन्दु को परिभाषित करना हमेशा ही पसन्द करूँगा। इस अन्वेषण और प्रयत्न के क्रम में मैं निःसन्देह ही दर्शन के भाववादी सिद्धान्तों को अस्वीकार करूँगा जो विषय और विषयी, जो अन्तर और बाह्य के बीच द्वन्द्व या विरोध उत्पन्न करता है और जो लोकोत्तर जगत् की ओर ले जाना चाहता है। मेरे लिए सौन्दर्यानुभूति यथार्थ जगत् की लौकिक अनुभूति से भिन्न कोई अलग चीज नहीं है। अतः सौन्दर्यानुभूति को केवल **'सुन्दर'** की अनुभूति तक सीमित करना मैं उचित नहीं मानता। विस्मय, भीषणता, गरीबी, विरूपता और यातना मानवीय अनुभूति के ठीक उसी प्रकार के अंश हैं, जैसे सुन्दरता, दिव्यता, भव्यता और प्रेम हैं।

कला के कुछ सिद्धान्तकार सौन्दर्यानुभूति की परिभाषा सिर्फ 'कला वस्तु' की अनुभूति के रूप में प्रस्तुत करते हैं। मैं इस स्थापना को भी स्वीकार नहीं करता। मेरी मान्यता है कि **सौन्दर्यानुभूति मानवीय अनुभव का हिस्सा है**। सचाई तो यह है कि उल्लिखित सिद्धान्तकार सुखवादी दर्शन की रूढ़ि से पीड़ित है। वस्तुतः आनन्द न देनेवाली जीवन स्थितियों से वे हमेशा परहेज करना चाहते हैं। तथाकथित रोजमर्रा की साधारण जिन्दगी या दैनिक अनुभव के दौरान यन्त्रणा, पीड़ा, रुदन, भय, चिढ़, शत्रुता, घृणा आदि हमारे करीब की चीजें हैं। यह भी सही है कि हम इन स्थितियों से बचना चाहते हैं। ठोस जीवन की तरह साहित्य और कलाओं में भी ये चीजें स्वतः कभी-कभी बड़ी प्रमुखता से आ जाती हैं। इस दुखदायी परिस्थिति से बचने के क्रम में सुखवादी दर्शन आ खड़ा होता है। इस सिद्धान्त के अनुसार किसी कलाकृति का अनुभव रोजाना के जीवन की कठोरताओं से मुक्त होता है, यह गुणात्मक दृष्टि से भिन्न अनुभव होता है। पर रोजमर्रे के जीवन का अनुभव और कला अनुभव गुणात्मक स्तर पर भिन्न-भिन्न चीजें नहीं हैं। भिन्न समझने वाले सिद्धान्तकारों से मैं असहमत हूँ।

सामान्य जीवन अथवा प्राकृतिक वस्तुओं से मुठभेड़ में हमें उसी स्तर की अनुभूति होती है जैसी किसी कलाकृति को देखने से। पर सामान्य मानवीय अनुभूति और सौन्दर्यानुभूति के बीच अन्तर अर्थवत्ता की तीव्रता में अन्तर्निहित है। पहली अनुभूति जीवन के व्यापक प्रसार में और मानवीय नियति (वैयक्तिक) के सन्दर्भ में कहीं अधिक व्यक्तिगत, क्षणिक, सीमित और कम अर्थवान है। अतः ऐसी अनुभूति सौन्दर्यानुभूति की संज्ञा तभी पाती है जब वह अर्थवत्ता को कहीं अधिक सोद्देश्यता के साथ संगठित कर पाती है। इस प्रकार की अनुभूति पर हम एक 'व्यवस्था', मानवीय मुठभेड़ के दृश्यों और परिस्थितियों पर एक 'रूप' का, आरोपण कर देते हैं। इस प्रकार की व्यवस्था या रूप आमतौर पर हम जो जीवन जीते हैं उसकी संरचना के भीतर से निकलता है। सौन्दर्यानुभूति का वास्तविक काम है सामान्य अनुभूति को कहीं अधिक अर्थवान ढाँचे में संगठित करना। इस प्रकार का कार्य चूँकि प्रकृति से घनिष्ठ रूप में सम्बद्ध है, अतः सौन्दर्यानुभूति सामान्य मानवीय अनुभूति से भिन्न हो नहीं सकती। चूँकि अनुभूति स्वयं एक 'मूल्य' है, अतः आनन्द या किसी और चीज को एक मूल्य के रूप में उस पर आरोपित क्यों किया जाय? उसका अभिप्रेत केवल कलाकृतियों तक सीमित नहीं है। कोई भी चीज, दृश्य या स्थिति सौन्दर्यानुभूति की मानसिक प्रक्रिया उद्दीप्त कर सकती है। हाँ, यह एक मानसिक (अगर बेहतर शब्द में कहें तो मनोवैज्ञानिक) प्रक्रिया है। यह न तो भावना है, न जन्मजात वृत्ति, न 'स्थायी भाव' और निश्चय ही यह कल्पना भी नहीं है।

पर यह तो सिर्फ एक मूलभूत समस्या है। इसके अलावा माध्यम आदि से सम्बन्धित अधिरचना की अन्य समस्याएँ हैं। अनुभूतियों पर एक प्रकार के ढाँचे के आरोपण का मतलब है दूसरे प्रकार के माध्यम का आरोपण। ऐसी स्थिति में किसी-न-किसी प्रकार के संघर्ष से बचा नहीं जा सकता। तब सवाल उठता है कि हम इसका समाहार कैसे करें?

यह लेख अंग्रेजी में लिखित 'नेचर ऑफ ऐस्थेटिक एक्सपीरिएन्स : एक्सपीरिएन्स एज वैल्यू' का हिन्दी रूपान्तर है। इस लेख को देवीशंकर अवस्थी ने दिल्ली विश्वविद्यालय के अंग्रेजी विभाग के एक सेमिनार में अपने वक्तव्य के रूप में पढ़ा था : 1965

अनुवाद : मुरली मनोहर प्रसाद सिंह

रचना और आलोचना : अन्तराल के प्रश्न पर पुनर्विचार

यह आलेख देवीशंकर अवस्थी की मृत्यु के बाद 'कल्पना' में प्रकाशित हुआ। उन्होंने स्वयं प्रकाशन के लिए भेजा था पर प्रकाशित रूप में देख न सके।

एक बार काशी की एक गोष्ठी में रचना और आलोचना के मध्य कहे जाने वाले अन्तराल का प्रश्न मैंने उठाया था। उस गोष्ठी का विवरण 'कल्पना' में कृष्णनाथ ने उपस्थित करते हुए कुछ अपनी बातें भी कही थीं। उस समय 'कल्पना' सम्पादकों ने इस सम्बन्ध में मुझसे लिखने के लिए कहा था पर वह न हो सका। पर इसी बीच कुछ और बातें भी सामने आती रहीं। स्वयं 'कल्पना' में भी इस विषय पर कुछ टिप्पणियाँ आयीं और यत्र-तत्र भी आलोचना को लेकर कुछ न कुछ कहा जाता रहा। 1964 का वर्ष 'विवेचना' (इलाहाबाद) जैसी संस्था की स्थापना के लिए हिन्दी आलोचना के इतिहास में महत्त्वपूर्ण माना जायेगा। इस संस्था के माध्यम से व्यावहारिक समीक्षा को एक विशिष्ट गरिमा मिली है।

यों, सब मिला कर आलोचना को गालियाँ ही दी जाती रहीं। इस सम्बन्ध में कुछ रोचक बातें ज्ञात हुईं। पता लगा कि हिन्दी में नाट्य रचना इसलिए क्षीण रही कि नाटक की वास्तविक आलोचना नहीं थी; कि कथासाहित्य की सारी गड़बड़ी आलोचना के कारण है; कवियों की शिकायत तो बहुत पुरानी है। जब रचनाकार आलोचना की शिकायतें करते हैं तब बात कुछ समझ में आती है। उनमें से हर एक को मेधावी क्यों नहीं घोषित कर दिया गया, यह पीड़ा कुछ-कुछ स्वाभाविक मानी जा सकती है। पर अब तो तमाम अध्यापक आलोचक भी शिकायती पत्र भेजने लगे हैं कि हिन्दी आलोचना की बड़ी दुर्दशा है—यहाँ तो अवमूल्यन होता है या अधिमूल्यन। जाहिर है कि यह चिन्ता की बात है। इस पर तनिक विचार किया जाना चाहिए।

इस सम्बन्ध में एक रोचक और महत्त्वपूर्ण तथ्य यह है कि ये सारे शिकवे-शिकायत समसामयिक साहित्य को लेकर हैं। यह कोई नहीं कहता कि अतीत के साहित्य की आलोचना में कोई गड़बड़ी है, गोया कि वहाँ सब ठीकठाक और दुरुस्त है। चलिए, मैं भी माने लेता हूँ कि हिन्दी के पुराने साहित्य के बारे में सब

कहा जा चुका है अब अधिक गुंजाइश नहीं है। और चर्चा की बात नये साहित्य की आलोचना है।

इस सम्बन्ध में विचार करते समय समसामयिक आलोचना के सन्दर्भ और दायित्व दोनों को ध्यान में रखना होगा। सन्दर्भ है नया साहित्य। यह कहने की शायद अब आवश्यकता नहीं है (और 'आवश्यकता नहीं' वाली यह बात नयी आलोचना के कारण ही सम्भव हो सकी है) कि नया साहित्य प्रारम्भ से ही भयंकर उपेक्षा, आक्षेप एवं तिरस्कार का विषय रहा है। हमारी संस्कृति के तमाम ठेकेदारों के लिए वह अगम्य था और उस पर दलबन्दी, अनास्था, पतनशीलता के ही नहीं, अभारतीयता एवं विदेशी अनुकरणशीलता आदि के भी आरोप तमाम प्रगतिवादी आलोचकों द्वारा ही नहीं, छायावादी कवियों और अध्यापक आलोचकों आदि द्वारा भी लगाये जा रहे थे (और आज भी लगाये जा रहे हैं)। इनमें से अनेक आत्माभिव्यक्तिवादी थे पर आत्मान्वेषणवादी अज्ञेय के काव्य को अहंवादी कह कर उपेक्षित करते समय अपनी ही सैद्धान्तिक विसंगति को देख सकने में असमर्थ थे और जो अपने को यथार्थवादी घोषित करते थे, वे भी इस साहित्य के नितान्त जीवित यथार्थ को देख नहीं सके। यह आकस्मिक नहीं है कि हजारी प्रसाद द्विवेदी, नगेन्द्र, नन्ददुलारे वाजपेयी और रामविलास शर्मा जैसे नितान्त भिन्न आलोचक नये साहित्य की चर्चा करते समय अपनी प्रशंसा अधिक से अधिक गिरिजाकुमार माथुर को दे पाते हैं जो कि नये साहित्य के सबसे पुराने भावबोध वाले कवि हैं। वस्तुतः इन सबके लिए यह पहचानना असम्भव हो गया कि नया साहित्य श्रेताओं को यों ही परेशान नहीं कर रहा—उसके पीछे गहरे सामाजिक, नैतिक और मनोवैज्ञानिक कारण हैं। हमारे बौद्धिक-सांस्कृतिक विकास की इस अवस्था में आकर लेखक के लिए यह कठिन हो गया कि समाज के तमाम विधिनिषेधों एवं परम्पराश्रित माँगों को स्वीकार करे। नैतिकता की तमाम धारणाएँ, चाहे वे स्त्री-पुरुष सम्बन्धों की हों या सामाजिक व्यवस्था की, उसके लिए जाली सिक्का बनती गयीं, यह बात दूसरी है कि पुराने कवि के लिए 'सिक्का तो टकसाली है, नजर तुम्हारी जाली है' ही सच बना रहा। पर यही तो अन्तराल है दो दृष्टियों, भावबोध के दो स्तरों का। बहरहाल, नवलेखन के रचनाकारों के लिए जन अभिरुचि या परम्परा का प्रश्न महत्त्वपूर्ण नहीं रहा। उनके लिए परम्परा एक जंजीर के रूप में थी और अभिरुचि का प्रश्न पुराने लेखकों की सुविधाजनक उपयोगिता भर रह गया। जनरुचि को तृप्त करना है, यह विचार ही उनके लिए अग्राह्य हो गया। ऐसी मनःस्थिति में लिखा जाने वाला साहित्य जनप्रिय तो नहीं रहा, ऊपर से श्रोताओं, पाठकों के लिए परेशानी पैदा करने वाला भी हो गया। लेखक और पाठक के मध्य के इस द्वन्द्व की स्थिति में ही आलोचना का दायित्व अत्यन्त प्रखर रूप से सामने आया। यह दायित्व था नये साहित्य की पहचान का। नये साहित्य के प्रति जब तमाम बड़े लेखक, आलोचक, संस्कृति के ठेकेदार और सामान्य पाठक

सन्देहालु ही नहीं, प्रतिकूल दिखाई दिये, तब इस साहित्य की प्रतिश्रुति में एक प्रबुद्ध आलोचनात्मक चेतना इसे स्वीकारती है, उसे पहचान देती है। इस सम्बन्ध में यह तथ्य काफी मजेदार है कि अकसर पुराने लेखक नवलेखन पर (रचना और आलोचना दोनों पर) दलबन्दी का आरोप करते हैं। वे यह नहीं देख पाते कि यह 'दल' भावबोध के स्तर पर है, किसी प्रकार के अर्जन के लिए इसका नियोजन नहीं हुआ है। एक पूरी की पूरी पीढ़ी जिस नये भावबोध के साथ पुराने मूल्यों के खँडहर पर हिन्दी में उठ खड़ी हुई, वही एक हल मालूम पड़ती है—जब कि सचाई यह है कि वैयक्तिक ही नहीं वैचारिक स्तर पर इस पीढ़ी के मध्य आपसी संघर्ष कम नहीं है। पर, इसके बावजूद ये सभी नये साहित्य को स्वीकारते हैं। और इस स्वीकरण से ही नयी आलोचना जन्म लेती है।

वस्तुतः आज जब हम पीछे निहारते हैं तो यह देख कर सुखद आश्चर्य होता है कि तमाम आक्षेप, उपेक्षा और अस्वीकृति के बावजूद 'नवलेखन' दृढ़तापूर्वक स्थापित हो चुका है। जिन अध्यापकों, आलोचकों ने एक जमाने में उसे अभारतीय कह कर ठुकराया था वे ही अब उसे पाठ्यक्रमों में रखने के लिए लालायित ही नहीं हैं, उसमें छन्द, अलंकार, रस और प्रकृतिचित्रण के विविध रूप भी खोज रहे हैं। जिन रचनाकारों ने उसे हेय समझा था, वे आज अपनी रचनाओं की स्वीकृति के लिए नये लेखकों की ओर ललचाई निगाहों से देख रहे हैं। पन्त हों या बच्चन, या दिनकर, अब वे अपने समसामयिकों की स्वीकृति के भूखे नहीं हैं—उनकी प्रत्याशा नयी पीढ़ी के लेखकों से है और वहाँ से अवहेलना होने पर अपमानित अनुभव करते हैं। पिछले पन्द्रह वर्षों में स्थिति तो यह आ गयी है कि 'नया' स्वयं एक संस्थान बन गया है और स्वयं उसके प्रति असन्तोष लेकर एक और पीढ़ी सामने आ रही है। इस स्थिति तक पहुँचने में आलोचना ने अपना दायित्व निभाया है, यह मैं तनिक जोर देकर कहना चाहता हूँ। 'हरी घास पर क्षण भर', 'नदी के द्वीप', 'मैला आँचल', 'बूँद और समुद्र', 'अन्धा युग', 'शह और मात', 'परिन्दे' आदि पुस्तकों की पहचान में तनिक भी विलम्ब नहीं हुआ। पुस्तकों को जाने दीजिए, एक कहानी, दो कविताएँ, एक निबन्ध ने इस बीच लेखकों को स्वीकृति दिला दी है। क्या बिना एक सजग आलोचनात्मक कार्यवाही के यह सम्भव था? इसका तात्पर्य यह नहीं कि सबका यथोचित मूल्यांकन कर दिया गया था। एक तो यथोचित मूल्यांकन की बात नितान्त सापेक्षिक है। लेखकों की कीर्ति में निरन्तर घटती-बढ़ती होती रहती है। इसीलिए एक युग का मूल्यांकन दूसरे युग में अवमूल्यन या अधिमूल्यन लगने लगता है। फिर क्या यह कहना उचित न होगा कि समसामयिक साहित्य की आलोचना में पूरे ऐतिहासिक परिदृश्य में मूल्यांकित करने का प्रश्न प्रधान नहीं होता है, प्रधान बात होती है उस साहित्य की तात्कालिक पहचान की। और कहना चाहूँगा कि इस दायित्व को निभाने में नयी आलोचना से कोई चूक नहीं हुई। इधर, जब-जब एक

ओर बढ़ती हुई साक्षरता के दबाव के तले जनप्रियता की माँग पर तमाम कविता न केवल सार्वजनिक कविता बन कर रह गयी थी, बल्कि एक निहायत कृत्रिम काव्य सामने आ रहा था, उस समय वैयक्तिक कल्पनाशीलता एवं रचनात्मक आकांक्षा को पहचानने के अपने कर्तव्य को आलोचना ने पूरी तरह निभाया है। प्रमाणस्वरूप अलग-अलग उद्धरणों की राशि न जमा कर केवल आलोचना के कुछ शब्दों या प्रवृत्तियों की ओर इंगित करना चाहूँगा। रचना की साहित्यिक मूल्यवत्ता, रचना की अन्विति एवं सांगिक एकता, रचना की भाषा के सृजनात्मक रूप की जाँच आदि जो प्रवृत्तियाँ आलोचना में दिखाई देती हैं वे उसी दायित्व को पूरा करने के प्रयास हैं। इसी प्रकार प्रामाणिक अनुभूति, रचनात्मक ईमानदारी जैसे शब्द जब आलोचना के नियम बन कर आये तब वास्तविक यथार्थ को ही नहीं, वास्तविक अनुभूति यथार्थ की रचनागत उपलब्धि की बात को ये सामने लाये। वस्तुतः इस अर्थ में नयी आलोचना अत्यन्त सशक्त रही है। कहा जा सकता है कि एक प्रकार का साहित्यिक पन्थ ही पिछले दशक में विद्यमान रहा है और जो तमाम विश्वविद्यालयों, सरकारी-गैरसरकारी संस्थानों आदि के निहित एवं शक्तिशाली स्वार्थों के समानान्तर अपने अस्तित्व को दृढ़ करता गया। इस घोषित-अघोषित युद्ध में नया आलोचक आज के युग की तमाम सांस्कृतिक च्युति के प्रति सजग होकर ही नये साहित्य के साथ रहा है। जब सारे विश्वास ढह रहे थे, सारे मानदण्ड एवं मान्यताएँ झूठी पड़ रही थीं तब साहित्य के नये भावबोध को, उसकी समकालीनता के प्रति सम्पृक्ति को ही एक मूल्य मान कर उसकी रक्षा का प्रयत्न इस सारी आलोचनात्मक हलचल के मूल में काम करता रहा है। जब तमाम प्रतिबद्धताएँ धोखा साबित हुई हैं, तब मानव और उसके विवेक का बोध केवल साहित्य में ही प्रामाणिक रूप से शेष रह गया है। असाहित्यिक युग में साहित्यिक की रक्षा का यह जोरदार प्रयत्न कहा जा सकता है। मानो इन आलोचनाओं में (चाहे वे पुस्तक-समीक्षाओं के रूप में हों या स्वतन्त्र लेखों-टिप्पणियों आदि के) यह घोषित किया जा रहा था कि सब कुछ भले ही झूठा पड़ गया हो, और किसी चीज ने भले ही विश्वासघात किया हो, पर साहित्य ने, कविता ने विश्वासघात नहीं किया। 'तमाम मूल्य टूट गये हैं और अच्छी कविताएँ लिखी जा रही हैं', यह कहने का निहितार्थ यही था कि कविता ने विश्वासघात नहीं किया। और यह कहने का स्पष्ट अर्थ था कि व्यक्ति की रचनाशीलता का बचाव आलोचना कर रही थी।

जब निर्मल या रघुवीर सहाय या शमशेर का बचाव इसी वैयक्तिक रचनाशीलता के आधार पर किया जाता है तब वह वस्तुतः उस परम्परा का भी बचाव है जो 'दी' हुई नहीं है और आधुनिक जीवन की तमाम उद्‌भावनाओं के श्रेष्ठतम के साथ अर्जित की गयी है।

वस्तुतः आलोचना पर जब आक्षेप किये जाते हैं तब आक्षेप करने वाले (मैं

केवल नवलेखन के रचनाकारों के ही आरोपों को गम्भीरतापूर्वक लेना चाहूँगा।) स्वयं आलोचना के क्षेत्र में उस अन्तर को भूल जाते हैं, जो नये आलोचकों ने रचना के क्षेत्र में भलीभाँति किया है। हम सभी जानते हैं कि रचना के क्षेत्र में नवलेखन के समानान्तर ही बच्चन, पन्त, नरेन्द्र शर्मा, दिनकर, अंचल, सुमन आदि भी लिखते रहे हैं और नयी उम्र का लेखक भी 'साप्ताहिक हिन्दुस्तान' छाप तमाम साहित्य छपाता रहा है, पर साहित्य की इस समय की मुख्य धारा कौनसी है इसको पहचानने में नयी आलोचना ने कब भूल की? पर आलोचना के ऊपर आक्षेप करने वाले तमाम नये लेखक यह भूल जाते हैं कि नवलेखन के समानान्तर ही आलोचना की पद्धति और एक हलचल बराबर विकसित होती गयी है। पर वे इसे अलग पहचान सकने का विवेक छोड़ कर ज्यादातर अकादमिक आलोचना (जिसके लिखने वाले विश्वविद्यालयों में भी हैं और बाहर भी) अथवा व्यापारी आलोचना के साथ इसे एकमेक कर देते हैं।

तनिक भी ध्यान से देखने वाला व्यक्ति जान सकता है कि विश्वविद्यालयों में आलोचना के नाम पर जो कुछ हो रहा है उसका अच्छा वाला अंश साहित्यिक पाण्डित्य के अन्तर्गत रखा जायेगा और बाकी जो बहुत-सी तमाम शोधपरक तथा समस्त छात्रोपयोगी रचनाएँ न आलोचना है और न पाण्डित्य। वे तो घर जोड़ने (या बनाने) की माया ही हैं। ऐसे भी उदाहरण मिल जायेंगे जो शहर में घर बनवाने के चक्कर में साहित्य में अपनी जमीन भी खो बैठे। सचमुच ही यह दुर्भाग्य की बात हुई कि कुछ पैने विश्लेषणपरक समीक्षक पाण्डित्य की ओर चले गये। काव्यशास्त्र, सौन्दर्यशास्त्र, भाषाविज्ञान आदि पर इन लोगों के कार्य पाण्डित्य के अन्तर्गत ही आयेंगे। पाण्डित्य के क्षेत्र में गये ये लोग ही नये साहित्य के प्रति उपेक्षाशील हुए या फिर आधारहीन खानेदार आलोचनाएँ प्रस्तुत कीं। ऐसे लोगों में वे लोग हैं जिनके लिए कक्षा से बाहर साहित्य अस्तित्व ही नहीं रखता।

आलोचना का एक और विकृत रूप व्यवसायोन्मुख आलोचना का है। इधर विभिन्न व्यावसायिक पत्रों के माध्यम से इस तरह की आलोचना प्रारम्भ हुई है। इस तरह के पत्र रचना में नहीं, रचनाकार में दिलचस्पी पैदा करते हैं—कभी फोटो छापकर और कभी चुटकुले या अविस्मरणीय घटनाएँ प्रकाशित कर। वे लोग आलोचना में भी शीर्षकों के कमाल पैदा करते हैं—एक प्रकार का साहित्यिक तीसमारखाँपन इनके साथ लगा हुआ है। साथ ही इन आलोचनाओं का सम्बन्ध प्रकाशन जगत से जुड़ा होता है। इधर बहुत से प्रकाशक हमारे यहाँ साहित्यिक बाद-विवाद में दिलचस्पी लेने लगे हैं—साहित्यिक नहीं व्यावसायिक कारणों से। इतना अवश्य है कि व्यापारी आलोचना का रूप अभी हिन्दी में बहुत स्पष्ट नहीं हुआ है पर वर्तमान पूँजीवादी व्यवस्था में यह रूप अधिक शक्तिशाली बनेगा और इसके प्रति तनिक सावधान रहने की आवश्यकता है। अस्तु, इस प्रकार की आलोचनाओं से वास्तविक आलोचनात्मक

हलचल को अलग देखने की जरूरत है—इससे आलोचना को ही नहीं, रचना को भी बल मिलेगा।

इसका तात्पर्य यह नहीं कि नयी आलोचना में कहीं कोई कमी नहीं है या कि उसने अपनी अपेक्षाओं को ठीक तरह से पूरा किया है। वस्तुतः समसामयिक साहित्य के प्रति अपने दायित्व को उसने लगभग पूरा किया है, पर उसका एक दूसरा दायित्व था कि तमाम नये साहित्य के अनुकूल पुराने साहित्य को भी पुनर्व्यवस्था दे, उसका पुनर्मूल्यांकन करे। इस क्षेत्र में केवल छायावाद सम्बन्धी कुछ उदाहरणों को छोड़ कर कोई महत्त्व का काम नहीं हो सका है। सारी शक्ति समसामयिक साहित्य की स्थापना में ही लगी रही। पुराने साहित्य की ओर उसने ध्यान दिया ही नहीं। कहना तो यों चाहिए कि नये साहित्य की पहचान की गयी और छायावाद का मूल्यांकन! और पुनर्मूल्यांकन सम्बन्धी दायित्व एकदम उपेक्षित रहा।

नयी आलोचना को लेकर एक और भ्रम उत्पन्न किया जाता है—आलोचकों द्वारा लिखी गयी आलोचना और रचनाकारों द्वारा लिखी गयी आलोचना अलग-अलग हैं। इस सम्बन्ध में मुख्य रूप से दो बातें कहना चाहूँगा : रचना के क्षणों को छोड़ कर रचनाकार भी पाठक या आलोचक ही होता है और रचनाकारों द्वारा लिखी गयी आलोचनाएँ भी उसी एक आलोचनात्मक क्रियाकलाप का अंग होती हैं, उनको अलगाने की चेष्टा केवल दृष्टिभ्रम है। केवल आलोचना में ही अपनी आत्मिक, बौद्धिक तृप्ति प्राप्त करने वाले आलोचक का उदय हमारे सांस्कृतिक इतिहास में भी अभी हाल की ही घटना है। पश्चिमी देशों में भी इस प्रकार के आलोचक का उदय अभी बहुत नजदीक का तथ्य है। इसलिए केवल आलोचना लिखने वाले आलोचक को लेकर बहुत शोर नहीं मचाना चाहिए। स्वयं मेरे जानते केवल आलोचना लिखने वाले व्यक्ति हिन्दी में मुश्किल से दो या तीन हैं। अतः इस आधार पर भी आरोप समुचित प्रतीत नहीं होते।

आलोचना की कमी या कमजोरी के सम्बन्ध में अन्तिम बात यह कि आलोचना मुख्यतः बौद्धिक व्यवसाय है और हमारे पूरे देश का बौद्धिक स्तर कैसा है, शायद यह कहने की आवश्यकता नहीं है। और जब तक अंग्रेजी के माध्यम से शिक्षा दी जाती रहेगी तब तक बहुत सुधार होगा, इसकी आशा भी नहीं है। इस बौद्धिक तैयारी की कमी का प्रभाव आलोचना पर भी पड़ता है और रचना पर भी—पर आलोचना में वह बहुत प्रत्यक्ष होता है और रचना में तनिक भीतरी—जिसका कि उद्घाटन करना पड़ता है।

कल्पना : अप्रैल, 1966

आलोचना : समीक्षा

क्षणदा

हिन्दी दशरूपक

आलोचना : 18वाँ अंक

दर्शन कम : विवरण अधिक

आत्मनेपद

’61 में हिन्दी समीक्षा के विविध रूप

खड़ीबोली-काव्य में अभिव्यंजना

हिन्दी-काव्य में अन्योक्ति

मानव मूल्य और साहित्य

संवेदनशील और ठोस आलोचना की एक नयी कृति

आँगन का पंछी और बनजारा मन

तीन आलोचनात्मक पुस्तकें : उपलब्धि के नाम पर प्रश्नचिह्न

युग-चिन्तन

मौलिकता बनाम किंचित् आलोचना

क्षणदा

'अतीत के चलचित्र', 'स्मृति की रेखाएँ' तथा 'शृंखला की कड़ियाँ' जैसे संकलनों को पढ़ने वाला महादेवी जी के गद्य की शक्ति से परिचित है। उनके शब्दशिल्प, अभिव्यक्ति कौशल और विचार परम्परा परस्पर अनुस्यूत होकर पाठक को रसाभिभूत कर लेते हैं।

प्रस्तुत निबन्ध संग्रह में महादेवी जी के बारह निबन्ध संकलित हैं। निबन्ध विविध विषयों पर हैं परन्तु उनके मूल में महादेवी जी का गत्यात्मक (Dynamic) व्यक्तित्व सर्वथा स्थित है। आत्मपरक ढंग से वस्तु के विवेचन के साथ दर्शन सदा विद्यमान रहता है। उनकी दृष्टि करुणा, दया, सहानुभूति से सदैव परिपूर्ण है। इधर भारतवर्ष में महात्मा बुद्ध की 2500वीं जन्मतिथि बड़ी धूमधाम से मनायी गयी है और उसके परिणामस्वरूप गौतमबुद्ध और बौद्ध साहित्य की ओर समस्त शिक्षित समुदाय की दृष्टि प्रभावित हुई है। महादेवी जी ने भी शायद बौद्ध संस्कृति के मर्म को समझने का इस बीच बड़ा प्रयास किया है और इसी कारण उनकी सहानुभूतिशीला दृष्टि और अधिक करुणाप्लावित हो उठी है। क्षणदा का पहला निबन्ध 'करुणा का सन्देश वाहक' महात्मा बुद्ध का आकलन करते हुए उनकी विशेषताओं को उपस्थित करता है।

'क्षणदा' के निबन्धों में लेखिका का चिन्तन ही नहीं उसका अध्ययन भी स्थान-स्थान पर झलक उठता है। चिन्तन और अध्ययन का यह स्वर्ण-सुगन्धि संयोग निबन्धों को एक अद्‌भुत प्रभविष्णुता प्रदान कर देता है। पूरे परिपार्श्व में समस्याओं को उपस्थित करना और फिर उनके समाधान की ओर हल्का सा संकेत दे देना इन निबन्धों की विशेषता है। हमारी वर्तमान स्थिति क्या है? "सब जगह हमारा दम्भ गहरा है और विवेक उथला है। सर्वत्र हमारी हृदयहीनता स्वभावगत हो गयी है और स्वार्थपरता चरित्र में रम रही है।...हमारा नैतिक पतन आज उस अजगर के समान हो उठा है, जो सौन्दर्य और सत्य की सजीव प्रतिमाओं को भी साँस के साथ खींच कर उदरस्थ कर लेता है और फिर अपने शरीर को तोड़-मोड़ कर उन्हें चूर-चूर बना ऐसी स्थिति में पहुँचा देता है, जिसमें वे उस अजगर के शरीर के अतिरिक्त और

ले. : महादेवी वर्मा

कुछ नहीं रहतीं।” परन्तु यहीं यह बात ध्यान देने की है कि महादेवी जी छायावाद की कवयित्री हैं और उनका दृष्टिकोण व्यक्तिवादी बन कर ही सामने आता है। वे आज के युग को ‘व्यक्ति प्रधान’ मानती हैं और व्यक्ति की नैतिक उन्नति का प्रश्न उठाती हैं। परन्तु आज व्यक्ति का नैतिक पतन नहीं समूह का हो गया है और उसे ही उठाने की आवश्यकता है।

हिन्दी प्रकाशन आज इस अवस्था में पहुँच गया है कि उसमें क्रम, एकतानता और अन्विति की रक्षा आवश्यक मानी जाने लगी है। फुटकर जो भी पढ़ा-लिखा, उसे एक जगह प्रकाशित कर देना अब अधिक शोभनीय नहीं रहा। इस संकनल के अन्य निबन्धों की आत्मा और आकार के साथ ‘स्वर्ग का एक कोना’ तथा ‘सुई दो रानी’ का मेल नहीं बैठ पाता। ये यात्रावर्णन हैं और स्मृति की रेखाएँ की परम्परा में हैं। ‘सुई दो रानी’ का शब्द वर्णन तो शायद काफी पुराना भी है।

महादेवी जी के इस नये गद्य संग्रह का हम हृदय से स्वागत करते हैं। महादेवी जी के अन्तर की रचनात्मक प्रतिभा के इस मौलिक प्रकाशन से हमारा साहित्य सम्पन्न बना है।

कलजुग : मार्च, 1957

हिन्दी दशरूपक

'दशरूपक' संस्कृत का अत्यन्त प्रतिष्ठित और प्रामाणिक ग्रन्थ है। भरतमुनि के नाट्यशास्त्र के बाद नाटक पर सबसे अधिक अधिकारी ग्रन्थ के रूप में दशरूपक की प्रतिष्ठा है। 'नाट्यशास्त्र' जहाँ एक विशाल ग्रन्थ है वहीं दशरूपक में अत्यन्त संक्षेप में रूपक सम्बन्धी बातें मौखिक रूप में उपस्थित की गयी हैं। पर इस ग्रन्थ से सम्यक् अध्ययन की ओर विद्वानों का ध्यान नहीं गया। पाश्चात्य विद्वान भी इसके अध्ययन की ओर प्रवृत्त नहीं हुए। संस्कृत में 'दशरूपक' की एक टीका 'धनिक' ने 'अवलोक' नाम से की थी। यह टीका भी अत्यधिक प्रामाणिक और पाण्डित्यपूर्ण समझी जाती है।

डॉ. त्रिगुणायत ने इस अभाव को ध्यान में रख कर प्रस्तुत ग्रन्थ की हिन्दी टीका और व्याख्या मूल ग्रन्थ और धनिक की अवलोक टीका के समेत उपस्थित की है। इस हिन्दी टीका और व्याख्या के कारण यह पुस्तक अब विद्यार्थियों के लिए ही नहीं नाट्यशास्त्र के अध्येताओं के लिए भी अत्यधिक उपयोगी हो गयी है।

प्रस्तुत पुस्तक के लिए विद्वान अनुवादक और प्रकाशक बधाई के पात्र हैं।

कलजुग : मार्च, 1957

ले. : गोविन्द त्रिगुणायत

आलोचना : 18वाँ अंक

लगभग एक वर्ष की प्रतीक्षा के उपरान्त आलोचना का यह नया अंक नये सम्पादकत्व में आया है। 'आलोचना' ने हिन्दी आलोचना को एक नये धरातल पर प्रतिष्ठित करने का उद्योग अपने जन्मकाल से ही किया है।

6 निबन्ध, 13 पुस्तक-मूल्यांकन और सम्पादकीय से युक्त यह अंक पठनीय अवश्य है पर इस अंक में अभी उस 'चितवनि' का अभाव है 'जेहि बस होत सुजान'।

'आलोचना' के लेखक मण्डल की जिस सीमित परिधि का आरोप इसके पहले लगाया जाता था वह अभी इस अंक में दूर नहीं हो सका है। इस अंक को पढ़ने से ऐसा लगता है कि अपने कुछ सहयोगियों और विद्यार्थियों से लिखवा कर पृष्ठ पूरे करने का प्रयास करना पड़ा है। 'प्रतीकवाद' शीर्षक परिचयात्मक निबन्ध जहाँ फ्रांस और इंगलैण्ड का लेखाजोखा उपस्थित करता है, वहाँ हिन्दी अथवा भारतीय साहित्य में उसका क्या स्वरूप है इस विषय में मौन है। आवश्यकता अब इस बात की है कि पश्चिमी साहित्य के बारे में लिखते समय हम लोग अब केवल अंग्रेजी में लिखी पुस्तकों का अनुवाद ही प्रस्तुत न करें बल्कि आलोच्य सामग्री को पढ़ उस पर अपनी दृष्टि से सोचें-समझें।

कालिदास पर रामविलास जी का निबन्ध उल्लेखनीय है। इस पर विचार आमन्त्रित किये जा सकते हैं। अनन्त चतुर्वेदी का निबन्ध, 'इलाचन्द्र जोशी की औपन्यासिक कृतियाँ' शीर्षक लेख भी मार्मिक विश्लेषण उपस्थित करता है।

आशा है कि वाजपेयी जी अगले अंकों में 'आलोचना' को और अधिक व्यापक स्वरूप दे सकेंगे।

कलजुग : मार्च, 1957

सं. : नन्ददुलारे वाजपेयी

दर्शन कम : विवरण अधिक

इतिहास-दर्शन शब्द यों ही अत्यधिक विवादास्पद है फिर साहित्य के इतिहास-दर्शन की विवाद-सम्भावनाएँ और अधिक बढ़ जाती हैं। स्वाभाविक है कि ऐसे विषय पर नलिन विलोचन शर्मा जैसे विचक्षण पण्डित एवं साहित्य-चिन्तक का लेखन बड़ी अपेक्षाएँ जगावे। हम सभी जानते हैं कि आचार्य हजारी प्रसाद द्विवेदी की भूमिका के अतिरिक्त हिन्दी के समस्त इतिहास-ग्रन्थ या तो लेखकों की जीवनियाँ हैं या ढीले सूत्रों में गूँथी आलोचनाएँ। इन पुस्तकों के आधार पर हिन्दी साहित्य के समग्र व्यक्तित्व का भावन नहीं किया जा सकता। पृष्ठभूमि के नाम पर समाज, राजनीति, धर्म या विचारों का छिटपुट विवरण सृजनगत प्रसंगानुकूलता को ध्यान में रखे बगैर दे दिया जाता है। अतः प्रस्तुत पुस्तक की भूमिका का यह प्रारम्भिक अंश ही मन में इस विश्वास को जगाता है कि लेखक सचमुच ही एक ऐसी इतिहास-दृष्टि का बोध देने के लिए सचेष्ट है जो हिन्दी साहित्य को नयी अर्थवत्ता एवं व्यक्तित्व दे सकेगी। यह अंश है : प्रतिज्ञा यह है कि साहित्येतिहास भी, अन्य प्रकार के इतिहासों की तरह कुछ विशिष्ट लेखकों और उनकी कृतियों का इतिहास न होकर, युगविशेष के लेखक-समूह की कृति-समष्टि का इतिहास ही हो सकता है। इस पर सिद्धान्त और व्यवहार दोनों में ही, ध्यान न देने के कारण साहित्यिक इतिहास ढीले सूत्र में गुँथी आलोचनाओं का रूप ग्रहण करता रहा है।

इस प्रकार के वाक्य हिन्दी में पहले भी कहे गये हैं पर सवाल इन प्रतिज्ञाओं की शब्दावली नहीं, स्वरूप का होता है। लेखक-समूह की 'कृति-समष्टि' से तात्पर्य क्या है? नलिन जी ने परमानन्द सुहाने के 'हजारा' से जिन 160 कवियों का उल्लेख किया है उनकी 'कृति-समष्टि' से हिन्दी साहित्य के मूल्यांकन और भावन में किस कोटि का अन्तर आ सकता है या आया है? शायद लेखक-समूह को अधिक ध्यान में रखा गया है और तभी लेखक की स्थापना यह भी है कि साहित्यिक इतिहास का विषय भी यदि विस्तार है, तो महान् लेखकों से अधिक महत्त्व उन गौणों का है, जिनसे विस्तार निर्मित होता है। कहना न होगा कि लेखक ने इस स्थापना की तार्किक

साहित्य का इतिहास-दर्शन, ले. : नलिन विलोचन शर्मा

पुष्टि नहीं की। यदि इसे स्वीकार भी कर लिया जाय तो यह जानना शेष रहता है कि किस रूप में इन गौणों का महत्त्व अधिक होता है। यदि रीतिकाल में शुद्ध रीति कवियों की अपेक्षा गौण कृष्ण-भक्त कवियों की संख्या अधिक (या रचनाओं का परिमाण ज्यादा) मिले तो रीतिकाल के सर्वेक्षण, अनुशीलन और मूल्यांकन पर क्या प्रभाव पड़ेगा? इसे यों भी पूछा जा सकता है कि इतिहास में 'व्यक्ति' की भूमिका क्या होती है और तमाम 'व्यक्तियों' के समूह की 'कृति-समष्टि' का योगदान क्या होता है? फिर साहित्य के इतिहास में रचनाएँ महत्त्वपूर्ण हैं या रचनाकार? इसी प्रकार कृतियों की समानता अधिक नोट करने योग्य है या पारस्परिक अन्तर?

साहित्येतिहास के बारे में नलिन विलोचन जी की स्थापना है, "ऐतिहासिक बोध, राष्ट्रीय अथवा भाषागत विशेषताओं का विचार, फिर पार्थक्य में अन्तर्निहित सम्पृक्तता का अभिज्ञान तथा युग की प्रवृत्तियों और विकास की चेतना जब प्रयत्न—तत्त्वानुसन्धानवृत्ति से समन्वित होते हैं और शताब्दियों से एकत्र होती हुई सामग्री का वे अपने युग की इदानन्तता की दृष्टि से उपयोग करते हैं, तब साहित्येतिहास का निर्माण होता है।" (भूमिका, पृ. 3) इस आदर्श-सी दिखनेवाली परिभाषा में 'जार्गन' (jargon) दोष प्रबल रूप में आ गया है। इस व्याख्या में दिये गये प्रत्येक शब्द के निश्चित अर्थ, स्वरूप एवं प्रकृति के बारे में लेखक ने पुस्तक में कहीं कुछ नहीं कहना चाहा है। आचार्यों द्वारा गिनाई जानेवाली दर्जनों परिभाषाओं में से एक यह भी बन जाती है। इतना ही नहीं: इस शब्दावली में ग्रथित यह परिभाषा जहाँ कितनी ही 'बातों' की स्थापना करती है—वहीं जो मूल है उस 'रचना' के सम्यक् ग्रहण की उपेक्षा हो गयी है। लगता है कि ढीले सूत्र में गुँथी आलोचनाओं से घबड़ा कर लेखक 'रचना और आलोचना' का ही परित्याग कर देता है। इस सम्बन्ध में नलिन जी ने शायद इस बात पर ध्यान नहीं दिया है कि अन्तर्भावी शब्द आलोचना है, न कि इतिहास। ऐतिहासिक बोध आलोचना-व्यापार का आन्तरिक अंग है। यों इतिहास-दृष्टि-विरहित आलोचक की रचना में शास्त्र-जड़ता आ जाती है और आलोचना-दृष्टि से 'मुक्त' इतिहासकार सूचीपत्र बनाते हैं। पं. रामचन्द्र शुक्ल की आलोचना-सम्बन्धी भूलें इतिहास की भी भूलें हैं। दूसरा सवाल उठता है कि यह 'ऐतिहासिक बोध' है क्या? पूछा जा सकता है कि समसामयिक जीवन का बोध ही क्या अपने-आप में ऐतिहासिक बोध नहीं है? इसी प्रकार यह प्रश्न भी महत्त्वपूर्ण है कि क्या किसी एक बिन्दु (यानी एक रचना या रचनाकार को लेकर) को आधार बना कर पूरी ऐतिहासिक परम्परा का आकलन नहीं किया जा सकता?

साहित्य के इतिहास-दर्शन की मुख्य समस्या है कि साहित्यिक इतिहास को 'साहित्य' भी होना चाहिए और 'इतिहास' भी। ऐसे लेखन की विविध व्यावहारिक कठिनाइयों के साथ ही कुछ व्यावहारिक पद्धतियों के सुझाव वेलेक एवं वॉरेन ने अपने ग्रन्थ 'थियोरी ऑफ लिट्रेचर' के 'लिटरेरी हिस्ट्री' वाले अध्याय में दिये हैं।

सौभाग्य से नलिन जी ने इस अध्याय का अविकल अनुवाद अपनी पुस्तक के पाँचवें अध्याय के रूप में प्रस्तुत कर दिया है।[1] बीच-बीच में हिन्दी से सम्बन्धित दो-चार वाक्य जोड़कर उन्होंने उसे प्रस्तुत सन्दर्भ से सम्बद्ध करने की चेष्टा भी की है।

वेलेक और वॉरेन ने साहित्येतिहास को समाजशास्त्र एवं मनोविज्ञान की नितान्त यान्त्रिक व्याख्याओं से बचाने के लिए एक महत्त्वपूर्ग सुझाव दिया है, 'कि ऐतिहासिक प्रक्रिया को किसी मूल्य या आदर्श (Norm) से सम्बद्ध किया जाय। केवल तभी घटनाओं की ऊपर से निरर्थक लगनेवाली श्रेणी अपने तत्त्वभूत उपकरणों में विभक्त हो सकती है। ऐसी स्थिति में ही हम एक ऐसे ऐतिहासिक विकास की बात कर सकते हैं, जो घटना विशेष की वैयक्तिकता को अक्षुण्ण रहने दे।' गोकि मूल्यों की वस्तुगत स्थिति को लेकर इस धारणा के आगे भी प्रश्नचिह्न लगाया जा सकता है, फिर भी यह पद्धति आजमाने योग्य है। शायद ऐतिहासिक प्रक्रिया को मूल्यों से सम्बन्धित करने की चेष्टा ही में लेखक ने पन्द्रहवें अध्याय में 'हिन्दी साहित्य की महान् परम्पराएँ' गिनाई हैं। पर यह बात लिखने में तनिक कष्ट होता है कि इस अध्याय के कारण यह पुस्तक जितनी छिछली हो गयी है, उतनी अन्यत्र कहीं लक्षित नहीं होती। अन्य अध्यायों में यदि मौलिक चिन्तन नहीं तो कम-से-कम लेखक के सुपठित व्यक्तित्व की छाप अवश्य मिलती है। उसके अनुसार 'अतीत की अपरिहार्य अनुभूति' और अतीत को वर्तमान से सम्बद्ध करने की आवश्यकता—इन दोनों सिद्धान्तों के तनाव में ही लेखक के परम्परा विशेष से सम्बन्ध का 'आधार' होता है। स्वाभाविक है कि हिन्दी साहित्य के इतिहास का अध्येता इस अनुभूति एवं सम्बन्ध के बोध के लिए इन परम्पराओं को ललकपूर्वक देखे।

अस्तु, नलिन जी ने हिन्दी साहित्य की मुख्य परम्पराएँ पाँच मानी हैं : भौतिकता, यथार्थता, मानववाद, मानवतावाद तथा धार्मिकता। पूछा जा सकता है कि संसार का वह कौन-सा साहित्य है जिसमें ये पाँचों परम्पराएँ विद्यमान नहीं हैं? संसार की किस भाषा का साहित्य भौतिक एवं यथार्थ को व्यक्त नहीं करता; कहाँ के साहित्यकारों ने मानव या मानवता के द्रोह को वाणी नहीं दी है, और धार्मिकता किस-किस देश के पंक्तिपावन साहित्य में अस्पृश्या बनी थी? हमारे विधेयवादी इतिहासकारों ने हिन्दी साहित्य की अपनी विशिष्ट वैयक्तिकता तो बताई ही थी पर इस 'परम्परा-विमर्श' ने तो एकदम सरलीकृत स्तर पर इसे उतारने की चेष्टा की है। इसके अतिरिक्त इन परम्पराओं की वह मूल्यगत सम्पृक्ति भी स्थापित नहीं की गयी है जिससे कि परम्परा के युग एवं व्यक्ति के साथ बदलते रूप को स्पष्ट किया जा सके। तुलसीदास एवं अज्ञेय की 'धर्मचेतना' का रूपगत एवं मूल्यगत अन्तर क्या है?

हिन्दी में पहली बार इस विषय पर कुछ जम कर कहने का प्रयत्न हुआ है।

1. लेखक ने अध्याय को अनुवाद न कहकर उस पर आधृत बताया है।

सम्भव है कि इसी कारण पुस्तक का समग्र व्यक्तित्व विवरण प्रधान, सूचनावादी या 'बातों के संग्रह वाला' हो गया है। पर अलग-अलग पूरी पोथी में अनेक चमत्कार सूत्र, अर्थगर्भ मन्तव्य एवं सूझ-बूझ की परिचायक धारणाएँ मिल जाती हैं—पर एक स्पष्ट व्यवस्था में न होने के कारण उनका कोई पैना प्रभाव नहीं पड़ता। नलिन जी ने जहाँ पर हिन्दी साहित्य के इतिहास-ग्रन्थों का विश्लेषण किया है, वहाँ उनकी प्रखर-प्रज्ञा ने मूल्यांकन-क्षमता का ठीक परिचय दिया है। इस अंश में 'विधेयवाद' का खण्डन उनका मुख्य लक्ष्य प्रतीत होता है और इसीलिए उनकी कसौटी 'विधेयवादी प्रवृत्तियों' को ढूँढ़नेवाली रही है। पिछले दशक में डॉ. नामवर सिंह ने अपने लेख 'इतिहास का नया दृष्टिकोण' में भी हिन्दी के साहित्येतिहास-लेखन के विकास का विश्लेषण किया था। पर उनकी कसौटी 'सामाजिक विचारों' पर अधिक बल देती है। शायद नलिन जी ने अपनी कसौटी को अधिक साहित्यिक बनाना चाहा है। उन्होंने 'हिन्दी साहित्य के बृहद् इतिहास' की योजना की खामियों एवं असंगतियों का जो खरा निर्देश किया है, वस्तुतः इस पुस्तक का वह बहुत बड़ा योगदान है। काश, उसके निर्माता पण्डितगण नलिन जी के इन विचारों को पढ़-समझकर स्वीकार कर सकते—पर शायद यह दुराशामात्र है।

कहना चाहूँगा कि प्रस्तुत पुस्तक हिन्दी साहित्य के गम्भीर अध्येताओं के लिए 'अवश्य पठनीयों' में से है। चूँकि नलिन जी से अपेक्षाएँ बड़ी थीं इसीलिए कमजोरियों की ही चर्चा अधिक हुई है—पर इससे पुस्तक अमहत्त्वपूर्ण नहीं बन जाती।

समीक्षा : 1961

आत्मनेपद

आत्मनेपद के 'निवेदन' में अज्ञेय ने पुस्तक की केन्द्रस्थ संवेदना का स्पष्टीकरण करते हुए बताया है, "...सारी पुस्तक ही अपने विषय में है—अपने व्यक्ति के, अपने जीवनानुभव के, अपनी रचना की प्रवृत्तियों के, अपने विश्वासों के और उन सूक्ष्म तत्त्वों के जिन्हें लेखक अपने कर्म के बुनियादी मूल्य या प्रतिमान मानता है... ।" अज्ञेय पर एक आरोप इतना अधिक लगाया गया है कि वह सामान्य पाठक के लिए सचाई बन गया प्रतीत होता है। यह आरोप है कि वे अहंवादी कलाकार हैं। सचाई की प्रामाणिकता की स्थिति को प्राप्त कर लेने वाले इस आरोप ने स्पष्टतः अज्ञेय जी को पीड़ित किया है। अतः इस पुस्तक के उन अंशों में जहाँ पर लेखक ने अपनी कृतियों या कृतिकार के बारे में कुछ कहा है, एक ऐसा स्वर उभर आया है जो अभियुक्त की सफाई में प्राप्त होता है। लेखक ने इस पराजय को स्वयं अनुभव किया है—"स्वयं जब-जब चर्चा करनी पड़ी है। उसे मैंने लेखक की हैसियत से अपनी पराजय ही समझा है।" इन चर्चाओं में हीं नयी भूमिका वाले निवेदन में भी लेखक ने यह साफ करना चाहा कि ये कृतियाँ आत्मचेतन होते हुए भी अहंलीन नहीं हैं। इस अभियुक्त-स्थिति का जो सचेतन बोध है, उसने, इसी कारण, इन अत्यन्त समर्थ गद्य-कृतियों में वह असम्पृक्ति और तटस्थता नहीं आने दी है जिसे लेखक ने अपना लक्ष्य आदर्श या काम्य बताया है।

अगर पुस्तक-समीक्षक एवं सामान्य पाठक की आमने-सामने भेंट हो जाये तो मेरा अनुमान है कि पाठक यह जानना चाहेगा कि वह अमुक पुस्तक क्यों पढ़े? यानी कि उस पुस्तक में क्या-क्या पढ़ने योग्य है? प्रस्तुत समीक्षक यह अनुमान करके चल रहा है कि एक पाठक को वह इन प्रश्नों का उत्तर दे रहा है। मैं उसे उत्तर देना चाहूँगा कि यदि आप हिन्दी के प्रबुद्ध पाठक हैं तो निश्चित ही 'अज्ञेय' की रचनाओं से आप परिचित होंगे; उन्हें पढ़ा होगा, पसन्द भले ही न किया हो। ऐसी स्थिति में यह मान कर चलना होगा कि आप अज्ञेय के सृजन-कर्म और प्रक्रिया, सृजित कृति के मूल में विद्यमान अभिप्राय या मुख्य 'थीम' आदि के बारे में जिज्ञासु होंगे और 'आत्मनेपद' में इन प्रश्नों के उत्तर मिल जायेंगे। हाँ, यहीं पर यह कह देना

ले. : अज्ञेय

उचित रहेगा कि कृतिकार अज्ञेय द्वारा प्रकट किये गये इन विचारों के आधार पर उनका मूल्यांकन करने के लिये कोई आपको बाध्य न करेगा, क्योंकि सृजन के बाद कृतिकार भी बहुधा पाठक की हैसियत में ही आ जाता है एवं अज्ञेय जैसे सजग-बोध एवं आत्मचेतना वाले व्यक्ति अपने अभिप्रायों या रचना-प्रक्रिया को युक्तिसिद्ध भी कर सकते हैं या हो सकता है कि आप अज्ञेय के समान कवि-व्यक्तित्व को इतना स्फीत न करना चाहें कि कविता तभी उपयोगी होती है जब कवि उपयोगी होता है; अथवा मौन को ही अन्तिम उक्ति नहीं भी मान सकते हैं बल्कि मौन की यह स्थिति कवि की असमर्थता लगे आपको। यह भी सम्भव है कि 'मैं हूँ' के स्थान पर 'मैं ही नहीं कुछ और भी' को आप जीवन-बोध मानें। अज्ञेय भी यदि हीगेल जैसे भाववादी दार्शनिकों के समान जीवनानन्द के अपने नुस्से को 'काव्य नहीं काव्य से आगे की बात' मानते हैं तो आप प्राचीन भारतीय काव्य-परम्परा के अनुसार काव्य के आगे की सत्ता को नहीं भी सकार सकते हैं।

अस्तु इस पुस्तक में आप जान सकते हैं कि अज्ञेय जी जन्मजात कवि थे—उन्हें शैशव में ही लय का ज्ञान हो गया था। वे अपनी 'पहली कविता' भी आपको बता देते हैं। 'स्थिर हो गयी पत्ती' में रचना की दुर्निवारता और अभिव्यक्ति की एक अनिवार्यता ही नहीं, अज्ञेय की रचना-प्रक्रिया के भी दर्शन मिलेंगे। रचना-प्रक्रिया का और भी घना अवबोध आपको 'मन से परे', 'मैं क्यों लिखता हूँ', 'जो न लिख सका' आदि में प्राप्त हो सकता है। यही नहीं, और आगे बढ़ कर अपने काव्य (समसामयिक भी) की प्रवृत्तियों तथा शिल्पपक्ष के प्रतीकों आदि का भी परिचय वे देते हैं। अज्ञेय पर यह आरोप भी आपने सुना होगा कि वे साधारणीकरण को नहीं स्वीकार करते। परन्तु इसका स्पष्ट खण्डन उन्होंने किया है। लेखक के अनुसार, "जो व्यक्ति का अनुभूत है, उसे समष्टि तक कैसे उसकी सम्पूर्णता में पहुँचाया जाये—यही पहली समस्या है जो प्रयोगशीलता को ललकारती है।" और इसी प्रसंग में आधुनिक काव्य-भाषा के प्रश्न पर उन्होंने विचार किया है। 'शेखर' एवं 'नदी के द्वीप' के पात्रों, उपयोग, उनमें व्यंजित यथार्थ या नैतिक समस्याओं पर लेखक ने विचार किया है—यद्यपि इस अंश में कथानक-शिल्प सम्बन्धी विश्लेषण का अभाव खटकता है।

परन्तु मैं देख रहा हूँ कि मेरे उद्दिष्ट पाठक की भृकुटियाँ कुंचित हो रही हैं। मानो वह कहना चाहता है कि हे समीक्षक महोदय, आपका यह व्याख्यान मैंने अब तक धैर्य से सुना है, पर अब नहीं सुनूँगा। अज्ञेय की कृतियों में मेरी दिलचस्पी जरूर है पर केवल अज्ञेय में ही नहीं। समसामयिक साहित्यिक क्षेत्र में और भी कलम के धनी कलाकार हैं, उनमें और उनकी कृतियों में मेरी दिलचस्पी है, और उनमें से कई तो अज्ञेय जी की अपेक्षा अधिक भाते हैं। पर मेरे दोस्त पाठक! इस पुस्तक को आप केवल अज्ञेय-साहित्य की व्याख्या के रूप में ही नहीं पढ़ेंगे। इसमें एक कलाकार ही नहीं तत्त्वाभिनिवेशी आलोचक के सचेत विचार भी हैं जो उसने समसामयिक साहित्यिक

समस्याओं पर व्यक्त किये हैं। मुझे याद पड़ता है कि 'आलोचना' पत्रिका के किसी अंक में श्री नलिन विलोचन शर्मा ने इस बात पर दुःख प्रकट किया था कि 'त्रिशंकु' के लेखक ने समीक्षाएँ लिखनी क्यों बन्द कर दी हैं? 'त्रिशंकु' के लेखक ने और अधिक शक्ति और मौलिकता के साथ ये समीक्षात्मक टिप्पणियाँ या निबन्ध लिखे हैं। प्रतिष्ठाओं का मूलस्रोत, भारतीयता, नये लेखक की समस्याएँ, पत्र-साहित्य और पुस्तक-साहित्य, हिन्दी पाठक के नाम, लेखक और प्रकाशक, कवि-कर्म : परिधि, माध्यम, मर्यादा, प्रतीकों का महत्त्व, श्लील और अश्लील आदि ऐसे ही निबन्ध हैं। इन समीक्षा-प्रयासों की एक बड़ी विशेषता आपको दिखेगी कि शास्त्रीय आलोचनाओं की एकरसता के स्थान पर ये अत्यन्त आत्मीय एवं सरस पाठ्य हैं। इसके अतिरिक्त पिष्टपेषण या चर्वितचर्वण भी इनमें प्राप्त नहीं होता। कहना यों चाहिए कि आपको इस पूरी पुस्तक में ऐसी अभिव्यक्तियाँ प्रचुर मात्रा में मिलेंगी जो साम्प्रतिक साहित्य को समझने में सहायक होंगी। 'प्रवृत्ति : अहं का विलयन' में रेडियो पर किये गये सव्याख्या कविता पाठ से व्याख्या वाले अंश एकत्र कर दिये गये हैं पर इसी उपचार से नयी कविता की विविध प्रवृत्तियों का संकेत हो गया है। इसी प्रकार शेखर से साक्षात्कार में पात्र रचना तक लेखक और पात्र का सम्बन्ध स्पष्ट हुआ है। इस प्रकार अलग से लिखे गये समीक्षा-निबन्धों या टिप्पणियों के अतिरिक्त वैयक्तिक चर्चा वाले अंशों में भी पर्याप्त चिन्तन-सामग्री मिल सकती है। 'एकान्त साक्षात्कार' वाले अंशों में भी एक प्रकार की तटस्थता के हमें दर्शन होते हैं।

और मेरे दोस्त, यदि इन सबमें भी आपकी रुचि नहीं है तो हो सकता है कि अज्ञेय के समान ही 'अच्छा गद्य पढ़ने में' आपको भी 'अनिर्वचनीय आनन्द' मिलता है। कहना न होगा कि प्रस्तुत पुस्तक में ऋजु और सहज आत्मीय, शक्तिशाली और दृप्त; वैयक्तिक एवं विषयपरक गद्य के श्रेष्ठतम स्तरों के पाठ का रस मिलेगा। इस रसास्वाद के लिए हम आपको आमन्त्रित करते हैं, पर एक चेतावनी के साथ कि इनमें आप बहें नहीं, केवल पढ़ें और समझें, अन्यथा आप जानते हैं कि श्रेष्ठ और शक्तिशाली गद्य बहुधा बहा ले जाता है। इस सारे अध्ययन में स्वतन्त्रता, सांस्कृतिक स्वाधीनता, विवेक जैसे कतिपय शब्दों से तनिक सावधान रहने की भी आवश्यकता है। साम्यवाद का अन्ध-विरोध कभी-कभी ऐसी स्थितियों में पहुँचा देता है जहाँ केवल ऐसे शब्द रह जाते हैं, उनका अर्थ खो जाता है।

अज्ञेय हिन्दी के उन कतिपय लेखकों में हैं, जिन्होंने अन्य लेखकों को काफी प्रभावित किया है और वे ऐसे सशक्त लेखक हैं कि हिन्दी साहित्य के इतिहास में उनका अपना स्थान अवश्यंभावी है। किन्तु ऐसे सशक्त लेखक भी प्रकाशक के, शब्दों के साथ विभक्तियों को मिलाने के, दुराग्रह के सामने जब झुक जाते हैं तो औरों का क्या कहना। अज्ञेय जी से आशा की जा सकती है कि भविष्य में वे अपने प्रकाशकों से वर्तनी के सम्बन्ध में भी अपनी शर्त रखेंगे।

कल्पना : जुलाई, 1961

’61 में हिन्दी समीक्षा के विविध रूप

इस बात को सिद्ध करने में शायद बहुत परिश्रम न करना पड़े कि गालियाँ सभी देशों में दी जाती हैं और हमेशा (या बहुत पुराने समय से) दी जाती रही हैं, पर गाली खाने वाले पात्र जरूर बदलते रहे हैं। यों तो इस सम्बन्ध में पूरी रिसर्च की जा सकती है (हिन्दी के अनुसन्धित्सु इससे लाभ उठावें) पर इतना तो हमने भी ध्यान दिया है कि पिछले दो-तीन साल से ‘नयी कविता’ को गालियाँ कम मिल रही हैं (और मिल भी रही हैं तो वहाँ, जहाँ स्वयं नये कवि ही अपने को ‘गरिया’ रहे हैं) पर इधर हिन्दी आलोचना को इस क्षेत्र में आलम्बन बनने का सुअवसर(?) प्राप्त हो गया है। कोई उपन्यासकार भुजा उठाकर आलोचक के अध्ययन को चुनौती देता है तो कोई कवि उसकी मोटी बुद्धि के लिए ललकारता है। कोई कहता है कि सब मिलाकर हिन्दी आलोचना विभिन्न विश्वविद्यालयीय अखाड़ों का दंगल है तो किन्हीं महाशयों के अनुसार वह निहायत गैरजिम्मेदार है। ऐसी हालत में ‘धर्मयुग’ के पाठकों को 1961 की हिन्दी आलोचना की गति-प्रगति का हाल बताना जरा खतरे का ही काम है।

एक गप्प का खण्डन

खतरा इसलिए कि मैं इस बात से सहमत नहीं। अपनी धारणा को साफ करके कहूँगा—आलोचना एक सचेत बौद्धिक क्रिया है। यदि इस देश में विद्या-बुद्धि का कुछ प्रसार हुआ है, चेतना कुछ प्रबुद्ध हुई है तो उसका प्रतिफलन हर दिशा में होना चाहिए, रचना में भी और आलोचना में भी। यों इसके जवाब में यह कहा जा सकता है कि जिस प्रबुद्ध व्यक्ति में यह शक्ति है, दुर्भाग्य से, वह हिन्दी का पेशेवर समीक्षक नहीं है। पर मैं इसी गप्प (मिथ) का खण्डन करना चाहता हूँ।

इस प्रबुद्ध चेतना को अनेक पक्षों, कोनों या क्षेत्रों से उभरता हुआ देखा जा सकता है। प्रमाण चाहिए : ‘एनकाउण्टर’ के एक अंक में अंग्रेजी लेखक जॉन वेन ने भारत पर एक यात्रा लेख लिखा और कुछ अशोभन तथा पत्रकारिता के स्तर

वाले व्यंग्य किये। डॉ. रघुवंश ने 'धूल, तिलचट्टों तथा अपाहिजों का देश' में जिस सैद्धान्तिक स्तर पर उसका उत्तर दिया है, वह किसी भी भाषा के लिए गर्व की बात है। इसी प्रकार खुशवन्तसिंह के 'इण्टरनेशनल लिटरेरी एनुअल' में प्रकाशित 'इण्डियन लिटरेरी सीन' नामक बेहूदे निबन्ध पर अक्ष्योभेश्वरी प्रताप, महेन्द्रशंकर एवं शालिग्राम शुक्ल की टिप्पणियाँ सचेतनता की द्योतक हैं। निराला और हेमिंग्वे की मृत्यु पर सम्पादकीय टिप्पणियाँ (कृति, ज्ञानोदय, धर्मयुग आदि) विश्वसाहित्य से सम्पृक्ति की द्योतक हैं। विदेशी साहित्यकारों पर दर्जनों लेख हिन्दी पत्रिकाओं की फाइलों से निकाले जा सकते हैं। यह वर्ष रवीन्द्र शतवार्षिकी का था। रवीन्द्र पर इस वर्ष हिन्दी में जितना लिखा और कहा गया उतना बंगला को छोड़कर शायद ही किसी अन्य भाषा में प्राप्त हो। फिर भी 'भारतीय साहित्य पर रवीन्द्रनाथ का प्रभाव' शीर्षक डॉ. नगेन्द्र का निबन्ध एवं रवीन्द्र की चित्रकला पर डॉ. भगवतशरण उपाध्याय के निबन्ध विशेष रूप से उल्लेखनीय हैं।

कुछ महत्त्वपूर्ण सवाल

इन्हें पाठक नितान्त सामयिक प्रतिक्रियाएँ कहकर टाल सकते हैं। पर उन साहित्यिक विवादों को 'प्रतिक्रिया' मात्र कैसे कहा जा सकता है, जो हिन्दी के तमाम लेखकों के मन को मथते रहे हैं और जो हिन्दी आलोचना के चिन्तन की समृद्धि के सहज ही द्योतक बन जाते हैं? ये प्रश्न बहुधा 1961 के पहले ही उठ गये थे और शायद बाद तक उन्मथित करते रहेंगे। ऐसा एक विवाद्य प्रश्न था कि क्या नयी कविता निष्प्रभ हो रही है? यह प्रश्न सन् 1960 में ही विभिन्न क्षेत्रों में उठाया जाने लगा था। 1961 में 'नयी कविता' के अंक 5-6 में उस पर प्रकाशित एक परिसंवाद में इस प्रश्न पर ध्यान केन्द्रित करने की चेष्टा की गयी और फिर बराबर लिखित या मौखिक रूप में इसकी चर्चा होती रही है। इसी प्रकार 'नयी कहानी' के अस्तित्व को लेकर 'लहर' ने काफी चर्चा कराई। आलोचक किसी बात पर सहमत भले न हुए हों पर उससे कहानी की चर्चा को एक धार अवश्य मिली। और इस बात के लिए डॉ. नामवर सिंह को श्रेय मिलना चाहिए कि उन्होंने कहानी समीक्षा को एक ऊँचे धरातल पर प्रतिष्ठित किया... उसके लिए एक शब्दावली और शैली बनाने में उनका योगदान है।

एक तीसरा विवाद्य प्रश्न इधर उभरकर आया है—आधुनिकता का स्वरूप क्या है? उसका बोध या प्रयोजन क्या होता है? वर्ष के प्रारम्भ में ही डॉ. भारती ने 'कल्पना' में आधुनिकता के बोध पर एक लेख लिखा था। उसकी स्थापनाओं का विवेचन 'कल्पना' में ही ओमप्रकाश दीपक ने करना चाहा। 'कादम्बिनी' में डॉ. रामस्वरूप चतुर्वेदी एवं नित्यानन्द तिवारी ने इस पर विचार किया। सुना है कि

प्रयागी 'परिमल' ने अभी 12 नवम्बर को 'आधुनिकता के स्वरूप और प्रयोजन' पर एक विचारगोष्ठी ही आयोजित कर डाली है।

हिन्दी आलोचना की साम्प्रतिक स्थिति पर विवाद अपने आपमें स्वयं एक समीक्षा-परक सजगता का प्रमाण है। इस सम्बन्ध में विष्णुचन्द्र शर्मा, मुद्राराक्षस या राजकमल चौधरी की लिखी टिप्पणियाँ एवं चर्चाएँ याद की जानी चाहिए।

रचना-प्रक्रिया

पिछले कुछ वर्षों से रचना-प्रक्रिया का विवेचन भी हिन्दी में काफी जोश-खरोश के साथ हुआ (बल्कि इसे पिछले दशक की आलोचना की एक मुख्य उपलब्धि और प्रवृत्ति कहा जाना चाहिए।) इस सम्बन्ध में 'रचना और रचना' निबन्ध में नामवर सिंह ने कुछ जोरदार ढंग से आपत्ति उठाते हुए इस समस्या का दूसरा पहलू भी उपस्थित किया। नामवर सिंह ने इस 'रचना-प्रक्रिया-विवेचन-उत्साह' को सन्तुलित होने में सहायता अवश्य दी है, गोकि वे स्वयं असन्तुलित हो गये हैं। जिस प्रकार के पाश्चात्य प्रभाव उन्होंने इस प्रकार के विवेचनों पर दिखाने चाहे हैं वैसे ही प्रभाव हिन्दी की आलोचना पर भी ढूँढ़े जा सकते हैं। स्वयं 'नयी कहानियाँ' में 'हाशिए पर' उन्होंने फैण्टेसी, नीलमदेश की राजकन्या आदि पर जो बातें कही हैं उनका मूल काफ़्का पर लिखी **गुन्थर एण्डर्स** की पुस्तक में उपलब्ध हो सकता है। पर मैं इसे कमजोरी न मानकर स्वास्थ्य का लक्षण मानने का प्रस्ताव करूँगा।

रचना-प्रक्रिया के इस विवेचन में सच्चिदानन्द हीरानन्द वात्स्यायन की एक टिप्पणी 'रचना : एक नयी जिज्ञासा' (कल्पना, फरवरी 1961) को नहीं भुलाया जा सकता। रचना-प्रक्रिया पर कल्पना, कविताएँ, कृति, रचना, एवं लहर आदि पत्रिकाओं में तमाम पठनीय सामग्री पाठक प्राप्त कर सकते हैं।

पुस्तक समीक्षा : एक माध्यम

हिन्दी में पुस्तक समीक्षकों की बहुत अच्छी परम्परा अब तक नहीं बन सकी है, जबकि समसामयिक साहित्य की अधिकांश चर्चा इसी स्तम्भ के माध्यम से सम्भव होती है, पर यह बात तनिक सन्तोष देती है कि धीरे-धीरे पत्रिकाओं एवं समीक्षकों का ध्यान इस उत्तरदायित्व की ओर गया है। विशुद्ध साहित्यिक पत्रिकाओं को अलग भी कर दिया जाय तो 'धर्मयुग' जैसे लोकप्रिय पत्र में भी इस स्तम्भ पर विशेष ध्यान दिया गया है। पुस्तक पढ़कर जिम्मेदार ढंग से समीक्षाएँ लिखने वालों में 1961 में शरद देवड़ा, ओमप्रकाश दीपक एवं कन्हैयालाल नन्दन अधिक उभरकर आये हैं। यों राजेन्द्र किशोर, राजकमल चौधरी, ओंकार श्रीवास्तव, सन्हैयालाल ओझा, श्रीकान्त

वर्मा, दूधनाथ सिंह आदि ने कुछ अच्छी पुस्तक समीक्षाएँ लिखी हैं। 'उर्वशी' पर आचार्य हजारी प्रसाद द्विवेदी की रिव्यू 'आजकल' में पठनीय है।

जो लोग हिन्दी आलोचना पर परिप्रेक्ष्यहीनता, एकतानता की कमी एवं अध्ययन-सापेक्षता के अभाव की चर्चा करते हैं, उनसे मेरा अनुरोध है कि 'नयी कविता (5-6)' में प्रकाशित विजयदेवनारायण साही का निबन्ध 'लघु मानव के बहाने हिन्दी कविता पर बहस' तथा गजानन माधव मुक्तिबोध की 'कामायनी : एक पुनर्विचार' अवश्य पढ़ें। साही का निबन्ध पढ़ने से हिन्दी की आधुनिक कविता को समझने की एक नयी दृष्टि ही नहीं मिलती, यह भी ज्ञात हो जाता है कि बिना इस निबन्ध लेखक जैसे विस्तृत अध्ययन (साहित्य का ही नहीं आधुनिक काल की राजनीति और उसकी विचारधाराओं का भी) के लिखने बैठना सचमुच ही आलोचना को हल्का बनाना है। पुनर्मूल्यांकन के क्षेत्र का दूसरा महत्त्वपूर्ण प्रयत्न मुक्तिबोध का ग्रन्थ है। 'कामायनी' को जिस सामाजिक-मानसिक धरातल पर मुक्तिबोध ने उद्‌घाटित किया है, वह नया तो है ही, नयी हिन्दी आलोचना की समृद्धि भी है। पुनर्मूल्यांकन के क्षेत्र में ही इस वर्ष का एक महत्त्वपूर्ण प्रकाशन डॉ. जगदीश गुप्त द्वारा सम्पादित 'हिन्दी-रीतिकाव्य-संग्रह' की भूमिका है। रीतिकाल की व्याख्या करने का नये सिरे से इसमें प्रयत्न किया गया है। यहीं पर 'कृति' के कवितांक में प्रकाशित शमशेर बहादुर सिंह के निबन्ध 'मेरे कुछ प्रिय आधुनिक हिन्दी कवि' को याद कर लेना आवश्यक है। अपने समसामयिक अन्य कवियों के प्रति एक अत्यन्त संवेदनशील कवि की प्रभावात्मक प्रतिक्रियाएँ किसी भी पाठक को सरस लगेंगी, शर्त इतनी ही है कि उसका केवल पूर्वार्द्ध पढ़ा जाय, उत्तरार्द्ध में तो उन्होंने रेवड़ियाँ बाँटी हैं।

पिछले दो दशकों में एक बहुत बड़ी खाई हिन्दी के जीवन्त सृजनात्मक लेखन एवं उच्चतर अध्यापन के मध्य उत्पन्न हो गयी थी, पर इस वर्ष उस खाई को पाटने का एक महत्त्वपूर्ण प्रयास डॉ. नगेन्द्र एवं उनके सहयोगियों द्वारा सम्पादित 'हिन्दी वार्षिकी 1960' है। नव्यतम लेखन, अनुसन्धान एवं साम्प्रतिक प्रवृत्तियों का लेखा-जोखा लेने का जो प्रयास इस पुस्तक में किया गया है, वह, आशा है, ऊपर कहे गये अन्तराल को कम कर सकेगा।

ऊपर मुख्यतः जिन प्रवृत्तियों या प्रश्नों अथवा रचनाओं की चर्चा की है, उनकी सार्थकता मुख्यतः जीवन्त-लेखन के सहवर्ती होने के कारण है। ऐसे गद्यखण्डों में से कुछ चुनकर संग्रहरूप में भी आते रहते हैं। इस वर्ष भी कतिपय अच्छे निबन्ध-संग्रह प्रकाशित हुए हैं। इनमें से जीवन्त-लेखन से सम्बन्धित संकलनों में डॉ. शम्भुनाथ सिंह कृत 'मूल्य और उपलब्धि' तथा डॉ. रामदरश मिश्र का संग्रह 'साहित्य और सन्दर्भ' हैं। यहीं कहीं इन पंक्तियों के लेखक का संग्रह 'आलोचना और आलोचना' भी रखा जा सकता है। एक नये समीक्षक ज्वालाप्रसाद खेतान का निबन्ध संकलन, 'सृजन के आयाम' भी सन्तुलित अध्ययन का द्योतक है। अधिक एकेडेमिक स्वर में लिखे

गये निबन्ध-संग्रह हैं : साहित्य के स्वर (उदयशंकर भट्ट); साहित्यपथ (परशुराम चतुर्वेदी); सारस्वत (डॉ. मुंशीराम शर्मा); एवं काव्य और कला (डॉ. हरद्वारीलाल शर्मा)। हिन्दी की सामयिक समस्याओं पर आचार्य नन्ददुलारे वाजपेयी के विचार 'राष्ट्रभाषा की कुछ समस्याएँ' में पठनीय हैं।

एकेडेमिक स्वर और शोधकार्य

ऊपर अभी हमने एकेडेमिक स्वर की बात कही है। एकेडेमिक तटस्थता के साथ लिखी जानेवाली पोथियों की बड़ी संख्या शोध सम्बन्धी होती है। हिन्दी में शोधकार्य पर बहुत अधिक आपत्ति की गयी है। इस सम्बन्ध में अधिक विचार करने का स्थान यहाँ नहीं है—पर इतना अवश्य कहना चाहूँगा कि हिन्दी में हुआ शोधकार्य इतना नगण्य नहीं है जितना कि हम हिन्दी वाले ही उसे सिद्ध करना चाहते हैं। उसमें एकरसता अवश्य आ गयी है। इस लम्बे-चौड़े देश के अनेक विश्वविद्यालयों में होने वाले हिन्दी शोध का एक अंश प्रकाशित रूप में भी सामने आया है। इनमें से छह शोध-प्रबन्ध मध्यकालीन साहित्य से सम्बन्धित हैं, सात आधुनिककाल से एवं दो भाषाविज्ञान पर हैं। मध्यकालीन साहित्य पर होने वाले शोधकार्य में डॉ. प्रभात, डॉ. विजयपाल सिंह ने क्रमशः मीरा एवं केशवदास जैसे कवियों के व्यक्तित्व एवं सृजन पर अपने प्रबन्ध लिखे हैं। डॉ. ब्रजवासी लाल श्रीवास्तव ने 'मध्ययुगीन रामकाव्य के परिवेश में करुण रस' पर विचार किया है। 'हिन्दी सन्त साहित्य की दार्शनिक पृष्ठभूमि' पर डॉ. गोविन्द त्रिगुणायत ने डी.लिट्. की उपाधि प्राप्ति की है एवं 'मध्ययुगीन प्रेमाख्यान' डॉ. श्याममनोहर पाण्डेय के डी.फिल. के शोध प्रबन्ध का प्रकाशित रूप है। डॉ. सावित्री सिन्हा ने अपनी डी.लिट्. की थीसिस 'ब्रजभाषा के कृष्णभक्ति-काव्य में अभिव्यंजना-शिल्प' में सूरदास से लेकर रत्नाकर तक के कृष्णभक्ति-काव्य की कलात्मक क्षमताओं का उद्घाटन किया है। इसी प्रकार 'खड़ी बोली काव्य में अभिव्यंजना' में डॉ. आशा गुप्त ने मध्यकाल से लेकर 1920 तक की प्रतिनिधि खड़ीबोली-कविता में विषयगत विविधता एवं शिल्प का विश्लेषण किया है। आधुनिक काल के व्यक्ति कवियों पर इसी वर्ष डॉ. मुकुन्ददेव शर्मा का शोध-ग्रन्थ 'हरिऔध : जीवन और कृतित्व' प्रकाशित हुआ है। व्यक्ति कवियों पर प्रकाशित (मध्यकालीन और आधुनिक) इन प्रबन्धों में यद्यपि जीवनी एवं सृजन के मध्य सम्बन्ध-सूत्रों को स्थापित नहीं किया जा सका है, फिर भी सामाजिक पृष्ठभूमि से वैयक्तिक सृजन-भूमि की ओर बढ़ाव अपने आप में एक स्पष्ट एवं महत्त्वपूर्ण इंगित है।

हिन्दी में दुर्भाग्यवश कथा-साहित्य की समीक्षा की वैसी महत्त्वपूर्ण परम्परा नहीं बन सकी थी, जैसी कि काव्य की है। पर अब पत्र-पत्रिकाओं के साथ ही हिन्दी-शोध ने भी

इस दायित्व को स्वीकारा है। इस वर्ष हिन्दी उपन्यासों पर एक साथ तीन महत्त्वपूर्ण प्रबन्ध प्रकाशित हुए हैं—डॉ. श्रीनारायण अग्निहोत्री का 'हिन्दी-उपन्यास-साहित्य का शास्त्रीय अध्ययन', डॉ. सुषमा धवन का 'हिन्दी उपन्यास' और डॉ. रणवीर रांग्रा का 'हिन्दी उपन्यास में चरित्र-चित्रण का विकास'। इन तीनों ग्रन्थों में डॉ. रांग्रा की पुस्तक निश्चय ही अधिक महत्त्वपूर्ण है।

'हिन्दी नाटकों में पाश्चात्य प्रभाव' में डॉ. श्रीपति शर्मा ने तुलनात्मक अध्ययन की दिशा में प्रयास किया है। डॉ. रामदरश मिश्र एवं डॉ. वेंकट शर्मा ने क्रमशः 'हिन्दी आलोचना का विकास' तथा 'आधुनिक हिन्दी साहित्य में समालोचना का विकास' में हिन्दी के समग्र समीक्षा-साहित्य का लेखा-जोखा उपस्थित करना चाहा है।

हिन्दी विभागों के अन्तर्गत भाषाविज्ञान सम्बन्धी खोज भी होती रहती है। इस वर्ष डॉ. रामस्वरूप चतुर्वेदी ने 'आगरा जिले की बोली' एवं डॉ. भालचन्दराव तैलंग ने 'छत्तीसगढ़ी, हलवी एवं मतरी बोलियों का भाषावैज्ञानिक अध्ययन' ऐसे ही शोध प्रबन्ध प्रकाशित कराये हैं। इसी स्थल पर डॉ. रामविलास शर्मा की पुस्तक (जो शोध प्रबन्ध नहीं है) 'भाषा और समाज' का उल्लेख कर देना आवश्यक है। कहना न होगा कि इस विषय पर हिन्दी में यह पहली पुस्तक है तथा साहित्य के एक प्रसिद्ध समीक्षक का भाषाविज्ञान के क्षेत्र में इतने महत्त्वपूर्ण ढंग से पदार्पण अपने आप में ध्यान देने योग्य घटना है। एक अत्यन्त महत्त्वपूर्ण कार्य इस वर्ष सम्पन्न हुआ है डॉ. जगदीश चन्द्र जैन द्वारा। लगभग एक हजार पृष्ठों का एक विशाल प्राकृत साहित्य का इतिहास लिखकर उन्होंने हिन्दी की बड़ी कमी की पूर्ति की है। शोध प्रबन्धों एवं निबन्ध संग्रहों के अतिरिक्त कुछेक अन्य महत्त्वपूर्ण समीक्षात्मक पुस्तकें भी इस वर्ष प्रकाश में आयी हैं। रामविलास जी की 'भाषा और समाज' के अतिरिक्त डॉ. रघुवंश की 'नाट्य-कला'; डॉ. जगदीश गुप्त की 'भारतीय कला के पदचिह्न', डॉ. रांगेय राघव की 'आधुनिक हिन्दी कविता में प्रेम और शृंगार', रामदीन गुप्त की 'प्रेमचन्द और गाँधीवाद', डॉ. रसिक बिहारी जोशी की 'श्री रास पंचाध्यायी : एक सांस्कृतिक अध्ययन' आदि प्रमुख हैं।

अनुवाद के क्षेत्र में हिन्दी-अनुसन्धान परिषद, दिल्ली विश्वविद्यालय ने संस्कृत के आचार्य रामचन्द्र गुणचन्द्र के ग्रन्थ 'नाट्यदर्पण' को आचार्य विशेश्वर की टीका-समेत प्रकाशित किया है। अब डॉ. राघवन् की 'नम्बर ऑफ रसाज' के आधार पर ही रामचन्द्र को उद्धृत करने की आवश्यकता न पड़ेगी। मैकडानेल के 'वैदिक माइथालॉजी,' निकलसन के 'मिस्टिक्स ऑफ इस्लाम' एवं विण्टरनित्स के ग्रन्थ 'हिस्ट्री ऑफ इण्डियन लिट्रेचर' के अनुवाद क्रमशः 'वैदिक देवशास्त्र', 'इस्लाम के सूफी साधक' एवं 'प्राचीन भारतीय साहित्य' के नाम से प्रकाशित हुए हैं। ऊपर उल्लिखित पुस्तकों के अतिरिक्त भी हमारा विश्वास है कि हिन्दी के विशाल प्रदेश में और भी इतनी ही (या इनसे भी अधिक) महत्त्वपूर्ण पुस्तकें प्रकाशित हुई होंगी।

एक सुनियोजित कोलाहल

लगे हाथ हिन्दी आलोचना की कमजोरियों की भी चर्चा हो सकती है। अगर अलग-अलग उदाहरण दिये जायें तो कमजोर आलोचनाएँ शायद पचासों गुना अधिक मिलेंगी, पर पूरे वातावरण में व्याप्त एक विचित्र अशान्ति का एक बड़ा ज्वलन्त उदाहरण अभी 'उर्वशी' को लेकर मचने वाले कोलाहल में मिला। कहीं-कहीं ऐसा लगा मानो यह, सुनियोजित 'बूस्टिंग' हो। और निस्सन्देह व्यावसायिकता का प्रभाव प्रतीत होता है, जहाँ समीक्षा विज्ञापन का पर्याय बनने लगती है। यह मानने को मैं तैयार नहीं कि इतने बड़े हिन्दी-प्रदेश के सभी पाठक समीक्षक एक ही जैसी रुचि, संस्कारों या प्रतिभा वाले हो गये हैं। फिर क्या असहमत होने वाले साहस नहीं जुटा पाते? जीवन्त हिन्दी समीक्षा की एक और दुष्प्रवृत्ति बहुधा देखने में आ जाती है : बिना ठीक से पुष्टि किये हुए कुछ फिकरे कस देना। श्रीकान्त वर्मा ने कहानी सम्बन्धी अपनी आलोचनाओं में कहा कि हिन्दी कहानी अत्यन्त सामान्य अनुभवों पर लिखी गयी है पर इसके लिए प्रमाणपरक विश्लेषण की आवश्यकता थी। ऐसे फिकरे (श्रीकान्त वर्मा ही नहीं) अधिकांश हिन्दी के समीक्षा सम्बन्धी प्रयासों में देखे जा सकते हैं। लक्ष्मीकान्त वर्मा के लम्बे आलोचनात्मक प्रयास एवं दूधनाथ सिंह की समीचीन टिप्पणियाँ (दोनों ही लहर में प्रकाशित हैं।) भी प्रस्तुत लेखक समझ नहीं पाया।

वस्तुतः हमारी समीक्षा का वैविध्य इतना अधिक है कि एक छोटे से लेख में उसकी बाहरी रूपरेखा बताना भी कठिन है। लेकिन ऊपर दी गयी इस बाहरी रूपरेखा से इतना एक सामान्य पाठक भी समझ सकता है कि हिन्दी आलोचना विविध दिशाओं से आगे बढ़ती हुई देश की चेतना को अधिक पैना; सशक्त एवं उर्वर बनाने का प्रयास कर रही है।

धर्मयुग : 31 दिसम्बर, 1961

खड़ीबोली-काव्य में अभिव्यंजना

समीक्ष्य ग्रन्थ है डॉ. आशा गुप्ता (गुप्त?) का पंजाब विश्वविद्यालय की पीएच.डी. उपाधि के लिए स्वीकृत शोध प्रबन्ध। इस ग्रन्थ में मुख्यतः मध्यकाल से लेकर सन् 1920 तक के खड़ीबोली-काव्य के अभिव्यंजना पक्ष का विश्लेषण उपस्थित किया गया है। प्रसंगतः 'खड़ीबोली' के जन्म, नामकरण, सामान्य परिचय के साथ ही 1920 तक के खड़ीबोली साहित्य का इतिहास भी प्रस्तुत किया गया है।

ग्रन्थ का सामान्य परिचय एवं क्रमनियोजन इस प्रकार है : ग्रन्थ में सात अध्याय और दो परिशिष्ट हैं। प्रथम अध्याय में खड़ीबोली की व्युत्पत्ति, क्षेत्र तथा रूप की चर्चा हुई है। इस सम्बन्ध में लेखिका ने बहुत विस्तार से विभिन्न विद्वानों के मतों को उपस्थित किया है और इस भ्रम का निराकरण करते हुए कि खड़ीबोली शब्द 'ब्रजभाषा सापेक्ष्य' है, यह प्रतिपादित किया है कि यद्यपि खड़ीबोली शब्द नया है किन्तु 'स्थान तथा स्वरूप भेद से हिन्दवी, हिन्दुई, रेख़ता, हिन्दुस्तानी' आदि अनेक नामों से प्रचलित थी।...इसका मिश्रित रूप उर्दू काव्य की तरह हिन्दी-काव्य में भी प्रयुक्त होता था और दोनों शैलियों में यह 'रेख़ता' नाम से ही जानी जाती थी। इस रेख़ता नाम का एक तो हिन्दी में पर्याप्त प्रचार न था, दूसरे फोर्ट विलियम कॉलेज के अध्यक्ष और विद्यार्थी इसे उर्दू अथवा हिन्दुस्तानी के पर्याय के रूप में प्रयुक्त करते थे, इसलिए लल्लू जी लाल ने उसी रेख़ता शब्द के गिरी-पड़ी वजन पर अरबी-फारसी मुक्त इस बोली को खड़ी नाम दे दिया (पृ. 31)। इस निष्कर्ष की स्थापना को तर्कसम्मत बनाने की चेष्टा बराबर रही है।

दूसरे अध्याय में 'खड़ीबोली कविता का संक्षिप्त इतिहास' प्रस्तुत है। हिन्दी साहित्य के विभिन्न युगों के शीर्षक देकर उनके कवियों की खड़ीबोली में रचित रचनाओं के उद्धरण दिये गये हैं। इस अंश में लेखिका का सामग्री-शोध-सम्बन्धी अध्यवसाय स्पष्ट हुआ है। यह अध्याय अपने आप में एक 'शोध-खण्ड' है।

तीसरे अध्याय में अभिव्यंजना के तत्त्वों की मीमांसा करने की चेष्टा है। हमें लगता है कि प्रस्तुत अंश इस ग्रन्थ के सबसे कमजोर अशों में से है। यद्यपि मत-उद्धरणी

ले. : डॉ. आशा गुप्ता

की राशि जुटायी गयी है परन्तु न तो किसी मौलिक स्थापना के दर्शन होते हैं न ही अभिव्यंजना के वास्तविक रूप का स्पष्टीकरण होता है। इसके अतिरिक्त अनेक ऐसी बातें कही गयी हैं जिनके आगे दृढ़ प्रश्न चिह्न लगाये जा सकते हैं। जैसे कि वाल्मीकि, तुलसी, मैथिलीशरण आदि के राम से सम्बन्धित महाकाव्यों की विषय-वस्तु को एक ही बताया गया है। वस्तुतः विषयवस्तु एवं मात्र कथा में बड़ा अन्तर होता है और अभिव्यंजना-शिल्प की परीक्षा करने वाले के लिए इस तथ्य को याद रखना अनिवार्य है। एक ओर लेखिका अभिव्यंजना और काव्य (काव्य से शायद विषयवस्तु से अभिप्राय है।) के अविच्छेद्य सम्बन्ध को स्वीकार करती है और दूसरी ओर उपर्युक्त प्रबन्धकाव्यों में विषयवस्तु को एक ही मानते हुए भी मात्र अभिव्यक्ति को ही अन्तर करने वाला तत्त्व स्वीकार करना (पृ. 78) क्या अपने आप में स्वतोव्याघात नहीं है? इसी प्रकार एक ओर शब्द के अन्तर्गत गुण, धर्म, शक्ति आदि को स्वीकार करना एवं दूसरी तरफ अभिव्यंजना के उपादानों के अन्तर्गत शब्द-कोश एवं वाक्य-विन्यास से पृथक् शब्द-शक्ति, गुण, रीति, वृत्ति आदि को रखना भी विचार-सम्बन्धी एकरूपता के अभाव का सूचक है। पर तमाम ऐसे निष्कर्षों पर ध्यान न भी दिया जाय तब भी सबसे अधिक चौंकाने वाली बात है—अभिव्यंजना के अन्तर्गत छन्द एवं काव्यरूप की चर्चा का एकान्त अभाव; जब कि काव्य रचना में सबसे अधिक महत्त्वपूर्ण तत्त्वों (अलंकरण से कहीं अधिक) में से ये हैं। काव्यरूप का तो कहीं नाम भी नहीं लिया जाता एवं एक नितान्त भ्रमपूर्ण मत की स्थापना भूमिका में ही की गयी है कि 'छन्द' काव्य के शब्द-अर्थ का बाह्य अथवा आन्तरिक गुण न होकर वाक्यविचार का बन्ध मात्र माना जा सकता है?

चतुर्थ अध्याय में सं. 1300 से 1900 तक के खड़ीबोली काव्य में अभिव्यंजना का विवेचन हुआ है। इसमें लेखिका द्वारा अभिव्यंजना के विवेचित उपादानों का नितान्त शास्त्रीय दृष्टि से विश्लेषण-वर्गीकरण हुआ है। इस सम्बन्ध में लेखिका ने इस विशेषता का पूर्ण परिचय दिया है कि पुराने काव्य का उसने धैर्य के साथ पर्याप्त अध्ययन किया है।

पाँचवाँ अध्याय 'भारतेन्दु युग' के काव्य के विमर्श से सम्बन्धित है। चौथे अध्याय से पाँचवें अध्याय के संक्रमण में एक शून्य (Vacuum) है कि सं. 1900 के पूर्व और पश्चात् के काव्य के मध्य में परम्परा की कड़ियाँ कौन-सी हैं? पाँचवाँ अध्याय शुरू तो इस वाक्य से होता है कि, 'भारतेन्दु युग से पूर्व खड़ीबोली का अपना स्वतन्त्र स्थान है और उसके पीछे कई शताब्दियों की लम्बी काव्य-परम्परा है।' पर लेखिका तनिक भी इस बात को दिखाने की चेष्टा नहीं करती कि पूर्ववर्ती काव्य से इस परवर्ती काव्य की अभिव्यंजना का किस रूप में सम्बन्ध है? आखिर परम्परा की कड़ियाँ टूटी तो न होनी चाहिए और यदि कोई सम्बन्ध नहीं है तो पूर्वपरम्परा का इतिहास या विश्लेषण कोई अर्थ नहीं रखता। परम्परा के ऐतिहासिक

परिदृश्य के ज्ञान के अभाव में ही लेखिका ने ऐसे मत भी व्यक्त किये हैं, 'आश्चर्य यह है कि फिर भी इस युग में सर्वतोभावेन खड़ीबोली को समर्थ काव्य-भाषा का पद प्राप्त न हो सका।' माध्यम के विकास की अपनी गति होती है और उसे अनुकूलित करने वाले तथ्य होते हैं, उनकी पहिचान और स्थापना आवश्यक है। भाषा-सम्बन्धी नीति के परिवर्तन के सामाजिक, साहित्यिक कारण थे, उनकी ओर ध्यान ही नहीं दिया गया।

छठा अध्याय भारतेन्दु एवं द्विवेदी युगों के सन्धिकाल (संवत् 1940-1960) के अभिव्यंजनागत विवरण को उपस्थित करता है। इसे हम लेखिका की सूझ-बूझ का परिचायक मानते हैं। वस्तुतः यह सन्धि युग अत्यधिक महत्त्वपूर्ण है जबकि हिन्दी साहित्य के इतिहासकारों ने इसके मूल्यांकन पर कभी ध्यान ही नहीं दिया।

द्विवेदी युग (सं 1957-1977) की कविता पर विचार सातवें अध्याय में हुआ है। सबसे अधिक विस्तृत अध्याय तो इसे होना ही चाहिए था, लेखिका का मन भी इसको लिखने में अधिक रमा है–जो इस काव्य के पूर्ववर्ती काव्य की अपेक्षा सुन्दरतर होने के कारण स्वाभाविक भी है। इस अध्याय में मात्र तथ्यों का संग्रह या विश्लेषण ही नहीं है, बल्कि विकासक्रम की भी झलक मिलती चलती है। अध्याय के अन्त में पन्त, निराला की काव्यगत नवीनताओं की ओर संकेत उन नये अँखुओं की ओर इंगित है जो छायावादी काव्य में पल्लवित होने वाले थे। इस अध्याय के सम्बन्ध में एक सहज आपत्ति उठायी जा सकती है कि सनेही जैसे उस युग के अत्यन्त समर्थ एवं लोकप्रिय कवि की उपेक्षा की गयी है। वस्तुतः हरिऔध एवं मैथिलीशरण के साथ ही खड़ीबोली–काव्य की भाषा और शैली को माँजने वालों में सनेही जी का अन्यतम योग है। बल्कि द्विवेदी युग में वे गुप्त जी से अधिक इस मँजाव के अधिकारी माने जावेंगे। पता नहीं कैसे लेखिका ने उनके काव्य को अभिव्यंजना-शिल्प से हीन कह दिया है। शायद उसे सनेही जी का साहित्य (जो अधिकांशतः असंकलित पड़ा है) को देखने का सुयोग नहीं मिल सका–अन्यथा 'त्रिशूल' एवं 'सनेही' नाम से लिखित उनकी रचनाओं में दो अभिव्यंजना-पद्धतियाँ प्राप्य हैं। इसी प्रकार अन्य कवियों के वर्गीकरण में भी असावधानी बरती गयी है; जैसे कि मन्नन द्विवेदी गजपुरी, रूपनारायण पाण्डेय इत्यादि के काव्य में छायावाद में विकसित होने वाले तत्त्व बड़ी मात्रा में मिल जाते हैं जबकि रामचरित उपाध्याय में अभिव्यंजना का पुरानापन अधिक है। पर इन खामियों के बावजूद इस अंश में लेखिका ने काव्य की अभिव्यंजनागत पहिचान का अपेक्षाकृत अधिक गहरा परिचय दिया है। एक ओर वे अनुवाद की बारीकियों को परखती हैं एवं दूसरी ओर शैली की ऐसी पहिचान को स्पष्ट करती हैं कि 'प्रियप्रवास में 'ता' प्रत्यय लगा कर हरिऔध ने पदावली को श्रुतिमधुर किया है'; अथवा पूर्ण जी की कविता की भावमयी कल्पना का उनकी अलंकार-योजना के सौन्दर्य से सार्थक सम्बन्ध सूचित करती हैं। कवियों की भाषाच्युति, काव्यदोषों

आदि का भी विलेषण करने में उन्होंने अपने शास्त्रज्ञान का यथेष्ट परिचय दिया है। तत्समप्रधान क्लिष्ट भाषा, बोलचाल प्रधान भाषा एवं प्रांजल भाषा-सम्बन्धी उनके विवेचन भी महत्त्वपूर्ण हैं। इस काव्य के सम्यक् अनुशीलन द्वारा उन्होंने जो यह निष्कर्ष निकाला है कि 'द्विवेदी युग का द्वितीय चरण (सं. 1910-20 ई.) साहित्य में केवल भाव और भाषा का ही नहीं अपितु कलात्मक आन्दोलन का भी समय था' पर्याप्त पुष्ट एवं तर्कसम्मत है।

सम्पूर्ण ग्रन्थ को पढ़ने के बाद एक बात स्पष्ट रूप से हमारे सामने उभरती है कि तथ्यों का संकलन बड़ी तैयारी, अध्ययन एवं मँजाव के साथ हुआ है। पर इसी स्तर पर ग्रन्थ का मुख्य दोष भी उभरता है कि तथ्य राशि को व्याख्या की वह एकसूत्रता नहीं दी जा सकी है जो इस प्रयत्न को साकार व्यक्तित्व प्रदान कर सकती। सब कुछ इतना बिखरा हुआ है कि वृक्षों के मध्य वन खो गया है। स्वयं लेखिका के सामने सम्भवतः इस काव्य की अभिव्यंजना-शक्ति की सम्यक् धारणा नहीं बन पायी। शायद इसी कारण 'उपसंहार' नहीं दिया गया, जहाँ पर कि उपलब्धियों एवं अभावों का व्यापक मूल्यांकन किया जा सकता था। बहरहाल शोध की प्रभूत सामग्री का संकलन होते हुए भी प्रस्तुत भारी-भरकम ग्रन्थ उस आदर्श को नहीं प्राप्त कर सका जो तथ्य-शोध, कल्पना एवं मूल्यांकन-क्षमता द्वारा प्राप्य होता है।

एक दूसरा मुख्य दोष (जिसकी ओर हम पहले भी इंगित कर आये हैं) है कि कथ्य एवं अभिव्यंजना की अन्योन्याश्रित स्थिति के सन्दर्भ में अभिव्यंजना की शक्ति का विश्लेषण नहीं हुआ है।

तीसरी बात यह कि यदि प्रथम दो अध्याय ग्रन्थ से हटा भी दिये जायें तो उसके मूल कलेवर या स्थापनाओं को कोई क्षति न पहुँचेगी। वस्तुतः इस प्रबन्ध में दो शोध-ग्रन्थों की सामग्री है—उनका पृथक्-पृथक् उपयोग ही होना चाहिए था।

छन्द, काव्यरूप एवं बिम्बविधान-सम्बन्धी विमर्श का नितान्त अभाव भी प्रतिपाद्य को नितान्त एकांगी बना देता है।

ग्रन्थ में कहीं सन् एवं कहीं संवत् के प्रयोग भी पाठक के सामने व्यवधान खड़े करते हैं।

परन्तु सब मिला कर लेखिका द्वारा मूल ग्रन्थराशि का अनुशीलन, तथ्यों की स्पष्टता व वर्गीकरण-क्षमता तथा शोधप्रबन्ध के उपयुक्त-वाग्जाल एवं अतिरिक्त भावुकता से मुक्त साफ-सुथरी एवं निश्चित (exact) भाषा का प्रयोग इस ग्रन्थ को अपेक्षित महत्त्व देते हैं। खड़ीबोली-काव्य के अध्येताओं के लिए ग्रन्थ पठनीय ही नहीं संग्रहणीय भी है।

एक बात प्रकाशक महोदय से : ग्रन्थ का प्रकाशित शीर्षक ग्राहक के लिए अत्यन्त भ्रामक है। ग्रन्थ के भीतर दिये गये शीर्षक (इनर टाइटिल) को छोड़कर

कहीं भी इसका संकेत नहीं है कि यह अध्ययन 1920 ई. तक सीमित है। पुस्तक के शीर्षक से खड़ीबोली के अब तक के काव्य का बोध होता है और खरीदने वाले के साथ यह एक प्रकार का धोखा ही कहा जायगा। हमारा अनुरोध है कि कम से कम डस्टकवर पर इस तथ्य को पुनः मुद्रित करा दिया जाय।

दिल्ली विश्वविद्यालय के हिन्दी विभाग से प्रकाशित
हिन्दी वार्षिकी : 1961 में संकलित
सं. : डॉ. नगेन्द्र

हिन्दी-काव्य में अन्योक्ति

स्वतन्त्रता के बाद शिक्षा-जगत् की प्रवृत्तियों एवं उपलब्धियों का यदि आकलन किया जाये तो ज्ञात होगा कि इधर हमारे विश्वविद्यालयों ने शोध-कार्य पर बहुत अधिक जोर दिया है। यह बात हिन्दी ही नहीं प्रत्येक विषय के लिए कमोबेश सच है। यह बात दूसरी है कि यह शोध-कार्य सदैव और सर्वत्र वैज्ञानिक दृष्टि से बहुत ऊँचे स्तर का या निर्दोष नहीं हो सका है—परन्तु इससे प्रयास की प्रवृत्ति का मूल्य नहीं घट जाता।

डॉ. संसारचन्द्र का प्रस्तुत ग्रन्थ 'हिन्दी-काव्य में अन्योक्ति' भी शोध प्रबन्ध ही है, जिसे उन्होंने पंजाब विश्वविद्यालय में पी. एच. डी. उपाधि के लिए प्रस्तुत किया था। सम्पूर्ण ग्रन्थ छह अध्यायों में विभक्त है, प्रथम अध्याय विषय-प्रवेश का है—इस अध्याय में लेखक ने भाषा के साधारण और साहित्यिक दो भेद (यों उसका एक तीसरा भेद वैज्ञानिक विषयों में प्रयुक्त भाषा भी हो सकता है।) बताते हुए साहित्य और काव्य का पर्यायत्व सिद्ध किया है। इसी अध्याय में प्राचीन भारतीय काव्यशास्त्रियों के मतों का काव्य से सम्बन्ध निरूपित हुआ है और अन्त में अन्योक्ति के तीन प्रकार—अन्योक्ति अलंकार, अन्योक्ति पद्धति, अन्योक्ति ध्वनि—बताये हैं। दूसरे अध्याय में विस्तार से अन्योक्ति का स्वरूप और महत्त्व समझाया गया है। अन्योक्ति के स्वरूप-निरूपण में संस्कृत-अलंकार-शास्त्र का निपुणतापूर्वक उपयोग इसमें हुआ है; परन्तु इस अध्याय का अन्तिम अंश, जिसमें कि लेखक ने पाश्चात्य काव्यशास्त्र का उपयोग किया है, अत्यन्त साधारण है। वास्तव में अन्योक्ति सम्बन्धी पाश्चात्य समीक्षा-ग्रन्थों का अध्ययन एवं उपयोग हुआ ही नहीं। डॉ. संसारचन्द्र शायद **क्रोचे** को ही पाश्चात्य काव्यशास्त्र का प्रतीक मान बैठे हैं, अन्यथा **बनियन** या **स्पेन्सर** पर लिखे दर्जनों समीक्षा-ग्रन्थों की ऐसी उपेक्षा न की होती। उन्होंने इस सम्बन्ध में **सी. एस. लेविस** की अत्यन्त प्रसिद्ध पुस्तक 'अलेगरी ऑफ़ लव' ही यदि पढ़ ली होती तो शायद उन्हें अन्योक्ति के लिए एक अपेक्षाकृत व्यापक मानदण्ड (जो सामाजिक आधार पर भी अलेगरी का विवेचन करता है।) प्राप्त हो गया होता। अस्तु, तृतीय अध्याय में अन्योक्ति का अलंकार रूप में अभिव्यक्तीकरण साहित्य की

ले. : डॉ. संसारचन्द्र

परम्परा में ढूँढ़ा गया है—यहाँ भी ठीक हिन्दीशोध परम्परा के अनुसार वेदों से प्रारम्भ करके प्रयोगवादी काव्य तक के उद्धरण दिये गये हैं—परन्तु परम्परा के इस सातत्य या नैरन्तर्य का ऐतिहासिक निरूपण करने की चेष्टा भी नहीं की गयी। क्यों वैदिक प्रतीक एक ढंग के हैं और क्यों रीतिकाल या प्रयोगवाद के अन्य ढंगों के—इसका उत्तर इस पुस्तक में नहीं मिलेगा। यदि कहीं अत्यन्त संक्षेप में ये संकेत हैं भी तो नितान्त पिष्टपेषित और अधकचरे ही नहीं, अनैतिहासिक दृष्टि पर आधारित भी। चतुर्थ अध्याय संस्कृत साहित्य की अन्योक्ति-पद्धति पर और पाँचवाँ अध्याय हिन्दी साहित्य में अन्योक्ति-पद्धति पर, ऊपर कहे गये ढंग पर, लिखे गये हैं, यानी कि कालक्रमानुसार कवियों की रचनाओं से अन्योक्तिपरक उद्धरण जुटाये गये हैं। छठा अध्याय अन्योक्ति का ध्वनि रूप में—यानी भावपक्ष की दृष्टि से—विवेचन करता है। अन्त में दो परिशिष्ट हैं जिनमें से प्रथम परिशिष्ट 'हिन्दी-अन्योक्ति-संग्रह' है एवं दूसरे परिशिष्ट में सहायक-ग्रन्थों एवं पत्र-पत्रिकाओं की सूची दी गयी है।

ऊपर दिये गये विवरण से यह स्पष्ट है कि प्रथम, द्वितीय तथा षष्ठ अध्याय सैद्धान्तिक स्तर पर अन्योक्ति का विवेचन करते हैं तथा अन्य (षष्ठ का भी एक अंश) अन्योक्ति के अभिव्यंजित रूप से सम्बन्धित हैं। सिद्धान्त पक्ष में संस्कृत-काव्य-शास्त्र की पृष्ठिका पर अन्योक्ति का विवेचन प्रौढ़ एवं विश्लेषण-परक बन पड़ा है। उस सम्बन्ध में हम अधिक कहने के अधिकारी नहीं हैं। दो-एक बातों की ओर संकेत अवश्य कर देना चाहते हैं। पहली बात यह कि विषय-प्रवेश में 'साहित्य' का जितनी हलकी कलम से विश्लेषण हुआ है वह उचित नहीं है। कतिपय विचित्र-से निष्कर्ष लेखक ने निकाले हैं—यथा: "हम कह आये हैं कि साहित्य में मानव हृदय के भावों की अभिव्यक्ति रहती है, किन्तु भावों से अभिप्रेत यहाँ वे भाव हैं, जो रमणीय, स्थिर एवं उच्च हों, साधारण नहीं।" यहाँ पर रमणीय, स्थिर, उच्च बनाम साधारण का अन्तर कम से कम मैं नहीं समझ पाया। इसी प्रकार शब्द-अर्थ के सहितत्व को लेकर की जाने वाली साहित्य की व्युत्पत्ति को उन्होंने शरीरपक्षीय या कलापक्षीय बताया है। शब्द और अर्थ के सहितत्व को लेकर वामन ने जितना पूर्ण विवेचन किया है, साहित्य-सम्बन्धी धारणा आज भी उससे बहुत आगे नहीं बढ़ी। पता नहीं उसे लेखक कैसे भूल गया? काव्य का कला एवं भावपक्ष वाला द्वन्द्व भी नव्यतम काव्य-चिन्तन के क्षेत्र में अनुपयुक्त मान लिया गया है (भारतीय काव्यशास्त्र ने इस द्वैत की स्थापना कभी नहीं की।) पर डॉ. संसारचन्द्र उसे अपने इस प्रबन्ध में सँजोये हुए हैं। (पृ. 5) जहाँ तक अन्योक्ति के ध्वनि-रूप का प्रश्न है—मेरा अनुमान है कि अन्योक्ति की महत्ता बढ़ाने (यह भी हिन्दी-शोध की परम्परा है जिसमें कि अपने विषय के महत्त्व को वैज्ञानिक तटस्थता से न देख कर अतिरिक्त महत्त्व देने के लिए स्फीत किया जाता है।) के लिए लेखक ने उसे इतना व्यापक बनाया है अन्यथा 'ध्वनि के अनुरणन की तरह इसकी चोट भी लम्बी और गहरी' होने की बात जो

कही गयी है उसे ध्वनि ही कहा जाना चाहिए जो अन्योक्ति में भी हो सकती है और किसी अन्य उक्ति में भी।

जहाँ तक व्यावहारिक समीक्षा वाले अंश की बात है, वह भी हिन्दी-शोध या समीक्षा-ग्रन्थों की परम्परा में ही है। हमारे यहाँ के समीक्षा-ग्रन्थों में पं. हजारी प्रसाद द्विवेदी द्वारा स्थापित ऐतिहासिक विकास-परम्परा की एक विचित्र विकृति देखने में आती है कि बहुधा कालक्रम से प्रकाशित ग्रन्थों से समान उद्धरण दे दिये जाते हैं। उनके मूल में स्थित मनोवृत्ति के विकास या युगीन परिवर्तनों तथा प्रवृत्तियों की एकरूपता अथवा विषमता या परम्परा के विभिन्न स्रोतों के अन्वेषण द्वारा मुख्य एवं गौण धाराओं का विवेचन प्रायः नहीं प्राप्त होता। इस प्रकार आचार्य द्विवेदी का कार्य तमाम शोधकों-समीक्षकों द्वारा आगे बढ़ने के बजाय पीछे हटा है। प्रस्तुत ग्रन्थ भी इस प्रवृत्ति का अपवाद नहीं है। एक उद्धरण लें, "भागवत में वर्णित रास के पीछे भगवान, की दिव्य लीला का रहस्य छिपा हुआ है। लौकिक शृंगार का परिधान पहन कर दाम्पत्य-प्रणय-लीन राधिका और गोपियाँ उन भक्त जीवात्माओं के प्रतीक हैं, जो ब्रह्म में मिलने—ब्रह्मैकात्म्य के लिए आतुर हैं। भगवान की माधुर्य-भावना की यही सरिता 'गीत गोविन्द' आदि लौकिक संस्कृत काव्यों में प्रस्फुटित हो कर बाद को हिन्दी क्षेत्र में विद्यापति, सूरदास, मीरा आदि भक्त कवियों एवं वर्तमानकालीन प्रसाद, पन्त, महादेवी-जैसे रहस्यवादी कलाकारों की हृदयस्थलियों को रससिक्त करती हुई भागीरथी की तरह आज तक अविच्छिन्न रूप से प्रत्यक्ष बहती ही चली आ रही है—...।" (पृ. 164) भागवत से लेकर महादेवी तक एक ही माधुर्य भावना का प्रकाशन अत्यन्त स्थूल परम्परा-बोध का परिचायक है। स्वयं मध्यकाल में ही माधुर्योपासना की परम्परा भागवत से भिन्न भी रही है। यहीं यह भी द्रष्टव्य है कि एक ओर इस परम्परा को प्रतीकात्मक (अन्योक्तिपरक) बताया जा रहा है और दूसरी ओर कृष्ण-भक्ति-शाखा को प्रतीकात्मक मानने वालों के मत को वे एकदेशीय बताते हैं (205-6) तथा सगुण भावधारा में रहस्यात्मकता के अभाव के कारण अन्योक्ति-पद्धति का अभाव बताते हैं। (पृ. 203) उनका 'सगुणवाद में रहस्यवाद के लिए कोई स्थान नहीं रहता' मत भी विवादास्पद है। **प्रो. आर.डी. रानडे** जैसे दार्शनिक और विचारक रहस्यवाद की सत्ता सगुण भक्ति में मानते हैं (देखिएः मिस्टीसिज़्म इन महाराष्ट्र तथा पाथवेज टु गॉड इन हिन्दी लिटरेचर) वास्तव में प्रेम-भक्ति का सम्पूर्ण साहित्य 'लवमिस्टीसिज़्म' के अन्तर्गत परिगणनीय है एवं उसकी गठन सामन्ती समाज के ढाँचे पर आधृत है। पर उसकी लेखक ने एकदम उपेक्षा कर दी है।

वास्तव में विश्लेषण से हट कर जहाँ भी लेखक ने निष्कर्ष निकालने चाहे हैं, वहीं पर भ्रमों की सृष्टि की है। पृ. 186 पर कबीर के रहस्यवाद को शुद्ध भारतीय भावात्मक रहस्यवाद बताते हुए उन्होंने उसे 'सखी-सम्प्रदाय' के अन्तर्गत प्रतिष्ठित किया है। यह बात सूचित करती है कि माधुर्योपासना सम्बन्धी उनका अध्ययन

एकदम छिछला है। सखी-सम्प्रदाय की साधना जिस युगलरूप को लेकर चलती है, उसका कबीर में एकदम अभाव है। अगले ही पृष्ठ में उन्होंने टैगोर को सखी-सम्प्रदाय का बता दिया है—शायद, कविता में प्राणसखा शब्द आ गया था। एक शोधग्रन्थ के भीतर ऐसी विचित्र भूलें क्षम्य नहीं होतीं। आधुनिक साहित्य सम्बन्धी निष्कर्ष तो और भी विचित्र हैं। मीरा और महादेवी का अन्तर यह है कि एक में दर्द की सीधी अभिव्यक्ति है दूसरी में नहीं (पृ. 213)। सूफ़ीवाद के आधार पर हालावाद रहस्यवाद की एक शाखा है तथा भगवती चरण वर्मा बच्चन के अनुगामी हैं (पृ. 256)। छायावाद जैसी ही देश की परिस्थिति रीतियुगीन कवियों के आगे भी आयी थी। चूँकि आधुनिक काल का समाज एवं उसका नैतिक स्तर कहीं अधिक जाग्रत और ऊँचा उठा हुआ था; साथ ही उसमें बहिर्जगत के प्रति आस्था का अभाव भी था। इसलिए कलाकार बहिर्जगत को छोड़ कर अन्तर्जगत में चला गया (पृ. 227)। एक ओर छायावादियों की भाषा टेढ़ी-मेढ़ी, ऊटपटाँग, जनसाधारण की समझ के परे बतायी गयी है (पृ. 202) एवं दूसरी ओर छायावाद में भाषा भी भावानुसार सुकुमार, ललित एवं बिम्बग्राहिणी हो गयी (पृ. 228)—यह विचार भी पढ़ सकते हैं। ऐसे ही कितने ही विचित्र निष्कर्ष इस पुस्तक में प्राप्त हो सकते हैं जो लेखक की समीक्षक-सत्ता के आगे प्रश्न चिह्न लगाते हैं। एक बात और: शोध-ग्रन्थों में स्तरीय लेखकों का ही प्रमाण-रूप में सन्दर्भ दिया जाना चाहिए—परन्तु इस ग्रन्थ में सर्वत्र ऐसा नहीं हो सका है।

सब मिलाकर प्रस्तुत ग्रन्थ भी हिन्दी शोध के औसत स्तर का ही है। यों विषयानुकूल भाषा, अन्योक्ति के शास्त्रीय विवेचन, उद्धरणों की पर्याप्त मात्रा तथा अन्योक्ति-संग्रह के लिए प्रस्तुत ग्रन्थ को आदर मिलना चाहिए। लेखक से मेरा अनुरोध है कि वे एक तुलनात्मक अन्योक्तिकोष के सम्पादन का महत्त्वपूर्ण दायित्व अवश्य सम्हालें—वह कहीं अधिक महत्त्वपूर्ण कार्य होगा।

कल्पना : अप्रैल, 1962

मानव मूल्य और साहित्य

'प्रस्तुत पुस्तक में तीन खण्ड हैं। पहले में मानवीय तत्त्व का विघटन, दूसरे में नयी मर्यादाओं का उदय और तीसरे में विविध सन्दर्भों में नये मूल्यों का दिग्दर्शन प्रस्तुत किया गया है।' जैसा कि शीर्षक और उपर्युक्त योजना से भासित होता है, पुस्तक में साहित्य का विचार मानव-मूल्यों की दृष्टि से किया गया है। विस्तार से परिचय या विश्लेषण के पूर्व पूरी पुस्तक पढ़ने से जो धारणा उत्पन्न होती है, उसका उल्लेख कर देना आवश्यक है। समस्त पुस्तक में स्थापनाओं की जो प्रणाली है उससे ऐसा प्रकट होता है कि मनुष्यता अब तक बराबर गहनगर्त में गिरती गयी है और अब एक नये दायित्व का अनुभव कुछ विचारकों ने किया है एवं इधर के नये काव्य में ही इन मानव मूल्यों की यत्किंचित् अभिव्यक्ति हो सकी है। लेखक के अनुसार, 'समस्त मध्यकाल में इस निखिल सृष्टि और इतिहास-क्रम का नियन्ता किसी मानवोपरि अलौकिक सत्ता को माना जाता था।...ज्यों-ज्यों हम आधुनिक युग में प्रवेश करते गये त्यों-त्यों इस मानवोपरि सत्ता का अवमूल्यन होता गया। मनुष्य की गरिभा का नये स्तर पर उदय हुआ...। लेकिन, जहाँ एक ओर सिद्धान्तों के स्तर पर मनुष्य की सार्वभौमिक सर्वोपरि सत्ता स्थापित हुई, वहीं भौतिक स्तर पर ऐसी परिस्थितियाँ और व्यवस्थाएँ विकसित होती गयीं तथा उन्होंने ऐसी चिन्तनधाराओं को प्रेरित किया जो प्रकारान्तर से मनुष्य की सार्थकता और मूल्यवत्ता में अविश्वास करती गयीं।...मनुष्य दिनोंदिन निरर्थकता की ओर अग्रसर प्रतीत होता है।' इस प्रकार पश्चिम के सांस्कृतिक संकट को मानवीय विघटन के रूप में देखने का प्रयास भारती ने प्रथम खण्ड के पहले दो अध्यायों (1) अन्तरात्मा के ध्वंसावशेष (2) अवरुद्ध सृजनात्मकता—में किया है। यूरोप के 19वीं शती के तीन प्रमुख चिन्तकों नीत्शे, मार्क्स और फ्रायड के आधार पर भारती ने प्रथम अध्याय में इस विघटन को दिखाना चाहा है। नीत्शे ने मनुष्य को वर्तमान से काटा, मार्क्स ने उसे विकल्पहीन बनाया और फ्रायड ने संकल्पहीन, और एक ही साथ रोमाण्टिक विचारकों और किपलिंग आदि को (पता नहीं समय के किस मापदण्ड से) देखना चाहा है। (पृ. 22) अस्तु इसी धरातल पर दूसरा अध्याय

ले. : धर्मवीर भारती

लिखा गया है जिसमें कि आधुनिक पश्चिमी साहित्य में अवरुद्ध सृजनात्मकता बताई गयी है। इस सम्बन्ध में रूस और अमरीका की श्रेष्ठतम वैज्ञानिक उपलब्धियाँ स्मरण हो आती हैं और यह पूछने को मन करता है कि सृजनात्मकता का क्षेत्र मानवीय कार्य-व्यापार में क्या केवल साहित्य तक ही सीमित है। फिर अवरुद्ध सृजनात्मकता के जो लक्षण भारती ने गिनाने चाहे हैं वे किसी प्रकार भी आत्यन्तिक मापदण्ड नहीं माने जा सकते। संघर्ष करना या जूझना यदि नायक की कसौटी है तो फिर बेचारे भारतीय धीरोदात्त नायक-टाइपों को व्यर्थ ही कोसा जाता है। वास्तव में भारती का यह मापदण्ड भी एक प्रकार का साहित्येतर नैतिक मापदण्ड है। यदि काफ़्का जैसे उपन्यासकारों में बेबसी और घुटन का मार्मिक चित्र है, यदि लारेन्स में पुंसत्वहीनता और दीवालियापन की सबसे 'मार्मिक चोट' है तो इसमें कला का दायित्व कहाँ पर नष्ट हुआ? बहरहाल, इस अध्याय की एक और विशेषता है कि इसमें सांस्कृतिक संकट के मूल कारण पूँजीवाद की पहले-पहल चर्चा की गयी है—अन्यथा पहला अध्याय विचारकों तक ही सीमित रह गया था, व्यवस्था तक पहुँचा ही नहीं था। इसी अध्याय में यह भी घोषणा है कि 'यह सोवियत प्रयोग भी असफल रहा...' परिणामस्वरूप पश्चिम का संकट और गहरा गया।

इस प्रकार विचारक से व्यवस्था और व्यवस्था से भूभाग पर पहुँच कर एशिया की चर्चा 'एक भव्य अतीत का अनिश्चित भविष्य' में होती है। इस अध्याय को हम सचमुच ही ऐतिहासिक विकास की दृष्टि से तत्त्वाभिनिवेशी मान सकते हैं। 'एशिया-अवधारणा' का विकास और उसकी अनिश्चित-सी स्थिति का संकेत किया गया है। यह बात इस सन्दर्भ में अधिक महत्त्वपूर्ण हो जाती है कि आज के अनेक 'यूरोपीय लेखक, चिन्तक और बुद्धिजीवी एशिया की ओर आकर्षित हुए।' यहीं मैं यह याद दिलाना चाहूँगा कि ये चिन्तक अब कुछ निराश हो चले हैं (देखिए, आर्थर कोएस्लर की पुस्तक, 'दी लोटस एण्ड दी रोबस्ट')। इस निराशा का कारण ढूँढ़ना भी मज़ेदार होगा। पूँजीवाद के ज़बरदस्त अमानवीय चक्र में फँसे ये चिन्तक एशिया की आध्यात्मिकता में शरण खोजने आते हैं और यहाँ देखते हैं कि एशिया अब रहस्यदर्शी न रह कर यथार्थदर्शी हो गया है। अपनी आर्थिक व्यवस्था को दृढ़ कर रहा है, शिक्षा फैला रहा है, नवजागरण का तूर्य बजा रहा है। पश्चिम के ह्रासोन्मुख चिन्तकों को इस जागरण से क्या लेना-देना?

वस्तुतः 'मानवतावाद' की संज्ञा विचारों के क्षेत्र में नयी नहीं है। नवोत्थान का अभ्युदय तमाम पूँजीवाद प्रेरित जागरण की 'मानवता' के नाम पर ही हुआ था। इन शब्दों का अर्थ बराबर बदलता गया है। मैं समझता हूँ कि 'मानव' सम्बन्धी धारणा के इस परिवर्तमान रूप को ऐतिहासिक सन्दर्भ में देखने का प्रयास इस पुस्तक में प्राप्त नहीं होता। इसी कारण स्थिति इतनी भयावनी बन कर सामने आती है।

अस्तु, एशिया की चर्चा के बाद लेखक अगले दो अध्यायों 'निर्माणपरक दायित्व

और राष्ट्र' तथा 'हाथीदाँत की भारतीय मीनारें' में भारतवर्ष की परिस्थिति पर विचार करता है और सारे स्वातन्त्र्य आन्दोलन को एक प्रकार की 'हिप्नोटाईज़' करनेवाली प्रक्रिया के रूप में देखने का आग्रह करता है। और इसी सन्दर्भ में पुराने लेखक की विच्युति और नये लेखक की दायित्वपरकता वे बताते हैं। भारतीय चेतना के विकास का वर्णन पढ़ चुकने के बाद यह स्पष्ट नहीं होता कि लेखक को करना क्या चाहिए। राजसत्ता के समक्ष लेखक अपनी स्वतन्त्र स्थिति किसी भी मूल्य पर बनाये रखे, इतना कह देना पर्याप्त नहीं है। प्रश्न यह उठता है कि वह कौन-सी व्यवस्था हो जिसमें न तो उसे क्लीव बनाया जाये और न साधन; जिस व्यवस्था के भीतर राजसत्ता के समक्ष ही नहीं व्यावसायिक प्रकाशक के दबाव के नीचे भी वह बचा रह सके। जब तक इसका उत्तर नहीं मिलता, तब तक इस एशिया या भारत के दायित्व के कोई अर्थ नहीं होते क्योंकि उन्हीं व्यवस्थाओं के स्वीकरण से हम वैसे ही संकट में न पहुँचेंगे, इसकी कोई भी गारण्टी नहीं है।

इस विराट् सांस्कृतिक सर्वभाषा के भीतर से जो कुछ शुभ अंकुर उगते दिखते हैं उनके आधार पर अगले खण्ड 'नयी मर्यादा का उदय' में समाधान दिखाया गया है। इस अध्याय के अनुसार साहित्य की मर्यादा प्रगति है और प्रगति की मर्यादा आचरण; आचरण की मर्यादा स्वातन्त्र्य है और स्वातन्त्र्य मर्यादित होता है दायित्व से तथा अन्ततोत्वा हमारा दायित्व मानवीय मूल्य के ही प्रति है। इस सबको सिद्ध करने में देशी-विदेशी विचारकों, कवियों (जिन्हें वे मानवीय विघटन के प्रसंग में भी उद्धृत कर चुके हैं) के उद्धरणों का ऐसा घटाटोप छा गया है कि मूल बात हाथ से छूटती प्रतीत होती है और बहुधा ऐसा लगता है कि यह एक प्रकार की अनर्थक भाषा है, जिस पर आधुनिक ईसाई चिन्तकों का गहरा प्रभाव है।

समीक्षा के आयाम, सृजन-प्रक्रिया का मानवीय धरातल, उपन्यास और आत्मान्वेषण, नयी कविता और दायित्व की आन्तरिकता—'नये मूल्य और विविध सन्दर्भ' के अन्तर्गत लिखे गये हैं। पीछे जिन मानदण्डों को भारती ने निर्धारित किया है, उनके आधार पर हिन्दी-साहित्य के कतिपय पक्षों को देखने का प्रयास इस खण्ड में किया गया है। यह अंश प्रस्तुत पुस्तक का सबसे कमजोर हिस्सा है। यों तो समस्त पुस्तक में ही अन्विति का अभाव और बिखराव है—लगता है कि प्रत्येक अध्याय अपने आप में एक पृथक् निबन्ध है, पर इस खण्ड में यह विशृंखलता सबसे अधिक विद्यमान है। सैद्धान्तिक स्तर पर उनका समीक्षापरक चिन्तन विविध लेखकों के उद्धरणों के सहारे प्रभावकर बन जाता है परन्तु इन व्यावहारिक समीक्षा-निबन्धों का स्तर कहीं भी बहुत ऊँचा नहीं उठता। कभी-कभी तो विचित्र-से निष्कर्ष सामने आते हैं : टाल्स्टाय के 'वार एण्ड पीस' की महत्ता इसलिए है कि उसके चरित्र 'जीवन-प्रक्रिया में आत्मान्वेषण में तल्लीन' रहते हैं। इसी प्रकार अपने सिद्धान्त के चौखटे में फिट करने के लिए नयी तर्क-संगतियों की उद्भावना भी वे कर जाते हैं।

साम्यवादी व्यवस्था को वे अवरुद्ध सृजनात्मकता मान ही चुके थे—प्रश्न उठता है कि गोर्की या लू शुन को कहाँ और कैसे रखा जाये? बस सिद्धान्त का अपवाद ढूँढ़ लिया गया कि इनमें अपने मतवादों के विरुद्ध एक मानवीय दृष्टि उतर आयी है। वे यह भूल गये हैं कि मतवादी लेखक भी बड़ा हो सकता है और बिना मतवाला लेखक छोटा भी हो सकता है।

इस पुस्तक का सबसे बड़ा महत्त्व इस बात में है कि इसने कतिपय प्रश्नों को नये सिरे से उठाया है, कुछ बातें हिन्दी के सन्दर्भ में पहली बार कही गयी हैं और इन पर यदि चर्चा हो तो हमारी समीक्षा को पैना बनने में सहायता मिलेगी।

कल्पना : मई, 1962

संवेदनशील और ठोस आलोचना की एक नयी कृति

डॉ. सावित्री सिन्हा का डी. लिट्. के लिए प्रस्तुत प्रबन्ध 'बृजभाषा के कृष्ण-भक्ति काव्य में अभिव्यंजना-शिल्प' एकेडेमिक रुक्षता एवं एकरसता को तोड़ कर अतिवादी स्थितियों के सन्तुलन की चेष्टा करता है। लगभग 500 पृष्ठों के इस बड़े ग्रन्थ में सूरदास से लेकर रत्नाकर तक के कुछ प्रमुख और प्रतिनिधि, कृष्णभक्त वाग्गेयकारों के अभिव्यंजना-शिल्प की परीक्षा की गयी है।

ग्रन्थ में भूमिका के अतिरिक्त सात अध्याय हैं। भूमिका में अभिव्यंजना शब्द का स्पष्टीकरण करते हुए काव्य की सृजन-प्रक्रिया में उसका स्थान-निर्धारण एवं उसके मूल तत्त्वों का विवेचन हुआ है। वस्तुतः यह अंश सम्पूर्ण ग्रन्थ में प्रयुक्त उस दृष्टि को उपस्थित करता है जिसका प्रयोग पूरे ग्रन्थ में हुआ है। कहना न होगा कि यह दृष्टि मूलतः साहित्य-शास्त्रीय है, जिस पर आधुनिक संवेदनाओं का गहरा संस्कार भी विद्यमान है। कला के 'अस्तित्व को आत्म-आविष्करण की प्रक्रिया का परिणाम' मानते हुए भी लेखिका ने अत्यन्त निर्भ्रान्त शब्दों में अभिव्यंजना को 'व्यक्तीकरण की चेतन प्रक्रिया माना है।' वस्तुतः इस स्पष्टता की आवश्यकता इसलिए भी थी कि क्रोचे की अतिवादिताओं से बचा जा सके जो कि अभिव्यंजन (एक्सप्रेशन) शब्द के साथ ही लिपटी चली आती है। इस स्थल पर एक प्रश्न अपने आप उठता है कि क्या अभिव्यंजना को विषयवस्तु से अलग किया जा सकता है? लेखिका ने क्रोचे की संक्षिप्त परीक्षा करते हुए उसे स्वीकार किया है: यद्यपि भीतर से इस नयी दृष्टि से वह सहमत है कि इन दोनों का ममन्तिक विभाजन सम्भव नहीं है, फिर व्यावहारिक स्तर पर इस द्वैत को स्वीकार किया गया है। लेखिका के अनुसार महाकाव्य की आलोचना तथा उसके समर्थन के लिए अभिव्यंजना के तत्त्वों का पृथक अस्तित्व स्वीकार करना अनिवार्य है।

प्रथम अध्याय का शीर्षक है...कृष्ण-भक्त कवियों का प्रतिपाद्य। इसके अन्तर्गत पौराणिक, दार्शनिक आधारों की चर्चा करते हुए डॉ. सिन्हा ने आलम्बन के परम्परागत रूप का स्पष्टीकरण किया है। इस अंश का सन्निवेश वस्तुतः लेखिका की पैनी प्रज्ञा

ले. : सावित्री सिन्हा

का प्रतीक है। पर इस अध्याय का इससे भी अधिक महत्त्वपूर्ण अंश भक्ति-काव्य की सृजन-प्रक्रिया-सम्बन्धी अंश है। वस्तुतः प्रस्तुत ग्रन्थ के आलोच्य कवि कलाकार बाद में हैं, पहले वे भक्त-रहस्यदर्शी हैं; उनकी काव्य-सृजन प्रक्रिया वही नहीं है जो सामान्य कवि की होती है। ये लोग काव्य-रस के नहीं 'लीला...समुत्सुक' होते हैं। यह प्रक्रिया एक प्रकार से धर्म के भीतर से सौन्दर्यानुभव (ऐस्थैटिक ऐक्सपीरियन्स) की होती है। उन भक्त कवियों ने कवि-प्रतिभा-जन्य विभावन व्यापार को स्वीकार नहीं किया है; उसके स्थान पर आलम्बन की अलौकिकता, अनुग्रह तथा साधन के सतत अनुचिन्तन आदि को बहुमान दिया है। अस्तु, इस सम्बन्ध में अपनी बात कहना, प्रस्तुत समीक्षक के लिए उचित नहीं है। डॉ. श्रीमती सावित्री सिन्हा की एतत्सम्बन्धी स्थापनाओं से अधिक सहमत न होते हुए भी, इस बात के लिए उन्हें बधाई देना चाहूँगा कि उन्होंने (शायद हिन्दी में पहली बार) इस अन्तर की ओर ध्यान दिलाया है...भले ही यह अंश अपेक्षित विस्तार में विवेचित न हो सका हो तथा आगे के विवेचन में सर्वत्र इसका ध्यान न भी रखा गया हो। अस्तु इसी प्रसंग में भक्त कवियों के प्रतिपाद्य को 1. अनुभूत्यात्मक, 2. दार्शनिक, 3. विवरणात्मक एवं 4. चमत्कारवादी रीतिबद्ध में विभाजित किया गया है। विवेच्य कवियों की सामग्री को इन चार भागों में विस्तार से इसी अध्याय में उन्होंने वर्गीकृत किया है। यह अंश जहाँ एक ओर वर्गीकरण-क्षमता का द्योतक है वहीं सामान्य पाठक के लिए नीरस एवं बहुत कुछ सूचनावादी मात्र बन कर रह जाता है। इसी प्रसंग में यह भी कथनीय है कि अनुभूति और कल्पना इन कवियों में इतने अधिक घुले-मिले हैं कि उनके मध्य कोई अन्तर देखना हेत्वाभास मात्र होगा। दूसरी बात इस सन्दर्भ में मुझे यह कहनी है कि हिन्दी-साहित्य में जिसे पूर्व मध्यकाल एवं उत्तर मध्यकाल नामों से सम्बोधित किया जाता है वह बहुत तात्विक नहीं है। इतिहास की दृष्टि से यह सारा समय उत्तर-मध्यकाल ही है और भक्तिकाल तथा रीतिकाल की परिस्थितियों के मध्य सामाजिक-राजनीतिक-आर्थिक दृष्टियों से कोई बड़ा परिवर्तन भी नहीं हुआ था। लेखिका का यह अध्ययन यद्यपि बहुत-कुछ वस्तुपरक रहा है, फिर भी रीतिकाल के भक्त कवियों का प्रसंग आते ही वह रीतिकालीन प्रवृत्तियों की पूर्व से प्राप्त धारणाओं को उन पर आरोपित करने लगती हैं। वस्तुतः इन कवियों का एक बड़ा भाग ऐसा है जो भक्ति और रीति की मध्यवर्ती कड़ी है।

प्रबन्ध की भूमिका स्वरूप इन अंशों के बाद हम वास्तविक कलेवर में प्रवेश करते हैं। लेखिका ने पहले ही अभिव्यंजना के मूल तत्त्व इस प्रकार गिनाए हैं...शब्द समूह, लोकोक्तियाँ तथा मुहावरे, शब्दालंकार तथा वर्ण-विन्यास, रीति, वृत्ति, गुण, शब्द-शक्ति, लक्षित चित्र-योजना, अप्रस्तुत योजना, संगीत और छन्द, काव्यरूप। लेखिका ने अवशिष्ट छह अध्यायों में दो भाषा को, दो बिम्बविधान (लक्षित चित्र-योजना तथा अप्रस्तुत योजना) को, एक संगीत-छन्द को तथा एक-एक अध्याय

काव्यरूपों को दिया है। यह विभाजन काव्य की गहरी पहचान का द्योतक है। काव्य में सबसे अधिक महत्त्व माध्यम (यानी भाषा) का होता है। पश्चिम में सौन्दर्य-शास्त्र (ऐस्थैटिक्स) के अन्तर्गत माध्यम (मीडियम) के प्रश्न को लेकर बहुत अधिक चिन्तन और विमर्श हुआ है। यह उचित ही है कि माध्यम की इस महत्ता को पहचान कर उसे दो अध्यायों में विवेचित किया गया है। माध्यम के बाद काव्य में बिम्ब-विधान का महत्त्व होता है और उन्हें भी लक्षित चित्र-योजना एवं अप्रस्तुत योजना के स्पष्ट एवं समझ में आ सकने योग्य दो अध्यायों का विस्तार दिया गया है। संगीत, छन्द एवं काव्य-रूप अपेक्षाकृत कम महत्त्वपूर्ण तत्त्वों को एक से अधिक अध्याय मिलना भी नहीं चाहिए था।

अस्तु द्वितीय अध्याय में भाषा के अन्तर्गत विवेच्य सामग्री की भाषा की मूल इकाई यानी शब्दकोश का अध्ययन प्रस्तुत किया गया है। मुहावरे और लोकोक्तियों का भी अध्ययन इसी अध्याय में हुआ है। यह विश्लेषण और वर्गीकरण मात्र परिगणना न होकर माध्यम की जीवन्त पहचान का द्योतक है। बृजभाषा की सामर्थ्य के विकास में इन कवियों द्वारा दिये जाने वाले योगदान का भी स्पष्टीकरण बराबर हुआ है, यद्यपि उसकी सामाजिक पीठिका की ओर अपेक्षित ध्यान नहीं दिया गया है। हाँ, इस भाषा के मूल्यांकन में लेखिका ने एक विचित्र पूर्वाग्रह का परिचय भी दिया है। उसने इस भाषा को गरिमा, गाम्भीर्य और ओज आदि से समन्वित दिखाने के लिए जिस प्रकार के तर्क देने चाहे हैं (पृ. 103) वे कचहरी के मुकदमे के लिए तो ठीक हो सकते हैं पर साहित्य-समीक्षा में ऐसी दलीलें न दी जायें यही अच्छा है। इस बात को स्पष्ट रूप से स्वीकार कर लेना चाहिए कि बृजभाषा इतनी अधिक काव्यमयी (टू मच पोएटिसाइज्ड) हो गयी थी कि माध्यम के विकास की सम्भावनाएँ ही शेष हो गयी थीं और उसका बदलना अनिवार्य ऐतिहासिक आवश्यकता थी। (उसी प्रकार जैसे कि छायावाद की भाषा को पदच्युत होना पड़ा है।)

भाषा सम्बन्धी द्वितीय (ग्रन्थ के तृतीय) अध्याय में वर्ण योजना, शब्दालंकारों, गुण, रीति, वृत्ति एवं शब्दशक्ति सम्बन्धी विश्लेषण इन कवियों की भाषा का किया गया है। इन सभी में पहले सैद्धान्तिक मानदण्ड का संक्षेप में निरूपण करके तत्पश्चात् विविध रचनाओं के पाठ और पारायण के आन्तरिक अध्ययन (इन्ट्रिन्जिक स्टडी) की विधि द्वारा उपलब्ध तथ्यों को लेखिका ने उपस्थित किया है। आन्तरिक अध्ययन की इस प्रणाली के कारण ही यह अंश भी रुक्षता से बच सका है और शास्त्रीय चौखटों में काव्य-द्रव को ढालने के बावजूद इसकी रमणीयता बहुत कुछ सुरक्षित रह सकी है। इसी तथ्य के कारण प्रतिपाद्य की एकता तथा पारस्परिक अत्यधिक समानताओं के होते हुए भी इन कवियों की शैलीगत विशिष्टता का उद्घाटन सम्भव बन पड़ा है।

'बिना अप्रस्तुत की सहायता के भी केवल विभिन्न रेखाओं और वर्णों के योग से इन कवियों ने अनेक चित्र अंकित किये हैं।' (पृ. 196) इस प्रकार की लक्षित चित्र

योजना की विवेचना चतुर्थ अध्याय में की गयी है। इस अध्याय की योजना पुनः गहरी अन्तर्दृष्टि की सूचक है। बिम्ब-विधान के अन्तर्गत सामान्यतः लोग अप्रस्तुत योजना का ही विवेचन करते हैं जब कि कभी-कभी मात्र वर्ण, रेखा या क्रिया के आधार पर कहीं अधिक सजीव चित्र खड़े किये गये हैं। हिन्दी के नव्यतम काव्य में ऐसे चित्रों की संख्या प्रभूत मात्रा में मिलेगी। लेखिका ने कृष्ण-भक्ति-काव्य में भी इनका विवेचन करके मानो इस काव्य की परम्परा को जाने-अनजाने वहाँ तक पहुँचा दिया है। संवेदनशील आलोचक अपने युग की भूमिका पर खड़ा होकर जब अतीत का पुनर्मूल्यांकन करता है, तो बहुधा उस अतीत को इसी प्रकार के नये कोणों में स्थापित कर देता है। और यही पुनर्मूल्यांकन की प्रक्रिया होती है। इसी प्रसंग में यह भी द्रष्टव्य है कि मध्यकालीन चित्रकला के साथ इन कवियों की चित्रयोजना की समता भी लेखिका ने दिखाई है। यह क्षेत्र भी एकदम क्वाँरा पड़ा है और इस दिशा में बहुत अधिक कार्य किया जा सकता है। बाबू श्याम सुन्दर दास ने अपने 'हिन्दी-साहित्य' में इस दिशा की ओर इंगित किया था पर ऐसे तुलनात्मक अध्ययन की ओर हम लोगों का ध्यान नहीं गया। वस्तुतः इन दिशाओं में हिन्दी-शोध को अब बढ़ाना चाहिए। प्रस्तुत ग्रन्थ में ऐसे प्रयास को देख कर हर पाठक को प्रसन्नता ही होगी। यद्यपि विषयगत सीमाओं के कारण अधिक विस्तार से इसकी विवेचना नहीं हो सकी है।

पाँचवें अध्याय में कृष्ण-भक्त कवियों की अप्रस्तुत योजना की चर्चा करते हुए लेखिका ने अत्यन्त बलपूर्वक यह कहा है कि 'अप्रस्तुत-विधान काव्य-शिल्प की सब से बड़ी कसौटी है।' इस मन्तव्य से कोई शत-प्रति-शत सहमत न भी हो तब भी इसमें छिपी सच्चाई को अस्वीकार नहीं किया जा सकता। अस्तु, उपमान-संयोजन की शास्त्रीय सैद्धान्तिक चर्चा के बाद विभिन्न कवियों की रचनाओं की विशिष्टताओं को उद्घाटित करते हुए उनकी सापेक्षिक श्रेष्ठताओं के बारे में निर्णय भी दिये गये हैं। विश्लेषण के बाद निर्णय दे सकने की शक्ति उसी में होती है जिसमें एक ओर तत्त्वाभिनिवेशी प्रज्ञा होती है और दूसरी ओर साहस। सूर और नन्ददास सम्बन्धी विश्लेषण और निष्कर्ष ऐसे ही सूक्ष्म निर्णयों के परिचायक हैं। ध्रुवदास-जैसे अपेक्षाकृत अख्यात कवियों को भी इसी कारण महत्त्व का अधिकारी कहा जा सका है।

छठे अध्याय में 'कृष्ण-भक्ति-काव्य में संगीत-योजना तथा छन्द' का अध्ययन प्रस्तुत किया गया है। इस अध्याय के पहले वाक्य 'काव्य तथा संगीत का अन्योन्याश्रित सम्बन्ध है'—से बहुत-से लोग असहमत होंगे। प्रस्तुत समीक्षक भी इससे सहमत नहीं हैं; परन्तु यहाँ इस प्रसंग की सैद्धान्तिक चर्चा अनावश्यक है—प्रबन्ध में भी वह महत्त्वपूर्ण नहीं है और यहाँ भी प्रसंग-बाह्य मानी जा सकती है। पर इस संक्षिप्त सैद्धान्तिक चर्चा के बाद आलोच्य काव्य के आन्तरिक और बाह्य संगीत की चर्चा जिस गहराई से की गयी है उसमें ग्रन्थ में आद्यन्त विद्यमान विश्लेषण-क्षमता तो है

ही साथ ही विवेचन के क्षेत्र की बहुत बड़ी नवीनता भी है। लेखिका ने सांगीतिक पक्ष के विविध पहलू—यथा संगीत के अनुकूल लय का प्रयोग, विविध संगीत-शैलियों के तत्त्व, विषयानुरूप रागों का प्रयोग, संगीत तथा उससे सम्बद्ध सामग्री का उल्लेख, राग-रागिनियों के प्रयोग यथेष्ट विस्तार से उपस्थित किये हैं।

सातवें यानी कि अन्तिम अध्याय में इन 'कवियों द्वारा प्रयुक्त काव्य के विभिन्न रूप' विवेचित हुए हैं। शास्त्रीय दृष्टि की जड़ताओं से मैं इतना भयभीत हूँ कि प्रस्तुत ग्रन्थ को पढ़ने के पूर्व मुझे आशंका थी कि इस तथ्य को शायद भुला दिया गया होगा कि कविता में 'फार्म' या 'जेनर' अत्यन्त संवेदनशील तत्त्व होता है और सच्ची अनुभूतियाँ हर काव्यरूप में नहीं उँड़ेली जा सकतीं। पर जैसा कि पूर्ववर्ती अध्यायों का ज़िक्र करते हुए मैं कह चुका हूँ, लेखिका ने अभिव्यंजना-तत्त्वों की चर्चा करते समय प्रतिपाद्य या कथ्य को सदैव ध्यान में रखा है और यह अपने आप में इतनी बड़ी सिद्धि है कि इसके महत्त्व और मूल्य को स्वीकार करना ही होगा। इस अध्याय का पहला ही वाक्य—कृष्ण के लीला-पुरुषोत्तम रूप और मधुरा भक्ति की भावपरक पृष्ठभूमि के कारण कृष्ण-भक्ति काव्य-परम्परा का स्वरूप अन्तर्वृत्ति-निरूपक ही अधिक रहा, इसलिए उसमें प्रबन्ध-रचना के लिए अधिक अवकाश नहीं था। —मेरी शंका को निर्मूल कर सका था। पर केवल इतना ही होता तो शायद मर्मग्राहिणी प्रज्ञा का प्रकाश न माना जाता। डॉ. सावित्री सिन्हा ने और अधिक गहराई में पैठ कर आत्माभिव्यक्ति को अनुकूलित करने वाले सूक्ष्म तथ्यों, प्रत्यक्ष आत्म-निवेदन तथा गोपी-भाव की अभिव्यक्ति—का स्पष्ट उल्लेख करते हुए शुद्ध गीति-काव्य एवं आख्यानात्मक गीति-काव्य के रूपों का निर्धारण किया है। इस सम्बन्ध में हम इतना ध्यान और दिलाना चाहेंगे कि द्वितीय कोटि के अन्तर्गत गोपी-भाव एवं सखी-भाव की भिन्न-भिन्न साधना-प्रणालियों ने आख्यानक गीति-काव्य के क्षेत्र में भी कौन-कौन भिन्नताएँ स्थापित की हैं, उनकी भी चर्चा हो सकती थी। इसी प्रकार लोकगीतों वाले अंश को भी अधिक स्थान मिलना चाहिए था—कम से कम मुक्तक वाले अंश से कम नहीं। यों इस अध्याय में कृष्ण-भक्तों के प्रबन्धकाव्यों (जो, कि बहुत महत्त्वपूर्ण नहीं हैं।) की भी यथेष्ट चर्चा हो गयी है। अन्त में उपसंहार में अत्यन्त संक्षेप में इन विभिन्न अध्यायों के निष्कर्षों को पुनः उपस्थित किया गया है। ग्रन्थ को विस्तार में पढ़ते-पढ़ते पाठक मूलधारा को कभी-कभी खो बैठता है, वह इस अंश में पुनः मिल जाती है और एक आन्तरिक एकसूत्रता से सम्बद्ध हो जाने के कारण पाठक को एक बौद्धिक सुख (या रस?) का अनुभव होता है।

इस प्रकार समीक्ष्य शोध प्रबन्ध में हमारे साहित्य की एक प्रमुख धारा की कलात्मक क्षमताओं के मूल्यांकन का समर्थ और श्लाघनीय प्रयास हुआ है। शोध प्रबन्ध होने के कारण इसमें शोध की पद्धति (जो बहुत-कुछ यान्त्रिक भी होती है) का परिपूर्ण पालन किया गया है। इस दृष्टि से भी यह हिन्दी के श्रेष्ठतम शोध प्रबन्धों

के अन्तर्गत निश्चित रूप से परिगणनीय है। विभिन्न अध्यायों के अन्तर्गत विभिन्न तत्त्वों के विश्लेषण में परिवर्तित होती हुई भंगिमाओं का ध्यान इसे अतिरिक्त दीप्ति दे देता है। हर अध्याय के अन्त में दिये गये निष्कर्ष भी इसे सामान्य पाठक के लिए सब प्रकार से उपयोगी बना देते हैं। उदाहरणों के चयन में लेखिका ने उस क्षमता का परिचय दिया है जो हमें संस्कृत काव्यशास्त्र ग्रन्थों में उपलब्ध होती है—यानी कि अत्यन्त रमणीय एवं काव्य-बोध को परिष्कृत करने वाले अंश दिये गये हैं। जो लोग शास्त्रीय चर्चाओं से अलग भी रहना चाहते हैं वे इन उदाहरणों के लिए इस ग्रन्थ को पढ़ना चाहेंगे। इलियट ने आलोचक की जो कसौटी बताई थी कि तमाम कूड़े में से एक अच्छी कविता चुन सकने की उसमें शक्ति होनी चाहिए, उसका रूप यहाँ प्रत्यक्ष देखा जा सकता है।

मुझे तीन बातें केवल और कहनी हैं—1. ग्रन्थ में इतिहास-दृष्टि का अपेक्षाकृत अभाव इस काव्य के समग्र व्यक्तित्व को समुचित परिप्रेक्ष्य नहीं दे पाता, 2. उद्धरणों की इस कदर भरमार हो गयी है कि बहुधा मूल सूत्र हाथ से छूट जाते हैं। इधर पश्चिम में समीक्षा की जो नयी सरणियाँ विकसित हो रही हैं उनमें मात्र कुछेक कविताओं को लेकर उनके संघटन (स्ट्रक्चर) का जो विश्लेषण प्रारम्भ हुआ है, उस पद्धति का उपयोग अपने यहाँ भी होना चाहिए। 3. कवियों का चुनाव कुछ भिन्न आधार पर होता तो शायद इस काव्य के साथ अधिक न्याय हो सकता। जैसे कि अष्टछाप से केवल सूरदास और नन्ददास को लिया जाता तथा हरिराम व्यास, स्वामी हरिदास, हरिव्यास देव, बिहारिणि देव, ललित किशोरी देव एवं अलबेली अलि-जैसे कवियों को ले लेने से विवेच्य सामग्री कृष्ण-भक्ति की कहीं अधिक प्रतिनिधि बन सकी होती। संवेदनशील एवं ठोस आलोचना वाले प्रस्तुत ग्रन्थ का मैं सचमुच नितान्त अकृत्रिम हृदय से स्वागत करता हूँ। काव्यालोचन के प्रेमियों के लिए यह निश्चय ही संग्रहणीय है।

साप्ताहिक हिन्दुस्तान: 24 जून, 1962

आँगन का पंछी और बनजारा मन

बन्धु,

भूमिका में एक झालर जोड़कर आपने खुले रूप में घोषित कर दिया है कि मैं आपके निबन्धों का प्रशंसक रहा हूँ। हाँ, सच ही ललित गद्य मुझे खींचता है; मैं उसे चाव से पढ़ता हूँ। आपका संग्रह मुझे मिला था—मैंने मौज से उसके निबन्ध धीरे-धीरे पढ़े थे। 'कमल भक्षकों के देश में' मुझे भी समीक्षा करने में आलस आ जाय तो क्या अचरज?

आज भी, मिश्र जी, मैं आलोचना न लिखूँगा पर आपसे 'चिट्ठी चौपाती' में ही बतियाने को मन है। इसलिए भी कि इन निबन्धों की बहुत-सी बातों का मैं साक्षी भी रहा हूँ। 'मलय के आँचल' में जब आप भटक रहे थे तो मैं भी एक 'बौराए' हुओं में था। 'कावेरी' की आस्फालित धारा ने जब अपना दृश्य आवाहन शिवसमुद्र में भेजा था तो दौड़ते हुए नीचे उतरने वालों में देवीशंकर भी था। बेलूर की उन्मादिनी शोभा जब आपको खजुराहो तक भेज और बुला रही थी तो उसी समय 'शिकारिणी' का आठ सौ वर्षों से प्रत्यंचा पर चढ़ा तीर मुझे बींध गया था और आपसे सच ही कहूँगा—अभी भी वह निकला नहीं है। अपने अन्तिम चार निबन्धों में जिस भुक्तभोगी की आत्मीयता को आपने व्यक्त किया है—मैं भी तो विद्यापीठों की उसी जड़-साधना से पीड़ित हूँ जिसमें 'शव' स्वयं साधक की छाती पर सवार हो जाता है। आपकी बेचैनी उस हर संवेदनशील की बेचैनी है जो बड़े उत्साह से अध्यापन के क्षेत्र में घुसता है (विशेषतः उच्चतर अध्ययन-अध्यापन के क्षेत्र में) और बड़ी जल्दी या तो वह संवेदनशीलता को छोड़ देता है या फिर भाग खड़ा होता है—भले ही किसी जुलूस की व्यवस्था क्यों न करनी पड़े या फिर भीतर-भीतर घुटता रहता है, अपने को 'अयुक्त-स्थान प्रतिष्ठित' अनुभव करता रहता है। "मैं महीनों तक कुछ भी नहीं लिखता, और यह सन्तोष करता हूँ कि चलो, अब अन्तःसलिला रेत में बिल्कुल लुप्त हो गयी। इतने में आधी रात के कुहासे में जैसे कोई टिटिहरी पुकार पड़ती हो, वैसी ही कोई आवाज मन के सुन्न दर्द उभार देती है, क्या सचमुच अब

ले. : विद्यानिवास मिश्र

तुम नहीं लिख पाओगे?" भाई, आप सौभाग्यशाली हैं कि ऐसे विषय से ग्रस्त नहीं हैं जहाँ कि जीवन्त लेखन को जान-बूझकर नकारा जाता हो। 'मीडियाक्रिटी' को जितना बड़ा सम्मान हिन्दी के उच्चतर अध्ययन, अध्यापन एवं अनुसन्धान में मिला है वह शायद शिक्षा के इतिहास में अद्‌भुत एवं अपूर्व वस्तु है।

पर लीजिए, मैं तो भटक गया। क्या करूँ ये निबन्ध ही भटकाने वाले हैं। मैं बात कुछ दूसरी कहना चाहता था। अभी कुछ दिन पूर्व भारतीय बुद्धिजीवियों पर अमरीकी समाजशास्त्री एडवर्ड शिल्स का एक मोनोग्राफ पढ़ा था जिसमें उन्होंने परम्परा एवं आधुनिकता की तनावपूर्ण स्थिति के बीच भारतीय बुद्धिजीवी को रखना चाहा है। वे उसके 'प्रादेशिक' एवं महानगरीय संस्कृतियों से एक साथ सम्पृक्ति की बात उठाते हैं। पता नहीं अमरीका में आपकी शिल्स से भेंट हुई है या नहीं पर यह तनाव आप में बहुत तीखा है। स्वयं आपके संग्रह का नाम इस तनाव को पूरी तरह व्यंजित करता है—'आँगन का पंछी और बनजारा मन'। मुझे लगता है कि उस मोनोग्राफ के लिए भी यही उपयुक्त शीर्षक है। मैं जानता हूँ कि आपकी शिखाधारिणी आधुनिकता के प्रति बहुतों के मन में सन्देह होता है (कभी-कभी मेरे मन में भी)। पर मैं यह भी जानता हूँ कि शिखा की परम्परा हम सभी के मन में है और यह हमारे व्यक्तित्व का अभिन्न अंग है—शायद शक्तिपूर्ण भी। यह बात दूसरी है कि हम सब उसे 'यवांकुरों' के जीवित स्पर्श से बचाये रखने की चेष्टा करते हैं पर आप उसे शक्ति तथा मौज के साथ हिलाते, छिटकाते चलते हैं। आपका बनजारापन भी आधुनिकता का एक अंग है और आँगन का पन्छी भी उसी आधुनिकता का एक सन्दर्भ है।

पर अगर बात केवल शिल्प द्वारा प्रस्थापित इस तनाव की ही होती तो शायद मैं कुछ न कहता। आपने साहित्य, इतिहास, संस्कृति, जनविश्वासों आदि को नयी व्याख्या से मण्डित करना चाहा है। उनके अन्दर कुछ पवित्र एवं प्रेरक तत्त्वों की स्थापना करनी चाही है। पार्थिव धर्म, अग्रपुरुष, जयन्ती मंगला काली शायद ऐसे ही खण्ड हैं। इसका भी विरोध मैं नहीं करना चाहूँगा पर इस व्याख्यान में एक स्वर ऐसा बन पड़ा है जो भुजा उठा-उठा कर घोषणा करता है कि 'मैं पुराना जमाना हूँ', 'मैं ही श्रेष्ठ हूँ', 'हे मूर्खो, तुमने इस पुरानी दुनिया को बदल जाने दिया—यही अमंगल हुआ है', आदि-आदि।

मेरे बनजारे मनवाले मित्र! मैं स्पष्ट पूछना चाहूँगा कि क्या इसे आप उपयुक्त मानते हैं? "जो विषपाई हमारे बीच धतूरा खाकर नाचा करता था, जो हमारी अन्नपूर्णा के दरवाजे हमारी ही तरह झोली लिए खड़ा रहता था, वह सदाशिव आज इस तरह नीलकण्ठ हो गया कि हमारी कृतज्ञता साल में एक दिन उसके किसी छोटे-से प्रतीक को देखने में ही कृतकार्य हो जाती है। हमारा जातीय जीवन क्या सचमुच ही अपने-आप में इतना खो गया है कि उसे अपने मन के सोते-जागते का संकल्प बिसर गया?" मिश्रजी ये पंक्तियाँ आपकी ही हैं। क्या इन पंक्तियों में 'गुड ओल्ड डेज' वाली मनोवृत्ति ही नहीं छायी हुई है? और ऐसी पंक्तियाँ विरल नहीं हैं इस

संकलन में। यदि मध्यकाल में गाँव की इकाई अधिक सौहार्दमयी थी तो क्या वह सदाशिव या गौरैया चुगाने वाले विश्वासों के बल पर थी (मैं चीन के गौरैया नाशकों का वकील नहीं हूँ) तथा क्या आधुनिक जीवन का मोल देकर आप उसे बनाये रखना चाहेंगे। जीवन का आदिम और उद्दाम वेग स्पृहणीय हो सकता है पर सभ्यता या संस्कृति के विकास के मूल्य पर नहीं। फिर जब उलटफेर होता है, तो थोड़ी देर के लिए शून्य का आभास भी होता है। पर यह कहाँ की शक्तिमत्ता होगी कि उस शून्य से घबरा कर हम कहें कि अपना पुराना खँडहर ही बना रहता तो ठीक था?

मिश्र जी आप तो सरकारी मोटर लेकर गाँवों की ओर जाते रहे हैं। आपने अनुभव किया होगा कि सड़क जब गाँव तक पहुँच जाती है तो केवल मोटर ही नहीं ले जाती—अपने साथ मोटर के सारे संस्कार, मोटर की समस्त चेतना एवं शक्ति भी ले जाती है और उस समय जो संघर्ष होगा उसमें कमजोर ही गिरेगा और उस कमजोर को आँसू बहाकर जिलाया नहीं जा सकता और न शक्तिशाली को बदतमीज कह कर भगाया जा सकता है। बन्धु, मेरे मन में निराला की 'राम की शक्ति-पूजा' की एक पंक्ति बार-बार गूँज रही है—'शक्ति की करो मौलिक कल्पना'! जाम्बवान् का यह उपदेश हर संशयग्रस्त, प्रत्येक पराजयाक्रान्त या निराशाभिभूत के लिए है। हर युग को नये देवता की कल्पना करनी होती है। उसमें नयी शक्ति का संचारण अभीष्ट होता है। प्रत्येक समाज के वे 'रामवैदेही' होते हैं जिनके लिए बाकी सबको 'कोटि बैरी सम' तजना भी पड़ सकता है। सदाशिव यदि नीलकण्ठ चिड़िया बन गये तो उन्हें उड़ जाने दें, रामवैदेही विगत हो गये तो होने दें—आइए, नये सिरे से इन देवताओं की कल्पना की जाये।

भाई जी, मैं यह इसलिए कह रहा हूँ कि आपकी क्षमता पर मुझे विश्वास है। इसी संकलन में जहाँ आप इस प्राचीनता-मोह से निकल सके हैं वहाँ पर आधुनिकता की अशुचिता पर आपके प्रहार दुर्वार भी हैं और लक्ष्यबेधी भी। 'नया दौर', 'ये विपथगाएँ', 'प्रभुत्व ज्वर अस्पताल' समर्थ आधुनिक चेतना के व्यंग्य हैं। 'अग्र पुरुष' जैसी व्याख्याएँ ही अपेक्षित हैं।

इन निबन्धों के बारे में एक बात और! कुछ लोगों को इन निबन्धों की 'भाषा फीकी लगी'। कुछ ने शब्दों की लयदारी क्षीण होने की शिकायत की है। पर मुझे लगा कि पहली बार आपने पाण्डित्य का बोझ उतार फेंका है, पहली बार आपकी भाषा रोमैण्टिक जाल को एक सीमा तक तोड़ने में समर्थ हुई है। शायद आपको 'अपनी' शैली की वास्तविक उपलब्धि हुई है।

आशा है बाबा गोरखनाथ की नगरी में प्रसन्न होंगे—

आपका ही

देवीशंकर अवस्थी

धर्मयुग : 20 मई, 1963

तीन आलोचनात्मक पुस्तकें : उपलब्धि के नाम पर प्रश्नचिह्न

जिन पर कुछ कहना है वे किताबें तीन हैं : 1. *हिन्दी सूफी काव्य की भूमिका,* 2. *केशव और उनका साहित्य* तथा 3. *आधुनिक हिन्दी कविता में प्रेम और शृंगार*। प्रथम तो दो पुस्तकें मध्यकाल से सम्बद्ध हैं एवं अन्तिम आधुनिक काल से। प्रथम दोनों पुस्तकों की स्थापनाओं के अभिप्राय एकदम समान हैं। 'हिन्दी सूफी काव्य की भूमिका' में रामपूजन तिवारी तथा 'केशव और उनका साहित्य' में विजयपाल सिंह ने आचार्य रामचन्द्र शुक्ल की गलतियों को ठीक करना चाहा है।

'विषय प्रवेश' में ही शुक्ल जी से एक लम्बा उद्धरण दिया गया है, जिसमें कि शुक्ल जी ने हिन्दी के प्रेम-गाथा-काव्यों को भारतीय चरित-काव्यों की परम्परा से अलग फारसी मसनवी-परम्परा के अन्तर्गत रखा है। रामपूजन जी ने इस किताब में सारी शक्ति शुक्ल जी के इसी निष्कर्ष के खण्डन में लगायी है। उन्होंने फारसी और अरबी के प्रेमाख्यानक काव्यों, उनकी परम्परा और लक्षणों की चर्चा विस्तार से की है तथा भारत की अन्य प्रादेशिक भाषाओं में लिखे गये सूफी-साहित्य का परिचय दिया है, भारतीय आख्यान साहित्य और उसकी कथानक रूढ़ियों पर संक्षेप में प्रकाश डाला है, हिन्दी के सूफीतर प्रेमाख्यानों के विकास को भी मद्देनजर रखा है और फिर हिन्दी सूफी प्रेमाख्यानों की परम्परा की अपेक्षाकृत लम्बी चर्चा की है। इस चर्चा में बार-बार फारसी-परम्परा से पृथक भारतीय काव्य परम्परा के भीतर उसके विभिन्न तत्त्वों (यथा षट्ऋतु-वर्णन, कथानक रूढ़ियाँ, कथानक का विकास और संगठन, प्रतीक, छन्दों का प्रयोग आदि) को प्रतिष्ठापित करने की चेष्टा है। 'अध्ययन की समाप्ति पर' बड़े सन्तोष के साथ लेखक ने कहा है, "हमें यह कहने में संकोच नहीं कि हिन्दी सूफी काव्यधारा, भारतीय साहित्य धारा का एक विशिष्ट अंग है और उस पर इसी दृष्टि से विचार किया जाना चाहिए।"

---

1. हिन्दी सूफी काव्य की भूमिका—ले.: रामपूजन तिवारी
2. केशव और उनका साहित्य—ले.: डॉ. विजयपाल सिंह
3. आधुनिक हिन्दी कविता में प्रेम और शृंगार—ले.: डॉ. रांगेय राघव

इस प्रकार लेखक ने आचार्य शुक्ल की परम्परावाली मान्यता को आधारहीन अवश्य सिद्ध कर दिया है पर सब मिलाकर यह तथाकथित 'नयी दृष्टि' सूफी काव्य को कोई ऐसी व्याख्या नहीं दे पाती जिससे कि उसका पुनर्मूल्यांकन हो सका होता या कि आधुनिक जीवन के लिए वह साहित्य अधिक प्रसंगानुकूल बन गया होता। शायद तिवारी जी यह भूल गये हैं कि 'भारतीयता' का आधार बनाकर आक्रमण या रक्षा 1930-40 में महत्त्वपूर्ण भले रहे हों, अब वे महत्त्वहीन हैं। फिर जायसी को फारसी मसनवी-परम्परा में रखते हुए भी शुक्ल जी उसके काव्यगुण की जो व्याख्या कर सके थे वह अपने आप में अप्रतिम है। वस्तुतः उस विश्लेषण का मुख्य आधार भारतीयता या अभारतीयता नहीं है। इसी कारण तिवारी जी की पुस्तक भी जायसी के मूल्यांकन के लिए कोई नया आधार या दृष्टि नहीं दे पाती। शुक्ल जी ने जिस प्रकार पद्मावत को अपनी दृष्टि के अनुकूल ढाल लिया था—आवश्यकता उसी प्रकार से एक नयी 'अनुकूलता' की है। 'हिन्दी सूफी काव्य की भूमिका' खोज एवं पाण्डित्य को अवश्य सूचित करती है पर आलोचना की दृष्टि से उसकी उपलब्धि निहायत सतही है।

उद्धरणों के वृक्षों में कविता-वन खो गया

'केशव और उनका साहित्य' में भी आधुनिक काल में केशव के अवमूल्यन की चर्चा करते हुए पृष्ठ 159 पर लेखक ने कहा है, 'केशव की प्रतिष्ठा का पादप आचार्य शुक्ल की लौह-लेखनी के आघात से फिर नहीं पनप सका। इसका कारण इस युग का बदलता हुआ दृष्टिकोण ही है।... आज आलोचना के मानदण्ड बहुत बदल गये हैं। ...संस्कृत के अनुशीलन-काल में तो केशव की मान्यता उच्च्व शिखर पर थी और आज उसके विपरीत क्यों है? केशव में खोट है या आलोचक में?' विजयपाल सिंह को खोट आलोचना में दिखायी देती है जो आधुनिक मानदण्डों पर केशव को परखना चाहती है। वे इसलिए इस सारी आधुनिकता को त्याग कर 'प्राचीन साहित्य परम्परा एवं प्राचीन मानदण्डों के सहारे केशव के साहित्य को परखने की चेष्टा' करते हैं। उनके अनुसार 'केशव के युग को, उसकी परम्परा को तथा उस युग एवं परम्परा के मानदण्डों को अपनाकर सहानुभूति के साथ यदि फिर से उनके साहित्य की परख की जाये तो निश्चय निर्णय केशव के पक्ष में निकलेगा।'

यानी कि शुक्ल जी अपने युग की आधुनिकता को पचाकर हिन्दी-आलोचना को जहाँ पर ले आये थे, ये नवरीतिवादी खोजी उसे भी मिटाकर शुद्ध शास्त्रीय जड़ता के गर्त में गिरने-गिराने के लिए तत्पर हैं। विजयपाल जी शायद यह बात भी नहीं जानते कि अतीत के साहित्य की महत्ता वर्तमान के सन्दर्भ में मूल्यवान होने पर ही है, अन्यथा वह म्यूजियम की ही वस्तु रह जायेगी। इसी कारण शुक्ल जी

ने केशव को जहाँ से धकेल दिया, लोग-बाग बाँस लगा-लगाकर केशव को उसके आसपास भी नहीं पहुँचा पाये हैं। इस विशालकाय पोथी से कहीं अधिक केशव के प्रति, अपने एक छोटे-से निबन्ध में, अज्ञेय जी ने सहानुभूति उत्पन्न की थी (त्रिशंकु में संकलित) जिसमें कि वे कम से कम 'चंचल न हूजै नाथ, अंचल न खैंचो हाथ' जैसी एक अच्छी कविता उद्धृत कर सके थे। यहाँ तो 'उद्धरणों' के वृक्षों में कविता का 'वन' खो गया है। अस्तु, खेद इतना ही है कि केशव की बहुत कुछ प्रशस्ति करने के बाद डॉ. विजयपाल सिंह जी भी यह कहने के लिए विवश हो जाते हैं : 'सब मिलाकर केशव का कवि प्रतिभावान कवि की अपेक्षा शास्त्र कवि अधिक है।'

शोधग्रन्थ से घबड़ाकर 'आधुनिक हिन्दी कविता में प्रेम और शृंगार' के आकर्षक विषय की ओर आकर्षित होना स्वाभाविक है। किताब के लेखक भी सुप्रसिद्ध हैं—डॉ. रांगेय राघव।

भूमिका के अतिरिक्त किताब में पाँच अध्याय हैं : वासनाः पुरुष; वासनाः नारी; रूप का उफान; भोर से साँझ तक और फागुन से पावस। जिन कवियों की कविताएँ इस पुस्तक में उद्धृत हैं, उनकी एक सूची यह हैः राजेन, क्षेमचन्द्र सुमन, प्रेमप्रकाश गौतम, चातक, नरेन्द्र पागल, सुयोगी, विपिनचन्द्र चतुर्वेदी, राकेश, त्रिवेणी मिश्र, निर्मला माथुर, मनोरमा भटनागर, शैल रस्तोगी, ईश्वरलाल शर्मा रत्नाकर, कुमारी राजशिवपुरी, कुमारी लता, कुमारी चन्द्ररेखा वर्मा, श्यामकुमारी सिंह, कुमारी कुमुदिनी जोशी, शिवमूर्ति 'शिव', शलभ, कुमारी रूपकुमारी वाजपेयी, नवरत्न स्वर्णकार, रेवतदान, जितराम पाठक आदि। अब बताइए कि पचासों अज्ञात नये कवियों को प्रकाश में लाने वाले इस ग्रन्थ का स्वागत क्यों न किया जाये? इलियट ने तो एक ही नयी कविता को पहचान लेना आलोचना की कसौटी मानी है, इसमें पचासों नयी कविताएँ (नये कवियों की भी और पुराने कवियों की भी) पहचानी गयी हैं। शायद हेलन गार्डनर केवल इस पहचान को यथेष्ट नहीं मानती—वह समझ में आ सकने योग्य शब्दावली में उन कविताओं की महत्ता, विशिष्टता एवं सौन्दर्य का विश्लेषण भी चाहती हैं। रांगेय राघव ने पाँच अध्यायों एवं एक सौ पिचानवे पृष्ठों में काफी विश्लेषण किया है।

पूरी किताब ही अजीबोगरीब व्याख्याओं एवं निष्कर्षों से भरी पड़ी है, जिनमें नयी कविता जैसे शब्दों का भी निश्चित अर्थवाची प्रयोग नहीं हुआ है। हाँ, किशोरमति पाठक इस पोथी की सहायता से गरमागरम पंक्तियाँ जरूर रट सकते हैं।

धर्मयुग : सितम्बर, 1963

युग-चिन्तन

ज्यों-ज्यों ज्ञान का क्षेत्र बढ़ता गया और अक्षर-रूप में प्रकाशित राशि का ढेर ऊँचा होता गया त्यों-त्यों उसमें से सारवान् को चुनने की प्रक्रिया भी नाना रूपों से विकसित हुई है। इस दिशा में अमरीका में 'रीडिंग्स' की परम्परा बहुत अधिक महत्त्वपूर्ण हो गयी। हर विषय या क्षेत्र में हुए महत्त्वपूर्ण कार्य के कुछ चुने हुए अंशों को एकत्र कर उस विषय के विभिन्न पक्षों को कम-से-कम स्थान में इन 'रीडिंग्स' में उपस्थित किया जाता है। शायद कुछ इसी तरह की प्रेरणा शरद देवड़ा के मन में भी रही है। इसीलिए विश्व के कुछ दार्शनिकों, वैज्ञानिकों, साहित्यकारों आदि के मन्तव्यों का संक्षेप में (केवल एकाध खण्डों में ही मूल का अविकल अनुवाद है।) हिन्दी में रूपान्तरित किया गया है।

'रीडिंग्स' की परम्परा में होते हुए भी इस पुस्तक में किसी दृष्टि विशेष के अनुशासन का अभाव है। यानी कि लेखक ने इन्हीं अंशों को क्यों चुना? इसका औचित्य वह नहीं दे पाता। यही नहीं उसने दर्शन, साहित्य, समाजशास्त्र एवं यौन मनोविज्ञान से सम्बन्धित अंश ही क्यों उपस्थित किये? वस्तुतः 'रीडिंग्स' जैसा लगते हुए भी यह एक प्रबुद्ध पाठक की नितान्त वैयक्तिक अभिरुचि का संकलन है। यत्र-तत्र पढ़ते समय उसे जिस समय जो कुछ अच्छा लग गया, उसको रूपान्तरित कर दिया गया है—बहुत कुछ अपने लिए बनाये जाने वाले 'नोट्स' की तरह। यह बात इस तथ्य से भी जाहिर होती है कि लेखक ने अधिकांश खण्डों में सार-संक्षेप ही उपस्थित किया है। इस सार-संक्षेप में उसने अनुवाद करते समय पर्याप्त छूट ली है। इसकी परिपाटी अविकल अनुवाद की जगह भावानुवाद की हो गयी है। इस पद्धति के कारण यह पुस्तक जहाँ हिन्दी के मुहावरे की दृष्टि से सुपाठ्य हो गयी है, वहीं मूल लेखकों के शैली-शिल्प के प्रति अन्याय भी हो गया है, और कहीं-कहीं अस्पष्टता भी आ गयी है। उदाहरणार्थ 'साइमन द बोवा' के 'वूमन इन लव' वाले अध्याय के इस उद्धरण को लीजिए : As for man, if he loves a woman, what he *wants* in that love from her..., देवड़ा ने इसका भावानुवाद किया है, 'जबकि

चयन, अनुवाद, रूपान्तर : शरद देवड़ा

पुरुष नारी से प्रेम करता है तो उससे अपने प्रेम का प्रतिदान चाहता है।' अभिप्रेत अर्थ की दृष्टि से ठीक होते हुए भी नीत्शे' ने जिस Wants शब्द को इटैलिक्स में रखकर जोर दिया है, वह इस रूपान्तरण में एकदम गायब हो गया है। इसी प्रकार देवड़ा के इस वाक्य को लें जो खासा अस्पष्ट है, 'अपनी उत्तेजना के तीव्रतम क्षणों में भी वे सम्पूर्ण मन से समर्पण नहीं करते; उनके लिए प्रेमिका अन्य बहुत से मूल्यों में मात्र एक मूल्य होती है।' इस वाक्य में दोनों अंश एक-दूसरे से अलग हैं। जबकि मूल में दूसरे अंश के पूर्व कहा गया है, 'even on their knees before a mistress, what they still want is to take possession of her; at the very heart of their lives every remain sovereign subjects; the beloved woman is only one value among others...' बोवा के इस कथन का sovereign आगे आये value शब्द को आधार देता है जबकि देवड़ा जी उसे छोड़ गये हैं।

पर सबसे बड़ी आपत्ति इलियट, आडेन और टॉमस की कविताओं के बीच-बीच के किये गये अनुवाद से है। कम-से-कम कविता को तो सार रूप में (वह भी नयी कविता को) उपस्थित करने से बख्श दिया जाता। कविताओं की अन्विति और समग्रता के साथ वह नितान्त अनुचित है। कहीं ऐसा तो नहीं कि अनुवाद की कठिनाइयों और चुनौतियों से बचने के लिए सार-संक्षेप एवं चुने हुए अंशों को देने की यह परिपाटी अपनाई गयी हो।

इन कमियों के बावजूद प्रस्तुत रूपान्तरण रोचक भी है और अंग्रेजी से अपरिचित या कम परिचित पाठक के लिए बहुत उपयोगी भी।

अनुवाद (पत्रिका), 1964

मौलिकता बनाम किंचित् आलोचना

हिन्दी-साहित्य में काव्य-रूपों के प्रयोग पुस्तक के फ्लैप की प्रकाशकीय विज्ञप्ति के अनुसार प्रस्तुत पुस्तक हिन्दू विश्वविद्यालय की पी-एच.डी. की उपाधि के लिए लिखित शोध प्रबन्ध है। लेखकीय भूमिका (परिसीमा) के अनुसार "प्रयोग के रूप में साहित्य की सामान्य स्वरूप-प्रक्रिया पर विचार करनेवाली कोई भारतीय या पाश्चात्य पुस्तक मेरे देखने में नहीं आयी। यह मेरी विवशता है, जो दूसरे शब्दों में इस पुस्तक की मौलिकता है।" इस विवशता और मौलिकता के अन्तर्गत जो कार्य किया गया है, उसकी कुछ बानगी इस प्रकार है :

(1) 'प्रकृति को पराजित प्रतिद्वन्द्वी के रूप में अथवा तटस्थ उद्दीपन के रूप में रीतिकालीन कवियों ने देखा था। द्विवेदी युग में इसकी प्रतिक्रिया सन्नाटे के रूप में हुई। न रहे बाँस न बजे बाँसुरी।' (पृ. 40) (यानी कि सिर धुनें पं. श्रीधर पाठक, खोपड़ी पटकें मुकुटधर पाण्डेय और रामनरेश त्रिपाठी चाहें तो अपने 'सुखद वन' में पुनः भाग जायें)

(2) 'वेदना और नैराश्य की व्यक्तिवादी घुटन करुणावाद कहलायी।' (पृ. 53) (अवतरे जी, क्या करुणावाद का कोई सम्बन्ध करुणा से भी है, जिसे शुक्ल जी ने शील के मूल में माना था और जिसे रोमैण्टिक कवि एक मूल्य के रूप में सदैव बहुमत देते रहे हैं।)

(3) 'बच्चन जी का करुणावाद सीधा-सादा व्यक्तिगत है और स्थूल भोगवाद का स्वाभाविक परिणाम है।' (पृ. 54) (बच्चन जी कृपा करके खैयाम की मधुशाला की भूमिका की एक प्रति अवतरे जी को भेज दें। वे इस प्रवृत्ति की युगीन भूमिका

हिन्दी-साहित्य में काव्यरूपों के प्रयोग : डॉ शंकरदेव अवतरे
राजपाल एण्ड सन्स, दिल्ली–6, मू. 12 रुपया।
चित्रकला का रसास्वादन : रामचन्द्र शुक्ल
हिन्दी प्रचारक पुस्तकालय, वाराणसी-1, मू. 6 रुपया।
साहित्य की मान्यताएँ : भगवतीचरण वर्मा
हिन्दुस्तानी एकेडेमी, इलाहाबाद, मू. 4 रुपया 50 पै.।

भी समझ लें और लाक्षणिकता भी, जो उन्हें आपकी भाषा में कहीं नहीं दिखायी दी। यों प्रयोग-विश्लेषक जी बताइएगा कि 'मिट्टी का तन मस्ती का मन' जैसी कविताओं में लाक्षणिकता है या नहीं?)

(4) '...हिन्दी साहित्य में और खासकर कविता के क्षेत्र में यहाँ सच्चा प्रगतिवाद कभी आया ही नहीं।' (पृ. 56) (प्रस्तुत समीक्षक क्यों कुछ कहे जब रामविलास शर्मा से लेकर नामवर सिंह तक इस सम्बन्ध में तलवारें भाँजने के लिए प्रस्तुत होंगे। यों अवतरे जी से तनिक नियतश्राव्य विधि से यह पूछना चाहूँगा कि यह सच्चा प्रगतिवाद क्या है और कहाँ पर आया है, तथा आजकल भी कभी-कभी आता है या नहीं?)

(5) '...दिनकर हिन्दी के 'टेनीसन' हैं।' (पृ. 56) (दिनकर जी जरा बताइएगा कि इस उपाधि से आप प्रसन्न हैं या आलोचक की ओर अपने कुछ प्रिय विशेषणों को रवाना करेंगे।)

तो ये कुछ उद्धरण हैं, कविता-खण्ड के आगे नाटक, उपन्यास, कहानी, निबन्ध, आलोचनादि में भी शायद कुछ मिल सकें। पर प्रस्तुत समीक्षक को इससे आगे बढ़ने का साहस नहीं हुआ।

जिन्हें साहस हो वे अवश्य पढ़ें। दो बातें और: प्रथम तो यह कि मौलिकता के कुछ उदाहरण ऊपर दे दिये गये, पर अधिकांश विवेचन और निरूपण मात्र चर्वित चर्वण है और शायद इसीलिए अपने कथनों को स्वयंसिद्ध मानकर लेखक ने रचनाओं से प्रमाण देने की आवश्यकता नहीं समझी। दूसरी बात यह कि अगर इसमें किसी एक थीसिस या प्रतिज्ञा की आशा आप करते हैं, तो निराश होंगे। कवियों, लेखकों या प्रवृत्तियों पर लिखी गयी फुटकर अव्यवस्थित टिप्पणियों को संकलित करके उपाधि उड़ा लानेवाली एक पुस्तक यह भी है। (प्रस्तुत समीक्षक का स्वगत कथन : हे प्रभु वह दिन कब आवेगा जब विश्वविद्यालयों के हिन्दी-विभाग इस प्रकार के विषयों पर खोज कराना बन्द करेंगे।)

प्रयोग-मीमांसा की पण्डिताऊ शैली से मन भरने पर *चित्रकला के रसास्वादन* की ओर मन का आकर्षण अस्वाभाविक नहीं है। रामचन्द्र शुक्ल (आचार्य शुक्ल नहीं ये चित्रकार हैं, विज्ञप्ति के अनुसार कवि और नाटककार भी हैं, व्यवसाय से कला-अध्यापक हैं; सम्पादक हैं और इस पुस्तक से ज्ञात हुआ कि कला-समीक्षक भी हैं। यों काशी में रहने वाला कौन व्यक्ति है, जो कला-समीक्षक नहीं है।) ने चित्रकला पर ऐसी पुस्तक लिखनी चाही है, जिससे कि साधारण जन भी चित्रकला की भाषा या शास्त्र से परिचित हो सकें और इस प्रकार सम्यक् आस्वादन कर सकें। भूमिका के बड़े-बड़े दावों, आत्मश्लाघा एवं प्रदर्शनवाद को अलग कर दिया जाय, तो अपने

आप में यह एक प्रशंसनीय कार्य है। लेखक चूँकि कला का अध्यापक भी है अतः वह इस क्षेत्र के भावक की कठिनाइयों से परिचित है और उनके लिए उसने अत्यन्त सहज और सरल ढंग से चित्रकला के सम्बन्ध में ज्ञातव्य साधारण बातें उपस्थित की हैं। पुस्तक के चार खण्ड हैं: चित्रकला का रसास्वादन, चित्रकला-रसास्वादन के मूलाधार, चित्रकला की कुछ प्रमुख शैलियाँ तथा कलाकार एवं प्रसिद्ध चित्रों का परिचय। इनमें से अन्तिम तीन खण्ड अधिक काम के हैं—पुस्तक बिना प्रथम खण्ड के भी पूरी है।

इस पुस्तक का स्वागत करते हुए भी इतना निवेदन है कि पुस्तक का वही अंश ठीक बन पड़ा है, जो एकेडेमिक है—मौलिक चिन्तन उन्होंने न किया होता, तो अधिक अच्छा था। एक बात प्रकाशक से: चित्रकार द्वारा चित्रकला पर लिखित पुस्तक का प्रकाशन इससे अधिक सुरुचि और सज्जा के साथ होना चाहिए था। और हाँ, आधुनिक भारतीय चित्रकला की चर्चा करते समय यदि मकबूल फिदा हुसेन को छोड़ दिया जाय, तो क्या कहा जायगा—भूल या अज्ञान?

चित्रकला के क्षेत्र में रामचन्द्र शुक्ल बहुत जाने-माने भले ही न हों पर साहित्य में भगवतीचरण वर्मा बाकायदा प्रतिष्ठित रचनाकार हैं—अतः शुक्ल की 'चित्रकला का रसास्वादन' को साधारण पुस्तक कहकर निकल जाइए, पर भगवती बाबू की *साहित्य की मान्यताएँ* किस खाते में रखी जायें? पश्चिमी देशों के साहित्यों से परिचित लोग जानते होंगे कि रचनाशील लेखकों ने आलोचना के क्षेत्र में अत्यधिक महत्त्वपूर्ण कार्य किया है। गेटे, बॉदलेयर, कॉलरिज, वर्ड्सवर्थ, शेली, इलियट, हेनरी जेम्स आदि कुछ नाम इस सम्बन्ध में याद किये जा सकते हैं। और विदेश क्यों जाइए—प्रसाद, पन्त, निराला, महादेवी, अज्ञेय, मुक्तिबोध आदि ने हिन्दी-आलोचनाओं को कितना धनी बनाया है, यह समझदार लोगों से छिपा नहीं है। ऐसी स्थिति में भगवती बाबू जैसे प्रमुख लेखक छायावाद की चर्चा करते हुए जब कहते हैं—'आज के दिन, जब दो नवीनवाद—प्रगतिवाद और प्रयोगवाद—साहित्य में प्रवेश कर चुके हैं, हिन्दी कविता में प्रमुखता छायावाद की ही है।' तो लगता है कि पन्त, महादेवी आदि की उन स्थापनाओं को अब विच्युत करना होगा, जिनमें उन्होंने छायावाद की समाप्ति घोषित की है। इतना ही नहीं: एक ओर वे छायावाद को 'नवीन भारत की चेतना के प्रतीक रूप में अवतरित' मानते हैं और दूसरी ओर उनमें प्रबन्ध शक्ति को इसलिए अस्वीकार करते हैं क्योंकि प्रबन्ध-काव्य में ठोस धरातल पर आना पड़ता है। अर्थात निष्कर्ष यह कि (1) नवीन भारत की चेतना ठोस धरातल पर नहीं आ सकती (2) बड़ी आख्यानपरक कविताओं की सम्भावना समाप्त हो गयी है तथा (3) नवीन छायावाद (यानी भगवती बाबू की स्वयं अपनी) कविताएँ

ठोस धरातल से दूर हैं। कम-से-कम अन्तिम निष्कर्ष भगवतीचरण वर्मा का आत्म स्वीकार भी है कि उनकी कविता अब अप्रामाणिक अनुभूतियों एवं ठोस मानव स्थितियों से असाक्षात्कार की कविता है।

लेखक के अनुसार 'साहित्य की मान्यताओं पर विचार करते समय मेरे सामने साहित्य का व्यावसायिक पक्ष ही है।' (पृ. 84) इस व्यावसायिक निकष पर 'प्रयोगवाद अथवा नयी कविता' को परखते हुए वे कहते हैं, 'इस प्रयोगवाद का कोई व्यावसायिक पक्ष नहीं है, यह प्रयोगवाद की कविता जीविका के उपार्जन के लिए नहीं लिखी जाती; इस प्रयोगवाद के प्रवर्तक वे लोग हैं, जिन्हें श्रमजीवी साहित्यकार नहीं कहा जा सकता, जो या तो दूसरे धन्धों में लगे हैं, लेकिन जिन्हें साहित्यकार कहलाने का शौक है, या फिर वे शिक्षित और अधिकांश में उठते हुए नवयुवक हैं, जो साहित्य को अपना आधारस्थल बनाकर दूसरे पेशों पर छलाँग मारना चाहते हैं।

'...कला का कलाकार में व्यावसायिक रूप लेना नितान्त आवश्यक है क्योंकि जीवित रहने के लिए आजीविका सबसे प्रथम आती है।' क्या भगवती बाबू यह बता सकेंगे कि इस कसौटी पर अज्ञेय, शमशेर, त्रिलोचन, नरेश मेहता तथा बच्चन, नरेन्द्र शर्मा, अंचल, सुमन, दिनकर आदि किस प्रकार परिभाषित एवं आकलित किये जायेंगे? पर जानने वाले पाठकों के सूचनार्थ केवल इतना कि प्रथम सूची के लेखक प्रयोगवादी हैं तथा एक प्रकार से लेखनजीवी तथा दूसरी सूची के लेखक भिन्न-भिन्न व्यवसायों में लगे व्यक्ति हैं, पर जिन्हें भगवती बाबू शायद अपने 'छायावाद' में रखना चाहेंगे।

भगवती बाबू ने बताया है कि 'हिन्दी में प्रयोगवाद विदेशी प्रभाव से आया है...।' (यों छायावाद में भी विदेशी प्रभाव उन्होंने स्वीकार किया है।) यह तो मुझे ज्ञात नहीं कि भगवती बाबू का विदेशी साहित्य से कितना परिचय है तथा भारतीय परम्परा के रूपों और स्रोतों का कितना ज्ञान उन्हें है, पर प्रयोगवाद वाले निबन्ध में ही औद्योगिक क्रान्ति का प्रारम्भ उन्होंने 19वीं शती से माना है जबकि अब तक 18वीं शती से उसे स्वीकार किया जाता रहा है। जहाँ तक भारतीय परम्परा का प्रश्न है, उन्होंने हमारी यह आध्यात्मिकता दो रूपोंवाली बतायी है 'एक ओर तो रहस्यात्मक और पारलौकिक' तथा 'दूसरी ओर घोर वासनामयी।'

ऐसे ही अजीबोगरीब 18 निबन्धों के इस संकलन में भगवती बाबू ने साहित्य के सम्बन्ध में अपनी मान्यताएँ इसलिए व्यक्त की हैं क्योंकि, 'मेरा मन मुझसे कहता है कि मैं साहित्य के सम्बन्ध में अपनी मान्यताएँ व्यक्त करूँ।' दरअसल उन्होंने जो व्यावसायिक कसौटी बतायी है, वही शायद इस निबन्ध संकलन की आयोजना में भी प्रमुख है। यानी लेखक के नाम पर निबन्ध संकलन बिकेगा ही। पाठक अगर कहे कि मेरे साथ धोखा किया गया है तो वह मूर्ख होगा क्योंकि भगवती

बाबू ने पहले पृष्ठ के प्रारम्भ में ही कह दिया है : "अपनी कमजोरियों और अपनी असमर्थता का थोड़ा बहुत ज्ञान मुझे है। मैं न पण्डित हूँ और न दार्शनिक हूँ। शास्त्रीय ज्ञान की पुस्तकें पढ़ने में मेरा मन नहीं लगता। देर तक सोचने-विचारने में मुझे एक उलझन-सी होने लगती है। अध्ययन एवं चिन्तन और मनन से मैं बहुत दूर रहा हूँ।" वस्तुतः न तो भगवती बाबू इन मान्यताओं को गम्भीरतापूर्वक लेते हैं और न आपको ही 'सीरियस' होने की आवश्यकता है। किंचित कविता के समान ही यह किंचित आलोचना है।

धर्मयुग : 4 जुलाई, 1965

कविता : आलेख

नयी कविता : कुछ सैद्धान्तिक विचार

नयी कविता का नयापन : परिचयात्मक बातचीत का एक अंश

नया काव्य : पृष्ठभूमि और प्रभाव

आधुनिक कविता : उपलब्धि और सम्भावनाएँ

नयी कविता : रोमाण्टिक नवोत्थान

नयी कविता और बोधगम्यता का प्रश्न

रसज्ञता का वर्तमान स्तर

वह सहज विलम्बित मन्थर गति

कवियों का कवि और वज़ीरे आज़म

निराला : नयी कविता के प्रेरणा-स्रोत

नयी कविता और काव्यविषयों का अभाव

मुक्तिबोध की कविता : जीवन का आत्मज सत्य

Muktibodh : Not an outsider

मुक्तिबोध : अजनबी नहीं

गीत : नये अर्थ की खोज

नयी कविता : कुछ सैद्धान्तिक विचार

काव्य-सृजन की प्रक्रिया में कवि-कल्पना बहुत महत्त्वपूर्ण तत्त्व है। पर आधुनिक काव्य के नयेपन ने इस तत्त्व को काफी दूर तक प्रभावित किया है। ज्ञान के वर्द्धन एवं परिष्करण ने कल्पना के उस पक्ष को बहुत सीमित कर दिया है जो अरूप एवं अनुपस्थित की ओर प्रधावित होता है। इस कारण काव्य के पंख भी कुतर-से गये हैं। छायावादी कवि जिस कल्पना-बहुलता के बल वस्तुओं को आवश्यकता से अधिक स्फीत करके दिखाता था वह आज के तथ्यपरक युग में व्यर्थ मान लिया गया है। यथार्थ के आग्रह ने कल्पना का कार्य केवल उपस्थित में से मार्मिक के चयन तक सीमित कर दिया है।

इस स्थिति के अनेक कारण हैं। अखबार की समाचार-प्रवाहशीलता ने कल्पना को बहुत कुछ कुण्ठित कर दिया है। एक प्रकार की आत्मचेतना एवं विश्लेषण शक्ति–जो समाचार-पत्रों की प्रमुख देन है–कविता के लिए, कल्पना के लिए अवरोधक शक्ति बनकर उपस्थित होती है। प्राचीनकाल में वीरगीत, किंवदन्तियाँ, दन्तकथाएँ, धार्मिक विश्वास एवं अलौकिक चमत्कार मुक्तभाव से जनता में प्रसार पाते थे, पर अब उनका स्थान इस संसार में दैनिक रूप से घटने वाले समाचार-प्रवाह ने ले लिया है। आज के व्यक्ति का दिमाग स्वेद-समस्या से भयभीत होता है, कल सेल्सटैक्स से उलझता है और परसों राज्य-पुनर्गठन की बातचीत उसे आक्रान्त करती है। परिणाम यह कि प्राचीन स्थिति में काव्य की जो सहज प्रतिक्रिया हो सकती थी आज सम्भव नहीं रही। राम और सीता या नल-दमयन्ती की कथाएँ अबके, सन्देहशील, तार्किक और बुद्धिप्रवण युग में शिक्षित समाज के बीच वह अभ्यस्त प्रतिक्रिया नहीं जगा सकते जो पहले सम्भव था। आज के युग की माँग 'निश्चित' और 'समुचित' की है। कवि को जो कुछ प्रेषित करना है उसके सम्मुख आधुनिक ज्ञान-विज्ञान ने विश्लेषणप्रवण बुद्धि के द्वारा एक प्रश्न-चिह्न उपस्थित कर दिया है। पढ़ते ही आधुनिक पाठक पूछना चाहता है–क्या यह सम्भव है? मेरा व्यक्तिगत अनुभव है कि कक्षा में कवि-प्रसिद्धियों एवं कवि-समयों के बारे में लगातार विद्यार्थी 'क्यों', 'कैसे' और 'क्या सच है' से परेशान रहते हैं। उनकी

बुद्धि में यह बात शीघ्र नहीं पैठती कि उस युग की जन-कल्पना के लिए ये असत्य न थे और न ही अनुचित थे। इस शंकाशीलता के कारण बिम्ब और तत्सम्बन्धी भाव का सम्प्रेषण कठिन हो जाता है। ऐसी स्थिति में सम्भवतः कवि झकझोरने वाली ट्रिक्स काम में लाता है कि 'लाओ कुछ क्षणों के लिए ही सही, इस प्रबुद्ध पाठक को स्तम्भित कर दें।'

नया कवि आधुनिक जीवन की जटिलता, मतिभ्रम एवं दिग्भ्रम के मध्य एक ओर अपना रास्ता निकालना चाहता है और दूसरी ओर एक अतिशय तर्कशील, प्रबुद्ध और कृत्रिम पाठक पर अपना प्रभाव जमाना चाहता है; पर इसी स्थल पर बहुधा नये कवि उनमें भी जो कम प्रतिभाशाली हैं—की कमजोरी उभरकर सामने आ जाती है। वास्तव में कल्पना का कार्य विचार और अनुभूति को एक सूत्र में पिरोना है। पर कवि का यह अतार्किक और अचम्भे के बच्चे वाला दृष्टिकोण इस एकात्मकता को नष्ट कर संवेदना की सौन्दर्यमयी अभिव्यक्ति को नष्ट कर देता है तथा उसका बिम्बविधान भावनात्मक तर्क से दूर हट जाता है। यह स्थिति काव्य में प्रगति नहीं, अगति की द्योतक है। पर भाग्यवश हमारे नये कवि इस अतार्किक दृष्टिकोण से परे हैं। कुछ ही इस दुरूहता और 'अचम्भा' की ओर ले जाते हैं।

कल्पना वह शक्ति है जो यथार्थ के व्यक्तीकरण के लिए विविध साँचे (Patterns) ढूँढ़ती है। परन्तु आज जिसे हम यथार्थ कहते हैं यानी कि जो हमारी वर्तमान वास्तविकता है वह अत्यन्त कन्फ्यूज्ड है। पिछले 100 वर्षों के भीतर ही भावना के क्षेत्र में आने वाली वस्तुओं के आँकड़े बेहद बढ़ गये हैं पर उनमें किसी समन्वय या संयोजन का अभाव है और फिर ये सारी बातें अनेक प्रकार से कवि के मस्तिष्क को प्रभावित करती हैं। अब यदि इस वर्तमान वास्तविकता को, जो पूर्व युगों की अपेक्षा अत्यधिक नवीन है, प्रेषित करना है तो निश्चित रूप से इसका जटिल, परिवर्तमान रूप तथा नयापन उस अभिव्यक्ति-कौशल को प्रभावित करेगा जो इन सबका वहन पाठक तक करेगा! जीवन की उत्तेजना, द्वन्द्व और जटिलता अकसर प्रतिभा के अपेक्षाकृत कम धनी कवियों के बिम्बों एवं रूपकों को तोड़ देते हैं, और उनमें सुष्ठु रूपाकार का अभाव एक प्रकार की अर्थहीनता या दुरूहता को जन्म देता है।

फिर आज का कवि छोटी से छोटी वस्तु को भी काव्य के लिए अग्राह्य नहीं मानता है तथा दूसरी ओर वे सारे के सारे माध्यम जो उनके पूर्ववर्तियों के लिए खुले थे, उन्हें वह बन्द पाता है। ऐसी स्थिति उसके ऊपर शैली सम्बन्धी बड़ा दबाव डालती है, उसे अपनी अर्धगेय एवं अर्धविचारात्मक या वर्णनात्मक शैली के भीतर असीम दृश्य एवं अपार वस्तुस्थितियों को संयोजित करना पड़ता है। यह दबाव, आलंकारिक पदावली के प्रति उसके मन में स्थित हेय-भावना तथा परम्परा-प्राप्त शैली के विरोध के कारण और बढ़ जाता है। परिस्थिति में एक ऐसा तनाव उत्पन्न होता है जो विविध बिम्बों (Images) के द्वारा अर्थ को अधिक से अधिक व्यंजित करना

चाहता है और उस काव्यसूत्र पर कम से कम जोर डालता है जो उन्हें जोड़ता है। बिहारी जिस आलंकारिक ढंग पर अपनी दलील (Argument) उपस्थित करते हैं–

करौ कुबत जग कुटिलता, तजौ न दीनदयाल।
दुखी होउगे सरल चित, सदा त्रिभंगी लाल॥

उस आलंकारिक तरीके से नया कवि सही या गलत ढंग से घृणा करता है और उसके स्थान पर आधुनिक कवि केवल बिम्ब-विधान पर जोर देना चाहता है और यह बात बिम्बों को ही विघटित करके अस्पष्टता नहीं उत्पन्न करती, उनके आन्तरिक संघटन में भी व्याघात उपस्थित करती है।

एक समस्या और भी है, जहाँ आधुनिक कवि किसी भी विषय या वस्तु को अकाव्यात्मक नहीं मानता है वहीं कोई बाह्य अथॉरिटी ऐसी नहीं है जो उसे विषय-वस्तु के चुनाव में निर्देश दे सके या उसके मूल्य-निर्धारण में निकष का कार्य कर सके। कवि-कर्म की इस कठिनता की ओर ब्रैडले ने एक बड़ा स्पष्ट संकेत किया है–"सब कुछ जानने वाले कवि के सामने अन्ततः एक कठिन कार्य रहता है!" उसकी विषयवस्तु–जैसी कि जन-कल्पना (General Imagination) में स्थित थी–बहुत अधिक काव्यात्मक थी। एक संसार जो कायाहीन विचारों और मनोवेगों का नहीं, बल्कि दृश्यों, आकारों, क्रियाओं और घटनाओं का था। अधिकांशतः वह इनके साथ ऐक्यभाव से रहता था। ये उसकी धार्मिक और नैतिक अनुभूतियों एवं विश्वासों को अपील भी करता था।

यहाँ पर यह कहा जा सकता है कि जैसे प्राचीन संस्कृत या ग्रीक कवि अपने युग में प्रचलित विश्वासों एवं पुराणगाथाओं (Myths), जो स्वयं अर्धकविता हैं, पर आश्रित होकर लिखता था, वैसे ही नया कवि क्यों नहीं लिखता? पर यह बात तो स्पष्ट है कि इन अवदान कथाओं का वह जन-कल्पना वाला रूप समाप्त हो गया है। वे आज म्यूजियम की वस्तु बन गयी हैं। उन पर यदि कवि लिखेगा भी तो केवल म्यूजियम की दिलचस्पी से ही लिखेगा या फिर उनका अभिनवीकरण करने के लिए अपने युग की चित्तवृत्ति को प्रतिफलित करने वाला नया अर्थ जोड़ेगा। प्रसाद जैसे अतीत-प्रेमी कवि ने इस नयेपन के दबाव से ही मनु की कथा में नया अर्थ जोड़ा तथा ताजा उदाहरण भारती का है जो महाभारत के कुछ पात्रों को नये अनास्थामूलक सन्दर्भ में उपस्थित करते हैं, जिनका कि अप्रतिम शौर्य तो अस्त हो गया था पर वे धुरीहीन पहिये के समान हो गये हैं और इस प्रकार वर्तमान जीवन को वे उस युग पर आरोपित करके उपस्थित करने का प्रयास करते हैं–

उस दिन जो अन्धा युग अवतरित हुआ जग पर
बीतता नहीं रह रह कर दोहराता है
हर क्षण होती है प्रभु की मृत्यु कहीं न कहीं
हर क्षण अँधियारा गहरा होता जाता है।

और जो नया कवि नये अर्थों को न ले उसी पुरानी जन-कल्पना को ही चित्रित करना चाहता है वह निश्चय ही पीछे रह जाता है। ऐसी असफलता का स्पष्ट उदाहरण 'कृष्णायन' काव्य है। कारण ढूँढ़ने के लिए ए.सी. ब्रैडले की कुछ पंक्तियाँ तनिक देख लें,

"यदि किसी कविता को महान जैसी कोई बात होना है तो वह एक अर्थ में वर्तमान से सम्बद्ध अवश्य होनी चाहिए। इसका विषय कुछ भी हो सकता है पर इसे वह कुछ जीवित अवश्य अभिव्यक्त करना चाहिए जो उस मस्तिष्क में है जिससे वह आती है तथा जिन मस्तिष्कों में उसे जाना होता है। शरीर के साथ ही उसकी आत्मा भी यहीं और अभी होनी चाहिए।"

मैथ्यू आर्नल्ड के अनुसार "साहित्य की श्रेष्ठ कृति के सृजन के लिए दो शक्तियों को एक साथ घटित होना चाहिए—मनुष्य (कवि) की शक्ति एवं (वर्तमान) क्षण की शक्ति।"

एक शंका यहीं पर और उठती है कि यदि आधुनिक युग की वस्तुएँ, नया यथार्थ और उसके विविध उपकरण हमारी सामान्य जन-कल्पना में नहीं अँट पाते तो कवि उनका प्रयोग ही क्यों करता है? शंका उचित अवश्य है, पर यदि कवि इस सामान्य जन-सुलभ कल्पना (Popular Imagination) को उकसाने का उद्योग न करेगा तो कभी भी ये बातें काव्योचित न बन पावेंगी। वास्तव में सामान्य चेतना (General Conciousness) और सामान्य कल्पना में थोड़ा-सा अन्तर है। जब सामान्य चेतना द्वारा कोई बात ग्रहण कर ली जाती है तो कवि का यह अधिकार ही नहीं कर्तव्य भी है कि उस बात को आगे बढ़ावे। हमारी भावनाओं के नये विषय इस चेतना की प्राचीर के भीतर पहले आ जाते हैं, उदाहरणार्थ टेलीफोन का रिसीवर। पर अभी कल्पना की वह प्रचलित प्रक्रिया उकसा सकने में असमर्थ है जो किसी समय हंस या मेघदूत उकसा देते थे। पर जैसे रेलगाड़ी हमारी कल्पना का विषय बनने लगी है (लोकमानस ने अपनी गीतात्मक अभिव्यक्ति में उसे समेटा है) वैसे ही अन्य तथ्य एवं वस्तुएँ भी रागात्मक पहलू प्राप्त कर लेंगी। हाँ, यह अवश्य है कि अभी ये सारे प्रयोग अनगढ़ लगते हैं और संस्कारी पाठक को असंस्कृत एवं अकाव्यात्मक प्रतीत होते हैं। फिर शिक्षा के स्तरों में गहरा अन्तर एवं ज्ञान-विज्ञानों की बहुलता और विशेषत्व भी पाठक-समाज एवं कवि को सामान्य चेतना के एक स्तर पर नहीं रहने देते। ऐसी स्थिति में हम कवि एवं काव्य-रचना पर दुरूहता का अनुचित आरोप करने लगते हैं। वास्तव में चेतना के इन विविध स्तरों एवं सामान्य जन-कल्पना के अभाव के कारण आज के कवि का कार्य अत्यन्त दुरूह हो गया है। उसे एक प्रकार की ऊष्माहीनता से प्रारम्भ करना होता है। जन-कल्पना की प्रक्रिया एवं प्रतिक्रिया के अभाव में कवि के ऊपर कोई ऐसा अंकुश भी नहीं है और न कोई ऐसी कसौटी है जिस पर वह अपने बिम्ब-विधान एवं काव्य-रचना को कस सके; तथा जब तक

पाठक-समाज उसके सत्य और यथार्थानुशीलन को सहानुभूतिपूर्वक स्वीकारेगा नहीं तब तक इस बिम्ब-विधान पर कोई मूल्य सम्बन्धी नियम भी नहीं स्थापित हो सकता। मूल्य की बात तो सामाजिक तत्त्व है। वास्तव में आज के काव्य की अस्पष्टता का यह प्रमुख कारण है।

कवि के अपने व्यक्तित्व और रचना-प्रक्रिया के कारण भी एक गूढ़ता काव्य में आती है और यह कारण हर युग के कवि की दुरूहता पर लागू किया जा सकता है। कवि अपने कार्य की व्यवस्था, पुनर्व्यवस्था एवं चयन को बौद्धिक स्तर पर सम्पन्न करता है, पर वह अनुभूति के चरम क्षणों में इस बिन्दु के अतिरिक्त भी अपने को प्रक्षेपित करता है और वहाँ पर अन्तिम निर्देश अपने काव्य के सम्बन्ध में पाता है, जिसे कि लेविस कविता की अनिवार्यता (inevitability) मानता है। यह बिन्दु मनोवेगों की एक प्रकार की जटिल ग्रन्थि का कहा जा सकता है जिसे कि हमारी बाह्य चेतना एवं बुद्धि विशेष ढंग की सांगीतिक अभिव्यक्ति में परिणत करने का प्रयास करती है, पर वह बिन्दु अपने-आप में इस सांगीतिक अभिव्यक्ति से कहीं ऊपर आता है। कवि इस बिन्दु पर अपने लक्ष्यबेध के लिए परम्परा से प्राप्त भाषा आदि काव्य-माध्यमों को अपने ढंग से मोड़ लेता है, उसमें नये शब्दों और मुहावरों का आविष्कार कर लेता है। अतः हर्बर्ट रीड के अनुसार अस्पष्टता या दुरूहता कवि में नहीं, हममें होती है। वह तो अपनी विचार-प्रक्रिया एवं भावनात्मक सृष्टि को सर्वाधिक समुचित एवं सटीक शब्दों, मुहावरों तथा बिम्बों में उपस्थित करता है। हम उस सटीकता का अनुमान न कर पाने के कारण बहुधा कवि पर गूढ़ता या दुरूहता का आरोप करने लगते हैं। लोगों का कहना है कि शमशेर बहादुर सिंह हिन्दी में इसी श्रेणी के कवि हैं परन्तु रीड के इस काव्य-प्रक्रिया सम्बन्धी मत को एक सीमा तक ही स्वीकार किया जा सकता है। यदि कवि अपनी इस जटिल अतिक्रान्त ट्रांसेंडेण्ट अनुभूति को साधारणीकरण के स्तर पर नहीं ला पाता है तो उसकी विचारसरणि या भाव-सम्पत्ति के प्रति समस्त श्रद्धा रखते हुए भी हमें यह कहना पड़ेगा कि उसका रचना-विधान तथा तन्त्र-कौशल दुर्बल है। क्योंकि साधारणीकरण के बगैर 'सुरसरि सम सब कहं हित' सम्भव नहीं और हित तो प्रिय होता ही है; पर अभाग्यवश यदि प्रिय नासमझ या समझ के बाहर हो गया तो फिर खुदा खैर करे।

नये कवि की सबसे बड़ी कमजोरी या असफलता का सबसे बड़ा कारण है 'अधैर्य'। वर्तमान समय में हमारी जिज्ञासा को उभाड़ने वाले तत्त्वों की अधिकता है। वह प्रत्येक कार्य या वस्तु में नया अर्थ ढूँढ़ता है। मैंने एक बार किसी दार्शनिक का एक कथन पढ़ा था कि पहले व्यक्ति आकाश को आकाश, समुद्र को समुद्र एवं नक्षत्रों को नक्षत्र समझता है, पर कुछ ज्ञान एवं बुद्धि की वृद्धि के साथ वह इन्हें इनके प्रकृत रूप में न देखकर कुछ नये रूप में नये अर्थों को जोड़कर देखने लगता है। फिर ज्ञान की श्रेष्ठ अवस्था में पहुँच मनुष्य वस्तुओं के प्रकृत रूप को पुनः प्राप्त

कर लेता है। आज की हमारी स्थिति बीच वाली है। हम हर कार्य एवं वस्तु में नया अर्थ ढूँढ़ते हैं। और यह नया अर्थ कुछ पके, इसके पूर्व ही समय की द्रुतगतिशीलता के कारण उसका रस ले लेना पसन्द करते हैं। कवि सभी विषयों एवं वस्तुओं को बिम्बविधान के मध्य परिपक्व करने के पूर्व ही उनका काव्य में उपयोग कर लेना चाहता है। परिणाम यही कि अधिकांश बिम्ब-रूप टूटे-फूटे एवं असंगत हो जाते हैं और बिम्ब नहीं, बिम्बाभास मात्र रह जाता है।

इस समय हिन्दी में नयेपन का एक जबरदस्त झोंका आया है और टेढ़ी-सीधी, छन्दमुक्त या मुक्त छन्दात्मक कविताएँ लिखकर अथवा कुछ नयी उपमाएँ देकर 'नया कवि' बनने का जादू बड़े-बड़े लोगों के सर पर चढ़कर बोला है। इस परिस्थिति में 'आधुनिक या नये' बनने के इच्छुक कवियों के सम्मुख सेसिल डे लेविस ने जो अनेक कठिनाइयाँ बताई हैं उनको उद्धृत करना अप्रासंगिक न होगा। उसके अनुसार सबसे बड़ी कठिनाई तो यही है कि आधुनिक बिम्बविधान का कच्चा मसाला बहुत शीघ्र पुराना पड़ सकता है। विज्ञान के बढ़ते हुए चरणों की दौड़ में एंजिन, रेल, हवाई जहाज, तारकोल की सड़क या रेस्तरां का बेयरा 'आउट आफ डेट' एवं बीते इतिहास की वस्तुएँ हो सकते हैं। इस तथाकथित अर्थहीनता के भय के प्रति ब्रैडले या मैथ्यू आर्नल्ड का उत्तर ऊपर आ चुका है पर अज्ञेय की ये पंक्तियाँ भी बड़ी सटीक हैं—

सत्य का सुरभिपूत हमें मिल जाय
क्षण भर :
एक क्षण उसके आलोक से सम्पृक्त हो
विभोर हम हो सकें
और हम जीना नहीं चाहते।

अथवा

हमें किसी कल्पित अजिरता का मोह नहीं
आज विविक्त अद्वितीय इस क्षण को
पूरा हम जी लें, पी लें, आत्मसात् कर लें

इसके अतिरिक्त यह मसाला हमारे भावनात्मक साहचर्य से असम्पृक्त है। इस अपरिचिति के कारण इसका अधिक उपयोग सम्भव नहीं है।

एक अन्य कठिनाई काव्य-रूपों के अभाव की है। काव्य-रूपों का अभी सम्यक् विकास नहीं हो सका है जो जनप्रिय ढंग पर आधुनिक दृश्यों, बिम्बों एवं विचारों को उपस्थित कर सकें। गीतनाट्यों, व्यंग्यात्मक, हास्यप्रधान एवं सहज शैली-विधान के द्वारा इस नयेपन को सम्प्रेषित करना अधिक समीचीन होगा। पर इस नयेपन के फैशनपरस्तों के सम्मुख जो सबसे बड़ी कठिनाई या भ्रम है वह यह कि ये लोग भूल जाते हैं कि नये बिम्ब-विधान या शैली-प्रकार के साथ-साथ आधुनिक जीवन की संवेदना एवं नयी विचार-सम्पदा का होना भी आवश्यक है। इसके लिए कवि के पूरे

व्यक्तित्व को आधुनिक होना पड़ेगा—यानी कि वह केवल समकालीन विचारधाराओं से ही परिचित न होगा, बल्कि उसमें इतनी शक्ति और संवेदना होगी कि वह सहानुभूति और सक्रिय ग्रहणशीलतापूर्वक वर्तमान में रह सके। वर्तमान की छिटपुट समानान्तर रेखाएँ वेदों में या गीता में ढूँढ़ना एक बात है और संकुलता, जटिलता एवं मतिभ्रम के अतिरेक की स्थितियों के मध्य स्थित वर्तमान को समझना और उसमें जीवित रहना अन्य प्रकार की जीवनी-शक्ति का द्योतक है।

एक बात और : काली रात का चित्र कैनवास पर काजल पोत देने से नहीं बनता। इसी प्रकार विघटित समाज एवं जटिल, दुरूह, भ्रमित वर्तमान के काव्य को इन्हीं गुणों वाला न होना चाहिए; क्योंकि कल्पना एक सक्रिय तत्त्व है और वह अव्यवस्था में पड़े मस्तिष्क को एक क्रम में ला सकती है। जे. आइज़क्स के अनुसार इलियट की 'वेस्ट लैण्ड' कविता यूरोप के सम्मुख उपस्थित सांस्कृतिक संकट एवं अव्यवस्था को अव्यवस्थित और विघटित नहीं, व्यवस्थित एवं संयोजित ढंग पर उपस्थित करती है। कविता की भाषा में इस विघटन के लिए एक मुहावरा है पर उसका रचना-कौशल पुष्ट एवं दृढ़ है। अतः जहाँ पर कवि टूटे-फूटे असंगत बिम्बों एवं विघटित रूप-विधान को उपस्थित करता है वहाँ पाठक का मात्र यह पूछने का ही अधिकार नहीं है कि यह अव्यवस्था एवं शृंखलाहीनता क्यों, बल्कि यह निर्णय भी दे सकता है कि कवि में अपेक्षित शक्ति की कमी भी है।

आलोचना और आलोचना

नयी कविता का नयापन :
परिचयात्मक बातचीत का एक अंश

दो मित्र गंगा-घाट पर बैठे बातें कर रहे थे, पता नहीं कैसे बातों का रुख साहित्य की ओर चला गया और साहित्य में भी 'नयी कविता' की ओर। इन पंक्तियों का लेखक भी निकट ही बैठा धूप की गरमी ले रहा था; उसकी भी साहित्य में दिलचस्पी है, उसने उन मित्रों की बातचीत को यथासम्भव नोट कर लेने का प्रयत्न किया। अनावश्यक अंश जो बातचीत में आ जाते हैं उनको लेखक ने छोड़ दिया और उस कथोपकथन के आवश्यक और प्रासंगिक अंशों की ही रिपोर्ट उपस्थित की जा रही है। इसी कारण वार्तालाप की दृष्टि से यह गद्य-खण्ड उखड़ा-उखड़ा है पर मूल बात सब मिलाकर पूरे में व्याप्त है। रिपोर्टर की सीमाओं का ध्यान रखते हुए पाठकों और आलोचकों से निवेदन है कि इसकी समीक्षा-परीक्षा वार्तालाप की टेकनीक और निबन्ध के शिल्प की दृष्टि से न कर इसमें अभिव्यंजित तथ्यों की दृष्टि से ही करें, तभी उन मित्रों के प्रति न्याय हो सकेगा। एक मित्र का नाम बालकृष्ण था और दूसरे का किशनचन्द, यह प्रारम्भ में ही बता देना आवश्यक है जिससे कि परिचय कराने की भूमिका न देनी पड़े।

बालकृष्ण—किशन बाबू, इसके पूर्व कि मैं आप से पूछूँ नयी कविता क्या है, मैं पूछना चाहता हूँ कि उसकी आवश्यकता ही क्या है?

किशनचन्द—भाई, मैं इस प्रश्न का उत्तर देने के पूर्व एक ही बात पूछना चाहता हूँ कि कविता की ही आवश्यकता क्या है? या इसे व्यापक रूप देकर पूछना चाहें तो साहित्य की ही क्या आवश्यकता है?

बालकृष्ण—भला यह भी कोई पूछने की बात है। साहित्य हमारे राग-विरागों, आशा-आकांक्षाओं, संवेदनाओं का प्रकाश है तथा मानवस्वभावगर्भित अभिव्यक्ति की भूख को सन्तुष्ट करता है।

किशनचन्द—बस यही मेरा उत्तर है दोस्त। आज के इस नये युग के राग-विराग, आशा-आकांक्षा, युगसत्य एवं यथार्थ संवेदनाओं को भी तो अभिव्यक्ति मिलनी चाहिए। नयी परिस्थितियाँ पुरानी परिस्थितियों से पृथक् हैं, इसीलिए नयी कविता या नये साहित्य की आवश्यकता है।

बालकृष्ण–परन्तु फिर प्रत्येक युग........

किशनचन्द–मैं आपकी आपत्ति को समझ रहा हूँ, आप यही कहना चाहते हैं न कि हर युग की कविता नयी होती है, फिर इसको ही नया क्यों कहा गया? है न यही बात?

बालकृष्ण–हाँ जी।

किशनचन्द–आपकी आपत्ति उचित है, पर इसकी कुछ सफाई देना चाहूँगा।

बालकृष्ण–चाहूँगा क्यों, अच्छी तरह से सफाई दीजिए, मना कौन करता है?

किशनचन्द–दोस्त, यह युग वास्तव में पिछले युग से इतने तीव्र रूप से पृथक् है कि लगता है कि इसका नयापन विकसित होता हुआ नहीं बल्कि फाँदता हुआ आया है। यह नयापन एकदम स्पष्ट रूप से एक ही पीढ़ी के आदमी को अनुभव होता है। यह भी कहा जा सकता है कि यह युग इतना जटिल है कि इसकी किसी एक प्रमुख विशेषता की ओर इंगित करना कठिन बात है। यदि इसे आप वैज्ञानिक कविता कहें तो मेरा विचार है कि प्रबुद्ध व्यक्ति अपने युग के ज्ञान-विज्ञान से कभी भी असम्पृक्त नहीं रहता और इतना तो आप भी मानियेगा कि कवि को प्रबुद्ध तो अवश्य गिना जाता है बाकी और कुछ कहा जाय या नहीं। यदि आप इसे यान्त्रिक कविता कहें तो यह शब्द भी बड़ा भ्रामक है; क्योंकि इसमें कुछ ऐसी ध्वनि है जो इसे यन्त्र से उद्भूत या यन्त्र से सम्बन्धित अथवा यन्त्रवत् सिद्ध करती है। पर वास्तव में ऐसा तो नहीं ही कहा जाना चाहिए। एक बात और है कि नये रंग-ढंग लेकर आने वाली इस कविता को एक नाम दे दिया गया जैसे कि छायावाद का नामकरण हो गया था। परन्तु जिस प्रकार छायावाद शब्द की अभिधा के आधार पर उस काव्य का रूप भी अस्पष्ट रह जाता है वैसे ही नयी कविता कहने से कुछ विशिष्ट नयेपन का बोध मात्र होता है। यह मैं मानता हूँ कि स्वरूप-सम्बन्धी अस्पष्टता शेष रह जाती है; पर भाई यह तो नामों की असमर्थता है। यों तो भक्ति-कविता (जब कि भक्ति का एक निश्चित अर्थ स्थापित हो चुका था) कहने से भी उसके रूप का स्पष्ट आकार हमारे सामने नहीं आ पाता।

बालकृष्ण–प्रयोगवाद नाम भी तो लोगों ने चला रखा है?

किशनचन्द–हाँ, प्रारम्भ में इस काव्य के नूतन प्रयोगों को देखकर लोगों ने छायावाद के समान इसे भी बदनामी के सेहरे के रूप में प्रयोगवाद संज्ञा देनी चाही, परन्तु उस धारा के कवियों ने भी इसका विरोध किया और इस शब्द की असंगति भी स्पष्ट हुई। लोगों ने प्रयोगवाद को प्रगतिवाद से भिन्न करके देखना चाहा। पर जल्दी ही स्पष्ट हो गया कि ये लेबुल भ्रामक हैं, विलगाव कृत्रिम रूप से उपस्थित करते हैं। नये तत्त्व दोनों प्रकार की कविताओं में हैं...।

बालकृष्ण–(बीच में काटते हुए) तो फिर उन समान तत्त्वों के आधार पर नामकरण होना चाहिए, नयापन क्यों जोड़ देते हैं, आप लोग? मेरे विचार से तो

आप अनावश्यक बल इस नयेपन पर देते हैं और इस नयेपन के माध्यम से अपनी महत्ता घोषित करते हैं।

किशनचन्द—नहीं भाई? यह जो 'मोटिव' आप हम पर लाद रहे हैं, ऊपर से सच दिखने पर भी वास्तविक नहीं है। वास्तव में ये नये तत्त्व इतने जटिल, परस्पर गुम्फित और अनेकमुखी हैं कि उनको, किसी एक को, अलग कर लेना काफी से अधिक कठिन कार्य है। इसलिए हम इन तत्त्वों को भी विशेषित करने वाले शब्द 'नयी' को ग्रहण करते हैं। यानी कि वह विशिष्टता जो इन सबको कुछ विशिष्ट बनाती है तथा औरों से अलग करती है। इसीलिए हम प्रगतिवाद और प्रयोगवाद साइनबोर्डों को चिपकाना अनुचित समझते हैं।

बालकृष्ण—आपकी बात से तो यह सिद्ध होता है कि नागार्जुन और अज्ञेय, शमशेर और गिरिजाकुमार एक जैसे कवि हैं और आप मानेंगे कि इनकी विचारधाराओं में परस्पर पर्याप्त वैषम्य है।

किशनचन्द—नहीं यह बात नहीं सिद्ध होती। एक उदाहरण मैं अपनी बात के सम्बन्ध में देना चाहूँगा : सूरदास और तुलसीदास, कबीर और नन्ददास ये लोग पृथक् मनःस्थिति और डिस्टिन्क्ट शिल्प के कलाकार थे पर वे भक्ति-कविता के थे। निराला और पन्त के कृतित्व भिन्न हैं पर मूल में कुछ ऐसा है जो उन्हें छायावादी बनाता है। यही स्थिति इन प्रगतिवादी और प्रयोगवादी कवियों के मध्य में स्थित नयेपन की भी है।

बालकृष्ण—अगर आप ऐसा मानते हैं तो कृपया यह बताएँ कि नयापन क्या है जिसे आप इस कविता का मूल और विशिष्ट लक्षण मानते हैं?

किशनचन्द—बात 'टु द प्वाइण्ट' होती रहे इसके लिए मैं आप से एक सवाल पूछ लेना उचित समझता हूँ कि आप नयी कविता किसको मानते हैं जिसके विरुद्ध आपके मन में इतना आक्रोश संचित है?

बालकृष्ण—कौन मैं? अरे भाई यह तो किसी राह-चलते से भी पूछ लीजिए वह आपको बात देगा कि नयी कविताएँ वे हैं जो टेढ़ी-सीधी, लम्बी-छोटी लाइनों में लिखी जाती हैं; छन्द का जहाँ पर नाम-निशान नहीं होता, उल्टे-सीधे विराम-चिह्नों की भरमार होती है, चौंकाने वाली उपमाएँ ठूँसी जाती हैं और अर्थ का तो भगवान ही मालिक। पता नहीं इनके रचयिताओं को भी अर्थ मालूम रहता है या नहीं?

किशनचन्द—पहचान तो आपकी सच्ची-सी है पर पकड़ तनिक गलत दिशा से आयी है। इन्हीं चीजों को उनके सही परिप्रेक्ष्य एवं वास्तविक निहितार्थों के साथ यदि आप देखें तो उन्हें फिर इतने विकृत ढंग से उपस्थित न करना चाहेंगे। इसके लिए मेरा प्रस्ताव है कि आप तनिक यह तो जाँच कर देख लें कि यह सारी गड़बड़ी क्यों उपस्थित है? कौन-से ऐसे कार्य-व्यापार या घटनाएँ घटित हो गयी हैं जिन्होंने कविता और साहित्य को आपके कथन के अनुसार अजायबघर बना दिया है। तात्पर्य यह कि वे नवीन मान्यताएँ या नयापन क्या हैं जिन्होंने इस कविता को जन्म दिया है।

बालकृष्ण—यह जो नयापन या नयायुग आप कह रहे हैं किशन जी, क्या यह ऐसी कोई निरपेक्ष वस्तु है जो और किसी युग में नहीं रही। इसके अतिरिक्त अन्य युगों के नयेपन ने क्यों नहीं सारे काव्य को विशृंखलित किया; फिर आज तो समाज के सारे सूत्र अधिक घनीभूत हो गये हैं, वे परस्पर दृढ़ता से गुम्फित हैं। शासन-व्यवस्था इतनी अधिक व्यवस्थित, विस्तृत एवं व्यापक (Pervading) और कभी नहीं थी। यान्त्रिकता ने सारे जीवन को एक मशीनी सिस्टम के भीतर ढाल दिया है, फिर कविता या साहित्य क्यों अस्तव्यस्त हैं, समाज का यह प्रतिबिम्ब अपने विपरीत रूप में क्यों वहाँ उपस्थित है।

किशनचन्द—बालकृष्ण जी, आपने एक साथ इतने अधिक प्रश्न उठा दिये हैं कि भ्रम में पड़ जाने की आशंका है। इसलिए आइये एक-एक सवाल पर हम लोग विचार करें। नयापन, यह सही है कि, कोई निरपेक्ष वस्तु नहीं है। बल्कि मैं तो यह भी कहूँगा कि आज के नयेपन की कुछ वृत्तियाँ एवं विशिष्टताएँ पूर्व युगों में भी आ चुकी हैं। इसी कारण किसी-किसी युग का काव्य और कथाएँ हमें अधिक निकट जान पड़ती हैं और हम उसमें रस ही नहीं लेते, वहाँ से नवीन काव्य-सृष्टि के लिए प्रेरणा भी ग्रहण करते हैं, उनको उपजीव्य बनाकर नयी रचनाएँ करते हैं। मेरा अनुमान है कि यदि प्राचीन साहित्य के मूल और प्रेरक ग्रन्थों का अध्ययन इस दृष्टि से किया जाय कि किस युग का साहित्य किस ग्रन्थ से कितना प्रभावित हुआ है तो यह बात अत्यन्त रोचक ढंग से प्रकट होगी कि कोई स्रोत किसी युग में अधिक प्रिय होता है और कोई किसी युग में अधिक निकट प्रतीत होता है। आज के युद्धोन्माद से पीड़ित युग में बहुधा लेखकों का ध्यान 'महाभारत' की ओर चला जाता है। कर्ण को लेकर कितने महाकाव्य आये, भगवतीचरण वर्मा, भारती, दिनकर आदि कितने लोगों ने उसे काव्य का आधार बनाया है।

चक्रव्यूह के प्रतीक ने ही भारती और कुँवर नारायण दो समर्थ कवियों को आकर्षित किया। युद्धोत्तर विक्षोभ एवं जड़िमा को 'अन्धा युग' में मूर्तिमान करने की चेष्टा हुई। वस्तुतः महाभारत पर आधारित प्रतीकों की बहुलता 'नयी कविता' में मिलेगी। हाँ तो मैं निरपेक्षता की बात कह रहा था। काव्य की पूरी अवधि से यह युग भी निरपेक्ष नहीं है; परन्तु जैसा कि मैं ऊपर संकेत कर चुका हूँ, पिछले कुछ बीते युगों की अपेक्षा आज का नयापन कुछ अधिक तेजी से, उछलता हुआ, फाँदता हुआ आकस्मिक वेग से आया है, जब कि पिछले युगों में नयापन स्वाभाविक ढंग से धीरे-धीरे आया था और वह प्रकृति का सहज अंश होता गया था। आज का नयापन पूरे समाज के जीवन का नयापन सहज रूप में नहीं बन पाया है, यद्यपि प्रभावित सब हैं। कोई अभिभूत है, कोई आतंकित, कुछ विस्मित हैं तो कुछ उसे बोल समझ रहे हैं। यही इस नयेपन की विशेषता है।

आलोचना और आलोचना

नया काव्य : पृष्ठभूमि और प्रभाव

अंग्रेजी के एक आधुनिक समीक्षक श्री जे. आइजक्स का कहना है—"बहुधा लोग यह कहते हैं कि वे यह जानते हैं कि क्या पसन्द करते हैं, जबकि वे अधिकांशतः वही पसन्द करते हैं जो जानते हैं।" यही स्थिति बहुत कुछ हिन्दी के समकालीन काव्य की है। पाठक तथा पुराने और प्रतिष्ठित समीक्षक जितना और जैसा अब तक पढ़ते आ रहे हैं, उतना ही और वैसा ही पसन्द करते हैं। पाठक तो क्षम्य है; क्योंकि वह अपने शिक्षाकाल में जिन काव्यसंस्कारों के बोध को ग्रहण कर सका है, उनसे नया काव्य दूर हट आया है, फिर उसे इतनी सुविधा और समय भी नहीं है कि इन सबको ठीक से पढ़ सके, वैसी रुचि जगा सके। परन्तु समीक्षक की जिम्मेदारी दूसरी है। उसके सम्मुख पुराने साहित्य की नयी व्याख्या प्रस्तुत करने से भी अधिक महत्त्वपूर्ण कार्य नये साहित्य का सहानुभूतिमय मार्मिक विश्लेषण एवं उसका समुचित मूल्यांकन और नियमन करना है। पर आज हिन्दी के अधिकांश समीक्षक बिना नये साहित्य को पढ़े, उसकी पृष्ठभूमि में स्थित नयी चेतना को पहचाने बगैर तथा नयी सामाजिक परिस्थितियों एवं मूल्यों का ज्ञान प्राप्त किये बिना ही अथवा पूर्वाग्रह से मन को रंगकर नये काव्य पर टूटने का उपक्रम बाँधते हैं। यों तो समकालीन कविता में भक्तिभजनों एवं कवित्त-सवैयों से लेकर 'नयी कविता' (पत्रिका) की कविताओं तक सभी आती हैं; परन्तु हमारा तात्पर्य उस कविता से है जो सही अर्थों में समकालीन है अथवा अपने युग का प्रतिनिधित्व करती हुई पुराने मार्गचिह्नों से आगे बढ़ी है; जिसके कारण अज्ञेय मतिराम नहीं, अज्ञेय हैं तथा नागार्जुन मैथिलीशरण गुप्त से भिन्न हैं। यदि समय की दृष्टि से कहा जाय तो इस समय हमारा तात्पर्य लगभग पिछले पन्द्रह वर्षों के काव्य से है। यह कविता आधुनिकता या नयेपन की द्योतक है। यह आधुनिकता अथवा नयापन, एक सापेक्ष शब्द है। यह केवल उस 'टोन' को सूचित करता है जो हमारी परिस्थितियों में हमें अपील करता है। परिस्थिति के बदलते ही यह 'आधुनिकता' भी बदल जाती है। इंग्लैण्ड के 'माडर्निस्ट' आन्दोलन के प्रमुख नेता स्टीफेन स्पेण्डर आज स्वयं कहते हैं—"आधुनिकतावादी आन्दोलन मर गया है।"

यहाँ एक प्रश्न उठ सकता है कि हर युग की कविता अपने-आप में नयी होती है, फिर इस विशेष काव्य को ही 'नयी कविता' क्यों कहा जाय? आपत्ति एक सीमा तक सही है। फिर भी दो-एक बातें साफ हैं। हमारा युग वास्तव में पिछले युग से इतने तीव्र रूप में पृथक् है कि इसका नयापन विकसित होता हुआ नहीं, बल्कि फाँदता हुआ आया है। यह नयापन एकदम स्पष्ट रूप से एक ही पीढ़ी के आदमी को अनुभव होता है। यह भी कहा जा सकता है कि यह युग इतना जटिल है कि इसकी किसी एक प्रमुख विशेषता की ओर इंगित करना कठिन कार्य है। यदि इसे वैज्ञानिक कविता कहें तो मेरा विचार है कि प्रबुद्ध व्यक्ति अपने युग के ज्ञान-विज्ञान से कभी भी असम्पृक्त नहीं रहता और इतना तो मानना ही पड़ेगा कि कवि को प्रबुद्ध अवश्य गिना जाना चाहिए, बाकी कुछ और कहा जाय या नहीं। यान्त्रिक कविता कहना और अधिक भ्रामक होगा। कुछ लोगों ने 'प्रयोगवाद' संज्ञा से इसे अभिहित किया है; पर यह शब्द भ्रामक ही नहीं विलगाव उपस्थित करने वाला भी है। प्रगतिवाद और प्रयोगवाद को अलग करना समीचीन नहीं है। नये तत्त्व तथाकथित दोनों प्रकार की कविताओं में उपस्थित हैं; अतः वह विशिष्ट तत्त्व जो दोनों को नया बनाता है, अधिक उपयुक्त रहेगा। लेबुल बहुधा भ्रमों की सृष्टि करते हैं। सूरदास और तुलसीदास दोनों पृथक् मनःस्थिति और भिन्न शिल्प के कलाकार थे; पर वे दोनों भक्तिकाल के थे। निराला और पन्त का कृतित्व भिन्न है पर मूल में कुछ ऐसा है जो उन्हें छायावादी बनाता है। यही स्थिति इन प्रयोगवादी-प्रगतिवादी काव्यों के मध्य भी है।

इस नये काव्य का विवेचन करते समय प्रश्न यह उठता है कि वर्तमान लेखक के मस्तिष्क की पृष्ठभूमि में क्या है, जो कभी-कभी उभरकर सामने आ जाता है? सोचने की बात यह है कि ऐतिहासिक प्रक्रिया के किस युग से हम गुजर रहे हैं? वे कौन-सी परिस्थितियाँ हैं जो एक ओर लेखक के मस्तिष्क को आक्रान्त करती हैं और दूसरी ओर पाठक को अभिभूत करती हैं तथा वे कौन-से अन्तर्विरोध हैं जो कवि के मस्तिष्क को ही विभक्त नहीं करते बल्कि पाठक और कवि को भी जुदा-जुदा कर देते हैं? हमारे समय का वह विशेष लक्षण क्या है जिसे हम पहचान कर प्रवृत्तिगत दृष्टि से पसन्द या नापसन्द करते हैं? क्या यह दुरूहता, अनर्गल विधान और कृत्रिमता है; क्या यह सामयिक मात्र है; विशेष है, सार्वभौम नहीं? क्या यह वैयक्तिक और व्यंग्यमूलक है अथवा तटस्थ एवं भावना-रहित? वास्तव में यह समस्या आसान नहीं है। अन्तर्विरोध है इस परिस्थिति में। "विषयवस्तु की दृष्टि से यह सूक्ष्म मतभेदों की कविता है और आकार की दृष्टि से तनाव एवं द्वन्द्व की।" इस काव्य का जन्म विविधताओं के योग से हुआ है। देशी परम्परा, विदेशी प्रभाव, प्रयोग तथा मिथ्या प्रारम्भ, अतियाँ-ज्यादतियाँ, ईमानदारी और जिज्ञासा सभी इसकी तह में विद्यमान हैं।

(2)

वर्तमान वातावरण संघर्षों, तनाव, अन्तर्विरोधिनी प्रवृत्तियों, अनिश्चयों, नानाविध प्रयोगों एवं नये और पुराने के विरोध का युग है। मेरा अनुमान है कि हमारे देश में तेरहवीं-चौदहवीं शताब्दी में एक बार ऐसी ही स्थिति आयी थी और उससे भी पूर्व महाभारत-काल में ऐसी ही उद्वेलित परिस्थितियाँ उत्पन्न हो गयी थीं। एक ने भक्तिसाहित्य को सिरजा और दूसरी ने महाभारत जैसे महान् ग्रन्थ को जन्म दिया। मुझे विश्वास है कि वैसे ही श्रेष्ठ साहित्य की पूर्वपीठिका हमारे मध्य तैयार हो रही है। आज चारों ओर संघर्ष, संक्रान्ति, कलह की पुकार उठ रही है। ऐसी परिस्थिति कलाकार के मस्तिष्क को भी आक्रान्त कर लेती है। वह इसके प्रति सचेत रूप से दो प्रतिक्रियाएँ करता है; एक तो वह ऐसी ही स्थिति का हूबहू चित्र देता है या फिर उसके प्रतिकार के नाना प्रकार के सुचिन्तित या अर्धचिन्तित समाधान उपस्थित करता है। अपने भूत और भविष्य के प्रति दृढ़ता की भावना जगाना चाहता है। हिन्दी में दोनों प्रकार की प्रतिक्रियाएँ करने वाले कवि विद्यमान हैं। सर्वेश्वरदयाल, अनन्तकुमार पाषाण, लक्ष्मीकान्त वर्मा आदि की रचनाएँ पहली स्थिति की द्योतक हैं; पन्त, अज्ञेय, गिरिजाकुमार, भवानीप्रसाद मिश्र, भारती आदि की रचनाएँ दूसरी स्थिति का आभास देती हैं।

सभ्यता की वर्तमान स्थिति में व्यक्ति जैसे मिथ्या है। उसके चारों ओर समूह इकट्ठा है और समूह भी ऐसा कि जिसके भीतर वह केवल चल रहा है, मिल नहीं रहा। उसके कन्धे से कन्धे भिड़े रहते हैं, गले से गले मिल जाते हें, आँखों में आँखें पड़ जाती हैं या डाल दी जाती हैं, या वे दूसरे ही क्षण भीड़ के धक्कों में व्यर्थ हो जाती हैं। भीड़ का यह दबाव व्यक्ति को भ्रमित भी करता है तथा कभी-कभी एक प्रकार के पलायनवाद को भी जन्म दे देता है। वह अभिलषित चिन्तन में जीने लगता है। आज हिन्दी में रचा जाने वाला अधिकांश गीतिकाव्य इसी पलायन एवं मनमोदकों का काव्य हो गया है। पर नया काव्य मनमोदक बनाने के बजाय इस पलायन को देख लेता है, महसूस कर लेता है तथा वह अपनी इस कमजोरी को निर्मम होकर प्रकट कर देता है—

प्राणों में था अमित प्रकाश, मिल न सका लेकिन अवकाश
एक किरण भी बाँट न पाये हाय!
क्षितिज-पार का था आह्वान, अटके पर दफ्तर में प्राण,
आयु कट गयी पीते-पीते चाय।

—भारतभूषण अग्रवाल

और चूँकि आज का प्रबुद्ध नया कवि इस पलायन को महसूस कर लेता है, इसीलिए वह सचेष्ट भाव से कर्मक्षेत्र में पुनः आने का प्रयास करता है—

यह भी मन करता है—
यहीं कहीं झर जायें,
यहीं किसी भूखे को देहदान कर जायें,
यहीं किसी नंगे को खाल खींच कर दे दें,
प्यासे को रक्त आँख मींच-मींच कर दे दें—

—दुष्यन्त कुमार

अस्तु, यह स्थिति मध्यवर्ग के लिए सबसे अधिक कष्टकर है। वह बौद्धिक रूप से प्रबुद्ध एवं चेतन है; सचेत भाव से सुख-दुख की धारणाएँ बना सकता है, ऊँची उमंगों में उड़ सकता है; पर इस दबाव में पड़कर उसका व्यक्तित्व एवं महत्त्वाकांक्षाएँ नितान्त उपेक्षित रह जाती हैं। एक प्रकार की कटुता एवं अतृप्ति उसके हृदय को आक्रान्त कर लेती है। दूसरी ओर विचारधारा के क्षेत्र में समाज एवं सामाजिकता पर अत्यधिक बल इस युग में दिया गया है। कहीं-कहीं तो अतिवाद की श्रेणी में पहुँचकर छोटी इकाई बड़ी इकाई के लिए महत्त्वहीन घोषित कर दी गयी है। आवश्यक है कि कवि इस समाजप्रधान विचारधारा से भी प्रभावित हो। परिणाम यह है कि वह जनवादी बनना चाहता है, पर अपेक्षित जनवाद को अपने भीतर अनुभव नहीं कर पाता। यह अन्तर्विरोध उसके व्यक्तित्व को द्विधा-विभक्त कर सृजन में एक बाधा बनकर उपस्थित होता है। उसके विचारों एवं अभिव्यक्ति में एकतानता तथा एकरूपता (कांसिस्टेंसी) का अभाव हो जाता है। शमशेर, अज्ञेय, अंचल, सुमन आदि कवि बहुत कुछ इसी द्वैत के शिकार हैं; पर मैं एक बात फिर जोर देकर कहना चाहता हूँ कि कवि अपनी प्रबुद्धता के बल पर इस द्वैत पर विजय पाना चाहता है। अज्ञेय का क्रमिक रूप देखने पर यह बात अधिक स्पष्ट होती है। 'इत्यलम्' में उन्होंने कहा था—

तुम्हारा यह उद्धत विद्रोही
घिरा हुआ है जग से, पर है सदा अलग निर्मोही!
जीवन सागर हहर-हहर कर
उसे लीलने आता दुर्धर
पर वह बढ़ता ही जायेगा लहरों पर आरोही।

पर वही अज्ञेय 'बावरा अहेरी' में स्पष्ट रूप से कहते हैं—

आने दो
हहराती इस लहर को काट कर गिराने दो
कूल।
उसी के वक्ष पर फिर पछाड़ खाने दो,
सुध बिसराने दो,
गल कर वत्सल हो जाने दो—
आने दो।

यह तो प्रौढ़ कवि की बात हुई। अपेक्षाकृत एक बिल्कुल नवीन कवि ने भी इस वैयक्तिक से सार्वजनिक में संक्रमण का अनुभव किया है—

वह ठहरी-ठहरी वय!
निर्मम जड़ता की जय!
बहरी स्थिरता का भय!
लहरों, काँटों, चहारदीवारों,
अवरोधों, कुण्ठा-सीमा-भारों
का दुर्जर घेरा था।
यह था : जो मेरा था।
इसीलिए, घेरा तोड़ा मैंने
जो 'मेरा' था : वह छोड़ा मैंने।

—अजित कुमार

(3)

आज के मानवीय चिन्तन की पृष्ठभूमि में वैज्ञानिक विचार सतत विद्यमान रहता है। निरीक्षण, स्पष्ट मार्मिक पैठ, जिज्ञासा तथा प्रत्येक तथ्य एवं तत्त्व को महत्त्वपूर्ण समझने का भाव इस वैज्ञानिक विचार की कतिपय विशेषताएँ हैं। इस विशिष्टता ने हमारे सारे विवेक को प्रभावित किया है; मान्यताओं एवं सिद्धान्तों को आमूलचूल हिला दिया है। इसी अर्द्धशतक के भीतर ही हमारे अध्ययन व मनन का क्षेत्र काफी बढ़ा है। ज्ञान-विज्ञान की अनेक शाखाएँ उत्पन्न हुई हैं और उनका विविध दिशाओं में विकास हो रहा है। इन ज्ञान-विज्ञानों का रूप वैयक्तिक भी है, सामाजिक भी तथा वह इन दोनों को प्रभावित करता हुआ तत्त्वतः पृथक् भी है। इनमें आपस में विरोध भी हैं, संगतियाँ भी तथा समन्वय, सामंजस्य एवं अन्योन्याश्रयता भी। कवि और पाठक को प्रभावित कर ऐसे तत्त्व उसके सृजन में नाना प्रकार के विरोधों एवं समन्वयों को जन्म देते हैं। इन ज्ञान-विज्ञानों ने मनुष्य के मस्तिष्क और परिवेश को समझने की नयी दृष्टि दी है। उसके अनुभव के लिए नये विस्तृत क्षेत्र का द्वार उन्मुक्त किया है। उसके बिम्बविधान एवं चिन्तन के लिए नये उपकरण प्रदान किये हैं—

आज मैं पहचानता हूँ, राशियाँ, नक्षत्र—
ग्रहों की गति, कुग्रहों के कुछ उपद्रव भी
मेखला आकाश की;
जानता हूँ मापना दिनमान,
समझता हूँ अयन-विषुवत्,
सूर्य के धब्बे, कलाएँ चन्द्रमा की
गति अखिल इस सौर-मंडल के विवर्तन की—

और इन सबसे परे मैं सोचता हूँ
जरा कुछ-कुछ भाँपने सा भी लगा हूँ
इस गहन ब्रह्माण्ड के अन्तःस्थ विधि का अर्थ–

—अज्ञेय

जिस समय आज का विद्यार्थी भूगर्भशास्त्र, समाजशास्त्र, मनोविज्ञान अथवा शरीरशास्त्र का अध्ययन करता है उस समय उसके सारे अनुभवों को, परम्परा से प्राप्त ज्ञान को, एक भयंकर ठेस लगती है। उसकी सारी मान्यताएँ चूर-चूर होने लगती हैं। सृष्टि-प्रक्रिया सम्बन्धी उसके विश्वास, मनुष्य की भाषा-सम्बन्धी भावनाएँ हिल जाती हैं; तथा जीवन और जगत् के उद्‌भव एवं विकास के बारे में नितान्त नयी बातें आकर उसे अभिभूत करती हैं। उसे यह याद दिलाया जाता है कि वह मूलतः पशु है; परन्तु उसे पशु घोषित करने वाले विज्ञान ने ही मनुष्य के हाथ में इतनी शक्ति दे दी है कि वह अपने को उस सृष्टि से जिससे कि वह स्वयं उत्पन्न हुआ है, बड़ा समझ सकता है। यह स्थिति उसके भीतर अदम्य अहं की भावना को जाग्रत करती है–

ठहर, ठहर, आततायी! जरा सुन ले
मेरे क्रुद्ध वीर्य की पुकार आज सुन जा।

—अज्ञेय

पर इस अहं की दयनीय दुर्दशा भी होती है। वह अपने को 'पदाक्रान्त रिरियाता कुत्ता' तथा 'अहंलीन शिशु भिक्षुक' भी महसूस करने लगता है। विज्ञान ने यह जो भयंकर शक्ति–यन्त्रशक्ति–मनुष्य को दी है उसके बल पर वह बलवान भी है और उसी के कारण नितान्त महत्त्वहीन भी। वह सोचता है–

मात्र यन्त्रयुग की उपज एक मैं भी हूँ
योग नहीं कोई, उपयोग भले मेरा हो।

—भारतभूषण अग्रवाल

अथवा

यन्त्र हमें दलते हैं
और हम अपने को छलते हैं
थोड़ा और खट लो, थोड़ा और पिस लो–
यन्त्रों का उद्देश्य तो बस शीघ्र अवकाश
और अवकाश एक मात्र अवकाश है।

—अज्ञेय

इस यान्त्रिक समाज में उसके समूचे व्यक्तित्व का विघटन हो गया है। उसके अहं का सबसे अधिक तिरस्कार करने वाला यन्त्र है। अतः यह दुर्दम अहं और व्यक्तित्व का विघटन भी आज के काव्य में अभिव्यक्त हुआ है; यह कवि में अनास्था के बीज बोता है–

कमजोर और अक्षम अब
हो गयी है आत्मा यह,
छटपटाती छाती को भवितव्यता डराती है!
बहलाती, सहलाती, आत्मीयता अकुलाती
बरदाश्त नहीं होती है।

—मुक्तिबोध

अथवा

किन्तु मैं—मैं मेरी भुजाएँ टूट गयी हैं
क्योंकि मैंने उनकी परिधि में मेघों को बाँध लेना चाहा था।

—अज्ञेय

(4)

नवीन शास्त्रों के आलोक में इस युग के व्यक्ति ने देखा कि उसके व्यक्तित्व के अनेक पक्ष ऐसे हैं जो अभी तक न तो उपयोग में लाये जा सके हैं तथा न जिनकी भली प्रकार से व्याख्या की जा सकी है। जब हम मनुष्य और उसके प्रयत्नों के इतिहास का अध्ययन करते हैं तो उन संवेदनाओं, अनुभूतियों, सम्पर्कों तथा नये-नये प्रकार के शक्ति-सम्मिलनों (आध्यात्मिक और नैतिक) को याद करते हैं जो केवल इसीलिए अनदेखे गुजर गये हैं कि समुचित शब्दावली के भीतर उन्हें बाँधा नहीं जा सका था अथवा उनके चरम-लक्ष्य और साध्य को तत्कालीन लोगों ने समझा नहीं था। इन बातों का सम्यक् बोध और मूल्यांकन बीसवीं शती की संस्कृति का केन्द्रबिन्दु है। इस सारे बोध को आज का कवि वाणी देने का प्रयत्न करता है। परन्तु यह कहने में हमें कोई संकोच नहीं है कि अभी ऐसी कोई शैली, काव्यरूप अथवा तन्त्रविधान विकसित नहीं हो पाया है जो मनोविज्ञान, रसायन-शास्त्र, नृतत्त्वशास्त्र या लोक-साहित्य के सम्पर्क से आये हुए वैयक्तिक संस्पर्शों को अपने में भली प्रकार से ढाल सके, यद्यपि काव्य-नाटकों आदि के रूप में इस प्रकार के कुछ प्रयत्न हुए हैं।

हमारे देश में शून्यता और भ्रान्ति आने का एक कारण और था; इस शताब्दी में नये मूल्यों की स्थापना होने के पहले ही पुराने मूल्य टूटने लगे। यूरोप में ऐसा नहीं हुआ था। वहाँ विज्ञान-बुद्धि तथा तज्जन्य परिवर्तन नाना प्रकार के घात-प्रतिघातों, क्रिया-प्रतिक्रियाओं के मध्य से स्वाभाविक रूप से आये थे; अतः अपेक्षित मनःस्थिति एवं सामाजिक परिवेश में उनके लिए स्थान बनता गया था। हमारे देश में ऐसा न हो सका था। नये और पुराने के बीच एक गहरी और चौड़ी खाई इसीलिए स्थापित हो गयी। बीसवीं शती में परम्परा सिखाती है कि भौतिक पदार्थों की अपेक्षा आध्यात्मिक जगत में अधिक रुचि रखनी चाहिए, पर कठोर यथार्थ इस विचार को पलट देता है। प्राचीन क्लासिकल साहित्य और बुद्धि एवं मध्यकालीन पावनता की भावना के

अनुसार मनुष्य एक आध्यात्मिक प्राणी है, पर यह युग अधिकाधिक बल के साथ यह महसूस कर रहा है कि मनुष्य सामाजिक जीव है। जो पहले आत्मपूर्णत्व के लिए प्रयत्न करते थे वे अब परोपकार की भावना को वरेण्य मानने लगे। मनुष्य की दृष्टि परलोक से उतरकर इहलोक पर आ टिकी। ज्ञान की नयी दशाओं ने पुराने विचारों एवं मान्यताओं को नये ढंग से देखा और परखा। नये-पुराने के इस गहरे होते हुए संघर्ष को पाटने के लिए प्राचीन की नयी वैज्ञानिक व्याख्याएँ देने और उसे नये रूप में उपस्थित करने की अनिवार्य आवश्यकता सामने आयी। एक ताजे दृष्टिकोण और एक नयी शैली की आवश्यकता पड़ी। पुरानी पुराण गाथाओं एवं सन्दर्भों को नये रूपों में तथा नवीन रूपकों में उपस्थित किया जाने लगा। इस आवश्यकता के कारण ही प्रसाद जी ने मनु की कथा में नया अर्थ जोड़ा। ऐसा हाल का ही उदाहरण धर्मवीर भारती का है जो महाभारत के कुछ पात्रों को नये अनास्थामूलक सन्दर्भ में उपस्थित करते हैं क्योंकि बिना इस नयेपन और सामयिकता के ग्रहण के काव्य कभी शक्तिशाली नहीं बन पाता। ए.सी. ब्रैडले ने इस सम्बन्ध में अत्यधिक महत्त्वपूर्ण बात कही है। उनके अनुसार—

"यदि किसी कृति को महान जैसी कोई चीज होना है तो वह एक अर्थ में वर्तमान से सम्बद्ध अवश्य होनी चाहिए। इसका विषय कुछ भी हो सकता है पर इसे वह कुछ जीवित अवश्य अभिव्यक्त करना चाहिए जो उस दिमाग में है जिससे यह आती है तथा जिन मस्तिष्कों में जाती है।"

मैथ्यू आर्नल्ड ने भी कहा है—

"साहित्य की श्रेष्ठ कृति होने के लिए दो शक्तियों को एक साथ घटित होना चाहिए; मनुष्य (कवि) की शक्ति एवं (वर्तमान) क्षण की शक्ति।"

स्पष्ट है कि वर्तमान समय में साहित्य के सभी प्रधान उपकरण—विचार, अनुभव, चित्तवृत्तियाँ तथा दृष्टिकोण बदल गये हैं। बीसवीं शती के मनुष्य की खोज ने इतने स्रोत, इतनी शक्ति और साधन उसके पास दे दिये कि अधिकांश उसके उत्तरदायित्वों एवं निहितार्थों को समझ नहीं सके। लोग उससे या तो बुरी तरह प्रभावित होकर इस शक्ति और यान्त्रिकता को ही चरम साध्य मान बैठते हैं अथवा घबराकर इससे एकदम भाग खड़े होते हैं, या फिर कुछ समानान्तर पंक्तियाँ वेदों और गीता, भागवत आदि में खोजने में जुट जाते हैं। पाठक और उसका कवि भी बहुधा यह स्पष्ट नहीं समझ पाता कि संस्कृति का कौन-सा पहलू बिगड़ रहा है अथवा स्थापित हो रहा है। इसके कारण सृजन की प्रक्रिया में भ्रम तथा सृजन में दुरूहता उत्पन्न हो जाती है।

(5)

इतना सदैव स्पष्ट रहना चाहिए कि यह नया युग किसी मैनीफेस्टो, आन्दोलन या विशिष्ट वाद को लेकर प्रारम्भ नहीं हुआ बल्कि नयी परिस्थितियों के मध्य जन-साधारण

की रुचि एवं दृष्टि में परिवर्तन होने से शुरू हुआ है। साहित्यकार भी जनता का अंग है। उसने केवल नेतृत्व किया है और यह उससे आशा भी की जाती है। अधिक मर्मभेदिनी दृष्टि तथा अभिव्यक्ति-प्रतिभा से सम्पन्न होने के कारण कलाकार अपनी परिस्थितियों के स्वरूप और समाधान को अपेक्षाकृत शीघ्र अनुभव एवं अभिव्यक्त कर सकता है। पाठकवर्ग, कभी-कभी देर से महसूस होने के कारण, इस नयेपन का प्रारम्भ में तिरस्कार करता है, परन्तु अन्ततः वह नये काव्य को आदर देता है। एक पाश्चात्य समीक्षक का कहना है—

"कला का पुनर्नवीकरण अवश्य होना चाहिए। इसका सृजनात्मक प्रभाव 'आश्चर्य' पर निर्भर होता है। जब एक बार प्रस्तुतीकरण की ताजगी अस्त हो जाती है तो फिर पाठक दैनिक स्वभाव की स्थिति प्राप्त कर लेता है। वह अन्तर्दृष्टि के लिए उत्सुक होता है पर होता उसे प्रतिभास मात्र है।"

हमारा पूर्वकालीन काव्य विषय-वस्तु एवं रूप-विधान की दृष्टि से बड़ा सुघड़ काव्य है, परन्तु उसकी शैली, मुहावरे, कल्पना, तुक तथा छन्द आदि अपनी पुरानी चमक नये अभिप्रायों के सम्मुख खो देते हैं; क्योंकि भाषा, मुहावरे, काव्यरूप आदि भी सामाजिक सम्बन्धों और प्रक्रियाओं से अप्रत्यक्ष भाव से सम्बन्धित रहते हैं। इसी कारण नयी संवेदनाएँ अपनी अभिव्यक्ति के लिए नया रास्ता ढूँढ़ लेती हैं। शब्दातीत अर्थों को वह प्राप्त करने के लिए शब्दों को व्यर्थ करार देता रहता है। यों तो—

प्रश्न अभिव्यक्ति का है मित्र!
ऐसा करो कुछ
जो मेरे मन में कुलबुलाता है।

नया कवि शब्दों को बीजों की भाँति फैलाकर भाषा की नयी फसल उगाना चाहता है जो समाज के नये यथार्थ को प्रकाशित कर सके।

आधुनिक काल में सभ्यता के नये मोड़ ने पुराने किस्म के पाठक की रुचि को ही नहीं मोड़ा है बल्कि उसने एकदम नया बहुत बड़ा पाठक-समाज भी उत्पन्न किया है। ये लोग किसी भी साहित्यकार का भाग्य बना या बिगाड़ सकते हैं। इस पाठक-समुदाय की कुछ अपनी विशिष्टताएँ हैं। इस समुदाय का विकास शिक्षा-प्रसार के फलस्वरूप हुआ है। साक्षर होने के बाद इसने महसूस किया कि बौद्धिक परिष्कार का क्षेत्र इसकी पहुँच के निकट है। परन्तु ये लोग अध्येता के परिश्रम एवं अवकाशसाध्य साहित्यिक रुचि के निकट नहीं पहुँच सकते। इन्हें तो झटपट कुछ मिलना चाहिए। 'शार्ट-कट्स' के घनघोर प्रयत्न इसी उद्देश्य से किये गये। ज्ञान की विविध छोटी-बड़ी खुराकें इस वर्ग को 'ईज़ीमेड' ढंग पर पत्रिकाओं, पैम्फलेटों तथा रेडियो आदि के द्वारा दी जाने लगीं; पर इसका यह अर्थ नहीं कि सारा पाठक-समुदाय ऐसा ही है। इसमें कुछ प्रतिशत ऐसे भी लोगों का है जो परिश्रमपूर्वक रसबोध अर्जित करते हैं। इन दो प्रकार के लक्ष्यीभूत पाठकों के अनुसार कवियों की भी दो कोटियाँ स्थूल रूप से

हो गयीं अथवा एक ही साहित्यकार के दो रूप हो गये। एक वे जो पुष्ट, सुविचारित एवं ऊँचे स्तर के साहित्य को जन्म देते हैं। ये अपेक्षाकृत कम जनप्रिय तथा क्लिष्ट गिने जा सकते हैं। दूसरे वे जो 'शार्ट-कट' वाली जनता का नेतृत्व करने के लोभ का संवरण नहीं कर पाते। ऊपर जो कहा गया है कि यह पाठक-समुदाय किसी लेखक या कवि का भाग्य बना या बिगाड़ सकता है वह इसी अर्थ में कहा गया है। आज के साहित्यकार को इस प्रलोभन से कि उसकी रचनाओं के शीघ्र संस्करण हों, वह जनप्रिय हो, बच पाना कठिन होता है। श्रेष्ठ साहित्य का जनप्रियता वाला मापदण्ड कितना त्रुटिपूर्ण होता है इसे कहने की सम्भवतः आवश्यकता नहीं। आज के साहित्य में प्राप्त होने वाले चमत्कार एवं रूपवाद के पीछे बहुत कुछ यह पाठक-समुदाय भी है। प्राचीनकाल में काव्य के श्रव्य गुण—'पदझंकारमात्रेण' मन हरण करने वाली प्रवृत्ति—ने चमत्कारवादी साहित्य को जन्म दिया था और अब इस युग में नये पाठक ने नये प्रकार के रूपवाद को जन्म दिया है जो स्पष्ट रूप से कवि-सम्मेलनी कविताओं एवं तथाकथित प्रयोगवादी कविताओं के अप्रस्तुत-विधान में देखा जा सकता है। कभी-कभी अतिशय प्रबुद्ध और तर्कशील पाठक से भी कतराने के लिए अचम्भे के बच्चे वाला, चौंकाने वाला साहित्य निर्मित हो जाता है।

इसके अतिरिक्त इस युग ने सैकड़ों आलोचकों को जन्म दिया; जो पाठकों को यह बोध कराने पर तुले हैं कि कैसे किसी प्रतिभा को पहचाना जाय और विकसित होने के पूर्व ही उसकी प्रशंसा की जाय। इस वर्ग ने साहित्यकार को एक विचित्र ढंग से प्रभावित किया है। वह अपनी अनुभूतियों के प्रति कम ईमानदार और अपने समीक्षक के दृष्टिकोण के प्रति अधिक सचेष्ट हो गया है। समीक्षक ही नहीं, राजनीति से प्रभावित होकर साहित्य में भी एक दलगत स्थिति आ गयी है जिसके कारण अपने दल (व्यक्ति और विचारधारा दोनों आधारों पर) के संकेतों एवं रुचियों को भी ध्यान में रखना पड़ता है। एच.वी. रूथ के अनुसार अपने विचारों के प्रति सशंक रहना तथा दूसरे के विचारों के बारे में सोचना पत्रकार के लिए भले ही उचित हो, पर कवि के ग्रहणबोध की दृष्टि से नितान्त अनुचित है। यह स्थिति लेखक, पाठक तथा उस मसाले को जिससे साहित्य का निर्माण होता है, एक स्तर पर नहीं रहने देती। प्राचीन समय में इन तीनों का स्तर लगभग समान हुआ करता था। इस नये अन्तर्विरोध ने भी काव्य में दुरूहता की सृष्टि की है।

(6)

इस सारी परिस्थिति के मध्य हमारे विचार-जगत् में अभूतपूर्व क्रान्ति हुई है। एक सामाजिक एवं जनतान्त्रिक दृष्टिकोण की प्रतिष्ठा गम्भीरतापूर्वक हमारे जीवन में हुई है। अज्ञेय जैसा अवतंसवर्गीय व्यक्तिवादी शौर्यदीप्त भाषा में कह सकता है—

यह दीप अकेला स्नेह भरा
है गर्व भरा मदमाता, पर
इसको भी पंक्ति को दे दो।

अथवा

कब तलक यह आत्मसंचय की कृपणता
यह घुमड़ता त्रास
दान कर दो खुले कर से, खुले उर से
होम कर दो स्वयं को समिधा बनाकर।

इस यथार्थवादिनी विचारसरणि ने जीवन के सभी पक्षों को समेटा है। आज का कवि छोटी से छोटी वस्तु को भी अकाव्यात्मक नहीं मानता है। यह विशेषता प्राचीन क्लासिकल दृष्टि की नितान्त विपरीतवर्तिनी है। उस दृष्टि के अनुसार महान, विराट् तथा धीरोदात्त ही कविता के प्रधान उपजीव्य थे तथा मृत्यु, जीवन, प्रेम और घृणा आदि शाश्वत विषय। प्राचीन दृष्टिकोण भयानक को भी सहनीय तथा रुचिकर बनाकर उपस्थित करता था, परन्तु नया दृष्टिकोण भयावने को भी अपने साँचे का अंग समझता है। वह अस्तित्व को छोड़कर किसी को भी शाश्वत नहीं मानता; निरपेक्ष तत्त्व जैसी बात पर उसका किंचित् भी विश्वास नहीं है। स्त्री-पुरुष के सम्बन्धों को ही लिया जाय; वह मानता है कि हमारी प्रेमसम्बन्धी प्रतिक्रिया भी, केवल बाहरी और दिखावे के रूप में ही नहीं, बल्कि हमारी सम्पूर्ण मानसिक प्रक्रिया जो उस ओर प्रधावित होती है, आज बदल गयी है। आज का ही कवि द्वितीया नायिका (पत्नी) से इतने अनाविल और निस्संकोच-भाव से कह सकता है कि मेरे सारे प्यार के वचन दूर किसी विगता के जूठे हैं तथा—

उस अनन्यगता की स्मृति को
फिर दो सूखे फूल चढ़ा कर
उस दीपक की अनझिप ज्वाला
आदर से थोड़ा उकसा कर
मैं मानो उसकी अनुमति से
उसकी याद हरी करता हूँ
उससे कही हुई बातें
फिर-फिर तेरे आगे दुहरा कर

—अज्ञेय

नया कवि नये मूर्त्त संवेदनों को ही नहीं उपस्थित करता, बल्कि वह प्रेम, मृत्यु, प्रकृति आदि परम्परायुक्त एवं अक्षय विषयों के प्रति होने वाली मानवीय स्वभावगत प्रतिक्रिया के परिवर्तनशील साँचों तथा आदर्शों के लिए नये बिम्ब भी खोजता है। विज्ञानजन्य इस द्रुत परिवर्तनशीलता के मध्य मनुष्य जैसे वर्तमानवादी

हो उठा है। आज हम विविध प्रक्रियाओं के प्रति अत्यधिक सचेत हैं तथा उनसे भली प्रकार परिचित। घटित होते हुए को हम अधिकाधिक अपने बोध की पकड़ में लाना चाहते हैं। घटित होते हुए वर्तमान का इतना क्रियाशील, सर्जनात्मक बोध पहले कभी नहीं था।

हमें किसी कल्पित अजिरता का मोह नहीं।
आज के विविक्त अद्वितीय इस क्षण को
पूरा हम जी लें, पी लें, आत्मसात् कर लें। —अज्ञेय

इन तनावों, संघर्षों और द्वन्द्वों के बावजूद हमारे देश में इस बीच कुछ अभूतपूर्व घटनाएँ घटित हुई हैं। उनसे हिन्दी के साहित्यकार प्रभावित हुए हैं। उन्होंने रास्ते बदले हैं और वे नयी भावनाओं के सम्पर्क में आये हैं। द्वितीय विश्वयुद्ध में हमने पूरी तरह से भाग लिया। युद्ध हमारी सीमाओं के निकट ही नहीं था बल्कि कलकत्ते आदि में बमबारी भी हुई। महायुद्धजन्य असन्तोष, बेकारी, महँगाई आदि देश में उपस्थित हुईं। महायुद्ध की विभीषिका एवं परिणामों को गहनता से अनुभव किया गया। हमारे नैतिक मूल्यों पर से ईश्वर और धर्म के बन्धन पहले ही शिथिल हो चुके थे। इस महायुद्ध की विशृंखलता ने समाज एवं लोकनिन्दा के भय को भी शिथिल कर दिया। व्यक्तित्व का और भी तीव्र विघटन हुआ। नैतिक मूल्य चरमराकर टूट गये। अतः इस विघटन, खोखलेपन तथा असन्तोष ने उस तरह के साहित्यसृजन को भी सहायता पहुँचाई जैसा कि प्रथम महायुद्ध के बाद यूरोप में लिखा गया था। अनिश्चय एवं दृढ़भाव-पंगुता इस साहित्य की विशेषता है, व्यक्तित्व के खोखले आधार का चित्रण भी इसमें है—

किन्तु यहाँ आसपास घुमड़न है,
घुमड़न है, त्रास है,
मशीनों की गड़गड़ाहट में
भोली (कितनी भोली) आत्माओं की
अनुरणन की मोहमयी प्यास है।

—अज्ञेय

यह अनिश्चय भी द्रष्टव्य है—
लो सुनो, इतना ही कहना है सुनो
तुमसे मुझे, किन्तु ठहरो तो, शायद
इससे भी अच्छी कोई बात याद आ जाये।

—रघुवीर सहाय

अथवा यह मध्यवर्गीय जहनियत का संशय—

नहीं कभी भूले सघंर्ष, करते रहे विचार-विमर्श
प्रबल तर्क थे दोनों के, हम क्या करते?

कभी न हो पाया निश्चय, होगी किसकी अन्तिम जय
भूल न कर बैठें, हम सदा रहे डरते।

—भारतभूषण अग्रवाल

परन्तु यह अनिश्चय और अनास्थामूलक स्वर युद्धोत्तरकालीन साहित्य में प्रमुख और सशक्त स्वर नहीं है, यत्र-तत्र निराशा के क्षणों में यह गूँजता है या कौंध जाता है। यूरोपीय साहित्य जैसा अनास्था, सन्देह और घृणा का क्षुब्ध रूप हमें अपने साहित्य में उपलब्ध नहीं होता। इसका भी एक महत्त्वपूर्ण कारण है। महायुद्ध की प्रभाववृद्धि के साथ ही एक सशक्त राजनीतिक चेतना सारे देश में जाग्रत हुई है। स्वतन्त्रता ने हमारे सम्मुख आशा के नये वातायन मुक्त किये, विश्वास तथा आस्था का नया क्षितिज सम्मुख आया। विदेशों में हमारी बढ़ती प्रतिष्ठा ने देशवासियों में आत्मशक्ति जाग्रत की, हम अपने भूत ही नहीं, भविष्य के प्रति भी आश्वस्त होने लगे। कुछ लोगों द्वारा की गयी 'यह आजादी झूठी है' वाली ऊर्ध्वबाहु घोषणा के बावजूद भारतीय कलाकार ने इस उषाकाल को पहचानने में भूल नहीं की। इसी कारण तमाम अनास्था और सन्देह के बीच भी आशा और विश्वास के स्वर उठते रहे, और निरन्तर हो रहे आर्थिक विकास और सम्पन्नता के साथ ये स्वर बढ़ते ही जायेंगे। भवानी मिश्र की इन पंक्तियों को एक बार ऊँचे कण्ठ से पढ़िए—

छाती भर ऊँचा धान
गाओ कण्ठ गगन भर गान।

निम्नलिखित पंक्तियाँ इस संक्रान्तिकाल के भीतर से दिखने वाली आभा की कितनी सशक्त व्यंजना करती हैं—

तड़के-तड़के जाने क्यों कोकिल बोला।
फिर बोला, फिर बोला, अन्धकार की कारा
रह-रह थर्रायी। स्वर की ज्योतिर्धारा
बार-बार उमड़ी। कलकल की ध्वनि ने तोला
विकल और अवसन्न क्षणों को। धीरज डोला
दुख के दल का। इसमें क्या था जिससे हारा—
थका हृदय इतना-इतना पा गया सहारा।
अप्रियता को दुरा दिया सम्मुख प्रिय को ला।

—त्रिलोचन

आज का कवि अपनी परिस्थितियों और सीमाओं को जानते हुए भी विश्वास के साथ अपनी शक्ति को भी पहचान लेता है। वह प्रेयसी से पूरे विश्वास के साथ कह उठता है कि वह आयेगा, देर भले हो जाय—

तुमने मुझे बुलाया है, मैं आऊँगा
बन्द न करना द्वार देर हो जाये तो।

—रमानाथ अवस्थी

मुर्गे के बाँग देने पर सवेरे का होना निर्भर नहीं होता, पर जब और जहाँ मुर्गा पुकार उठता है वहाँ लोग जाग ही पड़ते हैं क्योंकि—

केवल निर्मल स्वर की धारा
उसकी अपनी है, जिसकी अजस्र कलकल में
स्वप्न डूब जाते हैं जीवन के लघु पल में—
तब से लड़ता है इस पश्यन्ती के द्वारा। —त्रिलोचन

हमारे देश की स्वतन्त्रता के अतिरिक्त एक और विचार है जिसने इस सारी अव्यवस्था और अनिश्चय के अभ्यन्तर में जाकर एकसूत्रता पिरोयी है। यह संयोजक विचार है सामाजिक और मनोवैज्ञानिक मनुष्य की अन्योन्याश्रित तथा अन्योन्यगर्भित स्थिति। इस एकता ने कवि के विशृंखल होते हुए मस्तिष्क को दृढ़ता प्रदान की है। एक प्रकार की सोद्देश्यता तमाम 'कन्फ्यूजन' के बीच भी आयी है—

वह भूमि किन्तु न मिट सकी
आगत फसल की राह में,
वह फूल मुरझाया नहीं
ऋतु रंग लाने के अमर विश्वास में।
वह आग की पीली शिखा
उठती रही, जलती रही
आलोक-कण तम से बचा,
वह अग्नि बीजों को सतत बोती रही
फिर से नया सूरज उगाने के लिए।

—गिरिजाकुमार माथुर

उनकी यह भी आकांक्षा है कि—

मन के विश्वास का सोनचक्र रुके नहीं
जीवन की यह पियरी केसर कभी चुके नहीं

इस तनाव तथा अनिश्चय, संघर्ष और एकता एवं आस्था-अनास्था ने एक अत्यधिक विचित्र परन्तु आकर्षक साहित्य को जन्म दिया है। इस साहित्य का आकलन असाधारण रूप से कठिन है, परन्तु इसका आकलन एवं अध्ययन हमारे भविष्य के बढ़ाव का भी अध्ययन है। यही इसकी सबसे बड़ी उपयोगिता है। इस अध्ययन और आकलन में सबसे पहले देखने की बात है कि इन नये कवियों का तात्कालिक देय और अन्ततः अतीतकालीन साहित्यकारों के परिपार्श्व में महत्त्व क्या है? इसके लिए हमें साहित्यकार के व्यक्तित्व के सम्बन्ध में जानना पड़ेगा।

उनका उद्देश्य क्या है, किन परिस्थितियों के भीतर वे लोग पले हैं और परिश्रम किया है? इस दृष्टि से नये काव्य का मूल्यांकन होना आवश्यक है। यों नये कवि को कोई जल्दी नहीं है–

क्या हुआ जो युग हमारे आगमन पर मौन?
सूर्य की पहली किरण पहचानता है कौन?
अर्थ कल लेंगे हमारे आज के संकेत।

आलोचना और आलोचना

आधुनिक कविता : उपलब्धि और सम्भावनाएँ

आधुनिक कविता की उपलब्धियों या उसकी आगत सम्भावनाओं पर जब हम विचार करने को उद्यत होते हैं तो पहला प्रश्न उठता है कि आधुनिक कविता से हमारा तात्पर्य क्या है? और इसी से जुड़ा हुआ दूसरा सवाल है कि आधुनिक युग कब से माना जाय? हमारे देश में प्लासी के युद्ध के बाद एक नये दौर का प्रारम्भ माना जा सकता है; तभी से देश में नये शासन, नवीन व्यवस्था और नये संगठन का सूत्रपात होता है। इस दौर का पहला चरण 1857 के आसपास समाप्त होता है। 1857 ई. और उसके कुछ पूर्व का समय सामन्तों के मोहभंग का समय है जिसकी अन्तिम परिणति सन् 1857 के प्रथम स्वातन्त्र्य युद्ध में होती है। इस विद्रोह की पृष्ठभूमि में सामन्ती स्वार्थ, जनता की धर्मभावना को चोट पहुँचाने वाला प्रहार और स्वामिभक्त प्रजा की वीरपूजा की भावना आदि अनेक कारण थे। अस्तु, इसकी असफलता के बाद महारानी विक्टोरिया की घोषणा और उसके पश्चात् की अपेक्षाकृत सुचारु शासन-व्यवस्था सद्यःजात नवीन मध्यवर्ग के भीतर एक नये आशावाद का संचार करती है। इस मध्यवर्ग में बीच का नफा खाने वाले व्यापारी, नये जमींदार तथा सरकारी नौकरियों में आने वाले सम्मिलित थे। यही लोग धीरे-धीरे नेतृत्व प्राप्त करते जा रहे थे। इसी आशावाद के दरमियान के वे प्रयत्न हैं जिनमें भारतेन्दु बाबू, प्रतापनारायण मिश्र, अम्बिकादत्त व्यास आदि जैसे लोग राजभक्ति को दृढ़ करना चाहते हैं, 'कटोरिया सी विकटोरिया रानी' की स्तुति करते हैं तथा मस्ती, उल्लास और हास-परिहास के वातावरण को उपस्थित करते हैं। यह बात नहीं कि भारतेन्दु और प्रतापनारायण जैसे लोगों ने अंग्रेजों के शोषक स्वरूप अथवा उनकी व्यवस्था की असंगतियों को महसूस नहीं किया, परन्तु फिर भी उनके मन में शायद कुछ ऐसी धारणा बराबर बनी रही थी—यह 'ख्वारी' शीघ्र ही समाप्त हो जायगी। पर इस आशा का अन्त भी देश की बढ़ती हुई गरीबी, बेकारी, अकाल, महामारी आदि के मध्य हुआ। डॉ. केसरीनारायण शुक्ल के मत से, "कोरी राजभक्ति से असन्तोष भारतेन्दु-युग की राजनीतिक चेतना का अन्तिम स्वरूप है।" भारतेन्दु का मीठा, मृदुल असन्तोष बाबू बालमुकुन्द गुप्त के तीखे शिवशंभु के चिट्ठे में परिणत हो जाता है।

यहाँ पर इस युग का दूसरा दौर समाप्त हो जाता है। प्रथम दौर ने गद्य के विकास की पृष्ठभूमि को दृढ़ किया; दूसरे में गद्य की निबन्ध और नाटक विधाओं के भीतर सामाजिक चित्तवृत्ति प्रतिबिम्बित हुई।

मेरा अनुमान है कि काव्य की प्रक्रिया अपेक्षाकृत अधिक अनुदार (Conservative) होती है। बहुधा तात्कालिक प्रयोजनों की अभिव्यक्ति का उद्देश्य गद्य-साहित्य को चेतना के गहरे स्तरों में नहीं उतरने देता। यदि रिसर्च के बिन्दु की लकीर से कुछ समय के लिए पीछा छुड़ाकर सोचा जाय तो मेरे विचार से आधुनिक कविता का प्रारम्भ इस तीसरे चरण अर्थात् 1900 ई. के आसपास से माना जा सकता है। इसी समय के आसपास नागरी-प्रचारिणी सभा की स्थापना होती है, सरस्वती का प्रकाशन प्रारम्भ होता है, खड़ी बोली का आन्दोलन जोर पकड़ता है और बाबू बालमुकुन्द गुप्त, आचार्य महावीर प्रसाद द्विवेदी, श्रीधर पाठक तथा हरिऔध जी जैसे व्यक्तित्व सामने आते हैं। इसके पूर्व कविता की विषय-वस्तु और रूप-विधान में कोई उल्लेखनीय परिवर्तन लक्षित नहीं होता। रीतिकाल यहाँ तक खिंचता आता है।

इस काल में आकर ज्ञान की विविध शाखाओं का प्रसार धीरे-धीरे होता है जिससे कि मनुष्य और उसके परिवेश को समझने की नयी दृष्टि मिली। 'वैज्ञानिक विचार' ने पुरानी मान्यताओं एवं सिद्धान्तों को नष्ट किया अथवा अपनी मनमानी व्याख्याएँ उपस्थित कीं। प्राचीन इतिहास के अनुशीलन तथा राष्ट्रीय आन्दोलन की वर्तमान गति ने आत्मगौरवसम्पन्न भी बनाया और शोषण के बढ़ते हुए रूप एवं मशीनी उत्पादन के विकराल स्वरूप ने व्यक्तित्व का विघटन भी किया। आर्थिक संगठन की दृष्टि से कृषि की स्थिति दिन-ब-दिन बदतर होती गयी और उद्योगों का केन्द्रीकरण बढ़ता गया—इससे एक ओर तो किसानों में असन्तोष का उदय होता है और दूसरी ओर एक नये अपेक्षाकृत संगठित मजदूर-वर्ग का उदय प्रारम्भ होता है। इस तथ्य ने राष्ट्रीय आन्दोलन को भी अनेक मोड़ दिये। धीरे-धीरे आदर्श के बजाय एकनिष्ठ सत्ता का जनतन्त्र बन गया। प्रबुद्ध मध्यवर्ग ने व्यक्ति-अर्हता को अपनाया परन्तु शीघ्र ही उसका विघटन हुआ और समाज-प्रधान विचारधाराओं ने बल पकड़ा। अतः समाज की इन विविध स्थितियों, विकास-मार्गों एवं अवरोधों ने साहित्य को भी अनेक तरह से प्रभावित किया और आगे बढ़ाया। हमारी समस्त उपलब्धियों के मूल में ये सारे तत्त्व सतत क्रियाशील रहे हैं।

हमने आधुनिक युग का प्रारम्भ खड़ी बोली की प्रतिष्ठा से माना था। यदि हम कुछ समय के लिए अपनी अन्य उपलब्धियाँ भुला भी दें तो भी पिछले पचास-साठ वर्षों में खड़ी बोली का जो एक सामान्य जनभाषा के रूप में निर्माण हुआ है, उसे सूक्ष्म भावाभिव्यक्ति से सम्पन्न बनाया गया है, वह भी अपने-आप में साधारण वस्तु नहीं है। इस अभिव्यंजन-क्षमता का क्रमिक विकास बड़ा रोचक है। द्विवेदी-युग की इतिवृत्तात्मकता एवं स्थूल समस्त-बहुलता, छायावाद की ऋजु-मधुर पदावली,

प्रगतिशील साहित्य की ओज एवं शक्ति-समन्वित भाषा तथा समकालीन काव्य की जटिल संवेदनाओं एवं सूक्ष्म सौन्दर्य-बोध को प्रकाशित करने वाली अभिव्यंजनाएँ और फिर इन सबसे ऊपर व्यंग्य की अद्‌भुत सामर्थ्य के रूप में हमारी काव्य-भाषा की अनूठी प्रगति रही है। सीधी-सादी सरल भाषा में भी व्यंग्य कितना उभर कर आ सकता है, इसका उत्कृष्ट प्रमाण भवानीप्रसाद मिश्र की 'गीत-फरोश' कविता है। सौन्दर्य की अभिव्यंजना का भी एक छोटा-सा उदाहरण देख लें—

तुम्हारी देह
मुझको कनक-चम्पे की कली है
दूर ही से
स्मरण में भी गन्ध देती है।

(रूप स्पर्शातीत वह जिसकी लुनाई
कुहासे-सी चेतना को मोह ले।)

—अज्ञेय

वास्तव में भाषा का यह निखार एक पृथक् शोध का विषय है। भाषा की गति यदि लोकोन्मुख न हुई तो वह भाषा समाप्त हो जाती है, ऐसा भाषाशास्त्र के जानकारों का कहना है। हर्ष की बात है कि हमारी यह काव्य-भाषा दिन-दिन लोकाभिमुख होती जा रही है। पन्त, निराला जैसे छायावादी, अज्ञेय जैसे अवतंसवर्गीय अथवा गिरिजाकुमार जैसे तड़क-भड़क, रंग-ध्वनि-प्रेमी, मार्क्सवादी नागार्जुन एवं गाँधीवादी भवानीप्रसाद मिश्र तथा भगवतीचरण वर्मा, अथवा शक्ति के गायक दिनकर कोई भी इसके अपवाद नहीं हैं। हमारी इस भाषा में गाँव की गन्ध, मजदूर की महक और शिक्षित व्यक्ति की बोल-चाल की भाषा का रासायनिक समन्वय हो रहा है।

ऊपर मैं कह चुका हूँ कि नाना प्रकार की परिस्थितियों एवं गतिविधियों के मध्य हमारे साहित्य ने भी अनेक मोड़ लिये हैं। इन मोड़ों के मध्य कुछ छोटी-बड़ी और भी उपलब्धियाँ अर्जित की गयी हैं और उनके आधार पर अगले चरण की शक्ति मिली है। इस प्रकार की विशेषताओं में छायावादी कल्पना-दृष्टि और भाव-प्रवणता का प्रमुख स्थान है। विद्वान् अध्येताओं का कहना है कि कल्पना का ऐसा उन्नत और प्रचुर प्रयोग तथा भावोच्छ्‌वासों का ऐसा अंकन पूरे हिन्दी साहित्य में हमें उपलब्ध नहीं होता। ज्यों-ज्यों विज्ञान का प्रसार बढ़ता जायेगा त्यों-त्यों कल्पना की यह ऊँची उड़ानें कम पड़ती जायेंगी—क्योंकि कल्पना अज्ञात और अनुपस्थित की होती है जबकि विज्ञान ज्ञान और उपस्थित का क्षेत्र दिन-दिन बढ़ाता जा रहा है। परन्तु कल्पना का उपयोग भविष्य में साहित्य में दूसरे ढंग पर होगा। साहित्यकार अपनी कल्पना-शक्ति का उपयोग यथार्थ का निर्माण करने में, चरित्र में प्राण एवं प्रतिनिधित्व की प्रतिष्ठा करने में तथा जीवन के विविध आयामों को अपनी कलाकृति के भीतर समेटने के प्रयत्न में करेगा।

इस युग के काव्य की सबसे बड़ी सम्पत्ति है—यथार्थ की दृष्टि का आग्रह। यथार्थ का इतना बड़ा आग्रह कलाकार के सम्मुख सम्भवतः किसी युग में नहीं रहा है। हमारा आज का नारा यथार्थ का नारा है। पं. नन्ददुलारे वाजपेयी जैसे भाववादी समीक्षक का कहना है कि उन्होंने कुछ देर से (कामायनी काव्य के पढ़ने के बाद) यह जानकारी प्राप्त की कि आदर्श से बढ़कर भी यथार्थ नाम की कोई वस्तु हो सकती है। इसके कारण ही पन्त जी ग्राम-श्री से अभिभूत होते हैं, धरती के सेम के बीज को अमर करते हैं और धोबियों के नृत्य में रस लेते हैं। बच्चन चोटी की बरफ का, धरती में मिलने के लिए, आह्वान करते हैं। भगवतीचरण वर्मा ने मानव की पुकार ही नहीं सुनी, भैंसागाड़ी की 'चूँ चरर-मरर' को भी उतनी ही तन्मयता से ध्वनित किया है। गिरिजाकुमार माथुर ढाकवनी को शाप-मुक्त करते हैं तथा अज्ञेय दफ्तर और शाम में यन्त्रों के नीचे पिसते हुए मानव की दयनीय अवस्था को उपस्थित करते हैं; तथा शिवमंगल सिंह 'सुमन' 'आज देश की मिट्टी बोल उठी है' कहकर उस आवाज को सुनना ही नहीं, रूप भी देना चाहते हैं।

इस यथार्थवादी दृष्टि ने काव्य को अनेक प्रकार से प्रभावित किया है। जनसमाज की ओर हमारी बढ़ती हुई रुचि ने तथा नृतत्त्वशास्त्र, समाजशास्त्र आदि ज्ञान की शाखाओं ने हमें लोक-साहित्य के सम्पर्क में ला खड़ा किया। लोक-साहित्य से हमने काव्य-रूप और पदावली ही नहीं ली, उसकी सहजता एवं सोंधेपन को भी ग्रहण किया है। यथार्थ की इस प्रतिष्ठा ने एक ओर व्यक्ति के अन्तरमन को उघाड़कर सम्मुख रखा, दूसरी ओर व्यक्ति और समाज के नाना प्रकार के सम्बन्धों एवं समाज की विविध स्थितियों को हमारे सम्मुख उपस्थित किया। परिणाम यह कि हमने किसी भी वस्तु या भाव को अनिवार्यतः काव्योपयुक्त अथवा अकाव्योपयुक्त मानने से इन्कार कर दिया है। इसी कारण काव्य में क्षुद्र की भी प्रतिष्ठा हुई। अब मन का 'अनिश्चय' भी कविता का विषय है, मनुष्य के विविध मूड्स की सूक्ष्मता से अभिव्यक्ति की जाती है तथा सिगरेट की राख और अपशकुन पर भी सीरियस कविता लिखी जा सकती है। इस तथ्य ने हमारी सारी कल्पना, बिम्बविधान तथा संघटन के रूप को बदल दिया है। काव्य की विषय-वस्तु का व्यापक प्रसार हुआ। कवि ने जीवन की नयी संवेदनाओं को पहचाना है, नये कूलों एवं कगारों का स्पर्श काव्य-गंगा ने किया है।

ऊपर हमने अपनी भाषा की अभिव्यंजन-क्षमता का जिक्र किया है, जितनी महत्त्वपूर्ण प्राप्ति यह सामर्थ्य है उससे कम महत्त्वपूर्ण वह कौशल नहीं है जिसके माध्यम से यह क्षमता प्रकाश में आयी है! मात्रा, वर्ण, तुक, यति और गति के नियमों में बँधे छन्दों से लेकर छन्द-मुक्त तक सभी प्रकार की रचनाओं का सृजन हुआ है। प्रारम्भ में खड़ी बोली के अनुरूप छन्द ढूँढ़ने और छन्द के अनुरूप खड़ी बोली को मोड़ने के अनेक सफल-असफल प्रयत्न किये गये। इस काल में (द्विवेदी युग) में

विषयानुगत छन्द-संघटन बहुत प्रमुख रूप से नहीं उभरा। भाषा का प्रश्न मुख्य हो उठा था। व्यक्तिवाद का वह प्रारम्भ जो 19वीं शताब्दी में प्रारम्भ हो गया था, अपनी श्रेष्ठतम सीमा पर छायावाद में पहुँचा। इस युग के छन्द-संघटन में संगीतात्मकता एवं वैयक्तिक स्वच्छन्द-वृत्ति को प्रकाशित करने वाले छन्दों का प्रयोग प्रारम्भ हुआ। यहाँ से छन्द में जो मोड़ आता है वह भाषा या विशेष पदावली से उतना सम्बन्धित नहीं है जितना कि विषय के अनुरूप है। अपने हृद्गत भाव की अभिव्यंजना के लिए उसके अनुसार छन्द में अनेक मोड़ दिये जाने लगे। निराला जी और पन्त जी दोनों में यह प्रवृत्ति पायी जाती है। वास्तव में यह छन्द सम्बन्धी सबसे बड़ा परिवर्तन था। यहीं से मुक्तछन्द (या छन्द-मुक्त) काव्य का बीज पड़ जाता है। इस छन्द-मुक्तता का आधार ही यह विषय की अनुरूपता (लय के भीतर) है। अस्तु, आत्मपरक भावनाओं को अभिव्यक्त करने वाले इन छन्दों का चरम विकास गीतों में होता है। गीत को पूर्णता तक पहुँचाने के प्रयोग छायावादी चतुष्टयी के अतिरिक्त, बच्चन, अंचल, नरेन्द्र शर्मा, दिनकर, सुमन, शम्भूनाथ सिंह, नीरज जैसे कवियों ने अत्यन्त सफलतापूर्वक किये। गीत ने हमारे साहित्य को सफल वैयक्तिक अभिव्यंजनाएँ ही नहीं दी हैं, उसने खड़ी बोली में एक नये संगीत को सँवारा तथा काव्य-साहित्य को जनप्रियता भी दी, इसके अतिरिक्त वह सामाजिक स्वर का भी एक सशक्त माध्यम बनकर सम्मुख आया। परन्तु जब तक यह सामाजिक स्वर सतह का, घोषणा का रहा तब तक तो गीत विकसित होता रहा, फिर धीरे-धीरे उसकी पंक्तियों की नियमितता टूटने लगी। मुक्तछन्द की कविता का प्राधान्य बढ़ने लगा। इस बीच गीत भी काफी मात्रा में और अच्छे लिखे जाते रहे परन्तु नये-पुराने सभी कवियों ने काफी सरगर्मी से इस मुक्त दिशा में प्रयास किया। इस सरगर्मी के कारण एक प्रकार की अराजकता भी इस क्षेत्र में आयी। कुछ दिनों पूर्व श्री प्रभाकर माचवे का एक अत्यन्त विचारपूर्ण निबन्ध 'हिन्दी मुक्त छन्द' प्रकाशित हुआ था। माचवे जी ने इसमें नये काव्य के छन्द-विधान से सम्बन्धित कुछ अत्यन्त मौलिक प्रश्न उठाये थे।

वास्तव में काव्य में प्रयुक्त छन्दों की भी एक सामाजिक पृष्ठभूमि होती है। प्रत्येक युग की संवेदनाओं को भली प्रकार से अभिव्यक्त करने के लिए अपना एक छन्द चाहिए। इस बात को स्पष्ट करने के पूर्व एक बात कह देना चाहता हूँ कि छन्दों की यह सामाजिकता किसी यान्त्रिक ढंग से छन्द को प्रभावित नहीं करती और न उसमें अचानक कोई परिवर्तन दृष्टिगोचर होता है; तथा सामाजिक स्वरूप के अतिरिक्त अन्य प्रभाव (संगीत के नये प्रयोग, दूसरी भाषाओं के छन्दों आदि के प्रभाव) भी पड़ते हैं। छन्दों की सामाजिकता वाली बात का ठीक से विश्लेषण करने के लिए यहाँ मैं हिन्दी छन्दों के तीन प्रमुख टाइपों, सवैया, गीत और मुक्त छन्द का संक्षेप में विश्लेषण करने का प्रयास करूँगा। सवैया या घनाक्षरी में पूरे छन्द का ढाँचा अन्तिम पंक्ति पर खड़ा होता है। मुख्य बात अन्तिम पंक्ति है। शेष तीन पंक्तियों में

लगभग हर पंक्ति में अलग-अलग एक चित्र होता है और वे तीनों चित्र अन्तिम पंक्ति से सम्बन्धित होते हैं। मुझे ऐसा लगता है कि छन्द का यह संघटन ऐसी व्यवस्था के भीतर उचित था जहाँ पर कि अपेक्षाकृत सादगी थी, संवेदनाएँ अधिक जटिल नहीं थीं और सुनने वाले को इतना अवकाश था कि चौथी पंक्ति की जोरदार बात सुनने के लिए तीन पंक्तियों का धैर्य आनन्दपूर्वक धारण किये रहे। यहीं पर इनके पढ़ने के ढंग पर यदि विचार किया जाय तो भी एक मजेदार बात सामने आती है : सवैया आदि छन्द सदैव दो बार कवि पढ़ता है। क्योंकि दूसरी बार सुनने के बाद ही समस्त पंक्तियों की पूरी संगति समझ में आती है। यह भी अपेक्षाकृत अवकाश की सभ्यता को सूचित करनेवाली बात है। गीत वास्तव में कई छन्दों (ये छन्द एक ही नियम के अनुसार चलने वाले अथवा पृथक-पृथक् हो सकते हैं) के समुच्चय को कहते हैं। इन्हें पद या स्टैंजा भी कहते हैं। बजाय पंक्ति के, गीत के इन प्रत्येक छन्दों में एक पूरा चित्र दिया जाता है या बात कही जाती है तथा मुख्य बात प्रथम पंक्ति में रहती है जिससे कि प्रत्येक पद या छन्द का कथन सम्बन्धित रहता है। बहुधा गठन के इस ढंग के कारण गीत में कथन की एकतानता (Uniformity) नष्ट हो जाती है और प्रत्येक पद अपने-आप में स्वतन्त्र-सा दीखने लगता है। यह विशेष रूप से तब होता है जब कवि के पास आत्मपरक (Subjective) दृष्टिकोण की वास्तविक सम्पत्ति नहीं होती और वह वस्तुगत दृश्य-विधानों को अपने रंग में रंग नहीं पाता। ऐसी स्थिति में इन बाह्य दृश्य-विधानों से आकर्षित हो वह चित्रण तो कर जाता है पर बीच में ये असम्पृक्त रह जाते हैं। गीत का यह विधान सवैया की अपेक्षाकृत अधिक जटिल व्यवस्था एवं संवेदना को सूचित करता है। इसका संघटन व्यक्तिवाद की भावनाओं, कल्पनाओं को अधिक समर्थ अभिव्यक्ति दे सकता है। गीत की प्रथम जोरदार पंक्ति से यह भी अर्थ आप निकाल सकते हैं कि इस युग का पाठक या श्रोता पहले मुख्य बात का वजन जानकर अपना समय खर्च करना चाहता है क्योंकि उसके पास अवकाश का अभाव हो चला है। मुक्त छन्द में प्रारम्भ, अन्त अथवा मध्य में जोरदार बात का प्रश्न नहीं उठता, उसमें पूरे छन्द में बात फैलाकर भी कही जा सकती है और अलग-अलग टुकड़ों में भी उसे विश्लेषण-प्रवण प्रवृत्ति के साथ विभाजित करके कहा जा सकता है। आज के युग के व्यापक एवं जटिलतर मानसिक एवं बौद्धिक संवेदनों को अभिव्यक्ति देने के लिए यह अधिक बड़ा कैनवास है; तथा प्राचीन क्लासिकल संगीत से पृथक् नयी सांगीतिक व्यंजनाओं को भी सम्भवतः यह ढाँचा अधिक अपना सकेगा। इस छोटे-से निबन्ध में इन सब सम्बन्धों के पारस्परिक विश्लेषण को उपस्थित करना सम्भव नहीं है। परन्तु मैं छन्द-शास्त्रज्ञों, संगीतज्ञों एवं सामाजिक व्याख्याताओं से अनुरोध करूँगा कि वे इस दृष्टि से भी छन्द पर विचार करें। माचवे जी ने भी अपने निबन्ध में अनेक विचारणीय प्रश्न उठाये हैं। यहाँ पर इस सम्बन्ध में मैं केवल इतना कहना चाहता हूँ कि छन्द के विधान में नये भाव

और विचार की अनुरूपता तथा लयात्मकता की निश्चित रूप से रक्षा होनी चाहिए। मेरा अपना विश्वास है कि इस अराजक परिस्थिति में भी धीरे-धीरे बाढ़ उतरने पर कहीं अधिक सशक्त एवं व्यवस्थित मुक्त छन्द के रूप का विकास हो सकेगा। आज भी पुष्ट मुक्त छन्दों के रूप हमारे काव्य में बिरल नहीं हैं।

इसके अतिरिक्त पिछले 50-55 वर्षों में अप्रस्तुत-विधान के लिए नये मूर्त और अमूर्त दृश्य प्रचुरता से हमारे साहित्य में प्रयुक्त हुए हैं। बल्कि इधर तो इस नवीन रूप-योजना से हमारे कतिपय समीक्षक आतंकित हो प्रयोगवाद को इसी आधार पर खोटा सिक्का बताना चाहते हैं। हर्बर्ट रीड के शब्दों में कहा जा सकता है कि आधुनिक कविता ने रूपक, उपमा आदि अलंकारों से ऊपर उठकर एक नये प्रकार के अलंकार को प्राप्त किया है जिसे 'बिम्ब' (Image) कहा जा सकता है। जैक्स मैरीटैन ने रूपक और बिम्ब के अन्तर को बताया है कि 'रूपक' में एक ज्ञात वस्तु की तुलना में दूसरी ज्ञात वस्तु को लाकर प्रथम को दूसरी की सहायता से ठीक से अभिव्यक्त किया जाता है। बिम्ब एक की खोज करता है दूसरी की सहायता से, तथा दोनों के साम्य से अज्ञात को ज्ञात बनाता है; परन्तु यह कोई तार्कित साम्य नहीं होता। हमारे काव्य में इस प्रकार का बिम्ब-विधान अज्ञेय, शमशेर, माचवे, केदारनाथ सिंह तथा नरेश मेहता व अन्य अनेक नये कवियों में प्राप्त होता है। गिरिजाकुमार तथा भारती बिम्ब-विधान के धनी हैं पर उनके बिम्ब रूपक के अधिक निकट पहुँचते हैं। इन लोगों को प्रसाद एवं पन्त की परम्परा में इस दृष्टि से रखा जा सकता है जबकि अज्ञेय आदि को निराला जी की परम्परा में। अस्तु, बिम्ब-विधान की दृष्टि से 'नयी कविता' अत्यधिक समृद्ध है। आज की कविता मात्र चित्र हो गयी है। ये चित्र बहुधा समान अनुभूति (साधारणीकरण) की परिपाटी भी नहीं स्वीकार करते। चित्र उपस्थित करके कवि यह बात पाठक पर छोड़ देता है कि अपनी मनःस्थिति के अनुरूप भाव जगा ले।

द्विवेदीयुगीन काव्य-रूपों की चरम परिणति साकेत में हुई और छायावादी काव्य-रूपों की कामायनी में। इन्हें महाकाव्य के पुराने लक्षणों पर कसा जाता है पर ये नये काव्य-रूप हैं। इधर पिछले कुछ वर्षों में अंग्रेजी के प्रभाव से एक नये काव्य-रूप का जन्म और विकास हमारे यहाँ हुआ है। इसे छन्द-नाटक या काव्य-रूपक (Verse-Drama) कहा जाता है। इस रूप को रेडियो से बहुत अधिक बल मिला है। इसकी शक्ति का अनुमान इसी से किया जा सकता है कि सुमित्रानन्दन पन्त, भगवतीचरण वर्मा, उदयशंकर भट्ट जैसे पुराने कवि भी इसकी ओर आकर्षित हुए तथा गिरिजाकुमार माथुर, धर्मवीर भारती और सिद्धनाथ कुमार जैसे नये लोग भी। इसकी सम्भावनाएँ विराट हैं क्योंकि अपने नाटकीय ढाँचे के कारण नयी वैज्ञानिक उपलब्धियों को जितनी स्वाभाविकता से यह रूप अपना सकता है उतना अन्य कोई विधा नहीं।

आधुनिक युग में आकर साहित्य की सभी विधाओं में राजनीति का स्वर मुखर हुआ है। राजनीति का यह विसंवादी स्वर राष्ट्रीय स्तर से ऊपर उठकर विश्व के द्वन्द्वों तक पहुँचा है। विशुद्ध नारेबाजी से लेकर विचारधाराओं के सूक्ष्म अप्रत्यक्ष प्रभाव तक सभी आये हैं। विचार सम्बन्धी आदान-प्रदान के साधनों की सहज उपलब्धि के कारण तथा बढ़ती हुई सामाजिक चेतना इस स्वर को और अधिक घोषित रूप में फिलहाल सामने लावेगी, ऐसी आशा की जा सकती है। यह स्थिति सम्भवतः काव्य के लिए संकट की द्योतक भी नहीं होगी।

रीति-काव्य के बाद जब हम अपने आधुनिक काव्य-साहित्य को पढ़ते हैं तो एक तथ्य स्पष्ट रूप से सामने आता है कि चरित्र-सृष्टि निर्जीव पेटेण्ट टाइप से ऊपर उठी है। इस दिशा में समाजशास्त्र और मनोविज्ञान की बहुत बड़ी देन है—फिर भी प्रेमचन्द के अतिरिक्त पूरे साहित्य में अभी तक ऐसे प्रयत्न नहीं के बराबर हुए हैं जिनमें समाज की गत्यात्मक स्थिति के भीतर सचेतन मनुष्य की क्रियाशीलता को, उसकी शक्ति और सृजन-प्रतिभा को भलीभाँति आँका जाय। भविष्य के प्रयत्न इस दिशा में होने वांछनीय हैं। इनकी प्रणाली दुहरी होती है—एक ओर तो कवि अपने व्यक्तित्व का निर्व्यक्तीकरण करता है और दूसरी ओर निर्व्यक्तित्वों को व्यक्तित्व का अमली जामा पहनाता है।

हमारे साहित्य की (सम्भवतः अन्य समकालीन साहित्यों की भी) एक सबसे बड़ी कमी है किसी सुव्यवस्थित जीवन-दृष्टि का अभाव। यद्यपि प्राचीन दार्शनिक मतवादों के अतिरिक पश्चिमी दर्शनों (काण्ट, हीगेल, नीत्शे, फ्रायड, मार्क्स, किर्केगार्ड, हेडेगर आदि) का भी अध्ययन किया गया। परन्तु छिटपुट प्रयत्नों के अतिरिक्त अभी तक एक संगठित जागतिक दृष्टिकोण (World out-look) नहीं बन पाया। प्रसाद जी ने एक सुव्यवस्थित दर्शन की सृष्टि करनी चाही थी; पर सम्पूर्ण छायावादी काव्य में व्यापक परिप्रेक्ष्य का अभाव-सा है तथा उस काल के दार्शनिक-सामाजिक चिन्तन की तथा ज्ञानक्षेत्र की अपनी सीमाएँ भी हैं। आज के कवि का सबसे महत्त्वपूर्ण प्रयास यथार्थ-दृष्टि के आधार पर निर्मित हुई जीवन-दृष्टि (Vision) की उपलब्धि होना चाहिए।*

आधुनिक काव्य पर सबसे बड़ा आक्षेप है लोक-अप्रिय होना। इसके कारण हैं जिनकी विस्तृत विवेचना यहाँ पर बहुत समीचीन नहीं है। परन्तु इतना निश्चित है कि आज काव्य के बिम्ब-विधान को एक लोक-सुलभ चेतना तथा लोक-सुलभ

---

* यह निबन्ध कुछ समय पूर्व लिखा गया था। जिस जीवन-दृष्टि की कमी की शिकायत मैंने इस निबन्ध में की है, उसे प्राप्त करने की अनवरत चेष्टा इस बीच में की गयी है। वीरेन्द्रकुमार जैन, धर्मवीर भारती, गिरिजाकुमार माथुर, भवानीप्रसाद मिश्र आदि के प्रयत्न इस सम्बन्ध में विशेष उल्लेखनीय हैं।

कल्पना (General Consciousness and General Imagination) प्राप्त नहीं है; परन्तु भविष्य में ज्यों-ज्यों देश की निर्माण-योजनाएँ सफल होंगी, व्यवस्था एवं सम्पन्नता आवेगी तथा नये जीवन-मूल्यों की स्थापना होती जावेगी तथा विज्ञानजन्य उपकरण जीवन के अनिवार्य अंग बनते जावेंगे, त्यों-त्यों उपर्युक्त दोनों बातों की भी प्रतिष्ठा होती जावेगी। काव्य की इस लोक-कल्पना और लोक-चेतना की स्थापना के द्वारा कविता की वर्तमान लोक-अप्रियता भी समाप्त हो सकेगी, ऐसा मेरा विश्वास है।

युगचेतना : जनवरी, 1947

नयी कविता : रोमाण्टिक नवोत्थान

'कृति' में नयी कविता पर 'रोमाण्टिक नवोत्थान' शीर्षक सम्पादकीय! इसमें एक ओर तो 'साहित्यिक विकास का देश और जाति के जीवन की उथल-पुथल तथा समाज की चेतना के विकास से संयुक्त कर' देखने की बात उठाई गयी है और दूसरी ओर 'तार सप्तक' को सामान्य काल-प्रवाह के बीच एक असामान्य द्वीप भर माना गया है। यह दोनों बातें मुझे अन्तर्विरोधिनी प्रतीत होती हैं। स्वयं इस निष्कर्ष पर आने के पूर्व उस ऐतिहासिक गन्ध का जिक्र किया गया है जो कवि की प्राणशिराओं में बह निकलती है। क्या ऐतिहासिक विकास से सम्बन्धित होते हुए भी कोई कड़ी असामान्य रहती है? और यदि असामान्य परिस्थितियों के कारण कहीं यह स्थिति आ भी जाये तो सचमुच ही क्या यह असामान्यता अपने आप में एक कड़ी नहीं होती है? मैं और स्पष्ट करके पूछना चाहता हूँ कि क्या निराला और नरेन्द्र आदि की जिन कविताओं की आगे सम्पादकीय में चर्चा की गयी है (पृ. 7) उनके और 'नयी कविता' के बीच 'तार सप्तक' की कल्पना नहीं की जा सकती? तार सप्तक का नाम भी छोड़िए—सन् '40 और सन् '50 के बीच की कविताओं के बीच की कड़ी क्या है?

मैं समझता हूँ कि सप्तक के कवियों (अन्य भी जो 'सप्तक कमीशन' द्वारा चुने नहीं गये थे) के प्रयत्न सहज विकास द्वारा परिचालित थे—किसी प्रकार के बौद्धिक या एटामिक विस्फोट से नहीं। निराला, नरेन्द्र, रामविलास, शमशेर, अज्ञेय, गिरिजाकुमार, मुक्तिबोध, भवानीप्रसाद मिश्र, शीतलासहाय (जो 'सप्तक कमीशन' द्वारा न चुने जाने के क्षोभ को बरदाश्त नहीं कर सके और शायद कविता करना ही छोड़ बैठे) तथा 'रूपाभ' परिवार के कवियों की 1937 ई. से 1943 ई. तक की कविताएँ पढ़ने से साफ जाहिर होता है कि ये 'शृंखला की ही कड़ियाँ हैं' एवं इन कवियों की ही बाद की कविताओं में 'नयी कविता' की स्पष्ट पृष्ठभूमि है। हिन्दी में 'सप्तक' के पूर्व की भी कड़ी है और बाद की भी। 'हिन्दी साहित्यकारों में व्यक्तिगत प्रयोगवादियों को छोड़कर कोई भी ऐसी प्रतिभा नहीं है जो युग को मोड़ पा रही हो।' नरेश मेहता का दूसरे सप्तक में दिया गया यह वक्तव्य भी इसी बात

को सूचित करता है। बल्कि नरेश मेहता से कुछ कम करके मैं कहना चाहता हूँ कि युग के विकास और मोड़ में प्रयोगवादियों के भी चरण रहे हैं।

काव्य-भाषा में लोकधुनें या बिम्बों के माध्यम से कहने की जो भी विशेषताएँ 'नयी कविता' में हैं वे सभी 'तार सप्तक' में विद्यमान हैं। रही उपलब्धि की बात, उस सम्बन्ध में नामवर सिंह से मैं असहमत नहीं हूँ कि कुछ युग बहुधा उपलब्धि की अपेक्षा प्रयास के लिए अधिक महत्त्वपूर्ण होते हैं। 'तार सप्तक' की भी उपलब्धि प्रयास की ही है।

'जिन प्रश्नों और शंकाओं को' तार सप्तक ने उठाया, वे 'बाद की पीढ़ी के लिए उपयोगी नहीं सिद्ध हुए'—इस सम्बन्ध में मुझे केवल यही कहना है कि यही तो कविता की नवीनता है। यदि उनकी माँग 'समयोचित' थी तो फिर बेचारे इस प्रहार के भागी क्यों? छायावादियों के उठाये प्रश्न क्या आज आपको उपयोगी प्रतीत होते हैं या इसकी कोई सम्भावना है कि आज की कविता द्वारा उठाये प्रश्न अगले युग में भी उपयोगी सिद्ध होंगे? शाश्वत समस्याएँ तो युद्ध और प्रेम, तथा जीवन की ही हैं? परन्तु क्या 'नयी कविता' इन्हीं को व्यक्त कर रही है?

नयी कविता में केवल 'आस्था और साहस, विश्वास और संकल्प' ही होते तो मुझे वह अधिक अपूर्ण लगती। उसमें अनास्था भी है और शंकाकुलता भी। बात केवल शक्ति की है। शक्तिपूर्ण अनास्था काव्य के लिए अनुपेक्षणीय है।

'रोमाण्टिक नवोत्थान' की बात छिटपुट रूप से इधर बहुत दिनों से की जा रही थी। उसे एक महत्त्वपूर्ण सम्पादकीय के रूप में 'कृति' में उपस्थित किया गया। इसके लिए मेरी बधाई। आज 'विश्व साहित्य' की मुख्य प्रवृत्ति 'रोमाण्टिक नवोत्थान' की है—बकौल प्रभाकर माचवे हिन्दी जैसी पिछड़ी भाषा भी इस क्षेत्र में पिछड़ी नहीं है, यह जानकर हमें अधिक गहरा आत्मविश्वास होता है। पर इतनी बात मैं फिर दुहराना चाहता हूँ कि इस नवोत्थान की पिछली कड़ी प्रयोगवादियों की कविताएँ, कहानियाँ और उपन्यास हैं।

कृति : 1959

नयी कविता और बोधगम्यता का प्रश्न

नयी कविता और बोधगम्यता की बात उठते ही मुझे एक घटना याद आ जाती है। बात बहुत पुरानी नहीं हुई, यही कोई तीनेक वर्ष हुए हैं, एक प्रतिष्ठित विश्वविद्यालय के सीनियर हिन्दी अध्यापक ने मुझसे अत्यन्त ईमानदारी और आग्रह के साथ पूछा कि क्या कतिपय नयी कविताओं का अर्थ मैं उनको बता दूँगा? वह महाशय 'नयी कविता' के समर्थक नहीं थे पर यह भी निश्चित है कि उनका यह वाक्य विद्रूप में नहीं कहा गया था। वह हिन्दी के बड़े प्रोफेसरों की प्रकृति के विरुद्ध कभी न कभी कुछ नयी कविताएँ पढ़ने की चेष्टा करते थे और वे उन्हें साधारणतः दुरूह प्रतीत होती थीं (इसी कारण बहुधा नीरस भी)। यह तो हुई अध्यापक-आलोचक की बात। मेरा छोटा भाई है जिसे मैं एक सामान्य पाठक मानता हूँ; उसके अनुसार 'भाई साहब, ये कविताएँ कुछ विचित्र सी हैं, समझ में नहीं आतीं। मुझको तो इनके पढ़ने में मजा नहीं आता।' रचनाकारों से भी मैंने सुना है कि फलाँ महाशय की इस कविता का तात्पर्य समझ में नहीं आया। इस तरह हम देखते हैं कि रचनाकार, अध्यापक, आलोचक एवं सामान्य पाठक, लेखन से सम्बन्धित ये विविध प्राणी नयी कविता के प्रसंग में बोधगम्यता का प्रश्न उठाते रहे हैं। परन्तु इन विविध स्तरों पर होनेवाली इस सामान्य प्रतिक्रिया की अधिक छानबीन की जाये, इसके पूर्व मेरा मन होता है कि बोधगम्यता के इस सवाल को काल की दृष्टि से भी देख लिया जाये। इसी प्रसंग में स्वयं अपनी प्रतिक्रियाएँ याद आती हैं कि एम.ए. की कक्षाओं तक छायावाद की स्पष्ट धारणा हमारे मन में नहीं बन पायी थी। छायावाद के बारे में यह प्रचलित मजाक था कि जो समझ में न आवे, अस्पष्ट हो, वह छायावाद है। पुराने अध्यापकों को छायावादी कविताएँ पढ़ाना अब भी अटपटा लगता है और फिर अपनी या अपने छोटे भाई या अपने छात्रों की गवाही दूँ तो सूर, तुलसी, बिहारी और रत्नाकर जैसी स्पष्टता या रस इन कविताओं में प्रारम्भ में उपलब्ध नहीं होता। प्रसाद के बारे में तो यह प्रसिद्ध है कि बाद को अपनी किसी कविता का अर्थ वह स्वयं नहीं बता पाये थे। इस तरह आधुनिक हिन्दी काव्य के प्रसंग में बोधगम्यता का सवाल छायावादकाल से माना जा सकता है। यह बात एक

सहज साहित्यिक स्तर पर उठने वाले सामान्य प्रश्न के लिए कही जा रही है। यों उलटबाँसियाँ, दृष्टकूट एवं मुकरियों तथा जानबूझकर लिखे गये दुरूह काव्य को छोड़ भी दिया जाये तो भी बोधगम्यता का प्रश्न कलाओं के क्षेत्र में बराबर बना रहा है। ये जो सहस्रों टीकाएँ, वार्तिक, भाष्य, तिलक रचे गये, लक्षणग्रन्थों को लिखा गया तथा कवि समयों, काव्यरूढ़ियों की चर्चा हुई है वह आखिर किसलिए? क्या सारा आलोचनाशास्त्र एवं व्यावहारिक समीक्षा की राशि, रचना को अधिकाधिक बोधगम्य बनाने का प्रयास नहीं है? क्या पुराने काव्य का इतने दिन तक अध्ययन हो चुकने के बाद भी, एक अंश ऐसा नहीं है जो हमें आज भी दुरूह लगता है? बात साफ है कि बोधगम्यता का सवाल कलाओं के साथ सदैव रहा है, परन्तु आधुनिक काल में वह बिन्दु परिवर्तित हो गया है—जिस पर बल दिया जाता है। पहले सहृदय, प्रमाता या रसज्ञ की शिक्षा और संस्कारों पर बल दिया जाता था—रचना दुरूह है यह कोई नहीं कहता था, रसज्ञ असंस्कारी है यह कहा जाता था। संस्कृत के आचार्य ने बता दिया था, 'येषां काव्यानुशीलनाभ्यासवशाद् विशदीभूते मनोमुकुरे वर्णनीयतन्मयीभवनयोग्यता ते स्वहृदयसंवादभाजः सहृदयाः।' पर आज का पण्डित इस संस्कारशीलता पर जोर नहीं देता। वह तो सीधे-सीधे रचना को ही पाठ के स्तर पर ले आना बोधगम्यता मानता है। इस प्रकार बोधगम्यता की बात पाठक से रचना पर आधुनिक काल में आरोपित कर दी गयी है। ऐसा शायद इसलिए हुआ है कि लोग सोचते हैं कि शिक्षा के व्यापक प्रसारी रूप से पाठक तो संस्कारी रसज्ञ हो ही जाता है, पर वास्तव में यह बहुत बड़ी मिथ्या धारणा है। यह सहज ही दिखाया जा सकता है कि शिक्षा का आधुनिक रूप सर्वत्र संस्कारी नागरिकों को ही जन्म नहीं देता और उसकी कलात्मक अभिरुचि का सम्यक् निर्माण या परिष्करण भी नहीं करता। इसके अतिरिक्त अन्य अनेक ऐसे प्रभाव हैं जो 'मनोमुकुर के विशदीभूत' होने में बाधक सिद्ध होते हैं। ऐसी स्थिति में सामान्य पाठक को यदि नयी कविता (या छायावादी भी) दुरूह प्रतीत हो तो कुछ आश्चर्यजनक नहीं है और इसका वास्तविक समाधान अभिनवगुप्त द्वारा बताया गया 'विशदीभूत मनोमुकुर' ही है न कि नयी कविता को गाली देना।

यहीं पर एक प्रश्न यह पूछा जा सकता है कि पढ़े-लिखे काव्यानुशीलन में अभ्यस्त प्रोफेसर साहब को क्यों नयी कविता दुरूह लगती है? इसका पहला उत्तर तो यही है कि प्राध्यापक बन जाने के साथ ही कोई संस्कारी भी वैसा ही हो जाये, कम से कम आजकल यह आवश्यक नहीं है। दूसरी बात यह है कि शिक्षा के जो पाठ्यक्रम हमारे यहाँ निर्धारित हैं ये उस शिक्षित अध्यापक को पहले से ही एक प्रकार से 'कण्डीशण्ड' कर देते हैं। स्पष्ट है कि ऐसे व्यक्ति की प्रतिक्रियाएँ 'विशदीभूत' न होकर मनोविज्ञान की भाषा में 'कण्डीशण्ड रेफलेक्सेज' की हो जाती हैं। तीसरी महत्त्वपूर्ण बात यह है कि पहले विकास की गति इतनी धीमी थी कि कोई भी काव्यान्दोलन या प्रवृत्ति सैकड़ों वर्षों तक चलती रहती थी और जब उसमें परिवर्तन भी होता था तो इतने

धीमे कि पाठक उसे जान ही नहीं पाता था। अतः उस समय के काव्यानुशीलन से जो चित्त का संस्कार होता था उसमें समसामयिक काव्य के लिए पीठिका बनी रहती थी, परन्तु आधुनिक काल में ऐसा नहीं है। विकास की प्रक्रिया इतनी तीव्र है और इसी कारण परिवर्तन इतनी तेजी से घटित होते हैं कि कोई भी प्रवृत्ति अधिक दिन नहीं चल पाती। भक्तिकाल 300 वर्ष से अधिक रहा और रीतिकाल 200 वर्ष—पर छायावाद की आयु 20 वर्ष की ही रही, प्रगतिवाद-प्रयोगवाद 14 वर्ष और अब दस वर्ष के भीतर ही नयी कविता के निष्प्रभ होने की चर्चा होने लगी है। इसके अतिरिक्त अब पृष्ठभूमि में कोई एक काव्यपरम्परा या कलाप्रवृत्ति न होकर अनेक देशों एवं युगों की प्रवृत्तियाँ हैं। इनके कारण किसी एक ही परम्परा का अनुशीलन करने वाला व्यक्ति इन विविध प्रभावों या परिवर्तनों को दुरूह समझने लगता है। यह बात हिन्दी के अध्यापक पर भी पूरी तरह सही उतरती है। यदि एक बात कहने के लिए क्षमा किया जाये तो मैं एक तथ्य की ओर इंगित करना चाहूँगा : नयी कविता का कवि अधिक बहुपठित, बहुश्रुत एवं शिक्षित (एकेडेमिक दृष्टि से भी) है बजाय अपने पूर्ववर्तियों के। छायावादी कवि का अध्ययन जहाँ कुछ दार्शनिक-साहित्यिक ग्रन्थों एवं अंग्रेजी के रोमैण्टिक काव्य तक सीमित था, वहीं आज का कवि विविध देशों के साहित्य, विविध विचारधाराओं, दर्शनों आदि से परिचित या अनुप्रेरित है। अपने सृजन के इस अन्तर्राष्ट्रीय स्वभाव या प्रभाव के कारण यह काव्य बहुतों को दुरूह प्रतीत होता है। पर मैं नहीं जानता कि इस कारण कोई व्यक्ति यह कहना चाहेगा कि आधुनिक कवि पढ़ना बन्द कर दें।

रचनाकारों को भी तमाम रचनाएँ जब दुरूह लगती हैं तब ध्यान यही रखना चाहिए कि ऐसे समय वे भी सामान्य पाठक के स्तर पर रहते हैं; अथवा आज के कवि की जटिल रचनाप्रक्रिया के उस स्तर पर नहीं पहुँच पा रहे जहाँ से कि उसने लिखा है। वास्तव में बोधगम्यता में ही बुद्धि का प्रश्न लगा है और जब बुद्धि की बात है तो सप्रयास अर्जित करने का भाव अपने आप आ जाता है। अर्जित करने की इस बात को एक उदाहरण के द्वारा समझाया जा सकता है। यह एक स्वीकृत एवं मान्य बात है कि सामाजिक-आर्थिक परिवर्तनों के कारण साहित्य में चित्रित मानवमूर्ति का रूप भी बदलता रहता है। अब यदि इस परिवर्तन करने वाले आधार एवं परिवर्तनमान आधेय को बुद्धिपूर्वक ग्रहण न करें तो उस रचना के निहितार्थ स्पष्ट न हो सकेंगे। हिन्दी से उदाहरण लें : भारतेन्दुकाल के साहित्य में राष्ट्रीय भावना का जो स्वर है वह स्पष्ट और पैना न होकर द्विविधाग्रस्त है पर द्विवेदीयुग में वह पुनरुत्थानवादी हिन्दू राष्ट्रीयता में अधिक आकार ग्रहण करता है। राष्ट्रीय आन्दोलन के प्रभाव तले बढ़ने वाले छायावादी काव्य में राष्ट्रीयता का हिन्दूवादी स्वरूप कमजोर पड़ता है और विश्वमानव की हलकी सी स्वीकृति मिलने लगती है। प्रगतिवादी साहित्य में राष्ट्रीयता की धारणा में और बड़ा परिवर्तन मिलने लगता है। अब संघर्ष केवल

विदेशी शासन के ही नहीं शोषक के भी विरुद्ध हो जाता है। मानवता की धारणा व्यापक होती है; वर्गों को स्वीकृति मिलती है। प्रगतिवाद के समानान्तर प्रयोगवाद में समुदाय एवं वर्ग के स्थान पर वैयक्तिक मनुष्य की अपनी नियति को ढूँढ़ने का प्रयास मिलता है। नयी कविता में आकर वैयक्तिक एवं सामाजिक दायित्वों का सन्तुलन भी हमें मिलता है तथा मानवता की धारणा अधिक गहरी होती है। एक प्रकार की सार्वदेशिक (कॉस्मोपालिटन) गन्ध इस साहित्य में विशिष्ट रूप में उपलब्ध होने लगती है। विकास की 'डाइलेक्टिक्स' को जो भी व्यक्ति (चाहे वह प्रोफेसर हो या पाठक) अपने मन में नहीं रखेगा वह आधुनिक काव्य के प्रति दुरूहता का आरोप लगाएगा। इस प्रक्रिया का अर्जन प्रयासपूर्वक ही किया जा सकता है। अतः मैं कहना चाहता हूँ कि बोधगम्यता का प्रश्न कविता से अधिक भावक का है।

यहीं पर एक सवाल यह भी हो सकता है कि क्या बोधगम्यता और सरलता समानार्थी है? अथवा बोधगम्यता का विलोम दुरूहता है? अथवा यह कि काव्य का यथार्थ निकाल लेना ही बोधगम्य होने का प्रमाण है? एंपसन द्वारा गिनाई गयी सात प्रकार की अस्पष्टताओं (सेवेन टाइप्स ऑफ एंबिग्युटीज) की शास्त्रीय चर्चा में पड़ना इस निबन्ध के स्वर के विपरीत होगा; अतः उसे छोड़कर अगर विश्व के तमाम पुराने साहित्य को हम साक्षी बनावें तो यह बात अत्यन्त सरलता के साथ देखी जा सकती है कि श्रेष्ठ काव्य की कसौटी सरलता कहीं नहीं है। काव्य के जटिल स्तर ही उसकी महानता के प्रमाण होते हैं। जटिल स्तरों वाली इस प्रक्रिया का ही परिणाम होता है कि कविता के गद्यार्थ (या विविध कलाकृतियों के गद्यार्थ) सदैव ढूँढ़े नहीं निकलते। इस कठिनाई को अध्यापक से अधिक कोई नहीं जानता कि पुराने कवियों का गद्यार्थ कभी-कभी कितना बड़ा सरदर्द बन जाता है। अर्थ ढूँढ़ने की यह प्रक्रिया बहुधा अनर्थों की या गलत अर्थों की सृष्टि करती है। सामान्य जीवन में कितनी ही बार लोगों को मैंने ऐसे गीत गाते सुना है जिनमें कि नितान्त भिन्न शब्द उन्होंने स्थानान्तरित कर लिए हैं और ये स्थानान्तरित शब्द भी उनके मन में संवेगात्मक प्रतिक्रिया (रेस्पांस) जगा देते हैं। इससे यह सिद्ध होता है कि लोग अपनी-अपनी मनःक्षमता के अनुसार प्रतिक्रियाएँ करते हैं—कलाकृतियों के प्रति। खजुराहो की मूर्तियों के प्रति भिन्न-भिन्न प्रतिक्रियाएँ आप बखूबी देख सकते हैं। अतः गद्यार्थ जानने की अपेक्षा कलाकृति में यह देखना अधिक आवश्यक है कि उसमें संवेग जगा सकने की क्षमता है या नहीं। राग-रागिनियों के पुराने चित्र हम सभी ने देखे होंगे पर अधिकांश उन चित्रों को देखकर यह नहीं बता सकते कि कौन-सा चित्र किस रागिनी का है। इस गद्यार्थ को न जानते हुए भी वे चित्र हमें प्रीतिकर लगते हैं। यदि एक रचना समान अनुभूतियों को जगाने के स्थान पर भिन्न-भिन्न मनःस्थितियों में विद्यमान शतधा वर्गों में विभक्त पाठकसमाज में विभिन्न संवेग या प्रतिक्रियाएँ जगा सकती है तो उसे दुरुह या अबोधगम्य क्यों माना जाये? वस्तुतः

साधारणीकरण की धारणा में इस मौलिक बदलाव के कारण आज की तमाम कविता बिम्बबहुल हो गयी है और इसीलिए अधिक दुरूह भी।

अगर आज की कविता दुरूह या बोधगम्य है ही, तो क्या उसकी शब्दावली कहीं अन्यत्र से आयात कर ली गयी है? आखिरकार शब्द तो वही हैं, कोष में उनके अर्थ भी मिल जाते हैं। तब यही हो सकता है कि उनका प्रयोग कुछ ऐसा विशिष्ट होता है कि उसमें अस्पष्टता आ जाती है। वास्तव में यह सारी समस्या भाव और भाषा के सम्पुंजन एवं समायोजन की है। इस बात को अब बराबर कहने की कोई आवश्यकता नहीं कि आधुनिककाल में देश, काल और ज्ञान-विज्ञान के इतने आयाम उद्घाटित हुए हैं कि वे मनुष्य को चमत्कृत भी करते हैं और कलाकार पर एक अतिरिक्त दायित्व भी डालते हैं। आज इतनी नयी, गहन और विचित्र समस्याएँ, प्रश्न या समाधान सामने आते हैं कि अब तक चली आती भाषा उन सबको ठीक से कह सकने में अक्षम हो जाती है। युद्ध और शान्ति जैसे शब्दों को ही लिया जाये; आज से दो सौ वर्ष पूर्व इन शब्दों द्वारा जो संकेतित होता है क्या वही आज भी संकेतित होता है? जिस युग ने हाइड्रोजन बम की विभीषिका नहीं जानी वह शान्ति की ऐसी तीव्र आवश्यकता का अनुभव भी नहीं कर सकता और युद्ध के भय से इतना आक्रान्त भी नहीं हो सकता। ऐसी स्थिति में जिस समय आज का कवि इन नयी चित्तवृत्तियों को वाणी देना चाहता है तब वह नये शब्द गढ़े (नयी कविता में गिरिजाकुमार माथुर ने अनेक नये शब्द गढ़े हैं और उनकी व्याख्याएँ दी हैं) जो कि स्पष्टतः एकदम दुरूह हो जावेंगे, क्योंकि शब्द सामाजिक स्वीकृति के बिना नहीं चलता; अथवा वह युद्ध और शान्ति के लिए ऐसे बिम्बों, वाक्यों को लावे जो इस विभीषिका या आवश्यकता को प्रकट कर सके—इस कार्य में भी भाव की नवीनता के आग्रह से प्रयोग की जो नवीनता आती है वह भी अपेक्षाकृत उतनी स्पष्ट नहीं हो पाती। ऐसे ही जिन क्षेत्रों से उपमान चुन कर आते हैं वे बहुधा विशेषीकरण की शिक्षा वाले युग में लेखक और पाठक के लिए समान परिचित नहीं होते, परिणामस्वरूप दुरूहता का आरोप सहज ही लगने लगता है। शब्दों या उनके मन्तव्यों को कभी-कभी तोड़कर विरूप (डिस्टार्ट) कर सामने लाया जाता है और कभी-कभी नितान्त अजाने प्रतीक भी आ जाते हैं। तत्काल ये सभी अपरिचित लगते हैं पर धीरे-धीरे सांस्कृतिक वातावरण में घुलमिल कर बोधगम्य बन जाते हैं। अतः बोधगम्यता की समस्या का अधिकांश तात्कालिक भी हुआ करता है—विशेष रूप से उसका आशंका और आपत्ति वाला पहलू। पर कलाओं का पुनर्नवीकरण भी होता है और अनदेखा विकास भी। बोधगम्यता का प्रश्न उठा कर न तो उसे बाधित करना उचित होता है और न हतोत्साहित।

पर इतना अवश्य है कि जहाँ पर जानबूझ कर दुरूहता की स्थापना की जाये, टूटे-खण्डित वाक्य या बिम्ब ही रखे जायें, बौद्धिक पाठक को झुठलाने के लिए

एकदम अचम्भे के बच्चे को जन्म दिया जाये; जहाँ न लय पर ध्यान हो न संवेग जगा सकने की क्षमता—उस सबका खण्डन और तिरस्कार अवश्य होना चाहिए। पर इस खण्डन के पूर्व यह आवश्यक है कि पहले इसकी जाँच कर ली जाये कि कहीं ऊपर बताई गयी स्थितियों के कारण तो ऐसा प्रतीत नहीं हो रहा। यह चेतावनी इसलिए अधिक आवश्यक है, क्योंकि मुझे लगता है कि हिन्दी में बोधगम्यता का प्रश्न उठाकर जो निन्दा 'नयी कविता' की हुई है उसके पीछे पूर्वग्रह अधिक है तथ्य कम। अन्यथा हिन्दी की नयी कविता में दुरूह अंश बहुत कम हैं (उसे बहुत से लोग कमजोरी भी मानने की दलीलें दे सकते हैं), बड़ी संख्या ऐसी कविताओं की है जिनके गद्यार्थ भी ढूँढ़े जा सकते हैं।

आलोचना और आलोचना, 1961

रसज्ञता का वर्तमान स्तर

कुछ-कुछ जैनेन्द्र जी के ढंग पर कहने का मन होता है कि रसज्ञता, भाई! रसज्ञता एक तो व्याख्या की वस्तु नहीं है और फिर 'रसज्ञता का वर्तमान स्तर' के क्या माने? क्या रसज्ञता के कल के और आज के रूप अलग-अलग होते हैं और यदि होते हैं तो फिर वर्तमान का कोई एक ही स्तर क्यों माना जाय? यही नहीं, कविता का ही दायित्व आज बदल गया है या फिर कविता बदल गयी है। भौंहों पर तनिक बल देकर यह भी तो पूछा जा सकता है कि कविता, कौन-सी कविता? नयी कविता, गीत, फिल्मी, कवि सम्मेलनी या पुरानी?

कहना न होगा कि मेरे काल्पनिक जैनेन्द्र जी द्वारा पूछे गये ये प्रश्न अवास्तविक नहीं हैं। इन प्रश्नों पर लम्बी चर्चा हो सकती है। पर चूँकि स्तम्भ के आयोजकों ने स्थान की सीमा निश्चित कर दी है, अतः इस सम्बन्ध में केवल मत-प्रकाशन ही सम्भव हो सकेगा।

'रसज्ञता का वर्तमान स्तर' पद ही यह सूचित करता है कि आयोजकों ने यह मान लिया है कि रसज्ञता काल के साथ (यानी कि युगीन परिस्थितियों मे) बदलती रहती है। इसमें मैं इतनी व्याख्या और जोड़ देना चाहूँगा कि यह बदलाव सामाजिक और मानसिक दोनों भूमियों पर होता रहता है। हमारे एकेडेमिक शाश्वतवादियों के अनुसार यदि साहित्य के मूल स्थायी भाव नौ ही हैं तब भी इसका रसज्ञता की बदलती भूमिका से कोई विरोध नहीं होता। इन शाश्वतवादियों से यह कहा जा सकता है कि किसी युग में कोई भाव अधिक प्रीतिकर हो सकता है और कभी कोई दूसरा। पर वास्तव में समस्या इतनी सरलीकृत नहीं है। रसबोध एक जटिल व्यापार है। वह एक साथ अनेक स्तरों पर कार्य करता है और एक साथ अनेक तत्त्वों से प्रभावित होता है। साम्प्रतिक स्तर की बात ही ली जाय तो कितने ही तत्त्व हो सकते हैं—आर्थिक विपन्नता पर सम्पन्नता के लिए प्रयास, जनतान्त्रिक भावना पर उसके उचित अभिव्यक्तीकरण का अभाव, व्यापक सामूहिक शिक्षा पर शिक्षा में लक्ष्य का अभाव, फिल्म, अखबार, रेडियो आदि पचीसों चीजें हैं जो आज के पाठक की रसज्ञता के स्तर को बदल देती हैं। आइए, एकाध को उदाहरण समेत देखें :

शिक्षा को लीजिए—आज अधिकाधिक व्यक्तियों को शैक्षिक सुविधाएँ उपलब्ध हो रही हैं। जहाँ तक मुझे याद है, सरकारी आँकड़ों के अनुसार एक करोड़ से कुछ अधिक विद्यार्थी उच्चतर माध्यमिक परीक्षाओं में इस देश में सम्मिलित होते हैं। इन्हें हम साहित्य का सामान्य पाठक मान सकते हैं। जो उच्चतर अध्ययन के लिए जाते हैं उनकी संख्या भी कुछ कम नहीं है। ये लोग पढ़ना सीख लेते हैं और आज की सभ्यता में उनके लिए पढ़ने का अवकाश भी है (बेकार है तब भी और रोजगार है तब भी), पर क्या पढ़ें इसकी कोई दीक्षा नहीं मिली होती। हमारे पाठक कह सकते हैं कि शिक्षा के दौरान विविध पाठ्यक्रमों के माध्यम से उचित-अनुचित के विवेक की जो दीक्षा दी जाती है वह उनकी अभिरुचि का परिष्कार करती है। पर वास्तविक भ्रम यही है—इस भीड़भाड़ में वह विवेक ही नहीं जाग्रत होने पाता और यदि कुछ अंकुरित भी होता है तो उस अभिरुचि को भोंडा करने वाले तत्त्व इतने प्रबल होते हैं कि उनके आगे वह दब जाता है। थोड़े दिन पहले की बात है—कानपुर की एक संस्था की ओर से 'रोमियो और जूलिएट' के एक बैले, जिसको मास्को के प्रसिद्ध बोलशोई थियेटर ने प्रस्तुत किया था, की फिल्म आमन्त्रितों को दिखाई गयी। उच्चतम कक्षाओं के विद्यार्थी भी वहाँ विद्यमान थे, पर सब मिलाकर प्रसन्नता उन स्थलों पर व्यक्त की जाती थी जिन पर अश्लील अभिप्राय आरोपित किये जा सकते थे। अगर केवल साहित्य के अध्यापन का प्रश्न लिया जाय तो यहाँ पर भी यह दिखाई देगा कि उचित अभिरुचि एवं कलात्मक विवेक की जागृति का अभाव है। पाठ्यक्रम का एक बड़ा भाग ऐसा होता है जो साहित्येतर प्रश्नों में विद्यार्थी को उलझाता है और साहित्यिक सौन्दर्य भी कुछ ऐसे घिसे-पिटे खानों में बाँट कर दिखाया जाता है कि विद्यार्थी को अरुचि उत्पन्न होती है और वह गम्भीर साहित्य से बचने लगता है। फिर जमाने की और दिक्कतें हैं जो उसे सस्ते, कुरुचिपूर्ण लेखन की ओर प्रवृत्त करती हैं। इस सारी शिक्षा का परिणाम यह होता है कि वह अर्द्धशिक्षित बन कर अपनी सारी कल्पनाशीलता को भुला कर एक जड़ीभूत अवस्था में पहुँच जाता है और उसकी रसज्ञता केवल रेल पर समय काटने या गृहस्थी की नीरसता के भीतर कुछ देर पलायन करने तक सीमित रह जाती है। वह उसे श्रेष्ठ, अर्जित मानवीय उपलब्धि के रूप में नहीं ग्रहण करता। फिर प्रकाशन व्यवसाय की व्यावसायिक आवश्यकताएँ हैं, दैनिक अखबार की समाचार-प्रवाहशीलता है, फिल्म की चकाचौंध है जो इसकी अभिरुचि को भोंथरा करने में सहायता देती रहती है। उन परिस्थितियों के मध्य पला हुआ रसज्ञ जब नये सृजन के सम्पर्क में आता है तब स्थिति और खराब हो उठती है। सूर, तुलसी, बिहारी या प्रसाद से वह थोड़ा-बहुत अपने कोर्स में परिचित हो चुका है पर नये लेखन से? इस अपरिचित से दूर रहना ही अच्छा है। इस अपरिचित लेखन में भी उपन्यास-कहानी तो कुछ ठीक है, क्योंकि उनमें कुतूहल तो रहता है—पर कविता की सूक्ष्मतम जटिलता, प्रतीकविधान, भाषा

के अपेक्षाकृत नये मुहावरे आदि उसके लिए एकदम 'आउटसाइडर' हैं। कविता सदा से अपेक्षाकृत अधिक दीक्षागम्य रही है। कितने ही लक्षण-ग्रन्थ मध्यकाल में, आश्रयदाताओं को काव्य-रूढ़ियों से परिचित कराने के लिए ही लिखे गये हैं। आधुनिक लेखक भी सव्याख्या कविता-पाठ, सृजन-प्रक्रिया-विवेचन या आलोचनाएँ लिख कर यही काम करने की चेष्टा करता है। पर इस जगह एक बड़ी कठिनाई उठती है कि रसज्ञों (या रसज्ञता) का कोई एक स्तर नहीं है। विशेषीकरण के इस युग में कला की भाषा वैसी सार्वभौम नहीं रही। इसी कारण कविता ही नहीं, सामयिक समस्त कलाओं के सामने रसज्ञता का प्रश्न मुँह बाए खड़ा रहता है। सभी कलाएँ आज दुरूहता के आरोप से लदी हैं। बल्कि मैं तो कहना चाहूँगा कि कला मात्र, प्राचीन भी—इस समस्या से आहत है। खजुराहो या एलोरा के मन्दिर हों, अजन्ता या काँगड़ा कलम के चित्र हों, शास्त्रीय संगीत हो या कालिदास अथवा घनानन्द की कविताएँ हों—इन सभी के प्रति एक कुरसज्ञ भाव आप किसी भी समुदाय के बीच देख सकते हैं। वास्तविक प्रश्न सर्वत्र दीक्षागम्यता का है। दीक्षा कलामात्र के लिए, कलात्मक अभिरुचि के लिए। मैं कहना चाहूँगा कि यह दीक्षा कभी भी सर्वजनग्राह्य नहीं होगी, मध्यकाल जैसी सीमित संख्या में भी नहीं होगी। आज रसज्ञता के प्रसार के लिए अधिक अवकाश है—आवश्यकता उसके निर्माण की है। पर यह दायित्व किसका है? यह प्रश्न एक अलग चर्चा का विषय है; पर इतना तो हम कह ही सकते हैं कि 'हम सबका'—कलाकार का, समीक्षक का, शिक्षाशास्त्री का, सरकार का और सभी समझदार नागरिकों का। जब तक यह नहीं होता तब तक कविता (या कला) के पाठक भी थोड़े होंगे और हमें उन्हीं से सन्तोष करना चाहिए। जनप्रियता का बड़ा लोभ कलाओं के लिए बहुत उपयोगी नहीं भी होता; रसज्ञता के वर्तमान स्तर में इससे अधिक की अपेक्षा न करना ही ठीक है।

कविताएँ : 1961

वह सहज विलम्बित मन्थर गति

कवि श्री निराला नहीं रहे। कवि श्री नहीं रही—कवि श्री में यदि निरालापन होता है, तो वह नहीं रहा। आर्य नगर में एक गुरुजन के घर बैठे-बैठे जब रेडियो ने यह समाचार दिया कि पं. सूर्यकान्त त्रिपाठी निराला नहीं रहे, तो एक क्षण के लिए एक अजीब सी अनुभूति हुई। वह शोक नहीं था, कष्ट नहीं था, महज शून्यता का एक बोध था। लगा कि एक क्षण के लिए पूरा आधुनिक साहित्य तिरोहित हो गया है और केवल एक विराट खोखलापन अवशिष्ट है, जिसमें हम सब लिपटे हैं। सोचता हूँ कि क्यों ऐसा महसूस हुआ था? शायद निराला साक्षात् काव्य पुरुष थे—सरस्वती के वरद पुत्र। शायद भारतवर्ष में रवीन्द्रनाथ के बाद निराला से बड़ा कवि कठिनाई से सिद्ध किया जा सकेगा। शायद वे छायावाद के पुरस्कर्त्ताओं में ही नहीं थे, प्रगतिवाद, प्रयोगवाद और नयी कविता की समस्त परम्पराओं के उद्गाता भी थे। मुझे कहने के लिए क्षमा किया जाय हिन्दी में प्रसाद की नहीं, निराला की परम्परा का विकास हुआ है।

वे छायावाद के श्रेष्ठतम प्रतीक थे। प्रयोग एवं परफेक्शन का एक साथ उनमें अद्भुत रासायनिक मिश्रण हुआ था। यह बात महत्त्वपूर्ण है। बहुधा प्रयोगशील कवि कला की श्रेष्ठतम ऊँचाइयों तक नहीं पहुँच पाते और श्रेष्ठतम कवि अकसर बहुविध प्रयोग नहीं करते—वस्तु या कला का: पर तुलसी इसके अपवाद थे, निराला इसके अपवाद थे। ऐसे निराला नहीं हैं, नहीं रहे, यह अनुभूति मुझे यदि अजीब लगती है, तो क्षमा चाहूँगा।

निराला के मैंने दर्शन किये हैं—पर ऐसा कुछ मेरे पास नहीं है कि संस्मरण बना कर अपने को गौरवान्वित कर सकूँ। मैं तो उनके साहित्य का एक प्रेमी पाठक हूँ और शत-शत कविताएँ मेरे मन पर अनायास उभरी आ रही है। मुझे 'बादल राग' की छह कविताएँ और 'जुही की कली' की प्रेम क्रीड़ा मन को बींध जाती हैं, 'तुम और मैं' की दार्शनिक व्यंजनाएँ कौंध जाती हैं। तुम खड्ग और खप्पर लो, मैं रुधिर भरूँगा माँ, का क्रान्तिकारी कवि याद आता है, भिक्षुक का कवि नयनों के आगे उभरने लगता है, श्याम तन भर बँधा यौवन, नत नयन प्रिय कर्मरत मन वाली

मजदूरनी का अद्भुत चितेरा साकार हो उठता है और याद हो आती हैं छायावादी काव्य की सर्वश्रेष्ठ चार कविताएँ—यमुना के प्रति, सरोज स्मृति, तुलसीदास और राम की शक्ति पूजा। इन चार कविताओं को यदि किसी रासायनिक मिश्रण से एक में मिला कर एक मूर्ति के रूप में परिणत किया जा सके तो निश्चय ही वह मूर्ति आधुनिक हिन्दी काव्य की श्रेष्ठतम मूर्ति होगी, पर इतना ही नहीं, मुझे रोना आता है जब याद कर लेता हूँ—'बादल रे जी तरसे' तथा 'मैं अकेला, आ रही मेरे दिवस की सान्ध्य वेला।' जो कवि-चक्रवर्ती था, जो कवियों का कवि था उसे हमने अकेला छोड़ दिया था। पर किससे कहूँ—मन होता है कि इतना तो कह ही दूँ कि सांस्कृतिक दृष्टि से हिन्दी भाषी सबसे नीचे स्तर पर हैं। पर छोड़िये इस शिकवा-शिकायत को! मरने के बाद यही सब तो हम करते हैं। यों निराला जैसे दानी की आत्मा हमसे जवाब नहीं माँगेगी पर न जाने क्यों मुझे उनकी यह कविता उन्हीं की मृत्यु के प्रसंग में बड़ी सार्थक लग रही है—

बाँधो न नाव इस ठाँव बन्धु
पूछेगा सारा गाँव बन्धु!
आँखें रह जाती थीं फँस कर
कँपते थे दोनों पाँव बन्धु!

पर अब वह ज्योति कहाँ? लो कवि मेरे अन्तिम प्रणाम। पर नहीं, मेरे अन्तिम प्रणाम नहीं। कवि, मैं तुम्हारा पाठक हूँ—मैं रोज तुम्हारी कविताएँ पढ़ूँगा और रोज तुम अपनी गंगाजलकल्प कविताओं से मेरी आत्मा को अभिषिक्त करोगे, मैं तुम्हें हर दिन प्रणाम करूँगा यानी कि पढ़ूँगा। मैं जानता हूँ विश्वविद्यालय तुमको नहीं पढ़ाते, पढ़ायें कैसे, उनकी जड़ता को तुम्हारा डबल तमाचा जो लगेगा। पर हिन्दी का पाठक केवल विश्वविद्यालयों द्वारा अनुशासित नहीं है, हिन्दी केवल पण्डितों की भाषा नहीं है। हिन्दी भाषी तुम्हारी कविताएँ भी पढ़ेगा, कहानियाँ भी, तुम्हारे उपन्यास भी वह पढ़ेगा और पैने निबन्ध भी। काव्य-पुरुष तुम हमारे प्रणाम प्रतिदिन स्वीकार करना।

सहयोगी : अक्टूबर, 1961

कवियों का कवि और वज़ीरे आज़म

'निराला'—जिन्हें हिन्दीभाषी युगप्रवर्तक भी कहते थे और महाप्राण भी—के प्राण चले गये। हिन्दी प्रदेशों में बहुत-सी शोकसभाएँ हुई हैं, प्रस्ताव पास हुए हैं, स्मारक बनाने की चर्चा चली है—ये चर्चाएँ शायद कुछ दिन और चलेंगी और फिर, हम गजगति से चलने लगेंगे। मेरा मन होता है कि कल्पना करूँ कि सन् 1998 (अब से 37 वर्ष बाद) आयेगा—शायद किसी राजनेता को याद आयेगी कि सौ साल पहले 'निराला' जैसा प्रतिभाशाली और तेजस्वी कवि जन्मा था और उसकी 'शतवार्षिकी' राष्ट्रीय स्तर पर मनाई जानी चाहिए। तब अन्तरराष्ट्रीय नहीं अन्तर्ब्रह्माण्डीय आयोजन किये जायेंगे, दूर नगर में 'निराला काव्य-मन्दिर' बनेंगे; उनकी रचनाओं के नये संस्करण निकलेंगे; लोग उनकी रचनाओं का अखण्ड पाठ करेंगे; उनकी कविताओं पर नृत्य-नाटक प्रस्तुत किये जायेंगे; लेख लिखे जायेंगे और फिर सबसे अधिक लिखने वालों को 'साहित्य अकादमी' का 'निराला' पुरस्कार दिया जायेगा। तब 'निराला' की विक्षिप्त आत्मा, शायद, शान्तिलाभ करेगी, उसकी यह शिकायत दूर हो जायेगी कि रवीन्द्र की शतवार्षिकी वाले साल मेरी मृत्यु हुई थी पर इस सुसंस्कृत देश में आयोजित राष्ट्रीय या अन्तरराष्ट्रीय समारोहों में मेरे प्रति एक शब्द भी (औपचारिक शोक प्रकट करने के लिए भी) नहीं कहा गया था।

पर निराला की शिकायत तक व्यर्थ में हम जाते हैं। वे तो मर कर चले गये। लेकिन अपने इन मित्र सम्पादक महोदय की शिकायत का क्या जवाब दूँ? ये कहते हैं कि 'निराला' की मृत्यु को इतने दिन हो गये पर हिन्दुस्तान के वज़ीरे आज़म के मुँह से एक शब्द भी नहीं निकला है। मैं उनके पत्र में यह वाक्य पढ़ कर कुछ क्षणों के लिए चकित रह गया। सोचता हूँ कि क्या यह आवश्यक है कि वज़ीरे आज़म (प्रधान मन्त्री) 'हरएक' की मृत्यु पर कुछ कहें ही। वे राजनेता हैं और प्रशासक हैं। कोई राजनीतिज्ञ या आई.सी.एस. अफ़सर मरता तो वे शोक भी प्रकट करते और, सम्भव होता तो, उसके घर भी हो आते—अन्यथा उसके नाम पर माला तो चढ़ा ही दी जाती। दूसरी बात यह कि प्रधानमन्त्री या किसी बड़े अधिकारी के शोक-सन्देश के लिए आखिर इतनी लालसा क्यों? क्या यह साहित्यिक मूल्यों की दृष्टि से अनुचित नहीं है?

पर तनिक ध्यान देने पर लगा कि मित्र की अपेक्षाएँ अनुचित नहीं हैं। वस्तुतः भारतवर्ष के प्रधान मन्त्री मात्र प्रधानमन्त्री नहीं हैं—वे कुछ और भी हैं। और हैं यानी कि वे जननायक हैं, कला पारखी हैं, स्वयं लेखक हैं, साहित्य अकादमी के अध्यक्ष हैं, टैगोर के अत्यन्त प्रशंसकों में हैं और उनकी 'शतवार्षिकी' के पीछे स्वयं प्रधानमन्त्री का बहुत बड़ा योगदान है। ऐसे प्रधानमन्त्री से यदि मेरे सम्पादक मित्र ने यह चाहा हो कि वे निराला जैसे आधुनिक भारत के श्रेष्ठतम कवियों में से एक की मृत्यु की क्षति का अनुभव करें तो उसे अप्रत्याशित कैसे कहा जाय? रवीन्द्रनाथ आधुनिक भारत के यदि श्रेष्ठतम कवि थे तो उनसे बादवाली पीढ़ी के यदि अन्यतम नहीं तो श्रेष्ठतम कवियों में से एक निराला भी थे। रवीन्द्र की शतवार्षिकी का एक ऐसा विराट् आयोजन जब सरकारी स्तर पर चल रहा हो, उस समय हिन्दी के इस श्रेष्ठतम कवि के निधन पर सरकारी (या वज़ीरे आज़म की) प्रतिक्रिया का अभाव देख कर मेरे मित्र का क्षुब्ध होना स्वाभाविक है। उस पर भी तब जब कि प्रधानमन्त्री एवं कवि दोनों एक ही नगर के निवासी थे। पर अपने सम्पादक मित्र को एक घटना और बताना चाहता हूँ जिसे मुझे हिन्दी के एक 'सीनियर' कवि ने (जो सरकारी क्षेत्रों में भी सम्मानित हैं।) बताई है। 'निराला' की मृत्यु के बाद हिन्दी प्रदेश के ही एक अन्य बड़े राजनेता ने (जो भारत के 'भाग्य निर्माताओं' की पहली पंक्ति में हैं) उनसे पूछा कि "अमा यह 'निराला' कौन थे, मैं तो इनको जानता भी नहीं हूँ।"

यह घटना आँखें खोलनेवाली है। हमारे यहाँ का शिक्षित एवं सुसंस्कृत (?) वर्ग अपनी वृत्तियों का परिष्कार अपने जातीय साहित्य से नहीं करता। उसकी जिन्दगी पर 'निराला' जैसे भारतीय भाषाओं के कवि अपना प्रभाव नहीं डालते। विश्वास कीजिए, यदि रवीन्द्रनाथ की रचनाएँ अंग्रेजी में अनूदित न हुई होतीं तो वे भी इतने ही अजनबी रह जाते जितने 'निराला' रहे या कि बंगाल के ही शरतचन्द्र हैं। देश के सांस्कृतिक जीवन में विद्यमान यह अन्तराय कि जनाभिव्यक्ति और बौद्धिक वर्ग भिन्न-भिन्न भूमियों पर हैं—अत्यधिक घातक है पर इसे पूरने की चेष्टा अभी तक बहुत कम हुई है।

पर यह अन्तराय ही नहीं, इस उपेक्षा का दूसरा कारण है कि निराला हिन्दी के कवि थे और हिन्दी कमजोर की उस जोरू के समान है जिसे 'भौजी' बना कर हरएक मजाक कर जाता है। उसमें भी बड़े कवि पैदा होते हैं, इसे, शायद, प्रधानमन्त्री और उनकी जैसी जहनियत वाले लोग मान ही नहीं पाते।

पर सबसे बड़ा तथ्य तो यह है कि 'निराला' स्वयं सारे जीवन अजनबी और विद्रोही हिन्दी में भी रहे। आज की जिन्दगी आदमी से समझौता कराना चाहती है, पर प्रतिभाशाली जल्दी समझौते नहीं किया करते। परिणामस्वरूप, वह विद्रोही बनता जाता है और अजनबी का स्वरूप ग्रहण कर लेता है। 'निराला' ऐसी ही

प्रतिभा के स्वामी थे। वे टूट गये, झुके नहीं। चालीस वर्षों से अधिक समय तक वे सृजन में अदम्य शक्ति और कल्पना से लगे रहे। इस दौरान कितने अपमान, कितनी बाधाएँ, कितने कष्ट जीवन में आये पर वह नरपुंगव झुका नहीं—उसने आत्मा नहीं बेची। साहित्य अकादमी के पुरस्कार के लिए उसने तिकड़म नहीं लड़ाए, उपाधि के कलंक से वह बच गया, कह-कह कर अखबारों में 'अद्‌भुत' एवं 'माइलस्टोन' सिद्ध करनेवाली समीक्षाएँ नहीं प्रकाशित कराईं, पर भीतर ही भीतर इस चारित्रिक दृढ़ता, संघर्ष-क्षमता एवं अजनबी-विद्रोही व्यक्तित्व के कारण वह सामान्य जनता एवं सृजनरत कलाकारों के मन में घर करता चला गया है। मेरे एक मित्र, अभी, उस दिन याद दिला रहे थे कि जितनी मात्रा में एवं जितनी अच्छी कविताएँ जीते जी निराला के प्रति लिखी गयी हैं, उतनी सम्भवतः किसी भी आधुनिक कवि के प्रति नहीं लिखी गयीं। लगता है, अनजाने ही वे 'कवियों के कवि' स्वीकार कर लिए गये थे। 'प्रयोग' और परिपूर्णता का जैसा अद्‌भुत समन्वय उनके काव्य में मिलता है, उसने, ठीक ही, उन्हें यह पद दिला दिया है। केवल 'निराला' पर लिखी जानेवाली इन कविताओं का एक बढ़िया संकलन बन सकता है। यह तो 'कवियों के कवि' की बात हुई, पर मैंने उन्हें सामान्य जनता के मध्य प्रतिष्ठित भी उस दिन अनुभव किया जब मृत्युवाली साँझ को कानपुर में मेरे मुहल्ले के दुकानदार, बाबू लोग, अपेक्षाकृत कम पढ़े-लिखे लोग इस बात की चर्चा कर रहे थे कि निराला जी की मृत्यु हो गयी। उनकी बात का 'टोन' कुछ ऐसा था कि जैसे एक राष्ट्रीय व्यक्तित्व तिरोहित हो गया। सचमुच ही, निराला का व्यक्तित्व राष्ट्रीय व्यक्तित्व ही था—वज़ीरे आज़म भले ही उसे श्रद्धांजलि न अर्पित करें। मैं हिन्दी में उनकी अजनबी स्थिति की ओर संकेत कर रहा था। विश्वविद्यालयों के पाठ्यक्रमों से 'निराला' बराबर बहिष्कृत हो रहे हैं। अध्यापकों को शायद उनका काव्य (जो अजनबी और विद्रोही द्वारा रचित था) सदा दुरूह ही लगता रहा। यद्यपि उनके काव्य का एक बड़ा अंश नितान्त सरल भी है, पर वह भी उपेक्षित रहा। उनके काव्य के मूल्यांकन की ओर हिन्दी में ही बहुत कम ध्यान दिया गया है। उनकी कितनी ही पुस्तकों के दूसरे संस्करण भी नहीं हो सके। वस्तुतः ऐसा प्रतीत होता है कि उनके कृतित्व के आकलन में उनका व्यक्तित्व अबतक बाधक बनता रहा है। अब वे नहीं रहे तो शायद अधिक निष्पक्ष हो कर उन पर विचार किया जा सकेगा।

हिन्दी के साहित्यिक क्षेत्रों में, सोवियत रूस में जो 'गोर्की इंस्टीट्यूट' है उसकी भाँति 'निराला इंस्टीट्यूट' बनाने की चर्चा उठाई जा रही है पर हिन्दी की वर्तमान राजनीति में इस स्वप्न के साकार होने में हमें विलम्ब दिखाई पड़ता है। तब तक यदि कोई प्रकाशक उनके समग्र कृतित्व को एक या दो जिल्दों में प्रकाशित कर सके तो वही बहुत अधिक होगा। यों, इलाहाबाद नगर निगम के प्रमुख श्री बालकृष्ण

राव को यह सुझाने का मन होता है कि 'निराला' से अधिक सुगठित व्यक्तित्व एक आदमकद मूर्ति के लिए नहीं मिल सकता है। प्रयाग का ही यह विशेषाधिकार भी होना चाहिए कि उनकी एक कलात्मक प्रतिमा स्थापित की जाय और आवश्यक समझा जाय तो इसके लिए विदेश से हेनरी मूर जैसा कोई विख्यात शिल्पी यह कार्य करने के लिए राजी किया जाय।

कल्पना : जनवरी, 1962

निराला : नयी कविता के प्रेरणा-स्रोत

द्विवेदीयुग की इतिवृत्तात्मक कविता जब बड़े ठाठ-बाट से 'सरस्वती' के मंच पर आसीन थी, तब सन् 1916 में प्रकाशित हुई 'जुही की कली'। यह पहली बार निराला द्वारा बढ़ाया गया पंजा और इतिहास साक्षी है—इतिवृत्तात्मकता से जैसे एकदम 10 वर्ष आगे हिन्दी-कविता को बढ़ा दिया गया था। पर यह शृंगार-काव्य था। द्विवेदी-युगीन काव्य राष्ट्रीयता की भूमि पर अपना एकाधिपत्य समझता था, तब 'अमल कोमल तन तरुणी' के गायक की 1920-1921 में लिखित 'बादल राग' एवं 'जागो फिर एक बार' में जिस दृप्त स्वर में उद्‌बोधन दिया गया था वह पुराने ढंग की राष्ट्रीयता को धूमिल कर देता है। यों 'समर' की अनुभूति छायावादियों में ही नहीं सम्पूर्ण हिन्दी-कविता में 'निराला' जैसी किसी को नहीं है। अपने जीवन में विविध स्वरों पर जिस 'शरक्षेप' तथा 'रण कौशल' को उन्होंने देखा और झेला था उसको बार-बार अभिव्यक्ति दी है। कवि ने समर में पराजय की भावना से आक्रान्त, सन्देहशील एवं विकल 'राम' उस युग के सम्पूर्ण राष्ट्रीय संग्राम के प्रनिनिधि हैं, जो यह अनुभव करते हैं, 'अन्याय जिधर, है उधर शक्ति।' और उनकी मजदूरनी जब 'गुरु हथौड़ा' से 'करती बार-बार प्रहार' तो वह प्रहार सामने की 'अट्टालिका और प्रासाद' पर भी होता है।

जब धूमधाम से छायावाद के कवि प्रकृति, सौन्दर्य प्रेम, वैयक्तिकता एवं कल्पना की दुनिया में रमने और उस दुनिया को नये सिरे से रचने लगे, तब पुनः पंजा लड़ाने की नौबत आयी। 1921 में 'सन्ध्या सुन्दरी' आसमान से उतरती है। दूसरे की लड़की का सौन्दर्य सभी आँक लेते हैं पर जो आँख अपनी कन्या के रूप और यौवन का चित्रण कर जाती है, उसके आँकने की क्षमता और संयम अद्‌भुत कही जानी चाहिए।

इस रूप ने छायावाद की 'श्रद्धाओं', 'इड़ाओं, भूतपूर्व या भावी प्रेयसियों, पत्नियों को' अप्रतिभ कर दिया है। प्रणयानुभूति की सूक्ष्मता 'राम' के चेतना-प्रवाह में अचानक उदित 'जानकी-नयन-कमनीय प्रथम कम्पन तुरीय' में देखी जा सकती है। जब वैयक्तिकता पर उतरते हैं तो 'सरोजस्मृति' से अधिक 'मैं' शैली की कविता

जरा कोई दिखावे तो ढूँढ़कर। कल्पना का लोक रचने लगे तो 'यमुना के प्रति' में अतीत की यमुना को साक्षात् सजीव कर दिया। अतीत के बोध में वर्तमान को साकार कर दिया उन्होंने 'तुलसीदास' में। इस प्रकार परम्परा-बोध को उन्होंने नये काव्यात्मक स्तर पर ग्रहण कर पुनः एक बार पुनरुत्थानवादियों से पंजा भिड़ा दिया था। 'समर' और 'स्मरण' के वे बहुमुखी गायक थे।

छायावाद बीतता है। प्रगतिवाद के नेता पन्त जी बनते हैं। तब फिर निराला को अपना बलशाली पंजा याद आता है और पुनः वे कुकुरमुत्ता, बिल्लेसुर बकरिहा, चमेली (अधूरा उपन्यास) आदि को लेकर आते हैं। पन्त जी की दलितों के प्रति उत्पन्न बौद्धिक सहानुभूति इस पंजे के सामने सहमती प्रतीत होती है।

प्रयोगशील एवं नयी कविता के कवि तो स्वयं उन्हें अपना पिता मानते हैं। सचाई यह है कि हिन्दी में प्रसाद और पन्त की काव्य-परम्परा नहीं, निराला की परम्परा विकसित हुई है। केवल छन्द-प्रयोग में नहीं, भाव और रूप की अनेकमुखी दिशाओं के बीज अंकुरित रूप में उनके काव्य में मिलते हैं। वे नये कवियों के कवि हैं, उनके लिए भी उनका पंजा सतत आगे बढ़ा हुआ है कि आओ मेरे पुत्रो, तुम भी जरा अपनी शक्ति यदा-कदा तोलते रहो और शक्ति-बोध के बाद ही लिखने-कहने का साहस किया करो। उन्होंने जीवन में पन्त जी के समान एक ही दो कविताएँ नहीं लिखीं? उनके काव्य में अनेक कविताएँ हैं। उनका क्षेत्र भाव और भाषा दोनों ही दृष्टियों से छायावादी कवियों में सबसे बड़ा है।

निराला के प्रति होनेवाली अवज्ञा की लोग बात करते हैं। मुझे लगता है कि यह जान-बूझकर न होकर पूरी ईमानदारी के साथ हुई थी। यह आकस्मिक नहीं है कि छायावादियों में सबसे पहले पन्तजी को स्वीकृति मिली है फिर प्रसाद को और अब निराला को। वस्तुतः यह प्रबुद्धता के बढ़ते हुए स्तर का सूचक है। पन्त सबसे अधिक सरलता के स्तर पर हैं एवं निराला सबसे अधिक संकुल। और यह याद रखना चाहिए कि महान् काव्य संकुल स्तरों का होता है। गहन आवेग और अत्यन्त अनुशासित अभिव्यंजना, प्रयोग एवं परफेक्शन, एकदम रोजमर्रा की जिन्दगी से लेकर अध्यात्म के ऊँचे धरातल तक, लोक-साहित्य से लेकर नितान्त अभिजात सृजन के मणिकांचन संयोग हिन्दी में दो कवियों में ही मिल सकते हैं। तुलसीदास और निराला में। यह आश्चर्य की बात नहीं है कि वे अपने पूर्व जन्म की कविता के नाम पर तुलसीदास की रचनाओं का पाठ करने लगते थे।

ऐसा कवि-चक्रवर्ती नहीं रहा। उसके अभाव की जो अनुभूति है वह दुख या कष्ट जैसे छिछले एवं घिसेपिटे शब्दों में व्यक्त नहीं की जा सकती। उनकी एक पूरी कविता हम यहाँ उद्धृत कर रहे हैं—इसलिए कि इसमें व्यंजित उनके आत्मविश्वास और स्वरूप पर हमारी आस्था है। केवल प्रथम शब्द के वर्ण में प्रथम स्वर के स्थान पर प्रथम व्यंजन (अभी के अ के स्थान पर 'क') रख देने को मन करता है—

अभी न होगा मेरा अन्त।
अभी अभी ही तो आया है
मेरे वन में मृदुल वसन्त—
अभी न होगा मेरा अन्त।
हरे हरे ये पात
अलियाँ, कलियाँ कोमल गात।
मैं ही अपना स्वप्न-मृदुल-कर
करूँगा निद्रित कलियों पर
जगा एक प्रत्यूष मनोहर।
पुष्प-पुष्प से तन्द्रालस लालसा खींच लूँगा मैं,
अपने नवजीवन का अमृत सहर्ष सींच दूँगा मैं।
द्वार दिखा दूँगा फिर उनको
हैं मेरे वे जहाँ अनन्त—
अभी न होगा मेरा अन्त।
मेरे जीवन का यह है जब प्रथम चरण।
इसमें कहाँ मृत्यु
है जीवन ही जीवन।
अभी पड़ा है आगे सारा यौवन,
स्वर्ण-किरण कल्लोलों पर बहता रे बालक मन,
मेरे ही अविकसित राग से
विकसित होगा बन्धु दिगन्त—
अभी न होगा मेरा अन्त।

साहित्य सन्देश : फरवरी-मार्च, 1962

नयी कविता और काव्यविषयों का अभाव

आधुनिक कविता में यथार्थ के प्रसार के साथ-साथ यह धारणा व्यापक होती गयी कि कविता के लिए कोई भी विषय अकाव्यात्मक नहीं होता है। मध्यकाल की काव्यविषयों वाली धारणा से यह नितान्त पृथक् भूमि है। पर नयी कविता तक पहुँचते-पहुँचते ऐसा लगा कि सभी कुछ को काव्यात्मक मानने वाली यह धारणा मात्र क्षुद्र, उपेक्षित, गलित या कुण्ठित के चित्रण में ही सीमित हो गयी है। और इस दिशा में भी ऐसा आभासित होता है कि मध्यवर्ग की वेदना-कुण्ठा पीड़ित व्यक्ति के गलितांशों को ही चित्रणीय मान लिया गया है। बहुसंख्यक कवि विद्यमान परिस्थितियों के इन्द्रजाल के भीतर ऐसी ही स्थितियों के चित्रण को यथार्थ मानकर सन्तोष का अनुभव करते रहे। आलोचकों ने भी इन क्षुद्र (विषयोंवाली) कविताओं की तथाकथित सामाजिक संगति दिखाकर उन्हें मान्यता प्रदान की। अधिकांश प्रकाशित होनेवाली कविताओं को ध्यान से देख जाइए तो प्रणय सम्बन्धी असफलताओं, आर्थिक कष्टों एवं कुछेक प्रकृतिचित्रों तक ही उनका बहुलांश सम्बन्धित दीखता है। अधिकांश हर महीने प्रकाशित होनेवाली साम्प्रतिक कविताओं में इसी कारण एक विचित्र सी एकरसता और ऊब मिलती है। लगता है कि यथार्थ के प्रसार के साथ जिस विषयभूमि का प्रस्तार हुआ था वह पुनः समाप्त हो गया है और पुनः काव्यविषयों के एक छोटे से दायरे में हम बँध गये हैं। कभी-कभी लगता है कि कविता के पाठकों की कमी उतनी नहीं है जितनी कि उन विषयों की कमी हो गयी है जिन पर कविताएँ लिखी जायें।

सवाल यह है कि भारतवर्ष के जीवन में क्या ऐसा कुछ नहीं रहा है जिसकी प्रशंसा की जा सके? याकि जीवन के एक श्रेष्ठ पहलू के रूप में स्वीकारा जा सके? मैं जानता हूँ कि तमाम टुटपुँजिए राजनेता, मिनिस्टर एवं भारतवर्ष के अरूप अतीत के साथ भावाभास को महसूस करने वाले इस कथन का विरोध करेंगे। कोई निहायत सामान्य बौद्धिक स्तर का मिनिस्टर किसी बाँध, कारखाने या बिजलीघर की महानता की ओर इंगित करेगा तो कोई शस्य-श्यामला भूमि की नैसर्गिक सुषमा का द्विवेदीयुगीन मनोवृत्ति वाला इतिवृत्त बताना चाहेगा। एक नागरिक के नाते कवि भले ही इन चीजों की प्रशंसा करे पर एक कलाकार के उत्तरदायित्वों के साथ

आने वाला व्यक्ति यह भी महसूस कर सकता है कि हमारी तथाकथित सहिष्णुता, उदारता, सामाजिक स्थितिशीलता, मानवतावाद या अहिंसा आदि एक टुटपुँजिया मनोवृत्ति एवं कायर वाणी के प्रकाश हैं। इसके साथ ही तथाकथित यथार्थपरक लेखक जब तमाम कुण्ठित, पीड़ित या वमनशील स्थितियों का चितेरा बन जाता है (और आज की अधिकांश महत्त्वपूर्ण कविता इसी प्रकार की आ रही है) तब लगता है कि, कविता उस ऊँचाई से हट रही है जहाँ पर कि एक प्रकार की 'दार्शनिक' (मेटाफिजिकल) कार्यवत्ता को भी अपना लेती है—मात्र सामाजिक या मनोवैज्ञानिक ही नहीं। इसी सन्दर्भ में यह भी याद रखना महत्त्वपूर्ण है कि इन क्षुद्र एवं गलित स्थितियों के प्रति इन कविताओं में क्रोध का भाव उतना नहीं मिलता है जितना कि एक स्वीकृति या अधिक से अधिक किंचित द्रवणशीलता का। मजा यह है कि आलोचना भी इसी सामाजिक या मनोवैज्ञानिक भूमिका का अतिक्रमण नहीं कर पा रही है। वह भी जैसे भुला बैठी है कि कविता का एक आयाम आंटोलाजिकल और मेटाफिजिकल भी होता है।

इस टुटपुँजिएपन एवं काव्यविषयाभाव का एक प्रमुख कारण मुझे यह लगता है कि हम अपने देश के इतिहास के केन्द्र से विच्युत होकर अतीत एवं भविष्यहीन कतिपय साम्प्रतिक स्थितियों के जाल में घिर कर रह गये हैं। अन्यथा साम्प्रतिक जीवनबोध एवं आधुनिकताबोध की एक प्रक्रिया यह भी होती है कि अतीत के इतिहास, पुराणगाथाओं एवं पुराप्रतीकों को नये सिरे से सिरजा एवं उकेरा जाता है।

इधर ले-देकर नये और आधुनिक न होते हुए भी दिनकर ने 'उर्वशी' का एक प्रयोग किया तो वह अपने स्वागत की भेरियों एवं शहनाइयों में ही डूब गया। इतने असफल एवं छिछले प्रयोग की इतनी धूमधाम से स्तुति इसके पहले कभी नहीं हुई।

अगर इतिहास एवं अतीत की बात न भी उठाई जाये तो जिन असफलताओं, कष्टों एवं वेदनाओं को इतना बका जा रहा है, उन्हीं के जटिलतम एवं महत्तम रूप को आँकने की चेष्टा कहाँ हुई है? क्रान्ति, प्रतिक्रान्ति, युद्ध, अकाल, दण्ड, भुखमरी, प्रणय-तिरस्कार के विराट चित्र क्यों नयी कविता में नहीं उपलब्ध हो रहे हैं? काल्पनिक स्थितियों को लेकर लम्बी वर्णनात्मक कविताएँ नयी कविता में क्यों विरल ही हैं? 'अन्धा युग', 'असाध्यवीणा' या मुक्तिबोध की कुछ कविताएँ अपवाद जैसी लगती हैं। सब मिलाकर पिछले दो-तीन वर्षों में बिना जाने ही कविता जिस छोटेपन के स्तर तक जा पहुँची है उसकी ओर हमारे कलाकारों को ध्यान देना चाहिए। यदि राष्ट्र के राजनीतिक, आर्थिक एवं शैक्षिक जीवन का टुटपुँजियापन (फिलिस्टिनिज्म) उनको भी ग्रस जायेगा तो हमारे सांस्कृतिक जीवन के लिए एक भयानक दुर्घटना सिद्ध होगी।

दिशा : अक्तूबर, 1962

मुक्तिबोध की कविता : जीवन का आत्मज सत्य

मुक्तिबोध लम्बी कविताओं के कवि हैं। मुक्तिबोध दुरूह और अस्पष्ट कवि हैं।

मुक्तिबोध शब्दबाहुल्य और वाग्स्फीति के कवि हैं।

मुक्तिबोध असंगत बिम्बों एवं अधटूटे प्रतीकों के कवि हैं।

मुक्तिबोध दमतोड़ लय वाले प्रलम्बित वाक्ययुक्त छन्दों के कवि हैं।

मुक्तिबोध बीहड़ और खुरदरी भाषा के कवि हैं।

मुक्तिबोध में शिल्प और संस्कार का बोध नहीं है।

मुक्तिबोध आत्मसंघर्ष के कवि हैं। वे व्यक्तिवादी हैं।

मुक्तिबोध सामाजिक दायित्वों के कवि हैं। वे समाजवादी हैं।

मुक्तिबोध अनास्था के कवि हैं।

मुक्तिबोध आस्था के कवि हैं।

मुक्तिबोध कन्फर्मिस्ट हैं—सहर्ष स्वीकारा है।

मुक्तिबोध नानकन्फर्मिस्ट हैं—चाँद का मुँह टेढ़ा है।

इसी प्रकार के विरोधाभासों में से एक यह भी है कि मुक्तिबोध के काव्य की चर्चा बहुत ही कम हुई है। फिर भी ऊपर कही गयी बातें लिखी या कही जाती रही हैं। और तमाम उपेक्षाओं के बीच भी मुक्तिबोध का व्यक्तित्व अपनी जगह बनाता गया है। वह जनप्रिय कवि नहीं थे और न कभी होंगे। पर वह बड़े कवि थे तथा आगे और भी बड़े माने जायेंगे। इस महत्त्व का बोध लोगों को किसी न किसी स्तर पर होता रहा है। इसी कारण ऊपर लिखे मन्तव्य या आक्षेप जब-तब सुनाई पड़ते रहे हैं। यही नहीं, नये लेखकों का एक छोटा सा वर्ग बराबर उनके महत्त्व के प्रति सचेत रहा है। इसी कारण नये लेखक के नेपथ्य से अनजान व्यक्तियों के लिए मुक्तिबोध का नाम अचानक परिचयक्षेत्र में घुसता सा लगा; पर आधुनिकता के संघर्ष के भागीदार लोगों के लिए वे महत भी थे और आत्मीय भी। यों उनकी कविताएँ लगातार आलोचकों को कठिनाई में डालती आयी हैं। उनके बारे में कमिट करने से लोग कतराए भी हैं या कुछ कहकर फिसले भी हैं। परिणाम ऊपर लिखे मन्तव्य हैं। पर मैं कहना चाहूँगा कि मुक्तिबोध के बारे में ऊपर लिखे मन्तव्य बहुत दूर तक ठीक बैठते हैं—प्रशंसाएँ

भी और आक्षेप भी। पर इन सब आक्षेपों या प्रशंसाओं के परिप्रेक्ष्य बहुधा भ्रमपूर्ण रहते आये हैं, बहुत कुछ नासमझी से पैदा हुए हैं। शायद इसलिए कि उनके कृतित्व का कोई संकलन सामने था नहीं और उनकी समग्र संवेदनात्मकता (जिसके अन्तर्गत 'ज्ञानात्मक' संवेदनाएँ भी हैं और 'संवेदनात्मक ज्ञान' भी) और उसके संयोजन-संगठन पर ध्यान नहीं दिया जा सका।

वस्तुतः मुक्तिबोध ने अपने स्वप्नकथा (फन्तासी) शिल्प के भीतर परस्पर विरोधी तमाम बातों का समाहार किया है। उनमें एक ओर आदिम व्यंजना का अनगढ़पन है और दूसरी ओर जीवन के नाना क्षेत्रों से बिम्बों की भीड़ (और ये बिम्ब भी लगातार एक-दूसरे की व्याख्या करते चले आते हैं।) एक ओर उनमें छन्द की एकरसता है और दूसरी ओर भाषणशैली का वेग। 'फन्तासी' मुक्तिबोध की सृजनप्रक्रिया के अनुसार गतिशील और सोद्देश्य होती है, अतः जब तक 'उद्देश्य' तक नहीं पहुँच जाती तब तक समाप्त नहीं होती और इसी क्रम में उसकी लम्बाई खासी बढ़ जाती है। इसमें एक ओर अनगढ़ भाषा, एकरस छन्दयोजना आदि की आदिमशक्ति रहती है और दूसरी ओर अनुभव को 'कलात्मक नमूनों की पुनर्रचना' में व्यक्त करने की प्रक्रिया तीव्र गहन रूप से बौद्धिक होती है। इस गहन बौद्धिकता के तले ही वह अकसर अपनी इन स्वप्नकथाओं के क्रम को उलट-पलट देते हैं—ठीक स्वप्न की तरह। पर ध्यान रहे यह स्वप्न की तरह होता है—स्वप्न नहीं। जो व्यक्ति मुक्तिबोध के इस स्वप्न कथाशिल्प को नहीं देख पाता, उसके लिए उनकी कविताएँ दुरूह ही बनी रहती हैं।

उनकी कविताओं के इस शिल्प के अन्तर्गत आधुनिक जीवन की दशादुर्दशा के ऊपर अकसर पुराण, दन्तकथा, प्रकृति, क्लासिकल कला आदि के संसार आरोपित कर दिये जाते हैं या फिर प्रकृति के कुछ भयावह पक्षों के बिम्बों की राशि एक के ऊपर एक जमा दी जाती है। इनमें न तो कोई सम्पर्क जोड़ने की प्रवृत्ति दिखाई देती है और, अकसर ही, न कोई व्यवस्था या टिप्पणी होती है। उसकी बजाय पद्य की सख्त पैनी पंक्तियाँ, उदास एवं उपहासास्पद के विकल्प और प्रत्यक्षतः असंगत बिम्ब अपना प्रभाव अपने आप छोड़ने के लिए अकेले रह जाते हैं। पाठक को अपने निजी अनुभव के भीतर ही इन कविताओं को पूरा करना होता है। वस्तुतः 'निहितार्थ' उनका सबसे सबल काव्य अस्त्र है और इसीलिए उनकी कविता पाठक से आधे रास्ते मिलने की माँग करती है और बिना उसके वह अस्पष्ट और अधूरी रहती है।

जिस युग में मूल्यों के सामान्यतया स्वीकृत मानदण्डों का अभाव हो गया हो, या उन विश्वासों की कमी हो जिन्हें कवि स्वीकृत सा जानकर ग्रहण कर लेता है, यह 'निहितार्थ' वाली विधि, फन्तासी के अजीबोगरीब प्रतीक या बिखराव अत्यधिक मूल्यवान बन जाते हैं। इस रूपबन्ध से एक ओर तो कवि उन प्रत्यक्ष वक्तव्यों से बच जाता है जो पाठक को स्वीकार नहीं हो सकते हैं, और इस प्रकार पाठक अपने अनुसार उन अर्थों को निकालने के लिए मुक्त रहता है और दूसरी ओर आधुनिक

जीवन की बेहद जटिलता के लिए एक उपयुक्त 'फार्म' पा जाता है। यह आकस्मिक नहीं है कि 'फन्तासी' और प्रतीकों का यह शिल्प यूरोप के इस समय के सर्वाधिक चर्चित लेखक काफ्का का सबसे प्रिय और शक्तिशाली माध्यम है—यही नहीं रिल्के, येट्स एवं इलियट भी इस शिल्प में अपने गणनीय काव्यमूल्यों को रूपायित करने में सफल हुए हैं। शायद मध्ययुग का वास्तविक माध्यम रूपक या अन्योक्ति (अलेगरी) था और आधुनिक जटिलता का सबसे सफल माध्यम स्वप्नकथा। अन्य भारतीय भाषाओं के बारे में मैं नहीं जानता, पर कहना न होगा कि हिन्दी में इस माध्यम का मुक्तिबोध से अधिक सफल प्रयोग किसी ने नहीं किया है।

मुक्तिबोध के सामने भी वस्तुतः एक ओर अप्रतिमता, अद्वितीयता, लेखक की तीखी व्यक्तिवादिता के सिद्धान्त थे और दूसरी ओर मार्क्सवादी विश्वासों के अनुरूप गहन सामाजिकता और सामाजिक दायित्व का संकल्प भी उनके भीतर था। और इस द्वन्द्व को भी फन्तासी के उस शिल्प में ही समाधान मिला है। ये कविताएँ प्रत्यक्षतः जहाँ एक ओर गहन रूप से आत्मपरक दीखती हैं वहीं दूसरी ओर सामाजिक सम्बन्धसूत्रों की खोज और उद्घाटन भी उनमें घटित होता चलता है। सम्बन्धों की इस खोज को ठोस आधार देने के लिए ही उन्होंने अपनी कविताओं और डायरी दोनों में ही अपने ही व्यक्तित्व के एक पूरक अंश को अलग कर उसे सम्बोधित किया है। डायरी में तो यह संलापशैली के आस-पास है; पर काव्य में अकसर यह एक प्रकार के आन्तरिक एकालाप (इण्टीरियर मोनोलाग) में बदल गया है। नियमित तर्कबद्ध संगत कथा न होने के कारण संवाद की संगति नहीं रखी गयी। हिन्दी कविता में इस आन्तरिक एकालाप पद्धति का इतना सटीक उपयोग भी मुक्तिबोध के अतिरिक्त केवल शमशेर में मिलता है।

मुक्तिबोध और शमशेर दोनों ही नितान्त भिन्न संवेदनाओं के कवि हैं, पर क्या यह आकस्मिक है कि दोनों ही मार्क्सवादी हैं और दोनों ने ही सुररियलिस्ट शिल्प का प्रयोग किया है। कहीं उसके भीतर उस आतंक का विरोध करने का कलात्मक ढंग तो निहित नहीं है जो आधुनिक पूँजीवादी सत्ता 'स्वतन्त्रता एवं जनतन्त्र' के नाम पर लादती है। 'डूबता चाँद कब डूबेगा' में स्वयं मुक्तिबोध कहते हैं—

त्यागे मन्दिर के अध-टूटे गुम्बद पर स्थित
घुग्घू की आँखों को अब तक कोई धोखा नहीं हुआ,
उसने देखा—
झरने के तट पर रोता है कोई बालक,
अँधियारे में काले सियार से घूम रहे
मैदान सूँघते हुए हवाओं के झोंके।
झरने के पथरीले तट पर
सो चुका, अरे, किन-किन करके कुछ रो-रो के

चिथड़ी में सद्योजात एक बालक सुन्दर।
आत्मारूपी माता ने जाने कब त्यागा
जीवन का आत्मज सत्य न जाने किसके डर?
माँ की आँखों में भय का कितना बीहड़पन
जब वन्य तेन्दुओं की आँखों से दमक उठे
गुरु शुक्र और तारे नभ में,
जब लाल बबर फौजी जैसा
जो खूनी चेहरा चमक उठा
वह चाँद कि जिसकी नजरों से
यों बचा-बचा
यदि आत्मज, सत्य यहाँ रक्खे झरने के तट
अनुभव-शिशु की रक्षा होगी
ऐसे ही भाव लिए अनगिन लोगों ने यों
अपने जिन्दा सत्यों का गला बचाने को
अपना सब अनुभव छिपा लिया,
हाँ में हाँ, नहीं—नहीं में भर
अपने को जग में लगा लिया।

अपनी डायरी में भी उन्होंने कहा कि तमाम अनुभव संवेदन 'भूमिगत' हो जाते हैं, उपयुक्त अवसर के अभाव में। अन्य लोगों से मुक्तिबोध का अन्तर यही है कि वह अपनी इन भूमिगत संवेदनाओं को स्वप्नकथा के भीतर पुनः उबार लाते हैं जबकि दूसरे लोग कुछ गिने-चुने 'भाव-समुदायों' को ही अभिव्यक्ति देते रहते हैं।

मुक्तिबोध ने जीवनभर साहित्य के केन्द्रों से अलग रहना उपयुक्त समझा : 'साहित्य के लिए साहित्य से निर्वासन आवश्यक है' (एक साहित्यिक की डायरी, पृ. 59), पर यह देख कर आश्चर्य होता है कि उनकी कविता प्रान्तीय छोटे कस्बों की उस गन्ध से मुक्त है जो अकसर इन जगहों में रहने वालों में पायी जाती है। उनका काव्य आधुनिकता की जटिल स्थितियों की गहनतम अभिव्यक्ति है। भय, आतंक, अकेलापन, जिज्ञासा, कौतूहल, दुश्चिन्ता आदि उनके काव्य में 'कलात्मक नमूनों' में रचित हुए हैं। 'डूबता चाँद कब डूबेगा' वस्तुतः राजनीतिक कविता नहीं है। वह साम्प्रतिक मानवीय परिस्थिति, उसके 'टोटल हारर' और उससे लड़ने के अदम्य विश्वास की कविता है। इसी प्रकार उनकी 'चम्बल की घाटी में' शीर्षक कविता आज की तमाम 'लाभ-लोभ अर्थवादिनी दस्युसत्ता' की व्यंजक है। इस प्रकार की उनकी कविताओं को पढ़ते समय काफ्का के 'ट्रायल' या 'कैसिल' के प्रसंग संस्कारी पाठक के चित्त में सहज ही कौंध जाते हैं।

मुक्तिबोध की स्थिति हिन्दी में बहुत कुछ डब्ल्यू.बी. येट्स से मिलती-जुलती

है। मुक्तिबोध यद्यपि आधुनिकतावादी कविताओं के प्रारम्भकर्ताओं में से एक हैं, पर उसके शोरगुल और वाद-विवाद से वह अलग रहते आये हैं। और इस प्रकार उपेक्षित भी रहे हैं। पर भीतर-भीतर यह असम्पृक्त कवि अपने पूरे समसामयिक जीवन और परम्परा से प्रतिबद्ध रहा है। और इन सभी आन्दोलनों की उपलब्धियों को समेटता रहा है। वस्तुतः शमशेर ने बहुत ठीक पहचान का परिचय दिया है—

> *मुक्तिबोध ने छायावाद की सीमाएँ लाँघ कर प्रगतिवाद से मार्क्सी दर्शन ले, प्रयोगवाद के अधिकांश हथियार सम्हाल और उसकी स्वतन्त्रता महसूस कर, स्वतन्त्र रूप से सब वादों और पहियों से ऊपर उठ कर निराला की सुधरी और सुखी मानवतावादी परस्परता को आगे बढ़ाया।*

(धर्मयुग, 20 सितम्बर '64)

मुक्तिबोध ने निराला से छन्द और लम्बी कविता का काव्यरूप ही नहीं लिया। प्रसाद की 'कामायनी' को फन्तासी के रूप में विश्लेषित करके पुरानी कृति को अपने सृजन के लिए प्रसंगानुकूल बनाया। निराला ने लम्बी कविताओं में पौराणिक गाथाओं को आधुनिक गाथाव्याख्या देनी चाही थी। मुक्तिबोध ने पौराणिक कथा के परिच्छेद को त्याग दिया। (पौराणिक प्रतीक और अन्तःकथाएँ भले ही बराबर आती रहीं) और उसके स्थान पर अपनी कल्पना से स्वप्नकथाओं की सृष्टि की और इस प्रकार निराला ने काव्यरूप की सम्भावनाओं का अमित विस्तार किया। जहाँ तक प्रयोग और अन्वेषण का सवाल था मुक्तिबोध ने एक ओर तो इस फन्तासी-शिल्प में प्रयोग किये और अन्वेषणों के लिए वह व्यक्ति और समाज के सम्बन्धसूत्रों की ओर गये। प्रगतिवाद से उन्हें अपना विश्वास और आग्रह मिला और काव्येतर होते हुए भी वह उनके काव्य की भूमिका बन गया। नयी कविता की सहजता, खुलापन, व्यापक विश्वदृष्टि, प्रतीकों और बिम्बों के प्रयोगों को भी उन्होंने अपनी रचनाशीलता में समन्वित किया। और इस प्रकार सबसे अलग रहते हुए भी येट्स के समान ही वह सबसे अधिक महत्त्वपूर्ण कवि बन सके।

रानी : 1964

Muktibodh : Not an outsider

In the death of Muktibodh Indian literature has lost one more leading figure. In the last three years we have lost many prominent men of letters in Hindi including Nirala and Siya Ram Sharan Gupta; but some of them, though great in stature, had exhausted their creative vitality. This was not true of Muktibodh. He was at the height of his powers when he died. A few days before his last illness in February he wrote a great poem of more than fifty pages—"Andhere Men" (In the Darkness)—and a little before that he had made a major contribution to the controversy over Dinkar's "Urvashi".

Few Indian poets were as contemporaneous in sensibility as Muktibodh. From the very beginning he had revolted against romantic sentimentalism, which is still powerful in Indian poetry. Even in Hindi, where the romantic movement (Chhayavad) is considered to have died in 1936, its hangover is perceptible not only in poets of the older generation but also in younger poets, much younger than Muktibodh.

Revolt : Some of the poets revolted against the poetic diction of Chhayavad which had become stylised, others against the sentimental themes. Muktibodh was the only one to revolt against both. But he drew upon the best achievements of the movement to perfect his own technique.

Muktibodh is known for his unusually long poems, their length often coming in the way of appreciation of their poetic value. Some younger critics even dubbed them as rhetorical and verbose. In comparison with Nirala's longer poems, Muktibodh signifies an improvement. Nirala, under the influence of the romantic revivalist movement, tried to explore contemporary reality through mythological lore as in "Ram Ki Shakti Puja" and "Saraswati Ke Prati", Muktibodh shed mythology and resorted to fantasy to comprehend reality. He is not alone in using this medium. If allegory was then medium of religious and mystic literature in the medieval days, fantasy has become a popular vehicle of contemporary reality.

Muktibodh took to fantasy perhaps for another reason, too. His mind was the battleground of two contradictory, if not conflicting, interpretations of human reality. He was a staunch Marxist, a firm believer in class theory and the social responsibility of a poet. In his diary he once wrote : "We should not desert our own class". On the other hand, existentialist ideas exercised a great pull on him and the individual called for attention. Fantasy came to his help. He even made in the Chhayavadi romantic classic, "Kamayani" relevant for himself by evaluating it as a fantasy. He applied the same method in interpreting another poetic work, "Urvashi".

The Marxist Muktibodh, though aware of his social commitments never used poetry for partisan propaganda. His poems are not "janavadi" in the usual communist sense. This is then reason why critics like Ram Bilas Sharma were harsh with him. Some ignored him, because Muktibodh was not a poet of the masses. He could never become popular because he was a poet with a highly complex mind and somewhat obscure. His fantasies drew images and symbols from every walk of life. The language is unpolished and the metric composition monotonous, but at their best they convey the vitality and force characteristic of primitive poetry. This ruggedness combined with modern intellectual awareness and sensitivity tend to create a natural pattern of fantasy.

Complex : A casual reader often feels that Muktibodh's poem is ill-organised and ambiguous if not meaningless. His poems are not meant for the easy-going reader. They ask for a mind which can grapple with ideas and register complex emotions.

The beautiful world of classical art and legend, and the richness of nature exist side by side with the squalor and misery of modern Indian society in his works. No explanations are given and even the connection is rarely established. The crude but sharp lines of the verse, the diction alternating between the sublime and the ridiculous and the varying, sometimes incongrous images create an aesthetic storm. The reader begings to see a shape and meaning within his own experience and the poem gathers significance by implication.

Open Windows : Edwards Shils' thesis regarding the Indian intellectual (wavering between provincialism and cosmopolitanism) fails when we apply it to Muktibodh. He never lived in a modern, cosmopolitan city. Most of his life was spent in provincial towns of backward Madhya Pradesh. He never threw himself in the thick of modern life or the literary world. He believed that for producing good literature exile from literature was necessary ("Ek Sahityik Ki Diary"). But all the windows of his mind were open and he was never an outsider. He was deeply concerned with everything in life and in his diary he lamented the vulgar unconcern of modern Hindi poems and short stories. He was utterly sincere with himself and the world and abhored literary fashions and poses. Himself a non-conformist, he could never reconcile himself with the snobbery of non-conformism.

Muktibodh's place in Hindi is in a way analogous to that of W.B. Yeats in English literature. A self-exiled man, quietely assimilating contemporary thought, he createcd a style which is his own. In it one sees as in a spectrum the full range of colours, a cross-section of modern reality.

Link : October, 1964

अनुवाद

मुक्तिबोध : अजनबी नहीं

भारतीय साहित्य ने मुक्तिबोध के निधन से एक अग्रणी व्यक्तित्व को खो दिया है। पिछले तीन वर्षों में निराला और सियाराम शरण गुप्त समेत हमारे अनेक प्रमुख कृतिकार हमसे विदा ले चुके हैं यद्यपि इनमें से कुछ ऐसे लोग भी थे जो व्यक्तित्व की दृष्टि से महान थे पर अपनी सृजनात्मक ऊर्जा निःशेष कर चुके थे। पर यह बात मुक्तिबोध के बारे में नहीं कही जा सकती। अपनी मृत्यु के समय वे अपनी सृजनात्मक शक्ति के शीर्ष पर थे। फरवरी में बीमार पड़ने के कुछ दिनों पहले 'अँधेरे में' शीर्षक 50 पृष्ठों की महान् कविता की रचना उन्होंने की थी। इसके कुछ दिन पूर्व ही दिनकर की 'उर्वशी' से सम्बन्धित एक विवाद में उन्होंने महत्तर योगदान किया था।

समकालीन संवेदना के जैसे कवि मुक्तिबोध थे वैसे बहुत कम ही भारतीय कवि हैं। प्रारम्भ में ही जिस रोमाण्टिक भावोच्छ्वास के विरुद्ध उन्होंने विद्रोह किया था, वह भारतीय कविता में अब भी शक्तिशाली है। यद्यपि हिन्दी में छायावाद नामक रोमाण्टिक आन्दोलन 1936 में समाप्त हो गया था पर उसका नशा पुरानी पीढ़ी के कवियों के अतिरिक्त मुक्तिबोध से कम उस के युवा कवियों पर अब भी छाया हुआ है।

विद्रोह : कुछ कवियों नें छायावाद की उस काव्यभाषा के विरुद्ध विद्रोह किया था जो एक रूढ़ि बन गयी थी और कुछ ने उसकी भावोच्छ्वासपूर्ण काव्यवस्तु के प्रति। मुक्तिबोध एकमात्र ऐसे रचनाकार थे जिन्होंने दोनों के प्रति विद्रोह किया था। इसके साथ ही उस आन्दोलन की सर्वोत्तम उपलब्धियों को आत्मसात् कर अपने शिल्प को उन्होंने परिपक्व बनाया था। मुक्तिबोध आमतौर पर लम्बी कविताओं के लिए जाने जाते हैं। इन कविताओं के काव्यगत मूल्यांकन में इनकी लम्बाई अकसर बाधा पहुँचाती है। कुछ युवा आलोचकों ने इन कविताओं की आलोचना करते हुए कहा कि इनमें व्यर्थ की पुनरावृत्ति और वाग्स्फीति है। हाँ, निराला की तुलना में मुक्तिबोध की लम्बी कविताएँ कहीं अधिक परिष्कृत हैं। रोमाण्टिक पुनरुत्थानी आन्दोलन के तहत निराला ने 'राम की शक्ति पूजा' और 'देवी सरस्वती के प्रति' कविताओं में समकालीन वास्तविकता को पौराणिक कथाओं के माध्यम से उद्‌घाटित किया है।

जबकि मुक्तिबोध ने पौराणिक कथा को तिलांजलि दे दी और वास्तविकता को आत्मसात् करने के लिए फैण्टेसी का सहारा लिया। इस माध्यम का उपयोग करने वालों में वे अकेले नहीं हैं। यद्यपि मध्यकाल के धार्मिक और रहस्यवादी साहित्य में रूपक का माध्यम अपनाया गया था। पर आज समकालीन वास्तविकता को व्यक्त करने की दृष्टि से फैण्टेसी एक लोकप्रिय माध्यम बन गयी है।

सम्भवतः मुक्तिबोध ने फैण्टेसी को एक अन्य कारण से भी अपनाया था। उनका मस्तिष्क मानवीय वास्तविकता की दो परस्पर संघर्षरत न भी कहें तो दो अन्तर्विरोधी व्याख्याओं की युद्धभूमि बना हुआ था। वे मार्क्सवाद के प्रबल समर्थक थे। वे वर्ग सिद्धान्त तथा कवियों के सामाजिक दायित्व में दृढ़ निष्ठा रखते थे। अपनी डायरी में एक बार उन्होंने लिखा था—"हमें अपने वर्ग का परित्याग नहीं करना चाहिए।" दूसरी तरफ अस्तित्ववादी विचार उन पर गहरा प्रभाव रखते थे और व्यक्ति उनके विचार के केन्द्र में था। ऐसे क्षण में फैण्टेसी ही उन्हें मदद पहुँचाती थी। उन्होंने छायावादी काव्यकृति 'कामायनी' को प्रासंगिक बनाने के लिए उसे भी एक फैण्टेसी के रूप में अपनी आलोचनाओं में प्रस्तुत किया था। 'उर्वशी' की व्याख्या में भी उन्होंने इसी पद्धति का उपयोग किया।

मार्क्सवादी मुक्तिबोध यद्यपि सामाजिक प्रतिबद्धताओं के प्रति जागरूक थे पर उन्होंने दलगत-प्रचार के लिए अपनी कविता का कभी इस्तेमाल नहीं किया। उनकी कविताएँ सामान्य कम्युनिस्ट शब्दावली में जनवादी नहीं हैं। यही कारण है कि रामविलास शर्मा उनके प्रति इतने कठोर थे। कुछ लोगों ने उनकी उपेक्षा की क्योंकि मुक्तिबोध जनकवि नहीं थे। वे लोकप्रिय नहीं हो सकते थे क्योंकि एक अत्यधिक जटिल मस्तिष्क और गूढ़ भाव-बोध के रचनाकार थे। उनकी फैण्टेसियों में जीवन के हर क्षेत्र से बिम्ब और प्रतीक आते हैं। यद्यपि उनकी भाषा अपरिष्कृत है और छन्द रचना एकरस है पर उनकी रचना के सर्वोत्तम अंश 'आदिम' कविता का लक्षण रखनेवाली जीवन्तता और शक्ति को व्यक्त करते हैं। आधुनिक बौद्धिक चेतना और संवेदनशीलता से संलग्न होने पर उनकी यह 'बीहड़ता' फैण्टेसी के स्वाभाविक ढाँचे का निर्माण करती है।

जटिलता : साधारण पाठक प्रायः ही यह अनुभव करता है कि मुक्तिबोध की कविता अर्थहीन तो नहीं है, पर बहुत ही ढीलेढाले तरीके से संगठित तथा अस्पष्ट है। उनकी कविता सामान्य पाठकों के लिए है ही नहीं। उनकी कविता समझने के लिए ऐसे मस्तिष्क की जरूरत है जो विचारों से उलझ सकता हो और जटिल भावानुभूति को आत्मसात् कर सकता हो। उनकी रचनाओं में क्लासिक कला, लोकगाथा और प्रकृति की सुषमा के साथ-साथ आधुनिक भारतीय समाज की गन्दगी और विपन्नता एकत्र रूप में मिलती है। इन दोनों स्थितियों का न तो स्पष्टीकरण होता है और न इनके बीच रिश्ता ही कायम हो पाता है। पद्य की रुक्ष परन्तु तीक्ष्ण पंक्तियाँ, वैकल्पिक

रूप में कभी उदात्त और कभी बेतुकी शब्दावली, वैविध्यपूर्ण और कभी-कभी बेमेल बिम्ब योजना सौन्दर्यानुभूति के स्तर पर झंझावात उत्पन्न कर देती है। परिणाम यह कि पाठक अपनी अनुभूति के स्तर पर एक आकृति और अर्थवत्ता गढ़ने लगता है और इस तरह कविता व्यंजना की सहायता से विशिष्ट बन जाती है।

खुला झरोखा : भारतीय बुद्धिजीवियों पर एडवर्ड शिल्स (Edwards Shils) की प्रस्थापना (प्रादेशिकता और महानगरीयता के बीच साँसत में पड़कर झूलना) मुक्तिबोध पर लागू करते वक्त निष्फल हो जाती है। वे कभी भी आधुनिक महानगर में नहीं रहे। अपने जीवन का अधिकांश समय उन्होंने एक पिछड़े हुए राज्य मध्य प्रदेश के आंचलिक कस्बों में बिताया। आधुनिक जीवन अथवा साहित्यिक दुनिया के घमासान में वे कभी न फँसे। उनका विश्वास था कि अच्छा साहित्य लिखने के लिए साहित्य मात्र से निर्वासन आवश्यक है (एक साहित्यिक की डायरी)।

उनके दिमाग के सभी झरोखे खुले हुए थे और वे कभी भी अजनबी न रहे। जिन्दगी की हर चीज से उनके गहरे ताल्लुकात थे और अपनी डायरी में उन्होंने आधुनिक हिन्दी कविता और कहानी में व्यक्त फूहड़ विरक्ति के प्रति अपना क्षोभ व्यक्त किया है। वे अपने प्रति और दुनिया के प्रति अत्यधिक गम्भीर रुख रखते थे और साहित्यिक फैशनों तथा भंगिमाओं से नफरत करते थे। यद्यपि वे स्वयं प्रतिपक्षी थे, पर प्रतिपक्षता के प्रदर्शन से लगाव कभी भी रख नहीं पाये।

अंग्रेजी साहित्य के डब्ल्यू.बी. येट्स के सदृश ही हिन्दी में मुक्तिबोध का स्थान है। एक आत्मनिर्वासित व्यक्तित्व, जो चुपचाप समकालीन विचारों को आत्मसात् कर रहा था और जिसने एक ऐसी शैली निर्मित की जो अनूठी और उसकी अपनी थी। इसमें हम सभी श्रेणियों की रंगमयता देखते हैं मानो किसी प्रतिबिम्ब में आधुनिक वास्तविकता के चौरस्ते अंकित हों।

अनुवाद : मुरली मनोहर प्रसाद सिंह

गीत : नये अर्थ की खोज

किसी चीज के मूल्यवान होने के लिए 'नया' होना आवश्यक नहीं है और न ही 'नया' होकर कोई पदार्थ अनिवार्य रूप से मूल्यवान् माना जा सकता है। परन्तु ऐतिहासिक परिवर्तनों की प्रक्रिया जिस समय अत्यधिक त्वरित गतिशीला हो उठती है, उस समय बहुधा भाषा की असमर्थता के चलते अपरिभाषित मूल्यों या विशिष्टताओं के समुच्चय के लिए 'नया' शब्द सबसे अधिक नजदीक पड़ता है। अमरीका में राजनीति के क्षेत्र मैं रूजवेल्ट का 'न्यू डील' भी इसी प्रकार मूल्यवाचक ही था और हमारे साहित्य में 'नयी कविता' या 'नयी कहानी' भी इसी प्रकार की मूल्य-सत्ता की ओर इंगित करती हैं। इसी आधार पर कविता या कहानी का यह विशेषण सार्थक सिद्ध होता है, परन्तु यह प्रयोग जब अपनी इस मूल्य-सत्ता के स्थान पर 'नया शब्द' से लगे किसी फैशन या मात्र पुराने से अलगाव—ऐसा अलगाव जो किसी प्रकार के अन्य मूल्य-बोध से च्युत हो—के लिए प्रयुक्त होने लगे, तो शंकित ही नहीं, सावधान होने की आवश्यकता भी पड़ती है। मुझे लगता है कि 'नया गीत' शब्द ऐसी किन्हीं मूल्य बोधहीन स्थितियों में गढ़ा गया है। 'गीत' शब्द के साथ जब नया विशेषण लगाया जाता है, तो ऐसा लगता है कि 'गीत', कविता से भिन्न कोई अन्य साहित्यरूप है। जो लोग गीत को कविता से, कविता की कसौटी से, कविता के माध्यम या उपकरणों से अलग हटाकर देखते हैं, उनसे मुझे कुछ नहीं कहना। वे गीत के साथ जितने चाहें विशेषण जोड़ सकते हैं—किसकी हिम्मत है कि उन्हें टोके। ऐसे लोग नया गीत ही नहीं, नया महाकाव्य, नया खण्डकाव्य, नया मुक्तक आदि को भी नयी कविता से अलगा कर एक विधा के रूप में स्थापित कर सकते हैं। वस्तुतः जब 'कविता' में स्वरों का बदलाव हुआ, तो उसका प्रभाव सभी रूपों पर पड़ना था और गीतात्मक अभिव्यक्ति भी उससे वंचित नहीं रहती। इसलिए मेरा सुझाव है कि 'नये गीत' को 'नयी कविता' के समानान्तर किसी काव्यधारा के रूप में देखना अनुचित है। नयी कविता के भीतर ही वे स्वर भी हैं, जो मूलतः गीतात्मक हैं। उन कविताओं का गीतानुभव भी नयी व्यंजना से युक्त है। फिल्मी और कवि-सम्मेलनी मनोरंजक गीतों से भिन्न, शुद्ध गीति-स्वरों का सन्धान भी यहाँ पर है।

इसी सन्दर्भ में एक दूसरी महत्त्वपूर्ण बात कहना चाहूँगा कि कविता की मुख्य परम्परा, गीत नहीं है। भारत या पश्चिम के दो हजार वर्षों के साहित्य के इतिहास में गान-लेखक बहुत महत्त्वपूर्ण कभी नहीं माने गये। कालिदास या भवभूति के सामने जयदेव गौण कवि ही सिद्ध होंगे। फिर जयदेव भी शुद्ध गान-लेखक नहीं हैं—उनमें बराबर एक कथावृत्त विद्यमान रहा है। इसी प्रकार मध्यकाल में सूरदास या अन्य भक्त कवि लीला-गान करते हुए भी उस प्रकार के कवि निश्चित रूप से नहीं हैं, जिन्हें 'सांग-राइटर' कहा जाता है। उन लोगों के लीला-गानों का सन्दर्भ एक विशिष्ट गाथा का है और धर्म तथा इष्टदेव की वस्तुपरकता उन्हें शुद्ध गीति-संवेदना से परे हटा देती है। यहाँ गीत वस्तुतः भक्ति-भावना के वाहक हैं, माध्यम हैं और यह भावना एक आब्जेक्टिव स्तर पर बराबर विद्यमान है। वस्तुतः इस थीसिस की स्थापना करते हुए मेरे मन में गीत के दोनों अर्थ—गान और गीति-संवेदना का काव्य विद्यमान है। गान तो खैर, सभ्यता के विकास की अपेक्षाकृत प्रारम्भिक स्थितियों में साहित्य से अलग होने लगा था, पर गीति-संवेदना भी अपने समकालीन मनुष्य की प्रतिमा के निर्माण में अक्षम होती है। आज के युग को तो हम अत्यधिक जटिल, संकुल, बौद्धिक, यान्त्रिक आदि कहते हैं, पर अपेक्षाकृत सरल व्यवस्था वाले समाजों के भी सम्पूर्ण यथार्थ को व्यक्त करने के लिए प्रबन्ध-काव्य या नाट्य-काव्य की आवश्यकता पड़ती रही है, तथा जो मुक्तक भी लिखे जाते रहे, वे भी गीति-तत्त्व से अनिवार्य रूप से जुड़े नहीं रहे। मध्यकाल के अधिकांश कवित्त-सवैये गीति-तत्त्व रहित हैं।

आदिम समाज में गीत-गान को महत्त्वपूर्ण स्थान अवश्य प्राप्त था, परन्तु वहाँ परखने की बात यह है कि मिथ, संस्कार, संगीत, नृत्य आदि ज्ञान एवं कला के प्रकार भी उसी पंच में गुँथे हुए थे। और इस अर्थ में उसकी आत्मपरकता नहीं के बराबर रह जाती थी। उसकी परिणति और अभिव्यक्ति दोनों ही 'रिचुअल' में थीं। एक तीसरी बात इस सन्दर्भ में महत्त्वपूर्ण है कि ज्यों-ज्यों आधुनिकता के बढ़ाव के साथ हमारे जीवन में संकुलता, उलझाव एवं गाँठ-बहुलता आयी है, त्यों-त्यों आदिम जीवन के प्रति एक लालसा भी उभरी है। मार्क्स ने मध्यकाल में सामयिक असंगतियों के प्रति विद्रोह और चुनौती, धर्म को माना था, तो कहा जा सकता है कि वर्तमन की परम्परा ग्रथित रूढ़ियों, पाखण्डों, निरर्थक अनुशासनों, नैतिकता के रूढ़ प्रतिमानों आदि के प्रति अस्वीकार का भाव इस आदिम जीवन एवं परम्पराओं के आदि स्रोत की खोज में भी निहित है। यों आचार्य शुक्ल का सहारा लें, तो कविता का कार्य सभ्यता के आवरणों को उघाड़कर आदिम रूप-व्यापारों को सामने लाना होता है। आदिम रूप-व्यापारों की इस खोज का ही एक पड़ाव आदिम आवेगों का पुनर्ग्रहण भी हो सकता है। कवि ठाकुरप्रसाद सिंह की गवाही है कि सन् 50-51 के आसपास के अपने ही दुहराव से भयभीत किसी नये उद्वेग की खोज में थे। आकस्मिक नहीं है कि यही समय नवलेखन के प्रस्फुटन का भी है। चित्रकार गोगाँ को जिस आदिम

उद्वेग के लिए टाहिटी द्वीप में प्रवास करना पड़ा, वह ठाकुरप्रसाद को 'सन्थालों के बीच अनायास मिल गया।' ठाकुरप्रसाद तो खैर सन्थालों के बीच ही रम गये थे, पर इसी बीच अन्य कवि भी थे, जो आदिम उद्वेग की इस खोज में लोक-गीतों की ओर उन्मुख थे। केदार अग्रवाल, शम्भूनाथसिंह, गिरिजाकुमार, त्रिलोचन और 'नागार्जुन' ही नहीं, अज्ञेय तक इन लोक-गीतो की धुनों के सम्पर्क में आये थे। कथा-साहित्य में आंचलिकता भी इसी प्रवृत्ति का प्रकाशन है और अगर सम्पूर्ण सांस्कृतिक चेतना एक, और अखण्ड होती है तो इस तथ्य की ओर ध्यान दिलाना अप्रासंगिक न होगा कि इसी समय के आसपास लोकगीतों के संग्रह ही नहीं, अध्ययन-अध्यापन की ओर भी ध्यान गया था। पिछले दशक में दर्जनों शोध-प्रबन्ध लोक-साहित्य को लेकर लिखे गये हैं, बल्कि दशक का अन्त होते-होते उस ओर से ध्यान हटा है। जनतन्त्र की स्थापना के प्रयास के साथ ही 'जन-पद-जन' की ओर बौद्धिक एवं भावात्मक झुकाव या लगाव वस्तुतः एक आन्तरिक आवश्यकता थी। आवश्यकता है, अनुभव के नये क्षेत्रों, नये माध्यमों की खोज की; आवश्यकता है उस भाषा को पुनः खोजने की, जो छायावादी कल्पना-स्फीति एवं प्रगतिवादी नारेबाजी में अपना अर्थ खो चुकी थी। वस्तुतः भाषा—यानी कि बिम्ब, प्रतीक, उपमान, शब्द, रूपबन्ध आदि की खोज अनुभव के पूरे क्षेत्र का अन्वेषण है और इस प्रक्रिया का प्रारम्भ जिन विभिन्न क्षेत्रों से हुआ, उनमें लोक-गीत प्रभावी गीति-संवेदना भी एक है।

परम्परा के आदिम स्रोतों की खोज के माध्यम से एक नयी शक्ति अर्जित करने की चेष्टा के मूल में एक अन्य कारण यह है कि काव्य के क्षेत्र में प्रामाणिक अनुभूतियों का अभाव हो गया था। छायावाद ने कल्पना पर अधिक बल देकर अनुभूति के महत्त्व को अगर कम किया था, तो प्रगतिवाद ने जबरदस्ती ओढ़े वैचारिक लबादे के तले कृत्रिम काव्य को जन्म दिया। बच्चन, नरेन्द्र जैसे कवियों की गीति-संवेदना वैयक्तिक स्तर पर जवाब देने लगी थी और उनके अनुकरण पर कवि-सम्मेलनी गीतकारों का जो दल-बादल उठा था, वह अनुभूति नहीं अभिनय पर आश्रित था। भावना के स्थान पर भीड़ और भाड़ा ही उनके लिए महत्त्वपूर्ण हो गया था। इस प्रकार की स्थिति में वास्तविक काव्य का रास्ता ही रुक गया था। अनुभूति की इस अप्रामाणिकता को समाप्त कर काव्य में भावना को पुनः प्रतिष्ठित करने का बहुत बड़ा काम सामने था। और इसी तथ्य का दूसरा पहलू यह था कि इन झूठी कविताओं द्वारा जिस मानव-प्रतिमा को निर्मित किया गया था, वह भी अप्रामाणिक एवं कृत्रिम थी। इसलिए प्रामाणिक अनुभव और उसके साथ ही प्रामाणिक मनुष्य-प्रतिमा को प्रतिष्ठित करने का प्रयास नयी कविता में हुआ। पर इन दोनों में भी पहला काम सन् 1950 के आसपास अत्यधिक तात्कालिक महत्त्व का था। नयी कविता के कवियों ने प्रारम्भ से ही इस ओर ध्यान दिया और इसी ने उन्हें लोक-साहित्य और लोक-जीवन से जोड़ा। वस्तुतः यह एक ऐतिहासिक माँग

थी, जिसे नये कवियों ने पूरा किया। एक तात्कालिक अनुभव में जो सोचा, समझा, सुना या भावन किया जा सकता था, उसे इन गीति-संवेदनावाली कविताओं में वाणी मिली। इसे नाटकीयता की चरम स्थिति भी कहा जा सकता है, जिसमें कि अत्यन्त गहन तात्कालिकता व्यक्त होती है :

'आधी रात बाग में पिड़कुल
कुबुर डुबुर स्वर।
आधी रात
यहाँ मैं आकुल,
तुम आओ घर।'

ठाकुरप्रसाद के इस छोटे गीत में पिछले खेवे या समकालीन कवि-सम्मेलनी कवियों का घिसा-पिटा रूप तो नहीं ही है और एक हल्की-सी व्यंजना के माध्यम से जो प्रत्यक्ष एवं सहज स्वाभाविक है, वह पिछली तमाम अलंकृतियों एवं प्रणय के 'अंचल' आदि कवियों द्वारा लिखे गये लाउड-स्पीकरी गीतों से नितान्त भिन्न है। सचमुच ही क्या यही सीधा स्वर : 'तुम कहाँ हो नारि' की पुकार करने वाले 'अज्ञेय' में नहीं फूट पड़ता है। फिर इस लोक-गीतपरक स्थिति ने इन कवियों को जो लोक का अनुभव दिया, लोक-जीवन की विसंगतियों, स्थितियों आदि से परिचित कराया, उसने ही उन्हें वह बौद्धिक शक्ति दी, जिससे कि आगे चलकर नयी कविता में समसामयिक अनुभव का अधिक प्रामाणिक एवं पूर्ण बिम्ब उभर सका। जो लोग नयी कविता को बुद्धिवादी कहते हैं, बौद्धिकता की प्रतिष्ठा करने वाला कहते हैं, वे कहीं मूल में ही गलती करते हैं। बुद्धिपूर्वक दर्शन का आरोप तो छायावादियों ने शुरू कर दिया था और बच्चन, नरेन्द्र आदि भी '50 के आसपास बुद्धिपूर्वक कविताएँ रचने या घोषणाएँ करने लगे थे। इसलिए पन्त, बच्चन, नरेन्द्र, सुमन प्रभृति कवियों में भी धीरे-धीरे गीतितत्व तो गायब हो ही गया, साथ ही गीत का जो एक organic form था, वह भी तर्क-पद्धति के भीतर बढ़ाई जानेवाली कविताओं में समाप्त हो गया। स्वयं अज्ञेय तक में गीति-संवेदना एवं तर्क-पद्धति का यह खिचड़ी मेल अकसर कविताओं के रूपबन्ध को नष्ट करता है। इसके बजाय नये कवियों ने अनुभूति को प्रतिष्ठित किया। बौद्धिकता तो प्रबुद्ध व्यक्ति का लक्षण है और उसका भी प्रयोग वस्तुतः 1954-55 के बाद बढ़ा है, जबकि समसामयिक मनुष्य का सम्पूर्ण चित्र देने के लिए अधिक गहरी समझदारी का आग्रह बढ़ा। इस समसामयिक मनुष्य को उसके सम्पूर्ण जटिल, संकुल विविधस्तरीय रूप में उपलब्ध करने की प्रक्रिया के लिए गीति-संवेदना सदैव ओछी पड़ती है, यह पहले ही विवेचित किया जा चुका है। सम्भवतः इसी कारण पिछले दशक के परवर्ती वर्षों में 'गीतों' की मात्रा, नयी कविता के भीतर कम हुई है। मई '62 की वासन्ती में लिखते हुए नयी कविता के एक प्रमुख और गीति-संवेदना वाले कवि केदारनाथ सिंह ने जब लिखा था कि 'मैंने कई वर्षों से

कोई गीत नहीं लिखा। कारण जो भी हो, पर वह गीत के प्रति अनास्था तो निश्चित रूप से नहीं है। गीत लिखने की इच्छा अकसर होती है।' तब वस्तुतः कारण गीत का चलता हुआ पैटर्न नहीं है, उसे तो नये कवियों ने (केदार ने भी) बहुत पहले ही तोड़ दिया था। कारण उस प्रबुद्ध चेतना का है, जो सम्पूर्ण और संकुल को समेटना चाहती है। धर्मवीर भारती की दो कृतियों : 'अन्धा युग' और 'कनुप्रिया' की तुलना भी इस धारणा को प्रकट करती है। 'कनुप्रिया' जिस गीति संवेदना पर लिखा गया है, वह अतीत की उस कथा को प्रसंगानुकूल बनाकर समसामयिक मनुष्य की प्रतिमा के निर्माण में तो असफल रहती ही है, काव्य की कसौटी पर भी खरी नहीं उतरती, मात्र भावुकता की स्फीति ही उसमें अधिक दिखती है। पर 'अन्धा युग' एक प्रकार की महाकाव्यात्मक-नाटकात्मक अनुभूति के कारण इस कार्य में अधिक सफल होता है। स्वयं केदारनाथ सिंह के संकलन : 'अभी बिलकुल अभी' में भी यह दोनों प्रकार की उपलब्धियाँ और उनकी सीमाएँ देखी जा सकती हैं। यह जो पिछले एकाध वर्ष से 'गीत' की चर्चा जोर पकड़ रही है, इसे या तो इस बात का लक्षण समझा जा सकता है कि नयी कविता की गीति-उपलब्धि को मानने का समय आ गया है या फिर यह पुनः एक बार नयी जमीन तोड़ने का प्रयास है—नयी कविता में परिलक्षित होने वाले 'दुहराव से भयभीत होकर'।

गीत की उस सीमा को स्वीकार करते हुए भी यह कहना आवश्यक है कि गीत या अन्य किसी भी विधा को एकदम 'आउट ऑफ डेट' बनाकर फेंका नहीं जा सकता। अगर मैं यह कहता हूँ कि 'गीत' मुख्य परम्परा नहीं है, तो यह भी कहना चाहूँगा कि आधुनिक जीवन की तमाम संकुलता के बीच भी गीति-क्षण आ सकते हैं और उनको आधुनिक काव्य के स्तर पर ही अभिव्यक्त किया जा सकता है। 'गीत गाने दो, वेदना को रोकने को' जैसे निराला के परवर्ती गीत इस आधुनिक गीतिधर्मी काव्य-दृष्टि के द्योतक हैं। और हिन्दी में ही नहीं; अंग्रेजी के रॉबर्ट ग्रेव्स या थियोडोर रोए'क अथवा प्रख्यात स्पैनिश कवि गार्सिया लोर्का मुख्यतः गीति-संवेदना वाले कवि माने जाते हैं। इन सभी कवियों के गीत बराबर आधुनिक मानवीय परिस्थितियों से जुड़े दिखाई देते हैं। वस्तुतः हिन्दी में जो दो अतिवादी सीमाओं (गीतों का एकदम नकारना और गीत को ही सब कुछ मानना) का जो यह द्वन्द्व दिखाई देता है, उसके मूल में कवि-सम्मेलनी विकृति काम करती रहती है। 'गीत' शब्द का नया अर्थ ही यहाँ कवि-सम्मेलनी गीतों के कारण बहुत उभर नहीं सका। आवश्यकता अब इस नये अर्थ को उभारने की है, शब्द-मल्ल की।

लहर : जुलाई, 1965

कविता : समीक्षा

दिगन्त

सूर्य का स्वागत

भारतीय कविता : 1953

'ओ अप्रस्तुत मन' : भूमिका और संग्रह

मधुरिमा

मेरा रूप तुम्हारा दर्पण

ऊर्म्मिला

एक हस्ताक्षर और

वंशी और मादल

शब्ददंश

अकेले कण्ठ की पुकार

दो काव्यसंग्रह : 'वनपाखी सुनो!' और 'भटका मेघ'

चाँद नहीं

समुद्र फेन

अनागता की आँखें : रूमानी दृष्टि का नयापन

सात गीत वर्ष

मैं गूँगा देवता

चाँदनी चूनर

त्रिभंगिमा

परिवेश : हम-तुम

शिलापंख चमकीले

द्रौपदी

उर्वशी

दिगन्त

'दिगन्त' कवि त्रिलोचन के 57 सानेटों का संकलन है। छायावाद की निराशा, व्यक्तिवादिता आदि से हटकर काव्य की नयी भावभूमि और शैलीशिल्प अपनाने वालों में त्रिलोचन का नाम अग्रणी है। प्रगतिवादी खेमे में रहने के बावजूद उसके सरगर्म दिनों में भी त्रिलोचन विशुद्ध नारेबाजी से दूर रहकर प्रकृत कवि बने रह सके, यह उनकी काव्यसाधना का सशक्त प्रमाण है।

सानेट यूरोपीय भाषाओं का छन्द है। इसका मूल स्थान इटली माना गया है और प्रथम प्रयोक्ता दान्ते। बहुधा यह बात उठाई जाती है कि हर भाषा की अपनी प्रकृति होती है और उसके अनुकूल उसका अपना छन्दविधान भी होता है। यह बात बहुत हद तक सही भी है। स्वयं हम खड़ी बोली के आन्दोलनकाल में छन्दसम्बन्धी प्रयोग और सरगर्मी देख सकते हैं। खड़ी बोली की प्रकृति मात्रिक छन्द के अधिक अनुकूल है—ऐसा सुमित्रानन्दन पन्त का मत है। समर्थ कवि इन सब नियमों का उल्लंघन कर जाता है, यह त्रिलोचन के इन सानेटों से काफी स्पष्ट है। 14 पंक्तियों और तुकों के बँधे ढाँचे के भीतर अधुनातन भावनाओं की अभिव्यक्ति साधारण सफलता नहीं है। यद्यपि इसे मैं सामर्थ्य की अपव्यता कहूँगा, जहाँ कि किसी एक काव्यरूप के प्रति इतना अधिक दुराग्रह हो जाये :

इधर त्रिलोचन सानेट के ही पथ पर दौड़ा
सानेट सानेट सानेट सानेट क्या कर डाला
यह उसने भी अजब तमाशा।

छन्द के अनुकूल भाव न ढालना पड़े, यह नये कवि का सचेष्ट प्रयास है। पर यहीं त्रिलोचन की विशेषता उभरती है शिल्प की दृष्टि से कि उसने नयेपन की बलि सानेट की गठन के लिए नहीं दी।

स्वयं कवि ने कह दिया है :

ले. : त्रिलोचन शास्त्री

इस सानेट का रास्ता चौड़ा
अधिक नहीं है। कसे कसाये भाव अनूठे
गेय रहे, एकान्विति हो।

इस गेयता और एकान्विति की उसने पूरी रक्षा की है, इसी कारण उसका कथ्य और अधिक नुकीला (प्वाइण्टेड) बन पड़ा है।

इस पूरे संकलन को पढ़ जाने पर पहला प्रभाव पड़ता है कि लेखक ने भाषा को सप्रयास रूप से सहज बनाने का प्रयत्न किया है और इसके लिए अँजोरिया, काँधे, छुट्टा, सीवान जैसे शब्दों को अपनाने में संकोच नहीं किया है। लोकभाषा के शब्दों का ग्रहण हमारे नये काव्य की मुख्य विशेषताओं में से एक है।

आज का कवि पुरानी भावुकता से दूर हटता है, पर प्यार और सहानुभूति जैसी भावनाएँ उसके हृदय की वैसी ही अमूल्य निधियाँ हैं, वह उनका प्रदर्शन नहीं करता तथा तटस्थ भाव से भी देख सकता है। यह तटस्थता या निर्लेपता रचनाकार की दृष्टि से अत्यधिक महत्त्वपूर्ण है और नये काव्य के सबसे सशक्त स्वरों में से एक है। उसके इस मैटर आफ फैक्ट प्रेम को देख लें—

......पहले वाले
प्रेमी अभिनय कुशल अवश्य हुआ करते थे
कवियों की रचनाओं में सैकड़ों हवाले
तुम्हें मिले होंगे, वे सब जीते मरते थे
स्वेच्छापूर्वक......उन लोगों का निपट निराला
कौशल मेरे पास कहाँ? हूँ ममता वाला।

इस कथन में स्वेच्छापूर्वक और ममता वाला शब्द देखने योग्य है। पहले शब्द में जहाँ गहरा व्यंग्य है वहीं दूसरे शब्द में सरल किन्तु गहरी आत्मस्वीकृति।

इस तटस्थ-निर्लेप सशक्तता का दूसरा उदाहरण 'पश्यन्ती' है। मुर्गे की अन्योक्ति द्वारा वह यह कह देता है कि उसकी आवाज पर सबेरा होना निर्भर नहीं है यह सत्य बात है परन्तु उतना ही विश्वास उसे यह भी है कि—

लेकिन इतना झूठ नहीं है, जहाँ कहीं वह बड़े सबेरे,
ऊँचे स्वर से बोला करता है, मुँह फेरे!
कोई पड़ा नहीं रह सकता।

ऊपर व्यंग्य की बात आ चुकी है। इस संकलन में अनेक सानेट श्रेष्ठ व्यंग्य के उदाहरण हैं। 'रोटी', 'जगदीश जी का कुत्ता', 'आया है वह' तिलमिलाने वाले व्यंग्य के उदाहरण हैं।

छुट्टा-बँधुवा के गहरे व्यंग्य में तो जीवन की सारी तल्खी साकार हो उठी है। तथाकथित मनुष्य की आजाद जिन्दगी कितनी भली है और धन्धे के गुर में लगी

सुरक्षित (सिक्योर) जिन्दगी कितना सुख देती है, यह इस कविता से स्पष्ट ध्वनित होता है।

विषयवस्तु की विविधता इनकी एक और महत्त्वपूर्ण विशेषता है। क्षुद्र और महान, भाव और दृश्य, व्यक्ति और विचार सभी उपजीव्य हैं काव्य के, ऐसा त्रिलोचन ने अपने इन सशक्त सानेटों में दर्शाया है। एक ओर मध्यवर्गीय जिन्दगी है जिसमें वही सबेरा, वही रात, तेली के बैल सरीखा फेरा लगता है (खीझ) तो दूसरी ओर 'भादों की रात का ध्वनिवाही चित्रण', 'मूर्तिपूजा' में पढ़े-लिखे का दुख मूर्तित है। लाश के माध्यम से सामाजिक विकृतियों की ओर दृष्टिपात करता है तथा तेनजिंग और माओत्सेतुंग का वह गायक है। तुलसी बाबा से भाषा सीख ब्राह्मण को तुकारने वाले काशी के जुलाहे के प्रति वचन विचार कर भी कवि कहता है। चिन्ता और हास्य के छोटे-छोटे मूड्स और लबे सड़क के यथातथ्यवादी चित्रण सभी कुछ तो त्रिलोचन की व्यापक प्रतिभा ने समेटा है।

जिस समय हिन्दी काव्य में दर्द की पुकार मची हो, दुख में आत्मान्वेषण किया जा रहा हो, वेदना माँ हो रही हो, पीड़ा में आस्था के विविध आयामों का अनुसन्धान हो रहा हो उस समय त्रिलोचन के अट्टहास का स्वर निश्चित रूप से विशिष्ट लगता है। उसका विश्वास है :

अट्टहास कर, अट्टहास कर, अट्टहास में
मन को गड़ने वाले दर्द डूब जाते हैं,

तथा :

दुःखों का दुरतिक्रम घेरा
अट्टहास ही तोड़ सका है अभियानों में।

इस संकलन में अनेक सुन्दर और मार्मिक सानेट हैं परन्तु मुझे जो सबसे अधिक उल्लेखनीय (सिग्निफिकेंट) लगा वह 'भौजी' शीर्षक है। यों श्रेष्ठता के लिहाज से इससे कहीं उत्तम कविताएँ हैं? परन्तु आज की नयी कविता में यह पारिवारिक चित्र विशिष्ट भर नहीं दुर्लभ भी है। नये काव्य की महत्त्वपूर्ण उपलब्धियाँ और असीम सम्भावनाएँ हैं, पर कभी-कभी ऐसा लगता है कि नया कवि सचमुच ही परिवार और समाज से उखड़ गया है। समाज और परिवार के विविध सम्बन्ध जैसे उसके भावजगत से दूर पड़ गये हैं।

कभी-कभी एकाध प्रेयसी कहीं-कहीं पर झलक जाती है (गीतकारों की मैं नहीं कहता जहाँ शुद्ध काल्पनिक प्रेयसियों की कतार विद्यमान है) पर माँ, पिता, पत्नी, भाई, भाभी आदि सम्बन्धों को अभिव्यक्त करना उसकी आभिजात्य स्नाबरी के नितान्त विपरीत है।

हाँ तो 'भौजी' पढ़ते-पढ़ते मुझे इस रेगिस्तान में भी नखलिस्तान का अनुभव हुआ। लगा कि नया कवि अभी परिवार से बिल्कुल ही छिन्नमूल नहीं हुआ है।

प्यार की यह पकी अनुभूति रससिद्ध कवि के लिए ही सम्भव है—

तुम्हें याद है रात अँजोरिया? हम तुम दोनों
नहीं सो सके, रहे घूमते नदी किनारे
मुग्ध देखते प्यार भरी आँखों से प्यारे
भूमि-गगन के रूप-रंग को।

पर कभी-कभी त्रिलोचन व्यक्तिवादी गीतकारों की मैनीफेस्टोवादी प्रवृत्ति पर भी आ जाते हैं। वह 'कस्मैदेवाय' में अपना भस्मीभूत पाठक को गुणों समेत बताने लगते हैं तो कभी नये चेतनावाणों की चर्चा करते हुए सतही भावभूमि पर भी पहुँच जाते हैं।

प्रकृति का सहज उल्लास इन कविताओं में स्थान-स्थान पर फूट पड़ा है। 'मेंहदी और चाँदनी चित्र', 'तीन इन्द्र धनुष' आदि श्रेष्ठ प्रकृति सम्बन्धिनी कविताएँ हैं अथवा प्रकृति के सुरूप दृश्य के भीतर परिश्रम का यह सौन्दर्य भी अनोखा है :

...धान बैठाने वाला
दल मजूरिनों का प्रसन्नता से कुछ चंचल
हुआ। झुकी कटि सीधी की। ओठों पर मंगल
ठहर गया। जाँघें छूती हाँथों की आँटी
और सुहाई। पूँजे काँपे जल पर पल पल,
उधर बलाका ने अभिनव-श्री घन को बाँटी।

साथियों की भाग-दौड़ में पैदल ही चलने वाला यह विश्वासी कवि, जो सौरज-धीरज के रथचक्रों पर आस्था रखता है, अपनी इस सफलता का रहस्य भी बता देता है, कुण्ठावादी-व्यक्तिवादी कवियों के लिए 'मोटो' का कार्य कर सकता है—

मैं अपने एकाकीपन से ऊब गया था,
ऊब गया था, ऊब गया था। आखिर भागा,
अगले क्षण जीवन सागर में डूब गया था।

कलजुग : मई, 1957

सूर्य का स्वागत

नयी कविता पर एक मुख्य आरोप दीक्षागम्यता एवं दुरूहता का लगाया जाता है। दुष्यन्त कुमार का प्रस्तुत संग्रह इस आक्षेप का सशक्त उत्तर है। दूरारूढ़ सांकेतिक व्यंजना का संग्रह में नितान्त अभाव है। शास्त्रीय शब्दावली में कहें तो यह अभिधा का काव्य है एवं अभिधा में काव्य सौन्दर्य की स्थिति आचार्य रामचन्द्र शुक्ल ने भी मानी है।

प्रस्तुत संकलन पढ़कर दुष्यन्त कुमार के कविकर्म की प्रक्रिया का अनुमान लगाना बहुत कठिन नहीं है। वे शीघ्रता के कवि हैं। जो कुछ उनके मन में आता है, परिवेश की जो सहज अथवा आकस्मिक प्रतिक्रिया उनके मन में होती है उसे वे तत्काल कह डालने में विश्वास करते हैं। उस अनुभूति को पकाने तथा अभिव्यक्ति को संयम के अनुशासन में बाँधने का धैर्य दुष्यन्त कुमार के पास नहीं है। उदाहरणार्थ 'दो पोज़' कविता को लें। सद्यःस्नाता प्रेयसी के कुन्तल ढँके मुख और केश झटक दिये जाने पर उन्मीलित मुख के बारे में कही गयी कविता आशुकविता-सी प्रतीत होती है। कवि भूल जाता है कि ऐसे खण्ड रेखाचित्र एक सम्पूर्ण कविता के अंश बन सकते हैं, स्वयं एक कविता नहीं बन पाते। ऐसी हल्की-फुल्की अनुभूतियाँ पक-पक कर अधिक प्रगाढ़ प्रेमानुभूतियाँ बन सकती हैं।

अतः धैर्य का यह अभाव या तो ऐसी कच्ची अनुभूतियों को जन्म देता है अथवा फिर कवि को चमत्कार की ओर घसीट ले जाता है। पर चमत्कार अभिव्यक्ति कौशलगत नहीं होता, क्योंकि जैसाकि मैं ऊपर संकेत कर चुका हूँ वे अभिव्यक्ति के संयम में बँधने को तैयार नहीं दिखते। अतः चौंकानेवाली उपमाएँ अथवा विचित्र एवं अपरिचित बिम्ब विधान की वह चेष्टा उनमें नहीं मिलती जो लक्ष्मीकान्त या सर्वेश्वरदयाल जैसे कवियों में मिल जाती है। केवल 'पुनःस्मरण' कविता का प्रथमांश ही उपमान बहुलता की ओर गया है, अन्यथा दुष्यन्त का काव्य-कौशल अप्रस्तुत विधान की अपेक्षा प्रस्तुत के सामान्य कथन द्वारा ही बिम्ब को जगा देता है। हर्बर्ट रीड ने जिस बात को कहा है कि आधुनिक कवि ने रूपक योजना से आगे बढ़कर

ले. : दुष्यन्त कुमार

बिम्ब निर्माण की नयी क्षमता या कौशल अर्जित कर लिया है। दुष्यन्त में यह सामर्थ्य विद्यमान है, कभी-कभी वे रूपक योजना द्वारा बिम्ब जगाते हैं जैसे 'कुण्ठा', 'सत्यान्वेषी' अथवा 'मन्त्र हूँ' में कभी छोटे-छोटे दृश्य खण्डों और उपमाओं से जैसे कि 'अनुरक्ति' तथा केवल सामान्य कथन के द्वारा भी जैसे कि 'तीन दोस्त'। सामान्य कथन से मेरा तात्पर्य यह नहीं है कि अप्रस्तुत योजना इनमें है ही नहीं, तात्पर्य यह कि जोर अप्रस्तुत योजना पर नहीं है। कविता पढ़ते समय अप्रस्तुत दृश्य योजना पर ध्यान नहीं जाता बल्कि सम्पूर्ण प्रभाव प्रस्तुत पर ही केन्द्रित रहता है। एक-एक उदाहरण उनका देखें—

रूपक योजना द्वारा निर्मित बिम्ब—

मेरी कुण्ठा
रेशम के कीड़ों-सी
ताने बाने बुनती
तड़फ-तड़फ कर
बाहर आने को सिर धुनती,
स्वर से
शब्दों से
भावों से
औ वाणी से कहती सुनती,
गर्भवती है
मेरी कुण्ठा-क्वाँरी कुन्ती।
....
....
प्रसव काल है!
सघन वेदना!
मन की चट्टानो कुछ खिसको
राह बना लूँ;
ओ स्वर निर्झर बहो कि तुममें
गर्भवती अपनी कुण्ठा का कर्ण बहा लूँ,
मुझको इससे मोह नहीं है इसे विदा दूँ।
....
....
प्राप्य सत्य के लिये
महाभारत-सा जब जब युद्ध छिड़ेगा
यह कुण्ठा का पुत्र हमेशा

कौरव दल की ओर रहेगा,
और लड़ेगा।

दूसरा उदाहरण उपमान योजना का लें। नयी कविता के पैटर्न की एक बड़ी विशेषता है कि पूर्ववर्ती छन्द रूपों की भाँति उसके टुकड़े काट कर अलग नहीं किये जा सकते। पूरी कविता में बात फैल कर आती है, अतः प्रतिनिधि नये कवि के प्रस्तुत संकलन से लगभग पूरी कविताएँ उद्धृत करनी पड़ती हैं; जितना काटना पड़ता है स्थानाभाव से उतने में कुछ न कुछ कम अवश्य पड़ जाता है। बहरहाल ये उपमाएँ देखें, एक प्रकार का केन्द्रगामी बिम्ब-क्रम बनता जाता है यद्यपि ये बिम्ब छोटे-छोटे खण्डमात्र हैं पर एक काव्य तर्क (Poetic logic) उन्हें बाँधे है—

जब जब श्लथ मस्तक उठाऊँगा
इसी विह्वलता से गाऊँगा।
इस जन्म की सीमा-रेखा से लेकर
बालरवि के दूसरे उदय तक
हतप्रभ आँखों के इसी दायरे में खींच लाना
तुम्हें मैं बार-बार चाहूँगा।
सुख का होता होगा स्खलन
दुख का नहीं,

अधर पुष्प होते होंगे—
गन्धहीन, निष्प्रभाव, छूँछे... खोखले...अश्रु नहीं;
गेय मेरा रहेगा यही गर्व;
युग-युगान्तरों तक मैं तो
इन्हीं शब्दों में भरा हूँगा।

सामान्य कथन द्वारा बिम्ब निर्माण अनेक कविताओं एवं काव्यांशों में प्राप्त किया जा सकता है, स्थानाभाव से हम उदाहरण नहीं देंगे।

मैंने ऊपर कहा कि दुष्यन्त में तन्त्र-कौशल (Craft) का चमत्कार नहीं है, पर एक प्रकार के वैचारिक हेत्वाभास को उत्पन्न करके वे चमत्कृत करने का प्रयास अवश्य करते हैं। 'मैं और मेरा दुख', 'मोम का घोड़ा', 'दीवार' आदि ऐसी ही कविताएँ हैं—

दुख : किसी चिड़िया के अभी जन्मे बच्चे सा;
किन्तु सुख : तमंचे की गोली जैसा
मुझको लगा है।
आप ही बताएँ

कभी आपने चलती हुई गोली को चलते
या अभी जन्मे बच्चे को उड़ते हुए देखा है?

परन्तु जो प्रवृत्ति दुष्यन्त के कवि के लिए सबसे अधिक खतरनाक है वह है कवि सम्मेलनी गीतकारों की परम्परा वाली अहंकारमयी उपदेश अथवा उद्बोधन की शैली। ऐसे स्थलों पर कवि अपने से अथवा चतुर्दिक विकीर्ण परिवेश से साक्षात्कार करता नहीं दीख पड़ता, बल्कि स्वयंसिद्ध दार्शनिक या उपदेशक अथवा फिर निज सामर्थ्य विवेक बोध से रहित होकर आत्माशंसी प्रतीत होने लगता है। और ऐसी कविताओं की इस संकलन में कमी नहीं है। 'दिग्विजय का अश्व', 'दिन निकलने से पहले', 'प्रेरणा के नाम', 'अनुभवदान', 'समय' तथा 'तीन दोस्त' (के कतिपय अंश) ऐसी ही कविताओं के उदाहरण हैं। पता नहीं 'इनसे मिलिए' जैसे कैरीकेचर को इस संग्रह में रखने की आवश्यकता दुष्यन्त जी ने कैसे महसूस की?

दुष्यन्त की एक बहुत बड़ी शक्ति भी है : वे नितान्त मौलिक कवि हैं। पूर्व परम्परा उन्हें अध्ययन काल में जो मिल गयी यह उनकी आधार बनी, पश्चिम से उन्होंने सबसे कम लिया (नयी कविता को केवल पश्चिम की नकल कहने वाले समीक्षकों से मेरा अनुरोध है कि वे दुष्यन्त का प्रस्तुत संग्रह अवश्य पढ़ें) तथा यदि किसी से प्रभावित भी हुए हैं तो अपने समकालीन कवियों से ही, पर वह भी छिटपुट ही। भवानीप्रसाद मिश्र, अज्ञेय, भारती तथा कहीं-कहीं पर रघुवीर सहाय, कथ्य, छन्द या शिल्प में गूँजते प्रतीत होते हैं। पर यह सचेष्ट ग्रहण न होकर अप्रयास आ गयी ध्वनियाँ हैं जिन्हें कि दुष्यन्त ने अपनी शीघ्रता और अधैर्य की धुन में कभी दबाने की चेष्टा नहीं की है।

कहना न होगा कि 'सूर्य का स्वागत' संकलन में दर्जनों श्रेष्ठ कविताएँ जो झकझोरती नहीं तो अविचलित भी नहीं रहने देतीं। उनका कवि अत्यधिक आस्थावान और दृढ़ है। हर कविता से एक बात फूटती लगती है कि कवि में शक्ति और दृढ़ता का अभाव नहीं है और इस माने में वे निराला की प्रत्यक्ष परम्परा में हैं।

ज्योतिषी के आगे फैले हुए हाथ-सी
प्रश्न पर प्रश्न पूछती हुई,

कवि की जिन्दगी जो खण्ड-खण्ड होकर जीवन विष पीने में विश्वास करती है, उसकी यह बात हम स्वीकार करते हैं–

अगर इस लड़ाई में मेरी साँसें उखड़ गयीं,
मेरे बाजू टूट गये,
मेरे चरणों में आँधियों के समूह ठहर गये
मेरे अधरों पर तरंगाकुल संगीत जम गया

यों मेरे माथे पर शर्म की लकीरें खिंच गयीं
तो मुझे पराजित मत मानना,
....
....
परिचित उन राहों में एक बार
विजय गीत गाते हुए जाना है—
जिनमें मैं हार चुका हूँ।

कलजुग : जून-जुलाई, 1957

भारतीय कविता : 1953

कुछ दिनों पूर्व आचार्य हजारी प्रसाद द्विवेदी ने मध्यकाल का जिक्र करते हुए भारतवर्ष के विविध प्रान्तों के अन्तःसम्बन्धों की ओर इंगित किया था। इनके अनुसार एक प्रान्त का साहित्य, धर्म और तत्त्ववाद दूसरे के उन्हीं विषयों की जानकारी प्राप्त किये बिना समझा ही नहीं जा सकता। सूरदास को समझने के लिए द्विवेदी जी के अनुसारः विद्यापति, चण्डीदास, नरसी मेहता तथा अन्य वैष्णव कवियों का अध्ययन आवश्यक है। यह बात आज भी उतनी ही सत्य है। समस्त भारतवर्ष को आधुनिक युग में भी राष्ट्रीयता, स्वतन्त्रता, पुनर्जागरण, पश्चिमी संस्कृति तथा नव-निर्माण के विविध पहलुओं ने उसी प्रकार आन्दोलित और प्रेरित किया है जिस प्रकार कि मध्यकाल में भक्ति तथा अन्य धार्मिक साधनाओं ने सम्पूर्ण भारतीय साहित्य को प्रभावित किया था। आलोच्य संकलनों का इसी दृष्टि से सर्वाधिक महत्त्व है कि इनके माध्यम से विराट भारतीय साहित्य को उसकी व्यापक पृष्ठभूमि में रख कर देखा-परखा जा सकता है। इसी तथ्य की ओर संकेत करते हुए भूमिका लेखक हमारे प्रधानमन्त्री ने कहा है, "यह संकलन हमारे आन्तरिक सम्बन्धों को उजागर करके विभिन्न भारतीय भाषाओं को एक-दूसरे के निकट लाता है।"

प्रस्तुत समीक्षक ने बड़े विश्वास और अभिलाषा के साथ प्रस्तुत संकलन को समीक्षार्थ स्वीकार किया था; परन्तु पूरा संकलन पढ़ जाने के बाद उसे कुछ निराशा-सी हुई। उसे ऐसा लगा कि संकलनकर्ताओं में पर्याप्त उदारता, सहानुभूति एवं निष्पक्ष चयन की वृत्ति का अभाव-सा है। इस संकलन में जहाँ एक ओर कुछ भाषाओं की अत्यन्त श्रेष्ठ कविताएँ मिल जाती हैं, निकृष्ट कविताओं की भी कमी नहीं है। कन्नड़ भाषा में तो ऐसा लगता है कि हिन्दी का द्विवेदी युग चल रहा है। तमिल, गुजराती, कश्मीरी और पंजाबी आदि भाषाओं की कविताएँ ऐसा प्रतीत होता है कि छायावाद एवं छायावादोत्तर गीत काव्य की परम्परा में विद्यमान हैं। यद्यपि इनमें भी यत्र-तत्र आधुनिकतम भावनाओं और शिल्प की अनुगूँज विद्यमान है। दूसरी ओर असमिया, उड़िया, उर्दू, बंगला, और मराठी की सशक्त कविताएँ इस संकलन

सं. : रामधारी सिंह दिनकर

को सार्थक बनाती हैं। ये कविताएँ वास्तव में ऐसा प्रतीत होती हैं कि '1953' की कविताएँ हैं। कतिपय उदाहरण देखें–उड़िया के दुर्गाचरण परिड्ञा की एक छोटी-सी कविता है, पूरी उद्धृत करने का मन हो रहा है।

दुर्मद नदी के भँवरों में
छलाँग लगाता है एक फूल
एक तेजस्वी फूल, वह साहस का फूल।
उन्मत्त प्रभंजन के होठ चूमता है
एक पत्र
एक हरित पत्र, वह पत्र प्रत्यय का।
अन्धकार की बल्लरी पर
अंकुरित एक कली
वह कली आलोक की।

अथवा उड़िया के ही अनन्त पटनायक की कविता का यह गम्भीर ओजस्वी स्वर भी देखें। पूरी कविता इसी ऊँचे भावनात्मक स्वर पर रची गयी है–

मैं फसलों की शाश्वत वाणी हूँ मैं आदेश हूँ।
चिमनी की कालिख से लिख कर
कपास की छिन्न-भिन्न कन्था में
कौन खाँस रहा है? खाँसो,
तुम्हारे पिसे हुए मांस पिंडों में वज्र का विलाप बजने दो।
बुढ़ापे से पहले ही सफेद हो गये बालों
में रेशमी वस्त्र का स्पर्श लगने दो।
युग के वक्ष पर मैं अकाल वसन्त की तितिक्षा हूँ मैं पुरु हूँ।
मैं तुम्हारे कपाल का पसीना हूँ तुम्हारे होठों पर चूकर
मैं आया हूँ, मैं आया हूँ।
यन्त्र मुखर दिन की निर्निमेष नीरवता में खण्ड-खण्ड करके
मैं आया हूँ, मैं आया हूँ।

और यह हैं असमिया के सैयद अब्दुल मलिक। आज का निकृष्ट और उपेक्षित इन पंक्तियों को पढ़ कर भविष्य के प्रति कितना आस्थावान हो सकेगा–

हम–
जारजदल भविष्य के उत्तराधिकारी हैं।
जारज अशुचि हाथों में
गंगोदक नवशान्ति वारि–
उसकी एक अँगुली से आज के अपने परिचय की
कालिमा से धो लेंगे।

और एक अँजुली सिंचन करेंगे नूतन का
उर्वरा क्षेत्र में।
पृथ्वी श्यामला होगी।

परन्तु अन्य भाषाओं के बारे में हम कहने के अधिक अधिकारी नहीं हैं। प्रस्तुत समीक्षक हिन्दी के बारे में अधिक शक्ति के साथ कह सकने में सक्षम हैं। इसलिए भी कि वह हिन्दी पढ़ता-पढ़ाता भी है तथा इसलिए भी कि 'कविताएँ : 54 तो नहीं पर कविताएँ : 54' का उसने स्वयं सम्पादन भी किया था, अतः संकलन की कठिनाइयों एवं जिम्मेदारियों से भलीभाँति अवगत भी है। कहना न होगा कि सबसे बड़ी निराशा प्रस्तुत संकलन के हिन्दी-भाग से ही हुई। इस समस्त हिन्दी अंश को पढ़ जाने के पश्चात् यह समझना अत्यन्त कठिन है कि चयन की कसौटी क्या रही? यदि केवल बड़े नाम ही कविता की कसौटी होती तब भी कुछ सन्तोष किया जा सकता था पर मैथिलीशरण गुप्त, निराला, नरेन्द्र शर्मा, भगवती चरण वर्मा, उदयशंकर भट्ट आदि नामों का अभाव बताता है कि दिनकर जी ने इस कसौटी को नहीं ही अपनाया है। यदि हिन्दी कवियों की विविध पीढ़ियों को प्रतिनिधित्व देने की बात होती तो नयी पीढ़ी के नाम पर शून्य दृष्टिगत न होता। मुझे ऐसा लगता है कि दिनकर जी के मन में कुछ क्षेत्रीय प्रतिनिधित्व की बात रही है। इसलिए उत्तर प्रदेश के चार कवियों (बच्चन, नवीन, महादेवी और पन्त) के बाद दूसरे सबसे बड़े हिन्दी प्रदेश बिहार से तीन कवियों को लेना आवश्यक हो गया। मध्य प्रदेश से अंचल जी आ जाते हैं और मध्य भारत से मिलिन्द जी। बचे अज्ञेय तो उन्हें पैदा होने के नाते पंजाब का प्रतिनिधि माना जा सकता है और इस प्रकार पार्लियामेण्ट के सदस्य चयनकर्त्ता दिनकर जी ने समस्त हिन्दी प्रदेश की क्षेत्रीय आकांक्षाओं को सन्तुष्टि प्रदान कर दी (कलात्मक श्रेष्ठता का प्रश्न ही कहाँ उठता है?) दूसरी कसौटी यह भी हो सकती है कि साहित्य अकादेमी के समस्त कवि सदस्यों की कविताएँ अनिवार्य रूप से ले ली जायें, तथा अवशिष्ट में से प्रिय पात्रों को प्रसाद बाँट दिया जाय अन्यथा बालभारती के योग्य लिखी गयी रामदयाल पाण्डेय की कविता की अपेक्षा बिहार के ही हंसकुमार तिवारी ने 'सन् 53' में कितने ही श्रेष्ठ गीत लिखे हैं। तनिक इस कविता का मुलाहज़ा फरमाएँ—

ऊँचा है हौसला हमारा,
विन्ध्याचल हिमवानों से।
ऊंची है कल्पना हमारी,
अम्बर के अभिमानों से।
ऊँचा है बलिदान हमारा,
जीवन के अरमानों से।

हिम्मत की छाती ऊँची है,
पर्वत की चट्टानों से।
चट्टानों से टक्कर ले ले
कर नित आगे बढ़ना है
चढ़े हिमालय की चोटी पर,
फिर भी ऊपर चलना है।

—रामदयाल पाण्डेय

अब इसी से मिलाकर स्वयं दिनकर जी की कविता का यह अंश पढ़ें। मुझे स्वयं अपनी ओर से कुछ नहीं कहना है—

उठे जहाँ भी घोष शान्ति का,
भारत स्वर तेरा है।
धर्म दीप हो जिसके भी
कर में, वह नर तेरा है।
तेरा है वह वीर, सत्य पर
जो अड़ने जाता है।
किसी न्याय के लिए प्राण
अर्पित करने जाता है।
मानवता के इस ललाट
चन्दन को नमन करूँ मैं।
किसको नमन करूँ मैं भारत,
किसको नमन करूँ मैं।

नवीन जी का शब्द-कोश सामर्थ्य, बच्चन एवं अंचल जी की Rhetoric कविताएँ, द्विवेदी युग तथा छायावाद के सन्धिकाल की-सी मिलिन्द जी की कविता सभी इस संकलन में विद्यमान हैं। अब बचता है महादेवी का छायावादी गीत तथा अज्ञेय एवं जानकी वल्लभ शास्त्री की पठनीय कविताएँ। पन्त जी की कविता का नाम पता नहीं 'गीत' क्यों दिया गया है। वह तो एक प्रकार का दृश्य काव्य है। उसकी मूल संवेदना गीत-काव्य की अपेक्षा अधिक विराट धरातल पर स्थित है। यद्यपि उसके दार्शनिक पर्यवसान से सहमत होना न तो सबके लिए सम्भव ही है न आवश्यक ही। अज्ञेय की 'यह दीप अकेला' कविता संकलन की सर्वाधिक Significant कविता है। व्यक्ति के अखण्ड अपनापे (Personality) को समाज के लिए दान दे देने की महती भावनाओं से सम्पृक्त कविता जहाँ एक ओर प्रबुद्ध मानव मन के संघर्ष को अभिव्यक्त करतीं है वहीं दूसरी ओर सामाजिक आवश्यकताओं का भी स्मरण दिलाती है। इस कविता को अज्ञेय की ही नहीं, हिन्दी की श्रेष्ठतम कविताओं के साथ रखा जा सकता है—

यह वह विश्वास, नहीं जो
अपनी लघुता में भी काँपा।
वह पीड़ा, जिसकी गहराई
को स्वयं उसी ने नापा।
कुत्सा, अपमान, अवज्ञा के
धुँधुआते कड़वे तम में,
यह सदा द्रवित, चिर
जागरूक, अनुरक्त नेत्र
उल्लम्ब बाहु यह चिर अखण्ड अपनापा।
जिज्ञासु प्रबुद्ध सदा श्रद्धामय,
इसको भक्ति को दे दो!

सम्भवतः साहित्य अकादेमी इसी प्रकार के अन्य वार्षिक संकलन प्रकाशित करने जा रही है अतः एक सुझाव दे देना मैं अपना कर्तव्य समझता हूँ। कविताओं की संख्या या कवि संख्या निश्चित न होनी चाहिए। इसके स्थान पर हर भाषा की कविताओं के लिए पृष्ठों अथवा पंक्तियों की सीमा निश्चित रहे ताकि बड़े नामों को श्रद्धांजलि देने के पश्चात् भी श्रेष्ठतम कविताएँ संकलित की जा सकें।

इतने सस्ते मूल्य में इतनी अच्छी कविताओं का एकत्र संकलन अन्यत्र दुर्लभ है इसके लिए हम साहित्य अकादेमी को बधाई देते हैं। सारी कमियों के बावजूद संग्रह खरीद कर संग्रह करने योग्य है।

युग चेतना : नवम्बर, 1957

'ओ अप्रस्तुत मन' : भूमिका और संग्रह

भारत भूषण अग्रवाल की कविताओं के संग्रह 'ओ अप्रस्तुत मन' की समीक्षा लिखते समय मेरे मन में हिचक का उठना स्वाभाविक है, जब कि कवि ने हिन्दी समीक्षा की खामियाँ बताते हुए ऊर्ध्वबाहु यह घोषणा कर दी हो : 'यदि आज भी हिन्दी कविता अपने अस्तित्व पर गर्व कर सकती है, तो इन आलोचकों की असमर्थता के ही कारण।' पर मुझे एक सहारा भी है। यदि कवि अपनी तमाम कमजोरियों एवं असमर्थताओं को एक लम्बी भूमिका में फलसफा झाड़कर उन्हें शक्ति के रूप में दिखाने का प्रयास कर सकता है तो आलोचक असमर्थता के लेबल चिपका दिये जाने का भय होते हुए भी लिखने का साहस तो कर ही सकता है। फिर वह तो 'रचना से सम्पृक्ति' ही होगी।

'ओ अप्रस्तुत मन' में, कविताएँ शुरू होने के पहले एक भूमिका है। यह भूमिका, कवि के कृतित्व एवं मनःस्थिति को समझने में अत्यधिक सहायक है। बहुधा रचनात्मक सृजन एवं उसके आत्मविश्लेषण में एक गहरा अन्तराल प्राप्त होता है। परन्तु समीक्षासंग्रह में इन दोनों के बीच एक गहरी सम्पृक्ति है। यह सम्पृक्ति इतनी आन्तरिक है कि भूमिका का विश्लेषण एवं मूल्यांकन रचना का भी मूल्यांकन होगा। कवि ने जो कुछ भूमिका में कहा है उसका प्रमाण संग्रह में अनुपस्थित नहीं है। भूमिका की समीक्षा करने का एक कारण और भी है : सम्भवतः 'सप्तकों' की भूमिकाओं के बाद इधर प्रकाशित संग्रहों में यह सबसे अधिक महत्त्वपूर्ण और विवादास्पद भूमिका है, जिसमें कि आधुनिक जीवन और परिस्थितियों के मध्य काव्यसृजन के प्रकार, कथ्य एवं भाषा पर बुनियादी प्रश्न उठाये गये हैं (या उठ गये हैं)।

कवि के अनुसार यह उसका पहला संग्रह नहीं है; इसके पहले भी वह कई संग्रह छपा चुका है, पर वह मित्रमण्डली में ही चक्कर लगाकर रह गये, उन पाठकों तक नहीं पहुँच सके, जिन तक पहुँचना हर लेखक के लिए जरूरी होता है। लेखक ने इस 'संकोच' का कारण नहीं बतलाया, यद्यपि आधुनिक कविता के सन्दर्भ में यह प्रश्न निहायत जरूरी है। क्या कवि को यह अविश्वास है कि 'ओ

ले. : भारत भूषण अग्रवाल

अप्रस्तुत मन' अभीप्सित पाठकों तक पहुँच ही जायेगा। पाठकों तक पहुँचने की समस्या लोकप्रियता से सम्बन्धित है, और लोकप्रियता श्रेष्ठ काव्य की कसौटी है, इसे शायद ही कोई कहने को तैयार होगा। काव्यक्षेत्र (बिक्री की दृष्टि से) के संकुचित होने का एक कारण हमने 'कल्पना' 95 में प्रकाशित 'लेखन एक व्यावसायिक समस्या' में देते हुए कहा था कि काव्यसृजनप्रक्रिया को आधुनिक पूँजीवादी व्यावसायिक जीवन के फार्मूलों में नहीं ढाला जा सकता, और जिसे ढाला जा सकता है, वह कविता अच्छे पारिश्रमिकों के साथ कविसम्मेलनों में गाई भी जाती है और छपकर बिक भी जाती है। दूसरा कारण सम्भवतः यह भी हो सकता है कि प्रत्येक युग की नयी कविता कुछ न कुछ लोकप्रिय अवश्य होती है, क्योंकि निरन्तर विकासमान जीवन के नये अंकुरों की पहचान रचनाकार जैसी हर एक में नहीं होती। इसी अर्थ में कवि सदैव द्रष्टा माना गया है; ज्योतिषी उसे, बेचारे छायावादी ने भी नहीं माना। इसी को आप द्रष्टागुण कह लीजिए या कवि की 'विजन' कहिए या इतिहासबोध के नाम से जानिये, पर इस विशेषता की आवश्यकता पहले भी थी और अब भी है। यह बात दूसरी है कि प्रस्तुत संग्रह के प्रकाशन तक भारत भूषण जी उसे उपलब्ध नहीं कर सके हैं। उस समय तक तो वह उस बहुमत के मन को अभिव्यक्ति देते रहे जो संघर्ष की याद तो रखता है, पर उसमें भाग लेने का साहस नहीं रखता, क्योंकि पता नहीं किस 'बॉस' की जय हो और 'बेचारा बाबू' व्यर्थ पिस जाये :

नहीं कभी भूले संघर्ष
करते रहे विचार-विमर्ष (र्श)
प्रबल तर्क थे दोनों के, हम क्या करते।
कभी न हो पाया निर्णय
होगी किसकी अन्तिम जय
भूल न कर बैठें : हम सदा रहे डरते।

बहरहाल इस समय यह आशा करनी चाहिए कि प्रस्तुत संग्रह (साथ ही नयी कविता के अन्य संग्रह भी) केवल मित्रमण्डली का चक्कर लगाकर नहीं रह जायेगा।

(अभिव्यक्ति) संकोच के इस बाहरी कारण के अतिरिक्त लेखक ने एक आन्तरिक कारण भी बतलाया है कि वादों, मतों, सम्प्रदायों एवं संगठनों के घटाटोप में वह अपने को अकेला अनुभव करता है। पर यह संकोच क्यों? यदि अकेले चलने में साहस की कमी नहीं है तो फिर हिचक क्यों होने लगी? यों तो काव्यसंग्रह भी एक प्रकार का संगठन ही है—अपने को, स्थापित करने-कराने का प्रयास है। इसके अतिरिक्त वाद या सम्प्रदाय कुछ आधुनिक युग की ही अपनी सम्पत्ति नहीं है, इनसे बँधने या खुले रहने के बावजूद कवियों को आत्माभिव्यक्ति में संकोच नहीं हुआ और उससे उनकी अभिव्यक्ति कुछ हीन हो गयी है, ऐसा भी नहीं लगता।

सगुण मतवाद, पुष्टि सम्प्रदाय से बँधे होने पर भी सूरदास का काव्यपक्ष धुँधला नहीं पड़ा। फिर अनुभूति की ईमानदारी की दुहाई के नाम इन सबको कोसा क्यों जा रहा है? कहीं ऐसा तो नहीं कि प्रकाशनसंकोच भी वास्तव में मध्यवर्गीय मन की एक विशेषता हो, जिसे युक्तियुक्त करने का प्रयास कवि ने किया हो। आखिर अनुभूति किसकी? यथार्थ की ही न। और क्या यह कह सकते हैं कि वादमुक्त हो कर भी आप सत्य (यथार्थ) के सम्पूर्ण स्वरूप का भावन कर लेते हैं। यों भी वास्तविकता के कुछ ही पहलू कलाकार, या और कोई, देख पाता है और वह भी अपनी जागतिक तस्वीर से नियमित-मर्यादित होकर। वाद भी वास्तविकता के पहलू हैं, आवश्यकता सिर्फ इस बात की है कि यदि इनको अपनाएँ तो गहरी तरह—यानी कि ईमानदारी इनके साथ भी निहायत अपेक्षित है। 'मैं कम्यूनिस्ट हूँ' या 'मैं प्रजातन्त्रवादी हूँ' या 'मैं अ-वादी हूँ' कहने मात्र से काम नहीं चलता, नहीं तो फिर एकबारगी ही सारे 'मूल्यों का पानी उतरा' और 'रंग कच्चे' दिखने लगते हैं। इसे भी यदि कोई दृष्टिदोष ही कहे तो क्या अनुचित? इसलिए मेरे मन में शंका है कि जब अनुभूति के प्रति ईमानदार है आपका मन, तब फिर वह अप्रस्तुत क्यों? मुझे लगता है कि जिस मध्यमवर्गीय मन की दुहाई कवि ने बार-बार दी है, उसी की एक वृत्ति यह भी होती है कि कहीं अपना मुलम्मा न उतर जाये, इस कारण वह बाहर आने में अत्यधिक संकोच करता है। इसका अर्थ यह नहीं कि सम्प्रदायों-संगठनों का हम समर्थन करते हैं। 'अहो रूपम् अहो ध्वनि' वाले संगठन जितनी जल्दी टूटें, उतना ही अच्छा। पर उनसे घबराकर यदि कोई मन अप्रस्तुत हो जाये तो उसे कायर ही कहेंगे, चाहे वह कितना ही ईमानदार क्यों न हो। हम यही कहना चाहेंगे कि कवि में जहाँ एक ओर अनुभव की ईमानदारी है, वहीं उसमें अपेक्षित साहस और एक कलात्मक मर्मदृष्टि का अभाव सा है। 'मरणसंगियों का गीत' की मनःस्थिति कितनी ही सत्य क्यों न हो, पर वह काव्य नहीं है, लक्ष्य नहीं है। यहीं पर यह सवाल उठाया जा सकता है कि क्या यह आवश्यक है कि कवि लक्ष्य, आदर्श या काम्य को ही उपस्थित करे। मैं इस स्थल पर इस प्रश्न के विस्तार में न जाकर इतना कहूँगा कि यदि लेखक यथार्थ की थाली का बैंगन ही नहीं है, उसके पास जीवन के किसी मूल्य के प्रति कोई विश्वास है—तो इस कसौटी पर कस कर वह जो कुछ उपस्थित करेगा, वह उसके काम्य की तस्वीर होगी। भारत भूषण इस क्षेत्र में छायावादियों से एकदम विलोम स्थिति पर हैं। छायावादी कवि, जहाँ एकमात्र काम्यलोक में ही रहने का विश्वासी था, यथार्थ को उस लक्ष्य के परिप्रेक्ष्य में न देखता था, वहीं प्रस्तुत कवि, मात्र यथार्थ में ईमानदारी से रहता है, उसके पास जैसे वह मूल्य का परिप्रेक्ष्य ही नहीं है, जिस पर अपनी ईमानदार अनुभूति को चित्रित कर सके। आगे हम इस समस्या पर पुनः कुछ विचार करेंगे। सम्भवतः इसीलिए ऐसी कविताएँ सार्त्र के शब्दों में भौंह तो उठा देती हैं पर मनुष्य

के पूरे व्यक्तित्व को उठा कर खड़ा नहीं कर पातीं। हमें यह जान कर सहानुभूति और दर्द तो होता है कि–

रस तो अनन्त था, अँजुरी भर ही पिया
जी में बसन्त था, एक फूल ही दिया
मिटने के दिन आज मुझको यह सोच है :
कैसे बड़े युग में कैसा छोटा जीवन जिया!

पर वह दृष्टि नहीं मिल पाती कि क्यों इतने बड़े युग में इतना छोटा जीवन जिया गया? अथवा यह युग जीवन के अनुपात में कैसे इतना बड़ा हो गया? या फिर क्या किया जाये जिससे कि इस 'यन्त्रयुग में' व्यक्ति का उपयोग नहीं, योग हो सके। पर फिलहाल तो कवि इन प्रश्नों से कतरा कर निकल जाता है, या फिर, कुछ निष्क्रियता की बात करता है, जो कि संकट के समय सुखलिप्सु मन की अवस्था होती भी है। यदि झंझावात आता है तो कवि का सन्देश है :

न देखो नयन-कोरों से
गिरा दो पलक का परदा
कि मूँदो कान
हो सुनसान
दरवाजे करो सब बन्द
सपनों की अटारी के
कि बाहर गरजता तूफान आता है।
मिटा दो चेतना जग की
कि ढीले छोड़ दो तन-मन
झुका दो शीश
मस्तक गाड़ दो
चुपचाप
ओ शम्पे?
कि यह पल
बीत जाने दो।

अनुभूति की ईमानदारी के बाद एक और ईमानदारी की बात कवि बतला रहा है : 'मेरी रचना अधूरी रचना है...और रचना अधूरी रह जाने के कारण मन भी अप्रस्तुत ही रह गया, वह आज भी कसौटी पर पड़ने को तैयार नहीं है।' इस अप्रस्तुत मन द्वारा सृजित इन कविताओं को 'कल्पना' सम्पादक ने (और प्रकाशक ने) कसौटी पर चढ़ाना ही चाहा, विवशता यही है। यों उसका स्पष्ट कथन है कि आज के युग में मध्यवर्गीय मन की कलासाधना का उत्कर्ष आश्चर्य का विषय है। गनीमत यही है कि लेखक सम्पूर्ण कला को नहीं, केवल मध्यवर्गीय मन की कला को ही अभिशप्त

मान रहा है। यहीं पर यह याद दिलाना अनुचित न होगा कि मध्यवर्गीय जहनियत से ऊपर उठ कर श्रेष्ठ कला का सृजन भी हो सकता है तथा बहुधा लेखकगण अपनी वर्गीय मर्यादाओं एवं सीमाओं से ऊपर उठे हैं। बिना इस उठाव के 'निराशा, व्यर्थता एवं अपूर्णता' का बोध सचमुच ही 'स्वाभाविक' है। प्रस्तुत कवि भी कहीं न कहीं कुछ उठने का प्रयास करता है, जो क्षितिज पार के आह्वान को अनसुना कर, अपने सुख का विकल्प सामने रख, दफ्तर में ही प्राण अटके रहने देता है, वही जब अपने अप्रस्तुत मन से कहता है—

तुम भी अब चल पड़ो
झाड़ कर सुख के क्षण
हवा रुकती नहीं, रुकोगे भला क्यों तुम?
तुमसे ही खिलेंगे दूर एक दिन नये कुसुम
द्रुम से यह मोह क्यों अबूझ मन।
चल दो—
चल दो कि आ पहुँचा है चलने का क्षण!

तब सचमुच ही सन्तोष होता है कि वह साधारण मध्यवर्ग की प्रवृत्तियों से ही बँधा (या बिंधा) न रह कर कुछ श्रेष्ठ कृतियाँ भी दे सकेगा—केवल अमहान सच्ची तस्वीरें ही नहीं और तभी अभिव्यक्ति की दुर्निवार माँग के होते हुए भी अभिव्यक्ति की एकान्त हिचक दूर हो सकेगी।

कवि के अनुसार आज के मध्यवर्गीय व्यक्तित्व—

खास कर ऐसे मन के लिए जो खुला रहना चाहता है, खुला रह कर जीवन के नानाविध नाना स्तरीय प्रभावों को ग्रहण कर पचाना चाहता है, और वर्तमान की जटिल से जटिल कठिनाइयों में जूझते रह कर भी भाग जाना या ओट खड़ी करना नहीं चाहता—का विघटन अनिवार्य है। ...आज की जिन्दगी में मध्यवर्गीय मन के लिए और कोई राह नहीं है।

जो कवि यह कहता हो कि कवि द्रष्टा नहीं होता, जो आज के कवि को 'कौन-सा पथ है' यह बताने की स्थिति में न मानता है—पता नहीं कैसे वह यह बताने का अधिकारी हो जाता है कि कोई राह नहीं है। राह है या राह नहीं है, यह बताने में कोई तात्विक अन्तर नहीं है।

यह सही है कि वर्तमान जीवन दिन-प्रतिदिन जटिल बनता जा रहा है। ज्ञान-विज्ञान की अनेक विशेषीकृत शाखाएँ परस्पर विरोधी मत अभिव्यक्त करती रहती हैं, डेविड डेचेज के शब्दों में, आज के कवि को अपेक्षाकृत अधिक गेंदें हवा में उछालते हुए उनसे खेलना पड़ता है। पर इसकी परिणति काव्यसृजन की दृष्टि से यदि यथावत चित्रण मानी जाये, तो सिवा भ्रम के हाथ कुछ न लगेगा। आलोच्य कवि अमहानता को अपनी आत्मस्वीकृति के द्वारा कितना ही सिद्ध

क्यों न करना चाहे, पर श्रेष्ठ कृति की आवश्यकता तो बनी ही रहेगी, चाहे कवि का 'रोल' बदली हुई परिस्थितियों में कुछ भी क्यों न हो गया हो। यदि पुरानी महान कृतियों को देखा जाये, तो ज्ञात होगा कि हर बड़ी रचना, समस्त उपलब्ध ज्ञानराशि एवं भावसामग्री को एक विशेष प्रकार के मूल्यसन्दर्भ में रख कर परखती है। यह बात दूसरी है कि वह मूल्यसाँचा, उस युग की सीमाओं से सीमित होता है। प्राचीन कवि रामत्व के मूल्य को स्वीकार कर, उसी झलक पर रावणत्व को देखता है। पर आज मनोविज्ञान, समाजशास्त्र आदि पढ़ने वाला कवि रावणत्व के मूल में कोई मनोवैज्ञानिक सामाजिक ग्रन्थि ढूँढ़ निकालेगा, और उसकी बुराई का औचित्य उपस्थित करेगा। स्पष्ट है कि इस दृष्टिकोण को रखने से, न तो रामायण के सत्-असत् का द्वन्द्व ही सामने आ सकता है और न 'हैमलेट' की ट्रैजेडी ही। इसलिए इस बात पर जोर देकर कहा जा सकता है कि हर घटना या समस्या का कारण अथवा औचित्य खोजने की अपेक्षा, एक किसी ऐसे मूल्यसन्दर्भ की खोज कलाकार के लिए अधिक आवश्यक है जिसकी कसौटी पर तमाम मन्तव्यों, मान्यताओं एवं चरित्रों को परख सके। यहीं यह भी ध्यान में रखना है कि नयी कविता का प्रतीक, एकान्त रूप से समसामयिक जीवन का है, जबकि छायावाद तक की कविता में, प्राचीन सहस्मृतियों एवं सन्दर्भों का बहुमान रहा है। उन लोगों के साथ, सही या गलत, एक परम्परा थी, जिसके परिपार्श्व में उन्होंने जीवन को परखना चाहा है; पर उस परम्परा के परिपार्श्व के अभाव में नया कवि, या तो सन्देहशील बनता है, या नितान्त अतार्किक और अबौद्धिक अथवा कुछ पुराकथाओं की खोज करता है, जिन्हें वह नया जामा पहना सके। मूल्यसन्दर्भ की खोज के निकट यह तीसरी स्थिति ही है।

भारत भूषण की कुछ कविताओं—'दो मुट्ठी चावल', 'पी लो यह विष भी', 'टूटे सपनों का सपना' में, प्रतीक के रूप में प्रयुक्त होनेवाली इन पुराणकथाओं और पुराणचरित्रों का प्रयोग मिल जाता है, पर अधिकांश में वह पहली स्थिति के कवि हैं। किन्तु सम्भवतः आज के कवि का मुख्य कार्य प्रयोगयोग्य अवदानकथाओं की खोज नहीं है, बल्कि विविध ज्ञान-विज्ञानों की उपलब्धि के साथ ही एक ऐसे मानवीय दृष्टिकोण को विकसित करने का है, जिसके सन्दर्भ में सम्पूर्ण ज्ञानसम्पदा को देखा जा सके। आज के द्विधाविभक्त व्यक्तित्व के लिए इस दुहरी मर्मदृष्टि की अनिवार्य आवश्यकता है। अतः परस्परविरोधी सिद्धान्तों की टकराहट में टूटने की विवशता को अनिवार्य शर्त न मानकर, इन्हें एक गत्यात्मक मानवीय परिस्थिति के सन्दर्भ में देखने का प्रयास होना चाहिए। कहना न होगा कि इस रास्ते की खोज में बिना 'हिचक' वाला 'साहस' चाहिए, जब कि समीक्ष्य संग्रह में इन परस्परविरोधी सिद्धान्तों और परिस्थितियों तथा इनके बीच पड़े मध्यवर्गीय मन की यथातथ्य अभिव्यक्ति हुई है, और मात्र इसी को ईमानदारी कहा गया है।

सफल अभिव्यक्ति को यदि सफल अनुभूति माना जाये, तो इन कविताओं की सफलता पर तनिक भी सन्देह नहीं किया जा सकता। 'रात, सपने और दीवार', 'मरणसंगियों का गीत', 'नाग, बीन और मदारी', 'कार्टूनों का जुलूस', 'असाधारण की चाह' आदि कविताओं का प्रतीक शक्ति के साथ अभिप्रेत व्यंजना करता है। जीवन की कटुता की रात में कल्पनाशील आदमी का शीश लहू के दाग को छोड़ता ही है। नाग और बीन, दोनों ही निस्सन्देह कहीं अधिक शक्तिशाली अप्रमेय शक्ति के साधन हैं, लाभ के हेतु हैं।

प्रस्तुत संग्रह में यदि एक ओर आधुनिक जीवन की निराशा, अनिश्चय, कटुता और सन्देह को सफल अभिव्यक्ति मिली है, तो दूसरी ओर, अत्यन्त नयी और अनूठी, पर सहज प्रेमानुभूतियों की भी व्यंजना हुई है। 'अप्रत्याशित', 'संस्पर्श', 'दर्द के फूल' जैसी कविताएँ अत्यन्त महत्त्वपूर्ण हैं। अप्रत्याशित की नयी प्रेमानुभूति द्रष्टव्य है : विरह-विदग्ध प्रेमी वियुक्ता नायिका से (चाहे स्वप्न में ही) यदि यह पूछे कि क्या कभी मेरी भी याद आती है, तो सम्भवतः परम्परागत प्रेमानुभूति उत्तर देगी कि जी मैं तो उसी में डूबी रहती हूँ। या फिर एहसान-फरामोश होकर साफ इनकार कर देगी (या टाल जायेगी); पर 'अप्रत्याशित' की इस नायिका का उत्तर तनिक देखें कितना अप्रत्याशित रहा कि प्रेमी (प्रेमियों) का युगव्यापी विरहदर्प झूठा कर दिया। द्वितीय की हो गयी नायिका का प्रथम प्रेमी के प्रति यह उत्तर है—

हाँ, कभी-कभी आती है,
कभी-कभी
जब मैं अपने अवकाश के समय
उस एक क्षण का ध्यान करती हूँ
जब मुझे आलोक की पहली किरण मिली थी
जब मैंने अनुराग की अनायास प्रेरणा से
अपनी पहली पँखुरी खोली थी
और कली से बदल कर फूल का रूप पाया था!
उस क्षण के साथ तुम्हारा चित्र
ऐसे अटूट रूप से जुड़ा हुआ है
कि मैं सुधि-मुग्ध हो जाती हूँ
और गहरे कृतज्ञ भाव से
फिर-फिर तुम्हारे प्रति समर्पित होती रहती हूँ
किरण के प्रति मुग्ध कमलिनी-सी!
मेरे विकास के निमित्त थे तुम
मेरे जीवन के वह अनमोल क्षण थे तुम
जो बस एक ही बार आता है

तुम्हारा दान मैं कैसे भूल सकती हूँ!
आज उस दिन को एक युग बीत चला
तब से अब तक
मैंने मुसकराहट की अनन्त निधि लुटायी है
भ्रमर के कोमल स्पर्श से
अधीर चुम्बन से
मेरा रोम-रोम कण्टकित होता रहा है
पर अब भी उस प्रथम किरण-वेला को
मैं नहीं भूली हूँ
जिसके कारण तुम थे!

'अज्ञेय' की 'द्वितीया के प्रति' के बाद प्रेमसम्बन्धों के बारे में यह अनूठी अभिव्यक्ति है (खास कर जब नयी कविता में प्रेमनिवेदन एवं नारीरूपचित्रण कम होता जा रहा है)।

प्रस्तुत संग्रह की एक बड़ी शक्ति व्यंग्यक्षमता है। नयी कविता की एक मुख्य विशेषता व्यंग्य मानी गयी है। व्यंग्य भी जब अपने और अपने वर्ग पर किया जाता है, तब उसकी शक्ति कई गुनी बढ़ जाती है, क्योंकि अपनी कमजोरियों का बोध ही अपने पर व्यंग्य करने की शक्ति देता है। भारत भूषण में इस बोध और इस शक्ति का अभाव नहीं है। मेरा मन होता है कि मैं उन्हें नयी कविता का सबसे सशक्त व्यंग्यलेखक कहूँ—व्यंग्यलेखक किसी हलके अर्थ में नहीं जो केवल मनोरंजन करता है। व्यंग्य सदैव किसी न किसी विकृति के प्रति होता है और विकृति के ज्ञान का अर्थ है कि विकृति पहचानने की कोई न कोई कसौटी भी लेखक के पास अवश्य होगी। यह कसौटी भी एक प्रकार का 'मूल्यसन्दर्भ' ही है, जिसके कारण कविताएँ अधिक महत्त्वपूर्ण हो जाती हैं। 'टूटे सपनों का सपना', 'सबसे छोटी कविता', 'कार्टूनों का जुलूस', 'घृणा का डोज', 'चाँदनी मेरा करेगी क्या', 'चलते रहो', 'प्रतीति', 'तुक की व्यर्थता', 'परम्परा : एक नयी उपलब्धि' (इसके इतिहासबोध के प्रति मेरा घोर असन्तोष है) आदि सशक्त व्यंग्यकविताएँ हैं।

इस बड़े संग्रह में, एक अन्य प्रकार की भी कविताएँ हैं। ये कविताएँ अधिक व्यापक (केवल मध्यवर्गीय ही नहीं) भूमि पर स्थित होने के कारण महत्त्वपूर्ण भी अधिक हैं। 'मूर्ति तो हटी...', 'आने वालों से सवाल', 'उपवन से बातचीत', 'दबा हुआ शहर', 'सूखे की पुकार' आदि कविताओं की संवेदना के धरातल अधिक जटिल और विविध हैं और इनके द्वारा आशा और आस्था का अधिक प्रदीप्त स्वर जाग्रत होता है। यद्यपि यह द्रष्टव्य है कि ये स्वर कविता की पूरी गठन से उतने नहीं निकलते, जितने कि प्रगतिवाद से परम्परा में प्राप्त 'रेटारिक तत्त्व' के अन्तिम पंक्तियों वाले आशावाद से। 'चुनौती' जैसी कविताएँ तो कभी-कभी

अपने जोश में, संग्रह के मूल स्वर से दूर चली जाती हैं। या फिर कुछ सूक्तियाँ और छायावादी स्वर में भी लिखी कविताएँ हैं, जिनको संग्रह के लिए चयन करते समय हटाया (तनिक निर्मम होकर) जा सकता था; और इस प्रकार संग्रह का आकार और स्वर अधिक सुगठित हो गया होता। यों सहज भाषा, बोलचाल की लय, छन्दों के कई स्तर एवं बोधगम्य प्रतीक तथा उपमान सारे संग्रह को एक विशिष्टता प्रदान करते हैं।

कल्पना : सितम्बर, 1959

मधुरिमा

'मधुरिमा' डॉ. महेन्द्र भटनागर के 55 गीतों का संग्रह है, जिसमें कवि की 1948 से लेकर 1957 तक की प्रेम कविताएँ संगृहीत हैं। कविताओं के नीचे सृजन का वर्ष दिया गया है, पर उन्हें सृजन-क्रम के अनुसार संकलित नहीं किया गया।

कवि की छोटी-सी भूमिका से हमें, कविताएँ पढ़ने से पहले ही, ज्ञात हो जाता है कि 'मधुरिमा' के गीत वैयक्तिक जीवन से सम्बन्धित हैं। उसका मन्तव्य यह भी है कि 'वैयक्तिक जीवन की प्रत्येक अनुभूति को काव्य में उतारा नहीं जाना चाहिए।' पर जहाँ तक प्रेम और प्रणय का प्रश्न है, वे जीवन में महत्त्वपूर्ण हैं। इनकी भावनाएँ कवि के अनुसार व्यक्ति और समाज के लिए शिव हैं। इन गीतों की उपादेयता इस भूमिका के अनुसार, भावुक और स्वस्थ व्यक्तियों का इनसे तादात्म्य है। यों, कवि को इनसे मोह भी है और विरक्ति भी।

गीत मूलतः आत्मनिष्ठ अनुभूति है और आत्मनिष्ठ अनुभूतियों वाले इस साहित्य रूप का बहुलांश, विश्व-साहित्य में प्रणयानुभूतियों से ही सम्बन्धित है। उसे अशिव कहकर तिरस्कृत करने का न तो कोई प्रश्न उठता है न थर्मामीटर (या अन्य कोई मापक) लगा कर स्वस्थता की जाँच की ही आवश्यकता है। उसके लिए तो कवि की आत्मानुभूति की आवेग क्षमता की अधिक आवश्यकता है। विविध उपादानों के माध्यम से उसका सुरूप संघटन हो सके, द्रष्टव्य यही है।

इन कविताओं में व्यंजित प्रणय के स्वरूप का विश्लेषण करने पर ज्ञात होता है कि रूप सुषमा के दर्शन से यौवन का नद सीमा तोड़ने को आकुल हो उठता है। और ऐसे में यदि कहीं स्तब्ध, गीली, शुभ्र, धुँधली रात हो और शिशिर का शीतल वात हो, तो वह रहने के लिए व्याकुल हो उठता है—

बर्फ का तूफान आयेगा अभी,
श्वेत चादर-सी बिछायेगा अभी।
बन्द कर लो ये झरोखे द्वार सब
आज तो उमड़े हृदय का प्यार सब

ले. : महेन्द्र भटनागर

रात लम्बी है सरोवर दूर है,
क्या करें यह मन बड़ा मजबूर है!
इस तरह अब और शरमाओ नहीं,
पास आओ दूर यों जाओ नहीं!
रूठने का आज यह अवसर नहीं,
जिन्दगी इस रात से बदतर नहीं!

ऊपर की कविता पढ़ते-पढ़ते अचानक ही बच्चन जी की पंक्ति मन में कौंध जाती है—

'कल, उठाऊँगा भुजा अन्याय के प्रतिकूल,
सुमुखि, आज तो कह दो कि बन्द शयनागार।'

इन गीतों को पढ़ते समय बहुधा नरेन्द्र शर्मा अथवा 'अंचल' या बच्चन जैसी भावभूमियाँ हमें उपलब्ध हो जाती हैं। बहुधा नरेन्द्र जैसी रंगीनी कोमलता और 'अंचल' का उद्दाम मांसल चित्रण हमें इनमें एक साथ मिल जाता है। एक कविता पढ़ें—

धरा ऐसी कि जिसने नव
सितारों से जड़ित साड़ी उतारी है,
सिहर कर गौर-वर्णी स्वस्थ
बाँहें गोद में अपने पसारी हैं,
समाई जा रहीं बन कर
सुहागिन, मुग्ध मन है और बेसुध तन!
दिशाएँ खो गयीं तम में
धरा का व्योम से चुपचाप आलिंगन।

ऊपर के कथन का इसके अतिरिक्त कोई अन्यथा अर्थ नहीं कि इन कविताओं की भाव-भूमियाँ समान हैं। यद्यपि यह भी सत्य है कि यही प्रस्तुत कवि की निर्बलता भी है। प्रेम और प्रणय शाश्वत भावनाएँ हैं और सदा अभिव्यक्त किये गये हैं, पर जिन प्रणालियों एवं सन्दर्भों में ये व्यक्त हुई हैं वे नये रहे हैं। सूरदास, प्रसाद एवं अज्ञेय की प्रेमाभिव्यक्तियाँ एक ही नहीं हैं। पर इन गीतों को पढ़ते-पढ़ते कभी-कभी ऐसा लगता है कि ये सब पहले कहीं सुन चुके हैं। सब मिलाकर पूरे समसामयिक गीत-साहित्य पर यह आरोप किसी न किसी सीमा तक लागू होता है।

पर इन प्रेमानुभूतियों का एक सबल पक्ष भी है कि इनमें कुछ भी दुराव नहीं है। प्रेम-भाव की विविध छायाएँ (शेड्स) निर्द्वन्द्व भाव से व्यक्त हुई हैं। प्रकृति के भी अनेक मनोरम दृश्य पृष्ठभूमि के रूप में उपस्थित हैं। चाँद और चाँदनी कवि की विशेष प्रिय वस्तु हैं—उपमान रूप में भी और चित्रणीय विषय के रूप में भी। मुझे

विश्वास है कि जिनसे प्यार की सौगात मिल चुकी है उनकी तो जिन्दगी ऐसे ही सजी बारात हो जाती है, पर जिन्हें वास्तविक रूप से प्यार न भी मिल सका होगा उन्हें भी ये गीत आनन्द दे सकेंगे।

संग्रह की सफाई, छपाई भी प्रशंसनीय है।

ज्ञानोदय : मार्च, 1960

मेरा रूप तुम्हारा दर्पण

35 गीतों, 8 ग़ज़लों एवं 50 रुबाइयों का यह संग्रह प्रस्तुत करते हुए कवि बालस्वरूप राही ने अपनी स्वीकारोक्ति के प्रारम्भ में ही एक बड़ी मजेदार बात कही है, 'कविता और आपके बीच आना मैं नहीं चाहता था: पर मुझे शंका हुई कि यदि मैं नहीं आया तो कोई आलोचक आयेगा।' कवि जो नहीं चाहता था, वही हुआ—यानी कि आलोचक आ गया। हम भी नहीं चाहते थे कि इन कविताओं और उनके बीच कोई आये, पर दुर्भाग्य या सौभाग्य-वश यह 'स्वीकारोक्ति' आ गयी।

पहली स्वीकारोक्ति है कि क्षुब्ध युग के कटु यथार्थ के बीच उसने 'रस और मधु के कल्पना-डूबे' गीत गाये हैं। इसके लिए उसी पुरानी दलील का सहारा लिया गया कि परम्परा और शाश्वत सत्य को उसने भी वाणी देनी चाही है। पर क्या मूलभूत संवेदनाओं के इस सिद्धान्त के आधार पर 'राही' जी यह कह सकते हैं कि 'जन्म अवधि हम रूप निहारिनु, नयन न तिरपित भेल' का सौन्दर्य-बोध वही है जो उसकी निम्नलिखित पंक्तियों में है :

तुम्हें देखता हूँ जब-जब भी, कुछ ऐसा लगता है,
जैसे दर्पण में अपना ही रूप निहार रहा हूँ।

स्पष्ट है कि ये पंक्तियाँ आधुनिक व्यक्तिवादी आत्मप्रधान युग की हैं। दूसरा एक सवाल उठता है कि यदि मूलभूत संवेदनाएँ वही हैं तो फिर नये सृजन की आवश्यकता क्या? तथा यदि आवश्यकता आत्माभिव्यक्ति के कारण है तो फिर वह सृष्टि क्यों—आवृत्ति क्यों नहीं? वास्तव में बड़ा कलाकार जाने-पहचाने जीवन को भी एक नये दृष्टिकोण से उपस्थित कर देता है—उसके लिए यह आवश्यक नहीं है कि एकदम नया जीवनखण्ड ही वह उपस्थित करे बल्कि मैं तो कहना चाहूँगा कि अधिकांश महान् लेखकों ने आयोजित जीवनखण्ड की अपेक्षा नयी जीवन-दृष्टि ही अधिक उपस्थित की है।

यद्यपि कवि ने इन्हें नखलिस्तान के गीत कहा है, पर स्वयं कवि केवल रस-रंग में डूब नहीं सका—

ले. : बालस्वरूप राही

मृतधरा लेटी हुई है स्वर्ण का शवपट लपेटे,
मर्सिया पढ़ते खड़े हैं, लौह के निष्प्राण बेटे।

इस प्रकार दर्द का पैगाम बनती जिन्दगी से वह बच नहीं सका है। वास्तव में जितना वह बच सका है, उसके दो कारण हैं: प्रथम तो यह कि आधुनिक संवेदना उसके मानसिक दृष्टि-क्षेत्र के बहुत अनुकूल नहीं है और दूसरे, गीत का माध्यम उसका सफल वाहक भी नहीं। जब कोई माध्यम अत्यधिक व्यवहृत होता है तब उसकी ऐसी रूढ़ियाँ और परम्पराएँ बन जाती हैं जिनके बाहर जाना कठिन हो जाता है। जाने-अनजाने उस माध्यम का उपयोग करने वालों में उसी माध्यम के सफल कलाकार गूँजने लगते हैं। 'राही' जी के गीत इसके अपवाद नहीं हैं। यद्यपि कवि ने 'गीति तरु' की आत्मनिष्ठता की बहुत दूर तक रक्षा की है, फिर भी भाषण-कला का तत्त्व (जो आधुनिक गीतों पर बुरी तरह छाया हुआ है और उसकी आन्तरिक सत्ता को नष्ट कर रहा है) वे एकदम बचा नहीं सके। अपने गीतों के बारे में घुमा-फिरा कर बिना प्रसंग भी कहने का रोग इसका द्योतक है। ऐसा लगता है कि आधुनिक गीतकार इस बात के प्रति अत्यधिक जागरूक रहते हैं कि वे 'गीत' लिख रहे हैं (कविता नहीं?)।

कवि की आध्यात्मिकता के बारे में मुझे कुछ नहीं कहना। यदि उसने सचाई के साथ उसकी अनुभूति की है तो कोई क्यों टोके?

जिस बात का अपनी स्वीकारोक्ति में उन्हें सबसे अधिक भय है उसके बारे में मुझे केवल इतना कहना है कि कवि एक नहीं, दो दर्जन भाषाओं में कविता लिखने के लिए स्वतन्त्र है, बशर्ते वह उतनी सामर्थ्य रखता हो। भूमिका-लेखक डॉ. बच्चन की ही यह बात मैं पुनः याद दिला देना चाहूँगा: 'हिन्दी का जन्म उसी चीज को दुहराने के लिए नहीं हुआ है जिसे उर्दू कह चुकी है।'

कल्पना : अप्रैल, 1960

ऊर्म्मिला

'नवीन' जी द्वारा रचित यह महाकाय काव्यग्रन्थ है। लेखक ने भूमिका में प्रबन्धकाव्य, विराट्काव्य एवं महाकाव्य शब्दों का पर्यायवाची के रूप में प्रयोग किया है। हम इन तीनों शब्दों को छोड़ कर एक चौथे शब्द 'महाकाय' का प्रयोग सकारण कर रहे हैं। प्रबन्ध में जिस बन्ध की आवश्यकता होती है, घटनाओं, परिस्थितियों एवं मनःस्थितियों के जिस क्रम अथवा शृंखला की आवश्यकता होती है, उसका प्रस्तुत ग्रन्थ में प्रयोग कम-से-कम हुआ है। लेखक ने स्वयं बताया है कि उसने कथा का वर्णनात्मक ढंग न अपना कर 'इस ग्रन्थ को...मनःस्तर पर होनेवाली क्रियाओं और प्रतिक्रियाओं का दर्पण बनाने का प्रयास किया है।' ये मानसिक आन्दोलन भी प्रबन्ध के बन्ध से बहुधा स्वतन्त्र हैं—यह हम आगे कहीं देखेंगे। इसीलिए प्रस्तुत ग्रन्थ के लिए प्रबन्धकाव्य शब्द पूरी तरह उचित नहीं सिद्ध होता। जहाँ तक महाकाव्य का प्रश्न है, मेरा स्पष्ट विचार है कि यह ग्रन्थ उस गरिमा से युक्त नहीं है, जिससे महाकाव्य सम्पन्न होता है। यदि राम का आर्य-संस्कृति-प्रचार वह महाकार्य माना जाये, जिसके लिए ग्रन्थ लिखा गया है, तो स्पष्ट है कि प्रस्तुत ग्रन्थ का वह आन्तरिक भाग होने की अपेक्षा ऊपरी पैबन्द अधिक है एवं जैसा कि ग्रन्थ के नाम से प्रकट है, ग्रन्थ का मुख्य उद्देश्य 'ऊर्म्मिला' के स्तवन की लालसा है, स्वयं 'ऊर्म्मिला' का चरित्र 'लिरिकल' अधिक है महाकाव्योचित कम। लेखक की इस बात से हम सहमत हैं कि पुराने विषय भी काव्य के विषय बन सकते हैं, उन्हें 'नवीनता' से सुसज्जित किया जा सकता है। प्रस्तुत ग्रन्थ में 'नवीन' जी ने कितनी नवीनता सँजोयी है, इसका निर्णय हम आगे करेंगे—यहाँ केवल इतना याद दिला देना चाहते हैं कि प्राचीन ऐतिहासिक पात्रों को स्वीकार करने पर उनके स्थापित चरित्रों के कारण कलाकार की कल्पना बहुत कुछ बाधित हो जाती है एवं यदि उस विषय पर पूर्ववर्ती कुछ बड़े लोग रचना कर चुके होते हैं तब तो सीमा और संकुचित हो जाती है।

कवियों की चिर-उपेक्षिता 'ऊर्म्मिला' का उद्धार करने का प्रयास तो प्रशंसनीय हो सकता है, पर समीक्षक के सामने प्रश्न उठता है कि इस कार्य में वह कितना

ले. : बालकृष्ण शर्मा 'नवीन'

सफल हो सका है, तथा इस कथा के पूर्वगायकों का सन्दर्भ भी मन में बना रहता है। वाल्मीकि, कालिदास, तुलसी आदि ने 'ऊर्म्मिला' को क्या यों ही भुला दिया था। इस अद्भुत त्यागमयी नारी का, मैं समझता हूँ, यों ही त्याग नहीं किया गया। वे लोग महाकाव्य लिख रहे थे, उनके सामने जो महत् उद्देश्य थे, ऊर्म्मिला उनमें समा नहीं पाती थी। उसकी करुणा, उसका मौन रुदन कुछ इतना तरल एवं तलस्पर्शी है कि ये कवि भी साहस नहीं कर सके। मैथिलीशरण जी ने भी उसे अपनी सहानुभूति दी एवं 'नवीन' जी ने भी, पर वास्तव में उसका भलीभाँति निर्वाह कोई नहीं कर सका। राम एवं राम का महत्कार्य दोनों के मन को घेरे रहे हैं, राम-कथा का स्थापित क्रम (पूर्ववर्ती कवियों द्वारा चित्रित किया गया) उनके मन में विद्यमान रहा है। इस कारण लक्ष्मण-ऊर्म्मिला की कथा का, न तो प्रबन्ध योग्य स्वतन्त्र विकास ये कर सके हैं और न ऊर्म्मिला का अपेक्षित गौरव-स्थापन ही। गुप्त जी ने सम्पूर्ण साकेत को कथाभूमि बना कर 'ऊर्म्मिला' की प्रतिष्ठा वहाँ करनी चाही, इसकी अपेक्षा 'नवीन' जी ने कुछ और आगे बढ़ कर ऊर्म्मिला के बचपन, विवाह, वनगमन, विरह और मिलन की कथा को अधिक विस्तार दिया। पर चूँकि राम और सीता सदैव लक्ष्मण और ऊर्म्मिला की अपेक्षा बड़े हैं, महान हैं, कवि उस प्रकाश को उन पर केन्द्रित नहीं कर सका जिसकी उससे अपेक्षा थी। परन्तु सब मिला कर गुप्त जी मूलतः वर्णनात्मक कवि हैं एवं 'नवीन' जी गीतात्मक। इस कारण अपेक्षाकृत कम स्थान देने पर भी लक्ष्मण-ऊर्म्मिला की कथा के मार्मिक अंशों को जितना गुप्त जी पहचान सके हैं उतना 'नवीन' जी नहीं। इसका एक कारण यह भी है कि 'नवीन' जी ने अपने काव्य को एक प्रकार का 'दर्शनाभास' बनाना चाहा है जिसके कारण ऊर्म्मिला या लक्ष्मण का मानवीय पक्ष दब गया है। 'टपक रही है शिला कुंजवाली शेफाली' अथवा 'मुझे फूल मत मारो' जैसी नितान्त मानवीय एवं मधुर अभिव्यक्तियाँ आलोच्य ग्रन्थ में सरलता से उपलब्ध न हो सकेंगी। यों सब मिला कर 'नवीन' जी की 'ऊर्म्मिला' अधिक भास्वर, उसका विरह अधिक गम्भीर एवं प्रसंगोचित हो सका है।

'साकेत' एवं 'ऊर्म्मिला' दोनों का सृजनकाल लगभग एक ही है—जबकि राजनीति में गाँधी एवं साहित्य में छायावाद का बोलबाला था। अतः दोनों ही ग्रन्थों में कुछ विचित्र समानताएँ भी हैं। नारी-जागरण, राष्ट्रीय आन्दोलन, गाँधीवादी आध्यात्मिकता- नैतिकता का दोनों में प्रबल स्वर है। भौतिकता का विरोध एवं आत्मिक उन्नति पर दोनों ही बल देते हैं। संयुक्त परिवार के मधुर चित्र दोनों में इतने प्रिय बन पड़े हैं कि लगता है कि लेखक उन्हें सुरक्षित रखने का अप्रत्यक्ष सन्देश दे रहा है। पति-पत्नी, सास-बहू, देवर-भाभी, ननद-भाभी, देवरानी-जेठानी आदि के कितने ही मनोहर चित्र 'साकेत' और 'ऊर्म्मिला' दोनों में ही प्राप्य हैं। दोनों ही ग्रन्थों में ऊर्म्मिला के विरह के लिए पूरे के पूरे सर्ग दिये हैं और इन सर्गों में पहुँचते-न-पहुँचते कवि 'लिरिकल' हो उठे हैं और प्रबन्ध दृष्टि को एकदम भुला

दिया है। आलोच्य काव्य-ग्रन्थ के चतुर्थ और पंचम सर्ग ऐसे ही हैं। इनके बीच से आप छन्द निकाल लें। कहीं कुछ घटा प्रतीत न होगा एवं वे काट कर निकाले गये अंश भी अपनी सरसता बनाये रखेंगे।

सब मिलाकर 'ऊर्म्मिला' एवं 'साकेत' समान स्तर के काव्य-ग्रन्थ हैं, परन्तु फिर भी जो ऐतिहासिक महत्त्व 'साकेत' को मिला, वह प्रस्तुत ग्रन्थ को फिलहाल उतना न मिल सकेगा। इसका विशिष्ट कारण है। समसामयिक सृजन का एक प्रकाशन-काल होता है। 'ऊर्म्मिला' सन् 1922 से लेकर 1934 तक लिखी गयी, पर उसका प्रकाशन 1957-58 में हुआ। इस दौरान हिन्दी कविता काफी आगे बढ़ चुकी है अतः उसकी अभिव्यक्तियाँ एक ओर बीसवीं शती के छठे दशक से पीछे की हैं, उसका दृष्टिकोण आर्य-समाजी एवं राष्ट्रीय संग्राम के आरम्भिक काल का है, वहीं वे इतनी पुरानी भी नहीं हैं कि अपेक्षित ऐतिहासिक परिप्रेक्ष्य में भी उन्हें तटस्थतापूर्वक रखा जा सके। उसका लेखक आज भी क्रियाशील है। 'साकेत' जहाँ परम्परा की कड़ी बन गया, वहीं 'ऊर्म्मिला' धार से असम्पृक्त हो गये जल की भाँति प्रतीत होती है। परन्तु मेरा विश्वास है कि सम्भवतः कुछ और दिन बीत जाने पर 'ऊर्म्मिला' अधिक महत्त्वपूर्ण स्थान का अधिकारी ग्रन्थ होगा।

ग्रन्थ में छह सर्ग हैं। प्रथम में जनकपुर में सीता और ऊर्म्मिला की बाल-क्रीड़ाएँ चित्रित हैं। चरित्रों का विकास वहीं से हमें दिखाई देने लगता है। एक गम्भीर, दूसरी चंचल; एक दृढ़ पर दूसरी अतिशय कोमल। इसी सर्ग में 'कपोत-कपोती' की कथा में वह 'नाटकीय-व्यंग्य' है जो आगे चलकर चरितार्थ होता है। दूसरे सर्ग में विवाह और परिवार के मृदु-मधुर चित्र, इस मधुर पीठिका पर आगे के सर्ग की वन-गमन की तैयारी, नियति का निर्मम व्यंग्य प्रतीत होती है पर जिसकी दाहकता 'आर्य संस्कृति' के प्रसार की बात उठा कर कम की गयी है; चौथे सर्ग में विरह की मीमांसा और पाँचवें में ऊर्म्मिला का ब्रजभाषा के दोहों-सोरठों में विरह-निवेदन एवं छठे सर्ग में विभीषण का राज्याभिषेक, राम का विराट चरित्र, उनके प्रति सभी की भक्ति एवं अयोध्या वापसी तथा ऊर्म्मिला-लक्ष्मण पुनर्मिलन चित्रित हैं। काव्य की दृष्टि से ब्रजभाषा के दोहों वाला पंचम सर्ग सर्वश्रेष्ठ है—यद्यपि प्रबन्ध कल्पना सबसे अधिक नष्ट भी यहीं हुई है। कवि ने ब्रजभाषा एवं दोहे के चिरपरिचित माध्यम से यहाँ पर कलाकुशलता का स्पष्ट प्रमाण दिया है—

सिहरि-सिहरि रहि जात हैं, वायु-विडोलित पात,
ज्यों उसाँस ते कँपत हैं, रोम-रोम सब गात।
पवन बीजना लगत ही, झरत विटप जल बिन्दु,
आह उठत ही झरत ज्यों, नयन बिन्दु मम सिन्धु।
मेरी हलकी चुनरिया, रँगी तिहारे रंग,
देखहु, इत उत चुअत है, अरुणा करुण उमंग।

नील गगन हिय में उड़े, दल बादल के ठाट
यों संकल्पन को उड़त, हिय बिच धूम्र विराट।

परन्तु ब्रजभाषा का जहाँ एक स्तर का अत्यधिक निखरा हुआ स्वरूप हमें प्राप्त होता है, वहीं नवीन जी की खड़ी बोली एकाधिक स्तरों की है। कभी वह हरिऔध जी की याद दिलाती है तो कभी गुप्त जी एवं प्रसाद जी की। बीच-बीच में ऐसे प्रयोग बहुलता से मिलते हैं जो खड़ी बोली के 'स्टैण्डर्ड' प्रयोग में बुरी तरह खटकते हैं। 'जानू हूँ सोचू हूँ', 'परौं पाईं', 'नचीं', 'उमड़ाय हिया' जैसे प्रयोग विरल नहीं हैं। नवीन जी जैसे कवि की ऐसी भूलें बहुत क्षम्य भी नहीं हैं। यों अभिव्यक्ति के एकाधिक स्तरों का कारण लेखन का लम्बा समय है जिसमें रुक-रुक कर (बहुधा जेल के अवकाश में ही) ग्रन्थ लिखा गया है।

619 पृष्ठों के इस बड़े ग्रन्थ का स्वागत है। आवश्यकता इस बात की है कि इसे तीस वर्ष पूर्व के ऐतिहासिक परिदृश्य में रख कर पढ़ा जाय।

कल्पना : जून, 1960

एक हस्ताक्षर और

राजा दुबे हिन्दी के नये कवि हैं—एकदम नये; यानी कि पिछले दो-तीन वर्षों में ही ऊपर उठ कर आये हैं। कविताएँ यत्र-तत्र प्रकाशित होती रहीं और लोगों का ध्यान खींचती रहीं। पर इस प्रकाशनबहुल युग में बहुधा पत्रिकाएँ किसी के व्यक्तित्व को पूरी तरह से उभार नहीं पातीं, अलग-अलग प्रकाशित करने के कारण। इसीलिए कविताओं के संग्रह-संकलन उपस्थित किये जाते हैं, जो एक स्थान पर कवि के कृतित्व को व्यक्तित्व प्रदान कर सकें। इस संग्रह-प्रक्रिया के बहुधा दो परिणाम होते हैं। प्रथम तो यह कि बहुत से ऐसे कवि जो अलग-अलग कविताओं में बड़े चमकदार दिखाई देते हैं, वे अपने संगृहीत रूप में अपनी आभा खो देते हैं, पर कुछ कवि ऐसे होते हैं जो संगृहीत होने पर अपना एक सुदृढ़ व्यक्तित्व, अपनी तर्ज और अपने विचार उपस्थित करने में तथा इस तरह अपने को स्थापित कर सकने में समर्थ होते हैं। राजा दुबे दूसरे प्रकार के कवि हैं, जिनकी अलग-अलग प्रकाशित होनेवाली कविताओं से कभी तो मालूम पड़ता था कि वे एकदम नान-सीरियस किस्म के आदमी हैं तो कभी निराशा एवं असफलताजन्य प्रतिक्रियाएँ मात्र ही उनमें प्रतीत होती थीं। इसी के अन्तर्गत उनकी व्यंग्यात्मक कविताएँ भी थीं। परन्तु जब 'एक हस्ताक्षर और' नामक उनका प्रस्तुत संग्रह सामने आया तो ऐसा लगा कि इस कवि की प्रतिक्रिया के मूल में भी शक्ति और संवेदना है, तथा सर्वत्र अव्यवस्थित से दिखाई पड़ने वाले व्यक्तित्व के मूल में एक गढ़ा हुआ मन है, जो उसकी अभिव्यंजना को शक्तिहीन नहीं होने देता।

इतना सत्य है कि इन कविताओं का कवि मध्यमवर्ग की असफलताओं से आक्रान्त है। यह असफलता मुख्यतः अर्थ की है। यह बात कई कविताओं से व्यंजित होती है। सम्भवतः प्यार की ट्रेजेडी भी 'खाली जेबों' के कारण ही है। वह खीझता है, परेशान होता है; पर आधुनिक सचेत-सजग कवि यहीं उभरता है—वह अपनी इस बेतुकी जिन्दगी को उधेड़कर रख देता है। प्यार की भेंट स्वेटर को उकेल डालता है, पत्र और फोटो जला देता है। कृत्रिमता की दीवारों में कैदी उसका मन जो कौतुकपूर्ण

ले. : राजा दुबे

जिज्ञासा करता है उसमें नपी-तुली जिन्दगी के प्रति गहरी विरक्ति व्यंजित होती है। कभी वह सोचता है कि न तो कारों की बत्तियों को अब वह आश्चर्य से देखता है और न नाना प्रकार के फल उसके मुँह में पानी लाते हैं।

फिर मध्यवर्गीय जीवन की नाना अर्थच्छायाएँ भिन्न-भिन्न चित्रों के माध्यम से उठकर मानो इस प्रश्न का उत्तर देती हैं। वह सीढ़ियों चढ़ती शाम को नमस्कार करता है, क्योंकि तब तो हजार धन्धों से मुक्त होकर वह किसी को बहुत प्यार कर सकेगा। दिवस बन्धु की मृत्यु पर भगवान से प्रार्थना भी नहीं करता, उसी ने कौन उसे सुख दिया है? ऐसा कवि जब कहता कि कल तमाम रात किसी की याद उकेल बीनता-बाँटता रहा, किसी का दर्द कुरेद-छीलता-छाँटता रहा तथा

कल तमाम रात
तुम्हारा नाम उचार—
बार-बार
लिख-लिख
गूदता-काटता रहा।
कल तमाम रात
तमाऽऽम राऽऽत

अन्तिम शब्दों की विलम्बित गति में पुनरुक्ति तथा नाम लिख-लिख कर गोदने-काटने की क्रिया अपनी तरल संवेदना में डुबो-सी जाती है।

पर नहीं, राजा दुबे के प्रस्तुत संग्रह की कविताएँ डुबोती या छूती कम हैं—झकझोरती बहुत हैं। झकझोरती इसलिए हैं कि ये कविताएँ प्रतिदिन के अत्यन्त साधारण मध्यवर्गीय जीवन की अत्यन्त साधारण-सी बात को बड़े ही सहज लहजे में उपस्थित कर देती हैं। इन बातों को या इस लहजे को हम सामान्यतः कविता के लिए उपेक्षणीय समझते हैं, पर जब प्रस्तुत कवि इस जाने-पहचाने यथार्थ के आमने-सामने हमें खड़ा कर देता है तो जैसे हम अपने इस प्रतिरूप को देख कर स्तम्भित हो उठते हैं। संग्रह में मुख्य रूप से दो प्रकार की कविताएँ हैं : एक तो कवि-व्यक्तित्व को प्रस्तुत करनेवाली कविताएँ तथा दूसरे कवि की प्रेम सम्बन्धी उक्तियाँ। एक तीसरे प्रकार की कविताएँ और हैं जो विशुद्ध व्यंग्य हैं। विशुद्ध व्यंग्य इसलिए कहता हूँ कि व्यंग्य-विद्रूप का टोन यों तो अधिकांश कविताओं में विद्यमान है पर कुछ कविताएँ ऐसी हैं जहाँ कवि ने निर्वैयक्तिक होकर केवल व्यंग्य ही किये हैं। इन तीनों प्रकार की कविताओं में समसामयिक जीवन का यथार्थ ही नहीं, पूरी पीढ़ी का दर्द सम्मिलित है।

जब वह जो अपनी हो न सकी को पत्र लिखता है तो 'डेली रुटीन' के जाल में बँधी इस रसहीन जिन्दगी का चित्र मुखर हो उठता है।

'नींद उचटने', 'वर्षारम्भः', 'कवि का धन्यवाद', 'विभ्रम हार स्वीकार', 'मध्यमवर्ग

की ट्रेजेडी', 'परवशता', 'रेखापुत्र', 'मुझमें', 'सर्पआवाहन' जैसी अनेक कविताएँ नयी पीढ़ी के दर्द और क्षोभ की ही व्यंजक हैं।

मध्यमवर्ग में आज प्यार और रोमांस भी विचित्र स्थिति में पड़ गये हैं। कवि ने प्यार किया है, उस प्यार की रूपरेखाएँ भी उसने स्पष्ट की हैं। कविताओं के माध्यम से मुझे उसकी यह प्रेमकहानी नहीं जोड़नी, देखना यह है कि इस तथाकथित प्यार का रूप इस समय क्या है। स्व. मित्र की भूतपूर्व प्रेमिका के नाम लिखी गयी कविता इस प्रकार के प्रेम को पूरी तरह से उपस्थित कर देती है। यह लड़की, स्त्री, सुन्दरी या प्रेमिका (जो भी आप चाहें कहें) अन्य लड़कियों की तरह ही एक खास उम्र के दौरान सिनेमा, सस्ती किताबों या देखादेखी एक लड़के से प्रेम करती है; खास मोड़ पर किसी-न-किसी दबाव में आकर शादी पक्की हो जाने या अन्य कारण से अन्य लड़कियों के समान ही प्रेमी का दिल तोड़ देती है। और कवि का वह दिलटूटा प्रेमी मित्र रेल से कट कर मर जाता है और एक कागज का टुकड़ा छोड़ जाता है जिसमें लिखा है 'कि जब भरोसा ही उठ गया, हम जी के क्या करेंगे।' इतने अंश तक तो कवि आज के प्रणय की गहराई (?) को दिखाता है। पर इस साधारण-सी बात को वह जिस नये कोण में रख देता है वह महत्त्वपूर्ण है और नयी कविता की अपनी उपलब्धि है। वह कहता है–

उसके मरने का दोष या दायित्व
मैं तुम्हारे माथे नहीं मढ़ता
बल्कि वह मूर्ख था
जो इतनी छोटी-सी बात पर आत्महत्या जैसी
चीज का शिकार हुआ यों

प्रेम के नाम पर शहीद होने को मूर्खता कहने का साहस आज का ही कवि कर सकता है। पर इतना ही नहीं आगे जो सवाल करता है वह आज के नारी-जीवन ही नहीं पूरे समाज के द्विधा विभक्त जीवन की ट्रेजेडी है।

यद्यपि कवि का क्रोध स्त्री पर, लड़की पर उतरा है पर वास्तव में यह भी तो मध्यवर्ग की ही ट्रेजेडी है। और इतनी ही गालियाँ लड़कों को भी दी जा सकती हैं। मुख्य बात वह मध्यवर्गीय नैतिकता का खोखलापन है जिसमें बनिया की बिटिया शादी के पहले 'मेरा लाल दुपट्टा' गाती है और शादी के बाद ब्रह्म मुहूर्त में 'मेरा तो गिरिधर गोपाल' गाती है या शादी हो जाने के बाद पति के साथ रसमग्न हो पूर्व प्रेमी को देखकर भी नहीं देखती और अपनी सुराहीदार गर्दन घुमा कर बढ़ जाती है।

इस खोखली संस्कृति पर उसके प्रहार अत्यधिक तीव्र हैं। हम अंग्रेजी तस्वीरें उनके चुम्बनों के कारण देखते हैं। इसलिए नहीं कि हम पूर्वजों की अपेक्षा अधिक माडर्न या अभिरुचि वाले हैं। हम छुरी काँटे से, कल्चर्ड समझे जायें, इसलिए खाते हैं। न कि अपनी भोजन-पद्धति अवैज्ञानिक है। हम लव मैरिजें इसलिए नहीं करते

कि हम जाति-उन्मूलन और प्यार के कायल तथा रूढ़िविद्रोही हैं; पिछली पीढ़ी की अपेक्षा, बल्कि इसलिए कि लड़कियाँ क्लब में आकर हमारे साथ नाचें–

अन्यथा हिन्दी में इतनी सारी
सेक्सी और गन्दी फिल्में नहीं बनतीं।
भारतीय नारियाँ साँप से भी बढ़कर
खतरनाक मानी जातीं!
और जेलों के बाद सबसे ज्यादा ऊँची दीवारें
हिन्दुस्तान में तो कम-से-कम
विमेन्स कॉलेजों की नहीं होतीं।

इन व्यंग्यों में ही नहीं सम्पूर्ण कविताओं में एक तल्खी है। पर यह तल्खी भी शक्तिपूर्ण है। इनकी तल्खी पराजित की नहीं प्रतीत होती। अन्तिम पंक्ति के आस्थावाद से यह अनास्था भी अधिक मजबूत है। लगता है कि कवि चक्रव्यूह में पड़ अवश्य गया है, पर उसके हाथों में रथ का टूटा पहिया नहीं शर और शरासन दोनों हैं। इसी कारण सारी निराशाओं के बीच भी साहस और विश्वास के स्वर पूरे तौर पर उभरते हैं। समय की रौंद में पड़ जाने के बाद भी–

अभी भी पहले जैसा
कुछ बचा है, जो पूरी तरह
समय रौंद नहीं पाया; कुचल नहीं गया।
या मैं ही अपने को मार नहीं पाया।

अथवा जीवन में, यात्राओं में, पथ में, बियाबानों में कितनी ही कठिनाइयाँ क्यों न उठानी पड़ी हों। नदियों ने तट ढहा दिये। अन्धड़ों ने पाल फाड़ दिये, मल्लाहों ने नौकाएँ डुबा दीं, पर इन बनजारे शिशुओं, कच्ची आयु के टूटे संवेदनों का कहना है–

पर ये बियाबान बन
सर्प डगरियाँ, अनछुए क्षितिज, प्रेतनुमा छायाएँ
फटे पाल, ढहते तट, डूबी नौकाएँ
साक्षी हैं कि
हमने आश्रय की भिक्षाएँ नहीं स्वीकारीं।
आस्थाओं का नीलाम नहीं बोला
यात्राएँ गिरवी नहीं रखीं।
अपने बूढ़े ऊँट नहीं बेचे
कुल की मर्यादा को नंगा नहीं किया।

इस सहिष्णुता का परिणाम हुआ कि 'केंचुलों की जगह आज आस्था के कवच हैं।' इसी आस्था के कारण उन सारे कष्ट देने वालों को वह प्रणाम करता है। दीपक के हाथों से रोशन पतवारें छीनने वाले, बहार के पाँवों से प्रसून पायजेब उतारने

वाले, आस्था की पुतलियाँ नोचने वाले, सपनों के गाँवों से सत्यों के पुखराज बीन कर पीर पिराने वाले, उन सबको मेरी श्रद्धा, विनत प्रणाम।

सरल सामान्य भाषा में साफ अर्थों को व्यंजित करनेवाली तथा युग की वेदना को समझनेवाली कविताओं के इस संग्रह का स्वागत होना चाहिए। नयी कविता के भी संग्रहों में संग्रह का इतना स्पष्ट व्यक्तित्व कम देखने को मिलता है।

कृति : जुलाई, 1960

वंशी और मादल

'वंशी और मादल' ठाकुर प्रसाद सिंह की कविताओं का संग्रह है। 'प्रतीक' के माध्यम से जब ये गीत सन् 51-52 में पहले-पहल प्रकाश में आये तो इनकी ताजगी और चित्रात्मकता ने एकबारगी सारे हिन्दी प्रदेश का ध्यान आकर्षित किया था।

वास्तव में युद्ध समाप्त होते-होते हिन्दी में गतिरोध का प्रश्न भयंकरता के साथ आया था। युद्ध एवं विभाजन के कारण एक ऐसी जड़िमा सारे देश के सांस्कृतिक आकाश में छाने लगी, कि लगा प्रत्येक अपने को दुहरा रहा है। छायावादी हो या प्रगति-प्रयोगवादी, कोई भी इनके अपवाद न थे। ऐसी स्थिति में दो दिशाओं से प्रेरणा ली गयी। दोनों ही दिशाएँ स्वाभाविक एवं अनुकूल थीं। एक दिशा पश्चिमी साहित्य की थी। अब ज्ञान-विज्ञानों ने दुनिया की दूरी को कम कर दिया था। युद्ध ने पारस्परिक सम्पर्क को ही नहीं बढ़ाया था, लगभग समान मनःस्थितियों में भी ला दिया था। इसी कारण पश्चिम से भाव और शिल्प दोनों की प्रेरणाएँ प्रभूत मात्रा में ग्रहण की गयीं। दूसरी दिशा देश के लोक-जीवन की थी—यह जीवन शिष्ट दृष्टि से उपेक्षित अवश्य था, पर शक्तिहीन नहीं। इस शक्ति को भी पहचाना गया। परिणामस्वरूप साहित्यिक भाव-वस्तु और रूप-शिल्प को इन लोकधर्मी परम्पराओं ने भी प्रभावित किया। मैं मानता हूँ कि ये दोनों ही प्रवृत्तियाँ स्वस्थ थीं तथा देश की जीवन्त शक्ति की निशानियाँ हैं। अस्तु, ठाकुर प्रसाद सिंह के अनुकूल दूसरा रास्ता पड़ा और उन्होंने संथाल जीवन से वह ताजगी ग्रहण की जिसे वे 'आदिम उद्वेग' कहते हैं। इन कविताओं ने हिन्दी काव्य को लोकशक्ति एवं लोक-संवेग के साथ सम्बद्ध करने में सहायता दी। लोक-जीवन का यह प्यार, पुकार और पहचान जितनी इन कविताओं में प्राप्य है, मैं बल देकर कहना चाहता हूँ वह पूरे आधुनिक साहित्य में अभूतपूर्व है।

एक बहुत छोटी-सी कविता लीजिए—

आधी रात
बाग में पिड़कुल

ले. : ठाकुर प्रसाद सिंह

कुकुर डुबुर स्वर
आधी रात
यहाँ मैं आकुल
तुम आओ घर।

वियोग की कथा पुरानी है। प्रेमिका की आकांक्षा भी पुरानी है—आदिम युग से चली आ रही है, पर यह स्वर एवं अभिव्यक्ति की यह भंगिमा एकदम नयी है। प्रथम पंक्ति में एक चित्र है जो संकेत कर देता है कि आधी रात के सन्नाटे में प्रेमिका या पत्नी अकेली है, जाग रही है एवं पिड़कुल का स्वर उसे सुनाई पड़ता है और इस चित्र के बाद वह अपनी आकुल आकांक्षा कह देती है। इसके बीच में और आगे-पीछे बहुत कुछ है जो पाठक या श्रोता को अपनी कल्पना शक्ति से भरता है। इमेजिस्ट एवं जापानी कविताओं जैसी यह संक्षिप्ति एवं ध्वन्यात्मकता अपनी सारी प्रगाढ़ संवेदना के साथ हिन्दी काव्य में महत्त्वपूर्ण है।

अधिकांश कविताएँ रूप, यौवन एवं प्रणयानुभूतियों से सम्बन्धित हैं। पर इनकी नवीनता यह है कि इनमें न तो मध्य काल के राधा-माधव की ओट है और न आधुनिक युग की मध्यवर्गीय नैतिकता या सतही रोमांस की अभिव्यक्ति। निश्छल निर्द्वन्द्व भाव से प्रणयानुभूतियाँ व्यक्त हुई हैं—चाहे वे उसी शाश्वत त्रिकोण की ही क्यों न हों। संग्रह की प्रथम कविता सुनिये—

पाँच जोड़ बाँसुरी
बासन्ती रात के विह्वल पल आखिरी
पर्वत के पार से बजाते तुम बाँसुरी
पाँच जोड़ बाँसुरी
वंशी स्वर उमड़ घुमड़ रो रहा
मन उठ चलने को हो रहा
धीरज की गाँठ खुली लो लेकिन
आधे अंचरा पर पिय सो रहा
मन मेरा तोड़ रहा पाँसुरी
पाँच जोड़ बाँसुरी।

स्पष्ट है कि यहाँ नैतिकता के बन्धन नहीं हैं। बन्धन है भी तो यह कि पिय आधे आँचरा पर सो रहा है; एक ओर बाँसुरी वाला नायक और दूसरी ओर पिय, अजब द्वन्द्व में है वह!

इन कविताओं ने अभिव्यक्ति के क्षेत्र में एक नयी संक्षिप्ति को ही बढ़ावा नहीं दिया, अनेकानेक नये-नये उपमानों एवं चित्रों से हिन्दी कविता को समृद्ध भी किया है। बिंधे हुए फूल जैसा मन, जामुन-सी काली भौंहें, गहरे पथरौटे के कूप-सी प्रीति एवं डोरी-सी आशा, झलफल बेला, शालवन-सी देह,

मँह-मँह का पथ, कचपच धूप, कोंपल के होठ आदि अनेक नये प्रयोग काव्य को शक्ति देते हैं।

'यह मेरे प्रिय का मण्डप है', 'गाँवों के किनारे बरगद का पेड़', 'चिड़ियों ने पर्वत पर', 'आछी के वन' आदि कविताओं में नये जीवन की चित्तवृत्ति के अत्यन्त सार्थक संकेत हैं—यद्यपि ये संकेत लोक भाव से इतने घुले-मिले हैं कि इन्हें पहचानना पड़ता है। समन्वय की सफलता भी यही है।

हम इस बात को तनिक जोर के साथ कहना चाहते हैं कि 'वंशी और मादल' पिछले एक वर्ष के काव्य की अत्यधिक महत्त्वपूर्ण कृति है। परन्तु यहीं पर एक खतरा भी है—लेखक कहीं इस प्रवृत्ति को ही न दुहराता रहे। शक्ति (आदिम उद्वेग) ग्रहण के लिए उस जीवन और उसकी भणिति को एक बार अपना लेना एक बात है, पर यदि उसी ने सम्पूर्ण रूप से अपनी क्षुद्र गहराइयों में लेखक को डुबो लिया तो संग्रह की अन्तिम कविताओं जैसी नीरसता एवं उथलापन ही हाथ रह जायेगा। इन कविताओं की लोकधर्मिता को हिन्दी का नया काव्य ग्रहण कर चुका है, आवश्यकता है कि कवि कुछ नयी भूमि पुनः जोड़े या पुरानी ही भूमि को नयी दृष्टि में रूपायित करे। यह याद रहना चाहिए कि दुहराने का 'मैनेरिज्म' अशक्ति का द्योतक होता है।

ज्ञानोदय : जुलाई, 1960

शब्ददंश

कुछ संग्रहों की समीक्षा करते समय सबसे पहले कवि की ओर ध्यान चला जाता है। यह स्थिति समसामयिक जीवन में बहुधा कवि के स्थान एवं महत्त्व के कारण आती है। 'शब्ददंश' का कवि (जगदीश गुप्त) भी आधुनिक कविता (नयी कविता) के सन्दर्भ में महत्त्वपूर्ण है। वह 'नयी कविता' पत्रिका के सम्पादक के नाते तो यश अर्जित कर ही चुका है, इसके अतिरिक्त भी हम जानते हैं कि 'नयी कविता' का सम्पादक और कवि मध्यकालीन कवियों के से सवैये भी ब्रजभाषा में लिखता रहा है। फिर 'नाव के पाँव' संग्रह आया जिसका गीतों वाला भाग अधिक महत्त्वपूर्ण था और अब प्रस्तुत है 'शब्ददंश'। 'शब्ददंश' में मध्यकालीन रागात्मकता, समर्पण और अलंकृति छोड़ दी गयी है। 'स्तोत्र त्रय' इस बदली हुई मनःस्थिति के द्योतक हैं तथा छायावादोत्तर गीतों की रूमानी या अर्धरूमानी अभिव्यक्ति एवं सतही स्फूर्तन के स्थान पर एक गहरी जिज्ञासा एवं चिन्तन की परिणति हमें इन कविताओं में उपलब्ध होती है। इस प्रकार 'शब्ददंश' एक सचेत, आत्मशिक्षण-रत कवि का संग्रह है। परन्तु समीक्षक के लिए जो सबसे अधिक द्रष्टव्य है, वह प्रस्तुत संग्रह की क्षमता है। अथवा यों कहा जाय कि विकास के इस सोपान की कितनी कलात्मक (काव्यात्मक) अभिव्यक्ति इसमें हुई है। हमें लगता है कि इसी बिन्दु पर कवि कसौटी पर खरा नहीं उतर पाता। संग्रह को पढ़ते-पढ़ते बार-बार ऐसा लगता है कि नयी कविता को पढ़ते-पढ़ाते उसके मन में जो तार्किक अवधारणाएँ आती रही हैं, उन्हीं का अभिव्यंजन हो गया है। इस अभिव्यंजन में बहुत कुछ ऐसा है जो कच्चा रह गया है, जो पूरी तरह काव्य-संवेदना के रूप में परिणत नहीं हो पाया है। अधिकांश कविताओं में सूक्तियाँ हैं, सूत्र हैं और सभी बौद्धिक स्तर पर। कवि ने भूमिका में दावा किया है कि इन कविताओं के माध्यम से उसने 'अपने आपको उपलब्ध किया है।' मैं समझता हूँ कि काव्य-सृजन-प्रक्रिया में अपने-आपको उपलब्ध करने का सचेत भाव विद्यमान रहने की अपेक्षा, कहीं अधिक श्रेयस्कर होता है जबकि लेखक अपना आत्म-विलयन कविताओं में करता चलता है। स्पष्ट है कि प्रथम

ले. : जगदीश गुप्त

प्रक्रिया में व्यक्तित्व की खोज का बौद्धिक भाव है और दूसरे में बौद्धिक अस्तित्व का भावना और अनुभूति में विलीनीकरण। पहली स्थिति इसलिए सूक्ति को जन्म देती है और दूसरी स्थिति सरसता को। दार्शनिक-बौद्धिक सूक्तियाँ घूम-फिर कर कुछ सामान्य सत्यों के निकट आ जाती हैं एवं इसी कारण अपनी नवीनता खो देती हैं पर संवेदना अपने सन्दर्भ के नयेपन के कारण नये अर्थों से आपूरित रहती है। उदाहरणार्थ, इस संग्रह की 'नया अर्थ' शीर्षक कविता लें। इसमें व्यंजित सत्य किस अर्थ में मौलिक या नया है?

यों इन कविताओं के माध्यम से जिस व्यक्तित्व को हम प्राप्त करते हैं, उसमें चारों ओर जो घटित होता हुआ वर्तमान है, उसका ही सजग बोध नहीं है, उसके प्रति गहरी जिज्ञासा, प्रश्नाकुलता, चिन्तन विद्यमान है। इसके साथ ही ऐसा भी लगता है कि किसी से बातचीत करते हुए कवि उत्तर भी दे रहा है जिसे कि शायद इलियट ने काव्य की दूसरी आवाज कहा है। पर इस वृत्ति का एक स्वाभाविक विकास भी हुआ है कि वह उत्तर या निष्कर्ष भी निकालता चलता है। संग्रह की पहली कविता लें—

अहं का विस्तार—
है दायित्व भी, दर्द भी,
भोग या सुख ही नहीं है।
पास आने पर उपजता मोह
मोह जीवन को अजब-सा अर्थ देता है।
उलझने नूतन, नये सन्दर्भ रच कर,
आप ही अपनी नियति को बाँध लेता है।
चित विभु है, दूर रहना भी कहाँ सम्भव।
हर नये सम्बन्ध का परिणाम
किसी दुखती हुई रग का स्पर्श
और हर दुख पर नये दायित्व का अनुभव।

कविता के प्रारम्भ और अन्त, दोनों में ही निष्कर्ष दिये हुए हैं। इसी प्रकार 'यशभाग', 'नया अर्थ', 'मुक्त समय', 'मथित का अहम्', 'रेत की लहरें' आदि ऐसी ही कविताएँ हैं। मेरा विचार है कि निष्कर्ष की यह शीघ्रता उनके आधुनिकता-बोध को कुण्ठित करती है। आधुनिकता की बर्तमान स्थिति में प्रश्नाकुलता एवं जिज्ञासाएँ तो मन को बींध रही हैं पर उत्तर देने की स्थिति में आज का कवि पहुँच चुका है, यह विचारणीय है। या तो समीक्ष्य कवि का आधुनिकता-बोध बहुत आगे है या फिर अधपका है—यही मानना पड़ता है।

प्रस्तुत संग्रह में 58 कविताएँ हैं और वे अहं का विस्तार, टेरो मत, बादल और कच्चे घड़े, जाड़े की रात, कछार के खेत, स्तोत्रत्रय एवं शब्ददंश नामक सात खण्डों में विभाजित हैं। जगदीश गुप्त चित्रकार भी हैं परन्तु प्रस्तुत संग्रह की आधुनिकता

की बौद्धिक स्वीकृति के तले उनका वह रूप उस प्रकार नहीं उभर सका है जिस प्रकार कि 'नाव के पाँव' में व्यंजित हुआ था। या यह भी सम्भव है कि दो विधाओं में प्रयास करने वाला कलाकार भिन्न-भिन्न अनुभूति सत्यों को व्यंजित करने के लिए भिन्न माध्यमों का प्रयोग करता है। लियोनार्दे दा विंची के सॉनेट उनके चित्रों के मेल में नहीं थे। सम्भवतः कुछ इसी स्थिति के कारण भारती, केदारनाथ सिंह, वीरेन्द्र जैन या कीर्ति चौधरी में चित्रात्मकता अधिक है। परन्तु जगदीश जी के पास शब्द-सामर्थ्य है और उसका उचित प्रयोग वे जानते हैं। संग्रह की श्रेष्ठतम कविताएँ या तो प्रकृति-चित्र हैं या फिर जिनमें जिज्ञासा अथवा सहानुभूति का एक अप्रतिहत भाव विद्यमान है। 'आत्महत्या : एक अनुभूति', 'तब जा कर चैन मिला', 'स्पर्शगीत', 'शीशे के सामने शीशा', 'तूफान दोस्त है', 'टीसती इकाई', 'कछार के खेत', 'हरसिंगार की गन्ध', 'चाँदनी रात में', 'साँप, ओस और दूर्वादल', 'शब्ददंश' आदि संग्रह की श्रेष्ठ पठनीय कविताएँ हैं।

ऐसा लगता है कि इस संग्रह में कवि ऐसी स्थिति में आ गया है कि अब उसकी आधुनिकता का बोध अधिक व्यापक ही नहीं, गहरा और समभोगी हो सकेगा। वह 'एक क्षण को मान लो' जैसी शिशु जिज्ञासाएँ अथवा एक समीकरण के हल्के-फुल्के आशावाद से ऊपर उठ कर दंशन के व्यापक भय से मुक्त कराने के लिए हृदय के तलदेश (या कहीं अन्यत्र) में सोने वाले गारुड़ी को अधिक शक्तिशाली आवाज में पुकार सकेगा। 'नाव के पाँव' के द्वितीय खण्ड से जो विकास प्रक्रिया प्रारम्भ हुई थी, उसका प्रथम चरण 'शब्ददंश' में पूरा होता है।

कल्पना : अगस्त, 1960

अकेले कण्ठ की पुकार

तरुण कवि अजित कुमार की 45 कविताओं का यह प्रथम संग्रह है। अजित कुमार नये कवि हैं—नये इस अर्थ में कि वे गलदश्रु भावुकतावाली पुरानी कवि परम्परा से एकदम पृथक् हो चुके हैं। बुद्धि की कसौटी पर कसकर ही उनकी कविताएँ प्रकाश में आती हैं। शुद्ध संवेदना (Bare emotion) पर लिखी गयी एक भी कविता इनमें उपलब्ध नहीं होती है। इस उपलब्धि के लिए अजित कुमार को संघर्ष अवश्य करना पड़ा होगा—क्योंकि 'ब्याह की शाम', 'फैण्टेसी' जैसी कविताओं में कवि की यह भावुकता उमड़ी है पर दोनों स्थानों में उसने इसे रेशनलाइज किया है। इनमें 'ब्याह की शाम' का तर्क अधिक बचकाना (adolescent) है, पर मैं पाठकों का ध्यान फैण्टेसी के तर्क की ओर ले चलना चाहता हूँ। 'ला बेले डेम सैन्स मर्सी' की छाया में लिखी गयी इस कविता को कवि 'फैण्टेसी' का शीर्षक देकर अपनी बुद्धिवादिता का परिचय देता है तथा उसने प्रारम्भ में ही कह दिया है कि 'एक सपना आँख में झलका' एवं दो स्टैण्जा बाद 'बढ़ा सपना' कहकर बार-बार इस कविता की स्वप्न कल्पना (wishful thinking) कीह कल्पना पर जोर देता रहता है। रोमैण्टिक कवि इसी बात को कहता है पर कभी भी उसे अभिलषित चिन्तन (wishful think) नहीं कहता। इसके अतिरिक्त शीर्षक इस कविता का integral part बन गया है। इस रोमैण्टिक प्रवृत्ति से अलगाव का एक उदाहरण और लें। संग्रह की एक कविता है 'प्रतीक्षारत'। कविता के शब्द दृश्य-संयोजक (Texture) पर छायावाद का गहरा प्रभाव है, परन्तु अपने तर्क, इच्छा और अभिप्राय में यह नितान्त भिन्न हो गयी है। 'कुटिया में महल, विजन वन वल्लरी पर अगणित फूल खिले हैं। उन्हीं में से एक मैं हूँ।'

स्वप्न सर्जित, रागचर्चित पुष्प,
आकुल, चिर-प्रतीक्षारत कि
मेरी पंखुरी की भाग्य-रेखा पर लिखा है
नाम जिनका,
वे अपरिचित देव

ले. : अजित कुमार

जो अब विफलताओं से पराजित हो रहे होंगे—
किसी अज्ञात पथ-निर्देश से संकेत पाकर
यहाँ आयें
मुझे देखें देखते रह जायें,
तोड़ें सूँघ लें : मन में बसाकर गन्ध
मसलें : फेंक दें!

छायावादी जहाँ एक प्रकार की अतीन्द्रियता पा विश्वास करता था, वहाँ इस काव्य की अन्तिम पंक्तियों में तोड़ने, सूँघने, मसलने आदि के द्वारा स्पष्ट मांसलता एवं भौतिक उपभोग की माँग है।

बौद्धिकता को लेकर नयी कविता पर बहुधा आक्षेप किये जाते हैं। इसे आलोचकों ने बहुधा नीरसता एवं बोझिल तर्क का पर्याय माना है (इस भ्रम का प्रचार करने में 'नयी कविता' के व्याख्याताओं का कम हाथ नहीं रहा है।) पर वास्तव में बुद्धि यहाँ पर औचित्य की पर्याय है। हमारी समीक्षा के पीछे 'भावयोग' की जो भावधारा चल पड़ी उसने औचित्य के प्रश्न को बलाए ताक रख स्फीत कल्पना को ही सरसता का पर्याय मान लिया। नये कवि ने बुद्धि का अंकुश लगा इस प्रवृत्ति को रोका तो पुराने ढंग के पाठकों, आलोचकों एवं कवियों को इसमें नीरसता का संचार दिखाई पड़ा—जबकि यहाँ पर भावयोग की नयी डाइमेंशन मात्र थी जो कि यथार्थ का गहरा तकाजा भी है। यह बात अजित कुमार के प्रस्तुत संग्रह में और स्पष्ट है। इस बौद्धिकता ने नये कवियों को आज की जटिल और द्रुतगति से परिवर्तनशील परिस्थितियों में खड़े रहने की क्षमता दी है। अजित कुमार की तो यह शक्ति ही नहीं है वह आन्तरिक सूत्र भी है जो इन विभिन्न मनःस्थितियों में लिखी गयी कविताओं को एक में पिरोए रहता है। बहुधा अच्छी-अच्छी कविताओं से युक्त संग्रहों में भी किसी आन्तरिक सूत्र के अभाव के कारण पूरा संग्रह पढ़ जाने के बाद भी ऐसा लगता है, कि कुछ उपलब्ध नहीं हुआ—यद्यपि अच्छा-अच्छा बहुत कुछ लगा था। स्वयं अजित कुमार की बहिन कीर्ति चौधरी का संग्रह 'कविताएँ' इस दोष से ग्रसित हैं यद्यपि उसकी कुछ कविताएँ अजित की कविताओं से निश्चित रूप से श्रेष्ठ हैं। पर अजित कुमार के संग्रह की इस बौद्धिकता-जन्य एकसूत्रता ने उसे एक ऐसी समन्वित शक्ति दे दी है कि पूरा संग्रह पढ़ जाने के बाद लगता है कि कवि ने हमें किसी-न-किसी मात्रा तक कनविन्स किया है, अपनी विचारधारा के प्रति।

प्रश्न उठता है कि इस बौद्धिकता का रूप क्या है? आइए हम अजित कुमार की कुछ कविताओं का विश्लेषण करें। पुराने गीत, पुराना राग भी हम सँजोए रखते हैं पर हमें नया गान क्यों चाहिए? नये की सार्थकता पर यह प्रश्न हर समझदार आदमी के मन में आता है। अजित की 'दो बातें और एक तर्क' कविता के सारे सुपरस्ट्रक्चर के मूल में एक आइडिया है कि पता नहीं कब किस वेश में किस रूप

में 'नव युग का मसीहा' मिल जाय इसलिए (सस्वर) न होने पर भी हर नये गाने से नेह लगा लेना उचित है। इसी प्रकार 'आठ औरतें' कविता में बताया गया है कि कैसे एक ही व्यक्ति (या प्रिया) के रेसपान्स के अनेक शेड्स हो सकते हैं मनोविज्ञान में भी Multivalence की यह स्थिति मान्य है। यही बौद्धिकता है जो इस युग की स्वीकारोक्ति में रोमैण्टिक कवियों के अभिलषित चिन्तन का पर्दा उधारती है और 'कलाकारों' के संयुक्त वक्तव्य में उस कृत्रिम जीवन की ओर संकेत करती है जिसमें रहकर भी कवि सौन्दर्य-प्रेमी बनने की पाखण्डी वृत्ति को नहीं त्याग पाता। इस कविता का दूसरा पक्ष भी है—इसके द्वारा नयी कविना में आने वाले तथाकथित असुन्दर एवं जटिल दृश्यों की यथार्थता भी व्यंजित होती है। जिज्ञासा को शान्त करते चलिए तो वे और अधिक बढ़ती, मनुष्य मानता नहीं है जानता ही है, गोकि कभी-कभी उसके मन में यह बात उठती है कि अच्छा था कि इस चक्कर में हम पड़ते ही नहीं—सबसे भले विमूढ़ जिन्हें न व्यापइ जगत गति। अजित कुमार ने भी कुछ इसी प्रकार के विचार से प्रेरित होकर कहा है, पूछताछ के दफ्तर से लौटने पर—

अरे, लाये क्या—बस, अनुभव,
और भी जिज्ञासाएँ नव,
कि जिनके समाधान सब भ्रान्त
सभी कुछ मिथ्या से आक्रान्त,
प्रश्न अनगिनती, उत्तर एक,
और अपने मन की यह टेक :
भला होता
जो रहते अपने ही घर में।
आह! क्यों? पूछताछ के दफ्तर में हम गये?

वह 'उजड़े मेले' की भाषा सुन लेता है तथा संक्रमण की स्थितियों का सचेष्ट अनुभाविक है तथा 'कभी पहले भी' जैसी अनूठी अनुभूतियों का भोक्ता और प्रकाशक है, जिनमें कि बहुधा नये दृश्य के पास जाकर भी परिचित-सी प्रतीत होनेवाली स्थिति का चित्रण है। हम अधिक विस्तार में न जावेंगे पर संग्रह की अधिकांश कविताओं के मूल में एक आइडिया है जिस पर सारा स्ट्रक्चर खड़ा है।

परन्तु एक बात या एक आइडिया के पूर्व-निबद्ध सत्यों एवं अनुभूतियों के आधार पर रची गयी इन कविताओं की कमजोरी भी यही है। ये रचनाएँ planned अधिक हो गयी हैं Spontaneous कम। काव्य-सृजन प्रक्रिया में भी जिन अनुभव सत्यों का ग्रहण और प्रकाशन होता है, उनका इन कविताओं में नितान्त अभाव है। यद्यपि इसी कारण इनमें शिल्प का एक सचेष्ट प्रयोग है। अजित कुमार की किसी भी कविता पर छन्द-हीनता लयहीनता का आरोप नहीं लगाया जा सकता। विराम चिह्नों एवं कथन भंगिमाओं का उनमें सचेष्ट प्रयोग है। इलियट ने ब्राउनिंग में जिस

ड्रैमेटिक मोनोलॉग को ढूँढ़ा है (और जिसे उसने काव्य की दूसरी आवाज कहा है।) उसे अजित कुमार में स्पष्ट देखा जा सकता है। परन्तु इसी कारण 'नयी कविता' की रेटारिक विशेषता (जो उसे प्रगतिवाद से उत्तराधिकार में मिली है) भी उनमें यत्र-तत्र खूब उभरी है। अजित कुमार की भाषा और तुकों पर भवानी प्रसाद मिश्र का गहरा प्रभाव है–पर भवानी प्रसाद मिश्र में जहाँ तुकों का प्रयोग मैनिरिज्म तक पहुँच गया है वहीं अजित ने तुक की एकरसता को यत्र-तत्र तोड़ने की चेष्टा की है। 'आओ हम फिर से जिएँ' में तुकों के श्रेष्ठ प्रयोग के ही साथ तुक की मोनोटनी तोड़नेवाली वृत्ति का स्पष्ट उदाहरण है। इसमें तुकों का क्रम कुछ इस प्रकार है–a b c b c d a

वास्तव में अजित का सारा काव्य-सृजन एक 'हाइटेंड अवेयरनेस' (Hightened awareness) का परिणाम है। ऊपर जिस बौद्धिकता का जिक्र हुआ उसे इस सजगता (awareness) का ही एक अंग समझना चाहिए। इसमें अनुभूतियों एवं impressions की परिणति चिन्तन के रास्ते होती है। इसी कारण उनमें जहाँ आवेग की कमी है वहीं प्रभाव की परिपक्वता रक्षित है। वे बहुत कुछ वर्ड्सवर्थ की काव्य सृजन सम्बन्धी परिभाषा से प्रभावित लगते हैं जैसे कि 'विरत होओ' कविता से प्रतीत होता है। इस सम्बन्ध में वर्ड्सवर्थ के बारे में कही गयी कालरिज की बात उन पर भी लागू होती है, "यहाँ पर न तो विचार के दबाव के चिह्न हैं और न लादी गयी शैली ही है, बिम्बों की भीड़ या कोलाहल नहीं... ।" इसी कारण उनके बारे में घोषित प्रकाशकीय विज्ञप्ति सही लगती है–यह बात दूसरी है, पर और भी कवि हैं जो सहज हैं जो काव्य की अभिधा पर विश्वास करते हैं। अजित की सहजता का एक कारण और है (जो उनकी निर्बलता है) उनके पास शब्द भण्डार की बेहद कमी है। शब्दों की यह कमी बिम्ब निर्माण को भी प्रभावित और सीमित करती है। परन्तु इस कमी को वे दूसरे ढंग से पूरा करते हैं–अनुभवों एवं प्रभावों को वे काव्यानुभूति के स्तर पर प्रभावित करके ही व्यक्त करते हैं; इसी कारण पूरे संग्रह में एक भी कविता स्तर से नीचे नहीं उतरती है।

पाठक को एक अतिरिक्त सजगता देने वाले इस संग्रह का मैं स्वागत करता हूँ। 'नयी कविता' के काव्य-संग्रहों में निश्चय ही यह 'सिग्नीफिकैण्ट' है।

वसुधा : 1960

दो काव्यसंग्रह : 'वनपाखी सुनो!' और 'भटका मेघ'

हिन्दी में प्रगतिवादी और प्रयोगवादी काव्यधाराएँ बहुत कुछ समसामयिक और समव्यक्तिजीवी रही हैं। पर इन धाराओं का युग देश के इतिहास का असाधारण युग था। अपेक्षाकृत दुराग्रह शान्त होने एवं सुस्थिरता की प्रतिष्ठा हो जाने पर सन् 50-51 के पश्चात इन अतिवादी धाराओं का सम्मिलन उस काव्य की भावभूमि पर हुआ जिसे हम 'नयी कविता' नाम से अब जानने लगे हैं। अतिवादी शक्तियों की क्षीणता के स्पष्ट चिह्न 'दूसरा सप्तक' की कविताओं में मिलने लगे थे। नयी कविता इस प्रकार जहाँ प्रगतिवादी-प्रयोगवादी विचारभूमियों का मिलनबिन्दु है, वहीं उनका स्पष्ट बढ़ाव भी। यह काव्य आज के युग की जटिलता के अनुरूप ही बहुमुखी है। प्रस्तुत दोनों आलोच्य संग्रह 'वनपाखी सुनो!' और 'भटका मेघ' इस नयी काव्यसम्पत्ति का ही परिचय देते हैं। यद्यपि यह ध्यान में रखने की बात है कि नयी कविता इन्हीं कवियों की विशेषताओं तक सीमित नहीं है, उसमें अन्य प्रवृत्तियाँ एवं आग्रह भी हैं जो प्रस्तुत संग्रहों में उपलब्ध नहीं होते।

'वनपाखी सुनो!'

नरेश मेहता की कतिपय कविताएँ 'दूसरा सप्तक' में संगृहीत होकर पाठकों को उपलब्ध हो चुकी हैं। प्रस्तुत संग्रह 'वनपाखी सुनो!' में उनकी अधिकांशतः नयी कविताएँ आयी हैं तथा उन कविताओं के साथ मिलाकर देखने पर हमें कवि की बढ़ती हुई परिपक्वता का स्पष्ट आभास होता है। वह समय के जल का महत्त्व जान गया है, छूकर नहीं, देखकर भी नहीं, बल्कि समयजल में झाँक कर, उसमें अपना प्रतिबिम्ब निहार कर। समय का यह जल वह इतिहासबोध है, जिसमें कवि शक्ति के साथ अनुभव करता है—

भाल पर संकोच रेखा—
विवशताएँ कण्ठ में—

ले. : नरेश मेहता, श्रीकान्त वर्मा

अनागत यात्रा, सम्मुख तवे सी जल रही,
हम आयु के अश्वत्थ
अपनी छाँह भी जिसको स्वीकार है नहीं।

प्रयोगवाद में जीवन की जटिल संकुलता और दुर्दमनीय परिस्थितियों के प्रति एक विवश आत्मसमर्पण का भाव था अथवा फिर अपने अहं को एक विशेष रागात्मकता प्रदान करके उसको इतना विशाल बना लेने की प्रवृत्ति थी कि लेखक उस विराट अहं के भीतर एक विशेष प्रकार का परिवेश और उसके प्रति एक ममत्व का अनुभव करता था। इधर के नये कवियों ने आत्मसमर्पण या संकुचित आत्मरक्षण से ऊपर उठकर परिस्थिति के मध्य व्यक्तित्व को सुरक्षित रखते हुए भी समष्टि के साथ अपने को जोड़ने में संकोच नहीं किया है। कुछ समय पूर्व 'टाइम्स' के लिटरेरी सप्लिमेंट में दुनिया की तमाम साहित्यिक प्रवृत्तियों का लेखा-जोखा लिया गया था। भारतीय साहित्य पर लिखे गये 'दि रिवोल्यूशन इन इंडियन लिटरेचर' नामक निबन्ध में इस बात का संकेत था कि यहाँ के लेखक आदि बुद्धिजीवियों एवं सामान्य जनता के मध्य एक अन्तराल है और इसके कारण लेखक कुछ अकेलेपन का अनुभव करता है। नरेश मेहता की यह तीव्र अकुलाहट 'तीर्थजल' में अत्यन्त घनीभूत भाव से व्यक्त हुई है। यह अकुलाहट अकेलेपन के अतिरिक्त परम्परा के नाम पर पुनरुत्थानवादी राष्ट्रीयता की 'अभिषिक्त शिलाएँ' रखकर उद्गमहीन कर देने के दुख की भी है—

हमें शेष से जोड़ो—
काटो ये काई के बन्धन
माँगो सुन्दर महराबों की पाथर कारा
नव जल के उत्सों की गति को छोड़
भटक आयी जलधारा,
बन्दी पाखी या एकाकीपन
घायल स्वर में शतः निनादित—
हमें शेष से जोड़ो,
जोड़ो, जोड़ो—

उपर्युक्त पंक्तियों में अभिव्यक्त उस बुद्धिजीवी युवक की वेदना सहज समझ में आ जानेवाली है, जो अपने परिवेश के भीतर की उमस में छटपटाता है परन्तु पूरी तरह से उसको काटकर अलग कर देने में समर्थ भी नहीं है। कभी-कभी उसका प्रबुद्ध मन देखता है कि इतिहास की शक्तिशालिनी धाराएँ उसके पास से होकर गुजरी जा रही हैं, परन्तु इन शक्तियों को बुद्धि से अपना अनुभव करते हुए भी वर्तमान विषम परिस्थितियों में उनके साथ चलने में अपने को असमर्थ पाता है—

हमारे तटपर के जलयान
सदा को किसी दिशा के होकर

चले गये अब।
जल है,
तट है,
शंख-सीपियों बीच
समुद्री झरबेरी से हम
अब भी भीगी पलक
अधूरे वाक्य
कण्ठ में लिये खड़े हैं।

'वनपाखी सुनो!' संग्रह पढ़ने पर जो पहला प्रभाव मन पर पड़ता है, वह अनुभूति की सहज ऋजुता का है। इस ऋजुता को नरेश ने बिल्कुल अपने रूपकों और उपमानों से उदात्त एवं रंगीन बना दिया है। पर यह ध्यान में रखने की बात है कि यह ऋजुता उथलेपन का पर्याय अधिकांशतः नहीं बनी। इस अर्थ में नरेश की अनुभूति और अभिव्यक्ति में समुचित सामंजस्य बन पड़ा है। इसके अभाव में या तो उनकी कविताएँ छिछली प्रतीत हुई होतीं या फिर एकदम अचम्भा। एक उदाहरण लें–

तिरते फेनफूल का जल है
मुँहधेरे का निर्जन तट है
पोत हीन पर–
हम विकल्प के वल्कल में
संशय विष पीड़ित
किसी भग्न मस्तूल सरीखे
खड़े हुए हैं–
वृक्ष भाव से,
संकल्पहीन पर–
अब भी हम में प्रश्न शेष हैं–

जीवन से जब उमंगों का ज्वार चला गया हो, आकांक्षाओं के जलयान जा चुके हों, उस समय की आकुल, विकल रीति अवस्था के लिए जिस दृश्य की योजना की गयी है वह मन की अवस्था का परिपूर्ण बिम्ब है। मुँह-अँधेरे के वीरान पोतहीन तट पर विकल्प और संशय के मध्य टूटे हुए मस्तूल की भाँति खड़ा व्यक्ति अपने आप में ऐसा चित्र है जो अधिक व्याख्या की अपेक्षा नहीं रखता। ऐसे व्यक्ति में वृक्ष की जड़ता और संकल्पहीनता कोई अचरज की बात न होगी। पूरी कविता में ऐसे अनेक बिम्ब आये हैं जो आ-आकर इस रीतेपन की कड़वाहट को कह जाते हैं। वे बता जाते हैं कि गोरज रंगे अकास बीच जाने वाले इन धावमान के संग विश्वासों के लंगर भी चले गये हैं। कण्ठ में अधूरे वाक्य हैं, जबकि वे गतिशील सदा-सदा के लिए सँझवायी लहरों पर चले गये।

अभिव्यक्ति की बात से हट कर एक और तथ्य की ओर देख लेना यहाँ अप्रासंगिक न होगा। क्या ऐसी स्थितियों में कवि एकदम निराशा, अनास्था और विश्वासहीनता में न पड़ जायेगा? पूरी सम्भावना इसकी है—पर यहीं नये कवि की शक्ति उभरती है, उसमें और कुछ न हो, 'अब भी हममें प्रश्न शेष है' की जिज्ञासा और बौद्धिकता तथा 'हमारे मन का संशय दर्प और विद्रोह वही है' के द्वारा व्यक्तित्व की प्रतिष्ठा ये वे शक्तिस्रोत हैं जिनसे नये कवि जिन्दगी के प्रति ईमानदारी और आस्था ग्रहण कर रहे हैं। कवि खण्डित पाथर तट को प्रेय रूप स्वीकारता है यद्यपि वह ज्वारों और जलयानों से वंचित है। इस तट पर खड़े होकर यह आस्था, चाहे यह छोटी सी ही क्यों न हो, उसके मन में उमगती है—

उस जल को डाकें हम
कल जो आयेगा
रत्नाकर हो वह।
इसको—
चला जाने दो
यह भी था बन्धु! ज्वार,
लीप गया फेन
संग छोड़ गया सीप भार।
लौटे अब—
खार, जल,
पैर ही भिगोयेगा,
बालू भरी अंजली में
हमने कुछ पाया हो।

प्रत्येक नये कवि के सम्मुख अभिव्यंजना की एक विशेष समस्या होती है। नरेश ने अनेक कोणों से इस समस्या पर आक्रमण किया है। नये शब्द, नयी टोन, बोलियों और विभाषाओं के विविध प्रयोग और संगीत, प्राचीन रूपकों एवं उपमाओं का सन्निवेश उन्होंने अपनी अभिव्यंजना प्रणाली में किया है। एक ओर ऐसे विराट प्रकृतिचित्र हैं जो एक साथ प्राचीन काव्यलोक की अभ्यस्त प्रतिक्रिया के साथ उनके नवीन सन्दर्भ में हुए संगठन का आनन्द देते हैं। जैसे कि—

चरण में दाबे क्षितिज ये
पंक्तिबद्ध चिनार,
मेघ कपिला दुह रहे ये
देव चरितों के देवदार उदार,
गिलहरी सी चंचला बन बाट दूबों बीच
हंसों देशों ओर ले जाती हमें यह खींच

हेमलोकी यही हंसद्वार
शिखर वस्त्रित वायु की वनबोलियाँ
साँझ संगीता भरी बन घण्टियाँ
सुनो यात्रिक! सुनो,
शेष गायन रहे सुधि-हंस
सहसंगीतती संझा, वनपाखी! सुनो!।
डाकती संझा, वनपाखी! सुनो!!

उपर्युक्त उद्धरण में क्षितिज, मेघ, कपिला, देवचरित, देवदार, हंस, शिखर, साँझ, संगीत, पाखी आदि का जिस प्रकार का संगठन हुआ है वह एकदम नया है, यद्यपि, काव्य में ये प्रतीक नये नहीं हैं। दूसरी ओर आधुनिक जीवन से लिए गये ये चित्र भी कम मोहक नहीं हैं—

अभी की भीगी हुई खपरैल से
धुवाँ हिचकोला लिए है उठ रहा—
चाय का अदहन
फिर तरकारियों की गन्ध
थकी दिनभर की रगों में
चाय का यह गरम इंजेक्शन
चल पड़ेगी जिन्दगी की धार
रुक गयी थी जो कि बारिश संग

अथवा—

बेलन,
लोइयाँ फैल रहे होंगे,
आँच
माथे पर तवा रख रोटियों के फूल बेचेगी अभी

नरेश का पूरा काव्य चित्र और संगीत बहुल है। साथ ही उन्हें कतिपय शब्द भी अत्यधिक प्यारे हैं। शब्दों का यह मोह कभी-कभी सही बिम्ब बनने नहीं देता। ऐसे स्थलों पर लगता है कि कवि अनुभूति की अपेक्षा अभिव्यक्ति की चकाचौंध में अधिक पड़ गया है। यह स्थिति बेचारे पाठक के लिए सबसे कष्टकर होती है। ये शब्दचित्र या संगीत की धुनें किस विशेष मनोभाव को व्यक्त करना चाहती हैं यह कभी-कभी अस्पष्ट रह जाता है।

नरेश ने भूमिका में कहा है कि मेरे कवि से किसी को 'विशेष' की आशा कभी नहीं रही है; और किसी को रही हो या न रही हो पर सम्भवतः स्वयं कवि को अवश्य है। तभी तो वह अभिव्यंजना के विशेष प्रयोग करते हैं। ऐसे शब्द गढ़ते हैं जिनके अर्थ अन्त में स्वयं उन्हें खोलने पड़े हैं। वाक्यविन्यास और शब्दरूप बँगला या अन्य

बोलियों से लेना पड़ा है या फिर बीमार साँझ के भयंकर प्रयोगवाद में इलियट की साँझ को कई कदम पीछे छोड़ गये हैं।

प्रभु मोर कण्ठ के बल देवो, घोष देवो, न्याय देवो आदि लिखने के पूर्व नरेश मेहता को यह सोच लेना चाहिए कि क्या उनका कथ्य कुछ इतना विराट है जो भाषा की प्रचलित सम्भावनाओं के भीतर अट नहीं पा रहा है। प्रत्येक भाषा की अपनी एक जीनियस होती है। उसके अनुरूप ही वह शैली के प्रयोगों को स्वीकारती है। यदि नरेश इस ओर ध्यान न देंगे तो अनुभूति और अभिव्यक्ति के जिस सामंजस्य की चर्चा ऊपर की गयी है उसके खण्डित होने का बहुत बड़ा भय इन प्रयोगों में विद्यमान है।

नरेश में शब्दों, दृश्यों एवं अभिव्यंजना के चमत्कार के प्रति एक अतिरिक्त मोह है, जो उन्हें रूपवादी बना देता है कभी-कभी। इस कारण कभी-कभी पूरी की पूरी कविताएँ पढ़ जाने पर भी वे पाठक के व्यक्तित्व को गहराई से आलोड़ित नहीं कर पातीं। उनके आशय मन के भीतर धीरे-धीरे उभरते हैं। 'डार बिछुड़ा मृग' जैसी श्रेष्ठ कविताएँ भी, जिनमें नाटकीय एकालाप (ड्रैमैटिक मानोलोग) का चरित्र के उभारने में सफल प्रयोग किया गया है। इसी कारण कई कविताएँ अन्त तक पहुँचते-पहुँचते प्रारम्भ के विकल संवेग को खोकर सपाट बन जाती हैं। संवेगों के क्षेत्र में एक बात और कहनी है कि वह गन्धकवि हैं। गन्ध का जितना तीव्र अनुभव उन्हें है, उतना औरों को नहीं। अपने बिम्बों में वह असंगत (इन्कांग्रुअस) भी हो जाते हैं —पर गन्ध का बोध उनकी अपेक्षाकृत गहरी संवेदना का द्योतक है।

'भटका मेघ'

श्रीकान्त अत्यन्त तीव्र संवेगों के कवि हैं पर इस तीव्रता के वेग को बनाये रखने के लिए तथा उसे गहनता और परिपक्वता के स्तर तक ले चलने के लिए जिस धैर्य की आवश्यकता होती है, उसका उनमें अभाव है। इस तथ्य का एक अनिवार्य परिणाम है कि वह थोड़ी बात को भी बहुत अधिक फैला कर कहना चाहते हैं। इस प्रकार तीव्र संवेग एक छिछली भावुकता में परिणत हो जाता है। इस प्रकार की छिछली भावुकता इधर के गीतकारों में पूरी तरह से प्राप्त होती है। इन गीतों या पातियों में मन की एक अनुभूति (कभी कृत्रिम और कभी स्वाभाविक) या विचार का चित्रण ध्येय होता है पर उस चित्रण की जो प्रणाली है उसमें गर्जन-तर्जन या उच्छ्वासवितरण इतना अधिक हो जाता है कि पूरी कविता, उस केन्द्रीय बात से विच्युत दिखाई देने लगती है। यही नहीं दृश्ययोजना की नीरस पुनरावृत्तियाँ भी इस विच्युति में सहायक बनती हैं। श्रीकान्त वर्मा के कविता संग्रह 'भटका मेघ' में कुछ ऐसी प्रवृत्ति कहीं-कहीं पर उभर आयी है। ऐसी कविताएँ प्रबुद्ध पाठक को कुछ

देर के लिए ही अभिभूत कर पाती हैं, जिनमें कि एक ही बात को अनेक रूपक, उपमाओं, चित्रों के माध्यम से दुहराया जाता है। काव्य में ध्वनि का विशेष महत्त्व है तथा संक्षिप्तता एक अनिवार्य गुण है। इन बातों को श्रीकान्त जैसे विकासोन्मुख कवि को पहचानना होगा। साथ-साथ पढ़ने पर श्रीकान्त में नरेश मेहता के कुछ शब्दों, रूपकों, उपमानों की अनुगूँज सुनाई देती है। पर सब मिलाकर वह नरेश मेहता से एकदम भिन्न टेंपरामेंट के कवि हैं। नरेश में कथ्य को संपुजित रूप से उपस्थित करने का अनुशासन है, जबकि श्रीकान्त में एक बहाव, फैलाव और तेजी है जो कि रिटारिक कवि की विशेषता होती है। इस बहाव में जिस समय अनुभूति और आवेग संयुक्त हो जाते हैं उस समय वह चमक उठती है—जैसे 'बूढ़ा पुल' या 'मणि सर्प'।

इनके अभाव में वह 'फूहड़ बाट' बन कर रह सकती है। 'अन्धकार का संशय' जैसी श्रेष्ठ और सशक्त कविता भी अन्त तक पहुँचते-पहुँचते बिखर गयी है। 'घाटी का गिद्ध' अन्त में जब यह कहता है—

मैं शापों से नहीं
मनुजता के संकल्पों से डरता हूँ

तब मानो एक भाषणकर्ता व्याख्यान के अन्त में निष्कर्ष उपस्थित कर रहा हो। कविता में यह बात व्यंजित हो चुकी थी, उसे दुबारा और स्पष्ट करना आत्मविश्वास की कमी का द्योतक है।

असफलताओं एवं जीवन की कटुता के मध्य उगनेवाली आस्था शक्ति और भविष्य के प्रति गहरे विश्वास का भाव हमें श्रीकान्त वर्मा में नरेश मेहता की अपेक्षा अधिक मिलता है—

ठहरो, ठहरो, ठहरो—
मेरी बाँबी मत रौंदो अपने पाँवों से
मुझ में अब भी विष है
मेरा विष ही मणि बन
मुझे पथ दिखायेगा
मेरे विष की थैली
रत्ना, मणि गर्भा है

यहीं पर नयी कविता प्रयोगवाद से आगे बढ़ जाती है। प्रयोगवादी शंकाकुलता और फ्रस्ट्रेशन के मध्य डूबता रहता था। वह अपने परिवेश से आत्मीय सम्बन्ध जोड़ नहीं पाया और उसे तोड़ कर ऊपर भी नहीं उठ सका। परन्तु नये कवि में ये दोनों विशेषताएँ देखी जा सकती हैं—

शत्रु तुम परिस्थिति हो
और मैं परिस्थिति के गमले को फोड़ रहा
अंकुर हूँ—पौधा हूँ

'खाई की आत्माएँ' भी व्याकुलता को आस्था के आधारप्रस्तर के रूप में स्वीकार करती हैं। भूमिका में ही श्रीकान्त ने एक प्रश्न उठाया है, आज की जीवन्त कविता में कौन-सा व्यक्तित्व उभर रहा है? आज के जीवन्त मूल्य कौन-से हैं? श्रीकान्त की कविता इन प्रश्नों के उत्तर देने के लिए आगे बढ़ती है। यह वह व्यक्तित्व है जो विष को भी मणिगर्भा माने, जो मुकुटहीन होने में अपमान का अनुभव नहीं करता। इस व्यक्तित्व के लिए प्रिय मूल्य हैं...जब वह आनेवाली सन्तानों के लिए पुल बनने के लिए अपने को बलिदान करता है, तथा अन्धकार में जम कर चट्टान हो जाने में भाग्यवान होने का अनुभव करता है–

आवो! ओ आवो
समय के अँधेरे खोखल में
आवो हम बिछ जायें।
आवो हम पथ बने

हम हैं वह भाग्यवान पीढ़ी
जो अन्धकार में जम चट्टान हो रही है।
हम पर से गुजरेगा सत्य अभी

इसका व्यक्तित्व उस मेघ का है जो अलका की ओर नहीं, प्यासे खेतों की ओर जा रहा है, जिसका इतिहासबोध सदियों को मनुष्य की आँखों में घुलते हुए देख चुका है।

नयी कविता की एक प्रमुख उपलब्धि उसकी बिम्बनिर्माण क्षमता है। श्रीकान्त के बिम्ब बहुधा क्रियाशील और केन्द्रगामी हैं। यह पद्धति आधुनिकता के अधिक निकट है और अधिक शक्ति की माँग करती है। इस प्रणाली में बिम्ब अनेक दिशाओं से आकर एक केन्द्रीय विचार पर सारे आलोक को पुंजीभूत कर देते हैं। 'खाई की आत्माएँ', 'बूढ़ा पुल', 'शंका पुत्र' आदि कविताएँ इसी बिम्बपद्धति पर गठित हैं। गतिशील बिम्ब तो उनमें स्थान-स्थान पर हैं। सन्नाटा, उस मनमौजी कुबड़े बूढ़े सौदागर सा है जो बड़े-बड़े इतिहासनगर के कोलाहल संगीत-गान के गट्ठर बाँधे चला गया है। और परिवार की इस विरल वेदना (नयी कविता में) को अभिव्यक्त करता हुआ माँ के कष्ट के प्रति पुत्र का यह निवेदन कितना अधिक मार्मिक दृश्ययोजना उपस्थित करता है–

आँसू मत टपकाओ मुझ को प्रत्येक बूँद
छाती पर पिघले लोहे जैसी लगती है
ऐसे मत सिसको–मत सिसको
हर सिसकी की नोक मुझे गड़ती है

'भटका मेघ' कवि का पहला संग्रह है जिसमें अनगढ़ स्वर भी विरल नहीं हैं, परन्तु आद्यन्त जो बात पाठक को निरन्तर प्रभावित करती रहती है वह है कवि की

शक्तिसम्पन्नता। रोमाण्टिक कवि की भावोच्छलता न होकर क्लासिक कवि का सा सान्द्र स्वर है उनका, जिसमें कि अभी अल्पवयस्क व्यक्ति की जल्दबाजी और तेजी भी मिश्रित है। जिस दिन इस स्वर में गम्भीरता और व्यापक जीवन का मन्द प्रवाह भी आ सकेगा, उस दिन वह हमारे श्रेष्ठ कवि हो सकेंगे। हम उस दिन की प्रतीक्षा करेंगे।

'नयी जिन्दगी' पत्रिका में प्रकाशित
(प्रकाशन से पहले रेडियो वार्ता के रूप में प्रसारण हुआ था।)

चाँद नहीं

सुरेन्द्र कुमार दीक्षित की 39 कविताओं का यह संग्रह एक ऐसे युवक मन की अभिव्यक्ति है जो प्रकृति की ओर अनायास ही आकर्षित हो जाता है, प्रकृति के विविध रूप-रंग एवं आकार उसे मोहते हैं और फिर उन दृश्यों के मध्य ही उसे अचानक अपनी प्रेमिका याद आ जाती है। इसी प्रकार हम उसे प्यार और प्रकृति का काव्य कह सकते हैं। इन दोनों के मध्य जो सम्बन्ध है उसे देख कर प्रारम्भिक छायावादी कविताओं की भाव-प्रक्रिया याद हो आती है। उस समय का कवि भी द्विवेदी युग की नीरस इतिवृत्तात्मकता एवं नैतिकता के बाद जब वैयक्तिक रूप से सचेत हुआ तो सामाजिक विषमताओं के दबाव में प्रकृति ने उसे तीव्रता के साथ आकर्षित किया था और फिर यही प्रकृति उसे नारी, मनुष्य एवं देश-प्रेम की ओर भी खींच लायी थी। सुरेन्द्र कुमार दीक्षित के इस संग्रह में भी भाव-प्रक्रिया वही है। इस अर्थ में उनका काव्य-संग्रह रोमैण्टिक नवोत्थान का निश्चित रूप से द्योतक है। पर यह नवोत्थान है, आवृत्ति नहीं। अब कवि प्रकृति को उन रूपों में नहीं देखता जिनमें रामनरेश त्रिपाठी या पन्त ने देखा था और प्यार सम्बन्धी उसकी धारणाओं में भी विकास होता गया है। संग्रह की पहली ही कविता लीजिए जिसके प्रथम दो शब्दों को संकलन का शीर्षक बनाया गया है–

चाँद नहीं दिखता है
कहीं से छिप कर ही
छिटकाता जुन्हाई
निर्मल आकाश है
तारे हैं प्यारे
झीना-सा धुँधलापन
उनका सब तीखापन
हरता है।

ले. : सुरेन्द्र कुमार दीक्षित

अपनापन
भरता है।
यह तन
सिहरता है।
सौरभ पसारे
शीतल बतास है।
फिर याद हो आयी
तुम्हारी (अनजाने ही)
मन में कुछ दुखता है!
चाँद नहीं...

आप कह सकते हैं कि इसमें भी प्रकृति मात्र उद्दीपन है। पर वास्तव में उद्दीपन के इस रूप और प्राचीन कविता के प्रकृति-उद्दीपन रूप में बड़ा अन्तर है। प्रस्तुत कविता में कवि पहले प्रकृति के सुन्दर दृश्य को देख कर सुख की सिहरन का अनुभव करता है, उसका निजत्व भर उठता है पर अनजाने ही उस स्निग्ध वातावरण में उसे प्रियतमा की याद हो आयी और मन दुखने लगा। यह याद वैसे ही आयी जैसे छिपे होने पर भी चाँद जुन्हाई को छिटका रहा है। पुरानी कविता में प्रिय की याद हर समय बनी रहती थी और प्रकृति का मादक रूप उस दुख से भीगे मन को और अधिक भिगो देता था। इस प्रकार इस कविता में प्रकृति से प्रिया की ओर आया गया है जबकि उन कविताओं में प्रक्रिया ही शुरू से आखिर तक रहती है, प्रकृति बीच में कुछ क्षणों के लिए विरहाग्नि को भड़का भर जाती है। प्रकृति या प्रिय-स्मरण की ऐसी प्रिया हमें छायावादी काव्य में भी आसानी से प्राप्त नहीं होती। प्रकृति-चित्रण की दृष्टि से शुद्ध लैंडस्केप प्रस्तुत कवि की विशेषता है। हिन्दी कविता के क्षेत्र में प्रकाश, परिप्रेक्ष्य एवं आयामों के सम्यक् चित्रण की दृष्टि से ये कविताएँ नितान्त महत्त्वपूर्ण देन हैं। यह शाब्दिक लैण्डस्केप सचमुच ही चित्रों के अत्यन्त निकट है। लम्बी कविताओं से उदाहरण न देकर अपेक्षाकृत यह छोटा चित्र पढ़िए—

सभी ठण्डे रंगों से बनी तस्वीर यह।
गाढ़ा हरा—
मैदान की हरियालियों, पेड़ और कुश-काँस
सिंघाड़े की बेल तालाब के कुछ भाग में।
नीला—
बड़ा तालाब (अन्तर में छिपाए भेद),
खुले आकाश का विस्तार
और भिन्न ऊँचाइयों पर टँगा कुहरा।
श्वेत—

सोये कुँई के फूल,
टिटिहरी की मर्मभेदी चीख के दर्द का फैलाव,
खँडहर हुए घर की वर्षा-धुली दीवार कच्ची।
चाँद, तारे, ओस।
और इस पर चाँदनी का चढ़ा झिल्लीदार कागज।

ठण्डे रंगों का यह सम्पुंज आशा का विस्तार, बड़ा तालाब और भिन्न ऊँचाइयाँ, दर्द का फैलाव सारे चित्र को एक विशिष्ट मौलिकता दे देते हैं।

प्रकृति के प्रति एक गहरे लगाव का अनुभव करनेवाली इन कविताओं के मध्य एक कविता ऐसी भी है जो उस आदिम प्रकृति का उत्साहपूर्ण निषेध करना चाहती है। ऐसा लगता है कि कवि अपनी आधुनिकता (हजरतगंजी) का प्रदर्शन करने के लिए कुछ क्षणों के लिए अपनी वास्तविक वृत्ति को दबा बैठा है। 'बल्बों की झालर की रजत धुन्ध, शंक्वाकार किरणपुंज, सोडियम लाइट के गहरे रंग, चौराहों पर रोशनी की पिचकारियाँ छोड़ती हुई तेज नाच रही गाड़ियाँ' ये सभी उसके प्यारे हैं, सुपरिचित, नजदीकी, अपने और अनुपम हैं।

इस सबके बीच,
ऊपर वही आदिम अवकाश का
स्याही पुता टुकड़ा है;
नयी इमारत पर टँगा पुराना चाँद
रोता कुछ दुखड़ा है;
बेतरतीब तारे हैं।
सब के सब दूर दूर
अजनबी, पराये हैं,
कृत्रिम हैं।

संकलन के मूल स्वर से दूर होते हुए भी यह कविता इलियट का यह कथन याद दिला देती है कि 'कवि अधिक आदिम और अधिक सभ्य होता है।'

प्रेम-प्यार की बात मनुष्य को बहुत प्यारी लगती है। इस संग्रह की भी अधिकांश कविताएँ इसी मनोराग से सम्बन्धित हैं। पर प्रेम के प्रति एक विकसित होता हुआ—अथवा यों कहें कि एक बदलता हुआ दृष्टिकोण संग्रह की विभिन्न कविताओं में प्राप्त होता है। 'जाने कब पास आ गये, यों ही करके दूर-दूर भी' और फिर एक संकेत देता है 'जबकि उमंगों की बाढ़ में तड़प विद्युत शिखा की घन हदय में आ समाई।' फिर यह सब खतम हो गया। कैसे? सम्भवतः सामाजिक बन्धनों के कारण, 'जिसने सब सपने लूटे हैं, उस समाज से लड़ने में ही टूट गयी हैं मेरी बाँहें।' पर लगता है अलग होने के बाद भी कुछ दिनों तक पत्र-व्यवहार का क्रम, लालसाओं का फैलाव चलता रहा है, पर ये पत्र उसके चिर-विधुर प्राणों को बेधते रहे हैं—विस्मृतियों

के बीच भी। फिर तो प्रकृति के दृश्यों के बीच वह अपने को एकाकी अनुभव करता है, पर 'तभी तुम अचानक मुझे याद आ गयीं।' यों धीरे-धीरे उसने यह समझना प्रारम्भ कर दिया कि 'अब मुँह देखे का नाता है' पर काम-काज से भरे इस जीवन में भी 'राख ढका अंगार प्यार हाय अभी दहका जाता है।' आत्म-विश्लेषण का यह क्रम और आगे बढ़ता है जिसमें 'भीगी हुई लकड़ी-सी सुलगी आग' की चाह फूँकती है और यह सोचता है 'यदि यह भड़की तो आत्मदाही बन जायेगी' अथवा 'जीवन शिविर की ठिठुरन भरी रैन, इसके सहारे हाय कट जायेगी।' पर जब एक दिन राह में प्रिया ने मुसकाकर पूछा 'कैसे हैं?' तब उसने 'जाना, कितनी दूर हो चुका।' तब उसके मन में जो विवेक का अंकुर जगता है, उसकी प्रथम सशक्त अभिव्यक्ति है–

जाने भी दो, अब, वह सब है बात पुरानी;
बीत गये वह क्षण, हम-तुम भी, गयी रवानी।
अब न बहाओ दीप सँजो अंजलि सम्पुट में–
इन लहरों को सह न सकेगा ठहरा पानी।

तभी वह जान लेता है कि प्रेम का फूल अनन्त हो, यह चाह बहुत उचित नहीं है। और एकदम नवल अनुभूति से प्रदीप्त होकर वह कहता है–

क्या हमारे बीच में था आवरण अज्ञात
और आकर अजाने ही कौन उसे उठा गया
किया हमने कौन नूतन सत्य का साक्षात्
जो कि अपने सत्य को अब इस तरह झुठला गया
क्या हुआ उस प्यार के संसार का।

सत्य के इस साक्षात्कार के बाद वह अत्यन्त शान्त मन से अपनी पूर्व प्रणयिनी (जो अब दूसरे की हो चुकी है) से सॉनेट कहता है–

मुक्त हृदय से प्यार लुटाओ;
जब प्रियतम को कस लें बाँहें
तब क्षण भर भी याद हमारी
भरे न कड़ुवाहट से मन को।

और वह 'नयी राहों' पर चलने को प्रस्तुत हो उठता है।

तब प्रकृति की चेतना के बीच जो चेतना जगती है, उसमें प्यार नहीं होता, याद नहीं होती, अपना बोध होता है–

हरा-भरा मैदान
घेर कर खड़ी हो गयीं तरु-मालाएँ,
धूप विचरती,
खेत लहरते,
पंछी गाते

और नाचतीं मस्त हवाएँ!
तम्बू आसमान
का ताने हैं वे पर्वत रेखाएँ।
एक वृत्त है खिंचा,
केन्द्र पर जिसके मैं हूँ।

अथवा 'और इस वातावरण से स्वयं ही अभिभूत एक दर्शकमात्र मैं।'

वैसे प्रगतिवादी मित्रों को भी आलोच्य संग्रह में सामग्री मिल जायेगी। लेखक पृ. 39, 42, 43 (कविताओं पर शीर्षक नहीं है) कविताएँ डॉ. रामविलास शर्मा या श्रीप्रकाशचन्द्र गुप्त को भेज दें तो उनकी 'नयी कविता' का कवि परिगणित हो सकेगा। यों अभावग्रस्त जीवन के ये चित्र विशेषतः पृ. 39-40 पर अत्यधिक मार्मिक हैं और यह आकुलता भी–

जाने फिर दिन कब आयेगा
मीठी-सी गरम धूप लेकर,
चल रही रात इतने धीरे
मानो लादे बोझा सर पर।

अभिव्यक्ति के सम्बन्ध में अधिक विस्तार में न जाकर मैं केवल इतना कहना चाहूँगा कि ऐसी मँजी हुई भाषा और इतना अनुशासित शिल्प कम नये कवियों में देखने में आता है। वे उपमानबहुल हैं पर उनका बिम्ब-विधान सटीक एवं कथ्यानुरूप है। छायावादी उपमानों से लेकर नायलन-सी फिसलती हवा और भीगी लकड़ी-सी सुलगती याद तक उन्होंने उपमाएँ चुनी हैं। दुरूहता उनमें नाम को भी नहीं–यद्यपि तनी पारदर्शी स्पष्टता कभी-कभी नितान्त सतही अनुभूति की ओर भी इंगित करती है।

सब मिलाकर संग्रह में एक गहरी सचेतनता एवं बोध से युक्त कवि की प्यारी रचनाएँ संगृहीत हैं। प्रकृति से वह प्यार की ओर आया है, प्यार से उसने अपने को अहम् के केन्द्र पर स्थापित किया–अब हमें आशा है कि इस 'मैं' का भी विस्तार कवि अपने अगले संग्रह में उपस्थित कर सकेगा।

ग्राम्या पत्रिका

समुद्र फेन

तीसरा काव्य संकलन कुमारी रमा सिंह का 'समुद्र फेन' है। 53 कविताओं के इस संकलन में कवयित्री के विकास के अनेक स्तर प्राप्त हो जाते हैं। एक ओर 'निमन्त्रण' जैसे छायावादोत्तर गीत हैं, 'जिन्दगी का सफर' जैसी प्रारम्भिक कविताएँ हैं, प्रशस्ति काव्य का प्रगतिवादी व्यंग्य है, कुछ प्योर रोमाण्टिक गीत हैं। प्रतीकों के गहरे आशय को व्यक्त करने वाली इस कवयित्री की सुरमई वेला जैसी गहन अनुभूतियों वाली कविताएँ हैं—

साँझ की यह सुरमई वेला
अकेला मन सहारे के लिए
कोई धुरी या केन्द्र कोई चाहता है,

मन की तटस्थता की स्थिति में कवयित्री का यह आत्मदर्शन जिस वातावरण में हुआ है वह भी द्रष्टव्य है—

यह उदासी में दबी धरती
कुहासे में ढका आकाश
जड़ता में धँसी बोझिल दिशाएँ
और तन मन को समेटे साँझ की यह साँवरी छाया
क्षितिज की डोर में उलझी हुई आँखें
पलक की छाँह में कोई अदेखा ज्वार उफनाया।

अपने व्यक्तित्व का यह तटस्थ दर्शन नये काव्य की एक महत्त्वपूर्ण उपलब्धि है। और इस उपलब्धि के मूल में बौद्धिकता का तीखा आग्रह विद्यमान है। यह बौद्धिकता रमा की शक्ति भी है और सीमा भी—यह बौद्धिकता शक्ति है जब कवयित्री अपने से थोड़ा तटस्थ होकर अपनी अनुभूति को उपस्थित करती है परन्तु जब बौद्धिकता एक प्रकार के कैशोर्य (Adolesence) में पहुँच जाती है जहाँ पर हर ओर प्रश्न बिखरे दिखाई देने लगते हैं, प्रत्येक वस्तु जिज्ञासा जगाने लगती है, तब एक प्रकार के वैचारिक प्रत्याभास का जन्म हो जाता है और ऐसे स्थलों पर

ले. : रमा सिंह

कविताएँ कुछ छिछली हो गयी हैं। 'मडगार्ड', 'साल बीतने पर', 'कर्म बन्धन' आदि ऐसी ही कविताएँ हैं।

रमा सच ही छोटे प्रश्नों के माध्यम से गहराइयाँ नापती हैं। पर प्रश्न का वास्तविक स्वरूप बौद्धिक होता है तथा काव्य का तर्क भावात्मक पहलू की अपेक्षा रखता है। रमा में कैशोर्य बुद्धि की वह जिज्ञासा तो है जो छोटी-छोटी बातों में अर्थ की खोज करती है, परन्तु प्रौढ़ानुभूति के रस में या तो डुबाने की क्षमता की कमी है या फिर उतना धैर्य नहीं। उनके प्रतीक बौद्धिक अधिक हैं, भावात्मक कम। यहीं पर यह कह देना भी अप्रासंगिक न होगा कि जहाँ छायावाद में कैशोर्य भावना का आधिक्य था वहीं नये काव्य में बुद्धि का कैशोर्य भी अपनी शक्ति और सीमाओं के साथ उपस्थित है। अज्ञेय जैसे कुछ ही कवियों में बौद्धिक प्रौढ़ता प्राप्त होती है। बहरहाल, रमा के प्रतीकों में अनेक बार सर्वमान्य एवं सार्वकालिक प्रश्नों को नये बौद्धिक स्तर पर उठाया गया है। बौद्धिक स्तर का यह नयापन ही इन कविताओं की शक्ति है जैसे समय का सपेरा, कंचन मृग, घरौंदे आदि, या फिर आधुनिक जीवन की समस्याओं के लिए कुछ आधुनिक प्रतीक दिये गये हैं जैसे कलई, मडगार्ड, छलना आदि। कुछ प्रतीक ऐसे भी हैं जो मनुष्य जीवन के अति-परिचित हैं पर उनका उपयोग एकदम नये सन्दर्भ में अप्रत्याशित रूप में रमा ने किया है। 'काई' आधुनिक जीवन की कृत्रिमता की विकृतियों को अत्यधिक व्यंग्यात्मक रूप से उपस्थित करने वाली ऐसी ही कविता है। उनके प्रतीक रूपक-धर्मी हैं—यह बात काव्य की बिम्ब पद्धति के लिए एक विशिष्ट गुण है।

काव्य की बड़ी पुरानी किन्तु अत्यधिक सशक्त रीति है—दो विरोधी वस्तुओं को साथ रखकर किसी केन्द्रीय भाव की ओर उन्मुख करने की। प्रस्तुत संग्रह की 'उदासी' कविता में मावस और पूनो को इसी प्रकार एक साथ रखकर उदासी की अपेक्षित व्यंजना की गयी है।

अभिव्यक्ति पक्ष में एक बात और—उर्दू के उस्तादों ने रुबाइयाँ बहुधा परिपक्वावस्था में पहुँच कर ही लिखी हैं जब कि जीवन के तमाम अनुभव कण्डेन्स्ड (Condenced) होकर मन में स्थिर हो जाते हैं। इसके बिना जो मुक्तक या रुबाइयाँ लिखी जाती हैं उनमें एक प्रकार की सूक्तिप्रियता आ जाती है। हिन्दी में इस समय रुबाइयाँ या मुक्तक बहुत लिखे जा रहे हैं—परन्तु इनमें से अधिकांश सूक्तिप्रियता के दोष से रहित नहीं हैं। रमा भी इस दोष से बच नहीं सकी हैं। यद्यपि उनमें ऐसी श्रेष्ठ रुबाइयाँ भी मिल जाती हैं—

एक काली डोर में अम्बर घिरा
बन्धनों में जीर्ण है सारी धरा
पाँखुरी ने तो बहुत बाँधा—
गन्ध ने माना नहीं यह दायरा।

मैं पहले ही यह कह चुका हूँ कि व्यक्तित्व का तीव्र आग्रह नये काव्य की एक विशेषता है। ऐसा लगता है कि आधुनिक जीवन के गहरे दबाव में टूटते हुए व्यक्तित्व को प्राणपण से बचाने का उद्वेग ये कवि कर रहे हैं। यह आग्रह रमा में भी पूरी मात्रा में विद्यमान है।

सिन्धु तुम खारे रहो
क्योंकि खारापन तुम्हारा व्यक्तित्व है

परन्तु व्यक्तित्व का यह तीव्र आग्रह आज के समाज चेतना प्रधान युग में यह कहलवाने पर विवश कर देता है कि–

अकेलापन अकेलापन अकेलापन
यही है ठीक शायद
जिन्दगी की एक परिभाषा।

क्योंकि आज के युग में यदि व्यक्तित्व का खारापन रहेगा तो उसे ऐसा ही अकेलापन अनुभव होगा अथवा उसे अपने को पंक्ति को समर्पित ही करना होता है। रमा में अभी शेष के साथ जुड़ने या अनागत के लिए समर्पित कर देने की भावना यदि आती भी है तो समर्पण खुले कर, खुले उर नहीं वह अंजली का होता है। सम्भवतः यह स्त्री होने का जैविक बन्धन है जो उन्हें शेष से मिलने नहीं देता। इसी परिमित क्षेत्र-बद्धता के कारण रमा एक दिन और बीतने पर व्याकुल होती हैं, अज्ञात की उन्हें उलझन होती है, कल आने वाले जल का और अनागत का जो स्वागत हमें श्रीकान्त और नरेश में मिलता है उसका यहाँ अभाव है।

ऊपर मैंने रमा के सम्बन्ध में स्त्री होने की जैविक मर्यादा का जिक्र किया है परन्तु यह बात बहुत गहरे अवचेतन-स्तर पर ही उनके चिन्तन को प्रभावित करती है अन्यथा अपनी अनुभूति और अभिव्यक्ति कौशल में स्त्रीत्व के प्रति वे बहुत हद तक इम्पर्सनल होकर लिख सकी हैं। इस प्रकार की तटस्थता उनकी शक्ति का द्योतक है और अपने आप में साधारण उपलब्धि भी नहीं है।

कुमारी रमा सिंह सन्तुलन की उस भूमिका पर खड़ी हैं जहाँ पर आधुनिकता का वह प्रकाश भी नहीं है जो अनभ्यस्त को चौंधिया देता है तथा पुरानी रीतियों की एक रसता, पुनर्मुक्ति और सस्ती भावुकता भी नहीं। मेरा अनुमान है कि विकासमान कवि की सृजन प्रक्रिया की दृष्टि से यह स्थिति अधिक उपयुक्त नहीं है। रमा में गहरा व्यंग्य करने की क्षमता है, समस्याओं को बुद्धि के नये स्तर पर तोलने की शक्ति है, साथ ही कलाकार की तटस्थता भी है। मुझे पूरा विश्वास है कि इतने गुणों को लेकर अब वे अधिक साहस के साथ इस स्टेटसको (Statusquo) से आगे बढ़ कर आधुनिकता का सक्रिय ग्रहण कर सकेंगी। और इसके द्वारा मुझे विश्वास है कि वे बुद्धि का समुद्र फेन ही नहीं, अनुभूति की गहराई से मोती भी ला सकेंगी।

'नयी जिन्दगी' में प्रकाशित

अनागता की आँखें : रूमानी दृष्टि का नयापन

फ्रैंक करमोड ने 'रोमाण्टिक इमेज' नामक अपनी महत्त्वपूर्ण पुस्तक में स्वच्छन्दतावाद के केन्द्र में तीन मुख्य धारणाएँ स्वीकार की हैं। प्रथम है, कवि का जन सामान्य से भिन्नता सम्बन्धी विचार। दूसरी धारणा के अनुसार, बिम्ब पर विशेष बल दिया जाता है—यानी कि बिम्ब या प्रतीक के माध्यम से कवि को सत्ता के ऐसे क्षेत्र में प्रवेश मिलता है, जो साधारण बौद्धिक प्रतीतियों से परे है। तीसरा केन्द्रीय तत्त्व है कि कविता का विकास वृक्ष की भाँति सावयव ढंग से होता है, न कि भवन के समान उसके स्तर पर स्तर गढ़े जाते हैं।

वीरेन्द्र कुमार जैन का कविता-संग्रह 'अनागता की आँखें' पढ़ते समय मुझे बार-बार लगा है कि वे इस 'रोमाण्टिक' विचार-परम्परा से, जाने-अनजाने, विशेष प्रभावित हैं। 'रोमाण्टिक' कवि, जब सहजता एवं सामान्यता के स्तर की बात करता है, तब भी, उसकी अभिप्रेत सहजता ऐसी होती है जो अपेक्षाकृत दुष्प्राप्य होती है। 'कवि अन्ततः द्रष्टा है : इसी से उसकी अन्तिम परिणति मैं 'प्रोफेट', 'सीयर' या 'भविष्य-द्रष्टा' के रूप में देखता हूँ' जैसे कथन कवि की विशिष्टता सम्बन्धी धारणा को ही स्पष्ट करते हैं। इसी वैशिष्ट्य के वश होकर कवि अपने व्यक्तित्व को अत्यधिक स्फीत कर उसी के गीत गाता है। 'अनागता की आँखें' संग्रह पढ़ जाइये कठिनाई से दो-तीन कविताएँ मिलेंगी, जिनमें कवि-व्यक्तित्व को प्रवेश नहीं मिला है; अन्यथा चाहे 'रूमालों का मौसम' हो या 'भिंडियाँ, अनामा और नदी' हो, चाहे भगवान् अमिताभ को एक साथ प्रणाम और चुनौती देने वाला व्यक्तित्व हो या गुजरती हवाओं पर खत लिखने वाला लेखक हो—सर्वत्र मैं (कवि) ही है। सत्ता की खोज जैसे दार्शनिक प्रश्न पर भी वह कहता है—

कभी-कभी यह ऐसी निःसीम शून्य की छलना
क्यों छा जाती है सम्मुख मेरे?

....

तब मैं हो कर खड़ा अपनी व्यक्तिमता के,
व्योम वातायन पर, थाम कर रेलिंग

ले. : वीरेन्द्र कुमार जैन

अपनी अचल ध्रुवसत्ता का,
देखता हूँ दृष्टि डाल कर दूर-दूरान्त क्षितिजों के पार।

संग्रह की भूमिका में भी इसी विशिष्ट व्यक्तित्व की नानावर्णी रेखाएँ हमें अंकित मिलती हैं। यह व्यक्ति जब समाज में पसर नहीं पाता, तब बहुधा प्रकृति या अध्यात्म की ओर भागता है। प्रस्तुत कवि ने भी बहुधा यह अनुभव किया है कि उसकी पुकारों का उत्तर मानव जगत् से तो नहीं मिलता। परन्तु जब-जब निर्जन बियाबानों, वीरानों, रेगिस्तानों, गुफाओं, जंगलों, पहाड़ों, खाइयों में उसने पुकारा है, तब-तब आवाहन के जवाब में आवाहन आया है।

चेतन की कातर गुहार के उत्तर में जड़ता तक दहली है,
पिघलती है,
विह्वल हो कर मेरी ही वाणी में वह
मेरा दर्द बोली है।

इस दृष्टिबिन्दु से लिखने वाले व्यक्ति के लिए आध्यात्मिकता के सबसे अधिक 'रोमाण्टिक' परम्परा तक ही कवि यदि सीमित रह जाता, तो हम उसे नयी कविता का कवि क्यों मानने लगते? परन्तु कवि में वह सजग बोध भी है जो 'नयी कविता' के विविध तत्त्वों में से एक है। छायावादी कवि प्रकृति की गोद की ओर चला तो जाता है, परन्तु समाज और प्रकृति के अन्तरों का सजग विश्लेषण नहीं करता। यदि कभी इस ओर ध्यान भी देगा, तो मानव-जगत् की इस असंवेदनीयता के कारण का शायद ही कभी ध्यान करे। समीक्ष्य कवि व्यक्तित्व की पूर्ण सजगता के साथ इस अन्तर को अनुभव करके कारण का निदान करता है—

जब-जब मैंने मानवी की आँखों में आँखें डाल कर
उसकी आत्मा में झाँकना चाहा :
तो बार-बार उसके उफ़नते सीने
औ' उमड़ते गर्म आँसुओं में भी एक सोने का
मारीच मायावी दैत्य
उसकी आत्मा की कुमारिका पर
बलात्कार करता नजर आया।

इसीलिए वह सुवर्ण के इस दैत्य, धन और वैयक्तिक अधिकार के महिषासुर को अन्तिम रूप से मार देना चाहता है। इस प्रकार 'रोमाण्टिक' विशिष्टता एक समष्टिगत मूल्य में परिणत होती हुई दीखती है। व्यक्तित्व के वैशिष्ट्य का ज्ञान, और फिर उस ज्ञान के आलोक में समष्टि का भी सजग बोध, कवि की शक्ति है।

रोमाण्टिकवाद की दूसरी केन्द्रीय धारणा के अनुसार, कविता में, काव्य-कल्पना के माध्यम से एक असामान्य संसार में प्रवेश होता है। इस संसार में यथार्थ कुछ धुँधला पड़ सकता है, कभी-कभी अतिप्राकृत भी। परन्तु सब मिलाकर, यह लोक

सामान्य बौद्धिक प्रवेश का क्षेत्र न होकर, विशिष्ट अवश्य होता है। इस संसार के बारे में प्रयोग या विश्लेषण उतने सम्भव नहीं—यह केवल बिम्बों के माध्यम से अवधार्य होता है। तात्पर्य यह कि इन कविताओं की मुख्य विशेषता उनकी बिम्बशक्ति होती है। सम्पूर्ण कविता अपने-आप में एक बिम्ब ही होती है। वीरेन्द्र कुमार जैन की प्रस्तुत कविताओं में बिम्बविधायकता बहुत है। छोटी-सी बात है कि बाजार में भिण्डी खरीदते समय उसकी नयी मैगज़ीन गिर जाती है और एक साँवली भरी बदली की कोर-सी बाँह ने उठा कर मैगज़ीन बढ़ा दिया। कवि ने 'शर्म से धरती में समा कर झेल लिया' और :

आँखें चिर-परिचय के कूलों पर बेबस हो मिल गयीं,
और फिर चिर अपरिचय के अँधियारे जंगलों में खो गयीं।

पर अभी बिम्ब पूरा उभरा नहीं। कवि की कल्पना आगे बढ़ती है, उसे वह अपहचानी सूरत बराबर अभिभूत करती रही। और फिर अन्त तक पहुँचते-पहुँचते बिम्ब स्पष्ट होता है—

...बिना किसी चाह के, परिचय, प्रत्याशा के,
एक नदी चुपचाप
सागर की अन्तहीन बाँहों में
लीन हो कर, शून्य हो गयी—

इस प्रकार भिण्डियों के बहाने 'अनामा' की याद नदी के बिम्ब-रूप में कल्पित हो कर पाठक के सामने उभरती है। इसी प्रकार 'इंझोरा के स्वर्णिम फूल', 'दुपहरिया की पुकार', 'यादों की नीली पहाड़ियों पर', 'छाया महफिल और जापानी बंगला', 'गोरे गुलाबी नाखून से छिलती नारंगी' आदि कविताओं में प्रतीक और बिम्ब उभरते हैं।

इस दूसरी विशेषता का ही स्वाभाविक विकास तीसरी धारणा है कि कविता को एक पौधे के समान जड़, तना, डाल, पात, कली, फूल आदि के रूप में, सावयविक रूप से विकसित होना चाहिए। यान्त्रिकता की पद्धति उसमें न हो, बिम्ब एक साथ विकसित होते चलें और अन्त में पूरी कविता एक परिपूर्ण बिम्ब बन जाये, और इस प्रकार एक-एक स्तर की अलग-अलग सार्थकता न होकर पूरी कविता की सार्थकता परस्पर अनुस्यूत रहनी चाहिए। समीक्ष्य संग्रह में बिम्ब-संघटन की यह पद्धति बड़ी स्पष्ट है। एक उदाहरण लें एक कविता की प्रारम्भिक पंक्तियों में एक बिम्ब उभरता है—

आज जब अचानक नजर आ गयी,
तुम्हारी गोरी बाँह की उर्मिला रोमाली!
आत्मा के चतुर्दिक, वातायनों पर
नये क्षितिज झलक उठे द्राभा के;

इन क्षितिज-रूपी परदों पर आगे के तमाम बिम्ब बनते चले जाते हैं और इन बिम्बों की परिणति एक अन्तिम कथन में होती है—

कि आज के मुहूर्त में निश्चय यह हुआ मुझको,
कि कल मैं हूँगा मृत्युंजय,
क्योंकि देखा है आज मैंने
तुम्हारे अन्तर के देवालय में चिरन्तन प्रवहमान,
सत्ता का, जीवन का स्रोतोमूल
कि आज अचानक नजर आ गयी,
तुम्हारी गोरी बाँह की उर्मिला रोमाली।

बिम्बों की, कथन में परिणति 'रोमाण्टिक' परम्परा के विरुद्ध है। ऐसी गठन उनमें बहुधा प्राप्त होती है। प्रस्तुत कवि में, इस प्रकार, हम दो परस्पर-विरोधी परम्पराएँ एक साथ संगुम्फित पाते हैं। एक ओर तो मूल में प्रखर तीखी भावना है, जो नव-नव बिम्बों में फूट पड़ी है, और दूसरी ओर, अन्तिम कथनों में (कभी-कभी इन बिम्बों को जोड़ने के लिए बीच में भी) एक नैतिक वैचारिक दृष्टि कवि देना चाहता है। संग्रह की अन्तिम और सर्वश्रेष्ठ कविता 'मेरे प्रणाम लो, मेरी चुनौती लो, हे भगवान अमिताभ!' में ये दोनों परम्पराएँ अपने सर्वोत्तम रूप में अनुस्यूत हैं।

इस समन्वय का एक मूल कारण है। यह एक ओर तो अपने शैशव से ही रवीन्द्र, शरत्, कीट्स जैसे 'रोमाण्टिकों' से प्रभावित है और दूसरी ओर अपने विकास में भक्ति एवं अन्य प्रयोजनवादियों से भी प्रभावित हुआ है। परिणामस्वरूप, वह काव्य की बिम्ब-पद्धति के साथ ही, स्पष्ट नैतिक-वैचारिक प्रयोजनों के देने में विश्वास करता है। कल्पना का अतिशय प्रयोग (कभी-कभी तो छायावादियों से भी अधिक) और यथार्थ की सीधी पकड़, दोनों ही उनमें मिलती हैं। उनमें 'रोमाण्टिक' नवोत्थान है भी तो आधुनिकता के पूरे सन्दर्भ में। इसी कारण, वह ऐन्द्रिक संवेदनों को नये आयामों में देख सका है, जैसा कि स्वयं कवि ने भूमिका में संकेत किया है कि वह सुगन्ध को सुनीला कहता है, क्षणों में नीली गहराइयाँ देखता है अथवा फूल-घण्टियों की नीरव पीली टुन-टुन सुनता है।

जनवरी '57 की 'युगचेतना' में आधुनिक कविता पर लिखते हुए, मैंने एक शिकायत की थी—**'हमारे साहित्य की एक सबसे बड़ी कमी है किसी सुव्यवस्थित जीवन-दृष्टि का अभाव।'** उस निबन्ध में यह संकेत भी था कि आज के कवि का **'सबसे महत्त्वपूर्ण प्रयास यथार्थ दृष्टि के आधार पर निर्मित हुई जीवन-दृष्टि की उपलब्धि होना चाहिए।'** समीक्ष्य संग्रह को पढ़ते समय मुझे बार-बार अनुभव हुआ है कवि ने अपनी कविताओं के माध्यम से एक जीवन-दृष्टि देनी चाही है। गोकि यह कि सराहनीय है। दूसरी बात अधिकांश कविताओं में भिन्न-भिन्न बिम्बों के माध्यम से उसी बात को उभारा गया है। गोकि इसी कारण, इन कविताओं में एक प्रकार की एकरसता भी आ गयी है, जिसे कवि ने अपनी बिम्ब और उपमान-बहुलता से ऊब में परिणत होने से बचा लिया है। यह दृष्टि कमजोरी का तथ्य है।

आध्यात्मिक और भौतिक को समन्वित करने की उसकी लालसा ही कविताओं में विद्यमान दृष्टि है।

मैं भौतिक का आत्मीकरण और
आत्मिक का भौतिकीकरण किया चाहता हूँ।
मैं इन्द्रियों के प्रत्यक्ष भोग में ही
भगवान की भूमा का आस्वाद पाना चाहता हूँ।

इस दृष्टि की सशक्ततम अभिव्यक्ति भगवान अमिताभवाली कविता में हुई है। बहुत-से लोग प्रश्न उठा सकते हैं कि क्या कविता में दृष्टि का होना आवश्यक है? क्या इतना ही यथेष्ट नहीं है कि कवि अपनी अनुभूति मात्र को व्यक्त कर दे? मेरा अपना स्पष्ट मत है कि बिना एक स्पष्ट जागतिक दृष्टि के, अनुभूति को वह परिप्रेक्ष्य नहीं मिल पाता, जो उन्हें महत्त्वपूर्ण बनाता है; एवं बहुधा अनुभूतियाँ परम्पर विशृंखल हो कर एक अव्यवस्था को जन्म देती हैं। इसी कारण, टूटे, पिचके एवं अर्ध स्पष्ट बिम्ब बनते हैं। कवि वीरेन्द्र कुमार जैन के बिम्बों की संगति एवं शक्ति के मूल में यह 'दृष्टि' ही विद्यमान है। परन्तु यहीं पर, यह याद रखना आवश्यक है कि 'दृष्टि' और 'दार्शनिकता' (वाद) में अन्तर है। दूसरी विशेषता सामान्यतः बाहर से आरोपित होती है।

संग्रह की अन्तिम कविता आधुनिक हिन्दी कविता की कुछ अच्छी कविताओं में परिगणित होने योग्य है। यहाँ पर, संक्षेप में, उसकी गठन पर हम ध्यान देंगे। कविता के प्रारम्भ में कवि कहता है कि हे भगवान अमिताभ, तुम्हारी दो हजार पाँच-सौवीं जयन्ती पर फिर वही सनातन ज्वलन्त प्रश्न अग्नि के त्रिशूल-सा मेरे तन-मन, प्राण, आत्मा के आरपार हूल रहा है (कौन-सा प्रश्न है, यह नहीं कहा गया)। फिर तनिक स्पष्ट स्वर (यही स्वर आगे चल कर चुनौती बनता है।) में कहता है—

पर देखता हूँ, तुम्हारी इस वीतराग मुस्कान में
उसका कोई उत्तर नहीं मिल रहा, हे भगवान अमिताभ!

कविता के दूसरे पद में इस प्रश्न, और बुद्ध द्वारा उसे मिटाने का दृढ़ संकल्प उपस्थित हुआ है—'मिटा दूँगा रोग मैं, मिटा दूँगा बुढ़ापा मैं, मिटा दूँगा मरण को मैं।' इस तरह, पहले अंश की स्वाभाविक गति दूसरे अंश में प्रस्फुटित हुई है।

इसके पश्चात् बुद्ध का गृह-त्याग अत्यन्त सधी, पर प्रखर वाणी में अभिव्यक्त होता है।

उस आधी रात तुम, सोये शिशु और सोयी नारी को त्याग कर,
अप्सरा-कूजित महलों की रस-रंग सौरभ और सपनों में तैरती
रसराती, मदमाती, रूप और यौवन की
उफनाती शैयाएँ त्याग कर
चल दिये अनजाने निर्जन की राहों पर।

इसके बाद गौतम की तपस्या का वर्णन करते हुए कवि सुजाता-खीर के प्रसंग को बड़े ममत्व और विस्तार के साथ चित्रित करता है। पाठक पूछ सकता है कि यह सब तो बुद्ध-कथाओं में पचासों बार पढ़ा जा चुका है, कवि की नवीनता इसमें क्या है? वास्तव में, पुरानी कथाओं को जब नये सन्दर्भ में प्रतिष्ठित किया जाता है, तब बहुधा उनके उपेक्षित वे कोण उजागर हो उठते हैं जो नये युग के अधिक निकट होते हैं। ये कोण कवि की आधुनिकता को व्याख्यायित करते हैं। बुद्ध-कथा में सुजाता का खीर वाला अंश सामान्य रूप से आता है एवं तपस्या की व्यर्थता की ओर भी उसके माध्यम से संकेत किया गया है। पर समीक्ष्य कविता में, कवि ने सुजाता के माध्यम से 'नारी' की जिस मूर्ति को उपस्थित किया है, वह पुरुष को पूर्ण काम करती है, बुद्ध को बुद्धत्व का ज्ञान कराती है—

अपलक ताकते ही रह गये तुम्हारे वे विरागी नेत्र
रमणी के आँसू-भरे लोचनों के अगम अगाध में।
और लो, देखो तो निमिष मात्र में,
पिघल चलीं अनगिन अर्गलाएँ अन्तर के द्वार की :
और उन सजल नयनों के आरपार
झाँक गया प्रकाश का पथ एक धारासार,
चला ही गया है जो अनन्तों, अबाधित, अनिवार।

यह बात और अधिक भास्वर हो उठती है, जब कवि याद दिलाता हुआ प्रश्न करता है—

इसी नारी को तुम बन्धन जान
उस आधी रात त्याग आये थे, भगवान अमिताभ!

पर बुद्ध ने इस बात पर ध्यान नहीं दिया। उनका धर्मचक्र-प्रवर्तन प्रारम्भ होता है। संसार को क्षणिक कहकर त्यागने की प्रेरणा बुद्ध देते हैं। इसका जो परिणाम होता है, उसे अपनी पूर्वकथित दृष्टि के परिप्रेक्ष्य में कवि ने जिस ढंग से उपस्थित किया है, उससे अधिक प्रभावशाली कविता क्या हो सकती है मैं नहीं जानता।

माताएँ छोड़ जातीं छाती लगी सन्तानें
कुटुम्बों को निराधार छोड़ पिता चले जाते।
मुँह आये कौर-से तरुण बेटे वृद्ध माँ-बापों को बिछोह देकर
राह चलते मुण्डी हो तुम्हारा अनुगमन कर जाते।
विदेश गये पति प्रीतम जाने कब, जाने कहाँ
काषाय पहन कर संन्यासी हो जाते।
सुबह के गये स्नेही शाम को लौट कर घर नहीं आते।
चारों ओर टूट चले प्यार-ऊष्मा के आधार आगार,
घर-चूल्हे परिवार।

इस पृष्ठभूमि पर कवि बुद्ध के रोग, बुढ़ापा और मृत्यु को उपस्थित करते हुए

प्रश्न करता है कि क्या सचमुच ही तुमने इनको मिटा दिया था? स्वयं उत्तर देते हुए वह कहता है कि तुम यह नहीं कर सके। आज भी मनुष्य का वही भाग्य है। सारे बुद्धत्व के आगे प्रश्नचिह्न लगाते हुए वह कहता है कि जब तुम रोग, शोक, जरा, मरण को नहीं मिटा सके तो किसी जीवनातीत, सत्तातीत, शून्य निर्वाण में तुमने अपने आपको मिटा लिया।

आज की विनाशक स्थिति में, कवि के सामने वे ही प्रश्न जागते हैं। क्यों प्यार, ममता, आत्मीयता के बन्धन; क्यों कुटुम्ब, परिवार, समाज, राष्ट्र अखिल लोक जीवन की साँकल विशाल? बुद्ध के ही प्राणों की पुकार आज के कवि के भीतर भी जागी है, परन्तु सोयी रमणी और सोये शिशु को त्याग कर वह 'पर पार के सत्य' की खोज में नहीं जा सकता। उसके एक ओर मानव अस्तित्व की सर्वस्वहारिणी भौतिक बेबसियाँ हैं और दूसरी ओर मानव-भाग्य की विफलता और पराजयों का साक्षात्कार है। पर इनके मध्य भी वह आश्वस्त होकर सोचता है कि रूप, रस, रंग, गान का यह संसार अमर है। भंगुरता अपूर्ण दर्शन का अज्ञान है।

मुझे बहुत प्यारी है, मानव के रक्त-मांस की
चैत्र के आमों-सी यह खटमीठी गन्ध;
मुझे बहुत प्यारी है, मानव के तन, मन, प्राण आत्मा की
भूखें, प्यासें और पुकारें अन्ध!

वह स्पष्ट रूप से कहता है–

मुझे नहीं चाहिए किसी कूटस्थ
निश्चल निर्वाण की समता और शान्ति!
मैं तो इस धड़कते, कसकते, मचलते जीवन की धरती पर
युद्धों, विनाशों, विषमताओं के दुश्चक्र तोड़ कर,
मानव-मानव के बीच
जीवन्त शान्ति, समता और संवादिता लाना चाहता हूँ।

अन्त में, पहुँचते-पहुँचते, वह समग्र कविता की परिसमाप्ति करते हुए कहता है कि बुद्ध का ज्योतिपुत्र होने के कारण ही उन सीमाओं का अतिक्रमण कर जाना चाहता है एवं स्वयं भगवान अमिताभ को आवाहन देता कहता है–

तुम्हें अमर जीवन ले कर मर्त्यों की धरती पर
उतर आने का आवाहन देता हूँ।
हे भगवान अमिताभ!

पूरी कविता में एक बिम्ब से दूसरा बिम्ब, दूसरे विश्व के निहितार्थ से तीसरा कथन एवं सब मिलाकर पूरी कविता अपने-आप में एक परिपूर्ण इकाई के रूप में समग्र जीवन-दृष्टि पर प्रतिष्ठित दिखाई देती है। पर यह दिखाने में अधिक तर्क न खर्च करना पड़ेगा कि जीवन दृष्टि कितनी कागजी और ऊपरी है।

ऐसा प्रतीत होता है कि वीरेन्द्र कुमार जैन फैलाव के कवि हैं, संक्षिप्तता पर उनका विश्वास नहीं है। अत्यधिक जटिल संवेदनाओं की अभिव्यक्ति के लिए व्यापक 'कैनवास' की आवश्यकता अवश्य पड़ती है; पर लगता है कि आलोच्य कवि लम्बाई से कुछ अभिभूत है। इसी कारण, वह उसी बात को भिन्न-भिन्न रूपों में बार-बार कहता रहता है। पर यह रीति तो भाषणकर्ता की होती है। अनेक बिम्ब, पदांश, उपमान अथवा वर्ण-रंग उसने बार-बार प्रयुक्त किये हैं। इसीलिए कभी-कभी ये कविताएँ केवल शब्द-कौशल पर आधृत प्रतीत होने लगती हैं। भाषण का वेग उन्हें निर्जीव होने से बचाये तो रहता है, पर ठोस नहीं होने देता।

यौन-प्रतीकों का अत्यधिक प्रयोग या उल्लेख ऐसा आभासित कराता है कि कवि भौतिक सत्ता को केवल यौनाकर्षण में देखता है। वह अभिभूत लगता है जीवन के इस पक्ष से। भाषा के भी बहुधा मनमाने और चिन्त्य प्रयोग (जैसे भौतीकरण, स्रोतोमूल) वीरेन्द्र जी में मिलते हैं। इन सब बातों के होते हुए भी 'अनागता की आँखें' महत्त्वपूर्ण संग्रह है।

कल्पना : जनवरी, 1961

सात गीत वर्ष

धर्मवीर भारती का कृतित्व और उससे भी अधिक उनका व्यक्तित्व हिन्दी में विवाद का विषय रहा है। सन् '50 के आस-पास उभरनेवाली पीढ़ी के उन अग्रणी लेखकों में वह हैं, जिन्होंने सबसे अधिक प्रहार किये हैं और विरोधियों के प्रहार सहे हैं। हमारा विश्वास है कि ऐसे व्यक्तित्व में शक्ति निश्चित रूप से होती है। कमजोर, न चोट कर पाता है और न सह पाता है, परन्तु ऐसे लेखक के कृतित्व का निष्पक्ष, पूर्वग्रहरहित समीक्षण तनिक कठिन हो जाता है। सौभाग्य से प्रस्तुत समीक्षक विविध दलीय दलदलों से अलग ही रहा है, अतः उसे विश्वास है कि जो कुछ वह कह रहा है, अपने विवेक (भारती के प्रिय शब्द) की कसौटी पर कस कर ही कह रहा है। भारती के प्रस्तुत संग्रह की समीक्षा में एक कठिनाई और भी है। किसी भी विकासमान तरुण कवि के जीवन में सात वर्ष का समय थोड़ा नहीं होता। सात वर्षों में काव्य के विविध उपादान एवं संगठनाकार पर्याप्त परिवर्तित हो सकते हैं, सात वर्षों के सृजन के प्रतिनिधि संकलन में भाव, विचार या शिल्प के एकाधिक स्तर प्राप्त हो सकते हैं। ऐसी स्थिति में, बहुत सम्भव है, समीक्षक संग्रह की समग्रता का भावन न करके खण्ड खण्ड को अलग-अलग देख कर, किसी एक अंश या स्तरविशेष में ही रम कर आकलन करने लगे। समीक्षक के सम्मुख एक तीसरी कठिनाई 'भूमिका' सम्बन्धी होती है। भूमिका में अभिव्यक्त विचारों को भी समीक्षा का विषय माना जाये या नहीं, इस सम्बन्ध में कोई निश्चित उसूल भी नहीं है। पिछले दिनों एक नये कवि की समीक्षा के दौरान उनकी भूमिका को भी हमने विवेचना का विषय बना लिया था, सुना कि वह बाद को नाराज होते रहे कि यह तो भूमिका की समीक्षा हुई, न कि काव्य की। पर भले आदमी फिर भूमिका देते ही क्यों हैं? अथवा भूमिका केवल रचनाकार के लिए या केवल पाठक के लिए अथवा इन दोनों के लिए ही होती है, समीक्षक को पढ़ने की मनाही है। प्रस्तुत काव्यग्रन्थ में ऐसी कोई लाल झण्डी नहीं है। अतः हम भूमिका की ओर से ही शुरू करते हैं। भूमिका के ये कुछ अंश पढ़ लीजिए—

ले. : धर्मवीर भारती

कितना अजीब अकेलापन—राह है, कदम हैं, घर है लेकिन कुछ भी नहीं।
एक विराट् अनस्तित्व,—शून्य, अन्धकार—
यह अनस्तित्व, यह शून्य हमको जीने लगता है। और हम पाते हैं कि (सब कुछ) अनस्तित्व में लीन हो गया है। लेकिन फिर हम पाते हैं कि हम बच गये हैं।

इस लुप्त होने और बचने की क्रिया में, अन्दर जो कुछ घटित होता है, वह कवि की भूमिका के अनुसार यों है—

शायद है तो यह है कि हमारे अतीत और भविष्य का जगत् दोनों अकस्मात् मिथ्या पड़ जाते हैं। बीच में बच जाते हैं हम; वर्तमान क्षण के पटपत्र पर, और ताकि हम जीते रहें—संसार को पुनः उत्पन्न होना पड़ता है भय में से, यातना में से, शून्य में से।—(सम्भवतः इसी सृजन के लिए अमरीका, रूस आदि भय, यातना एवं शून्य का अवतरण करना चाहते हैं जिसमें अचानक 'प्रभु' सब कुछ नया पैदा कर देगा।)

या शायद संसार यथावत् रहता है केवल अतीत और भविष्य से पूर्णतः विच्छिन्न होकर हम अपने अन्दर कहीं मृत हो जाते हैं और उस क्षण में फिर हम अपने को रचते हैं और फिर सबको नये सिरे से धारण करते हैं। (मुर्दे में रचने की शक्ति भी वही अदृष्ट दे जाता होगा—इस नयी खोज पर विचार कर लें। सौभाग्य (या दुर्भाग्य) से भारतवर्ष के अधिकांश जन इस अतीत-भविष्य से विच्छिन्न नहीं हो सके हैं।)

(पर नहीं सब कुछ मरता ही नहीं है, होता शायद यह है कि) पुरानी जगत चेतना के अकस्मात बिल्कुल शून्य पड़ जाने से अतीत और भविष्य के प्रति, बाह्य और अन्तर के प्रति हमारे सारे अद्यावधि सम्बन्ध अकस्मात टूट जाते हैं और हम फिर नितान्त शून्य में से उबर कर उन सम्बन्धसूत्रों को नये स्तर पर जोड़ते हैं। (यह उबरना किस प्रकार सम्भव होता है, इस बारे में सवाल न पूछिये।)

(पर नहीं) शायद कोई (प्रक्रिया इनमें से) नहीं होती। होता है कुछ और—
यह और क्या है, इसे जानने के लिए आप आकुल हो सकते हैं। तो सुनिये—नष्ट कुछ नहीं होता। सब है तो, पर अकस्मात हमारे लिए अर्थहीन हो गया है, अनिश्चित हो गया है। (चूँकि हम) जीना चाहते हैं और अनस्तित्व में से अस्तित्व पाने के लिए अभिव्यक्त करना चाहते हैं अपने को, और बिना संसार के हम अपने को अभिव्यक्त कैसे करेंगे, अतः हम किसी एक स्तर पर मूल्य और अर्थ देते हैं हर चीज को और हर चीज के माध्यम से अपने को। पाये हुए और पाकर खोये हुए संसार को किसी एक स्तर पर 'रचते' हैं।

काव्यसृजन सम्बन्धी इन विविध विकल्पों में एक विकासमान चेतना देखी जा सकती है। अकेलापन और विघटन, फिर 'क्षण के वटपत्र पर शयन' और फिर अकस्मात ही सम्बन्धसूत्रों की स्थापना से लेकर जिजीविषावश नव मूल्य और नये अर्थ देते हुए

रचना—इसमें विकास है पर बीच में ही 'शायद' का सन्देह भी है। इसके अतिरिक्त ये प्रक्रियाएँ रहस्यात्मक स्तर पर होती प्रतीत होती हैं। केवल अन्तिम विकल्प में जिजीविषा एवं अभिव्यक्तिकामना (और अपने विशेषणों के बावजूद ये हेतु नये नहीं हैं) के अतिरिक्त अन्य सभी एकदम रहस्यमय है, यह अन्तिम भी, बात को उलझाता ही है।

कवि की सृजनभूमि से हमारे आकलन का प्रत्यक्ष सम्बन्ध न होने पर भी, यह अंश हमें इन कविताओं को समझने में सहायता देता है। विकल्पों का यह द्वन्द्व, 'शायद एक, सब या कोई नहीं' का सन्देह और फिर कभी-कभी सन्देहों से उठ कर कोई नया मूल्य, नया सन्दर्भ या अर्थ देने का प्रयास उनके इस एक ही संग्रह में मिल जाता है।

वह स्वयं नहीं जीता है, बल्कि जीवन उसे जीकर, बूँद-बूँद पीकर पथ पर खाली प्याले सा छोड़ देता है। वह पराजित पीढ़ी का गीत गाते हैं। चौखटों के क्रास पर लटका महसूस करते हैं। 'अवशिष्ट' बचा यह व्यक्तित्व कभी-कभी विकल हो कर पूछ उठता है—

लड़ने वाली मुट्ठी जेबों में बन्द
नया दौर लाने में असफल हर छन्द
कब तक
आखिर कब तक?

एवं हर पराजित थके-हारे सिपाही को अन्ततः घर के आँगन में पहुँच कर ही लगता है कि शायद यही सच्चा है। भारती भी वहीं पहुँचते हैं—

लगता है इन पिछले वर्षों में
सच्चे-झूठे, मीठे कड़वे संघर्षों में
इस घर की छाया थी छूट गयी अनजाने
जो अब झुक कर मेरे सिरहाने—
कहती है :
भटको बेबात कहीं!
लौटोगे अपनी हर यात्रा के बाद यहीं!

पर होता अकसर यह है कि आँगन भी सूना होता है। वहाँ कुछ स्मृतियाँ तो होती हैं पर वे स्मृतियाँ ऐसी हैं कि—

रिसती-सी यादों से पिरा-पिरा उठना
मन का कोना-कोना
बरसों के बाद उसी सूने से आँगन में
जा कर चुपचाप खड़े होना।

इस उदासी में जब शाम आती है तब वह कुछ अजनबियों की राह देखता है (भविष्य

शायद अजनबी ही होता है), बेकली की दवा के लिए कुछ और बात भी चाहता है। गली की आहट मिल सके, इसके लिए कुछ बन्द और कुछ खुला द्वार रखना चाहता है। पर यह जो आगे की अनिश्चित आशा थी, वह भी समाप्त हुई और आया कौन? दर्द–

अजनबी लौट चुके द्वारे से
दर्द फिर लौट कर चले आये।

वह सन्तोष कर लेता है कि कितना ही पुकारो–अजनबी भी कहीं आते हैं (भविष्य से विच्छिन्न व्यक्ति के पास वे आयें भी क्यों?) और फिर तो अनलिखे गीत, अनकही बात, अनउगे दिन, अनहुई रात सब दर्द के ही हो जाते हैं। इस स्थिति के बाद की 'स्थितप्रज्ञता' सराहनीय है–

एक-सा स्वाद छोड़ जाती है
जिन्दगी तृप्त भी व प्यासी भी
लोग आये गये बराबर हैं
शाम गहरा गयी उदासी भी!

यह आधारहीनता सुखप्रद भी है यद्यपि अजब भी है और निराश भी।

पर भारती के काव्य का स्वर केवल यही नहीं है–एक अन्य स्वर भी है, जिसमें उनके ही शब्दों में 'नये मूल्य, नया अर्थ' भरने की कोशिश की गयी है। आस्था के तिनके के समान टूट जाने, विश्वासों के झूठे हो जाने के बाद किन चरणों में लक्ष्यभ्रष्ट मन को शरण मिल पाएगी? भारती का उत्तर है : 'प्रभुपथ या जन-पथ नहीं, बल्कि आश्रय देंगे हमको अपने जर्जर पर अपराजेय चरण।' पूजागीत, पीड़ा, कुण्ठा, शाम आदि कोई भी व्यर्थ तब नहीं रहेंगे जब मन पूजा के फूलों सा अर्पित हो जाता है, क्योंकि दुख उसका अनजाने परिमार्जन कर जाता है। यह बात दूसरी है कि यह बात 'जाने क्यों कोई मुझसे कहता।' 'कोई' के इस रहस्यवाद को याद रखिए–काम देगा। इसी प्रकार 'प्रमथ्यु गाथा' में इस पौराणिक कथा को नये सन्दर्भ में प्रतिष्ठित करने का प्रयास किया गया है।

एक तीसरा स्तर इस संग्रह में उन कविताओं का है जिनका खण्डन उन्होंने 'सरलता की ओर अकाव्यात्मक पलायन' कहकर भूमिका में किया है। 'निर्माण योजना', 'गुलाम बनने वाले', 'एक वाक्य', 'वाणभट्ट', 'बृहन्नला' आदि कविताएँ व्यंग्य के रूप में भी इस पलायन से नहीं बच पातीं।

परन्तु भारती की कविताओं का एक चौथा स्तर भी है जहाँ अर्थ, मूल्य, व्यंग्य, अनस्तित्व आदि की चर्चा छोड़ कर सहज कवि के रूप में वह हमारे सामने आते हैं। प्रकृति के कितने ही मधुर-मोहक चित्र, जो हमें विच्छिन्न नहीं करते बल्कि शुक्ल जी के शब्दों में शेष सृष्टि के साथ जोड़ते हैं, अंकित मिलते हैं। आँगन बेली के 'ओसधुले गझिन गुच्छे' पाठक के मन में भी अजब से संवेदन जगा जाते हैं, ढीठ

चाँदनी ने भारती के साथ ही हमें भी जगाया है। शाम थकी लड़की भी लग सकती है, दिन ढले की बारिश गुमसुम देखने का भी मन हो सकता है। घाटी के बादल के कितने ही दृश्य मन को मुग्ध कर सकते हैं। ऐसी ही कितनी ही प्रणयानुभूतियाँ हैं जो एकबारगी मन को आन्दोलित कर जाती हैं। प्रणयानुभूतियों के सूक्ष्म संवेदन, सौन्दर्यबोध एवं चेतना के नये स्तरों पर भावित हुए हैं। एक कविता 'चैत का एक दिन' लीजिए–

सूरज में नहाये हुए
नीले कमल-सा यह चैत का नशीला दिन
मैंने बिताया नहीं
केवल गुजार दिया

शीर्षक एवं यह प्रारम्भिक अंश भूमिका है, इसमें भी नशीले दिन को बिताने नहीं केवल गुजार देने की अर्थच्छायाओं का अन्तर द्रष्टव्य है। इस पृष्ठभूमि पर अपनी प्रेमिका के पास बैठकर वह उसकी रूखी मुक्तवेणी को उँगली में बार-बार प्यार से लिपटा कर अनबाँधे छोड़ देता है, तथा–

निदियारी आँखों से
बार-बार देखने की कोशिश की–
देखा नहीं,
बौर-लदी नाजुक टहनी सी इस देह की
हल्की गरमाई को केवल महसूस किया,
जाना नहीं।

महसूस करे और जाने नहीं–यह सामान्य कवि द्वारा भावित अन्तर नहीं है। वास्तव में भारती की कविताओं का यही क्षेत्र है और यहाँ वह अद्वितीय हैं। बहुधा उन पर लोग 'रोमाण्टिक हैंग ओवर' का आक्षेप लगाते हैं, पर मैं नहीं जानता कि छायावाद के किन कवियों में संवेदन के ये स्तर प्राप्त होते हैं (यहाँ मैं भारती को छायावादियों से बड़ा नहीं कहता, अन्तर बताना चाहता हूँ)। इस रोमाण्टिक स्तर से हट कर जब वह स्थापनाएँ करने लगते हैं तो बहुधा एक प्रकार के नवरहस्यवाद में पड़ने लगते हैं, मानो रोमाण्टिक वृत्ति वेश बदल कर आ गयी हो।

भारती की भाषा की रंगीनी और मासूमियत, उनका बिम्बविधान, सहज-सरल लयविधान बहुत से नये कवियों के लिए ईर्ष्या का भी विषय है और प्रेरणा का भी। भारती का शिल्पविधान अलग से विश्लेषण की अपेक्षा रखता है।

कल्पना : मार्च, 1961

मैं गूँगा देवता

प्रस्तुत काव्य-संग्रह का विज्ञापन जब मैंने इधर-उधर पढ़ा था, तब मुझे कुछ अजब-सा इसका नाम लगा था। मैं स्पष्ट रूप से स्वीकार करना चाहता हूँ कि इस नाम ने मुझे काफी चौंकाया था; इसलिए भी कि इस शीर्षक का अर्थ मेरे मन में उभर नहीं सका था। पर आज सुस्थिर होकर सोचता हूँ तो लगता है कि हमारा नवलेखन इस अर्थ में अत्यन्त विशिष्ट है कि उसकी यह माँग है कि बिना उसे भलीभाँति देखे, समझे एवं जाने उसके बारे में कोई टिप्पणी या प्रतिक्रिया प्रकट न की जाय (जबकि आज के अधिकांश नये काव्य के पुराने आलोचक यही करते हैं!)। पुरानी कविता का शीर्षक सुनते ही एक प्रकार की अभ्यस्त प्रतिक्रिया जाग्रत होने की प्रक्रिया प्रारम्भ हो जाती है, पर नयी कविता इस अर्थ में तो सहज नहीं ही रही। अस्तु, यह संग्रह मिलते ही सबसे पहले मैंने संग्रह की इसी शीर्षक वाली कविता (जो कि अन्तिम कविता भी है विवेच्य संग्रह में) को पढ़ कर अर्थ समझना चाहा। कहना न होगा कि शीर्षक एक नयी अर्थवत्ता से भरा-सा लगा।

पूरी कविता पढ़ने के बाद सामान्य पाठक के लिए भी यह समझना दुरूह नहीं है कि देवत्व एक प्रकार की जड़ता की अवस्था है। गूँगापन ही उसे देवता की संज्ञा से बाँधे रहता है। परन्तु उपासक का मन्त्रोच्चार, जलपखार, या आँखों के कलश सजा कर मन्दिर को प्रदीप्त करने की जो प्रक्रिया है, वह उस जड़ता को दूर करके एक प्रकार की गति का संचार करती है। उपासक की भावना के आगे वस्तुतः हर प्रतिमा छोटी और बौनी होती है। मध्यकाल के वातावरण में पले व्यक्ति के लिए यह भावना अपील नहीं करती थी, पर आधुनिकता का झोंका देवत्व को छोड़ने के लिए तैयार है, यदि उसे गतिशीलता मिले जड़ता के स्थान पर। इस प्रकार संग्रह का शीर्षक कवि की आन्तरिक गतिशीलता की कामना को व्यंजित करता है।

गत्वरता के साथ ही आधुनिक व्यक्ति के मन में विवेक का बोध भी जागा है। विवेक का बोध सबसे बड़ा यही है कि वस्तुओं का चाक्षुष प्रत्यक्षीकरण भी असली सच्चाई नहीं देता—उसे छूना-परखना पड़ता है—

ले. : रामसेवक श्रीवास्तव

धोखा न खाओ बन्धु।
देख कर न निर्णय दो।
आँखों की कही भी अनिश्चित है
मुझे छुवो, परखो, तब जानोगे।

वह बता देता है कि यह जो आँखों में सावन की हरियाली, खिला-खिला हरसिंगार तथा वाणी में अंगूरी रस-गुच्छे या कि व्यक्तित्व के पूरेपन में फूली सरसों की सुषमा है वह सब बाहरी ढक्कन है, भीतरी तो छाती पर...(एक भार) है।

इसी आवरण के समान ही आधुनिक जीवन की अन्तर्हीनता, अनिश्चय, वसीयत की कटुता, पहली तारीख की अर्थ (?)-हीनता, पारदर्शी आयनों के दायरे में विवश व्यक्ति आदि विक्षोभक स्थितियों के चित्र संग्रह में यथेष्ट हैं, पर इन सब को संक्रमित करके उठता हुआ वह व्यक्तित्व भी है जो सर्जक मन के रूप में बड़े विश्वास से कहना चाहता है कि जड़ता मेरी नियति नहीं है, निष्क्रियता मेरी परिणति भी कैसे हो सकती है? तथा

लौट आओ ओ सर्जक मन
आँचियाँ उगेंगी फिर
अर्थ पुनः उभरेंगे
मन्त्र पुनः गूँजेंगे
बालक तुतलाएगा; बढ़ेगा; बड़ा होगा।

अलग-अलग ऐसी ही आस्थापूर्ण (अनास्थापूर्ण भी) कविताएँ संग्रह में उपलब्ध हो जाती हैं।

परन्तु साथ ही इस संग्रह के कतिपय अभाव भी छिपे नहीं रहते। मुझे जो सबसे बड़ी कमजोरी लगी वह यह कि प्रस्तुत संग्रह के आधार पर कवि का एक निश्चित व्यक्तित्व उभरता नहीं प्रतीत होता। यह कमी कविताओं के सम्पूर्ण संगठन (उपकरण एवं उपादान) में दिखाई देती है। बहुत गहरा क्षोभ भी उसमें नहीं है और बड़ी प्रखर विश्वास या शक्ति की भावना भी दृष्टिगोचर नहीं होती। शिल्प की दृष्टि से कच्चापन और अधिक है। वह उर्दू के अनुकरण पर रुबाइयाँ भी लिखता है, कुछ गीत जैसी चीजें भी लिखने की चेष्टा की गयी है, पर मुझे लगा है कि इन दोनों ही माध्यमों में लिखी गयी कविताएँ संग्रह की सबसे कमज़ोर रचनाएँ हैं। 'नयी कविता' के शिल्प की भी एक रुढ़ि बनती जा रही है। इस रूढ़ि में एक ओर तो अज्ञेय की सम्बोधन वाली शैली (जो स्वयं उन्हें छायावाद और प्रगतिवाद से उत्तराधिकार में मिली है।) का प्रचुर उपयोग होता है एवं दूसरी ओर बिम्ब निर्माण की ओर अधिक ध्यान दिया जाता है। 'मैं गूँगा देवता' संग्रह में इन दोनों रूढ़ियों को अपनाने का प्रयास किया गया है। इसके साथ ही कुआँ खुदवाने, पीपल लगवाने, अमोले गाड़ने आदि लोक-जीवन के प्रतीकों, शब्दों या अभिप्रायों का प्रयोग भी हुआ है। इस

रूढ़ि के भीतर ही अभिव्यक्ति होने के कारण इसमें कभी अज्ञेय या भवानी मिश्र का स्वर गूँजने लगता है। यों नये उपमानों एवं बिम्बों का प्रचुर उपयोग यह भी सूचित करता है कि कवि यदि थोड़ा-सा और सचेष्ट हो जाय एवं अनुशासन की और गहरी मर्यादा स्वीकार करे तो शिल्प के क्षेत्र में नितान्त मौलिक हो सकता है। 'चिटखती उमर के गमले', 'टूटी चूड़ी-सी बात', 'आँच बोती हुई पछुवा', 'रोशनी की नयी बच्ची', 'सुधियों के हाँकते हुए बछड़े', 'दृष्टियों की झील' आदि मनोहर काव्य-प्रयोग माने जाने चाहिए। 'अन्तहीनता', 'मेंहदी की मौत', 'वसीयत', 'मैं गूँगा देवता', 'अपरिचित', 'प्रश्न', 'परकीयता का दर्द', 'ओ सर्जक मन', 'विदा के पहले', 'स्वीकार' आदि संग्रह की श्रेष्ठ कविताएँ हैं जो कि आधुनिक काव्य के पाठक को सहज ही प्रिय लगेंगी। 43 कविताओं वाले इस संग्रह की सराहना होनी ही चाहिए।

ज्ञानोदय : अगस्त, 1961

चाँदनी चूनर

शकुन्त माथुर का नाम हिन्दी-पाठकों के लिए नया नहीं है। 'दूसरा सप्तक' की वे एकमात्र कवयित्री थीं और उसके बाद भी बराबर उनकी कविताएँ यत्र-तत्र प्रकाशित होती रहीं। यह तनिक आश्चर्य की बात है कि 'चाँदनी चूनर' उनका पहला संग्रह है, जिसमें शकुन्त जी की 55 कविताएँ संगृहीत हैं। संग्रह देर से निकलने में गम्भीरता भले ही मालूम पड़े, पर एक हानि होती है कि समसामयिक काव्य के सन्दर्भ में लेखन अनदेखा रह जाता है या फिर तनिक परिवर्तित सन्दर्भ में देखे जाने के कारण उसका कुछ अवमूल्यन हो जाता है। शकुन्त जी को ही लिया जाय—उनकी 'दूसरा सप्तक' में संगृहीत रचनाओं की जो याद मुझे इस समय है, उसके द्वारा प्रकृति चित्रण सम्बन्धी उनकी विशेषता ही मन में उभरती है। फिर पत्र-पत्रिकाओं वाली कविताओं की इतनी याद आती है कि वे कुछ अटपटी-सी, विचित्र शैली में लिखी प्रतीत होती थीं। पूरी बात न कह कर एक संकेत, विभिन्न वस्तुओं या दृश्यों का ऐसा प्रस्तुतीकरण जिसमें कि पाठक को कुछ अपनी ओर से जोड़ कर कहना पड़े—कुछ ऐसी ही धारणा शकुन्त माथुर के बारे में मन में रही है। ऐसा नहीं है कि प्रस्तुत संग्रह 'चाँदनी चूनर' पढ़ने के बाद ये धारणाएँ एकदम बदल गयी हों, पर इतना अवश्य है कि इनके महत्त्व की पूर्वापरता में कुछ अन्तर अवश्य आ गया है।

पुस्तक खोलते ही 'फ्लैप' पर श्री सुमित्रानन्दन पन्त की एक लम्बी सम्मति छपी है। उस सम्मति से पाठकों को ज्ञात होगा कि इन रचनाओं में 'सहज स्वाभाविकता' है। (क्या कोई स्वाभाविकता असहज भी होती है?) दूसरी विशेषता है कि उनमें 'अन्तस्तल की मौलिक संवेदनाओं का निर्झर है' (छायावाद की भाषा पूरी तरह समझ में न आये तो कोई बुरी बात नहीं है)। तथा तीसरी विशेषता है : 'घर-आँगन के प्रतिदिन के वातावरण के सीधे-सादे उपमान और बिम्ब असाधारण मनोरमता तथा सुकुमारता के साथ कवयित्री के व्यक्तित्व को सामने रख देते हैं।' इसी के साथ ही, उन्होंने बताया है कि इनमें बड़ा वैचित्र्य है। इनके अतिरिक्त प्रकृति की शोभा, नारी सुलभ हृदय का माधुर्य, यत्र-तत्र नये युग की परिस्थितियों एवं वृत्तियों का भावदेश

ले. : शकुन्त माथुर

तथा नये कवि के हृदय की प्रतिक्रियाओं का स्वस्थ संयमित चित्रण आदि भी प्राप्त होता है। इन सब बातों के साथ ही पन्त जी को यह भी प्रसन्नता है कि 'कवयित्री नयी कविता के फेनिल प्रवाह में बह नहीं गयी है...'। अस्तु, इस लम्बे-चौड़े सर्टीफिकेट में उल्लिखित विशेषताओं की अपेक्षा लेकर जब आप प्रस्तुत संग्रह की कविताएँ पढ़ेंगे तो सचमुच ही एक निराशा हाथ लगेगी। यों यदि आप खोज-मनोवृत्ति के व्यक्ति हैं तो पन्त जी द्वारा उल्लिखित सभी विशेषताओं के उद्धरण ढूँढ़ निकाल सकते हैं। पर निराशा की बात कहते समय मेरे मन में साधारण पाठक है जो खोजता नहीं, प्राप्त करता है। ऐसे पाठक के सामने इन सारी विशेषताओं से युक्त कवयित्री का काव्य-व्यक्तित्व यदि न बने तो बड़ी बात न होगी; क्योंकि विशेषता एकाध उद्धरणों में नहीं, सम्पूर्ण सृजन में व्याप्त रहती है।

किसी भी रचना की समीक्षा करते समय बहुधा मेरे मन में पूर्ववर्ती काव्य एवं समसामयिक सृजन का परिदृश्य बना रहता है और उनके पार्श्व में ही उस रचना को देखने की आकांक्षा रहती है। 'चाँदनी चूनर' की कविताओं को पढ़ते समय भी यही बात रही है। कतिपय शुरू की कविताएँ पढ़ते-पढ़ते (भूमिका आदि की एकदम उपेक्षा करके आप पढ़ना शुरू करें तब भी) ही यह प्रतीत होने लगता है कि ये कविताएँ पूर्ववर्ती कविताओं से कुछ भिन्न जाति और शिल्प की हैं। बहुधा हम सब लोगों ने कभी-कभी एक ऐसी प्रसन्नता का अनुभव किया है, जिसे कि हम जानते हुए भी अनजाना रखना चाहते हैं। यह एक मनःस्थिति मात्र होती है—शास्त्रीय शब्दावली में संचारी भाव। अपनी पहली कविता में इसी मनःस्थिति को उन्होंने व्यक्त करना चाहा है। पुरानी कविता में भी मनःस्थितियाँ या संचारी भाव होते थे, पर मुख्य वे न होते थे; मुख्य होता था वह विषय जिससे वे उद्‌भूत हुए हैं अथवा उनके द्वारा स्थायी भाव को व्यंजित कराया जाता था। पर इस कविता 'जान बूझ कर नहीं जानती' में उद्दिष्ट है यह मनःस्थिति। फिर जो उपमान आते हैं वे भी नये लगते हैं। खुशी ऐसी जैसी कि 'बहुत बड़ी क्वाँरी लड़की को सुघर दूल्हा मिला हो' या 'मैल भरी दीवारों पर राजों ने चूना फेरा हो।' एक और कविता लीजिए 'चौदहवाँ साल'। तरुणाई के आँगन में पद संचार करती हुई किशोरी की वयःसन्धि पर ब्रजभाषा में कितनी ही कविताएँ रीतिकाल में लिखी गयी हैं। पर प्रस्तुत कविता में शृंगारिकता से तटस्थ रह कर इस अवस्था के जिस मानसिक और शारीरिक परिवर्तन तथा उल्लास का चित्र उपस्थित किया गया है, वह एकदम नयी अनुभूति है और स्त्री द्वारा चित्रित होने के कारण सम्भवतः अधिक विश्वसनीय भी। 'क्वाँरा कमरा' की फैण्टेसी 'कुछ नहीं बात' की अनकही ध्वनि, 'बादल' की सम्भावना या 'बरसाती नदी' छायावादी रोमैण्टिक भावभूमि से एकदम पृथक् हैं। सर्वत्र यथार्थ का आग्रह कवयित्री में प्राप्त होता है। घर आँगन के पारिवारिक चित्रों में ही यथार्थ दर्पण नहीं है, बल्कि 'बस स्टैण्ड', 'गलें फिर हिमशिखर', 'लीडर का निर्माता', 'काले मेघ', 'मध्यवित्त', 'दो

शब्द चित्र', 'कुर्सी' आदि में यथार्थ की कटुता का, आर्थिक विषमता और जीवन के कष्टों-संघर्षों का सीधा चित्रण है। यह चित्रण कभी-कभी प्रगतिवाद के निकट भी पहुँचता है। इस प्रकार की मनोवृत्ति नयी कविता के क्षेत्र में सन् 54-55 तक खिंचती आयी है पर उसके बाद काव्य का भावबोध बदला है। और इसी स्थल पर जब हम सन् 1960 में प्रकाशित इस संग्रह को समसामयिक काव्य-सृजन के परिपार्श्व में देखते हैं तो लगता है कि कवयित्री 'आधुनिकता' के जटिल भाव-बोध को पूरी तरह ग्रहण नहीं कर पायी है। कवयित्री का जन्म भले ही दिल्ली में हुआ हो (देखिए पुस्तक का अन्तिम पृष्ठ) पर 'कास्मोपोलिटन' नगर की धड़कन और तेज रफ्तार को वह आत्मसात् नहीं कर सकी है। उदाहरणार्थ एक कविता लें—'दो शब्द चित्र'। इस कविता का प्रथम भाग है परितृप्ति—इसमें लेखिका ने ग्रामीण पनघट का एक मोहक चित्र खींचा है; दूसरा चित्र है 'प्यास'—इसमें कुएँ के स्थान में नगर का नल लग गया है और फिर उस नल के आसपास का स्नेह सौहार्द से रहित गलीज वातावरण है। इस कविता का 'टोन' है कि वह जिन्दगी बेहतर थी। नल की जिन्दगी बेहतर भले न हो पर अब लौट कर कुएँ की जिन्दगी तो स्वीकार नहीं की जा सकती, जो वर्तमान है उसी को बेहतर बनाना होगा। मेरा आग्रह यह नहीं है कि लोकतत्त्वों की शक्ति को ग्रहण न किया जाये पर इतना अवश्य कहना है कि उनमें से जो कुछ टूट रहा है, नष्ट हो रहा है, उसके लिए रोया न जाये। गाँव भी बदल रहा है और उसका बदलना ही काम्य है। इसी प्रकार उनके बहुप्रशंसित पारिवारिक जीवन के चित्र भी इसी टूटते हुए लोकतत्त्व की मधुर यादगार जैसे हैं। लेखिका उनके मधुर रूप को चित्रित करके मानो अव्यक्त रूप से यह आकांक्षा प्रकट करती है कि गृहस्थी का 'बरगद' धर्मी रूप बना रहे। पर सचमुच ही क्या इसकी सम्भावना दिख रही है? जिस मध्यवित्त के अनेक यथार्थ चित्र प्रस्तुत संग्रह में उपस्थित हैं, क्या उसका जीवन इस मधुरता से भरा है? अथवा 'सोफे पर अधलेटी फारेन मैगजीन पढ़नेवाली सुन्दरी पत्नी और सुन्दर घर' वाला व्यंग्य क्या सचमुच आज के समूचे पारिवारिक जीवन पर व्यंग्य नहीं है? यों इतना कह देना आवश्यक है कि आज जब 'नयी कविता' में पारिवारिक जीवन के प्रसंग नितान्त दुर्लभ हो गये हैं तब ये कविताएँ एक अनायास अप्रत्याशित आनन्द देती हैं—

जाड़ों में साथ-साथ
अँगीठी से हाथ तापे
ओले गिरे
काँटे-सी हवा चली
कड़कती सर्दी में
गरम आलू के पराँठे, मूँग के बड़े
कचौरी पिट्ठी की खिलाई

अब मैं भर पायी
मैके की याद आयी
पहुँचा दो
भाई मेरा लौट गया
पूरा बरस बीत गया।

वास्तव में इस संग्रह का सबसे अधिक महत्त्व इन परिवार-जन्य लोक-तत्त्वों के ग्रहण में ही है। ये तत्त्व भाव बोध के स्तर के भी हैं और अप्रस्तुत विधान के लिए भी लिये गये हैं।

प्रकृति सम्बन्धी दृश्यों की भी इस संग्रह में प्रचुरता है। परन्तु कभी-कभी ऐसा लगता है कि कवयित्री को प्रकृति से प्रेम तो है पर पूरा परिचय नहीं। उसे जानना चाहिए कि मूँग, ज्वार और अरहर की फसलें एक ही ऋतु में नहीं फूलतीं तथा बाजरा की हरी पागड़ एवं नरगिस के अधर एक ही समय नहीं खुलते।

इनके अतिरिक्त सूक्तियाँ हैं, व्यंग्य हैं, नये-नये उपमान हैं, बोलचाल की शब्दावली है, और अनेक कविताओं में निष्कर्ष देने की पद्धति है जिस पर सम्भवतः गिरिजाकुमार माथुर का प्रभाव है—

मानवता की गोमुखी से
नयी धार का प्रसरण हो
भागीरथी का अवतरण हो।

और हों, पन्त जी के सर्टीफिकेट एवं इन कविताओं के बीच एक भूमिका है जो न लिखी जाती तो अधिक अच्छा होता।

कल्पना : जनवरी, 1962

त्रिभंगिमा

दिल्ली में चाँदनी चौक में एक दुकान है जिसमें दिन भर जलेबियाँ बनती रहती हैं। उस दुकान की हर जलेबी उसी भाव पर शान के साथ बिकती है और खरीदने वाला स्वाद बना-बना खाता रहता है। बच्चन जी की कविताओं के प्रस्तुत संकलन, 'त्रिभंगिमा' को पढ़कर मुझे जलेबियों की यह दुकान याद हो आयी है। कविताएँ इन्होंने लिखी हैं, चूँकि लिखी हैं अतः पत्रिकाओं में छपेंगी भी और जब छपी हैं तो पुस्तक रूप में संकलित होकर क्यों न आवें। उनकी रचनाओं के चूँकि पाठक हैं अतः वे स्वाद बना-बना कर पढ़ने की चेष्टा भी करेंगे। पैसे खर्च किये हैं न। किन्हीं के जन्मदिन के लिए उन्होंने बधाइयाँ लिखीं तो वे भी संकलित हैं। पृ. 126 पर की बधाई देखें तो ज्ञात होगा कि चारों छन्दों में नयी पंक्ति केवल एक-एक है बाकी सब टेक है यानी कि–

आज तुम्हारे जन्म दिवस की मंगल वेला आयी है,
तुमको आज बधाई है। मंगल वेला आयी है।

ये तो टेक की पंक्तियाँ हुईं और खाली स्थान पर ये चार पंक्तियाँ जोड़ लीजिए :

सूरज की कंचन किरणों की
फूलकली की मुसकानों की
भूमि गगन के वरदानों की
हर्ष उमंग भरे नयनों की (तुमको आज बधाई है)

पुस्तक खरीदने वाला पाठक कवि से पूछना चाहेगा कि मेरे प्रिय रससिद्ध कवि इन पंक्तियों में आपने मुझे क्या दिया? वह यह भी पूछ सकता है कि थल या जल सेना के लिए लिखे गये प्रयाणगीत रक्षामन्त्री के पास न भेजकर पाठकों के पास काहे के लिए प्रेषित किये गये हैं बच्चन जी (और उन जैसे बड़े अन्य लेखकों-कवियों से भी) निवेदन है कि वे इस बात को महसूस करें कि इस प्रकार का हर लिखा हुआ छपाना केवल प्रकाशक के लिए ही लाभकर है। रचना के सफल या असफल होने के बारे में अन्तिम निर्णय भले ही आप न दें पर रचना के मूल्य और महत्त्व का पहला सजग आलोचक होना आपका धर्म है।

ले. : हरिवंश राय बच्चन

अस्तु सतहत्तर कविताओं (दो सौ बयालिस पृष्ठों) वाले इस बड़े संकलन में बच्चन जी की तीन प्रकार की कविताएँ संगृहीत हैं। लोकधुनों पर आधारित छन्दबद्ध एवं छन्दमुक्त (मुक्त-छन्द)। बच्चन जी की लोकधुनों पर लिखी गयी कविताओं ने इधर हिन्दी पाठकों का ध्यान अपनी ओर खींचा है। जीवन्त काव्य परम्परा लोकसाहित्य से सदैव शक्ति प्राप्त करती है और अनेक अभिप्राय, रूढ़ियों, उपमान, छन्दरूप, लयविधान, कथानक आदि लोक साहित्य से नागर साहित्य में आत्मसात किये गये हैं। स्वयं नयी कविता ने लोक गीतों से बहुत लिया है। पर बच्चन जी के ये गीत इस परिपाटी से अलग लगते हैं। लेखक ने अपने गीतों को लोकगन्धी बनाने की बजाय लोक गीतों के साहित्य से कुछ जोड़ना चाहा। इन गीतों पर जो संकेत है यथा ढोलक पर गाने के लिए वे यह सूचित करते हैं कि इन गीतों का वे लोकगीतों के स्तर पर प्रचार चाहते हैं। संकल्प यह शुभ हो सकता है, आधुनिक चेतना को जन जीवन तक पहुँचाने का एक माध्यम बन सकता है। (सरकार के प्रचार विभाग को ध्यान में रक्खें तो इन गीतों का प्रचार करने में अधिक सुभीता होगा।) पर लोकसाहित्य की रचना प्रक्रिया या गान प्रक्रिया जिस तरह स्वतः सम्बोधित व्यक्ति को चाहती है क्या बच्चन जी उसे स्वीकार कर सकेंगे? यों बच्चन जी यदि अपनी हैसियत, यश, मान आदि को बाधा स्वरूप न महसूस करें तो इन गीतों को चार-चार आने की किताबों में छपवा कर मेलों, फुटपाथों आदि में पहुँचाने का एक प्रयोग किया जा सकता है और फिर उसके परिणाम देखकर आगे की योजना बन सकती है।

'त्रिभंगिमा' की दूसरी भंगिमा छन्दबद्ध रचनाओं की है या यों कहो कि गीतों की है। गीत की कुछ चर्चा कवि ने भूमिका में की है पर इस कसौटी को हम यहाँ कसने नहीं जा रहे हैं, केवल इतना कहना चाहते हैं कि गीत की आत्मपरता का अर्थ न तो निजी कहानी है और न दिन-रात उठते-बैठते आने वाले कुछ विचार या समस्याएँ। इन सबसे युग सापेक्षता भले ही झलक आवे पर उनमें अन्तर की गहरी संवेदना का परिपाक नहीं मिलता है। आधुनिक हिन्दी कविता में रोमाण्टिक गुण की एक जबरदस्त परम्परा रही है पर अब वह परम्परा इतनी संवेग शून्य होती जा रही है कि इस द्वितीय भंगिमा जैसी कविताओं में काव्य तत्त्व की स्पष्ट कमी लगने लगी है। यत्र-तत्र पंक्तियाँ हैं जिनमें पुराने बच्चन जी बोलते हैं अन्यथा कुछ भाषण हैं और कुछ सूक्तियाँ, कुछ-कुछ रोजाना कानों में पड़ने वाले विचार। जब सचमुच ही संवेग की ईमानदारी पर आकर सोचते हैं, तब बरबस ऐसी गहरी पंक्तियों में फूट पड़ती है।

यौवन का वह सावन जिसमें
जी चाहे जब रस बरसा लें,
पर मेरी स्व मदिरा को
सोख गये मिट्टी के प्याले,

अगर कहीं तुम तब आ जाते
जी भर पीते भीग नहाते,
रस से पावन, है मनभावन, विधना ने बिरचा ही क्या है।
अब तुमको अर्पित करने को मेरे पास बचा ही क्या है।

चिड़िया और चुरुगन, जीवनमुक्त जैसे कुछ गीत ऐसे भी हैं जिन्हें लय बदल देने से लोक गीतों वाले भाग में रखा जा सकता था।

तीसरी भंगिमा मुक्त छन्द की रचनाओं की है। इस शैली की पहली रचना है गीतनिष्ठा। शुरू के कवि-सम्मेलनों में गीतकारों के रोमाण्टिक लहजे में यह घोषणा यों शुरू होती है—

तुम गये थे सोख
जिस सरस रसा को,
मसि बना जिस उर्वरा को
आज उस पर
गीत मैं बरसा रहा हूँ!!

दूसरी रचना विशुद्ध कविता की परिभाषा बनती है। काव्यशास्त्र के विद्यार्थी अपनी उद्धरणोंवाली नोटबुक में इसे दर्ज कर लें। परीक्षा में अंक मिलने में सहायता मिलेगी। या पिछली भंगिमा का ही बढ़ाव यह भी है। तात्त्विक दृष्टि से दोनों में कोई अन्तर नहीं है। अन्तर इतना है कि इस प्रकार की बातों के लिए (जिसे कि गद्य में भी किया जा सकता है) तीसरी भंगिमा वाला अधिक उपयुक्त है यों जब नदी मर गयी—जब नदी जी उठी, तुम्हारी आँखों में तब और अब जैसी कुछ अच्छी कविताएँ भी मिल जायेंगी। इसका सबसे शक्तिशाली भाग अन्तिम है—व्यंग्य कविताओं का। अपने समसामयिक जीवन की विकृतियों पर बच्चन जी ने सटीक प्रहार किया है। व्यंग्य काव्य काव्य होता भी है या नहीं, इस सम्बन्ध में विवाद हो सकता है पर इन रचनाओं का जो उद्देश्य है वह पूरी तरह चरितार्थ होता है, और इसे रचनाकार की सफलता ही कहा जायेगा। इसके लिए कभी वे प्रकृति के किसी कार्य व्यापार को बनाते हैं (जैसे दीपक, पतिंगे और कौए), कभी सीधे गणतन्त्र दिवस का ही वर्णन न करेंगे। गर्दम मारवाड़ी के नये प्रतीक भी उन्होंने खड़े करने चाहे हैं और 'सिन्धु मन्थन' जैसे पौराणिक प्रतीकों का प्रयोग उन्होंने आधुनिक सन्दर्भ में सफलतापूर्वक किया है।

देवता जो एक
दो बूँद अमृत की
पान करने को पिलाने को चला था
बलि हुआ।
लेकिन जिन्होंने

शोर आगे से मचाया
पूँछ पीछे से हिलाई
वही खीस निपोर
काम-छिछोर दानव
सिन्धु के सब रत्न धन को
आज खुल कर भोगते हैं।

इन कविताओं में बच्चन जी के काव्य व्यक्तित्व का एक नया पक्ष उद्‌घाटित होता है!

इस पूरे संकलन को पढ़ने के बाद एक और बात भी मन में उठती है कि यह संकलन एक सचेष्ट कवि की उन चेष्टाओं का भी द्योतक है जो वह नयी भूमियों को तोड़ने के लिए कर रहा है। अतः त्रिभंगिमा का महत्त्व इस चेष्टा में देखा जा सकता है न कि समग्र रसात्मक उपलब्धि में और इस दृष्टि से समीक्ष्य संकलन का महत्त्व बच्चन जी के काव्य के अध्येताओं के लिए अधिक हो जाता है—सामान्य पाठकों के लिए कम।

1962

परिवेश : हम-तुम

कुँवर नारायण का यह दूसरा कविता संग्रह है। पहले संकलन का नाम था 'चक्रव्यूह' और वह काफी चर्चा का विषय रहा है। यदि शीर्षकों को प्रतीक मान कर चला जाय तो 'चक्रव्यूह' और 'परिवेश : हम-तुम', दो भिन्न मनःस्थितियों को आभासित करने वाले प्रतीक लगेंगे। चक्रव्यूह अपने पौराणिक अर्थ में भी वैयक्तिक द्वन्द्व को प्रकट करता है और 'परिवेश' ही नहीं उसी के सन्दर्भ में हम तुम (या हम तुम के सन्दर्भ में 'परिवेश') ज्यादा सहज जिन्दगी के नजदीक लाते प्रतीत होते हैं। जिन लोगों ने कुँवर नारायण के 'चक्रव्यूह' संग्रह को पढ़ा है वे जानते हैं कि वह किस कदर दुरूह और जटिल मनःस्थितियों का संग्रह है। व्यक्ति का गहराता हुआ आत्म-मन्थन जिन अनजाने एवं अपरिचित रास्तों की ओर मुड़ता है वे चक्रव्यूह में निषेधपरक शब्दों द्वारा बार-बार प्रकट हुए हैं। पर परिवेश हम तुम में निषेधपरक शब्दों का वह प्रयोग जिस मात्रा में कम पड़ा है उसी मात्रा में यथार्थ का परिचय घनिष्ठ हुआ है और जैसा कि उन्होंने भूमिका में स्वयं कहा है, अधिकांश कविताओं में उस प्रकार का आत्म-मन्थन नहीं, जैसा चक्रव्यूह में : जीवन के प्रति सहज स्वीकृति का भाव है। इस प्रकार प्रस्तुत संग्रह कवि मानस के स्पष्ट विकास को, उसकी संवेदनात्मक क्षमताओं के बदलाव को सूचित करता है। और जब 'नयी कविता' पर एकरसता, रुक्षता, रूढ़िपरकता का आरोप लगाया जा रहा हो तब किसी भी पाठक को यह विकास या बदलाव अगर इस प्रकार लगे तो उचित ही होगा–

कि जैसे सुबह
धूप का एक सुनहरा बादल छा जाये :
और अनायास
दुनिया की हर चीज भा जाये।
कि जैसे सफेद और लाल गुलाबों का
एक शरारती गुच्छा

ले. : कुँवर नारायण

चुपके से खिड़की के अन्दर झाँके
और फिर हवा से खेलने लग जाये शरमा के
मगर बुलाने पर
रुक भीनी-सी नाजुक खुशबू
पास खड़ी हो जाये...।

इस संग्रह को पढ़ जाने के बाद पहला प्रभाव मन पर यही पड़ता है कि 'चक्रव्यूह' की बेहद गम्भीर तनावपूर्ण स्थिति को कवि पार कर चुका है, 'भटके हुए सौन्दर्य-बोध' का ज्वार उतर चुका है और कवि अधिक सहज रूप धर कर प्यार, प्रकृति और परिवेश को देख रहा है। वस्तुतः पिछले दस वर्षों में जिस गहरे तनाव से होकर हम सभी गुजरे हैं वह शाश्वत हो भी नहीं सकता था। जो लोग उसी के अनुकरण पर आज भी नहीं लिखते हैं वे छूँछे जान पड़ते हैं। इस दृष्टि से कुँवर नारायण का यह संग्रह बदली हुई युगीन मनःस्थिति का भी सूचक (इण्डिकेटर) बन जाता है। गोकि इसी कारण इस संग्रह में रुख गहराई (इण्टेंसिटी) का भी है जो चक्रव्यूह में विद्यमान है। तथा मुझे यह भी लगता है कि उनका पिछला संकलन अपने समसामयिकों के बीच जिस महत्त्व का अधिकारी बन सका था वह शायद इस संग्रह को न मिलेगा। यह संकलन मर्मस्पर्शी अधिक है—बड़ा कम। इसका तात्पर्य यह भी नहीं कि समीक्षा संग्रह चक्रव्यूह से नितान्त भिन्न भूमि पर है। अभिव्यंजना और दृष्टि की आन्तरिक एकता दोनों में विद्यमान है। कुँवर नारायण के काव्य का 'डिक्शन' पहले से ही कुछ असामान्य रहा है। विरामचिह्नों, पैरेन्थिटिक शब्दों, कभी नितान्त लम्बे एवं कभी एकदम छोटे वाक्यों, अनकहे पर कुछ कहते हुए छूटे हुए स्थान (स्पेस), कभी अटपटी शब्द योजना आदि के द्वारा कवि ने जिस गठन शैली को उपस्थित किया है वह हमारी भाषा की क्षमता को बढ़ाता है और इस दृष्टि से सहज ही एक और कवि रघुवीर सहाय की भी याद हो आती है। इन दोनों ही कवियों ने माध्यम की अशक्ति को पहचान कर उसकी क्षतिपूर्ति करनी चाही है—

मैंने चाहा
तुमसे भी अधिक सुन्दर कुछ कहूँ,
उस विरल क्षण की अद्वितीय व्याख्या में
सदियों तक रहूँ,
लेकिन अव्यक्त
लिए मीठा-सा दर्द
बिखर गये इधर उधर
मोहताज शब्द...।

इसी कारण एक ओर वे यह वक्तव्य दे सकते हैं–

तुम्हारे लिए मेरा मन ललचता है,
तुम्हारे बिना कुछ नहीं जँचता है।

दूसरी ओर ऐसे दुरूह बोध भी हैं :

ये घनिष्ठ पीड़ाएँ और पराये लोग
जैसे तारों के बीच
आकाश की अपार व्याकुलता के अनन्त वियोग।

वस्तुतः कुँवर नारायण के कृतित्व का अध्ययन भाषा के सृजनात्मक प्रयोग का अध्ययन भी होगा। 'चक्रव्यूह' की शिकायत करते हुए समीक्षकों ने कहा था कि उसमें ताप की कमी है। ताप का तात्पर्य सम्भवतः 'प्रणय' की वासना से था इसीलिए शायद कुँवर जी को इस बार 'प्यार के सौजन्य' को बताने की आवश्यकता का और अधिक अनुभव हुआ। पहले मुझे आशंका थी कि यह शायद बौद्धिक उत्तर होगा पर ध्यान से पढ़ने पर किसी भी सजग पाठक को लगेगा कि उस अंश में प्यार सम्बन्धी काव्यानुभव को दोहराया ही नहीं गया है। उसके उद्भव से लेकर मोहभंग के जिस बोध तक बार-बार उसे नये संवेदनात्मक स्तर पर रखा गया है, यह प्यार आधुनिक सन्देहशील युवक का ही हो सकता है, छायावादी विश्वासी व्यक्ति का नहीं। वही पूछ सकता है : 'वह गुलाबी प्यार अच्छा तो है लेकिन शक होता है' सच्चा तो है कि वह अपनी सुन्दरता में ही रहे। इस सन्देह से ही मेरी प्रक्रिया प्रारम्भ होती है जो फर्श पर कुबड़ी छाया को भी देखती है, केवल अद्वितीय सौन्दर्य को नहीं। फिर तो एक दृष्टि है जिसकी उदासी से चीज बदल जाती है, बचती है। कुछ असमय और कुछ यथासमय खाने के बोध के बाद ही क्षण का नहीं गतिशील समय का जीवन्त बोध जागता है, उसी में उपसंहार यही होना है।

हमारी पछताती आत्माएँ अनन्तकाल तक भटकेंगी उस अर्थ के लिए जो हम आज एक-दूसरे को दे सकते हैं। और इसी बोध में जो शेष पूँजी रहती है वह जीवन को सिद्ध करनेवाली पहली महत्त्वाकांक्षा है जो प्रिया को अप्राप्य समझ सकी।

दूसरे खण्ड के अन्तर्गत उजले रंग में प्रकृति के कितने ही उजले और नये चित्र हैं। इस प्रकृति काव्य में जो उपमान आये हैं वे मात्र अप्रस्तुत विधान बन कर प्रस्तुत को स्पष्टता नहीं प्रदान करते बल्कि उसे नये अर्थों से भर कर स्वयं प्रस्तुत का अंश बन जाते हैं।

तीसरे खण्ड की एक स्थापना में वर्तमान परिस्थितियों के मध्य व्यक्ति की अवस्था का चित्रण युगीनबोध के अनुसार करता है। इस बोध का समय स्वर भविष्य को आस्था के साथ देखता है। कवि न होगा पर उसका लेखन साक्षी होगा कि उसने अजीब लोगों के बीच भी जीने का यत्न किया था।

तथा—

जब मैं नहीं
मेरी ओर से कोई स्थापित करेगा मेरे वर्षों बाद
कि आज भी कहीं जीवन था
क्योंकि केवल पहियों और पैसोंवाली इस बेसिर-पैर की सभ्यता में
दफ्तरों दुकानों और कारखानों से
अस्वीकृत होकर भी
मैंने जीना पसन्द किया
तब आधुनिक भावभूमि की इस जिजीविषा को बधाई देनी होगी।

कल्पना : जनवरी, 1963

शिलापंख चमकीले

श्री गिरिजा कुमार माथुर के प्रस्तुत कविता-संग्रह 'शिलापंख चमकीले' की समीक्षा लिखते समय मैं यह अनुभव कर रहा हूँ कि अगर कभी किसी कवि को आप पसन्द करते रहे हैं, तो बाद को उसके कृतित्व के बारे में लिखना कठिन हो जाता है। मेरा अनुमान है कि नयी कविता के इस तरह के पाठकों की संख्या कम न होगी जिन्होंने श्री माथुर की सरल, सांगीतिक (और बहुत हद तक रोमाण्टिक) कविताओं के माध्यम से अपना काव्य-बोध विकसित किया है। वे नयी कविता के अपेक्षाकृत लोकप्रिय कवियों में हैं (राजपाल एण्ड सन्स की लोकप्रिय कवि सीरीज में नयी कविता के वे एकमात्र कवि हैं) और प्रारम्भ से ही उनका प्रयत्न नयी कविता की भाषा को अधिक मृदुल, श्रुतिमधुर—संक्षेप में कहें तो अधिक काव्यमयी बनाने का रहा है। छायावाद की भाषा को जिस प्रकार पन्त जी ने काव्यात्मक बनाया था, कुछ-कुछ वैसा ही योगदान श्री माथुर का नयी कविता के क्षेत्र में रहा है। यह बात दूसरी है कि छायावाद में भी भाषा की शक्तिमत्ता निराला में सबलतम रूप पा सकी, और नयी कविता में भी इस महत्त्व के अधिकारी दूसरे हो सकते हैं।

अस्तु, भाषा की इस प्रकार की समृद्धि समीक्ष्य संकलन में भी देखी जा सकती है। इस दृष्टि से, माथुर अपने को विकसित करते गये हैं, बदले नहीं, 'मंजीर' से लेकर प्रस्तुत कविता तक, लोकगीतगन्धी यह स्वर उनमें बराबर गूँजता रहा है—

देह कुसुमित मृणाल
जैसे गेहूँ की बाल
जैसे उचकौंहे बौरों से
रोमिल रसाल
किशमिशी चन्द्रलट
कसमसे उर प्रियाल।

यहाँ बात केवल लय और संगीत की ही नहीं है। 'कुसुमित मृणाल' का रूपक 'गेहूँ की बाल' और 'उचकौंहे बौरों' से 'रोमिल रसाल' की उपमाएँ शुद्ध लोकजीवन

ले. : गिरिजा कुमार माथुर

से सम्पृक्त हैं। यों रूपक और उपमाओं के दुहरे-तिहरे स्तर जिस बिम्ब को खड़ा करते हैं, वह कवि की कारुकारिता का भी द्योतक है। 'किशमिशी चन्द्रलट' जैसे प्रयोग एकदम नये पर निहायत रूमानी हैं, और पूरे गीत की गेय आत्मा के अनुकूल हैं। कहना न होगा कि 'किशमिशी' एवं 'कसमसे' के प्रयोग वर्णध्वनि की पहचान के भी द्योतक हैं। अपने को गीतकार कह कर गला फाड़ने वालों को श्री माथुर के ऐसे गीतों का अध्ययन जरा गहराई से, मन लगाकर करना चाहिए। तब वे वास्तविक प्रगति-स्थिति एवं गीतितत्त्व की अभिव्यंजना-गठन को समझ सकेंगे।

पीछे अभी मैंने कहा है कि श्री माथुर ने अपनी भाषा का विकास किया है। यह विकास, एक ओर, ऊपर विवेचित गुणों का है, और दूसरी ओर, भाषा की क्षमताओं के विकास का है। नीचे दिये गये उदाहरण की भाषा का स्वर पूर्व-उद्धरण से नितान्त भिन्न हो जाता है—

यह उच्छिष्ट उर्जला
जब आते जाते
रात गये घर लौटते
गन्दे, भद्दे, मोटे, चौड़े
चरमर, सट कर चलते गोरे नाजुक
पैरों जूतों ने रौंद दिया
तब फटे हुए कागज, पत्ते, रैपर
कुचली सिगरेट, बुझी तीलियों
सूँघते कुत्तों के संग
मिला उसे
अब रात और गीत का पहरा है उस पर
जब तक कि सुबह की भूरी झाड़ू
कूड़ा कचरे के समेत
उसे न ले जाये बुहार कर
मजदूरी के परिचित घूरों पर।

यद्यपि यह अंश भी मूलतः कवि की रूमानी वृत्ति का ही द्योतक है, पर 'किशमिशी चन्द्रलटों' से 'घूरों' तक रूमानी वृत्ति के जो दो छोर हैं, उनके उपयुक्त अभिव्यक्ति की सामर्थ्य श्री माथुर में नजर आती है। कथ्य की प्रकाशन योग्यता को ध्यान में रखने के कारण श्री माधुर ने लगातार नये शब्दों को गढ़ा या लोकजीवन के शब्दों को नागर काव्य के भीतर हैसियतपूर्ण ओहदा भी देना चाहा है। परन्तु, इस सम्बन्ध में मूल्यवान बात यह होती है कि कवि द्वारा प्रयुक्त कितने नये शब्द या प्रतीक समसामयिक काव्य के मुहावरे में लोकप्रिय बन कर स्वयं इस काव्यबोध के प्रतीक बन जाते हैं। मुझे लगता है कि इस कसौटी पर श्री गिरिजा कुमार माथुर खरे नहीं

उतरते। वे आधुनिक काव्य-बोध के प्रतीक बन जाने वाले शब्द या प्रतीक नहीं दे सके। इसीलिए, बहुधा यह महसूस होता है कि श्री गिरिजा कुमार के काव्य का बोध और भाषा उतनी आधुनिक नहीं है जितने की कि हम माँग करते हैं। उनकी भाषा की आधुनिकता शब्दों पर, वर्णध्वनि पर (यानी कि बाहरी रूप पर) अधिक आश्रित है न कि इन सबके सृजनात्मक प्रयोग पर। कुछ इसी कारण उनकी भाषा विशिष्ट कवितापरक सफलतापूर्वक हो जाती है, पर एक समग्र आधुनिक काव्य-भाषा का निर्माण नहीं कर पाती। उदाहरण के लिए उनकी 'दियाधरी' कविता ली जा सकती है। नये शब्दों की तालिका में उन्होंने जितने शब्द दिये हैं, उनमें से अधिकांश एक मात्र इसी कविता में, प्रयुक्त हो गये हैं। इन देशज शब्दों के द्वारा इस कविता में वातावरण तो निर्मित हुआ है, पर ये शब्द स्वयं श्री माथुर की काव्यभाषा के पूर्णतः अंग नहीं बन सके हैं। इसी प्रकार वैज्ञानिक शब्दों का प्रयोग उतना अर्थगर्भित नहीं हो सका। माथुर जी को यह पहचानना शेष है कि कविता में पारिभाषिक शब्दावली गुण नहीं है, अप्रतीतत्व दोष भले ही हो।

भाषा में निहित अनुभूति और संवेग की ओर ध्यान दिया जाय तो ज्ञात होगा कि मूलतः प्रकृति और प्रणय सम्बन्धी अनुभूतियाँ उनके कवि की अपनी हैं। पर उनके लिए जिन बिम्बों का प्रयोग उन्होंने किया है, वे, छायावादी अनुभूतियों से अलग नयेपन या आधुनिकता के निकट हैं। एक बिम्ब लें—

खेल से
पल्ला जो उँगली पर कसा
मन लिपट कर रह गया
छूटा वहीं।

इस बिम्ब की विस्तृत व्याख्या यहाँ सम्भव नहीं है पर जटिल मनःस्थिति को दृश्यमान् बनाया जा सका है।

चाँद और चाँदनी तो उनके पुराने विषय हैं और अब भी वे बार-बार नये-नये कोणों से उन्हें चित्रित करते जा रहे हैं; यहीं तक कि चाँद स्वयं जूड़े का स्याह चाँद बाँधता है और चाँदनी तो षट्रस स्वाद देती है। प्रकृति के इस अनुराग ने ही धीरे-धीरे प्रबुद्ध कवि को प्रेरित किया कि 'दियाधरी' जैसी लोककथाओं को नयी व्याख्या से वह भर सके—वस्तुतः आधुनिकता की यह सतत प्रक्रिया है। 'दियाधरी' में पहले तो वह प्रकृति का एक रसीला एवं बहुरंगी चित्र उपस्थित करता है, फिर, बिना कहे जल जाने वाले दीपक के साथ नाना प्रकार के सांस्कृतिक गौरवमय सन्दर्भ कविमानस पर उभरते हैं। इन सन्दर्भों की पृष्ठभूमि पर वर्तमान जीवन अपनी कुरूपता लेकर सामने आ खड़ा होता है—

इतर गन्ध की लपट आज
डाँगर ढोरों की धूल है

मन भरने को याद रहीं
जीवन पर उगा बबूल है

और तब यह शंका स्वाभाविक ही है कि

निगल न लें इतिहास
शेष जीवन की कोदों-काउनी।

वस्तुतः कविता को यहीं समाप्त हो जाना चाहिए था, पर माथुर साहब में एक पुराना निष्कर्षवादी (या तथाकथित आशावादी) स्वर भी है जो यह शुभाशंसा करता है कि समाज की सीप में फिर मोती जैसा युग आयेगा। इसी प्रकार 'माटी और मेघ', 'खत', 'व्यक्तित्व का मध्यान्तर' जैसी कविताएँ हैं जिनमें यह अन्तिम पंक्ति का छायावादी आशापरक स्वर व्यक्त हुआ है। 'रात, फुटपाथ और गीत', 'प्रकाश की प्रतीक्षा', 'तूफान एक्सप्रेस की रात' जैसी कविताएँ कम हैं जिनमें एक निर्मम तटस्थता एवं निर्व्याज रागात्मकता दिखाई पड़ती है। कहना न होगा कि भावुकतावादी आशा की अपेक्षा यह निर्ममता कहीं अधिक आधुनिक बोध है। और ऐसी कविताओं को देख कर, लगता है कि श्री गिरिजा कुमार माथुर अभी चुके नहीं हैं और वे नयी कविता के कवि हैं। सब मिलाकर प्रस्तुत संग्रह आधुनिक संवेदना एवं नवीन भाषा की समस्याओं से जूझते-भिड़ते कवि की अभिव्यक्ति है और आधुनिक काव्य के पाठक उसे पढ़ना ही चाहेंगे।

कल्पना : फरवरी, 1963

द्रौपदी

कवि नरेन्द्र शर्मा का बावन पृष्ठ का यह लघु (बौना नहीं) काव्य 'द्रौपदी' के माध्यम से महाभारत की कथा को अत्यन्त साररूप में उपस्थित करता है। इसमें द्रौपदी स्वयंवर से लेकर महाभारत की विनाशमयी विजय तक की कथा पाँच सर्गों में कही गयी है—पर इसके पूर्व की कथा के सूत्र भी यत्र-तत्र उपयुक्त सन्दर्भों में संकलित हो गये हैं। मुख्य कथा में भी घटनाओं का अंकन या विस्तृत वर्णन न होकर सूच्य प्रणाली का उपयोग ही अधिक हुआ है। यह अवश्य है कि इन सूचनाओं को तर्क की ओट से सग्रंथित रखने की चेष्टा हुई है। जहाँ तक कथा की मौलिकता का प्रश्न है, कवि ने भूमिका में स्वयं कह दिया है मूल कथा को ही आधार मानकर मैंने अपनी बात कही है। पर यह कोई ऐसी निन्दनीय बात नहीं है। इतिहासों-पुराणों आदि से बार-बार कथाओं को ग्रहण किया गया है। पर सवाल यह उठता है कि क्यों किसी पुरानी कथा को कोई नया कवि ग्रहण करता है? पुराण कथाओं की राशि में से जब किसी कवि को कुछ आकर्षित करता है तो उसे निश्चय ही उसकी संवेदना के निकट होना चाहिए। उसकी संवेदना यानी कि उस युग की (आधुनिक युग की) संवेदना के आलोक में ही उस कथा प्रसंग में नयी अर्थवत्ता खोजी जा सकती है। अस्तु समीक्षा काव्य की परीक्षा सबसे पहले इस नयी अर्थवत्ता की भूमि पर ही होनी चाहिए।

यह आकस्मिक नहीं है कि इधर हिन्दी के नवीन साहित्य में महाभारत के पात्रों, प्रतीकों या घटनाओं को बार-बार ग्रहण किया गया है और 'द्रौपदी' भी उसी स्रोत-परम्परा में है। हम कह सकते हैं कि द्रौपदी के माध्यम से आज की संवेदनाओं या जटिलताओं को उपस्थित करने की बात शायद लेखक के मन में रही है। कर्ण को क्यों हारना पड़ा, युधिष्ठिर को क्यों वन जाना पड़ा, युधिष्ठिर के सामने नीति और धर्म का प्रश्न किस रूप में था आदि प्रसंगों में लेखक ने कतिपय नयी व्याख्याएँ देनी चाही हैं। परन्तु यह आधुनिकता ठीक से पढ़ने पर सतही मालूम पड़ जाती है। शायद लेखक समग्र व्यक्तित्व से आधुनिक जीवन दृष्टि को चित्रणीय

ले. : नरेन्द्र शर्मा

बना भी नहीं रहा है। उसका मुख्य उद्देश्य एक दार्शनिक प्रतीक को उभारना है। पहला ही छन्द है :

द्रौपदी जीवनी शक्ति
सौंप दी गयी पाँच तत्त्वों को।
या कहा नियति ने, पार्थ!
करो अब प्राप्त लुप्त सत्वों को।।

लेखक ने पाँच पाण्डवों को एक व्यक्तित्व में द्रौपदी रूपी जीवनी शक्ति द्वारा संग्रथित करने का प्रयत्न किया है। पर सम्पूर्ण काव्य के सार पर यह एक ही व्यक्तित्व प्रतिष्ठित नहीं दीखता। बीच-बीच में पाण्डवों के संकेत प्रतीक को उभरने नहीं देते। वस्तुतः इसका कारण है मूल कथा को ज्यों का त्यों स्वीकार कर लेना। अपने वक्तव्यों में कवि इस प्रतीक की घोपणा करता है पर उसे पूरे काव्य में इसे बहुधा पंचद्या विभक्त करना पड़ा है। यह अवश्य है कि प्रतीक के इस आग्रह के कारण पाँचों पाण्डवों की पारस्परिक प्रतिक्रियाएँ इसमें एकदम अंकित नहीं की गयी हैं। दूसरा एक महत्त्वपूर्ण प्रश्न है कि इस प्रतीक को यदि सफल भी माना जाय तो इसकी सार्थकता क्या है? आखिर यह प्रतीक हमें क्या दे पाता है। इस प्रतीक की असफलता अन्तिम सर्ग में और उभरती है जब प्रतीक की बात छोड़कर लेखक नारी और उसके बलिदान को महत्त्वपूर्ण बताने लगता है—

नर की हारजीत का जग में,
मूल्य चुकाती नारी!
बात मर्म की धर्मराज को,
आज समझ में आयी!

और इसका कारण कवि के अनुसार सुबला, द्रुपदा, पृथा, सुभद्रा आदि के प्रियजनों की मृत्यु-भेंट है। पूछा जा सकता है कि यह दर्द इन नारियों के साथ ही पुरुषों ने क्या नहीं झेला? पर स्त्री को अतिरिक्त रूप से महिमा (उसके समर्पण, बलिदान, शोपण आदि के लिए) आधुनिक युग के प्रथम चरण में मिली थी, उसी पर नरेन्द्र जी आज भी खड़े हैं। स्त्री-पुरुष के दायित्वों एवं महिमाओं के सम्बन्ध की आधुनिक धारणाएँ उनके पास नहीं ही हैं तभी ऐसी भावुकतापूर्ण बात वे कहते हैं—

है दुस्साध्य अगम धारा में,
नारी, नर की नट्या
नर के लिए चलाती नारी,
जलधारा पर आरा!
अथवा
पौरुष की उद्दीप्ति निहित है,
नारी के दहने में।

प्रसाद जी की श्रद्धाओं को भले ही ये बातें भली लगें, पर इड़ाएँ शायद ही इसे स्वीकार कर पाएँ।

यह काव्य सब मिलाकर द्विवेदी युगीन परिपाटी के अधिक निकट है। सुमित्रानन्दन पन्त से मैथिलीशरण गुप्त की ओर यह प्रयाण कहाँ तक उचित कहा जायेगा, वस्तुतः जो लोग द्रौपदी की कथा संक्षेप में इतिवृत्तात्मकता के निकट पहुँचती हुई शैली में पढ़ना चाहते हैं उन्हें इसमें आनन्द आयेगा। पर वे पाठक जो पौराणिक कथा, पात्र या घटनाओं को मात्र प्रतीक या भाव के स्तर पर देखना चाहेंगे, जैसा कि नयी कविता में प्राप्त होता है, उन्हें निराशा ही हाथ लगेगी।

नरेन्द्र जी गीतितत्त्व के बड़े सफल कवि रहे हैं। इस खण्डकाव्य में वे जिस प्रबन्धात्मकता की ओर आये हैं उसमें बड़ी कथा को संक्षिप्त करने में तो उन्हें सफलता मिली ही है, साथ ही अपनी भाषा की रोमाण्टिक सफाई को बनाये रखते हुए उन्होंने अपनी भाषा को विस्तार दिया है। यत्र-तत्र ओज एवं उदात्तपूर्ण स्वरों में कवित्व के जो अंश मिल जाते हैं वे भी पाठक के लिए प्रीतिकर सिद्ध होंगे। यों पुस्तक पढ़कर यही लगता है कि वे अपनी भूमि पर पुनः खड़े हो सकते हैं।

1963

उर्वशी

'उर्वशी' पर भगवतशरण उपाध्याय के समीक्षा-लेख के सम्बन्ध में आपने मेरी प्रतिक्रिया पूछी है। इतना तो आप मानेंगे ही कि अब वस्तुएँ इतने सपाट रूप में सामने नहीं आतीं कि उन पर दो टूक राय दी जा सके। इसका तात्पर्य यह भी नहीं है कि 'हाँ' भी और 'ना' भी यानी कि तथाकथित समन्वय। अकसर-अकसर करके कहीं एक अन्य स्थिति पर भी व्यक्ति होता है। इस 'त्रिशंकुत्व' का अभिशप्त वरदान, लगता है कि, हम सबकी नियति बन गया है।

अस्तु, दिनकर की 'उर्वशी' विवाद का कम, प्रवाद का विषय अधिक रही है। उसके छपने के पहले से लेकर छपने के बाद तक कहकर, लिखकर, कान में फुसफुसाकर या सभा में चिंघाड़कर बहुत कुछ कहा गया है। और इस सब में, कहना न होगा, प्रशंसा का ही स्वर मुख्य रहा है। सुमित्रानन्दन पन्त एवं बच्चन जैसे यशस्वी कृतिकारों से लेकर नगेन्द्र (एवं एक सीमा तक हजारी प्रसाद द्विवेदी तक) जैसे आचार्य समीक्षकों तक के स्वर प्रशंसा में ही लिखे-छपे रूप में मिलते रहे हैं। गोकि इनमें से एकाध से मैंने जब सीधे-सीधे प्रश्न किया तो उसकी भाषा, छन्द-योजना या मूल दृष्टि के प्रति उनके मन में कोई महत्त्व का भाव नहीं दिखा। दूसरी ओर, नवलेखन से सम्बन्धित अधिकांश व्यक्तियों ने 'उर्वशी' के विरुद्ध एक प्रकार का कानाफूसी आन्दोलन चला रखा था।

वस्तुतः सतह के नीचे-नीचे चलने वाले इस आन्दोलन ने 'उर्वशी' का जितना अवमूल्यन किया है, उतना ही उसकी अतिरिक्त प्रशंसा ने भी।

प्रश्न उठता है कि ऐसी असहज स्थिति क्यों उत्पन्न हुई। अगर आत्मप्रदर्शन न मानें तो 31 दिसम्बर '61 के धर्मयुग में 1961 की 'हिन्दी आलोचना' का लेखा-जोखा प्रस्तुत करते हुए मैंने कहा था कि 'उर्वशी' की यह भयंकर प्रशंसा हिन्दी-आलोचना की निर्बलता की द्योतक है–

"यह मानने को मैं तैयार नहीं कि इतने बड़े हिन्दी-प्रदेश के सभी पाठक-समीक्षक

ले. : रामधारी सिंह दिनकर

एक ही जैसी रुचि, संस्कारों या प्रतिभा वाले हो गये हैं। फिर क्या असहमत होने वाले साहस नहीं जुटा पाते?"

इस वाक्य को उद्धृत करने का सिर्फ इतना ही तात्पर्य है कि गद्‌गद स्तुति एवं कानाफूसी-आन्दोलन की सही पृष्ठभूमि पहचानी जा सके। तनिक विचार करने पर यह स्पष्ट हो जाता है कि ऐसा असहज व्यापार दिनकर की साहित्येतर स्थिति के कारण उत्पन्न हुआ। मुझे लगता है कि जब उपाध्याय जी ने ईमानदारी के स्तर पर आकर बात करनी चाही, तो सबसे पहले इस साहित्येतर मूर्ति का खण्डन उनके लिए आवश्यक हो गया और परिणामस्वरूप अपनी समीक्षा का प्रारम्भिक अंश उन्हें लिखना पड़ा जो 'उर्वशी-समीक्षा' के सन्दर्भ में अप्रासंगिक है। गोकि इसी जगह पर उनसे एक चूक हो गयी है। इस मूर्ति-विखण्डन में उनमें कुछ शहीदाना जोश आ गया है और शहादत अपने-आप में एक असहज व्यापार है। तथा आलोचना असहज मनःस्थिति में नहीं लिखी जा सकती, और कुछ भले ही किया जा सके। कहना न होगा कि यह असन्तुलन इस पूरी समीक्षा में विद्यमान है। इस समीक्षा-लेख को पढ़ते समय मेरे मन में बराबर उस मूर्तिभंजक का रूप उभरता रहा है जो अगर सिर तोड़ने पर जुट गया, तो उसी को टूक-टूक करता गया और उसी बीच पैर या हाथ या पेट पर नजर चली गयी तो उसे भी छोड़ कर उन्हें तोड़ने में जुट गया।

अपनी बात साफ करके कहूँ (क्योंकि रूपकों-उपमाओं की भाषा गद्य में बहुधा तार्किक हेत्वाभास उत्पन्न करती है) कि उपाध्याय जी ने पूरे 'उर्वशी' काव्य को एक दृष्टि की समग्रता, अन्तर्योजना, मूल्य-साँचे से सम्पृक्ति के आधार पर नहीं जाँचा। वे कभी तो कथा-स्रोतों की खोजबीन करके बहुत कुछ चोरी का माल साबित करने पर तुल जाते हैं तो कभी कवि के भाषा-सम्बन्धी अज्ञान का मजाक उड़ाने लगते हैं। कभी वे छन्द की चर्चा करते हैं और कभी असंगत बिम्ब-विधान की। उनकी समीक्षा-शैली पुरानी खानेदार आलोचना से कुछ बहुत भिन्न नहीं है। यहाँ आलोचना एवं आलोच्य में संवेदनागत धरातल की एक विचित्र एकता है। दोनों का ही भावबोध नया या आधुनिक किसी ओर से नहीं है। 'उर्वशीकार' अगर 'कामाध्यात्म' का वाग्जाल खड़ा कर केवल वैयक्तिक कारणों को सामाजिक दर्शन का जामा पहनाना चाहता है तो उपाध्याय जी की समीक्षा में भी एक प्रभावाभिव्यंजक स्वर प्रमुखता से देखा जा सकता है। इसीलिए 'कल्पना' के सितम्बर '63 अंक में उपाध्याय जी को दिनकर के मुकाबले दिनकर सोनवलकर की तारीफ करते देख कर तनिक भी आश्चर्य नहीं हुआ। काव्य-विवेक का बहुत परिचय उन्होंने पहले भी नहीं दिया।

इसका तात्पर्य यह नहीं कि मैं दिनकर को बड़ा कवि मानता हूँ या 'उर्वशी' को बड़ी रचना। दिनकर को पढ़ते समय मुझे हमेशा लगता रहा है कि वे खरे कवि नहीं हैं। काव्यानुभूति की कमी को वे अपने वक्तृत्व से पूरा करना चाहते

हैं। और इस प्रक्रिया में वक्तृत्व अकसर रही-सही अनुभूति को भी पदच्युत कर काव्य की उपाधि स्वयं धारण कर लेता है। हिन्दी के अधिकांश अध्यापक और पाठक इस वक्तृत्व-गुण को ही काव्य मानने का भ्रम पालते आये हैं (जय हो कवि-सम्मेलनों की : उनके द्वारा विकसित एवं गृहीत काव्य-बोध का एकमात्र यही रूप हो सकता है।)।

उपाध्याय जी इस स्थानान्तरण-प्रक्रिया को लगभग दरकिनार कर गये हैं। इस पर उन्होंने ध्यान दिया होता तो तत्काल पता लग जाता कि 'उर्वशी' की समस्त कमजोरियों का मूल बिन्दु यही है। इसी कारण उर्वशी का चरित्र-निरूपण, मेरे एक लेखक-मित्र के शब्दों में, झाँसी की रानी उर्वशी बाई का हो गया है; यानी कि 'उर्वशी' प्रेम की अपेक्षा प्रेम की शब्द-तलवार अधिक भाँजती है। पढ़ते-पढ़ते ऐसा लगता रहा है कि सामने 'माइक्रोफोन' जरूर रखा है और आमने-सामने दो चोटियों पर उर्वशी और पुरूरवा खड़े होकर अपने ध्वनि-विस्तारक यन्त्रों पर धारा-प्रवाह बोलते चले जा रहे हैं और आवश्यकता पड़ जाती तो कामाध्यात्मक ही नहीं देशभक्ति एवं राष्ट्रीय संकट पर भी इसी गति से बोल जाते। चरित्र ही नहीं, काव्यरूप के प्रश्न को भी लिया जाय तो इसी दोष (या गुण?) का प्रभाव दिखेगा। आधा घण्टे के रेडियो-फीचर (अनुसंधित्सु जरा रेडियो की फाइलें उलटें-पलटें) को इसी भाषण-कला से फुला कर तथा मुद्रण-कला से फैला कर प्रस्तुत कर दिया गया है। अनुभूति के खरेपन के इस अभाव के कारण ही वे कथ्य के लिए उपयुक्त छन्द नहीं पा सके हैं। यह लम्बा छन्द वक्तव्य के ही अधिक अनुकूल हो सकता हैं—कोमल अनुभूतियों के नहीं। कहना न होगा कि जिस कवि को छन्द (यानी कि लय) की पहचान नहीं है, उसके कवि होने में सन्देह किया जा सकता है।

अगर खींच-खाँच कर इस अनुभूति की सत्ता को दिखाया भी जा सके तो 'उर्वशी' में कुछ वैसी वस्तु मिलेगी जिसे अंग्रेजी में 'रोमाण्टिक आयरनी' कहते हैं। 'उर्वशी' का विश्लेषण करके यह अच्छी तरह दिखाया जा सकता है कि इसीलिए अभिप्राय एवं प्रभाव दोनों ही स्तरों पर हेत्वाभास विद्यमान है। उनमें वह तटस्थ जीवन-दृष्टि नहीं मिलेगी जो वस्तु को वस्तु की तरह देखती है तथा उनमें व्यक्तित्व की वह अद्वितीयता भी नहीं मिलेगी जो वस्तुओं को अप्रतिम ढंग से परखती एवं कहती है। इसीलिए मैं कहता हूँ कि 'उर्वशी' केवल वैयक्तिक कारणों या विचारों के प्रतिपादन की चेष्टा है। वह किसी प्रकार का, आधुनिक संवेदना को सराहने वाला दर्शन नहीं। सम्भवतः इन्हीं कारणों से पुरानी पुराण-कथा को आधुनिक मन के लिए प्रसंगानुकूल एवं अर्थवान् भी नहीं बना सके। बिम्ब-विधान की तमाम असंगतियों या उबानेवाली एकरसता के मूल में भी ये ही तथ्य विद्यमान हैं।

कहना न होगा कि उपाध्याय जी ने 'उर्वशी' पर किसी ऐसी समग्र काव्य-दृष्टि से विचार नहीं किया है। वस्तुतः वे स्वयं भाषणबाज लेखक हैं। इस स्तर पर भी

आलोच्य एवं आलोचना समान हैं। (अन्तर पाण्डित्य का अवश्य है) या शायद द्विवेदी जी का यही कथन ठीक हो कि जब आलोच्य ही महान् नहीं है तो आलोचना कैसे महान् हो!

लीजिए, मैं भी लिखते-लिखते बहक गया। 'उर्वशी' समीक्षा पर अपने विचार कहते-कहते मैं 'उर्वशी' पर अपनी धारणा प्रकट करने लगा। इसके लिए क्षमा करेंगे। और चाहें तो मेरी ओर से केवल इतना लिख दें कि मुझे कृति एवं उसकी समीक्षा दोनों ही पसन्द नहीं आयीं। इसे यों भी कहा जा सकता है कि एक सामान्य कवि की सामान्य रचना की एक सामान्य समीक्षा 'कल्पना' में प्रकाशित हुई।

कल्पना : जनवरी, 1964

उपन्यास : आलेख

ऐतिहासिक उपन्यास

आधुनिक अंग्रेजी उपन्यास

भगवतीचरण वर्मा और 'भूले-बिसरे चित्र'

नयी पीढ़ी और उपन्यास

'चारुचन्द्रलेख' : एक टूटा दर्पण

ऐतिहासिक उपन्यास

'उपन्यास' शब्द कहने मात्र से हिन्दी का सामान्य पाठक एक विशेष प्रकार के साहित्य-रूप का बोध कर लेता है। वह उपन्यास पढ़ता है—उसका विश्लेषण नहीं करता, परन्तु प्रबुद्ध पाठक विवेचन-विश्लेषण करता हुआ उसमें विशेषण जोड़ता या संज्ञाएँ देता है। इसी क्रम में उपन्यास के जो अनेक रूप विश्लेषित हुए हैं, उनमें से एक ऐतिहासिक उपन्यास है—यानी कि उपन्यास तो अवश्य पर ऐतिहासिक विशेषण के साथ। इसी स्थल पर प्रश्न उठते हैं कि ये दोनों शब्द, इतिहास और उपन्यास, कहाँ तक सम्बन्धित हैं; इनकी मर्यादाएँ क्या हैं तथा सीमा-रेखाएँ कहाँ मिटती हैं? कारण, यदि उपन्यास की एक सामान्य धारणा पाठक के मन में होती है तो इतिहास के स्वरूप का भी उसे पृथक् रूप में आभास रहता है। इतिहास मानवीय गतिविधि (Human activities) का वैसा ही एक प्रकार है जैसा कि समाजशास्त्र अथवा गणित-विज्ञान। ऐसी स्थिति में एक प्रश्न और उठता है कि यदि मानवीय गतिविधि (Human activities) का एक प्रकार उपन्यास के साथ विशेषण के रूप में आ सकता है तो अन्य प्रकार क्यों नहीं आ सकते? दूसरे शब्दों में, ऐतिहासिक उपन्यासों की भाँति ही दार्शनिक, समाजशास्त्रीय या गणित-विज्ञानीय उपन्यास क्यों नहीं हो सकते? परन्तु एक निष्कर्ष की ओर संकेत अवश्य करना चाहूँगा : इतिहास उपन्यास के लिए अधिक सहायक है बजाय अन्य ज्ञान-विज्ञान के प्रकारों के; यदि ऐसा न हो तो अब तक मानव-बुद्धि ने इस क्षेत्र को यों ही न छोड़ दिया होता। दर्शन, समाजशास्त्र आदि की खोजों का उसने भरपूर उपयोग किया है, परन्तु उससे उपन्यास के आन्तरिक रूप में ऐसा कोई गुणात्मक परिवर्तन नहीं आ सका कि उसे हम एक विशिष्ट रूप में 'ऐतिहासिक उपन्यास' की भाँति स्वीकार करने को बाध्य हो जायें। उपन्यासकार को इतिहास से कथावस्तु और चरित्र की प्राप्ति ही नहीं होती—उसमें किसी काल विशेष के वैचारिक एवं सांस्कृतिक दृष्टि-विषय (Phenomenon) का भी ज्ञान होता है; जबकि अन्य शास्त्र-शाखाएँ इतनी दिशाओं से सहायता नहीं दे पातीं।

इतिहास और उपन्यास की पारस्परिक स्थिति पर विचार करने के पहले एक बात

ध्यान में रखनी है कि आधुनिक विज्ञान ने हमारे ज्ञान एवं कार्य की विविध दिशाओं को प्रभावित किया है—इतिहास और उपन्यास भी इस प्रभाव के अपवाद नहीं हैं।

यह बात सम्भवतः पाठकों को विरोधाभास-सी लगेगी कि आधुनिक जीवन की बौद्धिक आवश्यकताओं ने ही विज्ञान और उपन्यास (अथवा रसात्मक साहित्य) को अलग-अलग किया और बाद को उसने ही एक प्रकार का सामंजस्य भी इनमें स्थापित किया। आज से 150-200 वर्ष पूर्व तक इतिहास और पुराण कोई अलग चीजें न थीं—महाभारत इतिहास भी था तथा पुराण एवं महाकाव्य भी। इस तथ्य को ध्यान में न रखने के कारण ही थोड़े दिन पूर्व तक 'पृथ्वीराज रासो' की ऐतिहासिकता पर विवाद चलता रहा है; परन्तु आधुनिक वैज्ञानिक दृष्टि ने इतिहास को विज्ञान की भाँति ही विशुद्ध वस्तुगत दृष्टि से कोरी तथ्यात्मकता तक पहुँचा दिया। जब एक बार इतिहास पुराण एवं किंवदन्तियों के शैवाल से मुक्त होकर तटस्थ शुद्ध तथ्यों का भण्डार बना तो मनुष्य की व्यवस्था-परायण बुद्धि ने उसे एक सिस्टम का रूप दिया और फिर इसी क्रम में सिस्टम की परख भी उसकी प्रयोगशील दृष्टि ने की। सार्थकता की परख के इस दौरान इतिहास की अनेक व्याख्याएँ उपस्थित की गयीं, जिन्हें हम इतिहास-दर्शन के नाम से जानते हैं। धर्म और जाति की श्रेष्ठता, भाग्यवाद, महापुरुषवाद से प्रारम्भ कर निकोलाई डैनिलेब्स्की, स्पेंग्लर के आवर्तवाद, आर्नल्ड ट्वायनवी के लयात्मक-आरोह-अवरोहवादी विकास से लेकर मार्क्स (और कुछ हद तक सोरोकिन जैसे समाजशास्त्री भी) के रेखावादी विकास तक इतिहास की अनेक व्याख्याएँ प्रस्तुत की गयीं। इन विविध व्याख्याओं एवं दर्शनों ने हमारी विचार-प्रक्रिया को प्रभावित किया है। हमने अपने इतिहास को इन दर्शनों के आलोक में नये ढंग से देखना शुरू किया। अतीत का चित्रण भी इन नयी दृष्टियों के आधार पर होने लगा और इसी बिन्दु पर ऐतिहासिक उपन्यासों का प्रणयन शुरू होता है। इस प्रकार हम स्पष्ट देखते हैं कि जब इतिहास विशुद्ध तथ्य बना तो वह रसात्मक साहित्य से दूर हटा, पर जब उसने संस्कृतियों-सभ्यताओं एवं समाज के विकास पर दृष्टिपात शुरू किया तब उपन्यासकार (या अन्य लेखक भी) पुनः उसकी ओर गये।

यों प्राचीन आख्यानों की शरण में साहित्य बहुत दिनों से जाता रहा है—पर तब उद्देश्य दूसरा था : कथा प्रामाणिक हो, जनप्रिय हो, जिससे कि रसोद्‌बोधन में व्याघात उपस्थित न हो, —मनोविज्ञान की शब्दावली में 'स्टॉक रेस्पान्स' के लिए इतिहास की शरण ली जाती थी। 'नाटकं ख्यातवृत्तं पंचसन्धि-समन्वितम्' में ख्यातवृत्तं का मूल कारण यही था—उस वृत्त की ख्याति के विरुद्ध जाना सम्भव न था—पर आधुनिक मनोविज्ञान, समाजशास्त्र, नृतत्त्वशास्त्र या इतिहास ने इन वृत्तों की प्रामाणिक ख्याति को नष्ट कर दिया है। राम ही नहीं, रावण और मेघनाद भी साहित्यकार के प्रिय बने—यही नहीं, अज्ञात व्यक्ति भी इतिहास और समाज के मन्तव्यों को व्यक्त करने का माध्यम बनने लगा। हरमैन हेस का 'सिद्धार्थ' अथवा यशपाल की 'अमिता' इस

'अख्यात वृत्त' के उदाहरण हैं। कारण यह है कि उपन्यास मात्र कथानक का स्रोत नहीं रहा—उसका सचेष्ट प्रयोग अब सम्भव हो सका है। उपन्यासकार, नाटककार, कवि आदि प्रसिद्ध चरित्रों एवं घटनाओं में दूसरे मन्तव्य ढूँढ़ने लगे हैं। किसी पौराणिक चरित्र को विश्वसनीय घटनाओं के मध्य चित्रित करने के स्थान पर युग विशेष को उसकी व्यापक और प्रबल शक्तियों के साथ उपस्थित किया जाने लगा; या कि किसी प्रसिद्ध, अज्ञात या उपेक्षित चरित्र को उसकी समस्त आशा-आकांक्षाओं एवं मानसिक द्वन्द्वों तथा बाह्य संघर्षों के साथ उपस्थित किया गया; अथवा फिर अतीत को वर्तमान के साथ जोड़ा गया—प्रेरणा या उपदेश देने के लिए। इन सभी क्षेत्रों के रिकन्सट्रक्शन के लिए लेखकों की कल्पना को अमित विस्तार मिला।

इतिहास और उपन्यास के पारस्परिक सम्बन्धों पर बहुत-से लोगों ने आपत्ति प्रकट की है। सर फ्रांसिस पालग्रेव नामक लेखक ने तो यहाँ तक कहा कि ऐतिहासिक उपन्यास एक ओर इतिहास का शत्रु है और दूसरी ओर कथा का। ऐसे लोग मात्र यह सोचते हैं कि इतिहास केवल घटनाओं या व्यक्तियों का विवरण है तथा उपन्यास मात्र कल्पना का विलास। वे यह भूल जाते हैं कि इतिहास सारे राग-विरागों के साथ अतीत का यथार्थ है और उपन्यासकार सदैव यथार्थ को पकड़ता है, चाहे वह अतीत का हो या वर्तमान का। अतः इतिहास के क्षेत्र में जाना किसी मर्यादा का उल्लंघन नहीं है। फिर क्या कोई इतिहासकार यह कहने का दावा कर सकता है कि उसने इतिहास के लिखने या जानने में कल्पना का रंचमात्र भी उपयोग नहीं किया है। वास्तव में कोई भी मानवीय क्रिया या व्यापार (Human activity) कल्पना के बिना सम्भव ही नहीं है—गणित भी नहीं। अतः यथार्थ-कल्पना के उपयोग को लेकर इतिहास या उपन्यास में कोई तात्विक विरोध ज्ञात नहीं होता। तो क्या दोनों एक ही हैं? "नहीं", इसका स्पष्ट उत्तर है। दोनों की रचना-प्रक्रिया एवं उपजीव्य श्रोताओं के अन्तर दोनों क्रियाओं के अन्तर को भी प्रकट करते हैं। इतिहास विवरण देता है, उपन्यास चित्रण करता है। चित्रण में चयन के आन्तरिक मन्तव्यों का नैरन्तर्य होता है। इसी कारण यह अधिक सूक्ष्म एवं अधिक व्यंजक होता है। उपन्यास का पाठक पढ़ते समय इतिहास की घटनाओं को नहीं जानना चाहता, नाम भी नहीं याद करना चाहता, वह तो चित्रित युग के आन्तरिक मन्तव्यों, उसके 'चेतना-प्रवाह' को जानना चाहता है और इस प्रकार इतिहास की बढ़ती हुई शक्तियों की अवगति नहीं, 'बिम्ब ग्रहण' की प्रक्रिया स्वीकार करता है। उपन्यास का चरित्र इस 'बिम्ब ग्रहण' की इकाई बनता है, जब कि इतिहास में घटना का विवरण उसके बोध की इकाई होता है। उपन्यास में इतिहास के इस 'बिम्ब ग्रहण' के कारण पाठक को जो आनन्द (या और कुछ) मिलता है, उसे रविबाबू ने 'ऐतिहासिक रस' कहा है। उनका यह मन्तव्य द्रष्टव्य है—

"पृथ्वी में कुछ ऐसे लोगों का भी अभ्युदय होता है जिनका सुख-दुख संसार

की बृहत् घटनाओं के साथ सम्बद्ध होता है। राज्यों का उत्थान-पतन, महाकाल की सुदूर की कार्य-परम्परा, जो समुद्र के गर्जन के साथ उठती और गिरती है—उसी महान कला संगीत के स्वर में उनका व्यक्तिगत विराग और अनुराग बजा करता है।"

...यदि हम उन्हें व्यक्ति-विशेष के रूप में नहीं परन्तु महाकाल के एक अंग के रूप में देखना चाहें तो हमें दूर खड़ा होना पड़ता है। अतीत के अन्दर उनकी स्थापना करनी पड़ती है, वे जिस महान रंगभूमि के नायक थे उसको और उनको मिलाकर देखना पड़ता है। इस कथन के महापुरुषवादी स्वर को संशोधित कर कहा जा सकता है कि मुख्य बात यह 'महाकाल की सुदूर कार्य-परम्परा' यानी कि इतिहास-बोध ही है। महाकाल के रूप में महापुरुष ही नहीं, नगण्य व्यक्ति भी देखा जा सकता है। इस महाकाल अथवा इतिहास की कार्य-परम्परा की अभिव्यक्ति ऐतिहासिक उपन्यासकार का दायित्व है। एक लेखक की आत्मकथा के माध्यम से हर्षयुगीन भारत की समस्त कार्य-परम्परा की अभिव्यक्ति कर हजारी प्रसाद द्विवेदी ने इसी दायित्व का पालन किया है। यहाँ यह बात फिर याद रखने की है कि दोनों एक नहीं हैं पर इतिहास और ऐतिहासिक उपन्यास के महाकाल-बोध के मूल मन्तव्यों में तनिक भी विरोध नहीं है।

ऐतिहासिक उपन्यासों के समीक्षण में उपर्युक्त बातों को ध्यान में रखना आवश्यक है। जो व्यक्ति कहानी कहने के लिए केवल तथ्य इतिहास से चुनता है, उसकी विवेचना उन तथ्यों को ध्यान में रखकर करनी होगी और ऐसी ही स्थिति में हम किशोरीलाल गोस्वामी जैसे लोगों को अनैतिहासिक कह सकते हैं। अगर कोई महापुरुष चित्रित करना उद्देश्य रहा हो तब फिर उसके चरित्र की उदात्तता उन ऐतिहासिक परिस्थितियों में देखी जानी चाहिए। जैसे कि सत्यकेतु विद्यालंकार ने हिन्दी में 'आचार्य चाणक्य' नामक ऐतिहासिक उपन्यास लिखा पर तात्कालिक राजनीति के विशृंखल वातावरण में उसके क्रिया-कलाप का ऐसा चित्रण प्राप्त नहीं होता जिससे कि वह अपने समकालिकों का अगुआ घोषित किया जा सके। परिणामतः समस्त उपन्यास पढ़ जाने के बावजूद 'चाणक्य' का चरित्र हमें गहरे ढंग से प्रभावित नहीं कर पाता। इस कमी का कारण है—उपन्यास की विवरणात्मक परिपाटी। उपन्यासकार ने चरित्र की यूनिट को नहीं, विवरण की इकाई को स्वीकार किया है। यदि लेखक किसी युग-विशेष को 'रिकन्स्ट्रक्ट' कर रहा हो तो उस समय मूल आलोच्य वस्तु होगी उस युग का आन्तरिक रूप। यदि युग के आन्तरिक मन्तव्यों को उपस्थित करने में लेखक सफल हुआ तो यदि कुछ घटनाएँ या चरित्र इतिहास के तथ्यों के अनुवर्ती न भी हों तब भी वह सफल कहा जायगा। इस सम्बन्ध में यह भी ध्यान में रखना चाहिए कि युग के आन्तरिक मन्तव्य वेशभूषा, चालढाल और बाह्य वातावरण की अपेक्षा आन्तरिक विचारधाराओं, इतिहास की विकासमान

शक्तियों एवं उस युग के 'सोशल मोरस' (Social Mores) के सम्पूर्ण चित्रण पर अधिक आधारित होते हैं। कभी-कभी ये सारी बातें होते हुए भी वर्तमान जीवन की विचार-प्रक्रिया हमको इस तरह अभिभूत किये रहती है कि बहुधा प्राचीन पात्रों और घटनाओं से उसकी अभिव्यक्ति जाने-अनजाने हो जाती है—स्पष्टतः यह अनैतिहासिक तत्त्व है और ऐतिहासिक उपन्यास को कमजोर बनाने वाला है। हिन्दी में राहुल सांकृत्यायन एवं यशपाल के ऐतिहासिक उपन्यास इस कमजोरी के शिकार बने हैं। 'बाणभट्ट की आत्मकथा' इसी कमजोरी के न होने के कारण अधिक शक्तिशाली रचना बन सकी है।

बहुधा व्यक्ति-प्रधान ऐतिहासिक उपन्यासों में दो प्रकार के दोष आ जाते हैं : या तो तमाम घटना-जाल में उद्दिष्ट व्यक्ति अप्रमुख हो जाता है—क्योंकि इतिहास का चक्र किसी एक व्यक्ति के चलाए तो चलता नहीं है—अथवा फिर ऐसा उपन्यास अत्यधिक यान्त्रिक हो उठता है। वृन्दावनलाल वर्मा के उपन्यास 'मृगनयनी' में पहला दोष है जिसमें मृगनयनी की अपेक्षा लाखी अधिक प्रमुख हो उठी है तथा 'झाँसी की रानी' में यान्त्रिकता का दोष आ गया है। चतुर उपन्यासकार इसी कारण दूसरे रास्ते अपनाते हैं। सुदूर इतिहास को अपनाने से अपने उद्दिष्ट चरित्र को अपेक्षाकृत महिमा दी जा सकती है क्योंकि वहाँ घटना के यथार्थ का बन्धन नहीं होता। मुंशी का 'भगवान परशुराम' इसी कारण 'भगवान कौटिल्य' की अपेक्षा अधिक सफल बन पड़ा है। अधिक अलौकिक एवं काल्पनिक होते हुए भी वह अधिक यथार्थ लगता है। लिखित इतिहास से बाहर होने के कारण लोक-कथानकों एवं किंवदन्तियों पर आधारित उपन्यास भी इसी कोटि के अन्तर्गत आते हैं। वर्मा जी के 'गढ़कुंडार', 'विराटा की पद्मिनी' या 'कचनार' इसीलिए अधिक सफल हैं। किसी घटना या घटना-शृंखला पर लिखे गये ऐतिहासिक उपन्यास भी ऊपर गिनाए दोषों से मुक्त होते हैं क्योंकि वहाँ पर घटना या घटना-शृंखला को उसके पूर्ण परिपाक तक पहुँचाने के लिए मददगार सारे चरित्र एवं कार्य-व्यापार प्रयोग में लाये जा सकते हैं एवं अधिक नाटकीयता की स्थापना भी की जा सकती है। मुंशी का 'पाटन का प्रमुख' अथवा गुजरात सीरीज़ के अन्य उपन्यास ऐसे ही हैं। इस प्रकार का लेखन लेखक से व्यापक ऐतिहासिक अनुशीलन की माँग करता है। उसके लिए आवश्यक होता है कि वह उन तमाम व्यक्तियों को पहचान सके जिन्होंने उस घटना की चरम परिणति में सहायता की है।

किसी अप्रमुख पात्र के माध्यम से एक सम्पूर्ण युग के पुनर्निर्माण (reconstruction) की पद्धति सर्वाधिक नवीन है। इसमें चरित्र-चित्रण के ऊपर कोई साहित्येतर अंकुश भी नहीं रहता है तथा ऐतिहासिक उपन्यास की मूल वस्तु—वातावरण निर्माण—पर अपेक्षित ध्यान दिया जा सकता है। यह बात ध्यान में रखने की है कि ऐतिहासिक उपन्यास की सबसे बड़ी शक्ति वातावरण की स्थापना में ही है। वातावरण से मेरा तात्पर्य बाहरी ही नहीं, आन्तरिक मन्तव्यों से भी है; तथा आन्तरिक मन्तव्यों तक

पहुँचना तभी सम्भव है जब समाज की द्वन्द्वात्मक गति का वैज्ञानिक ज्ञान हो और मानवीय चेतना के विविध स्तरों की आन्तरिक एकता का स्पष्ट आभास रहे।

स्वतन्त्रता के बाद इधर हिन्दी में ऐतिहासिक उपन्यासों (ऐतिहासिक कथानकों की ओर कहना अधिक युक्ति-संगत होगा!) की ओर लोगों का ध्यान गया है, परन्तु अपवादों को छोड़कर बहुधा उनमें या तो रसीली कहानी कहने की प्रवृत्ति मिलती है या फिर एक प्रकार का पुनरुत्थानवाद (revivalism)। ऐतिहासिक काव्यों एवं नाटकों के क्षेत्र में इतिहास-दर्शन की दृष्टि अपेक्षाकृत अधिक स्वच्छ है। नये ऐतिहासिक उपन्यासकारों से मेरा अनुरोध है कि वे इतिहास की गति और अतीत के मन्तव्यों का अधिक सचेत बोध ग्रहण करें एवं करायें।

आलोचना और आलोचना

आधुनिक अंग्रेजी उपन्यास*

यदि मुझसे आधुनिक अंग्रेजी उपन्यास के बारे में संक्षेप में कहने के लिए कोई कहे तो मैं नीचे लिखे कुछ उद्धरणमात्र उसके सामने उपस्थित कर देना चाहूँगा।

"उपन्यास हमारे वर्तमान बुर्जुआ समाज का महाकाव्यात्मक कलारूप है। इस समाज की तरुणाई में यह अपनी पूरी ऊँचाई तक पहुँच गया, और ऐसा प्रतीत होता है कि सम्प्रति इस समाज का पतन इस पर भी प्रभाव डाल रहा है।"[1]

"इस शताब्दी के उपन्यासकारों का मुख्य कार्य यह पहचानना रहा है कि जिस दुनिया में वह चलता-फिरता है उसकी जड़ें भयानक रूप से खिसक रही हैं, और हम लोग उद्वेलनशील परिवर्तन में रह रहे हैं। यह नहीं कहा जा सकता कि कब और किस प्रकार का स्थायी साँचा सामने आवेगा?[2]

"यह भी हो सकता है कि इस समय हम उन परिस्थितियों की आकांक्षा-भर कर सकें जो कि महान् साहित्य को जन्म देती हैं और यह भी हो सकता है कि वर्तमान और निकट भविष्य के लिए सर्वाधिक समीचीन वर्णनात्मक साहित्यरूप 'उपन्यास के अतिरिक्त' कुछ और हो।"[3]

एक अन्य उद्धरण यहाँ मैं सीट्रिल कोनोली का देना चाहूँगा कि

"(उपन्यासकार) अब अधिक समय तक चरित्र, परिस्थिति अथवा कथावस्तु को विकसित नहीं कर सकता। फ्लावेयर, हेनरी जेम्स, प्रूस्त, ज्वायस और वर्जीनिया वूल्फ ने उपन्यास को समाप्त कर दिया है। अब सब कुछ प्रारम्भ से पुनराविष्कृत करना पड़ेगा।"

आइजक्स उत्तर देते हुए कहता है—

---

* अंग्रेजी उपन्यास से मेरा तात्पर्य ब्रिटेन के अंग्रेजी भाषा में लिखे गये उपन्यासों से है। अन्य लोगों के उपन्यासों का उल्लेख केवल समानताएँ दिखाने के लिए रहा है। इसलिए अमरीकी उपन्यासों पर लगभग कुछ नहीं लिखा गया है।

1. राल्फ फाक्स : द नावेल एण्ड दि पीपुल।
2. जी.यस. फ्रेजर : द माडर्न राइटर एण्ड हिज़ माइण्ड।
3. वही।

"सौभाग्य से यह (पुनराविष्करण) कलाओं में सदा से होता आया है।"[1]

तथा फ्रेजर का कथन है कि

"बाद को (ज्वायस आदि के बाद) किसी न किसी प्रकार के एक स्पष्ट एवं प्रकट आकार-प्रकार और गठन को पुनः प्राप्त करने की चेष्टा दिखलाई पड़ती है (ग्राहमग्रीन, क्रिस्टोफर इशरवुड, रेक्स वार्नर आदि की कृतियों में), यहाँ तक कि जेम्स ज्वायस द्वारा उपन्यास के वातावरण को प्रदान की गयी आश्चर्यजनक तथा नवीन समृद्धि को खो देने की कीमत पर भी यह प्रयत्न हो रहा है।"

मेरा अनुमान है कि उपर्युक्त कुछ उद्धरणों में आधुनिक उपन्यास का सम्यक् आकलन हो जाता है।

(1)

यों तो वर्जीनिया वूल्फ ने आधुनिक उपन्यास का प्रारम्भ सन् 1910 ई. से माना है; पर उसकी प्राचीनता को 1890 तक ले जाया जा सकता है। हेनरी जेम्स और एच.जी. वेल्स उस काल के लेखक हैं। उपन्यास के प्रति हेनरी जेम्स का दृष्टिकोण कला-रूप की सचेत साधना का रहा है, और वेल्स का अपने विचारों के प्रचार के साधन-रूप में।

वेल्स एक बड़ी मौलिक शक्ति लेकर आया था। यह शक्ति विज्ञान की थी। 19वीं शती विज्ञान के वैभव की शती है। यह वह युग है जब विज्ञान के समक्ष साहित्य फीका पड़ रहा था तथा डार्विन और हक्सले मनुष्य के जीव (न) सम्बन्धी विश्वासों की नींव हिला रहे थे। इनका तरुण वर्ग पर प्रभाव उन्हें प्राचीन परम्परागत मानदण्डों के विरुद्ध विद्रोह करने के लिए प्रोत्साहित कर रहा था। इस तरुण वर्ग का ही प्रतिनिधि वेल्स हुआ। इसलिए अन्य साहित्यकारों की अपेक्षा उसने उपन्यास के कला-पक्ष की उपेक्षा की। शैली, दृष्टिकोण और विचारों के क्षेत्र में वह स्वतन्त्रचेता बनकर सम्मुख आया। उसका आदर्श महान् कलाकृतियों का सृजन नहीं, अपने विचारों को जनसाधारण तक पहुँचाना मात्र था।

हेनरी जेम्स बौद्धिक होते हुए भी 'वैचारिक' नहीं था। वह थीम और कथा को अलग नहीं करता। जिस बात के विषय में वह कहना चाहता है उसे कहता नहीं, बल्कि उपन्यास में दिखा देता है। वह अप्रत्यक्ष एवं प्रतीकात्मक ढंग से जीवन को उपस्थित करता है। कला-साधना के रूप में उसकी निर्माण-प्रक्रिया का परिष्करण इस सीमा का स्पर्श करने का प्रयास करने लगा कि उसमें एक भी पैराग्राफ, वाक्य, पदसमुच्चय या शब्द अनावश्यक न रह जाय। उसके आदर्श कथाकार तुर्गनेव तथा फ्लावेयर थे जिनकी शैली एक प्रकार की असंलग्नता (Detachment) तथा ऐकान्तिकता (Aloofness) को ग्रहण किये रहती है। जेम्स मूलतः गठन की फिक्र रखने वाला

1. जे. आइज़क्स : ऐन असेसमेण्ट ऑफ ट्वेण्टियेथ सेन्चुरी लिटरेचर।

व्यक्ति था। सूक्ष्म, संस्पर्शी, मूड के सुकुमार प्रभावों तथा दृश्यों, परिस्थितियों के विविध रूपों और संस्कारों को अनावृत्त करने वाले लेखक के समक्ष खतरा यह रहता है कि कहीं वह आकार और गठन के बोध (Sense of Structure) को विस्मृत न कर दे, जैसा कि बहुधा प्रभाववादी चित्रकला के साथ हुआ है। हेनरी जेम्स में ऐसा नहीं है, पर आगे चलकर डोरोथी रिचार्डसन, कैथरिन मैन्सफील्ड तथा वर्जीनिया वूल्फ (किन्हीं अंशों तक) के उपन्यासों में यह कमजोरी उभरी है। परन्तु इस परम्परा का अन्यतम उपन्यास जेम्स ज्वायस का 'यूलीसिज' इस गठनहीनता से बच गया है। उससे अधिक निपुणता के साथ निर्मित (Constructed) उपन्यास कम हैं। उसकी गठन एक साथ कलात्मक और नैतिक (?) स्तर पर हुई है। आधुनिक काल के अन्य अंग्रेजी उपन्यासों में किसी में भी जीवन का इतना घना दबाव, वातावरण का ऐसा गहरा विस्तार नहीं मिलता कि पाठक को अपना रास्ता बनाना पड़े। इसीलिए शायद कुछ लोगों ने इसे सब उपन्यासों को समाप्त कर देने वाला उपन्यास माना है।

इसकी तुलना मार्सेल प्रूस्त के 'एला रिचर्स दु ताम् प्रार्दु' तथा हरमैन हेस के 'स्टीपेनवूल्फ' तथा एलियास कानेती के 'आंटो डु फे' से ही की जा सकती है। ये सारे उपन्यास बीसवीं शताब्दी की विडम्बना को अपनी रचना की गहनता के भीतर पिरोने वाला इस शताब्दी के प्रारम्भिक भाग के प्रतिनिधि यूरोपीय उपन्यास हैं।

(2)

महारानी विक्टोरिया की मृत्यु के पश्चात् इंग्लैण्ड के इतिहास में सन्देह का एक नया दौर आया, यह पुरानी लिबरल परम्पराओं के नितान्त विरुद्ध था। वेल्स के साथ ही आस्कर वाइल्ड, सैमुअल बटलर आदि अन्य साहित्यकारों ने भी विक्टोरियन आदर्शों को गहरा धक्का दिया, परन्तु यह सारी नवीनताएँ एवं धक्के ऊपरी सतह के थे। किन्हीं ऐसी महत्त्वपूर्ण समस्याओं का अभाव-सा था जो सम्पूर्ण राष्ट्र की मेधा को झकझोरतीं। यह एडवर्डियन युग एक ऐसी निष्क्रिय शान्ति का युग था जिसमें केवल सामान्य चिन्तन और सुविधा का रहन-सहन हो सकता था। सन् 1900 से 1914 का समय अंग्रेजी जीवन का सामान्य, नार्मल शान्ति का काल है। उसके पश्चात् आज तक ब्रिटेन संक्रान्ति-काल से पूरी तरह उबर नहीं पाया। यह काल वास्तव में मध्यवर्ग के पूर्ण अभ्युदय का था। मजदूर-वर्ग अभी तक प्रमुख नहीं हो पाया था; प्राचीन कुलीन अभिजात वर्ग निर्बल हो रहा था तथा अभिजात श्रेणियों में धन और बुद्धि का भी आभिजात्य स्वीकार कर लिया गया था। वेल्स जैसे साधारण घरों के लोग अभिजात वर्ग में सम्मानित स्थान प्राप्त कर चुके थे। इस एडवर्डियन नार्मेलिटी के प्रमुख उपन्यासकार गाल्सवर्दी और आर्नल्ड बेनेट हैं। उनके उपन्यास इस अभ्युदित मध्यवर्ग के जीवन को प्रतिबिम्बित करते हैं; मध्यवर्गीय वृत्ति के कारण ही इन उपन्यासों में चित्रित जीवन विक्टोरियन युग की अपेक्षा कहीं संकीर्ण है; क्योंकि

मध्यवर्ग की यह सार्वत्रिक विशेषता रही है कि वह अपने से ऊँचे तथा अपने से नीचे दोनों वर्गों की सापेक्षिकता में अपनी परिधियों एवं अपनी शक्तियों के प्रति सजग रहता है; इसीलिए सदैव अपनी सीमा के भीतर केन्द्रित रखने का प्रयास करता है। उपर्युक्त दोनों औपन्यासिकों में व्यापक जीवन की जटिलताओं की अपेक्षा समाज के एक महत्त्वपूर्ण हिस्से का नजदीकी दृश्य प्राप्त होता है।

गाल्सवर्दी का संसार धर्म, कला, दर्शन, पाण्डित्य तथा विशेषत्वप्राप्त राजनीति से किंचित पृथक् उच्च मध्यमवर्ग का था। 'द फोरसाइट सागा' सीरीज़ के उपन्यासों में इस वर्ग को प्रारम्भ में व्यंग्यात्मक ढंग पर लिया गया है पर बाद को सहिष्णु होते-होते गाल्सवर्दी ने इसे सहानुभूति दी है। आर्नल्ड बेनेट की अपेक्षा उसके उपन्यास 'उद्देश्यपूर्ण' इस अर्थ में अधिक हैं कि उनमें एक प्रकार के नैतिक मानदण्डों को लादने का प्रयत्न सदैव किया गया है। उसकी सहानुभूति कमजोर के साथ थी अवश्य, पर वर्गचेतना के उस स्तर को उसका मस्तिष्क नहीं ग्रहण कर सका जिसमें कि सहानुभूति एक वर्ग-विशेष की ओर उन्मुख हो जाती है।

आर्नल्ड बेनेट गाल्सवर्दी का समकालीन, मध्यवर्ग का चितेरा और एडवर्डीय इंग्लैण्ड को अभिव्यक्ति देने वाला होने पर भी गाल्सवर्दी से काफी भिन्न है। वह निम्न मध्यवर्ग का उपन्यासकार है। उसके पास गाल्सवर्दी जैसा कोई उच्च नैतिक मानदण्ड भी नहीं था और न अन्याय और कटुताओं के प्रति कोई वास्तविक भय। पर उसकी प्रतिभा में नाना सम्बन्धों को देखने की एक निरपेक्ष (Detached) दृष्टि थी जिसको कि उपलब्ध करने का सतत प्रयास गाल्सवर्दी ने किया था। उसकी तुलना किन्हीं अंशों तक फ्लावेयर के साथ की जा सकती है। फ्लावेयर के 'मदाम बोवारी' की भाँति ही प्रान्तीय जीवन का विस्तृत वर्णन हमें 'ओल्ड वाइव्स टेल' में वैसी ही निरपेक्ष दृष्टि के साथ मिलता है। वास्तव में 'प्रान्तीय जीवन' ही उसकी प्रतिभा का वास्तविक क्षेत्र था जिसका दुरुपयोग उसने सस्ते रोमांस और साहित्यिक पत्रकारिता में किया; क्योंकि भौतिक सफलता को उसने अपना आदर्श बना लिया था। किसी दार्शनिक दृष्टि के अभाव के कारण उसकी यह पत्रकारिता सस्तेपन की ओर अधोमुखी रही। 'ओल्ड वाइव्स टेल' के अतिरिक्त 'क्लेहैंगर' तथा 'राइसीमैन स्टेन्स' उसकी प्रतिभा के निदर्शक अन्य उपन्यास हैं।

हेनरी जेम्स की कला-साधना की परम्परा का इस काल का एक अन्य महत्त्वपूर्ण उपन्यासकार जोसेफ कानराड है। अपनी 'माडर्निटी' में यह व्यक्ति लगता है कि समय से कुछ पूर्व आ गया था वैसे ही जैसे कि हापकिन्स काव्य के क्षेत्र में समय से कुछ पूर्व जान पड़ता है। कानराड को लोगों ने रोमाण्टिकों में अन्तिम रोमाण्टिक माना है। वह जन्म से पोल था, अपने रीति-ढंग (Manners) में वह फ्रान्स से प्रभावित था और अंग्रेजी प्रवृत्ति का उसने धीरे-धीरे अर्जन कर लिया था। अपनी शैली की आन्तरिक रचना के घनत्व, कथाक्रम में समय के परिवर्तन (Shifting of time) तथा पूर्वदीप्ति

(Flash back) आदि में वह आधुनिक कथा सम्बन्धी प्रयोगों के प्रणेताओं में है। 'द मिस्ट आफ सी' में उसने अपने समुद्री जीवन के अनुभवों को प्रकाशित किया है, तथा 'लार्ड', 'जिम एवं चान्स' जैसे उपन्यासों में कथा सम्बन्धी नवीन प्रयोग।

ई.एम. फार्स्टर का 'ए पैसेज टु इण्डिया' महत्त्वपूर्ण उपन्यास है। फार्स्टर का यह उपन्यास यद्यपि सन् 1924 में प्रकाशित हुआ पर अपनी टेकनीक और विषयवस्तु दोनों की दृष्टि से यह युद्धोत्तरकालीन उपन्यासों में न रखा जाना चाहिए। वास्तव में उसके अन्य उपन्यास एडवर्डियेन युग के ही हैं। इस उपन्यास में भारत में शासन करने वाले अंग्रेज वर्ग और शासित भारतीयों की मनोवृत्ति का चित्रण किया गया है। किपलिंग ने अंग्रेज प्रभुओं के कृपाकांक्षी भारतीयों की दृष्टि से जहाँ इन साम्राज्यवादियों की उदारता का उदात्त रूप देना चाहा था वहाँ फार्स्टर ने इस जातीय पूर्वाग्रह से ऊपर उठकर भारतीयों की दृष्टि से जातीय उच्चता की हिस्टीरिया से ग्रस्त तथा मानवीय सुषमा से रहित उपनिवेशवादी अंग्रेजों को चित्रित किया है। यद्यपि ब्रिटिश अधिकारियों के फन्दे को वह नहीं दिखा सका, उसने सिस्टम पर नहीं, व्यक्तियों पर दोषारोपण किया है। जार्ज मूर, फोर्ड मैडोक्स फोर्ड तथा नारमन डगलस इस काल के अन्य प्रमुख उपन्यासकार हैं।

(3)

हेनरी जेम्स ने 'द यंगर जेनरेशन' नामक एक निबन्ध सन् 1914 में लिखा था। 'नये' की परिभाषा देते हुए उसका कहना है कि

> *"हमसे पूर्ववर्ती लोगों ने जितना जोर इन पर दिया था, साधारणतया उसकी अपेक्षा कहीं अधिक समीपी अंकन की भूख, जीवन के लक्षणों तथा चेतना का तीखा बोध और मानवीय दृश्यों तथा परिस्थितियों के प्रति सावधानता।"*

वर्जीनिया वूल्फ ने 1924 में एक विस्मयजनक बात कही, "दिसम्बर 1910 में, या उसके आसपास मानव-चरित्र बदल गया।" 1910 के दिसम्बर में सबसे अधिक महत्त्वपूर्ण घटना 'ग्रैफ्टन गैलरी' में 'उत्तर प्रभाववादी' (Post-Impressionist) चित्रों की प्रदर्शनी का उद्घाटन थी; जिसमें वान गॉग, गॉगिन, मैनिसे, पिकासो और सेजाने की कलागत नवीनताओं को गहरी रुचि से और ताजगी के साथ देखा गया। बेनेट जैसा उपन्यासकार भी इससे प्रभावित हुआ था। उसने यह सन्देह प्रकट किया था कि कोई तरुण लेखक रंगों के इस प्रयोग को शब्दों में भी उतार सकता है। कहना न होगा कि बेनेट की यह आशंका सत्य सिद्ध हुई।

वास्तव में बीसवीं शती के उपन्यासकार और चित्रकार की समस्याएँ बहुत कुछ मिलती-जुलती हैं। इन कलाकारों के सम्मुख प्रश्न उपस्थित था कि अभिव्यक्ति प्रत्यक्ष होनी चाहिए या प्रच्छन्न? वह प्रतिनिधिक और फोटोग्राफिक हो या प्रभावात्मक और अरूपात्मक? सत्य की अभिव्यक्ति और यथार्थ की उपलब्धि पर सभी सहमत

थे; पर उनका ढंग और रीति क्या हो? **कैराइन मैन्सफील्ड** ने कहा कि "सत्य का ऐसा कथन जैसा कि सिर्फ एक झूठा ही कह सकता है।" **अर्नेस्ट हेमिंग्वे** ने भी कुछ इसी टोन में कहा कि "उसके अनुभवों से सत्य की उत्पत्ति ऐसी हो जिसका वर्णन किसी भी तथ्यात्मक बात से अधिक सत्य हो।" प्रूस्त से एक बार उसके एक मित्र ने गॉरमों (Gaurmont) का यह कथन उद्धृत किया कि कोई उसी के बारे में अच्छा लिख सकता है जिसको उसने स्वयं नहीं किया। प्रूस्त उछल पड़ा यह कहते हुए कि यही तो मेरा सारा कृतित्व है। अस्तु, इस काल के साहित्य पर चित्रकला के विविध प्रयोगों में उत्तर प्रभाववाद, भविष्यतवाद, कोणवाद, अभिव्यंजनावाद और रूसी वैले, इन सबका प्रभाव किसी न किसी रूप में पड़ा, परन्तु सबसे अधिक प्रभाव रूसी साहित्य विशेषरूप से दास्ताएव्स्की तथा मनोविश्लेषणशास्त्र का पड़ा।

दास्ताएव्स्की के अनुवाद अंग्रेजी में सन् 1912 से आने प्रारम्भ हुए। उन्होंने सम्पूर्ण साहित्य को झकझोर दिया। उसके साथ साहित्य चेतना की सतह के नीचे की अगाध गहराइयों में उतर गया। ऐसा लगा कि मनुष्य का ज्ञान-स्तर पूरे तौर से चित्रित किया जा चुका है और अब अज्ञान के द्वार उन्मुक्त करने की आवश्यकता है। वास्तव में इस प्रवृत्ति के पीछे सामाजिक जीवन की वह अवस्था थी जिसमें जीवन की जटिल परिस्थितियों के कारण व्यक्ति अपने को बड़े परिप्रेक्ष्य में रखकर देखने में असमर्थ हो गया। वह धीरे-धीरे केन्द्र की ओर सिमटता गया। ऊपर संकेत किया गया है कि मध्यमवर्ग के उपन्यासकार अपेक्षया संकीर्ण का चित्रण करते हैं; विशृंखलित होता हुआ मध्यमवर्ग (युद्ध के बाद) से आगे और संकीर्ण हो व्यक्ति के अहं में असामाजिकता का शिकार होकर केन्द्रित होता गया। ये उपन्यासकार दास्ताएव्स्की की आन्तरिक गहनता को तो प्राप्त करना चाहते हैं पर मानवीय दिव्यता पर उसका जो अखण्ड विश्वास है, मानवीय सम्बन्धों की सूक्ष्म सूत्रों की जो चेतना है, उसे ये लोग ग्रहण नहीं कर पाते। करें भी क्या, अनास्था वैसा विश्वास रहने ही कहाँ देती है?

दास्ताएव्स्की के साथ ही साथ इस अवचेतन को बढ़ावा देने वाला फ्रायड आया। अंग्रेजी भाषा में पहले-पहल सन् 1910 में 'अमेरिकन जरनल ऑफ साइकालॉजी' में उसकी स्वप्न-सम्बन्धी धारणाओं का विवरण प्रकाशित हुआ और सन् '13 में उसकी 'इण्टरप्रेटेशन ऑफ ड्रीम्स' का अंग्रेजी अनुवाद निकला।

> *'मनोविश्लेषण युद्ध के लिए समय से आया और उसने दास्ताएव्स्की के प्रभाव में योग दिया...। बहुत-से लेखकों ने फ्रायड को खाइयों में पढ़ा।'*

नृतत्त्वशास्त्र तथा फ्रेजर के 'गोल्डेन बाउ' ने धर्म की उत्पत्ति और प्रकृति के बारे में पहले ही शंका-सन्देह उत्पन्न कर दिये थे, अब मनुष्य के नैतिक और आचार सम्बन्धी मूल्यों पर फ्रायडीय सिद्धान्तों ने और गहरे आघात किये। उन दिनों फ्रायड और उसके सिद्धान्त सामान्य चर्चा के विषय बने हुए थे। सन् 1913 में डी.एच. लारेन्स

ने 'सन्स एण्ड लवर्स' फ्रायडीय उपन्यास बिना फ्रायड को पढ़े ही लिखा था क्योंकि फ्रायड वातावरण में पूरी तरह व्याप्त था। सिनक्लेयर और रेबेका वेस्ट के 'द थ्री सिस्टर्स' और 'रिटर्न ऑफ द सोल्जर' में भी उसके सिद्धान्तों का पुट है। 1920 में जे. डी. बेरेसफोर्ड ने कहा था—

"सभी कालों में प्रसिद्ध वैज्ञानिकों द्वारा उपस्थित किये गये मानव-प्रकृति सम्बन्धी सिद्धान्तों में फ्रायड द्वारा प्रस्तुत सिद्धान्त सबसे अधिक आकर्षक और कथा के उद्देश्यों के लिए ग्रहण-योग्य हैं।"

धीरे-धीरे मनोविश्लेषणशास्त्र लेखक-ज्ञान का एक आवश्यक अंग बनता गया।

सन् 1919 में वर्जीनिया वूल्फ ने एक महत्त्वपूर्ण निबन्ध 'मॉडर्न फिक्शन' लिखा था। इसमें वेल्स, बेनेट और गाल्सवर्दी की कटु आलोचना करते हुए उसने अपना मन्तव्य प्रकट किया था कि ये लेखक 'वस्तुवादी' हैं और वस्तुवादी से उसका अभिप्राय है कि ये लोग महत्त्वहीन की बातों पर लिखते हैं। इसी लेख में वूल्फ ने जीवन की वह प्रसिद्ध परिभाषा दी है जिसका अंकन करने का प्रयास इस खेवे के लेखकों ने किया है। उसके अनुसार

"जीवन व्यवस्थित रूप से सजाई गयी दीपमाला नहीं है, वह ऐसा चमकदार प्रभामण्डल है जो हमारी चेतना को आद्यन्त अपने झीने और अर्धपारदर्शी आवरण से आच्छादित किये रहता है।"

वह प्रश्न करती है कि क्या उपन्यासकारों का यह कर्तव्य नहीं है कि अपनी अनिर्दिष्ट और जटिल गति के बावजूद इस स्वच्छन्द और परिवर्तनशील जीवनोच्छ्वास को बिना किसी विजातीय मिश्रण के प्रेषणीय बनावें। उसके अनुसार 'जीवन, आत्मा, सत्य या यथार्थ' जो मूलवस्तु है, वह आगे बढ़ चुकी है या बढ़ रही है और अब हमारे द्वारा प्रस्तुत किये जाने वाले बेडौल लबादों को ओढ़ नहीं पाती। एक साधारण दिन एक साधारण मस्तिष्क की परीक्षा कीजिए—हमारा मस्तिष्क असंख्य 'प्रभाव' ग्रहण करता है। क्षुद्र, असंगत, संक्रमणशील और इस्पात के नुकीलेपन से गढ़े हुए 'प्रभाव' सभी ओर से अणुओं की अविराम वर्षा जैसे आते हैं और महत्त्व का क्षण प्राचीन से कुछ भिन्न पड़ता है। इन सबका एक महत्त्वपूर्ण परिणाम है कि यदि लेखक एक स्वतन्त्र व्यक्ति है, गुलाम नहीं; उसे 'जो अवश्य लिखना चाहिए' के स्थान पर यदि वह अपनी रुचि का लिखता है, अगर वह सिर्फ रूढ़ि नहीं बल्कि अपनी अनुभूतियों पर अपनी कृति को आधारित कर सकता है तो वहाँ स्वीकृत शैली पर कथानक, सुखान्त-दुखान्त कथा, प्रेम की दिलचस्पी या अन्तिम परिणति (Catastrophe) नहीं होगी। हमारी चेतना पर गिरने वाले इन अणुओं के पैटर्न—चाहे वे कितने असम्बद्ध या अर्थहीन क्यों न जान पड़ें—को खोजने वाले जेम्स ज्वायस आदि को वह आध्यात्मिक (Spiritual) कहती है तथा वेल्स आदि को वस्तुवादी।

इस प्रकार के उपन्यासों को 'चेतनाप्रवाह' वाले उपन्यास कहा गया है।

'चेतनाप्रवाह' मनोविज्ञान का शब्द है जिसका प्रयोग आलोचना के क्षेत्र में सिनक्लेयर ने डोरोथी रिचार्डसन के उपन्यास 'प्वाइण्टेड रूफ्स' (Pointed Roofs) की चर्चा, 'द इगोइस्ट' के अप्रैल, 1918 के अंक में करते समय किया था। यह 'चेतनाप्रवाह' पद्धति वास्तव में चित्रकला के 'इम्प्रेशनिज्म' की पर्याय है। ऊपर विस्तार से दिये गये वर्जीनिया वूल्फ के मन्तव्य में प्रभाववादी चित्रकला के समीक्षक आर.ए.एम. स्टीवेन्सन का स्पष्ट प्रभाव है।

जैसा कि वूल्फ के मन्तव्य से प्रकट है—आज का उपन्यासकार अपनी अनुभूतियों पर आधारित है। उसके उपन्यास इसी कारण जीवनीप्रधान होते जा रहे हैं। आधुनिक कथा-साहित्य की एक महत्त्वपूर्ण विशेषता है कि उपन्यासों में उपन्यासकार की दखल बढ़ती जा रही है। फ्लावेयर, तुर्गनेव, दास्ताएव्स्की, हेनरी जेम्स आदि ने जिस निरपेक्ष, असंलग्न (Detached) शैली की साधना की थी वह समाप्त हो गयी। उपन्यासकार अब किसी भी समय उपन्यास के भीतर आ सकता है।

जेम्स ज्वायस का 'यूलीसिज़' इस नये प्रयोगवाद, नवीन दुख तथा मानव-समाज के प्रति नवयथार्थवादी दृष्टिकोण को प्रकट करने वाला और नये ज्ञान के आधार पर चलने वाला प्रमुख उपन्यास है। इसमें केवल एक व्यक्ति की, चौबीस घण्टों की कथा है। चूँकि इस प्रकार के उपन्यासों में प्रत्येक क्षण मस्तिष्क पर पड़ने वाले असंख्य प्रभावाणुओं का रेकार्ड उपन्यासकार को देना होता है, अतः उसमें आन्तरिक रचना (Texture) पर अधिक वल देने की आवश्यकता पड़ती है। 'टेक्सचर' का जितना घनत्व और सान्द्रता इन 'चेतना-प्रवाही' उपन्यासों में मिल सकता है उतना अन्यत्र नहीं। यहीं पर एक बात ध्यान देने की है कि इस खेवे के अन्य उपन्यासकारों ने जहाँ विषयीगत (Subjective) ढंग के प्रयोग के द्वारा यह प्रगाढ़ता लाने की चेष्टा की है वहीं जेम्स ज्वायस ने इस ढंग को वस्तुगत साँचे में पिरोकर उपस्थित किया है। ल्योपोल्ड ब्लूम या स्टीफन डैडालस के आत्मकथन, वह बहुधा बाह्य संसार के वर्णनों के उल्लेख द्वारा बाधित कर देता है। विशुद्ध 'चेतना-प्रवाह' का उदाहरण अन्त में श्रीमती ब्लूम का हृदयोद्‌गार है। 'विषयी और विषय' के इस समन्वय के कारण यूलीसिज़ में गठन और आन्तरिक रचना (Texture and Structure) का अपूर्व मेल हो सका। परन्तु बाद को अन्य उपन्यासकार—जैसा कि ऊपर कहीं मैं उल्लेख कर चुका हूँ—इस सन्तुलन को नहीं निभा सके। सम्भवतः इसी कारण ह्यू वालपोल को कहना पड़ा था कि **"यह विधि बहुत सरल है—चालाकी, आराम और साहस से भी भरी हुई।"** परंन्तु ज्वायस के साथ ऐसा नहीं है। उसने अपने उपन्यास को कठिन साधना और अनुशासन (Discipline) से होकर गुजरने दिया है। उसके पात्र अपनी विविधताओं के कारण व्यक्ति-चरित्र भी हैं; पर उनका एक प्रतीक-मूल्य भी है। उसके पात्रों के साथ हम एकाकार नहीं होते बल्कि उन्हें एक बड़े परिप्रेक्ष्य में रखकर देखते हैं। यही उसकी सबसे बड़ी उपलब्धि है।

1920 और बाद के कथा-साहित्य पर फ्रेंच उपन्यासकार मार्सेल प्रूस्त का बड़ा प्रभाव पड़ा है। उसकी थीम को फ्रांसीसी में 'रिकुइलमेण्ट' कहा गया है, इसके अर्थ हैं 'किसी के जीवन' के सम्पूर्ण सूत्रों को पुनः एकत्र करना। जीवन प्रभावशील है, पर कोई व्यक्ति अपने जीवन की प्रमुख घटनाओं और बातों को अपने मस्तिष्क में इकट्ठा कर सकता है। परन्तु उन बातों और क्षणों को उसी बीते हुए अर्थ में पुनः ग्रहण कर सजीवित करना तथा उस बीते हुए को वर्तमान परिप्रेक्ष्य में पुनः ग्रहण कर सजीव करना कठिन कार्य है। पर इसी ग्रहण और सजीव करने की प्रक्रिया में प्रूस्त की सफलता है। उसके लम्बे वाक्य इस गति के साथ प्रतिक्रियाएँ बनाते चलते हैं। नाना प्रकार के वैयक्तिक अनुभवों और प्रभावों को वह सामान्यीकृत करके दार्शनिक परिणति देने का प्रयत्न करता है। (अज्ञेय के पुष्ट गद्य तथा सूक्ष्म सौन्दर्य-संवेदना से युक्त प्रकृति-चित्रों पर प्रूस्त का प्रभाव देखा जा सकता है।) जर्मनी का हरमैन हेस भी बहुत कुछ इसी श्रेणी का समकालीन उपन्यासकार है।

प्रूस्त और ज्वायस का सम्मिलित प्रभाव लेकर आने वाली वर्जीनिया वूल्फ में क्षण-क्षण तक की जाग्रत संवेदना का जटिल चित्रण तथा संकुल कथानक एवं सूक्ष्म स्थितियाँ प्राप्त होती हैं। उसके पात्र दूसरे पात्रों से उतना नहीं उलझते जितना कि आसपास बिखरी अथवा गुजरती हुई वस्तुओं और क्रियाओं पर ध्यान देते हैं। उसका आन्तरिक व्यक्तित्व इन बाह्य संवेदनाओं के माध्यम से अपना द्वन्द्व प्रकट करता है। ज्वायस और प्रूस्त के अतिरिक्त उस पर जार्ज मूर तथा अपने पिता की दृढ़ बौद्धिकता का भी किंचित् प्रभाव है। ज्वायस की शब्द-बहुलता और प्रूस्त की छोटी घटनाओं को अतिरंजना द्वारा महान् बनाने के प्रयत्न, इन दोनों खड्डों से बचकर उसने यथार्थ को संगीतात्मक बनाने का प्रयास किया है। उसकी शैली संगीत की लय तथा आन्तरिक रचना (Texture) के अनुरूप अपने को ढालती गयी है। 'मिसेज डैलोवे' उसका श्रेष्ठ उपन्यास है जिसमें अपने अन्य उपन्यासों की अपेक्षा उसने बाह्य संसार एवं अपनी कल्पना के बीच किसी हद तक सन्तुलन स्थापित किया है।

डी.एच. लारेन्स की प्रतिभा अहं-केन्द्रित तथा यौनकुण्ठाओं से ग्रसित है। उसमें एक प्रकार की आदिम भावना (Primitivism) सर्वदा विद्यमान रही। अपनी शक्ति और प्रतिभा के द्वारा किसी हद तक उसने फ्रायड का दुरुपयोग भी किया। द्रष्टा (Prophet) बनने के फेर में उसकी प्रतिभा ने काफी चक्कर खाया है। अपने बारे में हक्सले को एक पत्र लिखते हुए उसने कहा था, "तुमने अपने-आप को क्या बना लिया है, इस बात में नहीं, बल्कि तुम किस धातु के बने हो, इसमें उसकी अधिक दिलचस्पी है।" 'सन्स एण्ड लवर्स' तथा 'लेडी चैटरलीज़ लवर' में उसने जैविक आवश्यकताओं और शरीर-धर्मों को गौरवमण्डित करके चित्रित करना चाहा।

वूल्फ यदि मूड्स और सूक्ष्म संवेदनाओं की चित्रकार थी और लारेन्स मनोवेगों एवं भावनाओं का तो आल्डस हक्सले बुद्धि के विविध स्तरों का उपन्यासकार है।

अपने व्यंग्यात्मक पुट के बावजूद वह कहीं-कहीं नीरस और उबा देने वाला उपदेशक बन जाता है। सरसता की दृष्टि से उसके अपेक्षाकृत अपरिपक्व प्रारम्भिक उपन्यास 'ऐण्टिक हे' आदि अधिक रुचिकर हैं। दार्शनिक वाद-विवादों को तो वह किसी हद तक निभा ले जाता है परन्तु सामान्य अनुभूतियों एवं आवेगों को चित्रित करने में वह अपेक्षाकृत असफल हुआ है। इस अविश्वसनीय संसार में अपनी बौद्धिकता के बल पर वह कुछ विश्वास प्राप्त करना चाहता है, परन्तु अनास्था और सन्देह उसकी बौद्धिकता (आज के सारे विश्व की बौद्धिकता के भी) के मूल तत्त्व होने के कारण किसी पर भी वह ठीक से विश्वास नहीं कर पाता। तर्क की कसौटी पर उसका विश्वास खरा उतरना चाहिए और जब यह सम्भव नहीं हो पाता या सम्भव नहीं हो पाया तो वह एक प्रकार के रहस्यवाद की ओर उन्मुख हुआ है।

ज्वायस का मित्र तथा समकालीन पर्सी विंढम लेविस नितान्त भिन्न कोटि का उपन्यासकार है। सन् 1920 के आसपास ही उसका महत्त्वपूर्ण उपन्यास 'टार' (Tarr) प्रकाशित हुआ था। 'यूलीसिज़' आदि उपन्यासों में जहाँ पात्रों को अन्तर से देखा गया है वहाँ लेविस के उपन्यासों में उसे बाहर से देखने का प्रयास हुआ है। वह चरित्रों की अनुभूतियों और संवेदनाओं की अपेक्षा उनकी रूपरेखा, बाह्य आकार तथा व्यवहार में अधिक रुचि लेता है। परन्तु लेविस के ऊपर सबसे बड़ा आक्षेप सहानुभूति-तत्त्व का अभाव माना जाता है। वह मनुष्य को मिथ्यावादी, बेहूदा तथा हास्यास्पद मानता है। उसके मन में एक सतत अवज्ञा का भाव विद्यमान रहता है। मनुष्य करुणा और दया का नहीं; अवज्ञा, घृणा और व्यंग्य का पात्र है। 'टार' का प्रमुख चरित्र क्रेसलर एक स्नायु-रोगी है, वह नायक की मिस्ट्रेस के साथ बलात्कार करता है, अधिकृत रूप से द्वन्द्व-प्रथा उठ जाने के बाद भी अपने एक विरोधी को मार डालता है और अन्ततः स्वयं को मार लेता है। क्रेसलर लेविस के लिए एक मूर्ख और हिंसक प्राणीमात्र है, जिसके ऊपर केवल हँसा जा सकता है। अथवा एक आवेगहीन व्यंग्य मात्र किया जा सकता है। वास्तव में व्यंग्य का यह एक नया दृष्टिकोण था—जिसमें कि व्यंग्य किसी सामाजिक बुराई, वर्ग, मत या विश्वास के विरुद्ध नहीं, बल्कि पूरे मानवीय अस्तित्व के विरुद्ध प्रयुक्त हुआ है। मानव-सुलभ सहानुभूति के इस अभाव ने लेविस को जनप्रिय नहीं होने दिया। वास्तव में प्रच्छन्न भाव से वह फासिस्ट शक्तियों का प्रवक्ता बन बैठा था।

(4)

जैसा कि ऊपर संकेत किया जा चुका है—भौतिक विज्ञान, नृतत्त्वशास्त्र तथा मनोविश्लेषणशास्त्र आदि ज्ञान की नूतन विकासमान शाखाओं ने समाज के प्रचलित सारे नियमों, रूढ़ियों, नैतिक और धार्मिक मान्यताओं के आगे एक प्रश्नचिह्न लगा दिया था। विज्ञान के 'नये देवता' पर विश्वास जम ही रहा था कि युद्ध की विभीषिका ने

उसके प्रति भी विरक्ति की भावना जगाई। युद्ध ने सभी वर्गों, सेक्स एवं स्टेट्स पर अपना प्रभाव डाला। उसने अवचेतन में स्थित गहरे सामाजिक विश्वासों को हिला दिया। सन् 1815 के बाद ब्रिटिश राष्ट्र किसी ऐसे बड़े संघर्ष में प्रवृत्त नहीं हुआ था जिसमें उसका सारा अस्तित्व दाँव पर लग जाय। अतः इतने दिनों की शान्ति के बाद इस भयानक संघर्ष ने सारे सामाजिक जीवन को भयंकर उत्तेजना देकर बिखेर दिया।

बाह्य जीवन में कोई ऐसी निश्चित और स्थायी स्थिति नहीं थी, जिसके सहारे व्यक्ति खड़ा हो सके। युद्ध के बाद भी सारे यूरोप में शक्ति के द्वन्द्व चालू रहे। ऐसा सामाजिक वातावरण व्यक्ति की रक्षा करने में असमर्थ रहा; और वह आत्मकेन्द्रित होता गया। इसी मानव-विडम्बना को इलियट अपनी 'वेस्टलैण्ड' कविता में अभिव्यक्त करता है और सामाजिक जीवन का यही खोखलापन, हमें ज्वायस, प्रूस्त, डोरोथी रिचार्डसन, फ्रैंज काफ्का, हरमैन ब्रॉक, डॉबलिन, हरमैन हेस, आन्द्रेज़ीद, एलियास कानेती आदि के उपन्यासों में प्राप्त होता है। इसी प्रवृत्ति का अनेकरूपा विकास लारेन्स, वूल्फ, लेविस, ग्राहम ग्रीन, रेक्सवार्नर, लुई फर्डिनैण्ड सैलाइन, थामस मान, अन्द्रे मैलरा आदि में प्राप्त होता है। किसी में एक रोमांचक निराशा है तो कुछ (यथा ग्राहम ग्रीन, हक्सले, मारियाक, हरमैन ब्रॉक आदि) पूँजीवादी सभ्यता के विघटनशील मूल्यों में कोई निरपेक्ष स्वतः उद्भूत अथवा रहस्यवादी मर्यादा ढूँढ़ने का प्रयत्न करते हैं; तथा कुछ लोग (अलेक् ब्राउन, इशरवुड, हेनरी बारबुसे, जान सोमरफील्ड, यल.जी. गिबन आदि) मार्क्सवाद के निकट इन मानवीय मूल्यों की प्रतिष्ठा के लिए जाते हैं। अस्तु, ऊपर के विवरण से यह प्रकट है कि सारे यूरोप पर यह भयावह स्थिति छायी हुई थी और विविध देशों के उपन्यासकार सारे विरोधों के बावजूद समानधर्मा-से दृष्टिगोचर होते हैं।

जर्मनी के उपन्यासकार डावलिन के 'अलेक्जेण्डर प्लाट्ज' का एक पात्र कहता है—

> *"मनुष्य, सुअरों, गायों, बैलों और बछड़ों की भाँति काटे गये हैं। रक्त बहा है और काली मोटी परतों में जम गया है; और अधिक खून निश्चित रूप से बहना है; अकथ्य पीड़ा हम सबकी प्रतीक्षा में है।"*

जर्मनी के ही अन्य लेखक हरमैन ब्रॉक का 'स्लीपवाकर्स' और टामसमान का 'बुडेनब्रक्स' भी इसी अव्यवस्था, विशृंखलता, विघटन, हिस्टीरिया तथा वैचारिक दिग्भ्रम को उपस्थित करते हैं। फ्रांस में कुछ आगे चलकर आन्द्रे मैलरा इस भयावह स्थिति को अपने 'द रायल वे' उपन्यास के नायक के मुख से इस प्रकार कहलवाता है—

> *"मेरी ही भाँति तुम भी जानते हो कि जीवन अर्थहीन है। एकान्त में मनुष्य अपने लक्ष्य के बारे में सोचने के लिए विवश है। जीवन की निरर्थकता के प्रत्यक्ष प्रमाण के सदृश मृत्यु सतत विद्यमान है।"*

इस विघटन और उद्विग्नता को [जिसे कि आडेन ने उद्विग्नता का युग (Age of

Anxiety) कहा है] इस काल के लेखकों ने अनेक रूपक-कथाओं और अन्योक्तियों के सहारे व्यक्त करना चाहा है। वास्तव में आधुनिक उपन्यास ने कविता के तत्त्वों को अपनाया है। वूल्फ आदि ने मनोवेगों, चित्तवृत्तियों, भावनाओं को उनके काव्यात्मक क्षणों में पकड़ने का प्रयास किया है तथा रूपविधान एवं गठन आदि के क्षेत्र में भी अनेक उपन्यासकारों ने काव्य की पद्धति अपनाई है—अपनी बात को अध्यान्तरित करके कहने की, रूपकों और प्रतीकों के व्यवहार की पद्धति काव्य से ही ग्रहण की गयी है। जो प्रतीक इनमें बार-बा्र आते हैं वे मलिनता, अशुचि, क्षणभंगुरता तथा सड़ाँध के होते हैं। बहुधा इनकी परीक्षा करते समय समीक्षक कहता है कि अपने मस्तिष्क की सड़ाँध और गन्दगी को ही सामाजिक जीवन पर लादने का प्रयास इन लेखकों ने किया है। परन्तु इस तर्क को उलटकर यों भी कहा जा सकता है कि सामाजिक वातावरण ने ही इन लेखकों के मस्तिष्क को ऐसा रंग दिया है। वस्तुतः यह अशुचि, वर्तमान सभ्यता की विघटनशील स्थिति की भी द्योतक हो सकती है तथा आध्यात्मिक अवमूल्यन की भी। लारेन्स के उपन्यासों में जैसा कि कभी-कभी हुआ है, यह सामाजिक कड़ुआहट की भी प्रतीक बन सकती है।

बीसवीं शती की ध्वंसमान यूरोपीय सभ्यता वास्तव में वर्द्धमान विराट शहरों की सभ्यता है; सम्भवतः इसीलिए आधुनिक काल के कतिपय महत्त्वपूर्ण उपन्यासों में अपनी समस्त विविधता और समृद्धि के साथ नगर, मानवबिम्ब के रूप में प्रयुक्त हुआ है। ज्वायस में यह डबलिन नगर है तथा एलियास कानेती की श्रेष्ठ कृति 'आटो डु फे' में वियना तथा डबलिन के 'अलेक्ज़ेण्डर प्लाट्ज़' में बर्लिन शहर है। डास पैसास के 'मैनहैटनट्रान्सफर' में यह न्यूयार्क है। इन उपन्यासों में चित्रित नगर-विडम्बना का रूप लेविस मम्फोर्ड क्री प्रसिद्ध पुस्तक 'द कल्चर ऑफ सिटीज़' के आधुनिक विशाल नगरों से एकदम मिलता-जुलता है। समाजशास्त्रीय दृष्टिकोण जिस बिन्दु पर पहुँचा है मानो वहीं पर कलाकार की संवेदना प्रच्छन्न भाव से पहुँच जाती है। शहरी जीवन के त्रासदायक, नारकीय दृश्य ग्राहम ग्रीन, अलेक्स कम्फर्ट, हेनरी ग्रीन आदि के उपन्यासों, आधुनिक रोमांचक फिल्मों, सार्त्र की कृतियों एवं इलियट आदि की कविताओं में प्राप्त होते हैं। शक्ति की बुराइयों एवं बुराइयों की शक्ति पर लिखी गयी हाल की ही रूपक-कथा अल्बर्ट की 'द प्लेग' है। यहाँ भी प्रतीक एक प्लेग से पीड़ित नगर ही है। इन प्रतीकात्मक कथाओं में सबसे अधिक उल्लेखनीय नाम जर्मनी के उपन्यासकार फ्रैंज काफ्का का है। आधुनिक प्रतीकात्मक उपन्यासों में से बहुतों को प्रेरणा और आकार 'काफ्का' से मिला है। एक समीक्षक के अनुसार तो बीसवीं शताब्दी के अंग्रेजी कथा-साहित्य की एक महत्त्वपूर्ण विशेषता काफ्का का बढ़ता हुआ प्रभाव है। उसके 'द ट्रायल' और 'द कैसिल' के नायक समकालीन मनुष्य के जीवन्त प्रतीक हैं। सन् 1924 के पूर्व लिखे गये इन उपन्यासों का सत्य आज उससे कहीं अधिक जीवित है। "कुत्ते की भाँति बिना कुछ गलती

किये ही, वह एक सुहावनी सुबह को बन्दी बना लिया गया"—काफ्का के 'द ट्रायल' के नायक का यह अन्तिम कथन वर्तमान तानाशाही (चाहे वह कम्युनिस्ट हो या पूँजीवादी) की विभीषिकाओं को उपस्थित करता है। उसने अपनी गहरी अनुभूतियों को इस प्रकार प्रस्तुत किया है कि वे प्रत्येक की समस्या बन जाती हैं। गठन और रचना (Structure and Texture) का अद्भुत समन्वय उसके उपन्यासों में मिलता है।

साहित्यकार अपने युग की समस्याओं से उलझता है; उन्हें नाना प्रकार के रूपकों और प्रतीकों के माध्यम से वह उपस्थित करता है। बहुधा एक ही प्रतीक विविध व्यवस्थाओं के भीतर भिन्न-भिन्न अर्थ व्यंजित करता है। राल्फ फाक्स ने इसका एक श्रेष्ठ उदाहरण 'ऑडेसी' और 'राबिन्सन क्रूसो' की यात्राओं का सामाजिक आशय स्पष्ट करते हुए दिया है। उसके अनुसार क्रूसो वह नया मनुष्य है जो अपने शत्रु 'प्रकृति' पर विजय प्राप्त करने चला है। इसी सम्बन्ध में बीसवीं शताब्दी के एक उपन्यासकार पैट्रिक बेयर का यह कथन द्रष्टव्य है—"मनुष्य का जीवन रेल पर की गयी यात्रा की भाँति है।" 'ऑडेसी' में जियस का कहना है कि मनुष्य अपने 'पापों' के कारण संकट बुलाता है, क्रूसो अपने संकटों के मूल कारण 'प्रकृति' पर विजय करने का खतरा उठाता है और पैट्रिक बेयर पाप या प्रकृति के स्थान पर 'सामाजिक व्यवस्था' को स्थापित करता है, क्लास सिस्टम को। वह शासक वर्ग को प्रथम श्रेणी में तथा श्रमजीवियों को थर्ड क्लास में स्थान देता है। स्पष्ट रूप से यह एक रूपक है जिसमें ट्रेन उद्देश्यहीन गति से एक वृत्ताकार पथ पर चक्कर लगाया करती है, और इस प्रकार मनुष्य जीवन की निरुद्देश्यता को भी व्यंजित करती है। इसी प्रकार शक्ति के द्वन्द्वों से सम्बन्धित रेक्सवार्नर की रूपक-कथाएँ हैं। 'द एअरोड्रोम' और 'द प्रोफेसर' उसके ऐसे ही प्रसिद्ध उपन्यास हैं। आर्वेल का 'ऐनीमल फार्म' भी राजनीतिक प्रतीक ही है।

प्रथम महायुद्ध से प्रारम्भ होने वाला यह युग केवल उद्विग्नताओं का ही युग नहीं है; यह बमों, गैसों और भीषण विस्फोटों का युग भी रहा है। उद्विग्नता का साहित्यिक रूप उल्लिखित रूपक-कथाओं में संकेतित किया जा चुका है; इस विस्फोट-प्रधानता का, जिसमें प्रत्येक व्यक्ति न्यूरोटिक है, प्रधान लक्षण यह है कि प्रत्येक व्यक्ति अपने को किसी न किसी दुरभिसन्धि और षड्यन्त्र द्वारा घिरा महसूस करता है। इस भावना को अभिव्यक्त करने वाले कथारूप 'रोमांचक' उपन्यास हैं जिनमें भयावह कथाएँ चित्रित की गयी हैं। उस 'भय' के भी अनेक रूप हैं। इसका राजनीतिक रूप जॉर्ज आरवेल के '1984' और आर्थर कोएस्लर के 'डार्कनेस एट नून' में, धार्मिक रूप ग्राहम ग्रीन के 'ब्राइटनराक', तथा 'द पावर एण्ड द ग्लोरी' में, वैज्ञानिक रूप हक्सले के 'ऐप एण्ड एसेन्स' तथा 'ब्रेव न्यू वर्ल्ड' में मिलता है और फिर जनप्रियता में इन सबसे ऊपर यौन सम्बन्धी हारर्स में जे.एच. चेज़ की 'नो आर्चिड्स फार मिस ब्लाण्डिश' आदि कृतियाँ आती हैं।

(5)

जैसा कि ऊपर कहा जा चुका है, 'चेतना-प्रवाह' वाले उपन्यासों की सम्भावनाओं को डोरोथी रिचार्डसन, ज्वाइस, वूल्फ आदि ने अतिरेक की सीमा तक पहुँचा दिया। अपने अतिरेक के कारण ही सम्भवतः ये बहुत जनप्रिय भी नहीं हो सके। इस प्रकार के उपन्यासों का स्वर्णयुग सन् '30 तक ही मानना उचित है, यद्यपि जेम्स ज्वाइस की एक अन्य महत्त्वपूर्ण कृति 'फिनेगन्स वेक' सन् 1939 के आसपास प्रकाशित हुई है; तथा फिलिप ट्वायनवी एवं काम्प्टनबर्नेट उसी की परम्परा में हैं।

सन् 1929 की विश्वव्यापी मन्दी, जर्मनी में नाजीशक्ति से उदय, स्पेन के गृहयुद्ध, इटली का इथियोपिया पर आक्रमण, इन घटनाओं ने राजनीतिक चेतना और क्रियाशीलता को नये सिर से झकझोरा। अंग्रेजी उपन्यास मस्तिष्क के भीतरी प्रकोष्ठों से निकलकर एक बार फिर से बाह्य जीवन से सम्पर्क प्राप्त करने की चेष्टा करने लगा। रूसी क्रान्ति की सफलता ने वामपक्षियों को शक्ति दी और साहित्य में भी सामाजिक तत्त्व का आग्रह पुनः बढ़ा जो कि फ्रायड और 'चेतना-प्रवाह' के आगे हल्का पड़ गया था। यह समाजोन्मुखता तथा आधुनिकतावादी आन्दोलन (Modernist movement) ठीक से सँवर भी न पाया था, उसे इच्छित आकार भी न मिल पाया था कि दूसरा विनाशक विश्वयुद्ध आ पहुँचा। इसने फिर एक बार सारी बन रही व्यवस्थाओं को उलट-पुलट दिया। युद्ध समाप्त हो चुका है पर उसके पश्चात्-परिणाम अभी दूर नहीं हो सके हैं। अतः कुछ तो समय की निकटता के कारण और कुछ इस साहित्य के परस्पर उलझाव के कारण स्पष्ट रूप नहीं ले पाया है, फिर भी सन् '30 के बाद के उपन्यास को निम्न चार विभागों में बाँटा जा सकता है। इनका विस्तृत उल्लेख ऊपर हो चुका है; यहाँ पर हम एक बार फिर इन्हें समेटकर उपस्थित करते हैं—

1. सनसनी पैदा करने वाले, भयावह घटनाओं से युक्त रोमांचकारी उपन्यास। ग्राहम ग्रीन, आरवेल और चेज़ के उपन्यास इसी कोटि के हैं।

2. रूपक-प्रतीक-कथाएँ—रेक्सवार्नर, पैट्रिक बेयर आदि के उपन्यास।

3. डाकूमेण्टरी उपन्यास—क्रिस्टोफर इशरवुड इस श्रेणी का उपन्यासकार है जो प्रतिदिन की साधारण घटनाओं को उपस्थित करता है। 'गुड बाई टु बर्लिन', 'मिस्टर नारिस चेन्जेज़ ट्रेन्स' उसकी महत्त्वपूर्ण कृतियाँ हैं।

4. ऐसे उपन्यास जिनमें सुखान्त की मिथ्या भावना है, पर वास्तव में उनमें एक आन्तरिक कटुता, प्रेमहीनता तथा उद्देश्यरहितता रहती है। एवेलीनवाड, एन्थनी पावेल के उपन्यास इसी कोटि में गण्य हैं। ऐसे उपन्यास बहुधा सामाजिक समस्याओं से भागने की प्रवृत्ति से युक्त रहते हैं। अंग्रेजी के कुछ समीक्षकों ने प्रीस्टले और सोमरसेट मॉम को भी इसी श्रेणी के आसपास रखना चाहा है; परन्तु सब मिलाकर

यह निस्संकोच कहा जा सकता है कि अंग्रेजी उपन्यास दिग्भ्रम में पड़ गया है। आज के उपन्यासकार का क्षेत्र विशाल हो गया है, उसकी रचना और गठन की दिशाएँ तथा परिधियाँ टूट गयी हैं; परन्तु इस असीम क्षेत्र में सामाजिक समस्याओं और यथार्थ की गहरी पकड़ का जो पथ उपन्यासकार का उद्दिष्ट होना चाहिए, वही छूट गया है। प्रसिद्ध उपन्यासकार श्री इलाचन्द्र जोशी के साथ कहने को मन होता है कि, "पाश्चात्य उपन्यास साहित्य से किसी नये विकास की, नयी स्फूर्ति दे सकने वाले किसी नये मोड़ की आशा अभी काफी समय तक नहीं कर सकते।... किसी भी पाश्चात्य देश में ऐसे महान् उपन्यास की सृष्टि नहीं हो पायी है जो आज के विचित्र विरोधाभासों, विषमताओं और सामूहिक विकृतियों से पूर्ण युग में भी मानवीय चेतना को टेढ़े-मेढ़े रास्तों से अलग हटाकर, बीच के सहज विकास-पथ की ओर नये सिरे से नियोजित करके, जीवन के प्रति एक नयी और स्वस्थ आस्था प्रदान करने में सहायक सिद्ध हो सके।"* ध्वंस, आध्यात्मिक निर्धनता, खँडहरी सभ्यता और नैतिक अधःपतन आज के अंग्रेजी उपन्यासों की मुख्य थीम हैं। इनके भीतर किसी प्रकार के मानवीय मूल्यों की प्रतिष्ठा का सजग प्रयास दिखाई नहीं देता।

आलोचना और आलोचना

---

* इलाचन्द्र जोशी : आलोचना : 11 : पृष्ठ 21

भगवतीचरण वर्मा और 'भूले-बिसरे चित्र'

एक मोटा सोंटा था और उस पर खुदा हुआ था कि यह सोंटा सबको तोड़ता है। यह डंडा था फ्रांस के 19वीं शती के प्रसिद्ध उपन्यासकार हेनरी बाल्जक का। 20वीं शती के जर्मन उपन्यासकार फ्रैंज काफ्का ने जब इस सोंटे की कथा सुनी तो एक छोटी-सी छड़ी पर यह खुदवाया कि इस छड़ी को हर चीज तोड़ती है। आलोचकों का कहना है कि ये दो प्रतीक हैं—यूरोपीय उपन्यास की विकासयात्रा के। बाल्जक का उपन्यास ही वह सोंटा था जिससे वह अपने युग की हर अशुचि, रूढ़ि एवं विकृति को तोड़ रहे थे। वस्तुतः उपन्यास नामक साहित्य का यह कथारूप सचेत मध्यवर्ग की साहित्यिक अभिव्यंजना होने के कारण प्रारम्भ से ही समाज एवं मनुष्य की पारस्परिक स्थितियों, द्वन्द्वों, समस्याओं आदि की ओर उन्मुख रहा है। इसे सर्वेंटीज में देखा जा सकता है और सौभाग्य से हिन्दी के पहले उपन्यास 'परीक्षागुरु' लाला श्रीनिवासदास में भी यह जागरूकता विद्यमान है।

कथा-कहानी मनोरंजन के लिए ही नहीं, उपदेश के लिए पहले भी प्रयुक्त होती रही हैं। पर आधुनिक जीवन की क्षमताओं को स्वीकार कर यथार्थ की भूमि पर विविध सामाजिक सम्बन्धों के परिदृश्य में समस्याओं को समझने-बूझने और आँकने का प्रयत्न इस आधुनिक कथारूप में ही सम्भव हो सका है। पढ़ने में मजा (मनोरंजन) तो मिलता ही रहा पर गढ़े-गढ़ाये उपदेशों के स्थान पर यह समस्या-मूलकता उसकी एक बड़ी शक्ति है जो लेखक की जागरूकता, प्रबुद्धता और निरीक्षण-शक्ति का परिचय देती है। सजीव पात्रयोजना, विश्वसनीय घटनावली और परिस्थितियाँ जिस आधारबिन्दु (थीम) पर नाना प्रकार की विधियों से वर्णित, चित्रित होते हैं वह उपन्यास को पुराने कथारूपों से एकदम अलग कर देता है। 'फिर क्या हुआ' से आगे बढ़कर 'क्यों हुआ?', 'क्या हो रहा है?' और 'क्या होगा?' जैसे प्रश्न प्रमुख हो गये। कहना न होगा कि इनमें भी आधारभूत प्रश्न मध्यवर्ती ही हैं।

अस्तु हिन्दी उपन्यास प्रारम्भ से ही आधुनिकता के उस बीज को स्वीकार करता है। जिन रूढ़ियों, अशुचिताओं एवं विकृतियों पर भारतेन्दु या प्रतापनारायण अपने नाटकों या निबन्धों से प्रहार कर रहे थे—उन्हीं पर लाला श्रीनिवासदास या बालकृष्ण

भट्ट अपने उपन्यासों को पैना कर रहे थे। समस्याओं को समझने और उनसे जूझने की वही आकांक्षा है। यह बात, शायद कुछ विचित्र सी लगे पर सचाई यह है कि 'चन्द्रकान्ता सन्तति' की तमाम अतिरंजनाओं एवं चमत्कारों के मूल में यही मानवीय, लौकिक यथार्थवादी दृष्टि है जो ढहते हुए सामन्तवाद एवं नवोदित पूँजीवाद को प्रतीकात्मक अथवा फन्तासी की भाषा में उपस्थित कर रही थी। भारतेन्दुयुग के उस प्रारम्भिक उपन्यास की सराहना करते हुए भी एक बात ध्यान में रखनी आवश्यक है कि यह दृष्टि बहुत कुछ स्थूल है। पात्रों एवं घटनाओं के उपादानों को एक व्यवस्थित रूपाकार में ढाला भी नहीं जा सका है। समस्याओं के अनुरूप चरित्रों एवं घटनाओं के साँचे गढ़ लिए गये हैं। यथार्थ की सूक्ष्मनिरीक्षणी दृष्टि का अभाव था। यह अभाव प्रेमचन्द द्वारा भरा गया। उनके उपन्यासों में समस्याएँ सीधे उपन्यासों से उभरती हैं। प्रेमचन्द की वास्तविक खोज समस्याओं के समाधान की नहीं है (वह ऊपरी और आरोपित है—इसलिए अकलात्मक भी) बल्कि उपन्यास के लिए चरित्र, परिस्थिति, गठन एवं इन सबसे ऊपर एक उपयुक्त भाषा की खोज है। गहरी यथार्थदृष्टि, व्यापक मानवीय संवेदना, किस्सागो की आत्मीयता एवं भाषा का अत्यन्त सृजनात्मक प्रयोग प्रेमचन्द की विशिष्ट क्षमताएँ हैं। उनके उपन्यास वैयक्तिक संवेदना एवं सामाजिक इतिहास के मिलनबिन्दु ही नहीं हैं, चौराहे भी हैं। उनके उपन्यासों में व्यक्ति प्रमुख है या समाज?—इस प्रश्न का उत्तर स्पष्ट 'हाँ' या 'ना' में नहीं दिया जा सकता। जहाँ वह एक-दूसरे को पार करते हैं, काटते हैं उसी बिन्दु पर उनके उपन्यासों का सारा ढाँचा खड़ा होता है। प्रेमचन्द का मनोविज्ञान भी सहज एवं दैनिक व्यवहार का है। एक प्रकार का अपराजेय संकल्प एवं दुर्दम विश्वास उनके प्रारम्भिक उपन्यासों में मिलता है जो राष्ट्रीय आन्दोलनों के प्रथम चरण के आशावाद एवं विश्वास का प्रतीक भी है। पर 1930 ई. तक पहुँचते-पहुँचते आन्दोलन की असफलताएँ प्रबुद्ध मानस को पीड़ित भी करने लगी थीं और ईमानदार कलाकार की सम्पूर्ण सचाई के साथ प्रेमचन्द इस कटु यथार्थ को भी सामने लाते हैं।

पराजय, असफलता एवं निराशा से व्याप्त राष्ट्रीय वातावरण में ही 1930 के आसपास लेखकों की एक और नयी पीढ़ी सामने आती है। 10वीं शती में जिस मध्यवर्ग का उदय हुआ था, वह भी अब अपना स्वरूप ही नहीं, नियति भी पहचानने लगा था। इधर देश में शिक्षा, उद्योग, विज्ञान आदि के प्रसार के साथ-साथ प्रबुद्धता एवं विशेषीकरण की स्थिति भी वर्धमान थी। मार्क्स, फ्रायड और डार्विन सभी वातावरण को सघन बना रहे थे। इन विचारकों ने मनुष्य की अब तक की बद्धमूल एवं युगसिद्ध मान्यताओं को आमूलचूल हिला दिया था। इसी प्रकार के वैद्युतिक आवेश के वातावरण में तीसी की यह पीढ़ी उठ रही थी। एक ओर उनके भीतर मध्यवर्ग का व्यक्तिवादी-स्वच्छन्दतावादी दर्शन था और दूसरी ओर प्रत्यक्ष जीवन में (चाहे प्रेम का क्षेत्र हो या राजनीति का) निरन्तर असफलता का अनुभव हो रहा था।

इनका क्षुब्ध अहं घूम-फिर कर परिस्थितियों को दोष दे रहा था। नवीन विचारों के आलोक में नीति-अनीति, पाप-पुण्य, प्रेमवासना को भी ये लेखक पुनः विवेचित कर लेना चाहते थे। इन लेखकों में यदि कुछ लेखक व्यापक समाज से कटे हुए व्यक्ति के मन की अनथाही गहराइयों को नापना चाहते हैं तो कुछ तेजी से बदल रहे एवं अन्ततः पराजय की ओर बढ़ रहे जीवन का हर क्षण भोग लेना चाहते हैं। और जीवन को भोग लेने की इस आकुलता में ही अकसर नीति-अनीति, पाप-पुण्य के प्रश्न उनके सामने उभरते हैं, तथा कुछ लोग घबराकर सब कुछ नष्ट कर देने वाला हिंसक और अराजकतावादी दर्शन अपनाने को भी विवश होते हैं।

तीसी की इस पीढ़ी के ही एक श्रेष्ठ प्रतिनिधि भगवतीचरण वर्मा हैं। वह उस समय की उस तरुण पीढ़ी के प्रतिनिधि हैं जिसे एक ओर जीवन का ज्वार लहरों से खेलने के लिए आमन्त्रित भी करता है और दूसरी ओर उसकी विशालता से अभिभूत वह अपना नाश भी निश्चित सा मानते हैं। उन लोगों का अकेला अहं क्षुब्ध होकर यह अनुभव करता है कि देश और काल में फैला यह ज्वार उनसे बड़ा है। सामाजिक जीवन से हारे हुए व्यक्ति की वेदना की महिमा के गीत ही उस काल के तमाम साहित्यरूपों में गाये गये हैं। इसके अपवाद न बँगला के शरतचन्द्र हैं और न हिन्दी के जैनेन्द्र, इलाचन्द्र जोशी या भगवतीचरण वर्मा। बच्चन, अंचल या नरेन्द्र शर्मा के गीतों की भी यही पृष्ठभूमि है। पर इतना ध्यान में रखना होगा कि इस पराजयाक्रान्ति में भी विद्रोह का क्षुब्ध स्वर बराबर बना रहा है—भले ही वह विद्रोह अन्ततः निष्फल ही क्यों न मालूम पड़े।

इस पृष्ठभूमि को ध्यान में रखकर पढ़ने से भगवतीचरण वर्मा के उपन्यासों का अर्थ और प्रतीकता अधिक स्पष्ट होकर सामने आती है। 'चित्रलेखा', 'तीन वर्ष' एवं 'टेढ़े-मेढ़े रास्ते'—उनके इन तीनों प्रारम्भिक उपन्यासों के मुख्य पात्र विशिष्ट, वैयक्तिक अहं से मण्डित हैं और प्रत्येक किसी न किसी बिन्दु पर असफल होता नजर आता है। 'चित्रलेखा' में अतीत के ऐतिहासिक फलक पर पाप-पुण्य की समस्या है, 'तीन वर्ष' में वर्तमान के धरातल पर विवाह, प्रेम और वासना का प्रश्न है तथा 'टेढ़े-मेढ़े रास्ते' में समसामयिक राजनीतिक विश्वासों के आगे प्रश्नचिह्न हैं। सर्वत्र मूल में एक ही विचारधारा है कि 'मनुष्य परिस्थितियों का दास है'। पूर्वग्रहीत मान्यताओं पर सर्वत्र एक ठोकर है : न कोई पापी है न पुण्यात्मा, कुलकन्या से श्रेष्ठतर वेश्या हो सकती है और सारे राजनीतिक विश्वास झूठे हैं। इसे एक प्रकार का क्षयी जीवन दर्शन भी कहा जा सकता है, गोकि यही दर्शन उस समय के व्यक्ति को बल भी देता है। 1959 ई. में प्रकाशित 'भूले-बिसरे चित्र' में ज्वालाप्रसाद भी यही कहकर अपने मन को हलका करते हैं : 'मनुष्य के हाथ में कुछ नहीं है, बिल्कुल कुछ नहीं है, फिर चिन्ता किस बात की की जाये? जो होना है, वह हो चुका है, उसे रोका नहीं जा सकता।' (पृ. 376, संक्षिप्त संस्करण)

अपनी पीढ़ी के समसामयिक उपन्यासकारों के मध्य भगवती बाबू एक अर्थ में नितान्त विशिष्ट हैं कि जब जैनेन्द्र या इलाचन्द्र जोशी अधिकाधिक व्यक्तिमन के विश्लेषण में लगे थे तब भी वह सामाजिक यथार्थ से संलग्न रहे। उनके चित्रण का कैनवास प्रेमचन्द जैसा व्यापक तो नहीं है पर मध्यवर्ग के विविध सम्बन्धों के तनावों और क्रिया-प्रतिक्रियाओं के बीच ही अपने पात्रों एवं समस्याओं को उन्होंने उभारा है। उनके उपन्यासों का मूल ढाँचा बहुधा परिवारकेन्द्रित है। इस सन्दर्भ में वह प्रेमचन्द की परम्परा के अपेक्षाकृत अधिक निकट रहे। कथा कहने की रोचकता भी उनमें प्रेमचन्द जैसी ही थी—अपने समकालीन उपन्यासकारों से कहीं अधिक। एक और तथ्य भी द्रष्टव्य है कि विचार और दर्शन की ओर उनका झुकाव कम होता गया है, जबकि अन्य उपन्यासकारों में यह व्याधि बढ़ी है। शायद जिस दर्शन को भगवती बाबू ने अपनाया है उसकी सम्भावित परिणति घटनाबहुलता ही है।

ऊपर विवेचित पहले के तीनों उपन्यासों के बाद भगवती बाबू की कला में कुछ गिराव आया था। 'आखिरी दाँव' उनका अपेक्षाकृत कमजोर उपन्यास है, परन्तु पुनः 'भूले-बिसरे चित्र' तथा 'सामर्थ्य और सीमा' में उन्होंने पर्याप्त शक्ति और कौशल का प्रमाण दिया है। 'भूले-बिसरे चित्र' पर तो उन्हें 'साहित्य अकादेमी' एवं 'हिन्दुस्तानी ऐकेडेमी' के सर्वश्रेष्ठ पुरस्कार भी मिल चुके हैं।

'भूले-बिसरे चित्र'

'भूले-बिसरे चित्र' मूलतः एक महाकाय उपन्यास है। आलोच्य संस्करण 700-750 पृष्ठों के इस उपन्यास का संक्षिप्त संस्करण है।* मूल आधिकारिक कथा के विकास को ध्यान में रख कर ही इसे संक्षिप्त किया गया है। इस सम्बन्ध में जहाँ यह कहा जा सकता है कि संक्षिप्त करने में उपन्यास के तमाम रोचक अंश एवं जीवन के बहुत से चित्र-विचित्र पक्ष ओझल हो गये हैं—वहीं, यह भी सत्य है कि उपन्यास अधिक सुगठित, स्पष्ट एवं कलात्मक हो गया है।

एक परिवार की चार पीढ़ियों की यह कथा है और ये पीढ़ियाँ अपने समसामयिक संघर्षों एवं परिस्थितियों के तनाव में ही उठती-गिरती हैं। यह परिवार एवं समाज अब लगभग बीतकर इतिहास की वस्तु बन गया है। इस प्रकार व्यक्ति, परिवार और समाज का इतिहास की भूमि पर मिलन हो गया है। इसे एक प्रकार का 'पीरियड नावेल' भी कहा जा सकता है। कथाकाल सन् 1880 से 1930 ई. तक फैला हुआ है। पचास वर्ष के समयफलक पर फैले हुए भारतीय समाज का चित्र राजनीतिक परिदृश्य में देने की चेष्टा की गयी है। इतिहास की वस्तुपरक दृष्टि बनाये रखने के

* इस संक्षिप्त संस्करण को स्वयं देवीशंकर अवस्थी ने तैयार किया था।

लिए ही सम्भवतः वर्मा जी ने कथानक को 1930 तक ही रखा है—क्योंकि उसके बाद के समय के वर्मा जी स्वयं भोक्ता हो जाते हैं। अतः पूर्वग्रहों को लाने की सम्भावना बढ़ जाती है। ध्यान में रहे कि वर्मा जी का लेखन 1930 के आसपास ही प्रारम्भ हुआ है। यों भी कह सकते हैं कि चौथी पीढ़ी का नवल, वर्मा जी की अपनी पीढ़ी का प्रतीक है और उसे संघर्षभूमि में उतार कर उपन्यासकार उपराम हो जाता है—फिर वह अपने निष्कर्ष नहीं देना चाहता।

संयुक्त परिवार प्रथा का विघटन, मध्यवर्ग का उदय, सामन्तवाद की पूँजीवाद द्वारा पराजय तथा राष्ट्रीय स्वातन्त्र्य आन्दोलन का विकास—ये चार आधारबिन्दु हैं जिन पर कि सम्पूर्ण उपन्यास का कथानक खड़ा होता है। इन्हीं चारों की पारस्परिक क्रियाओं-प्रतिक्रियाओं के माध्यम से उपन्यास की सम्पूर्ण अन्तर्योजना गठित होती है। पहली पीढ़ी मुंशी शिवलाल की है जो कचहरी के बाहर बैठकर अर्जीनवीसी करते हैं पर उनका अंग्रेजी पढ़ा लड़का अंग्रेज कलक्टर की कृपा से नायब तहसीलदार नामजद हो जाता है। यह मध्यवर्ग के उत्थान की पहली प्रक्रिया है। इसका तात्कालिक प्रभाव मुंशी शिवलाल के संयुक्त कुटुम्ब पर पड़ता है। बेटे के साथ बहू का जाना इस संयुक्त प्रथा की पहली दरार है फिर तो मुंशी शिवलाल के भाई मुंशी राधेलाल की हर प्रकार की चेष्टाओं के बावजूद यह संयुक्त कौटुम्बिकता टूट कर रहती है। यह समस्या आगे भी आ सकती थी—शायद इसी से बचने के लिए लेखक ने ज्वालाप्रसाद, गंगाप्रसाद एवं नवल तीनों को इकलौता बेटा ही दिखाया है। भूमिका वाले भाग में हम कह चुके हैं कि 1930 तक पहुँचते-पहुँचते मध्यवर्ग का संकट सामने आ गया था। पूँजीवाद और साम्राज्यवाद की छाया के तले उसका विकास हुआ था। पर धीरे-धीरे आर्थिक संकटापन्नता उसे मुक्तिकामी बनाने लगी थी। 'भूले-बिसरे चित्र' में भी यही चित्रित हुआ है। ज्वालाप्रसाद एवं गंगाप्रसाद नौकरशाही एवं मध्यवर्ग के ऐसे ही प्रतीक हैं। गंगाप्रसाद कलक्टर हो जाते हैं और यह मध्यवर्ग का चरम उत्थान है पर जब अचानक ही उनकी मृत्यु होती है तब नवल लगभग उसी स्थिति में पहुँच जाता है जहाँ से उसके पितामह ने प्रारम्भ किया था। उसका क्षुब्ध अहं किसी की दया को स्वीकार नहीं करता और जीवन के ज्वार में बहने के लिए वह पूरे आवेश से सत्याग्रह संग्राम में कूद पड़ता है। चौथी पीढ़ी के नवल में इस वर्ग के चरित्र और नियति का इंगित भी हो गया है। वस्तुतः परिवार के स्तर पर ही यह उपन्यास सबसे अधिक सफल हुआ है।

कथा के इस प्रारम्भिक भाग में ही उपन्यास के कथानक का दूसरा स्तर भी उभरता है : सामन्तवाद बनाम पूँजीवाद का। घाटमपुर तहसील में नायब तहसीलदार के पहुँचते ही ठाकुर गजराजसिंह, ठाकुर बरजोरसिंह एवं लाला प्रभूदयाल का संघर्ष सामने आता है। मामूली बनिये का लड़का प्रभूदयाल धीरे-धीरे कुलाभिमान एवं पुराने सामन्ती ठाठबाट में चूर दोनों ठाकुरों को नीचा दिखा देता है। अपना अवसर

पहचानने की उसमें अचूक निगाह है, पर जानता है कि नौकरशाही को साथ में रखना चाहिए। नौकरशाही के प्रतीक ज्वालाप्रसाद को उसे साथ लेना ही पड़ता है—न्याय एवं कानून के नाम पर। इस तरह नौकरशाही एवं पूँजीवाद के गठबन्धन द्वारा लेखक ने सामन्तवाद की पराजय के ऐतिहासिक तथ्य को चित्रित किया है। फिर तो पूँजीवाद के घृणित चेहरे पर पड़ी नकाब को लेखक ने बार-बार उघाड़ा है। यह पूँजीवाद असहयोग आन्दोलन को सहायता देता है क्योंकि इससे उसे अपने को जमाने में सहयोग मिलता है पर कार्य सध जाने पर एकदम मुँह मोड़ लेता है। यह पूँजीवाद विदेशी साम्राज्यवाद को भी सहायता देता है और बदले में सर की उपाधि प्राप्त कर अभिजात सामाजिक हैसियत प्राप्त करता है। दूसरे का पैसा हजम कर जाने की बेईमानी में उसे हिचकिचाहट नहीं होती। यहाँ तक कि मृत्युशय्या पर पड़ी माँ को गाली भी देता है—पैसे के लिए ही। ज्ञानप्रकाश की यह टिप्पणी इस पूँजीवाद की वास्तविक व्याख्या करती है—

लेकिन गंगा इसमें आश्चर्य की कोई बात नहीं। यह पूँजीपति जबरदस्त मुनाफा उठाता है। उस मुनाफे का एक छोटा-सा हिस्सा सरकार को देता है ताकि सरकार से उसे हर तरह की सुविधाएँ मिलें। इस मुनाफे का छोटा-सा हिस्सा वह देता है कांग्रेस को, ताकि स्वदेशी का आन्दोलन जोर पकड़े और उसका माल जोरों के साथ बिके। इस मुनाफे का छोटा-सा हिस्सा देता है गंगाप्रसाद ज्वाइण्ट मैजिस्ट्रेट को ताकि लक्ष्मीचन्द जो लूट-खसोट बेईमानी करता है, उसके बारे में सरकारी कर्मचारी आँखें बन्द कर लें। रुपया इस युग की सबसे बड़ी मजबूरी है।

अर्थव्यवस्था की ओर बढ़ते ही राजनीति का आ जाना स्वाभाविक ही है और उपन्यास के दूसरे खण्ड में राजनीतिक वातावरण का चित्रण प्रधानता प्राप्त कर लेता है। इस खण्ड के पहले ही अध्याय में विदेशी शासन उसके प्रभाव एवं साम्प्रदायिकता-जातीयता आदि के उभाड़ की चर्चा होती है। फिर तो रौलट एक्ट, असहयोग आन्दोलन, चौरी चौरा काण्ड, साम्प्रदायिक झगड़े, हड़ताल, डांडी यात्रा, नमक सत्याग्रह आदि सभी आते हैं। उपन्यास की समाप्ति ही राजनीतिक बिन्दु पर होती है।

प्रस्तुत उपन्यास के जिन स्तरों की चर्चा की गयी है, वे अलग-अलग कटे हुए नहीं हैं। एक-दूसरे पर आश्रित हैं, एक से दूसरा उत्पन्न होता है। यों अगर सभी स्तरों के मूल में विद्यमान मूल भावबिन्दु को ढूँढ़ा जाये तो लगेगा कि पुरानी दुनिया को (अपने सारे मूल्यों और विश्वासों के साथ) तोड़कर उसके स्थान पर जो नयी दुनिया आयी है उसका रूप और विकास दिखाना ही मुख्य थीम है। पृ. 92 पर ज्वालाप्रसाद सामन्ती कुलीनता एवं आभिजात्य के मूल्यों के विरोध में खड़े होने वाले पूँजीवाद का समर्थन करते हुए कहता है—

'बप्पा, यह नया जमाना है। कोई खुद बढ़ईगीरी थोड़े ही करनी है। वह तो

लकड़ी के काम का कारखाना खोलेगा। सैकड़ों बढ़ई वहाँ नौकर होंगे। मशीन की मदद से काम होगा। अच्छे से अच्छा नये फैशन का सामान बनेगा। लाखों का कामकाज हो सकता है। नयी दुनिया का नया रूप होगा।'

मुंशी शिवलाल की समझ में यह बात आती तो नहीं पर चूँकि उनके बेटे ने 'जो नये युग का आदमी था'—कही थी इसलिए उन्होंने मान ली। इस प्रकार लक्ष्मीचन्द (पूँजीपति) एवं ज्वालाप्रसाद (नौकरशाही और मध्यवर्ग) नये युग के आदमी हैं। यह नयापन परिवार में भी घुस रहा था : 'शिवलाल सोचने लगे। अधिकार और शक्ति अपना स्थान बदल रहे थे, एक जगह से हटकर दूसरी जगह जा रहे थे। परिवार की परम्परा टूट रही थी।' (पृ. 95)

पर ज्वालाप्रसाद की दुनिया भी बदलती है। वह भी पीछे पड़ते हैं। पृ. 178 पर डिप्टी कलक्टर सोमेश्वरदत्त गंगाप्रसाद के लिए कहते हैं, 'दिल और हौसले वाला है मीर साहेब, यह तो आपको मानना ही पड़ेगा।' 'नये युग का आदमी है, इस नयी दुनिया में यह काफी आगे बढ़ेगा। और इस नये युग के नये आदमी का गुण है कि वह साहसी है, खुशामद नहीं कर सकता। अंग्रेजों से भी बराबरी का बरताव करता है, भीतर-बाहर एक है।' यानी कि मध्यवर्ग अब इतना शक्तिशाली हो चुका था कि आत्मविश्वास के साथ बढ़ सके। पर यह आत्मविश्वास अभी भी सुख, सुरक्षा एवं नौकरी के प्रश्न पर साथ छोड़ देता है। उसके अन्दर की कायरता ही उसे तोड़ देती है। असहयोग आन्दोलन से सहानुभूति होते हुए भी अपमानित गंगाप्रसाद नौकरी नहीं छोड़ पाते। यह सामर्थ्य उनकी अगली पीढ़ी में आनी थी। बीमार पिता की परिचर्या के लिए भुवाली जाने को प्रस्तुत पुत्र नवल को गंगाप्रसाद ने देखा—'उनका समर्थ और आत्मविश्वास से भरा हुआ पुत्र, भविष्य का प्रतीक।' नये युग का यह प्रतीक स्त्री के स्वतन्त्र अस्तित्व का हामी बनता है। उसके अनुसार स्त्री की नौकरी के सवाल को नयी दुनिया वाले ठीक समझेंगे। (पृ. 357) वह वकालत करने से इनकार कर देता है क्योंकि झूठ-खुशामद और मक्कारी उसके बस की बातें नहीं हैं। वह कहता है—

'मैं निराश होकर जेल नहीं जा रहा हूँ। जो रास्ता मैंने अपनाया है, उसकी यही परिणति है। संघर्ष-संघर्ष-संघर्ष। जीवन भर संघर्ष। यह संघर्ष मेरे अन्दर की पुकार है।'

गोकि वह यह अनुभव भी करता है कि जिस नवीन का निर्माण करने वह निकला है वह काफी महँगा पड़ रहा है। 'जो कुछ भी प्राचीन है उसे बड़ी बेरहमी से तोड़ना पड़ रहा है।' (पृ. 374)

द्रुतगति से परिवर्तनशील इस नयी दुनिया का इससे अधिक व्यंजक चित्र क्या हो सकता है कि जिस ज्वालाप्रसाद को उपन्यास के प्रारम्भिक भाग में नये युग का आदमी बताया गया था वही पचास साल बाद उपन्यास के अन्त में और अधिक नयी दुनिया के सामने अपने आपको किंकर्तव्यविमूढ़ अनुभव करता है—

'नहीं समझ में आ रहा है भीखू, यह सब क्या हो रहा है और क्यों हो रहा है। ये तरह-तरह के चित्र आप ही आप बनते हैं और मिट जाते हैं, यह क्यों?'

और लेखक की इस टिप्पणी से उपन्यास समाप्त होता है—

दो बूढ़े, जिन्होंने युग देखा था, जिन्दगी के अनेक उतार-चढ़ाव देखे थे जिन्होंने, जिनके पास अनुभवों का भण्डार था, विवश थे, निरुत्तर थे। और दूर हजारों, लाखों-करोड़ों आदमी जीवन और गति से प्रेरित, नवीन उमंग और उल्लास लिए हुए एक नवीन दुनिया की रचना करने के लिए चले जा रहे थे। (पृ. 378)

विस्तृत देश और काल में फैले हुए इस उपन्यास की गठन की विवेचना भी कर लेनी आवश्यक है। इस सम्बन्ध में सबसे पहले हमारा ध्यान कथा कहने के दृष्टिकोण की ओर जाता है। जिस जीवनप्रक्रिया को लेखक अपना चित्रणीय बनाता है उसके लिए वस्तुगत तटस्थता आवश्यक है। इसीलिए उसने कथा को तटस्थ द्रष्टा के बिन्दु से कहा है। इसी बिन्दु पर से लम्बे देश-काल का निर्वाह सम्भव भी था, परन्तु इस तटस्थता को नाटकीय योजनाओं द्वारा उसने एकरस नहीं होने दिया है। चुटीले संवाद नाटकीयता की रक्षा करते हैं। तटस्थ द्रष्टा के बिन्दु से कही गयी ऐतिहासिक शैली के कारण लेखक को यह सुविधा रही है कि वह कहीं भी प्रवेश कर कथासूत्र को आगे बढ़ा सका है या कि अपनी ओर से टिप्पणी देकर चरित्र की रूपरेखा या घटना के निहितार्थों को स्पष्ट कर सका है। परन्तु इस सुविधा के बावजूद कथानक के गठन में कुछ छिद्र रह गये हैं। आकस्मिक संयोगों के सहारे कथा को आगे बढ़ाना भी उन्हीं में से एक है। बुद्धू एवं जग्गू पहलवान की आकस्मिकता प्रासंगिक कथा के अन्तर्गत आ सकती है। (गोकि विशनलाल की समस्त प्रासंगिक कथा मूल कथा को न तो कुछ योग दे पाती है और न उसे किसी प्रकार से अर्थतम बनाती।) पर गंगाप्रसाद की आकस्मिक बीमारी और मृत्यु को लाकर लगता है कि लेखक इस पात्र से छुटकारा पाना चाहता है। गंगाप्रसाद की सम्पूर्ण सम्भावनाओं का उसने उपयोग कर लिया है—ऐसा नहीं लगता। पर इस प्रकार की कमी के बावजूद कथानक सुगठित बनाये रखने में लेखक ने शक्ति का परिचय दिया है। चार पीढ़ियों की कथा कहते समय भी एकसूत्रता बनाये रखने के लिए किसी एक को केन्द्रस्थ बनाये रखना आवश्यक था। इसके लिए वर्मा जी ने ज्वालाप्रसाद को चुना। अपने पिता शिवलाल की पीढ़ी उसे विरासत में मिली थी और वह अपने साथ संयुक्त कुटुम्ब की समस्या सौंप गयी थी। तीसरी पीढ़ी उसके पुत्र गंगाप्रसाद की है जो उसी का विकसित रूप है और वह अपनी तथा अपने पुत्र की ही पीढ़ी का समुचित बोध प्राप्त कर पाता है। चौथी पीढ़ी उसके पौत्र नवल की है जिसे वह केवल निहारता रह जाता है, समझ नहीं पाता। इस प्रकार ज्वालाप्रसाद ही प्रारम्भ से अन्त तक उपन्यास का मेरुदण्ड बना रहता है। जब वह कथा का सक्रिय पात्र नहीं भी रह जाता तब भी बेहद सम्पृक्त द्रष्टा

तो रहता ही है। इस प्रकार उसकी समस्त सम्भावनाओं एवं क्षमताओं का उपयोग लेखक ने लगभग कर लिया है।

पात्रों की क्षमताओं की चर्चा करते समय यह तथ्य निरन्तर ध्यान आकर्षित करता है कि पात्रों में पर्याप्त गहराई एवं वर्तुलता नहीं आ पायी है। सम्भवतः विस्तृत देश-काल में फैले सामाजिक जीवन के चित्रण का उद्देश्य ही इस निर्बलता के लिए उत्तरदायी है अन्यथा 'चित्रलेखा', 'तीन वर्ष' एवं 'टेढ़े-मेढ़े रास्ते' में वह चरित्रस्थापना शक्ति का पर्याप्त प्रमाण दे सके थे। 'टेढ़े-मेढ़े रास्ते' के पण्डित रामनाथ तो अविस्मरणीय कथानायकों की परम्परा में परिगणनीय हैं। पर प्रस्तुत उपन्यास में पात्र अधिकांशतः चौरस एवं वर्गगत (टाइप) हो गये हैं। उनकी व्यक्तिता लुप्त हो गयी है। यहाँ तक कि पात्रों के घनिष्ठ सम्बन्धों में भी पर्याप्त घनिष्ठता नहीं आ सकी है। वैध या अवैध प्रणयप्रसंग हों या वात्सल्य के सम्बन्ध हों, कहीं पर भी वह गहन भावनाशीलता नहीं मिलती जो समस्त तर्कों एवं कारण-कार्य की परम्पराओं से अलग कर व्यक्ति को उसके सम्बन्धों में विशिष्ट बना देती है। सतह पर का यह चित्रण परिवार के ही सम्बन्धों में नहीं है, अधिकारियों, पूँजीपतियों, राजनीतिक कार्यकर्ताओं आदि के बारे में भी अधिकांशतः सूचनाएँ ही मिलती हैं, उनके जीवन के संश्लिष्ट चित्र नहीं। छिनकी या भीखू जैसे पात्र सबसे अधिक विशिष्ट, पुष्ट एवं मानवीय हैं पर उनका कथा के भीतर अधिक विकास नहीं हो सका—सम्भवतः लेखक की योजनाओं में इसके लिए गुंजाइश नहीं थी।

पर जहाँ तक पात्रों के वर्गगत प्रतिनिधित्व का प्रश्न है, वर्मा जी लगभग प्रेमचन्द के धरातल पर ही सिद्ध होते हैं। मुंशी शिवलाल पटवारियों, अर्जीनवीसियों की उस कायस्थ खोपड़ी के प्रतिनिधि हैं जो नाना प्रकार की तिकड़मों और बेईमानियों के द्वारा स्वार्थ सिद्ध करना चाहते हैं। जब उनका पुत्र ही उनके इन ढंगों को अस्वीकार करता है, तो आवेश में आकर वह आत्महत्या कर बैठते हैं। मुंशी राधेलाल अपने भाई के ही पूरक हैं। ज्वालाप्रसाद उस मध्यवर्ग के प्रतिनिधि हैं जो अपनी योग्यता, ईमानदारी एवं विधिपरकता द्वारा सरकारी नौकरियों में ऊँचा उठना चाहता है। गंगाप्रसाद उसी के विकसित रूप हैं पर इतना अन्तर हो जाता है कि उन्हें अपने वातावरण से जूझना नहीं पड़ा है। उनका वातावरण उन्हें उन्नति में सहायता देता है और वह अपेक्षाकृत समतल मार्ग पर बढ़ते जाते हैं। इसी कारण आसानी से दुर्व्यसनों की ओर भी बढ़ते हैं और अन्ततः टूट जाते हैं। नवल उस युवक पीढ़ी का प्रतिनिधि बनकर आता है जिसके प्राणों की पुकार है—संघर्ष, एक प्रकार के अरूप लक्ष्य वाला संघर्ष। अन्य पात्रों में ठाकुर गजराजसिंह, बरजोरसिंह, सरोहन के राजा आदि विघटनशील सामन्तवर्ग के प्रतिनिधि हैं तथा प्रभूदयाल एवं लक्ष्मीचन्द उगते हुए पूँजीवाद के। ज्ञानप्रकाश राजनीतिक चेतना का प्रतीक है तथा विद्या नयी विद्रोहिणी नारी की। मीर साहब लेखक के अपने विवेक के भी एक अंश में प्रतीक

हैं और दूसरी ओर प्राचीन धार्मिकता एवं नैतिकता के सद्अंश के भी। पर वह नये जीवन के बहुत उपयुक्त नहीं हैं और लेखक उन्हें शीघ्र ही कथामंच से हटा देता है। चरित्रविधान के बारे में यह भी ध्यान में रखना होगा कि लेखक ने जिस घटनाबहुल कथानक को उठाया था उसमें वर्गगत पात्रों की सम्भावनाएँ ही अधिक हैं।

घटनाओं एवं पात्रों को एक समुचित वातावरण का परिदृश्य देने में लेखक ने अचूक पहचान का परिचय दिया है। ज्वालाप्रसाद की नायब तहसीलदारी की नामजदगी का वातावरण हो या अल्लामावहशी तथा स्वामी जटिलानन्द का शास्त्रार्थ हो अथवा नवल की जेलयात्रा की पृष्ठभूमि में विद्यमान जुलूस या नारे हों—लेखक ने सर्वत्र प्रसंगानुकूलता को ध्यान में रखा है तथा कथानक एवं पात्रों को समृद्ध किया है। इसी सम्बन्ध में यह भी द्रष्टव्य है कि लेखक ने वातावरण के प्रति किसी प्रकार का अतिरिक्त मोह भी नहीं दिखाया है। लेखक इस बात का भी आभास नहीं होने देता कि पाठक को कथा से अलग कहीं उलझा रखा गया है। वातावरण अंकन की दृष्टि से यह बहुत बड़ी सफलता है।

उपन्यास की भाषा में बोलचाल का वही सहज-सरल स्वर है जो हमें प्रेमचन्द में मिलता है। लेखक ने आलंकारिकता या अतिरिक्त भावुकता से भरी भाषा का प्रयोग न करके भाषा के जिस गठन और लहजे को स्वीकार किया है वह उपन्यास को अधिक रोचक और सार्थक बनाता है। वस्तुतः इस उपन्यास में जिस बीती हुई अर्द्धशती के भूले-बिसरे चित्रों को पुनः याद के सहारे अंकित किया गया है, वे अपनी रोचकता में हमें आकर्षित करते हैं। प्रस्तुत उपन्यास स्वातन्त्र्योत्तर हिन्दी साहित्य की एक सफल कृति है। अपने ढंग से यह प्रेरक भी है और ज्ञानवर्द्धक भी।

संक्षिप्त संस्करण की भूमिका : अक्तूबर, 1963

नयी पीढ़ी और उपन्यास

हिन्दी का लेखक यथार्थ से भले ही कतरा कर निकल जाय पर यथार्थ की बात करने से नहीं। पर फिलहाल मैं यथार्थ की बात को दर-किनार कर अन्य यथार्थ स्थिति की ओर संकेत करना चाहता हूँ। साहित्यिक-रूपों में उपन्यास को सामान्यतः यथार्थ का सबसे सशक्त वाहक माना जाता है। यथार्थ चाहे मनोवैज्ञानिक हो या सामाजिक, इतिहास की विराट शक्तियों का हो या वैयक्तिक संवेदनाओं का, उपन्यास का रूप उसके लिए दूर तक समर्थ माध्यम सिद्ध हुआ है। कहना तो यों चाहिए कि जिस बिन्दु पर वैयक्तिक राग बोध एवं सामाजिक इतिहास मिलते हैं वहीं से उपन्यास का जन्म होता है। बगैर सामाजिक सचाई की विराटता को अपनाए वह वैयक्तिक प्रतिक्रियाओं का आत्मपरक आख्यान रह जाता है और बगैर निजी वैयक्तिक जीवन को वाणी दिये उसकी नियति सामाजिक इतिहास के दस्तावेज की हो जाती हैं।

सैद्धान्तिक-सी लगनेवाली इस भूमिका के द्वारा जिस वस्तु-स्थिति की ओर संकेत करना चाहूँगा वह है कि इतने शक्तिवाली माध्यम का उपयोग करने में हमारी नयी पीढ़ी असफल रही है। 1947 के बाद नव-लेखन का जो महत्त्वपूर्ण दौर प्रारम्भ हुआ उसमें सबसे अधिक महत्त्वशील परिवर्तन कविता के क्षेत्र में दिखाई पड़े और सबसे पहले भी। पिछला दशक तो सही अर्थों में 'नयी कविता' का था। फिर इसके बाद 'नयी कहानी' का दबदबा आया। इन दो विधाओं के आन्दोलन के समानान्तर ही गालियाँ खाती हुई आलोचना भी विकसित हो रही थी, यहाँ तक कि नितान्त पिछड़े नाटक ने भी कुछ जौहर दिखाये। पर उपन्यास? उपन्यास के क्षेत्र में वह पीढ़ी कहाँ गयी जो नयी कहानी लिख रही थी, नयी कविता प्रतिष्ठित कर रही थी और नाटक के क्षेत्र में भी नयी जमीन तोड़ने की कोशिश कर रही थी।

मैं यह नहीं कहना चाहता कि स्वतन्त्रता के बाद के इन वर्षों में उपन्यास लिखे नहीं गये। वस्तुतः इधर उपन्यास तो बाकायदा इण्डस्ट्री बन गया। दिल्ली, कानपुर जैसी जगहों में बाकायदा होड़ लगी थी कि साल भर में कौन कितने उपन्यास लिख सकता है। इस व्यावसायिक होड़ में नये लोग तो आये ही, कुछ पुराने नाम भी अपने नाम की कीमत पर आगे बढ़े। पर वे हमारे विवेच्य नहीं हैं। वे उस महाजनी

सांस्कृतिक प्रक्रिया के अंग हैं जो प्रकाशन के क्षेत्र में भी प्रतिफलित हो रही है। यही नहीं, मैं उन उपन्यासों को भी उपेक्षित नहीं करना चाहता जो स्वतन्त्रता के बाद के लेखन में सचमुच महत्त्वपूर्ण हैं। 'नदी के द्वीप', 'बूँद और समुद्र' तथा 'झूठा सच' ('मैला आँचल' को जानबूझकर इस जगह छोड़ रहा हूँ।) की उपलब्धियों को कोई भी सचेत पाठक झुठलाना नहीं चाहेगा। पर इनके सम्बन्ध में जो द्रष्टव्य है वह यह कि ये रचनाएँ पिछली पीढ़ी के लेखकों की हैं। और तमाम महत्त्व के बावजूद जिस नये संसार को ये लेखक देखने की कोशिश करते हैं उसको देखने का ढंग या कोण नया नहीं है। यह कहकर मैं कोई मूल्य-निर्णय नहीं दे रहा—बल्कि एक स्थिति की ओर ध्यान दिलाना चाहता हूँ। 'बूँद और समुद्र' तथा 'झूठा सच' दोनों ही अपनी विकृतियों और विवरणों में समसामयिक जीवन का पूरी ईमानदारी से इतिवृत्त उपस्थित करते हैं पर बाबारामी दार्शनिक परिणति या तारा की नियति-सी 'पोएटिक जस्टिस' यथार्थ को देखने की आधुनिक दृष्टियाँ नहीं हैं। इन दोनों ही उपन्यासों पर कमोबेश वही आरोप लगाया जा सकता है जो डी.एच. लारेन्स ने गाल्सवर्दी पर लगाया था कि इनके पात्रों की कोई निजी प्राइवेट दुनिया ही नहीं है, सब कुछ पब्लिक हो गया है। बाह्य जीवन (गली, मुहल्ला, वेशभूषा, बातचीत, रस्म-रिवाज) के विवरणों के विस्तार में इन दोनों ही लेखकों की दृष्टि बहुत रमती है और उस दिशा में ये अप्रतिम भी हैं। पर इसके बाद मानवीय सम्बन्धों की आन्तरिकता के प्रसंगों में एक प्रकार का abstraction मिलने लगता है। अज्ञेय की स्थिति इन दोनों से यत्किंचित् भिन्न है। वे एक ओर तो नवलेखन के प्रथम प्रयोक्ताओं में हैं और इस कारण जाने-अनजाने वैयक्तिक स्तर पर 'नदी के द्वीप' की आत्मा नवलेखन के तनिक निकट बैठती है। नितान्त वैयक्तिक स्तर पर अज्ञेय की चरित्र-सम्बन्धी पकड़ गहरी है, पर इन पात्रों का संसार इतना निजी एवं सीमित हो जाता है कि उनका सारा 'कार्य' एक ऐसी विद्रोही भंगिमा भर रह जाता है जिसका कि कोई लक्ष्य नहीं है और जो 'झूठा सच' आदि से एक भिन्न प्रकार का abstraction का फार्मूला उपस्थित करता है। इसके अतिरिक्त, नवलेखन में वैयक्तिक संवेदना ही नहीं सामाजिक इतिहास-बोध का भी जो अत्यन्त महत्त्वपूर्ण पहलू है उससे भी अज्ञेय जी बहुत कुछ असम्पृक्त रहते हैं और उसकी परिणति 'अपने-अपने अजनबी' की 'मिथ' बनाने की असफल चेष्टा में होती है।

'मैला आँचल' की स्थिति उपन्यास के सन्दर्भ में अत्यन्त विशिष्ट है। एक ओर तो वैयक्तिक आत्मान्वेषण की प्रक्रिया 'नदी के द्वीप' में अपने चूड़ान्त पर पहुँच चुकी थी और धीरे-धीरे जैनेन्द्र के 'व्यतीत', 'सुखदा' आदि के वैयक्तिक फार्मूलों में उसे दुहराया जाने लगा था तथा दूसरी ओर प्रगतिशील खेमे की सामाजिक फार्मूलाबद्ध कथाएँ चालीस वाले दशक से ही नितान्त झूठे यथार्थ बोध को प्रस्तुत कर रही थीं। इसे यों भी कहा जा सकता है कि वह बिन्दु खो गया था जहाँ से

उपन्यास के उगने की बात हम कह चुके हैं। वैयक्तिक संवेदना और सामाजिक इतिहास-बोध के इस समन्वय को 'मैला आँचल' ने पुनः दृढ़ता से उपस्थित किया। गाँव को देखने की नजर आधुनिक भी हो सकती है, प्रेमचन्द से हटकर हो सकती है; ऐसी नजर हो सकती है, जो एक साथ विद्रूप और करुणा, व्यंग्य और सहानुभूति दे, यह सम्भावना रेणु ने 'मैला आँचल' में उपस्थित की। वस्तुतः अपने पूर्ववर्ती और परवर्ती आंचलिकतावादियों से (यहाँ तक कि अपने ही परवर्ती उपन्यास से) रेणु इसी कथा-बिन्दु और कथा-दृष्टि में अलग हो जाते हैं। इसी प्रसंग में उस सन्दर्भ के लिए प्रमाण स्वरूप अन्य समानान्तर स्थितियों की ओर भी संकेत किया जा सकता है। 1954 में 'मैला आँचल' का प्रकाशन हुआ था और यही वह समय है जब कविता में ठाकुर प्रसाद सिंह या केदारनाथ सिंह ही नहीं अज्ञेय भी 'घास-फूस' की 'मचिया' की ओर आकृष्ट हुए थे तथा 'अशोक के फूल' या 'छितवन की छाँह' की ओर संस्कृत का पाण्डित्य भी आकर्षित हुआ था। 'जनपद' जैसी पत्रिकाओं का प्रकाशन एवं विश्वविद्यालयों के पाठ्यक्रमों या शोध-क्षेत्रों में 'लोक-साहित्य' की स्वीकृति उसी सन्दर्भ को स्पष्ट करती है जो मार्कण्डेय या शिवप्रसाद सिंह की लोकधर्मी कहानियों को जन्म दे रहा था। यह बात दूसरी है कि यह लोकरुचि अन्त में फैशन बन कर काटेज इण्डस्ट्रीज इम्पोरियम कनाट प्लेस में ही नहीं साहित्य में भी खुलवा देती है। बहरहाल, 1947 से '55 के बीच इस लोकाभिरुचि ने साहित्य को कृत्रिम स्थिति से हटाकर पुनः यथार्थ के साथ जोड़ा था और जुड़ने का सबसे सशक्त परिणाम 'मैला आँचल' था। पर इस प्रवृत्ति के साथ आदिम आवेगोंवाली जो नवरोमैण्टिक स्थिति थी उसकी सम्भावनाएँ अधिक नहीं थीं। 'मैला आँचल' के भी मूल में जो एक लिरिकल दृष्टि है वह महत्त्वाकांक्षाशील प्रयासों के बहुत अनुकूल नहीं है। कहना न होगा कि कविता और कहानी दोनों ही क्षेत्रों में इस ऐतिहासिक दौर में आयी लोकसाहित्यवादी दृष्टि को अपनाकर उसका अतिक्रमण भी किया जा सका। कविता में केदारनाथ सिंह और कहानी में कमलेश्वर इस अतिक्रमण के अच्छे उदाहरण माने जा सकते हैं। पर उपन्यास में क्या हुआ? यह एक बड़ा प्रश्न-चिह्न है। 'मैला आँचल' के बाद नयी पीढ़ी के लेखकों में ले-देकर राजेन्द्र यादव ने उपन्यास के क्षेत्र में कुछ चेष्टा की। अपनी संवेदना और शिल्प दोनों ही स्तरों पर अज्ञेय के निकट होते हुए भी उन्होंने सामाजिक सन्दर्भ को 'उखड़े हुए लोग' में जोड़ना चाहा, और जितनी सीमा तक वे उसमें सफल हुए उतनी ही दूर तक वह उपन्यास महत्त्वपूर्ण बन सका है। गोकि सामाजिकता के आवेश के कारण निजी जिन्दगी उसमें अपेक्षाकृत असन्तुलित है। और इस असन्तुलन को संतुलित करने की चेष्टा में ही अपने दूसरे उपन्यास 'शह और मात' में शायद वे दूसरे छोर के असन्तुलन पर पहुँच गये हैं। मोहन राकेश का 'अँधेरे बन्द कमरे' तो शायद अपनी असफलता के लिए ही महत्त्वपूर्ण है और उसका अध्ययन केवल एक शीर्षक के अन्तर्गत सम्भव है 'स्टडी इन फैल्योर'।

अनन्त सम्भावनाओं वाले मानव-सम्बन्धों को उठा सकनेवाली थीम को लेकर भी राकेश अन्ततः यशपाल के विवरणवादी रूप के निकट पहुँच गये हैं। लक्ष्मीनारायण लाल, कृष्ण बलदेव वैद, अमरकान्त ('बया का घोंसला और साँप', 'उसका बचपन' तथा 'सूखा पत्ता') के उपन्यासों को देखकर जिन्हें कुछ आशा बँधी होगी, वे शायद अब तक आशा का बिस्तर बाँध चुके होंगे।

आखिर ऐसा क्यों? क्या यह युग ही छोटी रचनाओं का है? इतना तो कहा ही जा सकता है कि सबसे अधिक आधुनिक बन गयी नयी कविता के क्षेत्र में भी दौर-दौरा छोटी कविताओं का ही रहा। मुक्तिबोध की महत्त्वाकांक्षिणी रचनाएँ उपेक्षित ही नहीं अप्रकाशित भी रह गयीं। और इसीलिए क्या यह मान लिया जाय कि कथा साहित्य में यह युग केवल कहानियों के योग्य था? इतना तो सहज ही माना जा सकता है कि पिछला दशक कहानियों की दृष्टि से काफ़ी महत्त्वपूर्ण है। पर पिछले 18 वर्षों का इस देश का जो विराट यथार्थ है उसका माध्यम कौन बना? क्या ये कविताएँ और कहानियाँ उस विराट और गत्वर यथार्थ को वाणी दे सकी हैं? क्या यह नहीं कहा जा सकता कि नयी पीढ़ी के लेखक की क्षमता में नहीं तो तैयारी (equipment) में कुछ कमी अवश्य है? वह सामर्थ्य, जो बहुमुखी अनुभवों को एक रूप-बन्ध में पिरो देती है, हमें नयी पीढ़ी के इन कथाकारों में नहीं मिलती। इसी सिलसिले में यह भी कह देना होगा कि जिस रूप और परिस्थिति में उपन्यास की मृत्यु की घोषणा पश्चिम में की गयी है वह हमारे सन्दर्भ से एकदम अलग है। हिन्दी में उपन्यास उस शिखर तक पहुँचा ही नहीं कि उसकी सम्भावनाओं को निःशेष मान लिया जाता।

इतना और कह दूँ कि यह टिप्पणी 'चाहिए' शैली में नहीं लिखी गयी। मैं यह नहीं कहना चाहता कि नये लेखक ऐसा लिखें या कि उनसे ऐसा करने का अनुरोध किया जाना चाहिए? केवल एक स्थिति या एक सचाई (भले ही नये लेखकों के लिए अप्रीतिकर हो) की ओर इंगित कर रहा हूँ। समस्या का कोई समाधान सुझाना भी मेरा काम नहीं है। इस विषय पर लेखकों-पाठकों की राय अवश्य जानना चाहूँगा—खासकर अगर वे मुझसे असहमत हों।

अणिमा : अप्रैल-जून, 1965

'चारुचन्द्रलेख' : एक टूटा दर्पण

दिक्काल की माप में अघोरनाथ ने चन्द्रद्वीप की उपत्यका में चन्द्रगुहा के पिछले हिस्से में उट्टंकित वृत की जो प्रतिलिपि प्राप्त की, उसका काल है ईसा की बारहवीं-तेरहवीं शताब्दी और घटनास्थल है आर्यावर्त—आज का उत्तरी भारत। यों उसमें प्रसंगतः मध्य एशिया, चीन, तिब्बत, किरात आदि देशों के रोचक विवरण हैं और केवल प्रसंगतः आ गयी संज्ञाओं से कुछ अधिक ही हैं। कथा में राजनीति के दाँवपेंच हैं; प्रजातन्त्र का जयघोष है, तान्त्रिक और बौद्ध साधनाओं की मनोवैज्ञानिक व्याख्याएँ हैं; सिद्धों की सिद्धियों का चमत्कार है; गोरखनाथ के योग का प्रताप है; पटुनटकलाचपल कृष्ण की लीला का गान है; सामन्ती समाजव्यवस्था पर प्रकाश है; रणनीति की विवेचना है; देश में सोने के रिजर्व स्टाक की समाप्ति की घोषणा है और मुद्रास्फीति की समस्या है; विदेशी आक्रमण हैं; इस्लाम की विशिष्टता भी है और देशप्रेम की पुकार भी; आश्लेष में लेटी हुई बाहुएँ भी हैं और तलवार भाँजती हुई भुजाएँ भी। इसमें कोटिबेधी रस भी है और मर्मभेदी दृष्टि भी; अमोघवाक् भविष्यवाणियाँ भी हैं और पृथ्वी से पराजित होने वाले ग्रह-नक्षत्र भी। 'चारुचन्द्रलेख' में भारतवर्ष की मोहक प्रकृति—वन, लता, वृक्ष, पुष्प, पर्वत, उपत्यका, चाँदनी, सूर्योदय—है और है कालिदास की कविता और उस कविता की व्याख्या। भाषाविज्ञान के विद्यार्थियों के लिए भी सामग्री है और चीनी आक्रमण के सन्दर्भ में यह भी जानने योग्य है कि शानवंश के प्रतापी राजाओं की एक लाख सेना को सिर्फ पाँच हजार विदेहों ने समाप्त कर दिया था और तिब्बत असल में हमारा ही है। अस्तु, इसमें अतीत का इतिहास है, वर्तमान के विचार हैं एवं भविष्य के लिए सन्देश है, और इस अर्थ में काल के एक खण्ड में सीमित न रह कर कथा 'त्रिकालव्यापिनी' हो जाती है—त्रिजगन्मनोज्ञा त्रिपुरसुन्दरी की भाँति।

देश और काल में ही नहीं, रूप और प्रकृति में भी इतनी फैली-बिखरी सामग्री को समेटनेवाली कथा के लिए इतिहास के प्रामाणिक स्रोत हैं : कुछ पुराने ग्रन्थों में मिलने वाली कथाएँ, कुछ साधनाग्रन्थों के कर्मकाण्ड सम्बन्धी श्लोक और दर्शन की

ले. : आचार्य हजारी प्रसाद द्विवेदी

चर्चा करने वाले ग्रन्थों के कुछ विचार। इतने क्षीण कथासूत्रों की वयन-चेष्टा लेखक की शक्ति और साहस का प्रमाण है और उस कल्पना को बधाई दी जानी चाहिए जो इस असाध्य साधन जैसे कार्य के लिए उन्मुख हुई। कथातत्त्व की कमी के सन्दर्भ में यहाँ इतना कह देना आवश्यक है कि कथानकतत्त्व का यह ह्रास आधुनिक मनोवैज्ञानिक उपन्यासों से भिन्न प्रकृति और कोटि का है। यहाँ कथा में बाह्य वस्तुनिष्ठता बराबर रही है—कथा की बुनावट अन्तःप्रयाण पर आधारित नहीं है। 'चारुचन्द्रलेख' में द्विवेदी जी की कल्पनाशक्ति को खुलकर खेलने का अवकाश मिला है। मुख्य कथा की क्षीणता को लेखक की उर्वर कल्पना ने अनेक ऐतिहासिक प्रसंगों, प्रसंगच्युत रोचक कथाओं, प्रकृति सुषमा, उद्‌बोधनात्मक विचारों आदि से पृथुलता में परिवर्तित करने की चेष्टा की है। अस्तु इस चेष्टा में कल्पना भागती गयी है—बगैर शिल्प पर विचार किये, ठोस परिस्थितियों पर विचार किये, कथा की सम्भावनाओं, प्रतीतियों एवं मूल्यसत्ता पर विचार किये। कल्पना ने पीछे मुड़कर नहीं देखा कि कितनी धरती वह रौंद आयी है—ठीक अपने नायक सातवाहन के समान, जो भटक जाने पर अलहना से कहते हैं : 'लौटना कठिन है। लौट नहीं सकते। लौटना क्रिया ही गलत है। कोई नहीं लौटता। कभी नहीं लौटा जाता। लौटना निरर्थक पद है।...तुम नहीं जानते अलहना, बिना सोचे-समझे बहुत दूर बढ़ गया हूँ। पीछे का रास्ता मिटता जा रहा है, आगे का सूझ नहीं रहा।' लगता है कि उपन्यास में भी इसी प्रकार 'मंगोलिया या तिब्बत' जैसी अनेक यात्राएँ व्यर्थ में भटका कर सम्पन्न करा दी जाती हैं। पीछे का तमाम गड्डमड्ड होता जाता है, एक स्पष्ट, साफ और संगत तसवीर नहीं उभरती। उपन्यास के अन्त में आकर तमाम दर्शन, व्याख्याएँ, चेष्टाएँ, प्रणयप्रसंग सब डूब जाते हैं—एक अन्धकार में। वह अन्धकार है इतिहास के इस प्रखर यथार्थ का कि वह युग असफल है, वंध्य है। इस बात के अतिरिक्त लेखक जो कुछ कहना चाहता है वह प्रसंगानुकूल नहीं बन पाता या फिर 'जनवाद' आदि की 'थीमें' अधकचरी, अर्धभुक्त तथा वायवी बनी रह जाती हैं। अन्तिम अध्याय की ट्रेजेडी अवश्य कुछ न कुछ संकेतित कर जाती है, उस पूरे युग की व्यर्थता को। वहाँ क्रियाशक्ति मैना मृतप्राय है, इच्छाशक्ति रानी चलने में पंगु है तथा बोधशक्ति बोधा भयभीत और पलायनशील है। त्रिपुर की इस ट्रेजेडी को लेखक एक सीमा तक झेल सका—उसने कामायनी जैसा कोई काल्पनिक समाधान देकर विश्रान्ति का अनुभव नहीं करना चाहा—लेखक की रोमैण्टिक कल्पना के लिए इतनी शक्ति और यह सफलता भी गणनीय मानी जानी चाहिए। हमारे साहित्यकार की यथार्थदृष्टि गहरी हुई है—इससे इतना संकेत तो मिलता ही है। पर जितने बड़े कैनवास में जितनी बड़ी बात व्यंजित करने की चेष्टा की गयी थी, वह सफल नहीं होती।

अस्तु, कथा के जिस कच्चे माल की ओर हम ऊपर संकेत कर आये हैं उसे सरसरी तौर पर भी देख कर इतना तो कहा ही जा सकता है कि वह हीन नहीं

है, शक्ति की सम्पूर्ण सम्भावनाओं से युक्त है और स्थूल घटनापरकता से लेकर उच्चतम बौद्धिक विचारणाओं के लिए सक्षम है। इन तथ्यों के माध्यम से जो थीम उभरेगी उसे सबल होना चाहिए। पर एक दूसरी बात, जो यहाँ याद रखनी होगी, यह है कि ये तथ्य तो 'ऐब्स्ट्रैक्ट' हैं, निष्क्रिय हैं; इनके लिए दृढ़ कथासूत्र में विविध 'आब्जेक्टिव कोरिलेटिव्ज' होने चाहिए। पर लगता है कि मूलतः लेखक से चूक इसी बिन्दु पर प्रारम्भ होती है। कथा के अन्तर्गत संगत आब्जेक्टिव कोरिलेटिव्ज की खोज वस्तुतः शिल्प की खोज है और द्विवेदी जी के मन में शायद कहीं यह विद्यमान है कि कथ्य–यानी विचार या भाव–महान होना चाहिए; शेष सब गौण है। इस दृष्टिकोण के कारण सम्पूर्ण कथासामग्री से अपने को तटस्थ कर वे शिल्प के माध्यम से उसका विश्लेषण और विकास नहीं कर सके, उसकी तमाम निहित सम्भावनाओं का अन्वेषण भी नहीं कर सके तथा जो सबसे अधिक आवश्यक कार्य था, उसका मूल्यांकन–वह भी नहीं हो सका। यह कार्य शिल्प के माध्यम से ही सम्भव होता है और मेरा यह आरोप है कि लेखक को शिल्प के द्वारा अपनी सामग्री या विषयवस्तु की जो परिचर्या करनी थी, वह नहीं कर सका। इसे निष्ठा का अभाव भी कहा जा सकता है। परिणामस्वरूप प्रस्तुत उपन्यास में कच्चे माल का जिस परिणत कथावस्तु (अचीव्ड कांटेंट) में रूपान्तरण होता है, वह सन्दिग्ध है। एक महत्त्वपूर्ण समीक्षक द्वारा लिखे जाने वाले उपन्यास में यह अनवधानता कुछ विचित्र-सी लगती है। इसीलिए यह सन्देह करना बहुत अनुचित होगा कि लेखक ने जो कुछ कहना चाहा है, उसका एक बहुत बड़ा अंश उसके अपने 'प्रामाणिक' अनुभव का अंग नहीं है–विचार और पाण्डित्य का भले ही हो। परिश्रमपूर्वक की गयी ऐतिहासिक खोजों से प्राप्त घटनाओं, दृश्यों, कथाओं आदि को उपन्यासकार ने अत्यन्त वैयक्तिक व्याख्या देने की चेष्टा की है। इस प्रयत्न में जो ढाँचा खड़ा हुआ है उसमें 'शोध' और 'व्याख्या' का विचित्र मिश्रण हो गया है। इस ढाँचे को देख कर किसी रिसर्च प्रोजेक्ट की संवेदनशील रिपोर्ट याद आ जाये तो अस्वाभाविक न होगा। यह तथ्य भी इसी बात की ओर संकेत करता है कि कथा के एक बड़े अंश की अनुभवगत 'प्रामाणिकता' सन्दिग्ध है–अगर असन्दिग्ध है तो पाण्डित्य का विलास। अस्तु, इस अन्तर्योजना (स्ट्रक्चर) की जो बुनावट है, उसमें एक ओर तो इतिहास की घटनाओं, शब्दों, पिछले विचारकों के कार्यों, मन्दिरों, मठों, संस्कारों, कर्मकाण्डविधियों आदि की अद्‌भुत आग्रही प्राचीनतावादी दृष्टि (ऐंटीक्वैयरिनिज्म) है और इन्हीं 'परिस्थितियों' के घात-प्रतिघात में पात्रों के स्वभाव को ढलता दिखाया गया है; और दूसरी ओर इनके 'परिणाम' चित्रित करने में द्विवेदी जी एक आत्मनिष्ठ द्रष्टा बन गये हैं। इस प्रक्रिया में उन्होंने जिन चित्रों को ऐतिहासिक यथार्थ की पूरी वास्तविकता के साथ स्थापित करना चाहा था, उन्हीं पर आधुनिक विचारों एवं व्याख्याओं की एक नयी और नितान्त काल्पनिक डिजाइन थोप दी है। इस प्रसंग में

अपने देश के उन पुनरुत्थानवादी प्रचारकों की याद आती है जो हर पुरानी रीति की कोई न कोई वैज्ञानिक व्याख्या ढूँढ़ निकालते थे—कान में जनेऊ चढ़ाने से लेकर पैर में बिछिया पहनने तक। अस्तु, इस योजना के परिणामस्वरूप कथा का स्वरूपगुण अनाटकीय, स्थित्यात्मक एवं निष्कर्षवादी हो गया है।

इसे यों भी कहा जा सकता है कि इस उपन्यास की कथापद्धति चित्रसमीक्षक की प्रणाली जैसी है। पात्रों की अतीत की गैलरी में निश्चित चित्रों की भाँति उनके निश्चित स्थानों में टाँग दिया जाता है और परवर्ती इतिहास के आलोक-बिन्दु पर खड़े होकर उनकी समीक्षात्मक परीक्षा की जाती है और अन्तिम भाग में पुनः सबको उतार कर उनके वास्तविक स्थान—असफलता के अन्धकार—में भेज दिया जाता है। विद्याधर, धीर शर्मा, अक्षोभ्य भैरव, अमोघवज्र, बोधा, नाटी माता, रानी चन्द्रलेखा आदि ऐसे ही पात्र हैं जिन्हें राजा सातवाहनरूपी कलासमीक्षक—जोकि कथा का नैरेटर भी हैं—परखता जाता है और अपनी टिप्पणियाँ देता जाता है। इन पात्रों की पारस्परिक तनाव प्रतिक्रिया पूरे उपन्यास में नगण्य है—मैना अवश्य इस दिशा में अपवाद है। इस पद्धति का परिणाम यह हुआ है कि अभिप्रेतता (मोटिवेशन) और संवादों का योग चरित्रविकास में कम है ही—प्रमुख कथानक का भी इस कार्य के लिए उपयोग कम ही हुआ है। मोहसाधना, चन्द्रलेखा के जन्म का परिचय, जयित्रचन्द्र-चन्देलकन्या प्रणयप्रसंग, चन्द्रलेखा के विक्षुब्ध चित्त से उत्सारित सिद्धिचमत्कार, अमोघवज्र का सातवाहन के सम्मुख वक्तव्य आदि जिन इतर कथाओं और वक्तव्यों का योग मुख्यतः वातावरण को सघन बनाने में होता है, उन्हीं का आरोपण या आवेश चरित्रों पर भी हुआ है। इसी कारण पूरे उपन्यास में यदि कोई दृष्टिबिन्दु है तो वह इस वातावरण में ही देखा जा सकता है, चरित्रों की सत्ता में नहीं। वे या तो नितान्त भावुक प्रतिक्रियाएँ करते हैं, या फिर कुछ अरूपताओं के उदाहरण बन जाते हैं।

इस विवेचन से यह स्पष्ट है कि हजारी प्रसाद जी की कथाकल्पना की सारी कठिनाई उस द्विधाविभक्ति की है जिसमें वह अतीत के प्रति प्रामाणिक बने रहते हुए भी पूरे के पूरे वर्तमान समाज का रूपान्तरण करना चाहते हैं। अपने सामयिक बोध के आधार पर अतीत को देखना एक बात है और अतीत की ऐसी व्याख्या की चेष्टा कि जिसमें पूरा का पूरा वर्तमान वहीं प्रतिष्ठित हो जाये—गुणात्मक रूप से भिन्न, दूसरी बात है। यह तो मैं नहीं कहूँगा कि यह कार्य असम्भव है—बड़ी प्रतिभा सदा असाध्यसाधन करती आयी है—पर यह अवश्य कहूँगा कि इस चेष्टा में कथा का सारा ढाँचा चरमरा उठा है। या प्रतिभा आदि की चर्चा न करके यह कहूँ कि इतने बड़े लक्ष्य तथा फलक के लिए जिस प्रकार की कलादृष्टि और कथासंगठन की अपेक्षा थी, वह सम्भव नहीं हो सका। कथा का सारा ढाँचा चरमरा ही नहीं उठा है, वर्तमान के रूपान्तरण के नाम पर एक प्रकार का अरूपीकरण (ऐब्स्ट्रैक्शन) प्रमुख हो गया है।

किसी भी ऐतिहासिक कथाकार के लिए यह याद रखने की बात होती है कि चाहे इतिहास की घटनाएँ हों या धर्मों, राष्ट्रों अथवा व्यक्तियों की नियतियाँ हों, उनका एक स्वाभाविक, वस्तुनिष्ठ वजन होता है और एक साथ ही एक प्रकृत और वस्तुनिष्ठ अनुपात भी। यदि लेखक ऐसी कथा लिखने में सफल होता है जो कि ठीक से इन सम्बन्धों और अनुपातों को उत्पन्न करती है तो ऐतिहासिक सत्य के परिपार्श्व में मानवीय और कलात्मक सत्य अपने आप उभर आयेगा। पर यदि उनके वजन और अनुपात को विरूप किया गया तो कलात्मक चित्र भी उतना ही विरूप हो जायेगा। जनपद-पार्वती चन्द्रलेखा का सिद्धयोगिनी चन्द्रलेखा में जो संक्रमण है, वह ऐसे ही विरूपीकरण का उदाहरण है। मनुष्य के रोग-शोक, कष्ट-दुख, युद्ध हिंसा आदि के किसी वस्तुनिष्ठ वजन और अनुपात की कोटियों की रक्षा किये बिना यह जो धर्मपरिवर्तन है वह चोट पहुँचाता है—केवल पाठक को ही नहीं, जाति की उस सम्पूर्ण वेदना को भी जिसे इस रूपान्तरण के लिए आधार बनाया गया है। कहना न होगा कि कला या शिल्प की दृष्टि से भी यह उपन्यास के सबसे कमजोर अंशों में से है। वस्तुतः ऐतिहासिक दृष्टि की कमजोरी पूरे कलानुभव की कमजोरी है, और कलानुभव की कमजोरी पूरे शिल्प की कमजोरी है।

इस पहचान की प्रशंसा की जानी चाहिए कि लेखक ने अपनी कथा के लिए जिस दिक्काल को चुना, वह वर्तमान के प्रक्षेपण के लिए बहुत कुछ उपयुक्त प्रतीत होता है। यह हमारे इतिहास का एक ऐसा अन्ध युग है जिसमें नाना प्रकार की अपरिभाषित परिस्थितियों की भरमार है। इन अपरिभाषित परिस्थितियों में एक बड़ी सीमा तक इतिहास के वातावरण की प्रामाणिकता को खण्डित न करते हुए भी काल्पनिक कथा की तरलता को अधिक मनमाने ढंग से ढालने की सम्भावनाएँ अधिक थीं। पर यह रूपान्तरण जीवन्त तभी हो सकता था जबकि कथा की अन्तर्योजना और बुनावट के अन्तर्गत ठोस मानवीय स्थितियों को सिरजा जाता और ये स्थितियाँ इतिहास की कोटियों के भीतर बनी भी रहतीं। मुझे लगता है कि प्रस्तुत उपन्यास में इन मानवीय परिस्थितियों का जीवन्त रूपायन नहीं हो सका—वर्णन भले ही हो। अतीत और वर्तमान के मध्य लेखक जिस सम्बन्ध सूत्र को जोड़ता है वह अत्यधिक प्रत्यक्ष है, अत्यधिक बौद्धिक है, तथा अत्यधिक सामान्यीकृत है। देखिए, रानी चन्द्रलेखा यह भाषण दे रही है—

> *महाराज,*
>
> *सैनिकों में उत्साह है, यह शुभ लक्षण है, परन्तु मैं जानना चाहती हूँ कि साधारण प्रजा क्या सोच रही है! मैं ग्रामबालिका हूँ। जनपद के लोगों को जानती हूँ। उन्हें इन युद्धों से भय होता है, वे इस राजा या उस राजा की जीत भी चाहते हैं; परन्तु समूचे देश को अपना समझकर समयोचित उपचार वे नहीं जानते। उनमें प्रतिरोध की भावना ही नहीं होती। वे समझते हैं, राज्य राजा का होता*

है। एक राजा जीतता है, दूसरा हारता है। जो जीत गया उसका राज्य होता है। केवल सैनिक बल ऊपर ऊपर का बल है। कुछ ऐसा होना चाहिए कि इस जीत या हार को प्रजा अपनी जीत या हार समझे। युद्ध हो, दूसरा उपाय नहीं है, पर युद्ध का उद्देश्य बड़ा होना चाहिए। आप लोग इसके लिए क्या कर रहे हैं?

क्या इस उद्धरण को पढ़ने के बाद भी यह बताने की आवश्यकता है कि यह सिद्धान्त-कथन है, सामान्यीकरण है; कि इस सिद्धान्त का रूपान्तरण ठोस मानवीय सम्बन्धों की इकाइयों में नहीं हो सका है। रूपान्तरण यदि कोई होता है भी तो सिद्धान्त-कथन का ऊष्ण, वाक्स्फीति में। देखिए—

वीरो,

पश्चिम द्वार के कपाट-रूप शाकम्बरी-नरेश पृथ्वीराज समाप्त हो गये, उत्तरापथ के एकच्छत्र सम्राट दलपंगुर महाराज जयित्रचन्द्र बालू की भीत की तरह ढह गये और प्रबल पराक्रमी चन्देल नरेश परमर्दिदेव विदेशी आक्रमण की आँधी में कूलद्रुम की भाँति भहरा गये।

इतनी बड़ी पराजय के बाद किस बल पर अवन्तिका के क्षीणबल राजा सातवाहन दुर्गतिग्रस्त प्रजा की रक्षा का साहस कर सकते हैं? चारों ओर केवल अन्धकार ही अन्धकार दिखाई दे रहा है। महामन्त्री विद्याधर भट्ट अपनी अगाध विद्या का अभिमान खो चुके हैं। मृतकों में भी प्राण संचार करने वाले जगन्नायक भट्ट वीर छन्दों में लिखी ओजस्वी कविता का अभिमान छोड़ चुके हैं। समस्त शास्त्रों को हस्तामलक की भाँति देखने वाले धीर शर्मा अब सब ओर से निराश होकर असुर-शिरःसरोवर-विहारणी चण्डिका के चरणकमलों की ओर उन्मुख हो गये हैं। सर्वत्र निराशा और हतदर्पिता का भाव छा गया है। ऐसे अवसर पर इस पवित्र भूमि की रक्षा के लिए कौन सा उपाय सोचा जाय? वीरों, राजाओं का युद्ध समाप्त हो गया। अब कहीं आशा है तो प्रजा की संगठन शक्ति में है। मैं तुम्हें उसी शक्ति को उद्बुद्ध करने के लिए आमन्त्रित करती हूँ। वीरो, रणक्षेत्र के लिए प्रस्थान करो, तुम्हारी संख्या बहुत कम है, तुम्हारे पास युद्ध करने की सामग्री का अभाव है, किन्तु रानी चन्द्रलेखा तुम्हें आश्वासन देती है कि तुम्हें निराश नहीं होना पड़ेगा, मैं तुम्हारे पीछे प्रजावर्ग को संगठित करने जा रही हूँ। वीरो, सच्चे धर्म के लिए लड़ो। हार और जीत इतिहास-विधाता के इंगित के अनुसार होती है।

यह छठे अध्याय का अन्तिम अंश है। और सातवें अध्याय का वाक्य प्रारम्भ होता है—'रानी की योजना चरितार्थ हुई। समस्त मालव जनपद में एक अद्‌भुत नवजीवन जाग उठा। शत्रु को लौट जाना पड़ा।' यह अंश पुनः एक अल्प कथन है, जीवन्त कोटियों में रूपायन नहीं।

वस्तुतः ऊँच-नीच, धर्म-सम्प्रदाय, कुल मिथ्याभिमान को मिटा कर जिस जनतान्त्रिक मानवतावाद को वह मुख्य कथ्य के रूप में स्वीकार करता है, उसके प्रति एक ऊँचे ऐब्स्ट्रैक्शन के स्तर पर लेखक अभिमुख होता है। परिणामस्वरूप कथा की तमाम चारित्रिक इकाइयाँ और घटनाएँ अरूप हो जाती हैं। 'चारुचन्द्रलेख' के प्रारम्भ को लें—उपन्यास का प्रारम्भ ही विदेशी आक्रमण की एक कथित अरूप स्थिति से होता है, जिसमें नायक एक अरूप व्यक्ति सीदी मौला को ढूँढ़ने निकलता है। फिर रानी से मिलन, विवाह आदि एक अठोस, अरूप वातावरण में ही सम्पन्न होते हैं। यह अरूपता कहीं नागनाथ की तपस्या के वर्णन में है, कहीं नारी के बत्तीस लक्षणों की व्याख्या में झमाझम निकलने वाले श्लोकों के रूप में और कहीं विद्याधर के ओजस्वी व्याख्यान के रूप में। विदेशी आक्रमण के 'ऐब्स्ट्रैक्शन' की परिणति जनता को जगाने की जिस योजना में होती है, उसकी चर्चा भी हम ऊपर कर आये हैं। इस अरूपता तक ही बात सीमित नहीं रहती—इसके आगे गधैयाताल के प्रसंग में जिस पाण्डित्य का प्रदर्शन है, वह इस अरूपता को और अधिक वायवी बना देता है। राजा और रानी ही नहीं, विद्याधर, बोधा, गोरख, अमोघवज्र, सीदी मौला, नाटी माता सभी इसी प्रकार के बौद्धिक रूप से 'ऐब्स्ट्रैक्ट' और आदर्शीकृत पात्र हैं। ये पात्र जीवन कम जीते हैं, दर्शन या विचार को अधिक जी लेते हैं। कारण शायद यही है कि ये पात्र लेखक के अपने उन आधुनिक मानवतावादी विचारों तथा जनतान्त्रिक आदर्शों के विग्रह हैं जिन्हें वह स्वयं अस्वीकार करता है या जिनके लिए संघर्ष करना श्लाघ्य समझता है, परन्तु ये सभी स्वयं उसके लिए वर्तमान सन्दर्भ में ऐब्स्ट्रैक्ट ही हैं। फलतः ऐतिहासिक अनुभव की तात्कालिकता इन पात्रों से तिरोहित हो जाती है; क्योंकि जीवन में ये समस्याएँ बिखरी और छिटपुट होती हैं तथा एकदम वैयक्तिक रूपों में प्रकट होती हैं, जिन्हें ये पात्र सामान्यीकृत करके एक ऊँचे बौद्धिक स्तर पर अभिव्यक्ति देते हैं। और इस प्रकार यह बौद्धिक सामान्यीकरण ऐतिहासिक चरित्र को कमजोर करता है।

तात्कालिक इतिहासानुभव की बौद्धिक परिणति का रास्ता इतना सँकरा, छोटा और अरूप है कि सम्पूर्ण प्रक्रिया राजा सातवाहन जैसे एक व्यक्ति में घटित होने लगती है। परिणामस्वरूप यह तात्कालिक अनुभव अपनी उसी विस्तृत और अनेकरूपता के उन पात्रों द्वारा नहीं भोगा जाता जिनके पास सामान्यीकरण का यह व्यापार नहीं है। विदेशी आक्रमण या धर्मसाधनाओं के प्रति इन पात्रों की प्रतिक्रिया को लेकर इस बात को देखा जा सकता है कि प्रस्तुत उपन्यास में विदेशी आक्रमण के प्रति विभिन्न पात्रों की प्रतिक्रियाओं में न वह विविधता है और न बहुरूपता, जो प्रत्येक पात्र की सीधी, निजी प्रतिक्रिया से उत्पन्न होती है। फलतः युद्ध द्वारा उनकी जिन्दगियों की जो परिणति होती है, वह उनकी भावनाओं और अनुभवों में व्यंजित नहीं होती। जो प्रतिक्रियाएँ होती हैं उनमें कोई गुणात्मक परिवर्तन नहीं लगता। इसी के सन्दर्भ

में तोल्स्तोय के उपन्यास 'युद्ध और शान्ति' के फ्रेंच आक्रमण को लिया जाये तो स्थिति इसके विपरीत दिखाई देती है।

यही नहीं, 'चारुचन्द्रलेख' में इस सँकरे रास्ते को और सँकरा कर दिया गया है, आत्मकथात्मक पद्धति के द्वारा। राजा यहाँ नायक भी है और 'नैरेटर' भी; अतः सारी प्रतिक्रियाओं का बोझ उसे ही सँभालना पड़ा है। हर स्थान और हर परिस्थिति में उसे एक समुचित ऐतिहासिक प्रतिक्रिया देनी पड़ती है। प्रतिक्रियाओं का इतना बोझ सामान्यीकरण के लिए विवश करता है। इस प्रकार अनुभव और सामान्यीकरण के मध्य का संक्रमण पथ और अधिक संकीर्ण हो जाता है; तथा जिन स्थानों में (यथा विष्णुप्रिया के आश्रम में मैना और बोधा की बातचीत के समय, या विद्याधर से अतीत की घटनाओं को सुनते समय) जब वह प्रतिक्रिया नहीं करता, मात्र अनुभव करता है, तब उन स्थानों में उसका चरित्र अपने ही स्तर से नीचे गिर जाता है क्योंकि प्रारम्भ से ही उसने ऐब्स्ट्रैक्शन के माध्यम से ही अपनी हैसियत को बनाये रखा है। वस्तुतः यहाँ जो पदार्थ खोए हुए हैं वे हैं अस्तित्व के ठोस तथ्य—और केवल वे ही लेखक को बता सकते हैं कि किसी युग के किसी पात्र के विचार, अनुभव या संवेदनाएँ क्या हो सकती हैं। इसका परिणाम है कि इन पात्रों के आन्तरिक मानसिक जीवन के उद्‌घाटन में भी किसी प्रकार की वस्तुनिष्ठता या तीखी चरित्रवत्ता की स्थापना नहीं हो सकी। हम कह चुके हैं कि राजा सातवाहन को 'नैरेटर' का पद देकर उसे एक ऐसा ऐतिहासिक दायित्व सौंप दिया गया है कि वह अपनी प्रतिक्रियाओं के माध्यम से उन चरित्रों की बात बता दे। वह एक ऐसा 'कार्डियोग्राम' है जो अन्य हृदयों की धड़कनों के 'ग्राफ' अंकित करता चलता है। इस प्रक्रिया में उसका अपना कोई क्रियाशील व्यक्तित्व ही नहीं रह जाता। वह तो हर 'प्रभाव' के लिए खुला है; और जहाँ हर प्रभाव के प्रति खुलापन होता है, लगता है कि वहाँ अन्ततः कोई प्रभाव ही नहीं रह जाता। राजा का यह कथन स्वयं इस बात का प्रमाण है—

> *हम तीनों (राजा, रानी और विद्याधर) के तीन लक्ष्य थे जो थोड़ी दूर तक एक रास्ते से चलने पर मिल जाते थे। इसी बीच मिले बोधा, विद्याधर भट्ट के अनुगत, मुझे सहायक समझने वाले। मिली मैना, रानी की प्रिय सहचरी, पर उनकी साधना से एकदम असहमत। वह मुझे सहायक के रूप में नहीं ग्रहण करती। उसने न जाने कैसे और क्यों अपने को मेरा रक्षक मान लिया। बाधा मैंने किसी को नहीं दी।*
>
> *मुझे इन विभिन्न लक्ष्यों के यात्रियों को साथ लेकर चलना है। कभी-कभी मैं स्वयं अपना प्रतिवाद सिद्ध हुआ हूँ। रानी मुझसे भी अधिक सिद्ध हुई है। विद्याधर भक्त दृढ़ है। मैना भी सुना है, दृढ़ है। विचित्र योग है। राजा और रानी दोनों ही स्वतोविभक्त हैं, जो लोग अपने को उनका अनुगत मानते हैं, वे दृढ़ हैं।*

करे भी वह क्या : कर्तृत्वशक्ति उसने मैना को दे रखी है और इच्छाशक्ति रानी को

तथा बोधशक्ति शायद बोधा को! वह तो माध्यम हो जाता है दूसरों के विचारों तथा भावनाओं का। रानी के मानसिक जगत के उद्घाटन के लिए लेखक ने मनोविज्ञान की अपसारण प्रक्रिया को अपनाकर जो लेख लिखवाया है उससे वस्तुतः रानी के चेतनाप्रवाह का पता कम लगता है, कथानक को फैलाने, साधनाओं का परिचय देने, सिद्धियों का चमत्कार बताने, दार्शनिक-मनोवैज्ञानिक व्याख्याएँ देने का कार्य अधिक लिया गया है। और इस प्रकार इस आलोक का उपयोग कथा के वातावरण को अधिक सघन और सान्द्र बताने में किया गया है। प्रसंगतः एक बात याद आती है कि द्विवेदी जी ने कहीं लिखा था कि आधुनिक उपन्यासकार यथार्थवाद से भयभीत है। द्विवेदी जी स्वयं भयभीत होकर चन्द्रलेखा के इस लेख में वर्णित चमत्कारों को एक समसामयिक विश्वसनीय आधार देने के लिए अमोघवज्र से कहलाते हैं कि यह सब 'चन्द्रलेखा के भयत्रस्त चित्त के विक्षोभ से निकली अद्भुत सिद्धि कथाओं का श्रवण' है। पर जैसा कि मैं कह चुका हूँ, इस वर्णन से पात्र की आन्तरिकता के बजाय कथा के वातावरण का ही स्पष्टीकरण अधिक हुआ है। अरूप सिद्धान्तकथन, एब्स्ट्रैक्ट प्रतिक्रियाओं से अलग जीवन्त मानसिकता जिस पात्र में मिलती है, वह है क्रियाशक्ति की प्रतीक मैना। क्या इससे यह न समझा जाये कि वस्तुनिष्ठ कर्मशीलता ही वास्तविक रूप से मानसिक जीवन को समृद्ध करती है? मैना में तीव्र संवेदना है, पर वह संवेदना प्रतिक्रियाशील न होकर क्रियाशील होने की है—क्रियाशील जीवन्त मानवीय इकाई के रूप में। सम्भवतः इसी कारण सारे अरूप सिद्धान्तकथन करने वाले पात्र उसके सम्मुख हतप्रभ हो उठते हैं। राजा, सीदी मौला, विद्याधर, यहाँ तक कि दोधा भी उसके तर्क की चोट सँभाल नहीं पाते। कारण यही है कि वह समस्याओं का अरूपीकरण नहीं करती; उन्हें सीधे मुँह पकड़ती है। वस्तुतः समस्त उपन्यास का सर्वाधिक जीवन्त और सम्भावनासमृद्ध पात्र यही है और जितने अंशों में वह कथा में रहती है उसे अनुभव की 'प्रामाणिकता' भी दिये रहती है, साथ ही मानवीय साक्षात्कार की ऊष्मा भी। और यह आश्चर्य की ही बात है कि बात-बात पर उच्छ्वसित होकर वाक्स्फीति के विलास में निमग्न रहने वाले द्विवेदी जी इस पात्र के मानसिक द्वन्द्व के चित्रण में कहीं अधिक संयमशील दिखते हैं—लगता है कि पात्र अपने निर्माता से बड़ा हो गया है। जहाँ बोधा से महाराज सम्बन्धी अपने अनुराग और नैतिक द्वन्द्व की चर्चा करती हुई वह बोधा से अनुरोध करती है कि वह नारीविग्रहरूपी फूल को आत्मदान के गंगाजल से रोक लें, वही उपन्यास का सबसे अधिक अनुभूत्यात्मक अंश है। मुझे लगता है कि यह एक ऐसा पात्र था जिसके माध्यम से लेखक की उद्दिष्ट 'थीम', राष्ट्र की नियति, अधिक शक्ति के साथ उजागर की जा सकती थी। यद्यपि लेखक उसकी समस्त सम्भावनाओं को भास्वर नहीं कर सका और एक प्रकार के रोमैण्टिक शरच्चन्द्रीय प्रेम में उसकी परिणति हो जाती है; परन्तु इसके बावजूद उसमें जिन सम्भावनाओं का बीज प्रारम्भ से ही पड़ गया था वे मरते-मरते राष्ट्र की

नियति से भी अप्रत्यक्ष रूप से जुड़ जाते हैं। अन्ततः उस युग की असफलता के चित्र में उसके दोनों कार्य—शाह को मारना और स्वयं मरना—अन्तिम कारण बनते हैं, पर जिस आत्मकथात्मक शिल्प को लेखक ने अपनाया था उसमें इससे अधिक की सम्भावनाएँ कम दिखती हैं।

आत्मकथात्मक शिल्प की सीमाओं की ओर कुछ इंगित मैं पहले भी कर चुका हूँ। यहाँ पर इस सन्दर्भ में 'बाणभट्ट की आत्मकथा' का स्मरण स्वाभाविक भी होगा और संगत भी। वह इसलिए कि इसके द्वारा प्रस्तुत उपन्यास की असफलता को और अच्छी तरह समझा जा सकेगा। इसके अतिरिक्त जब मैं यह सवाल करता हूँ कि 'चारुचन्द्रलेख' जैसे उपन्यास में, जोकि एपिक अभिप्रायों को लेकर चला है, आत्मकथात्मक शिल्प क्यों अपनाया गया, तो तत्काल जो बात दिमाग में आती है, वह यह कि एक बार 'बाणभट्ट की आत्मकथा' में उसने इस शिल्प को सिद्ध करने में अद्‌भुत सफलता प्राप्त की थी—अतः प्रस्तुत उपन्यास के लिखने के समय भी अपने परिचित औजार का सहारा लेना स्वाभाविक हो जाता है। यह बात इस तथ्य से भी समर्थित की जा सकती है कि 'चारुचन्द्रलेख' का प्रारम्भ 'बाणभट्ट की आत्मकथा' के तत्काल बाद, काफी दिनों पहले, हो गया था। फिर शायद कथा अधूरी पड़ी रही और उसे पूरा 1960-61 में किया गया। उन दिनों इस शिल्प को अपनाने में और अधिक आसानी हुई होगी। आत्मकथात्मक शैली रोमैण्टिक चेतना के अधिक अनुकूल होती भी है—अपनी आत्मनिष्ठता के कारण। इस सम्बन्ध में दोनों कृतियों की कुछ तुलना को उपादेय होना ही चाहिए।

दोनों उपन्यासों की भूमिका में व्योमकेश शास्त्री ने यह विश्वास दिलाना चाहा है कि कथा नहीं लिखी जा रही है बल्कि कहीं से प्राप्त दस्तावेजों को प्रस्तुत किया जा रहा है। परन्तु 'चारुचन्द्रलेख' में इस घोषित रूप की रक्षा नहीं की जा सकी और उपसंहार में समीक्षक-लेखक कथा की 'प्रामाणिकता' के विषय में उठी शंकाओं का किसी न किसी प्रकार समाधान प्रस्तुत करता है—यह कहकर कि बहुत-सी बातें अघोरनाथ (जो आधुनिक विचारों के, पुरानी परिपाटी में शिक्षित, सिद्ध है) के समाधिस्थ चित्त में प्रतिफलित हुई हैं। 'बाणभट्ट की आत्मकथा' के उपसंहार में भी कुछ शंकाएँ उठाई गयी हैं : पर ध्यान देने की बात है कि वहाँ शिल्प पर शंका नहीं है—शंका है 'कादम्बरी' और 'आत्मकथा' के भावगत अन्तर को लेकर। 'बाणभट्ट की आत्मकथा' का शिल्प जो अधिक कसा हुआ लगता है वह इसलिए कि अपनी विषयवस्तु के प्रति पूरी तरह उन्मुख और तत्पर है। यों वाक्स्फीति, प्रसंगान्तर, पाण्डित्यप्रदर्शन, दार्शनिक-मनोवैज्ञानिक व्याख्याओं और वक्तव्यों के ऐब्स्ट्रैक्शन, आदर्शीकृत पात्रयोजना, भावुकता आदि कितने भी दोष 'चारुचन्द्रलेख' में हैं वे सभी 'आत्मकथा' में भी विद्यमान हैं। पर इसके बावजूद 'आत्मकथा' महत्त्वपूर्ण और सफल कलाकृति है तथा 'चारुचन्द्रलेख' अपनी असफलता में महत्त्वपूर्ण। मुझे लगता है कि 'आत्मकथा' मुख्यार्थ

के जिस स्तर पर घटित होती है उसकी परिधि सीमित वैयक्तिक-पारिवारिक इकाई की है। राजनीति इस पारिवारिक-वैयक्तिक अर्थ को पुष्ट मात्र करती है। राष्ट्र की नियति का प्रसंग वहाँ अमुख्यार्थ रहता है, जबकि 'चारुचन्द्रलेख' में राष्ट्र या जन की नियति मुख्यार्थ है जिसे कि वैयक्तिक-सीमित दायरे की कथा के माध्यम से व्यंजित करने की चेष्टा की गयी है। कथा में बल के इस बदलाव के होते हुए भी लेखक ने शिल्प वही रहने दिया है। यहाँ तक कि तमाम कथानकरूढ़ियों और घटनाओं के पैटर्न ज्यों के त्यों विद्यमान हैं। एक कवि की आत्मकथा में उन बहुत-सी बातों का औचित्य सिद्ध हो जाता है जिन्हें कि 'चारुचन्द्रलेख' में औचित्यहीन माना गया है। आत्मनिष्ठ द्रष्टा की तमाम व्याख्याएँ, प्रकृति, मानवशरीर, देवमूर्ति आदि की स्फीत ऐन्द्रिक-चाक्षुष प्रतिक्रियाएँ आदि 'आत्मकथा' में भी चित्रित हुई हैं जिनका औचित्य उस कवि नायक के सन्दर्भ में है जिसका राजनीति के सक्रिय घटनाचक्र में पड़ना एक आकस्मिक संयोग मात्र है। 'चारुचन्द्रलेख' के नायक की नियति दूसरी है—पर खेद है कि उसकी प्रकृति दूसरी नहीं हो सकी है। 'आत्मकथात्मक' शिल्प में लेखक का हाथ कितना ही क्यों न मँज चुका हो पर यह लेखक की या तो साहसहीनता है या कलादृष्टि की कमजोरी (और इन दोनों में बहुत अन्तर भी नहीं है) कि वह अपनी विषयवस्तु के अनुरूप शिल्प का प्रयोग नहीं कर सका। यह भी हो सकता है कि जितना प्रामाणिक अनुभव है उतना व्यक्तिनिष्ठ, सीमित और प्रेमसम्बन्धी है तथा राष्ट्र की नियति, प्रजातन्त्र, मानवतावाद आदि ऊपर से आरोपित हैं, पर इन दोनों को सँभालने की चेष्टा में दोनों ही पदच्युत हो गये। बहरहाल, अनुभवबोध और मूल शिल्पबोध की इस निर्बलता को उसने स्वप्नों, स्मृतियों, इतिहासकथाओं, रोचक प्रसंगों और विवरणों द्वारा भरने की चेष्टा की है। कथातत्त्व की क्षीणता को वाक्स्फीति के द्वारा छिपाने की चेष्टा की गयी है। यह वाक्स्फीति प्रकृति या मनुष्य के शोभावर्णन में प्रयुक्त हुई है तथा इसके माध्यम से कथा तो नहीं पर कथा के अभिप्रेत सन्देश को मुखर रूप में कहने की भी चेष्टा हुई है। और उपन्यास का जो कुछ अर्थ अन्त में पाठक तक सम्प्रेषित होता है उसका बहुत कुछ श्रेय इस तत्त्व को ही है। वस्तुतः इस उपन्यास के इस तत्त्व पर अलग से विचार भी किया जा सकता है। इन्हीं कारणों से ऊपरी तौर पर उपन्यास बड़े सचेष्ट शिल्प का आभास भी देता है—पर उसकी मूल शिल्पयोजना की असफलता के बारे में ऊपर मैं काफी कुछ कह चुका हूँ। यहाँ पर इतना ही कि इस कथ्य के लिए यदि जीवनचरितात्मक पद्धति अपनाई गयी होती तो शायद कम समस्याएँ खड़ी होतीं।

वस्तुतः द्विवेदी जी के समस्त औपन्यासिक शिल्प का मूल स्वर वैयक्तिक निबन्ध का है। वैसी ही उच्छल आवेगमयता, वैसी ही उड़ान, वस्तुओं के छिपे अर्थों को ढूँढ़ने की वैसी ही अभिभूत चेष्टा, प्रसंगच्युत टिप्पणियाँ तथा सूचनाएँ; पाण्डित्य का र्‌हेटरिक, संस्कारों आदि के प्रति अत्यधिक उन्मुखता, प्रामाणिकता प्रकट करनेवाली

व्याख्याएँ, एक ऐसा मुखौटा जिसकी आड़ से लेखक अपने संघर्ष और समस्याओं को व्यक्त कर सके आदि बातें उनके वैयक्तिक निबन्धों में भी हैं और इन उपन्यासों में भी वही अंश आये हैं। वस्तुतः यदि उनके ललित निबन्धों और उपन्यासों के 'ग्राफ' बनाये जा सकें तो कर्व के बिन्दु आस-पास ही रहेंगे। उनके समस्त चरित्रों का निर्माण भी निबन्धधर्मी ही है। 'चारुचन्द्रलेख' में जनता के साथ एकमेक होने की बात बराबर कही गयी है लेकिन ये जनप्रिय गठबन्धन किस प्रकार के हैं? राजा के सम्बन्ध जनता से किस प्रकार के दिखाई पड़ते हैं? जनता के बारे में हम क्या देखते हैं? मात्र एकाध प्रेमप्रसंग और मित्रताएँ भर न? शेष सभी निबन्ध या दस्तावेज के रूप में संक्षिप्त करके उपस्थित किया जाता है। गोरखनाथ सिद्धसाधनाओं की व्यर्थता पर एक भाषण देते हैं, अक्षोश्यभैरव भारत की सामन्ती समाजव्यवस्था के खोखलेपन पर एक निबन्ध (जो समाजशास्त्रीय और विषयपरक है—एकेडमी शब्दावली में) बोल देते हैं और लेखक से तादात्म्य रखने वाले सीदी मौला सोने की समस्या से लेकर चीन की समस्या तक कुछ अपने मस्त-फक्कड़ाना वैयक्तिक निबन्धी ढंग से कहते हैं। और इस निबन्धछाप शिल्प ने इसी कारण लेखक की परिकल्पना को क्षत किया है। जो कुछ उभरता है वह है एक टूटा हुआ दर्पण, जिस पर पड़ने वाला प्रतिबिम्ब समग्र नहीं होता—आकृतियाँ भले ही हजार हो जायें।

माध्यम प्रवेशांक : मई, 1964

उपन्यास : समीक्षा

गर्म राख

उखड़े हुए लोग

नीलकण्ठ

'बूँद और समुद्र' : एक ही कैनवास पर बहुरंगी जीवन के चित्र

रीता की बात

'सत्ती मैया का चौरा' : प्रतीकशक्ति

कठपुतली के धागे

गर्म राख

गर्म राख उपेन्द्रनाथ 'अश्क' का, जहाँ तक मैं जानता हूँ, दूसरा उपन्यास है। उनके पहले उपन्यास, 'गिरती दीवारें' का हिन्दी-जगत् में अच्छा स्वागत हुआ था। 'गर्म राख' मेरे विचार में उससे कहीं चुस्त, कहीं प्रौढ़ और कहीं व्यापक कृति है।

'अश्क' की प्रेरणा विशेषतः नाटकीय है, इसी से नाटक के क्षेत्र में उनका स्थान काफी ऊँचा है। मैं उन्हें हिन्दी का सर्वोत्तम एकांकीकार मानता हूँ। रंगमंच के अनुकूल उनकी-सी सुन्दर भाषा लिखने वाला, निःसन्देह दूसरा नहीं है। प्रसाद गुण का इतना वैभव कम लोगों में है। भाषा निर्मल जल की भाँति अविरल बहती है, आमफहम, जिसका जादू विशेषकर रंगमंच पर गजब ढाने लगता है। उसी भाषा का चमत्कार 'अश्क' के उपन्यासों में भी है, 'गर्म राख' में विशेष।

पुस्तक के आरम्भ में उपन्यासकार ने अपने पाठकों के कुछ वर्ग बनाये हैं। उन्हें उसने कुछ सलाह दी है, जो इस प्रकार है—

"आम पाठक से प्रार्थना है कि वह नाम के चक्कर में न पड़े। उपन्यास को एक बार पढ़ जाये, निश्चय ही वह उसमें पर्याप्त मनोरंजन पाएगा।

"गम्भीर पाठक से वांछा है कि वह इसे कम-से-कम दो बार, साल-छह महीने के अन्तर से पढ़े। उसे अपना श्रम बेकार न मालूम होगा।

"काट कर ही अपनी सत्ता सिद्ध करने वाले छिद्रान्वेषी आलोचक के हितार्थ पर्याप्त सामग्री इस उपन्यास में है, वह अपने दाँत शौक से तेज करे।

"स्नेही और सृजनशील आलोचक के परामर्श लेखक के सिर आँखों पर। उनकी बाट वह उत्सुकता से देखेगा।"

पता नहीं प्रस्तुत उपन्यासकार मुझे किस वर्ग में रखेगा, वैसे पाठक मैं गम्भीर हूँ और 'गर्म राख' को प्रायः 'साल-छह महीने के अन्तर से' आद्योपान्त दो बार पढ़ चुका हूँ; इस दूसरी बार, अभी हाल, विशेषतः उस पर लिखने के लिए। 'अश्क' ने पाठकों की ही भाँति आलोचकों के भी दो वर्ग किये हैं, एक वे, जो छिद्रान्वेषी हैं, दूसरे वे, जो सहृदय और सृजनशील हैं। प्रकट है कि जिस प्रकार आलोचक साहित्यकार का

ले. : उपेन्द्रनाथ 'अश्क'

मूल्यांकन करता है, साहित्यकार पर भी उसके 'आलोचन' की प्रतिक्रिया होती है। आलोचक के एक वर्ग के प्रति 'अश्क' को कुछ झल्लाहट है। सलाह में फलतः कुछ आक्रोश, कुछ चुनौती भी है। पर मेरा विचार है कि मूल्यांकन का एक अंग अथवा 'प्रासेस' छिद्र या रन्ध्र को ढूँढ़ निकालना भी है। आखिर वह आलोचन-आलोकन क्या, जिसके आलोक-प्रक्षेपण द्वारा साहित्य-प्रासाद के छिद्र अथवा रन्ध्र खुलें नहीं, प्रकाश में न आ जायें? हाँ, जो सृजन सर्वथा छिद्रान्वेषण की प्रक्रिया से ही प्रेरित है, उसके प्रति उपन्यासकार का यह आक्रोश अथवा सुझाव अन्यथा नहीं। वैसे आलोचक साधारणतः अपना काम जानता है, वैसे ही जैसे उपन्यासकार थोड़ा-बहुत अपना।

'गर्म राख' सामाजिक प्रेरणा से लिखी कृति है, यद्यपि समाज की विषमताएँ उसमें खुल कर नहीं आतीं। हाँ, समाज का निम्न मध्यवर्ग, अपनी संकीर्ण-घिनौनी प्रवृत्तियों के साथ निश्चय, स्पष्ट खुल पड़ा है। उस दृष्टि से इस उपन्यास का रचयिता कैमरा-मैन है, सफल फोटोग्राफर, जो समाज के कोनों-अँतरों को साफ झलका देता है। परन्तु, प्रकट है कि कैमरा-मैन स्थिति को यथातथ्य फिल्म पर झलका देने के सिवा प्रेरणा अथवा सुझाव के रूप में कुछ नहीं दे पाता। 'गर्म राख' के रचयिता का यह सामाजिक 'आलोचन' घृणित और अशिव का 'छिद्रान्वेषण' मात्र है या 'सृजनशील' निर्माण-प्रेरक भी, उसकी बात मैं फिर करूँगा, यहाँ अभी इतना ही कह देना पर्याप्त होगा कि उपन्यास के स्थल, उसके पात्र आदि जाने-पहचाने-से हैं। उनका चित्रण इतना सजीव इतना निकट का है कि लगता है, हम उन्हें जानते हैं और अनायास उनके अनेक मांसल 'मोटिफ', जीवन में पहचाने-से, आँखों के सामने उठ आते हैं, इतने कि यदि उन मांसल पर्यायों की कोई भंगिमा उपन्यास के चरित्र-विशेष में नहीं घटती, तो उपन्यासकार पर जैसे जी खीझ उठता है। उपन्यास-दर्पण में समाज को प्रतिबिम्बित करने में 'अश्क' आंशिक रूप में बाल्ज़क और ज़ोला की भाँति सफल हुए हैं।

उपन्यास भी साहित्य के अन्य कलेवरों की ही भाँति जीवन का दर्पण है। कहानी का विस्तार उसमें प्रवहमान् जीवन को प्रकट करता है। कहानी के उस विस्तार में कला की दृष्टि से रस का संचरण और परिपाक होता है। घटनाचक्र की एकता, या अनेकमुखी जीवन-धारा का एकस्थ विलयन ही उसका पाक है। घटना-चक्र की एकता वस्तु-गठन के रूप में, उपन्यास के रस को कलत्व प्रदान करती है। इससे यह स्पष्ट है कि साहित्य-कला के रूप में, अन्य कलाओं की ही भाँति, उपन्यास भी अपने रस के प्रभाव से उपास्य होता है। परन्तु रस संचरणशील है, प्रवहमानृद्ध इससे प्रवाह-भिन्नता उसका मारक ग्रह है। रस का व्यभिचार उसकी प्रवाह-शक्ति को नष्ट करता है, यानी कि घटना-शृंखला की कमजोर कड़ी कला के क्षेत्र में केवल शृंखला को कमज़ोर ही नहीं करती, उसे निरर्थक कर देती है। यह याद रखने की बात है कि कला या साहित्य के गठन में जो घटना या भाव उसके रस का वर्धन नहीं करता,

वह, निश्चय, निश्चेष्ट नहीं रह पाता, वरन् रस को घटाता है। उपन्यास या कहानी की कथा-वस्तु में इसका ध्यान उपन्यासकार या कहानीकार को सदा रखना चाहिए। कहानी में तो उसका सम्पुंजन और भी गठा, और भी केन्द्रित होना चाहिए, यद्यपि उपन्यास की व्यापकता विपुल होने के कारण कथा अनेक धाराओं में बह सकती है। पर उसकी कथा-वस्तु को भी, धार-बहुलता के बावजूद प्रवाह की रीढ़ से स्वतन्त्र नहीं होना है, वरना मरु में भटकती नदी की भाँति उपन्यास की सोद्देश्यता नष्ट हो जायेगी, उसकी प्रखरता अनेक दिशाओं में बँट कर बिखर जाने के कारण शक्तिहीन हो जायेगी। इस दृष्टि से 'गर्म राख' पर नजर डालने से सर्वथा सन्तोष नहीं होता।

'गर्म राख' की कहानी इस प्रकार है। सत्या अपनी ही चलाई कन्या-पाठशाला की अध्यापिका है, गम्भीर, समझदार और साधारण सुन्दर। उसके प्रति प्रकट-अप्रकट रूप से अनेक पुरुष अनुरक्त हैं। एक पत्रिका में छपे उसके चित्र से आकृष्ट हो कर, कवि 'चातक', 'संस्कृति-समाज' की स्थापना करते हैं, जिसका एक-मात्र उद्देश्य पहले सत्या, फिर अन्य नारियों को अपनी ओर खींचना है। उसकी बैठक में सत्या तरुण कवि जगमोहन से मिलती है। जगमोहन उसकी ओर आकृष्ट होता है। आकर्षण के जादू का वस्तुतः दोनों के सम्बन्ध में अभाव ही है, यद्यपि उसका भावात्मक प्रभाव जगमोहन पर अधिक प्रकट है। सत्या द्रष्टा-स्रष्टा की भाँति उस बढ़ते हुए असर को जैसे देखती है, जागरूक हो कर उसका विधान करती है। पर जगमोहन का राग मोह में परिणत नहीं हो पाता और शीघ्र अपने ऊपर डाला हुआ पाश वह तोड़ देता है। दोनों बार-बार मिलते हैं, एक से अधिक बार राग भावबन्ध की परिधि तोड़, स्थूल कायिक सम्बन्ध स्थापित कर लेता है; पर जगमोहन चाहे परिस्थितियों का शिकार क्यों न हो, सत्या उन परिस्थितियों की सचेत संघटयित्री है। उनको न केवल वह जानती है, बल्कि वही उनका प्रादुर्भाव कराती है। उसकी सन्तुलित आचार-वृत्ति जगमोहन की सब प्रकार सहायता करती है, उसके भाई-भाभी की भी, जिससे राग नहीं, तो कम-से-कम कृतज्ञता उससे उसे बाँधे रखे। और उसी सहायता के क्रम में मजबूत कर देनेवाली परिस्थितियों में बार-बार आत्मसमर्पण कर, उसे रागबद्ध रखती है। पर वस्तुतः जगमोहन कभी समय-समय के कायिक सम्बन्ध के अतिरिक्त, सत्या से भावबन्धन नहीं रख पाता, और एक दिन अपनी प्रवृत्तियों का विश्लेषण कर, स्पष्ट कह देता है कि उसका सत्या से प्रेम नहीं है। उसके आदर और प्रेमाभास को विच्छिन्न करने में दुरो के प्रति उसकी सहज अनुरक्ति भी सहायक होती है। वह एक दिन स्पष्टतः अपनी भावस्थिति पत्र में लिख कर सत्या को दे देता है। उधर सत्या के कांग्रेसमना पिता के कानों में कन्या की असंयत अनुरक्ति की खबर पहुँचती रहती है, जिससे उसका विवाह कर देने वे लाहौर आ पहुँचते हैं। एक धनी मेजर का विवाह-विज्ञापन समाचार-पत्र में पढ़कर, वे सत्या से उस दिशा में स्वीकृति माँगते हैं। जगमोहन की उदासीनता से सत्या पहले से ही कुछ उद्विग्न है, फिर तभी उसका

वह असंस्कृत पत्र भी पहुँच जाता है, जिसमें वह सत्या के प्रति अपने प्रेम के अभाव की घोषणा तो करता ही है, उससे किसी प्रकार का सम्बन्ध रखना भी अस्वीकार करता है, उसका अपने यहाँ आना वर्जित करता है। सत्या खीझ कर अफ्रीकावासी भोंडे, काले, कुरूप, अर्धान्ध मेजर से विवाह कर, अफ्रीका चली जाती है। जगमोहन से अन्त में जाते समय स्टेशन पर छोड़ने का अनुनय करती है। जगमोहन वहाँ जाना अस्वीकार तो कर देता है, पर जाता है, यद्यपि मिलता नहीं, प्लेटफार्म पर इधर-उधर छुपा फिरता है। उदासीन सत्या इधर-उधर उसे ढूँढ़ती है, फिर दिल में चोट लिए चुपचाप अफ्रीका चली जाती है।

'गर्म राख' की यह मूल कथा-धारा है, पर उसके अतिरिक्त उपन्यास में अनेक स्वतन्त्र और परवर्ती धाराएँ हैं, जैसे दुरो-हरीश का कथा-प्रसंग, 'येलो बस' यूनियन-आन्दोलन, धर्मदेव विद्यालंकार और प्रो. ज्योतिस्वरूप की उपकथा, वसंत-सरला का प्रसंग, सरदार गुलबहारसिंह, उनके पिता डॉ. टेकचन्दखान का पहेली-समस्या-प्रयास आदि। इन प्रसंगों में दुरो-हरीश का कथा-प्रसंग, निश्चय, मूल कथा-धारा, यानी सत्या-जगमोहन की कथा-धारा से नाम-मात्र को प्रभावित है। प्रगतिशील तत्त्व—साहित्य, श्रमान्दोलन आदि—उसी से अधिकतर सम्बन्धित हैं। दुरो-हरीश के चरित्र, (विशेषकर दुरो का चरित्र), इतने सशक्त और महत्त्व के हैं कि कुछ अजब नहीं कि अनेक लोगों को वे दोनों (या कम-से-कम दुरो) उपन्यास के प्रधान चरित्र का नायक-नायिका लगे। कम-से-कम उनकी कथा मूल कथा-धारा की समानान्तर धारा है, वस्तुतः अपनी भूमि पर है, मूल-धारा की सहायक के रूप में अनभिसृष्ट। धर्म और स्वरूप की कथाएँ, निश्चय परवर्ती हैं, इतनी परवर्ती कि उनकी आवश्यकता नहीं रह जाती। मूल कथा की सहायता उनसे भी नहीं हो पाती। उनके चरित्र को स्पष्ट करने के लिए उनकी पुरानी इतिवृत्ति आवश्यक हो सकती है, पर उसकी ओर संकेत-मात्र पर्याप्त था। इसी प्रकार शायद 'येलो बस' के प्रोप्राइटर चोपड़ा के हिस्सेदार रोशनलाल और हरनामसिंह के इतिहास का वितत्वन, यद्यपि अत्यन्त हृदयग्राही है, मूल कथा को शिथिल कर देता है। इसी प्रकार यद्यपि वसन्त का उपयोग एक-आध स्थल पर हुआ है, वसन्त और सरला का प्रसंग उपन्यास का अंग नहीं जान पड़ता, यानी कि अगर वह प्रसंग कथा से हटा दिया जाय, तो कथा में कहीं रस-भंग नहीं होगा। सरदारों, टेकचन्द और खान की पहेली-समस्या भी इसी तरह उपन्यास की कथा-वस्तु की दृष्टि से अनावश्यक है। ये सारे प्रसंग यद्यपि स्वयं अत्यन्त मनोरंजक और समाज की वस्तुस्थिति खोल कर रख देने वाले हैं, उनसे किसी प्रकार किसी मात्रा में, मूल कथा को सहायता नहीं मिलती। कवि चातक स्वयं तो मूल कथा का प्रबल उद्वाहक है, पर पत्रकार कर्मा और मिसेज कर्मा का प्रसंग, चातक के चरित्र को उत्तेजित और स्पष्ट करते हुए भी, उपन्यास के लिए प्रकारान्तर ही है।

इस दृष्टि से देखने पर प्रकट है कि 'गर्म राख' की कहानी की एकनिष्ठा या

समान केन्द्रीयता इन प्रकारान्तर प्रसंगों से नष्ट हो गयी है। लगता है, जैसे समाज के अनेक अंग, विविध कथानक, एकत्र कर दिये गये हैं, जिनमें स्वाभाविक अंगांगीय (आर्गेनिक) सम्बन्ध नहीं है।

यहाँ उपन्यासकारिता की समस्या पर एक प्रश्न हो सकता है—क्या वजह है कि कथा-वस्तु की एकता या एकनिष्ठा बरकरार रखी जाय? यह प्रश्न यद्यपि आलोचकों के सामने अब तक नहीं आया है, पर है यह अहम प्रश्न, क्योंकि आज तक के उपन्यास-शास्त्र का दर्शन कथा-वस्तु की एकाग्रता को एकमात्र या प्रधान साध्य मानता आया है। अब प्रश्न है, जो उपन्यासकार—प्रस्तुत स्थिति में 'अश्क'—पूछ सकता है कि जीवन जब इतना बहुमुखी हो गया है कि कथा-वट के एक तने में नहीं समा पाता, तो क्यों नहीं वट और पर्कटी पर अनायास फूट पड़ने वाले भिन्न जातीय वृक्षांकुरों की भाँति उपन्यास की प्रधान कथा के साथ अनेक उपकथाएँ ऐसी गूँथ दी जायें, जिनका मूल से अपेक्षाकृत सामंजस्य बना रहे, यद्यपि वे उसके विकास के अर्थ न लिखी गयी हों, बल्कि समाज के विविध अंगांगों और कोनों-कतरों को आलोकित करने के लिए प्रस्तुत हुई हों?

वस्तुतः 'अश्क' का यह उपन्यास अद्यावधि अंगीकृत शास्त्रीय आलोचना को चुनौती है। और यहाँ मैं आलोचकों का ध्यान प्रस्तुत आलोचना के माध्यम से, इस नवीन दिशा की ओर आकर्षित करना चाहता हूँ। हाँ, चुनौती यह अवश्य तभी हो सकती है, जब यह प्रयास सचेत हुआ हो। यदि ऐसा नहीं, तो निश्चय, यह उपन्यासकारिता की एक 'फेलिंग' (कमजोरी) ही होगी। प्रयास यह सचेत है या नहीं, यह बगैर व्यक्ति-उपन्यासकार से पूछे, हम उसकी सृजित कथा-वस्तु से भी प्रश्नतः जान सकते हैं, यानी कि अगर उपन्यास के इन विभिन्न अपेक्षाकृत स्वतन्त्र अंगांगों की कल्यता स्तुत्य है, यदि उनका चित्रण, अंकन-चरित्रांकन-वस्तु अपने दायरे में स्वतन्त्र रूप से भी मुखर और सफल हैं, तो हम उन्हें 'फेलिंग' नहीं कह सकते। तब यह कहना अनुचित नहीं होगा कि उपन्यासकार, यदि चाहता, उनसे अपनी प्रधान कथा-धारा को बचा सकता था, यानी कि उसने उनको 'विघ्न', 'कंटक' या 'रंध्र' न मान कर, मूल के अलंकार भी न मान कर, समाज के उन अनेक अंगों का सूचक (इण्डेक्स) माना है, जिनका बोध कराने में उपन्यास की प्रधान कथा-वस्तु अक्षम होती है, पर जिनका बोध सर्वथा विषयान्तर नहीं, वरन् 'समवाय सम्बन्ध' से पाठक के लिए अनिवार्य होना चाहिए। इस स्थिति को मान लेने पर यहाँ उन विविध तथाकथित प्रसंगों की चर्चा स्वाभाविक हो जाती है। और उन प्रसंगों का कथा या वस्तु-भाग, एकाध को छोड़, इतने महत्त्व का नहीं, जितने महत्त्व का उनके पात्रों का चित्रण है। इसलिए उनके प्रसंग और भाव-चित्रण के साथ प्रधानतः हम उनके पात्रों के चित्रण पर विचार करेंगे।

'गर्म राख' : उपन्यास चूँकि समाज की अनेक भूमियों का समाहित क्षेत्र प्रस्तुत

करता है, उसके पात्रों की संख्या भी बड़ी है, असामान्य। संख्या का आधिक्य अधिकतर साहित्य में एक प्रकार की कमजोरी ही माना जाता है, पर चूँकि इसका सीधा सम्बन्ध उस अहम प्रश्न से है, जो हमने पिछले पैराग्राफों में उठाया है, यहाँ हम इस तथाकथित कमजोरी पर विचार न करेंगे। आरम्भ में ही यह कह देना उचित है कि पात्रों का चित्रण 'अश्क' ने गजब की खूबी से किया है। अपने पात्रों को जीवन में जैसे वह नंगा जानता है, जिससे उनके बाह्यान्तर स्पष्ट झलक जाते हैं। उसके गम्भीर, परुष हास्यास्पद पात्र अपने सहज आधार से उठते और अपने वृत्त-व्यास में सहजाकार होते हैं। इतना मांसल, इतना स्वाभाविक, जहाँ-तहाँ इतना प्लैस्टिक मूर्तन उनका होता है कि कम-से-कम हँसी के प्रसंग में हँसी रुकती नहीं। भाव और भाषा के सान्निध्य से प्रसंग चमक उठते हैं और हम उपन्यासकार के आभास जगत से अलग, जीवित संसार में उतर पड़ते हैं।

सत्या का उल्लेख ऊपर हो चुका है। वह संसार-चतुर नारी है। जगमोहन को अपनी सहायता और गुणों से जीत कर अपना भविष्य बनाना चाहती है। उस बीच जब मौका आता है, उसे बताने या स्थिति से प्रभावित करने के प्रयत्न में भी वह नहीं चूकती कि उसके पिता ने मार्गभ्रष्ट हो जाने पर भी मानवीय कर्त्तव्य को ईमानदारी से निबाहा था और अविवाहिता, इससे समाजतः अनौरस सम्बन्ध से प्रसूत सत्या का पालन भी किया था। यह प्रयोग वैसे जगमोहन को प्रभावित नहीं करता। सत्या में निष्ठा है, बुद्धि है, क्रियात्मकता है, निर्णय है, अभिमान है। अभिमान की रक्षा के लिए वह नितान्त भोंडे अग्राह्य पति को स्वीकार करने में भी पीछे नहीं हटती, यद्यपि ऐसा करना उसके लिए अत्यन्त दारुण हो उठता है।

जगमोहन मुझे तो गँवार-सा लगा। उसी की स्थिति का वसन्त उससे कहीं सतर्क है। जगमोहन पात्रत्व की दृष्टि से काफी कमजोर है। उपन्यास में उसकी सत्ता प्रायः एकान्त होने पर भी, उसमें निर्णय और व्यक्तित्व, दोनों की कमी है। वह कभी हमें प्रभावित नहीं करता सिवा शायद उस प्रसंग के, जब वह शुक्ला जी या भगतराम के सामने होता है। सत्या के सामने एकान्त में उसे परिस्थितियाँ और भी कमजोर कर देती हैं और सत्या के अफ्रीका जाते समय उसका उसके सामने न आना तो खल जाता है। नायक की कमजोरी चित्रण की कमजोरी से भी हो सकती है और उपन्यासकार के सचेत प्रयास से भी। जगमोहन के चित्रण में यह प्रयास सचेत नहीं जान पड़ता।

उपन्यास का सबसे स्वाभाविक और शक्तिमान पात्र दुरो है; कर्मठ और कर्त्तव्यनिष्ठ, अपने और समाज को यथातथ्य पहचाननेवाली, जीवित प्राणी, जो जैसे को तैसा दे सकती है और अपने व्यक्तित्व को किसी छाया से आवृत्त नहीं होने देती। पं. रघुनाथ या दातार उसके पास फटक तक नहीं पाते, जगमोहन उसके सामने अत्यन्त हीन और हेय है। उसके योग्य वही हरीश है जिसकी वह कामना करती है,

जो स्वयं उसे पहचानता है पर दुरो उसके या अपने कर्त्तव्य के बीच वैयक्तिक प्यार को नहीं आने देती। दुरो में संघर्ष की आग है, सामाजिक अनीति के प्रति रोष और प्रतिकार की क्षमता है। वही उपन्यास की सही नायिका होने का सामर्थ्य रखती है। पर उसके लिए 'गर्म राख' का शायद अगला (एक दूसरा) भाग लिखना होगा। हरीश का उदात्त रूप उपन्यास में स्पष्ट है, पर संघर्ष का नेतृत्व इसलिए नहीं खुल पाया कि संघर्ष पुस्तक में दूर तक नहीं खुला, और जिस प्रकार उसमें उसकी भूमिका मात्र सूचित हुई, हरीश की क्रियमाणता भी भूमिका से आगे नहीं बढ़ी।

मजे की बात यह है कि उपन्यास में मुख्य-पात्रों से कहीं बढ़कर उपपात्रों का चित्रण सफल हुआ है। चातक जी इनमें प्रधान हैं। अनेकांश वे हमारे जाने हुए कवि-समाज के प्रतिनिधि हैं। यहाँ उनके चारित्र्य की व्याख्या न कर, हमने संकेत-मात्र कर दिया है। शुक्ला जी उसी वर्ग के हीन पात्र हैं, जिनकी स्थिति अपने शिक्षित समाज में अलक्षित नहीं है।

कल्पना : जनवरी, 1954

उखड़े हुए लोग

राजेन्द्र यादव हिन्दी के तरुण कथाकारों में प्रमुख हैं, यह बताना अब आवश्यक नहीं रहा। मैंने उनकी और कहानियाँ पढ़ी थीं और उनका प्रशंसक रहा हूँ। 'प्रेत बोलते हैं' उनका पहला उपन्यास मुझे पढ़ने को नहीं मिल सका पर आज आलोच्य उपन्यास को पूरा करने के बाद उसे ढूँढ़ खोज पढ़ने की इच्छा जाग्रत हो उठी है।

मुझसे अगर कोई पूछे 'उखड़े हुए लोग' कैसा लगा तो बिना किसी हिचकिचाहट के मेरे मुँह से निकल जायेगा 'बहुत अच्छा'। उपन्यास के शीर्षक के नीचे ही लेखक ने ब्रैकट में मुख्य चीज की ओर संकेत करना चाहा है—'युद्धोत्तर-कालीन स्त्री-पुरुष के बिगड़ते, बदलते-बनते सम्बन्ध।' तो इसमें शरद और जया हैं जो विवाह का बौद्धिक विश्लेषण करते हुए बिना किसी 'इमोशनल' वातावरण के बौद्धिक रूप से यह निश्चय कर लेते हैं कि उन्हें परस्पर विवाह कर लेना चाहिए! शरद जो समय गुजारने के लिए वकालत की ट्रेनिंग ले रहा था, अपने वकील के मित्र श्री देशबन्धु एम.पी. पूँजीपति, नेता और समाजसेवी (?) के पास पहुँचता है और वे उसे अपना 'पर्सनल सेक्रेटरी' बना लेते हैं जहाँ उसे अपने मालिक के भाषण लिखने हैं, लेख तैयार करने हैं, आत्मकथा लिखनी है, फोटो खींचने हैं और उनकी आध्यात्मिक विरासत लेनी है क्योंकि धन की विरासत तो वे अपने लड़के को दे चुके हैं। शरद नौकरी ठीक कर 'जया'—अपनी बौद्धिक ढंग से ब्याही पत्नी को ले आता है जिसे समाज भगाने की भी संज्ञा देता है।

देशबन्धु जी के 'स्वदेशमहल' के शरद वाले क्वार्टर की बगल में सूरज जी रहते हैं, देशबन्धु जी के 'बिगुल' के प्रधान सम्पादक। जो अपनी युवावस्था में किसी चन्दा से प्रेम कर चुके हैं पर वह चन्दा भागने का साहस न कर सकी थी और बाद में मिलने पर पहचानने से भी इन्कार कर दिया था। परन्तु उपन्यास की रीढ़ हैं, देशबन्धु जी, जिनका सम्बन्ध असहयोग आन्दोलन के दिनों की एक मित्र मायादेवी से है। मायादेवी का विवाह एक करोड़पति से हुआ था पर देशबन्धु जी का जादू उनपर से नहीं उतरा। 25-30 लाख की सम्पत्ति उन्होंने देशबन्धु जी को दी

ले. : राजेन्द्र यादव

जिससे कि वे पूँजीपति बन सकें और उनके पति को देशबन्धु जी ने दिया जहर। इन मायादेवी ने बाद को अपनी रखैल जैसी हैसियत देखी तथा देखी देशबन्धु जी की कभी न बुझनेवाली औरत-कामना। उनके मन में विकृतियाँ भी उठीं और उन्होंने भी हर सामने पड़ने वाले युवक पर डोरे डालने शुरू किये देशबन्धु जी को 'टीज़' करने के लिए। मायादेवी की पुत्री हैं पद्मापुरी एम.ए.। सुशिक्षिता, सुसंस्कृत पर उदास एवं दुख में दहनेवाली। उसका प्रेम है पर शायद माँ और देशबन्धु जी विरोधी हैं। शरद को शक है कि वह देशबन्धु जी की ही लड़की है। मायादेवी चाहती है कि वह देशबन्धु जी के पुत्र सत्य को फाँसे और देशबन्धु जी स्वयं एक दिन शराब पीकर उसके कमरे में घुस भीतर से दरवाजा वन्द कर लेते हैं और वह खिड़की से कूद पड़ती है। इस घटना से जया को इतना धक्का लगता है कि जया और शरद वहाँ से भाग आते हैं। इनके अतिरिक्त अन्य नगण्य बहुत-से पात्र-पात्रियाँ हैं पर वे कथासूत्र के रेफरेन्सेज भर हैं।

यों ऊपर से जया हीरोइन हैं। पर महत्त्व का जोर कथाकार का इनपर कहीं नहीं है, इनके माध्यम से देशबन्धु जी पर है, जिनके चरित्र और कार्यों का उद्‌घाटन भर शरद करता रहता है। देशबन्धु जी के चरित्र को उपन्यास में दो हिस्सों में वाँटा गया है। प्रारम्भिक भाग में मन्द-सौम्य गति से उनके शालीन, सुसंस्कृत और प्रभावशाली व्यक्तित्व की झाँकी है जिससे पाठक उनके प्रति श्रद्धाविभूत होता है शरद की ही भाँति, पर अन्तिम हिस्से तक पहुँचते-पहुँचते घटनाओं की गति अत्यधिक तीव्र हो उठती है, जैसे पूर्वार्ध में उठाई गयी समस्याओं को एकदम से समेटना है। उनकी सौजन्यता के पीछे छिपी कुटिलता, समाजसेवा के आडम्बर में दबी स्वार्थपरता, गीता-पूजा-पाठ तथा चरित्र की ऊपरी विशालता की ओट में अत्यन्त सजग वासना एवं देवत्व के खोल के भीतर बलशाली राक्षस को अनावृत्त करने की शीघ्रता उपन्यासकार को पड़ी है, पर वह (उपन्यासकार) कुशल शिल्पी है। इस सारी रेस को वह अत्यन्त स्वाभाविक ढंग पर समेटता चलता है।

उपन्यास सात दिनों की कथा है, यह बात महत्त्वपूर्ण नहीं है, महत्त्वपूर्ण है वह शिल्प और वह विधान जो पाठक को मुख्य कथासूत्र में बाँधे रख कर भूतकाल की घटनाओं, भविष्य की योजनाओं और वर्तमान के विचारों की डगर में घुमाता है और इस प्रकार कथा को पूरा परिप्रेक्ष्य देकर चित्र को पूरा करता है। उसने 'फ्री-एसोसियेशन' और 'फ्लैश बैक' पद्धति को अपनाया है। वर्तमान में खड़े रह कर, वर्तमान के प्रकाश में अतीत की घटनाओं को समझा-समझाया गया है। परन्तु आनुपातिकता और सन्तुलन की हानि नहीं हो पायी, वर्तमान की कथावस्तु धुँधली नहीं पड़ने पायी, यह उपन्यासकार के शिल्प की सबसे बड़ी विशेषता है।

बड़ा ही आकर्षक चरित्र है उपन्यास के मुख्य फिलॉसफर सूरज जी का। उपन्यास की अधिकांश विचारसरणि इन्हीं के साथ के वादविवादों में स्पष्ट हुई है। बल्कि यों

कहें कि उनका उपयोग या तो विचारों को स्पष्ट करने, उन्हें फिलासाफाइज़ करने में किया गया है, अथवा वे देशबन्धुजी के वर्तमान जीवन की वह चाकू हैं जो उनके अतीत को प्याज के छिलकों की तरह उतार फेंकते हैं और इस अतीत वर्तमान की कड़ी के रूप में उपन्यास में सूरज जी का महत्त्वपूर्ण योग है। उनके ये विचार आधुनिकता को कितना स्पष्ट कर देते हैं।—"हम जबानी सिद्धान्तों की बातें करते हैं; नयी नैतिकता की, नये आदर्श की बातें करते हैं—नये समाज की बात करते हैं। और इतने जोर से करते हैं कि अपने चारों ओर एक भ्रम, एक मायाजाल बनाये रखना चाहते हैं कि ये बातें सच हैं!... अन्तर्तम में हमारे पास सचमुच कुछ भी ऐसा नहीं है जिसके लिए मर सकें—जिसके लिए सारे जीवन को हम धनुष की प्रत्यंचा की तरह तान कर उस पर टूट पड़ें।"

विचारों की बात आ गयी तो प्रसंग सुना दूँ। अभी हाल में मेरे एक प्रोफेसर डॉक्टर आलोचक मित्र ने कहा कि इन हिन्दी के उपन्यासकारों को हो क्या गया है कि पहले नायक-नायिका भाई-बहन बनते हैं फिर प्रेमी-प्रेमिका या पति-पत्नी बन जाते हैं। उन्होंने अज्ञेय, देवराज, राजेन्द्र यादव आदि पर चोट करते हुए कहा। मैंने 'उखड़े हुए लोग' का पन्ना 316 खोल कर सामने रखते हुए कहा, उत्तर डॉक्टर साहब यह है। आप भी पढ़ लें—"तुम दादा नहीं कहतीं तो हमें और तुम्हें मिलने कौन देता? सचमुच हमारे समाज में यह स्थिति कहाँ आयी है कि हम लोग साहसपूर्वक कह सकें कि हमारा तुम्हारा सम्बन्ध मित्रता का है, भाई-बहन का नहीं। प्रकृति लेकिन, थोड़े ही रुक जायेगी। वह धीरे-धीरे उन शब्दों को बेकार कर देती है जो उसकी स्वाभाविक गति और प्रवाह को रोकते हैं। देखो, एक हिन्दुस्तानी मध्यवर्गीय-परिवार में पुरुष के गिने-चुने रास्ते हैं; भाई-बहन बन गये, मास्टर-शिष्य बन गये, देवर-भाभी या फिर जीजा-साली और कोई रास्ता ही नहीं है। आखिर प्रकृति को भी तो इन्हीं में अपना रास्ता खोजना है—और शब्द पके छिलके की तरह व्यर्थ हो जाते हैं।"

वातावरण के निर्माण और चित्रण के यादव जी माहिर हैं। एक-दो उदाहरण पर्याप्त होंगे—अस्पताल का दृश्य, पार्टी का नज्जारा पाठक जल्दी अपने नेत्रों से हटा नहीं सकता। 'सेक्स' कैसे हावी है समाज के सभी वर्गों पर—आइए पार्टी में यह सब देख लें और राजेन्द्र यादव अपनी भूमिका में चाहे जितना इस अवास्तविक का 'इल्यूज़न' देना चाहें यह सब नितान्त सत्य है इतना भर मैं कहना चाहूँगा।

'आलोचना' के एक अंक में राजेन्द्र यादव ने व्यक्ति के निर्माण की बात उठाते हुए कथाकारों से भविष्य के मनुष्य को भी समेटने का आग्रह किया था। मेरा उन पर मुख्य आरोप केवल यही है कि वे भी भविष्य का आदमी नहीं ला पाये। 'बीतती' या चलती संस्कृति के ही आदमी हैं। उन्हीं के उपन्यास से शब्द लें तो 'छिन्न-मूल भविष्य-हीन' प्राणियों की यह कथा है। और यह विशेषण जितना देशबन्धु जी के

लिए सच है उतना ही शरद और जया के लिए भी। यों उनके चरित्र बहुत उभर कर स्पष्ट रूप में आये हैं।

पुराने ढंग के आलोचक तुलसी, बिहारी आदि के कुछ शब्दों आदि को लेकर उनकी बहुज्ञता सूचित करते रहते हैं। 'राजेन्द्र यादव' विश्व के कथा साहित्य के प्रबुद्ध पाठक हैं, यह पद्मा, जया और शरद की बातचीत से स्पष्ट हो गया है पर यदि उनके जैसा कुशल कथाकार इस 'मांचवेपन' से बचा रहे तो अधिक अच्छा।

बातें तो और भी बहुत कहनी हैं पर स्थान की सीमा है अतः एक वाक्य में फिर यह कहना चाहूँगा कि मैं प्रस्तुत उपन्यास को हिन्दी के महत्त्वपूर्ण उपन्यासों में मानता हूँ और 1956 की एक प्रमुख उपलब्धि गिनता हूँ।

कलजुग : फरवरी, 1957

नीलकण्ठ

प्रस्तुत कृति सिद्धेश्वर जी का पहला प्रकाशित उपन्यास है। मैं उन्हें व्यक्तिगत रूप से जानता हूँ, वे प्रतिभाशाली कलाकार हैं। चित्र, मूर्ति, संगीत, अभिनय, साहित्य आदि समस्त कलाओं में उनकी पैठ है। जीवन के तमाम अभावों के मध्य पला यह व्यक्ति इतनी दिशाओं में दिक्षता प्राप्त कर सका, यह साधारण उपलब्धि नहीं है। 'उपन्यास' के रूप में यह उनका पहला प्रयोग है।

पुस्तक के समर्पण में (भूमिका जैसी कोई चीज किताब में है ही नहीं) लेखक ने कहा है कि–'मेरे मस्तिष्क और हृदय के विगत मूक आन्दोलनों का एक मूर्त रूप है।' कलाकार ने जीवन के बारे में कल्पनाएँ की हैं उन्हें ही प्रस्तुत उपन्यास में मूर्त किया गया है। नायक एक कलाकार (गायक) है जिसे अपने पिता से सदैव दुत्कार मिलती है, पर राज्य की सर्वश्रेष्ठ नर्तकी उसे प्रेम देती है, राजश्री उसकी वाग्दत्ता पर पिता के दुराग्रह के कारण परित्यक्ता पत्नी है जो उसे अपार स्नेह और सेवा देती है। उसका बाल-मित्र शिरीष उसका सब भाँति सम्मान करता है। उसके राज्य की सम्राज्ञी उसे अपना हृदय दिये बैठी है। और भी न मालूम कितने उसे अपना विश्वास, सम्मान और प्रेम देते हैं, पर इन सबके होते हुए भी वह भीतर-भीतर दुख से जला करता है। उसके जीवन में कोई भी भौतिक या आध्यात्मिक ऐसा दुख नहीं दिखता जो उसे इस प्रकार आत्मपीड़न में रत करे। सामाजिक संघर्षों का यह रूप स्पष्ट नहीं हो पाया है जिसमें कि कलाकार उपेक्षित होकर अहंलीन होता है। मेरा अनुमान है कि लेखक ने समस्याओं की भीतरी परत को दिखाने के बजाय उसके बाह्यरूप और तज्जन्य मानसिक असन्तोष का चित्रण किया है। यानी कि आज का कलाकार दुखी है। बस उसके कलाकार ने दुख की प्रतिष्ठापना कर दी। यह नहीं देखा कि दुख का मूल बिन्दु क्या है? दूसरे वह कलाकार को सम्मानित पूजित देखने की अभिलाषा करता है। अतः उसका अभिलषित चिन्तन (Wishful thinking) कलाकार अनन्त को अपने छोटे जीवन में मिलने वाले सार्वभौम सम्मान और प्रेम में प्रकट होता है। कलाकार अभावों से ग्रस्त होकर क्षय से मरता है, इसीलिए अनन्त को भी क्षय से ही मरना चाहिए।

कहने की आवश्यकता नहीं कि कलाकार की कथा प्रेम प्रधान होनी चाहिए

ले. : सिद्धेश्वर अवस्थी

और यहाँ तो प्रतिद्वन्द्विता में नर्तकी मंजरी और महारानी देवरंजना दो दो खड़ी होकर उसी शाश्वत त्रिकोण को उपस्थित कर रही हैं। थोड़ी देर के लिए आकर्षण का एक और बिन्दु राजश्री के रूप में आता है, पर शीघ्र ही वह अस्त भी हो जाता है, परन्तु उतनी देर के लिए वह सारे वातावरण पर छाया रहता है। हम कह सकते हैं कि उसकी मृत्यु का दुख ही अनन्त के क्षयरोग का मुख्य कारण बना।

वास्तव में इस त्रिकोण को ही शिरीष, भूमिधर, राजश्री, बूढ़े पुजारी आदि के रूप में अनेक प्रकार से रखने का प्रयत्न हुआ है।

कथावस्तु को सुगठित करने का कोई प्रश्न नहीं उठता क्योंकि आधुनिक उपन्यासकार गठन के सौन्दर्य को महत्त्वपूर्ण नहीं मानता, फिर यह मनोवैज्ञानिक उपन्यासों की अपेक्षा अधिक संग्रथित है। अनेक संघर्षों और मानसिक अन्तर्द्वन्द्वों के मध्य नर्तकी मंजरी का चरित्र बहुत प्यारा बन पड़ा है। ईर्ष्यालु नारी महारानी के रूप में जीवित हो उठी है। मुझे ऐसा लगता है कि अनन्त यद्यपि साधक कथाकार है, पर साधक की 'बोल्डनेस' का उसमें अभाव बना रहता है और इसी कारण वह अपने जीवन के कल्पित या वास्तविक संघर्षों से लड़ भी नहीं पाता। परन्तु उपन्यास की मुख्य कमजोरी उसके प्रत्येक स्थान और संवाद का दार्शनिकीकरण है। बेमतलब ही 'फलसफा' सुनाने से अकसर नीरसता और दुरूहता की सृष्टि होती है।

भाषा जहाँ हिन्दी गद्य के प्रौढ़तम रूप को हमारे सम्मुख उपस्थित करती है वहीं उपन्यास के लिए अपेक्षाकृत उपयोगी नहीं है। लेखक, कवि और चित्रकार है, मुख्य रूप से और यह रूप उस पर सर्वत्र छाया हुआ है। लिखते-लिखते वह अद्‌भुत उपमाएँ दे देता है, बिम्ब सामने खड़ा कर देता है, रंगों के ठाठ खड़े कर देता है, संवादों में चुस्ती और प्राण फूँक देता है। पर उपन्यास साहित्य का यथार्थ प्रधान रूप है, उसे राल्फ फाक्स ने मध्यवर्ग का 'महाकाव्य' कहा है, अतः उसके लिए अपेक्षाकृत यथार्थानुकारिणी गद्यशैली का उपयोग होना चाहिए। और इसी में उपन्यासकार चित्र और काव्य से अभिभूत होने के कारण चूक गया है। यह अलंकरण की ओर बढ़ गया है, कटाव, छँटाव, नक्काशी और पच्चीकारी भाषा में मूर्तिमान हो उठे हैं। परन्तु इस सम्बन्ध में इतना ध्यान देने की बात है कि भाषा के इस ऊँचे स्तर का सम्पूर्ण उपन्यास में निर्वाह हुआ है। कहीं भी उपन्यासकार नीचे नहीं उतरता, यह शैलीकार की दृष्टि से बड़ी सफलता भी है।

मैंने उपन्यास की कमियाँ ही अधिकतर दिखानी चाही हैं क्योंकि वह मेरा मित्र है। पर उपन्यास निःसंशय रूप से महत्त्वपूर्ण है। उपन्यासकार में प्रतिभा का वह बिन्दु है जो अभी और विकसित होगा, और अधिक सशक्त कृतियाँ देगा।

एक बात प्रकाशन के बारे में भीः छपाई, सफाई अत्यन्त सुरुचिपूर्ण, गेटअप काफी आकर्षक तथा प्रूफ की भूलें अत्यन्त कम हुई हैं।

कलजुग : अप्रैल, 1957

'बूँद और समुद्र' : एक ही कैनवास पर बहुरंगी जीवन के चित्र

'उत्तरा' में जिस व्यक्ति ने 'बूँद और समुद्र' का एकाध हिस्सा भी पढ़ा था, वह पूरा उपन्यास पढ़ने के लिए प्यासा बैठा था। बहुत दिनों की प्रतीक्षा के बाद नागर जी के जीवन की तमाम साधना, चिन्तन और लेखनविधि का पुंजीभूत रूप सँजोकर यह उपन्यास आया है। इसकी गिनती वास्तव में उन उपन्यासों के साथ होनी चाहिए जिनके पीछे लेखक का सारा व्यक्तित्व अपनी समग्रता में स्थित होता है।

व्यक्तित्व की समग्रता जैसे शब्दों का प्रयोग केवल पहेली बुझाने के लिए नहीं है। मेरा तात्पर्य है कि लेखक ने जीवन में जो कुछ जैसा समझा है, जितने प्रकार के चरित्रों के सम्पर्क में आया है, जिन संस्कारों और रीति-रिवाजों ने उसके चारों ओर के वातावरण को गढ़ा है, जो समस्याएँ और समाधान लेखक के सामने आये हैं, जैसा कुछ नागर जी ने पढ़ा और लिखा है वह सब इस उपन्यास में लाने का प्रयास किया गया है। लेखक ने चयन नहीं किया, बटोरा है। धरती पर साधारण-उपेक्षित स्थानों में जो मणियाँ बिखरी पड़ी हैं, यदि उनको बीनने के बजाय बटोरा जायेगा तो आवश्यक है कि कुछ धूल और कचरा भी इकट्ठा हो जाये। ऐसी ही कुछ स्थिति प्रस्तुत उपन्यास में भी है। इसमें जहाँ एक ओर साहित्य और कला के सर्वश्रेष्ठ अंश मिल जाते हैं, वहीं काफी कुछ असंगत, उच्छिष्ट और निर्मूल्य भी विद्यमान हैं।

एक स्थान पर डाक्टर के हलवाई से उधार लेकर पैसे न देने का मिथ्या आरोप पाने के बाद सज्जन (नायक) अपने मित्र कर्नल से कहते हैं—

'दरअसल कैरेक्टर्स तो यहाँ गली-मुहल्लों में है। जीवन की विभिन्नता तो यहीं देखने को मिलती है।'

कर्नल का उत्तर है—

'हाँ-हाँ, ज्यादा आरटिस्टपना न बघारो हमारे सामने। साली जमाने भर की गन्दगी, जहमत तो यहाँ ही पलती है।'

ले. अमृतलाल नागर

मुझे ऐसा लगता है कि उपन्यास के दो मुख्य पात्रों की इस बातचीत में सारी रचना का मूल बिन्दु केन्द्रित है। लेखक के अनुसार इसमें मध्यवर्गीय नागरिक जीवन को अंकित किया गया है, पर इसमें दरअसल केवल मध्यवर्गीय जीवन ही नहीं है, इसमें गुण्डों, पहलवानों, मन्दिर के पुजारियों के भी चित्र हैं तथा धनिक और ऊपरी वर्ग के भी। स्वयं सज्जन, उपन्यास का नायक भी, ऊपरी तबके का ही है। एक प्रकार से समस्त नागरिक समाज उपन्यास में मूर्तित हो उठा है। यहाँ चारित्रिक वैविध्य, महत्ता और नीचता, जहनियत और जहालत सभी कुछ तो आ गया है। उपन्यासकार ने किसी को महिमामण्डित करने का अनावश्यक प्रयत्न नहीं किया। सज्जन एक श्रेष्ठ और सम्पन्न कलाकार है पर उसमें जो यौन कमजोरी है, स्त्री को भोग्या मानने की वृत्ति है उसे उपन्यासकार ने पूरे परिवेश के साथ उभारा है। सज्जन को कलाकार की आत्मान्वेषिणी वृत्ति द्वारा जब इसका आभास होता है तब वह अपने चरित्र की इस आन्तरिक असंगति के दंश से तिलमिला उठता है, उसकी अहंवादिनी बौद्धिकता, प्रक्षेपित तार्किकता रक्षा करना चाहती है; वह दूसरों पर आक्षेप करता है, अपने को सही सिद्ध करने की दलीलें देता है। यहीं उपन्यासकार का सही एप्रोच स्पष्ट होता है, वह इन दलीलों और आक्षेपों की मिथ्या नींव को उघाड़ कर रख देता है। यहीं पर उसका आदर्शवाद भी प्रच्छन्न भाव से आ गया है। सज्जन के व्यक्तित्व की इन गड़ने वाली नोकों को वह कन्या के प्रेम द्वारा गोठिल करता है—इस हृदय-परिवर्तन पर गाँधीवादी विचारसरणि की स्पष्ट छाया है, यद्यपि इस परिवर्तन की हेतु कन्या अपने को सदा मार्क्सवादी मानती रही।

आलोच्य उपन्यास वास्तव में परम्परा से प्राप्त उपन्यासों की गठन से पृथक है। इसे रूढ़िगत तत्त्वों की दृष्टि से परखना अनुचित है। यह उपन्यास एक प्रकार से उन उपन्यासों में गिना जा सकता है जो अपने 'कथ्य' को समर्थ अभिव्यक्ति देने के लिए रूपविधान को नये ढंग से गढ़ लेते हैं। प्राचीन साँचे में वस्तु को ढालने की बजाय रूपविधान को परिवर्तित करना उन्हें अधिक अभीष्ट प्रतीत होता है। प्रधानता इनमें वस्तु और कथ्य की है, विन्यासकौशल की नहीं, यद्यपि यह विन्यासकौशल भी अपने में कम महत्त्वपूर्ण नहीं होता। उपन्यासकार का उद्देश्य किसी सुगठित कथा को उपस्थित करने का नहीं ज्ञात होता, इसी कारण 'बूँद और समुद्र' का कथाविन्यास अत्यधिक शिथिल है। लेखक एक बड़े कैनवास पर पूरे जीवन को उतारना चाहता है; एकतानता (यूनिफार्मिटी) यही है कि ये सारे चित्र एक ही कैनवास पर प्रतिष्ठित हैं, पर बहुरंगी जीवन के चित्र होने के कारण अपने आप में स्वतन्त्र भी हैं। एक दूसरी भी आन्तरिकता इनमें समाई हुई है कि ये जीवनयथार्थ के खण्ड हैं। इसके अतिरिक्त तो वस्तुविन्यास विच्छिन्न ही नहीं है, कभी-कभी तो ऐसा प्रतीत होने लगता है कि एक लम्बा वैयक्तिक निबन्ध लिखा जा रहा है जिसमें कि प्रस्तुत विषय पर चलते-चलते अचानक लेखक को कोई बात सूझ जाती है और उसी को वह कहने लगता है।

अधिकांश चिन्तनखण्डों का कथासूत्र के भीतर गठन ऐसे ही उड़ते मन की तरंगों की भाँति ही है। इस शैली का परिणाम है कि इसमें 'कहानी', 'नाटक' और दर्जनों रेखाचित्र ही नहीं हैं, निबन्ध, आलोचना, इतिहास और पुराणों की नवीन शोधें तथा व्याख्याएँ भी उपस्थित हैं। अखबारों की कटिंग, सिद्धान्तकथन, व्यंग्य और परिहास, परम्परा की उपलब्धियाँ और अभाव सभी बूँदें बनकर इस समुद्र में समाए हुए हैं।

किसी भी कथाकार के शिल्पकौशल का सबसे महत्त्वपूर्ण पक्ष होता है कि वह कहाँ तक वस्तु और पात्र को एक सूत्र में अनुस्यूत कर सका है। बहुधा बड़े आधार पर रचे जाने वाले उपन्यासों में इन दोनों के अलग-अलग भागने का खतरा होता है। इस कसौटी पर सबसे सफल चरित्र ताई का है जो कि उपन्यास की कथावस्तु में गहन भाव से अनुस्यूत है। ताई के चरित्र के विविध अन्तर्विरोधों के मध्य भी जो बीज रूप से एक मानवीय तत्त्व विद्यमान है (भारती ने 'अन्धा युग' में जिस बीजरूप कृष्ण की उपस्थिति की बात कही है, वह वहाँ पर तो कोरा कथन है, पर नागर जी के इस चरित्र में वह बीजरूप कृष्ण अवतरित हुआ है) वह इसे अत्यधिक आकर्षक, अनिवार्य और सशक्त चरित्र बना देता है। ताई हमारे उपन्यास साहित्य का अविस्मरणीय पात्र है। जादू-टोने और मारण मन्त्रों वाली ताई के बिल्ली के बच्चे, तारा की प्रसव पीड़ा के समय की उनकी सेवा, सज्जन और कन्या के प्रति उनका ममत्व सब अद्भुत है।

परन्तु वस्तुचरित्र के संग्रथन की इस कसौटी पर महिपाल का चरित्र पूरा नहीं उतर पाता। वह कथासूत्र के भीतर समा नहीं पाता और अन्ततः उससे छुटकारा प्राप्त करने के लिए उपन्यासकार को उससे आत्महत्या करानी पड़ी है। वास्तव में आदर्श और चिन्तन की अपनी सीमाएँ भी हैं। उपन्यास में दो कलाकार हैं, एक चित्रकार दूसरा लेखक। इन दोनों के माध्यम से ही वह अपनी सारी विचारधारा को, कला सम्बन्धी मान्यताओं को स्पष्ट करना चाहता है; परन्तु उसकी चिन्तन सम्बन्धी विच्छिन्नता तब प्रकट होती है जब उसे इन दोनों के ऊपर एक बाबाजी को ठूँसना पड़ा है जो कि इस उपन्यास में इतने विस्तार से आये हुए एकमात्र अनावश्यक पात्र हैं। उनकी शिक्षा-दीक्षा और सांस्कृतिक स्तर के व्यक्ति इतनी ऊँची-ऊँची बातें कैसे कर सकते हैं, इस पर तो प्रश्न ही नहीं उठता, क्योंकि नागर जी के मन्तव्य के अनुसार सेवा-साधना के द्वारा सब सम्भव है, परन्तु उनका बाबाजी दर्शन कितना गत्यात्मक है इस पर तब सन्देह होने लगता है जब शिव संकल्प का उपदेश लेते-लेते लेखक खुदकुशी कर लेता है तथा चित्रकार जी अपनी 'कला साधना' को छोड़ 'सपत्नीक समाजसेवा का व्रत अपना एक छोटे से क्षेत्र में मानवता का दर्शन करने के लिए कर्मरत हो गये।' प्रश्न उठता है कि कला क्या इतनी अक्षम और वंध्या है जो अपनी प्रतिभा के वास्तविक क्षेत्र से कतराकर कला में मानवता की अभिव्यक्ति के बजाय तथाकथित जनसेवा में मानवता के दर्शन करने के लिए आये? वास्तव

में बाबाजी कुछ वैसे पात्र हैं जैसे कि तिलस्मी उपन्यासों के ऐयार हुआ करते थे। अन्तर यही है कि यह घटनाप्रधान कथा के नायक नहीं, विचार और चरित्रप्रधान उपन्यास के फिलासफर हैं और ऐयारी वाले झोले के स्थान पर साधना लटकी हुई है। ऐसा प्रतीत होता है कि उपन्यासकार ने अन्तिम समाधान उन्हीं से दिलवाया है। उसका कारण यह है कि वह जनसेवी को शायद चित्रकार या लेखक की अपेक्षा अधिक आवश्यक मानते हैं (राजनीति का रूप भी आज सर्वव्यापक हो उठा है)। पर एक शंका उठती है कि जनसेवी को उसके आधुनिक रूप में उपस्थित करने के बजाय उन्होंने विरक्त साधु के रूप में क्यों उपस्थित किया? सम्भवतः इसलिए कि आधुनिक जनसेवी के रूप में रहस्यवादी गोरखधन्धा वास्तविकता का आभास न दे सकेगा तथा साधु के रूप में सहज ही सिद्धिलब्ध दिखाना सम्भव है। या फिर वह इस पुरानी संस्था का नये ढंग से पुनरुत्थान चाहता है।

इस उपन्यास की कमजोरी उसका विच्छिन्न चिन्तन है। ये चिन्तनकण अलग से इकट्ठे कर दिये जायें तो इतिहास, पुरातत्त्व, पौराणिक गाथाओं एवं संस्कृतियों के बारे में कुछ नवीन व्याख्या दे सकते हैं पर उपन्यास के भीतर अकसर वह अनावश्यक रुक्षता और विशृंखलता का संचार करते हैं। नागर जी के अनेक समस्याओं पर अनेक विचार हो सकते हैं पर आवश्यक नहीं कि इसी उपन्यास में वह सब उपस्थित कर दिया जाता। 'बूँद और समुद्र' के विचारखण्ड ऊपर से चिपकाए अथवा जैसा कि ऊपर संकेत किया जा चुका है वैयक्तिक निबन्धशैली के हैं।

इस विच्छिन्न चिन्तन का मूल कारण मेरे विचार से उनका व्यक्तिवादी मनन है। वह बूँद में समुद्र को देखता है पर समुद्र में जो बूँदें समाई हुई हैं उस समग्रता के प्रति उसकी दृष्टि सहज-अनायास ढंग से नहीं जाती। बीच-बीच में लेखक सामाजिकता का आभास देता है, अपने व्यक्तिवाद को समाजोन्मुख भी करता है, पर विसर्जित नहीं कर पाता। बूँद तो मीठी है, पर समुद्र के अनन्त क्षार में वह भी लवणमयी हो जाती है,—अतएव समुद्र के क्षार को कैसे परिशुद्ध किया जाये, इस प्रश्न से लेखक सीधे-सीधे उलझा नहीं। इसी व्यक्तिवादिता के कारण उसे अनपढ़ बाबाजी की अवतारणा करनी पड़ी जो महिपाल और सज्जन जैसे प्रबुद्ध प्रतिभाशाली कलाकारों को जीवनदर्शन प्रदान करता है।

भाषा और चित्रण की नागर जी के पास अद्भुत शक्ति है। नगरों में बोली जाने वाली भाषा की शब्दयोजना, पदावली और वाक्यगठन को उन्होंने भीतर से अपनाया है। सम्भवतः प्रेमचन्द के बाद इतने विराट चित्र के भीतर ऐसी सहज भाषा का प्रयोग विरल है। लगता है कि लेखक ने उसे किसी कुतूहल और विशिष्टत्व के आधार पर नहीं, उस जीवन को जीते हुए अपनाया है। 'मैला आँचल' के लेखक की भाषा मिथिला के गाँव की विशिष्ट बोली है, पर 'बूँद और समुद्र' के लेखक की भाषा वह है जो नगरों के पारस्परिक सम्पर्कों और सम्मिलनों में 'कास्मोपालिटन'

बन गयी है। इस भाषा के भी विविध स्तर हैं और ग्रहणशील लेखक इन सबको रेकर्ड करता चलता है। यह सुनारिन अम्माँ की बोली है : 'उधर से बड़ी को भेजती जइयो। बतियाने में ऐसी मगन होती हैंगी, कि लड़कन-बिटियन तलक का होस नहीं रहता।' और यह लाला जानकीशरण हैं 'हम भाई एक प्रिस्ताव लेके आये हैं तुम्हारे पास। हमने इनसे कहा कि राजनीति तो हरदम चलती रहती है, कुछ जनता में ठोस काम भी होना चाहिए।' और जब बातचीत सज्जन, महिपाल, कन्या, डॉ. शीला स्विंग आदि के बीच होने लगती है तब यह भाषा पूरा आभिजात्य गौरव धारण कर लेती है।

लेखक जब चित्रण करने पर उतर आता है तब लगता है कि कैमरे की आँख संवेदनात्मक हो उठी है। टोले-मुहल्ले, मन्दिर-घाट, महफिल, ड्राइंगरूम, चबूतरा—कहीं की बात हो, लेखक उसे सजीव करना जानता है। प्रतीत होता है कि उसने इस जीवन को गहरे जिया है। उसकी अनुभूति सान्द्र है, केवल भावाभास की स्थिति नहीं है।

लेखक ने विराट जीवन का जो विशाल अनुभव, दुर्दम जिजीविषा, विश्वास और आस्था (इस जार्गन से यदि कोई चौंके नहीं) के स्वर, अविस्मरणीय चरित्र, जाना-पहचाना वातावरण और माननीय उदात्तता का जो परिपाक इसमें उपस्थित किया है वह सब इस कृति को अत्यधिक महत्त्वपूर्ण बनाता है। 'बूँद और समुद्र' हिन्दी उपन्यासों की गौरवमयी माला का बहुमूल्य मनका है।

युगचेतना : मई, 1957

रीता की बात

उपन्यास में दो बातें अत्यधिक महत्त्वपूर्ण हैं एक तो यह कि लेखक का यह पहला उपन्यास है, दूसरे कि उसमें डॉ. देवराज की संक्षिप्त भूमिका है।

साहित्य का समाज पर व्यापक प्रभाव पड़ता ही है, यह कहने की कोई खास जरूरत नहीं है। पर आधुनिक साहित्य और सिनेमा की एक बड़ी कमजोरी है कि उसने मनुष्य को एक कृत्रिम वातावरण में रहना सिखा दिया है। हम घटनाओं (विशेषकर रोमांस के क्षेत्र में) के प्रति किताबी ढंग पर React करने लगे हैं। नतीजा यह हुआ है कि नया लेखक भी उसी ढंग से घटनाओं को लेता है और उसका क्षेत्र कुछ नवयुवकों तक सीमित रह जाता है। बहुत कुछ यही चीज 'रीता की बात' में आ गयी है। यह लघु उपन्यास एक नवयुवक के रोमांस के सम्बन्ध में की गयी adolescent Romantic Imagination है। लड़का लड़की दोनों ही प्रथम दर्शन में प्रेम विकसित कर लेते हैं फिर तो लड़की सदा इन्तजार ही किया करती है। (उसे और कुछ काम ही कहाँ है।) एक दिन शरीर की भूख भी मिटाई जाती है और गर्भ धारण, विवाह, तलाक और मृत्यु सब एक सीधी सामाजिक रीति नीति की रेखा पर घटित होते हैं। कथा का प्रारम्भिक अंश वैसा ही है जैसा कि हर नवयुवक (विशेषकर यूनिवर्सिटी में पढ़ने वाला) सोचा करता है और उत्तरार्ध वैसा जैसा कि कोई नवयुवक पसन्द नहीं करता पर वर्तमान परिस्थितियों में सम्भव वही होता है। भूमिका लेखक ने पता नहीं किस आधार पर नैतिकता का प्रश्न उठाया है, इस प्रकार हल्के ढंग से तो नैतिक प्रश्न हर प्रेम कथा में रहता है।

शिल्प की दृष्टि से लेखक ने आत्मचरित्रात्मक शैली का इस्तेमाल किया है और आन्द्रेजीन्द के Strait is the gate की भाँति डायरी का प्रयोग भी है। भाषा उसकी सहज है, पर उसे माँजने की अत्यधिक आवश्यकता है। पहले ही पृष्ठ के प्रथम पैराग्राफ में उत्तम पुरुष सर्वनाम का 12 स्थानों पर प्रयोग अत्यधिक खलता है। डायरी वाले अंश अत्यधिक अनुभूतिपूर्ण और सहज हुए हैं। उसकी सबसे बड़ी

ले. : प्रेमनारायण टण्डन

विशेषता यह है कि डायरी खण्डों में अनावश्यक दर्शन घुसेड़ने की चेष्टा नहीं हुई है जैसा कि साधारणतया डायरी लेखक करने लगते हैं।

पुस्तक में दी हुई सूची से ऐसा लगता है कि उसने कहानियाँ भी लिखी हैं। सम्भव है कि लेखक अपनी प्रतिभा के विकास के लिए उपयुक्त क्षेत्र ढूँढ़ रहा हो और इस नाते इस नवयुवक की कृति का स्वागत होना ही चाहिए।

पुस्तक छपाई-सफाई और गेटअप की दृष्टि से भी आकर्षक है।

कलयुग : जून-जुलाई, 1957

'सत्ती मैया का चौरा' : प्रतीकशक्ति

हिन्दी में उपन्यासों की समीक्षा करते समय बहुधा उपन्यास का सारांश देने की परिपाटी है। ऐसे आलोचकों के सामर्थ्य का मैं कायल हूँ। कम से कम मुझमें यह सामर्थ्य नहीं है कि जिस चित्र को उभारने के लिए लेखक ने 743 पृष्ठ खर्च किये हैं उसे मैं एक या दो पृष्ठों में सीमित करूँ। ऐसे समीक्षक बहुधा कथानक और उपन्यास को एक ही मानते हैं। वास्तव में उपन्यास ऐसी कथाकृति होता है जिसमें पात्र, घटनाएँ, परिस्थितियाँ, ध्वनि, संवेदना एवं शिल्प के विविध प्रयोग और स्वरूप मिलकर एक ऐसे प्रतीक को जन्म देते हैं जो कृति के अर्थ को एक नया विस्तार दे देता है। कथानक आदि उसके अनिवार्य तत्त्व होते हैं—यथेष्ट नहीं। और कोई कृति अपने इन अंशों का योग मात्र ही नहीं होती, वह उससे कुछ अधिक होती है। यह अधिक होना ही कृति की साहित्यिकता या कलात्मकता है।

यदि कथा के बारे में कुछ कहना आवश्यक ही है, तो यह जान लेना यथेष्ट होगा कि प्रस्तुत उपन्यास एक गाँव की कहानी कहता है एक व्यक्ति के माध्यम से। इस व्यक्ति (मन्ने) की कथा में एक अन्तर्कथा है, जो इस गाँव की तीन पीढ़ियों के संघर्ष को स्पष्ट करती है। समाजशास्त्रीय एवं ऐतिहासिक दृष्टि से यदि समीक्षा करनी हो, तो कहा जा सकता है कि 'सत्ती मैया का चौरा' में एक गाँव ही नहीं, बल्कि ग्रामीण भारत के सामन्ती मूल्यों एवं व्यवस्थाओं के विघटन तथा उभरते पूँजीवाद की प्रगतिशील शक्ति से लेकर पूँजीवाद की पतनोन्मुख वृत्तियों तथा नये जीवनमूल्यों के उभार का चित्र उपस्थित किया गया है। जमींदार सुगन्धराय एवं मासूमपुर के काजियों की सामन्ती व्यवस्था किसानों को ही नहीं, महाजनों को भी असह्य हो उठती है, क्योंकि 'काजी का हुक्म आया कि ईद की सुबह गाँव का सारा दूध और हर चीनी के कारखाने के पीछे बीस-बीस सेर राब चीनी और दस-दस रुपये पहुँचाये जायें।' परिणामस्वरूप जो संघर्ष होता है, उसमें किसान और महाजन एक पक्ष में हैं और जमींदार दूसरे पक्ष में। तीन पीढ़ी बाद मन्ने स्पष्ट रूप से कहता है : 'इस गाँव के इतिहास में महाजनों के पुरखों के बड़े ही शानदार रोल रहे हैं।' अस्तु जमींदार

ले. : भैरवप्रसाद गुप्त

हारता है, क्योंकि वह इतिहास की गति के विरुद्ध लड़ रहा था। इतनी बात तो मार्क्सवाद का एक साधारण सा विद्यार्थी भी सिद्ध कर सकता था। पर भैरवप्रसाद गुप्त और भीतर जाते हैं। भारतवर्ष का सामाजिक विकास ठीक पश्चिमी देशों की भाँति नहीं हुआ। विदेशी साम्राज्यवाद ने अपने लिए सामन्तवाद एवं पूँजीवाद दोनों को थोड़ा बहुत प्रश्रय दे रखा था। हारते हुए सामन्तवाद को भी एक कृत्रिम सहारा एवं पूँजीवाद को भी अपने शोषण के लिए थोड़ा सा प्रोत्साहन देना, अंग्रेज शासकों की नीति रही है। भैरवप्रसाद गुप्त का यह उपन्यास इस बात को प्रतीकात्मक रूप से कह सका है। मासूमपुर के काजी हार जाते हैं, पर गाँव के सामने और कोई व्यवस्था नहीं है और उन्हें फिर सामन्तवादी गठन स्वीकार करनी पड़ती है। इस बार जो बन्दरबाँट होता है, वह शहीद गुलाम हैदर के वारिसों, महाजनों, एवं बुद्धि के बल पर धीरे-धीरे उभर रहे मध्यवर्ग के प्रतीक मुंशीजी के बीच बँटता है। थाने के मुंशी भाई से शह पाकर शहीद का वारिस 'अब्दुल हक एक जमींदार से भी बदतर सलूक गाँव वालों के साथ करने लगा।' हारता हुआ सामन्तवर्ग साम्प्रदायिकता का सहारा लेता है, शासन से उसे समर्थन मिलता है। एक साम्प्रदायिकता की प्रतिक्रिया में दूसरी साम्प्रदायिकता सर उठाती है। और फिर हालत यह हो जाती है : 'आज मठिया पर, कोई मुसलमान सीधा या अँचला नहीं भेजता, आज मजार पर किसी फकीर को कोई हिन्दू खाना नहीं देता। आज होली पर भूले से कोई हिन्दू किसी मुसलमान पर रंग डाल दे, तो बलवा हो जाये; ईद पर आज भूले से कोई मुसलमान हिन्दू के गले मिले, तो कौन जाने वह छुरा कलेजे में घुसेड़ दे।' 'सत्ती मैया का चौरा' इसी साम्प्रदायिक संघर्ष का प्रतीक है और उसका खोदा जाना उस जनवर्ग का प्रतीक है, जो वर्गचेतना से जाग्रत होकर सामन्तवादी, पूँजीवादी—दोनों ही साम्प्रदायिकताओं की जड़ें खोदता है। 'कानून ने जमींदारों को खतम कर दिया, तो जमाना महाजनी की भी कमर तोड़ रहा है। किसानों, मजदूरों और गरीबों में वर्गचेतना की किरण फूट रही है...।' इस 'चेतना की साधारण सी किरण' गाँव में एक नयी जिन्दगी को जन्म देती है। जनशक्ति जाग्रत होकर (जैसे कि वह एक बार जमींदार से लड़ने के लिए जाग्रत हुई थी) महाजन, राजनीतिक धूर्तता, नया जामा पहन कर आने वाले पुराने शोषकों—सभी का मुकाबला करती है। संघर्ष का रूप बदलता है। नेता और महाजन पुराने सामन्तों का स्थान ग्रहण करते हैं एवं स्कूल के प्रबन्ध को ले कर झगड़ा होता है। ये आज के गाँव के झगड़े के नये प्रतीक हैं।

परन्तु यह सारी बात उपन्यास की नहीं है, समाजशास्त्र की है, इतिहास की है। और हम इतना भर कह सकते हैं कि लेखक की समाजशास्त्रीय पकड़ और इतिहास की समझ गहरी है (कुछ मार्क्सवाद विरोधी चाहें तो इसे विकृत भी कह सकते हैं)। पर यह बात साहित्यिक मूल्य नहीं है। लेखक उभरता है उस समय, जबकि यह सारी सामाजिक, ऐतिहासिक उथल-पुथल, वह घटनाओं एवं पात्रों के माध्यम से व्यक्त

करता है। मन्ने को मुसलसल जद्दोजहद वाली जिन्दगी के 'द्वारा' यह सब कुछ घटित होता, या उसके लिए कथित होता हम देखते-सुनते हैं, उसने ट्यूशनें करके पढ़ाई की, बिरादरी से लड़कर और कर्ज काढ़कर बहनों का ब्याह किया, बहन पर कोई आँच न आये, इसलिए अपनी शादी की, आर्थिक कठिनाई दूर करने के लिए पढ़ाई छोड़कर नौकरी की, रिश्वत ली, फिर इश्क, घरेलू कलह, रोजगार, गाँव का लम्बा संघर्ष, उस संघर्ष में शारीरिक रूप से घायल हो जाने पर भी न मरने का प्राणवंत संकल्प—यह सब उसकी जिन्दगी में व्याप्त है। उसने 'किसी झूठे सपने (चाहे वह कम्युनिज्म का ही क्यों न हो) में पड़कर यथार्थ को झुठलाने की कोशिश नहीं की।' यह जिन्दगी प्रतीक है सारे सामाजिक मूल्यों की।

प्रस्तुत समीक्षा में अब तक कई स्थानों पर प्रतीक शब्द का प्रयोग हो चुका है। इसे स्पष्ट करने का अवसर आ गया है। हमारा संसार नाना प्रकार के असाहित्यिक प्रतीकों से भरा पड़ा है। बहुधा प्रतीकों के द्वारा हम अन्य किसी वस्तु को सम्बोधित करते हैं, अथवा किसी बात को स्पष्ट करने का प्रयास करते हैं। नाना प्रकार के बैज, ट्रेडमार्क, नारे, फार्मूले—प्रतीक ही हैं। ऐसे ही अज्ञात, अनस्थिर अरूप को ज्ञात, स्थिर और रूप देने वाले ये प्रतीक होते हैं—परन्तु ये प्रतीक जिसके होते हैं उसके महत्त्व को नहीं बढ़ाते जबकि साहित्यिक प्रतीक, जो कुछ कहा गया है, उसके महत्त्व को इस प्रकार बढ़ाते हैं कि उस अभिव्यंजना के माध्यम से कथ्य में एक नयी अन्तर्दृष्टि प्राप्त होने लगती है। तथा एक स्थिति ऐसी आ जाती है कि कथ्य और कथनप्रकार में, विषय और शिल्प में कोई अन्तर नहीं रह जाता। उपदेश, कथाओं आदि में किसी एक बात को स्पष्ट करने के लिए पात्र या घटनाएँ उदाहरण के रूप में आती हैं परन्तु उपन्यास (कलाकृति) में चूँकि ये उदाहरण न होकर प्रतीकरूप में होती हैं, अतः यहाँ भी उपदिष्ट वस्तु और उसके उदाहृत रूप का अन्तर सम्भव नहीं है। परिणामस्वरूप उपन्यास से मानवीय परिस्थितियों की पहचान और स्वीकरण ही नहीं होता, बल्कि मानवनियति के प्रति एक अन्तर्दृष्टि भी प्राप्त होती है, जबकि पत्रकारिता में केवल पहली और दर्शन में दूसरी विशेषता होती है। इसका दूसरा परिणाम यह होता है कि सारे पात्र-घटनाएँ-परिस्थितियाँ मिलकर एक पूर्णता की सृष्टि करते हैं और उस प्रतीक को ही समृद्ध करते हैं।

उपर्युक्त कसौटी पर कसने पर समीक्ष्य उपन्यास में हमें वह प्रतीक उभरता प्रतीत होता है, जो लेखक का अभिप्रेत है। 'सत्ती मैया का चौरा' शीर्षक स्वयं एक प्रतीक है। अपने अभिधार्थ में यह एक धार्मिक (और अतीतकाल की सामाजिक) स्थिति का द्योतक है; परन्तु उपन्यास के प्रतीक में यह उस सामाजिक संघर्ष का द्योतक बन जाता है, जो साम्प्रदायिक रूप में निहित स्वार्थों के द्वारा खड़ा कर दिया जाता है और फिर जनशक्ति जाग्रत होकर सत्ती मैया के चौरे के अनावश्यक विवाद को बढ़ाये गये अंश को खोदकर मानो साम्प्रदायिकता और धार्मिकता के स्वार्थवश स्फीत स्वरूप

की भी जड़ें खोद देती है। और मन्ने जो बुर्जुआ मूल्यों के फेर में पड़कर 'गाँव की लीक से अलग' हटना चाहता था, और विघटन के चक्कर में न हट पाने के कारण विक्षोभ और निराशा का अनुभव कर रहा था, इस शक्ति के सम्पर्क में आकर नयी शक्ति का धीरे-धीरे अनुभव करता है। यहाँ तक कि उसका कम्युनिस्ट साथी मुन्नी भी गाँव में रहने के लिए प्रस्तुत हो जाता है। भैरवप्रसाद गुप्त की सफलता इसमें है कि इस प्रतीक को उभारने में उन्होंने घटना-पात्रों के पारस्परिक संघात का उपयोग किया है। तात्पर्य यह कि एक कम्युनिस्ट (या और कोई) दर्शन उपस्थित करके उसके लिए बँधी-बँधाई लीक में उदाहरणस्वरूप कथा नहीं कही गयी है। इस बात का सबसे बड़ा प्रमाण यह है कि लेखक ने अपने कम्युनिस्ट पात्र के माध्यम से ये परिवर्तन नहीं दिखाए हैं। उसे तो उन्होंने एक स्वप्न के पीछे यथार्थ को झुठलाने वाला ही माना है। पर उपन्यास का पात्र तो मन्ने है जो अपनी सारी कमजोरियों के बावजूद एक शक्तिशाली पात्र है, और यों चाहे जितना घबराता रहे, पर अवसर पड़ने पर वह परिस्थिति की चुनौती को स्वीकार करने में कभी नहीं चूकता। मुन्नी (कम्युनिस्ट) उसे कभी-कभी दृष्टि देने का प्रयास अवश्य करता है, कुछ उत्तेजित भी कर देता है, पर वास्तविक उत्तेजना और दृष्टि उसे धीरे-धीरे स्वयं प्राप्त होती है। इसी को मैं उपन्यास की प्रतीकशक्ति कहना चाहता हूँ। कम्युनिस्ट नाम सुनते ही हिन्दी में बहुत से लोग खण्डन-मण्डन पर उतर आते हैं, पर मेरे लिए यह शब्द ऐसा नहीं है क्योंकि मैं यह मानता हूँ कि लेखक के दो उद्देश्य हो सकते हैं—एक उसका सामान्य साहित्यिक एवं दूसरा विशिष्ट (प्रचारात्मक आदि); और ये दोनों सदैव परस्पर विरोधी ही नहीं होते। यदि दूसरा उद्देश्य पहले को बाधित न कर उसके अन्तर्गत रहे, तो वह खण्डनीय नहीं होता। सौभाग्य से प्रस्तुत उपन्यास में ऐसा ही हुआ है। हमारे जैसे पाठकों के लिए यह आवश्यक नहीं है कि इसे दूसरे स्तर पर भी पढ़ें या प्रभावित हों। जैसे मन्ने के जीवन में बहुत से व्यक्ति और घटनाएँ आकर उसे प्रभावित करती हैं, वैसे ही मुन्नी और उसके सिद्धान्तों को माना जा सकता है।

यह बात ऊपर कही जा चुकी है कि उपन्यास के सारे उपादानों एवं कौशलों का उपयोग इस प्रतीकशक्ति की समृद्धि के लिए ही होना चाहिए। भैरवप्रसाद गुप्त की निर्बलता यहीं पर उभरती है। वह कथा के समस्त कोणों एवं शिल्प को अपने अभिप्राय के लिए प्रयुक्त नहीं करा सके। नमूना और बसमतिया के इश्कप्रसंग, कॉलेज की डिबेट (अपने आप में वह घटना चाहे जितनी महत्त्वपूर्ण हो, पर प्रस्तुत प्रसंग में वह हमारे अर्थ की कोई शक्ति प्रतीत नहीं होती) कलकत्ताप्रवास और कैलसिया की मेहमानदारी का लम्बा-चौड़ा वर्णन, बाबू साहब के चरित्र की अन्तिम परिणति आदि ऐसे ही वर्णन हैं। यों इस महाकाय उपन्यास में इतने शेड्स हैं, इतने रंग और अर्थच्छायाएँ हैं, इतने लम्बे समय और चरित्रों के समूह को लिया गया है कि प्रस्तुत समीक्षा में उनका समुचित मूल्यांकन करने का स्थान नहीं है।

पात्र, घटना, वातावरण की भाँति भाषा और शिल्पविधान भी उपन्यास को कलात्मक पूर्णता देने में अपना योग देते हैं। जैसा कि पहले कहा जा चुका है, उपन्यास में लम्बे काल में फैली हुई घटनाओं को एक सूत्र में पिरोया गया है। तीन पीढ़ियों में व्याप्त इस घटनाप्रवाह और चरित्रसमूह को, स्पष्ट है, सामान्य वर्णनात्मक प्रणाली पर समन्वित करना तनिक कठिन होगा। इसके लिए लेखक ने अनेक कथाविधियों का उपयोग किया है। सामान्य वर्णनात्मक, नाटकीय संवादात्मक, फ्लैश बैक पद्धति, स्मृत्यात्मक आसंग और चेतनाप्रवाह की प्रणालियाँ उपन्यास को कलात्मक संघटन प्रदान करती हैं। भाषा की दृष्टि से भी उपन्यास सचमुच ही प्रेमचन्द की स्पष्ट परम्परा में है। जिस वातावरण की कथा कही गयी है, जिन चरित्रों की रूपरेखाएँ स्पष्ट की गयी हैं, उपन्यास का जो कुछ अभिप्रेत है, उसको उभारने में यह भाषा पूर्ण समर्थ है। एक गाँव में सीमित होते हुए भी यह कथा आंचलिक नहीं है, इसीलिए इसमें रेणु की भाषा की विशिष्टता न होकर, एक सामान्य-व्यापक स्तर की भाषा को उपस्थित किया गया है, जो ग्रामीण जन को नागर जन से जोड़ती है। उसका मुहावरा, शब्दचयन एवं वाक्यसंगठन सामान्य होते हुए भी समर्थ है।

मुझे यह कहने में तनिक संकोच नहीं है कि प्रस्तुत उपन्यास हिन्दी के महत्त्वपूर्ण उपन्यासों में से एक है, एवं स्वातन्त्र्योत्तर हिन्दी साहित्य की एक उपलब्धि में परिगणित होने योग्य है।

कृति : 1960

कठपुतली के धागे

प्रस्तुत ऐतिहासिक उपन्यास अवध (लखनऊ) के नवाबों से सम्बन्धित है। सन् 1837 के आसपास, जबकि 1857 के लिए कुछ तैयारियाँ-सी ही हो रही थीं, लखनऊ की गद्दी पर नासिरुद्दीन बैठा था जो कि अपनी विचित्र सनकों और झखों के लिए काफी बदनाम था। इसमें सामन्तों के षड्यन्त्र और दाँव-पेंच, नवाबी विलासिता का नग्न नृत्य, अँग्रेजों की कूटनीति और बढ़ती शक्ति, घँघरिया पल्टन और रसिया पटेल के रूप में 1857 के स्वातन्त्र्य-संग्राम की सूचना है। लेखक ने पाखण्ड और कूट व्यवहार के बीच बढ़ रही बूर्जुआ अँग्रेजी ताकत और इनके जाल में फँसते-टूटते सामन्तवर्ग—जिसके पतनोमुख पक्ष के प्रतिनिधि हैं नवाब नासिर और राजा गालिब जंग तथा जाग्रत और संघर्ष-तत्पर पक्ष के प्रतिनिधि है नानपारा की रानी और उसके अनुचर—और मध्ययुग की आर्थिक व्यवस्था का अच्छा वर्णन किया है। आश्चर्य है कि उस समय के देशी व्यापारी वर्ग और नवशिक्षितों के 'रोल' को ही लेखक ने क्यों भुला दिया!

बेशक, श्री जैन रसीली कहानी कहना जानते हैं। कहानी के मूल औत्सुक्य या कौतूहल को उत्तरोत्तर बढ़ाते हुए वे झुँझलाहट की सीमा तक ले जाते हैं और फिर उसके परिशमन द्वारा वे एक सुखात्मक परितृप्ति भी दे पाते हैं। डी. रूसेट का तोहफा, पीरू की कला आदि ऐसे ही प्रयोजनों के उदाहरण हैं।

लेखक ने एक ही साथ कई मनःस्थितियों का चित्रण भी किया है। चरित्रों में नासिर, रसिया पटेल, डी. रूसेट और भुंतजिमुद्दौला काफी उभरे हैं। यों रसिया पटेल जैसा व्यक्ति अवध में कभी था या कभी मिलेगा यह अवधवासी भी नहीं बताएँगे।

उपन्यास की भाषा सचमुच अनगढ़ है। छोह, त्वचा, रेशा ख़तमी, और बोम्मलात्तम जैसे शब्दों का मिश्रण तो काफी है, किन्तु 'नवाबी मसनद' जैसी लजीज बोली का समुचित प्रयोग अधिक नहीं है।

श्री जैन इतिहास की बढ़ती रफ्तार को सही परिप्रेक्ष्य में शायद नहीं देख सके हैं, फिर भी वे इसके कथांश में पूर्णतया सफल हुए हैं। वे फिरंगियों का कूटनीतिपूर्ण

ले. : आनन्द प्रकाश जैन

योजनाओं और राजनीतिक दाँव-पेंचों का निर्देश ही करते हैं, स्पष्ट या विशद वर्णन नहीं। डी. रूसेट यदि फिरंगी राजनीति का प्रतिनिधि होता तो कम्पनी द्वारा इस तरह क्यों पकड़ा जाता। स्पष्ट है कि लेखक ने इतिहास का केवल रंगीन चित्रात्मक और चामत्कारिक वर्णन ही अभीष्ट समझा है। अतः इनके चरित्रों की रेखाएँ अत्यधिक पुष्ट और उनका अन्त तक निर्वाह होने के बावजूद उनमें महान् ऐतिहासिक उपन्यासों के चरित्रों जैसी शक्ति नहीं आ पायी। यदि इन पात्रों के माध्यम से इतिहास देखा गया होता तो शायद लेखक वाल्टर स्कॉट के निकट पहुँच जाता।

यह भी आश्चर्य की बात है कि अवध में देवदार के पेड़ों और तालाबों में मगरों की मौजूदगी वर्णित है। नासिरुद्दीन भी धोबी की सन्तान नहीं था। भाषा की दृष्टि से श्री जैन यदि सरशार की 'आजाद कथा' को आदर्श मानते तो अच्छा रहता। 'राजनीतिक सौन्दर्य' जैसा प्रयोग तो नितान्त अनुचित है। कुल मिलाकर निस्सन्देह प्रत्युत उपन्यास अत्यन्त रोचक, कौतूहलपूर्ण और काफी हद तक एक सफल ऐतिहासिक उपन्यास है, पठनीय है।

कहानी : आलेख

एकरसता टूटे और बेकली और बढ़े

कहानी : अच्छी और नयी

प्रेम कहानियाँ : परिचय के मध्य अपरिचय

नयी कविता बनाम नयी कहानी

कहानियाँ : वास्तविक रचनाशीलता का सन्दर्भ

कथा-वार्त्ता : सार्थकता का प्रश्न

क्यों और क्यों नहीं : यथार्थ का शिल्प और शिल्प का यथार्थ

भयावह सन्दर्भ और कुछ कहानियाँ

सन् साठ के बाद की हिन्दी कहानी

एकरसता टूटे और बेकली और बढ़े

आप लोग कहानी पर चौतरफा विचार करना चाहते हैं। बात अच्छी ही नहीं लगती, बल्कि हिन्दी के क्षेत्र में अतिरिक्त जागरूकता का प्रमाण देती है। हिन्दी में 'कहानी' पत्रिका ने 'कहानी-विचार' की परम्परा चलाई, तब से भिन्न-भिन्न पत्र-पत्रिकाओं एवं अन्य माध्यमों द्वारा 'नयी कहानी' या कहानी मात्र का लेखा-जोखा लेने का प्रयास किया गया है। इस सम्बन्ध में स्मरणीय यह है कि अत्यन्त समृद्ध एवं जागरूक समीक्षा वाले साहित्यों में भी कहानी पर चर्चा बहुत कम होती है, अतः हिन्दी में चर्चा का यह आधिक्य, जहाँ एक ओर प्रबुद्ध होते हुए लेखक-पाठक-वर्ग की सम्भावना व्यक्त करता है, वहीं इससे यह भी भासित होता है कि समसामयिक कहानी में कुछ ऐसा अवश्य है जो नया है, पढ़ने वाले को कोंचता या मोहता है और उसे विवश करता है कि इस नये को सँभालने या तोलने का उपक्रम करे। यहीं पर इन विविध चर्चाओं में उभरने वाले दोनों पक्ष मुझे याद आते हैं। एक ओर तो कहानी को अत्यन्त आधुनिक, समृद्ध, हिन्दी के अन्य साहित्यरूपों में सबसे ज्यादा सशक्त एवं विविध कहा जाता है, एवं दूसरी ओर आलोचकों के ऐसे भी फतवे हैं जो बताते हैं कि हिन्दी कहानी में आधुनिकता का बोध नहीं है, या वैसे प्रयोग बहुत कम हुए हैं (वे कहानी की विधा को भी कभी-कभी इस 'बोध' के लिए अक्षम मानते हैं।) या कि उसका केवल 'स्वभाव' बदला मानते हैं 'चरित्र' नहीं। एक ओर पूछा जाता है : नयी कहानी के शिल्पसौन्दर्य ने ही क्या उसे पुरानी कहानी से भिन्न रूप दिये हैं? दूसरी ओर अकसर यह कहा गया है कि नयी कहानी में शिल्प सम्बन्धी प्रयोग कम हुए हैं। कुछ लोगों ने शिल्प सम्बन्धी इन प्रयोगों की कमी को 'कहानी' का परम्परा सम्बन्धी दायित्व माना है। एक कहानीकार आलोचक (डॉ. लाल) ने एक बार बताया कि 'नयी कविता' के समान 'नयी कहानी' कोई परम्पराभ्रष्ट आन्दोलन नहीं है, कि हाल में दूसरे कथाकार आलोचक (राजेन्द्र यादव) का कहना है—

इस दशक की कहानी के सामने तिरस्कार या विकास के लिए कोई परम्परा नहीं थी। फिर ग्रामकथा, नगरकथा, कस्बाकथा, आंचलिककथा अथवा शिल्पवादी कहानी, विषयवस्तुप्रधान कहानी आदि नाना प्रकार के परस्पर-विरोधी मान

लिए जानेवाले स्तर खोज निकाले गये हैं। परस्परविरोधी मन्तव्यों की सूची को और आगे बढ़ाया जा सकता है। पर यहाँ पर उद्दिष्ट इतना ही है कि समस्या की जटिलता की ओर संकेत किया जाये। समस्या यह कि नयी कहानी का स्वरूप क्या है?

कहीं ऐसा तो नहीं है कि ये जो परस्परविरोधी सी दिखने वाली बातें हैं, ये विरोधी न होकर विभिन्न पहलू हैं, जो बहुत नजदीक से देखे जाने के कारण या तो स्पष्ट नहीं हैं या आँखों से ओझल हैं—फलतः विरोधी भी हैं।

बात और अधिक साफ करके कही जाये तो ठीक रहे। विभिन्न क्षेत्रों से सामग्री चुनने के आधार पर अलग-अलग बाड़े बना देने के स्थान पर यह कहना क्या ठीक न होगा कि गाँव, शहर, कस्बा, ईसाई, मुसलमान या आदिवासी, रेस्तरां, पहाड़ या धर्मशाला आदि में जो आज जिन्दगी की तेजी (या सुस्ती), नीरसता या सरसता, बदली हुई चित्तवृत्ति, भिन्न प्रकारों के दबावों में पले, बदलते हुए, संघर्ष करते हुए प्राणी या परिस्थितियाँ, जो भी हैं वे सभी नयी कहानी के अन्तर्गत हैं। शायद नयी कहानी में यह पहचाना गया है कि एक क्षण भी कहानी है और एक समूचा वातावरण भी। अथवा यह कि समूचे वातावरण के भीतर एक व्यक्ति, घटना, परिस्थिति या क्षण एक विशेष दीप्ति से कौंध सकता है, जैसे कि कमलेश्वर की 'नीली झील'। कभी-कभी कोई एक नगण्य सी वस्तु मन में कितनी प्रतिक्रियाएँ अनायास जगा जाती है और वह एक कहानी बना जाती हैं—उदाहरणार्थ अजितकुमार की 'झुकी गरदन वाला ऊँट'। प्रेम पर अनगिनत कहानियाँ लिखी गयी हैं। पर प्रेम अब भी समाज के जटिल सम्बन्धों के कारण ऐसे कोनों में दबता या उभरता है, जो नया लगता है, अननुभूत प्रतीत होता है। प्रेम और परिवार पर उषा प्रियंवदा या मन्नू भंडारी अथवा राजेन्द्र यादव की कितनी ही कहानियाँ मिल जायेंगी। कभी-कभी यह भी आरोप लगाया जाता है कि कोई-कोई लेखक एकाध पात्रों को माडेल (चित्रकार की भाँति) बनाकर उन्हें ही दुहराया करते हैं। पर मुझे यह बात अनुचित नहीं लगती। माडेल की अनन्त सम्भावनाएँ हो सकती हैं एवं निपुण कलाकारों ने उनको उजागर किया है। राजेन्द्र यादव में मुझे अकसर लगा है कि एक माडेल को वह विभिन्न परिस्थितियों (कहानी और उपन्यास दोनों में ही) में रखकर उस पात्र को 'चरित्रता' प्रदान कर रहे हैं। नये-नये क्षेत्र खोजने के बजाय एक क्षेत्र को नये कोण में स्थापित करना अधिक कलात्मक सामर्थ्य की माँग करता है।

हिन्दी समीक्षा का एक विचित्र दुराग्रहवादी द्वैत वर्तमान कहानीचर्चा में भी चल रहा है। यह द्वैत है, विषयवस्तु और शिल्प कुछ अलग-अलग चीजें हैं। रामकुमार द्वारा आधुनिक जीवन की गहरी उदासी (या बोरडम) का चित्रण जाहिर है कि 'रेणु' के उस शिल्प से भिन्न होगा, जिसमें कि गाँव के बदलते हुए सम्बन्धों का चित्रण किया गया होगा या कि ओंकारनाथ श्रीवास्तव की 'काल सुन्दरी' के उस वातावरण

का शिल्प भिन्न होगा, जिसमें कस्बे की एक उपेक्षित गली को जीवित करने का प्रयास किया है। कहानी ने अपने शिल्प में इस बीच में विभिन्न साहित्य-रूपों एवं कलाओं से भी तत्त्व ग्रहण किये हैं, पर इतना अवश्य है कि 'कथातत्त्व' तथा 'रंजकता' एवं अपेक्षाकृत बहुजनग्राह्यता का जो आन्तरिक गुण या तत्त्व कहानी में होता है, वह उसे शिल्पगत प्रयोग की वैसी छूट नहीं देता, जैसा कि कविता के क्षेत्र में सम्भव है।

इसी प्रसंग में एक और रोचक तथ्य मुझको महसूस होता है। इधर पिछले कुछ वर्षों में हिन्दी कहानी के क्षत्र में बासीपन लगने लगा है। लगता है कि पुराने फार्मूले दुहराए जाने लगे हैं। उदाहरण लें, सद्यःप्रकाशित अमरकान्त की कहानी 'मूस'। यह कहानी वैसे अत्यन्त रोचक और सशक्त है तथा अत्यन्त करुण-उद्वेलक भी, पर कहानी की परम्परा में यह उसी प्रवृत्ति के अन्तर्गत है, जिसमें कि उपेक्षित या विचित्र चरित्रों को शोध-शोध कर लाया गया है। 'बिन्दा महाराज', 'हंसा जाई अकेला', 'काल सुन्दरी' जैसी कहानियाँ इसके पहले ऐसे ही उपेक्षितों को लायी हैं। मैं यह नहीं कहता कि ऐसे प्रयास न हों, पर यह अवश्य है कि इनमें प्रवृत्तिगत नयापन नहीं है। ऐसे ही कहानी पत्रिकाओं में प्रकाशित होनेवाली दर्जनों कहानियाँ पढ़िए और लगेगा कि इन्हें पहले कहीं पढ़ चुके हैं। मुझे लगता है कि नयी कहानी असन्तुष्ट आत्मा की तरह चाहे न भटक रही हो, पर आधुनिक जीवन के गहरे दबाव में पाठक अवश्य बड़ी जल्दी असन्तुष्ट हो उठता है और वह एकरसता का अनुभव करने लगता है। जागरूकता का लक्षण हिन्दी कहानी में पूरी तरह तभी माना जायेगा, जब इस एकरसता को तोड़ने का प्रयास भी साथ-साथ होता चले। सम्भावनाओं के बारे में भविष्यवाणियाँ साहित्य के क्षेत्र में न की जानी चाहिए और वह भी किसी एक विधा को लेकर। हम केवल इतना कह सकते हैं कि आज की प्रबुद्ध स्थिति में कहानी अधिक सन्तुलित ढंग से हमारे यथार्थ को, तेजी से बदलती स्थितियों एवं संवेदनाओं को एवं उगते हुए मनुष्य को अपने माध्यम से व्यंजित करेगी या कि अपने माध्यम से समझने का मौका देगी। यही इसकी सार्थकता होगी।

नयी कहानी मुझे अभूतपूर्व नहीं लगती। क्यों? इसलिए कि जो नये जीवन को अभूतपूर्व के आश्चर्य में स्तम्भित होकर लेने के बजाय स्वाभाविक रूप से स्वीकारना चाहता है, उसके लिए 'नयी कहानी' या 'नयी कविता' अभूतपूर्व न होकर जीवन की सहजधर्मी व्यंजनाएँ हैं और वे नयी होकर भी हमारी परिचित हैं, बदली हुई होने पर भी हमारे अन्तस के निकट हैं।

जहाँ तक सर्वप्रियता का प्रश्न है—कहानी सदैव सर्वाधिक प्रिय रही है। अतः नयी कहानी सर्वप्रिय बनी रह कर कोई नया लक्ष्यवेध न करके पुराने उत्तरदायित्व का निर्वाह कर रही है।

मनुष्य स्वयं सदैव से असन्तुष्ट रहा है। उसने अपने को अभिव्यक्त करने के

लिए क्या-क्या नहीं किया या सहा? फिर आधुनिकता के बोध को ग्रहण करने वाला मनुष्य, भयंकर वेगवाली परिवर्तनता की छाया में पलने वाला व्यक्तित्व तो अपने प्रत्येक क्षण को अभिव्यक्त करने के लिए लालायित हो उठा है। कहानी की अभिव्यंजना-आतुरता मनुष्य के उसी स्वभाव की प्रकाशिका है। मैं तो यह कहूँगा कि ज्यों-ज्यों कहानी हमारे यथार्थ के निकट आयेगी, त्यों-त्यों यह आतुरता, यह बेकली और बढ़ेगी। उसका बढ़ना ही शुभ लक्षण है।

लहर : 1961

कहानी : अच्छी और नयी

विवाद का केन्द्रबिन्दु है कि अच्छी कहानी को नयी होना ही चाहिए या नहीं? पुरानी यानी पुराने युगबोध की कहानी को नामवर सिंह अच्छी नहीं स्वीकार करते। यह बात 'एक शिल्पहीन कहानी' और 'वापसी' के विश्लेषण द्वारा उन्होंने सिद्ध की है। इस सिलसिले में उन्होंने जो बात कही है उससे लगता है कि भावुकता को ही वह पुराने बोध के अन्तर्गत खतियाना चाहते हैं। भावुकता की प्रचुरता के कारण ही उन्हें 'धरती अब भी घूम रही है' अच्छी नहीं लगी, गोकि उसकी गिनती अब 'क्लासिक कहानी' के तौर पर होने लगी थी। मूर्तिध्वस्तीकरण का कार्य आलोचकों ने बहुधा किया है और हम उसे यदि हिन्दी कहानी के क्षेत्र में घटित होता हुआ देख रहे हैं तो विचलित होने के बजाय कुछ और 'क्लासिक' कहानियों की ओर आलोचक प्रवर का ध्यान आकर्षित करें।

चूँकि बात ससुर-पतोहूवाली कहानियों से प्रारम्भ हुई थी, इसलिए स्वाभाविक रूप से सास-पतोहूवाली एक कहानी और याद आ जाये तो उचित ही होगा। प्रेमचन्द की एक मशहूर कहानी है : 'बूढ़ी काकी'। बहुत से प्रतिनिधि संकलनों में उसे संकलित पाया जा सकता है। नामवर जी की विश्लेषण पद्धति पर चल कर देखें तो ज्ञात होगा कि एक बुढ़िया है जिसे दिखाई भी नहीं देता, पति ही नहीं जवान पुत्र भी स्वर्ग जा चुके हैं (हाय-हाय)। जायदाद भतीजे के नाम लिख दी है (वाह वाह)। स्वादेन्द्रिय ज्यादा मुखर हो गयी है (च-च-च)। घर में परवाह कोई नहीं करता। केवल एक छोटी लाड़ली प्रेम करती है (और जिसे सबसे छोटा बच्चा प्रेम करे वह अवश्य नितान्त पवित्र एवं करुणा का पात्र होना चाहिए)। घर में एक उत्सव हो रहा है, पकवानों की धूम है और उसका बालमन नहीं मानता—नीचे आ जाती है और भतिजबहू दुत्कार देती है। फिर मन नहीं मानता और पंगत के बीच पहुँच जाती है तो भतीजे महाशय उठाकर फेंक जाते हैं (दो-दो बार का अपमान भला किसे न खलेगा?)। फिर आती है लाड़ली अपने हिस्से की पूड़ियाँ लेकर, जो कि आग पर घी का काम करती हैं। परिणामस्वरूप वह लाड़ली के सहारे जूठी पत्तलों को चाटने पहुँच जाती है। (नामवर जी के शब्दों को उधार लें तो 'कौन ऐसा कठकरेज होगा' जो एक ब्राह्मणी बुढ़िया

की इस दारुण दुर्दशा से द्रवित न हो उठेगा?) और स्वयं पतोहू आखिरकार स्तम्भित हो ही उठती है। उसे ऐसा प्रतीत हुआ, 'मानो जमीन रुक गयी, आसमान चक्कर खा रहा है।' (विष्णु प्रभाकर की कहानी 'धरती अब भी घूम रही है' के वाक्यों से मिलाइए!) करुणा और भय से उसकी आँखें भर आयीं। इस नैतिक धक्के से उसके हृदय में सचाई और पवित्रता फूट पड़ती है। वह काकी को भरपेट भोजन कराती है, काकी भी बच्चों की तरह भोजन करती है, रोम-रोम से सदिच्छाएँ निकलती हैं और रूपा (पतोहू) 'इस स्वर्गीय दृश्य का आनन्द लूटने में निमग्न थी।'

इस तरह कहानी पढ़कर व्रतों-त्योहारों में कही जानेवाली कहानियों के बारे में बड़ी-बूढ़ी औरतों की तरह पाठक भी कह सकता है कि 'जैसे उनके दिन बहुरे वैसे सबके दिन बहुरें।' अन्त भला सो सब भला। तथा बकौल नामवर सिंह यह सफलतावादी दर्शन है। 'ऐसे दर्शन में सत्य के लिए कोई जगह नहीं है और न ऐसी जगह सत्य की कोई उम्मीद की जा सकती है।' इस तरह प्रेमचन्द की एक कहानी की श्रेष्ठता को ध्वस्त करने का मुझको सन्तोष प्राप्त हो गया है और कुछ पूर्ववर्ती आलोचकों के साथ उन्हें द्वितीय श्रेणी की प्रतिभा या 'परिमलियों' के साथ सतह पर का कलाकार कहने का साहस मैं भी कर सकता हूँ। आखिरकार यह कहानी भी एक की ही है और 'जो कहानी केवल एक की हो उसके बारे में फिर दुख क्या? कहानी खत्म हुई, आँसू बहे, आँसू सूखे, कहानी खत्म हुई।' और यदि बिम्बों वगैरह की बात न उठाई जाये तो नामवर जी चुटकी बजाते 'मेघदूत' को भी उड़ा देंगे, क्योंकि वह विरह एक ही दम्पति का तो है।

इससे यह न समझा जाये कि मैं 'एक शिल्पहीन कहानी' की वकालत करना चाहता हूँ। प्रेमचन्द की कहानी को उद्धृत करने का एक तात्पर्य यह भी है कि इस कहानी के पुरानेपन को और साफ करके दिखाया जा सके। शिल्प उसका अधिक सायास और जटिल है तथा नैतिकताबोध का वह धक्का भी नहीं है, जो 'बूढ़ी काकी' में अन्त में प्रमुख बन जाता है। उसका कारण यह भी है कि 'निर्गुण' की कहानी के पात्र—बेटा और बहू—आधुनिक हैं, यथार्थ का आग्रह था कि उन पर नैतिक बोध का धक्का न डाला जाये। पर यही इस कहानी की मुख्य कमजोरी बन जाती है। पुरानी शराब को नयी बोतल में (पुरानी व्यथा को नये पात्रों के माध्यम से) ढालना इसे कमजोर कर देता है जबकि प्रेमचन्द में यह असंगति नहीं मिलती। इसके अतिरिक्त प्रेमचन्द अपनी 'बूढ़ी काकी' को असाधारण नहीं बनाते, जबकि 'निर्गुण' का नायक असाधारणता ग्रहण कर बैठता है। हमें लगता है कि पुरानेपन की बात करते समय मात्र भावुकता (हाशिये पर नामवर जी भावुकता पर एकाधिक बार हल्ला बोल चुके हैं) और भावुकता के प्रसंग में ही 'एक' की कहानी, 'सत्य की जगह' और 'जीवनसत्य की खोज' आदि बातों की चर्चा वस्तुतः स्थापनाओं का गड़बड़झाला बन जाती है, क्योंकि इन प्रश्नों पर अलग से प्रश्न और विवाद खड़े होते

हैं। 'भावुकता' नयेपन की भी होती है। 'छोटे-छोटे ताजमहल' वाली अपनी टिप्पणी में स्वयं नामवर जी ने 'कल्ट ऑफ एक्सपीरिएंस' की आधुनिकता राजेन्द्र यादव की कहानी में मानते हुए भी कहा था : 'इतनी प्रतीकयोजना से भी यदि भावुकता की सृष्टि न होगी तो कब होगी?' जहाँ तक 'एक' की ही कहानी का सम्बन्ध है उसमें भी 'वैयक्तिक सम्बन्धों' की बारीकियों और निजी अनुभूतियों के छोटे-छोटे क्षणों के ब्योरे की निन्दा कर चुके हैं। यह भी पुरानेपन का अनिवार्य लक्षण सिद्ध नहीं होता। इसके अतिरिक्त दूसरा प्रश्न यह भी है कि 'एक' की कहानी क्या सचमुच ही ऐसी ही विस्मरणीय एवं उपेक्षणीय होती है—खास करके कहानी जैसी मूलतः वैयक्तिक और निजी कला में। ऐसा लगता है कि कहानियों की बात करते समय नामवर जी के मन में 'उपन्यास' रहता है। लोगों ने उन पर कविता के नजरिए से कहानी पढ़ने का आरोप लगाया है, पर इन टिप्पणियों से मुझे लगता है कि वह उपन्यास की दृष्टि से कहानी पढ़ते हैं। इसी कारण 'एक' की कहानी का खण्डन, जीवनसत्य की उपलब्धि या विराट ताजमहल की समग्र भावना की इतने महत्त्वपूर्ण ढंग से चर्चा करते हैं तथा अनुभूति के चित्रण से तनिक घबराते से दिखते हैं।

इसी प्रसंग में एक बात अवश्य उल्लेखनीय है कि वैयक्तिक अनुभूतियों पर आधारित होते हुए भी कहानीकार को यह जरूर देखना होगा कि इन निजी अनुभवों की अच्छाइयों में कैसे एवं क्योंकर दूसरे लोग हिस्सा बँटा सकते हैं। अनुभूतियों का ज्यों का त्यों चित्रण आज की तमाम 'नयी' या 'आधुनिक' कहानियों में देखा जा सकता है, पर सवाल उन्हें पुनर्रचित एवं पुनर्गठित करने का होता है। उदाहरणार्थ मोहन राकेश के नये संग्रह 'एक और जिन्दगी' में से तीन कहानियाँ—'सुहागिन', 'मिस पाल' एवं 'एक और जिन्दगी' ली जाये तो प्रथम और अन्तिम कहानी में एक प्रकार का जीवनचरितात्मक फोटोग्राफिक रूप उभरता है, जबकि 'मिस पाल' में वही रचना (या बच्चों) की भूख अधिक निर्वैयक्तिक एवं कलात्मक धरातल पर आ सकी है, पर उससे भी गयी-गुजरी स्थिति तब आती है जब अनुभूति की पूँजी और शक्ति चुक जाती है और मात्र देख-सुनकर स्थूल ऐन्द्रिय बोध में कुछ अर्थ या प्रतीक भरे जाते हैं। 'नयी कहानियाँ' के दीपावली अंक में प्रकाशित चन्द्रगुप्त विद्यालंकार की ही कहानी 'पतझड़' को लिया जाये। यह स्वयं चन्द्रगुप्त जी की प्रिय कहानी है। इसमें दिल्ली की सड़कों और प्लेसों के खाके मिलेंगे। पाँच बूढ़ों के वैसे लम्बे-चौड़े विवरण मिलेंगे जैसे कि 'खोए हुए लोगों' के बारे में पुलिस में दर्ज कराये जाते हैं। लेखक एक अखबारी नुमाइन्दे की तरह तटस्थ भाव से उन्हें सुनकर रिपोर्टिंग करता है और परिणाम है कि सारी कहानी एक अखबारी रिपोर्ट भर है और जिस बधावा सिंह को वह पूरी संघर्षरत पीढ़ी का प्रतीक मानते हैं, वह रिपोर्टर की अपनी टिप्पणी भले मान ली जाये—पाठक के मन में किसी ओर से वह प्रतीक नहीं उभरता। यह जो कहानी का माध्यम चन्द्रगुप्त जी को इतना नपा-तुला, एक्जैक्ट और कठिन

लगने लगा है, उसका कारण माध्यम का विकास उतना नहीं है, जितना खुद उनकी अपनी पूँजी का खत्म हो जाना है, अन्यथा आज से बीसेक साल पहले लिखी उनकी 'काम-काज' कहानी इतनी एक्जैक्ट हो गयी है और इतनी नपी-तुली कि कहानी (शार्ट स्टोरी) को अपेक्षित लम्बाई तक पहुँचाने के लिए उन्हें तीन चित्रों की शृंखला देनी पड़ी है (गोकि अपने आप में प्रत्येक चित्र एक 'मुकम्मिल' कहानी है)। वस्तुतः कहानी सदा नपी-तुली और एक्जैक्ट रही है—सामान्य रूप में।

अपनी बात समाप्त करते हुए मात्र दो बातें कहना चाहूँगा : अच्छी कहानी के प्रसंग में फॉकनर की ये पंक्तियाँ मुझे काफी दूर तक सार्थक लगती हैं कि मनुष्य के हृदय का अपने आप द्वन्द्व ही एक ऐसी समस्या है जो अच्छे लेखन को निर्मित कर सकती है, क्योंकि एकमात्र वही सृजन की पीड़ा, परिश्रम एवं लिखने के काबिल होती है। 'नयी' के सम्बन्ध में मात्र इतना कि 'नयापन' निरर्थक होता है यदि वह अनुभवों की संकुलता में नयी अन्तर्दृष्टि न प्रदान करे तथा वस्तुपरकता की एक नयी प्रक्रिया को ही विकसित न करे।

नयी कहानियाँ : मई, 1962

प्रेम कहानियाँ : परिचय के मध्य अपरिचय

प्रेम एक विडम्बना है—इसे 'यां चिन्तयामि सततं मयि सा विरक्ता' के भर्तृहरि भले मान लें, पर लहनासिंह, चम्पा या मधूलिका कैसे स्वीकार कर सकते हैं। वे उसके लिए गोलियों से शरीर छिदवा लेंगे, आजीवन कुमारी रहकर आकाशदीप जलाती रहेंगी और कर्तव्य को पूरा करने के बाद प्रेम के लिए प्राणदण्ड माँग लेंगी। तनिक सूक्ष्मता से पड़ताल कीजिए : इस प्रेम के बाधक कौन हैं? समाज—जो लहनासिंह से पूछे बगैर उसकी किशोरी प्रिया को किसी और का शाल ओढ़ा देता है; पिता (यानी परिवार) —जो मरकर भी (या मरकर ही) चम्पा के मार्ग को छेके हुए है; देश (नाना प्रकार के कर्तव्य) —जो मधूलिका के सहेट को धरती की अपेक्षा स्वर्गलोक की ओर खिसका देते हैं। प्रेम के लिए इस स्थिति की यह सहज परिणति है कि इन अवरोधों (या खलनायकों) के सन्दर्भ में आत्मबलिदान की मुद्रा स्वीकारी जाये। इसीलिए प्रेम के परिभाषाकारों ने बार-बार उसे बलिदान, त्याग, निःशेष समर्पण, सतत वेदना, सतत आत्मदान आदि महिमाशाली शब्दों से मण्डित किया है। यही शरतचन्द्र करते हैं और यही जयशंकर प्रसाद। पचास वर्ष होने को आये, ये लहनासिंह, देवदास और गुण्डा, सालवती, पारो और मधूलिका बार-बार रूप बदलकर हमारे कथासाहित्य में प्रकट होते आये हैं। यह बात दूसरी है कि जीवन में जो रहस्यवृत्ति कम हुई है—स्त्री-पुरुष का पारस्परिक परिचय कुछ अधिक बढ़ा, उसने कभी-कभी इन प्रेमियों के पार्श्वचित्र कुछ नये रूपों में भी दिखाए। जैनेन्द्र की 'जाह्नवी' में इतनी शक्ति अवश्य आ जाती है कि वह भावी वर को काफी ठण्डे और संयत ढंग से लिख देती है—

> *एक अनुगता आपको विवाह द्वारा मिलनी चाहिए। वह जीवन-संगिनी भी हो। वह मैं हूँ, या हो सकती हूँ, इसमें मुझे बहुत सन्देह है।...विवाह में आप मुझे लेंगे और स्वीकार करेंगे तो मैं अपने को दे ही दूँगी, आपके चरणों की धूलि माथे से लगाऊँगी। आपकी कृपा मानूँगी, कृतज्ञ होऊँगी। पर निवेदन है कि यदि आप मुझ पर से अपनी माँग उठा लेंगे, मुझे छोड़ देंगे, तो भी मैं कृतज्ञ होऊँगी। निर्णय आपके हाथ है। जो चाहें करें।*

'जाह्नवी' का यह स्वर ठण्डा भले ही हो, पर धार और शक्ति में कम नहीं है और

एक सीमा तक नया भी है, पर यह नयापन 'टोन' तक ही सीमित है। उसके बाद तो वही 'कागा चुन-चुन खाइयो।...दो नैना, मत खाइयो, पीउ मिलन की आस।' और जाह्नवी ही नहीं, पति होते-होते रह गया ब्रजकिशोर भी तो इसी टोन पर मुग्ध हुआ प्रण किये बैठा है कि 'मैं और विवाह करूँगा ही नहीं, करूँगा तो उसी से करूँगा।' इतना ही नहीं, उस पत्र को वह अलहदा भी नहीं करता। स्वभाव में इतना बड़ा परिवर्तन कि पहले वह विजेता बनना चाहता था, अब विनयावनत दिखता है। जाह्नवी और बिरजू के ये चित्र मूलतः (?) शरतचन्द्रीय हैं, रोमाण्टिक भाववाद से पीड़ित हैं। यह कहना क्या अनुचित होगा कि अपने आद्यरूपों (प्रोटो टाइप्स) से अधिक दूर भी नहीं हुए हैं। फिर 'जाह्नवी' ही नहीं 'दृष्टिदोष' के केदार और सुभद्रा, 'पूर्वव्रत' के शान्ति और प्रशान्त, सभी वेदना के गीतों, त्रास में मुक्ति, बलिदान में महानता का अनुभव करने वाले हैं। आँसुओं का प्रदर्शन यहाँ पर अवश्य कम हो गया है; स्वर में संयति भी है और अपने बारे में अपेक्षाकृत अधिक तटस्थ बोध भी दिखने लगता है, पर अभी भी ये नायक-नायिकाएँ अपने प्रेम में अपनी छाया से ही प्रेम करते हैं।

प्रकृति की हर धड़कन में अपने ही प्रेम तथा प्रकृति की हर छवि में अपनी ही प्रिया की छवि निहारने वाले किशोर प्रेम को 'अज्ञेय' ने 'पठार का धीरज' और विवेक देना चाहा है। रोमाण्टिक प्रेम ने वास्तविकता के विविध स्तरों की चेतना मिटा दी थी। प्रेम जैसे संकुल मनोभाव को एवं प्रेमव्यापार की संकुल प्रक्रिया को छायावादी चेतना ने एकदम सपाट झीना आवरण बनाकर सभी पर उसी का वितान तान दिया। 'अज्ञेय' ने जब काव्य के स्तर पर इस जाल को तोड़ा तो कथा के स्तर पर भी वास्तविकता की परतों का उद्‍घाटन उद्दिष्ट बना। 'पठार का धीरज' कहानी विश्लेषित कीजिए—यही मूल संवेदना है जो कहानी के विन्यास में ताने-बाने सी गुँथी हुई है। किशोर को पहले पक्षी 'प्रमीला-प्र-मीला' पुकारता प्रतीत होता है और चाँदनी 'प्रे' लिखती, प्रमिला को मोर की आवाज में 'किशोर-किशोर' की अनुगूँज सुनाई पड़ सकती थी। पर तभी पठार—जो आँधी, पानी, शीतातप, सबके प्रति समर्पित है, किसी के आस-पास छायाएँ नहीं गढ़ता, सबकी वास्तविकताएँ देखता है—के धीरज की प्रतीक राजकुमारी आकर चेतना पर छाए धुएँ को हटाती है—अपनी कहानी कहकर, 'प्यार में अधैर्य होता है, तो वह प्रिय के आसपास एक छायाकृति गढ़ लेता है, और वह छाया ही इतनी उज्ज्वल होती है कि वही प्रेम हो जाती है, और भीतर की वास्तविकता—न जाने कब उसमें घुल जाती है, तब प्यार भी घुल जाता है।' राजकुमारी इस स्थापना में आये 'वास्तविकता' शब्द की व्याख्या भी देती है : जो कुछ है, सभी वास्तव है। लेकिन वास्तविकता के स्तर हैं। धीरज हमें एक साथ ही अनेक स्तरों की चेतना देता है, अधैर्य एक प्रकार की चेतना का धुआँ है जिससे बोध का एक-एक स्तर मिटता जाता है और अन्त में हमारी आँखें कड़वा जाती हैं, हमें कुछ दीखता नहीं। पठार के धीरज से मिलनेवाली इस दृष्टि के बाद 'किशोर और

प्रमीला की आँखें मिलीं, स्थिर होकर मिलीं और मिली रह गयीं।' तथा उन्हें ज्ञात हो गया कि 'यह बिल्कुल आवश्यक नहीं है कि तीतर किसी का भी नाम पुकारे' और 'स्थिर धीरजभरे विश्वास से जान लिया कि छाया किसी के आसपास नहीं है, दोनों वास्तव में आमने-सामने हैं।'

मुझे अगर फतवा ही देना हो तो शायद 'पठार का धीरज' को मैं हिन्दी की पहली 'नयी प्रेम कहानी' कहूँगा। यह बात दूसरी है कि इस कहानी में भी दृष्टि का दाता पठार ही है और छायावादी जमाने से ही हम जानते आये हैं कि प्रकृति दृष्टि देती है। फिर यदि बलिदान, त्याग, वेदना आदि के सम्मुख सार्थकता (जस्टिफिकेशन) के प्रश्नचिह्न लगाए जा सकते हैं, तो उसी प्रकार दृष्टिबोध की इस प्रक्रिया के सामने क्या नहीं लगाये जा सकते? इसके अतिरिक्त वास्तविकता के इन विविध स्तरों की समानान्तरता एवं असम्पृक्ति छायावादी कुहासे को भले ही काटे, पर आधुनिक जीवन की संकुलता एवं अस्पष्टता को मात्र एक स्तर पर स्थाप्ति करके, एक प्रकार की सतहपरकता को भी तो जन्म देती है। अपनी तार्किक परिणति में एक-दूसरे को न काटने वाला यह स्तरवाद वस्तुतः 'सतहीवाद' को जन्म दे सकता है। इस प्रकार की संवेदना मात्र 'सेंसेशन' के स्तर पर क्या नहीं पहुँचा सकती? इन प्रश्नों के होते हुए भी कहानी में प्रेम की प्रकृति को पहचानने की चेष्टा है—किसी शाश्वत त्रिकोण से हटकर। किशोर और प्रमीला 'आमने-सामने' हैं। ये छायाओं से नहीं, वास्तविक से प्यार करते हैं—एक-दूसरे से।

सम्भवतः यही वह बिन्दु है, जहाँ से शारीरिकता का उदय होता है। लहनासिंह क्या सचमुच छाया से ही प्रेम नहीं करता रहा? गुण्डा, मधूलिका या चम्पा के बारे में क्या यही नहीं कहा जा सकता कि उनमें शरीर गन्ध की चेतना नहीं ही है। पर तब फिर प्यार किससे : अपनी ही बनाई एक आदर्श प्रतिमा से (या छाया से)? ऐसा सर्वजयी, व्यापी एवं बलिदानी रोमांस। पढ़कर ईर्ष्या होती है, श्रद्धा जागती है और कुछ वैसा ही कर गुजरने की शायद स्पृहा भी। प्रेमिका के एक इंगित पर ये पहाड़ उलट देने का हौसला रखते हैं, प्रेमी के मन के अन्तराल में विद्यमान बात को बूझकर ये जीवन का दाँव बाजी में लगा सकती हैं। लहनासिंह सूबेदार और उनके पुत्र (जो ईर्ष्या के आलम्बन होने चाहिए) के प्राण बचाने के लिए प्राण देता है और डिकेंस के उपन्यास 'टेल ऑफ टू सिटीज' में सिडनी काटन अपनी प्रेमिका के पति को बचाने के लिए स्वयं गिलोटीन पर चढ़ जाता है। हाय, ये सारे नायक-नायिकाएँ अब कहाँ चले गये? वास्तविकता के समानान्तर स्तरों की यह कैसी पहचान है कि उन सब प्रतिमाओं को आज का कथाकार एक जिद्दी बालक की तरह तोड़-फोड़ कर बिखरा लेता है। और प्रेमी-प्रेमिका को आमने-सामने खड़ा करने के साथ ही शरीर-पहचान की प्रक्रिया भी शुरू हो जाती है। कोई किसी से क्यों प्यार करे : यह सवाल लाजवाब है। प्रेम, घृणा आदि तर्क से परे रहनेवाली प्रवृत्तियाँ हैं और

उनकी एक सीमा तक ही सामाजिक या युगीन व्याख्या सम्भव है। यों स्त्री-पुरुष के प्रेमप्रसंग में किसी लैंगिक आकांक्षा का लगाव सहज भी माना जा सकता है और सहजात भी। फिर मनोविज्ञान एवं मार्क्सवाद की स्थापनाओं के प्रभाव के तले यह बोध अगर विकसित हुआ हो तो आश्चर्य ही क्या? यशपाल, 'अश्क', 'उग्र' (उर्दू के मण्टो, कृशनचन्दर, बेदी) आदि में यही पक्ष झलक उठता है। प्रेम यहाँ प्रदान ही नहीं, आदान भी है। इस स्थिति की परिणति जन्तुतर्क में है और सतत यात्री एवं दाता की मुद्रा में रहने वाले 'अज्ञेय' ने इस जन्तुत्व की भी कहानियाँ लिखी हैं। पर ये कहानियाँ प्रेमकहानियाँ नहीं हैं। प्रेम के नाम पर किये जाने वाले आखेट हैं, चाहे यशपाल द्वारा चित्रित हों या फिर प्रबोध कुमार द्वारा। मन में एक आशंका और उठती है—कहीं ऐसा तो नहीं है कि शरीर के वास्तव के ज्ञान के बाद के सारे बलिदानी नायक-नायिका अधिक कमजोर, चिड़चिड़े और नपुंसक हो गये हों। स्वयं 'अज्ञेय' के किशोर या प्रमीला कहीं पर भी तो असाधारण नहीं हैं। असाधारण तो वह राजकुमार था जो यह जानते ही कि राजकुमारी किसी और की वाग्दत्ता हो गयी है, उस पर आक्रमण कर देता है, पर दृष्टि को देने वाला पठार का धीरज उसे अपनी छाया से प्रेम करने वाला बनाता है। पीछे कहा जा चुका है कि 'पठार का धीरज' पहली नयी प्रेम-कहानी है। तो क्या यह माना जाये कि यह जो 'ऐण्टी हीरोइक' हीरो है, वही नयी प्रेम कहानी का नायक है?

राजेन्द्र यादव के 'छोटे-छोटे ताजमहल' के विजय और मीरा (या देव और राका) हों, रामकुमार की 'यात्रा' के 'वह' (नायक संज्ञाहीन भी हो गया) और देवा हों, मोहन राकेश की 'एक और जिन्दगी' या कमलेश्वर की 'राजा निरबंसिया' के नायक-नायिका हों अथवा श्रीकान्त वर्मा की 'परिणय' अथवा 'दूसरे के पैर' के प्रेमी-प्रेमिका हों, सभी ऐण्टी-हीरोइक हैं। सभी अपने में सिमटे, कुचले और नपुंसक। ज्यों-ज्यों ये एक-दूसरे से परिचित होने की कोशिश करते हैं त्यों-त्यों कुछ अधिक अपरिचित होकर एक-दूसरे के समीप से गुजरते हैं—

हम एक-दूसरे से परिचित
होने की कोशिश में
कुछ अधिक अपरिचित हो
कर गुजर रहे हैं एक
दूसरे के समीप से लगातार।
प्रत्येक सुबह तुम लगती हो
कुछ और अधिक अजनबी मुझे।

श्रीकान्त वर्मा की यह काव्य उक्ति, तमाम नयी प्रेमकहानियों में भी है। मोहन राकेश इस काव्यप्रसंग को ले आने के लिए क्षमा करेंगे। मैं नयी कहानी को नयी कविता के समानान्तर उसी भावभूमि से उपजा मानता हूँ—आगे-पीछे नहीं। और

नवलेखन में ही नहीं, छायावाद की कविता और कहानी में भी ऐसी ही सम्पृक्ति रही है। संवेदना के मूल रवे (क्रिस्टल्स) विधाओं की रूपगत अनिवार्यताओं में ढलते हैं—बदलते नहीं। पर यह प्रसंगान्तर है।

हम अपरिचय और अजनबीपन की बात कर रहे थे। पुराने छायावादी नायक या नायिका के लिए यह अजनबीपन एकदम अजनबी ही नहीं, उसकी तेज कल्पना के लिए भी अकल्पनीय था। वहाँ प्रेम का विकास परिचय की प्रगाढ़ता में था, अजनबीपन के नाश में था, अकेलेपन से मुक्ति में था। परिचय, घनिष्ठता एवं सम्मिलन की द्वैतता के बाधक तत्त्व बाहरी थे—परिवार, समाज, कर्तव्य, नैतिकता आदि। उन्हें हटाकर या उनके आरोपों का मिथ्यात्व प्रमाणित करके ही वहाँ कहानी बनती थी। पर बाधक तत्त्व अब समाज नहीं रहा, नीति और कर्तव्य के अंकुश नहीं रहे। अब तो बाधक अपने ही व्यक्तित्व का एक अंश है। वही अंश खलनायक है, उसी की महिमा के नीचे बेचारा प्रेमी अंश अप्रतिभ हो दुबक जाता है।

राजेन्द्र यादव की कहानी 'छोटे-छोटे ताजमहल' को लीजिए—शारीरिकता की पहचान है—

> *विजय ने एक बार फिर सशंक निगाहों से इधर-उधर देखा और बढ़कर उसकी दोनों कनपटियों को हथेलियों से दबाकर अपने पास खींच लिया। नहीं, मीरा ने विरोध नहीं किया, मानो वह प्रत्याशा कर रही थी कि यह क्षण आयेगा अवश्य लेकिन पहले उसके माथे पर तीखी रेखाओं की परछाइयाँ उभरीं और फिर मुग्ध मुस्कराहट की लहरों में बदल गयीं। विजय का मन हुआ, रेगिस्तान में भटकते प्यासे की तरह दोनों हाथों से सुराही को पकड़कर इस मुस्कराहट की शराब को पागल आवेग में पीता चला जाये—पीता चला जाये—गट—गट—और आखिर लड़खड़ा कर गिर पड़े। पतले-पतले होठों में एक नामालूम-सी फड़कन लरज रही थी। उस रूमानी बेहोशी में भी विजय को खयाल आया कि पहले एक हाथ से मीरा का चश्मा उतार ले—टूट न जाये। तब उसने देखा, हरियाले फव्वारों—जैसे मोर-पंखियों के दो-तीन पेड़ों के पीछे पूरे-पूरे दो ताजमहल चश्मे के शीशों में उतर आये हैं—दूधिया हाथीदाँत के बने दो सफेद नन्हे-नन्हे खिलौने—*

और तभी विजय को याद हो आता है (वैयक्तिक चेतना की यह आकस्मिक कौंध ध्यान देने योग्य है) कि वे महान और विराट अतीत की छाया में बैठे हैं। बस फिर क्या था। उसके व्यक्तित्व के चेतना के इस अंश के उदय होने के साथ ही, 'खिंचाव वहीं थम गया। उसने बड़े बेमालूम ढंग से गहरी साँस ली और अपने हाथ हटा लिए। आहिस्ता से।' और तब उसके भीतर का कमजोर, नपुंसक (एवं एक सीमा तक शरतचन्द्रीय) नायक पुकार उठता है : 'नहीं। यहाँ नहीं। कोई देख लेगा।...यह उसे क्या हो गया'...?

हम जानते हैं कि वहीं नहीं तो कहीं नहीं, तब नहीं तो कभी नहीं। विजय को भी रह-रहकर झुँझलाइट होती–

किस शाप ने हमारे खून को जमा दिया है। यह हो क्या गया है हमें? कोई गर्मी नहीं, कोई आवेश और कोई उद्वेग नहीं...क्या बदल गया है इसमें? हाँ, मीरा का रंग कुछ खुल गया...शरीर निखर आया है...। उसका 'बोझिल मौन' जिस 'कोमल चीज' को पीसे दे रहा था, क्या वह प्रेम ही नहीं था? ऐसे क्षणों में जब वे दोनों ताजमहल के परिसर से उठकर चलते हैं तो उन्हें लगा, जैसे कोई मुर्दा क्षण है, जिसका एक सिरा मीरा पकड़े है और दूसरा, वह और उसे चुपचाप दोनों रात के सन्नाटे में कहीं दफनाने के लिए जा रहे हों...डरते हों, किसी की निगाहें न पड़ जायें...कोई जान न ले कि वे हत्यारे हैं...कहीं किसी झाड़ी के पीछे इस लाश को फेंक देंगे और खुशबूदार रूमालों से कसकर खून पोंछते हुए चले जायेंगे...भीड़ में खो जायेंगे...। जैसे एक-दूसरे की ओर देखने में डर लगता है...कहीं आरोप करती आँखें हत्या स्वीकारने को मजबूर न कर दें...।

यह मुर्दा क्षण, स्पष्ट है, किसी बाहरी शक्ति द्वारा नहीं मारा गया, वे दोनों ही हत्यारे हैं। मेरे मन में फिर प्रश्न उठता है कि बिखरा हुआ शरीर एवं मुर्दा क्षण क्या परस्पराश्रित हैं? शरीर एवं अकेलापन, तन एवं अजनबी मन क्या यहाँ एक-दूसरे को काट नहीं रहे हैं? यों इस कहानी के भीतर एक और कहानी है और उसमें भी ऐसी ही हत्या है। एक सुखी जोड़ा विवाह के सात वर्ष पूरे होने पर (सात वर्षों में ही शायद शरीर की ग्रन्थियों में बदलाव होता है।) अलग हो जाता है, क्योंकि दोनों तरफ से शायद सहने की हद हो गयी है–'नसों का यह तनाव मुझे या उसे पागल बना दे–इससे अच्छा हो कि दोनों अलग ही रहें।' और इस तरह हनीमून की नहीं, तलाक की रात ताजमहल की छाया में शुरू होती है। ठीक भी है। असाधारण प्रेम वाले नायक-नायिका के स्मारक की यह ट्रैजेडी है। या यों पूछें कि प्रेम की क्या यही आधुनिक ट्रैजेडी है? आधुनिक मानव का अकेलापन ही उसकी ट्रैजेडी और विडम्बना है तभी शायद प्रेम भी विडम्बना है।

और यह स्थिति ज्यादा शरतचन्द्र, राजेन्द्र यादव में ही नहीं, औरों में भी है। निर्मल वर्मा की कहानी 'पिक्चर पोस्टकार्ड'–

परेश ने 'कई बार सोचा है कि किसी दिन मैं उस कालर-बोन के उस गढ़े को अपनी जुबान की नोक से स्पर्श करूँगा। उस गढ़े में हल्का पसीना है। मैंने कई बार सोचा है कि किसी दिन मैं उस पसीने को अपने होठों से चूस लूँगा।' पर इसके बाद? –वही अपने से दुराव, अपने आप में परिचय के साथ बढ़ता अपरिचय, कुछ औपचारिक बातें और दस बजे रात को ज्यूक बाक्स में चवन्नी डालकर अधिक से अधिक ऊपर उठने वाला रिकार्ड (उसे भी शायद बगैर सुने, दोस्तों की भीड़ में फिल्म देखने चला गया होगा)।

मोहन राकेश के मधुसूदन सुषमा से भाग खड़े होते हैं, श्रीकान्त वर्मा की 'परिणय' के नायक महोदय उसी पुंसत्व के क्षण में भागते हैं और उषा प्रियंवदा की अचला ('मोहबन्ध' की नायिका) भी 'असीम सुख के उस क्षण में भी अनुभव कर लेती है कि इस मोहबन्ध को तोड़कर उसे जाना ही है क्योंकि वे भीगी आँखें उसकी अपनी हैं।' और राजेश्वर (उषा की 'जाले' कहानी) को समान बौद्धिक प्रिया कौमुदी से विवाह कर लेने के बाद भी 'लगता कि वह मकड़ी के जाले में घिरकर रह गयी है, जिसके तार दूर से बहुत सुकुमार, बहुत आकर्षक लगते हैं, पर एक बार उसमें फँस जाने के बाद निष्कृति की कोई आशा नहीं रहती।' श्रीकान्त वर्मा की ये काव्यपंक्तियाँ मन में उभरती हैं–

सच है, तुम्हारे बिना जीवन अपंग है।
फिर भी। क्यों लगता है मुझे। प्रेम
अकेले होने का ही एक और ढंग है।

प्रेमचित्रण में उदासी, अकेलेपन, ऊब के ये रूप नये कहे जा सकते हैं। यह नपुंसकता, साहसहीनता भी शायद नयी ही है, पर मूल्यनिर्णय के समय सबसे बड़ा सवाल उठता है कि 'डिरोमैंटिसाइजेशन' की जो प्रक्रिया 'अज्ञेय' में शुरू हुई थी, वास्तविकता के जिस स्तर की तटस्थ चेतना की दृष्टि को पाने का दावा किया गया था, क्या उसे पूरा और प्राप्त किया जा सका? छायावादी असाधारण लगाव, प्राणों का त्याग आदि यदि पेंडुलम का एक दिशा का बढ़ाव है, तो झटके से तोड़ कर अलग हो जाना, महत्त्वपूर्ण क्षण में समस्या को 'आमने-सामने' स्वीकार न कर भाग खड़े होना क्या उसी पेंडुलम की गति का दूसरा और स्विंग नहीं है? मुझे लगता है कि शरतचन्द्र के नायक-नायिका ही वेश बदलकर आ रहे हैं। जिस शारीरिकता से असम्पृक्त रह कर वे बड़े से बड़ा बलिदान कर देते हैं, उसी से परिचित होना चाहकर भी ये भाग खड़े होते हैं, और सब मिलाकर स्थिति ज्यों की त्यों रहती है। महिमामण्डित शब्दों का प्रयोग न करते हुए भी, वे ही वेदना के गीत एवं वही शहादत का स्वर। उस 'कथा' की अभी हमें क्या प्रतीक्षा नहीं है जो प्रेम के साथ ही एक लैंगिक (सेक्सुअल) थीम की खोज में भी प्रयुक्त हो? कहना चाहता हूँ कि प्रेम एक क्षमता है–

कोई समझे तो एक बात कहूँ
इश्क़ तौफीक़ है, गुनाह नहीं।

और इस क्षमता को खोजने-पहचानने की आवश्यकता है।

नयी कहानियाँ : 1963

नयी कविता बनाम नयी कहानी

आलोचना के मानदण्डों या मूल्यों की अराजकता के उदाहरण हिन्दी में रोज ही दिखाई पड़ते हैं। 'कल्पना' का 'उर्वशी-संवाद' (या परिसंवाद) हो या 'अभिनव काव्य' संज्ञा की संस्थापना का प्रयास हो—एक बात साफ है कि आलोचना की दृष्टि धुँधली पड़ती जा रही है। विद्यापीठस्थ समीक्षक यदि संवेदना के स्तर पर लड़खड़ाते और जमीन सूँघते दिखते हैं तो सृजनशील साहित्यकार पूर्वग्रहों या अपने निज के औचित्य को सिद्ध करने में प्रकृत पथ को छोड़ते हैं। परन्तु इससे भी अधिक खेदजनक स्थिति तब दिखाई देती है जब कि केवल चौंकाने या खबरों में बने रहने के लिए कुछ फतवे दिये जाते हैं और स्थापनाएँ की जाती हैं। इस क्रम का नया उदाहरण 'नयी कविता बनाम नयी कहानी' की समस्या है। कुछ महीने पहले 'नयी कहानियाँ' में रचना-दृष्टि के साथ आलोचना-दृष्टि के न विकसित होने पर खेद प्रकट करते हुए मोहन राकेश ने (जो रचनाकार तो हैं ही साथ ही कुछ पत्रिकाओं के स्तम्भ-लेखक होने के कारण आलोचक भी) बताया था कि 'नयी कहानी', 'नयी कविता' से आगे का आन्दोलन है। 'नयी कविता' की विकृतियों का परिष्कार करके यह 'नयी कहानी' अस्तित्व में आयी है। मोहन राकेश के इस सुर के साथ तत्काल ताल दी कमलेश्वर ने और उन्होंने भी कहा कि हाँ, 'नयी कविता' तो कुण्ठावादी है पर 'नयी कहानी' में एक नयी सामाजिकता है। हिन्दी के गजधर्मा पाठक-आलोचक-लेखक सभी चुप रहे। शायद इसलिए कि 'ऐसी स्थापनाएँ हिन्दी में बहुत-सी होती रहती हैं।—कौन चिन्ता में पड़े।' पर इधर मोहन राकेश पुनः नयी निगाहों के जो नये सवाल (या जवाब) लेकर आये हैं उनमें पुनः इसी बात को दोहराया गया है। अब चूँकि आलोचकों में केवल मुझको ही मोहन राकेश ने संरक्षकत्व प्रदान करते हुए सर्टीफिकेट दिया था, अतः मेरा ही चिन्तित होना बहुत अनुचित वह न मानेंगे—यह आशा करना शायद ठीक ही होगा।

इन तर्कों की तर्कशीलता भी तनिक जाँच ली जाये। राकेश जी शुरू करते हैं, 'तीन-चार महीने पहले मैंने एक जगह लिखा था कि ऐतिहासिक दृष्टि से 'नयी कहानी' का आन्दोलन 'नयी कविता' का सहवर्ती न होकर उससे आगे का आन्दोलन है। तो

इस स्थापना के विरोध में कुछ लोगों ने टिप्पणियाँ लिखीं।' (स्वयं इन पंक्तियों के लेखक के देखने में एकाध प्रासंगिक रिमार्क ही आये हैं) ऐसे लोगों के बारे में उनका कहना है—शब्द ऐतिहासिक की ओर शायद उनका ध्यान ही नहीं गया। गया होता तो इस कथन में उन्हें अवास्तविकता नजर न आती। इस ऐतिहासिक वास्तविकता के बारे में उनके तर्क यों हैं—

(1) 'नयी कहानी' के आन्दोलन की शुरुआत सन् पचास के लगभग हुई—'नयी कहानी' यह नाम तो उसे सन् पचपन-छप्पन के बाद से दिया जाने लगा। राकेश जी क्या कृपा कर बताएँगे कि नयी कविता का आन्दोलन भी पचास-इक्यावन के पास से ही शुरू हुआ था या नहीं? हिन्दी के बहुत से लेखक-पाठक जानते हैं और स्तम्भ-लेखक को भी याद होगा कि इसके पूर्व प्रयोगवाद की चर्चा होती रही है—नयी कविता की नहीं। और 'प्रयोगवाद' यदि कविता के क्षेत्र में 1943 से चर्चा का विषय बना था तो उसी की सहवर्ती अज्ञेय की 'पठार का धीरज', 'जयदोल' (जैसी कहानियाँ भी हैं। और बन्धु, यदि आप 'नयी कविता' को प्रयोगवाद से प्रारम्भ करना चाहते हैं, जैसा कि स्वयं मैं भी चाहता हूँ) तो नयी कहानी को भी वहीं ले चलना पड़ेगा। शैली-शिल्प ही नहीं, यथार्थ की पकड़ भी वहाँ दूसरी हो गयी है। जहाँ तक नामकरण का प्रश्न है 'नयी कविता' नाम भी शायद 1953 में 'नये पत्ते' में प्रकाशित रेडियो परिसंवाद में अज्ञेय द्वारा दिया गया था, पर सारी, नयी कहानी का नामकरण संस्कार, बकौल आपके, 1955 के आस-पास हुआ था और इस तरह वह दो साल छोटी बहन हो गयी। राकेश जी, पर कीजिए क्या—साहित्यिक विधा के रूप में कहानी छोटी है ही और अपेक्षाकृत कम महत्त्वपूर्ण भी। पर जब छोटी बहन कहा जाता है तब भी इतना तो प्रकट ही है कि वह भी उसी भावबोध से उपजी है जिससे नयी कविता। और अगर आपकी ही मान्यता के अनुसार 'नयी कविता का आन्दोलन तब तक एक निश्चित रूप और अर्थ ग्रहण कर चुका था', तो इससे यह कैसे प्रकट हो जाता है कि उस माध्यम की सम्भावनाएँ समाप्त हो गयी थीं। सचमुच केवल हिन्दी में ही माध्यमों के बारे में ऐसे विचित्र तर्क दिये जा सकते हैं।

पर रुकिए। तर्क का जाल आगे भी मिलेगा। स्तम्भ-लेखक तत्काल पलटते हैं, जिस क्राइसिस के अन्तर्गत नयी पीढ़ी की संचेतना 'नयी कहानी' के प्रयोगों की ओर उनुख हुई, उसके प्रभाव तथा प्रतिक्रियाएँ नयी कविता पर अलग से नजर आने लगी थीं, शमशेर तथा मुक्तिबोध जैसे कवियों ने उन प्रभावों के अन्तर्गत 'नयी कविता' को भी एक नयी दिशा दे दी थी। लेखक के इस वक्तव्य में जो 'चतुराई' निहित है वह तो बड़ी जल्दी साफ हो जाती है कि कहानी और कविता दोनों की समानताओं को स्वीकार करना आवश्यक हो गया था। पर इस 'चतुर' वक्तव्य में भी एक निहायत 'अनक्रिटिकल' तथ्य है और वह यह है कि शमशेर या मुक्तिबोध जैसे कवियों ने कौन सी नयी दिशा 54-55 के आस पासनयी कविता को दे दी थी,

तथा 'नयी कविता' पर इस नयी संचेतना के प्रभाव और प्रतिक्रियाएँ क्या हैं? इसके अतिरिक्त जिस 'क्राइसिस' शब्द का निरन्तर मुखर जप लेखक ने किया है उसके सम्बन्ध में कुछ कहने की आवश्यकता है। जनवरी वाली 'सारिका' में क्राइसिस को उन्होंने विभाजन से जोड़ा था और बताया था कि नयी पीढ़ी पर इसका गहरा प्रभाव है, उन पर भी जिन्होंने कि इसे भोगा नहीं था। इस सम्बन्ध में भी कुछ प्रश्न और कुछ संकेत उठते हैं। पहला सवाल तो यही कि विभाजन की क्राइसिस के अन्तर्गत अज्ञेय ने भी कुछ कहानियाँ ('शरणार्थी') लिखी थीं—क्या उन्हें वह नयी कहानी के अन्तर्गत रखना चाहेंगे? दूसरी बात यह कि लेखक ने जरूर उन काँच की इमारतों को ढहते हुए देखा होता, भोगा होगा और हर बार नयी चेतना की बात करते ही उनकी आँखें वहीं पहुँच जाती होंगी, पर क्या यह सही नहीं है कि नयी कहानी के अन्तर्गत 1925 में जन्मे राकेश ही नहीं 1935 के वाद उत्पन्न लेखक भी हैं और ये लोग विभाजन की इस क्राइसिस से क्योंकर अनुकूलित हुए हैं? एक तीसरा और सवाल है कि क्या देश की परिस्थिति या नियति या संचेतना मात्र विभाजन से बदली है? अगर विभाजन न होता तो क्या 'बंजर जमीनें हरी न' होतीं, क्या सदियों से 'मानित' 'खान-पान और रहन-सहन के तरीके' न बदले? स्तम्भ-लेखक जैसे विभाजन-ग्रस्त लोगों को मैं चोट नहीं पहुँचाना चाहता, पर इतना निवेदन अवश्य है कि विभाजन से हमारे सामाजिक संगठन में कोई मौलिक परिवर्तन नहीं हुआ है तथा जो नयी 'संचेतना' आयी है वह विभाजन के बिना भी आकर रहती। विभाजन की 'क्राइसिस' को लेकर जिस रूमानी ढंग से वह भावुक हो उठे हैं उसकी आवश्यकता अब नहीं है। इस सन्दर्भ में मैं साहित्य से केवल एक उदाहरण देना चाहूँगा—रेणु के कथा-साहित्य का। रेणु को आप 'नयी कहानी' के अपने वृत्त के अन्तर्गत लेते या नहीं? तथा रेणु के लेखन का आपकी इस 'क्राइसिस' से क्या सम्बन्ध है? शमशेर एवं मुक्तिबोध का सम्बन्ध भी इस 'क्राइसिस' से निरूपित करने का कष्ट करें तो हम पाठकों का अधिक भला हो।

अपने वक्तव्य की इन असंगतियों पर ध्यान न देते हुए वह 'नयी कहानी' की अग्रगामिता का एक बड़ा ही मजेदार उदाहरण देते हैं कि

> *'इस पीढ़ी की सामूहिक चेतना अपने लिए अभिव्यक्ति का जो विस्तार चाहती थी, उसके लिए कहानी का माध्यम अधिक अनुकूल पड़ता था, इसीलिए छप्पन-सत्तावन के बाद बहुत-से प्रतिष्ठित और उदीयमान नये कवि भी धीरे-धीरे इस माध्यम की ओर आकृष्ट हो गये, क्योंकि दृष्टि और शिल्प का जो अनुशासन नयी कविता के लिए एक रूढ़ि बन चुका था, उसे तोड़ कर नयी भूमि से प्रयोग करने के लिए यह माध्यम उन्हें अधिक उपयुक्त जान पड़ा'।*

तर्क वही है जिसे अन्तिम तार्किक परिणति तक पहुँचाया जा सके। सो 56-57 के बाद एक नये कहानीकार ने 'आषाढ़ का एक दिन' तथा 'लहरों के राजहंस' नाटक

लिखे। लगता है कि कहानी का माध्यम उनकी क्राइसिस वाली 'संचेतना' के लिए अपर्याप्त हो गया था, अतः ये नाटक नये नाटक हैं और 'नयी कहानी' से आगे के आन्दोलन हैं (इसलिए भी कि 1964 तक इनका 'नया नाटक' नामकरण नहीं हो सका—शीघ्र ही यह संस्कार भी आयोजित करना पड़ेगा, नामवर सिंह पौरोहित्य के लिए तैयार रहें।) यह भी कहा जा सकता है कि पत्रिकाओं का स्तम्भ लेखन साहित्य का सबसे नया माध्यम है।

इस तार्किक परिणति की बात को छोड़ भी दिया जाय तो भी यह दिखाना तनिक भी कठिन नहीं है कि रघुवीर सहाय या श्रीकान्त वर्मा की कविताओं और कहानियों का संवेदनागत धरातल एक ही है। अन्तर दो विधाओं की आवश्यकताओं का है। काव्य की अभिव्यक्ति विशुद्ध संवेदनों के अधिक निकट रहती है इसी कारण सतही दृष्टि से पढ़ने वाले उसे वैयक्तिक, अहंवादी, असामाजिक आदि मानने लगते हैं, परन्तु कहानी में जिन उपकरणों को लिया जाता है वे प्रत्यक्षतः सामाजिकता की अधिक गन्ध देते हैं। कविता की एक विशिष्ट इकाई है बिम्ब और कहानी के पात्र। वस्तुतः साहित्य-रूपों के पारस्परिक संघर्ष और अन्तःसम्बन्ध को लेकर बहुत कुछ चर्चा की जा सकती है। सदैव से ये रूप एक-दूसरे से लेते या देते आये हैं और नवलेखन में भी कहानी-कविता ने एक-दूसरे को किस प्रकार समृद्ध बनाया है इसकी चर्चा अलग से की जा सकती है और अच्छा होता यदि मोहन राकेश या कमलेश्वर इस पक्ष पर ध्यान दे सके होते—पर इतना निश्चित है कि तब एक चौंकानेवाली जर्नलिस्टिक बात न कही जा सकती और एक पुष्ट समीक्षा-विवेक की आवश्यकता पड़ती। ऐतिहासिक दृष्टि से भी हिन्दी में मैथिलीशरण गुप्त की कविताएँ और प्रेमचन्द की प्रारम्भिक कहानियाँ, निराला और नवीन की कविताएँ एवं प्रेमचन्द की परवर्ती कहानियाँ, प्रसाद की कविताएँ एवं उन्हीं की कहानियाँ, महादेवी और बच्चन की कविताएँ और जैनेन्द्र की कहानियाँ, प्रगतिशील कविताएँ एवं कहानियाँ सहवर्तित्व की भूमिका में देखी जा सकती हैं। ऐतिहासिक दृष्टि से इन माध्यमों को किस प्रकार संघर्ष करना पड़ा है—अपने ही आद्यरूपों एवं आरोपित मर्यादाओं से, इसकी भी पड़ताल की जा सकती है।

इस सम्बन्ध में अधिक चर्चा यहाँ नहीं। नयी निगाहों वाले सवालकार का अनुमान है कि 'नयी कविता' से लोग इसलिए 'नयी कहानी' में धँसे हैं कि 'नयी कविता' का विकास जहाँ एक सामूहिक शिल्प-शैली को लेकर हुआ, 'नयी कहानी' में आरम्भ से ही हर लेखक ने, वस्तु की अपेक्षाओं के अनुसार, अपनी अलग शिल्प-शैली का विकास किया। शायद ऐसे ही तर्कों को लाजवाब कहा जाता है। हर आदमी के सवाल-जवाब देने लायक होते भी कब हैं? फिर भी बदले में प्रश्न है कि कृपा कर लेखक जी क्या यह बताने की चेष्टा करेंगे कि कुँवर नारायण, रघुवीर सहाय, केदारनाथ सिंह, श्रीकान्त वर्मा, मदन वात्स्यायन, अजितकुमार आदि की रचनाओं में कौन-सी सामूहिक शिल्प-शैली

है। लगता है कि गीतकारों की रचनाओं को वे 'नयी कविता' समझते हैं। यों वास्तविक रचना के भीतर सामूहिक शिल्पशैली की बात करना अपनी ही नासमझी का परिचय देना है। सचमुच ही 'किसी भी देश और साहित्य में नयी पीढ़ी के बुनियादी संघर्ष को ओछी दृष्टि से देखने वालों की कमी नहीं रहती। हमारे यहाँ यह ओछापन कुछ अधिक मात्रा में है, बस इतना ही फर्क है।' इस ओछेपन के कर्णधारों में वे भी हैं जो एक साथ ही पूरी नयी पीढ़ी के प्रयत्नों को नकार देते हैं और इनमें वे भी गणनीय हैं जो नयी पीढ़ी के एक बहुत बड़े अंश को 'नयी कविता' की कुण्ठा अवस्था आदि कह कर काट देना चाहते हैं। समझ से दोनों खाली हैं।

स्वयं मोहन राकेश का कहना है कि, 'कहानी को जिस अर्थ में कविता से अलग किया जाता था, उस अर्थ में, नये प्रयोगकारों ने उसे अलग नहीं रहने दिया–अपने काव्यात्मक संवेदों की अभिव्यक्ति के लिए एक बृहत्तर कैनवस के रूप में भी इसे अपना लिया है।' इतना कहने के बाद भी कविता और कहानी के माध्यमों के अन्तर को जिस तरह उन्होंने निरूपित करना चाहा है वह नितान्त कृत्रिम एवं असिद्ध साहित्यशास्त्र पर आधारित है। उन्हें यह ज्ञात है कि एक व्यापक माध्यम के रूप में कहानी की सम्भावनाओं को हिन्दी के कहानीकारों ने ही नहीं देखा–विश्व की कई भाषाओं में इस माध्यम को एक गयी प्रयोगात्मक दृष्टि से ग्रहण किया गया है। पर लगता है कि इस प्रयोगात्मक दृष्टि की दिशा उन्होंने नहीं देखी–नहीं तो वे जानते होते कि कहानी की चरम काव्य नियति कहीं कविता के आस-पास ही है। नयी पीढ़ी के एक अत्यन्त संवेदनशील कथाकार निर्मल वर्मा का यह मन्तव्य इस सम्बन्ध में ध्यान देने योग्य है–

बीसवीं शताब्दी की सबसे महान् कहानी 'डेथ इन वेनिस' सिर्फ एक फेवल है–फॉकनर की कोई भी कहानी गद्य के टेक्स्चर पर है एक काव्य-खण्ड, चट्टान पर खींचे गये भित्ति-चित्रों-सी जादुई है... ।'

निर्मल ने राकेश की अपेक्षा माध्यम की बात को ही कहीं अधिक व्यंजक एवं शक्तिपूर्ण भाषा में कहते हुए लिखा है–

'अगर वे कहानियाँ हैं, तो सिर्फ आत्मघाती अर्थ में–एक फेबल है, दूसरी कविता, तीसरी एंटी-कहानी। उन्होंने स्वयं बड़ी निर्ममता से अपनी ही विधा को तोड़ा है, उसके चौखटों से मुक्त होकर उन सूखी और कठोर और नामहीन चीजों को छूने की कोशिश की है, जो पकड़ से बाहर हैं।'

इसीलिए जब 'नयी कहानियाँ' का एक यह सम्पादकीय पढ़ने को मिलता है कि 'कवितानुमा कहानियाँ पश्चिमी साहित्य की कुण्ठा, अकेलापन, परम्पराहीनता, हार और अनास्था को ही लेकर चल रही हैं, जो हमारी जातीय संवेदना का स्वर नहीं है... ।' तो फतवे की इस सादगी पर दया आ सकती है–मारने की तबीयत नहीं होती। कविता मानवीय संवेदनाओं की सबसे उत्कट एवं स्फटिक अभिव्यक्ति है और

यह कहानी की सिद्धि होगी कि उसके परिमण्डल पर उपलब्ध की जा सके। और जहाँ तक जातीय संवेदना का प्रश्न है, हमारे-आपके चाहे बिना अब तक इस देश या जाति की संवेदना का मुख्य माध्यम कविता ही रही है और हमें प्रसन्नता है कि यथार्थ के नाम पर की जानेवाली भयंकर विकृतियों एवं कलाहीनता से ऊपर उठ कर कहानी की काव्यात्मक संवेदनाओं (या संवेदों?) के निकट आ रही हैं—कमलेश्वर की भी कहानियाँ। और जब कमलेश्वर कहते हैं कि 'नयी कविता की कुण्ठा, अकेलापन, टूटना और पराजय नयी कहानी की मानसिकता का अंग नहीं है', तो क्या यही नहीं लगता कि उनकी और नरेन्द्र शर्मा या नन्ददुलारे वाजपेयी की मानसिकता का धरातल एक ही है। ये लोग भी तो 'नयी कविता' पर यही तोहमत मढ़ते हैं। और यह भी कि 'नयी कविता' के बारे में तो वे कुछ जानते ही नहीं और 'नयी कहानी' के बारे में कुछ कैसे कहा जाये। उसके बहुवचन के तो वे सम्पादक ही हैं। पर यदि व्यक्तिमूलकता और सामाजिकता ही कसौटियाँ हैं तो क्या कमलेश्वर या मोहन राकेश यह बताने की कोशिश करेंगे कि 'एक और जिन्दगी' (मोहन राकेश) कहानी किधर से सामाजिक है? अपवादस्वरूप एक कहानी को अलगा कर मैं नहीं कह रहा हूँ। स्वयं मैं इस कहानी को एक अच्छी सशक्त कहानी मानता हूँ।

अन्त में इतना अवश्य कहना चाहूँगा कि यह यदि चौंकाने के लिए है तब तो अनुचित है ही, पर यदि एक छोटे से वृत्त के औचित्य के लिए है तो और भी बुरा है। अच्छा हो अगर कहानी की चर्चा कथा-साहित्य के सन्दर्भ में ही की जाये। इसी जगह एक बात और भी कहना चाहूँगा कि हिन्दी में कहानी-चर्चा अत्यधिक स्फीत धरातल पर हुई है, बल्कि कहूँ कि अधिक महत्त्वपूर्ण विधा उपन्यास की कीमत पर हुई है। कहानी में अधिक चर्चा और विश्लेषण की सम्भावनाएँ नहीं हैं और इसीलिए इधर-उधर भाग कर चर्चा की सम्भावनाओं के लिए स्थान खोजने की चेष्टा होती है। अच्छा हो कहानी-पत्रिकाएँ अब कहानी-चर्चा की जगह 'कथा-चर्चा' करें और तभी तमाम व्यर्थ की वह बकवास बन्द हो सकेगी जो आज 'नयी कहानी' को लेकर चल रही है। एक पत्र के एक कहानी-विशेषांक में भी इन पंक्तियों के लेखक ने कहा था कि कहानी की, माध्यम के रूप में, सम्भावनाएँ सीमित हैं। कहानी पर होनेवाली तमाम बहस को पढ़-सुन कर वह बात मुझे आज और भी ठीक लगती है। हमारे कथाकारों की अवधारणा-क्षमता लगता है, काफी सीमित है और उपन्यास जैसे अत्यधिक शक्तिशाली माध्यम को झेले जाने की सामर्थ्य वे नहीं जुटा पा रहे हैं। यों कहना तो यह भी चाहूँगा कि तथाकथित 'नयी कहानी' के क्षेत्र में भी साहसपूर्ण प्रयोगों का अभी अभाव है और 'आधुनिकता' की बड़ी झीनी चादर ही उनमें मिलती है। बहुधा सामाजिकता (जो प्रगतिवाद की उतारी हुई वेशभूषा ही अधिक है।) के नाम पर फार्मूला कहानियों की कमजोरी को छिपाने की चेष्टा भी इन स्तम्भ-लेखकों या कहानीकारों द्वारा की जाती है।

आजकल : अप्रैल, 1964

कहानियाँ : वास्तविक रचनाशीलता का सन्दर्भ

...सच पूछिए तो मेरा आरोप ठीक विरोधी है कि अभी पूरे तौर से वैसी प्रखर बौद्धिकता हमारे लेखकों में नहीं है जो एक समग्र 'विश्व-दृष्टि' के परिप्रेक्ष्य में, अतीत और भविष्य के सन्दर्भ में वस्तुओं और स्थितियों को साफ-साफ देख सके। पर इसका दोष लेखकों पर नहीं लादा जा सकता। हमारे बुद्धिजीवी वर्ग का औसत बौद्धिक स्तर ही मीडियाकर है। और जबतक अँग्रेजी माध्यम के रूप में विद्यमान है, तबतक इसमें बहुत सुधार नहीं हो सकता। वस्तुतः जिन्हें बौद्धिक कहानी कहा जाता है, वे बहुत गहरे अर्थ में भावप्रवण या अनुभूत विचार की कहानियाँ होती हैं। इसका एक प्रमाण यह भी है कि पहले के लेखक जहाँ समस्या-प्रधान कहानियों लिखा करते थे ('उसने कहा था' या 'कफन' जैसी कुछ श्रेष्ठ कहानियाँ छोड़कर) वहाँ अब लेखकों ने समस्या-प्रधान कहानियाँ छोड़ दी हैं—उसके स्थान पर अनुभव-धर्मा कहानियों पर बराबर जोर दिया गया है। अपने प्रथम संग्रह 'राजा निरबंसिया' की भूमिका में कमलेश्वर ने 'नयी भावभूमियों' की चर्चा की है। यानी कि जो दायित्व केवल कविता के लिए छोड़ दिया गया था, उसे भी उन्होंने अपनाने की कोशिश की है। अगर पुरानी और नयी कहानियों के अन्तर को देखा जाय तो पहले का कहानी-लेखक एक ऊपरी बौद्धिक सतह से कुछ समस्याओं को लेता था, और उसमें 'भावुकता' या 'करुणाभास' का जल मिलाकर स्पर्शी (मर्म या हृदय या सतही झनझनाहट!) कहानियाँ लिखता था। उसकी बजाय आज का कथाकार अपने अनुभव को पहले टटोलता है और उसके माध्यम से तमाम समस्याओं, प्रश्नों (या अप्रश्नों) को ढूँढ़ता और झेलता है। एक का एप्रोच बौद्धिक और अन्त लिजलिजी भावुकता में और दूसरे का एप्रोच भावप्रवण पर अन्त एक शक्तिपूर्ण बौद्धिक सम्भावना में—ग्राफ के कर्व शायद इस स्थिति के आसपास होंगे। (और यह अन्तर आज भी एक पीढ़ी के ही दो लेखकों में पाये जा सकते हैं।)

जहाँ तक 'जन-जीवन' का प्रश्न है, केवल इतना याद दिलाना चाहूँगा कि इस नारे की छाया के नीचे लिखा जाने वाला प्रगतिवादी रचनात्मक साहित्य कैसे फिसफिसाकर बैठ गया और इसी नारे को अलग कर सामने आनेवाली 'नवलेखन'

की पीढ़ी ने कितना शक्तिशाली जीवन-बोध चित्रित किया है इसे दिखाने के लिए अलग एक लेख लिखने की आवश्यकता है। यही नहीं रचनात्मक लेखन से अलग समीक्षात्मक चिन्तन में जहाँ यह प्रगतिवादी नुस्खा लटका रह गया है वहाँ भी ग्रामकथा-नगर-कथा, देशी कथा-विदेशी कथा, नयी कविता बनाम नयी कहानी आदि की विकृतियाँ नये लेखकों ने भी उपस्थित की हैं—वस्तुतः जन-जीवन को ज्यादातर लोग अपने परिचित जीवन का पर्याय मान लेते हैं। ये लोग यह भी भूल जाते हैं कि कला की दुनिया जीवन के समानान्तर होती है।

वासना के नैतिक या अनैतिक पक्षों की बात और रपटीली है—इसलिए कि इस प्रकार की शब्दावली (जब तक कि एक विशिष्ट सन्दर्भ को लेकर न की जाये) समीक्षा के क्षेत्र से बाहर की है। इसीलिए मैं इस प्रसंग की चर्चा न करना ही बेहतर समझूँगा।

जहाँ तक पच्चीकारी की बात है, 'नयी कहानी' ने अगर सबसे अधिक किसी चीज को तोड़ा तो इस पच्चीकारी को। पच्चीकारी का आरोप लगाने वाले लोग आँखों में पट्टी बाँधकर चलते हैं। कहानी ही क्यों, पूरा आधुनिक भावबोध पच्चीकारी के विरुद्ध है। आधुनिक चित्रकला, मूर्तिकला, स्थापत्य, कविता, कहानी आदि को ये लोग अगर नहीं समझ पाते तो कम-से-कम अपने घरों के दरवाजों और फर्नीचर को ही एक नजर निहार लेने का कष्ट करें—स्थिति बहुत साफ हो जायेगी। अगर ऐतिहासिक दृष्टि से देखा जाय तो कहानी में लगातार इस पच्चीकारी को तोड़ने की चेष्टा की गयी है। उदाहरण के लिए राकेश को लिया जा सकता है। (इसलिए कि राकेश अन्तिम महत्त्वपूर्ण पुराने पच्चीकार कहानीकार हैं और प्रारम्भिक नये कहानीकारों में-से एक हैं।) राकेश की 'मलबे का मालिक' आदि कहानियाँ जहाँ कटी-छँटी पच्चीकारी की जड़ाऊ कहानियों के उदाहरण हैं वहीं 'एक और जिन्दगी' में सारा शिल्प का जड़ाऊपन एक बड़ी सीमा तक बिखर जाता है। आदि, मध्य और अन्त, संघर्ष, चरमसीमा और समाधान के नुस्खे इस कहानी तक आते-आते टूट जाते हैं। इसी प्रकार मार्कण्डेय की कहानियाँ सन् 52-54 के आसपास (पानफूल में संगृहीत) जब आती हैं, तो बहुत-से लोगों को लगा था कि ये कहानियाँ नहीं हैं, बल्कि कहानी और रेखाचित्र के बीच की चीजें हैं, बाद को बहुतेरे कहानीकारों की कहानियों को कहानी और निबन्ध के बीच की विधा का कहा गया।

बहरहाल आपके **पहले प्रश्न** का उत्तर एक वाक्य में देना हो तो मैं कहूँगा कि पचास वर्ष के परिप्रेक्ष्य में देखने पर हिन्दी कहानी की प्रगति पर आश्चर्य होता है।

दूसरा प्रश्न : नहीं, मैं नहीं मानता कि इस त्रिकोण पर 'सारा आधुनिक भावबोध संकेन्द्रित है।' आधुनिक भावबोध 'कहानी' या किसी एक अन्य विधा-से कहीं विराटतर है और विभिन्न कलाएँ तथा विभिन्न साहित्यिक विधाएँ इसे या इसके भिन्न-भिन्न पक्षों को स्थापित करने की चेष्टा कर रही हैं। कहानी की कारुकारिता का भी लक्ष्य यही है। जहाँ तक 'अन्यतम शिल्प-प्रयोग और समर्थ कथ्य' का प्रश्न

है, 'आज के साहित्य से' नयी कविता को लेकर सर्वाधिक चर्चा की जा सकती है। इसे मिथ्या गर्व न माना जाय तो हिन्दी की 'नयी कविता' आज भारतीय भाषाओं में ही अग्रणी नहीं है, अँग्रेजी के माध्यम से उपलब्ध संसार के समकालीन साहित्य में वह महत्त्वपूर्ण स्थान की अधिकारिणी है। निश्चित ही यह बात मैं अपनी अत्यन्त सीमित जानकारी के आधार पर कह रहा हूँ—इसलिए अगर कोई अतिशयोक्ति हो तो क्षमा चाहूँगा और अपनी राय को सुधारने के लिए भी तैयार रहूँगा। यह अवश्य है कि हिन्दी की 'नयी कहानी' भी विश्व के समसामयिक लेखन के समकक्ष सुविधापूर्वक रखी जा सकती है। पर दोनों विधाओं के सापेक्षिक महत्त्व (पूरे संसार को ध्यान में रखकर ही) को दिमाग में रखकर इस बात को कहने में हिचक नहीं हो सकती कि आधुनिक भावबोध का सबसे अधिक वहन कविता ने ही किया है। अन्य देशों में कविता के बाद उपन्यास ने इस दिशा में महत्त्वपूर्ण कार्य किया पर हमारे देश में शायद 'कहानी' का माध्यम कथाकारों को अधिक अनुकूल लगा—उपन्यास के क्षेत्र में नये कथाकारों में 'रेणु' को छोड़कर किसी अन्य को उल्लेखनीय सफलता नहीं मिल सकी है।

तीसरा प्रश्न : विशेषणों की माया। वाग्जाल में भी 'वाक्' शब्द विद्यमान है और 'वाक्' में अर्थ-स्थापन की सम्भावना हमेशा निहित रहती है। बशर्ते कि उसका प्रयोक्ता शब्द को सन्दर्भ देना जानता हो। फिर ये शब्द सदैव विरोधी नहीं होते—एकान्त भी नहीं। अकसर ये एक ही मूल भावबोध के विभिन्न कोण या आयाम होते हैं। और अगर फ्रांस के चित्रकला आन्दोलन की याद आती भी है तो वानगॉग, मातीस या पिकासो का महत्त्व क्योंकर कम हो जाता है। या चित्रकला के वे आन्दोलन निरर्थक क्योंकर सिद्ध हो जाते हैं? अकसर यूरोपीय कला-आन्दोलनों के महत्त्व या दाय से अपरिचित हम लोग उनका उदाहरण देते हुए उपहासास्पद बन जाते हैं—अतः जरा समझकर ही उनकी निन्दा की जानी चाहिए। फिर भी इतना अवश्य कहूँगा कि शब्द को ठीक सन्दर्भ दिया जाना चाहिए। उदाहरण के रूप में, अगर मेरे तमाम सचेतन कहानी-आन्दोलनकर्ता नाराज न हों, तो कहना चाहूँगा कि अबतक इस विशेषण को बास्तविक रचनाशीलता का सन्दर्भ वे नहीं दे सके हैं। गोकि एक स्थिति के प्रति विद्रोह उन्होंने करना चाहा है और जैसा कि उनमें-से एक से, मैंने कहा था कि इस परम स्वीकारी देश में मुझे लक्ष्यहीन विद्रोह भी एक मूल्य लगने लगा है।

जहाँ तक सारे कथा-साहित्य का विश्लेषण कर जाने वाले एक वक्तव्य का प्रश्न है, हिन्दी में बहुत-से मसीहा हैं जो एक शब्द में ही सब कुछ कह देने का हौसला रखते होंगे। मैं केवल इतना कहना चाहूँगा कि हमारे सम्पादकों-आलोचकों तक को अभी यह बोध नहीं है कि समसामयिक कहानी का एक औसत परिनिष्ठित स्तर क्या है और परिणामस्वरूप बहुत अच्छी और बहुत बुरी कहानियाँ एक ही प्रतिष्ठा के साथ एक ही पत्र में छपती रहती हैं।

आपका **चौथा प्रश्न** निहायत ऐब्सट्रैक्ट प्रश्नखण्ड को लेकर प्रारम्भ होता है। हर अच्छी कहानी दृष्टि-सम्पन्न होगी। इसलिए कथाकार की दृष्टि-सम्पन्नता की अपेक्षा कहानियों के नजरिए को विश्लेषित किया जा सकता है। दृष्टि-सम्पन्नता का अर्थ यदि संसार का दिशादर्शन है तो मैं साहित्यकार का यह दायित्व स्वीकार ही नहीं करता। मेरे लेखे साहित्य की दृष्टि-सम्पन्नता यथार्थ के प्रति प्रतिबद्धता है और वह दर्जनों नयी कहानियों में है। और इसीलिए मुझे ये तमाम नयी कहानियाँ प्रिय हैं। नाम गिनाना (इस सन्दर्भ में) उचित नहीं है। यों एक व्यक्ति जो मात्र अपनी कहानियों के बल पर सबसे ऊपर दिखाई देता है,. वह है निर्मल वर्मा। गोकि यहीं यह भी कह दूँ कि इधर उनके लेखन से मुझे कुछ निराशा भी हुई है। इस प्रसंग में यह अभिमत भी कि कला माध्यम के रूप में कहानी के सामने सबसे बड़ा खतरा किस्सागोई का होता है। किस्सागोई जिस व्यावहारिकता की ओर ले जाती है वही दृष्टि को सबसे अधिक धुँधला करती है। 'नयी कहानी' जिस रूपबन्ध के अन्वेषण में रत है वह किस्सागोई के इस जाल से बचने का ही हो सकता है।

ज्ञानोदय : नवम्बर, 1964

कथा-वार्त्ता : सार्थकता का प्रश्न

कहानी केवल कहने की चीज नहीं है, मात्र सुनने की भी नहीं—उसे समझना भी पड़ता है, वैसे समझना पड़ता है, जैसे कविता को; शायद यह हिन्दी में हुई कहानी-चर्चा और कहानी-लेखन की श्रेष्ठतम उपलब्धि है। पर यह उपलब्धि साधारण नहीं है। इसका अर्थ है कि कथा-साहित्य को एक कला-रूप की गम्भीरता मिली है। अपनी अत्यधिक जन-प्रियता के बावजूद उपन्यास-कहानी के प्रति एक अगम्भीर भाव पश्चिमी देशों तक में बना हुआ है, इसीलिए जब उच्चतर कला-रूप की तरह हिन्दी में चर्चा की बात की जाती है तो यह उपलब्धि महत्त्वपूर्ण बन जाती है।

पर जहाँ एक ओर इन परिचर्चाओं ने उसके महत्त्व को स्थापित किया, वहीं खासी खामख्यालियाँ भी पैदा कीं; और अकसर समुचित परिदृश्य के केन्द्र से उसे च्युत भी किया। ज्यादातर यह भी हुआ कि खास काट की एक खास विषय पर लिखी गयी कहानियों को ही मुख्य जीवन्त परम्परा के रूप में स्थापित करने की चेष्टा की गयी। इस सम्बन्ध में 'नयी कविता' और 'नयी कहानी' के आन्दोलनों की अगर तुलना की जाय तो कुछ मजेदार तथ्य निकलते हैं। 'नयी कविता' के कवियों-समीक्षकों को इस बात का बराबर एहसास रहा है कि वे पूर्ववर्ती काव्य-रूढ़ियों को तोड़ रहे हैं—उनसे हट रहे हैं। इसीलिए जहाँ एक ओर नयी रचनाशीलता का उन्मेष प्रकट होता है वहीं तमाम छायावादी काव्य-सिद्धान्तों पर आक्रमण करते हुए नयी कविता के काव्य-सिद्धान्तों की स्थापना भी होती चलती है। इसका एक सुपरिणाम यह हुआ है कि एक ही पीढ़ी के भीतर वैसी कटुता या आपसी विवाद कविता में उस मात्रा में नहीं दिखाई देते, जैसे कि 'नयी कहानी' में दिखाई देते हैं।

ऐसा क्यों हुआ? क्या इसलिए कि कहानी उस मात्रा में नयी या आधुनिक नहीं हो सकी, जितनी कि कविता हो सकी? कहानी बहुत-कुछ अपने रूढ़िगत ढाँचे की सीमाओं के भीतर ही हाथ-पैर मारने की चेष्टा करती रही। इसीलिए शुरू में नयी कहानी और पुरानी कहानी के अन्तर को स्पष्ट करने की चेष्टा भी उतनी नहीं हुई। शायद तमाम कहानी-लेखक, आलोचक कहानी के इस नये साहित्य-शास्त्र

से स्वयं परिचित नहीं थे। आज भी परिचित हैं यह नहीं कहा जा सकता। इसका प्रमाण अभी 'आलोचना' के 31वें अंक एवं 'नयी कहानियाँ' के अक्तूबर अंक के सम्पादकीय हैं। शिवदानसिंह चौहान एवं कमलेश्वर दोनों ही एक-दूसरे के दृष्टिकोण को गालियाँ देते हैं पर दोनों की ही कसौटी और आलोचना की शब्दावली एक ही है—अन्तर केवल कुछ नामों का पड़ता है। सामाजिकता, जन-जीवन, यथार्थ आदि के जिन ढीले-ढाले शब्द-वाणों को लेकर चौहान आक्रमण करते हैं, वे ही कमलेश्वर के तरकस के भी तीर हैं।

आधुनिकता-बोध की इस कमी या कहानी के रूढ़ि-प्राप्त रूपबन्ध की प्रमुखता का एक प्रधान कारण शायद उसकी जन-प्रियता (यानी मनोरंजन-परकता) है। यानी कि पाठक की स्थापित प्रत्याशाओं को धक्का देने का साहस नये कहानीकार बहुत कम कर सके हैं। उषा प्रियंवदा के कहानी-संकलन 'जिन्दगी और गुलाब के फूल' की रिव्यू करते हुए कुँवर नारायण ने एक बहुत ही पैनी बात कही थी—और मैं समझता हूँ कि वह बात अधिकांश तथाकथित नये कहानीकारों पर लागू होती है। कुँवर नारायण का मत था—

"जिन्दगी और गुलाब के फूल की कहानियाँ कहीं भी एक नये तरह के पाठक की माँग नहीं करतीं। वे सामान्य अनुभवों को इस तरह नया सन्दर्भ देती हैं कि पाठक को कहीं भी संस्कारगत धक्का नहीं लगता।"

कहना चाहूँगा कि तमाम 'नयी कहानी' की यही शक्ति भी है पर यही सबसे बड़ी सीमा भी; जबकि कविता के बारे में यह नहीं कहा जा सकता। जन-रुचि, व्यावसायिक सफलता आदि का मोह छोड़कर नये कवियों ने कहीं अधिक महत्त्वपूर्ण प्रयोग किये।

यहाँ पर नयी कविता और नयी कहानी के पारस्परिक सम्बन्ध, परस्पर आश्रय, योगदान या विषमता पर विस्तार से विचार नहीं किया जायेगा। अगली किसी किश्त में हमें इस पर अधिक विचार करने का अवसर मिल सकेगा। यहाँ पर केवल एक तथ्य की ओर ध्यान आकर्षित करना चाहता था कि पुराने और नये का अन्तर कहानी के क्षेत्र में अधिक सजगता से अभी हाल में ही सामने आया है—सम्भवतः कहानी अच्छी और नयी के परिसंवाद के आस-पास से। इसके पूर्व ग्राम-कथा, नगर-कथा, कस्बा-कथा, आचलिक-कथा और राष्ट्रीय-कथा, रोमांस-कथा और रोमांसहीन कथा, आस्था और अनास्था की कहानियों के विवाद उठाये जाते रहे। और अब तो देशी-कथा बनाम विदेशी-कथा; साहित्यिक कहानी बनाम लोकप्रिय कहानी; नयी कविता बनाम नयी कहानी; कवितानुमा कहानी और कहानीनुमा कहानी; अँधेरे की चीख की कहानी और अँधेरे से निकलने की कहानीं; सचेतन कहानी; सक्रिय कहानी; कहानी प्रथम कोटि की साहित्यिक विधा या द्वितीय कोटि का साहित्य-रूप आदि दर्जनों सवाल हैं, जो कहानी के क्षीर-सागर का मन्थन करने

में जुटे हुए हैं। इन्हीं के बीच यथार्थता, सामाजिकता, प्रतीकता, नाटकीयता, नयी भावभूमि, नया शिल्प आदि भी आते-जाते रहे हैं। परन्तु, कहना न होगा कि ऊपर गिनाये गये तमाम चर्चित सवाल एक ही पीढ़ी के भीतर प्रसंगानुकूल रहे हैं। फिर सवाल उठता है कि यह आपसी 'कटायुद्ध' क्यों? इसके पीछे सजग विवेक-चेतना है या मात्र व्यावसायिक होड़?

मैं कहना चाहूँगा दोनों ही—व्यावसायिक होड़ भी (जिससे सौभाग्यवश नयी कविता बची रह सकी।) और यथार्थ के प्रति आग्रहशील चेतना भी। अपनी बात स्पष्ट करूँ—सबसे पहले उठने वाले विवाद नगर-कथा बनाम ग्राम-कथा के विवाद द्वारा। आज दोनों ही पक्षों ने इस विवाद की व्यर्थता को स्वीकार कर लिया है, पर '55 से '57 तक यह विवाद जिस धुरी पर घूमता रहा है वह यथार्थ के प्रामाणिक स्वर का था। मार्कण्डेय या शिवप्रसाद सिंह के लिए वह यथार्थ गाँव में था और राकेश या राजेन्द्र यादव के लिए नगर में, तो कमलेश्वर के लिए वह कस्बे में बसता था। अपने अनुभव-क्षेत्र के प्रति अधिक ईमानदारी इससे लक्षित होती है, पर अपने को अधिक महत्त्वपूर्ण सिद्ध करने की व्यावसायिक आकांक्षा भी इस विवाद में विद्यमान थी और तनिक संयत विवेक से विचार करने के बाद इस विवाद पर कफ़न भी डाल दिया गया। (यहीं यह याद करा देना अप्रासंगिक न होगा कि ठाकुरप्रसाद सिंह, केदारनाथ सिंह, सर्वेश्वर या नरेश मेहता के गाँव या जंगल के चित्र, रघुवीर सहाय या कुँवर नारायण के शहरी-चित्रों से इस प्रकार नहीं अलगाये गये। एक ही आन्दोलन के अन्तर्गत दोनों ही प्रवृत्तियाँ स्वीकार की गयी थीं।)

'यथार्थ' की बात करने के पूर्व ही लगे हाथ तनिक व्यावसायिकता पर और विचार कर लेने की आवश्यकता है। कुछ लोग व्यावसायिकता का अर्थ प्रभूत लेखन से लेते हैं। पर हमें लगता है कि व्यावसायिकता का यह बड़ा ऊपरी अर्थ है। साल-दो साल में एक कहानी लिखकर भी व्यावसायिक दृष्टिकोण अपनाया जाता है। इस प्रसंग में व्यावसायिक का अर्थ है अत्यधिक जन-प्रियता—लोकप्रिय होने का आग्रह। लोकप्रिय होने का यह आग्रह लेखक में उस साहस के अभाव को जन्म देता है, जिसके कारण वह अपनी खरी अनुभूति के लिए पर्याप्त शिल्प का प्रयोग नहीं कर पाता याकि उस अनुभूति को ही काट-छाँट देता है। वह मनोरंजनपरक लोकप्रियता के चक्कर में पड़कर किस्सागोई को अपना लेता है। जिस प्रकार चित्रकला को सबसे बड़ा खतरा फोटोग्राफी से या कविता को संगीत से होता है उसी प्रकार कहानी या उपन्यास का सबसे बड़ा खतरा किस्सागोई है। कहना न होगा कि तमाम नये कहानीकार भी इस किस्सागोई के चक्कर में जा पड़ते हैं। वे लोग यह भूल जाते हैं कि देवकीनन्दन खत्री, किशोरीलाल गोस्वामी आदि लेखकों एवं प्रेमचन्द के मध्य का सबसे बड़ा अन्तर यही किस्सागोई का बिन्दु है।

पर, जैसा कि अभी कहा जा चुका है—मूल प्रश्न यथार्थ के प्रति प्रतिबद्धता का

है। जब निर्मल वर्मा की कहानियों की विदेशी पृष्ठभूमि या विदेशी चरित्रों को लेकर आक्षेप किया जाता है तब भी मूल आक्षेप यही रहता है कि ये अप्रामाणिक यथार्थ की कहानियाँ हैं—केवल चौंकाने या रोब डालने के लिए लिखी गयी हैं। या कि जब अज्ञेय, श्रीकान्त या सर्वेश्वर की कहानियों पर व्यक्तिवादी होने का आरोप लगाया जाता है तब भी यही कि यह कृत्रिम भूमि है—यथार्थ की वास्तविक स्थिति नहीं। जब शिवदानसिंह चौहान या हंसराज रहबर समस्याओं की लम्बी सूची गिनाते हैं कि नये कहानीकार इन पर क्यों नहीं लिखते तो उनका आक्षेप यही रहता है कि यथार्थ की समस्याओं से नया कहानीकार कतराता है और जब उनको उत्तर देते हुए कोई नया लेखक या आलोचक कहता है कि 'समस्या' प्रधान (या समस्या को ही लेकर लिखा जाने वाला) साहित्य अकसर अप्रामाणिक अनुभव (यानी कृत्रिम यथार्थानुभव) पर आधारित होता है इसीलिए नकली भी होता है तो यथार्थ की ही बात उठाता है। इसी प्रकार जब व्यावसायिकता का आरोप तमाम नये या पुराने कहानीकारों पर लगाया जाता है तब भी उसका मूल रूप यही है कि इन लोगों ने व्यावसायिक माँग पर अपने यथार्थ अनुभव को निछावर कर दिया है।

इसलिए सबसे रपटीला शब्द 'यथार्थ' हो जाता है—कहीं वह समस्या के नाम से आता है तो कहीं अनुभव तो कहीं किसी और नाम-रूप में, नाना रूप धरौ हरिः। इसलिए आवश्यकता इस यथार्थ को समझ लेने की है। यथार्थ दृष्टिकोण है या विषय वस्तु, यथार्थ शैली है या रूपबन्ध का सम्पूर्ण शिल्प। यथार्थ के प्रति प्रतिबद्ध होने की शर्त क्या है और उसकी पहचान क्या है? इन बातों पर तनिक विस्तार से विचार किया जाना चाहिए। बिना इस शब्द की स्पष्ट व्याख्या के तमाम चर्चा अरूप और आधारहीन बनी रहती है। अगली किसी किश्त में हम 'यथार्थ की बात' करेंगे।

कहानी की चर्चा-परिचर्चा के अम्बार में एक बात और भुला दी गयी है कि कहानी सम्पूर्ण 'कथानुभव' वाले साहित्य का अंग है और उसे उपन्यास की चर्चा से अलग करके देखने में काफी गड़बड़ियाँ होती हैं। यह हो सकता है कि किसी युग विशेष में कहानियाँ अधिक महत्त्वपूर्ण लिखी गयी हों, पर उसे पूरे 'फिक्शन' के सन्दर्भ से काटना उचित न होगा। नाटक की चर्चा से अलग करके एकांकी को परखना या तमाम कथा-काव्यों (या बन्ध-काव्यों) से अलग करके मात्र छोटी आत्मपरक गीतियों की चर्चा करने का जो परिणाम हो सकता है, वही इस कहानी-चर्चा के साथ भी हुआ है। 'कहानी' जैसे एक व्यापक सन्दर्भ से कट गयी। इसका तात्पर्य यह भी नहीं कि कहानियों की अलग-अलग चर्चा नहीं की जा सकती—तात्पर्य मात्र इतना है कि नयी कहानी को उचित सन्दर्भ में देखने के लिए 'नदी के द्वीप', 'मैला आँचल', 'बूँद और समुद्र', 'उखड़े हुए लोग', 'झूठा सच', 'अँधेरे बन्द कमरे', 'यह पथ बन्धु था' आदि को भी सामने रखना होगा। बल्कि कहना तो यह चाहूँगा कि

कविता को भी मद्देनजर रखना होगा। मुझे अकसर यह लगा है कि नयी कविता और नयी कहानी दोनों की ही उपलब्धियों एवं असफलताओं में काफी दूर तक समानताएँ भी मिलती हैं। बहरहाल, इस प्रसंग की चर्चा आगे। पर इस स्तम्भ में कहानियों की चर्चा करते समय इस व्यापक 'कथा सन्दर्भ' को ध्यान में रखने की चेष्टा की जायेगी, और नयी कहानियों की ही नहीं, उपन्यास की भी विस्तृत चर्चा करने का प्रयास किया जायेगा।

अणिमा : जनवरी, 1965

क्यों और क्यों नहीं : यथार्थ का शिल्प और शिल्प का यथार्थ

'अगर वह मेरी पत्नी न होती, तो मैं उसे जरूर चूम लेता या चूमने की इच्छा को दबाता कड़वा मजा लेता।' हिन्दी कहानी का अभ्यस्त पाठक इन पंक्तियों को पढ़कर एक धक्के का अनुभव कर सकता है और विवेकी पाठक एक नये स्वर की पहचान का। पिछले दशक के कहानीकार 'सामान्य अनुभवों को इस तरह नया सन्दर्भ देते हैं कि पाठक को कहीं भी संस्कारगत धक्का नहीं लगता।' क्यों महेन्द्र भल्ला की कहानी 'एक पति के नोट्स' (नयी कहानियाँ : सितम्बर, 1964) एक 'नये तरह के पाठक' की भी माँग करती है? इसी के साथ धर्मवीर भारती की कहानी 'यह मेरे लिए नहीं' ('नयी कहानियाँ', नवम्बर, 1964) पढ़ी जाये तो नये और पुराने स्वर एकदम अलगाए जा सकते हैं। भारती में जहाँ पुराने मूल्यों एवं नयी आकांक्षाओं के मध्य द्वन्द्व है और उस खाई को पाटकर जुड़ने की व्याकुलता है, वहाँ महेन्द्र भल्ला उस द्वन्द्व को उपस्थित करते हैं जो मूल्यहीनता के कारण व्यक्ति में उत्पन्न हो गया है। शायद यह कहने की आवश्यकता न पड़े कि दूसरे प्रकार का द्वन्द्व अधिक विकसित यथार्थ का परिचायक ही नहीं है, ज्यादा बड़ी कलात्मक क्षमता भी चाहता है। महेन्द्र भल्ला उस यथार्थ की नब्ज पर हाथ रखते हैं जो आधुनिक जीवन की विडम्बना और नियति है, जबकि भारती का संसार उसी पुराने संसार का चढ़ाव है जो पिछले पचास वर्षों से हिन्दी कहानी में व्यक्त होता आया है। इन दोनों संसारों की व्यंजनाएँ दो भिन्न शिल्पों, दो भिन्न भाषा-भंगिमाओं की माँग करती हैं।

'एक पति के नोट्स' को आप पारिवारिक कहानी कहें या प्रेम की अथवा फ्लर्टेशन की—इससे कोई फर्क नहीं पड़ता। फर्क पड़ता है इस बात से कि इस कहानी का यथार्थ अधिक गहरा और अधिक नया ही नहीं, अधिक निजी भी है। इस कहानी का संसार ही बदल गया है। पत्नी है। सुन्दर है। उससे प्रेमविवाह किया है। विलासी गृहस्थी है। असन्तोष का प्रत्यक्ष कोई कारण नहीं, पर पति पत्नी से ऊबा है। दोनों के मध्य का सम्प्रेषण कृत्रिम है। बल्कि यों कहें कि भावात्मक आदान-प्रदान के तार ही टूट गये हैं। छोटे-छोटे सहज प्रसंगों एवं टिप्पणियों में यह ऊब, यह अलगाव, यह

अकेलापन व्यक्त होता है। अत्यन्त वैयक्तिक से लगने वाले सम्बन्धों में आधुनिक जीवन की इस ट्रेजेडी को पूरी तरह से पहचाना जा सकता है। औरत के रूप में पत्नी उसे आज भी सुन्दर लगती है पर ज्यों ही याद आता है कि यह मेरी बीवी है, उसका चिपचिपाहट भरा अपनापन अखरने लगता है तथा सुन्दर न होने के बावजूद पड़ोसी लड़की चन्द्रा को फ्लर्ट करने की कोशिश करता है और अपने को पड़ोसी किशोरी लाल से कहीं ऊँचा मानता हुआ सोचता है कि शायद उसकी बीवी को भी पा सकेगा। यही नहीं, अपनी पत्नी से यौन सम्बन्धों के समय मार्लिन मनरो आदि ऐक्ट्रेसों को ध्यान में रखना पड़ता है और सेक्स की विवशता न होती तो पत्नी को छोड़ देने की 'बेईमानी' भी उसके मन में थी।

स्पष्ट है कि प्रेम, परिवार, सेक्स, पति-पत्नी सम्बन्ध, पड़ोसी व्यवहार आदि के पुराने स्थापित आदर्शों से यह स्थिति भिन्न है। एक स्तर पर इस कहानी को पुराना आदर्शवादी (या पुरानी कहानियों का अभ्यस्त) पाठक विकृति, अनैतिकता, अश्लीलता, अमानवीयता, बुराई आदि की कहानी कहना चाहेगा। पर यही वह स्तर है जहाँ कहानी यथार्थ को उसके अधिक सच रूप में उठा लेती है। निश्चय ही कहानी इन दुष्कर्मों की है, पर आधुनिक सन्दर्भ में 'बुराई' की 'सिग्नीफिकेंस' ही कहानी का मूल भाव प्रतीत होता है। बुराई की इस गणनीयता के पीछे एक अत्यन्त प्रश्नशील मस्तिष्क की आवश्यकता है और यह प्रश्नशीलता अनिवार्यतः अनास्था, निराशावादिता आदि की ओर ले जायेगी। स्वतन्त्रता के बाद नवलेखन के प्रारम्भ में 'कल उगने' का जो एक आशावादी रोमाण्टिक झोंका आया था वह सन् '60 तक पहुँचते-पहुँचते गुजर जाता है और जो एक अत्यन्त प्रबुद्ध, जिज्ञासु मन सचाई में गहरे पैठता है वह निरन्तर निराशा, अनास्था, ऊब, बुराई, अनैतिकता आदि की सिग्नीफिकेंस को स्पष्ट करता है।

इस बोध और इस स्पष्टीकरण का जो क्षुरस्य धारा मार्ग आज का लेखक अपनाता है वह अपने प्रामाणिक अनुभव का है, न कि साझे आदर्शों द्वारा बताया गया। जिस प्रकार का अनुभव होना चाहिए या जिस प्रकार से जिस कोटि का अनुभव करना सिखाया गया है, उनसे हटकर महेन्द्र भल्ला की यह कहानी प्रामाणिक अनुभव पर जोर देती है। पति-पत्नी के बीच पड़ोसी परिवार को दिये गये डिनर निमन्त्रण पर बातचीत होती है। पति किशोरीलाल को 'गधा' कहता है। पत्नी पूछती है : 'फिर बुलाया क्यों?' उत्तर है, 'सन्ध्या के लिए।' पत्नी का कहना है कि 'वह किसी के हाथ लगने वाली नहीं है। आप कोशिश करके देख लीजिए।' बात सच लगते हुए भी पूछता है; 'क्यों?' इसलिए कि 'हम औरतें अपने को बहुत ढाल लेती हैं।...हमको अगर घर मिल जाये, तो हम बहुत कुछ सह सकती हैं।' पति को प्रतीत होता है कि 'उसने निहायत हिन्दुस्तानी बात कही है। यह बात उसकी अपनी नहीं, साझी है। आदर्श है। मुझे आदर्शों से चिढ़ है।' नये लेखक ने समझ लिया है कि

आदर्श साझा होता है। इसीलिए वह अपने अनुभव पर बल देना चाहता है। और इसी स्थिति से यह आकांक्षा उभरती है कि कितना ही तीखा क्यों न हो पर जुड़ना अपने यथार्थ से ही है। महेन्द्र भल्ला का 'पति' अगर साझे आदर्शों को मान ले तो दुख की स्थिति समाप्त हो जाये, पर इतना आसान नुस्खा भी वह स्वीकार करने को तैयार नहीं। यही उसकी विडम्बना है—आधुनिक लेखक की विडम्बना है। पुराना लेखक इस कहानी को लिखने बैठेगा तो एक त्रिकोण बना देगा, पर यहाँ त्रिकोण का तीसरा बिन्दु न होने के बावजूद सारा त्रास विद्यमान है। इस विडम्बनाभरी प्रश्नशीलता के द्वारा वे सचाई को झेलना चाहते हैं। परम्परा-ग्रथित विचारों (या कण्डीशण्ड रेफ्लेक्सेज) से अपने संवेगों, अनुभूतियों को अलगाना किसी भी लेखक के लिए सबसे बड़ी समस्या होती है—महेन्द्र भल्ला ने इसे निभाने की पूरी चेष्टा की है। अपने अनुभव की तीखी चेतना, जान-बूझकर 'दुखों के रास्ते' अपनाने की चेष्टा, पूरी कहानी में व्याप्त एक अनाम तल्खी इस कहानी को नयी कहानी के उस स्वर का प्रतिनिधि बनाती है जो सन् '60 के बाद विकसित हो रहा है और जिसकी कुछ विरल ध्वनियाँ ही छठे दशक की कहानियों में मिलती हैं।

प्रस्तुत कहानी (और इसके माध्यम से इधर की कहानी) की विशिष्टता को समझने के लिए थोड़ा-सा उस संसार का विश्लेषण कर लिया जाये जो इस कहानी के माध्यम से उभरता है। खासकर इस कहानी में चित्रित मानवीय सम्बन्धों के माध्यम से ही यह विश्लेषण करने की चेष्टा करूँगा। यों होना तो यह चाहिए कि उसके पूरे भूगोल, प्रतीकों, अप्रस्तुतों आदि की भी चर्चा की जाती।

यद्यपि पति की मूल समस्या वैयक्तिक है—प्रेम या संवेगों की ओर उसका अपना रुख—पर समाज के प्रति उसका जो दृष्टिकोण है उससे सामाजिक समस्याएँ भी उभर आती हैं। समाज उसे किस रूप में लेता है यह तो बहुत स्पष्ट नहीं है (सामाजिक अलगाव का यह प्रतीक भी माना जा सकता है)। पर उसका अपना रुख पर्याप्त स्पष्ट है। एक ओर विवाहित पत्नी को वह छोड़ने की बेईमानी भी कर सकता है, पर दूसरी 'शादी' में देर लगेगी और तब तक यह सेक्स कहाँ मिलेगा। दसवें-पन्द्रहवें सीता के गालों पर चटकने वाली हल्की लाल ताजगी का आकर्षण न होता, 'तो एक तरफ हो जाता।' ध्यान रहे कि विवाह एक सामाजिक संस्था है। उसका अस्वीकार भी और एक भिन्न स्तर पर स्वीकार भी वस्तुतः एक गहरे अलगाव (आइसोलेशन) को सूचित करते हैं। पहले की कहानियों में सामाजिक विसंगतियाँ बराबर मिलती हैं, पर इन विसंगतियों के चित्रण में सामाजिक एकीकरण (सोशल इण्टेगरेशन) की कल्पना बराबर विद्यमान रही है। स्वयं भारती की कहानी 'यह मेरे लिए नहीं' में भी यह एकीकरण है एवं उससे उत्पन्न तथाकथित आस्था भी। 'एक पति के नोट्स' का नायक इस भयंकर विलगाव से पीड़ित है। पिछले चार-पाँच वर्षों में जो भी उल्लेखनीय कहानियाँ आयी हैं उनमें यह विलगाव की यातना विद्यमान है। यद्यपि यह अलगाव

इन चरित्रों का अपना वैयक्तिक भाव है और व्यापक समाज उनसे बेखबर दीखता है, कहना न होगा कि यह बेखबरी अन्ततः भय, आतंक या आततायीपन तक ले जाती है, जिसमें कि समाज न व्यक्ति की रक्षा कर पाता है और न व्यक्ति की चोट से अपना बचाव। यही अलगाव और बेखबरी अमरकान्त के 'हत्यारे' या 'मार्कण्डेय' की 'एक काला दायरा' की स्थितियों के लिए जिम्मेदार होती है।

समाज से इस अलगाव का एक रूप इस कहानी में यों भी देखा जा सकता है कि पत्नी या पड़ोसी से कुछ कामलायक सम्बन्ध तो दीखते हैं, पर उनके कार्यों में कोई घनिष्ठ या भावात्मक लगाव नहीं मालूम होता, यहाँ तक कि किशोरीलाल की पत्नी या बहन में दिलचस्पी भी एक निहायत सतही शारीरिक स्तर पर है और इसीलिए कोर्टशिप की कोई चेष्टा नहीं दीखती। इसी स्तर के सम्बन्धों की औपचारिकता के भीतर पड़ोसी को डिनर पर बुला तो लिया जाता है पर उसकी बीमारी सुनकर मात्र मौखिक सहानुभूति जताने के लिए भी किशोरीलाल के घर तक जाने का कोई उपक्रम नायक नहीं करता। समाज से इस पीछे हटने के कारणों की विवेचना न करके यहाँ केवल इस ओर इंगित किया जा सकता है कि प्रस्तुत कहानी के नायक में समाज के प्रति एक विरक्तिजन्य उदासीनता है, सामाजिक माँगों से उत्पन्न होने वाले भय का अभाव है तथा है सामाजिक संस्थाओं के प्रति उपेक्षा।

सामाजिक अलगाव का सबसे प्रखर रूप विवाह की संस्था की इस उपेक्षा या अवमानना में व्यंजित है। नायक के लिए इस संस्था का उपयोग मात्र सहजलब्ध सेक्स के लिए है। पर साथ ही विवाह संस्था को ही सेक्स परितृप्ति का एकमात्र वैध मार्ग वह नहीं मानता। चन्द्रा के शरीर का रस लेकर वर्णन ही नहीं करता, उस दिशा में अनमने भाव से कुछ दिलचस्पी भी दिखाता है और किशोरीलाल की बीवी सन्ध्या के बारे में उसका ख़याल है कि उसे वह जीत सकेगा क्योंकि 'ऐसे आदमी के साथ सन्ध्या जैसी स्त्री कैसे रह लेती है! अधिक दिन नहीं रहेगी।' यही नहीं, वह अपनी पत्नी के सामने भी अपनी लालसा प्रकट करने में संकोच नहीं करता और पत्नी भी इन बातों का बुरा नहीं मानती। सम्भवतः सीता के मन में भी इस विवाह नामक संस्था के प्रति बहुत आदरभाव नहीं है। जिस प्रकार नायक के लिए विवाह का एकमात्र उपयोग सहजलब्ध सेक्स है, वैसे ही सीता के लिए वह घर पाने का साधन है जिसके लिए स्त्रियाँ बहुत कुछ सह लेती हैं। (शायद सीता अपने पति को और सन्ध्या अपने पति को सह लेती हैं।) फिर सबसे मजेदार बात यह कि सामाजिक संस्थाओं या परम्पराओं के इस उल्लंघन में विद्रोह या शहादत की पुरानी कहानियों में प्राप्य मुद्रा कहीं भी नहीं है। यहाँ तक कि 1964 में छपी 'यह मेरे लिए नहीं' (धर्मवीर भारती) के दीनू की मुद्रा इसी पुराने बलिदानी की ही बनी रहती है। पर भल्ला की कहानी के नायक की परम्परा के प्रति उपेक्षा इस सीमा तक है कि सुन्दर दीखनेवाली एक स्त्री को वह इसलिए नहीं चूम पाता क्योंकि वह पत्नी है।

इस सम्बन्ध में यह भी ध्यान में रखना होगा कि अलगाव या अस्वीकार की यह भावना नायक के अपने स्वभाव या व्यवहार से उद्भूत है। वस्तुतः वह एक वास्तविक या कल्पित इस माँग से पीड़ित है कि कोई उसे ठीक से समझे, उसके महत्त्व को सराहे या कि सहानुभूति दे। 'अकेलापन उसे अपने चारों ओर लिपटा दीखता है।' अकेलेपन को मारने का सबसे बड़ा साधन प्रेम है, पर वह भी 'परिचय के मध्य अपरिचय' बन गया है। प्रेमालाप कहानी में या तो होता नहीं या मात्र झुठाई के स्तर पर दीखता है। "सीता के होंठ 'अनाकर्षक' और थोड़े से बदसूरत लग रहे थे। 'परिणामस्वरूप' मैंने मुँह फेर लिया। लेकिन तभी मुझे एहसास हुआ कि सीता मुझे प्यार से देख रही है। मैंने एकाएक भाव बदला और प्रति-प्यार से उसे देखने लगा।...मैं यह नाटक क्यों करता हूँ? और सीता को इसका पता क्यों नहीं चलता?" ध्यान रहे कि प्रेमविवाह होने के पश्चात भी प्रेमालाप की कृत्रिमता का यह रूप उभर आता है।

इस अकेलेपन की सबसे बड़ी विडम्बना प्रेम नहीं, सेक्स के क्षणों में देखी जा सकती है, जिसमें कि मार्लिन मनरो आदि ऐक्ट्रेसों को याद करना पड़ता है, या कि 'उसके' दौरान भी यह तर्क-वितर्क चलता है कि शायद वह जबरदस्ती पर उतर आने के लिए रूठी हुई थी। इस प्रेमप्रसंग की और छानबीन करें तो स्पष्ट हो जायेगा कि यहाँ पर अपने लिए उपयुक्त साथी चुनने या उसका हृदय जीतने की चेष्टा तनिक भी नहीं है। कोर्टशिप की आवश्यकता ही नहीं है। प्रेमपात्र के अभिज्ञान से ज्यादा महत्त्वपूर्ण प्रेम की लैंगिक अभिव्यक्ति है। पर व्यंग्य यह कि इस अभिव्यक्ति को भी पूरे व्यक्तित्व का बल नहीं मिलता। जिन पड़ोसिनों पर उसकी नजर पड़ती है उनको भी पाने की न तो उत्कट अभिलाषा दिखती है और न चेष्टा—केवल एक प्रकार की विकारभरी बातचीत तक ही यह मनमोदक सीमित रहता है। यह भी ध्यान देने योग्य है कि पति-पत्नी के मध्य कलह का कोई कारण नहीं है (सिवा इसके कि एक-दूसरे को समझ सकने या सराह सकने के रागात्मक तन्तु टूट गये हैं)। फिर भी ऊब और अकेलापन उन्हें निरन्तर कलह या पीड़ा की स्थिति में रखते हैं। यह प्रेम वस्तुतः सुख का नहीं एक निरन्तर खोखलेपन की वेदना का स्रोत बन जाता है। पुरानी कहानियों में प्रेम अपनी स्वार्थहीनता, व्यावहारिकता, सामाजिक परम्पराओं के प्रति आदर तथा नैतिक विचारशीलता के द्वारा पात्रों को सामाजिक संगठन से जोड़े रखता था और पात्रों के मानवीय सम्बन्धों को इन गुणों की परिधि में अनुकूलित करता था। पर प्रस्तुत कहानी का प्रेमव्यवहार नितान्त आत्मकेन्द्रित, समाजविरहित और नीतिविरहित हो गया है। निःस्वार्थ संवेग तो यह है ही नहीं, प्रेमपात्र के गुणों का स्वतःस्फूर्त परिशंसन भी इसमें नहीं है। प्रेम का अनुपात विशिष्टता के अनुपातबोध से एकदम रहित है। प्रेमियों की सबसे बड़ी आवश्यकता शरीर तृप्ति भर रह गयी है।

यहाँ नायक के मन की यह कल्पना पूरी नहीं होती कि दूसरे उसे उतना ही

महत्त्व दें, उतनी ही उसकी सराहना करें जितनी कि वह स्वयं अपनी करता है, क्योंकि कोई भी एक-दूसरे को उतना महत्त्व नहीं देता। चन्द्रा उससे चिड़ी छीनकर और डाँट लगाकर चली जाती है। सन्ध्या मुग्धभाव से उसी किशोरीलाल की ओर एकरस ताका करती है जिसे वह घटिया आदमी मानता है। यहाँ तक कि सीता भी यह कहकर उसके अहं को ध्वस्त कर देती है कि 'हम स्त्रियाँ बहुत सह लेती हैं।' वस्तुतः यह स्थिति उसी समाज में सम्भव है जहाँ स्वयं दूसरे की सराहना नहीं की जाती और मात्र अपनी प्रशंसा पसन्द की जाती है। कहना न होगा कि ऐसा समाज विशृंखल होता है और आधुनिक समाज का यही रूप है। और इसी पृष्ठभूमि में इस कहानी का दाम्पत्य प्रसंग एक आन्तरिक यातना, अतिचार (ऐक्स्ट्रावेगैंस) और फ्रस्ट्रेशन की विकृतियों से सम्पृक्त है और ये विकृतियाँ ही आधुनिक जीवन की नियति बन गयी हैं।

इस विश्लेषण से इतना स्पष्ट है कि 'एक पति के नोट्स' का संसार बदला हुआ है। इसे ही मैंने विकसित यथार्थ की पहचान कहकर कहानी को गणनीय बताना चाहा है। यहाँ वस्तुतः, कहानी के माध्यम से यथार्थ की खोज है—खोज जो गहन प्रश्नशीलता से सम्बन्धित है। यह भी कहना चाहूँगा कि सचाई की खोज एक श्रेष्ठतर कलाशिल्प की खोज भी है। दोनों वस्तुतः एक ही हैं। जिस मानवीय समस्या को उठाया जाता है उसी के अनुरूप ही कलाशिल्प भी होना चाहिए। महेन्द्र भल्ला ने इस शिल्प की खोज की चेष्टा की है और दूर तक इसमें सफल भी हुए हैं।

कहानी उत्तम पुरुष के दृष्टिबिन्दु से कही गयी है। मैं समझता हूँ कि लेखक जिस समीपी, घनिष्ठ एवं तात्कालिक जीवन को उठाते हुए जिस आन्तरिक कटुता या वेदना को कहना चाहता है उसके लिए उत्तम पुरुष के अतिरिक्त और कोई चारा ही नहीं है। कहानी की अपनी प्रति में मैंने 'मैं' के स्थान पर 'वह' करके पढ़ना चाहा तो कहानी की अर्थगर्भिता ही खण्डित नहीं हुई, उसमें एक प्रकार की अविश्वसनीयता भी आने लगी। 'मैं' शैली में लिखने के कारण लेखक को विश्वसनीयता लाने के लिए वे तमाम जीवनचरितात्मक 'अभिज्ञान' नहीं लाने पड़े जिनके बिना कि 'वह' के माध्यम से विश्वसनीयता का आना कठिन है। वस्तुतः 'वह' के द्वारा सम्बन्ध और काल की जो दूरी स्थापित हो जाती है, लेखक के लिए अभीष्ट नहीं है, पर इसके साथ ही जिस यथार्थ को वह वाणी देना चाहता है, उसके लिए संयमित तटस्थता की भरपूर आवश्यकता है, इसके बिना सारा चित्रण आत्मरतिमूलक और पूर्वग्रहग्रस्त हो जायेगा और नायक अपने लिए सहानुभूति की माँग करने लगेगा। महेन्द्र ने इस कठिनाई को निभाने के लिए 'टिप्पणियों' या 'नोट्स' का प्रयोग करना चाहा है। अपनी मनःस्थितियों का विश्लेषण करते हुए नायक बेलाग, वस्तुगत टिप्पणियाँ देता जाता है और इस प्रकार आत्मपरक विडम्बना से बचने की पूरी चेष्टा करता है, यानी कि आत्मपरक समीपीबोध और वस्तुगत वास्तविकता इन दोनों को इस शिल्प के

अन्दर एक साथ सँभालने की तत्परता है। स्थान की सीमा होने के कारण टेक्सचर की बुनावट के अन्य तथ्यों में न जाकर केवल इतना और कहना चाहूँगा कि यथार्थ तथा शिल्प के इस एकत्व से बनी कहानी का सम्पूर्ण रूपबन्ध कामेडी या ट्रेजेडी के ढाँचों से हटकर एक प्रकार की तिक्त कथा का हो गया है। एक तल्खी या तिक्तता कहानी में परत दर परत जमती जाती है और समन्वित प्रभाव इसी तीखेपन का होता है। जिस जीवन को वह नापसन्द करता है, उसे ही जीना भी पड़ता है—यह विवशता कहानी में एक तीखेपन को भर देती है। नायक कहीं भी अपने लिए सहानुभूति नहीं माँगता, यहाँ तक कि स्वयं भी सहानुभूति नहीं देता। नायक कमोबेश पीड़ित है, पर यह पीड़ा स्वयं उसकी अपनी विकृतियों की देन है, इसीलिए अनिवार्य भी। चरित्र की ये विकृतियाँ तो प्रशंसनीय हैं ही नहीं, उसमें प्रशंसायोग्य और भी कोई विशिष्टता नहीं दिखती और इसीलिए दया या सहानुभूति को जन्म नहीं लेने देतीं। चूँकि ये कमियाँ स्वयं नायक को छोड़कर और किसी के लिए हानिकारक नहीं हैं, इसीलिए वे किसी प्रकार के गहन भय या आतंक को भी जन्म नहीं देतीं। अगर पाठक की अनुभूतियों के विकास का ग्राफ खींचा जाये तो ग्राफ की रेखा सहानुभूति से प्रारम्भ कर सहानुभूति की समाप्ति तक जायेगी और अन्तिम निर्णय यही होगा कि ठीक ही 'अफसोस, सोई हुई बाँह की तरह साथ उठा।' पर यह निर्णय न दर्दभरा है और न दयामय। कहानी में 'समुचित' का जो दर्दहीन उल्लंघन है वही इसके कड़वे प्रभाव को जन्म देता है।

इसके स्थान पर धर्मवीर भारती की कहानी 'यह मेरे लिए नहीं' एक अत्यन्त भावुक संसार का निर्माण करती है जिसमें दीनू का सारा रुख कटे रहने के बावजूद जुड़े रहने की आकांक्षा का है। इसीलिए पुराने जीवनमूल्यों के प्रति विद्रोह की रोमाण्टिक मुद्रा अपनाते-अपनाते वह शहीद की मुद्रा अपना लेता है और बलिदान का यह भाव (यह मेरे लिए नहीं है, मैं भी अपने लिए नहीं हूँ) उसे जोड़ देता है, उसके अकेलेपन को समाप्त कर देता है। यहाँ न सामाजिक संस्थाओं का 'सम्पूर्ण इनकार' है और न आन्तरिक त्रास की अनुभूति और परिणामस्वरूप पुराना मूल्य हारकर भी जीत जाता है। लेखक को विश्वसनीयता लाने के लिए तमाम बायोग्राफिकल डिटेल्स लाने पड़ते हैं। रोमांस की चटनी जरूरी हो जाती है, भाषा को कवित्वपूर्ण करना होता है। वस्तुतः भारती की कहानी सन् '50 के जीवनबोध पर खड़ी है और सब मिलाकर अपनी रोचकता के बावजूद किसी गहन अर्थवान स्तर पर नहीं उभर पाती।

नयी कहानियाँ : अगस्त, 1965

भयावह सन्दर्भ और कुछ कहानियाँ

इन अठारह सालों में वह स्वप्न बिल्कुल बिखर चुका है। हमने खुद ही जाने अपने साथ कोई क्रूर मजाक किया था, ऐसा लगता है जब हम अपनी उन स्वप्निल कल्पनाओं के बारे में सोचने लगते हैं। उस स्वप्न और इस यथार्थ को जब आस-पास रखकर देखते हैं, तो हम कितने अन्धे थे, इसका होश हमें आता है।
जो यथार्थ हमारे सामने है, वह सचमुच ही भयावह है।

—गुलाबदास ब्रोकर, 'धर्मयुग' : 15 अगस्त, '65

आज इसमें (भारत को) जो चीज भयावह है वह है नौकरशाही—काफ्का द्वारा कल्पित किसी भी चीज से कहीं अधिक दुर्दम्य एक भारतीय दुःस्वप्न।

'टाइम' (साप्ताहिक), 13 अगस्त, '65 का भारत पर आलेख।

स्वाधीनता दिवस, 1965 : 18 वर्ष के तरुण भारतीय लोकतन्त्र की आज की स्थिति पर सरसरी निगाह दौड़ाएँ तो जो चित्र सामने आता है उसमें छायाएँ ही अधिक गहरी दीखती हैं, प्रकाश के बिन्दु उतने उज्ज्वल नहीं दीखते। अन्न और वितरण की अनिश्चित स्थिति, बढ़ते हुए दाम, संकटापन्न आयोजन, मुद्रा की तंगी, विद्यार्थियों का उपद्रव, असन्तोष और खीझ की एक देशव्यापी घुटन—निश्चय ही इनको देखकर किसी का चित्त प्रसन्न नहीं हो सकता।

'दिनमान' : 20 अगस्त, '65 का सम्पादकीय वक्तव्य।

बिना किसी प्रयास के सहसा चुन लिए गये ये कुछ उद्धरण हैं जो हमारे वर्तमान सन्दर्भ को परिभाषित करने में काफी दूर तक सहायक होंगे। यह भयावह स्थिति राष्ट्रीय सन्दर्भ की तो है ही, अन्तर्राष्ट्रीय सन्दर्भ की छायाएँ कहीं अधिक काली और गहरी दिखती हैं। लगता है कि एक संकट से दूसरे संकट पर पहुँचना ही हमारे कदमों की एकमात्र रफ्तार बन गयी है। किसी भी सचेत व्यक्ति के लिए यह निरन्तर अधिक प्रखरता से स्पष्ट होने वाला अनुभव है कि शान्त और सुखी दुनिया बीत गयी। अब जो है वह कष्टकर है, आनन्द की प्राप्ति के लिए चलने वाली प्रतिद्वन्द्विता का निरन्तर तनाव है और इस तनाव में टूटने का दुख है।

ऐसी स्थिति में अगर लेखक अपने अनुभव की प्रामाणिकता के प्रति सजग है, अपनी रचना के प्रति ईमानदार है तो उसे अप्रीतिकर के चित्रण में ही व्यस्त होना पड़ेगा। प्रेमचन्द के लिए यह सम्भव था कि उनकी कहानियों के अन्त सुखद हो सकें, उसमें सत्य की जीत दिखाई जा सके या प्रेम अथवा न्याय को ही अन्ततः स्थापित किया जा सके। वस्तुतः जीवन की मूल तर्कसंगतता पर उनका गहरा-ईमानदार विश्वास था। इसीलिए प्रेमचन्द की सुखान्त कहानियाँ, काव्यसत्य की विजयवाली कहानियाँ भी अप्रामाणिक अनुभव की कहानियाँ नहीं कही जा सकतीं। उन कहानियों में न पलायन है और न विकृति-कुरूपता से बच निकलने का रास्ता और न ही सदैव समाज पर अच्छा प्रभाव डालने की आकांक्षा। उन कहानियों में एक प्रामाणिक विश्वास की सचाई भर है। पर जब से यह वास्तविक विश्वास हिला तब से सुखद अन्तवाली कहानियाँ फार्मूला बन गयीं—व्यावसायिकता और मनोरंजन के लिए उत्पन्न पलायनवादिता की नयी कहानी का सारा विद्रोह इस फार्मूलाबद्ध गैरईमानदारी के प्रति ही था। आज का औसत व्यक्ति भी यह विश्वास नहीं करता है कि संसार के साथ सब कुछ भला और ठीक है और न वह जिन्दगी के पास किसी विश्वासभरी आस्था से आता है। तब फिर लेखक से भी यह आशा नहीं की जा सकती कि वह इस संसार से आस्था की वरदानी, अनासक्त, सदानन्द मुद्रा धारण कर निकले। इसीलिए इस आरोप का कोई अर्थ नहीं होता कि आज के कहानीकार की दिलचस्पी सिर्फ गलीज, कुरूप या विकृत में है। यह आरोप लगाने वालों का सबसे प्रत्यक्ष तर्क होता है कि ये नये कहानीकार देश के यथार्थ से कटे हुए हैं : देश तो आस्था और विश्वास के साथ निर्माण में लगा हुआ है, एक उज्ज्वल भविष्य वह देख रहा है (बल्कि यों कहें कि यह कहने वाले स्वयं देश के इन निर्माणों को भुना रहे हैं, उनका वर्तमान सुखमय है और भविष्य के लिए काफी बैंक बैलेंस है।) और ये लोग पश्चिम की कृत्रिम अनास्था, निराशा, कुण्ठा, मरणाकांक्षा, बुराई की महत्ता आदि को चित्रित कर रहे हैं। प्रारम्भ के उद्धरण इस स्थिति का उत्तर देने में समर्थ हैं। आशा का यह झोंका पहले दौर में नयी कविता, नयी कहानी में भी आया था, पर सन् '60 के आस-पास पहुँचते-पहुँचते यह भासित होने लगा कि वह स्वप्न बिखर रहा है, यथार्थ अधिक भयावह होता जा रहा है।

अगस्त 1965 की 'नयी कहानियाँ' में महेन्द्र भल्ला की एक कहानी का विश्लेषण करते हुए मैंने लिखा था—

"एक स्तर पर इस कहानी को पुराना आदर्शवादी (या पुरानी कहानियों का अभ्यस्त) पाठक विकृति, अनैतिकता, अश्लीलता, अमानवीयता, बुराई आदि की कहानी कहना चाहेगा। पर यही वह स्तर है जहाँ कहानी यथार्थ को उसके अधिक सच रूप में उठा लेती है। निश्चय ही यह कहानी इन दुष्कर्मों की है, पर आधुनिक सन्दर्भ में 'बुराई' की 'सिग्नीफिकेंस' ही कहानी का मूल भाव प्रतीत

होती है। बुराई की इस गणनीयता के पीछे एक अत्यन्त प्रश्नशील मस्तिष्क की आवश्यकता है और यह प्रश्नशीलता अनिवार्यतः अनास्था, निराशावादिता आदि की ओर ले जायेगी। स्वतन्त्रता के बाद नवलेखन के प्रारम्भ में 'कल उगने' का जो एक आशावादी रोमाण्टिक झोंका आया था, वह सन् '60 तक पहुँचते-पहुँचते गुजर जाता है और जो एक अत्यन्त प्रबुद्ध, जिज्ञासु मन सचाई में गहरे पैठता है वह निरन्तर निराशा, अनास्था, ऊब, बुराई, अनैतिकता आदि की सिग्नीफिकेंस को स्पष्ट करता है।"

महेन्द्र भल्ला की कहानी का संसार तो फिर भी बहुत सीमित है, पर उसमें व्यक्ति संसार में व्यक्ति और समाज के बीच जो बेखबरी आ गयी है वही 'बेखबरी' अन्ततः 'भय, आतंक या आततायीपन तक ले जाती है, जिसमें कि समाज न व्यक्ति की रक्षा कर पाता है और न व्यक्ति की चोट से अपना बचाव'। यही अलगाव या बेखबरी अमरकान्त की 'हत्यारे', निर्मल वर्मा की 'लन्दन की एक रात' या मार्कण्डेय की 'एक काला दायरा' कहानियों में व्यक्त स्थितियों के लिए जिम्मेदार होती है। 'टाइम', 'दिनमान' या 'धर्मयुग' के उद्धरणों में जिन भयावह स्थितियों की ओर संकेत किया गया है वही इन कहानियों का सन्दर्भ है। निर्मल का सन्दर्भ और अधिक व्यापक है, वह अन्तर्राष्ट्रीय भय और आतंक की पकड़ का सूचक है। प्रारम्भ में गुलाबदास ब्रोकर का जो उद्धरण दिया गया है उसी में आगे यह भी कहा गया है: 'हमारे लोग इतने भ्रष्टाचारी होंगे, हमारे राजकाजी इतने खुदगर्ज होंगे, हमारे नेता लोग इतनी बड़ी-बड़ी झूठी बातें कहने वाले होंगे, और इन सबके भार से दबकर हमारा देश नीचे और नीचे धँसता जायेगा, इसकी कोई कल्पना भी हमें कभी नहीं आ सकती थी। तब फिर हमें यह आजादी किसलिए चाहिए थी?' कहना न होगा कि यह कथन किसी विरोधी दल के नेता का वक्तव्य नहीं है, यह है एक संवेदनशील लेखक का साक्षी। इस साक्षी को चाहें तो 'एक काला दायरा' से जोड़कर देख लें। यह खुदगर्ज नेता, काफ्का द्वारा परिकल्पित स्थितियों से कहीं अधिक दुर्दम नौकरशाही का जो मिला-जुला नंगा नाच होता है, उसका विस्तार बनता है एक कमजोर पर मेहनती व्यक्ति। हमारे सार्वजनिक जीवन की भयावहता (टेरर) इस कहानी का कच्चा माल है। कहानी जिस मानवीय यथार्थ को उठा रही थी अगर उसी के उपयुक्त शिल्प भी प्राप्त कर सकी होती तो शायद ऐसे उपेक्षित न चली जाती। एक रोमाण्टिक स्फीति (राजकपूर छाप ओवर ऐक्टिंग या डूइंग) और कामू के 'अजनबी' के ट्रायल वाले दृश्य का जो मिश्रण कहानी के शिल्प में हुआ है, उससे बचने की आवश्यकता थी। पर लगता है कि मार्कण्डेय प्रभाववृद्धि के लिए बहुत चीजें इकट्ठी कर देने में विश्वास करते हैं। बहरहाल यहाँ पर इन कहानियों का कलाशिल्प हमारा विवेच्य नहीं है। मैं केवल यथार्थ के उस अप्रीतिकर भयावह प्रश्न की ओर संकेत करना चाहता हूँ जो इन कहानियों में व्यक्त हो रहा है और जो नये लेखकों की मूल्यदृष्टि का द्योतक है।

अमरकान्त की कहानी 'हत्यारे' सामाजिक विशृंखलता से उत्पन्न होने वाले त्रास, और आतंक का कलात्मक दस्तावेज है। किसी भी समाज से यह प्रारम्भिक प्रत्याशा होती है कि वह अपने सदस्यों को सुरक्षा दे सके! पर हत्यारे का जो संसार है उसमें न तो समाज रक्षा देता है और न अपने इन सदस्यों से सम्मान पाता है। आजादी के बाद के सन्दर्भ में उपजी नयी पीढ़ी के लिए वे तमाम शब्द और अवधारणाएँ अब केवल मजाक के लिए रह गयी हैं जिनको लेकर तमाम चिन्तक, व्यवस्थापक, राष्ट्रनिर्माता आदि अब तक स्वप्न देखते आये थे। समाजवाद, देश की तरक्की, देश का बोझ, विश्वशान्ति, 'ग्रामर ऑफ पॉलिटिक्स', रूस-अमरीका विवाद आदि उनके लिए हँस कर उड़ा देने की चीजें हैं। वस्तुतः इन शब्दों का उनके लिए अर्थ ही खो गया है। पर इस खोए हुए अर्थोंवाली भाषा से ही बीच-बीच में वे कण चमक जाते हैं जो उनकी आकांक्षा को भी सूचित करते हैं। वे प्रशासन के उच्चतम पदों के आकांक्षी हैं—यह उनकी व्यक्त अनाकांक्षा से प्रकट होता है; आजन्म ब्रह्मचारी रहने की घोषणा के पीछे जो वासना झाँक रही है वह बगल से लड़कियों के गुजरने पर हवा में उछाले गये चुम्बनों या चन्द्रा-सिन्हा प्रसंग से ही प्रकट नहीं होती, बहुत जल्दी अपने निम्नतम रूप में आगे आती है। एक गरीब औरत को धोखा देकर अपनी देह की भूख बुझाते हैं और फिर लास्की की 'ग्रामर ऑफ पॉलिटिक्स' को दस दिनों में कृपापूर्वक डिक्टेट करा देने वाले, सतीसाध्वी चन्द्रा के शील को प्रोफेसर दीक्षित से बचा लेने वाले, जवाहरलाल नेहरू द्वारा प्रधानमन्त्री पद के लिए आमन्त्रित ये नवयुवक, उस गरीब औरत को पैसा न देना पड़े इसलिए हाथों में जूते उठाकर भाग खड़े होते हैं। 'पूर्ण अहिंसात्मक तरीके से' नवयुवकों की 'बुद्धिमत्ता, मौलिकता, साहस और कर्मठता' का पथ प्रदर्शन इस प्रकार होता है कि उस औरत के शोर मचाने पर जो व्यक्ति उनके पीछे दौड़ते हैं उनमें से एक के पेट में पथप्रदर्शक महोदय छुरा घुसेड़ देते हैं। 'इसके बाद दोनों पुनः तेजी से भाग चले। जब बिजली का खम्भा आया तो रोशनी में उनके पसीने से लथपथ ताकतवर शरीर बहुत सुन्दर दिखाई देने लगे। फिर वे न मालूम किधर अँधेरे में खो गये।' इस कहानी को पढ़कर कवि केदारनाथ सिंह की ये पंक्तियाँ बहुत साफ हो जाती हैं—

और शहर में होनेवाली हत्या की खबर
चौंकाती नहीं,
न आघात देती है,
सिर्फ आदमी उठता है
और अपनी कंघी को उठाकर
शीशे के और करीब रख देता है।

आश्चर्य न होना चाहिए कि सन् '60 के बाद की हिन्दी कविता को केदारनाथ सिंह ने पूर्ववर्ती कवियों की अपेक्षा 'हत्यारे' और 'लन्दन की रात' से जोड़ना चाहा है। 27

जून, 65 के 'जनयुग' में प्रकाशित इस कविता का शीर्षक है 'सम्पर्कभाषा'। ऊपर कहा जा चुका है कि जब सामाजिक जीवन के मध्य पारस्परिक सम्पर्कसूत्र टूट जाते हैं, जहाँ कोई एक-दूसरे को समझ और सराह नहीं पाता, वहीं ऐसी भयावह स्थितियाँ उत्पन्न होती हैं। सम्पर्कभाषा का जो अभाव है वही शहर में होनेवाली हत्या के प्रति किसी प्रकार का लगाव नहीं उत्पन्न होने देता, सुनने वाला प्रसाधन की कंघी को दर्पण (जिसमें प्रतिबिम्ब दिखता है) के निकट खिसका देता है और हत्या करने वाला बिजली के खम्भे की रोशनी में अपने स्वस्थ शरीर की सुन्दरता चमकाकर अँधेरे में गायब हो जाता है।

'लन्दन की एक रात' का संसार और अधिक भयावह है। वहाँ भय साकार हो उठता है। वह ऐसा भय है जो अन्तर्राष्ट्रीय संकट और आतंक से उत्पन्न हुआ है। नीग्रो छात्र, जार्ज, लन्दन में रहना चाहता है, अन्तर्राष्ट्रीय नागरिक बन सकने की उसमें सम्भावना और क्षमता है और जब उसका साथी विला पूछता है—

'क्या वापस घर जाओगे?'

'....घर?' —नीग्रो छात्र जार्ज के स्वर में एक सूना-सा खोखलापन उभर आया, मानो 'घर' शब्द बहुत विचित्र हो, जैसे उसने पहली बार उसे सुना हो, 'मैं चाहता था, यहीं रहूँ। लेकिन वे हमें चाहते नहीं!'

'... वे—आह!' ...विला ने कहा।

'वे...अनायास हमने चारों ओर देखा। कोई भी न था, हालाँकि वे हर जगह हर समय हमारे संग थे। हमारे बाहर उतने ही, जितने भीतर।'

और रंगभेद की यह अमानुषिकता स्वयं विला को जिस विकृति की ओर ले गयी थी —सफेद 'ह्वोर' से बदला लेते हुए, वह 'अश्लील' नहीं 'जुगुप्सामय' है। रंगभेद, लिंगिक, सामाजिक शक्तियों की इस अन्याय को रोक सकने में असमर्थता, फासिज्म के अंकुर आदि अन्तर्राष्ट्रीय 'टेरर' को इस कहानी में मूर्तिमान करते हैं।

वस्तुतः आतंक और भय की कहानियों के द्वारा नया कहानीकार इस भय के भीतर स्थित बुराई की शक्ति को नाप रहा है। इन स्थितियों को भर आँख देखना, उन्हें अंकित करना, मुझे लगता है कि उनसे जूझना है। नया लेखक जिस स्तर पर उनसे जूझ रहा है वह उसके अपने मूल्यबोध का महत्त्वपूर्ण हिस्सा है। इन कहानियों को मूल्यहीनता की कहानी कहना अपने मूल्यबोध को कुण्ठित बताना है। चीजों को, स्थितियों को, व्यक्तियों को देखने का ढंग देखने वाले के मूल्य का ही अंग होता है।

धर्मयुग : अक्तूबर, 1965

सन् साठ के बाद की हिन्दी कहानी

दिसम्बर 1965 में 'भारतीय संस्कृति संसद' द्वारा कोलकाता में आयोजित कथा समारोह के व्याख्यान पर आधारित लेख

आधुनिकता एक ऐतिहासिक प्रक्रिया है। इसके पीछे विज्ञान, यन्त्र गति आदि हैं। इस प्रक्रिया में यथार्थ की भावना प्रक्रिया बदलती है। उसी सन्दर्भ में नये-पुराने को देखना चाहिए। यह झगड़ा रचनाशीलता का अनिवार्य सन्दर्भ है। पीढ़ियों को किसी सन् में नहीं बाँटा जा सकता, पर पीढ़ी की एक चेतना या अपना अनुभव होता है और अन्य पीढ़ियाँ उसमें साझीदार हो सकती हैं। यह चेतना या अनुभव यथार्थ से जुड़ा हुआ है। यथार्थ क्या है? यथार्थ सारा संसार है, पर इसमें से रचनाकार कुछ चुनता है। क्यों कुछ छवियों को चुनता है और कैसे चुनता है, इसी पर उस कहानी का संसार निर्भर करता है। इस चुनाव के पीछे अपनी वैयक्तिक प्रतिभा होती है। पर अपने विश्वास, अपनी निराशाएँ, अपने द्वन्द्व भी होते हैं—अपना आनन्द शायद सबसे कम होता है।

इस बिन्दु पर खड़े होकर देखें, तो तथाकथित पुराने लेखक अपने द्वन्द्व की कहानियाँ कह चुके। और अब जैनेन्द्र या चन्द्रगुप्त विद्यालंकार कहानियाँ लिखते हैं, तो वे झूठी कहानियाँ होती हैं। उन्होंने सुन रखा है कि कुछ बातें समाज में ऐसी होती हैं, और उन पर कहानियाँ बनाते हैं। इनमें घटनाएँ सच होती हैं, व्यक्ति झूठे होते हैं, क्योंकि उनके सम्बन्ध झूठे हैं। इन नये लोगों को बनाते समय वे तटस्थ नहीं रह सकते। और तटस्थता कला की अनिवार्य शर्त है।

नये कहानीकारों का सन्दर्भ क्या है, उन्होंने कहानियाँ कहाँ से उत्पन्न की हैं? हम अपने को क्या बनाते हैं, इस पर कथा निर्भर करती है। लेखक अनिवार्यतः अपने वास्तविक समाज, उसकी संस्कृति से किसी न किसी सम्बन्ध में जुड़ा रहता है—जब उसे अस्वीकार करता है, विद्रोह करता है या झूठ बोलता है, तब भी। नये कहानीकार इस माँग के अन्तर्गत आते थे।

समकालीनता, आधुनिकता, यथार्थ आदि शब्द बहुत रपटीले हैं। खासकर उस युग में, जब शब्द अलग जा रहे हों और चीजें अलग, जब निश्चयपूर्वक कह पाना

उतना ही असम्भव हो गया हो, जितना कि किसी युग में अनिश्चयपूर्वक कह पाना था। एमर्सन ने कहा है कि हर युग को अपनी विशेषता में लिखना होता है, शायद हर पीढ़ी को। और नयी पीढ़ी को भी अपनी कहानियाँ लिखनी हैं।

नयी कहानी अब थकी-पुरानी हो गयी है और मैं जान-बूझकर उसकी चर्चा नहीं करना चाह रहा। उसके लेखक, उसमें आये संसार, उस संसार के प्रति रुख, उसकी भाषा और विकल्प, ये सभी अब खासे रूढ़ और समकालीन सन्दर्भ में अयथार्थ भी लगने लगे हैं, गोकि उस प्रकार की बहुत अच्छी कहानियाँ अब भी लिखी जा रही हैं। 'लोकेट' करने की कोशिश करूँगा, जो सचमुच समकालीन है—समकालीन जीवन के अर्थ में।

लोग अन्त में नाम गिनाते हैं, मैं पहले ही लिख देता हूँ, 'भाषा', 'आदमी', 'साँसें', 'अन्तराल', 'एक प्रामाणिक झूठ', 'नौ साल छोटी पत्नी', 'फेंस के इधर-उधर', 'एक पति के नोट्स', 'चाय घर में मृत्यु' आदि। इन्हें 'मलबे का मालिक', 'राजा निरबंसिया', 'गुलरा के बाबा', 'चीफ की दावत', 'जहाँ लक्ष्मी कैद है' आदि से मिलाइए, तो हिन्दी कहानी का 'टेंपर' खासा बदला हुआ दिखाई देता है। इन दोनों की विस्तार से चर्चा न करके, विचार के लिए केवल कुछ संकेतबिन्दु उठाना चाहता हूँ।

'नयी कहानी' के लेखकों की कहानियों को पढ़ जाइए, तो लगता है कि जो कुछ ये कह रहे हैं, उसका उन्हें पूरा ज्ञान है। कहानी, उसके सारे 'डिटेल्स' उन्हें हस्तामलक हैं। इसीलिए कहानी में आनेवाली सभी स्थितियों के मध्य 'लाजिकल कनेक्शंस' बराबर विद्यमान दिखते हैं। इसी के साथ पहले गिनाई गयी कहानियाँ (60 के आस-पास से) देख जाइए, वहाँ उभरी दुनिया लेखक के लिए भी अपरिचित मालूम पड़ती है। लगता है कि उसने बगैर इस संसार का नक्शा समझे, बगैर इस दुनिया के सम्बन्धों की प्रामाणिकता की, कार्य-कारण सम्बन्धों की जाँच किये, कहानी लिखना शुरू कर दिया है। ज्ञान प्राप्त करके कहानी लिखने के बजाय लिखने के दौरान, वह ज्ञान खोजता जाता है या कभी-कभी पाता चलता है; प्रयाग शुक्ल की 'साँसें' या 'आदमी' के नायक की तरह। कहना न होगा कि मैंने सृजनप्रक्रिया के अन्तर की ओर आपका ध्यान खींचना चाहा है और यह अन्तर सृजनप्रक्रिया का ही नहीं है—यह यथार्थ के प्रति अलग-अलग रुखों का भी है।

चौथे, पाँचवें दशकों के लेखक 'यथार्थ का सृजन' करते थे, तो पचास के लेखक 'यथार्थ को अभिव्यक्त' करते थे, पर एकदम नया समकालीन कहानीकार 'यथार्थ को खोजता' है। पिछली पीढ़ी के लेखक जानते थे कि यथार्थ बिखरा हुआ पड़ा है, उपेक्षित है, कहीं-कहीं ढँका भी है और उन्हें अभिव्यक्त या उद्घोषित करने की जरूरत है। इस चेष्टा में ये लोग शहर की गलियों से आदिवासियों के घोटुल तक चक्कर लगा आते थे। विभाजन का यथार्थ, उपेक्षित अंचलों का यथार्थ, उपेक्षित पात्रों का यथार्थ, उपेक्षित गलियों का यथार्थ, इन्हें नये कहानीकार व्यक्त कर सके

हैं। 'रसप्रिया' हो या 'गुलकी बन्नो', 'प्रतीक्षा' हो या 'राजा निरबंसिया', मिथिला का अंचल हो या बस्ती का या गोंडवाने का—मूल दृष्टि यही बनी रही। फिर नयी कहानी इसमें यथार्थ के नाम से छौंकलोभी रही—सामाजिकता की, मानवता की, समस्याओं की, यानी कि रूप बदले प्रगतिवाद की। यों इस क्षेत्र में योगदान भी प्रगतिशीलता का ही है। आश्चर्य न होना चाहिए कि कहानीकार से अधिक सफल कहानी समीक्षक मार्कण्डेय कहानीकार से एक स्पष्ट सामाजिक दृष्टि की माँग करते हैं और कमलेश्वर या यादव भी बार-बार सामाजिकता की माँग दोहराते हैं! इनकी स्पष्ट सामाजिक दृष्टि का तनिक भी विश्लेषण स्पष्ट कर देगा कि इस प्रकार का भविष्यवाद इनके साथ जुड़ा हुआ है। पर नया लेखक प्रगति के इन सिद्धान्तों को अस्वीकार करता है। अपनी इस दृष्टि के कारण इन लोगों (नये कहानीकारों) ने काफी समस्याप्रधान कहानियाँ भी लिखीं और प्रकृतवादी भी। इन लोगों के दिमाग में कहीं यह बाकी था कि साहित्य समाज को बदलने का एक साधन है, साहित्य को आस्थावादी होना चाहिए। ये लोग काफी-काफी दूर तक आस्था के पीछे चलते गये या यों कहें कि 'ज्यों-ज्यों बसत जात प्रिय प्रान पूरि-दूरि-दूरि, त्यों-त्यों धँसत जात मनु मुकुर हमारे में।' कहना न होगा कि साहित्यिक मूल्यांकन के समय आस्थावादी स्वर सबसे अधिक अप्रामाणिक ठहरते हैं—चाहे वे 'अन्धा युग' में हों या 'आत्मजयी' के नचिकेता में या 'उखड़े हुए लोग', 'नीराजना', 'मलबे का मालिक' और 'आर्द्रा' में। साहित्य इन रचनाओं में वहीं उभरता है, जहाँ पराजय है, हताशा है, प्रश्न है—उत्तर नहीं।

एक और तथ्य की याद दिलाना चाहूँगा—पिछले दशक में यह बात बार-बार दोहराई गयी कि पुराने मूल्य टूट गये और नये मूल्य बन नहीं पाये। पर एक विचित्र बात है कि इन कहानीकारों या साहित्यकारों के कृतित्व का विश्लेषण बताता है कि पुराने मूल्यों के प्रति इनके मन में बेहद ममत्व था। पुरानी पीढ़ी और उसके मूल्यों की चर्चा करते समय ये उन्हें टूटता दिखाते हैं, पर ऐसा लगता है कि चाहते यही हैं कि वही बने रहते। वे पुराने लोग भी मूल्यबलि के समान इन कहानीकारों की आधी से अधिक शक्ति ले लेते हैं। 'आर्द्रा' हो या 'गुलरा के बाबा', 'कर्मनाशा की हार' हो या 'रसप्रिया' यही दृष्टि बार-बार उभरती है। वस्तुतः कहानी ये लोग इसी ममत्व से पैदा करते हैं। उनके सामने नयी पीढ़ी हतदर्प दिखती है। इसे यों भी कहा जा सकता है कि यह इनकी अपनी संवेदना की असफलता है—गैर-ईमानदारी नहीं।

बड़ी ईमानदारी से घटनाओं, पात्रों, परिस्थितियों, सम्बधों को चुना जाता है, कहानी को अधिक से अधिक सफल बनाया जाता है, पर घूम-फिर कर संवेदना आधुनिकता के भार को सह नहीं पाती और अन्ततः एक नास्टेल्जिया बार-बार उभरता है, दिखता है। अपनी पीढ़ी की 'आइडेंटिटी' इन्हें नहीं मिलती और जब अपनी ही पीढ़ी की बात करते हैं, तो उसके ऊपर 'वैल्यूपैटर्न' पुरानी पीढ़ी का आरोपित कर देते हैं।

किन्तु प्राकृतिक तथ्यों, बाह्य वस्तु वर्णनों के ज्ञान को स्वीकार करनेवाली यथार्थ दृष्टि को जब नयी पीढ़ी ने अस्वीकार किया, तब उसके साथ ही लिपटी तमाम विचार-दृष्टियों को भी अस्वीकार कर दिया है। क्यों लिखते हो? साहित्य का क्या प्रयोजन है? साहित्य की क्या शक्ति है? आज के सन्दर्भ में ये प्रश्न उसके लिए व्यर्थ हो गये हैं। वह जानता है कि साहित्य समाज नहीं बदल सकता, उसके पढ़ने वाले उसके माध्यम से सामाजिक सम्बन्धों या भावनाओं-कल्पनाओं को अधिक संयोजित रूप से देख सकते हैं, पर इससे अधिक नहीं। साहित्य आनन्द देता है, यह तो तभी खण्डित हो जाता है, जब आनन्दवादी थीमों को अस्वीकार कर दिया जाता है, और क्यों लिखता है, इसका उत्तर एलन रोब्ब के शब्दों में यह हो सकता है कि यही जानने के लिए लिखता हूँ कि मैं क्यों लिखना चाहता हूँ? परिणाम है कि सामाजिक समस्याओं पर कहानी लिखना उसका 'मिशन' नहीं रहा। इसका अर्थ यह नहीं है कि उसकी कहानियों में समाज या सामाजिक सम्बन्ध नहीं रहे। बल्कि यों कहें कि समस्याओं को चुनना व्यर्थ हो गया—क्यों यह समस्या इस प्रकार की है, इसका कोई दोटूक निश्चित उत्तर नहीं रहा। यों महेन्द्र भल्ला की कहानी 'एक पति के नोट्स' का विश्लेषण करते हुए मैंने दिखलाना चाहा है कि सामाजिक सम्बन्धों का वैयक्तिक स्तर पर स्वीकार और अस्वीकार किस प्रकार की भयावहता की सृष्टि करता है। 'फेंस के इधर-उधर', 'बड़े शहर का आदमी', 'इन्तजार' आदि का संसार हमारी सामाजिक सच्चाइयों को एक भिन्न प्रकार के तीखेपन के साथ व्यक्त करता है, अपेक्षया तथाकथित सामाजिक कहानियों के।

इस पीढ़ी की पृष्ठभूमि में अब वे लोग भी नहीं हैं, जिन्होंने त्याग किये थे, बलिदान किये थे, टूट गये थे, पर झुके नहीं थे। वे भी नहीं, जिन्होंने अपने त्याग को धीरे-धीरे विलाप में डुबोया था। इनके पीछे तो अपनी ही पीढ़ी थी और परिणामस्वरूप ये अपनी ही कहानियाँ कहते हैं, अपनी पीढ़ी की। ये अपनी नजर से बूढ़ों की कहानियाँ नहीं कहते बल्कि अपनी नजर से अपनी कहानियाँ कहते हैं। इनके यहाँ गंगा प्रसाद विमल की कहानी के समान पिता यदि आता भी है, तो पिता के मूल्य नहीं, पुत्र के मूल्य या मूल्यहीनता, पवित्रताबोध, साहित्य आनन्दवंचित होते हैं। कहना न होगा कि पिछले वर्षों में इन कहानियों में बूढ़ों की संख्या लगातार कम होती गयी है। सामाजिकता या मानवता जैसे वाक्य इस पीढ़ी के लेखकों के लिए या तो 'एब्स्ट्रेक्शन' हैं या एकदम 'इर्रेलिवेंट'। यह स्थिति लोगों को भयावह लग सकती है, हो सकता है कि इन्हीं में से कुछ लोग इस बात का विरोध करें—पर कहानियों और वक्तव्यों दोनों के विश्लेषण से मैं अपनी बात पुष्ट कर सकता हूँ। इनकी कहानियों में पात्रों के नाम तक गायब हो गये हैं, उनका हुलिया, पेशा, हाबी या कार्यकलापों को तो दूर जाने दीजिए। इन पात्रों (यदि सचमुच ही ये पात्र हैं तो) को इसीलिए पढ़ने के बाद कहानी या शीर्षक या घटना याद नहीं रहती—ज्यादा से ज्यादा यह

कि सम्बन्ध क्या थे, या फिर वह पात्र दिमाग में रह जाता है, जो अनुपस्थित है। रोजमर्रा का यथार्थ इनकी कहानियों में ज्यों का त्यों नहीं आता, विरूपित हो जाता है, ज्यादातर उसका 'बेयर मिनिमम' ही होता है। ये कहानियाँ कभी-कभी अन्योक्ति 'एलेगरी' मालूम पड़ने लगती हैं और अकसर मात्र चुटकुलेबाजी। इनके 'आब्जेक्टिव' और 'सब्जेक्टिव' संसारों में फर्क नहीं रह गया है। निजी संसार और बाहरी संसारों की नियति एक साथ मिली हुई है।

वस्तुतः जो बातें नयी कहानी में वैचारिक स्तर पर कही जाती रही हैं—वे ही इन कहानियों में अनुभवबिम्बों में व्यक्त हुई हैं। इन कहानियों की दुनिया छोटी भले ही हो, पर अधिक प्रामाणिक है।

धर्मयुग : 30 जनवरी, 1966

कहानी : समीक्षा

सरल हितोपदेश 1 और 2

चौथी पीढ़ी

काल सुन्दरी

हाथ का जस

कथेतर समीक्षा : नये पुराने झरोखे

सरल हितोपदेश 1 और 2

हितोपदेश कथा साहित्य के अनमोल रत्न हैं। अपनी मनोहारिणी राग चेतना के कारण भारत में ही नहीं संसार की अनेक जातियों और भाषाओं की सुदीर्घ व्यापी सीमाएँ लांघ कर सदियों से लोक मानस का अनुरंजन करानेवाली इन कथाओं का महत्त्वपूर्ण स्थान है। संस्कृत साहित्य इन कथाओं की अक्षय निधि के कारण ही आज भी अत्युन्नत कथा साहित्य का मूल स्रोत है। आधुनिक शोधों से उपलब्ध तथ्यों के आधार पर इसमें दो मत नहीं हो सकते।

लेखक धर्मपाल शास्त्री ने एक संग्रह में सात और दूसरे में नौ कथाओं को सरल हितोपदेश के नाम से मानवीय रीति-नीति, हित-अनहित के सम्बन्धों को लेकर लालच, धनमद, स्वार्थपरता, चतुरता, पदलोलुपता, घमण्ड, बुद्धि वैभव और छल के फलाफल उपदेशात्मक कथाओं को सरल सूत्र में पिरोकर सहज भाषा में इतने सुन्दर ढंग से रख दिया है कि इन कथाओं में आये मनुष्य के निकट परिचित पशु-पक्षियों की स्वभावगत विशेषता, पात्रगत बन कर मणि-कांचन संयोग उपस्थित करने में समर्थ हो सकी है।

इन बालोपयोगी सभी कथाओं की शैली में एक बड़ी विशेषता उनकी गद्य के साथ-साथ यथास्थान की पद्यमयता है जो कथाओं को अधिक सारग्राहिणी, सुपाठ्य बनाने में सहायक सिद्ध हुई है।

सुन्दर चित्र, छपाई-सफाई के साथ कलात्मक कवर पृष्ठ में दोनों पुस्तकें आकर्षक और सुरुचिपूर्ण सामग्री से युक्त हैं। पाठकों में इनका अवश्य आदर होगा।

कलजुग : मई, 1957

ले. : धर्मपाल शास्त्री

चौथी पीढ़ी

'चौथी पीढ़ी' संग्रह की इसी शीर्षक की कहानी में जिन चार पीढ़ियों की प्रवृत्तियों को उपस्थित किया गया है, उनमें पहली पीढ़ी उस व्यक्ति की है, जिसने अपनी भावी पीढ़ी को अपनी अशुभ छाया से बचाने के लिए प्रथम स्वतन्त्रता-संग्राम में अपने को होम कर दिया था। दूसरी पीढ़ी उस व्यक्ति की है, जिसने टूटते हुए परिवार के दबाव में अपने ही को तोड़ लिया था। इतिहास साक्षी है, पूँजीवाद के बढ़ते प्रभाव ने भारतीय संयुक्त कुटुम्ब की रीढ़ तोड़ी है। तीसरी पीढ़ी उन बलिदानी नौजवानों की है, जिन्होंने सन् '21 से प्रारम्भ होने वाले स्वतन्त्रता-आन्दोलन में गोलियाँ खायी थीं और पुत्र रामनारायण की ओर देखकर कहा था, मेरा काम रुकेगा नहीं!

उक्त तीन पीढ़ियों का उत्तराधिकार जिस पीढ़ी को मिला है, लेखक उसी पीढ़ी का प्रतिनिधि है। पर उसका द्वन्द्व बड़ा गहरा है। सन् '21 का नौजवान जिस सरकारी दफ्तर के फाटक तक ही आ पाया था, चौथी पीढ़ी का नवयुवक उसका एक अंग बन गया है। उसका जिस निर्माण, जिस स्वाभिमान और जिस स्वातन्त्र्य-चेतना को लेकर यह पीढ़ी आयी, स्वतन्त्रता के बाद उसे विकास का अवसर नहीं मिला। नौकरशाही ने उसे ध्वस्त कर देना चाहा है, ध्वस्त नहीं कर सकी है, यह दूसरी बात है। पर यह भी सत्य है कि हमारी पीढ़ी सुख और सन्तोष की पीढ़ी होगी, यह बात अभी सार्थक नहीं बन सकी है। नयी या चौथी पीढ़ी अभी उसके लिए संघर्ष कर रही है। पर उसका संघर्ष अधिक तीखा है, उसे अपने से भी लड़ना है और अपनों से भी। उसे वर्तमान के लिए भी लड़ना है और अनागत के लिए भी। और उसके लिए वह शक्ति अर्जित करती है अपने पीढ़ी-बोध से। यह पीढ़ी-बोध है इतिहास का बोध, इतिहास की विविध शक्तियों का बोध, जिनसे जूझती हुई पीढ़ियों की परम्परा आगे बढ़ी है।

ठाकुर प्रसाद सिंह के इतिहास (पीढ़ी) बोध ने उन्हें यह शक्ति दी है कि वे यथार्थ के गतिशील रूप को देख सकें। ठाकुर प्रसाद की अधिकांश कहानियों में यह आपको मिलेगा। 'समई महाराज' और 'छोटे भाई' जैसे स्केच हों या 'प्रदक्षिणा'

ले. : ठाकुर प्रसाद सिंह

जैसा संस्मरण अथवा 'जूते' जैसी एक छोटी अनुभूति या मूड का चित्रण करनेवाली नयी कविता-टाइप कहानी हो, आपको हर स्थान पर समाज के विविध अन्तःसम्बन्ध ग्रथित मिलेंगे। इन रचनाओं की यह एक बड़ी सार्थकता है।

'यह कमरा' का उदाहरण लीजिए। यह कहानी से अधिक एक प्रकार का रेफलैक्शन है। चौथी पुश्त को विरासत में प्राप्त कमरे की चार पीढ़ियाँ मच्छरों और खटमलों से समान रूप से प्रताड़ित रही हैं, उनसे जूझने के तरीकों में भी कोई अन्तर नहीं पड़ा। कमरे की सफेदी की पर्तों तथा तस्वीरों के माध्यम से पिछली पीढ़ियों की रुचि, वैभव, दुर्दशा, सांस्कृतिक ह्रास आदि का स्पष्ट चित्र आँखों के सम्मुख आ जाता है।...नेकर के ऊपर हरा गमछा लपेटे इस घर का वारिस लेटा हुआ है, विशृंखल भूतकाल को उच्छृंखल भविष्य से जोड़ता हुआ। स्पष्ट है कि यह वारिस चौथी पीढ़ी है, जिसे अपने गुरुतर दायित्व को पूरा करना है अपने सीमित साधनों से।

इस पीढ़ी-बोध की स्थिति में सम्पूर्ग वर्गचेतना ही है, किसी एक वर्ग की चेतना नहीं। इसके भीतर 'लाभस्थान के ग्रह' के मध्यवर्ग बाबू लोग भी हैं, 'रास्ता' की गोर्की की माँ की याद दिलानेवाली निम्नवर्गीय नेल्लोई भी है, एक ही झटके में खानाबदोश हो गयी पीढ़ी के शरणार्थी भी हैं, अपने स्वाभिमान के कारण नयी परिस्थितियो में टूट रहे व्यक्ति भी हैं, जो बिना मार्क्स का अध्ययन किये भी 'समझदार' हो चुके हैं, तथा ब्राह्मण थोड़ी ही देर के लिए बाकी समय आदमी रहनेवाले 'समई महाराज' जैसे पुष्ट चरित्र भी हैं अथवा भूमि के वे अंकुर, जो भविष्य में साहित्य का क्षेत्र भर सकेंगे, पर आज के दबाव में जो अछूत हैं, ऐसे मानवीय कवि भी इस इतिहास बोध कै सन्दर्भ में उपस्थित हैं।

वास्तव में इस संग्रह को मात्र कहानी-संग्रह की दृष्टि से न पढ़ना चाहिए, इसमें बहुत कुछ वह है, जो कहानी संग्रहों में नहीं होता है, यानी कि एक व्यक्ति के अपने वे अनुभव, वह विकासमान चेतना, जो सबकी बन गयी है। दो-एक कहानियों को छोड़ दिया जाये, तो सब-की-सब कहानियाँ एक-दूसरे से जुड़ी हुई हैं। यद्यपि प्रकाशक ने 'सर्पदंश' को सन्थाल वातावरण की तथा चौथी पीढ़ी को आज के वातावरण की कहानी कहा है, पर यह अन्तर कृत्रिम है। वास्तव में यदि पीढ़ी शब्द का आग्रह न होता, तो संग्रह का नाम 'सर्पदंश' रखना अधिक उचित होता क्योंकि संग्रह की सर्वश्रेष्ठ कहानी यही है तथा पुस्तक में सम्पूर्ण रूप से जो-कुछ लेखक ने कहा है, उन सबका निष्कर्ष भी इसी कहानी में है, कहानी के रूप में। कहानी का वातावरण-भर सन्थाल परगने का है, अन्यथा वह आज की पीढ़ी का मूल्य-द्वन्द्व है, जब पुराने मूल्य टूट रहे हैं, नये मूल्य स्थान ग्रहण नहीं कर रहे हैं। शीला, रयाज तथा नारायण टूड्डू का द्वन्द्व मूल में एक ही है, वह बाहर से ही पृथक् दिखाई पड़ता है। शिक्षा के नवीन आवेग ने उन्हें पुराने समाज के लिए अनुपयुक्त बना दिया है। एक समाज को नहीं स्वीकारती, दूसरे को समाज की आदिम मनोवृत्ति नहीं स्वीकार कर पाती। पथ पर

दोनों चलना चाहते हैं, पर उसकी रोशनी कौन-सी है (नये स्वरूप-मूल्य कौन-से हैं), उसका निर्णय दोनों में से एक भी नहीं कर पाता।

इतनी शक्ति होते हुए भी ठाकुर प्रसाद सिंह का कथाकार लोगों को आकर्षित क्यों नहीं कर सका? क्या यह आलोचकों-पाठकों की उपेक्षा है? मेरा उत्तर है, नहीं, यह लेखक की स्वयं अपनी कमजोरी है। यदि कोई व्यक्ति इतिहास का गहरा जानकार हो या संवेदनशील हो, पर अपनी बात कहे नहीं, तो कैसे कोई आकृष्ट होगा? ठाकुर प्रसाद की स्थिति इससे थोड़ी ही अच्छी है। उन्होंने कहा अवश्य है, पर उन्होंने बुरी तरह कहा है। कथ्य अपने लिए स्वयं नहीं खोजता। यह कलाकार का दायित्व होता है कि वह उपयुक्त साँचे की खोज करे, जिसमें कि यह कथ्य चमक सके। ठाकुर प्रसाद सिंह में कहानी की गठन की ओर तनिक भी ध्यान नहीं है। इन कहानियों में ही स्केच भी हैं, संस्मरण हैं, डायरी है और पता नहीं क्या-क्या है। मतलब यह कि कहानीपन सबसे कम है। कथा-शिल्प के लिए जिस डिसिप्लिन की आवश्यकता है, उसके अभाव में ही उन्हें कहानीकार की प्रतिष्ठा नहीं मिली है।

एक दूसरी शिकायत और है और वह कहानियों से नहीं, प्रस्तुत कहानी-संग्रह से है। लेखक को संग्रह की स्पिरिट को देखते हुए ही कहानियाँ चुननी चाहिए। 'मल्लिक के पत्र', 'बबूले' या 'जयहिन्द' बहुत फिट नहीं होतीं।

सब मिलाकर मेरे जैसे पाठकों को आशा है कि संग्रह रूप में आ जाने पर लेखक अब अपनी शक्ति और सीमाओं को और अच्छी तरह समझकर उनका सप्रयास प्रयोग कर सकेगा।

'कहानी' पत्रिका में प्रकाशित

काल सुन्दरी

अभी जुलाई की बात है—कॉलेज खुला ही था। पढ़ाई का प्रश्न नहीं, परन्तु हम अध्यापकों को तो जाना ही पड़ता था। 'काल सुन्दरी' पर मुझे समीक्षा लिखनी ही थी। सोचा कि इसे लेता चलूँ वहीं इसे एक बार फिर पढ़ डालूँगा। बैठा पढ़ रहा था कि एक गुरुजन ने पूछा, 'क्या पढ़ रहे हो?' मैंने बताया, ओंकारनाथ श्रीवास्तव की कहानियों का संग्रह है 'काल सुन्दरी'। पण्डित जी ने प्यार से मुझे उपदेश और सलाह देते हुए कहा, 'कुछ चिन्तनशील साहित्य पढ़ा करो। कहानी और उपन्यास अत्यन्त काल्पनिक होते हैं। उनके पात्र मन के भीतर व्यर्थ की तमाम उथल-पुथल उत्पन्न कर मनुष्य को विपथगा बना देते हैं। हम उन्हीं में रस लेने लग जाते हैं।' पण्डित जी को उत्तर देना व्यर्थ था और उस समय मैंने उनके परामर्श को आज्ञा मान कर सर आँखों लिया और कहानी संग्रह बन्द कर कॉलेज की राजनीति, छात्रों के एडमिशन एवं टाइमटेबिल की जटिलताओं की चिन्तनशील चर्चा करने लगा। पर बात मन को मथती रही। साहित्य (केवल उपन्यास-कहानी ही नहीं) पर यह पुराना आरोप है कि वास्तविकताओं से वह विमुख करके मनुष्य को कल्पनाशील बना देता है। यों इस बात का एक उत्तर वार्डेन ने यह भी दिया है कि यदि वास्तविकताओं से कोई पलायन ही करना चाहेगा तो साहित्य के न होने पर भी मनुष्य और कोई रास्ता खोज निकालेगा। इस बात का दूसरा उत्तर यथार्थ का गहरे-से-गहरा आग्रह है। परन्तु यह यथार्थ शब्द इतना बहुरूपी है कि कुछ कहना कठिन हो जाता है और इसीलिए भूमिका में ओंकारनाथ श्रीवास्तव जिस विराट सामाजिक सत्य की ज़िम्मेदारियों की चर्चा करते हैं वह विरूप शब्दावली प्रतीत होती है। कौन-सा सामाजिक सत्य है जिसे वे प्रेषित करना चाहते हैं? कौन-सा यथार्थ है जिसे वे 'चित्रण' नहीं 'उपासना' का विषय बना रहे हैं। एक ओर वे यथार्थवाद को विकृत न करने की बात करते हैं और दूसरी ओर उन्होंने कहानी के सृजन में कल्पना के उपयोग की गवाही भी दी है—यह दोनों ही सत्य हैं या कहीं विरोधाभास है? कहानी कैसी कला है, वह किन

ले. : ओंकारनाथ श्रीवास्तव

सीमाओं के भीतर उन सभी बातों का उपयोग करती है? यही कुछ प्रश्न इन 10 कहानियों को पढ़ते समय मेरे मन में उपस्थित रहे हैं।

जहाँ तक यथार्थ के स्वरूप का प्रश्न है, इन कहानियों को पढ़ते-पढ़ते यह स्पष्ट हो जाता है कि मूल रूप से ये कहानियाँ सामाजिक यथार्थ के चित्रण (या उपासना) की ओर बढ़ती हैं। परन्तु कहानी और उपन्यास के यथार्थ चित्रण में कला माध्यम का एक मौलिक अन्तर है। उपन्यास व्यक्ति और समाज के सम्बन्धों, वर्तमान जीवन की समस्याओं एवं टाइमों में अनिवार्य रूप से बँधा होता है। उसमें अनुक्रम के आरोहों-अवरोहों तथा आगे-पीछे के संकेतों के द्वारा समय तत्त्व (Time Element) की एक विशिष्ट और अपेक्षाकृत भव्य लय रहती है। परन्तु कहानी समय तत्त्व की लय की अपेक्षा एक ऐसे बिन्दु पर शीघ्रता से पहुँचना चाहती है जहाँ से क्रिया-प्रतिक्रिया का वेग एक झलक में देखा जा सके। इसी कारण कहानी में आकस्मिकता अनुचित नहीं प्रतीत होती बल्कि अत्यधिक तार्किक संगति (जो उपन्यास में आवश्यक है) उसमें उबाने वाली बन जाती है। कहने का तात्पर्य यह कि कहानी कला मूलतः वैयक्तिक और निजी कला है। उसमें सामाजिकता का चित्रण नहीं संकेत होना चाहिए! कहानी अपेक्षाकृत छिपी अस्पष्ट स्थितियों एवं चरित्रों तथा उद्देश्यों को स्पष्ट करती है। इस दृष्टि से प्रस्तुत संग्रह की कहानियाँ देखने पर ज्ञात होता है कि लेखक उपन्यास की भूमि पर रह-रह कर चला जाता है और इस कारण अपनी कहानियों को कमजोर कर देता है। 'यही जिन्दगी हकीकत यही जिन्दगी फसाना', 'भोंपू' भगवान की देन' में लेखक ने विविध सामाजिक स्थितियों की ओर अधिक ध्यान खींचना चाहा है। उनकी अपेक्षा 'झूठा', 'सर्वहारा', 'काल सुन्दरी' सामाजिक जीवन के टाइप न होकर भी इतने मानवीय हैं कि 'बाहिरजामी' यथार्थ की कोई उपासना न करते हुए भी बड़े बन सके हैं। इन कहानियों में सामाजिक तत्त्व न हों ऐसी बात नहीं है। बीच-बीच में आन्तरिक सूत्र सामाजिक जीवन से मिलते हुए हैं, पृष्ठभूमि भी है—पर वे सब प्रमुख नहीं हैं, प्रमुख है इनमें व्यक्त चरित्रों की विशिष्टता एवं आत्मीय एकान्त भावना के साथ किया गया चित्रण।

यों सामाजिक यथार्थ की भूमि पर भी इन सामाजिक कहानियों को परखा जाय तो पूरी नहीं उतरतीं। इनमें सत्य को उसकी क्रान्तिकारी भूमिका, जीवन को उसकी गत्यात्मकता में न देखा जाकर (जो कि सामाजिक यथार्थवाद की पहली शर्त है) स्थिर रूप में देखा गया है। 'प्रकाशक के साथ चलने के लिए लेखक को कहानी छोड़नी पड़ती है, बुहा बुआ को परीक्षाभवन से निराश लौटना पड़ता है तथा बुढ़िया के बेटे को धब्बेदार किताब मिलती है'; यह जिन्दगी की हकीकत अवश्य है पर यह भी हकीकत है कि लेखक स्वयं हावी भी होता है, बुआएँ सफल भी हो रही हैं और बुढ़ियों के बेटे अच्छी पुस्तकें प्राप्त करने के लिए रोते (और दयालुओं के द्वारा हाथ

में पकड़ा दिये गये पैसे लेते) ही नहीं लड़ते भी हैं। इसी कारण ऐसी कहानियों के प्रस्तुत संग्रह में सामाजिकता तो है पर सामाजिक उद्देश्य नहीं है।

'दिदिया' कहानी भी विशिष्ट चरित्रप्रधान कहानी है, परन्तु इसका परिदृश्य इतना छोटा है कि दिदिया की आत्मीयता तथा त्याग उभर नहीं सके हैं। 'काल सुन्दरी' 'सर्वहारा' और 'दिदिया' की तुलना यदि की जाय तो यह बात और अधिक स्पष्ट हो जायेगी। तीनों ही कहानियों में विचित्र, एकाकी एवं समाज के लिए निरुपयोगी से जान पड़नेवाले व्यक्ति अपनी अन्तिम परिणति में ममत्वशाली एवं अद्भुत रूप से त्यागी प्रतीत होते हैं। सबको दिन भर गालियाँ देनेवाली सुन्दरा महराजिन खेल-खेल में ही मिसिर के साथ सम्बन्धित की जाती है। परन्तु जब वह मिसिर की मृत्यु सुनती है तो रोती ही नहीं चूड़ियाँ भी तोड़ डालती है, वे चूड़ियाँ जो उसने अपने पति के मरने पर भी नहीं तोड़ी थीं। सचमुच ही प्रेम का यह आलम नया ही नहीं अत्यन्त आकर्षक भी है। 'सर्वहारा' के सकुल जी मस्त हैं, लड़कों के साथ खेलते भी हैं, अपमानित भी होते हैं, गोविन्द बाबू की चालाकियों को अपनी उपेक्षा से व्यर्थ कर देते हैं—पर मिसराइन भौजी को सारा घर सौंप कर चल देते हैं, इसलिए कि कोई भौजी को बदनाम न कर सके। 'दिदिया' भी अपने कंजूसी से जोड़े गये रुपयों को जिन्हें उन्होंने कुएँ में कूदकर प्राप्त किये, अत्यन्त उदारता से छोटे और किशोरी को दे देती है तथा बाँके का एक भी पैसा क्रिया कर्म में न खर्च होने पावे, इसकी भी व्यवस्था कर जाती है। इस प्रकार तीनों कहानियों की मूल संवेदना एक होते हुए भी दिदिया का चरित्र मात्र रेखाचित्र बन कर रह गया है, जबकि अन्य दोनों कहानियों में चरित्रों की रेखाएँ घटनाओं और स्थितियों के साथ सम्बन्धित अधिक व्यापक आधार पर की गयी हैं।

'नागपूजा' अन्धविश्वासों के हानिकर परिणामों को वतानेवाली एक सामान्य कहानी है, जिसकी विशेषता मात्र इतनी है कि लोग सपनों के मूल में विद्यमान यौन अतृप्ति को नहीं देख पाते। इससे भी अधिक सामान्य कहानी 'अन्न' है जो सचमुच ही आर्डर पर सप्लाई किये जाने के योग्य है।

'बाली और बुंदे' ओंकारनाथ की बहुचर्चित कहानी है। इस पर बहुधा 'ओ हेनरी' की एक प्रसिद्ध कहानी (Gift of Magi) का प्रभाव बताया गया है परन्तु अन्त एक जैसा होते हुए भी विस्तृतियों (details) की मार्मिक प्रामाणिकता, कथा सूत्र की संयोजना तथा कहानी का मानवीय गुण उसे अत्यधिक रोचक और मौलिक बना देता है।

इस प्रकार आलोच्य संग्रह में अनेक प्रकार और स्तर की कहानियाँ प्राप्त होती हैं। परन्तु इन सभी कहानियों का एक अत्यधिक पुष्ट पक्ष है कि लेखक बीच-बीच में हस्तक्षेप कम-से-कम करता है। इनमें कथन और विवरण (Narration and description) कम है, चित्रण अधिक। इस चित्रण के लिए लेखक ने नाटकों के प्रमुख

तत्त्व संवाद कौशल को अपनाया है। इस कारण इन कहानियों में आ गयी नाटकीयता उस तत्त्व को बहुत कुछ पूरा कर देती है, जिसे हमने ऊपर आकस्मिकता कहा है। जाहिर है कि सजीव और सटीक संवाद तब तक नहीं लिखे जा सकते जब तक कि लेखक का बोलचाल की भाषा पर अच्छा अधिकार न हो। ओंकार भाषा के धनी हैं और उसे सम्पन्न करना भी जानते हैं तथा पात्रानुकूल प्रयोग भी।

आलोच्य संग्रह का जो समग्र प्रभाव मेरे ऊपर पड़ा है, उससे कह सकता हूँ कि वे और अधिक सशक्त कथाकार बन सकते हैं। उनकी सामाजिक यथार्थवाली कहानियाँ और अधिक दृष्टि प्राप्त कर उन्हें अच्छे उपन्यास लेखक में परिणत कर सकती हैं तथा 'सर्वहारा', 'काल सुन्दरी' जैसी कहानियाँ श्रेष्ठ कहानी-लेखकों में उनकी गणना कराती हैं। हम लेखक की ऐसी ही अन्य कहानियाँ पढ़ने के लिए उत्सुक हैं।

वसुधा : जुलाई, 1960

हाथ का जस

रेणु द्वारा सम्पादित इस कहानी-संकलन में दस कहानियाँ हैं—तीन स्वयं रेणु की, तीन रणधीर सिन्हा की एवं चार कहानियाँ हिमांशु श्रीवास्तव की। रेणु ने सम्पादन-कला की दृष्टि से एक कौशल का परिचय दिया है कि सिद्धहस्त कथाकार रेणु की कहानियों के साथ अपेक्षाकृत अख्यात दो कहानीकारों को पाठकों के सम्मुख उपस्थित किया है। लेकिन सम्पादक का प्राथमिक दायित्व है कि वह रचना को पहचान सके। और यहीं उनसे चूक हो गयी है। हिमांशु श्रीवास्तव एवं रणधीर सिन्हा की अधिकांश कहानियाँ या तो तथ्य हैं या वक्तव्य या कुछ कोरी टिप्पणियाँ। यों हिमांशु की 'परती और परदेसी' तथा रणधीर सिन्हा की 'बिछुड़ता हुआ गाँव' अपेक्षाकृत अधिक सुथरी बन पड़ी हैं। दोनों ही कहानियाँ एक प्रकार के अतिरिक्त घरू मोह, पर आधारित हैं—पर रणधीर सिन्हा ने ज्यादा तटस्थ एवं आधुनिक दृष्टि से इस मोह को भंग होने दिया है जबकि हिमांशु उसे तोड़ने का साहस नहीं कर सके और सब मिलाकर कहानी एक रूमानी स्तर पर रह जाती है।

जहाँ तक स्वयं रेणु की कहानियों का प्रश्न है, अब वे अपनी पुरानी शैली एवं कथावस्तु को ही दोहरा रहे हैं। लगता है कि ये हार गये हैं और शैली जीत कर उन पर हावी हो गयी है। हम केवल शुभकामना कर सकते हैं कि भगवान करे रेणु की संवेदना और शिल्प बढ़े, विकसित हो—वे हमारे इतिहास के केवल आंचलिक खाते में न खतिया दिये जायें।

कल्पना : मार्च, 1964

सं. : फणीश्वरनाथ रेणु

नये पुराने झरोखे

संस्कृत की पुरानी उक्ति है कि कवियों की कसौटी गद्य है। संस्कृत कवियों ने इस कसौटी का इस्तेमाल भले ही किया हो पर हिन्दी की काव्य-परम्परा में यह ताक पर ही नहीं रख दी गयी, पिछवाड़े वाले घूरे पर बुहार दी गयी थी। चन्दबरदाई से पद्माकर तक गद्य के प्रति कोई उन्मुखता हमें नहीं मिलती। भारतेन्दु से यह परम्परा पुनः प्रारम्भ होती है और हम जानते हैं कि उनका गद्य (प्रारम्भिक होते हुए भी) कितना सजीला था। भारतेन्दु और उनके सहयोगियों को तो गद्य-युग के अन्तर्गत मान सकते हैं पर छायावाद के काव्य-युग की बृहत् चतुष्टयी ने अद्भुत बाँकपन से उसे भरा और पुष्ट गद्य लिखा है। इधर प्रयोगवाद और नव-लेखन के कृतिकारों ने तो दोनों माध्यमों का इतना सशक्त प्रयोग किया है कि यह कहना कठिन हो जाता है कि अज्ञेय, भारती, रघुवीर सहाय, मुक्तिबोध कवि बड़े हैं या गद्यकार। लगता है कि 'कवि' के पुराने, संस्कृत वाले, अर्थ को उन्होंने उपलब्ध किया है।

पूर्ववर्तियों एवं अनुवर्तियों के इस परिपार्श्व में छायावादोत्तर कवियों का गद्य बहुधा निराश करता रहा है। बच्चन, नरेन्द्र, दिनकर आदि में केवल दिनकर का गद्य अपेक्षाकृत अधिक परिमाण में (वह भी नवलेखन-युग में) प्रकाशित हुआ है। पर सब मिलाकर ये लोग बस भावनाओं और उसके फेने के कवि ही बने रह गये। बच्चन जी के प्रस्तुत गद्य-संकलन, जिसमें संस्मरण यात्रा-वर्णन, तथ्यात्मक सूचनात्मक लेख, आलोचनात्मक प्रयास आदि सभी सम्मिलित हैं, को पढ़ने के पूर्व उनके गद्यकार व्यक्तित्व की कोई प्रतिभा या उसके प्रति किसी भाँति का पूर्वग्रह मेरे मन में नहीं था। और पढ़ने के बाद संक्षेप में कहना चाहूँ, तो उससे बड़ी निराशा हुई। क्यों? कुछ कारण इस प्रकार हैं—

1. पुस्तक में संकलन की किसी योजना का गहरा अभाव। मैं नहीं जानता कि कैम्ब्रिज के विद्यार्थी-जीवनी की सूचनाओं एवं नवीन की कविता की जीवन-परक

ले. : हरिवंश राय बच्चन

व्याख्याओं में कैसा सम्बन्ध है। इतना तो साफ होना चाहिए कि दोनों के पाठक दो प्रकार के होंगे। बच्चन-लिखित गद्य होने के कारण ही एक साथ प्रकाशित कर दिया जाये, यह किसी जीवित एवं जीवन्त कवि का तर्क नहीं हो सकता।

2. पूरे संकलन के दो गद्य-खण्डों को समीक्षात्मक एवं संस्मरणात्मक जिन दो कोटियों में निर्धारित किया जा सकता है, उनमें समीक्षात्मक अंश निहायत कमजोर हैं। अंग्रेजी के ही नहीं, हिन्दी के कवियों ने समीक्षा को जितना प्रौढ़ बनाया है उसे सामने रखकर देखें तो कहीं नहीं लगता कि बच्चन जी में समीक्षक की प्रज्ञा है। इसका एक ही प्रमाण है कि बीस वर्ष पुरानी प्रयोगवादी धारा में उन्हें कुछ चिंगारियाँ ही प्रतीत होती हैं। केवल नवीन और निराला सम्बन्धी लेखों में शोध की एक जीवनीपरक दिशा का महत्त्वपूर्ण संकेत अवश्य हुआ है। पर इतना ध्यान रहे कि उनके निष्कर्ष शुद्ध आलोचना की कसौटी पर नितान्त भ्रामक हैं।

3. संस्मरणात्मक लेखों में भी एक भावनाशील कवि की उस गहन वैयक्तिकता का अभाव है जो चित्रणीय को एक नये परिप्रेक्ष्य में उपस्थित कर दे। सामान्यतः एक अत्यन्त सादा विवरण भर है। और यह सादगी हिन्दी कविता के लिए भले ही देन रही हो पर प्रेमचन्द की सादगी के बाद यह सादगी नितान्त श्रीहीन लगती है गद्य के क्षेत्र में।

कल्पना : मार्च, 1964

नाटक : आलेख

हिन्दी की नाटक समीक्षा

हिन्दी की नाटक समीक्षा

कुछ विस्मय के साथ आचार्य रामचन्द्र शुक्ल ने अपने इतिहास में नोट किया था कि 'विलक्षण बात यह है कि आधुनिक गद्यसाहित्य परम्परा का प्रवर्तन नाटकों से हुआ।' विलक्षण भले ही न हो पर आचार्य शुक्ल की ही गवाही है कि 'सम्यक् आलोचना का हिन्दी में सूत्रपात भी नाटकों की आलोचना से हुआ।' बालकृष्ण भट्ट और बदरीनारायण चौधरी 'प्रेमघन' ने लाला श्रीनिवास दास के 'संयोगिता स्वयंवर' नाटक की लम्बी और तीखी समीक्षाएँ लिखी थीं। इन्हीं दोनों समीक्षाओं से हिन्दी की व्यावहारिक आलोचना का सूत्रपात माना जाता है। सिद्धान्तचर्चा की दृष्टि से भी भारतेन्दु का 'नाटक' शीर्षक निबन्ध हिन्दी आलोचना में पहल करता है। स्पष्ट है कि गद्यसाहित्य परम्परा का नाटकों के माध्यम से प्रवर्तन भले ही विलक्षण बात हो, पर आलोचना के साथ केवल यही कहा जा सकता है कि अपने प्रारम्भिक युग में उसने समसामयिक रचनाशीलता के महत्त्वपूर्ण अंश को पहचानने में कोई भूल नहीं की।

भारतेन्दु और 'प्रेमघन' की इन नाट्यसमीक्षाओं को पढ़ने से यह स्पष्ट भासित होता है कि भारतेन्दु का विवेचन मुख्यतः नाटककार के लिए नाट्यसिद्धान्त उपस्थित करने की दृष्टि से किया गया है और 'प्रेमघन' मूलतः समीक्षक की हैसियत से लिख रहे थे, और उन दोनों के विवेचन में अत्यधिक वैचारिक समानताएँ हैं। वस्तुतः दोनों मिलकर उस युग की नाट्य प्रवृत्ति और चिन्तन का चित्र उपस्थित करते हैं। भारतेन्दु ने अपने इस निबन्ध में लिखा है–

> *प्राचीनकाल के अभिनयादि के सम्बन्ध में तात्कालिक कवि लोगों की और दर्शक मण्डली की जिस प्रकार रुचि थी, वे लोग तदनुसार ही नाटकीय दृश्य काव्य रचना करके सामाजिक लोगों का चित्त-विनोदन कर गये हैं। किन्तु वर्तमान समय में इस काल के कवि तथा सामाजिक लोगों की रुचि उस काल की अपेक्षा अनेकांश में विलक्षण है, इससे सम्प्रति प्राचीन मत अवलम्बन करके नाटक आदि दृश्य काव्य लिखना युक्तिसंगत बोध नहीं होता।...*

नाटकादि दृश्य काव्य प्रणयन करना हो तो प्राचीन समस्त रीति का ही परित्याग करें, यह आवश्यक नहीं है, क्योंकि जो प्राचीन रीति व पद्धति आधुनिक सामाजिक लोगों की मतपोषिका होगी, वह सब अवश्य ग्रहण होगी।...प्राचीन लक्षण रखकर आधुनिक नाटकादि की शोभा सम्पादन करने से उल्टा फल होता है और यत्न व्यर्थ हो जाता है।

भारतेन्दु के इस कथन से कुछ निष्कर्ष तत्काल निकाले जा सकते हैं—

1. नाटक रचना में समसामयिक कविरुचि यानी काव्यरचना में तात्कालिक काव्य-सिद्धान्त, माँग और रचनाशीलता आवश्यक तत्त्व होते हैं।
2. कवि के साथ ही सामाजिक की रुचि, यानी कि उसकी आशा-आकांक्षाएँ, समस्याएँ और संघर्ष, कलाचेतना और कलाभिरुचि भी नाटक रचना को अनुकूलित करती हैं।
3. भारतेन्दु अनुभव करते हैं कि उनके युग के कवि और सामाजिक में अवस्था परिवर्तन हो गया है और इसलिए नाटकरचना में बदलाव आवश्यक हो गया है। इसे यों भी कहा जा सकता है कि मध्यकाल तक के नाट्यशास्त्र की उपयोगिता समाप्त हो चुकी थी और भारतेन्दु एक नये नाट्यशास्त्र की उपयोगिता अनुभव कर रहे थे। यह निबन्ध इसी माँग का परिणाम था।
4. इस नये नाट्यशास्त्र की खोज की प्रक्रिया में वे नाट्यशास्त्र के उन्हीं अंशों को चुन रहे थे जो स्वयं उनकी अपनी नाटकरचना के लिए सप्रसंग थे। पश्चिमी नाट्यशास्त्र के विवरण उन्होंने नहीं दिये, पर पश्चिमी नाटकों का जो इतिहास उन्होंने उपस्थित किया है वह सूचित करता है कि उसका निकट परिचय उनकी नाटकरचना को प्रभावित अवश्य कर रहा होगा। वस्तुतः वे आधुनिकताबोध पर जोर दे रहे थे और नाट्यरचना तथा विवेचना में उसी बोध को प्रधानता देते थे।

नये नाट्यशास्त्र की आवश्यकता पर 'प्रेमघन' ने भी जोर दिया है और उसके लिए उन्होंने अंग्रेजी ही नहीं अन्य भारतीय भाषाओं के नाटकों के आधार पर नाट्यसिद्धान्तों की रचना उचित मानी थी। 1881 ई. में 'दृश्य रूपक वा नाटक' नामक अपने निबन्ध में उन्होंने लिखा था—

> प्रथम हमारे भाषा के नाटक लिखने वालों के अर्थ भाषा, दृश्य काव्य के निरूपण और लक्षण तथा भेद, रीति, नियम और उदाहरण को बताने वाला, कोई साहित्य का ग्रन्थ नहीं; और जो संस्कृत में साहित्य दर्पण श्री विश्वनाथ कविराज रचित, दशरूपक सूत्र रूपादि हैं, अब उनमें बहुत-से गड़बड़ समय और भाषा परिवर्तन के कारण हो गये और कितनी बातों का विरोध पड़ गया। अतएव मुख्य तो उनका आश्रय लेकर और उस समय से उधर के बने नाटक तथा अंग्रेजी, इसी रीति से हमारी भाषा के भी (जो हैं) और गुजराती, महाराष्ट्री से भी जाँच कर

नये तरह पर खासकर इस नागरी भाषा में कोई ग्रन्थ होना अत्यन्त आवश्यक है। मैं नहीं जानता कि नाट्यशास्त्र के लिए इस सुझाव से अधिक ठोस आधार क्या हो सकता है? खेद है कि जिस प्रकार के सिद्धान्त ग्रन्थ की कल्पना 'प्रेमघन' ने 1881 ई. में की थी वह 1965 में भी पूरी नहीं हो सकी है।

साथ ही ध्यान में रखने की बात है कि 'प्रेमघन' नाटक की चर्चा में अभिनय वाले अंश को बराबर ध्यान में रखते हैं। रंगमंच से कटा हुआ उनका विवेचन नहीं है। नाटकलेखन तथा अभिनय की परस्पर सापेक्षता उनके सामने नितान्त स्पष्ट थी। अभिनय को अनुकरण से अलग करके देखा जाना चाहिए, यह 'प्रेमघन' की महत्त्वपूर्ण सम्मति थी। अभिनय को वास्तविकता का विश्वास उत्पन्न करना होगा—

'जानना चाहिए कि नाटक वहाँ तक नहीं है कि जहाँ तक उसमें नकलपन आये, किन्तु नाटक और अभिनय वह वस्तु है कि जब देखनेवाले को इसका परिज्ञान न रह जाय कि हम नाटक देखते हैं व सत्य लीला... ।'

साथ ही नाटक और अभिनय की उत्तमता के लिए 'प्रेमघन' का यह मन्तव्य न केवल नितान्त आधुनिक है बल्कि साहित्य की समस्त गरिमा से मण्डित है कि उसमें 'सत्कवि का कवित्व' होना चाहिए और 'चतुर नट' की नाटक में प्रवीणता। रंगमंच की दृष्टि से सफल अभिनय ही नहीं, सत्कवि का कवित्व नाटक को साहित्य रूप बनाता है, मात्र मनोरंजन से ऊपर उठाकर। अभिनय के क्षेत्र में भी 'सफलता' के स्थान पर 'प्रवीणता' अधिक गहरी दृष्टि की माँग है। फिर अभिनय को आगे बढ़ाकर मण्डली तक जोड़ने में निर्देशक और मंच सज्जाकारों के महत्त्व का भी स्वीकरण हो जाता है। तात्पर्य यह कि 'प्रेमघन' नाटक की सम्पूर्ण अर्थवत्ता को लेखक, अभिनेता, निर्देशक, मंच सज्जाकार आदि सभी के सम्मिलित प्रयत्न में देखते हैं और उसे एक गम्भीर साहित्यरूप की मर्यादा से मण्डित रखते हैं।

इसी निबन्ध में प्रेमघन ने नाट्यरचना सिद्धान्तों से अपरिचित रहने के कारण रूप (फार्म) में होनेवाली अनेक गड़बड़ियों का संकेत किया है। सिद्धान्तरूप में इस प्रकार की त्रुटियों का संकेत अपेक्षाकृत सरल होता है पर किसी भी समीक्षक के लिए व्यवहार में इन त्रुटियों की पहचान असली कसौटी होती है। 'संयोगिता स्वयंवर' की अपनी लम्बी समीक्षा में प्रेमघन इस कसौटी पर पूरे ही नहीं उतरते, आदर्श समीक्षक दीखते हैं। जिस युग में न नाटक थे और न आलोचना की कोई भाषा, प्रेमघन ने 'संयोगिता स्वयंवर' की आलोचना में नाटक को आंगिक गठन (आर्गेनिक फार्म) वाला साहित्य रूप मानकर विश्लेषण किया है। पूरे नाटक का क्रमशः विश्लेषण करते हुए विविध गर्भांकों की योजना, नाटक में उनका स्थान, उनकी सार्थकता आदि की चर्चा की गयी है। जिस प्रकार की आलोचना को आज हम 'स्ट्रक्चरल क्रिटिसिज्म' कहते हैं, उसका एक प्रारूप इस समीक्षा में विद्यमान है। काश, हिन्दी की नाटक (या कथा) समीक्षा प्रेमघन के रास्ते पर आगे बढ़ पाती!

प्रेमघन ने 'संयोगिता स्वयंवर' की विषयवस्तु (थीम) को अच्छा माना था, पर उसके रूपबन्ध के वह तिक्त आलोचक थे : 'कथा का बीज उत्तम है–परन्तु ग्रन्थ प्रबन्ध और नाटक रचना इसकी बिल्कुल निकम्मी है।' नाटक ही क्या, किसी भी कलाकृति की आलोचना करने के इस सूत्र के निहितार्थ को याद रखना होगा। जो लोग केवल विषयवस्तु की अच्छाई-बुराई के आधार पर समीक्षा करने बैठते हैं वे उपदेशक या प्रचारक हो सकते हैं, नीतिज्ञ हो सकते हैं, समीक्षक नहीं। यहीं पर यह कह देना अप्रासंगिक न होगा कि प्रेमघन के सामने सवाल यह नहीं था कि 'यह नाटक अभिनय है या नहीं?' बल्कि अपने संगठन और प्रस्तुतीकरण में (अभिनय में) कहीं-कहीं पर त्रुटिपूर्ण है। नाटक अपने में कहानी या आख्यायिका से अलग है, इसकी ओर भारतेन्दु ने भी ध्यान दिया था और प्रेमघन ने भी। इसीलिए वे नाटक को 'पढ़ने' और 'खेलने' वाली अलग-अलग कोटियों में बाँटने की सोच भी नहीं पाते। नाटक अच्छा है या बुरा, यह तो वे बता सकते थे पर यह 'खेलने के लिए नहीं, पढ़ने के लिए वे हैं'–ऐसी विवेचना की कल्पना उनके वश की नहीं थी। उनकी कसौटी एक ओर अर्थगरिमा (या रसनिष्पत्ति) का प्रश्न भी उठाती है और दूसरी ओर रूपबन्ध का विश्लेषण करते हुए 'मंचीय' दृष्टि को भी ओझल नहीं होने देती।

शुक्ल जी ने अपने इतिहास में यह भी बताया है कि 'भारतेन्दु के पीछे नाटकों की ओर प्रवृत्ति बहुत कम हो गयी। नाम लेने योग्य अच्छे मौलिक नाटक बहुत दिनों तक दिखाई न पड़े।' 1912 में प्रकाशित 'कुरुवन दहन' (बदरीनाथ भट्ट) यद्यपि 'वेणीसंहार' पर आधारित है, पर नये प्रकार से नाट्यरीतियों का प्रयोग करने की चेष्टा करता है। यह वस्तुतः अनुवाद न होकर नवीन परिस्थितियों के अनुकूल रूपान्तर है। नाटक की अंग्रेजी भूमिका में भट्टजी ने लिखा है–

> *इसके स्थान पर मैंने एक दूसरा पथ ग्रहण करने का निश्चय किया, जिसमें कि मुझे अधिक स्वच्छन्दता प्राप्त होने की आशा थी। यह रास्ता इसे रूपान्तरित करने का था।...इसे यथासम्भव आधुनिक रुचियों और परिस्थितियों के अनुकूल बनाने का प्रयत्न किया।...वस्तुतः मैंने इस ग्रन्थ में अंग्रेजी और संस्कृत नाटकीय विधानों का समन्वय बनाने का प्रयत्न किया है।*

इस उद्धरण के विश्लेषण के आधार पर यह कहा जा सकता है कि भट्ट जी का यह कथन भारतेन्दु युग के प्रारम्भिक प्रयासों को प्रसाद के नाटकों से जोड़नेवाली कड़ी है। स्वच्छन्दता की ओर यहाँ पर स्पष्ट बढ़ाव है। इस स्वछन्दता के लिए ही भट्ट जी अनुवाद की अपेक्षा रूपान्तरण पर जोर देते हैं। यह स्वच्छन्दता की माँग भी 'आधुनिक रुचियों और परिस्थितियों' से उद्भूत है। यानी कि आधुनिकता का रूप भारतेन्दु युग से अब तक बदल चुका था और भट्ट जी इसे महसूस कर रहे थे। तीसरे, पहली बार 'अंग्रेजी और संस्कृत के नाटकीय विधानों का समन्वय' करने की बात स्पष्ट रूप से उठाई गयी। भट्ट जी से प्रारम्भ यह सचेष्टता नाट्यसृजन के क्षेत्र में नये प्रयोगों

की ओर उन्मुखता की सूचक है। पूर्ववर्ती भारतेन्दु हों या परवर्ती जयशंकर प्रसाद, सभी को समन्वय की यह आकांक्षा ललकारती थी। ये सभी नाटककार एक ओर अत्यन्त पुष्ट भारतीय नाट्यशास्त्र को पूरे तौर पर अस्वीकार भी न कर पाते थे और दूसरी ओर पश्चिमी नाट्यसिद्धान्त एवं नाटकरचना उन्हें बेहद आकर्षित करती थी। वस्तुतः हिन्दी का सारा नाटकशिल्प इन दोनों के तनाव पर आधारित है। केवल यह अध्ययन अपने आप में बहुत रोचक बन सकता है कि यह समन्वय कहाँ तक हो सका है और समन्वय की इस चेष्टा ने वास्तविक रचनाशीलता को कितना कुण्ठित या मुखर किया है। पर दुर्भाग्यवश रचना के स्तर पर जो आकांक्षा काम कर रही थी वह नाटक समालोचना के स्तर पर व्यक्त नहीं हो सकी। बल्कि हुआ यह कि नाट्य आलोचना की परम्परा ही उठ सी गयी। शायद मौलिक नाटक रचना की कमी ही इस बात के लिए जिम्मेदार है कि आलोचना का ध्यान नाटक से हटकर कविता की ओर पहुँच गया। महावीर प्रसाद द्विवेदी हों या मिश्रबन्धु, पद्मसिंह शर्मा हों या लाला भगवानदीन, सब कविता के ही आलोचक थे। किया भी क्या जाये, रचनात्मकता के केन्द्र पर कविता थी और आलोचना अपनी पहचान का सबूत पुनः दे रही थी।

पारसी थिएटर के प्रति विरति का भाव भारतेन्दु और उनके सहयोगी नाटककार ही व्यक्त कर चुके थे, सिनेमा के आगमन के साथ उसकी लोकगत प्रतिष्ठा भी समाप्त हो जाती है। यह एक ऐसी शून्य की स्थिति थी जिसमें न नाटक था और न किसी भी प्रकार का—परिष्कृत या भदेस—रंगमंच ही। रचना और आलोचना के केन्द्र पर कविता थी। यद्यपि कथासाहित्य में महत्त्वपूर्ण रचनाशीलता के प्रमाण मिल रहे थे, पर उसके प्रति सुधीजन का भाव अगम्भीरता का था। उसे गम्भीर आलोचनादृष्टि के योग्य नहीं समझा गया था (बल्कि यों कहें कि तमाम 'ऐकेडेमिक' क्षेत्र में आज भी उसे बहुत महत्त्वपूर्ण नहीं माना जा सका है)। इसी स्थिति में छायावादी युग में हिन्दी साहित्य उच्चतर अध्ययन-अध्यापन के लिए विश्वविद्यालयों में स्वीकृत हुआ। अंग्रेजी साहित्य के अनुकरण पर हिन्दी साहित्य के लिए भी आठ प्रश्नपत्रों वाले पाठ्यक्रम निर्धारित किये गये (जोकि आज तक अपनी तमाम कमियों के बावजूद बहुत कुछ यथावत चले आ रहे हैं)। इन पाठ्यक्रमों में नाटक और कथासाहित्य को शामिल करना ही था और इनके लिए सैद्धान्तिक व्यावहारिक आलोचना के ग्रन्थों की भी जरूरत थी। कुछ इसी प्रकार की आवश्यकता के अन्तर्गत 'रूपकरहस्य' या 'साहित्यालोचन' जैसे ग्रन्थ लिखे गये। इन ग्रन्थों में अत्यन्त सरलीकृत रूप में कुछ भारतीय और कुछ पाश्चात्य नाट्यसिद्धान्त फुटकल रूप से उपस्थित किये गये। परन्तु इनमें किसी प्रकार का—व्यवस्थित, निश्चित या मौलिक—नाट्यशास्त्र का अंकुर भी नहीं मिलता। जहाँ तक नाटक के 'टेक्स्ट' का प्रश्न था, भारतेन्दुयुग के कुछ नाटकों के अतिरिक्त केवल अनुवाद—मुख्य रूप से द्विजेन्द्रलाल राय के—थे। और इस तरह विश्वविद्यालयों के पाठ्यक्रम में नाटकों के लिए जगह खाली थी (आज भी खाली

होती रहती है)। अतः यह अस्वाभाविक न था कि केवल पढ़ने (या पढ़ाने) के लिए नाटक लिखे जाते। कुछ इस प्रकार की मनःस्थिति में प्रेमचन्द ने नाटक लिखे थे और सिद्धान्तीकरण किया था—

> *'ड्रामे दस किस्म के होते हैं। एक किरत (पढ़ने) के लिए, एक स्टेज के लिए। यह ड्रामा महज पढ़ने के लिए लिखा गया है।' (चिट्ठी पत्री 1, पत्र संख्या 178, पृ. 148, 22 जुलाई, 1924 को लिखा गया पत्र)।*

पर प्रेमचन्द कहीं अपनी कमजोरी भी समझ रहे थे और कुछ अपराधी भाव से स्पष्टीकरण करते हुए इन्द्रनाथ मदान को 26 दिसम्बर, 1934 को लिखे गये एक पत्र में कहते हैं—

> *नाटक का महत्त्व समाप्त हो जाता है अगर उसे खेला न जाय। हिन्दुस्तान के पास रंगमंच नहीं है, विशेषतः हिन्दी और उर्दू के पास। रंगमंच के नाम पर मुर्दा पारसी स्टेज है जिसके नाम से मुझे हौल होता है। इसके अलावा मैं कभी नाटक की टेकनीक और रंगमंच की कला के सम्पर्क में नहीं आया। इसलिए मेरे नाटक सिर्फ पढ़े जाने के लिए थे।*

कहना न होगा कि पाठ्यक्रम के लिए लिखे जानेवाले इन नाटकों की संख्या बराबर बढ़ती गयी और हिन्दी नाटक उतना ही दरिद्र होता गया।

कोरी 'क्लासरूमीय' सिद्धान्तचर्चा और पढ़ने-पढ़ाने के लिए लिखे जानेवाले नाटकों के बीच से छायावाद की सघन रचनाशीलता प्रसाद के नाटकों में प्रस्फुटित होती है। प्रसाद के पास रंगमंच भले न हो, पर उनका कथ्य नाटकीयता से लबालब भरा था। संघर्ष के जिस दौर से हिन्दुस्तान गुजर रहा था, उसका नाटकीय उपयोग कर सकने की प्रसाद में अद्भुत क्षमता थी। विरोध से उत्पन्न होनेवाली नाटकीयता प्रसाद में भरपूर मिलती है। उनके नाटक पूर्ववर्ती और समकालीन नाटकों के बीच मानदण्डवत खड़े हैं। आवश्यकता थी कि प्रसाद के इन नाटकों के अपने नाट्यशास्त्र की चर्चा होती और रंगमंच के माध्यम से उनकी विविध व्याख्याएँ करने का प्रयास किया जाता। पर इन नाटकों को नियति भोगनी थी केवल हिन्दी की कक्षाओं में पढ़ाए जाने की। हमारे विश्वविद्यालयों में परीक्षा की जो पद्धति है, उसकी अनिवार्य परिणति सरलीकरण में है। कुछ गिने-चुने प्रश्न, कुछ गिने-चुने उत्तर—इन्हीं के आसपास हमारी शैक्षणिक या शास्त्रीय आलोचना चक्कर काटती रहती है। विद्यार्थी, प्रश्नपत्र, सहायक पुस्तक, बाजारू नोट, इनके बीच अन्योन्याश्रय सम्बन्ध हो जाता है। और कुछ इसी प्रकार की परिस्थितियों में 'प्रसाद के नाटकों का शास्त्रीय अध्ययन' जैसी पुस्तकें सामने आयीं।

जीवन्त नाटक के अभाव में जीवन्त आलोचना का सम्बन्ध जो एक बार टूटा तो पं. रामचन्द्र शुक्ल में भी नहीं जुड़ सका। आलोचनात्मक लेखों या पुस्तकों को जाने दीजिए। अपने इतिहास में भी नाटकों की उन्होंने नितान्त सतही चर्चा की है। जिस पैठ या रुचि के साथ वे प्रसाद या पन्त के काव्य पर विचार करते हैं उसका

शतांश भी प्रसाद के नाटकों (या प्रेमचन्द के कथासाहित्य) के विवेचन में नहीं मिलता। पर शुक्ल जी की टिप्पणियों और बाबू श्यामसुन्दर दास द्वारा बताये गये नाट्यतत्त्वों (एवं रचनानियमों) के आधार पर डॉ. जगन्नाथप्रसाद शर्मा का शोधप्रबन्ध 'प्रसाद के नाटकों का शास्त्रीय अध्ययन' (1943 ई.) लिखा गया है। हिन्दी की पिछले पच्चीस वर्ष की 'ऐकेडेमिक' नाटक आलोचना की यह प्रतिनिधि कृति मानी जा सकती है। कमोबेश इसी साँचे में आगे भी नाटकों पर पुस्तकें या शोधप्रबन्ध लिखे जाते रहे। यहाँ तक कि तमाम अज्ञात-कुल-शील लेखकों द्वारा लिखे जानेवाले बाजारू नोट—'एक अध्ययन', 'एक दृष्टि', 'प्रश्नोत्तर' आदि—भी इस पुस्तक में अपनाई गयी योजना को ही आधार बनाते हैं।

शैक्षणिक आलोचना की कमियों को समझाने के लिए इस पुस्तक का विश्लेषण सहायक सिद्ध होगा। डॉ. शर्मा ने प्रारम्भ में प्रसाद के एक-एक नाटक को लेकर विवेचन-विश्लेषण किया है और उपसंहार के पचास पृष्ठों में प्रसाद की नाट्यकला पर अपने विचार व्यक्त किये हैं। लेखक द्वारा विवेचित चन्द्रगुप्त वाले अध्याय की विषयसूची और पृष्ठ संख्या इस प्रकार है—

> *इतिहास—132, कथानक—138, संविधानक सौष्ठव और काल विस्तार—143, अंक और दृश्य—144, आरम्भ और फलप्राप्ति—146, कार्य की अवस्थाएँ—147, अर्थ प्रकृतियाँ—149, सन्धियाँ—151, नायक का विचार—152, चन्द्रगुप्त—153, चाणक्य—155, सिंहरण—158, अन्य पुरुष पात्र—159, अलका—161, सुवासिनी—162, कल्याणी—163, कार्नेलिया—164, मालविका—166, रस विवेचन—166, शृंगार रस का योग—168, कथोपकथन—169, देशकाल का कथन—171, राष्ट्रभावना—174।*

यही योजना अन्य नाटकों की विवेचना में भी अपनाई गयी है, एकाध मुद्दा भले ही घट-बढ़ गया हो। इस सूची के साथ विश्वविद्यालयों में एम.ए. के प्रश्नपत्रों में पूछे जानेवाले नाटक के प्रश्नों की भी एक छोटी-सी सूची दे देना प्रासंगिक होगा—

1. चन्द्रगुप्त नाटक के कथानक पर एक संक्षिप्त आलोचनात्मक निबन्ध लिखिए।
2. चन्द्रगुप्त नाटक के किन्हीं दो नारी पात्रों के आधार पर प्रसाद के हृदय की कोमलता, उदारता और स्निग्धता का परिचय दीजिए।
3. 'चन्द्रगुप्त नाटक में तत्कालीन इतिहास को राष्ट्रीयता के साँचे में ढालने का सफल प्रयास किया गया है।' सिद्ध कीजिए।
4. 'प्रसाद के नाटकों में भारतीय एवं पाश्चात्य रचना पद्धतियों का समन्वय दिखाई पड़ता है।' इस कथन की सार्थकता की विवेचना कीजिए।
5. चन्द्रगुप्त नाटक में आपको कौन पात्र सर्वाधिक प्रभावित करता है? अपनी रुचि का कारण बताते हुए उसके चरित्र का विशद चित्रण कीजिए।
6. नाटक के तत्त्वों को ध्यान में रखते हुए चन्द्रगुप्त की सफलता पर प्रकाश डालिए।

7. रंगमंच की आवश्यकताओं को ध्यान में रखते हुए चन्द्रगुप्त नाटक के गुण-दोषों का विवेचन कीजिए।
8. चन्द्रगुप्त नाटक का नायक कौन है? युक्तियुक्त उत्तर दीजिए।

और 'चन्द्रगुप्त' पर तो नहीं, 'अजातशत्रु' पर प्राप्त बाजारू नोट की एक पुस्तक के शीर्षक भी कुछ इस प्रकार हैं : कथावस्तु की ऐतिहासिकता, पात्रों की ऐतिहासिकता, नाट्य तत्त्वों की कसौटी पर अजातशत्रु, कथावस्तु, कार्य की अवस्थाएँ, नाटक का नायक, कथोपकथन, स्वगतकथन, देशकाल, भाषा-शैली, रस, उद्देश्य, गीत, अन्तर्द्वन्द्व और बहिर्द्वन्द्व, सुखान्त या दुखान्त, चरित्रचित्रण आदि।

विस्तारभय से इन तीनों सूचियों का विश्लेषण यहाँ नहीं किया जा रहा है। पर तनिक भी ध्यान से देखनेवाले के लिए यह छिपा न रहेगा कि तीनों सूचियाँ परस्पर सम्बद्ध हैं और सरलीकरण की प्रवृत्ति से उद्भूत हैं।

'प्रसाद के नाटकों का शास्त्रीय अध्ययन' की समीक्षा के साँचे का विश्लेषण यह स्पष्ट कर देता है कि किसी विशिष्ट संकल्पना या सुसंगठित नाट्यसिद्धान्त के बगैर भारतीय और पाश्चात्य रचना पद्धतियों के कुछ तत्त्वों या उपकरणों के खानों में नाटकों को डालने की चेष्टा की गयी है। कथावस्तु की चर्चा में भारतीय नाट्यशास्त्र की अवस्थाओं, सन्धियों और अर्थप्रकृतियों की खोज की चेष्टा है। खोज की इस चेष्टा की सार्थकता इसी में समझी गयी है कि किसी प्रकार नाटकों में उनका अस्तित्व दिखाया जा सके। इनसे नाटकों की गठन, रूपबन्ध, अर्थवत्ता आदि पर क्या प्रभाव पड़ता है, इसकी ओर ध्यान नहीं दिया जा सका। इसी प्रकार की अस्तित्वगणना पाश्चात्य कार्यावस्थाओं को लेकर भी यत्र-तत्र हुई है। 'स्कन्दगुप्त' की विवेचना में भारतीय और पाश्चात्य कार्यावस्थाओं का घपला इन तमाम शास्त्रीय आलोचकों को पीड़ित करता रहा है। पर उसके तनाव को स्पष्ट कोई नहीं करता।

भारतीय तत्त्वों की परिगणना के प्रसंग में रस विवेचन भी आता है। पर एक विचित्र बात है कि अपने को रसवादी घोषित करनेवाले ये तमाम आचार्य रस की चर्चा नाटक के एक तन्त्र के रूप में करते हैं जबकि भारतीय नाट्यशास्त्र में रसनिष्पत्ति का प्रश्न नाटक के पूरे रूपबन्ध से उद्भूत समग्र अर्थवत्ता से है। रस की समस्या वस्तुतः नाटक के अर्थ की समस्या है। और इसकी चर्चा नाटक के समग्र विश्लेषण के माध्यम से ही सम्भव है। पर जहाँ हर चीज के खाने बनाकर बाँट देने का सरलीकरण वाला फार्मूला इस्तेमाल किया जा रहा हो, वहाँ यह जोखिम कौन उठाए?

जो हाल रस का है कुछ वैसा ही दृश्य चरित्रचित्रण का भी हुआ। कौन-सा पात्र अपने किस गुण से नाटक की अर्थवत्ता या रस योजना को प्रभावित, अनुकूलित कर रहा है? पूरे नाटक में उसका क्या योगदान है? इस प्रकार के तत्त्वाभिनिवेशी प्रश्नों की जगह पात्रों का हुलिया बताया गया है, कुछ मोटी बातें चारित्रिक गुणों से सम्बन्धित गिना दी गयी हैं। यह समझना मुश्किल है कि यदि चन्द्रगुप्त पराक्रमी,

साहसी, सुशील, निर्भीक या आत्मविश्वासपूर्ण है, अथवा कार्नेलिया सुन्दरी, प्रेमिल, भावुक या शान्तिप्रिय है तो इससे नाटक का क्या बनता-बिगड़ता है।

नाटक की विवेचना में संवाद मीमांसा का बहुत महत्त्व है। आखिर नाटक का सर्वतोप्रमुख लक्षण भी वही है। हिन्दी के तमाम तथाकथित 'कोर्सबुकी' नाटककार किसी कहानी को संवादों में लिखकर ही नाटक रचना का सुख और सन्तोष प्राप्त कर लेते हैं। पर 'चन्द्रगुप्त' जैसे संकुल अनुभवों वाले नाटक के संवादों के लिए डॉ. शर्मा केवल दो पृष्ठ दे पाते हैं। इसी का परिणाम है कि परीक्षा के प्रश्नपत्रों में निर्धारित 'नाटक' के संवादों पर पूरा प्रश्न तो पूछ लिया जायेगा पर किसी दृश्य में आये एक छोटे से संवाद की नाटकीय उपयुक्तता का विचार अपेक्षित रह जायेगा। संवादों के कितने प्रकार प्रयुक्त हुए हैं? कथानक, पात्र या रस-योजना के लिए उनका क्या औचित्य है? अलग-अलग आये संवाद क्या किसी एक भाषा 'पैटर्न' के अंग हैं? क्या इस तरह के सवालों के लिए भी 'युगचेतना' और 'तकनीकी माहिरों' से बचने की जरूरत है?

जहाँ तक देशकाल विवेचन का प्रश्न है, यह भी उसी सरलीकरण वाले फार्मूले से जुड़ा हुआ है। साहित्य का सबसे सुविधाजनक अध्ययन दस्तावेजपरक हो सकता है। इन शास्त्रीय अध्ययनों के देशकाल वाले अंशों में इसी प्रकार के रीति-रिवाज, रहन-सहन, भूगोल और साहित्य के विवरण इकट्ठे किये गये हैं न कि नाटक की कलात्मक सत्ता से उनका कोई सम्बन्ध निरूपित किया गया है।

इस विश्लेषण को समाप्त करने के पूर्व एक अन्य तथ्य की ओर ध्यान दिलाना आवश्यक है। 1930 के आसपास से यथार्थवादी नाट्यरचना की चर्चा होने लगी थी। हिन्दी में यथार्थवाद शब्द के ग्रहण और उसके अर्थबोध का इतिहास बहुत रोचक है, परन्तु यहाँ केवल इतना इंगित करना है कि नाटक के क्षेत्र में यथार्थवाद का ग्रहण, बिना रंगमंच के ही एक रंगमंचीय सन्दर्भ में हुआ है। दैनिक व्यवहार में जो कुछ अस्वाभाविक या अतार्किक लग सकता है, उसे त्यागकर अत्यधिक विश्वसनीयता का आग्रह बढ़ा। नाट्यसमीक्षा की शास्त्रीय पद्धति पर भी इसने प्रभाव डाला। प्रसाद के नाटकों की अभिनेयता की चर्चा, गीतबहुलता और काव्यात्मकता का विरोध, स्वगत कथनों की निन्दा, घटनाओं की आकस्मिकता पर आक्षेप आदि, इसी यथार्थवादी विचारधारा के आलोक में होते हैं। डॉ. जगन्नाथ प्रसाद शर्मा के शास्त्रीय अध्ययन में भी इस विचारधारा का प्रभाव देखा जा सकता है। मजा यह है कि ये तमाम शास्त्रीय अध्येता इन बातों की चर्चा करते समय अपना शास्त्रज्ञान भुला कर (तमाम लोकधर्मी, नाट्यधर्मी, वृत्तियों, रूढ़ियों आदि को विस्मृत कर) इस प्रकार चर्चा करने लगते हैं गोया कि वे 'थिएटर क्रिटिक' हों। होता यह था कि उनका रंगमंच उनकी जेब में ही पड़ा रहता था। वस्तुतः यथार्थवाद के नाम पर इन चीजों की चर्चा भी उसी सरलीकरण वाले फार्मूले की उपज है।

यह देखकर आश्चर्य होता है कि उपन्यास हो, कहानी हो, या नाटक, वे ही तत्त्व तीनों की आलोचना में गिना दिये जाते हैं और हिन्दी की कथा या नाटक की शास्त्रीय आलोचनाएँ एक ही प्रकार और स्तर की हैं। साहित्यिक विधाओं का सिद्धान्त वस्तुतः एक व्यवस्था का सिद्धान्त भी है, और एक सामान्य साहित्यिकता में उसे घटाकर ले आने से एक नाटक को एक कहानी से अलगाया नहीं जा सकेगा। उपन्यास हो या नाटक, दोनों का रूपबन्ध अपने ढंग से सुगठित या 'आरगेनिक' होता है। और बिना इसकी चेतना उत्पन्न हुए और इस रूपबन्ध के विश्लेषण की सम्यक् पद्धति विकसित किये यही छात्रोपयोगी सुविधावाद चलता रहेगा।

एक स्पष्टीकरण और भी आवश्यक है : रंगशाला समीक्षा और नाटक समीक्षा को मैं एक ही नहीं मानता। जान ग्रास या केनेथ टायनन मुख्यतः रंगशाला समीक्षक (थिएटर क्रिटिक) हैं और विल्सन नाइट, रेमण्ड विलियम्स या आयन काट नाटक समीक्षक (ड्रामा क्रिटिक)। दोनों में कोई विरोध भी नहीं है पर नाटक एक ऐसा माध्यम है जो एक ओर स्टेज से घनिष्ठ भाव से जुड़ा हुआ है और दूसरी ओर कक्ष या कक्षा में भी उसका रस लिया जा सकता है। दोनों स्थानों की व्याख्याओं, अर्थों में, और इसी कारण आनन्द में भी, अन्तर हो सकता है। पर उसका मुख्य माध्यम तो भाषा ही है, बल्कि यों कहें कि भाषाप्रयोग के स्तर पर काव्यभाषा उसके लिए सबसे नजदीकी सिद्ध की जा सकती है। इस नाते एक स्वतन्त्र साहित्य विधा के रूप में नाटक का अध्ययन सम्भव है। अतः जब शास्त्रीय अध्ययनों और शोधप्रबन्धों की पद्धति पर आपत्ति करता हूँ तो शास्त्रीयता का विरोध करके मंचीयता की माँग नहीं करता। बल्कि कहना तो यह चाहता हूँ कि जब समीक्षक स्वयं मंच प्रयोगों से परिचित नहीं है तो अभिनेयता का प्रश्न क्यों उठाता है? अपने आप में अभिनेयता का यह प्रश्न या तो किताबी है या परीक्षा मंच से सम्बन्धित। इनकी शास्त्रीयता पर मुख्य आपत्ति यह होती है कि इन अध्ययनों में नाटक को एक नये नुस्खे में तब्दील करके देखा जाता है : (दो तोला इतिहास, एक तोला कल्पना, तीन तोला चरित्र, दो तोला संवाद और डेढ़ तोला देशकाल को भाषा-शैली के जरिए कूट-छान कर तीन तोले रस में मिलाकर गोलियाँ बना लेनी चाहिए!)। नाटक के संकुल रूपबन्ध के विश्लेषण द्वारा उसके अर्थ के उद्घाटन का प्रयास इन अध्ययनों में नहीं मिलता। 'चन्द्रगुप्त' या 'स्कन्दगुप्त' की विषयवस्तु पर एक भी पृष्ठ खर्च नहीं किया जाता। इसी प्रकार नाट्य अभिप्रायों, नाट्य समयों (ड्रैमेटिक कनवेंशंस) और परम्पराओं के उद्घाटन की ओर अभी ठीक से ध्यान भी नहीं गया है। स्वयं नाटक का इतिहास लिखते समय भी इनका अध्ययन प्रस्तुत नहीं किया जा सका है। यहाँ तक कि मुख्य कार्यव्यापार के विश्लेषण की वैसी योजना भी इन अध्ययनों में प्राप्त नहीं होती जैसी कि ग्रैनविल बार्कर की 'प्रिफेसेज टु शेक्सपियर' में मिल जाती है।

इधर स्वतन्त्रता के पश्चात हर क्षेत्र की तरह नाटक और रंगमंच के क्षेत्र में भी

एक नयी क्रियाशीलता के दर्शन हुए हैं। इसके समानान्तर रंगशाला समीक्षा सम्बन्धी टिप्पणियों का प्रकाशन भी प्रारम्भ हुआ। शास्त्रीय समीक्षावाली पुस्तकों की खामियाँ और उभरकर सामने आयीं। कुछ नये नाटकों की समीक्षा करते हुए निबन्ध भी लिखे गये। ऐसा लगता है कि एक नयी नाट्यसमीक्षा की जमीन तैयार है। 'नटरंग' जैसी पत्रिका का प्रकाशन इस नये स्वर की मुखरता का सबसे बड़ा प्रमाण है। इस प्रकार गतिरोध टूटने के आभास मिलने लगे हैं—पर टूटा हुआ तभी माना जा सकता है जब प्रसाद के नाटकों पर कम से कम एक बेहतर किताब आ जाये।

नटरंग : 1965

नाटक : समीक्षा

पत्थर और परछाइयाँ

धरती हमारी है

कहानी कैसे बनी

पत्थर और परछाइयाँ

पत्थर और परछाइयाँ मार्कण्डेय के छह एकांकियों का प्रथम संकलन है। लेखक कहानी के क्षेत्र में पर्याप्त ख्याति उपलब्ध कर चुका है। उसका हाथ वहाँ मँज चुका है, जबकि एकांकी के क्षेत्र में वह अभी हाथ माँज रहा है, प्रयोग कर रहा है। मार्कण्डेय का कहानीकार बहुधा इन एकांकियों पर हावी हो जाता है। हर तरह से हम कह सकते हैं कि इनमें कहानी की ध्वन्यात्मकता अधिक है, एकांकी का सम्पूर्ण प्रभाव और एकान्त अन्विति अपेक्षाकृत कम है। 'चिड़ियाखाना' का यदि विश्लेषण किया जाय तो उसका प्रथम भाग जिसमें मिन्नी आदि रेस्तराँ में आते हैं, एकांकी की दृष्टि से अस्पष्ट है। उसका पूरा प्रसंग तब स्पष्ट होता है जब लड़कियों वाला हिस्सा भी पढ़ लिया जाता है। कहानी की दृष्टि से यह बुनावट आकर्षक हो सकती है, पर जब स्टेज पर नाटक अभिनीत होगा तो उसकी अस्पष्टता (या ध्वन्यात्मकता) अनाकर्षण की सृष्टि कर सकती है। नाटक तो पूरे फैलाव में आकर्षक और रोचकता चाहता है क्योंकि थोड़ी देर की भी अरुचि श्रेष्ठ नाटक को फेल कर देने के लिए पर्याप्त है।

कथाकार के पास थीम और कथावस्तु का अभाव नहीं है। पर एक बात जो और भी मार्के की है कि लेखक की कहानी की दृष्टि से प्राप्त की गयी उपलब्धि यहाँ भी निखर उठी है। मार्कण्डेय गाँव के कहानीकार के नाते प्रसिद्धि प्राप्त कर चुके हैं, हमें यह देखकर आश्चर्य न करना चाहिए कि प्रस्तुत संकलन में भी गाँव से सम्बन्धित नाटक ज्यादा पैने और प्रभाव की एकात्मकता की दृष्टि से सफल बन पड़े हैं। 'अंधेरी झाँकी' और 'दो पैसे का नमक' इन दोनों ही नाटकों में ग्रामीण जीवन का यथार्थ वहाँ की विकृतियों एवं शक्तियों, संघर्ष और सहानुभूति—पूरी नाटकीयता के साथ अंकित है। इन ग्रामीण जीवन पर केन्द्रित एकांकियों की सबसे बड़ी नवीनता यही है कि नाटकीय विधा के माध्यम से गाँव को प्रस्तुत रहने का प्रयास हिन्दी में नहीं के बराबर हुआ है।

बहुधा कवियों-कलाकारों आदि के बारे में लिखते-लिखते लेखकगण दो प्रकार की प्रतिक्रियाएँ व्यक्त करते हैं—या तो वे उसके बारे में अत्यधिक सेण्टिमेण्टल

ले. : मार्कण्डेय

हो जाते हैं या व्यंग्य करने लगते हैं। मार्कण्डेय में दोनों प्रतिक्रियाएँ विद्यमान हैं। 'मैं हारूँगा नहीं' सेण्टीमेण्टल नाटक है। 'रूपक' का व्यंग्य बड़ा स्पष्ट हो गया है। पश्चिम में नाटकों के माध्यम से शा, इब्सन आदि ने सामाजिक और वैयक्तिक कुरीतियों-विकृतियों आदि पर गहरे व्यंग्य किये हैं। हिन्दी में भी अश्क, जगदीशचन्द्र माथुर आदि ने व्यंग्य के लिए नाटक का सहारा लिया है। मार्कण्डेय ने अपने इन प्रथम नाटकों से ही व्यंग्यकारों की परम्परा में अपना स्थान बना लिया है। इस दृष्टि से रूपक बहुत सफल उतरा है। उसके संवाद भी अधिक चुटीले और यथार्थपरक बन पड़े हैं। 'चिड़ियाखाना' में रानी द्वारा मिन्नी पर किये गये व्यंग्य 'आहऊह' कर किये जानेवाले बचकाने प्रेम पर अच्छी छींटाकशी है। मिन्नी का प्रेम अन्य शौकिया चीजों की भाँति एक शौक भर था।

रंगमंच के सम्बन्ध में जो वस्तुस्थिति हिन्दी में है उसकी ओर संकेत करते हुए एकांकीकार ने स्पष्ट कहा है, 'हमें नाटकों की क्या समझ? जब मंच हमारे लिए अब भी स्वप्न है।' प्रस्तुत समीक्षक का ज्ञान भी रंगमंच के सम्बन्ध में विशिष्ट नहीं है, अतः उस कसौटी पर उन्हें बहुत कसना उसके लिए सम्भव नहीं है। परन्तु पढ़ते समय भी नाटकीयता और उसके गुण-दोषों का बोध मन में हुआ करता है। नाट्यतत्त्वों की दृष्टि से लेखक ने एक बात बहुत साफ कही है, '...कथोपकथन लिखते-लिखाते ये नाटक बन गये थे।' लेखक ने नाटक के विभिन्न तत्त्वों में से संवादों पर अधिक जोर दिया है। चारित्रिक रेखाएँ प्रथम और अन्तिम नाटक में ही अधिक उभरी हैं।

कहानी लेखक के साथ ही हम मार्कण्डेय के इस नाटककार रूप का भी स्वागत करते हैं। उनके अगले नाटक शिल्प और कथ्य सभी दृष्टियों से अधिक नये तथा सुगठित होंगे, इन नाटकों के आधार पर विश्वास न करने का कोई कारण नहीं है।

कलजुग : मई, 1957

धरती हमारी है

जैसा कि अनुवादक के दो शब्दों से ज्ञात होता है प्रस्तुत नाटक अनूदित होकर कालाकांकर से निकलनेवाले रूपाभ में पहले प्रकाशित हो चुका है। अब वह पुस्तक रूप में पुनर्मुद्रित हुआ है।

विलियम कांजलेको के इस प्रसिद्ध नाटक में पूँजीवादी व्यवस्था की असंगतियों और ज्यादतियों की भलीभाँति अभिव्यक्ति हुई है। पूँजीवाद का मत्स्य-न्याय किस प्रकार समाज की छोटी-छोटी इकाइयों को निगलने में विश्वास करता है, और निगलता है यह स्टोपा के प्रसंग से स्पष्ट है। जो एक साधारण परिश्रमी ईमानदार किसान है, अपने गाँव के आसपास जमीन को घने जंगलों के स्थान पर लहलहाते खेतों में परिणत करने का उसे मुख्य श्रेय है। और फिर औद्योगीकरण के नाम पर पूँजीवाद का अजगर सामने आता है। लाखों-करोड़ों डालर वाली कम्पनी स्टोपा की भूमि चाहती है। उसका प्रतिनिधि लैंग उसे लालच भी देता है, धमकी भी देता है, परन्तु स्वाभिमानी जो अपनी प्यारी भूमि को छोड़ने को प्रस्तुत नहीं है क्योंकि वह भूमि उसे अन्न ही नहीं देती, वहाँ के एक-एक पेड़ से उसका भावनात्मक साहचर्य है। दो वर्षों तक यह खींचतान चलती है। अन्ततः कम्पनी जो शासन, राजनीति, गुण्डों सबको खरीदे हुए है उसपर अमानुषिक अत्याचार प्रारम्भ करती है। गुण्डे उसके पुत्र को रास्ता चलते बुरी तरह घायल करते हैं, पत्नी को मार डालते हैं और स्वयं उसकी टाँगों में गोली मार देते हैं। धर्म का वर्तमान रूप जो पूँजीवाद का स्पष्ट सहायक है, उपदेश करता है कि गुण्डों के पापों को क्षमा कर दो क्योंकि ईश्वर के यहाँ न्याय अवश्य होगा। पर ग्रूबर किसान के रूप में उठती हुई जन चेतना इन सबको अस्वीकार करती है। यह जन चेतना पूँजीवाद के असली स्वरूप को जान लेती है, उससे लड़ने को कटिबद्ध होती है। जिस समय पादरी माइकेल कहता है 'मृत आत्मा की शान्ति के लिए' उसी समय ग्रूबर बात काट कर कहता है—

'नहीं पिता जीवित आत्माओं की शान्ति के लिए मृत को हम दफन कर चुके।'

ले. : विलियम कांजलेको

अनुवाद : रामचन्द्र टण्डन

आध्यात्मिकता से हटकर यथार्थ का यह बोध नाटक का प्राण है।

नाटक पाँच दृश्यों का है जिसमें कि स्टेज की दृष्टि से कुल चार सेटों की व्यवस्था करनी होगी—स्टोपा की बैठक, झिगर का दफ्तर, शेरिफ का दफ्तर तथा स्टोपा के घर के सामने। रंगमंच की दृष्टि से इन सेटों की व्यवस्था बड़ी आसान है। कोई भी एमेच्योर नाटक मण्डली इसे बड़ी सुविधा के साथ खेल सकती है।

सब मिलाकर नाटक रोचक, पैना और सोद्देश्य है। अनुवादक को हम ऐसे सुन्दर अनुवाद के लिए बधाई देते हैं।

छपाई, सफाई, आवरण एवं कागज प्रकाशक की सुरुचि के परिचायक हैं। पृष्ठ संख्या देखते हुए दो रु. मूल्य कुछ अधिक प्रतीत होता है।

कलजुग : मई, 1957

कहानी कैसे बनी

कर्तार सिंह दुग्गल उर्दू और पंजाबी के जाने-माने लेखक हैं, उनके एकांकी नाटकों का संग्रह है 'कहानी कैसे बनी।' संग्रह के पहले एकांकी पर ही पुस्तक का शीर्षक दिया गया है। जैकेट पर कहा गया है कि ये नाटक दृश्य और श्रव्य दोनों रूपों में प्रस्तुत किये गये हैं। पर मेरा अनुमान है कि मूलतः ये नाटक श्रव्य हैं, दृश्य के उपयुक्त रंगमंचीय व्यवस्था छपने के समय दी गयी है। इसी कारण संग्रह के आठों नाटकों में अपेक्षित दृश्य-योजना एवं रंगमंचीय कार्यव्यापार की कमी है। वास्तव में दृश्य एवं श्रव्य भिन्न माध्यम हैं। प्राचीन काल में साहित्य के ये दो प्रमुख भेद माने गये थे, फिर श्रव्य पाठ्य बन गया एवं आज रेडियो के प्रसार के साथ दृश्य को भी श्रव्य बनना पड़ा है। रेडियो नाटक का रूप-विधान कुछ ऐसा होता है कि वह पुराने श्रव्य और दृश्य का सम्मिश्रण बन गया है। उसमें नाटक की सी वस्तुयोजना, संवाद रहते हैं एवं श्रव्य काव्य की शैली जो उसे श्रोताओं तक सम्प्रेषित कर सके। दृश्य नाटक में रंगमंच पर की दृश्ययोजना, कार्य-व्यापार की क्षिप्रता एवं चरित्र की अवधारणा एवं चित्रण में अभिनेता के उस योग का ध्यान रहता है, जो श्रोता को दिखाई पड़ता है। जब कि श्रव्य नाटक में अपेक्षित ध्वनि प्रभावों के द्वारा दृश्ययोजना स्पष्ट की जाती है एवं ध्वनि प्रभाव और ध्वनि के उतार-चढ़ाव परिवर्तन आदि के माध्यम से ही पात्र की रूपरेखा श्रोता की कल्पना के सम्मुख साकार कराई जाती है। इस विषय पर देखने से ज्ञात होता है कि आलोच्य एकांकी ध्वनिप्रभावों को ही ध्यान में अधिक रखते हैं। संग्रह के दो एकपात्रीय नाटक 'ऊपर की मंज़िल' एवं 'श्रमानत' में यह बात और अधिक स्पष्ट हो जाती है। दोनों में ही वस्तु व्यापार का नितान्त अभाव है। पूरे नाटक में एक ही व्यक्ति अपने मानसिक द्वन्द्वों को व्यक्त करता रहता है एवं इस/एकसरता को तोड़ने के लिए बीच-बीच में कुछ ध्वनि परिवर्तन जन्य प्रभाव ही है। परन्तु जहाँ तक इन नाटकों के श्रव्य गुण का प्रश्न है, निर्विवाद रूप से इन्हें श्रेष्ठ एकांकियों में गिना जायेगा। कथा की उठान, मानसिक द्वन्द्वों की चरित्र में स्थापना, इस द्वन्द्व के अनुकूल शब्द योजना, नाटकों की चरमसीमा का

ले. : कर्तार सिंह दुग्गल

स्पष्ट विधान एवं इन सबसे अधिक नाटकों का चामत्कारिक अन्त श्रोता की रुचि जाग्रत रखने में पूर्णतया समर्थ है।

यों इन नाटकों के कथासंगठन पर कहानी कला की बड़ी गहरी छाया है। ओ. हेनरी के समान व अन्तिम हिस्से में पहुँचते-पहुँचते एक आकस्मिक-अप्रत्याशित मोड़ सारी कथा को दे देते हैं और फिर सारी कथावस्तु उस आकस्मिकता के आलोक में एक नये अर्थ से भर उठती है। इस आकस्मिकता में ही उनका उद्देश्य भी व्यंजित रहता है और इस रूप में हम उन्हें सोद्देश्य भी कह सकते हैं। पर वास्तव में यह टेकनीक मूलतः कहानी की है। नाटक में सामान्यतः घटना-प्रवाह इतना अप्रत्याशित मोड़ नहीं लेता। पर यह निश्चित रूप से कहा जा सकता है कि कहानी शैली का दुग्गल जी एकांकियों में अत्यधिक सफल प्रेषण कर सके हैं। इससे एकांकियों की प्रभावान्विति में बाधा पड़ने की अपेक्षा रोचकता अधिक बढ़ी है। और इस दृष्टि से उनके एकांकियों में शिल्पगत एक नवीनता भी है।

कर्तार सिंह दुग्गल के इन नाटकों की एक अन्य प्रमुख विशेषता वातावरण का गहन भावमय अंकन है। बहुधा रंगमंचीय नाटकों में दृश्य योजना के माध्यम से वातावरण को उभारा जाता है। परन्तु दुग्गल के नाटकों में इसे विविध कथनों, संवादों, अभिव्यक्तियों एवं ध्वनि प्रभावों के माध्यम से उभारा गया है। यह तथ्य भी इस बात का समर्थन करता है कि ये नाटक श्रव्य अधिक हैं। संग्रह के सर्वश्रेष्ठ नाटक 'दिया बुझ गया' का यह वातावरण चित्रण देखिये जो आगे की साहसपूर्ण, पर दर्दनाक घटना के लिए अपेक्षित पृष्ठभूमि बनती है। नूरों का छोटा बेटा कश्मीर के दुश्मनों से गठबन्धन करके अपने भाई को मारने का षड्यन्त्र करने गया है, माँ अपने प्यारे बेटे के इस शर्मनाक कार्य को न होने देने के लिए कृतसंकल्प हो रही है—उस समय वह कहती है—

"आज यह बारिश यूँ ही इतने जोर से नहीं हो रही है। आज यह झक्कड़ यूँ ही कहर बन कर नहीं टूट रहा। आज यह बादल यूँ ही इस तरह नहीं गरज रहे जैसे आसमान फट पड़ेगा, चाँद-सूरज टकरा जायेंगे। यह बिजली आज यूँ ही नहीं कौंध रही।"

इस कथन के बाद लेखक ने रंगमंचीय संकेत दिया है। (बारिश और भी तेज हो जाती है, बादलों की गरज और भी भयावनी हो जाती है।)

चरित्रों के परस्पर वार्तालाप एवं स्वगतोक्तियाँ यद्यपि नाटकीय हैं, बोलचाल की भाषा के संगठन एवं टोन को समाहित किये हैं, पर सम्भवतः कहानी कला की छाया में लिखे होने के कारण कभी-कभी आवश्यकता से अधिक लम्बी हो गये हैं।

अन्तिम नाटक को छोड़ कर शेष सभी नाटक उच्च मध्यवर्ग एवं निम्नवर्ग से सम्बन्धित हैं। परन्तु इनकी विषय वस्तु में मध्यवर्ग के नये कोणों को उभारने का सफल प्रयत्न किया गया है। अन्तिम नाटक कश्मीरियों द्वारा कश्मीर की रक्षा के

प्रयत्नों की मार्मिक कथा को उपस्थित करता है, जिसमें एक माँ अपने सबसे प्यारे बेटे को देश के लिए स्वयं कुर्बान कर देती है। इन नाटकों में बीच-बीच में काव्य की भावात्मकता भी प्रधान हो उठी है, इसने इनको भी और अधिक गरिमा दे दी है।

सब मिलाकर ये नाटक दर्शक एवं श्रोता को ही नहीं पाठक को भी आनन्द देने वाले हैं। उर्दू और पंजाबी के इस लेखक की प्रस्तुत कृति का हम स्वागत करते हैं।

ग्राम्या : 10 जनवरी, 1960

डॉ. देवीशंकर अवस्थी : जीवनवृत्त

जन्म : 5 अप्रैल, 1930, ग्राम-सथनी बालाखेड़ा, जनपद-उन्नाव (उ.प्र.)

शिक्षा : आरम्भिक शिक्षा गाँव में और व्यक्तिगत स्तर पर। डी.ए.वी. कॉलेज, कानपुर से 1951 में बी.ए. और 1953 में एम.ए. (हिन्दी) प्रथम श्रेणी में। 1960 में आचार्य हजारी प्रसाद द्विवेदी के निर्देशन में 'अठारहवीं शताब्दी के ब्रजभाषा काव्य में प्रेमाभक्ति, विषय पर पीएच.डी.। 1952 में 'लॉ' की भी डिग्री ली।

आजीविका : 1953 से 1961 तक डी.ए.वी. कॉलेज, कानपुर में हिन्दी के प्राध्यापक। जुलाई, 1961 से मृत्युपर्यन्त दिल्ली विश्वविद्यालय के हिन्दी विभाग में प्राध्यापक रहे।

निधन : 11 जनवरी, 1966 को दिल्ली में एक सड़क दुर्घटना के चलते ब्रेन हेमरेज से 13 जनवरी, 1966 को आकस्मिक अवसान।

प्रकाशित पुस्तकों का इतिवृत्त : (1) मौलिक : आलोचना–(i) आलोचना और आलोचना–1961, प्रज्ञा प्रकाशन, कानपुर, पुनःप्रकाशन–1995, वाणी प्रकाशन, दिल्ली; (ii) अठारहवीं शताब्दी के ब्रजभाषा काव्य में प्रेमाभक्ति–1968, अक्षर प्रकाशन, दिल्ली, पुनःप्रकाशन–2015, स्वराज प्रकाशन, दिल्ली; (iii) रचना और आलोचना–1979, मैकमिलन प्रकाशन, दिल्ली, पुनःप्रकाशन–1995, वाणी प्रकाशन, दिल्ली; (iv) भक्ति का सन्दर्भ–1997, वाणी प्रकाशन, दिल्ली; (v) आलोचना का द्वन्द्व–1999, वाणी प्रकाशन, दिल्ली; (vi) विवेक के कुछ और रंग–2003, स्वराज प्रकाशन, दिल्ली; (vii) देवीशंकर अवस्थी : संकलित निबन्ध–2008, नेशनल बुक ट्रस्ट, इण्डिया, नयी दिल्ली; (viii) देवीशंकर अवस्थी : रचना संचयन–2012, साहित्य अकादेमी, नयी दिल्ली।

(2) सम्पादित पुस्तकों का इतिवृत्त : (i) कविताएँ–1954, साहित्य निकेतन, कानपुर (श्री अजित कुमार के साथ); (ii) कहानी-विविधा–1963, राजकमल प्रकाशन, दिल्ली; (iii) 'भूले-बिसरे चित्र' उपन्यास के संक्षिप्त संस्करण की भूमिका और सम्पादन–1963, राजकमल प्रकाशन, दिल्ली; (iv) विवेक के रंग–1965, भारतीय ज्ञानपीठ, वाराणसी, पुनःप्रकाशन–1995, वाणी प्रकाशन, दिल्ली; (v) नयी कहानी :

सन्दर्भ और प्रकृति—1966, अक्षर प्रकाशन, दिल्ली, पुनःप्रकाशन—1973, राजकमल प्रकाशन, दिल्ली; (vi) साहित्य विधाओं की प्रकृति—1981, मैकमिलन प्रकाशन, दिल्ली, पुनःप्रकाशन—1993, राधाकृष्ण प्रकाशन, दिल्ली; (vii) 'कलजुग' पत्रिका, फरवरी 1957 से जून-जुलाई 1957 (पाँच अंक) तक कानपुर से सम्पादन एवं मार्गदर्शन।

(3) पत्र-व्यवहार की पुस्तकें : (i) 'हमकों लिख्यौ है कहा'—2001, भारतीय ज्ञानपीठ, नयी दिल्ली (मित्रों के पत्र देवीशंकर के नाम); (ii) मेरे प्रेम-पत्र (पत्नी कमलेश के नाम)—2012, संवेद पुस्तिका, दिल्ली।

(4) अनूदित पुस्तक-अनुवाद : 'ईश्वर चन्द्र विद्यासागर' विनय घोष की अंग्रेजी पुस्तक का हिन्दी अनुवाद, जून 1968, प्रकाशन विभाग, भारत सरकार।

(5) देवीशंकर अवस्थी पर प्रकाशित पुस्तकें : (i) मौलिक : देवीशंकर अवस्थी—2006, अरविन्द त्रिपाठी, साहित्य अकादमी से 'भारतीय साहित्य निर्माता सीरीज' में प्रकाशित विनिबन्ध (मोनोग्राफ); (ii) सम्पादित : आलोचना का विवेक—2004, सं. : राजेन्द्र कुमार (डॉ. देवीशंकर अवस्थी के अवदान पर एकाग्र) लोकभारती प्रकाशन, इलाहाबाद।

❑❑

देवीशंकर अवस्थी रचनावली

आलोचना सरोकार

खण्ड दो

'सहजैं आप लखाइया
ऐसा अलख अभेव'

देवीशंकर अवस्थी रचनावली

आलोचना सरोकार

खण्ड दो

सम्पादक

रेखा अवस्थी

कमलेश अवस्थी

वाणी प्रकाशन

वाणी प्रकाशन
4695, 21-ए, दरियागंज, नयी दिल्ली 110 002
शाखा
अशोक राजपथ, पटना 800 004
फ़ोन : +91 11 23273167 फ़ैक्स : +91 11 23275710
www.vaniprakashan.in
vaniprakashan@gmail.com
sales@vaniprakashan.in

DEVI SHANKER AWASTHI RACHNAWALI-2
Edited by Rekha Awasthi, Kamlesh Awasthi

ISBN : 978-93-87648-27-2
Rachnawali

© 2018 कमलेश अवस्थी

प्रथम संस्करण

सम्पूर्ण (सेट) मूल्य : ₹ 7500

इस पुस्तक के किसी भी अंश को किसी भी माध्यम में प्रयोग करने के लिए प्रकाशक से लिखित अनुमति लेना अनिवार्य है।

सिटी प्रेस, दिल्ली-110 095 में मुद्रित

वाणी प्रकाशन का लोगो मक़बूल फ़िदा हुसेन की कूची से

पत्नी कमलेश के साथ, 1957

देवीशंकर अवस्थी, डॉ. कालका प्रसाद भटनागर एवं नरेशचन्द्र चतुर्वेदी इत्यादि, 1961

डॉ. नगेन्द्र के जन्मदिन पर पत्नी कमलेश के साथ, 1963

शोक सभा, जनवरी, 1966

सन्निधि राजघाट, नयी दिल्ली में माल्यार्पण करते श्री हरिवंश राय बच्चन

कानपुर, 1951

अनुक्रम

साहित्यिक-सांस्कृतिक लेख (1950 से 1966)

तत्कालीन परिदृश्य पर लेख (1951-1966)

हिन्दी साहित्य-कोश की प्रविष्टियाँ (1962)

संचयन एवं सम्पादन

अनुवाद (ईश्वर चन्द्र विद्यासागर)

रचनावली के बारे में

देवीशंकर अवस्थी रचनावली खण्ड दो में उनके लेखन के कई आयामों या पक्षों को 'आलोचना सरोकार' नाम से हिन्दी पाठक समाज के सामने लाने का प्रयास किया है। खण्ड एक में उनके आलोचनात्मक परिप्रेक्ष्य और सैद्धान्तिकी की विविधता का संयोजन विधागत प्रविधि के अन्तर्गत कालक्रम से किया गया है। खण्ड दो में भी कालक्रम पद्धति के अनुपालन से उनके लेखन की विविधता और बहुलता के स्वरूप को इस तरह समायोजित करने का प्रयास है ताकि उनके सरोकारों से पाठक रू-ब-रू हो सके। अतः खण्ड दो की लेखन सामग्री को पाँच उपखण्डों में नियोजित किया है।

वे 'एकरसता' को तोड़ने और 'बेकली' को बढ़ाने वाले* आलोचक थे। उनके साहित्यिक-सांस्कृतिक सरोकार स्वाधीनता आन्दोलन की संघर्षशील मूल्य-चेतना और राष्ट्रीय नवजागरण से सम्बद्ध रहे। इसलिए उनका लेखन साहित्य के साथ-साथ तत्कालीन ज्वलन्त मुद्दों, बहसों और घटनाओं से मुठभेड़ करता है। सन् 1950 में डी.ए.वी. कॉलेज, कानपुर में जब वे बी.ए. अन्तिम वर्ष के छात्र थे, तब से उनका लेखन शुरू होता है। सन् 1950 के अगस्त महीने में 'उर्मि' और 'साहित्य' नाम की दो पत्रिकाओं में क्रमशः 'वैज्ञानिक उन्नति और मानवता' तथा 'बैसवाड़े का अपूर्व बलिदान : सरेनी गोलीकाण्ड' प्रकाशित हुए। पहले लेख के माध्यम से वे मानवता के उत्कर्ष की कामना करते हैं तथा उन प्रवादों की काट करते हैं जो विज्ञान का विरोध करते हैं। दूसरे लेख में आजादी के आन्दोलन में दी गयी सरेनी गाँव की शहादत के वर्णन से स्वतन्त्रता प्राप्ति में आम जनता के योगदान को रेखांकित करते हैं। परन्तु इतिहासकारों द्वारा इस घटना को इतिहास में दर्ज न करने पर असहमति जतलाते हैं। 1950 में ही नवम्बर और दिसम्बर में दो और लेख 'दैनिक विश्वमित्र' में प्रकाशित होते हैं—'दीप जलाकर बुझा न देना' और 'बैसवाड़े का संक्षिप्त इतिहास'। 'दीप' वाले लेख में वे देश के नवनिर्माण के लिए अति उत्साह एवं प्रतिश्रुति के साथ विकास के नये दीपों को जलाये रखने का समर्थन एवं आह्वान करते हैं। दीपावली

* मुरली मनोहर प्रसाद सिंह, नया पथ : युवा अंक, अप्रैल-जून, 2009

के दीपों की तरह एक दिन के लिए नहीं बल्कि सतत विकास एवं उपलब्धियों के दीपों को प्रज्वलित करने की प्रतीति युवाओं के बीच ले जाना चाहते हैं। 'निराला की साहित्य साधना' में डॉ. रामविलास शर्मा ने बैसवाड़ा के सांस्कृतिक वैभव का काफी रोमानी वर्णन किया है। पर रामविलास जी के लिखने से 10 या 15 साल पहले देवीशंकर अवस्थी ने 'बैसवाड़े का संक्षिप्त इतिहास' लेख में गर्व से सभी साहित्यिक विभूतियों के नामोल्लेख के साथ 1857 के प्रथम स्वतन्त्रता संग्राम में उसके योगदान को विस्तार से बताया है। पर इस लेख का मुख्य बिन्दु है इतनी महत्त्वपूर्ण विरासत वाले क्षेत्र का पिछड़ापन और गरीबी। वे स्कूलों और सड़क परिवहन व्यवस्था के अभाव के प्रति सरकार का ध्यान खींचना चाहते हैं। बैसवाड़ा अंचल में स्त्रियों की दयनीय अवस्था के विशेष उल्लेख से उनकी जेण्डरगत संवेदनशीलता एवं सजगता का परिचय मिलता है। वर्तमान क्रूर और निर्मम जमींदारों से अपने पूर्वज राणा बेनीमाधव सिंह के रास्ते पर चलने की अपील करते हैं। 20 वर्षीय युवा देवीशंकर अवस्थी की साहित्यिक प्रतिभा और उनकी सामाजिक, राजनीतिक एवं सांस्कृतिक सजगता इस प्रारम्भिक लेखन में स्पष्ट तौर पर परिलक्षित है। वे स्वयं बैसवाड़ा के रहने वाले थे। उनका जन्म पितृगृह उन्नाव जिला में हुआ था और प्रारम्भिक शिक्षा रायबरेली जिला के अन्तर्गत ननिहाल में हुई थी। यही दोनों जिले बैसवाड़ी भाषा और संस्कृति के क्षेत्र माने जाते हैं। स्थानीयता के प्रति गहरा लगाव 'कानपुर' से सम्बन्धित तीनों लेखों में भी दिखायी देता है। सन् 1957-58 से 1965 के बीच उन्होंने कानपुर पर तीन लेख लिखे। अन्तिम लेख उनके निधन के बाद 'दिनमान' में छपा। वास्तव में 'दिनमान' के आग्रह पर ही वह लेख लिखा गया था। बैसवाड़ा और कानपुर से उन्हें बहुत प्यार था। पर उसके साहित्यिक-सांस्कृतिक एवं आर्थिक ह्रास पर क्षोभ था जिसे उन्होंने छुपाया भी नहीं। सम्भवतः यही वह प्रमुख कारण रहा होगा जिसकी वजह से वे कानपुर छोड़कर दिल्ली आये। 'हमकों लिख्यौ है कहा' में संकलित श्री विद्यानिवास मिश्र के पत्रों से भी अन्य विश्वविद्यालयों में जाने की उनकी इच्छा का पता चलता है। पर कानपुर छोड़ते समय कानपुर स्टेशन पर सैकड़ों मित्रों, सम्बन्धियों ने उनकी विकलता को देखा और भाभी को लिखे पत्र* में उन्होंने स्वीकार किया कि गुरुवर कृष्ण शंकर शुक्ल को चुप कराने में वे स्वयं भी रोने लगे थे। उनके सब्र का बाँध टूट गया था।

इस 'साहित्यिक-सांस्कृतिक लेख' के उपखण्ड में सरेनी पर दो और कानपुर पर तीन लेखों की एकान्विति को बनाये रखने के लिए अपवादस्वरूप कालक्रम का अनुपालन नहीं किया गया।

'आलोचना सरोकार' खण्ड दो में संकलित चार आलेख—'कला और जीवन',

* रचनावली खण्ड चार, 18 जुलाई, 1961 का पत्र

'काव्य और संगीत', 'शाश्वत और नवल' एवं 'व्यक्ति के बन्धन' को देवीशंकर अवस्थी के चिन्तनपरक ललित गद्य के साथ उनकी वैचारिकी एवं उनके आलोचनात्मक संज्ञान की पुख़्ता होती नींव के रूप में देख सकते हैं। 'कला और जीवन' (1951) लेख में वे 'कला कला के लिए' या 'कला समाज के लिए' की वैश्विक बहस के सभी पक्षों या मत-विमत का विवेचन करते हुए अन्ततः विलियम कूपर की कविता 'Solitude of Alexander Selkirk' के माध्यम से कला की श्रेष्ठता, सौन्दर्य की साधना एवं अनुभूति की अभिव्यक्ति को जीवन के बीच ही सार्थक मानते हैं। 'काव्य और संगीत' (1952) आलेख में उनकी भावी शोधपरक दृष्टि की झलक मिल जाती है। नाद और ध्वनि की समानता मानते हुए भी शब्द को श्रेष्ठ मानने के पक्ष में हैं क्योंकि शब्द विचार का प्रतीक है। 'शाश्वत और नवल' (1955) आलेख में उन्होंने 'परम्परा या आधुनिकता' की बहस को 'परम्परा और आधुनिकता' के विचारबिन्दु पर केन्द्रित किया है। वे पूछते हैं कि "क्या कारण है कि आदिकवि से लेकर मेरे कविमित्र तक सभी आनन्द देते हैं। ×××× कला के इन दो मूल सत्यों–स्थायी एवं परिवर्तन की संगति कैसे बैठे?" समकालीन लेखन, समकालीन यथार्थबोध एवं भावबोध को परम्परा की नितनूतन नवीन छवि के रूप में व्याख्या करने के विकल्प को इस रूप में रखा कि "वास्तव में श्रेष्ठ साहित्य की रचना परम्परा के भीतर युग के यथार्थ को समेट कर होती है।" 1955 में लिखित 'व्यक्ति के बन्धन' आलेख में व्यक्ति के तीन बन्धन–धर्म, ईश्वर और समाज की ऐतिहासिक, वर्गीय और आत्मिक (Spirituality) दृष्टि से विस्तृत व्याख्या विभिन्न कोणों से की गयी है। 1955 में उन्होंने "धर्म को जिन्दगी बिताने का एक पथ (A Way of Life) कहा था।" अपने विवेचन क्रम में ईश्वर और धर्म का अन्तर बताते हुए ईश्वर के बन्धन को 'आपेक्षिक रूप से क्षीण' माना तथा समाज बन्धनों की अन्तिम परिणति के रूप 'राज्य' के उद्‌भव का कारण बताया। इस आलेख में पूँजीवादी, साम्यवादी, समाजवादी एवं पुनरुत्थानवादी दृष्टियों से व्यक्ति, समाज, धर्म, ईश्वर और राज्य को गहराई के साथ समझने का प्रयास स्पष्ट लक्षित होता है। यह छोटा-सा हस्तक्षेप केवल इसी उद्देश्य से किया गया है कि प्रारम्भिक लेखन काल से उनकी आलोचनात्मक सैद्धान्तिकी की वैचारिक आधारशिलाओं को रेखांकित किया जा सके।

इस उपखण्ड में साहित्यिक-सांस्कृतिक वैविध्यपूर्ण सरोकारों से सम्पृक्त कुल 26 लेख हैं। इनमें से अधिकांश 'विवेक के कुछ और रंग' संग्रह में संकलित हैं। परन्तु अब तक अप्रकाशित रहा 'लोक साहित्य का अध्ययन' लेख पहली बार रचनावली में प्रकाशित हो रहा है। 'आलोचना और आलोचना' के अधिकांश लेख खण्ड एक में संयोजित हैं पर विधाओं की प्रकृति से अलग व्यक्ति प्रधान, विवरणात्मक एवं तुलनात्मक विषय होने के कारण पाँच आलेख खण्ड दो के इस उपखण्ड में संकलित हैं। 'युगप्रभात' में प्रकाशित चार लेख, 'श्रमजीवी' में प्रकाशित एक लेख तथा तीन

रेडियोवार्ता पहली बार इसी उपखण्ड में संयोजित किये गये हैं। भाई साहब की डायरी में दर्ज और भाभी को लिखी चिट्ठियों में दी गयी सूचना के हिसाब से लखनऊ से उनकी कई वार्ताएँ प्रसारित हुई हैं। परन्तु एकत्रित सामग्री में हमारे पास केवल तीन प्रसारित वार्ताएँ ही मिलीं। वे तीनों भी पहली बार यहीं संकलित हैं। यह भी सम्भव है कि 'स्वातन्त्र्योत्तर हिन्दी साहित्य : एक सर्वेक्षण', 'स्वतन्त्रता के बाद हिन्दी उपन्यास', 'हिन्दी आलोचना का विकास', 'हिन्दी साहित्य में प्रगतिवाद' जैसे निबन्ध रेडियोवार्ता के रूप में प्रसारित हुए हों और बाद में कुछ बदलाव के बाद ये लेख पत्रिकाओं 'युगप्रभात' एवं 'श्रमजीवी' में भी प्रकाशित हुए।

दूसरे उपखण्ड 'तत्कालीन परिदृश्य' में 14 लेख और टिप्पणियाँ हैं। इन सभी संकलित लेखों के सरोकार अखिल भारतीय यानी राष्ट्रीय स्तर के विवाद, आन्दोलन, नीतियों एवं प्रश्नों से सम्बद्ध हैं। चाहे राज्य से साहित्य के सम्बन्ध का जटिल मुद्दा या भाषा आयोग की रिपोर्ट पर मत भिन्नता हो, 'राष्ट्रीय स्वयंसेवक संघ की कूटनीति' अथवा 'भारत में प्रजातन्त्र के खतरे' जैसे लेख हों। जवाहरलाल नेहरू की राष्ट्रीय या विश्वदृष्टि का विवेचन हो अथवा युद्ध एवं शान्ति का प्रश्न या हिन्दी भाषा के महत्त्व या हिन्दी विरोध के आन्दोलन हों—ये सभी समस्याएँ और मुद्दे आज भी उतने ही प्रासंगिक, ज्वलन्त एवं विवादास्पद हैं। तत्कालीन प्रधानमन्त्री श्री लाल बहादुर शास्त्री को अंग्रेजी के बरअक्स हिन्दी की दोयम स्थिति पर व्यंग्यात्मक पत्र आज भी एकदम सटीक प्रतीत होता है। 'युद्ध और व्यक्तित्व' लेख में 1965 के भारत-पाकिस्तान युद्ध के दौरान वे देश के बुद्धिजीवियों एवं नागरिकों पर पड़ने वाले प्रभावों की चर्चा विस्तार से करते हैं। पर निहित स्वार्थों के कारण प्रशासन द्वारा भय फैलाना, अभिव्यक्ति की आजादी पर अंकुश लगाना, नीतियों को प्रश्नांकित करने के प्रजातान्त्रिक अधिकार को राष्ट्रवाद के नाम पर समाप्त करने का विरोध करते हुए 'देश में अधिनायकशाही आने' की आशंका व्यक्त करते हैं। इसी लेख में वे जवाहरलाल नेहरू के विरोधियों को 'जाने अनजाने फासिस्ट शक्तियों के साथ' होने का संकेत करते हैं।

लखनऊ के तीन युवा चित्रकारों की चित्रप्रदर्शनी के चित्रों का अत्यन्त प्रसन्न मन से विस्तृत विवेचन 'तीन घण्टे कला लोक-निवास' कहकर प्रस्तुत करते हैं। इसी क्रम में हस्तकला प्रदर्शनी की रिपोर्टिंग करते हुए कुटीर उद्योग की कलात्मकता एवं हस्तकलाओं को आधुनिक तकनीक एवं नये डिजाइन से प्रशिक्षित करने के लिए प्रशिक्षण केन्द्रों की स्थापना के प्रयासों के विवरण के साथ कार्य पद्धति का मूल्यांकन उनके तत्कालीन परिदृश्य के सरोकारों में बहुत महत्त्वपूर्ण चिन्ता है। पर सबसे ज्यादा चिन्ता मारवाड़ी पुस्तकालय जैसे पुस्तकालयों को बचाने, उत्तर प्रदेश सरकार की हिन्दी समिति के प्रकाशनों के गिरते स्तर को सुधारने के लिए तथा साहित्यिक पत्रिकाओं की डाक दरों की वृद्धि पर व्यक्त की है। तत्कालीन राजनीतिक,

सामाजिक, सांस्कृतिक परिदृश्य पर संकलित इन गम्भीर लेखों एवं टिप्पणियों में उनके बहुआयामी सरोकारों को देखा जा सकता है।

तीसरे उपखण्ड में ज्ञानमण्डल, वाराणसी से 1962 में प्रकाशित 'साहित्यकोश' की प्रविष्टियाँ संकलित हैं। देवीशंकर अवस्थी ने भाग एक के लिए 4 और भाग दो के लिए 35 प्रविष्टियाँ लिखी थीं। इन 35 प्रविष्टियों में भगवती चरण वर्मा के दो उपन्यास 'तीन वर्ष' तथा 'चित्रलेखा' के पात्रों पर लिखी प्रविष्टियों को लेखकों के आकारादिक्रम से हटाकर उपन्यासों के शीर्षक के अन्तर्गत संकलित किया गया है।

चौथे उपखण्ड में डॉ. देवीशंकर अवस्थी के छह अविस्मरणीय अनूठे संचयन-सम्पादन संग्रह और पत्रिका को संयोजित किया गया है। सम्पादित या संचयित पुस्तक एवं पत्रिका ज्यों का त्यों रचनावली में दी नहीं जा सकती इसलिए प्रविधि यह अपनायी है कि पत्रिका या संग्रह का अनुक्रम, भूमिका और समर्पण (यदि है तो) को ही रचनावली में संकलित करेंगे ताकि सम्पादक की चयन दृष्टि, उसका मन्तव्य, उसके विचार, उसकी योजना और उद्देश्य से पाठक सहज परिचित हो सके।

(1) डॉ. देवीशंकर अवस्थी ने अपनी पहली सम्पादित पुस्तक 'कविताएँ १९५४' का सम्पादन घनिष्ठ कवि मित्र श्री अजित कुमार के साथ किया। यह अपनी तरह का नया प्रयोग था। 'तार सप्तक' चुने हुए सात कवियों का संकलन है। पर 'कविताएँ १९५४' में वर्ष भर की प्रकाशित और प्रसारित कविताओं से चुनी हुई 'प्रतिनिधि और श्रेष्ठ कविताएँ' संगृहीत हैं। इस संकलन में आकारादिक्रम से 94 कवियों की एक-एक कविता का चयन है। सन् 1955 में साहित्य निकेतन, कानपुर से इसका प्रकाशन हुआ। आज देखकर आश्चर्य होता है कि कितनी ही ख्यात और चर्चित कविताएँ एवं कवि इस संग्रह में संगृहीत हैं। इस तरह के संकलन की योजना कवियों-लेखकों के बीच बहुत लोकप्रिय हुई। 'हमकों लिख्यौ है कहा' में ऐसे कुछ पत्र संकलित हैं जिनमें आगामी वर्षों में ऐसा संग्रह पुनः निकालने का अनुरोध है।

(2) फरवरी, 1957 में देवीशंकर अवस्थी को 'कलजुग' पत्रिका का दायित्व दिया गया। पहले वे सम्पादन सलाहकार बनाये गये फिर सम्पादन का भार उन्हें सौंप दिया गया। इस तरह फरवरी, 1957 से जून-जुलाई, 1957 तक उन्होंने 5 अंकों का सम्पादन किया। एक अल्पज्ञात पत्रिका सहसा साहित्य के केन्द्र में स्थापित हो जाती है। पुराने और नये, प्रतिष्ठित और नवोदित, सभी तरह की शैली और विधा में लिखने वाले लेखक 'कलजुग' में छपने लगते हैं। इस पत्रिका में त्रिलोचन शास्त्री की पहली पुस्तक 'दिगन्त' की समीक्षा समेत सभी प्रमुख पुस्तकों की समीक्षाएँ प्रकाशित होती हैं। 'कलजुग' के पाँच अंकों के प्रारम्भिक पन्नों को स्कैन करके रचनावली के इस खण्ड में संलग्न कर दिया गया है।

(3) सन् 1963 में देवीशंकर अवस्थी ने 'कहानी-विविधा' का सम्पादन राजकमल

प्रकाशन के अनुरोध पर किया। यह संग्रह पाठ्यक्रम में निर्धारित और संस्तुति की योजना के तहत तैयार हुआ था। संग्रह में 'तेरह प्रतिनिधि' कहानियों का चयन किया गया है। कहानी विधा पर लम्बी भूमिका के साथ कहानीकार और कहानी का परिचय, पाठ सामग्री एवं प्रश्नों के साथ यह संग्रह इतना विशिष्ट बन गया कि पिछले 54-55 वर्षों से किसी न किसी विश्वविद्यालय के पाठ्यक्रम में लगातार निर्धारित रहा है। इस संग्रह में उनके द्वारा लिखित पूरी सामग्री (भूमिका, अनुक्रम, कहानी-कहानीकार का परिचय एवं पाठ योजना) रचनावली के इस उपखण्ड में संकलित कर दी गयी है।

(4) सन् 1965 में देवीशंकर अवस्थी की सम्पादित पुस्तक 'विवेक के रंग' का प्रकाशन भारतीय ज्ञानपीठ तथा 1995 में पुनःप्रकाशन वाणी प्रकाशन ने किया। देवीशंकर अवस्थी की लम्बी भूमिका, सम्पादन-दृष्टि एवं संयोजन की मुक्त भाव से प्रशंसा के साथ पुस्तक को हाथोंहाथ लिया गया। यह कहना अत्युक्ति नहीं मानी जायेगी कि यह संग्रह आज भी सम्पादन और चयन की दृष्टि से एक मानदण्ड की तरह अविस्मरणीय बना दिया गया है। प्रो. नित्यानन्द तिवारी ने लिखा है कि "अब यह संकलन व्यावहारिक समीक्षा का सन्दर्भ-ग्रन्थ बन चुका है।"* वास्तव में 1960 के बाद के आलोचनात्मक लेखन के सम्पूर्ण परिदृश्य पर गम्भीरतापूर्वक विचार करते हुए उन्होंने अनेक साहित्यिक विधाओं से सम्बन्धित महत्त्वपूर्ण पुस्तकों की समीक्षाओं को आलोचना के विकास में प्रस्थान बिन्दु मानते हुए उनके (समीक्षाओं) चयन और सम्पादन का मन बनाया। 'विवेक के रंग' की भूमिका में उन्होंने लिखा है—"इन समीक्षाओं में वे तमाम विचार-सूत्र, आलोचना पद्धतियाँ एवं प्रविधियाँ निहित हैं जो नये काव्यशास्त्र का निर्माण ही नहीं करतीं, समीक्षा के लिए नये औजार भी देती हैं।" इस पुस्तक संकलन के माध्यम से देवीशंकर अवस्थी ने परिचयात्मक विज्ञापन शैली वाली समीक्षाओं, पुस्तक व्यवसाय के साधन के रूप में लिखी जा रही समीक्षाओं अथवा मैत्रीभाव से प्रशंसा में लिखी गयी समीक्षाओं की तुलना में उस समय लिखी जा रही गम्भीर समीक्षाओं को पहली बार महत्त्वपूर्ण धरातल पर प्रतिष्ठित किया। इन पुस्तक समीक्षाओं के चयन से यह स्पष्ट हो जाता है कि वे किसी भी नयी प्रकाशित कृति की सम्पूर्ण रचना में अन्तःप्रवेश वाली विश्लेषण प्रणाली का विकास और परिष्कार करना चाहते थे। 'विवेक के रंग' की भूमिका को 'आलोचना का नया दस्तावेज'** तथा 'आलोचना के दुर्निवार प्रश्नों से जूझने वाले आधिकारिक विवेचन का प्रमाण' माना गया है।

(5) 'विवेक के रंग' की तैयारी के बाद ही उन्होंने एक और पुस्तक, खासतौर

* आलोचना का विवेक, पृ. 46

** आलोचना का विवेक : मुरली मनोहर प्रसाद सिंह, पृ. 186

पर, कथा-आलोचना पर 'नयी कहानी : सन्दर्भ और प्रकृति' (1965) नाम से तैयार की थी।* इस पुस्तक को उन्होंने कथा समारोह में कलकत्ता जाने से पहले नवम्बर, 1965 में अपने कथाकार मित्र श्री राजेन्द्र यादव और जवाहर चौधरी के द्वारा स्थापित 'अक्षर प्रकाशन' को प्रकाशन के लिए दे दिया था। कलकत्ता से आने पर पुस्तक की कम्पोजिंग सामग्री देखकर लौटते समय 11 जनवरी, 1966 को वे दुर्घटनाग्रस्त हो गये। उनके निधन के बाद 1966 में ही पुस्तक प्रकाशित हुई। इस पुस्तक की भूमिका के अन्त में उन्होंने संकलन के लेखों के महत्त्व का संकेत करते हुए लिखा है कि "इनके आधार पर नये 'कथाशास्त्र' की विवेचना सम्भव है।" परमानन्द श्रीवास्तव ने स्वीकार किया है कि "अवस्थी ने एक तरह से नये कथाशास्त्र की रूपरेखा भी प्रस्तावित की है।"** उस दौर के लेखन और घटनाक्रम का इतिहास साक्षी है कि 'नयी कहानी : सन्दर्भ और प्रकृति' के प्रकाशन से पहले ही वे अपनी तटस्थता और निर्भीकता के कारण कथाकारों के बीच सर्वमान्य आलोचक मान लिए गये थे। कमलेश्वर ने लिखा, "कहानी-समीक्षा की सही-सहभागी भूमिका की शुरुआत देवीशंकर अवस्थी से शुरू हुई थी। ...उन्होंने विचार की भी रक्षा की और कहानी की भी। देवीशंकर अवस्थी के साथ जिस आलोचना पद्धति की शुरुआत होती है वह किसी पद्धतिशास्त्र का निर्माण नहीं करती बल्कि कहानी को उसके सर्वांगीण संवेगों में पहचानने की कोशिश करती है।"***

वस्तुतः 'विवेक के रंग' तथा 'नयी कहानी : सन्दर्भ और प्रकृति' जैसी पुस्तकों की परिकल्पना से उन्होंने समालोचना के मूलभूत चरित्र को तटस्थ, निर्भीक और जीवन्त बनाया। नित्यानन्द तिवारी के अनुसार "कविता में जो महत्त्व सप्तकों का है लगभग वैसा ही महत्त्व आलोचना के क्षेत्र में अवस्थी जी द्वारा सम्पादित इन समीक्षा-संकलनों का है।"****

(6) 'साहित्य विधाओं की प्रकृति' (1981, मैकमिलन, पुनःप्रकाशन राजकमल) की योजना भिन्न-भिन्न भाषाओं या राज्यों-राष्ट्रों की सीमाओं से ऊपर उठकर साहित्य के प्रयोजन, स्वरूप और उसकी विधागत संरचना एवं शिल्प को समझने के उद्देश्य से की गयी मालूम होती है। वे हिन्दी भाषा के साहित्य प्रेमियों, शोधकर्त्ताओं या पाठकों को विश्वस्तर के साहित्यिक विमर्शों, बहसों एवं गतिविधियों से परिचित कराने के लिए बड़ा फलक चुनते हैं। रूसी, ब्रिटिश, अमेरिकी, आस्ट्रियन, आयरिश आदि 10 विश्वप्रसिद्ध विद्वानों, भारत के 7 हिन्दी विद्वान और एक-एक बांग्ला

---

* प्रथम संस्करण—अक्षर प्रकाशन से तथा बाद में पुनःप्रकाशन—राजकमल प्रकाशन से

** आलोचना का विवेक, पृ. 61

*** आलोचना का विवेक, पृ. 54

**** आलोचना का विवेक, पृ. 47

तथा मराठी के आलोचक चिन्तकों को उन्होंने संग्रह में शामिल किया है। यही नहीं वैचारिक दुराग्रह का आग्रह भी नहीं करते। मार्क्सवादी, मानवतावादी-स्वच्छन्दतावादी, कलावादी, शिल्पवादी एवं नव्य समीक्षावादी के साथ संस्कृत साहित्यशास्त्र के मर्मज्ञों के लेख गुणवत्ता के आधार पर लिये हैं। इस संकलन का उद्देश्य ही साहित्य विधाओं के विभिन्न पहलुओं को भिन्न-भिन्न दृष्टिकोण से देखने का गम्भीर प्रयास है ताकि अध्येता अपना स्वतन्त्र दृष्टिकोण तय कर सके।

2013 में रचनावली के प्रकाशन के दौरान कागजों की खोज-बीन में एक और पुस्तक 'स्वाधीनता के बाद : हिन्दी साहित्य' के सम्पादन का पूरा प्रस्ताव मिला है। उसके कुछ कच्चे प्रारूप भी मिले हैं जिनसे लगता है कि श्री अशोक वाजपेयी के साथ या उनसे सलाह-मशविरा करके इस पुस्तक पर वे काम करना चाहते थे। यह पुस्तक डिमाई अठपेजी में लगभग 400 पृष्ठ में अनुमानित की गयी थी। प्रस्ताव का स्कैन रूप संलग्न कर रही हूँ ताकि हिन्दी समाज उनकी इस सुविचारित योजना से परिचित हो सके। एक और प्रस्ताव 'देवीशंकर अवस्थी स्मृति ग्रन्थ' भी खोजबीन के दौरान हस्तगत हुआ। सम्पादकों में नाम श्री नेमिचन्द्र जैन और डॉ. सुरेश अवस्थी का है। अत्यन्त सुचिन्तित प्रारूप है, पर क्रियान्वित नहीं हो सका। इससे हमारे घाव हरे हो गये। व्यक्तिगत आपाधापी के समय में स्मृतियाँ खो जाती हैं या धुँधली पड़ जाती हैं।

देवीशंकर अवस्थी रचनावली खण्ड दो का अन्तिम पाँचवाँ उपखण्ड अनुवाद से सम्बद्ध है। 30 अप्रैल, 1964 को प्रकाशन विभाग, भारत सरकार की ओर से श्री मन्मथनाथ गुप्त ने देवीशंकर अवस्थी से श्री मोतीलाल नेहरू पर 200 पृष्ठों की टंकित अंग्रेजी में लिखी पुस्तक का अनुवाद एक महीने के अन्दर करने का आग्रह किया। सम्भवतः समयसीमा के कारण बात नहीं बनी। बाद में दूसरी पुस्तक 'आधुनिक भारत के निर्माता' सीरीज में विनय घोष लिखित 'ईश्वर चन्द्र विद्यासागर' के अनुवाद प्रस्ताव को उन्होंने स्वीकार किया। इस पुस्तक का अनुवाद उन्होंने किया पर प्रकाशन विभाग को जमा नहीं कर पाये थे। उनके निधन के बाद अनुवाद 18 जुलाई, 1966 को जमा किया जा सका। खुशी की बात है कि यह अनुवाद अब तक प्रकाशन विभाग छाप रहा है और हिन्दी में 'ईश्वर चन्द्र विद्यासागर' बाजार में उपलब्ध है।

इस तरह 'रचनावली खण्ड दो : आलोचना सरोकार' में संकलित सामग्री के आधार पर देवीशंकर अवस्थी के रचना-वैविध्य को अत्यन्त आत्मीयता लेकिन तटस्थता के साथ मैंने संयोजित किया है। इन बहुविध सरोकारों से उनकी लेखकीय चिन्ताएँ अगस्त, 1950 से शुरू होती हैं और 1965 के भारत-पाक युद्ध की पृष्ठभूमि पर लिखे 'युद्ध और व्यक्तित्व' लेख तक जारी रहती हैं। इन 15 वर्षों में अगस्त, 1950 से जुलाई, 1953 तक का तीन वर्षीय विद्यार्थी जीवन का लेखन भी इन्हीं विभिन्न सरोकारों से परिचालित रहता है। रचनावली के खण्ड चार में प्रकाशित डायरी से इसकी पुष्टि होती

है। अगस्त 1953 में डी.ए.वी. कॉलेज, कानपुर में प्राध्यापक पद पर नियुक्ति के बाद उनके सरोकारों की सक्रियता में और तेजी आती है। डी.ए.वी. कॉलेज के सहयोगी और मित्र कवि अजित कुमार के साथ अक्तूबर, 1953 में उनकी पहली साहित्यिक यात्रा (भारतीय हिन्दी परिषद् का पटना अधिवेशन) प्रारम्भ होती है, जहाँ उन्हें पहली बार हिन्दी की अनेक महान विभूतियों से मिलने और उन्हें सुनने का अवसर मिलता है। इसके बाद अपने सतत लेखन से वे मूर्धन्यों के स्नेहभाजन और समकालीनों के प्रिय सहचर बनते हैं। 15 वर्ष की अल्पावधि में विविधता और बहुलतापूर्ण प्रचुर लेखन, सम्पादन और अनुवाद की यह साहित्य-निधि आप सबके समक्ष इस खण्ड में बिना किसी परिवर्तन के कालक्रम से विषय-संगति के आधार पर 5 उपखण्डों में संयोजित है।

श्री बजरंग बिहारी तिवारी एवं मोहित कुमार की आभारी हूँ। उन्होंने संस्कृत श्लोकों की प्रूफ सम्बन्धी अशुद्धियों को सही करने में मेरी बहुत मदद की है।

श्री अरुण माहेश्वरी और उनकी सम्पादकीय टीम को बहुत-बहुत धन्यवाद।

रेखा अवस्थी

20 फरवरी, 2018

220, सहयोग अपार्टमेंट्स
मयूर विहार, फेज-I
दिल्ली-110091
मो. : 9818183255

साहित्यिक-सांस्कृतिक लेख
(1950 से 1966)

वैज्ञानिक उन्नति और मानवता

बैसवाड़े का अपूर्व बलिदान : सरेनी गोलीकाण्ड

बैसवाड़े का संक्षिप्त इतिहास

दीप जलाकर बुझा न देना

कला और जीवन

काव्य और संगीत

लोकसाहित्य का अध्ययन

भारतीय हिन्दी परिषद का पटना अधिवेशन

फागों का त्योहार होली

ग्रीक और भारतीय पुराण-गाथाएँ

शाश्वत और नवल

व्यक्ति के बन्धन

मनोरंजन का सामाजिक दायित्व

स्वातन्त्र्योत्तर हिन्दी साहित्य : एक सर्वेक्षण

स्वतन्त्रता के बाद के हिन्दी उपन्यास

प्रेमचन्द

सच्चिदानन्द हीरानन्द वात्स्यायन 'अज्ञेय'

हिन्दी आलोचना का विकास

चरित्र प्रधान कहानियाँ

हिन्दी साहित्य में प्रगतिवाद

प्रयोगवाद : परम्परा का विकास

पं. प्रतापनारायण मिश्र और उनका युग

बालकृष्ण भट्ट

हरिवंशराय बच्चन

कानपुर : साहित्य पीठ के रूप में

कानपुर : बौद्धिक सांस्कृतिक ह्रास और नये दूत

कानपुर : कानपुर कनकैया

वैज्ञानिक उन्नति और मानवता

आज के विचारशील जगत के सम्मुख एक बड़ा भारी प्रश्न उपस्थित है कि क्या वैज्ञानिक उन्नति मानवता के विकास में बाधक है। इस प्रश्न पर जगत दो भागों में बँटा हुआ है। एक समुदाय तो इसे मानवता के हित में बाधक एवं एक वर्ग इसे उसके विकास में सहायक मानता है। पर हमारे मत से तो विज्ञान मानवता के विकास पथ का रोड़ा नहीं बन सकता। विज्ञान तो मानव के चिरन्तन विकास, उसकी बुद्धि के विकास का परिणाम है; एवं यही बुद्धि तो उसे पशु से श्रेष्ठतर बनाये हुए है।

विज्ञान का तो अर्थ ही विशिष्ट ज्ञान है तथा ज्ञान मस्तिष्क की चिन्तनशीलता एवं क्रिया का परिणाम है। प्रत्येक व्यक्ति सुख चाहता है, आनन्द प्राप्त करना चाहता है, सभ्य एवं सुसंस्कृत बनना चाहता है, इसके लिए वह शरीर, मन तथा मस्तिष्क द्वारा चेष्टा करता है। इसी चेष्टा के फलस्वरूप ज्ञान की उत्पत्ति हुई एवं इस ज्ञान में भी जो विशिष्ट रूप से उसे आगे बढ़ाने में सहायक हुआ, वह विज्ञान कहलाया। अस्तु, यह प्रश्न ही नहीं उठता है कि विज्ञान बाधक भी हो सकता है। हाँ! यह हो सकता है कि उस सुख की उपलब्धि कराने वाले ज्ञान, आनन्द की ओर उन्मुख कराने वाले विज्ञान में भी कुछ अहितकर तत्त्व कभी-कभी दृष्टिगोचर हो जायें। विज्ञान के समुद्र-मन्थन में भी विष और वारुणी निकल पड़े। पर अधिकता एवं प्राबल्य तो लक्ष्मी, अमृत और कौस्तुभ मणि आदि की ही रहेगी। फिर अमृत की सार्थकता सिद्ध करने वाला विष, सुख की कसौटी दुख तथा प्रकाश की आवश्यकता एवं मूल्य का अनुभव कराने वाले अन्धकार का भी होना तो आवश्यक है।

हमें एक बात सदैव स्मरण रखनी चाहिए कि मानव जाति का इतिहास उस निरन्तर प्रवहमान धारा की भाँति है, जिसका पाट अधिकाधिक विस्तृत होता जाता है। सरिता के दोनों कूलों का अन्तर परस्पर बढ़ता जाता है। भविष्य में भी यह अन्तर बढ़ता ही जायेगा, अर्थात् यह जनसंख्या बढ़ती ही जायेगी, एवं इस वर्द्धमान संसार की आवश्यकताएँ भी बढ़ती जायेंगी। फलतः उसे विपुल परिमाण में संख्यातीत पदार्थ चाहिए। यह पदार्थ हमें मात्र विज्ञान की सहायता से प्राप्त हो सकते हैं। आज का विज्ञान हमारी आवश्यकताओं की उपलब्धि के लिए सतत प्रयत्नशील है।

विज्ञान का सभ्यता और संस्कृति से बड़ा ही घनिष्ठ सम्बन्ध है। सभ्यता का कोई अंग ऐसा नहीं, जिस पर विज्ञान का प्रभाव स्पष्ट प्रतीत न हो। जो लोग कहते हैं कि संस्कृति खतरे में है; वर्तमान विज्ञान उसे नष्ट किये दे रहा है; वे यह भूल जाते हैं कि कला और विज्ञान के सम्मिलत आधार पर संस्कृति का निर्माण होता है। आज नवीन परिस्थितियों, नवीन वातावरण एवं नव विज्ञान द्वारा प्रभावित संसार को 'नवीन संस्कृति' की आवश्यकता है। अतः नवीन संस्कृति एवं सभ्यता के सृजन के साथ यदि प्राचीन जीर्ण-शीर्ण संस्कृति एवं सभ्यता नष्ट हो रही है, तो क्या बुरा है। कविवर पन्त की यह पंक्तियाँ हमें याद रखनी चाहिए—

हैं सृजन, विनाश सृष्टि के आवश्यक साधन
यह प्राणिशास्त्र का सत्य नहीं जीवन-दर्शन।

सत्य का अन्वेषण भारतीय विचार पद्धति की महानतम विशेषता रही है तथा यह विशिष्टता सार्वजनिक एवं सर्वयुगीन होनी भी चाहिए। वर्तमान विज्ञान भी सत्य के अन्वेषण में निरन्तर प्रयत्नशील है। एक दिन ऐसा आयेगा, जबकि भौतिक ही नहीं; आध्यात्मिक तत्त्वों को भी विज्ञान स्पष्ट कर देगा। न्याय एवं विधान से सम्बन्ध रखने वाले मेरे मित्र गुरुजन इत्यादि क्षमा करें यदि मैं यह कहूँ कि न्यायालयों की अपेक्षा प्रयोगशालाओं में सत्य की समीक्षा का अधिक प्रयत्न किया जाता है। कहा जाता है कि विज्ञान यथार्थ ज्ञान का अनात्म प्रयास है, पर यह भ्रमपूर्ण है, विज्ञान का दार्शनिक तथ्यों से घनिष्ठ सम्बन्ध है। यही नहीं, विज्ञान का हृदय की अनुभूतियों से भी सम्बन्ध है।

कहा जाता है कि आज से कुछ सौ वर्ष पूर्व जब इतने Scientific minded विज्ञान हुए न थे, तब हम आज से अधिक सुखी थे। इतनी समस्याएँ न थीं। इतनी कलह एवं रक्तपात न था। पर यह तर्क देने वाले भूल जाते हैं कि आज और तब में अन्तर है। उस समय की जनसंख्या सम्भवतः आज की आधी तिहाई भी न रही होगी। अतः जनसंख्या की वृद्धि के साथ-साथ समस्याओं का बढ़ना स्वाभाविक एवं अनिवार्य है। जबकि जनसंख्या बढ़ रही हो, समृद्धि साधन (प्राकृतिक साधन) स्थिर हों, तो जीवन में प्रतियोगिता अनिवार्य रूप से बढ़ेगी। प्रतियोगिता के साथ कलह एवं स्वार्थपरता आयेगी। वर्तमान विज्ञान इन्हीं साधनों को अधिक विस्तृत करने एवं उनसे अधिक उत्पन्न करने का प्रयास कर रहा है। फलस्वरूप यह हमारे विकास-पथ का रोड़ा न बनकर, हमारे विकास की पगडण्डी को राजमार्ग के रूप में परिवर्तित भले ही कर रहा है। रहा यह प्रश्न, उस समय इतना रक्तपात न था। इससे मैं शायद सहमत न हो सकूँगा। यद्यपि यह मैं मानता हूँ कि उस समय इतनी बड़ी संख्या में नरमेध न हुआ होगा। इस रक्तपात और खून खराबी के पीछे जो एक हिंसक मनोवृत्ति, क्रोध का भाव होता है, वह उस समय भी विद्यमान था एवं सम्भवतः आज से अधिक मात्रा में। इस मनोवैज्ञानिक सत्य पर कोई परदा नहीं डाल

सकता। सभ्यता एवं संस्कृति के प्रसार के साथ-साथ, वैज्ञानिक बुद्धि के सजग होने के साथ-साथ क्रूर हिंसा से लोगों के मन हटते जाते हैं। कठोर अंग-भंग करने वाले दण्ड आज समाप्त हो चुके हैं। मृत्युदण्ड विरोधी आन्दोलन जोर पकड़ रहा है। एक दलील मैं मान सकता हूँ कि युद्धों की भयंकरता अवश्य वर्तमान वैज्ञानिक साधनों के कारण बढ़ गयी है। पर इसके लिए हमें विज्ञान को दोष न देकर युद्धों के मूल कारण पर विचार करना होगा एवं उन कारणों को नष्ट करना होगा। बिना उन मूल कारणों को नष्ट किये विश्व शान्ति सम्भव नहीं। विचार करने पर ज्ञात होगा कि वास्तव में युद्धों के मूल कारण आर्थिक एवं राजनीतिक होते हैं। निरंकुश शासक, राजनीतिक शक्ति के लोलुप व्यक्ति एवं आर्थिक एकाधिपत्य चाहने वाले पुरुष अथवा राष्ट्र ही भयंकर युद्धों के कारण रहे हैं, एवं रहेंगे। उनकी ही चेष्टाओं एवं कार्यों ने इस धरती को नरक तुल्य बना दिया है। और इसके लिए हमें राजनीतिक एवं आर्थिक वैषम्य को समाप्त करना होगा।

वर्तमान युग में स्वार्थपरता, लिप्सा एवं लोभ आदि भी कुछ अधिक मात्रा में बढ़ गये हैं। पर इसका दोष जो व्यक्ति वर्तमान वैज्ञानिक उन्नति को देते हैं, वे महान् त्रुटि करते हैं। यह दोष वैज्ञानिक उन्नति का नहीं वर्तमान सामाजिक पद्धति का, पूँजी के वैषम्य का, वस्तु के विषम विभाजन का एवं इस महाजनी संस्कृति का है। समाज में यदि यह पूँजीवाद एवं वर्गभेद समाप्त हो जाये, शोषण की यह सामाजिक व्यवस्था नष्ट हो जाये, तो यह सभी कलुषित मनोवृत्तियाँ स्वतः दूर हो जायेंगी।

वैज्ञानिक उन्नति को संहारकारी बताने वाले याद रखें कि परमाणु शक्ति का जिस प्रकार से हिरोशिमा एवं नागासाकी में प्रयोग हुआ, उसे भी मनुष्य अनेक उपकारक तत्त्व समझता है; एवं वैज्ञानिक इस दिशा में प्रयत्नशील भी हैं। परमाणु शक्ति को एक भिन्न स्रोत के रूप में प्रयोग करने का प्रयास हो रहा है। अभी कुछ मास पूर्व यू.एन.ओ. में किसी ने कहा था कि रूसी वैज्ञानिक पहाड़ों एवं रेगिस्तानों को समतल, उपजाऊ मैदान में परिणत करने की चेष्टा कर रहे हैं। हम अब कल्पना ही नहीं, आशा भी करने लगे हैं कि शीघ्र ही सहारा एवं राजस्थान के वीरान मरुस्थल हरियाली से लहलहा उठेंगे।

यदि कुछ भूले हुए वैज्ञानिक मृत्यु किरणों के आविष्कार में लगे हैं, तो अधिकांश वैज्ञानिक 'विश्व किरणों' (Cosmic Rays) को शक्ति के अनन्त स्रोत के रूप में प्राप्त करने की चेष्टा कर रहे हैं। वैज्ञानिक उन्नति के फलस्वरूप ही क्षय जैसे असाध्य रोग के लिए वी.सी.जी. वैक्सीन एवं स्ट्रेप्टोमाइसीन आदि आविष्कृत हुईं। पेनसिलिन एवं साल्फ़ा ड्रग्स सामने आयीं। यातायात के सुखद साधन उपलब्ध हुए। प्राचीन समय में, मुहम्मद तुगलक आदि के युग में करोड़ों व्यक्ति दुर्भिक्ष में मर गये; पर उनकी कोई सहायता न कर सका। पर आज इन्हीं साधनों के कारण दुर्भिक्षों की निर्ममता बहुत कम पड़ गयी है। आप पूछ सकते हैं कि फिर बंगाल में हाड़, मांस

एवं मस्तिष्क से युक्त 35 लाख मानव तड़प-तड़प कर क्यों मर गये? पर इसका उत्तर मैं पहले ही दे चुका हूँ। इन सबका कारण आज की पूँजीवादी व्यवस्था है; तथा बंगाल के अकाल की भयंकरता का कारण उचित यातायात के साधनों का युद्ध के कारण उपलब्ध न होना था।

आज तार, टेलीफोन, वायरलेस एवं टेलीविजन आदि के द्वारा मानव एक-दूसरे के निकट आ गया है। निकटता ही घनिष्ठता में परिवर्तित होती है। अतः वर्तमान वैज्ञानिक उन्नति मानवता के हित में, उसकी सुख-समृद्धि में सहायक ही सिद्ध होती है।

अतः हम सभी को इस शताब्दी के इस महान् विज्ञान को अधिक उन्नत करते हुए मानव को अधिक पूर्ण बनाने का प्रयत्न करना चाहिए।

ऊर्मि : अगस्त, 1950

बैसवाड़े का अपूर्व बलिदान : सरेनी गोलीकाण्ड

बैसवाड़े का अपना एक स्वतःपूर्ण इतिहास है। साहित्यिक, सांस्कृतिक एवं राजनीतिक कार्यों में वह सदा अग्रगण्य ही रहा। साहित्यिक विभूतियों के रूप में पं. सुखदेव मिश्र, आचार्य महावीर प्रसाद द्विवेदी, पं. प्रतापनारायण मिश्र, निराला जी, सनेही जी एवं नन्ददुलारे वाजपेयी प्रभृति महारथियों को उत्पन्न करने का श्रेय बैसवाड़े को ही है। नयी पीढ़ी में भी बैसवाड़े के कई युवक आगे बढ़ रहे हैं। हम आशा करते हैं कि शीघ्र ही ये व्यक्ति हमारे साहित्याकाश के जाज्वल्यमान पिण्ड बनेंगे। राजनैतिक वीर नेताओं के रूप में तो उसने अपना मस्तक सदैव ऊँचा रखा है। सन् 57 के राणा बेणीमाधव सिंह एवं राव रामबख्श सिंह को कौन नहीं जानता। सन् 21 के मुंशीगंज गोलीकाण्ड के गवाह तो आज भी माननीय पं. जवाहरलाल नेहरू हैं! इस लेख में हम ऐसे ही एक अपूर्व बलिदान को पाठकों के सम्मुख उपस्थित कर रहे हैं। खेद है कि आज तक मैंने जितने भी सन् 42 की क्रान्ति के इतिहास देखे हैं, सभी इस बलिदान के प्रति उपेक्षित ही बने रहे। यहाँ तक कि श्री जगनप्रसाद जी रावत तक के इतिहास में (जो 42 का सर्वाधिक प्रामाणिक इतिहास है) इस हत्याकाण्ड का कहीं जिक्र तक नहीं है। पता नहीं रावत जी को इसका पता क्यों नहीं लग सका।

अगस्त सन् 42 के दिन थे। 'भारत छोड़ो' के नारे से गगन गूँज रहा था। समस्त राष्ट्र 'करो या मरो' के मूलमन्त्र से अनुप्राणित हो चुका था। माँ भारती की बेड़ियों को तोड़ने के लिए अगणित युवक आगे बढ़ रहे थे। स्वतन्त्रता देवी के मन्दिर में राष्ट्र प्रार्थना करने को बढ़ चुका था।

स्वाधीनता पक्ष के इस बलिदान में चिर साहसी बैसवाड़ा फिर आगे बढ़ा। सन् 57 के राणा बेणीमाधव सिंह और राव रामबख्श सिंह के प्रिय बैसवाड़े ने एक बार फिर अँगड़ाई ली। क्रान्ति के यज्ञ में उसने अपने नवयुवकों के रक्त की आहुति दी।

9 अगस्त रविवार का दिन था। राष्ट्र के नाविक सींखचों के भीतर पहुँच चुके थे। जिले के भी प्रमुख नेता उसी दिन प्रातःकाल गिरफ्तार किये गये। समाचार तीव्रगामी प्रभंजन की भाँति जिले के सुदूर कोने में स्थित एकाकी ग्रामीण कृषक तक पहुँच गया। हृदय के शीतल पड़ते हुए रक्त में फिर से उष्णता अथवा यों कहिए

उफान आ गया। गाँव की चौपालों में भविष्य की चर्चाएँ होने लगीं। पर एक बात पर सभी एकमत थे कि इस बार ब्रिटिश सत्ता का जुआ उतार फेंका जाये। 11 अगस्त को श्री एमरी के ब्राडकास्ट से पथ-वंचित जनता को एक दिशा—एक प्रोग्राम प्राप्त हो गया। जनता ने समझा तोड़-फोड़ ही आन्दोलन की कार्यविधि है। फिर क्या था, तैयारियाँ होने लगीं।

बैसवाड़े के हृदय में स्थित सरेनी, भोजपुर एवं लालगंज क्षेत्र की जनता ने अपना प्रमुख लक्ष्य नौकरशाही के प्रमुख दुर्ग सरेनी थाना को बनाया। दूसरा लक्ष्य लालगंज का रेलवे स्टेशन था। पर पहले लालगंज स्टेशन पर हमला हुआ। अनिश्चित कार्यक्रम होने के कारण उसमें सफलता नहीं हुई। पर फिर भी ऑफिस के कुछ रजिस्टर आदि फाड़ डाले गये। तार भी काट दिये गये। यहाँ पर थानेदार ने जनता पर फायर भी किया। पर भाग्यवश उससे कोई हताहत नहीं हुआ।

सरेनी थाने पर आक्रमण के हेतु 18 अगस्त मंगलवार का दिन निश्चित किया गया। मंगलवार सरेनी का बाजार दिवस था। सरेनी के एकछत्र नेता श्री सूरजप्रसाद जी त्रिपाठी के नेतृत्व में निहत्थी जनता का एक जुलूस थाने पर अहिंसात्मक अधिकार, अपने नेताओं की आज्ञानुसार करने-चला। तत्काल ही छोटे थानेदार श्री बहादुर सिंह जी ने त्रिपाठी जी को बन्दी बना लिया। अपने प्रिय नेता को इस प्रकार बन्द होते देख कर जनता क्रोध में बौखला उठी और उसने थाने पर आक्रमण कर दिया। थाने के अधिकारियों ने निहत्थी जनता पर गोलियाँ बरसाईं। पर वाह री! जनता गोलियों की बौछार की परवाह न करती हुई अपने कुछ साहसियों के नेतृत्व में वह बराबर फाटक की ओर अहिंसात्मक ढंग से बढ़ रही थी। पर एक, दो, तीन, चार, पाँच इसी भाँति सात-सात व्यक्ति स्वतन्त्रता देवी के अर्चन हेतु शहीद हो गये। अब जनता का धैर्य छूट गया। यद्यपि इस समय तक थाने की मैगजीन का स्टाक भी समाप्त हो चुका था। पर अपने नेताओं के इस प्रकार असमय ही शहीद हो जाने के पश्चात वह निरक्षर एवं निहत्थी जनता भागने लगी। पर इन सात ग्रामीण नेताओं की शहादत इतिहास के पन्नों में स्वर्ण अक्षरों से लिखने योग्य है। इतिहास लिखे या न भी लिखे पर जनसमूह के हृदय में इन वीरों का इतिहास रक्ताक्षरों से अंकित है। खेद है कि जनप्रिय सरकारों के पदारूढ़ हो जाने के पश्चात भी इन व्यक्तियों के दुखी परिवारों को सम्भवतः आज तक कोई सान्त्वना देने भी नहीं पहुँचा; और पहुँचे भी कहाँ से, जिले के नेताओं को आपसी दलबन्दी एवं पदलिप्सा से इतना अवकाश कहाँ कि वहाँ तक पहुँच सकें।

इस गोलीकाण्ड के पश्चात भी सूरजप्रसाद जी त्रिपाठी के साथ अति अमानवीय व्यवहार किये गये। उन्हें बुरी तरह पीटा भी गया।

इस नरमेध के पश्चात दमन का वही चक्र यहाँ भी चलाया गया, जिससे एक बार सम्पूर्ण देश काँप उठा था। लोग महीनों ज्वार के खेतों में पड़े रहे! एक

साधारण-सा सिपाही भी यदि पहुँच जाता, तो गाँव में तहलका मचा देता। निर्दोष व्यक्तियों को साढ़े सात-सात साल की सजा दी गयी। राष्ट्रीय सरकार स्थापित होने के पश्चात वे लोग छूट-छूट आये। कितने ही इज्जतदारों की इज्जत धूल में मिला दी गयी। सम्मानित एवं शरीफ व्यक्तियों को बुलवा कर थाने में मेहतरों द्वारा जूतों से पिटवाया जाता; फिर उनसे मनमाना रुपया वसूल कर छोड़ा जाता। बहू-बेटियों का रास्ता चलना कठिन था। थाने के सामने से निकलना दुरूह था। बिना सलाम किये तो कोई जा ही नहीं सकता था। कहते हैं कि साधारण सिपाहियों ने 2-2 हजार रुपये वसूल किये। सामूहिक जुर्माने भी किये गये। बाद में श्री उमाशंकर जी पाण्डेय के स्तुत्य प्रयत्नों से यह दमनचक्र शान्त हुआ। जनता ने कई महीने पश्चात सुख की साँस ली।

यही है बैसवाड़े का अपूर्व बलिदान सरेनी गोलीकाण्ड। मेरी जिले के नेताओं से विनम्र प्रार्थना है कि वे उन शहीदों को न भूल जायें जिनकी बदौलत उस उच्चासन पर आसीन हैं। उन शहीदों के परिवारों की ओर भी दृष्टि फेरें। शहीदों की स्मृति को चिरस्थायी बनाने में वे अपने कर्तव्य की ओर भी ध्यान दें। हमें इस गोलीकाण्ड पर सदा गर्व रहेगा। हमारे इतिहास की यह विभूति है।

साहित्य : 27 अगस्त, 1950

बैसवाड़े का संक्षिप्त इतिहास

'बैसवाड़ा' रायबरेली और उन्नाव दो जिलों के अधिकांश को मिलाकर बनता है। लगभग 60 या 65 मील लम्बे और 30-35 मील चौड़े क्षेत्र में यह फैला हुआ है। 'बैसवाड़े' का भारतीय इतिहास एवं संस्कृति में एक विशिष्ट स्थान है। हिन्दी की एक शाखा 'बैसवाड़ी' इसकी प्रमुख भाषा है।

बैसवाड़े में जैसा कि नाम से ज्ञात होता है बैस ठाकुरों (बैस) का प्राधान्य है। बैसवाड़े के प्रमुख स्थान इन्हीं बैस ठाकुरों के बसाए एवं उन्नत किये हुए हैं। बैस ठाकुर ही अधिकतर जमींदार एवं तालुकेदार हैं, जिनमें से प्रमुख राजा साहब मुरारमऊ, राना साहब जजूरगाँव आदि हैं। यहाँ के एक तालुकेदार लाल सुरेन्द्र बहादुरसिंह कांग्रेस एम. एल. ए. भी हैं।

सदैव से देशभक्तों, दिलेरों एवं साहित्यिकों की जन्मभूमि रहा है। बैसवाड़े को महात्मा गाँधी, पं. जवाहरलाल नेहरू, विनोबा भावे ने अलंकृत किया है। यहाँ की सामाजिक दशा पहले अच्छी नहीं थी। रूढ़िवादिता का बोलबाला था। यहाँ स्त्रियों पर बन्धन है। आज भी औरतें पर्दे में सड़-सड़ कर मर जाती हैं। पुरुष वर्ग स्त्री जाति के लिए निर्दय और कठोर है। स्त्री किसी मर्ज से पीड़ित है, पुरुष परवाह नहीं करता। पुरुष के स्त्री-जाति पर जुल्मों की कहानी कहाँ तक कही जाये। ब्राह्मण यहाँ तक कहते पाये गये हैं—'मेहरिया तो पायन कै पनही आय, जब चाहे तब उतारि लेव और पहिरि लेव'। इधर कुछ दिनों से अब कहीं-कहीं लड़कियों की शिक्षा की ओर ध्यान दिया जाने लगा है और शायद कुछ दिनों में और दकियानूसी विचारों के बड़े-बूढ़ों के न रहने पर इस क्षेत्र में स्त्री जाति के साथ न्याय हो।

खेती के सिवा यहाँ अन्य कोई रोजगार नहीं। मिल तथा कल-कारखाने न होने से मजदूर वर्ग बड़े शहरों में चला गया है, इसलिए अब मजदूरों के अभाव में खेती भी अच्छी नहीं होती। यही कारण है कि बैसवाड़े में अन्न का उत्पादन काफी कम हो गया है। कपड़ा, गल्ला तथा अन्य चीजों का जो थोड़ा-बहुत व्यापार होता है; वह सब प्रायः ब्राह्मणों के हाथ में है। और ये ब्राह्मण बनियों से भी अधिक बेईमान हैं। अब तो ब्राह्मण जमींदार भी हो गये हैं और ये क्षत्रियों से भी अधिक

क्रूर हैं। रायबरेली और उन्नाव के बीच मिलों तथा कारखानों की आवश्यकता है। हमारा ख्याल है कि सरकार की ओर से भी इस ओर बहुत कम ध्यान दिया जाता है। कृषि प्रधान होने के कारण यदि कपास की खेती को प्रोत्साहन दिया जाये, तो यहाँ एक-दो कपड़े की मिलें हो सकती हैं; गन्ने की खेती बढ़ाई जाये, तो शक्कर की मिलें हो सकती हैं। अगर तालुकेदारी से हाथ धोने के बाद तालुकेदार अपने मुआवजे की रकम इस काम में लगा दें, तो उनके धन का ही सदुपयोग हो जाये और निर्धनता भी मिट जाये। चूँकि कानपुर से रायबरेली के लिए चौबीस घण्टे में एक ही बार ट्रेन का आवागमन है; इसलिए भी यह क्षेत्र व्यापार व्यवसाय में बहुत पिछड़ा हुआ है। इतने बड़े भूभाग में एक भी बड़ी और पक्की सड़क नहीं। कानपुर से रायबरेली तक जो सड़क बनाई गयी है, वह इतनी गयी-गुजरी है कि उस पर आसानी से बसों या ट्रकों का आवागमन नहीं हो सकता। यातायात की असुविधा इस क्षेत्र को और भी पीछे घसीटे हुए है। राजनीतिक कार्यों में भी यह क्षेत्र उतना प्रगतिशील नहीं है। भले ही इसी भूमि के पं. रविशंकर शुक्ल और पं. द्वारकाप्रसाद मिश्र मध्य प्रान्त के प्रधानमन्त्री और गृहमन्त्री हों, पर वे अपनी जन्मभूमि के लिए किस काम के हैं। ऐसे ही अनेक योग्य व्यक्ति बाहर चले गये हैं। गाँवों में शायद ही कोई योग्य व्यक्ति रह गया हो। यही कारण है कि बैसवाड़े के गाँव बहुत पिछड़े हुए हैं। हम यह मानते हैं कि भारत की स्वाधीनता प्राप्त करने में बैसवाड़ा किसी से पीछे नहीं रहा—सन् 1857 से अब तक बड़ा त्याग और कुर्बानी की गयी है; किन्तु स्वाधीनता की झलक शायद ही किसी गाँव में देखने को मिले। बैसवाड़े की शैक्षणिक, सामाजिक, आर्थिक और राजनीतिक उन्नति करने की बहुत बड़ी समस्या है। निकट भविष्य में पंचायती राज होगा, लेकिन बैसवाड़ा अपनी वर्तमान दयनीय दशा में शायद ही पंचायती राज्य का सुख उपभोग कर सके। सरकार को इस भूभाग के हर पहलू पर विशेष ध्यान देना होगा। जमींदारों की संख्या अधिक होने से पंचायत राज्य का सुचारु रूप से संचालन भी टेढ़ी खीर है। अगर जमींदारों ने अपनी मनोवृत्ति में परिवर्तन न किया, तो उनकी जमींदारी छिन जाने पर उल्टा ही परिणाम होगा। अतः बहुत भय है कि ये जमींदार अपने साथ सारे बैसवाड़े को न ले डूबें। समझदार जमींदारों को अपनी जमींदारी का मोह छोड़कर अपने पूर्वजों के आदर्श पर चलकर गाँवों की सुख-शान्ति के लिए प्रयत्नशील होना चाहिए। इसी में बैसवाड़े की उन्नति और समृद्धि है।

बैसवाड़े की पावन भूमि में आज के कई धुरन्धर राजनीतिज्ञ भी उत्पन्न हुए हैं। मध्य प्रान्त के प्रधानमन्त्री माननीय पण्डित रविशंकर शुक्ल एवं गृहमन्त्री पण्डित द्वारिका प्रसाद मिश्र को पैदा करने का गौरव बैसवाड़े ही को है।

बैसवाड़े के एक और सुप्रसिद्ध रूप को कविवर श्रीयुत ओंकारनाथ जी पाण्डेय ही के शब्दों में पढ़िए—

तोता मैना आहिन ना
पढ़ै कहौ कइसे पढ़ी।
खोपरी खपोवे का,
रटबु जाय भारे माँ।।
खेती पाती करै कौन
काजु काछी कुरमिन क्यार।
बनिया न बाटू,
पेरे को कवारे माँ।।
चारि मास आम खाव,
चार अँठुली चबाव।
चारि मास बीत जइहें,
ससुरारि के सहारे माँ।।
करित नाहीं ठठ्ठा,
हम घोटित सिलबट्टा।
बातैं गढ़ित गट्टा ऐसी,
रहित बैसवाड़े माँ।।

यही है जग जाहिर जहान में बैसवारे का संक्षिप्त परिचय। 'जय बैसवारा'

—जय-हिन्द

दैनिक विश्वमित्र : दिसम्बर, 1950

दीप जलाकर बुझा न देना

यह पंक्ति सम्भवतः किसी फिल्म की है। मैं फिल्मों एवं उनके गीतों का प्रेमी नहीं, बल्कि किसी हद तक उनके स्तर से घृणा करने वाला हूँ; पर पता नहीं क्यों, गीत के इस पद को मेरे हृदय ने अनजाने ही स्वीकार कर लिया। बहुधा गुनगुना उठता था—दीप जलाकर...

बातचीत के सिलसिले में एक मित्र ने कहा—भाई विजयपर्व समाप्त हो गया, दीपावली का ज्योतित उत्सव भी निकट आ गया...बात उन्होंने समय गुजरने की रफ्तार पर कही थी, पर अचानक ही मन के रागात्मक तारों ने इस ज्योति पर्व का सम्बन्ध गीत की इस कड़ी से जोड़ लिया। लगा कि यह पंक्ति भी कुछ सन्देश दे रही है, किसी लक्ष्य की ओर इंगित करती हुई किसी मार्ग पर बढ़ने की प्रेरणा दे रही है। आप लोगों के बारे में नहीं जानता, पर मुझे तो इस पंक्ति से एक प्रकाश अवश्य मिला।

हाँ, तो इस पंक्ति के दो विभाग हैं—एक विभाग दीप के जलने का एवं दूसरा उसे बुझने से बचाने का। एक भाग कर्म में प्रवृत्त करता है, दूसरा उस कर्म में सतत क्रियाशील रखता है। इस प्रकार सफलता की दोनों दिशाओं—प्रवृत्ति और गति—को साथ लेकर यह पंक्ति चलती है।

हम लोगों ने भी कुछ दीप जलाए हैं, कुछ जलाने की तैयारी में हैं एवं कतिपय दीपों को जलाने की सोच रहे हैं। हमने स्वतन्त्रता के दीप जलाए हैं, सामाजिक पुनर्निर्माण का दीप जलाया है, आर्थिक एवं सामाजिक स्वातन्त्र्य तथा साम्य के दीपक जलाने का व्रत लिया है। साहित्य एवं संस्कृति का वह ज्योति स्तम्भ हमें आलोकित करना है, जो जल, थल एवं वायु में प्रकाश दे सके। भौतिक, मानसिक एवं आध्यात्मिक विकास की दिशा में उन्मुख कर सके मनुष्य को। हमें मानव के दिग्भ्रमित मानवत्व को दिशा-निर्देशन देने के लिए दीप जलाना है। व्यक्ति-मानव की पूर्ण प्रतिष्ठा के लिए प्रकाश-रश्मियाँ विकीर्ण करनी हैं। ध्यान रहे इसका खण्डित तथा एकांगी विकास नहीं पूर्ण विकास करना है। तेजस्वी वदान्य, गम्भीर तथा उदात्त सामाजिक मन को जाग्रत करना है। आज संस्कृति, समाज एवं साहित्य—जीवन के प्रत्येक क्षेत्र में एक गतिरोध उत्पन्न हो गया है। हम न तो भली भाँति प्राचीन

को त्याग सके, न सम्यक् रूप से नवीन को ग्रहण ही कर सके हैं। चिरन्तन एवं चिरनूतन का समन्वय हमसे नहीं हो सका। इन दीपों के आलोक में हमें इस गतिरोध को समाप्त करना है।

पर हमें भूलना नहीं है पंक्ति का दूसरा ही भाग है कि प्रदीप्त दीप बुझने न पाये। उसे झकोरों से सुरक्षित रखना है; प्रभंजन ग्रसित होने से बचाना है। इतना ही नहीं, गीतकार की वाणी के सहारे हम थोड़ा-सा आगे बढ़े। यह भी देखना है कि दीपक के तले ही अँधेरा न हो जाये। कारण, उसके प्रकाश में हमें आत्म-निरीक्षण करना है। यदि हम आत्म-निरीक्षण न कर सके, तो हो सकता है कि हमारे भीतर भी विध्वंसात्मक प्रवृत्तियाँ ही इन दीपों के बुझाने का कारण बन जायें।

सामाजिक वातावरण में आज एक शून्य उत्पन्न हो गया है। नैतिक दृष्टि से हम पतित हो गये हैं। इन दीपों के प्रकाश में हमें देखना है कि यह परिस्थिति क्यों? पाश्चात्य शिक्षा के प्रभाव से धर्म पर से विश्वास उठने के साथ-साथ धार्मिक नैतिकता भी प्रायः समाप्त हो गयी है। दूसरी ओर स्वाधीन चिन्ता के अभाव एवं अविद्या के कारण हम नयी सामाजिक एवं आर्थिक नैतिकता की स्थापना न कर सके। यहीं पर एक शून्य की उपस्थिति हो गयी, जिसने हमें गिरफ्तार कर पतन की ओर उन्मुख किया। आज की प्रत्येक समस्या के मूल में किसी न किसी रूप में हमें यही तथ्य विद्यमान मिलेगा। पर इस प्रकाशपूर्ण दीपों के आलोक में हमें फिर से एक स्वस्थ नैतिक वातावरण का निर्माण करना है। इस शून्य को एक उद्‌बुद्ध सामाजिक चेतना से भरना है।

इस उद्‌बुद्ध चेतना के आनन्द में आज मैं कुछ कल्पना-प्रिय हो उठा हूँ। उपरिलिखित पंक्ति द्वारा प्रदीप्त चित्र सिनेमा स्लाइड्स की भाँति मेरी आँखों के सामने गुजर रहे हैं। वह देखो वैदिक युग है, श्रुति मन्त्रोच्चारण हो रहा है, सामगान से दिशाएँ गूँज रही हैं। क्षत्रिय वीर अपने चपल तुरंगों पर पवन से बातें कर रहे हैं। प्रत्येक दिशा एक पावनता का अनुभव कर रही है। उपनिषद् तत्त्व-चिन्तकों के चिन्तन के फलस्वरूप निर्मित हो रही है। अध्यात्म चिन्तन अपने चरम बिन्दु तक पहुँच जाता है। श्रद्धा और तर्क-मस्तिष्क और हृदय, अनुभूति एवं विचार समन्वित हो उठते हैं। पाठक अपने कल्पना-चक्षुओं को तनिक उतार कर देखें, अठारह अक्षौहिणी सेनाएँ परस्पर डटी हुई हैं और मध्य में एक विशाल उतुंग रथ पर कपिध्वज कौन्तेय को योगेश्वर भगवान श्रीकृष्ण फल से अनासक्त कर्म का उपदेश दे रहे हैं–

कर्मण्येवाधिकारस्ते मा फलेषु कदाचन।
मा कर्मफलहेतुर्भूः, मा ते सङ्गोस्त्वकर्मणि।

तथा साधन एवं निष्ठा की परा कोटि की स्थिति को पहुँचे हुए व्यक्ति स्थितप्रज्ञ का लक्षण बतलाते हैं–

या निशा सर्वभूतानां तस्यां जागर्ति संयमी।
यस्यां जागर्ति भूतानि सा निशा पश्यतो मुनेः।।

एवं अन्त में सब कुछ छोड़ कर अपनी शरण में आने का आदेश दे रहे हैं–

सर्वधर्मान् परित्यज्य मामेकं शरणं व्रज।
अहं त्वां सर्वपापेभ्यो मोक्षयिष्यामि मा शुचः।।

महाभारत की ही बात है, जब उसने उच्च स्वर में मनुष्य की महत्ता को घोषित किया था–

गुह्यं ब्रह्म तदिदं वो ब्रवीमि,
न मनुष्यात् श्रेष्ठतरं हि किंचित्।

मैं स्पष्ट देख रहा हूँ इतिहास के सबसे महान् कूटनीतिज्ञ और ब्राह्मण श्रेष्ठ चाणक्य की शिखा को एवं उस दृश्य को, जो नन्द के अत्याचारी शासन को समूल नष्ट करने की प्रतिज्ञा करता है। और यह है प्रियदर्शी देवानांप्रिय अशोक महान्, जिसका धर्मचक्र सुदूर देशों में भी अनवरत गति से घूम रहा है। सुदूर देशों का ही प्रसंग आ गया तो एक बार बृहत्तर भारत की कल्पना कर ली जाय। गोवी के मरुस्थल से कम्बोडिया, स्याम, सुमात्रा एवं यवन द्वीप (जावा) तक विजयिनी भारतीय संस्कृति सम्पूर्ण वैभव के साथ व्याप्त है। रामकथा अवध और चित्रकूट में ही नहीं, बृहत्तर भारत में भी फैली हुई थी। याद आती है शालिवाहन विक्रमादित्य की, जिसने एक दिन हूणों की दुर्जेय वाहिनी को कँपा दिया था। लोक जीवन के आदर्श वीर आल्हा-ऊदल की तलवार भी स्मरणीय है, जिसने 'जगनिक' की वाणी में कहा था–

सदा तोरइयाँ न बन फूलें, साथी सदा न सावन होय?
सदा न भाता उर मैं धरिह, यारो सदा न जीवन होय।

यहीं पर हमें उस अन्तिम हिन्दू सम्राट चौहान पृथ्वीराज और उस थानेश्वर की याद में दो आँसू बहा लेने हैं, जहाँ पर कि हमारी स्वतन्त्रता का सूर्य एक सहस्राब्दी के लिए अस्त हुआ था। एक गौरवपूर्ण पृष्ठ मैं छोड़े जा रहा हूँ, जिस पृष्ठ ने हमारी सांस्कृतिक परम्परा एवं जाति को जीवित रखा। विश्व के सर्वश्रेष्ठ दार्शनिक शंकराचार्य, भारत के महानतम साधक गुरु गोरखनाथ, मध्ययुग का वह अप्रतिम तेजस्वी एवं फक्कड़ व्यक्ति कबीर, प्रेमी सूर तथा साधक, भक्त, सुधारक, उपदेशक, ज्ञानी, एवं नेता के समन्वित रूप गोसाईं तुलसीदास हमारे उन प्रकाशस्तम्भों में हैं, जो युग-युग तक प्रकाश देंगे। यह दिल्ली और आगरा है, मुगलों के अन्तिम वैभव के मूर्तिमान स्वरूप, जिनके लिए छन्दकार कह उठा था–

अगर पृथ्वी में कहीं स्वर्ग है, तो वह यहीं है, वह यहीं है, वह यहीं है।

यहीं पर स्थित है शाहजहाँ के अमर प्रेम का प्रतीक 'ताजमहल' जिसके लिए आप भी चाहें तो श्रीमती सरोजिनी नायडू के इस कथन को याद कर सकते हैं–
Taj Mahal was built upon bones of beauty which were once alive.

यह प्राचीन वैभव हमारे जीवन में घुल-मिल गया है। वह देखो, उस दृश्य के प्रतीक अंकोरवट एवं बोरी बुदुर अभी जयघोष कर रहे हैं उस संस्कृति का।

कालिदास के मेघदूत के चन्द्राकान्ता की मन्द-मन्द स्वर-लहरी आज भी हमें रसाप्लवित कर रही है। माघ की सौन्दर्य परिभाषा अपने स्थान पर आज भी श्रेष्ठहै—

क्षणे क्षणे यन्नवतामुपैति, तदेव रूपं रमणीयतायाः।

अजन्ता, एलोरा, एलीफेंटा की गुफाएँ; तंजौर, भुवनेश्वर और खजुराहो के मन्दिर आज भी हमारी कीर्ति की गाथा गा रहे हैं। लिच्छवी गणतन्त्र की वैशाली के खँडहर आज के जनतन्त्र की परम्परा में एक नया अध्याय जोड़ने की क्षमता रखते हैं। सारनाथ और कौशाम्बी के अवशेषों से भगवान अमिताभ बुद्ध की वाणी यदि सुन सकें तो सुन लीजिए। यह है अपना स्वर्णयुग गुप्तकाल। शारदीय ज्योत्स्ना की रजत आभा में मगध के केलि-उद्यानों के रूप-गर्वित अनिंद्य सुन्दरियों के उत्तरीय लतावेष्ठित कुंजों में उलझ रहे हैं। मृगायत लोचन मदसिक्त हो उठते हैं। चतुर्दिक् एक आमोद मण्डित प्रसन्न वातावरण छाया हुआ है। उज्जयिनी और कान्यकुब्ज के सौध-प्रासादों के गवाक्ष भी भुलाने योग्य नहीं। कालिदास और बाणभट्ट के काव्य-स्थल भी यहीं कहीं मिल जायेंगे। स्कन्दगुप्त की वह भीषण हुंकार अभी भी हमारे मुँदे कानों में उत्साह एवं शौर्य का मन्त्र फूँक सकती है, तिलक, गाँधी, विवेकानन्द, रवीन्द्र और अरविन्द इस बात के प्रमाण हैं कि हममें अब भी पौरुष शेष है।

सन्तवाणी, जिसने जाति की जाति को उठा कर खड़ा कर दिया है, मूक वाचाल बन गया, पंगु दुर्गम पर्वतों पर चढ़ने लगा जिसके प्रभाव से। विश्वास न होता तो युग-युग प्रपीड़ित एक-एक किसान से पूछ लीजिए; मजदूर से पूछ लीजिए; किसी कारीगर अथवा अकिंचन से पूछ देखिए; आपको चारों ओर एक चेतना के जागरण का अनुभव होगा। जिसका 'करो या मरो' का सन्देश चेतन, अचेतन तथा अवचेतन के सभी स्तरों को पार करता हुआ अभ्यन्तर तक प्रविष्ट हो गया होगा। पौर्वात्य एवं पाश्चात्य संस्कृतियों के समुन्नत स्वरूप का समन्वित रूप कला गुरु रवीन्द्र का काव्य हमें सदैव जीवन की ओर उन्मुख करता रहेगा। भारतीय मनीषी की यह पंक्तियाँ भारत की कितनी सत्य और सुन्दर परिभाषा करती हैं—

हे मोर चित्त, पुण्यतीर्थे जागो रे धीरे
एई भारतेर महामानवेर सागर तीरे

प्राचीन की इतनी व्याख्या का तात्पर्य यह नहीं कि मैं प्रत्यावर्तनवादी हूँ। मेरा उद्देश्य है केवल परम्परा का अपना उत्तराधिकार दिखा कर उससे सम्बन्ध बनाये रखना; क्योंकि परम्परा से विच्छिन्न होकर हम जीवित नहीं रह सकते। इसका यह भी तात्पर्य नहीं कि अब हम शक्तिहीन हो गये हैं।

अस्तु, हमारे दीप महान् लक्ष्य की प्राप्ति के महान् साधन हैं। ये अनन्त प्रकाश असीम प्रेरणा हमें देते रहें।

दैनिक विश्वमित्र : 1950

कला और जीवन

'सौन्दर्य से हमें प्रेम होता है, प्रेम मानवता का मूल्य है, कला मानवता का विकास है, सौन्दर्य और प्रेम उसके श्रेष्ठ शृंगार हैं। कला हमारी सत्यं-शिवं-सुन्दरम् की उपासना की परिचायिका है।'

संक्षेप में उपरोक्त उद्धरण में ही कला का आदर्श उद्देश्य, उसका स्वरूप एवं जीवन, सौन्दर्य, प्रेम तथा मानवता के साथ उसका सम्बन्ध निहित है। पर हमें यहाँ थोड़ा विस्तार के साथ कला की उत्पत्ति, उसके स्वरूप एवं जीवन की कला में अभिव्यक्ति पर विचार करना है।

यों तो काव्यादि की भाँति कला की परिभाषा के विषय में विद्वानों में अत्यधिक मतभेद रहा है। पर अब यह सिद्धान्त लगभग सर्वमान्य-सा है कि 'अनुभूति की अभिव्यक्ति ही कला का रूप धारण करती है।' वास्तव में मानव की प्रवृत्ति आनन्द एवं सौन्दर्योन्मुखी है। प्रकृति सौन्दर्यमयी है। मानव ने शुरू-शुरू में जिस समय चेतना प्राप्त करके चतुर्दिक् विकीर्ण निसर्ग सुषमा को निहारा, तो उस पर विमुग्ध होकर किसी से कहने के लिए व्याकुल हो उठा। यही स्वभावजात व्याकुलता कला के रूप में विकसित हुई। पर उसे उस युग में भाषा का वरदान प्राप्त न था, अतः वह इंगितों आदि स्थूल उपायों से अपनी अनुभूतियों को व्यक्त करने का प्रयत्न करता था। पर शनैः-शनै : प्रगति की ओर अग्रसर होती हुई मानव-बुद्धि ने अधिक सुगम एवं सुबोध अभिव्यक्ति की शैलियों का आविष्कार किया। इस प्रकार बाह्य जगत का अपने ऊपर अंकित प्रभाव को अभिव्यक्त करने की स्वभावसिद्ध प्रेरणा से मानव ने अभिव्यंजना के अनेक ढंग आविष्कृत किये। इनमें मूर्ति, चित्र, संगीत, काव्य आदि प्रधान हैं। अभिव्यंजना की इन्हीं शक्तियों को कला की संज्ञा दी गयी है। इस प्रकार विचार करने पर ज्ञात होता है, अभिव्यंजना ही कला है एवं इस अभिव्यंजना की जननी अनुभूति है। भिन्न-भिन्न प्रभाव चित्रों के ग्रहण और उनके अभिव्यंजित करने में कोई विषय-भेद नहीं है। अतः अनुभूति ही कला का मूल बीज है। अनुभूति के भी मूल में मानव की सौन्दर्य खोजी प्रवृत्ति है। इसीलिए कला की दृष्टि सौन्दर्य-विधायिनी है।

कला का उद्देश्य

कला का उद्देश्य स्पष्टतः सौन्दर्य विधान एवं रस की सृष्टि करना है। कला के कुछ विचारकों में ऐसे भी हैं, जो सुनीति पृष्ठपोषक हैं : वे कहते हैं कि कला का एकमात्र उद्देश्य है—कला का आदर्श उपस्थित करना। किंतु आदर्श कभी एक बिन्दु पर स्थिर रहने वाली वस्तु नहीं है। भिन्न युगों के भिन्न आदर्श होते हैं। आदर्श परिवर्तनशील हैं। नैतिक मूल्यों में सदा परिवर्तन होता आया है। किसी युग में दास प्रथा नैतिक दृष्टि से मान्य थी, पर आज अमान्य। अतः किसी नैतिक मूल्य अथवा आदर्श से उसको बाँध देना कला का शाश्वत गुण ही नष्ट करना है। कलाकार की तो सफलता तभी है—जब उसकी कला का रूप चिरन्तन होते हुए भी चिरनूतन हो। वह देश और काल की सीमा के परे हो। कलाकार की आत्मा, उसकी अभिव्यक्ति नीति या आदर्श के रटे-रटाए वाक्यों के नीचे नहीं दबाई जा सकती। तभी तो कहा गया है 'निरंकुशाः कवयः'। कला का मूल उत्स आनन्द है। जो सुन्दर है, उसमें सत् है, असत् कभी सुन्दर नहीं हो सकता; और जो सत् है, उसमें शिवत्व का होना अनिवार्य है। इतना ही कला का नीति के साथ सम्बन्ध है। यों कला न सुनीतिमूलक है और न दुर्नीतिमूलक। कला की दृष्टि से नग्न सौन्दर्य बुरा नहीं माना जाता। पुरी के मन्दिर की मूर्तियाँ अथवा अजन्ता के चित्र हममें वासना को उद्‌बोधित नहीं करते। कलाकार कैलडेरन का एक चित्र है 'प्रोवेश देश का गुलाब'; इसमें नारी की अपूर्व रूप माधुरी व्यक्त की गयी है, इसके सिवा उसमें कोई नैतिक आदर्श नहीं, फिर भी उसके सौन्दर्य के विकास पर मुग्ध होकर हम आनन्द प्राप्त करते हैं। पर यह नग्न चित्र हमारे मन में वासना की एक धूमिल रेखा भी नहीं बनने देता। शिशु की नग्नावस्था जिस प्रकार पावनता का अतिक्रमण नहीं करती, उसी प्रकार कलाकार की सौन्दर्य सृष्टि भी सत्य और पवित्र होती है। टॉल्सटाय ने लिखा है—"The aim of Arts is beauty that beauty is recognised by the enjoyment it gives, that artistic enjoyments is a good and important thing because it is enjoyment."

वास्तविक कला कभी अशिव नहीं होती। वह तो व्यक्ति के सबल सत् पक्ष एवं दुर्बल असत् पक्ष दोनों को उपस्थित करती है। जीवन में पतन होता है, इसीलिए उत्थान की महत्ता है। दिन के मानी रात और दिन दोनों हैं। कलाकार वस्तु को खण्ड-खण्ड करके नहीं देखता। उसे वह सम्पूर्ण रूप में ही चित्रित करता है। पूर्णता में ही उसकी महत्ता एवं सार्थकता भी है। डॉ. सत्येन्द्र ने लिखा है—

> *'कला का मर्म नाम और रूप में नहीं, वरन् नाम और रूप को सौन्दर्य प्रदान करने वाले उस मौलिक तत्त्व में है, जो विश्लेषण से बिखर जाता है, पर संश्लिष्ट सृष्टि में झलकता है।'*

यों प्रत्येक व्यक्ति कलाकृति को विभिन्न रूपों में देख सकता है। जैसा कि गीता

में भगवान कृष्ण ने कहा है—'ये यथा मां प्रपंद्यते तांस्तथैव भजाम्यहम्।' जो कलाकृति को जिस भाव से देखेगा, वह उससे उसी कोटि या प्रकार का आनन्द प्राप्त करेगा। पर मूल रूप से कला का उद्देश्य आनन्ददान है। आनन्द का जन्मदाता है रस, रस की सृष्टि करती है 'कला'। वास्तव में शिवत्व को अंगीकार करके कलात्मक सत्य को अभिव्यक्ति करने में ही उसकी सार्थकता है।

कला में जीवन

इस विवेचन से कोई यह न समझे कि कला जीवन से दूर हटकर केवल कल्पना के सुन्दर लोक में भ्रमण करती है। कला का जीवन के साथ गहरा सम्बन्ध है। वे जुड़वाँ भाई-बहन के समान हैं। ईश्वर ने पृथ्वी पर जीवन सलिल की धारा बहाई, एवं उस धारा ने जब अपने को भाव-तरंग संकुल बनाया तो कला का विकास हुआ। यही चोली-दामन का सम्बन्ध है कला और जीवन में। सच पूछो तो आज यह विश्लेषण करना कठिन हो जाता है कि जीवन कलामय है अथवा कला जीवनमय। चाहे यह कहें कि सौरभ का उद्यान आया, तब फूल विहँसा अथवा फूल विहंसा; तो सुरभि की गाँठ खुली। पर आज दोनों रूप प्रतिरूप से ज्ञात होते हुए भी नितान्त अन्योन्याश्रित नहीं हैं। दोनों में पूर्वापर का सम्बन्ध है। पहले जीवन विकसित हुआ तब कला की उत्पत्ति हुई। जीवन और कला काया छाया हैं। पहले काया है, पीछे छाया। छाया के लिए काया अनिवार्य है। अतः कला के लिए जीवन अनिवार्य है। कला की सबसे बड़ी उपयोगिता है—कर्म कोलाहलमय जीवन को सबल, सरस एवं प्राणवान बनाना।

कला और जीवन के सम्बन्ध को हम दूसरी तरह भी देख सकते हैं। हमारे सरस अनुभव जो कला में व्यक्त होते हैं, बहुलांश में जीवन-सम्बन्धी ही होते हैं। एक अंग्रेज विचारक का कहना है : 'हमारे जीवन-सम्बन्धी अनुभव ही काव्य और कला में व्यक्त होते हैं।' अतः जीवन और उसकी समस्याओं की कलाकार कभी उपेक्षा नहीं कर सकता। पाश्चात्य विद्वान टैकवेल, वर्गसाँ आदि ने कला को दर्शन और धर्म के समकक्ष माना है। दर्शन एवं धर्म का भी उद्देश्य मानव-जीवन की समीक्षा, उसकी उन्नति एवं उसे पूर्णता की ओर अग्रसर करना है। अतः कला का भी उद्देश्य जीवन को पूर्णता प्रदान करना ही है। एक जर्मन विद्वान ने तो यहाँ तक कहा है—'Philosophy conceives God, Art is God.' अतः इस दृष्टि से भी कला एवं जीवन परस्पर गुँथे-से दिखाई देते हैं।

कला की आत्मा है सौन्दर्यानुभूति। इस विश्व का कण-कण सुन्दर है, बशर्ते कि उसका बोध करने वाला रसग्राही हृदय एवं बुद्धि हो। यहाँ जीवन सुन्दर है; मरण भी असुन्दर नहीं; सुख-दुःख सुन्दर है। सुन्दर तो सुन्दर है ही, हमारे रसशास्त्रियों ने

बीभत्स को भी सुन्दर माना है। अतीत की स्मृतियाँ मधुर होती हैं और भविष्य की कल्पना के तो कहने ही क्या। कवि ब्राउनिंग ने कहा है–

O world! as God has made it, all is beauty.

वास्तव में हमारा जीवन सतत सौन्दर्य की साधना में प्रयत्नशील रहता है। ईश्वर ने चाहे हमें जैसा बनाया हो, पर हमारी चेष्टाओं का अन्त नहीं होता कि हम सुन्दर प्रतीत हों। सभ्यता के प्रसार के साथ-साथ हम अधिकारिक सौन्दर्योपासक होते जा रहे हैं। जिस कक्ष में हम रहते हैं, उसे सजाते हैं। दाल में हल्दी डालकर उसे सुन्दर रूप देते हैं। सौन्दर्य प्रसाधन तो अब इस शताब्दी में सम्भवतः शीघ्रता से गिने भी नहीं जा सकते। इस प्रकार इस सौन्दर्य-साधना को हम जीवन से अलग करके देखें, तो जीवन का रूप ही अस्पष्ट हो उठेगा। जिस प्रकार दीपक से प्रकाश को अथवा पुष्प से सुरभि को अलग करके नहीं देखा जा सकता, वही हाल हमारी सौन्दर्यप्रियता एवं जीवन का है। वास्तव में देवेन्द्र सत्यार्थी जी ने सत्य ही लिखा है 'सौन्दर्य बोध ही आनन्दबोध है'। श्री हंसकुमार तिवारी ने भी एक स्थल पर लिखा है कि सौन्दर्य से मानव प्रभावित होते हैं, अभिव्यक्ति उनका स्वभाव है। अतः कला का जीवन से गहरा सम्बन्ध है। सौन्दर्यबोध मानव का स्वभाव है एवं स्वभावों की समष्टि ही जीवन का परिचय देती है। इसी मनुष्यगत स्वभाव को लक्ष्य करके ही तो राजर्षि भर्तृहरि ने लिखा है–

साहित्य-संगीत-कला-विहीनः
साक्षात्पशुः पुच्छविषाणहीनः।

दुर्भाग्यवश साहित्य के क्षेत्र में कला को लेकर कई वाद-विवाद चल पड़े हैं। एक कहता है कला कला के लिए, तो दूसरा हाथ लगाता है नहीं–'कला जीवन के लिए।' पर शुद्ध दृष्टि से देखने पर ज्ञात होगा कि कला की सीमा इतनी संकुचित नहीं। दोनों सिद्धान्तों का अपने-अपने स्थान पर महत्त्व है। चित्रकार अपनी तूलिका द्वारा आनन्द एवं सौन्दर्य की महत्तम अनुभूति को चित्र में प्रतिष्ठित करता है। साहित्य में इन्हीं अनुभूतियों का परिमल प्रस्फुटित होता है। अतः जो भाव जिस मूर्ति के सहारे उद्भावित होते हैं, उनका यथार्थ स्थान भी वही है। वह मूर्ति से विलग नहीं किया जा सकता। इतनी ही 'कला के लिए कला' (Art for art's sake) की सार्थकता है और यही उसका अर्थ है।

अंग्रेजी की एक कविता 'Solitude of Alexander Selkirk' मैंने पढ़ी थी। दुर्भाग्य ने अलेक्जेण्डर सलकर्क को एक जन-मानव हीन द्वीप में पहुँचा दिया था। पक्षी उनके पास आकर विस्मय से मौन हो जाते, हिंस्र जीव हिंसा भूल जाते; किन्तु यह जीवन कितना नीरस एवं निरानन्द था। कवि ने लिखा है–

Society, friendship and love
Divinly bestowed upon man

O, if I have the wings of a dove
How would I taste it again.

यही कला का हाल है। समान और जीवन से हटकर हम सुख न पा सकेंगे। वाल्ट ह्विटमैन ने भी कहा है–

'Comrade, this is no book who touches it, touches a man'. सत्य है, जो उस कलाकृति का स्पर्श करता है, वह एक निर्जीव पुस्तक का नहीं, एक मानव का–एक जीवन का स्पर्श करता है। टॉल्सटाय तो निरुद्देश्य रचना को कला मानते ही नहीं थे। प्रेमचन्द जी ने कला को जीवन के लिए अपनाया था। जहाँ कलाकक्ष को सुन्दर प्रसाधनों से सजाना आवश्यक है, वहाँ उसे जीवनोपयोगी भी बनाना अनिवार्य है। नहीं तो उसकी छाया में आयेगा ही कौन?

तात्पर्य यह कि कला में एकांगिता न होनी चाहिए। यदि एक ओर कला का सृजन कला की वृद्धि के लिए, उसके विकास के लिए हो, तो दूसरी ओर उसका सृजन जीवन को सबल एवं विकसित करने के लिए भी हो। 'साहित्य की बल-वृद्धि के लिए यह आवश्यक है कि कवि कला के भीतर से जीवन के उन तमाम क्षेत्रों को देखे, जिनकी आँधियों और उलझनों का प्रभाव मनुष्य की संस्कृति पर व्यापक रूप से पड़ता है।' (दिनकर)

अतएव कला मनुष्यत्व का चरम उत्कर्ष है। कला-सृष्टि जीवन की सार्थकता है। जीवन से उसे अलग देखना अपराध है। कला की दृष्टि सौन्दर्य-विधायिनी है, पर उसे उन्हीं सौन्दर्यों की सृष्टि करनी है, जो जीवन को सुन्दर बना सकें।

डी.ए.वी. कॉलेज पत्रिका, 1951

काव्य और संगीत

इस प्रतिक्षण परिवर्तनशील संसार की मनुष्य के हृदय पर बड़ी तीव्र प्रतिक्रिया यह होती है कि वह 'शाश्वत' और 'चिरन्तन' के चक्कर में पड़ जाता है। मनोवैज्ञानिकों के अनुसार वह ऐसे तथ्यों, ऐसे सम्बन्धों की प्यास जगा लेता है जो 'शाश्वत' या सनातन हों। इस प्रतिक्रिया के परिणामस्वरूप उसके मन में अनेक धारणाएँ बद्धमूल हो जाती हैं और उन धारणाओं की कभी ही वह विवेकपूर्वक समीक्षा करने बैठता है। काव्य और संगीत में कोई अन्योन्याश्रित सम्बन्ध है, ऐसा विश्वास हमारे मन में अनजाने ही गहरी जड़ें जमा बैठा है। यों तो कला के सभी प्रकार मूल रूप से एक हैं। उनकी जड़ में एक सहज प्रयोजनातीत आनन्दिनी वृत्ति, सृजन के लिए एक उत्कट लालसा, अभिव्यक्ति और प्रकाश की दुर्दम अभिलाषा विद्यमान हैं। यहाँ पर बहुत अधिक मनोवैज्ञानिक छानबीन करने से सम्भवतः अपने मूल विषय से हम हट जायेंगे, परन्तु फिर भी इतना तो कहा ही जा सकता है कि कला मूल रूप से एक है। लेकिन यदि इसके आगे बढ़कर यह कहा जाय कि कला के विविध प्रकार, उसके विकसित रूप भी एक हैं, अन्योन्याश्रित हैं, तो मैं आपत्ति करूँगा।

काव्य और संगीत दोनों के मूल में कहते हैं ध्वनि या नाद है। लयात्मक ध्वनि के आधार पर ही संगीत चलता है, और ध्वनियों से ही शब्द बनते हैं, जो काव्य के उपजीव्य हैं तथा अब तक की प्रचलित परिपाटी के अनुसार छन्द की लयात्मकता के भीतर से होकर गुजरते हैं। यहीं पर प्रश्न उठता है कि क्या संगीत और छन्द की लय एक ही है? ऐसे स्थलों पर दार्शनिक विवेचन न कर व्यावहारिक दृष्टिकोण से विचार करना चाहिए, ऐसा मेरा अनुरोध है। अन्यथा हम कुछ ऐसी भाषा में बातें करने लगेंगे कि सारे विश्व में एक लय व्याप्त है, सारी कलाएँ लय पर आधारित हैं, आदि-आदि। और यह भाषा, स्पष्ट है कि, विश्लेषण से दूर ले जाने वाली और अवैज्ञानिक है। हम बहुधा देखते हैं कि छन्द-शास्त्र की दृष्टि से गलत चरणों को संगीत द्वारा ठीक कर लिया जाता है। छन्द के दोष संगीत के आरोह-अवरोह में व्याघात नहीं उपस्थित कर पाते। कवि लोग बहुधा गले द्वारा मात्राएँ घटा-बढ़ा लेते हैं, इसका अनुभव कवि-सम्मेलनों में कभी भी किया जा सकता है। आचार्य रामचन्द्र

शुक्ल के इतिहास में स्वामी हरिदास (तानसेन के गुरु) पर लिखी ये पंक्तियाँ इस सम्बन्ध में उल्लेखनीय हैं–

"इनके पद कठिन राग-रागिनियों में गाने योग्य हैं, पढ़ने में कुछ-कुछ ऊबड़-खाबड़ लगते हैं। पद-विन्यास भी और कवियों के समान सर्वत्र मधुर और कोमल नहीं हैं....... ।"

यदि छन्द और संगीत को आप खींच-खींचकर अविभाज्य भी मानें तब भी यह प्रश्न शेष रहता है कि क्या छन्द ही कविता है? यदि छन्द के कोई गहरे अर्थ खींचकर न लाये जायें तो सम्भवतः यह बात निर्विवाद मानी जायेगी कि छन्द, या अधिक स्पष्ट कहें तो तुकबन्दी और कविता में अन्तर होता है। छन्द का कार्य काव्य के अर्थ को और अधिक 'प्वाइण्टेड' बनाना है। इस तथ्य से सभी सहमत होंगे कि कविता और गद्य का अन्तर केवल छन्द का अन्तर नहीं है। केवल छन्दबद्ध भाषा को आप कविता नहीं कहेंगे। इस सम्बन्ध में मुझे अंग्रेजी के प्रसिद्ध समीक्षक हर्बर्ट रीड की बात याद आ रही है। 'इंगलिश प्रोज़ स्टाइल' की भूमिका में उसने बतलाया है–

"गद्य को पद्य से अलग करने के दो मार्ग हैं, एक तो केवल यान्त्रिक और बाह्य है : यह कविता को अभिव्यक्ति का ऐसा प्रकार मानता है जो अनिवार्यतः नियमित छन्द से सम्बन्धित है।"

उसने आगे बताया है कि यह परिभाषा केवल तुकबन्दी की है। अपना मन्तव्य स्पष्ट करते हुए रीड का कहना है, काव्य सृजनात्मक अभिव्यक्ति है, गद्य निर्माणात्मक। सृजनात्मक का अर्थ 'मौलिक' है।

"काव्य में विचार-प्रक्रिया के साथ-साथ शब्दों का जन्म और पुनर्जन्म होता है... । विचारों और शब्दों के मध्य कोई समय का अन्तरावकाश नहीं रहता। विचार शब्द है और शब्द, विचार तथा दोनों शब्द और विचार कविता है।"

"निर्माणात्मक से तात्पर्य बने-बनाये माल से है, स्रष्टा के चतुर्दिक प्रयोग के लिए तैयार राशिभूत शब्द। गद्य बने-बनाये शब्दों के आकार को कहते हैं।" श्री जे. मिडलटन मरी ने बताया है कि गद्य में निश्चित चिन्तन और निश्चित वर्णन होता है। इस बात को यों समझा जाये कि यदि कोई कवि कमल के फूल पर लिखेगा तो वह उसके सौन्दर्य का प्रभावात्मक पक्ष उपस्थित करेगा। परन्तु वह ऐसा वर्णन न होगा कि आप उसे पढ़कर कमल का फूल पहचान सकें। शायद आप कमल और कुमुदिनी के मध्य भटक जायें। परन्तु गद्यकार को पुष्प के संवेगात्मक प्रभावों से कोई तात्पर्य नहीं। उसका 'निश्चित वर्णन' पढ़कर आप उसे देखते ही पहचान लेंगे। कविता के बाद गद्य का विकास 'निश्चित चिन्तन' के कारण ही हुआ है। उसने गद्य और पद्य के अन्तर को आगे बताया है कि 'यह अन्तर संवेग की मात्रा का है'। शेक्सपियर और मैसिन्जर की तुलना करते हुए 'मरी' का कथन है, "एक आवेग की कविता है और दूसरा गणना (विचार) का गद्य है।" स्पष्ट है कि अन्तर आवेग और

भावुकता का है, न कि छन्द की यति, गति, ताल और लय का। क्योंकि छन्द तो 'एक प्रकार का गद्य में भी होता है।' संस्कृत-साहित्य के रसज्ञ बाण की लयात्मकता से परिचित हैं। वर्ड्सवर्थ ने 'लिरिकल बैलेड्स' की भूमिका में इसी तथ्य की ओर संकेत करते हुए लिखा है—

> *"...गद्य लिखते समय इतने सहज और स्वाभाविक रूप से छन्द की पंक्तियाँ और अंश आ जाते हैं कि भले ही उनका आ जाना उचित न हो, परन्तु उनसे बच पाना लगभग असम्भव हो जाता है।"*

हर्बर्ट रीड और भी आगे बढ़कर बताते हैं कि यह भले ही विरोधाभास जान पड़े परन्तु कविता तो एक ही शब्द में हो सकती है (जैसे जापानी कविता) परन्तु गद्य तो सदैव मुहावरे में होगा और मुहावरे में किसी न किसी प्रकार की लय निश्चित रूप से होगी। जे. डेनिस ने आवेग को संगति (हारमनी) से अधिक आवश्यक माना है। कारण बताते हुए उन्होंने कहा कि संगीत का कार्य केवल इतना है कि वह माध्यम की इस विशिष्टता की ओर संकेत कर दे जो गद्य में नहीं है। तात्पर्य वही जो ऊपर मैं कह चुका हूँ कि छन्द अर्थ को अधिक 'प्वाइण्टेड' बना देता है। कविता इसीलिए कविता है क्योंकि वह गद्य से अधिक आवेगपूर्ण और ऐन्द्रिक है। **"संगति रहित आवेग आनन्द दे सकता है, परन्तु आवेग-रहित संगति ऊबा देती है।"** बल्कि कहना यों चाहिए कि बहुधा आवेग के कारण संगति टूट जाती है। टी.एस. इलियट ने 'रेफ्लेक्शन्स आन वर्स लिब्रि' नामक निबन्ध में इस तथ्य की ओर संकेत करते हुए कहा है—

> *"सबसे घनीभूत और सान्द्र क्षणों में वेब्सटर की कविता एक छन्दजन्य स्वतन्त्रता प्राप्त कर लेती है।"*

संगीत और काव्य में ध्वनि या नाद सम्बन्धी मूलभूत एकता का प्रश्न फिर भी शेष रहा। यदि हम तनिक विचार कर देखें तो विदित हो जाता है कि संगीत की आधारभूत ध्वनियाँ सप्त स्वर हैं जो मात्र कम्पनों पर आश्रित हैं। इनका सामाजिक जीवन की वास्तविकताओं और प्रक्रिया से कोई सम्पर्क नहीं होता। काव्य-साहित्य में ध्वनि-समूहों द्वारा निर्मित शब्द प्रयुक्त होते हैं, तथा शब्द अर्थ-प्रकाशक होते हैं। उनका सम्बन्ध बाह्य जगत से होता है। शब्द और अर्थ पर विचार करने वाले जानते हैं कि यह सामाजिक सम्बन्धों के प्रतीक हैं। इस सम्बन्ध में पं. हजारी प्रसाद द्विवेदी का यह कथन द्रष्टव्य है—

> *"वस्तुतः अर्थहीन छन्द-प्रवाह संगीत ही है। संगीत में बाह्य जगत की उस सत्ता से जो शब्द द्वारा प्रकाशित होती है, कम से कम योग होता है। ...काव्य द्वारा और संगीत द्वारा स्पन्दित मानव-चित्त के आवेगों में थोड़ा अन्तर होता है। काव्य में आवेग द्वारा जो स्पन्दन उत्पन्न होता है वह बाह्य सत्ता से पूर्णतया सम्बद्ध होता है। हम बाह्य घटनाओं की अनुभूति से चालित होते रहते हैं। संगीत से उत्पन्न*

कम्पनों का योग बाह्य सत्ता से कम होने के कारण श्रोता के चित्त में उतनी गाढ़ी अनुभूति नहीं होती जितनी काव्य-जनित आवेग के कम्पन से होती है।"

वास्तव में संगीत में एक विश्वजनीनता होती है जिसका काव्य में अभाव है। बहुधा जिन भाषाओं का हम एक भी अक्षर नहीं जानते, यदि वहाँ के गीतों की 'ट्यूनिंग' ही हम सुन लेते हैं तो आत्मविभोर हो उठते है। संगीत की स्वर-माधुरी मनुष्य ही नहीं, पशु-पक्षी तक को सम्मोहित कर लेती है। पर काव्य के साथ यह बात नहीं है; वह भाषा की सीमाओं से बँधा है (शेक्सपियर या गेटे कितने ही बड़े कवि क्यों न हों, यदि हम उनकी भाषाएँ नहीं जानते तो व्यर्थ हैं।) परन्तु यहाँ पर मैं आपको उस मनोवैज्ञानिक तथ्य की याद दिलाना चाहूँगा जिसके अनुसार मनुष्य का मन सर्वदा कार्य-कारण की शृंखला खोजता रहता है। 'संगीत अविच्छिन्न (एब्सट्रेक्ट) होने के कारण अहेतुकी होता है।' कार्य-कारण की समुचित परम्परा का उसमें निर्वाह नहीं हो पाता। इस कारण संगीत की अनुभूति प्रगाढ़ नहीं हो पाती, जबकि अर्थ का आवेग अत्यन्त सान्द्र होता है। स्वर और अर्थ नितान्त भिन्न वस्तुएँ हैं। स्वर शीघ्र आकर्षक पर क्षणिक होता है। अर्थ बौद्धिकता की अपेक्षा और अपेक्षाकृत स्थायी होता है। 'निशि दिन बरसत नैन हमारे' किसी शास्त्रीय राग के बोल हो सकते हैं, परन्तु जब तक पूरा न पढ़ें तब तक उसमें काव्य की सत्ता ढूँढ़ना व्यर्थ है। पर इतने ही बोल हमें संगीत में पूरा आनन्द दे जाते हैं।

काव्य और संगीत का पृथकत्व एक बात से और स्पष्ट है। हम अंग्रेजी से परिचित नहीं, पर शेली का काव्य हमें आनन्द देता है। संगीत का विश्वजनीन गुण कहकर आप इस तर्क को निरस्त्र कर सकते हैं। परन्तु अपने मौलिक रूप में ही नहीं, अनुवाद में भी वे कविताएँ हमें आनन्द देती हैं। अनुवाद में उसके संगीत की रक्षा तो होती नहीं पर उसके वक्तव्य का सौन्दर्य, उसकी चित्रात्मकता हमें रस प्रदान करती है। जितने अंशों में वह अनुवाद मूल जैसा आनन्द नहीं दे पाता, उसका कारण मूल भाषा के शब्दों का अपना संयोग और चित्र-विधान है। इस सम्बन्ध में इलियट ने बड़ी सटीक बात कही है—

"अपने आगे-पीछे आने वाले शब्दों के सम्बन्ध तथा सन्दर्भ के प्रासंगिक अर्थ और उस शब्द के अन्य सन्दर्भों में प्रयुक्त अर्थ तथा संयोगों की वृद्धि या ह्रास के द्वारा शब्द के संगीत का उदय होता है।"

इस कथन में व्यंजित 'अर्थ' की प्रधानता स्पष्ट है।

कम से कम बीसवीं शताब्दी के युग में काव्य की संगीतात्मकता पर जोर देना वास्तविकता से मुँह मोड़ना है। वर्तमान काल की अधिकांश कविता गाने के लिए नहीं, पढ़ने के लिए होती है। साहित्य की ग्राहिका इन्द्रिय बदल गयी है। प्रसाद जैसे अतीतोन्मुख कवि ने भी इस बात को पहचान श्रव्य काव्य को पाठ्य काव्य की संज्ञा दी थी। छापे की मशीन ने कविता को सुनने नहीं, पढ़ने की सामग्री बना

दिया है। यह साधारण बात नहीं है। इसने समस्त उपादानों को परिवर्तित कर दिया है। पं. हजारी प्रसाद द्विवेदी के शब्दों में "इस मशीन ने पाठक को भावावेश पर से ढकेलकर बुद्धि-प्रवाह में फेंक दिया है।" अब पदझंकारमात्रेण मोहित करने का स्थल एकमात्र कवि-सम्मेलन रह गया है; तथा कवि-सम्मेलनों की उपयोगिता के बारे में शायद दो मत नहीं हो सकते।

जहाँ तक सम्बन्ध का प्रश्न है—काव्य का जितना सम्बन्ध संगीत से है उतना ही चित्र से भी है। काव्य की सबसे बड़ी विशेषता आवेग के बाद बिम्ब-विधान या चित्रात्मकता ही है। शुक्ल जी ने बताया है, "विभाववस्तु चित्रमय होता है?" अतः संगीत पर विशेष जोर देना अनावश्यक है।

आधुनिक युग के महानतम महर्षि श्री अरविन्द ने अपने 'द फ्यूचर पोइट्री' नामक ग्रन्थ में काव्य की अपील का मूल्यांकन करते हुए तीन अवस्थाएँ मानी हैं—ध्वनि-मूल्य, विचार-मूल्य और आत्मिक-मूल्य। उनके अनुसार जब प्रारम्भ में मनुष्य काव्य के आनन्द की ओर उन्मुख हुआ होगा तब यह आकर्षण शब्द की आह्लादिक संगीत-ध्वनि के माध्यम से आया होगा। सम्भवतः श्री अरविन्द की इस प्रथम अवस्था के लिए ही 'पोइट्री इज़ द बेस्ट वर्ड्स इन बेस्ट आर्डर' कालरिज़ की यह परिभाषा उपयुक्त है। कुछ और विकसित अवस्था में विचार पाठकों को आकर्षित करता है। पं. पद्मसिंह बिहारी की 'बात की करामात' स्पष्ट करते थे परन्तु आज हम तुलसी या प्रसाद का जीवन-दर्शन जानने का प्रयत्न करते हैं। काव्य के आत्मिक मूल्यों को हम और ऊँची अवस्था में जाकर अनुभव कर पाते हैं। श्री अरविन्द के अनुसार "भविष्यत् काव्य वह काव्य है, जिसमें यह आध्यात्मिक मूल्य अधिक घोषित रूप में रहेगा।"

यदि काव्य के इतिहास की यह अरविन्दी अवस्थाएँ न भी स्वीकार की जायें तब भी व्यक्ति के जीवन में आप कुछ ऐसी बात अवश्य पा सकते हैं। गीता में इस प्रकार की अवस्थाओं की ओर बड़ा सुन्दर संकेत किया गया है—

इन्द्रियाणि पराण्याहुरिन्द्रियेभ्यः परं मनः।
मनसस्तु परा बुद्धिर्योबुद्धेः परतस्तु सः।।

आज की कविता इसी बुद्धि (जो केवल आत्मा के नीचे है) की कविता है, तथा बौद्धिक अवस्था मनुष्य की विकसित आयु में ही सम्भव है। लड़कपन में तो वह रंगों और ध्वनियों की ओर ही दौड़ता है। काव्य और संगीत के सम्बन्ध में इलियट की यह बात मुझे बहुत अच्छी लगी कि "कवि और संगीत का निकटतम सम्पर्क बस लय और आकारबोध के साथ ही होता है।" पर यह लय और आकारबोध बाहरी वस्तुएँ हैं, यह हम पहले ही देख चुके हैं।

'आलोचना और आलोचना', सम्भवतः 1954-55

लोकसाहित्य का अध्ययन

अथर्ववेद के ऋषि की वाणी है "माता भूमिः पुत्रोऽहम् पृथिव्याः"—यह भूमि ही माता है और हम सभी उसी पृथिवी के पुत्र हैं। यह पृथिवी की गोद हमें आज की नागर सभ्यता में उपलब्ध नहीं। इसके लिए तो हमें मुक्त वायु से आन्दोलित ग्रामों या जनपदों की ओर चलना होगा। हमारे देश में 'पौर' और 'जानपद' लोगों का अन्तर बहुत पहले स्वीकार कर लिया गया था, परन्तु आज शहरों और गाँवों के जीवन में जितना अन्तर आ गया है उतना पहले कभी नहीं आया था। प्राचीन ग्रन्थों में ज्ञान और आचार के क्षेत्र में ही नहीं रसानुभूति के क्षेत्र में भी लोक और शास्त्र का अन्तर प्राचीन काल में ही स्वीकृत हो चुका था। भरतमुनि ने नाट्यधर्मी और लोकधर्मी वृत्तियों का उल्लेख किया है। पर इस सम्बन्ध में ध्यान देने की बात है कि भारतीय सभ्यता का इतिहास पश्चिम के उन समृद्ध देशों के इतिहास से थोड़ा भिन्न है जहाँ सभ्यता के मूल उत्स नगरों के रहने वाले तत्त्व चिन्तक विद्वान थे। जिन विचारों को, ऋषियों और आचार्यों को यह देश अपना मार्गदर्शक मानता आया है वे नगरों के निवासी नहीं थे। उनकी साधनाभूमि नगरों के बाहर थी। कथा-पुराण, गीतनृत्यों के द्वारा जानपदों के निवासी उच्चतर रमण प्राप्त करते रहते थे। नगरों के निवासी भी इन्हीं सांस्कृतिक आदर्शों से प्रेरणा पाते थे। संस्कृति एक ही थी उसके उन्नायक आचार्य एक ही थे, नगरों से छनछन कर वह ग्रामों में नहीं पहुँचती थी बल्कि ग्रामों से नगरों की ओर जाती थी। वह हमारे साहित्य का स्वर्णयुग था जब हमारी संस्कृति का उत्स जानपद जन था। वाल्मीकि और व्यास ने उससे प्रेरणा ग्रहण की थी। उनके काव्य के वर्ण्य विषय जनपदों से प्राप्त किये गये थे। कालिदास कितना अधिक लोक से सम्पृक्त रहने के कारण यथार्थ चित्रण कर सके थे इसका हम अनुभव कर सकेंगे यदि हम उसे परवर्ती काल के व्यवधान युग की रचनाओं के साथ मिलाकर देखें। हिन्दी के स्वर्णयुग का साहित्य—भक्ति साहित्य—तो वास्तव में लोकसाहित्य ही था। वह लोकभाषा में लोकरुचि की अभिव्यंजना है।

लोकसाहित्य शब्द का प्रयोग हम अंग्रेजी के फोक-लोर (Folk-Lore) और फोक लिटरेचर शब्द के अर्थ में अधिक करते हैं तथा अपने पुराने आचार्यों द्वारा

प्रयुक्त—लोक और वेद या शास्त्र—व्यावहारिक ज्ञान और आचार के अर्थ में कम। वस्तुतः लोक का अर्थ ग्राम्य या जनपद नहीं है बल्कि नगरों और गाँवों में फैली हुई वह समूची जनता है जिसके व्यावहारिक ज्ञान का आधार पोथियाँ नहीं हैं। ये लोग नगर के परिष्कृत रुचि सम्पन्न सुसंस्कृत समझे जाने वाले लोगों की अपेक्षा सरल और अकृत्रिम जीवन के अभ्यस्त होते हैं, परन्तु कुछ विद्वानों ने लोक का समानार्थी जनपद को प्रयुक्त किया है। मैं भी लोकसाहित्य के पर्याय के रूप में जनपदीय साहित्य का प्रयोग इस निबन्ध में कर रहा हूँ। यह सत्य है कि लोक से तात्पर्य शहर की भी साधारण जनता से हो सकता है परन्तु उन सबका मूल ग्रामों या जनपदों में ही है। नगरों में ग्रामीण जन का भी जीवन अपेक्षाकृत कृत्रिम और जटिल हो जाता है। वहाँ 'बिरहा' के बोल दुर्लभ हो जाते हैं और फागों के लिए तो मन तरसकर रह जाता है। अतः लोक के स्थान पर जनपद शब्द का प्रयोग अनुचित नहीं कहा जा सकता। हमें इस जनपदीय या लोकसाहित्य की पृष्ठभूमि और परिभाषा भी देख लेनी चाहिए।

उन्नीसवीं शताब्दी के मध्य भाग तक यूरोप में लोकसाहित्य (Folk-Lore) पुरातत्त्व का ही अंग माना जाता था। उसका आरम्भ मानव विज्ञान के साधन रूप में हुआ था और उसी के साथ वह दीर्घकाल तक जुड़ा रहा। इस शब्द का प्रथम व्यवहार डब्ल्यू.जे. थामस ने किया था। पर अब यह मानव विज्ञान से थोड़ा पृथक विभिन्न अर्थों में भिन्न-भिन्न देशों में प्रयुक्त होने लगा है। जिन देशों में लोकसाहित्य की छानबीन बहुत सावधानी से की जा रही है वहाँ भी भिन्न-भिन्न विद्वानों में यह मतभेद दिखाई देता है कि क्या-क्या बातें लोकसाहित्य (Folk-Lore) में स्वीकार की जायें और क्या-क्या उसके बाहर रखी जायें। परन्तु साधारणतः लोककथाओं, लोकगीतों, अन्धविश्वासों, प्रादेशिक निजंधरी कथाओं, लोकोक्तियों और पहेलियों को इस साहित्य का विवेच्य विषय माना जाता है। फ्रांस और स्कैंडिनेविया में जिन परम्परा प्रचलित शिल्पों, कलाओं और उद्योगों को फोक-लोर माना जाता है वे लोकसाहित्य शब्द से सूचित नहीं होते। उनके लिए अपने देश के कई विद्वानों ने लोक संस्कृति या लोकवार्ता जैसे शब्द सुझाये हैं। इस प्रकार अपने देश में लोकसाहित्य का प्रयोग तो साधारण जनता में प्रचालित वाचिक शब्दमय साहित्य को कहा जाने लगा और लोक संस्कृति लोकजीवन से सम्बद्ध शिल्पकलाओं को।

शुरू-शुरू में यूरोप के विद्वानों ने आधुनिक सभ्यता के कारण बनी हुई जटिल समाज व्यवस्था को समझने के लिए आदि जातियों के विश्वासों, कथानकों, लोकगीतों और रीतिरस्मों की जानकारी का संग्रह और अध्ययन शुरू किया था। आज हम सभ्य और नागरिक कहे जाने वाले लोगों के अनेक प्रकार के सामाजिक नियमों, बौद्धिक आलोचनाओं, सामाजिक विधिनिषेधों और मनोवैज्ञानिक ग्रन्थियों के मूलरूप को आसानी से समझ सकते हैं, इसी संग्रह और अध्ययन के कारण। धीरे-धीरे अपेक्षाकृत अधिक सभ्य परन्तु 'पौर' सभ्यता से अनभिज्ञ ग्रामीण जनता

के भी मानस के अध्ययन की आवश्यकता महसूस की गयी। साहित्य के विविध काव्यरूपों को समझाने के उद्देश्य से भी ग्रामों में प्रचलित विविध वर्ग की जनता के गीतों, कथानकों आदि का संग्रह किया गया। अब लोकसाहित्य केवल नागरिकजन की जटिल समाज व्यवस्था और बौद्धिक विवेचना का आवश्यक साधन ही नहीं माना जाता बल्कि समूची मानव जाति के विकास और गतिविधि के अध्ययन का आवश्यक अंग समझा जाने लगा है।

भारतीय शास्त्रों ने लोक प्रचलित साहित्य रूपों की कभी उपेक्षा नहीं की है। नवीन छन्द, नवीन गीत पद्धति, नवीन नाट्यरूपक बराबर ही लोक-चित्त से छनकर ऊपर की शास्त्रीय सतह तक पहुँचते रहे हैं। भरतमुनि ने लोक प्रचलित नाटकों को भी अपनी विवेचना का विषय बनाया है। नाट्यशास्त्रकारों ने केवल पुस्तकीय नाटकों का विश्लेषण नहीं किया है बल्कि उन दिनों जितने प्रकार के नाटक और अभिनय प्रचलित थे सबका विश्लेषण किया है। इसी कारण उनमें वर्णित अनेक विधाओं जैसे ईहामृग, डिम, प्रख्यान, उल्लासक, संलापक, श्रीगदित, समवकार, भाणिका, विलासिका आदि के प्राचीन लिखित रूप उपलब्ध नहीं होते।

भारतीय साहित्य का विद्यार्थी जानता है कि किस प्रकार संस्कृत, पाली और प्राकृत में लोककथानकों ने लिखित साहित्य का रूप धारण कर लिया है। जातक कहानियाँ, पंचतन्त्र की कथाएँ और गुणाढ्य की बड्डकहा (वृहत्कथा) की निजंधरी कथाएँ केवल साहित्य का अंग ही नहीं बनी हैं परवर्ती काल के अत्यन्त अलंकृत कथा साहित्य को प्रेरणा भी देती रही हैं। सुबन्धु की वासवदत्ता और बाण की 'कादम्बरी' जैसे अत्यधिक अलंकृत साहित्य का वक्तव्य विषय गुणाढ्य की वृहत्कथा से ही लिया गया है। पण्डितों ने अनुमान किया है कि गुणाढ्य पण्डित ने मूलरूप में कथा नगर से दूर रहने वाले ग्राम्य या वन्य लोगों से सुनी थी। डॉ. वासुदेवशरण अग्रवाल ने दिखाया है कि जातक की कथाएँ किस प्रकार अब भी बुन्देलखण्ड में किंचित परिवर्तित रूप में चल रही हैं। परन्तु यहाँ की लोककथाओं का अध्ययन बहुत सहज नहीं है। न जाने कितनी बार वह उपरले स्तर के ग्रन्थों से प्रभावित हुआ है और कितनी बार उसे प्रभावित भी किया है। कहा नहीं जा सकता कि बुन्देलखण्ड के उन कथानकों में जातकों का मूल है या उन कथानकों का जातकों में।

परन्तु यह स्पष्ट रूप से समझ लेना आवश्यक है कि लोकसाहित्य के अध्ययन का उद्देश्य पुनः प्रवर्तन का प्रयास नहीं है। यद्यपि यह पुनरुत्थानवादी मानसिकता बहुधा इतिहास, पुरातत्त्व, लोकसाहित्य के अध्येताओं में आ जाती है। लोकसाहित्य का संकलन और सम्पादन बड़े उद्देश्य के लिए होना चाहिए। और यह उद्देश्य है मनुष्य को उसकी अशेष मानवता के विकास की पृष्ठभूमि में रख कर देखना और उसकी साधना की सर्वोत्तम परिणति के स्वरूप को पहचानना।

यह तो स्पष्ट ही है कि विज्ञान के नवीन दृष्टिकोण ने समाज को आचूल मथित

कर दिया है। पुराने मूल्यों के स्थान पर नये मूल्यों की स्थापना हो रही है। संसर्ग और आदान-प्रदान बढ़ रहा है। 'पौर' और 'जानपदों' की कौन कहे सारी दुनिया एक इकाई में सिमट रही है। ऐसी अवस्था में ग्रामीण साहित्य, कला और शिल्प के अविमिश्र शुद्ध रूप से बचे रहने की आशा करना व्यर्थ है। और यह आशा करनी भी नहीं चाहिए। न तो यह श्रेयस्कर ही है और न सम्भव ही कि सारे संसार में मानवीय आचारों और विचारों में परिवर्तन होता रहे और हमारे जनपद उससे एकदम अछूते रहें। जहाँ जीवन होगा वहाँ प्रभाव भी पड़ेगा। यह कोई चिन्ता की बात नहीं है। परन्तु इसका यह प्रभाव तो निश्चित ही है कि ग्राम जीवन अब उस प्रकार परम्परावाहक नहीं बना रहेगा जिस प्रकार अब तक रहा है। यह हम ऊपर देख चुके हैं कि लोकसाहित्य परम्परा प्राप्त साहित्य है। उससे हमारे पुराने इतिहास की कड़ियाँ जुड़ती हैं, मनुष्य की मानस ग्रन्थियों पर प्रकाश पड़ता है और सामाजिक विकास के स्तरों को समझने में मदद मिलती है। इस बहुमूल्य सम्पत्ति को नष्ट हो जाने देना किसी प्रकार वांछनीय नहीं है। उसे यथासम्भव विशुद्ध रूप से सुरक्षित रखने का प्रयास हमारा राष्ट्रीय कर्तव्य है। इस युग-सन्धि के समय यदि हम अनासक्त दृष्टि लेकर अपनी इस बहुमूल्य सम्पत्ति को यथार्थ रूप में सुरक्षित नहीं कर सके तो यह अपार राष्ट्रीय क्षति होगी। इनके संकलन और सम्पादन में अधिक विलम्ब नहीं होना चाहिए। न तो यह पुनः प्रवर्तन का प्रयास है न स्थानीय गौरव के प्रचार की असक्ति। यह एक विशुद्ध वैज्ञानिक कार्य है।

संसार के जिन देशों ने अपने देश के लोकसाहित्य का संकलन-सम्पादन किया है उन देशों के परिष्कृत और अभिजात साहित्य में कभी-कभी यह प्रभूत हुआ है कि साहित्य के विविध रूपों को लोक-साहित्यिक रूप दिया जाय। पर यह पुनः प्रवर्तन का प्रयास नहीं बल्कि नयी जीवन शक्ति से अभिजात साहित्य की कृत्रिमता भंग करने का प्रयत्न हुआ है। जनमानस सदा यथार्थ की भूमि पर दृढ़ता से पैर जमाये रहता है।

जहाँ एक ओर भारतीय लोकसाहित्य का अध्ययन जटिल और गहन है वहीं वह प्रेरणादायक और नवीन आलोक की उत्सभूमि भी है। लोकसाहित्य और मौलिक आचारों के अध्ययन से कभी-कभी हमारे भूले हुए और विशृंखलित साहित्य पर आश्चर्यजनक प्रकाश पड़ता है। ऐसे सैकड़ों उदाहरण प्रस्तुत किये जा सकते हैं जहाँ लोक प्रचलित आचार परम्पराओं, लोकोक्तियों और पहेलियों ने भूले हुए इतिहास को आलोकित किया है। जहाँ कहीं भी इस उल्लिखित और मौखिक साहित्यश्री की ओर पण्डितों का ध्यान गया है वहीं इन गीतों की मोहक चारुता और हृदयसम्भाक (मर्मस्पर्शी) वेदना और उल्लास से इतने अधिक प्रभावित हुए हैं कि वास्तविक कवित्व के लिए इन लोकगीतों को आदर्श स्वीकार करने लगे हैं। इन गीतों के अत्यन्त मर्मभेदी और प्रभावशाली काव्यतत्त्व को देखकर आश्चर्य प्रकट किया गया है। सहज को सहज ढंग से कहने की इनकी अपनी विशेषता है तथा सबसे बड़ी

बात है इनकी यथार्थवादी परम्परा। इस यथार्थवादी परम्परा की ओर मैक्सिम गोर्की ने बड़े स्पष्ट शब्दों में संकेत किया था।

हिन्दी साहित्य के अध्ययन के लिए कई संस्थाएँ व व्यक्ति काम कर रहे हैं। डॉ. हजारी प्रसाद द्विवेदी ने लिखा है–

> *"परन्तु अब आवश्यकता है कि हम इसके मूल उत्सों तक पहुँचें। केवल सुयोग और सौभाग्यवश पायी गयी पुस्तकों के आधार पर हिन्दी साहित्य का इतिहास और उसका स्वरूप नहीं समझा जा सकता। हिन्दी साहित्य, लोकसाहित्य था। लोककथाओं, लोकोक्तियों और जनता के प्रचालित आचार-विचारों से ऐसी अनेक महत्त्वपूर्ण बातों का पता लग सकता है जो पुस्तकों से प्राप्त नहीं हो सकता। साहित्य का इतिहास पुस्तकों, उनके लेखकों और कवियों के उद्भव और विकास की कहानी नहीं है। वह वस्तुतः आदिकाल से प्रवाह में निरन्तर प्रवहमान जीवन्त मानव समाज की ही विकास कथा है। ग्रन्थ और ग्रन्थकार तो उस धारा की ओर अंगुलिनिर्देश मात्र करते हैं।"*

हिन्दी आज महान् देश की महान् राष्ट्रभाषा के रूप में स्वीकृत कर ली गयी है। उसका अन्तर्राष्ट्रीय महत्त्व बढ़ रहा है; परन्तु नाना अंचलों से उसकी शक्ति पर आक्षेप हो रहे हैं। विद्वान उसके शब्द समूह पर कमी का आरोप लगाते हैं। यदि आज लोक-भाषाओं, जनपदीय बोलियों का सम्यक अध्ययन किया जाय, उनके शब्द समूह संकलित किये जायें तो हिन्दी को अक्षय सामग्री प्राप्त हो सकती है। उसे अपने पारिभाषिक शब्दों तक के लिए बाहर से उधार नहीं लेना होगा। जनपदीय बोली की यह विशेषता है कि प्रत्येक प्रकार की वस्तु या अभिव्यंजना के लिए उसके पास शब्द हैं। उनके जीवन से सम्बन्धित प्रत्येक वस्तु का नाम अलग होगा। एक ही शब्द के अनेक अर्थ वहाँ नहीं हुआ करते। प्रत्येक प्रकार की भूमि, जल, वायु, प्राकृतिक दृश्य के लिए वहाँ शब्द मिलेंगे। डॉ. वासुदेवशरण अग्रवाल ने लिखा है–

> *"हमारे आकाश पर समय-समय पर जो मेघ छा जाते हैं उनको बिजोने, घोरने और बरसने का जो सौन्दर्य है और बहुविध प्रकार उनके सम्बन्ध में उपयुक्त शब्दावली का संग्रह और प्रकाशन हमारे कंठ को वाणी देने के लिए आवश्यक है। 'ऋतुसंहार' लिखने वाले कवि के देश में आज ऋतुओं का वर्णन करने के लिए शब्दों का टोटा हो यह तो विडम्बना ही है।"*

ऋतु-ऋतु में बहने वाली हवाओं के नाम और उनके प्रशान्त और प्रचण्ड रूपों की व्यवस्था जनपदीय जीवन का एक अत्यन्त मनोहर पक्ष है। इसी प्रकार पशु-पक्षियों, वनस्पतियों और विभिन्न देशों में प्रयुक्त होने वाले शब्दों का संकलन हमारी अनेक समस्याओं को सुलझा सकता है।

भाषाविज्ञान में रुचि रखने वाले मनुष्य के लिए तो जनपदीय साहित्य कल्पवृक्ष के समान है। किसान के जीवन की जो विस्तृत शब्दावली है उसमें वैदिक काल

से लेकर अनेक शताब्दियों के शब्द संचित हों। वैदिक 'असिय' शब्द से 'हसिया' बना है। श्रौतसूत्रों में प्रयुक्त 'इण्ड्र' शब्द का रूप लोक में 'इंडुरी' अब भी चालू है। 'मूँज' या घास से बनी हुई रस्सी के लिए वैदिक शब्द 'पून' था जिसका रूपान्तर जून या जूना किसानों की भाषा में अब भी जीवित है। भाषाशास्त्री के लिए ये बोलियाँ साक्षात् कामधेनु के समान हैं। डेढ़-दो हजार वर्षों के पिछड़े शब्द तो इन बोलियों में चलते-चलते हाथ लग जाते हैं। हिन्दी भाषा की शब्द निरुक्ति के लिए हमें जनपदीय बोलियों के कोषों का सर्वप्रथम निर्माण करना होगा। डॉ. अग्रवाल का अनुमान है कि हिन्दी भाषा में जनपदों के भण्डार से लगभग 50 हजार नये शब्द आ जायेंगे और भौतिक वस्तुओं एवं मनोभावों को व्यक्त करने के लिए ठीक शब्दावली का हमारा टोटा मिट जायगा। इसी प्रकार हमारी भाषा को अनेक धातुएँ, मुहावरे और लोकोक्तियों का अद्‌भुत भण्डार प्राप्त होगा। शताब्दियों के निरीक्षण और अनुभव के बाद जीवन के विविध व्यवहारों में हम जिस सन्तुलित स्थिति तक पहुँचते हैं लोकोक्ति उसका संक्षिप्त सत्यात्मक परिचय हमें देती है। उदाहरण के लिए माँ के प्रति हमारी जो सर्वमान्य श्रद्धा है उसकी काव्यात्मक अभिव्यक्ति बैसवाड़े की निम्न कहावत में देखिये–

मघा के बरसे, माता के परसे (तृप्ति होती है।)

बिहारी का एक बड़ा प्रसिद्ध दोहा है जिसकी दूसरी पंक्ति है–

'वह चितवन औरै कछू जिहि बस होत सुजान।'

बैसवाड़ी में इससे अधिक सहज उल्लिखित है–

"काजर तो सवै लगावति है चितवनि माँ भाँति होति है।

काव्य का ही विषय आ गया है तो आइए हम लोग लोकसाहित्य की सरसता भी देख लें। बहुधा नागर सभ्यता में पले हमारे विद्वान गुरुजन उस साहित्य को हेय या हीन समझ लेते हैं, परन्तु वास्तव में ऐसा नहीं है। ग्राम साहित्य की कुछ प्रमुख काव्यगत विशेषताएँ निम्न हैं–

1. सहज ढंग से कहना।
2. मार्मिक और व्यक्त छवियों का अंकन।
3. यथार्थ की वास्तविक पकड़।

हम कुछ उदाहरण यहाँ पर दे रहे हैं। बैसवाड़े का ही एक उदाहरण लीजिए। अज्ञात यौवना का कितना मार्मिक अंकन है–

औचक आप जोबनवा या मारेसि बान
महुआ रोवै ठाढ़ आम बौराय।

अवधी के एक गीत में चित्रित स्त्री का सौन्दर्य देखिये–

वै धना पान ऐसी पतरी, कुसुम ऐसी सुकीर हो।
रामा मुँदरी बरन कहिहइयाँ, चन्दा ऐसी चमकइ हो।।

प्रेमरस में सराबोर किसी मैथिल विरहिणी का विरह गीत है–

आम मजरि महुतअल, तौ ओने पहुँ मोरा घूरल।
दीप जरिय बाती जरल, तौ ओने पहुँ मोरा आयल।।

आम में बौर लग गये, महुआ चूने लगा लेकिन हे सखी मेरे प्रियतम नहीं आये। दीये की लौ मन्द पड़ गयी, बत्ती जल गयी, लेकिन मेरे प्रियतम नहीं आये।

और यह दशा है अवध की विरहिणी की। एक चैती के बोल हैं–

नइ भेजे पतिया।
आयेउ चइत उखपतिया–नइ भेजे पतिया।
बिरही कोइलिया सबद सुनावे।
कल न परत अब रतिया–नइ भेजे पतिया।
बेला चमेली फूले बगिया में
जोबन फूल्यो मोरी अंगिया–नइ भेजे पतिया।

पंजाबी माहिया है–

खत आया ढोले दा
इतनी मैं रुन्नियीं चनना
गलवा सिज्ज गया चोले दा।

(प्रियतम का पत्र आया, मैं इतना रोयी ओ मेरे चाँद कि मेरे चोले का गरेबान भीग गया)

परन्तु उसे विश्वास है–

कणकां दी राही होसी
उग्ग पइयाँ कणका चन्ना
आदा मेरा माही दोसी।

(गेहूँ के खेत गोड़ जायेंगे, गेहूँ उग आया, ओ चन्दा मेरा प्रियतम आता ही होगा।)

जंगली और असभ्य कहे जाने वाले सन्थालों का दिल भी देखिये। नीचे मैं श्री ठाकुर प्रसाद सिंह द्वारा किये गये एक हिन्दी रूपान्तर को दे रहा हूँ–

तुलसी की झरती है मंजरी
निखर रहे पात रे
दियवा की बजती है बाँसुरी सिहर रहे गात रे
जामुन की डालों में बोलती
मन में अँधियारा सा घोलती
पिकवा सी पागल बनाती है
दियवा की मीठी मीठी बात रे
सिहर रहे पात रे

देखिये निम्नांकित पंक्तियों में प्रगतिवादियों को 10 हजार योजन पीछे छोड़ दिया गया है–

महँगी के मारे बिरहा बिसारिगा, भूलि गयी कजरी कबीर
देखि क गोरी का उमर जोबनवा, अवन उठे करेजवा मा पीर।।

और रोमानी कवियों के लिए चुनौती है कि कितना आगे हमसे रहोगे–

टूट छाज, घर टपकत, खटियौ टूट।
पियकी बाँह उसिसवाँ, सुख की लूट।।

तथा–

लैके सुघर खुरपिया पिव के साथ।
जैबे घरी अमरैया सुनवा हाथइ।।

साहचर्यजन्य सुख की कितनी सुखद अभिव्यंजना है।

लोकसाहित्य की सबसे बड़ी विशेषता इसकी यथार्थवादी परम्परा है। आज भी जब गाँव के वातावरण में पला-पुसा गायक लोकगीत का बोल छेड़ देता है–

साजन तेरे होत, अँखियाँ तो नदियाँ भईं।
मन भयो बारू रेत, गिर गिर परत कगार ज्यों।

तो हम इतना समझ सकते हैं कि कविता के उपमान जितना ही सहज सौन्दर्य लिये रहेंगे उतने ही वे प्रभावकारी रहेंगे।

जब कोई गाता है–

सजन सकारें जायँगे नैन मरेंगे रोय
विधना ऐसी रैन करु भोर कबहु न होय।

अथवा जब ग्राम गायक आल्हा गाता है–

कारी बदरिया बहिनी लागों, कौंधा बीरन लगौ हमार।
झमकि कै बरसो मोरे अंटा पर, कंता आजु रैनि रहि जाय।।

तो गाने वाले की बात हमारे मन पर सीधा असर करती है।

मालवी लोकगीत में स्त्रियों ने प्रथम महायुद्ध के बाद की प्रतिक्रिया के फलस्वरूप गरीबी का रोना यों रोया था–

जी हरो रंग नीलो रंग मोंगो कर दियो
कुंकुम कर दियो फीको
जी लाल रंग को तो भाव चढ़ाइ दियो
लुगड़ा काय से रंगा रे।

हरा रंग और पीला रंग तो महँगा हुआ, साथ ही कुंकुम भी फीका पड़ गया। गोरी की माँग के कुंकुम का फीका पड़ जाना, किसी विपत्ति का सूचक है। लाल रंग का भाव भी महँगा हो गया। बहुत दिन बीत गये, लुगड़े को देखकर ख़याल आता है कि फिर इसे लाल रंग में डुबा दिया जाय। पर लाल रंग तो महँगा हो गया।

ऐसे अनेक उदाहरण प्रस्तुत किये जा सकते हैं जिनमें हम लोकसाहित्य को समय के साथ पग मिलाकर चलते देख सकते हैं। अन्त में मैं दो उदाहरण सरस साहित्य

और मनोभावों की अभिव्यंजना के दूँगा। नवविवाहिता पत्नी के हृदयगत भाव देखिये–

आजू सोहाग कै राति चन्दा तुम उइयो।
चन्दा तुम उइयो सुरज जनि उइयो।।
मोरा हियरा विरस जनि करियो मुरगा जनि बोलियो।
मोरी छतियाँ बिहारि जगि जाइ, तू पौ जनि फटियो।।
आजू करियो बड़ी राति चन्दा तुम उइयो।।
धीरे धीरे चलियो सुरज बिलम करि अइयो।।

तथा एक कजली की दो पंक्तियाँ हैं–

झूला किन डारो अमरैयाँ।
रैनि अँधेरी ताल किरारे बुनियाँ परै फुइयाँ।।

अस्तु यदि इन सरस, मर्मग्राही गीतों का सम्यक अध्ययन किया जाय तो हमारे आकाश बेल वाले साहित्य को जीवन से रस ग्रहण करने की प्रेरणा मिल सकती है।

सबसे बड़ी बात तो यह कि भारतवर्ष जनपदों का देश है। जनपदीय बस्तियाँ ही हमारी संस्कृति की धरती हैं। उनका जीवन हजारों वर्षों की अटूट परम्परा को लिये हुए है। "जनपदीय जीवन स्थिति, शान्ति और अपनी ही मानस भूमि की अविरल टेक ढूँढ़ता है। इसके विपरीत पुर का जीवन धूमधाम के नये ठाठ रचता है। दोनों के दो पथ है।" परन्तु इतिहास गवाह है कि जब-जब सत्ता जागती है तब जनपद समृद्ध बनते हैं। जब गण सो जाता है तब पुर विलास करते हैं। आज फिर जनतन्त्र के युग में जानपद जन अँगड़ाई लेकर जग रहा है। यदि वास्तव में हम अपनी महिमाशालिनी संस्कृति का नूतन विकास चाहते हैं तो हमें 'जानपदजन की प्रतिष्ठा' अपना लक्ष्य बनाना होगा। लोकसाहित्य का अध्ययन इस दिशा में बढ़ाने का एक महान् साधन है।

आज से तेईस सौ वर्ष पूर्व उस देवानांप्रिय प्रियदर्शी अशोक ने पहाड़ों की चट्टानों पर जो सन्देश खुदवाया था वह आज फिर से स्मरण किया जा रहा है। उस रास्ते से पठान गये, मुगल गये, शक गये, हूण गये, मराठों की तलवारें अपने कशाघात से राज्यों को झकझोरती चली गयीं परन्तु किसी ने भी ध्यान न दिया था कि यह चट्टानें भी कुछ कहना चाह रही हैं। परन्तु सौभाग्य से आज हम सन्देश को ग्रहण कर सकने के योग्य हो गये हैं, हमें उसे दोहराना है–

जानपदसा च जनसा दसने धमनुसंथि च धम पलिपुछा च।

अर्थात् जानपदजन का दर्शन, जानपदजन के लिए धर्म का सिखावन और जानपदजन के साथ मिलकर धर्मविषयक पूछताछ।

अपने राष्ट्रीय जीवन में अशोक की नीति को आज भरपूर अपनाने की आवश्यकता है। जनपद कल्याण ही में हम सब का कल्याण छिपा हुआ है। डॉ. वासुदेवशरण अग्रवाल के शब्दों में जनपद कल्याण को हम कृषिबल संस्कृति

कह सकते हैं। कृषिबल मंगल की रथ-नाभि में हमारे जीवन के सब सूत्र जुड़े हुए हैं। भूमि, जन और संस्कृति के त्रिकोण में जीवन का सारा रस समाया हुआ है। अतः हमें इसी त्रिकोण का अध्ययन करना है। सबसे बड़ी बात यह कि जनपद का केन्द्र मनुष्य होता है वह मनुष्य जो मानवता का मूल उत्स होता है। उसी की ओर लक्ष्य करके व्यास ने कहा था–

गुह्यं ब्रह्म तदिदं वो ब्रवीमि न मानुषात् श्रेष्ठतरं हि किंचित्।

और इस मान की प्रतिष्ठा का सबसे बड़ा साधन लोकसाहित्य का वैज्ञानिक अध्ययन है।

1952-53

भारतीय हिन्दी परिषद का पटना अधिवेशन

दशहरे की छुट्टियाँ लम्बी हो रही थीं और मन में कुछ घूमने की उत्कण्ठा थी। भारतीय हिन्दी परिषद का 11वाँ अधिवेशन इस बार चन्द्रगुप्त के पाटलिपुत्र में होने जा रहा था। भारतीय हिन्दी परिषद विश्वविद्यालयों के हिन्दी प्राध्यापकों और शोध विद्यार्थियों की अपनी संस्था है। विचार आया क्यों न इकट्ठे तमाम विद्वानों के सम्पर्क और सत्संग को प्राप्त किया जाये। अस्तु, डॉ. हरदेव बाहरी (प्रधानमन्त्री भा.हि.प.) का पत्र मिलते ही हम लोग (मैं और भाई अजित शंकर) पटना के लिए तैयार हो गये। 7 अक्टूबर को सायंकाल साढ़े चार के लगभग कानपुर स्टेशन पर पहुँचे, तो छूटती हुई मेल ट्रेन को विवश भाव से देखते ही रह गये; क्योंकि 1 मिनट का विलम्ब हम लोगों से हो गया था। रात्रि साढ़े आठ बजे तूफान एक्सप्रेस से हम दोनों रवाना हुए। मुगलसराय में पटना के लिए दूसरी गाड़ी मिली। उषाकाल में आरा पहुँचते-पहुँचते आँख खुली और खिड़की से बाहर की ओर दृष्टि गयी। दौड़ती हुई ट्रेन और चतुर्दिक फैले हुए धान के खेत, मानो वे भी ट्रेन के साथ दौड़ रहे हों। धानों की हरिताभा उस स्वर्णिम वेला में एक अपूर्व मधुरिमा का संचार कर रही थी। प्राची की ओर देखते ही अचानक महादेवी जी की पंक्तियाँ गुनगुना उठा—

'आती अरुणा लहराता चेतन सिन्त।'
रक्ताभ श्वेत अश्वों से योजित रथ में,
प्राची की तन्वी आयी जब नभ पथ में।

बिस्तर पर से उठकर तथागत, वर्द्धमान और अंबपाली की उस भूमि को मन ही मन प्रणाम किया, जिसने राजेन्द्र प्रसाद जैसे व्यक्तित्व इस युग में भी उत्पन्न किये हैं। 8 अक्टूबर को प्रातःकाल पटना जंक्शन पर उतरे। उतरते ही डॉ. त्रिलोकी नारायण दीक्षित (लखनऊ विश्वविद्यालय) से भेंट हो गयी। तत्काल ही स्वागत समिति के कार्यकर्ताओं ने व्यवस्था के लिए दौड़-धूप प्रारम्भ की। स्टेशन के बाहर आते-आते आचार्य हजारी प्रसाद द्विवेदी, उपन्यासकार यशपाल आदि दर्जनों साहित्य महारथी दिखाई पड़े। मगध महिला कॉलेज की बस ने हमें कैवेंडिश होस्टल (जिसके नाम से होस्टल से अधिक होटल की गन्ध है) पहुँचाया। कैवेंडिश पटना के साइंस कॉलेज

का होस्टल है। 10 बजे के लगभग सदस्यों और प्रतिनिधियों की एक औपचारिक मीटिंग हुई, जिसमें परस्पर परिचय का आदान-प्रदान हुआ। मध्याह्न में जिस समय हम लोग भोजन कर ही रहे थे कि डायनिंग रूम में श्री रामवृक्ष जी बेनीपुरी आ गये। बेनीपुरी जी के साथ हम दोनों उनके घर गये। बेनीपुरी जी बड़े ही जिन्दादिल आदमी निकले। बातचीत के दौरान उन्होंने शिकायत की कि आजकल हिन्दी में रचनात्मक के स्थान पर विश्लेषणात्मक साहित्य का निर्माण हो रहा है। मुझे उसी समय डॉ. देवराज और जे.बी., प्रीस्टले याद आ गये। दोनों ने ही हिन्दी और अंग्रेजी साहित्य में आलोचना के गिरते हुए स्तर की शिकायत की है। अस्तु किया क्या जाये; बेनीपुरी जी की शिकायत किन्हीं अंशों तक सत्य अवश्य है; पर यह गुण या दोष तो वर्तमान शिक्षा-पद्धति और युग की अपनी प्रवृत्ति का है। बेनीपुरी जी के घर से लौटकर आने पर डॉ. धर्मवीर भारती के कमरे में प्रसिद्ध डच विद्वान 'रामकथा' के लेखक फादर डॉ. कामिल बुल्के से भेंट हुई। उन्होंने रामकथा के सम्बन्ध में अपनी कुछ नयी धारणाओं का जिक्र किया।

सायं 4 बजे से परिषद का अधिवेशन उत्तर प्रदेश के राज्यपाल माननीय मुंशी के सभापतित्व में प्रारम्भ हुआ। स्वागताध्यक्ष आचार्य बदरीनाथ वर्मा, शिक्षामन्त्री, बिहार राज्य ने अपने स्वागत भाषण में राजशेखर की 'काव्य-मीमांसा' से :

श्रूयते च पाटलिपुत्रे शास्त्रकारपरीक्षा।
अत्रोपवर्षवर्षाविह पाणिनिपिंगलाविह व्याडिः।
वररुचिपतंजली इह परीक्षिताः ख्यातिमुपजग्मुः।

उद्धृत कर बिहार के अतीत सांस्कृतिक गौरव की याद दिलाते हुए स्वागत किया। आपने हिन्दी के मार्ग की कठिनाइयों का जिक्र करते हुए कहा, '...सबसे बड़ी अड़चन यह है कि केन्द्रीय पब्लिक सर्विस कमीशन की परीक्षाओं के लिए अब भी अंग्रेजी का माध्यम अनिवार्य रखा गया है।' आपका स्पष्ट मत था कि 'विदेशी भाषा के माध्यम द्वारा कोई भी विद्यार्थी किसी भी विषय के सम्बन्ध में मौलिक ढंग से विचार नहीं कर सकता है।' पारिभाषिक शब्दों के सम्बन्ध में भी बिहार के इन वयोवृद्ध शिक्षामन्त्री के विचार माननीय हैं। पारिभाषिक शब्दों के सम्बन्ध में इधर प्रायः अन्तर्राष्ट्रीय नाम का व्यवहार करके लोग अपने को और दूसरों को धोखे में डाले रहना चाहते हैं। मेरे जानते तथाकथित अन्तर्राष्ट्रीय शब्दों की अब तक कोई सूची नहीं बनी है। ऐसी किसी सूची के अभाव में यह कहना कठिन है कि वास्तव में कितने शब्द ऐसे हैं, जो अन्तर्राष्ट्रीय स्तर के माने जा चुके हैं। बिहार के राज्यपाल श्री रंगनाथ रामचन्द्र दिवाकर ने अपने लम्बे उद्घाटन भाषण में हिन्दी और अन्य प्रान्तीय भाषाओं के सम्बन्ध पर प्रकाश डाला। श्री कन्हैयालाल माणिकलाल मुंशी ने अध्यक्ष पद से बोलते हुए कहा कि अंग्रेजी को तत्काल हटा देना देश के हित में न होगा। सबसे अधिक शिकायत उन्हें हिन्दी की अभिव्यंजना-शक्ति के बारे में

थी। हम भी यह मानते हैं कि हिन्दी की अभिव्यंजना-शक्ति संस्कृत और अंग्रेजी जैसी प्रौढ़ नहीं है; पर इसके यह अर्थ तो नहीं होते कि हिन्दी में कार्य ही न किया जाये। भाषा में अभिव्यंजना-शक्ति इंजेक्शन लगाकर एकदम से तो पहुँचाई नहीं जाती; वह तो प्रयोग और आवश्यकतानुसार अपने आप विकसित होती है। हिन्दी अब तक जनभाषा थी; इस कारण जन-मन को अभिव्यक्त करने की उसके पास अमित क्षमता है। अब अधिक ऊँचे और बौद्धिक स्तर पर आने पर शीघ्र ही वह अपना विकास कर लेगी। उसमें अधिकाधिक टेक्निकल स्तर पर साहित्य के सृजन का उद्योग होना चाहिए। पर इसके लिए सरकार को भी अपनी नीति में परिवर्तन करना होगा, जिसके कि एक महत्त्वपूर्ण अंग स्वयं श्री मुंशी जी हैं।

सायं 7 बजे से डॉ. धीरेन्द्र वर्मा की अध्यक्षता में एक विचारगोष्ठी 'हिन्दी भाषा की प्रगति' पर प्रारम्भ हुई। विषय का प्रवर्तन डॉ. हरदेव बाहरी ने किया। डॉ. वर्मा ने अपने अध्यक्षीय भाषण में कहा, 'यह सन्तोष का विषय है कि भारत सरकार ने राजभाषा हिन्दी के विकास का उत्तरदायित्व अपने ऊपर ले लिया है... किन्तु गत दो-तीन वर्षों में जिस ढंग से तथा जिस रफ्तार से यह कार्य हो रहा है, उससे समझदार देशवासियों में सन्तोष नहीं है।... क्षोभ इसलिए भी है कि भारत सरकार ने राज्यों की सरकारों तथा विश्वविद्यालयों को सलाह दी है कि वे इस कार्य में हाथ न डालें; क्योंकि वह स्वयं इस कार्य को करा रही है।' आपने सुझाव देते हुए कहा हिन्दी सम्बन्धी कार्य 'किसी पृथक मिनिस्टर अथवा डिप्टी मिनिस्टर के सुपुर्द होना चाहिए, जिसे हिन्दी भाषा, हिन्दी विद्वानों, हिन्दी संस्थाओं आदि की जानकारी हो और इस कार्य में पूर्ण विश्वास और लगन हो।' डॉ. वर्मा ने अपने भाषण में हिन्दी की प्रगति के सम्बन्ध में भारत सरकार, हिन्दी प्रदेश के राज्यों, हिन्दी प्रदेश के विश्वविद्यालयों तथा हिन्दी संस्थाओं, इन चार प्रधान क्षेत्रों का उल्लेख किया, जहाँ से विशेष सहायता मिल सकती है। इस सम्बन्ध में डॉ. रामकुमार वर्मा, डॉ. हजारी प्रसाद द्विवेदी, दिनकर जी एवं पं. रामनरेश त्रिपाठी आदि अनेक विद्वानों ने अपने सुझाव दिये। द्विवेदी जी ने एक सुसम्पादित अंग्रेजी-हिन्दी कोश की आवश्यकता बताई तथा अन्य भाषा-भाषियों में सद्भाव उत्पन्न करने पर जोर दिया। आपके अनुसार उर्दू के सारे साहित्य को हमें नागरी अक्षरों के द्वारा अपने में पचा लेना चाहिए।

9 अक्टूबर को प्रातःकाल 8 बजे से डॉ. इन्द्रनाथ मदान की अध्यक्षता में विश्वविद्यालयों के पाठ्यक्रम के सम्बन्ध में दूसरी गोष्ठी प्रारम्भ हुई। हम और अजित इस बीच गोलघर और खुदाबख़्श लाइब्रेरी देखने चले गये थे। लौटकर आये तब तक रिपोर्ट पढ़ी जा चुकी थी और विवाद प्रारम्भ हो रहा था। अधिकांश वक्ताओं का मत था कि पाठ्यक्रम में विश्वविद्यालयों में परस्पर एकरूपता होनी चाहिए। संस्कृत आदि आधारभूत भाषाओं और जनपदों की बोलियों के सम्बन्ध में कुछ मतभेद रहा।

लखनऊ विश्वविद्यालय के विद्वानों का मत था कि संस्कृत अनिवार्य विषय एम.ए. हिन्दी में होना चाहिए। बनारस लौटने पर आचार्य हजारी प्रसाद द्विवेदी ने भी हम लोगों से इस ओर संकेत करते हुए कहा था कि बिना संस्कृत के ज्ञान के हिन्दी का अच्छा स्कालर हो ही नहीं सकता। रिपोर्ट भी अपूर्ण थी, सम्भवतः डी.ए.वी. कॉलेज से कोई सूचना उन्हें न दी गयी थी, नहीं तो आगरा विश्वविद्यालय के सम्बन्ध में कुछ भ्रामक बातें उसमें न आयी होतीं।

इस गोष्ठी के पश्चात साढ़े नौ बजे से डॉ. हजारी प्रसाद द्विवेदी की अध्यक्षता में 'हिन्दी भाषा के स्थिरीकरण' पर एक विचार गोष्ठी प्रारम्भ हुई। इस गोष्ठी में विचार-विनिमय अत्यन्त ऊँचे स्तर पर हुआ। सभापित पद से बोलते हुए डॉ. द्विवेदी ने कहा, 'हिन्दी के व्याकरण और वर्तनी आदि में एकरूपता आवश्यक है।' आपने क्रियाओं और संज्ञाओं के बारे में विशेष नियम अपनाने पर भी जोर दिया।

विषय का प्रवर्तन करते हुए डॉ. धीरेन्द्र वर्मा ने उत्तर प्रदेश सरकार द्वारा नियुक्त 'नागरी लिपि सुधार समिति' की सिफारिशों को उपस्थित करते हुए अपील की कि उन्हें परिषद भी स्वीकार कर ले। उस समिति और परिषद के सभी वक्ताओं का स्पष्ट मत था कि लिपि में आमूल परिवर्तन उचित नहीं। समिति की प्रमुख सिफारिशें निम्न हैं—

(1) मात्राएँ आगे हटाकर लगाई जायें।

(2) स्वर वर्तमान रूप में ही लिखे जायें।

(3) अ, अ; छ, छ; झ, झ; ल, ल; ण, ण; आदि में प्रथम रूप को उचित माना गया।

(4) संयुक्त व्यंजनों को बराबर पर लिखा जाय :—कच्चा

(5) अनुस्वार के लिए ँ तथा अनुनासिक स्वर के लिए ं उचित माना गया।

(6) र के कई प्रचलित रूपों में ्र इस रूप को उचित माना गया।

(7) शिरोरेखा रहनी चाहिए।

(8) देवनागरी अंक अवश्य रहें।

डॉ. वर्मा का मत था कि फ्रेंच एकेडेमी आदि की तरह हिन्दी की संस्थाओं को मान्यता मिलनी चाहिए। इसके लिए आपने सुझाव दिया कि हिन्दी की प्रमुख संस्थाओं को मिलकर कुछ बातों पर विचार कर लेना चाहिए और फिर वे एकमत होकर अपना निर्णय दे दें तथा विवादास्पद विषयों को आगे के लिए टाल देना चाहिए। विचार-विनिमय में डॉ. राजबली पाण्डेय, पं. चन्द्रबली पाण्डेय, डॉ. हरदेव बाहरी, डॉ. उदय नारायण तिवारी, डॉ. सुधीन्द्र आदि ने भाग लिया। कलकत्ता विश्वविद्यालय के श्री ललिताप्रसाद शुक्ल जी ने अत्यन्त जोरदार शब्दों में कहा, 'गौरव और प्रतिष्ठा के साथ सम्मति देने के लिए अच्छी प्रकार से विचार करने की आवश्यकता है।'

अन्त में आचार्य हजारी प्रसाद जी ने कहा, 'यह गोष्ठी विचार-विनिमय के लिए है, फतवा देने के लिए नहीं...एक वर्ण अशोक के काल से अब तक कितने ही रूपों में प्रचलित चला आ रहा है; अतः व्यवहार के लिए यदि थोड़ा परिवर्तन स्वीकार कर लिया जाये तो विशेष आपत्ति की बात नहीं।' वर्मा जी द्वारा दिये गये सुझावों के सम्बन्ध में अपना मत देते हुए आपने कहा कि सुझाव एक दो मुझे मान्य हैं। तृतीय के सम्बन्ध में आपने 'अ' और 'झ' को अधिक सुविधाजनक माना। र के प्रस्तावित रूप का आपने विरोध किया। शिरोरेखा को भी लिपि की सुन्दरता के लिए आपने आवश्यक माना। द्विवेदी जी ने अन्त में बड़े ही जीवन्त शब्दों में छपाई आदि के बारे में अपना मत व्यक्त करते हुए कहा, 'हम मशीन के अनुसार चालित न होकर मशीन को अपने अनुसार बनाने का प्रयत्न करेंगे।'

वर्तनी (spelling) के सम्बन्ध में विषय का प्रवर्तन डॉ. बाहरी ने किया। आपने अपने संक्षेप में कहे गये लम्बे भाषण में वर्तनी की समस्याओं पर विस्तार से विचार प्रकट किये। डॉ. राजबली पाण्डेय ने वर्तनी की अनेकरूपता का कारण विस्तृत भूखण्ड बताया। अन्य लोगों ने भी कुछ सुझाव दिये; परन्तु एक बज चुका था और क्षुधा लोगों का ध्यान वर्तनी से अधिक बर्तनों (खाने के) की ओर आकर्षित कर रही थी। द्विवेदी जी ने संक्षेप में समावर्तन करते हुए कहा, 'विषय समय सापेक्ष है, अतः इस पर परस्पर अधिक गम्भीर विचार-विनिमय होना चाहिए।... यह आवश्यक है कि हमारे शब्दों की वर्तनी में अधिक से अधिक एकरूपता और सादृश्य हो।'

सन्ध्या चार बजे बिहार राष्ट्रभाषा परिषद की ओर से दी गयी चाय पार्टी के पश्चात सम्मेलन भवन में एक निबन्ध गोष्ठी नागपुर विश्वविद्यालय के हिन्दी विभाग के अध्यक्ष आचार्य विनय मोहन शर्मा के सभापतित्व में प्रारम्भ हुई।

शर्मा जी ने अपने भाषण में भाषा और साहित्य दो भागों में शोध-विषयक कार्य को विभाजित करते हुए उन्हें पुनः दो भागों—साहित्यिक भाषा और लोक भाषा तथा संस्कारी साहित्य और लोक-साहित्य—में विभाजित किया। परस्पर आर्य भाषाओं तथा आर्य और द्रविड़ भाषाओं के तुलनामक अध्ययन पर जोर डालते हुए आपने नये सिरे से भारतीय भाषा सर्वे की आवश्यकता बताई। शर्मा जी ने कहा, 'व्यक्ति, जाति, ग्राम, नगर आदि-आदि के नामों की उत्पत्ति का इतिहास भी शोध प्रेमियों को खोज निकालना चाहिए।...देश की समस्त भाषाओं के समान अर्थद्योतक शब्द संचित कर उनका शब्दकोश तैयार कर सकें, तो साहित्यिक (standard) राष्ट्रभाषा के बनाने में बड़ी सहायता मिलेगी।... ऐतिहासिक और तुलनात्मक व्याकरण का भी कार्य हाथ में लिया जाना चाहिए।' आपके मतानुसार प्रत्येक युग के साहित्य के अध्ययन के पश्चात प्रत्येक भाषा का ऐतिहासिक व्याकरण भी लिखा जा सकता है। कुछ विश्वविद्यालयों में भाषाविज्ञान की विशिष्ट शिक्षा की भी आपने आवश्यकता अनुभव की।

साहित्य के क्षेत्र में शोध की निम्न दिशाओं का आपने उल्लेख किया—

(1) प्राचीन हस्तलिखित ग्रन्थों का संकलन और सम्पादन।

(2) लोक-साहित्य का चयन और अध्ययन।

(3) कृतियों का अध्ययन।

(4) साहित्य इतिहास लेखन।

शोध के सम्बन्ध में आपका सुझाव था, 'प्रत्येक विषय के विशेषज्ञों की एक समिति बना दी जाये और उन्हीं के निरीक्षण में शोध कार्य हो।' भाषण का अन्त करते हुए आपने कहा, 'मेरा सुझाव है कि हमें हिन्दी भाषा और साहित्य के इतिहास को चार जिल्दों में तैयार करना चाहिए। किस प्रकार सातवीं शताब्दी में शौरसेनी अपभ्रंश से खड़ी बोली का उद्‌भव हुआ और उसका कैसे आज तक विकास हुआ, इसका इतिहास एक जिल्द में प्रकाशित किया जाये। दूसरी जिल्द में अवधी भाषा और साहित्य का, तीसरे में ब्रजभाषा और साहित्य का तथा चौथी जिल्द में मैथिली भाषा और साहित्य का इतिहास समाविष्ट किया जाये।' सभापति के अभिभाषण के पश्चात अनेक शोधपूर्ण निबन्ध पढ़े गये। उनमें फादर कामिल बुल्के का 'रामचरितमानस का रचना क्रम'। और डॉ. त्रिलोकी नारायण दीक्षित का 'सन्तों का ज्ञान' उल्लेखनीय है। समयाभाव और भीड़भाड़ के कारण निबन्धों पर विवाद अपेक्षित स्तर पर नहीं हो सका। रात्रि में अजन्ता प्रेस के डिनर और 'अवंतिका' की प्रतियों की प्राप्ति के पश्चात हम लोग 'कल्चरल शो' देखने गये। प्रदर्शन में पंजाब के हीर-रांझा के लोकनृत्य और भारतीय साहित्य में चाणक्य के पाये जाने वाले तीन रूपों (विशाखदत्त, डी.एल. राय और प्रसाद जी) का प्रदर्शन किया गया। 'शो' सब मिलाकर साधारण कोटि का था।

10 अक्टूबर को प्रातःकाल 9 बजे से राजा राधिकारमण सिंह के सभापतित्व में दूसरी निबन्ध गोष्ठी प्रारम्भ हुई। राजा साहब का अपना भाषण इतना मजेदार था कि प्रत्येक वाक्य पर वाह-वाह होती थी। पारसी थिएटर मूर्तिमान हो उठा था; उनकी भाषा में भी अजब चुहल और जिन्दादिली थी। उनका यह भाषण बहुधा लोगों द्वारा सुना गया है। इस गोष्ठी में डॉ. भगीरथ मिश्र और डॉ. केसरी नारायण शुक्ल के निबन्ध उल्लेखनीय हैं।

सायंकाल चार बजे से परिषद का खुला अधिवेशन प्रारम्भ हुआ। विभिन्न गोष्ठियों में हुए विचार-विनिमय उसमें संक्षेप में उपस्थित किये गये। डॉ. दीनदयालु गुप्त ने अपना अध्यक्षीय भाषण पढ़ा तथा आचार्य बदरीनाथ वर्मा ने बिहार के प्रधानमन्त्री श्रीकृष्ण सिंह का समावर्तन भाषण पढ़कर सुनाया। समावर्तन भाषण में भाषा और लिपि के स्थिरीकरण पर बल देते हुए भी एक अत्यन्त महत्त्वपूर्ण तथ्य की ओर इंगित करते हुए कहा गया था, 'किसी जीवित भाषा की प्रकृति और प्रवृत्ति को अवरुद्ध करना अवांछनीय है।' स्वागत मन्त्री डॉ. विश्वनाथ प्रसाद

(अध्यक्ष, हिन्दी विभाग, पटना यूनिवर्सिटी) ने अपने लम्बे धन्यवाद भाषण में धैर्यपूर्वक जम कर लोगों को धन्यवाद दिये। आपका मत था कि 'भारतीय हिन्दी परिषद के इस अधिवेशन से बिहार का इतना अधिक बौद्धिक विकास हुआ है, जितना कभी नहीं हुआ था।'

11 अक्टूबर को प्रातः 2 बसों में नालन्दा और राजगृह की यात्रा के लिए प्रस्थान किया गया। रास्ते में पावापुरी में महावीर स्वामी के निर्वाण-स्थान के दर्शन किये। नालन्दा पहुँचने पर उसकी विशालता, उसका प्राकृतिक वैभव एवं उसकी विशेषताएँ देखकर हम आश्चर्यचकित हुए। सात-सात लेयर्स (Layers) दीवालों के थे। एक बार स्तूप गिरा, उसी के ऊपर दूसरी दीवाल, फिर तीसरी दीवाल बनाते गये। 9-9 मंजिलें विद्यापीठ कक्ष में दिखाई पड़ीं। प्रसिद्ध पुरातत्त्ववेत्ता श्री वासुदेव उपाध्याय हमें प्रत्येक कक्ष की विशेषताएँ और रूपरेखा बताते जा रहे थे। बड़ा ही सुव्यवस्थित ड्रेनेज सिस्टम और प्रकाश वायु (Ventilation) का बड़ा ही सुचारु प्रबन्ध दिखाई पड़ा। सचमुच एक सहस्र वर्ष तक शिक्षा, कला और संस्कृति का अप्रतिम केन्द्र दर्शनीय स्थान है। पेटपूजा के पश्चात वहाँ से आठ मील दूर स्थित राजगृह के लिए हम लोग चले। राजगृह एक साथ हिन्दू, जैन और बौद्धों का स्थान है। महाभारत में इसे गिरिव्रज के नाम से जरासन्ध की राजधानी बताया गया है। जरासन्ध का यह दुर्ग पाँच-पाँच पहाड़ियों से घिरा हुआ अजेय रहा होगा। महाभारत में उल्लिखित मणिनाग का मन्दिर भी यहाँ देखने को मिला। सल्फरस्प्रिंग के गर्म-गर्म पानी में स्नान करके पास की भड़भूजे की दुकान से मकई के लावे और चने का भोजन कुछ मित्रों के साथ किया गया। यहाँ की निसर्ग सुषमा से आकर्षित होकर प्रयाग के एक चित्रकार मित्र ने तत्काल ही दो स्केच भी बनाये।

काशी और प्रयाग होते हुए, वहाँ पर अनेक विद्वानों से मिलता हुआ ता. 17 अक्टूबर की साढ़े आठ बजे रात्रि में कानपुर आया। मन में उत्साह और प्रेरणाएँ लेकर लौटा था। हिन्दी की प्रगति और अध्ययन की परम्पराओं को और अधिक निकट से देखने का अवसर मिला था। इस प्रकार के ऊँचे स्तर के साहित्यिक समारोह सूचित करते हैं कि हम जीवन्त भाषा के बोलने वाले हैं। हमारे अध्ययन और विकास की परम्पराएँ प्राणवान और श्रेष्ठ हैं; उन्हें और गति तथा वेग के पंख हम प्रदान कर सकें यही इस समय हमारा ध्येय होना चाहिए।

डी.ए.वी. कॉलेज मैगजीन, 1953

फागों का त्योहार होली

उपनिषद् कहती है–'आनन्दाद्धयेव खल्विमानि भूतानि जायन्ते, आनन्देन जातानि जीवन्ति, आनन्दं प्रयन्त्यभिसंविशन्तीति।' 'आनन्द से ही सब कुछ की उत्पत्ति होती है, उसी से सब कुछ जीवित है; सब कुछ आनन्द ही की ओर अग्रसर होता है।'

भारतीय मनीषा ने आनन्दवाद के इस सत्य को अपने जीवन में आत्मसात करने का पूर्ण प्रयत्न किया है। जहाँ उसकी आध्यात्मिक जिज्ञासा और साधना का अन्तिम लक्ष्य आनन्द की सम्प्राप्ति है, वहीं प्रतिदिन के ऐहिक जीवन में उसने इस आनन्द को चरितार्थ करने का भी 'हृदा मनसा मनीषा' प्रयत्न किया है। हमारा जीवन इसी कारण उत्सव-प्रधान हो उठा है। प्रतिपदा से लेकर अमावस्या और पूर्णिमा तक प्रत्येक तिथि में कोई न कोई जनजीवन की पूर्णता की ओर अग्रसर करने वाला पर्व या समारोह हमें वर्ष भर में अवश्य मिल जायेगा। जटिल जीवन की संकुलता के कारण नीचे चली जाने वाली, रस की अन्तःसलिला स्रोतस्विनी इन उत्सवों में उच्छलित होकर हमें नवशक्ति और उत्साह से आप्लावित कर देती है। भारतीय जीवन के इन तमाम उत्सवों में भी होली का एक निराला स्थान है। यह तो उत्सव ही है रस और रंग का। इस दिन हम अपनी सारी कृत्रिम शिष्टता, सभ्यता, विवेक आदि को त्याग कर मूलभूत वासनाओं का नग्न प्रदर्शन करने लगते हैं। हमारे कुछ मनोवैज्ञानिक मित्र इस उत्सव की इस प्रक्रिया को व्यक्ति के अन्तश्चेतन की कुण्ठाओं की अभिव्यक्ति और परिष्कार के लिए आवश्यक समझते हैं।

होलिकोत्सव मनाने के भी विचित्र ढंग हैं। इस पर्व का मूल रूप भी समस्त भारतीय संस्कृति की भाँति ग्रामों में ही सुरक्षित है। होलिका-दहन के पश्चात सभी स्थानों में होलिका गीत या फाग का प्रचलन है। फाग के साथ उछल-कूद एवं कुछ स्थानों में नृत्य के से ढंग का आयोजन होता चलता है। यह फाग अथवा होलिका गीत अत्यन्त सरस, मधुर एवं हृदयग्राही होते हैं। इसकी गणना लोकगीतों में की जाती है।

भारतवर्ष में जननृत्यों एवं लोकगीतों का यहाँ की संस्कृति एवं परम्परा में विशिष्ट स्थान है। उनकी अपनी शैली, रीति-गीति एवं साहित्य है। कुछ विद्वान एवं आलोचक तो हिन्दी गीति-काव्य का उद्गम इन ग्रामीण लोकगीतों को ही मानते

हैं। फाग का स्थान भी निश्चयात्मक रूप से लोकगीतों में ही है। उत्तर भारत में विभिन्न प्रादेशिक बोलियों में फागें गाई जाती हैं। फाग केवल होली के ही दिनों में नहीं बसन्त ऋतु भर गाये जाते हैं। बसन्त पंचमी के पश्चात आप गाँवों में जाइए, तो दिन भर के थके-माँदे ग्रामीणों की स्वर लहरी, बासन्ती बयार के मद भरे झोंकों के साथ दूर से ही सुनाई देगी।

बसन्त में मादकता होती है। हमारे प्राचीन साहित्य में तो इसे ऋषियों के भी हृदय में विकार उत्पन्न करने वाला, कुसुमायुध भगवान 'काम' का प्रिय सहचर कहा गया है। इस बसन्त की मादकता से सराबोर होता है, होली का पर्व। जब बसन्त एवं होलिकोत्सव मादक, तो उसमें गाये जाने वाले गीत क्यों न मादक हों। जिन व्यक्तियों को कभी फाग सुनने का सौभाग्य प्राप्त हुआ है, वही इसकी मस्ती एवं मादकता के आनन्द को जानते हैं। यद्यपि यह मादकता कभी-कभी अश्लीलता का रूप धारण कर लेती है। फाग का एक प्रकार 'कबीर' के नाम से विख्यात है। यह अकसर अश्लील एवं वासनाओं के नग्न रूप होते हैं। पता नहीं 'कबीर' नाम इसका कहाँ से पड़ गया। कहाँ वह प्रचण्ड क्रान्तद्रष्टा महात्मा, सुधारक एवं साधक एवं कहाँ यह अश्लील एवं भद्दे गीत। मेरे विचार से सम्भवतः रहस्यवाद का विकृत रूप 'कबीरें' हैं। कबीर एक रहस्यवादी कवि थे। 'रहस्य' को स्पष्ट करने के लिए प्रतीकों का सहारा लिया जाता है। परमात्मा एवं आत्मा में पति-पत्नी का आरोप किया जाता है। पर पति-पत्नी के प्रतीक में यदि थोड़ी-सी भी असावधानी हो गयी, तो उसमें ऐन्द्रियकता की गन्ध आ जाने की आशंका रहती है; एवं अर्थ का अनर्थ हो जाता है। कबीर के अधिकांश अनुयायी निम्न जाति के अशिक्षित व्यक्ति थे। कबीर की बानी को इन लोगों ने सम्भवतः कबीर ही नाम दे दिया होगा। कबीर सुधारक भी कट्टर किस्म के थे। अपने विरोधियों को वे खूब खरी-खोटी सुनाते थे। अतः रहस्यवाद को ठीक रूप से अनुयायियों द्वारा न समझे जाने के कारण एवं खरी-खोटी कहने के स्वभाव ने मिल कर इन अश्लील 'कबीरों' की सृष्टि की है।

फाग के कबीर के अतिरिक्त और भी कई प्रकार होते हैं। जैसे बैठक, भड़उवा, लेज इत्यादि। इन फागों के वर्ण्य-विषय पौराणिक, आख्यान, सामाजिक एवं शृंगारिक विषय आदि होते हैं। अब कुछ दिनों से राष्ट्रीय चेतना की जागृति के साथ-साथ राष्ट्रीय फागें भी गायी जाने लगी हैं। यह इस बात का ज्वलन्त उदाहरण है कि साहित्य समाज का प्रतिबिम्ब होता है। उच्च कोटि के साहित्य में ही नहीं इन ग्रामीण एवं लोकगीतों पर भी राष्ट्रीय एवं सामाजिक परिस्थिति का स्पष्ट प्रभाव परिलक्षित होता है।

बसन्त ऋतु के होने के कारण फागें अधिकांश में रस के विचार से शृंगार रस से ही सम्बन्धित होती हैं। इस दृष्टि से यह ब्रज, अवधी अथवा खड़ी बोली के किसी भी साहित्य से कम नहीं होती है। रस परिपाक में यह पूर्ण समर्थ होती है। अपितु मैं तो यह कहूँगा कि अपने सहज ग्रामीण शब्द-सारल्य के कारण अधिक

हृदयग्राही होती है। अर्थ ढूँढ़ने के लिए कोश नहीं टटोलना पड़ता। अपने आसपास के वातावरण एवं परिस्थिति का सजीव चित्रण, होली के हुड़दंग का वास्तविक वर्णन एवं नटनागर श्याम की चंचल किलोलों एवं क्रीड़ाओं का वर्णन सुन कर हृदय रसधारा से आप्लावित हो उठता है। जिस समय ढोल, मृदंग, झाँझ एवं मंजीरों के साथ—

नन्ही-नन्ही बुंदियन मेघ बरसिगा।
पवन बहै पुरवाई।।
कोनेउ बिरिछ तरे भीजति होइहें।
राम लखन दोउ भाई।।
रे वह वन का निकर गये दोउ भाई।।

गाया जा रहा होगा, तो भला राम-लक्ष्मण के साथ-साथ किसका हृदय रस की नन्ही-नन्ही बूँदों से भीज न उठेगा। सहानुभूति का स्रोत-सा उमड़ पड़ता है—राम-लक्ष्मण के प्रति इन पंक्तियों में।

क्रीड़ाधाम श्री कृष्णचन्द्र का नटखटपन एवं होली का हुड़दंग देखिए। ब्रज की गोपियाँ पानी भरने यमुना की ओर जा रही हैं। मार्ग में ब्रजबिहारी मिल जाते हैं एवं छेड़खानी करने के लिए उनकी पानी भरने की गागर तोड़ डालते हैं। गोपियाँ यशोदा के पास उलाहना लेकर आती हैं कि तुम्हारा लाल हमसे बरजोरी करता है, गागर फोड़कर उपद्रव मचाता है। गोपियाँ कह रही हैं—

हमरी श्याम गगरिया फोरी।
मैं जमुना जल भरन जात रहि, संग लिये दस गोरी।
बीच डगर माँ मिलो साँवरो, हमसे करै बरजोरी।।
टेक।।
सब सखियाँ मिलि उलहन लाईं, नन्द बबा की दौरी।
बरजि जसोमति अपने लाल को, हमसे करै बरजोरी।।
हमरी श्याम गगरिया फोरी।

पर यशोदा अपने पुत्र-प्रेम के कारण इन अभियोगों को मानने को तैयार नहीं हैं। वे तो कहती हैं कि छोटा-सा पालने पर झूलने वाला बच्चा युवकोचित व्यवहार—बरजोरी करना क्या जाने। उल्टे वे गोपियों को डाँटती हैं कि तुम पर स्वयं जवानी की मस्ती छायी है, इसीलिए इतने-से छोटे बच्चे पर यह अपराध लगा रही हो। यशोदा कह रही हैं—

अबै तो ललन पलना झुलत हैं,
दूध पियत मोरी ओ री।।
जोबन की तू अलमस्त गूजरी,
लाल लगावे चोरी।। टेक।।

गोपियाँ खीझकर कह उठती हैं—हाँ, तुम बहुत सच्ची; तुम्हारा पुत्र भी बहुत सच्चा?

झूठी तो हम लोग हैं, जो यह उलाहना लेकर तुमसे कहने आयी हैं। वे यह चेतावनी भी देती जाती हैं कि यदि कहीं कुंज गलियों में श्याम मिल गये तो पीताम्बर इत्यादि सब उतरवा लेंगी। वे कह रही हैं—

'तुम साँची, तुम्हरो सुत साँचा,
हम सब करति बहाना री।
कबहुँक मिलि हैं कुंज गलिन में,
लेहुँ पीताम्बर छोरी।।
हमरी श्याम गगरिया फोरी।'

कितनी स्त्री सुलभ खीझ है।

पर इन्हीं उलाहना देने वाली गोपियों को श्याम के बिना ब्रज सूना भी लगता है। कृष्ण मथुरा चले जाते हैं। उनके वियोग में गोपियाँ कह रही हैं—

श्याम बिना ब्रज सूना, सखियो श्याम बिना कुंज सूना।
अन्न बिना जैसे प्रान दुखित हैं, बिनु गृहिणी घर सूना।।
बिनु रजनी के चन्द्र दुखित है, जल बिनु जैसे मीना।
श्याम बिना तैसे ब्रज दुखित है, हम सब फिरति मलीना।।
श्याम बिना ब्रज सूना।।

गोपियाँ अभिसार के लिए उत्सुक हैं। वे किसी न किसी भाँति कृष्ण को बुलाना चाहती हैं। इसके लिए वे नाना प्रकार के प्रलोभन कृष्ण को देती हैं। एक गोपी कहती है—

कोउ झुका सँवलिया गलियन माँ।
प्यास लगै तो हमसे कहियो
गडुवा धरा अटरिया माँ।

गडुवा छत पर रखा है, तुम्हें वहाँ तक चलना होगा। सम्भवतः कृष्ण मिष्ठान्नप्रिय हों और फिर मथुरा के पेड़े तो वैसे ही प्रसिद्ध हैं। अतः एक सखी कृष्ण को पेड़े का प्रलोभन देती है—

भूख लगै तो हमसे कहियो,
पेड़ा रखे अटरिया माँ।

अन्त में एक गोपी ने स्पष्ट रूप से कह डाला—

नींद लगै तो हमसे कहियो,
पलँगा बिछा अटरिया माँ।

एक बार मैंने फाग में एक बारहमासा सुना था। उसकी एक पंक्ति थी—

चैत मास बन फूली चमेली, कहिके गेर पहिरैहौं।
ऊधो अब के गये कब अरिहौं।

कृष्ण हैं नहीं प्रियतम अथवा आराध्यदेव के न होने पर वियोगिनी चमेली का हार गूँथकर किसे पहनावेगी। कितनी मनोव्यथा है उपर्युक्त पंक्ति में। पर इससे यह न

समझना चाहिए कि सभी फाग शृंगारिक ही होती हैं। वैराग्य एवं शान्त रस सम्बन्धी फागें भी आपने सुनी होंगी। एक पद इसी प्रकार का है—

संतौ नदी बहै जल धारा।।
भौसागर नदी अगम बहत है,
लख चौरासी धारा।
धर्मी धर्मी पार उतरिगे,
पापी डूबे मँझधारा।

चौरासी लाख योनियों की वह नदी है। यदि उसे पार करना चाहते हो, तो धर्मात्मा बनो, नहीं तो मँझधार में डूबना होगा। यही नहीं ग्रामकवि यह भी कहता है कि संसार से निर्लिप्त रहकर कार्य करो।

'तेन त्यक्तेन भुञ्जीथाः' का आदर्श सामने रखो।

जैसे जल में पुरइन उपजै,
जल ही में करै पसारा।
वाके पात पानि नहिं बेधैं,
ठहरि जाय ज्यों पारा।।

जल में उत्पन्न एवं प्रसारित होकर कमल पानी से पृथक ही रहता है। फागों में शिव जगदम्बा एवं गणेश जी आदि के भजन भी गाये जाते हैं।

कवियों एवं साहित्य प्रेमियों से मेरा निवेदन है कि फाग इत्यादि ग्राम साहित्य की ओर समुचित ध्यान देकर उसे अधिक विकृत एवं अश्लील होने से बचावें। वे ग्रामीणों को उन्हीं की भाषा में नयी चीजें दें, जो कि ग्रामीणों के मानसिक एवं सामाजिक विकास में सहायता दें।

अन्त में मैं भी अपने पाठकों के प्रति यह कामना फगुहारों के साथ प्रकट करता चलता हूँ—

सदा अनन्द रहै उनके द्वारे, बाबू जी खेलैं होरी।
बनी रही वह दुनहुन की जोरी, नित उठि खेलैं होरी।।

उनकी युगल जोड़ी नित्य रस-रंग की होली खेले। जिन सज्जनों के जोड़ी न हो वे कृपया केवल ऊपर वाली पंक्ति ही पढ़ने का कष्ट करें।

प्रतिभा : नागपुर, मार्च, 1954

ग्रीक और भारतीय पुराण-गाथाएँ

'यह पुराण-गाथाएँ—चाहे हम उन्हें ग्रीक कहें अथवा आर्य या और कुछ—उस घास के समान हैं जो प्रत्येक भूमि पर उगती है।'

—फिरौना मैक्लियोद

साधारणतः पुराण-गाथा से हमारा तात्पर्य उस कहानी से होता है जो इस ढंग से कही जाती है जैसे कि वह पुरा-काल में घटित हो चुकी है। यदि हम अपने बचपन को याद करें तो ज्ञात होगा कि बहुधा प्राकृतिक पदार्थ—वर्षा, अन्धकार, पहाड़ आदि हमें या तो डराते थे या लुभाते थे। हम गुड्डे-गुड्डों को सुन्दर कपड़े पहनाते और उनका विवाह कराते थे। जिस पत्थर से हमें चोट लग जाती थी, हम समझते कि इसने हमें जान-बूझकर चोट पहुँचाई है। पी. थामस के अनुसार मानवता को भी एक व्यक्तित्व के रूप में यदि मान लिया जाय तो उसे बचपन (आदिम-युग) की भावनाएँ, भय, आशा, निराशा और जिज्ञासा हमें पुराण-गाथाओं में प्राप्त होती हैं तथा वे पवित्र अथवा भ्रष्ट परम्पराओं द्वारा हम तक आयी हैं।

वास्तव में मनुष्य जिज्ञासु प्राणी है। जब विज्ञान प्रकृति और पदार्थ का रहस्य बताने वाली कुंजी के रूप में हमें उपलब्ध न था तब भी मनुष्य ने प्राकृतिक शक्तियों की कतिपय व्याख्याएँ देनी चाही थीं। श्री जी.एल. गोमे के अनुसार—

"इन कथाओं में 'विज्ञान-पूर्व' युग के विज्ञान के अनुसार पदार्थ की व्याख्या पाई जाती है।"

ये गाथाएँ यह बताना चाहती हैं कि पानी क्यों बरसता है? इन्द्रधनुष क्या है? अथवा सूर्य कहाँ से आता है? कुछ विद्वानों ने तुलनात्मक अध्ययन द्वारा यह बताया है कि सभी देशों की पुराण-गाथाएँ प्राकृतिक तत्त्वों और उपादानों की व्याख्या करती हैं, जैसे कि सूर्य और चन्द्रमा की उत्पत्ति और अस्तित्व के बारे में हर देश की गाथाएँ कोई न कोई व्याख्या अवश्य करती हैं परन्तु सही अर्थ में यह कहना कठिन है कि वास्तव में उनका व्याख्यात्मक रूप ही मुख्य है अथवा केवल वही पहलू अधिक अध्ययन के प्रकाश में आया है। उत्तरी अमरीका की गाथाओं में कथा का तत्त्व मुख्य है, व्याख्या का गौण।

पुराण-गाथाएँ प्राचीनकाल में एक विशिष्ट प्रकार के सामाजिक जीवन में रहने के ढंग से उत्पन्न दृष्टिकोण से, जीवन के अनेक तथ्यों के प्रति विचार और अनुभूति की अभिव्यक्ति हैं। वे वास्तव में हमारी किसी तर्क-बुद्धि या जिज्ञासा के शमन के लिए नहीं, बल्कि कल्पना-शक्ति द्वारा मस्तिष्क में होने वाली प्रतिक्रिया को सूचित करती हैं।

जिस प्रकार भूमि के विविध स्तर उसकी आयु और प्रकार आदि बताते हैं, उसी प्रकार पुराण-गाथाओं के विविध स्तर होते हैं जो विविध जातियों की विविध युगों की सभ्यता और संस्कृति का वर्णन रूपकात्मक ढंग पर करती है। यद्यपि विज्ञान की प्रगति के साथ उनका महत्त्व घट गया है फिर भी जन-जीवन की भावना पर उनका गहरा अधिकार है। कला, काव्य और लोक-साहित्य पर गाथाओं का गहरा प्रभाव है। अजन्ता की गुफाओं, योरुप के गिरजाघरों और महलों, भित्तिचित्रों और खँडहरों पर उनका स्पष्ट प्रभाव देखा जा सकता है।

यदि कोई व्यक्ति यह आशा करे कि इन पुराण-गाथाओं के माध्यम से हम उस युग का पता पा सकेंगे जब मनुष्य असभ्य था, दुनिया शिशु थी, कल्पना बौद्धिकता के बोझ के नीचे न दबकर पूरी तरह उन्मुक्त थी तो उसे कुछ अंशों तक निराश होना पड़ेगा। बहुधा लोगों में ऐसी भावना होती है कि पुराण-गाथाएँ हमें एक ऐसे परी-लोक में ले जाती हैं जहाँ अप्सराएँ नदी में स्नान करती हुई निकल रही होती हैं या पेड़ों से निकलती हुई वन-देवियों को देखा जा सकता है; जहाँ हमें विचित्र प्रकार के आकर्षक और मोहक दृश्य दिखाई देते हैं। पर असभ्य जातियों के तौर-तरीके का किंचित् मात्र अध्ययन इस रोमाण्टिक दृष्टिकोण को नष्ट कर देने के लिए पर्याप्त है। अप्सराओं, परियों और वरदहस्ता वन-देवियों के स्थान पर हमें भय, क्रूरता, मानव-बलिदान और जादू-टोने आदि दिखलाई पड़ते हैं। अकारण ही होने वाले दैवी-प्रकोपों से सुरक्षा का एकमात्र उपाय उन लोगों के पास जादू-टोना और मानव-बलिदान होता है, परन्तु चित्र का यह धुँधला और भयावना पक्ष भारतीय और ग्रीक क्लासिकल पुराण-गाथाओं से योजनों दूर है। ग्रीक और भारत दोनों ही संस्कृति और सभ्यता की दृष्टि से प्राचीन देश हैं। इनकी उपलब्ध पुराण-गाथाएँ भी अनपढ़ और मौखिक नहीं हैं, बल्कि वे महाकवियों और कथावाचकों की परम्परा से होकर गुजरी हैं। आदिम-मनुष्य की अपने परिवेश के प्रति क्या प्रतिक्रिया होती है, यह समझने में ग्रीक या भारतीय गाथाएँ बहुत सहायता नहीं पहुँचातीं। इन पुराण-गाथाओं से ज्ञात होता है कि वे आदिम बर्बरता से ऊपर उठ आये थे। उनमें सभ्यता का विकास हो रहा था। वहाँ कीचड़ नहीं, निर्मल जल दिखलाई पड़ने लगता है, यद्यपि इधर-उधर कतिपय काले छींटे बर्बरता और मानव-बलिदानों के भी प्राप्त होते हैं; यथा ऋग्वेद की शुनःशेष की कथा में अथवा कतिपय ग्रीक-कथाओं में।

जैसा कि पूर्व ही कहा गया है, ये पुराण-गाथाएँ बड़े कवियों एवं विद्वानों की

परम्परा से हम तक आयी हैं। ग्रीक गाथाओं का पहला लिखित रेकर्ड होमर का 'इलियड' है। होमर का युग ईसा पूर्व 1000 माना जाता है। इलियड में प्राचीनतम ग्रीक साहित्य अत्यन्त समृद्ध, सूक्ष्म और सुन्दर भाषा में अभिव्यक्त हुआ है और अभिव्यंजना की यह समृद्धता एक लम्बी साधना और समय से ही प्राप्त होती है। विकसित सभ्यता का एक निश्चित लक्षण है कि वह भावों, घटनाओं और परिस्थितियों का सूक्ष्म अंकन अपने अभिव्यंजना के उपकरणों के द्वारा करने में समर्थ होती है। भारतीय पुराण-गाथाओं और वैदिक-साहित्य में प्राप्त होने वाली देव-स्तुतियों में भाषा को और भी अधिक सुघड़ता, रंगीनी तथा सौष्ठव प्राप्त होता है। अतः ये कथाएँ आदिम नहीं, ग्रीक या भारतीय सभ्यता पर अधिक प्रकाश डालती हैं; और इनके आलोक में ग्रीक और भारतीय सभ्यता तथा समाज के कलात्मक और राजनीतिक दायों की स्पष्ट विवेचना की जा सकती है।

कतिपय पश्चिमी समाजशास्त्रियों और पुराण-गाथा-विशेषज्ञों का कथन है कि ग्रीक सभ्यता के उदय के साथ एक नया विचार संसार में आया—उसके अनुसार मनुष्य विश्व का केन्द्र बन गया। इन लोगों के अनुसार इसके पूर्व मनुष्य को कोई महत्त्व प्राप्त नहीं था। यह निश्चित बात है कि ऐसा विचार, विचार और कल्पना के क्षेत्र में, अत्यन्त ही क्रान्तिकारी चरण था, परन्तु यह मत भ्रामक है कि सर्वप्रथम मनुष्य का महत्त्व ग्रीस में ही आँका गया।

ऐसे लोग प्रमाण देते हुए कहते हैं कि इराक, मिस्र आदि देशों में जिन देवताओं की उस युग में कल्पना की गयी थी, वे सब मनुष्य के प्रतिरूप न होकर विचित्र-विचित्र शक्लों और आकारों के थे; जब कि ग्रीकों ने अपने देवताओं को अपने समान आकृति वाला बनाया। इसके पूर्व इन देवताओं का यथार्थ से कोई सादृश्य नहीं था। यहाँ पर ध्यान देने की बात यह है कि ऐसे स्थलों पर भारतीय गाथाओं का संकेत नहीं किया गया, अथवा यदि संकेत किया भी तो नृसिंह, बराह आदि अवतारों की ओर इंगित करके कहा गया कि भारतीय मेधा भी ईश्वर की कल्पना ऊल-जलूल आकृतियों में ही करती रही, उसका मानवीकरण नहीं कर सकी। पर यह बात दो बातें सोचने के लिए विवश करती है कि या तो यह सब जान-बूझकर पूर्वाग्रह से युक्त होकर कहा जाता है अथवा फिर भारतीय गाथाओं से परिचय न होने के कारण एकांगिता के दोष से युक्त है।

अस्तु, सेंट पाल का यह कथन कि "अदृश्य दृश्य द्वारा मूर्त होना चाहिए; यह हिब्रू नहीं, ग्रीक आइडिया है।" संशोधित करके कहा जाना चाहिए कि यह ग्रीक नहीं, भारतीय आइडिया है। दो-एक उदाहरण देखें। वैदिक कवि कहता है—हे प्रकाशवती उषे, तुम कमनीय कन्या की भाँति अत्यन्त आकर्षणमयी बनकर अभिमत फलदाता सूर्य के निकट जाती हो तथा उनके सम्मुख स्मित-वदना युवती की भाँति अपने वक्ष को आवरण-रहित करती हो—

कन्येव तन्वा शाशदानां एषि देवि देवमियक्षमाणम्।
संस्मयमाना युवतिः पुरस्तादाविर्वक्षांसि कृणुषे विभाती।।

—ऋग्वेद ।1 ।123 ।10 ।।

श्री बलदेव उपाध्याय के अनुसार—

"यहाँ कवि की मानवीकरण की भावना अत्यन्त प्रबल हो उठी है। यहाँ उषा के कुमारी रूप की कल्पना है। स्मित-वदना सुन्दर रूप को प्रकट करने वाली युवती कन्या की कल्पना सूर्य के पास प्रणय-मिलन की आकांक्षा से जाने वाली उषा के ऊपर कितनी सयुक्तिक तथा सरस है।"

परन्तु इस विवाद का वास्तविक समाधान एक तीसरे मत के अनुसार समुचित ढंग से हो जाता है। पुराण-गाथाओं का एक वैज्ञानिक पक्ष भी होता है। तुलनात्मक और वैज्ञानिक अध्ययन द्वारा नृतत्त्वशास्त्रियों ने जातियों के निष्क्रमण, मिश्रण आदि का पता लगाया है। मैक्समूलर ने बताया है कि छान्दोग्य-उपनिषद् में जो अण्डे वाली कथा है जिसमें कहा गया है कि सारी सृष्टि का उद्‌भव अण्डे से हुआ, बिल्कुल ऐसी ही एक कथा फिनिश लोगों में प्रचलित है। इन पुराण-तत्त्वज्ञों ने तमाम हिन्दू, ग्रीक और स्कैण्डेनेवियन कथाओं का उद्‌गम एक ही माना है। उनका कहना है कि मूलतः आर्य या ऐसी ही कोई जाति थी जो अपने मूल स्थान से चलकर ग्रीक, जर्मनी और भारत में रहने लगी। अन्य स्थानों पर जाकर रहने से नये सम्पर्कों के कारण उनके धर्म, उनकी भाषा और नामों में बहुत-से परिवर्तन और संशोधन हुए, किन्तु उनमें अपूर्व सदृशताएँ अभी भी विद्यमान हैं। निम्न हिन्दू और ग्रीक देवता एक-से माने गये हैं—

हिन्दू	**ग्रीक**	
इन्द्र	ज़िअस	(लैटिन, जुपिटर)
वरुण	युरेनस	(लैटिन, नेपच्यून)
सूर्य	हेलिअस	(लैटिन, सोल)
चन्द्र	सेलीनी (देवी)	(लैटिन, ल्यूना)
विश्वकर्मा-अग्नि	हीफेस्टस	(लैटिन, वल्कन)
अश्विनीकुमार	कैस्टर, पोलक्स	(दोनों का सामान्य नाम डिस्कौरी था)
कार्तिकेय	एरीस	(लैटिन, मार्स)
दुर्गा	हेरा	(लैटिन, जूनो)
सरस्वती	एथेना	(लैटिन, मिनर्वा)
उषा	योंस	(लैटिन, अरोरा)
काम	एरोस	(लैटिन, क्यूपिड)
रति	एफ्रोडाइटी	(लैटिन, वीनस)

ग्रीक ही नहीं मिस्री और हिन्दू-पुराण-गाथाओं और रीति-रस्मों में बड़ी समानता प्राप्त होती है। भारतीयों की भाँति मिस्री लोगों में भी एक प्रकार की वर्ण-प्रथा है। उनके यहाँ भी सात जातियाँ हैं। हमारे नन्दीश्वर की भाँति वहाँ भी एक बैल-देवता हैं। अन्य कथाओं में भी बड़ी आश्चर्यजनक समता मिल जाती है। वास्तव में पुराण-गाथाओं का तुलनात्मक अध्ययन बड़ा रोचक तथा सांस्कृतिक इतिहास के लिए अत्यधिक महत्त्वपूर्ण है। परस्पर आदान-प्रदान के ये प्राचीन सूत्र नयी विश्व-मानवता को काफी ठोस आधार-भूमि दे सकते हैं।

ऐसे स्थलों पर व्युत्पत्तिशास्त्र से बहुत सहायता नहीं मिल पाती, यद्यपि वहाँ भी कहीं-कहीं उल्लेख्य सदृशताएँ विद्यमान हैं, यथा, वैदिक द्यौः और ग्रीक ज़िअस में। लेकिन भविष्य में चलकर नाम और काम इन देवताओं के पृथक्-पृथक् स्थलों पर बदल गये हैं, फिर भी सदृशताओं के लिए यथेष्ट आधार हैं। यहाँ पर उन आधारों के परीक्षण में जाने से हम प्रसंग के बाहर चले जायेंगे। अस्तु, प्रस्तुत के द्वारा अप्रस्तुत का भान कराने वाला आइडिया हिब्रू, ग्रीक या भारतीय न कहकर आर्य कहा जाना चाहिए। इस सम्बन्ध में एडिथ हैमिल्टन ने बड़ी रोचक और मनोवैज्ञानिक बात कही है—"मूर्तिकार ने खेलते हुए नवयुवकों के सुन्दर गठीले शरीर देखे और उसने अपोलो की मूर्ति खड़ी कर दी।" तथा होमर के अनुसार "(कहानीकार ने) उस आयु के तरुण में भगवान को देखा, जब तरुणाई सबसे अधिक मोहक होती है।" ऐसे ही ऋग्वेद का गायक कहता है, "हे इन्द्र, वृद्ध पिता जैसा युवा पुत्र को प्रेरित करते हैं, उसी तरह देव-गण तुम्हें असुर-वध के लिए प्रेरित करते हैं।" तथा इसी प्रकार उसने उषा के रूप में प्रसन्नवदना तरुणी का अपने प्रियतम के पास जाना देखा था। समस्त ग्रीक-कला और विचारधारा मनुष्य में केन्द्रित थी, वैसे ही जैसे कि महाभारत के ऋषि ने जोरदार शब्दों में घोषणा की थी—

गुह्यं ब्रह्म तदिदं वो ब्रवीमि न मानुष्याच्छ्रेष्ठतरं हि किंचित्।

सारांश यह कि इन पुराण-गाथाओं का संसार एक ऐसा संसार है जो सर्वथा मानवीय है। जहाँ कोई अज्ञात, अकारण क्रोधाभिभूत होने वाला ईश्वर नहीं है। भयानक असम्भावनाएँ और डरावनी देवात्माओं की पूजा का पता नहीं। वायवीय और कपोल-कल्पित के पीछे भी इस लोक में एक मौलिकता और तथ्यात्मकता विद्यमान है। सम्पूर्ण वातावरण एक स्नेहमय और दयालु स्पर्श के द्वारा घरेलू और आकर्षक बना दिया गया है।

ग्रीक-माइथोलॉजी की दुनिया से जादू-टोना दूर था। केवल एक कथा ऐसी है, जिसमें दो स्त्रियाँ अतिमानवीय शक्तियों से सम्पन्न हैं, परन्तु वे भी अप्रतिम सुन्दरी युवतियाँ हैं। इन गाथाओं में डायनों और शैतानों का अभाव-सा है। ग्रीक-पुराण-गाथाओं में फलित-ज्योतिष का भी पता नहीं। नक्षत्रों की कथाएँ हैं परन्तु कहीं ऐसा आभास नहीं होता कि वे मनुष्य के जीवन को प्रभावित करते हैं। फलित-ज्योतिष सम्बन्धी

किसी उल्लेख का ऋग्वेद में भी अभाव है। ग्रीक-पुराण-गाथाओं के बारे में एक बड़ी महत्त्वपूर्ण बात है कि वहाँ पुरोहित या मठाधीश (Priest) का नितान्त अभाव है। ग्रीकों के यहाँ वह परमात्मा को प्रसन्न कर उनसे किसी प्रकार की दैवी या असामान्य शक्तियों की प्राप्त करने में असमर्थ है। 'ओडेसी' में जब एक पुरोहित एक कवि के साथ ओडेसियस के सम्मुख घुटनों के बल झुककर अपने प्राणों की भीख माँगता है तो नायक पुरोहित को मार डालता है पर कवि को बचा लेता है। होमर कहता है कि वह उस व्यक्ति को मारने में भय खाता है, जिसे अपनी कला की शिक्षा स्वर्ग से मिली है। इस प्रकार स्वर्ग से सम्बन्धित पुरोहित नहीं, बल्कि कवि है। वहाँ हमें प्रेतात्माओं के भी दर्शन नहीं होते। "प्रारम्भिक ग्रीक-पुराणकारों ने भयपूर्ण-संसार को सौन्दर्यमय संसार में परिवर्तित कर दिया।" —एडिथ हैमिल्टन

परन्तु ग्रीक पुराण-देवता भावात्मक-जगत् में उतने उदात्त नहीं हैं जितने कि भारतीय देवता। ग्रीक देवता बावजूद अपने सौन्दर्य और पराक्रम के, कतिपय नीच वृत्तियों से भी आक्रान्त थे। वे ऐसे भी कार्य करने को तैयार रहते थे जिसे कि कोई भी सभ्य स्त्री-पुरुष करना पसन्द न करेगा। वैदिक पुराण-गाथा के बाद के विकास में इन्द्र और कुछ अन्य देवताओं में यह दोष अवश्य आया है कि वे दूसरे की सुन्दर पत्नी को वासनात्मक दृष्टि से देखते हैं पर वैदिक देवताओं में उदात्तता और पवित्रता, शक्ति और सौन्दर्य, तेज एवं वीर्य की प्रतिष्ठा सदैव प्राप्त होती है। ग्रीक देवता अनुचित कार्य एवं अकारण क्रोध करने में भी सिद्धहस्त थे। वहाँ पर दैवी आत्माएँ कपट-क्रूरता के कार्य बिना किसी हिचकिचाहट के कर सकती हैं। भारतीय पुराण-गाथाओं में रुद्र ऐसे ही क्रोधी देवता के रूप में अवश्य आते हैं। पर वे आशुतोष भी हैं। सामान्यतः ये देवता दया और न्याय के पुंज थे। ग्रीक साहित्य में बाद को न्याय की धारणा आती है। तूफानों और वर्षा का देवता ज़िअस वहाँ सर्वाधिक सत्ता-सम्पन्न और प्रमुख देवता है। होमर के ज़िअस केवल गलत-सही की धारणाओं से परिचित हैं। 'ओडिसी' और फिर 'हेसियोद' में वह अधिक ऊँचे स्तर पर पहुँच गया है। इलियड में वह शक्ति-पक्षीय है और हेसियोद में न्याय-पक्षीय। वहाँ पर 'ज़िअस' के पार्श्व में उसके सिंहासन पर न्याय का आसन है—'न्यायी' सहायक तथा वरदाता के रूप में। ऋग्वेद में इन्द्र का स्वरूप अधिक स्पष्ट है। इन उभय देवताओं के सम्बन्ध में यह विचित्र विरोधाभास है कि इन्द्र का रूप बाद को पतित है जब कि ज़िअस पतितावस्था से श्रेष्ठतर स्तरों की ओर बढ़ता है।

हिन्दू और ग्रीक पुराण-गाथाओं में एक बहुत बड़ा अन्तर पूज्य भावना और दृष्टिकोण का हो गया है। यह अन्तर 'मिथ' और 'पुराण' शब्दों द्वारा ही स्पष्ट हो जाता है। मिथ का तात्पर्य ही कपोल-कल्पित और झूठ है, परन्तु हिन्दू-धर्म का रूप अधिकांशतः पौराणिक है। वह अठारह पुराणों और रामायण, महाभारत आदि पर आश्रित है, इसका ऐतिहासिक और धार्मिक कारण है। पश्चिम में ये पुराण-गाथाएँ,

ईसाई मत के जन्म के पूर्व की हैं। ईसाई धर्म ने इन्हें अमान्य करार दिया। इन देवी-देवताओं को असत्य ठहराया और ईसाई धर्म के प्रसार के साथ-साथ इनका प्रभाव हल्का होता गया। उन प्राचीन पुराण-देवताओं पर से विश्वास उठ गया। यद्यपि ग्रीक कथाएँ देवी-देवताओं पर आधारित हैं, फिर भी इसी कारणवश कहा जाता है "परन्तु ये (ग्रीक पुराण) ग्रीक बाइबिल या ग्रीक धर्म के वृत्तान्त की भाँति न पढ़ी जानी चाहिए।" अधुनातन पाश्चात्य विचारों के अनुसार गाथा और धर्म के मध्य कोई सम्बन्ध नहीं होता, जैसा कि पूर्व ही कहा जा चुका है, ये केवल इतना ही बताती हैं कि प्राकृतिक घटना क्यों घटित होती है? बिजली इसलिए कड़कती है क्योंकि वृत्रासुर और इन्द्र में युद्ध हो रहा है, अथवा ज़िअस ने अपने शस्त्र को घुमाया है। ज्वालामुखी इसलिए धधक रहा है क्योंकि उसके अन्दर कोई शक्तिशाली जीव बन्द है जो बाहर निकलने को छटपटा रहा है अथवा भूचाल इसलिए आता है क्योंकि शेषनाग करवट बदलते हैं। कुछ गाथाएँ केवल मनोरंजन के लिए ही हैं जो अवकाश का समय काटने के लिए कही गयी हैं। ये अधिकांश में रोमानी वातावरण से आपूर्ण हैं, जैसे ऋग्वेद में पुरुरवा और उर्वशी की कथा अथवा पिगमैलियन और गैलेटियर की कहानी।

परन्तु उपर्युक्त मत केवल ईसाई धर्म के विकास-सम्बन्धी दृष्टिकोण से सम्बन्धित होने के कारण एकांगी और भ्रामक है। स्वयं पाश्चात्य विद्वानों ने स्वीकार किया है कि कला, धर्म और दर्शन का जन्म पुराण-गाथाओं से ही हुआ है (पी. थामस)। 'मिथ' और 'आइडिया' में अत्यधिक भेद करना कठिन और अनुचित है। डाउसन ने माना है कि वैदिक स्तुतियों में 'आइडिया' और 'मिथ' सर्वदा अपने ताजे और सीधे-सादे रूप में अभिव्यक्त हुए हैं। स्वयं एडिथ हैमिल्टन ने प्रकारान्तर से स्वीकार किया है कि पृष्ठभूमि में धार्मिकता अवश्य है, यद्यपि वह स्पष्ट नहीं है। होमर से लेकर यूनानी त्रासदीकारों तक यह समझने का प्रयत्न हुआ है कि मनुष्य को क्या होना चाहिए और उसे देवताओं से क्या प्राप्त करना चाहिए? डॉ. कुक का मत है कि पुराण-गाथाएँ और धार्मिक कर्मकाण्ड एक-दूसरे को प्रभावित अवश्य करते थे।

इतना निश्चित है कि पुराण शब्द के साथ निश्चित रूप से धार्मिक भावनाएँ लगी हुई हैं। पर यह धार्मिकता कर्मकाण्ड की भावना से पृथक् वस्तु है। इसी पवित्र भावना के कारण अधिकांशतः ये गाथाएँ अर्थहीन, अंट-शंट और अश्लील नहीं होने पायी हैं।

अस्तु, जहाँ तक भारतीय पुराण-गाथाओं का प्रश्न है, वे जीवित धर्म के रूप में हैं। 'मिथ' शब्द का प्रयोग हम भारतीयों के लिए उसी रूप में नहीं किया जा सकता जिस रूप में यूनानियों के लिए होता है। भारतीयजन वेद के तो प्रत्येक वाक्य को यथार्थ, अपौरुषेय और आप्त मानता ही है, अठारह पुराण उनके उपपुराण और रामायण, महाभारत को भी उतनी ही पूज्य बुद्धि से समन्वित करके देखता है, जितना

एक ईसाई बाइबिल को। इस सम्बन्ध में एक बात कह देना अप्रासंगिक न होगा कि संसार के सभी धर्मों का व्यावहारिक पक्ष अधिकांशतः ऊँचे स्तर के आध्यात्मिक और दार्शनिक तत्त्वों से अछूता होता है, परन्तु भारतीय पुराण-गाथाओं की कथा-वाचक पण्डितों की परम्परा ने तथा आर्यसमाजी विद्वानों के शास्त्रार्थों और व्याख्यानों ने धर्म के ऊँचे तत्त्वों को अत्यन्त साधारण तथा अशिक्षित चित्त तक पहुँचाने का श्लाघनीय एवं महान् कार्य किया है। सामान्य भारतीय किसान न समझते हुए भी शंकराचार्य की भाषा में बोल जायेगा। यही नहीं, उसके जीवन में दार्शनिक की-सी निश्चितता भी समा गयी है।

भारतीय वाङ्मय की एक और विशेषता रही है कि धर्म, दर्शन, कर्मकाण्ड, साहित्य और पुराण परस्पर बहुत अधिक मिश्रित रहे हैं। दूसरी ओर एक मूल स्रोत से उद्भूत (वेदों से) प्रामाण्यवादी मनोवृत्ति के साथ अब तक धर्म चला आया है। नाना प्रकार की धार्मिक, सामाजिक और राजनैतिक परिस्थितियों से होकर यह गुजरा है। नया जल और नयी भूमि इसके पास आये हैं, पर प्रवाह का नैरन्तर्य नष्ट नहीं हो सका। इस तथ्य ने हमारी पुराण-गाथाओं में एक विचित्र गुण को जन्म दे दिया है। भारतीय पुराण-गाथाओं में एकरूपता जैसी वस्तु का नितान्त अभाव है। कहीं विष्णु बड़े हैं और कहीं महेश। वैदिक-काल के प्रमुख देवता इन्द्र बाद को द्वितीय कोटि में पड़ गये और फिर भगवान श्रीकृष्ण ने तो उनकी उपासना ही बन्द करवा दी। अब तो वे विलासी देवराज के रूप में ही सुरक्षित हैं। शक्ति कहीं पर विष्णु से सम्बन्धित है और कहीं पर शिव से। ब्रह्मा को तो सृष्टि-रचना कार्य समाप्त करने के पश्चात् अनुपयोगी जान छुट्टी दे दी गयी। नये-नये देवी-देवताओं का आगमन होता गया और बहुदेवतावादी धर्म उन्हें अपने संयुक्त परिवार में स्वीकार करता गया। वास्तव में यह सम्प्रदायों के उद्भव, विकास और विद्वेष के कारण हुआ। यहाँ यह बात ध्यान में रखने की है कि विकास और एकरूपता में अन्तर है। ग्रीक देवताओं के स्वरूप में परिवर्तन केवल विकासमात्र है।

दोनों क्लासिकल पुराण-गाथाओं में यह मतभेद, जैसा कि ऊपर के विवेचन से स्पष्ट है, एक तो धर्म-प्रवाह के नैरन्तर्य के कारण है। दूसरे कारण की ओर इंगित करते हुए मैक्समूलर ने बताया है—

> *"प्राचीन भारतीय काव्य से प्राचीनतम ग्रीक साहित्य का विस्तृत अन्तर कहीं भी इतना स्पष्ट अनुभव नहीं होता, जितना कि जब हम विकासमान वैदिक पुराण-गाथाओं और पूर्णतः विकसित और विकृत गाथाओं जिन पर होमर आधारित है, की तुलना करते हैं। आर्य जाति की यथार्थ देव-वंशावली वेदों में प्राप्त होती है। जब कि हेसियोद की (देव-वंशावली) मौलिक चित्र का विकृत व्यंग्य है।"*

तात्पर्य यह कि यह अन्तर विकासमान और विकसित एवं ताजे तथा विकृत का है।

मैक्समूलर ने इन गाथाओं के तुलनात्मक अध्ययन की ओर कदम उठाया था, परन्तु इस बीच यह कार्य कुछ शिथिल पड़ गया है। इन क्लासिकल पुराण-गाथाओं का अन्य देशों की गाथाओं और सभ्य तथा जंगली जातियों की पुराण-गाथाओं के साथ तुलनात्मक अध्ययन, अत्यन्त रोचक एवं उपादेय होगा।

पुराण-गाथा के वैज्ञानिक अध्ययन के क्षेत्र में अभी बहुत अधिक कार्य होना शेष है। कथाओं के निर्माण, आदान-प्रदान, कर्मकाण्ड और धर्म के परस्पर प्रभाव, पुजारियों और मठाधीशों का महत्त्वपूर्ण भाग, इन सबका अध्ययन होना चाहिए। नितान्त भिन्न संस्कृतियों वाले देशों की पुराण-गाथाओं के तुलनात्मक अध्ययन के साथ-साथ आदिम जातियों और असभ्य समूहों की गाथाओं का अध्ययन भी नितान्त अपेक्षित है।

अजन्ता : 1955

शिक्षा : 1955

शाश्वत और नवल

अमृतवर्षी जयदेव की अमर पंक्तियाँ गुनगुना रहा था—'धीरसमीरे यमुनातीरे वसति वने वनमाली'—इतने में ही एक कवि मित्र आ गये तथा उन पंक्तियों की प्रशंसा करते हुए 'गीत गोविन्द' के कुछ सुमधुर अंशों का पाठ अपने ललित स्वर से करने लगे। पाठ चल रहा था, 'ललित-लवंग-लता-परिशीलन-कोमल-मलय-समीरे...विहरति हरिरिह सरस-वसन्ते। नृत्यति युवतिजनेन समं सखि विरहिजनस्य दुरन्ते।' मैं सोचने लगा, सहस्राब्दी होने को आयी, परन्तु दिन में पचीसों बार गुनगुनाने के बाद भी प्रत्येक बार नवीन आनन्द क्यों प्राप्त होता है? कवि मित्र से भी मैंने उनकी अनेक बार सुनी हुई कविता ही सुनाने का आग्रह किया; और फिर वही प्रश्न सम्मुख—कि कविता पुरानी क्यों नहीं ज्ञात होती? शाम को एक आलोचक मित्र ने आधुनिक कवियों की मौलिकता पर आक्षेप करते हुए फिर से एक बार मेरी विचार-शक्ति को उद्दीप्त किया। मैं सोचने लगा कि इस तथाकथित मौलिकता और नवीनता का सहस्रों बार पाठ किये जाने वाले 'ललित लवंग लता परिशीलन' से क्या सम्बन्ध है? नवीन प्रतिभा एवं आलोक के साथ-साथ वाल्मीकि और व्यास को उत्तरोत्तर अस्त होते जाना था अथवा नवीन कवियों को उदित न होना चाहिए था। पर क्या कारण है कि आदिकवि से लेकर मेरे कवि मित्र तक सभी आनन्द देते हैं?

संसार की प्रतिक्षण परिवर्तन मानता मनुष्य के मन पर अत्यधिक प्रभाव डालती है। मनोविज्ञान-विशारदों का कहना है कि संसार की इस अनिश्चित और परिवर्तनशील स्थिति के कारण मनुष्य के मन में 'शाश्वत' और चिन्तन की एक जबरदस्त भूख जाग पड़ती है। वह ऐसे तथ्यों, ऐसे सम्बन्धों की प्यास लगा लेता है, जो शाश्वत या सनातन हों। इस प्रतिक्रिया के परिणामस्वरूप उसके मन में अनेक धारणाएँ बद्धमूल हो जाती हैं और उन धारणाओं की कभी ही वह विवेकपूर्वक आलोचना करने बैठता है। अस्तु, मेरे मन में भी यह धारणा गहरे पैठी हुई थी कि जो चिरन्तन है वही ग्राह्य है। गुरुजनों ने यही पढ़ाया था कि उच्च कोटि का साहित्य वही है, जो चिरन्तन दृष्टियों से युक्त हो—शाश्वत सत्य का समावेश ही काव्य और कला को स्थायित्व प्रदान करता है। कला के लिए सदा आचार्यगण सनातन सत्य और चिरन्तन सौन्दर्य

की दुहाई देते रहे हैं। यह भी कहते हुए सुनते हैं कि सौन्दर्यबोध व्यक्ति का चिरन्तन स्वभाव है। प्रत्येक दिशा में चिरन्तन की गुहार मची दिखाई पड़ती है। पुरातनपन्थी कहते नजर आते हैं कि प्रगतिवादी साहित्य में चिरन्तन सौन्दर्य और शाश्वत सत्य का अभाव है; अतः वह स्थायी नहीं; कला की दृष्टि से उसका कोई महत्त्व नहीं; वह तो प्रोपेगैंडा और सामयिक महत्त्व का साहित्य है। दूसरी ओर प्रगतिपन्थी भी नहले का जवाब दहले से देता हुआ फरमाएगा कि सर्वहारा की चेतना से रहित, चिरन्तन श्रेणी-संघ से अछूता साहित्य निष्प्राण होता है। जन-मन को गाये बिना साहित्य में शाश्वत होने की क्षमता नहीं।

पर सच पूछो तो यह चिरन्तन राग पढ़ चुकने के पश्चात भी इसका वास्तविक अर्थ समझने में कम से कम मैं असमर्थ ही रहा। मस्तिष्क बराबर इसके अर्थ की टोह में लगा रहा। सोचा कि सम्भवतः किसी दृश्य, विचार या भाव का बार-बार चित्रण, अभिव्यंजन या अंकन ही 'शाश्वत' गुण के परिगणन में आता होगा। पर साथ ही 'सुरसा का मुँह' एक दूसरी समस्या सामने थी—पुनरुक्ति दोष मानी गयी है। अपना अनुभव भी था कि बार-बार एक ही वस्तु मन में नीरसता का संचार कर देती है। एक ही वातावरण रुक्षता से परिव्याप्त हो जाता है। किसी का बड़ा ही लाक्षणिक प्रयोग है कि परिवर्तन ही जीवन है तथा गति जीवन का चरम सत्य है। साहित्य के काल-प्रवाह को यदि हम ध्यान में देखें, तो निरन्तर धारा की प्रवहमानता वक्रताओं एवं भंगिमाओं की नूतन उपलब्धियाँ प्राप्त करती चलती है। मूल भावों को छोड़ दिया जाये तो भाषा, छन्द, काव्यरूप, विषयवस्तु तथा उपस्थापन शैली सभी बदलते गये हैं। वैदिक कवि की पर्वतीय नीर जैसी निश्छलता तथा सादगी, क्लैसिक कवियों की सूक्ष्म सौन्दर्य-चेतना, गरिमा एवं वैभव में बदल जाती है। ऐश्वर्य और वैभव का यह 'ग्रैंज्योर' उत्तरकालीन संस्कृत कवियों की पच्चीकारी और अलंकरण में एक नया रूप धारण कर लेता है। यही नहीं भाषा भी तो बदलती हुई—यहाँ तक कि देववाणी, प्राकृत, पाली के रास्ते चलकर अपभ्रंश होते हुए हिन्दी हो गयी; और विषयवस्तु के भीतर राम, कृष्ण, शिव से लेकर बुद्ध, महावीर, सिद्ध, साधक, योगी, भोगी, सन्त-भक्त और पृथ्वीराज तथा महोबे के महीप सभी आये। अनुष्टुप से सवैये और बरवै तक का रास्ता कितना लम्बा था, यह गिनाने की यहाँ आवश्यकता नहीं।

ऐसी दशा में लगता है कि कला के मूल में कोई अन्तर्विरोध उपस्थित हो गया है। कला के इन दो मूल सत्यों—स्थायी एवं परिवर्तन की संगति कैसे बैठे? यदि वह चिरन्तन नहीं; तो मात्र 'पैम्फलेट' और नवीनता नहीं तो अनुकृति और नीरस। सोचने लगा कि इनका कोई मिलन-बिन्दु भी तो हो सकता है; सम्भव है कि ये दो विरोधी से लगने वाले तत्त्व मिलते-जुलते हों; एक ही चरम सत्य की ओर इंगित करते हों; अथवा हो सकता है अन्योन्याश्रित हों।

इस प्रश्न पर विचार करते ही मुझे अचानक वर्ष की विभिन्न ऋतुएँ याद आ

जाती हैं। वे प्रत्येक वर्ष आती हैं। यह उनका शाश्वत गुण है और उनमें परिवर्तन होता ही रहता है। वर्ष-भर एक ही ऋतु का सौन्दर्य जड़ होकर पड़ा नहीं रहता। ऋतुराज वसन्त ही को लिया जाये; यह हमें क्यों लुभाता है? कुसुमधन्वा कन्दर्प देवता की यह प्रिय ऋतु भारतीय ही नहीं मनुष्य मात्र को आह्लादित करती है। देश-देश ने उसके विभिन्न नामकरण किये हैं तथा पृथक-पृथक उपकरणों और सज्जाओं से उसका स्वागत करते हैं। पर वसन्त फिर भी चिरनूतन है। वह परम्परा के भीतर घटित होता है इसलिए शाश्वत है। परन्तु वह रूढ़ नहीं है; स्वाभाविक ढंग से अपने परिवर्तन में आता है। उसका कोई मुहूर्त रूढ़िबद्ध होकर स्थापित नहीं है; इसीलिए चिरन्तन है। परन्तु वसन्त पंचमी एक दिन रूढ़ कर दी गयी है; परिणाम आपके सम्मुख है। हम सब लीक पीट लेते हैं; पर वसन्त की मादकता का अनुभव नहीं कर पाते। इसके स्थान पर यदि हम उस दिन वसन्त मनाएँ, जिस दिन हमें यथार्थ अनुभूति हो तो वह हमारे आह्लाद का अटूट निर्झर बन सकता है। पतझड़ में वसन्त मनाने के बजाय जब हमारे यहाँ के शिरीष और अशोक पुष्पित हो उठें, सरसों की पीली गदराई और हरिताभ आम्र-मंजरी मुकुलित हो और जिस दिन हमारे हृदय विकीर्ण सौरभ से भर उठें, उसी दिन वसन्त बन जाये। ध्यान देने की बात है कि निरी आवृत्ति नूतन नहीं है।

यदि वनस्थली में पुराने रुख बने ही रहें, नूतन तरुराजि का उदय न हो, नवीन किसलय दलों की निवृत्ति न हो, नवमुकुलों का प्रफुल्लन न हो तो दृश्यावली की सम्पूर्ण अभिरामता नष्ट हो जाये। इसीलिए तो 'ओल्ड आर्डर चेंजेथ यीलिंडग प्लेस टु न्यू'। कालिदास ने भी इसी बात की ओर इंगित करते हुए कहा था—

त्यजत मानमलं बत विग्रहैः,
न पुनरेति गतं चतुरं वयः।
परभृताभिरितीव निवेदिते
स्मरमते रमते स्म वधूजनः।।

'माननियो मान छोड़ो, बीता यौवन फिर नहीं आवेगा।' कोकिल के स्वर द्वारा मदन का यह अभिमत जान कर कुलवधुएँ क्रीड़ा-प्रवृत्त हुईं। मैथिल-कोकिल का भ्रमर भी 'भमि भमि जोहये मानिनि मान' यही सन्देश देता था। 'रघुवंश' गवाही है, कालिदास का यह इंगित व्यर्थ नहीं गया—

चूताङ्कुरास्वादकषायकण्ठः
पुंस्कोकिलो यन्मधुरं चुकूज।
मनस्विनी-मान-विधात-दक्षं
तदेव जातं वचनं स्मरस्य।।

'आम की मंजरियों के खा लेने से जिसका स्वर मधुर हो गया है, ऐसा कोकिल जब मीठे स्वर से कूक उठता है, तो रूठी हुई स्त्रियाँ अपना रूठना भूल जाती हैं।'

वसन्त का यह सन्देश सृष्टि की सुन्दरतम कृति तो सुन ही लेती है, पर कालिदास के ही शब्दों में पशु-पक्षियों एवं वनस्पति-जगत द्वारा व्यक्त चेष्टाओं और आह्लाद का दृश्य भी दर्शनीय है—

पुंस्कोकिलश्चूत-रसासवेन
मत्तः प्रियां चुम्बति राग-हृष्टः।
कूजद्-द्विरेफोऽप्ययमम्बुजस्थः
प्रियं प्रियायाः प्रकरोति चाटु।।

देखो यह नर कोयल भी आम्र मंजरियों के मद में मस्त होकर अपनी प्रिया को प्रेम से चूम कर प्रसन्न हो रहा है। कमल पर बैठा हुआ भौंरा अपनी प्रणयिनी की चाटुकारी कर रहा है। वसन्त की यही तो विशेषता है कि वह किसी की बाट नहीं जोहता, आ पहुँचता है—

असूत सद्यः कुसुमान्यशोकः
स्कंधात्प्रभृत्येव सपल्लवानि।
पादेन नापैक्षत सुन्दरीणां,
सम्पर्क मासिञ्जित नूपुरेण।।

'अशोक वृक्ष भी स्कन्ध पर से तत्काल पल्लव-किसलय दलों से फूल उठा। उसने झनझनाते हुए नूपुरों वाली सुन्दरियों के चरण-प्रहार की बात नहीं देखी, ऋतु का परिवर्तन उसे क्षण का सौन्दर्य दे जाता है।' और सौन्दर्य भी क्षण के अणु में होता है, पर वह अणु जब अन्य अणुओं से सम्पृक्त होकर एक निश्चित समग्रता प्राप्त करता है, तभी प्रकाशित हो पाता है।

यहीं पर एक बात की याद हो आयी है—बहुधा सरसों और आम पौष मास में वसन्ती हो जाते हैं, पर हम मनाते वसन्त माघ सुदी पंचमी को ही हैं। मुझे लगता है कि बहुधा सशक्त कवि और कतिपय प्रबुद्ध व्यक्ति अपने समय की रूढ़ वसन्त पंचमी वाले दृष्टिकोण से आगे की बात कहने लगते हैं। साधारण चित्त उस समय उससे तादात्म्य स्थापित नहीं कर पाता। काफी समय बाद सहानुभूति दे पाता है; तथा जैसे सरसों के कुछ क्षीणकाय पौधे या अशक्त आम्रतरु वसन्त में भी पुष्पित और पल्लवित नहीं हो पाते या अपेक्षाकृत हीन कलियाँ दे पाते हैं, उसी भाँति कुछ कवि भी देर से चेतते हैं। या वसन्त में भी पतझड़ मनाया करते हैं। यदि ऐसा न होता, तो तुलसी जैसे कलाकार का अपने युग में इतना व्यापक विरोध न हुआ होता, छायावादियों की खिल्लियाँ न उड़तीं और प्रगति-प्रयोग इतने गर्हित न कहे जाते।

मुझे ऐसा लगता है कि घूम-फिर कर 'शाश्वत' और 'नवल' की सारी समस्या 'सहृदय' की समस्या है; रसास्वादन की समस्या है। यदि रचना मर्म को छू नहीं पाती, यदि उसमें रंजन की सामर्थ्य नहीं है, तो चाहे उसे अमौलिक और घिसी-पिटी कहकर त्याज्य करार दे दें; अथवा ऊलजलूल, असांस्कृतिक और अभारतीय कह

कर उड़ा दें, उसमें कोई तात्त्विक अन्तर नहीं पड़ने का। पर यह मर्म का छूना भी सहृदय की रससंवेदना, उसके सौन्दर्यबोध पर निर्भर करता है। यह बोध सहृदयों की परिस्थिति, संस्कार शिक्षा-दीक्षा और परम्पराओं के अनुरूप अलग-अलग होता है। अतः यदि परम्परा के ऐतिहासिक बोध और नवीन जीवन-मूल्यों की एक सजग अनुचेतना जाग्रत कर एक सामान्य, पर प्रबुद्ध रुचि-स्तर जाग्रत किया जा सके, तो यह असंगति और अन्तर्विरोध किसी हद तक दूर किया जा सकता है। वास्तव में श्रेष्ठ साहित्य की रचना परम्परा के भीतर युग के यथार्थ को समेट कर होती है। पुत्र पिता की परम्परा में होता है, पर जनक से निश्चित रूप से भिन्न होता है। इलियट ने इस सम्बन्ध में बड़ी सटीक बात कही है, 'वह कौटुम्बिक विशेषताओं को सुरक्षित रखता है और उसके स्वभाव का अन्तर एक-दूसरे युग की परिस्थितियों का अन्तर है।' यही हाल साहित्य का है। अपने परिवेश के प्रति रागात्मक प्रतिक्रिया एक शाश्वत तत्त्व है, पर प्रतिक्रिया का स्वरूप और अभिव्यंजना बहुत कुछ बदल जाती है। साहित्य की यही चिरन्तनता और चिरनूतनता है।

मैं सोच रहा हूँ कि मानव कला और साहित्य सभी अमर हैं; शाश्वत हैं; प्रश्न विच्छिन्न व्यक्ति अथवा कृति का नहीं है, समग्रता का है। व्यक्ति चला जाता है, कलाकार समाप्त हो जाता है, कुछ कृतियाँ भी नष्ट हो जाती हैं, पर परम्परा आगे बढ़ती रहती है। जीवन और कला की शृंखला 'सिनेमा स्लाइड्स' की भाँति आगे बढ़ती जाती है। पर यह स्लाइड्स निरी आवृत्ति नहीं हैं, इनमें नूतन दृश्य-विधान उपस्थित होता रहता है। गति का यह नैरन्तर्य, जीवन की 'कांटीन्यूटी' ही उसका अमरत्व है। वास्तव में 'जगत्यां जगत्' के एक उदाहरण कला और साहित्य में भी सृष्टि के ऋत (गति के नियम) और सत्य (स्थिति के नियम) सदा काम किया करते हैं। इन्हें ही हम परिवर्तित कर 'शाश्वत और नवल' का चक्र कह सकते हैं।

धर्मयुग : 27 फरवरी, 1955

व्यक्ति के बन्धन

मनुष्य के बन्धन प्रमुखतः तीन होते हैं, जो उसे व्यवस्था के बीच से ले चलते हैं—(i) धर्म का (ii) परमसत्ता का (iii) समाज का।

धर्म उसके ऊपर नैतिक मर्यादाओं की स्थापना करता है; ईश्वर आध्यात्मिक बन्धनों की स्थापना और समाज उसके दैनन्दिन जीवन की विविध दिशाओं का सम्यक नियन्त्रण और व्यवस्थित निरूपण!

सभ्यता के विकास के साथ-साथ मनुष्य में धर्म, ईश्वर और समाज की भावनाएँ उदित होती हैं। उस समय तीनों का ही स्थान अपेक्षित होता है। यद्यपि सामाजिक बन्धन उस युग में आज की कोटि के न रहे होंगे। पर वहाँ जो भी अभिव्यक्ति होती थी, वह सामूहिक (Collective) होती थी। समूह की जिन्दगी और समूह की चेतना ही प्रमुख थी। वैयक्तिक इकाई का तो जन्म बहुत बाद में हुआ। यहाँ तक कि उस युग का साहित्य चाहे वह गीति-काव्य ही क्यों न हो, वैयक्तिक अभिव्यक्ति न होकर सामूहिक उच्छ्वास है। वैदिक, हिब्रू आदि प्राचीन साहित्यों को देखने से पता चलता है या ज्ञात होता है कि उनमें कुटुम्ब या कुनबे की भावना प्रमुख है। सम्भवतः इसी कारण प्राचीन वाङ्मयों में 'टाइप' चरित्रों का आधिक्य है। कृति के पीछे रहने वाले कर्ता की हमें झाँकी उपलब्ध नहीं होती। चरित्र-चित्रण की इस निर्वैयक्तिक प्रणाली के कारण ही बहुधा इस प्रकार के भ्रम और विवाद उठ खड़े होते हैं, जिनमें प्राचीन साहित्यकारों के जीवन-दर्शन सम्बन्धी सिद्धान्तों पर विचार-विमर्श और आक्षेप होते हैं। परन्तु यह सामूहिक और अवैयक्तिक रूप किसी कठोर सामाजिक बन्धन का उद्भावक नहीं बना। उस समय रक्षा, भोजनादि कुछ मूल आवश्यकताओं के अतिरिक्त कोई विशेष बन्धन न था; और बन्धन होता भी कैसे? समाज और व्यक्ति इतने अधिक वैविध्यपूर्ण उस समय थे भी नहीं। अस्तु, धर्म, ईश्वर और समाज की सत्ताएँ बहुधा साथ ही साथ बढ़ रही थीं। इस विषय में शंका की जा सकती है कि धर्म और ईश्वर पृथक कैसे? पर दोनों में भावनाओं और पद्धतियों का गहरा अन्तर है। धर्म है जिन्दगी बिताने का एक पथ विशेष (A way of life) जबकि ईश्वर किसी परम सत्ता का बोध।

प्रारम्भ में जो धर्म आया, वह बहुत कुछ शक्तिशाली को (प्राकृतिक शक्तियाँ भी) प्रसन्न रखने के सिद्धान्त पर आधारित था। शक्तिमानों को प्रसन्न करने का एक ही ढंग है, जो आज तक चला आ रहा है—(स्तुति और उपहार भेंट)। परन्तु उपहार देते हुए किसी प्रकार के नैतिक बोध का प्रश्न न उठता रहा होगा; बाद में जब प्राकृतिक शक्तियों ने उपहारों के बावजूद भी अपना उग्र रूप न छोड़ा, तब एक परम सत्ता का बोध उस युग के मानव मस्तिष्क में आया होगा; तथा नैतिक प्रश्न भी साथ ही उठे होंगे। कुछ इस ढंग की भावना आयी होगी कि कहीं ऐसा तो नहीं है कि हम कुछ बुरे कार्य कर रहे हों और उनका प्रभाव हमारे भविष्य पर इन प्राकृतिक शक्तियों द्वारा पड़ रहा हो। इसी स्थान पर नीति का प्रश्न उठता है और कर्मकाण्ड की भावना का जीवन में समावेश होता है। परिणामस्वरूप उपहार भेंट का ढंग भी बड़ा डेलीकेट हो गया होगा; स्नान करके शुद्ध पवित्र होकर या अन्य विधि-विधानों और अनुष्ठानों द्वारा।

ऊपर हम कह चुके हैं कि धर्म और ईश्वर की भावनाएँ कुछ पृथक होती हैं। एक तो एक प्रकार के जीवन का रास्ता देता है। वह रास्ता अनीश्वरवादी भी हो सकता है; जैसे लोकायत या साम्यवाद। जबकि दूसरे में एक ऐसी नियामक, नियन्ता शक्ति की कल्पना की जाती है, जो एक प्रकार के मानसिक और आध्यात्मिक भय को उत्पन्न करने में समर्थ है। सामाजिक विधि-निषेध इन दोनों से थोड़ा पृथक होते हैं। वहाँ पर मनुष्य की बौद्धिक चेतना अपने अधिक प्रखर रूप में आती है। वहाँ व्यक्ति का प्रश्न व्यापक रूप में लिया जाता है। अतः ऐसे विधि-विधानों और नियम-संयमों की व्यवस्था होती है, जो सामूहिक जीवन को गतिशील बना सकें।

यहीं पर एक और प्रश्न उठता है कि इन नियमों और विधानों का पालन किस प्रकार किया जाये? अतः दबाव और compulsion की सृष्टि सामाजिक जीवन में होती है।

इस सामाजिक दबाव वाले रूप का चरम विकास राज्य के रूप में होता है। इन तीनों बन्धनों के द्वारा समन्वित रूप से नीति और न्यायशास्त्र का विकास होता है; जैसे हत्या और फाँसी। हत्या धार्मिक, ईश्वरीय और सामाजिक दृष्टि से अनुचित है ही, नैतिक रूप से भी गर्हित है; अतः उसके लिए व्यवस्था होती है प्राण-दण्ड की। विभिन्न युगों में इन तीन बन्धनों में कभी किसी ने प्रमुखता प्राप्त की और कभी किसी ने प्रधानता; प्रत्युत यों कहा जाय तो अधिक सत्य होगा कि ईश्वर का बन्धन आपेक्षिक रूप से सबसे क्षीण रहा। बन्धनों की प्रमुखता के अनुसार नैतिकता के व्यापक नियमों का भी संशोधन होता रहा। भारत में वाममार्गियों के यौवनकाल में पंचमकार आदि नैतिक दृष्टि से घृणित वस्तुओं का सेवन साधना की दृष्टि से अनिवार्य माना गया और जनता भी उन साधकों की पूजा करती रही। राज्य दण्ड के चरम विकास के समय इसी प्रकार राजाओं या अन्य शक्तिशाली लोगों द्वारा

किये जाने वाले नीति-वर्जित कार्य क्षम्य रहे। राज्य की हर सुन्दरी उनकी उपभोग्य थी, प्रत्येक नव-विवाहिता की मधुरात्रि राजा का अधिकार थी। बहुमूल्य वस्तु मानो उनके सन्तोष के लिए ही सृजित होती थी। अस्तु, यह तो विकृत स्वरूप की बात हुई; पर सामान्यतः धर्म नैतिक नियमों को मान्यता देता था। राज्य उनका पालन करवाता था। कुछ क्षेत्र ऐसे भी थे, जहाँ राज्य की व्यवस्था संवाहन के साधनों के अभाव के कारण अथवा विकेन्द्रीकरण की नीति के कारण समुचित ढंग की न हो पाती थी। यहाँ पर आम तौर पर उपजातियों की पंचायतों द्वारा दण्ड बहिष्कार आदि की व्यवस्था रहती थी। पर 11वीं सदी में आकर विज्ञान ने समस्त प्राचीन विश्वासों, धार्मिक भावनाओं और पद्धतियों की नींव को हिला दिया। नये मनुज के भीतर एक नयी आस्था ने जन्म लिया। उसने अनुभव किया कि मनुष्य की बुद्धि और उत्पादन व्यवस्था ही अधिकांशतः समाज का नियमन और परिचालन करती है। आध्यात्मिक के स्थान पर भौतिक का बोलबाला होने लगा। धर्म-बुद्धि का स्थान विज्ञान-बुद्धि ने ले लिया। पश्चिम में इस नवीन विज्ञानवादी दर्शन का प्रारम्भ हुआ। वहीं नृत्तत्वशास्त्र, समाजशास्त्र, मनोविज्ञान आदि विविध ज्ञान-विज्ञान की शाखाओं का उद्भव एवं विकास हुआ। परिणामतः इनके परिपार्श्व में नयी मान्यताओं, सिद्धान्तों और व्यवस्थाओं की स्वतन्त्र स्थापना हुई। इस सन्धिकाल की अनिवार्य परिणति थी कि प्राचीन और नवीन तथा नैतिक और सामाजिक विचारों के बीच तीव्र संघर्ष हो। जितनी उथल-पुथल विचारों और मान्यताओं की, नवीन एवं पुरातन की आज हम अपने देश में देख रहे हैं, उससे कहीं अधिक योरप में अनुभव की गयी थी। वहाँ पर मानसिक असन्तोष ही नहीं, शारीरिक रक्तपात भी हुआ था।

अस्तु प्राचीन विश्वासों, धार्मिक-व्यवस्थाओं की नींवें भहराने पर प्राचीन नैतिक मर्यादाओं का भी उल्लंघन प्रारम्भ हुआ। धर्मसंघ अनिवार्य कारणों से प्राचीन नीति शास्त्र के जड़ नियमों की प्रतिष्ठा बनाये रख सकने में दुर्बल सिद्ध हुए। राज्य व्यवस्था संक्रान्ति काल में थी। अतः कुछ दिनों के लिए नैतिक मूल्यों की उपेक्षा हुई। पर शीघ्र ही किसी न किसी प्रकार व्यापारी वर्ग ने अपना प्रभुत्व जमा लिया और नवीन व्यवस्था के अनुसार कुछ नवीन मूल्यों की स्थापना क्रमिक रूप से होती गयी। कहना यों चाहिए कि एक नये ढंग की व्यक्तिवादिनी और अर्थवादिनी नैतिकता का जन्म हुआ, जिसमें करुणा और दयावाद का इकाई कृत रूप मिलता है। सामूहिक शोषण उस व्यवस्था के भीतर उचित है, व्यक्तिगत अत्याचार वर्जित। इस कारण सामूहिक वस्तु Morality का पतन हुआ और यौन नैतिकता ऊपर उठी। इसके भी पश्चात पश्चिम में रूस आदि में नयी सामाजिक व्यवस्था के भीतर एक नये प्रकार की सामाजिक नैतिकता (Social ethics) का उदय हुआ है, जो अपने स्वरूप में आदिम सामूहिक नैतिकता से भी भिन्न है और व्यक्तिवादिनी नैतिकता से तो अलग है ही। सामूहिक करुणा एक वर्ग विशेष तक सीमित रहती है। इसमें दया और

मानवता के साथ-साथ आक्रोश और घृणा भी चलते हैं; पर सम्भवतः इसकी सबसे बड़ी त्रुटि है कि इसके द्वारा व्यक्ति के चारित्र्य पर सम्पूर्ण रूप से नियन्त्रण न हो कर केवल अर्थ दृष्टि और राष्ट्र की दृष्टि से विचार किया जाता है। आध्यात्मिक और मानसिक मूल्यों का उसमें कोई स्थान नहीं। यह बात मैं मार्क्सवाद की नहीं, रूसी व्यवस्था की कह रहा हूँ।

हमारे देश की परिस्थितियाँ इस समय बड़ी विचित्र हैं। यहाँ विज्ञान और पाश्चात्य शिक्षा के प्रसार के साथ-साथ पश्चिम की विश्लेषण प्रवण और शंकालु प्रवृत्ति तो उत्पन्न हो गयी, पर एक निश्चित आदर्श के प्रति किसी भाँति की श्रद्धा और विश्वास का अभाव है। इस देश के बड़े-बड़े जिम्मेदार व्यक्तियों तथा चिन्तनशील सुशिक्षितों से पूछिए तो वे किसी एक लक्ष्य या व्यवस्था या सामाजिक दर्शन के प्रति सन्देह की अवस्था में पड़े हुए मिलेंगे। बहुत अधिक प्रत्यक्ष बात राजनीतिक दलों को लेकर प्रश्न कीजिए, तो ये लोग कांग्रेस शासन को अन्याय युक्त बताएँगे। समाजवादियों के प्रति उनके मन में दूनी शंका का भाव है, जनसंघियों को वे भी प्रतिक्रियावादी बताएँगे और कम्युनिस्टों से घृणा करते हुए मिलेंगे। दूसरी ओर समाज और राज्य के जिस व्यवस्थित नियन्त्रण की आवश्यकता होती है, वह भी पराधीनता के कारण नहीं हो सका। जिन सामाजिक मान्यताओं और व्यवस्थाओं को विकसित होना चाहिए था, वहाँ पर तो शासन की ओर से अवरोध उपस्थित किया गया तथा पतनोन्मुख प्रवृत्तियों को प्रोत्साहन मिला। सामन्त, पूँजीपति तथा व्यापारी आदि वर्गों का स्वाभाविक विकास भी नहीं हो सका। हमारे यहाँ पूँजीपति और सामन्त के बीच प्रतिद्वन्द्विता सही अर्थों में उत्पन्न ही नहीं हो पायी है। कितने ही राजे-जमींदार, ताल्लुकेदार, उद्योगपतियों एवं व्यापारियों का रूप धारण करते आये और कर रहे हैं। यहाँ ये दोनों वर्ग बहुधा एक-दूसरे के सहायक रहे हैं। इसके अतिरिक्त विशाल देश में विकेन्द्रीकरण और ग्राम पंचायतों का जो महत्त्व था, वह भी परतन्त्रता के युग में समाप्त हो गया। इन परिस्थितियों के मध्य प्राचीन नैतिकता (जो अधिकांश में धर्मगत थी) तो समाप्त हो गयी, पर उसके स्थान पर किन्हीं नवीन मूल्यों की स्थापना न होने के कारण एक प्रकार का शून्य हमारे सामाजिक जीवन में उत्पन्न हो गया। Morality समाप्त हुई, पर Morale ऊपर नहीं उठ सका। ईश्वर का बन्धन तो प्रारम्भ से ही कमजोर था। इस बीच धर्म का नियन्त्रण भी ढीला पड़ गया। अब केवल थोड़ा बहुत भय लोक या समाज का रह गया था, पर पिछले कुछ वर्षों की दुरूह आर्थिक परिस्थितियों और जीवन संग्राम की जटिलताओं, नागरिक जीवन की कशमकश, एक अजीब सनसनी, उत्तेजना और दम घुटाने वाले वातावरण के भीतर इस तत्त्व का भी महत्त्व बहुत कम पड़ गया है। योरप में इस तरह की दशा बहुत अल्पकाल के लिए हुई थी, क्योंकि वहाँ पर परिस्थितियों का विकास बहुत ही स्वाभाविक ढंग से हुआ था। कार्य-कारण की परम्परा के भीतर समस्याएँ और

समाधान, उद्‌भूत हुए थे। वहाँ की समस्याएँ दूसरे ढंग की हैं, वहाँ की समस्याएँ सिरी कल्चर की हैं। उन पर यहाँ विवेचना करना बहुत समीचीन नहीं।

अस्तु, एक ओर तो हमारे यहाँ नितान्त पुराना ढाँचा भी कायम है और विज्ञान के अधुनातन उपकरण भी। बैलगाड़ी और ग्लाइडर साथ-साथ चल रहे हैं। हमारी अभिलाषा ढेड़ सौ वर्षों की प्रगति दस वर्षों में पूरी करने की है। पर साथ ही युगानुरूप एक नवीन सम्यक तत्त्व-दर्शन का अभाव भी है। देश में एक सुचारु राज्य व्यवस्था के स्थापित होने में भी कुछ विलम्ब है। नैतिक मान्यताओं की इन मृतप्राय परिस्थितियों के मध्य प्रत्येक अपने स्थान पर भ्रष्ट हो उठा है। सरकार और जन साधारण दोनों की नैतिक मर्यादाएँ गिरी होने के कारण उनका एक केन्द्र पर सम्मिलन और सहयोग असम्भव हो रहा है। परिणाम यह कि राष्ट्र की अनपेक्षित हानि और पतन।

इन समस्याओं पर हमें गहरे ढंग से विचार करना है। आज ऐसी व्यवस्था की पुनः स्थापना होनी है जो हमें पुनः नैतिक दृष्टि से उच्चतर व्यवस्था की ओर ले चले। एक नये तत्त्व-दर्शन, धर्ममत का निर्माण हमें करना है। पर हम निराश नहीं हैं, आस्था के बीजों में अभी प्राणतत्त्व निःशेष नहीं हुआ है। अब हम स्वतन्त्र हैं, अपने दिल में विचार करने और अपना रास्ता आप तय करने के लिए। कुछ दिन इधर-उधर भटक कर हमारे पदचिह्न कण्टकाकीर्ण भूमि में ही राजमार्ग का निर्माण कर लेंगे। मनुष्य के पदतल में महान् और जीवन्त शक्ति का वास है।

पर समस्या यहीं पर समाप्त नहीं होती। यह तो पश्चिम के स्तर तक पहुँचने की बात हुई; पर पश्चिम समस्या मुक्त नहीं। जैसा कि ऊपर लिखा जा चुका है कि वहाँ पर सिरी कल्चर एक भयानक खतरे के रूप में उपस्थित है। पाश्चात्य संस्कृति उसके लिए उपाय नहीं ढूँढ़ पा रही है। आज मनुष्य समाज के साथ नहीं, प्रत्युत भीड़ के साथ चल रहा है। उस भीड़ में कन्धे से कन्धे भिड़े रहते हैं। गलों से गले, आँखों से आँखें मिल जाती हैं। परन्तु यह धक्के के भीतर अचानक एक्सीडेण्टली होता है। मनुष्य बदहवास-सा आगे बढ़ जाता है। सामाजिक सूत्रों की रागात्मकता नष्ट हो गयी है। संस्कृति पीछे पड़ गयी है, सभ्यता आगे बढ़ गयी है। पश्चिम के मनीषी इस भयानक समस्या के अस्तित्व के सम्मुख किंकर्तव्यविमूढ़ हो रहे हैं। पूर्व में समस्या इतनी प्रमुखता से सामने न आने के कारण अभी हमारे मस्तिष्क इस ओर भली भाँति उन्मुख नहीं हो रहे हैं। पर शीघ्र ही हमें इस ओर ध्यान देना होगा। अतः मनीषियों, विचारकों, नियोजनकर्ताओं और व्यवस्थापकों को गम्भीर भाव से इस पर सोचना चाहिए और इसके लिए सुचिन्तित आयोजना करनी चाहिए।

कॉलेज पत्रिका : 1955

मनोरंजन का सामाजिक दायित्व

ज्यों-ज्यों हमारे राष्ट्रीय जीवन में बौद्धिक चेतना का प्रसार हो रहा है, उद्योग-धन्धों की वृद्धि के साथ जिस प्रकार व्यक्ति की व्यस्तता बढ़ती जा रही है, उसे मनोरंजन और अवकाश की घड़ियों को रचनात्मक रूप से बिताने की सुविधाएँ प्राप्त होने की आवश्यकता भी बढ़ती जा रही है। मनोरंजन से व्यक्ति को शारीरिक, मानसिक और आत्मिक स्फूर्ति प्राप्त होती है। भारतीय जनजीवन का निकट अध्ययन करने पर विदित होगा कि धर्म से लेकर सामाजिक रीति-रिवाजों तक में मनोरंजन को विशेष स्थान दिया गया है। आज आवश्यकता इस बात की है कि मनोरंजन का रूप स्वस्थ बनाया जाये और ऐसे साधनों का आविष्कार किया जाये, जिनके द्वारा मनोरंजन को सर्वसाधारण के जीवन का अंग बना दिया जाये। प्रस्तुत लेख में मनोरंजन के सामाजिक स्वरूप की चर्चा की गयी है। इस चर्चा को सार्थक तभी किया जा सकता है, जबकि हमारे पाठक उस पर गम्भीरतापूर्वक विचार करें और अपने थके मन को तरोताजा करते समय सामाजिक मूल्यों और दायित्वों को उचित महत्त्व दें।

मनोरंजन सम्बन्धी इतिहास अनुसन्धान करने वालों का प्रिय विषय हो सकता है। विविध युगों में मानव-प्रतिभा के विकास के साथ-साथ मनोरंजन की मूल प्रवृत्ति ने किन-किन रूपाकारों को ग्रहण किया, इनका अध्ययन रोचक ही नहीं बल्कि सामाजिक विचारधाराओं के विकासमान स्वरूप को समझने के लिए अत्यधिक महत्त्वपूर्ण सिद्ध हो सकता है। अलग-अलग भौगोलिक सीमाओं एवं ऐतिहासिक परिस्थितियों के भीतर पृथक-पृथक ढंग से जन समुदाय अपने श्रान्त-क्लान्त मन को प्रफुल्लता प्रदान करता आया है। कहीं उसने नये ढंग, नये खेल और नवीन साधन जुटाए, तो कहीं पुराने प्रकारों की तकनीक और उपकरणों में अपनी बुद्धि का उत्कर्ष दिखाया।

मनोरंजन में संलग्न होने पर हमारी वृत्तियाँ कृत्रिम बन्धनों से मुक्त हो जाती हैं। समाज, सभ्यता तथा नैतिकता आदि के विधि-निषेध मानवीय प्रज्ञा को एक प्रकार के तनाव की स्थिति में रखते हैं। ऐसा लगता है कि मन किसी चौखटे में कसा हुआ है। यह तनाव मनोरंजन के समय शिथिल हो जाता है। मानसिक तनाव की यह शिथिलता जहाँ एक ओर व्यक्ति के व्यक्तित्व के पूर्ण विकास एवं सुरक्षा

के लिए आवश्यक है, वहाँ दूसरी ओर ऐसे अवसरों पर मनुष्य की निम्नगामिनी एवं पशु वृत्तियाँ उससे शिष्ट सीमाओं का अतिक्रमण करा देती हैं। ऐसे ही मनोरंजन को हम साधारणतः अश्लील कहते हैं। इस शब्द के भीतर अंग्रेजी के Vulgar, Obscene तथा Absurd इन तीनों शब्दों के अर्थों का समावेश हो जाता है। मार-पीट एवं क्रूरता इत्यादि के द्वारा प्राप्त किया गया रंजन Vulgar कहा जायेगा। गाली बकना, कबीर गाना तथा मनुष्य की लैंगिक वृत्तियों को उभाड़ने वाला Obscene तथा अवसर का विचार किये बिना जो मनोरंजन किया जाये वह Absurd कहा जायेगा।

मनोरंजन हमारे सामाजिक जीवन का महत्त्वपूर्ण ही नहीं अनिवार्य हिस्सा है। सामाजिक कल्याण की विविध दिशाओं से उसका गहरा सम्बन्ध है। इस कारण मनोरंजन के सामाजिक उत्तरदायित्व को दृष्टिगत रखना नितान्त आवश्यक होता है। यह सही है कि मनोरंजन मनुष्य का वैयक्तिक अधिकार है, और नितान्त वैयक्तिक स्तर पर भी सम्पन्न किया जा सकता है। पर उसके निहितार्थ एकदम समाजोन्मुख हैं और अन्ततः उसके सामाजिक आधार और पक्ष ही प्रधान हो उठते हैं; इसलिए यह आवश्यक है कि मनोरंजन के ऐसे रूपों को बढ़ावा दिया जाये, जो सामाजिक मंगल को बढ़ाने वाले हों, जो शिष्टता और संस्कृति के उद्‌बोधक हों। एक उदाहरण इस सम्बन्ध में लें। अपने कमरे में आप आराम से बैठ कर कोई कहानी पढ़ मनोरंजन कर सकते हैं। देखने में यह नितान्त वैयक्तिक है; आप किसी से बोल नहीं रहे, शोर नहीं मचा रहे, मन ही मन आनन्द ले रहे हैं। पर तनिक गहराई से विचार करके देखें तो स्थिति दूसरी ही नजर आयेगी। वह कथा अपराध की मनोवृत्तियों को उकसाने अथवा स्त्री-पुरुष के लैंगिक सम्बन्धों को अश्लील ढंग से चित्रित करने वाली हो सकती है, जो आपको भी कमजोर बना सकती है तथा आपके बच्चों को भी दुश्चरित्र बना सकती है। अशिष्ट और अश्लील साहित्य की यह समस्या अमरीका में व्यापक रूप से अनुभव की जा रही है। अपनी सरकार भी देशी और विदेशी दोनों प्रकार के अश्लील साहित्यों को रोकने के लिए अनेक प्रयत्न कर रही है। फिर इस समस्या का एक सामाजिक पक्ष और भी है। मनुष्य की पशु-वृत्तियाँ अवसर पड़ते ही उसे नीचे की ओर खींचने का प्रयास करती हैं और उसे सस्तेपन की ओर ले जाती हैं। यह सस्तापन और अकलात्मक निम्नगामी आकर्षण उससे श्रेष्ठ साहित्य एवं कला की उपेक्षा कराता है। यह उपेक्षा धीरे-धीरे एक विशाल दायरे के भीतर फैलकर हमारे सांस्कृतिक विकास को रोक देती है। हमारे मौलिक चिन्तन और सृजन का रास्ता रुक जाता है। नैतिक मूल्य विनष्ट होने लगते हैं और अन्तिम परिणाम होता है राष्ट्र का पतन। स्पष्ट है कि तथाकथित वैयक्तिक मनोरंजन कितने बड़े सामाजिक अपकार की सृष्टि कर सकता है।

मान लीजिए आप ताश के पत्तों पर जुआ खेलते हैं। देखने में आप दो-चार मित्र ही बाजी लगाने बैठते हैं; पर यह दो-चार मित्र ही वह बिन्दु हैं, जहाँ से एक बड़ा

कुचक्र प्रारम्भ होता है। आपके वर्तमान दो-चार मित्रों की यह परम्परा आगे बढ़ती है तथा आपके कुटुम्ब में, कुल में और समाज में अपना प्रसार पाती है। यूरोप में एक नगर मांतेकार्लो है; वहाँ पर प्रारम्भ में एक जुआ घर खोला गया था, पर आज वह दुनिया का सब से बड़ा जुआ, विलासिता और पैशाचिक कृत्यों का अड्डा हो गया है।

वास्तव में जिस मनोरंजन का सामाजिक दायरा जितना ही बड़ा हो उसकी शिष्टता और मर्यादा पर उतना ही ध्यान रखना आवश्यक है। सिनेमा, नाटक, कवि सम्मेलन, नृत्य-गीत आदि सामूहिक मनोरंजन के साधन हैं। इसलिए दुनिया की समस्त सरकारों ने नाना प्रकार की व्यवस्थाएँ कर रखी हैं कि इनका प्रभाव कहीं बुरा न पड़े, उनकी रोकथाम बनी रहे।

मनोरंजन में हास्य-व्यंग्य का प्रमुख स्थान है; पर इस सम्बन्ध में इतना ध्यान में रखना आवश्यक है कि यह कुरुचिपूर्ण और अशिष्ट न हो जाये। कुछ दिन पूर्व ऐसे कुरुचिपूर्ण हास्य का एक दृष्टान्त हम लोगों के सम्मुख प्रयाग के ऑफिसर्स ट्रेनिंग स्कूल का आया था। मुख्यमन्त्री डॉ. सम्पूर्णानन्द ने उस व्यक्ति और उस प्रवृत्ति की वहीं सार्वजनिक निन्दा की, जिसकी कुरुचि के फलस्वरूप संस्कृत में जूतों की किस्में गिनाते हुए उनका ऋषि-मुनियों पर प्रयोग भी बताया गया था। वास्तव में हास्य-व्यंग्य भी सोद्देश्य होने चाहिए; असंगतियों को नष्ट करने में प्रयुक्त किये जाने चाहिए। 'गोदान' का गोबर, नगर से लौट कर होली के अवसर पर जो स्वाँग रचता है, वह ग्राम्य जीवन के कर्णधारों की अनीतियों को स्पष्ट करता और उनकी कमजोरियों पर सीधा प्रहार करता है। वास्तव में ऐसा ही मनोरंजन श्रेष्ठ है; जो एक ओर समाज सुधार भी करता है और दूसरी ओर मानसिक तनाव को भी ढीला करता है। होली हमारे यहाँ हास्य और मनोरंजन का त्योहार होता है। पर बहुधा हम उसमें जिस कुरुचि, अशिष्टता और अश्लीलता का प्रदर्शन देखते हैं; वह लज्जाजनक है। लोगों पर कीचड़ फेंकना, गन्दे पानी की बौछार, चलती ट्रेन पर पत्थरों की वर्षा, राह चलते लोगों के सर पर से टोपी या अँगोछा अचानक उतार कर होली के लिए जबरदस्ती पैसे वसूल करना तथा कबीरें गाना—हमारी कुरुचि और असभ्यता को ही सूचित करते हैं। कुछ दिन पूर्व होली के अवसर पर एक आदमी के चेहरे पर किसी उत्साही 'होरिहार' ने रंग पोत दिया, रंग उसकी आँखों तक पहुँच गया और वह अन्धा हो गया। हास्य के ये भद्दे स्वरूप सर फुटौवल, मुकदमेबाजी और हत्याकाण्डों तक को उपस्थित कर देते हैं। तभी किसी पुराने अनुभवी ने कहा है—'रोग का घर खाँसी और लड़ाई का घर हाँसी।' कुछ तमाशबीन कभी-कभी कुत्ते आदि की दुम में पटाखे बाँध देते हैं। वे निरीह प्राणी उनकी आवाज से घबड़ा कर इधर-उधर भागते हैं। ये सब अत्यन्त क्रूर मनोरंजन हैं जिनका बन्द होना लाज़मी है।

शिष्टता और नियमबद्धता तो हमारे विकास को सूचित करते हैं। वे मनोरंजन के बाह्य प्रभाव में ही नहीं उसके आन्तरिक संगठन में भी आवश्यक हैं। इसी कारण

मनोरंजन के विविध रूपों और साधनों को एक विशिष्ट ढंग से निर्धारित और नियमबद्ध किया गया है। विविध प्रकार के खेलों के नियम जहाँ उनको एकरूपता और संघटन प्रदान करते हैं, वहीं उन्हें अशिष्ट होने से बचाते हैं। आपने हॉकी और फुटबाल आदि में फाउल का नाम सुना होगा। फाउल करने वाले पक्ष को निरीक्षक एक निर्धारित दण्ड देता है। यह दण्ड उस खेल की आन्तरिक शिष्टता को भंग करने का परिणाम है। यह उचित नहीं है कि फुटबाल खेलते समय किसी को टँगड़ी मार कर गिरा दिया जाये; अथवा हॉकी से किसी का पैर तोड़ दें। ऐसा करना खेल की दृष्टि से अनुचित और अशिष्ट है। पुराने समय में तो शिकार का भी नियम था कि माताओं और बच्चों पर आक्रमण न किया जाये। राम को देख कर जब मृग भागने का उपक्रम करते हैं, तो मृगियाँ खड़ी ही नहीं रहतीं बल्कि व्यंग्य भी करती हैं--

हमहिं देखि मृग निकर पराहीं
मृगी कहहिं तुम कहँ भय नाहीं।
तुम आनन्द करहु मृग जाय,
कंचन मृग खोजन ये आये।

मनोरंजन के विविध प्रकारों में साधारण रूप से हम किसी को भी निन्दनीय नहीं कह सकते। वह निन्दनीय तब होता है, जब उसमें वैसा रूप भरा जाता है। सिनेमा शिक्षा देने, समाज में नयी भावनाएँ भरने में भी प्रयुक्त हो सकता है और निम्नगामी बनाने में भी। रेडियो आदि से घृणा का विषाक्त प्रचार भी हो सकता है और प्रेम का, कला का, साहित्य का मधुर सन्देश भी प्रसारित किया जा सकता है। भारत सरकार ने चित्रपट संगीत के स्थान पर शास्त्रीय और सुगम संगीत के प्रसारण पर बल इसी उद्देश्य से दिया है। सुना है कि फिल्मों के क्षेत्र में भी भारत सरकार ऐसे ही दृढ़ कदम उठा कर जहाँ एक ओर सस्तेपन का निराकरण करना चाहती है, वहाँ रचनात्मक पग उठा कर शिक्षाप्रद चित्रों के निर्माण की दिशा में भी अग्रसर है। मनोरंजन के सामाजिक दायित्वों को देखते हुए समाज के नियामकों एवं सत्ता के व्यवस्थापकों के ऐसे कार्य आवश्यक ही नहीं, अपितु अनिवार्य हैं; तथा जनसाधारण को भी इस दिशा में सक्रिय रूप से सोचना एवं कार्यरत होना चाहिए; क्योंकि बिना उसके सहयोग के कोई भी सामाजिक विधान सफल नहीं हो सकता। हमें आशा है कि हमारे राष्ट्र की स्वस्थ परम्पराएँ मनोरंजन के क्षेत्र में भी अपने दायित्व को गौरव देंगी।

योजना : फरवरी, 1957

स्वातन्त्र्योत्तर हिन्दी साहित्य : एक सर्वेक्षण

आजादी के बाद हिन्दी में कितनी पुस्तकें प्रकाशित हुईं, इसके आँकड़े इकट्ठे किये जा सकते हैं। यदि कोई यह पूछे कि प्रमुख साहित्यिक कृतियाँ कौन-सी हैं, तब भी शायद कमवेशी एक सूची तैयार की जा सकती है, परन्तु स्वातन्त्र्योत्तर हिन्दी साहित्य की प्रमुख उपलब्धियाँ क्या हैं, विकास की दिशाएँ क्या हैं, यह बतलाना कठिन है। इसके अतिरिक्त स्वतन्त्रता के सन्दर्भ में इन उपलब्धियों का मूल्य, महत्त्व और औचित्य क्या है? यह प्रश्न भी अत्यन्त स्वाभाविक एवं जटिल है। आगे हम इन्हीं प्रश्नों की सीमा में 1947 के बाद के साहित्य का लेखा-जोखा लेने की चेष्टा करेंगे।

अगस्त, 1947 में दो अत्यधिक महत्त्वपूर्ण घटनाएँ लगभग एक साथ घटित हुईं जिन्होंने हमारे आगे के समस्त क्रिया-कलाप पर अपना गहरा प्रभाव डाला। देश का बँटवारा और आजादी का आगमन—इन दो घटनाओं ने एक साथ ही हमें एक ही स्तर पर लेकिन भिन्न दिशाओं की ओर मोड़ा। विभाजन ने भारतीय मन पर जो गहरा घाव छोड़ा वह आज तक नहीं मिट सका। केवल धर्म के आधार पर एक संगठित राष्ट्र को बीच से चीर देना, सामान्य घटना न थी। सारा देश स्तब्ध हो गया। फिर इस विभाजन के कारण और परिणाम में जो रक्तपात हुआ, उसने तो सम्पूर्ण मनीषा को जैसे किंकर्त्तव्यविमूढ़ कर दिया। इस विमूढ़ता को गाँधी हत्याकाण्ड ने और गहरा कर दिया। दूसरी ओर लम्बे संघर्ष के बाद आने वाली मुक्ति के प्रति एक सहज उल्लास एवं आस्था का भाव था। इस प्रकार एक दूसरा दबाव व्यक्तित्व पर पड़ रहा था। उधर युद्धकाल के पूर्व से ही मध्यवर्ग पर गहरा आर्थिक दबाव पड़ता आ रहा था। युद्ध और स्वातन्त्र्य-संघर्ष की उत्तेजना में उसे लोग कुछ भूले-से थे—परन्तु स्वतन्त्रता के बाद ही उस दबाव को और तेजी से महसूस किया गया बल्कि कहना यों चाहिए कि यह दबाव अधिकाधिक बढ़ता गया। युद्ध-उद्योगों के समाप्त होने, विभाजन से उत्पन्न अनेक समस्याओं तथा राजनीतिक दलों की स्वार्थपरता के आगे सारा भविष्य धुँधला हो उठा। अतः प्रारम्भिक वर्षों (47 से 50-51 तक) के हिन्दी साहित्य में एक निराशा, क्षोभ, अनास्था, वैयक्तिक कुण्ठा एवं विघटन (वैयक्तिक, पारिवारिक और सामाजिक) की कड़वाहट देखी जा सकती है। यह इतनी बड़ी दुश्चिन्ता का समय

था, जबकि लेखक को रचना के लिए अपेक्षित एकाग्रता प्राप्त करना अत्यन्त कठिन हो गया। सम्भवतः इसी कारण इस क्षोभ को अभिव्यक्ति देने की चाह होते हुए भी श्रेष्ठ कलाकृति एक भी नहीं आ सकी। आश्चर्य न होना चाहिए कि गाँव के स्तर पर (एवं भारत की वास्तविक सत्ता अभी भी गाँव ही है) इस निराशा एवं दुख की अभिव्यक्ति काफी बाद सन् 54-55 में 'रेणु' के 'मैला आँचल' में हुई।

यहीं पर एक प्रश्न पूछा जा सकता है कि यदि साहित्य, संवेदना एवं आवेग का प्रकाशन है, तो विभाजन के साथ शुरू होने वाले हत्याकाण्ड, बर्बरता, शरणार्थियों की करुणाजनक अवस्था पर हिन्दी में एक भी श्रेष्ठ कृति क्यों नहीं लिखी जा सकी? मैं समझता हूँ कि इसके दो उत्तर हैं—प्रथम तो यह कि इन सारी घटनाओं का केन्द्र-स्थल हिन्दी-प्रदेश न था—इस कारण उसके परिणाम एवं गम्भीरता को प्रारम्भ में अनुभूत नहीं किया जा सका। कानों से सुनकर या कल्पना से देखकर जिन रचनाओं की सृष्टि हुई, उनमें वह मार्मिकता नहीं आ सकी जो पंजाबी एवं उर्दू-रचनाओं में हमें उपलब्ध होती है। दूसरा कारण वह दुहरा दबाव है, जिसकी चर्चा हम ऊपर कर चुके हैं। पंजाबी और उर्दू के क्षेत्र में यह दुहरा दबाव नहीं हो सका—क्योंकि वहाँ विभाजन का यथार्थ इतना विराट था कि आजादी जैसी चीज का उल्लास वे कुछ दिनों तक अनुभव ही नहीं कर सके। इसी कारण हिन्दी की अपेक्षा पंजाबी एवं उर्दू-साहित्य में हमें विभाजन की अधिक दर्दनाक अभिव्यक्ति मिल जाती है।

ऊपर हमने आर्थिक परेशानी का जिक्र किया है। इस दबाव ने भी देश में कम निराशा नहीं भरी थी। सवाल यहाँ उठता है कि क्या आज परिस्थिति पहले से कुछ बहुत बदल गयी है? तथा इस बदलने या न बदलने का साहित्य के सृजन और कथ्य पर क्या प्रभाव पड़ा है? आर्थिक आँकड़ों का विश्लेषण करने पर यह पता चलता है कि राष्ट्रीय आय चाहे बढ़ क्यों न गयी हो, परन्तु वैयक्तिक स्तर पर अवस्था शायद बिगड़ ही गयी है। साथ ही साहित्य के क्षेत्र में एक अजीब-सी बात दिखाई देती है कि पिछले 6-7 वर्षों में आस्था, उल्लास एवं आशा के स्वर प्रबल बने हैं। स्वतन्त्रता के बाद के प्रारम्भिक वर्षों में इन्हीं आर्थिक कष्टों आदि से पीड़ित होकर कुछ अदूरदर्शी यह आवाज लगा रहे थे कि यह आजादी झूठी है। इन लोगों ने ऊर्ध्वबाहु घोषणाएँ कीं कि हिन्दी साहित्य में गतिरोध है। कहना न होगा कि आँखें बन्द करके प्रकाश का अभाव चिल्लाने वाले इन लोगों को अपने नयन उघारने ही पड़े और यह मानना पड़ा कि आजादी झूठी नहीं है और साहित्य में गतिरोध भी नहीं है। यह देख-सुनकर मन में सहज ही शंका उठती है, कि ऐसा कौन-सा गुण या परिमाण का अन्तर हो गया है, जिसने 1951 के आसपास से 'कविता की मौत' को मानने से इन्कार कर दिया तथा 'सीढ़ियों के फूट जाने में' भी सुख का अनुभव होने लगा, क्योंकि विश्वास यह था कि बिना सीढ़ियों के भी तीर की तरह बढ़ेंगे। (दूसरा सप्तक में भारती और भवानीप्रसाद मिश्र) ऊपर हम कह चुके हैं कि

परिणाम की दृष्टि से आर्थिक सम्पन्नता में स्थिति सुधरी नहीं है; परिवर्तन वास्तव में गुणात्मक हुआ है।

प्रारम्भिक वर्षों में जहाँ सारा वर्तमान कष्टपूर्ण एवं भविष्य अनिश्चित एवं कुछ हद तक निराशाजनक प्रतीत होता था, वहीं वर्तमान में अब भी कष्ट होते हुए भी भविष्य के प्रति हम आश्वस्त हो उठे हैं।

स्वतन्त्रता के पूर्व हमारे मन में जो धारणा स्वतन्त्रता की थी—उसमें एकदम से सुखी जीवन प्राप्त कर लेने का विश्वास था। तब हम स्वतन्त्रता के दायित्वों एवं निर्माण की तपस्या से परिचित नहीं थे। इस कारण भी प्रारम्भिक वर्षों में एक निराशा आयी। परन्तु ज्यों-ज्यों हम स्वतन्त्रता एवं निर्माण के इन प्रश्नों से परिचित हुए, त्यों-त्यों हमारी आशा की किरणें अधिक दूर तक तिमिर को काटने में समर्थ हो सकी हैं। इधर के नये कवियों में बहुधा 'कल उगने', 'कल आने', 'नया सूरज उगाने' या 'नये सूरज का स्वागत' या 'सुबह के अछूते पन्ने पर पहली सतर लिख देने' का जो 'संकल्प' है अथवा 'आओ हम फिर से जियें' की जो भावना है, वह इसी भविष्योन्मुखी कर्म-प्रधान दृष्टि का परिचायक है। यहीं पर हम यह भी याद दिला देना चाहेंगे कि वर्तमान का कष्ट कटा नहीं है—और यदि समसामयिक कवि उसे एकदम अनदेखा करके भविष्योन्मुख ही हो पड़ता है, तो उसे यथार्थ का संवेदनशील चितेरा कहना कठिन हो जायेगा। इसके अतिरिक्त प्रत्येक कवि का अपना मानसिक गठन होता है, उसी के अनुरूप वह अपने चतुर्दिक विकीर्ण जीवन की प्रतिक्रियाएँ अभिव्यक्त करता है। ऊपर उल्लिखित दो अवस्थाओं के प्रति एक साथ या अलग-अलग कवियों ने अपने को व्यक्त किया है। 'क्षणवाद' तथा 'बौने व्यक्ति' के सिद्धान्तों में आधुनिक जीवन की निराशा या कुण्ठा, अनास्था या सन्देह को भी आश्रय मिला है। कभी-कभी एक ही कवि में ये दोनों प्रतिक्रियाएँ एक साथ ही मिल जाती हैं।

तमाम प्रकार के संघर्षों के बीच विकसित होने वाले इस संक्रमण के दोनों छोरों को सबसे अधिक भास्वर रूप में हम फणीश्वरनाथ 'रेणु' में प्राप्त कर सकते हैं। 'मैला आँचल' में जहाँ स्वतन्त्रता के बाद से लेकर प्रथम 'जन-निर्वाचन' तक दुख-दर्द की तीव्र अभिव्यक्ति है। 'परती-परिकथा' उन प्रयत्नों की कथा के स्तर पर संवेदनशील अभिव्यक्ति है, जो भारतीय गाँव को आज नया जीवन प्रदान कर रहे हैं, उसे भीतर से आन्दोलित करते हुए नये मूल्यों को प्रतिष्ठित करने में सहयोग दे रहे हैं। 'मैला आँचल' का डाक्टर जो 'समाज सेवा' के हवाई आदर्श को लेकर जाता है, गाँव की धरती से अधिक गहरा मानवीय नाता (विवाह करके) जोड़कर मानो अधिक महत्त्वपूर्ण कार्य करने के लिए 'परती-परिकथा' का जित्तन बनता है।

इस बीच की कठिनाइयों ने हमारे साहित्य में एक नयी चीज को और उभारा है—और वह है व्यंग्य। कठिनाइयों के बीच कमजोर आदमी बहुधा एकदम मूक हो

जाता है तथा शक्तिशाली एवं जिन्दादिल कड़वाहट में व्यंग्य-प्रधान हो उठता है। हिन्दी के समसामयिक साहित्य में व्यंग्य का प्रचुर उपयोग हुआ है। यह हमारे देश की जीवन्त शक्ति का प्रमाण है। व्यंग्य के लिए भाषा भी बड़ी धनी चाहिए। इधर हमारे साहित्य में अभिव्यंजना के लिए जिन नयी पद्धतियों एवं व्यंजनाओं की खोज की गयी है, उनके मूल में व्यंग्य-रक्षा का प्रश्न भी विद्यमान है। व्यंग्य के सम्बन्ध में यह भी ध्यान में रखना चाहिए कि व्यंग्यकार को अत्यधिक आत्मसजग होना पड़ता है। घटित होते हुए का अत्यन्त सजग बोध भी हमारे आज के साहित्य की एक प्रमुख विशेषता है। यह सजगता और बोधवृत्ति एक ऐसी बौद्धिक तटस्थता देती है जो मनुष्य को हर परिस्थिति को झेलने की भी शक्ति देती है तथा उसे यह क्षमता भी प्रदान करती है कि स्वयं अपनी चेतना का विश्लेषण कर सके। इस बिन्दु पर समसामयिक साहित्य छायावाद एवं छायावादोत्तर कैशोर-भावना से एकदम पृथक् है। आत्मवर्णन वहाँ भी हैं, पर अपने महत्त्व अथवा अपने शोक या कष्ट का अतिशयोक्तिपूर्ण वर्णन है, विश्लेषण नहीं। परन्तु नये साहित्य में अपनी वर्तमान अवस्था के प्रत्यक्ष वर्णन की अपेक्षा चेतना के मूल कारणों तक दृष्टि जाती दिखाई देती है।

व्यक्ति के क्षेत्र में चेतना की चेतना तक जाती हुई यह सजगता जब सामाजिक क्षेत्र में पदार्पण करती है तो समाज के विविध चरित्रों, घटनाओं एवं परिस्थितियों से कुछ का चयन करके एक-एक छोटा-सा व्यवस्थित गुलदस्ता बनाने की बजाय पूरे जीवन-खण्ड को समेटती है। इसे यों भी कह सकते हैं कि यह संचरण व्यक्ति से समाज की ओर होता है न कि समाज से व्यक्ति की ओर। 'अकेला स्नेह भरा दीप' जब पंक्ति को समर्पित होता है तब उसकी कथात्मक अभिव्यक्तियाँ भी पूरे जीवन-खण्ड को ही प्रकाशित करना चाहती हैं। यदि हम स्वातन्त्र्योत्तर हिन्दी-उपन्यासों को पढ़ें तो सजगता के ये दोनों रूप हमें उपलब्ध हो जाते हैं। व्यक्ति की चेतना का बोध हमें अपने सर्वोत्कृष्ट रूप में 'नदी के द्वीप' में प्राप्त हो जाता है एवं जीवन-खण्ड का चित्रण रेणु, अमृतलाल नागर, नागार्जुन, उदयशंकर भट्ट आदि के तथाकथित आंचलिक उपन्यासों में। इधर इन उपन्यासों की आंचलिकता पर बहुत जोर दिया गया है। मुझे ऐसा लगता है कि वास्तव में यह आंचलिकता माध्यम है, समग्र जीवन-खण्ड को व्यक्त करने का। रेणु में ग्रामीण जीवन की अभिव्यक्ति हुई है तथा अमृतलाल नागर के 'बूँद और समुद्र' में नगर के एक मुहल्ले को उसकी पूरी पृष्ठभूमि में उपस्थित किया गया है। यहीं इस बात का उल्लेख कर देना भी अप्रासंगिक न होगा कि इस सजग व्यापक दृष्टिकोण के फलस्वरूप अनुभव-क्षेत्र का भी विस्तार हुआ। यह विस्तार सबसे प्रखर रूप में कथा-साहित्य के क्षेत्र में देखा जा सकता है। सन् '36 से 49-50 तक के साहित्य में हमें मध्यमवर्ग के ही विविध रूपों का आकलन मिलता है। (कुछ अपवादों को छोड़कर—वे भी मुख्य रूप से काव्य के क्षेत्र में। कथा-साहित्य में प्रगतिवाद के कारण मजदूर-वर्ग भी आया।

ग्रामीण जीवन की परम्परा नागार्जुन में अवश्य सुरक्षित रही) परन्तु 49-50 के बाद से ग्रामीण जीवन का फिर से प्रवेश हुआ। प्रारम्भ में यह प्रवेश बहुत कुछ रोमाण्टिक तथा विशिष्ट रहा, 'रेणु' के उपन्यासों तक आते-आते यह व्यापक सामाजिक सन्दर्भ में प्रतिष्ठित हुआ। हिन्दी में ऊपरी वर्ग का चित्र प्रामाणिक रूप से कम उपलब्ध होता है। नये साहित्य में अज्ञेय, राजेन्द्र यादव ने ऊपरी वर्ग की बौद्धिकता (?) भी उपस्थित की, एवं राजेन्द्र यादव ने उसकी प्रामाणिक बखिया-उधेड़न भी की। 'उखड़े हुए लोग', 'कुलटा', 'शह और मात' में हमें ऐसे चरित्रों के भी दर्शन होते हैं, जो सामान्य हिन्दी-पाठक के लिए कुछ दूर की वस्तु रहे हैं—यद्यपि सामाजिक जीवन में वे महत्त्वपूर्ण हैं, विशेष रूप से आज के व्यावसायिक जीवन में।

कहते हैं कि समृद्ध एवं सुसंस्कृत दृष्टि के विकास के साथ ही किसी देश में नाटक का विकास होता है। नाटक अनिवार्य रूप से रंगमंच से सम्बन्धित होता है तथा रंगमंच किसी न किसी प्रकार के रुचि-परिष्करण से सम्बन्धित अवश्य होता है। रंगमंचीय साधन भी व्यय-साध्य होते हैं। हिन्दी नाटक अब तक रंगमंच-असम्पृक्त विकसित हुआ है। स्वतन्त्रता के बाद सरकारी, गैर-सरकारी अनेक स्तरों पर रंगमंचीय आवश्यकताओं पर ध्यान दिया गया है; परिणामस्वरूप हिन्दी-नाटक अपने कथ्य में चाहे अभी प्रसाद से आगे न बढ़ पाया हो, परन्तु जहाँ तक अभिनेयता, मंच-सज्जा, मंच-निर्देश आदि का प्रश्न है, हिन्दी नाटककारों का ध्यान गया है। मौलिक नाटकों के अतिरिक्त, कथा एवं काव्य-कृतियों को भी नाट्य-रूप दिया गया एवं उनका सफलतापूर्वक अभिनय भी हुआ है। रेडियो द्वारा नाटकों के क्षेत्र में एक सर्वथा नयी साहित्य-विधा (श्रव्य-नाटक) का भी विकास हुआ है।

ऊपर साहित्य के क्षेत्र में जिन नयी प्रवृत्तियों एवं क्षेत्रों की चर्चा हुई, वे अनिवार्य रूप से अपने अभिव्यंजन के लिए नये शिल्प की माँग करते हैं। पुराने मुहावरों एवं रूपाकारों के भीतर उन्हें बाँध रखना सम्भव नहीं है। इसके लिए साहित्यकारों को नयी अभिव्यंजन-शैलियाँ, नये रूपगठन खोजने और स्वीकारने पड़े हैं। इस तथ्य को ध्यान में न रखने के कारण बहुधा पुराने ढंग के लेखक या पाठक रूप-विधान की अव्यवस्था, विशृंखलता, साधना का अभाव आदि आरोप लगाते हैं। आधुनिक और दिन-पर-दिन जटिल हो रहे जीवन के जिन नये प्रतीकों या पुराने प्रतीकों को जिस नये सन्दर्भ में प्रतिष्ठित करना पड़ता है, उन्हें सहानुभूति के साथ समझना होगा। 'गोलियों से बना फूल' हो या 'कैक्टस का गमला'; 'मुट्ठियों के बीच से निकलती रेत' हो या 'चक्र-व्यूह में पड़ा अभिमन्यु' हो—ये सभी एक ऐसे गहरे यथार्थ की ओर संकेत करते हैं जो एक साथ ही वैयक्तिक और सामाजिक हैं। ये प्रतीक सम्मिलित रूप से आन्तरिक मनःस्थिति एवं बाह्य वातावरण के सूचक हैं। नये साहित्य के शिल्प के उपादान कुछ बँधे-बँधाये क्षेत्रों एवं लक्षण-ग्रन्थों से नहीं लिये जाते, प्रकृति की केवल मृदुल-पेलव वस्तुओं का संग्रह ही प्रयोज्य नहीं है; सिन्दरी के कारखाने की गड़गड़ाती

मशीनों, वाल्वों, हैंडिलों का उपयोग उसके लिए उतना ही अनिवार्य है जितना सन्थाल की 'वंशी और मादल' का। अश्वत्थामा और कृष्ण भी उसके अभिप्राय-वाहक हैं एवं 'पदाक्रान्त रिरियाता कुत्ता' या 'मीनार शिखर का प्रार्थी मुल्ला' भी।

जिसे बहुधा लोग कथातत्त्व का ह्रास समझते हैं, वह वास्तव में या तो कथ्य को विविध कोणों से उजागर करने की विधि है, या फिर सघन संवेदना के क्षणों को यथार्थ के पूरे आवेश में पुनर्वर्तमान करने का प्रयास। इसके लिए लेखक कथोपकथन का नाटकीय ढंग, डायरी या स्वगत की निजी अभिव्यंजनाएँ, स्मृत्यालोक की मनोविश्लेषणात्मक पद्धति, काव्य के प्रतीक और बिम्ब-विधान इन सबका सम्मिलित और सचेष्ट उपयोग करने का प्रयास करता है। साहित्य के गद्य और पद्य रूपों में परस्पर इतनी सघन सम्पृक्ति युगों के बाद समसामयिक साहित्य में ही उपलब्ध होती है। ज्ञान-विज्ञान की विविध शाखाओं को आत्मसात् करके उनके आधार पर जीवन और जगत के अनुभव, बिम्बों की परख और निर्माण तथा उनके लिए एक ऐसे मुहावरे की खोज जो एक साथ ही वैयक्तिक एवं सार्वजनिक हो, अपने-आप में नितान्त जटिल कार्य है, पर नया लेखक इस सन्तुलन के लिए कटिबद्ध है। स्वतन्त्रता ने उसके सम्मुख नये वातायन मुक्त किये हैं, आज वह विश्व-नागरिक बनने की अधिक सुविधापूर्ण स्थिति में है, ज्ञान की उपलब्ध राशियों के प्रयोग के लिए उसे छूट है, अनुभव के क्षेत्र को बड़ा बनाने की गुंजाइश है। भौतिक सुविधाओं के क्षेत्र भी अपेक्षाकृत अधिक सुलभ हैं आज के लेखक को। ऐसी स्थिति में यदि हमें आज के साहित्य-सृजन में एक गहरी हलचल और प्रयत्न-बहुलता प्राप्त होती है तो आश्चर्य ही क्या? अभी तो ज्यों-ज्यों स्वातन्त्र्य-वृक्ष के फल हमारे राष्ट्र को चखने को मिलेंगे, ज्यों-ज्यों आर्थिक सम्पन्नता व्यापक जनसंख्या की शिक्षा और संस्कृति की सुविधाएँ दे सकेगी, त्यों-त्यों हमारे साहित्य के क्षेत्र में ऐसी प्रतिभाओं को प्रवेश करने का अवसर मिल सकेगा; जो अभी तक शिष्ट-साहित्य से दूर थीं। ऐसे लोगों के अनुभव के क्षेत्र नये होंगे, उनकी अभिव्यक्ति के माध्यम भी और नये होंगे। हमारा वर्तमान साहित्य आगे आने वाले इसी विराट् युग की भूमिका है, उसकी तैयारी है—और यही उसकी सबसे बड़ी उपलब्धि भी सिद्ध होगी।

स्वतन्त्रता के बाद के हिन्दी उपन्यास

उपन्यास का ऐसा रूप-विधान है, जो अपेक्षाकृत अधिक सोद्देश्य और वस्तु-स्थिति के निकट होता है। उपन्यास का उदय पश्चिम में भी नयी सामाजिक परिस्थितियों को समझने-समझाने, उनपर व्यंग्य करने या सुधारने का उद्देश्य लेकर ही हुआ था। वह उदीयमान मध्यवर्ग की आकांक्षाओं का द्योतक था। पहले उसमें रोमानी भावनाओं की प्रधानता रही, पर धीरे-धीरे वह सामाजिक यथार्थ की ओर बढ़ता गया।

हिन्दी में भी उपन्यास का विकास नये युग के आगमन के साथ होता है। प्रारम्भ में इसका वक्तव्य-पक्ष स्थापित परिवेश को आँकने में लगा, बाद को नये को ग्रहण करने में। इसमें जीवन के द्वन्द्व-संघर्ष भी आये और वैयक्तिक सामाजिक कुण्ठाएँ भी। ग्रामीण जीवन की स्पन्दित नाड़ी भी व्यक्त हुई और शहरों के घुटते मध्य वर्ग की तल्खी भी। लाला श्रीनिवासदास, किशोरी लाल गोस्वामी, देवकीनन्दन खत्री, गोपालराम गहमरी आदि द्वारा प्रारम्भ किया गया वह साहित्य-रूप प्रेमचन्द में परिपक्वता प्राप्त करता है। प्रेमचन्द ने इसे समाज के संस्थागत रूप के साथ भली प्रकार जोड़ा। आगे बढ़कर जैनेन्द्र, इलाचन्द्र जोशी, अज्ञेय, भगवतीचरण वर्मा ने व्यक्ति की आशा-निराशाओं को भी सफल अभिव्यक्ति दी।

सन् 1942 के आन्दोलन, सन् 1943-44 में आजाद हिन्द फौज के स्वतन्त्रता के लिए चलाए गये सशस्त्र संघर्ष और अन्तर्राष्ट्रीय परिस्थितियों के परिणामस्वरूप सन् 1947 में भारतीय स्वतन्त्रता का आगमन होता है। यहाँ से सारे राष्ट्र के जीवन में एक मोड़ आता है। आवश्यक था कि हिन्दी साहित्य भी जीवन की इस नवीन चेतना के प्रभाव से अछूता न रहे। यद्यपि साहित्य के प्रभाव-ग्रहण की प्रतिक्रिया उतनी सीधी और प्रत्यक्ष नहीं होती, जितनी कि राजनीति की, फिर भी किसी भी देश का साहित्य राष्ट्रीय जीवन से प्रभावित हुए बिना नहीं रह सकता। कुछ हद तक यह ठीक है कि अत्यधिक आवेश के मध्य साहित्य-सृजन नहीं हो पाता, लेकिन जब आवेग के बादल हटते हैं और मन का आकाश साफ होता है, तब उस आवेग की आधार-भूमि पर श्रेष्ठ साहित्य का सृजन प्रारम्भ हो जाता है। स्वातन्त्र्य के प्रारम्भिक वर्ष कुछ ऐसे ही आवेगमय वर्ष थे। फिर देश का विभाजन, राष्ट्रपिता की हत्या आदि भीषण दुर्घटनाएँ

ऐसी थीं, जिन्होंने कुछ समय के लिए सभी को स्तम्भित कर दिया। फलतः यह ऐसा समय था कि कुछ समय के लिए सारे राष्ट्र और उसके समस्त कार्यों (साहित्य सृजन उन्हीं में से एक है) में हमें एक गतिरोध की स्थिति प्रतीत होती है। पश्चिम में भी युद्ध के ऊपर लिखे गये उपन्यास युद्ध के बाद ही अच्छे लिखे जा सके, जबकि सम्पूर्ण दृश्य को अनासक्त भाव से उचित परिदृश्य में रखकर देखना सम्भव हो सका।

स्वतन्त्रता-प्राप्ति और पश्चात् घटित घटनाओं ने कुछ दिनों के लिए स्तम्भित ही नहीं किया, बल्कि क्षुब्ध और हताश भी किया। स्वतन्त्रता की जो स्वर्णिम कल्पना हमारे मन में थी, वह टूट-सी गयी। स्वतन्त्रता के बाद देश के निर्माण का कठिनतर दायित्व आता है, इसे हम भूल से ही गये थे। राजनैतिक दलों की भी अस्त-व्यस्तता और स्वार्थी कार्यकर्त्ताओं ने निराशा को उत्पन्न किया। अतः स्वातन्त्र्योत्तर उपन्यासों में इस निराशा, टूटन और घुटन के वातावरण का भी चित्रण हुआ। कुछ पुराने लेखकों ने अपने अन्तर को फिर कुरेदा। उनमें पहले जो आग बाकी भी थी, वह समाप्त प्राय दिखी। मध्यवर्ग युद्ध के पहले ही टूट रहा था, अब वह और अधिक भयंकर दशा में दिखा। अज्ञेय के 'शेखर' में सारे वैयक्तिक अहं के बावजूद जो एक क्रान्ति का जोश था, वह 'भुवन' (नदी के द्वीप) में एकदम समाप्त हो गया। उसके विचार और आचरण में एक भेद आता गया। वह कहीं भी सामान्य शिक्षित जन से ऊपर उठ नहीं पाता और गहन बौद्धिकता का नये यथार्थ के लिए दान भी देने में असमर्थ है। जैनेन्द्र ने 'सुनीता' को 'सुखदा' नाम देकर सामने उतारा। भगवती प्रसाद बाजपेयी अपने पिछले उपन्यासों से 'चलते चलते' या 'पतवार' में आगे बढ़े दिखाई नहीं देते।

इसी बीच एक नया तरुणवर्ग भी सामने आ रहा था। इस वर्ग की कठिनाइयाँ और बड़ी थीं। इनके सामने आर्थिक दुरवस्था तो थी ही, साहित्य में स्थापित होने की भी समस्या थी। अतः इनके साहित्य में युवकोचित स्वरूप धारण कर मध्यवर्गीय आदर्शवाद सामने आया। भारती का 'गुनाहों का देवता' इस तरह का प्रतिनिधि उपन्यास है। इन लोगों ने अपने माध्यम के शिल्प में भी नये प्रयोग करने चाहे। आर्थिक परिस्थितियों का जो भयंकर दबाव इन सब पर पड़ रहा था, सामाजिक स्थितियाँ उनकी आकांक्षाओं को जिस प्रकार नष्ट कर रही थीं उनका नये शिल्प के माध्यम से अभिव्यक्तीकरण हमें 'उखड़े हुए लोग' (राजेन्द्र यादव), 'गर्मराख' (अश्क), 'सूरज का सातवाँ घोड़ा' (भारती) में दिखाई पड़ता है। अश्क ने मध्यवर्ग का जितना सटीक चित्रण उसकी दुर्घटनाओं और शक्तियों के साथ किया है, वह प्रशंसनीय है।

धीरे-धीरे देश के सामाजिक जीवन में एक स्थिरता आयी। लोगों ने प्रतिक्रियावादी शक्तियों को फिर से पहचानना प्रारम्भ किया। जमींदारी उन्मूलन की बातें शुरू हुईं। पंचवर्षीय योजनाओं का कार्यक्रम बनने और कार्यान्वित होने लगा। समाज की उभरती शक्तियों और मूल्यों के दर्शन होने लगे, हिन्दी उपन्यास ने इनको ग्रहण किया।

प्रेमचन्द के 'गोदान' का गोबर ही मानो नागार्जुन का 'बलचनमा' बनकर आया। 'शेखर' का विकास 'भुवन' अधिक टूटकर आया था, पर 'बलचनमा' होरी के समर्पण को स्वीकार नहीं करता। वह नयी शक्तियों का प्रतिनिधि बन प्रतिगामी शक्तियों से संघर्ष करता है। 'नयी पौध', 'बाबा बटेसरनाथ' और 'वरुण के बेटे' में हमें नागार्जुन का यही संघर्षशील (पर मतवादी आग्रह के कारण कभी-कभी अकलात्मक) रूप प्राप्त होता है। नागार्जुन के साथ-साथ अन्य संवेदनशील कथाकारों की दृष्टि भी गाँवों की ओर जाती है। इनमें 'रेणु' प्रमुख हैं। रेणु के उपन्यास परिभाषाबद्ध नहीं किये जा सकते। वे घटना प्रधान नहीं हैं, चरित्र प्रधान नहीं हैं, उन्हें आप जीवनप्रधान कह सकते हैं। अपने दोनों उपन्यासों 'मैला आँचल' और 'परती परिकथा' में रेणु ने 'मेरी गंज' और 'पुरानपुर' गाँवों की जिन्दगी को उसके हर पक्ष, हर कोण के साथ उभारा है। पहले उपन्यास में स्वतन्त्रता के बाद परिस्थितियाँ किस प्रकार एक पिछड़े गाँव को प्रभावित करती हैं और दूसरे उपन्यास में विकास और निर्माण के नये प्रयत्न पुरानपुर के जीवन में कैसा परिवर्तन और कोलाहल उत्पन्न करते हैं, इनका विशद, गहन अनुभूत स्वरूप इन उपन्यासों में प्राप्त होता है। रेणु की एक और देन भाषा के क्षेत्र में है—बोली को परिनिष्ठित भाषा के साथ सहज समन्वित कर देना।

जीवन को उसके पूरे स्वरूप में चित्रित करने वाली परम्परा में ही अमृत लाल नागर का वृहदकाय उपन्यास 'बूँद और समुद्र' है। इसमें गाँव की बजाय लखनऊ के एक मुहल्ले को जीवित कर दिया गया है। इन उपन्यासों की विशेषता यह है कि इनके लेखकों ने चित्रित जिन्दगी को गहरी तरह जिया है, ऐसा प्रतीत होता है।

राजेन्द्र यादव ने 'उखड़े हुए लोग' में एक नये प्रकार के चतुर सुसंस्कृत पूँजीपति और उसके शोषण के प्रकारों का उद्‌घाटन किया है। इलाचन्द्र जोशी ने भी अपनी मनोवैज्ञानिक कोठरी को छोड़कर नयी सामाजिक भूमि पर पदार्पण किया है। देवेन्द्र सत्यार्थी ने आदिवासियों के जीवन पर आधारित 'रथ के पहिये' और 'ब्रह्मपुत्र' उपन्यास भी लिखे। ऐतिहासिक उपन्यासों में वृन्दावनलाल वर्मा ने इस बीच 'मृगनयनी', 'कचनार' जैसे श्रेष्ठ उपन्यास लिखे। उनके साथ ही प्रतापनारायण श्रीवास्तव, अज्ञात, एम. ए. इत्यादि के नाम लिए जा सकते हैं।

शिल्प की दृष्टि से 'प्रेत बोलते हैं', 'चाँदनी के खँडहर', 'सूरज का सातवाँ घोड़ा', 'सोया हुआ जल', 'परन्तु' आदि उल्लेखनीय उपन्यास हैं।

सब मिलाकर पिछले दशक में हिन्दी उपन्यास ने कथा और शिल्प दोनों ही क्षेत्रों में नये क्षितिज का उद्‌घाटन किया है। इस बीच हिन्दी उपन्यास जिस गति और लगन से लिखे जा रहे हैं, उन्हें देखकर हमें अपने उपन्यास साहित्य के भविष्य पर सचमुच गहरी आस्था होती है।

श्रमजीवी : फरवरी, 1958

प्रेमचन्द

हिन्दी कथा-साहित्य का नाम लेते ही मेरे मन के सामने प्रेमचन्द जी की मूर्ति आ जाती है। अथवा जब प्रेमचन्द जी का नाम लेता हूँ तो ऐसा लगता है कि पूरे हिन्दी कथा-साहित्य के बारे में बात कर रहा हूँ। प्रेमचन्द और हिन्दी कथा-साहित्य मुझको पर्यायवायी से लगते हैं, नलिन विलोचन शर्मा का यह सुविचारित कथन है कि

> *"गोदान के रचयिता प्रेमचन्द ही हिन्दी के वर्तमान और भविष्य के निर्देशक हैं। प्रेमचन्द उस शिखर के समान हैं जिसके दोनों ओर पर्वत के दो भागों के उतार-चढ़ाव हैं। प्रेमचन्द में हिन्दी उपन्यास की क्षीण और लक्ष्यहीन धाराएँ सम्मिलित होकर महानद बनीं और उनके जीवन काल में ही वे अनेक मन्द-तीव्र धाराओं में विभक्त भी हो गयीं।"*

वे हिन्दी के ऐसे संवेदनशील उपन्यासकार हैं जिनके उपन्यासों में दमन और उत्पीड़न के युग के समाज की अवस्था का यथातथ्य चित्रण मिलता है। उन्होंने उन समस्याओं और मान्यताओं को स्पष्ट किया है जो मध्यवर्ग, जमींदार, पूँजीपति, किसान, मजदूर, अछूत, क्लर्क तथा समाज से बहिष्कृत सभी वर्गों के जीवन में आती हैं और उसे दिशा देती हैं। अपने इन उपन्यासों और लगभग तीन सौ कहानियों में उन्होंने इस पूरे समाज को मूर्त कर दिया है।

यह बात नहीं है कि प्रेमचन्द के पूर्व हिन्दी में उपन्यास लिखे नहीं गये थे। भारतेन्दु हरिश्चन्द्र, श्रीनिवास दास, बालकृष्ण भट्ट, देवकीनन्दन खत्री, जगमोहन सिंह, अम्बिकादत्त व्यास, किशोरीलाल गोस्वामी, गोपाल राम गहमरी आदि लेखकों ने काफी बड़ी तादाद में उपन्यास लिखे थे।

उपन्यास आधुनिक सभ्यता की देन है। बाह्य जीवन की वास्तविकताओं को समग्र रूप में चित्रित करने वाला यह एक ऐसा साहित्य रूप है जो अपने पूर्व की कई साहित्यिक परम्पराओं को आत्मसात करते हुए भी अभिनव आकर्षण के साथ प्रकट हुआ। समृद्धि और ऐश्वर्य की सभ्यता महाकाव्य में अभिव्यक्त होती है और जटिलता, वैषम्य तथा संघर्ष की सभ्यता उपन्यास में। साहित्य का यह रूप जन्म से निम्न श्रेणी का माना जाने पर भी अत्यन्त महत्त्वाकांक्षी था, यह केवल मनोरंजन

ही नहीं सामाजिक सत्य का भी वाहक बना। अन्य देशों के उपन्यासों की भाँति हिन्दी उपन्यास ने भी हमारे सामाजिक जीवन के विकास और संघर्षों को प्रतिफलित किया है। अपने प्रारम्भिक काल में जब वह मात्र मनोरंजन का साधन माना जाता था तभी श्रीनिवास दास, बालकृष्ण भट्ट और राधाकृष्ण दास ने उसे मनोरंजन से ऊपर उठा कर आदर्शवादी रूप देना चाहा था। हिन्दी के पहले उपन्यास 'परीक्षा गुरु' में ही एक पथभ्रष्ट नवयुवक के सुधार की आदर्शात्मक कथा कही गयी है। परन्तु यह सुधारवाद और आदर्शवाद की स्थापना अत्यन्त स्थूल और अपार दर्शक है; यह सारा प्रयास नितान्त कलाहीन है। प्रेमचन्द ने इस सुधारवाद और आदर्शवाद को कला की सूक्ष्मता और बारीकी के भीतर से उपस्थित किया। इस आदर्शवाद को बौद्धिक दृष्टि से सम्भाव्य बनाया गया और दूसरी ओर इसे यथार्थ की ओर उन्मुख किया गया। प्रेमचन्द ने अपने उपन्यास नामक निबन्ध में उपन्यासकार का दृष्टिकोण 'आदर्शोन्मुख' यथार्थवाद बताया है। यह आदर्शोन्मुख यथार्थवादी दृष्टिकोण प्रेमचन्द के उपन्यासों में व्यंजित हुआ है। इस सम्बन्ध में सबसे प्रमुख बात यह है कि स्वयं प्रेमचन्द इस लक्ष्य पर स्थिर नहीं रह सके। नयी और कटु परिस्थितियों में पड़कर सन् '30 के बाद उनका आदर्शवादी दृष्टिकोण टूट जाता है और सन् '36 में प्रकाशित 'गोदान' में हम उन्हें यथार्थवादी लेखक के रूप में पाते हैं। वास्तव में सन् 1907 में प्रकाशित 'प्रेमा' से लेकर गोदान तक का प्रेमचन्द का विकास एक आदर्शवादी लेखक का वास्तविकता के प्रति निष्ठावान कलाकार के रूप में हुआ है।

आधुनिक युग दलितों और उपेक्षितों के जागरण का युग रहा है। नारी इस जागरण की प्रमुख समस्या थी। प्रेमचन्द का ध्यान प्रारम्भ से ही नारी समस्याओं की ओर रहा है। दहेज, वृद्ध विवाह, अनमेल विवाह, बाल विवाह, विधवा समस्या, स्वच्छन्द प्रेम, वेश्या जीवन, आर्थिक पराधीनता आदि नारी जीवन की विविध विषमताओं और प्रतिबन्धों को लेकर प्रेमचन्द ने अनेक उपन्यासों और दर्जनों कहानियों की रचना की है। 'प्रतिज्ञा', 'वरदान', 'सेवासदन', 'निर्मला', 'प्रेमाश्रम' आदि उपन्यासों में इन समस्याओं को अनेक प्रकार से प्रेमचन्द ने उठाया है।

सामाजिक विषमता का अत्यन्त विकृत रूप अछूत समस्या है। गाँधी जी के हरिजन आन्दोलन ने उपन्यासकारों का ध्यान इस ओर आकर्षित किया था। प्रेमचन्द ने 'कर्मभूमि' में इस समस्या को उठाया और उनके आन्तरिक सुधार के लिए एक समाधान उपस्थित करने का प्रयत्न भी किया।

मध्यवर्गीय जीवन का वास्तविक महाकाव्य बनकर हमारे सन्मुख ग़बन आता है। लेखक इस उपन्यास में व्यंग्य शैली के कुशल प्रयोग द्वारा मध्यवर्ग की उन सारी विषम परिस्थितियों पर आघात करता है जो आत्मप्रवंचना को जन्म देती है। जालपा का गहनों से प्रेम, रामनाथ की अपनी आर्थिक स्थिति से अधिक प्रदर्शन करने की प्रवृत्ति ने मिलकर जिस घटनाचक्र को रचा है उसमें वह सारा तबका सिमट आया

है। 'रंगभूमि' और 'कर्मभूमि' में उस युग की सारी राजनैतिक उथल-पुथल और उसके आदर्शवादी समाधान प्रतिबिम्बित हुए हैं।

प्रेमचन्द का अन्तिम उपन्यास 'गोदान' हिन्दी का ही नहीं, कुछ कारणों से भारतीय साहित्य का अप्रतिम उपन्यास है। इसमें नगर और ग्राम जीवन से सम्बन्ध रखने वाली दो कथाएँ साथ-साथ चलती हैं। इनके माध्यम से भारतीय जीवन का जिस पूर्णता और यथार्थ के साथ चित्रण 'गोदान' में है वैसा किसी भी भारतीय भाषा के उपन्यास में अलभ्य है। 'गोदान' हिन्दी साहित्य में वस्तु, शिल्प, विचार, वास्तविकता तथा भाषा-शैली की दृष्टि से महान् कला-सृष्टि है। वह अपने युग को ही नहीं प्रतिबिम्बित करती बल्कि भावी युग की भूमिका भी है। प्रेमचन्द ने समाज के विभिन्न स्तरों के स्वार्थों को, इनके अन्तर्निर्वाह और अन्तर्विरोध को अनेकानेक पात्रों और घटना प्रसंगों के रूप में वाणी दी है।

गोदान में आधिकारिक कथा ग्रामीण जीवन से सम्बन्ध रखती है। उसका नायक होरी अवध के एक गाँव का किसान है। परन्तु वह एक व्यक्ति ही नहीं, भारतीय किसान का जीवित प्रतीक भी है। उसके व्यक्तित्व के माध्यम से किसान जीवन के विविध पक्ष, संस्कार, रूढ़ियाँ, रीति-रिवाज, कष्ट और अभिलाषाएँ तथा जमींदार, हाकिम, पुलिस, पटवारी, पण्डित, महाजन आदि से उसके सम्बन्धों की स्पष्ट झाँकी उपस्थित की गयी है।

उपन्यास की परिभाषा करते हुए एक स्थान पर प्रेमचन्द ने लिखा है कि "मैं उपन्यास को मानव चरित्र का चित्र मात्र समझता हूँ।" उसी निबन्ध में चरित्रों की व्यक्ति और वर्गगत विशेषताओं के समन्वय और प्रकाशन पर भी उन्होंने जोर दिया है। प्रेमचन्द का समूचा साहित्य चरित्र के इन्हीं दो पहलुओं पर आधारित है।

होरी जैसा दृढ़ पुरुष-व्यक्तित्व जो कि एक किसान का यथार्थ चरित्र है अपने आप में अविस्मरणीय है। भारतीय किसान की गतानुगतिकता, परम्परा, प्रेम, समझौता और सहनशीलता सब उसके चरित्र की प्रमुख रेखाएँ हैं। सतत परिश्रम उसका जीवन क्रम है जिसमें वह अपनी बलि भी चढ़ा देता है। जिस समय वह कहता है : "तो क्या यह मोटे होने के दिन हैं? मोटे वह होते हैं जिन्हें न ऋण की सोच होती है न इज्जत की। इस जमाने में मोटा होना बेहयाई है। सौ को दुबला करके तब एक मोटा होता है। ऐसे मोटेपन में क्या सुख? सुख तो जब है कि सभी मोटे हों।" तब मानो वह अपने सारे अनुभवों और अभिलाषाओं का निचोड़ उपस्थित कर देता है। किसान जीवन की आर्थिक विडम्बना का चित्रण गोदान के दूसरे पृष्ठ की इन कुछ लाइनों से अधिक सशक्त अन्यत्र न मिलेगा..."चाहे कितनी ही कतर-व्योंत क्यों न करो, कितना पेट तन काटो, चाहे एक-एक कौड़ी को दाँत से पकड़ो, मगर लगान बेबाक होना मुश्किल है।" होरी के जीवन में एक किसान के दरवाजे पर गऊ बाँधने की सहज अभिलाषा भी पूरी नहीं हो पायी। गोदान में वास्तव में पूरा समसामयिक

इतिहास मूर्त हो उठा है। वह हमारे साहित्य के ज्योति स्तम्भों में से एक है। हमारा उपन्यास आज शिल्प और वस्तु दोनों दृष्टियों से आगे बढ़ा है परन्तु प्रेमचन्द से विराट 'मानवीय सहानुभूति' उसमें नहीं दिखाई देती।

वे जितने बड़े उपन्यासकार थे, उतने ही बड़े कहानी लेखक भी। ऊपर उल्लिखित सारी विशेषताएँ प्रेमचन्द जी की कहानियों में भी स्पष्ट हैं। वास्तव में एक ही प्रेरणास्रोत का जल इन दोनों रूपों में प्रेमचन्द में अभिव्यक्त हुआ है। चरित्र चित्रण, सामाजिक सम्बन्धों और संघर्षों में कुशल मनःवेत्ता और समाजशास्त्री, उनकी कहानियों में उभरता है। 'गृहदाह', 'नशा', 'कफ़न', 'पंचपरमेश्वर', 'निमन्त्रण', 'मन्त्र', 'आत्माराम', 'पूस की रात', 'शतरंज के खिलाड़ी' उनकी कुछ श्रेष्ठ कहानियाँ हैं। उन्होंने अपनी कहानियों में शिल्प और विषयवस्तु के प्रचलित सभी प्रकारों का प्रयोग किया है।

वास्तव में समसामयिकता के प्रति इतना अधिक जागरूक कलाकार हिन्दी में दूसरा नहीं हुआ है। भविष्य का इतिहासकार प्रेमचन्द जी के कथा-साहित्य में युग का सामाजिक चित्र प्राप्त करेगा। प्रेमचन्द ने सजग सचेत व्यक्ति की भाँति सतत विकास का यत्न किया है। इसका सबसे अधिक प्रभाव उनकी शैली पर देखा जा सकता है।

'गोदान' और 'कफ़न' की भाषा शैलियों में मानो लेखक सहज हो उठा है। उसका व्यंजित यथार्थ फूटा पड़ रहा है इस भाषा में से। उर्दू की ज़बानदराज़ी और संस्कृत की आलंकारिकता से कठोरतापूर्वक मुक्त यह भाषा किसी भी कथाकार के लिए लालच का विषय है। प्रेमचन्द की सफलता का एक कारण उनकी सहानुभूति और प्रज्ञा ही नहीं यह भाषा-शैली भी है।

प्रेमचन्द का साहित्य हमारे साहित्य का गौरव है। वास्तव में बीसवीं सदी का साहित्यिक काल प्रेमचन्द युग कहा जाना चाहिए। इस युग को उनके साहित्य ने वाणी दी है। उनके साहित्य में इस युग का प्रतिबिम्ब भी है और आगत की छाया भी। 'उनका पूरा साहित्य भारतीय जीवन का महाकाव्य है।'

सच्चिदानन्द हीरानन्द वात्स्यायन 'अज्ञेय'

उपन्यास हमारे साहित्य का अपेक्षाकृत नवीन कथा रूप है। कथा कहानी की परम्परा पहले भी विद्यमान थी। परन्तु युग की आवश्यकताओं एवं युगीन सत्यों की अभिव्यक्ति के लिए जिस रूप-विधान और गठन की आवश्यकता थी उसका साँचा हमें उपन्यास के नवीन रूप में मिला। उपन्यास का यह ढाँचा हमें पश्चिम के नावेल से मिला। हमारी राष्ट्रीय आवश्यकताओं एवं गद्य की विकसित होती हुई अवस्था ने उपन्यास की आवश्यकता को जन्म दिया।

हिन्दी उपन्यास का प्रथम युग, जो भारतेन्दु काल से आरम्भ होता है, मौलिक रचनाओं की दृष्टि से सम्पन्न नहीं कहा जा सकता। सही अर्थों में उपन्यासों के क्षेत्र में वह अनुवाद युग था। हिन्दी प्रदेश के पाठक की भूख और आने वाली पीढ़ी के सृजनशील कलाकारों के लिए उचित माध्यम का प्रचार और प्रसार इन विदेशी उपन्यासों द्वारा हो रहा था। प्रेमचन्द ने आकर हिन्दी उपन्यासों में प्राण-प्रतिष्ठा की। हिन्दी उपन्यास को वास्तविक रूप और जीवन प्रेमचन्द से मिला।

प्रेमचन्द भारतीय सामाजिक आन्दोलनों के विकास के साथ-साथ सुधार और समझौतावादी दृष्टिकोण से संघर्ष, सक्रिय विरोध और यथार्थ के चित्रण की ओर बढ़े। 'सेवासदन' से 'गोदान' तक का विकास इस दृष्टिकोण का ही विकास है, परन्तु फिर भी वे आस्था, विश्वास और गहरी नैतिकता के उपन्यासकार थे। ध्वंसात्मक विद्रोही न होकर वे सृजन के विश्वासी थे। परन्तु धीरे-धीरे स्वाधीनता आन्दोलन की विफलताओं, बढ़ती हुई बेकारी, मन्दी तथा व्यापक असन्तोष ने आस्था और आशा के सूत्रों को नष्ट करना प्रारम्भ कर दिया। मध्य वर्ग के असन्तोष ने व्यक्तिवादी प्रवृत्तियों को उभारा। फ्रायड का मनोविज्ञान इस समय तक अंग्रेजी साहित्य पर अपना गहरा प्रभाव डाल चुका था। डोरोथी, रिचार्डसन वुल्फ, डी.एच. लारेंस और जेम्स ज्वायस के उपन्यास प्रकाशित हो चुके थे। इन सबका प्रभाव हिन्दी पर भी पड़ा। मनोविज्ञान के फलस्वरूप प्राचीन ऐतिहासिक प्रणाली घटना और व्यापार प्रधान कथानकों के स्थान पर चरित्र की सूक्ष्मताओं की ओर अधिक ध्यान दिया जाने लगा। मनुष्य को अच्छा या बुरा चित्रित करने का

इनमें प्रश्न नहीं रहता। इसमें अन्तर्जगत में चलने वाले विविध प्रकार के मनोभावों एवं संघर्षों का विश्लेषण ही मनोवैज्ञानिक उपन्यासकार का मुख्य उद्देश्य होता है। हिन्दी में मनोविश्लेषक उपन्यासकार के रूप में सर्वप्रथम जैनेन्द्र कुमार आये। इनके पश्चात् इलाचन्द्र जोशी और अज्ञेय आये। अज्ञेय में मनोविश्लेषणवादी पद्धति चरम सीमा पर पहुँची।

अज्ञेय जी का पूरा नाम सच्चिदानन्द हीरानन्द वात्स्यायन है। इन्होंने जेल से कुछ कहानियाँ लिखकर जैनेन्द्र जी के पास भेजी थीं। जैनेन्द्र जी ने उन्हें अज्ञेय नाम से प्रकाशित करा दिया तभी से वात्स्यायन जी 'अज्ञेय' हो गये। इनका जन्म सन् 1911 में पंजाब के एक सम्भ्रान्त परिवार में हुआ था। इनके पिता पं. हीरानन्द शास्त्री संस्कृत के विद्वान तथा भारत सरकार के पुरातत्त्व विभाग में उच्च अधिकारी थे।

वात्स्यायन जी के अभी तक केवल दो उपन्यास 'शेखरः एक जीवनी', 'नदी के द्वीप' प्रकाशित हुए हैं, परन्तु केवल 'शेखरः एक जीवनी' मात्र से ही उनकी गणना हिन्दी के शीर्ष स्थानीय उपन्यासकारों में होने लगी थी। शैली का जो निखार, रूप-विधान की जो ताज़गी और बौद्धिकता का जो रूप हमें इस उपन्यास में मिलता है वह अन्यत्र दुर्लभ है।

हिन्दी के प्रथम उपन्यास 'परीक्षा गुरु' से लेकर 'गोदान' और 'चित्रलेखा' तक उपन्यासों को एक निश्चित आकार और ढाँचा प्राप्त हो गया था। पर 'शेखरः एक जीवनी' इन सबसे अलग आया। वास्तव में रूप और शिल्प की दृष्टि से यह बड़ा ही सशक्त प्रयोग था। उसके रूप-विधान की इस मौलिकता के ही कारण कई समीक्षक उसे उपन्यास की संज्ञा देने को ही तैयार नहीं होते क्योंकि इसमें कथानक और घटनाक्रम कार्य-कारण की परम्परा में बँधा नहीं है। सारा उपन्यास स्मृत्यालोक (Flash-back) टेकनीक पर लिखा गया है। मृत्यु के समीप पहुँच कर बहुधा मनुष्य की चेतना अतिरिक्त रूप से प्रबुद्ध हो उठती है। उस समय क्षणमात्र में ही पूरा जीवन आँख के आगे कौंध जाता है। अतः फ्लैश-बैक पद्धति का प्रयोग करते समय उपन्यासकारों ने अकसर मृत्यु की छाया उपस्थित की है। 'शेखर' के इस स्मृत्यालोक की भी पृष्ठभूमि मृत्यु ही है। शेखर को फाँसी की सजा हुई। मृत्यु की अनिवार्यता के इस बोध के आलोक में उसने अपना सारा जीवन उरेहना चाहा। मूल्यांकन चाहा। उपन्यास का पहला शब्द ही है...

'फाँसी।'

....

वह फिर प्रश्न करता है...

"सिद्धि कैसी...काहे की? मेरी मृत्यु की क्या सिद्धि होगी...मेरे जीवन की क्या थी?... मैं अपने जीवन का प्रत्यावलोकन कर रहा हूँ, अपने अतीत जीवन को दुबारा जी रहा हूँ।"

यह जो अतीत जीवन दुबारा जिया जाता है, स्पष्ट है कि घटनाओं और परिस्थितियों में नहीं भावों और स्मृतियों में जिया जाता है। ये स्मृतियाँ खण्ड चित्रों (Fragments) में आती हैं। इसी कारण इनमें घटनाओं और व्यापारों की कार्यकारण शृंखला नहीं होती। इस मनोवैज्ञानिक तथ्य को ध्यान में न रखने के कारण अनेक आलोचक इसके कथाक्रम पर अस्वाभाविकता का आरोप करते हैं। परन्तु जैसा कि एक लेखक ने कहा है, "अनुक्रम इसमें घटनाओं और दृश्यों का नहीं भावों और मनःस्थितियों का है। इन्हीं भावों और मनःस्थितियों के उत्तरोत्तर विकास का उन घटनाओं और दृश्यों के साथ जिन पर वे आश्रित हैं चित्रण और विश्लेषण करना ही उपन्यासकार का प्रमुख उद्देश्य है। ये चित्र अपने आप में बहुत कुछ स्वतन्त्र होते हुए भी समन्वित प्रभाव की दृष्टि से परस्पर सम्बद्ध हैं।"

'शेखर : एक जीवनी' के अब तक दो भाग प्रकाशित हो चुके हैं। दोनों भागों में लगभग 500 पृष्ठ होंगे। इन 500 पृष्ठों में शेखर, उसका अहं, उसका विद्रोह और उसकी बौद्धिकता ही व्याप्त है। प्रथम भाग में शेखर अपने बचपन की छोटी-छोटी घटनाओं और मन पर विविध स्थितियों में पड़े हुए संस्कारों को हमारे सामने उपस्थित कर अपने व्यक्तित्व की मानसिक पृष्ठभूमि का विश्लेषण उपस्थित करता है। दूसरे भाग में उसकी समस्त कर्म प्रेरणाओं और चिन्तन प्रणाली की भूमिका उपस्थित की गयी है।

जीवनी में शेखर का पूरा व्यक्तित्व एक विद्रोही का व्यक्तित्व है। अहं, भय तथा काम उसके जीवन की मुख्य वृत्तियाँ हैं। भय और काम का तो वह किसी सीमा तक उन्नयन कर लेता है पर उसका अहं और विद्रोही स्वभाव उसे कभी सामाजिक राहों पर नहीं चलने देता। वह प्रत्येक वस्तु, व्यवस्था, संस्था और स्थिति के प्रति विद्रोह करता है। उसकी कल्पना है कि जीवन ऐसा होना चाहिए शुभ्र, स्वच्छ, संगीतपूर्ण, अरुद्ध, निरन्तर श्रेष्ठ और प्रगतिशील, घरबार के बन्धनों से मुक्त और विद्रोही। लेकिन समाज के बन्धन उसकी इस अराजक मनोवृत्ति को बढ़ावा नहीं देते। फलतः उसका अहं विक्षुब्ध हो उठता है। वह ध्वसंशील हो जाता है। शेखर का सशक्त व्यक्तित्व नकारात्मक रूप ग्रहण कर लेता है। पर अब तक उसके दो ही भाग आये हैं। जीवनी का तीसरा भाग यदि कभी आया तो हो सकता है कि बच्चन सिंह की यह आशा पूरी हो कि शेखर अपनी प्रेमिका शशि की बलि से आवश्यक सम्बल ग्रहण करके जीवन और जगत को नया आलोक दे सके।

शिल्प और भाषा की दृष्टि से वात्स्यायन का दूसरा उपन्यास 'नदी के द्वीप' और आगे बढ़ी हुई चीज है। सभी आलोचकों ने यह मुक्त कण्ठ से स्वीकारा है कि 'नदी के द्वीप' में हिन्दी गद्य का प्रौढ़तम रूप मिलता है। इस उपन्यास का कैनवस और छोटा हो गया है। शेखर का व्यक्तित्व परिवार, समाज और देश के अनेक सूत्रों से उलझा रहा पर इस उपन्यास का सारा कथानक ही भुवन, रेखा, गौरा और चन्द्र माधव

के चौखटे में कसा है। इन सभी पात्रों की विचित्र मानसिक स्थितियों एवं तदनुरूप क्रिया-व्यापारों का अंकन, उनके प्राकृतिक परिवेश और रंगीनी के साथ हुआ है।

इस उपन्यास के सभी पात्र उच्च शिक्षा प्राप्त बौद्धिक वर्ग के व्यक्ति हैं, जो बहुधा इलियट और लारेंस को उद्धृत करते रहते हैं। कुछ लोगों ने भुवन और शेखर को एक ही माना और रेखा में शशि की प्रतिच्छाया देखी है; पर वास्तव में यह साम्य ऊपरी है। असलियत में जहाँ से शेखर समाप्त हो जाता है वहाँ से भुवन का प्रारम्भ है। भुवन में शेखर का दर्पस्फीत व्यक्तित्व बुझ गया है। विद्रोही शेखर भुवन के रूप में गृहस्थी के आदर्श को स्वीकार करता है और विवाह को सहज धर्म मानता है। परन्तु उसे आवश्यक रूप से महिमामण्डित करने के कारण उसके चरित्र की सही अवधारणा नहीं हो पायी। गौरा अत्यन्त समर्पणशीला और भुवन के व्यक्तित्व के सम्मुख नतशिर है। चन्द्रमाधव एक मीडियाकर मध्यवर्गीय चरित्र है, जो जीवन में केवल सनसनी और रोमांस चाहता है। केवल रेखा का व्यक्तित्व वह प्राणवान रीढ़ है जो सारे उपन्यास को सँभाले है, उसमें भुवन जैसी तेजस्विता और बौद्धिक जागरूकता है। रेखा के सारे चरित्र में एक अजब दृढ़ता है जिसके सम्मुख भुवन छोटा जान पड़ता है।

व्यक्ति की स्वतन्त्रता और पीड़ा के दर्शन में अज्ञेय जी का गहरा विश्वास है। बुद्धि को उन्होंने जीवन की पथनिर्देशिका के रूप में स्वीकारा है और पीड़ा को व्यक्तित्व का परिष्कार करने वाली शक्ति के रूप में। अज्ञेय जी का यह कथन स्वयं उनके जीवन दर्शन को सधे ढंग से उपस्थित करता है : "दुःख सबको माँजता है और चाहे स्वयं सबको मुक्ति देना वह न जाने किन्तु जिनको माँजता है उन्हें यह सीख देता है कि सबको मुक्त रखें।"

हिन्दी आलोचना का विकास

आलोचना के सम्बन्ध में एक बात हमेशा याद रखने की है कि वह आलोच्य, यानी कि जिन कृतियों की आलोचना होनी है, उनके साथ गहरे भाव से सम्बन्धित रहती है। आलोच्य और आलोचना की धाराएँ समानान्तर होती हैं। प्रत्येक युग का रचनात्मक साहित्य ऐसी आलोचना की उद्भावना करता है, जो उसके अनुरूप होती है। परन्तु एक सक्रिय शक्ति होने के कारण वह रचनात्मक साहित्य को नियन्त्रित या किसी विशेष दिशा की ओर प्रेरित भी करती है।

हमारे साहित्य में काव्य सम्बन्धी विवेचनों को देखने पर जान पड़ता है कि भक्तिकाल का सम्पूर्ण विवेचन भक्ति भावना की ओर मोड़ दिया गया था। वहाँ पर काव्यशास्त्र की उपेक्षा घोषणापूर्वक कर दी जाती है। 'कवित विवेक एक नहीं मोरे', कवि का सारा ध्यान अध्यात्म या इष्टदेव की ओर रहा। इसी कारण 'रामचरितमानस' आदि की असाहित्यिक टीकाएँ भी चल निकलीं।

रीतिकाल के कवियों का काव्यादर्श बदला। वहाँ 'पदझंकार मात्रेण' मन हरने की ओर अधिक ध्यान रहा। इसीलिए सारा विवेचन काव्यपक्ष के नियमबद्ध निरूपण की ओर लगा रहा।

भारतेन्दु युग में आकर हमारे साहित्य निर्माण में एक अभूतपूर्व परिवर्तन हुआ। कविता का स्वरूप ही नहीं बदला, गद्य के क्षेत्र में उपन्यास, कहानी, निबन्ध आदि ऐसी रचनाएँ होने लगीं, जिनका कि पहले के साहित्य में कहीं पता नहीं है। गद्य का क्षेत्र यों भी बुद्धि-प्रधान है, अतः उसके विवेचन में बौद्धिकता का अधिक प्रवेश हुआ, फिर काव्य की समीक्षा में तो रस, अलंकार पद्धति चल सकती थी, पर गद्य के क्षेत्र में जहाँ नये उपन्यास, निबन्ध या नये-नये अनुवाद आ रहे हों, यह पुराना मानदण्ड समर्थ नहीं होता।

आधुनिक हिन्दी आलोचना का जन्म इन्हीं समस्याओं से प्रारम्भ होता है। अनुवादों की भाषा और मूलरचना के भावों की रक्षा का प्रश्न भी था। परन्तु यह प्रारम्भिक काल था। यहाँ पर कोई नियमित व्यवस्थित मानदण्ड भी नहीं था। अपनी-अपनी रुचि के अनुसार गुण-दोष विवेचन पत्र-पत्रिकाओं में प्रारम्भ हुआ। भारतेन्दु जी की

'हरिश्चन्द्र चन्द्रिका' तथा 'कविवचन सुधा' नामक पत्रिकाओं में 'समालोचना' के नाम पर कुछ नोट प्रकाशित होते थे, परन्तु किसी रचना की विस्तृत समीक्षा सबसे पहले पं. बालकृष्ण भट्ट और बद्री नारायण चौधरी प्रेमघन ने प्रस्तुत की। बाबू गदाधर सिंह के 'बंगविजेता' के अनुवाद की आलोचना प्रेमघन जी ने पाँच पृष्ठों में की थी। सन् 1882 में उन्होंने तथा बालकृष्ण भट्ट ने लाला श्रीनिवास दास के 'संयोगिता स्वयंवर' नामक नाटक की कठोर आलोचनाएँ कीं। प्रेमघन जी की आलोचना तो 'आनन्दकादम्बिनी' के 21 पृष्ठों की है। पर यह सारी आलोचना स्थूल गुण-दोष विवेचना तक ही सीमित है।

दूसरा चरण

आधुनिक हिन्दी आलोचना का दूसरा चरण आचार्य महावीर प्रसाद द्विवेदी के आगमन से प्रारम्भ होता है। द्विवेदी जी शिक्षक थे, संशोधक थे और थे सुधारक। भाषा का परिमार्जन करके उसका रूप स्थिर करने के साथ-साथ उन्होंने सामाजिक उत्थान और देश प्रेम के साहित्य को भी प्रेरणा दी। उन्होंने साहित्य के रूप की अपेक्षा उसकी वस्तु पर अधिक बल दिया। यद्यपि उनका दृष्टिकोण आदर्शवादी था, फिर भी प्राचीन गुण-दोष विवेचनवाणी शैली का प्रभाव उन पर काफी है, तथा इस समय तक कोई परिपुष्ट शास्त्रीय आधार भी हिन्दी आलोचना को नहीं मिल सका। इस निर्बलता के कारण द्विवेदी जी की आलोचनाएँ छिछली एवं हल्की प्रतीत होती हैं।

सन् 1897 में प्रकाशित नागरी प्रचारिणी पत्रिका तथा 1900 में प्रकाशित सरस्वती का भी हिन्दी आलोचना के विकास में महत्त्वपूर्ण योग है। उन पत्रिकाओं ने अब तक की विकसित शैलियों का भरपूर उपयोग कर उन्हें और दृढ़ किया।

सन् 1900 के आसपास से ही नागरी प्रचारिणी सभा एवं बाबू श्यामसुन्दर दास के प्रयत्नों से अनुसन्धान एवं खोज का कार्य भी प्रारम्भ हुआ। इस खोज एवं अध्ययन कार्य से सहस्रों लुप्तप्राय पुस्तकों का पता चला। 'पत्रिका' में भी सर्वश्री राधाकृष्ण दास, श्यामसुन्दर दास, एडविन ग्रीब्स, चन्द्रधर शर्मा गुलेरी आदि के अनुसन्धान पूर्ण लेख प्रकाशित होते रहे। पृथ्वीराज रासो की प्रामाणिकता के सम्बन्ध में सर्वश्री गौरीशंकर हीराचन्द ओझा, श्यामसुन्दर दास एवं मोहन लाल विष्णु पण्ड्या के गम्भीर लेख निकले। खोजरिपोर्टों एवं लुप्त ग्रन्थों के अनुसन्धान का फल मिश्रबन्धुओं का महाकाय ग्रन्थ 'मिश्रबन्धु विनोद' नाम से आया। इसमें कवियों के नाम परिचय तथा ग्रन्थों का उल्लेख है, समीक्षा का कोई विशेष प्रयास नहीं, फिर भी साहित्यिक इतिहास लिखने वालों के लिए यह पुस्तक सदैव मार्गप्रदर्शक का कार्य करेगी। यह ग्रन्थ सन् 1913 में प्रकाशित हुआ था।

तुलनात्मक समालोचना

इसी के थोड़ा पहले ही बिहारी के रूपचमत्कार से अभिभूत पं. पद्मसिंह शर्मा ने तुलनात्मक आलोचना की पद्धति प्रारम्भ की थी। उन्होंने सन् 1907 की जुलाई की सरस्वती में बिहारी और फारसी कवि सादी की तुलनात्मक आलोचना प्रकाशित करायी। सरस्वती में ही सन् 1907 और 1908 में उन्होंने ये लेखमालाएँ और प्रकाशित करायीं जिनमें भिन्न-भिन्न भाषाओं के समानार्थी पद्यों तथा संस्कृत और हिन्दी कविता के बिम्ब-प्रतिबिम्ब भाव की चर्चा की।

तुलनात्मक समालोचना का पहला वास्तविक महत्त्वपूर्ण ग्रन्थ सन् 1910-11 में प्रकाशित होने वाला मिश्रबन्धुओं का हिन्दी 'नवरत्न' है, जिसमें इन्होंने हिन्दी के नौ सर्वोत्तम कवियों की तुलनात्मक समीक्षा की। उसमें देव को तुलसी और सूर के बराबर कहा गया। तब पं. पद्मसिंह शर्मा ने बिहारी की सतसई नामक पुस्तक में बिहारी को सतसई की चली आती हुई परम्परा के बीच में रखकर तथा हिन्दी, फ़ारसी, उर्दू की शृंगारिक कविता के साथ तुलना करके उन्हें शृंगार रस का सर्वश्रेष्ठ कवि घोषित किया। इसका उत्तर पं. कृष्णबिहारी मिश्र ने 'देव और बिहारी' तथा इसका भी उत्तर लाला भगवान दीन ने 'बिहारी और देव' लिखकर दिया। इस पद्धति ने कुछ समय के लिए हिन्दी आलोचना को बेकार शब्दजाल में उलझाया भी, पर एक लाभ भी पहुँचाया कि पाठकों एवं लेखकों में अन्य भाषाओं के अध्ययन की प्रवृत्ति जाग्रत हुई।

शुक्ल जी : नवीन आलोचनादर्श के प्रतिष्ठापक

आचार्य पं. रामचन्द्र शुक्ल ने अपने इतिहास में हिन्दी गद्य का तृतीय उत्थान सन् 1918 के लगभग से माना है। इस समीक्षा के बारे में उन्होंने लिखा है, "इस तृतीय उत्थान में समालोचना का आदर्श भी बदला। गुण-दोष के कथन से आगे बढ़ कर कवियों की विशेषताओं और उनकी अन्तःप्रवृत्ति की छान-बीन की ओर भी ध्यान दिया गया।" कहना न होगा कि इस नवीन आलोचनादर्श के प्रतिष्ठापक स्वयं शुक्ल जी थे, पर वे अपनी ही कलम से अपने बारे में कैसे लिखते?

शुक्ल जी की आलोचना की सबसे बड़ी देन है साहित्य को समाज के साथ सम्बन्धित करना। एक ओर उन्होंने सामाजिक पृष्ठभूमि में रखकर कवियों, उनकी कृतियों तथा साहित्य की सामान्य प्रवृत्तियों को परखा तथा दूसरी ओर 'काव्य में लोक मंगल' के सिद्धान्त के द्वारा साहित्य की सामाजिक जिम्मेदारी की ओर संकेत किया।

उन्होंने कवियों के भावपक्ष और कलोपक्ष की मार्मिक व्याख्याओं के साथ ही उनके मूल्यांकन का भी प्रयत्न किया, परन्तु नीतिवादी दृष्टिकोण के कारण मूल्यांकन

के समय उनसे बहुधा चूक हो गयी है। तुलसी उनके आदर्श थे और उसी तुला पर तोलने के कारण अनेक प्राचीन श्रेष्ठ कवियों तथा नयी काव्यधाराओं के बारे में शुक्ल जी की समीक्षाएँ भ्रान्तिहीन नहीं रहीं। इसके अतिरिक्त उनकी वैयक्तिक रुचियाँ भी आड़े आ जाती थीं।

परन्तु फिर भी वे हमारे साहित्य के सर्वश्रेष्ठ समालोचक हैं। समालोचना के व्यावहारिक रूप के भी वे अग्रणी हैं तथा उनके सैद्धान्तिक पक्ष के तो अकेले प्रतिनिधि। उन्होंने प्राचीन काव्यशास्त्र के शब्दों को ग्रहण कर उनमें नया अर्थ भरा, अपने ढंग से उनकी व्याख्या की। सैद्धान्तिक और व्यावहारिक समीक्षाओं का जितना श्रेष्ठ समन्वय एवं सन्तुलन शुक्ल जी में प्राप्त हो जाता है, उतना अन्य किसी भी भारतीय भाषा के साहित्य में उपलब्ध नहीं होता।

शुक्ल जी के रास्ते पर

शुक्ल जी की समीक्षा पद्धति को अपना कर बहुत से लोग आगे बढ़े। इनमें सर्वश्री विश्वनाथ प्रसाद मिश्र, कृष्णशंकर शुक्ल, शिलीमुख, चन्द्रबली पाण्डेय, गुलाबराय आदि प्रमुख हैं। पर इनके बारे में ध्यान देने योग्य बात है कि शुक्ल जी के नीतिवादी दृष्टिकोण का जहाँ उन्होंने त्याग किया, वहीं उनके लोक मंगल और सामाजिक दायित्व वाले दृष्टिकोण का भी पूर्ण ग्रहण ये नहीं कर सके। इसीलिए इनकी आलोचनाएँ बहुधा एकांगी हो गयी हैं। इसी धारा की अन्तिम परिणति छात्रोपयोगी आलोचनाओं में हुई।

शुक्ल जी की समीक्षा पद्धति को और अधिक विकसित किया पं. हजारी प्रसाद द्विवेदी, पं. नन्ददुलारे वाजपेयी तथा डॉ. नगेन्द्र ने। द्विवेदी जी ने शुक्ल जी के सामाजिक स्वर को अधिक उदात्त मानवतावाद पर प्रतिष्ठित किया तथा साहित्य धारा को एक अविच्छिन्न प्रवाह के रूप में देखा। पं. नन्ददुलारे वाजपेयी ने शास्त्रीय तथा सौन्दर्यवादी दोनों धाराओं का सामंजस्य कर जिस पद्धति को आगे बढ़ाया, उसे लोगों ने सौष्ठववादी समीक्षा कहा है। डॉ. नगेन्द्र पर मनोविश्लेषण शास्त्र का भी प्रभाव है, पर शुक्ल जी के रसवाद को उन्होंने सैद्धान्तिक पक्ष में और आगे बढ़ाया तथा नये साहित्य को भी सहानुभूति दी।

दो नयी धाराएँ

सन् 36 के आसपास से हिन्दी आलोचना का स्वर फिर बदला। यहाँ से दो प्रमुख समीक्षाधाराएँ सामने आती हैं। पहली मनोविश्लेषणात्मक, दूसरी समाजशास्त्रीय या प्रगतिवादी। पहली केवल कलाकार के व्यक्तित्व की खोज करती है तो दूसरी साहित्य के सामाजिक कारणों और उसकी उपयोगिता पर ही बल देती है। पहली

धारा के गण्यमान्य समीक्षक इलाचन्द्र जोशी, अज्ञेय, नलिन विलोचन शर्मा आदि हैं, तथा दूसरी के शिवदान सिंह चौहान, रामविलास शर्मा, प्रकाशचन्द्र गुप्त आदि। पर इधर हाल में इन दोनों धाराओं का स्वस्थ समन्वय भी दृष्टिगोचर हुआ है। इलाचन्द्र जोशी, देवराज, नामवर सिंह, यहाँ तक कि शिवदान सिंह चौहान तक में यह देखा जा सकता है।

किसी भी देश की आलोचना बिना खोज और अनुसन्धान के आगे नहीं बढ़ पाती। खोज कार्यों के परिणामस्वरूप हम किसी युग या लेखक की प्रमुख विशेषताओं को समझ पाते हैं। कवि की रचनाओं के मूल पाठ निश्चित किये जाने पर उसके वास्तविक अर्थों को जाना जा सकता है। इस तरह युग और व्यक्ति दोनों के मूल्यांकन में आलोचना सहायक हो सकती है। अनुसन्धान क्षेत्र के अगुआ बाबू श्यामसुन्दरदास हैं। फिर तो मिश्र बन्धुओं एवं शुक्ल जी ने इस परम्परा को और आगे बढ़ाया। धीरे-धीरे विश्वविद्यालयों के माध्यम से यह कार्य बढ़ता ही गया। डॉ. पीताम्बर दत्त बड़थ्वाल ने हिन्दी काव्य में निर्गुण सम्प्रदाय में निर्गुण कविता का प्रामाणिक अध्ययन प्रस्तुत किया। उसके पश्चात् तो विश्वविद्यालयों, स्वतन्त्र संस्थाओं एवं व्यक्तियों के माध्यम से यह शृंखला बढ़ती रही। सर्वश्री हजारी प्रसाद द्विवेदी, डॉ. धीरेन्द्र वर्मा, परशुराम चतुर्वेदी, डॉ. दीनदयालु गुप्त, डॉ. मुंशीराम शर्मा, डॉ. भगीरथ मिश्र, डॉ. लक्ष्मीसागर वार्ष्णेय, विश्वनाथ प्रसाद मिश्र, डॉ. माताप्रसाद गुप्त आदि ने अनुसन्धान कार्य को बराबर आगे बढ़ाया।

इस प्रकार हिन्दी आलोचना विविध क्षेत्रों में निरन्तर आगे बढ़ रही है। अब वह केवल व्याख्या से आगे बढ़कर मूल्यांकन की ओर प्रभावित है। शीघ्र ही हम इस दिशा में भी समृद्ध साहित्यों तक पहुँच जायेंगे।

युगप्रभात : मार्च, 1959

चरित्र प्रधान कहानियाँ

कथा-कहानियों की परम्परा मानव सृष्टि जितनी पुरानी है। रवीन्द्र बाबू ने अपनी काव्यात्मक शैली में इसी बात को यों कहा है—"नदी जैसे जल-स्रोत की धारा है, मनुष्य वैसे ही कहानी का प्रवाह।" स्रष्टा की इस कथात्मक परम्परा का प्रारम्भिक बिन्दु है मनुष्य की अभिव्यक्तीकरण की शक्ति का उदय। जब से मनुष्य ने अपने जीवन-व्यापारों के प्रति सजग अनुराग का अनुभव किया और उसे व्यक्त करने की अदम्य वासना से अभिभूत हुआ, तभी से कहानी का जन्म माना जा सकता है। मानव-जागरण के प्राचीनतम ग्रन्थ 'ऋग्वेद' में कहानी और उसके तत्त्व विद्यमान हैं। वामन की कथा, शुनःशेप की कथा, ययाति और दधीचि की कथाएँ काफी प्रसिद्ध हैं। वैदिक काव्य तक आकर मनुष्य ने मनुष्य के प्रति सहानुभूति सीख ली थी। प्यार और भय की भावनाएँ स्थिर हो गयी थीं, जीव-जगत हमारी भावनाओं के निकट आ गया था, अतः उस युग की कहानियों के अतिमानवीय चरित्रों में इन मानवीय गुणों एवं भावनाओं की स्थापना की गयी। उपनिषदों की दार्शनिक कहानियों में उस युग की जिज्ञासु और चिन्तक प्रज्ञा अभिव्यक्त हुई है। संस्कृत में उन ललित काव्यों की कथावस्तु के अन्तर्गत सुषमापूर्ण उपवनों के वे चित्र, जिनमें उद्दाम यौवन उमंग की तरंगें लेता है, सुरबालाओं के मदिर अपांग नीलकमलों की सृष्टि करते हैं, जो सुधा की धाराओं से परिपूर्ण हैं, हमें उन युगों के नागरों एवं नरेशों की विलास-क्रीड़ा की याद दिलाते हैं। अस्तु अपने युग के यथार्थ को अभिव्यक्त करती हुई, कहानी नाना रूपों में आगे बढ़ती गयी।

> *"देवता और राक्षस, हितोपदेश, परियों की राजकुमारी और एक था राजा, से कहानी आरम्भ हुई। वह तो बचपन था और सुनने वाले भी बच्चे या बालस्वभावी थे। फिर दुनिया आगे बढ़ी, रईसों और नवाबों के किस्से तथा फ़साने सुने। नये शौक आये और नयी कहानियाँ बनीं। तथा आज तो राजा ही नहीं रहा तो 'एक था राजा' से कहानी कौन शुरू करे? आज का पाठक या श्रोता अब परियों या राजकुमारियों की जगह अपने जीवन की कहानियाँ पसन्द करने लगा है। कहानी आज मनोरंजन का साधन मात्र नहीं*

है, वह जीवन-मर्म का उद्घाटन करने वाले साहित्य का सबलतम रूप है।" (आज : कहानी विशेषांक)

कहानी के प्राणदायक अणु

अतः प्राचीन कहानियों से सिलसिलेवार सम्बन्ध होने पर भी आज की कहानियाँ नितान्त भिन्न आधार-भूमि पर अपने पैरों पर खड़ी हैं। अपने ऐतिहासिक रूप में वे प्राचीनतम हैं, पर नये रूप में हिन्दी में तो वह उपन्यास से भी बाद की वस्तु है। डॉ. त्रिगुणायत के शब्दों में—

"प्राचीन कहानियों में अद्भुत घटना-वैचित्र्य, अति प्राकृतिक वर्णन, चमत्कारपूर्ण चित्रण मिलते थे, किन्तु आज की कलापूर्ण कहानी में इसके स्थान पर संवेदना, कौतूहल, उत्सुकता आदि जाग्रत करने की क्षमता को महत्त्व दिया जाता है। मनोवैज्ञानिक चरित्र-चित्रण, स्वाभाविकता और यथार्थता आदि छोटी कहानी के प्राण-प्रदायक अणु हैं। इसके अतिरिक्त उसकी शैली और शिल्पविधि, पात्र-योजना और विषय-वस्तु सभी में अभूतपूर्व परिवर्तन हो चुका है। कहना यों चाहिए कि व्यक्तिवाद और मनोविज्ञान के आगमन के साथ-साथ हमारे साहित्य सम्बन्धी दृष्टिकोणों में महान् अन्तर उपस्थित हुआ। देवता और अलौकिक का स्थान मानव ने ले लिया। उसका विविध कोणों और स्थितियों से चित्रण, अध्ययन और विश्लेषण होने लगा। 'क्या हुआ' का स्थान 'क्या हो रहा है' 'कैसे हो रहा है' 'क्यों हो रहा है' आदि ने ले लिया है।"

मनोविज्ञान के फलस्वरूप प्राचीन ऐतिहासिक प्रणाली, सुधारवादी कथानकों एवं व्यापक सामाजिक चित्रों के स्थान पर चरित्र की सूक्ष्मताओं की ओर अधिक ध्यान दिया जाने लगा। मनोविज्ञान से भी आगे बढ़ कर अब कथा साहित्य में मनोविश्लेषण की ओर झुकाव है। इस पद्धति में मनुष्य अच्छा या बुरा नहीं चित्रित किया जाता, क्योंकि उसके बाह्य सामाजिक कार्यों का कोई महत्त्व नहीं है। उसमें विविध प्रकार के मनोभावों, संघर्षों एवं अन्तर्द्वन्द्वों का चित्रण ही परम काम्य है। जोड का कहना है "Psychology teaches that a human being is more like a river than a bundle of qualities." उसकी यह प्रवहमानता विभिन्न स्थितियों में विभिन्न मनोदशाओं को सूचित करती है।

मनोविज्ञान से मनोविश्लेषण की ओर

आज की कहानियों का सबसे अधिक महत्त्वपूर्ण एवं बहुसंख्यक वर्ग चरित्र प्रधान कहानियों का ही है। हिन्दी में गुलेरी जी की सन् 1915 में प्रकाशित, 'उसने कहा

था' तथा प्रेमचन्द की सन् 1916 में प्रकाशित 'पंचपरमेश्वर' से कहानियों में शील निरूपण एवं चरित्र प्रतिष्ठा के व्यापक प्रयत्न दिखायी देते हैं। 'उसने कहा था' में विविध स्थितियों के मध्य एक सात्विक प्रेमी का चरित्र सजीव किया गया है।

चरित्र प्रधान कहानी का मुख्य उद्देश्य पात्रों का मनोवैज्ञानिक आधार पर चरित्र विश्लेषण और चरित्र चित्रण होता है। उदाहरण के लिए हम प्रेमचन्द की प्रसिद्ध कहानी 'कफ़न' को ले सकते हैं। यह एक श्रेष्ठ, चरित्र प्रधान कहानी है। घर के भीतर बहू प्रसव-पीड़ा से कराह रही है और बाहर उसका पति और ससुर आग के किनारे बैठे ताप रहे हैं, पर भीतर कोई नहीं जाता, क्योंकि उन्हें डर है कि आग में भूने जा रहे आलुओं को दूसरा खा जायेगा, उनकी यह भूख बीमार तक नहीं पहुँचने देती उन्हें। स्त्री पीड़ा से मर जाती है, पर ये दोनों निकम्मे, कामचोर और गरीब रोते हुए बैठे रहे। गाँव के लोगों ने कफ़न के लिए चन्दा करके रुपये दिये। वे दोनों बाजार से बजाय कफ़न खरीदने के शराब की दूकान में जा पहुँचे। गोश्त खाया, चटपटे लिये और पूरे रुपये की दोनों ने शराब पी डाली। उनकी धारणा है कि कैसा बुरा रिवाज है कि जिसे जीते-जी तन ढाँकने को चिथड़ा भी न मिले, उसे मरने पर नया कफ़न चाहिए। शराब पी कर दोनों फिर नाचने लगे, उछले भी, कूदे भी, गिरे भी, मटके भी। भाव भी बताये, अभिनय भी किये। और आखिर नशे में मदमस्त होकर वहीं गिर पड़े।

यहीं पर कहानी की चरम सीमा भी है और समाप्ति भी। ध्यान देने की बात है कि चरम सीमा मनोवैज्ञानिक अनुभूति के सत्य पर प्रतिष्ठित हुई है। फलतः ये चरम सीमाएँ नितान्त कलात्मक हुई हैं और उनमें किसी प्रकार की उपदेशयोजना या उपसंहार को नहीं जोड़ा गया।

वर्गगत विशेषताओं के साथ चरित्रगत व्यक्तित्व

डॉ. लक्ष्मीनारायण लाल के शब्दों में—

> *"विकास युग में चरित्र प्रधान कहानियों के सर्वश्रेष्ठ लेखक प्रेमचन्द हैं। इनकी कहानियों में मनोविज्ञान अपने तात्विक रूप में अधिक प्रयुक्त हुआ है।"*

प्रेमचन्द की प्रारम्भिक कहानियाँ अधिक आदर्शवादिनी और घटना-प्रधान हैं, पर बाद को वे मनोवैज्ञानिक अनुभूतियों के प्रधान चितेरे बन जाते हैं। साहित्य में आने वाले चरित्रों को साधारणतः दो भागों में बाँटा जा सकता है : वर्ग गत चरित्र तथा विशिष्ट चरित्र। पर श्रेष्ठ चरित्र-विधान वह है जो वर्गगत विशेषताओं के संयोजन के साथ ही चरित्र का व्यक्तित्व भी खड़ा कर सके। प्रेमचन्द की कहानियों में अधिकांश चरित्र ऐसे ही हैं। 'आत्माराम', 'बड़े घर की बेटी', 'कफ़न', 'सुजान भगत', 'नशा', 'मंत्र', 'बूढ़ी काकी' आदि उनकी श्रेष्ठ चरित्र प्रधान कहानियाँ हैं।

उनकी कहानियों में राव, रंक, दुखी मजदूर, दुर्बल हृदय, मिल मालिक, पतित पण्डित, ईर्ष्यालु प्रोफेसर, डॉक्टर, दफ्तर के बाबू और गलियों के शोहदे तथा आवारे अपने चरित्र-वैविध्य के साथ उपस्थित मिल जाते हैं। 'बूढ़ी काकी' की यह मनोभावजन्य संवेदना देखने योग्य है, "खूब लाल-लाल, फूली-फूली गरम (पूरियाँ) होंगी। रूपा ने भलीभाँति मोयन दिया होगा। कचौरियों में अजवाइन और इलायची की महक आ रही होगी। एक पूरी मिलती तो जरा हाथ में लेकर देखती। क्यों न चलकर कड़ाह के पास सामने ही बैठूँ। पूड़ियाँ छन-छन कर तैरती होंगी। कड़ाह से गरम-गरम निकलकर थाल में रक्खी जाती होंगी।"

यद्यपि प्रसाद जी मूलतः भावना और वातावरण के निर्माता हैं, पर उन्होंने पात्रों के अन्तर्द्वन्द्व के आधार पर कुछ श्रेष्ठ चरित्र प्रधान कहानियाँ लिखी हैं। 'गुण्डा', 'सालवती', 'मधुआ', 'ममता', 'घीसू', 'नूरा' आदि ऐसी कहानियाँ हैं। एक आलोचक के अनुसार "गुण्डा का ननकू सिंह ऐसा प्रतिनिधि पुरुष चरित्र है कि इससे पुरुषत्व और पुरुष के दायित्व को गर्व हो सकता है।"

पं. विशम्भर नाथ शर्मा 'कौशिक' की 'ताई' भी एक श्रेष्ठ चरित्र प्रधान कहानी है, जिसमें भतीजे के मुँड़ेर पर से गिर जाने के आकस्मिक आघात से उसके चरित्र में एक व्यापक परिवर्तन हो जाता है। पं. भगवती प्रसाद बाजपेयी की 'मिठाई वाला' चारित्रिक अन्तर्द्वन्द्व के धरातल पर सफल मनोविश्लेषण का उदाहरण उपस्थित करती है। सुदर्शन की 'सूरदास', 'मास्टर', 'संन्यासी' आदि भी चरित्र प्रधान कहानियाँ गिनी जायेंगी। भगवती चरण वर्मा की 'दो बाँके' में अपने ढंग के अनोखे टाइप चरित्र हैं।

व्यावहारिक मनोविज्ञान से आगे बढ़कर मनोविश्लेषणवादी पद्धतियों को अपना कर चरित्र सृष्टि के माध्यम से कहानी कहने वालों में प्रमुख हैं जैनेन्द्र, इलाचन्द्र जोशी और अज्ञेय। जैनेन्द्र की मूल चेतना दार्शनिक और मनोवैज्ञानिक है। जैनेन्द्र के चरित्र अधिकांशतः अन्तर्मुखी होते हैं, उनमें घात-प्रतिघात और अन्तर्द्वन्द्व पर्याप्त मात्रा में होता है। 'एक रात', 'राजीव की भाभी,' 'आशुतोष', 'जाह्नवी' उनकी कतिपय व्यक्ति-चरित्र प्रधान कहानियाँ हैं। अज्ञेय की कहानियों की आत्मा भी चरित्रमूलक ही है। उनमें अज्ञेय का अहं एवं विद्रोहात्मक रूप उभरकर आया है। 'छाया', 'साँप', 'रोज', 'नम्बर दस', 'कोठरी की बात' आदि उनकी श्रेष्ठ कहानियाँ हैं। इलाचन्द्र जोशी का मनोविज्ञान सबसे अधिक एकेडेमिक है। इस कारण उनमें बहुधा अस्वस्थ विकृतियों की प्रधानता हो गयी है। 'होली', 'अनाश्रित', 'परित्यक्ता', 'जारज', 'पागल की सफाई' जोशी जी की कुछ कहानियों के शीर्षक हैं।

यशपाल, अश्क, अमृतराय, महादेवी वर्मा, रांगेय राघव, अमृतलाल नागर, होमवतीदेवी, चन्द्रकिरण सौनरिक्सा आदि अन्य अनेक कहानीकारों ने श्रेष्ठ चरित्र प्रधान कहानियाँ दी हैं। इधर के नये लेखकों में राजेन्द्र यादव, भारती, शिवप्रसाद

सिंह, सत्येन्द्र शरत, मार्कण्डेय, कमल जोशी और ओंकारनाथ श्रीवास्तव ने अनेक अविस्मरणीय चित्र चरित्रों के उपस्थित किये हैं।

चरित्र चित्रण के लिए दो शैलियों का प्रयोग बहुधा होता है—विश्लेषणात्मक और नाटकीय विश्लेषणात्मक पद्धति में लेखक स्वयं चारित्रिक रेखाओं को स्पष्ट करता है। जैसे—"वह सरल, उदार, दानी, क्रोधी, हट्टा कट्टा है।" गुलेरी जी की 'उसने कहा था' में नाटकीय शैली का प्रयोग हुआ है। बालक की भावनाओं का यह संकेत से भरा नाटकीय चित्रण कितना व्यंजक है—"कुड़माई हो गयी" का उत्तर मिलता है...

"हाँ, हो गयी"

"कब"

"कल। देखते नहीं, यह रेशम से कढ़ा हुआ सालू"

लड़की भाग गयी। लड़के ने घर की राह ली। रास्ते में एक लड़के को मोरी में ढकेल दिया। एक छबड़ी वाले ने भी दिन-भर की कमाई खोयी, एक कुत्ते पर पत्थर मारा और एक गोभी वाले के ठेले में दूध उड़ेल दिया। सामने नहा कर आती हुई किसी वैष्णवी से टकरा कर अन्धे की उपाधि पायी। तब कहीं घर पहुँचा।

कहानी में चरित्र चित्रण का महत्त्व सबसे अधिक है। सीमित क्षेत्र के भीतर चरित्र की रेखाओं को स्पष्ट करना जहाँ एक ओर प्रतिभा और कुशलता की अपेक्षा रखता है, वहीं दूसरी ओर सूक्ष्म निरीक्षण शक्ति का। कहना न होगा कि हमारे कहानीकारों ने इस कठिन कार्य, चरित्र-विधान को कुशलतापूर्वक निभाया है।

युगप्रभात : जुलाई, 1959

हिन्दी साहित्य में प्रगतिवाद

श्री सुमित्रानन्दन पन्त के नाम और काव्य से हम सभी परिचित हैं। पन्त जी छायावाद के श्रेष्ठ कवि हैं तथा प्रगतिवाद के प्रारम्भिक उन्नायकों में से हैं। उन्होंने एक स्थान पर लिखा है, "प्राचीन प्रचलित विचार और जीर्ण आदर्श समय के प्रवाह में अपनी उपयोगिता के साथ अपना सौन्दर्य...संगीत भी खो बैठता है। ...छायावाद इसलिए अधिक नहीं रहा कि उसके पास भविष्य के लिए नवीन आदर्शों का प्रकाशन, नवीन भावना का सौन्दर्य बोध और नवीन विचारों का रस नहीं था। वह काव्य न रह कर केवल अलंकृत संगीत बन गया था।" इस कथन से यह स्पष्ट सिद्ध होता है कि छायावाद नयी परिस्थितियों के उपयुक्त न था तथा नयी परिस्थितियों में जिस छायावादी काव्य की रचना हो रही थी, वह काव्य की शक्ति से युक्त भी नहीं रह गया था। छायावाद की ही एक अन्य प्रमुख कवयित्री महादेवी वर्मा के इन शब्दों में उसकी एक कमजोरी तथा नये युग की एक आवश्यकता का दिग्दर्शन और होता है। महादेवी जी के अनुसार वह "व्यष्टिगत सत्य की समष्टिगत परीक्षा में अनुत्तीर्ण रहा।" यानी कि युग की गति समष्टि अर्थात सामूहिक जीवन की ओर थी। छायावाद की 'अतिकाल्पनिक' उड़ान भरने वाली कल्पना ने एक हरीभरी ठोस जनपूर्ण धरती का आश्रय लिया।

परन्तु यह ध्यान में रखने की बात है कि छायावादी काव्य प्रवृत्तियों के प्रति यह प्रतिक्रिया आकस्मिक नहीं थी। पूँजीवाद का नग्न स्वरूप यों भी सारे संसार के सामने स्पष्ट होता जा रहा था। सन् 1930 के आसपास दो अत्यन्त महत्त्वपूर्ण बातें घटीं। एक तो सारे संसार में एक भयंकर मन्दी आयी, जिसने चारों ओर एक निराशा की व्यापक लहर को फैलाया और इसी बीच 1917 की रूसी क्रान्ति के बाद लागू की जाने वाली पंचवर्षीय योजनाओं की सफलता भी सामने आयी। सन् 17 की क्रान्ति स्वयं संसार के बुद्धिजीवियों को इतना अपनी ओर नहीं खींच सकी जितना कि इस सफलता ने। पूँजीवाद की आर्थिक मन्दी से त्रस्त संसार को समाजवादी व्यवस्था और मार्क्सवादी चिन्तन-पद्धति आशा की किरण-समान दिखाई पड़ी। परिणामतः सारे संसार में मार्क्सवाद और समाजवाद की भावना तेजी से फैली। विशेषकर नवयुवक

वर्ग इसकी ओर मुड़ा। सारे संसार के साथ भारतवर्ष में भी यही विचारधारा आयी। पं. जवाहरलाल नेहरू, आचार्य नरेन्द्र देव, जयप्रकाश नारायण आदि व्यक्ति इसके प्रति आकर्षित हुए। कांग्रेस में ही एक वाम पक्षीय मोर्चा कांग्रेस समाजवादी दल के नाम से संगठित हुआ। इस प्रकार वातावरण में व्याप्त समाजवादी प्रवृत्ति की भूमि पर सन् 1936 में लखनऊ में 'अखिल भारतीय प्रगतिशील लेखक संघ' का प्रथम अधिवेशन प्रेमचन्द जी के सभापतित्व में हुआ। 'प्रगतिवाद' शब्द और प्रवृत्ति दोनों को यहीं से आगे बढ़ने का, फैलने का अवसर और अधिक मिलता है।

मार्क्सवाद एक ऐतिहासिक जीवन-दर्शन है। उसके अनुसार इतिहास कोई हौआ नहीं है। इतिहास की गति को समझा जा सकता है। और समझकर उसकी प्रगति में सहायता की जा सकती है। उसके अनुसार हमारा समाज निरन्तर गतिशील है, विकासमान है। हम अनेक प्रकार के युगों को पार कर वर्तमान अवस्था में पहुँचे हैं। समाज की यह गतिशीलता द्वन्द्वात्मक मानी है मार्क्स ने। यानी कि समाज के पाज़िटिव और निगेटिव दो तत्त्वों का निरन्तर संघर्ष होता रहता है और इसी संघर्ष से एक नयी चेतना उत्पन्न होती है। विकास के इस दौरान में वर्गों का उदय हुआ, आर्थिक व्यवस्था के आधार पर जिनमें कि एक शोषक होता है और दूसरा शोषित। वर्गों के इस संघर्ष से समाज आगे बढ़ता है। मार्क्स के अनुसार अन्ततः एक ऐसी क्रान्ति होगी जिसमें शोषण की सारी व्यवस्था समाप्त होकर सत्ता सामान्य जनवर्ग के हाथों में आ जायेगी। मार्क्सवाद की इस संक्षिप्त रूपरेखा द्वारा आप वर्ग संघर्ष, समाज की गतिशीलता आदि को समझ सकते हैं। उसकी एक विशेषता विशेष याद रखने की है कि कला-साहित्य आदि भी उत्पादन-वितरण की आर्थिक व्यवस्था एवं वर्गों के संघर्ष से सम्बन्धित होते हैं। उसके अनुसार श्रेष्ठ साहित्य, कलाएँ आदि सदैव अपने समय की गतिशील शक्तियों के साथ जाने-अनजाने रहता है। परन्तु एक बात इस प्रसंग में ध्यान में रखनी होगी कि प्रगतिवादी कविता का जन्म मार्क्सवाद से नहीं हुआ है। सन् 1930 के बाद की स्थितियाँ ऐसी पैदा हो गयी थीं जिनमें कि पन्त को 'युगान्त' में छायावाद को समाप्त मानकर 'युगवाणी' में प्रगतिवादी पद्धति को स्वीकार करना पड़ा। प्रसाद जैसे अतीत प्रेमी कलाकार ने 'कंकाल' और 'तितली' का यथार्थवादी चित्रण किया। प्रेमचन्द और उनके उपन्यास पहले से ही सामाजिक यथार्थ से सम्बन्धित थे। शुक्ल जी ने आलोचना के क्षेत्र में 'लोकमंगल' स्थापना पर जोर देकर साहित्य के सामाजिक पक्ष पर बल दिया। मार्क्सवाद के आकर्षण और चेतना ने इस साहित्य को आगे बढ़ने में सहायता अवश्य पहुँचायी है। 'प्रगतिशील' या 'प्रगतिवाद' शब्द भी हमने मार्क्स की शब्दावली से न लेकर अंग्रेजी के 'प्रोग्रेसिव लिटरेचर' से लिया है, जो इस समय की साहित्यिक स्थिरता एवं दमघोंट वातावरण के विरुद्ध लिखे जाने वाले सामाजिक उद्देश्य युक्त साहित्य के लिए प्रयुक्त हुआ था।

स्पष्ट है कि यह प्रगतिवादी काव्य हमारे साहित्य का स्वाभाविक बढ़ाव है, ऊपर से लादा गया तत्त्व नहीं है। जिन पन्त ने एक समय नारी की रूपराशि का आकर्षण अस्वीकार करते हुए कहा था—

छोड़ द्रुमों की मृदु छाया
तोड़ प्रकृति से भी माया,
बाले! तेरे बाल-जाल में कैसे
उलझा दूँ लोचन?

उन्होंने ही आगे कहा—

सुन्दर है विहग, सुमन सुन्दर
मानव! तुम सब से सुन्दरतम।

इस प्रकार विशुद्ध वायवीय कल्पना के स्थान पर हमें सामान्य मनुष्य-समाज के प्रति एक सहज आकर्षण दिखाई देता है।

प्रगतिवाद के प्रारम्भिक दिनों में हमें अनेक ऐसी प्रवृत्तियों के भी दर्शन उसमें होते हैं जो परम्परा के विरुद्ध-सी हो रही थीं। इन प्रवृत्तियों के मूल कारणों की विवेचना करने का यहाँ स्थान नहीं है, परन्तु ये सब छायावाद एवं तत्कालीन राजनीतिक जीवन की प्रतिक्रिया मात्र थीं। अश्लीलता, निराशा, आक्रोश एवं विध्वंस की प्रवृत्तियाँ सामयिक जीवन से सम्बन्धित थीं। परन्तु ज्यों-ज्यों प्रगतिवादी कवि अधिक प्रबुद्ध होता गया, उसका इतिहास-दर्शन अधिक स्पष्ट हुआ, त्यों-त्यों सामाजिक यथार्थ के स्वस्थ स्वरूप का चित्रण भी हुआ। परन्तु साथ ही प्रगतिवादी काव्य का आन्दोलन एक दल विशेष के साथ जुड़ गया और कोई राजनैतिक दल का साहित्य और साहित्यकार का अनुशासन करने लगता है, तब उसमें विकारों का आ जाना स्वाभाविक है। प्रगतिवादी कवि भी इस राजनैतिक पार्टी के निर्देशों एवं सिद्धान्तों के अनुरूप काव्य-रचना करने लगे। कुछ दिनों तक तो रूस और लाल सेना का स्तुतिगान, किसान-मजदूरों के प्रति सहानुभूति तथा पूँजीपतियों, मिल मालिकों, धर्म, ईश्वर आदि के प्रति युद्ध का निर्घोष ही प्रगतिवादी काव्य की विषयवस्तु माने जाते रहे। नागार्जुन, शिवमंगल सिंह सुमन, केदार अग्रवाल, शील, अंचल, शंकर शैलेन्द्र आदि प्रगतिवाद के इस फ़ौजी Militant रूप के उद्‌घोषक थे।

प्रगतिवाद की मुख्य विशेषता सामाजिक यथार्थवाद है, जो इस फ़ौजी रूप में तिरोहित हो गया था, क्योंकि इसमें केवल कुछ बँधे-बँधाये चरित्र, बँधी-बँधायी स्थितियों के भीतर आने लगे थे, जिनके प्रति कुछ निश्चित निन्दा-स्तुति सूचक वाक्यों का प्रयोग भी किया जाता था। परन्तु आगे चलकर दृष्टिकोण का विकास हुआ। कुछेक को छोड़कर ऊपर गिनाये हुए कवियों के अतिरिक्त रामविलास शर्मा, त्रिलोचन, भारत भूषण अग्रवाल, भवानी प्रसाद मिश्र आदि कवियों ने इसे आगे बढ़ने में और सहायता प्रदान की। दृष्टि अधिक निर्मल होती है। प्रकृति, जीवन आदि के

प्रति एक नया स्वस्थ दृष्टिकोण विकसित होता है। एकाध उदाहरण सुनिए। यह है केदार अग्रवाल की वसन्ती हवा—

चढ़ी पेड़ महुआ, थपाथप मचाया
गिरी धम्म से फिर, चढ़ी आम ऊपर
उसे भी झकोरा, किया कान में कू
उतर कर मगी में, हरे खेत पहुँची
वहाँ गेहुँओं में लहर खूब मारी
पहर दोपहर क्या, अनेकों पहर तक
इसी में रही।

इस कविता को यदि पन्त के छायावादी बादल से मिलाकर देखा जाये तो बात अधिक साफ होगी। पन्त का बादल जहाँ बादल के यथार्थ स्वरूप की अपेक्षा कवि की कल्पना का 'मोहक इन्द्रजाल अभिराम' अधिक है, वहीं यह कविता यथार्थता के सहज उल्लासमय स्वरूप से युक्त है। यही नहीं, उसकी भाषा शैली और रूपविधान भी बदल गया है। यहाँ लोकगीतों की धुन, बोलचाल की लय, सरल शब्दों का चयन एवं रूपक की सहजता छायावाद से एकदम पृथक है। प्रगतिवाद जब सामाजिक जीवन के निकट आया तो उसकी शैली को भी उसके निकट आना आवश्यक हो गया। पन्त ने कहा भी कि मैं विश्व को ग्रामीण नयन से देख रहा हूँ और इस दृष्टि के शिल्प विधान का भी संकेत कर दिया है—

खुल गये छन्द के बन्ध
प्रास के रजत पाश
अब गीत मुक्त
औ युगवाणी बहती अयास।

अब तक क्षुद्र मानी जाने वाली अकाव्यात्मक वस्तुओं का प्रवेश विषय और उपमान दोनों क्षेत्रों में हुआ, परन्तु यह सरलता जितनी सरल दिखाई देती है, वास्तव में काव्य सृजन की दृष्टि से उतनी सरल है नहीं। प्रगतिवादी कविता का एक मुख्य स्वर व्यंग्य का भी रहा है और भाषा व्यंग्य के लिए जितनी शक्तिशालिनी चाहिए उतनी अन्य क्षेत्रों में नहीं। प्रगतिवाद ने यह सूक्ष्म शक्ति भाषा को दी है।

अन्त में हम एक आलोचक के शब्दों में कहना चाहेंगे:

"प्रगतिवाद का इतिहास साहित्य में स्वस्थ सामाजिकता, व्यापक भावभूमि और उच्च विचार के निरन्तर विकास का इतिहास है जो केवल राजनीतिक जागरण से आरम्भ होकर क्रमशः जीवन की व्यापक समस्याओं की और स्वस्थ सामाजिक यथार्थवाद की ओर अग्रसर होता जा रहा है।"

युगप्रभात : दिसम्बर 1959

प्रयोगवाद : परम्परा का विकास

हिन्दी में प्रयोगवाद की चर्चा सन् 1943 में 'तार सप्तक' के प्रकाशन से प्रारम्भ होती है। यह संकलन ग्रन्थ है जिसमें सात नये कवियों की प्रकाशित-अप्रकाशित रचनाएँ संकलित की गयी हैं। इसके मानी हैं कि प्रयोगवादी रचनाएँ सन् '43 के पूर्व ही प्रकाश में आने लगी थीं, पर ध्यान 'सप्तक' के प्रकाशन के बाद ही उधर केन्द्रित हुआ।

ऐतिहासिक दृष्टि से प्रयोगवाद के बीज उस उत्तर-छायावादी गीतिकाव्य में विद्यमान हैं जो अस्पष्टता और अरूप वैयक्तिकता के विपरीत स्पष्ट आत्माभिव्यंजन एवं प्रणयभंगिमा लेकर आया था; अथवा स्फीत कल्पना के स्थान पर यथार्थ एवं आकांक्षा के नये धरातलों को पकड़ने की चेष्टा कर रहा था। पन्त, निराला, बच्चन, नरेन्द्र शर्मा, रामविलास एवं अज्ञेय की सन् '37 के बाद की कविताओं में इन्हीं दोनों प्रवृत्तियों का पृथक्-पृथक् अथवा समन्वित प्रभाव दिखाई देता है। सन् 1939 में 'प्रवासी के गीत' की भूमिका में नरेन्द्र शर्मा द्वारा प्रकट किये गये मन्तव्य अत्यन्त महत्त्वपूर्ण हैं। उन्होंने 'प्रवासी के गीत' में संगृहीत रचनाओं को हिन्दी गीतिकाव्य के उत्तरार्ध में रखते हुए पूर्वार्ध के कवियों को प्रधानतः 'सौन्दर्योपासक' तथा असीम अनन्त के अनुयायी बताया। इनमें भी "सौन्दर्योपासकों में से कुछ की रुचि काव्य में नयेपन तथा विलक्षणता की ओर गयी।" (यह संकेत निराला-पन्त की ओर है।) आगे समसामयिक परिस्थितियों का विवेचन करते हुए कवि नरेन्द्र का कहना है, "ऐसी अवस्था में कवियों का निराशावादी हो जाना स्वाभाविक था। निराशावादियों और नियतिवादियों के आगमन से हिन्दी गीतिकाव्य का उत्तरार्ध शुरू होता है।" कहना न होगा कि प्रयोगवादी रचनाओं के मूल में आलोचकों ने बहुधा निराशा, कुण्ठा और पलायन को ढूँढ़ना चाहा है। यह वह ऐतिहासिक परिस्थिति थी, जो मध्यम वर्ग के कवि को प्रभावित कर रही थी, जिसमें आसन्न युद्ध का संकट, राष्ट्रीय आन्दोलन की निराशा, मध्यम वर्ग की गिरती हुई अवस्था और शिक्षित जन की हताशा मिली हुई थी।

प्रयोगवाद या नयी कविता पर इलियट आदि पश्चिमी कवियों के प्रभाव की बहुधा चर्चा होती है पर सन् '39 की मई में लिखी उपर्युक्त भूमिका के अगले पैराग्राफ

में ही नरेन्द्र जी ने लिखा है, "जिनकी दृष्टि अन्तर्मुखी थी उन्हें सब हालोमैन के रूप में दिखलाई पड़े और जिनकी प्रवृत्तियाँ बहिर्मुखी थीं उनके सामने वेस्टलैण्ड का प्रसार था।" वास्तव में यह होरी की निराशा और मनु की प्रलय-विध्वस्त प्रकृति थी जो अब और अधिक संकुचित होकर मध्यवर्गीय व्यक्ति के मन के 'एकान्त' में पैठ गयी थी। बकौल नरेन्द्र शर्मा,

> *"हम देखते हैं कि उत्तरार्ध का निराशावाद बराबर अधिक भीषण होता जाता है। इसका प्रधान कारण यही था कि बाहर-भीतर के असन्तोष के कारण कवि की प्रवृत्तियाँ उसके भीतर केन्द्रीभूत होती गयीं, आहत अहंकार ने उग्र रूप धारण कर लिया और कवि निराशा से चीत्कार कर उठा।... यह स्वाभाविक है कि जब व्यक्ति को अपनी प्रवृत्तियों के व्यक्तीकरण के साधन बाहर समाज में नहीं मिलते तब वह जैसे बाहर ठोकर खाकर, अपने लिए अपने ही भीतर कामनाजन्य भावनाओं और कल्पनाओं का एक संसार बना लेता है। लेकिन कल्पना उसका कब तक साथ देगी? शाम के रंगीन बादलों-सी यह कल्पना बालू की भीत-सी भी तो नहीं है। उसकी आत्मचेतना, उसके व्यक्तिगत और सामाजिक जीवन की विषमताओं से टकराकर गतिरुद्ध हो जाती है, और उसके अन्तर में धुएँ की तरह घुमड़ने लगती है। जैसे-जैसे वह 'आज मुझसे दूर दुनिया' का अनुभव करता है। उसका अहंभाव और तीव्र-गति से जाग्रत होता जाता है।"*

इस लम्बे उद्धरण को देने का तात्पर्य है कि उस समय के इस सजग कवि का आत्मालोचन (जो काफी दूर तक सही है) उपस्थित किया जा सके। पर नरेन्द्र जी ने समस्या का एक ही पहलू उपस्थित किया है। इस आहत अभिमान के संक्रमण का एक अन्य क्षेत्र भी था जहाँ वह अपने व्यक्ति को एकदम भुलाकर आवेश में तोड़-फोड़, क्रान्ति आदि के नारे लगाता है। व्यक्ति वही मध्यवर्गीय है, समस्याएँ, परिस्थितियाँ और प्रभाव भी वहीं हैं, केवल अभिव्यक्ति का रूप बदल गया। एक आत्मकेन्द्रित हो गया और दूसरा भीतर से खोखला। एक अपने को नष्ट करना चाहता है और दूसरा सारी दुनिया को एक ही मुक्के में चूर-चूर। एक अपने को संसार का सबसे अधिक प्रतिभाशाली महान व्यक्ति मानता है, दूसरा अपने को सबसे अधिक शक्तिशाली और वरेण्य स्वीकार कराना चाहता है। ये दोनों प्रवृत्तियाँ एक-दूसरे से घुली-मिली रहीं—एक पीढ़ी के कवियों में, एक ही कवि में भी, उनका स्वस्थ सामाजिक आधार पर समन्वय सन् '50 के बाद 'नयी कविता' में ही हो सका है। ये दोनों भूमिकाएँ ही प्रयोगवाद और प्रगतिवाद कही गयी हैं।

संक्षेप में उपर्युक्त भूमिका के अन्तर्गत उन सभी तत्त्वों की ओर संकेत हो गया है जिन्होंने प्रयोगवादी काव्य को जन्म दिया। यह हम आगे देखेंगे कि कल्पना के स्थान पर उस कौन-सी नयी शक्ति का सहारा नये कवियों को मिल गया जिनसे

उनका काव्य 'क्षयी रोमांस' से बच गया तथा 'अन्तर के अविश्वास (भाग्यवाद) तथा दुखवाद को तोड़' नहीं तो पचा अवश्य सका। 'नयी कविता' में दुख और पीड़ा की पूजा भी है तथा अविश्वास और अनास्था का स्वर भी—परन्तु यह दोनों उत्तर-छायावादी गीत-काव्य की निराशा और अविश्वास से भिन्न हैं, इनका विस्तार से विवेचन यहाँ पर अप्रासंगिक रहेगा। यहाँ पर तो हमें प्रयोगवाद की मानसिक पीठिका पर स्थित उन कविताओं को देखना है जिनकी परम्परा 'प्रयोगवाद' में आयी है। 1938 ई. में पन्त को यह नवदृष्टि मिली थी कि—

खुल गये छन्द के बन्ध
प्रात के रजत पाश
अब, गीत मुक्त
और युगवाणी बहती अयास।
बन गये कलात्मक भाव
जगत के रूप नाम?

युगवाणी की यह 'अयासगति' हिन्दी-काव्य के विकास में महत्त्वपूर्ण चरण है। छायावाद की भाषा रम्यता और पालिश से बोझिल होकर प्रयाससिद्ध हो गयी थी। उसे जीवन की सहज-अयासगति की ओर आना पड़ा। यह यथार्थ की गहरी होती हुई चोट का तकाजा था जो जीवन के हर क्षेत्र में दिवास्वप्नों को छोड़कर पृथ्वी की ओर खींच रहा था। छायावाद की सृजनात्मक सम्भावनाओं से हीन कल्पना-बहुल और बोझिल भाषा का नहीं, निराला के उद्दाम वेग को वहन करने वाली गतिशीला और प्रेमचन्द की सहजता को समेटने वाली भाषा का विकास हो रहा था। बच्चन, नरेन्द्र के गीतों में बोलचाल का यही पुट है। 'अनामिका' (निराला) में प्रकाशित इस कविता की भाषा में भी यही गुण विद्यमान है—

लोग गाँव-गाँव को चले
कोई बाजार, कोई बरगद के पेड़ के तले
जाँघिया, लँगोटा ले सँभले
तगड़े-तगड़े सीधे नौजवान

अप्रैल '39 के 'रूपाभ' में 'अनामिका' की समीक्षा करते हुए डॉ. रामविलास शर्मा का ध्यान ऐसे अंशों की भाषा की कर्कशता और ठेठपन की ओर गया था। उस काल के इस सचेत समीक्षक का निम्न मन्तव्य उस समय की बढ़ती हुई रुचि का परिचायक है, "युग की प्रगति देखते ऐसा जान पड़ता है कि नौजवानों को यह कर्कशता और भाषा का यह ठेठपन ही आगे प्रभावित करेगा।" रामविलास जी का अनुमान व्यर्थ नहीं गया। प्रयोगवादी काव्य में भाषा का भदेसपन भी आया और डॉ. नगेन्द्र जैसे समीक्षकों को यह भदेसपन अखरा भी, परन्तु इसका तात्पर्य यह नहीं कि सूक्ष्म, श्रुतिप्रिय एवं तत्सम पदावली-प्रधान भाषा निःशेष हो गयी। निराला

और पन्त की भाषा का आभिजात्य-स्वर 'अज्ञेय' आदि में विकसित हुआ; परन्तु यह स्वर मनोवैज्ञानिक सूक्ष्मताओं की व्यंजना के एक नये स्तर पर घटित हुआ। कल्पनाशीलता के स्थान पर प्रौढ़ता एवं गरिमा भाषा के गुण बने। निराला और अज्ञेय के इन दो अंशों की तुलना कीजिए—

(1) *मेरे कवि ने देखे तेरे स्वप्न सदा अविकार,*
नहीं जानती क्यों तू इतना करती मुझको प्यार।
तेरे सहज रूप से रंग कर,
झरे गान के मेरे निर्झर,
भरे अखिल सर,
स्वर से मेरे सिक्त हुआ संसार।

(प्रिया से : निराला)

(2) *आँसू से भरने पर आँखें और चमकने लगती हैं।*
सुरभित हो उठता समीर, जब कलियाँ झड़ने लगती हैं।
बढ़ जाता है सीमाओं से जब तेरा यह मादक हास।
समझ तुरत जाता हूँ मैं—अब आया समय विदा का पास।

(इत्यलम् में अज्ञेय)

पाठक देखेंगे कि दोनों में ही कथनोपकथन की भंगिमा एक विशेष अभिजात गरिमा से युक्त है। 'प्रवासी के गीत' में संगृहीत, 'क्या जगत में भ्रान्ति ही है?' में भी इस संलाप-शैली का रूप विद्यमान है तथा निम्नलिखित कविता में उन छोटी-छोटी भाव-वृत्तियों (Short moods) को पकड़ने का प्रयास दिखाई देता है जिन्हें आगे चलकर प्रयोगवाद और 'नयी कविता' ने एक विशिष्टता के रूप में उपलब्ध किया—

कल दिन में मैं कमरे में था, था चित्र तुम्हारा सम्मुख!
क्षण भर को तो दिन भर के सब था भूल गया श्रम दुख!
सहसा सफेद दीवारों पर आयी हल्की सी छाया,
तुम द्वार खड़ी हो, प्राण, तड़ित-सा ध्यान तुरत यह आया!
पर मुड़ कर जब देखा, बाहर फिर धूप विहँस कर निकली,
मेरे मन में सुधि आयी थी, छाई थी रवि पर बदली।

इस कविता में सामान्य बोलचाल की रीति (Diction) तथा भाषा की अनलंकृत सहजता के साथ आत्मचेतन कवि का आत्मकथ्य भी द्रष्टव्य है। नरेन्द्र की 'तुम्हें याद है क्या उस दिन की' प्रसिद्ध कविता भी इसी श्रेणी की है जिसमें बातचीत की लय एवं अकृत्रिम भाषा के भीतर उस छोटी-सी स्मृति को सजीव किया गया है जिसने सारे जीवन को सुरक्षित कर दिया है। पूरी कविता में एक भी उपमान नहीं है पर सम्पूर्ण कविता द्वारा जो एक सम्पूर्ण क्रियाशील बिम्ब (Functional image)

हमारे सम्मुख खड़ा होता है वह नये काव्य की मूल्यवान् सम्पत्ति है और छायावाद की उपमान-बहुलता से काफी आगे बढ़ा हुआ कदम भी है।

उपमान और चित्र की बात आ गयी तो फिर तनिक निराला की ओर लौट चलें क्योंकि 'कवि' सम्पादक का यह कथन उचित ही है कि 'नयी कविता' के विकास की अनेक धाराओं का मूल निराला का काव्य ही है। 'नयी कविता' के कवि उस धारा के ही नये व्यक्तित्व हैं। निराला की अलंकरण-शैली की श्रेष्ठ कविता 'सन्ध्या सुन्दरी' से सभी परिचित हैं—

दिवसावसान का समय,
मेघमय आसमान से उतर रही है
वह सन्ध्या-सुन्दरी परी-सी
धीरे-धीरे-धीरे।
तिमिरांचल में चंचलता का कहीं नहीं आभास,
मधुर-मधुर हैं दोनों उसके अधर,—
किन्तु जरा गम्भीर,— नहीं हैं उनमें हास विलास।
हँसता है तो केवल तारा एक
गुँथा हुआ उन घुँघराले काले-काले बालों से,
हृदय राज्य की रानी का वह करता है अभिषेक।
अलसता की-सी लता
किन्तु कोमलता की वह कली
सखी नीरवता के कन्धे पर डाले बाँह
छाँह सी अम्बर-पथ से चली।
अर्धरात्रि की निश्चलता में हो जाती जब लीन,
कवि का बढ़ जाता अनुराग,
विरहाकुल कमनीय कण्ठ से
आप निकल पड़ता तब एक विहाग।

ठीक इसी कविता की परम्परा में ऐसी ही कविता एकदम नये कवि कुँवर नारायण की है, दोनों की भावभूमि भी लगभग एक है, पर भाव को जिस 'टोन' में कहा गया है वह तो नया ही है, साथ ही बिम्ब की स्फीतबहुलता सिमटकर अपेक्षाकृत अधिक मितव्ययी बिम्ब में बदल गयी है। कविता है—

ओस-न्हाई रात
गीली सकुचती आशंक,
अपने अंग पर शशि-ज्योति की सन्दिग्ध चादर डाल
देखो
आ रही है व्योमगंगा से निकल

इस ओर
झुरमुट में सँवरने को..........दबे पाँवों
x x x
कामना
कुछ व्यथा
भावों की सुनहली उमस,
चंचल कल्पना
यह रात और एकान्त..........
छन्द की निश्चित गठन से जब सभी
समान जुट आये
फिर भला उस याद ही ने क्या बिगाड़ा था
........कि वो न आती?

परन्तु इन दोनों कविताओं के मध्य 'अनामिका' (काल सन् 1938-39) में स्वयं निराला की कविताओं में इमेजिस्ट सम्प्रदाय की यह मितव्ययिता यथार्थ के बढ़ते हुए प्रभाव के कारण आ गयी थी। यह कड़ी द्रष्टव्य है जिसमें नारी-रूप-वर्णन में कवि भावाकुल नहीं हो उठा–

नहीं छायादार
पेड़ वह जिसके तले बैठी हुई स्वीकार,
श्याम तन, भर बँधा यौवन,
नत नयन, प्रिय कर्म-रत मन,
गुरु हथौड़ा हाथ,
करती बार-बार प्रहार–
सामने तरुमालिका अट्टालिका, प्राकार।
चढ़ रही थी धूप,
गर्मियों के दिन
दिवा का तमतमाता रूप;

(वह तोड़ती पत्थर : निराला)

छन्दों के बारे में निराला के मुक्त छन्द-प्रयोग को पन्त, नरेन्द्र शर्मा और आगे चलकर अंचल और बच्चन ने ही नहीं स्वीकार किया, स्वयं प्रसाद जी ने मुक्त छन्द को अपनाया था। बाद में द्वितीय महायुद्ध की कड़वाहट और अतिरिक्त बौद्धिकता एवं काव्य के अनेकमुखी रूपों ने छन्दों को मुक्त होने में कहीं अधिक सहायता दी।

एक बात और : 'जब जगत के विविध रूप नाम कलात्मक भाव' (पन्त की पीछे उद्धृत कविता) बनने लगे तभी उसमें अब तक अकाव्यात्मक मानी जाने वाली

अनेक क्षुद्र वस्तुओं (Trivials) का प्रवेश हुआ। स्वयं पन्त जैसा संस्कारी कवि 'नीम', 'चींटी', 'दो लड़के' आदि कविता के विषय बनाता है तथा निराला तो आदि विद्रोही था ही। इस प्रकार काव्य-क्षितिज को नया विस्तार मिला। ठूँठ भी कविता में आया और किसान की नयी बहू की आँखें भी, एवं 'द्वितीया नायिका के प्रति' (अज्ञेय) कहे गये नितान्त अनूठी अनुभूतियों वाले वचन भी परिगणित हुए।

'रूपाभ' में फरवरी '39 में ही भगवतीचरण वर्मा की 'भैंसागाड़ी' यथार्थ का नया विस्तार लेकर उपस्थित होती है और आसन्न महायुद्ध की पृष्ठभूमि पर अप्रैल-मई '39 में रामविलास शर्मा की 'विश्वशान्ति' 'रूपाभ' में ही प्रकाशित हुई। यह कविता बाद को तार सप्तक में संकलित रूप में भी आयी। इस काल में शमशेर, केदारनाथ अग्रवाल, गिरिजाकुमार माथुर आदि की भी कविताएँ बराबर प्रकाशित हो रही थीं।

ऊपर हम इलियट के 'हालोमैन' और 'वेस्टलैण्ड' का जिक्र कर चुके हैं। परन्तु इस युग में (1930-40) इंग्लैण्ड में 'माडर्निस्ट' आन्दोलन जोर पर था और वहाँ भी मार्क्सवाद तथा वैज्ञानिक उपादानों को काव्य के उपकरण-रूप में ग्रहण करने की विशेष प्रवृत्ति थी। सेसिल डे लेविस, ऑडेन, स्पेण्डर, लुई मैक्नीस आदि कवि-लेखक इस आन्दोलन के पुरस्कर्ता थे। हिन्दी में भी इस आन्दोलन की लहरें आ रही थीं—मध्यवर्ग अधिक सुशिक्षित एवं प्रबुद्ध होने लगा था, उसके अध्ययन क्षेत्र का विस्तार हुआ था, अतः यह कोई आश्चर्य की बात न थी। गिरिजाकुमार माथुर के 'मंजीर' संग्रह (सन् 1940) की भूमिका में 'निराला' ने इस प्रभाव को लक्षित किया था—

"इस समय गाँधीवाद, समाजवाद, प्रगतिवाद और अत्याधुनिकवाद का हिन्दी-साहित्य में तूफान उठा हुआ है। काव्य में इसके धक्के तेजी से लग रहे हैं।" यह अत्याधुनिकवाद 'माडर्निस्ट मूवमेण्ट' ही था। इस भूमिका से यह भी पता लगता है कि राजनैतिक मतवाद इस समय तक काव्य के क्षेत्र में भी (कथा-साहित्य के क्षेत्र में तो बहुत पहले से) गहरी तरह से आ गये थे। परन्तु उस समय तक उनका स्वरूप काव्य में अत्यधिक स्थूल रहा, बाद को 'नयी कविता' के क्षेत्र में वे अधिक आन्तरिक भूमिका में प्रतिष्ठित हो अपेक्षाकृत सूक्ष्म चेतना का कार्य कर सके; पर यह तो स्वाभाविक विकास था।

वास्तव में सन् '30 के बाद की विश्वव्यापी मन्दी, शिक्षितों की बेकारी, वैयक्तिक आन्दोलनों की असफलता, रूस की सफलता, आसन्न महायुद्ध की विभीषिकामयी आशंका तथा बढ़ते हुए दमन-चक्र ने वह अवस्था उत्पन्न कर दी थी जिसमें 'भाव-शबलता से प्रेरित स्वच्छन्द कल्पना' काम नहीं कर पाती थी। अब या तो आक्रोश और विद्रोह का अनगढ़ स्वर समीचीन था या फिर 'अन्तर अहं की गुफा में लीन क्षयी रोमांस' के गीत ही गम गलत कर सकते थे। एक तीसरा स्वर इनके मध्य में था जो कभी अहंलीन हो सकता था तो कभी क्रुद्ध वीर्य की फुफकार भी गुँजा सकता था तथा आवेश के धीमा पड़ने पर शान्तिपूर्वक सोच भी सकता था।

वास्तव में मध्यवर्ग (कवि और पाठकों का जो मुख्य वर्ग है) की मुख्य पूँजी बौद्धिक शक्ति ही है। जिस समय इसे वह भुला देता है तब या तो अतिरिक्त कल्पना में बह जाता है या फिर तीव्र निराशा में डूबता है। समस्याओं के तीव्र झोंकों ने उसकी बुद्धि को झनझना दिया और इस बौद्धिक शक्ति से शक्तिवान बनने की चेष्टा में वह लगा। इस बौद्धिकता ने ही पन्त को मार्क्सवाद की ओर उन्मुख किया था और इसी ने नये कवि को स्फीत कल्पना के बालुकाधार से हटाकर बौद्धिक दृष्टि से समस्याओं के आमने-सामने खड़ा कर दिया। ये लोग घबड़ाए, अनिश्चय, आशंका और अनास्था भी जागी पर अन्ततः एक बौद्धिक दृढ़ता ने इन्हें खड़े रहने की आधार-भूमि दी। प्रयोगवादी-प्रगतिवादी कवियों की यह पीढ़ी परिस्थितियों की मार से बीच-बीच में लड़खड़ाती रही, पर उसने विवेक को यथासम्भव स्थिर बनाये रखा। सन् '50 के बाद दोनों के मध्य के मिथ्या भ्रम दूर होने प्रारम्भ हुए तथा कहीं अधिक दृढ़ विवेक-निष्ठा पर 'नयी कविता' की समन्वित स्थापना हो सकी। बहुधा नयी कविता के प्रसंग में बौद्धिकता का आरोप आलोचक लगाते हैं, परन्तु वास्तव में बौद्धिकता प्रयोगवादी काव्य की विभूति है। 'नयी कविता' पुनः संवेदनशीलता और बिम्बविधायकता को स्वीकार करती है, परन्तु 'प्रयोगवादी काव्य' के लिए बौद्धिकता अनिवार्य हो गयी थी। इस बौद्धिकता ने काव्य की समुचित परम्परा को विकसित होने में सहायता दी। जिन लोगों ने इस बौद्धिकता को नहीं स्वीकारा, वे एक प्रकार की छिछली कल्पनाशीलता एवं प्रेम की हल्की-फुल्की भावनाओं से भरी कविताएँ लिखकर कवि-सम्मेलनों में कीर्ति अर्जित करते रहे। इसी कारण हिन्दी का छायावादोत्तर गीत-काव्य अपने व्यापक दायित्व को छोड़कर जनप्रिय होते हुए भी मुख्य काव्य-परम्परा से पृथक् हो गया; परन्तु बौद्धिकता की शक्ति से शक्तिमान बना काव्य 'प्रयोगवाद' समसामयिक जीवन के दबाव में विकसित होने वाली परम्परा की उपयुक्त कड़ी था जो अपना दाय 'नयी कविता' को सौंपकर ही हटता है।

'आलोचना और आलोचना'

पं. प्रतापनारायण मिश्र और उनका युग

भारतेन्दु की मृत्यु के पश्चात् उस युग के प्रमुख साहित्यकार पं. बालकृष्ण भट्ट ने अपने पत्र 'हिन्दी प्रदीप' में लिखा था—

"अब इस चन्द्र (भारतेन्दु हरिश्चन्द्र) के अस्त होने पर उनके उद्भट लेख की बची-बचाई कणिका यदि कहीं बच रही है, तो कानपुर निवासी 'ब्राह्मण' सम्पादक के लेख में देखी जाती है।"

यानी कि प्रतापनारायण मिश्र को भारतेन्दु का उत्तराधिकारी स्वीकार किया गया है। सचमुच ही भारतेन्दु के समृद्ध दाय को सँभालने की शक्ति उनमें थी।

बहुधा इस बात पर बार-बार जोर दिया जाता है कि समाज और साहित्य का जैसा घनिष्ठ सम्बन्ध भारतेन्दु युग के साहित्यकारों में उपलब्ध होता है, वैसा अन्य युगों में दुर्लभ है। युग के प्रति यह जो अतिरिक्त सजगता थी, इसका कारण ढूँढ़ा जा सकता है। इस सम्बन्ध में यह उल्लेख कर देना अनावश्यक न होगा कि समसामयिक जीवन के प्रति जितनी सघन जागरूकता पं. प्रतापनारायण मिश्र में प्राप्त होती है, उतनी भारतेन्दु में भी नहीं मिलती। भारतेन्दु का दायरा बड़ा था, प्रतिभा बड़ी थी, कार्यक्षेत्र विशाल था, पर प्रतापनारायण जी तो सारे साहित्य का लक्ष्य ही बनाये हुए थे—

पढ़ि कमाय कीन्हों कहा, हरे न देश कलेश।
जैसे कंता घर रहे, तैसे रहे विदेश।

जागरण-युग

भारतेन्दु-प्रतापनारायण युग हमारे साहित्य का पुनर्जागरण-काल है। इसका प्रारम्भ हम स्थूल रूप से सन् 1800 के आसपास से मान सकते हैं। सन् 1757 में प्लासी-युद्ध के बाद अंग्रेजी शासन देश में अपनी नींव दृढ़ करता है। उसे अपेक्षित शक्ति प्राप्त होती है। 1764 ई. में होने वाले बक्सर युद्ध के बाद तो उसका प्रसार वर्तमान उत्तर प्रदेश तक हो जाता है। शक्ति प्राप्त कर लेने के बाद शासन के दौरान में भारतीयों और अंग्रेजों में अधिक घनिष्ठ सम्पर्क आवश्यक हो गये। शिक्षा, धर्म,

साहित्य आदि अनेक क्षेत्रों में एक जीवन्त और शक्तिशाली जाति की निकटता हमने प्राप्त की। सन् 1800 में शासन की आवश्यकताओं के अनुरूप कलकत्ते में 'फोर्ट विलियम कॉलेज' की स्थापना हुई तथा श्रीरामपुर मिशनरी ने 1801 से 1832 के दौरान में इंजील आदि की लाखों प्रतियाँ भारतीय भाषाओं में छापकर बँटवायीं। इस प्रकार प्रशासकीय स्तरों के अतिरिक्त भी धर्म और शिक्षा में बहुत कुछ आयात किया जा रहा था। प्रेस की स्थापना ने इस सारे कार्य और परिस्थिति को अत्यधिक वेग प्रदान किया। सन् 1826 में हिन्दी का पहला समाचार-पत्र 'उदंत मार्तण्ड' आवश्यकताओं एवं परिस्थितियों की ही उपज था। वास्तव में इस सारे कोलाहल को पत्रों के माध्यम से कोआरर्डिनेट किया गया। समन्वय एवं सन्तुलन के चरम प्रयत्न आगे चलकर भारतेन्दु, प्रतापनारायण एवं बालकृष्ण भट्ट के पत्रों में प्राप्त होते हैं। उस सन्तुलन और समन्वय (Coordination) का ही एक रूप 'ब्रह्म समाज' की स्थापना भी थी, जिस पर कि पश्चिमी विचार-सरणि की गहरी छाप थी। ईसाई मिशनरियों ने अपने प्रचार द्वारा धर्म-सम्बन्धिनी दृष्टि और सजगता ही नहीं दी, शास्त्रार्थ और प्रचार की एक नयी शैली भी दी, जिसे आगे आर्यसमाजियों तक ने अपनाया। 'फोर्ट विलियम कॉलेज' ने दुहरा पार्ट अदा किया। एक ओर तो वह भारतीय पण्डितों को यूरोपीय साहित्य और विचारधारा के निकट लाया और दूसरी ओर यूरोप के सुधी जनों को भारतीय साहित्य के रस की ओर आकृष्ट किया, जिसके आधार पर आगे चलकर भारत-विद्या (Indology) नामक एक विशिष्ट ज्ञान एवं अध्ययन-शाखा ही विकसित हुई। यहीं यह बता देना अप्रासंगिक न होगा कि 19वीं शती के यूरोप की समस्त रीति-नीतियों की प्रेरक शक्ति राष्ट्रीयता थी। अतः विचारधाराओं के आयात में यह शक्ति भी धीरे-धीरे भारत की ओर आ रही थी। धीरे-धीरे इसलिए कि भारतीय भूमि अभी पूरी तरह उसके लिए अनुकूल नहीं बन पायी थी। अभी भारत टुकड़ों में बँटा था, एक केन्द्रीय शक्ति का पूर्णरूपेण आभास नहीं हुआ था। यह कार्य शताब्दी के उत्तरार्द्ध में हुआ और इसलिए उत्तरार्द्ध में ही आकर हमें राष्ट्रीय चेतना की बलवती अभिव्यक्ति अपने साहित्य में प्राप्त होती है।

सामन्तों का मोहभंग

अस्तु, उन्नीसवीं शती के पूर्वार्द्ध की उस सांस्कृतिक-वैचारिक स्थिति के साथ ही साथ अंग्रेजी रोलर आगे बढ़ता जा रहा था। मैकाले का भारतीय संस्कृति को जीतने का ही उद्योग नहीं चल रहा था, क्लाइव से लेकर डलहौजी तक अनेक शासकों की राज्य-लिप्सा भी बराबर बढ़ावे पर रही तथा सन् 1849 के अन्तिम सिक्ख-युद्ध के पश्चात् वे भारत के एकमात्र प्रभुत्वसम्पन्न शासक हो गये। (यहाँ

यह ध्यान देने की बात है कि देश में एक केन्द्रीय शक्ति, सारे देश में एक जैसी शासन व्यवस्था और परस्पर गुम्फित शासन-सूत्रों ने राष्ट्रीयता की भावधारा को विकसित करने में अत्यधिक सहायता दी।) यह युग राजनीतिक दृष्टि से सामन्तों के मोहभंग का था जिसके साथ धर्म-भावना, वीरपूजा-वृत्ति तथा अपरिचितों द्वारा अपमानित होने की हीनता-भावना ने मिलकर 1857 की क्रान्ति को जन्म दिया था। यह विद्रोह राष्ट्रीय ही था, पर राष्ट्र और राष्ट्रीयता की तत्कालीन विकास स्थिति में ही। उसे आज की राष्ट्रीयता की धारणा के साथ मिलाकर देखना अधिक न्यायसंगत न होगा।

द्विविध स्थितियाँ

विद्रोह असफल होता है, रोलर अन्तिम कंकड़ों को भी कूट देता है और अब इस समतल भारत पर उन आर्थिक नालियों का निर्माण अधिक तेजी से प्रारम्भ हुआ जिनका बहाव इंग्लैण्ड की ओर था। देश से धन खिंच-खिंचकर इंग्लैण्ड की ओर जा रहा था। अकाल और महामारियाँ बढ़ रही थीं, जिन्होंने पुनः एक प्रकार का असन्तोष उत्पन्न करना शुरू किया।

दूसरी ओर एक नया मध्यवर्ग सम्मुख आ रहा था जिसमें नवशिक्षित, सरकारी नौकर, लंकाशायर—मैन्चेस्टर की मिलों के लिए माल भेजने वाले और वहाँ से आये माल को बेचने वाले मध्यवर्ती व्यक्ति एवं नये जमींदार आदि थे। इस वर्ग के भीतर हर्ष और उत्साह था, आशा का संचार हुआ था। इन्हें सरकारी, गैर-सरकारी क्षेत्रों में अपेक्षाकृत सम्मान भी प्राप्त हो रहा था। साधारण जनता भी कम से कम एक क्षेत्र में अच्छाई का अनुभव कर रही थी—मुगल शासन के अन्तिम दिनों में जो एक अव्यवस्था उत्पन्न हो गयी थी; देश में न तो व्यवस्था थी न कानून; जिसकी लाठी उसकी भैंस वाली स्थिति थी; ठगों और पिण्डारियों आदि का जोर बढ़ गया था; उसका अंग्रेजी राज में आकर अन्त हो गया। 'नवाबी' (अव्यवस्था के लिए प्रचलित सामान्य शब्द) के स्थान पर लोगों को कानून की सुरक्षा मिली। इस अकेले तथ्य ने भारतीय जनता में उन्नीसवीं शती के उत्तरार्द्ध में अंग्रेजी शासन के प्रति प्रशंसा का भाव जाग्रत किया। यद्यपि भारतेन्दु जैसे प्रबुद्ध जनों से यह छिपा न रहा कि इस राज्य में 'इंगलिश पालिसी नामक ऐक्ट की हाकिमेच्छा नामक धारा' भी है, पर यह तो आन्तरिक बात थी, अंग्रेज के हित के प्रश्न पर होने वाला प्रश्न था, अन्यथा सामान्यतया एक प्रकार की सुरक्षा की भावना देश में उत्पन्न हो गयी थी; परन्तु शीघ्र ही निलहे गोरों आदि के अत्याचारों से इस कानूनी डंके की निस्सारता भी सिद्ध होने लगी।

द्वित्वमूलक भाव

अस्तु, इन विविध प्रकार की द्विविध स्थितियों के मध्य इस युग के लिखने-पढ़ने वालों का दल पल रहा था। और इसी स्थिति में लिखा हुआ वह साहित्य है जिसमें एक ओर अंग्रेजी शासकों की प्रशंसा भी की जा रही थी और दूसरी ओर अंग्रेजी शासन के प्रति निन्दा का भाव भी अभिव्यक्त हो रहा था। अम्बिकादत्त व्यास 'कटोरिया सी विकटोरिया रानी' की स्तुति करते हैं। भारतेन्दु बाबू 'अंग्रेज राज के सुखसाज' की बात उठाते हैं तथा पं. प्रतापनारायण मिश्र युवराजकुमार का स्वागत करते हुए कहते हैं–

भारत माता आज तुम्हें दिल जाय जुड़ानी।
जुग-जुग जीवहु हृदय कमल सूरज सुखदानी।।

परन्तु शीघ्र ही अपना असन्तोष व्यक्त करते हुए कहते हैं कि जो लोग आप से नाना प्रकार के वेश बनाकर मिलने आते हैं, वे भारत की वास्तविक स्थिति का आपको आभास नहीं होने देते और स्वयं मिश्र जी भारत-दुर्दशा का वर्णन करने बैठ जाते हैं। कहना यों चाहिए कि वे समस्त दुर्दशा का मूलमन्त्र जान लेते हैं–

यह कर केवल हेतु यहै जो ह्यांकर सब धन,
टिक्कस व्यापारादि पन्थ है पहुँचत लन्दन।
फिर ह्वां ते यहि ओर कबहुँ कैसे हु नहिं आवत,
बस याही ते दुःख दारिद्र दुरदसा सतावत।

लेकिन इन लोगों को अभी यह आशा बनी थी कि धन विदेश चले जाने वाली 'ख्वारी' शीघ्र ही दूर हो जायेगी। अभी उन्हें विक्टोरिया की घोषणा पर विश्वास बना हुआ था तथा अंग्रेजी राज्य-नीति का असली स्वरूप पूरी तरह उघड़ा न था। भारतेन्दु जब कला-कौशल, इंजीनियरिंग आदि विद्याओं को भारत में स्थापित करने का स्वप्न देख रहे थे, उस समय उन्हें यह स्पष्ट ज्ञात न था कि अंग्रेजी नीति मूल रूप से इन सबकी विरोधिनी है। वास्तव में इस युग के लेखकों के मन में था कि हमारे सर्वोच्च शासक (राजा-रानी, वाइसराय) बहुत अच्छे हैं, उनके अभिप्रायों (Intentions) पर सन्देह नहीं किया तथा बुराई नीचे उसका अमल करने वाले कर्मचारियों में उन्होंने देखी। अंग्रेजी शासन-प्रणाली एकबद्ध (Integrated) मशीन है, जिसका हर पुर्जा दूसरे के साथ जुड़ा है; यह तथ्य भारतीय शासन-व्यवस्था के अनुकूल न था, यहाँ पर राजा व्यक्तिगत सुख-दुख का ख़याल रखने वाला माना गया है। इसी कारण राजा और राज्य कर्मचारी का ऐसा द्वित्वमूलक भाव इन लेखकों में पाया जाता है। इस तथ्य का प्रतिबिम्ब तत्कालीन राजनीति में भी देखा जा सकता है। पेटीशन, मेमोरेण्डम, अपील, प्रस्ताव, डेलिगेशन आदि उस समय की कांग्रेस के मुख्य शस्त्र थे; तथा माँग थी एक सीमित क्षेत्र के भीतर स्वशासन। मध्यवर्ग का यह मोहभंग तो 19वीं शती के अन्तिम

वर्षों एवं बीसवीं शती के प्रारम्भिक दशक में भली प्रकार होता है जब कि शिक्षितों की बेकारी, दुर्दशा, महामारी, अकाल, महँगाई, निर्धनता आदि सारी प्रार्थनाओं, अपीलों आदि के बावजूद बढ़ते गये। तभी भारतेन्दु, प्रतापनारायण आदि का अपेक्षाकृत मृदुल विरोध बालमुकुन्द गुप्त के तीखे 'शिवशम्भु के चिट्ठे' में बदल जाता है।

पुनरुत्थानवादी दृष्टिकोण

कोई भी देश जब लम्बी मोहनिद्रा के बाद जागता है तो वह अपने अतीत की ओर उसी प्रकार निहारता है, जैसे सोकर उठा हुआ व्यक्ति पिछली साँझ और रात के स्वप्नों को सबेरे सबसे पहले सहेजता है। यह स्थिति प्रत्येक पुराने देश के नवजागरण-काल में आती है। यूरोपीय रिनैसां में भी प्राचीन ग्रीक और रोमन सभ्यताओं के प्रति गहरी रुचि जाग्रत हो गयी थी। उसका एक मनोवैज्ञानिक कारण यह भी है कि अतीत का गौरव वर्तमान अधोगति में मनुष्य को वह विश्वास देता है जिससे कि भविष्य के प्रति वह आस्थावान बन पाता है। हमारे देश के नवजागरण में भी यह अवस्था आयी। सामाजिक, धार्मिक जीवन में आर्य-समाज, ब्रह्म-समाज जैसी संस्थाओं का उदय आकस्मिक नहीं था। 'आर्य-समाज' की बहुत बड़ी ऐतिहासिक देन है कि उसने अपने पुनरुत्थानवादी दृष्टिकोण के द्वारा अतीत की महिमा को इतना अधिक उजागर किया कि उससे सम्पूर्ण राष्ट्र में एक दृढ़ आत्मविश्वास जग सका। वास्तव में यह पुनरुत्थानवादी आन्दोलन वह भूमि थी जिस पर कांग्रेस का राजनीतिक बीज पनप सका।

पं. प्रतापनारायण मिश्र में अपने समकालीन लेखकों एवं प्रबुद्ध जनों की भाँति नवजागरण की यह प्रथम अवस्था बराबर प्राप्त होती है। वे स्थान-स्थान पर इस बात का संकेत करते हैं कि हम अतीत में कैसे महान् थे और अब कितने हीन हो गये हैं तथा यत्र-तत्र भविष्य के लिए निर्देश भी दे देते हैं। 'प्रताप-लहरी' की कुछ ही कविताएँ ऐसी होंगी जिनमें ऐसे संकेत न प्राप्त हों; अन्यथा वे इस चेतना से भाराक्रान्त-से दिखाई देते हैं—

तब लखि हौ जहँ रह्यो एक दिन कंचन बरसत
तहँ चौथाई जन रूखी रोटी तरसत।

—ब्रैडला स्वागत

तथा—

धर्म गयो धन बल गयो, गयी विद्या अरु मान।
रही सही भाषा हती, सोऊ चाहति जान।।

इसीलिए इस द्रष्टा का स्पष्ट मत है—

सब तजि गहौ स्वतन्त्रता, नहिं चुप लातैं खाव।
राजा करै सो न्याव है, पांसा परै सो दाँव।।

अपने 'स्वतन्त्रता' नामक निबन्ध में मिश्र जी ने स्पष्ट घोषित किया है, "यदि आप योग्यता रखते हों अथवा धन, जन, बल, छल इत्यादि की सहायता से योग्य बन जायें तो आपको भी आप से आप मिलकर रहेगी, नहीं तो योजना वह है जिसने त्रैलोक्यव्यापी विष्णु भगवान को बावन अंगुल का बना दिया।"

हिन्दू-राष्ट्रवाद

जैसा द्विधाविभक्त दृष्टिकोण हम इन लेखकों में अंग्रेजी शासन के प्रति पाते हैं, वैसा ही बहुधा मुसलमानों के प्रति भी मिलता है। लोगों ने इसीलिए बहुधा इन पर संकीर्णतावादी होने का या तो आरोप लगाया है या फिर इनके हिन्दू-राष्ट्रवाद (जो अंग्रेजी साम्राज्यवाद का सखा रहा है) की पीठ ठोंकनी चाही है। ऐतिहासिक पृष्ठभूमि से अलग हटाकर साहित्य को देखने पर ऐसे ही मिथ्या-भ्रमों की सृष्टि होती है। मान्यताओं और धारणाओं की भी एक ऐतिहासिक सीमा होती है। उस युग तक राष्ट्रीयता की विस्तृत धारणा नहीं बन पायी थी। एक प्रकार की जो चेतना जाग्रत हो रही थी, उसमें 'अपनेपन' का भाव प्रमुख था और यह 'अपनापन' भारतीय प्रकृति और आर्यसमाज आदि के फलस्वरूप धर्म की ओर अधिक झुका हुआ था। इसके अतिरिक्त पुनरुत्थानवादी दृष्टिकोण से अतीत को देखने पर भी मुसलमानों से पूर्व का युग आवश्यक से सामने आता है, क्योंकि भारतीय विद्या, कला, पराक्रम और वैभव का पतन मुसलमान शासन में प्रारम्भ हो गया था। (यह ध्यान में रखने की बात है कि इस ह्रास का कारण धार्मिक नहीं है।) इसी कारण मिश्र जी 'हिन्दी, हिन्दू हिन्दुस्तान' का नारा लगाते हैं, अन्यथा उन्हें अच्छी तरह ज्ञात है कि, "...जितना दारिद्र्य मुसलमानों के सात सौ वर्ष के प्रचण्ड शासन द्वारा न फैला था उतना, वरंच उससे भी अत्यधिक, नीतिमय राज्य में विस्तृत है।" तथा वाजिद अली शाह की मृत्यु पर शोक प्रकट करते हुए उन्होंने कहा था, "तुमने अपनी प्रभुता के समय हिन्दू-मुसलमान दोनों को अपनी प्यारी प्रजा समझा है। यह तुम्हारा एक गुण ऐसा है कि यदि तुममें सचमुच के सहस्र दोष भी होते तो भस्म कर देता।"

वर्तमान की सजगता

प्रसिद्ध कलावादी आलोचक ए.सी. ब्रैडले का मन्तव्य है कि "यदि किसी कविता के लिए महान् जैसी कोई वस्तु होना है तो उसे एक अर्थ में वर्तमान से सम्बद्ध अवश्य होना चाहिए। उसकी विषयवस्तु कुछ भी हो, परन्तु उसे वह कुछ जीवन्त अवश्य अभिव्यक्त करना चाहिए जो उन मस्तिष्कों में विद्यमान है, जहाँ से वह आती है तथा

जिन मस्तिष्कों में जाती है।" प्रतापनारायण जी में वर्तमान क्षण की यह सजगता बौद्धिक और भावात्मक दोनों स्तरों पर पूरी तरह विद्यमान है। उनका विचार-तंतु ही नहीं, वक्तव्य भी आधुनिक ही है। निबन्ध तो उनका एक भी ऐसा नहीं, जिसमें समसामयिक जीवन की अभिव्यक्ति न हो, तथा अधिकतर अपनी कविताओं में अवसर पाते ही वे वर्तमान को स्थापित कर देते हैं। कहाँ तो होली के रागरंग और उल्लास का वर्णन और कहाँ बीच में ही वे कहने लगे—

महँगी और टिकस के मारे सिगरी वस्तु अमोली है।
कौन भाँति मनैए, कैसे कहिये होली है।।

तीक्ष्ण व्यंग्य

कभी-कभी यह सजगता काव्य के कलात्मक प्रभाव की दृष्टि से अनुचित प्रतीत होती है। वास्तव में यदि इस युग के लेखकों का लेखक-कलाकार की दृष्टि से कम से कम महत्त्व प्रकट करना चाहें तब भी इतना तो कहा ही जा सकता है कि मिश्र जी, भारतेन्दु तथा उनके अन्य सहयोगियों के कृतित्व के आधार पर उस युग के इतिहास के एक बड़े अंश की पुनर्रचना हो सकती है; इतिहास का स्थूल बाहरी रूप ही नहीं, उसके आन्तरिक मन्तव्यों तक पहुँचा जा सकता है। सामाजिक इतिहास के इन गहरे व्यंग्यों में छिपे मन्तव्यों को समझना कठिन नहीं है—

कलिकोष—

कचहरी—कच माने बाल और हरी माने हरण करने वाली, अर्थात् मुण्डन (उल्टे छुरे से मूँड़ने वाली) जहाँ गये मुड़ाये सिद्धि।

हाकिम—दुखी कहता है हा! (हाय) तो हुजूर कहते हैं 'किम' अर्थात क्या है बे। अथवा क्यों बकता है।

अंग्रेजी राज्य की कानूनी व्यवस्था और शासन की वास्तविक स्थिति पर इससे अधिक सटीक टिप्पणी क्या हो सकती है?

'इलबर्ट बिल' पर भी उनकी लम्बी कविता है तथा काले सिपाहियों की यह गति भी स्पष्ट है—

उदर हेत जे शिर बेंचन पलटन महं जाहीं
गोरे रंग बिनु ठीक आदरित नाहीं?

पेट के लिए सिर बेचने की इस मजबूरी पर कौन-सा सहृदय शोक न प्रकट करेगा। उनकी प्रखर राजनीतिक चेतना और अंग्रेजी कूटनीति के स्वरूप को निम्नलिखित पंक्तियों में देखा जा सकता है—

1. *नित हमरी लातैं सहैं, हिन्दू सब धन खोय।*
   खुलै न इंगलिस पालिसी, जन्म सफल तब होय।।

2. *सर्वसु लिए जात अंग्रेज,*
हम केवल लेक्चर के तेज।
श्रम बिनु बातैं का करती हैं,
कहु टेटकन गाजैं टरती हैं।

आर्यसमाज, स्वामी दयानन्द सरस्वती, भारतेन्दु हरिश्चन्द्र, गोरक्षण, ब्रेडला तथा युवराज-आगमन, लार्ड रिपन के सुधार, कांग्रेस शिक्षा कमीशन, भाषा-समस्या, बेगारी-प्रथा आदि पर उनकी कविताएँ अथवा टिप्पणियाँ बराबर उपलब्ध होती हैं।

"बुद्धि और बुद्धिमानी के द्वारा अनुमोदित व्यवहार ही का नाम धर्म है।" यह कथन आज के किसी बुद्धिवादी का नहीं, बल्कि पं. प्रतापनारायण मिश्र का है। बौद्धिकता और विवेक-निष्ठा के कारण इन लेखकों में अत्यधिक सन्तुलन आ गया था। ये लोग यदि एक ओर प्राचीनता की स्तुति करते थे तो दूसरी ओर नवीनता का स्वागत। एक ओर पोंगापन्थी पण्डितों, धर्म के आडम्बरी ठेकेदारों और अन्धरूढ़ियों की बखिया उधेड़ते हैं तो दूसरी ओर स्वदेश और निजी संस्कारों को भूल पश्चिम की नकल करने वालों की भयंकर खिल्ली भी उड़ायी है—"कपड़े ऐसे कि उनमें कोई देशी सूत न हो। यदि हिन्दुस्तानी के हाथ से न लिये गये हों तो और अच्छा।"

वे पदार्थ-विद्याओं को सीखने का भी आवाहन करते हैं; भारतेन्दु बाबू ने तो इंजीनियरिंग कॉलेज खोलने का भी स्वप्न देखा था। देशी वस्तुओं का व्यवहार, उद्योग-धन्धों की स्थापना, नौकरी नहीं, अन्य प्रकार के रोजगारों की ओर इन सभी लेखकों का झुकाव था।

प्रतापनारायण जी की रूखी चर्चा ही इस निबन्ध में हो सकी है। यों वे हिन्दी के सर्वश्रेष्ठ आत्मव्यंजक निबन्धकार हैं। उनके साहित्य का रसलोक ऐसा भी है जिसमें व्यंग्य है, हास्य है, चुहल है और है ज़िन्दादिली, जहाँ पर भाषा स्वयं भाषण करने लगती है, शब्द नृत्य करने लगते हैं, और वक्तव्य मूर्तिमान हो उठता है, जहाँ सारे दोष 'अत्युत्पत्ति कृतो दोषः शक्त्या संव्रियते कवेः' के अनुसार तिरोहित हो जाते हैं। उनकी प्रतिभा से प्रभावित होकर ही प्रसिद्ध साहित्यकार बालमुकुन्द गुप्त ने उनका जीवन-चरित्र लिखते हुए कहा था—

"पण्डित प्रतापनारायण मिश्र में बहुत-सी बातें बाबू हरिश्चन्द्र की-सी थीं। कितनी ही बातों में यह उनके बराबर और कितनी ही में कम थे; पर एक आध में बढ़कर भी थे। ...जिस गुण में वह कितनी ही बार हरिश्चन्द्र के बराबर हो जाते थे, वह उनकी कवित्व-शक्ति और सुन्दर भाषा लिखने की शक्ति थी। हिन्दी गद्य और पद्य के लिखने में हरिश्चन्द्र जैसे तेज, तीखे और बेधड़क थे, प्रतापनारायण भी वैसे ही थे।"

युगप्रभात : अगस्त, 1959

बालकृष्ण भट्ट

आज हिन्दी भारतराष्ट्र की राज्यभाषा है। बड़े परिमाण में लोग अब इस भाषा में साहित्य रचना करते हैं। अर्थ और सम्मान भी हिन्दी के लेखक को दुर्लभ नहीं रहे। परन्तु कभी उस युग के बारे में सोचिए, जब हिन्दी का लेखक राष्ट्रीय जागरण की प्रातःवेला में उत्पन्न हुआ था; जब उगती हुई चेतना को बढ़ाना उसका प्रमुख कर्तव्य था, उस समय हमारा मस्तक अपने आप उन दृढ़चेता साहित्यकारों के सम्मुख झुक जाता है। भारतेन्दु हरिश्चन्द्र, प्रतापनारायण मिश्र और बालकृष्ण भट्ट की त्रयी के अतिरिक्त उनके इर्द-गिर्द इकट्ठे लेखकों ने हमारी भाषा और साहित्य को पुष्ट करने में जो त्याग और परिश्रम किया है वह सचमुच गर्व ही नहीं, अनुकरण की भी बात है। मध्यवर्ग के इन प्रबुद्ध व्यक्तियों ने सामाजिक, राजनैतिक अथवा आर्थिक किसी भी कठिनाई के आगे कभी सर नहीं झुकाया।

सफल निबन्धकार

इन लोगों को खड़ी बोली को सब प्रकार से समर्थ बनाना भर ही न था, बल्कि इन्हें अपने साहित्य को जनता तक पहुँचाने का उपाय भी स्वयं करना था। उन्होंने स्वयं घर-घर जा कर पाठक बनाये, स्वयं पत्रों का सम्पादन किया, प्रकाशन की व्यवस्था सँभाली और खुद ही नाना प्रकार के निबन्ध, कहानियाँ, टिप्पणियाँ और नाटक आदि उन पत्रों में लिखे। भारतेन्दु युग के सभी लेखकों ने इसी कारण किसी न किसी पत्र का प्रकाशन और सम्पादन अवश्य किया। नयी चेतना को लोगों तक पहुँचाने में गद्य का निबन्ध रूप ही सब से अधिक सहायक सिद्ध हुआ, क्योंकि उसकी शैली एवं निहितार्थ सबसे अधिक प्रत्यक्ष होते हैं। इसीलिए भारतेन्दु युग में निबन्ध साहित्य की ही सर्वाधिक रचना हुई। डॉ. रामविलास शर्मा ने एक स्थान पर ठीक लिखा है कि "जितनी सफलता भारतेन्दु युग के लेखकों को निबन्ध रचना में मिली, उतनी कविता और नाटक में नहीं मिली।" परन्तु पत्रकारिता के स्वभाव से युक्त इन स्फुट गद्य-खण्डों को वास्तविक रूप से निबन्ध की वैयक्तिकता और कलात्मकता प्रदान करने वाले थे बालकृष्ण भट्ट और प्रतापनारायण मिश्र।

भट्ट जी के साहित्यिक कृतित्व के अनेक पक्ष हैं। उनकी बहुमुखी प्रतिभा से हिन्दी को निबन्धों के अतिरिक्त उपन्यास और नाटक मिले, तथा लगभग 32 वर्षों तक उन्होंने 'हिन्दी प्रदीप' का गौरवमय सम्पादन भी किया।

यह सहज ही सोचा जा सकता है कि जिसने 32 वर्षों तक 'हिन्दी प्रदीप' के कलेवर को भरा हो, उसके निबन्धों की संख्या कितनी अधिक होगी? इस निबन्ध राशि में हमें विविध विषयों पर विश्लेषणात्मक, भावात्मक अथवा व्यंग्यात्मक शैलियों में लिखे निबन्ध पढ़ने को मिलते हैं। हिन्दी में पहली बार शुद्ध और परिमार्जित निबन्ध लिखकर एक बड़े अभाव की ही पूर्ति उन्होंने नहीं की, बल्कि उन्हें इस प्रकार सजाया-सँवारा कि उनके प्रवाह, भावाभिव्यंजनक्षमता और रोचकता ने पाठकों को भी अपनी ओर खींचा।

तीन प्रमुख विशेषताएँ

यदि विषय के अनुरूप देखा जाये तो बालकृष्ण भट्ट ने साहित्यिक, मनोवैज्ञानिक, सामाजिक, राजनैतिक और आर्थिक सभी प्रकार के निबन्ध लिखे। वर्णन कौशल की दृष्टि से भी उनके निबन्धों को वर्णनात्मक, कथात्मक, भावात्मक और विचारात्मक अनेक उपविभागों में बाँटा जा सकता है। उनके निबन्धों की तीन प्रमुख विशेषताएँ आपको सर्वत्र विद्यमान मिलेंगी। पहली बात यह कि उन्होंने निबन्धों को सर्वत्र रोचक बनाने का प्रयास किया है। हिन्दी में जब पढ़ने वालों की संख्या बहुत थोड़ी थी, तब यह आवश्यक भी था। सन् 1900 में नव प्रकाशित 'सरस्वती' की नीरसता और गम्भीरता की आलोचना करते हुए 'हिन्दी प्रदीप' में भट्ट जी ने लिखा, "सच पूछो तो हास्य ही लेख का जीवन है। लेख पढ़ कुन्द कली के समान दाँत न खिल उठें तो वह लेख ही क्या।" भट्ट जी ने विनोद और हास्य का प्रयोग गम्भीर विषयों को सरल और रोचक ढंग से उपस्थित करने के लिए किया है। उनके निबन्धों की दूसरी प्रमुख विशेषता आकार का छोटापन है। वे कहा करते थे कि न जाने कैसे लोग बड़े-बड़े निबन्ध लिख डालते हैं। और तीसरी बात जिसने कि उन्हें अंग्रेज़ी के प्रसिद्ध निबन्धकार चार्ल्स लैव और हैज़लिट के निकट ला बिठाया है, उनकी व्यक्ति-निष्ठता है। उनका व्यक्तित्व सभी निबन्धों में प्रमुख रहा है। अपने वर्णनात्मक और विचारात्मक निबन्धों में भी वे यथातथा नहीं रह पाते। अपने सिद्धान्तों और विश्वासों को वे आरोपित करते चलते हैं। इसी कारण उनके निबन्धों में आपको वह गुण न मिलेगा जिसे वैज्ञानिकता कहते हैं।

भट्ट जी के वर्णनात्मक निबन्धों में भी कल्पना प्रधान हो उठी है। इन निबन्धों में उनका व्यक्तित्व कल्पना की उड़ान के माध्यम से अभिव्यक्त हुआ है। विशुद्ध तथ्यात्मक और आँखों देखा वर्णन इनमें प्राप्त नहीं होता। 'इंगलिश पढ़े सो बाबू

होय, जाति पाँति पूछे नहीं कोय', 'दरिद्र की गृहस्थी', 'कार्तिक स्नान', 'मेला ठेला', 'वकील', 'हिन्दुस्तान के रईस' आदि उनके वर्णनात्मक निबन्ध हैं।

विविध विषय, विविध ढंग

स्वप्नों को माध्यम बनाकर भारतेन्दु युग के साहित्यकारों ने कतिपय कथात्मक निबन्ध लिखे हैं। इनका प्रमुख उद्देश्य किसी न किसी प्रकार का व्यंग्य रहता था। भट्ट जी ने भी ऐसा ही निबन्ध 'एक अनोखा स्वप्न' नामक लिखा है। कथात्मक निबन्धों के भीतर ही जीवनीप्रधान और आत्मचरितात्मक निबन्धों को भी लिया जा सकता है। 'एक अशरफी का आत्मवृत्तान्त', 'कट्टर सूम की नकल', 'श्री शंकराचार्य' और 'गुरु नानक देव' उनके ऐसे ही निबन्ध हैं।

भट्ट जी ने कुछ बहुत सुन्दर भावात्मक निबन्ध भी लिखे हैं। भावात्मक निबन्धों की विद्वानों ने 'प्रलाप' और 'तरंग' नामक दो शैलियाँ मानी हैं। भट्ट जी 'प्रलाप' शैली के लेखक थे। 'आँसू', 'जगत प्रवाह', 'चन्द्रोदय', 'मधुप', 'भालपट्ट' आदि इसी शैली के अन्तर्गत हैं।

उन्होंने साहित्यिक और मनोवैज्ञानिक विषयों को लेकर विचारात्मक निबन्ध भी लिखे हैं। इन निबन्धों की संयत तर्क प्रणाली, सरसता, भाषा की विदग्धता और भाव-प्रकाशन क्षमता अपूर्व है। विचारात्मक निबन्धों में भट्ट जी का प्रखर बुद्धिवादी रूप उभर कर आया है। केवल रूढ़ि और परम्परा समर्थित मान्यताओं का इनमें उन्होंने कस कर खण्डन किया है। 'आत्म त्याग', 'आशा', 'उपमा', 'रसाभास', 'कल्पनाशक्ति', 'भक्ति', 'तर्क और विश्वास' आदि भट्ट जी के विचारात्मक निबन्ध हैं। स्पष्ट है कि इतने विविध विषयों पर इतने विविध ढंगों से हिन्दी में कम लेखकों ने लिखा है। उनके मौज़ी और आकर्षक व्यक्तित्व का कुछ पता निबन्धों के आकर्षक शीर्षकों से चल जाता है। 'हिन्दी प्रदीप' की फाइलों में 'माँगिबो भलो न बाप से जो विधि राखै टेक', 'रोटी तो किसी भाँति कमा खांय मुछंदर', 'कौतुक', 'आँख', आदि शीर्षकों के निबन्ध आपको मिल जायेंगे।

उपन्यास और नाटक

भट्ट जी ने इस निबन्ध राशि के अतिरिक्त 'नूतन ब्रह्मचारी', 'सौ अजान एक सुजान' नामक दो उपन्यास भी लिखे हैं। ये दोनों ही उपन्यास आकार में छोटे और सोद्देश्य हैं। दोनों ही उपन्यासों में नीति और अनीति, सत् और असत् के संघर्ष में नीति और सत् को विजयी दिखाया गया है। दोनों ही उपन्यासों की उपादेयता शिक्षात्मक है। वास्तव में उस युग के अधिकांश उपन्यास सामाजिक और धार्मिक

सुधार, जीवन की उन्नति आदि को लेकर ही लिखे गये हैं। कला की दृष्टि से इन उपन्यासों का महत्त्व नहीं है, परन्तु विषय की दृष्टि से नयी चेतना और नये विवेक को फैलाने में इन उपन्यासों का बड़ा हाथ रहा है। भट्ट जी ने नूतन ब्रह्मचारी में अपनी कामना प्रकट की है कि उसे पढ़कर साधारण जन भी नायक का अनुगमन कर सकें। उपन्यास का नायक अपने चरित्रबल से डाकुओं के सरदार को भी सुमार्ग पर ले आता है। 'सौ अजान एक सुजान' में कुसंगति में पड़े हुए सेठ के लड़के को चन्द्रशेखर नामक एक सुजान के द्वारा सद्वृत्ति और सदाचार के रास्ते में लाने का वर्णन है। भट्ट जी ने उपन्यास के अन्त में अपना उद्देश्य लिखा है कि इस किस्से के अजानों को सुजान करने को चन्द्र था और आप लोगों को हमारा यह उपन्यास होगा। वास्तव में उपदेश के ऊपर उपन्यास का न उठ पाना उस काल की उपन्यास की सीमा थी।

भट्ट जी ने नाटक भी लिखे हैं। उनके मौलिक और अनुवादित नाटकों की संख्या बीस के लगभग है। मृच्छकटिक, किरातार्जुनीय, शिशुपाल वध आदि संस्कृत नाटकों के अनुवाद हैं। भारतेन्दु युग के जिन्दादिल साहित्यकारों ने प्रहसनों के माध्यम से सामाजिक कुरीतियों और पाखण्डों पर गहरे व्यंग्य किये हैं। भट्ट जी ने भी 'शिक्षादान', 'जैसा काम वैसा परिणाम' आदि प्रहसन इसी परम्परा के अनुरूप वेश्यावृत्ति और नशेबाजी आदि पर लिखे हैं। अच्छी-खासी संख्या होते हुए भी भट्ट जी के नाटकों का कोई विशेष महत्त्वपूर्ण स्थान हमारे नाटक साहित्य में नहीं हैं। चरित्रसृष्टि आदि की दृष्टि से ये नाटक काफ़ी कमज़ोर हैं और कथानक भी विशृंखलित हैं।

प्रगति के समर्थक

भट्ट जी का साहित्यिक कृतित्व अधूरा रहेगा यदि उनके पत्रकार व्यक्तित्व की चर्चा न की जाये। निष्पक्षता, निर्भीकता और स्वतन्त्र विचार भट्ट जी के व्यक्तित्व के अनिवार्य अंग थे। उन्होंने जीवन भर रूढ़ियों से लोहा लिया। शिवदान सिंह चौहान के शब्दों में 'बालकृष्ण भट्ट असामान्य रूप से स्वतन्त्र द्रष्टा विचारक थे तथा परिवर्तन और प्रगति के समर्थक और परम्परा निर्वाह के घोर विरोधी थे।' स्त्रियों को समाज में नीचा स्थान देने के कारण उन्होंने मनु को बुरा-भला कहा। जनता में राजनैतिक जागरूकता का अभाव उन्हें बहुत खटकता था। बहुधा वे इस चेतना को जाग्रत करने के लिए लिखा करते थे। अकाल, महामारी, टैक्स आदि को लेकर उन्नीसवीं शताब्दी में उन्होंने विदेशी शासन पर सीधी चोट की थी। 'ब्राह्मण' सम्पादक प्रतापनारायण मिश्र की राय में 'हिन्दी प्रदीप' उनका श्रेष्ठ सहयोगी था। हिन्दी प्रदीप के द्वारा उन्होंने हिन्दी आलोचना के सूत्रपात में भी प्रमुख योग दिया है। पं. महावीर प्रसाद द्विवेदी ने 'सरस्वती' में एक बार 'प्रदीप' के बारे में लिखा था कि जब से यह साहित्यिक

पत्र हुआ, तब से इसमें एक से एक उत्तम लेख प्रकाशित होने लगे। प्राचीन संस्कृत कवियों के जीवन चरित्र लिखने में भी यह पत्र अद्वितीय था।

उनकी शैली में भी उनके व्यक्तित्व की स्पष्ट छाप है। संस्कृत तत्सम शब्दावली में ये 'चन्द्रोदय' का वर्णन कर रहे हों या 'अकिल अजीरन रोग' में तद्भव और देशज शब्दों का प्रयोग हो, सर्वत्र बालकृष्ण भट्ट दिखाई पड़ते रहते हैं। जहाँ तक शब्दों के चयन का प्रश्न है, उनका किसी भाषा विशेष की ओर झुकाव न था। भाव के प्रकाशन में भाषा योग्य हो, उनका केवल इतना ही मन्तव्य रहता था। इसी कारण संस्कृत की अलंकारिक पदावली के साथ ही अज़हद, नाजनखरा, नाइत्तिफाकी, संजीदगी आदि उर्दू शब्द और एजूकेशन, सोसाइटी, सरकुलेशन, स्टैण्डर्ड, सोशल कान्फ्रेंस आदि अंग्रेजी शब्दों का निस्संकोच प्रयोग उनकी शैली में मिलता है।

'समझाव बुझाव' जैसे बोलियों के प्रयोग भी उनमें प्राप्त होते हैं। मुहावरों और लोकोक्तियों का प्रयोग उन्होंने अपने समकालीन प्रतापनारायण मिश्र की ही भाँति खूब किया है, खास तौर से उनकी व्यंग्यात्मक शैली में तो इनकी प्रचुरता है।

संक्षेप में कहना चाहें तो प्रचलित और सरल शब्दावली, शब्दों का कुशल प्रयोग, विचारों की स्पष्टता, कल्पना का समुचित उपयोग, हास्य-व्यंग्य का रुचिर समावेश तथा भावानुरूपिणी भाषा उनकी शैली की कतिपय प्रमुख विशेषताएँ हैं। डॉ. श्रीकृष्ण लाल ने उन्हें हिन्दी गद्यशैली का जन्मदाता माना है, और आचार्य रामचन्द्र शुक्ल नें उनके साहित्यिक कृतित्व के आधार पर उन्हें अंग्रेजी के प्रसिद्ध निबन्धकार एडीसन और स्टील के समकक्ष माना है।

युगप्रभात : सितम्बर, 1959

हरिवंशराय बच्चन

छायावाद के वैभव के दिनों में ही अपना अलग स्वरमार्ग लेकर आने वाले कवियों में हरिवंशराय बच्चन का नाम प्रमुख है। एक ओर वे हालावाद के प्रमुख प्रतिष्ठापक माने जाते हैं और दूसरी ओर संक्षिप्त आत्मपरक गीतों के प्रमुख गायक।

काव्य विकास

बच्चन के तीस से अधिक कविता-संग्रह प्रकाशित हो चुके हैं। इनका ध्यान से अध्ययन करने पर ज्ञात होता है कि उनके काव्य में विकास और परिवर्तन की एक सतत चेष्टा विद्यमान है। सामान्यतः उनके काव्य विकास को हम चार भागों में बाँट सकते हैं—

(1) **प्रारम्भिक चेष्टाओं का युग** : इस युग में प्रारम्भिक रचनाओं से लेकर 'मधुबाला' तथा 'मधुकलश' की रचनाएँ आती हैं। इसी युग में 'उमर खैयाम की मधुशाला' का अनुवाद भी उन्होंने किया था। इस युग की रचनाओं में छायावादी शैली के स्पष्ट प्रमाण हैं। यद्यपि शीघ्र ही बच्चन जी ने छायावाद की रूढ़ धारा से अपने को अलग कर लिया। छायावाद की अरूपता, वायवीयता एवं कुहासे से अलग होकर अपनी शुद्ध ठोस वैयक्तिक अनुकृतियों को उन्होंने 'मधुशाला', 'मधुबाला' आदि रचनाओं में अभिव्यक्त करना चाहा है। इतना अवश्य है कि छायावाद की वैयक्तिकता, आत्मपरकता, निराशा एवं वेदना आदि तत्त्व उनके इस काव्य में आधाररूप में विद्यमान रहे हैं। जिस मस्ती, मादकता, वासना एवं विलास के गीत उसने गाये हैं उनके मूल में अवसाद की गहरी छाया बराबर विद्यमान रही है। क्षणभंगुर जीवन के मध्य जीवन को किसी प्रकार भोग लेने की लालसा शक्ति का चिह्न है। मिट्टी तन, मस्ती का मन तेजी से बदल रही शक्तिशाली दुनिया के मध्य एक असहाय-से लगने वाले व्यक्ति का यह वस्तुतः क्रन्दन और नैराश्य है। जीवन से जुड़कर, उस सम्पृक्ति की शक्ति का अनुभव नहीं कर पाता। वस्तुतः यह पलायनवाद छायावाद की ही तलछट था—इसे 'उमर खैयाम' की भावभूमि के समान समझने का भ्रम न करना चाहिए। छायावाद जहाँ रहस्य, आध्यात्मिकता, अतीन्द्रियता के भुलावे में

भटकाता रहा, वहाँ बच्चन ने जीवन की सहज वृत्तियों की जय 'हाला', 'प्याला', 'साकी' आदि प्रतीकों के माध्यम से घोषित की। उन प्रतीकों के आधार पर ही लोग उन्हें 'हालावाद' का प्रवर्तक मानते हैं—पर यह वाद चल नहीं सका क्योंकि अपने मूल स्वरूपों में उसका रूप न तो निर्दिष्ट है और न विशिष्ट। छायावाद के साथ ही इस 'वाद' की भी समाप्ति हो गयी।

बच्चन की इन प्रारम्भिक कविताओं में एक सहजता और मार्दव है। उनका शब्दभण्डार ऋजु-कोमल एवं बोलचाल की शब्दावली के निकट है। पर यह सरलता अभिधागत नहीं है। लक्षणा और व्यंजना के सार्थक और गहरे प्रयोग उनमें हैं। ऊपर हम कह चुके हैं कि 'हाला' आदि वस्तुतः प्रतीक ही हैं। वस्तुतः उनकी शैली पर उर्दू की सादगी और रवानगी का गहरा असर है—पर उनकी मूल संवेदना हिन्दी-काव्य-परम्परा के अन्तर्गत ही है। उनके काव्य का शिल्पविधान भी भाषा के समान ही सहज और नैसर्गिक प्रतीत होता है—सचेतक भाव से सँवारा-सजाया, और ऊपर से थोपा हुआ नहीं।

'मधुबाला' की कविताओं से हमें बच्चन की काव्य-प्रतिभा के विकास के निश्चित संकेत मिलने लगते हैं। भावनाओं की आत्मीय गहराई एवं सरलसुबोध भाषा ने कवि की इन कविताओं को बहुत लोकप्रिय बनाया। उन कविताओं का संगीतमय वातावरण भी एक प्रमुख विशेषता है। पात्र, कुम्भकार आदि जिन परम्परागत प्रतीकों का उसने प्रयोग किया है उन्हें भी अपनी कथा-भंगिमा से एक नये चमत्कार से भर दिया है। शैली का प्रसाद गुणों व्यंजनाश्रित होकर ही एक होता है।

'मधुकलश' तक पहुँचते-पहुँचते कवि पर नाना भाँति के आक्षेप होने लगे थे। उनसे दुःखी होकर 'कवि की वासना', 'पथभ्रष्ट' आदि कविताओं में अपने आलोचकों को उन्होंने जो उत्तर दिये हैं वे काफी मार्मिक बन पड़े हैं—

"कह रहा जग, हो रहा वासनामय उद्गार मेरा।"

बच्चन जी का कृतित्व 'मधुकलश' की कतिपय कविताओं से एक नये स्तर पर प्रतिष्ठित होता दिखने लगता है। कवि भावनाओं की गम्भीरता को समझने लगता है और उसकी नितान्त वैयक्तिकता में एक निर्वैयक्तिक वैयक्तिकता के दर्शन होने लगते हैं। 'तीर पर कैसे रुकूँ, आज लहरों से निमन्त्रण' में नयी समाप्तिक वास्तविकता के दर्शन भी होने लगते हैं। भाषा अलंकरणों से एकदम अलग होकर सादगी की प्रभा से भर उठती है। पर उसकी व्यंजनात्मकता और बढ़ जाती है।

(2) श्रेष्ठ सृजन का युग : 'मधुकलश' की कतिपय कविताओं से लेकर 'आकुल अन्तर' तक की कविताएँ इस युग में सम्मिलित हैं। 'निशा आमन्त्रण' एवं 'एकान्त संगीत' इस युग के सर्वोत्तम संकलन हैं। इन्हें बच्चन की सर्वोत्तम रचनाएँ कहना उपयुक्त ही होगा। 'निशा निमन्त्रण' में भावनाओं की पृष्ठभूमि में प्राकृतिक दृश्ययोजना है—

बीत चली सन्ध्या की वेला
धुँधली प्रतिपल पड़ने वाली
एक रेख में सिमटी लाली
कहती है, समाप्त होता है सतरंगे बादल का मेला!

इस प्रकार इस दृश्यावली का अत्यन्त निपुण उपयोग लेखक ने अपनी वेदना को व्यक्त करने के लिए किया है। 'एकान्त संगीत' तक पहुँचते-पहुँचते वेदना उतनी गहरी हो जाती है कि यह दृश्यावली भी हट जाती है और कवि मात्र अपनी-अपनी अन्तर्वेदना में केन्द्रित हो जाता है। जिससे 'अब मत मेरा निर्माण करो' जैसे नितान्त आत्मपरक एवं श्रेष्ठ गीत फूट पड़ते हैं। एक प्रकार का गहन आत्मनिवेदन आत्म... सादगी एवं अलंकार विहीन...के माध्यम से व्यक्त होता है। प्रारम्भिक युग का अलंकृत सांगीतिक वातावरण समाप्त हो जाता है और भावना का आन्तरिक संगीत ही अवशिष्ट रह जाता है। भावनाओं का यह आवेग गीतों को अत्यन्त संक्षिप्त भी बना देता है। उनकी कुछ त्रयोदश-पदियाँ हिन्दी के श्रेष्ठतम गीतों में सहज ही परिगणनीय हैं। उनकी गठन में रीतिकाल के श्रेष्ठतम संग्रथित सवैयों की भाँति अन्तर्योजना का मार्मिक उपयोग हुआ है। 'निशा निमन्त्रण' और 'एकान्त संगीत' की वेदना बहुल परम्परा में ही 'आकुल अन्तर' की भी रचना हुई है—पर इस संग्रह में गहराई की अपेक्षाकृत आभास मिलने लगता है। बहुत से आलोचक 'आकुल अन्तर' के बाद बच्चन के काव्य-व्यक्तित्व का विघटन मानने लगते हैं।

(3) **बाह्याकर्षण का युग** : जैसा कि ऊपर कहा जा चुका है 'आकुल अन्तर' तक बच्चन वैयक्तिक अनुभूतियों के ही कवि रहे हैं। बाह्यजीवन के प्रति राग का स्पन्दन उनमें नहीं था। पर धीरे-धीरे बाह्य जीवन के प्रति भी आकर्षण उत्पन्न हुआ। 'वेदना' की कमी ने स्वाभाविक रूप से आत्मस्थ के स्थान पर उन्हें परस्थ बनने में सहायता दी। इसलिए उनके काव्यविकास के इस तृतीय चरण को बाह्याकर्षण या समाजोन्मुखता का युग भी कह सकते हैं। 'सतरंगिनी', 'बंगाल का काल', 'सूत की माला', 'खादी के फूल' इस रचनाकाल के ही अन्तर्गत हैं। 'सतरंगिनी' इस लोकजीवन के प्रति प्रतिक्रिया का पहला संग्रह है। उसे अन्तर के वेदना के स्थान पर सतरंगी दुनिया अधिक आकर्षित करती है। पर बच्चन के कवि-व्यक्तित्व की मूल आधारभूमि वस्तुतः वैयक्तिक वेदनाओं के गायन की है। उनका शिल्प इस भूमि से ही उभरकर हिन्दी-कविता को नयी भाषा और काव्यशिल्प दे सका था। परन्तु 'सतरंगिनी' इत्यादि में शिल्प लगभग उसी स्तर पर विद्यमान रहता है। जबकि आधारभूमि बदलने लगती है। इसी कारण इस युग की रचनाओं का शिल्पविधान कविता से उद्भूत न ज्ञात होकर ऊपर से थोपा हुआ प्रतीत होता है। वस्तुतः बच्चन मूलतः और अनिवार्यतः गीतकार हैं। गीतकार सदैव आत्म का गायक होता है—बाह्य जीवन की विषमताओं, सामाजिक दायित्वों आदि का वर्णन प्रबन्धकार

द्वारा ही सफल हो सकता है। 'बंगाल का काल' में बहिर्गत भुखमरी की विभीषिका मानवीय सहानुभूति की बौद्धिक प्रतिक्रिया मात्र जगा जाती है और उनमें भावात्मक उद्रेक का अभाव मिलता है। 'सूत की माला' और 'खादी के फूल' में युग-मानस के चित्र कहीं भी मार्मिक अनुभूतियाँ नहीं जगा पाते। यहाँ तक कि महात्मा गाँधी की मृत्यु से सम्बन्धित बच्चन के काव्य के अंश हमारी संवेदना को अधिक नहीं उभार पाते। इन रचनाओं में उक्ति-वैचित्र्य है एवं तर्क की एक सामान्य योजना भी—पर उनमें क्षीण होती हुई कविशक्ति ही दिखती है। इसी युग में 'हलाहल' नामक उनका एक संग्रह और निकला था, पर वह वस्तुतः प्रथम युग का ही अवशिष्ट रूप है।

बच्चन के सचेत व्यक्तित्व ने तृतीय युग की अपनी असफलताओं के मूलकारण को शायद भाँप लिया था। कुछ अर्से के बाद बच्चन बाह्य भौतिक जीवन, सामाजिक समस्याओं या हलचलों को छोड़ पुनः वैयक्तिक अनुभूतियों के क्षेत्र में लौटते हैं, पर 'निशानिमन्त्रण' काल से एक स्पष्ट अन्तर आ जाता है।

(4) अभिद्यात्मक प्रयोगों का युग : 'निशानिमन्त्रण', एकान्त संगीत आदि में वे विरहजन्य गहरी वेदना की आकुल अभिव्यक्ति करते हैं वहीं इस चतुर्थ चरण में आकर वे सुख, प्रसन्नता, मिलन, प्रेम की परितुष्टि रूप के आकर्षक चित्रों आदि की ओर झुकते हैं। इसका कारण सम्भवतः उनका वैयक्तिक जीवन का अनुभव है। पहले वाले युग में पत्नी की मृत्यु से पीड़ित विधुर कवि की वेदना थी पर इस समय तो विवाह करके वे 'नीड़ का निर्माण फिर-फिर' गाने लगते हैं। एक प्रकार से वे अपनी तात्कालिक जीवनप्रणाली का औचित्य सिद्ध करना चाहते हैं। उनका तर्क होता है—

बीत गयी सो बात गयी

औचित्य सिद्ध करने की प्रक्रिया में उसकी सहज बोलचाल की भाषा तो बनी रहती है पर उसकी व्यंजनाशक्ति क्षीण हो जाती है। और मिलन-यामिनी, प्रणय पत्रिका, 'मैं ही नहीं', 'आरती और अंगारे', 'बुद्ध और नाचघर', 'त्रिभंगिमा' एवं 'चारखम्भे चौसठ खूँटे' आदि के प्रणय कविता आदि के गीतों में प्रेम की मात्रा अधिकाधिक अभिव्यक्ति होकर रह गयी है। प्रकृति के प्रतीकों आदि के सहारे यद्यपि कुछ मिलनगीत सुन्दर भी बन पड़े हैं। 'मिलन-यामिनी' का गीत एक श्रेष्ठ रचना माना जायगा, पर सब मिलाकर इन कविताओं में वेदना का अभाव है।

अभिधात्मक गीतों की यह प्रवृत्ति बच्चन में बराबर बढ़ती गयी है और 'आरती और अंगारे', 'बुद्ध और नाचघर', 'धार के इधर-उधर', 'त्रिभंगिमा' एवं 'चार खम्भे चौसठ खूँटे' में उन अभिधात्मक गीतों का बाहुल्य है जिनमें अपने व्यतीत जीवन की स्मृतियों को ही कुरेद-कुरेद कर गीतों की बच्चन द्वारा स्थापित शैली में ही ढालने की चेष्टा की गयी है। इसी कारण कवि के निम्न कथन के साथ सहानुभूति होती है—

यौवन का वह सावन जिसमें
जो चाहे जब रस बरसा ले,

पर मेरी स्वर्गिक मदिरा को
सोख गये मिट्टी के प्याले,
अगर कहीं तब तुम आ जाते
जी भर पीते, भीग नहाते;
रस से पावन है मन भावन, विधना ने विरचा ही क्या है?
अब तुमको अर्पित करने को मेरे पास बचा ही क्या है?

इधर पिछले दशक में बच्चन ने काव्य के क्षेत्र में नये प्रयोग भी किये हैं। मुक्त छन्द में भी उन्होंने बड़ी संख्या में कविताएँ लिखी हैं। मुक्त छन्द और लोकगीतों की धुनों के आधार पर भी उन्होंने बहुत-सी कविताएँ लिखी हैं। उनकी मुक्त छन्द की अधिकांश कविताएँ व्यंग्यपरक हैं या सामाजिक यथार्थ को अभिव्यक्त देने वाली। 'बुद्ध और नाचघर' शीर्षक कविता इस दृष्टि से पठनीय है। उसका व्यंग्य उदाहरणार्थ प्रस्तुत है। दुनिया ईश्वर को भी किस प्रकार व्यर्थ कर देती है इसकी व्यंग्यात्मक प्रतीति कवि बताता है–

उसने बनवाकर मन्दिर, मस्जिद, गिरजाघर
खुदा को कर दिया है बन्द;
ये हैं खुदा के जेल,
जिन्हें यह देखो तो इसका व्यंग्य–
कहती है श्रद्धा-पूजा के स्थान।
कहती है उनसे,
'आप यहीं करें आराम
दुनिया जपती है आपका नाम,
मैं मिल जाऊँगी सबह-शाम,
दिन-रात बहुत रहता है काम।'
....
....
जहाँ खुदा की नहीं गली दाल,
वहाँ बुद्ध की क्या चलती चाल,
वे थे मूर्ति के खिलाफ
इसने उन्हीं की बनाई मूर्ति,
वे थे पूजा के विरुद्ध
इसने उन्हीं को दिया पूज
उन्हें ईश्वर में था अविश्वास,
इसने उन्हीं को कह दिया भगवान,
वे आये थे फैलाने को वैराग्य

मिटाने को सिंगार-पिटार
उसने उन्हीं को बना दिया शृंगार।

लोकगीतों के आधार पर लिखी कविताएँ 'त्रिभंगिमा' एवं 'चार खम्भे चौंसठ खूँटे' में संकलित हैं। लोकधुनों पर आधारित कुछ गीत मार्मिक लगते हैं यद्यपि वैयक्तिक अनुभूतिपरकता की गहराई का इनमें अभाव है। 'त्रिभंगिमा' का एक गीत इस प्रकार है—

महुआ के,
महुआ के नीचे मोती झरे
महुआ के।
यह खेल हँसी
यह फाँस फँसी
यह पीर किसी से मत कह रे।
महुआ के नीचे मोती झरे।

इन गीतों की धुन ही लोकगीतों की नहीं है, बहुधा अप्रस्तुत योजना एवं अभिप्राय भी लोकगीत से ली गयी है। सोन मछरी, छतनार बिरवा, सोनपरी, गंगा की लहर आदि ऐसे ही प्रयोग हैं। लोकबोलियों के शब्दों का भी प्रयोग किया गया है। परन्तु इन गीतों का 'कथ्य' आधुनिक जीवन की किसी न किसी समस्या की ओर संकेत करता है।

बच्चन जी ने अनुवादों के क्षेत्र में भी महत्त्वपूर्ण कार्य किया है। 'उमर खैयाम की मधुशाला' हिन्दी में सबसे अधिक लोकप्रिय एवं महत्त्वपूर्ण अनुवाद है। इधर शेक्सपियर के नाटकों का वे पद्यानुवाद भी कर रहे हैं। इनमें मैक्बेथ एवं आथेलो अब तक प्रकाशित हो चुके हैं। माइकेल ब्रीचर की 'नेहरू: ए पोलिटिकल बायोग्राफी' के संक्षिप्त संस्करण का प्रामाणिक अनुवाद भी उन्होंने किया है।

'बच्चन' ने अपने प्रारम्भिक रचनाकाल में कुछ कहानियाँ भी लिखी थीं जो 'प्रारम्भिक रचनाएँ: भाग 1' में संकलित हैं? 'नये पुराने झरोखे' में उनके रेखाचित्रों, वार्ताओं, भूमिकाओं आदि का संग्रह किया गया है।

सब मिलाकर छायावादोत्तर युग के सर्वाधिक महत्त्वपूर्ण कवियों में बच्चन का नाम भी आदर के साथ उल्लेखनीय है। वे निरन्तर काव्य की नयी भूमियों को तोड़ने की चेष्टा कर रहे हैं और हमें आशा है कि भविष्य में वे कहीं अधिक श्रेष्ठतर कृतियाँ दे सकेंगे।

कानपुर : साहित्य पीठ के रूप में

कानपुर नया शहर है। भारतीय पूँजीवाद के विकास की भाँति ही अनियोजित, बेतरतीब एवं विचित्र रूप से बसे हुए इस नगर का साहित्यिक-सांस्कृतिक जीवन इस विकास की शक्तियों एवं निर्बलताओं से आक्रान्त रहा है। पर नगर की बात कहने के पूर्व जनपद को याद कर लेना अधिक अच्छा रहेगा—जनपद तो नया नहीं है न। कालिदास के भूगोल में उसका स्थान है। यक्ष ने मेघ को अलकापुरी की जो राह बताई थी, उसमें उसे ब्रह्मावर्त जनपद के ऊपर से उड़कर जाना था—

ब्रह्मावर्त जनपदमथच्छायया गाहमानः

पर यह भी नयी बात हुई, और पुरानी दुनिया में चला जाये। आदिकवि के काव्य की सृजन-भूमि यही है और यहीं के किसी जंगल में ही शायद क्रौंच के बधिक को उन्होंने छन्दोमयी वाणी में शाप दिया था एवं वर्तमान कानपुर नगर से केवल 46 मील दूर पर स्थित कालपी महर्षि वेदव्यास की सृजनस्थली है। (कालपी का हस्तनिर्मित कागज उद्योग सम्भवतः उस विराटकाय महाकाव्य की बाहरी रूपरेखा याद करा देता है। कागज है, लिखने वाले गणेश एवं लिखाने वाले वेदव्यास भले ही न हों)। पर भटक रहे हैं—अतीत की स्मृतियाँ भटकाती भी खूब हैं।

सदियाँ गुजर जाती हैं। प्रतापी गुप्त राजाओं के कला वैभव के चिह्न यत्र-तत्र मिल जाते हैं और निकट ही 'कान्यकुब्ज' की राज्यलक्ष्मी उत्तरापथ का केन्द्र बन जाती है। गुर्जर, प्रतिहार, वाकाटक, पाल एवं गाहड़वाल राजाओं की पराक्रमी वाहिनियाँ इस जनपद से होकर गुजरी होंगी—कौन जाने, कोई गवाही देने के लिए प्रस्तुत नहीं होता। न गाहड़वाल गोविन्दचन्द्र के तुरंगों की दुर्धर्ष टापों से यहाँ की भी धरती की धूल आकाश में छाई होगी। रामकथा के एक तीसरे गायक (वाल्मीकि एवं कालिदास ऊपर आ चुके हैं) भवभूति ने सीता की व्यथा-कथा इस जनपद से बहुत दूर बैठकर नहीं लिखी। विरह-विदग्ध राम की सीता-संप्रयोग की वह याद कितने ही सहृदयों के चित्त को आन्दोलित करती है—

किमपि किमपि मन्दं मन्दमासत्तियोगा
दविरलितकपोलं जल्पतोरक्रमेण।

अशिथिलपरिरम्भव्यापृतैकैकदोष्णोः
अविदितगतयामा रात्रिरेवं व्यरंसीत्।

इतिहास के रथ में लगे हुए दिन-रात के पहिये रुकते नहीं। उत्तर-मध्य युग में कानपुर जनपद न तो धार्मिक दृष्टि से महत्त्वपूर्ण प्रतीत होता है न राजनैतिक दृष्टि से। पर प्रतिभा इन सबकी राह नहीं देखती। अचानक ही एक छोटे से गाँव के गरीब ब्राह्मण परिवार में जैसे ज्योति के बीज बो दिये गये।

बड़े भाई चिन्तामणि रीतिकाल के प्रारम्भिक आचार्यों में से एक हुए, बीच के मतिराम रीतिकाल के रस-निर्झर कवियों में से अन्यतम सिद्ध हुए एवं छोटे भाई भूषण राष्ट्रवाद एवं वीररस के श्रेष्ठतम कवि गिने गये। तीनों भाई प्रतापी और सिद्धवाक—सरस्वती की कृपा का अद्‌भुत संयोग था।

और दिन बीतते हैं—सामन्तशाही (पतनोन्मुख) होकर खण्ड-खण्ड होती जाती है। छोटे-छोटे राजा और नवाब, जमींदार, मालगुजार या सरिश्तेदार एवं इन्हीं की आश्रय छाया में पलने वाले छोटे-छोटे कवि। यह रीतिकाल का उत्तरार्ध था। इन सब कवियों के नाम जानकर क्या करेंगे? पं. नरेशचन्द्र चतुर्वेदी ने अपनी पुस्तक हिन्दी साहित्य का विकास और कानपुर में इन सबकी प्रामाणिक सूची उपस्थित कर दी है।

समय देवता का रथ अप्रतिहत वेग से बढ़ता जाता है। राजे और नवाब हटते हैं, कम्पनी बहादुर का अमल होता है। यन्त्र युग का प्रारम्भ नयी शिक्षा, नयी ज्योति, उदारतावादी विचारधारा के बीच उभरता हुआ मध्य वर्ग। यह मध्य वर्ग ही देश की मस्तिष्क एवं रीढ़ बनने की क्षमता (कम से कम पूँजीवाद की प्रारम्भिक स्थिति में) लेकर आया था। परम्परा से प्राप्त पुराने बौद्धिक केन्द्रों में भी बुद्धि का यह नया आवेग उत्थित होता है और नये नगरों, उद्योग एवं व्यापार के नये केन्द्रों में भी यह जन्म लेता है। एक साथ अचानक ही साहित्य के क्षेत्र में एक नयी पीढ़ी उभरती दिखाई देती है। यह पीढ़ी एक अजब संक्रान्ति में खड़ी थी। पुराने संस्कार शिकंजे से छोड़ नहीं रहे थे, नयेपन को अपनाने के लिए बुद्धि और विवेक उकसा रहे थे। पर जीवन के नये अंकुर मृदुल-पल्लव होते हुए भी पीले पत्तों की कठोरता को पराजित करने में समर्थ होते हैं। संस्कृति एवं विद्या की नगरी काशी के भारतेन्दु हरिश्चन्द्र इस पीढ़ी के अगुआ हैं और उनके श्रेष्ठतम सहयोगी बनते हैं—उद्योग व्यापार के विकासमान नगर के पं. प्रतापनारायण मिश्र। यह मध्य वर्ग के नये उठान एवं सामन्तशाही का पतन था। किसी जमींदार का आश्रय छोड़ कर ललितप्रसाद त्रिवेदी 'ललित' कानपुर में गल्ले की दुकान में काम करना शुरू करते हैं। सामन्तशाही नहीं अब कवि को पूँजीवाद में साहित्येतर जीविका ढूँढ़नी पड़ती है। पर बुद्धिजीवी इतनी जल्दी हारता नहीं है। नये प्रकार की गोष्ठियाँ बनने लगीं, जिनमें रसिक के रूप में मध्यवित्तीय जन भाग लेने लगे। 'ललित' जी के सभापतित्व में प्रारम्भ हुआ कानपुर का 'रसिक समाज' ऐसी ही गोष्ठी थी। राय देवीप्रसाद पूर्ण

इस समाज के प्राण थे—साहित्यचर्चा होती, समस्यापूर्तियाँ होतीं, एवं इस चेतना को प्रसारित करने वाला नया अस्त्र 'रसिक वाटिका' पत्रिका भी रसिक समाज की ओर से प्रकाशित होती थी। इस पत्रिका के पहले ही 'ब्राह्मण' का तेज फैल चुका था। हिन्दी हिन्दू हिन्दुस्तान का ही नारा उस पत्र ने बुलन्द नहीं किया था, 1883 ई. से प्रकाशित होने वाले इस पत्र के सम्पादक ने घोषणा की थी—

जिन धन धरती हरी सो करिहैं कौन भलाई।
बन्दर काके मीत कलन्दर केहिके भाई।।

वास्तव में ब्राह्मण और उसके सम्पादक प्रतापनारायण जी उस उठती हुई पीढ़ी के व्यक्ति थे, जो मध्य वर्ग के उगते आशावाद का प्रतीक थी, जिन लोगों ने भारतीय स्वतन्त्रता संग्राम को प्रारम्भ ही नहीं किया, शक्ति भी दी थी। उगता हुआ कानपुर, उगता हुआ मध्य वर्ग एवं उभरता हुआ हिन्दी साहित्य का नया स्वर। नाथूराम शंकर शर्मा की ओजस्वी प्रखर वाणी यहीं चमकती है और जूही मुहल्ले के एक साधारण से घर में बैठकर ही हिन्दी भाषा और साहित्य का 15 वर्षों तक नियमन और निर्देशन अध्यापक की गुरु गम्भीर मुद्रा से आचार्य महावीरप्रसाद द्विवेदी करते हैं। उनके द्वारा लगाई गयी साहित्य जूही पुष्पित-पल्लवित हो रही है।

इस समय तक भारतीय पूँजीवाद विकृत नहीं हुआ था। मध्य वर्ग अभी हताश नहीं हुआ था। आर्यसमाज जैसे सामाजिक संगठन, कांग्रेस जैसे राजनैतिक संगठन दृढ़ होते जा रहे थे। उद्योग एवं व्यापार एवं शासन के नये केन्द्र विकसित होते हुए मध्य वर्ग से भर रहे थे और कुछ समय तक साहित्यिक-बौद्धिक कार्यकलापों के केन्द्र भी यहीं बनते प्रतीत होते हैं। यह आकस्मिक नहीं है कि ईसा की उन्नीसवीं शती के अन्तिम चरण से लेकर बीसवीं शती के प्रथम तीस वर्षों तक कानपुर अनेक ज्योति पुरुषों की कर्मभूमि बन जाता है—साहित्यिक केन्द्र बन जाता है। इस बीच केन्द्र काशी भी नहीं,. प्रयाग भी नहीं कानपुर रहता है। अकेले 'प्रताप' को केन्द्र बनाकर ही एक समूची पीढ़ी उभरती प्रतीत होती है। गणेशशंकर विद्यार्थी हैं, मैथिलीशरण गुप्त हैं, माखनलाल चतुर्वेदी हैं, बनारसीदास चतुर्वेदी भी केन्द्र से बाहर होते हुए भी गुरुत्वाकर्षण से बँधे हैं। बालकृष्ण शर्मा 'नवीन' और विश्वम्भरनाथ शर्मा कौशिक के अड्डे भी इसी केन्द्र में हैं। प्रेमचन्द जी भी कुछ दिनों के लिए चक्कर लगा जाते हैं। सनेही जी हैं, उनका सुकवि अखबार है और है एक प्रतिभाशाली शिष्य वर्ग। भगवतीचरण वर्मा, भगवती प्रसाद वाजपेयी, प्रतापनारायण श्रीवास्तव का भी कार्यक्षेत्र कानपुर बनता है। और भी छोटे-बड़े दर्जनों व्यक्ति हैं, जिन्होंने महत्त्वपूर्ण काम किया है।

भारतेन्दु युग में संस्कृति के पुराने पीठ वाराणसी से जो साहित्य का नया रूप उदित हुआ था, बह द्विवेदी युग में उद्योग-व्यापार द्वारा बने नये नगर—कानपुर को केन्द्र बनाकर आगे बढ़ता है। पर ऐसा लगता है कि संस्कृति के सूक्ष्म-विकास के

लिए जिन तत्त्वों की आवश्यकता थी, उनका महाजनी सभ्यता वाले कानपुर में अभाव था। केन्द्र एक बार फिर सरक कर प्रयाग पहुँच जाता है (और अब शायद वह दिल्ली की ओर संचरणशील है)। मन में एक सहज प्रश्न उठता है कि अचानक ही यह बिजली कैसे मार गयी कि कानपुर साहित्यिक कार्यों में इतना पिछड़ गया। कभी तो ऐसा लगता है कि यहाँ पर अभी द्विवेदी युग ही चल रहा है।

पर भविष्य निराशा से भरा नहीं लगता। कानपुर में मेडिकल और टेक्नोलॉजिकल शिक्षण संस्थान खुल चुके हैं। विश्वविद्यालय भी एक निश्चित सम्भावना प्रतीत होता है। हमें विश्वास है कि अगले दस वर्षों में कानपुर पुनः भारतवर्ष के बौद्धिक नक्शे में भली प्रकार आ सकेगा।

ग्राम्या : 1957/58

कानपुर : बौद्धिक सांस्कृतिक ह्रास और नये दूत

एक सज्जन थे प्रबुद्ध पाठक और दूसरे प्रमुख लेखक। प्रथम लखनऊ में रहते हैं और दूसरे दिल्ली में। पिछले दिनों थोड़ा-सा अन्तर देकर अलग-अलग दोनों ने एक ही सवाल किया, 'कानपुर तो औद्योगिक नगर है, उसमें आधुनिकता का विद्रोह-विक्षोभ और गन्ध क्यों नहीं है?' कुछ क्षणों के लिए मैं निरुत्तर रह गया; बल्कि यों कहें कि स्तब्ध हो गया। बात में कड़वी सचाई थी। कानपुर नगर सांस्कृतिक, साहित्यिक एवं बौद्धिक दृष्टि से काफी पिछड़ा हुआ है। उस समय अपने उन दोनों जिज्ञासु परिचितों को मैंने जो उत्तर दिया था वह आज भी हमें गलत नहीं मालूम पड़ता। मुझे लगता है कि पूँजीवाद और उद्योगीकरण के साथ ही कानपुर में व्यावसायिकता तो बढ़ गयी, पर इनकी जो श्रेष्ठ और सूक्ष्म संस्थाएँ होती हैं, उनका अभाव रहा—जैसे कि विश्वविद्यालय, अच्छे अखबार, रेडियो स्टेशन आदि। परिणाम इसका यह हुआ कि बौद्धिक प्रतिभा-सम्पन्न व्यक्ति कानपुर में अपना कैरियर बनाकर नहीं रह सके (अपवादों की बात मैं नहीं करता)। अवसर मिलते ही वे बराबर भागते रहे (और अब भी भाग रहे हैं) तथा नगर सांस्कृतिक-बौद्धिक दृष्टि से शनैः-शनैः पिछड़ता ही गया। संस्थाएँ खड़ी की गयीं, चन्दे इकट्ठे हुए, धनपतियों को फुसला कर उनसे कुछ ले लेने की या कि ले सकने के लिए प्रसन्न रखने की स्कीमें बनती रहीं। पर स्पष्ट है कि यह प्रवृत्ति भला कर सकने के स्थान पर बुरा करती रही। मेरा तो विश्वास है कि जब तक कानपुर में एक श्रेष्ठ विश्वविद्यालय की स्थापना नहीं होती, यह बड़ा नगर बौद्धिक दृष्टि से दरिद्र ही रहेगा।

कानपुर की इस स्थिति के कारण ही बहुधा संस्थाओं के प्रति मेरे मन में एक अरुचि उत्पन्न हो गयी (यद्यपि संस्थाओं से जबरदस्ती सम्बद्ध बना ही रहा)। इस मनःस्थिति में ही जब उस दिन अपने एक मित्र के हाथ में 'ऐम्बैसेडर' (राजदूत) का कई रंगों का चमकदार लेटरपैड देखा तो मन में लगा कि यह भी पूँजीपतियों या सरकार से कुछ ऐंठने वाली संस्था ही होगी। पर नहीं, मेरा पूर्वाग्रह मिथ्या था। पिछले दिनों (जब से विश्वविद्यालय की चर्चा जोर पकड़ती है, मेडिकल कॉलेज खुलता है, टेक्नोलॉजी का उच्च संस्थान स्थापित होता है—या अन्य ऐसी ही संस्थाएँ प्रकाश में

आती हैं जैसे कि अधिक कॉलेज, अधिक सम्पन्न पुस्तकालय आदि) प्रकाश की कुछ किरणें दिखाई पड़ी हैं। 'ऐम्बैसेडर' भी उन्हीं में से एक है। पिछले छह महीने में ही इस संस्थान ने अधिक सम्पन्न न होते हुए भी कुछ महत्त्वपूर्ण कार्य किये। इस बीच एक दर्जन से अधिक संगीत, नृत्य एवं नाटक के कार्यक्रम संस्था ने आयोजित किये हैं। यह बात जोर देकर कही जा सकती है कि संगीत के कार्यक्रम तो निश्चित रूप से सचमुच ही ऊँचे दर्जे के हुए थे। इनमें से 'भारतीय संगीत सिंफनी' तो अपने आपमें एक साहसपूर्ण प्रयोग ही कही जायेगी।

इस संस्था द्वारा खेले गये नाटकों में मंच-कौशल में निरन्तर विकास की चेष्टा की गयी। इसके आयोजक सचमुच ही सफल हुए हैं। इतना अवश्य है कि अभिनीत नाटकों (नयी समस्या, दीया बुझ गया, सराय के बाहर) में अभिनय-अतिरेक एवं मुद्राओं पर अधिक बल दिये जाने के कारण वैसी सहजता नहीं आ पाती थी। कभी-कभी मेलोड्रैमिटिक प्रभाव प्रमुख हो उठता था। सबसे अधिक् स्वागत की बात इनमें थी—महिला अभिनेत्रियों के रूप में कुल कन्याओं का आगमन। कतिपय अन्य संस्थाओं ने भी नाटकों का अभिनय अथवा पाठ आयोजित किया। इस प्रकार सब मिलाकर लगा कि कम से कम कुछ कलाओं के क्षेत्र में कानपुर अपनी जड़ता दूर करना चाहता है। रंग शिल्प की नाना कल्पनाओं में डूबे रहने वाले सिद्धेश्वर अवस्थी अभी उस दिन चर्चा कर रहे थे कि वे 'ऐम्बैसेडर' के तत्त्वावधान में 'कामायनी' का छाया नाटक दिखाने जा रहे हैं, जिनमें 'विस्टा विज़न' का प्रभाव उत्पन्न करने के लिए वे मंच पर कुछ नये प्रयोग कर रहे हैं। पर उनकी चर्चा तो तभी होगी, जब उन्हें प्रत्यक्ष देख लिया जायेगा।

धर्मयुग : 15 सितम्बर, 1961

कानपुर : कानपुर कनकैया

कानपुर बहुत से हैं : आप किस कानपुर चलना चाहते हैं? टूरिस्ट गाइड की तरह बता सकता हूँ कि कानपुर वह है जहाँ ब्रह्मा की कीली वाला ब्रह्मावर्त या बिठूर है : कतकी पूनो को वहाँ गंगा-स्नान करने से पुण्य-लाभ होता है। वह सृष्टि का आदि बिन्दु है—आखिर ब्रह्मा की कीली तो वहीं गड़ी है—तर्क मत कीजिएगा। वहीं आदि काव्य लिखा गया था। वाल्मीकि आश्रम वहीं पर है। लव-कुश का शौर्य वहीं खुल कर सामने आया था—पिता का विरोध करने की परम्परा कानपुर से ही तो शुरू हुई थी। वहीं कहीं सीता की याद राम ने की होगी जिसे बहुत दिन बाद थोड़ी ही दूर पर कान्यकुब्ज (कन्नौज) नगर में बैठे भवभूति ने सुना था।

टूरिस्ट गाइड आपको बता सकता है कि भूषण, मतिराम या चिन्तामणि यहीं पैदा हुए थे। गुप्तकाल के मन्दिरों के अवशेष (भितरी गाँव) दिखा सकता है। पर आप जनपद नहीं शहर देखना चाहते हैं और शहर के नये होने का हाल यह है कि स्टेशन से निकलते ही सड़क हाल्सी रोड है और मुहल्ला कलक्टरगंज, फिर तो जनरल गंज, कर्नल गंज, मैकराबर्ट गंज ही नहीं मेस्टन रोड, लाटूश रोड, कम्पनी बाग, परेड मैदान भी मिलेंगे। यहाँ तक कि डिप्टी का पड़ाव और अफीम कोठी भी बताएँगे कि शहर अंग्रेजी राज की पैदावार है। इन्हीं के साथ मनीराम की बगिया होगी, लाठी मुहाल होगा, ग्वाल टोली या खटियाना या गड़रिया मोहाल होंगे, रामनारायण बाजार, बकरमण्डी होगी, चमनगंज होगा, घुमनी मोहाल पड़ेगा और हर्ष नगर, अशोक नगर, आर्य नगर, स्वरूप नगर, किदवई नगर जैसे नवजागरण या स्वातन्त्र्योत्तर काल के नाम भी होंगे? असल में कानपुर की सही तसवीर उपस्थित करती है यह तुकबन्दी जो कानपुर में भी सुनी जा सकती है और उसके आसपास के जिलों में भी :

कानपुर कनकैया जेहिमाँ बना घाट सरसैया,
ऊपर चले रेल का पहिया, नीचे बहे गंगा मैया।

कानपुर ऐसा ही शहर है। ऊपर रेल का पहिया, विज्ञान का यन्त्र—गति का प्रतीक चलता रहता है, पर नीचे गंगा मैया, पौराणिकता और पुरातनता का पूरा आडम्बर लिए बहती रहती है। इसी गंगा में प्रतिदिन हजारों लोग अपने पापों को धोने

सबेरे-सबेरे जाते हैं। इसी गंगा के परमट और सरसैया घाट के किनारे सैकड़ों, हजारों भिखमंगे धर्म-भिक्षायापन कर सड़क के किनारे झोंपड़ी बना कर ऐश की जिन्दगी काटते हैं।

अच्छा आपको तो शहर देखना है। चलिए, रिक्शा कर लेते हैं। बसें तो यहाँ बहुत कम ही चलती हैं और वह भी किन्हीं विशेष सड़कों पर ही। टैक्सी भी केवल चार-छह ही हैं—महँगी भी पड़ेगी। अतः रिक्शा ही कर लेते हैं। टूरिस्ट गाइड से आप पूछ रहे हैं कि यहाँ दर्शनीय स्थान क्या-क्या हैं? बिना सोचे टूरिस्ट गाइड कहेगा, 'काँच का मन्दिर, फूल बाग, कम्पनी बाग, रामदास का मन्दिर, जे.के. मन्दिर, कमला रिट्रीट, मोती झील। किन्तु आज वृहस्पतिवार है, कमला रिट्रीट का पास तो आज मिलेगा नहीं। आपको शाम की ही गाड़ी से जाना है। मोती झील तो शाम को ही देखने योग्य होती है, अभी तो धूप बहुत है। जे.के. मन्दिर भी बारह बजे बन्द हो जायेगा।'

तब तक शहर देखेंगे। यही कलक्टरगंज है। यह नेहरू जी की मूर्ति और फव्वारे तो इसी साल लगे हैं; पहले तो सूना चौराहा था। साहब, लाख मना करने पर भी ये ठेले वाले नहीं मानते। दोनों तरफ से ठेले चलने के कारण घण्टों के लिए रास्ता बन्द। हम लोगों का क्या, छोटा-सा रिक्शा जिधर से चाहा निकाल लिया पर इनके मारे रास्ता मिले तब न। है क्यों नहीं, पर थोड़ा चक्कर लगाना पड़ेगा। यह है बादशाही नाका यानी हाल्सी रोड, शहर की प्रमुख सड़क, व्यस्त सड़क, शहर की सब सड़कों को अपने में मिला लेती है, इसीलिए हाल ही में इसके किनारे के वृक्षों को काट कर विशुद्ध सड़क बना दिया गया है।

सड़क के दोनों ओर सबसे शक्तिशाली व्यापार लोहा और उसकी दुकानें। लोहे की कूटने, पटकने, तोड़ने की तीखी आवाज, झनझनाहट से पूरी लोहाई गूँजती रहती है। सड़क के किनारे ठेले जिनमें टनों लोहा लादा जा रहा है, उतारा जा रहा है। वह देखिए सड़क के किनारे पराँठा वाला बैठा है। पूरे दस साल से यहीं रहता है—सड़क के ही किनारे। यहाँ सड़क के दोनों ओर इन ठेलों की लम्बी कतार लग जाती है। इन ठेले वालों का यही घर है। रात को खाना, गाना-बजाना, नशे में झूमना, कभी-कभी जूता-लात।

यह मेस्टन रोड है, पुराना शाही बाजार, जहाँ हर प्रकार की सुन्दर वस्तुएँ मिलती हैं। बायें हाथ अन्दर हटिया बर्तन बाजार और पास ही तम्बाकू गली है, जहाँ तम्बाकू बनाने की खटपट की ताल किसी संगीत की ताल से कम नहीं होगी। प्रयाग नारायण का मन्दिर का बाजार एक प्रसिद्ध स्त्रियोपयोगी बाजार है। इसके बाद जनरल गंज का पुराना फुटकर बाजार जहाँ कीमती से कीमती और सस्ता से सस्ता कपड़ा भी मिलेगा। आधुनिक साज-सजा से मुक्त लाला लोग यहाँ फर्श पर ही शुद्ध सफेद गद्दी पर मसनद लगाये बढ़िया मलाई धोती और मलमल का शुद्ध सफेद कुर्ता पहने, पान खाए दिखाई देंगे। पास ही कपड़े का थोक बाजार नौघड़ा है, जिसकी गलियाँ अपने

पतलेपन के लिए प्रसिद्ध हैं। शायद ये गलियाँ शुरू-शुरू में 'वन वे ट्रैफिक' को ही ध्यान रखकर बनाई गयी होंगी। कभी जल्दी में कोशिश करने पर भी दो व्यक्ति साथ-साथ इन गलियों में नहीं घुस सकते। शक्कर पट्टी, तिलयाना, दालमण्डी, बान बाजार, किराना बाजार भी यथा नाम तथा गुण के प्रतीक हैं। किन्तु परेड का मैदान सार्वजनिक कार्यों में आने वाला मैदान—रामलीला, कपड़ा बाजार, पुराने कपड़ों और विभिन्न वस्तुओं का बाजार, जूता बाजार, सब्जी बाजार, राजनैतिक सभाएँ, मजदूर सभाएँ सभी वहीं दिखाई देंगे। ठीक इसके सामने नवीन मार्केट कपड़े का आधुनिक साज-सज्जायुक्त दो मंजिला बाजार है। शहर के बीच में सबसे लम्बी सड़क यही है जिसमें सभी प्रमुख बाजार, प्रमुख सिनेमाघर, होटल, रेस्त्रां आ जाते हैं। चुन्नी गंज से लेकर माल रोड तक शाम को इस सड़क पर बड़ी रौनक रहती है।

जैसे रामपुरी चाकू मशहूर है, इलाहाबादी अमरूद और बनारसी पान, वैसी ख्याति थी आज से कुछ वर्ष पूर्व 'कनपुरिये' की। वह भय और आतंक के कारण सारे देश में प्रख्यात था। कुछ ऐसी सामाजिक और चारित्रिक विशिष्टताएँ थीं, उसमें कि लोग 'गुरु' कहा करते थे। अनधिकारिक रूप से कानपुर के बाहर वही नगर का प्रतिनिधित्व करता था।

अपराधियों का रैन बसेरा : कानपुर यों भी अपराधों में अग्रणी रहा है। पुलिस के आँकड़ों के अनुसार यहाँ सबसे अधिक हत्याएँ होती हैं। किन्तु आज वह 'कनपुरिया' कहीं चिराग लेकर ढूँढ़ने से भी नहीं मिलता। विगत बीस वर्षों में विभिन्न नगरों, जिलों और राज्यों से आकर बसने वाले लाखों व्यक्तियों की सांस्कृतिक विविधता का केन्द्र बन जाने के कारण यह नगर अपने उस कलेवर से भी वंचित हो गया। कानपुर का अपना कोई परिवेश नहीं, न सांस्कृतिक और न धार्मिक। गंगा जी के पावन तट पर बसा होने पर भी जो तीर्थ नहीं बन सका, उत्तर प्रदेश का मैनचेस्टर होते हुए भी जो आधुनिक नहीं हो सका और श्रद्धेय गणेशशंकर विद्यार्थी जैसे अमर बलिदानी का साहचर्य भी जिसे राजनीतिक रूप नहीं दे पाया—ऐसा संस्कारद्रोही नगर कानपुर ही है, जो अपने ही कलुष और विषाद में खो गया है।

गन्दे हाते : 16 वर्ष पूर्व स्वर्गीय जवाहरलाल नेहरू ने यहाँ के गन्दे एवं नर्क-तुल्य हातों को देखकर इस नगर को 'जाहिल' नगर की उपाधि दी थी। एक गन्दी बस्ती को देखकर उनकी आत्मा काँप उठी थी। क्रोध से उनका चेहरा तमतमा गया था। उन्होंने कहा था, 'इनमें जानवरों को भी नहीं रहना चाहिए—जला कर इन्हें खाक कर दें।' पर वाह रे कानपुर! जिस हाते ने सारे देश को हिला कर रख दिया था, वह अपनी समस्त कुरूपता और गन्दगी के साथ आज भी ज्यों-का-त्यों कायम है।

इतिहास : इस नगर का इतिहास अधिक से अधिक 150 वर्षों के घेर में सिमटा हुआ है। स्वातन्त्र्य संग्राम के अमर सेनानी तांत्या टोपे और मराठा साम्राज्य के अन्तिम दीपक नानाराव पेशवा के नाम कानपुर के ऐतिहासिक गौरव के प्रतीक

हैं। सतीचौरा के घाट और बीबी घर में प्रतिकार की भावना से सत्ता के मद में चूर अंग्रेजों की नृशंस हत्याएँ आज भी रोंगटे खड़े कर देती हैं।

यह 'इण्डस्ट्रियल स्टेट' है। नये और पुराने कारखाने अब यहीं खोले जा रहे हैं—शहर से काफी दूर। लोहे का फर्नीचर, ताले, पेन, बर्तन, शीशा, मोटरों के छोटे-छोटे पुर्जे, लोहे के अन्य सामान आदि के कारखाने बड़ी शीघ्रता से यहाँ खुल रहे हैं। इस के अतिरिक्त पूरे शहर में लघु उद्योगों का जाल बिछा ही हुआ है। पीतल का छोटा-मोटा सामान, प्लास्टिक की वस्तुएँ, चमड़े का सामान, रँगाई, छपाई के कारखाने, चप्पलों, साइकिलों के कारखाने, बेतरतीबी से जगह-जगह पर दिखाई देते हैं। कुल मिलाकर सारा शहर औद्योगिक गतिविधियों से भरा पड़ा है।

सौ वर्ष पूर्व इस नगर में सर्वप्रथम एल्गिन मिल की स्थापना हुई थी। अंग्रेज कानपुर को एक औद्योगिक केन्द्र के रूप में विकसित करना चाहते थे। तब से अब तक हजारों मिल-कारखाने यहाँ खुल गये हैं। उत्तर प्रदेश में यह उद्योगों का सबसे बड़ा केन्द्र बन गया है। यहाँ के मिल-कारखानों में डेढ़ लाख से भी अधिक श्रमिक काम कर रहे हैं; और यही कारण है कि अब यह नगर मुख्यतः श्रमिकों का नगर बन गया है। पन्द्रह लाख की आबादी का यह नगर एक महानगर का रूप धारण करने के सपने देखने लगा है।

यहाँ का मजदूर पहले की अपेक्षा सुखी है। आज से बीस वर्ष पहले का मजदूर भूख और बीमारी का प्रतीक था। जी तोड़ कर परिश्रम करने के बाद भी उसके बच्चे भूखे रहते थे। अपनी कभी न मिटने वाली थकान दूर करने तथा अपनी गरीबी पर जी-भर हँसने के लिए वह जहरीली शराब पीकर अपने आपको तबाह कर लिया करता था; पर आज वैसी स्थिति नहीं है।

एक जमाना वह भी था, जब कानपुर ही साहित्यिक गढ़ था। पं. प्रतापनारायण मिश्र, पं. महावीरप्रसाद द्विवेदी, श्री बालकृष्ण शर्मा 'नवीन', निराला, प्रेमचन्द आदि महान् साहित्यकार यहाँ की ही उपज कहे जायेंगे। इनमें से कुछ तो रहते भी यहीं थे और कुछ साहित्यिक क्षेत्र होने के कारण अकसर यहाँ आया करते थे। गोष्ठियों, विचारों का आदान-प्रदान, नौका-विहार आदि होता और एक आदर्श साहित्यिक वातावरण रहता। किन्तु समय का चक्र कि साहित्य के क्षेत्र में यह बिल्कुल भिन्न हो गया है। पाण्डित्य तो यहाँ के हिन्दी साहित्यकारों की वसीयत में ही दर्ज है। अतः उन्हें ज्ञान के क्षेत्र में भटकना और मौलिक चिन्तन की प्रक्रियाओं से पुनः गुजरना ही होगा। हाँ, साहित्यिक समारोहों के स्थान पर 'जयन्ती समारोह एवं अभिनन्दन-पत्र भेंट' का अवश्य प्रचलन हो गया है। आये दिन अभिनन्दन समारोह गूँजते हैं—साहित्यकार के स्थान पर नेता लोगों के ही सही। गोष्ठियों या सांस्कृतिक कार्यक्रमों को कभी-कभी अति आधुनिकता कह कर उड़ा दिया जाता है। कुछ दिनों से सांस्कृतिक क्षेत्र में पुनः इस ओर जागृति दिखाई दे रही है।

साहित्य के साथ-साथ सांस्कृतिक गतिविधियाँ भी यहाँ कम नहीं हैं। अनेक संस्थाएँ हैं—नाटक साल में पाँच ही होतें हैं—किन्तु फिल्मी और लोकप्रिय संगीतकारों के कार्यक्रम प्रायः साल भर होते रहते हैं। लोगों में सांस्कृतिक कार्यक्रमों के लिए बड़ी भूख है; बल्कि अब तो यह एक फैशन हो चला है।

शिक्षा : तीन प्रमुख कॉलेज दयानन्द एंग्लो वैदिक कॉलेज, क्राइस्ट चर्च कॉलेज, एस.डी. कॉलेज जो अपनी विभिन्न विशेषताओं के लिए प्रसिद्ध हैं। विद्यार्थी वर्ग को काफी संघर्षमय दिनों से गुजरना पड़ता है। आन्दोलन, गम्भीर झगड़े तो इस वर्ग का निश्चित कार्यक्रम है। वर्ष में कुछ महीनों के लिए कॉलेज तो किसी न किसी माँग को लेकर अनशन के कारण बन्द ही हो जाते हैं। नवयुवक विक्षुब्ध है—बौखलाहट उसके चरित्र का स्थायी अंग बन गया है। विद्यार्थियों में नेतागिरी व्यावसायिक स्तर पर की जाने लगी है। नगर के अधिकांश कॉलेजों के संचालन-सूत्र एक ही व्यक्ति के हाथ में हैं, जिसके विरुद्ध प्रायः प्रतिवर्ष विद्यार्थी आन्दोलन करते हैं। प्रदर्शन होते हैं और प्रबन्धकों के खिलाफ जेहाद करने के लिए भी। किन्तु स्कूलों तथा कॉलेजों में व्याप्त भ्रष्टाचार को छिपाने के लिए प्रबन्धक विद्यार्थी-नेताओं को पैसे से खरीद लेते हैं। फलतः शिक्षा का स्तर गिरता जा रहा है। प्रबन्धकों की जेबें गरम हो रही हैं। स्कूल खोलना एक राजनैतिक आवश्यकता बन गया है; क्योंकि प्रभाव के साथ-साथ धनोपार्जन का भी सबसे आसान मार्ग यही है। स्कूलों तथा कॉलेजों की संख्या में नित्य प्रति उन्नति दिखाई दे रही है; किन्तु शिक्षा के स्तर में कोई विशेष उन्नति नहीं हुई।

चिकित्सा के क्षेत्र में आलम यह है कि अस्पतालों में शैया इतने कम हैं कि कानपुर जैसे बड़े औद्योगिक शहर की बीमारियों का सामना वे नहीं कर सकते। हालत यह है कि लोग बीमार होने पर अपने घर से ही चारपाइयाँ ले जाने लगे हैं। किसी नेता का जोर हो तो अवश्य अस्पताली बेड मिल सकता है।

जन-जीवन जैसे मरणासन्न अवस्था में है। नया नेतृत्व पुराने 'अखाड़ियों' के कारण उभर नहीं पाता। राज्य का प्रमुख और सबसे बड़ा नगर होने पर भी यहाँ का कोई भी प्रतिनिधि आज तक उत्तर प्रदेश सरकार में मन्त्री का पद तक नहीं पा सका। नेताओं की पारस्परिक कटुता का राज्य के नेताओं द्वारा फायदा उठाया जाता रहा है। विगत पाँच वर्षों तक नगर की सारी राजनीति महापालिका तक सीमित थी। वहाँ भी नगर प्रमुख का पद नागरिक जीवन में पूँजीपतियों को घसीट लाया, जिन्होंने रुपये के बल पर महापालिका से अपने स्वार्थों की सिद्धि की, भ्रष्टाचार को जी भर कर पनपने दिया और जनजीवन को सदा के लिए लूला-लँगड़ा बना दिया।

दिनमान : 30 सितम्बर, 1966

तत्कालीन परिदृश्य पर लेख (1951-1966)

राष्ट्रीय स्वयंसेवक संघ की घातक कूटनीति

भारत में प्रजातन्त्र के खतरे

राज्य और साहित्य : विवाद की भूमिका

संगीत एवं साहित्य समारोह

डाक विभाग : साहित्यिक पत्रिकाएँ

भाषा आयोग की रिपोर्ट : स्थिर चित्त एवं वस्तुगत दृष्टिकोण की आवश्यकता

दक्षिण में अंग्रेजी की अपेक्षा हिन्दी अधिक समझी जाती है

उत्तर प्रदेश की डायरी

लखनऊ का यंग पेण्टर ग्रुप

कुटीर उद्योग और कलात्मक अभिरुचि

बाड़ा अंग्रेजी के चारों ओर बनाइए, हिन्दी के नहीं!

अनुभव का विराट विग्रह

प्यारे प्रधानमन्त्री

युद्ध और व्यक्तित्व

राष्ट्रीय स्वयंसेवक संघ की घातक कूटनीति

तथाकथित सत्याग्रह आन्दोलन वापस लेने के बाद राष्ट्रीय स्वयंसेवक संघ की कार्यवाही पिछले कुछ दिनों स्थगित-सी रही। पर इधर कुछ दिनों से संघ ने एक नये रूप में सर उठाया है। संघ का गुप्त प्रचार इस ढंग से प्रारम्भ हो गया है कि उसके कट्टर विरोधी राष्ट्रीय नेता उसके प्रचार में सहयोग दे रहे हैं। यद्यपि यह सहयोग अनजाने रूप में है। यह गुप्त ढंग है अखिल भारतीय विद्यार्थी परिषद की आड़ में संघ का प्रचार। यहाँ पर मुझे थोड़ा-सा इसी 'विद्यार्थी परिषद' के बारे में विचार करना है।

संघ के अवैध होने के पश्चात, संघ का काम लगभग बिल्कुल ठप हो गया था। पर जब संघी नेता जेलों से छोड़े गये, 'पाँचजन्य' इत्यादि प्रकाशित होने लगे, तो नवयुवक विद्यार्थी वर्ग पर फिर से अपना प्रभाव स्थापित करने के लिए तथा इसी आड़ से अवैध होते हुए भी संघ का प्रचार करने के लिए 'अखिल भारतीय विद्यार्थी परिषद' की स्थापना की गयी। संघी पत्रों ने इस विद्यार्थी संस्था का बड़े जोर-शोर से प्रचार आरम्भ किया। पर शीघ्र ही संघ ने अपना सत्याग्रह आन्दोलन प्रारम्भ किया। इस कारण यह विद्यार्थी संस्था अपने शैशव काल ही में कागज के बण्डलों में बाँध कर रख दी गयी। इसके भाग्य विधाता जेलों में पहुँच गये। इसका प्रचार एवं कार्य सभी रुक गया। पर संघियों के छूटने पर इसको पुनरुज्जीवित किया गया। अब हम थोड़ा-सा संघ और विद्यार्थी परिषद के आपसी सम्बन्ध का भी विचार कर लें।

संघ का विधान प्रकाशित हो चुका है। उसने सांस्कृतिक क्षेत्र में ही रहने का निश्चय किया है। उसके स्वयंसेवकों को किसी भी राजनैतिक दल में सम्मिलित होने का अधिकार है। पर इतनी बड़ी कार्यकर्ता शक्ति संघ किसी राजनैतिक दल में क्यों देने लगा, तथा उसका तो सदैव से राजनैतिक सत्ता हथियाने का उद्देश्य रहा है। अतः इस समय संघ अप्रत्यक्ष रूप से अपने लिए राजनैतिक भूमि तैयार करना चाहता है। और इसी उद्देश्य से अखिल भारतीय विद्यार्थी परिषद का संगठन किया गया है। संघ ही के कार्यकर्ता और नेता परिषद के कार्यकर्ता और नेता हैं। एक ओर तो संघ केवल सांस्कृतिक संस्था रहेगी तथा दूसरी ओर नाम बदल कर हिन्दू डिक्टेटरशाही की स्थापना का प्रयत्न किया जायेगा; और नाम रहेगा कि संघ विशुद्ध

सांस्कृतिक संस्था है। यही संघ और परिषद का सम्बन्ध है कि संघ ही अप्रत्यक्ष रूप में मूल शक्ति है तथा नाम उसका है 'अखिल भारतीय विद्यार्थी परिषद।'

'विद्यार्थी परिषद' गाँवों में अपना अड्डा स्थापित करने एवं अपना प्रभाव स्थापित करने के लिए साक्षरता प्रसार का एक बड़ा मनमोहक कार्यक्रम लेकर मैदान में आयी; पर कोई भी कार्यक्रम चाहे वह कितना भी रचनात्मक क्यों न हो, जब तक उसे जनता एवं सरकार का सक्रिय सहयोग प्राप्त नहीं होता, वह सफल नहीं होता। और फिर उस दशा में तो यह और भी कठिन था, जबकि परिषद को लोग संघ संस्था समझते थे। अतः साक्षरता-प्रसार के कार्यक्रम के पश्चात 'परिषद' के नेताओं के सम्मुख प्रमुख प्रश्न था कि सरकार और जननेताओं का सहयोग किस प्रकार लिया जाये। अतः इसके लिए मन्त्रियों, नेताओं आदि के आशीर्वाद और सन्देश लेने का जाल रचा गया।

इस जाल में सबसे पहले फँसे विधान परिषद के अध्यक्ष देशरत्न डॉ. राजेन्द्र प्रसाद जी। अप्रैल में जब डॉ. राजेन्द्र प्रसाद जी गाँधी स्मारक निधि के सम्बन्ध में कानपुर आये थे, तो परिषद का एक डेपुटेशन प्रसाद जी से मिला। उनके सामने अपने गानों में शिक्षा-प्रचार का सुनहरा कार्यक्रम रखा और अपने लिए एक सन्देश माँगा। राजेन्द्र बाबू शायद इस संस्था से अपरिचित थे; क्योंकि विद्यार्थी परिषद का प्रभाव केवल युक्तप्रान्त में और वह भी लखनऊ और कानपुर में ही अधिक था। कार्यक्रम सुन्दर था ही, राजेन्द्र प्रसाद जी ने परिषद के वास्तविक रूप और उद्देश्य का पता न लगाकर अपना शुभ सन्देश दे दिया। परिषद के नेताओं को सन्देश नहीं प्राण मिला। वह तो यह चाहते ही थे।

परिषद के नेतागण उसी सन्देश को लेकर श्री शिवनारायण टण्डन, जंगबहादुर सिंह प्रभृति स्थानीय नेताओं से मिले और उनका सहयोग प्राप्त किया। यह लोग कॉलेजों आदि के प्रधानाध्यापकों से भी मिले। जिस किसी ने राजेन्द्र बाबू का सन्देश देखा वही सहयोग देने को उद्यत हो गया। कानपुर के बाहर लखनऊ, इलाहाबाद आदि के कार्यकर्ताओं ने वह सन्देश लिखित मँगा लिया, और अपने-अपने यहाँ के स्थानीय नेताओं से सहयोग लेना प्रारम्भ किया। यही नहीं वे लोग अलग-अलग प्रत्येक मन्त्री से मिलने लगे और अपने-अपने कार्यक्रम तथा राजेन्द्र प्रसाद जी के सन्देश सामने रखने लगे। कार्यक्रम तथा सन्देश से प्रभावित होकर मन्त्रियों आदि ने अपने-अपने लिखित आशीर्वाद दे दिये; तथा इन लोगों ने एक और बड़ी चाल खेली और वह थी अपने को साम्प्रदायिक रंग से साफ बचा लेना। इसके लिए उन्होंने कानपुर में मुसलिम कॉलेज और क्राइस्ट चर्च कॉलेज के प्रिंसिपलों को अपने शिक्षण शिविर में भाषण देने के लिए बुलाया।

हलीम कॉलेज के हॉल में शिक्षण शिविर भी किया गया। इस प्रकार वातावरण परिषद के एकदम अनुकूल तैयार हो गया। सरकार और जनता जब दोनों ही

सहयोग दे रहे हों, तों फिर क्या पूछना। लेकिन हाँ, अभी एक बात तो रह ही गयी थी कि सरकारी मशीनरी का तो सहयोग मिला ही न था। इसके लिए कार्यकर्तागण जिलाधिकारियों आदि के पास मन्त्रियों के सन्देशों आदि को लेकर पहुँचे। अधिकारियों ने इन्हें देखकर अपने से नीचे वर्ग के अधिकारियों के पास सर्कुलर भेज दिये कि इन शिक्षा प्रचारकों के साथ सहयोग किया जाये। इनके कार्य में किसी प्रकार की बाधा न डाली जाये। अतः अब इस बात की भी शंका न रह गयी कि पुलिस आदि उनके कार्य में संघ का कार्य कहकर बाधा डालेगी। इस प्रकार परिषद का कार्य अब जोर-शोर से आरम्भ कर दिया गया है। मैंने तो यहाँ तक सुना है कि इलाहाबाद में इन संघी प्रचारकों को सरकारी जीपें और लाउडस्पीकर भी दिये गये हैं। इस प्रकार सरकारी साधनों पर खुलेआम संघ का कार्य हो रहा है। 'परिषद' के कार्यकर्ता गाँवों में जायेंगे, नाम के लिए तो शिक्षा प्रसार होगा। कुछ समय तो दिखाने के लिए शिक्षा प्रसार में दिया जायेगा। बाकी समय में संघ का प्रचार किया जायेगा। कांग्रेस सरकारों के प्रति क्षोभ का वातावरण बनाया जायेगा। शारीरिक उन्नति के नाम पर संघ की रीति पर शायद व्यायाम कराए जायेंगे। अतः सरकार का यह कर्तव्य है कि इन शिक्षा प्रचारकों की गतिविधि पर सतर्क दृष्टि रखे। इन्हें शिक्षा प्रचार से आगे कोई प्रचार करने की सुविधा न दी जाये।

यह तो हुई विद्यार्थी परिषद। अब जैसा कि मुझे विश्वस्त सूत्र से ज्ञात हुआ है संघ आगे भी इसी प्रकार की कल्पित संस्थाओं को स्थापित करके अपना राजनैतिक उद्देश्य पूरा करना चाहता है। इस प्रकार की संस्थाओं में 'नागरिक परिषद' और 'अखिल भारतीय किसान परिषद' शायद अगली संस्थाएँ होंगी।

नगरों की जनता को अपनी ओर आकर्षित करके अपने लिए अनुकूल राजनैतिक वातावरण बनाने के लिए 'नागरिक परिषद' बनाई जायेगी। कानपुर नगर में तो इस ओर प्रयास प्रारम्भ भी हो चुका है।

गाँवों का अगला कार्यक्रम शायद होगा किसान परिषदों की स्थापना करके राजनीति में सीधे घुसा जाये। विद्यार्थी परिषद के कार्यकर्ता प्लेटफॉर्म तो गाँवों में बना ही लेंगे; फिर उसी पर से किसान परिषद का प्रचार किया जायेगा।

इस प्रकार हम देखते हैं कि संघ का उद्देश्य है कि रा. स्व. संघ स्वयं तो एक मूल शक्ति या कार्यकर्ता शक्ति के रूप में सुरक्षित रहेगा और तमाम दूसरी संस्थाएँ बनाकर राजनैतिक उद्देश्य पूरा करेगा।

दैनिक विश्वमित्र : 1951/52
(सम्पादक के नाम पत्र)

भारत में प्रजातन्त्र के खतरे

ईसा की बीसवीं शताब्दी आधी बीत चुकी है और समस्त संसार दुहाई देता है केवल दो बातों की—प्रजातन्त्र एवं शान्ति की। युग का उद्देश्य एवं माँग यही है। पर वास्तविकता क्या है? अधिकांश स्थानों में प्रजातन्त्र की मखौल उड़ाई जा रही है। उस पर आगे-पीछे से, दायें-बायें से प्रहार पर प्रहार होते हैं। भारतवर्ष में भी आज यही स्थिति है।

प्रजातन्त्र की परिभाषा देते हुए कहा गया है—जनता के लिए जनता द्वारा संचालित जन-सरकार। भारतवर्ष में राष्ट्रीय आन्दोलन की प्रगति के साथ-साथ किसी-न-किसी रूप में जन-प्रतिनिधियों की महत्ता बढ़ती गयी। 1862, 1892, 1897, 1909, 1919 और 1935 के वैधानिक सुधारों ने भावी प्रजातन्त्र की नींव बनने का काम किया। पर वास्तव में जड़ यहीं से कमजोर हो जाती है। यह नींव स्वाभाविक रूप से विकसित नहीं हुई थी। कृत्रिमता के साथ-साथ इसमें फिरकेपरस्ती और साम्प्रदायिक भावनाओं को भयंकर प्रश्रय दिया गया था। ऐसी दशा में हमारी जनता को जो प्रजातान्त्रिक ढंग की शिक्षा मिली; उसमें भ्रष्टाचार, स्वार्थ, जन-भावना-दमन, भ्रामक प्रचार, द्वेष और असहिष्णुता साधारण बातें थीं। प्रजातन्त्र की वास्तविक भावनाओं, कार्य-पद्धति से परिचित होने का हमें अवसर ही नहीं मिल सका। परिणाम हुआ कि 1947 में जब हमने वास्तविक प्रजातन्त्र की स्थापना करनी चाही, तो उसका भवन-निर्माण भी बहुत कुछ अपने आप उसी ढंग पर हो गया। झूठे वादे और प्रलोभन, प्रचार और व्यक्तिगत द्वेष, वैयक्तिक अथवा वर्गगत स्वार्थों को लेकर दलों का निर्माण। यह सब प्रजातन्त्र के स्वरूप को उमड़ने नहीं दे रहे। वयस्क मताधिकार के आधार पर चुनी गयी जन-सरकार के लिए आवश्यक है कि देश में दो और अधिक से अधिक तीन दल हों। पर हमारे यहाँ वास्तविक अर्थ में केवल एक पार्टी है, जिसमें कि असंख्य छोटे-छोटे ग्रुप हैं, अन्य दलों के हाथ में या तो स्पष्ट कार्यक्रम का अभाव है या फिर संगठन की कमी।

कम्युनिस्ट पार्टी ने दक्षिण में काफी शक्तिशाली विरोध स्थापित किया है एवं यह विरोध बड़ा हितकर है, प्रजातन्त्र के लिए। परन्तु वहाँ समस्या दूसरी ही उपस्थित

है। कम्युनिस्ट दल प्रजातन्त्रवाद के इस स्वरूप पर विश्वास नहीं करता तथा उनका घेरा बड़ा संकुचित मतवादी है। उनके पास स्पष्ट सामाजिक दर्शन है; परन्तु अत्यन्त रूढ़ कार्य प्रणाली है। प्रजा समाजवादी दल बहुत बिखरा एवं विशृंखल दल है। बिहार, यू.पी. एवं बम्बई के बाहर उसका अस्तित्व सम्भवतः शून्य-सा है। यदि मुझे क्षमा किया जाये, तो जिस प्रकार कांग्रेस के पास किसी सुष्ठु सामाजिक दर्शन का अभाव है, उसी प्रकार प्रजा समाजवादी दल के पास भी। वैयक्तिकता इस दल में भी उसी मात्रा में विद्यमान है, जिस मात्रा में कांग्रेस में। अन्य वामपक्षी दल तो केवल कागज पर ही हैं। दक्षिण पन्थी दलों में जनसंघ अत्यन्त प्रतिगामी संस्था है। यों जनसंघ को अब तक कोई उल्लेखनीय सफलता नहीं प्राप्त हो सकी है; परन्तु उसने भारतीय राजनीतिक चेतना में एक बड़े खतरनाक तत्त्व को जन्म दिया है; वह तत्त्व है अप्रत्यक्ष रूप से अधिनायकतन्त्र में आस्था उत्पन्न करना। युग की माँग के अनुकूल न होने के कारण यद्यपि अभी खुले रूप से कहने का साहस नहीं पड़ता; किन्तु लुके-छिपे रूप में यह आवाज सुनाई पड़ने लगी है। पर मजा यह है कि यह डिक्टेटरशिप ऑफ प्रोलेतैरियत न होकर डिक्टेटरशिप ऑफ मिडिल क्लास के रूप में आ रही है। यदि हम इस समय अपने देश की परिस्थितियों का विवेचन करें, तो हमें बहुत कुछ प्रथम महायुद्धोत्तरकालीन जर्मनी की-सी दशा दिखाई पड़ेगी। 150 वर्षों के शोषण ने हमारी आर्थिक अवस्था को नितान्त जर्जर कर दिया। देश में पैदावार की कमी भी है; चीजों की कमी भी है; मूल्य भयंकर रूप में बढ़े हुए हैं। जनता में थकान और असन्तोष, परेशानी और कलह है। पर आजादी मिलने के पूर्व से ही एक सब्जबाग का दृश्य आँखों के सम्मुख घूम रहा था। देश में प्रजातान्त्रिक सरकार कायम हुई, जिसने प्रत्येक वर्ग, प्रत्येक व्यक्ति और समूह को प्रसन्न एवं सन्तुष्ट बनाना चाहा। पर सभी को सुख पहुँचाने वाले साधन उपलब्ध न थे। सरकार को अन्दर और बाहर से अनेक विरोध, कार्यक्रमों को असफल बनाने के उद्योग का सामना करना पड़ता है। ठीक इसी प्रकार के निराशा और क्षोभ के वातावरण के मध्य जर्मनी में नाजीवाद का जन्म हुआ था। सबसे पहला काम जो हिटलर ने किया, वह था हार और क्षोभ का वातावरण उत्पन्न करना। हमारे देश में भी अधिकांश राजनीतिक दलों से नारे लगवाए जाते हैं। यह आजादी झूठी है। वे हमारे देश की उस महान् घटना पर काला परदा डाल देना चाहते हैं, जिसने हमें संसार के समुन्नत राष्ट्रों के बराबर ला पहुँचाया है। जिस ऐतिहासिक दिवस ने हमें अपनी व्यवस्था के प्रति सचेत भावना से देखना सिखाया है एवं जिसका प्रभाव हमारे सांस्कृतिक प्रयत्नों को एक अपूर्व बल दे रहा है, स्पष्ट है कि यह नारा अधिकांश रूप में जनसंघ और कम्युनिस्ट ग्रुप से आ रहा है; और यह दोनों दल अधिनायक तन्त्र के किसी न किसी रूप में हानिकर हैं। पर इस विराट सत्य पर परदा डालने का प्रयत्न करना अपनी आँखें स्वेच्छा से बन्द कर लेना है।

ऊपर मैं संकेत कर चुका हूँ कि मध्य वर्ग की तानाशाही अधिक भयंकर तत्त्व के रूप में हमारी राजनीति में प्रविष्ट हो रही है। अधिक भयंकर इसलिए कि इस तन्त्र के भीतर आर्थिक एवं सामाजिक सम्बन्ध की कोई स्पष्ट रूपरेखा नहीं है। इसका दर्शन और नीति तर्क में नहीं, भावना पर आश्रित है। आज हमारे यहाँ मध्य वर्ग सबसे अधिक निराश, विक्षुब्ध एवं Frustrated वर्ग है। अपनी दशा सुधारने के लिए कोई सुस्पष्ट आयोजना उसके पास नहीं है। पूँजीपति के पास धन है। वह अपनी तुष्टि उपलब्ध कर लेता है। मजदूर अपने संगठनों से अपनी माँग पूरी करा लेते हैं। किसान नागर-सभ्यता से असम्पृक्त, शिक्षाजन्य असन्तोष से अछूता एवं हद दरजे का आस्थावान, कर्मफल विश्वासी एवं नियतिवादी प्राणी है। उसे आन्दोलन एवं युद्ध की आवश्यकता ही नहीं प्रतीत होती। रह जाता है बौखलाया हुआ मध्य वर्ग। मध्यम वर्ग में भी दो तरह के प्राणी होते हैं। अधिक बुद्धिमान एवं कम बुद्धिमान।

अधिक बुद्धिमान डिक्टेटरशिप को अपने एक सुदृढ़ संगठन के रूप में लेते हैं, जिसके द्वारा वे अपनी महत्त्वाकांक्षाओं को पूरा करने के स्वप्न देखते हैं। कम प्रतिभाशाली व्यक्ति सोचने लगता है कि हो सकता है कि डिक्टेटरशिप में ही सुख प्राप्त हो सके; और इस प्रकार अनजाने उस दिशा में आगे बढ़ जाता है। वास्तव में मध्य वर्ग किसी भी देश की सामाजिक चेतना की रीढ़ होता है। हमारे देश की intelligentsia बौद्धिक श्रेणी की यह मानसिक अवस्था राष्ट्र के राजनीतिक और आर्थिक भविष्य के लिए एक बड़े संकट का आवाहन कर रही है।

मध्य वर्ग की इस विक्षोभित प्रवृत्ति का प्रभाव कांग्रेस जैसे प्रजातान्त्रिक दलों पर भी पड़ता है। वहाँ पर इसने एक दूसरा रूप धारण कर लिया है। कतिपय क्षेत्रों में इस प्रकार की चर्चाएँ होने लगी हैं कि पं. नेहरू डिक्टेटर बन जायें और कांग्रेस एकमात्र शासक दल। ऐसा मत प्रकट करने वाले बड़ी ही हास्यास्पद दलीलें दिया करते हैं। वे बहुधा दो बातें कहा करते हैं। एक तो कांग्रेसजनों के आपसी मतभेद और दूसरे पण्डित नेहरू की व्यापक लोकप्रियता। उनके अनुसार कांग्रेसजनों के वैयक्तिक स्वार्थों के सम्मुख अब देश के उठने की कोई सम्भावना नहीं रही। परस्पर के संघर्ष समस्त नीतियों एवं कार्यक्रमों को खोखला बनाये हुए हैं। शासन के भ्रष्टाचार एवं कुनबापरस्ती इसी कारण बढ़ रही है एवं शासन तन्त्र में शिथिलता का आधिक्य और सख्ती की कमी हो रही है। इन आक्षेपों को स्वीकार करने में कोई हिचकिचाहट हमें नहीं; पर इलाज इनके लिए दूसरा है तथा सामाजिक पृष्ठभूमि भी इनकी दूसरी ही है, जिसकी ओर कि मैं बाद को संकेत करूँगा, तब तक मैं दूसरी दलील को ले रहा हूँ। कहा जाता है कि पिछले निर्वाचनों में कांग्रेस की विजय का एकमात्र कारण नेहरू जी थे; तथा कांग्रेस की शक्ति केवल नेहरू जी की शक्ति है। यह सारी बातें बड़े ही संगठित ढंग से प्रचारित की जा रही हैं; पर तथ्य क्या वास्तव में यही हैं? नेहरू जी की लोकप्रियता के प्रति सम्पूर्ण श्रद्धा रखते हुए भी क्या मैं यह पूछ सकता हूँ

कि यदि नेहरू जी आज कांग्रेस से पृथक हो जायें तो उनकी प्रतिष्ठा ऐसी ही बनी रहेगी? क्या कांग्रेस से अलग होकर नेहरू जी को किसी अन्य संगठन विशेष की शरण न लेनी पड़ेगी। क्या नेहरू का वैयक्तिक स्वरूप उनके संगठन के स्वरूप से अधिक महत्त्वपूर्ण है? बड़े दुख की बात है कि बीसवीं सदी के इस वैज्ञानिक युग में भी हम वीरपूजा के उसी आदिम भाव से लिपटे हुए हैं, जिसमें कि व्यक्ति को राष्ट्र, जाति या समाज से बड़ा मान लिया जाता है। हम भूल जाते हैं कि नेहरू जी की प्रतिष्ठा और प्रभाव को ढोने वाले घोड़े कांग्रेस के कार्यकर्ता संगठक अन्य सदस्य आदि हैं। मेरा यह निश्चित मत है कि यदि नेहरू जी आज कांग्रेस से पृथक हो जायें, तो उनकी लोकप्रियता में एक अनिवार्य प्रश्नचिह्न उपस्थित हो जायेगा। वे बड़े भी हैं, तो कांग्रेस संगठन के द्वारा। स्वयं सम्भवतः नेहरू जी इस बात को भली भाँति जानते हैं और समझ रहे हैं तथा इसी कारण उन्होंने जीवन-भर दूसरा संगठन बनाने की इच्छा नहीं की। इस संस्था से ऊपर व्यक्ति को रखने को तैयार नहीं हैं। व्यक्तिवाद से नेहरू जी को कितने विरोधों का सामना अपने निर्वाचन में करना पड़ा था। यह प्रत्येक समझदार जानता है। नेहरू की वाणी में इसलिए बल भी है कि उनके अन्दर तीन व्यक्तित्व समाए हुए हैं : (1) प्रधानमन्त्री, (2) कांग्रेस अध्यक्ष, (3) नेहरू स्वयं। प्रजातन्त्रवाद को हमारे देश में सबसे बड़ा खतरा वर्तमान विभाजक मनोवृत्तियों से है। ये विभाजक मनोवृत्तियाँ दो प्रकार की हैं—प्रथम सामूहिक-सामुदायिक, प्रादेशिक एवं भाषा सम्बन्धी; द्वितीय व्यक्तिगत, जिसमें वैयक्तिक स्वार्थ-उन्नति, गुटबन्दी एवं कुनबापरस्ती आदि है।

किसी समय ये दोनों प्रकार की प्रवृत्तियाँ आपस में इतनी अधिक घुलमिल जाती हैं कि वहाँ कोई स्पष्ट विभाजक रेखा खींचना मुश्किल हो जाता है। विभाजन की प्रवृत्ति का मूल खोजने हमें बहुत दूर नहीं जाना है। यों तो इसकी जड़ें हमें ईसा की 10वीं सदी के आसपास से मिलेंगी, जबकि नाना ऐतिहासिक एवं सामाजिक कारणों के कारण हिन्दू धर्म वर्जनशील धर्म के रूप में विकसित हो रहा था। आचार-प्रवणता एवं जाति-शुद्धता तथा प्रादेशिक सामन्तवोद यहीं से प्रारम्भ हुए थे। पर बीच में सन्तों की वाणी ने उस स्वर को दबा दिया था, अपने हृदय रस से। रीतिकालीन कवियों ने भी उस स्वर को विलास-रागिनी की चादर के नीचे ढका ही रहने दिया। इस बीच में जो सांस्कृतिक जागृति हुई, उसके कारण प्रान्तीय भाषाओं के प्रति भी एक अभूतपूर्व मोह जाग उठा है। वास्तव में यह सांस्कृतिक जागरण की पहली सीढ़ी होती है, जबकि अपने अतीत एवं संकीर्ण सीमा के भीतर वर्तमान के प्रति मोह जाग्रत होता है। इसके लिए आग्रहपूर्वक एक भाषा की प्रतिष्ठा आवश्यक है और निश्चयपूर्वक वह भाषा है संस्कृतनिष्ठ हिन्दी। हमारे देश में व्यावसायिक क्रान्ति एवं तज्जन्य नागरिक सभ्यता का अभी प्रारम्भ ही हुआ है। और इसकी अनिवार्य प्रतिक्रिया है व्यक्तिवाद का जन्म। परन्तु इस व्यक्तिवाद में स्वार्थों का बढ़ना अनिवार्य है एवं

उनके फलस्वरूप पारम्परिक अन्तर्विरोध और सत्ता हथियाने के षड्यन्त्र भी सम्मुख आयेंगे। अतः इस व्यक्तिवादिता का समाजीकरण किया जाना चाहिए, जहाँ व्यक्ति स्वतन्त्र इकाई न हो समाज की संघटक इकाई हो; जहाँ समाज का हित ऊपर हो व्यक्ति का नीचे; जहाँ भारतवर्ष ऊपर हो और उसके नीचे कांग्रेस या प्रजा-समाजवादी दल और फिर उसके बाद नेहरू या जयप्रकाश। समाज की ऐसी अवस्था में ही व्यक्ति को पूर्णतया विकसित होने का अवसर मिल सकता है; क्योंकि इस व्यवस्था के भीतर प्रतिद्वन्द्विता का स्थान सहयोग और सहकारिता ले लेती है। अतः देश में सांस्कृतिक प्रयत्नों की स्थापना के लिए एक भाषा तथा राष्ट्रीय साहित्य के विकास एवं निर्माण का सामूहिक प्रयत्न होना चाहिए।

विश्वमित्र : 14 फरवरी, 1954

राज्य और साहित्य : विवाद की भूमिका

पिछले कुछ दिनों से राज्य और साहित्य के सम्बन्ध को लेकर एक प्रकार का वैचारिक आन्दोलन हिन्दी में चलता आ रहा है। आगामी 3-4-5 मई को परिमल, प्रयाग की ओर से राज्याश्रय और साहित्य पर एक लेखक परिगोष्ठी आयोजित की गयी है। यह प्रश्न क़िस पृष्ठभूमि पर स्थित है, इसका हम यहाँ विवेचन करना चाहते हैं।

भारतीय आकाश पर स्वतन्त्रता के आगमन के बाद हमारे सामने विकास के जो नये क्षितिज उन्मुक्त हुए, उनमें साहित्य और साहित्यकार के भी अपने वातायन थे। जुलाई, 1953 की आलोचना के सम्पादकीय में नयी पीढ़ी के कुछ प्रतिनिधियों ने, 'यह झुटपुटा प्रभात का है, सन्ध्या का नहीं' कहते हुए यह घोषणा की थी कि 'इस वाणी का आधार हमारी वह महान् शान्तिवादी परम्परा है, जिसने आज दोनों शिविरों के राष्ट्रों के सम्मुख एक नया नैतिक आदर्श प्रस्तुत किया है। इस वाणी का आधार भारतीय जनता का वर्तमान अभाव, पीड़ा, संकट, दारिद्र्य और दुख की चेतना है और उससे मुक्त होने के लिए उसका जो प्रजातान्त्रिक प्रयास है, उसमें इन नये लेखकों की अटूट आस्था है।'

सामाजिक पुनर्निर्माण के इस महान् अभियान में लेखक के व्यक्तित्व की पुनर्प्रतिष्ठा हुई। उसे सम्मानपूर्ण स्थान प्राप्त होने लगा। साहित्यकार, पत्रकार और राजनीतिक कार्यकर्ता के बहुमुखी कार्य करने वाले अनेक व्यक्ति शासन के उच्च पदों पर आसीन हुए अथवा विधायक बने। स्वाभाविक रूप से इन लोगों के मन में अपने कलाक्षेत्र के सहयोगियों के प्रति ममत्व था, ये लोग भारतीय कलाओं के प्रेमी ही नहीं उसमें सक्रिय सहयोग देने वाले लोग थे। इन लोगों के कारण भी लेखक कलाकार एवं उसके सृजन को ऊँचा स्थान मिला। जनतान्त्रिक पद्धति के विश्वासी इन शासकों ने जनता तक कला को पहुँचाने के अनेक प्रयास करने चाहे। रेडियो, सूचना एवं प्रकाशन जैसे विभागों में साहित्यकारों की नियुक्तियाँ हुईं। आये दिन सुनाई पड़ने लगा कि अमुक व्यक्ति रेडियो पर इतने वेतन पर नियुक्त हुआ, अमुक कवि इतने के Contract पर जाने को राजी हुआ या अमुक लेखक ने इतनी ऊँची तनख्वाह माँगी और न मिलने पर नियुक्ति अस्वीकृत कर दी। इनको सुन-सुन कर कुछ लोगों के मुँह में पानी भरता रहा। रेडियो प्रसारण में भी साहित्यिक कार्यक्रमों की संख्या बढ़ी, सरकारी अखबारों

के द्वारा अच्छे पारिश्रमिक की व्यवस्था हुई। इस आर्थिक सम्पन्नता ने एक प्रकार की प्रतिद्वन्द्विता को जन्म दिया, जिससे कुछ लेखक बहुधा साहित्य के व्यापक उद्देश्य, सहज अनुभूति एवं स्वचिन्तन की राह से हटे। उन्होंने या तो विद्वेषवश आलोचनाएँ कर आतंकित करना चाहा या अनावश्यक एवं अपमानजनक ढंग से चाटुकारिता प्रारम्भ की। मन्त्रियों, साहित्यकार अफसरों एवं अफसर साहित्यकारों–यह चाटुकारिता सभी की प्रारम्भ हुई। परिणामस्वरूप कुछ लेखकों के लेखन का स्तर भी गिरा। परन्तु यह कहना गलत होगा कि सरकारी विभागों में जाने वाले हर साहित्यकार का लेखन स्तर गिरा है। अन्य कार्यों में फँसे रहने का कारण सृजन परिमाण का घटना दूसरी बात है, पर उच्च सार से उतरना पृथक् है। अमृतलाल नागर ने 'बूँद और समुद्र', जगदीशचन्द्र माथुर ने 'कोणार्क' अपनी नौकरी के दिनों में लिखे थे। गिरिजाकुमार की श्रेष्ठ कविताएँ पन्त की 'अतिमा', अज्ञेय की 'बावरा अहेरी' की सम्भवतः अधिकांश रचनाएँ सरकारी पद पर रहते हुए लिखी गयी हैं।

अस्तु, इस स्थिति में कुछ स्वतन्त्रचेता, अतिजागरूक व्यक्तियों ने एक प्रकार की आशंका का अनुभव किया कि सरकार नौकरी, पदवी, पुरस्कार, प्रकाशन, प्रसारण आदि के माध्यम से लेखक की स्वतन्त्रता का अपहरण कर रही है।

यह बात भी हिन्दी के दो कैम्पों (हिन्दी में कैम्पों की स्थिति नकारना वास्तविकता से आँखें मूँदना है) से आयी है। 'नया पथ', 'हिन्दुस्तान', 'राष्ट्रवाणी', 'क्षितिज', 'कल्पना', 'त्रिपथगा' आदि विविध पत्र-पत्रिकाओं में इस प्रश्न पर विचार किया गया है। पिछले अंक में 'कलजुग' ने भी 'सत्ता और साहित्य' विषयक एक निबन्ध प्रकाशित किया था। एक पक्ष का तर्क तो यह है कि 'शासनतन्त्र एक दल-विशेष के हाथों में है, जिसके अपने हित और स्वार्थ हैं, जो अधिकतर आभिजात्य हितों और स्वार्थों से सम्बन्धित हैं। ऐसी स्थितियों में सत्ता के प्रभाव में साहित्य के चले जाने से केवल एक दल विशेष एवं वर्ग विशेष के हितों को ही लाभ अधिक पहुँचेगा।' दूसरे पक्ष ने अपनी राजनीति को इतना प्रत्यक्ष न होने देकर उसे अपेक्षाकृत अधिक सैद्धान्तिक रूप देते हुए व्यक्तिगत आक्षेपों के माध्यम से अधिक उभारा। एक तीसरे कैम्प ने इस भय को अनावश्यक भी माना। हिन्दी की अपनी गजगति के अनुकूल एक बड़ा भाग इस सबसे तटस्थ और चुप रहा; जैसे उसने इस सबको अनावश्यक माना हो।

सामाजिक संगठनों में राज्य और धर्म सबसे अधिक शक्तिशाली एवं सम्मान प्राप्त संस्थाएँ रही हैं; तथा इनसे प्रतिष्ठा प्राप्त करने के लिए लोग आकुल रहे हैं। कालान्तर में धर्म की महिमा घटती गयी तथा राज्य दिन प्रतिदिन शक्तिशाली होता गया। आधुनिक काल में तो राज्य की सीमाएँ सर्वव्यापी हो उठी हैं; क्योंकि उसका क्षेत्र अब शासन व्यवस्था ही नहीं सामाजिक सुरक्षा और कल्याण भी मान लिया गया है। सामाजिक उन्नति और पुनर्निर्माण के हर पहलू को उसके अन्तर्गत समझा जाता है। ज़ाहिर है कि ऐसी दशा में कला, साहित्य आदि उससे नितान्त असम्पृक्त नहीं रह सकते हैं। हाँ,

उसके द्वारा इनका नियमन रचनात्मक निर्माण के लिए हानिकर अवश्य हो सकता है। पर विचार करने की बात यह है कि क्या वाकई ऐसा नियमन हमारे यहाँ हो रहा है?

यह प्रश्न बहुधा इस स्तर पर उठाया जाता है जैसे कि साहित्यकार साधारण जन से बहुत पृथक अलौकिक प्राणी है। रस की अलौकिकता के बाद यह व्यक्तित्व की अलौकिकता का भाव अधिकांशतः उसकी कुण्ठाओं की सृष्टि का जिम्मेदार है। उसको विशिष्ट सुविधाएँ मिलने का कोई सवाल नहीं उठता। केवल रचनाकार के कार्य और रचना विधान की मानसिक जिम्मेदारियों के अनुकूल कुछ सुविधाएँ मिल सकती हैं।

एक प्रश्न और है कि हमारे प्रजातन्त्र में नाना प्रकार की विचारधाराओं वाले दल हैं। इन दलों के सक्रिय कार्यकर्ता सिम्पैथाइजर्स साहित्यकार भी हो सकते हैं। यदि साहित्यकार राज्याश्रय में अपने स्वतन्त्र चिन्तन, जिम्मेदारियों अथवा ईमानदारी से धुरीहीन हो सकता है तो राजनीतिक साहित्यकार कार्यकर्ता कहाँ तक अप्रभावित रह सकता है? दलगत अनुशासन एवं स्वाधीन चिन्तन की संगति किस बिन्दु पर बैठती है यह विचारणीय है। इस विचार विनिमय का दलगत स्तर से ऊपर रहना अपेक्षित है। जिन लेखकों ने प्रभात के उस झुटपुटे की घोषणा की थी, वही आज इस संकट का साइरन बजा रहे हैं। इसलिए इसकी सतर्क विवेचना और आवश्यक हो जाती है।

प्रश्न अत्यधिक महत्त्वपूर्ण है। यदि अपने देश के अनुषंग में नहीं तो कम से कम पश्चिम के प्रसंग में अवश्य। रूसी साहित्यकारों की परतन्त्रता पर बहुत कुछ पढ़ा-लिखा जा चुका है। इधर फ्रीवर्ल्ड के चैम्पियन अमरीका से जो खबरें आयी हैं और भी चौंकाने वाली हैं। वहाँ कब किसको कम्युनिस्ट फतवा देकर परेशान, अपमानित या भयंकरतम दण्ड से दण्डित किया जा सकता है, यह कोई नहीं कह सकता। मैकार्थीवाद प्रतिदिन बढ़ाव पर है। अतः यदि हमारे यहाँ इस प्रकार के विचार बराबर होते रहें, तो भविष्य में भी इस प्रकार के खतरों से हम बचे रह सकते हैं; क्योंकि यदि अभी खतरा नहीं है, तो आगे आ सकता है और यदि है तो उसके प्रति हम सावधान हो सकते हैं। स्वतन्त्रता की रक्षा तो होनी ही चाहिए।

इसी प्रसंग में यह भी ध्यान देने योग्य है कि सरकारी नीति एवं उस नीति को लागू करने वाली नौकरशाही के मन्तव्यों में तो कोई अन्तराल नहीं है? हमारा अनुमान है कि हमारे यहाँ जो स्वतन्त्रता के अपहरण या विपथगा बनने-बनाने का सवाल है उसके मूल में नौकरशाही (Beaurocracy) अधिक विद्यमान है। आवश्यकता इस बात की है कि राजकीय पदों पर जाने वाले साहित्यकार नौकरशाही के चंगुल से बचे रहें, क्योंकि यह जकड़ने वाला पंजा ही नहीं है, फैलने वाला रोग भी है। मनोवृत्ति के रूप में इसका प्रसार अत्यधिक घातक है। हमने कष्ट के साथ यह अनुभव किया है कि अनेक साहित्यकार इस मनोवृत्ति में पड़ गये हैं और ऐसे छिन्नमूल व्यक्तियों को भविष्यहीन ही कहा जा सकता है।

कलजुग : अप्रैल, 1957

संगीत एवं साहित्य समारोह

विकास की अनेक दिशाओं में देश की सरकार के जो प्रयत्न हो रहे हैं, उनमें साहित्य, संगीत और चित्रकला की अकादमियों की स्थापना महत्त्वपूर्ण कार्य है। इनके माध्यम से सरकार इधर दो वर्ष से प्रति वर्ष एक आयोजन कर कुछ पद, प्रतिष्ठा और पुरस्कार भी बाँटती है। आकाशवाणी इन सब कार्यों के लिए अत्याज्य साधन संस्था है। वैसे वह अलग वस्तु है, फिर भी वह राष्ट्रीय हित को दृष्टि में रखकर कार्य करती है। कितनी और किस प्रकार की सफलता इन सब प्रयत्नों के द्वारा साहित्य, संस्कृति और कला के उन्नयन में राष्ट्रीय सरकार प्राप्त कर रही है यह विचारणीय विषय है।

इसी मास के प्रारम्भ में संगीत और साहित्य अकादेमी दो संस्थाओं के दो बृहत् समारोह दिल्ली में हुए हैं। इनमें भाग लेने वाले कलाकार और साहित्यकार अभी हाल ही में मंच से उठे हैं। स्मृति-पटल पर तनिक विहंगम दृष्टि डालने से कला के इन सृजनशील प्रतिनिधियों का कितना सहयोग देश के सांस्कृतिक निर्माण में रहा—पाठकों को इसका सहज की परिज्ञान हो जायेगा।

पहला आयोजन संगीत गोष्ठी का था।

कहना न होगा आलोच्य संगीत-गोष्ठी में अतिअपेक्षित, वर्तमान संगीत सम्बन्धी महत्त्वपूर्ण समस्याओं पर विचार उतनी गहराई और लोक-व्यापक धरातल पर न हो सका, जितना कि अपने नन्हे-मुन्ने पद की खैर माँगने वाले इन कलावन्तों की कला का प्रदर्शन। इसलिए जहाँ राष्ट्रपति के कर-कमलों द्वारा पारितोषिक वितरण कर इस समारोह ने स्वतन्त्र भारत में भारतीय संगीतज्ञों के सम्मान की ऐतिहासिक स्थापना की, वहीं भारतीय संगीत की अनेक जीवन्त शैलियों के इन संवर्द्धकों की विचारणा द्वारा समारोह किसी सामंजस्य से इस संगीत की कोई एक सामान्य भावभूमि उपस्थित करने में असफल रहा। कहने के लिए समारोह में देश के विख्यात गायक, वादक एवं नृत्यकार तो थे ही, कुछ लब्ध-प्रतिष्ठ अभिनेता, निर्देशक तथा गीत-कथा संवाद लेखक भी थे। इनको समुचित सम्मान देकर सरकार जिस राष्ट्रीय परम्परा का परिपोषण करती है, वह अवश्य ही महनीय है। किन्तु अनेक दृष्टियों से उसमें गुटबन्दी, पारस्परिक सहयोग का अभाव और क्षुद्र स्वार्थ-साधन की भावना के कारण

बड़ी रुग्णता है। इस ओर प्रयास रहा तो अवश्य ही ये संस्थाएँ देश के सांस्कृतिक नवनिर्माण में निष्कलुष और लोकप्रिय वातावरण बना कर रहेंगी।

दूसरा आयोजन था आकाशवाणी का साहित्य समारोह। विभिन्न भारतीय भाषाओं के लगभग 200 सुकृती साहित्यकारों का जमघट था। 5-6-7 अप्रैल, तीन दिन तक रहा। पिछले वर्ष का समारोह इसी आकाशवाणी पर काव्य-विषयक हुआ था। इस वर्ष चर्चा में कथा-साहित्य को चुना गया था।

किन्तु कुछेक को छोड़कर इस मंच पर जुटने वाले महाभाग अधिक वही लोग थे, जो इस साधना के क्षेत्र में अपरिचित थे। पढ़ी जाने वाली लघु कथाओं का जहाँ मूल भाषा के साथ चलने वाला हिन्दी अनुवाद समारोह की एक महत्त्वपूर्ण वस्तु था, वहीं विभिन्न भारतीय भाषाओं के कथा-साहित्य पर पठित निबन्ध तत्कालीन सामाजिक परिस्थिति और उस पर पड़ने वाले तद्देशिक संस्कारजन्य प्रभाव बताने में नितान्त अधूरे और अपर्याप्त थे। इसका विशेष कारण मंच को सुशोभित करने वाले अधिकांश वह अयोग्य साहित्यिक जीव थे, जो अनुकूल वातावरण पाकर ऐसे स्थानों को अपने उपलब्ध साधनों के द्वारा सदैव हथियाने को आतुर रहते हैं। आकाशवाणी के इस प्रयास का महत्त्व हम अवश्य ही स्वीकार करते हैं, किन्तु इस आयोजना की परम्परा को विशुद्ध बनाने के लिए विवेक सहित कोई सुनिश्चित कार्य-प्रणाली अपनानी पड़ेगी, तब भविष्य में इन आयोजनों की सफलता में कोई शंका नहीं रह जायेगी।

कलजुग : अप्रैल, 1957

डाक विभाग : साहित्यिक पत्रिकाएँ

विचारणीय विषय है कि एक दिशा में हमारी राष्ट्रीय सरकार साहित्य के सत्कार और संवर्द्धन में अपनी विविध कार्य-प्रणालियों द्वारा जहाँ अधिक सक्रिय जागरूकता का परिचय दे रही है, वहीं दूसरी दिशा में उसके डाक विभाग की यह 'पालिसी' जो पिछले दिनों से उन सभी साहित्यिक पत्र-पत्रिकाओं के ऊपर जो कविता, कहानी अथवा निबन्ध और आलोचना प्रधान हैं, चलाई जा रही है, कि 'न्यूज पेपर' के अतिरिक्त अन्य सभी साहित्यिक पत्र-पत्रिकाओं को समाचार-पत्र के तुल्य डाक के टिकट में उन्हें तभी भेजा जा सकेगा, जबकि उनका प्रकाशन डाक विभाग के पंजीकरण के नियमानुसार हो। यह सब क्या है?

किसी भी भाषा में साहित्यिक पत्र-पत्रिकाओं का अपना सुनिश्चित उद्देश्य और उसकी रीति-नीति के अनुसार उनका प्रकाशन दायित्व प्रकाशकों और सम्पादकों पर होता है। हिन्दी-उर्दू में भी अनेक जनप्रिय पत्र-पत्रिकाएँ अपने मौलिक उद्देश्य को लेकर लम्बे समय से प्रकाशित हो रही हैं। अभी-अभी यह भी सामने आया है कि प्रयाग के उच्च न्यायालय के न्यायाधीश श्री मेहरोत्रा ने मित्र प्रकाशन लिमिटेड, प्रयाग की हिन्दी और उर्दू की 8 मासिक पत्रिकाओं 'माया' आदि के समादेश प्रार्थना-पत्र को स्वीकार किया और उत्तर प्रदेश के पोस्ट मास्टर जनरल को आदेश दिया कि उक्त पत्रिकाओं के लिए पंजीकरण का नवीनीकरण कर दें।

स्मरण रहे कि 'कलजुग' के प्रकाशक की ओर से भी उक्त क्षेत्रीय पी.एम.जी. से इसी पंजीकरण के सम्बन्ध में आज से दो मास पूर्व प्रार्थना की गयी थी; किन्तु अब उत्तर मिला है कि आपकी प्रार्थना इसलिए अस्वीकृत की जाती है कि आपकी पत्रिका डाक विभाग के पंजीकरण के नियमानुसार नहीं प्रकाशित होती है।

खेद का विषय है कि जब हम अनेक कठिनाइयों के बावजूद 'कलजुग' का प्रकाशन कर उसे सार्वजनिक हित में देश के कोने-कोने में पहुँचाना चाहते हैं, तब डाक विभाग की यह विसंगति हमारे उत्साह और प्रगति में कितनी बाधक ही नहीं घातक बनकर हमारी अग्नि परीक्षा लेना चाहती है। इस कठिनाई को हमारे जैसे

अनेक भुक्तभोगी ही ठीक-ठीक जान सकते हैं। आशा है कि ऐसी सभी प्रार्थनाएँ, जो डाक विभाग से साहित्यिक पत्र-पत्रिकाओं की हैं, उक्त समादेश के अनुसार अविलम्ब स्वीकृत की जायेंगी और इस सम्बन्ध में विचार कर सरकार स्वयं डाक विभाग के उच्चाधिकारियों को आदेश देगी।

कलयुग : अप्रैल, 1957

भाषा आयोग की रिपोर्ट : स्थिर चित्त एवं वस्तुगत दृष्टिकोण की आवश्यकता

सरकारी भाषा आयोग की रिपोर्ट को प्रकाशित हुए काफी समय होने को आया, अब तक उस पर नाना प्रकार की प्रतिक्रियाएँ व्यक्त की जा चुकी हैं। यह हर्ष की बात है कि अधिकांश प्रतिक्रियाएँ उसके पक्ष में हुई हैं। वास्तव में आयोग ने जितना शान्ति एवं पूर्वग्रह रहित दृष्टिकोण से विचार किया है, वह सर्वथा प्रशंसनीय है। कमीशन की राय में 'अनिवार्य प्रारम्भिक शिक्षा के बारे में केवल भारतीय भाषाओं के माध्यम से ही सोचा जा सकता है'। तथा इस निष्कर्ष तक किसी विदेशी भाषा के विरुद्ध पूर्वग्रह के कारण, उसमें संचित साहित्य-सम्पदा एवं उपलब्ध वैज्ञानिक ज्ञान की उपेक्षा करके अथवा केवल देशभक्ति की भावनाओं के कारण नहीं पहुँचा गया है। फिर भी किसी विदेशी भाषा का किन्हीं विशेष कार्यों में अथवा द्वितीय भाषा के रूप में प्रयोग तथा उसका मुख्यतया शिक्षा के सामान्य माध्यम, शासन, सार्वजनिक जीवन एवं देश के दैनन्दिन जीवन के कार्यों में, प्रयोग में, एक स्पष्ट अन्तर है। यही वह पक्ष है, जिसको सुधारने का प्रयत्न किया गया है। इस मत के द्वारा आयोग ने अपने मूलभूत विचारों को वैज्ञानिकता प्रदान कर दी है।

हिन्दी को संविधान ने बहुमत की भाषा होने के कारण स्वीकार किया है; अतः उसके किसी से श्रेष्ठ होने का प्रश्न नहीं उठता; तथा इसीलिए वह ठीक अंग्रेजी के वर्तमान स्थान को ग्रहण भी न करेगी। इस मत को प्रकट करने के बाद भी यदि हिन्दी के साम्राज्यवाद की दुहाई दी जाती है, तो इसे बुद्धि-विभ्रम ही कहा जाना चाहिए। इसके अतिरिक्त निजी क्षेत्रों में किसी भी भाषा के प्रयोग द्वारा जो भाषा सम्बन्धी सन्तुलन (Linguistic Equilibrium) स्थापित करने की बात आयोग ने सुझाई है, वह भी कम महत्त्व की नहीं है।

सरकार के अखिल भारतीय विभागों में द्विभाषी स्वरूप को रख कर (अन्तःप्रदेशीय एवं विभागीय कार्यों के लिए हिन्दी तथा स्थानीय रूप से वहाँ की भाषा में जनता से व्यवहार) भी इस सन्तुलन को स्थापित करने का श्लाघनीय प्रयत्न हुआ है।

न्यायालयों के क्षेत्र में छोटी कचहरियों में प्रादेशिक भाषाएँ, सुप्रीम कोर्ट में

हिन्दी (अंग्रेजी में बहस करने और निर्णय देने की सुविधा के साथ) तथा हाईकोर्टों में दोनों दिशाओं में मुख करके समन्वय करने का प्रयत्न उन अनेक समस्याओं का समाधान करता है जिनसे बहुधा लोग परेशान हो उठते हैं।

शिक्षा के क्षेत्र में भी कमीशन ने जिस क्रमिक विकास को सुझाया है, वह सहानुभूतिपूर्वक विचार करने योग्य है। अंग्रेजी के सम्बन्ध में यह कहा जाना कि साहित्यक भाषा (Literary Language) के स्थान पर 'बोध-ग्रहण' की भाषा (Language of comprehension) के रूप में पढ़ाना अधिक उचित होगा, ठीक ही है।

वास्तव में भाषा की समस्या पर जिस निष्पक्षता एवं स्वार्थ-भावना रहित ढंग से विचार करने की आवश्यकता है, उसे हम नहीं प्राप्त करते तथा उस पर 'निज भाषा श्रेष्ठतावाद' लादने का प्रयत्न करते हैं। भाषा आयोग के इस प्रतिवेदन के प्रकाशन के पश्चात मद्रास इत्यादि में इसके विरुद्ध विद्यार्थियों के प्रदर्शन हुए। ऐसी मनोवृत्ति वर्तमान परिवेश में हीन मनोवृत्ति का द्योतक है। अगर यही शक्ति जो आन्दोलनों एवं प्रदर्शनों में व्यय होती है, स्कूलों एवं कॉलेजों में यदि वाद-विवाद एवं परिगोष्ठियों की आयोजना द्वारा विवेचन करने में लगाई जाये, तो भाषा की समस्या अधिक आसानी से हल हो सकती है।

इसे देश का दुर्भाग्य ही कहा जाना चाहिए कि भाषा की समस्या पर विचार करते समय देश के बड़े-बड़े मस्तिष्क भी वैयक्तिक भावनाओं की पृष्ठभूमि में ही विचार करते हैं। ये लोग अपनी व्यक्तिगत योग्यता, जो अंग्रेजी के माध्यम से अभिव्यक्त होती है, को अंग्रेजी की देन समझ बैठते हैं। पर वास्तव में ऐसे लोगों के लिए तो प्रतिवेदन में कह दिया गया है कि 45 वर्ष से अधिक अवस्था वाले व्यक्तियों से हिन्दी में उस योग्यता की आशा न की जाये जो उन्हें अंग्रेजी में प्राप्त है।

इतना अब हर एक के मस्तिष्क में स्पष्ट हो जाना चाहिए कि भारतवर्ष की सामान्य भाषा अंग्रेजी नहीं बनी रह सकती। साक्षरता का प्रसार अंग्रेजी के माध्यम से असम्भव है। पता नहीं डॉ. सुनीति कुमार चटर्जी जैसा विद्वान एवं भाषाशास्त्री कैसे यह बात कहता है कि अंग्रेजी को बनाये रखना आवश्यक है। स्वयं डॉ. चटर्जी ने किसी जमाने में हिन्दी का समर्थन किया था; पर उनका वर्तमान मन्तव्य यह सूचित करता है कि अन्ततः संकीर्ण भावनाएँ मनुष्य के सारे ज्ञान को आच्छादित कर लेती हैं। अतः यदि इसे सिद्धान्ततः स्वीकार भी कर लिया जाता है कि हिन्दी को राजभाषा एवं अन्तःप्रदेशीय व्यवहार की भाषा बनाना है, तो उसका अविलम्ब प्रयोग विभिन्न क्षेत्रों में प्रारम्भ हो जाना चाहिए। वह सक्षम बन जाये तब प्रयोग में लायी जाये ऐसा अतार्किक तर्क है कि उस पर गम्भीरतापूर्वक विचार करने का मन ही नहीं चाहता। भाषा तो प्रयोग से शक्तिशालिनी एवं व्यवहार सक्षम बनती है। वह कोई व्यक्ति नहीं है कि उसे टानिक पिला कर बलवान बना लिया जाये। आखिर इसका प्रमाण क्या कि इस समय भाषा सक्षम है और इस समय अक्षम।

उसके (भाषा) द्वारा कोई परीक्षा पास करने की व्यवस्था भी यदि डॉ. चटर्जी एवं डॉ. सुब्बारायण कर देते तो शायद स्व. खेर को यह न कहना पड़ता कि इन मतवैभिन्य सूचक टिप्पणियों में Inaccurate and substantiated statements हैं।

वास्तव में डॉ. सुब्बारायण का यह मत भी अत्यधिक भ्रामक है कि यदि प्रतिवेदन को देश पर लागू करने का प्रयत्न किया गया तो हिन्दी तत्काल ही अहिन्दी भाषियों पर लाद दी जायेगी। रिपोर्ट ने अनेक स्तरों एवं अनेक स्थितियों के भीतर हिन्दी के प्रयोग को रखकर उसकी सीमाओं का संकोच किया है तथा हिन्दी के क्रमिक व्यवहार पर ही बल दिया है।

डॉ. चटर्जी एवं डॉ. सुब्बारायण ने प्रतिवेदन (रिपोर्ट) की आत्मा के विरुद्ध इस प्रकार के अनेक भ्रम एवं मिथ्या संशय उठाने चाहे हैं, जो कि देश के बौद्धिक वर्ग को पथभ्रष्ट बनाने में सहायक हो सकते हैं।

अब समय आ गया है कि देश के अनेकमुखी निर्माण में भाषा की समस्या को भी राजनीतिक स्वार्थों, व्यक्तिगत महत्त्वाकांक्षाओं एवं प्रदेशीय संकीर्णताओं से मुक्त कर निष्पक्ष मति, स्थिर चित्त एवं वस्तुगत दृष्टिकोण से विचार किया जाये। भाषा आयोग को इसी दृष्टिकोण से विचार प्रारम्भ करने पर हम बधाई भी देते हैं।

कलजुग : जून-जुलाई, 1957

दक्षिण में अंग्रेजी की अपेक्षा हिन्दी अधिक समझी जाती है

इन गर्मियों में 12 मई से 20 जून तक मैसूर विश्वविद्यालय के आमन्त्रण पर भाषाविज्ञान का ग्रीष्म सत्र मैसूर में हुआ था। राकफेलर फाउण्डेशन की सहायता से लिंग्विस्टिक सोसाइटी ऑफ इण्डिया, डेकन कॉलेज, पूना एवं मैसूर विश्वविद्यालय के संयुक्त तत्त्वावधान में होने वाले इस ग्रीष्म सत्र में भारत के प्रत्येक अंचल से विभिन्न भाषा-भाषी विद्वान, अध्यापक और विद्यार्थी इकट्ठे हुए थे। इस बहुभाषा जमात में रहने का अवसर मिलने पर मैंने भाषा-समस्या का कुछ अध्ययन करना चाहा, विशेषकर दक्षिण भारत में।

विवाद के विस्तार में जाने से पूर्व मैं अपना एक निश्चित मन्तव्य प्रकट कर देना चाहता हूँ, जो मैंने दक्षिण भारत जाकर ही भली भाँति उपलब्ध किया है। मेरा अब यह और भी दृढ़ मत है कि भारत की अन्तःप्रदेशीय व्यवहार की भाषा हिन्दी ही हो सकती है—अंग्रेजी नहीं। यदि एक प्रदेश और दूसरे प्रदेश के सामान्य जन के पारस्परिक सम्पर्कों का भारतीय जनतन्त्र और राष्ट्र के विकास में तनिक भी योगदान उचित माना जा सकता है, तो इस सम्पर्क की माध्यम भाषा हिन्दी होगी। मद्रास, बैंगलोर और मैसूर ही नहीं—शिवसमुद्रम प्रपात, सोमनाथपुरम, श्रीरंगपट्टन, हसन, बेलूर, हलेबिद, श्रवणबेलगोला जैसे छोटे स्थानों पर हिन्दी जानने वालों की संख्या नगण्य नहीं है।

जिस समय मैं कानपुर से चला था, उस समय मन में कुछ ऐसी धारणा थी कि दक्षिण भारत में सभी अंग्रेजी जानते हैं। वहाँ सामान्य रूप से अंग्रेजी ही बोली जाती है। पर यह धारणा खण्डित हुई पहले-पहल बैंगलोर में। बगल में बैठे एक युवक से जब मैंने अंग्रेजी में पूछा कि बैंगलोर में दर्शनीय स्थान क्या हैं, तब उसका उत्तर था कि 'अंग्रेजी मैं नहीं जानता। मुझसे कन्नड़ या हिन्दी में कहिए।' इसी प्रकार मैसूर के बाजारों में रेशमी साड़ी खरीदते समय या साग-सब्जी-फल लेते समय अथवा ताँगे वाले से होस्टल तक का भाड़ा तय करने में हिन्दी ही सहायक होती थी—अंग्रेजी में बोल कर केवल किंकर्तव्यविमूढ़ मुद्रा ही दृश्यमान होती थी। इसका अर्थ यह नहीं

कि वहाँ अंग्रेजी का व्यवहार नहीं होता। अंग्रेजी का व्यवहार उत्तर भारत से अधिक होता है, पर सामान्य जन की पहुँच के वह बाहर है।

उत्तर बनाम दक्षिण

मध्य वर्ग के भीतर अंग्रेजी के प्रयोग-बाहुल्य के ऐतिहासिक सामाजिक कारण हैं। उत्तर भारत में अंग्रेजी का प्रयोग-प्रसार बँगाल को छोड़कर अन्य स्थानों पर काफी देर से प्रारम्भ हुआ। फिर अंग्रेज, अंग्रेजी और अंग्रेजियत का जितना तीव्र विरोध 1857 से 1947 तक उत्तर भारत (विशेषकर उत्तर प्रदेश, बिहार, मध्य प्रदेश) में हुआ, उतना अन्य स्थानों पर नहीं हुआ। यह एक ज्वलन्त सत्य है कि राष्ट्रीय-संग्राम की केन्द्र धुरी अधिकांशतः उत्तर भारत में ही रही है। इसका एक अनिवार्य परिणाम हुआ है कि इन प्रदेशों में श्रेष्ठ बौद्धिक मस्तिष्क सरकारी नौकरियों की ओर नहीं गये। व्यापार की रुचि बढ़ी, उद्योगों पर ध्यान दिया, वकालत शुरू की, लिखने-पढ़ने या पढ़ाने के काम लिए, राजनीति के चक्कर में सींखचों के भीतर-बाहर रहे—पर सरकारी नौकरियों की ओर निगाह हेठी ही रही—अंग्रेजी कभी उन पर हावी नहीं हो सकी। इन प्रदेशों में हिन्दी आन्दोलन और राष्ट्रीय आन्दोलन पर्यायवाची रहे हैं। यह मुक्ति का आन्दोलन देशी भाषाओं की भी मुक्ति का आन्दोलन था। इसी पृष्ठभूमि में पला-बढ़ा हिन्दी भाषी कभी-कभी खीज उठता है कि हिन्दी का विरोध क्यों हो रहा है? उसकी समझ में नहीं आता कि उसने तो देशी भाषाओं को उठाने का प्रयत्न किया है और आज उस पर हिन्दी साम्राज्यवाद का आरोप लगाया जाता है। बहरहाल यह आरोप तो शुद्ध राजनीतिक चाल मात्र है, इसलिए उसके पचड़े में हम यहाँ नहीं पड़ते। तनिक दक्षिण की भी मनोभूमि समझ लेने पर समस्या आसान हो जायेगी।

दक्षिण में अंग्रेजी ने अड्डा भी पहले जमाया। ईसाई मिशनरी भी वहाँ बहुत पहले से काम कर रहे थे। इन ईसाई परिवारों में अंग्रेजी धीरे-धीरे मातृभाषा का रूप धारण करती गयी (इस प्रवृत्ति को अंग्रेजी राज्य में अत्यधिक बढ़ावा मिलता रहा)। राष्ट्रीय संग्राम भी उतना व्यापक और गहरा वहाँ कभी नहीं हो सका, इस कारण भी देशी भाषाओं के प्रति वहाँ वह जागरूक दृष्टि नहीं अपनाई जा सकी। इस कारण जब तमिल जैसी प्राचीन साहित्य से समृद्ध भाषा के वक्ता भी यह गुहार लगाते हैं कि अंग्रेजी देश में अनिश्चित काल तक राजभाषा के रूप में रहनी चाहिए तब हमें आश्चर्य न होना चाहिए। (यद्यपि हिन्दी भाषी के दिमाग में यही बात सबसे अधिक उलझन उपस्थित करती है कि ये लोग तमिल के लिए न कहकर अंग्रेजी के लिए क्यों कहते हैं?)

यहीं एक कटु सत्य की ओर मैं इंगित करना चाहूँगा। दक्षिण में सरकारी नौकरियों

की ओर प्रारम्भ से ही बड़ा तीव्र आकर्षण रहा है (इसके आर्थिक कारण हैं जिन पर इस समय हम नहीं जायेंगे)। दक्षिण के लोगों में जाने-अनजाने यह भावना भर गयी है कि हिन्दी के राजभाषा हो जाने पर नौकरियों में अनुपात कम पड़ जायेगा। यह अनुपात शायद कम भी पड़ा है; क्योंकि स्वतन्त्रता के बाद अब हिन्दी प्रदेशों में भी सरकारी पदों के प्रति दुराव की भावना नहीं रह गयी है। पर राजनीतिक स्वार्थलिप्त जन इस तथ्य को तोड़-मरोड़ कर यह दोष हिन्दी पर लादने का प्रयास करते हैं। आज जीवन में अर्थ और जीविका इतनी प्रधान हो उठी है कि हमारा यह तर्क व्यर्थ चला जाता है कि व्यापक राष्ट्रीय हितों का भी ध्यान रखना चाहिए। अपनी नौकरियाँ सुरक्षित बनी रहें चाहे राष्ट्र-सम्बन्ध-स्थापक इकाई-भाषा त्याज्य क्यों न बना दी जाये! यह स्थिति तो यहाँ तक बढ़ गयी है कि राष्ट्रीयता की मूल भावना ही खतरे में पड़ने लग गयी है।

तमिल के एक बड़े विद्वान से बात चल रही थी, उन्होंने कहा कि पोस्टकार्डों और अन्तर्देशीय पत्रों पर हिन्दी में नाम क्यों लिखा रहता है। उनको कौन समझाए कि ये वे अप्रत्यक्ष साधन हैं जो बहुत शीघ्र अन्तर्देशीय माध्यम को जनप्रिय बनाते हैं। दक्षिण को हिन्दी में पता लिख कर यदि आप पत्र छोड़िए तो डेडलेटर ऑफिस होकर वह 8-10 दिन के पहले नहीं पहुँचा सकता। सामान्य जन के पारस्परिक सम्पर्क की माध्यम भाषा कौन हो सकती है, इस बात का उत्तर देने में कोई भी समर्थ नहीं होता।

समस्याओं का भण्डार

इस सारी परिस्थिति का प्रभाव वहाँ के साहित्य पर भी पड़ा है। पता नहीं, श्री प्रभाकर माचवे को यह बात पसन्द आयेगी या नहीं, क्योंकि उनके अनुसार हर नया आन्दोलन, विचार या सिद्धान्त हिन्दी में देर में आता है; परन्तु मुझे तमिल आदि के अध्यापकों से बातें करने पर ऐसा लगा कि जिन्हें साहित्य में 'माडर्न ट्रेंड' कहते हैं, वे हिन्दी में तमिल आदि की अपेक्षा कहीं अधिक मात्रा में हैं। जितनी जागरूकता हिन्दी में है, उतनी शायद बंगला और मराठी को छोड़ कर किसी भी अन्य भारतीय भाषा में नहीं है। जो ऊपरी बौद्धिक वर्ग के लोग आये, वे अंग्रेजी में लिखते-पढ़ते रहे—या फिर यदि उन्होंने तमिल की ओर दृष्टि उठाई तो उसके प्राचीन समृद्ध साहित्य के अध्ययन में लगे, पर जीवित वर्तमान के राग-विराग को अभिव्यक्ति देने के लिए उसे माध्यम रूप चुनने में अधिक अनुराग नहीं दिखाया।

एक सज्जन से वहाँ बात हुई। तमिल में अन्नामलाई यूनिवर्सिटी से उन्होंने ससम्मान एम.ए. किया है। पुरातत्त्व में उनकी गहरी दिलचस्पी है तथा द्रविड़ मुन्नेत्र कड़घम के अनन्य प्रशंसक थे। उनके अनुसार द्रविड़ संस्कृति का अब तक सही

अध्ययन नहीं हुआ (भारतीय संस्कृति पर वहाँ कोई रचनात्मक दृष्टिकोण नहीं है, ऐसा उनके कड़घम का कहना है)। भारतीय संस्कृति में आर्य-द्रविड़ तत्त्व कितना मिलकर समन्वित हो गया है इस पर उन लोगों की कोई दिलचस्पी नहीं है। इस संस्था के अनुसार मद्रास के मन्त्रिगण (कांग्रेसी) सदैव केन्द्र की ओर निहारते रहते हैं—शायद उन्हें एक दल के शासन के नियमों और अनुशासनों का पता नहीं है। इन सज्जन के कथनानुसार तमिल के अधिकांश लेखक, कलाकार, फिल्म-निर्माता आदि इस मुन्नेत्र कड़घम से सम्बन्धित हैं और उसके सिद्धान्तों के अनुरूप लिखते हैं। मेरा अपना अनुमान है कि यह गलत बात होगी—लेखक स्वतन्त्र प्राणी होता है—पर यदि सही है तो वहाँ की सांस्कृतिक परम्पराओं का ईश्वर ही मालिक है।

हिन्दी में नये विचार

अब रह जाता है, राजाजी जैसे लोगों द्वारा किया जाने वाला हिन्दी-विरोध। दक्षिण वास्तव में आज समस्याओं का भण्डार बन गया है। तमिलनाडु में (कर्नाटक में भी) ब्राह्मण-अब्राह्मण झगड़ा एक भयंकर रूप धारण कर चुका है। कहते हैं, वहाँ ब्राह्मणों के लिए आजीविका का एक ही साधन रह गया है होटल चलाना। अन्यत्र कहीं उनकी पूछ नहीं है। ऐसी स्थिति में पुराने ब्राह्मणों की प्रतिष्ठा या नेतृत्व सभी कुछ खतरे में पड़ गया है। ये लोग ऐसी स्थिति में अपने विरुद्ध आने वाली इस लहर को हिन्दी-विरोध की ओर मोड़ने का प्रयास करते हैं। उधर इन साम्प्रदायिक संकीर्ण संस्थाओं के कार्यक्रम और नीति में उत्तर-विरोध, आर्य-विरोध, हिन्दी-विरोध सभी कुछ सम्मिलित है। इन संस्थाओं के कर्णधार यह देखते हैं कि राजाजी जैसे लोग जो उत्तर भारत में भी समादृत हैं, उनका यह रुख संस्थानों की अन्य नीतियों को बढ़ाने वाला है, अतः इस विरोध को मोड़ने की बात इस समय वे स्वीकार कर लेते हैं। व्यक्तिगत रूप से इन लोगों का सम्मान और प्रतिष्ठा बनी रह जाती है।

परन्तु इस सबका अर्थ यह नहीं है कि दक्षिण भारत में हिन्दी के प्रति अनुराग की कमी है। जो सबसे बड़ा शुभ लक्षण दक्षिण भारत में हिन्दी प्रचार का है, वह है स्त्रियों में हिन्दी की लोकप्रियता। लोग भूले न होंगे कि उत्तर भारत में भी कश्मीर, पंजाब और उत्तर प्रदेश के कुछ विशेष वर्गों में हिन्दी-प्रसार का अधिकांश श्रेय महिलाओं को है। 'दक्षिण भारत हिन्दी प्रचार सभा' की परीक्षाओं में महिलाओं की संख्या बहुत अधिक होती है। मैसूर में तो मुझे ज्ञात हुआ कि इन लोगों ने छोटी-छोटी पाठशालाएँ सशुल्क या निःशुल्क कायम कर रखी हैं, जिनमें पास-पड़ोस की लड़कियाँ, औरतें आकर हिन्दी पढ़ती हैं। यहाँ तक कि जो लोग हिन्दी का विरोध करते हैं, वे भी अपने परिवारों में हिन्दी के अध्ययन पर बल देते हैं।

मैसूर के भाषाविज्ञान वाले स्कूल के खाने के मेस में जिस समय सभी भाषाओं के बोलने वाले इकट्ठे होते थे, उस समय यह ध्यान देने की बात होती थी कि असमी हो या गुजराती, कश्मीरी हो या उड़िया, परोसने वाले से उन्हें हिन्दी में ही माँगना पड़ता था (क्योंकि कन्नड़ वे जानते नहीं थे)। यह इस बात का प्रमाण है कि अन्तःप्रदेशीय व्यवहार की भाषा हिन्दी ही हो सकती है।

साप्ताहिक हिन्दुस्तान : 26 अक्टूबर, 1958

उत्तर प्रदेश की डायरी

उत्तर प्रदेश सरकार की हिन्दी समिति और उसके प्रकाशन

उक्त संस्था, उसके प्रकाशन एवं विक्रय को लेकर इधर वर्तमान और भूतपूर्व मुख्यमन्त्रियों का एक मतभेद सार्वजनिक रूप से सामने आया है। वर्तमान मुख्यमन्त्री के अनुसार उक्त संस्था के प्रकाशन लोकप्रिय नहीं हुए (यानी उपयोगी नहीं हैं। लोकप्रियता और उपयोगिता के मध्य कोई न कोई कसौटी वाला सम्बन्ध गुप्त जी अवश्य मानते होंगे!) और केवल 50,000 रुपये की पुस्तकें ही बिक सकी हैं। समिति के अब तक के अध्यक्ष डॉ. रामप्रसाद त्रिपाठी थे; सम्भवतः नीति-परिवर्तन में उन्हें समिति की अध्यक्षता त्यागनी पड़ी है। इस तथ्य को दर्दनाक ही नहीं, शर्मनाक कहते हुए भूतपूर्व मुख्यमन्त्री बाबू सम्पूर्णानन्द का कहना है कि उसके प्रकाशन अत्यन्त उच्चकोटि के हुए हैं और उनकी बिक्री 3 लाख रुपये की हुई है। बिक्री के ये तथ्य कितने ठीक माने जायें? दरअसल यह बात महत्त्वपर्ण नहीं है कि कितने की बिक्री हुई और बिक्री में मुफ्त बाँटी गयी पुस्तकें भी आती हैं या नहीं। यह बात भी महत्त्वपूर्ण नहीं है कि नरेन्द्रदेव पुस्तकालय के लिए कुछ समय पूर्व वर्तमान मुख्यमन्त्री ने पुस्तकें माँगी थीं, या नहीं।

वस्तुतः प्रकाशन की स्पष्ट नीति एवं सुचारु व्यवस्था की बात ही इस सम्बन्ध में मुख्य है। पर लगता है कि उत्तर प्रदेश सरकार का मन इस सम्बन्ध में स्थिर नहीं है। इन पंक्तियों के लिखते-लिखते समाचार आया है कि 'हिन्दी समिति' का पुनर्गठन किया गया है। उसमें लिए गये व्यक्तियों के सम्बन्ध में हमें कुछ नहीं कहना, परन्तु नीति परिवर्तन का जो संकेत है, वह बहुत शुभ नहीं है। सम्भवतः अब 'हिन्दी समिति' सन्दर्भ पुस्तकें न छापकर विभिन्न विषयों की पाठ्य पुस्तकें प्रकाशित करेगी। समझ में नहीं आता कि सामान्य व्यवसायी प्रकाशक से 'हिन्दी समिति' किस प्रकार भिन्न हुई। 'हिन्दी समिति' के पिछले प्रकाशनों पर भी हमारा यही आरोप है कि कला, साहित्य, दर्शन आदि पर प्रकाशित कतिपय पुस्तकें किसी भी तरह सामान्य पाठ्य-पुस्तकों की अपेक्षा बेहतर नहीं हैं। इस दिशा में 'हिन्दी

समिति' को 'बिहार राष्ट्रभाषा परिषद' से प्रेरणा लेनी चाहिए। बहरहाल हम इस 'वणिक मनोवृत्ति' पर उत्तर प्रदेश सरकार को बधाई नहीं दे सकते।

पुनर्गठन और नीति की इस चर्चा में ही हमें यह याद दिलाने की इच्छा होती है कि इधर केन्द्र के अनुकरण पर विभिन्न राज्य सरकारों ने प्रदेशीय 'साहित्य अकादमियों' की स्थापना की है। क्या उत्तर प्रदेश सरकार ऐसी ही किसी 'स्वशासित अकादमी' की स्थापना नहीं कर सकती? इस सम्बन्ध में हमारा यह भी सुझाव है कि प्रयाग की 'हिन्दुस्तानी अकादमी' और 'हिन्दी समिति' को एक में मिलाकर ऐसी ही अकादमी की स्थापना की जाये। इस 'अकादमी' में केवल हिन्दी के प्रोफेसर ही नहीं, विभिन्न विषयों के विद्वान भी हों और हिन्दी-उर्दू के सृजनशील लेखक भी। इस संस्था द्वारा हिन्दी-उर्दू-मिलन का भी महत्त्वपूर्ण कार्य किया जा सकेगा।

यह संकीर्ण मनोवृत्ति

जिस समय सारे देश में विघटनवादी प्रवृत्तियों को दबाने की बात उठ रही हो, उसी समय भीतर से यह विषधर कैसे-कैसे रूपों में प्रकट होता है, इसका प्रमाण अभी हाल में कानपुर में मिला। यहाँ एक 'मारवाड़ी पुस्तकालय तथा सार्वजनिक वाचनालय' नाम की संस्था है। संस्था के पास एक बड़ा पर अपेक्षाकृत अनुपयुक्त भवन है, और आधुनिक हिन्दी पुस्तकों का अच्छा संग्रह है। पुस्तकालय के समस्त सदस्यों को उसकी व्यवस्था में भाग लेने का अधिकार था। पर इधर विभिन्न संस्थाओं को हथियाने का जो आन्दोलन चला है, उसी के अन्तर्गत संस्था की एक बैठक में विधान में यह परिवर्तन किया गया कि कार्यकारिणी के तीन-चौथाई सदस्य केवल मारवाड़ी रहेंगे। इसकी एक स्वाभाविक प्रतिक्रिया हुई कि कुछ लोगों ने कहा कि नारा यह लगना चाहिए कि कानपुर में केवल कानपुर जिले के लोग ही रहेंगे। ज़ाहिर है कि इस प्रकार की क्षुद्र और संकीर्ण मनोवृत्तियाँ हमारे भीतर गहरे पैठ गयी हैं और वे विभिन्न रूपों में सामने आती रहती हैं तथा पुस्तकालय जैसे बौद्धिक-सांस्कृतिक केन्द्र भी उनसे बच नहीं पाते।

यह मौसम, ये मीठे फल और लखनउवा रहन-सहन!

भक्तिकाल के अन्त और रीतिकाल के प्रारम्भ में एक हिन्दी कवि हुए हैं, सेनापति। उन्होंने लिखा है 'जेठ की दुपहरी कि मानो अधरात हैं', इसकी सार्थकता उस दिन समझ में आयी, जब मेरे मित्र ने ठीक एक बजे कानपुर से लखनऊ (जीप द्वारा) चलने की सोची। उनके बहुत से तर्कों में से एक तर्क यह भी था कि इस समय रास्ता एकदम खाली मिलेगा और हम लोग एक घण्टे में ही लखनऊ पहुँच जायेंगे।

रास्ता सचमुच ही एकदम सुनसान 'अधरात' का, अन्तर इतना ही कि 114 डिग्री 'टेंपरेचर' की लू के जो थपेड़े लग रहे थे, वे इस आश्वासन से भी कमजोर पड़ते नहीं महसूस होते थे कि लखनऊ पहुँचते ही सफेदा खरबूजा मिलेगा, जो इतनी लू चलने के कारण जरूर मीठा हो गया होगा। खरबूजा विशेषज्ञों का कहना है कि लू जितनी ही चलती हैं—खरबूजा उतना ही अधिक मीठा होता है। और इसी कारण जब 21 मई को कुछ पानी बरस गया, तो गर्मी से राहत पाने पर भी कुछ शौकीनों ने अफसोस ज़ाहिर किया कि खरबूजे की फसल को नुकसान पहुँचेगा। यह आप लोगों को शायद न मालूम हो कि लखनऊ के नफासत पसन्द नवाब (लखनऊ में कोई एकाध नवाब नहीं रहता था—इसे बहुवचन मानकर चलें) अपने घरों के जेवर और बर्तन गिरवी रखकर सफेदा खरबूजा खाया करते थे। सुनते हैं कि एक साल जब किसी विदेश-यात्रा में रवीन्द्रनाथ को आम नहीं मिले, तो उन्होंने कहा था कि इस वर्ष को मैं अपनी जिन्दगी में गिनना पसन्द नहीं करूँगा। रवीन्द्र-प्रशंसक नाराज न हों, जो उनसे भी पहले लखनउवा लोगों ने इसे जीवन में ढाल लिया था। बहरहाल अब न तो वे नवाब रहे और न वे शौकीन उगाने वाले, पर जिसने पिछले 10-12 वर्षों में सब्जीमण्डी के चक्कर लगाये हैं, वह जानता है कि मण्डियाँ खरबूजों के लिए छोटी पड़ गयी हैं; कानपुर की स्टेशन रोड पर सवेरे निकलना कठिन हो जाता है। प्रदेश भर में कहीं लखनऊ के सफेदे की धूम है और कहीं कानपुर-फर्रुखाबाद के मटियार वाले मोहते हैं, इलाहाबादी 'कजला' अपना अलग ही स्वाद रखता है। शाम होते-होते यह सारा माल गायब हो जाता है। नवाब भले न हों, पर खाने वाले हैं और उनके लिए उगाने वाले भी। इसलिए अगर आप खरबूजे के, आम के, लीची के, तरबूज के शौकीन हैं, तो फिर इन धूल भरे अन्धड़ों, इस थपेड़ेवाली लू और इन उमसवाली रात से कतई नहीं घबरा सकते। गर्मी के मजे लेना लखनऊ ही जानता है। 'एयरकण्डीशण्ड ऑफिस' या 'कूलर लगा कमरा' गर्मी के आनन्द का बाधक है। सवेरे सब्जीमंडी से दशहरी और सफेदा लाएँ; दोपहर में फालसे का ताजा शरबत, शाम को दूधिया ठण्डाई और फिर चिकन का कुरता, पायजामा (या धोती और रेशमी कुरता) तथा नागरा जूता पहनकर लखनऊ के 'पार्कों' की हवा खाई गयी—यानी मौसम की गरमी भी अनुभव होती रही और उसकी तेजी को भी कम करते रहे। यही गर्मी का असली मजा है; और इसे लखनऊ में आकर सीखिए।

धर्मयुग : 9 जुलाई, 1961

लखनऊ का यंग पेण्टर ग्रुप

उस दिन हजरतगंज में कुछ चक्कर काटने के बाद ऊबकर कॉफी हाउस में जा बैठा। सोचा था कि एक प्याली गरम कॉफी पीकर कानपुर वापस लौट जाऊँगा। पर तभी भाई ठाकुरप्रसाद सिंह से चित्रकला की चर्चा होने लगी और मैंने लखनऊ में 'यंग पेण्टर्स ग्रुप' की चर्चा की। वे भी जैसे चमक उठे और दूसरी मेजों से 3-4 आदमी उठा लाये। उस सारी औपचारिक-अनौपचारिक बातों की चर्चा बेकार होगी। बस यों समझें कि वहाँ से उठकर सीधे कलाकार जे.एन. सिंह के साथ ही उनके स्ट्रडियो जा पहुँचे। उसके बाद के तीन घण्टे कलालोक-निवास के थे। जे.एन. सिंह, नजमुल हसन और श्रीमुनि सिंह की कृतियों ने सारी थकावट दूर कर दी—मन एक अहेतुक उल्लास से भर उठा।

मौलिक चित्रकार : जे.एन. सिंह

जे.एन. सिंह नितान्त मौलिक कलाकार हैं। लखनऊ आर्ट स्कूल में उन्हें दाखिला मना कर दिया गया था; और फिर वे द्रोणाचार्य की प्रतिमा भी नहीं पा सके। पर इस कृति में इतना कुछ कहने के लिए भरा था कि बिना गुरुदीक्षा के ही उन्होंने अपने आप अपने शिल्प को विकसित किया—माध्यमों के प्रयोग किये और आज भी प्रयोगरत यह प्रौढ़ कलाकार अपनी कला को अपेक्षित मेच्योरिटी दे सका है। चित्र (मुख्य रूप से लाइन ड्राइंग) मूर्ति, तार, लकड़ी, कैमरा आदि विविध माध्यमों से उन्होंने अपने को, अपने चतुर्दिक फैले जीवन को उसके साधारण-असाधारण क्षणों में पकड़ा है। सिंह भावमुद्राओं एवं गति की लय के चित्रण में असाधारण रूप से दक्ष हैं। यह बात फोटोग्राफी के माध्यम से की गयी 'न्यूज स्टडीज' में भी देखी जा सकती है तथा लकड़ी, तार या प्लास्टर ऑफ पेरिस में अंकित मूर्त बिम्बों में भी। लकड़ी में अनायास 'घुणाक्षरन्याय' वाली आकृतियों के अनुरूप उसे तराश कर उन्होंने जो आकार प्रदान कर दिये हैं, वे सम्पूर्ण रूप से गति के व्यंजक हो गये हैं। वास्तव में अपने शिल्प में वे सर्वत्र रेखाओं के धनी हैं। एक ओर 'बछड़ा' या 'सुनहरा मृग' यथार्थ की सही प्रतिमाएँ हैं, तो दूसरी ओर 'योद्धा', 'बेकारी', 'शोक' आदि के साक्षात प्रतीक हैं। नकाब चित्रों में उनकी कल्पना अत्यन्त ऐबसट्रेक्ट रूपों

की ओर गयी है। वास्तव में उनमें 'अरूप' एवं 'सरूप' का अद्भुत सम्मिलन है। आदेश (The Command) उनके मूर्ति-शिल्प का श्रेष्ठतम उदाहरण माना जा सकता है। चुपचाप काम करते जाने वाला यह कलाकार हमारे सर्वोत्तम 'शिल्पकारों' में गिना जा सकता है। उसमें एक दुर्लभ-सा क्लासिकल स्पर्श हम पाते हैं।

उत्साही चित्रकार : नजमुल हसन

नजमुल 'यंग पेण्टर्स ग्रुप' के सदस्य हैं—अत्यन्त मस्त और उत्साह से भरे। मौलवी के घर में पैदा हुए इस व्यक्ति में कलाकार की वह तटस्थता है, जिसके आधार पर उसने 'अलीगढ़' शीर्षक जैसा शक्तिशाली चित्र बनाया है। 'अलीगढ़' में मुसलिम साम्प्रदायिकता को एक चेहरे के प्रतीक के माध्यम से उपस्थित किया गया है। विभिन्न रंगों के द्वारा आकार प्राप्त इस चित्र में साम्प्रदायिकता की वीभत्सता, संहारकता एवं विकृति इतनी स्पष्ट है कि देखते ही दर्शक उसके संकेतों से जैसे दहल उठता है। इसी प्रकार 'खजुराहो' शिल्प के प्रभाव के तले कतिपय रेखाओं के द्वारा 'हर-गौरी' का जो युगनाद रूप उसने चित्रित किया है, वह भी अपनी बोल्डनेस के लिए प्रशंसनीय है। 'अन्तरिक्ष अवधारणा' (Spatial Concept) पर उनके कई चित्र हैं, जो लेखक की व्यापक कल्पनाशीलता ही नहीं, आधुनिकता के भी द्योतक हैं। नजमुल वस्तुतः आधुनिक कलाकार हैं—अपने शिल्प में भी और कथ्य में भी। सिंह यदि रेखाओं के धनी हैं तो नजमुल रंगों के। गहरे रंग जैसे हरा, समुद्रनील, सिन्दूरी, चमकदार लाल उनके प्रिय रंग हैं। इस समय उन पर वानगॉग का गहरा प्रभाव है।

पुरानी शैली के चित्रकार : श्रीमुनि सिंह

नजमुल के नितान्त विपरीत श्रीमुनि सिंह के चित्र हैं। वे पुरानी शैली के चित्रकार हैं—पर पुराने विषयों के नहीं। मुगल और राजपूत-कांगड़ा शैलियों के समन्वय पर चित्रित उनके चित्र आधुनिक बात को पुराने शिल्प में कहना चाहते हैं और यह अपने आप में महत्त्वपूर्ण है। वाजिदअली शाह पर सृजित उनकी चित्रावली, धर्मशाला लैण्डस्केप एवं ज्वालामुखी मन्दिर उनके श्रेष्ठतम चित्रों में से हैं।

लखनऊ छोटा शहर है और बदकिस्मती से प्रदेश की राजधानी भी। परिणामस्वरूप यहाँ दिखाई पड़ सकने वाली मुख्य कार्यवाही राजनैतिक ही लगती है। पर उस दिन ऐसा लगा कि जैसे कुहरे से एक नया शहर (श्री जे.एन. सिंह के एक फोटोग्राफ के अनुसार) एक नयी जिन्दगी उभर रही है; और ये और इनके जैसे अन्य कलाकार उस नगर के श्रेष्ठतम नागरिक हैं, प्राण हैं, जो लखनऊ को राजनीति के बाँध तोड़ प्रवाह और बाढ़ से बचा ले जायेंगे।

धर्मयुग : 20 अगस्त, 1961

कुटीर उद्योग और कलात्मक अभिरुचि

कुटीर उद्योगों में गाँधी जी की जो रुचि थी और उनके विकास के लिए उन्होंने जो कुछ किया, वह सर्वविख्यात है। यह हर्ष और सन्तोष का विषय है कि आज का शिक्षित समाज ज्यादा से ज्यादा संख्या में कुटीर उद्योगों को कलामक अभिरुचि के प्रतीक के रूप में स्वीकार करता जा रहा है।

इधर स्वतन्त्रता के बाद भारतीय लोक रुचि में एक विचित्र परिवर्तन हुआ है—पहले लोग भीतर से पुराने संस्कारों वाले होते थे और ऊपर पश्चिमी शैली के चित्रों तथा फर्नीचर, पर्दों और सजावट की चीजों में विदेशी शैली का अनुकरण किया करते थे। पर अब भीतर से हम लोग पश्चिम को आत्मसात कर रहे हैं एवं ऊपर से भारतीय कला (शिष्ट और लोक दोनों ही) के पैटर्न को अपनाने की चेष्टा कर रहे हैं। देश के भिन्न-भिन्न भागों में फैले शानदार हैण्डीक्रैफ्ट एम्पोरियम, विशालकाय हैण्डलूम हाउस एवं आकर्षक खादी भवन तथा ग्राहकों से भरे इन सबके कक्ष इस बात को प्रमाणित करने के लिए पर्याप्त हैं। एक दूसरा तथ्य इस सम्बन्ध में याद रखने लायक है कि पहले सजावट की प्रवृत्ति ऊपरी वर्ग तक सीमित थी; अब यह निम्नमध्य वर्ग तक पहुँच गयी है—भले ही बीवी की फटी साड़ी के पर्दे बनाकर ही इस रुचि को क्यों न सन्तुष्ट करना पड़े। इन दोनों तथ्यों ने मिलकर बड़ी मात्रा में सुरुचिपूर्ण भारतीय कला-पैटर्नों में निर्मित वस्तुओं के लिए एक बाजार उपस्थित कर दिया। कुछ ही दिनों में कुछ विशेष डिजाइनों से बाजार पट गये; कुछ अश्लील अमरीकन डिजायनें भी सिनेमा की कृपा से आने लगीं। समझदार लोगों ने स्टैण्डर्ड एवं सुरुचि सम्पन्न डिजाइनों की आवश्यकता का अनुभव किया। सरकार भी अपनी मन्थर गति में इस आवश्यकता को सूँघ सकी और परिणामस्वरूप ऐसे सेण्टर स्थापित हुए, जिनमें से कि एक में उस दिन मैं लखनऊ में अचानक ही घुस गया था यानी कि सेण्ट्रल डिजाइन सेण्टर।

बहुधा सरकारी विभागों की प्रकृति के विपरीत मेरी पूछताछ का, सेण्टर में काम

करने वाले लोगों ने, समुचित उत्तर दिया। मालूम हुआ कि वस्त्र-छपाई, वस्त्र-धुलाई, चीनी-पात्र, धातु-पात्र तथा काष्ठ-कला के पाँच विभाग हैं तथा इनमें उपयोगी या सजावट की चीजों के लिए नये-नये डिजाइनों को विकसित किया जाता है। डिजाइन के विकास में इस बात पर विशेष बल दिया जाता है कि एक ओर तो वस्तु के अपने उपयोग में बाधा न पड़े (यानी कि कॉफी के प्याले से सचमुच ही कॉफी पी जा सके) तथा भारतीय लोक-कला या शास्त्रीय कला के पैटर्न या मोटिफ भी उपस्थित किये जा सकें। सब मिलाकर कला के प्रति एक स्वस्थ दृष्टिकोण का विकास इससे सम्भव है। यह काम वस्तुतः आवश्यक तो है, पर कठिन कम नहीं है। जिन्हें हम कला की निधि समझते हैं, उन अजन्ता के मोटिफों को कॉफी सेट या परदे के कपड़े या लैंप स्टैण्ड में उतार देना—यह क्षुरस्य धारा पथ ही है। पर मैं सेण्टर के कलाकारों को बधाई देना चाहता हूँ कि उन्होंने इस पथ को पार किया है। कॉफी सेट पर अजन्ता के हाथी का मोटिफ अत्यन्त आकर्षक और जानदार बन पड़ा है।

इसी प्रकार सजावट के लिए मैनपुरी शैली में तारकशी के काम में चित्रित 'नृत्य मण्डली' उत्कृष्ट डिजाइन का नमूना उपस्थित करती है। लोककला में पर्दे के कपड़े में छापने के लिए 'माँ और शिशु' की डिजाइन किसी भी श्रेष्ठतम विदेशी डिजाइन के समक्ष रखी जा सकती है। साँची का स्तूप, ताजमहल, विजयस्तम्भ, कुतुबमीनार, मन्दिर-द्वार आदि को एक पर्दे के डिजाइन में एक साथ उपस्थित करके मानो कला की निधियों को जनता में बिखेरने का प्रयास किया गया है। इसी प्रकार नये-नये आकारों को विकसित करने का, प्रयास भी काष्ठकला, चीनी-मिट्टी-पात्र एवं धातु-पात्र विभागों में दिखाई दिया। चीनी-मिट्टी का गमला और उसमें अंकित मोहनजोदड़ो का वृषभ, पीतल के रंगीन बर्तन, नयी डिजाइन का लकड़ी का फर्नीचर एवं सजावट का सामान, पीतल का झाड़ और प्लेट, लकड़ी की ट्रे या ऐश ट्रे और उसका तारकशी का काम, बुना हुआ परदा आदि (जिनमें से कुछ के चित्र यहाँ प्रकाशित किये जा रहे हैं) इस डिजाइन सेण्टर में विकसित डिजाइनों के कुछ उम्दा नमूने हैं।

पूछने पर ज्ञात हुआ कि डिजाइन-निर्माण के पश्चात उसे उत्पादन-विशेषज्ञ एवं अन्य कला-मर्मज्ञ पास करते हैं, उसके बाद वह डिजाइन सम्बन्धित वस्तु के उत्पादन-केन्द्रों में उत्पादन के लिए भेज दी जाती है। वहाँ पर बड़ी मात्रा में तैयार करके वह बाजारों में बिकने के लिए आ जाती है। यह सुनकर, डिजाइन सेण्टर के कार्य से प्रभावित, देवीशंकर अवस्थी बाहर यह संकल्प लेकर निकले कि अभी हजरतगंज के हैण्डीक्रैफ्ट एम्पोरियम से हाथी वाला कॉफी का सेट खरीद लेंगे एवं 'माँ और शिशु' वाला पर्दे का कपड़ा तथा कुछ अन्य सजावट की चीजें अपने ड्राइंगरूम के लिए खरीदेंगे (गोकि अपने पाठकों को इतना मैं बता देना चाहता हूँ कि देवीशंकर अवस्थी के पास कोई ड्राइंगरूम नहीं है; हाँ, उनको यह विश्वास है कि जब पर्दे, सोफासेट, सजावट की चीजें हो जायेंगी, तो फिर ड्राइंगरूम अपने आप

हो जायेगा। ठीक भी है—रही बात थोड़ी जीन, लगाम, घोड़ी। एक सज्जन को घोड़ी खरीदनी थी, उसके लिए दाना, भूसा रखने की जगह, बाँधने की रस्सी आदि सबकी व्यवस्था कर ली; केवल जीन, लगाम और घोड़ी ही रह गयी थी।) पर लखनऊ का हजरतगंत ही नहीं, तब से दिल्ली की हर दुकान में वे इन डिजाइनों को ढूँढ़ रहे हैं; मिली अब तक नहीं हैं। अब आभास यह हो रहा है कि डिजाइन सेण्टर डिजाइनों का म्यूजियम बना रहा है और उत्पादक अपनी कला-क्षमता के आगे इन डिजाइनों को बाजार में लाने की कोई आवश्यकता नहीं समझते। पर यही तो सरकारी विभागों की कार्य-पद्धति है—स्वतन्त्रता के बाद 'आटोनामी' भी तो आयी है। 'गोपी का काम निराला' : हर विभाग अपनी गजगति पर चले—अजन्ता गज मोटिफ तो इस पद्धति में स्वीकार हो गया; अलग से चित्रित करने की क्या आवश्यकता?

धर्मयुग : 1961

बाड़ा अंग्रेजी के चारों ओर बनाइए, हिन्दी के नहीं!

(अंग्रेजी की रक्षा के लिए एक तर्क और एक योजना)

(हिन्दी और अंग्रेजी की समस्या पर हम विद्वान समीक्षक डॉ. अवस्थी की यह प्रतिक्रिया सादर प्रस्तुत कर रहे हैं। इस टिप्पणी के प्रारम्भिक अंश को पढ़ने से पहले यह धारणा बनती है कि मानो वे हिन्दी के आन्दोलन के पक्ष में नहीं हैं। लेकिन पूरी टिप्पणी पढ़ने के बाद आप पाएँगे कि उनको चिन्ता यह है कि हिन्दी को प्रतिष्ठित करने की बात केवल आवेग या भावना से न कही जाये, तर्क और सन्तुलित चिन्तन के साथ कही जाये और अंग्रेजी के प्रति अनावश्यक भय का परित्याग कर उसे उतना ही महत्त्व दिया जाये, जो उपयोगी हो—न उसका अनावश्यक आधिपत्य हो, न उसके प्रति अनावश्यक भयजन्य आक्रोश। यह ठीक ही है।

उन्होंने स्वयं इस बात का संकेत किया है कि यह आवेश सम्भवतः इसी कारण है कि उच्च पदीय शासक, वयोवृद्ध नेता और बड़े अखबार अपनी सारी शक्ति का दुरुपयोग हिन्दी से उसका न्यायपूर्ण अधिकार छीनने में कर रहे हैं। 'अंग्रेजी हटाओ' की बात भी जहाँ कही गयी है, वहाँ उसका तात्पर्य यही है कि जिन अनधिकारपूर्ण स्थानों पर छलबल से अंग्रेजी प्रतिष्ठित कर दी गयी है, वहाँ से 'अंग्रेजी हटाओ' और भारतीय भाषाओं को प्रतिष्ठित करो। जब महात्मा गाँधी ने अंग्रेजों से कहा था 'भारत छोड़ो' तो यह नहीं कहा था कि वे यात्री, सामान्य नागरिक या विशेषज्ञ या मित्र बन कर भी यहाँ नहीं रह सकते। उन्होंने यही कहा था कि भारतीयों के जन्मजात अधिकारों को हड़प कर जहाँ अंग्रेज बैठे हैं, वहाँ से उन्हें हटाना ही होगा।

डॉ. अवस्थी ने अन्त में कहा है कि हिन्दी वाले अंग्रेजी को घर की सुरक्षा देना चाहते हैं, बशर्ते वह घर की मर्यादा मान कर अपनी सीमा के अन्दर रहे। यह दृष्टिकोण अत्यन्त उचित है। हम तो यही प्रयास कर रहे हैं कि हिन्दी को पहले अपने घर में इतना अधिकार तो मिले कि वह

*दूसरी भाषा की सुरक्षा की व्यवस्था कर सके। अभी तो हिन्दी पन्त जी के शब्दों में–'अपने ही घर में प्रवासिनी' है। –***सं. धर्मयुग***)*

सोचता था कि 'धर्मयुग' सम्पादक को बधाई देनी चाहिए–*हिन्दी के प्रश्न पर एक देशव्यापी आन्दोलन के लिए।* पर इस आन्दोलन का रूप बहुत कुछ 'गोरक्षा आन्दोलन' की शक्ल ग्रहण करता जा रहा है। नाना प्रकार के आग्रही, दुराग्रही, सुआग्रही व्यक्ति साहित्यिक, सांस्कृतिक, नैतिक, राष्ट्रीय, प्रजातन्त्रीय, तानाशाही, बहुमती, जनमती, उत्तरी, दक्षिणी, पूर्वी, पश्चिमी आदि तक दे रहे हैं। किसी को हिन्दी अंग्रेजी से हारती प्रतीत होती है और किसी को हिन्दी वालों से ही। कोई उसमें न्यस्त स्वार्थों की बात उठाता है, तो कोई राष्ट्रीय एकता का सपना साकार होता देखता है। यों, चर्चा का यह रूप अस्वाभाविक इसलिए नहीं है कि इस देश के स्वर्गीय प्रधानमन्त्री नेहरू जैसे लोकप्रिय नेता और शक्तिशाली शासक, राजाजी जैसे आदरास्पद वयोवृद्ध राजनीतिज्ञ, 'स्टेट्समैन' जैसे सन्तुलित अखबार (एवं ऐसे ही तमाम उच्च पदस्थ व्यक्ति या संस्थाएँ) बराबर हिन्दी पर शर-सन्धान करने के लिए आतुर रहते हैं, मौके की तलाश में रहते हैं और मारते रहते हैं। सम्भवतः इसी की प्रतिक्रिया में महारथियों से लेकर पदाति सैन्य के शूरमाओं तक की यह सेना व्यूह बाँध कर खड़ी हो रही है हिन्दी के चारों ओर। पर कभी-कभी लगता है कि यह व्यूह, विरुद्ध-व्यूह की अपेक्षा, कहीं अधिक दिग्भ्रमित और अपने लक्ष्य तथा कार्यक्रम के बारे में अस्पष्ट है। इससे भी अधिक खेदजनक बात है कि इस भ्रम और अस्पष्टता में हमें अंग्रेजी के हिमायती ढकेलते हैं अपने शब्दजाल से और हम उसके शिकार भी सुविधा से बन जाते हैं। 'लिंगुआ फ्रैंका', 'ऑफिशियल लैंग्वेज', 'नेशनल लैंग्वेज', 'स्टेट लैंग्वेज', 'लिंक लैंग्वेज', 'एसोशिएट लैंग्वेज' जैसे कितने ही शब्दों का निश्चित, अनिश्चित प्रयोग किया जाता है। शिक्षा के माध्यम को लेकर विचित्र-विचित्र तर्क दिये जाते हैं और इन सबकी उचित परीक्षा किये बगैर, एक भावुक आवेग से प्रदीप्त होकर, हम भी तर्क देते हैं या निराशा प्रकट करते हैं।

इस सम्बन्ध में एक बात सबसे अधिक भुला दी जाती है कि हिन्दी 'गऊ' नहीं है, जो उसकी रक्षा के लिए बाड़े बनाये जायें और इसे 'धर्मयुद्ध' के स्तर पर लाकर 'अंग्रेजी हटाओ' का नारा निनादित किया जाये। हिन्दी के लिए यह भी सिद्ध करने की आवश्यकता नहीं है कि उसके बोलने वाले कितने प्रतिशत हैं, और न अब तर्क देने की आवश्यकता है कि 'लिंगुआ फ्रैंका', 'ऑफिशियल लैंग्वेज', 'लिंक लैंग्वेज' आदि की सभी परिभाषाओं में हिन्दी समर्थ रूप से चाकचौबन्द बैठती है। अंग्रेजी से भयभीत होने की भी उसे आवश्यकता नहीं है। अंग्रेजी के पक्षधरों के वक्तव्यों की, अगर सतर्क मीमांसा कीजिए, तो पिछले एक-दो वर्षों से उनमें एक ऐसा स्वर व्यक्त होने लगा है, जो यह बता रहा है कि वे एक हारती हुई लड़ाई लड़ रहे हैं। इन

लोगों की मोर्चेबन्दी अब केवल एक बिन्दु पर है कि अंग्रेजी को अधिक से अधिक समय तक और अधिक से अधिक क्षेत्रों में बनाये रखा जाये। इसीलिए आवश्यकता इस बात की है कि अंग्रेजी को अधिक से अधिक सीमित क्षेत्रों के भीतर रहने को विवश किया जाये। बाड़ा अंग्रेजी के चारों ओर बनाया जाना चाहिए न कि हिन्दी के।

परन्तु इस कार्य को करने के पहले अंग्रेजी की शक्ति, आवश्यकता एवं अनिवार्यता को भी अनाविल चित्त से विचार लेना चाहिए। अंग्रेजी वाङ्मय की शक्ति से हम सभी परिचित हैं। शास्त्र-ज्ञान हो या रसात्मक साहित्य, अंग्रेजी संसार की समृद्धतम भाषा मानी जा सकती है। सब मिलाकर उसके बोलने, समझने या व्यवहार में लाने वालों की संख्या भी अन्तर्राष्ट्रीय स्तर पर शायद सर्वाधिक है। हम हिन्दी के लेखक भी अंग्रेजी के माध्यम से यथेष्ट शक्ति अर्जित करते आये हैं या कि चिन्तन-मनन के लिए प्रेरणा लेते आये हैं। काव्यरूप, शैली-शिल्प, समीक्षा-पद्धतियों, दर्शन और विचार, ज्ञान-विज्ञान के विविध रूप और सूचनाएँ—ये सब हमें अंग्रेजी के माध्यम से मिलते आये हैं। यहाँ तक कि अपने देश के बारे में भी हमारा अधिकांश ज्ञान अंग्रेजी के माध्यम से ही उपलब्ध हुआ है। अतः अपने होशोहवास से दुरुस्त शायद ही कोई हिन्दी लेखक होगा, जो इस स्रोत से अपने को काट लेना चाहेगा। बल्कि अब तो आकांक्षा यह बढ़ती जा रही है कि इस स्रोत के अतिरिक्त अन्य स्रोतों—यथा रूसी, फ्रेंच, स्पैनिश आदि—को भी अधिक से अधिक अपने देश के बौद्धिक-प्रवाह से जोड़ने की चेष्टा की जाये।

इसी प्रसंग में यह भी ध्यान देने योग्य है कि स्व. प्रधानमन्त्री नेहरू और उन्हीं की तरह सोचने वाले बहुत से लोग अकसर हवाला देते रहते हैं कि संयुक्त अरब गणतन्त्र या जापान या अन्य किसी देश में अंग्रेजी का पढ़ना अनिवार्य कर दिया गया है या कि रूस जैसे देश में भी अंग्रेजी का प्रचार पिछले दिनों बहुत बढ़ा है। और इस तर्क के आधार पर हिन्दी या अन्य क्षेत्रीय भाषाओं के हिमायतियों की संकीर्णता सिद्ध की जाती है। परन्तु वस्तुतः यह तर्क तनिक परीक्षा करने के बाद बूमरैंग सिद्ध होता है और इन अंग्रेजी के हिमायतियों पर ही प्रहार करता है।

जैसा कि मैं पहले ही कह चुका हूँ, जानबूझ कर कुहासा इन अंग्रेजीपरस्त लोगों द्वारा पैदा किया जाता है। बहुधा अधूरी बात या अधूरी सूचना के माध्यम से यह मिथ्या सृष्टि खड़ी की जाती है। यहीं यह कह देना भी प्रासंगिक होगा कि झगड़ा इस बात में नहीं है कि 'सरकारी कामकाज किस भाषा में हो'; बल्कि द्वन्द्व का वास्तविक क्षेत्र शिक्षा है—वहाँ किसका प्रभुत्व रहे; या यों कहें कि शिक्षा का माध्यम क्या हो? क्योंकि आगे के सारे परिवर्तन इसी पर निर्भर हैं। संयुक्त अरब गणतन्त्र, रूस या जापान का उदाहरण देने वाले ये शूरवीर यह बताना भूल जाते हैं कि इन देशों में शिक्षा का माध्यम अंग्रेजी नहीं है और अंग्रेजी का प्रचार या अनिवार्य अध्यापन एक अलग विषय के रूप में स्वीकृत है।

अभी हम स्वयं ऊपर कह चुके हैं कि अंग्रेजी के स्रोत से हम कटना नहीं

चाहते; हम अंग्रेजी पढ़ते हैं, और अधिक पढ़ना चाहते हैं। पर सवाल है कि किस रूप में? यही वह स्थान है, जहाँ पर अंग्रेजी को बाड़ाबन्द करने की आवश्यकता है। अंग्रेजी पढ़ाई जाये; अच्छे से अच्छे अध्यापकों द्वारा पढ़ाई जाये; आवश्यकता पड़े तो अंग्रेज अध्यापकों को बुलाकर पढ़वाई जाये; उसके ऊँचे स्तर को बराबर बनाये रखा जाये। परन्तु यह सारा अध्यापन एक अलग विषय के रूप में होना चाहिए। बल्कि हम तो यहाँ तक स्वीकार करने को तैयार हो सकते हैं कि अंग्रेजी के समस्त अच्छे विद्यार्थियों को विशेष छात्रवृत्तियाँ दी जायें। पर शिक्षा-माध्यम के रूप में उसका स्वीकरण घातक भी है और अनावश्यक भी। जिस व्यक्ति को हायर सेकेण्डरी पास करके किसी दफ्तर में क्लर्क बनना है, दुकान पर बैठना है या किसी शिल्पिक व्यवसाय में लग जाना है, उसके लिए अंग्रेजी की आवश्यकता का प्रतिपादन तो पं. नेहरू भी नहीं कर पाते थे। अतः उच्चतर माध्यमिक स्तर तक शिक्षा-माध्यम के लिए अंग्रेजी अनावश्यक भार प्रतीत होती है।

तब प्रश्न उठता है कि विश्वविद्यालय-स्तर पर शिक्षा का माध्यम क्या हो? राजाजी और उनके तमाम भाई-बन्धु कहेंगे—'अंग्रेजी'; इसलिए कि उच्चतर क्षेत्रों में बिना उसके कार्य नहीं चलेगा। आप पूछ सकते हैं क्यों? उनका सहज उत्तर होगा कि उच्चतर ज्ञान-विज्ञान आपकी भाषाओं में नहीं है, इसलिए अंग्रेजी अनिवार्य रूप से होनी चाहिए। यही नहीं, इसी भूमि पर खड़े होकर वे एक गहरा वार और करना चाहेंगे कि अचानक विश्वविद्यालय-स्तर पर शिक्षा का माध्यम अंग्रेजी होने से अड़चन होती है। स्तर गिरता है, अतः माध्यमिक स्तर से ही अंग्रेजी को माध्यम के रूप में स्वीकार कर लेना चाहिए; और अगर सारे राज्य तैयार नहीं होंगे, तो वे लोग एक 'सेण्ट्रल बोर्ड ऑफ सेकेण्डरी एजुकेशन' बना लेंगे, जो सारे देश में एक अभिजात वर्ग पैदा करने के लिए अंग्रेजी माध्यम वाला सेकेण्डरी सिस्टम चालू कर देगा। उसी से निकले हुए विद्यार्थी विश्वविद्यालयों में अच्छे अंक प्राप्त कर सकेंगे; एवं इस प्रकार वर्ग और समूह का सिद्धान्त अक्षुण्ण बना रहेगा। अगर आप तर्क दें कि माध्यम के रूप में हिन्दी आदि का प्रयोग प्रारम्भ कीजिए—उनमें ज्ञान-विज्ञान धीरे-धीरे उपलब्ध हो जायेगा, *तो यह तर्क जितने समय की माँग करता है, उतना आज की आपाधापी वाली जिन्दगी में कोई देने को तैयार नहीं है?* वस्तुतः यह किसी अंग्रेजीपरस्त का तर्कमात्र नहीं है—यह एक गम्भीर समस्या है, जिसे सीधे मुँह पकड़ने की आवश्यकता है। जिस द्रुतगति से विज्ञान आगे बढ़ रहा है उसे देखते हुए 10-15 वर्ष पीछे हो जाने के अर्थ सामान्य नहीं होंगे। *इसी कारण आवश्यकता एक ऐसे कार्यक्रम की है जो एक ओर अंग्रेजी से कटने भी न दे और दूसरी ओर इस देश की भाषाओं को भी समृद्ध करे। समस्या अंग्रेजी हटाओ की नहीं है, बल्कि अंग्रेजी को उसके उपयुक्त स्थान पर केन्द्रित करने की है। समस्या है कि हिन्दी तथा प्रादेशिक भाषाओं को अपना दायित्व निबाहने का अवसर मिले तथा देश की बौद्धिक सम्पदा की क्षति भी न हो।*

इस सम्बन्ध में अगर एक बात साफ हो जाये कि किसी विषय या वस्तु का ज्ञान-ग्रहण और उसकी अभिव्यक्ति दो अलग-अलग प्रक्रियाएँ हैं, तो समस्या कुछ सुलझ सकती है। रस-साहित्य के क्षेत्र में हम सभी जानते हैं कि भारतीय लेखकों ने अंग्रेजी से कितना ग्रहण किया है, पर उनकी अभिव्यंजना का माध्यम अंग्रेजी न होकर भारतीय भाषाएँ रही हैं। क्या यही ज्ञान-विज्ञान के अन्य क्षेत्रों में सम्भव नहीं है। मेरा अनुमान है कि इसकी सम्भावना वहाँ पर और अधिक है। अगर उच्चतर माध्यमिक कक्षाओं में एक अलग विषय के रूप में अंग्रेजी भाषा (साहित्य नहीं) का अच्छा ज्ञान प्राप्त कराया जा सके, तो कोई कारण नहीं है कि विश्वविद्यालय-स्तर पर मातृभाषाओं के माध्यम से शिक्षा प्राप्त करते हुए भी इन विद्यार्थियों की बौद्धिक क्षमता में कोई अन्तर पड़े। अध्यापक और विद्यार्थी अंग्रेजी के माध्यम से अधिकाधिक ज्ञान-विज्ञान प्राप्त करते रहेंगे; (क्योंकि इस भाषा की समझ उन्हें हो चुकी होगी) पर उनकी अभिव्यक्ति का माध्यम अपनी-अपनी भाषाएँ होंगी। रट्टू तोता मार्का विद्वानों को अलग कर दिया जाये, तो सच्चाई यह है कि इससे पढ़ने-पढ़ाने में अधिक सुविधा होगी। और इसी प्रक्रिया में भारतीय भाषाएँ भी अधिकाधिक समृद्ध होती जायेंगी। यों जहाँ तक उच्चतर शुद्ध विज्ञान का प्रश्न है, सभी जानते हैं कि उसमें एक नयी प्रतीक भाषा का प्रयोग बराबर बढ़ता जा रहा है और अंग्रेजी, हिन्दी या रूसी जैसी संज्ञाएँ वहाँ निरर्थक-सी लगने लगती हैं। वहाँ पर झगड़ा कोई नहीं खड़ा करता। पर वहाँ तक पहुँचने के रास्ते की जो भाषागत प्रक्रिया है, उसके लिए क्या हो?

हम समझते हैं कि अब इसकी जोरदार माँग होनी चाहिए कि माध्यमिक स्तर पर अंग्रेजी का स्तरीय ज्ञान उन विद्यार्थियों के लिए अनिवार्य कर दिया जाये, जो विश्वविद्यालयों में जाने के अभिलाषी हैं—अभिलाषी अपनी योग्यता के आधार पर, पिता के पद या सम्पत्ति के आधार पर नहीं। पर शिक्षा का माध्यम प्रारम्भ से लेकर विश्वविद्यालय पर्यन्त मातृभाषा ही रहे। अंग्रेजी के अध्यापकों को प्रशिक्षित करने के लिए देश में सौ-पचास संस्थाएँ इस प्रकार की खोली जायें, जिनमें कि विदेशी भाषा के रूप में अंग्रेजी को पढ़ाने का प्रशिक्षण दिया जाये। विश्वविद्यालय-स्तर पर भी प्रत्येक वर्ष तीन-चार सप्ताह का एक विशेष पाठ्यक्रम विद्यार्थियों के लिए अनिवार्य कर दिया जाये, जिसमें कि उन्हें अंग्रेजी भाषा-सम्बन्धी रिफ्रेशर कोर्स दिया जाये। शर्त केवल इतनी है कि तत्काल शिक्षा का माध्यम, प्रश्नपत्रों के उत्तर देने का माध्यम हिन्दी एवं प्रादेशिक भाषाएँ घोषित की जायें।

इतना फिर दुहरा रहा हूँ कि रक्षणीय अंग्रेजी है और हम हिन्दी वाले भी उसके लिए एक घर के अन्दर की सुरक्षा देना चाहते हैं और इस घर की मर्यादा को उसे स्वीकार करना ही होगा।

धर्मयुग : 26 जुलाई, 1964

अनुभव का विराट विग्रह

अलाव जल रहा था। देवनारायण मामा बता रहे थे—'अवध के किसानन कै जाँच जवाहरलाल कइ रहे हैं। हम दूजने साथ-साथ घूमित रहे। भूख लागै तो जवाहिर लाल कहैं लाव चना और हम सबते जबरदस्ती लइके कुरता की खतैतिन (जेबों) मां भरी लेयं। हम पंच सकुचाईं कि इनके कपड़ा पेरिस मां धोए जात हैं औं ई भूंजे चना कैसे चबइहैं? मुला, बड़ी तागति (शक्ति) है—दुपहरिया की दुपहरिया जुटे रहत हैं कामे मां।' आदि आदि बातें मन्त्रमुग्ध की भाँति मैं सुनता रहता था—तब आठ-नौ साल का था। देवनारायण मामा से बार-बार नेहरू जी के बारे में पूछता—लगता कि मामा ऐसी दिव्य दृष्टि दे देंगे, जिससे मैं सम्पूर्ण जवाहरलाल को उपलब्ध कर लूँगा। तभी एक दिन बैलगाड़ियों में हम लोग लालगंज (जिला रायबरेली) के लिए चल दिये। बैलों के गले की घण्टियाँ बजती थीं और मुझे लगता था कि जवाहरलाल मेरी पीठ थपथपा देंगे। उनके रंग-बिरंगे चिह्न अपने आप उभरते थे—कुछ किंवदन्तियों एवं बड़े-बूढ़ों की चर्चा के कणों के आसपास मिश्री के डलों के समान बनते जा रहे थे। सूर्यास्त के आसपास वे आये। कुछ कह कर चले गये; और कुछ-कुछ नहीं याद, केवल एक शब्द 'विनोबा' अब तक कानों में गूँज रहा है। अब जानता हूँ कि सन् 40 के व्यक्तिगत सत्याग्रह आन्दोलन के प्रथम सत्याग्रही विनोबा भावे की बात कही थी। पर शब्द नहीं, रूप मुझे याद है। मंच के निकट ही बैठकर उनको देखा था। छूने का मन हुआ था; पर छू नहीं पाया था। लौटते समय फिर घर वालों की कुछ बातें कानों में पड़ती रहीं और दूसरे दिन अपने मिडिल स्कूल के अंग्रेजी मास्टर से जाकर कहा कि नेहरू जी को मैं देख आया—उनका चेहरा लक-लक चमक रहा था—ब्रह्मचर्य का तेज था। उन्होंने मुझे डाँटते हुए कहा कि 'तुम मूर्ख हो—ब्रह्मचर्य के माने भी जानते हो कि खाली सुन आये हो।' माने तो अब जानने लगा हूँ; पर तब तो वह ऐसा गुण था, जिसे किसी भी अध्यापक के कहने से मैं छोटा नहीं कर सकता था और मैंने मन ही मन उन मास्टर साहब को गधा मान लिया था।

पाँच वर्ष और : 1945-46 : रायबरेली में पढ़ रहा था। परिवार का राजनीतिक वातावरण मेरे चारों ओर था। मैं भी स्थानीय स्टूडेण्ट कांग्रेस वगैरह का जिम्मेदार

पदाधिकारी था। एक दिन जेल से कुछ ही पूर्व छूटे हुए नेहरू जी ट्रेन से इलाहाबाद से लखनऊ जा रहे थे। रायबरेली का स्टेशन उनके जयघोष से आपूरित था। मैं भी अपने को बहुत महत्त्वपूर्ण नेता या व्यक्ति मानता हुआ स्टेशन पर व्यवस्थारत था। नेहरू जी आये : एक घुटन्ना और एक बाँहदार बनियाइन पहने। हँस-हँस कर पुराने साथियों से बातें करते रहे। लाल साहब ने चाय मँगा दी; पर भीड़ में भीतर न पहुँच सकी। मैं अपनी सारी महत्ता को भुलाए पास खड़ा केवल निहारता रहा और वे ट्रेन पर बैठ कर पुनः चले गये। सोचता रहा कि काश हैण्डिल पकड़ कर उसी डिब्बे में चला जाऊँ। पुराने चित्र में कुछ नया रंग भर लिया मैंने। पाया भी कुछ। शायद प्रेरणा, शायद भीड़ के भीतर अकेलेपन का भाव, शायद कुछ नहीं—मात्र भीड़ के जयघोष का एक निःशब्द रूप। शायद तब तक रूप ही नहीं शब्द को जानने-समझने के साथ उसे कार्यरूप में परिणत करना भी सीखने लगा था।

तब से 19 वर्ष होने को आये। नेहरू को कितनी बार देखा। सुना, पढ़ा। कभी रीझा कभी ऊबा। ऐसे भी अवसर आये; नगर में वे आये और मैं भाषण भी सुनने नहीं गया। क्यों? इसलिए कि वही घिसी-पिटी होंगी—कल अखबार में देख लूँगा। भाषा के बारे में उनका सोचना-विचारना मुझे हमेशा ऊलजलूल लगा। यह बराबर अनुभव करता रहा कि यह व्यक्ति ठोंक-ठोंक कर देश को आधुनिक बनाने में जुटा हुआ है। शायद वे अकेले व्यक्ति हैं, जिन्होंने इस देश को आधुनिक बनाने में, पुनरुत्थानवादी प्रवृत्तियों से छुटकारा दिलाने में सबसे अधिक योगदान दिया है। वैज्ञानिकता, अन्तर्राष्ट्रीयता, समाजवाद, शान्ति जैसे नारों को उन्होंने भारतीय जीवन में प्रतिष्ठित किया है। 'मेरी कहानी' के संवेदनाशील वक्तव्यों को पढ़ कर उनके अकेलेपन का अहसास मुझे भी हुआ है। उनके संशयशील व्यक्तित्व में मुझे पूरे भारतवर्ष का बौद्धिक वर्ग बोलता लगा है। 'मेरी कहानी' भारतीय बुद्धिजीवी के मानसपटल का दर्पण है। पर मुझे यह भी लगा है कि जिन मूल्यों को यह व्यक्ति स्थापित कर रहा है, उन्हीं के साथ गलत सन्दर्भों को भी जोड़ देता है। अंग्रेजी बोलने के ऐक्सेंट पर बुद्धिमत्ता का विचार करना कहाँ की बुद्धिमानी है। शायद भाषा के प्रश्न पर देखा कि अखण्डता को नष्ट करने में भी उनका बड़ा हाथ आगे का इतिहासकार मानेगा। प्रजातन्त्र का इतना बढ़ा समर्थक ही भारतीय गणतन्त्र को एक प्रतिशत व्यक्तियों के हाथों सौंपने के षड्यन्त्र का अनजाने भागी बन रहा है। इस तरह उनके प्रति एक दुहरा भाव मेरे भीतर पिछले 15 वर्षों में बराबर बना रहा है; और मेरे मन पर कोई मूर्ति इन दिनों की अंकित नहीं है। मेरा खयाल था कि शायद यह बुद्धिजीवियों की दो पीढ़ियों की टकराहट है और इस टकराहट में सदैव नेहरू ही नहीं जीतते।

फिर 28 अक्टूबर 1962 : चीनी आक्रमण के 8 दिन बाद। दिल्ली विश्वविद्यालय के परिसर में नेहरू आने वाले थे। एक अजीब खामोश सरगर्मी पूरे माहौल पर छायी

हुई थी। वे विश्वविद्यालय के छात्रसंघ का उद्घाटन करने आ रहे थे। हम सभी सोच रहे थे कि आज वे युद्ध का जोशीला आह्वान देंगे; ऐसी भाषा में बात करेंगे, जो नसों को तड़का देगी, इतनी बुलन्द आवाज होगी कि कानों के पर्दे फट जायेंगे। शायद वे कहेंगे कि सभी लोग युद्ध की ज्वाला में कूद पड़ो। वे शायद जिरहबख्तर पहने किसी रोमानी योद्धा की तरह आयेंगे और सब पर छा जायेंगे।

पर यह क्या? इस बार नजदीक से बहुत दिन बाद देखा है—कन्धे कुछ झुक गये हैं, चेहरे पर झुर्रियाँ बढ़ गयी हैं और पाण्डुरता भी। पिछली बीमारी ने शायद वह 'लकलक' ज्योति ले ली है, जो मुझे बचपन में लालगंज में देखने को मिली थी। मैं इस धक्के से उबर न पाया था कि एक धीमी-सी सधी पर परिचित आवाज कानों तक पहुँची 'अजीब इत्तिफाक है कि आज मैं लोगों के सामने बोलने आया हूँ।' पहला वाक्य कान में पड़ा और लगा कि हाय क्या मेरी मन-कल्पित प्रतिमा खण्डित हो जायेगी? 'अरे' पण्डित जी आग बरसाने वाली भाषा का इस्तेमाल क्यों नहीं करते? लीजिए। आज चीनी झगड़े का इतिहास बता रहे हैं—पर हमें कहाँ धीरज है कि इस भूमिका पर सर पटकते रहें। खैर सुनो भी, आखिर बोल तो पण्डित जी रहे हैं। 'एक नेता था, जिसने हमें खड़ा होना, चलना सिखाया था।... हम नालायक निकल गये। उसके कौल को हम पूरा नहीं कर सके।... हमारी क्या हस्ती है...हम तो बहुत छोटे लोग हैं।...' मन ने टोका, जनजन हृदय-सम्राट! आपका स्वर ऐसा क्षमाप्रार्थी क्यों? आखिर आप इस प्रकार की शब्दावली से कहना क्या चाहते हैं? पर भाषण बढ़ता जाता है : 'मैं आप नौजवान लड़कों एवं लड़कियों के चेहरों से रोशनी लेने आया हूँ। आपसे मुझे ताकत मिलती है।' पर किसलिए 'भावी कल से यह रोशनी की उम्मीद? पुनः वही परिचित स्वर गूँज जाता है। एक दृश्य सामने खड़ा हो जाता है : 'हमारा एक लम्बा इतिहास है। पिछले हजारों बरस खड़े हमारी ओर देख रहे हैं कि इस संकट के समय हम क्या करने जा रहे हैं?' मेरे सम्मुख एक स्फटिक बिम्ब खड़ा था—अतीत (पिछले हजारों वर्ष) और भविष्य (आने वाली पीढ़ी) के बीच खड़ा यह एक व्यक्ति है या एक सेतु जो दोनों किनारों से शक्ति ले रहा है और दोनों को शक्ति एक नयी अर्थवेत्ता दे रहा है। आग बरसी नहीं पर हमें उसके विराट अनुभव का खण्ड बना दिया। मन की आतुरता तनिक कम हुई और प्रतीत हुआ कि एक भी बार आवाज को आरोह-अवरोह पर लाये बिना धीरे-धीरे नितान्त प्रशान्त स्वर में यह व्यक्ति कितनी स्फूर्ति गतिशीलता के साथ हमें एक विराट अनुभव के द्वार पर खड़ा कर रहा है। इस बिन्दु पर युद्ध भयोत्पादक नहीं रहा, हमारे आन्तरिक अनुभव का अंग बन गया। ऐसा अनुभव जो दायित्व को स्वीकारता है। मुझे लगा कि मैं फिर देवनारायण मामा के पास पहुँच गया और इस व्यक्ति-विग्रही अनुभव का एक अंश हूँ। उसी क्षण यह बुढ़ाता हुआ नेता बूढ़ा नहीं रहा—वह मेरे लिए बड़े-बड़े दुर्दान्त, वीरों से कहीं बड़ा हो गया। तभी उनके साथ-साथ खुले गले से मैंने आवाज लगाई थी—'जयहिन्द'।

पर उसके बाद : कैमरे की एक ही फिल्म पर कई बार चित्र खींचिए और जो गड्डमड्ड दृश्यावली देखने को मिलेगी कुछ वैसा ही अनुभव करता हूँ। लगता है कि प्रभाव-चित्रों का तारतम्य कहीं बिगड़ गया है। कानपुर में अचानक एक तपती दोपहरी को मृत्यु का समाचार और सारे नगर का 'स्तब्ध पवन चार', ऐसे समय दिल्ली से दूर होने की नियति का एहसास, रेडियो पर के विभिन्न वर्णन, लखनऊ हवाई अड्डे पर भस्मी का आगमन, प्रयाग में प्रवाह, जुलाई में लौट कर दिल्ली आने पर तीन मूर्ति के पास से गुजरते हुए एक टीस का अनुभव, शान्तिवन का साइन बोर्ड आदि बीसियों छायाचित्र हैं। पर इन छायाचित्रों से एक पार्श्व छवि बार-बार उभरती है...उसी तेवर और मुस्कान की मुद्रा के साथ।

चेहरा अब दिखता नहीं पर उभरता है—उभरता है अनुभव में, बोध में 'ऐसे क्षण अन्धकार घन में जैसे विद्युत।' यह बात गाँधी को छोड़कर और किस आधुनिक व्यक्ति के बारे में कही जा सकती है कि वह पूरे राष्ट्र के अनुभव का सचेत अंग बन गया है। बल्कि कहना तो यह चाहूँगा कि यह बात गाँधी से भी अधिक नेहरू के लिए कही जा सकती है—कम से कम बुद्धिजीवी मानस के सन्दर्भ में। इसीलिए अब यह भी लगता है कि ऊपर दुहरे भाव की चर्चा करते हुए जिन निष्कर्षों पर पहुँचा था वे शायद सही नहीं थे। वे अन्तिम क्षण तक बुद्धिजीवियों को प्रभावित करते रहे—टकरा कर और विरोध के लिए पर्याप्त उत्तेजना देकर भी। किसी भी व्यक्तित्व की इससे बड़ी सार्थकता की सामान्यतः कल्पना नहीं की जाती।

आजकल : नवम्बर, 1964

प्यारे प्रधानमन्त्री

प्यारे प्रधानमन्त्री,

आज 12 जून है। अगर मैं भूलता नहीं तो आपको प्रधानमन्त्री हुए एक वर्ष बीत गया। मैं हिन्दी का एक छोटा-सा लेखक, अदना-सा अध्यापक आपको चिट्ठी—खुली चिट्ठी—लिख रहा हूँ या यों कहें कि लिखने के लिए प्रेरित हुआ हूँ। जानते हैं क्यों? इसलिए कि मैंने अपने लड़के को अंग्रेजी माध्यम वाले कान्वेंट स्कूल में भरती कराया है। उसको लेकर मेरे मन में जो संघर्ष हुआ है, जो पीड़ा हुई है, जो खुशी हुई है, उसने आपको पत्र लिखने के लिए प्रेरित किया। पहले खुशी की बात बताऊँ : मैंने कहीं किसी स्तर पर अनुभव किया कि आज मैं ऊँचे वाले वर्ग में आ गया हूँ। अब मेरा लड़का किटपिट-किटपिट अंग्रेजी बोल सकेगा और ऊँचा शासक बनने का द्वार उसके लिए मैंने खोल लिया है। मैंने अनुभव किया कि अपने उन भाइयों, मित्रों, सम्बन्धियों से आज मैं ऊपर उठ गया, जिनके बच्चे प्राइमरी स्कूलों में पढ़ रहे हैं; और आज मैं जान सका कि क्यों ऊँचे वर्ग के लोग अंग्रेजी बनाये रखना चाहते हैं। आज मेरी समझ में आ गया कि क्यों पंजाबी के लेखक डॉ. गोपाल सिंह 'दर्दी' एम.पी. ने 'स्टेट्समैन' में सम्पादक को पत्र लिखते हुए कहा था कि अपने पड़ोसी के नहीं अपने बच्चों की खातिर अंग्रेजी बनाये रखो। असल में 'अपने बच्चों' से तात्पर्य हमारे उस तबके से है जो अंग्रेजी स्कूलों में अपने बच्चों को पढ़ाने का खर्च बरदाश्त कर सकता है। तो मेरे प्यारे प्रधानमन्त्री, अपने बच्चों को कान्वेंट स्कूल में भरती कराकर आज अपने से ऊँचे वर्ग में शामिल होने की तमन्ना पूरी होने की शुरुआत हुई। इससे मैं बड़ा प्रसन्न हूँ। और अगर इसी बीच कहीं आपने हिन्दी को भी यूनियन पब्लिक सर्विस कमीशन, विश्वविद्यालयों, टेक्निकल कॉलेजों आदि में माध्यम के रूप में स्वीकार कर लिया; अगर आपने प्रशासनिक भाषा के स्तर पर हिन्दी को 'वास्तविक' मान्यता प्रदान कर दी, तो मेरे साथ धोखा होगा। मुझे चोट पहुँचेगी, मेरी स्वर्ग पार कर आने की महत्त्वाकांक्षा मिट्टी में मिल जायेगी। फिर मेरा लड़का खेतिहर पं. मुन्नीलाल, छीटन पासी, मुंशी नोखे परसाद और लाला जंगी हलवाई के लड़के से किस बात में अलग रह जायेगा। यों मेरा लड़का टेबुल मैनर्स

सीखेगा, ट्विस्ट नाचेगा, फर्राटे से गलत अंग्रेजी में बोल लेगा और हमारी सरकार और समाज को इन्हीं की जरूरत है–विद्या, बुद्धि, ज्ञान, विनम्रता, सादगी आदि 'ओल्ड वैल्यूज़' हैं–दे मस्ट गो (उन्हें अवश्य खत्म होना चाहिए)। इसलिए शास्त्री जी आप यह बिल्कुल न होने दीजिए–आखिर आप भी तो अब अपने वास्तविक निम्न मध्य वर्ग को छोड़कर वहाँ पहुँचे हैं। अंग्रेजी हटने से जो व्यथा उत्पन्न होगी, वह हमारी और आपकी एक ही है।

इसी सन्दर्भ में आपसे एक दूसरी प्रार्थना है कि बहुत से लोग (आचार्य कृपलानी या डॉ. लोहिया जैसे खब्ती, सनकी, गैरजिम्मेदार लोग) आपके ऊपर जोर डाल रहे हैं कि पब्लिक स्कूलों को समाप्त कर दिया जाये। वे लोग लाख कहें कि इससे शासक और शासित वर्ग के बीच खाई बढ़ती है; इससे एक नयी वर्णव्यवस्था जन्म लेती है, इससे श्रेष्ठ मस्तिष्कों का हनन होता है; इससे जन्म से धनी, पर बुद्धि से रंक बालक उस पद पर पहुँचता है, जहाँ से देश और उसकी संस्कृति को समूल नष्ट करता है; इससे उन लोगों का जन्म होता है, जो स्विट्ज़रलैण्ड के एक बँगले को सारे भारत से अधिक कीमती समझते हैं और जिनके लिए हिन्दी लेखक स.ही. वात्स्यायन ही 'कामसूत्र' के लेखक भी हैं–पर आप इन तर्कों को 'नानसेंस' कह कर उड़ा दें। आप तर्क दें कि अगर सारी जनता के लिए अच्छे स्कूलों की व्यवस्था नहीं हो सकती, तो कुछ के लिए तो होने दीजिए। यद्यपि हम जानते हैं कि अगर कल आपके परिवार के बच्चे, आपके आई.सी.एस. और आई.ए.एस. अफसरों के बच्चे जिला बोर्ड और म्युनिसिपैलिटी के स्कूलों में जाने लगें, तो तत्काल उनकी हालत बेहतर हो जायेगी–पर इस बात को हम कहेंगे नहीं। हम तो यही कहते रहेंगे कि उन स्कूलों का सुधरना हमारी वर्तमान आर्थिक-व्यवस्था में सम्भव नहीं है; और फिर सारे देश को तो उच्च पदों पर बैठाया नहीं जा सकता–जितनों के लिए आवश्यकता है, उतने पब्लिक स्कूल खोल दिये गये हैं। आवश्यकता पड़ने पर और खोल दिये जायेंगे। रही वर्ग-भेद की बात, सो हमने कुछ विशेष योग्यता सम्पन्न विद्यार्थियों के लिए छात्रवृत्तियाँ निश्चित कर रखी हैं–इस तरह गरीब विद्यार्थी भी तो उन स्कूलों में पढ़कर ऊपर पहुँचेंगे। आपके विरोधी कहेंगे कि हाँ, प्रजातन्त्र के नाम पर कुछ क्विज़लिंग (quisling) तो आपको बनाने ही पड़ेंगे–जो अपने परिवार, अपने स्वाभाविक वातावरण से कट कर इस नकली ऑक्सीजन में पल सकें। वे शायद यह भी कहेंगे कि ये विद्यार्थी सदैव सरकारी दान से पढ़ पाने की हीन भावना से परिचालित रहेंगे और उनके व्यक्तित्व लुंज-पुंज ही रह जायेंगे। यह भी तर्क दिया जायेगा कि गरीबों के एकाध तेज लड़के के मुकाबले अमीरों के दर्जनों मूर्ख लड़कों के वही शिक्षा प्राप्त करने के अनुपात का क्या अर्थ होता है? हो सकता है कि संसद में ये लोग आपसे आँकड़े माँग बैठें कि अब तक कितने गरीबों को (वे लड़के जिनके पिता की आय 200 रु. प्रतिमास से अधिक नहीं है) इन नवद्विज स्कूलों में जगह दी गयी है। यह भी तो पूछा जा सकता

है कि कितने साधनहीन व्यक्तियों ने अपने बच्चों के प्रार्थनापत्र भेजने की हिम्मत दिखाई है। प्यारे प्रधानमन्त्री, यह सब आपको आगाह करने के लिए मैं लिख रहा हूँ। आप अपने परम न्यायप्रिय शिक्षामन्त्री से कह दें कि इन सभी के उत्तर सोच लें, अपने सेक्रेटरी को हुक्म देकर वे आँकड़े तैयार करा लें। ऐन मौके पर तीन आने बनाम पन्द्रह आने वाली नौबत न आने पावे कि सारा प्लानिंग कमीशन और वित्त मन्त्रालय परेशान हुआ। हम नहीं चाहते कि शिक्षा मन्त्रालय के अधिकारियों की नींद हराम हो। कुछेक तर्क तो मैं ही बता सकता हूँ। उदाहरणार्थ, आप इसे कुछ मूर्ख हिन्दी वालों का दुराग्रह (या मूढ़ाग्रह) कह सकते हैं या फिर सबसे आसान तरीका होगा कि इसे कम्यूनिस्टों की तोड़-फोड़ वाली नीति बताया जा सकता है। समर्थन में आप कुछ हिन्दी वालों के पब्लिक स्कूल समर्थक वक्तव्य भी ढुँढ़वा सकते हैं। उदाहरणार्थ, नैनीताल के बिड़ला विद्या मन्दिर पब्लिक स्कूल के वार्षिकोत्सव में गोविन्द वल्लभ पन्त, सम्पूर्णानन्द, चन्द्रभानु गुप्त आदि सभी हिन्दी समर्थक गये होंगे। भूतपूर्व राष्ट्रपति राजेन्द्र बाबू भी किसी-न-किसी पब्लिक स्कूल को आशीष देने अवश्य पहुँचे होंगे। इन लोगों के नाम और इनके वक्तव्यों के सहारे आप पब्लिक स्कूल विरोधी हिन्दी समर्थकों को मात दे सकते हैं। और भी आप पर्दाफाश करना चाहें तो पता लगा लें, जितने भी हिन्दी के बड़े लेखक, प्रोफेसर, पत्रकार और संसद सदस्य हैं, वे सभी अपने लड़कों को पब्लिक स्कूलों में ही भेजते हैं। आखिर उन्हें भी तो अपने वर्ग-स्वार्थों की रक्षा करनी है। यह बात दूसरी है कि जिस रूप में अभी ये लोग हिन्दी को भुना रहे हैं, उसके लिए जरूरी है कि मुख से हिन्दी को बनाये रखने का नाम लेते रहें, जनता की बात करते रहें। अगर यह न करेंगे तो मन्त्रालय के हिन्दी अनुभाग, हिन्दी निदेशालय, कमेटियाँ और कमीशन आदि 'सेवक' और सेवा के नाम पर 'भुनाने' के जरिए क्या होंगे? अस्तु, यह सूची आपके लिए काफी लाभदायक सिद्ध होगी। इनमें और मुझमें अन्तर यही है कि ये स्वीकार नहीं करेंगे, पर मैं अपना उद्देश्य, अपना स्वार्थ 'कंफेस' किये लेता हूँ। अब यह कि हिन्दी वालों के अतिरिक्त जो लोग विरोध करते हैं, उनको कम्युनिस्ट, जनसंघी आदि कुछ भी कहा जा सकता है। इस आधार पर आवश्यकता पड़ जाये, तो आचार्य कृपलानी को भी प्रच्छन्न कम्युनिस्ट घोषित करने से न चूकना चाहिए—उनका सारा इतिहास कम्युनिस्ट विरोधी ही क्यों न हो। आखिर राजनीति में चमत्कार होते ही रहते हैं। अभी एक चमत्कार कुछ दिनों पूर्व सुनने में आया था कि मद्रास के हिन्दी विरोधी आन्दोलन में कम्युनिस्ट और पूँजीपति (और सर्वतन्त्र स्वतन्त्र राजाजी) एक साथ थे, तो फिर कृपलानी जी अपवाद थोड़े ही हैं।

हाँ, एक बात तो भूला ही जा रहा था। एक तर्क अंग्रेजी के पक्ष में 'नेशनल इंटीग्रेशन' का है। हम लोगों को इस तर्क को बराबर दोहराते रहना चाहिए कि भारत की एक राष्ट्र के रूप में कल्पना अंग्रेजी के कारण ही सम्भव हो सकी है। प्रशासन

के ढाँचे ने इस राष्ट्रीयता के भाव को पुष्ट किया है। अगर अंग्रेजी हटी तो फिर सारा देश टुकड़े-टुकड़े हो जायेगा। कुछ दुराग्रही इस पर भी कहेंगे कि जनाब यह कैसी एकता 150 वर्षों में हुई कि जरा-सी बात पर बंगाली, असमी, गुजराती-मराठी, उत्तर-दक्षिण आदि के द्वन्द्व खड़ा कर देता है। इस एकता की यह कैसी मजबूती है कि पंजाबी का मजाक बंगाली उड़ाता है; बंगाली का मजाक गुजराती उड़ाता है; दक्षिण भारतीय व्यवहार उत्तर भारत में उपहासास्पद बनता है। हम एक-दूसरे के रीति-रिवाजों, रुचियों, व्यवहारों, वेशभूषाओं तक के मजाक उड़ाते हैं। अंग्रेजी की यह सीमेंट कितनी ऊपरी और कमजोर है कि जरा-सी चोट, हल्की-सी बौछार इसे उखाड़ फेंकती है। पर हम लोग इन बातों की तनिक भी चिन्ता न करेंगे और राष्ट्र का अर्थ हमारे लिए भौगोलिक ही रहेगा—मानवीय नहीं। हम इस बात को जानते रहेंगे कि अगर जैसी-तैसी भी अंग्रेजी जानने वाले 2 प्रतिशत यानी 88 लाख व्यक्ति इस देश में होंगे (जिनमें से मुश्किल से 10-15 लाख समझ में आने योग्य अंग्रेजी में लिख-पढ़ और बोल सकने की स्थिति में होंगे) पर इससे क्या? हमें तो 'बुद्धिमानों' से मतलब है, बाकी तो जनता है और बुद्धिमान इस देश में नहीं हैं, जो अंग्रेजी लिख और बोल सकता है (अंग्रेजी में समझ सकना पर्याप्त नहीं)। तो इन थोड़े से लोगों की स्वार्थगत एकता ही वास्तविक राष्ट्रीय भावात्मक एकता है। एक सामान्य भारतीय भाषा के माध्यम से उत्तर भारत, पूर्व-पश्चिम के लोगों की एकता—वास्तविक भावात्मक एकता—स्थापित हो जायेगी, उस दिन हम लोगों की स्थिति कितनी दयनीय न हो जायेगी। फिर हम 'बुद्धिमान' कैसे माने जायेंगे।

इसलिए प्यारे प्रधानमन्त्री (और आपके माध्यम से आपकी पूरी सरकार से), आपसे पुनः यह अनुरोध करूँगा कि अंग्रेजी न जाने देना, पब्लिक स्कूलों को सुदृढ़ बनाये रखना; वरना मेरे साथ धोखा होगा, मेरी इस खुशी के साथ धोखा होगा कि मेरा लड़का एक ऊँचे दर्जे के नवद्विज स्कूल में अंग्रेजी के माध्यम से शिक्षा प्राप्त कर रहा है।

अप्रकाशित 1965

युद्ध और व्यक्तित्व

आपने मुझसे 'युद्ध और व्यक्तित्व' पर लिखने के लिए कहा था। साथ ही इलियट की एक पंक्ति उद्धृत की थी, जिसका आशय शायद यह था कि युद्धों ने यूरोप के सौन्दर्य-बोध (या अनुभूति क्षमता) को कुण्ठित कर दिया है। यूरोप के सन्दर्भ में शायद यह बात सच होगी। दो विशाल युद्धों ने वहाँ मृत्यु को हर घर के दरवाजे ला खड़ा किया है। आसन्न मृत्यु का यह बोध कुण्ठित करने वाला हो सकता है। वहाँ के चिन्तन, दर्शन, सृजन या रहन-सहन, सभी पर युद्ध की गहरी छाया है। युद्ध के रूप के बदलने के साथ उसकी विनाशिनी शक्ति भी भीषणतर होती गयी है; और तभी वह छाया यूरोप तक ही सीमित नहीं रही। उसकी लम्बाई एशिया, अफ्रीका या लैटिन अमरीका के प्रबुद्धमना व्यक्तियों को भी आक्रान्त कर सकी है। पिछले 17 वर्षों में भारत की नीतियों के निर्माता नेहरू ऐसे ही प्रबुद्ध जनों में थे। जो लोग इतनी दूर तक न तो सोच पाते हैं और न जिनकी भावनक्षमता इतने विस्तार को समेटती है; उनके लिए नेहरू या तो पहेली थे या अवास्तविक दुनिया में जीने वाले। चूँकि भारतवर्ष ने बहुत दिनों से युद्ध झेला नहीं था, हमारा स्वतन्त्रता संग्राम खासा रक्तपातहीन था और विभाजन की विभीषिका भी एक सीमित क्षेत्र को ही झेलनी पड़ी थी; अतः शान्ति की बात करना बहुतों की समझ में नहीं आता था; और इस पर अचरज भी न होना चाहिए। भारत ही नहीं, तमाम अफ्रीकी-एशियाई देशों के बहुत से नेताओं की समझ में भी, बेलग्रेड सम्मेलन में नेहरू की 'शान्ति' की बात नहीं आयी थी। पर तनिक विश्लेषण करने पर यह साफ हो जाता है कि नेहरू का विरोध करने वाले जाने-अनजाने फासिस्ट शक्तियों के साथ थे। ये फासिस्ट राष्ट्रवाद के आदर्श का ढोल तो पीटते ही थे; अकसर साम्राज्यवाद का हौवा खड़ा करने वाले भी थे। आश्चर्य न होना चाहिए कि नेहरू के विरोधी जनसंघी भी थे और माओ त्से तुंग भी। दोनों ही को नेहरू की शान्तिमयी नीति नापसन्द थी।

पर चीनी आक्रमण ने इस सन्दर्भ को तनिक बदल दिया। लगा कि जहाँ एक व्यापक सार्वभौम स्तर पर मानवीय अस्तित्व की रक्षा का प्रश्न महत्त्वपूर्ण है, वहीं सीमित क्षेत्र के भीतर आत्मरक्षा की व्यवस्था अनिवार्य है। युद्ध से बचना चाहिए;

पर युद्ध के लाद दिये जाने पर बचाव का इन्तजाम भी जरूरी है। उग्र राष्ट्रवाद भयानक है, पर अन्तर्राष्ट्रीय सुरक्षा या सुव्यवस्था भी ठोस सच्चाई नहीं है। युद्ध मानवीय मूल्यों का हत्यारा होता है; पर इन्हीं मूल्यों को बचाने के लिए कभी-कभी युद्ध एक अनिवार्य नियति लगने लगता है।

कुछ इसी द्वन्द्व और मनःस्थिति के बीच 'युद्ध और साहित्यकार' का दायित्व-सम्बन्धी प्रश्न उठा था। सजग, सचेत बुद्धिजीवी के नाते साहित्यकार उसी स्थिति और दृष्टि में विश्वास करता आया था, जिस पर नेहरू करते थे। पर धीरे-धीरे जो कुछ टूटता जाता है, वह इस सारे कर्म को भी किंकर्तव्यविमूढ़ बना गया, असहाय कर गया—

कभी-कभी चिड़िए आते हैं दूर क्षितिज से
अपने काल-पंख फैलाए
बैठ जाते हैं किसी स्तम्भ पर, वर्षों तक साँस रोक कर
जान पाते हम, नहीं आक्रमण की पूर्व सूचना थी यह आना
संयोग-मात्र, जैसे मछुआरों भरी डोंगियाँ लग जाया करतीं
इस तट पर
इसी बीच गिर पड़ता है, एक और स्तम्भ
जैसे टंकार धनुष की वर्षों तक गूँजा करती ध्वनि
हम असहाय देखते रहते हैं—शत्रु कहाँ हैं?
वे गायब हो गये अचानक किस सुरंग से आकर?

कमलेश ने इस कविता में जो महसूस किया था, वह अधिकांश बुद्धिजीवियों के लिए सच था (सचमुच ही, शायद भीतर कुछ दरक गया है, ढूँढें कहाँ शत्रु को, कोई संकेत नहीं, ध्वनि नहीं।) जिनके भीतर कुछ नहीं दरका था, उनका रास्ता साफ था। वे परशुराम की प्रतीक्षा में थे, वे गाँधी को उठाकर ताक में रख देना चाहते थे और उनके चेले, चीन की चटनी बना कर कवि सम्मेलनों में परोस कर टिप पा रहे थे; पर वे भाग्यशाली थे। अपनी खनखनाती वीरता में उन्हें पराजय की शर्म को भी झेल सकने की जरूरत नहीं थी। उन लोगों के लिए साहित्यकार के दायित्व का एक सीधा-सादा हल मौजूद था कि वीर रस पूर्ण गीत लिखो, युद्ध का गुणगान करो। उनके लिए पृथ्वीराज चौहान और यशवन्तराव चव्हाण के युगों में कोई अन्तर नहीं था।

मैं जानता हूँ कि आप मुझे टोकने वाले हैं कि युद्ध और साहित्यकार के दायित्व पर वक्तव्य नहीं देना है। मैं 'युद्ध और व्यक्तित्व' की ही बात करूँगा। अस्तु, चीनी आक्रमण ने देश के मानस को बदला अवश्य था। एक बार फिर से अपने सन्दर्भ और परिवेश को परिभाषित करने की आकांक्षा जन्मी थी। युद्ध के सीमित और विराट अर्थों के द्वन्द्व वाले सन्दर्भ ने तमाम चीजों को उलटने-पुलटने के लिए विवश किया था। पर इस युद्ध की आकस्मिकता, दूर निर्जन सीमाओं में अवस्थिति आदि

कारणों से यह प्रत्यक्ष सामाजिक जीवन से बहुत गहरे में जुड़ा नहीं। अप्रत्यक्ष रूप से इस युद्ध ने वह भूमिका बना दी थी, जिस पर पाकिस्तानी युद्ध लड़ा जा सका। पर प्रत्यक्ष रूप में वह तत्काल तो स्तब्ध कर गया। फिर कुछ दिनों बाद पुराने लस्टम-पस्टम रूप की ओर हम लौटने लगे।

पाकिस्तान से होने वाला युद्ध इसी पिछले युद्ध की अगली कड़ी बन कर आया। चीनी आक्रमण में हुई पराजय ने सैनिक स्तर पर तैयारी के लिए उकसाया था, तो बौद्धिक स्तर पर राष्ट्रीय स्वार्थों की परिकल्पना भी जगी थी। पर राष्ट्रीय सन्दर्भ से प्रतिबद्धता का यह भाव पाकिस्तानी आक्रमण के कारण अधिक पैने रूप में सामने आया। इसके साथ चीनी आक्रमण वाली पृष्ठभूमि तो थी ही सम्भवतः यह छोटी-सी विजय भी थी। पराजय का दायित्व तो नेतृत्व पर डाल कर लोग ग्लानि-मुक्त हो सकते हैं; पर विजय का आह्लाद और श्रेय सभी लेना चाहते हैं। यह सम्भवतः उस भूमि पर भी हो रहा था, जिसके भूगोल और इतिहास (और इस तरह उसकी ठोस वास्तविकता) से हम पूरी तरह परिचित थे। शायद यह भी कि एक हजार वर्षों में पहली बार राष्ट्रीय स्तर पर हमारी सेनाएँ बाहर निकली थीं और इन्होंने पूरे राष्ट्र के लिए विजय प्राप्त की थी। पर शायद सबसे बड़ी बात यह थी कि युद्ध का आभास बमों, ब्लैक-आउटों आदि के कारण व्यापक जन-समाज को भी हुआ था। पंजाब, दिल्ली या राजस्थान में तो वह घरों के अहातों से जुड़ा हुआ लगता था। युद्ध की इस निकटस्थ स्थिति के कारण बुद्धिजीवी वर्ग पर इसकी प्रतिक्रिया काफी तीखी हुई है—ऐसा मेरा अनुमान है। व्यक्तित्व के सन्दर्भ में इस प्रतिक्रिया का क्या रूप या प्रभाव रहा है, इसकी चर्चा करने से पहले एक अन्य तथ्य की ओर संकेत कर दूँ। पिछले अठारह सालों में प्रशासकीय नौकरशाही ही नहीं, नेतृवर्ग की ओर से भी लगातार एक चेष्टा हुई थी कि सामान्य-जन को 'अराजनीतिक' (डिपोलिटिसाइज्ड) बना दिया जाये। इसका परिणाम यह हुआ कि जिस पीढ़ी में स्वातन्त्र्य-पूर्व युग के संस्कारों के कारण एक सामाजिक उन्मुखता का भाव था, वह कुण्ठित होता गया। दूसरी पीढ़ी, जिसने कि स्वतन्त्रता की लड़ाई या विभाजन को देखा-भोगा नहीं था, वह भी इसी बीच उग कर आती है; पर यह पीढ़ी सामाजिक सन्दर्भों से एकदम कटकर केवल निजी संसार से आक्रान्त थी। यह निजी संसार इस कदर आक्रान्ता या स्वेच्छाचारी था कि उनकी पूरी सृजनात्मक कार्यवाही इस उत्पीड़न को ही व्यक्त करती है। स्वतन्त्रता के बाद की कलात्मक, सृजनात्मक क्रियाशीलता में सप्रसंग यही दो पीढ़ियाँ हैं। इनके पहले की जो पीढ़ियाँ हैं, उनके लिए हर चीज के बने-बनाये नुस्खे हैं और हैं : कटी-छँटी भाव स्थितियाँ। वहाँ न कुण्ठित होने का अवकाश है और न इन नुस्खों या भाव स्थितियों से बाहर की दुनिया का एहसास।

तो इस लड़ाई (युद्ध की अपेक्षा इसे लड़ाई कहना ही अधिक सही होगा) ने इन पीढ़ियों के व्यक्तित्व को फिर से राष्ट्रीय-सामाजिक सन्दर्भ से जोड़ा है। निजी

संसार की स्वेच्छाचारिता या उत्पीड़न के स्थान पर इन पीढ़ियों को लगा कि इसके बाहर की दुनिया से भी एक जीवन्त सरोकार है। बन्धु, मैंने स्वयं देखा है कि जो कभी राजनीति की बात नहीं करते थे, जिनके लिए चारों ओर से घेरता अकेलापन ही था, वे भी अचानक जैसे झंझोड़ दिये गये और युद्ध की मोर्चेबन्दियों की ही नहीं, अन्तर्राष्ट्रीय राजनीतिक दाँव-पेंचों की भी चर्चा करने लगे। इन समस्याओं से वे पूरी तरह जुड़ गये यह तो नहीं कहा जा सकता। उस दृष्टि से इस युद्ध का इतने शीघ्र समाप्त हो जाना शायद बहुत अच्छा नहीं हुआ। आप यह भी कह सकते हैं कि रचनाओं की दुनिया में तो यह दिखाई नहीं पड़ता। पर मैं रचना नहीं, बुद्धि की दुनिया की बात कर रहा हूँ और इस दुनिया में बदलाव के अर्थ हैं कि आगे-पीछे रचना की दुनिया भी कुछ न कुछ बदले। इस लड़ाई ने बुद्धिजीवी को बदला है, ऐसा मेरा विश्वास है। पर बन्धु, एक दूसरा भयंकर खतरा भी सामने है। मुझे लगता है कि इस देश की नौकरशाही और तमाम अधिनायकवादी प्रवृत्तियाँ इस जागरण से चिन्तित हो उठी हैं। चिन्तित होना स्वाभाविक भी है। राष्ट्रीय-सामाजिक सन्दर्भ से प्रतिबद्ध जागरूकता उस मनमाने रास्ते की अवरोधक है, जो प्रजातन्त्र के नाम पर धीरे-धीरे इस देश की आई.सी.एस. शाही लादती रही है। अतः पैंतरा बदल कर यह वर्ग इस समय भी पूरे देश के चिन्तन को स्तब्ध रखना चाहता है। एमरजेंसी, संकट आदि के नाम पर लोगों का मुँह बन्द रखने की चेष्टा, हर विवादास्पद प्रश्न को स्थगित करने की चेष्टा, संकटकाल में एकता और सहयोग के नाम पर विरोध की हर आवाज को दबाने की चेष्टा, इस चतुर नौकरशाही और कल्पनाहीन नेतावर्ग की मोर्चेबन्दी का सूक्ष्म रूप है। इसके साथ ही साथ युद्ध के समय उमड़ने वाली फासिस्ट शक्तियाँ भी खुल कर सामने आ रही हैं। दिल्ली, पंजाब आदि में ये शक्तियाँ सरकार के निकटस्थ सहयोग में काम करती रही हैं और वैयक्तिक उपक्रम को आतंकित करने की इनकी भरपूर कोशिशों को नजरअन्दाज नहीं किया जा सकता। भाई, मुझे लगता है कि बुद्धिजीवी वर्ग के लिए यह समय एक सुअवसर भी है, और चुनौती भी। निजी जगत का कवच यदि कहीं दरका है, तो उसे तोड़कर उस यथार्थ के आमने-सामने होना है, जिससे अब तक हम कतराते रहे हैं। पर यदि अपने ढीलेढालेपन से इस उपक्रम को हमने अपने हाथों से सरक जाने दिया, तो इस देश में अधिनायकशाही को आने से शायद ही रोका जा सके।

लहर : जनवरी, 1966

हिन्दी साहित्य-कोश की प्रविष्टियाँ (1962)

उपयोगितावाद
गाँधीवाद
जनवाद
हालावाद
कन्हैयालाल मिश्र 'प्रभाकर'
कृष्णदेव सिंह
कृष्णानन्द गुप्त
केशव प्रसाद सिंह
गया प्रसाद शुक्ल 'सनेही'
चतुर्भुज औदीच्य
जगदम्बा प्रसाद मिश्र 'हितैषी'
नाथूराम शर्मा 'शंकर'
नारायण प्रसाद अरोड़ा
पद्मसिंह शर्मा
पूर्णसिंह
भगवतीप्रसाद वाजपेयी
प्रकाशचन्द्र गुप्त
प्रतापनारायण मिश्र
बदरीनाथ भट्ट
बालकृष्ण भट्ट
बालकृष्ण शर्मा 'नवीन'
यशोदानन्दन अखौरी
रामचन्द्र शुक्ल
रामलोचन शरण
लक्ष्मीनारायण 'सुधांशु'
लीलाधर गुप्त
विनयमोहन शर्मा
सीताराम (लाला)
सुमित्राकुमारी सिन्हा
सूर्यकान्त शास्त्री
अजितकुमार सिंह
प्रभा अध्यक्ष
रमेश
कुमारगिरि
चित्रलेखा
बीजगुप्त
यशोधरा
रत्नाम्बर
श्वेतांक

भाग-1

उपयोगितावाद

किसी भी वस्तु, विचार अथवा कार्य का महत्त्व आँकने के लिए उपयोगिता की कसौटी बहुत दिनों से चली आ रही है। किसी काल-विशेष के सामाजिक उद्देश्यों के अनुरूप ही उपयोगिता के प्रतिमान भी बदलते रहे हैं; पर उपयोगिता का सिद्धान्त अक्षुण्ण रहा है। उपयोगितावाद को साहित्य में सोद्देश्यतावाद की भी संज्ञा दी गयी है और इसका विरोधी सिद्धान्त 'कला कला के लिए' अथवा कलावाद के रूप में उपस्थित किया गया है।

उपयोगितावाद शब्द का प्रचार 19वीं शताब्दी में यूरोप में हुआ है। वहाँ इसका प्रतिरूप 'यूटीलिटैरियनिज्म' (utilitarianism) है। कहा जाता है कि यह ग्रीक एपीकरस (Epicurus) के आनन्दवाद का पुनरुत्थान है। यूरोप में यह अठारहवीं शताब्दी के वायवी आदर्शवाद के विरुद्ध प्रतिक्रिया के रूप में आया। इसके प्रयोक्ता बेंथम (Bentham), आस्टिन (Austin), मिल (Mill) आदि व्यक्तिवादी दार्शनिक थे। उनके अनुसार राजनीतिक संस्थाएँ, राज्य की नीतियाँ आदि किसी आदर्श, काल्पनिक मानवीय अधिकारों एवं कर्तव्यों के लिए नहीं हैं; उनकी महत्ता मानवीय सम्बन्धों की एक निश्चित, स्थिर उपयोगिता के लिए सहायक होने में है। इन लोगों के अनुसार समाज के नियमन का एकमात्र सिद्धान्त होगा 'सर्वाधिक संख्या का अधिकतम सुख'। इसका स्वरूप इस काल में व्यक्तिवादी है। यह मुक्त व्यापार, पेशे की स्वतन्त्रता, व्यापार के क्षेत्र में अबाधित प्रतियोगिता, व्यक्तिगत सम्पत्ति तथा अन्य व्यक्तिवादी सुधारों की माँग करता हुआ आभिजात्य श्रेष्ठता को चुनौती देता है। उपयोगितावाद की विचारधारा में एक विचित्र विकास परिलक्षित होता है; इस व्यक्तिवादिता की परिणति होती है समाजोन्मुख विचारधारा में। मिल ने यह अनुभव किया कि व्यक्ति की निरपेक्ष स्वतन्त्रता 'सर्वाधिक संख्या के अधिकतम सुख' के विपरीत जाती है। अन्ततः उसे वैयक्तिक और सामाजिक उपयोगिता में भेद करते हुए द्वितीय को श्रेष्ठतर स्थान देने के लिए विवश होना पड़ा। समाजवादी विचारधारा की पृष्ठभूमि में उपयोगितावादी दर्शन का गहरा हाथ है। समाजवादी विचारधारा के ही चरम रूप 'मार्क्सवाद' में सर्वहारा वर्ग को मिली श्रेष्ठता के अनुरूप उपयोगिता की कसौटी भी

इसी वर्ग का कल्याण हो गयी तथा समाजशास्त्रीय विचारकों ने कला को वर्ग युद्ध का अस्त्र माना, उसे विचारों के प्रचार का साधन स्वीकार किया। इस प्रकार कला एवं साहित्य की उपयोगिता को सामाजिक संघर्ष एवं विकास के साथ जोड़ दिया गया।

परन्तु जैसा कि ऊपर संकेत किया जा चुका है, साहित्य का उपयोगितावादी दृष्टिकोण नया नहीं है। किसी न किसी रूप में उपयोगिता का प्रश्न साहित्य के साथ सम्बद्ध रहा है। भामह ने 'काव्यालंकार' में काव्य के तीन प्रयोजन माने थे–शास्त्रादि ज्ञान, आनन्द और कीर्ति। रुद्रट ने भी यश, इष्ट की प्राप्ति, पुरुषार्थ-सिद्धि आदि को काव्य का प्रयोजन माना है। ध्वन्यालोककार आनन्दवर्धन ने 'सरसोपदेशरूप प्रयोजन' स्वीकार किया है–'काव्य हृदय को प्रभावित कर कर्तव्याकर्तव्य का सरस विश्लेषण किया करता है।' काव्य से रस-प्रतीति और रस-प्रतीति से जीवनादर्शों की ओर प्रगति, ऐसी कुछ विचारधारा ध्वनि-सम्प्रदाय की रही है। मम्मट ने इस 'रसरूप काव्य-प्रयोजन' को और परिष्कृत करके उपस्थित किया। उन्होंने काव्य के छह प्रयोजन माने– (1) यश-प्राप्ति, (2) अर्थलाभ, (3) आचारज्ञान, (4) अमंगल-निवारण, (5) रस या आनन्द, (6) सरस उपदेश। इनमें कवि के प्रयोजन प्रथम चार हैं तथा कवि और सहृदय दोनों के अन्तिम दो। मम्मट की इस बात को परवर्ती आचार्यों ने लगभग स्वीकार कर लिया है। आधुनिक युग में रामचन्द्र शुक्ल ने भी काव्य का उद्देश्य लोकमंगल और आत्मविस्तार स्वीकार किया है। इस सम्बन्ध में यह भी ध्यान देने योग्य है कि हमारे काव्यशास्त्र में विशुद्ध कलावादी दृष्टिकोण अपनाकर विवेचन प्रायः नहीं हुआ है। प्रत्येक आचार्य ने काव्य प्रयोजनों में उपयोगिता के किसी न किसी रूप को स्वीकार किया है। यह दूसरी बात है कि प्रारम्भ में यह उपयोगिता कवि तक सीमित थी, बाद में वह सहृदय तक विस्तृत हो गयी।

पश्चिमी काव्य-दर्शन में भी उपदेश से सम्बन्धित उपयोगिता को प्रमुख स्थान मिला है। ग्रीस में प्लेटो (Plato) के समय से ही यह मत प्रचलित है कि काव्य का पहला कार्य शिक्षा देना है। शिक्षा के क्षेत्र में भी काव्य का महत्त्वपूर्ण स्थान था, क्योंकि ऐसा विश्वास था कि उससे बच्चे देवी-देवताओं के बारे में जानेंगे। काव्यचरित्र अनुकरण योग्य होते हैं तथा सैन्य-संचालन जैसे अनेक विषय होमर (Homer) द्वारा प्रशंसनीय ढंग से बताए गये हैं। इस शिक्षक दृष्टि का विरोध भी ग्रीस में कम नहीं हुआ। प्लेटो ने स्वयं संकेत किया कि देवता बहुधा चरित्रहीन होते हैं। एक भी आदमी देश में सेनानायक इसीलिए नहीं चुना गया कि उसकी शिक्षा होमर के काव्य के माध्यम से हुई है तथा एचिलीस (Achilles) जैसे चरित्र अनुकरणीय नहीं हैं। अरस्तू (Aristotle) ने भी काव्य के सौन्दर्यबोध वाले पक्ष पर अधिक बल दिया है। पर होरेस (Horace) ने काव्य के उपदेश वाले पक्ष को महत्त्वपूर्ण सिद्ध किया। उसने कहा कि 'काव्य शिक्षा देता है, आनन्द देता है या दोनों करता है।' यह बात आनन्दवर्धन और मम्मट से बहुत दूर नहीं है। लूक्रेसिक (Lucrecic) ने भी उपयोगितावादी दृष्टिकोण को ही प्रधानता दी।

आगे आकर रस्किन (Ruskin) ने तो काव्य को मुख्य रूप से उपदेशप्रधान माना है। उसके अनुसार आनन्द तो 'बाई प्रॉडक्ट' (गौण उत्पादन) है; मुख्य बात तो धर्म-भावना को तीव्र करना; नैतिक स्तर को पूर्ण बनाना और भौतिक सेवा करना है (अर्थलाभ—मम्मट ने भी स्वीकार किया है)। टाल्स्टाय (Tolstoy) ने भी काव्य के धार्मिक और नैतिक पक्ष पर जोर दिया।

19वीं शती के अन्तिम और बीसवीं शती के प्रारम्भिक भाग में 'कला के लिए कला' आन्दोलन को अधिक बल मिला। वाल्टर पेटर (Walter Pater), आस्कर वाइल्ड (Oscar Wilde), ब्रैडले (Bradley) जैसे समर्थ लोगों का इसे समर्थन मिला।

स्थूल उपयोगितावाद में कुछ परिष्कार भी इस काल में हुए। एक तो यह विचार आया कि कला आत्मा को ऊँचा उठाती है; बगैर किसी प्रकार की प्रत्यक्ष शिक्षा का आश्रय लिए और दूसरा यह सुझाव कि वह आत्मा के लिए रंजनकारी है, मानसिक शक्ति-प्रदायिनी है। नवमानवतावादी [मोर (More), इरविंग बैविट (Irwing Babbitt)] आदि लेखक को मानवीय नियमों के प्रति जिम्मेदार देखते हैं और ये नियम वस्तुगत नियमों से भिन्न हैं।

जैसा कि ऊपर संकेत किया जा चुका है, उपयोगिता के रूप और प्रतिमान बदलते रहे हैं। कलाओं की शैक्षिक और उपदेशात्मक उपयोगिता प्राचीन काल से मान्य रही है और किसी न किसी रूप में वह आज भी मान्य है। कला की नैतिक उपयोगिता भी स्वीकार की जाती रही है। आधुनिक युग में रस्किन, टॉल्सटाय और गाँधी नैतिक-आध्यात्मिक उपयोगितावाद के समर्थक हुए हैं। कलाएँ आनन्द देती हैं, रंजन करती हैं, यह भी उपयोगितावादी दृष्टिकोण ही है। भारतीय काव्य-चिन्तन में तो काव्य को पुरुषार्थ-चतुष्टय की प्राप्ति कराने वाला माना गया है। कम्युनिस्ट सिद्धान्तों में ढलकर कला वर्गयुद्ध का शस्त्र बन जाती है और अब कम्युनिस्ट ही नहीं, भारत जैसे देश में वह योजना प्रचार का अंग बन गयी है। इतना ही नहीं, शीतयुद्ध ने कलाओं की एक नयी उपयोगिता को जन्म दिया है—एक-दूसरे के ऊपर तीव्र प्रहार करने का। इस प्रकार कलाओं का उपयोग शेष सृष्टि के साथ रागात्मक सम्बन्ध स्थापित करने में नहीं, विद्वेषात्मक सम्बन्ध रखने में होने लगा है। इस तरह के उपयोगों में यह भुला दिया जाता है कि, कला मानवीय अनुभव का प्रकाशन है एवं यदि मानवीय अनुभव मूल्यवान होता है, तो कथाएँ भी मूल्यवान होती हैं। साहित्यिक-कलात्मक कृतियों के माध्यम से पाठक जीवन के अधिक समीप गहरे और ताजे सम्पर्क में आता है; वह अधिक समृद्ध जीवन जीता है। कलाओं की यही वास्तविक उपयोगिता होती है। स्थूल भौतिक उपयोगिताओं से उसका बहुत दूर का सम्बन्ध होता है।

हिन्दी साहित्य-कोश, भाग-1

गाँधीवाद

'गाँधीवाद' महात्मा मोहनदास कर्मचन्द गाँधी (1869-1948) की विचार-पद्धति का व्यापक नाम है। गाँधी के व्यक्तित्व के अनेक पक्ष थे। वे राजनेता थे, समाज-सुधारक थे, अर्थवेत्ता थे, शिक्षाशास्त्री थे और धर्मोपदेशक भी थे। समाज और शासन के संघटन तथा जीवन के अन्य अनेक पक्षों के बारे में उनके अपने विचार थे, जिनका प्रतिपादन उन्होंने अपनी दैनिक साधना के मध्य से गुजरते हुए किया था। मार्क्सवाद के समान कोई व्यवस्थित शास्त्रीय अध्ययन गाँधीवाद के पीछे नहीं है; इसी कारण उसमें किसी प्रकार की तर्कजन्य पद्धति का अभाव है। उसका आधार तर्क नहीं, स्वानुभूति है। इस विचारधारा का प्रत्येक खण्ड आत्मशक्ति को लेकर चलता है। इसी कारण उसमें एक प्रकार की आध्यात्मिकता और विचार-स्वातन्त्र्य है।

गाँधीवाद को किशोरलाल मशरूवाला ने तीन भागों में विभक्त किया है : (1) वर्ण-व्यवस्था, (2) ट्रस्टीशिप, (3) विकेन्द्रीकरण। विनोबा के अनुसार गाँधी समाज की बँधी हुई कल्पनाओं को तोड़ने के स्थान पर उनका परिष्कार कर विकसित रूप प्रदान करना चाहते हैं। 'वर्ण-व्यवस्था' के अन्तर्गत उन्होंने (1) पारिश्रमिक की समानता, (2) होड़ का अभाव तथा (3) आनुवंशिक संस्कारों से लाभ उठाने वाली शिक्षण-योजना का प्रस्ताव किया। 'ट्रस्टीशिप' के अन्तर्गत आत्मविश्वास के साथ समस्त प्राणिमात्र के कल्याण के कार्य करना होता है। 'विकेन्द्रीकरण' के अन्तर्गत उद्योगों का ही नहीं, राजसत्ता का भी विकेन्द्रीकरण उसका अपना अभीप्सित था। लक्ष्य तक पहुँचने के लिए सत्य, अहिंसा और सेवा इन विशिष्ट साधनों का उपयोग आवश्यक माना गया है। गाँधीवाद की सबसे बड़ी देन उसकी यह विचारधारा है कि हमको साध्य के साथ-साथ साधन की पवित्रता का भी ध्यान रखना चाहिए।

सर्वोदय गाँधी का सामाजिक आदर्श है, सत्याग्रह, जीवनादर्श और रामराज्य शासनादर्श। सर्वोदय का अर्थ है सबकी उन्नति और उसका ध्येय है हृदय-परिवर्तन; हृदय-परिवर्तन अन्यायी, शोषक और अनीतिवान का। गाँधीवाद के मूल स्तम्भ दो हैं—सत्य और अहिंसा। सत्य का ही दूसरा नाम उन्होंने परमेश्वर माना है, तथा समस्त सृष्टि में एक ही तत्त्व की व्याप्ति स्वीकार कर ईश्वर और मनुष्य तथा मनुष्य एवं

अन्य जीवधारियों की एकता स्वीकार की है। इस अन्तर्भूत एकत्व के कारण ही उन्होंने माना था कि 'जो घटना एक शरीरधारी पर घटती है, उसका समग्र जड़ पदार्थ पर और उसकी आत्मा पर प्रभाव पड़ता है।' इस प्रकार सत्य के साक्षात्कार से समबुद्धि प्राप्त होती है और समबुद्धि से सबके प्रति अहिंसा का भाव उत्पन्न हो जाता है। इसीलिए उन्होंने अहिंसा को सत्य का दूसरा पहलू कहा है। अहिंसा में केवल द्वेष का अभाव ही नहीं, प्रेम की सम्प्राप्ति भी है। यह प्रेम स्वार्थ, मोह, आसक्ति आदि से भिन्न होता है। इस अहिंसा में (अभावात्मक) वैरत्याग, (भावात्मक) चराचरप्रेम और पूर्ण निष्कामभाव का समन्वय है। इस समन्वय का पहला तत्त्व जैन, बौद्ध अहिंसा का है, दूसरा वैष्णव भावना का प्रसाद है और तीसरा तो स्पष्टतः गीता का प्रभाव है। ऐसी अहिंसा की प्राप्ति के लिए गाँधी ने आत्मशुद्धि को आवश्यक माना है और आत्मशुद्धि के लिए अन्य सन्तों की भाँति अहंता के त्याग को अनिवार्य माना है। अहंकार का त्याग, तप और भगवद्भक्ति से ही सम्भव है तप के लिए रागभोग का त्याग और आत्मपीड़न करना होता है तथा उनके लिए शक्ति, भगवान पर अटल विश्वास होने से प्राप्त होती है। यह तप या आत्मशुद्धि केवल उस व्यक्ति का ही कल्याण नहीं करती, आत्मा की अखण्डता के कारण सारे समाज को उन्नत बनाती है।

प्रकट है कि गाँधी के जीवन-दर्शन में त्याग और तप का प्राधान्य है तथा भोग और आनन्द का तिरस्कार। कला में भी उन्होंने शिव और सत्य पर ही बल दिया, सुन्दर को इन्होंने इन दोनों से या तो अभिन्न माना या अस्वीकार किया। गाँधीवादी विचारधारा सम्पूर्णतः जटिलता की अपेक्षा सरलता के चारों ओर घूमती है। गाँधी जी का कहना था कि मानवीय स्वभाव उतना जटिल नहीं होता, जितना कि मनोवैज्ञानिकों ने उसे बना रखा है। इसीलिए कलाओं को भी यदि आनन्द और सन्तोष का स्रोत बनना है, तो उन्हें भी सरल एवं प्रत्यक्ष होना चाहिए एवं प्रकृति के समान ही उसकी अपील तात्कालिक होनी चाहिए। स्वयं वैयक्तिक रूप से गाँधी जी प्रेरणा के लिए किसी कला की आवश्यकता नहीं समझते थे। एक बार किसी ने उनसे पूछा कि क्या आप अपनी दीवालों को चित्रों से युक्त देखना नहीं चाहते हैं? गाँधी जी ने अपने विशिष्ट ढंग से उत्तर देते हुए कहा, 'मैं तो दीवालें भी नहीं चाहता। नक्षत्रों की छाया में मैं यथेष्ट रूप से प्रसन्न होऊँगा।' पर इसका अर्थ यह नहीं कि वे कलाओं के सृजन के मूल्य को स्वीकार न करते हों। पर इस मूल्य के सम्बन्ध में उनके अपने निजी विचार थे। उनके लिए प्रकृति वह आदर्श है, जहाँ पर पहुँचने के लिए कलाओं को प्रयास करना चाहिए। प्रकृति भी हमें इसलिए अपने सौन्दर्य से इतना आन्दोलित कर पाती है, क्योंकि वह सृष्टि के केन्द्र में स्थित सत्य को प्रतिच्छायित या बिम्बित करती है। इस आदर्श के अनुरूप श्रेष्ठतम कला सर्वाधिक प्राकृतिक होती है; क्योंकि वह सर्वाधिक सत्यपूर्ण भी होती है। कीट्स के इस कथन 'सौन्दर्य ही सत्य और सत्य ही सौन्दर्य' के अन्तिम हिस्से को ही गाँधी

जी मान्यता दे सकते थे। वे सौन्दर्य को सत्य में और सत्य के द्वारा देखते थे, उसके अनुसार इसी दृष्टिकोण से ही श्रेष्ठतम कला उपज सकती है। इस दृष्टिकोण के कारण तमाम रोमाण्टिक साहित्य को अपनी सराहना वे नहीं दे सके।

इस दृष्टिकोण का स्वाभाविक विकास है कि गाँधीवादी विचारधारा में कलाओं के साथ नैतिकता का सम्बन्ध अभिन्न रूप से जुड़ा हुआ है। 'शुद्ध जीवन ही श्रेष्ठतम एवं सत्यतम कला है'। इस सम्बध में उनके ऊपर रस्किन (Ruskin) एवं टॉल्सटाय (Tolstoy) के विचारों की स्पष्ट छाया है। आन्तरिक अनुशासन, आत्म-त्याग एवं सहानुभूति को भी इस सम्बन्ध में महत्त्व प्रदान किया गया है। गाँधी जी का विचार था कि वास्तविक साधु कला की साधना ही नहीं करता, उसमें रमता भी है। इसीलिए उन्होंने ईसा मसीह को 'श्रेष्ठतम कलाकार' एवं कुरान को अरबी साहित्य की सर्वाधिक पूर्ण कृति माना है। यज्ञमय जीवन कला की पराकाष्ठा है।

गाँधी जी के कला सम्बन्धी दृष्टिकोण को हम एक प्रकार का आध्यात्मिक उपयोगितावाद कह सकते हैं। वास्तविक कला को मानव की अन्तरात्मा की अभिव्यक्ति देना चाहिए। पर यह अन्तरात्मा उनके अनुसार निरपेक्ष न रहकर सोद्देश्य नैतिक-सामाजिक कार्यों में प्रकाशित होती रहती है। इसी कारण 'कला कला के लिए' जैसे सिद्धान्त के प्रति गाँधी दर्शन में कोई सहानुभूति नहीं मिलती। अस्तु, कला कुछ लोगों के आधिपत्य में ही न रहे, उसकी अपील सार्वभौम हो—और तभी वह प्रकृति के सन्निकट पहुँच सकेगी—यह गाँधी जी का आग्रह था। कलाकार जनता के प्रति अपने कर्तव्यों के विषय में सदैव जागरूक रहे, तभी कला अपनी सार्थकता प्रमाणित कर सकती है। कला की श्रेष्ठता की कसौटी गाँधी ने उसकी उपयोगिता स्वीकार की, 'कला का सम्बन्ध नीति, हितकारिता और उपयोगिता से नहीं है, केवल सौन्दर्य से है—यह कहना सौन्दर्य और कला को न समझने जैसा है। सत्य ही ऊँची से ऊँची कला और श्रेष्ठ सौन्दर्य है, और वह नीति, हितकारिता और उपयोगिता से भिन्न नहीं हो सकता।' गाँधी के अनुसार संगीत इसलिए श्रेष्ठ है कि 'वह प्रार्थना और नैतिक उन्नति में सहायक है', किसी रस-सिद्धान्त के कारण नहीं। उनका विश्वास था, 'चित्र, गायन आदि बाह्य आकारों की अपेक्षा शुद्ध आचरण में अभिव्यक्त मनुष्य की नैतिक पवित्रता कला का उच्चतर प्रकाशन है।'

गाँधीवाद में कला आत्म-मन्थन का प्रसाद है। 'मैं कला के दो भेद करता हूँ: अन्तर और बाह्य। इनमें से किस पर तुम अधिक जोर देते हो, यही सवाल है। मेरे नजदीक तो बाह्य की कीमत तब तक कुछ नहीं है—जब तक अन्तर का विकास न हो'। 'समस्त कला अन्तर के विकास का आविर्भाव ही है। जो कला आत्मा को आत्मदर्शन करने की शिक्षा नहीं देती, वह कला ही नहीं है तथा प्राकृतिक कलाकृतियों की अपेक्षा मानुषी-कला तुच्छ और अपूर्ण है। ...जिसमें सत्य ही अभिव्यक्त है, जिसमें ऊर्ध्वगामिनी प्रकृति की अभिव्यंजना या सहायता होती है, वही सच्ची कला है।'

वास्तव में गाँधी जी एक ओर तो कलाओं को आध्यात्मिक रूप से ऊपर उठने वाला मानते थे और दूसरी ओर ठोस सामाजिक दायित्वों की माँग भी करते थे। उनकी व्यक्तिगत अभिरुचि जिन कविताओं—सूर, मीरा, तुलसी, नरसी मेहता आदि की कृतियों—की ओर थी, उनसे ये दोनों उद्देश्य पूरे भी होते थे।

गाँधीवाद की सात्त्विक तापसी भावना और आनन्द तथा सौन्दर्य का तिरस्कार, कला सर्जन या आस्वादन के अधिक अनुकूल नहीं है। इसके अतिरिक्त कला सम्बन्धी यह दृष्टिकोण, साहित्य आदि की अब तक स्थापित अपनी परम्पराओं एवं अभिव्यंजना पद्धतियों के बहुत अनुकूल नहीं पड़ता है। इसी कारण उसकी सीधी तात्त्विक अभिव्यक्ति हिन्दी में ही नहीं, गुजराती में भी विरल है। कहना तो यों चाहिए कि राजनीति में भी जो, गाँधी का प्रमुख क्षेत्र रहा, उनके अनुयायियों ने अहिंसा, त्याग आदि को साधन रूप से ही अपनाया, बहुत कम लोग उनकी जीवन-प्रणाली अन्तिम रूप से ग्रहण कर उसे सिद्धि रूप में अपना सके हैं।

हिन्दी साहित्य में गाँधी-व्यक्तित्व के अनेक पक्ष, उनकी व्यवहार-प्रक्रिया के विविध रूप तथा विचार सरणि के अंश खण्डशः अभिव्यक्त हुए हैं। प्रेमचन्द के उपन्यासों और कहानियों में सत्याग्रह, हृदय-परिवर्तन, स्वाधीनता-संग्राम में सत्य-अहिंसा के शस्त्रों का प्रयोग, आश्रमों की स्थापना द्वारा सुधार आदि गाँधीवाद के अनेक पक्ष अभिव्यक्त हुए हैं। 'प्रेमाश्रम', 'कर्मभूमि', 'रंगभूमि', 'गबन' उपन्यासों तथा 'नमक का दरोगा', 'समरयात्रा' एवं अन्य कहानियों में गाँधीवाद का व्यवहार पक्ष जितना उभरकर आया है, उतना किसी अन्य लेखक में नहीं मिलता। 'कौशिक', सुदर्शन, भगवतीचरण वर्मा एवं जैनेन्द्र अन्य कथाकार हैं, जो गाँधीवाद की यत्र-तत्र अभिव्यक्ति करते हैं। कवियों में मैथिलीशरण गुप्त की 'यशोधरा' और 'साकेत' में गाँधीवादी विचारों की सशक्त अभिव्यक्ति हुई है। बालकृष्ण शर्मा नवीन, माखनलाल चतुर्वेदी, रामनरेश त्रिपाठी, 'बच्चन' एवं सुमित्रानन्दन पन्त जैसे कवियों ने भी गाँधीवाद को काव्य की वाणी दी है। यों 'कामायनी' में भी यत्र-तत्र गाँधीवाद की झलक आलोचकों ने देखी है। गाँधी का तत्त्व-दर्शन अपने मूल रूप में जितना कवि सियारामशरण गुप्त में उपलब्ध होता है, उतना अन्य किसी में नहीं। नगेन्द्र के अनुसार 'सियारामशरण, 'आत्मोत्सर्ग', 'उन्मुक्त', 'नोआखाली' में तो प्रत्यक्ष रूप से गाँधीवाद के सिद्धान्तों की स्थापना करते ही हैं, इनके अतिरिक्त 'आर्द्रा' और 'मृण्मयी' की काव्यबद्ध कहानियों और 'नकुल' में भी गाँधीदर्शन की ही अभिव्यक्ति है। और यही बात 'दैनिकी' आदि की विचारात्मक स्फुट कविताओं में है।' '...हिन्दी में मूलतः दो लेखक ऐसे हैं, जिन्होंने गाँधीदर्शन को गम्भीरतापूर्वक ग्रहण किया है—जैनेन्द्र और सियारामशरण गुप्त। इनमें से जैनेन्द्र की स्वीकृति एकान्त बौद्धिक है। उनकी आत्मा गाँधीदर्शन के शम सात्त्विक प्रभाव को ग्रहण नहीं कर सकी है। पन्त जी को गाँधीदर्शन की शान्त परिष्कृति पूर्णतः स्वीकार्य है; परन्तु वे कदाचित उसमें अभीष्ट कला का अभाव पाते

हैं, इसलिए अरविन्द के प्रति उन्हें अधिक आकर्षण है; किन्तु सियारामशरण गुप्त के हृदय और बुद्धि दोनों का गाँधीदर्शन के साथ पूर्ण सामंजस्य है। वह उनकी आत्मा में रम गया है।' गाँधी जी की जीवन-प्रणाली की सधी अभिव्यक्ति रामनरेश त्रिपाठी के 'पथिक' में भी प्राप्त होती है। इधर आचार्य विनोबा भावे के प्रभाव में बहुत-सा स्फुट साहित्य गाँधीवादी विचारधारा के अनुकूल रचा गया है।

गाँधी का व्यक्तित्व इतना महान् था कि समकालीन जीवन का प्रत्येक पक्ष उनसे किसी न किसी रूप में प्रभावित हुआ है। कला और साहित्य भी इससे अछूते नहीं रहे। इस दृष्टि से हिन्दी के अधिकांश कवि और लेखकों ने उनसे किसी न किसी प्रकार प्रभावित होकर उनकी जीवन-दृष्टि को अभिव्यक्ति दी है। पर इस अभिव्यंजना में सतह पर का उद्घोष और नारेबाजी की स्तुति अधिक है, गहरी अनुभूति का अपेक्षाकृत अभाव है।

हिन्दी साहित्य-कोश, भाग-1

जनवाद

जनवाद के मूल में स्थित 'जन' शब्द काफी पुराना है। भारतीय वाङ्मय में जनपद जन की प्रतिष्ठा काफी प्राचीन काल से चली आ रही है। यह शब्द समूहवाची है। जनवाद के लिए हम कह सकते हैं कि यह कला, साहित्य और जीवन के प्रति विशिष्ट दृष्टिकोण है, जो जनसामान्य को महत्त्व देता है। परन्तु यह परिभाषा अत्यधिक व्यापक है, जनवाद जिस विशेष अर्थ में आज हमारी साहित्य-समीक्षा में प्रयुक्त होता है, वह हाल की ही बात है तथा उसके विकास का एक मनोरंजक इतिहास भी है।

कला और साहित्य में आज जनवाद जिस अर्थ में प्रयुक्त होता है, उसके पीछे एक विशिष्ट दर्शन है। कार्ल मार्क्स (Karl Marx) ने जो समाज और उसके विविध रूपों और विचारों की ऐतिहासिक व्याख्याएँ कीं, वे कला और साहित्य पर भी लागू होती हैं। साहित्य की जो मार्क्सवादी विवेचना हुई, उसी से जनवाद का प्रादुर्भाव हुआ।

रूस में अक्टूबर क्रान्ति के बाद संकीर्ण मार्क्सवादियों ने 'प्रोलेट कल्ट' तथा 'ऑनगार्ड' जैसी संस्थाओं की स्थापना की और साहित्य में मार्क्स के वर्ग-संघर्ष को पूरी तरह से लागू करने पर जोर देते हुए इन लोगों ने सर्वहारा-साहित्य की माँग की। इन 'कुत्सित समाजशास्त्रियों' का बोलबाला 1932 ई. तक रहा; फिर मैक्सिम गोर्की (Maxim Gorky) जैसे कलाकारों की आवाज पर इन संस्थाओं को भंग करके 'सोवियत लेखक संघ' की स्थापना हुई तथा लेखकों के सामने एक ठोस इतिहास-सम्मत तथा क्रान्तिकारी पहलुओं वाला व्यापक जीवन-दर्शन 'सामाजिक यथार्थवाद' (दे.) के नाम से रखा गया। मार्क्सवादी विचारधारा के प्रचार के साथ-साथ सामाजिक यथार्थवाद को अभिव्यक्ति देने वाले साहित्य का प्रचार-प्रसार भी बढ़ा और उस समय ऐसे साहित्य को 'प्रगतिशील साहित्य' (progressive literature) कहा गया है। भारतवर्ष में भी यह विचारधारा आयी और 1936 ई. में 'प्रगतिशील लेखक संघ' की स्थापना हुई; परन्तु रूस के समाने ही साहित्यिक क्षेत्र में यहाँ भी एक लम्बे अर्से तक काफी खींचतान और संकीर्णता चलती रही। द्वितीय विश्वयुद्ध ने संसार के साधारणजन को झकझोर दिया। उसने अनुभव किया कि राजनेता तथा कतिपय अन्य न्यस्त स्वार्थों वाले थोड़े से व्यक्ति किस प्रकार उसे युद्ध की आँच में झोंककर

आहुतियाँ देते हैं। अतः एक प्रकार की राजनीतिक चेतना सारे विश्व में आयी, फलतः साधारणजन का, विश्व के सामान्य नागरिकों का महत्त्व बढ़ा। इस सम्बन्ध में आज के दोनों शक्ति-संघटनों में यह तथ्य द्रष्टव्य है कि कम्युनिस्ट ग्रुप 'पीपुल्स डेमोक्रेसी' की बात करता है और अमरीकी समूह 'पीपुल्स कैपिटलिज़्म' का नारा लगाता है। चीन की अपनी ऐतिहासिक परिस्थितियों में हुई क्रान्ति ने भी साम्यवादी चिन्ताधारा में लोकतान्त्रिक भावना को समाविष्ट किया और वहाँ भी जन का आदर बढ़ा। इस प्रकार ऐतिहासिक स्थिति ऐसी हो गयी, जिसमें जनवाद एक अनिवार्य आवश्यकता बन गया, पर यह स्मरण रखना चाहिए कि हमारे साहित्य-विवेचन में 'जनवाद' कम्युनिस्ट स्रोतों से ही आया है। 1947 ई. के आसपास भारतीय कम्युनिस्ट पार्टी ने 'जनवादी' नामक एक प्रकाशन भी किया था। इस तरह की चिन्तनधारा का जो विकास हुआ, उसे यों भी कह सकते हैं—सर्वहारा साहित्य, प्रगतिशील साहित्य, जनवादी साहित्य।

उपर्युक्त राजनीतिक परिस्थितियों के अतिरिक्त मार्क्सवादी समीक्षा पद्धति में भी यह अनुभव किया जाने लगा कि रूढ़ वर्ग-संघर्ष के आधार पर प्राचीन क्लासिकल साहित्य का मूल्यांकन कठिन है। ऐसी स्थिति में एक ऐसे मानदण्ड की आवश्यकता पड़ने लगी, जिसके अनुसार मार्क्सवाद को मूलतः न छोड़ते हुए भी उदार दृष्टिकोण को अपनाया जा सके। इस नये दृष्टिकोण (मार्क्स, एंगेल्स, लेनिन ने पहले भी संकीर्णता का विरोध किया था, पर उनके जोशीले अनुयायियों ने प्रारम्भ में ध्यान नहीं दिया) के अनुसार हर युग के श्रेष्ठ कवि का दृष्टिकोण जनवादी होता है। वह अपनी वर्गगत सीमाओं का उल्लंघन कर सामान्यजन का साथ देता है। 'बहुजन हिताय बहुजन सुखाय' के सिद्धान्त पर यों सहानुभूति वह हर वर्ग को दे सकता है; पर नजर अन्ततः सामान्यजन की ओर होती है। यह जनवादी परम्परा हर युग के श्रेष्ठ साहित्य में देखी जा सकती है; जबकि प्रगतिवाद एक विशेष युग के साहित्य के लिए रूढ़ हो गया है। यह युग हिन्दी में 1936 ई. से आया है और इस धारा के साहित्यकार सचेष्ट भाव से मार्क्सवादी दर्शन का उपयोग करते हैं।

यों भी कहा जा सकता है कि प्रगतिवाद (दे.) की एक विशेषता उसका जनवादी दृष्टिकोण है। मार्क्स के दर्शन से, जैसा कि ऊपर संकेत किया जा चुका है, इसका घनिष्ठ सम्बन्ध है। उसके अनुसार उत्पादन के प्रकारों के साथ समाज में व्यक्तियों का पारस्परिक सम्बन्ध भी बदलता जाता है और तदनुसार आचारशास्त्र, साहित्य आदि भी बदल जाते हैं। परन्तु एंगेल्स ने अर्थ और साहित्य के सीधे सम्बन्ध को अस्वीकार किया है। उसके अनुसार दर्शन, धर्म, साहित्य, कला आदि आकाशचारी विचारधाराएँ हैं; इसलिए इनका अर्थ से अप्रत्यक्ष और घुमावदार ही सम्बन्ध है। विचार अन्ततोगत्वा अर्थ के द्वारा ही निर्मित होते हैं, पर निर्मित हो जाने पर वे अपने विकास का स्वतन्त्र मार्ग अपना लेते हैं; बल्कि साहित्य, दर्शन आदि भी मानव के आर्थिक सम्बन्धों के परिवर्तन के प्रेरक बन जाते हैं। यहीं पर जनवादी स्थिति

सम्भव है, जबकि वह जनता के साथ मिलकर क्रान्ति को आगे बढ़ाने में प्रेरणा देती है। मार्क्सीय साहित्यशास्त्र के अनुसार कलाकार के व्यक्तित्व का निर्माण उसके वर्ग की मान्यता द्वारा होता है। परन्तु इसका यह अर्थ नहीं कि वह अपने वर्ग की विचारधाराओं का विरोध नहीं करता। वह अपने युग की ऐतिहासिक सीमा के भीतर समसामयिक विचारों का विरोध भी करता है; क्योंकि वह केवल उपभोक्ता नहीं, निर्माता भी है और निर्णायक रूप में वह एक वर्ग का सदस्य होते हुए भी उसके प्रतिक्रियावादी तत्त्वों का विरोध कर सकता है। साथ ही कला-विशेष की अपनी परम्परा भी उस पर प्रभाव डालती है।

मार्क्सपोषित इस जनवादी विचार-सरणि के अनुसार साहित्य में मानव के सामूहिक भावों की ही अभिव्यक्ति होनी चाहिए। व्यक्ति-वैचित्र्य के लिए उसमें स्थान नहीं है। लेखक में शक्ति जनता से आती है; जनता के साथ उसका सम्बन्ध जितना ही घनिष्ठ होता है, उसमें उतनी ही अधिक रचना-शक्ति आती है और उसकी रचना में उतना ही अधिक सौन्दर्य बढ़ता है। साहित्यकार को अनिवार्य रूप से जनता का पक्षधर होना ही पड़ेगा। इन सामूहिक भावों पर भी युग का नियन्त्रण होता है; परन्तु प्रत्येक युग में भविष्य के बीज भी विद्यमान रहते हैं। उसमें विरोधों का निरन्तर संघर्ष चलता है। युग के विकसनशील तत्त्व ही कलाकार के लिए उपादेय होते हैं। सच्चे कलाकार की प्रतिभा और अन्तर्दृष्टि उन तत्त्वों का दर्शन कर लेती है, जो कि सामूहिक भावों में ही अन्तर्भूत रहते हैं; बल्कि यों कहें कि सच्चे सामूहिक भावों का निर्माण उन्हीं तत्त्वों से होता है।

इस विचारधारा के अनुसार 'साहित्य' आर्थिक परिस्थितियों से नियमित होता है, लेकिन उनका सीधा प्रतिबिम्ब नहीं है। उसकी अपनी सापेक्ष स्वाधीनता है। साहित्य के सभी तत्त्व समान रूप से परिवर्तनशील नहीं हैं, इन्द्रियबोध की अपेक्षा भाव और भावों की अपेक्षा विचार अधिक परिवर्तनशील होते हैं। दो विभिन्न युगों में अपने अभ्युदय और ह्रास की विभिन्न परिस्थितियों में एक ही वर्ग दो तरह के साहित्य का पोषण करता है। सचेत लेखक सामाजिक विकास की समस्याओं के प्रति उदासीन न रहकर शान्ति, स्वाधीनता, जनतन्त्र और जातीय संस्कृति के लिए संघर्ष करते हैं। उनके चिन्तन, लेखन और कला का लक्ष्य ऐसा होना चाहिए कि पीड़ित वर्ग मुक्ति पाये। वे अपने साहित्य और कला से सामाजिक परिस्थितियों पर तभी असर डाल सकते हैं, जब वे इन परिस्थितियों को समझें और उनके बदलते हुए रूप को अपनी रचनाओं में जगह दें।

जनवादी कलाकार वर्ण्य-विषय की तरह शैली और भाषा को भी जनवादी बनाने का समर्थक है। चामत्कारिक और ऊहा-प्रधान शैली का वह विरोधी होता है। जनवादी साहित्य की भाषा को सरल और प्रवाहपूर्ण बनाना चाहता है। उसमें अलंकरण और कलाबाजी के स्थान पर अनुभूति पर अधिक जोर दिया जाता है।

अत्यधिक कोमलता और मिठास को वह ह्रासजन्य मानता है। परन्तु घटनाओं का सूखा वर्णन भी उसे अभिप्रेत नहीं, बल्कि उसके अनुसार उनके अन्तस्तल में प्रवाहित जीवनी-शक्ति का विकासमान रूप ही चित्रित होना चाहिए। कलाकार का कार्य उस शक्ति का अनावरण और घटनाओं से सम्बन्धित करना है। सौन्दर्य का स्रोत वह वास्तविकता को मानता है और वास्तविकता का यह बोध अपनी सामयिक समस्याओं में भाग लेने से आता है।

मार्क्सवादी समीक्षाओं में यों तो हर युग के श्रेष्ठ कवि और काव्य को जनवादी माना गया है, चाहे वे वाल्मीकि, व्यास और कालिदास हों अथवा कबीर, सूर, तुलसी या मीरा हों। आधुनिक काल में जनवादी धारा के प्रारम्भकर्ता भारतेन्दु हरिश्चन्द्र हैं। 'प्रसाद', प्रेमचन्द, रामचन्द्र शुक्ल ने उसे आगे बढ़ाया और आधुनिक काल के जनवादियों में से कुछ प्रमुख नाम ये हैं—'निराला, वृन्दावन लाल वर्मा, यशपाल, 'अश्क', नागार्जुन, केदारनाथ अग्रवाल, रामविलास शर्मा, शिवदान सिंह चौहान, प्रकाशचन्द्र गुप्त, रांगेय राघव तथा राहुल सांकृत्यायन। यों किसी जमाने में सुमित्रानन्दन पन्त और नरेन्द्र शर्मा प्रभृति साहित्यकार भी जनवादी थे।

हिन्दी साहित्य-कोश, भाग-1

हालावाद

'हाला' का शाब्दिक अर्थ है मदिरा। मदिरा का गुण है उसका नशा और तज्जन्य बेहोशी। इस बेहोशी में कुछ काल के लिए अन्य सारी चिन्ताएँ और कष्ट विस्मृत हो जाते हैं और पीने वाला उतने समय तक एक कल्पित लोक में सुखी रहता है। साहित्य में इस क्षणवादी दर्शन को 'हाला' और उसके सम्बद्ध प्रतीकों—मदिरालय, प्याला, सुराही, साकी के माध्यम से अभिव्यक्ति मिली और इसे 'हालावाद' की संज्ञा प्राप्त हुई। इस प्रवृत्ति के अनुसार इस क्षणभंगुर और दुःखमय जीवन में आनन्द के जो क्षण मिल सकें उनका भरपूर उपभोग करना चाहिए। हालावादी के अनुसार 'प्रिये, इतनी मदिरा आज पिला दे, जिससे कि भूत के सन्ताप और भविष्य के भय भाग जायें' (खैयाम)।

हालावाद दर्शन अपने मूल स्थान फारस में एक प्रकार का सूफी-दर्शन है। रूमी, उमर खैयाम, हाफिज, राबिया आदि फारसी सूफी कवियों ने शराब, साकी, प्याला आदि को प्रतीक बना, इनके माध्यम से परोक्ष सत्ता की चर्चा की और रोजा, नमाज आदि धर्म के बाह्याचारों का खण्डन किया। यह बड़ी महत्त्वपूर्ण बात है कि इसलाम वैराग्यप्रधान धर्म है, पर उसके भीतर से एक कलात्मक विद्रोह इन कवियों द्वारा प्रस्फुटित हुआ, जिसके अनुसार कवि जाहिद को ग़ालियाँ देता है। शराब पीने का निमन्त्रण देता है और बुतपरस्ती पर गर्व करता है। इन सूफी कवियों ने प्रेम की अतिशय भावुकता और तन्मयता को शराब की बेहोशी में प्रतीक रूप से दिखाया। लौकिक प्रेम (साकी के प्रेम) को अलौकिक प्रेम का आधार और प्रतीक बनाया। ऊपर से ये कविताएँ वासनात्मक हैं; पर भीतर से आत्मा (आशिक) परमात्मा (माशूक) के विरह, सौन्दर्य और प्रेम की पीर इनमें व्याप्त है।

सूफी तत्त्वदर्शन के इस प्रभाव को हम मध्यकालीन हिन्दी साहित्य के कुछ कवियों (जैसे कबीर) के इस दावे में देख सकते हैं, जिसमें वे ज्ञान की शराब पीने की बात कहते हैं। परन्तु आधुनिक काल में (जिस काल की उपज 'हालावाद' शब्द है) न तो यह प्रभाव फारस से आया है और न सूफीदर्शन ही इसके पीछे है। अपनी एक विशेष अवसाद और निराशा की स्थिति में फिट्ज़जेराल्ड ने 19वीं शती के मध्य में

उमर खैयाम की पचहत्तर रुबाइयों का अंग्रेजी में अनुवाद किया, जो पहले-पहल सन् 1859 ई. में 'रूबाइयात उमर खैयाम' के नाम से प्रकाशित हुई। ये विशिष्ट रूबाइयाँ खिन्न मन की निराशाजनक अभिव्यक्तियाँ हैं, जिनमें एक प्रकार के पलायनवाद (दे.) का स्पष्ट स्वर है—खैयाम के अनुसार 'तरुशाखा के तले रोटी का एक टुकड़ा, एक सुराही मदिरा, कविता की पुस्तक और पार्श्व में गाती हुई 'तुम' हो तो यह जंगल ही मेरे लिए स्वर्ग हो जाये'। यह पलायन और निराशा इसलिए है, क्योंकि 'पैरों के नीचे बालू की जमीन खिसकती जाती है, न मालूम कितने बड़े-बड़े नरेश, सत्ताधारी एवं विद्वान आये और चले गये। अतः जीवन शराब सूख जाये, इसके पहले ही उठो और मदिरा पी-पीकर भूख बुझा लो।' 'अनागत कल अभी उत्पन्न नहीं हुआ और विगत कल मर चुका है, अतः उनका चिन्तन छोड़ 'आज' को आनन्दमय बनाओ'। इस प्रकार फिट्ज़जेराल्ड (Fitzgeral) के अनुवाद में उमर खैयाम का दर्शन विषमताओं से पलायन कर कृत्रिम बेहोशी का क्षणवादी आनन्द ग्रहण कराने वाला है। हिन्दी में यह दर्शन प्रमुखतः फिट्ज़जेराल्ड के अनुवाद के माध्यम से ही आया।

यों तो सन् 1920 ई. के लगभग 'सरस्वती' में उमर खैयाम की यदा-कदा चर्चा होनी प्रारम्भ हो गयी थी; पर सन् 1930 ई. के आसपास खैयाम की रुबाइयों के अनुवादों की धूम मच गयी। पर ध्यान देने योग्य बात है कि इकबाल वर्मा 'सेहर' को छोड़कर (इन्होंने मूल फारसी से अनुवाद किया) शेष सारे अनुवाद फिट्ज़जेराल्ड के अनुवाद के ही हुए। हालावाद के मुख्य प्रयोक्ता एवं प्रवर्तकों में से एक बच्चन ने इस प्रश्न को उठाते हुए कि ऐसी क्या विशेष सामाजिक स्थिति थी, जिसने सारे देश का ध्यान खैयाम की ओर खींचा, कहा है कि वास्तव में सन् 1930 का समय ही ऐसा था। प्रथम महायुद्ध तक भारतीय मध्य वर्ग विकसित हो गया था। शिक्षा, साहित्य, राजनीति आदि में वह महत्त्वपूर्ण बन चुका था। मध्य वर्ग के जागरण से सम्बन्धित सार्वभौम प्रवृत्ति 'व्यक्तिवाद' पूरे जोश में थी (स्वयं राष्ट्रीय स्वाधीनता संग्राम का मूल दर्शन व्यक्तिवाद का ही रूप है)। परन्तु सन् 1920 ई. से लेकर 1930-31 ई. तक लगातार सत्याग्रह संग्राम की असफलताओं, आर्थिक क्षेत्र में विश्वव्यापक मन्दी और बेकारी ने उसे अत्यधिक निराश और विक्षुब्ध कर दिया था। सामाजिक-नैतिक मूल्यों के क्षेत्र में ज्ञान-विज्ञान और पश्चिमी सभ्यता ने उसे उन्मुक्त मन वाला कर दिया था, पर प्राचीन मर्यादाएँ इतनी गहरी थीं कि उसकी यह स्वच्छन्दता खुलकर विकास के लिए अवकाश न पाती थी। अतः उसके मन की कुण्ठाएँ बढ़ती जाती थीं। सारे देश में अवसाद, निराशा और कुण्ठाओं का साम्राज्य था। ऐसे समय में उमर खैयाम की रुबाइयों ने उपयुक्त भूमि प्राप्त की। 'रुबाइयात मनुष्य की जीवन के प्रति आसक्ति और जीवन की मनुष्य के प्रति उपेक्षा का गीत है।' हिन्दी में मैथिलीशरण गुप्त (मधुप), केशवप्रसाद मिश्र, बच्चन तथा सुमित्रानन्दन पन्त द्वारा प्रस्तुत खैयाम की रुबाइयात के अनुवाद विशेष रूप से उल्लेखनीय हैं।

यथार्थ की निराशा और तरुणाई की रोमैण्टिक इच्छाओं के संघर्ष में पड़े युवकों की एक शरणस्थली मिली मदिरालय में। बाला, हाला, प्याला के कल्पित लोक में उसे वर्तमान के गम को गर्क करने का स्थान मिला। उसने उस नशे में 'ज्ञान, ध्यान, पूजा, पोथी के स्थूल बन्धनों को तोड़ने की पुकार की, क्योंकि जब वासना तीव्रतम थी, तब उसे संयमी बनना पड़ा था। उसकी अल्पतम इच्छाओं को बन्दी बनाने वाला संसार क्रीड़ास्थल नहीं, कारागार था'। 'नवीन', 'हृदयेश', भगवतीचरण वर्मा, बच्चन, पद्मकान्त मालवीय, 'अंचल' आदि अनेक कवियों ने इस मादकता और बेहोशी के गीत गाए और इन सभी में वही 'प्रतिपल के परिवर्तन के कारण क्षणवादी' दृष्टिकोण है। परिमाण और ख्याति की दृष्टि से इनमें बच्चन का स्थान सर्वश्रेष्ठ है। सन् 1933 ई. से 1936 ई. के बीच में उनके तीन काव्यसंग्रह 'मधुशाला', 'मधुबाला' और 'मधुकलश' क्रमशः निकले। सन् 1933 ई. में ही उनका 'खैयाम की मधुशाला' अनुवाद भी आया। बच्चन को ख्याति और तीखे आक्षेप दोनों मिले। आक्षेपों का उत्तर देने का प्रयास उन्होंने 'मधुकलश' में किया है। वासनामय और निराशायुक्त गीत गाने के आरोप का अपने काव्य में उत्तर देते हुए उन्होंने कहा कि 'चूँकि कवि अपने स्वप्नों, कल्पनाओं, आकांक्षाओं को मुक्त अभिव्यक्ति देता है, इसीलिए जग उसके उद्‍गारों को वासनामय कहता है, पर यदि वह इन्हें छिपाता तो संसार उसे साधु समझता।' यों बच्चन ने अपनी रचनाओं को एक प्रतीकार्थ भी देना चाहा है, जिसके अनुसार जीवनधारा के तट पर ही कवि की सुन्दर-सी बस्ती है, जिसे दुनिया मधुशाला कहती है। तन की क्षणभंगुर नौका पर चढ़कर यात्री इस सरिता तट पर आकर स्वप्निल छाया प्राप्त करता है। शुष्क सत्य उपयोगी हो सकता है, पर सुखदायक तो सरस स्वप्न ही है। तथा जीवन में खोना और पाना सब नियति के अधीन है, पर यह तो दार्शनिकीकरण है। इस 'वाद' की सारी विशेषता बच्चन की इस एक पंक्ति में है—'मिट्टी का तन, मस्ती का मन, क्षणभर जीवन मेरा परिचय'।

साहित्यिक दृष्टि से छायावाद की वेदना और घनीभूत होकर निराशा में परिणत हो 'हालावाद' का रूप धारण कर लेती है। और जिन ऐतिहासिक परिस्थितियों ने प्रगतिवाद को स्थापित किया, उन्होंने ही छायावाद की इस प्रक्षेपित धारा 'हालावाद' को भी सन् 1936 ई. में ही समाप्त कर दिया।

हिन्दी साहित्य-कोश, भाग-1

भाग-2

कन्हैयालाल मिश्र 'प्रभाकर'

कन्हैयालाल मिश्र 'प्रभाकर' का जन्म सन् 1906 ई. में सहारनपुर जिला के देवबन्द ग्राम में हुआ था। प्रारम्भ से ही राजनीतिक एवं सामाजिक कार्यों में गहरी दिलचस्पी लेने के कारण आपको अनेक बार जेल-यात्रा करनी पड़ी। पत्रकारिता के क्षेत्र में भी आपने बराबर कार्य किया है। 'ज्ञानोदय' का आप सम्पादन कर चुके हैं तथा सहारनपुर से आप आजकल 'नयाजीवन' नामक पत्रिका सम्पादन कर रहे हैं। आपने अपने लेखन के अतिरिक्त अपने वैयक्तिक स्नेह और सम्पर्क से भी हिन्दी के अनेक नये लेखकों को प्रेरित और प्रोत्साहित किया है।

'प्रभाकर' की अबतक सात पुस्तकें प्रकाशित हो चुकी हैं। इनमें 'नयी पीढ़ी, नये विचार' (1950), 'जिन्दगी मुस्करायी' (1954), 'माटी हो गयी सोना' (1957), आपके रेखाचित्रों के संग्रह हैं। 'आकाश के तारे—धरती के फूल' (1952) प्रभाकर जी की लघु कहानियों के संग्रह का शीर्षक है। 'दीप जले, शंख बजे' (1958) में, जीवन में छोटे पर अपने-आप में बड़े व्यक्तियों के संस्मरणात्मक रेखाचित्रों का संग्रह है। 'जिन्दगी मुस्करायी' (1954) तथा 'बाजे पायलिया के घुँघरू' (1957), नामक संग्रहों में आपके कतिपय छोटे प्रेरणादायी ललित निबन्ध संगृहीत हैं।

'प्रभाकर' हिन्दी के श्रेष्ठ रेखाचित्रों, संस्मरण एवं ललित निबन्ध लेखकों में हैं। यह द्रष्टव्य है कि उनकी इन रचनाओं में कलागत आत्मपरकता होते हुए भी एक ऐसी तटस्थता बनी रहती है कि उनमें चित्रणीय या संस्मरणीय ही प्रमुख हुआ है—स्वयं लेखक ने उन लोगों के माध्यम से अपने व्यक्तित्व को स्फीत नहीं करना चाहा है। उनकी शैली की आत्मीयता एवं सहजता पाठक के लिए प्रीतिकर एवं हृदयग्राहिणी होती है।

कृष्णदेव सिंह

जन्म 1865 ई. में भरतपुर के प्रसिद्ध राजवंश में हुआ था। भारतेन्दु युग के लेखक थे। इनका लिखा हुआ 'माधुरी रूपक' नामक एक मौलिक नाटक मिलता है तथा कुछ स्फुट कविताएँ भी हैं।

कृष्णानन्द गुप्त

जन्म ललितपुर (झाँसी) में सन् 1906 में हुआ था। लेखक के रूप में इनकी प्रसिद्धि 'प्रसाद के दो नाटक' (1933) नामक पुस्तक से हुई। इस पुस्तक में कृष्णानन्द जी ने 'स्कन्दगुप्त' एवं 'चन्द्रगुप्त' नामक प्रसाद के दो नाटकों की कटु आलोचना की है। इन्होंने इन नाटकों पर अनैतिहासिकता का भी आक्षेप लगाया है तथा इब्सन के यथार्थवादी रंगमंच के आधार पर इन नाटकों को अत्यन्त त्रुटिपूर्ण बताया है। इस पुस्तक की काफी चर्चा भी हुई, परन्तु इसके बाद इनकी कोई आलोचनात्मक कृति प्रकाश में नहीं आयी है। इनके दो कहानी-संग्रह 'अंकुर' और 'पुरस्कार' क्रमशः 1929 और 1939 में प्रकाशित हुए हैं तथा 'केन' नामक एक उपन्यास भी 1930 में प्रकाशित हुआ था किन्तु इनके कथा-साहित्य सम्बन्धी इस लेखन को बहुत महत्त्वपूर्ण नहीं समझा गया। जीवशास्त्र पर भी एक पुस्तक 'जीव की कहानी' (1941) प्रकाशित हुई है।

इनका मुख्य कार्यक्षेत्र पिछले कुछ वर्षों से लोक-वार्ता सम्बन्धी रहा है। इन्होंने लोक-वार्ता से सम्बद्ध 'मधुकर' नामक पत्र का सम्पादन भी किया है। 'बुन्देलखण्डी कहावत संग्रह' एवं 'बृहत् हिन्दी कहावत-कोश' इस क्षेत्र में इनके मुख्य ग्रन्थ हैं। वास्तव में हिन्दी में लोक-वार्ता के शोधकर्ता और संग्राहक के रूप में इनका कार्य अत्यन्त महत्त्वपूर्ण है।

केशव प्रसाद सिंह

इनका रचनाकाल 1905 ई. है। द्विवेदी युग में आकर हिन्दी-गद्य में विविधता और शैली में अपेक्षाकृत प्रौढ़ता आती है। श्रीकृष्ण लाल के अनुसार "विकास का प्रथम चिह्न केशव प्रसाद सिंह के 'आपत्तियों का पहाड़' नामक निबन्ध में पाया जाता है, जो अंग्रेजी के एक निबन्ध के आधार पर लिखा गया था" (आधुनिक हिन्दी साहित्य का विकास, पृ. 349)। स्वप्नों के रूप में कथात्मक निबन्ध 'भारतेन्दु युग' में भी लिखे गये थे, पर भाषा की जो व्यंजनाशक्ति एवं कला का जितना अभिराम रूप इस निबन्ध में प्राप्त होता है, उतना पहले के निबन्धों में नहीं। लेखक सुकरात की एक उक्ति पर विचार करते हुए सो जाता है और उसे एक बहुत ही रोचक स्वप्न दिखायी देता है। एक स्थान पर लोगों द्वारा फेंकी गयी आपत्तियों के बण्डलों से पहाड़ बन जाता है, फिर सभी लोग अपने-अपने मन की एक आपत्ति चुनना चाहते हैं। एक नयी आपत्तियों के अनुभव का वर्णन करते-करते लेखक जाग पड़ता है। स्पष्ट है कि इस प्रकार की रचना में लेखक की कल्पना को खुलकर खेलने एवं व्यक्तित्व की अभिव्यंजना का अपूर्व अवसर मिलता है। इसी कारण कलारूप की दृष्टि से यह

निबन्ध बहुत अधिक महत्त्वपूर्ण बन पड़ा है। इसके अनुकरण पर अन्य कथात्मक निबन्ध भी लिखे गये हैं।

गया प्रसाद शुक्ल 'सनेही'

उन्नाव जिले के हड़हा नामक ग्राम में सन् 1883 ई. में जन्म हुआ। मृत्यु 1972 ई. में हुई। हिन्दी और उर्दू के साथ उन्हें मिडिल स्कूल तक की शिक्षा प्राप्त हुई। इसके पश्चात् 16 वर्ष की आयु में ही सन् 1899 ई. में मिडिल स्कूल के अध्यापक हो गये। अध्यापन के साथ ही हिन्दी के प्राचीन साहित्य, उर्दू एवं फारसी साहित्य आदि का अध्ययन उन्होंने बराबर जारी रखा। प्रारम्भ से ही साहित्य के इस प्रेम ने उन्हें शीघ्र ही साहित्यसर्जन के क्षेत्र में ला खड़ा किया। सन् 1904 या 1905 में मनोहरलाल मिश्र के 'रसिकमित्र' में उनकी पहली कविता प्रकाशित हुई थी। युवक कवि 'सनेही' को एक बात का विश्वास पहले से ही था कि कवि को शिक्षा, साधनों एवं अभ्यास की बड़ी आवश्यकता होती है। वे यावज्जीवन इस तैयारी में लगे रहे। इसी कारण उनकी अभिव्यंजना सदा अत्यधिक अनुशासित एवं रचना मर्यादित रही है। कुछ दिनों की इस तैयारी एवं अभ्यास के बाद सन् 1913 में गणेशशंकर विद्यार्थी के 'प्रताप' में उनकी 'कृषक-क्रन्दन' कविता प्रकाशित हुई थी। इस कविता ने तत्काल आचार्य महावीर प्रसाद द्विवेदी का ध्यान आकर्षित किया और उन्होंने 'सरस्वती' में लिखने के लिए 'सनेही' जी को आमन्त्रित करते हुए दहेज की कुप्रथा पर लिखने का आग्रह किया। उसी वर्ष द्विवेदी जी द्वारा दिये गये इस विषय पर उनकी कविता 'सरस्वती' में प्रकाशित हुई। फिर वे लम्बे अरसे तक नियमित रूप से 'सरस्वती' में लिखते रहे। इस प्रकार गणेश जी ने उन्हें राष्ट्रीय कविताओं के लिए प्रेरणा दी एवं द्विवेदी जी ने समाज-सुधार तथा ऐतिहासिक-पौराणिक आख्यानों की ओर आकर्षित किया। स्वामी नारायणानन्द द्वारा सम्पादित 'कवीन्द्र' पत्रिका में भी 'सनेही' जी नियमित रूप से लिखते रहे—पर यहाँ पर क्षेत्र परम्पराप्राप्त विषयों का चित्रण रहा। 'कवीन्द्र' के बन्द हो जाने के कुछ दिन बाद सन् 1928 में उन्होंने 'सुकवि' नामक 'काव्य-पत्रिका' निकाली, जिसने सन् 1950 तक अनवरुद्ध गति से हिन्दी कविता के सर्जन एवं प्रसार में अपने ढंग से योग दिया है। सैकड़ों कवियों की काव्याभिव्यक्तियों को इसने उपस्थित कर उस भूमि का काम किया है, जिस पर खड़ी बोली कविता का भवन खड़ा हो सका। समस्या-पूर्तियों आदि के द्वारा भाषा का परिष्करण एवं भाव-क्षेत्र का विस्तार ही नहीं हुआ, वाग्वैदग्ध्य की भी स्थापना खड़ी बोली में हो सकी। आज के कितने ही प्रसिद्ध कवियों या लेखकों की प्रारम्भिक रचनाओं को प्रकाशित करके 'सुकवि' ने उन्हें प्रोत्साहन दिया था तथा उनकी रचनाओं की अभिव्यंजना पद्धति को 'सुकवि' सम्पादक 'सनेही' ने सँवारा

था। इस क्षेत्र में उनके प्रभाव एवं आचार्यत्व का इस बात से सहज ही अनुमान लगाया जा सकता है कि हिन्दी में कवियों का एक 'सनेही-सम्प्रदाय' ही है, जो कानपुर में ही नहीं, कानपुर के बाहर भी दूर-दूर तक फैला है—तथा 'सनेही' जी को अपना गुरु कहकर गौरव का अनुभव करता है। कवित्त और सवैया छन्दों में काव्यरचना इस सम्प्रदाय की मुख्य शैली है।

गया प्रसाद शुक्ल का प्रारम्भ में कविनाम 'सनेही' था, परन्तु 'प्रताप' में छपने वाली राष्ट्रीय कविताएँ उस युग में एक अध्यापक लिखे—यह सरकार को सह्य न था। परिणामस्वरूप नाना प्रकार के दबावों से बचने के लिए उन्होंने 'त्रिशूल' उपनाम से कविताएँ लिखनी शुरू कर दीं एवं उनकी भाषा में भी उर्दू का रंग कुछ गहरा कर दिया। 'सनेही' ही त्रिशूल हैं, यह बात तबतक रहस्य ही बनी रही, जबतक कि वे मई सन् 1921 में अध्यापकी छोड़कर कानपुर नहीं आ गये। परन्तु 'त्रिशूल' नाम से लिखना उन्होंने फिर बन्द नहीं किया। परुष संवेदनाएँ एवं राष्ट्रीय संघर्ष का स्वर 'त्रिशूल' नामांकित कविताओं में प्रकाश पाता रहा एवं शृंगार आदि परम्पराप्राप्त विषयों पर कविता लिखने का काम 'सनेही' नाम के जिम्मे रहा। 'सनेही' नाम से लिखी जाने वाली कविताओं में खड़ी बोली एवं ब्रजभाषा दोनों ही का टकसाली रूप हमें प्राप्त होता है। 'त्रिशूल' ने खड़ी बोली हिन्दी तथा उर्दू का समन्वय अपने काव्य में करके उसे हिन्दी-उर्दू भाषी जनता के लिए सुबोध बनाना चाहा था परन्तु भाषा का यह समन्वय बहुत दूर तक सफल नहीं हो सका। इन तीनों ही काव्यभाषाओं में उन्होंने अनुमानतः बीस सहस्र से ऊपर छन्द लिखे हैं, जो दुर्भाग्यवश अबतक पूरी तरह संगृहीत नहीं हो सके हैं। इसी कारण उनके काव्य का समुचित मूल्यांकन फिलहाल कुछ कठिन है। 'प्रेम-पचीसी', 'कृषक क्रन्दन', 'राष्ट्रीय मन्त्र', 'राष्ट्रीय वीणा', 'त्रिशूल तरंग', 'कला में त्रिशूल', 'संजीवनी' और 'करुणा कादम्बिनी' नामक उनकी कुछ छोटी-छोटी पुस्तिकाएँ ही प्रकाशित हुई हैं। खड़ी बोली हिन्दी को काव्य-माध्यम के रूप में विकसित, पुष्ट एवं प्रसारित करने में उनका स्थान किसी भी अंश में श्रीधर पाठक, 'हरिऔध' एवं मैथिलीशरण गुप्त से कम नहीं है। उर्दू की परम्परा से घनिष्ठ रूप से सम्बद्ध होने के कारण खड़ी बोली की प्रकृति का उन्हें ज्ञान था और इसी कारण उसे वे इतने परिष्कृत रूप में उपस्थित कर सके थे। द्विवेदी युग के कुछ पहले से ही ब्रजभाषा एवं खड़ी बोली का जो विवाद प्रारम्भ हो गया था उसमें बहुधा खड़ी बोली के समर्थकों को दोनों ही माध्यमों में लिखकर खड़ी बोली की शक्ति प्रमाणित करनी पड़ी थी। 'सनेही' जी भी ऐसे ही कवियों में थे।

राष्ट्रीय भावधारा की अपनी कविताओं में 'सनेही' जी ने एक ओर तो प्राचीन आदर्श चरित्रों एवं पौराणिक आख्यानों का इतिवृत्तात्मक वर्णन किया है तो दूसरी ओर दलित-पीड़ित-शोषित जन की वेदना का मार्मिक चित्रण करते हुए उसके निराकरण का

आवाहन कर उन्होंने पाठक की चेतना को जाग्रत एवं विशद बनाने का ऐतिहासिक कार्य किया है। 'करुणा कादम्बिनी' में संगृहीत ये रचनाएँ समसामयिक कष्ट, शोक एवं करुणा की कहानियाँ हैं, जो सीधे-सीधे भी अभिव्यक्त हुई हैं एवं इतिवृत्तात्मक युग के कवि के मुख से मिलते-जुलते पौराणिक आख्यानों के रूप में भी फूट पड़ी हैं। इसके अतिरिक्त सत्याग्रह संग्राम में जाने वाले वीरों का उन्होंने स्वागत ही नहीं किया, उनके गाने के लिए बलिदानी गीतों एवं प्रयाण गीतों का भी प्रणयन किया। आर्थिक विषमता, अस्पृश्यता, भेदभाव, देश, भाषा की समस्याएँ विविध रूपों में 'त्रिशूल' के काव्य में अभिव्यक्त हुई हैं।

पर गया प्रसाद शुक्ल केवल 'त्रिशूल' ही नहीं थे, वे 'सनेही' भी थे। अपने इस 'सनेही' रूप में उन्होंने कलात्मक क्षमता का पूरा परिचय दिया है। 'त्रिशूल' की कविताएँ जहाँ अत्यधिक सामयिक एवं क्षणिक-आवेगसम्मत हैं, वहाँ 'सनेही' अधिक प्रशान्त, पर स्थायी हैं। इस दूसरे रूप में भाषा एवं संवेदना दोनों ही अधिक अनुशासित हैं। उनके शृंगार या नीति के छन्द ब्रजभाषा के सिद्धहस्त छन्दों के साथ सुविधापूर्वक रखे जा सकते हैं। अन्तर मात्र इतना है कि अत्यधिक अलंकरण के स्थान पर एक प्रकार की रोमाण्टिक कल्पना और वैयक्तिक अनुभूति उन्हें बराबर नया बनाये रही है। इसके अतिरिक्त अर्थगाम्भीर्य, बिम्बविधान, शब्दचयन एवं मुहावरेदार भाषा का प्रवाह इन छन्दों को पर्याप्त महत्त्वपूर्ण बना सके हैं। उर्दू परम्परा से निकट का परिचय होने के कारण उनकी अभिव्यंजना में उक्ति का चमत्कार एवं सीधेपन की वक्रता और चोट भी प्रकट हुई है। ऊहात्मक प्रसंग और चमत्कार लाने में उन्होंने अपने उर्दू-फारसी ज्ञान का समुचित प्रयोग किया है।

हिन्दी कविता को कवि-सम्मेलनों के माध्यम से जनता तक पहुँचाने का मुख्य श्रेय भी 'सनेही जी' को ही है। वे कवि-सम्मेलनों के वास्तविक प्रतिष्ठापक कहे जा सकते हैं। इस कार्य ने हिन्दी-कविता को समाज से प्रारम्भ से ही सम्बन्धित रखने में बड़ी सहायता दी है—परन्तु कवि-सम्मेलनों ने उनकी रचनाक्षमता को भी धक्का पहुँचाया है। प्राचीन परिपाटी के रसबोध में पगी जनता को परितुष्ट करने में वे अपनी नवीनता खोते गये—उनके भाव जगत का भी सूक्ष्मता के स्तर पर विकास नहीं हो सका। इसी कारण जहाँ छायावादी कवि शिल्प एवं भाव के अत्यधिक समृद्ध एवं नूतन प्रयोगों की ओर बढ़े, वहीं वे द्विवेदीयुगीन प्रणालियों से भी पीछे हटकर रीतिकाल के प्रभाव को अधिकाधिक ग्रहण करते गये। इसका प्रमाण और प्रभाव कवि-सम्मेलनों में अत्यन्त स्थूल रूप से पाया जा सकता है। छायावादी काव्यचेतना के रसबोध में पगे श्रोता-समाज ने धीरे-धीरे 'सनेही' स्कूल के छन्दकारों को अपदस्थ कर दिया एवं नये गीतकार उस पर अपना कब्जा जमाते गये।

चतुर्भुज औदीच्य

चतुर्भुज औदीच्य (रचना-काल 1904 ई.) द्विवेदी युग के निबन्धकार थे। ऐसा लगता है कि ये उन लेखकों में से थे, जो साहित्य को जीवन का अनिवार्य अंग या व्यापार न बनाकर कभी-कभी लिखते हैं। ऐसे लेखक गौण होते हुए भी साहित्य के लिए अपेक्षित वातावरण बनाने में सहायक होते हैं। औदीच्य जी का 'कवित्व' नामक निबन्ध बहुप्रशंसित है। 'कवित्व' निबन्ध में भाव, उपादान और शैली सभी महत्त्वपूर्ण थे (श्रीकृष्णलाल: 'आधुनिक हिन्दी साहित्य का विकास', पृ. 354)। इस निबन्ध का मूलाधार बंगला के पंचानन तर्करत्न का 'कवित्व' शीर्षक निबन्ध है। यह रूप और शैली में खण्ड-काव्य के निकट पहुँचता है। यह चार अध्यायों में विभक्त है। प्रथम अध्याय में कवित्व की प्रशंसा, द्वितीय में कवित्व का जन्म, तृतीय में कवित्व का भाषा से विवाह तथा चतुर्थ में मिथ्या (कल्पना) का कवित्व से सम्बन्ध स्थापन किया गया है। "इस प्रकार लेखक ने एक बहुत ही कवित्वपूर्ण रूपात्मक कहानी की सृष्टि की, जिसमें कवित्व, भाषा, मिथ्या और कल्पना का मानवीकरण हुआ है।" सम्भवतः ऐसे ही निबन्धों को ध्यान में रखकर रामचन्द्र शुक्ल ने कविता की भाषा का प्रयोग आलोचना के क्षेत्र में अनुचित माना है ('हिन्दी साहित्य का इतिहास', सप्तम संस्करण, पृ. 515-516)। वस्तुतः इस निबन्ध को आलोचना के क्षेत्र से अलग कर शुद्ध कलात्मक निबन्ध के अन्तर्गत परिगणित करना चाहिए।

जगदम्बा प्रसाद मिश्र 'हितैषी'

जन्म सन् 1895 में उन्नाव जिले में हुआ तथा सन् 1957 में कानपुर में मृत्यु हुई। वे संस्कृत, बंगला, फारसी और उर्दू के भी अच्छे जानकार थे। कानपुर में लोहे का अच्छा व्यवसाय था।

'हितैषी' की 'मातृगीता', 'कल्लोलिनी' तथा 'बैकाली' नामक तीन कविता-पुस्तकें प्रकाशित हुई हैं। मूल फारसी से उमरखैयाम की रुबाइयों का एक अनुवाद तथा 'दर्शना' नामक काव्य-ग्रन्थ के कतिपय अंश कानपुर से प्रकाशित होने वाली 'प्रतिमा' में प्रकाशित हुए थे—पर पुस्तक रूप में वे नहीं आ सके। इनके अतिरिक्त उनकी फुटकल कविताओं, ग़ज़लों एवं रुबाइयों का भी संकलन और प्रकाशन होना है।

'हितैषी' जी उस परम्परा के सर्वोत्तम कवि थे, जिसे 'सनेही स्कूल' के नाम से अभिहित किया जाता है। कवित्त और सवैयों के माध्यम से उन्होंने पुराने काव्य-विषयों पर ही नहीं लिखा, नयी स्वच्छन्दतावादी प्रवृत्तियों एवं उपेक्षित विषयों को भी चित्रित करना चाहा है। 'कल्लोलिनी' वस्तुतः इनकी कविताओं का प्रतिनिधि संग्रह है। सवैया के अन्तर्गत मत्तगयन्द इन्हें विशेष प्रिय रहा है तथा उसे उप-अन्त्यानुप्रास

की स्थापना द्वारा अधिक नाद-सक्षम बनाया है। उनके सवैये अत्यन्त अर्थगर्भित हो सके हैं। चतुर्थ पंक्ति पर अधिक बल दिये जाने के बावजूद उनके सवैयों की सभी पंक्तियाँ महत्त्वपूर्ण हैं। कवित्त-सवैयों के अतिरिक्त संस्कृत के वर्णवृत्तों एवं उर्दू छन्दों का भी उन्होंने कुशल प्रयोग किया है। उनकी भाषा की प्रशंसा करते हुए आचार्य रामचन्द्र शुक्ल ने अपने 'हिन्दी साहित्य का इतिहास' में लिखा है, "यदि खड़ी बोली की कविता आरम्भ में ऐसी ही सजीवता के साथ चली होती, जैसी इनकी रचनाओं में पायी जाती है तो उसे रूखी और नीरस कोई न कहता" (पृ. 611)। छायावादी युग में जिस दार्शनिकता और प्रकृति-प्रेम के दर्शन हमें होते हैं वे इनके काव्य में भी विद्यमान हैं। आपकी बहुत-सी कविताएँ हास्य-व्यंग्य सम्बन्धी भी हैं। स्वाधीनता संग्राम के दौरान बहुप्रचलित पंक्तियाँ—"शहीदों की चिताओं पर जुड़ेंगे हर बरस मेले। वतन पर मरने वालों का यही बाकी निशाँ होगा" आप की ही लिखी हुई हैं।

नाथूराम शर्मा 'शंकर'

सन् 1859 ई. में अलीगढ़ जिले के हरदुआगंज नामक कस्बे में जन्म हुआ एवं वहीं सन् 1935 ई. में उनका देहावसान भी हुआ। हिन्दी, उर्दू एवं फारसी का आपको प्रारम्भ में अध्ययन कराया गया, बाद में संस्कृत में भी पूरी तरह योग्यता अर्जित कर ली। नक्शानवीसी और पैमाइस का काम सीखकर वे कानपुर में नहर विभाग में नौकरी करने लगे। अपने कार्य में तो वे दक्ष थे ही, दफ्तर के अंग्रेज अफसरों को हिन्दी भी सिखाते थे। लगभग साढ़े सात वर्ष वे कानपुर में इस पद पर काम करते रहे, फिर अचानक ही एक दिन स्वाभिमानी नाथूराम शर्मा ने अपने सम्मान के प्रश्न पर नौकरी से त्यागपत्र दे दिया और जन्म-स्थान को लौट गये। जीविका के लिए उन्होंने नये सिरे से आयुर्वेद का अध्ययन किया और शीघ्र ही पीयूषपाणि वैद्य के रूप में विख्यात हो गये।

रचना का स्रोत उनमें प्रारम्भ से ही विद्यमान था। कहते हैं कि तेरह वर्ष की आयु में ही अपने एक साथी पर उन्होंने दोहा लिखा था। वह उर्दू-फारसी का जमाना था। मुशायरों का जोर था। बालक नाथूराम की सृजनशक्ति पहले से इस उर्दू माध्यम की ओर ही आकृष्ट हुई और वे हरदुआगंज के मुशायरों में शीघ्र ही अपना 'कलाम' पढ़ने के लिए आमन्त्रित होने लगे, परन्तु इस समय तक आर्य समाज की हवा बहने लगी थी—बालक नाथूराम पर उसका भी प्रभाव पड़ा एवं कानपुर आने पर वह प्रभाव ही गहरा नहीं हुआ, भारतेन्दु मण्डल के अन्यतम नक्षत्र पं. प्रतापनारायण मिश्र और उनके 'ब्राह्मण' के सम्पर्क में आये। उनकी प्रतिभा 'हिन्दी' के माध्यम से यहीं से फूटी।

'अनुराग रत्न', 'शंकर सरोज', 'गर्भरण्डा-रहस्य' नामक ग्रन्थ आपके जीवनकाल

में ही प्रकाशित हो गये थे। सन् 1951 ई. में उनकी मुक्तक कविताओं के पाँच संग्रह (गीतावली, कविता कुंज, दोहा, समस्या पूर्तियाँ, विविध रचनाएँ) 'शंकर सर्वस्व' नामक संग्रह में एक साथ संगृहीत होकर प्रकाशित हो गये हैं। इनके अतिरिक्त 'कलित कलेवर' नामक नख-शिख वर्णन सम्बन्धित रीतिकालीन परम्परा का काव्यग्रन्थ और उन्होंने लिखा था, पर समसामयिक जीवन और प्रकृतियों के प्रति जागरूक शंकर जी ने उसे अपने ही हाथों नष्ट कर दिया। 'शंकर सतसई' नामक उनका एक अन्य ग्रन्थ जल कर नष्ट हो गया था।

शंकर जी का रचनाकाल भारतेन्दु युग से लेकर द्विवेदी-युग तक प्रसरित है। वे वास्तव में एक प्रकार से संक्रान्ति युग के कवि थे। उनका रचनाकाल का सबसे अधिक उर्वर समय वह था, जब आर्य समाज एवं भारतीय राष्ट्रीय आन्दोलन जोर पकड़ रहे थे। भारतेन्दु युग की परिणति द्विवेदी युग में हो रही थी। साहित्य के विषय ही नहीं, भाषा भी बदल गयी थी। उस समय पुराने के प्रति मोह भी था, विवेक के आलोक में नये को ग्रहण करने की चेष्टा भी की थी। महाकवि 'शंकर' में ये सभी प्रवृत्तियाँ बद्धमूल थीं।

'शंकर' जी अपनी शिक्षा-दीक्षा, संस्कार तथा युगीन रुचियों में दो पूर्ववर्ती परम्पराओं से सम्बन्धित थे। एक परम्परा उर्दू-काव्य और उसके मुशायरों की थी तथा दूसरी रीतिकालीन ब्रजभाषा के कवित्त, सवैया एवं दोहों की शृंगारी परम्परा थी। दोनों ही परम्पराएँ चमत्कार एवं वाक्-कौशल पर बल देती थीं। दोनों में ही अभ्यास एवं लक्षणशास्त्र पर अत्यधिक बल दिया जाता था। पदक, पुरस्कार, उपहार एवं वाहवाही कवि के लिए नितान्त गौरव का विषय होते थे। 'शंकर' भी उर्दू और हिन्दी में चमत्कारपूर्ण कविताएँ लिखते थे, समस्या पूर्तियों में तो वे निष्णात थे। जीवन में सैकड़ों समस्या पूर्तियाँ उन्होंने कीं और उनके आधार पर सम्मानित हुए। 'भारत प्रज्ञेन्दु', 'साहित्य सुधाधर' आदि दर्जनों उपाधियाँ उन्हें अपनी इस सहज चमत्कारिणी कवित्व शक्ति के लिए प्राप्त हुई थीं। उनकी अभिव्यंजना का यह वैदग्ध्य नवीन भाषा एवं काव्य के नवीन विषयों को अपनाने के बाद भी सुरक्षित रहा।

उनका वास्तविक महत्त्व इन चमत्कारपूर्ण व्यंजनाओं की अपेक्षा उस शक्ति में निहित है, जिसके कारण वे नये जीवन की समस्याओं को समझ सके थे। उस जीवन ने उन्हें आन्दोलित एवं प्रेरित किया था। यदि यह शक्ति उनमें न होती तो न तो रीतिकाल के रस-बोध में पगा उनका मन देश-भक्ति एवं समाज-सुधार की सैकड़ों फुटकर कविताएँ एवं 'गर्भरण्डा रहस्य' जैसा प्रबन्ध-काव्य एक सामाजिक समस्या पर लिख पाते और न वे खड़ी बोली को काव्य के क्षेत्र में इतने सरस शक्तिपूर्ण ढंग से आत्मविश्वासपूर्वक प्रयुक्त कर पाते। महावीरप्रसाद द्विवेदी ने जब गद्य-पद्य की भाषाओं को एक रूप करने के लिए 'सरस्वती' के माध्यम से प्रयास प्रारम्भ किया, तब खड़ी बोली की 'सरस्वती' में प्रकाशित कविताओं के बारे में अपनी राय

लिखते हुए डॉ. ग्रियर्सन ने उन्हें नीरस बताया था। द्विवेदी जी ने 'शंकर' जी से 'सरस्वती' की लाज रखने की प्रार्थना की। इस प्रार्थना के परिणामस्वरूप 'शंकर' की 'सरस्वती' में प्रकाशित कविताएँ पढ़कर ग्रियर्सन ने खड़ी बोली की कविताओं के सम्बन्ध में अपनी सम्मति को परिवर्तित करते हुए द्विवेदी जी को लिखा—"अब मैं निश्चयपूर्वक कह सकता हूँ कि खड़ी बोली में भी सुन्दर और सरस कविताएँ हो सकती हैं।" खड़ी बोली में उनके लिखे कवित्त आज भी बेजोड़ माने जाते हैं। साहित्य के क्षेत्र में गतानुगतिकता और आडम्बर को छिन्न-भिन्न करके सर्वथा नवीन प्रणालियों के प्रयोक्ताओं में से एक प्रमुख प्रयोक्ता का गौरव उन्हें मिलना चाहिए। देश की आर्थिक दुरवस्था, किसानों की गरीबी और दरिद्रता का उन्होंने मर्मस्पर्शी चित्रण किया है—"कैसे पेट अकिंचन सोय रहे, बिन भोजन बालक रोय रहे, चिथड़े तक भी न रहे तन पै, धिक धूल पड़े इस जीवन पै।" सम्प्रदायवाद गुरुडम, धूर्तता को उन्होंने धिक्कारा है, भारत की शस्त्रहीनता पर क्षोभ प्रकट किया है। पराधीनता पर मर्मान्तक वेदना का प्रकाशन किया है। रिश्वतखोर अफसरों एवं सूदखोर महाजनों को डाँट पिलायी है। शिल्पकला की दुर्दशा पर आँसू बहाये हैं, कूपमण्डूकता का तिरस्कार किया है। धर्म के पाखण्डियों के पाखण्ड का निर्मम-भाव से उद्घाटन किया है। अपने युग की समस्त नैतिक, सामाजिक, राजनीतिक एवं धार्मिक समस्याओं पर उन्होंने अपने काव्य के माध्यम से विचार किया है।

सुधार एवं संघर्ष-युग की प्रवृत्ति के अनुकूल यह जागरूकता यद्यपि एकदम प्रत्यक्ष एवं स्थूल रूप से प्रकट हुई है पर इससे उस प्रदेश के ऐतिहासिक महत्त्व में कमी नहीं आती, जो 'शंकर' की वाणी द्वारा हिन्दी काव्य के विषयक्षेत्र एवं भाषा को प्राप्त हुआ है। उनके मन में काव्य एवं छन्द की एकता गहरे रूप में विद्यमान थी—इसी कारण पुराने विषयों में ही नहीं, नयी शैली में भी छन्दसम्बन्धी त्रुटियाँ उनमें अपवाद के लिए भी प्राप्त नहीं होतीं। छन्दों के अनेक नये एवं सशक्त प्रयोग भी उन्होंने किये हैं। दो छन्दों के मिश्रण से नये छन्द भी उन्होंने बनाये हैं जैसे त्रोटकात्मक (मिलिन्दपाद) तथा कजली जैसे लोकछन्दों को भी उन्होंने अपनाया है। मात्रिक छन्दों में भी समान वर्णों की योजना का दुःसाध्य कार्य उन्होंने किया है। कवित्त छन्द के तो वे पण्डित थे। 'सनेही' जी ने अपने प्रारम्भिक रचनाकाल में उनसे प्रशंसा पायी थी। वास्तव में 'सनेही' एवं 'रत्नाकर' की परम्परा के वे बीज थे। उनका ब्रजभाषा कवि का रूप रत्नाकर में निखरता है एवं खड़ी बोली की घनाक्षरी-सवैया की परम्परा 'सनेही स्कूल' में पुष्पित-पल्लवित होती है।

अपने हास्य एवं व्यंग्य काव्य के लिए जिस सचोट भाषा का उन्होंने उपयोग किया है, उसके कारण 'शंकर जी' की भाषा के बारे में एक भ्रम फैल गया है कि वे परुष शब्दावली का प्रयोग करते हैं। यह बात सत्य नहीं है। उनके शृंगार, करुण एवं शान्त रस सम्बन्धी छन्दों की भाषा मृदुल एवं श्रुतिप्रिय है। अपने व्यंग्य-काव्य

में अवश्य उन्होंने मधुरता की ओर ध्यान नहीं दिया। पर यह विषय का तकाजा था। व्यंग्य-काव्य लिखने के लिए भाषा को अधिक समर्थ और शक्तिशाली होना भी चाहिए। 'शंकर' जी की भाषा में यह सत्य पूर्णतया निहित है। 'गर्भरण्डा रहस्य' में विधवाओं की बुरी स्थिति एवं मन्दिरों में चलने वाले दुराचार की इसी करारी भाषा में बखियाउधेड़न की गयी है। वास्तव में उनके सामाजिक विषयों पर लिखे गये काव्य का मूलस्वर ओजपूर्ण है। पद्मसिंह शर्मा उनके काव्य में रस, अलंकार, छन्द आदि परम्परागत तत्त्वों पर मुग्ध थे और इसी कारण आधुनिक कवियों में उन्हें सर्वश्रेष्ठ एवं अनेक अंशों में प्राचीन कवियों से भी अच्छा समझते थे। इतिहासज्ञ काशीप्रसाद जायसवाल ने उन्हें नयी पद्य-रचना के मूल आचार्यों में से माना था एवं इस नवीनता से अभिभूत गणेशशंकर विद्यार्थी ने उनमें 'जबरदस्त मौलिकता' देखी थी।

स्वतन्त्र काव्य-रचना के अतिरिक्त उर्दू-फारसी और संस्कृत की कविताओं एवं सूक्तियों के वे उत्तम अनुवादक भी थे। पद्मसिंह शर्मा उनसे बहुधा ऐसे अनुवाद कराया करते थे। कानपुर प्रवास में उन्होंने प्रताप नारायण मिश्र के 'ब्राह्मण' के सम्पादन में भी अपना बहुमूल्य सहयोग दिया था। फिर वे केवल कोरे साहित्यिक ही नहीं थे, राष्ट्रीय स्वातन्त्र्य संग्राम एवं आर्यसमाज के आन्दोलनों में उन्होंने खुलकर निर्भयतापूर्वक काम किया था।

खड़ी बोली के काव्य के प्रथम निर्णायकों में नाथूराम शर्मा अग्रणी हैं एवं कविता को समाज के साथ सम्बन्धित करने का ऐतिहासिक दायित्व उन्होंने निभाया है। खड़ी बोली को उन्होंने काव्यशैली एवं छन्दों के साँचे ही नहीं दिये, अभिव्यंजनागत सामर्थ्य भी प्रदान की। उनके इसी ऐतिहासिक महत्त्व को ध्यान में रखते हुए ही प्रेमचन्द जी ने दिल्ली प्रान्तीय हिन्दी साहित्य के सम्मेलन के अध्यक्षीय भाषण में कहा था—"शायद कोई जमाना आये कि हरदुआगंज ('शंकर' की जन्मभूमि) हमारा तीर्थस्थान बन जाय।" काव्य में जिसे 'रेटारिक' तत्त्व कहते हैं, वह हमें उनके काव्य में प्रभूत मात्रा में उपलब्ध होता है, बल्कि कहना यों चाहिए कि हिन्दी-काव्य में उनकी परम्पराओं में ही यह तत्त्व आज भी अप्रमुख नहीं हो सका है।

नारायण प्रसाद अरोड़ा

27 नवम्बर, 1881 ई. को कानपुर में जन्म हुआ। 1906 ई. में क्राइस्ट चर्च कॉलेज, कानपुर से बी. ए. करके वे अध्यापन-कार्य में प्रवृत्त हुए। लोकमान्य तिलक के प्रभाव में आकर वे राजनीतिक कार्यों में रुचि लेने लगे, जो यावज्जीवन बनी रही। इन्हीं राजनीतिक गतिविधियों के सिलसिले में वे पाँच बार कारावास गये तथा कानपुर नगर, उत्तर-प्रदेशीय एवं अखिल भारतीय कांग्रेस कमेटियों से सम्बन्धित रहने के साथ ही सन् 1924 ई. में प्रान्तीय लेजिस्लेटिव कौंसिल के सदस्य भी चुने गये। लाला

हरदयाल के सम्पर्क में रहने के कारण सशस्त्र-क्रान्तिकारियों के भी वे सहायक रहे। समाज-सुधार के विविध कार्यों में उन्होंने योग दिया। लावनीबाजों के भी आप मुख्य पोषक रहे हैं। स्वामी नारायणानन्द द्वारा लावनियों का एक संग्रह कराके उसे आपने स्वयं ही प्रकाशित भी किया है। पत्रकारिता के क्षेत्र में वे कानपुर के 'प्रताप' के प्रारम्भिक संस्थापकों में से हैं तथा 'संसार' और 'विक्रम' का सम्पादन कर चुके हैं। 'कानपुर इतिहास समिति' स्थापित करके उसकी ओर से उन्होंने कानपुर जनपद का इतिहास प्रकाशित किया है। विभिन्न विषयों पर उन्होंने लगभग 70 पुस्तकें लिखीं या सम्पादित की हैं। 'फलाहार या फल चिकित्सा', 'पहलवानी और पहलवान', 'मेरे गुरुजन', 'बच्चों से व्यवहार', 'चीटी', 'स्वाधीन विचार', 'कानपुर के प्रसिद्ध पुरुष', 'प्रताप लहरी' (सम्पादित) आदि उनकी मुख्य पुस्तकें हैं। सर्वत्र उनकी भाषा सर्वजनग्राह्य एवं शैली सुबोध है। अरोड़ा जी की मृत्यु 9 फरवरी, 1961 ई. को हुई।

पद्मसिंह शर्मा

बिजनौर जिले के एक गाँव में पद्मसिंह शर्मा का जन्म सन् 1876 ई. में हुआ था तथा उनकी मृत्यु सन् 1932 ई. में हुई। शर्मा जी हिन्दी, संस्कृत, फारसी और उर्दू के गहरे ज्ञाता थे। उन्होंने 'साहित्य', 'भारतोदय' तथा 'समालोचक' जैसे पत्रों का सम्पादन भी किया था। ज्वालापुर महाविद्यालय में उन्होंने बहुत दिनों तक अध्यापन किया। उनका घर उस समय के साहित्यकारों का प्रमुख केन्द्र था।

शर्मा जी की प्रसिद्ध पुस्तक है—'बिहारी की सतसई'। इसके अतिरिक्त 'पद्मपराग' प्रथम भाग (प्र. सन् 1929 ई.) में उनके कुछ निबन्ध संगृहीत हैं एवं 'हिन्दी, उर्दू और हिन्दुस्तानी' नाम की पुस्तक में भाषा-समस्या पर उनके विचार संकलित हैं। शर्मा जी का एक सम्पादित ग्रन्थ है—'प्रदीप्त मंजरी'।

भारतेन्दु युग की प्रारम्भिक साहित्य समीक्षा ने पुस्तक समीक्षाओं एवं दोष दर्शन की प्रवृत्ति के बाद अपने द्वितीय चरण में जो विकास किया, उसका मुख्य श्रेय महावीर प्रसाद द्विवेदी, मिश्रबन्धु एवं पद्मसिंह शर्मा को है। इन तीनों में (और इनके माध्यम से उस समय की समस्त समीक्षा में) एक साम्य स्पष्ट दिखायी देता है कि तीनों का मुख्य आकर्षण-केन्द्र कवियों का अभिव्यंजना-शिल्प रहा है। काव्य की आन्तरिक भाव-संवेदना की ओर इनका ध्यान कम गया है। तीनों ने ही अभिव्यंजन-क्षमता के आकलन में भारतीय काव्यशास्त्र तथा व्याकरण-शास्त्र का सहारा लिया है।

हिन्दी में तुलनात्मक समीक्षा के प्रवर्तकों में पद्मसिंह शर्मा का नाम अग्रगण्य है। उन्होंने जुलाई, 1907 की 'सरस्वती' में बिहारी और फारसी कवि सादी की तुलनात्मक समालोचना प्रकाशित करायी। इसी अंक में शर्मा जी का एक लेख और था—"भिन्न भाषाओं के समानार्थी पद्य"। यह निबन्ध क्रमशः 'सरस्वती' के अनेक अंकों में

निकला और 1911 ई. में जाकर समाप्त हुआ। इसी प्रकार जुलाई, 1908 ई. की 'सरस्वती' में उनका 'संस्कृत और हिन्दी कविता का बिम्ब-प्रतिबिम्ब भाव' निकलना शुरू हुआ और 1912 ई. में जाकर समाप्त हुआ। 'सरस्वती', अगस्त, 1909 ई. में उन्होंने 'भिन्न भाषाओं की कविता का बिम्ब-प्रतिबिम्ब भाव' लिखा। इन बड़े-छोटे निबन्धों में तुलनात्मक आकलन तो नहीं था पर पारस्परिक समता दिखाने की इस प्रवृत्ति ने लोगों को उस दिशा में सोचने के लिए प्रेरित किया। वस्तुतः इन निबन्धों की आधारशिला पर ही आगे चलकर तुलनात्मक समालोचना का जोर बढ़ता है।

तुलनापरक इन पद्यों की खोज ने ही शर्मा जी को इस दिशा में आगे बढ़ने के लिए प्रेरित किया। इस दिशा में 'बिहारी की सतसई', जो बिहारी सतसई के भाष्य की भूमिका है, उनका प्रौढ़ प्रयोग है। इस पुस्तक में 'गाथा सत्तसई', 'आर्यासप्तशती', 'अमरुक शतक' आदि की उस शृंगारिक, साहित्यिक परम्परा का निरूपण हुआ है, जिसका अनुसरण बिहारी ने किया है। इन ग्रन्थों से बिहारी ने बहुत-कुछ ग्रहण किया है, उसी कारण कुछ आलोचकों ने बिहारी पर भावापहरण और साहित्यिक चोरी का आरोप लगाया है। पद्मसिंह शर्मा ने ऐसे स्थलों का तुलनात्मक अध्ययन और विश्लेषण करके बिहारी की विशिष्टता और श्रेष्ठता की ओर संकेत करना चाहा है और उन्हें भावापहरण के आरोप से मुक्त करने की चेष्टा की है। यद्यपि यह प्रयत्न तटस्थ और निर्भ्रान्त नहीं है। बिहारी के प्रति आग्रहपूर्ण पक्षपात रखने के कारण वे संस्कृत-ग्रन्थों के काव्य-सौन्दर्य की उपेक्षा करके बिहारी को जबरदस्ती श्रेष्ठकवि घोषित करने की चेष्टा करते हैं। 'शून्यं वासगृहं विलोक्य' तथा 'त्वं मुग्धाक्षि विनैव कंचुलिकया धत्से मनोहारिणीम्' में रस-क्षमता बिहारी के 'मैं निसहा सोयो समझि' अथवा 'पति रति की बतियाँ कही' से कम नहीं है, पर शर्मा जी ने उनमें किसी न किसी प्रकार का दोष निकालकर बिहारी को ऊँचा उठाने की चेष्टा की है।

परस्पर साम्य के इस अध्ययन में उन्होंने कतिपय समीक्षा-सिद्धान्त भी निर्धारित किये और इन सिद्धान्तों का पुष्टीकरण उन्होंने संस्कृत के अन्य काव्य-शास्त्रीय ग्रन्थों के आधार पर किया है। आनन्दवर्द्धन, राजशेखर आदि द्वारा भावापहरण सम्बन्धी चर्चाओं का उल्लेख करते हुए मौलिकता के सम्बन्ध में उन्होंने यह प्रतिपादित किया कि चिरपरिचित और कवि-परम्परा से प्राप्त तथ्य को उक्ति-वैचित्र्य के साथ रख देना भी मौलिकता है। इसी प्रकार महाकवित्व के लिए किसी महाकाव्य की रचना को भी उन्होंने आवश्यक नहीं माना। वस्तुतः यह सिद्धान्त भावी स्वच्छन्दतावादी आन्दोलन की भूमिका ही था। शुक्ल जी से जहाँ प्रबन्धकाव्य को ही महत्ता प्रदान की थी, वहीं स्वच्छन्दतावादी समीक्षकों ने मुक्तक को भी उतना ही महत्त्वपूर्ण माना। शर्मा जी इसी सिद्धान्त के लिए पृष्ठभूमि का निर्माण कर सके थे।

शर्मा जी का आलोचना के क्षेत्र में एक बहुत बड़ा प्रदेय है, जिसकी ओर साधारणतः समालोचकों ने ध्यान नहीं दिया है। उनका रचनाकाल यद्यपि शुद्धता

और नैतिकतावादी आर्यसमाजी 'द्विवेदी युग' था, पर साहित्यिक परम्परा के वास्तविक प्रतिनिधि के रूप में उन्होंने शृंगार के रसराजत्व को स्थापित किया तथा शृंगार मात्र को अश्लील समझने की धारणा को परिवर्तित किया। यह तथ्य भी रोमाण्टिक परम्परा की ओर बढ़ावा है परन्तु इस कथन से यह अर्थ निकालना ठीक न होगा कि वे शृंगारी-परम्परा के आलोचक थे। "उनके सम्बन्ध में भ्रम हो जाता है कि वे शृंगारिक परम्परा के आलोचक थे किन्तु वे समीक्षक थे शब्द और अर्थ के, शृंगारिकता से उनका सम्बन्ध न था। वे अभिव्यंजना-परीक्षा के आचार्य थे, शब्दगत तथा अर्थगत बारीकियों तक उनका जैसा प्रवेश था, हिन्दी में किसी दूसरे व्यक्ति का नहीं देखा गया।" (हिन्दी साहित्य-बीसवीं शताब्दी : पं. नन्ददुलारे बाजपेयी, भूमिका, पृ. 2, सं. 1945 ई.)। बिहारी का काव्य-सौष्ठव प्रतिपादित करते हुए उन्होंने बिहारी की अभिव्यंजना सम्बन्धी कारीगरी की ओर ही ध्यान अधिक दिलाया है।

इस अभिव्यंजना-सौष्ठव के स्पष्टीकरण के लिए यद्यपि ये सहारा शास्त्र का ही लेते हैं पर उनकी आलोचना को शास्त्रीय समीक्षा न कहकर प्रभाववादी-समीक्षा कहना उचित है। वे अपनी बात कहने के लिए शास्त्र का उपयोग भर करते हैं या फिर कभी-कभी शास्त्र को अपनी ओर जबरदस्ती मोड़ लेते हैं, जैसे कि प्रतीयमान अर्थ से उन्होंने उक्ति-वैचित्र्य का भाव निकालना चाहा है। तुलनात्मक समीक्षा के लिए जिस तटस्थता की आवश्यकता होती है, उसका उनकी आलोचनाओं में (विशेषकर 'बिहारी की सतसई' में) नितान्त अभाव है। डॉ. भगवत स्वरूप का यह मन्तव्य ठीक लगता है कि वस्तुतः "पण्डित जी (पद्मसिंह शर्मा) की आलोचना का मूल आधार सहृदयता और प्रभावाभिव्यंजकता ही है, पर बिहारी के सौष्ठव प्रतिपादन करते हुए उन्होंने प्राचीन आचार्यों द्वारा मान्य काव्यांगों का निरूपण भी अनेक स्थानों पर किया है। ('हिन्दी आलोचना—उद्भव और विकास', पृ. 314)

इस प्रभाववादी पक्ष के कारण उनकी आलोचनाओं में गम्भीर शैली नहीं रह गयी है। जहाँ किसी उक्ति पर वे रीझे कि बस उछल पड़े और उस प्रभाव के कारणों का विश्लेषण करने के स्थान पर अपने ऊपर पड़े प्रभाव को ही अभिव्यक्त करने लग जाते थे। उनकी इस 'वाह-वाह', 'क्या खूब' वाली शैली की इसी कारण निन्दा की गयी है, परन्तु इन प्रशंसात्मक अंश को यदि थोड़ा-सा भुलाकर पढ़ा जाय तो उनकी शैली अपने लालित्य-प्रवाह तथा व्यंग्य-विनोद के कारण अत्यन्त सुपाठ्य बन पड़ी है। कहना न होगा कि ऐसी सुपठनीय समीक्षाएँ हिन्दी में कम लिखी गयी हैं। शब्द के अपेक्षित प्रयोग पर उन्होंने बहुत अधिक ध्यान दिया है।

आलोचना के अतिरिक्त शर्मा जी ने निबन्धों के क्षेत्र में भी कार्य किया है और उस दिशा में उनके व्यक्तित्व की छाप स्पष्ट है। द्विवेदी युग के प्रमुख निबन्ध-लेखकों में उनकी गिनती की जा सकती है। वे मूलतः शैलीकार थे। निबन्धों में कभी उन्होंने धार्मिक सद्भावना की गुहार लगायी है, कभी भगवान श्रीकृष्ण के पौराणिक चरित्र के

वर्णन के माध्यम से आधुनिककाल के नेताओं पर व्यंग्य किये हैं एवं कभी-कभी 'मुझे मेरे मित्रों से बचाओ' जैसी मजेदार चर्चा की है। इन निबन्धों ('पद्मराग' में संकलित) की भाषा में उर्दू की मुहावरेदानी एवं बोलचाल के लहजे का प्रवाह अत्यन्त स्पष्ट है तथा यत्र-तत्र भाषण-कला का भी प्रभाव दिखाई देता है। शर्मा जी ने कविताएँ भी लिखी हैं पर उस क्षेत्र में उन्हें अधिक महत्त्व प्रदान नहीं किया जा सकता।

पूर्णसिंह

पूर्णसिंह की चर्चा एक श्रेष्ठ आत्मव्यंजक निबन्धकार के रूप में लगभग सभी इतिहासकारों ने की है। सिख परिवार में उनका जन्म 1881 ई. में हुआ था तथा मृत्यु 1931 ई. में। पेशे से वे अध्यापक थे तथा बाद को केवल अंग्रेजी में लिखने लगे थे।

पूर्णसिंह के निबन्धों की संख्या लगभग आधा दर्जन है। पर इतने ही निबन्धों से उन्होंने हिन्दी के निबन्ध-साहित्य पर अपनी छाप छोड़ी है। यद्यपि वे द्विवेदीकाल के निबन्ध लेखक थे परन्तु उनके निबन्धों में द्विवेदी युग की नीरस निर्वैयक्तिकता एवं तमाम विषयों पर लिखने की विविधता दृष्टिगोचर नहीं होती है। उनके निबन्धों में भावना का वह आवेग एवं कल्पना की जैसी उड़ान मिलती है, जिसने आगे चलकर छायावाद को विकसित किया। वस्तुतः उनके निबन्धों में हमें स्वछन्दतावादी प्रवृत्ति के स्पष्ट दर्शन होते हैं। उनके निबन्धों में द्विवेदी युग की प्रमुख प्रवृत्ति उपदेशात्मकता तथा प्यूरिटनिज्म की गन्ध तो अवश्य है परन्तु वह एक ऐसे महत् मानवीय आदर्श से परिचालित है तथा आध्यात्मिकता की एक ऐसी व्यापक किन्तु सूक्ष्म और गहन वृत्ति से प्रेरित है कि सहज ही उनके निबन्ध रोमाण्टिक धरातल का स्पर्श करने लगते हैं।

यूरोप की मशीनी सभ्यता की जो प्रतिक्रिया हमें टाल्स्टॉय, रस्किन एवं बाद को गाँधी में प्राप्त होती है, वही पूर्णसिंह के निबन्धों की वास्तविक भूमिका है। यह देखकर आश्चर्य होता है कि गाँधी से भी कुछ पहले ही पूर्णसिंह ने चरखा या हाथ से बनी वस्तुओं को मशीनी उत्पादन की अपेक्षा तरजीह दी थी। पूँजीवाद के प्रारम्भिक युग में ही श्रम और श्रमिक को जो महत्त्व उन्होंने प्रदान किया, उसे बाद को राष्ट्रीय आन्दोलन ने एक प्रमुख मूल्य के रूप में स्वीकार किया। वस्तुतः भौतिक जीवन की समृद्धि के स्थान पर आध्यात्मिक जीवन को वे सम्पन्न और सशक्त बनाना चाहते थे। इसी कारण उन्होंने "विविध सम्प्रदायों के बाहरी विधि-विधान को हटाकर उन सबके भीतर एक आत्मा का स्पन्दन, एक सार्वभौम मानवधर्म का स्वरूप देखा और अपने पाठकों को दिखाने की चेष्टा की।" इस चेष्टा में उन्होंने तार्किकता या बौद्धिकता का सहारा न लेकर मनुष्य के भावनाजगत् का स्पर्श करना चाहा है। इसी कारण उनके निबन्धों में विचार का सूत्र अत्यन्त क्षीण है और कहीं-कहीं तो वह टूट जाता है, पर अपने भावनात्मक प्रवाह में वे निश्चित रूप से पाठक को बहा ले जाते हैं।

उनके 'आचरण की सभ्यता', 'मजदूरी और प्रेम', 'सच्ची वीरता' जैसे निबन्ध वस्तुतः 'निर्बन्ध निबन्ध' के अन्तर्गत रखे जाने चाहिए।

रामचन्द्र शुक्ल ने पूर्णसिंह की शैली के विषय में लिखा है, "उनकी लाक्षणिकता हिन्दी गद्य-साहित्य में नयी चीज थी। ...भाषा और भाव की एक नयी विभूति उन्होंने सामने रखी" ('हिन्दी साहित्य का इतिहास', पृ. 480-81)। उनकी शैली में दो गुण एक साथ मिले-जुले रहते हैं—एक तो वक्तृत्व कला का ओज और प्रवाह, दूसरे चित्रात्मकता या मूर्तिमत्ता। इन दोनों के सम्मिलन के कारण इन निबन्धों की शैली हिन्दी में अनूठी बन पड़ी है और वह अत्यधिक प्रभावकर हो सकी है। एक ओर उनके निबन्ध स्वयं में प्रभावाभिव्यंजक एवं गहरे रूप में व्यक्तिनिष्ठ हैं तथा दूसरी ओर पाठकों के लिए नितान्त साधारणीकृत भी।

भगवतीप्रसाद वाजपेयी

जन्म कानपुर जिले के मंगलपुर ग्राम में सन् 1899 ई. में। नियमित शिक्षा उन्हें मिडिल स्कूल तक ही मिल सकी। उसके पश्चात् माता-पिता आदि की मृत्यु हो जाने के कारण परिवार का बोझ आपके सर पर आ गया। अमृतलाल नागर के शब्दों में "आवश्यकतावश घर की गाय, भैंस, बकरियाँ चरायीं, खलिहानों में दायँ और उड़नई का काम किया, पैसों की थैली लादकर गाँव की साहूकारी की, उसके बाद गाँव के प्राइमरी स्कूल की अध्यापकी की, शहर की लाइब्रेरी में पन्द्रह रुपये मासिक पर लाइब्रेरियन रहे, किताबों का गट्ठर कन्धे पर लादकर बेचा, बीवी के गहने बेचकर दुकानदार बने, चोरी हो गयी, बैंक की खजांचीगीरी के अप्रेन्टिस हुए; कम्पाउण्डर बने; प्रूफरीडर बने; सहकारी सम्पादक हुए; फिर सम्पादक बने..." (भ. प्र. वाजपेयी अभिनन्दन ग्रन्थ, पृ. 26)। वाजपेयी जी ने फिल्मों की दुनिया में भी अपना जोर आजमाया तथा हिन्दी साहित्य सम्मेलन की साहित्यपरिषद् के सभापति भी रहे हैं।

वाजपेयी जी का लेखनकार्य सन् 1920 ई. के आसपास से प्रारम्भ होता है। प्रारम्भ में उन्होंने कविताएँ लिखी थीं। 1922 ई. में जबलपुर की 'श्रीशारदा' नामक पत्रिका में उनकी पहली कहानी 'यमुना' प्रकाशित हुई थी। तब से उनका मुख्य प्रदेय कथा-साहित्य के क्षेत्र में रहा है, यद्यपि अन्य विधाओं में भी वे बराबर लिखते रहे। कहानी संग्रहों और उपन्यासों के अतिरिक्त उनके काव्य-संग्रह और नाटक भी प्रकाशित हो चुके हैं। उनके 27 उपन्यासों, 11 कहानी संग्रहों, दो नाटकों एवं एक कविता संग्रह की सूची इस प्रकार है—उपन्यासः 'प्रेमपथ', 'मीठी चुटकी', 'अनाथ पत्नी', 'त्यागमयी', 'नियतिन' (प्रेम निर्वाह), 'लालिमा', 'पतिता की साधना', 'पिपासा', 'दो बहनें' (1940 ई.), 'निमन्त्रण', 'एकदा' (गुप्तधन का परिवर्द्धित रूप), 'चलते-चलते' (1951 ई.), 'पतवार' (1952 ई.), 'मनुष्य और देवता', 'धरती की साँस', 'भूदान'

(1954 ई.), 'यथार्थ से आगे', 'विश्वास का बल' (1955 ई.), 'सूनी राह' (1956 ई.), 'रात और प्रभात', 'उनसे न कहना', 'चन्दन पानी', 'निरन्तर गोमती के तट पर', 'सावन बीता जाय', 'हिरनी की आँखें', 'पाषाण की लोच', 'उनसे कह देना'। इनमें से 'मीठी चुटकी' को उन्होंने शम्भूदयाल सक्सेना एवं विजय वर्मा के साथ तथा 'लालिमा' को प्रफुल्लचन्द्र ओझा के साथ संयुक्त रूप से लिखा है। कहानी संग्रहः 'मधुपर्क', 'हिलोर', 'पुष्पकरिणी', 'दीपमालिका', 'मेरे सपने', 'उपहार', 'उतार चढ़ाव', 'खाली बोतल', 'आदान प्रदान', 'अंगारे', 'स्नेह', 'बाती और लौ'। नाटकः 'छलना' और 'राय पिथौरा'। कविता संग्रहः 'ओस की बूँदें'। इनके अतिरिक्त वाजपेयी द्वारा सम्पादित निम्न संकलन भी प्रकाशित हुए हैं: 'हिन्दी की प्रतिनिधि कहानियाँ', 'नव कथा युगारम्भ' और 'नवीन पद्य-संग्रह'। 'उर्म्मि', 'आरती' आदि पत्रिकाओं का सम्पादन भी उन्होंने किया है तथा उनकी बालोपयोगी 8 पुस्तकें प्रकाशित हुई हैं।

संयोगों एवं घटनाओं का अपेक्षाकृत अधिक सहारा लेने वाली उनकी प्रारम्भिक कहानियों में एकसूत्रता एवं इतिवृत्तात्मकता अधिक है। आगे चलकर सन् 1930-32 ई. के आसपास से उनकी कहानियों में इतिवृत्तात्मकता के स्थान पर विश्लेषण एवं आकलन पर अधिक ध्यान दिया गया है। इस कारण कथा-सूत्र का निर्माण अधिक चमत्कारिक होने लगा। सन् '40 के लगभग उनकी कहानियों में शिल्प का एक नया विकास प्राप्त होता है। अब इतिवृत्तात्मकता को एकदम छोड़कर छोटे-छोटे घटनाखण्डों, चिन्तन एवं स्मृति अंशों के बीच से कथा-सूत्र को नियोजित करने का प्रयास प्राप्त होता है। शैली की दृष्टि से उन्होंने वर्णनात्मक, स्वगत कथन, पत्रात्मक एवं डायरी शैली आदि अनेक विधियों का प्रयोग किया है। कहानियों का ही समवर्ती विकास उनके उपन्यासों में भी देखा जा सकता है।

प्रेमचन्द के बाद उभर कर आने वाली पीढ़ी के मुख्य कथाकार हैं। इस पीढ़ी ने प्रेमचन्द के व्यापक सामाजिक चित्रों के स्थान पर व्यक्ति (मध्यवर्गीय) मन के गहन चित्रण पर अधिक बल दिया था। वाजपेयी जी ने सामाजिक उद्देश्यों की अपेक्षा मध्यवर्गीय मन के विविध ऊहापोह उपस्थित किये हैं। वे हमारे प्रारम्भिक मनोविश्लेषणात्मक उपन्यासकारों में से हैं। इस सम्बन्ध में यह भी ध्यान देने योग्य है कि उनका मनोविश्लेषण अकादमी कम, व्यावहारिक अधिक है। इस युग में नारी कुछ शिक्षित होकर स्वतन्त्र हो चली थी—ऐसी स्थिति में प्रेम, विवाह एवं यौन नैतिकता के अनेक प्रश्न समाज को क्षुब्ध करने लगे थे। मध्यवर्ग की इन आकांक्षाओं एवं कुण्ठाओं के चित्रण में वाजपेयी अत्यधिक तटस्थ रह सके हैं, यह उनकी कलागत शक्ति का प्रमाण है परन्तु इस चित्रण का जो परिप्रेक्ष्य है, वह शरतचन्द्रीय आदर्शवाद है—इसी कारण निराश-प्रेम की वेदना को वे अत्यधिक स्फीत करके उपस्थित कर सके हैं।

उनके प्रौढ़ उपन्यासों एवं कहानियों में घटना, चरित्र या दृश्य को कुछ रेखाओं में चित्रित कर देने की शक्ति प्राप्त होती है। उनमें उनकी भाषा अत्यधिक प्रासंगिक

एवं सहजप्रवाहमयी है। धीरे-धीरे वार्द्धक्य के साथ ही वाजपेयी जी में रोमाण्टिक वृत्ति का मोह अतिरिक्त रूप से सघन होता दिखाई देता है। 'चलते-चलते' के प्रकाशन (सन् 1951 ई.) के बाद यह मोह उनके कृतित्व को आच्छन्न करता प्रतीत होता है। इसके बाद के उपन्यासों में प्रेम का वही शाश्वत त्रिकोण एवं लगातार अति काव्यात्मकता की ओर बढ़ती भाषा इन्हें शिथिल बनाती है। वे प्रेम के प्रश्नों को नये सन्दर्भ में प्रतिष्ठित नहीं कर सके। नाटक एवं कविताओं में भी उनके कथा-साहित्य की ही हलकी अनुगूँज है, पर उन क्षेत्रों में वे बहुत सफल नहीं हुए। वास्तव में सन् 1930 से 1950 ई. के बीच लिखा उनका कथा-साहित्य ही उनकी प्रसिद्धि का आधार है। मनोवैज्ञानिक कथाकार के रूप में मध्यवर्गीय जीवन की मनःस्थितियाँ इस युग के उपन्यासों में चित्रित कर उन्होंने हिन्दी कथा-साहित्य को निश्चित रूप से आगे बढ़ाया है।

प्रकाशचन्द्र गुप्त

जन्म 16 मार्च, 1908 ई.। इलाहाबाद विश्वविद्यालय से उन्होंने अंग्रेजी साहित्य में एम. ए. किया और वहीं पर अंग्रेजी-साहित्य के अध्यापक तथा बाद में प्रोफेसर एवं अध्यक्ष हो गये। सन् 1970 में आपकी मृत्यु हुई। उनकी निम्नांकित आलोचनात्मक पुस्तकें हिन्दी में प्रकाशित हो चुकी हैं—'नया हिन्दी साहित्य' (1941), 'आधुनिक हिन्दी साहित्य—एक दृष्टि' (1955), 'हिन्दी साहित्य की जनवादी परम्परा' (1953), 'साहित्यधारा' (1955)। इनके अतिरिक्त पत्र-पत्रिकाओं में इनके समीक्षात्मक लेख, टिप्पणियाँ एवं पुस्तक-समीक्षाएँ प्रकाशित होती रही हैं। आलोचना के अतिरिक्त इन्होंने कृति-साहित्य भी प्रकाशित कराया है। 'रेखा चित्र' (1940), 'पुरानी स्मृतियाँ' (1947) नामक रेखाचित्र संग्रह तथा 'विशाख' (1957) शीर्षक उपन्यास प्रकाशित हो चुके हैं।

आप हिन्दी में मार्क्सवादी समीक्षा-प्रणाली के प्रारम्भिक प्रयोक्ताओं एवं प्रगतिवाद के उन्नायकों में से एक हैं। सन् 1936 ई. के आसपास से ही प्रगतिशील साहित्य की चर्चा प्रारम्भ हुई और वही उनके लेखन का प्रारम्भिक समय है। मार्क्स-दर्शन के अनुसार उन्होंने बताया कि प्रकृति के साथ होने वाले संघर्ष में जो अनुभूतियाँ मनुष्य अर्जित करता है, साहित्य में उन्हें ही वह शब्द-बद्ध करता है। प्रारम्भ में उन्होंने आधुनिक साहित्य को अपनी आलोचना का लक्ष्य बनाया था, पर सन् 1950 ई. के बाद से उन्होंने मध्यकालीन साहित्य पर भी दृष्टिपात किया। पर कबीर, सूर और तुलसी पर लिखे 'आलोचना' त्रैमासिक में प्रकाशित उनके निबन्ध साहित्य की सामाजिक व्याख्या की कसौटी पर बहुत गहरे नहीं लगते। इनमें समाज की अन्तर्विरोधिनी शक्तियों एवं उनकी साहित्यिक प्रतिच्छायाओं के बौद्धिक विश्लेषण

की अपेक्षा कुछ प्रभावपरक मन्तव्य प्रकट करने की प्रवृत्ति है अथवा अत्यन्त स्थूल रूप से 'खतियाने' की। आधुनिक साहित्य में सामाजिकता एवं यथार्थ का आग्रह बढ़ाने में उन्होंने सहायता अवश्य दी है, पर बहुधा उनके द्वारा किये गये मूल्यांकन अधिक महत्त्वपूर्ण सिद्ध नहीं हो सके। उन्हें यह श्रेय अवश्य है कि प्रगतिवादी समीक्षा-प्रणाली के प्रारम्भिक रूप को उन्होंने सँवारा है, तथा हिन्दी आलोचना को शास्त्रीयता के वाग्जाल तथा पाण्डित्य के थोथे प्रदर्शन से मुक्त करके सरल, स्पष्ट एवं गतिशील बनाया है।

प्रतापनारायण मिश्र

जन्म उन्नाव जिले के बैजेगाँव में सन् 1856 ई. में हुआ था। इनके जन्म के कुछ दिनों बाद ही इनके ज्योतिषी पिता पण्डित संकठाप्रसाद कानपुर आकर रहने लगे थे। यहीं पर उनकी शिक्षा-दीक्षा प्रारम्भ हुई। पिता उन्हें ज्योतिष पढ़ाकर अपने ही पैतृक व्यवसाय में लगाना चाहते थे, पर इनका मनमौजी स्वभाव उसमें नहीं रमा। अंग्रेजी स्कूल में कुछ दिनों पढ़ा, पर उनका मन वस्तुतः जमकर अनुशासनपूर्ण ढंग से पढ़ने में न लगता था। यों संस्कृत, उर्दू, फारसी, अंग्रेजी और बंगला में उनकी अच्छी गति थी। बालमुकुन्द गुप्त ने सन् 1907 ई. में प्रतापनारायण मिश्र का चरित्र 'भारतमित्र' में प्रकाशित करते हुए उसमें लिखा था कि उपर्युक्त भाषाएँ वे धाराप्रवाह बोल लेते थे। कानपुर उन दिनों लावनीबाजों का केन्द्र था और प्रतापनारायण मिश्र लावनी के अत्यन्त शौकीन थे। लावनीबाजों के सम्पर्क में आकर इन्होंने स्वयं लावनियाँ और ख्याल लिखना शुरू किया। यहीं से उनके कवि और लेखक जीवन का प्रारम्भ होता है—फिर तो आजीवन अनेक रूपों में उन्होंने हिन्दी की सेवा की। पर वे कोरे साहित्यकार नहीं थे। समसामयिक जीवन में उनकी गहरी दिलचस्पी थी। कानपुर की अनेक सामाजिक, राजनीतिक संस्थाओं से उनका सम्पर्क था। इलाहाबाद कांग्रेस अधिवेशन में वे कानपुर से प्रतिनिधि बनकर सम्मिलित हुए थे। कानपुर में नाटक-सभा नामक एक संघटन की नींव उन्होंने डाली थी और उसके माध्यम से पारसी थियेटर के विरोध में उन्होंने हिन्दी का अपना रंगमंच खड़ा करना चाहा था। वे स्वयं कुशल अभिनय करते थे। स्त्री पात्र का अभिनय करने के लिए उन्होंने अपने पिता से मूँछें मुड़ा लेने की आज्ञा भी प्राप्त कर ली थी। भारतेन्दु के व्यक्तित्व से वे अत्यधिक प्रभावित थे तथा उन्हें अपना गुरु तथा आदर्श मानते थे। उनका स्वभाव अत्यन्त हँसोड़ था। वे वाग्वैदग्ध्य के धनी थे। अपनी हाजिरजवाबी एवं मसखरे स्वभाव के लिए वे अपने समय में कानपुर में अत्यन्त प्रसिद्ध थे। मिश्रजी की मृत्यु कानपुर में ही सन् 1895 ई. में हुई।

मिश्र जी द्वारा लिखित पुस्तकों की संख्या 50 के लगभग है। अधिकांशतः ये

सभी उनके पत्र 'ब्राह्मण' में प्रकाशित हुई हैं। उनमें से कतिपय पुस्तकाकार भी बाद को निकलीं। उनकी मौलिक पुस्तकाकार प्रकाशित रचनाएँ हैं—'प्रेम पुष्पावली', 'मन की लहर', 'दंगल खण्ड', 'लोकोक्तिशतक', 'तृप्यन्ताम्', 'प्रताप संग्रह', 'रसखानशतक' —ये उनके कविता संग्रहों के नाम हैं। 'कलि कौतुक', 'भारत दुर्दशा', 'कलि प्रभाव', 'हठी हमीर', 'गो संकट'—उनके नाटक हैं एवं 'जुआरी-खुआरी' प्रहसन तथा 'संगीत शाकुन्तल' लावनियों में लिखा गया उनका पद्य-नाटक है। महावीर प्रसाद द्विवेदी ने इसकी प्रशंसा की थी। उनके निबन्धों का संग्रह जीवनकाल में नहीं आया, बाद को नारायण प्रसाद अरोड़ा ने 'नारायण निबन्धावली' में उनके कतिपय निबन्ध संकलित किये। अब नागरी प्रचारिणी सभा काशी की ओर से उनके समस्त लेखन को 'प्रतापनारायण मिश्र ग्रन्थावली' के नाम से संकलित करके प्रकाशित किया गया है। प्रतापनारायण जी ने अपनी समकालीन परम्परा के अन्तर्गत ही बंगला से कुछ अनुवाद भी किये। बंकिमचन्द्र के 'राजसिंह', 'इन्दिरा', 'राधारानी', 'युगलांगुरीय' उपन्यासों का अनुवाद उन्होंने किया था। 'चरिताष्टक', 'पंचामृत' एवं 'नीतिरत्नमाला' भी बंगला से अनूदित उनकी पुस्तकें हैं। इनके अतिरिक्त पाठ्यपुस्तकों के रूप में भी उनकी कतिपय रचनाएँ मौलिक या अनूदित रूप में प्राप्त होती हैं।

कविता के क्षेत्र में मुख्यतः वे पुरानी धारा के अनुवर्ती थे। ब्रजभाषा में समस्यापूर्तियाँ वे खूब किया करते थे। इन सवैयों या घनाक्षरियों का मूलस्वर भक्ति और शृंगार का होता था, पर मुख्य ध्यान देने योग्य बात है कि इन्होंने समसामयिक समस्याओं को भी अपनी काव्य-वस्तु के अन्तर्गत समेटने का प्रयास प्रारम्भ कर दिया था। "जिन धन धरती हरी सो करिहै कौन भलाई, बन्दर काके मीत कलन्दर केहि के भाई" में अंग्रेजी राज्य की तथाकथित प्रजाहितैषी रूप पर जितना प्रखरचेतनासम्पन्न व्यंग्य है, वह भारतेन्दु में भी कठिनता से मिलता है। 'हिन्दी, हिन्दू, हिन्दुस्थान' का नारा भी उन्होंने ही दिया था। "सब धन लिहे जात अंगरेज, हम केवल लेक्चर के तेज" में भारतवर्ष के उदारपन्थी समझौतावादियों पर आक्षेप है तथा उनकी पुकार है, "पढ़ि कमाय कीन्हों कहा, हरे न देश कलेस, जैसे कन्ता घर रहे तैसे रहे विदेस।" इस प्रकार 'ब्राडला स्वागत' के बहाने उन्होंने भारतवर्ष की दुर्गति का पद्यबद्ध चित्रण किया है। वास्तव में उनका काव्य वह सुदृढ़ भूमि है, जिस पर आगे का राष्ट्रीय एवं राजनीतिक काव्य खड़ा होता है।

मिश्र जी की उग्रता कविताओं से भी अधिक उनके निबन्धकार एवं सम्पादक व्यक्तित्व के माध्यम से व्यक्त हुई है। इस युग के लेखकों के इन दो व्यक्तित्वों को एक-दूसरे का पूरक समझना चाहिए। 'ब्राह्मण' पत्र का प्रकाशन 15 मार्च, 1883 ई. से उन्होंने प्रारम्भ किया था। सन् 1894 ई. तक यह प्रकाशित हुआ। बीच में कुछ दिनों के लिए मिश्र जी कलाकांकर से प्रकाशित होने वाले 'हिन्दुस्तान' में सम्पादक होकर चले गये थे, तब 'ब्राह्मण' भी वहाँ से प्रकाशित होने लगा था। अपने अन्तिम वर्षों

में वह श्री रामदीन सिंह के खड्गविलास प्रेस, बाँकीपुर से निकलता रहा। 'ब्राह्मण' के प्रथम अंक में ही उसके स्वरूप की ओर इंगित करते हुए उन्होंने कहा था—"...कभी राज्य-सम्बन्धी, कभी व्यापार सम्बन्धी विषय भी सुनायेंगे, कभी गद्य-पद्यमय नाटक से भी रिझायेंगे।" तथा एक अन्य अंक में अपने उद्देश्य को बताते हुए उन्होंने लिखा, "अपने देश भाइयों का दुःख-सुख ज्यों का त्यों प्रकाश करना हमारा मुख्य कर्तव्य है।" वस्तुतः 'ब्राह्मण' और 'हिन्दी प्रदीप' ने उस युग की पत्रकारिता को बहुमुखी ही नहीं बनाया, उसे पैनापन भी प्रदान किया। इन दोनों ही पत्रों ने अपने समय की हर समस्या का स्पर्श किया है और उस पर अपनी स्पष्ट राय दी है—बिना किसी लाग लपेट के। दोनों ही पत्र (क्रमशः प्रतापनारायण मिश्र एवं बालकृष्ण भट्ट द्वारा सम्पादित) उग्र राजनीतिक विचारधारा वाले पत्र हैं। राजनीतिक चेतना की दृष्टि से प्रतापनारायण जी भारतेन्दु से भी आगे थे। ढुलमुल नीति पर उनका विश्वास नहीं था और साहसपूर्वक वे विदेशी सरकार पर आक्रमण करते थे। गम्भीर विषयों के अतिरिक्त हास्य-व्यंग्य का अनोखा पुट भी 'ब्राह्मण' में हुआ करता था। 'मुच्छ', 'परीक्षा', 'ट', 'द' आदि ऐसे ही निबन्ध हैं।

'ब्राह्मण' की प्रतियों में प्राप्त उनके शताधिक निबन्ध लेखक के व्यक्तित्व की आत्मीयता एवं फक्कड़पन से ओतप्रोत हैं। जब गम्भीर विषयों पर लिखते थे तो भाषा अत्यन्त सधी और निश्चित, पर जहाँ मौज में आये कि फिर मुहावरों, कहावतों, बैसवाड़ी प्रयोगों के माध्यम से उनका व्यक्तित्व फूट पड़ता था। 'दाँत', 'बुढ़ापा', 'भौंह', 'बात' आदि निबन्धों में हमें जिस आत्मीयता के दर्शन होते हैं, वह निबन्धकला का प्राण है। हिन्दी-निबन्धों के क्षेत्र में आज भी उनके जैसे कलात्मक निबन्ध-लेखकों की संख्या विरल ही है। इन निबन्धों की शैली में एक अद्‌भुत प्रवाह और आकर्षण है। वे सच्चे अर्थों में हिन्दी-गद्य के निर्माता एवं शैलीकार के रूप में सदैव याद किये जायेंगे। उनके निबन्धों जैसी धार एवं पैनापन हमें उस युग में केवल बालकृष्ण भट्ट में ही प्राप्त होता है। पर भट्ट जी में जहाँ पाण्डित्य का गम्भीर स्वर मुख्य था, वहीं प्रतापनारायण में सहजता का भोलापन एवं मस्ती का विलास था।

उनके नाटक यद्यपि कला की दृष्टि से बहुत महत्त्वपूर्ण नहीं हैं, परन्तु उस युग में नाटक और रंगमंच के लिए जो असफल सा प्रयास उन्होंने किया, वह इतिहास की वस्तु है।

केवल 39 वर्ष जीवित रहने वाला यह व्यक्ति प्रतिभा एवं परिश्रम से आधुनिक हिन्दी के निर्माताओं की बृहत्त्रयी (भारतेन्दु, बालकृष्ण भट्ट एवं प्रतापनारायण मिश्र) में से एक है। इस सम्बन्ध में यह भी ध्यान में रखना चाहिए कि प्रतापनारायण जी को न तो भारतेन्दु जैसा साधन और वातावरण मिला था और न भट्ट जी जैसी लम्बी आयु, परन्तु उनका महत्त्व इन दोनों ही व्यक्तियों से किसी प्रकार कम नहीं है। इस सम्बन्ध में बालमुकुन्द गुप्त का यह कथन सत्य ही लगता है—

"पण्डित प्रतापनारायण मिश्र में बहुत बातें बाबू हरिश्चन्द्र की सी थीं। कितनी ही बातों में यह उनके बराबर और कितनी ही में कम थे, पर एक आध में बढ़कर भी थे। जिस गुण में वह कितनी ही बार हरिश्चन्द्र के बराबर हो जाते थे, वह उनकी काव्यत्व-शक्ति और सुन्दर भाषा लिखने की शैली थी। हिन्दी गद्य और पद्य के लिखने में हरिश्चन्द्र जैसे तेज, तीखे और बेधड़क थे, प्रतापनारायण भी वैसे ही थे।" (बालमुकुन्द गुप्त : 'निबन्धावली', पृ. 2)

बदरीनाथ भट्ट

संस्कृत के प्रसिद्ध पण्डित गोकुलपुरा (आगरा) निवासी रामेश्वर भट्ट के पुत्र। जन्म 1891 ई. में हुआ। जीवन के अन्तिम वर्षों में लखनऊ विश्वविद्यालय के हिन्दी विभाग में लेक्चरर रहे। साहित्य के क्षेत्र में इनकी ख्याति प्रधानतः इनके नाटकों के कारण है। कविताएँ भी लिखी हैं। 1932 ई. में इनकी मृत्यु हुई।

हिन्दी में स्वच्छन्दतावादी प्रवृत्तियों का प्रारम्भ भारतेन्दु युग में ही हो गया था पर उसका व्यवस्थित रूप हमें द्विवेदी युग के कतिपय लेखकों में प्राप्त होने लगता है। बदरीनाथ भट्ट उन लेखकों में से एक हैं, जिन्होंने स्वच्छन्दतावादी प्रवृत्तियों को बढ़ावा दिया। 'सरस्वती' के फरवरी, 1913 ई. के अंक में उन्होंने रीतिकाव्य की भाषा का विरोध करते हुए लिखा था–

"भाषा के इतिहास में एक समय ऐसा भी आता है, जब असली कवित्व-शक्ति न रहने पर भी लोग बनावटी भाषा में कुछ भी भला-बुरा लिखकर शब्दों की खींचातानी दिखाते हुए अपनी लियाकत का इजहार करते हैं और चाहे जैसी अश्लील या अनर्गल बात को छन्द के खोल में दिया हुआ देख लोग उसी को कविता समझने लगते हैं।"

स्पष्ट है कि रीतिकाव्य की रूढ़िबद्ध भाषा का यह विरोध स्वच्छन्दतावादी प्रवृत्तियों का बढ़ाव ही है। आगे चलकर सुमित्रानन्दन पन्त ने 'पल्लव' की भूमिका में भी इसी प्रकार रीति-परम्परा और उसकी भाषा का विरोध किया था। स्वयं अपनी कविताओं में भट्ट जी ने नयी भाषा, नयी विषयवस्तु और नये काव्यरूपों का प्रयोग प्रारम्भ किया। 1914 ई. के आसपास से उनकी ऐसी कविताएँ आने लगी थीं, जो मात्र इतिवृत्तात्मक नहीं थीं, जिनमें रहस्यात्मक वृत्तियों का समावेश होने लगा था। टकसाली सवैयों या घनाक्षरियों के स्थान पर भट्टजी ने लोकगीतों के कजरी, लावनी या भक्तिकाल के कवियों जैसे पदों को अपनी कविताओं में आजमाया है। यह सारा बढ़ाव स्वच्छन्दतावाद का था। निबन्धों के क्षेत्र में भी उन्होंने 'सभा की सभ्यता' जैसे निबन्धों में व्यंग्य की प्रवृत्ति को अपनाया है। यों 'हमारे कवि और समालोचक', 'हमारी कविता की भाषा' आदि विषयपरक निबन्ध भी लिखे हैं। उनके निबन्धों में

संस्कृत के साथ ही अंग्रेजी शब्दों का निर्बन्ध प्रयोग भी गद्य की भाषा का विकास ही कहा जायगा।

बदरीनाथ भट्ट का मुख्य क्षेत्र नाटक है। वस्तुतः भारतेन्दु और प्रसाद की मध्यवर्ती कड़ी वे ही हैं। आलोचकों ने इस ओर कम ही ध्यान दिया है, पर यह कहना असंगत न होगा कि भारतेन्दु के बाद नाटक के क्षेत्र में नयी जमीन तोड़ने का काम भट्ट जी ने ही किया था। सन् 1900 ई. के आसपास हिन्दी नाटक क्षेत्र में मौलिक सृजन-शक्ति और नवोन्मेष का नितान्त अभाव दिखाई देता है। पारसी थियेटर कम्पनी के स्टेज के प्रति असन्तोष का भाव तो था पर जैसे कोई दिशा नहीं मिल रही थी। दिशा का अनुसन्धान सबसे पहले 1912 ई. में प्रकाशित बदरीनाथ भट्ट के 'कुरुवन दहन' में प्राप्त होता है। श्रीकृष्ण लाल ने नोट किया है कि 'कुरुवन दहन' में "नवीन नाट्यकला के अंकुर थे" ('आधुनिक हिन्दी साहित्य का विकास', पृ. 213)। इस सम्बन्ध में ध्यान देने योग्य बात यह भी है कि 1912 ई. में ही प्रसाद का 'करुणालय' भी प्रकाशित हुआ था पर नाट्यकला की दृष्टि से वह अपेक्षाकृत 'कुरुवन दहन' से कम महत्त्वपूर्ण है। 'कुरुवन दहन' संस्कृत के 'वेणीसंहार' नाटक का हिन्दी रूपान्तर है, जो अनुवाद न होकर नयी परिस्थितियों एवं नवीन शिल्प के अनुसार रूपान्तर ही कहा जाना चाहिए। इस नवीनता की ओर नाटक की अंग्रेजी भूमिका में भट्ट जी ने स्वयं इंगित किया है। यह भूमिका उस समय के नाटकीय विकास की दृष्टि से अत्यन्त महत्त्वपूर्ण है। भूमिका के अनुसार, *"इसके स्थान पर, मैंने एक दूसरा पथ ग्रहण करने का निश्चय किया, जिसमें कि मुझे अधिक स्वच्छन्दता प्राप्त होने की आशा थी। यह रास्ता इसे रूपान्तरित करने का था।... मैंने छह के स्थान पर इसे सात अंकों में समाप्त किया और नाटकीय पात्रों के भाषणों को अनेक स्थलों पर घटा, बढ़ा और परिवर्तित करके इसे यथासम्भव आधुनिक रुचियों और परिस्थितियों के अनुकूल बनाने का प्रयत्न किया। कहीं-कहीं आवश्यक समझकर मैंने कुछ नवीन पात्र और कुछ हास्यपूर्ण संवाद बढ़ा दिये हैं। वस्तुतः मैंने इस ग्रन्थ में अंग्रेजी और संस्कृत नाटकीय विधानों का समन्वय बनाने का प्रयत्न किया है। जहाँ कहीं नाटकीय प्रसंगों के लिए आवश्यकता जान पड़ी, वहाँ 'वेणीसंहार' के अंकों के बीच रिक्त स्थलों को नवीन पात्रों के द्वारा भर दिया।"*

यह दृष्टि एक नये युग की प्रवर्तिका है। इस नाटक में वस्तु संगठन, चरित्र-चित्रण और हासपूर्ण प्रसंगों की अवतारणा करके उसे आधुनिक रुचि के अनुकूल बनाने का प्रयास किया गया है। बहुधा लम्बे एवं महत्त्वपूर्ण संवादों के स्थान पर अधिक व्यंजक और सूच्य तथा संक्षिप्त संलापों का सहारा लिया गया है। कथा के विविध प्रसंगों पर बल भी नये ढंग से दिया गया, जैसे भीष्म की मृत्यु की सूचना तथा जयद्रथ-वध का अत्यन्त विस्तार से पूरे एक अंक में चित्रण। इसी प्रकार अंकों का दृश्यों में विभाजन भी नये ढंग के अनुरूप हुआ है। उनके संवादों ने कथानक के विकास तथा चरित्रों

के शीलनिरूपण में सहायता दी है। वे प्रायः सजीव और सशक्त बन पड़े हैं। इस प्रकार नाटक में निर्देशन-नैपुण्य तथा कलात्मक संयम का सौन्दर्य प्राप्त होता है। यह अवश्य है कि इसमें भाषा तथा देशकाल के उपयुक्त वातावरण के निर्वाह पर उतना जोर नहीं दिया गया तथा चरित्रों के शीलनिरूपण पर भी अधिक बल नहीं दिया जा सका। संवादों में भी पारसी थियेटर कम्पनियों का पर्याप्त प्रभाव है। इन दोषों को दूर करने का दायित्व प्रसाद ने लिया।

'कुरुवन दहन' पौराणिक नाटक है, भट्ट जी का 'बेनचरित' (1922) भी पौराणिक है तथा 'तुलसीदास' (1922) ऐतिहासिक व्यक्तित्व पर आधृत होते हुए भी अपनी आत्मा में पौराणिक ही है। इन पौराणिक नाटकों की दो विशेषताएँ उल्लेखनीय हैं। प्रथम तो यह कि इनमें नाटककार ने पुराणों की कथाओं को ज्यों का त्यों न स्वीकार कर अपनी रुचि तथा कथा की प्रवृत्ति एवं नाटकीय आग्रहों से अनेक मौलिक परिवर्तन कर दिये हैं। इस प्रकार इन नाटकों में लेखक की कल्पना को (यह भी स्वच्छन्दतावादी प्रवृत्ति ही है) अधिक मुखर होने का अवकाश मिला है। दूसरे इन नाटकों में अतिप्राकृत प्रसंगों की न्यूनता हो गयी थी। कालक्रमसम्बन्धी दोष अवश्य बने रहे। वातावरण के चित्रण पर भी बल दिया गया। परन्तु सांस्कृतिक शक्तियों का जीवन्त चित्रण नहीं हो सका। कभी-कभी कालव्यतिक्रम के भी दोष मिल जाते हैं, जैसे कि 'तुलसीदास' में रानी पिस्तौल दिखाकर 'मेजर' और 'कैप्टेन' को बन्दी बनाती है। चरित्र-चित्रण की दृष्टि से भी ये नाटक पारसी थियेटर के नाटकों या भारतेन्दु युग के नाटकों से बहुत आगे बढ़े हुए हैं, पर यह भी सत्य है कि इनमें मुख्य ध्यान कथावस्तु या कथासंघटन के पुनर्नवीकरण की ओर अधिक था, शील-निरूपण की ओर कम। मानसिक द्वन्द्वात्मक स्थितियों के आकलन की ओर ध्यान नहीं दिया गया। इन नाटकों की भाषा भी उतनी सक्षम नहीं है, जितनी कि प्रसाद के नाटकों में आगे चलकर प्राप्त होती है।

भट्ट जी के 'दुर्गावती' (सन् 1926) एवं 'चन्द्रगुप्त' नामक दो ऐतिहासिक नाटक भी प्राप्त होते हैं। इन दोनों नाटकों पर पारसी रंगमंच का प्रभाव कुछ अधिक है। कलात्मक वैभव की दृष्टि से उनके ये नाटक पौराणिक नाटकों से नीचे पड़ते हैं।

नाटकों में प्रहसन के क्षेत्र में भी भट्ट जी ने महत्त्वपूर्ण कार्य किया है। उनके प्रहसनों में 'चुंगी की उम्मीदवारी' (1914), 'लबड़धोंधों' (1926), 'विवाह-विज्ञापन' (1927), 'मिस अमेरिकन' (1929) बहुत प्रसिद्ध हैं। समसामयिक समस्याओं तथा उनकी विकृतियों पर इनमें हास्य-व्यंग्य के सहारे प्रकाश डाला गया है। 'मिस अमेरिकन' में पाश्चात्य अर्थप्रधान सभ्यता पर गहरा व्यंग्य है। इन नाटकों पर प्रसिद्ध फ्रांसीसी हास्य नाटककार मोलियर का भी कुछ प्रभाव परिलक्षित होता है।

बालकृष्ण भट्ट

जन्म इलाहाबाद में 23 जून, 1844 ई. में। माता का नाम पार्वती देवी, पिता का नाम बेनीप्रसाद भट्ट तथा पत्नी का नाम श्रीमती रमादेवी था। सन्तान—(1) मूलचन्द भट्ट, (2) महादेव भट्ट, (3) लक्ष्मीकान्त भट्ट, (4) जनार्दन भट्ट। पिता इनके व्यापारी थे। माता सुसंस्कृत महिला थीं और उन्होंने इनके मन में पढ़ने की विशेष रुचि जगायी। प्रारम्भ में उन्होंने संस्कृत पढ़ी फिर प्रयाग के मिशन स्कूल से एण्ट्रेन्स की परीक्षा में सन् 1867 में बैठे, पर सेकेण्ड लैंग्वेज संस्कृत की परीक्षा की व्यवस्था न होने से परीक्षा न दे सके। इस परीक्षा के बाद ही वे मिशन स्कूल में अध्यापक हो गये। जहाँ पर सन् 1869 से 1875 तक रहे। ईसाई वातावरण में उनकी पट नहीं सकी और शीघ्र ही वे त्यागपत्र देकर अलग हो गये। इसके पश्चात् संस्कृत का स्वाध्याय उन्होंने अत्यन्त लगन के साथ किया। भट्ट जी के पिता एवं अन्य सम्बन्धी चाहते थे कि वे पैतृक व्यापार में लगें पर भट्ट जी का पण्डित मन व्यापार में नहीं रमा। इस प्रश्न पर गृहकलह के बवण्डर में अत्यन्त दुःखी होकर उन्हें अपना सम्पन्न पैतृक घर छोड़कर अलग रहने के लिए बाध्य होना पड़ा। घर से अलग होने के बाद भट्ट जी को सारा जीवन भयंकर आर्थिक कठिनाइयों के मध्य गुजारना पड़ा पर इस दृढ़ एवं आत्मसम्मानी व्यक्ति ने कभी भी हिम्मत नहीं हारी। कर्मठतापूर्वक सारा जीवन उन्होंने साहित्य को अर्पित किया। सन् 1885 ई. में सी. ए. वी. स्कूल इलाहाबाद में वे संस्कृत पढ़ाने लगे थे, तथा कुछ दिनों के बाद सन् 1888 में वे कायस्थ पाठशाला इण्टर कॉलेज, इलाहाबाद में संस्कृत के अध्यापक हो गये, पर अपने उग्र राजनीतिक विचारों के कारण अन्ततः यह नौकरी भी उन्हें छोड़नी पड़ी थी। फिर उन्हें यत्र-तत्र लेखन और पत्रकारिता के द्वारा ही जीविका चलाने के लिए बाध्य होना पड़ा। जीवन के अन्तिम वर्षों में श्यामसुन्दर दास ने उन्हें हिन्दी शब्दकोश के सम्पादन के लिए वैतनिक सहायक के रूप में बुलाया था पर भट्ट जी के प्रति उनका व्यवहार बहुत अच्छा न था और स्वाभिमानी बालकृष्ण भट्ट शीघ्र ही उस कार्य से भी अलग हो गये। 20 जुलाई, 1914 ई. को उनकी प्रयाग में मृत्यु हो गयी।

भारतेन्दु युग के लेखकों में बालकृष्ण भट्ट का स्थान केवल भारतेन्दु के बाद आता है। आधुनिक हिन्दी साहित्य के विकास में उनका महत्त्वपूर्ण ऐतिहासिक स्थान है। विशेषतः निबन्धकार एवं पत्रकार के रूप में उन्हें इतिहास कभी भुला नहीं सकता। यों हिन्दी में व्यावहारिक आलोचनाओं के वे प्रारम्भिक प्रवक्ता हैं तथा उन्होंने नाटक, उपन्यास और कहानियाँ भी लिखी हैं। इस लेखन के अतिरिक्त अपने साहित्यिक व्यक्तित्व के माध्यम से उन्होंने अपने युग के तमाम लेखकों को प्रेरित और प्रभावित किया है।

भारतेन्दु युग के लेखकों के सम्बन्ध में यह महत्त्वपूर्ण तथ्य है कि वे सभी

लेखक भी थे और पत्रकार भी। बल्कि यों कहें कि वे लोग मूलतः पत्रकार थे और उनका अधिकांश लेखन अपने-अपने पत्रों की कलेवर पूर्ति के लिए हुआ है। या पत्रकारिता को उन लोगों ने एक ऐसे मिशन के रूप में लिया था जिसके कारण उस सारे लेखन में भावना का सहज संस्पर्श घुलमिल गया है। भारतेन्दु हरिश्चन्द्र से प्रेरणा पाकर एवं उन्हीं द्वारा लिखित सन्देश को 'मोटो' बनाकर 1 सितम्बर, 1877 ई. को 'हिन्दी प्रदीप' नामक मासिक पत्र बालकृष्ण भट्ट ने इलाहाबाद से 'हिन्दी वर्द्धिनी सभा' की ओर से निकालना प्राम्भ किया। इसमें छपने वाले विषयों की सूची मुखपृष्ठ पर इस प्रकार दी रहती थी, "विद्या, नाटक, समाचार, इतिहास, परिहास, साहित्य, दर्शन, राजसम्बन्धी इतिहास के विषय में।" स्पष्ट है कि यह पत्र एक व्यापक सांस्कृतिक-सामाजिक चेतना को उद्‌बुद्ध करने का लक्ष्य लेकर प्रकाशित किया गया था। भट्ट जी ने सरकार, ग्राहकों, अर्थ आदि की अनेक दुर्लंघ्य बाधाओं का डट कर मुकाबला करते हुए 33 वर्ष तक 'हिन्दी प्रदीप' का सम्पादन किया। फरवरी, 1910 ई. के अंक के बाद 'हिन्दी प्रदीप' बन्द हो गया। हिन्दी पत्रकारिता के प्रारम्भिक युग में 33 वर्षों तक एक गम्भीर पत्रिका का चलाना जहाँ एक ओर ऐतिहासिक महत्त्व की बात है, वहीं भट्ट जी की असाधारण लगन और कर्मठता को भी सूचित करती है। इस पत्र के माध्यम से अत्यन्त निर्भीकतापूर्वक भट्ट जी ने हिन्दी के प्रचार-प्रसार में योग दिया तथा राष्ट्रीय चेतना को बलवती बनाया।

निबन्ध को कला-रूप के अर्थ में लेकर विचार किया जाय तो प्रतीत होगा कि भट्ट जी हिन्दी के पहले निबन्धकार हैं जिनके निबन्धों में आत्मपरकता, व्यक्तित्वप्रधानता एवं कलात्मक शैली का प्रयोग हुआ है। उन्होंने अपने साहित्यिक जीवन में एक हजार के लगभग निबन्ध लिखे होंगे पर उनमें से सौ के लगभग महत्त्वपूर्ण निबन्ध हैं। बहुत से लोग उन्हें हिन्दी का 'एडिसन' कहना चाहते हैं। युगीन अन्य साहित्यकारों की भाँति उन्होंने राजनीतिक, सामाजिक एवं साहित्यिक सभी विषयों पर कलम चलायी है। राजनीतिक निबन्धों में जहाँ अत्यन्त प्रखर आक्रोश व्यंजित है तो साहित्यिक निबन्धों में भावना का ललित विलास। अपने सामाजिक निबन्धों में भट्ट जी ने समाज में प्रचलित बुराइयों के प्रति ध्यान आकर्षित किया है एवं नये समाज का आदर्श भी उपस्थित करना चाहा है। इन तीनों प्रकार के निबन्धों में वक्तव्य वस्तु का फैलाव बहुत अधिक है। इन मोटे विभागों के तमाम उपेक्षित या अमहत्त्वपूर्ण प्रसंगों पर भी उनकी दृष्टि गयी है। भावों या मनोविकारों पर लिखे गये उनके निबन्ध खड़ी बोली के प्रारम्भिक युग में अत्यन्त महत्त्वपूर्ण माने जायेंगे। साहित्यिक-कलात्मक निबन्धों में उनकी मुहावरेदार, सरल एवं शब्द चयन की दृष्टि से उदार भाषा अत्यन्त शक्तिशालिनी बन सकी है। व्यंग्य, चुहल, कटाक्ष, भावना का अकृत्रिम आवेग, अशुचि के परित्याग की उत्कटता तथा शिव को ग्रहण करने की तीव्र लालसा इन निबन्धों में विद्यमान मिलती है।

हिन्दी आलोचना के जन्मदाता के रूप में रामविलास शर्मा ने भट्ट जी को याद किया है (भारतेन्दु युग, पृ. 117)। सन् 1881 ई. के आस-पास उन्होंने वेदों की युक्तियुक्त समीक्षा की थी। 'हिन्दी प्रदीप' के प्रकाशन के कुछ ही दिनों बाद से (सन् 1877 ई. के अन्तिम भाग) उसमें पुस्तक समीक्षाएँ भी प्रकाशित होनी प्रारम्भ हो गयी थीं। 1886 ई. में उन्होंने 'संयोगिता स्वयंवर' की बड़ी कठोर आलोचना की थी। भट्ट जी की आलोचनाओं का परिमाण अधिक नहीं है पर उनकी सतर्क, सजग एवं प्रगतिवादी दृष्टि सर्वत्र देखी जा सकती है। प्राचीन साहित्य से लेकर समसामयिक साहित्य तक की वे खरी आलोचनाएँ किया करते थे। यह अवश्य है कि दोष-दर्शन की प्रवृत्ति उनमें अधिक थी, परन्तु पहली बार साहित्य की सामाजिक उपयोगिता को ध्यान में रखकर साहित्य चिन्तन का प्रयास हमें उनमें उपलब्ध होता है।

सन् 1879 ई. के 'हिन्दी प्रदीप' में 'रहस्यकथा' नाम से भट्ट जी की एक औपन्यासिक कृति प्रकाशित होनी प्रारम्भ हुई थी परन्तु बाद को वह पूरी नहीं हुई। इसके अतिरिक्त 1886 ई. में 'नूतन ब्रह्मचारी', 1890 ई. में 'सौ अजान एक सुजान' प्रकाशित हुए। 'गुप्त वैरी', 'रसातल यात्रा' (1892), 'उचित दक्षिणा', एवं 'हमारी घड़ी', 'सद्‌भाव का अभाव' नामक उपन्यास भी भट्ट जी ने लिखने और प्रकाशित कराने प्रारम्भ किये थे पर वे पूरे नहीं हो सके। सन् 1882 में लिखित 'गुप्त वैरी' नामक उपन्यास के थोड़े से अंश 'हिन्दी प्रदीप' (जिल्द 5, सं. 9, 10 और 12 मई, जून और अगस्त, 1882 ई.) में प्रकाशित हुए। यह उपन्यास पूरा नहीं छप सका। (हिन्दी उपन्यास कोश, खण्ड 1)। वस्तुतः कथा-साहित्य उनकी प्रतिभा का वास्तविक क्षेत्र न था। उनके ये उपन्यास सामाजिक उद्देश्यों को लेकर लिखे गये हैं तथा कला की दृष्टि से अपरिपक्व हैं।

भट्ट जी द्वारा लिखित नाटकों की संख्या इस प्रकार है—(1) 'पद्मावती', (2) 'चन्द्रसेन', (3) 'किरातार्जुनीय', (4) 'पृथुचरित या वेणीसंहार', (5) 'शिशुपाल वध', (6) 'नल-दमयन्ती या दमयन्ती स्वयंवर', (7) 'शिक्षादान', (8) 'आचार विडम्बन', (9) 'नयी रोशनी का विष', (10) 'वृहन्नला', (11) 'सीता वनवास', (12) 'पतित पंचम', (13) 'मेघनाद वध' (पण्डित बालकृष्ण भट्ट—जीवन और साहित्य, पृ. 404), (14) कट्टर सूम की एक नकल, (15) इंगलैण्डेश्वरी और भारत जननी, (16) भारतवर्ष और कलि, (17) दो दूर देशी, (18) एक रोगी और वैद्य। इस सूची को देखने से यह स्पष्ट हो जाता है कि उन्होंने पौराणिक और सामाजिक दो प्रकार के नाटक लिखे हैं। नाटक भी उनके उस महत्त्व के अधिकारी नहीं हैं, जितने कि उनके निबन्ध, आलोचना या पत्र-सम्पादन अधिकारी हैं। इन नाटकों में संवादों के माध्यम से कुछ घटनाओं का अंकन करने का प्रयास किया गया है पर न तो चरित्र उभरते हैं और न रंगमंच सम्बन्धी कोई नया प्रयोग ही है।

सब मिलाकर भट्ट जी आधुनिक हिन्दी साहित्य के निर्माताओं में श्रेष्ठ स्थान

के अधिकारी हैं। हिन्दी के लिए व्यक्तिगत रूप से उनसे अधिक त्याग करने वाला साहित्यकार हमें अपने सम्पूर्ण इतिहास में कठिनता से मिलेगा।

बालकृष्ण शर्मा 'नवीन'

जन्म ग्वालियर राज्य के भयाना नामक ग्राम में 8 दिसम्बर, 1897 ई. को। वैष्णव माता-पिता के साथ बाल्यावस्था में कुछ दिनों 'नाथद्वारा' में रहने के बाद वे शिक्षा-दीक्षा के लिए शाजापुर आ गये थे। शाजापुर से अंग्रेजी मिडिल पास करके वे उज्जैन के माधव कॉलेज में प्रविष्ट हुए। राजनीतिक वातावरण ने उन्हें शीघ्र ही आकृष्ट किया और इसी से वे सन् 1916 ई. के लखनऊ कांग्रेस अधिवेशन को देखने के लिए चले आये। इसी अधिवेशन में संयोगवश उनकी भेंट माखनलाल चतुर्वेदी, मैथिलीशरण गुप्त एवं गणेशशंकर विद्यार्थी से हुई। सन् 1917 ई. में हाई स्कूल की परीक्षा उत्तीर्ण करके बालकृष्ण शर्मा गणेशशंकर विद्यार्थी के आश्रय में कानपुर आकर क्राइस्ट चर्च कॉलेज में पढ़ने लगे। सन् 1920 ई. में, जब वे बी.ए. फाइनल में पढ़ रहे थे, गाँधी जी के सत्याग्रह आन्दोलन के आवाहन पर वे कॉलेज छोड़कर व्यावहारिक राजनीति के क्षेत्र में आ गये। 29 अप्रैल, 1960 ई. को अपने मृत्युपर्यन्त वे देश की व्यावहारिक राजनीति से बराबर सक्रिय रूप से सम्बद्ध रहे। उत्तर प्रदेश के वे वरिष्ठ नेताओं में एक एवं कानपुर के एकछत्र अगुआ थे। भारतीय संविधान-निर्मात्री परिषद् के सदस्य के रूप में हिन्दी को राजभाषा के रूप में स्वीकार कराने में उनका बड़ा योग रहा है। 1952 ई. से लेकर अपनी मृत्यु तक वे भारतीय संसद के सदस्य भी रहे हैं। सन् 1955 ई. में स्थापित राजभाषा-आयोग के सदस्य के रूप में उनका महत्त्वपूर्ण कार्य रहा है। स्वभाव से 'नवीन' जी अत्यन्त उदार, फक्कड़, आवेशी किन्तु मस्त तबियत के आदमी थे। अभिमान और छल से ये बहुत दूर थे। बचपन के वैष्णव संस्कार उनमें यावज्जीवन बने रहे।

जहाँ तक उनके लेखक-कवि व्यक्तित्व का प्रश्न है; लेखन की ओर उनकी रुचि इन्दौर से ही थी परन्तु व्यवस्थित लेखन 1917 ई. में गणेशशंकर विद्यार्थी के सम्पर्क में जाने के बाद प्रारम्भ हुआ। इस सम्पर्क का सहज परिणाम था कि वे उस समय के महत्त्वपूर्ण पत्र 'प्रताप' से सम्बद्ध हो गये थे। 'प्रताप' परिवार से उनका सम्बन्ध अन्त तक बना रहा। 1931 ई. में गणेशशंकर विद्यार्थी की मृत्यु के पश्चात् कई वर्षों तक ये 'प्रताप' के प्रधान सम्पादक के रूप में भी कार्य करते रहे। हिन्दी की राष्ट्रीय काव्य-धारा को आगे बढ़ाने वाली पत्रिका 'प्रभा' का सम्पादन भी उन्होंने 1921-23 ई. में किया था। इन पत्रों में लिखी गयी उनकी सम्पादकीय टिप्पणियाँ अपनी निर्भीकता, खरेपन और कठोर शैली के लिए स्मरणीय हैं। 'नवीन' अत्यन्त प्रभावशाली और ओजस्वी वक्ता भी थे एवं उनकी लेखन शैली (गद्य-पद्य दोनों ही)

पर उनकी अपनी भाषण-कला का बहुत स्पष्ट प्रभाव है। सब मिलाकर राजनीतिक कार्यकर्ता के समान ही पत्रकार के रूप में भी उन्होंने सारे जीवन कार्य किया।

राजनीतिज्ञ एवं पत्रकार के समानान्तर ही उनके व्यक्तित्व का तीसरा भास्वर पक्ष था कवि का। उनके कवि का मूल स्वर रोमाण्टिक था, जिसे वैष्णव संस्कारों की आध्यात्मिकता एवं राष्ट्रीय जीवन का विद्रोही कण्ठ बराबर अनुकूलित करता रहा। उन्होंने जब लिखना प्रारम्भ किया तब द्विवेदी युग समाप्त हो रहा था एवं राष्ट्रीयता के नये आयाम की छाया में स्वच्छन्दतावादी आन्दोलन काव्य में मुखर होने लगा था। परिणामस्वरूप दोनों ही युगों की प्रवृत्तियाँ हमें 'नवीन' में मिल जाती हैं। महावीर प्रसाद द्विवेदी की प्रेरणा ने ही कवियों की चिर-उपेक्षिता 'उर्मिला' का लेखन उनसे 1921 ई. में प्रारम्भ कराया, जो पूरा सन् 1934 ई. में हुआ एवं प्रकाशित सन् 1957 ई. में। इस काव्य में द्विवेदी युग की इतिवृत्तात्मकता, स्थूल नैतिकता या प्रयोजन (जैसे रामवनगमन को आर्य संस्कृति का प्रसार मानना) स्पष्ट देखे जा सकते हैं, परन्तु मूलतः स्वच्छन्दतावादी गीतितत्त्वप्रधान 'नवीन' का यह प्रयास प्रबन्धत्व की दृष्टि से बहुत सफल नहीं कहा जा सकता। छह सर्गों वाले इस महाकाव्य ग्रन्थ में उर्मिला के जन्म से लेकर लक्ष्मण से पुनर्मिलन तक की कथा कही अवश्य गयी है, पर वर्णनप्रधान कथा के मार्मिक स्थलों की न तो उन्हें पहचान है और न राम-सीता के विराट् व्यक्तित्व के आगे लक्ष्मण-उर्मिला बहुत उभर ही सके हैं। उर्मिला का विरह अवश्य कवि की प्रकृति के अनुकूल था और कला की दृष्टि में सबसे सरस एवं प्रौढ़ अंश वही है। यों अत्यन्त विलम्ब से प्रकाशित होने के कारण सम्यक् ऐतिहासिक परिप्रेक्ष्य में इस ग्रन्थ का मूल्यांकन नहीं हो सका है।

यह विलम्ब उनकी सभी कृतियों के प्रकाशन में हुआ है। सन् 1930 ई. तक वे यद्यपि कवि रूप में यशस्वी हो चुके थे परन्तु पहला कविता-संग्रह 'कुंकुम' 1936 ई. में प्रकाशित हुआ। इस गीत-संग्रह का मूल स्वर यौवन के पहले उद्दाम प्रणयावेग एवं प्रखर राष्ट्रीयता का है। यत्र-तत्र रहस्यात्मक संकेत भी हैं, परन्तु उन्हें तत्कालीन वातावरण का फैशन-प्रभाव ही मानना चाहिए। "कवि कुछ ऐसी तान सुनाओ" तथा "आज खड़ग की धार कुण्ठिता है" जैसी प्रसिद्ध कविताएँ 'कुंकुम' में संगृहीत हैं।

फिर स्वातन्त्र्य-संग्राम का सबसे कठिन एवं व्यस्त समय आ जाने के कारण 'नवीन' बराबर उसी में उलझे रहे। कविताएँ उन्होंने बराबर लिखीं परन्तु उनको संकलित कर प्रकाशित कराने की ओर ध्यान नहीं रहा। स्वतन्त्रता की प्राप्ति के बाद भी वे संविधान-निर्माण जैसे कार्यों में लगे रहे। इस प्रकार एक लम्बे अन्तराल के पश्चात् 1951 ई. में 'रश्मि रेखा' तथा 'अपलक', 1952 ई. में 'क्वासि' संग्रह और प्रकाशित हुआ। विनोबा और भूदान पर लिखी उनकी कतिपय प्रशस्तियाँ एवं उद्‌बोधनों का एक संग्रह 'विनोबा स्तवन' सन् 1955 ई. में प्रकाशित हुआ। इस प्रकाशित सामग्री के अतिरिक्त कुंकुम-क्वासि काल (1930-1949) की अनेक

कविताएँ तथा 'प्राणार्पण' नाम से गणेशशंकर विद्यार्थी के बलिदान पर लिखा गया खण्ड-काव्य अभी अप्रकाशित ही है। 1949 ई. के बाद भी वे बराबर लिखते एवं पत्रों में प्रकाशित कराते रहे हैं। "यह शूल युक्त यह अहि आलिंगित जीवन" जैसी श्रेष्ठ आत्मपरक कविताएँ इसी अन्तिम अवस्था में लिखी गयी हैं। पर ये सब भी असंगृहीत हैं। 'नवीन' राष्ट्रीय वीर काव्य के प्रणेताओं में मुख्य रहे हैं परन्तु उनके प्रकाशित संग्रहों में ये कविताएँ बहुत कम आ सकी हैं। उनका गद्य-लेखन भी असंकलित रूप में यत्र-तत्र बिखरा हुआ है।

अब तक प्रकाशित संग्रहों में प्रणय के कवि 'नवीन' का संवेदना और शिल्प की समग्रता की दृष्टि से श्रेष्ठतम एवं प्रतिनिधि संग्रह 'रश्मिरेखा' है। इसमें 'नवीन' की मौजी एवं प्रेमिल अभिव्यक्तियाँ प्रचुर मात्रा में हैं। 'हम अनिकेतन हम अनिकेतन' में अत्यन्त निर्लिप्त आत्मस्वीकरण के भाव से वे कह उठते हैं, "अब तक इतनी यों ही काटी, अब क्या सीखें नव परिपाटी? कौन बनाये आज घरौंदा, हाथों चुन-चुन कंकड़ माटी। ठाट फकीराना है अपना बाघम्बर सोहे अपने तन" (रश्मिरेखा, पृ. 117)। प्रणय एवं विरह की कितनी ही मादक स्मृतियाँ, कितने ही मनोरम चित्र, कितनी ही व्याकुल बेसुध पुकारें एवं विवशता की कितनी ही चीत्कारें 'रश्मि रेखा' में संगृहीत हैं। यह प्रणयी अनिकेतन अत्यन्त उद्दाम भाव में कहता है, "कूजे दो कूजे में बुझने वाली प्यास नहीं, बार-बार 'ला! ला!' कहने का समय नहीं, अभ्यास नहीं।" वस्तुतः हिन्दी में हालावाद के आदि प्रवर्त्तक 'नवीन' ही हैं तथा भगवती चरण वर्मा एवं 'बच्चन' ने उनकी ऐसी कविताओं के प्रभाव के तले लिखा है। 'बच्चन' ने स्वयं इस बात को स्वीकार किया है (दे. साप्ताहिक 'हिन्दुस्तान', 1 जुलाई, 1960, पृ. 35)।

'अपलक' और 'क्वासि' में संकलित कविताओं में यद्यपि कविताओं का रचनाकाल वही है, जो 'रश्मिरेखा' की कविताओं का है। पर इनमें जो कविताएँ संकलित हैं, उनमें प्रणय का वेग दर्शन एवं भक्ति-भावना से प्रतिहत होता लगता है। 'आध्यात्मिकता' का स्वर छायावाद के बहुत से आलोचकों को भी भ्रम और विवाद में डालता रहा है, परन्तु शिल्प के जिस लाक्षणिक वैचित्र्य के माध्यम से वह स्वर व्यक्त हुआ है, उसने उन कविताओं को अनगढ़ नहीं होने दिया। परन्तु 'नवीन' का छायावादकाल में ही लिखा गया यह अध्यात्म-निवेदन बहुत कुछ स्थूल एवं इतिवृत्तात्मक पदावली में व्यक्त हुआ है। छायावाद के शिल्प को वे मन से नहीं स्वीकार करते पर रहस्य या अध्यात्म की पदावली उन पर हावी प्रतीत होती है। परन्तु इन संकलनों में जहाँ उनका मस्त एवं प्रणयी व्यक्तित्व सहज ही व्यक्त हुआ, वहाँ काव्य नितान्त रसनिर्भर हो सका है। 'हम हैं मस्त फकीर' (अपलक), 'तुम युग-युग की पहचानी सी' (क्वासि), 'मान छोड़ो' (क्वासि), 'सुन लो प्रिय मधुर गान' (अपलक) ऐसी ही कविताएँ हैं। आध्यात्मिक अन्योक्ति की दृष्टि से 'डोलेवालों' (क्वासि) उनकी श्रेष्ठतम कविता है।

ब्रजभाषा 'नवीन' की मातृभाषा थी। उनके प्रत्येक ग्रन्थ में ब्रजभाषा के भी

कतिपय गीत या छन्द मिलते हैं। ब्रजभाषा में 'नवीन' भाव-संवेदना की अभिव्यक्ति का प्रयास कर उन्होंने ब्रजभाषा के आधुनिक साहित्य को समृद्ध किया है। उर्मिला का एक सम्पूर्ण सर्ग ही ब्रजभाषा में है परन्तु उनका ब्रजभाषा-मोह जब खड़ी बोली के परिनिष्ठत प्रयोगों के मध्य आ प्रकट होता है तब पाठक के लिए रसभंग की स्थिति पैदा हो जाती है। ब्रजभाषा के क्रियापदों या शब्दों (जानूँ हूँ, सोचूँ हूँ, नैंक, लागी, नचीं, उमड़ाय दिया आदि) का निखरी तत्सम प्रधान खड़ी बोली में प्रयोग अत्यन्त अकुशल ढंग से हुआ है। वस्त्र के लिए 'बस्तर' (क्वासि, पृष्ठ 9) जैसे प्रयोग भी बहुधा खटकते हैं। वस्तुतः आधुनिक काल के श्रेष्ठ कवियों में 'नवीन' से अधिक भाषा के भ्रष्ट प्रयोग मिल ही नहीं सकते। लगता है यह भी उनकी भाषणकला का ही प्रभाव था। सम्भवतः राजनीतिक व्यस्तता भी इस परिष्कारहीनता के मूल में थी। संस्कृत के भारी भरकम अप्रचलित एवं दुरूह शब्दों को लाने की प्रवृत्ति उनकी बराबर बढ़ती गयी है। सन् 1950-51 ई. के बाद की कविताओं में अध्यात्म मोह के साथ-साथ दुरूह अकाव्यात्मक शब्दावली (शब्द और अर्थ के वक्र कविव्यापारशाली सह भाव से विच्छिन्न) का उनका आग्रह उनके काव्य के रसास्वादन में बराबर बाधक बनता गया है। लगता है शैली जीतती गयी है और वे हारते गये हैं।

द्विवेदी युग के पश्चात् हिन्दी काव्य-धारा की जो परिणति छायावाद में हुई है, 'नवीन' उसके अन्तर्गत नहीं आते। राजनीति के कठोर यथार्थ में उनके लिए शायद यह सम्भव नहीं था कि वैसी भावुकता, तरलता, अतीन्द्रियता एवं कल्पना के पंख वे बाँधते, परन्तु इस बात को याद रखना होगा कि उनका काव्य भी स्वच्छन्दतावादी (रोमाण्टिक) आन्दोलन का ही प्रकाश है। 'नवीन', मैथिलीशरण गुप्त, भगवतीचरण वर्मा, माखनलाल चतुर्वेदी, सियाराम शरण गुप्त आदि का काव्य छायावाद के समानान्तर संचरण करता हुआ आगे चलकर 'बच्चन', 'अंचल', नरेन्द्र शर्मा, 'दिनकर' आदि के काव्य में परिणत होता है। काव्यधारा के इस प्रवाह की ओर हिन्दी आलोचकों ने अभी तक उपेक्षा का ही भाव रखा है। अस्तु, 'नवीन' के काव्य में एक ओर राष्ट्रीय संग्राम की कठोर जीवनानुभूतियाँ एवं जागरण के स्वर व्यंजित हुए हैं और दूसरे सहज मानवीय स्तर (योद्धा से अलग) पर प्रेम-विरह की राग-संवेदनाएँ प्रकाश पा सकी हैं। इसी क्रम में हालावादी काव्य की भी सृष्टि हुई है। इस प्रकार छायावाद के समानान्तर बहने वाली वीर-शृंगार धारा के वे अग्रणी कवि रहे हैं। कवि के अतिरिक्त गद्यलेखक के रूप में भी 'प्रताप' जैसे पत्र के माध्यम से उन्होंने ओज-गुणप्रधान एक शैली के निर्माण में अपना योग दिया है।

यशोदानन्दन अखौरी

(रचनाकाल—1904 ई.)। अखौरी जी यदा-कदा लिखने वाले लेखकों में थे। आप पटना निवासी थे। आपने 'पाटलिपुत्र' तथा 'भारतमित्र' के सम्पादकीय विभाग में कार्य

किया था। ये द्विवेदी युग के निबन्ध लेखक थे तथा श्री कृष्णलाल ने 'इत्यादि की आत्म कहानी' नामक इनके एक निबन्ध की चर्चा की है ('आधुनिक हिन्दी साहित्य का विकास', पृ. 34)। यह निबन्ध 1904 ई. में 'सरस्वती' में प्रकाशित हुआ था। जस्टिस शारदाचरण मित्र द्वारा प्रकाशित 'देवनगर' (1907 ई.) का सम्पादन किया।

रामचन्द्र शुक्ल

जन्म बस्ती जिले के अगोना नामक गाँव में सन् 1884 ई. में हुआ था। सन् 1888 ई. में वे अपने पिता के साथ राठ जिला हमीरपुर गये तथा वहीं पर विद्याध्ययन प्रारम्भ किया। सन् 1892 ई. में उनके पिता की नियुक्ति मीरजापुर में सदर कानूनगो के रूप में हो गयी और वे पिता के साथ मीरजापुर आ गये। अध्ययन के क्षेत्र में पिता ने इन पर उर्दू और अंग्रेजी पढ़ने के लिए जोर दिया तथा पिता की आँख बचाकर वे हिन्दी भी पढ़ते रहे। सन् 1901 ई. में उन्होंने मिशन स्कूल से स्कूल फाइनल की परीक्षा उत्तीर्ण की तथा प्रयाग के कायस्थ पाठशाला इण्टर कॉलेज में एफ.ए. पढ़ने के लिए आये। गणित में कमजोर होने के कारण शीघ्र ही उसे छोड़कर 'प्लीडरशिप' की परीक्षा पास करनी चाही, उसमें भी वे असफल रहे। परन्तु इन परीक्षाओं की सफलता या असफलता से अलग वे बराबर साहित्य, मनोविज्ञान, इतिहास आदि के अध्ययन में लगे रहे। मीरजापुर के पं. केदारनाथ पाठक, बदरी नारायण चौधरी 'प्रेमघन' के सम्पर्क में आकर उनके अध्ययन-अध्यवसाय को और बल मिला। यहीं पर उन्होंने हिन्दी, उर्दू, संस्कृत एवं अंग्रेजी के साहित्य का वह गहन अनुशीलन प्रारम्भ कर दिया था, जिसका उपयोग वे आगे चल कर अपने लेखन में जमकर कर सके।

मीरजापुर के तत्कालीन कलक्टर ने उन्हें एक कार्यालय में नौकरी भी दी थी, पर हेड क्लर्क से उनके स्वाभिमानी स्वभाव की पटी नहीं। उसे उन्होंने छोड़ दिया। फिर कुछ दिनों मीरजापुर के मिशन स्कूल में ड्राइंग के अध्यापक रहे। सन् 1909-10 ई. के लगभग वे 'हिन्दी शब्द सागर' के सम्पादन में वैतनिक सहायक के रूप में काशी आ गये—यहीं पर काशी नागरी प्रचारिणी सभा के विभिन्न कार्यों को करते हुए उनकी प्रतिभा चमकी। 'नागरी प्रचारिणी पत्रिका' का सम्पादन भी उन्होंने कुछ दिन किया था। कोश का कार्य समाप्त हो जाने के बाद शुक्ल जी की नियुक्ति हिन्दू विश्वविद्यालय, बनारस में हिन्दी के अध्यापक के रूप में हो गयी। वहाँ से एक महीने के लिए वे अलवर राज्य में भी नौकरी के लिए गये, पर रुचि का काम न होने से पुनः विश्वविद्यालय लौट आये। सन् 1937 ई. में वे बनारस हिन्दू विश्वविद्यालय के हिन्दी-विभागाध्यक्ष नियुक्त हुए एवं इस पद पर रहते हुए ही सन् 1941 ई. में उनकी श्वास के दौरे में हृदय गति बन्द हो जाने से मृत्यु हो गयी।

शुक्ल जी का साहित्यिक व्यक्तित्व विविध पक्षों वाला है। उन्होंने अपने

साहित्यिक जीवन के प्रारम्भ में लेख लिखे हैं और फिर गम्भीर निबन्धों का प्रणयन किया है जो 'चिन्तामणि' (दो भाग) में संकलित हैं। उन्होंने ब्रजभाषा और खड़ी बोली में फुटकर कविताएँ लिखीं तथा एडविन आर्नल्ड के 'लाइट ऑफ एशिया' का ब्रजभाषा में पद्यानुवाद किया, 'बुद्ध चरित' के नाम से। मनोविज्ञान, इतिहास, संस्कृति, शिक्षा एवं व्यवहार सम्बन्धी लेखों एवं पत्रिकाओं के भी अनुवाद किये हैं तथा जोसेफ एडिसन के 'प्लेजर्स ऑफ इमेजिनेशन' का 'कल्पना का आनन्द' नाम से एवं राखालदास वन्द्योपाध्याय के 'शशांक' उपन्यास का भी हिन्दी में रोचक अनुवाद किया। उन्होंने सैद्धान्तिक समीक्षा पर लिखा, जो उनकी मृत्यु के पश्चात् संकलित होकर 'रस मीमांसा' नाम की पुस्तक में विद्यमान है तथा तुलसी, जायसी की ग्रन्थावलियों एवं 'भ्रमर गीतसार' की भूमिका में लम्बी व्यावहारिक समीक्षाएँ लिखीं, जिनमें से दो 'गोस्वामी तुलसीदास' तथा 'महाकवि सूरदास' अलग से पुस्तक रूप में भी उपलब्ध हैं। शुक्ल जी ने 'हिन्दी साहित्य का इतिहास' लिखा, जिसमें काव्य-प्रवृत्तियों एवं कवियों का परिचय भी है और उनकी समीक्षा भी। दर्शन के क्षेत्र में भी उनकी 'विश्व प्रपंच' पुस्तक उपलब्ध है। पुस्तक यों तो 'रिडल ऑफ दि यूनीवर्स' का अनुवाद है पर उसकी लम्बी भूमिका शुक्ल जी द्वारा किया गया मौलिक प्रयास है। इस प्रकार शुक्ल जी ने साहित्य में विचारों के क्षेत्र में अत्यन्त महत्त्वपूर्ण कार्य किया है। इस सम्पूर्ण लेखन में भी उनका सबसे महत्त्वपूर्ण एवं कालजयी रूप समीक्षक, निबन्ध-लेखक एवं साहित्यिक इतिहासकार के रूप में प्रकट हुआ है।

नलिनविलोचन शर्मा ने अपनी पुस्तक 'साहित्य का इतिहास दर्शन' में कहा है कि शुक्ल जी से बड़ा समीक्षक सम्भवतः उस युग में किसी भी भारतीय भाषा में नहीं था। यह बात विचार करने पर सत्य प्रतीत होती है, बल्कि ऐसा लगता है कि समीक्षक के रूप में शुक्ल जी अब भी अपराजेय हैं। अपनी समस्त सीमाओं के बावजूद उनका पैनापन, उनकी गम्भीरता एवं उनके बहुत से निष्कर्ष एवं स्थापनाएँ किसी भी भाषा के समीक्षा-साहित्य के लिए गर्व का विषय बन सकती हैं।

अपने 'हिन्दी साहित्य का इतिहास' में स्वयं रामचन्द्र शुक्ल ने कहा है, "इस तृतीय उत्थान (सन् 1918 ई. से) में समालोचना का आदर्श भी बदला। गुण-दोष के कथन के आगे बढ़कर कवियों की विशेषताओं और उनकी अन्तःप्रवृत्ति की छानबीन की ओर भी ध्यान दिया गया" (पृ. 516, ग्यारहवाँ संस्करण)। कहना न होगा कि कवियों की विशेषताओं एवं उनकी अन्तःप्रवृत्ति की छानबीन की ओर ध्यान, सबसे पहले शुक्ल जी ने दिया है। इस प्रकार हिन्दी-समीक्षा को अपेक्षित धरातल देने में सबसे बड़ा हाथ उनका ही रहा है। समीक्षक के रूप में शुक्ल जी पर विचार करते ही एक तथ्य सामने आ जाता है कि उन्होंने अपनी पद्धति को युगानुकूल नवीन बनाया था। रस और अलंकार आदि का प्रयोग अपने समीक्षात्मक प्रयासों में शुक्ल जी से पहले के लोगों ने भी किया था पर उन्होंने इन सिद्धान्तों की, मनोविज्ञान के आलोक

में एवं पाश्चात्य शैली पर, कुछ ऐसी अभिनव व्याख्या दी कि ये सिद्धान्त समीक्षा से बहिष्कृत न होकर पूरी तरह स्वीकार कर लिये गये। इस प्रकार जहाँ उन्होंने एक ओर अपनी आलोचनाओं का ढाँचा भारतीय रहने दिया है, वहीं पर उसका बाह्य रूप एवं रचना-विधान पश्चिम से लिया है। कभी-कभी तो ऐसा लगता है कि यह निर्णय करना कठिन है कि उनकी समीक्षा में देशी और विदेशी तत्त्वों का मिश्रण किस अनुपात में हुआ है। इस सम्बन्ध में यह भी ध्यान में रखना चाहिए कि इस पद्धति का प्रयोग उन्होंने तुलसी, सूर या जायसी जैसे श्रेष्ठ कवियों की समीक्षाओं में ही नहीं, अपने इतिहास में छोटे कवियों पर भी, उतना ही सफलता से किया है।

रामचन्द्र शुक्ल के समीक्षक-व्यक्तित्व की दूसरी विशेषता या महानता है कि उन्होंने मानदण्ड-निर्धारण और उनका प्रयोग दोनों कार्य एक साथ किये हैं तथा इस दोहरे कार्य में कथनी और करनी का अन्तराल कहीं भी उपलब्ध नहीं होता, बल्कि यों कहें कि अपने मनोविकारों वाले निबन्धों में जीवन, साहित्य और भावों के मध्य जो सम्बन्ध देखा था, उसी के आधार पर उन्होंने अपनी समीक्षा के मानदण्ड निर्धारित किये एवं इन सिद्धान्तों का व्यावहारिक उपयोग उन्होंने फिर किया। सिद्धान्त एवं व्यवहार के मध्य ऐसी संगति श्रेष्ठतम आलोचकों में ही प्राप्त होती है।

उनकी एक अन्य महत्त्वपूर्ण विशेषता समसामयिक काव्य-चिन्तनसम्बन्धी जागरूकता है। उन्होंने जिन साहित्यमीमांसकों एवं रचनाकारों को उद्धृत किया है, उनमें से अधिकांश को आज भी हिन्दी के तमाम आचार्य और स्वनामधन्य आलोचक नहीं पढ़ते। सम्भवतः रामचन्द्र शुक्ल उन प्रारम्भिक व्यक्तियों में होंगे, जिन्होंने इलियट और कमिंग्ज जैसे रचनाकारों का भारत वर्ष में पहली बार उल्लेख किया है। 1935 ई. में इन्दौर के हिन्दी-साहित्य सम्मेलन की साहित्य परिषद् के अध्यक्ष पद से दिया गया भाषण 'काव्य में अभिव्यंजनावाद' (चिन्तामणि, द्वितीय भाग, पृ. 248) में इस जागरूकता के सबसे अधिक दर्शन होते हैं। उन्होंने जे.एस. फ्लिण्ट की चर्चा की है तथा हेराल्ड मुनरो की तारीफ की है तथा कैलिफोर्निया यूनिवर्सिटी के अध्यापकों द्वारा लिखित सद्यःप्रकाशित आलोचनात्मक निबन्धों के संग्रह की उद्धरणी दी है।

इस प्रसंग में यह उल्लेखनीय है कि पहली बार हिन्दी में शुक्ल जी ने सामाजिक-मनोवैज्ञानिक आधार पर किसी कवि की विवेचना करके आलोचना को एक 'व्यक्तिता' प्रदान की, उसे जड़ से गतिशील किया। एक ओर उन्होंने सामाजिक सन्दर्भ को महत्त्व प्रदान किया एवं दूसरी ओर रचनाकार की व्यक्तिगत मनःस्थिति का हवाला दिया।

शुक्ल जी के व्यक्तित्व का एक गुण यह भी है कि वे श्रुति नहीं, मुनि-मार्ग के अनुयायी थे। किसी भी मत, विचार या सिद्धान्त को उन्होंने बिना अपने विवेक की कसौटी पर कसे स्वीकार नहीं किया। यदि उनकी बुद्धि को वह ठीक नहीं जँचा, तो उसके प्रत्याख्यान में तनिक भी मोह नहीं दिखाया। इसी विश्वास के कारण वे क्रोचे, रवीन्द्र, कुन्तक, ब्लेक या स्पिन्गार्न की तीखी समीक्षा कर सके थे।

आलोचना के क्षेत्र में उन्होंने सदैव लोक-संग्रह की भूमिका पर काव्य को परखना चाहा है तथा लोकसंग्रह सम्बन्धी धारणा में उनकी मध्यवर्गीय तथा कुछ मध्ययुगीन नैतिकता एवं स्थूल आदर्शवाद का भी मिश्रण था। इस कारण उनकी आलोचना यत्र-तत्र स्खलित भी हुई है।

शुक्ल जी ने अपने समीक्षादर्श में 'एक ही अनुभूति को दूसरे तक पहुँचाना' काव्य का लक्ष्य माना है तथा इस प्रेषणा के द्वारा मनुष्य की 'सजीवता' के प्रमाण मनोविकारों को परिष्कृत करके उनके उपयुक्त आलम्बन लाने में उसकी सार्थकता और सिद्धि देखी है। कवि की अनुभूति को सम्पूर्ण विश्व में व्याप्त समझने के कारण उन्होंने कविकर्म के लिए यह महत्त्वपूर्ण माना कि "वह प्रत्येक मानव स्थिति में अपने को डालकर उसके अनुरूप भाव का अनुभव करे"। इस कसौटी की ही अगली परिणति है कि ऐसी भावदशाओं के लिए अधिक अवकाश होने के कारण उन्होंने महाकाव्य को खण्ड-काव्य या मुक्तक-काव्य की अपेक्षा अधिक महत्त्वपूर्ण स्वीकार किया। कुछ इसी कारण 'रोमाण्टिक', 'रहस्यात्मक' या 'लिरिकल' संवेदना वाले काव्य को वे उतनी सहानुभूति नहीं दे सके हैं।

शुक्ल जी असाधारण वस्तु-योजना अथवा ज्ञानातीत दशाओं के चित्रण के पक्षपाती भी इसीलिए नहीं थे कि उनसे प्रेषणीयता में बाधा पहुँचती है। इस सिद्धान्त के स्वीकरण के फलस्वरूप साधारणीकरण के सम्बन्ध में कुछ नयी व्याख्या देते हुए उन्होंने 'आलम्बनत्व धर्म का साधारणीकरण' माना। यह उनके स्वतन्त्र काव्य-चिन्तन तथा अपने अध्ययन (विशेष रूप से तुलसी के अध्ययन) के द्वारा प्राप्त निष्कर्ष का परिचायक भी है। अपनी क्लासिकल रस-दृष्टि के कारण ही उन्होंने काव्य में कल्पना को अधिक महत्त्व नहीं दिया। अनुभूति-प्रसूत भावुकता उन्हें स्वीकार्य थी, कल्पना-प्रसूत नहीं। इस धारणा के कारण ही वे छायावाद जैसे काव्यान्दोलनों को उचित मूल्य नहीं दे सके। इसी कारण शुद्ध चमत्कार एवं अलंकार वैचित्र्य को भी उन्होंने निम्न कोटि प्रदान की। अलंकार को उन्होंने वर्णन-प्रणाली मात्र माना। उनके अनुसार अलंकार का काम 'वस्तु-निर्देश' नहीं है। इसी प्रसंग में यह भी उल्लेखनीय है कि उन्होंने लाक्षणिकता, औपचारिकता आदि को अलंकार से भिन्न शैलीतत्त्व के अन्तर्गत माना है। काव्य-शैली के क्षेत्र में उनकी सर्वाधिक महत्त्वपूर्ण स्थापना 'बिम्ब ग्रहण' को श्रेष्ठ मानने सम्बन्धी है, वैसे ही जैसे कि काव्य-वस्तु के क्षेत्र में प्रकृति-चित्रण सम्बन्धी विशेष आग्रह उनकी अपनी देन है।

शुक्ल जी ने काव्य को कर्मयोग एवं ज्ञानयोग के समकक्ष रखते हुए 'भावयोग' कहा, जो मनुष्य के हृदय को मुक्तावस्था में पहुँचाता है। काव्य को 'मनोरंजन' के हल्के-फुल्के उद्देश्य से हटा कर इस गम्भीर दायित्व को सौंपने में उनकी मौलिक एवं आचार्य-दृष्टि द्रष्टव्य है। ये "कविता को शेष सृष्टि के साथ रागात्मक सम्बन्ध"

स्थापित करने वाला साधन मानते हैं, वस्तुतः काव्य को व्यक्ति के शील-विकास का महत्त्वपूर्ण एवं श्रेष्ठतम साधन उन्होंने माना।

नवीन साहित्य रूपों एवं चरित्र विधान की नयी परिपाटियों के कारण उन्होंने अपने रस-सिद्धान्त में केवल साधारणीकरण का ही नये सिरे से विवेचन नहीं किया, साथ ही "रसात्मक बोध के विविध रूपों" की चर्चा करते हुए अपेक्षाकृत हीनतर रस-दशाओं या 'शील-वैचित्र्य' बोध का भी विचार किया है। वर्ण्य-विषय की दृष्टि से भी उन्होंने 'सिद्धावस्था' और 'साधनावस्था' की दृष्टि से विभाजन किया है। काव्य के अतिरिक्त उन्होंने अपने इतिहास में निबन्ध, नाटक, कहानी, उपन्यास आदि साहित्यरूपों के स्वरूप पर भी संक्षिप्त, पर महत्त्वपूर्ण सर्वांगीण विचार प्रकट किये हैं।

शुक्ल जी की समीक्षा का मूलस्वर यद्यपि व्याख्यात्मक है, पर आवश्यकता पड़ने पर उन्होंने आकलनसम्बन्धी निर्णय लेने में साहस की कमी नहीं दिखायी। इसका सबसे बड़ा प्रमाण उनके 'इतिहास' का आधुनिककाल से सम्बन्धित अंश है। यह अवश्य है कि इन निर्णयों या व्याख्याओं में उनके वैयक्तिक एवं वर्गगत आग्रह तथा उस युग तक की इतिहास-दृष्टि की सीमाएँ थीं। वस्तुतः शुक्ल जी समीक्षा के प्रथम उठान के चरम विकास में और आगे जिन लोगों ने उनका अनुगमन किया, वे प्रभावशाली नहीं बन सके। जिन्होंने उस परम्परा को छोड़ा, वही महत्त्वपूर्ण हुए। शुक्ल जी की समीक्षा-दृष्टि की सम्भावनाएँ बहुत विकासशील नहीं थीं।

रामचन्द्र शुक्ल हिन्दी के प्रथम साहित्यिक इतिहास लेखक हैं, जिन्होंने मात्र कवि-वृत्त-संग्रह से आगे बढ़कर, "शिक्षित जनता की जिन-जिन प्रवृत्तियों के अनुसार हमारे साहित्य के स्वरूप में जो परिवर्तन होते आये हैं, जिन-जिन प्रभावों की प्रेरणा से काव्यधारा की भिन्न-भिन्न शाखाएँ फूटती रही हैं, उन सबके सम्यक् निरूपण तथा उनकी दृष्टि से किये हुए सुसंगठित काल-विभाग" की ओर ध्यान दिया ('हिन्दी साहित्य का इतिहास' : रामचन्द्र शुक्ल, भूमिका, पृ. 1)। इस प्रकार उन्होंने साहित्य को 'शिक्षित जनता' के साथ सम्बद्ध किया और उनका इतिहास केवल कवि-जीवनी या 'ढीले सूत्र में गुँथी आलोचनाओं' से आगे बढ़कर सामाजिक-राजनीतिक परिस्थितियों से संकलित हो उठा। उनके 'कवि' मात्र व्यक्ति न रहकर, परिस्थितियों के साथ आबद्ध होकर जाति के कार्य-कलाप को भी सूचित करने लगे। इसके अतिरिक्त उन्होंने सामान्य प्रवृत्तियों के आधार पर कालविभाजन और उन युगों का नामकरण किया। इस प्रवृत्ति-साम्य एवं युग के अनुसार कवियों को समुदायों में रखकर उन्होंने 'सामूहिक प्रभाव' की ओर भी ध्यान आकर्षित किया। वस्तुतः उनका समीक्षक रूप यहाँ पर भी उभर आया है। और उनकी रसिक दृष्टि कवियों के काव्य सामर्थ्य के उद्घाटन में अधिक प्रवृत्त हुई है, तथ्यों की खोजबीन की ओर कम। यों साहित्यिक प्रवाह के उत्थान-पतन का निर्धारण उन्होंने अपनी लोक-संग्रहवाली कसौटी पर करना चाहा है, पर उनकी इतिहास-दृष्टि निर्मल नहीं थी। यह उस समय तक की प्रबुद्ध

वर्ग की इतिहास सम्बन्धी चेतना की सीमा भी थी। शीघ्र ही युग और कवियों के कार्य-कारण सम्बन्ध की असंगतियाँ सामने आने लगीं, जैसे कि भक्तिकाल के उद्भव सम्बन्धी उनकी धारणा बहुत शीघ्र अयथार्थ सिद्ध हुई। वस्तुतः साहित्य को शिक्षित जन नहीं, सामान्य जन-चेतना के साथ सम्बद्ध करने की आवश्यकता थी। उनका औसतवाद का सिद्धान्त भी अवैज्ञानिक है। इस अवैज्ञानिक सिद्धान्त के कारण ही उन्हें कवियों का एक फुटकल खाता भी खोलना पड़ा था। यदि वे युगों के विविध अन्तर्विरोधों को प्रभावित कर सके होते तो ऐसी असंगतियाँ न आतीं।

रामचन्द्र शुक्ल का तीसरा महत्त्वपूर्ण व्यक्तित्व निबन्धकार का है। उनके निबन्धों के सम्बन्ध में बहुधा यह प्रश्न उठाया गया है कि वे विषयप्रधान निबन्धकार हैं या व्यक्तिप्रधान। वस्तुतः उनके निबन्ध आत्मव्यंजक या भावात्मक तो किसी प्रकार भी नहीं कहे जा सकते—हाँ, इतना अवश्य है कि बीच-बीच में आत्मपरक अंश आ गये हैं। पर ऐसे अंश इतने कम हैं कि उनको प्रमाण नहीं माना जा सकता। उनके निबन्ध अत्यन्त गहरे रूप में बौद्धिक एवं विषयनिष्ठ हैं। उन्हें हम ललित निबन्ध की कोटि में नहीं रख सकते। पर इन निबन्धों में जो गम्भीरता, विवेचन में जो पाण्डित्य एवं तार्किकता तथा शैली में जो कसाव मिलता है, वह इन्हें अभूतपूर्व दीप्ति दे देता है। वास्तव में निबन्धों के क्षेत्र में शुक्ल जी की परम्परा हिन्दी में बराबर चलती जा रही है। इसे यों भी कहा जा सकता है कि उनके निबन्धों के आलोकपुंज के समक्ष कुछ दिनों के लिए ललित भावात्मक निबन्धों का प्रणयन एकदम विरल हो गया। उनके महत्त्वपूर्ण निबन्धों को मनोविकार सम्बन्धी, सैद्धान्तिक समीक्षा सम्बन्धी एवं व्यावहारिक समीक्षा सम्बन्धी तीन भागों में बाँटा जा सकता है—यद्यपि इनमें आन्तरिक सम्बन्ध सूत्र बना रहता है। इनमें भी प्रथम प्रकार के निबन्ध शुक्ल जी के महत्तम लेखन के अन्तर्गत परिगणनीय हैं।

रामचन्द्र शुक्ल ने 'जायसी ग्रन्थावली' तथा 'बुद्धचरित' की भूमिका में क्रमशः अवधी तथा ब्रजभाषा का भाषा-शास्त्रीय विवेचन करते हुए उनका स्वरूप भी स्पष्ट किया है। अनुवादक रूप में उन्होंने 'शशांक' जैसे श्रेष्ठ उपन्यास तथा 'बुद्धचरित' जैसे काव्य का अनुवाद किया है। अनुवाद के रूप में उनकी शक्ति या निर्बलता यह थी कि उन्होंने अपनी प्रतिभा या अध्ययन के बल पर उनमें अपेक्षित परिवर्तन कर लिए हैं। 'शशांक' मूल बंगला में दुःखान्त है, पर उन्होंने उसे सुखान्त बना दिया है। अनुवादक की इस प्रवृत्ति को आदर्श भले ही न माना जाय पर उसके व्यक्तित्व की शक्ति एवं जीवन का प्रतीक अवश्य माना जा सकता है।

साहित्यिक इतिहास लेखक के रूप में उनका स्थान हिन्दी में अत्यन्त गौरवपूर्ण है, निबन्धकार के रूप में वे किसी भी भाषा के लिए गर्व के विषय हो सकते हैं तथा समीक्षक के रूप में तो वे हिन्दी में अप्रतिम हैं अभी तक।

रामलोचन शरण

जन्म मुजफ्फरपुर (बिहार) के राधाडर गाँव में 1890 ई. में हुआ था। वे बिहार प्रदेश के लेखक ही नहीं, प्रमुख प्रकाशक तथा साक्षरता आन्दोलन के प्रचारक भी थे। वस्तुतः सन् 1920 ई. से लेकर सन् 1940 ई. तक बिहार प्रदेश में हिन्दी की साहित्यिक गतिविधियों में उनकी गहरी दिलचस्पी रही। वे अपने आप में एक व्यक्ति नहीं, संस्था थे। उनका वास्तविक महत्त्व उनके लेखन में न होकर सक्रिय साहित्यिक कार्यकर्ता और संयोजक होने में था। 'पुस्तक भण्डार' लहेरिया सराय, और पटना की प्रसिद्ध प्रकाशन संस्था के स्वामी थे। इस प्रकाशन संस्था का प्रारम्भ उन्होंने 1915 ई. में किया था, जब कि वे गया जिला स्कूल में हिन्दी के शिक्षक थे। तब से इस संस्था के माध्यम से हिन्दी के प्रचार-प्रसार से लेकर उच्च कोटि के साहित्य प्रकाशन तक का प्रभूत काम हुआ है। रामलोचन शरण जी ने इस भण्डार की ओर से ही हिन्दी का प्रसिद्ध बाल मासिक 'बालक' निकाला, जिसने कि बाल-साहित्य के क्षेत्र में ऐतिहासिक महत्त्व का कार्य किया। यह सबसे पुराना बाल मासिक पत्र है, जिसका प्रकाशन आज भी अनवरत हो रहा है। रामलोचन जी स्वयं इसका सम्पादन करते थे। प्रारम्भ में उन्होंने बिहार में हिन्दी में भाषागत शुद्धता लाने की वैसी ही चेष्टा की थी जैसी कि महावीर प्रसाद द्विवेदी ने एक व्यापक क्षेत्र में की थी। उन्होंने बाल-साहित्य से सम्बन्धित बहुत-सी पुस्तकें लिखी हैं। उनकी सेवाओं के उपलक्ष्य में 1942 ई. में उन्हें एक अभिनन्दन-ग्रन्थ भेंट किया गया था। रामलोचन जी ने दो सौ से ऊपर पुस्तकें लिखीं या सम्पादित की हैं—इनमें अधिकांशतः शिक्षाप्रद या बाल-साहित्य सम्बन्धी हैं। 1960 ई. में बिहार राष्ट्रभाषा परिषद ने वयोवृद्ध साहित्यिक सम्मान पुरस्कार देकर सम्मानित किया। इसके पहले भारत सरकार ने 1942 ई. और सन् 1946 ई. में सम्मानित किया था, तथा 1938 ई. में बिहार की पहली कांग्रेस सरकार ने राजेन्द्र स्वर्ण पदक देकर सम्मानित किया था। तुलसीदास की 'विनयपत्रिका' उन्होंने सम्पादित करके प्रकाशित की तथा 'रामचरितमानस' का और समस्त तुलसी-साहित्य का मैथिली एवं नेपाली में अनुवाद किया। 'गाँधी जी के पदचिह्नों पर' तथा 'योग और नयी प्रवृत्तियाँ' संख्यामाला में उनकी अनेक पुस्तकें प्रकाशित हुई हैं। इनका देहावसान 82 वर्ष के साहित्यिक कर्मठ जीवन के बाद 14 मई, 1971 ई. को हुआ।

लक्ष्मीनारायण 'सुधांशु'

18 जनवरी, 1908 ई. को जिला पूर्णिया (बिहार) के रूपसपुर नामक गाँव में जन्म हुआ। काशी हिन्दू विश्वविद्यालय के एम.ए. थे। साहित्य के अतिरिक्त राजनीतिक क्षेत्र

के भी मुख्य कार्यकर्ता थे। बिहार विधान परिषद के अध्यक्ष भी रहे थे। साहित्यिक पत्रकारिता के क्षेत्र में उन्होंने पटना की 'अवन्तिका' नामक मासिक पत्रिका का सम्पादन भी किया था। साहित्य के क्षेत्र में उनकी प्रसिद्धि का मुख्य आधार आलोचना है। 'काव्य में अभिव्यंजनावाद' (1938 ई.) तथा 'जीवन के तत्त्व और काव्य के सिद्धान्त' (1942 ई.) उनके प्रमुख समीक्षा-ग्रन्थ हैं, पर साथ ही कृति-साहित्य के क्षेत्र में भी उन्होंने कार्य किया है। 'भ्रातृप्रेम' (1926 ई.) उनका उपन्यास है तथा 'गुलाब की कलियाँ' (1928), 'रसरंग' (1929) कहानियों के संग्रह। 'वियोग' शीर्षक उनका निबन्ध-संग्रह भी प्रकाशित हो चुका है।

'सुधांशु' की प्रतिभा समीक्षा के सैद्धान्तिक निरूपण में है और इसके लिए उन्होंने मनोविज्ञान, सौन्दर्यशास्त्र एवं प्राचीन भारतीय काव्यशास्त्र के गहन अध्ययन द्वारा समुचित तैयारी की है। छायावाद की छाया तले पलने वाले इस समीक्षक पर रोमाण्टिक काव्य शास्त्र का प्रभाव यथेष्ट है तथा उन्होंने रामचन्द्र शुक्ल की शास्त्रीयता की कड़ियों को ढीला करने का प्रयास किया है।

रामचन्द्र शुक्ल ने क्रोचे के अभिव्यंजनावाद को कोरा कलावाद कहते हुए उसे भारतीय वक्रोक्तिवाद का ही विलायती उत्थान कह दिया था। 'सुधांशु' ने अभिव्यंजनावाद के अन्तर्गत भाव-सत्ता का स्पष्ट प्रमाण देते हुए वक्रोक्तिवाद से उसका प्रामाणिक अन्तर प्रतिपादित किया। यह कार्य अत्यन्त सन्तुलित ढंग पर 'काव्य में अभिव्यंजनावाद' नामक ग्रन्थ में 'सुधांशु' ने किया। इस भ्रम के निराकरण के अतिरिक्त इस ग्रन्थ में अभिव्यंजनावाद की शब्दावली की ऐतिहासिक रूपरेखा भी दी है तथा काव्य में अलंकारों के औचित्य, प्रभाव, प्रतीक और उपमान, अमूर्त और मूर्तविधान आदि अभिव्यंजना की विशेष प्रवृत्तियों का अध्ययन भी उपस्थित किया गया है।

'जीवन के तत्त्व और काव्य के सिद्धान्त' नामक पुस्तक में लेखक ने अपने समीक्षा सम्बन्धी विचारों को अधिक व्यापक धरातल पर प्रतिष्ठित करना चाहा है। इस पुस्तक में दार्शनिक और मनोवैज्ञानिक आधार भूमि पर काव्यसिद्धान्तों को परखने की चेष्टा की गयी है। रोमाण्टिक काव्यशास्त्र की धारणाओं के अनुरूप उन्होंने आत्मभाव की अभिव्यक्ति को ही कला का मुख्य उद्देश्य माना है।

काव्यानन्द की प्रक्रिया का मनोवैज्ञानिक विवेचन करके उन्होंने प्राच्य और पाश्चात्य दृष्टिकोणों को एक साथ समेटने की चेष्टा की है। संसार के समस्त व्यापारों के मूल में मन का ओज स्वीकार करके वे काव्यानन्द को भी मन के अतिरिक्त ओज पर ही निर्धारित मान लेते हैं। काव्य के सृजन एवं आस्वादन से सम्बन्धित समस्याओं के अतिरिक्त लेखक ने इस कृति में लय और छन्द, ग्रामगीत की प्रकृति, कलागीत की प्रवृत्तियों आदि पर भी विचार किया है तथा अन्त में आधुनिक नौ कवियों की प्रवृत्तिमूलक समीक्षा भी की है। परन्तु यह पुस्तक जिस संकल्प को लेकर जिस

व्यापक परिप्रेक्ष्य से प्रारम्भ की गयी थी, उसका निर्वाह नहीं हो सका। पूरी पुस्तक में न तो जीवन के तत्त्वों का ही गहन विश्लेषण हो सका है और न उन तत्त्वों के आधार पर काव्य-सिद्धान्तों की ही सम्यक् व्याख्या बन पड़ी है। पुस्तक का अन्तिम अंश और विशेषतः व्यावहारिक समीक्षा वाला भाग दलीय हो गया है।

लीलाधर गुप्त

जन्म जिला बुलन्दशहर के करोरा नामक ग्राम में 2 मई, 1896 ई.। मृत्यु प्रयाग में सन् 1959 ई. में। अंग्रेजी साहित्य में वे एम. ए. थे तथा प्रयाग विश्वविद्यालय में अंग्रेजी के अध्यापक थे।

यों तो पाश्चात्य समीक्षा-शास्त्र एवं काल-चिन्तन का प्रभाव हिन्दी पर भारतेन्दु युग से ही पड़ने लगा था पर सामान्य पाठक के लिए पाश्चात्य समीक्षा-शास्त्र का व्यवस्थित परिचय देने वालों में लीलाधर गुप्त का नाम प्रमुख है। 'पाश्चात्य नाटकों में चरित्र-चित्रण' (1946 ई.) नामक उनकी पुस्तक प्रकाशित हुई थी। उनकी दूसरी प्रसिद्ध पुस्तक 'पाश्चात्य साहित्यालोचन' (सन् 1952 ई.) हिन्दुस्तानी अकादमी, प्रयाग की ओर से प्रकाशित की गयी। इस पुस्तक में यद्यपि विश्लेषणात्मक एवं मूल्यांकनपरक दृष्टिकोण का अभाव है तथा तुलनात्मक या ऐतिहासिक स्तर पर विवेचना का स्वरूप भी उपलब्ध नहीं होता, परन्तु फिर भी कुछ प्रमुख पाश्चात्य समीक्षा-सिद्धान्तों का प्रामाणिक विवरण इस पुस्तक में दिया गया है।

विनयमोहन शर्मा

जन्म 16 अक्टूबर सन् 1905 ई. करकबेल (म. प्र.) में। वास्तविक नाम शुकदेव प्रसाद तिवारी है। यों 'वीरात्मा' उपनाम से उन्होंने कुछ कविताएँ इत्यादि भी लिखी हैं। काशी हिन्दू विश्वविद्यालय से बी.ए. एवं नागपुर विश्वविद्यालय से एम.ए. तथा पीएच.डी. तथा आगरा विश्वविद्यालय से एल. एल. बी. की उपाधि प्राप्त हुई। नागपुर विश्वविद्यालय में वे हिन्दी के विभागाध्यक्ष थे तथा रायगढ़ के गवर्नमेन्ट डिग्री कॉलेज के प्रिंसिपल के पद से उन्होंने 1960 ई. में अवकाश ग्रहण किया। आप कुरुक्षेत्र विश्वविद्यालय में हिन्दी विभाग के अध्यक्ष रह चुके हैं। आपकी अनेक पुस्तकें अब तक प्रकाशित हो चुकी हैं, जिनमें से मुख्य ये हैं—'भूले गीत' (1944), 'कवि प्रसाद : आँसू तथा अन्य कृतियाँ' (1945), 'हिन्दी गीत गोविन्द' (1955 ई.), 'दृष्टिकोण' (1950 ई.), 'साहित्यावलोकन' (1952 ई.), 'हिन्दी को मराठी सन्तों की देन' (1957 ई.), 'साहित्य, शोध, समीक्षा' (1958 ई.), 'साहित्य कला' (1940), 'रेखा और रंग' (1955 ई.), 'हिन्दी के व्यावहारिक रूप' (1968 ई.), 'साहित्यान्वेषण'

(1969 ई.), 'साहित्य–नया और पुराना' (1972 ई.), 'भाषा, साहित्य, समीक्षा' (1972 ई.)। इनमें से प्रथम कविता संग्रह है एवं तृतीय जयदेव के प्रसिद्ध काव्य ग्रन्थ का हिन्दी अनुवाद। 'हिन्दी को मराठी-सन्तों का योगदान' उनका शोध-ग्रन्थ है तथा शेष पुस्तकें निबन्धों के संकलन हैं। इन निबन्धों में कतिपय अनुसन्धानपरक हैं एवं कुछ में स्वतन्त्र समीक्षात्मक प्रयास हैं। कुछ निबन्ध या समीक्षाएँ या तो छात्रोपयोगी हैं या फिर परिचयात्मक टिप्पणियाँ मात्र। उनकी पुस्तकों में संस्मरण भी मिल जाते हैं तथा 'कवि प्रसाद: आँसू तथा अन्य कृतियाँ' में उन्होंने आँसू के कुछ दुरूह स्थलों की टीका भी की है। अपने शोध-ग्रन्थ एवं कुछ निबन्धों में उन्होंने अन्तरप्रान्तीय साहित्यों (हिन्दी और मराठी) के तुलनात्मक अध्ययन को उपस्थित करने का महत्त्वपूर्ण कार्य किया है।

विनयमोहन शर्मा की आलोचनाओं का मूल स्वर वस्तुतः 'अकादमिक' है। वे मुख्यतः अध्यापक रहे हैं और अध्यापक का स्वर उनमें सर्वत्र प्रमुख है। भरसक उन्होंने चेष्टा की है कि किसी भी 'वादी' दृष्टि में न बँधकर तटस्थ एवं वैज्ञानिक समीक्षाएँ लिखी जायें। अपने दृष्टिकोण को 'साहित्यावलोकन' के 'दृष्टिक्षेप' में उपस्थित करते हुए उन्होंने लिखा है–

> *"एक बात का यत्न मैंने अवश्य किया है कि साहित्य के अवलोकन में अपनी दृष्टि को वादग्रस्त होने से बचाया है। अनुभूति के सहज प्रकाश को साहित्य की कसौटी मान कर उसका रसास्वादन मेरा ध्येय रहा है।"*

पर इस रसवादी दृष्टिकोण में भी एक बात व्याख्या-सापेक्ष है और वह है 'अनुभूति का प्रकाश'। विनयमोहन जी ने इसके लिए बहुधा आचार्य रामचन्द्र शुक्ल द्वारा प्रवर्तित शास्त्रीय दृष्टिकोण को अपनाया है पर शुक्ल जी के पूर्वाग्रहों से उन्होंने अपने को बचाकर 'सन्तसाहित्य' या 'छायावाद' को अपनी सहृदयता दी है। आधुनिक काल के दो प्रभावशाली मतवादों 'फ्रायडवाद' और 'मार्क्सवाद' को उन्होंने एकांगी माना है ('दृष्टिकोण' पृ. 2, 19 और 25)। फ्रायड का तो उन्होंने बहुत विरोध किया है और मनोविश्लेषण-शास्त्र के आधार पर रचित साहित्य को सामाजिक स्वास्थ्य के लिए वे अनुचित मानते हैं। प्रगतिवादी साहित्य के बारे में उनकी धारणा है कि उसमें 'प्रेरणा नहीं प्रयास' होता है, इसी से उसके 'स्थायित्व में सन्देह है' उन्हें। उनकी समीक्षा-दृष्टि के मूल में 'नैतिक आचार' और 'समाज-स्वास्थ्य' की धारणा भी बराबर बनी रहती है। यह अवश्य है कि भौतिक प्रतिमानों को वे शाश्वत नहीं मानते पर उनकी परिवर्त्तमान सत्ता पर शर्मा जी का विश्वास है। आदर्शवाद और यथार्थवाद के समन्वय पर भी उन्होंने बल दिया है। शर्माजी की भाषा-शैली में भी एक अध्यापक की सरलता एवं स्पष्टता है।

सीताराम (लाला)

लाला सीताराम 'भूप' का जन्म कृष्णशंकर शुक्ल के अनुसार सन् 1858 ई. (संवत् 1915) में ('आधुनिक हिन्दी साहित्य का इतिहास' प्रथम संस्करण, 1934, पृ. 77) तथा आचार्य चतुरसेन के अनुसार सन् 1853 ई. में ('हिन्दी भाषा और साहित्य का इतिहास' 1946, पृ. 459) अयोध्या में हुआ था। हिन्दी, संस्कृत और फारसी के अतिरिक्त आधुनिक ढंग की शिक्षा प्राप्त करके उन्होंने 1879 ई. में बी.ए. की उपाधि प्राप्त की थी। वकालत की परीक्षा भी सीताराम ने पास की थी। बाद के कुछ दिनों 'अवध अखबार' का सम्पादन किया। इसके पश्चात् क्वीन्स कॉलेज के स्कूल विभाग में अध्यापन किया, वहीं से वे प्रधानाध्यापक होकर सीतापुर चले गये। सन् 1895 ई. में वे डिप्टी कलेक्टर हो गये थे। शिक्षा के क्षेत्र से उनका सम्बन्ध सदैव बना रहा। उन्हें रायबहादुर की उपाधि भी प्राप्त हुई थी। 2 जनवरी, 1937 ई. को उनकी मृत्यु प्रयाग में हुई।

लाला सीताराम ने संस्कृत और अंग्रेजी काव्यों तथा नाटकों का प्रामाणिक अनुवाद किया था। कविता में उनका उपनाम 'भूप' था। कालिदास के 'मेघदूत' का अनुवाद 1883 ई. में उन्होंने प्रकाशित कराया। इसके अनन्तर 1884 ई. में 'कुमारसम्भवम्', 1885 ई. में 'रघुवंश' के सर्ग 9 से 15, 1886 ई. में 'रघुवंश' के सर्ग 1 से 8 तथा 1892 ई. में सम्पूर्ण 'रघुवंश' का अनुवाद प्रकाशित हुआ। इसी बीच 1877 ई. में 'नागानन्द' का भी उन्होंने अनुवाद छपवा दिया था। कालिदास के 'ऋतुसंहार' का अनुवाद 1893 ई. में प्रकाशित हुआ। इन अनुवादों के अनन्तर उन्होंने संस्कृत के ही 'मृच्छकटिक', 'उत्तर रामचरित', 'मालती माधव', 'महावीर चरित्र', 'मालविकाग्निमित्र' के भी अनुवाद कर डाले। उनके इन अनुवादों के सम्बन्ध में रामचन्द्र शुक्ल का मत है कि

> *"यद्यपि पद्यभाग के अनुवाद में लाला साहब को वैसी सफलता नहीं हुई पर उनकी हिन्दी बहुत सीधी-सादी, सरल और आडम्बरशून्य है। संस्कृत का भाव उसमें इस ढंग से लाया गया है कि कहीं संस्कृतपन या जटिलता नहीं आने पायी है।"* ('हिन्दी साहित्य का इतिहास', पृ. 454)

पं. महावीर प्रसाद द्विवेदी ने 1898 ई. में उनके कालिदाससम्बन्धी अनुवादों की भाषा तथा भावसम्बन्धी त्रुटियों की कटु समीक्षा 'हिन्दी कालिदास की आलोचना' के नाम से की थी।

संस्कृत के उपर्युक्त अनुवादों के अतिरिक्त लाला सीताराम ने शेक्सपियर के नाटकों के भी हिन्दी अनुवाद किये एवं 'हितोपदेश' तथा 'प्रजाकर्तव्य' दो ग्रन्थ और लिखे थे, पर उनका मुख्य प्रदेय संस्कृतानुवादसम्बन्धी ही है।

सुमित्राकुमारी सिन्हा

सुमित्राकुमारी सिन्हा का जन्म फैजाबाद में सन् 1915 ई. में एक सुशिक्षित एवं कला प्रेमी परिवार में हुआ। उनके पिता विभिन्न देशों का भ्रमण कर चुके थे और अपनी कन्या को भी उन्होंने शिक्षा देने का प्रयास किया था। हिन्दी, संस्कृत तथा अंग्रेजी की प्रारम्भिक शिक्षा घर से प्रारम्भ हुई और फिर कुछ समय तक उन्होंने स्कूली शिक्षा भी प्राप्त की। इस बीच उन्नाव के चौधरी राजेन्द्र शंकर से उनका विवाह हो गया। विवाह के बाद अकादमिक शिक्षा तो उन्हें नहीं मिल सकी पर पति ने उनके अध्ययन एवं लेखन को सदैव प्रोत्साहित किया।

यों तो कहानियाँ आदि लिखने की ओर उन्होंने सन् 1927-28 ई. के आसपास ही प्रवृत्ति दिखायी थी पर विधिवत् साहित्य के क्षेत्र में उनका पदार्पण सन् 1935 ई. के आसपास होता है जब वे कविताएँ लिखने लगीं। सुमित्राकुमारी सिन्हा के अब तक पाँच कविता-संग्रह, दो कहानी-संग्रह एवं तीन बच्चों के लिए कहानी, कविता एवं रूपक-संग्रह प्रकाशित हो चुके हैं, जो इस प्रकार हैं—कविता-संग्रह : (1) 'विहाग', (2) 'आशापर्व' (प्र. 1942), (3) 'पन्थिनी', (4) 'बोलों के देवता' (1954), (5) 'प्रसारिका' (1955)। कहानी-संग्रह: 'अचल सुहाग' तथा 'वर्षगाँठ'। बाल-साहित्य के शीर्षक हैं—'कथाकुंज', 'आँगन के फूल' एवं 'दादी का मटका', जो क्रमशः कहानी, कविता एवं रूपक-संग्रह हैं।

सुमित्रा जी ने लिखना उस समय शुरू किया था, जब छायावाद अपनी अन्तिम श्रेष्ठतम परिणतियों पर पहुँच रहा था और दूसरी ओर उसके प्रति असन्तोष का अंकुर उभरने लगा था। इस सन्धिकाल का स्वर एक साथ जिन कवियों में उभरा था, उनमें इनका भी प्रमुख स्थान है। इनके प्रथम संग्रह 'विहाग' में छायावादी प्रवृत्तियों का स्पष्ट प्रभाव है। वैसी ही भाषा एवं कुछ-कुछ वैसा ही रहस्यात्मक स्वर है। उस वैभव से मुक्ति पाना इतना सरल भी नहीं था, पर 'विहाग' में ही यत्र-तत्र सहज मानवीय-आकांक्षाओं का स्वर छायावादी कुहासे से उभरता प्रतीत होता है। 'पन्थिनी' से आधुनिक नारी का अधिक दृप्त स्वर उपलब्ध होता है। प्रेम, काम आदि को मानवीय जीवन की सहज कामनाओं के रूप में एक स्त्री द्वारा स्वीकार करने का साहस भी उन्होंने इन कविताओं में दिखाया है। छायावादी नैराश्य के स्थान पर आशा की आस्था भी उनमें अधिक तीव्र है। प्रेम की ऐसी सहज अकुण्ठ अभिव्यक्तियाँ उनमें प्रचुर हैं—"मैं सूनी सन्ध्या बेल में, दीप जला बैठी रहती हूँ। आँखों की बरुनी से पथ के काँटे चुन उर में रखती हूँ। कितने दिवस मास बीते, अब कब लौटोगे हे परदेशी।" 'बोलों के देवता' उनका सबसे प्रौढ़ संग्रह है, जिसमें भाषा भी अधिक स्वाभाविक हो जाती है एवं भावनाओं का रूप अधिक परिष्कृत, प्रौढ़ एवं विचारपुष्ट हो जाता है। सुमित्रा जी की काव्य-शैली का बढ़ाव बराबर लोकजीवन की ओर हुआ

है तथा गेयता का गुण उनमें प्रचुर मात्रा में है—प्रारम्भिक संग्रहों में आत्मपरकता का जो अधिपक्य था, वह भी बाद में कम हो गया है।

सुमित्रा जी की कहानियों में उनका प्रगतिशील रूप अधिक स्पष्ट हुआ है। इन कहानियों में पति, संयुक्त परिवार, सामाजिक आचार-संहिता आदि के नीचे सदियों से पिसती नारी का क्रन्दन भी है और उसके विद्रोह की क्षुब्ध वाणी भी।

कुल मिलाकर सुमित्रा जी हिन्दी की श्रेष्ठतम लेखिकाओं में से हैं, जो अब भी बराबर लिख रही हैं।

सूर्यकान्त शास्त्री

सरसवा जिला सहारनपुर में 15 जुलाई, 1901 ई. को जन्म हुआ। पंजाब एवं आक्सफोर्ड विश्वविद्यालयों में उच्च शिक्षा प्राप्त की। पंजाब विश्वविद्यालय से संस्कृत में एम.ए., डी.फिल. की उपाधि प्राप्त की तथा आक्सफोर्ड से डी. लिट्. की। आप काशी हिन्दू विश्वविद्यालय में संस्कृत-पाली विभाग के अध्यक्ष रहे। अब तक हिन्दी, अंग्रेजी, संस्कृत आदि में मौलिक या अनूदित पचास से अधिक पुस्तकें निकल चुकी हैं। 'साहित्य मीमांसा' (1943 ई.), 'हिन्दी साहित्य का विवेचनात्मक इतिहास' (1930 ई.), 'महात्मा गाँधी : ए क्रिटिकल स्टडी' (1950 ई.), 'दि फ्लड लीजेण्ड इन संस्कृत लिटरेचर' (1951 ई.) आदि उनकी प्रमुख पुस्तकें हैं। अंग्रेजी, फ्रेंच आदि भाषाओं से उन्होंने कतिपय अनुवाद भी किये हैं। हिन्दी साहित्य की दृष्टि से उनका महत्त्वपूर्ण कार्य 'हिन्दी साहित्य का विवेचनात्मक इतिहास' है। इसमें रामचन्द्र शुक्ल के उपरान्त की गयी शोध-सामग्री का नियोजन तो हुआ ही है, साथ ही अंग्रेजी-साहित्य से यत्र-तत्र तुलना की भी चेष्टा की गयी है। इस इतिहास में भाषा का अलंकरण कभी-कभी मूल कथ्य को आच्छादित करता प्रतीत होता है। 'साहित्य मीमांसा' में काव्य शास्त्रीय समस्याओं को विद्यार्थियों के लिए उपस्थित किया गया है।

हिन्दी साहित्य-कोश, भाग-2

'तीन वर्ष' उपन्यास के पात्र

अजितकुमार सिंह

भगवतीचरण वर्माकृत उपन्यास 'तीन वर्ष' का दूसरा मुख्य पात्र। प्रथम भाग का वही वास्तविक नायक है। "वह जीवन को पहचानता था और पहचानने के साथ ही उसे अपनाना भी जानता था।" रमेश को वह उच्च वर्ग में ही नहीं लाया, उसके मध्यवर्गीय थोथे आदर्शवाद के प्रति सचेत भी करता रहा, पर इन चेतावनियों को

रमेश कभी ग्रहण नहीं कर सकता और फिर उसे गहरे गर्त में गिरना पड़ा। अजित के लिए प्रेम का अर्थ 'एक-दूसरे से हँसना-खेलना, एक-दूसरे को अच्छी तरह समझना' भर है, उसे वह नितान्त अस्थायी मानता है एवं इसी कारण प्रेम को गम्भीरतापूर्वक नहीं लेता। पर उसे लम्पट नहीं कहा जा सकता। वह अपने विचारों को अत्यधिक निर्भीकता और स्पष्टतया रखने में हिचकता नहीं। प्रारम्भ में ऐसा भी लगता है कि पढ़ने में उसकी दिलचस्पी नहीं है, रईस का वह लड़का केवल मौज करता है, पर शीघ्र ही यह सिद्ध हो गया कि "वह उतना बेवकूफ नहीं है, जितना इम्तिहानों के नतीजों ने साबित करने की कोशिश की है।" चाहने पर वह प्रथम श्रेणी भी पा गया। विदेश घूमा, घाट-घाट का पानी पिए हुए यह नौजवान रईस वाक्पटु ही नहीं विचारक भी है तथा वैयक्तिक स्वाधीनता, स्त्री के समानाधिकार आदि के सिद्धान्तों से तनिक भी अभिभूत नहीं। वह विचित्र विरोधों का शिकार है।

प्रभा अध्यक्ष

सर कृष्ण अध्यक्ष की आधुनिकी पुत्री, भगवतीचरण वर्माकृत उपन्यास 'तीन वर्ष' के पूर्वार्द्ध की नायिका। कक्षा के सबसे बड़े रईस अजित एवं सबसे मेधावी छात्र रमेश एक साथ ही उसके सम्पर्क में आते हैं। लगता है कि प्रेम का शाश्वत त्रिकोण बनने जा रहा है, पर अजित अपनी ओर आकृष्ट होती प्रभा के प्रेम-सम्बन्ध को बढ़ावा नहीं देता और धीरे-धीरे रमेश प्रभा का प्रेम बढ़ता जाता है। आधुनिक पाश्चात्य संस्कृति एवं विचारधारा के प्रभाव में ढली उस नारी के लिए न तो यौन नैतिकता ही महत्त्वपूर्ण है और न वह प्रेम के मध्यवर्गीय रोमाण्टिक आदर्शवाद को ही महत्त्वपूर्ण मानती है। वह यौवन को अराजकता का दूसरा नाम मानती है, उसके लेखे 'पाप-पुण्य' भी मनुष्य के दृष्टिकोण की विषमता का दूसरा नाम है।

रमेश

भगवतीचरण वर्माकृत 'तीन वर्ष' उपन्यास का नायक रमेश सांसारिक वैभव से नितान्त अनजान, गरीब लेकिन मेधावी युवक है। एक विचित्र संयोग से वह एकदम वैभवशाली वर्ग के प्रतिनिधि अजितकुमार सिंह का मित्र बन इस नये लोक से अभिभूत होकर जिस जीवन की कल्पना करता है, उसमें उसकी सहपाठिनी 'प्रभा अध्यक्ष' का महत्त्वपूर्ण स्थान है। रोमाण्टिक आदर्शवाद से भरा हुआ यह मध्यवर्गीय युवक अपनी स्वर्गीय प्रेम की कल्पना को शीघ्र ही ध्वस्त होता देखता है, जब प्रभा उसके विवाह प्रस्ताव को अस्वीकार कर देती है। अस्वीकार का मुख्य आधार धन की असमानता है। उच्चवर्ग से दुत्कारे जाने पर वह अनुभव करता है कि "प्रभा के

लिए प्रेम ढोंग है और उसके लिए अभिशाप।" हताशा से आक्रान्त रमेश अपने सबसे बड़े मित्र, उपकारक एवं उच्चवर्ग में प्रवेश कराने के बाद भी उस वर्ग की प्रवृत्ति के प्रति चेतावनी देते रहने वाले अजित की हत्या का असफल प्रयास करता है एवं इसी निराशा एवं फ्रस्ट्रेशन में वह पढ़ना भी छोड़ता है, शराब पीना शुरू करता है और कुछ-कुछ दार्शनिक किस्म का वेश्यागामी भी हो जाता है। वास्तव में इसी स्थल पर आकर उसका व्यक्तित्व सजग होता है और वह दूसरों पर अपनी छाप लगाने लगता है, अन्यथा उपन्यास के प्रारम्भिक भाग में तो वह अजित के व्यक्तित्व के समक्ष एकदम दबा रहता है। सरोज वेश्या उसके प्रेमपाश में बँध जाती है, पर रमेश अपने जिस अतीत को भुलाना चाहता है, वह उसकी चेतना को इतना आच्छन्न किये है कि इस प्रेम की सचाई का अनुभव उसे सरोज की मरणशैया में ही होता है। प्रेम के इस पवित्र निर्मल रूप ने उसकी आत्मा को पुनः मुक्त किया। वह सरोज को दिये गये वचन के अनुसार शराब छोड़कर पुनः विश्वविद्यालय में आ जाता है। 'प्रभा अध्यक्ष' सरोज के उत्तराधिकार में प्राप्त रमेश के धन को देखकर विवाह में कोई अड़चन नहीं देखती, पर रमेश के लिए उच्चवर्ग की यह नैतिकता शुद्ध रूप से वेश्यावृत्ति प्रतीत होती है। सम्पूर्ण उपन्यास में उसका चारित्रिक विकास कथा की विशिष्ट गति के अनुकूल है, बल्कि कहा यों जाय कि लेखक के अभीष्ट विचार के अनुकूल है। यह विचारानुकूलता विविध परिस्थितियों के मध्य उसके स्वाभाविक विकास को अवरुद्ध नहीं करती।

'चित्रलेखा' उपन्यास के पात्र

कुमारगिरि

भगवतीचरण वर्मा के 'चित्रलेखा' उपन्यास में जहाँ एक ओर जीवन की क्रियाशीलता, भोग एवं वैभव को चित्रलेखा-बीजगुप्त के माध्यम से प्रकट किया गया है वहीं कुमारगिरि को विराग एवं तप के मूर्तिमान् प्रतीक रूप में उपस्थित किया गया है। रत्नाम्बर के शब्दों में "यौवन और विराग ने मिलकर उसमें एक अलौकिक शक्ति उत्पन्न कर दी है।" "संयम उसका साधन है और स्वर्ग उसका लक्ष्य।" उसमें "ज्ञान है और कल्पना है।" अपनी इस अलौकिक शक्ति, ज्ञान एवं कल्पना का परिचय वह सम्राट चन्द्रगुप्त मौर्य के दरबार में चाणक्य की चुनौती का उत्तर ईश्वर का रूप दिखाकर देता है।

यद्यपि एक स्थान पर कुमारगिरि कहता है, "मानापमान से उसका कोई सम्बन्ध नहीं रह गया"; परन्तु वास्तव में उसका स्वभाव अपमान से क्षुब्ध हो उठने का है और प्रारम्भ से ही एक प्रकार की अहन्ता उसके व्यक्तित्व में भासित होती है।

विशालदेव से कहा गया उसका यह वाक्य कि, "मैं तुम्हें पुण्य का रूप दिखला दूँगा, और पुण्य को जानकर तुम पाप का पता लगा सकोगे" उसकी अहन्ता को द्योतित कर देता है। उसके अहंकार को प्रकाशित करने वाले अंश उपन्यास में विरल नहीं हैं।

उसके ज्ञान के आलोकमय संसार में स्त्री का कोई स्थान नहीं है। उसके लिए शान्ति या तथाकथित अकर्मण्यता का अर्थ है—"जिस शून्य से उत्पन्न हुए हैं, उसी में लय हो जाना और वही शून्य-जीवन का निर्धारित लक्ष्य है।" तथा "दुःखमय संसार को छोड़ देने को ही सुख कहते हैं।" वह मानता है कि "सत्य अनुभव की वस्तु है।"

सब मिलाकर उसका चरित्र आदर्श योगी की ऊँचाई को नहीं पहुँच पाता। उपन्यासकार ने जाने-जनजाने उसे भोग एवं सांसारिकता के प्रतीक चित्रलेखा, बीजगुप्त से निम्न कोटि का चित्रित किया है। वह अपनी निर्बलता को जीत नहीं पाता; चित्रलेखा के प्रति वह भीषण रूप से आकर्षित होता है और वासना के प्रवाह में बह जाता है।

चित्रलेखा

चित्रलेखा भगवतीचरण वर्मा द्वारा रचित 'चित्रलेखा' उपन्यास की प्रमुख नायिका ही नहीं, केन्द्रीय संवेदना भी है। समस्त कथावस्तु एवं सारे पात्र कहीं-न-कहीं उसके सम्पर्क में आते हैं और वह इन सबके माध्यम से मानो अपने किसी-न-किसी अंश को अभिव्यक्त करती है। ये पात्र और घटनाएँ उसके चरित्रकी व्याख्या करते है। आद्यन्त उसके चरित्रका प्रभा-मण्डल समस्त उपन्यास को आच्छादित किये रहता है।

चित्रलेखा के जीवन के इतिहास की संक्षिप्त रूप रेखा इस प्रकार है—वह एक ब्राह्मण विधवा है, जो किसी कृष्णादित्य के सम्पर्क में आकर समाजच्युत हो जाती हैं कृष्णादित्य एवं उससे प्राप्त पुत्र की मृत्यु हो जाती है तब उसे एक नर्तकी के यहाँ आश्रय मिलता है। धीरे-धीरे यह अद्भुत रूपवती नर्तकी बनकर 'समुदाय' के सामने आने लगती है। पाटलिपुत्र के ऊपर उसका रूप, यौवन और कला छा जाती है, पर उसके जीवन में 'व्यक्ति' का कोई स्थान नहीं। फिर अचानक बीजगुप्त में उसे कृष्णादित्य की छाया दिखायी पड़ जाती है और एक बार प्रत्याख्यान करने के बाद वह फिर बीजगुप्त को अपने जीवन में बुला लेती है। पर अभी एक व्यक्ति को उसके जीवन में ओर आना था—वह था कुमारगिरी। यह योगी उसे आकर्षित भी करता है, पर वह उसे अपनी आत्मशक्ति से पराजित करती है, परन्तु प्रतिक्रिया के एक वेदनापूर्ण क्षण में उसे समर्पित भी हो जाती है। अन्ततः वह अपनी समस्त सम्पत्ति को त्याग कर बीजगुप्त के साथ देशाटन के लिए निकल पड़ने के लिए प्रस्तुत हो जाती है। पति के प्रति उसका प्रेम उसे स्वयं ईश्वरीय प्रतीत होता था; कृष्णादित्य के प्रसंग में वह प्रेम प्राकृतिक स्तर पर उतर आता है। बीजगुप्त से प्रणय करते समय

उसे लगा कि जीवन में प्रेम के अतिरिक्त अन्य उद्‌गार भी होते हैं; पर कुमार गिरी के प्रति वह क्यों आकर्षित हुई, यह वह स्वयं नहीं जानती थी।

उपन्यास के प्रारम्भ में ही पता लग जाता है कि चित्रलेखा जीवन को अविकल पिपास मानने वाली, उद्दाम वासनाओं की लहरों पर तैरने वाली सुन्दरी ही नहीं है, उसमें एक तेज और बौद्धिक व्यक्तित्व भी है। उस व्यक्तित्व के कारण उसमें भाषा का प्रत्युत्पन्नमतित्व प्रभूत मात्रा में है। योगी ने नर्तकी में ज्ञान देखा था और प्रभावित हुआ था। वह 'तपस्या की आत्मा का हनन' मानती है और प्रेम को प्रकृति के अन्तर्गत परिवर्तनीय भी स्वीकार करती है। अपनी आत्मशक्ति में वह योगी एवं मन्त्री चाणक्य के सदृश्य ही सिद्ध हुई थी। इस शक्ति से घबड़ाकर योगी ने उसे दीक्षा देना भी अस्वीकार किया था और वह उसी क्षण तक कुमारगिरी की ओर आकृष्ट रही, जब तक उसमें शक्ति रही, पर जिस क्षण से कुमारगिरी विपथगामी होते हैं, वह उन्हें छोड़ देती है। उसका सिद्धान्त है कि 'स्त्री उसी मनुष्य से प्रेम कर सकती है, जो उसपर विजय पा सके।'

बीजगुप्त

महाप्रभु रत्नाम्बर बीजगुप्त का परिचय देते हुए भगवतीचरण वर्माकृत 'चित्रलेखा' उपन्यास के आरम्भिक अंश में कहते हैं, "बीजगुप्त भोगी है,...वैभव और उल्लास की तरंगों में वह केलि करता है...। उमसें सौन्दर्य है, और उसके हृदय में संसार की समस्त वासनाओं का निवास।... आमोद और प्रमोद ही उसके जीवन का साधन है तथा लक्ष्य भी है।" भूत और भविष्य उसके लिए "कल्पना की चीजें हैं", जिनसे उसका "कोई प्रयोजन नहीं", वर्तमान के प्रति ही उसकी निष्ठा प्रतीत होती है।

बीजगुप्त का चरित्र उपन्यास में चित्रित कम, संकेतित अधिक है। वह उपन्यासकार की दार्शनिक दृष्टि को प्रतिबिम्बत करता है। मनुष्य को परिस्थिति या नियति का दास मानने का दर्शन सबसे पहले वही प्रतिपादित करता है, बाद को चित्रलेखा भी इसी दर्शन को स्वीकार करती है और उपसंहार में रत्नाम्बर ने इसी दर्शन के आधार पर पाप की व्याख्या करनी चाही है। उसकी बौद्धिक दृष्टि की प्रखरता बहुधा उभरती है। प्रेम की नित्यता और अमरता के सम्बन्ध में उसका गहरा विश्वास है। वस्तुओं को नये परिप्रेक्ष्य एवं नये अर्थों द्वारा व्याख्यायित करने की उसकी शक्ति यशोधरा पर बड़ा प्रभाव डालती है। वह उसे विद्वान मानने लगती है।

बीजगुप्त में समस्याओं के आरपार देख लेने की प्रबल शक्ति है। चित्रलेखा एवं कुमारगिरि के परिचय के बाद ही उसे आभास हो गया था कि दोनों एक-दूसरे के प्रति आकृष्ट हो गये हैं और यह दोनों के लिए अनिष्ट कर सिद्ध होगा। इसी

प्रकार चित्रलेखा, मृत्युंजय, यशोधरा, श्वेतांक आदि की मुख-मुद्राओं या संकेतों द्वारा ही उनके भावों और विचारों को उसने समझा है।

उपन्यास के अन्तिम अंश में वह सबसे अधिक उभरता है। उस समय उसकी ज्योति के आगे शेष सभी प्रभाहीन हो जाते हैं। एक ओर वह प्रेम का आदर्श अपनाकर यशोधरा के साथ विवाह का प्रिय प्रस्ताव ठुकराता है, दूसरी ओर स्वाभिमान की रक्षा करते हुए चित्रलेखा से बिना कुछ कहे तीर्थयात्रा के लिए चला जाता है। बीच में एक बार मानवसुलभ मानसिक द्वन्द्व उसे मथता है और उस समय वह यशोधरा से विवाह करने की सोचता है। यह द्वन्द्व अत्यधिक नाटकीय शैली में चित्रित हुआ है, पर तत्काल ही श्वेतांक का यह निवेदन कि वह यशोधरा से विवाह करना चाहता है, बीजगुप्त को पुनः सचेत कर देता है और तब उसकी मानवता अपने सर्वोत्तम रूप में सम्मुख आती है। श्वेतांक को अपनी सम्पूर्ण सम्पत्ति एवं पदवी दान करके वह भिखारी के रूप में निकल पड़ता है पर उसका यह रूप इतना प्रभविष्णु है कि भारत का सम्राट भी उसके समक्ष अपना शीश झुकाता है तथा उसे इस स्थिति तक पहुँचाने वाली चित्रलेखा जब आकर क्षमा माँगती है तब वह उसे क्षमा ही नहीं कर देता, साथ ले चलने के लिए भी प्रस्तुत हो जाता है। इस प्रकार बीजगुप्त प्रारम्भ में चित्रलेखा का पूरक प्रतीत होता है पर अन्त में श्वेतांक का यह कथन सार्थक प्रतीत होता है कि "बीजगुप्त देवता है।"

यशोधरा

भगवतीचरण वर्माकृत उपन्यास 'चित्रलेखा' में विरागी सामन्त मृत्युंजय की कन्या यशोधरा चित्रलेखा को भी चमत्कृत कर सकी थी। यों चित्रलेखा के सौन्दर्य में उन्माद था और यशोधरा का सौन्दर्य शान्ति का प्रतीक था। "उसके पास बैठकर मनुष्य पवित्रता को देख सकता था, पवित्रता का अनुभव कर सकता था और पवित्र हो सकता था।" "उसकी अभेद्य गम्भीरता में जीवन की एक मौन पहेली छिपी थी।" उसकी सरलता में भी एक गम्भीरता थी। श्वेतांक के उतावलेपन पर उसने उसे अनेक बार अत्यन्त कोमलता से संयत करने का प्रयास किया था। उसने श्वेतांक से कहा था, "मनुष्य का कर्तव्य है, दूसरे की कमजोरियों पर सहानुभूति प्रकट करना।" तथा उसके अनुसार "मनुष्य वही श्रेष्ठ है, जो अपनी कमजोरियों को जानकर उन्हें दूर करने का प्रयत्न कर सके।"

प्रणय की कोई गहरी पिपासा या आकुलता हमें यशोधरा में प्राप्त नहीं होती। पिता के प्रस्ताव के अनुसार ही वह पहले बीजगुप्त से विवाह करना चाहती है पर बीजगुप्त के अस्वीकार करने पर वह व्यथित भी नहीं होती। श्वेतांक के प्रेम-प्रस्ताव पर उसे तनिक आश्चर्य अवश्य होता है पर उसका प्रत्याख्यान वह नहीं करती।

सरलता एवं सहजता के साथ वह जीवन बिताने में विश्वास करती है। बीजगुप्त की प्रकृति की अपूर्णता वाली बातें या अन्य विचार उसे चकित करते हैं, वह उसके प्रति श्रद्धा का अनुभव अपने मन में करने लगती है पर वह श्रद्धा प्रणयधर्मा नहीं है। अन्त में उसका विवाह सामन्त श्वेतांक के साथ हो जाता है। सब मिलाकर उसका उपयोग उपन्यास में बीजगुप्त का मनोद्वन्द्व उभारने भर को ही हुआ है। इससे अधिक उसकी उपयोगिता नहीं है।

रत्नाम्बर

महाप्रभु रत्नाम्बर के दर्शन 'चित्रलेखा' उपन्यास के प्रारम्भ में होते हैं और अन्त में, बीच-बीच में कभी-कभी बीजगुप्त के गुरुरूप में उनका उल्लेख आ जाता है पर उससे कोई चरित्र सम्बन्धी रूपरेखा नहीं बनती। जितनी देर के लिए वे सामने आते हैं, उससे ज्ञात होता है कि वे आकाश धर्मा गुरु थे। वे स्पष्ट रूप से, शिष्य के प्रश्न के उत्तर में, स्वीकार करते हैं कि उन्हें स्वयं नहीं ज्ञात कि पाप क्या है? उनका विश्वास था कि जो बात अध्ययन से नहीं जानी जा सकती, उसे अनुभव से जाना जा सकता है, पर वे अपने शिष्यों को सावधान कर देते हैं कि अनुभव के प्रवाह में "स्वयं न बह जाना।" अन्यत्र वे श्वेतांक से अच्छी वस्तु की कसौटी बताते हुए कहते हैं, "अच्छी वस्तु वही है, जो तुम्हारे वास्ते अच्छी होने के साथ ही दूसरों के वास्ते भी अच्छी हो।" उनके विचारों के सम्बन्ध में कुमारगिरि की टिप्पणी है कि वे "नास्तिकता की ओर झुके हुए हैं।" उपन्यास के अन्त में अपने दोनों शिष्यों के विचारों को जानने के पश्चात् वे अपना मत उपस्थित करते हुए कहते हैं—

> *"संसार में पाप कुछ नहीं है, वह केवल मनुष्य के दृष्टिकोण की विषमता का दूसरा नाम है।...मनुष्य अपना स्वामी नहीं, परिस्थितियों का दास है।...हम न पाप करते हैं और न पुण्य करते हैं, हम केवल वह करते हैं, जो हमें करना पड़ता है।"*

पर इस मत को भी स्वीकार करने के लिए अपने शिष्यों को वे बाध्य नहीं करते।

श्वेतांक

भगवतीचरण वर्मा कृत उपन्यास 'चित्रलेखा' में महाप्रभु रत्नाम्बर का वह शिष्य है, जिसने पूछा था, "पाप क्या है?" गुरु उसे पाप का पता लगाने के लिए भोगी बीजगुप्त के सांसारिक जीवन में प्रविष्ट करा देते हैं। श्वेतांक, जो नारी, रूप और यौवन से अनभिज्ञ था, एकदम से इन्हीं के आलोक में चकाचौंध हो उठा। वह चित्रलेखा के प्रति अपने मन में अनुराग जगा बैठा पर शीघ्र ही उसे अपना

भ्रम ज्ञात हो गया। उसने एक ईमानदार आदमी की भाँति बीजगुप्त से अपना अपराध कह दिया।

वास्तव में श्वेतांक उपन्यास का मुख्य अभिनेता नहीं है, वह जोड़ने वाली कड़ी के समान है। एक ओर वह बीजगुप्त को विश्वास देता है और दूसरी ओर चित्रलेखा भी उसे अपने प्रति प्रतिश्रुत करा लेती है। यशोधरा प्रसंग में वह अभिनय की मुख्य भूमिकाओं के निकट आता है पर सर्वत्र एक उतावलापन और अविवेक उसमें प्राप्त होता है। अवसर का बिना विचार किये हुए वह अपने स्वामी बीजगुप्त के प्रति भी अपमानसूचक शब्द आवेश में कह जाता है, यों बाद को उसे पश्चात्ताप भी होता है। दुबारा वह यशोधरा की ओर उन्मुख होता है, उससे अपना प्रेम निवेदित भी कर बैठता है पर प्रतिदान में प्रोत्साहन उसे नहीं मिलता। इसी उतावलेपन में ही वह बीजगुप्त से अपना विवाह प्रस्तावित करने का भी अनुरोध करता है। अन्त में अपने गुणों से नहीं, बल्कि बीजगुप्त की महत्ता, त्यागवृत्ति एवं प्रेमादर्शन ने उसे धनसम्पन्न और पदवीसम्पन्न ही नहीं बनाया, उसे यशोधरा जैसी सुन्दर पत्नी भी दिलायी। अपने प्रश्न का उत्तर पाने के लिए जिस तटस्थता एवं गम्भीरता की आवश्यकता थी, उसका हमें श्वेतांक में अभाव मिलता है। वह वास्तव में अनुभव में बहने लगता है गुरु की चेतावनी के विपरीत।

संचयन एवं सम्पादन

'कविताएँ १९५४' : भूमिका और अनुक्रम

'कलजुग' (पत्रिका) : योजना, भूमिका और पाठ

'कहानी-विविधा'

हिन्दी के कहानी-साहित्य पर एक बातचीत

प्रेमचन्द

चन्द्रधर शर्मा 'गुलेरी'

जयशंकर 'प्रसाद'

विश्वम्भरनाथ शर्मा 'कौशिक'

चतुरसेन शास्त्री

यशपाल

जैनेन्द्र कुमार

उपेन्द्रनाथ 'अश्क'

'अज्ञेय'

विष्णु प्रभाकर

मोहन राकेश

उषा प्रियंवदा

'विवेक के रंग' : भूमिका और अनुक्रम

'नयी कहानी : सन्दर्भ और प्रकृति' : भूमिका और अनुक्रम

स्वाधीनता के बाद : हिन्दी साहित्य (रूपरेखा) : एक प्रारूप

'साहित्य विधाओं की प्रकृति' : भूमिका और अनुक्रम

'कविताएँ १९५४' : भूमिका

प्रचार और विज्ञापन के इस युग में भी बहुधा अनुभव होता है कि बहुत कुछ 'अनदेखा' ही रहा जाता है। बहुत-सी चित्र-विचित्र सृष्टि हमसे अपरिचित रहकर ही बीती जा रही है। क्योंकि देश विशाल है और काल की गति अत्यन्त क्षिप्र। जहाँ और जितना भी कुछ हो रहा है, उसे आत्मस्थ करने के साधन कम हैं और सुविधाएँ उनसे भी कम।

किन्तु, तत्त्वज्ञानी इस सबसे विचलित नहीं होते, उनकी दृष्टि तत्त्व पर केन्द्रित रहती है। वे खड़ी हुई लहलहाती फसल देखकर ही हर्षित नहीं हो जाते वरन् अनुमान लगाते हैं कि इसमें धान्य कितना है, सार कितना है? साहित्य का अध्येता भी कदाचित् तत्त्व का अध्येता ही है सो उसके सम्मुख भी आज इसके अतिरिक्त दूसरा उपाय नहीं बचा है कि वह समस्त बहुरंगिणी सृष्टि में से महत्त्वपूर्ण को पहचानने का यत्न करे। प्रस्तुत संकलन भी इसी प्रकार का एक प्रयत्न है। इसमें १९५४ की प्रतिनिधि और श्रेष्ठ हिन्दी कविताएँ संगृहीत हैं।

पहले तो जाना और सोचा न था पर अब पाते हैं कि पुस्तक में खासी कविताएँ एकत्र हैं। उनके रंग-ढंग की विविधता और अनेकरूपता द्रष्टव्य है। स्पष्ट कि ऐसे किसी संकलन में एकरूपता ले आना सम्भव और कदाचित् वांछित भी न था। किन्तु, आप स्वयं अनुभव करेंगे कि इसमें 'एकरूपता का नितान्त अभाव' हो, ऐसा भी नहीं है। व्याकुलता, सृजन की उत्कण्ठा, संघर्ष और स्थित विश्वास सारी कविताओं में व्याप्त-जैसे हैं। हिन्दी कविता बल्कि हिन्दी साहित्य का सारा कृतित्व आज-दिन जैसे इन्हीं विषयों को लेकर कृतकृत्य हो रहा है। ऐसा उद्योग निर्विवाद रूप से किसी भी साहित्य के इतिहास में एक महान् क्रान्ति का पूर्वाभास है।

यह 'महान् क्रान्ति' क्या है? यह क्यों होगी? ये प्रश्न आपसे छिपे नहीं हैं। ये तो सब पर उजागर हैं। लेकिन इनके उत्तर? इनके समाधान? काश! वे भी हमारे सम्मुख होते, स्पष्ट होते।

हिन्दी की वर्त्तमान कविता ऐसे ही प्रश्नों का उत्तर खोजने में व्यस्त है। ऐसा

इस संचयन का सम्पादन कवि श्री अजितकुमार के साथ किया गया था।

कुछ है जो हमें आन्दोलित किये है, जो हमें ज्ञात नहीं है : उसी का अन्वेषण करना है। रोग हमें कुछ न कुछ अवश्य मालूम है, उपचार शेष है।

और यही उठ खड़ी होने वाली बहस हमें मूल समस्या से भटका देती है। रोग है : सभी मानते हैं; उपचार करना है : इसमें भी किसी को आपत्ति नहीं; किन्तु निदान? निदान सबका अलग-अलग है। एक इसे व्यक्ति की व्याधि बताता है, दूसरा राज्य की, तीसरा उपचार में संलग्न है और चौथा सबको रोगमुक्त कर चुका है। फिर बात उलझती-उलझती बिल्कुल उलझ जाती है। अपनी-अपनी डफली, अपना-अपना राग की स्थिति आ उपस्थित होती है।

करें क्या? अन्य उपाय ही क्या है? उपाय तो सरल है। सम्प्रति परिस्थिति यह है कि साहित्य का विचित्र क्षेत्रीय विकास हो रहा है। साहित्यकार प्रान्तों, नगरों और गोष्ठियों में बिखरे हुए हैं। अपने-अपने गुट हैं, अपने-अपने नारे हैं। फलतः सभी के माध्यम से संकीर्णता का प्रचार हो रहा है। व्यक्तिगत राग-द्वेष साहित्यिक आलोचना को प्रभावित करते हैं और अधिकांश पत्र-पत्रिकाएँ प्रान्तीयता का प्रचार-प्रसार करने में दत्तचित्त हैं।

इतने बड़े देश में, हिन्दी के इतने विशाल क्षेत्र में ऐसी स्थिति का होना सहज-स्वाभाविक भी है। क्षेत्रीय विकास और स्थानीय रंग की भावना बुरी नहीं पर इस सबके मूल में स्थित मनोवृत्ति दूषित है, इसे तो सभी मानेंगे।

इतना ही नहीं आलोचकों-रचनाकारों के इस दुराग्रह के साथ पाठकों में भी यही धारणा बलवती होती जाती है कि यह युग कविता-युग नहीं रहा। हम इन सभी बातों का विरोध करते हैं।

हमें ज्ञात है कि वर्तमान स्थिति बहुत दिनों चलने वाली नहीं है। नवनिर्माण के पथ में आने वाली ये बाधाएँ नगण्य हैं। दिनोंदिन साहित्य का व्यापक स्वरूप सबके सम्मुख आता-जाता है। इस सहज विकास की प्रक्रिया में हम सबका कर्तव्य तो मात्र इतना रह जाता है कि प्रत्येक की बात प्रत्येक तक पहुँचने दें, पहुँचाने में सहायता दें। विराट् सत्य हमारे शत-सहस्र कण्ठों से संवहित होता हुआ भूमण्डल में व्याप जाय। प्रस्तुत संग्रह इसी महान् प्रक्रिया की एक नन्ही कड़ी है। इसके माध्यम से हमने चाहा है कि हिन्दी कविता की वार्षिक प्रगति का एक लेखा-जोखा रखा जाय। आप स्वीकार करेंगे कि ऐसी योजना की जैसी तथा जितनी आवश्यकता आज है वैसी पहले कभी भी न थी।

आज हम अपनी प्रक्रियाओं से अधिकाधिक परिचित हैं, उनके प्रति सजग भी हैं। घटित होता हुआ जो कुछ भी हमारी चेतना की पकड़ में आता है उसे असंख्य रूपों में अभिव्यक्ति देना चाहते हैं। घटित होते हुए वर्तमान का इतना सक्रिय और उत्पादक बोध पूर्व काल में कदाचित् कभी नहीं था। अभिव्यक्ति के असंख्य प्रयत्नों

में से कुछ को चुनने की सार्थकता इसी कारण आज और भी स्पष्ट है। श्रेष्ठ, चुनी हुई, प्रतिनिधि कृतियों के विविध संग्रह ग्रन्थों की यही उपयोगिता है।

उपयोगिता? किसके लिए?

जहाँ तक प्रस्तुत संकलन का सम्बन्ध है, हम कहेंगे—'पाठक के लिए।' क्योंकि उसकी सारी समस्या रसास्वादन की समस्या है। पिछले युगों के जिस साहित्य का रसास्वाद करके आज का पाठक विभोर है, उसका अधिकांश ऐसा संकलित उत्कृष्ट और चुना हुआ साहित्य है जो अपने युग की सीमाओं तथा हीन कलाकृतियों को संक्रमित करता हुआ हम तक आ पहुँचा है। विकास की इस प्रक्रिया को गत्यात्मक बनाने के लिए गतिरोध की भ्रान्त धारणा को और भी अधिक भ्रान्त सिद्ध करने के लिए तथा रुचि को परिष्कृत करने के लिए ऐसे संग्रहों को उपयोगिता स्वयंसिद्ध है।

हम फिर कहेंगे कि इस संग्रह की उपयोगिता समीक्षक के लिए है, कवि के लिए भी है। रसज्ञ समीक्षक अपनी रसानुभूति को अधिकाधिक व्यापक आधार पर प्रतिष्ठित करने में सुख पाते हैं और कवि अपने युगीन और अतीतकालीन कलाकारों के परिपार्श्व में खड़े होकर अपने-उनके कृतित्व का समर्थ ज्ञान चाहते ही हैं। हमारा अनुमान है कि 'कविताएँ-१९५४' जैसी पुस्तकों से इस प्रकार की आवश्यकताओं की पूर्ति होती है।

यह संकलन हम उस समय आपको सौंप रहे हैं जब १९५४ की कविता पर विवाद लगभग समाप्त हो गये हैं। समीक्षाएँ लिखी जा चुकी हैं और 'उत्तरदायित्व पूरा हुआ' जैसा मान लिया गया है। बस इसके पश्चात् गत वर्ष की कविता समय की पुस्तक का वह पृष्ठ हो गयी जो एक बार पढ़ा जा चुका और शायद फिर दुहराया न जायगा।

यह सच है कि 'बीते हुए कल' का आकलन करने को 'आज' से अधिक उपयुक्त कोई दूसरा दिन न आयेगा किन्तु 'बीता हुआ कल,' मात्र 'बीता हुआ कल' ही है इसे दृढ़तापूर्वक कह सकें ऐसे कितने हैं? अतः 'आज' के क्षण में सारे व्यतीत अपितु सनातन को कोई बाँधना चाहे, आज के 'अणु' में सदा के विराट को दृष्टिगत करना चाहे तो हमें ज्ञात है कि इसे सुधीजन मतिभ्रम नहीं कहते।

तो सन् पचपन के प्रारम्भ में सन् चौवन की कविता का आकलन करते समय यदि हमारे सम्मुख यह स्पष्ट था कि इससे पूर्व यह कार्य सम्पादित होना सम्भव न था, तो यह भी छिपा हुआ नहीं था कि इसके बाद यह कार्य समाप्त न हो जायगा। एक वाक्य में कहें कि हमें सन् चौवन की कविता मात्र सन् चौवन की कविता नहीं जान पड़ी, वरन् समस्त समसामयिक हिन्दी कविता का प्रतिनिधित्व करती सी लगी और इसीलिए हमने चाहा कि वह संकलन तैयार हो जिसे भले ही कहा 'सन् १९५४ की कविताएँ' जाये किन्तु जो खड़ी बोली की समग्र कविता का लघु और संक्षिप्त संस्करण-जैसा दिखे तथा ऐसा दिखते हुए भी वह आधुनिक हो, नया हो।

जब यह संग्रह तैयार हो गया तो मानो हमने पुनः नये विश्वास के साथ यह सत्य अन्वेषित किया कि हिन्दी का सर्वाधिक दाय सदा से काव्य के माध्यम द्वारा ही रहा है। शायद इसीलिए इस युग में भी जब कविता-पुस्तकें नहीं के बराबर खरीदी जाती हैं—हर साहित्यिक विवाद घूम फिरकर कविता पर ही आ केन्द्रित होता है।

जिसे हमने संगृहीत करना कहा है, वह काम सचमुच बड़ा दुस्साध्य सिद्ध हुआ है। हिन्दी-प्रदेश की विशालता, व्यवस्थित संग्रहालयों-पुस्तकालयों का अभाव, पत्र-पत्रिकाओं की अनुपलब्धि आदि ही क्या कम कठिनाइयाँ थीं। इनके अतिरिक्त हमें ढेरों पत्र-व्यवहार करना पड़ा। किसी विशेष कार्यवश किया गया पत्र-व्यवहार कैसा दुष्कर कार्य है इसे भुक्तभोगी ही जानते हैं।

संग्रह को तैयार करने में हमारी नीति यह रही है कि वर्ष भर में जितनी भी श्रेष्ठ कविताएँ, पुस्तकों, पत्रिकाओं अथवा रेडियो के माध्यम से हिन्दी-भाषी जनता के सम्मुख आयी हैं, उन्हें इसमें सम्मिलित किया जाय। ऐसी परिस्थिति में कुछ वे कविताएँ भी हमने संग्रह में ले ली हैं जो लिखी तो पहले गयी थीं किन्तु जिनका प्रमुख रूप से प्रकाशन सन् १९५४ में ही हुआ है।

श्रेष्ठ या प्रतिनिधि को चुनने का जो मानदण्ड हमने माना उसमें हमारी व्यक्तिगत रुचि के अतिरिक्त स्वयं कवियों की अपनी कविताओं की पसन्द भी शामिल रही। पुस्तक '१९५४' में आरम्भ से लेकर अन्त तक कवियों को स्थान अकारादि क्रम से दिया गया है।

सारे प्रयत्नों के बावजूद इस संग्रह में कुछ कवियों की कविताएँ सम्मिलित नहीं हो सकीं क्योंकि हम उनसे सम्पर्क स्थापित नहीं कर सके या उनकी कविताएँ हमें देर से प्राप्त हुईं। इसके लिए हम उनके प्रति क्षमाप्रार्थी हैं और उनसे भी अधिक पाठकों के प्रति क्षमाप्रार्थी हैं क्योंकि अधिक नुकसान तो इसमें पाठकों का ही है।

जो भी हो 'कविताएँ : १९५४ संकलन' को प्रस्तुत करते समय हमें इस बात की बड़ी खुशी हो रही है कि एक ही वर्ष के इस संकलन में हमने हिन्दी काव्य के अक्षयकोष के कई बहुमूल्य रत्नों को अनायास ही एक ठौर पा लिया है।

संकलन प्रस्तुत है। जो तटस्थ हैं वे हमारे साहित्य को बधाई दें, जो सहानुभूति रखते हैं वे प्रोत्साहन दें और जो इसी में घुले-मिले हैं वे खुशी के मारे फूले न समाएँ।

अजितकुमार
देवीशंकर अवस्थी

आभार

अखिल भारतीय आकाशवाणी।

छाँह, धरती और स्वर्ग, बावरा अहेरी, बोलों के देवता, भावना के फूल, मूर्च्छना, रात और शहनाई, वर्षान्त के बादल, स्वर के दीप श्रद्धा आदि कविता संग्रहों के प्रकाशकों,

अजन्ता, अवन्तिका, आजकल, कल्पना, कविता, धर्मयुग, नयी धारा, नया जीवन, नया पथ, नया समाज, नयी कविता, पाटल, प्रसारिका, भारती, समाज, सरस्वती, सरिता, सारंग, साहित्यकार, हिन्दुस्तान, हुंकार आदि पत्र-पत्रिकाओं एवं,

संकलन में संगृहीत समस्त कवियों के प्रति, हम आभारी हैं जिनके द्वारा प्रसारित, प्रकाशित अथवा रचित सामग्री का उपयोग इस संग्रह में हुआ है।

ओंकारनाथ श्रीवास्तव, कीर्ति चौधरी, कृष्णचन्द्र खेमका, जनेश्वर वर्मा, बालकृष्ण गुप्त, महेन्द्रकुमार विद्यार्थी और सिद्धिनाथ मिश्र से सामग्री के संचय करने अथवा प्रतिलिपि बनाने में सहायता प्राप्त हुई।

अजितकुमार एवं देवीशंकर अवस्थी ने यह संकलन हमारे लिए सुलभ किया। गिरिजाकुमार माथुर एवं बालकृष्ण शर्मा 'नवीन' से हमें समय-समय पर परामर्श मिले। इनके प्रति हम अनुगृहीत हैं।

प्रकाशक : साहित्य निकेतन, कानपुर

कविताएँ : १९५४

[१९५४ में प्रकाशित अथवा प्रसारित]
प्रमुख हिन्दी कविताओं का
प्रतिनिधि संकलन

कवि-सूची

'कलजुग' (पत्रिका)

फरवरी 1957 से जून-जुलाई, 1957 (5 अंक)

कलजुग

वर्ष १ फरवरी
अंक १ १९५७

संचालक
बांकेबिहारी लाल अग्रवाल

सलाहकार
देवीशंकर अवस्थी
राममनोहर त्रिपाठी

सम्पादक
हरीश अवस्थी
सुरेन्द्रकुमार अग्रवाल

मूल्य

वार्षिक	एक प्रति
४॥)	।=)

प्रधान कार्यालय
१६/४६, 'किशोरी-कुटीर'
(राममोहन हाता)
कानपुर

बिहार कार्यालय
'रघुनाथ-भवन' पटना सिटी

दिल्ली कार्यालय
नई सड़क, दिल्ली

इस अंक के आकर्षण

कहानी

कविता

निबंध

स्तंभ

फरवरी, १९५७ कलजुग

गणतन्त्र दिवस के पुनीत अवसर पर

हमारी भेंट

आज

की

दुनिया

आज की दुनिया

को जानिये, पहिचानिये

आज

की

दुनिया

हिन्दी नाटकों में अति उत्तम

शिक्षाप्रद एवम् पठनीय

१४८ पृष्ठ मूल्य केवल १।)

BIHAR ACTS

Panchayat Raj Act & Rules	3-0
Panchayat Election Rules	3-14
House Control Act & Rules	1-4
Money Lenders Act & Rules	1-8
Land Reforms Act & Rules	6-0
Essential Supplies Act	1-0
Agr. Income Tax Act & Rules	1-2
Bakasht Dispute Act	1-8
Food Grain Control Order	3-0
Agriculturists of Food Grain	0-8
Zamindari Abolition Act	1-0
Prevention of Food Adulteration	0-12
Private Irrigation Works	0-4
Hindu Religious Trusts Act & Rules	1-8
Recovery of Arrear Act & Rules	0-10
Homested Tenancy Act & Rules	0-8
Bihar Tenancy Act	2-14
Bihar Bataidari Act	0-6
Finance Acts 1950-54	1-8
Sales Tax Act & Rules	3-12
Land Encroachment Act & Rules	0-4
Smoking Act	0-4
Court Fees Table	0-5
Panchayat Raj Rules	2-14
Bihar Excise Act	2-0
Shop Act & Rules	1-0
Cinemas Regulation Act	0-8

VISIT :

J. N. P. AGARWALA & CO.

Law Publishers, Booksellers and General Order Suppliers

"RAGHUNATH BHAWAN"

Padri-ki-Haveli PATNA CITY

आवश्यक संकेत

१. 'कलजुग' प्रत्येक अंग्रेजी मास की पहली तारीख को प्रकाशित होता है।

२. प्रकाशनार्थ भेजी जाने वाली रचना की प्रतिलिपि अपने पास भी सुरक्षित रखें।

३. 'कलजुग' में प्रकाशित सामग्री से आवश्यक नहीं कि सम्पादक-मण्डल सहमत ही हो।

४. पाठकों के सुझाव और विचारों को 'कलजुग' साभार प्रकाशित करेगा।

५. समीक्षार्थ पुस्तक की एक प्रति भेजें, यदि आवश्यक समझा गया तो दूसरी प्रति मंगा ली जायगी।

६. वार्षिक ग्राहकों को सभी विशेषांक वार्षिक मूल्य के अन्तर्गत मिलेंगे।

★

'कलजुग'

का

आगामी (मार्च '५७) अंक

हास्य, व्यंग, विनोद से युक्त

"होली विशेषांक"

होगा

पृष्ठ संख्या १०० मूल्य १)

आगामी अंकों में उत्तरोत्तर नवीन आकर्षणों की वृद्धि

—व्यवस्थापक

कन्हैयालाल अग्रवाल द्वारा सुधा प्रेस, कानपुर में मुद्रित तथा 'कलजुग' कार्यालय, ३६/४९, 'किशोरी कुटीर' (हाता राममोहन) कानपुर से प्रकाशित।

कलजुग
मार्च, १९५७

साभार

तारदेव, बम्बई, ६'२'५७

आपने 'कलजुग' भेजा। अनेक धन्यवाद। अंक अच्छा निकला है। आगे के अंकों की प्रतीक्षा है। समय निकाल कर आपके लिये कुछ लिखूंगा।

—रतन लाल जोशी
सम्पादक नवनीत

लखनऊ, १२'२'५७

······कीर्ति चौधरी की लघु कहानी और राजेन्द्र यादव के उपन्यास की समीक्षा अच्छी लगी। कानपुर से एक अच्छे मासिक की आवश्यकता का अनुभव सभी करते हैं। आपकी पत्रिका 'कलजुग' इस अभाव की पूर्ति कर सकेगी।

—विश्वम्भर 'मानव'

इलाहाबाद, १२'२'५७

'रेणु' जी के पास कलजुग देखा— नाम के अलावा, बहुत पसंद आया, खास तौर से 'उखड़े हुए लोग' की रिव्यू।······इतने सीमित साधनों में ऐसा पत्र निकाल लेना ही अपने में बड़ी बात है, उस पर क्या मैं और क्या कोई और सम्मति देगा।

—दुष्यंत कुमार

भदैनी, बनारस, १३'२'५७

आपने कानपुर से 'कलजुग' निकाल दिया, इसे किसका प्रसाद समझें और किसका प्रताप! पं० प्रताप नारायण मिश्र की नगरी से मुझे 'ब्राह्मण' की उम्मीद थी। आशा है 'कलजुग' आज का ब्राह्मण साबित होगा। अब तो लगता है मुझे लेख भेजना ही पड़ेगा।

— नामवर सिंह

दिल्ली, २०'२'५७

'कलजुग' मिला। धन्यवाद। अंक अच्छा लगा। नये एवं स्वस्थ कृतित्व के कलन के प्रयास की सराहना करता हूं। आशा है अंक उत्तरोत्तर श्रेष्ठतर होते जायंगे।

—श्रीकान्त वर्मा

दिल्ली, २५'२'५७

'कलजुग' का अंक यथा समय मिल गया। मैं शीघ्र ही कवितायें और लेख भेजने का प्रयत्न करूंगा। 'कलजुग' अच्छा निकला है। एक ही भय लगता है। अनेक नवजातों की भांति आर्थिक असमर्थता की चट्टान से टकराकर कहीं 'कलजुग' भी अकाल कवलित न हो जाय। प्रयत्न के लिए बधाई लीजिए।

—प्रयाग नारायण त्रिपाठी

आलइण्डिया रेडियो, पटना, ११'२'५७

पत्र के साथ 'कलजुग' का प्रथमांक मिला। बहुत-बहुत धन्यवाद। इस नये अभियान के लिए कृपया मेरी बधाई स्वीकार करें। रचनाएं मैं शीघ्र ही भेजूंगा।

—सिद्धनाथ कुमार

कलजुग

कलजुग

वर्ष १ मार्च
अंक २ १६५७

संचालक
बाँकेबिहारी लाल अग्रवाल

❋

सलाहकार
देवीशंकर अवस्थी
राममनोहर त्रिपाठी

❋

सम्पादक
हरीश अवस्थी
सुरेन्द्रकुमार अग्रवाल

❋

मूल्य
वार्षिक ५।।) एक प्रति ।=)

❋

इस अंक का १)

❋

प्रधान कार्यालय
३६/८६, 'किशोरी-कुटीर'
(राममोहन हाता)
कानपुर

❋

बिहार कार्यालय
'रघुनाथ-भवन' पटना सिटी

❋

दिल्ली कार्यालय
नई सड़क, दिल्ली

इस अंक के आकर्षण

कहानी

कविता

नाटक

निबंध

स्तंभ

कलजुग
अप्रैल, १९५७

कलजुग

वर्ष १ अप्रैल
अंक ३ १९५७

संचालक
बांकेबिहारी लाल अग्रवाल

सलाहकार
देवीशंकर अवस्थी
राममनोहर त्रिपाठी

सम्पादक
हरीश अवस्थी
सुरेन्द्रकुमार अग्रवाल

मूल्य
वार्षिक ४॥) एक प्रति ।=) या ३८ नये पैसे

प्रधान कार्यालय
३६/४१, 'किशोरी-कुटीर'
(राममोहन हाता)
कानपुर

बिहार कार्यालय
'रघुनाथ-भवन' पटना सिटी

दिल्ली कार्यालय
नई सड़क, दिल्ली

इस अंक के आकर्षण

(पद्य खण्ड)

कविता

(गद्य खण्ड)

कहानी

नाटक

निबन्ध

स्तंभ

अप्रैल '५७ कलजुग

कलजुग
मई, १९५७

कलजुग

वर्ष १ मई
अंक ४ १९५७

संचालक
बांकेबिहारी लाल अग्रवाल

सम्पादन समिति
हरीश अवस्थी
देवीशंकर अवस्थी
राममनोहर त्रिपाठी

प्रबन्ध सम्पादक
सुरेन्द्रकुमार अग्रवाल

मूल्य
वार्षिक ४।।) एक प्रति ।=) या ३८ नये पैसे
इस अंक के ।।।)

प्रधान कार्यालय
३६/४६, 'किशोरी-कुटीर'
(राममोहन हाता)
कानपुर

देहरादून कार्यालय
६२, तिलक मार्ग

बिहार कार्यालय
'रघुनाथ-भवन' पटना सिटी

दिल्ली कार्यालय
नई सड़क, दिल्ली

इस अंक के आकर्षण

कविता

नाटक

निबन्ध

कहानी

स्तंभ

मई '५७ १

आवश्यक संकेत

१. 'कलजुग' प्रत्येक अंग्रेजी मास की पहली तारीख को प्रकाशित होता है।

२. प्रकाशनार्थ भेजी जाने वाली रचना की प्रतिलिपि अपने पास भी सुरक्षित रखें।

३. 'कलजुग' में प्रकाशित सामग्री से आवश्यक नहीं कि सम्पादक-मण्डल सहमत ही हो।

४. पाठकों के सुझाव और विचारों को 'कलजुग' साभार प्रकाशित करेगा।

५. समीक्षार्थ पुस्तक की एक प्रति भेजें, यदि आवश्यक समझा गया तो दूसरी प्रति मंगा ली जायगी।

६. वार्षिक ग्राहकों को सभी विशेषांक वार्षिक मूल्य के अन्तर्गत मिलेंगे।

★

"कलजुग" का अगस्त अंक

सर्वथा नवीन, उच्चकोटि की सुपाठ्य सामग्री से युक्त

स्वतंत्रता दिवस (१५ अगस्त) विशेषांक होगा

★

पृष्ठ संख्या लगभग १०० मूल्य १)

समस्त पाठकों, लेखकों, ग्राहको, हितैषियों

एवम प्रकाशकों से

पूर्ण सहयोग की अपील

आज ही केवल ४॥) रु० भेजकर वार्षिक ग्राहक स्वयं बने एवम् मित्रों को बनावें।

'कलजुग' कार्यालय
हाता राममोहन
कानपुर

मई '५७ रजिस्टर नं०

'कलजुग' की लोक प्रियता

★

नियमित पाठक	५००० से अधिक
सुपरिचित पाठक	२०००० से अधिक
परिचित पाठक	१ लाख से अधिक

'कलजुग' का प्रत्येक अङ्क पाठक संग्रह करते हैं

इसीलिए तो

'कलजुग' में प्रकाशित आपका विज्ञापन स्थाई विज्ञापन है

★

'कलजुग' का अगस्त अंक

स्वतंत्रता दिवस (१५ अगस्त) विशेषांक होगा

तुरत विज्ञापन विभाग से पूछ ताछ करें ।

'कलजुग' का विज्ञापन विभाग सदैव आपकी सेवा में सचेष्ट है

कन्हैयालाल अग्रवाल द्वारा सुधा प्रेस, कानपुर में मुद्रित तथा 'कलजुग' कार्यालय, ३६/४६, 'किशोरी कुटीर' (हाता राममोहन) कानपुर से प्रकाशित ।

कलजुग
जून–जुलाई, १९५७

कलजुग

वर्ष १ जून–जुलाई
अंक ५–६ १९५७

संचालक
बांकेबिहारी लाल अग्रवाल

सम्पादन समिति
देवीशंकर अवस्थी
हरीश अवस्थी
राममनोहर त्रिपाठी

प्रबन्ध सम्पादक
सुरेन्द्रकुमार अग्रवाल

मूल्य

वार्षिक	एक प्रति
६)	।।) या ५० नये पैसे

प्रधान कार्यालय
६६।४६, 'किशोरी–कुटीर'
(राममोहन हाता)
कानपुर

देहरादून कार्यालय
६२, तिलक मार्ग

बिहार कार्यालय
'रघुनाथ-भवन' पटना सिटी

दिल्ली कार्यालय
नई सड़क, दिल्ली

इस अंक के आकर्षण

निबन्ध

कहानी

कविता

स्तम्भ

'कहानी-विविधा'

(योजना, भूमिका और पाठ)

सम्पादक की बात

इस संकलन के दो उद्देश्य हैं : प्रथम, जिन तात्त्विक सिद्धान्तों पर एक अच्छी कहानी का गठन होता है उनसे आपको परिचित कराना; द्वितीय, आलोचनात्मक अध्ययन के लिए प्रतिनिधि कहानियों का एक संकलन उपस्थित करना।

भूमिका में विवेचित तात्त्विक सिद्धान्तों की चर्चा लेखक के नहीं पाठक के दृष्टिकोण से की गयी है। यह भूमिका कहानी-रचना की केवल उन समस्याओं पर जोर देती है जिन्हें कि पाठक को अपने अध्ययन द्वारा अधिकतम आनन्द प्राप्त करने के पूर्व जान लेना चाहिए। हमारा विश्वास है कि वस्तुतः कहानी को ठीक से समझ और सराहकर अपनी वैचारिक प्रक्रिया का अंग बनाने के लिए कहानी-पाठ की विधि जानने की गहरी आवश्यकता होती है। भूमिका के अन्त में 10 सामान्य सम्भावित प्रश्न दिये गये हैं जिन्हें कि एक कहानी पर लागू करके उसे ठीक से विश्लेषणपूर्वक पढ़ा, आकलित किया जा सकता है। इन प्रश्नों के पूरक रूप में प्रत्येक कहानी के अन्त में समीक्षात्मक टिप्पणी एवं विवेचना के लिए कुछ और प्रश्न दिये गये हैं। इन्हें ध्यान से पढ़ना चाहिए। ये टिप्पणियाँ एवं प्रश्न जानी-पहचानी कहानियों को भी नये प्रकार से पढ़ने की प्रक्रिया की ओर संकेत करते हैं।

कहानियों के चुनाव में हम तीन बातों से निदेशित रहे हैं : प्रथम, क्या यह एक 'अच्छी' कहानी है? द्वितीय, क्या यह ऐसी कहानी है जिसे आप समझकर रस ले सकते हैं? तृतीय, क्या यह ऐसी सुगठित एवं सुलिखित कहानियों के लिए आपकी अभिरुचि को प्रदीप्त करती है?

कोई भी संकलन प्रत्येक युग, प्रत्येक प्रकार या प्रत्येक महत्त्वपूर्ण लेखक का प्रतिनिधित्व नहीं कर सकता है। फिर अध्ययन के लिए तो संख्या की सीमा और भी आवश्यक है। इसी कारण इस संकलन में केवल बारह कहानियों को ही दिया गया है जिनके भलीभाँति अध्ययन और समझ से आप तमाम अन्य कहानियों के

मूल्यांकन की विधि भी सीख सकेंगे। इस सीमित संख्या में ही लगभग पचास वर्षों के अन्तराल में फैली हिन्दी-कहानियों की विविधता की एक प्रतिनिधि झलक देने का प्रयास भी रहा है। बड़ी संख्या उन कहानियों की है जो समय की कसौटी पर खरी उतरी हैं, और जो समकालीन कहानियों से ली गयी हैं वे भी एक स्वर से महत्त्वपूर्ण और श्रेष्ठ मानी गयी हैं।

अन्त में हम उन सभी लेखकों तथा प्रकाशकों के कृतज्ञ हैं जिन्होंने अपनी कृतियाँ इस संकलन में समाविष्ट करने की अनुमति प्रदान की है।

आशा है यह नया कहानी-संग्रह विद्यार्थियों के लिए उपयोगी सिद्ध होगा।

सूची

हिन्दी के कहानी-साहित्य पर एक बातचीत

गुलेरी से लेकर अब तक की हिन्दी-कहानियों के इस प्रतिनिधि संकलन को पढ़ने से पहले अगर आप हिन्दी-कहानी के विकास की रूपरेखा से परिचित हो जायें तो इन कहानीकारों के महत्त्व को समझने में भी अधिक सहायता मिलेगी तथा हिन्दी-कहानियों का एक स्पष्ट रूप भी मन पर रह सकेगा।

हिन्दी-कहानी का इतिहास बताने के पहले इतना कह देना आवश्यक है कि कहानी अनादि काल से जीवन में आनन्द देती आयी है। कभी उसने मन बहलाया तो कभी ज्ञान और शिक्षा दी। ज्यादातर उसने ये दोनों कार्य एक साथ किये हैं और आज भी किसी-न-किसी रूप में इन्हें वह निभाती जा रही है। 'कल क्या हुआ' यह प्रश्न बड़ी उत्कण्ठा से हमेशा पूछा जाता रहा है, और समझदारी बढ़ने पर 'ऐसा क्यों हुआ?' का प्रश्न भी पूछा जाने लगा था। कथाकार इन प्रश्नों का उत्तर देने में ही कहानी के ताने-बाने बुन देता था। सभ्यता के आदिकाल से ही मनुष्य का अपना अनुभव कहानी का मूल तथा श्रोताओं को ज्ञान और आनन्द का दान मुख्य लक्ष्य रहा है।

मौखिक परम्परा से हटकर अगर हम लोग संस्कृत के प्राचीन साहित्य की ओर आयें तो ज्ञात होगा कि ऋग्वेद में भी छोटी-छोटी कथाएँ विद्यमान हैं। महाकाव्य और पुराण तो कथाओं के भाण्डार हैं। बौद्ध-जातक एवं जैन-पुराण भी विभिन्न कथाओं के कोश हैं और गुणाढ्य की 'वृहत्कथा' की कथाओं ने शिक्षित एवं अशिक्षित जनता का मन समान रूप से मोहा है।

मध्यकाल में फारसी-साहित्य एवं जीवन से सम्पर्क बढ़ने पर 'शीरीं फरहाद' या 'लैला मजनूँ' जैसी प्रेम-कथाएँ भी घरों में पहुँचीं, जिनकी टूटी-फूटी परम्परा 'किस्सा साढ़े चार यार', 'तोता मैना' आदि के रूप में आधुनिक काल तक चलती आयीं।

पर कहानी के जिस रूप को आप इस संकलन में पढ़ेंगे वह इस परम्परा का विकास नहीं है। इसके लिए एक ओर वह जीवन की नयी परिस्थितियों से उत्पन्न प्रेरणा के प्रति आभारी है तो दूसरी ओर अंग्रेजी और बंगला की कहानियों से वह अपना रूप और आकार प्राप्त करता है। आधुनिक कहानी ने अपनी पुरानी अलौकिकता, चमत्कार, कौतूहल, उपदेशात्मकता, मात्र मनोरंजकता, आलंकारिकता

आदि को या तो छोड़ दिया है या अमहत्त्वपूर्ण ठहरा दिया है। अब वह न तो किसी प्रबन्धकाव्य या पुराण का अंग है और न किसी नीतिवेत्ता का उपदेश। वह किसी चतुर किस्सागो की मनोरंजक कौतूहल उपजाने वाली गप्प (गल्प) भी नहीं है। अब वह साहित्य का एक महत्त्वपूर्ण और प्रतिष्ठित रूप है और उसका दायित्व एवं महत्त्व उतना ही बड़ा है जितना कि कविता, नाटक आदि अन्य रूपों का। यही उसकी आधुनिकता है—नयापन है।

आप शायद यह तो जानते ही होंगे कि हमारे साहित्य में आधुनिक युग का प्रारम्भ भारतेन्दु-काल (1850 से 1900 ई.) से होता है। गद्य के विविध साहित्य-रूपों का विकास इसी समय हुआ। भारतेन्दु हरिश्चन्द्र-लिखित गद्यखण्ड 'एक अद्‌भुत अपूर्व स्वप्न' को यद्यपि पूरी तौर पर कहानी नहीं कहा जा सकता, पर उसमें निबन्ध और कहानी का एक मिला-जुला रूप अवश्य है। कम-से-कम कुछ स्थितियों एवं संवादों की रचना में उन्होंने जिस कल्पना-शक्ति का परिचय दिया है वह 'कहानी' वाली कल्पना ही है। उनके द्वारा लिखित 'मदालसा' जैसे पौराणिक पात्रों की जीवनियों में भी कहानी के बीज देखे जा सकते हैं।

अगर आपने 'रानी केतकी की कहानी' या वैष्णव भक्तों की वार्ताएँ या किंवदन्तियाँ-जैसी उस युग के पहले की कहानियाँ पढ़ी हैं तो एक बड़ा परिवर्तन देख सकते हैं कि भारतेन्दु युग के इन कथा-खण्डों में समसामयिक जीवन की स्पष्ट पुकार है। पुरानी कहानियों-जैसी तटस्थता यहाँ नहीं मिलती। शैली में भी आलंकारिकता एवं तड़क-भड़क के स्थान पर व्यंग्य की एक नयी स्वच्छ शक्ति के दर्शन होने लगते हैं। पर अभी भी शैली की दृष्टि से आधुनिक अर्थ में इनमें 'कहानीपन' बहुत कम था।

उन्नीसवीं शताब्दी के अन्तिम दशक तक पहुँचते-पहुँचते आप देखेंगे कि प्रेरणा के लिए अंग्रेजी और बंगला की कहानियों की ओर लेखकों का ध्यान जा चुका है। बीसवीं शती का प्रथम दशक बीतते-न-बीतते मौलिक कहानियों का लिखना प्रारम्भ हो जाता है। 1907 में 'सरस्वती' में बंग महिला की 'दुलाई वाली' कहानी छपी। यह हिन्दी की प्रथम मौलिक कहानी कही जाती है। इस कहानी में तीन बातें बहुत ध्यान देने योग्य हैं : (1) कहानी प्रतिदिन के जीवन की एक साधारण घटना के आधार पर लिखी गयी है; (2) स्थानीय रंगत के चित्रण से यथार्थवादी वातावरण की सृष्टि की गयी है, और (3) घटनाओं में आकस्मिक संयोगों का सहारा लिया गया है। पुरानी कहानी की भव्यता, अलौकिकता पर साधारण की यह विजय बहुत महत्त्वपूर्ण है। इन्हीं तत्त्वों का आगे हमें और विकास मिलता है। सन् 1911 में काशी से 'इन्दु' नामक पत्रिका का प्रकाशन 'प्रसाद' जी की प्रेरणा से प्रारम्भ हुआ और उनकी पहली कहानी 'ग्राम' इसी वर्ष इसमें छपी। इसी वर्ष चन्द्रधर शर्मा गुलेरी एवं जी.पी. श्रीवास्तव की कहानियाँ भी क्रमशः 'भारत जीवन' और 'इन्दु' में प्रकाशित हुईं। इस प्रकार 1911 ई. हिन्दी-कहानी के उदय में एक महत्त्वपूर्ण वर्ष है। इन सभी

कहानियों में भी साधारण जीवन और यथार्थवाद की वही विजय है जिसे हम 'दुलाई वाली' कहानी के प्रसंग में देख चुके हैं। कथानक के विकास के लिए इन सभी कहानियों में आकस्मिक संयोगों का सहारा लिया गया है। यह आकस्मिक संयोग ही था कि 'उसने कहा था' कहानी के नायक से 25 वर्षों बाद अचानक ही वह लड़की मिल जाती है और पहचानकर पुत्र और पति की रक्षा की भीख माँगती है। अलौकिक घटनाओं को छोड़ देने के बाद प्रारम्भिक कहानियों में ऐसा आकस्मिकता का आना अस्वाभाविक भी नहीं है। ज्वालादत्त शर्मा, विश्वम्भरनाथ शर्मा 'कौशिक', सुदर्शन, प्रेमचन्द-जैसे प्रमुख लेखकों ने कथानक-विकास की इस परिपाटी का बाद के वर्षों में भी उपयोग किया है। प्रौढ़ता प्राप्त कर लेने के बाद 'संयोगों' एवं आकस्मिकताओं को अनुपयुक्त माना जाने लगा।

हिन्दी-कहानी के इतिहास में वस्तुतः बीसवीं शती का दूसरा दशक बहुत महत्त्वपूर्ण है। 1913 ई. में 'कौशिक' की कहानी 'रक्षाबन्धन', 'सरस्वती' में छपी। इसी पत्रिका में 1916 ई. में हिन्दी की श्रेष्ठतम कहानियों में से एक 'उसने कहा था' प्रकाशित हुई। ज्वालादत्त शर्मा, चतुरसेन शास्त्री एवं प्रेमचन्द अन्य कहानीकार हैं जो 'सरस्वती' पत्रिका के माध्यम से सामने आये। प्रेमचन्द उर्दू में 1907 के आस-पास से कहानियाँ लिखते आ रहे थे, पर नियमित हिन्दी-लेखन उन्होंने 1915 के आस-पास प्रारम्भ किया। 'इन्दु' पत्रिका के माध्यम से प्रकाश में आने वाले लेखक हैं : प्रसाद, जी.पी. श्रीवास्तव, राजा राधिकारमण सिंह आदि। 'सरस्वती' और 'इन्दु' ने मिलकर कहानी-लेखकों का एक नया मण्डल ही उपस्थित कर दिया। 'रहस्य' और 'रोमांच' की कहानियाँ भी गोपालराम गहमरी एवं अयोध्याप्रसाद खत्री-जैसे लोग इसी काल में लिख रहे थे।

इस स्थान पर तनिक ठहरकर यह जान लेने की आवश्यकता है कि हिन्दी-कहानी विकास की किस दिशा में बढ़ रही थी। 'उसने कहा था' कहानी को आप लें या प्रेमचन्द की 'पंच परमेश्वर'; इनके पात्र न तो राजा-महाराजा हैं और न ही देवी-देवता, भूत, प्रेत या राक्षस। सामान्य व्यक्ति के सामान्य जीवन के ही कुछ ऐसे क्षणों या भावों का अंकन लेखकों ने किया है कि अपनी रोचकता में वे किसी भी पुराने नायक के कार्य-कलापों से श्रेष्ठ हैं। पर इस सहजता से भी बड़ी एक बात है—बाहर से भीतर की ओर गमन। पुराने जमाने की कहानियों में बाह्य घटनाएँ एवं प्रसंग महत्त्वपूर्ण थे, मनुष्य का मन नहीं। पर गुलेरी या प्रेमचन्द इस सहज साधारण व्यक्ति के चारित्रिक पहलू, उसकी भावनाओं, आकांक्षाओं, विचारों और प्रवृत्तियों की ओर ध्यान ले गये। उपदेश देना भी उनका कार्य नहीं रहा—चरित्र की एक मार्मिक झाँकी दिख जाये, इतना ही उनके लिए बहुत है। गुलेरी जी 'लहनासिंह' के मन के अन्तर्द्वन्द्व तथा उसके त्याग और बलिदान के मूल में विद्यमान प्रेम-भावना को अपनी कहानी में उपस्थित करते हैं—किसी प्रकार का अतिमानवीय चमत्कार नहीं।

अस्तु 1911 ई. के आस-पास से उदित होने वाले लेखकों में प्रेमचन्द का स्थान सर्वोत्तम है। संख्या, गुण, प्रभाव एवं हिन्दी-कहानी के विकास की दृष्टि से प्रेमचन्द की श्रेष्ठता निर्विवाद है। प्रेमचन्द की ऊँचाई को अगर आप समझना चाहें तो उनके पहले लिखी गयी 'किस्सा चहार दर्वेश' एवं 'छबीली भटियारिन'-जैसी कहानियों को साथ में पढ़कर देखें। लगेगा कि आप दो संसारों में हैं; दो भिन्न-भिन्न भाव-भूमियों में हैं। एक में चमत्कार, कौतूहल, रंगीलापन, घटनाओं का अद्भुत जाल है और दूसरी ओर प्रेमचन्द में न साँस रोकने वाला कौतूहल है न चमत्कारपूर्ण घटनाएँ। भाषा और शैली एकदम सीधे-सादे ढंग से सब-कुछ कह देना चाहती है। लगता है कि जीवन और जगत् के प्रति सारा दृष्टिकोण ही बदल गया है। कहानी बड़ी नहीं रही—वह नयी हो गयी। उसमें 'मानव-चरित्र' नामक एक नयी प्राण-शक्ति का संचार हो गया। मानव-जीवन के भीतरी रूप का उद्घाटन होने लगा। एक गरीब मुसलमान लड़का जब ईद के मेले में पहुँचता है तो महत्त्वपूर्ण घटनाएँ, कार्य या विचार जो भी कुछ हैं वे उसके मन के भीतर हैं, बाहर के सारे कार्य उन्हीं के प्रकाश हैं। 'ईदगाह' में प्रेमचन्द यही तो दिखलाते हैं। लड़का अपने व्यक्तित्व की एक मार्मिक झाँकी के साथ हमारी आँखों के सामने आ जाता है। लेकिन भीतरी मन के इस चित्रण में वे घटनाओं को हाथ से नहीं जाने देते। बहुधा वे घटनाएँ ही उनके पात्र की चरित्रता को स्पष्ट करती हैं। घटनाओं को छोड़कर मात्र मानसिक उथल-पुथल के आधार पर कहानी बुनने का काम प्रेमचन्द के बाद वाली पीढ़ी ने किया है। प्रेमचन्द तो चरित्र एवं घटनाओं के ताने-बाने से कहानियाँ बुनते रहे और इन कहानियों के माध्यम से कभी एक आदमी के मन की कोई मनोरम झाँकी दिखलाते हैं तो कभी राजनीतिक आन्दोलन को कथा का जामा पहना देते हैं; किन्हीं कहानियों में उन्होंने सामाजिक रूढ़ियों और कुरीतियों के विरुद्ध संघर्ष किया है तो कहीं नैतिक मूल्यों के उपदेशक भी बन बैठे हैं। अपनी 250 से अधिक कहानियों में प्रेमचन्द ने गाँव से लेकर शहर तक फैले भारतीय जीवन के विविध वर्गों के चरित्र और रूप अपनी कहानियों के माध्यम से उपस्थित किये हैं। परतन्त्रता, अछूतोद्धार, वेश्यावृत्ति, साधु-समस्या, अन्धविश्वास, जमींदारी प्रथा, विधवा-विवाह, वृद्ध-विवाह, संयुक्त परिवार प्रथा, सत्याग्रह आन्दोलन आदि छोटी-बड़ी तमाम समस्याओं को प्रेमचन्द ने अपनी कहानियों में उठाया है। इन समस्याओं का चित्रण इतना विश्वसनीय बन पड़ा है कि प्रेमचन्द की चित्रणगत यथार्थता की दाद दिये बिना नहीं रहा जा सकता। वे हिन्दी के पहले यथार्थवादी कहानीकार हैं। इन समस्याओं के समाधान भी प्रेमचन्द ने बहुधा दिये हैं। आपको ये समाधान हमेशा उचित ही प्रतीत हो—यह बात नहीं है। कुछ लोगों का कहना है कि जबरदस्ती लाये गये इन आदर्शवादी समाधानों एवं कहानियों के प्रचारक स्वर के कारण उनकी कहानियाँ कला की दृष्टि से कमजोर हो गयी हैं। पर सर्वत्र ऐसी बात नहीं है। इन कमियों के होते हुए भी उनकी शायद ही कोई कहानी आपको

ऐसी मिले जिसमें कहानीपन न हो। वे हमेशा सफल कहानी कहने वाले बने रहे हैं। हर तरह की कहानी पर किस्सागोई की छाप बनी रही है। प्रेमचन्द की भाषा भी अपनी विषयवस्तु के समान ही सहज, सरल और दैनिक बोल-चाल के लहजे वाली है। ऐसी भाषा में चरित्रों, घटनाओं या वातावरण को आँकना बड़े कलाकार का काम है। प्रेमचन्द ऐसे ही बड़े कलाकार थे, जो इस सहज-सरल शब्दों वाली भाषा में बड़ी-से-बड़ी बात कह देते हैं। उनकी भाषा में शायद ही कोई ऐसा शब्द मिले जिसका अर्थ शब्दकोश में खोजना पड़े। वे 'उर्दू' से हिन्दी में आये थे, पर न तो जबरदस्ती उर्दू-शब्दों को हिन्दी में भरना चाहा है और न किसी प्रतिक्रियावश उर्दू-शब्दों का बहिष्कार किया है। वे सही अर्थों में हमारी-आपकी भाषा का ही साहित्यिक प्रयोग करने वाले थे। इसीलिए वे अंग्रेजी और संस्कृत से भी शब्द लेते हैं तथा उर्दू एवं ग्राम्य बोलियों से भी; पर उनकी हिन्दी की चाशनी में रस-पगकर ये सभी एक मधुर स्वाद से भर जाते हैं।

आप लोगों ने 'प्रसाद' के नाटक पढ़े होंगे और कविताएँ भी। इनके साथ ही वे एक कुशल कहानी-लेखक भी थे। प्रेमचन्द के समकालीन होते हुए भी उनकी कहानियाँ अपने रूप, शिल्प और भाव में एकदम अलग हैं। चरित्र के अंकन की प्रवृत्ति उनमें भी है—उन्हीं में क्यों, सभी आधुनिक कहानी-लेखकों में है—पर उनकी कहानियों में कविता-जैसी भावुकता है, अतीत के धुँधले काल को अपनी कल्पना की रंगीनी के सहारे उन्होंने चित्रित किया है। काव्य की तरह के मोहक प्रकृति-चित्र, कविता-जैसी अलंकार-योजना, भावुकतापूर्ण उच्छ्वास उनकी कहानियों की मुख्य विशेषताएँ हैं। बहुधा वर्तमान की समस्याओं को भी वे अतीत के पात्रों के सहारे ही प्रस्तुत करते हैं। उनकी कहानियों में घटना और पात्रों का प्रेमचन्द-जैसा न तो विस्तार है और न विविधता, पर जीवन के प्रति एक गहरी दार्शनिक दृष्टि बराबर मिलती है। इस दिशा में वे प्रेमचन्द के पूरक हैं। वस्तुतः 'प्रसाद' जी की मूल प्रकृति कवि की थी—कहानी भी उसी कवित्व का एक प्रकाश है। फिर भी आदर्शवादी, कल्पना-प्रधान, ऐतिहासिक भावमयी कहानियों के क्षेत्र में 'प्रसाद' जी सर्वश्रेष्ठ हैं। उनकी संस्कृतनिष्ठ भाषा में कुलीनता की एक विचित्र गरिमा है जो सामान्य पाठक के लिए गरिष्ठ भी है। उनकी इन्हीं विशेषताओं एवं सीमाओं के कारण हिन्दी-कहानी में 'प्रसाद' की परम्परा का विकास नहीं होता। चण्डीप्रसाद 'हृदयेश', विनोदशंकर व्यास, वाचस्पति पाठक-जैसे कुछ लोगों ने 'प्रसाद' के स्वर-में-स्वर मिलाना चाहा है, पर कवित्व एवं दार्शनिक दृष्टि के अभाव से इनकी कहानियाँ महत्त्वपूर्ण नहीं बन सकीं।

प्रेमचन्द की छाया एवं प्रभाव के नीचे लिखने वालों में सुदर्शन, विश्वम्भरनाथ शर्मा 'कौशिक', ज्वालादत्त शर्मा एवं आचार्य चतुरसेन शास्त्री के नाम प्रमुख हैं। इन लोगों में प्रेमचन्द की ऊँचाई तो नहीं मिलती पर सामाजिक-यथार्थवादी कहानियों की धारा को इन्होंने आगे बढ़ाया है। वृन्दावनलाल वर्मा एवं आचार्य चतुरसेन ने

ऐतिहासिक कहानियाँ भी लिखीं, पर उनकी ऐतिहासिकता अपने यथार्थवाद में प्रेमचन्द के अधिक निकट रही है—बजाय 'प्रसाद' के। इन सबसे अलग अपनी स्वतन्त्र लीक के कहानीकार पाण्डेय बेचन शर्मा 'उग्र' हैं। अपनी कहानियों में समाज के कुत्सित अंगों का उन्होंने निर्ममतापूर्वक उद्घाटन किया है। उनकी शैली भी बड़ी तीखी, चुटीली एवं व्यंग्यात्मक है।

इन लेखकों के साथ हिन्दी कहानी का एक दौर हम समाप्त होता हुआ देखते हैं। सन् 1930 के आस-पास से साहित्य के विभिन्न रूपों में एक नयी हलचल प्रारम्भ हो गयी थी। प्रेमचन्द ने जिस व्यक्ति को अपना चित्रणीय बनाया, वह सामाजिक व्यक्ति था। लेकिन धीरे-धीरे नयी पीढ़ी के लेखकों का एक वर्ग समाज से अपेक्षाकृत कटे हुए आदमी के मन की कहानी का विषय बनाने लगा। प्रेमचन्द का कहानी का समाज दूर-दूर तक विस्तृत था, पर इन लेखकों में यदि समाज आता भी है तो शहर की गली का और मुख्यतः मध्यम-वर्ग का। जिन लोगों ने निम्न-वर्ग को अपनाया भी, उन्होंने गाँव के किसान की अपेक्षा शहर के मजदूर को अपनाया। इस प्रकार कहानी का क्षेत्र अपेक्षाकृत संकुचित हुआ, पर मानव-मन की, गहराइयों की ओर अधिक रुचि हुई। इस युग तक देश में शिक्षा का पर्याप्त प्रसार हो चुका था, अतः नाना प्रकार के ज्ञान-विज्ञानों के आधार पर भी कहानियों को गढ़ा गया। मनोविश्लेषणशास्त्र एवं मार्क्सवाद, इन दो सिद्धान्तों का प्रभाव सबसे अधिक पड़ा।

जैनेन्द्रकुमार, भगवतीचरण वर्मा एवं भगवतीप्रसाद वाजपेयी पहले लेखक हैं जिन्होंने प्रेमचन्द के सरल मनोवैज्ञानिक-चित्रण को अधिक गहराई दी। ये सभी शहरी मध्यवर्ग के कहानीकार हैं। पारिवारिक जीवन के उन पक्षों की ओर उन लोगों की दृष्टि गयी जो मनुष्य के मन में विविध गाँठों, घुटन या संघर्ष को जन्म देते हैं। बहुधा बाह्य घटनाओं एवं कार्य-व्यापारों के स्थान पर जैनेन्द्र चरित्र के मन का ब्यौरा अधिक देते हैं। उनकी कहानियों में विचार-प्रधानता की प्रवृत्ति शुरू से ही रही है। इससे उनकी अधिकांश कहानियाँ चरित्र-प्रधान न होकर विशिष्ट विचार या भाव-प्रधान हो गयी हैं। जैसे एक 'गौ' कहानी में जैनेन्द्र 'व्यक्ति और पशु' के मध्य विद्यमान अनन्य स्नेह के भाव को ही अपने पात्रों एवं घटनाओं के वेश में व्यक्त करते हैं। उनकी कुछ कहानियाँ (यथा 'एक साँप') के पात्र तो मात्र प्रतीक हैं जो किसी दार्शनिक तथ्य या विचार की ओर इंगित-भर करते हैं। जैनेन्द्र की कहानियों में दार्शनिकता का पुट बराबर बढ़ता गया है और उसी के साथ नीरसता की वृद्धि तथा कहानीपन का अभाव भी। इस काल में भगवतीचरण वर्मा ने 'प्रायश्चित्त', 'मुगलों ने सल्तनत बख्श दी', 'दो बाँके' जैसी व्यंग्यात्मक कहानियाँ भी लिखीं।

जैनेन्द्र के उपरान्त इलाचन्द्र जोशी एवं 'अज्ञेय' ने पात्रों को शुद्ध रूप से फ्रायड, एडलर आदि मनोविश्लेषणशास्त्रियों के सिद्धान्तों के आधार पर चित्रित करना प्रारम्भ किया। इनके लिए पात्र, घटना आदि सभी साधन हैं, प्रतीक हैं किसी मानसिक तथ्य

के। मानसिक अन्तर्द्वन्द्व का ही भिन्न-भिन्न शैलियों–यथा स्वगत-कथन, डायरी, पत्र, सम्भाषण आदि–द्वारा वे चित्रण करते हैं। जोशी जी की कहानियों में फ्रायड के प्रभाव के अन्तर्गत घुटन अधिक है–'अज्ञेय' अधिक स्वाभाविक एवं सहज विश्लेषण करते हैं। 'अज्ञेय' की शैली में भी आपको एक निजी विशिष्टता के दर्शन होंगे–उस विशिष्टता के जो प्रेमचन्द, 'प्रसाद' या जैनेन्द्र में अपने-अपने ढंग की मिलती है।

प्रेमचन्द की सामाजिकता एवं पीड़ितों के प्रति सहानुभूति-गुण को मार्क्सवादी प्रभाव के अन्तर्गत लिखने वाले कहानीकारों ने अपनाया। चित्रण-क्षेत्र एवं पात्रों की वैसी व्यापकता और विविधता आपको इन लोगों में न मिलेगी, पर फिर भी मनोविश्लेषकों की अपेक्षा इनकी सामाजिकता अधिक रक्षित रही है। इस वर्ग के लेखकों की सामाजिक-राजनीतिक चेतना प्रेमचन्द से अधिक गहरी है। ऐसे लेखकों में यशपाल का नाम अग्रगण्य है। यशपाल के अधिकांश पात्र शहरी मजदूर-वर्ग के हैं। प्रेमचन्द के समान ही शोषण, कुरीतियों, रूढ़ियों आदि पर वे भी प्रहार करते हैं, पर उनका प्रहार अधिक निर्मम और कठोर होता है। मृदुल ढंग से सुधारने की अपेक्षा एकदम तोड़कर नया बनाने में उनका विश्वास है। 'डिप्टी साहब', 'धर्मरक्षा', '80/100' आदि उनकी बहुत तेज व्यंग्य वाली रचनाएँ हैं। अपनी भाषा-शैली में भी यशपाल प्रेमचन्द की सहजता के अधिक निकट हैं, पर कहानी की गठन वे अधिक चमत्कारपूर्ण रखते हैं। बहुधा उनकी कहानियाँ अंग्रेजी के ओ. हेनरी के समान चामत्कारिक अन्त वाली होती हैं।

इन दोनों प्रवृत्तियों के मध्य में स्थित कहानी लिखने वालों की एक महत्त्वपूर्ण और लम्बी सूची है। 'अश्क', भैरवप्रसाद गुप्त, चन्द्रकिरण सौनरिक्सा, राधाकृष्ण, विष्णु प्रभाकर, होमवती देवी, रांगेय राघव, अमृतराय, अमृतलाल नागर, द्विजेन्द्र नाथ मिश्र 'निर्गुण'-जैसे लेखकों ने मनोविश्लेषण एवं मार्क्सवाद की सम्मिलित छाया के अन्तर्गत कहानियाँ लिखी हैं। सुमित्रानन्दन पन्त, महादेवी वर्मा, 'निराला', नरेन्द्र शर्मा एवं 'बच्चन'-जैसे कवियों ने भी कतिपय अच्छी कहानियाँ दी हैं।

स्वतन्त्रता के बाद देश में जो एक नयी चेतना जाग्रत हुई उसने साहित्य को भी झंकृत किया। इस चेतना के साथ-साथ कहानी-लेखकों की भी एक तरुण पीढ़ी सामने आयी, जिसने आधुनिक यांत्रिक सभ्यता, शहरीकरण, नयी शिक्षा-दीक्षा आदि से उत्पन्न स्थितियों की अत्यन्त मार्मिक कहानियाँ लिखीं। इन कहानियों में भावुकता का स्थान एक तटस्थ चित्रण ने ले लिया है। आधुनिक जीवन की उदासी, अकेलेपन, नीरस्ता एवं शहरों में विद्यमान यांत्रिक जिन्दगी एवं सौहार्दहीनता के अनुभवपूर्ण चित्र इन कहानियों में मिलते हैं। समसामयिक कहानियों में लेखक का निजी व्यक्तित्व अधिक प्रमुख हो गया है। भाषा भी इन लेखकों की अधिक अर्थगर्भित एवं पैनी है। काव्य के बिम्बों, चित्रों एवं लय से लेकर लोक-कथा, नाटक एवं सिनेमा आदि की विभिन्न पद्धतियों का उन्होंने अपनी शैली में प्रयोग किया है। सब मिलाकर

स्वातन्त्र्योत्तर कहानी अधिक सूक्ष्म हो गयी है। इस पीढ़ी में मोहन राकेश, राजेन्द्र यादव, मार्कण्डेय, निर्मल वर्मा, कमलेश्वर, अमरकान्त, कमल जोशी, उषा प्रियंवदा, मन्नू भण्डारी, शिवप्रसाद सिंह, फणीश्वरनाथ 'रेणु', ठाकुरप्रसाद सिंह आदि प्रमुख हैं। स्वातन्त्र्योत्तर-युग के कहानी-साहित्य की एक और विशेषता है कि हिन्दी कहानी पुनः गाँवों की ओर गयी है। बदलते हुए गाँवों की चेतना का अंकन फणीश्वरनाथ 'रेणु', मार्कण्डेय, शिवप्रसाद सिंह आदि लेखकों ने बड़े सजीव रूप में किया है। पहाड़ों या जंगलों में रहने वाली आदिवासी जातियों या अविकसित समाजों के जीवन को भी कहानियों के माध्यम से प्रस्तुत करने की चेष्टा की गयी है।

यह कहना पिष्टपेषण ही होगा कि हमारा कहानी-साहित्य बड़ी तेजी से आगे बढ़ रहा है। विविध विषयों और मनःस्थितियों पर भिन्न-भिन्न शैलियों में श्रेष्ठ कहानियाँ लिखी जा रही हैं। कितनी ही ऐसी पत्रिकाएँ हैं जिनमें केवल कहानियाँ छपती हैं। वस्तुतः किसी भी भाषा के कहानी-साहित्य के समक्ष हम गर्व से सिर ऊँचा करके खड़े हो सकते हैं।

कहानी का परिचय

कहानी पढ़ने में आपकी ही दिलचस्पी नहीं है, आपके घर का छोटा-सा बच्चा भी उन्हें सुनने का शौकीन होता है और प्रोत्साहन दीजिए तो सुनाता भी है। अपढ़ मजदूर और अलाव तापते किसान तरह-तरह की कहानियाँ सुनते-सुनाते हैं तथा हवाई जहाज में उड़ता हुआ व्यस्त व्यापारी या अधिकारी भी कहानी की किताब या पत्रिका हाथ में लिये दिखाई पड़ेगा। रेलवे के बुकस्टालों पर सबसे अधिक कहानी की ही पत्रिकाएँ बिकती हैं। इनमें से हर एक 'अच्छी' कहानी की माँग करता है और पूछने पर यह भी आपको बता सकता है कि कौन-सी कहानी अच्छी लगी और किसे उसने पसन्द नहीं किया। पर क्यों वह कहानी 'अच्छी' या 'बुरी' है, यह बताना कठिन है। इस शक्ति को प्राप्त करने के लिए कहानी के तत्त्वों, उसकी विशेषताओं, कथा कहने का ढंग और कौशल को जान लेना चाहिए। इस तरह का ज्ञान प्राप्त कर लेने के बाद कहानी को आप ज्यादा समझ ही नहीं सकेंगे, उसका आनन्द भी अधिक उठा सकेंगे; उसी प्रकार जैसे कि क्रिकेट के खेल के नियमों का जानकार उसका आनन्द दूसरों की अपेक्षा अधिक प्राप्त करता है। यह बात इसलिए और भी आवश्यक है क्योंकि कहानी में जो कुछ कहा गया है वही महत्त्वपूर्ण नहीं है, जिस प्रकार कहा गया है और उससे जो अर्थ ध्वनित होता है वह और भी अधिक महत्त्वपूर्ण है। दूसरी बात यह कि कहानी किसी बड़े उपन्यास या बड़ी कथा का टुकड़ा न होकर अपने-आप में एक पूर्ण स्वतन्त्र कलाकृति होती है और उसे समझने के लिए उसके स्वरूप से परिचित होना चाहिए।

कहानी के तत्त्वों आदि की चर्चा करने के पहले उसकी तीन विशेषताओं को जान लेना आवश्यक है। ये विशेषताएँ हैं : संक्षिप्तता, रोचकता एवं एकसूत्रता।

संक्षिप्तता

कहानी के कुछ आलोचकों ने कहानी की संक्षिप्तता पर बहुत जोर दिया है। किसी ने उसे शब्द-संख्या में सीमित करना चाहा है और किसी ने बताया है कि उसके पढ़ने में किसी भी दशा में एक घण्टे से अधिक न लगना चाहिए। इस सम्बन्ध में ज्यादा विवेचन न करके यहाँ इतना ही याद रखना चाहिए कि कहानी में न तो घटनाओं का बहुत विस्तार सम्भव है और न पात्र ही अधिक संख्या में आ सकते हैं। एक पात्र के भी अधिक भावों एवं विचारों का चित्रण उसमें बिखराव उत्पन्न कर देता है। उसमें समय और स्थान-सम्बन्धी विवरणों को भी सीमित करना होता है। अर्थात् बहुत लम्बे समय का चित्रण कहानी में उपयुक्त नहीं होता तथा जिन स्थानों को कहानी में लाया गया है उनकी संख्या तथा ज्यादा विस्तार में दिया गया वर्णन भी उसके प्रभाव को कम कर देता है। जैसे कि 'उसने कहा था' कहानी के प्रारम्भ में अमृतसर शहर का विवरण कहानी के लिए उतना आवश्यक नहीं प्रतीत होता। कहानी में उतना ही कहा जाना चाहिए जितना कि कथा के मूल भाव या सूत्र को चित्रित करने के लिए यथेष्ट हो। वस्तुतः उसकी संक्षिप्तता के ये गुण उसे उपन्यास की अपेक्षा अधिक पैना बना देते हैं।

रोचकता

रोचकता कहानी का आवश्यक गुण है। अगर कहानी रोचक न होकर नीरस हुई तो कोई उसे पढ़ना भी पसन्द नहीं करेगा। रोचकता के लिए ही कहानी में घटनाएँ इस प्रकार लाई जाती हैं कि पाठक का कौतूहल आदि से अन्त तक बना रहे। प्राचीन काल की कहानियों में इस विशेषता की ओर बहुत ध्यान रहता था, परन्तु आधुनिक कहानी में अब साँस रोककर पढ़ने वाला कौतूहल आवश्यक नहीं माना जाता। पर इसका तात्पर्य यह नहीं है कि रोचकता और कौतूहल आधुनिक कहानी में नहीं होते। अब ये विशेषताएँ घटनाओं में नहीं चरित्रों में दिखाई जाने लगी हैं और इसी कारण कहानी में अधिक सूक्ष्मता आ गयी है; उदाहरणार्थ 'वापसी' कहानी पढ़ते समय आपका ध्यान घटनाओं की तरफ नहीं जायेगा—'फिर क्या हुआ?' का सवाल इस कहानी के पढ़ते समय कम-से-कम उठेगा; पर गजाधर बाबू की परिस्थिति की ओर हमारा ध्यान बराबर बना रहता है। इस परिस्थिति में पाठक की दिलचस्पी बनाये रखने में ही कहानी की रोचकता है।

एकसूत्रता

चूँकि कहानी किसी का एक भाव, विचार, घटना, परिस्थिति या समय के क्षण पर हमारे ध्यान को केन्द्रित करती है, इसलिए उसमें एकसूत्रता का होना आवश्यक है। अगर पात्र, घटना, वातावरण और मूल विचार आदि एक सूत्र में गुँथे हुए नहीं होंगे तो कहानी का प्रभाव बिखर जायेगा। इसीलिए कहानीकार ऐसी शैली में कहानी कहता है कि कहानी में रूसी लेखक चेखव के अनुसार कुछ भी 'अनावश्यक' नहीं रह जाता, हर तथ्य केन्द्रीय घटना से जुड़ जाता है।

कहानी के तत्त्व

कहानी के तत्त्वों की चर्चा करते हुए बहुधा विद्वानों ने कथानक, पात्र, वातावरण, संवाद, शैली और उद्देश्य ये छह तत्त्व गिनाए हैं; परन्तु ध्यान से देखने पर ज्ञात होता है कि वस्तुतः कहानी के मुख्य तत्त्व चार होते हैं : कथानक, पात्र, वातावरण और मूल भाव-बिन्दु (थीम)। उद्देश्य इसी मूल भाव-बिन्दु के अन्तर्गत आ जाता है। शैली कहानी का तत्त्व न होकर वह उपकरण है जिससे इन विविध तत्त्वों को एक सूत्र में पिरोकर लेखक कहानी के कला-रूप को सामने लाता है। शैली में जिन कौशलों का उपयोग किया जाता है उन्हीं में से एक संवाद भी है। इसलिए उसे अलग तत्त्व के रूप में गिनना ठीक न होगा। इसे यों भी समझ सकते हैं कि संवादों के माध्यम से कहानीकार कभी कथानक का विकास करता है, कभी पात्रों का चरित्र स्पष्ट करता है और कभी वातावरण या घटना के साथ उनका सम्बन्ध जोड़ता है। 'उसने कहा था' कहानी में अधिकांश विकास संवाद-शैली के माध्यम से होता है।

कथानक

कहानी में कथानक एक बहुत महत्त्वपूर्ण तत्त्व है। कथानक से तात्पर्य विविध घटनाओं, कार्य-व्यापारों आदि की योजना से है; यानी कि कहानी के विविध तथ्यों से उसका कथानक बनता है। उदाहरणार्थ 'उसने कहा था' कहानी के कुछ तथ्य निम्नलिखित हैं। (1) अमृतसर के बाजार में लड़का-लड़की की भेंट और उनकी परस्पर चुहल। (2) फ्रांस में जर्मनी से लड़ते हुए भारतीय सिख सिपाही। (3) जर्मनों द्वारा भारतीय टुकड़ी को धोखा देने की चेष्टा और लहनासिंह की सतर्कता। (4) सूबेदार की पत्नी द्वारा अपने पति और पुत्र की रक्षा की लहनासिंह से प्रार्थना। (5) अपने प्राण देकर लहनासिंह द्वारा बोधासिंह और हजारासिंह की प्राण-रक्षा। इन तथ्यों को कहानी में कार्यकारण के जिस सूत्र में पिरो दिया गया है वही कथानक है। घटनाओं

और व्यापारों की इस गति को जानने के लिए आपको प्रश्न करना चाहिए कि इस कहानी में एक घटना या कार्य दूसरी घटना या कार्य से किस प्रकार सम्बन्धित है? कथानक की गतिशील घटनाएँ सदा एक सीधी रेखा में ही नहीं बढ़ती। परिस्थितियों के अन्तर्गत मनुष्य को बहुधा अपने-आपसे, अपने स्नेहियों से एवं अपने वातावरण से संघर्ष करना पड़ जाता है। कथानक में जीवन के इसी गतिमान संघर्षशील रूप की अवतारणा होती है। इस संघर्ष की स्थापना और उसके शमन (या शमन न होने की सफलता) में ही कहानी का विकास होता है। कथानक में कार्य-व्यापार की एकता, स्वयं अपने-आपमें परिपूर्णता, आरम्भ, मध्य और अन्त का होना आवश्यक है, पर कथानक की अनिवार्य विशेषता 'संघर्ष' की स्थापना है।

पात्र

कहानी के प्रति आकर्षण का एक कारण यह भी होता है कि मनुष्य में हमारी दिलचस्पी होती है। जीवन-जगत् की तमाम घटनाएँ एवं कार्य मनुष्य से सम्बन्धित होने के कारण ही महत्त्वपूर्ण लगते हैं। इसीलिए पात्र कहानी का सबसे महत्त्वपूर्ण तत्त्व माना जाता है। जिन व्यक्तियों के माध्यम से कथा की घटनाएँ घटती हैं अथवा जो उन घटनाओं से प्रभावित होते हैं, पात्र कहे जाते हैं। इन्हीं के क्रिया-कलाप के फलस्वरूप कथानक का निर्माण होता है। पात्र मुख्यतः दो प्रकार के होते हैं—पहला वर्गगत (टाइप), दूसरा व्यक्तिपात्र (इंडिविजुअल)। पहले प्रकार के पात्र या तो अपने वर्ग की विशेषताओं को प्रकट करते हैं या किसी भाव अथवा विचार को। व्यक्तिपात्र में अपना निजी, विशेष और स्वतन्त्र व्यक्तित्व, जो दूसरों से भिन्न है, चित्रित किया जाता है। कभी-कभी इन दोनों प्रवृत्तियों का सम्मिलन भी होता है। 'अभाव' कहानी की नायिका व्यक्तिपात्र अधिक है तथा 'आर्द्रा' कहानी में 'माँ' व्यक्ति ही नहीं है अपने वर्ग की प्रतिनिधि भी है। कहानीकार पात्रों का चरित्र-चित्रण कभी संवादों के माध्यम से करता है, कहीं वह स्वगत-कथन के द्वारा; बहुधा वह अपनी ओर से भी चरित्र का विवरण देता है तथा उसके कार्यों द्वारा भी चारित्रिक विशेषताओं को स्पष्ट करता है। कहानी पढ़ते समय चरित्र-चित्रण की इन विधियों को ध्यान में रखना चाहिए। कहानी की विवेचना करते समय पाठक को देखना चाहिए कि कहानी के पात्रों की मुख्य चरित्र-सम्बन्धी विशेषताएँ क्या हैं? और वे कैसे कथा के विकास को प्रभावित करती हैं जैसे लहनासिंह में प्रेम, त्याग, बलिदान, विनोद-वृत्ति, बुद्धिमत्ता आदि विविध गुण मिलते हैं। अगर उसमें बुद्धिमत्ता एवं सतर्कता न होती तो पूरी टुकड़ी मार दी जाती और कहानी बनती ही नहीं। अगर उसमें प्रेम और त्याग नहीं होता तो लहनासिंह का बलिदान न हुआ होता। प्रभाव की दृष्टि से इन्हीं गुणों के कारण कहानी अपने करुणापूर्ण ऊँचे धरातल पर पहुँचती है।

वातावरण

चाहे प्रत्यक्ष संसार हो या कहानी का जगत्, सर्वत्र आप देखो कि घटनाओं एवं कार्यों में पीछे स्थान एवं समय की पृष्ठभूमि विद्यमान रहती है। एक वस्तु एक स्थान और एक समय में महत्त्वपूर्ण लग सकती है, दूसरे स्थान में नहीं। जंगल का मुक्त शेर हमारे लिए भयानक होता है और चिड़ियाघर का बन्दी शेर मनोरंजन की चीज। वातावरण कहानी में घटनाओं, पात्रों और मूल भाव या उद्देश्य के प्रभाव की वृद्धि करता है या उनका रूप स्पष्ट करता है। वातावरण के द्वारा कथा आगे बढ़ती है। पात्रों का रूप अधिक स्पष्ट होता है और कहानी के प्रभाव की वृद्धि होती है। 'उसने कहा था' कहानी में फ्रांस में युद्ध का वातावरण कहानी के प्रभाव को बहुत गहरा बना देता है, लहनासिंह के चरित्र पर प्रकाश भी डालता है एवं कथा को भी आगे बढ़ाता है। 'ईदगाह' में तो वातावरण और परिस्थितियों ने ही बालक के चरित्र को विशिष्ट दिशा की ओर मोड़ा है।

आधार-बिन्दु (थीम)

कहानी जिस मुख्य विचार, दृष्टिकोण, मूल विषय या कार्य पर आधारित होती है उसे हम आधार-बिन्दु कहते हैं। यही वह नींव है जिस पर कहानी का भवन खड़ा होता है। अरूप होने के कारण इस तत्त्व की पहचान कुछ कठिन भी है। 'फिर क्या हुआ?' का प्रश्न करके कथानक के विकास को जाना जा सकता है, लेकिन कहानी को पूरी तौर से समझने के लिए अधिक आवश्यक प्रश्न है, 'ऐसा क्यों हुआ?' इस सम्बन्ध में यह भी ध्यान रखना चाहिए कि कोई भी 'थीम' अपने में छोटी या बड़ी नहीं होती, उसका उपयुक्त निर्वाह ही उसे महत्त्व देता है। बहुधा एक ही आधार-बिन्दु पर कई कहानियाँ लिखी गयी हैं। कौशिक की 'ताई' और विष्णु प्रभाकर की 'अभाव' कहानियाँ लगभग एक ही थीम पर हैं, पर वे दो अलग कहानियाँ हैं और अलग-अलग महत्त्व की अधिकारिणी हैं।

कहानी के तत्त्वों का अन्तःसम्बन्ध

कहानी के तत्त्वों की इस चर्चा के बाद एक चेतावनी देना आवश्यक है। इन तत्त्वों की अलग-अलग चर्चा का अर्थ यह नहीं है कि कहानी में भी ये अलग-अलग होते हैं। वस्तुतः कहानी के गठन में ये सभी घुले-मिले अविभाज्य रहते हैं। किसी भी एक तत्त्व को एकदम अलग करके देखना-समझना असम्भव है। कहानी के समग्र रूप और प्रभाव में इन सभी का योग रहता है। कहानी का आनन्द लेते समय इस समग्रता को आप ध्यान में अवश्य रखें।

शैली-शिल्प-सम्बन्धी कुछ बातें

जैसा कि ऊपर की बातचीत में हम स्पष्ट कर चुके हैं कि शैली का सम्बन्ध कहानी के किसी एक तत्त्व से नहीं सभी तत्त्वों से होता है। वस्तुतः किसी भी कलाकृति की सत्ता शैली के बिना सम्भव नहीं है। शैली को हम कला-कृति का शरीर भी कह सकते हैं।

कहानीकार जब किसी थीम पर एक कहानी गढ़ने बैठता है तो उसके सामने अनेक समस्याएँ आती हैं; जैसे आधार-बिन्दु के अनुरूप मुख्य पात्र कौन हो? इस पात्र के चरित्र के किस पक्ष को और किस विधि से उभारकर सामने लाया जाये? कहानी में मुख्य संघर्ष और समस्या का स्थापन किस प्रकार किया जाये? आदि। ऐसे प्रश्नों का हल करने के लिए वह शैली-सम्बन्धी अनेक विधियों का प्रयोग करता है। उनमें से कुछ इस प्रकार हैं :

(1) **विश्वसनीयता**—कथा को प्रामाणिक बनाने के लिए केवल उन्हीं बातों का चित्रण और वह भी ऐसे ढंग से करना होता है कि पाठकों में कथा के प्रति सत्यता का आभास हो सके। कहानी का सत्य उसकी विश्वसनीयता ही है।

(2) **कहानी का शीर्षक, प्रारम्भ और अन्त**—इन तीनों को कहानीकार ऐसे आकर्षक ढंग से या ऐसी विशेषता से प्रस्तुत करता है कि पाठक का ध्यान उसी ओर चला जाता है। इस दृष्टि से 'उसने कहा था' कहानी विशेष रूप से ध्यान देने योग्य है।

(3) **भाषा**—उपयुक्त कथानक के लिए उपयुक्त भाषा का चयन कहानी की सफलता के लिए आवश्यक है। 'प्रसाद' और 'अश्क' की भाषा का स्वर, शब्द-योजना, अलंकार-विधान आदि इसी कारण भिन्न-भिन्न हैं। कहानी की भाषा में वर्णन और चित्रण की शक्ति होनी चाहिए। इन्हीं गुणों से कहानी में रोचकता और सरसता की भी स्थापना होती है। भाषा के द्वारा वातावरण के निर्माण में भी बड़ी सहायता मिलती है।

(4) **आकस्मिकताएँ**—बहुधा कहानीकार या तो कथा के विकास या संकोच के लिए और कभी-कभी कौतूहलपूर्ण चमत्कार उत्पन्न करने के लिए कहानी में आकस्मिक संयोगों का सहारा लेता है। पर ऐसी आकस्मिकताओं को अब बहुत अच्छा नहीं माना जाता।

(5) **प्रतीक-योजना**—आधुनिकता के बढ़ाव के साथ-साथ कहानी में प्रतीक-योजना का महत्त्व बढ़ता जा रहा है। प्रतीकों के द्वारा कहानीकार कहानी के अर्थ को अधिक पैना बना देता है। संक्षेप में ही प्रतीक अपने से अलग किसी परिस्थिति, मनोदशा या उद्देश्य को ध्वनित कर देते हैं। 'ईदगाह' का चिमटा; 'एक गौ' की गाय; 'वापसी' कहानी में पिता की चारपाई; 'अभाव' में शीशे का गुलदस्ता तथा 'आर्द्रा' में मादा सुअर और उसके बच्चे प्रतीक ही हैं।

(6) **कहानी कहने के दृष्टिबिन्दु**—उपन्यास की भाँति कहानी भी तीन दृष्टिबिन्दुओं से कही जाती है—(1) वर्णनात्मक या ऐतिहासिक विधि, जिसमें कि लेखक तटस्थ द्रष्टा की तरह कहानी कहता है, जैसे उषा प्रियंवदा की 'वापसी' कहानी। (2) उत्तम पुरुष में कही गयी आत्मकथात्मक विधि। इसमें कहानीकार एक प्रमुख पात्र द्वारा, कहानी को आपबीती के रूप में सुनाता है; कभी-कभी एक पात्र दूसरे से सुनी हुई या स्वप्न में देखी हुई घटना के रूप में कहानी कहता है। डायरी शैली भी उसी विधि का एक रूप है। प्रेमचन्द की 'नशा' कहानी आत्मचरितात्मक है। (3) नाटकीय विधि—इसमें दो या अधिक पात्रों के संवादों के माध्यम से कथा कही जाती है। बीच-बीच में कथाकार अपनी ओर से टिप्पणी भी देता चलता है, परन्तु इस तरह की कहानियों के उदाहरण कम पाये जाते हैं। पात्रों के रूप में लिखी गयी कहानी इसी शैली का एक प्रकार है।

कहानी के प्रकार

यों तो कहानियों का निश्चित वर्गीकरण सम्भव नहीं है, पर प्रमुखता के आधार पर इनके कुछ मुख्य प्रकार स्थिर किये जाते हैं। तत्त्वों के आधार पर कहानी कथानक या घटना-प्रधान, चरित्र-प्रधान, वातावरण-प्रधान और विचार एवं उद्देश्य-प्रधान हो सकती है। कहानी की विषय-वस्तु के आधार पर उसे सामाजिक, मनोवैज्ञानिक, ऐतिहासिक, धार्मिक, वैज्ञानिक, जासूसी आदि अनेक वर्गों में भी बाँटा जा सकता है। ऊपर गिनाई गयी वर्णन-शैलियों के आधार पर भी कहानियों के वर्गीकरण किये जाते हैं, परन्तु यह ध्यान रहे कि बहुधा एक ही कहानी में कई वर्गों की विशेषताएँ मिल जाती हैं। 'उसने कहा था' मुख्यतः चरित्र-प्रधान कहानी है, पर घटनाओं एवं वातावरण की भी इसमें पर्याप्त महत्ता है। चतुरसेन शास्त्री की कहानी घटना-प्रधान है, पर चरित्रों का रूप भी स्पष्ट होता है। जैनेन्द्र और विष्णु प्रभाकर की कहानियाँ विचार या थीम-प्रधान हैं, पर उनमें चरित्रों का महत्त्व बहुत अधिक है। 'ईदगाह' कहानी में प्रेमचन्द ने वातावरण को ही चरित्रों के रूप में मूर्तिमान कर दिया है।

कहानी और उपन्यास

ऊपर के विवेचन से आप इतना समझ गये होंगे कि कहानी और उपन्यास में बहुत-सी समानताएँ होते हुए भी दोनों अलग-अलग साहित्य-रूप हैं। यहाँ पर संक्षेप में इन समानताओं एवं विषमताओं को देख लेना ठीक रहेगा।

समानता

(1) दोनों ही कथा-साहित्य के अन्तर्गत परिगणनीय हैं।

(2) दोनों में ही कथानक, पात्र, वातावरण एवं बिन्दु आधार का महत्त्व एक-जैसा है।

(3) दोनों में शैलीगत विधियों के मिलते-जुलते प्रयोग मिल जाते हैं।

(4) कहानी और उपन्यास के प्रकारों का वर्गीकरण भी लगभग एक-जैसा ही होता है।

(5) अधिकांशतः दोनों ही रूपों में उन्हीं लेखकों ने रचनाएँ की हैं।

अन्तर

(1) उपन्यास में कहानी-जैसी समाज, स्थान, पात्र, वातावरण आदि की कोई सीमा नहीं है।

(2) इस कारण कहानी में जहाँ एक-दो पात्रों की एकाध मानसिक दशाओं का या किसी घटना के किसी एक पक्ष का अपनी परिपूर्णता में चित्रण होता है, वहाँ उपन्यास में उसकी अगर सब नहीं तो अधिकांश दशाओं या पक्षों का चित्रण सम्भव है।

(3) कहानी में मुख्य अर्थ उपन्यास-जैसा बहुस्तरीय एवं जटिल नहीं होता। उपन्यास एक साथ बहुत-से अर्थों को ध्वनित कर सकता है।

(4) कहानी की गठन में चरम सीमा या संघर्ष का एक ही बिन्दु हो सकता है, पर उपन्यास में इसकी संख्या अधिक हो सकती है।

कहानी-पाठ की एक योजना

कहानी को एक बार आद्यन्त पढ़कर पुनः उसे निम्न प्रश्न-योजना के आधार पर पढ़ा एवं विवेचित किया जाये, तो अधिक गहराई से समझा और आनन्द प्राप्त किया जा सकता है। यह एक सामान्य योजना है। अलग-अलग कहानियों को पढ़ते समय इनमें से कुछ को छोड़ा या बढ़ाया जा सकता है। प्रत्येक कहानी के अन्त में दिये गये प्रश्नों को इस योजना का ही पूरक समझना चाहिए।

(1) कहानी का मुख्य आधार बिन्दु (थीम) क्या है?

(2) कथा का मुख्य केन्द्रस्थ पात्र कौन है (अगर एक से अधिक पात्र केन्द्र में हैं तो लेखक ने सामंजस्य एवं समन्वय किस प्रकार बनाये रखा है)?

(3) मुख्य पात्र की प्रमुख चारित्रिक-विशेषताएँ क्या हैं?

(4) पाठक से मुख्य पात्र के प्रति किस प्रकार की प्रतिक्रिया की आशा की जाती है? (प्रेम, सहानुभूति, प्रशंसा, आदर, घृणा, उदासीनता, मनोरंजन आदि मनोवृत्तियों को इस प्रसंग में ध्यान में रखिए)।

(5) कहानी के मुख्य 'संघर्ष' का निर्माण किन शक्तियों द्वारा होता है?

(6) इस 'संघर्ष' का शमन कैसे होता है? अगर नहीं होता तो क्यों नहीं?

(7) कहानी में वातावरण का क्या महत्त्व है?

(8) कहानी के अन्त का क्या महत्त्व है?

(9) कहानी किस दृष्टि-बिन्दु से कही गयी है?

(10) सम्पूर्ण कहानी का ध्वनित अर्थ या सन्देश क्या है?

देवीशंकर अवस्थी

सी-5/16, मॉडल टाउन
दिल्ली-110007

1.7.1963

प्रेमचन्द

प्रेमचन्द का जन्म सन् 1880 ई. में वाराणसी (उत्तर प्रदेश) जिले के लमही नामक ग्राम में हुआ था। प्रेमचन्द का वास्तविक नाम धनपतराय था। घर में इन्हें प्यार में नवाब भी कहा जाता था। उर्दू में इन्होंने नवाबराय के नाम से ही लिखना शुरू किया था। पर देशभक्तिपूर्ण कहानियों के इनके संग्रह 'सोज़ेवतन' को तत्कालीन ब्रिटिश सरकार ने ज़ब्त कर लिया था। उसके बाद से ये प्रेमचन्द के छद्मनाम से लिखने लगे। प्रेमचन्द उन लेखकों में थे जिनके जीवन का हर पग कठिनाइयों, बाधाओं और आर्थिक संघर्षों से लड़ते हुए बीता है। इनकी प्रतिभा इन्हीं संघर्षों की आँच में पककर निखरी है। इनका जन्म गरीब परिवार में हुआ था; आठ साल के थे तभी माँ की मृत्यु हो गयी और सत्रह साल की आयु में पिता का भी स्वर्गवास हो गया। बेहद कठिनाइयों और आर्थिक अभावों के बीच रहकर पढ़े; कभी-कभी तो केवल चबेना पर गुजर करते हुए वाराणसी के एक कॉलेज से मैट्रिक की परीक्षा उत्तीर्ण की। उसके बाद सन् 1899 से इन्होंने अध्यापन-कार्य प्रारम्भ किया। नौकरी करते हुए ही इन्होंने प्राइवेट बी.ए. पास किया तथा गम्भीर स्वाध्याय किया। सरकारी नौकरी मिलने पर कुछ दिनों तक ये स्कूलों के सब-डिप्टी-इंस्पेक्टर भी रहे, पर स्वास्थ्य खराब रहने के कारण पुनः अध्यापन करने लगे। सन् 1920 ई. में इन्होंने महात्मा गाँधी के आह्वान पर अध्यापन की सरकारी नौकरी से इस्तीफा दे दिया और पूरी तौर से साहित्य-सेवा के क्षेत्र में आ गये। कुछ दिनों के लिए ये फिल्मों में काम करने बम्बई भी गये, पर वहाँ के वातावरण में रह नहीं सके। 'मर्यादा', 'माधुरी', 'हंस', 'जागरण' आदि अनेक पत्रों का सम्पादन भी इन्होंने किया। सन् 1936 ई. में प्रेमचन्द की मृत्यु हो गयी।

प्रेमचन्द ने उर्दू में लिखना शुरू किया था, पर शीघ्र ही समय की दिशा को पहचानकर इन्होंने हिन्दी में भी लिखना प्रारम्भ कर दिया। वस्तुतः ये उर्दू तथा हिन्दी दोनों ही भाषाओं में समान महत्त्व के साहित्यकार हैं। यद्यपि इन्होंने निबन्ध, नाटक और आलोचनाएँ भी लिखी हैं, पर इनका वास्तविक क्षेत्र 'कथा' का था। ये हिन्दी के श्रेष्ठतम उपन्यासकार भी हैं और कहानीकार भी। 'सेवासदन', 'रंगभूमि', 'ग़बन', 'गोदान' आदि इनके प्रसिद्ध उपन्यास हैं और इनकी 250 के लगभग

कहानियाँ 'मानसरोवर' शीर्षक से आठ भागों में और 'गुप्तधन' शीर्षक से दो भागों में प्रकाशित हो चुकी हैं।

प्रेमचन्द हिन्दी के पहले कथाकार हैं जिन्होंने उपन्यासों और कहानियों को चामत्कारिक घटनाओं के जाल से मुक्त करके मानव-चरित्र की ओर मोड़ा। उनके साहित्य की मूल प्रवृत्ति मानव के प्रति सहानुभूति की है। अपनी उस व्यापक सहानुभूति एवं सरल भाषा तथा सहज कथाशिल्प के कारण प्रेमचन्द हिन्दी के श्रेष्ठतम कथाकार ही नहीं हैं सबसे अधिक जनप्रिय भी हैं। 'कफ़न,' 'नशा', 'बड़े घर की बेटी', 'शंखनाद', 'रामलीला', 'शतरंज के खिलाड़ी', 'आत्माराम', 'पूस की रात' आदि इनकी कतिपय अन्य श्रेष्ठ कहानियाँ हैं जो कहानी-पाठकों को अवश्य पढ़नी चाहिए।

टिप्पणी

'ईदगाह' प्रेमचन्द की श्रेष्ठतम कहानियों में से एक है। कहानी-कला की दृष्टि से इस कहानी पर विचार करने के पूर्व यह ध्यान दिलाना अनुचित न होगा कि श्रेष्ठ लेखक की सहानुभूति धर्म या जाति के दायरों में बँधकर नहीं रहती। प्रेमचन्द की सर्वव्यापक सहानुभूति गरीब मुसलमान समाज का मूर्तिमान् स्वरूप खड़ा कर देती है। पर इसका तात्पर्य यह नहीं कि कहानी का उद्देश्य मुस्लिम समाज का चित्रण है। पूरी कहानी का स्वर धार्मिक न होकर मानवीय है। नाम बदल दीजिए, कहानी हिन्दू या बौद्ध या ईसाई धर्मों के लिए भी उतनी ही सच है जितनी कि इस्लाम के लिए।

अन्तिम अनुच्छेद का यह वाक्य इस कहानी के आधार-बिन्दु को समझने की कुंजी है : "बच्चे हामिद ने बूढ़े हामिद का पार्ट खेला था।" छोटे-से बालक का यह बड़े-बूढ़ों-जैसा व्यवहार उसकी गरीबी ने उत्पन्न किया था, अन्यथा वह भी अन्य बच्चों की तरह मिठाई या खिलौनों के लिए ललचाता है। लेखक ने उसके इस बालकोचित ललचाने वाले रूप की पृष्ठभूमि में चिमटा खरीदने की जिस मानसिक अवस्था का वर्णन किया है वही कहानी की चरम सीमा है। गरीबी से उत्पन्न विवेक हामिद को इतना पैना बना देता है कि उसके चिमटे के तर्क के आगे अन्य बच्चे सिकुड़ जाते हैं। पूरी कहानी का वातावरण बड़ा ही सघन है। लगता है कि वातावरण स्वयं एक चरित्र बन गया है। लेखक बाल-मनोविज्ञान के सूक्ष्म निरीक्षण का परिचय तो देता ही है, साथ ही ईद का वातावरण, शहर के प्रति गाँव के बच्चों का दृष्टिकोण भी ध्यान देने योग्य है। इस वर्णन में भी लेखक की सहानुभूति किसके साथ है, यह स्पष्ट हुए बिना नहीं रहता। बिना किसी गम्भीर कौतूहल या सश्पंज के होते हुए भी यह कहानी बड़ी रोचक बन पड़ी है।

प्रश्न और अभ्यास

(1) हामिद बच्चा होते हुए भी कौन-सा कार्य बूढ़ों के समान करता है? इस कार्य का उसकी दादी पर क्या प्रभाव पड़ता है?

(2) हामिद के चरित्र की मुख्य विशेषताएँ बताइए। इन विशेषताओं को लेखक ने किन घटनाओं या परिस्थितियों के माध्यम से उभारा है?

(3) लेखक ने जिन-जिन स्थानों पर समाज के उच्च या धनी वर्गों पर फबतियाँ कसी हैं, उन्हें ढूँढ़कर लिखिए।

(4) कहानी का मुख्य उद्देश्य क्या है? बालकों के चित्रण-मात्र से आगे बढ़कर कहानी किन सामाजिक स्थितियों की ओर संकेत करती है?

(5) कहानी में मुख्य संघर्ष या समस्या का जन्म आन्तरिक चारित्रिक कारणों से होता है या बाह्य सामाजिक स्थितियों से?

(6) आदि, मध्य और अन्त का निर्देश करते हुए बताइए कि कहानी का कथानक अपने आपमें परिपूर्ण है?

(7) 'ईदगाह' कहानी के आधार पर प्रेमचन्द की भाषा-शैली पर एक संक्षिप्त टिप्पणी लिखिए।

(8) 'ईदगाह' कहानी अगर आपको अच्छी लगती है तो क्यों? इसकी मुख्य विशेषताएँ बताइए।

चन्द्रधर शर्मा 'गुलेरी'

श्री चन्द्रधर शर्मा गुलेरी का जन्म सन् 1883 ई. में जयपुर (राजस्थान) के एक विद्या-सम्पन्न परिवार में हुआ था। इनके पूर्वज काँगड़ा के 'गुलेर' नामक स्थान के रहने वाले थे, अतः 'गुलेरी' कहलाते थे। इनकी बुद्धि बहुत ही कुशाग्र थी और पढ़ने-लिखने में गहरी रुचि थी। अपनी परीक्षाओं में ये सदा स्पृहणीय सफलताएँ प्राप्त करते रहे। सन् 1899 ई. में इलाहाबाद विश्वविद्यालय की एण्ट्रेन्स परीक्षा में सर्वप्रथम आये तथा वहीं से 1903 ई. में बी.ए. की परीक्षा में भी प्रथम श्रेणी में उत्तीर्ण हुए। गुलेरी जी के अध्ययन का क्षेत्र बहुत व्यापक था। पुरातत्त्व, इतिहास, दर्शन, भाषा-विज्ञान, साहित्य आदि विषयों में इनकी गहरी पैठ थी। हिन्दी, संस्कृत, पालि, प्राकृत, अपभ्रंश, बंगला, मराठी आदि भारतीय भाषाओं के तो ये पण्डित थे ही, साथ ही अंग्रेजी, फ्रेंच, जर्मन और लैटिन भाषाओं के भी अच्छे जानकार थे।

बी.ए. पास करने के बाद गुलेरी जी अजमेर के मेयो कॉलेज में संस्कृत के प्रधानाध्यापक हो गये। 1920 ई. में ये हिन्दू विश्वविद्यालय, वाराणसी के ओरियण्टल कॉलेज के प्रिंसिपल हो गये। सन् 1921 ई. में इनकी मृत्यु हो गयी।

अपनी थोड़ी-सी आयु में ही गुलेरी जी की प्रतिभा ने बहुत काम किया है। एक ओर पुरातत्त्व एवं भाषा-विज्ञान पर गम्भीर गवेषणात्मक निबन्ध लिखे और दूसरी ओर बड़ी ही ओजस्वी कविताएँ भी रचीं। बीस-इक्कीस वर्ष की आयु में ही इन्होंने जयपुर से 'समालोचना' नामक पत्र भी सम्पादित किया था और उसके माध्यम से हिन्दी आलोचना को आगे बढ़ाया। व्यंग्यपूर्ण शैली में इन्होंने कलात्मक निबन्ध भी लिखे थे। गम्भीर-से-गम्भीर विषयों के भीतर भी वे हास्य-व्यंग्य के लिए स्थान ढूँढ़ लेते थे। कहानियों के क्षेत्र में यद्यपि गुलेरीजी ने 'सुखमय जीवन', 'बुद्धू का काँटा' और 'उसने कहा था' केवल तीन कहानियाँ लिखीं; पर अपनी अन्तिम कहानी के लिए वे हमारे कहानी-साहित्य में सदा अमर रहेंगे। अपनी भावात्मकता, वातावरण की सजीवता, नाटकीयता तथा शैली-शिल्प की प्रौढ़ता के लिए यह कहानी अमर रहेगी। यह देखकर आश्चर्य होता है कि हिन्दी-कहानी के प्रारम्भिक युग में ऐसी प्रौढ़ कहानी लिखी गयी।

गुलेरी जी की कहानियों में इनके निबन्धों वाली व्यंग्य-विनोद की विशेषता तो है ही, भाषा भी वैसी ही प्रवाहपूर्ण एवं शक्तिशालिनी है। इनकी भाषा में वातावरण के निर्वाह की बड़ी क्षमता मिलती है। उर्दू और पंजाबी शब्दों का उन्होंने इसीलिए खूब प्रयोग किया है। संस्कृत के प्रकाण्ड पण्डित होते हुए भी उनकी शैली में सरलता, सहजता एवं मुहावरेदारी का गुण मिलता है।

गुलेरी जी की कुछ रचनाएँ 'गुलेरी ग्रन्थावली' के नाम से 'नागरी प्रचारिणी सभा काशी' द्वारा प्रकाशित की गयी हैं।

टिप्पणी

प्रस्तुत कहानी में वातावरण, चरित्र, घटना को एक ऐसे नाटकीय स्तर पर गूँथा गया है कि सम्पूर्ण कहानी अत्यधिक मार्मिक हो गयी है। अपनी इसी विशेषता के कारण इस कहानी को किसी एक वर्ग में रखना कठिन है। कहानी कहने में भी लेखक ने एक ओर द्रष्टा के समान दृष्टिकोण अपनाया है तो दूसरी ओर प्रारम्भ, मध्य एवं अन्त में कभी-कभी कुछ कहकर या सूचना देकर कहानी की गठन को और अधिक सुदृढ़ बना दिया है। कहानी की कथा-वस्तु नाटकीय दृश्यों की शैली में वर्णित है। इसके प्रबन्ध-कौशल का सबसे बड़ा प्रमाण लेखक ने 'समय' के व्यापक अन्तराल को एक क्षण में समेटकर दिया है। कहानी का पहला दृश्य, जिसमें कि एक लड़की-लड़के के परिचय का चित्र है, अन्य दृश्यों से एकदम कटा हुआ मालूम होता है। युद्ध के मैदान का वर्णन पढ़ते समय लगता है कि पहला अंश बेकार है और उसे पाठक भुलाने लगता है, पर मृत्यु के समय लहनासिंह के स्मृति-चित्रों के माध्यम से 25 वर्ष पूर्व घटित उस घटना की गहरी प्रासंगिकता कौंध जाती है और पूरी कहानी एक आन्तरिक शृंखला में बँध जाती है। उसके सारे अर्थ स्पष्ट हो जाते हैं। समय और स्थान के काफी लम्बे विस्तार को इस प्रकार लेखक ने पूरी तौर पर समेट लिया है और उसमें एक भी बात नीरस या अनावश्यक नहीं लगती।

कहानी का शीर्षक जहाँ प्रारम्भ से ही उत्सुकता जगाता है, वहीं पंजाब के आंचलिक शब्दों का प्रयोग कहानी में यथार्थ वातावरण की सृष्टि करता है। युद्ध-क्षेत्र का वर्णन भी बड़ा ही यथार्थवादी है और कहानी के मूल भाव प्रेमजन्य त्याग और बलिदान को अधिक गहरा बना देता है। विदेश में उन कठिन परिस्थितियों के मध्य प्रेम का यह रूप अत्यन्त उदात्त बन जाता है।

प्रश्न और अभ्यास

(1) कहानी के वातावरणसूचक अंशों का चयन करके बताइए कि उनसे कहानी के विकास या प्रभाव को क्या सहायता मिलती है?

(2) कहानी के हास्य-व्यंग्य के स्थलों का संकेत कीजिए। इन स्थलों से लहनासिंह के चरित्र का कौन-सा पक्ष प्रकाश में आता है?

(3) इस कहानी का मूल आधार-बिन्दु (थीम) क्या है?

(4) कहानी के अन्तिम वाक्य का क्या महत्त्व है?

(5) कहानीकार ने जिन-जिन स्थलों पर प्रवेश करके अपनी टिप्पणी या सूचना दी है, उन्हें छाँटकर अलग लिखिए।

(6) इस कहानी का मुख्य संघर्ष क्या है? उसका शमन किस प्रकार किया गया है?

(7) प्रस्तुत कहानी के शीर्षक का महत्त्व क्या है।

(8) पूरी कहानी को पढ़ने के बाद आपके मन में लहनासिंह के प्रति कौन-सी भावनाएँ जागती हैं?

जयशंकर 'प्रसाद'

जयशंकर 'प्रसाद' का जन्म वाराणसी (उत्तर प्रदेश) के एक सम्पन्न परिवार में सन् 1889 ई. में हुआ। इनके पिता देवीप्रसाद जी सुँघनी साहु के नाम से प्रसिद्ध थे। उनके यहाँ तम्बाकू का व्यवसाय होता था। सुँघनी साहु उदार, विद्यारसिक एवं साहित्य-प्रेमी थे। इसी कारण 'प्रसाद जी' को बचपन से ही कवियों एवं विद्वानों की सत्संगति का अवसर मिलता रहा। बालक जयशंकर 'प्रसाद' को विधिवत् शिक्षा का अधिक अवसर नहीं मिल सका। 12 वर्ष की अवस्था होने पर पिता एवम् 17 वर्ष की अवस्था होने पर बड़े भाई की मृत्यु हो जाने से व्यवसाय एवं परिवार का सारा उत्तरदायित्व इनके कन्धों पर आ गया। पर इन कार्यों को योग्यतापूर्वक निभाते हुए भी इन्होंने साहित्य के अंकुर को बराबर पुष्ट करने की चेष्टा की। संस्कृत, बंगला, अँग्रेजी और उर्दू का अच्छा ज्ञान इन्होंने स्वाध्याय से ही अर्जित कर लिया। वेद, उपनिषद्, विभिन्न भारतीय दर्शनों तथा प्राचीन भारतीय इतिहास का भी इन्होंने गहरा अध्ययन किया था। पुरातत्त्व एवं संगीत में भी इनकी गति थी। 'प्रसाद' जी की मृत्यु 1937 ई. में हुई।

'प्रसाद' जी ने साहित्य-रचना ब्रजभाषा के कवि के रूप में शुरू की थी। पर इनकी प्रतिभा का अभिव्यंजन शीघ्र ही खड़ी बोली काव्य में ही नहीं, नाटक, उपन्यास, निबन्ध एवं कहानी आदि अन्य क्षेत्रों में भी प्रारम्भ हो गया। काव्य के क्षेत्र में ये छायावाद के प्रवर्तकों में से एक हैं तथा हिन्दी के श्रेष्ठतम नाटककार माने जाते हैं। उपन्यासकार एवं निबन्धकार के रूप में इनकी यथेष्ट मान्यता है तथा कहानी के क्षेत्र में कवित्वमयी दार्शनिक कहानियों के ये श्रेष्ठतम रचयिता माने जाते हैं। इनकी कहानियों की थीम ही कवित्वमयी नहीं है, पात्र-योजना, घटना-विधान एवं भाषा भी भावुकता और कल्पना से भरी हुई है। कहानियों में वातावरण की चित्रात्मकता दर्शनीय है। त्याग, बलिदान, सेवा, सहानुभूति जैसे मानवीय गुणों का अंकन इन्होंने अपनी 69 कहानियों में किया है। ऐतिहासिक दृष्टि से भी उनका महत्त्व अक्षुण्ण है। ये हिन्दी के पहले कहानीकारों में हैं।

'प्रसाद' जी की गद्य-रचनाओं में 'कंकाल', 'तितली' एवं 'इरावती' उपन्यास

हैं तथा 'छाया', 'प्रतिध्वनि', 'आकाशदीप', 'आँधी' एवं 'इन्द्रजाल' कहानी-संग्रह। 'अजातशत्रु', 'स्कन्दगुप्त', 'चन्द्रगुप्त', 'ध्रुवस्वामिनी' आदि प्रसिद्ध नाटक हैं एवं 'काव्य-कला तथा अन्य निबन्ध' में इनके निबन्ध संकलित हैं।

वस्तुतः 'प्रसाद' जी मूलतः कवि थे और इनकी रचनाओं में भी कविप्रतिभा का ही प्रकाश मिलता है।

टिप्पणी

'प्रसाद' जी की यह कहानी उनकी ऐतिहासिक, कल्पना-प्रधान और कवित्वमयी कहानियों से कुछ भिन्न है। इस कहानी में प्रत्यक्षतः एक गरीब व्यक्ति के चारित्रिक विकास के माध्यम से सामाजिक विषमताओं और अन्यायों का चित्र खींचा गया है। इसे यों भी कह सकते हैं कि सामाजिक जीवन का एक धक्का एक व्यक्ति की जीवनधारा को बदल देता है। पर कहानी का मुख्यार्थ यह नहीं है। मूल थीम व्यक्ति के भीतर परिस्थिति-विशेष से उदित होने वाली उदास मानवता है।

कहानी का चरित्रनायक एक शराबी और गैर-जिम्मेदार आदमी है पर कुँवर साहब के अत्याचार से पीड़ित एक बालक के आँसू उससे वह करा लेते हैं जो भूख नहीं करा सकी थी। कहानीकार ने दो परस्पर-विरोधी स्थितियों को एकदम अगल-बगल रखकर कहानी की चरम सीमा का निर्माण किया है। ठाकुर साहब से रुपया पाने पर वह सात दिन का भूखा शराब पीकर सोने की सोचता है। यह तथ्य कहानी की पृष्ठभूमि-मात्र है। शराब पीकर वह सो जाता तो कहानी न बनती; पर कहानी के संघर्ष का वास्तविक निर्माण प्रारम्भ होता है जब कि वह एक बालक की सिसकारियाँ सुनता है और चरम सीमा वह है जहाँ पर कि वह अनायास मिठाई की दुकान पर जा खड़ा होता है। इस संघर्ष का शमन इस संकल्प में है कि वह ममत्व से उत्पन्न जिम्मेदारी को निभाने के लिए पुनः कार्य आरम्भ करेगा। इस प्रकार शराबी के मन के भीतर जागा यह देवता उस मानवीय विवेक का द्योतक है जो उसे तथाकथित बड़े व्यक्तियों से कहीं ऊपर उठा देता है। पूरी कहानी नाटकीय दृश्यों की संवाद-शैली में लिखी गयी है। बीच-बीच में इन दृश्यों को जोड़ने के लिए कहानीकार ने नाटक के सूत्रधार की भाँति कुछ सूचनाएँ भर दी हैं। कहानी की भाषा भी पूरे वातावरण के अनुकूल है।

प्रश्न और अभ्यास

(1) शराबी का शराब पीना कैसे छूटा?

(2) इस कहानी का केन्द्रस्थ पात्र कौन है—शराबी या मधुआ?

(3) उद्धरण देकर बताइए कि क्या शराबी के प्रारम्भिक चरित्र में उस गुण का बीज मिलता है जो उसके चरित्र के उत्तरार्द्ध में प्राप्त होता है?
(4) इस कहानी का शीर्षक आपको उपयुक्त लगता है या नहीं?
(5) प्रस्तुत कहानी से उन अंशों का चयन कर अलग लिखिए जिनमें कि कहानीकार ने बीच-बीच में सूचनाएँ देकर कथा आगे बढ़ाई है।
(6) इस कहानी में 'प्रसाद' जी ने अन्तःस्थल के किस भाव को निरूपित करने की चेष्टा की है? इस प्रयास में वे सफल हुए हैं या नहीं?
(7) (अ) निम्नांकित अवतरण के काले अक्षर वाले पदों या वाक्यों का आशय लिखिए:

एक **चिन्तापूर्ण आलोक** में आज पहले-पहल शराबी ने आँख खोलकर कोठरी में बिखरी हुई **दारिद्र्य की विभूति** को देखा और देखा उस घुटने से ठुड्डी लगाये **निरीह बालक को**; उसने तिलमिलाकर मन-ही-मन प्रश्न किया—**किसने ऐसे सुकुमार फूलों को कष्ट देने के लिए निर्दयता की सृष्टि की**? आह री नियति!... इस छोटे-से पाजी ने **मेरे जीवन के लिए कौन-सा इन्द्रजाल रचने का बीड़ा उठाया है**?

(ब) 'पाजी' शब्द यहाँ शराबी के मन की घृणा का सूचक है या स्नेह का?

विश्वम्भरनाथ शर्मा 'कौशिक'

श्री विश्वम्भरनाथ शर्मा 'कौशिक' का जन्म अम्बाला छावनी (पंजाब) में सन् 1891 में हुआ। कानपुर में वकालत करने वाले इनके चाचा ने इन्हें गोद ले लिया था, अतः इनका जीवन कानपुर में ही बीता। चाचा की समस्त सम्पत्ति इन्हें उत्तराधिकार में मिली थी। उस सम्पत्ति की प्रबन्ध-व्यवस्था के अतिरिक्त 'कौशिक', जी को जीविकोपार्जन के लिए अन्य कोई कार्य नहीं करना पड़ा। विधिवत् शिक्षा इन्हें केवल मैट्रिक तक मिली थी; पर पढ़ने में इनकी रुचि थी और घर पर संस्कृत, उर्दू, अंग्रेजी, बंगला आदि भाषाओं के साहित्य का भी अध्ययन किया करते थे। कानपुर की साहित्य-गोष्ठियों के ये केन्द्र थे और 'प्रभा' पत्रिका के सम्पादन में भी योग दिया था। सन् 1946 में इनकी मृत्यु हो गयी।

'कौशिक' जी के साहित्यिक जीवन का प्रारम्भ उर्दू-कवि के रूप में हुआ था। पर 1910 के आस-पास से ये केवल हिन्दी में लिखने लगे। प्रारम्भ में कुछ बंगला कहानियों के अनुवाद भी किये। सन् 1913 में 'सरस्वती' में इनकी 'रक्षाबन्धन' नामक प्रसिद्ध कहानी छपी थी।

'कौशिक' जी की ख्याति का आधार उनका कथा-साहित्य है। 'माँ', 'भिखारिणी' और 'संघर्ष' इनके उपन्यास हैं तथा 'गल्प मन्दिर', 'चित्रशाला', 'कल्लोल', 'मणिमाला' आदि कहानी-संग्रह। इनकी कहानियों की संख्या तीन सौ के लगभग है। 'चाँद' पत्रिका में तथा 'दुबे जी की चिट्ठियाँ' नामक स्तम्भ के अन्तर्गत ये हास्य-व्यंग्य विनोदपूर्ण टिप्पणियाँ विजयानन्द दुबे के नाम से लिखा करते थे। इन्होंने बंगला से कुछ पुस्तकों के हिन्दी में अनुवाद भी किये हैं।

'कौशिक' जी प्रेमचन्द-मण्डल के कहानीकार माने जाते हैं। इनकी कतिपय कहानियाँ ऐतिहासिक आधार पर भी हैं, पर मुख्यतः इन्होंने सामाजिक-पारिवारिक भूमिका पर ही कहानियाँ लिखी हैं। इनके कथा-साहित्य में भी शोषितों एवं दलितों के प्रति गहरी सहानुभूति मिलती है। समाज-सुधार की प्रवृत्ति इनमें विशेष रूप से थी। साथ ही पात्रों के चरित्र-चित्रण की ओर भी इन्होंने पर्याप्त ध्यान दिया है। यह चरित्र-चित्रण सहज मनोवैज्ञानिक आधार पर हुआ है। 'कौशिक' जी ने अपनी

कहानियों, कथानक और चरित्रों के विकास के लिए बहुधा 'कथोपकथनों' का प्रयोग किया है। आकस्मिक संयोगों के सहारे भी इनकी कहानियाँ बढ़ती हैं।

'कौशिक' जी की भाषा अत्यन्त सरल एवं कहानियों की विषय-वस्तु के अनुकूल है। भावुकता के स्थलों को तनिक काव्यात्मक ढंग से उपस्थित करते हैं। कहानी के बीच-बीच में दार्शनिक-वैचारिक टिप्पणियाँ भी देते चलते हैं।

टिप्पणी

'ताई' चरित्र-प्रधान मनोवैज्ञानिक कहानी है। 'कौशिक' जी ने इस कहानी में सन्तानाभाव के कारण उदित एक स्त्री की मानसिक स्थितियों का बड़ा ही सफल अंकन किया है। कहानी के तीन खण्ड हैं। प्रथम खण्ड में पात्रों की रूप-रेखाओं का सामान्य परिचय मिल जाता है। द्वितीय खण्ड में संघर्ष को विकसित होता दिखाया गया है। तृतीय खण्ड में संघर्ष का चरमबिन्दु और उसका शमन चित्रित हुआ है। प्रेम और ईर्ष्या का जो द्वन्द्व रामेश्वरी के मन में उत्पन्न होता है उसकी शान्ति के लिए लेखक ने मनोहर के गिरने की आकस्मिक परन्तु नाटकीय घटना का सहारा लिया है। पूरी कहानी में परिवार का वर्णन चरित्रों के लिए आवश्यक पृष्ठभूमि या वातावरण का कार्य करता है। रोचकता एवं मनोवैज्ञानिकता की दृष्टि से कहानी श्रेष्ठ बन पड़ी है।

प्रश्न और अभ्यास

(1) 'ताई' कहानी को चरित्र-प्रधान मनोवैज्ञानिक क्यों कहा जा सकता है?

(2) ताई के चरित्र की मुख्य विशेषताएँ बताते हुए कहानी में चित्रित उसके विकास को स्पष्ट करिए?

(3) कहानी में संघर्ष का निर्माण किन शक्तियों द्वारा हुआ है? इस संघर्ष का शमन किस प्रकार दिखाया गया है?

(4) कहानी के द्वन्द्व का चरमबिन्दु कौन-सा है

(5) इस कहानी का कोई कथन या वर्णन क्या आपको अनावश्यक लगता है?

(6) उदाहरण देकर बताइए कि कथानक एवं चरित्रों के विकास में संवादों का उपयोग किया गया है।

चतुरसेन शास्त्री

आचार्य चतुरसेन शास्त्री का जन्म सन् 1891 ई. में बुलन्दशहर (उत्तर प्रदेश) के चांदोख नामक ग्राम में हुआ। ग्यारह वर्ष की अवस्था में ये काशी भाग गये, जहाँ संस्कृत-व्याकरण और साहित्य का अध्ययन किया। बाद में जयपुर के संस्कृत कॉलेज में इन्होंने आयुर्वेद तथा साहित्य की उच्च शिक्षा प्राप्त की। इस कॉलेज से शास्त्री एवं आचार्य की उपाधियाँ प्राप्त कर ये लाहौर के डी.ए.वी. कॉलेज में आयुर्वेद का अध्यापन करने लगे परन्तु अधिक दिनों तक इनका स्वतन्त्रचेता मन वहाँ नहीं लगा और स्वतन्त्र रूप से चिकित्सा-व्यवसाय करने लगे। चिकित्सक-रूप में इन्हें पर्याप्त सफलता मिली। अनेक राजघरानों के निजी चिकित्सक-रूप में कार्य करते हुए इन्हें पर्याप्त धन और ख्याति मिली। प्रारम्भ में अजमेर, लखनऊ एवं बम्बई में इसी व्यवसाय के लिए रहे, पर बाद में स्थायी रूप से दिल्ली ही निवास करने लगे। शास्त्री जी को आत्मिक तृप्ति साहित्य में ही मिलती थी। इसी कारण 40 वर्ष के इस सफल चिकित्सा-व्यवसाय को छोड़कर ये अपना पूरा समय साहित्य-रचना को देने लगे। सन् 1960 ई. में शास्त्री जी की मृत्यु हुई।

शास्त्री जी रचनाकार भी थे और विविध विषयों के पण्डित भी। इन्होंने इतिहास, राजनीति, धर्म, आयुर्वेद, गृह-विज्ञान, बाल-शिक्षा आदि विषयों पर भी लिखा है। साहित्य में इनकी ख्याति अपने उपन्यासों, कहानियों एवं गद्य-काव्य-संग्रहों के कारण है। सब मिलाकर शास्त्री जी की 150 से ऊपर पुस्तकें प्रकाशित हो चुकी हैं।

कथा-साहित्य के क्षेत्र में चतुरसेनजी ने यद्यपि समसामयिक जीवन पर भी कहानियाँ लिखी हैं, पर उनका मुख्य क्षेत्र इतिहास रहा है। 'वैशाली की नगरवधू', 'वय रक्षामः' 'सोमनाथ', 'धर्मपुत्र', 'सोना और खून' आदि इनके प्रसिद्ध उपन्यास हैं। इनकी ऐतिहासिक कहानियों में भारतीय मध्यकालीन राजपूती एवं मुस्लिम जीवन के शौर्य, त्याग, कपट, षड्यन्त्र, विश्वासघात, प्रेम आदि के जीवन्त चित्र प्राप्त होते हैं। ये कहानियाँ मुख्यतः घटना-प्रधान हैं—चरित्र की आन्तरिक सत्ता को उद्घाटित करने की ओर इनका बहुत ध्यान नहीं था। यों घटनाओं के मध्य से मुख्य पात्रों की चारित्रिक विशेषताओं का पता अवश्य लगता है। इन घटनाओं का वर्णन भी

शास्त्री जी ने बड़ी ही रोचक एवं समर्थ भाषा में किया है। यत्र-तत्र इनकी भाषा में कवित्व एवं अलंकरण की छटा मिलती है। कहानी की गठन एवं विकास की रेखा सरल होती है।

टिप्पणी

प्रस्तुत कहानी घटना-प्रधान कहानी है। विषयवस्तु के आधार पर यह ऐतिहासिक कहानी कही जायेगी। लेखक ने एक प्रसिद्ध वीर के प्रसिद्ध युद्ध का इसमें वर्णन किया है। इस प्रसिद्धि के कारण भी यह कहानी यथेष्ट मर्मस्पर्शी बन गयी है, पर इसके अतिरिक्त घटना-प्रवाह से जिन अंशों का चयन लेखक ने किया है वे घटनाएँ उस युद्ध एवं उन वीरों के रूप को स्पष्ट कर सकने में समर्थ हैं। लेखक ने अपनी शैली को विविध आलंकारिक प्रयोगों से समृद्ध करके कहानी के इच्छित चित्र को अधिक-से-अधिक स्पष्ट करने का प्रयास किया है। घटनाओं के क्षिप्र प्रवाह के साथ पाठक एक कौतूहल में बहता जाता है और लेखक अपेक्षित प्रभाव डालने में समर्थ होता है।

प्रश्न और अभ्यास

(1) प्रस्तुत कहानी किस बिन्दु से कही गयी है?
(2) 'हल्दीघाटी में' कहानी में युद्ध से पूर्व के वर्णन का क्या महत्त्व है?
(3) इस कहानी का मुख्य पात्र कौन है—सलूँबरा सरदार, महाराणा प्रताप या शक्तिसिंह? इन पात्रों में आपको कौन-सा पात्र प्रिय लगता है एवं क्यों?
(4) लेखक इस कहानी द्वारा क्या सन्देश देना चाहता है?
(5) हल्दीघाटी के युद्ध का वर्णन अपने शब्दों में कीजिए।

यशपाल

प्रेमचन्द के बाद हिन्दी के श्रेष्ठतम कथाकारों में से एक श्री यशपाल हैं। इनका जन्म सन् 1903 ई. में फिरोजपुर छावनी में हुआ। कॉलेज-जीवन से ही देश की राजनीतिक स्थिति ने इन्हें आकर्षित किया और चन्द्रशेखर आजाद एवं भगतसिंह जैसे क्रान्तिकारियों के दल में सम्मिलित हो गये। भारतीय स्वतन्त्रता के लिए सशस्त्र क्रान्ति में इनका विश्वास था और उसमें इन्होंने सक्रिय भाग लिया। इसके लिए यशपाल जी ने राजनीतिक डाके भी डाले हैं और सन् 1926 ई. में वायसराय की ट्रेन को बम से उड़ा देने का प्रयत्न भी किया था।

तत्कालीन सरकार से छिपे रहकर इन्होंने एक लम्बा समय फरारी में बिताया है। इस संघर्षमय रोमांचकारी जीवन का प्रभाव इनके कथा-साहित्य में भी देखा जा सकता है। इनके साहित्य में राजनीति का स्पष्ट स्वर मिलता है। यशपाल जी मार्क्सवादी हैं और साहित्य को सामाजिक शक्तियों का प्रतिबिम्ब भी मानते हैं और अस्त्र भी। इनके साहित्य में सोद्देश्यता का स्वर अत्यन्त प्रकट एवं स्पष्ट रूप में देखा जा सकता है। मार्क्सवाद के अनुरूप ही यशपाल जी जीवन के आर्थिक पहलू को महत्त्वपूर्ण मानकर चित्रित करते हैं।

यशपाल जी की प्रतिभा अनेकमुखी है। अब तक उनकी चालीस से अधिक पुस्तकें प्रकाशित हो चुकी हैं। इनमें 'पिंजड़े की उड़ान', 'फूलो का कुर्ता', 'भस्मावृत चिनगारी', 'धर्मयुद्ध', 'सच बोलने की भूल' आदि कहानी-संग्रह हैं तथा 'दिव्या', 'देशद्रोही', 'मनुष्य के रूप', 'झूठा-सच' आदि उपन्यास। 'चक्कर क्लब' आपकी व्यंगात्मक टिप्पणियों का संकलन है जो ये अपने 'विप्लव' नामक पत्र में लिखा करते थे। इसके अतिरिक्त अन्य कई निबन्ध-संग्रह भी हैं। इनके निबन्ध मुख्यतः राजनीतिक, सामाजिक विषयों पर लिखे गये हैं। 'सिंहावलोकन' में उनके अपने रोमांचक जीवन के संस्मरण हैं।

अपनी कहानियों में यशपाल जी ने समाज के उन वर्गों पर करारी चोट की है जो शोषण करते हैं, झूठी नैतिकता का दम भरते हैं तथा समाज की गतिशीलता को खत्म करके रूढ़ियों को बनाये रखने के विश्वासी हैं। समाज के शोषित, पीड़ित

तथा प्रगति के लिए संघर्षरत व्यक्तियों के लिए उनके मन में अजस्र करुणा एवं सहानुभूति है। कहानी कहने की कला में ये बड़े प्रवीण हैं तथा कहानी के अन्त को चामत्कारिक ढंग से उपस्थित कर समस्त कहानी को नये अर्थों से भर देते हैं।

टिप्पणी

यशपाल जी ने प्रस्तुत कहानी में भी अपने जीवन-दर्शन के अनुकूल ही इस पारिवारिक स्तर पर अत्याचार का विरोध किया है। समाज में स्त्री की हैसियत सम्पत्ति के एक टुकड़े की भाँति मानी जाती है, पर जिस दिन वह अपने व्यक्तित्व को पहचानकर परिचित रूढ़ियों को त्याग देती है, उसी दिन उसके ऊपर होने वाला अत्याचार ही समाप्त नहीं हो जाता, पारिवारिक जीवन भी आमोद से भर उठता है। कहानी में हेमराज उस पुरानी पीढ़ी, रूढ़िगत संस्कारों का प्रतिनिधि है जो स्त्री को दबाकर रखने में विश्वास करता है। दूसरी ओर लाजो है जिस तक नये जीवन की गन्ध पहुँच चुकी है। पर जब तक स्वयं अपनी सोचने और कार्य कर सकने की स्वतन्त्र शक्ति का परिचय नहीं देती तब तक हेमराज की सिखाई नीति (यानी संस्कार से प्राप्त श्रेष्ठता) पर चलता हुआ कन्हैयालाल पत्नी पर निरन्तर अत्याचार करता रहता है तथा पारिवारिक जीवन सुख-शान्ति से पूर्ण नहीं हो पाता। पर उस शक्ति का परिचय पाते ही विवेक जाग उठता है और वह पत्नी की वास्तविक सत्ता को स्वीकार कर सम्मान ही नहीं देता, स्वयं जीवन में सुख का अनुभव करता है।

प्रश्न और अभ्यास

(1) प्रस्तुत कहानी चरित्र-प्रधान मानी जायेगी या थीम-प्रधान?
(2) कहानी का मुख्य पात्र कौन है—कन्हैया अथवा लाजो या दोनों?
(3) "...ठहरो, मैं तुम्हारे लिए दूध ले आऊँ।" अगर कन्हैयालाल के इस वाक्य पर कहानी समाप्त कर दी जाये तो क्या कहानी अधूरी लगेगी? इसके बाद के वर्णन से कहानी में क्या विशेषता आती है?
(4) इस कहानी का चरमबिन्दु कौन-सा है?
(5) कहानी के द्वारा लेखक क्या सन्देश देना चाहता है?
(6) प्रस्तुत कहानी के आधार पर लेखक की भाषा और कहानी-शैली पर एक संक्षिप्त टिप्पणी लिखिए।

जैनेन्द्र कुमार

श्री जैनेन्द्रकुमार का जन्म जिला अलीगढ़ (उत्तर प्रदेश) में सन् 1905 में हुआ। इनकी प्रारम्भिक शिक्षा जैन गुरुकुल हस्तिनापुर में हुई। मैट्रिक पास करके ये हिन्दू विश्वविद्यालय वाराणसी में पढ़ने के लिए चले गये। पर शीघ्र ही महात्मा गाँधी के असहयोग-आन्दोलन में भाग लेने के लिए विश्वविद्यालय छोड़ दिया। तब से अब तक निरन्तर साहित्य-सेवा करते आ रहे हैं। जैनेन्द्र जी की विचारधारा पर गाँधी के जीवन-दर्शन और विचार-पद्धति का गहरा प्रभाव है। अहिंसा, प्रेम, जीवन की अखण्डता आदि पर इनका पूर्ण विश्वास है। सम्भवतः जैन-दर्शन के प्रभाव के अन्तर्गत आत्मपीड़न एवं वेदनातत्त्व का भी प्रकाशन इनके साहित्य में हुआ है। प्रारम्भ से ही इनकी रुचि वैचारिकता की ओर रही है। यह झुकाव धीरे-धीरे दर्शन की ओर होता गया है। वस्तुतः वे विचारक और दार्शनिक साहित्यकार माने जाते हैं।

सन् 1928 से अब तक इन्होंने लगभग दो सौ कहानियाँ लिखी हैं जो 'जैनेन्द्र की श्रेष्ठ कहानियाँ' शीर्षक से आठ भागों में प्रकाशित हो चुकी हैं। 'परख', 'सुनीता', 'त्यागपत्र', 'सुखदा', 'जयवर्द्धन' आदि इनके मुख्य उपन्यास हैं। इनके अनेक निबन्ध-संग्रह भी प्रकाशित हो चुके हैं। 'समय और हम' में इनके दार्शनिक विचार संकलित हैं।

जैनेन्द्र जी ने सन् 1928 के आसपास लिखना प्रारम्भ किया था। प्रेमचन्द की व्यापक सामाजिकता को छोड़कर जैनेन्द्र ने हिन्दी के कथा-साहित्य को मध्यवर्गीय व्यक्ति की ओर मोड़ा। इस मध्यवर्गीय व्यक्ति के मन और परिवार के द्वन्द्व पर इन्होंने लिखना शुरू किया था। कुछ लोगों ने इन्हें मनोवैज्ञानिक कथाकार भी कहा है। पर वास्तव में इनका मनोविज्ञान शास्त्रीय न होकर स्वयं अनुभूत है। धीरे-धीरे वे व्यक्ति को भी छोड़कर मात्र किसी भाव, विचार या आदर्श को उपस्थित करने के लिए ही कहानियों की रचना करने लगे। 'एक गौ,' 'तत्सत,' 'वह साँप' इनकी ऐसी ही कहानियाँ हैं। इनकी कहानियों में कथा-तत्त्व और सूत्र बड़े क्षीण होते हैं। कभी-कभी तो कहानियों और निबन्धों में अन्तर करना कठिन हो जाता है।

शैलीकार की दृष्टि से भी जैनेन्द्रजी महत्त्वपूर्ण गद्य-लेखक हैं। छोटे-छोटे वाक्यों के भीतर क्रियापदों के विचित्र प्रयोग करके इन्होंने अपनी शैली को एक विशेषता दी है। इनकी भाषा का स्वर और लहजा बहुत अधिक वैयक्तिक एवं निजी है।

टिप्पणी

पशु, पक्षी, राक्षस, परी आदि की कहानियाँ समाज में आदिम युग से चली आ रही हैं। इन अतिप्राकृत एवं अविश्वसनीय लगने वाली कहानियों के प्रति किसी न किसी प्रकार की दिलचस्पी आज भी मिलती है। इन ऐन्द्रजालिक कहानियों के माध्यम से लेखकों ने बहुधा कहीं अधिक गहरे यथार्थ या कहीं अधिक स्वस्थ दृष्टि को उपस्थित किया है। जैनेन्द्र जी की प्रस्तुत कहानी भी ऐसी ही 'फैण्टेसी' (Fantasy) है।

कहानी के प्रारम्भिक भाग में लेखक ने प्रत्यक्ष संसार के अर्थ-सम्बन्धों की कुरूपता और निर्ममता को व्यंजित किया है। इस संसार में हर कार्य यथार्थानुकूल होता है। गरीबी से पीड़ित किसान की अपनी प्यारी गाय बेचने में हिचकिचाहट, सेठ द्वारा इस स्नेह-भाव की उपेक्षा एवं रुपयों के सन्दर्भ में उसका आँकना नितान्त यथार्थानुकूल है। पर कहानी के दूसरे भाग में एक नितान्त अविश्वसनीय, ऐन्द्रजालिक घटना घटती है : गाय अपने प्रिय पुराने मालिक के द्वार पर आकर सारा दूध ही नहीं गिरा जाती, मनुष्यों की भाषा में बातें भी करने लगती है। प्रत्यक्षतः यह घटना अयथार्थ और काल्पनिक है। पर लेखक इस ऐन्द्रजालिक कल्पना द्वारा स्नेह-सम्बन्धों की एक अधिक गहरी यथार्थता का परिचय देता है। यह एक जीवन-दृष्टि भी है जिसमें अर्थ के सारे अनर्थों को त्यागकर किसान पुनः अपने स्नेह की शक्ति पर गाय को लौटा ले जाता है। इस प्रकार यह अविश्वसनीयता या काल्पनिकता भी एक अधिक गहरे स्तर पर कहीं अधिक विश्वसनीय एवं यथार्थ बन जाती है। इस 'फैण्टेसी-शिल्प' में जैनेन्द्र जी ने और कहानियाँ भी लिखी हैं।

प्रश्न और अभ्यास

(1) 'एक गौ' को कहानी के किस 'प्रकार' के अन्तर्गत रखा जा सकता है?

(2) गाय और हीरासिंह की बातचीत आपको सच मालूम पड़ती है या झूठ? अपने तर्कों की पुष्टि करते हुए उत्तर दीजिए।

(3) कहानी का मूल विचार क्या है? इस विचार से चरित्रों को किस प्रकार सम्बन्धित किया गया है?

(4) इस कहानी से सामाजिक जीवन की किन विकृतियों पर प्रकाश पड़ता है?

(5) हीरासिंह एवं सेठ के चरित्रों की तुलना कीजिए। यह भी बताइए कि क्या सेठ का चरित्र कहानी के समग्र प्रभाव को बढ़ाता है?

(6) क्या इस कहानी का शीर्षक आपको उपयुक्त प्रतीत होता है? कोई अन्य शीर्षक अपनी ओर से सुझाइए।

(7) प्रस्तुत कहानी के आधार पर जैनेन्द्र की भाषा-शैली पर एक संक्षिप्त टिप्पणी लिखिए।

उपेन्द्रनाथ 'अश्क'

श्री उपेन्द्रनाथ 'अश्क' का जन्म सन् 1910 ई. में जालन्धर (पंजाब) के एक मध्यवर्गीय परिवार में हुआ था। 'अश्क' जी ने पंजाब विश्वविद्यालय से बी.ए., एल-एल.बी. की उपाधियाँ प्राप्त की हैं। ये अखबार, रेडियो और फिल्म में भी काम कर चुके हैं, पर अब नियमित रूप से इलाहाबाद में रहकर साहित्य-रचना और प्रकाशन का कार्य कर रहे हैं।

'अश्क' जी ने पंजाबी एवं उर्दू भाषाओं में लिखना प्रारम्भ किया था। उर्दू में तो अब भी यदा-कदा इनकी रचनाएँ छपती हैं, पर अब ये मुख्यतः हिन्दी के ही लेखक हैं। इनकी प्रतिभा बहुमुखी है। 'अश्क' जी कथाकार के रूप में तो प्रसिद्ध हैं ही, नाटककार के रूप में भी महत्त्व के अधिकारी हैं। इनके कुछेक कविता-संग्रह भी प्रकाशित हुए हैं तथा आलोचनात्मक लेख भी लिखे हैं। 'गिरती दीवारें' और 'गरम राख' इनके प्रसिद्ध उपन्यास हैं तथा 'बैंगन का पौधा', 'कहानी-लेखिका', 'झेलम के सात पुल' और 'छींटें' आदि कहानी-संग्रह। 'छठा बेटा', 'पिंजरे की उड़ान' तथा 'अंजो दीदी' इनके प्रसिद्ध नाटक हैं।

'अश्क' जी की कहानियों में समाज और व्यक्ति के अनेक पहलू सहानुभूतिपूर्वक चित्रित किये गये हैं। नाटकीयता और संवाद-कौशल इनकी कहानियों में विशेष रूप से मिलता है। पंजाब के मध्यवर्ग का वातावरण इनकी कहानियों में सजीव हो उठा है। कहानियों की भाषा सरल बोलचाल के निकट है, पर वातावरण और स्वाभाविकता की रक्षा के लिए ये पंजाबी एवं उर्दू शब्दों का यथेष्ट प्रयोग करते हैं। इन शब्दों का प्रयोग शायद इनके व्यक्तित्व के अधिक अनुकूल भी है। इन्होंने हास्य और व्यंग्य की भी कुछ कहानियाँ लिखी हैं। प्रस्तुत संकलन में दी गयी रचना हास्य-व्यंग्यात्मक ही है। इन्होंने कुछ बहुत ही मार्मिक लघु कथाएँ भी लिखी हैं। 'अश्क' जी की लिखी लगभग दो सौ कहानियाँ अब तक प्रकाशित हो चुकी हैं। 'डाची', 'बैंगन का पौधा', 'दालिए', 'काले साहब', 'चट्टान' आदि इनकी अन्य प्रसिद्ध पठनीय कहानियाँ हैं।

टिप्पणी

लेरिंजाइटस' एक व्यंग्य-कहानी है। कवि-सम्मेलन में कुछ कवि-गण अपनी कविताएँ सुनाकर वाहवाही लूटने के लिए आतुर रहते हैं। न्याज़ साहब ऐसे ही कवि-सम्मेलनो कवियों के प्रतिनिधि हैं। लेखक ने न्याज़ साहब के माध्यम से इन कवियों की इस लालसा को जिस उतार-चढ़ाव के साथ उपस्थित किया है, उसने इन्हें अत्यन्त हास्यास्पद स्थिति में पहुँचा दिया है। न्याज़ साहब की कापी में हर प्रकार की और हर मौके की कविताएँ लिखी हुई हैं (उनके काव्य का अपना निश्चित व्यक्तित्व नहीं है) और कवि-सम्मेलन के मूड की हर स्थिति में वे ऐसी ही कविता दोहराने लगते हैं जो उन्हें वहाँ जमा सके। पर कवि-सम्मेलन का गम्भीरताहीन वातावरण एक ऐसी स्थिति में पहुँच जाता है कि उनके नाम का ही मजाक उड़ाया जाने लगता है और वे बेचारे वहाँ से भाग खड़े होते हैं। कहानी में इन्हीं स्थितियों के बड़े सजीव चित्र लेखक ने अपनी व्यंग्य-विनोदपूर्ण शैली में उपस्थित किये हैं।

प्रश्न और अभ्यास

(1) न्याज कन्धाईपुरी का चरित्र वर्गगत है या वैयक्तिक?
(2) इस कहानी में आयी हास्यास्पद स्थितियों की चरम सीमा कहाँ है?
(3) कहानी के अन्तिम वाक्य का व्यंग्यार्थ क्या है?
(4) न्याज़ कन्धाईपुरी की कविता सुनाने की आतुरता का वर्णन अपने शब्दों में कीजिए।
(5) प्रस्तुत कहानी में वातावरण का क्या महत्त्व है? क्या इसे वातावरण-प्रधान कहानी कहा जा सकता है?
(6) अपने देखे या सुने किसी अन्य कवि-सम्मेलन का वर्णन कीजिए।
(7) इस कहानी की भाषा-शैली की समीक्षा कीजिए।

‘अज्ञेय’

‘अज्ञेय’ जी का पूरा नाम सच्चिदानन्द हीरानन्द वात्स्यायन है। इनका जन्म सन् 1911 ई. में जिला देवरिया (उत्तर प्रदेश) के कमिया नामक कस्बे में हुआ। इनके पिता भारत सरकार के पुरातत्त्व-विभाग में उच्च पदाधिकारी थे। उनके साथ ‘अज्ञेय’ जी का शैशव लखनऊ, कश्मीर, नालन्दा एवं नीलगिरि में घूमते हुए बीता। संस्कृत, अंग्रेजी, फारसी, बंगला आदि कई भाषाओं के ज्ञाता। इनकी शिक्षा-दीक्षा मुख्यतः मद्रास और लाहौर में हुई। लाहौर से बी.एस-सी. पास करने के उपरान्त ये अंग्रेजी साहित्य में एम.ए. की तैयारी करने लगे, पर उसी समय क्रान्तिकारी आन्दोलन से सम्पर्क हुआ; परिणामस्वरूप कुछ दिन फ़रारी में बिताकर 1930 ई. में पकड़े गये। चार वर्ष कारावास एवं दो वर्ष नजरबन्दी में रहे। जेल से निकलकर किसान-आन्दोलन में भी भाग लिया था।

‘सैनिक’, ‘विशाल भारत’, ‘प्रतीक’, ‘वाक्’ (अंग्रेजी) आदि कई पत्र-पत्रिकाओं का ये सम्पादन कर चुके हैं। भारतीय सेना एवं आकाशवाणी में भी काम किया है। ‘अज्ञेय’ जी ने देश-विदेश का व्यापक भ्रमण किया है और इनके साहित्य में इस पर्यटन की स्पष्ट गूँज है। एक अमरीकी विश्वविद्यालय में दो वर्ष तक अध्यापन कार्य भी किया। चित्रकला, फोटोग्राफी आदि अन्य कलाओं में भी इनकी गहरी रुचि थी।

‘अज्ञेय’ जी की साहित्यिक अभिव्यक्ति उपन्यास-कहानियों के अतिरिक्त कविता एवं निबन्धों में भी हुई है। हिन्दी के कुछ श्रेष्ठतम यात्रा-विवरण भी इन्होंने लिखे हैं जो ‘अरे यायावर रहेगा याद’ एवं ‘एक बूँद सहसा उछली’ में संकलित हैं। ‘शेखर : एक जीवनी’ और ‘नदी के द्वीप’ इनके श्रेष्ठतम उपन्यास हैं तथा ‘विपथगा’, ‘शरणार्थी’, ‘कोठरी की बात’, ‘जयदोल’ आदि प्रमुख कहानी-संग्रह। इन्होंने अनेक महत्त्वपूर्ण पुस्तकों एवं संग्रहों का सम्पादन भी किया है। कविता में ये प्रयोगवाद एवं नयी कविता के अग्रगण्य कवि तथा प्रतिष्ठापक माने जाते हैं।

हिन्दी-कहानी के क्षेत्र में इन्होंने मनोविश्लेषण-शास्त्र के आधार पर गम्भीर प्रयोग किये हैं। इनकी कहानियों में घटना या कथानक का महत्त्व न होकर पात्र के अन्तर्जगत का विश्लेषण ही उद्दिष्ट होता है। बाह्य स्थूल घटनाओं को भी मानव के आन्तरिक जीवन से सम्बद्ध करके ही ये उन्हें सार्थक बनाते हैं।

इनकी भाषा संस्कृत तत्समबहुल तो है ही, साथ ही उसमें अंग्रेजी वाक्य-विन्यास को काफी हद तक अपनाया गया है। प्रस्तुत कहानी 'अज्ञेय' जी के 'शरणार्थी' संकलन से ली गयी है।

टिप्पणी

सामान्यतः 'अज्ञेय' जी की कहानियों में घटनाओं को इतना महत्त्व नहीं मिलता, जितना कि इस कहानी में मिला है। उन्हें सामान्यतः व्यक्ति के मन का कहानीकार माना जाता है। पर 1947 के साम्प्रदायिक दंगों, देश के विभाजन एवं शरणार्थियों पर लिखी गयी अपनी कुछेक कहानियों में उन्होंने बड़ी सूक्ष्म सामाजिक चेतना का परिचय दिया है। प्रस्तुत कहानी ऐसी ही है। परन्तु इतना ध्यान देने की आवश्यकता है कि यह कहनी घटना-प्रधान किसी भी प्रकार नहीं कही जा सकती। कहानी की समस्त घटनाओं को भाव और विचार के कई स्तरों पर गूँथा गया है। कहानी का आधार बिन्दुगत विचार कहानी के अन्तिम हिस्से में उभरता है कि भलाई की साहसहीनता से ही खतरा उत्पन्न होता है। कहानी का एक दूसरा स्तर है, जिसमें कि बार-बार परिस्थितियों में पड़कर मानवीय विवेक पराजित होता हुआ लगता है, पर लेखक उसे किसी दूसरे स्तर पर उदित होता हुआ दिखाकर आस्था को समाप्त नहीं होने देता। जब तमाम लोग मानवीय विवेक को खोने लगते हैं तो वह रफीकुद्दीन में विद्यमान रहता है; जब वे भी हारने लगते हैं तो उनके मित्र शेख़ साहब उस विवेक को शरण देते हैं; पर जब वे भी पराजित होने लगते हैं तो जेबुन्निसा के माध्यम से यह मानव-विवेक अभिव्यक्ति पाता है। वस्तुतः जेबुन्निसा इसी विवेक का प्रतीक है। उसके पत्र से, जबकि वह 'इन्सान' के नाम पर देविन्दरलाल को हिन्दुस्तान के अल्पसंख्यकों की याद दिलाती है, यह प्रतीकता एकदम स्पष्ट हो जाती है।

कहानी में दंगे की घटनाओं के वर्णन द्वारा वातावरण को घना और गहरा बनाने की चेष्टा की गयी है। कहानी की भाषा में लेखक का सामर्थ्य ही नहीं संयम भी देखने योग्य है। कहीं भी अतिरिक्त भावुकता की पुट नहीं है। विष देने के प्रसंग में भी लेखक ने किसी प्रकार की उत्तेजना नहीं दिखाई। केवल उस घटना से नायक के मन में एक विचार कौंध जाता है और वह उस विचार के अनुसार कार्य करता है।

प्रश्न और अभ्यास

(1) प्रस्तुत कहानी के शीर्षक की विवेचना करते हुए बताइए कि 'शरणदाता' शब्द में व्यंग्य क्या है तथा देविन्दरलाल का अन्तिम शरणदाता कौन है—जेबुन्निसा या उसका अपना साहसपूर्ण विवेक?

(2) निम्नलिखित कथनों का आशय स्पष्ट कीजिए–

(क) 'इस धक्के को राजनीति की भुरभुरी रेत की दीवार के सहारे नहीं, दर्शन के सहारे झेला जा सकता था।'

(ख) 'दुनिया में खतरा बुरे की ताकत के कारण नहीं, अच्छे की दुर्बलता के कारण है। भलाई की साहसहीनता ही बड़ी बुराई है। घने बादल से रात नहीं होती, सूरज के निस्तेज हो जाने से होती है।'

(3) लेखक के निम्नलिखित कथन को ध्यान में रखते हुए प्रस्तुत कहानी की संगति की परीक्षा कीजिए :

'कहानी की संगति मानवीय तर्क या विवेक या कला के सौन्दर्य-बोध की बनाई हुई संगति है, इसलिए मानव को दीख जाती है और वह पूर्णता का आनन्द पा लेता है।'

(4) देविन्दरलाल के चरित्र की रेखाएँ स्पष्ट कीजिए।

(5) प्रस्तुत कहानी किस शैली में लिखी गयी है?

(6) विष वाले भोजन को देखकर कथानायक को अपने घर की याद क्यों आने लगती है? इस याद का कहानी के घटना-चक्र पर क्या प्रभाव पड़ता है?

विष्णु प्रभाकर

श्री विष्णु प्रभाकर का जन्म सन् 1912 में जिला मुजफ्फरनगर (उ.प्र.) के एक गाँव में हुआ तथा पंजाब विश्वविद्यालय से बी.ए. एवं प्रभाकर की परीक्षाएँ उत्तीर्ण कीं। कुछ दिनों तक पंजाब के एक सरकारी कार्यालय में उन्होंने कार्य किया, फिर अखिल भारतीय आकाशवाणी के दिल्ली केन्द्र में नाटक-विभाग के अधिकारी हो गये।

विष्णु जी की अब तक पच्चीस से ऊपर पुस्तकें प्रकाशित हो चुकी हैं। इनमें 'धरती पर', 'निशिकान्त' आदि उपन्यास हैं तथा 'आदि और अन्त', संघर्ष के बाद,' 'धरती अब भी घूम रही है' आदि कहानी-संग्रह। 'डॉक्टर' इनका प्रसिद्ध नाटक है तथा 'प्रकाश और परछाइयाँ' एकांकी-संग्रह।

विष्णु जी ने अपनी कहानियों में पात्रों के मानसिक पक्ष की ओर बहुत ध्यान दिया है। बहुधा इनकी कहानियों में मानव-मन के किसी अछूते पहलू, अभाव या उदात्तता का अंकन मिलता है। पात्रों के अन्तर्द्वन्द्व के प्रकाशन के लिए घटनाओं का ताना-बाना बुनने में भी ये प्रवीण हैं। इसी कारण इनकी कहानियों में सामाजिकता का स्वर स्पष्ट रूप से विद्यमान रहता है। अन्तर्द्वन्द्व के चित्रण पर बल देते हुए भी विष्णु जी की कहानियों में कथानक-तत्त्व का ह्रास नहीं हुआ है : 'धरती अब भी घूम रही है' इनकी प्रसिद्ध कहानी है, जिसकी हिन्दी में बहुत चर्चा हुई है। प्रस्तुत संकलन में दी गयी 'अभाव' नामक कहानी भी इनकी श्रेष्ठतम कहानियों में से एक है। 'गृहस्थी,' 'ठेका' और 'जज का फैसला' इनकी अन्य श्रेष्ठ कहानियाँ हैं।

टिप्पणी

श्री विष्णु प्रभाकर की यह कहानी चरित्र-प्रधान मनोवैज्ञानिक कहानी है। जीवन का एक गहरा अभाव एक व्यक्ति के व्यवहार एवं कार्य को असामान्य ऊँचाइयों पर भी पहुँचा सकता है। सन्तान-सम्बन्धी अभाव की थीम पर आधृत एक कहानी हम लोग 'ताई' शीर्षक से पढ़ चुके हैं। पर वह कहानी जहाँ सामान्य मनोविज्ञान पर आधृत है, वहीं यह कहानी असामान्य मनोविज्ञान की ओर इंगित करती है। कहानी

के चरमबिन्दु पर ही कहानी की समाप्ति लेखक के रचना-कौशल की द्योतिका है। पूरी कहानी अत्यधिक सुगठित है तथा असामान्य व्यवहार को भी विश्वसनीयता के स्तर पर चित्रित करती है। कहानी की सचाई पर हमको कभी सन्देह नहीं होता। यों इसका पहला अनुच्छेद संक्षिप्त किया जा सकता है। नयी कहानी-विधि में इतनी लम्बी एवं वैचारिक भूमिका से कहानी शुरू नहीं की जाती। पहले अनुच्छेद के बाद मुहल्ले की स्त्रियों की बातचीत से वातावरण निर्मित हुआ है तथा 'बेबी' के चोट लगने वाले प्रसंग में वातावरण द्वारा बनाये गये रूप को पूरी तौर पर मूर्तिमान कर दिया गया है। जन्म-दिवस की पार्टी का आयोजन चरमबिन्दु की ओर बढ़ाव है तथा टूटे खिलौने चरमबिन्दु। इस क्षण में उसके उद्‌गार ही पूरी कहानी की कुंजी है—इनमें ही 'अभाव' का रूप स्पष्ट हो सका है और तभी उस स्त्री की सारी खिलखिलाहट अधिक करुण भी लगती है और महान् भी। मेज पर रखे-सजे खिलौने वस्तुतः उसके अभाव को प्रतीकात्मक ढंग से व्यंजित करते हैं।

प्रश्न और अभ्यास

(1) 'ताई' और 'अभाव' कहानियों का आधारबिन्दु (थीम) क्या एक ही है? दोनों कहानियों के अन्तर और समानताएँ बताइए।
(2) 'अभाव' के मुख्य पात्र का चरित्र किन-किन विधियों से चित्रित किया गया है?
(3) कहानी के शीर्षक का क्या तात्पर्य है?
(4) प्रस्तुत कहानी के अन्तिम अंश का क्या महत्त्व है?
(5) प्रस्तुत कहानी का कथानक संक्षेप में लिखिए।
(6) 'अभाव' कहानी की नायिका का व्यवहार आपको क्या विश्वसनीय लगता है?
(7) कहानी की नायिका के प्रति आपके मन में कौन-से भाव जागते हैं : करुणा, सहानुभूति, ईर्ष्या, क्रोध, घृणा, आश्चर्य या प्रशंसा?

मोहन राकेश

स्वतन्त्रता के उपरान्त उदित हिन्दी की नयी पीढ़ी के कहानीकारों में प्रमुख श्री मोहन राकेश का जन्म सन् 1925 ई. में अमृतसर में हुआ। पंजाब विश्वविद्यालय से इन्होंने हिन्दी में एम.ए. पास किया तथा कुछ दिनों तक जालन्धर के डी.ए.वी. कॉलेज एवं दिल्ली के स्नातकोत्तर सान्ध्य-शिक्षण संस्थान में अध्यापन करते रहे। बम्बई से प्रकाशित प्रमुख कहानी-पत्रिका 'सारिका' का सम्पादन भी इन्होंने कुछ समय तक किया।

राकेश जी की मातृभाषा यद्यपि पंजाबी है, पर उनकी साहित्यिक अभिव्यक्ति का माध्यम हिन्दी ही है, जिसपर उनका मातृभाषा के समान ही अधिकार है। 'नये बादल', 'जानवर और जानवर', 'एक और जिन्दगी' इनके प्रसिद्ध कहानी-संग्रह हैं तथा 'अँधेरे बन्द कमरे' प्रसिद्ध उपन्यास। 'आषाढ़ का एक दिन' नामक नाटक पर इन्हें संगीत-नाटक अकादमी का ढाई हजार रुपयों का पुरस्कार मिल चुका है। राकेश जी ने यात्रा-वर्णन भी लिखे हैं तथा आलोचनात्मक टिप्पणियाँ भी पत्र-पत्रिकाओं में लिखते रहते हैं।

स्वातन्त्र्योत्तर भारतवर्ष की बदलती हुई जिन्दगी के यथार्थमूलक चित्र इनकी कहानियों में मिलते हैं। आज के महानगरीय जीवन की विकृतियों से लेकर सामाजिक विषमताओं एवं झूठी नैतिकताओं पर लिखी इनकी कहानियाँ मार्मिक बन पड़ी हैं। इस सम्बन्ध में यह ध्यान देने योग्य है कि इनकी कहानियों में किसी वाद के अनुसार चित्रण न होकर व्यक्ति के मानसिक अन्तःसंघर्ष के द्वारा ही बाहरी असंगतियों पर प्रकाश केन्द्रित करने का प्रयत्न हुआ है। प्रेम, घृणा, त्याग-जैसी तर्क से परे रहने वाली भावनाओं पर भी इनकी मार्मिक कहानियाँ मिलती हैं।

राकेश जी की कहानियों में चरित्र, वातावरण, घटना या विचार पर बल नहीं है। ये सारे तत्त्व एक में घुले-मिले रहते हैं। कहानी की शैली भी किसी चरमबिन्दु या आकस्मिक अन्त पर निर्भर नहीं है। वस्तुतः यहाँ जीवन का एक खण्ड है और वह अपनी समग्रता में रोचक लगता है। इसीलिए जोर किसी एक स्थान पर न होकर पूरी कहानी पर होता है। 'नये बादल', 'मलबे का मालिक', 'मिस पाल', 'एक और जिन्दगी' इनकी अन्य श्रेष्ठ पठनीय कहानियाँ हैं।

टिप्पणी

प्रस्तुत कहानी माँ की कहानी है—शाश्वत माँ की—उस माँ की कहानी है जो जीवन में सफल पुत्र को भी प्यार करती है और आदर्शों के पीछे भागते हुए असफल पुत्र को भी; और शायद जब चुनने का प्रश्न आता है तो असफल पुत्र का खुरदरा प्यार उसे अधिक आकर्षित करता है; उस माँ की कहानी है जो औपचारिकता को बरदाश्त नहीं कर पाती और जो सहज, अकृत्रिम प्यार को लिये-दिये जीती है। मानवीय करुणा और ममत्व की यह मूर्ति हर युग के कलाकार को आकर्षित करती आयी है और नया कहानीकार भी उसके मोहपाश में बँधता है। पर एक अन्तर हो जाता है : यह नया कहानीकार भावुकता में भरकर उसकी महत्ता की घोषणा नहीं करता, उसके व्यक्तित्व को बढ़ा-चढ़ा कर नहीं दिखाता। विभिन्न सामाजिक एवं पारिवारिक स्थितियों वाला एक जीवन-खण्ड वह सामने रख देता है और उस जीवन-खण्ड के तटस्थ-से लगते वर्णन में 'माँ' की वही मूर्ति उभर आती है। स्पष्ट है कि यह मूर्ति इसी कारण अधिक सहज एवं अधिक वास्तविक है।

पूरी कहानी में कोई चरम सीमा नहीं है; कुतूहल या उत्सुकता की आतुरता नहीं है, घटनाओं की भागदौड़ नहीं है; पात्रों के अन्तर्द्वन्द्व के शास्त्रीय मनोविश्लेषण नहीं किये गये, किसी विचार या उद्देश्य की घोषणा नहीं की गयी; फिर भी कहानी बन गयी और पूरी बन गयी। वस्तुतः पूरी कहानी अपने-आपमें इतनी गुँथी हुई है कि कहानी पूरी-की-पूरी आस्वादनीय है—कोई एक पात्र, घटना, वातावरण या विचार नहीं।

यों अगर कहानी का विश्लेषण किया जाये तो ज्ञात होगा कि माँ की इस कथा को उभारने के लिए दो परस्पर-विरोधी प्रवृत्तियों के पुत्रों की कथा अगल-बगल में रखी गयी है। कथा इस प्रकार पुत्रों की है, पर दोनों को जोड़ने वाला सूत्र माँ है और अन्ततः उसी के चरित्र को उभारकर सबसे ऊपर आता हुआ हम देखते हैं। बल्कि यों कहें कि उसका चरित्र करुणा का ऐसा बादल बन जाता है जो पूरी कहानी को छा लेता है! पुत्रों की वृत्तियाँ अलग-अलग हैं, पर एक गहरी समानता है कि दोनों भाई एक-दूसरे के प्रति समान रूप से उपेक्षाशील हैं। यह समानता कहानी में बड़ी महत्त्वपूर्ण है। इसी भूमि पर माँ का रूप उभरता है, उसकी पीड़ा उभरती है। पर इन दोनों भाइयों में लेखक की किसके साथ सहानुभूति है, इसे भी पहचाना जा सकता है। लेखक अपनी ओर से कुछ नहीं कहता; पर माँ जिससे असन्तुष्ट होकर गयी थी, जानती है कि उसी को उसकी आवश्यकता है और वहीं लौट आती है।

प्रश्न और अभ्यास

(1) कहानी के शीर्षक की सार्थकता पर विचार कीजिए।

(2) कहानी के मुख्य पात्रों की चारित्रिक विशेषताएँ क्या हैं? दोनों पुत्रों के चरित्रों के माध्यम से माँ का चरित्र क्यों और किस प्रकार अधिक उभरता है?

(3) कहानी में क्या किसी प्रतीक-योजना का विधान किया गया है? अगर हाँ, तो स्पष्ट कीजिए।

(4) माँ की सक्रिय ममता का झुकाव किस पुत्र के प्रति होता है और क्यों?

(5) माँ की यात्राओं में दोनों बार खाने-पीने की चर्चा आती है—क्या इस चर्चा से चरित्रों पर कोई प्रकाश पड़ता है?

(6) प्रस्तुत कहनी को कहानी के विविध 'प्रकारों' के अन्तर्गत रखने में क्या कठिनाइयाँ आती हैं? अन्ततः इसे आप किस 'प्रकार' के अन्तर्गत रखना चाहेंगे?

उषा प्रियंवदा

सुश्री उषा प्रियंवदा हिन्दी की महिला कहानी-लेखिकाओं में अग्रणी हैं। इलाहाबाद विश्वविद्यालय से इन्होंने अंग्रेजी साहित्य में एम.ए. की उपाधि प्राप्त की। इसके पश्चात् ये वहीं पर अंग्रेजी-विभाग में अध्यापिका नियुक्त हो गयीं। आजकल संयुक्त राज्य अमरीका के इण्डियाना विश्वविद्यालय में आधुनिक अमरीकी साहित्य पर अनुसन्धान कर रही हैं।

उषा जी की अब तक दो पुस्तकें प्रकाशित हो चुकी हैं। 'पचपन खम्भे : लाल दीवारें' उपन्यास तथा 'जिन्दगी और गुलाब के फूल' कहानी-संग्रह। यों पत्र-पत्रिकाओं में इनकी कहानियाँ छपती रहती हैं।

उषा प्रियंवदा जी ने अपनी प्रारम्भिक कहानियों में ही जिस प्रौढ़ता का परिचय दिया, उसके कारण ये अति शीघ्र हिन्दी की प्रमुख कहानी-लेखिका स्वीकार की जाने लगीं। प्रस्तुत कहानी 'वापसी' पर इन्हें 'नयी कहानियाँ' का '1960 ई. की सर्वश्रेष्ठ कहानी' पुरस्कार मिला था। यह कहानी हिन्दी में बराबर चर्चा का विषय रही है। इनकी अन्य कहानियों में भी शहरी परिवारों के बड़े ही अनुभूतिप्रवण चित्र मिलते हैं। आधुनिक जीवन की उदासी, अकेलेपन, ऊब आदि का अंकन करने में इन्होंने अत्यन्त गहरे यथार्थबोध का परिचय दिया है। इनकी कहानियों में गठन का चमत्कार नहीं है, चामत्कारिक अन्त नहीं है, कुतूहल एवं उत्सुकता का उद्दीपन नहीं है, पर पूरी कहानी अपने-आपमें गहरी भावात्मकता जगाती है। 'जिन्दगी और गुलाब के फूल', 'दृष्टिदोष', 'मोहबन्ध' आदि इनकी अन्य प्रसिद्ध कहानियाँ हैं। कहानी की भाषा एवं कथन-शैली सर्वत्र भावुकता, अलंकरण से रहित है तथा अपनी विषय-वस्तु के प्रति एक निर्व्याज तटस्थता इन्होंने बनाये रखी है।

टिप्पणी

'वापसी' कहानी में भी 'आर्द्रा' की भाँति ही न कोई चरम सीमा है और न अभीष्ट प्रभाव किसी एक बिन्दु, घटना या विचार पर केन्द्रित है। यह प्रभाव आद्योपान्त पूरी कहानी में व्याप्त है। पूरी कहानी में कहीं भी कथानक गढ़ने या काव्यात्मक

शब्दावली में वातावरण बनाने को चेष्टा नहीं मिलती। अनायास छोटे-छोटे चित्र सामने आते जाते हैं और सारे चित्र मिलकर जो चित्र बनाते हैं उसमें पीड़ा और विषाद का एक गहरा बोध है। कहानी का न तो प्रारम्भ किसी मार्मिक घटना से होता है और न अन्त में कोई चमत्कार आता है। जीवन की जो सहज गति पहले थी, वही अन्त में रहती है। चरित्रों के बारे में लेखिका की टिप्पणियाँ नहीं के बराबर हैं। लेकिन गतिशील जीवन के जो 'स्नैपशॉट' उपस्थित किये गये हैं वे बहुत कुछ ध्वनित करते हैं।

रिटायर्ड गजाधर बाबू परिवार में खप नहीं पाते—साध उनके जीवन की भले ही यही रही हो। इसमें भी दोष किसी का नहीं; घर की व्यवस्था ऐसी बन चुकी थी। घर में उनकी स्थिति का प्रतीक चारपाई है जो पहले अस्थायी तौर पर बैठक में पड़ी रही, फिर माँ के कमरे में पहुँच गयी और फिर वहाँ से भी निकाल दी गयी। इस प्रकार उनका 'अस्तित्व घर के वातावरण का कोई भाग नहीं बन सका।' और अन्त में विषाद की गहरी छाया के नीचे जब वे घर से चलने लगते हैं तो आँसू नहीं, रुदन नहीं केवल 'एक दृष्टि उन्होंने अपने परिवार पर डाली और फिर दूसरी ओर देखने लगे।' इधर उनका घर है कि कोई सिनेमा की तैयारी करता है और कोई चौके की—पर पाठक पीड़ा और विषाद की अनुभूति को पूरी तौर से पहचान लेता है।.... लेखिका ने कहीं भी गजाधर बाबू के प्रति अतिरिक्त सहानुभूति नहीं उभारने दी। शैली की यह तटस्थता इस कहानी की बड़ी शक्ति है।

प्रश्न और अभ्यास

(1) 'शरणागत', 'वापसी' और 'आर्द्रा' कहानियों में क्या आपको किसी प्रकार की समानता मिलती है? तर्क एवं उद्धरण देते हुए अपना उत्तर लिखिए।
(2) 'चारपाई' किस प्रकार गजाधर बाबू की प्रतीक है?
(3) कहानी के अन्तिम वाक्य उसके प्रभाव को किस प्रकार अधिक गहरा बना देते हैं?
(4) प्रस्तुत कहानी के प्रारम्भिक और अन्तिम दृश्यों को ध्यान में रखते हुए 'वापसी' शीर्षक की प्रासंगिकता स्पष्ट कीजिए।
(5) गजाधर बाबू किन कारणों से अपने ही परिवार में नहीं खप सके? ये कारण परिस्थितियों से उत्पन्न थे या स्वयं उनके या परिवार वालों द्वारा उत्पन्न किये गये थे?
(6) प्रस्तुत कहानी के शैली-शिल्प पर एक संक्षिप्त टिप्पणी लिखिए।
(7) क्या इसे आप कहानियों के किसी एक वर्ग के भीतर रख सकते हैं। अगर नहीं तो क्यों नहीं?

'विवेक के रंग' : भूमिका

भूमिका लिखने में मुझे बेहद आलस लगता है। परिणाम है कि पिछले साल-भर से प्रस्तुत संकलन की पाण्डुलिपि लगभग तैयार पड़ी है, पर तकाजों के बावजूद प्रकाशनार्थ नहीं दी जा सकी—भूमिका लिखनी थी न! पर इस आलस्य से एक बड़ा भय सामने आया—हिन्दी-प्रकाशनों की गति के कारण हर महीने अच्छी किताबें मिलने की तो आशा ही की जा सकती है पर पुस्तक-समीक्षाएँ तो अकसर मिल जाती हैं। अतएव इस प्रकार के संकलन में निरन्तर जोड़-तोड़, घटा-बढ़ी की समस्या उठने लगती है। मैंने स्वयं कम-से-कम पन्द्रह समीक्षाएँ इन दिनों इस संकलन में जोड़ी या घटायी हैं। इस निरन्तर परिष्कार-प्रक्रिया से घबराकर ही इस पुस्तक-समीक्षा-संकलन की भूमिका लिखने का आलस तोड़ सका। यह परिष्कार भी पिछले वर्ष ही नहीं हुआ है—पिछले चार वर्ष से इस संकलन पर काम करता आ रहा हूँ। बीच-बीच में चयन में ही बदलाव नहीं हुए, स्वयं सम्पादक को भी स्थान बदलना पड़ा। थीसिस, कानपुर से दिल्ली की उखाड़-पछाड़, तमाम पेशेगत व्यस्तताओं, संकलन की उपयोगिता सम्बन्धी संकल्पों-विकल्पों आदि के मध्य काम अटकता-भटकता बढ़ता रहा। जून, 1961 में इस संकलन का जो ढाँचा सामने आया था उसे बहुत-कुछ बदलना पड़ा है। तबसे अनेक महत्त्वपूर्ण पुस्तकें सामने आयी हैं और अनेक गणनीय समीक्षाएँ। इनको जोड़ते-घटाते हुए सोचा था कि भूमिका पचास पृष्ठ से कम क्या होगी; पर अब लिखने बैठा हूँ तो बहुत लम्बी भूमिका लिखने का न साहस है और न समय। शायद ज्यादा लम्बी भूमिका का औचित्य भी मन में शेष नहीं रहा। आखिर हिन्दी-आलोचना के इतिहास या मानदण्डों पर एक शोध-निबन्ध-जैसा भारी-भरकम दस्तावेज पेश करना कहाँ तक उपयुक्त होगा? बहरहाल, अब जो भूमिका है वह सचमुच ही इस संकलन की भूमिका है—यानी कि जिस भूमि पर रखकर संकलन की प्रकृति या विशिष्टता का नजदीकी परिचय प्राप्त किया जा सके।

समसामयिक लेखन की चर्चा अधिकांशतः पुस्तक-समीक्षा के स्तम्भों तक ही सीमित रहती है। और इन समीक्षाओं में अकसर महत्त्वपूर्ण समस्याएँ ही नहीं उठायी जातीं, आलोचना-पद्धति के बदलाव के आरम्भिक लक्षण भी दिखाई पड़ते हैं। ये

दो ऐसे तथ्य थे जिन्होंने इस संकलन के लिए प्रेरित किया। ऐसा प्रतीत हुआ कि समकालीन महत्त्वपूर्ण पुस्तकों की गणनीय समीक्षाएँ यदि एक स्थान पर संकलित की जायें तो नवलेखन का एक संश्लिष्ट चित्र ही सामने नहीं आयेगा, आलोचना के नये विवेक या पद्धति को भी अधिक संकेन्द्रित ढंग से देखा जा सकेगा।

इन दोनों बातों में जहाँ तक पहली का प्रश्न है, कहा जा सकता है कि आलोचनात्मक लेख भी बराबर लिखे जाते हैं। इस तथ्य को मैं अस्वीकार नहीं करता। (और यदि सुविधा मिली तो पिछले 15 वर्षों के ऐसे निबन्धों के संकलन—सम्पादन की भी चेष्टा करूँगा।) परन्तु फिर भी इतना तो कहा ही जा सकता है कि इस प्रकार के लेखों का एक बड़ा अंश ऐसा होता है जिनमें कि घूम-फिरकर कुछेक कवियों के कुछेक संग्रहों की कुछेक कविताओं या वक्तव्यों की उद्धरणी की परम्परा चलती रहती है। उदाहरण के लिए 'नयी कविता' पर लिखे गये अधिकांश लेखों में 'सप्तकों' के ही कुछ कवियों और इन सप्तकों में संकलित कविताओं या वक्तव्यों पर ही फ़तवे दिये जाते रहे हैं। अधिकांश लोगों ने यह देखने का कष्ट नहीं उठाया कि सप्तकों के बाहर भी उतनी ही महत्त्वपूर्ण रचनाशीलता के दर्शन होते हैं तथा 'सप्तकों' में आये कवियों की कहीं अधिक महत्त्वपूर्ण रचनाएँ 'सप्तकों' से अतिरिक्त भी संकलित हैं। इस कारण यह कहने में मुझे कोई हिचक नहीं है कि समसामयिक लेखन-चर्चा और विमर्श का ज्यादा सही प्रतिनिधित्व पुस्तक-समीक्षाओं के संकलन में देखा जा सकता है। लेखन और समीक्षण दोनों का ही बहुरंगी-बहुवर्णी व्यक्तित्व इस संकलन में मिल सकता है। यहाँ तक कि तमाम विवादों-प्रवादों की अनुगूँज भी इनमें विद्यमान है।

जहाँ तक दूसरी बात, पुस्तक-समीक्षाओं की गणनीयता या महत्ता का सम्बन्ध है, इस तथ्य से इनकार नहीं किया जा सकता कि पुस्तक-समीक्षाओं का स्तर हिन्दी में, सामान्य रूप से, अगम्भीर है और उसके प्रति असन्तोष का एक तीखा स्वर हमेशा सुनने को मिलता रहता है। पर यही बात कमोबेश क्या कविताओं, कहानियों, उपन्यासों या नाटकों के ऊपर नहीं लागू होती? कृति साहित्य के नाम पर पेश किया गया कितना साहित्य खाद बन जाता है, इसका अनुमान लगाना बहुत कठिन नहीं है। पर इस कूड़े के ढेर के बीच से ऐसी रचनाएँ ऊपर आ जाती हैं जो पूरे युग की रचनात्मक आकांक्षा को सार्थकता एवं सिद्धि दे देती हैं। इसी प्रकार समकालीनता-बोध और समसामयिक लेखन का जीवन्त सम्पर्क नयी आलोचनात्मक प्रज्ञा को जन्म देता है तथा अगम्भीर समीक्षाओं के बीच गम्भीर और गणनीय समीक्षा-क्रिया को सामने ले आता है। आलोचना की यह भयंकर खामी होगी कि वह तमाम समसामयिक लेखन से कटा रहे। यह बात मैं बराबर कहता रहा हूँ कि समकालीनता-बोध से रहित आलोचना को आलोचना नहीं कहा जा सकता—शोध, पाण्डित्य या कुछ और भले ही कह लिया जाये। आलोचना का पहला दायित्व नवलेखन के प्रति ही है। आलोचक-वर्ग का उदय जिस सांस्कृतिक प्रक्रिया का अंग है उसमें उसे समसामायिक

साहित्य की दुरूहता एवं मूल्य-चिन्ता दोनों ही से उलझना पड़ता है। इस बीच हिन्दी की एकेडेमिक आलोचना पर जो आक्षेप होते रहे हैं (और ऐसी आलोचनाएँ लिखने वाले केवल विश्वविद्यालयों में ही सीमित नहीं हैं—स्वतन्त्र लेखकों में भी इस कोटि की कमी नहीं है।) वे इसलिए नहीं हुए कि वे 'एकेडेमिक' हैं, बल्कि इसलिए कि वे समसामयिक जीवन और साहित्य दोनों के नजदीकी बोध से शून्य हैं। इस दुष्चक्र में पहली फाँक पुस्तक-समीक्षाओं के स्तम्भों में ही दिखाई पड़ी है। इस महत्त्वपूर्ण 'क्रिटिकल ऐक्टिविटी' को एक केन्द्र में लाने से इस दुष्चक्र को तोड़ने में सहायता मिल सकती है—यह आशा अनुचित न मानी जायेगी। रचनाशीलता के बदलाव के साथ ही आलोचना के मानदण्ड और पद्धतियों में भी परिवर्तन होता है—यह बार-बार दोहरायी और कही जाने वाली बात है। पर आश्चर्य होता है कि तमाम आचार्यगण इसी तथ्य को भुला देते हैं और परिणामस्वरूप उनका लेखन या तो पाण्डित्यधर्मी (पिडैण्टिक) बनकर रह जाता है या ठेठ जड़। बहरहाल, हर युग की आलोचनात्मक समझ अपने युग के साहित्य से अनुकूलित और अनुशासित होती है और उसे अनुकूलित करती भी है। एक ही पीढ़ी या समय की प्रमुख चेतना-संवेदना एक और अखण्डित होती है—व्यक्त चाहे वह कविता में हो, कहानी में हो या आलोचना में। इस अनुकूलन-अनुशासन की प्रक्रिया के अन्तर्गत ही हर युग पुरानी कृतियों का नये सिरे से आकलन करने के लिए बाध्य होता है। इसे ही हम आलोचना का दूसरा मुख्य दायित्व—पुनर्मूल्यांकन—कह सकते हैं। वस्तुतः आलोचना—व्यावहारिक आलोचना—के साथ, इसी कारण 'शाश्वत' विशेषण का प्रयोग और भी अधिक कठिन है। जहाँ तक पुराने क्लैसिक मानदण्डों या साहित्य-सिद्धान्तों का प्रश्न है, उनकी भी स्थिति क्लैसिक कृतियों-जैसी ही होती है। जिन सिद्धान्तों में इतना लचीलापन होता है कि उनकी युगानुरूप पुनर्व्याख्या की जा सके, उनके स्वीकार कर लिए जाने की सम्भावना सबसे अधिक होती है। अंग्रेजी में 'न्यू क्रिटिक्स' ने लांगिनुस और कॉलरिज की नयी व्याख्याएँ कीं तथा शिकागो के 'नियो-एरिस्टोटेलियन्स' ने अरस्तू के अनुकरण-सिद्धान्त को आधुनिक साहित्य के लिए प्रसंगानुकूल बनाने की चेष्टा की। स्वयं हिन्दी में आचार्य रामचन्द्र शुक्ल ने रस-सिद्धान्त की जो पुनर्व्याख्या की थी उसके पीछे समसामयिक जीवन और साहित्य के गहरे आग्रह थे। भावयोग को ज्ञानयोग और कर्मयोग के समकक्ष मानना, प्रकृति-चित्रण का गहरा आग्रह, 'आदिम रूप-व्यापारों' के उद्घाटन पर जोर, कवि-कर्म का महत्त्व आदि उनके काव्य-सिद्धान्त सीधे स्वच्छन्दतावादी प्रवृत्तियों से परिचालित थे। यह संयोग मात्र नहीं है कि भारतीय काव्य-चिन्तन-परम्परा के अन्तर्गत 'कल्पना' (जो कि स्वच्छन्दतावाद की प्रेरक शक्ति मानी जाती है) पर शुक्ल जी पहले व्यक्ति हैं जिन्होंने जमकर विचार किया है। रीतिकाल की तमाम रूढ़ियों के विरोध और अवमूल्यन में शुक्ल जी प्रसाद, पन्त और निराला के साथ थे। जिस 'भक्तिकाल' को शुक्ल जी इतना महत्त्व देते हैं उसी

से तमाम छायावादी कवि भी अपना सम्बन्ध जोड़ते हैं। यहाँ तक कि रीतिकाल के फुटकर खाते के भीतर रखे गये घनानन्द की जिन कारणों से वे अतिशय प्रशंसा करते हैं वे कारण छायावादी काव्य-शैली के हैं। डॉ. नामवर सिंह ने शुक्ल जी के साहित्य-सिद्धान्तों की रोमैण्टिक आधारभूमि को काफी स्पष्ट किया है। शुक्ल जी के बारे में एक भ्रम है कि वे छायावाद के निन्दक थे। वस्तुतः वे छायावाद की कृत्रिम रहस्यवादिता एवं कुण्ठाओं के निन्दक थे। कहना चाहूँगा कि छायावादी कवियों की जो आलोचना उन्होंने अपने इतिहास में की है वह आज भी अव्यर्थ है। यों किसी भी कवि या काव्यान्दोलन की समस्त क्षमताओं एवं अर्थस्तरों का उद्‌घाटन एक साथ और एक ही व्यक्ति कभी नहीं करता। उसका उद्‌घाटन हर युग अपने अनुकूल करता रहता है—जैसे कि मुक्तिबोध ने जब 'कामायनी' पर पुनर्विचार करते हुए उसका विश्लेषण फैण्टेसी मानकर किया तो वस्तुतः उन्होंने उस महनीय कृति को अपने सृजन के लिए प्रसंगानुकूल बनाया था। यों शुक्ल जी के जो तथाकथित नैतिक आग्रह थे वे भी स्वामी दयानन्द सरस्वती और महात्मा गाँधी के मिले-जुले प्रभावों के अन्तर्गत अपने समकालीन जीवन से ही लिये गये थे। रवीन्द्रनाथ ठाकुर के प्रति व्यक्त उनके विचारों में यह तथ्य भलीभाँति देखा जा सकता है। मुझे तो यह भी लगता है कि शब्दावली के भिन्न होने के बावजूद गाँधी जी और शुक्ल जी के विचार रवीन्द्र के प्रति (तथा पाश्चात्य प्रभावों के प्रति) बहुत-कुछ समानता रखते हैं।

पुराने सिद्धान्तों की युगानुकूल व्याख्या का एक अत्यन्त विशिष्ट उदाहरण साधारणीकरण की चर्चा है। संस्कृत काव्यशास्त्र में साधारणीकरण का विवाद ऐसा प्रमुख प्रश्न नहीं है कि तमाम रस-सिद्धान्त का प्रतीक बन जाये। संस्कृत-काव्य-परम्परा में (या प्राकृत-अपभ्रंश में भी) साधारणीकरण का प्रश्न मुख्य था भी नहीं। उस युग में कवि और रसिक की बौद्धिक भूमि लगभग समान थी अतः सम्प्रेषण की कठिनाइयाँ नहीं थीं। परन्तु धीरे-धीरे शिक्षा के प्रसार और ज्ञान-विज्ञानों की विशेषज्ञता के साथ-साथ यह भूमिका बदली है। साथ ही ब्रज से खड़ी बोली में माध्यम का जो बदलाव होता है, वह भी सम्प्रेषण के लिए समस्याएँ उत्पन्न करता है। पश्चिमी विचारधाराओं, पश्चिमी साहित्यों आदि के सम्पर्क से जो काव्य-दृष्टि का बदलाव हुआ, नये काव्यरूपों का आविर्भाव हुआ, काव्य-विषयों का फैलाव हुआ, उन सबने मिलकर सम्प्रेषण की समस्या को काफी जटिल बनाया। मुझे याद है कि छायावाद की एक परिभाषा, उसका मजाक उड़ाते हुए, यह भी रखी गयी थी कि जो समझ में न आवे वह ही छायावाद। पर यह केवल मजाक नहीं था—इसके साथ लगी सचाई थी कि छायावादी काव्य का एक बड़ा हिस्सा दुरूह और अस्पष्ट था तथा पाठकों तक उसके सम्प्रेषण में कठिनाई होती थी। ऐसी स्थिति से रस-सिद्धान्त की चर्चा करते हुए 'साधारणीकरण' की ओर अत्यधिक ध्यान देना वस्तुतः अपने समकालीन साहित्य पर ही ध्यान देना था या उस साहित्य के परिदृश्य में पुराने रस-सिद्धान्त को

रखने की चेष्टा थी। यह अवश्य है कि 'आलम्बनत्व धर्म' के जिस साधारणीकरण की बात शुक्ल जी ने कही, वह सीधे राष्ट्रीय संग्राम की सामाजिक प्रतिबद्धता से सम्भूत थी—यानी कि सृजनात्मक स्तर पर जो प्रतिबद्धता प्रेमचन्द के साहित्य को जन्म दे रही थी वही शुक्ल जी के साधारणीकरण को भी। पर इसे रोमैण्टिक काव्यशास्त्र की आत्मपरक निष्ठा के लिए, कवि-कर्म को महत्त्व देने के लिए कवि के निकट लाने की आवश्यकता थी, और इस कार्य को पूरा किया डॉ. नगेन्द्र ने यह कहकर कि "साधारणीकरण कवि की अनुभूति का होता है।" कहना न होगा कि यह व्याख्या सीधे रोमैण्टिक काव्यशास्त्र से उपजी है।

पर साधारणीकरण की समस्या छायावादी काव्य के साथ समाप्त नहीं हो गयी। ऊपर जिन आधुनिक समस्याओं का जिक्र हम कर चुके हैं वे और अधिक तीखी बनकर सामने आयीं। विशेषीकरण और बढ़ा, 'भाषा एक रहते हुए भी मुहावरे अनेक हो गये' और फिर इनके साथ ही विकृत समाजशास्त्र के आग्रहों के कारण यथार्थ के नाम पर साहित्य को जनता की 'पॉप्युलर' अभिरुचि के साथ एकतान करने की कोशिश की गयी। परिणामस्वरूप अज्ञेय ने शब्दार्थ की समस्या के साथ ही साधारणीकरण की समस्या को भी उठाया, "...जो कवि एक क्षेत्र का सीमित सत्य (तथ्य नहीं सत्य : अर्थात् उस सीमित क्षेत्र में जिस तथ्य से रागात्मक सम्बन्ध है वह) उसी क्षेत्र में नहीं, उससे बाहर अभिव्यक्त करना चाहता है, उसके सामने बड़ी समस्या है। या तो वह यह प्रयत्न ही छोड़ दे, सीमित सत्य को सीमित क्षेत्र में सीमित मुहावरे के माध्यम से अभिव्यक्त करे—यानी साधारणीकरण तो करे पर साधारण का क्षेत्र संकुचित कर दे—अर्थात् एक अन्तर्विरोध का आश्रय ले, या फिर बृहत्तर क्षेत्र तक पहुँचने का आग्रह न छोड़े और इसलिए क्षेत्र के मुहावरे से बँधा न रहकर उससे बाहर जाकर राह खोजने की जोखिम उठाये। इस प्रकार वह साधारणीकरण के लिए ही एक संकुचित क्षेत्र का साधारण मुहावरा छोड़ने के लिए बाध्य होगा—अर्थात् एक दूसरे अन्तर्विरोध की शरण लेगा।" इस लम्बे उद्धरण को देने का तात्पर्य उस भूमिका से परिचित कराना है जो तमाम समसामयिक लेखन के साथ जुड़ी है। इस बार अज्ञेय ने साधारणीकरण को सीधे भाषा से—शब्दार्थ के सहितत्व से—ला जोड़ा। आश्रय, आलम्बन, कवि की अनुभूति या पाठक के आस्वादन आदि के स्थान पर सीधे माध्यम की क्षमताओं की खोज के साथ इस समस्या को ला जोड़ना साधारणीकरण के लिए ही एक नया योगदान नहीं है—नयी कविता के काव्य-सिद्धान्त को स्पष्ट करने का प्रयास भी है। इसी प्रकार मुक्तिबोध भी रचना-प्रक्रिया के तीन क्षणों की चर्चा करते हुए भाषा और भाव के बीच के द्वन्द्व की समस्या को उठाते हैं।

साहित्यिक सिद्धान्तों की अगर पुनर्व्याख्या के समान ही ऐतिहासिक सन्दर्भों की जाँच करके लेखकों का जो पुनर्मूल्यांकन होता है उसके पीछे भी समकालीन दृष्टि का गहरा एहसास विद्यमान रहता है। रीतिकाल के सम्बन्ध में शुक्ल जी और छायावादी

कवियों की विचारगत समानता का उल्लेख किया जा चुका है। स्वयं रीतिकाल के केशव को शुक्ल जी ने जिस गढ़े में धकेला—वहाँ से बहुत-से शोधकर्ता अब तक बाँस लगाकर उन्हें ऊपर नहीं चढ़ा पाये हैं। यह इसीलिए नहीं हो सका कि केशव को अपने युग के लिए प्रसंगानुकूल नहीं बनाया जा सका। केशव के विविध छन्द-प्रयोगों, व्यंग्यक्षमता को देखकर अज्ञेय जी एक बार उनकी ओर उन्मुख हुए थे पर शायद केशव की अनुभूति-क्षमता का अनुमान कर वे उपराम हो गये। रीतिकाल को यदि कुछ मान्यता इस बीच में मिली भी है तो मनोवैज्ञानिक सिद्धान्तों के प्रभाव के तले ही उसे प्रतिष्ठित किया जा सका है और कहना न होगा कि सन् '40 के आस-पास मनोवैज्ञानिकता का जो दौर-दौरा हुआ था, यह उसी का प्रभाव था। बिम्ब सिद्धान्त की अत्यधिक चर्चा ने भी कुछ नये कवियों को रीतिकाल की ओर उन्मुख किया। स्वयं डॉ. नगेन्द्र ने देव में जिन गुणों की महिमा देखनी चाही है वे रोमैण्टिक चेतना से उद्भूत गुण हैं। शुक्ल जी के बाद प्रगतिवाद के साथ-साथ जो अधिक वैज्ञानिक इतिहास-दृष्टि प्राप्त हुई थी तथा विजयदेवनारायण साही के शब्दों में 'जवानी का काव्य' (जिसमें मस्ती, फक्कड़पन, अनमनापन आदि मिले-जुले थे) आया था उसने तमाम सांस्कृतिक सन्दर्भों का पुनर्मूल्यांकन किया और उस प्रक्रिया में लेखकों या प्रवृत्तियों के ऐतिहासिक प्रतिष्ठापन (हिस्टॉरिकल-प्लेसिंग्ज) बदल गये। आचार्य हजारी प्रसाद द्विवेदी द्वारा निर्गुण सम्प्रदाय ही प्रतिष्ठित नहीं हुआ, मस्ती और फक्कड़पन के कवि कबीर श्रेष्ठतम कवियों में परिगणित किये जाने लगे। आदिकाल के प्रति दृष्टिकोण बदल गया। तुलसीदास की महिमा लोकमंगल के लिए ही नहीं 'समन्वय' के सांस्कृतिक प्रतीक के रूप में भी बढ़ी। मतिराम-जैसे कवियों की पुनःप्रतिष्ठा हुई—इसलिए कि उनमें पारिवारिक स्वर है तथा रीतिकाल को आमुष्मिक काव्य की एक पुरानी परम्परा का बल भी मिला। ऐतिहासिक पुनर्मूल्यांकन की प्रक्रिया सबसे अधिक हजारी प्रसाद द्विवेदी द्वारा सामने लायी गयी। यों पं. नन्ददुलारे वाजपेयी ने द्विवेदीयुगीन कवियों की नयी व्याख्याएँ कीं और भारतेन्दु-युग को पुनःप्रतिष्ठित करने का श्रेय डॉ. रामविलाम शर्मा को है। छायावाद और छायावादोत्तर गीतिकाव्य के पुनर्मूल्यांकन के प्रयास 'नवलेखन' के युग में भी हुए हैं पर सब मिलाकर नयी आलोचना का यह पक्ष काफी दुर्बल ही कहा जायेगा।

पर यह चर्चा तो प्राचीन साहित्य या प्राचीन काव्यशास्त्र की हुई। आलोचना का प्रमुख दायित्व समसामयिक साहित्य के प्रति है—यह पीछे कहा जा चुका है और इस दायित्व का निर्वाह सबसे पहले पुस्तक-समीक्षाओं के रूप में दिखता है। लाला श्रीनिवासदास 'संयोगिता-स्वयंवर' नाटक की बालकृष्ण भट्ट और बदरीनारायण चौधरी 'प्रेमघन' लिखित समीक्षाओं से ही हिन्दी की व्यावहारिक आलोचना का सूत्रपात माना गया है। यह तथ्य बहुत महत्त्वपूर्ण है। इससे सूचित होता है कि इस युग के साहित्य की प्रकृति बदल गयी थी और उसके लिए यह नया साहित्य रूप

'पुस्तक-समीक्षा' सामने आया था। भट्ट या प्रेमघन की इन समीक्षाओं से लेकर आजतक, इनकी स्तर-सम्बन्धी घनघोर शिकायतों के बावजूद, नये साहित्य की चर्चा के माध्यम के रूप में पुस्तक समीक्षा की एक पुष्ट परम्परा चली आयी है। मेरा विश्वास है कि भारतेन्दु युग से लेकर अबतक की पुस्तक-समीक्षाओं का संकलन यदि कोई तैयार कर सके तो हिन्दी आलोचना के विकास की एक व्यवस्थित झाँकी देखी जा सकती है।

भारतेन्दु युग आलोचना के नाम पर लगभग पुस्तक-समीक्षाओं तक ही सीमित था, द्विवेदी युग में भी यह माध्यम मुख्य बना रहा। स्वयं पं. महावीरप्रसाद द्विवेदी बड़े तीखे 'रिव्यूअर' थे। छायावादी कवियों में 'निराला' ने तमाम पुस्तकों की 'रिव्यू' की थी; तथा प्रेमचन्द, जैनेन्द्र एवं अज्ञेय लिखित पुस्तक-समीक्षाओं का परिमाण भी कम नहीं है। 'गोदान' के शहर और ग्राम-कथा के विन्यास को लेकर प्रेमचन्द पर बहुत-से आक्षेप किये गये हैं, पर अगस्त, 1936 के 'विशाल भारत' में 'गोदान' की समीक्षा करते हुए जैनेन्द्र ने इसे 'वस्तुस्थिति की अधिक निकटता' माना था। इसी प्रकार जैनेन्द्र के कहानी-संग्रह 'दो चिड़िया' की जनवरी, 1935 के 'विशाल भारत' में रिव्यू करते हुए अज्ञेय ने जो बातें कही थीं वे कहानी-समीक्षा की दृष्टि से आज भी महत्त्वपूर्ण हैं : "वे शब्दों की गरिमा में अपना भाव नहीं बाँध देते, वे एक वातावरण उत्पन्न कर देते हैं, एक संकेत कर देते हैं और बाकी पाठक स्वयं खोलता है और पाता है।" 'तथा' "जो लोग कहानी सिर्फ वक्त बिताने के लिए नहीं पढ़ते, उन्हें यह संग्रह अवश्य पढ़ना चाहिए।" कहानी को एक गम्भीर दायित्व सौंपने का प्रयास 'नयी कहानी' को परम्परा से प्राप्त दाय है। इसी प्रकार 'रूपाभ' में डॉ. रामविलास शर्मा ने कुछ बहुत अच्छी समीक्षाएँ लिखी थीं—इनमें 'अनामिका' की समीक्षा में निराला की दुरूहता की चर्चा अत्यन्त आधुनिक लगती है। (हमें खेद है कि रामविलास जी के प्रकाशक 'किताब महल' इलाहाबाद की दुराग्रही शर्तों के कारण 'बूँद और समुद्र' पर लिखी उनकी बहुत अच्छी समीक्षा इस संकलन में शामिल नहीं की जा सकी।) 'प्रतीक' द्वैमासिक के प्रकाशन के साथ ही पुस्तक-समीक्षा को गम्भीरतापूर्वक और नियमित रूप से लेने की घोषणा की गयी थी—जो हालाँकि घोषणा का नियमित रूप से निर्वाह नहीं किया जा सका। सन् 1950 के आस-पास जब साहित्यिक रचनाशीलता का नया उन्मेष हुआ तो पुस्तक-समीक्षाओं का रूप भी बदला और उन्हें महत्त्व भी मिला। यह आकस्मिक संयोग नहीं है कि सन् '50-51 के आस-पास अनेक महत्त्वपूर्ण कार्य घटित होते दिखते हैं। सन् '49 ई. में 'हरी घास पर क्षण भर' प्रकाशित हुआ, सन् '51 में 'दूसरा सप्तक' का प्रकाशन हुआ। 1952 में 'नदी के द्वीप'-जैसा उपन्यास तथा 'कोणार्क'-जैसा काव्यात्मक नाटक प्रकाशित हुआ तथा मार्कण्डेय का कहानी-संग्रह

1954 में आया। 'प्रतीक' मासिक इसी दौरान नयी सृजनात्मकता का वाहक और मंच बनता है और 1951 में ही 'आलोचना'-जैसी पत्रिका प्रकाशित होती है जिसके प्रत्येक अंक का लगभग आधा भाग केवल पुस्तक-समीक्षाओं के लिए रहता था। 'प्रतीक' द्वैमासिक ने जिन लम्बे पुस्तक-समीक्षा-लेखकों को प्रारम्भ किया था, उन्हें और अधिक महत्त्व के साथ 'आलोचना' ने आगे बढ़ाया। 'कल्पना' का प्रारम्भ भी इसी समय के आस-पास हुआ था और उसमें भी पुस्तक-समीक्षा का स्तम्भ उल्लेखनीय स्तम्भों में रहा है। 'कल्पना' के लगभग प्रत्येक अंक में एक लम्बा पुस्तक-समीक्षा-लेख तथा कुछ अपेक्षाकृत छोटी पर गम्भीर स्तरीय समीक्षाएँ प्रकाशित होती थीं। किसी एक महत्त्वपूर्ण रचना पर एक साथ कई समीक्षाएँ 'प्रतीक', 'आलोचना', 'कल्पना' और 'कृति' में छपती रहीं। पुस्तक-समीक्षाओं के स्तर और महत्त्व की दृष्टि से 'कृति' का स्थान बहुत महत्त्वपूर्ण है। 'कृति' में यह स्तम्भ महत्त्वपूर्ण गद्यकृतियों के साथ प्रकाशित होता था—पत्रिका के अन्त में केवल कर्तव्य-पालनवश नहीं; तथा चुनी हुई पुस्तकों की समीक्षाएँ ही इसमें दी जाती थीं। कहना न होगा कि इन समीक्षाओं के आधार पर समसामयिक लेखन के साहित्यशास्त्र की रूपरेखा बनायी जा सकती है तथा हिन्दी-प्रदेश की सृजनात्मकता और कलाभिरुचि के विकास को भी परिलक्षित किया जा सकता है। पुस्तक-समीक्षाओं के इस महत्त्व को देखते हुए ही यह संकलन निकालने की आयोजना की गयी।

काल-सीमा की दृष्टि से यह संकलन स्वाधीनता के बाद से 1963 तक की रचनाओं की समीक्षा को समेटता है। जिस अन्तिम समीक्षा को इस संकलन में लिया गया है वह 1963 ई. में प्रकाशित कहानी संग्रह 'खोयी हुई दिशाएँ' की सितम्बर, 1964 में 'कल्पना' में प्रकाशित समीक्षा है। जहाँ तक अन्तिम सीमा (रचना की दृष्टि से 1963 और समीक्षा की दृष्टि से सितम्बर, 1964) का प्रश्न है उनका इसके अतिरिक्त कोई औचित्य नहीं है कि सम्पादक के लिए यह सीमा सुविधाजनक थी। उसे कहीं-न-कहीं एक रेखा खींचनी थी—प्रारम्भ में जब संकलन की योजना (सितम्बर, 1960 में) बनायी थी तब इसे 1960 तक ही सीमित रखने का विचार था, पर धीरे-धीरे विलम्ब होता गया और कुछ बहुत महत्त्वपूर्ण कृतियाँ भी इधर प्रकाशित हुईं, तथा 1960 तक की कृतियों की समीक्षाएँ भी, अतः यही उचित समझा गया कि इसे अधिक से अधिक अद्यावधिक बनाने की चेष्टा की जाये। इस चेष्टा में ऊपर कही गयी तिथियाँ सम्पादक को सुविधाजनक प्रतीत हुईं, परन्तु जहाँ तक प्रारम्भिक सीमारेखा—स्वाधीनता के बाद—का प्रश्न है उसके बारे में कुछ कहने की आवश्यकता है। स्वतन्त्रता के तत्काल बाद डॉ. रामविलास शर्मा ने आजादी के झूठेपन की घोषणा की थी और यथार्थ में बदलाव को अस्वीकार किया था, पर शीघ्र ही उन्हें अपने मत में ईमानदारी से परिवर्तन करना पड़ा। पर यह देखकर आश्चर्य हुआ कि तनिक आग्रह बदलकर य़ही मत अभी हाल में ही बड़े-बड़े लेखकों-अध्यापकों

ने उपस्थित किया है। दिल्ली प्रादेशिक हिन्दी साहित्य-सम्मेलन के तत्त्वावधान में 'स्वातन्त्र्योत्तर हिन्दी-साहित्य' पर आयोजित एक परिसंवाद की रिपोर्ट 27 जनवरी, 1964 के 'धर्मयुग' में प्रकाशित हुई है। चूँकि रिपोर्ट का कोई प्रतिवाद प्रकाशित नहीं हुआ, अतः उसे सही मानना उचित ही होगा। इस रिपोर्ट के अनुसार सर्वश्री बच्चन, जैनेन्द्रकुमार, भारतभूषण अग्रवाल, नरेन्द्र शर्मा और विजयेन्द्र स्नातक ने स्वाधीनता को किसी प्रकार की विभाजक रेखा या प्रभाव डालने वाले तथ्य के रूप में अस्वीकार किया है। (डॉ. नगेन्द्र ने अपने को किसी मत से प्रतिबद्ध ही नहीं किया,—अध्यक्ष के रूप में उनकी सहमति क्या इसी विचार से मानी जाये!) इन सारे लेखकों को स्वाधीनता से जो भौतिक उपलब्धि हुई है, उसे अगर दरकिनार भी कर दिया जाये तब भी शिक्षा, उद्योग, सांस्कृतिक आदान-प्रदान (अन्तर्प्रदेशीय और अन्तर्देशीय दोनों ही), प्रकाशन, राज्याश्रय, समाचार-पत्र आदि ऐसे अनेक ज्वलन्त तथ्य हैं—क्या वे स्वतन्त्रता के बिना भी सम्भव होते? समस्त भारतीय भाषाओं में 'नवलेखन' का जो शक्तिशाली आन्दोलन हुआ है—वह क्या स्वतन्त्रता के बिना सम्भव था? और जहाँ तक इस तर्क का सम्बन्ध है कि स्वतन्त्रता मिलते ही तत्काल 1947 में 'कोई महत्त्वपूर्ण रचना हमें क्यों नहीं मिलती?' हम केवल यही कहना पर्याप्त समझते हैं कि ऐसा करने वाले रचनाकार की रचना-प्रक्रिया को एकदम छिछला करार देना चाहते हैं और कहीं-न-कहीं तात्कालिकता के उस सिद्धान्त से प्रभावित हैं जिसे प्रगतिवाद की हीनतर रचनाओं ने उत्पन्न किया था। (एक दूसरी दलील यह भी दी जा सकती है कि जिन बड़े लेखकों की संवेदना-क्षमता पथराने लगी थी उन्हें अगर स्वाधीनता से उत्पन्न चेतना महत्त्वपूर्ण न लगे तो आश्चर्य न होना चाहिए।) 15 अगस्त, 1947 को स्वाधीनता की प्राप्ति एक तथ्य है पर उस तथ्य के विविध आयामों का उद्घाटन और उसका रागात्मक सत्य में परिवर्तन कुछ समय की माँग करता है। थोड़ा-सा बल देकर कहना चाहूँगा कि हिन्दी के लेखकों ने इसके लिए अधिक समय नहीं लिया। 'हरी घास पर क्षण भर', 'दूसरा सप्तक', 'नदी के द्वीप', 'कोणार्क', 'प्रतीक' (मासिक), 'कल्पना', 'आलोचना', 'जनपद' आदि के प्रकाशन 1950 के इधर-उधर हुए हैं। यही नहीं जैनेन्द्र-जैसे लेखकों ने इसी समय के आस-पास 'विवर्त', 'व्यतीत', 'सुखदा'-जैसे उपन्यास ताबड़तोड़ लिखे और छपाये। आलोच्य काल के सर्वाधिक प्रमुख रचनाकार अज्ञेय को यदि लिया जाये तो बात बहुत साफ हो जाती है : 1946 ई. में प्रकाशित उनके काव्य-संग्रह का नाम था 'इत्यलम्' जो कि अपने आपमें एक प्रकार की 'इति' को सूचित करता है पर 1949 में प्रकाशित 'हरी घास पर क्षण भर' जिस उन्मुक्त सहजता और खुलेपन को सूचित करता है, वह 'इत्यलम्' की अपेक्षाकृत कुण्ठित रचनाओं से अलग है। कहना न होगा कि 'हरी घास पर क्षण भर' नयी कविता का प्रथम संग्रह है। (ध्यान रहे बात केवल संगृहीत रूप की कही जा रही है।) और यह आकस्मिक संयोग नहीं है कि इसी संग्रह की समीक्षा में डॉ. प्रभाकर

माचवे ने इसे 'प्रामाणिक अनुभूति' का काव्य बताते हुए कहा है कि कवि 'भावुकता का प्रदर्शन नहीं करता।' मैं कहना चाहूँगा कि आलोचना के क्षेत्र में यह नयी माँग थी और सीधे उस काव्य के सन्दर्भ से उपजी थी जो एक ओर छायावाद की भावुक प्रतिक्रियाओं का प्रत्याख्यान करता है और दूसरी ओर प्रगतिवाद की नारा-कविताओं का विरोध करके कवि के अपने आन्तरिक अनुभव की माँग करता है। कवि की ओर से 'आत्मान्वेषण' की घोषणा और आलोचक की ओर से 'प्रामाणिक अनुभूति' की माँग एक ही सिक्के के दो पहलू हैं। यह माँग उस खरेपन की माँग है जो कवि के ईमानदार व्यक्तित्व (ऐसा व्यक्तित्व जो न छायावादी की तरह स्फीत किया गया हो और न प्रगतिवादी की तरह अनुकूलित) के जटिलतम स्तरों का अनुभव होता है। 'दूसरा सप्तक' की समीक्षा करते हुए डॉ. प्रभाकर माचवे ने ही रघुवीर सहाय की कविताओं की चर्चा करते हुए 'कवि-कर्म की ईमानदारी' की बात उठायी थी। यह आश्चर्य की बात नहीं है कि 'ईमानदारी' शब्द इस लेखन में आलोचना का मूल्यसत्तात्मक शब्द बन गया। इसी प्रसंग में एक अन्य पुस्तक का उल्लेख महत्त्वपूर्ण होगा, गोकि इधर उस पुस्तक को उपेक्षित-सा कर दिया गया है—शायद वह प्राप्य भी नहीं है। डॉ. देवराज ने 'छायावाद का पतन' नामक एक पुस्तक 1947 ई. में प्रकाशित करायी थी जो 'नये राष्ट्र के प्रबुद्ध पाठकों, आलोचकों और कवियों को' समर्पित है। इस पुस्तक में छायावाद की जिन तमाम कमजोरियों का जिक्र हुआ था उनमें 'वास्तविकता पर बलात्कार' और 'लोक-संवेदना का तिरस्कार' भी शामिल थे। वस्तुतः काव्य के क्षेत्र में जो विद्रोह सप्तकों के कवियों ने किया था, वही आलोचना के क्षेत्र में डॉ. देवराज की इस पुस्तक ने करना चाहा था : उन्हें "राजनीतिक आतंक की भाँति आलोचनात्मक आतंक और त्रास का वातावरण साहित्य-सृष्टि के लिए उपयुक्त नहीं" लगा था और इसका विरोध इस छोटी-सी पुस्तक में किया गया है। यहाँ पर विस्तार से विचार करने का स्थान नहीं है, पर ये कतिपय तथ्य इस बात की ओर स्पष्ट संकेत करते हैं कि 1947 ई. हमारे साहित्य की विभाजक रेखा मानी जानी चाहिए। इस संकलन के सम्पादन में यही दृष्टिकोण रहा है।

साहित्य की प्रकृति के बदलाव के साथ-साथ आलोचना की प्रकृति का बदलाव भाषा के स्तर पर तत्काल देखा जा सकता है। भाषा में भी (चाहे वह कविता हो या आलोचना) कुछ शब्द ऐसे कुंजी शब्द (की-वर्ड्स) होते हैं जो लेखक के झुकाव, दृष्टिकोण, अवधारणाओं और संकल्पनाओं को सूचित करते हैं। अभी-अभी 'प्रामाणिक अनुभूति' और 'ईमानदारी'-जैसे शब्दों की चर्चा हो चुकी है। इस संकलन में इकट्ठी की गयी समीक्षा को देखने से अनायास ही तमाम ऐसे शब्द या पद-पदांश मिल जाते हैं जो महत्त्वपूर्ण अवधारणाओं या गुणों-अवगुणों के लिए लगभग नये रूप में प्रयुक्त हुए हैं। प्रामाणिकता, अनुभव-बोध, सजग चेतना, घटित होते हुए का सक्रिय बोध, जटिल मनःस्थितियाँ, अमूर्तन, अरूपीकरण, बौद्धिक सामान्यीकरण, शिल्पबोध, आधुनिकता,

समकालीनता, संवेदनात्मक ज्ञान, ज्ञानात्मक संवेदना, कृत्रिम मनोविज्ञान, मूल्य-सत्ता, प्रतीक-सत्ता, रहेटरिक (वाग्स्फीति), भावकोण, विरल और गझिन माध्यम, नाटकीय प्रतीक व्यवस्था, महत्त्वबोध, रचनात्मक आकांक्षा, आधुनिकता-बोध, प्रतिबद्धता, जीने के कर्म की परिभाषा, ईमानदारी, आधार-शब्द, आयाम आदि ऐसे ही उदाहरण हैं जो इन समीक्षाओं के भीतर अत्यधिक अर्थवान् होकर आये हैं। इनमें महत्त्वबोध जैसे वे शब्द भी हैं जो शुक्ल जी की याद दिलाते हैं, पर बीच में जिनका प्रयोग छोड़ दिया गया था। इसी प्रकार ऊब, अजनबीपन, घुटन, अकेलापन, क्षोभ, निराशा, आस्था, अनास्था, संशय, दुश्चिन्ता, शिक्षित जिज्ञासा, यातना, क्षण की पहचान आदि ऐसे शब्द हैं जो बार-बार इन समीक्षाओं में आते हैं और नयी मनःस्थितियों और नये यथार्थ की ओर अनायास ही संकेत कर जाते हैं।

फिर केवल शब्द या पद ही नहीं, इन समीक्षाओं में तमाम परिचित और प्रचलित शब्दावली नये अनुषंगों और अवधारणाओं को सूचित करती है। निर्मल वर्मा 'परती : परिकथा' की समीक्षा करते हुए कहते हैं : "परिकथा का बिखराव रेणु के कथाशिल्प का एक विशिष्ट प्रयोग है।" क्या इस बात की व्याख्या की आवश्यकता है कि निर्मल ने कथा-समीक्षा के क्षेत्र में एक नयी तरह का विचार रखा है—गोकि शब्द पुराने ही हैं। निर्मल के इस कथन की पृष्ठभूमि में यह भी याद रखने की जरूरत है कि 'मैला आँचल' और 'परती : परिकथा' पर कथा के बिखराव का आरोप तमाम पुराने किस्म के आलोचक लगा रहे थे और उनमें से कुछ तो इन्हें उपन्यास तक मानने को तैयार न थे। ये आलोचक उपन्यास को बँधे-बँधाये सुगठित कथानकों के शिल्प में ही देखते थे। इस प्रकार के विचार जहाँ उपन्यास को सीमित करते हैं वहीं निर्मल ने अपनी समीक्षा में इस विधा की सीमाओं को तोड़ने की चेष्टा की है।

इसी प्रकार 'परिन्दे' कहानी-संग्रह की समीक्षा में कहानी की प्रभावान्विति के पुराने सिद्धान्त, जिसे बीच में चरित्र की महत्ता के आगे भुला दिया गया था, को पुनरुज्जीवित करते हुए डॉ. नामवर सिंह कहते हैं, "निर्मल के यहाँ प्रभाव की गहराई इसलिए है कि उनके यहाँ चरित्र, वातावरण, कथानक आदि का कलात्मक रचाव है, कलात्मक रचाव स्वयं रूप के विविध तत्त्वों के अन्तर्गत, फिर वस्तु और रूप के बीच तथा स्वयं वस्तु के अन्तर्गत।" प्रभावान्विति के साथ कलात्मक रचाव की इस तिहरी अन्विति (इसमें भी विशेषकर वस्तु के अन्तर्गत कलात्मक रचाव की धारणा) की बात क्या सचमुच ही हिन्दी आलोचना में एक नया स्वर नहीं है—गोकि 'प्रभावान्विति', चरित्र-वातावरण आदि शब्द पुराने ही हैं। कहानी-संग्रहों या उपन्यासों में भावभूमि, प्रतीक, बिम्ब आदि की चर्चा भी इस बदलाव के सूचक शब्द हैं और यह भी बताते हैं कि कथा-शिल्प में काव्य-प्रणाली इस दौरान में स्वीकार की गयी थी। 'मैला आँचल' की समीक्षा में नेमिचन्द्र जैन इस 'कविता-विधि' की मीमांसा करते हैं। इन तथ्यों द्वारा जिस बात को स्पष्ट करने की चेष्टा की जा रही है वह तथ्य है

कि रचनाशीलता के समानान्तर ही आलोचना की भाषा भी बदलती जा रही थी। भाषा के इस बदलाव के प्रमाण प्रस्तुत संकलन में तो मिल ही जायेंगे पर यदि कोई इसका अधिक अध्ययन करना चाहे तो अलग से अन्य तथ्यों को जुटा सकता है। ऐसे तथ्यों में से एक यह भी है कि कुछ नयी किताबों पर पुराने लेखकों-आलोचकों ने और कुछ पुरानी किताबों (प्रकाशन-तिथि नहीं संवेदना की दृष्टि से पुरानी) पर नये लेखकों-आलोचकों ने समीक्षाएँ या टिप्पणियाँ लिखी हैं। अगर इन नये और पुराने आलोचकों की भाषा की परस्पर तुलना की जाये तो बात साफ हो जायेगी। 'तीसरा सप्तक' या 'उर्वशी' की समीक्षाओं का इस दृष्टि से अध्ययन बड़ा ही रोचक होगा।

इन समीक्षाओं में वे तमाम विचार-सूत्र, आलोचना-पद्धतियाँ एवं प्रविधियाँ निहित हैं जो नये काव्यशास्त्र का निर्माण ही नहीं करतीं, समीक्षा के लिए नये औजार भी देती हैं। एक ओर अगर काव्य-संग्रह की समीक्षा करते हुए 'आधारभूत' शब्दों की खोज द्वारा काव्य-प्रकृति एवं कवि के विकास को समझने की चेष्टा मिलती है (कुँवर नारायण : आँगन के पार द्वार) तो दूसरी ओर फुटकर कविता के बीच छिपी किसी एक थीम को आलोकित करने की पद्धति भी इनमें है (अजित कुमार : ओ अप्रस्तुत मन)। पौराणिक प्रसंगों पर आधारित कथा की प्रसंगानुकूलता के सन्दर्भ में 'इतिहास के प्रति दृष्टिबोध' का प्रश्न उठाया गया है (अज्ञेय : कनुप्रिया) और कविता या कहानी में आधुनिक संवेदना किसे कहेंगे, इसके विमर्श की चेष्टा भी मिलती है (रघुवंश : काठ की घण्टियाँ; तथा कुँवर नारायण : जिन्दगी और गुलाब के फूल)। कविता जीने के कर्म की परिभाषा भी हो सकती है। आस्था का यह सवाल अशोक वाजपेयी (सीढ़ियों पर धूप) में उठाते हैं तो दर्शन और काव्य के पारस्परिक सम्बन्धों एवं वैयक्तिक समाधानों के आगे औचित्य का प्रश्नचिह्न गजानन माधव मुक्तिबोध (उर्वशी) लगाते हैं। अपनी पीढ़ी को दिये जाने वाले शब्दों की चर्चा के माध्यम से कवि के महत्त्व को आँकने की चेष्टा यदि डॉ. नामवर सिंह (अभी बिल्कुल अभी) करते हैं तो हरि व्यास 'दिगन्त' की समीक्षा में परम्परा और उसकी उपयोगिता का प्रश्न उठाते हैं। भाषा के स्तर पर उपन्यास की जाँच ही नहीं, कवि-दृष्टि की माँग उपन्यासकार से माँग कुँवर नारायण (झूठा सच) करते हैं। और मामूली चीजों पर गैरमामूली कविता की पहचान शमशेर की होती है (तीसरा सप्तक)। पुराना कवि जब नया संस्कार प्राप्त करने की चेष्टा करता है तो सन्तुलन की जो समस्या उठती है वह सुमित्रानन्दन पन्त के सामने भी है और बालकृष्ण राव के भी, पर 'अमिता' की समीक्षा में बालकृष्ण राव इस समस्या को रूपायित करने से नहीं चूकते। जगदीश गुप्त 'क्षणवाद' की ही व्याख्या नहीं करते, शब्द-प्रयोगों का आन्तरिक अध्ययन करने की पद्धति भी (चक्रव्यूह) स्पष्ट करते हैं। नयी कविता के लोक-संवेगों की शक्ति की मीमांसा 'वंशी और मादल' के गीतों की चर्चा में सुरेन्द्र कुमार दीक्षित ने की है और कवि की काव्यानुभूति की बुनावट, उसके अन्तर्विरोध तथा इस सृजन-प्रक्रिया

से उद्भूत शिल्प-मर्यादा का विश्लेषण विजयदेवनारायण साही ने किया है। कविता हो या काव्य-नाटक, छन्द उसके रूपबन्ध का अनिवार्य हिस्सा होता है और उसकी उपयुक्तता पर विचार कुँवर नारायण भी करते हैं और सुरेश अवस्थी भी (आँगन के पार द्वार तथा अन्धा युग)।

नाटकों की समीक्षाएँ बहुत नहीं हुई हैं पर 'अन्धा युग' और 'लहरों के राजहंस' की वस्तु-योजना और रंग-विधान की चर्चा सूचित करती है कि नवलेखन के आन्दोलन की ऊष्मा इस क्षेत्र में भी है।[1] फिर जब नाटक ही नहीं हैं तो नाट्य-समीक्षाएँ कहाँ से आयें? यों अप्रासंगिक न समझा जाये तो पिछले 10 वर्षों में नाट्य-प्रदर्शनों की समीक्षाएँ एवं टिप्पणियाँ नाट्यालोचना के क्षेत्र में एक नये उन्मेष को सूचित करती हैं।

आलोच्य काल को समीक्षा में सबसे बड़ा योगदान कथा-समीक्षा के क्षेत्र में दिखाई देता है। तत्त्वों के आधार पर खानेदार समीक्षा के बजाय रचना की समग्र कलात्मक सत्ता पर विचार किया जाने लगता है। स्वयं इस संकलन में इस विकास की रेखा तत्काल पहचानी जा सकती है। '52 में प्रकाशित 'नदी के द्वीप' की डॉ. भगवत शरण उपाध्याय कृत समीक्षा में इन तत्त्वों की चर्चा नहीं है तथा भाव-पक्ष और कला-पक्ष के द्वैत की जगह एक नया द्वैत उनमें दिखाई देता है—कला-पक्ष और सिद्धान्त-पक्ष। कला-पक्ष के अन्तर्गत पुराने भाव-पक्ष और कला-पक्ष दोनों आ गये हैं पर उनके प्रगतिवादी आग्रह विचार या सिद्धान्त-पक्ष का द्वैत बनाये रखते हैं। फलस्वरूप इस कसौटी पर कसते हुए उनका दोहरा निर्णय है कि "'नदी के द्वीप' कला की दृष्टि से श्रेष्ठ है पर सिद्धान्त की दृष्टि से निकृष्ट—वह सुन्दर पके फल में कीड़े के समान है।" अपने इस निर्णय के आन्तरिक अन्तर्विरोध से वे स्वयं परिचित नहीं हैं, परन्तु 1964 तक पहुँचते-पहुँचते इस द्वन्द्व को मिटा दिया जाता है। 'चारुचन्द्रलेख' की समीक्षा में कहा गया है : "ऐतिहासिक दृष्टि की कमजोरी पूरे कलानुभव की कमजोरी है और कलानुभव की कमजोरी पूरे शिल्प की कमजोरी है।" रचना की कलात्मक समग्रता में भाव, कला या विचार अलग-अलग इकाइयाँ नहीं रह जाते, यह सिद्धान्त कविता, कथा, नाटक सभी क्षेत्रों में पूरे जोर-शोर से स्थापित अभी हाल में ही हुआ है।

इसी सिद्धान्त की छाया तले नेमिचन्द्र जैन कर्तव्य-बोध वाले उपन्यासों की सौन्दर्यहीनता ही नहीं स्पष्ट करते, कविता-विधि के प्रयोग की मीमांसा भी करते हैं—गोकि चरित्र कल्पना में अब भी उनपर पुराने विचारों की छाया बनी रहती है ('मैला आँचल' और 'यह पथ बन्धु था')। यशपाल अगर यथार्थ के आधारों की मीमांसा और उनके मूल में स्थित कमजोरी को पकड़ते हैं ('जयवर्द्धन') तो निर्मल वर्मा

---

1. श्री ई. अल्काजी के निर्देशन में होने वाले 'अन्धा युग' के प्रदर्शन ने सुरेश अवस्थी की मान्यताओं को सिद्ध किया है।

उपन्यासकार की समाजशास्त्रीय नहीं, कला-दृष्टि पर बल देते हैं। 'उखड़े हुए लोग' की समीक्षा में सिद्धान्त को अलग से न लादकर वैचारिक स्तर पर उपन्यासकार के नतीजों और कथाक्रम तथा पात्रों की गहराई की संगति या विसंगति ओमप्रकाश 'दीपक' विश्लेषित करते हैं। यद्यपि (सम्भवतः) प्रगतिवादी और एकेडेमिक 'हैंग ओवर' के कारण वे 'तथ्यों' की कतिपय गलतियों के लिए अत्यधिक कटु हो जाते हैं या जाति-व्यवस्था आदि की साहित्येतर चर्चाओं में उलझते हैं। यथार्थ का फैलाव उपन्यास की शक्ति ही नहीं, गले पड़ा ढोल भी बन जाता है और नैरेटर का व्यक्तित्व कथा की नियति को सीमित करता है या कि एक ही व्यक्ति पर नायक और नैरेटर का आरोपण कथा के रूपबन्ध को चरमरा देता है, इस प्रकार की हेनरी जेम्सियन प्रणाली से उपन्यास-चर्चा के प्रयत्न भी इन समीक्षाओं में मिलते हैं ('अँधेरे बन्द कमरे' तथा 'चारुचन्द्रलेख')। अनुभव के अपनेपन की माँग कविता ही नहीं कहानी से भी की जा सकती है। (दूधनाथ सिंह : एक और जिन्दगी) तथा कहानी अब मनोरंजन नहीं करती, जीवन के सार्थक सवालों की तलाश करती है—इस दायित्व की पहचान ओम्प्रकाश 'दीपक' ने 'खोयी हुई दिशाएँ' की समीक्षा में प्रकट की है। यही नहीं, भावुकता का विरोध भी कविता ही नहीं कहानियों में भी हो सकता है और तात्कालिक आवेग को भावुकता को बचाने के लिए स्मृति द्वारा लायी गयी समय के अन्तराल की कहानी-विधि की पहचान आलोचक की सूक्ष्म पकड़ का लक्षण ही कहा जायेगा (डॉ. नामवर सिंह : परिन्दे)। कविता में ही नहीं, उपन्यास और कहानी में भी 'प्रामाणिक अनुभव', 'संवेदना', 'भावभूमि', 'संकेतों' आदि की माँग इस नये उन्मेष में ही हुई है।

वस्तुतः प्रस्तुत संकलन में आलोचना के नये स्वरों का बदलाव, भटकाव, विकास, अन्तर्विरोध, द्वन्द्व, मूल्यों की खोज और मूल्यों के उलझाव, उपयुक्त भाषा की खोज, नयी पद्धतियों या मानदण्डों की आकुलता आदि सभी कुछ मिल सकते हैं। अधिक विस्तार से प्रत्येक समीक्षा-लेख की मीमांसा भूमिका में सम्भव नहीं है। यहाँ पर केवल कतिपय समीक्षाओं को लेकर कुछ संकेत-भर देने की चेष्टा की गयी है। यों प्रत्येक समीक्षा-लेख किसी-न-किसी नुक्ते पर गणनीय है तथा ये सभी लेख उसी अन्वेषण या तलाश की प्रक्रिया में हैं जिसकी चर्चा लगातार नवलेखन के सन्दर्भ में होती आयी है। उनकी उपलब्धि क्या है—इसकी मीमांसा मैं इस संकलन के पाठकों-समीक्षकों पर छोड़ता हूँ।

जहाँ तक संकलन के लिए समीक्षाओं के चुनने का प्रश्न है, मेरी यह चेष्टा रही है कि पुस्तक की सबसे अधिक महत्त्वपूर्ण समीक्षा ही चुनी जाये। यानी कि जोर किसी समीक्षक की सर्वोत्तम समीक्षा पर न होकर पुस्तक की महत्त्वपूर्ण समीक्षा पर रहा है। इसी कारण एकाध अपेक्षाकृत कम महत्त्वपूर्ण पुस्तकों की समीक्षाएँ भी ली गयी हैं, क्योंकि उनकी समीक्षाएँ महत्त्वपूर्ण बन पड़ी थीं। पर महत्ता का निर्णय किस

कसौटी पर? निश्चित ही मेरा अपना वैयक्तिक विवेक उसके लिए उत्तरदायी है—यों मैं लेखकों, समीक्षकों, पाठकों आदि की राय भी इकट्ठा करता रहा हूँ। पर दायित्व मेरा है और उसके परिणाम झेलने के लिए प्रस्तुत हूँ। सामान्यतः कसौटी यही रही है कि समीक्षा समीक्ष्य कृति की आन्तरिक सत्ता का उद्घाटन करती हो, समीक्षा-सिद्धान्त की दृष्टि से कुछ महत्त्वपूर्ण बात कहती हो, अथवा उसमें पद्धति का नयापन मिलता हो। इस संकलन को जितना तटस्थ होकर मैंने बनाना चाहा है उससे मेरा विश्वास है कि यदि कोई अन्य व्यक्ति भी इस प्रकार का संकलन सम्पादित करता तो चुनाव में बहुत अन्तर न पड़ता—संख्या भले ही बढ़ या घट जाती।

गणनीय समीक्षाओं को चुनने के कारण ही हम कई बड़ी महत्त्वपूर्ण कृतियों की कोई समीक्षा नहीं चुन सके। 'कोणार्क', 'अरे यायावर रहेगा याद', 'आषाढ़ का एक दिन', 'नये बादल, कर्मनाशा की हार', 'तीन निगाहों की तसवीर', 'भूले बिसरे चित्र', 'मृगनयनी', 'मिलनयामिनी', 'सतरंगे पंखों वाली' आदि ऐसी ही अनेक कृतियाँ हैं जिनकी अच्छी समीक्षाएँ मेरे देखने में नहीं आयीं। पर यहीं यह भी स्वीकार करना चाहूँगा कि इस दिशा में भी मेरी अपनी सीमाएँ रही हैं। हिन्दी-प्रदेश की विशालता, पत्र-पत्रिकाओं की दुर्लभता, स्वयं की अज्ञानता आदि अनेक ऐसे कारण हो सकते हैं जिनके कारण कतिपय बहुत अच्छी समीक्षाएँ छूट गयी होंगी। ऐसी समीक्षाओं और उनके लेखकों से क्षमा ही माँग सकता हूँ। यों इस प्रकार की समीक्षाओं की सूचना की मैं कृतज्ञतापूर्वक प्रतीक्षा करूँगा। हाँ, इस संकलन में केवल कृति-साहित्य की समीक्षाएँ हैं—आलोचना-कृतियों की नहीं। अस्तु, समीक्षाओं के चयन में दो ही बातें मुख्य रही हैं। प्रथम: पुस्तक महत्त्वपूर्ण हो (यह महत्त्व कभी गुण का है और कभी ऐतिहासिक सन्दर्भ का); द्वितीय: समीक्षा महत्त्वपूर्ण हो। संकलन चार खण्डों में विभाजित है। प्रथम खण्ड के अन्तर्गत कविता पुस्तकों, दूसरे खण्ड में उपन्यासों, तीसरे खण्ड के भीतर कहानी-संग्रहों एवं चौथे खण्ड में तीन नाटकों एवं एक जीवनी की समीक्षाएँ संकलित हैं। अनुक्रम पुस्तक-प्रकाशन-वर्ष के आधार पर है और जहाँ एक ही बर्ष के भीतर अनेक पुस्तकें प्रकाशित हुई हैं, लेखकों के वय-क्रम को ध्यान में रखा गया है। कुछ अपरिहार्य कारणों से 'दिगन्त' की समीक्षा यथास्थान न दी जाकर कविता-खण्ड के अन्त में दी गयी है।

संकलन का उद्देश्य किसी प्रकार नयी आलोचना का विज्ञापन नहीं है—पर संकलन तैयार हो जाने पर सम्पादक को यह देखकर हर्ष भी हुआ और आश्चर्य भी कि नयी रचनाशीलता के समानान्तर ही आलोचना में भी एक नया उन्मेष दिखाई देता है। नये-पुराने के मध्य स्थानान्तरण की एक स्पष्ट प्रक्रिया यहाँ भी उपस्थित है। 'नवलेखन' का एक संश्लिष्ट चित्र देने के साथ ही यदि यह संकलन इस नयी विवेक-दृष्टि को स्पष्ट और केन्द्रित करते हुए अधिक गतिशील बना सका तो यह मेरे लिए गर्व और गौरव की बात होगी।

संकलन तैयार करने में समय-समय पर मुझे सर्वश्री नामवर सिंह, अजितकुमार और अशोक वाजपेयी से सलाह-सहायता मिली है। श्री लक्ष्मीचन्द्र जैन ने प्रकाशन का भार तत्काल स्वीकार कर लिया। इन सभी मित्रों-शुभचिन्तकों के प्रति आभारी हूँ। और हाँ, अगर पत्नी को धन्यवाद देना शिष्टाचार के विरुद्ध न हो तो मैं कमलेश को भी धन्यवाद देना चाहूँगा।

दिल्ली विश्वविद्यालय
विजयादशमी,
15 अक्टूबर, 1964

देवीशंकर अवस्थी

'विवेक के रंग' : अनुक्रम

'विवेक के रंग'

गुरुवर
आचार्य हजारी प्रसाद द्विवेदी
को

'नयी कहानी : सन्दर्भ और प्रकृति' : भूमिका

हिन्दी में ही नहीं, विश्व की तमाम समृद्ध भाषाओं में कथा-साहित्य को गम्भीर साहित्य-रूप की प्रतिष्ठा मिले बहुत दिन नहीं बीते। कथा-साहित्य में भी उपन्यास को अपेक्षाकृत जल्दी स्वीकार कर लिया गया था—पश्चिमी देशों में 19वीं शती में उपन्यास को खासी प्रतिष्ठा मिल गयी थी। पर कहानी को इस स्वीकृति के लिए, करीब-करीब बीसवीं शती की बाट जोहनी पड़ी है। हिन्दी में तो, खैर, कहानी का जन्म ही बीसवीं शती की घटना है। यह बात दूसरी है कि साठ साल प्राप्त करने के पहले ही हिन्दी के कुछ आलोचक उसे रिटायर कर देना चाहते हैं—युग-संवेदना को वहन करने में अक्षम मानकर।

ऐसी स्थिति में आश्चर्य न होना चाहिए यदि आज भी हिन्दी के दिग्गज पण्डितों के लिए कहानी केवल हल्के-फुल्के मनोरंजन का साधन ही है और जिसे मनोरंजन-विरोधी गम्भीरताधारी ये पण्डितजन इसीलिए पढ़ना भी पसन्द नहीं करते। उच्चतर अध्ययन-अध्यापन के क्षेत्रों में उसे पाठ्यक्रमों या शोधविषयों की सूची में स्थान भले ही मिल गया हो, पर कहानी वैसे ही पढ़ी-पढ़ाई जा सकती है जैसे कविता, यह बात अधिकांश लोगों के गले के तले नहीं उतरती। पढ़ तो विद्यार्थी घर से आते हैं, केवल संस्कृत शब्दावली, कुछ दार्शनिक लहजे में दिये गये वक्तव्यों या काव्यात्मक वर्णन-प्रसंगों को 'व्याख्या' के लिए कक्षा में पढ़ा दिया जाता है और संक्षेप में कथानक लिख देने का गुरुमन्त्र दे दिया जाता है। इससे कुछ आगे बढ़ें तो फिर कहानी हो या नाटक या उपन्यास, सभी को बने-बनाये छह तत्त्वों वाले साँचे में ढालने की बेढंगी कोशिशें होती हैं। प्रभावान्विति इत्यादि की बात साहित्य-रूपों वाले प्रश्नों के बाद वास्तविक विश्लेषण या आलोचना के प्रसंग में याद ही नहीं रखी जाती। किसी भी भारतीय विश्वविद्यालय के एम.ए. के प्रश्न-पत्रों से यदि कहानी-सम्बन्धी प्रश्नों को लेकर विश्लेषण किया जाये तो अध्ययन रोचक ही नहीं होगा, विश्वविद्यालयों के पीठस्थ पण्डितों के कहानी-सम्बन्धी रुख को भी स्पष्ट करेगा। अभी कुछ समय पूर्व तक कहानी-सम्बन्धी चर्चा कोर्स के लिए तैयार किये जाने वाले संग्रहों की भूमिकाओं तक ही सीमित रही है। इन संग्रहों में घूम-फिरकर

वही कहानियाँ ही नहीं आतीं वही बातें भी दुहरायी जाती हैं और दी गयी कहानियों के विश्लेषण या पाठ-प्रक्रिया की कोई व्यवस्थित रूपरेखा या दृष्टि देने के स्थान पर हिन्दी-कहानी के इतिहास पर चलताऊ टिप्पणी-भर रहती है, जिसे एक संग्रह में पढ़ लेने के बाद अन्यत्र पढ़ने की आवश्यकता नहीं है—क्योंकि वही बात हर भूमिका में कही गयी होगी। ये ही टिप्पणियाँ इतिहास-ग्रन्थों में भी पायी जाती हैं और हाँ, साहित्यशास्त्र की पुस्तकों में जहाँ साहित्य-रूपविवेचित होते हैं वहाँ भी कहानी के लिए थोड़ी-सी जगह सुरक्षित कर दी जाती है—हडसन को प्रमाण-पुरुष मानकर। पर सिद्धान्त-चर्चा आलोचना नहीं होती।

शायद यह कहने की आवश्यकता नहीं है कि हिन्दी में नाटक की समीक्षा के समान ही कथा-समीक्षा भी बहुत पिछड़ी हुई अवस्था में थी। कविता की आलोचना छायावादी युग में ही बहुत ऊँचाई पर पहुँच गयी थी। आचार्य रामचन्द्र शुक्ल ने काव्यालोचन को जिस शिखर पर स्थापित कर दिया था, बाद को साहित्य-सन्देश घराने के तमाम कुंजीवादी आलोचकों की चेष्टाएँ भी उसे नीचे नहीं ला सकीं। इसे यों भी कहा जा सकता है कि काव्य-समीक्षा का आतंक इस कदर फैला हुआ था कि समीक्षक यशःप्रार्थी कोई भी व्यक्ति कविता को बगैर स्पर्श किये स्वीकृति प्राप्त करने का साहस ही नहीं कर सकता था। हमारे अधिकांश प्रगतिवादियों ने यदि कविता के स्थान पर केवल गद्य (या कथा) साहित्य की समीक्षा में लगन लगायी होती तो उनका, कविता का और गद्य-साहित्य—सभी का अधिक हित हुआ होता।

इस स्थिति के लिए जिम्मेवार कौन था? समय, लेखक, पाठक या आलोचक? शायद ये सभी। कविता हमारे साहित्य की मुख्य परम्परा थी, उसे अभूतपूर्व प्रतिष्ठा प्राप्त चली आ रही थी, ऐसी स्थिति में एक नये साहित्य-रूप को अपनी हैसियत बनाने में देर लगती ही है। शायद यह एक प्रमुख कारण रहा है कि प्रेमचन्द-जैसी रचनात्मक क्षमता-सम्पन्न लेखक के कृतित्व की ओर आचार्य शुक्ल भी ध्यान नहीं दे सके। प्रसाद या पन्त से प्रेमचन्द का कृतित्व न्यून (गुण और परिमाण दोनों में) न होने पर भी शुक्ल जी उनके बारे में कुछ चलते हुए प्रशंसात्मक वाक्य ही कह पाते हैं। यों शुक्ल जी जब यह कहते हैं कि "हमारे निपुण उपन्यासकारों को केवल राजनीतिक दलों द्वारा प्रचारित बातें लेकर ही न चलना चाहिए, वस्तुस्थिति पर अपनी व्यापक दृष्टि भी डालनी चाहिए"—तो प्रकारान्तर से वे फार्मूलों या प्रचारित यथार्थ के स्थान पर लेखक के अपने अनुभव की प्रामाणिकता पर जोर दे रहे थे। शायद यह बताने की जरूरत नहीं है कि 'नयी कहानी' ने पुनः अनुभव की वास्तविकता (actuality of experience) को प्रतिष्ठापित किया है। इसी प्रकार पहली बार प्रेमचन्द में जो जीवित समकालीन मनुष्य की प्रतिमा दिखी थी, उसे भी शुक्ल जी ने पहचाना था। पर शुक्ल जी का न तो यहाँ मन रमता है और न ही तब तक आलोचना की उस भाषा का निर्माण ही हो सका था जो उपन्यासों या कहानियों की मीमांसा कर

सके। पाठक-आलोचक इन्हें सामान्यतः गप्पों का विकसित रूप मानकर मनोरंजनपरक अगम्भीर साहित्य-रूप की उपेक्षा देते रहे। पर इस क्षेत्र के लेखकों का दोष भी कम नहीं है। 'पल्लव' की भूमिका जिस प्रखरता और शक्ति से नये काव्यान्दोलन के उन्मेष को सूचित करती है, वैसी प्रखरता, स्पष्टता या मौलिकता प्रेमचन्द के उपन्यास-कहानी-सम्बन्धी विचारों में न मिलेगी। प्रेमचन्द ही नहीं जैनेन्द्र, इलाचन्द्र जोशी, यशपाल या अज्ञेय भी इस सम्बन्ध में उतने ही उदासीन और असम्पृक्त दिखते हैं। प्रगतिवादी आन्दोलन के दौरान जब इन रूपों की ओर ध्यान गया भी तो इन्हें कला-रूप के बजाय सामाजिक इतिहास, वर्ग-संघर्ष का शस्त्र या कान्तासम्मित उपदेश-जैसी स्थिति में ही रखा गया। प्रेमचन्द को तो सुधारवादी कहा ही जाता है। स्वयं शुक्ल जी ने सुधार का दायित्व कथाकारों को सौंपा था। रामविलास जी की पुस्तक 'प्रेमचन्द और उनका युग' इस प्रकार की आलोचनाओं में क्लासिक मानी जा सकती है। वे एक-एक समस्या और उसके समाधान को कच्ची-पक्की रोकड़ों में खतियाते चलते हैं। पर प्रेमचन्द के एक भी उपन्यास (कहानियों की ओर तो उनका ध्यान गया ही नहीं) के रूपबन्ध का विश्लेषण करते हुए, उसकी आन्तरिक कलात्मक सत्ता, एकान्विति आदि के विश्लेषण की कोई चेष्टा नहीं करते। उन्होंने इस तथ्य पर ध्यान नहीं दिया कि इस प्रकार के प्रसंगों को अपेक्षाकृत बहुत साधारण उपन्यासों से भी छाँटकर अलग किया जा सकता है—प्रेमचन्द की महत्ता इन सभी समस्याओं के लिए है या इन्हीं को एक कलादृष्टि में पिरोने के लिए? हेनरी जेम्स की इस उक्ति की याद दिलायी जा सकती है कि, "उपन्यास अपनी व्यापक परिभाषा में जिन्दगी का वैयक्तिक और सीधा प्रभाव है।" यह निदानपरक या 'वैज्ञानिक' न होकर कलाकार के कल्पनात्मक भावन पर निर्भर करता है; और जिन्दगी के बारे में सामान्य विचारों या फार्मूलों के माध्यम से न होकर 'डाइरेक्ट' होता है। 'किसी अन्य आर्गेनिज्म की तरह उपन्यास को एक साथ और सातत्य में ही भावन करना होता है।' पर रामविलास जी ही क्यों, खासे व्यक्तिवादी और कलावादी अज्ञेय भी प्रेमचन्द की महत्ता का निर्धारण मानवीय सहानुभूति की व्यापकता के आधार पर करते हैं। यह मानवीय सहानुभूति क्या है? फ्लावेयर की मानवीय सहानुभूति और प्रेमचन्द की मानवीय सहानुभूति में क्या अन्तर है? क्या इस आधार पर इन दो में से किसी को बड़ा-छोटा कलाकार सिद्ध किया जा सकता है? अनजाने ही स्वयं अज्ञेय भी प्रगतिवाद द्वारा दिये गये औजार का ही इस्तेमाल करते हैं; स्वयं उस समीक्षात्मक औजार या पद्धति को विकसित नहीं कर पाते जो प्रेमचन्द को, कथा के कलामूल्यों की कसौटी पर, जाँच सकता। इसी प्रकार की स्थिति में आचार्य हजारी प्रसाद द्विवेदी प्रेमचन्द को इसलिए महत्त्वपूर्ण मानते दिखते हैं कि वे उत्तर भारत के जनजीवन के प्रामाणिक गाइड हैं।

इस प्रकार कथा-साहित्य की आलोचना प्रारम्भ से ही अनेक विकृतियों में फँस

गयी। एक ओर एकेडेमिक सुविधावाद या सरलीकरण का फार्मूला था, जिसकी शिकार समृद्ध समीक्षा-परम्परा वाली कविता तक हुई। दूसरी ओर कथा-साहित्य के प्रति एक अगम्भीर भाव था और तीसरी ओर आलोचक द्वारा प्रस्तुत की जाने वाली समस्याओं की कभी न खत्म होने वाली एक सूची थी, जिनके समाधान भी वे समाज में न पाकर साहित्य में प्राप्त करके परितृप्त होना चाहते थे। सब मिलाकर हेनरी जेम्स के ही आधार पर कहें कि न तो कोई सिद्धान्त था और न ऐसी आस्था या चेतना कि 'एक कलात्मक विश्वास की अभिव्यक्ति' की जा रही है। इन रूपों की समीक्षा-सम्बन्धी अपनी समस्याएँ या मानदण्ड हो सकते हैं—शायद इस ओर बहुत ध्यान ही नहीं गया। कहानी के साथ एक और दुःखद स्थिति यह भी रही कि उसे उपन्यास का खासा गरीब सम्बन्धी माना जाता रहा। उपन्यास को यदि सामाजिक इतिहास मानकर विवेचित किया गया तो कहानी को तो कुछ विषयवस्तु या शैली-सम्बन्धी वर्गीकरणों के भीतर नाम दे देना ही पर्याप्त समझा गया। प्रेमचन्द ने 'कहानी' नामक पत्रिका भले ही 1938 में निकाली हो पर चर्चा उनके उपन्यासों की ही हुई है। जैनेन्द्र के कहानी-संग्रह 'दो चिड़ियाँ' की समीक्षा लिखते हुए जनवरी, 1935 के 'विशाल भारत' में अज्ञेय ने लिखा था, "जो लोग कहानी सिर्फ वक्त बिताने के लिए नहीं पढ़ते, उन्हें यह संग्रह अवश्य पढ़ना चाहिए।" पर ऐसी बातें पवित्र आकांक्षाओं तक ही सीमित रहीं, हमारी बौद्धिक चेतना का अंग नहीं बन सकीं।

स्वातन्त्र्योत्तर दशक में तमाम राष्ट्रीय सजग बोध के समानान्तर नवलेखन का आन्दोलन जिस सतर्कता तथा साहित्यशास्त्र के बने-बनाये एकेडेमिक तन्त्र के प्रति अवज्ञा और विरोध को जन्म देता है उसी ने कहानी के महत्त्व को भी पहचाना था। इस प्रकार हिन्दी में कहानी की वास्तविक चर्चा सन् 1955 के आस-पास प्रारम्भ होती है—कहानी 'पत्रिका' के पुनःप्रकाशन के बाद ही। मोहन राकेश के कहानी-संग्रह 'नये बादल' (जनवरी' 57) और राजेन्द्र यादव के कहानी-संग्रह 'जहाँ लक्ष्मी कैद है' (अगस्त' 57) की भूमिकाएँ इस कहानी-सम्बन्धी नयी समीक्षा-चेतना को व्यक्त करती हैं। यों सम्पादक के रूप में भैरवप्रसाद गुप्त और समीक्षक के रूप में नामवर सिंह ने कहानी-सम्बन्धी चर्चा को शुरू से ही विशिष्ट योग दिया है। आरोप लगाया जा सकता है कि कहानी की चर्चा धीरे-धीरे अतिरिक्त स्फीत-रूप में होने लगी और उपन्यास लगभग उपेक्षित हो गया। पर शायद उत्तर में कहा जा सकता है कि रचना के केन्द्रबिन्दु पर कविता और कहानी ही थीं और आलोचनात्मक विवेक सही पहचान का परिचय दे रहा था। बहरहाल, पिछले दशक की समाप्ति तक कहानी को लेकर काफी गरमाहट ही नहीं आ गयी थी, 'नयी' विशेषण न रहकर संज्ञा का अंग बन गया था। 'नयी कहानी' के अस्तित्व का प्रश्न यदि 1956 में उठाया गया था तो

दिसम्बर, 1957 में प्रयाग में होने वाले 'साहित्यकार सम्मेलन' तक 'नयी कहानी' अभिधान को लगभग स्वीकार कर लिया गया था। इस सम्मेलन में पठित तीनों निबन्धों (शिवप्रसाद सिंह, हरिशंकर परसाई और मोहन राकेश लिखित) के पहले ही वाक्यों में 'नयी कहानी' का प्रयोग किया गया है। पर 'नयी' को लेकर प्रारम्भ होने वाले विवाद के साथ ही से ग्राम-कथा बनाम नगर-कथा का झगड़ा सामने आ चुका था। वस्तुतः यह विवाद भी मूलतः नयेपन को लेकर था—किस प्रकार के लेखक नये यथार्थ को अधिक शक्ति और दृष्टि के साथ ग्रहण कर पा रहे हैं, यह समस्या लेखकों के सामने भी थी और आलोचकों के भी। राकेश पहले ही 'नये बादल' की भूमिका में अपेक्षाकृत ठहरे हुए यथार्थ के बजाय निरन्तर कुलबुलाते हुए, यथार्थ का सवाल उठा चुके थे; और यादव 'उफनते बलबलाते जीवन' के सन्दर्भ में 'जिन्दगी और जोंक' की जिजीविषा की दाद दे चुके थे। बहरहाल 1957 के साहित्यकार सम्मेलन में ग्राम-कथा-लेखक शिवप्रसाद सिंह और नगर-कथा-लेखक राकेश या यादव इस प्रकार के विभाजनों के मिथ्यात्व को स्वीकार करके दोनों ही प्रकार की कहानियों को 'नयी कहानी' के अन्तर्गत रखते नजर आते हैं—यह बात दूसरी है कि चलते-चलाते अपनी कहानियों के बारे में एकाध दलीलें दे ही देते हैं। इस सम्मेलन में पढ़े गये लेखों में परसाई और राकेश दोनों ही में कहानी की पुरानी परम्परा को जोड़े रखने की उत्कट अभिलाषा दिखती है। नयी कविता से नयी कहानी को इस परम्परा के प्रश्न पर अलगाते हुए परसाई ने लिखा है, "हिन्दी में कहानी की एक पुष्ट और स्वस्थ परम्परा है और वर्तमान कहानी उसका एक विकसित रूप है।" राकेश ने भी बहुत-कुछ यही कहना चाहा है। पर जैसा कि अपनी एक टिप्पणी में इन पंक्तियों के लेखक ने अन्यत्र (अणिमा : 1 जनवरी' 65) कहा है कि 'नयी कविता' के कवियों-समीक्षकों को इस बात का बराबर एहसास रहा कि वे पूर्ववर्ती काव्यरूढ़ियों को तोड़ रहे हैं—उनसे हट रहे हैं। इसलिए जहाँ एक ओर नयी रचनाशीलता का उन्मेष प्रकट होता है वहीं तमाम छायावादी काव्य-सिद्धान्तों पर आक्रमण करते हुए नयी कविता के काव्य-सिद्धान्तों की स्थापना भी होती चलती है। पर कहानी में चूँकि अपने को अलगाने की चेष्टा बहुत बाद में शुरू हुई है, परिणामस्वरूप इसका साहित्यशास्त्र भी बहुत-कुछ अविकसित रहा और कहानी में पुरानेपन की चौखट को पूरी तरह से तोड़ने का काम नये कहानीकारों के बाद आने वाली नयी पीढ़ी कर रही है। उस समय केवल राजेन्द्र यादव ने ही परम्परा को एक सीमा तक अस्वीकार करने का साहस दिखाया था—कम-से-कम कहानी-विचार की दृष्टि से।

1957 के आसपास ही यह पुकार भी उठने लगी थी कि नयी कहानी को "समझने-समझाने वाले आलोचकों का प्रायः अभाव है।" शायद इसीलिए 1959 में 'कहानी' में 'आज की कहानी' शीर्षक से एक और लेखमाला प्रारम्भ की गयी। बताया गया कि "इस माला का उद्देश्य आज की हिन्दी-कहानी की उपलब्धियों तथा

उनकी विभिन्न धाराओं पर कहानीकारों की ही दृष्टि से प्रकाश डालना है। इसी कारण इस माला के अधिकतर लेखक **आज के वे कहानीकार ही होंगे, जिनका योग आज के कहानी-साहित्य में महत्त्वपूर्ण है।**" पर अन्ततः माला में चार कहानीकारों और तीन आलोचकों ने लिखा—शायद सम्पादक गुप्त जी ने सन्तुलन बनाना चाहा। यह माला किसी एक प्रश्न या विवाद्य विषय के आस-पास न होकर एक चौतरफ़ा लेखा-जोखा लेने का प्रयास करती है और इसी अर्थ में महत्त्वपूर्ण भी है।

कहानी की उड़ती चर्चाओं से आगे बढ़कर उसे समझने की ठोस प्रक्रिया की शुरुआत हुई जनवरी, 1961 की नयी कहानियों में 'हाशिये पर' स्तम्भ से। नामवर सिंह ने 'कहानी-पाठ की प्रक्रिया' को मद्देनजर रखते हुए तमाम नयी कहानियों को अलग-अलग विश्लेषित किया। पुरानी कहानियों से उनका अन्तर स्पष्ट किया और रचना-तन्त्र पर नये सिरे से विचार किया। कहानी के पूरे विवाद में इस लेखमाला का बहुत अधिक महत्त्व है। इसी लेखमाला के अन्तर्गत 'कहानी : अच्छी और नयी' परिसंवाद में पहली बार जमकर परम्परा आदि के बोझ को त्यागकर नयी कहानी के स्वतन्त्र अस्तित्व को स्थापित किया जा सका तथा उसकी कमजोरियों का स्वयं नये लेखकों-समीक्षकों द्वारा निर्मम उद्घाटन भी हुआ। 1962 में हुआ यह विवाद नयी कहानी को एस्टैब्लिश ही नहीं करता, एस्टैब्लिशमेंट का हिस्सा भी बना देता है। इसके बाद नेतृत्व की छीना-झपटी ही नहीं आती, नयी कविता बनाम नयी कहानी, नयी कहानी बनाम सचेतन कहानी आदि के ऐसे विवाद भी उठते हैं जो आलोचनात्मक विवेक के उदाहरण नहीं कहे जा सकते। 'नयी कहानी' एस्टैब्लिशमेंट का हिस्सा अगर बनी तो एक और नयी पीढ़ी भी सामने दिखाई देने लगी जिसने बात ही क़िस्सागोई के अस्वीकार से शुरू की। अगर कविता के लिए संगीत या चित्र के लिए फोटोग्राफी खतरा है तो कहानी के लिए क़िस्सागोई सबसे अधिक बाधक है—यह विवेक धीरे-धीरे विकसित हो रहा है। अस्तु, एक नया मिजाज कहानी में फिर उभरता लगता है। कहा जा सकता है कि यह एक ऐसा समय है जब 'नयी कहानी' सम्बन्धी तमाम समीक्षापरक आपाधापी का जायजा ले लिया जाय। प्रस्तुत संकलन इसी दिशा में एक छोटा-सा प्रयत्न है।

नयी कहानी को लेकर उठने वाली इन हलचलों और क्रियाशीलता के फलस्वरूप 'कहानी' को बेहद साहित्यिक प्रतिष्ठा मिली। इसके पूर्व हिन्दी में तो खैर ऐसे सम्मान का प्रश्न ही नहीं उठता, अन्य साहित्यों में भी समसामयिक कहानी को ऐसा ही सम्मान मिला है, मैं नहीं जानता। पुराने प्रतिष्ठित साहित्य-रूपों में नाटक तो खैर हमारे यहाँ था ही नहीं, पर कविता भी उपेक्षित हो गयी। इस सम्मान-प्राप्ति के साथ ही कहानी-समीक्षा के मानदण्डों या पद्धति का प्रश्न उठता है। यों नयी

आलोचना ने मानदण्डों का प्रश्न बहुत कुछ अप्रासंगिक क़रार दे दिया है और उसके स्थान पर वह पद्धति के नवीकरण पर बल देती है। (देखिये : मई, 1964 में दिल्ली में 'नवलेखन के भावबोध' पर आयोजित गोष्ठी की 'माध्यम' : जुलाई '64 और 'धर्मयुग' : जून '64 में प्रकाशित रिपोर्टें) जैसा कि अभी संकेत किया जा चुका है कि नयी कविता में जिस प्रकार तमाम शास्त्रीय मानदण्डों को अप्रासंगिक सिद्ध करके उसकी मूल्यसत्ता को नये सिरे से खोजा गया; विश्लेषण की पद्धति और समीक्षा की शब्दावली आविष्कृत हुई, वैसा प्रारम्भ में कहानी-समीक्षा में सम्भव नहीं हो सका। ऊपर बताये गये कारण के अतिरिक्त एक तथ्य शायद यह भी था कि काव्य-समीक्षा में जिन सिद्धान्तों को अस्वीकार किया गया उनकी एक बड़ी शक्ति को आत्मसात् भी कर लिया गया, पर कथा-समीक्षा के पहले से प्रचलित मानदण्ड इतने लचर थे कि बहुत-कुछ को नये सिरे से ही शुरू करना था और इस शुरुआत में ग्राम-कथा, नगर-कथा जैसे बेमानी वर्गीकरण पुराने प्रभावों के फलस्वरूप उत्पन्न कमजोरियों के उदाहरण हैं।

अस्तु, कथा-समीक्षा की नयी पद्धतियों या औजारों को विकसित करते समय पश्चिम के फ़िक्शन क्रिटिसिज़्म से भी सहायता ली गयी और काव्य समीक्षा की कोटियों को (हिन्दी से भी और पश्चिम में 'न्यू क्रिटिसिज़्म' के प्रभाव-तले लिखी जाने वाली कहानी-समीक्षा जो कि मूलतः कविता के लिए अधिक उपयुक्त है, से भी) भी लागू किया गया। यहाँ यह कह देना मुझे प्रासंगिक लगता हैं कि पश्चिम से आयातित किये जाने पर मुझे तनिक भी आपत्ति नहीं है। हम सभी पश्चिम की विकसित समीक्षा-पद्धतियों से जाने-अनजाने प्रभावित होते रहते हैं। आपत्ति केवल वहाँ पर की जा सकती है जहाँ उन कोटियों को लागू करते समय प्रसंगानुकूलता या औचित्य का ध्यान नहीं रखा जाता। यों हमारे रचनाकारों के प्रेरणास्रोत भी वहाँ कम नहीं हैं। पर कुछेक विसंगतियों की ओर ध्यान दिलाना आवश्यक है। पहली बात तो यह कि पश्चिम में फिक्शन क्रिटिसिज़्म अधिकांशतः उपन्यासों और कहानियों के पूरे सन्दर्भ में लिखा गया है। पर हिन्दी में कुछ तो उपन्यासों के अपेक्षाकृत अभाव के कारण, और कुछ पूरे परिदृश्य को ध्यान में रखने के लिए जिस परिश्रम एवं योग्यता की आवश्यकता होती है उससे बचने के कारण, केवल कहानियों को ही चर्चा का आधार बनाया गया। इसका स्पष्ट परिणाम है कि अकसर कहानी से उन चीजों की माँग की जाती है जिनकी माँग उपन्यास से ही की जा सकती है। यों दोनों के रूपगत अन्तरों की कतिपय ऐतिहासिक अनिवार्यताओं के बावजूद दोनों के समीक्षा-मूल्यों के सेट अलग-अलग नहीं किये जा सकते। और यदि अलग करने की चेष्टा की जाती है तो फिर उपन्यास-सम्बन्धी प्रतिपत्तियों को लागू करने से बचना होगा। दूसरी बात यह कि पश्चिम में उपन्यास को 'समाज के भीतर स्थित व्यक्ति के पारस्परिक सम्बन्धगत तनाव' पर आधारित माना गया है जबकि कहानी

को नितान्त आत्मपरक, लिरिकल आदि। आयरी लेखक फ्रेंक ओ' कोन्नोर ने उसे "समाज की सरहदों पर लड़ी जाने वाली गुरिल्ला लड़ाई माना है जिसमें बाहरी छोरों पर बैठे हुए व्यक्तियों का प्राधान्य होता है।" इस कसौटी के अनुसार हिन्दी-प्रदेश में 'नॉवेल्स ऑफ़ मैनर्स' के लिए काफी उपजाऊ भूमि होनी चाहिए थी; पर हुआ यह कि कहानी बनी मुख्य। और वह भी समाज से कटकर लड़ी जाने वाली गुरिल्ला लड़ाई के रूप में ही नहीं, बल्कि पूरे सामाजिक वस्तु-सत्य के भीतर मनुष्य के द्वन्द्व, तनाव, आशा, आकांक्षा को भी समेटनी वाली। ऐसी स्थिति में हिन्दी-कहानी को 'मानवीय नियति के सम्मुख गीतात्मक चीख' या अत्यन्त 'वैयक्तिक अकेली प्रतिक्रिया' के रूप में देखना बहुत संगत न होगा।

कथाकृति के लिए ऊपर जिस कलात्मक आरगैनिक समग्रता की बात कही गयी है वह अन्ततः एक निर्वैयक्तिक कला-सिद्धान्त की ओर ले जाती है यानी कि एक बार जन्म ले लेने के बाद कलाकृति का विकास अपने ही नियमों से होगा और कलाकार उसमें दखलन्दाजी के लिए स्वतन्त्र न रहेगा। इस प्रकार दृष्टि-बिन्दु (प्वाइण्ट ऑफ व्यू) को सम्हालने की आवश्यकता सामने आती है। इस दृष्टि से आधुनिक कविता और आधुनिक कथा-कृतियों में समान प्रविधियों का उपयोग मिलता है। फ़्लावेयर और हेनरी जेम्स के साहित्य-सिद्धान्त उन्हीं स्रोतों से उद्भूत होते हैं जिनसे कि ह्यूम, पाउण्ड या इलियट के। सम्भवतः इसी कारण कुछ लोग काव्य-समीक्षा की पद्धतियों एवं मूल्यों को कथाकृतियों पर भी लागू करने के लिए उतावले दिखते हैं। कथा-साहित्य के मानदण्डों की चर्चा के सिलसिले में इस प्रकार कथा-प्रकृति (या कथाकृतियों की विविध प्रकृतियों) की उपेक्षा करके लाये जाने वाले इन मानदण्डों के खतरों की भी चर्चा कर ली जाय। इससे शायद हमें अधिक व्यवस्थित इंगित मिल सकें।

काव्य-समीक्षा के आधार पर कहानी की चर्चा करने वालों में नयी कहानी के वे पैरोकार भी हैं जो प्रतीक, बिम्ब, लय, रूपक, मिथक, अन्योक्ति आदि की चर्चा करके उसके महत्त्व को जताते हैं। यह प्रयत्न वैसा ही है जैसा कि 19वीं शती में ज़ोला या गान्कार्ट-बन्धुओं ने उपन्यास को विज्ञान का आसन देकर करना चाहा था। दूसरे वे लोग भी हैं जो भाषा-संवेदना आदि की चर्चा करके कहानीमात्र को हेय या असमर्थ विधा सिद्ध करना चाहते हैं।

काव्य-समीक्षा के मानदण्डों को आरोपित करने से जो खतरे सामने आते हैं उनकी चर्चा करते हुए फिलिप राह्व ने कहा है कि ऐसा करने वाले तीन चीजों पर बहुत बल देते हैं—प्रतीक, मिथक, रूपक, अन्योक्ति आदि की खोज पर; भाषा पर; और टेकनीक को ही सब-कुछ मानने में। चूँकि हिन्दी-कविता पर 'न्यू-क्रिटिसिज़्म' की इन प्रविधियों को अभी बहुत लागू नहीं किया गया है इसीलिए कहानी की आलोचना में भी इनकी बहुतायत तो नहीं दिखती, परन्तु यत्र-तत्र इस प्रकार की चेष्टा के

लक्षण दिखायी देते हैं और लगता यही है कि यह प्रवृत्ति बढ़ेगी। कविता के क्षेत्रों में प्रतीकों, मिथकों आदि को विशिष्ट महत्त्व प्राप्त है—खासकर मुक्तक, गीति तत्त्व वाली कविताओं में। ये कविता के पूरे रूपबन्ध के अनिवार्य अंग होते हैं और उसकी अर्थ-गरिमा को विस्तार और गहराई देते हैं। पर इन प्रतीकों या उनके पैटर्न के आधार पर कथा-कृतियों के रूपबन्ध का विश्लेषण नहीं किया जा सकता। अच्छाई-बुराई का निर्णय तो इस कसौटी पर नितान्त असम्भव ही है। अच्छे-बुरे सभी प्रकार के उपन्यासों-कहानियों में उनकी खोज की जा सकती है। 'आर्द्रा' या 'अनदेखे-अनजाने पुल' के प्रतीक उनकी कलात्मक क्षमता या यथार्थ-बोध को कोई नया आयाम नहीं देते, केवल एक सामान्य-सा कौशलगत प्रभाव उत्पन्न करके रह जाते हैं। इस प्रकार के विवेचन का परिणाम यह होता है कि कृति के कथात्मक विकास की ओर ध्यान न देकर किसी एक स्थिति या भाषा-प्रयोग का विश्लेषण ही कसौटी बन जाता है, जबकि कथाकृति में महत्त्वपूर्ण तत्त्व 'कथानक' (plot) होता है (प्लॉट घटनाओं और विवरणों के अर्थ में नहीं, बल्कि अरस्तू की सहमति से 'कार्य-व्यापार की आत्मा' के अर्थ में)। प्रतीक, मिथक, अन्योक्ति आदि की चर्चा वास्तविकता का अवमूल्यन करती है। अनुभव की जो प्रत्यक्षता है उनके प्रति एक अवमानना का भाव प्रतीक-चर्चा में निहित रहता है। गोया कि जो प्रत्यक्ष है, वास्तविक है, तात्कालिक है, प्रयोगसिद्ध है, उस अनुभव का प्रस्तुतीकरण महत्त्वहीन या दिखावा मात्र है और असली अर्थ कहीं भीतर छिपा बैठा है जिसे प्रतीकों के उत्खनन के जरिये बाहर लाना होगा। कहना न होगा कि कथारूपों की मूल सम्पदा यह प्रत्यक्ष अनुभव ही होता है भले ही वह ऊबड़-खाबड़ या अपरिष्कृत हो। कहानी को अकसर गीतिवत माना जाता है पर यह समानता आत्मपरकता तक ही सीमित है और उसे गीति की प्रतीक-योजना में घुलाने की चेष्टा सिर्फ स्मार्टनेस ही कही जा सकती है। कहानी में दिखावे और यथार्थ में गहरा अन्तराल नहीं होता और ज्यादा प्रतीक-चर्चा सचमुच ही न समझने की बात है और न व्यर्थ ही मगज़पच्ची करके दूसरे को समझाने की। दूर की कौड़ी लाने की चेष्टा, चाहे वह एडविन बैरी बर्गम के ही आधार पर क्यों न हो, अन्ततः यथार्थ को अस्वीकार कर रूपवादी वृत्ति को बढ़ावा देती है और अपनी तार्किक परिणति में भावपक्ष या कलापक्ष के पुराने दैत्य को पुनर्जीवित करती है। इसे अपनी मूल दृष्टि में उस भाववादी दर्शन की देन सिद्ध किया जा सकता है जिसे मार्क्स ने ही नहीं, क्वान्टम फ़िजिक्स ने भी एकदम साखरहित कर दिया है। पर दर्शन में वह भले ही अस्वीकृत हो गया हो, आलोचना और सौन्दर्यशास्त्र में अब भी जोर मारता रहता है। परन्तु इसका अर्थ यह नहीं है कि कथा-साहित्य में प्रतीक नहीं होते। प्रतीकों का वहाँ प्रचुरता से उपयोग होता है पर अनुभव की वास्तविकता को अधिक-से-अधिक घटित करने के लिए, न कि उसके पार कुछ दिखाने के लिए। प्रतीक यहाँ सुराग या संकेत-सूत्र नहीं होते जिनके सहारे कहानी के तिलिस्मी संसार में पैठा जाय। कहानी

में प्रतीक रहस्यपूर्ण न होकर, उसके अर्थ-सम्भार का ही अतिरिक्त उच्छलन कहा जा सकता है। वह पूरे गद्य-विस्तार के सन्दर्भ में होता है न कि समस्त गद्य-विस्तार का तात्पर्य किसी प्रतीक या मिथक के लिए होता है। इसे यों भी कहा जा सकता है कि प्रतीक पूरे कथात्मक यथार्थ का आन्तरिक अंग होता है और इसकी नितान्त बौद्धिक व्याख्याएँ हेत्वाभासों की सृष्टि करती हैं। इसीलिए जब यह कहकर नयी कहानी को स्थापित करने की चेष्टा की जाती है तो मुझे लगता है कि एक निहायत लचर दलील ही नहीं दी जा रही, बल्कि नयी कहानी की वास्तविक व्याख्या को कुछ परे हटाया जा रहा है। फिर मज़ा यह कि राकेश या राजेन्द्र यादव नामवर सिंह पर काव्य-समीक्षा के प्रतिमानों को आरोपित करने का अभियोग भी लगाते हैं और स्वयं भी सांकेतिकता की बात ही नहीं करते, अपनी कहानियों में ज़बरदस्ती कुछ प्रतीकों को बिठाने की चेष्टा भी करते हैं। आलोचनात्मक आतंक या त्रास का इससे अच्छा उदाहरण और क्या मिलेगा!

प्रतीकों तक तो गनीमत है; जब भाषा-संवेदना ही एकमात्र आधार बन जाती है तो और अधिक विचित्रताएँ देखने में आती हैं। एक आलोचक ने नयी कहानी के अस्तित्व को तो अस्वीकार किया ही, कहानी की विधा-मात्र को नयी संवेदना के वहन करने में अक्षम बताया। उनके अनुसार यह स्थिति प्रायः सभी उन्नत साहित्यों में देखी जा सकती है—पता नहीं काफ़्का, हेमिंग्वे, फॉकनर, ट्रुमन कपोट, फ़्रैंक ओ' कोन्नोर या इज़ाक बाबेल की कहानियों को वे कहाँ रखना चाहेंगे—चेखव और मोपासाँ को उन्नीसवीं शती में फेंक देने के बाद भी। अस्तु, इस निष्कर्ष पर पहुँचने के लिए वे कहानी को बच्चनोत्तर गीतों के समकक्ष रखते हैं और तर्क देते हैं कि 'दोनों की ही भाषा प्रयोग-विधि एक-जैसी है। नये कहानीकार और गीतकार, दोनों सरल भाषा और अभिव्यक्ति की सादगी पर बल देते हैं।' लगता है कि निर्मल, यादव, कृष्ण बलदेव वैद, रामकुमार आदि की कहानियों को पढ़े बगैर यह मन्तव्य प्रगट किया गया है। (याद दिलाना अनुचित न समझा जाय तो हेमिंग्वे की सरल भाषा और अभिव्यक्ति की सादगी की संकुलता और आधुनिकता पर भी गौर कर लेना चाहिए।) इस सरलता को लोक-साहित्य से जोड़ते हुए आलोचक ने बताया है कि 'शिष्ट साहित्य भाषा के सृजनात्मक (क्रिएटिव) रूप का प्रयोग करता है। इस सृजनात्मक रूप में लेखक प्रतीक और बिम्ब-विधान के माध्यम से अपनी बात कहता है और यहीं उसकी भाषा सामान्य भाषा की तुलना में कठिन हो जाती है।' तथा विपिन अग्रवाल जैसे कवियों में 'सरल शब्द होने पर भी उनका बिम्ब-विधान सूक्ष्म है।' भाषा का यह रूप न होने के कारण रामस्वरूप चतुर्वेदी के अनुसार नयी कहानी में युग-संवेदना नहीं है, आधुनिकता नहीं है; लोकप्रियता है, अबौद्धिक वृत्ति है आदि-आदि। शब्दों, जार्गनों का खास चमचमाता हुआ वाग्जाल बिछाया गया है। वस्तुतः सूक्ष्म बिम्बों और प्रतीकों को ही भाषा का सृजनात्मक रूप मानना गद्य के

अपने स्वभाव को अस्वीकार करना है जिसकी 'वर्णनात्मक' प्रकृति को विपिनकुमार अग्रवाल तक स्वीकार करते हैं। पर जहाँ कविता की कोटियों को ही लागू करने की धुन सवार हो वहाँ आप कर ही क्या सकते हैं! ऐसे ही लोग बॉलज़ाक, टॉल्सटाय, प्रेमचन्द या टॉमस मान से जेन आस्टिन, हेनरी जैम्स, जैनेन्द्र या पियरे लुई को बड़ा उपन्यासकार भी सिद्ध कर सकते हैं।

कथाकृति की पूरी समझ या व्याख्या के लिए उस जीवन की गहराई की माप आवश्यक है जहाँ से लेखक की कला-दृष्टि (और इसीलिए नैतिक दृष्टि भी) उदित होती है। इसीलिए भाषा वाली कसौटी की अपेक्षा अनुभव की दुर्निवारता या प्रामाणिकता की टोह के प्रतीकों या बिम्बों का नहीं चरित्र-निर्माण क्षमता, कथानक-संघटन-शक्ति आदि का विश्लेषण ही कथा-समीक्षा के लिए महत्त्वपूर्ण होता है। कहना न होगा कि इसके लिए जिस समीक्षा भाषा की आवश्यकता होगी वह कविता की भाषा से अलग ही होगी। इस प्रसंग में रूसी रूपवादी आलोचक विक्टर झिरमुन्स्की की याद दिलायी जा सकती है—

> *"एक उपन्यास और एक गीति कविता को शाब्दिक कला की कृतियों के रूप में समतोल नहीं किया जाना है : क्योंकि उनमें थीम और रचना-संगठन के मध्य सम्बन्ध बिल्कुल भिन्न हैं। एक उपन्यास, जैसे कि टॉल्सटाय या स्टेन्ढाल रचित, में शब्द दैनिक बोलचाल की भाषा के निकटतर होते हैं और अपने व्यापार में खुले तौर पर प्रेषणीय होते हैं जबकि एक कविता में शब्द-विधान पूरे तौर पर लालित्य की परिकल्पना (ऐस्थेटिक डिजाइन) से निश्चित होता है और इस रूप में वह अपने-आप में लक्ष्य (साध्य) भी होता है।"*

यों अज्ञेय या निर्मल या रेणु की कथाकृतियों से ऐसे रूपवादी अलंकृत गद्य के प्रचुर उदाहरण दिये जा सकते हैं जो अपनी शब्द-योजना, बिम्ब-विधान, लाक्षणिकता आदि में अत्यन्त आकर्षक हैं पर ऐसे अंश साधारणतः उस गद्य के प्रवाह में ही बाधा नहीं डालते, कथा के अभिप्रायों को भी बाधित करते हैं; अथवा यों भी कहें कि कथा के अर्थसम्भार की अशक्ति का गोपन करते हैं।

यद्यपि एफ.आर. लीविस ने स्वयं इस कविता-विधि को कथा-समीक्षा में लागू किया है—शायद दूसरा रास्ता न स्वीकार करने के कारण; पर वे स्वयं इसके खतरों से आगाह करते हुए कह चुके हैं कि,

> *"उपन्यास और आलोचनात्मक पद्धति से इस बोध को लागू करना कहीं अधिक दुरूहतर है कि रचनाकार जो कुछ करता है वह 'यहीं, यहीं और यहीं' शब्दों द्वारा ही करता है और उसे एक कलाकार के रूप में (अगर वह है) उसी प्रकार के कारण से निर्णीत करना है जिससे कि एक कवि को किया जाता है। कविता एकाग्रता (कन्सेन्ट्रेशन) से कार्य करती है, (उसमें) सफलता या असफलता अधिकांशतः स्थानिक होती है...लेकिन गद्य साधारणतः समन्वित प्रभाव पर*

निर्भर करता है; इस प्रकार से कि उपन्यास का एक पृष्ठ जो पूरे सन्दर्भ में महत्त्वपूर्ण हो, (अपने आप में) भद्दा या अमहत्त्वपूर्ण दिखायी पड़ सकता है।"

वस्तुतः गद्य और कविता की भाषा-प्रयोगविधियाँ भिन्न-भिन्न होती हैं। एक की इकाइयों को दूसरे पर लागू कर एक 'कॉमन लिटरेरीनेस' भले ही खोजी जा सके, पर इससे विधाओं का जो एक ऐतिहासिक-साहित्यिक अस्तित्व है वह समाप्त होने लगता है। और हम मूल्यांकन के स्थान पर एक प्रकार के प्रभाववादी समीक्षण के निकट पहुँच जाते हैं। आखिर कविता की अपेक्षा गद्य में शब्दार्थ-सम्बन्ध कहीं अधिक दृढ़ता और अनिवार्यता के साथ परम्पराप्रथित रूप में निश्चित होते हैं। इसीलिए शब्द के स्थान पर शब्दों से बनने वाले चरित्र-सम्बन्धों और स्थितियों के गुम्फन का उद्घाटन ही यहाँ पर मुख्य होता है। कहानी या उपन्यास का सम्बन्ध भाषिक प्रयोगों पर आधारित न होकर उस बाह्य यथार्थ से चुनी गयी छवियों और उन छवियों को चुनने वाली दृष्टि-शक्ति पर निर्भर करता है। यहाँ तादात्म्य शब्दों नहीं, शब्दों के माध्यम से आभासित होने वाले यथार्थ से होता है। इस यथार्थ के लिए दृश्यों, व्यापारों, वस्तुओं और व्यक्तियों से ही कथा-समीक्षक का मुख्य सरोकार होता है—न कि लय, प्रतीक, बिम्ब या शैली के जंगल से। फिलिप राह्व ने ठीक ही कहा है कि "कलाकार की मुख्य समस्या शैली की न होकर 'दृष्टिबिन्दु', 'कथात्मक परिदृश्य' आदि से सम्बन्धित बातों से ही रही है—यानी कि अपनी विषयवस्तु को परिभाषित करना, अपने कथानक के भीतर से रास्ता बनाना ही कथाकार की मुख्य समस्या है।"

भाषिक विधि के इस विरोध का तात्पर्य यह नहीं कि कथा-चर्चा के लिए भाषा को नितान्त अप्रासंगिक-ठहरा दिया जाय। कथ्य के अनुरूप भाषा की खोज की समस्या हर कलाकार को ललकारती है। 'गोदान' और 'नदी के द्वीप' की भाषा का अन्तर दो कथ्यों के अनुरूप ही है। यही नहीं, अगर भारती की विषयवस्तु महेन्द्र भल्ला से पुरानी है तो दोनों की भाषाओं के मिजाज में स्पष्ट अन्तर दिखायी पड़ता है। कमलेश्वर या काशीनाथ सिंह की भाषा निश्चित ही अमरकान्त या शिवप्रसाद सिंह से भिन्न है। फिर इतना ही नहीं, कुछ लोग अपनी कथावस्तु का भावन अधिक काव्यात्मक विधि से करते हैं। यथार्थ का ग्रहण दोनों प्रकार से सम्भव है—काव्य-विधि से भी और गद्य-विधि से भी। इस सम्बन्ध में स्टीफेन स्पेण्डर ने काफी विस्तार से विचार किया है। पर काव्य-विधि और गद्य-विधि सापेक्षिक शब्द हैं और इसका अर्थ यह नहीं कि इन पर कथामूल्यों के बजाय काव्यमूल्यों का आरोपण किया जाय। अन्ततः मूल्य कथा के रहेंगे—यानी चरित्रों या स्थितियों के अन्तःसम्बन्धों के, पर साहित्यिक कौशलों (लिटरेरी डिवाइसेज़) की छानबीन करते समय इन प्रविधियों को भी ध्यान में रखना किसी भी समीक्षक के लिए अनिवार्य है।

कहानी-चर्चा में शिल्प शब्द भी खासा केन्द्रस्थ रहा है। वस्तुतः यह भी बहुत

कुछ भाषा वाली बात का बढ़ाव है। जब विपिनकुमार अग्रवाल लिखते हैं, *"गद्य का स्वभाव वर्णनात्मक है। कहानी गद्य में बाँधी जाती है। इसलिए वर्णन उसका अभिन्न अंग है। कहानी का सरा दारोमदार इस पर निर्भर करता है कि वर्णन कितना सार्थक हो सका। वही वर्णन सार्थक है जो कहानी के आंतरिक संघटन को पुष्ट करता है, उसमें नया निर्माण करता है या प्रभाव को पुनः संयोजित करता है।... कहानी लिखना इस प्रकार के वर्णन का सृजन करना है।"* आंतरिक संगठन जैसे शब्द यहाँ अपरिभाषित और जार्गनधर्मी तो हैं ही, मुझे यह भी लगता है भाषाविधि का ही बढ़ाव जिस टेक्नीक-प्रधानता की ओर ले जाता है वही इसमें भी निहित है। यहाँ पर वर्णन-संघटन के नाम पर टेक्नीक को ही परम मानने का आग्रह निहित है। बहरहाल, इसके बाद अग्रवालजी विज्ञान और साहित्यिक अध्ययनों के अन्तर को मिटाते हुए वैज्ञानिक फार्मूलों में बात करते-करते कुछ फार्मूले इस नये संघटन के भी बता देते हैं। विज्ञान में भले ही फार्मूले रटने पड़ते हों पर 'फार्मूला-विरोधी' नयी कहानी जिस कथात्मक यथार्थ से जूझती रहती है उसमें इस प्रकार के फार्मूले एक ऐबस्ट्रैक्शन से अधिक महत्त्व रखेंगे—इसमें सन्देह है। भाषा और टेक्नीक पर जोर देकर कथा-दृष्टि और उससे सम्भूत सृजनात्मकता को उपेक्षित करने का एक उदाहरण अभी हाल में ही 'कल्पना : 163' में प्रकाशित 'वे दिन' की समीक्षा के सिलसिले में दिखायी पड़ा। प्रयाग शुक्ल ने जहाँ अपनी समीक्षा में कथा-दृष्टि की कमजोरी, वर्णनों की आवश्यकता या चरित्रों के अन्तःसम्बन्धों की सपाटता की ओर इंगित करते हुए शिल्पगत कमजोरियों का निर्देश किया था, वहीं प्रतिक्रियास्वरूप महेन्द्र कुलश्रेष्ठ ने (कल्पना 165) शिल्प और भाषा को मुख्य मानकर 'वे दिन' का औचित्य सिद्ध करना चाहा है। व्यक्तिगत रूप में मुझे प्रयाग शुक्ल की समीक्षाविधि अधिक प्रसंगतिपूर्ण लगती है। कहना न होगा कि टेक्नीक पर बहुत जोर देने वाले समीक्षक कहानी में रचे-बसे यथार्थ को अनदेखा कर उसे रूपवाद की ओर ही ले जायेंगे। टेक्नीक की दृष्टि से बहुत ही सफल जानकार लेखक को क्या सचमुच ही महत्त्वपूर्ण कहानीकार भी सिद्ध किया जा सकता है? शायद नहीं; मुख्य समस्या तो उस संसार के भूगोल, इतिहास, प्रकृति और उसकी पैदाइश के पैमाने की है जो कहानी के भीतर मौजूद है।

इस सम्बन्ध में श्रीकान्त वर्मा की यह बात ज्यादा सही समझ का परिचय देती है कि *"कहानी का सम्बन्ध अनुभव से है और चरित्र कहानीकार के अनुभव का ही प्रतिबिम्ब है।... कहानी की गति और कहानी की नियति, कहानी का चरित्र है। चरित्र का गठन ही वास्तव में कहानी का गठन है। चरित्र और चरित्र-रचना के मूल्यों में परिवर्तन ही कहानी की भाषा में परिवर्तन उत्पन्न करता है।"* ऐसी स्थिति में क्या यह कहना उचित न होगा कि कहानी में आया नया चरित्र किस बात या किस सचाई के लिए स्टैण्ड करता है, इसकी खोज का रास्ता कहानी के संसार में पैठने का द्वार

बन सकता है? शायद ज्यादा महत्त्वपूर्ण यह पूछताछ होगी कि कहानी में आये इस समकालीन मनुष्य के 'स्व' (आत्म) का स्वभाव क्या है, कर्मरत होने पर, दबाव पड़ने पर, कठिनाइयाँ उपस्थिति होने पर, मुक्त रहने पर, स्वीकृति के समय, अस्वीकृति के समय, मुकाबला करते समय या समझौता करते समय विभिन्न परिस्थितियों में इनकी स्वभावगत प्रतिक्रियाएँ क्या होंगी? मुझे लगता है कि इस समकालीन मनुष्य के 'स्व' के कार्य या पलायन यथार्थ के उस सघन और सान्द्र क्षेत्र से सम्बन्धित है जिससे सांस्कृतिक जिन्दगी के तमाम तनाव या विश्रान्तियाँ उदित होती हैं। और इसी भूमि पर युगबोध और उन साहित्यिक विधाओं का सम्मिलन होता है जिनका विश्लेषण और मूल्यांकन समीक्षा की अनिवार्य नियति है।

इस संकलन की उपयोगिता के बारे में तर्क देने की आवश्यकता मुझे नहीं प्रतीत होती। स्वस्थ हो या अस्वस्थ, पर पिछले 8-10 वर्षों में नयी कहानी को लेकर जो क्रियाशीलता रही है उसमें से कुछ महत्त्वपूर्ण अंशों को चुनकर एक जगह इकट्ठा कर दिया गया है। इससे 'नयी कहानी' का रूप भी अधिक परिभाषित हो सकेगा और हमारी वह विवेक-बुद्धि भी आसानी से कसौटी पर चढ़ायी जा सकेगी जो इस विवाद में हिस्सा लेती रही है। संकलन में बहुत-सी कमियाँ हो सकती हैं—कुछ से तो मैं ही परिचित हूँ-पर अपनी साम्प्रतिक सामर्थ्य और साधनों के अनुसार जो कर सका, उसे संकलित रूप में उपस्थित किया जा रहा है।

संकलन तीन खण्डों में विभाजित है : 'पहचान और प्रतिष्ठापन', 'विवाद और विश्लेषण' तथा 'सर्वेक्षण और मूल्यांकन'। जहाँ तक लेखों के क्रम-निर्धारण का प्रश्न है सामान्यतः प्रकाशन तिथि को प्रत्येक खण्ड में ध्यान में रखा गया है। पर इसका पालन पूरे तौर पर नहीं किया जा सका। इस क्रम का उल्लंघन एक प्रकार की विषयगत संगति को भी ध्यान में रखने के कारण हुआ है।

पहले दो लेख संकलन की भूमिका के रूप में देखे जा सकते हैं। नयी पीढ़ी के कहानीकार मार्कण्डेय, पुरानी पीढ़ी के तीन सर्वाधिक प्रमुख कहानीकारों-यशपाल, जैनेन्द्र, अज्ञेय के कृतित्व की चर्चा करते हैं और पुरानी पीढ़ी के एक प्रमुख रचनाकार अश्क 'नयी कहानी' पर अपनी प्रतिक्रिया व्यक्त करते हैं। सावधानी से पढ़ने वाले को दोनों दृष्टिकोणों के अन्तर में नयी कहानी की सैद्धान्तिक दृष्टि का संकेत मिल सकेगा। मार्कण्डेय का लेख वस्तुतः अलग-अलग समयों में प्रकाशित उनकी तीन टिप्पणियों का एकत्रीकरण है—तीनों खण्डों के प्रकाशन-वर्षों का संकेत कर दिया गया है। वस्तुतः इन प्रारम्भिक दो लेखों को अलग एक खण्ड के रूप में भी देखा जा सकता है। पहचान और प्रतिष्ठापन की प्रक्रिया तो तीसरे लेख से शुरू होती है। इनमें पहचान वाले अंश को तीसरे, चौथे, पाँचवें लेख तक ही सीमित माना जा सकता है। छठा लेख प्रकाशन की दृष्टि से काफी बाद 1963 का है पर रचना-प्रक्रिया से सम्बन्धित होने के कारण इस स्थान पर रखा गया है। इसके बाद कुछ रचनाकारों

और फिर समीक्षकों के प्रतिष्ठापन-प्रयत्न का संकलन है। इस खण्ड में केवल प्रतिष्ठापन-प्रयत्न ही नहीं है: रामस्वरूप चतुर्वेदी और विपिनकुमार अग्रवाल के लेख में नयी कहानी के अस्तित्व पर कुछ शंकाएँ भी उठायी गयी हैं। यहाँ रचनाकारों और समीक्षकों के प्रकाशन-क्रमों का अलग-अलग निर्वाह किया गया है। दूसरे खण्ड में प्रकाशन-क्रम को पूरे तौर पर निभाया गया है। तीसरे खण्ड में प्रकाशन-तिथि की दृष्टि से पूर्ववर्ती होते हुए भी नामवर सिंह का लेख अन्तिम है। वस्तुतः यह लेख व्यतीत के परिदृश्य को ही नहीं उपस्थित करता, नयी सम्भावनाओं की ओर भी इंगित करता है। इसलिए इसे अन्तिम लेख के रूप में देना अधिक उपयुक्त लगा।

इस संकलन में संकलित विभिन्न लेखों का विश्लेषण करके इन लेखों के महत्त्व का निर्धारण, या चुनने के औचित्य की चर्चा भी की जा सकती है तथा इनके आधार पर नये 'कथाशास्त्र' की रूपरेखा का विवेचन भी सम्भव है। पर भूमिका अभी खासी बड़ी हो गयी—अतः यह कार्य किसी अन्य द्वारा या अन्यत्र ही।

देवीशंकर अवस्थी

दिल्ली,
12 नवम्बर, '65

'नयी कहानी : सन्दर्भ और प्रकृति' : अनुक्रम

कुछ नये कहानीकारों की कहानियाँ (धनंजय वर्मा)
यथार्थ का शिल्प और शिल्प का यथार्थ (देवीशंकर अवस्थी)

3. सर्वेक्षण और मूल्यांकन

स्वतन्त्रता के बाद की हिन्दी-कहानी : उपलब्धियाँ और खामियाँ (लक्ष्मीनारायण लाल)
परम्परा का नया मोड़ : रोमाण्टिक यथार्थ (बच्चन सिंह)
नयी कहानी : एक और शुरूआत (नामवर सिंह)

'नयी कहानी : सन्दर्भ और प्रकृति'

कथाकार अज्ञेय
को

प्रारूप

स्वाधीनता के बाद : हिन्दी साहित्य
(रूपरेखा)

१- परिवेश

२- कविता

कविताओं का विश्लेषण	१- अज्ञेय - असाध्य वीणा
	२- मुक्तिबोध - मैं सहचर, मैं मित्र
	३- शमशेर - यह सलोना जिस्म

३- उपन्यास

उपन्यासों का विश्लेषण	१- झूठा-सच
	२- मैला आंचल

४- कहानी

कहानियों का विश्लेषण	१- डिप्टी कलैक्टरी
	२- लन्दन की एक रात

५- नाटक

नाटकों का विश्लेषण	१- अंधा-युग
	२- आषाढ़ का एक दिन

६- आलोचना

परिशिष्ट में	१- पुस्तक-समीक्षा
	२- शोध, इतिहास और शास्त्र
	३- साहित्यिक पत्रिकाएं

७- रचनात्मक साहित्य की भाषा

	परिशिष्ट - २
(क) चयन	१०० पुस्तकों की सूची तथा प्रत्येक पुस्तक पर संक्षिप्त टिप्पणी
(ख) परिसंवाद	क्या स्वाधीनता प्राप्ति की तिथि हिन्दी साहित्य के इतिहास में निर्णायक रेखा है ?

१. पुस्तक-समीक्षा		देवीशंकर अवस्थी
२. शोध, इतिहास और शास्त्र	:	नामवर सिंह
३- साहित्यिक पत्रिकाएं	:	अजित कुमार

आलेख		लेखक
१- परिवेश	:	नामवर सिंह
२- कविता	:	देवीशंकर अवस्थी
३- उपन्यास	:	कुंवर नारायण
४- नाटक	:	नेमिचन्द्र जैन
५- कहानी	:	मार्कण्डेय
६- आलोचना	:	अशोक वाजपेयी
७- रचनात्मक साहित्य की भाषा	:	अज्ञेय

रचनाओं का विश्लेषण

कविता

१- अज्ञेय	:	अशोक वाजपेयी
२- शमशेर	:	केदार नाथ सिंह
३- मुक्तिबोध	:	श्रीकान्त वर्मा

उपन्यास

१- झूठा-सच	:	नेमिचन्द्र जैन
२- मैला आंचल	:	निर्मल वर्मा

कहानी

१- लन्दन की एक रात	:	नामवर सिंह
२- डिप्टी कलैक्टरी	:	सुरेन्द्र चौधरी

नाटक

१- अंधा युग	)	सुरेश अवस्थी
२- आषाढ़ का एक दिन	)	

आलोचना

(परिशिष्ट में)

१- पुस्तक-समीक्षा	:	देवीशंकर अवस्थी
२- शोध, इतिहास और शास्त्र	:	नामवर सिंह
३- साहित्यिक पत्रिकाएं	:	अजित कुमार

-३-

पुस्तक-विवरण

(डिमाई अठपेजी)

१- परिवेश	:	३० पृष्ठ	
२- कविता	:	४० पृष्ठ	+ १५ पृष्ठ टिप्पणियां
३- उपन्यास	:	४० पृष्ठ	+ २० पृष्ठ ,,
४- कहानी	:	३० पृष्ठ	+ १० पृष्ठ ,,
५- नाटक	:	२५ पृष्ठ	+ १२ पृष्ठ ,,
६- आलोचना	:	२५ पृष्ठ	+ १० पृष्ठ ,,
७- रचनात्मक साहित्य की भाषा	:	१५ पृष्ठ	
परिसंवाद	:	२० पृष्ठ	
पुस्तक सूची	:	२० पृष्ठ	
संपादकीय	:	५ पृष्ठ	
कुल :	लगभग	४०० पृष्ठ	

'साहित्य विधाओं की प्रकृति' : भूमिका

असामयिक निधन के कारण देवीशंकर अवस्थी इस पुस्तक की भूमिका नहीं लिख पाये थे। परन्तु यह पुस्तक सृजनात्मक लेखन को सभी विधाओं के मूलभूत स्वरूप, उनके अन्तःतत्त्वों और उनकी प्रकृति का प्रामाणिक विवेचन प्रस्तुत करने के क्रम में विश्व के प्रमुख समीक्षकों के दृष्टिकोण प्रस्तुत करती है। हिन्दी समालोचना में ऐसे ख्यात और गम्भीर लेखकों को एक ग्रन्थ में प्रस्तुत करने का यह पहला ऐतिहासिक प्रयास है।

'साहित्य विधाओं की प्रकृति' : अनुक्रम

1. कला का प्रयोजन (अन्स्र्ट फिशर)
2. साहित्य क्या है (बेलिंस्की)
3. साहित्य की सामग्री (रवीन्द्रनाथ ठाकुर)
4. साहित्य का स्वरूप और प्रकृति (देवीशंकर अवस्थी)
5. कविता क्या है (रामचन्द्र शुक्ल)
6. कविता की आवयविक प्रकृति (क्लींथ ब्रुक्स और राबर्ट पेन वारेन)
7. काव्य की रचनाप्रक्रिया (गजानन माधव मुक्तिबोध)
8. नाटक का विधान (ब्रैंडर मैथ्यूज)
9. नाटक (हजारी प्रसाद द्विवेदी)
10. उपन्यास का महाकाव्यत्व (राल्फ फाक्स)
11. प्रबन्धकाव्य, रोमांस और उपन्यास (देवराज उपाध्यायाय)
12. आज का समय, उपन्यास और पाठक (सुरेन गेसुर्यां)
13. कहानी : स्वरूप और अन्तर्वस्तु (फ्रैंक ओ' कोन्नोर)
14. कहानी क्या है (जे. बर्ग इसेविन)
15. कहानी और फैंटेसी (नामवर सिंह)
16. आलोचना का स्वरूप (हटिंग्टन के अर्न्स)
17. साहित्यिक सिद्धान्त, समालोचना और इतिहास (रेने वेलेक)
18. भारतीय साहित्यशास्त्र (गणेश त्र्यंबक देशपांडे)
19. साहित्य का व्याकरण (हजारी प्रसाद द्विवेदी)

अनुवाद (ईश्वर चन्द्र विद्यासागर)

प्रस्तुत पुस्तकमाला

प्रस्तुत पुस्तकमाला

इस पुस्तकमाला का उद्देश्य भारत के उन महापुरुषों की जीवनियाँ प्रकाशित करना है, जिनका हमारे राष्ट्रीय पुनरुत्थान एवं स्वाधीनता संग्राम में प्रधान योगदान रहा है।

यह अत्यन्त आवश्यक है कि हमारी वर्तमान तथा आने वाली पीढ़ियों के लिए इन महान् स्त्री-पुरुषों की जानकारी सहज सुलभ हो। खेद का विषय है कि कुछ अपवादों को छोड़कर, ऐसे महापुरुषों की प्रामाणिक जीवनियाँ उपलब्ध नहीं हैं। प्रस्तुत पुस्तकमाला इसी अभाव की पूर्ति की दिशा में एक प्रयास है। हमारा विचार है कि हम अपने इन सुविख्यात नेताओं के सरल-संक्षिप्त जीवन-चरित उस विषय के सुपरिचित अधिकारी विद्वानों से लिखवाकर प्रकाशित करें। इनका उद्देश्य न तो सर्वांगपूर्ण अध्ययन-निरूपण होगा और न विस्तृत जीवनियों का स्थान ग्रहण।

अभीष्ट होने पर भी यह सम्भव नहीं होगा कि हम इन जीवनियों को काल-क्रमानुसार प्रकाशित कर पाएँ। इन पुस्तकों का लेखन ऐसे महानुभावों को सौंपने का विचार है, जो इसके लिए सर्वथा उपयुक्त हैं। अतः व्यावहारिक कठिनाइयों के कारण यह सम्भव है कि हम ऐतिहासिक काल-क्रम का पालन न कर सकें। तथापि, हमें पूर्ण विश्वास है कि शीघ्र ही इस पुस्तक में राष्ट्रीय महत्त्व के सभी यशस्वी व्यक्तियों के जीवन-चरित सुलभ हो जायेंगे।

इस पुस्तकमाला के सामान्य सम्पादन का कष्टसाध्य कार्य स्वीकार करने के लिए मैं अपने आदरणीय मित्र तथा बिहार के भूतपूर्व राज्यपाल श्री आर.आर. दिवाकर का अत्यन्त आभारी हूँ। लेखक, सम्पादक तथा पत्रकार के नाते श्री दिवाकर के अनुभव तथा इन क्षेत्रों में उनकी ख्याति के फलस्वरूप हमें इस पुस्तकमाला में यथासम्भव उत्कृष्टतम पुस्तकें प्रकाशित करने में अवश्य सहायता प्राप्त होगी।

बी.वी. केसकर

नयी दिल्ली
25 नवम्बर, 1959

विषय-सूची

व्यक्ति और उनका युग

उन्नीसवीं शताब्दी में भारतवर्ष में कई महान् विभूतियाँ उत्पन्न हुईं। वह एक ऐसी शताब्दी थी, जिसमें नवजाग्रत सामाजिक और ऐतिहासिक शक्तियाँ विशिष्ट प्रकार के भिन्न-भिन्न व्यक्तियों को ढाल रही थीं और उनसे माँग कर रही थीं कि वे समय की चुनौती का सामना करने में अपनी पूरी शक्ति लगाएँ। इस पुकार को सुनने में विद्यासागर अपने समय से बहुत आगे थे। जिन सामाजिक आदर्शों को उन्होंने एक शताब्दी पहले अपनाया था, वही आज वास्तविकता में परिणत होने लगे हैं।

अधिकांश लोग व्यक्तिगत रूप से किसी नवीन सामाजिक ढाँचे के निर्माण में सहायक नहीं होते हैं बल्कि वर्तमान ढाँचे में ही अपने-आप को ढाल लेते हैं, किन्तु समाज को तो सतत परिवर्तनशील जगत में जीवित होना है और आवश्यकता पड़ने पर व्यक्तियों को समाज के ढाँचे में परिवर्तन करने के लिए प्रयत्न करना पड़ता है। अपने समय की चुनौती का मुकाबला करने के लिए विद्यासागर का एक महान् विभूति के रूप में प्रादुर्भाव हुआ। उन्होंने सामाजिक परिवर्तन की आवश्यकता का अनुभव किया और अपने उद्देश्य को प्राप्त करने के लिए अडिग बने रहे। इस प्रकार वह एक महान् समाज-सुधारक बन गये।

पश्चिम बंगाल के एक कुलीन राढ़ीय ब्राह्मण परिवार में इस महान् पण्डित का जन्म हुआ। इन ब्राह्मणों का अपनी जाति में सर्वोच्च स्थान था। अतएव वह अपनी सांस्कृतिक और वंश-परम्परा पर बहुत गर्व करते थे। अपने पूर्वजों से ही विद्यासागर ने गौरवमयी परम्परा प्राप्त की थी। जिस दरिद्रता में उनका जन्म हुआ था, वह भी उस गौरव को न मिटा सकी। सामाजिक सुधार के लिए उन्होंने अपने देश की परम्पराओं को भूलना नहीं चाहा। वह भारत के उन बहुत थोड़े-से व्यक्तियों में से थे, जिन्होंने पिछली शताब्दी में नवीन पश्चिमी विचारों का भारतीय परम्परा के सर्वोत्कृष्ट विचारों से मेल मिलाने के लिए साहसपूर्ण संघर्ष किया।

बंगला में अपनी अपूर्ण आत्मकथा के रूप में विद्यासागर अपनी बाल्यावस्था की स्मृतियाँ छोड़ गये हैं। वह हमको बताते हैं कि उनके प्र-पितामह भुवनेश्वर विद्यालंकार की मृत्यु के पश्चात् उनके दो बड़े पुत्रों ने परिवार का भार सँभाला और तीसरे पुत्र,

अर्थात विद्यासागर के पितामह रामजय तर्कभूषण का पुश्तैनी जायदाद के लिए अपने दोनों भाइयों के साथ झगड़ा शुरू हो गया। इसके कारण संयुक्त परिवार टूट गया और विद्यासागर के पितामह पुश्तैनी गाँव छोड़कर चले गये।

उस समय बंगाल के मेदिनी जिले में वीरसिंह ग्राम में एक विद्वान पण्डित उमापति तर्कसिद्धान्त रहते थे। वह अपने समय के एक अच्छे व्याकरणवेत्ता थे। इनकी तीसरी पुत्री दुर्गा देवी से विद्यासागर के बाबा ने विवाह किया और उनके दो पुत्र और चार पुत्रियाँ पैदा हुईं। इनमें सबसे बड़े ठाकुर दास वन्द्योपाध्याय थे जो विद्यासागर के पिता थे। उनके बाबा के अपना पुश्तैनी गाँव छोड़ने के तुरन्त बाद ही उनकी दादी वीरसिंह ग्राम के पास अपने पिता के घर चली गयी किन्तु वहाँ का वातावरण सुखमय नहीं था। उनके पिता पण्डित उमापति को यह देखकर बड़ा दुख हुआ कि उनके पुत्र और पुत्रवधू ने उनकी पुत्री और बच्चों के साथ उचित व्यवहार नहीं किया। उन्होंने अपनी पुत्री के लिए अपने घर के ही निकट एक झोंपड़ी बनवाई और इस झोंपड़ी में ही दुर्गा देवी अपने छह बच्चों के साथ रहती थीं। उनके पति उस समय स्थान-स्थान पर भटक रहे थे और अपने बड़े भाइयों द्वारा किये गये अन्याय को नहीं भूल पा रहे थे। अकेले ही दुर्गा देवी को अपने छह बच्चों के लालन-पालन के लिए कठोर परिश्रम करना पड़ता था।

उस समय बंगाल में बहुत-सी असहाय और दरिद्र स्त्रियाँ चर्खा कातकर और जुलाहों के हाथ सूत बेचकर अपनी गुजर-बसर किया करती थीं। चर्खे के सामने बैठी हुई और अपने बच्चों से घिरी हुई विद्यासागर की दादी दुर्गा देवी रात-दिन सूत कातकर अपनी रोजी कमाती थीं। इसमें कुछ उनके पिता से सहायता मिल जाती थी। अपनी आत्मकथा में विद्यासागर ने बड़ी भावुकता से बताया है कि कैसे कष्टमय वातावरण में उनके पिता ठाकुर दास पाले-पोसे गये और जब ठाकुर दास केवल चौदह या पन्द्रह वर्ष के ही थे, तो वह गम्भीरतापूर्वक सोचने लगे कि परिवार का सबसे बड़ा पुत्र होने के नाते क्या यह उनका फर्ज नहीं है कि घर की गाड़ी चलाने में माँ का हाथ बँटाएँ। रोजी कमाने के उद्‌देश्य से ठाकुर दास ने कलकत्ता जाने का निश्चय किया। और कोई चारा नहीं था, इसलिए दुर्गा देवी ने बड़ी ही अनिच्छापूर्वक अपने पुत्र को बाहर जाने की अनुमति दे दी।

ठाकुर दास कोई असाधारण व्यक्ति नहीं थे किन्तु वह कर्तव्यपरायण, परिश्रमी तथा ईमानदार अवश्य थे। विद्यासागर के संस्मरणों में कलकत्ता में उनके जीवन-संघर्ष की कहानी दी गयी है, जिससे उपरोक्त तथ्य की पुष्टि होती है।

उन दिनों शासकों की भाषा, अंग्रेजी की थोड़ी बहुत जानकारी किसी भी यूरोपीय दुकान में अथवा 'साहब' के मातहत नौकरी के लिए प्रमुख योग्यता मानी जाती थी। 1834 में प्रकाशित अंग्रेजी-बंगला शब्दकोश की भूमिका में रामकमल सेन लिखते हैं, "1774 में यहाँ (कलकत्ता में) सर्वोच्च न्यायालय की स्थापना हुई और

इस समय से अंग्रेजी भाषा का ज्ञान आवश्यक एवं वांछनीय प्रतीत होने लगा था। उस समय यूरोपियन वकीलों के क्लर्क ही अंग्रेजी भाषा के शिक्षक होते थे। उन्हें अपने अंग्रेजी शब्द भण्डार का बड़ा अभिमान होता था जिसे वे अपनी जेबी नोट बुक में सावधानी से सुरक्षित रखते थे। उन लोगों को भी, जो अंग्रेजी के पूर्ण विद्वान माने जाते थे एक छोटी-सी शब्द पुस्तक और एक अक्षर विन्यास-पुस्तक अच्छी तरह कंठ कर लेनी होती थी। शिक्षा शुल्क प्रति विद्यार्थी चार रुपये से लेकर 16 रुपये होता था, जो 18वीं शताब्दी के लिए बहुत अधिक था। यह स्थिति 19वीं शताब्दी के प्रारम्भिक दिनों में भी बनी रही जब विद्यासागर के पिता ठाकुर दास काम की तलाश में कलकत्ता गये थे।

यह ठीक समझा गया कि ठाकुर दास अंग्रेजी का प्रारम्भिक ज्ञान प्राप्त करें। और संस्कृत पढ़ने में अपनी शक्ति नष्ट न करें। ठाकुर दास के लिए खर्च की समस्या उनके एक निकट सम्बन्धी जगमोहन न्यायालंकार ने हल कर दी। उनके यह सम्बन्धी टोल (संस्कृत पाठशाला) चलाकर अच्छी तरह अपनी गुजर-बसर कर रहे थे। उन्होंने ठाकुर दास को भोजन और आश्रय दिया और अपने एक मित्र से उनकी रात्रि पाठशाला में ठाकुर दास को मुफ्त अंग्रेजी पढ़ाने के लिए कह दिया। ठाकुर दास ने इस अवसर का तत्परता से लाभ उठाया और वह रात्रि पाठशाला में नियमित रूप से जाने लगे। ऐसा करने में बहुधा उनको रात्रि का भोजन छोड़ देना पड़ता था। टोल के निर्धन विद्यार्थियों को अथवा उन बाहरी व्यक्तियों को, जिनको न्यायालंकार के घर में रहने की अनुमति प्राप्त थी, पण्डितजी के कड़े आदेशों के अनुसार सन्ध्या के तुरन्त बाद भी भोजन कर लेना पड़ता था। यदि किसी को देर हो जाती थी तो उसे उस रात भूखा ही रहना पड़ता था। अतएव ठाकुर दास को अंग्रेजी की रात्रि पाठशाला में उपस्थित रहने के लिए बहुधा रात को भोजन छोड़ देना पड़ता था।

शीघ्र ही उन्हें दो रुपये प्रति माह की नौकरी मिल गयी। अपने कठिन परिश्रम द्वारा ठाकुर दास ने अपनी तनख्वाह पाँच रुपये प्रति माह तक बढ़वा ली। दुर्गा देवी को अपने पुत्र के उज्ज्वल भविष्य का समाचार सुनकर बड़ी प्रसन्नता हुई और उन्होंने वीरसिंह गाँव में गाँव वालों को मिठाई बाँटकर खुशी मनाई। ठाकुर दास के भाग्य ने और भी जोर मारा। अब उन्होंने न्यायालंकार जी का आश्रय छोड़कर अपने पिता के मित्र, भगवत चरणसिंह की शरण ली। यह एक धनी कायस्थ सज्जन थे। विद्यासागर 19वीं शताब्दी के तीसरे दशक के प्रारम्भिक वर्षों में इन्हीं के बड़ा बाजार वाले मकान में रहे और वहीं उन्होंने कलकत्ता में अपना विद्यार्थी जीवन व्यतीत किया। भगवत चरणसिंह की विधवा पुत्री राइमणि ने अपने मातृवत प्रेम तथा देखभाल से विद्यासागर के मन पर अमिट छाप छोड़ी।

भगवत चरणसिंह ने ठाकुर दास को आठ रुपये प्रति माह की नौकरी दिलवा

दी। ठाकुर दास की अवस्था उस समय 24 वर्ष थी। उनका विवाह भगवती देवी के साथ हुआ था, जो पश्चिम बंगाल के हुगली जिले में गौघाट नामक स्थान के प्रसिद्ध पण्डित रमाकान्त तर्कवागीश की द्वितीय पुत्री थीं। इस प्रकार माता-पिता, दोनों ओर से विद्यासागर बडे ऊँचे कुल के थे। ईश्वर चन्द्र विद्यासागर का जन्म वीरसिंह गाँव में 26 सितम्बर, 1820 (बंगला सन 12 आश्विन, 1227) को हुआ।

भगवती देवी बहुत-सी बातों में एक असाधारण महिला थीं। वह गाँव वालों के लिए माता के समान थीं। उन्होंने अपने पुत्र विद्यासागर को यह उदारता और दयालुता दान में दी।

जैसा कि हम पहले बता चुके हैं, विद्यासागर के घुमक्कड़ बाबा, रामजय तर्कभूषण ने अपने बड़े भाइयों के अनुचित व्यवहार के विरोध में अपने पुश्तैनी गाँव को त्याग दिया था। रामजय बहुत ही साहसी व्यक्ति थे। वह हाथ में एक बड़ी लाठी ले छाती ताने मस्त घूमा करते थे और सदैव अपने विश्वासों के अनुसार आचरण करते थे। अन्ततोगत्वा वह अपने ससुर के गाँव वीरसिंह में रहने को सहमत हो गये, जिससे उनकी पत्नी दुर्गा देवी की भावनाओं को ठेस न पहुँचे। उनके साले रामसुन्दर विद्याभूषण स्थानीय गाँव और समाज के एक प्रमुख व्यक्ति थे और अपनी उद्दण्डता के कारण सबके लिए हौवा बने हुए थे। रामजय इस व्यक्ति को बिल्कुल ही पसन्द नहीं करते थे और अन्य लोगों की तरह उन्होंने उनकी उद्दण्डता के सामने घुटने टेकने से साफ इनकार कर दिया था। वह बहुधा यह व्यंग्य कसा करते थे कि वीरसिंह भी और दूसरे बहुत-से गाँव के समान ही है, जहाँ बहुत-से 'चौपाये' और बहुत कम 'दोपाये' रहते हैं।

अपने 'विद्यासागर चरित' में रवीन्द्रनाथ ठाकुर ने विद्यासागर के पितामह के चरित्र पर टिप्पणी की है—बंगाल की धरती में इस प्रकार के तीक्ष्ण बुद्धि और साहसी व्यक्ति बहुत कम पैदा होते हैं।

विद्यासागर को वीरसिंह गाँव में एक जीर्ण-शीर्ण झोंपड़ी के अतिरिक्त अपने पूर्वजों के चरित्र के श्रेष्ठतम अंश मिले—जैसे अपने पिता की कर्त्तव्यपरायणता और ईमानदारी, अपनी माता की उदारता और गहरी मनुष्यता, अपनी दादी का दृढ़ निश्चय और सहनशीलता तथा अपने पितामह की सादगी, दृढ़ विश्वास तथा सत्यप्रियता।

होनहार के लक्षण

जब ईश्वर चन्द्र पैदा हुए, तो उनकी जन्मपत्री बनाई गयी। इससे यह फल निकला कि बच्चा हठी साँड़ होगा, पर वह यशस्वी, ईमानदार और सच्चा होगा। उनके बाबा हँसी-हँसी में ही उन्हें 'एड़े वायूर' या बछड़ा कहकर पुकारते थे और ऐसे ही उन्हें उनके पिता भी पुकारा करते थे। उनके इस मजाक-भरे कथन में बहुत कुछ सच्चाई का अंश मौजूद था। उनके बारे में यह भी कहा जाता था कि जो कुछ उनसे करने को कहा जाता था उसका वह उल्टा ही किया करते थे। ईश्वर चन्द्र के इन उल्टे-पुलटे कामों के कारण उनके पिता उनको कभी-कभी मारा-पीटा भी करते थे और इस तरह उनको सुधारने की कोशिश करते थे।

ईश्वर चन्द्र कभी भी शान्त रहने वाले बच्चे नहीं थे। वह अपने गाँव वालों के लिए लगातार एक परेशानी का कारण बने हुए थे। उनके बगीचों से वह फूल तोड़ लाते थे और उनके अन्धविश्वासों को चोट पहुँचाया करते थे। जीवन में बहुत आगे चलकर, जब एक भद्र पुरुष ने उनसे अपने अल्पवयस्क पुत्र की शरारतों की शिकायत की, तो ईश्वर चन्द्र ने मुस्कराते हुए कहा, "मेरे दोस्त! निराश मत हो, मैं भी बड़ा शरारती बच्चा था। मैं खूब उछल-कूदकर अपने माँ-बाप को चिढ़ाया करता और अपने अच्छे पड़ोसियों के धैर्य की परीक्षा लिया करता था। और अब उन सब शैतानियों के बावजूद किसी तरह मैं अपने पैरों पर खड़ा होने लायक हो गया हूँ। पर अब मैं समझता हूँ कि मेरा भविष्य कम-से-कम उतना अन्धकारमय भी नहीं है, जितना उन दिनों अक्ल के दावेदारों ने बताया था। कौन जानता है कि आपके बच्चे का भविष्य मुझसे अधिक उज्ज्वल नहीं तो, मुझसे कम भी न हो।"

विद्यासागर ने अपनी पहली प्रसिद्ध बंगला पुस्तक 'वर्ण परिचय' के पहले व दूसरे भागों में गोपाल के चरित्र के माध्यम से एक अच्छे और आज्ञाकारी बालक के आदर्श चरित्र का बड़ा ही सुन्दर वर्णन किया है। उसी कहानी में राखाल नामक बच्चे को एक शैतान बच्चे के रूप में वर्णित किया गया है। छोटे बच्चों को उसमें यही उपदेश दिया गया है कि उन्हें गोपाल के चरित्र का अनुसरण करना चाहिए, न कि राखाल के चरित्र का।

इस कहानी पर अपनी टीका-टिप्पणी करते हुए रवीन्द्रनाथ ठाकुर ने अपने 'विद्यासागर चरित' में कहा है, "सीधे-सादे लोगों की हमारी इस वसुन्धरा पर गोपाल की भाँति आज्ञाकारी व विनम्र बच्चों की कोई कमी नहीं है। परन्तु यदि हठी व शैतान बालक राखाल और उसके प्रसिद्ध कथाकार विद्यासागर जी सरीखे लोग और ज्यादा संख्या में पैदा होने लगें, तो बंगालियों के चरित्र से कायरता का धब्बा बिल्कुल ही मिट जाता। अच्छे लड़के तो परीक्षाओं में पास होने के लिए, कर्त्तव्यशीलता के लिए और शादी-विवाह के बाजार में ऊँचा दहेज दिलाने के लिए ही अच्छे होते हैं परन्तु भविष्य में हमारे देश को आज्ञाकारी गोपाल की अपेक्षा राखाल जैसे अवज्ञाकारी लड़कों की ही अधिक आवश्यकता है।"

किन्तु ईश्वर चन्द्र पढ़ने-लिखने की दृष्टि से राखाल से बिल्कुल भिन्न थे। राखाल पढ़ने-लिखने से कन्नी काटता था जबकि ईश्वर चन्द्र पढ़ने में कभी फिसड्डी नहीं थे। कहना तो यह चाहिए कि कष्टों से जूझकर भी वह पढ़ते रहे।

उन दिनों लिखने, पढ़ने और साधारण गणित आदि की प्रारम्भिक शिक्षा तो गाँव की पाठशाला में ही दी जाती थी। इसके बाद अच्छे सम्पन्न ब्राह्मणों के बच्चे संस्कृत की ऊँची शिक्षा के लिए टोल में भेजे जाते थे। पाठशाला वीरसिंह गाँव में ही थी, परन्तु इसके गुरु महाशय 'चमोटी लागे चमचम, विद्या आवे झमझम' के कायल थे। इसी वजह से वह उनके लिए भय का कारण बने हुए थे। अतः ठाकुर दास ने कालिकान्त चट्टोपाध्याय नामक एक कुलीन ब्राह्मण को विद्यासागर को पढ़ाने के लिए चुना। कालिकान्त एक अच्छे और मधुर स्वभाव के शिक्षक थे परन्तु उनके लिए पाठशाला में पढ़ाने की अपेक्षा कुलीनत्व से प्राप्त अधिक लाभ का ज्यादा आकर्षण था। आखिरकार ठाकुर दास जी के आग्रह पर अपनी इच्छा के विरुद्ध भी उन्हें एक पाठशाला खोलने को बाध्य होना पड़ा। प्रथा के अनुसार ईश्वर चन्द्र का विद्यारम्भ पाँचवें वर्ष में कालिकान्त जी के संरक्षण में हुआ।

कालिकान्त अपने शिष्य की तीक्ष्ण बुद्धि से काफी प्रभावित हुए। वह अकसर ईश्वर चन्द्र के पिता से कहा करते थे कि वह पाठशाला का पाठ्यक्रम तीन साल में ही पूरा कर लेगा, जो एक असाधारण बात थी। उनके गुरु ने ठाकुर दास से कहा कि अब समय आ गया है, जब ईश्वर चन्द्र को कलकत्ता के एक अच्छे अंग्रेजी स्कूल में ऊँची अंग्रेजी शिक्षा के लिए भेजा जाये। ठाकुर दास ने भी अच्छी शिक्षा के लिए कलकत्ता भेजने की जरूरत समझी।

ईश्वर चन्द्र का बचपन गाँव के सुस्त और निराशाजनक वातावरण में बीता था। आज के पश्चिमी बंगाल का यह गाँव उन दिनों काफी पिछड़ा हुआ था, जहाँ पर शिक्षा और संस्कृति नाममात्र की ही थीं। ईश्वर चन्द्र के होनहार दिमाग पर प्रभाव डालने वाली सामाजिक दृष्टि से खास बात शायद वहाँ एक ही थी। वीरसिंह और उसके आसपास मछुओं या छोटे-छोटे व्यापारियों की ही संख्या अधिक थी।

उनके सामाजिक और सांस्कृतिक जीवन में अभी भी कुछ ऐसे सजीव तत्त्व विद्यमान थे जिनकी झाँकी वहाँ के ग्रामीण त्योहारों और उत्सवों से ली जा सकती है और जिन्होंने अभी भी थोथे कर्म-काण्ड और रूढ़ियों का रूप ग्रहण नहीं किया था। उन दिनों ऊँची जाति के हिन्दुओं में जो रूढ़ियाँ फैली हुई थीं, वे सौभाग्य से वीरसिंह गाँव के देहाती वातावरण में मौजूद न थीं और विद्यासागर के क्रियाशील दिमाग के विकास में बाधक न हो सकीं।

ईश्वर चन्द्र कलकत्ता जाने के समय आठ वर्ष के थे। वह शरीर से दुबले, छोटे और अपने हम उम्रों की तुलना में कहीं अधिक शर्मीले व डरपोक थे। इसलिए यह सोचा गया कि उनके पिता व गुरु के साथ एक नौकर को भी कलकत्ता जाना चाहिए। यह शुभ दिन नवम्बर, 1828 को आया, जब चारों लोग वीरसिंह से सवेरे ही कलकत्ता के लिए रवाना हुए। वीरसिंह से कलकत्ता करीब 60 मील दूर था। सवेरे तड़के से शाम तक पैदल चलने पर लोगों को कलकत्ता पहुँचने में करीब तीन दिन लगे। ईश्वर चन्द्र के लिए निस्सन्देह यह एक कठिन यात्रा थी और उन्होंने इसे खूब अच्छी तरह से झेला। बारी-बारी से बीच-बीच में उनके पिता, गुरु व बुढ़े नौकर को उन्हें अपनी पीठ पर लादना पड़ता था।

तीसरे दिन वे लोग कलकत्ता के दूसरी ओर हुगली नदी के पश्चिम की तरफ सलकिया गाँव को जाने वाली नयी बनी सड़क पर पहुँचे। ईश्वर चन्द्र ने उस नयी सड़क पर 'मील के पत्थर' देखे, तो उनके बारे में उनकी जिज्ञासा बढ़ी। ठाकुर दास जी को उन्हें बताना पड़ा कि ये मील के पत्थर किसलिए लगे हैं। ईश्वर चन्द्र ने फौरन उन पर खुदे हुए अंकों को पढ़ा और शीघ्र ही उन्हें याद कर लिया। कालिकान्त और दास को उनकी तीव्र मेधा शक्ति पर बड़ा ही आश्चर्य हुआ। बूढ़ा नौकर तो उन्हें कन्धे पर बैठाकर खुशी के मारे सड़क पर ही नाचने लगा।

यात्रा के तीसरे दिन जब सूर्यास्त हो गया, उन्होंने एक नाव से हुगली नदी को पार किया और कलकत्ता के बड़े बाजार में पहुँचे। भागीरथी नदी के पश्चिम से पूर्व की ओर यात्रा मानो एक पुराने युग से नये युग की यात्रा थी। यह यात्रा वस्तुतः ईश्वर चन्द्र के जीवन की एक प्रमुख और स्मरणीय घटना थी।

शिक्षा : संस्कृत या अंग्रेजी

कलकत्ता पहुँचने पर, ठाकुर दास ईश्वर चन्द्र को अपने पुराने दोस्त भगवत चरणसिंह के यहाँ बड़ा बाजार ले गये। भगवत चरण सिंह की मृत्यु के बाद उस घर में उनका 25 वर्षीय जवान पुत्र जगत दुर्लभ अपनी माँ व विधवा बहन राइमणि के साथ रहता था। ठाकुर दास व ईश्वर चन्द्र का वहाँ हार्दिक स्वागत हुआ। राइमणि ने ईश्वर चन्द्र के साथ माँ की तरह स्नेहपूर्ण व्यवहार किया जिसे ईश्वर चन्द्र जीवन भर न भूल सके। ईश्वर चन्द्र ने अपनी आत्मकथा में लिखा भी है कि इस देवी के व्यक्तित्व की छाप मेरे दिमाग पर अमिट रूप से अंकित हो गयी थी। वह मेरी माँ की भाँति मेरे लिए पूज्य थीं। उनके दिव्य प्रेम को मैं कभी नहीं भूल सकता। इस वृद्धावस्था में भी जब कभी मुझे उनका स्नेह पूर्ण व्यवहार याद आता है तो मेरा दिल भर आता है। कहा जाता है कि राइमणि के प्रति ईश्वर चन्द्र के स्नेह, आदर भाव और उनके बचपन में ही विधवा होने पर उनके प्रति सहानुभूति ने ही उन्हें विधवा-विवाह के लिए लड़ने की प्रेरणा दी थी।

कलकत्ता पहुँचने के कुछ दिन पश्चात ईश्वर चन्द्र की प्रारम्भिक शिक्षा की जाँच के लिए एक बंगाली पाठशाला में भेजा गया। इस पाठशाला के शिक्षक स्वरूप चन्द्र कालिकान्त से अच्छे शिक्षक थे। लगभग तीन माह वह इस पाठशाला में पढ़े और अपनी प्रारम्भिक शिक्षा पूरी की। अब वह किसी भी उच्च स्तर के स्कूल में उच्च शिक्षा पाने के बिल्कुल योग्य हो गये थे। परन्तु प्रश्न था कि उनकी उच्च शिक्षा का माध्यम अंग्रेजी हो या संस्कृत।

ईश्वर चन्द्र के पिता, शिक्षक और उनके शुभचिन्तकों के लिए यह एक कठिन समस्या थी। अंग्रेजी व संस्कृत सीखने के लाभालाभ व उसके भविष्य पर विचार-विमर्श हुआ। अपनी आत्मकथा में ईश्वर चन्द्र ने इस समस्या के बारे में इस प्रकार लिखा है, "उन दिनों गुरु महाशय की पाठशाला में दी जाने वाली शिक्षा मैंने वीरसिंह गाँव में कालिकान्त से और कलकत्ता में स्वरूप चन्द्र से पायी। इसके बाद किस प्रकार की शिक्षा से मुझे अधिक लाभ हो सकेगा—इस बारे में मेरे रिश्तेदारों ने अपने-अपने सुझाव और परामर्श भेजने शुरू किये। हम लोगों का वंश पेशा 'टोल' और चतुष्पाठी

में पढ़ाने का था, पर मेरे पिताजी को प्रतिकूल परिस्थितियों से विवश होकर इसे छोड़ देना पड़ा था। अतः उन्होंने अपनी इस कमी को मेरे द्वारा पूरा करने का निश्चय किया था। उनका विचार था मुझे संस्कृत का विद्वान पण्डित बनकर अपनी निजी 'टोल' अपने ही गाँव में खोलकर अपनी वंशगत अध्यापनवृत्ति अपनानी चाहिए। उन्होंने अपने एक मित्र से यह भी कहा था कि मैं नहीं चाहता कि पैसे की खातिर विद्यासागर को अंग्रेजी शिक्षा दी जाये क्योंकि वह उसे केवल रुपया कमाने की मशीन मात्र बना देगी। उन्होंने उससे यह भी कहा था कि मैं विद्यासागर को अच्छे संस्कृत विद्वान और गाँव की टोल के विनम्र और सुशील अध्यापक के रूप में देखना अधिक पसन्द करूँगा।

"हमारे एक रिश्तेदार मधुसूदन वाचस्पति उन दिनों संस्कृत कॉलेज के विद्यार्थी थे। उन्होंने मेरे पिताजी से कहा कि उनकी यह इच्छा मुझे संस्कृत कॉलेज में भर्ती कर पूरी हो सकती है। इसके अलावा, उन्होंने यह भी कहा कि उस कॉलेज के मेधावी विद्यार्थियों के लिए बहुत-से और भी अवसर उपलब्ध होते हैं। उदाहरण के तौर पर दीवानी अदालतों में जिला-न्यायाधीश को हिन्दू कानून के बारे में सलाहकार या जज पण्डित की आवश्यकता होती है। ऐसे पद उन सुयोग्य छात्रों के लिए सुरक्षित रहते हैं, जो संस्कृत के साथ-साथ कानून समिति की परीक्षा पास कर लेते हैं। मधुसूदन की सलाह मेरे पिताजी को जँच गयी। मुझे संस्कृत कॉलेज कलकत्ता में संस्कृत शिक्षा दिलाने का निश्चय किया गया।"

सन् 1829 में जब ठाकुर दास और उनके रिश्तेदारों में अंग्रेजी और संस्कृत के लाभालाभ और गुण-दोषों के बारे में विचार-विमर्श चल रहा था उसी समय अंग्रेजी शिक्षा के समर्थकों (ऐंग्लिसिस्ट) और संस्कृत शिक्षा के समर्थकों (ओरियंटलिस्ट) के बीच भी जोरदार विवाद छिड़ा हुआ था और यह 12 वर्ष तक जोरों से चलता रहा। यह विवाद 1822-23 से आरम्भ हुआ और 1829 तथा 1835 के मध्य अपनी चरम सीमा पर पहुँच गया था। इस विवाद का अन्त 7 मार्च, 1835 को हुआ...जब मैकाले की सिफारिशों के आधार पर अंग्रेजी शिक्षा को राज्य-संरक्षण देने के पक्ष में लार्ड विलियम बेंटिक का प्रसिद्ध प्रस्ताव स्वीकृत हुआ।

ईस्ट इण्डिया कम्पनी के शासन काल में भारतवर्ष में शिक्षा की प्रगति में कई महत्त्वपूर्ण अवस्थाएँ आयीं। प्रारम्भिक अवस्था में कम्पनी को कोई राजनीतिक अधिकार प्राप्त नहीं था और भारतीय जनता की शिक्षा उसकी प्रशासकीय नीति के अन्तर्गत नहीं आती थी। दूसरी अवस्था 1781 से 1791 तक प्राच्य विद्या के प्रोत्साहन की मानी जाती है, जब कलकत्ता, मद्रास, बनारस आदि में संस्कृत कॉलेजों की स्थापना हुई। इस नीति का उद्देश्य मुसलमान और हिन्दू अफसरों को कम्पनी के प्रशासनिक और न्याय सम्बन्धी पदों पर काम करने के लिए प्रशिक्षण देना था। तीसरी अवस्था वह है, जब 1813 में शिक्षा को राज्य के दायित्व और कर्तव्य के रूप

में वैधानिक मान्यता प्राप्त हुई और कुछ व्यक्तियों द्वारा भारतीयों में अंग्रेजी शिक्षा के प्रसार का प्रयत्न किया गया। 6 मार्च, 1811 को मिंटो ने अपनी प्रसिद्ध सम्मति (मिनट) में शासकों द्वारा शिक्षा की उपेक्षा की आलोचना की और कहा, "यह कैसे दुख की बात है कि जो राष्ट्र अपने साम्राज्य के दूसरे भागों में विद्या के प्रसार के लिए काफी ख्याति प्राप्त कर चुका है, वही हिन्दुओं के साहित्य को संरक्षण प्रदान करने और यूरोप के लोगों को उस साहित्य भण्डार से लाभान्वित कराने में विफल रहा।" इस पर, 1813 के चार्टर एक्ट के अधीन पहली कम्पनी की अमलदारी में भारतीय साहित्य के पुनरुत्थान और संवर्धन एवं भारतीय विद्वानों के प्रोत्साहन तथा विज्ञान की शिक्षा के लिए एक लाख रुपये की सालाना राशि स्वीकृत की गयी।

आगे चलकर देखा गया कि 1813 से 1830 तक बंगाल, मद्रास और बम्बई की प्रेसिडेंसियों में लगभग दो लाख रुपये सालाना शिक्षा पर खर्च होते रहे। हालाँकि 1823 में कलकत्ता में और 1826 में मद्रास में सार्वजनिक शिक्षा समितियों का तथा 1823 में बम्बई में शिक्षा समाज (एजुकेशन सोसाइटी) का गठन किया गया पर जाँच करने पर पता चला कि शिक्षा पर सुनियोजित ढंग से व्यय नहीं हो रहा था। इसी बीच 21 अगस्त, 1821 को गवर्नर जनरल ने यह संकल्प किया कि बनारस के संस्कृत कॉलेज की तरह कलकत्ता में भी एक संस्कृत कॉलेज स्थापित किया जाये और उसके खर्च के लिए 25,000 रुपये की सालाना राशि स्वीकृत की जाये। संकल्प में यह भी कहा गया कि इस संस्था का वर्तमान लक्ष्य तो हिन्दू साहित्य की अभिवृद्धि करना है, पर इससे भी बढ़कर इसका उद्देश्य हर सम्भव तरीके से भारतीय ज्ञान के साथ धीरे-धीरे यूरोपीय ज्ञान का प्रसार करना है। संकल्प के अनुसार बहू बाजार में किराए के मकान नं. 66 में 1 जनवरी, 1824 को कलकत्ता संस्कृत कॉलेज की स्थापना हुई। फिर इसे कॉलेज के नये भवन में 1 मई, 1826 को स्थानान्तरित कर दिया गया, जहाँ यह अब भी है।

स्पष्ट है कि तीसरे दशक के मध्य तक कम्पनी की शिक्षा-नीति अपना अन्तिम व निश्चित रूप न ले सकी थी। इसी बीच कुछ प्रमुख बंगालियों ने प्रसिद्ध शिक्षाविद् और पेशे से घड़ीसाज डेविड हेयर और न्यायाधीश एडवर्ड हाइड ईस्ट के सहयोग से 1817 में भारतीयों में अंग्रेजी शिक्षा के प्रसार के लिए कलकत्ता में एक संस्था की स्थापना की। यह संस्था कई नामों से पुकारी जाती थी—हिन्दू कॉलेज, महाविद्यालय या एंग्लो-इण्डियन कॉलेज। वर्तमान प्रेसिडेंसी कॉलेज उसी संस्था का परवर्ती रूप है। यह कॉलेज उच्च वर्ग के कुछ बंगाली हिन्दुओं द्वारा शुरू किया गया था और इस सम्बन्ध में ध्यान देने की बात यह है कि भारत में पश्चिमी शिक्षा के सूत्रधार राजा राममोहन राय का इस संस्था की स्थापना और विकास में कोई हाथ नहीं था।

इसका कारण आसानी से ढूँढ़ा जा सकता है। 1815-16 से कलकत्ता में बस जाने के बाद, राजा राममोहन राय ने हिन्दुओं की प्राचीन रूढ़ि-रिवाजों, जैसे मूर्तियों,

बहुदेवोपासना, सती-प्रथा आदि पर प्रहार करना तथा उन्हें मिटाना शुरू कर दिया था। इस तरह के आन्दोलन ने रूढ़िवादी हिन्दुओं को भड़का दिया था। अतः स्पष्ट है कि रूढ़िवादी हिन्दुओं ने स्वभावतः राममोहन राय को मात्र हिन्दू लड़कों के लिए ऐसी संस्था कायम करने में सहयोग देने से इनकार कर दिया होगा। अतः राममोहन राय ने 1822 में कलकत्ता में एक अलग ही अंग्रेजी स्कूल की स्थापना की। उन्होंने एमहर्स्ट के पास अपना प्रसिद्ध पत्र भेजा, जिसमें उन्होंने सरकार द्वारा भारत में प्राच्य विद्या सम्बन्धी शिक्षा-नीति लागू करने की कटु आलोचना की थी। इस पत्र में उन्होंने कलकत्ता में संस्कृत कॉलेज की स्थापना की सरकारी नीति का जबर्दस्त विरोध किया था और भारत में अधिक उदार तथा प्रबुद्ध शिक्षा-प्रणाली लागू करने की वकालत की थी, जिसके द्वारा गणित, प्राकृतिक दर्शन, रसायन शास्त्र, शरीर विज्ञान तथा अन्य उपयोगी विज्ञानों की शिक्षा दी जा सके। उन्होंने यह दलील दी थी कि इन विज्ञानों की शिक्षा की बदौलत ही यूरोप के देश अन्य देशों की तुलना में अधिक समुन्नत हो सके हैं।

उस समय अंग्रेजी में प्राच्य विद्या सम्बन्धी शिक्षा-नीति के समर्थकों की संख्या अधिक थी, जबकि भारतीयों में अंग्रेजी शिक्षा के समर्थकों की संख्या कम थी। स्पष्ट रूप से राजा राममोहन राय ही अंग्रेजी शिक्षा के प्रथम समर्थक थे। उन्होंने 1816 से 1830 में इंग्लैण्ड रवाना होने तक इस आन्दोलन को जोरों से चलाया था। इसी बीच हिन्दू कॉलेज में शिक्षित युवकों की एक नयी पीढ़ी उभर आयी, जिसने अंग्रेजी शिक्षा के समर्थकों के हाथ मजबूत किये। इसी समय 1829-30 में यह प्रश्न उपस्थित हुआ था कि ईश्वर चन्द्र को कैसी उच्चतर शिक्षा दी जाये। जब सरकार ने अंग्रेजी शिक्षा-नीति का संकल्प कर लिया, तो प्राच्य विद्या शिक्षा-नीति के समर्थकों की संख्या घटने लगी। यह 1835 का समय था और यह ईश्वर चन्द्र के छात्रजीवन के बीच का समय था।

जब ठाकुर दास ने विद्यासागर को संस्कृत की शिक्षा देने का निश्चय किया, तो प्राच्य विद्या शिक्षा-नीति के समर्थक उस समय भी दृढ़ता से जमे हुए थे और अंग्रेजी शासक दोनों प्रकार की शिक्षा-नीतियों की दुविधा में पड़े हुए थे। शासक तो आगे का इन्तजार कर सकते थे, पर नौ साल के एक लड़के के भाग्य को अधर में नहीं डाला जा सकता था। अतः निश्चय के अनुसार बड़ी तेजी से काम किया गया और जून, 1829 को विद्यासागर को संस्कृत कॉलेज में भर्ती करा दिया गया। इस प्रकार गत शताब्दी के तीसरे दशक की हलचलमय परिस्थितियों में उनके विद्यार्जन का क्रम प्रारम्भ हुआ।

तूफानी दशक

पिछली शताब्दी के तीसरे दशक में अचानक कई ओर से तूफान उठने लगा। उसने सदियों पुरानी बहुत-सी प्रथाओं और विश्वासों को झकझोर दिया। समाज में घबड़ाहट और गड़बड़ी फैल गयी। 1829 से 1841 तक ईश्वर चन्द्र के विद्यार्थी जीवन में यह तूफान चलता रहा।

प्राच्य और अंग्रेजी शिक्षा के समर्थकों में संघर्ष के दौरान हिन्दू कॉलेज और संस्कृत कॉलेज दोनों ही उन्नति की ओर अग्रसर होते रहे। जनवरी, 1824 में हिन्दू कॉलेज के प्रबन्धकों ने सरकार से आर्थिक सहायता की याचना की और सार्वजनिक शिक्षा समिति कॉलेज के प्रबन्ध में हिस्सा पाने की शर्त पर ही सरकार उसको सहायता देने को राजी हुई। बंगाली हिन्दू प्रबन्धकों के पास इस शर्त को स्वीकार करने के अलावा और कोई चारा न था। 1826 में गोल डिग्घी अर्थात् कॉलेज स्क्वायर में एक नया भवन बनाया गया। इसी भवन में हिन्दू कॉलेज और संस्कृत कॉलेज प्रतिष्ठित किये गये। इस भवन के मध्य में संस्कृत कॉलेज और पूर्वी तथा पश्चिमी भागों में हिन्दू कॉलेज था। दोनों संस्थाओं के बीच इस इमारती सम्बन्ध ने प्राचीन भारतीय और आधुनिक पश्चिमी विचारधाराओं के बीच की खाई पाटने में बहुत योग दिया।

किन्तु सामाजिक प्रथाओं ने इस सम्बन्ध को तोड़ दिया। संस्कृत कॉलेज केवल ऊँची जाति के ब्राह्मण और वैश्य परिवारों के बालकों के लिए था। हिन्दू कॉलेज मुसलमान और ईसाइयों को छोड़कर कम-से-कम कहने के लिए तो सभी जातियों के हिन्दू लड़कों के लिए था। इस प्रकार जाति-पाँति और साम्प्रदायिकता के बन्धनों ने प्राच्य और पाश्चात्य विद्या के क्षितिज को संकुचित कर दिया था। प्रारम्भ में दोनों कॉलेजों में पढ़ने वाले विद्यार्थियों को आपस में मिलने-जुलने से रोकने के लिए जो एहतियात बरती गयी, उसको पढ़कर हँसी आती है।

दोनों भवनों को एक ऐसी दीवार बनाकर अलग किया गया, जिसके ऊपर लोहे की रेलिंग लगी हुई थी। इसका उद्देश्य यह था कि दो विभिन्न वर्णों के विद्यार्थी, अर्थात् द्विज और शूद्र एक-दूसरे के सम्पर्क में न आ सकें। इसी प्रकार एक ही फाटक से प्रवेश करने की अनुमति तो थी, पर वह इतना चौड़ा था कि विद्यार्थी

बिना एक-दूसरे को छुए उससे गुजर सकें। भवन के मध्य भाग को जंगला लगाकर बन्द कर दिया गया था ताकि एक संस्था के विद्यार्थी दूसरी संस्था के अहाते में न जा सकें। दोनों कॉलेजों के 'आउट हाउसेज' और दफ्तरों को भी बिल्कुल अलग रखना जरूरी समझा गया।

ईश्वर चन्द्र को अपना विद्यार्थी जीवन सरस्वती के इस भव्य मन्दिर के घेरों और जंगलों के भीतर गुजारना पड़ा। इन परिस्थितियों ने हिन्दू कॉलेज को अपनी शिक्षा द्वारा यूरोपीय ज्ञान से भारत के मनीषियों को लाभान्वित करने अथवा संस्कृत कॉलेज में संस्कृत भाषा और साहित्य की शिक्षा के साथ-साथ धीरे-धीरे यूरोपीय ज्ञान को फैलाने का प्रमुख स्रोत नहीं बनने दिया।

फिर भी ऐसे वातावरण में ईश्वर चन्द्र अपनी बाल्यावस्था पार कर युवावस्था में पहुँचे और उनके बौद्धिक क्षितिज का बहुत अधिक विस्तार हुआ। ज्ञान सागर के पूर्वी तट पर खड़े हुए वह पश्चिम की ओर घेरों और लोहे की रेलिंगों के पार देख रहे थे और वह इन रुकावटों को दूर करने के लिए व्याकुल थे, जिससे कि पूर्व और पश्चिम के बीच विचारों का स्वच्छन्द, किन्तु विवेकपूर्ण आदान-प्रदान हो सके।

इस स्थिति को हिन्दू कॉलेज के नवयुवक विद्यार्थियों के एक दल ने अपने उग्र कार्य-कलापों से और भी बिगाड़ दिया। ये विद्यार्थी 'डेरोजियन्स' कहलाते थे, क्योंकि इनके शिक्षक व गुरु, एच.एल.वी. डेरोजियो यूरेशियन थे, जो एक नवयुवक कवि, दार्शनिक और शिक्षक थे। इन नवयुवकों के दल का प्रचलित नाम 'यंग बंगाल' और 'यंग कलकत्ता' था। इनका प्रादुर्भाव पिछली शताब्दी के दूसरे दशक के अन्तिम चरण में हुआ था और वह अपने मूर्ति-भंजक विचारों और सामाजिक सुधार के लिए उग्र उत्साह के कारण तीसरे दशक में खूब फूले-फले। संस्कृत कॉलेज में ईश्वर चन्द्र के विद्यार्थी जीवन के प्रथमार्द्ध में यह सब हुआ।

डेरोजियो का जन्म कलकत्ता में 10 अप्रैल, 1809 को हुआ और उनकी मृत्यु 22 वर्ष की अवस्था में 1831 में हुई। 1827 में हिन्दू कॉलेज में वह अध्यापक नियुक्त हुए। उस समय वह केवल 18 वर्ष के थे। उनके आकर्षक व्यक्तित्व और कुशाग्र बुद्धि ने कॉलेज के वरिष्ठ विद्यार्थियों को अपनी ओर खींच लिया था। उनकी जीवनी लिखने वाले थामस एडवर्ड्स का कथन है, "न तो डेरोजियो से पहले और न बाद में भारत के किसी भी देशी विद्यालय में किसी अध्यापक ने अपने शिष्यों पर उनके बराबर प्रभाव डाला।" उस समय की घटनाएँ इस बात का स्पष्ट सबूत हैं।

सन् 1827 और 1830 के बीच नवयुक 'डेरोजियन्स' खूब फूले-फले। डेरोजियो के ही शब्दों में, वह नये फूलों की पंखुड़ियों के समान बढ़ रहे थे और अपनी शक्ति आजमाने के लिए अपने पंखों को तोल रहे थे। वह इस नवयुवक अध्यापक की देखरेख में बेकन, लाक, बैकले, ह्यूम, रीड, थामस पेन, डूगाल्र्ड स्टुअर्ट तथा अन्य लोगों की कृतियों का अध्ययन कर रहे थे और उनके विचारों में एक क्रान्ति-सी हो

रही थी। वह अपने समाज की सभी बातों पर तर्क करना सीख रहे थे और कोई भी बात कितनी भी प्राचीन या व्याप्त क्यों न हो, बिना समझे मानने को तैयार न थे। वह अपनी कक्षा में अपने अध्यापक डेरोजियो की बैठक में और अपनी संस्था 'दि एकेडेमिक एसोसिएशन' में गम्भीर विषयों पर वाद-विवाद करते रहते थे। रेवरेंड लाल बिहारी डे अपने संस्मरणों में लिखते हैं कि इस संस्था (एकेडेमिक एसोसिएशन) की साप्ताहिक बैठकों में 'नवयुवक कलकत्ता' के चुने हुए सदस्य अपने समय के सामाजिक, नैतिक और धार्मिक प्रश्नों पर स्वतन्त्र रूप से वाद-विवाद करते थे। इस वाद-विवाद में तत्कालीन धार्मिक संस्थानों के प्रति विद्रोह का रुख तो नजर आता था।" 'एकेडेमी' के जवान शेर हर सप्ताह दहाड़ा करते थे। उनका नारा होता था—'हिन्दू धर्म का नाश हो कट्टरपन्थी का नाश हो।' इन सब बातों के कारण हिन्दू समाज में घबड़ाहट फैल गयी और उसके वरिष्ठ व्यक्तियों ने स्थिति पर विचार किया।

इस समय, जलती हुई आग को और भी भड़काते हुए, भारत में गवर्नर-जनरल विलियम बेंटिक ने बहुत आगा-पीछा सोचने के बाद 4 दिसम्बर, 1829 को कानून द्वारा सती-प्रथा समाप्त कर दी। उस समय बहुत-से अंग्रेज इस कानून के विरोधी थे क्योंकि उनकी राय में यह हिन्दू धर्म में हस्तक्षेप करने के समान था। 25 नवम्बर, 1826 के पत्र में जो सरकार के सैनिक सचिव को भेजा गया था, प्रसिद्ध प्राच्य विद्याविद् एच.एच. विल्सन ने लिखा, "हो सकता है कि कलकत्ता में एक या दो व्यक्तियों की, जिन्होंने धर्म के सिद्धान्तों और परम्पराओं का विरोध करके ख्याति प्राप्त की हो सम्मति भिन्न हो, किन्तु जनता के बहुत बड़े भाग का विचार एक पैसा है और सरकार को मुट्ठी-भर लोगों के लिए नहीं बल्कि आम हिन्दू जनता के लिए कानून बनाना चाहिए।" 'ज्युडीशियल कंसल्टेशन' (क्रिमिनल) 4 दिसम्बर, 1829 को विल्सन के पत्र में 'कलकत्ता के एक या दो व्यक्ति' इन शब्दों से इशारा स्पष्ट रूप से राजा राममोहन राय और उनके कुछ साथियों की ओर था। इस कानून ने हिन्दू भावनाओं पर तीव्र आघात किया और ऐसा ज्ञात होता था कि 1829-30 में सारी हिन्दू-जाति उसके विरोध में उठ खड़ी हुई थी। 17 जनवरी, 1830 को सनातनी हिन्दुओं ने धर्मसभा की स्थापना की, जिससे कि वे इस कानून के विरुद्ध संघर्ष कर सकें और उसे समाप्त करा सकें।

एक ओर उग्र सुधारवादी डेरोजियनों की सुधार के लिए चीख-पुकार थी और दूसरी ओर कट्टरपन्थी हिन्दू सम्प्रदाय का जोरदार विरोध था। इन सब कारणों से फैली अव्यवस्था की स्थिति में प्रसिद्ध मिशनरी अलेक्जेंडर डफ 27 मई, 1830 को कलकत्ता आया। स्काटलैण्ड में विदेशी मिशनों की समिति ने उसको भारत में ईसाई धर्म फैलाने और ईसाई शिक्षा की नींव डालने के लिए भेजा था। उसने बंगाल के पढ़े-लिखे नवयुवकों के मस्तिष्क में हो रही क्रान्ति को देखा और उनके धार्मिक और सामाजिक विचारों की तीव्रता और उन विचारों के पीछे स्वतन्त्रता की जो उदात्त

भावना थी, उसे समझा। अपनी पुस्तक 'इण्डिया एण्ड इण्डियन मिशंस' में डफ ने कहा है कि हमने इस स्थिति का स्वागत किया। ऐसा जान पड़ता था कि वह समय आ गया है, जिसकी हम प्रतीक्षा कर रहे थे, जिसे हम बहुत चाहते थे और जिसके लिए हम ईश्वर से प्रार्थना कर रहे थे। उसने 13 जुलाई, 1830 को राजा राममोहन राय के सहयोग से, जो नवम्बर, 1830 में विलायत जाने वाले थे, कलकत्ता में जोड़ासांकू मोहल्ले में जनरल एसेंबली की ओर से एक विद्यालय की नींव डाली। उस समय उसमें केवल पाँच विद्यार्थी थे। उसने ईसाई धर्म पर कुछ भाषणों की व्यवस्था की। ये भाषण वह स्वयं लन्दन मिशनरी सोसाइटी के रेवरेंड एडम, उसी सोसाइटी के रेवरेंड हिल और रेवरेंड डेलट्री, जो बाद में मद्रास के बिशप नियुक्त किये गये, देने वाले थे। अगस्त, 1830 में कलकत्ता में शिक्षित नवयुवकों, हिन्दुओं को एक बड़े जनसमूह के सामने जो परिचयात्मक भाषण दिया गया, उसमें मानो हिन्दू कॉलेज के प्रबन्धकों पर एक बम-सा गिरा दिया गया था। उन्होंने सोचा कि उनके पूर्वजों का धर्म खतरे में है और विद्यार्थी शीघ्र ही धर्म परिवर्तन कर ईसाई हो जायेंगे। अतएव उन्होंने यह नियम बना दिया कि कोई भी विद्यार्थी, जो मिशनरियों के भाषण सुनने जायेगा, कॉलेज से निकाल दिया जायेगा। नवयुवक सुधारक विद्यार्थियों ने कॉलेज के प्रबन्धकों के इस निरंकुश आदेश का जोरदार विरोध किया। वाद-विवाद की संस्थाएँ खोली गयी, जिनमें हिन्दुओं की धार्मिक असहिष्णुता, कट्टरता और अत्याचार की मनमानी की निन्दा की गयी और असंयत भाषा में खरी-खोटी सुनाई गयी।

इस आन्दोलन के कारण अप्रैल, 1831 में डेरोजियो को हिन्दू कॉलेज छोड़ देना पड़ा और आगे चलकर दिसम्बर में उसकी मृत्यु हो गयी।

दो प्रमुख डेरोजियन 17 वर्षीय कृष्णमोहन बनर्जी और 18 वर्षीय दक्षिणारंजन मुखर्जी ने एक अंग्रेजी साप्ताहिक पत्र 'इन्क्वायरर' और दूसरा बंगला साप्ताहिक 'ज्ञानान्वेषण' (ज्ञान की खोज) 1831 की मई और जून में निकालना प्रारम्भ किया। पुरातन प्रेमी 'समाचार चन्द्रिका' ने उग्रवादियों के विरुद्ध कड़ा रुख अपनाया। यूरोपियनों द्वारा अधिकृत 'दी बंगाल हरकारू एण्ड इण्डिया गजट' और श्रीरामपुर के 'बैप्टिस्ट मिशनरियों के' बंगला समाचारदर्पण ने वामपन्थियों और दक्षिणपन्थियों के मध्य बीच का रास्ता अपनाया और दोनों को ही उनकी उग्रताओं के लिए झिड़का और फटकारा। रवीन्द्रनाथ ठाकुर के चाचा प्रसन्न कुमार ठाकुर द्वारा सम्पादित अंग्रेजी साप्ताहिक 'रिफार्मर' ने उदार दृष्टिकोण पेश किया और इसने थोड़ा बहुत राममोहन राय के साथी और अनुयायी ब्रह्मसमाजियों के विचारों का प्रतिनिधित्व किया। इस प्रकार कंजर्वेटिव्स (कट्टरपन्थी हिन्दू), मॉडरेट्स (ब्रह्मसमाजी) और रैडिकल्स डेरोजियन्स अन्तिम शताब्दी के तीसरे दशक के सामाजिक रंगमंच पर पूरी तरह तैनात होकर खेल खेल रहे थे। इस समय ईश्वर चन्द्र संस्कृत कॉलेज में थे। इस समस्त आन्दोलन का केन्द्र संस्कृत कॉलेज की इमारत के दो कक्षों में स्थित

हिन्दू कॉलेज ही था। ईश्वर चन्द्र इस दशक में अपनी युवावस्था की ओर बढ़ रहे थे इसलिए यह तूफान उनके बढ़ते हुए मस्तिष्क पर कुछ छाप छोड़े बिना न रह सका।

इस दशक के तथा उनके विद्यार्थी जीवन समाप्त होते-होते इस तूफ़ान के बादल धीरे-धीरे तिरोहित होने लगे। तत्कालीन धुँधले सामाजिक वातावरण पर इस चमक के कुछ ही निशान शेष रह गये थे। पढ़े-लिखे बंगालियों ने मई, 1838 में 'दी सोसाइटी फार एक्जीबीशन ऑफ जनरल नालेज' और 1839 के अक्तूबर में 'तत्त्वबोधिनी' सभा की स्थापना की। ये दोनों उस समय प्रमुख सामाजिक-सांस्कृतिक संस्थाएँ बन गयीं और इनका उद्‍देश्य बिगड़ती हुई सामाजिक स्थिति को नियन्त्रण में लाना तथा पूर्व और पश्चिम के विरोधी आदर्शों में सामंजस्य-समन्वय स्थापित करना था। प्रमुख रूप से यह रवीन्द्रनाथ ठाकुर के पिता महर्षि देवेन्द्रनाथ ठाकुर और उनकी 'तत्त्वबोधिनी' सभा के प्रभाव से ही सम्भव हो सका था। इस सभा ने ब्रह्मसमाज का काम भी अपने हाथ में ले लिया, क्योंकि समाज का नैतिक और सामाजिक प्रभाव राममोहन राय के 1830 में बंगाल से विलायत चले जाने और 1833 में वहाँ उनकी मृत्यु हो जाने के उपरान्त धीरे-धीरे क्षीण होने लगा था। देवेन्द्र नाथ के संकल्पों के कारण बहुत पहले ही सभा शक्तिशाली और गतिशील हो गयी थी तथा तरह-तरह के उदार विचारों वाले पढ़े-लिखे बंगाली युवकों के मिलने-जुलने का केन्द्र बन गयी थी। तीसरे दशक के बहुत-से डेरोजियन चौथे दशक में भी इससे सम्बन्धित रहे और असके अत्यन्त प्रभावशाली सदस्य बने रहे। स्वभावतः ईश्वर चन्द्र इस संगठन की ओर आकर्षित हुए। अपना विद्यार्थी जीवन समाप्त करने के बाद धीरे-धीरे वह इसमें शामिल हो गये। सभा और इसके बंगाली मुखपत्र 'तत्त्वबोधिनी पत्रिका' की उदार नीति ने, जिससे वह सम्बन्धित हो गये थे, उन्हें आगे आने वाले वर्षों में देश के सामाजिक रंगमंच पर भूमिका अदा करने के लिए अपने को सज्जित करने का मौका दिया।

संस्कृत कॉलेज में छात्र के रूप में

कलकत्ता के संस्कृत कॉलेज में शिक्षा की परम्परागत टोल चतुष्पाठी प्रणाली उस समय तक सख्ती से लागू थी। न शिष्यों के लिए बेंचें थीं और न गुरुओं के लिए कुर्सियाँ ही। वे लोग कमरों में चटाइयों पर बैठा करते थे और अपने कागज व किताबें कपड़े के बस्ते में लपेटकर लाया-ले जाया करते थे। उन दिनों कुछ ही छपी हुई किताबें होती थीं। विद्यार्थियों को अपने पाठ हाथ से लिखी हुई किताबों से नकल करने पड़ते थे। पुरानी प्रथा के अनुसार केवल ब्राह्मण व वैश्य लड़के ही कॉलेज में भर्ती किये जाते थे। पढ़ाने का ढंग भी उसी पुरानी 'टोल' जैसा ही था। अंग्रेजी भी पढ़ाई जाती थी पर यह अनिवार्य विषय नहीं था। अतः अधिकारियों और विद्यार्थियों में उसके प्रति उदासीनता का भाव फैला हुआ था। यह उनके नियमित पाठ्यक्रम का अंग भी नहीं थी। विद्यार्थियों को व्याकरण से शुरू करना होता था, क्योंकि संस्कृत का प्रमुख प्रवेश-द्वार व्याकरण ही था। जब व्याकरण काफी पक्का हो जाता था, तो साहित्य, अलंकार, स्मृति, वेदान्त और न्याय की शिक्षा दी जाती थी, क्योंकि एक अच्छे संस्कृत विद्वान के लिए इनकी शिक्षा जरूरी थी। इन श्रेणियों को पार करने में करीब बारह वर्ष लग जाते थे।

ईश्वर चन्द्र के लिए व्याकरण टेढ़ी खीर थी या एक ऐसा भीषण मरुस्थल था जिसमें एक तृण भी न दिखाई देता हो। यद्यपि उनके गुरुओं ने व्याकरण को उनके लिए काफी सरल और मनोरंजक बनाने की कोशिश की थी, परन्तु वह उसे अपने कमजोर स्वास्थ्य के बावजूद रात में काफी देर तक घोंटा करते थे। आखिर किसी तरह तीन-चार साल में उन्होंने उस मरुस्थल को पार किया और फिर तो उन्होंने बहुत-से वजीफे व इनाम भी जीते। शिक्षा सुधारक के रूप में उन्होंने जो पहला कार्य किया, वह संस्कृत व्याकरण को सुधारने तथा बंगाली भाषा के माध्यम से सीखने के लिए इसे छात्रों के लिए सुबोध और सरल बनाना था।

उन दिनों विद्यार्थियों को अंग्रेजी प्रारम्भिक शिक्षा व्याकरण की कक्षाओं में दी जाती थी। ईश्वर चन्द्र ने इसमें बहुत कमाल दिखाया और इसमें उन्हें इनाम भी मिले। पर उनकी अंग्रेजी शिक्षा एकाएक 1835 में ही, जब अधिकारियों ने कॉलेज में

अंग्रेजी विभाग समाप्त करने का निश्चय किया समाप्त हो गयी चूँकि उन्होंने संस्कृत व्याकरण पर अधिकार प्राप्त कर लिया था, अतः उन्हें 1835 में 'साहित्य' के लिए सुयोग्य समझकर प्रवेश दे दिया गया। उन दिनों, पण्डित जयगोपाल तर्कालंकार संस्कृत के प्रसिद्ध विद्वान माने जाते थे और कॉलेज में संस्कृत साहित्य के प्राध्यापक थे। उनके कुछ शिष्यों ने बताया है कि कक्षा में किसी संस्कृत काव्य के स्थल का पाठ करने के बाद वे अर्धोन्मीलित नेत्रों से आनन्द-विभोर होकर उसके साहित्य-सौन्दर्य की व्याख्या करते थे। मन्त्र-मुग्ध विद्यार्थी भी कक्षा के नीरस वातावरण से निकलकर, साहित्य के आह्लाद भरे कल्पना-लोक में विचरण करने लगते थे। ईश्वर चन्द्र को भी सौभाग्यवश जयगोपाल से संस्कृत साहित्य के अध्ययन का मौका मिला। वह अन्तिम परीक्षा में 1834-35 में प्रथम आये और उन्हें इनाम भी मिले। उनके लम्बे विद्यार्थी जीवन के शायद ये ही दो वर्ष (साहित्य कक्षाओं के ही) सबसे सुखद रहे।

उन दिनों के प्रचलित रिवाज के अनुसार ईश्वर चन्द्र का विवाह दिनमयी देवी के साथ केवल चौदह वर्ष की अवस्था में हो गया। दिनमयी देवी वीरसिंह गाँव के पास ही खिरपाई गाँव के एक मध्यवर्गीय ब्राह्मण परिवार में जन्मी थीं।

ईश्वर चन्द्र अलंकार, वेदान्त और स्मृति कक्षाओं को बड़ी योग्यता से पास करने के बाद 1839 में हिन्दू ला कमेटी की परीक्षा में बैठे, उत्तीर्ण हुए और किसी भी न्यायालय के 'हिन्दू कानून अधिकारी' के पद के योग्य हो गये। कमेटी के सदस्यों तथा अध्यक्ष द्वारा मई, 1839 में जो प्रमाण-पत्र उन्हें दिया गया उसमें उनका नाम ईश्वर चन्द्र विद्यासागर लिखा गया। इससे जाहिर है कि 1839 में ही उन्होंने 'विद्यासागर' की उपाधि प्राप्त कर ली थी, न कि अपनी शिक्षा पूरी करने के बाद 1841 में, जैसा कि समझा जाता है।

ला कमेटी की परीक्षा पास करने के बाद उन्हें पश्चिमी बंगाल के त्रिपुरा जिले में 'जज पण्डित' का पद मिल रहा था। आर्थिक कारणों से ईश्वर चन्द्र इस नौकरी के लिए उत्सुक थे पर उनके पिताजी यह नहीं चाहते थे कि पढ़ाई पूरी किये बिना वह नौकरी पर जायें। अतः उन्हें प्रस्ताव को ठुकराना पड़ा और अपनी शिक्षा पूरी करने के लिए उन्होंने न्याय दर्शन पढ़ना शुरू किया। पुनः उन्हें उस समय के न्याय के दो महान् विद्वानों के, अपने शिक्षक के रूप में, सम्पर्क में आने का सौभाग्य मिला। ये थे—निमाईचन्द शिरोमणि और जयनारायण तर्कपंचानन। वह 1840-41 में न्याय दर्शन की अन्तिम परीक्षा में भी प्रथम आये और उन्हें 100 रुपये का नकद पुरस्कार मिला। इसके अतिरिक्त उन्होंने संस्कृत की काव्य-रचना में 100 रुपये, सबसे अच्छी देवनागरी लिपि लिखने के पुरस्कार-स्वरूप 8 रुपये, कम्पनी के कानूनों की दक्षता में 25 रुपये और आठ रुपये की मासिक वृत्ति भी जीती।

उन्होंने अपने विद्यार्थी जीवन के सारे नकद पुरस्कार व छात्रवृत्तियाँ अपने परिवार के भरण-पोषण के लिए पिताजी को दे दीं। उनके पिताजी ने इसका कुछ

भाग वीरसिंह गाँव में 'टोल' की जमीन खरीदने के लिए रख दिया और अपने बेटे को सलाह दी कि बाकी पैसा वह संस्कृत की दुर्लभ पाण्डुलिपियों को खरीदने में खर्च करे। यह कार्य उन्होंने बड़े अनुराग और उत्साह से किया और बहुत-सी हस्तलिखित पोथियाँ इकट्ठी कीं। उन्होंने बहुत-सी पाण्डुलिपियों की लिपिकों से नकल भी करवाई। उनका प्रसिद्ध पुस्तकालय कलकत्ता के बंगीय साहित्य परिषद में आंशिक रूप से आज भी सुरक्षित है।

4 दिसम्बर, 1841 को संस्कृत कॉलेज में 12 वर्ष पढ़ने के बाद उन्हें संस्कृत भाषा और साहित्य की प्रवीणता का अन्तिम प्रमाण-पत्र दिया गया। यह प्रमाण-पत्र प्राप्त हो गया है और बंगीय साहित्य परिषद के संग्रह में सुरक्षित है।

अपने विद्यार्थी जीवन में असाधारण सफलताओं और प्रतिभा के लिए विद्वान प्राध्यापकों द्वारा भी उन्हें एक विशेष प्रमाण-पत्र 10 दिसम्बर, 1841 को दिया गया। उनका विद्यार्थी जीवन इसी तिथि को, जब वह 21 वर्ष और कुछ महीनों के थे, समाप्त हुआ। सरस्वती के मन्दिर से निकलकर उन्होंने कर्मक्षेत्र में प्रवेश किया।

संघर्ष का प्रारम्भ

अब ईश्वर चन्द्र विद्यासागर को अपने जीवन-पथ का चुनाव स्वयं करना था। उन्हें पग-पग पर शहर के नये वातावरण से जूझना था। अपने पूर्ववर्ती राममोहन राय की तरह वह समाज सुधार तथा शिक्षा में अग्रणी हुए और उन्हीं की भाँति उन्हें राष्ट्रीय परम्परा का भी गम्भीर ज्ञान था।

उनके जीवन की प्रमुख घटनाएँ इस प्रकार थीं—सर्वप्रथम फोर्ट विलियम कॉलेज में 1841 के दिसम्बर से बंगला विभाग के सरिश्तदार प्रधान पण्डित अप्रैल, 1846 में संस्कृत कॉलेज के सहायक सचिव, 1847 में उस पद से इस्तीफा और मार्च, 1849 में फोर्ट विलियम कॉलेज में प्रमुख लेखक और कोषाध्यक्ष के स्थान पर पुनः नियुक्ति। 19वीं शताब्दी के पाँचवें दशक में, जब वह संस्कृत कॉलेज के आचार्य थे, उन्होंने शिक्षा व समाज सुधार की ही ओर ध्यान दिया। नवम्बर, 1858 में आचार्य-पद से इस्तीफा देने के बाद उनके जीवन में एक नया मोड़ आया। धीरे-धीरे वह सामाजिक रंगमंच से दूर होते गये। यद्यपि वह 1891 तक जीवित रहे, परन्तु वह उस क्षेत्र में अगुआ बनकर फिर कभी नहीं आये, शायद इसका कारण यह था कि उन्हें अपने लम्बे जीवन में बहुत-सी निराशाएँ झेलनी पड़ी थीं।

विद्यासागर के जीवन में 1841 से 1850 तक का समय बड़ा महत्त्वपूर्ण रहा और अगले 50 वर्षों में उन्हें जो प्रतिष्ठा मिली उसका भी कारण यही था। इस शताब्दी के अन्त तक स्पष्ट हो गया था कि उन्होंने अपना अन्तिम संकल्प कर लिया था और उससे वह कभी पीछे नहीं हटे। दिसम्बर, 1841 में वह फोर्ट विलियम कॉलेज के बंगला विभाग के प्रधान पण्डित नियुक्त किये गये। यह कॉलेज वेलेजली ने 24 नवम्बर, 1800 को कलकत्ता में स्थापित किया था। इसका उद्देश्य कम्पनी के निम्न कोटि के नौकरों को उनके पहले-पहल भारत आने पर, भारतीय प्राच्य भाषाओं की शिक्षा देना था। शुरू से लेकर इसके 41 साल के जीवन में बहुत-से बंगाली और हिन्दुस्तानी पण्डित और मुसलमान मौलवी कॉलेज में भारतीय प्राच्य भाषाओं के अध्यापक नियुक्त किये गये और वे उस समय के कुछ अच्छे-अच्छे मेधावी अंग्रेजों के घनिष्ठ सम्पर्क में भी आये थे। इस शिक्षा संस्था में बड़ा ही उपयुक्त वातावरण पैदा

हो गया था और वहाँ यूरोपियन और भारतीय विचारों का पारस्परिक आदान-प्रदान बड़ी स्वतन्त्रता से हो सकता था। यहाँ पर पण्डित लोग पश्चिम के नये उदारवाद से काफी प्रभावित हुए और नये अंग्रेजी शासक भी हमारे यहाँ की सांस्कृतिक परम्परा की गरिमा तथा उदारता से परिचित हुए।

जब विद्यासागर कॉलेज में आये तो इसका वातावरण व स्तर तीव्र गति से गिरता जा रहा था। वह कॉलेज में औद्योगिक क्रान्ति युग के बाद के कुछ प्रतिभा-सम्पन्न अंग्रेजों के निकट सम्पर्क में आये जिससे वह आधुनिक दृष्टिकोण बना सके।

विद्यासागर के प्रति कॉलेज के सचिव कैप्टन मार्शल का बड़ा स्नेह हो गया था और उन्होंने कॉलेज में उन्हें अंग्रेजी तथा हिन्दी साथ-साथ पढ़ने का मौका भी दिया। अपने को पढ़ाने के लिए उन्होंने एक हिन्दी अध्यापक लगाया। संस्कृत के अच्छे विद्वान होने के कारण उन्होंने हिन्दी बहुत जल्दी सीख ली। अंग्रेजी सीखने के लिए उन्हें अवश्य कुछ अधिक मेहनत करनी पड़ी थी। उनके अंग्रेजी अध्यापकों में दुर्गाचरण बनर्जी, राजनारायण बसु, नीलमाधव मुखर्जी और हिन्दू कॉलेज के एक छात्र राजनारायण गुप्त थे। कुछ समय पश्चात् उन्होंने अपना गणित का अध्ययन छोड़ दिया और शोभाबाजार राज परिवार के राजा राधाकान्त देव के पौत्र आनन्द कृष्ण के साथ शेक्सपियर की कृतियों का अध्ययन किया। चूँकि वह अकसर शोभाबाजार राजबाड़ी जाया करते थे, अतः एक दिन उनका परिचय संस्कृत के महान् विद्वान और उस समय के हिन्दू समाज की पुरानी विचारधारा के बहुत प्रभावशाली नेता राजा राधाकान्त देव से भी हो गया। यह वही राधाकान्त देव थे जिन्होंने राजा राममोहन राय के सामाजिक और धार्मिक सुधारों और स्वयं विद्यासागर के भी विधवा-विवाह, बहु-पत्नी-विवाह और बाल-विवाह सम्बन्धी सुधार-कार्यों के विरोध में जोरदार आन्दोलन चलाया था। किन्तु पुराने खयालों के राजा युवक विद्यासागर की प्रतिभा से काफी प्रभावित हुए थे। वह अकसर कहा करते थे कि यह प्रतिभाशाली ब्राह्मण बालक भारतवर्ष में सामाजिक और सांस्कृतिक जीवन में महत्त्वपूर्ण भूमिका अदा करने के लिए पैदा हुआ है। विद्यासागर यह नहीं जानते थे कि जल्दी ही राजा उनके समाज सुधार आन्दोलन के मुख्य विरोधी बन जायेंगे। राधाकान्त देव नरम सामाजिक विचारों के थे और उनकी नरमी का अर्थ सुधारों का विरोध नहीं था। वह चाहते थे कि सुधार की भावना भीतर से उत्पन्न हो, न कि बाहर से थोपी जाये। एक बहुत ऊँचे शक्तिशाली व्यक्ति की सद्भावना विद्यासागर के प्रारम्भिक जीवन के लिए निःसन्देह काफी प्रेरणादायक थी। उनके मन में अपने इस विरोध के प्रति आदर-भाव बाद में कभी कम नहीं हुआ।

विद्यासागर ने अंग्रेजी का अध्ययन उसी समय किया जब वह दूसरों को संस्कृत पढ़ा रहे थे। उन्होंने बंगाली विद्यार्थियों को संस्कृत पढ़ाने के लिए एक नयी पद्धति अपनायी। इस पद्धति में सफलता मिलने से उन्हें बंगला भाषा में संस्कृत व्याकरण

लिखने की प्रेरणा मिली। इस तरह वह फोर्ट विलियम कॉलेज के बंगला विभाग में हमेशा ही काम में लगे रहे। 1846 में संस्कृत व्याकरण लिखने की प्रेरणा मिली। कॉलेज के सहायक सचिव का पद रिक्त हुआ, तो शिक्षा परिषद के सचिव डॉ. एफ.जे. माउट ने उस पद पर विद्यासागर की नियुक्ति के लिए मार्शल की स्वीकृति माँगी। मार्शल तत्काल सहर्ष राजी हो गये और उन्होंने विद्यासागर से अपना आवेदनपत्र भेजने को कहा। अपनी योग्यताओं और फोर्ट विलियम कॉलेज में अपने काम के बारे में लिखने के बाद ईश्वर चन्द्र ने अपने आवेदनपत्र में यह भी लिखा कि मैंने पुराणों और सांख्य दर्शन में दक्षता प्राप्त करने की ओर विशेष ध्यान दिया, जो संस्कृत कॉलेज के पाठ्यक्रमों में नहीं थे। इसके साथ-साथ उन्होंने यह भी लिखा—चूँकि इस कॉलेज से छात्र के रूप में मेरा सुदीर्घ सम्बन्ध रहा है, अतः मुझे यहाँ की शिक्षा-पद्धति का भी काफी ज्ञान है। इससे मुझे विश्वास है कि यदि मेरा आवेदन स्वीकृत हो गया तो मैं निस्सन्देह इस संस्था के लिए अपनी उपयोगिता सिद्ध कर सकूँगा। आवेदनपत्र के साथ प्रमाण-पत्र देखकर मार्शल ने विद्यासागर के सारे अद्‌भुत गुणों की गणना की। उस समय तक उनकी विद्वत्ता से बहुत-से लोग परिचित हो गये थे। पर उनके स्वतन्त्र, निष्पक्ष विचारों, मेहनत, सुरुचि, अच्छे स्वभाव और दृढ़ चरित्रबल से कम ही लोग परिचित थे।

संस्कृत कॉलेज में चालू शिक्षा-पद्धति में विद्यासागर की सुधार की इच्छा उनके आवेदनपत्र से ही स्पष्ट झलकती थी। 1846 के अप्रैल में अपने नये पद का कार्यभार ग्रहण करते ही उन्होंने तत्काल सम्पूर्ण पद्धति में सुधार शुरू कर दिया। इस कार्य को अपने हाथ में लेते ही उन्हें कई गम्भीर कठिनाइयों का सामना करना पड़ा और सचिव रसमय दत्त से उनकी टक्कर भी हुई। परिणामस्वरूप विद्यासागर को पदत्याग भी करना पड़ा।

इस मतभेद की कहानी का संस्कृत कॉलेज के अप्रकाशित हस्तलिखित आलेखों से पता चलता है। बाद में शिक्षा के क्षेत्र में उनके द्वारा जो सुधार किये गये, उन पर इसकी बड़ी गहरी छाप पड़ी थी और दूसरों के साथ उनके मतभेद की यह पहली मिसाल थी। इससे स्पष्ट है कि वह अपने विचारों की दृढ़ता और सत्यता के आगे किसी भी बड़े से बड़े अधिकारी के सामने भी झुकने वाले न थे। पुराने आलेखों से साफ जाहिर होता कि 6 अप्रैल, 1846 को सहायक सचिव का कार्यभार सम्हालने के तत्काल बाद ही उन्होंने स्वयं एक सुधार-योजना बनाई और 19 सितम्बर, को सचिव के पास विचारार्थ भेज दी थी। अप्रैल, 1847 में लगभग छह महीने के भीतर ही उन्हें इस पद से त्यागपत्र भी देना पड़ा। उनका त्यागपत्र 16 जुलाई, 1847 को स्वीकार कर लिया गया। 10 अप्रैल, 1847 को संस्कृत कॉलेज के पण्डितों तथा अन्य अध्यापकों ने सचिव तथा शिक्षा परिषद के सचिव डॉ. माउट को एक 'ज्ञापन' प्रस्तुत किया, जिसमें लिखा कि विद्यासागर से आग्रह किया जाये कि वह इस संस्था

से अपना सम्बन्ध विच्छेद न करें। 21 अप्रैल, 1847 को रसमय दत्त ने एक पत्र भेजकर विद्यासागर से उनके त्यागपत्र का कारण पूछा। विद्यासागर ने 3 मई, 1847 को जवाब देते हुए लिखा, "मैंने सरकारी संस्कृत कॉलेज में संस्कृत भाषा और साहित्य की शिक्षा ली और इन विषयों के प्रति आदर और उत्साह भी दिखाया। इन्हीं भावनाओं से प्रेरित होकर और बिना किसी विशेष मंशा के मैंने इस पद के लिए प्रार्थना-पत्र भेजा था। मैं ये आशाएँ लेकर आया था कि अच्छी शिक्षा ग्रहण करने के मार्ग में जो विध्न-बाधाएँ हैं, उनको शायद मैं दूर कर सकूँ और नये और बढ़िया तरीकों को लागू कर सकूँ किन्तु जब मैंने अपनी आशाओं पर पानी फिरते देखा, तो मैंने पदत्याग ही उचित समझा।" उन्होंने अपने पदत्याग के विशेष कारण विस्तार से भी बताए। अपने भरसक प्रयत्न से उन्होंने भारतीय शास्त्रीय शिक्षण-पद्धति में नया वातावरण पैदा किया, जो उस समय के अनुरूप था। विषयानुसार उनका पुनर्विभाजन, पाठ्यक्रम, कक्षा में अध्यापकों व विद्यार्थियों की नियमित उपस्थिति पर उन्होंने विशेष जोर दिया। पुराने पण्डितों व अध्यापकों ने नयी पद्धति के नियमों तथा अनुशासन पर अपना रोष भी प्रकट किया, जबकि विद्यार्थियों ने उसे इतना अधिक नापसन्द नहीं किया।

पाँच वर्ष पहले, विद्यासागर स्वयं इन्हीं लोगों के शिष्य रह चुके थे किन्तु कॉलेज के सुधार के लिए नियमों और अनुशासन के आगे अपने भूतपूर्व गुरुओं को झुकाने में उन्हें तनिक भी हिचक नहीं हुई। अध्यापकों विशेषकर ऊँचे पण्डितों के लिए नियमित रूप से कॉलेज आना सचमुच एक कठिन कार्य था। इतने थोड़े समय की सूचना में दिग्गज पण्डितों के कठोर दृष्टिकोण को पूर्णतः आधुनिक बनाना सरल कार्य न था। किन्तु विद्यार्थियों और पण्डितों ने भी इस अनुशासन को अधिक नापसन्द नहीं किया। उन्होंने बिना किसी हिचकिचाहट के अपने को परिस्थिति के अनुसार ढाला और अनुशासन का पालन किया। इस तथ्य को उन्होंने अपने उत्तर में भी लिखा था। उन्होंने कहा था इससे इनकार नहीं किया जा सकता कि पिछले साल के दौरान शिक्षा के तरीकों में बहुत अच्छा परिवर्तन हुआ है। मैंने भी इस उद्देश्य को अमल में लाने में कोई कसर बाकी नहीं रखी और प्रत्येक पण्डित व छात्र इन बातों का साक्षी है।

सचिव साहब को अपने सहायक की सुधार-योजना को अमली रूप देना पसन्द नहीं था। उन्होंने योजना का जिस प्रकार विरोध किया उसका विद्यासागर ने सहज रूप से उत्तर दिया, "इस सुधार का उद्देश्य संस्कृत और अंग्रेजी की समन्वित शिक्षा की ठोस बुनियाद रखना है। खासकर इस उद्देश्य से कि इस प्रकार की शिक्षा से प्रशिक्षित लोग हमारी मातृभाषाओं को पश्चिमी दुनिया के विज्ञान और उसकी सभ्यता से भरपूर और समृद्ध कर सकेंगे।"

पूर्व और पश्चिम के समन्वय का यह प्रयत्न अपनी मातृभाषाओं में पश्चिमी

जगत के विज्ञान और सभ्यता का समावेश शिक्षा के क्षेत्र में विद्यासागर का महानतम और प्रियतम आदर्श था। इसे उन्होंने केवल 25 वर्ष की उम्र में ही घोषित किया था, जब वह संस्कृत कॉलेज के सहायक सचिव थे। यह सही है कि उनका प्रथम प्रयास सफल नहीं हो सका, लेकिन निराशा के कारण उन्होंने अपने इस उद्देश्य का परित्याग भी नहीं किया। कॉलेज छोड़कर वह केवल इसलिए गये कि जब कभी लौटें, तो अधिक अधिकार और शक्ति के साथ, बल्कि कहना चाहिए पूर्ण सत्ता के साथ लौटें, जिससे कि वह शिक्षा के क्षेत्र में अपने आदर्शों को अधिक दृढ़ता से कार्य-रूप दे सकें।

शिक्षा-सुधार के लिए संघर्ष

कुछ मित्रों ने जब विद्यासागर द्वारा सहायक सचिव के पद का त्याग आर्थिक दृष्टि से गलत बताया, तो अति रूखे ढंग से उन्होंने उत्तर दिया, "मैं अपनी रोटी के लिए सब्जी बेचना पसन्द करूँगा, बजाय इसके कि अपने सिद्धान्तों के विरुद्ध कहीं काम करूँ।" लगभग डेढ़ वर्ष वह बेकार रहे और अंग्रेजी-हिन्दी भाषाओं का भलीभाँति अध्ययन करने में लगे रहे। इसके पश्चात वह मार्च, 1849 में फोर्ट विलियम कॉलेज में 80 रुपये मासिक पर प्रमुख लेखक व कोषाध्यक्ष के पद पर पुनः नियुक्त हो गये। इस पद पर वह लगभग दो वर्ष तक ही रहे। उन्हें शीघ्र ही दिसम्बर, 1850 में साहित्य के प्राध्यापक के पद पर पुनः संस्कृत कॉलेज में आने का मौका मिला। जनवरी, 1851 में वह संस्कृत कॉलेज के आचार्य नियुक्त किये गये।

अपनी बंगला पुस्तक 'बैताल पंचविंशति' के ग्यारहवें संस्करण की भूमिका में विद्यासागर ने स्वयं इस नियुक्ति की कथा लिखी है, "जब पण्डित मदन मोहन तर्कालंकार मुर्शिदाबाद जिले में 'जज पण्डित' के स्थान पर चले गये, तो संस्कृत कॉलेज में साहित्य के प्राध्यापक का स्थान रिक्त हो गया। शिक्षा परिषद के सचिव डॉ. माउट ने मेरे सामने उस पद का प्रस्ताव रखा। कई कारणों से मैं उस प्रस्ताव को स्वीकार नहीं करना चाहता था, किन्तु डॉ. माउट ने स्वीकृति के लिए आग्रह किया। अन्त में मैंने उनसे कहा, 'यदि परिषद मुझे आचार्य के सारे अधिकार दे, तो मैं इस पद को स्वीकार कर सकता हूँ।' डॉ. माउट ने तत्काल मेरी यह शर्त मान ली और मुझे तब साहित्य के प्राध्यापक का पद भी प्राप्त हो गया। इसके कुछ ही समय बाद बाबू रमसय दत्त ने सचिव का पद छोड़ दिया और मुझे कॉलेज की वर्तमान स्थिति और सुधार के तरीकों पर रिपोर्ट देने को कहा गया। शिक्षा परिषद ने मेरी रिपोर्ट की बड़ी सराहना की और मुझे संस्कृत का आचार्य बना दिया गया। अभी तक सचिव और संयुक्त सचिव, दोनों ही आचार्य का काम चलाया करते थे। अब दोनों पदों को मिला दिया गया। आचार्य का स्थान नया बनाया गया और 22 जनवरी, 1851 को मुझे आचार्य नियुक्त किया गया।"

विद्यासागर द्वारा संस्कृत कॉलेज के सुधार के लिए प्रस्तुत की गयी रिपोर्ट

(जनरल रिपोर्ट आन पब्लिक इन्सट्रक्शन ऐट्सेटरा 1850-51) छपे हुए दस पृष्ठों में है और इस पर 16 दिसम्बर, 1850 की तिथि अंकित है। मई, 1847 में रसमय दत्त के पत्र के जवाब में जो विषय उन्होंने उठाये वे काफी विस्तार में थे। उनका पहला प्रहार व्याकरण-विभाग पर हुआ। उन्होंने कहा, "संस्कृत भाषा स्वयं एक कठिन भाषा है और इसको शुरू करने के साथ ही व्याकरण पढ़ाना मेरे खयाल से एक अच्छी योजना नहीं है।" उन्होंने बोपदेव के 'मुग्धबोध' को लक्ष्य करते हुए कहा, "यह विस्तृत भाष्य व टिप्पणी सहित भी एक अपूर्ण व्याकरण है और किसी विद्यार्थी के लिए पाँच वर्ष तक इसे पढ़ना केवल समय नष्ट करना है।"

इसलिए उन्होंने सुझाव दिया कि विद्यार्थियों को कुछ मूल बातें पहले बंगला में सिखानी चाहिए, फिर उन्हें संस्कृत की दो-तीन पाठ्यपुस्तकें पढ़ानी चाहिए। इसके बाद विद्यार्थियों को 'सिद्धान्त कौमुदी' पढ़ानी शुरू कर देना चाहिए जो संस्कृत विभाग में ऊँची कक्षाओं तक चलती रहे। विद्यासागर के अनुसार, "संस्कृत व्याकरणों में निस्सन्देह सबसे अच्छा और प्रामाणिक ग्रन्थ यही है।"

उन्होंने 'साहित्य कक्षा' के साहित्यिक अध्ययन-विधि में विशेष परिवर्तन नहीं चाहा, किन्तु अलंकार शास्त्र पर अच्छी पाठ्यपुस्तकों का सुझाव दिया। उन्होंने गणित के अध्ययन में भी कुछ महत्त्वपूर्ण परिवर्तनों का सुझाव दिया। उन्होंने कहा कि अध्ययन के इस क्षेत्र में कुछ महत्त्वपूर्ण परिवर्तनों की आवश्यकता है। इस समय गणित बीजगणित और रेखागणित के लिए सबसे अच्छे अंग्रेजी ग्रन्थों की सहायता से बड़े-बड़े ग्रन्थ संकलित किये जायें और बाद में गणित की ऊँची किताबों का अनुवाद भी किया जाये या उन्हें पाठ्यपुस्तकों के रूप में स्वीकृत कर लिया जाये। उन्होंने यह भी कहा कि हरशेल के ग्रन्थ-सा सर्वस्वीकृत गणित-ज्योतिष पर बंगला में एक लोकप्रिय ग्रन्थ संकलित किया जाये और उसे गणित कक्षा में पढ़ाया जाये। विद्यासागर चाहते थे कि गणित के अध्ययन के लिए पश्चिमी पद्धति अपनाई जाये, पर वइ इसे भाषाओं के माध्यम से ही अपनाने के पक्ष में थे।

स्मृति या कानून कक्षा के सम्बन्ध में उन्होंने 28 तत्त्वों को हटा देने का सुझाव दिया। उन्होंने कहा, "यद्यपि ये पौरोहित्य कार्य करने वाले ब्राह्मण-वर्ग के लिए लाभदायक हैं, किन्तु विश्वविद्यालय पाठ्यक्रम के लिए ये अनुपयुक्त हैं।" अन्य ग्रन्थों जैसे मनुसंहिता" मिताक्षरा, विवाद-चिन्तामणि, दाय भाग, दत्तक चन्द्रिका आदि का अध्ययन-अध्यापन यथावत होता रहे। 'तत्त्वों' के बारे में उनके निष्पक्ष विचार अवश्य ध्यान देने योग्य हैं, क्योंकि ये सिर्फ ब्राह्मण वर्ग के लिए ही कुछ काम के थे।

इसके बाद उन्होंने 'न्याय' कक्षा और उसकी दर्शन-प्रणाली पर ध्यान दिया। पाठ्यपुस्तकों और उनके लेखकों की समालोचना करने के बाद उन्होंने बतलाया, "यह सच है कि अधिकतर हिन्दू दर्शन प्रणाली का आधुनिक समय के प्रगतिशील विचारों के साथ तालमेल नहीं बैठता, किन्तु निस्सन्देह एक अच्छे संस्कृत विद्वान के

लिए उनके ज्ञान की नितान्त आवश्यकता है।" उन्होंने कहा, "जब तक विद्यार्थी 'दर्शनशास्त्र' की कक्षाओं में आये तब तक उनका अंग्रेजी ज्ञान इस योग्य हो जाना चाहिए कि वे यूरोप के आधुनिक दर्शनशास्त्र का अध्ययन कर सकें।" उन्होंने कहा "इस प्रकार वे पश्चिमी दुनिया की नयी दर्शन प्रणाली से अपनी दर्शन प्रणाली की तुलना कर सकेंगे और प्राचीन हिन्दू दर्शन की कमियों, त्रुटियों आदि को भली-भाँति समझ सकेंगे। भारत में जितनी भी दर्शन-पद्धतियाँ प्रचलित हैं, उन सबके अध्ययन का, मैं इस कारण सुझाव देता हूँ कि विद्यार्थी स्वयं देखें कि विभिन्न पद्धतियों के प्रतिपादकों ने किस तरह एक-दूसरे का खण्डन-मण्डन किया है और एक-दूसरे की त्रुटियाँ निकाली हैं। इस तरह तुलनात्मक अध्ययन से वे स्वयं अपने लिए निर्णय करने योग्य हो सकेंगे। यूरोपीय दर्शन सम्बन्धी उनका ज्ञान विभिन्न दर्शन पद्धतियों की खूबियों को समझने में काफी सहायक होगा।" प्राचीन दर्शन पद्धति पर विद्यासागर की टीका-टिप्पणी से उस समय के पुराने खयालों के पण्डितों का ध्यान आकर्षित हुआ, उन्होंने खूब खिल्ली उड़ाई तथा उनकी कटु आलोचना की। पर वह अपने विचारों पर अड़े रहे और परिषद ने उनके सुधार प्रस्तावों को स्वीकार भी कर लिया।

जब तक संस्कृत कॉलेज में रहे तब तक अन्य विषयों की अपेक्षा अंग्रेजी को बहुत कम महत्त्व मिलता रहा। अंग्रेजी का अध्ययन विद्यार्थियों की ही इच्छा पर निर्भर रहता था, कोई जोर-जबर्दस्ती नहीं थी। जब वे चाहते, उसे छोड़ देते और जब उनकी इच्छा होती पुनः शुरू कर देते। रिपोर्ट में विद्यासागर द्वारा ही सुझाव दिया गया था कि जब तक विद्यार्थी संस्कृत भाषा में दक्ष या निपुण न हो जायें, उन्हें अंग्रेजी का अध्ययन शुरू नहीं करना चाहिए। इसके बाद अंग्रेजी पढ़ना अनिवार्य कर देना चाहिए।

रिपोर्ट में विद्यासागर शिक्षा-सुधारक बताये गये थे। उन्होंने अपने विचार बड़े साहस के साथ और स्पष्ट रूप से पेश किये, यद्यपि वह जानते थे कि रूढ़िवादी पण्डित, विशेषकर पुराने ब्राह्मण उनके विरुद्ध हो जायेंगे। अधिकारियों ने रिपोर्ट मंजूर कर ली और उसकी बड़ी सराहना की। रसमय दत्त ने अपना त्यागपत्र दे दिया और अधिकारियों के आदेशानुसार उन्हें अपना कार्यभार विद्यासागर को सौंपना पड़ा। करीब एक पखवाड़े के भीतर विद्यासागर ने प्रथम आचार्य के रूप में कॉलेज का कार्यभार अपने हाथ में ले लिया।

अब वह पूरी तरह कॉलेज के सुधार और उन्नति में जुट गये। जाति के आधार पर विद्यार्थियों का कॉलेज में प्रवेश प्रथम बार उन्होंने ही हटाया। शिक्षा परिषद के सामने जब यह मामला लाया गया तो विद्यासागर से रिपोर्ट माँगी गयी, जो उन्होंने 20 मार्च, 1851 को पेश की। उनकी दलील यह थी कि ब्राह्मण और वैश्य किसी भी प्रकार शूद्रों से अच्छे नहीं हैं, फिर सभी जातियों के लड़कों को कॉलेज में प्रवेश क्यों नहीं मिल सकता? उन्होंने स्पष्ट रूप से कहा कि कॉलेज के पण्डित इन उदार विचारों

के प्रतिकूल हैं। उन्होंने परिषद से कहा कि जाति-बन्धन को पूर्णतः हटाने के लिए यह जरूरी है कि पहले-पहल कम-से-कम कायस्थ लड़कों के लिए यह नियम ढीला कर दिया जाये। किन्तु पण्डितों ने, जिनमें ज्यादातर विद्यासागर के गुरु रह चुके थे, उस प्रस्ताव पर उन्हें बहुत डाँटा और उसे रोकने की कोशिश भी की। विद्यासागर ने महान् गैर-ब्राह्मण संस्कृत विद्वानों का उदाहरण देते हुए अपने पक्ष का जोरदार समर्थन किया। उन्होंने कहा, "यदि आप लोग पैसे की खातिर अंग्रेजों को संस्कृत पढ़ा सकते हैं, तो मेरी समझ में नहीं आता कि बिना जाति भेदभाव के अपने ही देशवासियों को क्यों नहीं पढ़ा सकते।" वह इस बात पर दृढ़ थे कि कॉलेज का द्वार सभी लड़कों के लिए खुला रहेगा और उन्होंने पण्डितों को चेतावनी दी कि यदि वे नहीं माने, तो वह कॉलेज से अपना नाता तोड़ लेंगे अर्थात् त्यागपत्र दे देंगे। किन्तु ऐसी नौबत नहीं आयी और अधिकारियों ने उन्हें कायस्थ लड़कों को कॉलेज में भर्ती करने की अनुमति दे दी। कुछ समय पश्चात अन्य जातियों के लड़कों को भी कॉलेज में प्रवेश मिला और धर्मशास्त्र को छोड़कर उन्हें संस्कृत के सभी विषय पढ़ने की अनुमति मिल गयी।

इसके बाद, विद्यासागर ने संस्कृत शिक्षा की अव्यवस्थाओं को दूर करना चाहा। विभाग का पुनर्गठन हुआ, पाठ्यपुस्तकें बदली गयीं और अध्यापकों और विद्यार्थियों के लिए कॉलेज के नियमों का पालन आवश्यक कर दिया गया। नयी योजना फलीभूत हुई और कॉलेज में हर दिशा में सन्तोषजनक उन्नति दिखाई पड़ने लगी। परिषद ने इस उन्नति पर खुशी जाहिर की और मई, 1853 में विद्यासागर की नयी संस्कृत शिक्षा-प्रणाली को बनारस गवर्नमेंट संस्कृत कॉलेज के आचार्य डॉ. जे.आर. बैलेंटाइन से मंजूर कराने की इच्छा प्रकट की। परिषद के आमन्त्रण पर जुलाई-अगस्त 1853 में डॉ. बैलेंटाइन ने कलकत्ता संस्कृत कॉलेज का निरीक्षण किया और जो कुछ वहाँ उन्होंने देखा, उसका ब्योरा उन्होंने परिषद के नाम एक पत्र में लिखा। उनके निरीक्षण में एक मुख्य बात यह भी थी कि यह जरूरी नहीं कि जो चीज कलकत्ता में बंगाली लड़कों के लिए अच्छी है, वह बनारस में यूपी. के लड़कों के लिए भी अच्छी साबित हो। जाने-अनजाने, कलकत्ता पर अंग्रेजी भावनाओं की इतनी गहरी छाप है कि कलकत्ता के बारे में कोई दलील यू पी. के बारे में लागू ही नहीं हो सकती और उस्से गुमराह होने का खतरा है। इसलिए अच्छा है कि दोनों संस्थाओं की भिन्न-भिन्न परिस्थितियाँ होने के कारण, उन्हें अनेक मामलों में भिन्न ही रहने दिया जाये। उनके पत्र से यह स्पष्ट है कि अंग्रेजी और संस्कृत के पाठ्यक्रम को साथ-साथ चलाने के पक्ष में वह न थे, क्योंकि वह यह मानते थे कि पढ़ने वाला इससे यह महसूस करेगा कि सत्य भी द्वैत है। उन्होंने कहा कि यह खतरा कोरी कल्पना ही नहीं है। वह उन ब्राह्मणों से परिचित थे, जो संस्कृत और अंग्रेजी दोनों के निष्णात पण्डित और भारतीय तर्कशास्त्र के भी ज्ञाता थे तथा जो इस बात से

भी अभिज्ञ थे कि तर्कशास्त्र का यूरोपीय सिद्धान्त बिल्कुल सही है, पर साथ ही वे एक भाषा के विचारों को दूसरी भाषा के माध्यम से व्यक्त कर पाने में असमर्थ थे। उन्होंने लिखा है, "अगर उन लोगों के साथ भी ऐसी बात है, जिन्होंने संस्कृत और अंग्रेजी क स्वतन्त्र रूप से अलग-अलग अध्ययन किया है, तो इसी ढर्रे पर शिक्षित सामान्य छात्रों की स्थिति भी भिन्न नहीं हो सकती।"

विद्यासागर ने बैलेंटाइन के विचारों की आलोचना 7 सितम्बर, 1853 को डॉ. माउट को लिखे गये पत्र में की। शिक्षा के बारे में लिखा गया शायद यह उनका सबसे महत्त्वपूर्ण पत्र था। पाठ्यपुस्तकों की स्वीकृति के सुझाव पर वह बैलेंटाइन से बिल्कुल ही सहमत न थे। बैलेंटाइन ने मूल पुस्तक के स्थान पर अपनी 'ऐब्सट्रैक्ट आफ मिल्स लॉजिक' पुस्तक की सिफारिश की। ऐसा करने का मुख्य कारण मिल की मौलिक कृतियों के ऊँचे मूल्य ही जान पड़ते थे। विद्यासागर ने यह कहकर उनका सुझाव अस्वीकृत कर दिया था कि हमारे विद्यार्थियों की आदत ऊँची कीमतों पर भी प्रामाणिक पुस्तकें खरीदने की है, इसलिए हमें इस महान् कृति की स्वीकृति से डरने की जरूरत नहीं है। बैलेंटाइन ने न्याय, सांख्य और वेदान्त दर्शन के अध्ययन के लिए तीन पाठ्यपुस्तकों की सिफारिश की। ये तीनों पुस्तकें अलग-अलग तीनों विषयों की थीं, जिनमें अंग्रेजी पाठ और टिप्पणियाँ भी दी गयी थीं। पर विद्यासागर ने केवल वेदान्त सार को छोड़कर 'न्याय' और 'सांख्य' विषयक ग्रन्थों को अपने विभागों के लिए निहायत घटिया किस्म का बताया। बैलेंटाइन के बिशप बर्कले की पुस्तक 'इन्क्वायरी' के पाठ्यपुस्तक के रूप में चालू करने के, सुझाव पर विद्यासागर ने बड़ी तीखी टिप्पणी करते हुए कहा था कि लाभ के बजाये इससे हमें हानि ही अधिक होगी। उन्होंने बड़े साहस के साथ कहा कि चूँकि हिन्दुओं में वेदान्त और सांख्य दर्शनों के प्रति अगाध श्रद्धा है, इसलिए संस्कृत कॉलेज में इन्हें पढ़ने के लिए हम बाध्य हैं। यह भी जरूरी है कि अंग्रेजी पाठ्य-विधि से विद्यार्थियों को दर्शन का अध्ययन कराया जाये। किन्तु बिशप बर्कले की पुस्तक 'इन्क्वायरी' के बारे में उन्होंने बताया कि यह पुस्तक सिद्धान्त रूप से वेदान्त या सांख्यदर्शन से प्रायः मिलती-जुलती या वैसी ही है और अब यूरोप में भी इसे ठोस दर्शन-पद्धति नहीं माना जाता, इसलिए यहाँ पर भी इसका पठन-पाठन उपादेय नहीं होगा। इसके प्रतिकूल इस पुस्तक द्वारा संस्कृत कॉलेज के विद्यार्थी जब यह देखेंगे कि 'वेदान्त' व 'सांख्य' पद्धतियों की पुष्टि एक यूरोपीय दार्शनिक ने भी की है तो इन दो पद्धतियों के प्रति उनके मन में और भी आदर भाव बढ़ेगा।

सत्य द्वैत होने की भ्रान्त धारणा से उत्पन्न खतरे के बारे में विद्यासागर ने कहा, "मेरा विश्वास है कि जिस खतरे की शंका श्री बैलेंटाइन ने उठाई है, वह उस व्यक्ति के सम्बन्ध में अनिवार्य रूप से लागू नहीं होती, जिसने अंग्रेजी व संस्कृत दोनों विज्ञानों व साहित्यों का बड़ी बुद्धिमत्ता से अध्ययन किया है। सत्य, सत्य ही है, यदि

इसे भली-भाँति समझा गया हो। यह धारणा कि सत्य दो हैं, सत्य को ठीक तरह से न समझने का ही परिणाम है। मेरा यह मत है कि हमारी इस संस्था में परिष्कृत पाठ्य-विधि द्वारा यह गलत धारणा बिल्कुल दूर की जा सकती है।"

हिन्दू शास्त्रों और पश्चिमी विज्ञानों के बीच समान तत्त्वों की खोज के बैलेंटाइन के प्रयासों के सम्बन्ध में विद्यासागर ने अपना मन्तव्य देते हुए कहा, "सभी मामलों में यह सम्भव नहीं है कि हम लोग यूरोपीय विज्ञान और हिन्दू शास्त्र के बीच वास्तविक समानता दिखा सकेंगे। यह मान भी लें कि दोनों में समानता दिखाई जा सकती है, तो भी मुझे यह उम्मीद नहीं कि भारत के विद्वान यह स्वीकार करने को राजी होंगे कि यूरोप में विज्ञान की अधिक उन्नति हुई है।" 'विद्वान' शब्द से उनका मतलब केवल पुराने पण्डितों से था। उन्होंने कहा, "हमें उनके विरोध से डरने की जरूरत नहीं, जिनकी तादाद गिर रही है। उनकी आवाज धीरे-धीरे कमजोर पड़ती जा रही है। अब वे पहली जैसी प्रभुता शायद ही प्राप्त कर सकते हैं।" संस्कृत कॉलेज नामक संस्था का आचार्य होना तथा पुराने ढंग के संस्कृत विद्वानों के बारे में इस तरह की भाषा का प्रयोग करना उन दिनों धर्म-विरोधी कार्य से कुछ कम न था। किन्तु विद्यासागर शिक्षा या सामाजिक क्षेत्र में कभी किसी के आगे झुके नहीं। विरोधियों की आलोचना की उन्हें बिल्कुल परवाह न थी।

बैलेंटाइन के विचारों के उत्तर में विद्यासागर ने जो लिखा उसे परिषद ने अच्छा नहीं समझा। 14 सितम्बर, 1853 को अपनी कार्यवाही में परिषद ने लिखा कि कलकत्ता संस्कृत कॉलेज के आचार्य से यह अपेक्षा की जाती है और आदेश दिया जाता है कि बैलेंटाइन द्वारा सुझाए गये पाठ्यक्रम को चालू करें। परिषद ने उन्हें यह भी निर्देश दिया था कि बैलेंटाइन द्वारा संकलित ऐब्स्ट्रैक्ट तथा 'ट्रीटाइजेस' का खुलकर लाभ उठाएँ और कक्षाओं की उन्नति के बारे में डॉ. बैलेंटाइन से अकसर पत्र व्यवहार करते रहें। इन कार्यवाहियों की एक प्रति 22 सितम्बर, 1853 को सूचनार्थ आचार्य के पास पहुँचा दी गयी थी।

विद्यासागर को इस सूचना से बड़ी चोट पहुँची। वह ऐसी भाषा सुनने के आदी नहीं थे। उन दिनों कॉलेज पूजा छुट्टियों में बन्द होने वाला था और वह भी अपने घर जाने की जल्दी में थे। किन्तु उन्होंने परिषद के आदेशों के उत्तर में लिखा "यदि ये आदेश पूर्ण रूप से लागू किये जायें, तो उनसे उनकी शिक्षा योजना में, जो स्वीकृत हो चुकी है, काफी हस्तक्षेप होगा और इससे कॉलेज में उनकी स्थिति भी काफी नाजुक हो जायेगी। बैलेंटाइन की अच्छी और उपयुक्त कृतियों को पाठ्यक्रम के लिए लागू करने में उन्हें कोई एतराज नहीं। किन्तु यदि बिना उनकी सम्मति के इस संस्था में बैलेंटाइन के सभी संकलनों को स्वीकार किया गया, तो मेरी कोई जरूरत नहीं।"

खुशी की बात थी कि उनकी जरूरत समझी गयी। विद्यासागर के गम्भीर तर्क के आगे परिषद को अपना विचार बदलना पड़ा। उन्हें संस्कृत कॉलेज में शिक्षा के

बारे में अपनी स्वतन्त्र नीति अपनाने तथा लागू करने का पूरा अधिकार मिल गया। यह संस्कृत व अंग्रेजी दोनों ही शिक्षाओं के लिए लाभदायक सिद्ध हुआ। इससे इस संस्था को नया जीवन मिला, जो विद्यासागर के आचार्य होने से पहले लड़खड़ाकर गिरती-सी लगती थी। इससे कॉलेज की उन्नति हुई और ख्याति बढ़ी।

विद्यासागर ने शिक्षा के क्षेत्र में जो प्रथम संघर्ष संस्कृत कॉलेज के सहायक सचिव के रूप में 1847 में किया उसमें वह सफल न हो सके थे। पर वह संस्कृत कॉलेज के प्रधानाध्यापक के नाते शिक्षा परिषद के साथ द्वितीय संघर्ष के प्रथम दौर में सफल रहे। किन्तु यह विजय अस्थायी थी। कुछ ही वर्षों में उनकी शान्ति भंग हुई और शिक्षा की नीति व पद्धति के सम्बन्ध में परिषद से उनका मतभेद हो गया। यह 1857-58 में हुआ और उसके कारण उन्हें नवम्बर, 1858 में त्यागपत्र देना पड़ा।

बैलेंटाइन-विद्यासागर के कथा-प्रसंग का महत्त्व वास्तव में इसीलिए है कि हम आधुनिक युग के एक प्रबुद्ध मानवतावादी के रूप में विद्यासागर का मूल्यांकन कर सकते हैं। यूरोपीय संस्कृत विद्वान बैलेंटाइन हमेशा इसी खोज में रहा कि पश्चिमी विद्वानों व हिन्दू शास्त्रों में क्या-क्या समानताएँ हैं जबकि विद्यासागर पक्के बंगाली और भारतीय शास्त्रों के निष्णात पण्डित होते हुए भी ऐसी समानता ढूँढ़ने के विचार को ही बेहूदा समझते रहे।

बैलेंटाइन के तर्कों ने उन्हें उन विद्वानों की श्रेणी में शामिल कर दिया है, जो कहते थे कि विज्ञान और साहित्य की दुनिया में कोई भी ऐसी वस्तु नहीं, जो हमें 'वेदों' में न मिले। विलसन और जोन्स सरीखे यूरोपियन प्राच्य-विद्याविद भी इस विचार से सहानुभूति रखते थे। विद्यासागर ने बैलेंटाइन की गप्प 'द्वैत सत्य' को भी खोखला ठहराया और अपनी सबल युक्तियों द्वारा उनके प्रिय दार्शनिक बिशप बर्कले की कलई खोली। उन्होंने हिन्दुओं के आदर्शवादी दर्शन वेदान्त व सांख्य की आलोचना की जिसका उद्देश्य उतना उनकी निन्दा करना नहीं था, जितना कि यूरोपीय दर्शन की निस्सारता को प्रकट करना। बैलेंटाइन व विद्यासागर, दोनों ही संस्कृत के अद्भुत विद्वान थे किन्तु विद्यासागर के पाण्डित्य ने उनमें पुनरुत्थान की भावना पैदा कर दी थी। सायमांड्स के शब्दों में, "केवल विद्या ही वस्तु है, जो मानव के लिए उसके अपने मस्तिष्क के खजाने, मानवीय विचारों की गरिमा, मानवीय कल्पना के मूल्य तथा धार्मिक विधि-विधान और विश्वासों से अलग मानव जीवन के महत्त्व को प्रकट करती है।" उनके ज्ञान का दृष्टिकोण मजहबी आडम्बरों से दूर मानव-हित की साधना करना था। वह एक सच्चे मानवतावादी मनीषी थे।

भारतीय शिक्षा के लिए प्रयत्न

विद्यासागर को इस बात की काफी चिन्ता थी कि भारतीयों को किस भाषा में शिक्षा दी जाये—संस्कृत में या अंग्रेजी में। बैलेंटाइन के विचारों के बारे में अपने पत्र में उन्होंने परिषद को लिखा, "हमारी इच्छा है कि शिक्षा के लाभ जन-साधारण को मिलें।" वर्नाक्यूलर स्कूल खोले जायें, इनके लिए उपयोगी विषयों की पाठ्यपुस्तकें तैयार की जायें तथा योग्य अध्यापक तैयार किये जायें तभी हमारा उद्देश्य पूरा हो सकता है। ये अध्यापक ऐसे होने चाहिए, जिनका अपनी भाषा पर पूरा अधिकार हो, जिन्हें पर्याप्त उपयोगी जानकारी प्राप्त हो तथा जो देश के प्रचलित भेदभावों से मुक्त हों। ऐसे योग्य व्यक्तियों का एक वर्ग तैयार करना हमारा उद्देश्य है और इसकी पूर्ति के लिए संस्कृत कॉलेज को अपनी सम्पूर्ण शक्ति लगा देनी चाहिए। "बाद के एक पत्र में उन्होंने परिषद से नीति के मामले में स्वतन्त्रतापूर्वक निर्णय लेने की जोरदार माँग की। उन्होंने लिखा—

"स्थानीय भाषा पर पूर्ण अधिकार प्राप्त कराने के विशेष उद्देश्य की पूर्ति के लिए संस्कृत को भली-भाँति पढ़ाने का कार्य मुझ पर छोड़ दिया जाये। इसके साथ-साथ अंग्रेजी माध्यम से भी ज्ञान-प्राप्ति कराई जाये। आप विश्वास करें कि यदि परिषद का सम्मान और प्रोत्साहन मुझे मिलता रहा तो कुछ वर्ष बाद ही युवकों का एक ऐसा समुदाय तैयार हो जायेगा, जो संस्कृत या अंग्रेजी के किसी भी कॉलेज के मौजूदा शिक्षित समुदाय की अपेक्षा अधिक योग्यता के साथ अपने लेखन और अध्यापन से लोगों में ज्ञान का अधिक प्रसार कर सकेगा। मेरी कामना है कि इस अभीष्ट उद्देश्य की पूर्ति के लिए अधिक-से-अधिक आजादी दी जाये।"

स्पष्ट है कि उनका उद्देश्य लोगों में उनकी अपनी-अपनी मातृभाषा द्वारा शिक्षा का आलोक फैलाना था। उन्होंने स्वयं इसे अपने जीवन का एक 'महान् उद्देश्य' और 'एक अभीष्ट उद्देश्य' बताया। उन्होंने कहा, "जिस पद्धति को मैंने चलाया है उसे यदि मैं पूर्णतया लागू कर सका तो परिषद को बड़े विश्वास के साथ आश्वासन दे सकता हूँ कि संस्कृत कॉलेज एक दिन शुद्ध संस्कृत ज्ञान का विद्यापीठ हो जायेगा।

और साथ-ही-साथ इससे स्थानीय भाषाओं के उन्नत साहित्य को पोषण मिलता रहेगा।" वह इस सिद्धान्त के पक्ष में थे कि पश्चिमी विज्ञानों सहित सब प्रकार की शिक्षा का माध्यम लोगों की अपनी निजी भाषा और साहित्य को बनाया जाये।

शिक्षा के माध्यम के बारे में अंग्रेजी-समर्थक तथा प्राच्य-विद्या के समर्थक विद्वानों के विवाद का जिक्र पहले ही किया जा चुका है। 1823 में प्रिसम्प और विलसन सरीखे लोगों को शामिल कर जब सार्वजनिक शिक्षा की जनरल कमेटी (जनरल कमेटी ऑफ पब्लिक इन्स्ट्रक्शन) नियुक्त की गयी, तो इसने प्राच्य भाषाओं के कॉलेज खोलना तथा प्राच्य भाषाओं की कृतियों का अनुवाद तथा प्रकाशन करना आरम्भ किया। 1823 में एमहर्स्ट को लिखे गये अपने एक पत्र में राजा राममोहन राय ने कमेटी की इस नीति की बड़ी आलोचना की। तीसरे दशक में विवाद चरम सीमा तक पहुँच गया था। अन्त में इस प्रश्न के रूप में विवाद का अन्त हुआ कि शिक्षा प्राच्य भाषाओं या अंग्रेजी के माध्यम से दी जाये। भारतीय भाषाओं का मामला बड़ी आसानी से टाल दिया गया। उस समय यह सिद्धान्त बड़ा जोर पकड़ रहा था कि शिक्षा उच्च तथा मध्यम वर्ग से उतरकर जन सामान्य में फैलेगी और कमेटी के दोनों ही पक्ष इसका समर्थन कर रहे थे। जब लार्ड विलियम बेंटिक मैकाले तथा प्रख्यात मिशनरी विलियम एडम रंगमंच पर आये, तो इससे गतिरोध पैदा हुआ। एडम से कहा गया कि वह शिक्षा-सुधार तथा प्रसार की दृष्टि से बंगाल में शिक्षा का सर्वेक्षण करें और अपनी रिपोर्ट पेश करें। मैकाले से विवाद का निपटारा करने के लिए कहा गया था। 2 फरवरी, 1835 को मैकाले ने अपनी उस प्रसिद्ध सम्मति में लिखा जिसमें उसने प्राच्य विद्या के समर्थकों की आलोचना की और अंग्रेजी के समर्थकों का समर्थन किया था। एडम की रिपोर्ट का इन्तजार किये बिना ही लॉर्ड बेंटिक ने बड़ी जल्दी से मैकाले का सुझाव मान लिया और 7 मार्च, 1835 को भारतीयों में यूरोपीय साहित्य और विज्ञान को बढ़ावा देने का प्रस्ताव यह कहकर मंजूर कर लिया कि अंग्रेजी शिक्षा पर खर्च ही शिक्षा पर खर्च होने वाली धन राशि का सबसे अच्छा उपयोग है। प्रस्ताव के बावजूद भी एडम से सर्वेक्षण का काम चालू रखने को कहा गया। इससे पता चलता है कि बेंटिक के मन में अंग्रेजी शिक्षा चालू करने का कारण कुछ भी रहा हो, पर वह अनेक उलझनों के होते हुए भी व्यापक रूप से फैली हुई देशी शिक्षा प्रणाली के महत्त्व और अस्तित्व से बेखबर न था। बाद में एडम की रिपोर्ट प्रकाशित हुई और उन्हें राजकीय आलेख संग्रहालय में डाल दिया गया, जबकि अंग्रेजी-शिक्षा को राज्याश्रय का एकाधिकार प्राप्त हो गया।

बेंटिक के प्रस्ताव से विवाद का अन्त नहीं हुआ। 1841 में आकलैण्ड के नाम प्रेषित तीन खुले पत्रों में तथा 1853 में हाउस ऑफ लॉर्ड्स की प्रवर समिति के आगे अपनी गवाही में रेवरेंड अलेक्जेण्डर डफ ने प्राच्य विद्या के समर्थकों की खूब खिल्ली उड़ाई। आकलैण्ड ने भारतीय भाषाओं में शिक्षा की आवश्यकता तो स्वीकार

की, पर उसने अंग्रेजी के माध्यम द्वारा उच्च तथा मध्यम वर्ग को दी जाने वाली उच्चतर किस्म की शिक्षा की माँग अधिक जरूरी और महत्त्वपूर्ण समझी। कमेटी ने एडम के प्रस्तावों की तीव्र निन्दा की और परीक्षा के तौर पर सिर्फ 20 देहाती स्कूल खोलने का प्रस्ताव किया। पर सरकार ने प्रस्ताव ठुकरा दिया। 1844 में हार्डिंग के गवर्नर-जनरल काल के दौरान एडम की सिफारिशों को अमल में लाने का पुनः प्रयत्न किया गया और देहाती क्षेत्रों में 103 हार्डिंग स्कूल खोले गये। पर स्थानीय सरकार से पर्याप्त समर्थन व सहायता न मिलने के कारण ये स्कूल भी सफल न हो सके।

मगर, एडम के प्रस्तावों को एक अलग वातावरण में सफलता मिली। आगरा व अवध के उत्तर-पश्चिमी प्रान्तों के लेफ्टिनेंट-गवर्नर थामसन ने स्थानीय भाषा के माध्यम से शिक्षा चालू करने का जोरदार प्रयत्न किया। वह एडम की रिपोर्टों से बहुत अधिक प्रभावित हुआ और उसकी तीसरी रिपोर्ट के कुछ भाग पुनः छपवाये और बँटवाये। देहाती स्कूलों के लिए पुस्तकें तैयार की गयीं और उन्हें वहाँ चालू किया गया। उसका परीक्षण काफी सफल था और इस ओर गवर्नर-जनरल का भी ध्यान आकृष्ट हुआ। उन्होंने बंगाल में अधिकारियों से पूछताछ की कि क्या कोई इस तरह की चीज यहाँ भी सफल हो सकती है। 1853-54 में बंगाल में भारतीय भाषाओं में शिक्षा की उन्नति के लिए जो परीक्षण किये गये, वे विद्यासागर द्वारा शिक्षा परिषद को प्रस्तुत की गयी योजना के आधार पर थे, न कि सीधे थॉमसन योजना के आधार पर।

संस्कृत कॉलेज के हस्तलिखित आलेखों में एक नोट सुरक्षित है, जिसका मसविदा विद्यासागर ने तैयार किया था और जिस पर 12 अप्रैल, 1852 की तिथि दी गयी है। इसका शीर्षक है—"नोट्स आन दी संस्कृत कॉलेज।" पहले पाँच परिच्छेदों में उन्होंने अपने विचारों का सार दिया है और ये भारत की राष्ट्रीय शिक्षा के इतिहास में बहुत ही महत्त्वपूर्ण हैं—

1. बंगाल में जिन लोगों को शिक्षा की देखभाल का दायित्व सौंपा गया है, उनका पहला उद्देश्य उच्च कोटि के ज्ञानमय बंगला साहित्य की सृष्टि होना चाहिए।

2. वे लोग ऐसे साहित्य की रचना नहीं कर सकते, जिनमें यूरोपीय स्रोतों से सामग्री चयन करने की क्षमता नहीं है और जो उसे ललित अभिव्यक्तिपूर्ण तथा मुहावरेदार बंगला भाषा में प्रस्तुत नहीं कर सकते।

3. ललित अभिव्यक्तिपूर्ण तथा मुहावरेदार बंगला शैली का निर्माण उन लोगों के बूते नहीं हो सकता, जिनको संस्कृत का अच्छा ज्ञान नहीं है। इसलिए जरूरत है कि संस्कृत के विद्वानों को अंग्रेजी भाषा और साहित्य में पूर्ण दक्ष किया जाये।

4. अनुभव से सिद्ध होता है कि केवल अंग्रेजी के विद्वान ललित तथा मुहावरेदार बंगला में अपने विचार व्यक्त करने में बिल्कुल समर्थ नहीं हैं। वे अंग्रेजी के समर्थन में इतने अधिक रंगे हुए हैं कि चाहे वे अब संस्कृत भले ही पढ़ लें, पर इस समय

मुहावरेदार तथा ललित बंगला शैली में अपने विचार व्यक्त करना उनके वश की बात नहीं जान पड़ती।

5. यह बिल्कुल स्पष्ट है कि यदि संस्कृत कॉलेज के छात्रों को अंग्रेजी साहित्य से अवगत कराया जाये, तो वे आलोक्रमय बंगला साहित्य का भण्डार भरने में सबसे योग्य और सबसे अच्छा योग देने वाले साबित हो सकते है।

नोट के दूसरे प्रश्न में इस बात पर विचार किया गया है कि उक्त उद्देश्य-की पूर्ति के लिए संस्कृत कॉलेज में किस तरह की शिक्षा की ज़रूरत है। स्पष्ट है कि एक शिक्षाविद् के नाते उनका पहला लक्ष्य एक आलोकमय बंगला की सृष्टि करना था। ऐसा लगता है कि उन्होंने उस समय यह नोट शिक्षा परिषद के सदस्य एफ.जे. हैलीडे के अनुरोध पर तैयार किया था, जिन्होंने इसे अपने एक नोट के साथ जून, 1852 में शिक्षा परिषद के आगे पेश कर दिया था। यह नोट आचार्य के साथ हुए बहुत-से परामर्शों का परिणाम है और मैं बहुत सोच-विचार के बाद अपनी राय में इसे योग्यतापूर्ण समझकर परिषद के आगे रखता हूँ। हैलीडे ने भारतीय भाषाओं में शिक्षा की उन्नति के लिए अपनाये जाने वाले ठीक तरीकों के बारे में जो विचार व्यक्त किये हैं, वे एक सम्मति में प्रस्तुत हैं—"बंगाल प्रान्त में देशी भाषा के बहुत-से स्कूल हैं। जहाँ तक सम्भव हो, हमारा उद्देश्य इन स्कूलों की उन्नति तथा सुधार होना चाहिए। अच्छा तो यह है कि हम उत्तर-पश्चिमी प्रान्तों के भूतपूर्व गवर्नर-जनरल के सुन्दर उदाहरण का अनुसरण करें और देशी भाषा के स्कूलों के लिए उदाहरण के रूप में मॉडल स्कूलों की एक प्रणाली कायम करें। साथ ही एक ऐसी योजना बनाई जाये, जिससे देशी भाषाओं के स्कूलों के मास्टर समय-समय पर नियमित रूप से इन स्कूलों में देखभाल के लिए आयें-जायें और जो आदर्श उनके आगे रखे गये हैं, उन्हें धीरे-धीरे अमल में लाने की प्रेरणा लें।"

उन्होंने विद्यासागर के 'नोट' पर इस प्रकार अपना मन्तव्य प्रकट किया—

> *"संस्कृत कॉलेज के योग्य तथा उत्साही आचार्य द्वारा तैयार किये गये इस 'नोट' के साथ मेरा भी एक ज्ञापन संलग्न है। आचार्य देशी भाषाओं द्वारा शिक्षा के काम में बहुत दिनों से लगे हुए हैं और काफी प्रख्यात हो चुके हैं। उन्होंने संस्कृत कॉलेज में अपनी उन्नत प्रणाली तथा अपनी उन कृतियों द्वारा इसके सुधार के लिए बड़ा काम किया है, जिन्हें उन्होंने स्कूलों में पढ़ाने के लिए प्रकाशित कराया है। आचार्य के ज्ञापन में दी गयी योजना मुझे स्वीकार है और मैं चाहता हूँ कि यह अमल में आये।"*

हैलीडे मई, 1854 में बंगाल के प्रथम लेफ्टिनेंट-गवर्नर बने। विद्यासागर के सबसे बड़े प्रशंसकों में तो वह थे ही और अब उन्होंने सही दिशा में उनकी नीतियों के निर्धारण में सक्रिय रूप से सहायता की। पर मॉडल स्कूलों की देखभाल का काम विद्यासागर को सौंपने का परिषद में बड़ा विरोध हुआ। उनकी योग्यता में

तो किसी को कोई सन्देह नहीं था, पर विरोधियों की दलील यह थी कि चाहे एक व्यक्ति कितना ही योग्य क्यों न हो, उसे इतनी भारी जिम्मेदारी नहीं सौंपी जानी चाहिए। हैलीडे भलीभाँति जानते थे कि विरोध अकेले इस बात पर ही नहीं है, पर वह आखिर तक अपनी बात पर अड़े रहे।

सन् 1853-54 में परिषद तथा सरकार का ध्यान कुछ शिक्षा सम्बन्धी महत्त्वपूर्ण मामलों की ओर था। ये कलकत्ता मदरसा के सुधार और प्रेसिडेंसी कॉलेज की स्थापना के लिए तैयारियों में व्यस्त थीं। जुलाई, 1854 में निदेशक मण्डल द्वारा शिक्षा सम्बन्धी महत्त्वपूर्ण घोषणा प्रकाशित कराये जाने पर एक शिक्षा विभाग खोला गया और जनवरी, 1855 में शिक्षा परिषद भंग कर दी गयी। विलियम गॉर्डन यंग पहले शिक्षा निदेशक नियुक्त किये गये। अनुदान (ग्रांट-इन-एड) प्रणाली चालू की गयी। 1855-56 में एक विश्वविद्यालय खोलने की योजना तैयार की गयी और इसे 1857 के अधिनियम नं. 2 में शामिल कर दिया गया।

उथल-पुथल तथा परिवर्तन के समय में भारतीय भाषाओं द्वारा शिक्षा देने का मुख्य उद्देश्य शायद खत्म हो जाता, पर यह विद्यासागर के प्रोत्साहन और हैलीडे के आग्रह के कारण खत्म न हो सका। उपसचिव होगसन प्राट ने 16 नवम्बर, 1854 के एक पत्र द्वारा 'बंगाल प्रेसिडेंसी' के निचले प्रान्तों के लिए वर्नाक्यूलर शिक्षा के बारे में हैलीडे की योजना की सूचना भारत सरकार को दी। उनका प्रस्ताव था कि बंगाल के कुछ जिलों में इस योजना को अमल में लाने के लिए विद्यासागर ही सबसे उपयुक्त व्यक्ति हैं। भारत के सचिव सीसिल बीडन ने 13 फरवरी, 1855 को इसके उत्तर में लिखा—"सरकार को इस बात से कोई एतराज नहीं है कि बंगाल में देशीय भाषा के स्कूलों का निरीक्षण कभी-कभी ईश्वर चन्द्र विद्यासागर से करा लिया जाये। पर देखना यह है कि संस्कृत कॉलेज के आचार्य के नाते उनके अपने मुख्य काम पर तो कोई बुरा असर नहीं पड़ता। निदेशक की घोषणा की शर्तों के अनुसार भी वह वर्नाक्यूलर शिक्षा के निरीक्षक नहीं हो सकते। निरीक्षक का काम अब निदेशक तथा उसे आदेशानुसार नियुक्त किये गये निरीक्षक ही सम्पन्न कर सकते हैं।

हैलीडे इस उत्तर से सन्तुष्ट नहीं था। शिक्षा के नये निदेशक को बताया गया कि विद्यासागर जी के हार्दिक सहयोग के बिना बंगाल में वर्नाक्यूकर शिक्षा के लिए कुछ भी नहीं हो सकता। इसलिए हैलीडे की उनसे सहयोग माँगने की इच्छा थी। सार्वजनिक शिक्षा के निदेशक का प्रस्ताव था कि अस्थायी रूप से विद्यासागर को स्कूलों का निरीक्षक नियुक्त किया जाये, पर इस पर, लेफ्टिनेंट-गवर्नर ने बड़ा गम्भीर एतराज किया। वह अच्छी तरह जानते थे कि विद्यासागर बड़ी दृढ़ इच्छा शक्ति और सिद्धान्त के आदमी हैं और वह अस्थायी रूप से थोड़े समय के लिए इतनी बड़ी जिम्मेदारी कभी स्वीकार नहीं कर सकते। वह ऊपर के लोगों का हस्तक्षेप भी सहन नहीं करेंगे और न आधे मन से कोई अच्छा काम करना चाहेंगे। उन्होंने कहा कि

यदि सरकार ने ऐसे कार्य में विद्यासागर जैसे व्यक्ति का सहयोग लेने की उपेक्षा की, जिसमें उन्होंने अपने को पूरी तौर से समर्पित कर दिया है, तो वास्तव में यह बड़ी दुखद बात होगी।

सार्वजनिक शिक्षा के निदेशक ने अपना विचार बदल दिया और विद्यासागर मई, 1855 से 200 रु. प्रति मास के अतिरिक्त वेतन पर स्कूलों के सहायक निरीक्षक हो गये। इसके बाद लगभग एक साल तक संस्कृत कॉलेज के आचार्य के नाते अपना कर्तव्य निभाने के अतिरिक्त उन्होंने बंगाल के जिलों—नदिया, बर्दवान, हुगली, मिदनापुर और चौबीस परगना का दौरा किया। उन्होंने 20 गाँवों में लगभग 20 मॉडल स्कूल कायम किये। मगर जल्दी ही यह मालूम पड़ा कि लोग इनसे उदासीन हैं और कुछ स्थानों में तो जहाँ मध्यवर्ग का अधिक बोलबाला था, लोगों का इनसे विश्वास उठ गया था और वे उनका विरोध करने लग गये थे।

इस प्रयत्न की विफलता के बहुत-से कारण हो सकते हैं। एक कारण तो यह था कि उन्हें सरकार की हार्दिक सहायता नहीं मिल रही थी। पर मुख्य बात यह थी कि मध्यमवर्ग के बंगाली अपने बच्चों को इन स्कूलों में भेजना नहीं चाहते थे। वे नहीं चाहते थे कि विशुद्ध भारतीय शिक्षा के लिए शुल्क अदा किया जाये। सिर्फ कलकत्ता की मध्यमवर्गीय जनता ही नहीं, बल्कि अब देहात के मध्यमवर्गीय लोग भी अंग्रेजी शिक्षा के सामाजिक और आर्थिक महत्त्व को जान गये थे। जहाँ तक देहाती जनता का सम्बन्ध है, वह अभी तक शिक्षा की जरूरत को बिल्कुल नहीं समझ पायी थी चाहे वह किसी भारतीय भाषा में, अंग्रेजी में या अन्य किसी भी भाषा में क्यों न हो।

इसलिए विद्यासागर अपनी योजना को अधिक समय तक नहीं चला सके। उनके आगे स्त्री-शिक्षा तथा समाज-सुधार जैसी और भी अनेक समस्याएँ थीं और उनके लिए भी उन्हें अपना समय और शक्ति लगानी पड़ती थी। उन्हें फिलहाल अपने जीवन का अभीष्ट उद्देश्य छोड़ देना पड़ा। चूँकि बंगाल में अंग्रेजी शिक्षा से उच्च तथा मध्यमवर्ग के लोगों को एक नये सामाजिक दर्जे तथा आर्थिक लाभ के अवसर मिले थे, इसलिए इनकी जड़ें वहाँ बड़ी मजबूती से जम गयी थीं। विद्यासागर ने महसूस किया कि भारतीय शिक्षा की किसी भी योजना को चलाना बड़ा असम्भव कार्य है और ऐसी योजनाओं को चलाने का अभी समय भी नहीं आया था।

स्त्री-शिक्षा के उन्नायक

लड़कों की शिक्षा के जब कुछ निश्चित कार्यक्रम अपना लिए गये तो फिर उसके बाद सरकार का ध्यान स्त्री-शिक्षा की ओर गया। अब तक व्यक्तियों तथा निजी सोसाइटियों का ही ध्यान इस ओर था। 19वीं शताब्दी के प्रथमार्ध में न तो निदेशक मण्डल ने और न स्थानीय सरकार ने अपने किसी भी शिक्षा सम्बन्धी कागजात में स्त्री-शिक्षा का जिक्र किया। राज्याश्रय न मिलने के कारण इस क्षेत्र में कुछ व्यक्तियों तथा विदेशी मिशनरियों का भी उत्साह ठण्डा पड़ गया था।

जुलाई, 1832 में रेवरेंड जेम्स हॉफ ने संसद की प्रवर समिति के आगे अपनी गवाही में टिनेवेली में लड़कियों के स्कूलों की प्रगति के बारे में बोलते हुए कहा था:

> *"इन स्कूलों में एक बहुत महत्त्वपूर्ण बात देखने की यह है कि अनेक वर्षा तक यह समझा जाता था कि हिन्दुओं को अपनी स्त्रियों को शिक्षा देने के लिए राजी नहीं किया जा सकता। इस प्रश्न के उत्तर में कि स्वयं भारतीयों ने इस दिशा में क्या प्रयत्न किये हैं, मद्रास के रेवरेंड जे. टकर ने कहा था–'कुछ भी नहीं, बल्कि वे स्त्री-शिक्षा के विरोधी हैं।' ऐसे ही एक अन्य प्रश्न के उत्तर में बम्बई के विलियम जैकब ने कहा था 'भारत के पश्चिमी क्षेत्र में भी कोई प्रयत्न नहीं हुआ। मैं तो समझता हूँ कि पश्चिमी भारत में अभी तक एक भी स्त्री का नाम सरकारी शिक्षा-पद्धति के अन्दर नहीं आया।'"*

वास्तव में 1849-50 से पहले भारत के किसी भी भाग में स्त्री-शिक्षा सरकारी योजना का मान्यता प्राप्त अंग नहीं थी। इससे इनकार नहीं किया जा सकता कि हिन्दू और मुसलमान दोनों ही उस समय स्त्री-शिक्षा के सख्त विरोधी थे और यह विरोध युगों पुरानी परम्परा का परिणाम था। यह सच है कि भारत के प्राचीन साहित्य में ऐसे प्रमाण मौजूद हैं कि स्त्रियाँ धार्मिक तथा दार्शनिक शास्त्रार्थों में पुरुषों के साथ भाग लेती थीं, राजकार्यों में उनका हाथ बँटाती थीं तथा बहादुरी के कामों में भी हिस्सा लेती थीं। उन्हें पढ़ना-लिखना भी सिखाया जाता था। पर इससे यह सिद्ध नहीं होता कि प्राचीन काल और मध्य युग में उन्हें शिक्षा के वरदान भोगने का सामाजिक अधिकार प्राप्त था। भारतीय नारी, खासकर हिन्दू नारी का आदर्श तो यही था कि

वह स्नेहमयी माँ और पतिव्रता पत्नी के रूप में गृहस्थ सम्बन्धी कर्तव्यों का पालन करती हुई पवित्रता तथा सामाजिक अलगाव का जीवन बिताए। और उस समय कम्पनी की सरकार कोई भी ऐसी नीति लागू करना नहीं चाहती थी, जिससे उनके प्राचीन रीति-रिवाजों तथा परम्पराओं में हस्तक्षेप हो। अधिकारियों के उदासीन रुख के कारण ही इस दिशा में इस क्षेत्र के अगुआ लोगों के समस्त प्रयत्न बेकार रहे।

मई, 1849 में कलकत्ता के बेथ्यून स्कूल की स्थापना हुई, जिसे शुरू से ही विद्यासागर का सहयोग प्राप्त था। इस स्कूल की स्थापना तक बंगाल में स्त्री-शिक्षा को उन्नत करने के लिए जो प्रयत्न किये गये, उनका ब्योरा संक्षेप में इस प्रकार है: मिशनरियों के सहयोग से बंगाल में स्त्री-शिक्षा की उन्नति के लिए कलकत्ता में 1819 में 'फीमेल जुवेनिल सोसाइटी' कायम की गयी। कलकत्ता में लड़कियों का एक स्कूल खोलने के लिए 'ब्रिटिश एण्ड फॉरेन स्कूल सोसाइटी' की ओर से 1821 में कुमारी कूके (जो श्रीमती विलसन के नाम से अधिक मशहूर हुई) नियत की गयी। 1824 में 'लेडीज सोसाइटी फॉर नेटिव फीमेल एजुकेशन' नामक संस्था की स्थापना हुई, जिसका उद्देश्य कलकत्ता में लड़कियों के सभी स्कूलों के कामकाज में तालमेल बैठाना तथा एक केन्द्रीय स्कूल की स्थापना करना था। सोसाइटी की संरक्षिका लेडी एमहर्स्ट ने 18 मई, 1826 को लड़कियों के इस केन्द्रीय स्कूल की नींव डाली। 'लन्दन तथा चर्च मिशनरी सोसाइटी' द्वारा और भी स्कूल खोले गये, पर सरकार ने इन्हें प्रोत्साहन देने के लिए अभी तक कुछ भी नहीं किया था।

मिशनरियों के प्रयत्न इसलिए नाकामयाब रहे कि वे मजहबी प्रचार के लिए स्कूलों का इस्तेमाल करना चाहते थे। तथाकथित 'जनता एण्ड सेलेक्ट स्कूल स्कीम' भी इसलिए असफल रही कि धार्मिक बंगालियों ने जिन यूरोपीय महिलाओं को अपनी पत्नी, बहन तथा पुत्रियों को पढ़ाने के लिए लगाया था, उन्हें पढ़ाने-लिखाने की अपेक्षा अधिक चिन्ता ईसाई धर्म सिखाने की थी। इस योजना के अनुसार, शिक्षा की तीन अवस्थाएँ थीं—पहली अवस्था में शिक्षा जनाना, अर्थात निजी घरों में दी जाती थी, दूसरी अवस्था में कुछ अड़ोस-पड़ोस के परिवारों की महिलाएँ एक ही घर में इकट्ठी होकर शिक्षा ग्रहण करती थीं और तीसरी अवस्था स्कूल की थी। पर यह योजना आंशिक रूप से ही सफल हुई।

राजा राममोहन राय, राजा राधाकान्त देव तथा राज वैद्यनाथ राय जैसे अगुआओं तथा हिन्दू कॉलेज में पढ़े-लिखे कुछ यवकों ने इस क्षेत्र में ईसाई मिशनरियों की अपेक्षा अधिक महत्त्वपूर्ण प्रयत्न किये। मई, 1849 में कलकत्ता में बेथ्यून स्कूल की स्थापना से भारत में स्त्री-शिक्षा के इतिहास में एक नया मोड़ आया था। इसके बाद न सिर्फ सरकारी अधिकारियों ने ही, बल्कि हिन्दू समाज के पढ़े-लिखे तथा प्रभावशाली लोगों ने भी इस काम में सच्चे व सक्रिय रूप से रुचि लेना शुरू कर दिया था। शोभा बाजार राजपरिवार के राजा राधाकान्त देव यद्यपि पुराने विचारों

के थे, फिर भी उन्होंने बेथ्यून स्कूल खुलने के केवल 15 दिनों के भीतर ही शोभा बाजार में अपने ही मकान में लड़कियों का एक स्कूल खोल दिया। अगस्त, 1849 में शिक्षा परिषद को उत्तर पाड़ा में लड़कियों का एक स्कूल स्थापित करने के लिए जयकिसन तथा राजकिसन मुखर्जी के सन्देश प्राप्त हुए। जगह-जगह लड़कियों के बहुत-से स्कूल खोले गये।

ज्यों-ज्यों स्कूलों की संख्या बढ़ती गयी, त्यों-त्यों पुराने खयाल के हिन्दुओं का विरोध भी बढ़ता गया। जिन लोगों ने इस श्रेष्ठ कार्य में सक्रिय भाग लेने का साहस किया, उन्हें जानबूझकर बदनाम करने की कोशिश की गयी तथा उनके खिलाफ बुरी अफवाहें उड़ाई गयीं। कुछ उत्साही व्यक्तियों को खुलेआम मारा-पीटा भी गया। पर बेथ्यून और डलहौजी, दोनों ने ही निश्चय किया कि वे इस विरोध के चक्कर में नहीं पड़ेंगे बल्कि स्त्री, शिक्षा को अधिक-से-अधिक प्रोत्साहन देते रहेंगे।

जे.ई.डी. बेथ्यून से अधिक भला करने की सच्ची इच्छा लेकर शायद कुछ इने-गिने अंग्रेज ही इस देश में आये हैं। इंग्लैण्ड में लोगों की शिक्षा के एक बड़े आन्दोलन में भाग लेने के बाद उन्होंने यहाँ आते ही अपना ध्यान शिक्षा की ओर लगाया। जल्दी ही वह शिक्षा परिषद के अध्यक्ष नियुक्त हो गये। डलहौजी के नाम एक पत्र में उन्होंने सरकार से प्रार्थना की कि वह लड़कियों के स्कूलों के सम्बन्ध में समस्त प्रयत्नशील व्यक्तियों के प्रति अपनी सहानुभूति व्यक्त करते हुए एक परिपत्र जारी करे। डलहौजी ने यह प्रार्थना शीघ्र ही स्वीकार कर ली और एक ऐतिहासिक परिपत्र, जो भारत में स्त्री-शिक्षा के इतिहास में एक किस्म का चार्टर था, 11 अप्रैल, 1850 को जारी किया गया। लोगों को यह मालूम हो गया कि जो लोग स्त्री-शिक्षा की उन्नति के लिए कार्य कर रहे हैं, उनके प्रति भारत सरकार सहानुभूति रखती है।

बेथ्यून को विद्यासागर एक ऐसे साथी मिल गये थे, जो शुरू से ही स्त्री-शिक्षा के काम में तहेदिल से जुटे हुए थे। शिक्षा परिषद के अध्यक्ष के पद पर रहते समय वह यह भली-भाँति जान गये थे कि विद्यासागर एक महान् प्रतिभाशाली व्यक्ति हैं। दिसम्बर, 1850 में उन्होंने पण्डित जी को बेथ्यून स्कूल के अवैतनिक सचिव का पद स्वीकार करने के लिए प्रेरित किया था। बेथ्यून को अब अपनी संस्था की सफलता के बारे में निश्चय हो गया था। क्योंकि अब यह एक ऐसे व्यक्ति के संरक्षण में थी, जिसकी ईमानदारी, सच्चाई, निष्ठा तथा नैतिक साहस में किसी प्रकार का सन्देह नहीं था।

हिन्दू कॉलेज के उग्र विचारधारा के अध्यापक डेरोजियो के विद्यार्थियों ने जो 'डेरोजियन' तथा 'यंग बंगाल' के नाम से मशहूर हो गये थे, स्त्री-शिक्षा की उन्नति में सक्रिय रूप से दिलचस्पी ली। बड़ी दिचलस्पी की बात तो यह है कि संस्कृत कॉलेज के कुछ पण्डित भी इसके बड़े कट्टर समर्थक थे। 29 मार्च, 1850 को डलहौजी के नाम लिखे बेथ्यून के एक पत्र से भी इसकी पुष्टि होती है। बेथ्यून ने लिखा था—

"महामहिम को पता है कि पार साल मई महीने में मैंने एक 'नेटिव फीमेल स्कूल' कलकत्ते में खोला था। उस समय मैंने अपनी खुद की जिम्मेदारी पर यह परीक्षण करने के कारण आपको बता दिये थे और आपने मेरे इस काम को अपनी स्वीकृति देकर कृतार्थ किया था। मेरा खयाल है कि शिक्षा परिषद के अध्यक्ष के नाते मैं यह पता लगाने में समर्थ हो सका हूँ कि मेरा यह विश्वास बेबुनियाद नहीं है कि अब वह समय आ गया है, जबकि यहाँ के लोगों की शिक्षा-प्रणाली की दिशा में सफलता के साथ यह कदम उठाया जा सकता है। मैं चाहता हूँ कि यदि मेरी आशाएँ पूरी न हों तो इसकी असफलता की जिम्मेदारी सिर्फ अकेले मेरे ऊपर ही पड़े। और मैं यह भी चाहता हूँ कि जब तक इसकी सफलता सुनिश्चित न हो जाये, सरकार इसमें अपना हाथ न डाले।

"एक ओर तो उस समय खानदानी व इज्जतदार बंगाली अपनी लड़कियों को मिशन स्कूलों में भेजने के लिए तैयार नहीं होते थे और उन्हें इसके लिए प्रेरित करने के प्रयत्न बेकार रहते थे, दूसरी ओर मेरी यह पक्की धारणा थी कि इस दिशा में सरकारी स्कूल प्रणाली से ही देश में अच्छे नतीजे निकल सकते हैं। इन दो बातों से प्रेरित होकर ही मैंने इस सिद्धान्त पर अपने स्कूल की स्थापना की कि सभी प्रकार की मजहबी शिक्षा को इससे अलग रखा जाये, हालाँकि मैं इस बात को भलीभाँति जानता था कि इस बन्धन से कुशल अध्यापिकाएँ मुझे नहीं मिल पाएँगी। अंग्रेजी सिर्फ उन्हें ही पढ़ाई जायेगी जिनके माता-पिता ऐसा चाहते थे और बाकी सबको बंगला में तथा कढ़ाई आदि के कामों की शिक्षा दी जाती थी।

"जैसी की सम्भावना थी स्कूल खुलते ही वहाँ बड़ी उत्तेजना फैल गयी। पहले-पहल स्कूल में केवल 21 छात्राएँ थीं। कलकत्ता के अधिकांश प्रभावशाली व्यक्तियों ने स्कूल का जोरदार विरोध किया, खासकर इसलिए कि इस मामले में उनसे सलाह क्यों नहीं ली गयी थी। मैंने इसके हिताहित और सभी पहलुओं पर खूब विचार करने के बाद ही जानबूझकर उनसे सलाह-मशविरा नहीं लिया था। इसके विपरीत, मेरी इस योजना के समर्थकों से मुझे काफी प्रोत्साहन भी मिला।

"जिन तीन बंगालियों की सहायता के लिए मैं विशेष रूप से आभारी हूँ, उनमें से प्रथम हैं एक सुप्रसिद्ध व्यापारी बाबू रामगोपाल घोष। वह मेरे प्रमुख सलाहकार थे। उन्होंने मेरे लिए पहले-पहल छात्राओं को जुटाया था। दक्षिणारंजन मुखर्जी एक जमींदार थे, जो पहले तो मुझसे अपरिचित थे, किन्तु ज्यों ही मेरी योजना प्रकाशित हुई उन्होंने मुझे अपना परिचय देने के साथ-साथ स्कूल के लिए शहर के एक हिस्से में 10,000 रुपये की लागत की पाँच बीघा ज़मीन दान में देने का प्रस्ताव किया। संस्कृत कॉलेज के एक प्रमुख पण्डित मदन मोहन तर्कालंकार ने न केवल अपनी दो पुत्रियाँ ही स्कूल भेजीं, बल्कि वह

बच्चों को प्रतिदिन बंगला में शिक्षा देने के लिए वहाँ आते भी थे। वह अपना खाली समय बच्चों के लिए शुरू की कक्षा की बंगला ग्रन्थमाला के संकलन में लगाते थे। मेरे सहायकों को तरह-तरह के कष्ट देकर उन्हें स्कूल को सहायता देने से रोका गया। एक बार तो ये विरोधी लोग इतने सफल हुए कि स्कूल में केवल सात ही छात्राएँ रह गयीं। कभी-कभी तो इसमें तीन या चार छात्राएँ ही उपस्थित रहती थीं...।

"मैं यह मानता हूँ कि अब ऐसा समय आ गया है, जब इन लोगों की पूर्ण सफलता के लिए सरकार को यह घोषणा करनी चाहिए कि वह उन्हें बहुत अच्छी नजर से देखती है। हो सकता है कि यह आश्चर्यजनक व अविश्वसनीय मालूम पड़े पर यह शिक्षा के हित में है और लोगों को तथ्य से सहमत करने के लिए जरूरी भी है। स्त्री-शिक्षा के विरोधियों ने इसके विरोध में बेशर्मी से भरी जो-जो बातें कही हैं, उनमें एक यह भी है कि सरकार स्त्री-शिक्षा के प्रति न सिर्फ उदासीन है, बल्कि इसके सख्त खिलाफ भी है। मेरा विश्वास है कि जिन लोगों ने इस काम की उन्नति के लिए अपने को आगे बढ़ाया है, उन्हें यदि प्रोत्साहन न मिले, तो इस गलत बात का असर पड़े बिना न रहेगा। अगर यह बात न होती, तो मेरी यह कामना थी कि मैं अपने स्कूल को सरकारी सहयोग व प्रभाव के बिना ही कुछ दिन और चलाता और अपने इस परीक्षण को सफल करके दिखाता। महामहिम को मैं बड़ी दृढ़ता से यह आश्वासन दे सकता हूँ कि मेरे इस सुझाव को अधिकांश लोगों की सहानुभूति प्राप्त है और मेरा यह विश्वास है कि यदि तत्काल इसे अमल में नहीं लाया गया, तो इससे लोगों में पस्तहिम्मती फैलेगी। सरकार को अपने घोषित इरादों के प्रति विरोध से डरना नहीं चाहिए। मेडिकल कॉलेज की स्थापना के अवसर पर भावनाएँ जितनी तेजी से भड़की थीं, उतनी पहले कभी नहीं भड़कीं और इस योजना के पूर्ण विकास से जितना भला हो सकता है, उतना इस देश की किसी अन्य संस्था से नहीं हो सकता।"

बेथ्यून ने अपने पत्र में जिस रामगोपाल घोष को 'प्रसिद्ध व्यापारी' और 'प्रमुख परामर्शदाता' कहा, वह एक प्रमुख 'डेरोजियन' थे। वह महान् 'एड्यूराज' या 'शिक्षित बंगालियों के राजा' नाम से विख्यात थे। वह वक्तृत्व कला में निपुण थे और अपने समय के एक प्रमुख समाज-सेवी थे। शैक्षणिक, व्यावसायिक या राजनीतिक, ऐसी शायद ही कोई संस्था हो जिससे उनका नाम न जुड़ा हो। उन्होंने शिक्षा के क्षेत्र में विशेष अभिरुचि ली। शिक्षा परिषद के भूतपूर्व सचिव डॉ. माउट ने भी लिखा है, "मैं अपने जीवन को देखता हूँ, तो शिक्षा के सम्बन्ध में मेरे प्रारम्भिक जीवन का कोई भाग ऐसा न था, जिससे रामगोपाल का नाम न जुड़ा हो।" जमींदार दक्षिणारंजन भी उस समय के प्रमुख 'डेरोजियन' थे और हर प्रगतिशील सुधार के कट्टर समर्थक

थे। मदन मोहन, विद्यासागर के घनिष्ठ मित्र थे और अपने इस महान् मित्र से समाज व शिक्षा सुधार के काम में कम उत्साही न थे। 'सर्वशुभकारी' नामक बंगला पत्रिका के सितम्बर, 1850 के अंक में उन्होंने स्त्री-शिक्षा के सम्बन्ध में एक लेख लिखा था। उन्होंने अपने लेख में लिखा था कि 'बेथ्यून लड़कियों की शिक्षा पर केवल अपनी जेब से सात-आठ सौ रुपये प्रति मास खर्च करते हैं।' लॉर्ड डलहौजी और उनकी पत्नी का संरक्षण बेथ्यून और उनके मित्रों के लिए बड़ा सहायक था। लेकिन बेथ्यून सरकारी संरक्षण से ही पूर्णतः सन्तुष्ट न थे। उन्होंने अंग्रेजी शिक्षा प्राप्त बंगालियों, विद्यासागर तथा मदनमोहन जैसे परिवर्तनवादी बंगाली पण्डितों के सहयोग से स्त्री-शिक्षा के प्रचार के लिए ठोस कदम उठाए। शिक्षा परिषद के अध्यक्ष के नाते उन्हें बंगाल के कई जिलों में शिक्षा संस्थाओं का दौरा करना पड़ता था और छात्रों के बीच भाषण देने पड़ते थे। प्रायः अपने हर भाषण में वह स्त्री-शिक्षा पर जोर देते थे और इस महान् कार्य की प्रगति में योग देने के लिए शिक्षित युवकों का आह्वान करते थे।

लेकिन बेथ्यून ने अपने जिस काम में जिन्दगी लगा दी थी उसकी प्रगति को देखने के लिए वह अधिक दिन जीवित न रह सके। 12 अगस्त, 1851 को उनका देहान्त हो गया। अक्टूबर, 1851 से डलहौजी ने संस्था को चालू रखने के लिए सारा खर्च खुद ही बर्दाश्त किया। मार्च, 1856 में उनके अवकाश प्राप्त करने पर बेथ्यून स्कूल एक मान्यता प्राप्त सरकारी संस्था बन गया और इसका सारा व्यय सरकार उठाने लगी। इसे बीडन के निरीक्षण में सौंप दिया गया। अगस्त, 1856 में बीडन ने बंगाल सरकार के सामने यह प्रस्ताव रखा कि स्कूल के लिए एक प्रबन्ध समिति बना दी जाये, जिसके सदस्य कुछ प्रमुख हिन्दू हों और ईश्वर चन्द्र विद्यासागर को उसका सचिव बना दिया जाये। उसने अपने पत्र में लिखा, "सरकार यह ठीक समझेगी कि विद्यासागर को उनकी विगत सेवाओं और उल्लेखनीय प्रतिष्ठा के कारण प्रबन्ध-समिति का सचिव नियुक्त किया जाये।" विद्यासागर को अगस्त, 1856 में बेथ्यून स्कूल का प्रबन्ध समिति का अवैतनिक सचिव नियुक्त किया गया और कुछ प्रमुख हिन्दुओं को लेकर एक समिति नियुक्त की गयी। प्रबन्ध समिति के बनने और विद्यासागर के सचिव होने से बेथ्यून स्कूल के जीवन में एक नया दौर शुरू हुआ।

किसी काम को अपने हाथ में लेने तथा काम करने का विद्यासागर का अपना एक निराला ही ढंग था। उनकी असीम शक्ति और संकल्प केवल बेथ्यून स्कूल या नगर की सीमाओं तक ही सीमित नहीं थे। उनकी चाह थी, एक व्यापक क्षेत्र की और वह था बंगाल का सारा देहाती क्षेत्र। 1854 की शिक्षा-घोषणा में निदेशक-मण्डल ने पहली बार भारत में स्त्री-शिक्षा के महत्त्व व आवश्यकता को स्वीकार किया था। निदेशकों ने अपने शिक्षापत्र में खुशी जाहिर की थी कि भारत के ग्रामीणों में अपनी पुत्रियों को शिक्षित करने की भावना जोर पकड़ रही है। आगे उन्होंने यह भी

स्वीकार किया था कि पुरुषों की शिक्षा की अपेक्षा स्त्री-शिक्षा से जनता का शैक्षणिक तथा नैतिक स्तर ऊँचा किया जा सकता है। 'ग्राण्ट-इन-एड' की योजना जिन स्कूलों के लिए लागू की गयी थी, उनमें लड़कियों के स्कूल भी सम्मिलित कर लिए गये। 1857 से स्थानीय सरकार ने भी लड़कियों के स्कूलों को सहायता देनी शुरू कर दी।

सन् 1857 के प्रारम्भ में लेफ्टिनेण्ट गवर्नर हैलीडे, ने जो स्त्री-शिक्षा के कट्टर समर्थक थे, संस्कृत कॉलेज के तत्कालीन आचार्य और दक्षिण बंगाल में स्कूलों के सहायक निरीक्षक विद्यासागर को बुलवाया और उनसे इस विषय पर पूरे तौर से बातचीत की। दोनों ने उन कठिनाइयों पर भी ध्यान दिया, जो गाँवों में लड़कियों के स्कूल खोलते समय पेश आती थीं। स्थिति तो यह थी कि शहरों में भी स्त्री-शिक्षा बहुत अधिक आगे नहीं बढ़ी थी। विद्यासागर ने अडिग होकर हैलीडे से कहा कि संकल्प शक्ति व ईमानदारी से कार्य करने पर हर कार्य सफल हो सकता है।

पण्डित जी में शक्ति और चुस्ती का अक्षय भण्डार था और अब उन्हें वह क्षेत्र मिल गया था, जिसमें वह खुलकर उसका उपयोग कर सकते थे। उन्होंने बर्दवान जिले में एक स्कूल खोलने के सम्बन्ध में 30 मई, 1857 को शिक्षा निदेशक के पास एक रिपोर्ट भेजी—

> *"मुझे यह सूचित करते हुए प्रसन्नता हो रही है कि बर्दवान जिले में गाँव के निवासियों ने गाँव के मॉडल स्कूल के प्रधानाध्यापक के सुझाव पर वहाँ लड़कियों का जो एक स्कूल स्थापित किया है, वह पिछले 15 अप्रैल को खुला था और अब उसमें 4 से 11 वर्ष की अवस्था तक की 24 लड़कियाँ शिक्षा पा रही हैं। इनमें से अधिकांश प्रतिष्ठित ब्राह्मण व कायस्थ परिवारों की लड़कियाँ हैं। इसके निरीक्षण से मुझे यह आशा है कि यह स्कूल शीघ्र ही काफी फूले-फलेगा। न केवल यहाँ के ग्रामीण ही इसकी सफलता में बड़ी रुचि लेते रहे हैं, बल्कि लड़कियाँ स्वयं भी अपने पढ़ने-लिखने का काम बड़े ध्यान और खुशी से करती हैं।"*

नवम्बर, 1857 और मई, 1858 के बीच विद्यासागर ने लड़कियों के 35 स्कूल खोले, जिनमें कुल 1,300 छात्राएँ थीं। सरकार से अनुरोध किया गया कि लड़कियों के स्कूलों के हित में 'ग्राण्ट-इन-एड' के नियमों में संशोधन किया जाये, जिससे स्कूल के लिए अच्छी इमारत मिलने पर और लड़कियों की संख्या 20 हो जाने पर सरकार स्कूल का सारा खर्च खुद उठा सके। पर सरकार ने यह कहकर नियमों में संशोधन करने से इनकार कर दिया कि जब तक लोग स्वेच्छा से दान देकर इन स्कूलों की सहायता नहीं करते, तब तक उन्हें खोलना बेकार है।

लड़कियों की शिक्षा के क्षेत्र में विद्यासागर के प्रयत्नों पर इस सरकारी आदेश का काफी असर पड़ा। उन्होंने यह समझकर बहुत-से स्कूल खोल दिये थे कि इनके लिए इमारत की व्यवस्था स्थानीय जनता करेगी और इनका खर्च सरकार चलाएगी। सरकार के इस आदेश के बाद विद्यासागर को यह लगा कि उनके सारे प्रयत्न व्यर्थ

गये और उनके द्वारा खोले गये सभी स्कूल बहुत जल्दी ही बन्द हो जायेंगे। उन्हें पहले ही स्कूल चलाने तथा शिक्षकों का वेतन देने का कुछ खर्च खुद ही उठाना पड़ता था। अधिकारियों को इस अजीब स्थिति की सूचना दी गयी। काफी लिखा-पढ़ी के बाद सरकार ने समुचित धनराशि देना मंजूर किया और पण्डित जी की चिन्ता दूर हो गयी। यद्यपि स्त्री-शिक्षा के प्रति सरकार के उदासीन रुख से विद्यासागर काफी निराश हो गये थे, पर इस दिशा में उन्होंने अपने काम में कोई ढील नहीं आने दी और बड़ी चुस्ती से कार्य करते रहे। उन्होंने लड़कियों के स्कूलों की आर्थिक सहायता के लिए धन संग्रह का कार्य शुरू किया और कलकत्ता के धनी-मानी लोगों से काफी धन इकट्ठा कर लिया।

बेथ्यून स्कूल की प्रबन्ध समिति के गठन के बाद दिसम्बर, 1856 में उन्होंने कलकत्ता और उसके उपनगरों के प्रख्यात हिन्दू परिवारों के पास गश्ती पत्र भेजा, जिसमें स्कूलों में दी जाने वाली शिक्षा का उद्देश्य और विधि बताई गयी थी और यह कहा गया था कि "केवल प्रतिष्ठित हिन्दू परिवारों की लड़कियाँ ही इसमें प्रवेश पाती हैं और उन्हें पढ़ाई, लिखाई, गणित, प्राकृतिक विज्ञान, भूगोल और सिलाई के काम की शिक्षा दी जाती है। ये सभी विषय बंगला के माध्यम से पढ़ाए जाते हैं और अंग्रेजी लड़कियों के माता-पिता की राजी से ही पढ़ाई जाती है। लड़कियों से कोई फीस नहीं ली जाती और किताबें भी मुफ्त दी जाती हैं। जो लड़कियाँ स्कूल से काफी दूर रहती हैं और आने-जाने का खर्च भी नहीं बर्दाश्त कर सकतीं, वे स्कूल की गाड़ी तथा पालकी में बिना किराये के मुफ्त में आ-जा सकती हैं।"

विद्यासागर ने 'मनुस्मृति' का एक श्लोक स्कूल की गाड़ी या पालकी के द्वारों पर लिखवा दिया था। उस श्लोक का अर्थ यह था कि लड़कियों को भी लड़कों की तरह शिक्षा प्राप्ति का समान अधिकार प्राप्त है। एक पुराने शास्त्र का यह उद्धरण हिन्दुओं में लड़कियों की शिक्षा की आवश्यकता महसूस कराने के लिए सैकड़ों तर्कों व दलीलों से कहीं अधिक शक्तिशाली था।

संस्कृत कॉलेज के आचार्य के नाते नियमित रूप से अपने कर्तव्य पालन के अतिरिक्त, वह यह सब कार्य कर रहे थे। नवम्बर, 1858 में संस्कृत कॉलेज के आचार्य पद से इस्तीफा देने के बाद भी वह बेथ्यून कॉलेज के अवैतनिक सचिव पद पर कार्य करते रहे। जनवरी, 1869 में बेथ्यून स्कूल की प्रबन्ध समिति के विघटित होने पर ही वह इस पद से अलग हुए।

विद्यासागर के सचिव पद के समय में स्कूल की कितनी उन्नति हुई, इसकी जानकारी उनकी दिसम्बर, 1862 की इस रिपोर्ट से प्राप्त की जा सकती है—

"प्रवेश पाने वाली लड़कियों की संख्या के सम्बन्ध में कमेटी यह बताना चाहती है कि 1859 से उनकी संख्या नियमित रूप से बढ़ रही है। इस समय उनकी संख्या 93 है। यदि कमेटी के पास कुछ पहले से सवारी की कमी न होती, तो

यह संख्या अब तक 100 से अधिक हो जाती। तीसरी गाड़ी की व्यवस्था से अब यह असुविधा दूर हो गयी है और आशा है कि अब वह संख्या शीघ्र ही पूरी हो जायेगी। जो लड़कियाँ छोटी उम्र में प्रवेश पाकर 11 या 12 वर्ष की उम्र तक स्कूल में पढ़ती हैं, उन्हें पढ़ाये जाने वाले विषयों का काफी अच्छा ज्ञान हो जाता है।

"जिस हिसाब से प्रवेश पाने वाली छात्राओं की संख्या अभी हाल में बढ़ी है, उसे देखते हुए कमेटी का विश्वास है कि उन वर्गों के लोगों की नजरों में यह संस्था ऊँची उठ रही है, मुख्यतः जिनके लाभार्थ इसे स्थापित किया गया था। कमेटी को यह जानकर बड़ी प्रसन्नता है कि स्त्रियों के लिए गृह-शिक्षा अब धनी वर्ग के बहुत-से परिवारों में पनप रही है और इसका अधिकांश श्रेय बेथ्यून स्कूल को ही प्राप्त है।"

इस रिपोर्ट से स्पष्ट है कि स्त्री-शिक्षा दृढ़ सामाजिक बन्धनों के बावजूद कुछ आगे ही बढ़ रही थी। यह सच है कि शिक्षा विभाग के अन्तर्गत 1866-67 तक लड़कियों के स्कूलों की संख्या बढ़कर 300 और छात्राओं की संख्या लगभग 6,000 हो गयी थी। किन्तु अभिभावकों द्वारा छात्राओं को जल्दी ही स्कूल से हटा लेने के कारण बहुत कम लड़कियाँ एक सामान्य स्तर तक शिक्षा ग्रहण कर पाती थीं। लड़कियों के माता-पिता केवल इतना ही चाहते थे कि वे स्कूल में मामूली पढ़ना-लिखना और हिसाब लगाना तथा कुछ सीना-पिरोना सीख जायें। आम तौर से, नौ या दस की उम्र में उन्हें स्कूल से हटा लिया जाता था। स्पष्ट है कि उनके अच्छी शिक्षा ग्रहण करने के मार्ग में बाल-विवाह भी बाधक था। इस प्रथा का प्रभाव मध्यम वर्ग या निम्न वर्ग की अपेक्षा उच्च वर्ग पर अधिक था। अपनी पुत्रियों के लिए वे सार्वजनिक स्कूल शिक्षा की अपेक्षा अन्तःपुर स्त्री-शिक्षा या गृह-शिक्षा को अधिक पसन्द करते थे। इसकी पुष्टि वुड्रो की 1863-64 की इस रिपोर्ट से भी होती है, "ये लड़कियाँ समाज के धनी वर्ग से आयी हुई मालूम नहीं होतीं, क्योंकि अभी हाल के उस आदेश का, जिसमें कहा गया था कि बच्चों को अपनी किताबों की कीमत खुद अदा करनी चाहिए, बड़ा सख्त विरोध हुआ। साथ ही मेरी इस बात का भी सबने विरोध किया कि छात्राओं पर मामूली फीस लगा दी जाये। बेथ्यून स्कूल में धनी लोग नहीं, बल्कि भद्र लोग ही अपने बच्चों को भेजते हैं।" बंगाल में स्त्री-शिक्षा की जो थोड़ी-बहुत उन्नति उस समय हो रही थी, वह मुख्यतः विश्वविद्यालय की शिक्षा पाये हुए कुछ युवकों के परिश्रम और प्रभाव के कारण हो रही थी। उनमें से अधिकतर लोग नये शहरी मध्यम वर्ग के थे और धन के अलावा, शिक्षा उनके सामाजिक दर्जे का एक नया प्रतीक बन गयी थी। बंगाल में 19वीं शताब्दी के उत्तरार्ध में स्त्री-शिक्षा के सबसे कट्टर समर्थक अधिकतर यही शिक्षित शहरी मध्य वर्ग के लोग थे।

छठे दशक के मध्य में बंगाल में मिस मेरी कारपेंटर ने स्त्री-शिक्षा को एक

नयी शक्ति दी। उनका नाम इसके लिए काफी मशहूर है कि वह एक परोपकारिणी महिला थीं और भारत के लोगों की मित्र थीं। 20 नवम्बर, 1866 को वह कलकत्ता पहुँचीं और वहाँ वह स्त्रियों की शिक्षा के सच्चे समर्थक विद्यासागर केशवचन्द्र सेन आदि लोगों से मिलीं। वहाँ उन्होंने अध्यापिकाओं की ट्रेनिंग के लिए एक नार्मल स्कूल का प्रस्ताव रखा और इसके लिए एक योजना तैयार की जो सरकार को भेज दी गयी। अधिकारियों ने विद्यासागर की राय जाननी चाही। विद्यासागर ने लेफ्टिनेंट गवर्नर के नाम 1 अक्टूबर, 1867 के एक पत्र में अपने विरोध का कारण बताया–

"अन्तिम बार जब हम मिले, तब से मैंने इस विषय में बड़ी सावधानी से जांच-पड़ताल की है और काफी सोचा-विचारा है। किन्तु यह बताते हुए मुझे बड़ा अफसोस है कि मैं कुमारी कारपेंटर की स्वदेशी अध्यापिकाएँ तैयार करने की योजना के अमल में आने वाली व्यावहारिक कठिनाइयों के बारे में अपनी राय नहीं बदल सकता। जितना अधिक मैं इस बारे में सोचता हूँ मुझे उतना ही अधिक विश्वास होता है कि मेरी सच्ची सलाह यही है कि सरकार कुमारी कारपेंटर की योजना की सीधी जिम्मेदारी अपने हाथ में न ले। समाज की मौजूदा हालत और लोगों की भावनाओं को देखते हुए मैं यह महसूस करता हूँ कि इस योजना को लागू करने पर सरकार को विफलता ही हाथ लगेगी। आप यह आसानी से समझ सकते हैं कि जो हिन्दू शादी के बाद 10-11 साल की लड़कियों को घरों से बाहर नहीं निकलने देते वे युवतियों को पढ़ाने के धन्धे में लगाना कैसे मंजूर करेंगे! केवल निस्सहाय विधवाओं की सेवाएँ उपलब्ध हो सकती हैं, पर जब वे घर से बाहर निकलने लगेंगी, तो लोग उन पर सन्देह की दृष्टि से उँगली उठाएँगे। फलतः जिस उद्देश्य से स्वदेशी अध्यापिकाएँ तैयार करने की योजना है, वह लाभकारी नहीं रहेगी।

"आप जानते ही हैं, मैं स्त्री जाति को पढ़ाने के लिए स्त्री-शिक्षकों की आवश्यकता को कितना महत्त्व देता हूँ, पर यदि हमारे देश के सामाजिक बन्धन इसमें बाधक न होते, तो सबसे पहले मैं उसका समर्थन करता और इसकी उन्नति में तहेदिल से सहयोग देता। किन्तु जब मैं देखता हूँ कि सफलता बिल्कुल निश्चित नहीं है और सरकार शायद खुद एक गलत और अरुचिकर स्थिति में पड़ जायेगी तो मैं इस परीक्षण को अपना समर्थन देने के लिए राजी नहीं हो सकता।"

मगर, वह अपने पत्र में बेथ्यून स्कूल को चालू रखने की आवश्यकता का जिक्र किये बिना न रहे–

"बेथ्यून स्कूल के सम्बन्ध में मैं आपसे सहमत हूँ कि जितना इस पर खर्च होता है, उतना इससे लाभ नहीं होता। पर मैं यह भी नहीं चाहता कि इसे एकदम समाप्त कर दिया जाये। जिसके नाम पर यह संस्था चालू है, कि उस महान् परोपकारी व्यक्ति द्वारा भारत में स्त्री-शिक्षा के लिए की गयी सेवाओं

के स्मारक के रूप में इसे बनाये रखने के लिए यह जरूरी है कि सरकार इसे अपना सहयोग दे। इसके अलावा यह भी जरूरी है कि दूसरी संस्था के लिए एक आदर्श के रूप में राजधानी के बीच लड़कियों का एक सुसंगठित स्कूल हो। निस्सन्देह, इस संस्था का लोगों पर स्थायी और काफी अच्छा नैतिक प्रभाव पड़ा है। वास्तव में इसने आसपास के जिलों में स्त्री-शिक्षा के लिए रास्ता तैयार किया है। मेरे विचार से इस पर जो सालाना खर्च होता रहा है उसका यह कोई कम लाभ नहीं हैं।"

यद्यपि विद्यासागर को मिस कारपेंटर की योजना की सफलता के बारे में बहुत आशा नहीं थी, पर वह अधिकारियों को अपनी सहायता और सहयोग देते रहे, जैसा कि डी.पी.आई. को लिखे गये वुड्रो के 2 मार्च, 1869 के पत्र से स्पष्ट है–

"मुझे यह बताने का सौभाग्य मिला है कि विद्यासागर ने बेथ्यून स्कूल से सम्बन्धित कागजात मुझे सौंप दिये हैं....। उन्होंने मेरे साथ स्कूल तथा इसकी जमीन के निरीक्षण में अपना काफी समय खर्च किया और इसे हिन्दू स्त्रियों के रहने योग्य बनाने के साधनों के सम्बन्ध में विचार-विमर्श किया। नॉर्मल स्कूल की सफलता की उन्हें यद्यपि बिल्कुल आशा नहीं थी पर इसकी स्थापना के लिए उन्होंने मुझे यथाशक्ति सहायता देने का वचन दिया है।"

सरकार कुमारी कारपेंटर की योजना को अच्छा अवसर देने के पक्ष में थी। विद्यासागर की अधीनता में बेथ्यून स्कूल कमेटी ने इस योजना में भाग लेने से इनकार कर दिया और सरकार के आदेशानुसार 27 जनवरी, 1869 को इसे भंग कर दिया गया। बेथ्यून स्कूल की इमारत में ही अध्यापिकाओं की ट्रेनिंग के लिए नॉर्मल स्कूल खोल दिया गया और सरकार ने इसको चलाने के लिए 12,000 रुपये का वार्षिक व्यय मंजूर कर लिया। यह स्कूल बिल्कुल असफल साबित हुआ। सार्वजनिक शिक्षा के बारे में 1869-70 की रिपोर्ट में इसकी असफलता इस टिप्पणी के साथ स्वीकार की गयी, "बेथ्यून स्कूल में अध्यापिकाओं की ट्रेनिंग के लिए जो कक्षाएँ खोली गयीं, उन्हें कोई खास सफलता नहीं मिली।" इस वर्ष के बाद की रिपोर्ट भी बड़ी निराशाजनक थी, "कलकत्ता के बेथ्यून स्कूल में अध्यापिकाओं की ट्रेनिंग के लिए खुली कक्षाएँ शिष्यों को अपनी ओर आकृष्ट नहीं कर सकती हैं। और अब इनको चालू रखना कोई माने नहीं रखता।" सरकार ने 24 जनवरी, 1872 को डी.पी. आई. को लिखे पत्र में नॉर्मल स्कूल को भंग करने का आदेश जारी करते हुए लिखा, "सारे मामले की पूरी जाँच-पड़ताल करने से यह स्पष्ट है कि तीन वर्ष के परीक्षण के बाद 'फीमेल नॉर्मल' बिल्कुल नाकामयाब रहा है।" विद्यासागर की भविष्यवाणी बिल्कुल सही निकली।

विद्यासागर के कमेटी से सम्बन्ध तोड़ लेने के बाद बंगाल में स्त्री-शिक्षा के क्षेत्र में बेथ्यून स्कूल का बोलबाला शीघ्र ही खत्म हो गया। स्त्री-शिक्षा का नेतृत्व यहाँ

अब हिन्दू-महिला विद्यालय के हाथ में आया, जिसकी स्थापना कलकत्ता के पूर्वी भाग में नवम्बर, 1873 में हुई और बाद में जिसका नाम बदलकर 1876 में 'बंग महिला विद्यालय' रख दिया गया था। यह संस्था मिस अक्रोयड ने, मनमोहन घोष, द्वारकानाथ गांगुली दुर्गामोहन दास, आनन्दमोहन बोस जैसे प्रगतिशील बंगाली युवकों की सहायता से प्रारम्भ की थी। सरकार ने सार्वजनिक शिक्षा के बारे में 1876-77 की अपनी रिपोर्ट में यह माना कि बंग महिला विद्यालय "हर तरह से बंगाल का सबसे अधिक प्रगतिशील स्कूल है" पता चला कि सरकार-आश्रित बेथ्यून स्कूल शिक्षण, प्रशासन और संगठन के मामले में विद्यालय से काफी अधिक पिछड़ गया है। इसलिए बेथ्यून स्कूल की प्रबन्धक कमेटी के अध्यक्ष मि. जस्टिस फीयर ने एक सुझाव दिया कि दोनों संस्थाओं को एक में मिला दिया जाये और उन्हें सीधे सरकार के निरीक्षण में रख दिया जाये। अन्त में 1 अगस्त, 1878 को ऐसा ही हुआ और इस पुनर्गठित बेथ्यून स्कूल से ही 1878 में कुमारी कादम्बिनी बोस को पहले-पहल कलकत्ता विश्वविद्यालय की एण्ट्रेंस परीक्षा में शामिल होने के लिए भेजा गया। कादम्बिनी द्वितीय श्रेणी में उत्तीर्ण हुई। भारत में स्त्रियों की शिक्षा के इतिहास में यह बड़ी महत्त्वपूर्ण घटना थी। अप्रैल, 1878 में कलकत्ता विश्वविद्यालय की प्रबन्ध समिति ने पहली बार यह संकल्प किया कि "यूनिवर्सिटी परीक्षा में कुछ शर्तों के साथ छात्राओं को भी विश्वविद्यालय परीक्षा में शामिल किया जाये।"

कादम्बिनी बोस के एण्ट्रेंस परीक्षा पास कर लेने के साथ-साथ बेथ्यून स्कूल का एक नया जीवन प्रारम्भ हुआ और स्त्री-शिक्षा के क्षेत्र में एक नया दौर आया। कुमारी कादम्बिनी बोस की सफलता के फलस्वरूप और 'प्रथम कला परीक्षा' के लिए अपना अध्ययन जारी रखने की उनकी इच्छा के अनुसार लेफ्टिनेण्ट गवर्नर ने प्रथम कला पाठ्यक्रम को पढ़ाने योग्य प्राध्यापक नियुक्त करने और स्कूल का दर्जा बढ़ाने का प्रस्ताव स्वीकार कर लिया।

स्त्री-शिक्षा के बारे में विद्यासागर और उनके कुछ समकालीन लोग दशाब्दियों तक जो स्वप्न देखते रहे, वह पिछली शताब्दी के आठवें दशक में सत्य साबित हुआ। सार्वजनिक शिक्षा के बारे में 1883-84 की रिपोर्ट में बंगाल में स्त्रियों की उच्च शिक्षा की प्रगति का जिक्र किया गया—

> *"बंगाल की उच्च शिक्षाप्राप्त स्त्रियों में अग्रणी कादम्बिनी बोस जो अब श्रीमती गांगुली है और जिन्होंने जनवरी, 1883 में अपनी बी.ए. की डिग्री प्राप्त की, आजकल कलकत्ता मेडिकल कॉलेज में डॉक्टरी की शिक्षा ले रही हैं और चन्द्रमुखी बोस को जिन्होंने अंग्रेजी में एम.ए. की डिग्री हासिल की है, अभी हाल में बेथ्यून स्कूल की कॉलेज कक्षाओं के लिए अध्यापिका नियुक्त किया गया है।"*

पण्डित विद्यासागर उस समय बीमार थे और अपने जीवन की अन्तिम अवस्था में थे। सामाजिक सुधार के संघर्ष में उन्हें जिन कुण्ठाओं और असफलताओं का मुँह

देखना पड़ा था, उस समय वह उन पर विचार कर रहे थे। जिन महान् कार्यों के लिए वह जीवन भर कठिन संघर्ष करते रहे, उनमें कम-से-कम स्त्री-शिक्षा एक ऐसा कार्य था, जिसकी वह अपने जीवन में आशाजनक उन्नति देख सके। चन्द्रमुखी बोस द्वारा कलकत्ता विश्वविद्यालय की सबसे ऊँची परीक्षा एम.ए. की डिग्री प्राप्त कर लेने पर उन्होंने उसे 'कैसेल्स इलस्ट्रेटेड शेक्सपियर' की एक प्रति भेंट की।

29 जुलाई, 1891 को विद्यासागर परलोक सिधार गये। भारत में स्त्री-शिक्षा और उनकी आजादी के लिए संघर्ष करने वाले इस महान् व्यक्ति की यादगार के लिए सबसे उपयुक्त श्रद्धांजलि यही थी कि पढ़ी-लिखी भारतीय महिलाओं ने एक 'मेमोरियल कमेटी' बनाई और आपस में ही 1,670 रुपये इकट्ठे किये। उन्होंने इस धनराशि को बेथ्यून स्कूल के अधिकारियों को विद्यासागर के नाम पर छात्रवृत्ति योजना की नींव डालने के लिए सौंप दिया। बेथ्यून कॉलेज की कमेटी ने 1894 की अपनी वार्षिक रिपोर्ट में इसका उल्लेख किया है, "स्वर्गीय पण्डित ईश्वर चन्द्र विद्यासागर मि. बेथ्यून के सहयोगी और सहायक कार्यकर्ता थे। जब से स्कूल की नींव पड़ी, तभी से वह अपने जीवन-भर इसकी भलाई के लिए गहरी दिलचस्पी से काम करते रहे। इसलिए कमेटी के लिए यह खुशी की बात है कि कलकत्ता की कुछ हिन्दू स्त्रियाँ इस तरह से स्वर्गीय पण्डित ईश्वर चन्द्र विद्यासागर की स्मृति जीवित रखने के लिए गहरी दिलचस्पी लें, जिन्होंने आजन्म परोपकार के काम में लगे रहने के साथ-साथ स्त्री-शिक्षा की उन्नति के लिए निरन्तर और इतना अधिक कार्य किया...।"

समाज-सुधार : विधवा-विवाह

जब विद्यासागर ने हिन्दू बिधवाओं के पुनर्विवाह आन्दोलन की वकालत की, तो बंगाल के लोग यह सोचने लगे कि आखिर इस विद्वान पण्डित को क्या सूझा है, जो इसने यह आन्दोलन चलाया है।

इस सम्बन्ध में काल्पनिक तथा रोमानी प्रकृति की दो-तीन कहानियाँ यहाँ संक्षेप में दी जा रही हैं। एक कहानी है कि अपने गाँव वीरसिंह में विद्यासागर के बचपन की साथिन रहती थी, जो कम उम्र में ही विधवा हो गयी थी। शुरू-शूरू में उससे उनका कुछ लगाव हुआ और जब दोनों बड़े हुए, तो दोनों में एक-दूसरे के प्रति आकर्षण भी पैदा हो गया था। विद्यासागर को जब पता चला कि वह विधवा हो गयी है और शास्त्रानुसार वह जीवन-भर दूसरी शादी भी नहीं कर सकती, तो उन्होंने हिन्दू विधवाओं के पुनर्विवाह के अधिकार के लिए लड़ने का निश्चय किया। दूसरी कहानी यह है कि अपनी युवावस्था में विद्यासागर ने एक स्त्री के बारे में कहानी सुनी, जिसने सामाजिक बहिष्कार का जीवन न सह सकने के कारण आत्महत्या कर ली थी। इस असहाय विधवा की मृत्यु की घटना से दुखी होकर ही उन्होंने हिन्दू विधवाओं को पुनर्विवाह का अधिकार दिलाने तथा उसे समाज तथा सरकार से मान्यता दिलाने का बीड़ा उठाया था।

विद्यासागर के जीवनी-लेखकों ने पिछली शताब्दी के मध्य में कुछ अजीबोगरीब परिस्थितियों में इस बुरी सामाजिक प्रथा को सुधारने के उनके महान् प्रयास के पीछे उनकी नीयत ढूँढ़ने की भूल की है। प्रत्येक सामाजिक विचार को निश्चित कार्य-रूप देने में थोड़ा समय लगता ही है। विद्यासागर के समय में विधवा-विवाह तथा बहु-विवाह के पक्ष-विपक्ष में सामाजिक सुधार ने जो रुख अख्तियार किया उसके पीछे एक लम्बी कहानी थी। इसका उदय राजा राममोहन राय के दिनों में ही 19वीं शताब्दी के प्रथम 25 वर्षों में हो गया था। 1815 में राजा राममोहन राय ने 'आत्मीय सभा' संगठित की, जो शुरू से ही इन सामाजिक समस्याओं पर सोच-विचार कर रही थी। 1819 में इस सभा की एक मीटिंग हुई थी जिसकी रिपोर्ट में बताया गया है, "इस मीटिंग में बाल-विधवा-विवाह-निषेध, बहु-विवाह और सती-प्रथा की घोर निन्दा की

गयी थी।" (कलकत्ता जर्नल खण्ड-iii 18 मई, 1819) सती-प्रथा खत्म करने के लिए तो हम राजा राममोहन राय के ऋणी हैं ही, पर जब वह विधवाओं के पुनर्विवाह के उद्देश्य से इंग्लैण्ड जा रहे थे, तो बंगाल के हर घर में उनकी चर्चा थी। बूढ़ी विधवाएँ अकसर मजाक किया करती थीं कि राजा राममोहन राय के इंग्लैण्ड से लौटकर आ जाने पर हमारी शादी होगी। इसमें शक नहीं कि हिन्दू-विधवाओं के पुनर्विवाह की ओर उनका ध्यान गया था, पर सती-प्रथा समाप्त कराने के बाद वह इस समस्या को समयाभाव के कारण पूरे उत्साह से न उठा सके थे।

पिछली शताब्दी के तीसरे दशक में 'डेरोजियन' युवकों ने अन्य समस्याओं के साथ-साथ इस पर भी गौर किया और इसके पक्ष में जनमत तैयार करने के लिए बड़े उत्साह से आगे बढ़े थे। 'डेरोजियन' इसके बारे में अपनी अंग्रेजी पत्रिका इन्क्वायरर' और बंगला पत्रिका 'ज्ञानान्वेषण' में अकसर लिखा करते थे। उनके इस कार्य का जो असर हुआ, वह इसी से स्पष्ट है कि भारतीय कानून आयोग ने इस मामले को विचार के लिए अपने हाथ में ले लिया था। आयोग के सचिव जे.पी. ग्रांट ने इस विषय पर जानकारी प्राप्त करने और चारों सूबों की सदर अदालतों की राय जानने के लिए एक गश्ती पत्र भेजा था। पर ध्यान देने की दिलचस्प बात यह है कि इन तमाम अदालतों के ब्रिटिश अफसरों ने विधवा-विवाह लागू करने का कानून बनाने का प्रस्ताव नामंजूर कर दिया था। कलकत्ता सदर अदालत के स्थानापन्न रजिस्ट्रार आर. माकन ने गश्ती पत्र के उत्तर में 24 जुलाई, 1837 को लिखा–

"अदालत हिन्दू-विधवाओं के पुनर्विवाह पर लगे प्रतिबन्धों की बुराइयों को अच्छी तरह समझती है पर उसकी अपनी स्पष्ट राय यह है कि सरकार अपने वायदों को तोड़े बगैर इस तरह का कोई भी कानून पास नहीं कर सकती।"

इलाहाबाद सदर अदालत के रजिस्ट्रार एच.बी. हैरिंगटन ने गश्ती पत्र के उत्तर में 11 अगस्त, 1837 को लिखा–

"इसमें कोई सन्देह नहीं कि प्रस्तावित कानून का उद्देश्य बहुत ही मानवीय है पर चूँकि यह सीधा हिन्दू कानून के विरुद्ध है और हिन्दू कानून के सम्यक् परिपालन के महत्त्व की दृष्टि से स्पष्ट है कि इससे जन-भावनाओं को गहरी ठेस पहुँचेगी इसलिए अदालत इसको पास करने के लिए अपनी राय नहीं दे सकती।"

31 जुलाई, 1837 को मद्रास सदर अदालत के रजिस्ट्रार डब्ल्यू. डगलस ने उत्तर में लिखा–

"न्यायाधीशों का विचार है कि भारत के इस भाग में इस तरह का कानून लागू करने से कोई मतलब सिद्ध नहीं होगा, बल्कि उच्च वर्ग के लोग अधिक कट्टरता से इस प्रथा को बनाये रखने के लिए संयुक्त रूप से प्रयत्न करेंगे।"

सदर अदालतों के इन उत्तरों से स्पष्ट है कि जब पिछली शताब्दी के तीसरे दशक में कानून द्वारा विधवा-विवाह लागू करने का प्रश्न उठाया गया, तो हिन्दुओं

के सामाजिक रीति-रिवाजों के हस्तक्षेप के डर से ये अदालतें इस तरह के कानून बनाने के पक्ष में नहीं थीं। 'यंग बंगाल' के आन्दोलन का फिर भी काफी प्रभाव पड़ा। सम्बन्धित अधिकारियों ने बड़े उत्साह से इस मामले को अपने हाथ में लिया और कानून के सम्बन्ध में उन्होंने विशेषज्ञों से राय ली। बंगाल के पढ़े-लिखे प्रगतिशील मध्यवर्ग के लोगों का अपने विचारों का प्रचार-आन्दोलन चौथे दशक में भी और अधिक उत्साह से बराबर चलता रहा। ये लोग 'सोसाइटी फार दि एक्वीजीशन ऑफ जनरल नालेज', 'तत्त्वबोधिनी सभा' और 'बेथ्यून सोसाइटी' आदि जैसी अपनी संस्थाओं की मीटिंगों में इस मामले पर अकसर विचार-विमर्श किया करते थे।

विद्यासागर ने पिछली शताब्दी के पाँचवें दशक में जब विधवा-विवाह लागू करने तथा बहु-विवाह पर रोक लगाने का कानून बनवाने का आन्दोलन किया तो उस समय पत्रों तथा सभा-संस्थाओं के जरिए लगातार प्रचार करने से बंगाल में सामाजिक सुधारों के लिए एक निश्चित दृष्टिकोण तैयार हो गया था।

उन्नीसवीं शताब्दी के मध्य में समाज-सुधार के लिए भूमि तैयार हो चुकी थी। इसके मुख्य समर्थक और प्रचारक शिक्षित मध्यवर्ग के लोग थे और उस समय तक बंगाल में उनका उदय एक सामाजिक शक्ति के रूप में हो चुका था। ये लोग पिछली शताब्दी के दूसरे दशक के शुरू से ही पत्रों और सभा-सोसाइटियों से बाल-विवाह और बहु-विवाह के विरुद्ध तथा विधवा-विवाह के पक्ष में प्रचार करते रहे थे। चौथे दशक में उनका यह प्रचार और आन्दोलन चरम सीमा पर पहुँच गया था। 'यंग बंगाल' के नेता अपनी अंग्रेजी तथा बंगला पत्रिका 'स्पेक्टेटर' के जरिए चौथे दशक के शुरू से ही इस सम्बन्ध में बड़े जोर-शोर से प्रचार कर रहे थे। इस पत्रिका के अप्रैल, 1842 के पहले ही अंक में विधवा-विवाह के विषय में एक काफी बड़ा समीक्षात्मक लेख लिखा गया। लेखक ने इस लेख में विद्यासागर के उस निबन्ध से भी सामग्री ली जिसे उन्होंने विधवा-विवाह के बारे में लिखा और जिसमें उन्होंने विधवा-विवाह के पक्ष में अनेक प्रमाण पेश किये थे। हिन्दू-समाज के प्रमुख लोगों के हस्ताक्षर कराकर सरकार को एक याचिका भेजने का प्रस्ताव भी इस लेख के लेखक ने ही रखा था। इस याचिका में हिन्दू-विधवा को पुनर्विवाह का अधिकार दिलाने का सुझाव दिया गया था और अनुरोध किया गया था कि यदि आवश्यक हो, तो यह अधिकार कानून द्वारा दिलाया जाये। 1845 में 'ब्रिटिश इण्डिया सोसाइटी' ने हिन्दू विधवाओं के पुनर्विवाह के बारे में 'धर्मसभा' और 'तत्त्वबोधिनी सभा' से लिखा-पढ़ी की, पर 'तत्त्वबोधिनी सभा' ने इस लिखा-पढ़ी का कोई जवाब नहीं दिया। धर्मसभा के साथ लिखा-पढ़ी कुछ समय तक बराबर चलती रही, पर इससे भी कोई नतीजा नहीं निकला। (कलकत्ता रिव्यू, खण्ड 25, जुलाई-दिसम्बर, 1850) लगभग 10 वर्ष बाद पाँचवें दशक में विद्यासागर ने फिर यह आन्दोलन बड़े जोरों से उठाया। जैसा

कि पहले बताया जा चुका है, यह आन्दोलन चौथे दशक के शुरू में अपनी चरम सीमा पर था और इसके अन्त में यह समाप्त हो चुका था।

सन् 1839 और 1843 में महर्षि देवेन्द्र नाथ ठाकुर द्वारा संस्थापित 'तत्त्वबोधिनी सभा' और 'तत्त्वबोधिनी पत्रिका' के प्रयत्नों से पाँचवें दशक में एक सामाजिक स्थिति पैदा हो गयी थी। 'तत्त्वबोधिनी सभा' की शुरुआत केवल 10 सदस्यों से हुई। इसकी साप्ताहिक और मासिक बैठकें होती थीं, जिनमें सामाजिक और धार्मिक विषयों पर चर्चा होती थी। आरम्भ में तो यह बहुत छोटी थी पर जिस उत्साह और स्फूर्ति से इसने अपना काम चलाया, उससे इसके सदस्यों की संख्या बढ़कर केवल दो वर्षों में ही 500 हो गयी। आगे चलकर तो बहुत-से धनी-मानी व्यक्ति भी इसके सदस्य और हितैषी बने (शिवनाथ शास्त्री, हिस्ट्री ऑफ ब्रह्मसमाज, खण्ड 1, पृ. 87)। पिछली शताब्दी के मध्य में तो यह मध्यवर्ग के शिक्षित बंगाली युवकों की बहुत शक्तिशाली संस्था बन गयी थी। विद्यासागर का इससे घनिष्ठ सम्पर्क था और वह इसके सदस्य भी थे। इसके ब्रह्मसमाज में मिलाए जाने से पूर्व 1858-59 में विद्यासागर इसके सचिव हो गये थे। वह 'तत्त्वबोधिनी पत्रिका' के सम्पादक-मण्डल में भी शामिल थे और उसमें नियमित रूप से कुछ-न-कुछ लिखते रहते थे। पत्रिका के पहले सम्पादक अक्षयकुमार दत्त उनके गहरे दोस्त बन गये थे और समाज-सुधार के काम में उन्हें पूरा सहयोग देते थे। दत्त अपने समय के एक अदम्य यथार्थवादी और भौतिकवादी थे और विद्यासागर की भाँति बंगला के बहुत ही उच्च कोटि के गद्य-लेखक थे। बंगला के माध्यम से ऐतिहासिक तथा वैज्ञानिक साहित्य क्षेत्र में भी वह आगे आये और बहुत कुछ लिखा। उनमें दृढ़ इच्छाशक्ति थी और उनका दृष्टिकोण बिल्कुल साफ था। इसलिए वह समाज-सुधार के लिए विद्यासागर के साथ कन्धे-से-कन्धा मिलाकर काम करते रहे और 'तत्त्वबोधिनी पत्रिका' के स्तम्भों में बहुविवाह-प्रथा की समाप्ति और विधवा-विवाह के पक्ष में हमेशा ही लिखते रहे। खुद विद्यासागर ने 'तत्त्वबोधिनी पत्रिका' के फाल्गुन, 1776 शक (सन् 1854) के अंक में एक लेख द्वारा विधवाओं के पुनर्विवाह का अपना प्रस्ताव पेश किया था। पत्रिका के अगले अंक में अक्षयकुमार दत्त ने इस पर सम्पादकीय टिप्पणी लिखी थी और प्रस्ताव का जोरदार समर्थन किया था।

गोष्ठियों और सभाओं में विवादग्रस्त सामाजिक विषयों पर होने वाली चर्चाओं से सभा के युवक सदस्यों के कामों में नयी स्फूर्ति दिखाई देने लगी थी। 'तत्त्वबोधिनी पत्रिका' के स्तम्भों से भी यही स्फूर्ति आती थी, जिसमें स्त्री-शिक्षा तथा विधवा-विवाह के पक्ष में और बहु-विवाह, बाल-विवाह तथा नशेबाजी के विपक्ष में नियमित रूप से लेख लिखे जाते थे।

ऐसी स्थिति में विद्यासागर समाज-सुधार के मैदान में आये। उनके कुछ जीवनी-लेखकों की यह बात गलत है कि विधवाओं के पुनर्विवाह का विचार पहले-पहल

उन्होंने ही दिया और उन्होंने 'पाराशर संहिता' के उन श्लोकों को ढूँढ़ा, जिनमें कुछ खास परिस्थितियों में हिन्दू-विधवाओं के पुनर्विवाह का विधान है। यह सच है कि उन्होंने कलकत्ता संस्कृत कॉलेज के आचार्य के कमरे में कई रातें बिना सोए इस ढूँढ़-खोज में बिता दी थीं कि उन्हें अपने पक्ष का समर्थन करने के लिए प्राचीन हिन्दू शास्त्रों में कुछ मसाला मिल जाये। मगर, यह सच नहीं है कि पाराशर-संहिता...के श्लोक 'नष्टे मृते...' को ढूँढ़कर वह खुशी के मारे उछल पड़े थे और चिल्ला उठे थे कि "वाह! आखिर यह मिल ही गया।" इस कहानी से प्राचीन संस्कृत साहित्य में विद्यासागर के गम्भीर पाण्डित्य के प्रति न्याय नहीं होता, पर सारे विरोध के बावजूद विधवा-विवाह आन्दोलन की सफलता का श्रेय उनको ही प्राप्त है। उन्होंने इस ऐतिहासिक उद्‌देश्य को अपूर्व साहस और दृढ़ता से पूरा किया।

हमें नहीं मानना चाहिए कि विद्यासागर ने विधवा-विवाह के बारे में अपनी थीसिस का समर्थन करने के लिए प्राचीन शास्त्रकारों का कोई नुस्खा हासिल करने के लिए सख्त मेहनत की थी। 'पाराशर संहिता' के जिस कथन के आधार पर उन्होंने अपना पक्ष प्रस्तुत किया, ऐसे ही कथन बोधायन, नारद आदि ऋषियों के ग्रन्थों में भी मिलते हैं और अग्नि पुराण आदि पुराणों से भी इसकी पुष्टि होती है। बोधायन ने एक स्त्री के लड़के को पुनर्भव कहा है, जिसने अपने नपुंसक या जाति बहिष्कृत पति को तलाक देकर दूसरे से शादी की थी। ऐसा उस समाज में हरगिज नहीं हो सकता था, जहाँ विधवाओं को पुनर्विवाह पर सख्त रोक लगी हो। वास्तव में नारद, पाराशर तथा अग्नि-पुराण में विधवा-विवाह के पक्ष में एक-सा ही श्लोक है। संकट की पाँच अवस्थाओं में स्त्रियों के लिए दूसरे पति का विधान है जैसे पति के मर जाने पर, अज्ञातवास होने पर, संन्यास लेने पर, नपुंसक होने पर तथा पतित होने पर (नष्टे मृते प्रव्रजिते क्लीबे च पतिते पतौ)। इसलिए विद्यासागर जैसे संस्कृत के प्रक़ाण्ड पण्डित के लिए यह सम्भव नहीं था कि वह भारत के प्राचीन शास्त्रों में विधवाओं के पुनर्विवाह का नुस्सा ढूँढ़ने में इतना अधिक समय लगाते।

यद्यपि ब्राह्मणों तथा अन्य ऊँची जातियों में विधवा-विवाह सदियों से वर्जित था, पर दूसरी जातियों में यह बराबर चालू था। शूद्रों तथा ऐसी ही अन्य जातियों में तो विधवा-विवाह की प्रथा हमेशा ही कायम थी और यह आज भी मौजूद है, हालाँकि उनमें स्त्रियों का पुनर्विवाह पहले विवाह से कुछ हीन समझा जाता है। इन जातियों में स्त्रियों का पुनर्विवाह पति के मरने पर या उनके जीवन में ही उनकी राजी से हो सकता है। पर यह जरूरी है कि पहले वह लिखित तलाक-पत्र दे जिसे फारखत, या 'सोड-चिट्ठी' कहते हैं। ऐसे विवाहों को महाराष्ट्र में पट, गुजरात में *नात्र* तथा कन्नड़ में *उदकी* कहा जाता है। बंगाल, बिहार तथा उड़ीसा की नीची कही जाने वाली जातियों तथा सन्थाल आदि जनजातियों में विधवा-विवाह की प्रथा कायम है और आमतौर से इसे *निका* कहा जाता है। ये जातियाँ तथा जनजातियाँ (पश्चिम

बंगाल के मिदनापुर जिले में, जिसे पहले हुगली कहा जाता था और जहाँ विद्यासागर जन्मे और पले थे) अधिकतर गाँवों में बसी हुई हैं। हो सकता है कि अपनी प्रारम्भिक युवावस्था में यह प्रेरणा उन्होंने अपने इर्द-गिर्द रहने वाले इन लोगों की प्रथा से ही ली हो। अपनी तरुण अवस्था में शायद ही यह बात उनके मन में आ गयी थी कि बैंटिक द्वारा सती-प्रथा पर कानूनी रोक लगाने से विधवाओं की एक गम्भीर समस्या पैदा हो गयी है। चूँकि बंगाल में बहु-विवाह-प्रथा अभी भी चालू थी और सती-प्रथा पर रोक लगा दी गयी थी, इसलिए विधवाओं की संख्या चिन्ताजनक रूप से बढ़ने लगी थी। उनमें अधिकांश विधवाएँ जवान होती थीं। पिछली शताब्दी के मध्य तक संकट इतना बढ़ गया था कि गम्भीर विचार के लोगों ने महसूस किया कि समाज का नैतिक आधार शायद ही बच सके। विद्यासागर ने भी इसे बड़ी गम्भीरता से महसूस किया। पर वह दूसरों की तरह नहीं थे और उन्होंने शीघ्र ही अपने विचारों को अमल में लाना शुरू कर दिया।

विधवा-विवाह के समर्थन में विद्यासागर की पहली पुस्तिका जनवरी, 1855 में प्रकाशित हुई। 'पाराशर संहिता' के जिस श्लोक के आधार पर उन्होंने अपनी थीसिस का आधार खड़ा किया उसकी व्याख्या उन्होंने इस तरह की—

> *"पति का कोई समाचार न मिलने पर, उसके मरने पर, संन्यास ले लेने पर, नपुंसक होने पर तथा उसके पतित होने पर इनमें से किसी भी एक अवस्था में स्त्री विधिपूर्वक विवाह करके अपना दूसरा पति चुन सकती है।"*

इस पर उनकी टिप्पणी यह थी—

> *"ऐसा लगता है कि पाराशर ने विधवाओं के लिए तीन नियमों की व्यवस्था की है—विवाह, ब्रह्मचर्य-पालन तथा मृत पति के साथ जलकर सती हो जाना। इनमें से सती-प्रथा तो कानून द्वारा समाप्त कर दी गयी इसलिए अब विधवाओं के लिए सिर्फ दो ही रास्ते बचे हैं या तो शादी करें या ब्रह्मचर्यपूर्वक रहें। पर कलियुग में ब्रह्मचर्यपूर्वक जीवन बिताना उनके लिए बड़ा कठिन हो गया है और यह कारण है कि लोक-हितैषी पाराशर ने पहले-पहल उनके लिए विवाह की ही व्यवस्था दी है। चूँकि पाराशर ने कलियुग में उक्त पाँच अवस्थाओं में से किसी एक में स्त्रियों के लिए पुनर्विवाह एक कर्तव्य बताया है, इसलिए चाहे जो भी हो, पर मेरी समझ में कलियुग में विधवा-विवाह बिल्कुल शास्त्र-सम्मत है।"*

इस श्लोक की व्याख्या को लेकर बड़ा विवाद खड़ा हो गया था। कुछ पण्डितों ने इसका सीधा-सादा यह अर्थ लगाया कि इसमें दूसरे युग की समाज-व्यवस्था का जिक्र है और इसलिए यह कलियुग में लागू नहीं होता। उत्तरी कलकत्ता में राजा राधाकान्त देव के घर विद्वानों का एक सम्मेलन हुआ, जिसमें पण्डितों ने बंगाल के नवद्वीप, भाटपाड़ा आदि प्राचीन विद्या केन्द्रों से आकर भाग लिया था। राजा राधाकान्त देव शोभा बाजार राजपरिवार के वंशज थे। वह सिर्फ संस्कृत के एक महान् पण्डित ही

न थे, बल्कि वह अपने समय के हिन्दू समाज के सबसे धनी-मानी नेताओं में थे। यद्यपि वह रूढ़िवादी हिन्दू समाज के नेता थे, पर उन्होंने विद्यासागर को इस सम्मेलन में आमन्त्रित कर अपनी शिष्टता और शालीनता का परिचय दिया। पहले दिन के ही शास्त्रार्थ में समाज-सुधारक विद्यासागर ने दिग्गज पण्डितों के आगे अपने विषय को इतनी बुद्धिमत्ता और योग्यता से पेश किया कि राजा राधाकान्त देव दंग रह गये और उनसे अत्यन्त प्रभावित हुए। यद्यपि वह उनकी अनेक बातों से सहमत न थे, पर उन्होंने विद्यासागर को उस समय का सबसे अच्छा शास्त्रार्थ-महारथी बताया और इनाम में दो शाल भी भेंट किये। रूढ़िवादी समाज के नेताओं ने समझा कि राजा राधाकान्त देव पर विद्यासागर का जादू चल गया और अब वह उनकी ही ओर चले गये। इससे कलकत्ता के हिन्दू समाज में बड़ी हलचल मच गयी। सैकड़ों लोगों ने राजा के पास भाग-दौड़ की और जानना चाहा कि विद्यासागर के विधवा-विवाह सम्बन्धी प्रस्ताव के बारे में उनकी क्या राय है। राजा साहब उनसे मिले और उन्हें तसल्ली दी कि वह कतई विधवा-विवाह के पक्ष में नहीं हैं और न इस सम्बन्ध में विद्यासागर की दलीलों से सहमत हैं। उन्होंने विद्यासागर को केवल इसलिए पुरस्कार दिया था कि उनकी दलीलें अकाट्य और विद्वत्ता लाजवाब थी।

लोगों के दिमाग से पूरी तरह से गलतफहमी दूर करने के लिए राजा साहब ने अपने घर में पण्डितों का एक दूसरा सम्मेलन बुलाया, जिसमें महान् हिन्दू कानूनवेत्ता (स्मृतियों के विद्वान) नवद्वीप के ब्रजनाथ विद्यारत्न भी आये। ब्रजनाथ ने बड़ी जोरदार युक्तियों से विद्यासागर की दलीलों का खण्डन किया, जिसके लिए राजा साहब ने उन्हें भी शालों की एक जोड़ी भेंट की। इन सम्मेलनों के बाद विद्यासागर ने जल्दी ही महसूस किया कि उन्हें अपने विधवा-विवाह आन्दोलन में लोगों के विरोध का सामना करना पड़ेगा।

रूढ़िवादी हिन्दुओं और पण्डितों की संस्थाओं की ओर से विधवा-विवाह के विरोध में अनेक पुस्तिकाएँ निकाली गयीं। कुछ लोगों ने व्यक्तिगत रूप से विधवा-विवाह का विरोध किया और पुस्तक-पुस्तिकाएँ छपवाईं। कलकत्ता की 'धर्मसभा' जैसोर की 'हिन्दू धर्मरक्षिणी सभा' तथा अन्य संस्थाओं ने भी विरोध-पत्र जारी किये। उस समय बंगला में इस सम्बन्ध में व्यंग्यात्मक कविताएँ, नाटक तथा कथा-कहानियाँ लिखी जाने लगीं और इनसे बंगला-साहित्य का भण्डार काफी समृद्ध हुआ। उस समय के एक प्रमुख व्यंग्य-लेखक ईश्वर चन्द्रगुप्त ने विधवा-विवाह पर बंगला में बड़ी मजेदार कविताएँ लिखीं। उसी समय के एक सबसे अधिक लोकप्रिय गीतकार तथा गायक दाशरथी राय ने भी इसी विषय पर कुछ गीत लिखे, जिन्हें लोग गाँव-गाँव और शहर-शहर में, मेलों और त्योहारों में मजाक के तौर पर गाने लगे, यहाँ तक कि ढाका, शान्तिपुर तथा बंगाल के अन्य शहरों के जुलाहों ने भी साड़ियों की किनारियों पर विधवा-विवाह के बारे में गाने बुन दिये थे। इन लोकप्रिय कविताओं, गीतों, नाटकों तथा कथा-कहानियों से लोगों का क्रोध व्यक्त नहीं होता था, बल्कि एक प्रकार का

डर और आश्चर्य ही व्यक्त होता था, जिसके साथ-साथ लोगों में विद्यासागर के प्रति प्रगाढ़ स्नेह और श्रद्धा की भावना थी। आम लोगों ने विद्यासागर के खिलाफ कभी कोई दुर्भावना प्रकट नहीं की, पर पोंगापन्थी हिन्दू नेताओं और पुराने विचारों के बहुत-से पण्डितों ने अवश्य उनके खिलाफ गाली-गलौज भरी भाषा का प्रयोग किया।

विधवा-विवाह के बारे में अक्टूबर, 1855 में प्रकाशित दूसरी पुस्तिका में विद्यासागर ने बड़ी शिष्ट और ललित भाषा में अपने विरोधियों की दलीलों का खण्डन किया पर इसका उनके विरोधियों पर कुछ भी असर न पड़ा, बल्कि इसने आग में घी का काम किया। इसलिए उन्होंने आगे वाद-विवाद से बचने और कुछ ठोस काम करने का निश्चय किया।

4 अक्टूबर, 1855 को विद्यासागर ने भारत सरकार के पास एक याचिका भेजी जिसमें विधवा-विवाह के पक्ष में कानून बनाने की माँग की गयी थी। यह याचिका भारत के राष्ट्रीय अभिलेखागार में सुरक्षित है। इस पर उनके खुद के हस्ताक्षरों के साथ-साथ 987 अन्य व्यक्तियों के भी हस्ताक्षर थे। यह याचिका परिषद को विद्यासागर के इस पत्र के साथ भेजी गयी थी–

सेवा में,
डब्ल्यू, मौर्गन एस्क्वायर
क्लर्क, भारतीय विधान परिषद

महोदय,

बंगाल प्रान्त के कुछ हिन्दू-निवासियों की याचिका मैं अपने इस पत्र के साथ आपके पास भेज रहा हूँ और मेरी प्रार्थना है कि आप इसे अगले अधिवेशन में परिषद के आगे पेश कर हम लोगों को कृतार्थ करें।

संस्कृत कॉलेज, कलकत्ता — आपका सबसे आज्ञाकारी
4 अक्टूबर, 1855 — ईश्वर चन्द्र शर्मा

याचिका के 8 से 11 तक अनुच्छेद इस प्रकार हैं–

8. याचिका भेजने वालों का मत है कि विधान मण्डल का कर्तव्य है कि वह इतनी बड़ी सामाजिक बुराई को खत्म करने की राह में आने वाली कानूनी रुकावटों को दूर करें।

9. विधवा-विवाह की राह में आने वाली कानूनी अड़चनों को दूर करना अधिकांश रूढ़िवादी हिन्दुओं की भावनाओं तथा इच्छाओं के अनुकूल है और इससे उनके हितों पर कोई बुरा असर नहीं पड़ेगा, हालाँकि उन लोगों के पक्षपातों को चोट

अवश्य पहुँचेगी, जो सच्चे दिल से यह विश्वास करते हैं कि विधवा-विवाह की मनाही शास्त्र-सम्मत है या जो सामाजिक लाभ के ख़याली आधार पर इसका निषेध करते हैं।

10. दुनिया के किसी भी दूसरे देश या जाति में ऐसे विवाहों की न तो कहीं कानूनन मनाही है और न मनाही की कहीं कोई प्रथा है। इन विवाहों को अस्वाभाविक भी नहीं कहा जा सकता।

11. इसलिए हमारी प्रार्थना है कि परिषद ऐसा कानून पास करने के औचित्य को शीघ्र समझे, जिससे विधवा-विवाह की राह में आने वाली रुकावटें दूर हों और वह ऐसे विवाहों से पैदा होने वाली सन्तान को जायज करार दें।

परिषद के सदस्य जे.पी.ग्रांट ने 17 नवम्बर, 1855 को एक ऐसे विधेयक का प्रारूप विधान-परिषद में पेश किया, जिससे हिन्दू-विधवाओं के विवाह में आने वाली कानूनी रुकावटें दूर हो सकें और जो आगे चलकर एक अधिनियम का रूप ले सकें। उन्होंने इसे पेश करते हुए कहा कि हिन्दुओं में विधवा-विवाह-निषेध की प्रथा बड़ी निर्दयतापूर्ण, अप्राकृतिक, नैतिकता के लिए घातक तथा समाज के लिए सबसे अधिक शरारतपूर्ण है। यह ठीक है और विधेयक में यह व्यवस्था भी है कि जो लोग ऐसे कानून को नापसन्द करें, उन पर यह जबरन थोपा जाये पर चूँकि याचिका दायर करने वाले लोग इस प्रथा को हिन्दू शास्त्रों की सही व्याख्या के अनुसार शास्त्र-सम्मत नहीं मानते, इसलिए जरूरी है कि विधवा-विवाह के समर्थक सभी लोगों को उन कानूनी पाबन्दियों से मुक्त कर दिये जायें, जिनके बारे में उनकी शिकायत है और जो विधवा-विवाह की राह में रुकावट डालती हैं।

जब यह विधेयक परिषद में पेश हुआ तो देश-भर में इसके प्रति दिलचस्पी पैदा हुई और यह विवाद केवल बंगाल तक ही सीमित न रहा। लोग देश के कोने-कोने में विद्यासागर के विधवा-विवाह सिद्धान्त की चर्चा करने लगे और विवाद का एक तूफान खड़ा हो गया। भारत सरकार को याचिकाएँ भेजकर लोगों ने अपनी-अपनी प्रतिक्रियाएँ व्यक्त कीं। परिषद में विधेयक पर जैसे ही बहस शुरू हुई, वैसे ही चारों तरफ से इन याचिकाओं की भरमार भी शुरू हो गयी।

भारत के राष्ट्रीय अभिलेखागार में विधवा-विवाह के बारे में जो कागजात सुरक्षित हैं, उनमें पूना (पुणे), त्रिचूर, सिकन्दराबाद, सतारा, धारवाड़, बम्बई, अहमदाबाद, सूरत तथा बंगाल के अनेक भागों के लोगों की याचिकाएँ भी शामिल हैं। इन याचिकाओं में विधवा-विवाह के पक्ष और विपक्ष में दोनों ही तरह की दलीलें दी गयी हैं। त्रिपुरा के मरहठा सरदार ने 12 जनवरी, 1856 की अपनी याचिका में लिखा था :

> *"प्रस्तावित कानून के ब्योरे में जाना हमें अनावश्यक मालूम पड़ता है। हम सिर्फ यही जाहिर करना चाहते हैं कि जिस सिद्धान्त पर यह प्रस्ताव आधारित है, वह हमें बड़ी खुशी से मंजूर है और हमारा अनुरोध है कि हिन्दू-विधवाओं के पुनर्विवाह के बारे में जो रुकावटें हैं, विधान-मण्डल उन्हें दूर कर दे।"*

7 नवम्बर, 1855 की लगभग 46 हस्ताक्षरों वाली पुणे की एक याचिका में कहा गया था—

"हमें पता है कि हिन्दू विधवाओं के पुनर्विवाह की राह में आने वाली कानूनी रुकावटें दूर करने के लिए बंगाल के प्रगतिशील हिन्दू एक आन्दोलन कर रहे हैं। ऐसे आन्दोलन का वे सभी लोग समर्थन करेंगे, जो भारत की भलाई में सच्ची दिलचस्पी रखते हैं। हम नहीं समझते कि इन कानूनी पाबन्दियों को दूर करने के बाद इस प्रथा का शीघ्र अन्त हो जायेगा, जिसने अनगिनत कठिनाइयाँ और तकलीफें पैदा कर बेचारी सैकड़ों-हजारों बेगुनाह अभागी स्त्रियों की जिन्दगी को न सिर्फ दूभर बना दिया है, बल्कि जो अनेक सामाजिक बुराइयों और अपराधों की जड़ भी है। ज्ञान का प्रसार करने, गलत धारणाओं को दूर करने और इस तरह निश्चित रूप से हिन्दू समाज की स्थिति सुधारने के लिए सभी दिशाओं में जो काम किये जा रहे हैं, सिर्फ उन्हीं से इस प्राचीन प्रथा का प्रभाव हिन्दुओं के दिमाग से दूर किया जा सकता है"...

2 मार्च, 1856 की अपनी एक याचिका में सिकन्दराबाद के ब्राह्मण पण्डितों और 'जेंटू हिन्दुओं' ने लिखा—

"हिन्दू विधवाओं के विवाह को कानूनी करार देने के सम्बन्ध में बंगाल के कुछ हिन्दुओं ने जो याचिका दायर की है, उससे हम पूरे तौर से सहमत हैं और उसका समर्थन करते हैं।"

कुछ ऐसी भी याचिकाएँ थीं, जिनमें भारत के लोगों की परम्परागत धार्मिक तथा सामाजिक प्रथाओं में ब्रिटिश सरकार के हस्तक्षेप का सख्त विरोध था। उपलब्ध सामग्री के विश्लेषण से स्पष्ट है कि बंगाल के बाहर महाराष्ट्र तथा दक्षिण भारत के कुछ भागों में भी लोगों ने विधवा-विवाह आन्दोलन में काफी दिलचस्पी ली। बंगाल उस समय बड़ी तेजी से दो विरोधी खेमों में बँट गया था—एक तो विद्यासागर-समर्थक और दूसरे धर्मसभायी। साधारण बातचीत और बहस-मुबाहिसों में जो विचार प्रकट होते थे, वे अब लोगों की राय बन गये थे। कम-से-कम 100 पर्चे छापे गये और बंगाल के कई जिलों के लोगों ने भारत सरकार को 20 याचिकाएँ भेजीं जिनमें कम-से-कम 50 हजार लोगों के हस्ताक्षर थे। यदि हस्ताक्षरों का हिसाब लगाया जाये तो मानना पड़ेगा कि बंगाल से याचिका भेजने वालों में बहुत अधिक लोग विद्यासागर के खिलाफ थे। इनमें केवल 10 प्रतिशत ने ही विद्यासागर का समर्थन किया और विधवा-विवाह के पक्ष में कानून पास करने की वकालत की। विद्यासागर के सुधार के विरोध में बड़ी याचिका राजा राधाकान्त देव ने 17 मार्च, 1856 को भेजी थी, जिसमें 36,763 व्यक्तियों के हस्ताक्षर थे। याचिका में अन्य बातों के साथ-साथ यह भी कहा गया था कि विद्यासागर के अनुयायियों की संख्या बहुत थोड़ी है और यह कोई बुद्धिमानी की बात नहीं होगी कि थोड़े-से लोगों की खातिर कानून बनाया

जाये और बहुसंख्यक लोगों के अधिकारों में हस्तक्षेप किया जाये। प्रस्तावित विधेयक के विरुद्ध याचिका बंगाल के लगभग 1,000 पण्डितों ने हस्ताक्षर करके भेजी थी।

बंगाल से विधेयक के समर्थन में जो याचिकाएँ भेजी गयीं उनमें महत्त्वपूर्ण थीं—दिसम्बर, 1855 में नदिया के जमींदार महाराजा श्रीशचन्द्र, उनके दीवान कार्तिकेय चन्द्रराय, डी.एल. राय के पिता तथा कृष्ण नगर के 26 अन्य मुख्य व्यक्तियों की याचिका, दिसम्बर, 1855 में कृष्णनगर तथा अड़ोस-पड़ोस के लोगों की याचिका, जिसमें 129 लोगों के हस्ताक्षर थे बंगाल के वैष्णव सम्प्रदाय के प्रसिद्ध सांस्कृतिक केन्द्र शान्तिपुर की याचिका, 1856 में प्रस्तावित विधेयक के पक्ष में एक याचिका ईश्वर चन्द्र घोषाल ने भेजी, जिस पर 531 व्यक्तियों के हस्ताक्षर थे और इस याचिका पर मुख्य गोसाइयों, अर्थात् वैष्णव सम्प्रदाय के नेताओं ने भी हस्ताक्षर किये थे। एक याचिका मुर्शिदाबाद जिले से सुरेशचन्द्र विद्यारत्न द्वारा भेजी गयी, जिस पर विद्यासागर की शिक्षा तथा समाज-सुधार योजनाओं में उनके निकट सहयोगी मदनमोहन तर्कालंकार सरीखे प्रख्यात पण्डितों ने भी अपने हस्ताक्षर किये थे। मार्च, 1856 में ब्रह्मसमाज के सुयोग्य नेता तथा आधुनिक गण्यमान्य व्यक्तियों के हस्ताक्षर कराकर विधेयक के पक्ष में याचिका भेजी गयी थी, ऐसी ही याचिकाएँ बर्दवान, बाँकुरा तथा चौबीस-परगना जिलों के लोगों द्वारा भेजी गयी जबकि एक याचिका फरवरी, 1856 में पूर्वी बंगाल के सुदूर चटगाँव जिले के लोगों की ओर से भी भेजी गयी थी।

विधवा-विवाह सम्बन्धी कागजात में जो सबसे अधिक दिलचस्प याचिका मिली, वह बंगाल के प्रमुख 'डेरोजियन' रसिक कृष्ण मलिक, राधानाथ सिकदार, प्यारे चन्द्र मित्र आदि व्यक्तियों द्वारा भेजी गयी थी। इसमें विधेयक की मूलवस्तु विधवा-विवाह का तो समर्थन किया ही गया था पर इससे यह भी माँग की गयी थी कि आधुनिक युग में स्त्री-पुरुष के समानाधिकार और बराबरी के दर्जे को ध्यान में रखकर विधेयक में आमूल संशोधन या परिवर्तन किया जाये। इस बात पर पहले कभी प्रकाश नहीं डाला गया था। विधेयक में संशोधन तथा परिवर्तन के लिए ये कारण बताये गये। विधेयक में यह नहीं बताया गया है कि वैध विधवा-विवाह किसे कहा जायेगा। इसकी परिभाषा का होना बहुत जरूरी है। चूँकि जब ये विधवा-विवाह होने लगेंगे तो हिन्दू-समाज व्यवस्था में यह एक नयी बात होगी और इस तरह के लोग विवाह-संस्कार में तरह-तरह के तरीके और रस्मोरिवाज अपनाएँगे और यह डर है कि इस तरह की शादियों के मामले अदालतों में जाकर झगड़ा पैदा करेंगे।

यह एक बड़ी युक्तिसंगत बात थी और विधेयक के मसौदे में एक बड़ी भारी कमी थी, जिसे 'डेरोजियन' इसके कानूनी रूप लेने से पूर्व दूर करवाना चाहते थे। 'डेरोजियन' लोगों का प्रास्ताव था कि दूल्हा विवाह से पहले दो घोषणापत्रों पर अलग-अलग हस्ताक्षर करे। विवाह की रस्में ये थीं—

घोषणा

"मैं...विधुर या कुँवारा और मैं...विधवा या अविवाहिता संयुक्त रूप से या अलग-अलग घोषणा करते हैं कि हमने अपनी स्वेच्छा और राजी से एक-दूसरे के साथ अपना विवाह...इस आज के दिन कर लिया है।

राजीनामा

"मैं...ने आज के दिन...को अपनी विवाहिता पत्नी के रूप में ग्रहण कर लिया है और अब उसके जीवन-काल में दूसरी शादी न करने के लिए बाध्य हूँ। यदि मेरी ओर से इस वैवाहिक बन्धन का उल्लंघन हो, तो मैं दूसरी शादी की तिथि को कम्पनी के रुपयों में...की रकम उसे अदा करने के लिए बाध्य हूँ।"

संशोधित प्रस्ताव में यह भी सुझाया गया था कि विधेयक में यह *विवाह पंजीकरण धारा* (मैरिज रजिस्ट्रेशन क्लाज) भी शामिल कर ली जाये कि चाहे जिस तरीके से हिन्दू-विधवाओं का विवाह हो उसे वैध माना जायेगा, बशर्ते कि इस काम के लिए सरकार द्वारा नियुक्त अफसरों के आगे दूल्हा और दुल्हन, दोनों की राजी से पंजीकरण हो। वास्तव में *विधवा-विवाह अधिनियम* के लिए संशोधित यह प्रस्ताव 1872 के *नागरिक (सिविल) विवाह-अधिनियम,* में शामिल कर लिया गया था जिसे ब्रह्म-विवाह पद्धति पर बड़े वाद-विवाद के बाद मुख्यतः केशवचन्द्र सेन की प्रेरणा से पारित कर दिया गया था।

26 जुलाई, 1856 को विधवा-विवाह अधिनियम पर जब बहस हुई तो वास्तव में यह महत्त्वपूर्ण संशोधन उस समय इसमें शामिल नहीं किया गया था। न तो इस अधिनियम के प्रेरक विद्यासागर ने और न विधान-परिषद के सदस्यों ने उस समय इसका महत्त्व पहचाना था। विद्यासागर के 'डेरोजियन' लोगों से बहुत अच्छे सम्बन्ध थे और यह सम्भव नहीं था कि उन्होंने अपने विचार और सुझाव प्रस्तावित सुधार के लिए न भेजे हों। ऐसा लगता है कि विद्यासागर किन्हीं कारणों से इन विवाहों के पंजीकरण के बारे में उनके विचारों से सहमत न थे।

विद्यासागर और 'डेरोजियन' लोगों के मतभेदों के बारे में सहज ही अनुमान लगाया जा सकता है। वह नहीं चाहते थे कि हिन्दुओं की संस्थात्मक विवाह-पद्धति में कोई आमूल परिवर्तन किया जाये। इसके ढाँचे के भीतर ही वह अपनी विधवा-विवाह योजना स्थापित करना चाहते थे। इससे कुछ ऐसे विरोध पैदा हुए, जो अधिनियम के पारित हो जाने पर उनके आगे आये। जब अधिनियम अमल में लाया गया, तो 'डेरोजियनों' द्वारा बताई गयी कमी बिल्कुल सामने आ गयी। अधिकांश विधवा-विवाह अन्त में बड़े दुखदायी साबित हुए। उस समय जिन लोगों ने विधवा-विवाह किये, उनमें ज्यादातर कायर और अवसरवादी निकले। स्थिति का लाभ उठाकर उन्होंने विधवा-विवाह के सरपरस्तों से पैसा बनाया। विद्यासागर ने भी खुद बहुत-सी धनराशि से हाथ धोया, जो उन्हें अपने सुधार-कार्य को अमल में लाने के लिए मिली थी।

ध्यान देने की बात तो यह है कि उन्हें अपने जीवन के अन्तिम दिनों में अप्रत्यक्ष रूप से 'डेरोजियन' लोगों का प्रस्ताव मान लेना पड़ा था। उन्होंने खुद एक किस्म के करार का मसौदा तैयार किया था जिस पर विवाह से पहले दूल्हा और दुल्हन, दोनों को हस्ताक्षर करने के लिए बाध्य किया गया। संस्थात्मक हिन्दू-विवाह पद्धति और बहुविवाह प्रथा को किसी भी हद तक बनाये रखने से पुनर्विवाह के लिए विधवाओं को मिले कानूनी अधिकारों का बिल्कुल बेकार हो जाना निश्चित था।

विधवा-पुनर्विवाह विधेयक 19 जुलाई, 1856 को तीसरी बार पढ़ा गया और पारित होकर 1856 का अधिनियम (15) बन गया। यह हिन्दू विधवाओं के विवाह की राह में आने वाली सभी कानूनी रुकावटों को दूर करने के लिए बना था। 26 जुलाई, 1856 को इसे गवर्नर जनरल की स्वीकृति मिली और यह कानून बन गया। इसमें घोषणा की गयी थी कि हिन्दुओं में कोई शादी या उससे पैदा सन्तान इस कारण अवैध न मानी जायेगी कि स्त्री की पहली शादी या सगाई किसी दूसरे आदमी के साथ हो चुकी थी, पर वह इस विवाह के समय मर चुका था। इसके विरुद्ध कानून की कोई व्याख्या नहीं सुनी जायेगी और न इसमें किसी हिन्दू प्रथा को ही बाधक होने दिया जायेगा। अधिनियम पारित होने के बाद, बंगाल के प्रगतिशील सुधारकों की एक प्रमुख संस्था 'सुहृद समिति' ने 1856-57 की अपनी द्वितीय वार्षिक रिपोर्ट में टिप्पणी करते हुए लिखा—

"यह जैसा कि होना चाहिए, एक अनुमति-मूलक कानून है, पर दुर्भाग्य से इसमें न तो विवाहों के पंजीकरण की कोई व्यवस्था है और न ही किसी ऐसे दूसरे तरीके की, जिससे विवाह की वैधता सिद्ध की जा सके। इस देश में झूठे अभियोग चलाने वालों की कोई कमी नहीं है और निहित स्वार्थी लोग कानून की इन कमियों से लाभ उठाकर इन विवाहों पर झगड़े खड़े कर सकते हैं। इसलिए, समिति अपनी राय दुबारा जाहिर किये बिना नहीं रह सकती कि जल्दी ही एक ऐसा अधिक उदार विवाह-अधिनियम बनाया जाना चाहिए, जो 1856 के दोषपूर्ण विवाह-अधिनियम के बदले समिति द्वारा सुझाए गये अधिनियम के समान हो।"

पर विद्यासागर ने किसी की एक न मानी और इस अधिनियम पर उन्होंने अमल किया। अधिनियम पारित होने के लगभग चार महीनों तक एक भी विधवा-विवाह नहीं हुआ। इस अधिनियम के मातहत पहली शादी 7 दिसम्बर, 1856 को हुई। यह तिथि सचमुच भारत में स्त्रियों के सामाजिक अधिकारों के इतिहास में एक अविस्मरणीय दिवस है। दूल्हा श्रीचन्द्र विद्यारत्न थे, जो बंगाल के चौबीस-परगना जिले में खाँतुरा के प्रख्यात कथा गायक रामधन तर्कवागीश के सुपुत्र थे। दुल्हन कालीमती देवी थी, जो बर्दवान जिले में पलासन्दगा गाँव की रहने वाली थी और 10 वर्ष की उम्र में ही बाल-विधवा हो गयी थी। विवाह की तिथि कुछ पहले निश्चित हुई थी, पर

27 नवम्बर, 1856 को बंगाली पत्रिका 'संवाद-भास्कर' और 'इंग्लिश मैन', की खबर के अनुसार श्रीचन्द्र ने सामाजिक उत्पीड़न के भय से विवाह से मुकर जाना चाहा। पर दुल्हन-पक्ष के लोग दृढ़ थे। यह खबर भी पहले ही फैला दी गयी थी कि वधू पक्ष के लोग विवाह सम्पन्न कराने के लिए कटिबद्ध हैं। उनकी ओर से सर्वोच्च न्यायालय में एक दावा दायर कर दिया गया, जिसमें दूल्हे से पर्याप्त क्षतिपूर्ति की माँग की गयी। 'संवाद-भास्कर' और 'इंग्लिश मैन' ने श्रीचन्द्र के कायरतापूर्ण रुख की व्यंग्यात्मक आलोचना की और शादी पर दृढ़ रहने के लिए दुल्हन की माँ लक्ष्मीमती देवी की सराहना की। बाद में दूल्हे ने अपना विचार बदल दिया और शादी करने का निश्चय किया। शायद उन्हें उनके मित्रों, खासकर विद्यासागर ने ऐसा करने के लिए उकसाया था। वह संस्कृत कॉलेज में प्राध्यापक थे और विद्यासागर के सहयोगी थे। बाद में मुर्शिदाबाद जिले के *जज पण्डित* के रूप में उनकी पदोन्नति हो गयी थी। शादी के बारे में अखबार की खबरों तथा कुछ प्रत्यक्षदर्शी लोगों के विवरणों से सिद्ध होता है कि इस अवसर पर लोगों में एक अभूतपूर्व दिलचस्पी पैदा हुई थी। विवाह-संस्कार उत्तरी कलकत्ता की सुकिया स्ट्रीट में विद्यासागर के मित्र राजकृष्ण बनर्जी के घर पर मनाया गया था। अधिकांश समाज-सुधारक नेता तथा विद्वान विवाह के अवसर पर उपस्थित थे और विद्यासागर की पहली विकट परीक्षा की घडी में उनके साथ थे। उक्त अवसर पर कुछ अन्य लोगों के साथ-साथ प्रमुख *डेरोजियन* रामगोपाल घोष, राजा राममोहन राय के सुपुत्र रामप्रसाद राय, प्रख्यात *डेरोजियन* राजा दिगम्बर मित्रा, बंगाल के प्रथम उपन्यासकार और प्रमुख सुधारक प्यारेचन्द्र मित्रा, शक्तिशाली व्यंग्य लेखक और प्रगतिशील विचारक कालीप्रसन्न सिन्हा तथा संवाद भास्कर पत्रिका के सम्पादक गौरीशंकर भट्टाचार्य भी उपस्थित थे। दूल्हे की पालकी रात के लगभग 11 बजे हँसी-खुशी के वातावरण में सुकिया स्ट्रीट में राजकृष्ण बाबू के घर पहुँची। विद्यासागर और रामगोपाल घोष सरीखे उनके कुछ साथी पालकी के साथ-साथ चले और भीड़ में होकर उसे ले गये। डर यह था कि 'धर्मसभा' के आदमी कहीं कोई संकट न डालें या बारात पर हमला न कर दें।

उन्नीसवीं शताब्दी के उत्तरार्ध में ब्रह्मसमाज-आन्दोलन के एक बड़े भारी नेता शिवनाथ शास्त्री ने *मैन आई हैव सीन* (कलकत्ता, 1919) नामक अपनी पुस्तक में पहले विधवा-विवाह के बारे में निम्नलिखित विवरण दिया है—1856 के सर्दी के मौसम में जब बाबू राजकृष्ण बनर्जी के घर में पहला विधवा-विवाह सम्पन्न हुआ, तो ऐसी हालत रही कि मैं कभी भी उसी दिन को नहीं भूलूँगा। जब विद्यासागर महाशय दूल्हे के साथ एक बड़ी बारात लेकर आये तो दर्शकों की संख्या का कोई ठिकाना न था। गली में पैर रखने को तिल-भर जगह न थी और बहुत से लोग गन्दी नालियों में गिर गये जो उन दिनों कलकत्ता की सड़कों के दोनों ओर होती थीं। विवाह सम्पन्न होने के बाद गली-कूचों, दुकानों, बाजारों, छात्रावासों, गाँवों, शहरों

आदि सभी जगहों पर इसी की बड़ी भारी चर्चा थी। सुदूर गाँवों में भी हर घर में यह स्त्रियों की आपसी चर्चा का विषय बन गया था। शान्तिपुर के जुलाहों ने एक अजीब किस्म की साड़ी निकाली, जिसकी किनारी पर नये रचे एक गीत की पहली पंक्ति *चिरंजीव विद्यासागर* बुनी हुई थी। इस तरह देश में उस समय एक अभूतपूर्व आन्दोलन उठ खड़ा हुआ था।

दूसरा विधवा-विवाह उससे दूसरे ही दिन सम्पन्न हुआ। दूल्हा और दुल्हन कुलीन और ऊँची जाति के कायस्थ परिवारों के थे। इस दूसरे विवाह पर टिप्पणी करते हुए 'तत्त्वबोधिनी पत्रिका' ने लिखा–"हमें अपने देश में विधवा-विवाह की प्रगति देखकर बड़ी खुशी है। इससे सिद्ध होता है कि जहाँ चाह है, वहाँ राह है और शुभ कार्य का चाहे कोई कितना ही विरोध करे उसकी प्रगति रुक नहीं सकती।" उक्त पत्रिका ने विद्यासागर को इस शुभ कार्य में उनके त्याग के लिए बधाइयाँ दीं और जो इस सुधार के विरोधी थे, उन्हें लताड़ा और उन पर ताने कसे। उक्त पत्रिका ने खासकर रूढ़िवादियों की इन शब्दों में कड़ी आलोचना की–"कैसे ताज्जुब की बात है कि समाज के वे लोग, जो इसकी सबसे अच्छी विरासत का संरक्षक होने का दावा करते हैं, पीड़ित समाज की जीर्ण बीमारी के इलाज पर चिढ़ और दुख महसूस करते हैं।" मगर, इन आलोचनाओं से रूढ़िवादियों के होश ठिकाने नहीं आये। विद्यासागर के समर्थकों की आवाज 'समाचार-चन्द्रिका', 'संवाद प्रभाकर' जैसे रूढ़िवादी पत्रों की गाली-गलौज में नक्कारखाने में तूती की आवाज की तरह डूब गयी। मगर 'तत्त्वबोधिनी पत्रिका' और 'संवाद भास्कर' लगातार सुधार का समर्थन करते रहे।

विरोध के बावजूद फिलहाल आन्दोलन ने जोर पकड़ा। तीसरी और चौथी शादी बंगाल में ब्रह्मसमाज-आन्दोलन के प्रमुख नेता राजनारायण बोस के परिवार में हुई। उनके दोनों भाइयों, दुर्गानारायण बोस तथा मदन मोहन बोस ने विधवाओं से विवाह किया। इससे उनके अपने गाँव बोरल में, जो कलकत्ता से छह किलोमीटर दक्षिण में था, बड़ी सनसनी फैल गयी। गाँव के आदमी क्रोध के मारे इतने आपे से बाहर हो गये थे कि उन्होंने राजनारायण बोस को मार डालने की धमकी दी। बंगला में अपनी आत्मकथा में उन्होंने लिखा कि मुझे बहुत-से धमकी भरे पत्र मिलते थे, पर यह सोचकर मुझे सान्त्वना महसूस होती थी कि आखिर अब किसी-न-किसी तरह बंगाली अपनी पुरानी अकर्मण्यता छोड़ते जा रहे हैं और मेरे जैसे अहिंसात्मक ब्रह्मसमाजी प्रचारक से मारपीट कर बदला लेने के लिए साहस बटोर रहे हैं।

यह आसानी से समझा जा सकता है कि उस समय विद्यासागर को कैसी विकट शत्रुता का सामना करना पड़ा। 1891 में जब विद्यासागर का देहान्त हुआ, तो बंगला की 'हितवादी पत्रिका' में इसका विवरण छपा था। जब कभी विद्यासागर अपने घर से बाहर आते थे, तो लोग उन्हें घेर लेते थे और कड़ी जबान बोलकर उनकी विधवा-विवाह सम्बन्धी कार्रवाइयों पर छींटाकशी करते थे और उन्हें मारपीट

की भी धमकी देते थे। कीचड़ और पत्थर भी उन पर फेंके जाते थे। यह मारपीट संगठित रूप से होती थी और इसके पीछे कलकत्ता के कुछ धनिक हिन्दुओं का हाथ होता था। एक बार ऐसा हुआ कि विद्यासागर एक दिन कलकत्ता में अपने एक परिचित धनी-मानी व्यक्ति के घर गये और वहाँ जाकर मालूम पड़ा कि वह सज्जन किसी अँधेरी रात में उनका सिर तोड़ने के एक षड्यन्त्र के बारे में शहर के नम्बरी बदमाशों से बातचीत कर रहे थे। वह सज्जन यकायक विद्यासागर को अपने घर देखकर हक्के-बक्के रह गये और हकलाकर बोले, "बेहूदा! बेहूदा। तुम यहाँ कैसे आये?" विद्यासागर ने हँसते हुए कहा कि मुझे पता चला है कि आप उत्तरी कलकत्ता के किराये के गुण्डों द्वारा मुझे सबक सिखाने की योजना रच रहे हैं। इसलिए मैं आपके घर आया हूँ कि आपकी तकलीफ बचे और आपको अपनी मंशा पूरी करने का मौका मिल जाये। मेरा यह शरीर आपके सामने है और आप इसका जो चाहें सो कर लें। षड्यन्त्रकारी का सिर शर्म के मारे नीचे झुक गया।

विद्यासागर हमेशा ही अपने दुश्मनों को चुनौती देते रहे और कभी उनकी उपेक्षा करने की कोशिश नहीं की। विधवा-विवाह आन्दोलन के दौरान, जब उनकी जिन्दगी खतरे में थी, उनके पिता ने उनकी रक्षा के लिए एक लठैत उनके पास भेजा दिया था। यद्यपि यह लठैत विद्यासागर के प्रति पूरी निष्ठा रखता था, पर उन्होंने उसे जनता में अपने साथ लाठी लेकर चलने की कभी इजाजत नहीं दी। जब कभी उसने उनके साथ इस तरह चलने का आग्रह किया, तो विद्यासागर उससे यही कह दिया करते थे कि हालाँकि मेरा शरीर पतली-दुबली हड्डियों का ढाँचा मात्र है, पर मेरी एक-एक हड्डी उसकी लाठी से सैकड़ों गुना शक्तिशाली है। विद्यासागर अपने दुश्मनों के साथ हमेशा ही बड़ी हँसी-खुशी और उदारता का बर्ताव करते थे। इस सम्बन्ध में उनके बारे में कई बड़ी मजेदार कहानियाँ हैं। एक बार जब वह रेलगाड़ी से कलकत्ता आ रहे थे, तो एक पण्डित जी रास्ते के एक स्टेशन से उनके डिब्बे में आ घुसे और अपने साथी सवारों से विधवा-विवाह और विद्यासागर के खिलाफ उल्टी-सीधी बातें करने लगे। पण्डित जी यह नहीं जानते थे कि खुद विद्यासागर भी उनमें मौजूद थे। जब हावड़ा स्टेशन पर उतरे, तो किसी ने उनको बताया कि जिससे वह बढ़-बढ़कर बातें कर रहे थे, वह खुद विद्यासागर ही थे। यह सुनकर पण्डित जी को सदमा पहुँचा और प्लेटफार्म पर गिर पड़े। जब उन्हें होश आया तो देखा कि वह डरावना आदमी (विद्यासागर) ही उनकी परिचर्या और सेवा कर रहा है।

एक दिन जब विधवा-विवाह की हलचल अपने पूरे जोर पर थी, तो स्कूलों के एक इंस्पेक्टर मि. प्राट ने उनसे पूछा कि आपके विधवा-विवाह सम्बन्धी निबन्ध के खिलाफ सबसे अच्छा प्रतिवाद किनका था? विद्यासागर ने तुरन्त उस आदमी का नाम लिया जिसने सबसे अधिक उनकी निन्दा-भर्त्सना की थी। मि. प्राट उनके इस उपहास को न समझ सके और तत्काल उस आदमी को बुलाया और उसके लिए

डिप्टी इंस्पेक्टर के पद का प्रस्ताव किया। जब उस व्यक्ति को अपने इस पद के कारण का पता चला, तो विद्यासागर के पास गया और उनसे प्रार्थना की कि कहीं यह मौका उसके हाथ से निकल न जाये। विद्यासागर मुस्कराए और तसल्ली दी। हो सकता है कि ये कहानियाँ बढ़ा-चढ़ाकर कही गयी हों, पर इनसे एक बात का पता अच्छी तरह चल जाता है कि विद्यासागर हर तरह की उत्तेजनाओं से अविचल रहे।

विद्यासागर के समर्थक जहाँ-तहाँ बहुत-सी जगहों पर फैले हुए थे और उनके द्वारा यदा-कदा इक्का-दुक्का विधवा-विवाह भी कराए जाते रहे। पर यह आन्दोलन बल नहीं पकड़ पा रहा था और पिछली शताब्दी के छठे दशक के बाद तो हिन्दू प्रतिक्रियावादियों की धीरे-धीरे बढ़ती हुई शक्ति के आगे यह बहुत ढीला पड़ता जा रहा था। हिन्दू पुनरुत्थानवाद के कदम आगे बढ़ रहे थे और यह बात दशक के अन्त तक बिल्कुल साफ हो गयी थी। ब्रह्मसमाज आन्दोलन ने चौथे और पाँचवे दशक में महर्षि देवेन्द्रनाथ ठाकुर के और छठे और सातवें दशक में केशवचन्द्र सेन के सुयोग्य नेतृत्व में काफी जोर पकड़ा था, पर सैद्धान्तिक मतभेदों से जो फूट फैली उससे यह 19वीं शताब्दी के अन्त तक काफी कमजोर पड़ गया था। इस प्रतिक्रिया के बारे में विपिन चन्द्रपाल ने अपनी पुस्तक *मेमोरीज ऑफ माई लाइफ एण्ड टाइम्स* में लिखा है—इस प्रतिक्रिया के कई कारण थे। इसका एक बहुत बड़ा मजबूत कारण ब्रह्मसमाज में मध्ययुगीन विचारधारा का पुनरुत्थान था। ब्रह्मसमाज-आन्दोलन में फूट पड़ जाने के बाद बंगाल की प्रगतिशील शक्तियाँ छिन्न-छिन्न हो गयीं और 19वीं शताब्दी के पिछले तीन दशकों में हिन्दू प्रतिक्रियावादियों के कदम बहुत जोरों से आगे बड़े। केशवचन्द्र के नेतृत्व में ब्रह्मसमाज का एक वर्ग, जो रामकृष्ण परमहंस से अधिक प्रभावित था, ब्रह्मसमाज के अद्वैतवाद और यथार्थवाद को छोड़कर पौराणिक अवतारवाद और भक्तिवाद के सिद्धान्त को मानने लगा। ऐसी सामाजिक स्थिति में विधवा-विवाह आन्दोलन स्वभावतः जोर न पकड़ सका। इसकी स्थिति और कमजोर पड़ गयी।

परन्तु विधवा-विवाह के कामकाज में विद्यासागर की दिलचस्पी तनिक भी कम न हुई। इसमें विद्यासागर की स्थायी रुचि के कुछ उदाहरण यहाँ दिये जाते हैं, जो श्री शिवनाथ शास्त्री के संस्मरणों से लिए गये हैं। उन्होंने लिखा है—1868 में मेरे एक सहपाठी स्व. पं. योगेन्द्र नाथ विद्याभूषण की पहली पत्नी का देहान्त हो गया। बाद में उनके मित्र और रिश्तेदारों ने उन्हें दूसरी शादी करने के लिए बाध्य किया। उन्होंने मुझसे सलाह माँगी कि ऐसी स्थिति में उन्हें क्या करना चाहिए। हम दोनों मित्रों ने आपस में परामर्श किया क्योंकि उन दिनों हम विधवा-विवाह आन्दोलन के कामकाज में तन-मन-धन से लगे हुए थे और उसका हित हमारे लिए सबसे बढ़कर था। इसलिए हमने विधवा-विवाह का ही निश्चय किया। एक तरुण हिन्दू-विधवा भी शीघ्र ही मिल गयी। मैं विद्यासागर के पास गया और उनसे इस पनुर्विवाह के बारे

में मदद माँगी। विद्यासागर जी-जान से इस काम में जुट गये और उन्होंने विवाह का रस्मो-रिवाज पूरा कराने के लिए हमारे लिए धन भी जुटाया। विवाह-संस्कार कराने के लिए उन्हीं की बदौलत एक ब्राह्मण पुरोहित की भी व्यवस्था हुई और उन्होंने बारातियों की दावत के लिए बहुत-सा रुपया-पैसा अपनी जेब से भी दिया। इसके अलावा उन्होंने दूल्हे को भी बहुत-सी कीमती चीजें भेंट में दीं। वह व्यक्तिगत रूप से भी विवाह समारोह में शामिल हुए। उस दिन के समारोह में एक छोटी-सी घटना घटी, जो उनकी हँसोड़ी आदत की ही विशेषता थी। अपनी नौ वर्ष की पुत्री के साथ उनके एक मित्र भी वहाँ अतिथि के रूप में आये थे। अपने पिता के संकेत पर लड़की ने विद्यासागर के चरण-स्पर्श किये। इस पर लड़की को उन्होंने यह आशीर्वाद दिया, "मेरी छोटी पुत्री! जुग-जुग जिओ, तुम्हें अच्छा वर मिले, पर यदि दुर्भाग्य से विधवा हो जाओ, तो मुझे तुम्हारा पुनर्विवाह कराने का मौका मिले!" इस विचित्र आशीर्वाद से सब लोग हँस पड़े और खुद पण्डित जी भी खूब हँसे और उन्होंने कहा, "यदि उनके मित्रों की ही लड़कियाँ विधवा न हुईं तो, वह विधवा-विवाह के अपने विचार को कैसे अमल में लाएँगे?" इससे पता चलता है कि उस समय देश में लोग विधवा-विवाह को कितना अधिक नापसन्द करते थे।

इस समारोह के बाद पुनर्विवाह के समर्थकों को बहुत बुरी तरह सताया गया। जिस मित्र ने यह पुनर्विवाह किया उसका तो उसके नाते-रिश्तेदारों और यार-दोस्तों ने भी बहिष्कार कर दिया था, यहाँ तक कि नौकरी-चाकरी करने वाले हिन्दू भी पीछे न रहे और इस बहिष्कार की गंगा में उन्होंने भी खूब हाथ धोए। नाई-धींवर आदि लोगों ने भी उनका काम बन्द कर दिया। उन्हें तथा उनकी पत्नी को इस बहिष्कार की हालत में देखकर मैं उनके साथ रहने लगा। जब हम साथ-साथ रह रहे थे, तो पण्डित विद्यासागर नियमित रूप से प्रतिदिन वहाँ आया करते और अपनी संगति से हम लोगों का मनोविनोद किया करते थे। उनके आने से हमें बड़ी खुशी होती थी। वह हमें अपने पिछले अनुभवों के बारे में छोटी-छोटी मनोरंजक कहानियाँ सुनाते और ऐसी-ऐसी मजेदार बातें बताते कि हँसी के मारे पेट फटने लगता था। हम उस समय अपना सारा दुख-दर्द भूल जाते थे।

श्री शास्त्री ने इसी सम्बन्ध में एक दूसरी अविस्मरणीय घटना का उल्लेख किया है—"एक दिन पण्डित जी ने सात-आठ साल की एक लड़की को बुलाया और अपनी गोद में बिठा लिया, जो मुझे अपना दादा या बड़ा भाई कहने लगी थी। उन्होंने उस लड़की को हमारे घर में पहले कभी नहीं देखा था। वह हमारे पड़ोसी, एक नाई की लड़की थी। वह लड़की विधवा थी और हम उस लड़की की विधवा माँ को उसका पुनर्विवाह करने के लिए तैयार कर रहे थे। हमारी उसमें दिलचस्पी भी थी और वह भी तब तक हमारे घर में हिलमिल गयी थी। मेरी पत्नी के साथ उसकी खूब पटती थी और मुझे वह अपना बिल्कुल सगा समझने लगी थी। वह लड़की बड़ी सुन्दर

थी। जब पण्डित जी ने उसे वहाँ देखा, तो बड़े चौंके और उन्होंने पूछा कि यह कौन है। जब उन्हें उसकी कहानी और हालत बताई गयी तो करुणा से उनका दिल पिघल गया। उस छोटी लड़की के वैधव्य की बात सुनकर वह भावावेश में आ गये और उनके आँसू टपकने लगे। उन्होंने उसे अपनी गोद में बिठा लिया। जब जाने लगे, तो मुझे यह आदेश दे गये कि उसे बेथ्यून स्कूल में दाखिल करवा दिया जाये। उसकी फीस अदा करने की जिम्मेदारी उन्होंने खुद ली और यह कह गये कि उसे तथा उसकी माँ को पालकी में बिठाकर उनके घर भिजवा दिया जाये, ताकि वह अपनी माँ से उनकी भेंट करवा सकें। दूसरे दिन विद्यासागर हमारे घर आये और मुझसे उसकी शिक्षा तथा उसके पुनर्विवाह के बारे में बातचीत की। किन्तु अफसोस! इन योजनाओं को अमल में लाने से पहले ही मेरे मित्र की पत्नी बीमार हुई और उसका देहान्त हो गया।"

विद्यासागर अपने जीवन के अन्तिम दिन तक विधवाओं के पुनर्विवाह में दिलचस्पी लेते रहे। बंगाल के ब्रह्मसमाजी हमेशा ही समाज-सुधारों में उनका दृढ़ता से साथ देते रहे। उन दिनों जब रूढ़िवादी हिन्दुओं का बोलबाला शुरू हो गया था और राममोहन राय, विद्यासागर तथा 'यंग बंगाल' के प्रगतिशील सुधारों को लोग बहुत अधिक नापसन्द करने लगे थे तो ये लोग अन्धकारमय समय में भी उनके साथ बने रहे। प्रतिक्रिया के अन्धकार में भी ब्रह्मसमाजी युवकों की बदौलत समाज-सुधार की ज्योति जगमगाती रही। विपिन चन्द्रपाल ने अपनी आत्मकथा में इसकी पुष्टि की है। उनका कहना है—"उन दिनों ब्रह्मसमाज ने समाज-सुधार, खासकर विधवाओं के पुनर्विवाह के काम-काज में तन-मन-धन से अपने को लगा दिया था। बहुत-सी तरुण हिन्दू-विधवाओं को ब्रह्मसमाजियों के घर में शरण मिली, जहाँ बाद में उनका पुनर्विवाह कर दिया गया। जो तरुण हिन्दू विधवाएँ अपने परिवारों की रक्षा तथा घरों को छोड़कर भागना चाहती थीं, उनकी भी कभी-कभी हमने सहायता की। हमने उन्हें शरण और शिक्षा दी और जब कभी सम्भव को सका, ब्रह्मसमाज में पुनर्विवाह भी करवाए।" (पृ. 446) उन्होंने इस सम्बन्ध में एक घटना का उल्लेख करते हुए लिखा है—"1884 के मध्य में हमें इस किस्म की सहायता के लिए कोन नगर के एक सम्भ्रान्त कायस्थ परिवार की एक तरुण विधवा की अर्जी मिली। वह अपने घर से भागना चाहती थी और हमने उसके भागने का इन्तजाम भी कर दिया। लड़की को कलकत्ता में उस जगह लाया गया, जहाँ विपिन चन्द्रपाल अपने कुछ युवक मित्रों के साथ रहते थे। दूसरे दिन वहाँ लड़की का बड़ा भाई आ धमका और अपनी बहन से मिला। उसने अपनी बहन पर वापस चलने के लिए दबाव डाला, पर उस लड़की ने वापस लौटने से मना कर दिया। लड़की का भाई उसे डरा-धमका कर वहाँ से निकाल ले जाना चाहता था। पर विपिन चन्द्रपाल इसे कभी बर्दाश्त नहीं कर सकते थे। थोड़ी ही देर में वह आदमी सैकड़ों गुण्डों को अपने साथ लेकर वहाँ

लौटा और विपिन चन्द्रपाल को चारों तरफ से घेर लिया, उन्हें लड़की को जबरन निकाल ले जाने की धमकी दी। पर, उन्होंने लिखा है कि वह दृढ़ता से अड़े रहे। मकान के दरवाजे पर खड़े होकर, उन्होंने लोगों से कहा कि यदि वे जबरन लड़की को निकाल ले जाना चाहते हैं, तो याद रखें कि वे मेरी लाश पर चलकर ही ऐसा कर सकते हैं। आप लोग मुझे अकेला न समझें। मेरे पीछे मेरे बहुत मित्र हैं, जो हिंसा के आगे कभी झुक नहीं सकते और हिंसा का बदला हिंसा से ही लेकर रहेंगे। अतः उनकी आगे बढ़ने की हिम्मत न हुई। उनमें से कुछ लोगों ने धमकी दी कि वे उनकी जूतों से पिटाई करेंगे। इस पर वह (विपिन चन्द्रपाल) अकेले ही निडर होकर उन लोगों के बीच पहुँचे। उन्होंने अपने जूते उतारे और यह कहते हुए अपने उन विरोधियों के हाथ में दे दिये कि अगर हिम्मत है, तो मारो। इस छोटी-मोटी चीज के लिए तुम अपने जूतों को क्यों खराब करो। यह देखकर वे लोग भौचक्के रह गये और धीरे-धीरे वहाँ से खिसक गये। बाद में उस लड़की का पुनर्विवाह सीतानाथ दत्त तत्त्वभूषण के साथ कर दिया गया, जो 19वीं शताब्दी के अन्त में ब्रह्मसमाज के सबसे बड़े विद्वानों में से थे विपिन चन्द्रपाल ने लिखा है कि उस समय ब्रह्मसमाज के समाज-सुधार प्रचार के सम्बन्ध में इस तरह की जो घटनाएँ घटती थीं, उनमें यह भी एक उल्लेखनीय घटना थी।"

विद्यासागर अपने जीवन में ही अपने समाज-सुधार के आदर्श को भारत के कोने-कोने में फैलते हुए देख सके। हालाँकि बंगाल ने 19वीं शताब्दी के प्रथमार्द्ध में सामाजिक तथा धार्मिक सुधार-आन्दोलन में पहल की थी, पर जब बंगाल रूढ़िवादी हिन्दुत्व के पुनरुत्थान के दलदल में फँस गया, तो ये सुधार-आन्दोलन धीरे-धीरे भारत के अन्य भागों में फैले। इनसे राष्ट्रवाद के उत्थान में निस्सन्देह बड़ी मदद मिली, पर इनसे भिन्न-भिन्न जातियों में खींच-तान काफी बढ़ गयी थी। 19वीं शताब्दी में बंगाल में सामाजिक स्थिति काफी बदल गयी थी जिसके अन्तिम वर्षों में सुधार आन्दोलन का नेतृत्व महाराष्ट्र के हाथ में चला गया।

बंगाल का ब्रह्मसमाज बम्बई में जाकर प्रार्थना-समाज के पारस्परिक रूप में प्रकट हुआ। प्रार्थना-समाज ने खान-पान, अन्तर्जातीय विवाह और विधवा-विवाह पर विशेष ध्यान दिया। 1873 में सत्य शोधक-समाज की स्थापना हुई और इसने समाज-सुधार का धुआँधार प्रचार किया। रानाडे, फुले, मालाबारी और विष्णु शास्त्री पण्डित जैसे लोग मैदान में आये, जो हिन्दू समाज-व्यवस्था की रूढ़ प्रथाओं के घोर विरोधी थे। विष्णु शास्त्री पण्डित ने विद्यासागर की विधवा-विवाह सम्बन्धी पुस्तिकाओं का मराठी में अनुवाद किया। वह महाराष्ट्र में विधवा-विवाह समाज के संस्थापकों में से थे। उन्होंने महाराष्ट्र में इस आन्दोलन का नेतृत्व इतने जोरदार ढंग से किया कि वहाँ पहला विधवा-विवाह 1861 में हुआ। वह खुद विवाह में शामिल हुए और उन्होंने रूढ़िवादियों द्वारा सामाजिक बहिष्कार की धमकी की परवाह नहीं की। 1870 में

पुणे में गणेश वासुदेव जोशी द्वारा स्थापित सार्वजनिक सभा के वह प्राण बन गये थे और महाराष्ट्र के लोगों में सामाजिक और राजनीतिक चेतना पैदा करने में उनका काफी बड़ा हाथ और प्रभाव था।

धोंडो केशव कर्वे का नाम इस सम्बन्ध में, खासकर विधवा-विवाह आन्दोलन के सन्दर्भ में उल्लेखनीय है। कर्वे विधुर थे और 1893 में एक ब्राह्मण विधवा से उनका विवाह हुआ। यह ठीक विद्यासागर के देहान्त के दो वर्ष बाद हुआ। कवि ने अपनी पुस्तक *माई ट्वेंटी ईयर्स इन दि कॉज ऑफ इण्डियन विमेन* में लिखा है—"पूना उस समय रूढ़िवादियों का गढ़ था और वहाँ किसी विधवा-विवाह का होना खतरे से खाली नहीं था। पर सब काम ठीक रहा। इस घटना से मुझे बल मिला और मैं विधवा-विवाह समाज (विडो मैरिज एसोसियेशन) के काम को फिर से उठाया और 1893 में उसके सचिव हो गये। 1899 में उन्होंने पुणे में हिन्दू विधवा आश्रम (विडोज होम) खोला, जिसे वह बाद में शहर से 15 किलोमीटर दूर एकान्त स्थान में ले गये। यह घर मामूली-सी झोंपड़ी है, जो अब तक सुरक्षित है। हमारे देश के जो लोग इस स्थान की यात्रा करेंगे, वे न सिर्फ कर्वे, विष्णु शास्त्री तथा महाराष्ट्र के अन्य समाज-सेवियों को ही, बल्कि बंगाल के महान् विद्यासागर और उनके विधवा-विवाह आन्दोलन को भी याद करेंगे।"

इन तथ्यों से पता चलता है कि विद्यासागर का विधवा-विवाह आन्दोलन 19वीं शताब्दी के अन्त तक और 20वीं शताब्दी के शुरू में खुद क्षीण नहीं हुआ था। लेकिन जिस दृढ़ आशा से विद्यासागर ने यह सुधार-आन्दोलन चलाया था, वह अनेक कारणों से उनके जीवन के अन्तिम दिनों में ही क्षीण हो चला था। इसका एक बड़ा कारण यह था कि विधवा-विवाह के बहुत से समर्थकों का रुख बड़ा सन्देहपूर्ण था। उन्होंने हिन्दू-विवाह प्रथा का, जिसमें पुरुषों के लिए बहु-विवाह स्वीकृत है, लाभ उठाया। उन्होंने किसी सिद्धान्त की खातिर शादियाँ नहीं की, बल्कि इन शादियों में मिलने वाले धन के लोभ-लालच से कीं। इससे विद्यासागर को बड़ा गहरा सदमा पहुँचा था। विधवा-विवाह अधिनियम पारित होने के कुछ ही दिन बाद उन्होंने शिक्षा विभाग के ब्रिटिश अधिकारियों से शिक्षा-नीति के बारे में मतभेद हो जाने के कारण नवम्बर, 1858 में अपने पद से त्यागपत्र दे दिया और पाँच सौ रुपये मासिक वेतन, ग्रेच्युटी तथा पेंशन की परवाह नहीं की। उन्होंने सार्वजनिक शिक्षा के निदेशक मि. डब्ल्यू गोर्डन यंग को लिखा—"मैं महसूस करता हूँ कि अपने कर्तव्यपालन में मुझे जितना ध्यान देना चाहिए, उतना मैं अब नहीं दे सकता। मुझे अब आराम की जरूरत है और यह आराम मैं अवकाश ग्रहण करके ही प्राप्त कर सकता हूँ। यह मेरे आराम और प्रसन्नता के लिए तथा सार्वजनिक हित में न्याय की दृष्टि से भी उचित ही है।"

उन्होंने अपना यह महत्त्वपूर्ण निर्णय ठीक 1857 के स्वतन्त्रता-संग्राम के बाद उस समय लिया, जब उन्हें विधवा-विवाह आन्दोलन के लिए रुपये-पैसे की सख्त

जरूरत थी। इसके लिए उन्हें अपने मित्र-दोस्तों से सहायता लेनी पड़ी और रुपया भी उधार लेना पड़ा। हम आसानी से कल्पना कर सकते हैं कि उन्हें उस समय कितनी निराशा हुई होगी, जब यह पता चला कि विधवाओं से शादी करने वाले बहुत लोगों ने उनसे बहुत-सा रुपया-पैसा ठगा है। जब वह बहुत कर्जदार हो गये और लोगों के चरित्र के बारे में उनकी आँखें खुल गयीं तो उन्होंने एक बार एक पत्र प्रख्यात राष्ट्रवादी नेता सुरेन्द्रनाथ बनर्जी को लिखा, जिसका भाषान्तर यह है, "मैं बड़े खेद के साथ आपको यह बताना चाहता हूँ कि भरसक प्रयत्नों के बावजूद मैं आपका कर्ज अदा करने के साधन प्राप्त नहीं कर सका हूँ। मौजूदा हालात में मैं आपको इसे शीघ्र अदा करने का भी आश्वासन नहीं दे सकता। आप जानते ही हैं कि यह कर्ज मैंने अपने निजी काम के लिए नहीं लिया था। मैंने यह विधवा-विवाहों के खर्च के लिए उधार लिया था। मैंने सिर्फ आपसे ही नहीं, बल्कि औरों से भी कर्ज लिया है। मुझे आशा थी कि लोगों ने विधवा-विवाह के निमित्त जो धन देने का वादा किया है, वह शीघ्र ही मिल जायेगा और मैं अपना कर्ज अदा कर सकूँगा। दुर्भाग्य से अधिकांश धनिक लोगों ने, जो इसके लिए धन देना चाहते थे, अपने वचन का पालन नहीं किया। दूसरी ओर, विधवा-विवाहों के खर्च रोज बढ़ते ही जा रहे हैं और मैं मजूबर होकर क़र्ज में डूबता ही चला जा रहा हूँ, जब कि उसको चुकाने की मुझे कोई आशा नजर नहीं आती है। यदि ये भले आदमी आर्थिक सहायता देने के अपने वचन का पालन करते, तो मैं इस संकट में न पड़ता। दूसरों की तरह आपने भी मुझे कुछ मासिक रूप से और कुछ एकमुश्त रकम के रूप में दान देने का वायदा किया था। मैं शीघ्र ही इन कठिनाइयों से निकलने की कोशिश करूँगा। अगर मुझे कहीं से रुपया-पैसा नहीं मिला, तो मैं कर्जा चुकाने के लिए अपनी सारी सम्पत्ति बेच डालूँगा। पर इस समय, जबकि आपको रुपये-पैसे की सख्त आवश्यकता है, मुझे सचमुच ही दुख है कि मैं आपको अदा नहीं कर सकता। यदि मुझे अपने देश के बड़े लोगों के निकम्मेपन, बेईमानी और चरित्रहीनता का ज्ञान होता, तो मैं शायद इस विधवा-विवाह के चक्कर में ही न पड़ता। मैं अपने विरोधियों की बात नहीं कर रहा, बल्कि अपने तथाकथित मित्रों और समर्थकों की बात कर रहा हूँ, जिन्होंने मुझे धोखा दिया है और जिनके कारण ये दिक्कतें उठानी पड़ रही हैं। मेरा दोष यही है कि मैंने उन लोगों की सचाई में विश्वास किया, जो उच्च आदर्शवाद का दम भरते थे और इसलिए मुझे बदनामी और तकलीफ सहनी पड़ रही है। मदद और सहयोग देना तो दूर रहा, कोई यह भी पूछने वाला नहीं कि मैं जिन्दा हूँ कि मर गया हूँ।"

मानना पड़ेगा कि विद्यासागर को बड़ी गहरी निराशा हुई थी और लोगों, खासकर 'बड़े लोगों' पर से उनका विश्वास कतई उठ गया था। अपने उद्देश्य की पूर्ति के लिए उन्हें जो धुन सवार हुई थी, उसके लिए उन्हें न सिर्फ गाली-गलौज का ही पुरस्कार मिला, बल्कि आर्थिक कठिनाइयाँ भी सहनी पड़ीं। वह अपने अन्तिम दम

तक विधवा-विवाह के काम के लिए जी-तोड़ कोशिश करते रहे। जब कभी वह किसी विधवा-विवाह की खबर सुनते, तो खुशी से उनका रोम-रोम खिल उठता था। उन्होंने अपने लड़के नारायण की एक विधवा से शादी की थी। इस अवसर पर उन्होंने अपने छोटे भाई शंभुचन्द्र को जो पत्र लिखा उससे पता चलता है कि उन्हें अपने इस काम के प्रति कितना अनुराग था, उनका चरित्र कितना ऊँचा और दृढ़ था। उन्होंने अपने नाते-रिश्तेदारों और मित्रों को पत्र लिखे, उनमें यह सबसे अच्छा पत्र था। यह पत्र उन्होंने बंगला में लिखा है और वह इस प्रकार है—"मैं यह पत्र तुम्हें इसलिए लिख रहा हूँ कि माँ और दूसरों को पता चल जाये कि भावसुन्दरी के साथ नारायण की शादी गुरुवार, 27वें श्रावण (1277 वि. सं.) को हो चुकी है। तुमने पहले मुझे खबर दी थी, कि यदि भावसुन्दरी के साथ नारायण की शादी हुई, तो हमारे रिश्तेदार इमें छोड़ देंगे और इसलिए बुद्धिमानी इसी में है कि आप उसका विवाह विधवा के साथ न होने दें। मुझे इस सम्बन्ध में तुम्हें यही बताना है कि नारायण ने दुल्हन को खुद अपने-आप चुना है और उससे शादी करने का निश्चय किया है, न उसने इस सम्बन्ध में मेरी राय ली और न मैंने ही उसे खुद यह सुझाया था। जब मुझे उसके विधवा से शादी करने का निर्णय का पता चला, तो मैंने भी ठीक नहीं समझा कि मैं उसकी राह में रोड़ा बनूँ। मैं बन भी कैसे सकता था? मैंने खुद विधवा-विवाह आन्दोलन चलाया है, इसका कानून बनवाने की कोशिश की और बहुत-से विधवा-विवाह करवाए। यदि मैं अपने लड़के को ही विधवा-विवाह करने से मना करता, तो मेरे लिए यह बड़े अपमान की बात होती और मुझे अपना सिर लज्जा से झुका लेना पड़ता। नारायण के विधवा के साथ विवाह करने से मेरी आत्मा ऊँची उठी है और उसने अपने को पिता का योग्य पुत्र साबित कर दिया है। विधवा-विवाह आन्दोलन मेरे जीवन का सर्वश्रेष्ठ कार्य रहा है और मैं नहीं समझता कि मैं अपने जीवन में इससे बढ़िया कोई कार्य कर सकूँगा। मैंने इस पर अपने तन-मन-धन की बाजी लगा दी है और मैं इस पर अपने जीवन की बाजी लगाने में भी नहीं चूकूँगा। नाते-रिश्तेदारों और दोस्तों की धमकियाँ इसके मुकाबले में कुछ नहीं। यदि मैं नाते-रिश्तेदारों द्वारा परित्याग और सामाजिक बहिष्कार के भय से नारायण के विधवा-विवाह पर एतराज करता, तो मैं दुनिया में सबसे नीच आदमी हो जाता। मुझे यह कहने की जरूरत नहीं कि अपने पुत्र के निर्णय से मुझे काफी बल और प्रोत्साहन मिला है। मैं प्रथाओं का कभी दास नहीं रहा। जिसे मैं अपने देशवासियों के लिए सबसे अच्छी चीज समझता हूँ उसे मैं करके रहूँगा चाहे कितनी ही बाधाएँ क्यों न आयें और तुम यह विश्वास रखो कि मैं लोगों और तथाकथित रिश्तेदारों की धमकियों के आगे कभी नहीं झुकूँगा। नतीजा चाहे जो कुछ भी हो, मुझे उसकी परवाह नहीं।

"अन्त में मैं तुम्हें यह साफ-साफ बता देना चाहता हूँ कि जो लोग मेरा सामाजिक

बहिष्कार करना चाहते हैं और मेरे साथ खान-पान छोड़ देना चाहते हैं, वे खुशी से ऐसा कर सकते हैं। मेरा ख़याल है कि हर व्यक्ति अपने विवेक और अन्तःकरण के अनुसार काम करने के लिए आजाद है। पर दूसरों को भी यह छूट नहीं होनी चाहिए कि वे अपनी इच्छा औरों पर लादें।"

जो लोग यह कहते हैं कि विद्यासागर उल्टी-गंगा बहा रहे हैं, उनसे भी हम कुछ निवेदन कर देना चाहते हैं। कुछ प्रमुख बंगाली विद्वानों का ख़याल है कि इस सामाजिक स्थिति में विधवाओं के पुनर्विवाह न करने की प्रथा सदियों से चली आ रही है और सामाजिक स्थिति को बिना बदले यह प्रथा भी नहीं बदली जा सकती। इसके लिए जरूरत है कि लोगों में अच्छी शिक्षा का प्रचार किया जाये और यथार्थ और वैज्ञानिक दृष्टिकोण अपनाया जाये। तर्क की दृष्टि से तो यह दलील बिल्कुल ठीक मालूम होती है, पर ऐतिहासिक दृष्टि से बिल्कुल गलत है। मानव-सभ्यता के प्रारम्भ से ही सभी प्रगतिशील सुधारों का इतिहास 'उल्टी-गंगा' बहाने के समान ही है। इसका अर्थ यह है कि लोग मानसिक रूप से इन पर अमल करने के लिए कभी तैयार नहीं पाये गये। यदि इन सुधारों के लिए अनुकूल स्थिति आने का इन्तजार किया जाता, तो प्रगति बिल्कुल ही न हो पाती। रीति-रिवाजों को तोड़ना बड़ा कठिन है। इसमें देर लगती है। पर इसका मतलब यह नहीं हैं कि जिस बुरी प्रथा से समाज की उन्नति में रुकावट आती है, उसे उखाड़ा ही न जाये। विद्यासागर ने जो कुछ सोचा, उसे अनुकूल समय आने से पहले ही अमल में लाने के लिए जुट गये।

समाज-सुधार : बहुपत्नी-प्रथा का विरोध

विधवा-पुनर्विवाह आन्दोलन के साथ-साथ विद्यासागर ने बंगाल के कुलीन घरानों में प्रचलित बहु-विवाह-प्रथा की कुरीतियों के खिलाफ भी आन्दोलन छेड़ रखा था। वह खुद भी ऊँची जाति के एक कुलीन घराने के ब्राह्मण थे। इसलिए वह बहु-विवाह-प्रथा की बुराइयों को बहुत अच्छी तरह जानते थे। उनके बहुत-से रिश्तेदार भी इसकी बुराइयों के शिकार हो चुके थे। बंगाल में इस प्रथा के कारण ही विधवाओं की संख्या बड़ी थी और इससे एक बढ़ी गम्भीर सामाजिक समस्या पैदा हो गयी थी। इस तरह इसका विधवा-पुनर्विवाह आन्दोलन से बड़ा गहरा सम्बन्ध था।

विधवाओं के पुनर्विवाह के पक्ष में कानून बनाने के लिए सरकार को अपनी याचिका भेजने के कुछ ही महीने बाद, उन्होंने 27 दिसम्बर, 1855 को बहु-विवाह-प्रथा पर रोक लगाने के लिए एक अलग याचिका भेजी। इस याचिका पर 25 हजार व्यक्तियों के हस्ताक्षर थे। इन हस्ताक्षरकर्ताओं में बर्दवान के महाराजा मेहताब चन्द्र तथा बंगाल के कुछ और प्रभावशाली व्यक्ति भी थे। इस याचिका का यह अंश बड़ा दिलचस्प है—"कुलीन घरानों के लोग केवल पैसे के लोभ में आकर विवाह करते और वैवाहिक कर्तव्यपालन करने की उनमें जरा भी भावना नहीं होती। इस तरह जिन औरतों की शादी केवल नाममात्र के लिए ही होती है, उन्हें शादी से प्राप्त होने वाले सुख की कभी कोई आशा नहीं होती। नतीजा यह होता है कि सच्चे प्रेमपात्र के अभाव में उनके हृदय की प्रेम-भावना अतृप्त ही रह जाती है और इस कारण वे क्षीण होती रहती है, अथवा वे फिर अपनी वासनाओं के उन्माद तथा दूषित शिक्षा के कारण पथ-भ्रष्ट होकर अनैतिकता की शिकार हो जाती हैं। इसका समाधान यद्यपि स्पष्ट और हिन्दू कानून के मुताबिक बिल्कुल ठीक है, पर हिन्दू समाज की मौजूदा जर्जरित अवस्था में इसे जनमत या किसी और ताकत से लागू नहीं किया जा सकता। अतः एकमात्र उपाय यही है कि उसे कानून द्वारा लागू किया जाये।"

ऊपर के वक्तव्य को समझने के लिए हमें बंगाल के कुलीनत्ववाद और बहु-विवाह-प्रथा की सामाजिक पृष्ठभूमि को भी संक्षेप में समझ लेना चाहिए। बंगाल में *कुलजी* या *कुलशास्त्र* के नाम से विपुल साहित्य मिलता है। इसमें सामान्य रूप

में बंगाल के ब्राह्मणों तथा अन्य प्रमुख जातियों का इतिहास वर्णित है। इसके साथ कुलीन जाति के कुछ प्रतिष्ठित परिवारों की वंशावली का विवरण भी इसमें दे दिया गया है। रधिया ब्राह्मणों के कुलजियों (*रधिया* शब्द *राध* से बना है, जिसका अर्थ है प्राचीन बंगाल का पश्चिमी भाग) में कहा गया है कि कुलीन ब्राह्मण आठवीं या नवीं शताब्दी में राजा आदिसुर द्वारा लाये गये पाँच ब्राह्मणों के वशंज हैं। अब तक आदिसुर के सम्बन्ध में कोई ऐतिहासिक प्रमाण नहीं मिला है। वारेन्द्र ब्राह्मणों के कुलजियों (वारेन्द्र का मतलब होता है प्राचीन बंगाल का उत्तरी भाग) का मत है कि सेनवंश के राजा वल्लालसेन (1158 ई. से 1179 ई.) बंगाल में कुलीनत्ववाद के संस्थापक थे। कहा यह जाता है कि राजा ने कुलीन होने के सात लक्षण बताये थे और इस दृष्टि से उन ब्राह्मणों को ही श्रेष्ठ कोटि का माना था, जिनमें ये सारे लक्षण मौजूद होते थे। जिन लोगों में सात या आठ लक्षण पाये जाते थे, उन्हें क्रमशः सिद्ध श्रोत्रिय, साध्य श्रोत्रिय तथा शेष को काष्ठ श्रोत्रिय कहा जाता था। लेकिन कुलजी ग्रन्थों में कुलीनता की ऐसी कसौटी निर्धारित नहीं है। सभी कुलजी ग्रन्थ इस विचार से सहमत हैं कि कुलीन का पद एक व्यक्तिगत उपाधि थी और वल्लालसेन ने सभी कुलीनों को उनकी अकुलीन कन्याओं से विवाह का निषेध किये बगैर समान स्थान प्रदान किया था। उनके उत्तराधिकारी लक्ष्मण सेन ही ऐसे व्यक्ति थे, जिन्होंने विवाह के बन्धन लगाकर और विवाह के नियमों के अनुसार कुलीनों की विभिन्न कोटियाँ बनाकर इस व्यवस्था को जटिल बना दिया था।

इस विवरण से इस ऐतिहासिक सत्य की झलक मिलती है कि बंगाल के पालवंशी बौद्ध राजाओं के राज्यकाल के उपरान्त 19वीं शताब्दी से सेनवंश के राजाओं के राज्यकाल में हिन्दू धर्म का पुनरुत्थान शुरू हुआ। उस समय जातिवाद पर आधारित हिन्दू-समाज-व्यवस्था के पुनर्निर्माण की आवश्यकता थी। इसलिए कुछ कठोर नियम बनाये गये, जिससे कि उच्च जातियों, खासकर ब्राह्मणों की शुद्धता अक्षुण्ण बनी रहे।

प्रारम्भ में कुलीनता जातीय गुणों से युक्त एक सामाजिक उपाधि थी, पर कुछ ही पीढ़ियों के बाद इसने सामाजिक विशेषाधिकार का रूप ले लिया और एक-दो सदियों के भीतर ही यह एक खानदानी पदवी बन गयी। मुस्लिम आक्रमण से ये जाति-नियम और अधिक कठोर हो गये। ऐसी अवस्था में कुलीनत्ववाद उच्च वर्ग, खासकर बंगाल के ब्राह्मणों के लिए सामाजिक शोषण का एक सहज साधन बन गया।

इसके पश्चात् कुलीनत्ववाद के कारण ही बंगाल में समान व उच्च कुल में विवाह की प्रथा चालू हुई और आगे चलकर इसी सिलसिले में बहुपत्नी-प्रथा का जन्म हुआ। उच्च कुल में विवाह की प्रथा के कारण ही बहुत-सी लड़कियाँ अविवाहित रहने लगीं। अविवाहिता लड़कियों की संख्या में वृद्धि और रजस्वला होने से पहले ही लड़कियों के विवाह का दायित्व महसूस करने के कारण ब्राह्मणों में कुलीन बहुपत्नीत्व की कुप्रथा चल पड़ी, जिससे कुलीन घराने का एक व्यक्ति अनेक कन्याओं का पति होने लगा।

ऐसे व्यक्ति कभी यह नहीं सोचते थे कि उन सभी पत्नियों का आर्थिक भार उन्हें ही ढोना है, बल्कि उन लड़कियों के पिता को यथासमय कन्याओं का विवाह न कर पाने की बदनामी से बचने का लक्ष्य ही प्रमुख होता था। इस तरह विवाह खुद ही एक कमाई का धन्धा बन गया। 70-80 साल के बूढ़े कुलीन ब्राह्मण भी, जिनकी दो या तीन दर्जन पत्नियाँ होती थीं, कुलीन ब्राह्मण कन्याओं के बेचारे निस्सहाय अभिभावकों द्वारा योग्य वर समझे जाते थे। कुलीन ब्राह्मण कुलीन कन्या से विवाह के दहेज के रूप में पाँच रुपये से लेकर पाँच सौ रुपये तक लेते थे, यहाँ तक कि 20 साल की उम्र तक की कन्याओं का विवाह अस्सी साल के मृतप्राय बूढ़ों से होता था। इस तरह मरने के पहले उस बूढ़े आदमी को कुछ रुपयों का लाभ हो जाता था।

बहुपत्नी-प्रथा के विरुद्ध आन्दोलन में जिन कुलीन ब्राह्मणों ने भाग लिया, उन्होंने अपने परिवारों की दुखद अवस्था का बड़ा दर्दनाक हाल लिखा है। इनमें एक सबसे प्रमुख थे रासबिहारी मुखोपाध्याय, जो पूर्वी बंगाल (अब बंगाल देश) के नेता थे, पिछली शताब्दी के छठे दशक में उन्होंने विद्यासागर के निर्देशन में ढाका में इस आन्दोलन का नेतृत्व किया। फिर कुछ ही दिनों के अन्दर यह आन्दोलन पूर्वी बंगाल के अन्य जिलों में भी बड़ी तेजी से फैल गया। विद्यासागर ने उन्हें सलाह दी थी कि वह इस आन्दोलन का वृत्तान्त लिखें। उन्होंने अपनी संक्षिप्त आत्मकथा के साथ यह वृत्तान्त लिखा भी। 1881 में यह पुस्तक बंगाल में छापी गयी। बंगाल में बहुपत्नीत्व-विरोधी आन्दोलन का यह महत्त्वपूर्ण दस्तावेज है। वह लिखते हैं–"जब मैं बच्चा ही था, तभी मेरे पिता का देहान्त हो गया। मेरे चाचा श्रीमान तारकचन्द्र मुखोपाध्याय ने मेरा पालन-पोषण किया। चूँकि हम लोग निर्धन थे, अतः उन्होंने शीघ्र ही मुझे विवाह कर लेने पर विवश किया और उत्तरोत्तर बड़ी जल्दी-जल्दी आठ लड़कियों का पति बना दिया गया, जिससे कि मेरे परिवार का आर्थिक भार कुछ घटे। रूढ़िवादी कुलीन ब्राह्मण पितामह, पिता और चाचा सभी अनेक स्त्रियों के पति थे। पारिवारिक वातावरण में मेरा लालन-पालन हुआ था। अतः कुलीनता और बहुपत्नी-प्रथा के विरुद्ध मेरे मन में घृणा के अतिरिक्त और कोई भाव हो ही नहीं सकता था। बचपन में भी मैं कुलीन ब्राह्मण के विवाह का अर्थ केवल निकृष्ट किस्म का एक आर्थिक साधन ही समझता था। जब कभी मेरे विवाह के सम्बन्ध में घर पर घटक (विवाह का बिचौलिया) बुलाया जाता था, तो मैं कई दिनों के लिए घर से गायब हो जाता था। फिर भी ढूँढ़-ढाँढ़कर पकड़ लिया जाता, फटकारा जाता तथा सताया जाता था और जबर्दस्ती विवाह के लिए तैयार किया जाता था। अगर मैं विवाह के लिए अपनी इच्छा जाहिर करता, तो मुझे कुछ सालों के अन्दर कम-से-कम सौ लड़कियों से विवाहित कर दिया जाता। मेरे चाचा तारक बाबू मुझसे असन्तुष्ट थे, क्योंकि विवाह-प्रथा के सम्बन्ध में मेरे विचार कुछ दूसरे ही थे। अतः उन्होंने मुझे सयुंक्त परिवार से न्यारा कर दिया। जब जबर्दस्ती मुझे अलग कर दिया गया, तो

मेरे ऊपर तीन सौ रुपये के कर्ज को भी लाद दिया गया और मैं बड़ी कठिनाइयों में फँस गया। भुखमरी की उस हालत में मेरे पास केवल एक ही चारा था और वह था विवाह करना। मेरी पहले ही आठ पत्नियाँ थीं। मैंने छह और भी स्त्रियों से विवाह करने का निश्चय किया। सोचा, शायद इससे आर्थिक परेशानी कुछ कम हो। इससे मेरा सारा कर्ज पट गया और जो बचा, उससे मैं स्वतन्त्र जीविका चुनने में समर्थ तथा स्वतन्त्र हो गया। इसके बाद शीघ्र ही एक जमींदार की कचहरी में मुझे तहसीलदार के ओहदे पर नौकरी मिल गयी।"

इन सब बातों से विद्यासागर का वह वक्तव्य बिल्कुल ठीक साबित होता है जो उन्होंने भेजी गयी अपनी याचिका में यह कहते हुए लिखा था—"कुलीन घराने के लोग केवल पैसे के लोभ में आकर विवाह करते हैं और वैवाहिक कर्तव्यपालन की उनमें जरा भी भावना नहीं होती।"

सन् 1856-57 तक बहुपत्नी-प्रथा के विरोध में जो आन्दोलन उठ खड़ा हुआ था, वह कुछ दिनों के लिए 1857 के स्वतन्त्रता संग्राम के कारण दब गया था। यद्यपि जे.पी. ग्रांट ने 1857 में बहुपत्नी-प्रथा के विरुद्ध एक विधेयक पेश करने का आश्वासन दिया था, पर स्वतन्त्रता-संग्राम के कारण सारे काम-काज रुक गये थे। बताया जाता है कि बहुपत्नी-प्रथा के विरुद्ध बंगाल के सभी इलाकों और वाराणसी से काफी हस्ताक्षरों के साथ कम-से-कम 127 याचिकाएँ सरकार के पास भेजी गयी थीं। रूढ़िवादी हिन्दुओं के नेता राजा राधाकान्त देव ने बहुपत्नीत्व के पक्ष में एक याचिका भेजी थी। बंगाल सरकार ने इस सम्बन्ध में भारत सरकार को लिखा था—"यह तो विदित ही है कि सर जे.पी. ग्रांट के सहयोग से स्वर्गीय बाबू रामप्रसाद राय ने एक ड्राफ्ट बिल विधेयक का मसौदा तैयार किया था और वह परिषद में प्रस्तुत किया जाने वाला था, परन्तु फौजी बंगालियों के विद्रोह तथा अन्य परवर्ती घटनाओं के कारण इस सम्बन्ध में कोई भी कार्रवाई नहीं हो सकी थी। इस राजनीतिक विद्रोह के कारण आन्दोलन दब नहीं सका। पाँच वर्षों के भीतर-ही-भीतर समस्या फिर बड़े जोरदार आन्दोलन के रूप में उठ खड़ी हुई। 1863 में बंगाल के 21 हजार हिन्दुओं ने बहुपत्नीत्व के विरुद्ध कानून बनाने के लिए सरकार के पास याचिका भेजी। इनमें से एक याचिका में कहा गया था, "याचिका भेजने वालों का यह दृढ़ विश्वास है कि लगभग सभी लोग इस प्रथा के सख्त खिलाफ हैं, जिसने हिन्दू स्त्रियों का पारिवारिक सुख नष्ट कर दिया है और उन्हें आजीवन वैधव्य से पीड़ित स्त्रियों से भी कहीं अधिक दुखी बना दिया है।' "

1 फरवरी, 1866 को विद्यासागर ने फिर सरकार के पास एक याचिका भेजी, जिस पर 21 हजार लोगों के हस्ताक्षर थे। इन हस्ताक्षरकर्त्ताओं में बंगाली समाज के कई प्रभावशाली नेता थे, जैसे नदिया के महाराजा सतीशचन्द्र राय बहादुर, भूकैलाश खिद्दरपुर, कलकत्ता) के राजा सत्यशरण घोषाल और कांडी (मुर्शिदाबाद) के राजा

प्रतापचन्द्र सिंह। इस याचिका का एक महत्त्वपूर्ण अंश यह है—"याचिका प्रस्तुत करने वालों की यह आशा और प्रार्थना है कि महामहिम जब अपना कार्य-भार छोड़े, तो उससे पूर्व ही वह ऐसा कार्य कर जायें, जिससे बंगाल की स्त्रियों को बहुपत्नीत्व की कुप्रथा से उत्पन्न कष्ट, निर्दयता और अन्य जघन्य अपराधों से मुक्ति मिले और जो उनके लम्बे और सफल कार्यकाल की समाप्ति का सूचक हो।"

19 मार्च, 1866 को सरकार से मिलने के लिए एक प्रतिनिधिमण्डल गया। इसके सदस्यों में पण्डित ईश्वर चन्द्र विद्यासागर के अतिरिक्त न्यायाधीश द्वारिकाचन्द्र मित्र, महान् शिक्षा सुधारक प्यारेचरण सरकार और सुविख्यात राजनीतिक नेता कृष्टोदास पाल थे। प्रतिनिधिमण्डल के नेता ने याचिका पढ़कर सुनाई। लेफ्टिनेण्ट गवर्नर बीड ने उत्तर में कहा, "मुझे इतने हस्ताक्षरों से युक्त याचिका प्राप्त करते हुए अपार खुशी हो रही है। मेरी तरफ से आपको तथा प्रतिनिधिमण्डल के अन्य महानुभावों को यह आश्वासन है कि मैं हिन्दुओं में बहुपत्नी-प्रथा के विरुद्ध क़ानून बनाकर उसकी बुराइयों को समाप्त करने तथा बुद्धिमान हिन्दू जनता की इच्छाओं के अनुसार कानून बनवाकर, पतन की ओर ले जाने वाली इस प्रथा पर अधिकतम रोक लगवाने का पूरा प्रयत्न करूँगा।"

अंग्रेजी पढ़े-लिखे बंगाली मध्यवर्ग के प्रमुख पत्र *हिन्दू पैट्रिअट* ने इस आन्दोलन के पुनरुत्थान के सम्बन्ध में 26 मार्च, 1866 को लिखा—"एक दशक बीत जाने के बाद समाज-सुधार के महान् नेता पण्डित ईश्वर चन्द्र विद्यासागर के नेतृत्व में कुलीन बहुपत्नी-प्रथा की बुराइयों को दूर करने के लिए फिर एक आन्दोलन की शुरुआत हुई है। बंगाल के अमीर-गरीब, पढ़-अपढ़ आदि सभी हिन्दुओं ने उनकी अपील का समर्थन किया है। याचिका में सभी विचारों और वर्गों के लोगों के हस्ताक्षर हैं। यह ध्यान देने की बात है कि इसमें बंगाल के बड़े जमींदार भी सम्मिलित हैं जो लगभग आधे देश के मालिक हैं, इसमें नदिया, कलकत्ता तथा अन्य जगहों के निष्णात पण्डित, शास्त्र के ज्ञाता और व्याख्याता, प्राचीन विद्याओं के संरक्षक, शहर और कस्बों के रूढ़िवादी लोगों के प्रतिनिधि, शिक्षित समाज के विख्यात नेता तथा पुनर्गठित ब्राह्मण समुदाय के सदस्य भी सम्मिलित हैं। याचिका में बहुपत्नी-प्रथा की बुराइयों के सम्बन्ध में तर्क-वितर्क का प्रयत्न नहीं है, इसमें इस विषय पर वाद-विवाद भी नहीं है, क्योंकि 1866 में प्रस्तुत की गयी 32 याचिकाओं में ही ऐसा मसाला काफी था। जिन तर्कों और विचारों के कारण 10 साल पहले आन्दोलन उठ खड़ा हुआ था, उनकी आवृत्ति इस बार भी अनावश्यक न होती। इस समय ऐसे काफी सुयोग्य लोग मौजूद हैं, जो आज से दस साल पहले विद्यालयों में पढ़ते थे और जो आज स्वतन्त्र विचार रख सकने लायक हैं। फिर ऐसे लोग भी हो सकते हैं, जो यह भूल गये हों कि पहले ही याचिकाओं में उन्होंने क्या विचार जाहिर किया था। ऐसी स्थिति में यह आश्चर्य की बात नहीं कि याचिका के संक्षिप्त होने के कारण लोगों

में यह गलतफहमी घर कर गयी हो कि बहुपत्नी-प्रथा की बुराइयों को दूर करने के बजाय यह बहुपत्नी-प्रथा को बिल्कुल ही खत्म करने की प्रार्थना है।" शिक्षित बंगाली मध्यवर्ग के बहुत-से लोगों ने पहले और दूसरे आन्दोलन (1856-66) के 10 वर्षों के भीतर ही 'बहुपत्नी-प्रथा निषेध' के सम्बन्ध में अपना विचार बदल लिया था। उनके अनुसार जनता के बीच आधुनिक शिक्षा के प्रसार के साथ ही अपने-आप ऐसी व्यवस्था आ जायेगी, जब यह कुरीति दूर हो जायेगी।

जब सरकार ने देखा कि बंगाल के शिक्षित वर्ग के काफी लोग बीच का रास्ता अपनाने के पक्ष में हैं तो उसने बहुपत्नी-प्रथा-निषेध के सम्बन्ध में कोई भी कानून बनाने से इनकार कर दिया। गवर्नर जनरल ने यह इच्छा जाहिर की कि परिषद में इस समय कोई भी बिल पेश न किया जाये, लेकिन इस सम्बन्ध में जाँच-पड़ताल चलती रहे। बंगाल सरकार के नाम 8 अगस्त, 1866 के एक पत्र में गवर्नर जनरल ने कहा—"याद रहे कि भारतवर्ष में बहुपत्नी-प्रथा एक सामाजिक और धार्मिक संस्था के रूप में प्रचलित है। सपरिषद गवर्नर जनरल को इस बात में सन्देह है कि उन भारी मुसीबतों के बारे में भली-भाँति गौर कर लिया गया है, जो भारत या बंगाल में इस मामले को सुलझाने में सामने आने वाली हैं। जहाँ तक बंगाल का सम्बन्ध है सरकार को ऐसा कोई सबूत नहीं मिला है, जिससे यह पता चल सके कि प्रान्त के अधिकांश पढ़े-लिखे लोग कुलीन ब्राह्मणों द्वारा अपनाई गयी बुराइयों के अलावा, दिल से बहुपत्नी-प्रथा के विरोधी हैं।"

भारत सरकार के निर्देशानुसार बंगाल के लेफ्टिनेण्ट गवर्नर ने सी. हावहाउस और एच.टी. प्रिंसेप के सहयोग से प्रमुख बंगालियों की एक समिति नियुक्त की जिससे कहा गया कि वह एक से अधिक पत्नियाँ रखने की हिन्दुओं की स्वतन्त्रता की रक्षा करते हुए, बहुपत्नी-प्रथा के विरुद्ध कानून बनाने की सम्भावना के बारे में जाँच-पड़ताल करे। 7 फरवरी, 1867 को समिति ने अपनी रिपोर्ट पेश की। समिति ने इस किस्म के ब्राह्मणों और उस समय के विभिन्न श्रेणियों के कुलीनों के इतिहास की संक्षिप्त रूपरेखा प्रस्तुत की। इस रिपोर्ट में उन रिवाजों का भी विश्लेषण किया गया, जिनकी वजह से बहुपत्नी-प्रथा की बुराइयाँ पनपीं। रिपोर्ट में दिये गये इस प्रथा के कुछ दुष्परिणाम यों हैं—

सभी हिन्दू जातियों में विवाह के अवसर पर जो उपहार दिये जाते हैं, उनके अतिरिक्त, कुलीन वर हमेशा लड़की के पिता से विवाह के लिए भारी रकम लेता है। पर उस समय वह रकम नहीं ली-दी जाती, जब एक कुलीन दूसरे कुलीन को अपनी लड़की देता है और बदले में उसकी लड़की लेता है।

इसके अतिरिक्त, ससुर के घर पर जब कभी वह जाता है, जो उसे विदा में अकसर भेंट मिलती है। इस तरह विवाह उसके लिए अच्छी-खासी आमदनी का धन्धा बन जाता है। 30 पत्नियों वाला कुलीन ब्राह्मण हर महीने एक-एक ससुर के घर

जा सकता है और जीविकोपार्जन के लिए प्रयत्न किये बगैर पूरे साल अच्छे भोजन तथा उपहार से जीवन गुजार सकता है। यह बिल्कुल सही बात है कि बहुपत्नी-प्रथा से ब्राह्मण निठल्ले और दूसरों की कमाई खाने वाले बन गये हैं और विवाह की यह सामाजिक और धार्मिक संस्था अनैतिकता का सनातन स्रोत बन गयी है।

—अतः बहुपत्नी-प्रथा अनेक कुलीन ब्राह्मणों के लिए जीने का एकमात्र साधन बन गयी है।

—बुढ़ापे की अवस्था में भी विवाह होते हैं और कभी-कभी तो पति अपनी पत्नी को देख भी नहीं पाता या तीन-चार वर्षों में एक बार ही मुलाकात होती है।

—यहाँ तक हुआ है कि एक व्यक्ति ने एक दिन में तीन या चार तक शादियाँ की हैं।

—कभी-कभी तो किसी की सभी पुत्रियों और अविवाहिता बहनों की शादियाँ एक ही आदमी के साथ हुईं।

—चूँकि कुलीन कन्याओं के लिए पति मिलना मुश्किल है, इसलिए बहुत-सी कन्याएँ अविवाहित ही रह जाती हैं।

—कुलीनों की विवाहिता और अविवाहिता लड़कियाँ तथा उनकी पत्नियाँ बड़ा दयनीय व दुखद जीवन बिताती हैं। कहा जाता है कि व्यभिचार, गर्भपात बाल-हत्या तथा वेश्यावृत्ति जैसे जघन्य अपराध कुलीन-विवाह-प्रथा के ही परिणाम हैं।

—बर्दवान और हुगली जिलों से प्राप्त आँकड़ों के अनुसार ऐसे लोगों के बारे में पता चला है, जिन्होंने 82, 72, 65 तथा 42 स्त्रियों से विवाह किये और जिनके 18, 32, 41, 25 और 32 पुत्र तथा 26, 27, 25, 15 और 16 पुत्रियाँ मौजूद थीं।

कुलीनत्व ओर बहुपत्नी-प्रथा की बुराइयों को संक्षेप में समिति ने इस प्रकार प्रस्तुत किया—"वैध तरीके से स्त्रियों को काम-लालसा पूर्ति से वंचित रखना पति द्वारा पत्नी का त्याग, नारी जाति में बलात ब्रह्मचर्य पालन को बढ़ावा देना, पति द्वारा पत्नी का भरण-पोषण न करना, पति की इच्छा मात्र से पत्नियों का दमन तथा परित्याग, केवल पैसे के लोभ से विवाह करना, अच्छी मोटी रकम लिए बिना विवाह से इनकार करना, साम्पत्तिक दृष्टि से परिवारों की बर्बादी, पति की ओर से वैवाहिक कर्तव्य-पूर्ति की इच्छा के बिना ही विवाह का बन्धन, स्त्री का सारे वैवाहिक कर्तव्यों से बँधना और उनके लाभ से वंचित रहना तथा वेश्यावृत्ति, व्यभिचार, गर्भपात तथा बाल-हत्या के अपराधों को प्रोत्साहन और ऐसे अपराधों को छिपाने की प्रवृत्ति को बढ़ावा देना।"

समिति ने हिन्दू शास्त्रों से उद्धरण देकर भी प्रमाणित किया कि हिन्दू धर्म के प्रामाणिक ग्रन्थों से इस रिवाज का कोई सम्बन्ध नहीं है। समिति की राय है कि इस सम्बन्ध में कानून बनाने की राह में कोई अड़चन नहीं है और एक घोषणात्मक अधिनियम पास करके कानून बनाया जा सकता है और इसके उल्लंघन को दण्डनीय

करार दिया जा सकता है। अपने ऊपर लगाई गयी सीमाओं को ध्यान में रखते हुए समिति ने अपनी रिपोर्ट में यह भी कहा—"चूँकि समिति का दायरा सीमित है, इसलिए उसे खेद है कि वह किसी किस्म का घोषणात्मक अधिनियम पास करने की सिफारिश भी नहीं कर सकती।" समिति के बंगाली सदस्यों में रामनाथ ठाकुर जयकृष्ण मुखर्जी और दिगम्बर मित्र ने यह विचार व्यक्त किया कि हिन्दू बहुपत्नी-प्रथा पर किसी भी प्रकार के कानून को लादने की जरूरत नहीं है और शिक्षा तथा सामाजिक विचारों के प्रसार से कुलीन ब्राह्मण स्वयं समय आने पर एक पत्नी-विवाह की पद्धति अपना लेंगे। पर पण्डित ईश्वर चन्द्र विद्यासागर ने अपनी सहमति के साथ इस रिपोर्ट पर यह लिखते हुए हस्ताक्षर किये, "मेरा यह विचार है कि बहुपत्नी-प्रथा की बुराइयाँ अतिरंजित ढंग से पेश नहीं की गयी हैं और इन बुराइयों में यदि कमी भी होने लगे, तो इसका अर्थ यह नहीं कि उन्हें दूर करने के लिए कानून न बनाया जाये...।

"समिति के अन्य सदस्यों के विचारों से मैं सहमत नहीं हूँ। मैं यह मानता हूँ कि हिन्दुओं की विवाह-सम्बन्धी स्वतन्त्रता में हस्तक्षेप किये बगैर घोषणात्मक अधिनियम पास किया जा सकता है।"

23 फरवरी, 1867 को भारत सरकार के पास भेजी गयी समिति की रिपोर्ट पर बंगाल के लेफ्टिनेण्ट गवर्नर की निम्नलिखित टिप्पणी से पता चलता है कि वह कुलीन-बहु-विवाह-प्रथा की ज्यादतियों को रोकने के लिए कम-से-कम घोषणात्मक कानून पास करने के पक्ष में थे और विद्यासागर के विचारों से अधिक सहानुभूति रखते थे जो उन्होंने अपने असहमति-पत्र में व्यक्त किये थे, "लेफ्टिनेण्ट गवर्नर समिति के बंगाली सदस्यों की इस राय से सहमत नहीं हो सकते कि शिक्षा और सामाजिक विचारों का दबाव पड़ने पर बंगाल के कुलीन स्वयं एक पत्नी-विवाह करने लगेंगे। यह सन्तोष की बात है कि पिछले कुछ वर्षों में इस विषय में हिन्दुओं के विचारों में उल्लेखनीय परिवर्तन हुआ है और बहुपत्नी-प्रथा को जीविका के साधन के रूप में ग्रहण करना गलत माना जाने लगा है। आशा है कि नये आधुनिक विचारों के प्रसार के साथ-साथ बहुपत्नी-प्रथा रोकने के लिए कारगर उपाय के रूप में कानून बनाने की आवश्यकता शीघ्र ही महसूस की जाने लगेगी।"

पर चूँकि समिति के बंगाली सदस्यों के विचारों से काफी शिक्षित बंगाली सहमत थे, अतः भारत सरकार ने बहुपत्नी-प्रथा के विरुद्ध घोषणात्मक कानून बनाने का प्रस्ताव नामंजूर कर दिया। इसी बीच, राज्य-सचिव की ओर से एक पत्र आया, जिसमें उन्होंने उस समय इस सम्बन्ध में कोई भी कानून बनाने पर अपनी आपत्ति जाहिर की, क्योंकि उन्हें ऐसा प्रतीत हुआ कि बंगाल के बहुसंख्यक लोग कुलीनों के बहुपत्नीत्व की बुराइयों को जानते हुए भी उसके विरुद्ध कानून बनाने के पक्ष में नहीं हैं।

पर विद्यासागर अडिग रहे। विद्यासागर को विधवा-विवाह सम्बन्धी आन्दोलन

का 15 वर्षों में बड़ा कटु अनुभव प्राप्त हुआ था। अतः यह कोई अस्वाभाविक बात न थी कि वह उस समय तक समाज-सुधार के लिए जनमत तैयार करने के काम से पूर्णतया निराश हो जाते। पर वह निराश नहीं हुए और उन्होंने पिछली शताब्दी के सातवें दशक में भी मुख्यतया साहित्यिक स्तर पर बहुपत्नी-प्रथा-विरोधी अपने प्रयत्नों को और भी साहस के साथ जारी रखा। 1871 और 1873 में उन्होंने बहुपत्नी-प्रथा के सम्बन्ध में दो बंगला-पुस्तिकाएँ प्रकाशित करवाईं, जिनमें उन्होंने विभिन्न शास्त्र-ग्रन्थों से बंगाल की कुलीन बहुपत्नी-प्रथा के विरोध में उद्धरण प्रस्तुत किये और अपने विरोधियों के तर्कों का खण्डन किया। उन्होंने कलकत्ता के निकटवर्ती इलाके हुगली जिले से कुलीन-बहुपत्नी-प्रथा के सम्बन्ध में काफी आँकड़े इकट्ठे किये। उनकी बंगला-पुस्तक में बहुपत्नी कुलीनों के नाम और उनकी पत्नियों की संख्या और उम्र का भी उल्लेख किया गया था।

मजे की बात तो यह है कि कुछ कुलीन ब्राह्मणों को तो यहाँ तक पता नहीं था कि वास्तव में उन्होंने कितनी लड़कियों से शादियाँ की हैं। कुछ लोग तो डायरी रखते थे जिसमें शादियों और उनमें नकद और जिन्स के रूप में प्राप्त दहेजों का विवरण लिखा होता था। ससुरों के यहाँ बारी-बारी से जाने पर उन्हें क्या-क्या दहेज में मिला था, इसका भी उसमें पूरा विवरण लिखा होता था। बहुपत्नी-प्रथा विरोधियों द्वारा सरकार को भेजे गये अपने वक्तव्यों के साथ-साथ ये सब तथ्य भी भेजे गये थे। लेकिन 1857 के स्वतन्त्रता-संग्राम के बाद सरकार इतनी अधिक सावधान हो गयी थी कि भारतीय जनता की भावनाओं को ठेस पहुँचाकर या उसके सामाजिक-आर्थिक रीति-रिवाजों में हस्तक्षेप कर कोई भी कानून बनाने के लिए तैयार न थी।

लेकिन विद्यासागर बहुपत्नी-प्रथा के विरोध में लगातार संघर्ष कर रहे थे और समाज की भलाई के लिए देशवासियों से इस प्रथा को छोड़ने की जोरदार अपील करते रहते थे। 1871 में प्रकाशित बहुपत्नी-प्रथा विरोधी अपनी पहली पुस्तक में उन्होंने लिखा—"हमारे समाज के विघटन का मूल कारण हिन्दुओं में प्रचलित बहुपत्नी-प्रथा ही है। सदियों से यह हमारे समाज की नैतिक जड़ों को हिला रही है और इसके फलस्वरूप बुराइयाँ फैल रही हैं। इस अमानवीय कुप्रथा के बने रहने के कारण ही हजारों विवाहित स्त्रियाँ अकथनीय यातनाओं के नरक में रोज-ब-रोज धकेली जा रही हैं। इसने असंख्य बुराइयों को पनपने का मौका दिया है और समाज के नैतिक आधारों को छिन्न-भिन्न कर दिया है। व्यभिचार, बाल-हत्या और वेश्यावृत्ति जैसी हर प्रकार की बुराई को इसने बढ़ावा दिया है। मुझे ऐसा लगता है कि हम इस कुप्रथा को अकेले अपने प्रयत्नों से नहीं मिटा सकते। अगर हम इसे अपने-आप मिटा सकते, तो कानून द्वारा इसे रोकने के लिए सरकार से प्रार्थना करने की कोई आवश्यकता ही नहीं होती। अब या तो इस सम्बन्ध में हमें सरकार से मदद माँगनी चाहिए या अपनी इस सामाजिक-धार्मिक संस्था में विदेशी अधिकारियों के हस्तक्षेप के भय से

चुप हो जाना चाहिए और इसके नैतिक या सामाजिक नतीजों पर ध्यान दिये बगैर अपरिवर्तनीय मानकर इसे ज्यों का त्यों स्वीकार कर लेना चाहिए। जो लोग इस क्रूर प्रथा के दुखद परिणामों को देख रहे हैं वे हर प्रकार से और अविलम्ब इसे समाप्त कर देना चाहते हैं। जितनी जल्दी इस कुप्रथा का अन्त हो, समाज के लिए उतना ही हितकर है। अगर सरकार इस कुप्रथा को खत्म करती है, तो मेरी समझ में नहीं आता कि इससे नुकसान क्या हो सकता है? बहुपत्नी-प्रथा को रोकने के लिए जिन लोगों ने आवाज उठाई है तथा सरकार से मदद माँगी है, उन्हें चुप करा देना आसान है, पर इसकी मुखालफत के कोई मानी नहीं है। यह तर्क बचकाना है कि जो काम हम खुद कर सकते हैं, उसे सरकार से करने को कह रहे है। कमाल तो यह है कि जिन मुट्ठी-भर लोगों के पास संकल्प और शक्ति है, उनकी ही आलोचना करके हम अपनी बड़ी भारी शक्ति नष्ट कर रहे हैं। हम केवल इतनी ही उम्मीद कर सकते हैं कि ऐसे छिद्रान्वेषियों की संख्या धीरे-धीरे घटने लगेगी और समाज-सुधार का काम आगे बढ़ने लगेगा।"

इस अपील पर किसी ने कान नहीं दिये। बड़े-बड़े पण्डित अपनी कलम से उन पर गाली-गलौज की बौछार करते रहे। उस समय विद्यासागर 52 साल के हो चले थे और कई बीमारियों से पीडित थे। 1855-56 के विधवा-विवाह आन्दोलन के समय की युवावस्था की शक्ति अब उनमें नहीं रह गयी थी और वह कर्ज तथा निराशा के बोझ से लदे हुए थे। लेकिन जब उनके उद्देश्य पर चोट आयी और उन पर हर तरफ से आलोचनाओं के प्रहार होने लगे तो उन्होंने पूरी ताकत से अपने उद्देश्य की रक्षा की और अपने विरोधियों को मुँहतोड़ उत्तर दिया। पर उन्होंने अपने विरोधियों की तरह भाषा की मर्यादा का कभी भी उल्लंघन नहीं किया। 1873 में बहुपत्नी-प्रथा के बारे में प्रकाशित अपनी दूसरी पुस्तक के माध्यम से उन्होंने यह सब किया। लेकिन यह आन्दोलन आठवें दशक के हिन्दू पुनरुत्थानवाद के शोरगुल में नक्कारखाने में तूती की आवाज की तरह डूब गया। जब 19वीं शताब्दी के अन्तिम वर्षों में प्रगतिवादी और प्रतिक्रियावादी शक्तियों के बीच एक नया संघर्ष छिड़ा था, जिसमें प्रगतिवादियों को अस्थाई रूप से मुँह की खानी पड़ी थी, उस समय विद्यासागर अपने जीवन के अन्तिम दिन गिन रहे थे और उस समय समाज-सुधार के लिए उन्होंने अपनी जो जोरदार आवाज उठाई, वह लगभग अन्तिम ही थी।

अन्य सार्वजनिक सेवाएँ

विद्यासागर ने विधवा-विवाह और बहुपत्नी-प्रथा-निषेध जैसी विकट सामाजिक समस्याओं को लेकर कार्य किया, पर वह इतने से ही सन्तुष्ट नहीं थे, समय निकालकर उन्होंने एक स्वतन्त्र शिक्षा-संस्था खोलने तथा निस्सहाय विधवाओं और उनके आश्रितों की रक्षा के लिए हिन्दू परिवार-वार्षिकी-कोष की स्थापना तथा नाबालिग जमींदारों की सुरक्षा के लिए *वार्ड्स इंस्टीट्यूशन* के सुधार की समस्याओं पर भी ध्यान दिया। उन्होंने नशाबन्दी आन्दोलन में भी हिस्सा लिया। यहाँ तक कि अपने देहान्त के कुछ महीनों पूर्व उन्होंने सहमति-आयु-विधेयक की समीक्षा की और उससे सम्बन्धित अपने विचार सरकार को भेजे। वह अपने अन्तिम वर्षों तक कार्यरत रहे।

सन् 1859 में कुछ बंगाली सज्जनों की देखरेख में उत्तरी कलकत्ता में *कलकत्ता ट्रेनिंग स्कूल* के नाम से एक स्कूल की स्थापना हुई। इसका उद्देश्य लाभ कमाना नहीं, बल्कि सरकारी और मिशनरी स्कूलों की तुलना में कम-से-कम फीस लेकर मध्यवर्ग के हिन्दू युवकों को अंग्रेजी शिक्षा देना ही था। विद्यासागर और उनके मित्र रामकृष्ण बनर्जी ने इसकी प्रबन्ध समिति में भाग लिया और विद्यासागर के निर्देशन में स्कूल की बहुत जल्दी तरक्की हुई। 1861 में विद्यासागर ने एक नयी प्रबन्ध समिति के नियन्त्रण में इसका पूर्णभार उठा लिया और वह सचिव बना दिये गये। 1864 में स्कूल का नाम बदलकर *दि हिन्दू मेट्रोपालिटन इंस्टीट्यूशन* कर दिया गया और अप्रैल, 1864 में कला-कक्षाओं में उच्च शिक्षा देने के निमित्त उसे कलकत्ता विश्वविद्यालय से सम्बद्ध करने का आवेदनपत्र दिया गया। यह आवेदनपत्र अस्वीकृत हो गया, क्योंकि सिण्डीकेट के अधिकांश यूरोपीय सदस्य इस बात के पक्ष में नहीं थे कि भारतीयों द्वारा चलाई जाने वाली उच्चतर अंग्रेजी शिक्षा की किसी भी संस्था को विश्वविद्यालय से सम्बद्ध करने की स्वीकृति प्रदान की जाये। लेकिन विद्यासागर ऐसी असफलताओं से निराश होकर पीछे हटने के आदी नहीं थे। 1866 में जब इसके संरक्षक-अध्यक्ष पैकपाड़ा राजपरिवार के प्रतापचन्द्र सिंह का देहान्त हो गया, तो इस संस्था के प्रबन्ध का पूरा भार विद्यासागर के कन्धों पर आ पड़ा। विद्यासागर के लिए निश्चित रूप से यह बहुत बड़ा बोझ था, खासकर इसलिए कि विधवा-विवाह

आन्दोलन के समय उन पर बड़ा कर्ज हो गया था। लेकिन उन्होंने संस्था के हित को ध्यान में रखकर इस भार को भी उठाया।

संस्था को प्रथम कला-परीक्षा तक विश्वविद्यालय से सम्बद्ध करने का आवेदनपत्र 1872 में दुबारा दिया गया। इस बार केवल औपचारिक आवेदनपत्र देकर ही विद्यासागर सन्तुष्ट न हुए। उन्होंने सिण्डीकेट के एक सबसे प्रभावशाली सदस्य ई.सी. बेली के पास व्यक्तिगत पत्र भी भेजा। 27 जनवरी, 1872 के इस पत्र में यह भी कहा गया था—"अगर सिण्डीकेट से यह कहा जाये कि इस शिक्षा-संस्था में दी जाने वाली शिक्षा भारतीय शिक्षकों के कारण न्यून कोटि की होगी, तो मैं आपको यह याद दिलाना चाहता हूँ कि संस्कृत कॉलेज में बी.ए. तक की शिक्षा दी जाती है और उसके सभी शिक्षक भारतीय हैं। अगर और न्याय से प्राध्यापकों का चुनाव किया जाये, तो वे निश्चित रूप से योग्यतम साबित होंगे। अगर हमें अनुभव से यह पता चलेगा कि अंग्रेजी की शिक्षा के लिए अंग्रेजी के प्राध्यापक की आवश्यकता है, तो हम निश्चित रूप से उसकी नियुक्ति करेंगे, पर उसके लिए हमें सरकार से आर्थिक सहायता की आवश्यकता पड़ेगी। हम चाहते हैं कि किफायत और कुशलता, दोनों ही प्राप्त हों और चूँकि मैंने अपना पूरा जीवन स्कूलों के प्रबन्ध में व्यतीत किया है अतः मुझे आशा है कि आप मुझे प्राध्यापकों के चुनाव और उनका वेतन निर्धारित करने की स्वतन्त्रता देंगे।

"प्रेसिडेंसी कॉलेज में पढ़ाई की फीस बहुत ज्यादा है और मध्यवर्ग के लड़कों के वश की बात नहीं कि वे इतनी ऊँची फीस अदा करके वहाँ पढ़ सकें और चूँकि उनके माता-पिता उन्हें मिशनरी कॉलेजों में भेजना नहीं चाहते, अतः मैट्रिकुलेशन के बाद उनकी शिक्षा समाप्त हो जाती है। ऐसे लोगों के लिए यह संस्था वरदान साबित होगी।

"इस संस्था के प्रबन्धकों में मेरे अलावा, न्यायाधीश द्वारकानाथ मित्र और बाबू कृष्टोदास पाल हैं। हमें इस बात से सन्तोष है कि संस्था चलाने के लिए हमारे पास पर्याप्त साधन हैं। अगर कोई कमी हुई, तो हम उसे अपनी जेब से पूरा करने के लिए तैयार हैं। मुझे विश्वास है कि संस्था को ठीक-ठीक चलाने के हमारे आश्वासन से सिण्डीकेट को तसल्ली हुई होगी और पाँच साल के लिए इसे सन्तोषप्रद मान लेगा।"

आवेदनपत्र स्वीकार कर लिया गया और एफ.ए. परीक्षा के लिए छात्रों को शिक्षा देने की अनुमति दी गयी। बंगाल के अनेक गण्यमान्य विद्वान प्रोफेसर इस संस्था में प्राध्यापक के पदों पर नियुक्त हुए। वेतन की बात उनके लिए गौण थी। विद्यासागर के व्यक्तित्व और स्वतन्त्र राष्ट्रीय भावना से प्रभावित होकर उन्होंने संस्था का दायित्व अपने ऊपर उठाया। विश्वविद्यालय की अन्तिम वार्षिक परीक्षाओं में इस संस्था को बड़ी शानदार सफलताएँ मिलीं। इस संस्था द्वारा दी गयी अंग्रेजी शिक्षा की सफलता से यूरोपीय और मिशनरी लोगों को दाँतों-तले उँगली दबानी पड़ी। प्रेसिडेंसी

कॉलेज के प्रिंसिपल और कलकत्ता विश्वविद्यालय के रजिस्ट्रार सटक्लिफ ने स्वीकार किया कि पण्डित जी ने सचमुच कमाल कर दिखाया है। सक्रिय सेवा से अवकाश पाने के बाद इस शिक्षा-संस्था की स्थापना और इसके सफल प्रबन्ध को विद्यासागर की स्थायी उपलब्धि के रूप में देखा जा सकता है।

इस उपलब्धि के सम्बन्ध में रवीन्द्रनाथ ठाकुर ने अपनी पुस्तक *विद्यासागर-चरित्र* में लिखा है—"अपने ढंग की यह पहली राष्ट्रीय संस्था थी जो बंगाली लड़कों को उच्चतर अंग्रेजी शिक्षा देने के उद्देश्य से स्थापित की गयी और जिसका प्रबन्ध पूर्णतः बंगालियों के हाथ में था। इस प्रकार राष्ट्रीय आधार पर हमारे देश में अंग्रेजी शिक्षा की नींव सर्वप्रथम विद्यासागर ने डाली। यह व्यक्ति खुद गरीब घर में पैदा हुआ था, पर उसने देश का सबसे बड़ा हित किया। यह बड़े मजे की बात है कि जो व्यक्ति रूढ़ परम्पराओं और रिवाजों से ग्रस्त ब्राह्मण परिवार में जन्मा था, वह समाज को इन परम्पराओं और रिवाजों के बन्धनों से मुक्त करने के लिए सबसे बढ़ा योद्धा बन गया था और जो व्यक्ति संस्कृत-साहित्य का उच्च कोटि का विद्वान था उसी ने अपने प्रयत्नों से राष्ट्रीय आधार पर अंग्रेजी शिक्षा की नींव डाली थी।"

जब अंग्रेजी शिक्षा राष्ट्रीय भावनाओं से ओत-प्रोत हुई, तो उसके बड़े दूरगामी नतीजे निकले। यह ऐसी संस्था बन गयी जिसमें देश के होनहार राष्ट्रवादियों को पनपने और पोषण पाने का अवसर मिला। *ए नेशन इन मेकिंग* नामक अपनी पुस्तक में महान् राष्ट्रवादी नेता सुरेन्द्रनाथ बनर्जी ने भी इस तथ्य की पुष्टि की है। वह इण्डियन सिविल सर्विस से बर्खास्त कर दिये गये और वकील या बैरिस्टर के रूप में न्यायालय में भी काम नहीं कर सकते थे। जब वह जून, 1875 में दूसरी बार इंग्लैण्ड से लौटकर आये, तो उनके लिए सभी पेशों के द्वार बन्द कर दिये गये। उन्होंने लिखा है—"ऐसा कोई उद्योग न था जिसमें मुझे काम मिल सकता था। पर अकस्मात्, मेरे लिए एक द्वार खुल गया। तुरन्त ही मुझे ईश्वर चन्द्र विद्यासागर ने मेट्रोपालिटन इंस्टीट्यूशन में अंग्रेजी के प्रोफेसर के पद पर नियुक्त किया और मैंने उसे स्वीकार कर लिया। मेरे व्याख्यान छात्रों को बड़े पसन्द आये और इससे मुझे नियुक्ति मिलने में भी सहूलियत हुई। मुझे केवल दो सौ रुपये वेतन मिलता था। यह वेतन असिस्टेंट मजिस्ट्रेट के रूप में मुझे जितना मिलता था, उसका आधा था। पर मैं यह सोचकर प्रसन्न था कि कुछ तो काम मिला और इस अवसर से मैंने लाभ भी उठाया। मैंने यथासम्भव सभी तरीकों से युवकों में, उनके तथा मातृभूमि के हित की दृष्टि से सार्वजनिक तथा देशभक्ति की भावनाएँ जगाने का प्रयास किया।"

सन् 1881 और 1892 के बीच, विद्यासागर के देहान्त के एक वर्ष बाद 12 वर्षों की अवधि में *मेट्रोपालिटन इंस्टीट्यूशन* के 498 छात्रों ने बी.ए. की डिग्रियाँ और 33 छात्रों ने एम.ए. की डिग्रियाँ प्राप्त कीं। इसके बाद 1882 में *मेट्रोपालिटन*

इंस्टीट्यूशन को कलकत्ता विश्वविद्यालय की ओर से कानून की शिक्षा प्रदान करने की अनुमति मिल गयी और 10 वर्षों में 513 छात्रों ने इस शिक्षा-संस्था से बी.एल. की उपाधियाँ प्राप्त कीं। शिक्षित बंगाली मध्यवर्ग में उस समय सबसे महत्त्वपूर्ण वर्ग वकीलों का था। इस वर्ग ने 19वीं शताब्दी के अन्तिम 25 वर्षों में राष्ट्रीय आन्दोलन का नेतृत्व किया। यह कहना अत्युक्ति नहीं है कि इन बंगाली राष्ट्रवादी वकीलों में अधिकांश *मेट्रोपालिटन इंस्टीट्यूशन* की देन थे और यह संस्था होनहार बंगाली राष्ट्रवादियों की जननी और पालिका थी।

जब विद्यासागर ने इस संस्था की स्थापना की थी, तो क्या उन्होंने इन परिणामों की कल्पना की थी? शायद उन्होंने की थी, क्योंकि विद्यासागर ने सुरेन्द्रनाथ बनर्जी को उनके खास तरह के राजनीतिक दृष्टिकोण के बावजूद कॉलेज के प्राध्यापक के रूप में चुन लिया था। प्राध्यापक के चुनाव से सम्बन्धित कोई नीति अवश्य ही रही होगी। उनकी चाहे जो भी इच्छा रही हो, पर इतना तो निस्सन्देह था कि विद्यासागर देश की भूमि में अंग्रेजी शिक्षा का बीजारोपण करना चाहते थे और उस समय इसकी बड़ी सख्त जरूरत भी थी, क्योंकि हिन्दू कॉलेज या मिशनरी कॉलेजों के छात्रों में सच्ची राष्ट्रीय भावनाएँ नहीं पनप पा रही थीं। उस समय आवश्यकता इस बात की थी कि छात्रों में सच्ची राष्ट्रीय भावनाएँ पैदा की जायें और यह काम उस समय विद्यासागर के प्रबन्ध में चलने वाली *मेट्रोपालिटन इंस्टीट्यूशन* ने ही पूरा किया था। विद्यासागर के देहान्त के बाद इस संस्था का नाम बदलकर *विद्यासागर कॉलेज* रख दिया गया था और यह संस्था राष्ट्रीय शिक्षा के विकास में विद्यासागर के योगदान के स्मारक के रूप में आज भी खड़ी है।

अब एक अन्य उद्देश्य के लिए विद्यासागर के संघर्ष की चर्चा करें। 19वीं शताब्दी में हिन्दुओं का सामाजिक ढाँचा मुख्यतया संयुक्त परिवार प्रथा पर आधारित था। जब परिवार का मुखिया मर जाता था, तो उसकी पत्नी, बच्चे तथा अन्य आश्रितों को अकस्मात् गम्भीर अर्थ-संकट का सामना करना पड़ता था। जब कभी ऐसी विपदा आ पड़ती थी, तो अनेक मध्यवर्गीय परिवार नष्ट हो जाते थे। विद्यासागर खुद भी निम्न मध्यवर्ग के परिवार में पैदा हुए थे और आर्थिक असुरक्षा के भयंकर भूत से पूरी तरह अवगत थे। इस समस्या के समाधान में अनेक प्रयत्नों को तब सफलता मिली, जब 15 जून, 1872 को *हिन्दू परिवार वार्षिकी कोष* (हिन्दू फेमिली एन्युटी फण्ड) की स्थापना हुई।

उस समय जीवन-बीमा तथा वार्षिकी कोष का कोई रिवाज नहीं था। मध्यवर्गीय गरीब परिवारों के रोटी-रोजी कमाने वालों के निधन के बाद उनके निस्सहाय आश्रितों को कम-से-कम जरूरी आर्थिक सुरक्षा जुटाने की विद्यासागर को भारी चिन्ता थी। इसी उद्देश्य से कोष की स्थापना की गयी; अगर कोई यह चाहता था कि देहान्त के बाद उसकी पत्नी या किसी अन्य आश्रित को पाँच रुपये महीना भत्ता मिले, तो

उसे इस राशि का चौथाई हिस्सा प्रति मास वार्षिक कोष में मृत्युपर्यन्त जमा करते रहना पड़ता था। मासिक भत्ते की अन्तिम सीमा 30 रुपये तक थी। 30 रुपये के मासिक भत्ते के लिए हर महीने साढ़े सात रुपये अदा करने पड़ते थे। इन सीमाओं को निश्चित करते समय विद्यासागर के दिमाग में यह बात थी कि बंगाल में निम्न-आय वर्ग और मध्य आय वर्ग के परिवारों के लिए कम-से-कम जरूरी आर्थिक सुरक्षा की व्यवस्था की जाये।

मेट्रापालिटन इंस्टीट्यूशन के अहाते में ही इस कोष के संगठन के निमित्त पहली बैठक हुई। इसमें केवल 10 सदस्यों के चन्दे के अतिरिक्त कुछ धनी लोगों ने दान भी दिया। कोष के ट्रस्टियों में विद्यासागर के अतिरिक्त, न्यायाधीश द्वारकानाथ मित्र, न्यायाधीश रमेशचन्द्र मित्र तथा महाराजा यतीन्द्रमोहन ठाकुर भी थे। विद्यासागर इस कोष से 1875 तक सम्बद्ध रहे। उन्होंने 21 फरवरी, 1876 को एक पत्र द्वारा न्यास मण्डल के कोष से अपने सम्बन्ध-विच्छेद का कारण बताया। ऐसे कोषों के प्रबन्ध में अकसर अनियमितता होती ही है और इसके सम्बन्ध में भी यही हुआ था। फिर विद्यासागर जैसे ईमानदार व्यक्ति के लिए कैसे सम्भव था कि वह उससे अपना सम्बन्ध बनाये रखते। उन्होंने निदेशकों पर आरोप लगाया कि उन्होंने कोष के नियमों की अवहेलना और उसके हितों की उपेक्षा की है।

पत्र में उन्होंने कहा—"अपनी विशेष बैठक में आप लोगों ने यह इच्छा और अनुरोध प्रकट किया है कि कोष से मैं अपना सम्बन्ध बनाये रखूँ, लेकिन आपके इस अनुरोध का पालन करना मेरे लिए बड़ा कठिन हो गया है। अनेक व्यक्ति मेरे पास यह पूछताछ करने आते हैं कि वे कोष में अपना चन्दा अदा करें या नहीं। तब मैं भारी दुविधा में पड़ जाता हूँ। कोष की वर्तमान अवस्था को देखते हुए मेरे लिए यह बड़ा मुश्किल है कि मैं किसी को भी इसमें चन्दा जमा करने की सलाह दूँ। पर यह भी बड़ी गलत बात होगी कि मैं किसी को इसमें चन्दा जमा करने से रोकूँ। कारण यह है कि इस हालत में जब मेरे मन में पूरा विश्वास जम गया है कि भविष्य में यह कोष ठीक तरह नहीं चल सकता, मेरे द्वारा किसी को भी इसमें चन्दा जमा करने की सलाह देना उसके साथ धोखा करना होगा। साथ ही, मैं यह भी ठीक नहीं समझता कि किसी को चन्दा देने से रोकूँ, क्योंकि यह भी कोष के हक में अच्छी बात नहीं होगी। जानबूझकर किसी को धोखा देना और किसी संस्था में रहते हुए उसके विरुद्ध कार्य करना दोनों ही काम गलत हैं। अगर कोष के साथ आगे भी मेरा सम्बन्ध बना रहे, तो इन दोनों में से कोई एक गलत काम मुझसे होगा ही, मैं उससे बच नहीं सकता। इसी दुविधा के कारण मैं आपके अनुरोध का पालन करने में असमर्थ हूँ और इसके लिए क्षमा चाहता हूँ।"

उनके त्यागपत्र देने के तुरन्त बाद कुछ और निदेशकों ने कोष से सम्बन्ध-विच्छेद करने का फैसला किया। पर इस संस्था के संस्थापकों के मानवतावादी लक्ष्यों और

मध्यवर्ग के अनेक लोगों के हित को ध्यान में रखकर सरकार ने इस संस्था को अन्त में अपने हाथ में ले लिया।

सन् 1854-55 में सरकार ने बंगाल के राजकुमारों और जमींदारों के नाबालिग उत्तराधिकारियों को प्रशिक्षण देने के लिए *वाईस इंस्टीट्यूशन* की स्थापना की थी। इसका नियन्त्रण राजस्व-मण्डल (रेवेन्यू बोर्ड) के हाथों में सौंप दिया गया था। उस समय के प्रसिद्ध विद्वान डॉ. राजेन्द्रलाल मित्र को इसका निदेशक बनाया गया। 1 नवम्बर, 1863 में विद्यासागर मण्डल द्वारा इसके निरीक्षण (विजिटर) मनोनीत किये गये। चार-पाँच निरीक्षणों के बाद विद्यासागर ने अप्रैल, 1864 में इस संस्था के प्रबन्ध में सुधार करने के लिए मण्डल के पास एक ज्ञापन भेजा। इस ज्ञापन के मिलते ही मण्डल ने उनसे इस संस्था के सम्बन्ध में एक पूरी रिपोर्ट पेश करने का अनुरोध किया। विद्यासागर ने जनवरी, 1865 में रिपोर्ट पेश की और बाद में उसका एक पूरक अंश भी भेजा। उनकी मुख्य सिफारिशें ये थीं—

संस्था में केवल वार्डों का आवास रहने के बजाय उसे बोर्डिग स्कूल के रूप में बदल दिया जाये।

शिक्षा का एक अलग पाठ्यक्रम बनाया जाये, जो वार्डों की आवश्यकता के अनुकूल हो।

उनकी शिक्षा के लिए यथेष्ट सुयोग्य शिक्षक रखे जायें।

रिपोर्ट में एक और भी महत्त्वपूर्ण बात थी। संस्था के एक नियम के अनुसार बड़े अपराधों में *वार्डों* को शारीरिक दण्ड देने का विधान था। लेकिन विद्यासागर ने उदाहरणों से यह निष्कर्ष निकाला कि जिन अपराधों में *वार्डों* को इस किस्म का दण्ड दिया गया था, उन्हें बड़े अपराध नहीं कहा जा सकता। विद्यासागर ने अपनी रिपोर्ट में लिखा—"किसी *वार्ड* का अपराध बड़ा हो या छोटा, इस पर ध्यान दिये बिना मैं इतना कहना चाहता हूँ कि शारीरिक दण्ड को *वार्डों* के प्रशिक्षण में से बिल्कुल हटा दिया जाये। कुप्रभाव पड़ने के कारण, इस प्रकार के दण्ड पर सभी शिक्षा-संस्थाओं में रोक है। उनमें सैकड़ों विद्यार्थियों को दण्ड के बिना ही शिक्षा दी जाती है और उन्हें अनुशासित रखा जाता है। इस प्रकार के दण्ड की *वाईस इंस्टीट्यूशन* में तो बिल्कुल जरूरत मालूम नहीं पड़ती। मेरा विचार है कि *वार्डों* के प्रति इस प्रकार बर्बर और कठोर व्यवहार संस्था को शोभा नहीं देता। मुझे छात्रों को शिक्षित करने का कुछ अनुभव है और यह मेरा दृढ़ विश्वास है कि शारीरिक दण्ड विद्यार्थियों को सुधारने के बजाये बिगाड़ता ही है। अतः मेरी यह जोरदार सिफारिश है कि यह नियम तुरन्त हटा दिया जाये।"

विद्यासागर का यह अत्यन्त महत्त्वपूर्ण सामाजिक तथा शैक्षिक सुधार-कार्य था, जो आमतौर पर नजरअन्दाज कर दिया जाता है। वर्तमान शताब्दी के दूसरे दशक में भी कलकत्ता जैसे बड़े शहर के स्कूलों में शारीरिक दण्ड दिया जाता था। और

यहाँ तक कि बेंत भी लगाये जाते थे। विद्यासागर छात्रों को इस तरह का दण्ड देने के बिल्कुल खिलाफ थे। और जिन संस्थाओं में उनकी चलती थी या उन्हें कुछ अधिकार प्राप्त थे वहाँ से उन्होंने इसका दण्ड बिल्कुल हटवा दिया था। वह इस बात के भी पक्ष में नहीं थे कि बेंच पर खड़ा करके लड़के को अपने साथियों के बीच लज्जित करके दण्डित किया जाये। एक बार उन्होंने *मेट्रोपालिटन इंस्टीट्यूशन* के प्रधानाध्यापक को त्यागपत्र देने के लिए इसलिए बाध्य किया था कि उसने एक छात्र को बेंच पर खड़ा करके दण्ड दिया था। विद्यासागर के सुझाव पर *वार्ड्स इंस्टीट्यूशन* में दण्ड का यह तरीका बदल दिया गया था और बाद में यह संस्था अधिक उदार तथा मानवीय सिद्धान्तों पर चलाई गयी थी।

अब हम एक दूसरी समस्या की चर्चा करें। हिन्दू वसीयत अधिनियम (हिन्दू विल्स ऐक्ट) 1869 में विधान परिषद में मसौदा विधेयक के रूप में पेश किया गया। अब तक भारतीय उत्तराधिकार की समस्या भारतीय उत्तराधिकार अधिनियम (इण्डियन सक्सेशन ऐक्ट) के अनुसार हल होती थी, जो भारतीयों तथा अभारतीयों पर समान रूप से लागू था। सर्वोच्च न्यायालय (सुप्रीम कोर्ट) की स्थापना के बाद बंगाल के धनी लोग अपनी मनचाही वसीयत छोड़ जाया करते थे। इससे बड़ी गम्भीर, जटिल तथा अनन्त मुकदमेबाजी का सिलसिला शुरू हो गया। इसीलिए इस अधिनियम (ऐक्ट) में कुछ संशोधनों की आवश्यकता पड़ गयी थी। विधेयक (बिल) पेश करने के दौरान हिन्दू जनता में बड़ी हलचल पैदा हो गयी थी। सरकार ने इस सम्बन्ध में हिन्दू समाज के मुखियाओं, खासकर विद्वान संस्कृत-पण्डितों के विचार जानने चाहे थे। विद्यासागर की भी राय ली गयी। उन्होंने विधेयक (बिल) की दो बातों का विरोध किया। पहली बात यह कि हिन्दू शास्त्रों के अनुसार जन्मे बच्चे के नाम कुछ उपहार देना गैरकानूनी है, लेकिन इस अधिनियम में कुछ मामलों में इसे कानूनी मान लिया गया था। दूसरी बात यह कि शाश्वत उत्तराधिकार के विरुद्ध जो नियम इसमें दिया गया है, वह भी शास्त्र-विरुद्ध है। विद्यासागर की दलीलें बिल्कुल शास्त्रीय प्रमाणों पर आधारित भी। लेकिन सरकार ने विद्यासागर के किसी भी सुझाव पर ध्यान नहीं दिया और विधेयक सितम्बर, 1870 में पास हो गया। हिन्दू उत्तराधिकार-अधिनियम के बारे में विद्यासागर के विचारों से पता चलता है कि हिन्दू समाज के बारे में उसके विचार हमेशा ही परम्परा-विरोधी नहीं थे।

अब नशाबन्दी आन्दोलन सम्बन्धी विद्यासागर के प्रयत्नों की चर्चा करें। 19वीं शताब्दी के प्रारम्भ से ही खासकर उच्च और मध्यवर्ग के कलकत्ता आदि शहरों में रहने वाले बंगालियों को नशे की लत पड़ गयी थी। यह लत उनमें यूरोपियों के सम्पर्क से पड़ी थी। यूरोपीय और अच्छे खानदानी बंगाली घरों में लगभग रोज ही दावतें उड़ती थीं और वहाँ तरह-तरह की विदेशी शराबों की बोतलों पर बोतलें खुलती थीं। इन उच्च वर्ग के बंगालियों के सम्पर्क से अंग्रेजी-शिक्षित मध्यवर्ग के लोगों

में भी यह आदत पड़ गयी थी। नशेबाजी इतनी बढ़ी कि 19वीं शताब्दी के तीसरे दशक में *यंग बंगाल* के अभ्युदय के दिनों में नशा करना प्रगति का सूचक माना जाता था और नशे से परहेज करने वाले प्रतिक्रियावादी माने जाने लगे थे। बंगाल में पश्चिमी शिक्षा के अग्रदूत हिन्दू कॉलेज के छात्रों के तो ये शब्द तकियाकलाम हो गये थे कि *पीना प्रगति की और न पीना पिछड़ेपन की निशानी है।* नतीजा यह हुआ कि बंगाल के सभी शहरों में मध्यवर्ग के लोगों में यह आदत बहुत जल्दी बुरी तरह फैल गयी। शिक्षाविदों में इससे बड़ी चिन्ता पैदा हुई और उन्होंने इसे रोकने के लिए ठोस कदम उठाने पर विचार किया।

पिछली शताब्दी के छठे दशक में बंगाल के प्रमुख शिक्षाविदों और समाज-सुधारकों द्वारा नशाबन्दी आन्दोलन प्रारम्भ किया गया। विख्यात शिक्षाविद् प्यारेचरण सरकार का नाम इस आन्दोलन के साथ हमेशा ही जुड़ा रहेगा। वह हर प्रकार के सामाजिक सुधार के कट्टर समर्थक थे और विद्यासागर के गहरे मित्र थे। मुख्यतः उनके प्रयत्नों से ही नशाबन्दी आन्दोलन प्रारम्भ किया गया था और 1864 में कलकत्ता में बंगाल नशाबन्दी समाज की स्थापना की गयी थी। शुरू से ही विद्यासागर इसमें शामिल हो गये थे और इसमें उन्होंने प्रमुख भाग लिया था। एक दशक के भीतर ही इस आन्दोलन ने बड़ा जोर पकड़ा और प्यारेचरण सरकार की मृत्यु के बाद भी इसके काम में कोई ढील नहीं आयी। 27 नवम्बर, 1875 को डॉ. भुवनमोहन सरकार के नाम लिखा गया विद्यासागर का एक पत्र इस प्रसंग से उल्लेखनीय है—"आप जानते हैं कि मेरा स्वास्थ्य खराब है, अतः बड़े खेद के साथ मैं यह लिख रहा हूँ कि आज शाम को मैं *बंगाल नशाबन्दी समाज* (बंगाल टेम्परेंस सोसायटी) की बैठक में उपस्थित न हो सकूँगा। आपसे ज्यादा कोई भी यह नहीं जानता कि अपने प्यारे मित्र बाबू प्यारेचरण सरकार के देहान्त से मुझे कितना शोक हुआ है। युवावस्था से ही हम एक-दूसरे को जानते थे और हम दोनों में इतनी ममता थी कि मुझे लगता है कि मेरा प्यारा सगा भाई ही मुझसे छिन गया है। अपनी सुयोग्यता, सच्चरित्रता तथा लोगों के हित के लिए उन्होंने बड़े उत्साह और निष्ठा से जो काम किया, उससे वह समाज के बड़े हित-साधक हो गये थे और नशाबन्दी के क्षेत्र में उन्होंने जिस निष्ठा से 'बंगाल नशाबन्दी समाज' (बंगाल टेम्परेंस सोसायटी) की स्थापना, पुस्तिकाओं के प्रकाशन आदि कार्य किये, उन्हें कभी भुलाया नहीं जा सकता। नशाबन्दी के उन्नायक तथा प्रेमी नशाबन्दी के प्रति उनकी कर्तव्यनिष्ठा को हमेशा ही कृतज्ञतापूर्वक याद करते रहेंगे।"

पत्र में जिस बैठक का जिक्र किया गया है, उसमें सुरेन्द्रनाथ बनर्जी भी उपस्थित थे। इस बैठक में बंगाल के इस महान् राष्ट्रवादी वक्ता ने श्रोताओं के विशाल जनसमूह के आगे अपना पहला सार्वजनिक भाषण दिया था। अपनी आत्मकथा *ए नेशन इन मेकिंग* में उन्होंने लिखा है, "जून, 1875 में कलकत्ता लौटने के बाद मेडिकल कॉलेज

के थियेटर में नशाबन्दी आन्दोलन को बढ़ावा देने के लिए सार्वजनिक सभा हुई। सभा में बड़ी भारी भीड़ थी। उन दिनों नशाबन्दी की बात लोगों के मन में घर कर गयी थी। नशाबन्दी आन्दोलन के अग्रदूत प्यारेचरण सरकार के परिश्रम फलीभूत हो रहे थे। यह एक सजीव आन्दोलन था, क्योंकि नयी पीढ़ी में नशेबाजी फैलने का सचमुच ही जबर्दस्त खतरा पैदा हो गया था।"

इसके तुरन्त बाद, विद्यासागर के *मेट्रोपालिटन इंस्टीट्यूशन* में सुरेन्द्रनाथ बनर्जी अंग्रेजी के प्राध्यापक हो गये। इस सम्बन्ध में वह लिखते हैं—"अपने भाषणों के कारण मैं छात्रों में काफी लोकप्रिय हो गया था और मेरा ख्याल है कि इसीलिए मुझे नियुक्ति भी मिली। मैंने भारतीय एकता, इतिहास अध्ययन, मैजिनी का जीवनवृत्त, चैतन्य की जीवनी, उच्च अंग्रेजी शिक्षा आदि विषयों पर कलकत्ता, उत्तरपाड़ा, खिदरपुर और अन्य स्थानों पर भाषण दिये। वक्ता के रूप में उस समय मेरी बड़ी माँग थी।" उनके इस वक्तव्य से यह सिद्ध होता है कि पिछली शताब्दी के छठे और सातवें दशकों में प्यारेचरण सरकार के जिस नशाबन्दी आन्दोलन को विद्यासागर ने जोरों से फैलाया था, वह होनहार राष्ट्रवादियों के लिए प्रशिक्षण-केन्द्र बन गया था।

अब हम सहमति आयु-विधेयक (एज ऑफ कंसेंट बिल) का उल्लेख करें। 1890 में विधान परिषद में बाल-पत्नियों की आयु को लेकर भारतीय दण्ड संहिता तथा दण्ड-प्रक्रिया-संहिता की कुछ धाराओं में संशोधन के लिए एक विधेयक पेश किया गया। हर महत्त्वपूर्ण सामाजिक समस्या की तरह इस पर भी सरकार ने विद्यासागर के विचार जानने चाहे। उस समय विद्यासागर गम्भीर रूप से बीमार होकर मृत्यु-शैया पर पड़े थे। परन्तु उनके भीतर समाज-सुधार तथा देश-कल्याण की तीव्र ज्योति जल रही थी। मृत्यु-शैया पर पड़े-पड़े ही उन्होंने इस विषय से सम्बन्धित शास्त्रों को देखा और 16 फरवरी, 1891 को अपने विचार सरकार के पास भेज दिये। उन्होंने विधेयक की कुछ प्रमुख धाराओं की आलोचना की, जो हिन्दुओं के धार्मिक रीति-रिवाजों के विरुद्ध थीं। फिर भी उन्होंने विधेयक के उक्त अंश को छोड़कर उसका समर्थन किया, क्योंकि इनका उद्देश्य बाल-पत्नियों को पर्याप्त संरक्षण प्रदान करना था। उन्होंने विधेयक की दण्डधारा का समर्थन किया, क्योंकि उनका विचार था कि 'नियम के उल्लंघन के लिए शास्त्रानुसार दण्ड-व्यवस्था आध्यात्मिक ढंग की है और उसकी उपेक्षा की ज़ा सकती है। धार्मिक निषेध को यदि दण्डनीय कानून का रूप दे दिया जाये तो यह अधिक कारगर साबित होगा।'

सहमति आयु-विधेयक (एज ऑफ कंसेंट बिल) पर उनकी टिप्पणी की कुछ लोगों ने बड़ी गलत व्याख्याएँ की हैं और यह संकेत दिया है कि अपनी युवावस्था की तुलना में अपने जीवन के अन्तिम दिनों में विद्यासागर हिन्दू धर्म की रूढ़-परम्पराओं और रीति-रिवाजों के प्रति नरम हो गये थे और उन्होंने उनके प्रति विद्रोह का रुख छोड़ दिया था। इस महान् समाज-सुधारक के सामाजिक दृष्टिकोण को इस तरह

समझना बिल्कुल गलत है। यह बात भी बिल्कुल ठीक नहीं कि वह इन परम्परागत रूढ़-प्रथाओं और रीति-रिवाजों को इसलिए आदर और प्रेम की नजर से देखते थे कि हिन्दू जनता का इनसे विशेष मोह था। *तरुण डेरोजियनों* की तरह वह मूर्तिभंजक भी नहीं थे। जो परम्परागत बन्धन जब तक समाज के लिए अहितकर न हों, उन्हें वह तब तक तोड़ने के पक्ष में नहीं थे। वह यह बात भली-भाँति जानते थे कि प्रचलित हिन्दू विवाह-पद्धति को ज्यों-का-त्यों कायम रखने से कानूनी संरक्षण मिलने पर भी उनकी विधवा-विवाह योजना सफल नहीं हो पाएगी, पर जैसा कि पहले बताया जा चुका है, विधवा-विवाह के लिए कानून बनाते समय उन्होंने लोगों का यह सुझाव नामंजूर कर दिया था कि हिन्दू विवाह-पद्धति को करार-विवाह-पद्धति के रूप में बदल दिया जाये। यह ठीक है कि बालिकाओं के विवाह के बारे में सहमतिसूचक उम्र तय करने के प्रश्न पर वह ऐसा कानून बनाने के पक्ष में नहीं थे जिससे हिन्दू रीति-रिवाजों का उल्लंघन होता हो, पर उन्होंने ऐसी धार्मिक एवं शास्त्रीय निषेधाज्ञाओं के बजाय, जो व्यवहार में कतई कारगर नहीं थीं, नियम-उल्लंघन करने वालों के लिए दण्ड-कानून की धारा का जोरदार समर्थन किया। उन्होंने अपनी टिप्पणी की अन्तिम पक्ति में दण्डनीय कानून की आवश्यकता पर जोर देते हुए कहा, "मुझे जोर देकर इस विचार को प्रस्तुत करने की अनुमति दी जाये, जिससे सरकार का ध्यान इस ओर आकृष्ट हो।"

उन्होंने भारत की अभागी बाल-पत्नियों की रक्षा के लिए सरकार के पास अपनी यह अन्तिम सिफारिश भेजी थी। कुछ महीनों बाद जुलाई, 1891 में विद्यासागर का देहान्त हो गया। अपने देश की स्त्रियों की भलाई के लिए मृत्यु-शैया से सहमति आयु विधेयक (एज ऑफ कंसेंट बिल) पर उन्होंने अपनी जो अन्तिम टिप्पणी भेजी थी, वह उनके चरित्र की द्योतक बन गयी थी। उनके लिए कोई और भी काम स्त्रियों की भलाई से बढ़कर श्रेष्ठ और प्यारा न था तथा गुलामी और उत्पीड़न ने उनकी मुक्ति के लिए उन्होंने जितना निडर होकर संघर्ष किया, उतना किसी और कार्य के लिए नहीं किया।

साहित्य और पत्रकारिता

विद्यासागर के सुधार-कार्यों के बाद अब उनके बंगला-साहित्य तथा पत्रकारिता की चर्चा करेंगे। इन क्षेत्रों में भी वह नयी उद्भावनाओं के प्रवर्त्तक थे। उन्होंने बंगला-साहित्य में मौलिक रूप से कुछ अधिक नहीं लिखा, पर वह आधुनिक बंगला गद्य के मुख्य निर्माताओं में थे। प्रत्यक्ष रूप से पत्रकारिता के क्षेत्र में वह कभी नहीं आये पर अपने समय की बंगला और अंग्रेजी पत्र-पत्रिकाओं को सक्रिय सहयोग देते रहे थे। इन पत्र-पत्रिकाओं में बंगला का *सोम प्रकाश* और अंग्रेजी का *हिन्दू पैट्रिअट* सबसे अधिक प्रसिद्ध थे। उन्होंने आधुनिक मुद्रणालय और मुद्रण में भी गहरी दिलचस्पी ली थी। बहुत-से लोग यह जानकर अचरज करेंगे कि इस महान् पण्डित ने प्रकाशक और मुद्रक की हैसियत से बंगला 'टाइपोग्राफी' और 'कम्पोजिंग' का आधुनिकीकरण किया था। इन सभी क्षेत्रों में उन्होंने पुनर्जागरण काल के एक प्रतिभाशाली विद्वान के रूप में अपनी गुण-गरिमा का प्रदर्शन किया।

विद्यासागर की अधिकांश बंगला रचनाएँ या तो अनुवाद हैं, या छाया-रूपान्तर या पाठ्यपुस्तकें। इस प्रकार का काम उन्होंने खुद ही पसन्द किया था और इससे उनके लेखन का उद्देश्य प्रकट होता है। चूँकि विद्यासागर बंगला-गद्य के निर्माता थे, अतः स्वभावतः उनकी रुचि एक अविकसित और लिखित भाषा को समृद्ध करने के निमित्त सामग्री जुटाने की ओर रही। आधुनिक बंगला-साहित्य के जनक बंकिमचन्द्र चटर्जी ने बंगला भाषा और साहित्य के विकास में विद्यासागर के योगदान के सम्बन्ध में लिखा है (बंगला से अनूदित), "कहा जाता है कि आधुनिक बंगला-गद्य के प्रथम निर्माता राममोहन राय थे। राममोहन राय के बाद बोली जाने वाली भाषा से भिन्न-भिन्न रूपों में बंगला-गद्य का विकास होने लगा। कालान्तर में भाषा विकास की दो धाराएँ चलीं और इन दोनों धाराओं ने भिन्न-भिन्न नाम ग्रहण कर लिए। एक तो साधु या शुद्ध भाषा कहलाने लगी और दूसरी कथ्य या वाग्भाषा। साधु भाषा शुद्धतावादियों या पण्डितों की भाषा बन गयी। इन पण्डितों की भाषा, स्पष्ट रूप से अधिक संस्कृतनिष्ठ हो गयी। पहले-पहल इसका व्यवहार पण्डित ईश्वर चन्द्र विद्यासागर और अक्षयकुमार दत्त ने किया। बंगाल के इन दो विद्वान लेखकों ने ही

पहले-पहल इसका आधुनिकीकरण किया। यद्यपि इनका गद्य संस्कृतनिष्ठ था, पर कठिन और दुर्बोध नहीं था, खासकर विद्यासागर ने बड़ी मधुर और आकर्षक भाषा लिखी। जहाँ तक मैं जानता हूँ, विद्यासागर के पहले और उनके बाद, ऐसी प्रभावपूर्ण ललित और आर्कषक बंगला-गद्य लिखने वाला कोई पैदा ही नहीं हुआ।"

अपने महान् पूर्ववर्ती की तुलना में रवीन्द्रनाथ ठाकुर ने इस सम्बन्ध में कहीं अधिक मुखर होकर विद्यासागर के प्रति अपनी श्रद्धांजिल अर्पित की है। अपने *विद्यासागर-चरित* में उन्होंने लिखा है—"विद्यासागर की सबसे बड़ी उपलब्धि है बंगला-भाषा। अगर कभी भी बंगला-भाषा, साहित्य और सौन्दर्य से सम्पन्न हुई और अगर कभी इसे उच्च विचारों के स्थायी स्रोत के रूप में दुनिया की अन्य भाषाओं से समान आदर प्राप्त हुआ, तो विद्यासागर की इस महान् उपलब्धि को ही गौरव प्राप्त होगा।

"विद्यासागर आधुनिक बंगला-गद्य के प्रथम मौलिक कलाकार थे। यह सही है कि उनके पहले ही बंगला-गद्य का साहित्यिक जीवन प्रारम्भ हो गया था, वह पहले लेखक थे, जिन्होंने हमें बंगला-भाषा के कलात्मक प्रयोग का रास्ता दिखाया। उनसे पहले हमारी भाषा का कोई निश्चित रूप नहीं था और वह अनुशासनहीन भीड़ की तरह लेखकों के नियन्त्रण से बाहर थी। वह उसे नियन्त्रण में लाये। उन्होंने उसे उपयुक्त शब्द योजना से जोड़ा, शब्दों का विभिन्न रूपों में वर्गीकरण किया, उनके साथ भाव और ध्वनि का सम्बन्ध जोड़ा, उनकी गति को सहज-सरल-प्रवाहमय बनाया तथा उनकी उपयोगिता में काफी वृद्धि की। इस तरह उन्होंने भाषा को अनुशासनबद्ध किया। विद्यासागर के इस पथ-प्रदर्शन के बाद अब बंगला के अनेक साहित्य-सेनानी शब्दों की अनुशासित सेना लेकर ज्ञान के नये-नये समरांगणों में विजय प्राप्त करने में समर्थ हैं। लेकिन इन उद्‌भावनाओं का गौरव और श्रेय विद्यासागर को ही मिलना चाहिए जिन्होंने भाषा को कलाकारों के नियन्त्रण में लाकर इन्हें सम्भव बना दिया था।

"विद्यासागर पहले बंगला-गद्य लेखक थे, जिन्होंने बंगला-भाषा में विराम और अर्धविराम जैसे विरामचिह्नों को चलाया। जब ऐसे काम हुए, तभी भाषा के जीवन में एक नया युग प्रारम्भ हुआ क्योंकि वही भाषा पहले असम्बद्ध तथा मूक बेतुके शब्दों का समूहमात्र थी। पहले जो भाषा जड़ थी, वही अब चेतन और गतिशील बन गयी।

"विद्यासागर ने बंगला-गद्य को संस्कृत के प्रभावों से मुक्त किया। उपयुक्त उपसर्ग, प्रत्यय आदि जोड़कर तथा रचना और विन्यास का ढाँचा बदलकर शब्दों को नये और नये अर्थ प्रदान किये गये। एक नये प्रकार की वाक्य-रचना शुरू हुई। ऐसा लगा मानो जादू की तरह भाषा सभी प्रकार की भावनाओं की अभिव्यक्ति में समर्थ हो गयी। इसकी उपयोगिता भी काफी बढ़ गयी। बोलचाल के अशुद्ध बंगला शब्दों का परिमार्जन किया गया और भाषा को संस्कृत की आलंकारिकता से मुक्त किया गया। उन्होंने वाक्य के शब्दों में ध्वनिसाम्य उपस्थित कर वाक्य को लयात्मक

और प्रभावपूर्ण बनाने का प्रयत्न किया। इस प्रकार बंगला-गद्य ललित तथा मनोरम हो गया और आधुनिक विचारों का उपयुक्त वाहन बन गया। विद्यासागर ने ही बंगला-भाषा को गँवारूपन, पण्डिताऊपन और भद्देपन के चंगुल से बचाया और वह समुन्नत होकर विश्व की सबसे सभ्य आर्य भाषाओं की बराबरी करने लगी। विद्यासागर के इस काम को उनकी सर्वश्रेष्ठ उपलब्धियों में गिना जा सकता है और इससे लोगों को सच्चे हृदय से इस दिशा में प्रयत्न करने की प्रेरणा मिल सकती है।"

इस सम्बन्ध में रवीन्द्रनाथ ठाकुर ने अपनी पुस्तक *जीवन-स्मृति* में लिखा है–"विद्यासागर ने एक बंगला शिशुबोध भी *वर्ण-परिचय* के नाम से 1855 में लिखा था। यह आधुनिक शिक्षा-पद्धति पर आधारित अपनी तरह की पहली बंगला पुस्तक थी। कहना तो यह चाहिए कि इस *वर्ण-परिचय* का लगभग एक सौ वर्ष तक बंगाल में बोलबाला रहा है। हर बंगाली बच्चे को अपने विद्यासागर से ही इसे पढ़ना पड़ता है। दो आने कीमत के इसके लेखक के रूप में और फिर समाज-सुधारक के रूप में विद्यासागर को बंगाल का हर आदमी जानता है।" *वर्ण-परिचय* के प्राथमिक पाठ के सम्बन्ध में रवीन्द्रनाथ ठाकुर ने अपने बचपन की अपनी प्रतिक्रिया लिखी है। उनका कहना है–

जल पढ़े
पाटा नढ़े

"यह मेरे लिए प्रथम कवि का प्रथम पद्य था। मैं तब तक *कर* और खल जैसे सरल वर्ण-विन्यास के सागर को पारकर किनारे आ चुका था। तभी मैंने *जल पढ़े पाटा नढ़े* पढ़ा। अभी मुझे याद है कि इन लयात्मक शब्दों ने मेरे मन में खुशी की सिहरन पैदा की थी। अपने जीवन में एकदम पहली बार मुझे यह महसूस हुआ कि काव्य में इस प्रकार की लय की क्यों आवश्यकता पड़ती है। इस लय के कारण ही कवि का कथन उसके शब्दों के साथ समाप्त नहीं होता। शब्दों की गूँज मस्तिष्क पर प्रभाव डालती है। मैंने इन दो पक्तियों को पढ़ा था, तो मुझे एक अजीब अनुभव हुआ और अन्तःकरण में उनकी गुदगुदी महसूस हुई। मुझे अपने अन्दर इसका वातावरण महसूस हो रहा था और ऐसा लगा कि मानो मेरे इर्द-गिर्द वर्षा हो रही है और पेड़ों की पत्तियाँ सन-सन करती हुई संगीत की ध्वनि बिखेर रही हैं।"

सन् 1800 में फोर्ट विलियम कॉलेज के खुलने से ही आधुनिक बंगला-गद्य के प्रारम्भ की बुनियादें पड़ने लगी थीं। जो अंग्रेज अफसर भारत पर शासन करने को भेजे जाते थे, उन्हें इसी कॉलेज में बंगला-भाषा सीखनी पड़ती थी (क्योंकि उस समय ब्रिटिश शासन का प्रमुख केन्द्र बंगाल ही था) प्रख्यात ईसाई मिशनरी विलियम कैरी कॉलेज में बंगला-भाषा और साहित्य विभाग के अध्यक्ष थे। अतः उनकी मातहती में ही विदेशियों को बंगला सिखाने वाले पण्डितों की नियुक्तियाँ होती थीं। परन्तु उस समय प्रारम्भिक ज्ञान प्राप्त करने वाले छात्रों के लायक शायद ही कोई उपयोगी

पाठ्यपुस्तक थी। 1801 में विलियम कैरी ने श्रीरामपुर के डॉ. रिलैंड को लिखा कि उन्होंने राम बसु से एक राजा का इतिहास लिखवाया है (राजा प्रतापादित्य चरित्र)। उनके कथनानुसार "यह पुस्तक बंगला-भाषा की पहली गद्य पुस्तक थी।" इनके अतिरिक्त, मृत्युंजय विद्यालंकार, गोलोक नाथ शर्मा, तारिणीचरण मित्र और चण्डीचरण मुंशी जैसे बंगाली पण्डितों को भी कैरी की देखरेख में उपयुक्त बंगला पाठ्यपुस्तकें लिखने के लिए बुलाया गया था। गद्य-लेखन के इन प्रारम्भिक प्रयत्नों का केवल ऐतिहासिक महत्त्व है। वास्तविक साहित्यिक मूल्य की इनमें कोई भी रचना नहीं है। इस तरह का अधिकांश गद्य बोलचाल और पण्डिताऊ या संस्कृत भाषा का घुलामिला रूप है। केवल एक बंगाली पण्डित मृत्युंजय विद्यालंकार ही ऐसे थे, जिनका गद्य कुछ समय में आ सकता था, परन्तु उनमें ऐसी योग्यता नहीं थी कि वह बंगला-गद्य को आधुनिक विचारों का वाहक बना सकें।

यह काम राममोहन राय पर छोड़ दिया गया था। उनके हाथों बंगला-गद्य सामाजिक विवाद का हथियार बन गया था। वह मूर्तिपूजा, बहुदेवोपासना और हिन्दू विधवाओं की सती-प्रथा के रूढ़िवादी समर्थकों के साथ मुख्यतया बंगला-गद्य की सहायता से ही लोहा लेते रहे। कुछ विवादास्पद रचनाओं के अलावा, उन्होंने पहली बार संस्कृत उपनिषदों का बंगला में अनुवाद किया। इन प्रयत्नों के बावजूद वह गद्य की वाक्य-रचना और शब्दभण्डार को पूर्णतया नियन्त्रण में नहीं ला सके थे। उनकी रचनाओं में गति या लयात्मक गद्य का अभाव था। बाद में तीसरे दशक के अन्तिम वर्षों में 'यंग बंगाल' दल के श्रद्धेय कृष्णमोहन बनर्जी तथा अन्य लोगों के हाथों बंगला गद्य की कोई खास प्रगति नहीं हुई और वह वहीं रुक गयी। अभी तक उसका स्तर उतना ही रहा जहाँ तक राजा राममोहन राय उसे ले आये थे। इसका कारण उनका अंग्रेजी परस्त दृष्टिकोण ही था। महर्षि देवेन्द्रनाथ ठाकुर के नेतृत्व में 'तत्त्वबोधिनी सभा' तथा 'तत्त्वबोधिनी पत्रिका' के मैदान में आने के साथ ही चौथे दशक में पण्डित ईश्वर चन्द्र विद्यासागर और अक्षयकुमार दत्त जैसे महाप्राण व्यक्तियों ने प्रारम्भिक बंगला-गद्य के क्षेत्र में पदार्पण किया। इतिहास, दर्शन, धर्म, नीतिशास्त्र, विज्ञान, साहित्य, अर्थशास्त्र तथा समाजशास्त्र जैसे विविध विषयों में लेखन को प्रोत्साहन मिलने लगा और पत्रों में यह नियमित रूप से प्रकाशित होने लगा। ज्ञान के ऐसे अछूते क्षेत्रों में लेखन के इस साहसिक प्रयत्न से पिछली शताब्दी के चौथे एवं पाँचवें दशक में बंगला-गद्य के विकास को काफी बल मिला। तत्त्वबोधिनी पत्रिका' के पहले सम्पादक अक्षयकुमार दत्त ने अपने सशक्त लेखन से बंगला गद्य के विकास में महत्त्वपूर्ण योगदान दिया, पर इस युग में इस क्षेत्र में सर्वोत्तम योगदान विद्यासागर का ही था।

चाहे विधवा-विवाह, बहुपत्नीत्व, बाल-विवाह आदि विषयों पर विवादपूर्ण रचनाएँ हों अथवा पाठ्यपुस्तकें, अनुवाद तथा छाया-रूपान्तर, इन सब में पण्डित

जी बंगला-गद्य को संस्कृत की रूढ़िवादिता तथा गँवारू भद्देपन से मुक्त कर सदैव ही उसके परिमार्जन और परिष्कार के काम में लगे रहते थे। चूँकि बंगला-गद्य के वह पहले सजग कलाकार थे, अतः वह बंगला-साहित्य के मौलिक कलाकारों और वैज्ञानिकों के लिए इसे अभिव्यक्ति का सबसे अधिक उपयुक्त माध्यम बनाने के अपने ऐतिहासिक दायित्व को कभी नहीं भूलते थे। उनके बाद बंकिमचन्द्र और 'बंगदर्शन' मैदान में आये। विद्यासागर की रचनाओं से बंगला-गद्य को आवश्यक शक्ति मिली। उसके साथ-साथ बंकिमचन्द्र जी के 'बंगदर्शन' तथा उनकी रचनाओं से यह और अधिक पुष्ट हुआ। बाद में रवीन्द्रनाथ ठाकुर ने 19वीं शताब्दी से 20वीं शताब्दी तक अपनी ओजपूर्ण लेखनी से उसे अधिक सशक्त और समृद्ध किया।

विद्यासागर कभी भी पेशेवर पत्रकार नहीं रहे। लेकिन प्रत्यक्ष या अप्रत्यक्ष रूप में वह अनेक पत्र-पत्रिकाओं से सम्बद्ध रहे। इनमें 'तत्त्वबोधिनी पत्रिका', 'सोम प्रकाश', 'हिन्दू पैट्रिअट' और 'सर्वशुभकारी पत्रिका' प्रमुख थीं। 'तत्त्वबोधिनी पत्रिका' और 'सोम प्रकाश' उस समय की बंगला पत्र-पत्रिकाओं में सबसे अधिक प्रभावशाली थे और 19वीं शताब्दी के उत्तरार्ध में इन दोनों का बंगला-साहित्य के रंगमंच पर बोलबाला रहा था। 'सर्वशुभकारी' यद्यपि सामाजिक दृष्टि से महत्त्वपूर्ण पत्र था, पर वह कुछ ही महीनों तक चल सका। 'हिन्दू पैट्रिअट' एक अंग्रेजी पत्र और तत्कालीन शिक्षित बंगालियों का सबसे अधिक महत्त्वपूर्ण पत्र था। इसके सम्पादक नील-खेती-विरोधी आन्दोलन में भाग लेने वाले हरिश्चन्द्र मुखर्जी और प्रसिद्ध राष्ट्रवादी नेता कृष्टोदास पाल थे। इस पत्र पर जब गम्भीर संकट आया, तो इसका संचालन विद्यासागर को सौंप दिया गया। इससे पत्रकारिता के क्षेत्र में विद्यासागर के प्रयत्नों और सम्बन्धों का पता चलता है।

सन् 1843 में 'तत्त्वबोधिनी पत्रिका' के प्रारम्भ से अपने जीवन के अन्तिम दिनों तक विद्यासागर का उससे बड़ा गहरा सम्बन्ध रहा। वह 'पत्र समिति' के सदस्य थे। यह 'पत्र समिति' एक प्रकार से सम्पादक-मण्डल का ही कार्य करती थी, क्योंकि इसे पत्र के लिए लेख और रचनाएँ चुनने और सम्पादित करने का एकमात्र अधिकार प्राप्त था, चाहे वे रचनाएँ सम्पादक की ही क्यों न हों। पहला सम्पादक होने के नाते, इस समिति में अक्षयकुमार को विद्यासागर के निकट सम्पर्क में आने का और उनसे अपनी गद्य नियमित रूप से सम्पादित करवाने का अवसर मिला। तत्त्वबोधिनी पत्रिका' को विद्यासागर का योगदान दो रूप में मिला। एक तो खुद उनकी रचनाएँ उसमें छपती थीं और दूसरे, सम्पादक पर उनका बड़ा भारी प्रभाव था। कालान्तर में अक्षयकुमार इस क्षेत्र में विद्यासागर के महान् प्रतिद्वन्द्वी बन गये और बंगला-साहित्य के हित के लिए विद्यासागर ने दूसरों की अपेक्षा इस तथ्य का सबसे अधिक स्वागत किया था।

अपने मित्र पण्डित मदनमोहन तर्कालंकार के सहयोग से विद्यासागर ने अगस्त,

1850 में बंगला में 'सर्वशुभकारी पत्रिका' निकाली। यद्यपि इसके सम्पादक मतिलाल चट्टोपाध्याय थे पर ये दोनों पण्डित ही इसके असली कर्ताधर्ता थे। पत्रिका में प्रकाशित विषय-सामग्री से पता चलता है कि विद्यासागर ने समाज-सुधार के निमित्त ही इस पत्रिका का प्रकाशन शुरू किया था। इसके कुछ ही अंक निकल पाये थे कि साल-भर के अन्दर ही इसका प्रकाशन बन्द हो गया। अपने अल्प जीवन के बावजूद सामाजिक तथा शैक्षिक सुधार पर बल देने के कारण इस पत्रिका ने बंगला-पत्रकारिता में अपना स्थान बना लिया था।

इस क्षेत्र में उनका दूसरा प्रयास था 'सोम प्रकाश' जिसका प्रकाशन 1858 में शुरू हुआ। इसके सम्पादक उनके मित्र तथा सहयोगी पण्डित द्वारकानाथ विद्याभूषण थे। पहले पहल इसे विद्यासागर ने ही चालू किया था और ऐसे प्रमाण उपलब्ध हैं कि इसका पहला अंक सम्पूर्ण रूप में विद्यासागर ने ही लिखा था।[1] कुछ दिनों के बाद वह बीमार पड़ गये, जिससे इसके प्रबन्ध का भार द्वारकानाथ को सौंप दिया गया। विद्यासागर के सहयोग व समर्थन से इस पत्र का बंगला के समाचार-पत्रों में सर्वप्रमुख स्थान बन गया था। 'तत्त्वबोधिनी पत्रिका' का दायरा बड़ा सीमित था और खासकर धार्मिक दृष्टि से यह ब्रह्म-समाज से सम्बद्ध थी, अतः इसमें छपी अधिकांश रचनाएँ धार्मिक हुआ करती थीं। 'सोम प्रकाश' का दायरा बड़ा विशाल था और इस तरह की कोई सीमा उस पर लागू नहीं थी, अतः यह तत्कालीन सामाजिक, राजनीतिक और सांस्कृतिक समस्याओं के बारे में बड़े साहस और स्वतन्त्रतापूर्वक लिखे लेख छापा करता था। इसीलिए यह बंगला की सामाजिक-राजनीतिक पत्रकारिता के क्षेत्र में बड़ा सफल पत्र साबित हुआ।

शिक्षित बंगाली जनसमुदाय के अंग्रेजी मुखपत्र के रूप में 'हिन्दू पैट्रिअट' को अद्वितीय प्रतिष्ठा प्राप्त थी और उस समय के सभी वर्गों के लोगों पर इसका बड़ा प्रभाव था। बड़े सरकारी अफसर से लेकर साधारण अंग्रेजी पढ़े बंगाली क्लर्क तक इसे बड़ी दिलचस्पी से पढ़ते थे और इसके विचार को मूल्यवान समझते थे। यद्यपि इसने लगातार अंग्रेज शासक और भारतीय प्रजा, जमींदार और रैयत, सबके बीच सम्बन्ध के बारे में मध्यवर्ग के विचारों का ही प्रचार किया, पर इसके बावजूद, इसने शिक्षित मध्यवर्ग को अपनी शिकायतें प्रकट करने तथा विशेष अधिकार प्राप्त करने की अपनी माँगों की वकालत करने के लिए एक मंच प्रदान किया। फलतः इससे बंगाल के मध्यवर्ग, खासकर शिक्षित समुदाय में राजनीतिक चेतना का काफी प्रसार हुआ।

बंगाल अण्डर द लेफ्टिनेण्ट गवर्नर्स नामक अपनी पुस्तक में सी.ई. बकलैंड ने विद्यासागर के 'हिन्दू पैट्रिअट' से सम्बन्ध के बारे में लिखा है—"14 जून, 1861 को जब 'हिन्दू पैट्रिअट' के संस्थापक श्री हरिश्चन्द्र मुखर्जी का देहान्त हो गया, तो

1. हिन्दू पैट्रिअट, 1 जनवरी, 1865

इसके नये संचालक बाबू कालिप्रसन्न सिन्हा ने इसे कुछ दिनों तक घाटे पर चलाने के बाद विद्यासागर के हवाले कर दिया। विद्यासागर ने 1861 में कृष्टोदास पाल को सम्पादकीय कार्यभार सौंपने के लिए बुलवाया और बाद में जुलाई, 1862 में यह पत्र ट्रस्टियों की एक समिति को सौंप दिया। समिति ने उसका प्रबन्ध कृष्टोदास पाल पर छोड़ दिया। इस तरह 1861 से लेकर अपने देहान्त तक वही इसके प्रबन्धक बने रहे और अपने प्रबन्ध काल में उन्होंने पत्र को ऊँचा उठाया और आर्थिक दृष्टि से समृद्ध किया।"

विद्यासागर का कालिप्रसन्न सिन्हा से घनिष्ठ सम्बन्ध था। 'हिन्दू पैट्रिअट' के संस्थापक-सम्पादक हरिश्चन्द्र के प्रति उनके मन में प्रेम और सम्मान का भाव था। जब विद्यासागर पर पत्र का भार सौंपा गया, तो वह एक ऐसे प्रतिभाशाली युवक की खोज में थे, जिस पर पत्र का सम्पादकीय दायित्व सौंपा जा सके। उस समय कृष्टोदास पाल ब्रिटिश इण्डियन एसोसिएशन के कार्यालय में क्लर्क थे। वह पण्डित जी की निगाह में चढ़ गये और इस पद के लिए चुन लिए गये। उन्होंने बड़ी तेजी से ख्याति प्राप्त की। हम निश्चित रूप से नहीं जानते कि कृष्टोदास पाल को सम्पादक चुनते समय विद्यासागर के मन में पत्र को क्या कोई निश्चित सैद्धान्तिक स्वरूप देने की इच्छा थी। जिन परिस्थितियों में उन्होंने युवक क्लर्क कृष्टोदास पाल को चुना था, उनसे यह जाहिर होता है कि उनके मन में एक युवक के हाथों पत्र सौंपकर अपनी देखभाल में पत्र को सामाजिक-राजनीतिक भूमिका अदा करने में समर्थ बनाने का विचार था। पर जिस व्यक्ति को चुना गया, वह धीरे-धीरे ब्रिटिश इण्डियन एसोसिएशन के उच्च वर्ग की नर्म राजनीति के निकट आता गया। इससे पत्र के भविष्य के बारे में विद्यासागर की आँखें खुल गयीं और उन्होंने ट्रस्टियों की एक समिति के हाथों इसका प्रबन्ध सौंपने का निश्चय किया।

संक्षेप में, बंगाल की पत्रकारिता के विकास में विद्यासागर का यही योगदान था। पेशेवर पत्रकार न होने और मंच पर प्रत्यक्ष भूमिका अदा न करने के बावजूद, विद्यासागर ने बंगाल में बंगला और अंग्रेजी पत्रकारिता के हित में अद्वितीय कार्य किया। 19वीं शताब्दी की बंगला पत्रिकाओं 'तत्त्वबोधिनी पत्रिका' और 'सोम प्रकाश' ने विद्यासागर की बहुमुखी प्रतिभा के कारण ही ख्याति और प्रभाव प्राप्त किया था। कुछ काल तक, अंग्रेजी पत्र 'हिन्दू पैट्रिअट' का अस्तित्व, जिसका बंगाली मध्यवर्ग के शिक्षित समुदाय पर गहरा प्रभाव था, केवल विद्यासागर की उदारता के कारण ही कायम रहा था और इसके पुनर्जीवन के पीछे उनकी ही दृष्टि कार्य कर रही थी।

अब हम अपेक्षतया कम ज्ञात, किन्तु विद्यासागर की अधिक महत्त्वपूर्ण सेवा का उल्लेख करें। उनकी यह सेवा आधुनिक ज्ञान, विज्ञान और मुद्रण तथा प्रकाशन-कला के क्षेत्र में थी। सच्चे पुनर्जागरणकालीन मानवतावादी विद्वान के रूप में विद्यासागर ने संस्कृत के गौरव ग्रन्थों में गहरी अभिरुचि ली। उन्होंने खोई हुई पुरानी संस्कृत

पाण्डुलिपियों को ढुँढ़वाने के प्रयत्न किये और उनकी नकल करवाई। इसके अलावा, उन्होंने आधुनिक ज्ञान के प्रयास के अस्त्र के रूप में आधुनिक मुद्रण तथा प्रकाशन की कारीगरी (टेकनीक) में भी गहरी दिलचस्पी ली। वह महान् पण्डित, समाज-सुधारक पथ-प्रदर्शक, मुद्रक और प्रकाशक भी थे।

पण्डित मदनमोहन तर्कालंकार के साथ 1847 में एक मित्र से 600 रुपये उधार लेकर कलकत्ता में उन्होंने संस्कृत प्रेस की स्थापना की। चूँकि वह खुद भी लेखक थे, अतः उन्होंने अपनी पुस्तकें प्रकाशित करना शुरू किया और अपने कुछ मित्रों की पुस्तकें भी प्रकाशित की थीं। संस्कृत प्रेस के प्रकाशनों को बेचने के लिए उन्होंने किताब की एक दुकान भी खोली, जिसमें बहुत जल्दी ही काफी मुनाफा मिलने लगा। न केवल प्रकाशन गृह और पुस्तक की दुकान ही, बल्कि संस्कृत प्रेस भी कलकत्ता का प्रमुख व्यापारिक संस्थान बन गया। सार्वजनिक सेवा-कार्य से अवकाश ग्रहण करने के बाद विद्यासागर को मुद्रणालय और प्रकाशन से ही अपनी जीविका चलाने को बाध्य होना पड़ा था।

इतना ही नहीं, मुद्रण की कारीगरी में भी उनकी दिलचस्पी थी। बंगाल में जब छपाई और टाइपोग्राफी की कठिनाइयाँ उत्पन्न हुईं तो विद्यासागर को उनका सामना करना पड़ा था और उसी से उनकी मुद्रण कला की कारीगरी में दिलचस्पी बढ़ी थी। समस्या थी कि प्रेस में अनेकानेक पृथक बंगला टाइपों के रखने-रखाने खासकर टाइप केस में टाइपों के रखने और कम्पोजिंग में उन्हें सजाने की व्यवस्था कैसे सरल और वैज्ञानिक बनाई जाये। 'बंगाल कम्पोजिंग' में टाइप सजाने के लिए पाँच सौ बक्सों की जरूरत पड़ती थी। विद्यासागर ने बंगला-छपाई और टाइपोग्राफी की इस जटिलता को सरल बनाने में काफी परिश्रम किया। बंगला प्रेस के कर्मचारियों ने बंगला छपाई के टाइपों की सरल व्यवस्था को *विद्यासागर शाट* नाम दिया और इसे मुद्रण शिल्प के क्षेत्र में विद्यासागर का उस समय बड़ा भारी तकनीकी योगदान माना गया।

संस्मरण

विद्यासागर जिस पद पर और जिस स्वभाव के व्यक्ति थे, उसे देखते हुए उनके बारे में जो अनेक कहानियाँ प्रचलित हैं, उन पर अचरज नहीं होता, क्योंकि तब तक कहानी-किस्सा सुनाने का रिवाज किसी-न-किसी रूप में मौजूद था। इन कहानियों में से कुछ काल्पनिक भी हो सकती हैं और कुछ सच्ची भी। यहाँ जिन किस्सों का जिक्र किया जा रहा है, उनमें अधिकतर सच्चे हैं और उनसे कुछ मनोरंजन भी होता है। लेकिन विद्यासागर का व्यक्तित्व इन किस्सों में जितना अधिक उभरा है उतना और कहीं नहीं।

पहले हम उन चट्टियों (बंगाली चप्पलों की जोड़ी) के बारे में एक-दो किस्से सुनाएँ, जिन्हें विद्यासागर, सभी अवसरों पर पहने रहते थे। एक बार इस बारे में प्रेसिडेंसी कॉलेज के अंग्रेज प्रिंसिपल कैर के साथ उनकी बड़ी मजेदार तू-तू-मैं-मैं हुई और उन्होंने उसे खूब अच्छा सबक सिखाया था। उस समय विद्यासागर संस्कृत कॉलेज के आचार्य (प्रिंसिपल) थे और किसी काम के सिलसिले में बात करने कैर के पास गये थे। जब वह उनके कमरे में पहुँचे, तो प्रिंसिपल महोदय उनका स्वागत करने के लिए कुर्सी छोड़कर खड़े नहीं हुए बल्कि मेज पर अपने जूतों समेत पैर फैलाए बैठे रहे। उन्होंने विद्यासागर को बैठाने की शिष्टता भी नहीं बरती। विद्यासागर उनसे जल्दी ही अपनी बातचीत खत्म करके अपने कॉलेज वापस लौट आये। इसके बाद, उस विषय पर विचार-विमर्श करने के लिए कैर को उनके कॉलेज आना पड़ा। जब कैर उनके कमरे में आये, तो विद्यासागर चट्टी पहने मेज पर पाँव फैलाए बैठे रहे। प्रिंसिपल कैर को बैठने के लिए कुर्सी भी नहीं दी। पण्डित और वह भी एक हिन्दुस्तानी पण्डित का यह बर्ताव अंग्रेज शासक वर्ग के सदस्य कैर को बड़ा ही अखरा और अपमानजनक लगा। गुस्से में भरकर वह कमरे से बाहर निकला और इस बंगाली की बदतमीजी की शिकायत करते हुए उन्होंने शिक्षा परिषद के सचिव को एक खत लिख भेजा। डॉ. मुआट ने, जो उस समय शिक्षा परिषद के सचिव थे, शिकायत का खत देखते ही असलियत को भाँप लिया क्योंकि वह पण्डित जी को बहुत नजदीक से जानते थे। उन्होंने बिना कोई जवाब-तलब किये रस्मी तौर पर

पण्डित जी से इस बाबत पूछताछ की। जवाब में विद्यासागर ने लिखा—"मैं ठहरा एक अदना-सा हिन्दुस्तानी। यूरोप के तौर-तरीके भला मैं क्या जानूँ। कुछ दिन हुए, मैं मिस्टर कैर से मिलने गया था तो मैंने मिस्टर कैर को हू-ब-हू उसी ढंग से बैठा देखा और वह मुझसे बैठने के लिए कहे बगैर बातचीत करते रहे। पहले तो मुझे बड़ी हैरत हुई, लेकिन फिर मैंने सोचा कि यूरोप में शायद शिष्टाचार का यही ढंग हो। लिहाजा, मैंने सोचा कि हम जैसे अर्ध-सभ्य लोगों को भी शिष्टाचार के ढंग का अनुकरण करना चाहिए। जब वह मेरे वहाँ आये, तो मैं भी उन्हीं की भाँति शिष्टता से पेश आया, उन्हें नाराज करने का मेरा कोई इरादा नहीं था।" डॉ. मुआट सारी बात समझ गये और उन्होंने मामले को रफा-दफा करना ही ठीक समझा।

एक और किस्सा ऐसा है जिस पर गरमागरमी हुई और वह किस्सा भी विद्यासागर की चट्टियों के बारे में ही है। 1874 की बात है, विद्यासागर को एशियाटिक सोसाइटी के पुस्तकालय और भारतीय संग्रहालय का मुआयना करने के लिए निमन्त्रित किया गया। ये दोनों संस्थाएँ एक ही इमारत में थीं। विद्यासागर के साथ वाराणसी से आये प्रसिद्ध हिन्दी कवि भारतेन्दु हरिश्चन्द्र भी सोसाइटी और संग्रहालय देखने गये। पण्डित जी अपनी खास पोशाक धोती और चादर में थे और पैरों में देशी चप्पलें पहन रखी थीं। उनके मित्र हरिश्चन्द्र ने चोगा-अचकन-पगड़ी वाली खास हिन्दुस्तानी पोशाक पहन रखी थी। लेकिन सौभाग्य से उनके पैर में अंग्रेजी फैशन के जूते थे। जब सोसाइटी की इमारत के दरवाजे पर पहुँचे, तो द्वारपाल ने विद्यासागर को कमरे के बाहर रोक दिया और उनसे चप्पल बाहर ही उतार देने के लिए कहा। मगर, अंग्रेजी ढंग के जूते पहने रहने के कारण उनके साथी भारतेन्दु हरिश्चन्द्र को अन्दर जाने की इजाजत दे दी। विद्यासागर फौरन घर लौट गये। उनके मित्र भी इस अपमान को सहन न कर सके और उनके साथ ही लौट आये। घर लौटकर विद्यासागर ने भारतीय संग्रहालय के ट्रस्टियों के अवैतनिक सचिव, एच.एफ. ब्लैनफर्ड को यह खत लिखा—"पिछली 28 जनवरी, 1874 को मुझे 'एशियाटिक सोसाइटी ऑफ बंगाल' का पुस्तकालय देखने के लिए निमन्त्रित किया गया था, पर चूँकि मैं हिन्दुस्तानी चप्पल पहने हुए था, इसलिए चप्पल उतारे बिना मुझे अन्दर दाखिल होने की इजाजत नहीं दी गयी। इस तौहीन को मैं बर्दाश्त न कर सका और बिना पुस्तकालय देखे वापस लौट आया।

"जब मैं अहाते में था तो मैंने देखा कि कुछ देशी लोगों से जिन्होंने देशी चप्पले पहन रखी थीं, न सिर्फ उनकी चप्पलें उतरवा ली गयी थीं, बल्कि उन्हें अपनी चप्पलें अपने हाथों में उठाकर चलना पड़ा। मेंने वहाँ कुछ लोग ऐसे भी देखे थे, जो जूते पहने संग्रहालय के कमरों में घूम रहे थे...पर मेरी समझ में यह नहीं आता कि अगर अंग्रेजी फैशन के जूते पहने लोग, चाहे वे पैदल ही क्यों न आयें, बिना जूता उतारे अन्दर दाखिल हो सकते हैं, तो उसी स्तर के और उन्हीं

हालतों में रहने वाले लोगों को सिर्फ इसलिए अन्दर क्यों नहीं घुसने दिया जाता कि वे देशी जूते पहने हैं।"

मिस्टर ब्लैनफर्ड विवाद से बचने के लिए मामले को रफा-दफा कर देना चाहते थे, लेकिन इस घटना ने बड़ा तूल पकड़ा और समाचार-पत्रों ने इसमें खूब दिलचस्पी ली, यहाँ तक कि अंग्रेजी अखबारों ने भी सोसाइटी के अधिकारियों के इस रवैये की निन्दा की। यहाँ हम इस प्रसिद्ध *चप्पल-काण्ड* के बारे में 'इंग्लिश मैन' की कुछ पंक्तियाँ दे रहे है—"हम समझते हैं कि यह चप्पल-समस्या फिर से उभर आयी है और बंगाल एशियाटिक सोसाइटी जैसी संस्था की परिषद का ध्यान खींच रही है। विद्वत्ता, नम्रता और विकिध गुणों के आगार पण्डित विद्यासागर ने, जिन्होंने अपने देशवासियों की अमूल्य सेवा की है और जिनका यश एशिया के बाहर भी दूर-दूर तक फैला हुआ है, यह शिकायत की है कि उन्हें देशी जूते पहनने के कारण एशियाटिक सोसाइटी के अन्दर नहीं घुसने दिया गया। उनकी इस शिकायत के सम्बन्ध में परिषद के अधिकारी बड़ी पसोपेश में थे और समझ नहीं पा रहे थे कि उन्हें क्या करना चाहिए। हमारी नजर में जोन्स और कोल ब्रुक के उत्तराधिकारियों के लिए गौरवपूर्ण और उचित रास्ता यही है कि वे ऐसे तुच्छ नियम को हटा दें जिससे सोसाइटी की उपयोगिता को आघात पहुँचता है, पण्डित विद्यासागर सरीखे व्यक्ति वहाँ जाने में हतोत्साहित होते हैं और इससे यूरोप के लोगों की हँसी-मजाक का विषय बनाता है।... पर अगर चमड़े के प्रति आदर का भाव होना जरूरी ही है तब तो उसके रूप और आकार-प्रकार के भी कोई माने नहीं होते, चाहे वह किसी भी रूप में क्यों न हो। हमें आशा है कि एशियाटिक सोसाइटी की परिषद और संग्रहालय के ट्रस्टियों को अवश्य ही सुबुद्धि आयेगी और वे भारत के लोगों को यह महसूस नहीं होने देंगे कि उनके कमरों में जाना अपमान कराना है।"

विद्यासागर के जूते क्या थे, पुराने जमाने से चली आ रही चप्पलें थीं। जैसा कि रवीन्द्रनाथ ठाकुर ने कहा है, वे चप्पलें उनके दृढ़ व्यक्तित्व की प्रतीक थीं। विद्यासागर के परवर्ती युग के महान् ब्रह्मसमाजी नेता शिवनाथ शास्त्री ने अपने संस्मरण में चट्टी के सम्बन्ध में एक और भी लघुकथा का उल्लेख किया है। विद्यासागर के हृदय में शिवनाथ शास्त्री के प्रति बड़ी सहृदयता का भाव था और वह उनके बड़े स्नेहपात्र थे। एक दिन शिवनाथ शास्त्री ने उनकी चट्टी का प्रसंग छेड़ दिया और उससे सम्बद्ध घटनाओं का जिक्र करने लगे। थोड़े से वाद-विवाद के पश्चात विद्यासागर ने शान्त भाव से कहा, "हाँ, हाँ, मेरे प्यारे दोस्त, यह हमारे देश में बनी चप्पल है और इसे पहनने का मुझे बड़ा गर्व है। तुम जानते ही हो कि इसमें बड़ा नैतिक बल है। अगर ऐसी स्थिति आयी तो मैं यही चप्पल बड़े-बड़े राजाओं के मुँह पर मार सकता हूँ।" शिवनाथ शास्त्री ने अपनी इस प्रतिक्रिया के साथ इस प्रसंग को समाप्त किया "उस समय मैंने जैसा अनुभव किया, वही अब भी कर

रहा हूँ कि उन्होंने जो कुछ भी कहा, वह एकदम सही था। उच्च मानसिक शक्ति, नैतिक साहस और विशाल व्यक्तित्व वाले इस महापुरुष के समक्ष राजा-महाराजा सचमुच तुच्छ मालूम पड़ते थे।"

यह किस्सा रूढ़िवादी हिन्दुत्व और मजहब के प्रति उनके दृष्टिकोण के बारे में है और शिवनाथ शास्त्री की पुस्तक से उद्धृत किया गया है। वह लिखते हैं—ब्रह्मसमाज में सम्मिलित होने के कुछ ही वर्षों बाद मेरे पिता गाँव छोड़कर बनारस चले गये और अपने जीवन के शेष वर्षों तक वहीं रहे। विद्यासागर महाशय को उनका बनारस जाना पसन्द नहीं आया और यह निम्नलिखित घटना से जाहिर भी होता है। बनारस-प्रवास के दिनों मेरे पिता एक बार कलकत्ता आये और मेरे मित्र पण्डित विद्यासागर से मुलाकात करने उनके घर गये। विद्यासागर ने मेरे धर्म-निष्ठ पिता पर बनारस रहने की बात को लेकर व्यंग्य भी किया। उस अवसर पर मौजूद एक तीसरे व्यक्ति से मुझे दोनों की बातचीत का पता चला जो इस प्रकार थी, "हाराण, तुम तो बनारस जाकर बस गये हो न, लेकिन क्या तुमने गाँजा पीना सीखा है?" विद्यासागर ने पूछा।

"बनारस रहने और गाँजा पीने में क्या सम्बन्ध है?" मेरे पिता ने कहा।

"क्या तुम इस अन्धविश्वास से अवगत नहीं हो कि जो बनारस में मरता है, वह साक्षात भगवान शिव रूप हो जाता है? परन्तु शिव तो पक्के गाँजा-पियक्कड़ हैं। क्या यह बुद्धिमानी नहीं है कि तुम भी गाँजा पीने की आदत डाल लो? नहीं तो फिर यह प्रथम प्रयोग तुम्हारे लिए कठिन परीक्षा बन सकता है।" विद्यासागर ने कहा।

पण्डित शिवनाथ शास्त्री आगे लिखते हैं—"ब्रह्मसमाज में सम्मिलित होने के तुरन्त बाद मेरे पिता ने मुझे, मेरी पत्नी और मेरी बच्ची को घर से निकाल दिया और मैं सपरिवार कलकत्ता आकर रहने लगा। विद्यासागर महाशय ने मेरी ओर से आँख ओझल नहीं की, बल्कि मेरे बारे में वह पूछताछ करते रहे और मुझे यथोचित परामर्श भी देते रहे।"

धर्म के प्रति उनके व्यावहारिक दृष्टिकोण की एक कहानी और भी है। जब शिवनाथ लड़के ही थे तो एक बार वह अपने कुछ युवक दोस्तों के साथ अपने एक बीमार साथी के घर गये। वहीं उनकी मुलाकात विद्यासागर से हुई। इस साक्षात्कार के सम्बन्ध में शिवनाथ ने अपनी पुस्तक *मैन आई हैव सीन* में लिखा है—गली की तरफ खुले बरामदे में बैठना ठीक समझकर हम सब लोग वहीं बैठ गये। तब तक विद्यासागर भी वहाँ आ पहुँचे। चूँकि वह जन्म से ही मिलनसार प्रकृति के थे, अतः हम सब को देखकर वह बड़े प्रसन्न हुए। उन्होंने हमसे तब तक वहीं बैठे रहने के लिए कहा जब तक वह बीमार को कुछ खिला-पिलाकर लौटे नहीं। हम सब उनके कहने के मुताबिक वहीं रुके रहे। आते ही उन्होंने ऐसी कहानियाँ सुनानी शुरू कीं, जिनसे हम सब हँसी के मारे लोट-पोट होते रहे। अन्त में उन्होंने अपने मित्र से चावल के कुछ मुरमुरे खरीदवाकर मँगवाये। अकसर इसे बंगाल के गरीब लोग खाते

हैं। जब मुरमुरे आये तो उन्होंने हम सबसे खाने का अनुरोध किया और खुद भी खाना शुरू किया। यह कुछ अजीब-सा लगा कि गली के पास के एक बरामदे में बैठकर विद्यासागर मुरमुरे चबा रहे थे। उसी वक्त मेरा एक परिचित आया, जो ईसाई धर्म का प्रचारक था। वह मुझे मुरमुरे चबाते देखकर अचरज में पड़ गया और मेरी मुक्ति के सम्बन्ध में मुझसे पूछताछ करने लगा। उसने मुझसे कहा कि इस ब्रह्मवाद से काम नहीं चलने का और तुम अधर में आकर ही रुक गये हो। उसकी इन बातों से पण्डित विद्यासागर का मनोविनोद हो रहा था और वह उसका मजाक उड़ाना चाहते थे। उस ईसाई सज्जन ने पण्डित जी को कभी नहीं देखा था, अन्यथा वह पण्डित जी को अवश्य ही अधिक आदर की दृष्टि से देखता। पण्डित जी ने कहा, "महाशय, इन युवकों को अभी रहने दीजिए, क्योंकि मुक्ति के सम्बन्ध में सोचने के लिए उनकी तो अभी सारी उम्र पड़ी हुई है, हम बूढ़े-खुर्राटों के पास आओ, जो अब इस संसार से कूच करने ही वाले हैं।" जिस तरह की भाषा में पण्डित जी ने उस ईसाई प्रचारक को निमन्त्रित किया, उससे उसे समझ लेना चाहिए था कि निमन्त्रण किस भाव से दिया गया है। लेकिन उसने समझा ही नहीं। पूरे उत्साह से वह पण्डित जी के पास आया और उसने अपना प्रवचन शुरू कर दिया। विद्यासागर ने कुछ देर तक तो उसकी बातों में बड़ा रस लिया और बाद में उस पर मजाक-भरे चुटकुले कसने शुरू कर दिये। उनकी बातचीत के तौर-तरीके से वह समझ गया कि यहाँ उसकी दाल नहीं गलने की। वह गुस्से में यह कहते हुए चला गया, "मूढ़-पापी, हमारी बात को तो समझता नहीं, उसकी खिल्ली उड़ाता है। जा, तुझे हमेशा नरक में ही सड़ना होगा।" उसके चले जाने के बाद उसकी बातों पर बड़ा हँसी-मजाक हुआ और लोग हँसी के मारे लोट-पोट हो गये। पण्डित जी ने मुझसे कहा, "तुम उसे मेरा नाम कभी मत बताना, क्योंकि अगर तुमने कभी उसे मेरा नाम बता दिया तो बेचारे के दिल पर और भी सदमा पहुँचेगा। मैं मौके-बे-मौके प्रचार करने की इन लोगों की आदत का कुछ मजाक उड़ाना चाहता था।"

राजा राममोहन राय के बड़े बेटे राधाप्रसाद राय के पोते का नाम ललित मोहन चटर्जी था। वह कुछ अजीब किस्म के थे और उन पर बड़ी जल्दी सभी प्रकार के आध्यात्मिक और देवी विश्वासों का रंग सवार हो जाता था। विद्यासागर बड़े निकट से ललित मोहन को जानते थे। उन्होंने कभी भी किसी को यहाँ तक कि अपने घनिष्ठ मित्रों से भी धर्म और ईश्वर के बारे में अपने विचार प्रकट नहीं किये। निश्चित रूप से कोई भी नहीं जानता था कि धर्म और ईश्वर के बाद में उनके क्या विचार थे। वह प्रायः हमेशा इस विवाद से बचे रहना ही पसन्द करते थे। तब उन्होंने देखा कि ललित मोहन निस्सहाय-सा अनेक तरह के दैवी विश्वासों की ओर भटक रहा है, तो वह एक दिन बड़े स्नेह के साथ बोले, "ललित! क्या तुम सचमुच यह विश्वास करते हो कि मरने के बाद भी जीवन का अस्तित्व है। हम इस दुनिया

में अपने मौजूदा जीवन के बारे में भी कुछ ज्यादा नहीं जानते। तुम सचमुच ही बड़े भाग्यशाली हो, क्योंकि वर्तमान जीवन के बारे में जानने के अलावा मृत्यु के बाद के जीवन में तुम्हारी जानकारी है। क्या तुम मुझे भी इस बारे में कुछ बता सकते हो?" ललित मोहन के मन में पण्डित जी के प्रति पितृवत व श्रद्धा की भावना थी। अतः वह उनके सामने कुछ अललटप्प बातें करने लगा। विद्यासागर ने उसे शाबाशी दी और कहा, "ललित! तुम मेरी बात का बुरा न मानो। मैं तुम्हारे इस प्रयास में तुम्हारी सफलता की कामना करता हूँ। पर तुम मुझे यह बताओ कि क्या मृत्यु के बाद मेरा भी दूसरा जीवन होगा और अगर होगा तो वह किस प्रकार का होगा!" इस पर ललित ने उत्तर दिया, "हाँ दादू, हर आदमी की तरह मृत्यु के बाद आपका भी दूसरा जीवन होगा। यह तो कल्पना ही नहीं की जा सकती कि आपने मानवता की जितनी सेवा की है, उसे देखते हुए आपको मृत्यु के बाद अच्छा पुनर्जन्म न मिले। आखिर लोगों के लिए आपने इतनी तकलीफें झेली हैं और दूसरे जन्म में आपको इसका समुचित पुरस्कार भी मिलेगा ही।" विद्यासागर सहसा हँस पड़े और बोले, "अगर यह कथन मजाकिया नहीं, तो बढ़िया और मक्खनबाजी का नमूना तो है ही। मुझ बुड्ढे आदमी के लिए तो यह बड़ी तसल्ली की बात है कि दूसरे जन्म में मुझे अपने कर्मों का फल मिलेगा।"

रामप्रसाद राय राजा राममोहन राय के सबसे छोटे पुत्र थे। विद्यासागर और रामप्रसाद राय बड़े गहरे मित्र थे, पर दुर्भाग्यवश दोनों के बीच विधवा-विवाह को लेकर कुछ गलतफहमी पैदा हो गयी थी। कहा जाता है कि 26 जुलाई, 1856 को जब अधिनियम पास हो गया तो पहले विधवा-विवाह के समारोह में रामप्रसाद राय शरीक होना नहीं चाहते थे। विवाह के कुछ दिनों पहले विद्यासागर अपने इस मित्र से मिले थे और विवाह-कोष में दान देने और व्यक्तिगत रूप से समारोह में शरीक होने के उनके अपने वायदे की उन्हें याद दिलाई। इस पर रामप्रसाद राय ने कहा, "निस्सन्देह मैं विधवा-विवाह के पक्ष में हूँ और दान भी दूँगा। पर यदि मैं विवाह-समारोह में उपस्थित न हो सकूँ, तो कोई हानि तो नहीं है।" विद्यासागर ने सोचा कि रामप्रसाद में विवाह-समारोह में उपस्थित होने का नैतिक बल नहीं है, इसलिए वह सीधे इस महान् कार्य में पड़ना नहीं चाहते। यह कायरता विद्यासागर के लिए असह्य थी क्योंकि राममोहन राय जैसे व्यक्ति के पुत्र के मुँह से यह कोई शोभा की बात नहीं थी। कुछ देर चुप रहने के बाद उन्होंने रामप्रसाद राय की मेज के सामने की दीवार पर टँगे राममोहन राय के चित्र की ओर इशारा करते हुए कहा, "दीवार पर यह तस्वीर टाँगने से क्या लाभ? इसे तुरन्त बाहर फेंक दो!" यह कहते हुए विद्यासागर उस स्थान को छोड़कर तुरन्त चल पड़े। रामप्रसाद राय यद्यपि इसके बाद भी छह साल तक जीवित रहे, पर विद्यासागर फिर कभी भी उनके पास नहीं गये।

सन् 1847 में विद्यासागर पहली बार बर्दवान के महाराज से मुलाकात करने गये।

बर्दवान कलकत्ता के पश्चिम में लगभग 100 कि.मी. दूर है। वह वहाँ अपने एक मित्र के घर ठहरे, राजा के अतिथि बनकर नहीं। बर्दवान शहर और उसके आसपास के प्राकृतिक दृश्य देखने में ही उनकी अभिरुचि थी, न कि राजा के दर्शन में। महाराजा एक दिन उनके पास गये और उन्हें एक दिन अपने महल में आमन्त्रित किया। जब वह महाराजा के महल में पहुँचे तो प्राचीन रिवाज के अनुसार महाराजा ने उन्हें एक जोड़ी कीमती शाल तथा पाँच सौ रुपये सम्मान में भेंट किये। विद्यासागर ने बड़ी विनम्रता से यह उपहार ग्रहण करने से इनकार कर दिया और कहा, "आपका बड़ा अनुग्रह है कि आप मुझे इतना कीमती उपहार प्रदान कर रहे हैं, पर मुझे खेद है कि मैं इसे स्वीकार नहीं कर सकता। आम तौर पर, मैं किसी से भी उपहार नहीं लेता। मैं अब एक सरकारी कॉलेज में काम कर रहा हूँ और वहाँ से मुझे जो कुछ पारिश्रमिक मिलता है, वह मेरे निर्वाह के लिए यथेष्ट है। मुझे यह जानकार खुशी हुई कि टोल और चतुष्पाठी के गरीब पण्डितों को आपकी ओर से उदारतापूर्वक ऐसे उपहार मिलते हैं। इससे सचमुच ही बड़ी भारी सेवा होती रहेगी।" चूँकि महाराजा ने पण्डित जी के बारे में पहले से ही काफी कुछ सुन रखा था, अतः वह न तो चकित हुए और न उनके दिल को कोई ठेस लगी। अपना व्यक्तिगत परिचय बढ़ाने के उद्‌देश्य से महाराजा ने पण्डित जी का बड़ा आदर-सत्कार किया और सदा ही विद्यासागर के सुधार-आन्दोलन को नैतिक तथा आर्थिक सहायता देते रहे। कुछ वर्षों बाद, महाराजा ने विद्यासागर को वीरसिंह गाँव (विद्यासागर की जन्मभूमि) ताल्लुके के रूप में प्रदान करना चाहा। यह उपहार भी विद्यासागर ने अस्वीकृत कर दिया और बोले, "मैं ताल्लुकेदार होना नहीं चाहता। मैं एक ताल्लुकेदार होने की बात तभी सोच सकता हूँ, जब ताल्लुके की सभी रैयतों का लगान जमींदार को चुका सकूँ।" इस बार विद्यासागर का उत्तर सुनकर महाराजा को सचमुच ही बड़ा अचरज हुओ।

महान् सन्त रामकृष्ण परमहंस और विद्यासागर की मुलाकात के सम्बन्ध में एक बड़ा ही दिलचस्प किस्सा प्रचलित है। उनके बारे में बहुत-कुछ सुनने के बाद एक दिन परमहंस ने उनसे मिलने का निश्चय किया और विद्यासागर के घर गये। विद्यासागर ने उनका यथोचित स्वागत-सत्कार किया। औपचारिक कुशल-क्षेम पूछने के बाद परमहंस ने कहा, "मैं अनेक दलदलों को पार करता हुआ अन्त में अथाह सागर के किनारे आ पहुँचा हूँ और वह अब मेरे सामने हैं। आप ही यह विशाल महासागर हैं और मैं आपके भीतर से कुछ अमूल्य मोती चुनने आया हूँ। आशा है कि मुझे खाली हाथों नहीं लौटना पड़ेगा।" विद्यासागर ने मुस्कुराते हुए उत्तर दिया, "आपने यहाँ पधारकर सचमुच मुझे कृतार्थ किया है। लेकिन जिस सागर की आप तलाश कर रहे हैं और जिसके पास आप आये हैं, वह सच्चा सागर नहीं है। मुझे यकीन है कि इसमें आपको कोई मोती नहीं मिलेगा, हाँ मुट्‌ठी-भर कौड़ियाँ अवश्य मिल सकती हैं। आपको उनसे ही सन्तोष करके लौटना होगा।" ये दोनों महान्

पुरुष इस बातचीत से एक-दूसरे को अच्छी तरह पहचान गये थे। बाद में परमहंस ने *लीलामृत* के लेखक से कहा, "विद्यासागर एक महान् संन्यासी हैं। उनसे बड़ा और कौन संन्यासी हो सकता है? मानव जाति के कल्याण के लिए उन्होंने अपनी धन-सम्पत्ति, अपना सुख-भोग और अपना सब कुछ बलिदान कर दिया है। इससे भी बड़ी बात यह है कि परमार्थ-चिन्तन के आगे उन्हें परमात्म-चिन्तन द्वारा अपनी व्यक्तिगत मुक्ति की चिन्ता नहीं है। शायद यह उनका सबसे बड़ा त्याग है। दूसरों के कल्याण के लिए उन्होंने अपना कल्याण छोड़ दिया है।"

ये बड़े सरल शब्द हैं और परमहंस सदैव सरल भाषा का ही प्रयोग करते थे। इन शब्दों से विद्यासागर का सही मूल्यांकन होता है और इसमें अभिव्यक्त सत्य को झुठलाया नहीं जा सकता। वह विद्यासागर के भौतिक और सांसारिक त्याग की अकसर सराहना करते रहते थे, पर यह उनके लिए उनके बारे में कोई खास बात न थी। विद्यासागर के बारे में उनकी सबसे बड़ी चिन्ता तो यह थी कि वह आध्यात्मिक दृष्टि से आत्मा का अस्तित्व ही नहीं मानते थे और इसके प्रति उनका रुख पूर्णतया उदासीन था। ऐसे लोगों की दुनिया में कमी नहीं है, जो अपनी आत्मा की मुक्ति के लिए सभी सांसारिक वस्तुओं का त्याग कर सकते हैं। विद्यासागर ऐसे लोगों में से नहीं थे। उनकी सबसे बड़ी चिन्ता का विषय और लक्ष्य था—समाज की मुक्ति। उन्होंने समाज के महान् हित के लिए अपने निजी भौतिक और आध्यात्मिक हितों का त्याग कर दिया था।

मानव और उसकी उपलब्धि

अब विद्यासागर के मानवीय गुणों तथा उनके असली व्यक्तित्व का सही-सही मूल्यांकन किया जाये। हम उन्हें बंगाल में 19वीं शताब्दी के पुनर्जागरण की पृष्ठभूमि में एक *मानवतावादी, उद्यमशील बुद्धिजीवी* और *समाज-सुधारक* के रूप में समझ सकते हैं। सामाजिक सुधार की दृष्टि से 19वीं शताब्दी के बंगाल के पुनर्जागरण काल में दो महान् विभूतियों का प्रादुर्भाव हुआ—राममोहन राय और ईश्वर चन्द्र विद्यासागर। ये दोनों ही महापुरुष भारतीय पुनर्जागरण के लगभग सभी लक्षणों और गुणों के प्रतीक थे जो समाज को जाग्रत करने का साधन बनते हैं। पुनर्जागरण काल मध्य-युग की समाप्ति और आधुनिक युग के पदार्पण का द्योतक है।

अगर हम उस युग के छोटे-मोटे कवि ईश्वर चन्द्र गुप्त को छोड़ दें, तो माइकेल मधुसूदन दत्त ही आधुनिक बंगाल की सच्ची भावना के प्रथम प्रतिनिधि कवि कहे जायेंगे। विद्यासागर उनके बड़े गहरे मित्र थे, खासकर इस अर्थ में कि अगर विद्यासागर न होते, तो माइकेल मधुसूदन दत्त अपने जीवन में कवि भी न बन पाते। सुदूर विदेश में जब माइकेल मधुसूदन दत्त बड़े कष्ट में दिन बिता रहे थे तो उन्हें केवल विद्यासागर के उदार हृदय में आश्रय मिला। अपने मित्रों के पास भेजे गये अनेक पत्रों में इस कबि ने पण्डित जी के प्रति अपनी भावनाएँ व्यक्त की हैं। ये भावनाएँ, नि सन्देह अतिशयोक्तिपूर्ण थीं, पर इनमें व्यक्त मूल भाव निश्चित रूप में सच्चा था। विद्यासागर के सम्बन्ध में उनके कुछ पत्रों के उद्धरण ये हैं—"मेरी नजर में कई दृष्टियों से, वह 'हम लोगों के बीच सर्वोत्तम पुरुष' हैं।" (राजनारायण बोस के नाम पत्र 10 जनवरी, 1862) **"...आपके दिल में वो मर्दानगी और प्रतिभा है, उसी के समान असीम बल के साथ आप काम पर जायें"** (विद्यासागर के नाम प्रेषित पत्र, 2 जून, 1864)। "मैं अपने देश वापस लौटने तक जीवित रहूँगा और अपने देशवासियों को बताऊँगा कि **आप न केवल विद्यासागर, बल्कि करुणासागर भी हैं।**" (विद्यासागर के नाम पत्र, 18 जून, 1864)...."जिस आदमी से मैंने अनुरोध किया है, **उसके पास प्राचीन ऋषि-मुनियों की-सी मेधा है, एक अंग्रेज की-सी शक्ति और स्फूर्ति है और बंगाली माँ का-सा हृदय है।"**

(विद्यासागर के नाम प्रेषित पत्र, 2 सितम्बर, 1864) **"...यद्यपि आप बंगाली हैं,**

फिर भी आप प्रकृति की रचना में एक लोकोत्तर महामानव हैं और यदि मुझे भ्रम नहीं है तो आप मेरी स्थिति को महसूस करेंगे और मेरे प्रति हमदर्दी दिखाएँगे। **...आप जैसा महान् बंगाली कभी पैदा नहीं हुआ और लोग गद्गद् हृदय तथा सजल नेत्रों से आपकी चर्चा करते हैं"** (विद्यासागर के नाम प्रेषित पत्र, 1867)।

उपर्युक्त उद्धरणों में काले शब्दों का खास महत्त्व है। यह अपने एक मित्र के सम्बन्ध में एक कवि का निर्णय है। एक मानव के नाते विद्यासागर के सम्बन्ध में हम पहले रवीन्द्रनाथ ठाकुर के निर्णय का उल्लेख कर ही चुके हैं। अगर हम दोनों के निर्णयों की तुलना करें तो पता चलता है कि विद्यासागर के सम्बन्ध में माइकेल और रवीन्द्रनाथ ठाकुर के विचारों में बहुत कम अन्तर है। विद्यासागर के चरित्र की गहराई को नापने में रवीन्द्रनाथ से आगे कोई भी नहीं बढ़ सका है और न कोई मधुसूदन दत्त के उन मन्तव्यों को अतिक्रान्त कर सका है, जो उन्होंने अपने पत्रों में प्रसंगवश उनके प्रति व्यक्त किये हैं।

माइकेल के मन्तव्यों में सर्वाधिक लोकप्रिय और बहु-उद्धृत यह है कि "विद्यासागर के पास प्राचीन ऋषि-मुनियों की-सी मेधा है, एक अंग्रेज की-सी स्फूर्ति और बंगाली माँ का-सा हृदय है।" अनेक बंगाली प्राचीन ऋषि-मुनियों की-सी मेधा तथा बंगाली माँ का हृदय रखने का गर्व कर सकते हैं। पर शायद ही ऐसा कोई बंगाली हो, जो अंग्रेज की-सी स्फूर्ति रखने की डींगें मार सके। इने-गिने लोग ही अपने चरित्रों में इन सभी गुणों का समावेश कर सके थे। ऐसे दुर्लभ पुरुषों में निःसन्देह विद्यासागर भी एक थे और आधुनिक बंगाल के एक महापुरुष थे। माइकेल ने कहा है कि उनसे महान् बंगाली बंगाल में कभी पैदा नहीं हुआ। विद्यासागर के बाद के अनेक महान् बंगालियों ने इस बात पर आश्चर्य प्रकट किया है कि बंगाल की गीली और सील-भरी मिट्टी में विद्यासागर जैसा वज्र व्यक्तित्व कैसे पैदा हो सका। वह प्रकृति की श्रेष्ठतम रचना थे। उनके कारण बंगाली तथा अन्य भारतीय अपने ऊपर गर्व करते थे।

माइकेल मधुसूदन दत्त ने विद्यासागर के बारे में जो कुछ कहा है उसमें उन्होंने 10 जनवरी, 1862 के राजनारायण बोस के नाम लिखे अपने पत्र में सबसे बढ़िया बात यह कही कि वह हम सबके बीच सर्वोत्तम पुरुष थे। यह बात सोलह आने सत्य है। प्राचीन काल में, हर देश में मनुष्य मानव-समुदाय का सूक्ष्म अंश मात्र माना जाता था। आधुनिक युग के उदय के साथ, अर्थात पुनर्जागरण काल में एक व्यक्ति *विशेष* के रूप में अवतरित हुआ। इसी अर्थ में माइकेल ने विद्यासागर को 'सर्वोत्तम पुरुष' कहा है। उनसे पूर्व राममोहन राय और अन्य *महापुरुष* भी हो चुके हैं। पर यह निश्चित है कि आधुनिक भारत के सर्वोत्तम महापुरुष के रूप में उन्हें सर्वोच्च स्थान प्राप्त है।

विद्यासागर का हृदय बड़ा विशाल था और समाज-सुधार के प्रति उनमें महान् उत्साह था। पर राष्ट्र की भाग्य रचना में उनका ऐतिहासिक योग तब तक ठीक तरह नहीं समझा जा सकता, जब तक उनके बारे में दार्शनिक-ऐतिहासिक अर्थ में एक सच्चे

मानवतावादी मनीषी के रूप में विचार नहीं किया जाता। अतः हमें यहाँ यह बता देना चाहिए कि मानवतावाद क्या है। व्युत्पत्ति के विचार से *पुनर्जागरण* का अर्थ है। पुनर्जन्म या पुनर्नवीकरण, पर यह शब्द यूरोप के मानव-इतिहास में उस अवधि के लिए ठीक तरह लागू होता है, अब 15वीं-16वीं शताब्दी में प्राचीन कला, साहित्य और दर्शन के क्षेत्र में एक क्रान्ति हुई थी और इसके आधार पर नवीन साहित्य कला और दर्शन को जन्म दिया गया था। इतालवी पुनरुत्थान (इटालियन रिनासां) के इतिहास के पण्डित साइमण्ड् ने कहा, "लोगों ने देखा कि पुनरुत्थान कला के मनीषियों ने रोम तथा यूनान की कला और चिन्तन में केवल इसलिए दिलचस्पी ली कि इनसे नये युग की आवश्यकताएँ पूरी करने के लिए बहुत कुछ मिला और प्राचीन तथा नवीन की कड़ी जुड़ी रही।"

मानवतावाद का मूल सिद्धान्त भी यूनान के शास्त्रीय युग के दार्शनिकों की ही देन है और आधुनिक मनुष्य की आवश्यकताओं तथा मूल्यों की पूर्ति के लिए उसे व्यापक रूप दिया है। मानवतावाद मानव-केन्द्रवाद का ही एक रूप है। पुनर्जागरण काल के मानवतावाद के सम्बन्ध में यूनानी दार्शनिक प्रोटेगोरस की यह कहावत चरितार्थ होती थी, "हर चीज का माप मानव ही है।" भारत के आधुनिक युग में राममोहन राय और विद्यासागर इस अर्थ में सच्चे मानवतावादी थे, जो दोनों ने बारी-बारी से आधुनिक भारत के मानव-केन्द्रवाद को जन्म दिया था।

राममोहन राय तथा विद्यासागर, दोनों ने ही अपने सामाजिक तथा धार्मिक सुधारों तथा विचारों के समर्थन के लिए भारत के स्वर्ण युग की परम्परा का आश्रय लिया तथा वेद-शास्त्रों के प्रमाणों पर ही आश्रित रहे। राममोहन राय ने उपनिषदों के प्रमाणों द्वारा अपने मूर्ति-पूजा विरोधी एकेश्वरवाद (अद्वैतवाद) की यथार्थता सिद्ध की और शास्त्रों द्वारा अपने सती-प्रथा-विरोधी आन्दोलन का समर्थन किया। इसी तरह विद्यासागर ने भी शास्त्रों और स्मृतियों के प्रमाणों द्वारा अपने विधवा-विवाह सरीखे सामाजिक सुधारों का समर्थन किया। दोनों ने ही प्राचीन धर्म-शास्त्रों को अपने सुधारों और विचारों के लिए प्रमाण माना। पर इसका अर्थ यह नहीं है कि राममोहन और विद्यासागर शास्त्रों में अन्धविश्वास रखते थे या विवेक तथा तर्क बुद्धि में उनकी आस्था नहीं थी, बल्कि उनका ख़याल था कि लोगों के लिए अधिक सन्तोषजनक और मान्यताप्राप्त प्रमाणों की आवश्यकता है। जिस तरह यूरोप के लोगों की नये धर्मनिरपेक्ष दृष्टिकोण को महत्त्व देने, सामाजिक दृष्टि से अपने प्रगतिशील आदर्श को युग का गौरवमय प्रकाशस्तम्भ बनाने तथा अपनी सुधार-सम्बन्धी महत्त्वाकांक्षाओं की स्वीकृति और औचित्य प्रदान करने के लिए अधिकृत प्रमाणों की आवश्यकता पड़ी थी, उसी तरह उनको भी यहाँ पड़ी। पुनर्जागरण काल की सच्ची भावना के रूप में विद्यासागर की मानवता पाश्चात्य शिक्षा चालू करने के साथ-साथ संस्कृत शिक्षा के पुनरुत्थान में प्रस्फुटित हुई। इतावली पुनर्जागरण के सम्बन्ध में लिखते हुए साइमण्ड्स ने कहा है, "केवल पाण्डित्य ने ही मानव मन के महासागर, विचारों की

गहन गरिमा, चिन्तन की महत्ता तथा मनुष्य जीवन की सार्थकता में और मजहबी कायदे-कानून और हठधर्मी में भेद किया है।

"...यूरोपीय पुनरुत्थान काल की बदौलत यूनानी तथा लैटिन साहित्य के खजाने का दरवाजा सारे संसार के पाठकों के लिए खुल गया...कुछ पीढ़ियों पहले जिस तरह *धार्मिक अवशेषों* की पूजा होती थी, उसी तरह पाण्डुलिपियों की पूजा होने लगी थी, होमर, प्लेटो और अरस्तू के ग्रन्थों तथा सिद्धान्तों के बारे में निर्णय होने लगे थे। फ्लोरेंस, वेनिस, बैस्ले, लिअंस तथा पेरिस छापेखाने की मशीनों के शोरगुल से गूँज उठे थे। आल्डी, स्टेफानी तथा फ्रोबेन ने दिन-रात एक कर दिये और उनके द्वारा ऐसे सैकड़ों कर्त्तव्यनिष्ठ विद्वानों को काम पर लगाया गया, जिनका कार्य छपने की सामग्री का विधिवत सम्पादन कर उसे छापेखाने के हवाले कर देना होता था। इस सम्पादन-कार्य में उन्हें वाक्य के शुद्ध पाठ तैयार करने से लेकर विराम-चिह्न तक ठीक-ठीक लगाने होते थे। इस तरह प्राचीन शास्त्रीय ग्रन्थों में विराजमान मानवता की अमर वाणी का प्रकाशन सम्भव हो सका।"

इन शब्दों की भावना 19वीं शताब्दी के अनेक बंगला पण्डितों और विद्वानों की जीवन-गाथाओं में ढूँढ़ी जा सकती है। इन विद्वानों ने सारे पाठकवर्ग के लिए संस्कृत-साहित्य के रत्न-भण्डार का द्वार खोल दिया था। पाण्डुलिपियाँ ढूँढ़ निकाली गयीं और धार्मिक मूर्तियों से कहीं अधिक उनकी पूजा की गयी। इटली के स्टेफानी और फ्रोबेनों की तरह कलकत्ता के ठाकुर, मल्लिक, शील, सिंह देव तथा अन्य बड़े परिवारों ने संस्कृत ज्ञानार्जन को प्रश्रय दिया। इन्होंने भी अनेक मेधावी तथा कर्त्तव्यनिष्ठ संस्कृत विद्वानों और पण्डितों को काम पर लगाया, जिनका काम संस्कृत साहित्य के भण्डार से अनेक पुस्तकों का सम्पादन, भाष्य और सजीव भाषा में अनुवाद करना तथा छपवाना होता था। उपरोक्त समानता के बावजूद 19वीं शताब्दी के बंगाली मानवतावादियों और पुनर्जागरण काल के यूरोपियनों में एक बड़ा भारी अन्तर यह था कि यूरोप के मानवतावादियों को अपनी लैटिन भाषा पर बड़ा गर्व था और वे जीवित भाषा तथा साहित्य को नीची नजर से देखते थे जब कि राममोहन राय तथा विद्यासागर जैसे बंगाली मानवतावादियों में संस्कृत के प्रति गर्व की ऐसी भावना नहीं थी। राममोहन राय ने सर्वप्रथम बंगला भाषा में वेदान्त और कुछ उपनिषदों का अनुवाद किया और लोगों में प्रचारार्थ बँटवाने के लिए उन्हें प्रकाशित करवाया। विद्यासागर ने अनेक संस्कृत ग्रन्थों का सम्पादन किया और अनेक के बंगला अनुवाद और रूपान्तर तैयार किये और अपने निजी संस्कृत प्रेस में उन्हें छपवाया। संस्कृत पाण्डुलिपियों से संग्रह के अवशेष, जो अब भी बंगीय साहित्य परिषद के उनके पुस्तकालय में सुरक्षित हैं, देखने लायक हैं। विद्यासागर ने बंगाल में बंगला साहित्य और शिक्षा की नींव डाली। उन्होंने ही पहला वैज्ञानिक *बंगला वर्ण-परिचय* लिखा और बंगला में एक सरल संस्कृत 'उपक्रमणिका' और 'व्याकरण कौमुदी') की भी

रचना की। इस व्याकरण की रचना का उद्देश्य रूढ़िवादी पुरोहितों और टोलपण्डितों का एकाधिकार तथा उनकी गुटबन्दी को तोड़ना था।

हमें पता है कि राममोहन राय ने धार्मिक सुधार-कार्यों में ही अपनी सारी शक्ति लगा दी थी। वह हमारे धर्म को पण्डित-पुरोहितों तथा बाह्याडम्बरों से मुक्त कर उसे मुख्यतया आभ्यन्तर की वस्तु बनाना चाहते थे। ब्रह्म की अनुभूति अपनी आत्मा में ही हो सकती है, मूर्तिपूजा द्वारा नहीं। उनके सुधार आन्दोलन का मुख्य लक्ष्य धर्म को बाह्याडम्बरों की वस्तु बनाने के बजाय उसे आभ्यन्तरिक चेतना की वस्तु बनाना था। उन्होंने ब्रह्मसमाज की स्थापना की, जहाँ उनके अनुयायी वैदिक मन्त्रों और ऋचाओं का पाठ सुनने के लिए एकत्रित होते थे तथा ब्रह्म का चिन्तन करते थे। परन्तु ब्रह्मसमाज अपने-आप में एक संस्था थी, जिसकी उस समय देश के लोगों में सच्चे धर्म के प्रति राममोहन राय की निष्ठा का प्रचार करने के लिए स्थापना की आवश्यकता पड़ी थी।

धर्म के प्रति विद्यासागर का दृष्टिकोण उनके *मानवतावाद* के सन्दर्भ से समझा जा सकता है। विद्यासागर ने ब्रह्मसमाज तथा उसके धार्मिक सुधार-आन्दोलन में दिलचस्पी ली। विद्यासागर 'तत्त्वबोधिनी सभा' के अन्तिम वर्षों में उसके सचिव थे। वह ब्रह्मसमाज के कोष में नियमित रूप से अपना चन्दा भेज दिया करते थे। उनके कुछ विशिष्ट मित्र और सहयोगी ब्रह्मसमाज के नेता थे। ब्रह्मसमाज के सुविख्यात नेताओं में केशवचन्द्र सेन और शिवनाथ शास्त्री सरीखे लोगों से उन दिनों उनका बहुत गहरा व्यक्तिगत सम्बन्ध था। हर आदमी जानता था कि वह पूरे दिल से ब्रह्मसमाज के साथ हैं। लेकिन ब्रह्मसमाजियों के प्रति प्रेम, आदर और सहानुभूति के बावजूद वह न तो ब्रह्मसमाज में सम्मिलित हुए और न कभी उन्होंने उसके साप्ताहिक समारोहों में ही भाग लिया।

वह ब्रह्मसमाज में क्यों सम्मिलित नहीं हुए? उनके स्वभाव और दृष्टिकोण को देखते हुए यह सर्वथा ठीक था। धर्म के प्रति उनका दृष्टिकोण क्या था? *द सिविलाइजेशन ऑफ द रिनासां इन इटली* नामक पुस्तक के लेखक जेकोब बर्खार्ट ने इस दृष्टिकोण के बारे में इस तरह लिखा है, "अन्य मध्यकालीन यूरोपियनों की तरह इन आधुनिक लोगों का जन्म भी समान धार्मिक प्रवृत्तियों के साथ हुआ था। पर उनके महान् व्यक्तित्व ने जिस तरह उन्हें अन्य विषयों में विवेकवान बनाया उसी तरह धर्म के क्षेत्र में भी पूर्णतया विवेकवान बनाया।"

विद्यासागर भी धार्मिक प्रवृत्ति वाले समाज में जन्मे थे, लेकिन उनके महान् व्यक्तित्व ने उन्हें धर्म के मामले में सर्वथा रूढ़िमुक्त बना दिया था। विद्यासागर ने राममोहन राय के धार्मिक आदर्श को सही रूप में समझा और अपने जीवन में उसका आचरण किया था। वह कभी भी किसी धार्मिक विवाद में नहीं पड़े और न कभी उन्होंने जनता के बीच किसी धर्म या मजहब के विरुद्ध एक शब्द भी मुँह से निकाला। ईसाई मिशनरी के प्रति उनके मजाक का जिक्र हम पहले कर चुके हैं, पर उस मजाक का अर्थ केवल इतना ही था कि धर्म के बारे में उन्हें कोरे गाल बजाना

पसन्द नहीं था। परमात्मा में उनके विश्वास का प्रमाण सिर्फ उनके पत्रों के शीर्षों पर ही पाया जाता था, अन्यत्र कहीं भी नहीं। अपने पत्रों के प्रारम्भ में ईश्वरोल्लेख करके वह अपने मित्रों को *प्रश्नाकुल* अवश्य ही कर देते थे, पर कभी भी उनके किसी भी मित्र को उनसे ईश्वर के बारे में उनके विचार पूछने का साहस न हुआ। वास्तव में इस सम्बन्ध में उन्होंने इतना मौन साधा कि लोग उन्हें नास्तिक समझने लगे। यदि उनके पत्रों में परमात्मा के नाम का जिक्र न होता तो, लोग आसानी से एक पक्का नास्तिक समझ बैठते।

विद्यासागर के व्यक्तित्व के निर्माण में उनके खानदानी गुणों का भाग अधिक था और यह मर्दानगी तथा दबंगपन से भरा हुआ व्यक्तित्व था। उनके पितामह रामजय तर्कभूषण के बारे में रवीन्द्रनाथ ठाकुर के इस कथन का उल्लेख हम पहले ही कर चुके हैं कि यह निर्धन आदमी अपने पोते को इन खानदानी गुणों के अलावा और कुछ भी विरासत में न दे सका था।

विद्यासागर का *सामाजिक व्यक्तिव* सामाजिक-ऐतिहासिक स्थिति, अपने समय की प्रवृत्तियों के गहन बोध और सामाजिक अनुभवों से बना था। उनके इस आकर्षक व्यक्तित्व में स्थिति के अनुकूल ढल जाने तथा लोगों में घुल-मिल जाने की क्षमता थी और मर्दानगी और दबंगपन था। उनके अवकाश प्राप्त जीवन में दुखद अलगाव तथा गहरी निराशा की भावना का भी कारण यही था। यह याद रखना चाहिए कि उस समय 19वीं शताब्दी के सामाजिक वातावरण के बीच किसी धर्म या मजहब के विरुद्ध एक शब्द भी मुँह से निकलने में मर्दानगी-भरे व्यक्तित्व की बड़ी आवश्यकता थी। यह महापुरुषों और महान् कार्यों का युग था और विद्यासागर एक महान् पुरुष थे, जिन्होंने अपने जीवन में महान् सफलताएँ प्राप्त कीं।

उन्नीसवीं शताब्दी के दूसरे दशक से लेकर अन्तिम दशक तक का विद्यासागर का जीवन 70 वर्ष और कुछ महीनों की आयु में 29 जुलाई, 1891 को समाप्त हो गया।

कॉलेज स्क्वायर में संगमरमर की एक प्रतिमा के अतिरिक्त कलकत्ता जैसे महानगर में विद्यासागर का कोई अच्छा *स्मारक* मौजूद नहीं है। यह अच्छा ही है। लीविस ममफोर्ड के शब्दों में "ये सब स्मारक आखिरी साँस की खाली गूँजें हैं, जो हमारे नगरों की कोलाहलभरी सड़कों पर मजाक-सा उड़ाती हुई सुनाई पड़ती हैं। वे ऐसे पत्थरों के ढेर हैं, जो जीवित लोगों के कामकाज में रुकावट और अड़ंगा डालते हैं... अथवा हमारे विश्वासों और आवश्यकताओं से जरा भी मेल नहीं खाते।"

यह तो विडम्बना ही होगी कि विद्यासागर के स्मारक की गूँज भी कलकत्ता की कोलाहल-भरी किसी सड़क पर इसी ढंग से सुनाई पड़े और जीवित लोगों के कामकाज में रुकावट डाले। यदि स्वतन्त्र और प्रगतिशील भारत के लोग पीढ़ी-दर-पीढ़ी निरन्तर उनके विश्वासों, इच्छाओं और विचारों को नया रूप देते चले जायें और उन पर बार-बार सोचते-विचारते रहें, तो वे हमारी स्मृतियों में सदा ही बने रहेंगे।

परिशिष्ट

डॉ. देवीशंकर अवस्थी : जीवनवृत्त

जन्म : 5 अप्रैल, 1930, ग्राम-सथनी बालाखेड़ा, जनपद-उन्नाव (उ.प्र.)

शिक्षा : आरम्भिक शिक्षा गाँव में और व्यक्तिगत स्तर पर। डी.ए.वी. कॉलेज, कानपुर से 1951 में बी.ए. और 1953 में एम.ए. (हिन्दी) प्रथम श्रेणी में। 1960 में आचार्य हजारी प्रसाद द्विवेदी के निर्देशन में 'अठारहवीं शताब्दी के ब्रजभाषा काव्य में प्रेमाभक्ति, विषय पर पीएच.डी.। 1952 में 'लॉ' की भी डिग्री ली।

आजीविका : 1953 से 1961 तक डी.ए.वी. कॉलेज, कानपुर में हिन्दी के प्राध्यापक। जुलाई, 1961 से मृत्युपर्यन्त दिल्ली विश्वविद्यालय के हिन्दी विभाग में प्राध्यापक रहे।

निधन : 11 जनवरी, 1966 को दिल्ली में एक सड़क दुर्घटना के चलते ब्रेन हेमरेज से 13 जनवरी, 1966 को आकस्मिक अवसान।

प्रकाशित पुस्तकों का इतिवृत्त : **(1) मौलिक : आलोचना**–(i) आलोचना और आलोचना–1961, प्रज्ञा प्रकाशन, कानपुर, पुनःप्रकाशन–1995, वाणी प्रकाशन, दिल्ली; (ii) अठारहवीं शताब्दी के ब्रजभाषा काव्य में प्रेमाभक्ति–1968, अक्षर प्रकाशन, दिल्ली, पुनःप्रकाशन–2015, स्वराज प्रकाशन, दिल्ली; (iii) रचना और आलोचना–1979, मैकमिलन प्रकाशन, दिल्ली, पुनःप्रकाशन–1995, वाणी प्रकाशन, दिल्ली; (iv) भक्ति का सन्दर्भ–1997, वाणी प्रकाशन, दिल्ली; (v) आलोचना का द्वन्द्व–1999, वाणी प्रकाशन, दिल्ली; (vi) विवेक के कुछ और रंग–2003, स्वराज प्रकाशन, दिल्ली; (vii) देवीशंकर अवस्थी : संकलित निबन्ध–2008, नेशनल बुक ट्रस्ट, इण्डिया, नयी दिल्ली; (viii) देवीशंकर अवस्थी : रचना संचयन–2012, साहित्य अकादेमी, नयी दिल्ली।

(2) सम्पादित पुस्तकों का इतिवृत्त : (i) कविताएँ–1954, साहित्य निकेतन, कानपुर (श्री अजित कुमार के साथ); (ii) कहानी-विविधा–1963, राजकमल प्रकाशन, दिल्ली; (iii) 'भूले-बिसरे चित्र' उपन्यास के संक्षिप्त संस्करण की भूमिका और सम्पादन–1963, राजकमल प्रकाशन, दिल्ली; (iv) विवेक के रंग–1965, भारतीय ज्ञानपीठ, वाराणसी, पुनःप्रकाशन–1995, वाणी प्रकाशन, दिल्ली; (v) नयी कहानी :

सन्दर्भ और प्रकृति—1966, अक्षर प्रकाशन, दिल्ली, पुनःप्रकाशन—1973, राजकमल प्रकाशन, दिल्ली; (vi) साहित्य विधाओं की प्रकृति—1981, मैकमिलन प्रकाशन, दिल्ली, पुनःप्रकाशन—1993, राधाकृष्ण प्रकाशन, दिल्ली; (vii) 'कलजुग' पत्रिका, फरवरी 1957 से जून-जुलाई 1957 (पाँच अंक) तक कानपुर से सम्पादन एवं मार्गदर्शन।

(3) पत्र-व्यवहार की पुस्तकें : (i) 'हमकों लिख्यौ है कहा'—2001, भारतीय ज्ञानपीठ, नयी दिल्ली (मित्रों के पत्र देवीशंकर के नाम); (ii) मेरे प्रेम-पत्र (पत्नी कमलेश के नाम)—2012, संवेद पुस्तिका, दिल्ली।

(4) अनूदित पुस्तक-अनुवाद : 'ईश्वर चन्द्र विद्यासागर' विनय घोष की अंग्रेजी पुस्तक का हिन्दी अनुवाद, जून 1968, प्रकाशन विभाग, भारत सरकार।

(5) देवीशंकर अवस्थी पर प्रकाशित पुस्तकें : (i) मौलिक : देवीशंकर अवस्थी—2006, अरविन्द त्रिपाठी, साहित्य अकादमी से 'भारतीय साहित्य निर्माता सीरीज' में प्रकाशित विनिबन्ध (मोनोग्राफ); (ii) सम्पादित : आलोचना का विवेक—2004, सं. : राजेन्द्र कुमार (डॉ. देवीशंकर अवस्थी के अवदान पर एकाग्र) लोकभारती प्रकाशन, इलाहाबाद।

□□

देवीशंकर अवस्थी रचनावली

आलोचना भक्ति

खण्ड तीन

'जौ लौं अनभै भाव न दरसै'

देवीशंकर अवस्थी रचनावली

आलोचना भक्ति

खण्ड तीन

सम्पादक
रेखा अवस्थी
कमलेश अवस्थी

वाणी प्रकाशन

वाणी प्रकाशन

4695, 21-ए, दरियागंज, नयी दिल्ली 110 002

शाखा

अशोक राजपथ, पटना 800 004

फ़ोन : +91 11 23273167 फ़ैक्स : +91 11 23275710

www.vaniprakashan.in
vaniprakashan@gmail.com
sales@vaniprakashan.in

DEVI SHANKER AWASTHI RACHNAWALI-3
Edited by Rekha Awasthi, Kamlesh Awasthi

ISBN : 978-93-87648-27-2
Rachnawali

© 2018 कमलेश अवस्थी

प्रथम संस्करण

सम्पूर्ण (सेट) मूल्य : ₹ 7500

इस पुस्तक के किसी भी अंश को किसी भी माध्यम में प्रयोग करने के लिए प्रकाशक से लिखित अनुमति लेना अनिवार्य है।

सिटी प्रेस, दिल्ली-110 095 में मुद्रित

वाणी प्रकाशन का लोगो मक़बूल फ़िदा हुसेन की कूची से

अजिया श्रीमती ललिता देवी की गोद में सगी बड़ी बहन विद्या, जमीन पर अन्य चचेरे भाई-बहन
गाँव सथनी, 1931

डी.ए.वी. कॉलेज, कानपुर, 1958

मैसूर, जून, 1958

बड़े बेटे अनुराग के अन्नप्राशन पर, कानपुर, 1958

1960

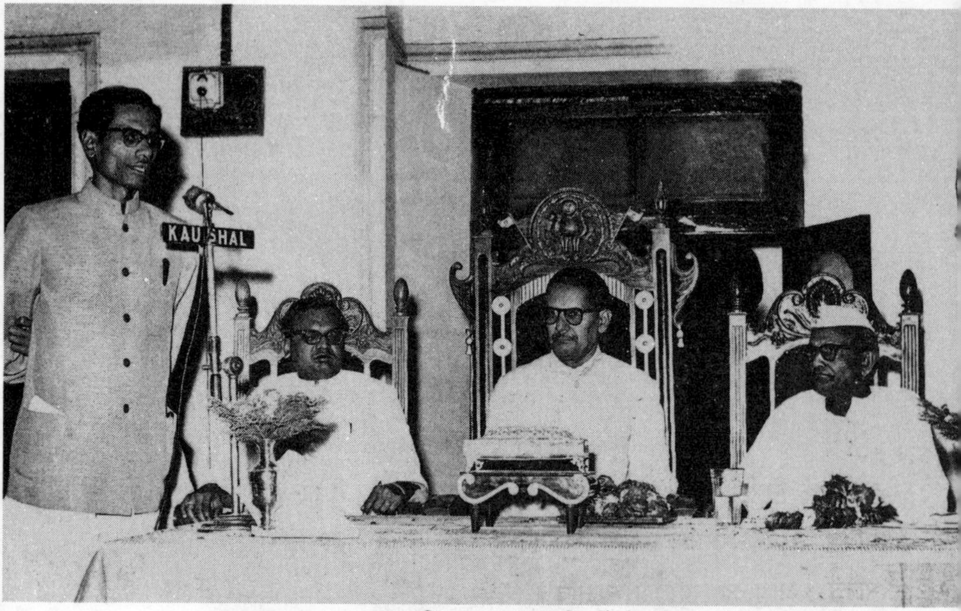

कालका प्रसाद भटनागर अभिनन्दन ग्रन्थ समारोह में मंच संचालन (कानपुर, 1961)
मंच पर–वीरेन्द्र स्वरूप, कालका प्रसाद भटनागर और बनारसीदास गुप्त (मुख्यमन्त्री, उ.प्र.) के साथ

कालका प्रसाद भटनागर के सम्मान में रात्रि भोज, कानपुर, 1961

अनुक्रम

सम्पादक की बात

रचनावली के बारे में

'विवेक के रंग' पुस्तक की भूमिका में डॉ. देवीशंकर अवस्थी ने हिन्दी की एकेडेमिक आलोचना की पिष्टपेषण वाली प्रवृत्ति के प्रति असन्तोष का कारण बताते हुए लिखा है कि "हिन्दी की एकेडेमिक आलोचना पर जो आक्षेप होते रहे हैं (और ऐसी आलोचनाएँ लिखने वाले केवल विश्वविद्यालयों में ही सीमित नहीं हैं—स्वतन्त्र लेखकों में भी इस कोटि की कमी नहीं है।) वे इसलिए नहीं हुए कि वे 'एकेडेमिक' हैं बल्कि इसलिए कि वे समसामयिक जीवन और साहित्य दोनों के नजदीकी बोध से शून्य हैं।" उन्होंने स्पष्ट रूप से लिखा है कि "समकालीनता-बोध से रहित आलोचना को आलोचना नहीं कहा जा सकता—शोध, पाण्डित्य या कुछ और भले कह लिया जाये।" उनकी आलोचना सैद्धान्तिकी का यह बहु उद्धृत वाक्य है कि "हर युग की आलोचनात्मक समझ अपने युग के साहित्य से अनुकूलित और अनुशासित होती है और उसे अनुकूलित करती भी है।" इस सैद्धान्तिकी का दूसरा पहलू 'पुनर्मूल्यांकन' से सापेक्ष रूप में जुड़ा हुआ है। यह पुनर्मूल्यांकन साहित्य-सिद्धान्तों का हो या काव्य परम्परा का, सामाजिक-सांस्कृतिक आन्दोलन का हो अथवा किसी विचारधारा या क्लासिक कृतियों का हो—उनकी पुनर्व्याख्या एवं पुनर्मूल्यांकन में 'समसामयिक जीवन और साहित्य के गहरे आग्रह' ही आलोचना दृष्टि को प्रसंगानुकूल एवं विश्वसनीय बनाते हैं।

रचनावली के 'आलोचना : भक्ति' खण्ड तीन में देवीशंकर अवस्थी को 'एकेडेमिक आलोचना' और 'पुनर्मूल्यांकन' के उनके स्वयं के मानदण्डों पर उनका मूल्यांकन पाठक और विद्वत् समाज कर सके, इस दृष्टि से ही सामग्री संयोजन की परिकल्पना की गयी है। दो भागों में नियोजित खण्ड तीन का पहला भाग 'भक्ति : आलेख' और दूसरा भाग 'भक्ति : शोध' है। पहले भाग में देवीशंकर अवस्थी के भक्ति सम्बन्धी चार आलेख हैं। दूसरे भाग में उनके शोध प्रबन्ध 'अठारहवीं शताब्दी के ब्रजभाषा काव्य में प्रेमाभक्ति' को अविकल रूप से समाहित किया गया है।

भक्ति : आलेख

1997 में वाणी प्रकाशन से 'भक्ति का सन्दर्भ' नामक पुस्तक प्रकाशित हुई थी। इस पुस्तक में अवस्थी जी के पत्रिकाओं में प्रकाशित तीन निबन्ध और आठ अन्य लेख उनके शोध प्रबन्ध से चुनकर संकलित किये गये थे। शोध प्रबन्ध के ये लेख भी विभिन्न पत्रिकाओं यथा 'त्रिपथगा', 'हिन्दुस्तानी', 'सम्मेलन पत्रिका' एवं 'नागरी प्रचारिणी पत्रिका' में प्रकाशित हुए थे। शोध प्रबन्ध उनके दिवंगत होने के बाद 1968 में अक्षर प्रकाशन से प्रकाशित हो चुका था, पर तब बाजार में उपलब्ध नहीं था। भक्ति वाले तीनों निबन्ध अभी तक किसी भी पुस्तक में संगृहीत नहीं हुए थे। इसलिए तीनों निबन्ध और विवेचनात्मक शोध सामग्री से कुछ चुनकर स्वतन्त्र पुस्तक के रूप में 'भक्ति का सन्दर्भ' नाम से तैयार की गयी थी। पुस्तक का बहुत स्वागत हुआ, यह बड़े सन्तोष का विषय रहा।

रचनावली में पुस्तक का स्वरूप इस अर्थ में भिन्न हो गया है कि इस पुस्तक के तीनों निबन्ध 'भक्ति : आलेख' वाले उपखण्ड में और आठ अन्य निबन्ध 'भक्ति: शोध' में शोध प्रबन्ध के अन्तर्गत समाहित हैं चूँकि वे उसी के अंग थे।

'भक्ति : आलेख' में अब तीन नहीं चार लेख संकलित हैं। चौथा आलेख 'विभिन्न धर्म-साधनाओं से प्रस्फुटित भक्ति' सर्वथा अप्रकाशित है। रचनावली के प्रकाशन के लिए की जानेवाली छानबीन में शोध प्रबन्ध से सम्बन्धित नोट्स के बीच यह हस्तलिखित लेख प्राप्त हुआ। ऐसा लगता है कि यह लेख प्रेमाभक्ति की पूर्वपीठिका के रूप में लिखा गया होगा परन्तु बाद में किन्हीं कारणों से भाई साहब ने इसे थीसिस का अंग नहीं बनाया। इस आलेख का कोई शीर्षक नहीं था। हम लोगों ने अपनी समझ की सामर्थ्य के अनुसार उपर्युक्त शीर्षक दिया है। इस लेख का लेखनकाल भी अनुमानतः 1959-60 ही है। इस अप्रकाशित लेख में देवीशंकर अवस्थी ने इतिहास की भिन्न-भिन्न मंजिलों पर वैदिक और अवैदिक, वैष्णव, बौद्ध, जैन, शाक्त, शैव, नाथपन्थ तथा सूफीमत के बीच संघर्ष और अंतःक्रियाओं की विवेचना करते हुए भक्ति के स्वरूप के क्रमविकास को रेखांकित किया है। धर्म-साधनाओं के वर्चस्व और उनकी विभिन्न धाराओं के पतन को संक्रान्ति के अलग-अलग चरणों में वे व्याख्यायित करते हैं ताकि प्रेमाभक्ति के स्वरूप की धारणा को स्पष्ट कर सकें। प्रेमाभक्ति की लोकोन्मुखता के मूल में सामाजिक आधार किस प्रकार सक्रिय थे, इसका भी लेख में विशेष उल्लेख और विवेचन मिलता है। उत्तर से दक्षिण, दक्षिण से उत्तर, पूरब से पश्चिम और पश्चिम से पूरब तक भक्ति को उन्होंने 'सांस्कृतिक गत्वरता (Cultural Dynamism)' की अभिव्यक्ति कहा। भक्ति को देश की 'सांस्कृतिक एकता' का आधार मानते हुए भी इस सांस्कृतिक प्रस्फुटन को 'हिन्दुत्व' की अभिव्यक्ति नहीं मानते। 'हिन्दू' शब्द को मुसलमानों की देन बताया है।

इस उपखण्ड का पहला लेख 'कबीर के निर्गुण राम और उनकी भक्ति' मार्च, 1955 में 'कल्पना' पत्रिका में प्रकाशित हुआ था। वे कबीर की 'ग्रहणशीलता' और 'वर्जनशीलता' को उनसे सम्बन्धित विवाद का मुख्य कारण मानते हैं तथा प्रेम के मनोविज्ञान के आधार पर कबीर की निर्गुण भक्ति में प्रेम की महत्ता, गुरु महिमा, नाम स्मरण, उनकी अनन्यता एवं समर्पण आदि को ईश्वर के सगुण रूप की परिकल्पना का प्रतिबिम्ब मानते हैं। उनकी राय है कि प्रेम के ये सारे गुण ईश्वर की सगुण उपासना के माध्यम हैं। इस तरह भारतीय धर्म-साधना की उपासना पद्धति के ऐतिहासिक परिप्रेक्ष्य में वे कबीर की भक्ति के माध्यम से भक्ति के सगुण-निर्गुण विभाजन को भी प्रश्नांकित करते हैं।

डॉ. देवीशंकर अवस्थी ने धर्मशास्त्र, तत्त्वमीमांसा, इतिहास, समाजशास्त्र और मनोविज्ञान के क्षेत्र में हो रहे नये अनुसन्धानों के आलोक में भक्ति आन्दोलन के भावबोध और उसके ऐतिहासिक क्रम विकास को अपने निबन्धों में मुख्य चिन्तन-मनन का केन्द्र बनाया है। वे पर्याप्त साक्ष्यों से यह मान्यता रखते हैं कि वैदिक साधना से पहले भी 'धर्मभावना इस देश की धरती पर विद्यमान थी।' उनके भक्ति सम्बन्धी सभी आलेख 1958 से 1960 के बीच लिखे गये हैं। आर्यों या वेदपूर्व भक्ति अथवा धर्म-भावना को वे 'लोक और वेद की सम्मिलित भूमि' पर देखने का प्रस्ताव करते हैं। बहुदेववाद और एकेश्वरवाद दोनों को भक्ति के सन्दर्भ में द्वन्द्वात्मक रूप में देखते हैं। वे यह भी मानते हैं कि हर प्रवृत्ति का उत्स वेदों में खोजना उचित नहीं है जैसे गाँधी की अहिंसा को बौद्ध धर्म से जोड़ना। गाँधी ने अपने मानवीय गुण को सामाजिक मूल्य बना दिया वैसे ही भक्ति के महत्त्व को समाज सापेक्षता एवं उसकी सामाजिक शक्ति (प्रभाव) के रूप में समझना अधिक तर्कसंगत होगा। उनके भक्ति सम्बन्धी चारों निबन्ध ऐतिहासिक अन्वेषण और साहित्यिक समालोचना—दोनों प्रणालियों को एकाकार करते हैं। इनमें एक ओर जहाँ भक्ति के पौराणिक सन्दर्भ का विश्लेषण है तो दूसरी ओर आधुनिक दृष्टि से सर्वथा नयी व्याख्या का प्रस्फुटन और पल्लवन भी है। प्रो. राजेन्द्र कुमार* ने देवीशंकर अवस्थी के भक्ति सम्बन्धी निबन्धों का बहुत ही गम्भीर सारगर्भित विवेचन किया है।

भक्ति : शोध

आचार्य हजारी प्रसाद द्विवेदी के निर्देशन में सन् 1960 में देवीशंकर अवस्थी को आगरा विश्वविद्यालय से 'अठारहवीं शताब्दी के ब्रजभाषा काव्य में प्रेमाभक्ति' विषय पर पीएच.डी. की उपाधि मिली। उन्होंने पीएच.डी. के लिए अपना पंजीकरण किस

* आलोचना का विवेक, पृ. 225-230

वर्ष कराया, इसकी कोई तथ्यात्मक सूचना उपलब्ध नहीं है। यद्यपि 1953 की डायरी में सितम्बर महीने की नोटिंग में लखनऊ विश्वविद्यालय के श्री त्रिलोकनारायण जी से 'रिसर्च topic' पर चर्चा का उल्लेख है। इसलिए अनुमान है कि अगस्त, 1953 में डी.ए.वी. कॉलेज, कानपुर में प्रवक्ता के पद पर नियुक्ति के बाद 1954 या 1955 में पंजीकरण कराया होगा। क्योंकि 1955 की डायरी में इस विषय से सम्बन्धित व्यक्तियों के सम्पर्क के लिए जानकारियाँ नोट की गयी हैं। मथुरा और वृन्दावन के मन्दिरों के पुस्तकालयों एवं उनके न्यासियों के पते भी नोट किये गये हैं। इन व्यक्तियों और स्थानों से उपलब्ध किये जाने वाले ग्रन्थों के नाम डायरी में लिखे हैं। डी.ए.वी. कॉलेज और क्राइस्ट चर्च कॉलेज, कानपुर के पुस्तकालयों में 'प्रेम' तथा 'वैष्णव धर्म' पर उपलब्ध अंग्रेजी/हिन्दी पुस्तकों के नाम और एक्सेशन नं. तक नोट हैं। यही वह दौर भी है जब वे कानपुर के सूर, ब्रजभाषा और भक्ति साहित्य के जानेमाने विद्वान डॉ. मुंशीराम शर्मा 'सोम' के ज्ञान भण्डार को और अधिक समुन्नत एवं आधुनिकबोध से सम्पन्न करने के लिए आचार्य हजारी प्रसाद द्विवेदी से दीक्षा के लिए काशी जाते हैं। 1953 की डायरी में ही अक्तूबर महीने में दो बार आ.ह.प्र. द्विवेदी से मुलाकात करने की नोटिंग है। डॉ. विश्वनाथ त्रिपाठी ने अपने संस्मरण* में 1955 में उनके बनारस आने और पण्डित जी से मिलने का उल्लेख किया है। उनकी यह तीव्र आकांक्षा थी कि 'साहित्य के ऐतिहासिक मूल्यों को आज की चेतना के साथ रचनात्मक सहयोग में स्थापित किया जाना चाहिए।** पण्डित जी के निर्देशन में शोध कार्य करने का सर्वाधिक उत्प्रेरक कारण यही था कि विगत साहित्य परम्परा का मूल्यांकन उन्हें आधुनिक ज्ञान-विज्ञान के आलोक में करने की दृष्टि और खुलापन मिलेगा।

अपनी इस आलोचना दृष्टि को चरितार्थ करने के लिए उन्होंने 'अठारहवीं शताब्दी के ब्रजभाषा काव्य में प्रेमाभक्ति' विषय को चुना। अकसर सरसरी नजर से देखने वाले को यह महसूस होता होगा कि साहित्यिक इतिहास लेखन में यह विषय रीतिकाव्य की किसी समानान्तर प्रवृत्ति के काव्य का विषयगत अध्ययन है। क्योंकि सं. 1700 से 1900 तक का काल रीति युग माना गया है। 'राधा और कन्हाई सुमिरन को बहानो' उक्ति से साहित्य के सभी पाठक परिचित हैं। पर वास्तव में देवीशंकर अवस्थी ने रीतिकाल में रीतिकाव्य के बरअक्स प्रेमाभक्ति काव्य परम्परा के विपुल साहित्य की खोज और संग्रह भक्तिकाल की किसी अवशिष्ट परम्परा को स्थापित करने या सम्प्रदायों के अनुशीलन अथवा उनके उत्थान-पतन के लिए नहीं किया था। बल्कि इस वृहद् प्रबन्ध नियोजन में भक्ति के मूल में स्थित 'प्रेम' भावना के

---

* आलोचना का विवेक, पृ. 257

** रचनावली खण्ड एक, 'साहित्यिक लेखन : एक व्यावसायिक समस्या'

विवेचन, 'भक्ति प्रकारों' और 'साधना-क्रम-सम्बन्धी' विचारों के विश्लेषण के क्रम में प्रेम के मधुर भाव में रूपान्तरण की प्रक्रिया को समझने और समझाने का प्रयास जेण्डरगत अध्ययन की दृष्टि से बहुत सार्थक और महत्त्वपूर्ण है। मेरी दृष्टि में इस शोध प्रबन्ध का तीसरा अध्याय 'मधुर-भाव का विकास : पृष्ठभूमि-स्थित विविध तत्त्व' समकालीन मूल्यों एवं नये समाजशास्त्रीय अनुसन्धानों की दृष्टि से उनकी नवोन्मेषी आलोचनात्मक प्रज्ञा स्पष्ट रूप से आलोकित हो जाती है। विभिन्न प्राचीन स्रोतों और मनोविज्ञान के अधुनातन निष्कर्षों में स्त्री-पुरुष के मध्य की काम भावना को जीवन की सघन सार्वभौम वृत्ति माना जाता है। देवीशंकर अवस्थी के अनुसार प्रेमाभक्ति अभिव्यंजना में यह सम्बन्ध ही मधुर भाव है और 'समस्त साधना इसी उज्ज्वल भाव को प्राप्त' करने के लिए होती है। रूप गोस्वामी के प्रसिद्ध ग्रन्थ 'उज्ज्वल नीलमणि' में मधुर भाव को लौकिक श्रृंगार रस के सदृश मानने के साथ 'इसे लोक श्रृंगार के समान' न समझने का संकेत भी किया गया है। वे लक्षणा में यह उल्लेख भी करते हैं कि कामशास्त्र से प्रभावित संस्कृत काव्यशास्त्र में वर्णित अलंकारशास्त्र की शब्दावली को 'मधुर भाव' या 'मधुर भक्ति' को व्याख्यायित करने के लिए ज्यों का त्यों उठा लिया गया है। इस तरह 'भगवत् रति' ही भक्ति का श्रेष्ठतम रूप मानी गयी। परन्तु पितृसत्तात्मक समाज में विवाह संस्था के 'सन्तानोत्पत्ति के रूप में आदर्शीकरण और स्त्री की सामाजिक हैसियत' में गिरावट के कारण पतिव्रत धर्म के महत्त्व को धर्मग्रन्थों में महत्तम बताना तथा पत्नीव्रत के आदर्श की समाप्ति की सामाजिक प्रवृत्ति ही प्रेमाभक्ति अर्थात् मधुर भाव की भक्ति की उत्पत्ति का आधार बनती है। उन्होंने स्पष्ट लिखा, "हमें लगता है कि बहुपत्नीवाद के बीच से फूट आये इस निष्ठावान अखण्ड प्रेम के नारी-आदर्श ने मधुर भाव को विकसित होने में यथेष्ट सहायता दी है। 'एक परमपुरुष की जीवात्मा रूपी अनेक स्त्रियाँ...' की व्याख्या के साथ उन्होंने मधुराभक्ति का पूरा ढाँचा सामन्ती बताया है जहाँ राजा-रानी के साथ रनिवास का पूरा रंगमहल अभिव्यक्त किया जाता है। उनके अनुसार यह पूरा ढाँचा 'सामाजिक व्यवस्था पर आधारित है।' नम्रता, शिष्टता और व्यभिचार इसी सामन्ती परिवेश की दरबारी संस्कृति के प्रधान कारक प्रेम के प्रतीक बन गये। पत्नी सम्पत्ति है, मिली हुई है। और जो मिला हुआ है उसके साथ रोमांस कैसे हो सकता है। इसलिए परकीया प्रेम की प्रवृत्ति की शुरुआत होती है। इस तरह देवीशंकर अवस्थी ने विभिन्न प्रसंगों में मनोविज्ञान सम्मत एवं मानव सभ्यता के विकास क्रम में परिवार, निजी सम्पत्ति एवं राज्य की समाजशास्त्रीय विवचेना ऐतिहासिक विकास क्रम से विभिन्न सम्प्रदायों की भक्ति भावना साहित्य एवं शास्त्रीय रचनाओं के माध्यम से इस शोध प्रबन्ध में प्रस्तुत की है। मैं उदाहरण के तौर पर केवल तीसरे अध्याय के दो पैराग्राफ उद्धृत कर रही हूँ :

"'काम' जीवन की एक प्रधान और महत्त्वपूर्ण वृत्ति है। वैदिक ऋषि ने अनुभव

किया था कि जगत्-जीवन के मूल में काम है—'कामस्तदग्रे समवर्तताधि मनसो रेतः प्रथमं यदासीत्'। भारतीय समाज-चिन्तकों ने इस शक्तिशाली वृत्ति को पालतू बनाने के लिए विवाह की जिस संस्था का निर्माण किया, उसने काम को उन्नीत अवस्था में लाकर उसके माध्यम से पितृ-ऋण जैसे महत्त्वपूर्ण कार्य सम्पादित कराने चाहे। पतिव्रत एवं पत्नीव्रत के रूप में जो आदर्श सामने आते हैं, वे इस अमर्यादित वृत्ति को सीमाबद्ध करते हैं। पति-पत्नी विवाह के पश्चात् लौकिक वासना की तृप्ति करते हुए भी एक अभिन्न एवं अपरिवर्तनीय सूत्र में बँधकर जो सुखलाभ करते हैं, उसमें 'काम' महत्त्वहीन हो जाता है अथवा यों कहें कि अधिक उदात्त बनकर मनुष्य को शक्ति और प्रेरणा देता है। धीरे-धीरे स्त्री की सामाजिक हैसियत पुरुष की अपेक्षा गिरती जाती है। पतिव्रत धर्म का महत्त्व बढ़ जाता है एवं एक पत्नीव्रत का आदर्श समाप्त हो जाता है। पत्नी समर्पणशीला बन जाती है, पति की दुर्बलताओं एवं तिरस्कार को सहन करके भी वह अपनी असीम गम्भीर प्रेमवृत्ति के साथ पुरुष के प्रति अनुरक्त रहती है। उसके चरित्र में एक कोमल मानवीय गहनता के साथ ही दिव्य एवं अलौकिक गुणों का अपूर्व समन्वय दिखाई देता है। इस निष्ठावान अधिबल प्रेम की प्रतिमूर्ति ही भारतीय काव्य-पुराण की नायिकाएँ हमें मिलती हैं। हमें लगता है कि बहुपत्नीवाद के बीच से फूटकर आये हुए इस निष्ठावान अखण्ड प्रेम के नारी-आदर्श ने मधुर भाव को विकसित होने में यथेष्ट सहायता दी है। एक परमपुरुष की जीवात्मा रूपी अनेक स्त्रियाँ हैं एवं ये स्त्रीरूपी जीवात्माएँ अपने प्रियतम से ऐसा ही दृढ़ प्रेम करें, जैसा कि स्त्री अपने पति से करती है—यह आदर्श महत्त्वपूर्ण बन जाता है।

स्त्री-पुरुष-सम्बन्धों एवं प्रेम-वृत्ति के सामन्तीकरण (फ्यूडलाइजेशन ऑफ लव) का एक और प्रभाव भी हमें मधुर साधना में विकसित होता मिलता है। जैसे एक सामन्त के ऊपर दूसरा सामन्त होता है और उसकी सीढ़ी-दर-सीढ़ी सेवा होती है। प्रेम की लगभग वैसी ही सेवा हमें उत्तर-मध्ययुग में प्राप्त होने लगती है। राधा हैं, कृष्ण हैं, उनकी प्रधान-प्रधान सखियाँ हैं, यूथेश्वरियाँ हैं फिर उनकी भी सेविकाएँ, दासियाँ या मंजरियाँ हैं। यह सारा ढाँचा पूरी तौर से सामाजिक व्यवस्था पर आधारित है। मध्ययुग में व्यक्ति का व्यक्ति से प्रेम या घृणा अधिक सशक्त थे। देश भक्ति की भावना की अपेक्षा शरण में आये हुए को रक्षा देने की या मित्र के लिए प्राण देने की या प्रेमिका के लिए सब कुछ बलिदान कर देने की भावनाएँ बड़ी प्रबल थीं। इस वैयक्तिक आवेश के कारण ही प्रेम और विश्वासघात, दोनों का ही रूप महान था। मध्ययुग में प्रेम का आवेग एक नये रूप में शक्तिशाली हो उठा, यह बात दूसरी है कि उसकी वेशभूषा कुछ पुरानी ही रही। नम्रता, शिष्टता एवं एक प्रकार का व्यभिचार भी इस प्रेम के अंग बन

*गये। सामन्त और प्रजाजन का सम्बन्ध प्रेम के क्षेत्र में नम्रता के रूप में प्रकट हुआ। दूरबारी शिष्टता के मानदण्ड प्रेम के क्षेत्र में प्रेमी-प्रेमिका के पारस्परिक व्यवहार में प्रतिबिम्बित होते हैं। तीसरे तत्त्व व्यभिचार के कारण और गहरे हैं। सामन्ती विधान के भीतर पत्नी सम्पत्ति के एक टुकड़े की भाँति स्वीकृत थी, अतः उसके साथ प्रेम के अति आदर्शीकरण या रूमानी भावना को जोड़ने का प्रश्न नहीं उठता था। वह तो 'प्राप्त' ही थी। जमींदार के लिए जैसे भूमि वैसे पति के लिए स्त्री—यह सामान्य धारणा थी। इस प्रकार विवाह 'प्रेम' के लिए बहुत उपयोगी नहीं था। यों विवाह की उपयोगिता और पत्नी की आवश्यकता स्वीकृत थी—ऐन्द्रिक प्रसन्नता तथा घरेलू सुख-भावना के लिए। पर इसमें मध्ययुग का वह रोमांस कहाँ उभर पाता है? परिणाम परकीया प्रेम हुआ। वही स्त्री अपने पति के लिए महत्त्वहीन, पर वही स्त्री प्रेमी के लिए प्राणाधिक प्रियतमा हो जाती है। सी.एस. लेविस का यह कथन इस प्रसंग में नितान्त सार्थक है—एनी आइडियलाइजेशन ऑफ सेक्सुअल लव, इन ए सोसाइटी ह्वेयर मैरिज इज़ प्योरली यूटिलिटेरियन, मस्ट बिगिन बाई बीइंग ऐन आइडियलाइजेशन ऑफ ऐडल्टरी। (अर्थात् विवाह को मात्र उपयोगी मानने वाले समाज में, यौनप्रेम का आदर्शीकरण निश्चित ही व्यभिचार के आदर्शीकरण से प्रारम्भ होगा।) उत्तर-मध्ययुग में परकीया प्रेम के इस आदर्शीकरण के उदाहरण भारतीय भाषाओं के वैष्णव-भक्ति साहित्य में विरल नहीं हैं।**

उपर्युक्त उद्धृत देवीशंकर अवस्थी के सन् 1960 में किये गये विश्लेषण से निम्नलिखित सूत्र प्राप्त होते हैं—

1. स्त्री-पुरुष के मध्य काम भावना को विवाह संस्था के माध्यम से नियन्त्रित किया गया।
2. मातृसत्ता के शिथिल पड़ जाने पर स्त्री की सामाजिक हैसियत समाप्त हो जाती है।
3. विवाह और प्रेम का पुरुष प्रधान (पितृसत्तात्मक) सामन्ती ढाँचा सामाजिक मान्यता प्राप्त कर लेता है।
4. पत्नी मनुष्य से वस्तु अर्थात् सम्पत्ति, जमीन, जायदाद मान ली जाती है। उसकी मानवीय इकाई की अस्मिता समाप्त कर दी जाती है।
5. पत्नी जरूरी है पर केवल वंशरक्षा अर्थात् सन्तानोत्पत्ति के लिए।
6. कामोत्तेजना और प्रेम के उद्दाम वेग के लिए परकीया प्रेम एवं 'परदारानिदर्शन' को परोक्ष रूप से धार्मिक-सामाजिक मान्यता।

इस सम्पूर्ण प्रेमाभक्ति विवेचन में अनेक वैष्णव आचार्यों द्वारा प्रतिपादित स्त्री

---

* रचनावली खण्ड तीन, पृ. 175-177

के प्रेम भाव और कामवृत्ति को साधंना में साधन की तरह आरोपित या उनके स्व अनुभूत अनुभव का देवीशंकर अवस्थी ने बहुत ही सन्तुलित पद्धति से गम्भीर विवेचन-विश्लेषण किया है। इस प्रदेय को पाठक की आलोचनात्मक प्रज्ञा समझ लेती है कि कैसे एक सुचिन्तित प्रक्रिया में, समाज में स्त्री की व्यापक भूमिका समाप्त कर केवल सीमित क्षेत्र के बाड़े में उसकी भूमिका तय कर दी गयी। यद्यपि इन धार्मिक विवेचनों में भगवत् रति को लौकिक रति से पृथक् समझने का निर्देश भी है पर ये निर्देश धार्मिक पुस्तकों तक ही सीमित रहे। इस उपासना पद्धति का सम्यक् विवेचन शोध प्रबन्ध में इस प्रकार है कि "यह सब इतने लौकिक स्तर पर सम्पन्न होता है कि तत्त्वदर्शन का प्रतीक न रहकर वास्तविक सामाजिक का भ्रम (इल्यूज़न ऑफ़ रियलिटी) पैदा कर देता है।" यही कारण है कि धर्म और मर्यादा के नाम पर सांसारिक जीवन में प्रेम के आवेग और काम भावना को वासना कहकर तिरस्कृत किया गया। भक्ति के काल्पनिक भावलोक और जीवन के वास्तविक भावलोक के इस द्वैत में सभी धर्म सम्प्रदायों और काव्य साधकों ने स्त्री निन्दा की है।

भक्ति के भावलोक में, मधुर भाव की भक्ति में आकण्ठ निमग्न भक्ति साधकों की वैचारिकता पुरुषवादी ही रही, चाहे राधा को विवाहिता स्वकीया मानने का विवाद हो या गोपियों के परकीया प्रेम को श्रेष्ठ माना हो। देवीशंकर अवस्थी का यह शोध ग्रन्थ भक्ति के विविध पहलुओं यथा प्रकारों, पद्धतियों, वैचारिकी एवं रचनाओं का आकलन यह सिद्ध करता है कि परम्परा उनकी शक्ति है—सीमा नहीं। वे 'परम्परा का पूजन नहीं अनुसन्धान करते हैं, ताकि अपने समय को वे पकड़ सकें।' 58 वर्ष पहले लिखा यह शोध ग्रन्थ समसामयिकता को व्याप्ति और सन्दर्भ देने में आज भी सक्षम और उपयोगी है।

संस्कृत उद्धरणों में सहायता करने के लिए सुश्री शीला डागा और मोहित कुमार को बहुत धन्यवाद। वाणी प्रकाशन को पुनः धन्यवाद।

रेखा अवस्थी

1 मार्च, 2018

220, सहयोग अपार्टमेंट्स
मयूर विहार, फेज-I
दिल्ली-110091
मो. : 9818183255

भक्ति : आलेख

कबीर के निर्गुण राम और उनकी भक्ति

भक्ति : वैदिक-पौराणिक सन्दर्भ

भक्ति : आधुनिक सांस्कृतिक सन्दर्भ

विभिन्न धर्म-साधनाओं से प्रस्फुटित भक्ति

कबीर के निर्गुण राम और उनकी भक्ति

आचार्य हजारी प्रसाद द्विवेदी ने अपने प्रसिद्ध ग्रन्थ 'कबीर' में लिखा है–'हिन्दी-साहित्य के हजार वर्षों के इतिहास में कबीर जैसा व्यक्तित्व लेकर कोई लेखक उत्पन्न नहीं हुआ। महिमा में यह व्यक्तित्व केवल एक प्रतिद्वन्द्वी जानता है–तुलसीदास।' ऐसा महिमाशाली व्यक्तित्व यदि तमाम आलोचना-प्रत्यालोचना का विषय बना हो तो कोई आश्चर्य की बात नहीं। नाना पण्डितों ने नाना भाव और नाना दृष्टियों से कबीर को समझने की चेष्टा की है। अनेक कारणों से कबीर में कुछ ऐसी परस्पर-विरोधिनी प्रवृत्तियाँ एवं असंगतियाँ सस्वर विद्यमान हैं कि कबीर पर नाना भाँति की शंकाओं का होना स्वाभाविक है। इस सन्त के उपास्यदेव राम एवं उनकी साधना-पद्धति अत्यधिक विवादास्पद विषय हैं। विद्वानों ने विभिन्न भाव-भूमियों एवं दार्शनिक सिद्धान्तों की भूमिका में उन्हें परखा है।

कबीर कुछ ऐसे संक्रान्तिकाल में उत्पन्न हुए थे कि विभिन्न साधनाओं के सम्पर्क से उन्हें गुजरना पड़ा था। योग, ज्ञान, भक्ति, तन्त्र, मन्त्र, इस्लाम एवं अन्य अनेक लोक-साधनाओं तथा प्रचलित विश्वासों ने उन्हें प्रभावित किया था। आचार्य क्षितिमोहन सेन ने एक स्थल पर कहा है, 'कबीर की आध्यात्मिक क्षुधा एवं आकांक्षा विश्वग्रासी है। वह कुछ भी छोड़ना नहीं चाहती; इसलिए उन्होंने हिन्दू, मुसलमान, सूफ़ी, वैष्णव, योगी, प्रभृति सभी साधनाओं को जोर से पकड़ रखा है।' परन्तु जिस प्रकार अनेक साधनाओं की समन्विति उनकी साधना-पद्धति में हुई, उसी प्रकार ग्रहणशीलता और वर्जनशीलता दोनों ही उनमें इकट्ठी आकर मिलीं। आचार्य सेन ने उनकी ग्रहणशीलता की ओर संकेत किया है, परन्तु वर्जनशीलता भी उनमें कम नहीं है। ग्रहणशीलता भावक्षेत्र (आध्यात्मिक क्षुधा) की बात है, आचार के क्षेत्र एवं प्रक्रिया के स्वरूप में वे सर्वथा वर्जनशील हैं। यह आन्तरिक विरोध ही कबीर के सम्बन्ध में होने वाले विवाद का मूल कारण है। उनके साहित्य की सबसे बड़ी असंगति यही है। परन्तु इसके साथ ही एक बड़ा प्रमुख तथ्य और है कि निरक्षर होने के कारण उन्हें विविध शास्त्रों के जटिल विधानों और नाना मतमतान्तरों की दार्शनिक भूल-भुलैयों में न उलझना पड़ा था। वे सच्चे अर्थ में साधक, जिज्ञासु और

भक्त थे। उस युग के दो कोटि के सन्तों—लोकवेद-पन्थी एवं अनभै साँच-पन्थी—में वे दूसरी कोटि के थे। इसी कारण नाना विरोधी स्वरों के भीतर से निकलकर भी प्रत्यक्ष अनुभव, आत्मविचार और गहन चिन्तन के फलस्वरूप उनकी साधना-पद्धति का एक स्पष्ट और सुव्यवस्थित स्वरूप हमें उपलब्ध होता है।

इस निबन्ध में हमें कबीर के राम को भारतीय उपासना की पृष्ठभूमि में रखकर देखना है। भारतीय विचारधारा के पण्डितों का मत है कि कर्मफलवाद अनार्य चिन्तन की देन है। कर्मफलवाद के स्वीकार कर लिये जाने पर चिन्तन-प्रवण मनीषा ने दुख से आत्यन्तिक निवृत्ति के लिए जगत् का अध्ययन न करके आत्मा का ध्यान प्रारम्भ किया। आत्मा के स्वरूप, उसकी अवस्था एवं लक्ष्य पर विचार होने लगा। हम यह जाँचने लगे कि यह कञ्चन है अथवा काँचमात्र ही। बौद्धों के अनात्मवाद ने आगे चलकर इस प्रकार की परीक्षा एवं तर्कों को बड़ा बल दिया। अस्तु हमने यह स्वीकार किया कि यह वास्तव में कञ्चन ही है काँच नहीं, अज्ञान अथवा अविद्या के कारण यह काँच प्रतीत होता है। इस अज्ञानता का भी कारण गुण माना गया। अतः गुणातीत अवस्था लाने की आवश्यकता प्रतीत हुई। इस अवस्था की प्राप्ति के लिए विद्वानों ने अपरोक्ष ज्ञान की आवश्यकता बतलाई। ज्ञानी ने कहा कि प्रत्यय की आवृत्ति होनी चाहिए। विद्यारण्य स्वामी ने माण्डू, केन आदि उपनिषदों के आधार पर यह हठपूर्वक सिद्ध करने की चेष्टा की कि अद्वैत अथवा निर्गुण उपासना का विषय हो सकता है—

निर्गुणब्रह्मतत्त्वस्य न ह्युपास्तेरसम्भवः।
सगुणब्रह्मणीवात्र प्रत्ययावृत्तिसम्भवात्॥
अवाङ्मनसगम्यं तन्नोपास्यीमितिचेत्तदा।
अवाङ्मनसगम्यस्य वेदनं न च सम्भवेत॥

(पंचदशी, 9-55, 56)

परन्तु मध्ययुग के एक अन्य उद्‌भट विद्वान पं. मधुसूदन सरस्वती ने पंचदशी की इस अद्वैत साधना का खण्डन किया। उन्होंने भगवान के अनुग्रहकारी रूप की उपासना को स्वीकार किया। मधुसूदन सरस्वती ने कहा है—

एवं च एतस्य चतुर्मुख।
चतुर्भुजस्य भक्तानां अनुग्रहार्थम्॥

विद्वानों ने कबीर को निर्गुणोपासक बताते हुए उसका औचित्य पंचदशीकार विद्यारण्य स्वामी के कथन द्वारा सिद्ध करने की चेष्टा की है। परन्तु जैसा कि पूर्व ही श्री मधुसूदन सरस्वती इसका खण्डन कर चुके हैं, निर्गुण की उपासना और भक्ति सम्भव नहीं है। कबीर भी निर्गुण की उपासना केवल कहते भर हैं, पर करते उपासना सगुण की ही हैं। सिद्धान्त में कबीर निर्गुणोपासक हैं, व्यवहार में नहीं। कहते हैं, ऐसा ही आन्तरिक विरोध टॉल्स्टॉय में भी पाया जाता है। उनके उपदेश, नीति आदि

आदर्शों और कलात्मक कृतियों के मध्य सामंजस्य की रेखा बैठाना किंचित् कठिन है।

बहुधा लोग अवतारवाद को सगुण का पर्याय मान लेते हैं पर वास्तव में अवतार को न मानकर भी त्रिगुणों से युक्त कर देने पर ब्रह्म सगुण हो जाता है। कबीर ने क्षमा, दया, भक्तवत्सलता आदि अनेक गुणों का उस पर आरोप कर दिया है। उनका राम भक्त के दुखों को भली-भाँति जानता है–

भगति का दुख राम जानैं कहै दास कबीर।

कबीर अवतारवाद को नहीं मानते, मूर्तिपूजा उसके प्रत्यक्ष स्वरूप में नहीं करते, परन्तु मूर्ति के स्थान पर गुरु को उन्होंने अवश्य लिया है।

मनोविज्ञान भी कहता है कि जब तक हमारे निकट कोई स्पष्ट स्वरूप न हो रति पुष्ट नहीं हो सकती। अन्धा स्वरूप की स्पष्ट कल्पना नहीं कर पाता, इसी कारण उसकी रति पुष्ट नहीं होती। अतः निर्गुण साधक जिस किसी भी समय राम के शुष्क क्षेत्र से भक्ति की रागात्मिका भूमि पर आते हैं, उसी समय वे सगुणवादियों की सारी विधियों को ले लेते हैं एवं ब्रह्म को गुणयुक्त बना डालते हैं। प्रत्येक ज्ञानी अथवा योगी ने भक्ति की उल्लास और आवेशमयी स्थिति में ऐसा ही किया है। पंचेन्द्रियों के लिए रूप-कल्पना आवश्यक है। कबीर ने कहा है–

जिहि घट प्रीति न प्रेम रस, पुनि रसना नहिं राम।
ते नर इस संसार में, उपजि भए बेकाम ॥

इस प्रीति-प्रेमरस के स्थायित्व के लिए राम में रूप और गुण की प्रतिष्ठा अनिवार्य होती है। इसके अतिरिक्त भक्ति के आश्रय और आलम्बन की आवश्यकता होती है; ब्रह्म भी 'एकाकी न रमते'। कबीर ने भी उसकी गुरु, पिता, माता, पति आदि रूपों में कल्पना की है।

यहीं पर एक बात मैं और कह देना चाहता हूँ कि पति-रूप में उपासना कबीर पर सूफ़ी प्रभाव नहीं है, बल्कि वह विशुद्ध रूप से भारतीय है। जो बात शाक्तागमों एवं शैवागमों में प्रतीक रूप से थी, वही सहजिया सम्प्रदाय में वस्तु-रूप से आ गयी। वैष्णव काव्य पर शृंगार रस का प्रभाव सहजिया सम्प्रदाय की देन है, जिसे बाद में चैतन्य महाप्रभु ने शास्त्रीय स्वरूप दे दिया। कबीर पर उसी परम्परा का प्रभाव है; उनका रहस्यवाद भारतीय नारी का आदर्श है, ईरान का इश्क नहीं।

डॉ. हजारी प्रसाद द्विवेदी एवं श्री पुरुषोत्तम श्रीवास्तव प्रभृति विद्वानों ने निर्गुण उपासना का समर्थन करते हुए पंचदशी का ही तर्क दिया है कि यदि निर्गुण भक्ति और उपासना का विषय नहीं तो फिर वह ज्ञान का भी विषय नहीं हो सकता। पर हमें यहाँ पर एक सूक्ष्म अन्तर को दृष्टि में रखना है। अद्वैत साधना में मन को मारना होता है परन्तु भक्ति में एक केन्द्र पर लगाना होता है। ज्ञान बुद्धि का विषय है, मस्तिष्क से सम्बन्धित है तभी तो महाभाष्य चिन्तन के साथ विचार का सम्बन्ध आचार्य द्विवेदी ने भी स्वीकार किया है, और यह तो सभी स्वीकार करेंगे

कि विचार और चिन्तन का सम्बन्ध मस्तिष्क और बुद्धि से ही है। पर भक्ति का सम्बन्ध अनुरक्ति से है; 'भक्तिः परानुरक्तिरीश्वरे', अनुरक्ति का सम्बन्ध राग से है एवं रागात्मिका वृत्ति हृदय की अपनी विशिष्ट प्रवृत्ति है। बुद्धि विश्लेषण-प्रवण होती है और राग संश्लेषण-प्रवण एवं समन्वयवादी। बुद्धि के द्वारा किन्हीं तत्त्वों की छानबीन करते हुए ज्ञान की कोटि तक पहुँचा जा सकता है परन्तु भक्ति में मन को एक केन्द्र पर स्थिर करना होता है। गीता में भगवान कृष्ण ने कहा है—

ब्रह्मभूतः प्रसन्नात्मा न शोचति न कांक्षति।
समः सर्वेषु भूतेषु मद्भक्तिम् लभते पराम् ॥

इसका भी यही तात्पर्य है कि जब व्यक्ति चारों ओर से मन हटाकर समस्त आकांक्षाओं को त्यागकर सब भूतों को समान भाव से देखता है, तभी वह पराभक्ति को प्राप्त करता है। अतः एक केन्द्र की ओर संकेत इस ब्रह्म भूत के लक्षण में भी है। नारद भक्तिसूत्र में भी कहा गया है, 'यत्प्राप्य न किञ्चिद्वाञ्छति न शोचति न द्वेष्टि न रमते नोत्साही भवति।'

कबीर ने स्थल-स्थल पर राम-नाम की महिमा बड़े जोर से गायी है। सुमिरण कौ अंग तो पूरा इसी महिमा के गान के लिए है। कबीर कहते हैं कि ब्रह्मा और महेश्वर कह गये, और मैं भी कहे जाता हूँ कि एक राम-नाम ही सार-वस्तु है। 'सुमिरन ही सार है बाकी सब तो जंजाल है।' और कहाँ तक कहा जाये राम-नाम से विमुख व्यक्ति तो वेश्या के पुत्र की भाँति है। अतः कबीर साहब का स्पष्ट मत है कि राम (निर्गुण?) के अमृत गुण गाकर उसे रिझा लें।

कबीर राम रिझाइ ले मुखि अमृत गुण गाइ।
फूटा नग ज्यूँ जोड़ि मन सन्धे सन्धि मिलाइ ॥

कबीर द्वारा बहुसमर्थित यह नामजप भी सर्वथा सगुणोपासना का ही द्योतक है। ऊपर वाली साखी में तो स्पष्ट रूप से राम के अमृत गुण गाने की सिफारिश है। नामजप में भी स्वरूप की प्रतिष्ठा मनोविज्ञान के अनुसार अनिवार्य है। मन को राम की ओर उन्मुख करने में किसी-न-किसी प्रकार की आकृति और गुण की कल्पना करनी ही होगी, अन्यथा कौन किसके सम्मुख जप करेगा! कबीर ने एक स्थल पर बड़े ही मार्मिक ढंग से कहा है—

पंच संगी पिव-पिव करैं, घटाजु सुमिरै मन्न।
आयी सूति कबीर की, पाया राम रतन्न ॥

'राम रतन' को एक निश्चित आकार अथवा गुण देने पर ही पंचेन्द्रियाँ पिव-पिव की रट लगाएँगी।

निर्गुणपन्थी और भक्त में एक भेद और भी है—निर्गुनिया कहता है कि विराट तू इसी शरीर में समा जा; परन्तु भक्त कहेगा—प्रभु, मैं भी तेरे विराट राज्य में हूँ। कबीर तो उसके विराट राज्य की सबसे हीन प्रजा बन जाते हैं—

कबीर कूता राम का मुतिया मेरा नाउँ।
गलै राम की जवड़ी, जित खैंचै तित जाउँ ॥

एवं उसे स्पष्ट रूप से विराट में परिव्याप्त बताते हैं–

प्यंड ब्रह्मंड कथै सब कोई,
वाकै आदि अरु अन्त न होई।
प्यंड ब्रह्मंड छोड़ि जे कहिए
कहै कबीर हरि सोई ॥

निर्गुण राम के समर्थन के सिलसिले में आचार्य द्विवेदी ने गुरुदेव रवीन्द्रनाथ ठाकुर का कथन उद्धृत किया है; पर उसी कथन के द्वारा हमारे विचार से निर्गुण का प्रत्याख्यान हो जाता है। कथन यों है–'कुछ लोग कहते हैं कि उपासना में प्रार्थना का कोई स्थान नहीं; उपासना मात्र ध्यान है–ईश्वर के स्वरूप को मन-ही-मन उपलब्ध करना है। यह बात मैं स्वीकार कर लेता, यदि जगत् में मैं अपनी इच्छा का कोई प्रकाश न देख पाता। हम लोहे से प्रार्थना नहीं करते, पत्थर से प्रार्थना नहीं करते–उसी के निकट अपनी प्रार्थना प्रकट करते हैं, जिसमें इच्छा-वृत्ति हो।' निर्विकार ईश्वर पर इच्छा-गुण का आरोप स्पष्ट रूप से इस कथन से हो जाता है। मैं नहीं समझता, सगुणवाद का इससे अधिक समर्थन क्या हो सकता है! यह तो हुई व्यवहार-पक्ष की बात; अब उनके सिद्धान्त-पक्ष के निर्गुण के बारे में विचार कर लेना चाहिए। कबीर का निर्गुण वास्तव में नकारात्मक नहीं है, वह नागार्जुन के शून्य की भाँति किन्हीं अंशों तक सकारात्मक है। 'भाव-अभाव बिहूना' भावाभावविनिर्मुक्त। वह परात्पर और सर्वव्यापी भी है। 'खालिक खलक और खलक खालिक' है। यह सर्वव्यापकता यह भी पता नहीं लगने देती 'सुनु सखि पिउ महि जिउ बसै, जिउ महि बसै कि पीउ'। एक जगह उन्होंने कहा है–

बाहर कहौं तो सतगुरु लाजै,
भीतर कहौं तो झूठा लो।
बाहर-भीतर सकल निरन्तर
गुरु परतापै दीठा लो ॥

यदि यहीं पर हम कबीर के इस निर्गुण (?) की भक्ति के सम्बन्ध में भी विचार कर लें तो सम्भवतः अधिक अप्रासंगिक न होगा। यह तो निर्विवाद ही है कि वे भक्त थे। प्राचीन समय में नाभादास ने उन्हें भक्त मानकर ही भक्तमाल में पिरोया था। आचार्य हजारी प्रसाद द्विवेदी ने लिखा है, 'कबीरदास का यह भक्त-रूप ही उनका वास्तविक रूप है। इसी केन्द्र के इर्द-गिर्द उनके अन्य रूप स्वयमेव प्रकाशित हो उठे हैं।'

ज्ञानी की ही भाँति एकाग्रता के मार्ग के सबसे बड़े बाधक अहंकार से वे सावधान थे। तभी तो उन्होंने कहा था–

माया तजी तौ का भया, मानि तजी नहिं जाइ।
मानि बड़े मुनिपर गिले, मानि सबनि कौं खाइ॥

तथा इसी कारण—'मुआ मन हम जीवत देखा'। यह एक मनोवैज्ञानिक सत्य है कि व्यक्ति सारे ऐश्वर्यों, सुखोपभोग की सम्पूर्ण सज्जाओं एवं विलास के समस्त उपकरणों का त्याग कर सकता है; प्रिय एवं परिजनों को छोड़ सकता है, परन्तु अहं का परित्याग उसके लिए नितान्त दुष्कर है। मान, प्रशंसा और अहंकार उसे सदा अभिभूत कर लेते हैं।

भक्ति की व्याख्या करते हुए 'भक्ति रसामृत सिन्धु' में कहा गया है—

अन्याभिलषिता शून्यं ज्ञानकर्माद्यनावृत्तम्।
आनुकूल्येन कृष्णानुशीलनं भक्तिरुच्यते॥

'अनुकूल भाव से भगवान के विषय में अनुशीलन करना ही भक्ति है। यह अनुशीलन ज्ञान और कर्म से ढका हुआ नहीं होना चाहिए और न अनुशीलन करने वाले के हृदय में भगवान की भक्ति के सिवा और कोई अभिलाषा होनी चाहिए।' नारद भक्तिसूत्र में 'फलरूपत्वात्' होने के कारण भक्ति को कर्मज्ञानयोगेभ्योऽप्य धिकतरा कहा गया है; क्योंकि भक्ति तो स्वयं फल है, जबकि ज्ञान, योग आदि का फल ब्रह्म है। कबीर ने भी इस निष्कामता की ओर संकेत करते हुए कहा है—

जब लगि भगति सकामता तब लगि निर्फल सेव
कहैं कबीर वै क्यूँ मिलै, निहकामी निज देव।

तथा अनाश्रयाणां त्यागोऽनन्यता के अनुसार वे कहते हैं—

मैं गुलाम मोहिं बेंचि गुसाईं,
तनमनधन मेरा रामजी के ताईं।

अनन्यता और समर्पण की इस पराकाष्ठा में एक दशा ऐसी आती है, जब भक्त भगवान पर अपना पूर्ण अधिकार समझने लगता है; कबीर भी इस स्थिति में आकर कहते हैं—

नैना अन्तर आवतें ज्यूँ ही नैन झँपेउँ।
नाँ हौं देखौं और कूँ; ना तोहि देखन देउँ॥

चरम स्थिति है, जब वे कहते हैं—

कबीर रेख सिन्दूर की काजर दिया न जाइ।
नैनु रमइया रमिरहा, दूजा कहाँ समाइ॥

कबीर ने उस सात्वस्मिन् परम प्रेम रूपा' भक्ति का गुणगान भाँति-भाँति से किया है—

भाग बिना नहिं पाइये प्रेम प्रीति की भक्ति।
बिना प्रेम नहिं भक्ति कुछ, भक्ति परयो सब जक्त॥

तथा

राता माता नाम का पीया प्रेम अघाय।
मतवाला दीदार का माँगै मुक्तिबलाय॥

निष्काम भक्त के लिए आत्म-विचार अत्यधिक बहुमूल्य वस्तु है। मध्ययुग के उस अप्रतिम दार्शनिक शंकराचार्य का कहना है–

यथापकृष्टं शैवालं क्षणमात्रं न तिष्ठति।
आवृणोति तथा माया प्राज्ञं वाचि पराङ्मुखम्॥

जिस प्रकार शैवाल को जल पर से एक बार हटा देने पर वह क्षण भर भी अलग नहीं रहता (तुरन्त ही फिर उसको ढँक लेता है) उसी प्रकार आत्म-विचारविहीन विद्वान को भी माया फिर घेर लेती है। कबीरदास का भी मत है–

कहै कबीर जे आप बिचारै
मिटि गया आवन जाना?

अथवा

जब थै आतम तत विचारा
तब निरबैर भया सबहिन थै,
काम क्रोध गहि डारा

आत्म-विचारविहीन व्यक्ति तो सूखे काठ के समान जड़ और अज्ञानी होता है, वह भगवान के प्रेम-रस का अनुभव ही नहीं कर सकता।

हरिया जाणैं रूखड़ा, उस पाणीं का नेह।
सूका काठन जाँणई, अम्बर बरस्या मेह॥

स्पष्ट है कि कबीर निष्काम भक्त थे। उनकी साधना-प्रक्रिया सगुण मार्ग का अवलम्बन करती है, परन्तु दूरदर्शी ज्ञानी होने के कारण मार्ग की बाधाओं को वे भली-भाँति जानते हैं और उनसे सावधान रहने के लिए आगाह भी कर देते हैं।

भक्ति : वैदिक-पौराणिक सन्दर्भ

वैदिक साहित्य संसार का प्राचीनतम उपलब्ध साहित्य तो है ही, हिन्दू समाज के लिए अत्यधिक श्रद्धेय भी है। इसी कारण हम सब लोगों का स्वभाव बन गया है कि धर्म, दर्शन, कला-संस्कृति आदि सभी मानवीय साधनाओं का मूल उत्स वैदिक साहित्य में ही ढूँढ़ने का प्रयास करते हैं। मोहनजोदड़ो एवं हड़प्पा की खुदाइयों के बाद भी अभी तक अपने देश की अपेक्षाकृत अधिक प्राचीन सभ्यता की ओर हमारा ध्यान कम आकृष्ट हुआ है। सम्भवतः इसका प्रधान कारण यह है कि उस समस्त सामग्री का निर्भ्रान्त एवं प्रामाणिक विवेचन फिलहाल सम्भव नहीं हो सका है। परन्तु फिर भी मार्शल[1], मैकै[2] एवं आर.पी. चन्दा[3] आदि ने उस युग में उपासना-प्रधान-धर्म की स्थिति निश्चित मानी है। मनोवैज्ञानिक दृष्टि से उपासना अधिक रागमयी और निजी देवता के प्रति प्रधावित होकर भक्ति का रूप धारण करती है। इसके पश्चात् आर्यों की समृद्ध सभ्यता में हमें ऋग्वेद में भक्ति का स्पष्ट स्वरूप प्राप्त होता है। उसमें बहुदेववाद का एकेश्वरवाद की ओर निश्चित विकास परिलक्षित होता है। जैसा कि श्री जे.एन. बनर्जी ने कहा है कि ऋग्वेद के अन्तिम स्तरों (सम्पादन के स्तरों) में हमें एक ऐसे ही देवता का स्वरूप छनकर सबसे ऊपर उठने का संघर्ष करता प्रतीत होता है।[4] इस देवता के प्रति पूजा का जो भाव है उसमें ज्ञान, कर्म और उपासना का समन्वय है। "भक्ति तीनों मार्गों की पावन त्रिवेणी का संगम है। ज्ञान और कर्म-सम्पत्ति का प्रभु-अनुग्रह के साथ सामंजस्य ही वैदिक भक्ति का आदर्श है।"[5]

मैकनिकल ने "भक्ति के प्रमुख तत्त्वों में से ईश्वर और जीव के सम्बन्ध को माना है।"[6] डॉ. मुंशीराम शर्मा ने वेदों से प्रभूत उदाहरण देते हुए (पृ. 127 से 136) कहा है कि वेद में भक्तियोग के ये सभी स्तर और सम्बन्ध विद्यमान हैं।[7] प्रार्थना एवं आत्मनिवेदन के छहों अंग तथा 'नारद भक्तिसूत्र' में वर्णित एकादश आसक्तियों (सूत्र 82) में से अधिकांश की रूपरेखा वेदों में प्राप्त है।[8] यूरोपीय पण्डित कीथ ने ऋग्वेद की वरुणगीतियों में भक्ति का अस्तित्व एवं प्रादुर्भाव स्वीकार किया है।[9]

वैदिक भक्ति की निश्चित स्थिति के बारे में इतना कह चुकने के बाद भी मेरा प्रस्ताव है कि भारतीय भक्ति के प्रादुर्भाव को लोक और वेद की सम्मिलित

भूमि पर देखा जाना चाहिए। भक्ति का तत्त्व आर्यों की अपेक्षा इस देश के प्राचीन निवासियों एवं नीचे के तबके में पहले से ही था। वे अपने प्रिय देवताओं, जो कि वैदिक देवताओं से नितान्त भिन्न थे, को श्रद्धा और पूजा भेंट किया करते थे।[10] हम आगे चलकर देखेंगे कि इन वेदोत्तर देवताओं ने सम्प्रदाय-देवताओं (Cult-Gods) को अत्यधिक सहायता पहुँचाई है। कीथ, भण्डारकर आदि विद्वानों ने आर्य-धर्म को मुख्यतया कर्मकाण्ड एवं यज्ञबलि-प्रधान माना है। मेरा अनुमान है कि यह स्थिति प्रारम्भ में ही रही होगी। भारत-भूमि पर प्रतिष्ठित होने के बाद जिस आध्यात्मिकता की ओर उनका बौद्धिक वर्ग उन्मुख हुआ, उसने बहुदेववाद को एकेश्वरवाद की ओर विकसित किया होगा। यही नहीं, यज्ञकर्म-विधान के संकेत भी सूक्ष्मता की ओर बढ़े होंगे। उधर उनके पूर्व से ही भक्ति के तत्त्व यहाँ के निवासियों में थे ही। आर्यों के कर्म और ज्ञान की सामर्थ्य से संयुक्त हो जाने के पश्चात् लोक में विद्यमान श्रद्धा की वृत्ति एक ऐसी उच्छल साधना को जन्म देती है जिसमें कर्म, ज्ञान और भक्ति का वैयक्तिक उद्घाटन होता है। हिन्दू धर्म भी ईसाई, बौद्ध, मुस्लिम आदि धर्ममतों की भाँति एक प्रकार के प्राकट्यवाद (Revelationism) पर आधारित है। अन्तर इतना है कि यह आप्त प्रकटीकरण किसी एक व्यक्ति के माध्यम से नहीं हुआ है बल्कि लोकाश्रित होकर यह वैदिक भक्ति विविध मन्त्रगानों में फूटी। इन लोगों ने अपने को दिव्य के सम्मुख समर्पित किया और प्रत्येक वस्तु उस दैवी विभूति से ही चाही।

ऋग्वेद में आयी कथा के अनुसार शुनःशेप ने अपने को वरुण को अर्पित कर मृत्यु से छुटकारा पाया था। इस सम्बन्ध में यह भी बात ध्यान में रखने योग्य है कि भागवतों ने अपने को बहुधा वेदों से प्राचीन सिद्ध करने का प्रयास किया है।[11] उधर पराशर संहिता, वशिष्ठ संहिता, सूत संहिता, आश्वलायन स्मृति, कूर्मपुराण आदि में पाञ्चरात्रों को अवैदिक माना गया है। इससे भी यह सिद्ध होता है कि वैदिक साधना के अतिरिक्त भी एक प्रकार की धर्मभावना इस देश की धरती पर विद्यमान थी। आगे चलकर वेदोत्तर युग में जब सम्प्रदाय-देवताओं (Cult-Gods) का विकास होता है, तब यद्यपि केन्द्रस्थ देवता वैदिक ही रहते हैं, पर उनमें आदिम लोक-दैवताओं की विशेषताओं का प्रभूत सम्मिश्रण हो जाता है।[12] इतना ही नहीं, इन्हीं के साथ कुछ और भी ऐतिहासिक, अर्द्ध-ऐतिहासिक या पौराणिक चरित्र भी एकमेक होने लगते हैं। ऐतिहासिक देवकीपुत्र कृष्ण, वैदिक विष्णु, कॉस्मिक नारायण आदि के साथ मिल जाते हैं; वाहन उनके पक्षिराज गरुड़ हो जाते हैं और शय्या शेषनाग की। ये अन्तिम चिह्न आदिम पशु-पक्षीपूजक धर्मभावना (Animism) के मिश्रण के स्पष्ट प्रमाण हैं। यद्यपि ये आदिम देवी-देवता भक्ति-भावना, साम्प्रदायिक-संगठन देवस्वरूप निर्णय में यथेष्ट सहायता पहुँचा रहे थे, परन्तु फिर भी ये सभी या तो नये सम्प्रदाय-देवताओं के गौण स्वरूप अथवा वाहन आदि बनकर रह गये या फिर वैदिक देवताओं के विरोधी के रूप में स्थिर हुए। ऐसी ही किसी रासायनिक प्रक्रिया में प्रमुख वैदिक

देवता अपदस्थ भी हुए और अपेक्षाकृत अमहत्त्वपूर्ण देवगण इन लोक-देवताओं के बल पर प्रमुख हो उठे। सम्भवतः स्वयं विष्णु और शिव इसी प्रक्रिया द्वारा प्रमुखता को प्राप्त करते हैं। पशु चराने वाली आर्य जाति और आर्यों तथा आर्यपूर्व जाति के सम्मिश्रण से प्रादुर्भूत हिन्दू सभ्यता के बीच की खाई का स्पष्ट चित्रांकन वैदिक देवताओं की 'मृत्यु' से बढ़कर और कोई चीज नहीं करती है।[13]

बौद्धकाल में प्रचलित इस देश के इन अनेक अवैदिक देवताओं का परिचय डॉ. भण्डारकर द्वारा उद्धृत 'चुल्ल-निद्देस' की सूची से प्राप्त होता है। बौद्ध धर्म के प्रारम्भ में, इस सूची के अनुसार, आजीवक, निगन्थ, जटिल, परिव्राजक, अविरुद्धक, वासुदेव, बलदेव, पुण्यभद्र, मणिभद्र, नाग, सुपर्ण, यक्ष, असुर, गन्धर्व, हाथी-घोड़ा, गाय, कुत्ता, कौवा आदि पूजने वाले सम्प्रदायों का उल्लेख वैदिक देवताओं के अतिरिक्त प्राप्त होता है। यह मानने में कोई बाधा नहीं होनी चाहिए कि ये देवता बुद्ध-पूर्व-युग से ही चले आ रहे थे। यही नहीं, भारतवर्ष में उत्तर से दक्षिण तक पूजित एक प्रमुख देवता 'गणपति' तो अपने स्वरूप में आदिम एनीमिस्टिक (पशु-पक्षीपूजक) भावना को आज भी बचाये हुए हैं।[14] श्री या लक्ष्मी के स्वरूप विश्लेषण से भी अनेक लौकिक उपादानों का योग उनके रूप में दिखाई देता है।[15] कुछ ऐसी ही विकासमान प्रवृत्तियों के बीच हम कर्मकाण्डी ब्राह्मणों और तत्त्वचिन्तक उपनिषदों के युग में प्रवेश करते हैं।

ब्राह्मण-उपनिषद् युग

जीवन के द्वन्द्वात्मक विकास की प्रक्रिया में हमें क्रिया-प्रतिक्रिया और उनका समन्वय, यही तीन स्थितियाँ प्राप्त होती हैं। वैदिक युग के पूर्व की धर्म-साधनाओं एवं जीवन-प्रणाली के बारे में हमें पर्याप्त ज्ञान नहीं है—परन्तु इतना अधिकांश पण्डितों ने माना है कि वेदों में हमें तत्कालीन जीवन एवं ऐतिहासिक स्थितियों के सन्दर्भ में अपेक्षाकृत एक समृद्ध एवं समन्वित जीवन-दृष्टि प्राप्त होती है। विकास का चक्र और आगे बढ़ता है; संहिताओं से ब्राह्मण-काल तक आते-आते उनका वास्तविक मन्तव्य लोगों की आँखों से छिपने लगता है।[16] सम्भवतः समृद्ध होते हुए भौतिक जीवन की यह अनिवार्यता भी थी कि कर्मकाण्ड की ओर अधिक झुकाव हो। अनेक समाजशास्त्रियों ने कर्मकाण्ड (Ritual) का उत्पादन-पद्धति के साथ सीधा सम्बन्ध दिखाया है। ब्राह्मण-साहित्य इसी युग की देन है और वे याज्ञिक विधि-विधानों से पटे पड़े हैं। सम्भवतः हिन्दू संघटन को एक व्यवस्थित समाज के रूप में रखने के लिए भी इन विधि-विधानों के निरूपण की आवश्यकता थी। जप-तप, व्रत-दान आदि का उल्लेख तो उनमें है, पर भक्ति-संवेदना का वहाँ अभाव है। सीधे-सीधे भक्ति-भावना से तो नहीं, पर भक्ति-भावना के मुख्य केन्द्र विष्णु की स्थिति को अवश्य ब्राह्मण ग्रन्थों में महत्तर होते हुए देख सकते हैं।[17] जब देश समृद्ध होता है,

तब जहाँ एक ओर सामान्य जीवन कर्म-प्रधानता की ओर बढ़ता है, वहीं एक छोटा बौद्धिक वर्ग उस स्थूलता के प्रति सशंकित होकर विद्रोह भी करता है। जिसमें सभी लगे हैं, केवल उसी में रमे रहने में वह सार नहीं पाता। कुछ ऐसी ही मनोदशा में उपनिषदों के ऋषि 'इस आत्मा को कैसे जानें?' के तत्त्व-चिन्तन की ओर बढ़े यानी क्रिया-प्रतिक्रिया की रेखा में कर्मकाण्ड को छोड़कर शुद्ध ज्ञान-काण्ड की ओर बढ़ा गया। उपनिषदों के इन ऋषियों को न तो ब्राह्मणों द्वारा प्रवर्तित कर्मकाण्डों में रुचि है और न ही उन्हें वैदिक देवताओं की ही परवाह है। परन्तु यहीं पर यह बात भी ध्यान रखने योग्य है कि तत्त्व-चिन्तन (विशेष रूप से आध्यात्मिक) एक भावनात्मक लगाव या दिलचस्पी अवश्य चाहता है; और इसी कारण इन ज्ञानी ऋषियों के बौद्धिक चिन्तन के नीचे से यदा-कदा भक्तिमय वचन अन्तःसलिल की भाँति फूट पड़े हैं। तर्क आदि से ऊपर उठकर प्रभु-अनुग्रह एवं देव-प्रसाद को महत्त्व मिला (जिसे आगे के भक्ति-सम्प्रदायों में बहुमान प्राप्त होता है)।[18] शरणागति का भाव प्रबल हो उठता है।[19] इस जटिल मार्ग में मात्र श्रद्धा काम नहीं देती एवं मार्गदर्शक अनिवार्य हो जाता है।[20]

श्वेताश्वतर में तो स्पष्ट रूप से 'भक्ति' शब्द का उल्लेख (देव तथा गुरु दोनों की भक्तियों का) होता है।[21] यत्र-तत्र ऐसे उल्लेखों के होते हुए भी सब मिलाकर भक्ति एवं उपासना उपनिषदों में उपेक्षित रही तथा ज्ञान-काण्ड की ही प्रधानता है। मेरा अनुमान है कि उपनिषद-आन्दोलन अपने समय में बुद्धिजीवियों का ही आन्दोलन रहा है और उसके नीचे सामान्य जन की भावना भक्ति के यत्र-तत्र बिखरे उद्‌गारों के रूप में बलात् उच्छलित हो उठी है। और इसी कारण औपनिषदिक भक्ति का स्वरूप निवृत्तिप्रधान है। परन्तु इसका तात्पर्य यह नहीं है कि भक्ति के विकास की दृष्टि से उपनिषदों का महत्त्व नहीं है। वास्तव में ये अनिवार्य कड़ियाँ हैं। सबसे अधिक महत्त्व की बात तो यह है कि वैदिक संहिताओं में जिस एकेश्वरवाद को उदय होता हुआ हम देखते हैं, उपनिषदों में उसकी पूर्ण प्रतिष्ठा हो जाती है।[22] इस प्रकार परम देवता की यह भावना जब आगे सम्प्रदाय-देवताओं पर आरोपित होती है, तब उस एक अत्यन्त निजी ईश्वर का आविर्भाव होता है, जो भक्ति की विकसित स्थिति के लिए नितान्त आवश्यक था। इस प्रकार भक्ति के लिए एक दार्शनिक-बौद्धिक पृष्ठभूमि बनाने का कार्य इन उपनिषदों के द्वारा सम्पन्न हुआ है। इसी से सम्बन्धित दूसरा लाभ यह भी हुआ कि भक्ति के अगले समुन्नत विकासयुग में उसे बौद्धिक वर्ग का वह अनुमोदन भी मिल सका जिसने उसे शास्त्रीयता एवं प्रामाणिकता दी।

इन प्रारम्भिक उपनिषदों का ही विकास गीता है तथा गीता में दार्शनिक दृष्टि से कितनी ही संगतियाँ या असंगतियाँ क्यों न ढूँढ़ी जायें, परन्तु जैसा कि जॉन बी. नॉस से लिखा है कि उसका सबसे अधिक ऐतिहासिक महत्त्व इस बात में है कि उसने मोक्ष के लिए भक्तिमार्ग को पूरी सहमति दी तथा बौद्धिक दृष्टि से भक्ति

को आदरणीय बनाया।[23] उपनिषदों की एक तीसरी देन प्रतीक-विधान सम्बन्धी है। छान्दोग्य उपनिषद् (4।5-8) में निम्न वस्तुओं की प्रतीक रूप में उपासना करने की बात आयी है—(1) पूर्व, पश्चिम आदि चारों दिशाएँ; (2) पृथ्वी, अन्तरिक्ष, द्युलोक तथा समुद्र; (3) अग्नि, सूर्य, चन्द्र और विद्युत; (4) प्राण, चक्षु, श्रोत्र और मन। कठ में (1।2।16) ॐकार की ब्रह्म रूप में उपासना करने की बात कही गयी है—यह भी प्रतीक-उपासना ही है। यह प्रतीकोपासना और विकसित होकर प्रतिमोपासना का रूप धारण करती है तथा प्रतिमोपासना का मध्यकालीन भक्ति में जो स्थान रहा है, उससे कोई भी अपरिचित नहीं है। यहाँ तक कि सगुणोपासना को प्रतिमा-पूजन का पर्याय मान लिया गया। इसके अतिरिक्त यज्ञ-विद्या को भी नयी दिशा दी गयी। द्रव्ययज्ञ के स्थान पर ज्ञानयज्ञ भक्ति के अधिक निकट की वस्तु हुआ। गीता में ज्ञानी भक्त को ही श्रेष्ठता मिली।[24]

पुराण-महाकाव्य युग

इस प्रकार इस ब्राह्मणोपनिषद् युग के सामान्य वैदिक मतावलम्बी जहाँ एक ओर याज्ञिक अनुष्ठानों में लिप्त रहे होंगे, वहीं बुद्धिजीवियों का एक वर्ग सूक्ष्म तत्त्व-चिन्तन तक ऊपर उठा। साथ-साथ भक्ति की अन्तःसलिला भी वेद एवं वेदबाह्य साधनाओं के साथ ही चली आ रही थी। अब समय आ गया था कि फिर जीवन में एक सन्तुलित, समन्वित दृष्टि की स्थापना हो। इसी समय देश में चक्रवर्ती शासन स्थापित होते हैं; कला, संस्कृति, दर्शन, धन-धान्य सभी की अभूतपूर्व उन्नति होती है। ऐसे युग सदैव अपनी संगठित-समन्वित दृष्टि (Integrated Vision) के लिए प्रसिद्ध होते हैं। पुराण-महाकाव्य काल में हमें इसी सन्तुलन के पुनः दर्शन होते हैं। यहीं पर यह कहना अनुचित न होगा कि तर्क और चिन्तन की पद्धतियों से हटकर जिस भक्ति-भावना का प्रसार हम आगे मध्ययुग के मध्यकाल (16वीं शती) में देखते हैं, उसके स्थान पर इस युग में तत्त्व-दर्शन तथा विधि-विधानों के साथ ही भक्ति की हार्दिकता का प्रसार हुआ था।

यह बात बहुधा दुहराई जाती है कि जैन और बौद्ध धर्म याज्ञिक कर्मकाण्डों की प्रतिक्रिया में उद्भूत हुए। उपनिषदों के ऋषियों में भी इस कर्मप्रधानता की प्रतिक्रिया को हम ऊपर स्वीकार कर चुके हैं। यहीं पर इस बात को पुनः याद कर लेना अनुचित न रहेगा कि नीचे-नीचे लोक-चेतना की अपेक्षाकृत वैयक्तिक उपासना-प्रणाली वाली भक्ति-भावना भी चली आ रही थी। तैत्तिरीय, आरण्यक[25] एवं अष्टाध्यायी[26] आदि के आधार पर विद्वानों ने बुद्ध-पूर्व-युग में वासुदेवोपासना के अस्तित्व को स्वीकार किया है। मेगस्थनीज, कर्टियस आदि के विवरण भी कृष्ण-पूजा का समर्थन करते हैं। सेनार्ट[27], कीथ[28], बागची[29] जैसे विद्वानों ने जैन-बौद्ध मतवादों

पर इस भागवत धर्म का आभार स्वीकार किया है। इन विविध साधनाओं में जैन और बौद्ध जैसे मतवाद तो सीधे वेदों एवं वैदिक धर्म पर आघात करते हैं, अतः वहाँ सुलह और समन्वय का कोई लक्षण प्राप्त नहीं होता। परन्तु उपनिषद्-युग से ही इस लोकधर्म[30] और औपनिषदिक बौद्धिक मेधा का सम्मिलन प्रारम्भ हो जाता है। (इस सम्बन्ध में छान्दोग्य में ऋषि घोर आंगिरस और उनके शिष्य वृष्णी देवकी-पुत्र कृष्णवाला अंश द्रष्टव्य है। रायचौधुरी ने तो इस शिक्षा और गीता की शिक्षा के बीच आश्चर्यजनक साम्य देखा है। इस सम्बन्ध में एक तथ्य यह भी द्रष्टव्य है कि ब्राह्मण-कर्मकाण्डों की प्रतिक्रिया में खड़े होने वाले तीनों—उपनिषद्, जैन-बौद्ध एवं सात्वत या भागवत-मतवाद—क्षत्रियों से सम्बन्धित हैं। ब्राह्मण-क्षत्रिय संघर्ष को अपनी अपूर्व व्याख्या पद्धति से महाभारत ने समाप्त किया।)[31] बल्कि कहना यों चाहिए कि जैन-बौद्ध मतवादों के बीच में आ जाने से वैदिक से वैष्णव भावना पर संक्रमण में सहायता मिली है। पुराणों-महाकाव्यों ने इस संक्रमण में अतिरिक्त सहायता दी।

वैदिक-उपनिषद् साहित्य एवं महाकाव्य-पुराण-तन्त्र साहित्य का एक प्रधान अन्तर शिव और विष्णु जैसे महादेवताओं की इन वादवालों में प्रतिष्ठा है। इनमें आकर धर्म-पूजा और साधना साम्प्रदायिक रूप धारण करती है। अपेक्षाकृत कम महत्त्व के देवताओं को महत्त्व प्राप्त करने या दो नये देवताओं के आविर्भाव मात्र की बात यह नहीं है, बल्कि जैसा कि चार्ल्स इलियट ने कहा है कि यह एक प्रकार से नया धर्ममत ही था; अन्तर मात्र इतना है कि यह पुराने का दुश्मन या संहारक बनकर नहीं आया।[32] इन नये देवताओं की पूजा पुराने रीति-रिवाजों के मध्य अत्यन्त शान्तिपूर्वक विकसित होती गयी। उन्हें वही जनता और पुरोहित मिले जो पुराणों के थे—बौद्ध धर्म के बीच में आ जाने के कारण यह संक्रमण हमारे लिए कुछ धुँधला पड़ गया है। बौद्धों के आन्दोलन ने जब सारे वैदिक मतवाद को हिला देना चाहा, तब विवश होकर इन ब्राह्मण पुरोहितों को इस जनप्रिय मत को सहारा देना और आश्रय लेना पड़ा, जिसे कि उन्होंने फिर अपने में ढाल भी लिया। उसे वैदिक देवताओं और उनके गुणों से युक्त कर लिया गया। (महाभारत इस प्रकार का सबसे महान प्रयत्न है—अपने अन्तिम सम्पादित रूप में) इन पुरोहितों का शास्त्रानुमोदन मिल जाने के बाद कला-साहित्य आदि में उनका समुचित वर्णन भी हमें प्राप्त होने लगता है, जबकि इसके पूर्व हमें एक-दो बिखरे संकेतों के अतिरिक्त कुछ प्राप्त नहीं होता। कुछ ऐसी ही स्थिति और युग में महाभारत में हम विष्णु, वासुदेव, नारायण और कृष्ण को एकत्व प्राप्त करते देखते हैं तथा सात्वत, पाञ्चरात्र, भागवत, एकान्तिक साधना आदि का भी उल्लेख पाते हैं। जैनियों, बौद्धों के विरुद्ध इस संगठन का अनुमान यों भी किया जा सकता है कि मथुरा जैन-बौद्ध धर्म का केन्द्र 6-7वीं शती ईसवी तक रहा है—उधर मेगस्थनीज आदि के वृत्तान्तों से शूरसेन प्रदेश में ही कृष्णोपासक सात्वतों का भी उल्लेख मिलता है। वैदिक धर्म पहले से ही था। इस स्थिति में वैदिकों

एवं सात्वतों का सम्मिलन पारस्परिक लाभ के लिए ही सिद्ध हुआ होगा—एक को लोकमत का सहारा मिला और दूसरे को शास्त्रीयता का स्तम्भ। (इधर मथुरा-कला पर कलाविदों ने ग्रीसो-बैक्टीरियन छाप देखी है और भारत में प्रतिमापूजन पर भी ग्रीक का प्रभाव देखा गया है। आश्चर्य का विषय न होगा यदि एक ही साथ यह प्रभाव जैन, बौद्ध और वैष्णव तीनों ही सम्प्रदायों ने ग्रहण किया हो।) एक ओर जैन, बौद्ध पाली-प्राकृतों में उपदेश करके अपने मतवाद का द्वार सबके लिए उन्मुक्त कर रहे थे तो दूसरी ओर गीता में भी ऊर्ध्वबाहु घोषणा की गयी है—

मां हि पार्थ व्यपाश्रित्य येऽपि स्युः पापयोनयः।
स्त्रियो वैश्यास्तथा शूद्रास्तेऽपि यान्ति परांगतिम्।। 9।32

गीताकार की वाणी सत्य हुई और आगे भागवतकार को कहना पड़ा—

किरातहूणांध्रपुलिन्द पुल्कशा, आभीरकंका यवनाः खसादयः
येऽन्ये च पापा यदुपाश्रयाश्रयाः शुध्यन्ति तस्मै प्रभविष्णवे नमः।। 2।4।18

इस युग में आकर उपनिषदों के निर्गुण निराकार ब्रह्म की प्रतीकोपासना के स्थान पर व्यक्त मानवदेहधारी की उपासना की कल्पना आयी।[33] यह दिव्य देह 'परित्राणाय साधूनां विनाशाय च दुष्कृताम्' तथा 'धर्मसंस्थापनार्थाय' थी। यद्यपि कुछ लोगों का अनुमान है कि इसके मूल में बौद्ध प्रभाव है, परन्तु हमें इसकी चर्चा में जाकर प्रसंगातर में नहीं पड़ना। हमारा निवेदन मात्र इतना है कि भक्ति को भागवत धर्म का समर्थ बल मिला, जिसके कारण आगे उसका और अधिक विकास सम्भव हो सका। इस समय हम कृष्ण और विष्णु के विकास तथा सात्वत, एकायन या पाञ्चरात्र अथवा भागवत धर्म के ऐतिहासिक विकास को भी छोड़ रहे हैं—वे भी हमसे सीधी तरह सम्बन्धित नहीं हैं। इतना और ध्यान में रखने की बात है कि इस युग में आकर एकेश्वरवाद की विचित्र परिणति होती है : वह एक ओर तो सर्वात्मवाद की ओर जाता है और दूसरी ओर साम्प्रदायिक संगठन में संकुचित होता है। बल्कि इसे यों कहा जाये कि साम्प्रदायिक संगठन को केन्द्रबिन्दु बनाकर फिर उसे अन्य सारे देवताओं, सृष्टि आदि का उद्भावक, नियन्ता एवं संहर्ता दिखाया जाता है।

पुराणों पर बहुदेववादी होने का आरोप लगाया जाता है, यद्यपि ऊपर हम भक्ति को एकेश्वरवाद से सम्बन्धित कर चुके हैं। इसका मुख्य कारण भी हमारी समझ से लोकचिन्ता एवं शास्त्रचिन्ता का समन्वय ही है। लोकचिन्ता अपने साथ-साथ बहुत-से देवताओं को लेकर उपस्थित होती है। बौद्धिक वर्ग उनका विरोध कर एक बड़े जनसमुदाय को चोट पहुँचाने के स्थान पर उन्हें अनेक रूपों में स्वीकार लेता है। कोई पिता बन जाता है, कोई पुत्र; कोई विरोध करके भक्ति करता है तो कोई सेवा करके। कुछ वाहन बन जाते हैं, कुछ दिग्पाल, तो कुछ पर्यायवाची नाम। और फिर इन्हें तत्त्वचिन्तन के स्तर पर 'एक एव आत्मा बहुधा स्तूयते' (निरुक्त 7।4।8-9) एक ही सत्ता के विविध रूप घोषित करके एकेश्वरवाद की रक्षा भी कर लेते हैं।

इस एकता के प्रतिपादन के लिए पद्मपुराण भूमि-खण्ड 2, पाताल-खण्ड अध्याय 73।51; विष्णुपुराण 5।33।49; ब्रह्मवैवर्त पुराण, श्रीकृष्ण जन्म-खण्ड, उत्तरार्द्ध 53।73; वायुपुराण 25।20-25 द्रष्टव्य हैं। इन सम्प्रदायों में सर्वप्रमुख विष्णु और शिव हैं। इनमें बहुत-सी समानताएँ और असमानताएँ हैं। पर भक्ति का भाव दोनों सम्प्रदायों में है। रामायण में तो रुद्र भयावह न होकर शिव हो गये हैं, वे आशुतोष हैं, दयानिधि हैं, वरदाता हैं। उनकी पत्नी उमा भी आदिम भयावह देवी न होकर दयालुता की मूर्ति हैं। यह सब भक्तिवाद की ही नम्र देन है। परन्तु आगे चलकर शैव सम्प्रदाय अधिक वैज्ञानिक, दार्शनिक और तार्किक होते गये तथा वैष्णव सम्प्रदाय अधिक भावुकतापरक। सम्भवतः इसीलिए हमें शिव का वैसा कोई जनप्रिय अवतार नहीं मिलता, जैसे कि विष्णु के (राम-कृष्ण) प्राप्त होते हैं। इतना अन्तर होते हुए भी दोनों ही आवागमन के बन्धन से छुटकारा दिलाते हैं, दोनों में ही मानवीय दुख के प्रति दर्द है, दोनों ने ही उन दार्शनिक सीमाओं को उपलब्ध किया जो साधारण विश्वास नहीं प्राप्त कर सकते; दोनों में ही शृंगारिक तत्त्व नैतिकता की सीमा के बाहर तक उतरे हैं। परन्तु फिर भी भावुक धर्म के अंग भक्ति के प्रसंग में लोग वैष्णव सम्प्रदायों का ही जिक्र करते हैं, यद्यपि शैव (शाक्त भी) साधना भक्ति के विकास में एक अनिवार्य कड़ी है।

अस्तु, सम्प्रदाय-रचना के बाद दो बातों की ओर ध्यान गया : प्रथम तो प्रचार और उसके लिए पुराणों की रचना हुई, दूसरे सैद्धान्तिक एवं व्यावहारिक उपासना-विधि का निरूपण जिसके लिए आगम और संहिताएँ बनीं। इन पुराणों ने भक्ति के व्यवहार और दर्शन को सामान्य जनता तक पहुँचाने में अत्यधिक मदद की। जो लोग इस बात पर आश्चर्य प्रकट करते हैं कि कैसे शक्तिशाली बौद्ध धर्म इस देश से अचानक गायब हो गया, उन्हें पुराणों के व्यापक कोलाहल शून्य पर गम्भीर प्रभाव को ध्यान में रखना चाहिए। इन पुराणों ने लाक्षणिक प्रणाली से यथार्थ जीवन के उदाहरणों के माध्यमों से भक्तिमार्ग एवं सगुणोपासना को बहुत अधिक प्रचारित किया। इन पुराणों के गहरे प्रभाव का परिचायक यह तथ्य भी है कि हिन्दू पुराणों के अनुकरण पर जैनों के चौबीस तथा बौद्धों के नौ पुराण बने। पुराणों के अध्ययन से यह भी पता चलता है कि प्रारम्भ में शिव का महत्त्व अधिक रहा, बाद को विष्णु इतना आगे बढ़ सके हैं।[34] पुराणों में दस शैव पुराण हैं तथा वैष्णव पुराण चार ही हैं। यद्यपि कुछ अन्य पुराणों में भी यत्र-तत्र कृष्ण-वासुदेव का उल्लेख मिल जाता है। पुराणों द्वारा स्थापित देवताओं में ब्राह्मण देवताओं जैसी गम्भीरता एवं प्रभुत्वशीलता (Imposing Nature) हमें प्राप्त नहीं होती। भक्ति के आग्रह में ये अधिक मानवीय, सहज, सुलभ एवं प्रेममय तथा आत्मीय हो गये हैं। चार्ल्स इलियट ने पुराने वैदिक धर्म से इस नये हिन्दू मतवाद का अन्तर तीन मुख्य बातों में माना है। प्रथम तो यह कि धार्मिक वातावरण में एक सार्वभौम गहनता और व्यापकता आयी। इसका दुहरा

प्रभाव पड़ा—एक ओर तो प्राचीन सन्तों और संस्कारों के प्रति तर्कहीन श्रद्धा बनी रही, दूसरी ओर नये विश्वास उदित होते रहे—क्योंकि रचनात्मक शक्ति सदैव कुछ नया चाहती है। दूसरी मुख्य बात इलियट के अनुसार है किसी कठोर अनुशासन एवं श्रेणीबद्धता (Hierarchy) का अभाव! ब्राह्मणों ने किसी विशेष धर्म-शैली पर विशेष जोर कभी नहीं दिया, बल्कि उनका एक-न-एक वर्ग हर धर्म-शैली और मत को परामर्श देने के लिए तथा प्रयोक्ता के रूप में उपलब्ध हो जाता था।[35] अतः स्वाभाविक रूप में प्रत्येक पुरोहित अपने देवता और रीति का प्रवक्ता बन गया। परिणामस्वरूप प्राचीन मत को नये मत का संगठित विरोध नहीं सहना पड़ा और न पुराने मत ने नये मत का ही प्रतिरोध किया। एक तीसरी सर्वाधिक महत्त्वपूर्ण बात वह विचारधारा है जो उपनिषद्-काल से अब तक चली आ रही है कि विधि-विधान एवं धर्म-सम्प्रदाय और उनकी रीतियाँ सब निचले स्तर की चीजें हैं और आत्मा को उनका अतिक्रमण करना चाहिए।[36] अतिक्रमण की इस प्रवृत्ति ने भी स्थूल साम्प्रदायिकता में ही भारतीय साधना को बँधने नहीं दिया—उससे ऊपर भी उठकर चिन्तन एवं गायन तथा परिणामस्वरूप कलासृजन होता रहा।

पुराणों में ही आकर सगुण उपासना के अवतारवाद, मूर्तिपूजा, मन्दिर-निर्माण आदि पूरी तरह स्थापित होते हैं। यद्यपि मूर्तिपूजा की भावना सिन्धु-घाटी की सभ्यता में विद्यमान है,[37] परन्तु ऋग्वेद की धर्मसाधना में मूर्तिपूजा प्राप्त नहीं होती—ऐसा विद्वानों का निश्चित मत हो चला है।[38] परन्तु वेदों में शिश्नदेव, मूरदेव आदि के उपासकों को हेय दृष्टि से देखा गया है—इससे यह अनुमान लगाया जा सकता है कि आर्यों के श्रेष्ठ वर्गों के बाहर मूर्तिपूजा का कोई रूप प्रचलित अवश्य था—सम्भवतः सिन्धु-घाटी सभ्यता का विकसित रूप। ब्राह्मण ग्रन्थों में भी प्रतिमा-पूजा का स्पष्ट उल्लेख नहीं मिलता। परन्तु गृह्यसूत्रों तथा पाणिनि (500 ई. पू.) के समय से लगातार स्पष्ट लिखित, उत्कीर्ण अनेक पुरातात्त्विक प्रमाण मिलने लगते हैं।[39] भक्ति के इस द्वितीय उत्थान में सम्प्रदायों की प्रतिष्ठा के बाद से तो मूर्तिपूजा एवं सगुण मतवाद का पूर्ण स्थापन हो जाता है। मैं समझता हूँ कि यह धर्म-साधना के बढ़ाव का अनिवार्य परिणाम था, इसे ग्रीक छाया कहना बहुत उचित नहीं है। ग्रीक छाया मूर्तिगठन में हो सकती है, पर मूर्ति की धारणा में नहीं। इसके लिए अपने देश की ही वेद एवं वेदबाह्य साधनाओं के समन्वय पर ध्यान देना होगा। अवतारवाद की धारणा के मूल बीज भी विद्वानों ने वेदों में देखे हैं। परन्तु स्थिति प्रतिमा और अवतार के बारे में एक ही है। वहाँ पर नराकार या अर्द्धनराकार की भावना कल्पनामूलक वाग्वैदग्ध्य के रूप में है, किसी निश्चित व्यूह-सिद्धान्त आदि के रूप में नहीं। पर इस कल्पनात्मक रूप ने आगे सम्प्रदाय-देवों के रूप के निर्माण में सहायता पहुँचाई है।[40] इस सम्बन्ध में यह भी ध्यान में रखना चाहिए कि पुराण-काल में ही आकर जैन तीर्थंकरों की मूर्तियों का निर्माण और पूजन प्रारम्भ होता है, इसी युग में अनात्मवादी बौद्धों के

महायान सम्प्रदाय की नींव पड़ती है और इनमें भी बोधिसत्वों की पूजा, चैत्य-पूजा आदि बातें प्रारम्भ होती हैं। स्पष्ट है कि मूर्तिपूजा के लिए श्रद्धा की अनिवार्य आवश्यकता है तथा श्रद्धा भक्ति का आन्तरिक पक्ष है। इस प्रकार भक्ति की यह भावना हमें सभी सम्प्रदायों में बिखरी दिखाई देती है। ऐसी स्थिति में यह कहना उचित नहीं है कि भक्ति वह बिन्दु है जिस पर इकट्ठे होकर सारे हिन्दू सम्प्रदाय बौद्ध अनात्मवाद से लड़ रहे थे।[41]

सन्दर्भ

1. *Mohenjodaro and the Indus civilisation*, vol. I, pp. 52 & 59
2. *Further Excavations at Mohenjodaro*, vol. I, pp. 258-59
3. The Excavations at Harappa and Mohenjodaro have brought to light ample evidence to show that the worship of Images of human and superhuman beings in yoga postures both seated and standing prevailed in the Indus valley in the chalcolithic period—*Medieval Indian sculptures in the British Museum*, p. 9
4. *Development of Hindu Iconography*. p. 73
5. मुंशीराम शर्मा, भक्ति का विकास, पृ. 112
6. N. Macnicol, *Indian Theism*, p. 7
7. मुंशीराम शर्मा, भक्ति का विकास, पृ. 834
8. वही, पृ. 159
9. *Journal of Royal Asiatic society*, 1915, p. 834
10. J.N. Banerjea, *Development of Hindu Iconography*, p. 335
11. इदं महोपनिषदं पाञ्चरात्रानुशब्दितम्।

    (अ) महतो वेदवृक्षस्य मूलभूतो महानयम्।।

    —वेंकटनाथेश्वरमीमांसा, (भक्ति का विकास, पृ. 236 पर उद्धृत)

    (ब) वेदमेकायनं नाम वेदानां शिरसि स्थितम्।

    तदर्थकं पाञ्चरात्रं मोक्षदं तत्क्रियावताम्।।

    पाञ्चरात्र श्री प्रश्न संहिता (भक्ति का विकास, पृ. 236 पर उद्धृत)
12. बलराम या संकर्षण शेषनाग के अवतार माने गये हैं। ऐसा लगता है कि नाग-सम्प्रदाय मथुरा के आसपास जोरों पर था, धीरे-धीरे वह वासुदेव मत में विलीन होता गया। कालियदमन की कथा का संकेत भी इसी ओर है।
13. के.एम. पणिक्कर, भारतीय इतिहास का सर्वेक्षण, पृ. 7
14. शैवमत नामक पुस्तक में डॉ. धर्मेन्द्र ब्रह्मचारी ने (पृ. 49) माना है कि शिव और पार्वती सिन्धु सभ्यता के पुरुष और स्त्री देवता के विकसित रूप हैं। और इसने द्वैतवादी सांख्य को पल्लवित होने में सहायता दी। सांख्य ने भक्ति को दार्शनिक सहारा भी दिया।
15. J.N. Banerjea, op. cit, p. 370
16. (क) यास्क ने निरुक्त में संकेत किया है कि उनके समय से बहुत पूर्व ही वेदार्थ का साक्षात् करने वाले ऋषियों का अभाव हो गया था।—भक्ति का विकास, पृ. 237

    (ख) उपनिषद् काल के ऋषि भी वास्तविक वेदार्थ से बहुत दूर हो गये थे, पर वे वेदों की प्रामाणिकता स्वीकार करते थे।—महर्षि अरविन्द, वेद-रहस्य, प्रथम खण्ड, पृ. 344

17. 'यज्ञो वै विष्णुः' तथा अग्नि को अपेक्षया हीन एवं विष्णु को परम देवता स्वीकार किया गया है : ओम् अग्निर्वै देवानामवमो विष्णुः परमः तदन्तरेण सर्वा अन्या देवताः, ऐतरेय ब्राह्मण, 1।1 पर अभी वे भक्ति या प्रसाद की अपेक्षा यज्ञ (कर्मकाण्ड) से ही अधिक सम्बन्धित हैं।

18. (क) नायमात्मा प्रवचनेन लभ्यो न मेधया न बहुना श्रुतेन।
यमेवैष वृणुते तेन लभ्यस्तस्यैष आत्मा विवृणते तनूँ स्वाम्।।
—कठोपनिषद्, 1।2।23 तथा मुण्डक, 3।2।3

(ख) अणोरणीयान् महतो महीयानात्मास्य जन्तोर्निहितो गुहायाम्।
तमक्रतुः पश्यति वीतशोको धातुप्रसादान्महिमानमात्मनः।। —कठ., 1।12।120

(ग) तपःप्रभावाद् देवप्रसादाच्च, ब्रह्म ह श्वेताश्वतरोऽथ विद्वान। —श्वेताश्वतर., 6।121

19. मुमुक्षुर्वै शरणमहं प्रपद्ये। श्वे., 6।18

20. नैषा तर्केण मतिरापनेया, प्रोक्तान्येनैव सुज्ञानाय प्रेष्ठ।
यां त्वमापः सत्यधृतिर्वतासि, त्वादृङ् नो भूयान्नचिकेतः प्रष्टा।। —कठ., 1।2।9

21. यस्य देवे पराभक्तिर्यथा देवे तथा गुरौ।
तस्यैते कथिता ह्यर्थाः प्रकाशन्ते महात्मनः।। 6।23

22. (क) श्वेता., 3।2

(ख) कठ., 2।2।12

(ग) 'स ब्रह्मा स विष्णुः स रुद्रः स शिवः' -आदि-कैवल्योपनिषद्, 8

(घ) सर्वं खल्विदं ब्रह्म।—छान्दो., 3।14।1

(ङ) तैत्तिरीय की भृगुवल्ली में भी अन्न, प्राण, मन, विज्ञान और आनन्द की ब्रह्मरूप में उपासना इसी ओर संकेत करती है।

(च) त्वं ब्रह्मा त्वं च वै विष्णुस्त्वं रुद्रस्त्वं प्रजापतिः।
त्वमग्निर्वरुणो वायुस्त्वमिन्द्रस्त्वं निशाकरः।।
त्वमनुस्त्वं यमश्च त्वं त्वं पृथ्वी त्वमथाच्युतः।
स्वार्थे स्वाभाविकेऽर्थे च बहुधा तिष्ठसे दिवि।। —मैत्रायण्युपनिषद्, 4।12।13

23. John B. Noss, *Man's Religions*, p. 236 and 242

24. श्रेयान् द्रव्यमयाद् यज्ञात् ज्ञानयज्ञः परन्तप, 4।33 तथा 7।16-17

25. नारायणाय विद्महे, वासुदेवाय धीमहि, तन्नो विष्णुः प्रचोदयात्।
—तैतिरीय आरण्यक, दशम प्रपाठक।
(यदि यह अंश बाद का नहीं है तो पाणिनि के पूर्व ही नारायण, वासुदेव और विष्णु का एकीकरण हो चुका था।)

26. (क) पाणिनि, अष्टाध्यायी वासुदेवार्जुनाभ्यां वुन्, 4।3।98

(ख) चुल्लनिद्देस में भी वासुदेवों एवं बालदेवों का वर्णन आया है। पतंजलि ने महाभाष्य में वासुदेव और बालदेव को वसुदेव और बलदेव का पुत्र बताते हुए उन्हें वृष्णि-वंश का सिद्ध किया है तथा वासुदेव को साक्षात् भगवान माना है। गीता में भी वृष्णीनाम् वासुदेवोस्मि (10।77) कहकर उन्हें वृष्णि-कुल से सम्बन्धित किया गया है।

(ग) The ancient Bhagwata, Satwata or Panchatra sects devoted to the worship of Narayan and his defied teacher Krishna-Devki-Putra dates from a period anterior to the rise of Jains in 8th century B.C. Buhler, *Indian Antiquary*, Vol. XXIII (1894), p. 248

27. लोकमान्य तिलक के गीता रहस्य, पृ. 547 पर उद्धृत तथा *A Comprehensive History of India*, Vol. II, (Edited by K.A.N. Shastri) में श्री पी.सी. बागची द्वारा पृ. 391 पर उद्धृत।

28. The (Jaina) faith is deeply permeated with Hindu influences and specially of Krishna worship. —*Journal of Royal Asiatic Society*, 1915, pp. 842-43

29. There is every reason to believe that early Bhagwatism exercised a great influence on Buddhism —*A comprehensive History of India*, p. 391

30. महाभारत इसे लोकधर्म कहता है, शान्तिपर्व, 335 ।29

31. के.एम. पणिक्कर, भारतीय इतिहास का सर्वेक्षण, पृ. 13-14

32. Charles Eliot, *Hinduism and Buddhism*, p. 137

33. विष्णु और शिव के विकास में जिन प्रक्रियाओं ने योग दिया है, उनमें पश्चिम से होने वाले फ़ारसी तथा यूनानी आक्रमणों को नहीं भूलना चाहिए। इन आक्रमणों ने एक निश्चित और वैयक्तिक (बजाय अपरूप एवं बुद्धिप्रवण के) देवता की धारणा में महत्त्वपूर्ण भाग लिया होगा।

34. हरवंशलाल शर्मा, सूर और उनका साहित्य, द्वितीय संस्करण, पृ. 111

35. देवताओं को अपनाने की विधि का उल्लेख पिछले पृष्ठों पर किया जा चुका है।

36. Charles Eliot, op. cit, p. 192

37. R.P. Chanda, op. cit, p. 9

38. (क) मैक्समूलर, विलसन, मैक्डॉनल जैसे ऋग्वेद में मूर्तिपूजा के लक्षणों को मानने वाले तथा वोलेन्सन, वेंकटेश्वर जैसे न मानने वाले विद्वानों के मतों की विस्तृत समीक्षा करते हुए श्री जे.एन. बनर्जी ने अपने उपरिलिखित ग्रन्थ मे कहा है :

The Rigvedic verse 10/30/3 does not prove the existence of the practice of Image worship in early Vedic religion. After a critical consideration of all these data, it can be confidently observed that, even when some references to symbols or sensible representations are found in the Vedic and Brahmanic texts, this does not necessarily mean that they were the image proper of the respective divinities. p. 61

(ख) The mind of the Vedic poet is the rationalistic mind of ruminating philosopher, rather than the artistic mind which reproduces the finished product. It is engaged too much in reasoning about and constantly altering the wavering shapes of the Gods. So that these remain to the end of Vedic time too uncertain in outline, too fluid in substance for the modelling of the artist... As a matter of fact there is no record of Vedic Icons, or Vedic temples. In all these senses there is no Vedic pantheon. Bloomfield, *Religion of the Vedas*, p. 89

(ग) देवताओं के नराकार-रूप के वारे में यास्क के निरुक्त के 13 ।1 ।7 तथा अन्य मिलते-जुलते अंशों की समीक्षा करते हुए आर.पी. चाँदा ने कहा है, "The discussion clearly shows that upto the time of Yaska, which synchronises with the last phase of the Vedic period, the Vedic Gods had not been invested with the forms, in which they appear in the Epic and Puranas." —*Memoirs of the Arcbeological Survey of India*, no. 30, p. 2

39. In the last section of the Vedic literature, from the khilas (Supplement) to the earlier authrotative Brahmanas and Aranyaks and the Grhya Sutras we have clear and unmistakble evidence about the recognitgion of the images of the Gods and their shrines by the orthodox Vedic Brahmanas. —J.N. Banerjea, op. cit, p. 68.

40(क) But these and many other similar concepts are pure and simple imageries without actual concrete bases. These theriomorphic and Anthropomorphic descriptions, however, played an important part in the evolution of some of the Cult-Gods in the subsequent religious history of India. Ibid, p. 51

(ख) वैदिक युग में आकाश को पार करने वाले देवता 'सुपर्णो गरुत्मान्' थे। आगे चलकर जब आदित्य विष्णु भागवत विष्णु बनते हैं, तब गरुड़ उनका वाहन बन जाता है। इसी प्रकार रुद्र को ऋग्वेद 2।33।6 तथा 2।33।8 में 'वृषभ' कहा गया है। सिक्कों के आधार पर इस बात के निश्चित प्रमाण हैं कि उन्हें कुछ स्थानों में बैल का रूप दिया गया। आगे उपासकों के मानसिक परिवर्तन के साथ अर्द्धनराकार वृषभ उनका वाहन बन जाता है। इस प्रकार के उदाहरण विरल नहीं हैं।

41. Yusuf Hussain, *Glimpses of Medieval Indian culture*, p. 7

भक्ति : आधुनिक सांस्कृतिक सन्दर्भ

इतिहास-दर्शन के अनेक तत्त्व-वेत्ताओं ने संस्कृतियों के विकास के सम्बन्ध में गहराई से अध्ययन कर अनेक सिद्धान्त निश्चित किये हैं। इनमें तीन सिद्धान्तों की बहुधा चर्चा होती है; निकोलाई डैनिलेब्सकी तथा स्पेंग्लर का आवर्तवादी सिद्धान्त, आर्नल्ड ट्वायनबी का आरोह-अवरोहवादी लयात्मक सिद्धान्त एवं मार्क्सवादियों तथा अभिनव समाजशास्त्रियों (सोरोकिन इत्यादि) के रेखाकार या शंखाकार विकासमूलक मत। यहाँ पर हमें इन सिद्धान्तों के गुण-दोषों में नहीं जाना है तथा किसी सिद्धान्त विशेष को स्वीकार करने का प्रश्न भी नहीं उठता है। हमारा तात्पर्य मात्र इतना है कि इतिहास और संस्कृति के व्यापक परिवेश में ही धर्म-साधनाओं को देखा जाये। स्पेंग्लर ने संस्कृतियों के जन्म, विकास, प्रौढ़ावस्था और मृत्यु की चर्चा करते हुए कहा है कि अन्तिम अवस्था में एक प्रकार की सेकण्ड 'रिलिजसनेस' उत्पन्न हो जाती है, जबकि यौवनकाल की शक्तिमान धर्म-भावना की ओर लोग लौटते हैं। उसके अनुसार संस्कृति के युवाकाल में जो धर्म-भावना प्रस्फुटित होती है, उसमें उसकी आदिम-शक्ति की समस्त सरलता और बल होता है। परन्तु धीरे-धीरे धर्म-संगठनों एवं रीतियों में लचीलेपन और शक्ति का अभाव होता जाता है तथा मूल उद्देश्यों से हटकर रूढ़िप्रियता (कर्मकाण्ड) बढ़ जाती है। तब फिर एक प्रकार का सुधार प्रारम्भ होता है, जिसमें शुद्धतावाद तथा बौद्धिकता का बोलबाला हो जाता है एवं यह सुधारवाद बहुधा राजशक्तियों के माध्यम से लाया जाता है। वैदिक-औपनिषदिक युग, कर्मकाण्डी युग एवं बौद्ध-जैन धर्मों का उदय क्रमशः इन्हीं तीनों अवस्थाओं के द्योतक हैं।

स्पेंग्लर के अनुसार इस बौद्धिकता एवं तार्किकता (जैसी कि बौद्ध धर्म में थी) के विरुद्ध फिर जो प्रतिक्रिया प्रारम्भ होती है उसमें मिथ, अतार्किकता एवं अपार्थिवता के प्रति आकर्षण बढ़ जाता है। उच्च वर्गों में न घटित होकर जनसामान्य में यह प्रवृत्ति विकसित होती है। उसके अनुसार 300 ई. पूर्व में विकसित हुए वैष्णव एवं शैवमत इसी द्वितीय धर्म-भावना के द्योतक हैं। अन्ततः यह द्वितीय धर्म-भावना एक प्रकार के कृषक धर्म में परिवर्तित हो जाती है तथा समाज का सांस्कृतिक विकास समाप्त होकर एक इतिहासरहित युग आ जाता है। ऐसी अवस्था में लोग कठिनतापूर्वक

जीवन-यापन करते हुए जीवन को बर्दाश्त करते रहते हैं। जनसमूह विजिगीषु योद्धाओं के चरणों तले कुचलता रहता है, सहता रहता है। ऊपर-ऊपर विजय और पराजय लोगों को दिखाई भी पड़ती है, पर 'अन्दर (इस) द्वितीय धर्म-भावना की शक्तिशालिनी पवित्रता के द्वारा सभी प्रकार की शंकाओं-सन्देहों से सदा के लिए मुक्त प्राणीमात्र प्रार्थना किया करते हैं।

ऊपर से देखने पर यह बात सत्य प्रतीत हो सकती है, परन्तु जैसा कि ट्वायनबी ने कहा है कि इक्कीस पूर्णतः विकसित हुई सभ्यताओं में सात अब भी जीवित हैं और उनमें हिन्दू (या भारतीय) एक है। इस प्रकार स्पेंग्लर के मत का सैद्धान्तिक आधार पर खण्डन न भी किया जाये, तब भी इस मत का निराकरण हो जाता है कि वैष्णव-शैवमत भारतवर्ष मैं द्वितीय धर्म-भावना के द्योतक थे। वास्तव में इन सन्तों के उदय के बाद ही हमारी सभ्यता का श्रेष्ठतम युग आता है—गुप्तयुग—जबकि परम भागवत गुप्त राजाओं ने वैष्णव धर्म को बहुमान प्रदान किया था।

ट्वायनबी सभ्यताओं के उत्थान-पतन की लयात्मक बात करता है यानी कोई सभ्यता ऊपर उठती है, नीचे गिरती है और फिर ऊपर उठती है। इसमें एक प्रकार की चुनौती और उसके प्रतिकार का रूप होता है। एक समाज को बार-बार चुनौती देते हैं और समाज उन चुनौतियों का उत्तर देता है। जब समाज उत्तर देने में असमर्थ और अक्षम हो जाता है तो वह सभ्यता नष्ट हो जाती है। इन चुनौतियों एवं जवाबों में सभ्यता ऊपर उठती या नीचे गिरती रहती है। उसके अनुसार सभ्यता के विकास के दिनों में चुनौतियों की अपेक्षा उत्तर अधिक शक्तिशाली होते हैं तथा अन्तिम स्थिति में चुनौतियाँ अधिक। ऐसा भी होता है कि किसी कठिन समय में सभ्यता अपने को पीछे हटा लेती है और पुनः अधिक शक्ति के साथ प्रकट होती है। इस प्रकार तीनों स्थितियों में एक लयात्मक गतिशीलता है। इसमें सभ्यताओं की मौत की कोई निश्चित अवस्था नहीं होती। जब तक समाज में सर्जनात्मक शक्ति बनी रहती है, तब तक वह सभ्यता नष्ट नहीं होती, चाहे उसे कितनी ही चुनौतियाँ क्यों न मिलती रहें। भारतीय इतिहास से इस प्रकार के अनेक उदाहरण मिल सकते हैं। स्वयं आचार्य हजारी प्रसाद द्विवेदी का मत ट्वायनबी से दूर नहीं है जब वे कहते हैं, "सन् ईसवी की 15वीं-16वीं शताब्दी भारतीय इतिहास में बहुत महत्त्वपूर्ण है। इस काल में यद्यपि विजातीय संस्कृति के संघर्ष से भारतीय संस्कृति के विकास की स्वाभाविक गति कुण्ठित हो गयी थी, तथापि उसमें प्राण-शक्ति बची हुई थी। अवसर पाते ही उसने अत्यन्त शक्तिशाली मनीषियों को जन्म दिया। प्रधान रूप से भक्ति और धर्म के क्षेत्र में ही यह नवजागरण दिखाई दिया। उस काल में स्वामी रामानन्द, महाप्रभु वल्लभाचार्य, महाप्रभु चैतन्य देव, ज्ञानेश्वर, तुकाराम, गोस्वामी हित हरिवंश, सूरदास, कबीरदास, नामदेव, नानक आदि एक-से-एक शक्तिशाली महापुरुष पैदा हुए और उन्होंने मूर्च्छित संस्कृति को नया जीवन प्रदान किया। यह सब कैसे हुआ, यह

कहना बड़ा कठिन है। इतिहास बताता है कि जब-जब भारतीय संस्कृति संकटापन्न हुई, तब-तब कोई अज्ञात शक्ति उसे एकदम मृत हो जाने से बचा लेती रही है।" (गोस्वामी हित हरिवंश समुदाय और साहित्य की भूमिका)

स्पष्ट है कि यह मत स्पेंगलर की अपेक्षा अधिक वैज्ञानिक है। इसमें विकास की एक प्रक्रिया अवश्य है, पर इतिहास का बोध आगे बढ़ता है। ट्वायनबी के मत की, उसके उत्थान-पतनवादी दृष्टिकोण की, जमकर आलोचना हुई। सभ्यताओं को इस प्रकार एक बँधे-बँधाये साँचे के भीतर ढालने को त्रुटिपूर्ण सिद्ध किया गया। मार्क्स के द्वन्द्वात्मक (तथा एक अज्ञात रहस्यमय शक्ति के आरोपण को भी अस्वीकार किया गया) विकास की भी बँधी-बँधाई परिपाटी को अन्तिम सत्य नहीं स्वीकार किया गया। परन्तु फिर भी आर्थिक व्यवस्था और उससे निर्मित सम्बन्धों के महत्त्व को आगे के अन्य समाजशास्त्रियों ने भी स्वीकार किया है। यही नहीं, हेगेल के द्वन्द्वात्मक दर्शन को, जिसे कि मार्क्स ने अपनी विचार-सारणि का आधार बनाया था, किसी-न-किसी रूप में स्वीकार किया जा रहा है। इतना भर इसमें और जोड़ लेना अनुचित न होगा कि विकास की गति मात्र आर्थिक व्यवस्था पर निर्धारित नहीं करती है, अन्य मानवीय गतिविधियाँ बदले में आर्थिक व्यवस्था को भी प्रभावित करती हैं। दर्शन, धर्म और कलाओं का सामाजिक जीवन से इसी प्रकार अन्तरावलम्बी सम्बन्ध रहता है। मार्क्सवाद के अनुसार जहाँ इनकी उत्पत्ति वर्गों के आधार पर होती है, हम इस मत में इतना और जोड़ देना चाहेंगे कि वर्गों की उपज होते हुए भी वर्गों के मध्य विभिन्नता की अपेक्षा समानता अधिक होती है और इसीलिए इन मानवीय क्रियाओं (दर्शन, धर्म, कला) की अपील वर्गों की अपेक्षा अधिक सूक्ष्म और व्यापक होती है।

मानवीय चेष्टाएँ या साधनाएँ, जिन्हें हम सभ्यता और संस्कृति के नाम से अभिहित करते हैं, अनेक दिशाओं में अनेक विधियों से आगे बढ़ती हैं। साहित्य, दर्शन, विज्ञान, धर्म, कला, राज्य शासन आदि सभी क्षेत्रों का साथ-साथ अध्ययन किया जाये तभी विकास-प्रक्रिया अधिक स्पष्ट हो सकती है। आधुनिक विज्ञान की सर्व-उन्मेषिनी दृष्टि के आने के पूर्व तक हमारी चिन्तन-प्रक्रिया के मूल में लगातार एक अज्ञात शक्ति ईश्वर और उससे सम्बन्धित साधना धर्म-मुख्य चालिका एवं सम्पोषिका शक्ति रहे हैं, विशेष रूप से मध्ययुग में। इसका अर्थ यह नहीं कि अन्य मानव चेष्टाएँ दब गयी थीं; तात्पर्य केवल इतना है कि धार्मिक दृष्टिकोण अन्य सारी गतिविधियों को प्रभावित ही नहीं करता था, खड़ा होने के लिए आधार भी देता था। मार्क्स ने कुछ आश्चर्य के साथ प्रश्न किया था कि क्यों पूर्वी देशों का इतिहास धर्म का इतिहास प्रतीत होता है?

परन्तु आधुनिक युग के आने तक धर्म-साधना का स्वरूप एक ही नहीं बना रहा। प्रागैतिहासिक काल से लेकर अब तक धर्म के स्वरूप में अनेक परिवर्तन होते गये। भक्ति-प्रधान धर्म-साधना इन्हीं विकास-क्रमों में उत्थित हुई है—मध्ययुग में।

पूर्व-मध्ययुग में दक्षिण भारत में इसका उद्भव होता है तथा उत्तर-मध्ययुग में यह उत्तरी भारत की प्रधान शक्ति बन जाती है, दक्षिण से भी अधिक। परन्तु इसका तात्पर्य यह नहीं कि भक्ति के बीज या स्वरूप हमें पहले प्राप्त नहीं होते। भक्ति में श्रद्धा और प्रेम की जो मूल भावना है, वह तो मनुष्य की एक सहज वृत्ति है। अतः उसकी उपलब्धि तो किसी भी समय के साहित्य में हो सकती है। परन्तु एक विशिष्ट शक्ति के रूप में उसका विकास मध्ययुग में ही होता है। यों विद्वानों ने भक्ति का व्यवस्थित क्रम-विकास दिखाया है। साधारणतः इसे वैष्णव धर्म के साथ एकात्म भी कर दिया गया है। यद्यपि यह सत्य है कि भक्ति का सर्वोत्तम एवं मुख्य रूप वैष्णव मत में ही मिलता है। परन्तु भक्ति की धारणा का मूल रूप अन्य सम्प्रदायों में भी विकसित हुआ है, ऐसा इस लेखक का विचार है। शैव, शाक्त, बौद्ध, सन्त, स्मार्त, जैन, वैष्णव इन सभी सम्प्रदायों में इसका प्रकाशन हुआ है। वैष्णव मत के साथ सम्बद्ध करने पर हमें भक्ति के प्रारम्भिक विकास को दिखाकर फिर उसे सुदूर दक्षिण में पहुँचाकर तमिल प्रदेश के आलवारों में दिखाना पड़ता है। यदि भक्ति की भावना को अन्य साधनाओं में भी देखा जाये तो मेरे द्वारा कही गयी बात अधिक स्पष्ट होगी। पर इतना अवश्य मानना पड़ेगा कि भक्ति की जिस भावुकता को हम वैष्णवों और आलवारों में पाते हैं, अन्यत्र उसकी कमी है।

उत्तर भारत में बुद्धिवादी बौद्ध-आन्दोलन, तर्क-प्रवण पण्डितों, दार्शनिकों (चाहे वे नागार्जुन न हों या कुमारिल भट्ट अथवा शंकराचार्य) के विवादों के कारण यह मत ऊपर से दबा प्रतीत होता है, पर मूल की प्रेरणा से शंकर भी अछूते नहीं रहे। भावुकताप्रधान भक्तिमार्ग की परम्परा को खोजने के लिए दक्षिणादिमुख यदि हम हों भी तब भी महायान की भक्ति-भावना की देन का उचित मूल्यांकन होना चाहिए। परन्तु यहीं एक बात को ध्यान में रखना होगा कि उत्तर भारत में जिन परिस्थितियों में और जिस शक्ति के रूप में यह मतवाद पुनर्जाग्रत हुआ है, वह एक महान लोकशक्ति के रूप में है। भक्ति की यह भावना नयी नहीं थी, नयापन था उसकी शक्ति, उसका लोकसुलभ रूप। शुक्ल जी ने कहा है, "नियमों से निराश होकर 'कर्मवाद' की कठोरता से घबराकर परोक्ष ज्ञान और परोक्ष शक्ति मात्र से पूरा पड़ता न देखकर ही तो मनुष्य परोक्ष 'हृदय' की खोज में लगा और अन्त में भक्तिमार्ग में जाकर इस परोक्ष हृदय को उसने पाया।" इस कथन का एक अर्थ यह निकाला जा सकता है कि मनुष्य की आध्यात्मिक आकांक्षाएँ पूर्व प्रचलित धर्म-साधनाओं से सन्तुष्ट नहीं हुई थीं। यह मत मुझे समीचीन नहीं लगता। इसके द्वारा इस बात की पूर्व-कल्पना कर ली जाती है कि भक्ति की आवश्यकता जिस समाज को थी, वह पहले से ही विद्यमान था। पर ऐसा तो नहीं ही था। वास्तव में पूर्व साधनाएँ भी मनुष्य की वैसी ही आध्यात्मिक तृप्ति करती रहीं, जैसी कि भक्ति कर सकी। वे नयी शक्ति बनकर आयीं और निःसत्व होकर अपनी उपलब्धि परम्परा के अगले

चरण को सौंपकर अन्धकार में पड़ गयीं। भक्ति भी चरम सत्य सिद्ध नहीं हुई। भक्ति एक विशेष परिस्थिति में चारों ओर व्याप्त हुई और एक विशिष्ट रूप में व्याप्त हुई है। उसका वैदिक-औपनिषदिक भक्ति से वही सम्बन्ध है, जो गाँधी जी की अहिंसा का सम्बन्ध बुद्ध की अहिंसा से है। गाँधी जी ने एक वैयक्तिक गुण को सामाजिक मूल्य बना दिया। उसी प्रकार भक्ति के विशिष्ट भावुक आत्म-निवेदन को सामाजिक-सामूहिक चिन्तन का आधार ही नहीं, कलश भी बनाया गया। प्रेम और भक्ति साध्य बन गये, साधन नहीं। इसके विशिष्ट सामाजिक कारण हैं।

जिस समय पाण्डित्य की मेधा मात्र शास्त्रानुवीक्षण में लगकर चहारदीवारों में बँधी ही नहीं, बल्कि चहारदीवार बनाने भी लगी, (निबन्ध ग्रन्थों का लेखन, काव्यशास्त्र का रूढ़ विवेचन एवं धर्म में विधि-निषेधों का आधिक्य 11-12 शताब्दी से मिलने लगता है); जिस समय सहजयान वज्रयान ने लोक को आकर्षित करने के चक्कर में मानव जाति की अद्यावधि उपलब्ध समस्त नैतिक मान्यताओं एवं मूल्यों को ध्वस्त कर दिया, जब उत्तर से दक्षिण तक मत-मतान्तरों एवं सम्प्रदायों का जाल जनता को दिग्मूढ़ करने लगा, जब जीवन के सम्मुख किसी ऊँचे लक्ष्य का अभाव हो गया—उसी समय इन समस्त परिस्थितियों से भी अधिक विकट इस्लाम का आक्रमण हुआ जिसने एक साथ अतीत की विराट परम्पराओं (गुणों और अवगुणों से युक्त) को गहराई से सँभाली गयी इस देश की संस्कृति के सम्मुख अस्तित्व का भयानक संकट उपस्थित कर दिया। कुछ काल के लिए ऐसा लगा कि नये धार्मिक उत्साह से दृप्त इस शक्ति के सम्मुख क्षीण-जर्जर और वृद्धा संस्कृति ठहर न सकेगी। हमारे यहाँ की 13वीं 14वीं शताब्दियाँ लगभग इसी अन्धकार को व्यंजित करती हैं। परन्तु यह जो वृद्धता थी, उसी ने इस सर्वातिशायी शक्ति से लोहा लिया। अन्तःसलिला भक्ति की भावधारा दक्षिणी वैष्णव मतवाद का सहारा लेकर तीव्र वेग से फूटी। भक्ति और वैष्णव मतवाद उत्तर से दक्षिण गया था, वहीं वह पल्लवित होता रहा। जिस समय उत्तर भारत एक सामाजिक, राजनीतिक एवं धार्मिक निर्बलता के मध्य पड़ा हुआ मुस्लिम आक्रमण से आन्दोलित हो रहा था, उस समय दक्षिण भारत ने उसे पुनः आस्था दी, सहारा दिया, जिसने गिरते हुए समाज और टूटती हुई संस्कृति को फिर से खड़ा कर दिया। जनशक्ति के रूप में भक्ति आयी, इस कथन का तात्पर्य मात्र इतना ही है। पर यह याद रखना चाहिए कि यह दक्षिणी भक्तिधारा किसी शून्य में आखिर प्रतिष्ठित नहीं हुई। भक्ति भावधारा अन्तःसलिल थी। उसे निकलने का अवकाश नहीं मिल रहा था जिसे वैष्णव आचार्यों ने ऊपर आने में सहायता दी और जिसका भरपूर उपयोग एवं प्रसार 15-16वीं शती के वैष्णव आचार्यों (चतुः सम्प्रदायोत्तर) ने किया।

यहाँ पर यह भी ध्यान में रखने योग्य तथ्य है कि पूर्व स्थापित चतुः सम्प्रदायों में निम्बार्क को छोड़कर अन्य सम्प्रदायों को उत्तर में अधिक गहरी प्रतिष्ठा या प्रचार

नहीं मिला। यह बात भी सूचित करती है कि उत्तर की स्थितियाँ कुछ भिन्न थीं। उनके लिए भिन्न प्रकार की शास्त्रीयता एवं साधना-विधि की आवश्यकता थी। निम्बार्कियों ने इस तथ्य को समझा था और अन्य तीन सम्प्रदायों से उनका मत निश्चित रूप से एक बात में भिन्न था कि उन्होंने प्रेम की देवी राधा को प्रतिष्ठा दी। इस प्रकार मधुर भाव को उत्तर की जमीन अधिक अनुकूल मिली और इसी कारण उत्तर भारत में बाद को जिन सम्प्रदायों की स्थापना हुई, वे सब-के-सब मधुर भाव की ओर झुके। तुलसीदास इनमें अपवाद हैं, जिन पर हम यहाँ विचार नहीं करेंगे। दक्षिणी भक्तों में जो माधुरी भाव के यत्र-तत्र उद्‌गार हैं, वे प्रतीकात्मक अधिक हैं। अन्दाल या गोढ़ा के पद इस सम्बन्ध में बहुधा उद्धृत किये गये हैं। परन्तु एक तो अन्दाल स्वयं स्त्री थी और अपनी जैविक स्थिति में अपने पूर्ण यौवन को कृष्ण को सौंपने को प्रस्तुत हुई थी; पुरुष परमात्मा को जब तक स्त्री न माने, तब तक पूर्ण यौवन समर्पित करने की बात नहीं उठती। फ़ारस में परमात्मा की कल्पना स्त्रीरूप में हुई और परिणामतः सूफ़ी कवि और सन्त सहज ही माधुरी भाव की ओर झुक गये परन्तु हमारे देश में पुरुषरूप कल्पना रही—ईश्वर की। परिणामतः एक विशेष दार्शनिक दृष्टि, एक प्रकार की विशेष साधना (मानसिक विशेषकर) की आवश्यकता पड़ी जिसमें पुरुष अपने पुरुषत्व का अभिमान भुलाकर स्त्रीरूप में पुरुष परमात्मा को देख सके। जहाँ तक प्रतीकों का प्रश्न है, उनमें माधुरी भाव की रस सिद्धि नहीं मानी जा सकती—मात्र झुकाव भले मान लें।

उत्तर भारत में मधुर भावापन्न भक्ति का मुख्य कारण बंगाल-वैष्णवता है। स्त्री-पुरुष के रूप में साधना का प्रचलन पूर्वी भारत में तान्त्रिक मतवाद के प्रसारण के कारण था ही—उनका मिलन सुख महासुख का पर्याय भी बन सका था। तान्त्रिक दर्शन जब वैष्णव मत के सम्पर्क में आया, तब उसे भी उसने 'युगनद्ध' की परिभाषा के अन्तर्गत ले लेना चाहा। इधर साहित्य और कला के क्षेत्र में कृष्ण की प्रेमिका राधा कवियों के बीच में सुपरिचित थीं। उन्हें ही सहजिया-वैष्णव दर्शन के भीतर प्रतिष्ठित कर दिया गया। भक्ति-भावना यों भी प्रेममूलक होती है। जब उसमें 'युगनद्ध' दर्शन आ मिला और साहित्य का प्रेमी-प्रेमिका तत्त्व भी सम्मिलित हुआ, तब उसने उस रासायनिक मिश्रण का रूप ले लिया, जिसकी माधुरी से सारा उत्तरी भारत आप्लावित हो उठा। परन्तु बंगाल की भूमि तान्त्रिक अतिचारों के कारण जितनी विधि-निषेधरूपा हो गयी थी, उतनी मध्य देश की नहीं थी। परिणामस्वरूप बंगाल की परकीया राधा ब्रज में स्वकीया बन गयी। सूरदास ने राधा-कृष्ण का धूमधाम से विवाह कराया। इस मधुर साधना की समानधर्मा सूफ़ी-साधना इसी बीच यथेष्ट प्रचार पाती है। उसने भी मधुर भावापन्न भक्ति के पल्लवित होने में सहायता की। इनका विशेष प्रभाव 'भाव और दर्शन' की दृष्टि से निर्गुण कवियों पर पड़ा, क्योंकि नाथपन्थी जब ऐतिहासिक दबाव में पड़कर मुसलमान होने को बाध्य

हुए—उस समय सूफ़ी मुसलमानों से उनका स्वाभाविक रूप से अधिक सम्पर्क बढ़ा और वे मधुर भाव के प्रतीक वहाँ से लेते हैं।

तुलसी वास्तव में स्मार्त-भक्ति के सर्वश्रेष्ठ प्रतिनिधि हैं। मध्ययुग में जिस समन्वय-वादिनी दृष्टि का विकास हुआ, उसे मुस्लिम आक्रमण के कारण आत्मरक्षा एवं आचार-प्रधान होना पड़ा। यह दृष्टि स्मार्त-मत की थी जो 1000 ई. के बाद से मध्य प्रदेश की सामान्य जनता द्वारा अधिकाधिक अपनाई गयी। तुलसीदास ने आचार-प्रवणता के साथ भक्ति के आवेश को भी मिला दिया और इस प्रकार उस कठिन समय में सामान्य जन के सम्मुख वे एक व्यवस्थित जीवन-दर्शन एवं जीवन-प्रणाली देने में समर्थ हुए। प्राचीन जीवन के नैरन्तर्य को नवीन भावधारा के साथ संगुम्फित करने का तुलसीदास का प्रयास मध्ययुग में अप्रतिम है—सम्भवतः इसी कारण परम्पराओं में गहरी जड़ें रखने वाले इस वृद्ध देश में वे इतने अधिक जनप्रिय भी हो सके। मनुष्य केवल भाव में नहीं जीता, उसे अपने दैनन्दिन जीवन में एक प्रकार की आचार-पद्धति की भी आवश्यकता होती है तथा आचार इतना उथला नहीं होता, जितना लोग समझते हैं—उसके भी आन्तरिक मूल्य होते हैं जो शताब्दियों के परीक्षण में खरे उतरते हैं। इसके अतिरिक्त आचार मनुष्य के भाव जगत् की अभिव्यक्ति भी होते हैं। करुणा और दया, प्रेम एवं उदारता श्रेष्ठ भाव-मूल्य हैं। पर इनका प्रकाशन आचार के द्वारा ही सम्भव है। तुलसीदास ने इस महत्त्व को समझा था, इसी कारण केवल इष्टदेव के रूप एतं लीला-गान के मधुर पक्ष में ही नहीं लगे (उसका भी यत्र-तत्र संकेत है) बल्कि जिन्दगी जीने की उस प्रणाली को उन्होंने स्पष्ट करना चाहा जिसमें इन मानवीय मूल्यों की उपलब्धि प्रकाशित की जा सके। कृष्णभक्त कवियों ने इन बातों की उपेक्षा की—यद्यपि उस कठिन समय में समाज को आस्था देने का अनुपम कार्य इन्होंने किया। वैष्णव कवि की यह मधुरोपासना धीरे-धीरे स्थूल ऐहिकता में रीतिकाल के कवियों में परिणत होती गयी और उसकी रही-सही सामाजिक शक्तिवत्ता समाप्त कर दी गयी। इस प्रकार की उपासना के जो रसिकगण थे, वे भी इसके मर्म से दूर होते गये एवं बाह्याडम्बरों, साम्प्रदायिक विद्वेषों में रुचि लेने लगे। समाज-निरपेक्षता ने उनकी शक्ति का अपहरण कर लिया। इसी कारण 18वीं-19वीं शती के प्रेम-भक्ति के कवियों में परिमाण की प्रचुरता होते हुए भी वह सम्पन्नता नहीं प्राप्त होती जो 15वीं से 17वीं शती तक हमें दिखाई देती है। यह काल भी भक्तिकाल है पर अपनी सामाजिक शक्ति को खो चुका है और इसीलिए बहुत कुछ उपेक्षित-सा हो गया है।

विभिन्न धर्म-साधनाओं से प्रस्फुटित भक्ति

व्यापक विकास-क्रम में हिन्दू पौराणिक धर्म जैन-बौद्ध धर्मों के द्वारा एक कोने में कर दिया गया। यद्यपि कोई वैयक्तिक देवता इन सन्तों में न था पर दिव्य व्यक्तियों के प्रेम से ये नहीं बच सके। बोधिसत्व, बुद्ध और तीर्थंकर भक्ति के विषय बने।[1] वे ईश्वर के स्थानापन्न बने—यह एक प्रकार से भक्ति का मानवीकरण था। परन्तु ईश्वर के अस्तित्व से इनकार कर देने के बाद उनके पास आधार-भूमि केवल साधक की आचार प्रधानता रह गयी और जिस दिन नैतिकता एवं आचार की नीवें हिलीं, उसी दिन बौद्ध धर्म भरभराकर बैठ गया। इस ह्रास की चर्चा करने का प्रसंग आगे फिर मिल सकता है—यहाँ पर हम इस काल की एक प्रमुख विशेषता लोकधर्मिता की ओर बढ़ावा देख सकते हैं। यों तो बौद्ध, जैन धर्म प्रारम्भ से ही लोकधर्म थे तथा महाभारत ने वैष्णव धर्म को भी लोकधर्म कहा है पर ऐसा लगता है कि ईसवीं सन् के कुछ पूर्व ही इन साधनाओं में लोकधर्म के तत्त्वों का अभाव होने लगा था—बौद्ध धर्म दार्शनिक पद्धतियों की ओर बढ़ा तथा परमेश्वर या व्यक्ति इन दोनों में से किसी का भी निषेध सामान्य जन की आध्यात्मिक भूख को तृप्त नहीं कर पाता, जबकि बौद्धमत आत्मवादी होने के कारण मात्र आचार प्रधानता पर ही जोर देने लगा—यह बात सामान्य जन की आस्था को टिकाये रखने के लिये पर्याप्त न थी। इधर वैष्णव मतवाद भी पाञ्चरात्र संहिताओं एवं वैखानस आगमों के जंजाल में शुष्क विवेचन तथा जटिल विधि-विधानों के अम्बार के रूप में बढ़ रहा था। सम्भवतः कुछ ऐसी ही स्थिति में पुराण-निर्माण एवं महायान का विकास हुआ है। 'स्त्रीशूद्रद्विजबन्धूनां त्रयी न श्रुतिगोचरा' के कारण महर्षि द्वैपायन वेद व्यास ने जनता के कल्याण-साधन के लिए वेद में निहित आध्यात्मिक निगूढ़ तत्त्वराशि को पुराणों में विस्तृत रूप से नाना प्रकार के आख्यान-उपाख्यानों की सहायता से प्रकट किया है—

वेदेभ्य उद्धृत्य समस्त धर्मान् षोद्वयं पुराणेषु जगाद देवः।
व्यास स्वरूपेण जगद्वितात, बन्दे तमेनं कमला समेतम्॥

(पद्मपुराण, क्रियायोग, सार 2।3)

(जिन्होंने व्यास के रूप में वेदों से समस्त धर्मों को उद्धृत करके जगत् के

कल्याण के निमित्त निखिल पुराणों में व्यक्त किया है, कमला सहित उस नारायण की हम वन्दना करते हैं।)

देवी भागवत में (7।37।2-3) बताया गया है कि कर्म, ज्ञान और भक्तियोग ही अनायास प्राप्त होने वाला सुलभ है। श्रीमद्भागवत में (11।20।32) भगवान कृष्ण ने कहा है, "कर्म, तपस्या, ज्ञान, वैराग्य, योग, दान, धर्म तथा तीर्थयात्रा, व्रत आदि अन्य साधनों के द्वारा जो प्राप्त होता है, मेरा भक्त भक्तियोग के द्वारा वह सब अनायास प्राप्त कर लेता है तथा जिनके जिह्वाग्र पर तुम्हारा नाम रहता है, वे चाण्डाल होने पर भी श्रेष्ठ हो जाते हैं। जो तुम्हारा नाम लेते हैं, उन्होंने यथार्थ तपस्या कर ली, अग्नि में यथार्थ हवन कर लिया। उन्होंने तीर्थ में स्नान कर लिया, वे ही आर्य हैं, उन्होंने ही यथार्थतः वेदाध्ययन किया है।" (3।33।7)। वृहन्नारदीय पुराण ने तो उच्च स्तर से घोषित किया–

चाण्डालोऽपि मुनिश्रेष्ठ, विष्णुभक्तो द्विजाधिकः।
विष्णुभक्तिविहीनश्च, द्विजोऽपि श्वपचाधमः॥ 132।39

यद्यपि ये ग्रन्थ कुछ परवर्ती हैं, फिर भी इनसे इस लोकधर्मी स्वर का समर्थन होता है।[2]

इसी प्रकार महायान के विकास की मूल प्रेरणा बौद्ध धर्म को लोकजीवन के निकट पहुँचाने और ऐसे पथ का विकास करने की थी जिसमें केवल सम्बुद्ध व्यक्ति ही नहीं, वरन् समस्त लोक का कल्याण हो सके।[3] भारती ने इसी प्रसंग में अवलोकितेश्वर बोधिसत्व की एक रोचक कथा उद्धृत की है। अवलोकितेश्वर जब निर्वाण प्राप्त करने जा रहे थे, उसी समय उन्होंने एक क्रन्दन सुना, चिन्तन करने पर ज्ञात हुआ कि जनसाधारण के दुखों और पीड़ाओं में जो एकमात्र आश्रय थे, उनके अन्तर्धान होने पर लोकसाधारण का परिताप है। इस पर विचलित हृदय अवलोकितेश्वर ने निश्चय किया कि 'वह अपने सुकृत पुष्पों द्वारा अर्जित निर्वाण को तब तक स्वीकार नहीं करेगा, जब तक भूमि पर एक भी व्यक्ति भवजाल में बँधा रहता है।' इसी प्रकार बोधिसत्व लोकहित के लिए प्रार्थना करते हुए कहते हैं, "मैं प्रत्येक दिशा के सभी सम्बुद्धों, से बद्धकरों से प्रार्थना करता हूँ कि जो ममता के बन्धन के कारण दुखजाल में आबद्ध हैं, उनके लिए धर्म का दीपक प्रोज्ज्वल करें। मैं सभी आत्मनिग्रही सम्बुद्धों से आग्रह करता हूँ, जो महानिर्वाण प्राप्त करने को सन्नद्ध हैं कि वे असंख्य युगों तक रुके रहें (ताकि उनके अभाव में) यह संसार तमाच्छादित न हो जाये। मैंने अपनी साधनाओं से जितने भी पुण्य अर्जित किये हैं, उनसे सभी प्राणियों के सभी क्लेशों तथा तापों का परिशमन हो...तीनों भुवनों में व्याप्त अपने सम्पूर्ण सत्व, अपने सम्पूर्ण आनन्द और अपने सम्पूर्ण पुण्यों का मैं निस्संग परित्याग करता हूँ ताकि सभी प्राणियों की कामनाएँ पूर्ण हों।" इसी कारण लोकसाधारण भी अन्त में स्वतः साधना के कठिन पथ पर विशेष ध्यान न देकर बोधिसत्व की ही

महत्त्वासण के आकांक्षी हो रहे थे।[4] इसके अतिरिक्त जैन, बौद्ध और वैष्णव आदि सन्तों में अवतारवाद का कोई-न-कोई स्वरूप एवं मूर्तिपूजा और उसके विधि-विधान तथा देवता ही करुणा और अनुग्रह का भरोसा इसी प्रवृत्ति के लक्षण थे, आगे चलकर महायान ने उत्तरकालीन वैष्णव धर्म को बहुत अधिक प्रभावित किया।

धर्म के सहजीकृत रूप का विकास नाम जाप या कीर्तन आदि में उपलब्ध होता है। इस काल में (500 ई. पू. से लेकर 600 ई. तक) मन्त्रशास्त्र एवं आक्षरिक प्रतीकवाद में बहुत विकास हुआ। व्याकरण के स्फोटवाद के सहारे माण्डूक्योपनिषद एवं कठोपनिषद का अत्यधिक विस्तार होता है। इससे एक नये प्रकार का रहस्यवाद तेजी से बढ़ा जिसने बौद्धों को भी बहुत प्रभावित किया। जन-सुलभता के लिए पहले प्रज्ञा परिमिताओं में कुछ सरल मार्ग, शरणागति, पूजा-अर्चा बताये गये; कालान्तर में साधकों की और सुविधाओं के लिए पारमिता शास्त्र को संक्षिप्त करते-करते अन्त में केवल एक हृदय सूत्र मात्र में इसे संक्षिप्त करके मन्त्रयान आगे आया। आगमों (वैष्णव, शैव और शाक्त सभी) में भक्तियोग का साधन मन्त्रदीक्षा पूरी तरह स्वीकार कर लिया गया। वैदिक काल की गायत्री-मन्त्र की दीक्षा की अपेक्षा भक्ति का मन्त्रजाप (जो कि आत्मसमर्पण और शरणागति का ही एक रूप बना) सर्वजन सुलभ था। यद्यापि यह लोकोन्मुखता आगे चलकर भिन्न-भिन्न रूप धारण करती है। मूलतः अनात्मवादी, आचार-प्रधान, वैराग्यमूलक बौद्ध धर्म लोकाकर्षण के लिए अधिकाधिक तान्त्रिक और गुह्यसाधनाओं में फँसता गया और अन्त में उसी के वन में खो गया, जबकि वैष्णव मतवाद मूलतः रागप्रधान, ईश्वरवादी होने के कारण जनसाधारण की आस्था के लिए सिद्धियों आदि के चक्कर में पड़ने से बच गया। बल्कि कहना यों चाहिए कि राग प्रधान भावना को बौद्धिक वर्ग का भी सहयोग प्राप्त करने के लिए दाक्षिणात्य आचार्यों के प्रयासों के रूप में शास्त्रानुमोदन भी प्राप्त करना पड़ा।

सम्भवतः ऐसे ही कुछ कारणों से दक्षिण भारत में पहुँचकर भक्ति के मूल प्रेम को स्वीकार करने वाले सम्प्रदायों (शैव, वैष्णव) को एक नयी शक्ति मिली, जबकि जैन-बौद्ध मतवाद दक्षिण में और ह्रास की ओर ही बढ़े। उत्तर में तो अपनी प्राचीन प्रतिष्ठा तथा कुछ राजनीतिक कारणों से बौद्धों का महत्त्व बना भी रहा, पर दक्षिण में ये कभी बहुत पनप नहीं सके।[5] यद्यपि लगभग साथ-साथ दक्षिण भारत में मतवाद पहुँचे हैं। भण्डारकर ने ई. पूर्व प्रथम शती के आसपास महाराष्ट्र एवं तमिल प्रदेश में वैष्णव सम्प्रदायों के अस्तित्व का अनुमान किया है,[6] उधर अशोक के समय आन्ध्र प्रदेश में महादेव नामक एक भिक्षु ने बौद्ध धर्म का प्रचार किया था।[7] बहरहाल सब मिलकर 6-7वीं शती तक हम विचित्र, जटिल एवं अन्योन्याश्रित पर अनेकमुखी तथा बहुदिशा प्रवाहिनी धर्म-साधनाओं का विकास पाते हैं। उनमें परस्पर आदान-प्रदान भी होता है तथा प्रतिद्वन्द्विता भी चलती है—सामान्यजन को आकर्षित करने में भी तथा राज्य-शक्ति को वशीभूत करने में भी। यदि अशोक एवं अन्य मौर्य राजा बौद्ध

थे तो उनके उत्तराधिकारी शुंगवंश ने बौद्धों का समूलोच्छेदन एवं यात्रिक हिन्दूमत को प्रतिष्ठित करना चाहा। यह प्रतिक्रिया सम्भवतः बहुत स्वस्थ न थी क्योंकि द्रव्य यज्ञों के प्रति एक निश्चित अवमानना की भावना अब तक प्रतिष्ठित हो चुकी थी तथा जैसा कि हम ऊपर दिखा चुके हैं, सात्वत, पाञ्चरात्र या एकान्तिक मत अब तक वैदिक विष्णु और ब्राह्मणीय नारायण को अपना चुका था। गीता ने उसे शुद्ध वैदिक उपनिषद परम्परा के भीतर स्थापित कर दिया था। इसके अतिरिक्त बौद्ध-जैन धर्म अभी अत्यन्त जीवन्त धर्म थे, उन्हें सहज उखाड़ फेंकना सम्भव न था। ऐसी स्थिति में शुंगवंश की प्रतिक्रिया के स्थान पर प्रतापी गुप्त राजाओं ने परम भागवत की उपाधि धारण की, उनके समय में वैष्णव (शैव भी—कालिदास शैव ही थे।) साधना का प्रभूत प्रसार हुआ।[8]

गुप्त युग में वैष्णव धर्म ने अत्यन्त प्रमुख स्थान प्राप्त कर लिया। फिर इसे भारतीय साधना से हटाया नहीं जा सका, भले ही बीच-बीच में प्रभाव कम पड़ता रहा। गुप्तकालीन वैष्णव धर्म की कुछ विशेषताएँ पण्डित परशुराम चतुर्वेदी ने इस प्रकार बताई हैं,[9] आगे के विकास को पूरी तरह से हृदयंगम करने के लिए इनका मानना आवश्यक है—'प्रथम यह कि साखतों या भागवतों ने इस समय विष्णु के साथ कृष्ण का एकीकरण स्वीकार लिया था।... भागवत धर्म तब तक वैष्णव धर्म में मग्न हो चुका था। दूसरी यह कि अवतारों की पूजा इस समय पहले से कुछ अधिक होने लगी थी और उनके नाम तथा संख्या में भिन्न-भिन्न प्रकार के परिवर्तन भी होने लगे थे। तीसरी यह कि अवतार-पूजा के महत्त्व के सामने व्यूहवाद कुछ गौण समझा जाने लगा था...। चौथी विशेषता यह भी थी कि विष्णु या नारायण के साथ-साथ अब लक्ष्मी की भी पूजा आरम्भ हो गयी थी और लक्ष्मीनारायण की मूर्तियाँ उस समय की मुद्राओं तक पर अंकित होने लगी थीं।[10]

एक ओर तो हेलियोडोरस जैसे विदेशी भी उसे स्वीकार करते हैं—दूसरी ओर उसका दक्षिण में भी प्रचार अवश्य हुआ होगा। यह बात ध्यान देने योग्य है कि दक्षिण के प्रसिद्ध आलवारों का समय गुप्त युग से ही प्रारम्भ होता है। यह बात ध्यान देने योग्य है कि प्रत्येक वैष्णव नवोत्थान में हमें देश एक विचित्र शक्ति से भरा दिखाई देता है। कला, साहित्य, दर्शन, शास्त्र-चिन्तन सभी पराकाष्ठा को पहुँचने लगते हैं। वैष्णवों के प्रारम्भिक उत्थान में हम पाणिनि से पतंजलि तक में विद्वान महाभारत, रामायण जैसे साहित्य एवं मौर्य साम्राज्य का निर्माण प्राप्त करते हैं। वैष्णव भावना के द्वितीय उत्थान गुप्त युग को तो स्वर्णकाल ही कहा जाता है—तृतीय उत्थान, आलवार युग में कथा, आख्यायिका, काव्यशास्त्र, चित्र, मूर्ति, मन्दिर-निर्माण में हमें एक नवीन शक्ति मिलती है और चतुर्थ उत्थान जो 14वीं-15वीं शती में होता है, उसने तो सारी संस्कृति और परम्परा को ही बचा लिया। दक्षिण में बौद्ध और वैष्णव साधनाओं के प्रति सामान्य जनता का दृष्टिकोण उस कारण भी प्रभावित हो

सकता है कि जहाँ बौद्ध विजितों (पुष्यमित्र शुंग के शासनकाल में उसके अत्याचारों से घबराकर बड़ी संख्या में बौद्ध भिक्षु दक्षिण एवं पश्चिम में चले गये थे।) का मत था, वहीं वैष्णव विजेताओं का—और वह भी ऐसा मतवाद जो प्रेम एवं भक्ति की स्रोतस्विनी में प्रत्येक को आकण्ठमग्न करने के लिए तत्पर बिना किसी प्रकार के भौतिक-पारिवारिक मूल्यों की हत्या कराये।

गुप्तों के बाद एक बार फिर राज्यशक्ति हर्षवर्धन के काल में बौद्धों के पास जाती है—और यहीं से उनमें तन्त्र साधना प्रवेश करती है। महायान की परिणति वज्रयान में होती है। और इसी युग के बाद फिर उन्हें मध्य प्रदेश में हम शक्तिशाली पाते हैं। हर्ष के काल तक बौद्धेतर मतवाद इतने प्रबल हो चुके थे कि कुशल शासक के नाते हर्ष कभी उनका विरोध नहीं कर सका, यद्यपि हर्ष के समकालीन शशांक ने बौद्धों पर अकल्पित अत्याचार किये थे, उनकी प्रतिक्रिया हर्ष को उत्तेजित कर सकती थी। यद्यपि यह हर्ष की वैयक्तिक विशेषता भी हो सकती है, पर वातावरण को नितान्त उपेक्षित करके देखना भी उचित नहीं है। शंकर और कुमारिल जैसे उद्‌भट पण्डितों का आविर्भाव भी अचानक नहीं हुआ था। यहाँ पर हमें बौद्ध धर्म के पतन की विवेचना नहीं करनी, अपितु उसके स्थान पर हमें इतना याद रखना है कि निषेधवादी हीनयान एवं अनैतिक गुह्य-तान्त्रिक महायान, यन्त्रयान, वज्रयान आदि की चुनौती के सामने आगमों-पुराणों की विजय हुई और इस विजय की सामाजिक सन्दर्भ में पूरी सार्थकता एवं औचित्य भी है। यह सार्थकता और औचित्य इसलिए और बढ़ जाती है कि अहिंसा, सत्य, अपरिग्रह, अस्तेय तथा शरणागति आदि को इन आगमों-पुराणों ने पूरी तरह अपना लिया था। पुराणों ने अपने लाक्षणिक, प्रतीकात्मक ढंग से एक ऐतिहासिक परम्परा भी उपस्थित कर दी थी, भले ही वह अनैतिहासिक एवं तथ्यहीन हो। इस परम्परा के माध्यम से समसामयिक जीवन को अस्पष्ट एवं दूरागत अतीत के साथ जोड़ दिया गया था।[11] इस प्रकार वैदिक मन्त्रगानों की भाँति ही भक्ति एक नये आवेश में दक्षिण के आलवार एवं नयनार भक्तों की वाणी में फूट पड़ी।

यहाँ से हम भावुकता के एकदम नये लोक में प्रवेश करते हैं। यहीं से भारतीय भक्ति साधना की तीसरी मंजिल प्रारम्भ होती है। यहीं यह याद दिला देना अनुचित न होगा कि बौद्ध धर्म नष्ट नहीं हुआ, केवल व्यापक हिन्दू धर्म में विलीन हो गया, आत्मसात कर लिया गया और 11वीं-12वीं शती में भक्ति साधना को एक नये रूप में प्रभावित करना प्रारम्भ करता है जिसके आधार पर आगे प्रेमाभक्ति की मधुर उपासना एवं निर्गुणिया भक्ति का विकास हो सका।[12] इसने दर्शन और व्यवहार, दोनों ही क्षेत्रों में भीतर से अपना प्रभाव डाला है। यह बात बहुधा जोर देकर कही जाती है कि भारतीय पूजा समन्वय-स्वीकारिणी रही है। समन्वय की यह प्रवृत्ति हमें इन विविध साधनाओं के बीच उगती मिलती है। ऋग्वेद के 'एक सद्‌विप्रा बहुधा

वदन्ति' में समन्वय के प्रथम लक्षण हमें दीखते हैं। वैष्णव मतवाद के आरम्भिक दिनों में ही हमें विष्णु, नारायण, वासुदेव और कृष्ण (योगवेत्ता भी और गोपालकृष्ण भी) एक में ही मिलते दिखाई देते हैं। ऐसा प्रतीत होता है कि विभिन्न सम्प्रदायों के बौद्धिक लोग इस बात का बहुधा अनुभव करते थे कि किसी एक मूल तत्त्व की ही उपासना वे कर रहे हैं। वेदान्त की शिक्षाओं ने भी इस मौलिक एकता की ओर ध्यान दिलाया होगा। सम्भवतः इस दिशा में सबसे अधिक महत्त्वपूर्ण कार्य स्मृति शास्त्रों का रहा है जिन्होंने सामान्य जनता के लिए आचार-विचार प्रधान धर्म का रास्ता दिखाया। ईसवी सन् के आसपास निर्मित धर्मशास्त्रों, मनु एवं याज्ञवल्क्य स्मृतियों में किसी विशेष सम्प्रदाय-देवता की उपासना के प्रचार का प्रयास नहीं है। उनसे एक प्रकार के धार्मिक उदारताभाव का प्रचार होता है (श्रेष्ठ दर्शन एवं नितान्त आदिम rituals एक साथ)। स्मृतियों के आधार पर ही आगे स्मार्त मत का विकास होता है जिसमें पंचायतन पूजा का प्रारम्भ होता है। वास्तव में धीरे-धीरे पंचायतन पूजा का स्मार्त मत सामान्य हिन्दू जनता में घर करता गया। आज भी भारतवर्ष के (विशेष रूप से उत्तर भारत के) अधिकांश जन स्मार्त पद्धतियों पर ही विश्वास करते हैं और उनके उदारता भाव में कमी नहीं आयी।[13] स्मार्त पद्धति की एक मजेदार विशेषता यह है कि यह सम्प्रदाय के सम्बन्ध (affiliation) को समाप्त नहीं करती। उपासक जिस सम्प्रदाय का हो, वह अपने सम्प्रदायगत देवता को केन्द्र में स्थापित करेगा, शेष देवताओं को अन्य चारों ओर। विष्णु, शिव, शक्ति, गणेश एवं सूर्य तक ही यह पंचायतन पूजा सीमित नहीं रही। अलग-अलग देश-कालों में अन्य देवता जुड़ते या छँटते रहे हैं। कहीं ब्रह्मा आ गये हैं तो कहीं हनुमान, कहीं अन्य स्थानीय देवता। मध्य प्रदेश में ऐसे मन्दिर विरल नहीं हैं, जिनमें एक सम्प्रदाय देवता के मन्दिर के चारों ओर अन्य देवताओं के मन्दिर बने हुए हैं। इस स्मार्त प्रकृति को चन्द्रगुप्त द्वितीय एवं हर्षवर्धन जैसे राजाओं के दृष्टिकोण से और बल मिला होगा।

इस सम्प्रदाय-समन्वय (cult-syncretism) प्रवृत्ति को और बढ़ावा देने वाला तथ्य सम्भवतः प्रारम्भिक विदेशियों का मानसिक दृष्टिकोण था। ये लोग एक साथ ही विभिन्न देवताओं के प्रति संभ्रम एवं श्रद्धा प्रदर्शित करते थे। श्री जे.एन. बनर्जी ने अपनी पुस्तक 'Development of Hindu Iconography' में पृ. 543-44 पर प्राचीन मुद्राओं आदि ठोस व पुरातात्विक प्रमाणों के आधार पर यह दिखाया है कि प्रारम्भिक शक राजाओं के काल से ही यह रूप-समन्वय की भावना मिलने लगती है। प्रारम्भ में हेलेनिक एवं भारतीय तत्त्वों का सम्मिलन होता है, फिर कनिष्क एवं हुविष्क के समय में तो जोरास्थ्रियन, ब्राह्मण, बौद्ध आदि विभिन्न सन्तों का समन्वय प्राप्त होता है। सम्भवतः हुविष्क की मुद्राओं में ही हरि, हर और सूर्य को एक साथ दिखाया गया है। आगे की हरिहर उपासना (इसका जिक्र तुलसीदास ने भी किया है) का प्रोटोटाइप इसे माना जा सकता है। यहाँ यह बात ध्यान में रखनी होगी कि यह

वह समय है जब शैव, वैष्णव एवं सौर सम्प्रदाय काफी विकसित हो चुके थे। इस प्रकार समन्वय की अन्तःसलिला वृत्ति उस युग में विद्यमान मिलती है।

यह तो धुर पश्चिमोत्तर प्रदेश की बात हुई, आगे चलकर मध्ययुग में हमें बिहार, बंगाल, उड़ीसा से कितनी ही मूर्तियाँ ऐसी मिलती हैं जिनमें 2, 3, 4 या 5 देवता एक साथ उत्कीर्ण हैं। पंचायतन के देवता; उमा-महेश्वर, अर्धनारीश्वर, गणपति, ब्रह्मा, नृसिंह, शिवलिंग, विष्णु-लक्ष्मी, नदी, श्रीवत्स, श्रीचिह्न, दुर्गा महिष्मर्दिनी[14] आदि की मूर्तियाँ मिलती हैं। बादामी गुफाओं की प्रसिद्ध हरिहर मूर्ति तक बहुत आश्चर्य न हो तो बिहार में प्राप्त और इण्डियन म्यूजियम में प्रदर्शित हरि, हर, सूर्य और बुद्ध की सम्मिलित मूर्ति, शिवलोकेश्वर, सूर्य लोकेश्वर की मूर्तियाँ हिन्दू एवं बौद्ध मतवादों का आन्तरिक सम्मिलन सूचित करती है।[15] बनर्जी महोदय ने आगे विस्तार से यह भी दिखाया है कि जैन एवं बौद्ध मूर्तियों का गठन, रूपरेखा किस प्रकार हिन्दू सम्प्रदाय-देवताओं से प्रभावित हो रही थी और हिन्दू देवताओं पर बौद्ध-जैन प्रभाव पड़ रहे थे।[16] इस पुस्तक में जिन मूर्तियों की चर्चा हुई है, उनके सम्बन्ध में एक बात यह भी ध्यान में रखने की है कि ये मूर्तियाँ भारतवर्ष के विभिन्न भागों (उत्तर, पश्चिम, पूर्व, दक्षिण) से प्राप्त हुई हैं और अधिकांश मध्ययुग की हैं।

इस लम्बी चर्चा के पीछे एक उद्देश्य है कि उत्तरोत्तर स्मार्त प्रवृत्ति का बढ़ाव देखा जा सके। यह बात इसलिए और महत्त्वपूर्ण हो जाती है कि इस युग में पूर्वी भारत में तान्त्रिक बौद्ध धर्म जोर पकड़ता है, पश्चिमोत्तर भारत में शैव-शाक्त साधना तथा दक्षिण भारत में शैव, शाक्त, बौद्ध एवं वैष्णव साधनाएँ (जिनमें प्रमुख शैव और वैष्णव) जोर आजमाती हैं।[17] परन्तु इस भौगोलिक स्थिति में मध्य प्रदेश में एक प्रकार का शून्य (Vacuum) प्राप्त होता है। मैं प्रस्ताव करना चाहता हूँ कि मध्य प्रदेश में इस युग ने स्मार्त मत को पूरी तरह अपना लिया गया था। इस सहिष्णु मनःस्थिति के मध्य साम्प्रदायिक साधना ही एकमात्र अभीप्सित न रही होगी। पर इसका तात्पर्य यह नहीं है कि इन स्थानों में साम्प्रदायिक साधना नहीं थी या कि अन्य प्रदेशों में सहिष्णुता की भावना विकसित न हो सकी थी। जोर केवल इस बात पर ही है कि कुछ ज्ञात-अज्ञात ऐतिहासिक शक्तियों के दबाव में इस प्रदेश को अधिक उदार एवं समन्वय प्रधान होना पड़ा था।[18] इस स्मार्त चर्चा की ओर इसलिए भी ध्यान आकृष्ट कराना आवश्यक था कि यह युग गुह्य साधनाओं एवं तन्त्र पद्धतियों का था। दक्षिण की वैष्णव साधना में तो इन गुह्य, तान्त्रिक, यौन-यौगिक (Sexo-yogic) क्रियाओं का मिश्रण नहीं हो सका, शेष शैव, शाक्त एवं बौद्ध (कुछ सीमा तक जैन भी) सभी इनसे बुरी तरह आक्रान्त हुए। ऐसी स्थिति में स्मार्त धर्म की आचार-परायणता एवं स्पष्ट भाव के साथ उनका समझौता दूर तक सम्भव न था। इसी कारण विविध साधनाओं (भक्ति सम्बन्धि उपासनाओं आदि में भी) में केवल वैष्णव साधना ही इस प्रदेश के प्रारम्भ में स्थान पा सकी। अन्य साधना-समुदायों के

देवताओं को तो स्वीकार कर लिया गया, पर पूजा-पद्धति एवं उपासना-स्वरूप वैष्णव एवं स्मार्त अधिक रहा। बुद्ध भी अवतार हो गये, शिव भक्ति के प्रमुख उपास्य हो गये एवं देवी का मण्डप प्रत्येक गाँव के लिए अनिवार्य हो गया, पर उपासना पद्धति अभिचार प्रधान नहीं हो सकी। बहुत बाद में अनेक स्तरों से छनकर (बौद्ध सहजिया, वैष्णव सहजिया, चैतन्य सम्प्रदाय आदि) तथा राधाकृष्ण की आमुष्यिक, लौकिक प्रेमगाथा की साहित्यिक परम्परा के सहारे तथा सूफ़ी मतवाद से उद्दीप्त होकर माधुर्य भक्ति की रहस्यात्मकता मध्य देश में स्थान पा सकी थी। तथापि तात्त्विक रूप से देखने पर इसमें साधना की वैयक्तिक विकृति न होकर एक प्रकार की मनोवैज्ञानिक संस्कारशीलता का प्रयास दिखाई पड़ता है।

विस्तारमय होते हुए भी यहीं पर उस युग की धार्मिक, राजनीतिक, सामाजिक एवं तज्जन्य मानसिक अवस्था को समझ लेना आवश्यक है। इस काल को हम मध्ययुग का नाम पहले ही दे चुके हैं। यद्यपि मध्ययुग के नाम से चिन्ता जाड्य, आप्तावाक्यप्रामाण्य, स्थूल पतनोन्मुख दृष्टि आदि का बोध होता है, उसका मध्ययुग के पूर्वभाग में अभाव है। आचार्य हजारी प्रसाद द्विवेदी के अनुसार, वह काल जागरण, चिन्तन, कर्मण्यता और मानसिक औदार्य का है परन्तु इसके बाद के काल (10वीं शताब्दी के बाद) में शिथिलता अधिक लक्षित होती है।[19] साधारणतः इतिहासवेत्ताओं ने मध्ययुग को दो भागों में विभाजित किया है—650 ई. से 1200 ई. तथा 1200 ई. से 1700 ई. (हमारे देश में 1800 ई.) तक। मेरा अनुमान है कि भारतीय धर्म-साधना की दृष्टि से इसे तीन भागों में बाँटना अधिक सुविधाजनक होगा। प्रथम 7वीं से 10वीं शती के अन्त तक—इस युग में भारतीय जीवन में भक्ति का दक्षिण में नवोत्थान होता है, बड़े-बड़े दार्शनिक और पण्डित, कवि और काव्यशास्त्री, ज्योतिष और आयुर्वेद के ज्ञाता, एलोरा और अजन्ता के शिल्पकार-चित्रकार जन्म लेते हैं। दूसरा युग 11वीं से लेकर 14वीं शती तक माना जा सकता है। इस युग में आलवारों-नयनारों द्वारा भावित भक्ति को एक धार्मिक दार्शनिक सिस्टम के भीतर ढालने का प्रयत्न होता है। इसके परिणामस्वरूप सम्प्रदाय का निर्माण होता है।

निबन्धग्रन्थों का चिन्ताजाड्य और ऊहापोह काव्यशास्त्र में ध्वनि सिद्धान्त के बाद पुनः शैली सम्प्रदायों का पिष्टपेषण[20] तान्त्रिक साधनाओं की चरमविकृति[21] इस युग में प्राप्त होती है। वास्तव में सही अर्थों में यह संक्रान्ति युग था। देश-भाषाएँ अभी भी भ्रूणावस्था में थीं, अतः श्रेष्ठ साहित्य के सृजन का प्रश्न नहीं उठता। मुसलमानों के आक्रमण, प्रत्याक्रमण और उसकी सम्भावित-असम्भावित प्रतिक्रियाएँ प्रारम्भ होती हैं। इस प्रकार यह युग आत्मरक्षण (self conservation) का युग था। पर मुसलामान साम्राज्य के स्थिर रूप ग्रहण करते ही 15वीं शताब्दी के आसपास एक नवोत्थान फिर आता है जिसमें तुलसी और सूर, कबीर और जायसी, मीरा और हरिदास, हित हरिवंश और चैतन्य, रामानन्द और बल्लाभाचार्य, नरसी मेहता और

तुकाराम, नानक और ज्ञानेश्वर जन्म लेते हैं। अकबर, जहाँगीर और शाहजहाँ जैसे बादशाहों का शासन स्थापित होता है। राजपूत कलम, काँगड़ा कलम के चित्र बनते हैं। ध्रुपद और खयाल, ठुमरी और दादरा की धुनें बाँधी जाती हैं। ताजमहल, गोबिन्द देव का मन्दिर और फतेहपुर सीकरी का निर्माण होता है।

पूर्व मध्ययुग को बहुत-से लोग तन्त्रयुग कहना पसन्द करते हैं। "वैष्णव, शैव, शाक्त, गाणपत्य और सौर से लेकर बौद्ध और जैन सम्प्रदायों तक में मन्त्र, यन्त्र, मुद्रा आदि का प्रचार बढ़ता दिखाई देता है। पर अपने चरम रूप में यह शैव, शाक्त एवं बौद्धों में दिखाई देता है। इस युग में बौद्ध धर्म में एक और विराट परिवर्तन होता है—महायान की परिणति वज्रयान में होती है। इस काल की बौद्ध मूर्तियों के नाम और रूप (ब्रजेश्वर, वज्रसत्व, हे वज्र तथा युगनद्ध रूप) द्वारा पता चलता है कि वज्रयान के सम्मुख महायान अस्त हो रहा था और उसमें शक्तितत्त्व प्रविष्ट हो चुका था। जैसा कि हम ऊपर संकेत कर चुके हैं, समस्त प्राणियों का कल्याण महायान की प्रतिज्ञा थी। इस कारण महायान को अपना दृष्टिकोण इतना उदार (catholic) बनाना पड़ा कि विभिन्न रुचियों और बौद्धिक शक्तियों के लोग भी उसमें स्थान पा सकें। जब ये परस्पर असंगत एवं कभी-कभी विरोधी विचार उसमें घुसे तो अपने साथ अपनी सारी कमजोरियाँ भी ले गये। साधारण जनों के लिए बहुधा धर्म अन्धरूढ़ियों, रहस्य, धार्मिक कृत्यों एवं आडम्बरों का समुच्चय होता है। एक बार जहाँ द्वार उन्मुक्त हुआ कि ये सब तथा प्राचीनकाल से ही निचले तबकों में चली आ रही गुह्य साधनात्मक क्रियाओं का प्रवेश हो गया और इन सबने पूरे नैतिक-धार्मिक दृष्टिकोण को बदल दिया। 'शून्य' का विचार 'वज्र' में, 'शून्यता और करुणा' का 'प्रज्ञा और उपाय में', 'निर्वाण' 'महासुख' में बदल जाते हैं। यौन-यौगिक क्रियाओं का प्रसार होता है, बोधिचित्त की धारणा में इसी कारण परिवर्तन होता है। आद्वय की धारणा का विकास 'युगनद्ध' में होता है।[22] इस प्रकार लोकोन्मुखता एवं वैयक्तिक साधना-पद्धति बौद्ध मतवाद को उस स्थिति तक पहुँचा देती है, जहाँ सारी उपलब्ध नैतिक मान्यताओं एवं मूल्यों को गहरा धक्का लगता है। आचार्य हजारी प्रसाद द्विवेदी ने नोट किया है कि ये लोग परम्परा की विरोधिनी एवं बहुधा धक्कामार भाषा का प्रयोग करने लगे थे।[23] वास्तव में वैदिक आचार के प्रति श्रद्धा बौद्धों के मन में प्रारम्भ से ही नहीं थी। बीच के राजनीतिक-धार्मिक झगड़ों में ग्रह विरोध और बढ़ा तथा जब लोक को आकृष्ट करने की प्रतिद्वन्द्विता आयी, तब भी प्रतिपक्षी को उन्होंने चिढ़ाना उचित समझा। पर यही वे सीमाएँ थीं जिनसे टकराकर बौद्ध धर्म की यह भ्रष्ट परिणति चूर-चूर हो गयी।

इस युग में शैवों के तीन स्पष्ट वर्ग दिखाई देते थे। एक थे गुजरात और दक्षिण के पाशुपत। उनमें ही दक्षिण के आलवारों के समकालीन प्रसिद्ध नयनार भक्त हुए हैं। दूसरा वर्ग कश्मीर के प्रत्यभिज्ञा दर्शन मानने वालों का था। इनका

सम्बन्ध शाक्त सम्प्रदायों से ज्ञात होता है, पर ये दार्शनिक और वैज्ञानिक अधिक रहे। इनके समरसानन्द की बौद्धों के महासुख जैसी भ्रष्ट परिणति नहीं हुई। तीसरा शैव सम्प्रदाय कापालिकों (भैरव, अघोरघंट आदि) का था जो पूर्व में अधिक प्रबल था। यह गुह्य साधनाओं से पूरी तरह आक्रान्त था। शाक्त मत भी तन्त्र-साधनाओं का केन्द्र ही था। आज भी पूर्वी भारत का यह एक जीवित सम्प्रदाय है। परन्तु शैव और शाक्त सम्प्रदायों पर शिव और शक्ति का नियन्त्रण था, पर अनीश्वरवादी बौद्धों पर ऐसा कोई नियन्त्रण नहीं था। ऐसी स्थिति में जब शक्ति सिद्धान्त (स्त्री-पूजा) का प्रवेश बौद्ध मार्ग में हुआ तो वह अत्यन्त निचले वासनात्मक स्तर तक पहुँच गया। शैव और शाक्त सम्प्रदाय इस स्थिति तक नहीं पहुँचे। यद्यपि सिद्धियों, गुटकों आदि पर उनका भी बड़ा विश्वास था, जो कि आगे चलकर इस्लाम के आक्रमण के समय उड़न-छू हो जाता है, और तब उन्हें या तो हिन्दू धर्म में आश्रय ग्रहण करना पड़ता है या फिर इस्लाम में शामिल होना पड़ता है। बहरहाल इतना ध्यान में रखना चाहिए कि वासनात्मक अतिघार से किसी सीमा तक बचे रहने के कारण ही शैव और शाक्त सम्प्रदाय आगे चलकर बचे रहे सके, जबकि बौद्ध धर्म कुछ फुटकर अवशेषों को छोड़कर समाप्त ही हो गया। इस सम्बन्ध में एक बात और ध्यान देने योग्य है कि तन्त्र-साधनाएँ मूलतः एक थीं, इसलिए विविध सन्तों को परस्पर निकट भी लायीं। उन्होंने आदान-प्रदान एवं पारस्परिक सहिष्णुता की उस भावना को जन्म दिया, जिस भूमि पर आगे भक्ति की लता फैल सकी। इसके अतिरिक्त जैन, वैष्णव आदि मतवादों पर भी तन्त्रों-आगमों का प्रभाव रहा है। पर तन्त्रों की साधना साधारणतः दो भागों में बाँटी जा सकती है—दक्षिण और वाम। गुह्य-साधनाओं वाले सन्तों में वामाचार है और शेष (वैष्णव, जैन, पाशुपत, स्मार्त) दक्षिणाचार के अन्तर्गत हैं।

ऊपर हम बौद्धों आदि गुह्य साधकों के वेद-विरोधी स्वर को देख चुके हैं, इसके साथ ही एक और प्रवृत्ति हम देखते हैं वेद प्रामाण्य की। जिसे हीन सिद्ध करना होगा उसको बहुधा पुराणों, टीकाओं और भाष्यों में वेदबाह्य कह दिया जाता है। इस पर बहुत-से लोग अपना वेद-सम्मत अस्तित्व सिद्ध करने में भी लगे हुए थे। शंकराचार्य ने वैष्णवों को वेदानुकूल नहीं माना, तब यमुनाचार्य और रामानुज इत्यादि को अपनी वेद-प्रामाणिकता स्थापित करने का प्रयास करना पड़ा। इस रूप में कह सकते हैं कि इस युग की धर्म-साधना दो प्रकार के लोगों में बँटी थी—एक तो वेद-सम्मत और दूसरे वेद-विरोधी। सम्भवतः स्मार्त, पाशुपत एवं वैष्णव वेद की प्रामाणिकता को स्वीकार करते थे, उधर बौद्ध साधनाओं से प्रभावित जन वेद-विरोधी थे। इस प्रकार उत्तर से दक्षिण तक एक प्रकार की शृंखला बनी हुई थी। एक बात यहाँ यह याद रखने की है कि मध्ययुग में सम्भवतः बौद्धों के अनुकरण पर धर्म और संस्कृति के केन्द्र मन्दिर बन जाते हैं। मन्दिरों का यह स्वरूप कितना महत्त्वपूर्ण सिद्ध हुआ, इसे हम आगे देखेंगे।

धर्म, साधनाओं की विस्तार से चर्चा करने का मुख्य कारण है कि आधुनिक युग के पूर्व मुख्य चालिका शक्ति धर्म रहा है, राजनीति नहीं। स्वयं कुछ परेशान से होकर मार्क्स तक ने कहा था, "Why does the history of the east appear as a history of religion?"[24] दूसरे इस परिप्रेक्ष्य में हम भक्ति के स्थान का सही मूल्यांकन कर सकेंगे।

जिस प्रकार की जटिलता हमें धर्म के क्षेत्र में मिलती है, कुछ वैसी ही विशृंखल भावना राजनीति के भी क्षेत्र में दिखाई देती है। हर्ष के बाद देश में केन्द्रीय शक्ति का अभाव हो गया। अलग-अलग प्रदेशों में राजा राज्य करते थे, वे शूरता एवं विलासिता के लिए परस्पर युद्ध भी करते थे। अपने-अपने क्षेत्रों में भिन्न-भिन्न धर्मों को आश्रय देते थे। पर तान्त्रिक वातावरण में सिद्धियों एवं सिद्ध-योगियों का मान सर्वत्र था। यह एक प्रकार से सामन्तवाद के ऊपरी ढाँचे (feudalism from above) की बढ़ती हुई निर्बलता की निशानी थी कि राजा लोग स्वयं प्रयास करने के स्थान पर सिद्ध-योगियों की सिद्धियों पर विश्वास करने लगे थे। वास्तव में गुप्तकाल feudalism from above का श्रेष्ठतम प्रतीक था, केन्द्रीय सत्ता के अभाव में उसकी सीढ़ियों (Hierarchy) में निर्बलता का आना अस्वाभाविक नहीं है।

परन्तु भारतीय सामन्तवाद का ढाँचा कुछ विचित्र प्रकार का है। यहाँ की सामाजिक व्यवस्था की प्राथमिक यूनिट संयुक्त परिवार रही है और प्राथमिक समुदाय गाँव। गाँव और संयुक्त परिवार अपने आपमें एक पृथक सत्ता रहे हैं। ऊपर की हलचल उनमें कुछ विशेष परिवर्तन नहीं कर सकी है। केवल सिंचाई व्यवस्था केन्द्रीय सत्ता को करनी पड़ती थी। जब तक महासामन्त इस सिंचाई व्यवस्था को निबाहता रहा, तब तक हमें कोई महत्त्वपूर्ण परिवर्तन नजर नहीं आता। टैक्स उपज के आधार पर लिये जाते थे। गाँवों का गठन कुछ इस प्रकार का था कि उत्सव, पर्व, धार्मिक अनुष्ठान आदि समस्त जनता से सम्बन्धित होते थे, इससे सामाजिक सह-संवेदना को बढ़ावा मिलता था। भूमि की बेदखली आदि पर भी राज्यसत्ता की अपेक्षा ग्राम पंचायत का अधिक अधिकार रहता था। इस प्रकार भूमि व्यवस्था, कर व्यवस्था, ग्राम पंचायत, न्याय व्यवस्था तथा समूह संवेदना ने उस युग की जनता (विशेष रूप से खेतिहर एवं दबी हुई) को अत्यधिक शक्तिमान बना दिया था। यह एक प्रकार से feudalism from below की उन्नति थी। इस युग में राजा 'ही कमजोर नहीं' पड़ा, पुरोहित का भी महत्त्व घटा[25] (जो आज भी ऊपर नहीं उठ सका है।) कुछ ब्राह्मण तो खुल्लमखुल्ला निम्न श्रेणियों का साथ देने लगे थे। बहुधा निम्न श्रेणी की जातियाँ शक्ति पाकर ऊपर उठ आती थीं। इस प्रकार शक्तिमान होती हुई जनता की अभिव्यक्ति भी हुई।[26] धर्म लोकोन्मुख हुए, संस्कृत-प्राकृत के स्थान पर अपभ्रंशों को महत्त्व मिलने लगा। पहाड़पुर आदि की कला पर लोकजीवन का प्रभाव कलाविदों ने देखा है।[27]

कुछ इन्हीं विचित्र परिस्थितियों में दक्षिण भारत में आलवार एवं नयनार भक्तों का प्रादुर्भाव होता है। बहुधा इनकी चर्चा विद्वानों ने इस ढंग से की है कि जैसे ये अचानक ही उत्पन्न हो गये हैं। पर इस समय तमाम लम्बी चर्चाओं के पीछे हमारा उद्देश्य उस एकसूत्रता एवं पृष्ठभूमि को दिखाने का रहा है जिसने इन आलवारों इत्यादि को जन्म दिया और उनके माध्यम से भक्ति पुनः उत्तर भारत में लौटती है। यह हम पहले ही कह चुके हैं कि गुप्त नरपतियों ने परम भागवत की उपाधि धारण कर रखी थी, उनकी प्रत्यक्ष या अप्रत्यक्ष प्रेरणा से भागवत धर्म सारे देश में पहुँचा। यह एक प्रकार से feudalism from above की धार्मिक अभिव्यक्ति थी। हमने पीछे यह भी संकेत किया था कि आलवारों, नयनारों का समय गुप्तकाल के आसपास से ही प्रारम्भ होता है। यद्यपि आलवारों के समय के बारे में अत्यधिक मतभेद है, लोगों ने उन्हें ई. की दूसरी शती[28] से लेकर 12वीं शती तक रखा है। पर हम भण्डारकर जैसे लोगों के अनुसार इनका समय 5वीं-6वीं शती से लेकर 10वीं शती[29] तक मान सकते हैं। ऊपर हम यह भी देख चुके हैं कि वैष्णव धर्म दक्षिण में ईसा पूर्व पहली शताब्दी के आसपास पहुँचने लगा था।[30] 400-500 वर्षों तक यह वहाँ की भूमि पर पनपता रहा और गुप्तयुग के अनुकूल समय में आलवारों की वाणी में यह भक्ति-भाव लता कुसुमित हो उठी। उत्तर भारत में तो राजकीय और सामाजिक दोनों स्तरों पर इसे सीमित करने counter act करने का प्रयत्न किया गया, पर चूँकि दक्षिण में वैदिक धर्म का कर्मकाण्डी रूप और उसकी बौद्ध-जैन प्रतिक्रियाएँ उस रूप में अनुभव नहीं की गयी थीं, जिस रूप में वे उत्तर में अनुभूत हुई थीं। इसी कारण वैष्णव-शैवमतों को बहिष्कृत करने के प्रयास वहाँ सफल नहीं हो सके। न तो सामान्य जनता ने और न राजशक्ति ने ही वहाँ बौद्ध मतवाद को विशेष प्रश्रय दिया था। शैव-वैष्णव मत वेद-सम्मत और स्वीकृत हो जाने के बाद दक्षिण भारत में उतरे थे, इसलिए भी उनमें जहाँ एक ओर प्रामाणिकता थी, वहीं दूसरी ओर एक व्यापक उदार दृष्टि भी, जिसने प्रतिक्रियाजन्य बौद्ध-जैन प्रभावों को बहुत कुछ सीमित कर दिया। इस प्रकार सामान्य जनता और राजशक्ति दोनों से समर्थित होकर दक्षिण भारत में मध्ययुग में भक्ति की स्रोतस्विनी प्रबल वेग से प्रवाहित हुई। स्पष्ट है कि यह किसी प्रकार का न तो नवोत्थान था, जैसा कि अधिकांश विद्वान मानते हैं, और न ही यह शुद्ध हिन्दुत्व की अभिव्यक्ति थी।[31] दक्षिण भारत की भक्ति मात्र सांस्कृतिक गत्वरता (cultural dynamism) थी जो भाषाओं के बन्धन को तोड़कर सबको आप्लावित कर सकी। यह गुप्त नरपतियों की भक्ति का ही दक्षिण भारतीय संस्करण थी, उसी प्रकार जैसे इस दाक्षिणात्य भक्ति का नया संस्करण वृन्दावन, अयोध्या, नवद्वीप आदि में अपनी देशकाल मर्यादाओं के भीतर हुआ है उत्तर-मध्ययुग में।

इस युग में प्रेम का धर्म समाज के सभी स्तरों में प्रसारित हो गया। ईश्वर के साथ साख्य-भावना (fellowship) की स्थापना हुई। इसने एक प्रकार की सांस्कृतिक

एकता प्रदान की। इन भक्तों (आलवारों, नयनारों) ने इस मूर्ति की प्रतिष्ठा और पूजा करनी चाही जो मस्तिष्क और स्तुति द्वारा ध्यातव्य हो। ये अपने ढंग से "व्यावहारिक रहस्यवादी"[32] थे, उन्होंने एक प्रकार से ईश्वर के लाक्षणिक यथार्थ रूप को स्थापित किया जिसकी पूजा हो सके, ध्यान किया जा सके, प्रेम का आलम्बन बन सके तथा सेवा का लक्ष्य बन सके। धर्म उनके लिए अब मात्र नैतिक जीवन, शरीर की उपेक्षा या संसार त्यागकर कठिन तपस्या न रहकर अमर एवं दिव्य जीवन में भाग लेते हुए ईश्वर के साथ एक रहस्यात्मक-सा सम्मिलन बन गया। शठकोप के अनुसार बैकुण्ठ पृथ्वी पर उतर आया।[33] इस प्रवृत्ति की लाक्षणिक यथार्थता एक प्रकार के यथार्थ की लाक्षणिकता में परिवर्तित हो गयी। पृथ्वी पर के गोकुल एवं वृन्दावन, अवध और द्वारका किसी शाश्वत गोलोक, वृन्दावन, अवध या रुक्मिणी विहार के प्रतिनिधि हो गये। और स्पष्ट करके कहें तो पृथ्वी पर के इन यथार्थ प्रदेशों के आधार पर अलौकिक शाश्वत प्रदेशों की कल्पना कर ली गयी। मैं समझता हूँ जिसे Idelisation of reality बेलिंस्की (आदर्शोन्मुख यथार्थवाद–प्रेमचन्द) ने कहा है, उसका सर्वश्रेष्ठ उदाहरण यह लोक-कल्पना है जो realisation of ideal (शठकोप आलवार) से प्रारम्भ होकर Idealisation of reality तक सूर, हित हरिवंश, हरिदास, चैतन्य आदि में पहुँचती है। उनकी भावुक भक्ति और प्रवृत्ति ने सारे दक्षिण भारत को आप्लावित कर दिया–यहाँ तक कि आगे चलकर इनको आधार मानकर सम्प्रदाय उठ खड़े हुए, दार्शनिक सिस्टम बने और प्रत्यक्ष-अप्रत्यक्ष रूप से सारे भारतवर्ष को ये सन्त-भक्त प्रभावित कर सके।

इस भक्ति के नवोत्थान काल से सम्बन्धित कुछ अन्य बातों की ओर ध्यान देना भी आवश्यक है–आगे चलकर इन्होंने भारतीय समाज और उसकी साधना पर गहरा प्रभाव डाला है। इनमें तत्कालीन संस्कृति का 'मन्दिर केन्द्रित' स्वरूप ध्यान देने योग्य है। आर्य सभ्यता का प्रधान केन्द्र था यज्ञभूमि और द्रविड़ सभ्यता का तीर्थ।[34] पर यह एक नया केन्द्र उत्पन्न हो गया–मन्दिर। यह आकस्मिक नहीं है; बौद्धमत मठों में पहले से ही केन्द्रित था–मूर्तिपूजा और अवतारवाद की भावना की वृद्धि के साथ मन्दिर और प्रतिमा-निर्माण हिन्दुओं में (यह शब्द-सुविधा के लिए आता है, उन लोगों के लिए जो वेद-विरोधी नहीं थे–यों हिन्दू शब्द मुसलमानों की देन है) जोर पकड़ती है तथा इन मठों के प्रभाव में ही मन्दिरों को धर्म-साधना का केन्द्र भी बताया गया। परन्तु एक अन्तर फिर भी बना रहा कि मन्दिरों का स्वरूप भारतीय समाज व्यवस्था के विकेन्द्रीकृत स्वरूप ग्राम-व्यवस्था के ही अनुरूप प्रारम्भ में रहा है। हर गाँव की वैयक्तिक सत्ता के अनुरूप ग्राम-देवता के (का) मन्दिर बनते जिनमें सारे गाँव की श्रद्धा होती। गाँव से बड़े कुछ कस्बे बनते, वैसे ही आसपास एक कोई देवता अधिक प्रसिद्ध भी हो जाता, जहाँ छोटे-मोटे मेले उसके नाम पर लगते तथा द्रविड़-संस्कृति के तीर्थ मानो उस काल की धर्म-साधना के नगर थे।

इस विकेन्द्रीकृत मन्दिर साधना ने हिन्दू धर्म को मुसलमानों के समक्ष खड़ा रहने में अत्यधिक सहायता दी, जबकि केन्द्रित मठों की व्यवस्था होने के कारण मुसलमानों के विध्वंस ने उनके तन्तुकेन्द्र पर ही आक्रमण करके समस्त बौद्धों को नेतृत्वहीन स्थिति में डालकर हतसंज्ञ कर दिया। परिणामस्वरूप इनको या तो हिन्दू मतवाद स्वीकार करना पड़ा—नीची श्रेणी की जाति बनकर—या मुसलमान बनना पड़ा। इस मन्दिर-केन्द्रित साधना ने ही सामान्य जनता के हृदय में आस्था एवं श्रद्धा बनी रहने दी—उस समय भी जबकि सोमनाथ और विश्वनाथ के मन्दिर तोड़े जा रहे थे, जब मथुरा एवं नालन्दा देवगिरि तथा मगध एक साथ नष्ट हो रहे थे। और इसने ही वह भूमि प्रदान की जिसमें 15वीं शती में भक्ति की बिजली अचानक काँपती-सी दिखाई पड़ी ग्रियर्सन को।

अस्तु यह जो असीम को समीम, निराकार को साकार, अज्ञेय को ज्ञेय ही नहीं, प्रेम एवं अनुग्रह द्वारा प्राप्य बना लेने की भक्तों की साधना[35] थी, वह मन्दिरों के रूप में मूर्तिमती एवं जीवन्त हो उठी। अद्‌भुत स्थापत्य और वास्तुकला[36]—जिसके जोड़ का पहले का कुछ उपलब्ध नहीं होता—की कलाकृतियाँ उद्‌भूत हो पड़ीं। कला एक विराट वाहन बन गयी श्रद्धा-दृष्टि, ज्ञान और सेवा की। रचनात्मक शक्ति अपने नितान्त सात्त्विक स्वरूप में फूटी और आनन्द का उत्स बनी। जैसे कि विज्ञान का प्रभुत्व एवं भक्ति का कैंकर्य एक सहकारी भावना में समुद्‌भूत हो पड़े एवं कला के ऐसे श्रेष्ठ उदाहरणों की रचना सम्भव हो सकी। बुद्ध धर्म एवं कलाकृतियों से नितान्त भिन्न यहाँ इस अनुभूति का आनन्द उमगने लगा कि असीम और कालातीत मनुष्यों के बीच उनके दुखों को नष्ट करने के लिए अवतरित हो गया है या हो जाता है। पर परिवर्तन सचमुच महान था।

इस युग की एक दूसरी विशेषता है अनुभव-समर्थित दार्शनिक पुनरुत्थान। इसके प्रमुख प्रयोक्ता बने प्रभाकर, कुमारिल भट्ट और शंकर। शंकर ने यह बात स्वीकार की कि अद्वैत की स्थिति के पहले एक प्रकार की सात्त्विक द्वैत की स्थिति अनिवार्य है। इस स्थापना ने भक्ति को आगे बढ़ने में निश्चित रूप से सहायता दी होगी। साधारणतः लोग शांकरमत को भक्ति का विरोधी समझते हैं (रामानुज से आज तक) पर वे भूल जाते हैं कि बौद्धों के अद्वैत एवं संसार को क्षणभंगुर, नष्टशील और असार समझने वाले दृष्टिकोण को भक्ति की द्वैत एवं संसार को लीला मानने वाली दृष्टि तक के विकास की अनिवार्य मध्य कड़ी है शंकर। उन्होंने बौद्धों की उपर्युक्त बातों को स्वीकार भी किया और उन्हें जो आस्तिक व्याख्या और आधार दिया, वह भक्ति की स्थापना के लिए आवश्यक था। संसार असार है, यह ठीक है, पर है तो ब्रह्म की माया का ही प्रसार। अतः ब्रह्म के साथ उसका अनिवार्य सम्बन्ध स्थापित करा देने से उसकी असारता ही कम नहीं पड़ती, बल्कि लीलावाद के प्रसार के लिए भूमि भी मिल जाती है। उसका ज्ञान प्राप्त करना चाहिए, उसके लिए जिस

आन्तरिक श्रद्धा की आवश्यकता है, वह उनके दर्शन से भी अधिक उनकी स्तुतियों आदि में उपलब्ध है। शंकर ने बुद्धिजीवियों पर से बौद्ध मतवाद का प्रभाव दूर किया और उन्हें अद्वैतवाद (मायावाद) के द्वारा आगे के भक्तिवाद के लिए प्रस्तुत किया। इस सम्बन्ध में श्री वरदाचारी का वक्तव्य ध्यान देने योग्य है–

शंकर का प्रभाव इस प्रकार दुहरा पड़ा–एक ओर तो उन्होंने बौद्धमत का भूत उच्च वर्ग के मन से हटाया, दूसरी ओर भक्ति के आचार्यों को भी उद्दीप्त किया कि वे अपने को शास्त्रसम्मत सिद्ध करके अपना सम्बन्ध परम्परा से ही न जोड़े रखें, बल्कि बुद्धिजीवियों को तृप्ति देकर पूरे समाज को भक्ति का प्रसार-क्षेत्र बना सकें।

संक्षेप में इस युग में एक ओर जहाँ वेद-निन्दक साधकों की हठयोग, राजयोग की साधनाएँ एवं गुह्याचार की विकृतियाँ थीं (जो इसे धीरे-धीरे जन-अप्रिय एवं आतंक की वस्तु बना रही थीं), वहीं दूसरी ओर प्रेममूलाभक्ति की भावधारा भी प्रवाहित हो रही थी, तीसरी ओर मायावादी एवं प्रत्यभिज्ञावादी दार्शनिकों की चिन्ता भी दर्शन के श्रेष्ठतम स्तरों का स्पर्श कर रही थी एवं चौथी ओर मन्दिर-केन्द्रित आत्मनिर्भर संस्कृति का प्रसार हो रहा था जो उत्तर भारत में अधिक सहिष्णु एवं स्मार्त-प्रवृत्तियों वाली भी थी जिसने आगे चलकर अन्य प्रभाव ग्रहण करके भक्ति की भावधारा में सारे देश को रंग दिया। इन अनेक साधनाओं के मूल में बढ़ती हुई लोकशक्ति के अभिव्यंजन को भी हम ऊपर देख चुके हैं। कर्मकाण्ड, बाह्याचार, वर्णाश्रम धर्म की उच्चवर्ग के लिए सुविधाजनक कठोरता के विरुद्ध प्रतिक्रिया प्रारम्भ हो चुकी थी। बौद्धों ने इसका खण्डन किया है। मायावादियों ने भी जब संसार को असार माना, तब अप्रत्यक्ष रूप से इस सामाजिक व्यवस्था पर प्रहार किया एवं आलवारों में तो कई निचली श्रेणियों की एक आन्दाल स्त्री थी। स्त्री-पूजा के रूप में मानो शोषित स्त्रियाँ भी अपना सिर उठा रही हों। इस प्रकार यह सारा युग एक अद्‌भुत शक्ति से भरता दिखाई देता है, इसे हम consolidation of feudalism का युग मार्क्सीय शब्दावली में कह सकते हैं। और वह consolidation पूरे भारत में व्याप्त था।

सामान्य जनता की एकता और संस्कृति की गत्वर क्रियाशीलता ने उत्तरी भारत के भागवत धर्म को दक्षिण में पहुँचाया तथा दक्षिण की वैयक्तिक आवेश प्रधान प्रेम और भक्ति की भावना शीघ्र ही उत्तर की ओर बढ़ चली।[37] इसे हम भक्ति का नवोत्थान कहते हैं। इसका सूक्ष्म अध्ययन करने से ज्ञात होगा कि अपने आवेश एवं वैयक्तिक सम्बन्धों में उत्तर भारत के प्राचीन भागवत आदि धर्मों की अपेक्षा यह अधिक मानवीय एवं निजी (Personal) है। परन्तु एक बात यहाँ ध्यान में रखने की है कि संसार का चाहे कितना ही बड़ा जनान्दोलन क्यों न हो, वह बुद्धिजीवियों की सहमति अवश्य प्राप्त करना चाहता है। और इसी कारण आवेग-सम्मत दृष्टिकोण भी अन्ततः दार्शनिकता का जामा पहनने को बाध्य होता है। इस सार्वभौम प्रवृत्ति के अतिरिक्त हमारी राष्ट्रीय विशेषताएँ भी इस सम्बन्ध में हैं: प्रथम तो हमारे देश

में धर्म और दर्शन (Theology & philosophy) कभी अलग-अलग नहीं रहे; दूसरे शास्त्र और परम्परा का हमारे देश में अक्षुण्ण महत्त्व रहा है। (ऊपर हम दिखा चुके हैं कि पूर्व मध्यकाल में जहाँ वेद-निन्दकों का एक दल था, वहीं वेद-प्रामाण्य पर विश्वास करने वाला समुदाय भी था और सम्भवतः बहुमत में भी।) इन दो विशेषताओं के कारण आलवार भक्तों का यह लोकधर्म नाथमुनि, यमुनाचार्य और रामानुजाचार्य में शास्त्र-सिद्धता का रूप ग्रहण करता है। शंकर के मायावाद का खण्डन अपना मुख्य लक्ष्य बनाकर (शंकर ने भक्तिभाव के लिए दर्शन का प्रारूप दिया था तथा भक्तिभावपूर्ण कविताएँ भी लिखी थीं, पर उनका दर्शन ज्ञानप्रधान अधिक था—भक्ति प्रधान कम—क्योंकि उनके मुख्य विरोधी बौद्ध थे। उन्होंने बौद्धों को बौद्धों के ही अखाड़े में उन्हीं के दावों पर पछाड़ा। संसार असार है—यह तो ठीक पर माया वह ब्रह्म की है, इतना और जोड़ दिया। पाञ्चरात्रों आदि को उन्होंने वेदबाह्य विवश होकर ही घोषित किया होगा। बात यह थी कि उनकी तर्कपद्धति उन पर लागू नहीं होती थी, इसलिए वे विवश थे। रामानुज, महव, निम्बार्क और विष्णुस्वामी ने चतुः वैष्णव सम्प्रदायों की स्थापना करके भक्ति के लोकधर्म को शास्त्र-सिद्ध रूप दिया।[38] उत्तर भारत की स्मार्त मतानुयायी जनता के लिए यह भक्ति रसायन अधिक अनुकूल था। स्मार्त पद्धति में विष्णु पंचदेवों में थे ही, उधर कुमारिल और शंकर के सिद्धान्तों से भी उनका साम्य हो जाता था,[39] धर्मशास्त्रों का सम्मान था ही। इधर वैष्णवों के 'वैखालस' (वैखानस और पाञ्चरात्र दो मुख्य सम्प्रदाय) सम्प्रदाय में वैदिक एवं स्मार्त पद्धतियों का आदर पहले ही था, इस काल में वैखानस एवं पाञ्चरात्रों के अन्तर पर जोर न देकर सामान्य भक्तिमार्ग ही अधिक विकसित हुआ। उपरोक्त आचार्यों ने भी ब्रह्मसूत्रों, उपनिषदों आदि पर भाष्य लिखे। इस प्रकार लौकिक एवं वैदिक पद्धतियों का एक विराट सम्मिलन एवं समन्वय हमें पूर्व मध्ययुग में प्राप्त होता है। इस समन्वय के फलस्वरूप ही दक्षिण की भक्ति उत्तर में इतनी तेजी से ग्रहण की गयी कि भागवत के माहात्म्य को लेकर लेखक को कहना पड़ा—

उत्पन्ना द्राविड़े साहं वृद्धिं कर्णाटके गता।
क्वचित्क्वचिन्महाराष्ट्रे गुर्जरे जीर्णतां गता।।1।48

(भागवत माहात्म्य)

वृन्दावनं पुनः प्राप्य तथा नवीनेव सुरूपिणी,
जाताहं युवती सम्यक् प्रेष्ठरूपा तु साम्प्रतम्।।1।50

एक विचित्र बात यहीं और नोट करने की है जिसका हमारे विवेचन से सीधा सम्बन्ध है, वह यह कि ईसवी की हजारवीं शताब्दी के बाद से लोकचेतना के ऊपर शास्त्रचेतना हावी होती प्रतीत होती है। इसे हम आचार्यों एवं पण्डितों का युग कह सकते हैं—और आचार्य और पण्डित भी मौलिक नहीं—व्याख्या या टीकाकार या पूर्व स्थापित मत की प्रतिक्रिया में खण्डन-मण्डन करने वाले। इसके पूर्व प्रत्येक दिशा में

लोकशक्ति की जय हम देख रहे थे, चाहे वह तन्त्र-साधना हो या आलवार-नयनार भक्ति हो या स्मार्त पद्धति का समन्वय हो अथवा पालवंश का उदय हो, सर्वत्र जनता की जय दिखाई देती है। पर अब आलवार भक्ति के ऊपर रामानुजादि आचार्यों के दर्शन एवं सम्प्रदाय दिखाई देते हैं, सामान्य आचार-व्यवहार विधि में निबन्ध ग्रन्थों एवं टीकाओं की प्रधानता दिखाई देती है। हेमाद्रि, रघुनन्दन कमलाकर आदि के रूप में वैष्णव पूजा पद्धति आदि बताने वाली अधिकांश पाञ्चरात्र संहिताएँ इसी काल में बनती हैं, काव्यशास्त्र में भी मम्मट के बाद दूसरा प्रतिभाशाली न दिखाई देकर खण्डन-मण्डन ही अधिक उपलब्ध होता है बल्कि शैलीकारों—वक्रोक्ति और अलंकार—का पुनः उद्भव होता है। (केवल स्थापत्य एवं वास्तु के क्षेत्र में भारतीय जीवन का अन्तिम पर विराट उन्मेष पुरी, कोणार्क, भुवनेश्वर, खजुराहो, आबू, हलेबीद, बेलूर, तंजौर आदि के विराट मन्दिरों के रूप में प्राप्त होता है) ऐसा लगता है कि लोकचेतना का प्रकाशन उन मन्दिरों के रूप में इसी काल में हुआ है तथा यह भी द्रष्टव्य है कि वे सारे मन्दिर 12वीं शती तक बन गये थे। इसीलिए विद्वानों ने इस युग को (1000-1400 तक) चिन्ता की जड़ता एवं स्तम्भन का युग कहा है।[40] वल्लभ, रामानन्द एवं चैतन्य इस युग के अन्तिम आचार्य हैं जिन्होंने शास्त्र को पुनः लोक के साथ जोड़ा। रामानुज इत्यादि ने लोक को शास्त्र से जोड़ा, टीकाकार-निबन्धकार केवल शास्त्र रचते रहे और उससे लोक को मर्यादित करते रहे पर इन अन्तिम आचार्यों ने शास्त्र को पुनः लोक के पास पहुँचाया। लोकचेतना की अन्तःसलिला 15वीं-16वीं शती में पुनः विजयिनी होती है, भक्त कवियों की वाणी में।

पर सचमुच ही क्या यह जब दी हुई मनोवृत्ति का युग था? मेरा अनुमान है नहीं। यह संक्रान्ति युग था, भारत में कठिन परिस्थितियों का समय था। एक ओर विविध प्रकार की विरोधी-अविरोधी साधनाएँ, दूसरी ओर विदेशी का आक्रमण, एक ओर किसी केन्द्रीय शक्ति का नितान्त अभाव और दूसरी ओर विकेन्द्रित व्यवस्था का सुदृढ़ संरक्षण, एक स्वर वेद-विरोधी और दूसरा अधिक प्रबल होकर वेद-समर्थक, एक सिद्धि, योग, जादू-टोना, चमत्कार का विश्वासी तो दूसरा आचार परायण धर्म का विश्वासी, एक ओर ज्ञान और दूसरी ओर भक्ति। कुछ अजीब परिस्थिति थी। पर लोकचेतना शून्य नहीं थी—शून्य हो भी कैसे? ग्रामीण व्यवस्था विकेन्द्रित थी पर एंगेल्स के शब्दों में सिंचाई व्यवस्थाओं का अभाव बहुत कमजोर कर रहा था इस लोकजीवन को। विकेन्द्रीकृत मन्दिर-केन्द्रित धर्मसंस्कृति भी रक्षण हेतु तत्पर थी। लोकचेतना का सबसे बड़ा प्रमाण देशी भाषाओं का उदय और विकास इसी युग की देन है, डॉ. शशिभूषण दासगुप्ता ने कुछ दृढ़ शब्दों में कहा है, "There is a striking uniformity in the historical development of the different literatures of the modern Indo-Aryan vernaculars."

इसी प्रसंग में उन्होंने कारण बताते हुए कहा कि प्रत्येक का साहित्यिक इतिहास

किसी-न-किसी धर्ममत के साथ ढला है।[41] इन भाषाओं में रचे जाने वाले साहित्य के स्वरूप और कथ्य के बारे में संकेत करते हुए उक्त पुस्तक की भूमिका में ही कहा गया है, "The Modern Indo-Aryan literatures are essentially mass literatures and the religions of India."[42]

यह बात दूसरी है कि नव-भाषाओं के इस विकास की अवस्था में माध्यम की अशक्ति के कारण श्रेष्ठ साहित्य नहीं रचा जा सका। पर इसी काल में संस्कृति में जयदेव जैसे कवि होते हैं जो हरिस्मरण के साथ ही विलास-कला-कुतूहल[43] भी शान्त करते हैं, जो कि स्पष्ट ही जनरुचि का प्रभाव है। वे संस्कृत काव्य की अधिकाधिक परम्परा से कुछ भिन्न जान पड़ते हैं तथा इसी काल के अन्तिम हिस्से में अपनी 'सब जन' को मिट्ठा 'लगने वाली' 'देसिल बयना' का रस[44] लेकर विद्यापति आते हैं।

इसी युग में हमें पुरी, कोणार्क, भुवनेश्वर, खजुराहो, आबू, हलेबीद, बेलूर, चित्तौड़ आदि के स्थापत्य एवं वास्तु का अद्भुत सृजन प्राप्त होता है। यह याद रहे कि ये विशाल कलामन्दिर एवं जयस्तम्भ चक्रवर्ती सम्राटों के नहीं, छोटे-छोटे नरपतियों के निर्माण थे और इनमें लोकरुचि एवं तान्त्रिक प्रभावों को स्पष्ट रूप से देखा जा सकता है।

"हमारा विश्वास है कि ग्यारहवीं से पन्द्रहवीं शताब्दी तक उत्तर भारत के जनसाधारण में एक साधना विकसित होती जा रही थी। 15वीं शताब्दी में वह एकाएक फूट उठी।"[45] कहना न होगा कि यह साधना प्रेम और भक्ति की थी तथा इस साधना का मुस्लिम आक्रमण के कारण एक विशेष ढंग से अनुकूलन (कण्डीशनिंग) भी हुआ था।

भक्ति के ये मेघ केवल दक्षिण भारत के चतुः सम्प्रदायों आदि के माध्यम से ही नहीं आये थे, उत्तर भारत में भी महायान भक्ति समाज में पूरी-की-पूरी रह गयी थी। 'हिन्दी साहित्य की भूमिका' में आचार्य हजारी प्रसाद द्विवेदी ने महायान-सम्प्रदाय की पण्डितों द्वारा चर्चित बातों का जिक्र करते हुए बताया है कि ये सभी बातें उत्तर भारत के हिन्दू धर्म में रह गयी हैं।[46] डॉ. कर्न ने भी कहा है कि वैष्णव भक्तिवाद इन महायानों की ही भक्ति का विकसित रूप है।[47] बुद्ध धर्म लोकाकर्षण के रास्ते चलता हुआ लोक में ही विलीन हो गया और भीतर से विविध साधनाओं को प्रभावित करता रहा। भक्ति के इस आन्तरिक तत्त्व को समेटे हुए अपने आचार-विचार में स्मार्त बनी हुई जनता में समन्वयवादी विचारधारा जड़ जमा चुकी थी, और उसे पंचदेवों में से एक विष्णु के राम और कृष्ण अवतारों को स्वीकार करने में देर नहीं लगी। "हिन्दी साहित्य के गोरखनाथ एक ओर उस युग की हिन्दी भाषी जनता का सम्बन्ध महायान बौद्धों से जोड़ते हैं और दूसरी ओर बंगाल से भी सीधा सम्बन्ध स्थापित करते हैं।"[48] गुह्य तान्त्रिक साधनाओं के सम्पर्क में आकर वामाचार एवं वासनात्मक साधना को बल मिला था, बंगाल इनका केन्द्र था। इसका तत्त्व-दर्शन

चाहे कितना ही ऊँचा क्यों न रहा हो, पर सामान्य व्यवहार में वह काफी विकृत हुआ। शिव और शाक्त, प्रजा और उपाय से होता हुआ यह तन्त्रमत जब वैष्णवों में घुसा, तब राधा-कृष्ण उसके आधार बने।

ऐतिहासिक रूप से ऐसा प्रतीत होता है कि पालवंश के पतन के साथ बौद्धमत का पतन और सेन वंश में हिन्दू धर्म का पुनरुत्थान प्रारम्भ होता है। राधा और कृष्ण की प्रेमकथाएँ जो लोक और साहित्य में परम्परा से थीं, उन्हें प्रसार मिलने लगा। कृष्ण परम देवता हो ही चुके थे, शक्ति तत्त्व के रूप में उनकी ये कलात्मक प्रेमिका राधा भी बंगाल के वैष्णवों में बैठा दी गयीं।[49] इस प्रकार साहित्य के प्रेमतत्त्व को साधना के क्षेत्र में स्थान मिल गया। बंगाल के सहजिया वैष्णवों की यह मुख्य देन है। इस राधा-कृष्ण प्रेमतत्त्व को नराकार भावना के आधार पर समझा गया। 'आरोप' के सिद्धान्त के लिए जिस गहन प्रेम की आवश्यकता समझी गयी, उसके लिए पति-पत्नी के अति-परिचय जन्य नीरस प्रेम की अपेक्षा सामाजिक रूढ़ियों और आदर्शों को चुनौती देकर किये जाने वाले परकीया प्रेम को अत्यधिक महत्त्व मिला। बंगाल के तन्त्र प्रधान प्रदेश में लोकाचार को दुहराने वाली मनोभूमि भी उपस्थित थी, परन्तु जब युगल उपासना एवं प्रेमाभक्ति मध्य देश में पहुँची, तब उसमें पुनः एक रासायनिक परिवर्तन हुआ—स्मार्त विचारधारा के कारण। शास्त्रीय मर्यादाओं के प्रति आदरभाव रखने वाले इस प्रदेश में परकीया प्रेम को स्वकीया का रूप दे दिया गया। राधा कृष्ण की रानी बन गयीं।[50] दक्षिण भारत ने भक्ति की भावना को शास्त्र-सिद्धता देकर उसे प्रसारित किया (पर उसके पुत्र ज्ञान और वैराग्य ही रहे—भागवत), बंगाल-वैष्णवमत ने उसमें प्रेम का तत्त्व मिलाया[51] तथा स्थानीय स्मार्त प्रतिभा ने उस प्रेम को लोकमर्यादित कर दिया।

ऊपर हम नाथपन्थ का उल्लेख कर चुके हैं, नाथपन्थ ने वामाचार की भ्रष्टता को दूर कर सदाचार को पुनः प्रश्रय दिया। योग और ज्ञान उनके यहाँ मोक्ष के मुख्य साधन बने। महायान की पूजा-पद्धति तथा भक्ति के भी अंश इनमें थे ही। इसी काल में निर्गुण भक्ति का विकास हुआ। युगल उपासना इन लोगों ने नहीं स्वीकार की, पर रामानन्द के प्रत्यक्ष प्रभाव में भक्ति के प्रेमतत्त्व को स्वीकार किया। स्त्री-पुरुष का प्रेम और व्यवहार इसमें प्रतीक रूप में ही आये। एक प्रकार से यह भक्ति दक्षिण की भक्ति के अधिक निकट रही। इसके अतिरिक्त इन पर सूफ़ी प्रभाव भी बहुत अधिक पड़ा। ऐतिहासिक दबाव में इन नाथपन्थियों के बड़े-बड़े समूहों को मुसलमान हो जाना पड़ा था। इस ऐतिहासिक दबाव की चर्चा यहाँ पर न करके हम इतना ही कहना चाहते हैं कि मुसलमान हो जाने के बाद भी ये लोग अपनी विशेषताओं को बहुत कुछ बचाये रहे। इधर सूफ़ी प्रचारक (जो कि भारतीय साधना के अविरोधी थे) इन लोगों के सम्पर्क में मुसलमान होने के कारण अधिक आये, इसीलिए सूफ़ी प्रेम-पद्धति इनको अधिक प्रभावित कर सकी।

मुस्लिम आगमन के प्रभावों की विवेचना यहीं कर लेना उचित होगा। इसने 'भारतीय धर्ममत और समाज-व्यवस्था को बुरी तरह झकझोर दिया था। उसकी अपरिवर्तनीय समझी जाने वाली जाति-व्यवस्था को पहली बार जर्बदस्त ठोकर लगी थी। सारा भारतीय वातावरण संक्षुब्ध था। बहुत-से पण्डितजन इस संक्षोभ का कारण खोजने में व्यस्त थे और अपने-अपने ढंग पर भारतीय समाज और धार्मिक मत को सँभालने का प्रयत्न कर रहे थे।[52] टीकाकारों और निबन्धकारों ने हिन्दू धर्म को आचार-प्रवण बनाया, उसे एक निश्चित ठोस स्वरूप देने के लिए।[53] शासक वर्ग के अत्याचारों ने भक्ति की भावना विकसित होने में भी सहायता दी। टूटते समाज को इससे एक आस्था मिली। इस प्रकार स्पष्ट रूप से दो स्तरों पर इस नयी शक्ति से लोहा लिया गया। बौद्धों एवं नाथों ने पहले से ही वर्णाश्रम व्यवस्था को चुनौती दे रखी थी, इधर मुसलमान आये तो उन्होंने जनता पर घोर अत्याचार प्रारम्भ किये। भारतीय वैयक्तिक साधना-पद्धति का यह नया सामूहिक धर्ममत विरोधी था। बड़े-बड़े मठों में केन्द्रित बौद्धों को बख़्तियार ख़िलजी ने समाप्त कर दिया और बौद्ध-नाथपन्थी जनता नेतृत्वविहीन होकर या तो हिन्दू मतवाद में शरण लेने को बाध्य हुई या फिर यहाँ जगह न मिलने पर मुसलमान हो गयी। इनमें जो मुसलमान हुए, वे सूफ़ी साधनाओं के भी सम्पर्क में आये और उनके मार्फ़त ही सूफ़ी इश्क भावना हिन्दी साहित्य में प्रविष्ट हुई है। जो हिन्दू धर्म के भीतर आ गये, वे भी विविध प्रकार के आचार-विचार लेकर घुसे थे। इस प्रकार हिन्दू समाज के सामने दुहरा संकट था, भीतर से कोई एकता नहीं थी, एकता की आवश्यकता भी कभी नहीं समझी गयी थी तथा बाहर से एक ऐसा प्रबल शत्रु आक्रमण कर रहा था जो निरन्तर कुछ-न-कुछ अंग काटकर अपने में मिला लेता था। हिन्दू पण्डितों एवं निबन्धकारों ने इसी परिस्थिति से लोहा लेने में एक अपूर्व बौद्धिक शक्ति का परिचय दिया। उन्होंने सब शास्त्र-वचनों को शिरसः स्वीकार करते हुए, उनके बीच से एक सर्वसम्मत रास्ता निकालने का प्रयत्न किया, सामान्य जनता के लिए। सर्वमान्य विधि विधान की इस संघटना (Consolidation) में हिन्दू धर्म आचार प्रधान हो गया तथा बहुदेवोपासना (मूल में अद्वैत या निर्गुण ब्रह्म को स्वीकारते हुए) स्वीकृत हुई। बुद्ध भी विष्णु के अवतार स्वीकार कर लिये गये। कुछ ऐसी ही मनःस्थिति के कवि जयदेव, विद्यापति हैं। दशावतारों में बुद्ध की पूजा हुई, शिव सिद्धिदाता एवं विष्णु भक्ति के आश्रय हो गये।

परन्तु यह आचारप्रवण स्मार्त मत इस नयी शक्ति का मुकाबला नहीं कर सका, क्योंकि आचार पर उसे कोई श्रद्धा ही नहीं थी। भक्ति के लिए भूमि पहले से ही तैयार थी, उसका बीज-वपन हो चुका था, विदेशी आक्रमण ने उसे मानो अनुकूल जल से सींच दिया।[54] (पर इसका यह अर्थ नहीं कि प्रतिक्रियात्मक निराशा एवं सार्वजनिक जीवन में हीन स्थिति के कारण भक्ति को यह उत्तेजना नहीं मिली

थी, बल्कि सम्पूर्ण भारतीय सांस्कृतिक विरासत एवं धर्मसाधना को जबर्दस्त चोट पहुँचती देखकर सजगता द्वारा अपनायी गयी। यह आत्मरक्षा भी थी और अपने ढंग से उसका प्रतिरोध भी।) जैसा कि हम ऊपर भी संकेत कर चुके हैं, हिन्दुओं का 'लोकजीवन कभी इस्लाम से परास्त नहीं हुआ। वह लोकभाषा के माध्यम से खड़ा रहा। इस सम्बन्ध में निर्गुण एवं सगुण भक्तियों का अन्तर करना ठीक नहीं है। दोनों ही पूरी तरह से भारतीय साधनाओं की परम्परा में थीं, यह बात दूसरी है कि सगुण मतवाद अपने आलम्बनों अर्थात् राम-कृष्ण के रूप में अधिक शक्तिशाली प्रतिरोध कर सका, पर निर्गुण भक्ति ने भी अपनी सीमाओं के भीतर कम आत्मविश्वास नहीं दिया। यह प्रतिरोध सामान्य जनता का था, इसलिए अधिक शक्तिशाली सिद्ध हुआ।[55]

15वीं शती से उपर्युक्त विविध ऐतिहासिक परिस्थितियों में विकसित होती हुई यह भक्ति फूट पड़ी जिसे ग्रियर्सन ने अचानक बिजली की तरह इस छोर से उस छोर तक व्याप्त हो जाने वाली कहा था।[56] इस भक्तिधारा ने हिन्दू सामाजिक जीवन की एक अन्य व्याधि को भी एक सीमा तक दबा दिया। ऊँच-नीच, छुआछूत की भावना के प्रति आक्रमण पहले से हो रहे थे, पर अब जिस प्रेम और भक्ति के स्तर पर समानता शुरू हुई, उसने 'हरि को भजै सो हरि को होई' वाली स्थिति में एक ऐतिहासिक महत्त्व का काम पूरा किया। सामाजिक विद्वेष कम पड़ा, यद्यपि यह मूल चिकित्सा नहीं थी, पर फिर भी इसका महत्त्व मध्ययुग को दृष्टि में रखते हुए अत्यधिक है। स्पष्ट है कि ऊपर विवेचित सामाजिक, धार्मिक एवं राजनीतिक परिस्थितियों में विकसित भक्ति का यह नवोत्थान एक विशिष्ट सन्दर्भ में हुआ था और एक विशिष्ट शक्ति बनकर भक्ति अवतरित हुई थी। महाराष्ट्र और गुजरात में यह बूढ़ी तो नहीं हुई थी पर वृन्दावन, काशी और नवद्वीप में अत्यन्त मोहक तरुणी अवश्य हुई। मोहक भी ऐसी कि लगातार चार शताब्दियों तक भारतीय जनमानस को मुग्ध किये रही और आज भी भारतवर्ष में वह निःशेष नहीं हुई है। वास्तव में भक्ति की भावना नयी नहीं थी। नयापन उसकी शक्ति है, अपने लोकसुलभ रूप के कारण। आचार्य रामचन्द्र शुक्ल का यह कथन हमें बहुत समीचीन नहीं लगता कि 'नियमों से निराश होकर', 'कर्मवाद' की कठोरता से घबराकर, परोक्ष ज्ञान और परोक्ष शक्ति मात्र से पूरा पड़ता न देखकर ही तो मनुष्य परोक्ष हृदय की खोज में लगा और अन्त में भक्तिमार्ग में जाकर इस परोक्ष हृदय को पा सका।[57] इस कथन का अर्थ यदि यह है कि पूर्व प्रचलित धर्म-साधनाएँ मनुष्य की आध्यात्मिक आकांक्षाओं को तृप्त नहीं कर सकी थीं, तो सहमत होना कठिन है।

(अप्रकाशित)

रचनाकाल : अनुमानतः 1960

सन्दर्भ

1. 2500 years of Buddhism p. 349-50.
2. शिवपुराण में भी इस प्रकार श्रवण, कीर्तन, मनन (विश्वेश्वर संहिता 1 ।21) तथा शिव की करुणा से अयोग्य की भी मुक्ति सुलभ बतायी है—

   पतितो वापि धर्मात्मा पण्डितो मूढ़ एव वा।
   प्रसादे तत्क्षणादेव मुच्यते नात्र संशयः।
   अयोग्यानां च कारुण्याद्भक्तानां परमेश्वरः।
   प्रसीदति न सन्देहो निगृह्य विविधान् मलान्।

   —शिवपुराण, कामवीय संहिता, उत्तर भाव, 8/25-26
3. डॉ. धर्मवीर भारती : सिद्ध साहित्य, पृ. 101
4. धर्मवीर भारती द्वारा 'सिद्ध साहित्य' (पृ. 100-101) के विविध बौद्ध ग्रन्थों के आधार पर उद्धृत।
5. धर्मवीर भारती द्वारा 'सिद्ध साहित्य' (पृ. 100-101) के विविध बौद्ध ग्रन्थों के आधार पर उद्धृत।
6. पुरातत्त्व निबन्धावली : राहुल (पृ. 128-29)
7. R.G. Bhandarkar : Vaishnavism, Shaivism and other minor religion systems of India, P. 68-70.
8. "...सात्वतों के कुल धर्म को महाभारत और पुराणों की सहायता से एक व्यापक लोकधर्म बनाने का सतत उद्योग किया गया। कदाचित भागवत धर्म की यह परिणति चौथी-पाँचवीं शताब्दी में गुप्त वंश के राज्यकाल में हुई।...उन्होंने भी पौराणिक वैष्णव धर्म को प्रोत्साहन दिया।"—हिन्दी साहित्य कोश (पृ. सं. 538)
9. वैष्णव धर्म : पृ. 48
10. रामचौधरी : अ.हि.वै. पृ. 104-6
11. K.C. Varadachari : Aspects of Bhakti, p. 71
12. हजारी प्रसाद द्विवेदी : सूर और उनका साहित्य, पृ. 5... उत्तरकालीन वैष्णव धर्ममत पर महायान बौद्ध धर्म का प्रभाव बहुत अधिक है।
13. हिन्दुस्तान टाइम्स के 5 जुलाई, 1959 के रविवारीय संस्करण में प्रसिद्ध इतिहासवेत्ता Arnold Toynbee का एक निबन्ध Hinduism Budhism प्रकाशित हुआ है। उसमें इस उदारता एवं सह-अस्तित्व को हिन्दू धर्म की एक प्रमुख विशेषता बताई गयी है, जिसका सेमैटिक मतों में (कैथोलिक चर्च को छोड़कर) अभाव है।
14. बनर्जी द्वारा पृ. 545 पर कांदरी पक्कम के उत्कीर्ण प्रस्तर खण्ड का उल्लेख।
15. वही, पृ. 548-564
16. वही, पृ. 548-564
17. (क) शैव-शाक्त एवं बौद्ध तान्त्रिक साधनाओं के मुख्य केन्द्र निम्न-सिलहट (श्री हट्ट, आसाम), कामरूप-कामाख्या (आसाम), विक्रमशिला, नालन्दा, पूना (श्रर्णगिरी), श्री पर्वत (कर्नाटक), आबू (अबुर्द, राजस्थान), जालन्धर (पंजाब), ओडियान (पश्चिमोत्तर प्रदेश)।

    (ख) प्रत्यभिज्ञा शैवमत काश्मीर में।

    (ग) आलवार वैष्णव एवं नयनार शैवभक्त तमिल, कर्नाटक एवं केरल में बिखरे थे।
18. सम्भवतः उसका सबसे प्रधान कारण इस प्रकार का सहज प्रवेश सुलभ एवं उपजाऊ होना है। हर ओर का प्रभाव या आक्रमण सीधे यहीं आकर ठहरता था, ऐसी स्थिति में चित्तवृत्ति का उदार बन जाना विकास का सहज धर्म हो जाता है। कट्टरपन्थी दृष्टि ऐसे स्थानों पर विनाश की सृष्टि

करती है। प्रबन्ध की दृष्टि से अप्रासंगिक होते हुए भी यहीं पर उल्लेख करना अनावश्यक न होगा कि आज भी प्रान्तीयता की दृष्टि से उदारता एवं समन्वय की भावना इसी प्रदेश में सबसे अधिक है।

19. मध्यकालीन धर्म-साधना : पृ. 22
20. जयदेव, उद्भट, वक्रोक्तिजीवितकार आदि।
21. खजुराहो आदि मन्दिरों की मिथुन मूर्तियाँ।
22. एस.बी. दासगुप्ता : ऑब्सक्योर रिलीजस कल्ट्स में पृ. 30 से 37 के आधार पर।
23. म.ध.सा., पृ. 70-71
24. Marx letter to Engels, quoted in "Marx and Engels on religion" p. 120.
25. भारती : सिद्ध साहित्य 90
26. प्राचीन वर्ण-व्यवस्था अब ब्राह्मणों आदि परोपजीवी शासकों के मतलब की अधिक हो गयी थी। ऐसी स्थिति में इस शक्तिशाली होती हुई जनता ने विद्रोह किया–उसमें समस्त प्राचीन मान्यताओं को नष्ट करने की प्रवृत्ति उत्पन्न हुई। जॉर्ज थॉमसन ने अपने पैम्फलेट "An Essay on Religion" में कुछ ऐसी ही स्थितियों के लिए कहा है–"It is a protest, in religious form, against social in justice" स्पष्ट है कि यह विरोध काफी शक्तिशाली सिद्ध हुआ।
27. History of Bengal, Vol. I, p. 127, डॉ. धर्मवीर भारती द्वारा सिद्ध साहित्य में पृ. 93 पर उद्धृत।
28. K.S. Iyengar- Early History of Vaishnavism in South quoted by Bhandarkar and Parashuram Chaturvedi.
29. Bhandarkar, V.S. P.70
30. बलदेव उपाध्याय, हजारी प्रसाद द्विवेदी, हिन्दी साहित्य कोश।
31. संस्कृति के चार अध्याय–दिनकर
32. K.C. Varadachari : Aspects of Bhakti, p. 71
33. वही, पृ. 72
34. हजारी प्रसाद द्विवेदी : सूर साहित्य, पृ. 46
35. "The point of intersection of the timeless with time is an occupation for the saint" —T.S. Eliot, quoted by Varadachari on P. 72
36. एलोरा का कैलाश मन्दिर, एलीफेण्टा की त्रिमूर्ति इसके सर्वश्रेष्ठ उदाहरण हैं।
37. जायसी के पद्मावत की रचना के सौ वर्ष के भीतर ही उसका बँगला अनुवाद हो गया था। ....दादू के जीवनकाल में ही उनका प्रभाव बँगला में फैल गया था। चैतन्य देव के अनन्तर ही गौड़ीय वैष्णव धर्म राजस्थान तक फैल गया। मीराबाई के जीवनकाल में ही उनके गान पूर्वीय प्रान्तों में गाये जाने लगे थे।–ओझा अभिनन्दन ग्रन्थ (अनुशीलन) में क्षितिमोहन सेन द्वारा लिखित निबन्ध–मध्ययुग में राजस्थान और बँगला का आध्यात्मिक सम्बन्ध के आधार पर।
38. "वैष्णव धर्म शास्त्रीय धर्म की अपेक्षा लोकधर्म अधिक है...ज्यों ही उसने एक बार शास्त्र का सहारा पाया, त्यों ही विद्युत की भाँति इस छोर से उस छोर तक फैल गया क्योंकि असल में उसके लिए क्षेत्र बहुत पहले से तैयार था।" –हजारी प्रसाद द्विवेदी : सूर साहित्य, पृ. 91
39. "कुमारिल के मीमांसा मार्ग और शंकर के वेदान्त से पंचदेवोपासक स्मार्त धर्म का पूर्ण मेल हो गया।" –साहित्य के सन्दर्भ में भारतीय मध्ययुग, पृ. 14, आलोचना
40. मध्य धर्म.सा. : हजारी प्रसाद द्विवेदी
41. S.B. Das Gupta : Obscure Religious cults : In Introduction, P. 33
42. वही, पृ. 3 (भूमिका)

43. यदि हरिस्मरणे सरसं मतं यदि विलासकलासु कुतूहलम्
मधुर-कोमलकान्तपदावली शृणु तदा जयदेव-सरस्वतीम्। —गीतगोविन्द, श्लोक 3

44. सक्कय बानी बहुजन भावह
जाअऊं रस को मम्म न पाई
देसिल बयना रस जन मिट्ठा
त तैसन जम्पओं अंवहट्ठा। —विद्यापति

45. हजारी प्रसाद द्विवेदी : सूर साहित्य, पृ. 83

46. हिन्दी साहित्य की भूमिका, पृ. 89

47. कर्न, मैनुअल ऑफ बुद्धिज्म, पृ. 124

48. हजारी प्रसाद द्विवेदी : सूर साहित्य, पृ. 85

49. शशिभूषण दास गुप्त : श्रीराधा का क्रम-विकास, पृ. 137-138 के आधार पर।

50. "बंगाल की भूमि में परकीया-भाव को ऊँचा रूप देने का उपकरण पहले से ही वर्तमान था, ब्रजभाषा प्रान्तों में यह बात नहीं थी अर्थात् राधा और कृष्ण सम्बन्धी प्रेम के गान तो इस प्रदेश में चल पड़े, परन्तु राधा कृष्ण की रानी ही समझी गयी।" सूर साहित्य, पृ. 90, गौड़ीय वैष्णवों ने भी परकीया प्रेम की सफाई देने की कोशिश की है।

51. चिन्तामणि विनायक वैद्य ने भक्ति का स्रोत बंगाल को ही माना है, दक्षिण को नहीं।

52. हजारी प्रसाद द्विवेदी : कबीर, पृ. 170

53. कबीर : 173, पृष्ठ के आधार पर

54. वल्लभाचार्य के बहुचर्चित कृष्णाश्रय स्तोत्र से भी इस उद्दीपन का पता चलता है—
म्लेच्छाक्रान्तेषु देशेषु पापैकनिलयेषु च।
सत्पीड़ाव्यग्रलोकेषु, कृष्ण एव गतिर्मम।
गंगाद्वितीर्थवर्येषु, दुष्टैरेवावृतेष्विह।
तिरोहिताधिदैवेषु, कृष्ण एव गतिर्मम।
अपरिज्ञाननष्टेषु, मन्त्रेष्वव्रतयोगिषु।
तिरोहितार्थदैवेषु, कृष्ण एव गतिर्मम।

55. (क) डी.एस. शर्मा के ग्रन्थ में कहा गया है कि मराठा शक्ति का उदय किसी एक साहसी व्यक्ति का कलाप न था। आगे शर्मा जी ने जस्टिस राना डे की पुस्तक से एक उद्धरण दिया है जो अत्यधिक महत्त्वपूर्ण है।

(ख) डॉ. मुंशीराम शर्मा ने 'भक्ति का विकास' में भी ऐसा ही मन्तव्य प्रकट किया है।

(ग) ...इस्लाम हिन्दू मस्तिष्क को पराजित नहीं कर पाया था।—के.एम. पणिक्कर, भारतीय इतिहास का सर्वेक्षण, पृ. 141

56. तुगलकों के शासन के बाद हिन्दू राजसत्ता, विशेषकर राजपूतों, का पुनरुत्थान होता है। चित्तौड़, रणथम्भोर, विजयनगर के राज्य बनते हैं। इसके अतिरिक्त हिन्दू सामन्त लगातार प्रतिरोध करते रहे। इस पुनरुत्थान के साथ भक्ति का नवीन विकास भी सम्बन्धित है। डॉ. बनारसी प्रसाद सक्सेना द्वारा लिखित निबन्ध—'हिन्दी साहित्य की सांस्कृतिक पृष्ठभूमि'(हिन्दी साहित्य प्रकाशन भारतीय हिन्दी परिषद) में पृ. 54 पर इसी तथ्य की ओर स्पष्ट संकेत किया गया है।

57. आचार्य रामचन्द्र शुक्ल : गोस्वामी तुलसीदास (तुलसी की भावुकता अध्याय)

भक्ति : शोध

अठारहवीं शताब्दी के ब्रजभाषा काव्य में प्रेमाभक्ति

शोध-प्रबन्ध की प्रस्तावना

अठारहवीं शताब्दी के ब्रजभाषा काव्य में प्रेमाभक्ति (विस्तृत रूपरेखा)

मध्यकालीन भक्ति : नया आन्दोलन और अग्रणी व्यक्तित्व

भक्ति-विवेचन

उज्ज्वल रस-मीमांसा

प्रेमाभक्ति का साधना-दर्शन

विभिन्न भक्ति-सम्प्रदायों का अठारहवीं शती का ब्रजभाषा प्रेमाभक्ति-काव्य

अठारहवीं शती के ब्रजभाषा प्रेमाभक्ति-काव्य का साहित्य-विश्लेषण और मूल्यांकन

उपसंहार

ग्रन्थ में प्रयुक्त शब्द-संक्षेप-सूची

सहायक ग्रन्थ-सूची

शोध-प्रबन्ध की प्रस्तावना

हिन्दी का भक्ति-साहित्य अपने वैविध्य एवं सम्पन्नता के कारण पाठक का ध्यान सहज ही आकर्षित कर लेता है। मूल में भक्ति का भाव सुरक्षित रखते हुए भी यह साहित्य नाना वर्णच्छटाओं से युक्त रहा है। भक्ति के मूल में प्रेम की जो भावना सतत विद्यमान रही है, वह भी इस साहित्य में अनेक रूपाकार ग्रहण करती है। विद्वानों ने प्रेम के इन प्रकारों की ओर ध्यान तो दिया है, पर एकमात्र उन्हें ही केन्द्र बनाकर अध्ययन नहीं किया गया। प्रेमाभक्ति के बहुत-से सम्प्रदाय एवं महत्त्वपूर्ण कवि एक लम्बे समय तक उपेक्षित ही रहे। डॉ. दीनदयालु गुप्त ने 'अष्टछाप और वल्लभ-सम्प्रदाय' में सर्वप्रथम जिस विशेष अध्ययन-दिशा का उद्घाटन किया था, उस दिशा में चलने के लिए लगभग एक दशक तक अनुसन्धित्सु पथिक ही नहीं मिले। पर ठीक दस वर्ष बाद डॉ. विजयेन्द्र स्नातक का महत्त्वपूर्ण शोध-प्रबन्ध 'राधावल्लभ सम्प्रदाय : सिद्धान्त और साहित्य' प्रकाशित हुआ। इस ग्रन्थ का ही समसामयिक दूसरा महत्त्वपूर्ण प्रकाशन डॉ. भगवती प्रसाद सिंह का 'रामभक्ति में रसिक सम्प्रदाय' है। डॉ. सिंह ने एकदम उपेक्षित पड़ी हुई एक साहित्य-धारा की ओर अध्येताओं का ध्यान खींचा। डॉ. स्नातक एवं डॉ. सिंह के इन अध्ययनों से सम्प्रदाय-सम्बन्धी अध्ययनों को बड़ी प्रेरणा मिली।

डॉ. बदरीनारायण श्रीवास्तव ने रामानन्द सम्प्रदाय, डॉ. गोपालदत्त शर्मा ने हरिदासी सम्प्रदाय तथा डॉ. नारायणदत्त शर्मा ने निम्बार्क सम्प्रदाय-सम्बन्धी शोध-कार्य भी इसी बीच पूरे किये। कुछ अन्य सम्प्रदायों पर भी कार्य अभी हो रहा है। अध्ययन के इस परिमाण ने तुलनात्मक अध्ययन की दिशा को भी बल दिया। डॉ. शरण बिहारी गोस्वामी ने इन सम्प्रदायों के एक पक्ष-विशेष 'सखी-भाव' को लेकर अपना अध्ययन प्रस्तुत किया। अध्ययन की दिशाओं की इस संक्षिप्त रूपरेखा से यह स्पष्ट है कि प्रेमाभक्ति के सम्प्रदायों पर अलग-अलग कुछ काम हुआ और किसी एक पक्ष-विशेष पर तुलनात्मक ढंग से विचार करने का प्रयास भी हुआ, परन्तु महत्त्वपूर्ण होते हुए भी इन शोध-कार्यों में एक बात खटकने वाली प्रतीत होती है। अपने-अपने सम्प्रदाय-विशेष या पक्ष-विशेष (यथा सखी-भाव) को ही महत्त्वपूर्ण सिद्ध करने का आग्रह ऊपर उल्लिखित सभी ग्रन्थों में देखा जा सकता है।

प्रस्तुत प्रबन्ध में प्रेमाभक्ति के अभिव्यंजना-रूप इन सम्प्रदायों एवं इन सम्प्रदायों के सन्देश प्रेमाभक्ति को केन्द्र में रखकर अधिक-से-अधिक तटस्थ एवं वैज्ञानिक दृष्टिकोण से इस साहित्य पर विचार किया गया है। जहाँ पर पारम्परिक प्रभावों की विवेचना की गयी है, वहाँ भी उस प्रभाव-ग्रहण की प्रक्रिया के स्वरूप या परिणाम पर ही विचार हुआ है। हमने किसी को श्रेष्ठ या अपेक्षाकृत अमहत्त्वपूर्ण सिद्ध करना नहीं चाहा। पर इसका तात्पर्य यह भी नहीं है कि केवल तथ्यों का विश्लेषण हुआ है, आकलन नहीं। यथास्थान प्रेमाभक्ति के इन विविध सम्प्रदायों के प्रदेय एवं महत्त्व का मूल्यांकन भी होता गया है। तथ्यों की पुनर्व्याख्या के साथ ही पुनर्मूल्यांकन भी प्रस्तुत प्रबन्ध में प्राप्त होगा। इस प्रकार जहाँ एक ओर प्रसंगतः प्रेमाभक्ति पर ही आलोक-पुंज को केन्द्रित कर हिन्दी के भक्ति-साहित्य को समझने के लिए समुचित परिप्रेक्ष्य प्रस्तुत किया गया है, वहीं मुख्य रूप से 18वीं शती के साहित्य का एक नितान्त उपेक्षित अंश भी उद्‌भासित हुआ है। हिन्दी-साहित्य के इतिहास का प्रत्येक विद्यार्थी जानता है कि सं. 1700 से 1900 तक का काल रीतियुग है। इस प्रकार प्रस्तुत प्रबन्ध के उद्दिष्ट अध्ययन की काल-सीमा रीतियुग का पूर्वार्द्ध है। प्रबन्ध के माध्यम से इस तथ्य को उद्‌घाटित किया गया है कि तथाकथित रीतियुग में सृजन का एक बड़ा क्षेत्र ऐसा भी था जो रीतिकाव्य से बाहर था। इसी प्रसंग में यह भी उल्लेखनीय है कि प्रेमाभक्ति का कृतित्व किसी भी अर्थ में रीतिकाव्य की अपेक्षा कम महत्त्वपूर्ण नहीं है। बल्कि कहना यों चाहिए कि इस युग के साहित्य के माध्यम से भक्तिकालीन प्रवृत्तियों का रीतिकाव्य में संक्रमण होता है। इस प्रकार प्रस्तुत प्रबन्ध गौणतः भक्तिकाल एवं रीतिकाल के साहित्यों के पारस्परिक प्रतिदानों एवं प्रतिक्रिया के अध्ययन की दिशा को भी संकेतित करता है।

प्रबन्ध-नियोजन एवं अध्ययन-विधि

प्रबन्ध का नियोजन इस दृष्टि से करने का प्रयास किया गया है कि पीछे उल्लिखित नवीनताओं एवं दृष्टिकोण की उसमें रक्षा हो सके तथा उनका रूप उभर सके।

प्रबन्ध का प्रथम अध्याय शोध-ग्रन्थों की सामान्य परिपाटी से सम्भवतः कुछ भिन्न-सा प्रतीत होगा। वैदिक काल से लेकर 16वीं शताब्दी तक भक्ति का विकास सूचित करने के स्थान पर इस स्थापना को प्रारम्भ में ही स्वीकार कर लिया गया है कि भक्ति की पुरानी भावधारा 15वीं-16वीं शताब्दियों में उत्तर भारत में एक नये आन्दोलन के रूप में प्रकट होती है। इस भक्ति की प्रेम-सम्बन्धिनी विशेषता का उल्लेख करते हुए उन पाँच परम्पराओं की ओर (पूर्वी भारत की महायान तान्त्रिक भक्ति, दक्षिण भारत की आलवार-नयनार भक्ति, पश्चिमोत्तर भारत से आयी हुई सूफ़ी प्रेम-भक्ति, प्रेम-काव्य की साहित्यिक परम्परा, मध्य देश की स्मार्त उदारतावादी

विचारधारा) संकेत मात्र किया है, जिनके मिलन एवं प्रभाव की छाया के तले यह भक्ति विकसित हुई है। इसी स्थल से भक्ति के विकास की प्रक्रिया को भी एक भिन्न स्तर पर समझने की चेष्टा की गयी है। मध्यकाल वीरपूजा का युग था; व्यक्तियों को केन्द्र बनाकर ही जनमानस गतिशील होता था। सामन्ती आदर्शों वाले वीरपूजा के युग में कुछ व्यक्ति महत्त्वपूर्ण हो जाते हैं एवं अन्य जन उनका ही अनुसरण करते हैं। वैष्णव आचार्य ने जब महत्तम व्यक्तियों को परात्पर-तत्त्व का आवेश रूप माना था, तब वे वस्तुतः वीरपूजा-युग के आदर्शों को ही शास्त्र-सिद्धान्त दे रहे थे। अस्तु, प्रथम अध्याय में ही भक्ति-क्षेत्र के इन महत्तम व्यक्तियों की जीवनी, रचनाएँ, सिद्धान्त तथा सम्प्रदाय-प्रतिष्ठापना के विवरण उपस्थित किये गये हैं। इस विवरण को देते समय भी शुष्क तथ्यों के वर्णन या उद्‌घाटन की अपेक्षा उन अंशों को अधिक उभारने का प्रयत्न रहा है जिनसे उनके महत्त्व एवं कार्य की गुरुता का रूप स्पष्ट हो सके। बहुधा ज्ञात तथ्यों को भी नयी व्याख्या देने की चेष्टा की गयी है। सूफ़ीमत किसी एक व्यक्ति को केन्द्र बनाकर आगे नहीं बढ़ता, उसके विकास, भारत-प्रवेश एवं भारत में प्रसार का संक्षिप्त विवरण भी दिया गया है। अध्याय के अन्तिम भाग में विविध भक्ति-सम्प्रदायों के पारस्परिक आदान-प्रदान की दिशा का संकेत प्राप्त होगा। इस प्रकार सम्पूर्ण अध्याय भक्ति-विवेचन के लिए सामान्य पृष्ठभूमि उपस्थित करता है तथा उस प्रेम-दिशा की ओर इंगित भी करता है, जिस ओर भक्ति का बढ़ाव हो रहा था।

विकास-प्रक्रिया के इस स्पष्टीकरण के पश्चात् द्वितीय अध्याय में भक्ति के स्वरूप-निर्धारण का प्रयास किया गया है। दीर्घकाल-व्यापी भक्ति का संकुल-भाव अनेकानेक परिभाषाओं द्वारा व्याख्यात है। अतः इस अध्याय के प्रथम भाग में भक्ति के सूत्र में स्थित विभिन्न तत्त्वों का विश्लेषण किया गया है। द्वितीय भाग के प्रारम्भ में भक्ति-विवेचकों द्वारा विवेचित किये गये विभिन्न भक्ति-प्रकारों को उपस्थित करते हुए विभाजक रेखाओं को स्पष्ट करने का प्रयत्न है तथा मध्य भाग में साधनाक्रम-सम्बन्धी विचारों का विश्लेषण है। प्रकारों की रूपरेखा स्पष्ट करने के लिए वैज्ञानिक ढंग पर चार्टों के उपभोग द्वारा स्पष्टीकरण हुआ है। इस अध्याय के अन्त में गौड़ीय वैष्णव आलंकारिकों द्वारा विवेचित पंचभक्ति-रसों का स्वरूप बताते हुए विभिन्न सम्प्रदायों में उनकी स्थिति की मीमांसा भी है।

पहले अध्याय के प्रारम्भ में ही हम यह कह आये थे कि भक्ति का नया आन्दोलन प्रेम की भूमि पर खड़ा होता है। यह प्रेम मुख्य रूप से मधुर भाव में परिणत हो जाता है। द्वितीय अध्याय के अन्त में मधुर रस को पंचभक्ति-भावों में सर्वोत्तम बताया गया है। अतः पिछले अध्याय के प्रकृत विकास की दृष्टि से मधुर रस का विवेचन तृतीय अध्याय में हुआ है। इस विवेचन में सबसे पहले मधुर भाव के विकास की पृष्ठभूमि में स्थित विविध तत्त्वों की संक्षिप्त मीमांसा की गयी है।

इस ऐतिहासिक रूपरेखा के पश्चात् मधुर रस का स्वरूप स्पष्ट किया गया है। मधुर रस लौकिक शृंगार रस के साथ एक करके न देखा जाये, इसलिए स्वरूप-विश्लेषण के पश्चात् काम और भगवत्प्रेम का अन्तर भी निरूपित हुआ है। इस रस-विवेचन की समाप्ति पर आवश्यक था कि इसे काव्य-शास्त्रीय कसौटी पर परख लिया जाये, अतः भक्ति रस-सम्बन्धी धारणा का काव्यशास्त्र के ऐतिहासिक और सैद्धान्तिक आधार पर विवेचन इसी अध्याय में हुआ है। परन्तु रस-सम्बन्धी गौड़ीय वैष्णवों की मान्यता प्रत्येक भक्ति-सम्प्रदाय को मान्य नहीं है। अतः तृतीय अध्याय का अन्तिम भाग गौड़ीय वैष्णवों, नित्यविहारोपासकों, रामोपासकों, निर्गुणवादियों एवं सूफ़ियों के प्रेम रस-सम्बन्धी दृष्टिकोणों का अन्तर एवं इस अन्तर के आधारभूत कारण स्पष्ट करने में प्रयुक्त हुआ है।

समस्त सगुणोपासक-सम्प्रदाय प्रभु-लीला के तत्त्व-दर्शन पर विकसित हुए हैं। इस लीला-तत्त्व को ऐतिहासिक परिप्रेक्ष्य में उपस्थित कर भक्तिकाल में उसके स्वरूप एवं महत्त्व का निर्धारण चतुर्थ अध्याय के प्रारम्भ में ही हमने करना चाहा है। परात्पर-तत्त्व की लीला का दर्शन, ज्ञान एवं आस्वादन प्रत्येक वैष्णव का काम्य है। परन्तु इसके बाद अनेक प्रश्न उठते हैं—उपास्य का स्वरूप क्या है? यदि उपास्य युगल है तो प्रत्येक का स्वरूप, गुण तथा पारस्परिक सम्बन्ध क्या हैं? इन दोनों में प्रधान कौन है? भक्त पर अनुग्रह किसका होता है? फिर इनकी लीलाएँ कौन-सी हैं—पुराण-शास्त्र-वर्णित या और कोई? ये लीलाएँ कहाँ पर होती हैं, उस धाम का स्वरूप, गुण एवं प्रभाव क्या है? लीला में भाग लेने वाले परिकर में कौन-कौन होते हैं एवं उनके नाम, गुण, रूप, क्रिया तथा सम्बन्ध क्या होते हैं? साधक के लिए इस सारे विस्तार में क्या करणीय है? इन प्रश्नों को लेकर विविध सम्प्रदायों में मत-वैभिन्न्य प्राप्त होता है। यह भी स्मरणीय है कि समस्त प्रेमाभक्ति का काव्य-सृजन लीला-सम्बन्धी इन धारणाओं पर ही आधृत है, बिना इन धारणाओं के सम्यक्-परिशीलन के इस साहित्य के मर्म को ठीक से ग्रहण नहीं किया जा सकता। इसी कारण चतुर्थ अध्याय में विभिन्न लीलागायक भक्ति-सम्प्रदायों के उपास्य, धाम, परिकर, लीला एवं उपासना-सम्बन्धी धारणाओं का सम्यक् विश्लेषण हुआ है। विश्लेषण करते समय विभिन्न सम्प्रदायों के पृथकतासूचक तत्त्वों अथवा सदृशताओं की ओर यथास्थान इंगित करने का प्रयास भी हुआ है। इस प्रकार इस बड़े एवं अत्यधिक महत्त्वपूर्ण अध्याय के मध्य एकसूत्रता की रक्षा की गयी है। इस अध्याय में कुछ बातें और भी उल्लेखनीय हैं। हरिदासी एवं राधावल्लभीय सम्प्रदायों में इन प्रश्नों पर मतभेद इतना कम है कि उन्हें अलग-अलग विवेचित करने से प्रबन्ध का कलेवर अतिरिक्त रूप से अवश्य बढ़ जाता पर उससे लीला-सम्बन्धी किसी नवीनता का संकेत न होता। इसी कारण उन्हीं बातों के लिए नये उद्धरण जुटाने के स्थान पर दोनों सम्प्रदायों में जो यत्किंचित अन्तर है, उसे ही विवेचित करने का प्रयास प्राप्त होगा। शुक-सम्प्रदाय की विवेचना

भी विशेष दृष्टिकोण से की गयी है। 18वीं शती में निर्गुण एवं सगुण सम्प्रदायों में समन्वय की एक तीव्र प्रक्रिया दृष्टिगोचर होती है। शुक-सम्प्रदाय, प्रगामी-सम्प्रदाय आदि इसी समन्वयवादी दृष्टिकोण की उपज हैं।

शुक-सम्प्रदाय की विवेचना समन्वय की इस प्रक्रिया को स्पष्ट करने में सहायक होगी। भारतीय भक्ति-साधना को सूफ़ियों ने भी बहुत प्रभावित किया है। हमने इस बात के संकेत किये हैं कि सगुणोपासकों की विरह को महत्त्व देने वाली धारणा सूफ़ियों से प्रभावित है तथा निर्गुणमार्गियों का प्रेम-दर्शन वस्तुतः सूफ़ियों का ही है। अतः इस अध्याय के अन्त में सूफ़ी प्रेम-दर्शन की संक्षिप्त रूपरेखा भी उपस्थित की गयी है।

लीला-सम्बन्धी इन धारणाओं के आधार पर विभिन्न सम्प्रदायों में प्रभूत साहित्य की रचना हुई है। इस साहित्य को लिखने वाले सदैव ऊँची श्रेणियों के या उच्च पदस्थ लोग ही नहीं थे। वह सारा साहित्य सुरक्षित भी नहीं है। सम्भवतः सदैव सुरक्षित रखने के अभिप्राय से यह लिखा भी नहीं गया। जो साहित्य सम्प्रदायों के उत्तराधिकारियों के पास है भी, वह शोधकर्ता के लिए लगभग अनुपलब्ध ही रहता है। अन्धविश्वासों एवं रूढ़िवादिता के कारण इन ग्रन्थों के दर्शन भी कठिन हो जाते हैं। कभी-कभी ग्रन्थ या रचनाएँ प्राप्त हो जाती हैं परन्तु स्पष्ट संकेतों के अभाव में उनका काल-निर्णय अत्यन्त दुरूह हो जाता है। इन कठिनाइयों के होते हुए भी पंचम अध्याय में निम्बार्क, वल्लभ, चैतन्य, हरिदास, राधावल्लभ, ललित, रामोपासक निर्गुण मतानुयायी एवं सूफ़ी सम्प्रदायों के अस्सी से ऊपर कवियों का परिचय एवं रचनाओं का विवरण हमने उपस्थित किया है। इन कवियों में जो अधिक महत्त्वपूर्ण स्थान के अधिकारी हैं, उनके व्यक्तित्व एवं साहित्य के विश्लेषण तथा मूल्यांकन को अधिक स्थान दिया गया है। इसी प्रसंग में यह भी उल्लेखनीय है कि प्रस्तुत अध्याय के एक उप-विभाग में रीतिकाल के सोलह कवियों की चर्चा भी की गयी है। हमने इन कवियों को मुख्य रूप से रीति, परन्तु गौण रूप से प्रेमाभक्ति का कवि माना है। इस उप-विभाग की भूमिका एवं मुख्य कवियों के विवेचन में इनके द्वैध व्यक्तित्व का आकलन करते हुए कि एक नये दृष्टिकोण से इनकी मानसिक स्थिति एवं सृजन-प्रक्रिया को समझने का प्रयास भी है। इस प्रकार सब मिलाकर लगभग सौ कवियों को इस अध्याय में उपस्थित किया गया है।

षष्ठ अध्याय में इस उपलब्ध प्रेमाभक्ति-साहित्य के विश्लेषण और मूल्यांकन की चेष्टा है। इस विश्लेषण में भी कृति का 'आन्तरिक-अध्ययन' (इंट्रिंसिक स्टडी) करने वाली समीक्षा-विधि को अपनाने का प्रयास रहा है। केवल रस, अलंकार, छन्द, शब्द-शक्ति आदि के बँधे-बँधाये चौखटों में ढालकर इस साहित्य को परखने की शैली स्वीकार नहीं की गयी है। हमें लगता है कि इन स्थूल चौखटों में किसी भी साहित्य को ढालकर उसे महत्त्वपूर्ण बताया जा सकता है। वास्तव में किसी

भी रचना में अभिव्यंजना के उपादान एवं मूल वक्तव्य-वस्तु एक साथ घुले-मिले रहते हैं; वे एक साथ मिलकर ही रचना को प्रभविष्णु बना पाते हैं। इसी कारण हमने आलोच्य-साहित्य की भाव-सम्पदा का विश्लेषण करते हुए उसके साथ ही काव्य-सौन्दर्य का भी विश्लेषण किया है। शास्त्रीय विधि के भेदों-प्रभेदों में न जाकर भी मूलतः रस-दृष्टि का आग्रह इस विश्लेषण में बराबर बना रहा है। प्रेमाभक्ति की तीन स्पष्ट परम्पराओं—ब्रजलीला गान, निकुंज-लीला गान एवं प्रेम-प्रतीक भावधारा का अलग-अलग विवेचन करते हुए भी उनकी पारस्परिक स्थितियों का तुलनात्मक विश्लेषण यहाँ पर हुआ है। इसी अध्याय में मूल्यांकन करते समय पूर्ववर्ती भक्तिकाल एवं समसामयिक रीतिकाल के साहित्य को परिपार्श्व में रखकर तुलनात्मक प्रविधि को अपनाया गया है। कोई भी रचना अपने समसामयिक कृतित्व के मध्य स्थित होने के साथ ही पूर्ववर्ती परम्परा की अपने समय तक की अन्तिम कड़ी भी होती है। इसी कारण मूल्यांकन के प्रसंग में इन दोनों सन्दर्भों को ध्यान में रखना आवश्यक हो जाता है। 18वीं शती के इस प्रेमाभक्ति-साहित्य के विश्लेषण एवं मूल्यांकन में अधिकांश सम्प्रदायों के प्रमुख-प्रमुख कवियों के कृतित्व को दृष्टिपथ में रखा गया है। इस अंश में लगभग 35 कवियों की रचनाओं के उद्धरण देकर इसे सब प्रकार से प्रातिनिधिक बनाने का प्रयास उपलब्ध होगा।

इस प्रकार उत्तर भारत में भक्ति के नये आन्दोलन से उद्‌भूत इस साहित्य की 18वीं शती तक की परिणतियों, प्रभावों, सैद्धान्तिक आग्रहों तथा 18वीं शती की कृतियों के आकलन के साथ यह अध्ययन समाप्त होता है। उपसंहार में प्रस्तुत अध्ययन का विहंगावलोकन करते हुए मुख्य निष्कर्ष अत्यन्त संक्षेप में उपस्थित किये गये हैं।

आभार स्वीकार

यह मेरा सौभाग्य था कि आचार्य हजारी प्रसाद द्विवेदी जैसा आकाशधर्मा गुरु मुझे निदेशक के रूप में प्राप्त हो सका। द्विवेदी जी के सहज उदार चिन्तन एवं अगाध पाण्डित्य का लाभ मुझे बराबर मिलता रहा है। उन्होंने शोध के लिए मेरी रुचि का विषय ही नहीं सुझाया, अध्ययन की रूपरेखा भी बनाई। प्रस्तुत प्रबन्ध उसी रूपरेखा पर पल्लवित हुआ है। उनके श्रीचरणों में मेरी प्रणति निवेदित है।

श्रद्धेय कालका प्रसाद भटनागर, वाइस-चांसलर, आगरा विश्वविद्यालय का विराट् और गत्वर व्यक्तित्व मेरे लिए सदैव अक्षय प्रेरणा का स्रोत रहा है। उनके द्वारा प्राप्त स्नेह का प्रतिदिन धन्यवाद, आभार या कृतज्ञता नहीं है, प्रस्तुत प्रबन्ध मैं उनके ही आशीर्वाद का प्रसाद मानता हूँ।

सन् 1954 में शोध-कार्य प्रारम्भ करते ही यह अनुभव हुआ कि इस युग का जो थोड़ा-बहुत साहित्य प्रकाशित है, वह मुख्यतः रीति-साहित्य है। प्रेमाभक्ति का

अधिकांश साहित्य या तो अप्रकाशित है या धर्म-पीठों से निहायत अव्यवस्थित रूप में प्रकाशित होने पर भी दुष्प्राप्य। इस साहित्य को प्राप्त करने के प्रारम्भिक उद्योग में हमें बहुत सफलता नहीं मिली। कुछ छोटी-छोटी सी पुस्तिकाएँ चैतन्य सम्प्रदाय की ही हमें प्राप्त हो सकीं, साम्प्रदायिक संस्थानों के वेष्ठनों में बँधी पड़ी ग्रन्थ-राशियाँ अनुपलब्ध ही रहीं। कुछ समय बाद सन् 1956 में जब मैं वृन्दावन गया, तब आदरणीय पं. कृष्णदत्त वाजपेयी (तत्कालीन क्यूरेटर, मथुरा-संग्रहालय) के उद्योग से आंशिक सफलता मिल सकी। वाजपेयी जी ने मथुरा-संग्रहालय का पुस्तक-संग्रह भी मुझे सुलभ कर दिया था तथा ब्रज-साहित्य-मण्डल के हस्तलिखित पुस्तक संग्रहालय को देखने की सुविधा भी प्राप्त करा दी थी। उनके परिचय-पत्रों के माध्यम से वृन्दावन के अनेक सज्जनों का सहयोग मुझे मिल सका, जिनमें से दो नाम मेरे मन में सहज ही उभर आते हैं, वे हैं श्री ललिता चरण गोस्वामी एवं श्री ब्रजवल्लभशरण वेदान्ताचार्य। दोनों ने ही राधावल्लभीय एवं निम्बार्कीय सम्प्रदायों के हस्तलिखित ग्रन्थों की प्रतिलिपियाँ लेने की सुविधा दे दी थी। गोस्वामी हितरूपलाल से भी कुछ सामग्री हमें प्राप्त हो सकी थी। चैतन्य मतानुयायी बाबा कृष्णदास ने अत्यन्त उत्साह से मेरी सहायता की है। इन सभी महानुभावों के प्रति मैं अपनी कृतज्ञता ज्ञापित करता हूँ।

अपने विद्वान मित्र डॉ. शरण बिहारी गोस्वामी एवं स्नेही अग्रज पं. रामनारायण पाण्डेय एम.एल.सी. के व्यक्तिगत संग्रहों से मुझे प्रभूत सामग्री प्राप्त हुई है। मैंने डॉ. गोस्वामी से प्रकाशित प्राप्य-अप्राप्य एवं हस्तलिखित सामग्री ही नहीं प्राप्त की, उनके साथ होने वाले विचार-विमर्श ने मुझे विषय की अनेक गुत्थियाँ सुलझाने में भी सहायता दी। उनके प्रति मैं सचमुच ही आभारी हूँ।

अनेक संस्थाओं, यथा—आगरा विश्वविद्यालय, हिन्दी-इन्स्टीट्यूट, हिन्दू-विश्वविद्यालय, लखनऊ विश्वविद्यालय, नागरी-प्रचारिणी सभा, उत्तर प्रदेश विधानसभा, उत्तर प्रदेश सचिवालय, आकाशवाणी केन्द्र, लखनऊ; सनातन धर्म कॉलेज, कानपुर; क्राइस्ट चर्च कॉलेज, कानपुर; डी.ए.वी. कॉलेज, कानपुर के पुस्तकालयों से मैंने लाभ उठाया है। मारवाड़ी पुस्तकालय, कानपुर से भी मुझे कुछ सहायता मिली है। इन सभी पुस्तकालयों के अधिकारियों को मेरे अनेकानेक धन्यवाद।

डॉ. वासुदेवशरण अग्रवाल (वाराणसी), डॉ. विश्वनाथ प्रसाद (आगरा), डॉ. दीनदयालु गुप्त (लखनऊ), डॉ. विजयेन्द्र स्नातक (दिल्ली), डॉ. हरवंशलाल शर्मा (अलीगढ़), पं. विश्वनाथ प्रसाद मिश्र (वाराणसी), डॉ. भगीरथ मिश्र (पूना), पं. परशुराम चतुर्वेदी (बलिया), डॉ. सत्येन्द्र (आगरा), डॉ. त्रिलोकी नारायण दीक्षित (लखनऊ), डॉ. मोतीचन्द्र (बम्बई), डॉ. मनोहरलाल गौड़ (अलीगढ़), डॉ. भगवती प्रताप सिंह (गोरखपुर), डॉ. नामवर सिंह (वाराणसी), श्री प्रभुदयाल मीतल (मथुरा) प्रभूत विद्वानों के प्रत्यक्ष या परोक्ष साक्षात्कार से मैंने लाभ उठाया है; उन सबके प्रति

आभार प्रगट करना मेरा पुनीत कर्तव्य है। जिन ग्रन्थकारों की रचनाओं से मैंने लाभ उठाया है, उन सबके प्रति भी मैं अत्यधिक कृतज्ञ हूँ।

श्रद्धेय प्रो. शारदा प्रसाद सक्सेना, पं. उमाशंकर पाण्डेय, पं. अयोध्यानाथ शर्मा, डॉ. प्रेमनारायण शुक्ल, डॉ. बालमुकुन्द गुप्त, डॉ. विश्वनाथ गौड़ इत्यादि गुरुजनों एवं अपने विभाग के अन्य सहयोगियों द्वारा प्राप्त स्नेह, सहयोग एवं प्रेरणा को धन्यवाद देकर मैं हल्का नहीं करना चाहता। भक्ति-तत्त्व की गुत्थियों को सुलझाने में पूज्य डॉ. मुंशीराम शर्मा 'सोम' की विद्वत्ता का लाभ मैंने सदैव उठाया है। गुरुवर पं. कृष्ण शंकर शुक्ल का पाण्डित्य मेरे शोध-पथ को सरल बनाने में पद-पद पर सहायता करता रहा है। इन दोनों गुरुजनों के ममत्व के प्रति मेरा मन विनत है।

मेरे मित्र डॉ. शंकर दयालु त्रिपाठी, प्रो. कृष्णचन्द्र खेमका, श्री रामकुमार शर्मा निशंक ने इस प्रबन्ध को पूर्ण करने में जो परिश्रम किया है, वह किसी भी व्यक्ति को जीवन-भर अनुगृहीत रखने के लिए पर्याप्त है। इसके अतिरिक्त मेरे परिवार, मित्र एवं विद्यार्थी-वर्ग ने जो अथक-अनवरत परिश्रम किया है, वह मेरे लिए हर्ष ही नहीं, गर्व का भी विषय है। सबके नाम नहीं गिनाऊँगा, पर मेरे मन में उन सबके प्रति कृतज्ञता एवं प्रीति का भाव किसी भी प्रकार कम नहीं है। ऐसे व्यक्तियों में सर्वश्री सुरेन्द्रनाथ तिवारी, अवध नारायण शुक्ल, ज्ञानेन्द्र शंकर अवस्थी, श्याम नारायण कपूर एवं प्रो. बालकृष्ण गुप्त का सहयोग सराहनीय रहा है। इन सभी को मैं धन्यवाद देता हूँ। प्रबन्ध को प्रस्तुत करने में जिनका भी मुझे यत्किंचित् सहयोग, प्रत्यक्ष अथवा अप्रत्यक्ष रूप से प्राप्त हुआ है, मैं उन सबके प्रति अनुगृहीत हूँ।

देवीशंकर अवस्थी

डी.ए.वी. कॉलेज, कानपुर
दीपावली, संवत् 2017

अठारहवीं शताब्दी के ब्रजभाषा काव्य में प्रेमाभक्ति

विस्तृत रूपरेखा

प्रथम अध्याय–मध्यकालीन भक्ति-आन्दोलन

1. उत्तर-भारत में भक्ति का नया आन्दोलन
2. 15वीं-16वीं शती के अग्रणी व्यक्तित्व, जीवनी, रचनाएँ: सिद्धान्त तथा सम्प्रदाय प्रतिष्ठापन।
   (अ) निम्बार्काचार्य तथा उनका तत्त्व-दर्शन
   (आ) रामानन्द तथा उनका तत्त्व-दर्शन
   (इ) वल्लभाचार्य तथा उनका तत्त्व-दर्शन
   (ई) चैतन्य तथा उनका तत्त्व-दर्शन
   (उ) स्वामी हरिदास
   (ऊ) गोस्वामी हित हरिवंश
   (ए) सूफ़ी-सम्प्रदाय: संक्षिप्त इतिहास तथा तत्त्व-दर्शन
3. निष्कर्ष

द्वितीय अध्याय–भक्ति-विवेचन

1. भक्ति के तत्त्व
   (अ) भक्ति की परिभाषाएँ
   (आ) विभिन्न तत्त्व
   प्रेम, सेवा, माहात्म्य-ज्ञान, अविच्छिन्नता या नैरन्तर्य, शरणागति या प्रपत्ति, प्रभु—अनुग्रह, निष्काम एवं अहेतुकी वृत्ति, सर्वजन—अधिकारित्व।
2. भक्ति के प्रकार
   (अ) भक्ति-प्रकार सम्बन्धी चार्ट
3. भक्ति-साधना-क्रम

4. उपास्य एवं उपासक के मध्य भाव-सम्बन्ध
   (अ) शान्त-भक्ति
   (आ) दास्य-भक्ति
   (इ) सख्य-भक्ति
   (ई) वात्सल्य-भक्ति
   (उ) मधुरा या कान्ता-भक्ति

तृतीय अध्याय–उज्ज्वल-रस-मीमांसा

1. मधुर भाव का विकास : पृष्ठभूमि स्थित विविध तत्त्व
2. मधुर रस का स्वरूप
3. काम और भगवत्प्रेम में अन्तर
4. भक्ति रस : काव्यशास्त्र के आधार पर
5. गौड़ीय वैष्णव, नित्य-विहारोपासक, रामोपासक, निर्गुणवादी एवं सूफ़ियों के रस-दृष्टिकोण सम्बन्धी अन्तर
6. अध्याय-परिशिष्ट : भक्ति रस सम्बन्धी चार्ट

चतुर्थ अध्याय–प्रेमाभक्ति का साधना-दर्शन

1. लीला-तत्त्व का परिप्रेपक्ष्य
2. चैतन्य-सम्प्रदाय में कृष्ण-राधा, वृन्दावन, गोपी एवं सखी सम्बन्धी धारणाओं का सैद्धान्तिक विवेचन
   (अ) कृष्ण सम्बन्धी धारणा
      (शक्ति-कल्पना, दार्शनिक स्थापनाएँ, कृष्ण-लीला परम्पराओं का समन्वयन)
   (आ) धाम-तत्त्व
   (इ) लीला-तत्त्व
   (ई) परिकर-तत्त्व
   (उ) राधा-तत्त्व
   (भगवत्-राधा-जीव-जगत्तत्त्व सम्बन्धी चार्ट)
   (ऊ) सखी-तत्त्व
   (ए) गौड़ीय वैष्णव तत्त्ववाद की रूपरेखा
   (ऐ) सम्प्रदाय की साधना की समीक्षा के संक्षिप्त संकेत
3. ब्रजलीला एवं निकुंज-लीला : भिन्नता की मानसिक पृष्ठभूमि
4. सखी (हरिदासी)-सम्प्रदाय में उपास्य, लीला, धाम, परिकर एवं साधना-भाव

(अ) युगल-तत्त्व
(आ) कृष्ण का स्वरूप
(इ) प्रियतम
(ई) राधा
(उ) परिकर
(ऊ) धाम
(ए) उपासना का स्वरूप और भाव

5. हरिदासी और राधावल्लभ सम्प्रदाय का अन्तर
6. हरिदासी एवं राधावल्लभीय सम्प्रदायों की मुख्य विशेषताएँ
7. गोपी भाव एवं सखी भाव की तुलना सम्बन्धी चार्ट
8. निम्बार्क-सम्प्रदाय में उपास्य, परिकर, धाम एवं उपासना भाव की कल्पना
(अ) नित्य-विहारोपासना का इतिहास
(आ) सर्वेश्वर
(इ) राधा
(ई) धाम
(उ) परिकर
(ऊ) लीला
(ए) उपासना भाव
9. वल्लभ सम्प्रदाय में कृष्ण, परिकर, धाम इत्यादि
(अ) कृष्ण
(आ) राधा
(इ) गोपी
(ई) धाम
(उ) पुष्टिमार्ग की विशेषताएँ
10. ललित-सम्प्रदाय में उपास्य, लीला, धाम, परिकर आदि
(अ) राधा एवं उनकी लीला
(आ) ललिता एवं अन्य सखियाँ
(इ) उपासना भाव
11. रामभक्ति-साहित्य में रसोपासना का स्वरूप
(अ) इतिहास
(आ) उपास्यः राम
(इ) सीता
(ई) परिकर

(उ) धाम
(ऊ) लीला
(ए) उपासना भाव
(ऐ) रामोपासक-रसिक-साधना की मुख्य-विशेषताएँ

12. शुक-सम्प्रदाय में उपास्य, लीला, धाम, परिकर एवं उपासना आदि
(अ) इतिहास
(आ) सेव्य
(इ) परिकर
(ई) उपासना भाव

13. सूफ़ी प्रेम-दर्शन
(अ) सृष्टि
(आ) प्राच्य
(इ) साधनमार्ग

पंचम अध्याय–विभिन्न भक्ति-सम्प्रदायों का 18वीं शती का ब्रजभाषा-प्रेमाभक्ति-काव्य

1. चैतन्य-सम्प्रदाय का काव्य
(अ) पृष्ठभूमि और संक्षिप्त रूपरेखा
(आ) चैतन्य-मतानुयायी कवि–
(मनोहर राय, प्रियादास, वैष्णवदास रसजाति, भगवत् मुक्ति, किशोरीदास, गौरमणदास, सुबलश्याम, साधुचरण दास, ब्रह्मगोपाल एवं बृन्दावनदास)

2. हरिदास-सम्प्रदाय का काव्य–
(अ) पृष्ठभूमि और संक्षिप्त रूपरेखा
(आ) हरिदासी-सम्प्रदाय के कवि–
(नरहरि देव (नरहरि दास), रसिकदास (देव), बनीठनी (रसिकबिहारी), रूपसखी, शीलसखी एवं चरणदास)

3. राधावल्लभ-सम्प्रदाय का काव्य–
(अ) पृष्ठभूमि और संक्षिप्त रूपरेखा
(आ) राधावल्लभ-सम्प्रदाय के कवि–
(रसिकदास, गुलाबलाल, अनन्यबलि, हित अनूप जी एवं बंशीधर, चन्द्रसखी, कृष्णदास भावुक, सहचरिसुख (सुखसुखी), रानी बखतकुँवरि, प्रिया सखी, हितरूपलाल, गो. अतिवल्लभ, रसिकलाल, ब्रजलाल, लोकनाथ एवं कमलनयन)

4. निम्बार्क-सम्प्रदाय का काव्य
   (अ) पृष्ठभूमि और संक्षिप्त रूपरेखा
   (आ) निम्बार्क-सम्प्रदाय के कवि–
   (बृन्दाबन देव आचार्य, ब्रजदासी, घनानन्द एवं रूपरसिक देव)
5. वल्लभ सम्प्रदाय का काव्य
   (अ) पृष्ठभूमि और संक्षिप्त रूपरेखा
   (आ) वल्लभ-सम्प्रदाय के कवि–
   (हरिराय (रसिकराय या रसिक), जगन्नाथ कविराय, गिरिधर जी (तृतीय घर), ब्रजभूषण जी (काकरोली), द्वारिकेश जी (पंचमगृह), काकावल्लभ, कृष्णजीवन लछीराम, नागरीदास, ब्रजभूषण, सुन्दरवताबहु जी एवं ब्रजराव जी (सूरत))
6. ललित-सम्प्रदाय का काव्य–
   (अ) संक्षिप्त रूपरेखा
   (आ) ललित सम्प्रदाय के कवि
   (वंशी अलि)
7. रामभक्तों का ब्रजभाषा-साहित्य
   (अ) पृष्ठभूमि और संक्षिप्त रूपरेखा
   (आ) रामोपासक कवि
   (बालानन्द, बालकृष्ण नायक बाल अली, रामप्रियाशरण प्रेमकली, जानकीरसिकशरण रसमाला, रूपलाल रूपसखी, प्रेमसखी, रामसखे, रामप्रपन्न मधुराचार्य, सियासखी, महाराज छत्रसाल, सूरकिशोर, हर्याचार्य हरिसहचरि, गुरु गोविन्द सिंह, रामप्रसाद विन्दुकाचार्य एवं नामा प्रयागदास)
8. निर्गुणमार्गीय काव्य
   (अ) पृष्ठभूमि तथा संक्षिप्त रूपरेखा
   (आ) दादू पन्थ के कवि
   (रज्जब जी एवं सुन्दरदास)
   (इ) सत्तनामी सम्प्रदाय के कवि
   (ई) शुक-सम्प्रदाय के कवि
   (चरणदास, सहजोबाई एवं दयाबाई)
   (उ) बावरी पन्थ के कवि
   (यारी साहब, केशवदास, बुल्ला (बूला) साहब एवं गुलाल साहब)

(ऊ) कतिपय अन्य कवि

(मलूकदास, सन्त तुलसीदास निरंजनी एवं चरणीदास)

(ए) प्रणामी (धामी)—सम्प्रदाय के कवि

(प्राणनाथ, महात्मा मुकुन्ददास एवं सूझनदास)

9. सूफ़ी-प्रेमाख्यान-काव्य

(अ) पृष्ठभूमि और संक्षिप्त रूपरेखा

(आ) प्रेमाख्यानक कवि

(जानकवि एवं दुखहरनदास)

10. रीति-प्रवृत्तियों की छाया में पलने वाला काव्य एवं उसके अध्ययन की दिशा—

(अ) प्रेमाभक्ति की अभिव्यक्ति : पृष्ठभूमि और रूपरेखा

(आ) प्रमुख रूप से रीति और गौड़त:

प्रेमाभक्ति के कवि—

(सेनापति, बेनी, चिन्तामणि, बिहारीलाल, मतिराम, कुलपति, बृन्द, देव, कालिदास, त्रिवेदी, उदयनाथ कवीन्द्र, महाराज, बुधसिंह, राजसिंह, सुरति मिश्र, श्रीपति, सोमनाथ, आलम एवं भिखारीदास)

षष्ठ अध्याय—18वीं शती के ब्रजभाषा के प्रेमाभक्ति-काव्य का साहित्यिक विश्लेषण और मूल्यांकन

1. प्रेमाभक्ति काव्य की तीन परम्पराएँ : संक्षिप्त परिचय
2. नित्य-विहारोपासकों द्वारा सृजित काव्य

(अ) रूप-चित्रण

(रूप-चित्रण की दृष्टि से राधा-सीता का महत्त्व, युगल-सौन्दर्य, कृष्ण या राम का सौन्दर्य, प्रियारूप चित्रण (वस्तुपरक सौन्दर्यांकन, नेब, नारी के अन्य अंग, सौन्दर्य का अनुभूतिपरक चित्रण)

(आ) आकर्षण और प्रेम—

(नायक का अनुराग, युगलरूप का परस्पर आकर्षण, नायिका में आकर्षणजन्य विह्वलता का अभाव)

(इ) मिलनाकुलनता

(ई) विरह और भान–
(विरह-दशा का अभाव, प्रणयमान की स्वीकृति, सखियों द्वारा मानमोचन)
(उ) विहार-क्रीड़ाएँ
(अभिसार, मिलनकाल के हास-परिहास, अभिसार के मासल और ऐन्द्रिक चित्र, सुरतान्त एवं जागरण)
(ऊ) सहचरी-सेवा
(ए) सिद्धान्त-कथन

3. ब्रज-लीला (आवरण-लीला) गायकों द्वारा सृजित काव्य–
(निकुंज-लीला और ब्रज-लीला का अन्तर)
(अ) रूप-चित्रण–
(कृष्ण का रूप-सौन्दर्य और उसका प्रभाव, नायिका-रूप-चित्रण)
(आ) नायिका-भेद
(इ) आकर्षण और मिलनेच्छा
(ई) मिलन और अभिसार की लीलाएँ
(रास-लीला, जलक्रीड़न, होली)
(उ) विरह
(पूर्वराम, प्रवास, मान, प्रेम-वैचित्र्य)
(ऊ) उपालम्भ
(ए) बाल-लीलाएँ
(ऐ) सिद्धान्त-कथन

4. सन्त-परम्परा के अन्तर्गत रचा गया प्रेमाभक्ति-काव्य
(प्रेम-प्रतीक-भावधारा, सगुण-लीला से प्रेम-प्रतीकवाद का अन्तर, संसार के प्रति वैराग्य, ईश्वर के प्रति राग, उपमानों और प्रतीकों का प्रयोग, शान्त एवं दास भावों की अभिव्यक्ति)

5. ब्रजभाषा-प्रेमाभक्ति-साहित्य का मूल्यांकन
(अ) मूल्यांकन-निकष
(आ) पूर्ववर्ती भक्तिकाव्य से तुलना–
(पिष्टपेषण, लीला का सीमित क्षेत्र और परिणाम, सम्प्रदाय- निष्ठा का दबाव, युगलोपासना की प्रवृत्ति,

सिद्धान्त-कथन का आधिक्य, भक्ति-आवेग की शिथिलता, अलंकृत अभिव्यंजना)

(इ) समसामयिक रीतिकाव्य से तुलना—
(शिल्प की समानता, प्रेमाभक्ति के नायिका भेद आदि प्रसंगों पर काव्यशास्त्र का प्रभाव, रीतिकाव्य से भिन्नता, कवियों का बाहुल्य और उसके कारण वैयक्तिक एवं सामूहिक रूप से प्रेमाभक्ति की रचनाओं का प्रचुर परिणाम और उसके कारण, अभिव्यंजना-संयम का अभाव, आलोच्य काव्यकला-सौष्ठव में अपेक्षाकृत शिथिल, समीक्ष्य काव्य एवं रीतिकाव्य में प्रत्यक्ष सम्बन्ध, प्रभाव-ग्रहण की प्रक्रिया, प्रस्तुत काव्य का महत्त्व)

सप्तम अध्याय—उपसंहार

1. अध्ययन की उपलब्धियाँ—

(क) प्रबन्ध में प्रयुक्त शब्द-संक्षेप-सूची

(ख) सहायक-ग्रन्थ-सूची

प्रथम अध्याय

मध्यकालीन भक्ति : नया आन्दोलन और अग्रणी व्यक्तित्व

उत्तर भारत में भक्ति का नया आन्दोलन

विद्वानों ने भागवत धर्म एवं भक्तिमार्ग की प्राचीनता के पर्याप्त प्रामाणिक विवरण प्रस्तुत किये हैं।[1] इस सम्बन्ध में विस्तृत विवेचन में न जाकर हम इतना ही कहना चाहते हैं कि भक्तिमार्ग को केवल भागवत (वैष्णव) धर्म के साथ एकात्म करके नहीं देखा जाना चाहिए। शैव, शाक्त, जैन, बौद्ध, तन्त्र, योग आदि सम्प्रदायों की साधना-प्रणालियों में भी भक्ति किसी-न-किसी रूप में प्रकाशित होती रही है। हमें लगता है कि भक्ति-भाव अन्तःसलिला के रूप में इस देश के लोक-जीवन में बराबर प्रवाहित रहा है और अवसर पाते ही उसके सोते फूटते रहे हैं। पर इतना अवश्य है कि भागवत धर्म के साथ भक्ति का सम्बन्ध प्रारम्भ से ही अधिक घनिष्ठ रहा है। सम्भवतः भागवत धर्म की लोकोन्मुखता ने उसे सदैव अधिक प्रश्रय एवं महत्त्व दिया है।[2]

संवत् 1000 के आसपास से मध्य देश की स्मार्त आचार-परायण भूमि में आलवारों की भावभक्ति एवं प्रेम-प्रतीकवाद आचार्यों के शास्त्र-सिद्ध व्यक्तित्व के सहारे पहुँचते हैं। पूर्वी भारत की महायान-भक्ति और तन्त्र-साधनाओं, गुह्य-उपासनाओं के सम्मिलन से विकसित सहजिया से वैष्णव-तत्त्व का प्रेममार्ग एवं परकीयोपासना (जो आगे चलकर गोपी भाव का रूप धारण करती है) भी इसी में आ जुड़ते हैं। इसी काल में पश्चिमोत्तर भारत से प्रेम की पीर के गायक सूफ़ी भी इस देश में अपने सिद्धान्तों का प्रचार करते हैं। तुर्क सुल्तानों के समय इन सूफ़ियों के कार्यों को काफी व्यापकता और सफलता प्राप्त हुई थी। इसी समय मुसलमानों के आक्रमण भी होते हैं और कुछेक समय के लिए लगा कि यह दुर्दान्त शक्ति भारतवर्ष के श्रेष्ठतम को कुचलकर रख देगी। ऐसी दशा में इस अनुभव-वृद्ध देश के जन को श्रद्धा एवं भक्ति ने इस झंझावात के समक्ष खड़ा रह सकने की शक्ति प्रदान की। एक पाँचवाँ तत्त्व भी

इसी काल में इस परम्परा में आ जुड़ता है। राधा एवं कृष्ण की प्रेम-लीलाओं की साहित्यिक परम्परा धर्म-भावना के अन्दर स्थान पा जाती है और यह लीलावाद उपर्युक्त समन्वय से अद्भुत प्रेम-प्रधान भक्ति को अपूर्व रस-निर्भर बना देता है।

यहीं पर एक और तथ्य की ओर ध्यान दिला देना उचित होगा कि इस युग की संस्कृति मन्दिरों को केन्द्र बनाकर बढ़ रही थी। प्रत्येक गाँव एवं मुहल्ले में छोटे-बड़े अनेक मन्दिर विविध देवी-देवताओं के हुआ करते थे। ये मन्दिर एक प्रकार के विकेन्द्रीकरण के द्योतक थे।[3] बौद्ध विहारों में सामूहिक रूप से निवास, प्रार्थना एवं पूजन होता था, पर इन स्मार्त मन्दिरों में वैयक्तिकता एवं सामूहिकता का अपूर्व समन्वय था। उनमें रहता कोई नहीं था, पूजन भी वैयक्तिक था, परन्तु उत्सव, व्रत एवं श्रद्धा सामूहिक थी। परिणामस्वरूप जब बख़्तियार ख़िलजी जैसे मुसलमानों ने बौद्ध विहारों पर आक्रमण किया तो उन विहारों की विनष्टि के साथ ही बौद्ध धर्म को भी सांघातिक आघात लगा, पर मन्दिरों को तोड़ने के बाद भी मुसलमान न तो मन्दिरों के निर्माण का क्रम तोड़ सके और न मन्दिरों पर श्रद्धा रखने वाले जन की श्रद्धा को नष्ट कर सके। यह द्रष्टव्य है कि भारत के अधिकांश श्रेष्ठतम मन्दिर इसी युग में बनते हैं। खजुराहो, कोणार्क, भुवनेश्वर हलेबीद, बेलूर आदि के मन्दिर ग्यारहवीं शताब्दी के बाद ही बने हैं।

विक्रम की 15वीं शताब्दी तक आते-आते तुर्कों के शासन का अन्त दिखाई पड़ने लगता है। मुसलमानों की अजेयता को इससे भारी धक्का लगता है तथा इस देश के हिन्दू के मन से मुसलमानों का आतंक उठने लगता है। यह तथ्य इस अर्थ में अत्यधिक महत्त्वपूर्ण है कि हिन्दुओं में इससे एक नये आशावाद एवं उत्साह का जन्म हुआ। इस उत्साह के मध्य ही 15वीं-16वीं शताब्दियों में भक्ति का नवोत्थान हमें प्राप्त होता है। उपर्युक्त तथ्य इस अर्थ में भी महत्त्वपूर्ण है कि हिन्दू-मुसलमानों के मध्य पारस्परिक बोध भी इस कारण बढ़ता है एवं सूफ़ीमत को फैलने-बढ़ने या प्रभावित करने अथवा प्रभावित होने का अवसर मिलता है। नये बने मुसलमानों के कारण यह प्रक्रिया और अधिक गति प्राप्त करती है।[4]

यहीं पर एक और तथ्य याद कर लेना आवश्यक है। बौद्ध धर्म ने अपनी अन्तिम परिणतियों में लोकाकर्षण का रास्ता ग्रहण किया था।[5] विशेष रूप से समाज की निम्न श्रेणियों में इसने आध्यात्मिक आकांक्षाएँ उत्पन्न कर दी थीं; उनमें आत्मविश्वास का गौरव भी स्थापित हो गया था। इस प्रकार नीची कही जाने वाली जातियाँ एक प्रकार की समानता की इच्छा प्रकट करती हैं। एक विचित्र अन्तर्विरोध इस युग में दिखाई पड़ता है : एक ओर तो जाति-पाँति एवं कौलीन्य-भाव की जकड़बन्दी होती है और दूसरी ओर ये तथाकथित नीची जातियाँ ऊपर आने या समानता के स्तर की घोषणा करती हैं। इस अन्तर्विरोध में भक्ति-भाव को गति मिली है—क्योंकि भक्ति ने कौलीन्य को चोट पहुँचाए बिना कम-से-कम धर्म और प्रेम (भक्ति) के क्षेत्र में

सबको समान मान लिया। मध्यकाल की दृष्टि से यह समानता साधारण नहीं है। इसी समय मुसलमानी आक्रमणों ने एक और समानता स्थापित की। उनके अत्याचारों के शिकार छोटे-बड़े, ऊँचे-नीचे सभी हुए। इस प्रकार की स्थिति में यह अनिवार्य हो गया था कि जो भी साधना-मार्ग उदित हो, वह व्यापक जीवन को समेटने वाला हो।

15वीं-16वीं शताब्दियों में नये आवेश से जगने वाले भक्तिमार्ग में प्रेम की यह साधना सारे लोक-जीवन के लिए ग्रहणीय शक्ति बनकर उदित होती है। समन्वय एवं सामंजस्य की प्रवृत्तियों से ओत-प्रोत इस समाज में भक्ति का यह मार्ग सगुण को स्वीकार करने के बाद भी निर्गुण का प्रत्याख्यान नहीं करता एवं निर्गुण रंग की बात उठाकर उसे प्रियतम या मालिक के अनेक गुणों से विभूषित भी कर देता है। यहाँ पर शर्त केवल एक रह जाती है—प्रेम। जैसे भी बने प्रेम होना चाहिए, इसके अतिरिक्त भक्तिकाल का कुछ भी काम्य नहीं रह जाता। जप, तप, तीर्थ, व्रत, धर्म, अर्थ, काम, मोक्ष, ज्ञान, वैराग्य सब इसी ओर उन्मुख हैं। आदर्श है—'रीझि मजो या खीझि।' प्रेम ही मुक्ति-प्राप्ति का एक साधन था तथा प्रेम के द्वारा ही ऊँच-नीच तथा जाति-पाँति का भेद मिटाया जा सकता था। भक्ति-आन्दोलन का ध्येय न केवल आध्यात्मिक उन्नति था, वरन् सामाजिक उत्थान भी था। बल्कि कहना यों चाहिए कि भक्तिकाल में आध्यात्मिक उन्नति एवं सामाजिक उत्थान, दोनों ही पर्यायवाची-से बन गये थे। इसी कारण छोटे, उपेक्षित, अपढ़, निर्धन एवं अकुलीन भी इस युग में पूज्य बने। ध्यान रहे कि जुलाहे कबीर, अन्धे सूरदास, निर्धन-तिरस्कृत तुलसीदास, बेलीक चलने वाली मीरा किन्हीं सिद्धियों, चमत्कारों या डाँट-फटकार के कारण श्रद्धेय नहीं बनते। ये सभी प्रभु, प्रभु-युग एवं प्रभु-सेवा और प्रभु-प्रेम के गुण गाकर ही सामान्य जन का हृदय जीत सके थे। आल्हखण्ड में एक पंक्ति आती है—जननी ऐसा बेटा जनिये, कै सूरा कै भक्त कहाय।[6] (माँ, ऐसा पुत्र उत्पन्न करो जो या तो शूर कहलावे या भक्त) यह पंक्ति उस दृष्टिकोण को पूरी तरह व्यक्त कर रही है जो भक्ति को शूरवीरता (वह भी मध्यकाल की वीरता) के समकक्ष स्वीकार करता है।

प्रेम के इस प्रसंग में हम यह याद दिला देना आवश्यक समझते हैं कि ऊपर जिन तत्त्वों के आधार पर मध्य देश के क्षेत्र में भक्ति के बीज-वपन की चर्चा कर रहे हैं, वे सब प्रेम पर ही बल देने वाले हैं। पूर्वी भारत में तन्त्र-मत एवं वैष्णव-मत का समन्वय जिस महायान भूमि पर हुआ था, उसमें भी प्रेम का अतिशय महत्त्व था। अनेक प्रकार की यौन-यौगिक क्रियाएँ उससे सम्बन्धित थीं। दक्षिण की आलवार भक्ति में प्रेम का भाव अत्यन्त समृद्ध था ही तथा सूफ़ी-साधना प्रेम की पीर के प्रचारक-रूप में प्रसिद्ध ही है। राधा-कृष्ण लीला की साहित्यिक परम्परा भी रति-भावना के ही आधार पर खड़ी थी। इधर स्मार्त विचारधारा में श्रद्धा और उदारता का जो अंश है, उसने इन सभी प्रेम-प्रभावों को ग्रहण करने में सहायता दी। 15वीं शती में भक्ति के नये आन्दोलन[7] में प्रेमाभक्ति का स्वर अत्यन्त प्रबल

रूप ग्रहण करता है। परिणामस्वरूप इस युग में प्रेमाभक्ति के अनेक सम्प्रदाय एवं उसके प्रचारक कृती एवं साधक महात्मा उभरते दिखाई देते हैं। ये महात्मा ही इस आन्दोलन का नेतृत्व करते हैं।

15वीं-16वीं शती के भक्ति क्षेत्र में अग्रणी व्यक्तित्व : जीवनी, रचनाएँ तथा सम्प्रदाय-प्रतिष्ठापन

कैसा भी जन-आन्दोलन क्यों न हो, कोई-न-कोई प्रतिभाशाली उस जन-शक्ति का नेतृत्व करता हुआ उसे लक्ष्य तक ले जाता है। रामानन्द, वल्लभ, चैतन्य, हित हरिवंश, हरिदास, हरिव्यास आदि इस नब-जाग्रत शक्ति के अग्रदूत बने। यहीं पर यह भी ध्यान में रखने की बात है कि काशी और राजस्थान निर्गुण-भक्ति के केन्द्र बने या फिर सगुण मर्यादावाद के। सम्भवतः शैव-नाथपन्थियों के गढ़ ये स्थान थे, अतः निर्गुण-भक्ति इनका स्वाभाविक विकास सिद्ध हुई, राम उनकी भक्ति के आलम्बन बने। धुर पूरब बंगाल में सहजिया तान्त्रिक साधना की पृष्ठभूमि में विकसित होने वाले वैष्णव मतवाद का प्रेमतत्त्व परकीयोन्मुख हुआ। राधा-कृष्ण के रूप को अपनाकर ब्रज प्रदेश (मथुरा-वृन्दावन) राधा-कृष्ण की भक्ति का प्रमुख केन्द्र एक बार पुनः बना (ई.पू. शूरसेन प्रदेश में सात्वत या भागवत धर्म का जोर था, ऐसा भण्डारकर, राय चौधरी आदि सभी विद्वानों को मान्य है)।[8] वल्लभ, चैतन्य, हित हरिवंश, हरिदास आदि के सम्प्रदाय और साधनाएँ यहीं पुष्पित-पल्लवित हुईं। उत्तर भारत में भक्ति-प्रसार में चतुः सम्प्रदायों के योग के प्रति कुछ असन्तुलित एवं अत्युक्तिपूर्ण दृष्टिकोण रहा है। यह योगदान अपने आपमें एक स्वतन्त्र अध्ययन का विषय है, इसलिए विस्तार में न जाकर हम मात्र इतना कहना चाहते हैं कि निम्बार्क-सम्प्रदाय को छोड़कर और किसी सम्प्रदाय की ब्रज में अवस्थिति वल्लभ-चैतन्य आदि के पूर्व की प्राप्त नहीं होती। रामानुज की परम्परा काशी में मिलती अवश्य है, परन्तु रामानन्द के पहले वह एकदम क्षीण थी तथा रामानन्द शुद्ध रामानुजी कितने रहे, यह काफी विवाद की बात है। कुछ लोग तो उन्हें एकदम पृथक् मानते हैं, जो रामानुज के साथ उन्हें सम्बन्धित करते भी हैं, वे भी केवल दर्शन के क्षेत्र में बाकी उपासना-पद्धति, आचार-व्यवहार, तिलक, माला और मन्त्र में उनकी भिन्नता स्वीकार्य है।

निम्बार्क के बारे में भण्डारकर[9], परशुराम चतुर्वेदी[10], बलदेव उपाध्याय[11] आदि सभी विद्वानों ने इस बात की ओर ध्यान दिलाया है कि उनके सम्प्रदाय का प्रसार ब्रज प्रदेश (राजस्थान भी) तथा बंगाल में ही अधिक हुआ, दक्षिण में वह नितान्त नगण्य रहा। बलदेव उपाध्याय ने तो स्पष्ट संकेत किया है—

"उत्तर भारत में विशेषकर मथुरा-मण्डल में ही इन वैष्णवों की स्थिति निम्बार्क का सम्बन्ध ब्रज-मण्डल में ही जोड़ती है।"[12] हम समझते हैं कि यह बात काफी महत्त्वपूर्ण

है। यह सम्प्रदाय उत्तर भारत की ही देन है। रामानुज के सिद्धान्त के आधार[13] पर उत्तर भारत के अनुकूल विकसित इस सम्प्रदाय को दक्षिण के साथ जोड़ना उचित नहीं है। भले ही निम्बार्क दाक्षिणात्य रहे हों पर उनका सम्प्रदाय उसी प्रकार उत्तर भारत का है, जैसे दाक्षिणात्य वल्लभ का सम्प्रदाय भी उत्तर का ही था। हम कहना चाहते हैं कि निम्बार्क और रामानन्द ये दो प्रारम्भिक सेतु हैं जिन्होंने भक्ति के क्षेत्र में दक्षिण और उत्तर को मिलाया है। दर्शन-ज्ञान के क्षेत्र में शंकराचार्य पहले ही सेतु बन चुके थे। आगे वल्लभाचार्य एवं चैतन्य महाप्रभु ने अपने को विष्णु स्वामी एवं माध्व से सम्बन्धित किया है। पर यह केवल प्रामाणिकता के लिए है, अन्यथा जैसा कि डॉ. विजयेन्द्र स्नातक ने भी कहा है कि नये सम्प्रदाय चतुःसम्प्रदायों से अपनी प्रतिभा में नितान्त पृथक् हैं।[14] प्रदेश-विशेष की स्थिति के साथ भक्ति-साधना में कुछ विभेद हो जाना असम्भव या अनुचित भी नहीं है। आगे हम उत्तर भारत के प्रमुख वैष्णवाचार्यों का संक्षिप्त जीवन-विवरण उपस्थित कर रहे हैं। इस विवरण से उस समय की साधना-दिशा के परिचय के साथ ही यह भी ज्ञात हो सकेगा कि इन लोगों ने कितना महान कार्य सम्पादित किया था।

निम्बार्काचार्य

यथेष्ट ऊहापोह होने के बाद भी अब तक निम्बार्क का समय निश्चित नहीं हो पाया है। एक ओर बलदेव उपाध्याय तथा निम्बार्क-मतानुयायी अनेक आधुनिक विद्वान उन्हें वैष्णव सम्प्रदायों में प्राचीनतम मानते हैं।[15] दूसरी ओर भण्डारकर ने (और उनके ही अनुरूप परशुराम चतुर्वेदी, दीनदयालु गुप्त, हरवंश लाल शर्मा आदि हिन्दी के विद्वानों ने भी) उनका समय 1162 ई. के आसपास, रामानुज के बाद, माना है। इनकी भक्ति-पद्धति पर रामानुज का स्पष्ट प्रभाव भण्डारकर को मान्य है।[16] यदि राधा नाम को उन्होंने सबसे पहले प्रमुखता दी है तो उससे यह सूचित होता है कि निम्बार्क बहुत पहले के नहीं थे।[17] इस अर्थ में वे सर्वप्रथम आचार्य अवश्य हो जाते हैं कि राधा-कृष्ण की भक्ति उत्तर भारत में उनके द्वारा ही प्रचारित हुई। उन्हीं की शिष्य-परम्परा में आगे चलकर हरिव्यास देव (सं. 1600 के आसपास) ने निम्बार्क सम्प्रदाय को अत्यधिक उन्नत किया। विद्वानों ने उन्हें बेलारी जिले के निम्बपुर ग्राम में उत्पन्न तैलंग ब्राह्मण माना है। उनके पिता का नाम जगन्नाथ था तथा माता का सरस्वती। जन्मतिथि वैशाख शुक्ल तृतीया बताई जाती है।

मध्ययुग चमत्कारों का युग था। हर साधु-महात्मा एवं महापुरुष के साथ अनेक चमत्कारी कथाएँ जुड़ जाया करती थीं। निम्बार्क के साथ भी एक कथा जुड़ी हुई है कि नीम के वृक्ष पर इन्होंने सुदर्शन चक्र का आह्वान कर लिया था जिससे कुछ उपासक सूर्यास्त के बाद भी भोजन कर सकें। तभी से इनका नाम निम्बार्क या

निम्बादित्य पड़ गया था। गोवर्धन के निकट इस स्थान का नाम आज भी निम्ब ग्राम है। निम्बार्क के दो ग्रन्थ मुख्य कहे जाते हैं—वेदान्त-पारिजात-सौरभ तथा दशश्लोकी।[18] इस सम्प्रदाय को हंस, सनक या देवर्षि सम्प्रदाय भी कहते हैं। आगे निम्बार्क की परम्परा में तीसवें आचार्य केशव काश्मीरी ने गीता और ब्रह्मसूत्रों पर पुनः भाष्य लिखे। 31वें आचार्य श्री भट्ट ने हिन्दी में रचना की[19] तथा 32वें आचार्य श्री हरिव्यास देव ने अपनी संगठन-शक्ति के बल पर सम्प्रदाय का अभिनवीकरण भी किया। हरिव्यास देव के महत्त्वपूर्ण योगदान के कारण इसे हरिव्यासी सम्प्रदाय भी कहा जाने लगा।[20] निम्बार्कीय सम्प्रदाय की देन हिन्दी को अत्यन्त महत्त्वपूर्ण है। आगे चलकर घनानन्द, रूपरसिक देव, रसिक गोविन्द जैसे श्रेष्ठ कवि निम्बार्क मतानुयायी हुए हैं।

कृष्ण की 'अनुरूप सौभगा' राधा को निम्बार्क मत सामने लाया, यह इस सम्प्रदाय की बहुत बड़ी देन कही जाती है। (यद्यपि यह बात काफी विवादास्पद है।) पर माधुर्य-भावना का पूर्ण विकास सम्भवतः बाद में इस सम्प्रदाय में हुआ और वह भी कभी उस सीमा तक नहीं पहुँचा जिस तक सखी, राधावल्लभीय या गौड़ीय-वैष्णव सम्प्रदाय में वह पहुँच सका। माधुर्य के साथ ही अन्य भावों को भी निम्बार्क-सम्प्रदाय के आचार्यों ने मान दिया है।[21] परन्तु कृष्ण के प्रति अनन्य भक्ति का उपदेश स्वयं निम्बार्क ने पहले ही दिया था—

नान्यागतिः कृष्णपदारविन्दात्
संदृश्यते ब्रह्मशिवादिवंदितात्।
भक्तेच्छयोपात्त-सुचिन्त्यविग्रहा-
दचिन्त्यशक्तेरविचिन्त्य साशयात्॥

(दशश्लोकी, श्लोक, 8)

परन्तु यहीं पर हम उस विवाद की ओर इंगित कर देना चाहते हैं जो दशश्लोकी को लेकर है। विद्वानों का एक वर्ग दशश्लोकी को निम्बार्ककृत नहीं मानता। आचार्य हजारी प्रसाद द्विवेदी ने भी उसके 19वीं शती की रचना होने का सन्देह किया है।[22] दूसरी ओर सम्प्रदाय के विद्वान तथा पं. परशुराम चतुर्वेदी,[23] 'बलदेव उपाध्याय'[24] आदि उसे निम्बार्ककृत स्वीकार करते हैं। दोनों ही पक्षों में पुष्ट प्रमाणों का अभाव है। परन्तु इतना निश्चित् है कि इनके वेदान्त-पारिजात-सौरभ और दशश्लोकी की भावना के मध्य कोई सम्बन्ध ज्ञात नहीं होता। दशश्लोकी में राधा और कृष्ण की भक्ति का विह्वल आह्वान है, पर वेदान्त-पारिजात-सौरभ में रमाकान्त, पुरुषोत्तम, वासुदेव आदि नाम तो आते हैं पर कृष्ण का नाम नहीं आता।[25] राधा और कृष्ण की रसपरक लीलाओं की गन्ध भी इस भाष्य में नहीं है। परन्तु केवल इसी आधार पर दशश्लोकी को नितान्त परवर्ती रचना भी नहीं कहा जा सकता। इस सम्बन्ध में और अधिक अनुसन्धान की आवश्यकता है। निम्बार्क के श्रीकृष्ण स्तव-राज, प्रयत्न

कल्पवल्ली मन्त्र-रहस्य षोडशी आदि जिन ग्रन्थों को निम्बार्ककृत बताया गया है, अब वे अधिकांश परवर्ती या अन्य ग्रन्थों के अंश सिद्ध किये जा चुके हैं।[26]

रामानन्द

भक्ती द्राविड़ ऊपजी, लाये रामानन्द।
परगट किया कबीर ने, सप्तदीप नवखण्ड॥

इस कथन से इतना तो पता चलता ही है कि बहुत पहले से ही भक्ति का सम्बन्ध दक्षिण भारत से मान लिया गया था।[27] इधर विविध वैष्णवाचार्य एवं भक्तों के सम्बन्ध में जो अनुसन्धान हुए हैं, उनसे यह पता चलता है कि उत्तर भारत में वैष्णव साधना का पहला केन्द्र काशी में श्री वैष्णवों का बना। दक्षिण से भक्ति रामानन्द के गुरु राघवानन्द लाये थे परन्तु सम्भवतः दक्षिण की परिस्थितियों में पले-पुसे राघवानन्द उत्तर भारत की मनोवृत्ति के अनुकूल नहीं बन पाये थे, फिर भी अपने विद्रोही शिष्य रामानन्द को अलग सम्प्रदाय चलाने की आज्ञा देकर उन्होंने एक समुचित कार्य किया था। स्वामी राघवानन्द के बारे में कुछ विशेष ज्ञात नहीं है, परन्तु किंवदन्तियों आदि से यह पता चलता है कि वे वैष्णव आचार्य होने के साथ ही योग-विद्या में भी निष्णात थे। रामानन्द ने भी सम्भवतः अपने गुरु से योग-साधना सीखी होगी। काशी उन दिनों शैवमत का अखाड़ा भी था, अतः यह समझने में कुछ कठिनाई नहीं होनी चाहिए कि वैष्णवों को भी उस चमत्कारिक युग में अपना स्थान सुरक्षित रखने के लिए योग-क्रियाओं से परिचित अवश्य होना पड़ा होगा। इस पृष्ठभूमि में रामानन्द एवं उनके शिष्यों की निर्गुण उपासना सहज समझ में आने वाली है। रामानन्द से ही यह योग-परम्परा समाप्त नहीं हो जाती। ऐसा लगता है कि राघवानन्द-रामानन्द सम्प्रदाय को प्रारम्भ से ही शैव नाथपन्थियों से लोहा लेना पड़ा और फिर धीरे-धीरे इन्होंने उनको अपने भीतर आत्मसात् भी किया। डॉ. जी. एस. घुर्ये ने श्री कृष्णदास पवहारी की दास, तारानाथ आदि कथाओं का विश्लेषण करते हुए कहा है कि इस प्रमुख साधु की जीवन-विधि इस बात का उदाहरण है कि कैसे वैष्णवों, विशेषकर रामानन्दी वैभवों द्वारा शैव सम्प्रदायों, विशेष रूप से नाथपन्थियों, के बीच एक धीमी किन्तु दृढ़ रोपण-प्रक्रिया (प्रॉसेस ऑफ़ ट्रान्सप्लाण्टेशन) चलाई जा रही थी।[28] यानी कि योगमार्ग के वृक्ष पर भक्ति की क़लम लग रही थी। राघवानन्द की साधना योग और भक्ति का समन्वित रूप है।[29] बहुत सम्भव है कि वैष्णव पन्थों ने मध्यकालीन योग-उपासकों को भी अपने में सम्मिलित कर अपने सम्प्रदाय को अधिक लोकप्रिय तथा व्यापक बनाया होगा।[30]

जन्म—स्वामी रामानन्द के जन्म को लेकर विद्वानों में काफी मतभेद है। भण्डारकर उनका समय 1300 ई. के आसपास मानते हैं।[31] परशुराम चतुर्वेदी ने भी

उन्हें 1299 ई. में उत्पन्न माना है।[32] रामानन्द-सम्प्रदाय पर विशेष खोज करने वाले डॉ. बदरीनारायण श्रीवास्तव ने भी उन्हें संवत् 1356 से 1467 (1299 ई. से 1410 ई.) तक माना है।[33] गुरु-परम्परा के आधार पर पं. रामचन्द्र शुक्ल ने उन्हें स्थूल रूप में विक्रम की 15वीं शती के चतुर्थ तथा 16वीं शती के तृतीय चरण के भीतर स्वीकार किया है।[34] श्री बलदेव उपाध्याय ने भी सं 1567 के आसपास तिरोधान-समय मानकर शुक्ल जी का ही समर्थन किया है।[35] विल्सन ने भी भण्डारकर इत्यादि के मत को असंगत बताते हुए उन्हें 14वीं शताब्दी के अन्त या 15वीं शताब्दी के प्रारम्भ के पूर्व नहीं माना।[36] हमारा विचार है कि शुक्ल जी एवं उपाध्याय जी के निर्णय अधिक तर्कसंगत है। नाभादास के जिस छप्पय के आधार पर भण्डारकर इत्यादि ने अपने निर्णय किये हैं, उसकी गुरु-परम्परा अधूरी है। इसके अतिरिक्त यदि रामानन्द को इतना पहले रखें तो फिर कबीर आदि उनके शिष्य नहीं सिद्ध होते और इस प्रकार उनका वह महत्त्व भी नष्ट हो जाता है जो लोक-परम्परा एवं शास्त्रज्ञ विद्वान दोनों के माध्यम से सुरक्षित चला आ रहा है। इसके अतिरिक्त रामार्चन-पद्धति को रामानन्द जी की प्रामाणिक कृति मान लेने के बाद कोई कारण शेष नहीं रहता कि स्वयं उनके द्वारा दी गयी गुरु-परम्परा को अस्वीकार किया जाये। इस परम्परा के अनुसार रामानुज की 14वीं पीढ़ी में रामानन्द जी का आविर्भाव हुआ। रामानुज का तिरोधानकाल वि. 1164 या 1196 माना जाता है। अतः इस प्रकार उन्हें विक्रम की 15वीं शती के उत्तरार्द्ध में मानना असंगत सिद्ध नहीं होता।

रामानन्द जी के जीवन का कोई प्रामाणिक विवरण उपलब्ध नहीं होता परन्तु अगस्त्य-संहिता एवं भक्तमाल के आधार पर इन्हें पुण्य सदन शर्मा एवं सुशीला देवी का पुत्र माना गया है। वे कान्यकुब्ज ब्राह्मण थे तथा प्रयाग के निकट इनका जन्म हुआ था। जीवन में इन्होंने लम्बी यात्राएँ की थीं। इन यात्राओं ने भी सम्भवतः इनके मन पर समानता-सिद्धान्त का तर्क बिठाया होगा। डॉ. बदरीनारायण श्रीवास्तव का अनुमान है, "रामानन्द ने तीर्थों का भ्रमण करके ही अपने दृष्टिकोण को युगधर्म के अनुकूल बना लिया था।"[37] अनुमान है कि तीर्थाटन से लौटने पर गुरु-मठ में उनके गुरुभाइयों ने उनके साथ भोजन करने में आपत्ति की होगी। उनका अनुमान है कि अपनी तीर्थयात्रा में रामानन्द ने अवश्य ही खान-पान सम्बन्धी छुआछूत का कोई विचार न किया होगा। अपने शिष्यों का यह आग्रह देखकर गुरु राघवानन्द को एक नूतन सम्प्रदाय चलाने की आज्ञा दी। यह आज्ञा शिष्य के महत्त्व को तो सूचित करती ही है, उस गुरु के महत्त्व को भी सूचित करती है जो शिष्य की स्वाधीन चिन्ता का मूल्य समझता है। यह अनुमान असंगत न होना चाहिए कि रामानन्द में जो आकाशधर्मी गुरुत्व आया, जिसके नीचे सगुण-निर्गुण सभी मतवाद पनप सके, उसकी एक बड़ी प्रेरणा स्वयं उनके अपने गुरु का आकाशधर्मित्व है। कहते हैं कि मध्ययुग की समग्र स्वाधीन चिन्ता के गुरु रामानन्द ही थे।[38]

दक्षिण भारत की विधि-निषेधपरक जटिल समाज-व्यवस्था के बीच रामानुजाचार्य ने कम उदारता नहीं दिखाई थी।[39] पर उत्तरी भारत के शैवों एवं सारी समाज-व्यवस्था तथा वैदिक मान्यताओं को लात मारने वाले अन्तिम बौद्धों को आत्मसात् करने के लिए अधिक उदार भक्ति की आवश्यकता थी। रामानन्द ने उसको और अधिक सर्वजन-सुलभ बनाया। रामानुज ने ब्राह्मण-श्रेष्ठता को सुरक्षित रखते हुए भी भक्ति का द्वार हजारों लोगों के लिए उन्मुक्त किया था। रामानन्द ने उस श्रेष्ठता को भी समाप्त कर दिया। हिन्दी साहित्य की भूमिका में आचार्य हजारी प्रसाद द्विवेदी ने भारतीय मध्ययुगेरसाधना से रामानुज हरिवर दास की हरि भक्ति-प्रकाशिका (भक्तमाल की टीका) का लगभग 100 वर्ष पूर्व लिखा यह मत उद्धृत किया है—रामानन्द ने देखा कि भगवान के शरणागत होकर जो भक्ति के पथ में आ गया, उसके लिए वर्णाश्रम का बन्धन व्यर्थ है, इसीलिए भगवद्भक्त को खान-पान के झंझट में नहीं पड़ना चाहिए। यदि ऋषियों के नाम पर गोत्र और परिवार बन सकते हैं तो ऋषियों के भी पूजित परमेश्वर के नाम पर सबका परिचय क्यों नहीं दिया जा सकता? इस प्रकार "सभी भाई-भाई हैं, सभी एक जाति के हैं। श्रेष्ठता भक्ति से होती है, जन्म से नहीं।"[40] रामानन्द ने इस आदर्श को लेकर जीवन में सभी वर्गों को दीक्षा दी।[41] उसका परिणाम भी सामने है, उत्तर भारत में रामानन्दी वैरागियों की संख्या सबसे अधिक है और उनके इष्ट देवता राम उत्तर भारत के सबसे अधिक प्रेरक देवता साक्षात् भगवान हैं। उनके महान और गत्वर व्यक्तित्व से अनुप्रेरित उत्तर भारत के दो श्रेष्ठतम साधक, भक्त, कवि एवं कल्याणकामी कबीर और तुलसी की विभूति से कौन परिचित नहीं है? एक उस निर्गुण-भक्तिभावधारा का प्रतीक और प्रतिनिधि है जिसे रामानन्द ने अपनी योग-साधना और भक्ति-साधना के समन्वय द्वारा नाथपन्थियों को आत्मसात् करने में प्रयुक्त किया था और दूसरा राम-सीता के उस सगुण आदर्श स्वरूप का पूजक है जिसे रामानुज के लक्ष्मीनारायण से हटकर राम-सीता के रूप में प्रतिष्ठापित किया गया था। एक राम को दसरथ-सुत मानता है, दूसरा उनको 'आनमर्म' बताता है।

रामानन्द के जीवन का कोई प्रामाणिक विवरण उपलब्ध न होने पर भी ऐसा लगता है कि वे सदैव जिज्ञासु एवं प्रभाव-ग्रहण के प्रति अत्यधिक उदार रहे हैं। साथ ही हरि को भजने वाली बात मूल में सदैव विद्यमान रही। भक्ति को उन्होंने रामानुजाचार्य की भाँति मात्र उपासना तक ही नहीं प्रेम और भजन के वास्तविक अर्थों में प्रतिष्ठित करने में सहायता दी। योगमार्ग और ज्ञान का उन्होंने तिरस्कार नहीं किया पर भक्ति का अंग मानकर ही उसे स्वीकारा और तभी वे शैवों-बौद्धों को भक्तिमार्ग के भीतर जीतकर ला सके थे। उनके सम्प्रदाय में प्रभाव-ग्रहणशीलता का जीवन्त तत्त्व सदैव विद्यमान रहा। आगे चलकर कृष्ण-भक्ति की मधुर उपासना भी राम-सम्प्रदाय में प्रविष्ट हुई तथा आवश्यकता पड़ने पर एक प्रकार का सैनिक

रूप ग्रहण करने में भी उनके सम्प्रदाय को देर नहीं लगी। दुष्ट-दलन धनुर्धारी राम के भक्तों में इस स्वर का उभर आना बहुत आश्चर्यजनक नहीं है।

ऊपर हमने रामानन्द की दो प्रमुख विशेषताओं का उल्लेख किया है—निम्न वर्गों को भी दीक्षा देना तथा अपने सम्प्रदाय के अधिकृत देवता लक्ष्मी-नारायण के स्थान पर राम-सीता (जो स्थानीय रंगत के कारण अवध-काशी में अधिक शक्तिशाली रहे होंगे) की प्रतिष्ठा। डॉ. भण्डारकर ने उनकी एक तीसरी विशेषता की ओर ध्यान आकर्षित किया है और वह है लोक-भाषाओं को बहुमान देना। यह उनकी और भक्तिमार्ग की जनवादिनी शक्ति और विशिष्टता की द्योतक है। रामानन्द ने वैकुण्ठ के स्थान पर साकेत को ही परमधाम माना है। यहाँ से यथार्थ का आदर्शीकरण एवं उदात्तीकरण प्राप्त होता है। यह प्रवृत्ति शायद मुस्लिम अत्याचारियों के प्रभाव के फलस्वरूप बलवती हो गयी थी। यह प्रतिक्रिया अत्यन्त स्वस्थ एवं आशावादिनी थी। यदि समाज केवल वैकुण्ठ की ओर प्रभावित होता, तब उसे हम सुविधा के साथ पलायन कह सकते थे, परन्तु अपने ही नगरों एवं तीर्थों को वैकुण्ठ ही नहीं परमधाम मानना गहरे आशावादी एवं मानसिक रूप से संघर्षरत मन की उपज है। रामानन्द की रचनाएँ अनेक कही जाती हैं पर उपलब्ध केवल दो—'वैष्णव-मताब्ज-भास्कर' तथा 'श्री रामार्चन पद्धति' हैं। इसके अतिरिक्त हिन्दी में कतिपय स्तुतिपरक पद भी मिले हैं।

वल्लभाचार्य

आचार्य वल्लभ के बारे में हमें अधिक प्रामाणिक विवरण प्राप्त होते हैं। एक स्वर से सभी विद्वानों ने इनका जन्म सं. 1535 वि. में और मृत्यु सं. 1587 वि. में मानी है।[42] इनके पिता का नाम लक्ष्मणा भट्ट तथा माता का नाम एल्लमागारु था। वे लोग तैलंग ब्राह्मण थे, जो उत्तर में बस गये थे। काशी में यथोचित शिक्षा-दीक्षा के पश्चात् तरुण वय में ही उन्होंने विजयनगर के राजा कृष्णदेव राय की सभा में मायावादियों तथा नास्तिकों को शास्त्रार्थ में पराजित किया और वैष्णवों को समर्थित किया। इसके पश्चात् ही मत-साम्य तथा प्रामाणिकता-प्राप्ति हेतु उन्होंने विष्णुस्वामी के सम्प्रदाय में दीक्षा ले ली। पर जैसे रामानन्द अपनी भक्ति-पद्धति आदि में अपने आचार्य रामानुज से ही नहीं बँधे, वैसे ही वल्लभ जैसे लोकनेता को किसी विशेष मतवाद के साथ बँधकर रहना पसन्द नहीं आया।[43] वल्लभ ने भी अपने जीवन में तीन यात्राओं में सारे भारत का भ्रमण किया। तीर्थयात्राओं का वास्तव में इन आचार्यों पर (उस युग की साधना और समाज पर भी) बड़ा प्रभाव पड़ा है। इनमें उन्हें अपने युग और देश का वास्तविक परिचय मिला होगा। ये यात्राएँ जहाँ एक ओर व्यक्तित्व के विकास में सहायक सिद्ध होती हैं, वहीं दूसरी ओर मत-प्रचार एवं पारस्परिक सम्बोधि भी देती हैं। ऐसी ही एक तीर्थयात्रा में वल्लभ ने विजयनगर के

शास्त्रार्थ में वैष्णव-मतवाद का झण्डा ऊँचा किया था। इन्हीं यात्राओं में 84 स्थानों पर उन्होंने श्रीमद्भागवत का पारायण किया था, जहाँ पर महाप्रभु जी की बैठकें बनवा दी गयी हैं, इनमें 22 केवल ब्रज में हैं। इससे पता चलता है कि श्रीमद्भागवत पुराण को अधिकारी ग्रन्थ मानकर ये वैष्णवाचार्य भक्ति का प्रसार कर रहे थे तथा ब्रज-भूमि के लिए भी प्रयत्नशील थे।

संवत् 1556 में उन्होंने श्री नाथ जी के मन्दिर का निर्माण प्रारम्भ कराया, जो 1556 वि. में ही समाप्त हुआ। यह मन्दिर आगे चलकर न केवल वल्लभ सम्प्रदाय का ही केन्द्र-पीठ बना, बल्कि अष्टछाप के गायक कवियों की सृजन-भूमि बनने का गौरव भी इसी ने प्राप्त किया। हिन्दी के भक्ति-साहित्य के निर्माण में इस मन्दिर का स्थान अक्षुण्ण रहेगा। ब्रजभूमि की पुनःप्रतिष्ठा में भी इस मन्दिर का प्रमुख हाथ है। वल्लभ ने कृष्ण-भक्ति एवं ब्रजभूमि को आदर दिया, उनका प्रभाव भी इस क्षेत्र में बहुत था। उनके इष्ट देवता श्रीनाथ जी का मन्दिर भी इसी क्षेत्र में था, परन्तु यह आश्चर्यजनक बात है कि वे स्वयं प्रयाग के पास अड़ैल ग्राम में जीवन भर रहे तथा मृत्यु के निकट काशी में संन्यास धारण कर रहने लगे।

वल्लभाचार्य जी ने विवाह किया था और उनके दो पुत्र भी थे। यह बात रामानन्दी सम्प्रदाय से नितान्त भिन्न है। रामानन्द का सम्प्रदाय वैरागियों का था तथा पुष्टिमार्ग गृहस्थों का। सम्भवतः इसके पीछे भी (रामानन्दी वैराग्यी प्रधानता) शैवसाधना को आत्मसात् करने का प्रयास था।

वल्लभ के चौरासी प्रसिद्ध शिष्य हुए जिनके ऊपर 'चौरासी वैष्णवन की वार्ता' लिखी गयी है। इन्हीं में सूरदास, कुम्भनदास, परमानन्ददास तथा कृष्णदास अष्टछाप के चार प्रमुख कवि भी हैं। पुष्टि सम्प्रदाय शिष्य-मण्डली में श्री वल्लभाचार्य, 'आचार्य जी महाप्रभु' तथा उनके पुत्र विट्ठलनाथ जी 'गोसाईं जी' के नाम से प्रसिद्ध हैं। यहीं एक आश्चर्यजनक नाम-साम्य गौड़ीय वैष्णव सम्प्रदाय से प्राप्त होता है। गौड़ीय वैष्णवों में भी चैतन्य को महाप्रभु कहा गया है और उनके षट्गोस्वामी शिष्यों के रूप में प्रसिद्ध ही हैं। यहाँ पर सम्भवतः वल्लभ के अनुयायी चैतन्य से प्रभावित हुए थे। यह भी हो सकता है कि गुरु-पूजा पर जोर देने वाली उस साधना के भीतर ही गुरु को इतना प्रमुख स्थान मिल गया था। उनके पुत्र गो. विट्ठलनाथ ने सम्प्रदाय के व्यवस्थित प्रचार एवं संगठन में अत्यन्त महत्त्वपूर्ण कार्य किया है। इसके अतिरिक्त मधुर-उपासना की भी आधिकारिक स्वीकृति उन्होंने दी थी। पुष्टि-सम्प्रदाय की नींव वल्लभ ने रखी पर भवन-निर्माण विट्ठलनाथ ने किया था।

उपासना के क्षेत्र में वल्लभाचार्य की मुख्य देन बालकृष्ण-पूजा का प्रचार है। रामानुज की परम्परा को आगे बढ़ाते हुए वल्लभाचार्य ने भी अपनी भक्ति में प्रपत्ति को विशेष स्थान दिया। कृष्ण के साथ राधा की उपासना को भी उन्होंने स्वीकार किया। लीला को वल्लभाचार्य ने बहुत ऊँचा स्थान दिया।

दर्शन के क्षेत्र में वे शुद्धाद्वैत के प्रतिष्ठाता थे पर दर्शन-विवेचन तो उपरले स्तर पर ही लोगों को प्रभावित करता था, वल्लभाचार्य ने जिस पुष्टिमार्ग या सेवा-मार्ग का विचार आचार के क्षेत्र में किया, वह उनके दर्शन की अपेक्षा कहीं अधिक महत्त्वपूर्ण है। भक्ति और उपासना के जिस विधि-विधान को उन्होंने तथा गो. विट्ठलनाथ ने उपस्थित किया, वह बड़े-बड़े नरपतियों के लिए भी आकांक्षा की वस्तु था मानो सारे मुस्लिम शासन के वैभव को इस परब्रह्म की पूजा-पद्धति द्वारा चुनौती दी गयी थी। इस सूक्ष्म एवं जटिल विधि-विधान के पीछे एक मनोवैज्ञानिक प्रक्रिया भी लगी थी कि इसके माध्यम से भक्त के अहंकार को दूर रखा जाये क्योंकि विशद पूजन-विधान निभाना लगभग असम्भव है और साधक को अपनी सारी शक्ति इसी में लगानी पड़ती होगी। यों तो प्रभु के अनुग्रह को भक्ति के सभी सम्प्रदायों ने स्वीकार किया है, पर पुष्टिमार्ग में इसे सर्वाधिक महत्त्व प्राप्त हुआ। पुष्टिमार्ग शब्द ही जिस 'पोषण' शब्द पर आधारित है, उसका तात्पर्य अनुग्रह है।[44] वल्लभ ने स्पष्ट कहा है—"पुष्टिमार्गोऽनुग्रहैकसाध्यः"।[45] उनके अनुसार कालादि के प्रभाव को रोकने वाली श्रीकृष्ण की कृपा ही पुष्टि है।[46]

सम्प्रदाय में प्रसिद्ध है कि वल्लभ की लिखी हुई 84 पुस्तकें हैं। उनमें से ऑफ्रेख्ट के 'कैटेलॉग्स कैटेलेगोरम' में निम्नलिखित नाम दिये गये हैं—अन्तःकरण प्रबोध और टीका, आचार्य कारिका, आनन्दाधिकरण, आर्या, एकान्त रहस्य, कृष्णश्रय स्तोत्र, चतुश्लोक भागवत टीका, जलभेद, जैमिनी-सूत्र भाष्य-मीमांसा, तत्त्वदीप निबन्ध (तत्त्वार्थदीप और टीका) त्रिविध लीला नामावली, नवरत्न और टीका, निरोध लक्षण और विवृत्ति, पत्रावलम्बन, पद्य-परित्याग परिवृढ़ाष्टक, पुरुषोत्तम सहस्रनाम, पुष्टि-प्रवाह-मर्यादा भेद और टीका, पूर्व मीमांसा कारिका, प्रेमामृत और टीका, प्रौढ़चरितनाम, बाल-चरितनाम, बाल-बोध, ब्रह्मसूत्राणु भाष्य, भक्तिवर्धिनी और टीका, भक्ति-सिद्धान्त, भगवद्गीता-भाष्य, भागवत तत्त्वदीप और टीका, सुबोधिनी टीका, भागवत पुराण एकादश स्कन्ध, अर्थ-निरूपण कारिका, भागवत-सार समुच्चय, मंगलवाद, मथुरा माहात्म्य, मधुराष्टक, यमुनाष्टक, राजलीलानाम, विवेक धैर्याश्रय, वेद-स्तुति कारिका, श्रद्धा प्रकरण, श्रुतिसार संन्यास निर्णय और टीका, सर्वोत्तम स्तोत्र टिप्पण और टीका, साक्षात् पुरुषोत्तम-वाक्य, सिद्धान्त-मुक्तावली, सिद्धान्त-रहस्य, सेवा-फल स्तोत्र और टीका, स्वामिन्याष्टक, भागवत-पुराण दशम स्कन्ध-अनुक्रमणिका भागवत-पुराण पंचम स्कन्ध-टीका।[47]

इनमें से मधुराष्टक और स्वामिन्याष्टक तो निश्चित रूप से वल्लभाचार्य के पुत्र गोस्वामी विट्ठलनाथ की रचनाएँ हैं। वल्लभ के ग्रन्थों की इस राशि में भागवत की सुबोधिनी टीका, ब्रह्म-सूत्रों का अणुभाष्य, पूर्व-मीमांसा कारिका तत्त्वदीप निबन्ध और उसकी टीका अधिक महत्त्वपूर्ण है। उनके सिद्धान्त-विवेचक 16 प्रकीर्ण ग्रन्थों ने भी सम्प्रदाय के सिद्धान्त और व्यवहार पर पर्याप्त प्रभाव डाला है। सुबोधिनी टीका एवं

अणुभाष्य की अनेक टीकाएँ और भाष्य सम्प्रदाय के परवर्ती विद्वानों ने लिखे हैं। तत्त्वार्थदीप में तीन विभाग हैं जिनमें से प्रथम शास्त्रार्थ-प्रकरण में दार्शनिक प्रकृति की 105 कारिकाएँ हैं। द्वितीय विभाग सर्वनिर्णय-प्रकरण में कर्तव्य एवं जीवन के लक्ष्यों पर विचार हुआ है। भागवतार्थ-प्रकरण नामक तीसरे अध्याय में भागवत के 12 स्कन्धों का संक्षेप दिया हुआ है, इस तीसरे खण्ड पर आगे चलकर पुरुषोत्तम जी महाराजा और कल्याणराज ने टीकाएँ लिखी हैं। छोटे ग्रन्थों में 'संन्यास-निर्णय' में कर्ममार्ग, ज्ञानमार्ग और भक्तिमार्ग के तीन प्रकार के संन्यासों का विवेचन 22 श्लोकों में किया गया है। वल्लभाचार्य का सेवाफल 8 श्लोकों की एक छोटी-सी रचना है जिसमें ईश्वर की पूजा के अवरोधों एवं प्राप्तव्यों की चर्चा की गयी है। भक्ति-वर्धिनी 11 श्लोकों की रचना है। यमुनाष्टक यमुना की स्तुति में 9 श्लोकों का संग्रह है। बाल-बोध के 19 श्लोकों में वल्लभ ने बताया है कि संसार में काम्य वस्तुएँ दो हैं—दुख का अभाव और आनन्द। इन्हीं को मोक्ष और काम कहते हैं। उनके अनुसार विष्णु की कृपा से मोक्ष प्राप्त किया जा सकता है। सिद्धान्त-मुक्तावली नामक ग्रन्थ के 21 छन्दों में भक्ति का विवेचन करते हुए उन्होंने बताया है कि व्यक्ति को अपना सब कुछ भगवान को समर्पित कर देना चाहिए। 'पुष्टि-प्रवाह-मर्यादा-भेद' भी छोटा-सा ग्रन्थ है, जिसमें 25 श्लोक हैं। इसमें पुष्टि-प्रवाह और मर्यादा-मार्गों का संकेत करने के अतिरिक्त उन्होंने बताया है कि अहंकार, बुरे कर्म, कुसंगति, विशेष स्थान अथवा काल में जन्म लेना—यह पाँच स्वाभाविक बुराइयाँ होती हैं। जब सब कुछ भगवान को अर्पित कर दिया जाता है, तब ये बुराइयाँ दूर होती हैं। नवरत्न के 9 श्लोकों में वैराग्य एवं सर्वस्व-समर्पण की भावना पर बल दिया गया है। अन्तःकरण-प्रबोध 10 छन्दों की पुस्तिका है। इसमें स्वपरीक्षण के साथ-साथ क्षमा प्राप्त करने के लिए भगवान की प्रार्थना पर जोर दिया गया है और यह भी बताया है कि व्यक्ति को अपने मन में यह धारणा पुष्ट करनी चाहिए कि प्रत्येक वस्तु भगवान की है।

'विवेक धैर्याश्रय' में ईश्वर पर पूर्ण विश्वास रखने की बात कही गयी है। इस ग्रन्थ के अनुसार वह प्रत्येक वस्तु जानता है तथा सदैव हमारे कल्याण की चिन्ता करता है, इसलिए प्रत्येक वस्तु को भगवान के आसरे पर छोड़ देना चाहिए। इस ग्रन्थ में 17 श्लोक हैं। 'कृष्णाश्रय' 11 छन्दों की रचना है। इसमें भी प्रत्येक बात में कृष्ण पर ही आश्रित रहने की बात कही गयी है। इस ग्रन्थ का ऐतिहासिक एवं सामाजिक दृष्टि से बहुत अधिक महत्त्व है क्योंकि इसमें तत्कालीन सामाजिक और धार्मिक वातावरण का सजीव चित्रण हुआ है। चतुश्लोकी में भी भगवान पर आश्वस्त भाव रखने की बात दुहराई गयी है। 'भक्तिवर्धिनी' के 11 श्लोकों में वल्लभ ने बतलाया है कि ईश्वर के प्रेम का बीज हम सबके मन के भीतर होता है परन्तु अनेक कारणों से वह अवरुद्ध रहता है। जब इसका अंकुरण होता है, तब साधक प्रत्येक से प्रेम करने लगता है। इस ईश्वरीय प्रेम की सान्द्र अवस्थाओं में सांसारिक

वस्तुओं के प्रति लगाव असम्भव हो जाता है तथा फिर इसे नष्ट भी नहीं किया जा सकता है। पंच-पाद्य में केवल 5 श्लोक हैं तथा जलभेद में 20। जलभेद में साधकों के विभिन्न वर्गों एवं भक्ति के विभिन्न मार्गों की चर्चा की गयी है। वल्लभ के ये 16 ग्रन्थ ही संग्रहित होकर षोडश ग्रन्थ कहलाते हैं। इनमें से प्रथम तीन संन्यास निर्णय, जलभेद एवं भक्तिवर्धिनी अत्यधिक महत्त्वपूर्ण हैं। इनके ऊपर लिखी गयी टीकाओं, वृत्तियों आदि की संख्या काफी बड़ी है।

चैतन्य

भक्ति के कर्मकाण्ड को वल्लभाचार्य ने सुदृढ़ किया एवं उसके संवेग (इमोशन) पक्ष को चैतन्य ने। उनमें अद्भुत पाण्डित्य था और उसी आधार पर जो भक्ति विकसित हुई है, उसमें दार्शनिक चेतना तो थी ही साथ ही और सहजिया वैष्णवों की प्रेम-साधना भी ग्रहण कर ली गयी। श्री कृष्ण चैतन्य उत्तर-मध्ययुग के सबसे प्रभावशाली व्यक्तियों में प्रतीत होते हैं। लगता है कि उत्तर भारत में बुद्धदेव के बाद चैतन्य से अधिक मोहक और प्रभावशाली व्यक्तित्व दूसरा नहीं हुआ। तुलसीदास की ख्याति दूसरे ढंग की है और वह उनके साहित्य के माध्यम से बढ़ी है, जबकि चैतन्य की सारी महिमा उनके प्रत्यक्ष व्यक्तित्व में निहित है। जीवन में उन्होंने कुल 8 श्लोक लिखे हैं परन्तु उनके व्यक्तित्व की गत्वरता इतनी मोहक थी कि जो भी उसके सम्पर्क में आया, उनका होकर रह गया। उनकी भक्ति-पद्धति का कितना गहरा असर अन्य भक्ति-सम्प्रदायों पर पड़ा है, इसकी मीमांसा हम आगे करेंगे। यहाँ पर इस मोहक व्यक्तित्व के बारे में इतना ही कहना यथेष्ट होगा कि भक्तिमार्ग में दीक्षित हो जाने के बाद शास्त्रार्थ में उनकी रुचि समाप्त हो गयी, उपदेशक बनने की उन्हें याद नहीं रही तथा जयदेव, विद्यापति, चण्डीदास की कृतियों, ब्रह्म-संहिता तथा लीलाशुक बिल्वमंगल के 'कृष्ण कर्णामृत' को छोड़कर अपने भावावेश में कुछ पढ़ने का फिर कभी अवसर नहीं मिला। राधाकृष्ण की लीलाओं का स्मरण और भावन, कृष्ण-संकीर्तन एवं हरि-बोल का निरन्तर उच्चारण बस यही उनके नैमित्तक कर्म, धर्म, प्रचार या शास्त्रार्थ थे। पर इनके पीछे संवेग की सान्द्रता, आत्मा की गहनता एवं गूढ़तम पुकार थी जिसने उन्हें इतना मोहक और प्रभावशाली बना दिया। उत्तर से दक्षिण, पूर्व से पश्चिम तक उनका नाम और प्रभाव विद्युत-वेग से प्रसरित हो गया, उनके जीवनकाल में ही। यह सामान्य उपलब्धि न थी। प्रसिद्धि रामानन्द एवं वल्लभ को भी प्राप्त हुई थी पर वह अपने शिष्यों-भक्तों तक सीमित थी। उसमें पावसनद का वह प्रवाह न था जो अपने साथ बहा ले जाये। चैतन्य के चरित्र में पर्वत-प्रवाहिनी का वेग था और पावसनद की गहराई एवं सर्वातिगामी प्रसार भी था।

कृष्ण चैतन्य का बाल नाम विश्वम्भर था। नवद्वीप के विद्वान पण्डित जगन्नाथ मिश्र के घर उनका जन्म सं. 1542 (1485 ई.) में हुआ था। बालपन के उद्‌दण्ड विश्वम्भर शीघ्र ही तर्क-विचक्षण पण्डित बन गये और फिर गया करते समय वे उन्हीं ईश्वरपुरी के सम्पर्क में आये, जिनका एक बार वे मजाक उड़ा चुके थे। ईश्वरपुरी वृन्दावन के विरक्त विद्वान भक्त माधवेन्द्र पुरी के शिष्य थे। बहुधा चैतन्य के वट-कल्प व्यक्तित्व के सम्मुख लोग माधवेन्द्रपुरी को उसी प्रकार अनदेखा छोड़ जाते हैं, जैसे रामानन्द के समक्ष राघवानन्द को उपेक्षित कर दिया जाता है। वृन्दावन के पुनः उद्धार[48] का वास्तविक श्रेय माधवेन्द्रपुरी को ही है। माधवेन्द्रपुरी बंगाली थे तथा बलदेव उपाध्याय ने इनका जन्म 1457 वि. (1400 ई.) में माना है। 'चैतन्य चरितामृत' में एक घटना का उल्लेख है कि उन्होंने गोपाल की मूर्ति का पूजन करने के लिए बंगाल से दो ब्राह्मण बुलवाए थे। कहा जाता है कि गोवर्धन के आन्यौर ग्राम में श्रीनाथ जी की मूर्ति की सेवा-पूजा बंगाली वैष्णव माधवानन्द करते थे। जब वल्लभाचार्य ने श्रीनाथ जी का विशाल मन्दिर बनवाकर उसमें कीर्तन-पूजन आदि की व्यवस्था की, तब भी सेवा का भार बंगाली वैष्णवों पर ही रहा। इनमें से एक माधवेन्द्रपुरी थे। बाद को कृष्णदास अधिकारी ने काफी कूटनीतिक ढंग पर इन बंगालियों को निकाल बाहर किया। ('चौरासी वैष्णवन की वार्ता' के अनुसार इन बंगालियों की पूजा-पद्धति पुष्टि-सम्प्रदाय के अनुकूल नहीं थी) ये लोग साथ में एक देवी की भी उपासना करते थे।[49] अतः वल्लभ या अन्य किसी वैष्णव आचार्य के आगमन के पूर्व बंगाल का वैष्णव मत (जिसमें सहजिया साधना के अवशेष भी विद्यमान थे) ब्रज-प्रदेश में पहुँच चुका था और इसने आगे के वैष्णव मतों को प्रत्यक्ष-अप्रत्यक्ष रीति से प्रभावित अवश्य किया होगा। बंगाल और ब्रज का सम्बन्ध-सूत्र जोड़ने वाले ज्ञात महापुरुष माधवेन्द्रपुरी ही प्रतीत होते हैं जो ब्रज में रहकर वहाँ के तीर्थों का उद्धार करने में लगे थे। इन्हीं माधवेन्द्रपुरी के शिष्य ईश्वरपुरी से चैतन्य को वैष्णव भक्ति की दीक्षा मिली। सम्भवतः कृष्ण चैतन्य में वृन्दावन के तीर्थों के उद्धार के प्रति जो मिशनरी उत्साह प्राप्त होता है—जिसके वशीभूत हो उन्होंने लोकनाथ गोस्वामी और भूगर्भ आचार्य को उनकी वृन्दावन इच्छा के विरुद्ध भेजा था—उसकी अप्रत्यक्ष प्रेरणा स्वयं माधवेन्द्रपुरी द्वारा ही प्राप्त हुई थी।

वैष्णव दीक्षा (सं. 1564) मिलने के उपरान्त उनका समस्त समय वैष्णव भजन-कीर्तन में व्यतीत होने लगा। भजनों-कीर्तनों की परम्परा पहले भी थी, पर चैतन्य ने जिस आवेग को उसमें भर दिया, उसकी समता भागवत में वर्णित मात्र कृष्ण के वेणु-गायन से ही की जा सकती है—

निशम्य गीतं तदनंगवर्धनं ब्रजस्त्रियः कृष्णगृहीतमानसा।
आजग्मुरन्योन्यमलक्षितोद्यमाः स यत्र कान्तो जवलोलकुण्डलाः ॥ 10 ।29 ।4

ता वार्यमाणाः पतिभिः पितृभिर्भ्रातृबन्धुभिः।
गोविन्दापहृतात्मानो न न्यवर्तन्त मोहिताः ॥ 10 ।29 ।8

इसी प्रकार चैतन्य के इस संकीर्तन की सम्पृक्ति जिसे प्राप्त हो गयी, वही इसकी माधुरी में आकण्ठ मग्न हो गया। नवद्वीप में श्रीवास के आँगन में होने वाले इस कीर्तन की ख्याति धीरे-धीरे बढ़ चली। फिर तो इसमें शान्तिपुर के प्रख्यात पण्डित अद्वैताचार्य तथा संन्यासी नित्यानन्द ही सम्मिलित नहीं हुए, मुसलमान भक्त हरिदास भी आ जुड़े। चैतन्य-सम्प्रदाय के विकास में आगे अद्वैत एवं नित्यानन्द (निताई) ने महत्त्वपूर्ण योग दिया है। नित्यानन्द की अधीक्षता में सहस्रों पथभ्रष्ट बौद्ध, नाथपन्थी एवं शाक्त इस सम्प्रदाय के अन्तर्गत आ गये।

चैतन्य का कीर्तन धीरे-धीरे नगर-कीर्तन का स्वरूप धारण कर लेता है। चैतन्य के बढ़ते हुए अनुयायियों का यह सूचक है कि सहस्रों की संख्या में निमाई (चैतन्य) के नेतृत्व में लोग सड़कों पर नृत्य-गान एवं कीर्तन करते-करते विह्वल होने लगे। चैतन्य का भी आवेश बढ़ता जा रहा था और सं. 1566 में काटवा ग्राम में ईश्वरपुरी के गुरुभाई केशव भारती से संन्यास-दीक्षा लेकर वे घर, माँ एवं तरुणी पत्नी का रहा-सहा मोह तोड़कर निकल पड़े। यहाँ फिर सिद्धार्थ की याद हो आती है। अन्तर इतना है कि सिद्धार्थ जग के दुख से पीड़ित होकर घर से निकले थे एवं चैतन्य ब्रह्मानन्द में डूबकर घर त्यागते हैं।

संन्यास लेने के पश्चात् चैतन्य जगन्नाथपुरी के लिए प्रस्थान करते हैं। वहाँ पर वेदान्ती पण्डित, तर्कशास्त्री तथा न्याय के प्रतिष्ठाता वासुदेव सार्वभौम इनसे प्रभावित होते हैं। अद्वैताचार्य के बाद सार्वभौम की वैष्णव परिणति चैतन्य और उनकी भक्ति को विद्वानों में भी गहरी प्रतिष्ठा देती है। 'चैतन्य चन्द्रोदय' नाटक में कवि कर्णपूर ने सार्वभौम वासुदेव के कुछ अंश उस समय के उद्धृत किये हैं जबकि वे चैतन्य की शरण में आते हैं। उससे प्रतीत होता है कि चैतन्य को उनके समय तक अवतार माना जाने लगा था। अपने जीवन में ही इतने जल्दी अवतार की प्रसिद्धि चैतन्य को छोड़कर शायद ही अन्य किसी को भारतवर्ष के धार्मिक इतिहास में मिली हो।

पुरी में कुछ दिन रहने के उपरान्त चैतन्य दक्षिण की तीर्थयात्रा पर निकलते हैं। लगभग दो वर्ष तक (सं. 1567-68) वे इन यात्राओं में रहे। इसी दक्षिण यात्रा में उनकी भेंट सुप्रसिद्ध रामानन्द राय से हुई थी जो स्वयं एक उच्च पदस्थ शासक थे। रामानन्द राय से वार्ता करने के बाद सम्भवतः चैतन्य की भक्ति-पद्धति का दार्शनिक-धार्मिक स्वरूप भी कुछ स्पष्ट हुआ। दक्षिण से ही चैतन्य ब्रह्म संहिता लाये थे जो आगे चलकर गौड़ीय वैष्णव सम्प्रदाय का प्रधान उपजीव्य ग्रन्थ बना। रूप गोस्वामी ने अपने भक्तिशास्त्र के ग्रन्थों में इसका उपयोग प्रमाण-ग्रन्थ के रूप में किया है। इसी यात्रा में चैतन्य दक्षिण भारत की भक्ति के निकट सम्पर्क में भी

आये होंगे। दूसरी महत्त्वपूर्ण बात इस यात्रा की यह है कि उन्होंने वैष्णवों के साथ ही शैव तीर्थ का भी भक्तिभावपूर्वक भ्रमण किया। यहाँ तक कि शंकराचार्य के शृंगेरी मठ में भी वे गये। लौटते-लौटते चैतन्य इतने जनप्रिय हो चुके थे कि उड़ीसा के राजा प्रताप रुद्र देव भी इनके प्रभाव में आ गये। इसने चैतन्य-सम्प्रदाय को आगे बढ़ने में और सहायता दी।

चैतन्य के मन में प्रारम्भ में वृन्दावन की यात्रा करने की इच्छा थी पर मार्ग में बराबर अड़चनें आती रहीं। पुरी-यात्रा के तीन वर्ष पश्चात् वे वृन्दावन के लिए निकले। इसी यात्रा के रास्ते बंगाल के मुसलमान शासक के दो उच्च पदाधिकारी (जो ब्राह्मण होते हुए भी अन्त्यजों के समान थे, केनेडी ने तो उन्हें मुसलमान ही लिखा है)[50] चैतन्य के शिष्य हुए जिनका नामकरण रूप और सनातन किया गया। आगे चलकर इन दोनों भाइयों ने सम्प्रदाय में अत्यन्त महत्त्वपूर्ण योग दिया। वे लोग सम्प्रदाय के मस्तिष्क बन सके। चैतन्य मत को दार्शनिक, धार्मिक एवं रस-शास्त्रीय आधार उन्होंने ही प्रदान किया। वृन्दावन के प्रसिद्ध 6 गोस्वामियों में ये दोनों बन्धु अन्यतम सिद्ध हुए।

सं. 1671 में वृन्दावन होकर लौटने पर प्रयाग में उनकी भेंट वल्लभाचार्य से कुम्भ के अवसर पर हुई तथा बनारस पहुँचने पर शांकर वेदान्त के प्रख्यात विद्वान प्रकाशानन्द सरस्वती उनके मोहक व्यक्तित्व से अप्रभावित न रह सके और ज्ञान की सारी गरिमा को छोड़कर चैतन्य के हो गये। चैतन्य और उनके मत की यह उल्लेखनीय विजय थी, जिसने उन्हें बौद्धिकों के बीच प्रतिष्ठा दी। यद्यपि चैतन्य ने कोई भाष्य नहीं लिखा था, किसी दार्शनिक मतवाद का प्रसार नहीं किया था, सम्भवतः तब तक चतुःसम्प्रदायों से उनका सम्बन्ध भी नहीं जुड़ा था; परन्तु अद्वैताचार्य नित्यानन्द, वासुदेव सार्वभौम, रामानन्द राय एवं प्रकाशानन्द सरस्वती जैसे विद्वानों का आसपास उपलब्ध समर्थन चैतन्यमत को (बौद्धिकों के बीच) प्रतिष्ठा देने में अत्यन्त सफल रहा।

बनारस से चैतन्य पुनः पुरी पहुँचे तथा जीवन के शेष 17 या 18 वर्ष उन्होंने अपने प्रेमोन्माद में वहीं बिताये। उनका आवेश और उन्माद बढ़ता ही गया। वे भौतिक जीवन को नितान्त भुलाकर दिन-रात विक्षिप्तों की भाँति केवल राधा-कृष्ण-लीलाओं में ही व्यस्त रहने लगे। अनुमान है कि ऐसी ही विक्षिप्तावस्था में समुद्र के नील जल पर शुभ्र चन्द्र की ज्योत्स्ना को उन्होंने यमुनाजल पर कृष्ण की क्रीड़ा समझकर उसी में डूबकर सं. 1591 (जुलाई 1534) में अपने प्राण दे दिये।

चैतन्य ने जीवन में महान कार्य किया। प्रेमाभक्ति के आवेश को उन्होंने जन-साधारण तक पहुँचा दिया। उनके मुख्य सहायक नित्यानन्द ने इस परिपाटी को और बढ़ा दिया। रामानन्द और वल्लभ के समान ही उनके भी महान शिष्य हुए। रूप, सनातन, जीव, गोपाल भट्ट, कृष्णदास एवं रघुनाथ भट्ट—ये षट्गोस्वामी किसी

भी गुरु या सम्प्रदाय के लिए ईर्ष्या के विषय हो सकते हैं। बिना इनकी मान्यता के बंगाल तक का कोई वैष्णव ग्रन्थ चैतन्य मत में प्रामाणिक नहीं माना जाता था।

ऊपर हम संकेत कर चुके हैं कि चैतन्य को शीघ्र ही अवतार माना जाने लगा था। आगे उनकी प्रतिमा के पूजन की भी व्यवस्था हुई।

रामानन्द, वल्लभ और चैतन्य की इस वैष्णवाचार्य बृहत्त्रयी के अतिरिक्त कुछ अन्य व्यक्ति भी साधना एवं साहित्य की दृष्टि से महत्त्वपूर्ण हुए हैं। गोस्वामी हित हरिवंश, स्वामी हरिदास, दो ऐसे ही व्यक्तित्व थे। बृहत्त्रयी के आचार्य स्वयं कवि न थे—उनमें से एक ने केवल शिष्यों को दृष्टि दी (रामानन्द) और दूसरे ने सम्प्रदाय का विधिवत निरूपण और स्थापन किया (वल्लभ) और तीसरे ने अपने व्यक्तित्व के पारस-संस्पर्श से जिस लोहे (जनता) को सोना बना दिया, उसने स्वयं सम्प्रदाय की प्रतिष्ठा कर दी (चैतन्य)। साहित्य एवं कला की दृष्टि से इनकी अपेक्षा इनके शिष्यों का महत्त्व अधिक है (कबीर एवं रैदास, अष्टछाप के कवि तथा वृन्दावन के षट्गोस्वामी ऐसे ही महत्त्वपूर्ण शिष्य हैं) परन्तु हित हरिवंश एवं हरिदास, ऐसा लगता है, आचार्य एवं शिष्य के समन्वित रूप थे। वे सम्प्रदाय-प्रतिष्ठापक भी हैं और स्वयं उच्चकोटि के कवि भी; बल्कि यह कहना अधिक समीचीन लगता है कि वे चैतन्य एवं अष्टछाप, दोनों के मिले-जुले रूप हैं। वे चैतन्य की भाँति अपने व्यक्तित्व से भी प्रभावित करते हैं तथा अपने साहित्य एवं कला से भी। उनमें चैतन्य जैसी तन्मयता है एवं सूरदास जैसा काव्य-संवेग भी। कहते हैं कि हरिराम व्यास ओरछे में एक वैष्णव साधु के मुख से हित हरिवंश का एक पद सुनकर वृन्दावन की ओर उन्मुख हो गये थे।[51] स्वामी हरिदास तो अपने युग के श्रेष्ठतम संगीतज्ञ भी थे। प्रसिद्ध है कि अकबर भी छिपकर उनका गान सुनने आया था। इन लोगों ने चैतन्य की ही भाँति अपना कोई साम्प्रदायिक भाष्य भी नहीं लिखा। नीचे हम उनके जीवन और कार्यों की संक्षिप्त रूपरेखा उपस्थित कर रहे हैं।

स्वामी हरिदास

आपसी साम्प्रदायिक विद्वेष के फलस्वरूप वृन्दावन के भक्तों, आचार्यों आदि का ऐतिहासिक स्वरूप निश्चित करना बहुत कठिन हो गया है। जन्म संवत्, जन्मस्थान, गुरु-निर्णय, सम्प्रदाय सम्बन्ध आदि को लेकर स्वामी हरिदास के सम्बन्ध में काफी वितण्डावाद खड़ा किया गया है, परन्तु इधर जो अनुसन्धान हुए हैं, उनके आधार पर स्वामी हरिदास का जन्म संवत् 1537 माना जा सकता है।[52] आचार्य पं. रामचन्द्र शुक्ल ने उनका कविता-काल संवत् 1600 से 1617 तक माना है।[53] यह समय-निर्धारण उपर्युक्त जन्मतिथि मानने पर अनुचित नहीं प्रतीत होता। स्वामी हरिदास जी के पिता का नाम आसधीर था। अलीगढ़ जिले के हरिदासपुर ग्राम में उनका जन्म हुआ

था। शैशव से ही उनके साथ भी चमत्कारपूर्ण घटनाएँ श्रद्धालु भक्तों ने जोड़ दी हैं, उनकी चर्चा यहाँ पर प्रासंगिक न होगी।

यह बात काफी विवादास्पद है कि उनका विवाह हुआ था या नहीं, परन्तु यदि हुआ भी था तो रमणी की रूपराशि उन्हें लुभा न सकी और कहते हैं कि राधाष्टमी के दिन अपने पिता आसधीर जी से युगल-मन्त्र की दीक्षा लेकर विरक्त होकर ये घर से चले आये। सम्भवतः कुछ दिन इधर-उधर घूमते-घामते एवं तीर्थाटन करते रहे और संवत् 1562 में वे वृन्दावन आ गये थे। इस प्रकार हरिदास जी वृन्दावन को अपना केन्द्र बनाने वाले महात्माओं में प्रथम हैं। चैतन्य महाप्रभु वृन्दावन संवत् 1571 में पहुँचे थे (अपने दो शिष्यों को वे कुछ पहले ही भेज चुके थे) तथा हित हरिवंश जी सं. 1591 में वृन्दावन आये थे। स्वामी हरिदास जी के उपास्य बाँके बिहारी जी का प्राकट्य सं. 1567 में हुआ था। हित हरिवंश जी के वृन्दावन आ जाने पर इन दोनों अपूर्व साधकों का घनिष्ठ परिचय हो गया था। उस समय के भक्तों (यथा हरिराम व्यास आदि ने इन दोनों रसिकों का नाम बड़े आदर से और कभी-कभी साथ-साथ लिया है।)[54] हित हरिवंश जी को अपनी उपासना-पद्धति के निर्माण में स्वामी हरिदास जी से प्रेरणा अवश्य प्राप्त हुई होगी।

स्वामी हरिदास जी अपने युग के श्रेष्ठतम संगीतकार थे। तानसेन एवं बैजू बावरा उनके शिष्य कहे जाते हैं। यह भी प्रवाद है कि स्वयं अकबर उनका संगीत सुनने के लिए उपस्थित हुआ था। संगीत एक ऐसी कला है जो अपनी नितान्त सूक्ष्मता एवं अशरीरीपन के कारण मनुष्य को रहस्यवादी एवं आध्यात्मिक बना देती है। स्वामी हरिदास की रसिकता को अध्यात्म के ऊँचे स्तर तक उड़ाने में उनकी संगीतकला का कितना बड़ा हाथ रहा होगा, यह सहज अनुमान का विषय है, बल्कि कहना चाहिए कि समस्त कृष्ण-भक्ति के सम्प्रदायों में संगीत की साधना ने लौकिक को अलौकिक के स्तर तक उठाने में सहायता दी होगी। यही स्थिति सूफ़ी सम्प्रदायों के बारे में भी कही जा सकती है।

सबसे बड़ा विवाद स्वामी हरिदास जी के सम्प्रदाय को लेकर है। यद्यपि ग्राउज ने अपने 'मथुरा मेमॉयर्स' में उन्हें बहुत पहले ही एक पृथक् सम्प्रदाय वाला माना था।[55] सन् 1942 में होने वाले निधुवन के झगड़े के फलस्वरूप स्वामी हरिदास की टट्टी-संस्थान वाली परम्परा ने अपना सम्बन्ध निम्बार्क सम्प्रदाय से जोड़ लिया। उसी काल के किशोरदास के 'निज मत सिद्धान्त' तथा सहचरिशरण द्वारा दी गयी गुरु-परम्परा के द्वारा इस मत का समर्थन किया गया है। परिणामस्वरूप श्री बलदेव उपाध्याय,[56] डॉ. हरवंशलाल शर्मा,[57] परशुराम चतुर्वेदी,[58] डॉ. त्रिलोकी नारायण दीक्षित,[59] प्रभृति लोगों ने उन्हें निम्बार्क सम्प्रदायान्तर्गत मान लिया। परन्तु वास्तव में दोनों सम्प्रदायों में इष्ट, मन्त्र, आचार का इतना बड़ा अन्तर है कि उन्हें एक मानना उचित न होगा। इसके अतिरिक्त हरिदासी सम्प्रदाय के एक कवि भगवत् रसिक ने

तो निम्बार्कियों के द्वैताद्वैत दर्शन का भी प्रत्याख्यान कर दिया है—

नाहीं द्वैताद्वैत हरि, नाहिं विशिष्टाद्वैत।
बँधे नहीं मतवाद में, ईश्वर इच्छाद्वैत।[60]

इस प्रकार उनका एक स्वतन्त्र मत प्रतीत होता है। अपनी उपासना में उन्होंने एकदम निराला ढंग अपनाया था। लोक-वेद की सभी रीतियों का परित्याग कर स्वामी हरिदास ने अपनी साधना-पद्धति आरम्भ की थी। राधावल्लभीय भक्त ध्रुवदास ने उनकी इस विशेषता की ओर इंगित किया है।

रसिक अनन्य हरिदास जू, गायौ नित्य बिहार।
सेवा हू में दूर किय विधि-निषेध जंजार।[61]

इधर चतुःसम्प्रदायों में किसी से अपना सम्बन्ध जोड़ने के चक्कर में मगन बिहारी लाल गोस्वामी ने 'हरिदास-अभिनन्दन-ग्रन्थ' में अपने निबन्ध 'श्री हरिदास जी का विष्णुस्वामी सम्प्रदाय' (पृ. 109-18) में उन्हें विष्णुस्वामी सम्प्रदायान्तर्गत सिद्ध करना चाहा है, परन्तु यह तो और भी भ्रमात्मक है। इस सम्बन्ध में डॉ. दीनदयालु गुप्त का मत सर्वथा उचित प्रतीत होता है। उनके अनुसार यह सम्प्रदाय भी भक्ति का एक साधन-मार्ग है और अपने आरम्भिक काल में वेदान्त के किसी बाद अथवा किसी अन्य दार्शनिक सिद्धान्त का प्रचारक मत नहीं था।[62] डॉ. विजयेन्द्र स्नातक ने भी इसे पृथक् सम्प्रदाय ही माना है।[63]

स्वामी हरिदास की रचनाएँ अधिक नहीं हैं। वे कवि से बड़े संगीतज्ञ थे। पं. रामचन्द्र शुक्ल जी ने कहा है, "उनके पद कठिन राग-रागिनियों में गाने योग्य हैं, पढ़ने में कुछ ऊबड़-खाबड़ लगते हैं।"[64] इनका 'संग्रह' केलिमाल नाम से प्रकाशित है। सम्प्रदाय के भीतर इसकी अत्यधिक प्रतिष्ठा है।

हरिदास जी की मृत्यु के सम्बन्ध में कोई निश्चित मत नहीं है। अनुमान है कि संवत् 1635 के आसपास इनकी मृत्यु हुई होगी।[65] इधर वृन्दावन से प्रकाशित होने वाले 'श्री सर्वेश्वर' नामक पत्र में श्री विश्वेश्वर शरण जी ने स्वामी हरिदास पर एक लेखमाला लिखी है, जिसमें जन्म-संवत्, मृत्यु-संवत्, पिता, गुरु, सम्प्रदाय, कुल आदि के बारे में विचार किया गया है। उनके अनुसार 'सिद्धान्त पक्ष' में श्री स्वामी जी महाराज श्री निम्बार्क सम्प्रदाय के थे। वे आजन्म ब्रह्मचारी थे; उनका जन्म वि.सं. 1537 भाद्रपद शुक्ला अष्टमी को और निकुंज-प्रवेश 1632 में हुआ था; वे सनाढ्य कुल के थे; उनका जन्म वृन्दावन के समीप ही राजपुर में हुआ था; उनके गुरुदेव श्री स्वामी आसधीर देव जी थे; वस्तुतः वे उनके पिता नहीं थे—पिता तो सनाढ्य कुल-भूषण श्री गंगाधर जी थे।[66] इनमें से जन्म-मृत्यु-संवतों से हमारा कोई विरोध नहीं है तथा हम उन्हें निम्बार्क का अनुयायी नहीं मानते। शेष प्रश्न हमारे लिए अप्रासंगिक हैं।

परिचय-सम्बन्धी इन प्रसंगों के विवाद में हम यहाँ नहीं पड़ना चाहते और इससे

हमारे मन्तव्यों में भी कोई अन्तर नहीं आता। वे विक्रम की 16वीं शती के अन्तिम हिस्से एवं 17वीं शती के पूर्वार्द्ध में उपस्थित थे। वृन्दावन के रसिक भक्तों में वे अन्यतम थे। उनके समकालीन एवं श्रद्धालु हरिराम व्यास के शब्दों में–

ऐसो रसिक भयौ ना ह्वै है भुवमण्डल आकाश।[67]

भक्तमालकार नाभादास के अतिरिक्त उनके गुरु स्वामी अग्रदास (रामानन्दी सम्प्रदाय) ने आपको साक्षात् प्रेमावतारी ही माना है–

नमो नमो श्री हरिदास वृन्दा विपिन वास
वर प्राण सर्वस बाँके बिहारी।
श्याम श्यामा जुगल रूप माधुर्य के
रसिक रिझवार प्रेमावतारी।
परम वैराग्य निधि बसत निधिवन सदा
भावना लीन सुप्रवीन भारी
कामना कल्पतर सकल सन्ताप हर,
अग्रदास अलि कल्याणकारी।[68]

नाभादास ने अपने भक्तमाल में उनकी निराली उपासना-प्रणाली की प्रशंसा की है।[69]

जहाँ तक सम्प्रदाय एवं सिद्धान्त का प्रश्न है, हम समझते हैं कि न तो वे किसी व्यवस्थित सम्प्रदाय के प्रवर्तक हैं और न किसी दार्शनिक मतवाद के प्रचारक। वे तो अपने श्यामा-श्याम को लाड़ लड़ाने में, अपनी संगीत-माधुरी से रिझाने एवं लीला-भावन में ही मगन रहने वाले रसिक भक्त थे।

स्वामी हरिदास जी स्वयं विरक्त साधु थे। आगे चलकर उनके अनुयायियों के दो दल हो गये। एक विरक्तों का–जिसका टट्टी-स्थान अलग बना तथा दूसरा गृहस्थ गोस्वामियों का–जिनके ऊपर बिहारी जी की सेवा-पूजा का भार है। उनके विरक्त शिष्यों में अष्टाचार्य अत्यन्त प्रसिद्ध हैं और उनकी वाणियों का एक संकलन 'अष्टाचार्यों की बानी' नाम से उपलब्ध होता है। इस वाणी को सम्प्रदाय में अत्यधिक श्रद्धा प्राप्त है।

स्वामी हरिदास जी का व्यक्तित्व अत्यधिक प्रभावशाली था। अपने सम्पर्क में आने वाले प्रत्येक व्यक्ति को उन्होंने प्रभावित किया था। सखी भाव की उपासना स्वामी जी की मुख्य देन है। दूर से ही लीलादर्शन एवं लीलागान के जो लक्षण गीतगोविन्द आदि से मिलने लगे थे।[70] उनका श्रेष्ठतम परिपाक साधना के स्तर पर हरिदास जी में हुआ। उनकी यह साधना नितान्त एकान्तिक एवं सम्पूर्ण अनन्यता की है। वास्तव में यह साधना की अत्यधिक ऊँची स्थिति का नाम है। हमें लगता है कि उनकी साधना को सगुणोपासना कहना बहुत उचित नहीं है, क्योंकि कृष्ण के ब्रज-लीला वाले सगुण रूप को वे स्वीकार नहीं करते। उन्होंने कृष्ण नाम तक को स्वीकार नहीं किया। लीला का एक नितान्त गोपनीय रहस्यात्मक प्रकार उनको

स्वीकार था। दार्शनिक चिन्तन एवं तार्किक निरूपण से एकदम असम्पृक्त रहकर वे जिस भावदशा में विभोर रहते थे, उसे रहस्यानुभूति की साधना कहना अधिक उचित होगा। वास्तव में प्रेमाभक्ति अपनी सर्वोत्तम परिणतियों को, स्वामी हरिदास जी की साधना में, पहुँच गयी थी।

उनके सम्प्रदाय में अलग से निरूपित कोई दार्शनिक पद्धति न होकर उपासना का मार्ग एवं तत्सम्बन्धी व्यावहारिक क़ल्पनाएँ ही हैं। अतः यहाँ हम उनके दर्शन आदि पर विचार नहीं करेंगे। उनकी लीला, उपास्य आदि की धारणाओं की विवेचना चतुर्थ अध्याय में की जायेगी। यहाँ हम भगवत्‌रसिक सम्प्रदाय की उपासना आदि का परिचय देने वाला पद उद्धृत करके इस प्रसंग को समाप्त करते हैं—

आचारज ललिता सखी, रसिक हमारी छाप।
नित्य किशोर उपासना, जुगुल यन्त्र को जाप।
जुगुल मन्त्र को जाप, वेद रसिकन की वाणी
श्री वृन्दावन धाम इष्ट स्यामा महरानी
प्रेम देवता मिले बिना सिधि होई न कारज
भगवत सब सुखदानि, प्रकट में रसिकाचारज
नाहीं द्वैत अद्वैत हरि, नाहिं विशिष्टाद्वैत।
बँधे नहीं मतवाद में, ईश्वर इच्छा द्वैत।
ईश्वर इच्छा द्वैत करै सबही को पोषन।
आप रहे निरलेप, भगत सौ माने तोषन।
भगवत रसिक अनन्य संग डोले गलबाहीं
करे मनोरथ सिद्ध, उचित अनुचित कछु नाहीं।"[71]

गोस्वामी हित हरिवंश

हित हरिवंश जी के जन्म, स्थान, जन्म संवत्, पिता के नाम आदि[72] के बारे में विद्वानों में कुछ मतभेद रहा, पर इधर राधावल्लभीय विद्वान श्री ललित चरण गोस्वामी[73] एवं दिल्ली विश्वविद्यालय के प्राध्यापक डॉ. विजयेन्द्र स्नातक[74] के जो शोधपूर्ण ग्रन्थ आये हैं, उन्हीं के आधार पर हम यहाँ उनका जीवन-चरित्र दे रहे हैं। इन ग्रन्थों में विविध प्रश्नों पर गहरी छानबीन की गयी है।

गोस्वामी हित हरिवंश का जन्म सं. 1559 में मथुरा के निकट 'बाद' नामक ग्राम में वैशाख शुक्ल एकादशी, सोमवार को हुआ था। इनके पिता का नाम व्यास मिश्र था, जो देवबन्द (सहारनपुर) के रहने वाले विद्वान—राज ज्योतिषी (सम्भवतः इब्राहीम लोदी से सम्मानित) थे। संस्कृत की शिक्षा स्वभावतः पिता से ही इन्हें प्राप्त हुई होगी। हरिवंश जी का संस्कृत ज्ञान बहुत अच्छा था, यह इस बात से ही प्रकट है

कि उन्होंने संस्कृत में 'राधा-सुधानिधि काव्य की रचना की थी। उनके बाल्य-जीवन से सम्बन्धित, मध्ययुगीन अन्य महापुरुषों की भाँति, अनेक अलौकिक चमत्कार प्रचलित हैं। कहा जाता है कि जब ये 6 मास के थे, तभी 'राधा-सुधानिधि' इनके कण्ठ से निस्सृत हो पड़ी थी जिसका लेखन-कार्य इनके पितृव्य श्री नृसिंहाश्रम जी ने सम्पादित किया था। बाल्यकाल से ही राधा-कृष्ण की क्रीड़ाओं के अनुकरण में उनका मन लगता था।

गोस्वामी हित हरिवंश को दीक्षा स्वयं श्री राधिका जी से प्राप्त हुई थी। साम्प्रदायिक ग्रन्थों में राधा जी का गुरु के रूप में बार-बार उल्लेख हुआ है। इस सम्बन्ध में कथा है कि एक दिन राधा जी ने उन्हें स्वप्न दिया कि घर के बाहर के पीपल के वृक्ष की ऊँची डाल पर एक लाल पत्ते पर एक मन्त्र अंकित है, उसे प्राप्त करो और उसे अपना दीक्षा-मन्त्र मानो। उसी मन्त्र से हित हरिवंश जी दीक्षित हुए। इस प्रकार की धारणा आज के वैज्ञानिक युग में बहुत प्रामाणिक नहीं मानी जा सकती, परन्तु राधा-कृष्ण की क्रीड़ाओं (भागवत इस समय तक अत्यन्त जनप्रिय ग्रन्थ हो चुका था, स्वयं आचार्य वल्लभ ने ब्रज प्रदेश में विभिन्न स्थानों पर उसके 22 पाठ किये थे) का शैशवकाल से ही ध्यान और अनुसरण करने वाला बालक स्वप्न में यदि कुछ प्रेरणा प्राप्त करे तो वह मनोवैज्ञानिक दृष्टि से अनुचित न होगा।

अस्तु, इस मन्त्र की प्राप्ति के बाद उनकी प्रेमाभक्ति का रस निरन्तर सान्द्र होता गया। इस सम्बन्ध में यह बात अत्यन्त महत्त्वपूर्ण और ध्यान देने योग्य है कि गृहस्थ बने रहते हुए भी उन्होंने अपनी निष्ठा एवं भक्ति में अन्तर नहीं आने दिया। "तत्कालीन महात्माओं में वैराग्य की लहर जिस रूप में फैल रही थी और दाम्पत्य जीवन के प्रति जो तिरस्कार की भावना पैदा की जा रही थी, श्री हित हरिवंश जी ने स्वयं सद्गृहस्थ का जीवन व्यतीत कर तथाकथित वैराग्य भाव को चुनौती दी।[75] माता-पिता की मृत्यु के बाद इनका मन स्वयं आराध्या की लीला-स्थली में जाकर वहाँ की रसमयी भक्ति-पद्धति में लीन होने के लिए व्याकुल हो उठा और संवत् 1590 में वे वृन्दावन के लिए चल पड़े। रास्ते में चिथरावल ग्राम में राधा जी के स्वप्नानुसार उन्होंने आत्मदेव नामक ब्राह्मण की दो तरुणी कन्याओं से विवाह किया तथा श्री राधावल्लभ जी का विग्रह प्राप्त किया, जिसे उन्होंने वृन्दावन में प्रतिष्ठापित किया था। आधुनिक मूल्यों एवं मान्यताओं की दृष्टि से हित हरिवंश जी का यह विवाह बहुत उचित नहीं ठहराया जा सकता एवं इस कथा की व्याख्या दूसरे आधार पर भी की जा सकती है।[76] परन्तु मध्यकालीन आदर्शों एवं परिस्थितियों को सदैव आधुनिक जीवन के नैतिक मानदण्ड पर परखना उचित नहीं होता। 1590 वि. की फाल्गुन एकादशी को वे वृन्दावन पहुँचे। तत्कालीन जमींदार नरवाहन ने आपको अपनी साधना के लिए पर्याप्त भूमि प्रदान की।

उस समय तक वृन्दावन में गौड़ीय वैष्णव सम्प्रदाय के प्रख्यात षट् गोस्वामी

पहुँच चुके थे, गोवर्धन में श्री नाथ जी के मन्दिर की स्थापना हुए समय बीत चुका था, वल्लभ की तो अब तक मृत्यु हो चुकी थी एवं इसके अगले वर्ष चैतन्य की भी मृत्यु हो गयी। अष्टछाप की स्थापना तो नहीं हुई थी पर सूरदास आदि क्रियाशील थे। राधा को इष्टदेवी और गुरु गोस्वामी हरिवंश ने पहले ही स्वीकार कर लिया था। वृन्दावन आकर वे इन वैष्णवों के सम्पर्क में आये होंगे। स्थायी रूप से वृन्दावन-वास करने का निश्चय करने के बाद श्री हरिवंश जी ने कदाचित् वैष्णव धर्म में प्रचलित समस्त साधना पद्धतियों का अनुशीलन किया होगा और इस मनन-अध्ययन के बाद अपनी नूतन् साधना-पद्धति प्रवर्तित की होगी। परम्परा से जो साधना-पद्धतियाँ वैष्णव-सम्प्रदायों में प्रचलित थीं, उनमें विधि-निषेध के साथ कर्मकाण्ड का प्रभाव बढ़ गया था और बाह्याचार की अनेक परिपाटियाँ प्रचलित हो गयी थीं, उन्हें स्वीकार न करके श्री हरिवंश जी ने स्वकीय नूतन सम्प्रदाय का प्रवर्तन किया और अनेक बातों में सर्वथा अभिनव शैली स्वीकार की।[77] धीरे-धीरे उनके रुचिर एवं प्रेममय व्यक्तित्व, सरल कवित्व एवं सरस प्रेममयी साधना-पद्धति से प्रभावित होकर लोग उनके पास इकट्ठे होने लगे। नरवाहन, नवलदास, पूरनदास, हरिराम व्यास आदि उनके मुख्य शिष्य हैं। इनमें विद्वत्ता एवं साहित्य की दृष्टि से हरिराम व्यास ही महत्त्वपूर्ण हैं। परन्तु आगे चलकर 'राधावल्लभ सम्प्रदाय' में प्रभूत परिमाण में साहित्य का सृजन हुआ। वल्लभ सम्प्रदाय को छोड़कर ब्रजभाषा में अन्य किसी वैष्णव सम्प्रदाय की साहित्य राशि इस परिमाण में उपलब्ध नहीं होती। सम्प्रदाय की जनप्रियता एवं प्रेरक शक्ति का यह स्पष्ट प्रमाण है।

वृन्दावन में रहते हुए उन्होंने आराध्य के सिद्ध-केलि स्थानों (मानसरोवर, सेवाकुंज, राम मण्डल और वंशीवट) का प्राकट्य किया! सेवाकुंज में राधावल्लभ जी के विग्रह की स्थापना की एवं संवत् 1591 में प्रथम पाटोत्सव इसी सेवाकुंज में सम्पन्न हुआ। रास मण्डल की स्थापना करके उन्होंने कृष्ण-भक्ति के प्रसार में अत्यन्त महत्त्वपूर्ण योग दिया है। राधावल्लभ जी के विग्रह-स्थापन के पश्चात् उन्होंने अपनी उस अष्टयामसेवा-पद्धति एवं रसभक्ति का प्रचार प्रारम्भ किया जिससे अन्य सम्प्रदाय भी प्रभावित हुए। यहाँ तक कि गौड़ीय सम्प्रदाय के प्रसिद्ध विद्वान भक्त प्रबोधानन्द सरस्वती स. 1592 में वृन्दावन पधारे तो हित हरिवंश जी एवं उनकी भक्ति-पद्धति के प्रति अत्यन्त आकर्षित हुए। उन्होंने हित हरिवंश की स्तुति भी अपने अष्टक में लिखी है।[78]

वृन्दावन आगमन के पश्चात् ही सम्भवतः उन्होंने ग्रन्थ की रचना की होगी[79] उनके चार ग्रन्थ कहे गये हैं—'राधा सुधानिधि', राधा की स्तुति में लिखा गया संस्कृत-स्तोत्र-ग्रन्थ है। 'हित चौरासी' में उनकी भक्ति-भावना की अभिव्यक्ति श्रेष्ठ काव्य के माध्यम से ब्रज भाषा के चौरासी पदों में हुई है। सत्ताईस स्फुट पद और दोहे भी ब्रजभाषा में ही प्राप्त हैं जिनमें साम्प्रदायिक सिद्धान्त एवं भावनाएँ हैं तथा

'यमुनाष्टक' नामक संस्कृत स्तोत्र-ग्रन्थ भी उनका कहा जाता है। इनमें, 'हित चौरासी' निश्चय ही सर्वश्रेष्ठ ग्रन्थ है, काव्य की दृष्टि से भी एवं साम्प्रदायिक सिद्धान्तों की दृष्टि से भी। यह उनकी परिपक्वावस्था का लिखा प्रतीत होता है। इसे सम्प्रदाय का मुख्य उपजीव्य ग्रन्थ होंने का गौरव भी प्राप्त है।

वंशी के अवतार कहे जाने वाले इस श्रेष्ठ भक्तकवि एवं आचार्य का निधन संवत् 1609 में हुआ। राधा-कृष्ण युगल की सखी-भाव से आराधना करने का सन्देश देकर उन्होंने एक नये प्रकार का वैष्णव रहस्यवाद प्रवर्तित किया। प्रेम या हित तत्त्व को उन्होंने परात्पर तत्त्व की स्थिति तक पहुँचाकर प्रेम को भाव से दर्शन बना दिया। हित हरिवंश जी के योग्य शिष्य हरिराम व्यास ने राधावल्लभ सम्प्रदाय के उपास्य एवं उपासना-विधि आदि का संक्षिप्त परिचय एक ही पद में दिया है। पद इस प्रकार है—

रसिक अनन्य हमारी जाति।
कुल देवी राधा, बरसानौ खेरौ, ब्रजबासिन सो पाँति।
गोत गोपाल, जनेऊ माला, सिखा सिखण्डि हरि मन्दिर भाल।
हरि गुन नाम वेद धुनि सुनियत, मूँज पखावज, कुस करताल।
साखा जमुना, हरि-लीला षट्कर्म, प्रसाद प्रान-धन रास।
सेवा विधि-निषेध, जड़ संगति, वृत्ति सदा बृन्दाबन बास।
अमृत भागवत, कृष्ण नाम सन्ध्या, तर्पन गायत्री जाप।
बंसी रिषि, जजमान कल्पतरु, व्यास न देत असीस-सराप।

(भक्तकवि व्यास जी—पद संख्या 93, पृ. 215।)

हित हरिवंश जी एवं हरिदास के प्रभाव का अनुमान इसी से लगाया जा सकता है कि परवर्ती समस्त कृष्णोपासक किसी-न-किसी स्तर पर युगल-विहार-लीलाओं के सखी भावापन्न गान को अपनाते हैं।

सूफ़ी सम्प्रदाय : संक्षिप्त इतिहास तथा तत्त्व दर्शन

संक्षिप्त इतिहास—सूफ़ी शब्द के व्युत्पत्तिमूलक अर्थों की चर्चा में न पड़, हम उसके उस सामान्य अर्थ को ही इस विवेचन में अपने मन में रखेंगे जिसके अनुसार यह शब्द इस्लामी रहस्यवाद के लिए प्रयुक्त होता है। सन् 800 के लगभग यह शब्द प्रयोग में आया था[80] तथा शीघ्र ही 50 वर्षों के भीतर यह इराक़ तक फैल गया एवं 11वीं शताब्दी तक पहुँचते-पहुँचते यह शब्द सम्पूर्ण मुस्लिम रहस्यवादियों के लिए प्रचलित हो गया था।[81]

सूफ़ीमत के मूल में तरह-तरह के सामाजिक-आर्थिक कारण विद्वानों ने खोजने चाहे हैं जिनकी चर्चा यहाँ पर अप्रासंगिक होगी, परन्तु इतना संकेत कर देना अनुचित

न होगा कि सूफ़ीमत के मूल में परम शक्ति के प्रति जो भक्ति भाव, एकतत्त्व की भावना आदि बातें हैं, वे सम्पूर्ण मानव जाति के अन्तरतम के निकट की धारणाएँ हैं। निकल्सन ने अबुल हसन अलमूरी का एक कथन उद्धृत किया है कि सूफ़ीमत संसार के प्रति घृणा एवं प्रभु के प्रति प्रेम का प्रकाशन है।[82] जुनेद के अनुसार तसव्वुफ़ ईश्वर द्वारा पुरुष में व्यक्तित्व की समाप्ति और ईश्वरत्व की उद्बुद्धि का नाम है।[83] अलग़ज़ाली ने जगत् में शान्तिपूर्वक रहते हुए सदा ईश्वर में लीन रहना ही सूफ़ी का लक्षण माना है।[84] स्पष्ट है कि ये समस्त विशिष्टताएँ समस्त उन्नत धर्मों में स्वीकृत हैं।

विद्वानों ने सूफ़ीमतवाद पर अनेक प्रभाव देखे हैं।[85] इनमें से एक वर्ग सूफ़ीमतवाद को भारतीय साधना से बहुत अधिक प्रभावित देखता है।[86] इन लोगों का कहना है कि ईरान की आर्य विचारधारा ने विजेता इस्लाम धर्म के प्रति जो विद्रोह किया, वही सूफ़ीमत के रूप में प्रकट हुआ, परन्तु निकल्सन ने अत्यन्त जोरदार शब्दों में इस मत का खण्डन करते हुए कहा है कि यह सत्य है कि सूफ़ी सिद्धान्तों पर इस्लामेतर साधनाओं का भी प्रभाव पड़ा है पर इस्लाम से ही उसका उद्भव हुआ है। उसके अनुसार इस बात का क्या उत्तर है कि कुछ प्रारम्भिक प्रमुख सूफ़ी प्रयोक्ता ईरान के आर्य न होकर सीरिया और मिस्र के थे तथा जाति से अरब थे।[87] उसने अत्यन्त निर्भ्रान्त शब्दों में कहा है, सत्य यह है कि सूफ़ीमत एक संकुल वस्तु है और इसलिए इस प्रश्न का कोई सरल उत्तर नहीं दिया जा सकता कि वह कैसे उत्पन्न हुआ है।[88] यों निकल्सन ने ईसाई, नव अफलातूनी, ज्ञानवाद, बौद्ध धर्म एवं वेदान्त के प्रभाव स्वीकार किये हैं। उसने सूफ़ियों के 'फ़ना' और 'बक़ा' सम्बन्धी विचारों पर बौद्ध विचारधारा का स्पष्ट ऋण स्वीकार किया है।[89] इन प्रभावों के होते हुए भी यह सहज ही कहा जा सकता है कि सूफ़ियों को अपने रहस्य-दर्शन में स्वयं क़ुरान से भी प्रेरणा मिली है। ईश्वर एक है तथा कल्याण और दया करने वाला है।[90] वह सर्वव्यापक और सर्वज्ञ है।[91] इस पृथ्वी और स्वर्ग में जो कुछ है, उसी का है और अन्त में सभी पदार्थ उसी में विलय हो जाते हैं।[92] ईश्वर असीम सौन्दर्यमय है,[93] ईश्वर उन्हें प्यार करता है जो सज्जन हैं। क़ुरान के ऐसे कथनों में रहस्यवाद के बीज विद्यमान हैं। मुहम्मद साहब को क़ुरान जिस प्रकार उद्भासित हुआ था, वह सूफ़ी के लिए अत्यन्त रुचिकर है क्योंकि यह इस बात का प्रमाण है कि मनुष्य से ईश्वर बोलता है।[94] 'इसी कारण मुस्लिम रहस्यवादी यह आशा कर सकता है कि वह अपने इस नश्वर जीवन में ही उस अविनश्वर अमृत तत्त्व की झाँकी उपलब्ध कर ले। इस प्रकार सूफ़ी साधना का बीज-वपन मुहम्मद साहब के समय ही हो गया था।

प्रारम्भिक 200 वर्षों तक सूफ़ी मतवाद वैराग्य प्रधान रहा है परन्तु इस समय के अन्त होते-होते प्रेम की भावना घर करने लगी थी। इसी समय राबिया (800 ई. के लगभग) अपनी भक्ति-भावना में प्रिया की प्रेम-अनन्यता भरकर उपासना करती है।

वह ईश्वर के प्रति एक अत्यन्त नैकट्य का अनुभव करती थी। सूफ़ीमत में दिव्य प्रेम का सिद्धान्त सबसे पहले उसी की रचनाओं में प्रकट हुआ था।[95] एक स्थल पर वह कहती है : ओ मेरे प्रिय, तारे चमक रहे हैं, मनुष्यों की आँखें बन्द हैं, सम्राटों ने अपने द्वार बन्द कर लिये हैं। प्रत्येक प्रेमी अपनी प्रियतमा के पास है और यहाँ मैं एकमात्र तुम्हारे पास हूँ।[96] एक अन्य स्थान पर उसने अत्यन्त भाव-विभोर कण्ठ से कहा है : ओ ईश्वर! यदि मैं नरक के भय से तुम्हारी पूजा करती हूँ तो मुझे नरकाग्नि में जला दो, और यदि मैं स्वर्ग की आशा में तुम्हारी उपासना करती हूँ तो तुम मुझे स्वर्ग से निकाल दो, परन्तु यदि मैं तुम्हारी उपासना केवल तुम्हारे लिए करती हूँ तो अपने शाश्वत सौन्दर्य को मुझसे न छिपाओ।[97]

इस प्रकार ईसवी सन् की नवीं शताब्दी में सूफ़ीमत प्रेम एवं अद्वैत-चिन्तन के नये क्षेत्र में प्रवेश करता है। बग़दाद में यह साधना अपनी पूर्णता को पहुँचती है। इस साधना में दार्शनिक एवं सैद्धान्तिक दृष्टि से 'बायजीद बिस्तामी' का नाम बहुत अधिक महत्त्वपूर्ण है। उसने तसव्वुफ़ में ईश्वर की सर्वव्यापकता, अद्वैतवाद एवं आवेश क़ा तत्त्व समन्वित किया। उसने सबसे पहले फ़ना शब्द का प्रयोग किया था जिसके अनुसार साधक अपनी अहंता को मारकर ईश्वर के प्रति विशेष भाव से समर्पित हो जाता है। जुनून, अल हल्लाज आदि ने अद्वैतवादी तत्त्व को और अधिक विकसित किया। 11वीं शताब्दी के उत्तरार्द्ध में अल ग़ज़ाली ने शरीयत और तरीकत (शास्त्र एवं व्यवहार) का समन्वय किया।[98] यह इसलिए आवश्यक हो गया था कि धीरे-धीरे सूफ़ी सिद्धान्त इस्लाम की मूल विचारधारा से दूर हटते जा रहे थे। ग़ज़ाली ने उसे पुनः इस्लामी केन्द्र के निकट लाने का उद्योग किया।[99] यहीं पर यह भी स्पष्ट कर देना आवश्यक है कि सूफ़ी विचारधारा नवीं शताब्दी से केवल प्रेममार्ग पर ही नहीं चली, ज्ञानमार्गी धारा भी बराबर प्रवाहित रही है, पर प्रमुखता उसकी नहीं थी। सूफ़ी साधना प्रारम्भ से ही अपने स्वरूप में वैयक्तिक रही है परन्तु धीरे-धीरे यह सामान्य जन को अपनी ओर आकर्षित करने लगी थी। इस कारण यह आवश्यक हो गया था कि सूफ़ी सिद्धान्तों को एक व्यवस्थित रूपरेखा दी जाये एवं साधन-प्रणाली का स्पष्ट निरूपण किया जाये।

ग़ज़ाली जैसे लोगों ने सूफ़ीमत की इस दार्शनिकता को इस्लाम की धार्मिकता के साथ समन्वित करके साम्प्रदायिक ढाँचे के भीतर व्यवस्थित करना चाहा। सनाई, अत्तार एवं जलालुद्दीन रूमी इसी परम्परा पर आगे चले हैं। 13वीं शताब्दी तक सूफ़ियों के अनेक छोटे-मोटे सम्प्रदाय बन गये थे। 11वीं से 13वीं शताब्दी तक सूफ़ियों का स्वर्ण-युग कहा जाता है। जलालुद्दीन रूमी इस युग का अन्तिम श्रेष्ठतम कवि था। रूमी में ज्ञानमार्गी एवं प्रेममार्गी दोनों धाराओं का समन्वय भी था एवं इस्लाम की धार्मिकता भी सुरक्षित रही। ज्ञान और प्रेम को इस युग में अलग-अलग करके नहीं देखा गया। यहीं पर सूफ़ियों की एक अन्य विशेषता की ओर इंगित कर देना

उचित रहेगा। लगभग प्रत्येक सूफ़ी विचारक ने काव्य-रचना की है। यह बात वैष्णव चिन्तकों में भी सुरक्षित है। शायद ही कोई वैष्णव चिन्तक आचार्य या महन्त ऐसा मिले जिसने काव्य-रचना नहीं की है। प्रेम प्रधान ईश्वर को जब शास्त्र के विरुद्ध एवं उसके साथ प्रत्यक्ष सम्बन्ध अनुचित समझा जाने लगा, तब इन कवियों ने लौकिक प्रेम पात्रों (सुन्दर, रमणी, किशोर) एवं वस्तुओं के प्रतीकों के माध्यम से अपनी सौन्दर्य एवं प्रेम की अनुभूति को व्यक्त करना शुरू किया। यह बात दूसरी है कि प्रेम के इन प्रतीकों का अवमूल्यन और ह्रास होकर ऐन्द्रियता भी बढ़ी। ठीक वैसे ही जैसे कि राधा और कृष्ण का ह्रास रीतिकाल की शृंगारिकता में हुआ है।

भारतवर्ष में प्रवेश

उत्तर-पश्चिमी भारत पर तुर्कों के आक्रमण के साथ ही सूफ़ियों का भारत में प्रवेश होता है। सम्भवतः पश्चिमोत्तर भारत में सबसे पहले सुहरावर्दी सम्प्रदाय का आगमन होता है, परन्तु उनका प्रभाव-क्षेत्र बहुत नहीं बढ़ा, वे सिन्ध एवं पश्चिमोत्तर प्रान्त तक ही सीमित रहे। प्रभावशाली रूप में चिश्ती सम्प्रदाय सबसे पहले भारतवर्ष में प्रतिष्ठापित हुआ था। भारत में इस सम्प्रदाय को अत्यधिक सफलता मिलने का कारण यह था कि ये लोग नयी परिस्थितियों के अनुकूल अपने को बना सकने में समर्थ हुए थे।[100] ख़्वाजा मुईनुद्दीन चिश्ती (जन्म 1143 ई.) ने शहाबुद्दीन गौरी के आक्रमण के कुछ पूर्व सन् 1191 में इस सम्प्रदाय का प्रवेश भारतवर्ष में कराया था। प्रसिद्ध सूफ़ी विचारक अली हुज्विरी (दाता शकरगंज) उसके पूर्व से ही लाहौर में रह रहे थे। चिश्ती उन्हीं के पास कुछ दिन रहे। तदुपरान्त वे दिल्ली और वहाँ से अजमेर चले गये। मुईनुद्दीन के व्यक्तित्व का तत्कालीन भारतीय जनता पर बहुत प्रभाव पड़ा था—विशेषकर छोटे वर्गों के लोग उनकी ओर आकर्षित हुए थे। इस तथ्य के कारण अजमेर के राजा के द्वारा उनको निकलवाने की चेष्टा भी हुई थी जो उनके व्यक्तित्व के प्रभाव के कारण सफल नहीं हो सकी थी।

चिश्ती-सन्तों को संगीत के आध्यात्मिक मूल्य पर बहुत अधिक विश्वास था एवं वे संगीतज्ञों का अत्यधिक आदर करते थे। संगीत की इन मजलिसों में वे आवेश में आकर मूर्च्छित तक हो जाते थे। मुईनुद्दीन के शिष्य ख़्वाजा क़ुतुबुद्दीन बख़्तियार काकी की ऐसे ही किसी आवेश की अवस्था में मृत्यु हो गयी थी। कुतुब साहब के बाद इस सम्प्रदाय के प्रधान बाबा फ़रीद गंजशकर हुए और उनके बाद निज़ामुद्दीन औलिया गद्दी के अधिकारी बने। दिल्ली के तुर्क सुल्तानों से लेकर साधारण जनता तक इनका सर्वत्र आदर था। ये सभी विरागी एवं ऊँची कोटि के साधक थे। कभी भी बादशाहों एवं सामन्तों के सम्पर्क को इन्होंने प्रोत्साहन नहीं दिया।

गयासुद्दीन तुग़लक़ जैसे बादशाह तथा धर्मान्ध मुल्लागण उनके बढ़ते हुए प्रभाव

तथा संगीत-गोष्ठियों को पसन्द नहीं करते थे, परन्तु कोई कठोर पग उठाने का उनका साहस नहीं हुआ। निज़ामुद्दीन औलिया का नाम वास्तव में भारतीय सूफ़ी इतिहास में प्रभाव की दृष्टि से अत्यधिक महत्त्वपूर्ण है। उनके मधुर व्यक्तित्व तथा उदार दृष्टिकोण ने उन्हें अत्यधिक जनप्रिय बना दिया था। उनका जन्म संवत् 1393 वि. में बदायूँ में हुआ था। वे कहा करते थे, "ओ मुस्लिमों, मैं शपथ खाकर कहता हूँ कि वह (प्रभु) उसी को प्यार करता है जो उसके लिए मानवों को एवं मानवों के लिए उसको प्यार करते हैं।" आगे चलकर अकबर के समय के प्रसिद्ध शेख़ सलीम भी इसी सम्प्रदाय के भक्त थे।

सुहरावर्दी सम्प्रदाय के शेख़ बहाउद्दीन ज़करिया भी महत्त्वपूर्ण व्यक्ति थे जो मुलतान को अपना केन्द्र बनाये हुए थे। उनके गुरुभाई हमीदुद्दीन नागौरी भी संगीत के बड़े प्रेमी थे। नागौरी ने 'तवलिउशमल' तथा 'लवाइह' दो पुस्तकें भी फ़ारसी में लिखी हैं। ज़करिया के एक शिष्य हुसैन अमीर हुसैनी ने भी तसव्वुफ़ पर अनेक पुस्तकें लिखीं। इसी सम्प्रदाय के सन्त जहाँगश्त को मुहम्मद तुग़लक़ ने 'शेख उल-इस्लाम' नियुक्त किया था, पर उनकी प्रकृति उसमें रमी नहीं और वे छोड़कर चले गये। इस सम्प्रदाय के अन्तर्गत मूसा सुहाग और उनका सदा सुहागिन सम्प्रदाय आता है।

फ़िरदौसिया सम्प्रदाय के सूफ़ी सन्त शेख़ शरफ़ुद्दीन याहिया मनेरी (मृ. 1437 वि.) का सम्मान फ़िरोज़ तुग़लक़ बहुत अधिक करता था। इस सम्प्रदाय ने अपना मुख्य कार्यक्षेत्र वर्तमान बिहार प्रदेश को बनाया था। मनेरी स्वयं एक बड़े दार्शनिक और विचारक थे। 'मक्तूबात' उनके विचारों की दिग्दर्शक श्रेष्ठ रचना है। यह वह काल था जब इब्नुल अरबी (1222 ई., सं. 1297 वि.) के 'वहदतुल वुजूद' के सिद्धान्त का प्रभाव भारतवर्ष पर पड़ रहा था, परन्तु मनेरी ने अपनी स्वतन्त्र चिन्तना के बल पर उसे अस्वीकार किया था। वे इस्लाम की कट्टर विचारधारा के अधिक निकट थे।

क़ादिरी सम्प्रदाय की स्थापना बग़दाद में संवत् 1222 में हुई थी तथा मध्य एशिया एवं पश्चिमी अफ्रीका में इस्लाम को फैलाने में इसने बड़ा योग दिया था, परन्तु भारतवर्ष में यह मत शाह नियामतउल्लाह तथा मख़दूम मुहम्मद जीलानी द्वारा 15वीं शती के अन्तिम हिस्से (सन् 1482) में लाया गया था। उन्होंने भी गुजरात में सुहरावर्दी सम्प्रदाय केन्द्र उच्छ को ही अपना केन्द्र बनाया। इस सम्प्रदाय में और भी अनेक सन्त हुए हैं। इनमें से दाराशिकोह के गुरु मियाँ मीर प्रसिद्ध हैं।

नक़्शबन्दी सम्प्रदाय हमारे लिए अत्यन्त महत्त्वपूर्ण है। यह सम्प्रदाय विक्रम की 17वीं शती के मध्य भाग के आसपास भारतवर्ष में ख़्वाजा बाक़ी बिल्लाह (1620-1660 वि.) द्वारा लाया गया था। यह सम्प्रदाय 'शरीअत' की पुनःप्रतिष्ठा पर बल देता है। ऊपर कहे गये समस्त सम्प्रदाय मनेरी को छोड़कर प्रेममार्गी थे। मुग़लकाल की नीति के अन्तर्गत वे ख़ूब फले-फूले थे, परन्तु 17वीं शती का अन्त होते-होते धर्मान्धता, शास्त्रीयता, शुद्धता (और रीति) की प्रवृत्तियाँ जीवन के सभी क्षेत्रों में बल पकड़ती

हैं। नक़्शबन्दी सम्प्रदाय इस प्रवृत्ति की देन है। बाक़ी बिल्लाह के शिष्य शेख़ अहमद सिरहिन्दी 'मुजाहिद' ने भी इब्नुल अरबी के सिद्धान्तों का ज़ोरदार खण्डन करते हुए इस्लामी शास्त्रीयता को पुनः प्रतिष्ठापित करने का प्रयास किया। इस प्रयास में ही औरंगज़ेब और नक़्शबन्दी सम्प्रदाय एक-दूसरे का सहयोग और महत्त्व प्राप्त कर सके। ईश्वर और जीव के भेद पर बल देते हुए उसने वेदान्तिक अद्वैतवाद के प्रभाव से अपने को अलग कर लेना चाहा।[101]

इन प्रमुख सम्प्रदायों के अतिरिक्त अन्य कई सूफ़ी सम्प्रदाय भी भारतवर्ष में प्रचार-कार्य कर रहे थे। आईने-अकबरी में अबुल फ़ज़ल ने चौदह सूफ़ी सम्प्रदायों के नाम इस प्रकार गिनाये हैं—चिश्ती, सुहरावर्दी, ज़ैदी, इयादी, अधमी, दुबेरी, हवीजी, तफ़ूजा करर्वी, सकती, जुनैदी, काजरूनी, तूसी और फ़िरदौसी।[102]

निष्कर्ष—इस प्रकार 16वीं शती में हमें प्रेमाभक्ति का अप्रतिहत प्रवाह दिखाई देता है। निम्बार्क की राधा इस युग में रसोपासना की इष्ट बन गयी। चैतन्य का राधा-भाव ही गोस्वामियों द्वारा श्रेष्ठतम रस प्रतिपादित होता है। हित हरिवंश और हरिदास की माधुर्य उपासना छोटे-बड़े सभी के आकर्षण का केन्द्र बनी। पुष्टिमार्ग में बालकृष्ण के साथ किशोर कृष्ण की लीलाएँ भी शत-शत, सहस्र-सहस्र पदों की रचना करवाती हैं। इनमें से प्रत्येक की अपनी विशेषता है, परन्तु मूल में मधुर-उपासना है और उनके सम्मिलित रूप में परिणाम भी माधुर्यभाव का प्रचार-प्रसार ही है। इन विविध साधनाओं के साधकों में आज का जैसा विद्वेष भी न था। वे लोग साधक थे—महन्त नहीं। आपस में अत्यन्त सौहार्द था, इसलिए वे एक-दूसरे से प्रभावित भी होते थे। ऊपर हम चर्चा कर चुके हैं कि वल्लभाचार्य जी ने श्री नाथ जी की सेवा-पूजा का भार बंगाली वैष्णवों के पास ही रहने दिया था। वे प्रयाग में चैतन्य देव से मिले भी थे।[103] प्रबोधानन्द (प्रकाशानन्द सरस्वती जिन्हें काशी में चैतन्य ने शिक्षा दी थी) हित हरिवंश के अन्यतम प्रशंसकों में थे तथा हरिराम व्यास ने राधावल्लभीय होते हुए भी अपने पुत्र किशोरदास को स्वामी हरिदास से दीक्षा दिलवायी थी। गौड़ीय षट्गोस्वमियों को वृन्दावन में अत्यन्त आदर के साथ देखा जाता था एवं उनके भक्ति रस-सम्बन्धी विवेचनों का प्रभाव निश्चित रूप से अन्य आचार्यों पर भी पड़ा। स्वयं चैतन्य दक्षिण से जो दो ग्रन्थ लाये थे, उनमें लीला शुक बिल्वमंगल का 'कृष्ण-कर्णामृत' ग्रन्थ किसी अन्य मतावलम्बी का था।

गौड़ीय वैष्णव मधुर रस के उपासक थे ही, निम्बार्क की दशश्लोकी में भी राधा की स्तुति है। निम्बार्कियों में मधुर-उपासना का प्रवाह श्री भट्ट से प्राप्त होने लगता है। यह बात दूसरी है कि बंगाल में राधा परकीया बनी रहीं पर वृन्दावन में वे स्वकीया बन गयीं तथा हित हरिवंश एवं हरिदास की नित्य लीला में वे स्वकीया-परकीया निर्विशेष। यह प्रेम-साधना राधा एवं गोपियों के माध्यम से अभिव्यक्त हुई है। पीछे हम माधवेन्द्र-पुरी का जिक्र कर चुके हैं। श्रीनाथजी के विग्रह की प्रतिष्ठा वल्लभ

ने की, उसके पूर्व पुजारी का नाम माधवानन्द (बंगाली) वार्तासाहित्य में आता है तथा गोस्वामी विट्ठलनाथ जी के बाल-गुरु माधवेन्द्र पुरी बतलाये गये हैं। ये दोनों यदि एक ही न भी हों, तब भी पुष्टिमार्गीय आचार्यों एवं गौड़ीय वैष्णव भक्तों का निकट सम्पर्क एवं सान्निध्य तो सिद्ध होता ही है। विभिन्न सम्प्रदायों के कवियों ने सम्प्रदाय का ध्यान रखे बिना ही भक्तों के नामों का सादर उल्लेख किया है। हरिराम व्यास का एक पद देखिए–

बिहारिहिं स्वामी बिनु को गावै।
बिनु हरिबंसहि, राधा बल्लभ, को रस रीति सुनावै।
रूप सनातन बिनु को वृन्दाविपिन-माधुरी पावै।
कृष्णदास बिनु, गिरिधर जू कों, को अब लाड़ लड़ावै।
मीराबाई बिनु को भक्तनि पिता जान उर लावै।
स्वारथ परमारथ जैमल बिनु, को सब बन्धु कहावै।
परमानन्द दास बिनु, को अब लीला गाइ सुनावै।
सूरदास बिनु, पद रचना को, कौन कविहिं कहि आवै।
और सकल साधन बिनु, को कलिकाल कटावै।
व्यास दास इन बिन को अब तन की तपन बुझावै।[104]

भक्तों का गुणगान करते समय इन लोगों ने निर्गुण-सगुण जैसे अन्तर भी नहीं किये हैं।

राधाकृष्ण की भक्ति के इस स्वरूप ने सगुण मत के दूसरे मुख्य आराध्य राम के उपासकों-भक्तों को भी बहुत प्रभावित किया। 17वीं शती से यह प्रभाव पड़ना शुरू हो गया था तथा 18वीं-19वीं शती तक यह प्रभाव बढ़ता ही गया। सगुणोपासक न होने के कारण सन्त-मत में इन दम्पति-लीलाओं की सीधी अभिव्यक्ति तो नहीं हुई, परन्तु मधुर-भाव की जो मूल धारणा थी, उसका प्रकाशन साधक एवं आराध्य के मध्य प्रतीक रूप से अवश्य हुआ। इस प्रतीक पद्धति के लिए तत्कालीन साधनाओं में सूफ़ी प्रेम-भावना सीधी प्रेरक शक्ति के रूप में विद्यमान थी। सूफ़ी प्रेम-भावना स्वयं इन प्रेमाभक्ति की विविध साधनाओं को प्रत्यक्ष-अप्रत्यक्ष रूप से प्रभावित कर रही थी और स्वयं भी प्रभावित हो रही थी। वास्तव में ये सभी साधनाएँ परस्पर एक-दूसरे को प्रभावित करती रहीं हैं, परन्तु इन प्रभावों का आन्तरिक स्वरूप-निर्धारण एवं प्रभावित प्रक्रिया की गति का वस्तुपरक निर्णय कठिन है। जीवन्त साधनाओं की ग्रहण-प्रक्रिया इतनी जटिल एवं सूक्ष्म होती है कि उसकी समस्त शिराओं का विश्लेषण नितान्त दुरूह हो जाता है। इसके अतिरिक्त ऐसे अध्ययन के लिए व्यापक सामाजिक जीवन के सभी पक्षों के आँकड़े भी इस समय तक उपलब्ध नहीं हो सके हैं। जब तक समाज के विभिन्न पक्षों एवं विचारों के प्रामाणिक इतिहास नहीं प्रस्तुत हो जाते, तब तक प्रभावों की व्याख्या के लिए स्पष्ट और दृढ़ आधार नहीं

मिल सकता है तथा सामाजिक जीवन के सन्दर्भ में इन सब की निर्भ्रान्त व्याख्या भी सम्भव नहीं हो सकती।

सन्दर्भ

1. देखिए–
   (क) आर.जी. भण्डारकार : वैष्णविज्म, शैविज्म एण्ड माइनर रिलिजस सिस्टम्स ऑफ इण्डिया
   (ख) बी.के. गोस्वामी : भक्ति-कल्ट इन एन्शंट इण्डिया
   (ग) हेमचन्द्र राय चौधरी : मैटीरियल्स फॉर द स्टडी ऑफ दि अर्ली हिस्ट्री ऑफ द वैष्णव सेक्ट
   (घ) आचार्य हजारी प्रसाद द्विवेदी : सूर-साहित्य
   (ङ) डॉ. मुंशीराम शर्मा : भक्ति का विकास
   (च) बलदेव उपाध्याय : भागवत सम्प्रदाय
   (छ) परशुराम चतुर्वेदी : वैष्णव-धर्म
   (ज) डॉ. दीनदयालु गुप्त, डॉ. विजयेंद्र स्नातक आदि विद्वानों के भक्तिकाल से सम्बन्धित विभिन्न शोध-प्रबन्धों के एतत्सम्बन्धी अध्याय।
2. भक्ति के तत्त्वान्वेषण की प्रारम्भिक स्थिति में विद्वानों ने भारतीय भक्ति-भावना के मूल स्रोत खोजने की ओर अपनी रुचि दिखाई थी। विभिन्न विद्वानों ने इस सम्बन्ध में अलग-अलग मत निश्चित करने चाहे। ईसाई, सामी-पैग़म्बरी, द्रविड़ आदि विचारों को बहुधा भक्ति के मूल में देखा गया। भारतीय विद्वानों का एक वर्ग उसे आर्य-चिन्ता की उपज मानकर वेदों में उसके मूलतत्त्व खोजता रहा। इस समस्त विवेचन से एक ही सिद्धान्त पर पहुँचने की अपेक्षा यह अनुभव किया जाने लगा कि भक्ति एवं श्रद्धा जैसे भाव प्रत्येक धर्ममत एवं सुसंस्कृत समाज में महत्त्वपूर्ण स्थान के अधिकारी होते हैं तथा जीवन्त धर्म-साधनाओं में पारस्परिक प्रभाव-ग्रहण की प्रक्रिया बराबर चलती रहती है। इसी कारण साम्प्रतिक तत्त्वान्वेषण में इन पारस्परिक प्रभावों के अध्ययन की ओर रुचि बढ़ी है। आवश्यकता इस बात की है कि विशिष्ट सामाजिक सन्दर्भों को परिपार्श्व में रखकर इन प्रभावों का अध्ययन किया जाये।
3. उस समय राजनीतिक शक्ति भी विकेन्द्रित थी। हमारा अनुमान है कि इस विकेन्द्रित रूप के कारण ही हिन्दुत्व मुसलमानों के भीषण आक्रमण को बरदाश्त करके भी जीवित रह सका तथा आगे चलकर वैष्णवधर्म के प्रसार में भी इस स्थिति ने सहायता पहुँचाई होगी।
4. विस्तार से देखिए : हिन्दी साहित्य (भारतीय हिन्दी परिषद्, प्रयाग) में डॉ. बनारसी प्रसाद सक्सेना द्वारा लिखित सांस्कृतिक पृष्ठभूमि अध्याय, पृ. 54-56
5. हिन्दी साहित्य की भूमिका : आचार्य हजारी प्रसाद द्विवेदी एवं सिद्ध-साहित्य : डॉ. धर्मवीर भारती में विस्तार से इसकी चर्चा की गयी है।
6. हिन्दी साहित्य (भारतीय हिन्दी परिषद्), पृ. 462 पर उद्धृत।
7. भक्ति-आन्दोलन का तृतीय उत्थान उत्तर भारत में 15वीं शती के आरम्भ में होता है। पण्डित बलदेव उपाध्याय : भागवत सम्प्रदाय, पृ. 233
8. ब्रज प्रान्त में कुषाण वंशी राजाओं के राजत्व-काल (ईसा की प्रथतम शताब्दी) में जो बहुधा बौद्धमतावलम्बी थे, भागवत धर्म बहुत शिथिल था। कुषाण वंशी राजा कनिष्क ने बौद्ध धर्म को ही प्रोत्साहन दिया, इसके अनन्तर गुप्त-वंश के राजत्व-काल मे वैष्णव धर्म फिर प्रबल हुआ। हर्षवर्द्धन ने बौद्ध धर्म को अपना कर उसी का प्रचार किया। उस समय एक प्रकार से ब्रज में

भागवत धर्म का लोप हो गया। दक्षिण-भारत से आने वाले आचार्यों द्वारा वैष्णव धर्म के प्रचार ने ब्रज-प्रांत में फिर से बौद्ध और शैव धर्मों को हटाकर भागवत धर्म का उत्थान कर दिया। चार आचार्यों में से आचार्य मध्वाचार्य, विष्णुस्वामी तथा निम्बार्काचार्य विष्णु के कृष्ण-रूप के उपासक थे। इसलिए चारों आचार्यों के मतों में से ब्रजभूमि में कृष्ण की जन्मभूमि होने के कारण मध्वाचार्य, विष्णुस्वामी और निम्बार्क-सम्प्रदायों की भक्ति-पद्धति का ही 15वीं शती तक विशेष प्रचलन रहा। —डॉ. दीनदयालु गुप्त : अष्टछाप और वल्लभ सम्प्रदाय, प्र. सं., पृ. 39-40

9. वैष्णविज्म, शैविज्म एण्ड माइनर रिलिजस सिस्टम्स, पृ. 93
10. वैष्णव धर्म, पृ. 85
11. भागवत सम्प्रदाय, पृ. 314
12. वही, पृ. 314
13. आर.जी. भण्डारकर : वै. शै., पृ. 93
14. डॉ. विजयेंद्र स्नातक : राधावल्लभ सम्प्रदाय : सिद्धान्त और साहित्य, पृ. 52
15. भागवत सम्प्रदाय, पृ. 316
16. भण्डारकर : वै.शै., पृ. 92-93
17. 11-12वीं शती के पूर्व राधा का उल्लेख देवी के रूप में कहीं नहीं मिलता। यहाँ तक कि जयदेव के गीतगोविन्द में वे अत्यन्त मनोहर, मानवीय, अनन्य प्रेमिका हैं, देवी नहीं। गीतगोविन्द के दशावतार में कृष्ण के प्रसंग में राधा का उल्लेख नहीं किया गया है।
18. अंगे तु वामे वृषभानुजा मुदा, विराजमानामनुरूपसौभगाम्।
    सखीसहस्रैः परिसेवितां सदा, स्मरेम देवीं सकलेष्टकामदाम्। —दशश्लोकी, 5
19. युगल शतक।
20. हरिव्यास देव को माधुर्य-उपासना का प्रवर्त्तक तथा महावाणी का रचनाकार कहा जाता है। पर जैसा कि हम आगे निम्बार्क सम्प्रदाय की पद्धति एवं निम्बार्कीय कवियों के विवेचन के प्रसंग में बताएँगे कि हरिव्यास देव की अपेक्षा रूपरसिक जी को महावाणीकार मानना उचित होगा।
21. भागवत सम्प्रदाय, पृ. 347-48
22. आचार्य हजारी प्रसाद द्विवेदी : हिन्दी साहित्य, पृ. 198-199
23. वैष्णव धर्म, पृ. 84
24. भागवत सम्प्रदाय, पृ. 318
25. डॉ. शरण बिहारी गोस्वामी ने अपने शोध-प्रबन्ध 'हिन्दी कृष्णभक्ति काव्य में सखी भावना' में निम्बार्क के ग्रन्थों पर विस्तार से विचार किया है। देखिए पृ. 80-84 (अप्रकाशित प्रबन्ध)।
26. वही, पृ. 80-84
27. श्रीमद्भागवत् माहात्म्य, प्रथम अध्याय, श्लोक 48
    उत्पन्ना द्राविडे साहं, वृद्धिं कर्णाटके गता
    क्वचित्क्वचिन्महाराष्ट्रे, गुजरे जीर्णतां गता।
28. जी.एस. घुर्ये : इण्डियन साधूज, पृ. 184-190
29. बलदेव उपाध्याय : भागवत सम्प्रदाय, पृ. 245
30. वही, पृ. 247
31. भण्डाकर : वै. एण्ड शै., पृ. 95
32. वैष्णव धर्म, पृ. 108
33. हिन्दी साहित्य कोश में रामानन्द सम्प्रदाय पर टिप्पणी, पृ. 648
34. हिन्दी साहित्य का इतिहास, पृ. 108

35. भागवत सम्प्रदाय, पृ. 253
36. एच.एम. विल्सन : एसेज ऑन दि रिलिजस सेक्ट्स ऑफ हिन्दूज, पृ. 24
37. बदरीनारायण श्रीवास्तव : रामानन्द सम्प्रदाय तथा हिन्दी-साहित्य पर उसका प्रभाव, पृ. 85
38. डॉ. हजारी प्रसाद द्विवेदी : हिन्दी साहित्य की भूमिका, पृ. 47
39. श्री एस.डी. शर्मा : हिन्दुइज्म थ्रु दि एजेज (भारतीय विद्याभवन, बम्बई), के.सी. वरदाचारी : आसपेक्ट्स ऑफ भक्ति (मैसूर यूनिवर्सिटी), 1956
40. हिन्दी साहित्य की भूमिका, पृ. 47
41. रामानन्द के 12 प्रमुख शिष्य कहे जाते हैं। उनमें विभिन्न ऊँची-नीची जातियों के व्यक्ति सम्मिलित हैं।
42. हिन्दी साहित्य, पृ. 107-108
43. डॉ. विजयेन्द्र स्नातक का यह मत भी इस सम्बन्ध में उल्लेखनीय है : "वल्लभाचार्य की भक्तिपद्धति का नूतन रूप और उसमें कृष्ण के माधुर्य-भाव की उपासना की स्वीकृति अपनी विशिष्ट देन है जो विष्णुस्वामी के युग में किसी भी रूप में प्रचलित नहीं थी।" —राधवल्लभ सम्प्रदाय : साहित्य और सिद्धान्त, पृ. 50
44. पोषण तदनुग्रह : श्रीमद्भागवत 2।10।4
45. अणुभाष्य, चतुर्थ अध्याय, चतुर्थ पाद, सूत्र 9 की टीका।
46. तत्त्व-दीप-निबन्ध : भागवतार्थ प्रकरण (डॉ. हरवंशलाल शर्मा द्वारा सूर और उनका साहित्य, पृ. 255 पर उद्धृत)।
47. एस.एन. दासगुप्ता : ए हिस्ट्री ऑफ इण्डियन फिलॉसफी, चतुर्थ भाग, पृ. 373 पर उद्धृत (कैम्ब्रिज यूनिवर्सिटी प्रेस, 1955)।
48. महमूद गज़नवी ने अपने आक्रमणों में मथुरा-बृन्दावन को उनके मन्दिरों की मुग्ध भाव से प्रशंसा कर-करके तुड़वा दिया था। उसके पश्चात् जो तुर्क आते रहे, वे इसे नष्ट ही करते रहे। 15वीं शती में बृन्दावन विजन का स्वरूप धारण कर चुका था।
49. इस प्रसंग से यह अनुमान लगाना कठिन नहीं है कि ये बंगाली सहजिया वैष्णव-मत के ही उत्तराधिकारी थे और चैतन्य स्वयं सहजियों के ही उत्तराधिकारी बने।
50. एम.टी. केनेडी : चैतन्य मूवमेण्ट, पृ. 45-46 (ऑक्सफोर्ड यूनिवर्सिटी प्रेस, 1925)।
51. वासुदेव गोस्वामी : भक्तकवि व्यास जी, जीवनी खण्ड, पृ. 54
52. (क) डॉ. नारायणदत्त शर्मा, स्वामी हरिदास जी का सम्प्रदाय और उसका वाणी-साहित्य, (अप्र. प्रवं.), पृ. 170

    (ख) डॉ. शरण बिहारी गोस्वामी : हिन्दी कृष्णभक्ति-काव्य में सखी भाव. (अप्र, प्रवं.), पृ. 419
53. हिन्दी साहित्य का इतिहास, पृ. 172
54. हरिवंशी हरिदासी जहाँ, मोहि करुना करि राखो तहाँ : भक्तकवि व्यास, पृ. 407
55. श्री स्वामी हरिदास अभिनन्दन ग्रन्थ, पृ. 83 पर उद्धृत।
56. भागवत सम्प्रदाय, पृ. 351
57. सूरदास और उनका साहित्य, पृ. 101
58. वैष्णव धर्म, पृ. 86
59. हिन्दी साहित्य कोश में सखी-सम्प्रदाय पर टिप्पणी, पृ. 804
60. भगवत रसिक : अनन्य निश्चयात्मक ग्रन्थ, पृ. 83
61. भक्तनामावली (बयालीस लीला), पृ. 28
62. अष्टछाप और वल्लभ सम्प्रदाय, पृ. 68

63. राधावल्लभ सम्प्रदाय : सिद्धान्त और साहित्य, पृ. 51-52
64. हिन्दी साहित्य का इतिहास, पृ. 172
65. डॉ. शरण बिहारी गोस्वामी : हिन्दी कृष्णभक्ति काव्य में सखी भाव (अप्र, प्रबं), पृ. 419
66. श्री सर्वेश्वर, वर्ष 4, अंक 2, पृ. 29
67. व्यास वाणी।
68. श्री सर्वेश्वर, वर्ष 3, संख्या 2, पृ. 14 पर विश्वेश्वर शरण जी द्वारा उद्धृत।
69. 'भक्तमाल', छ्प्पय सं. 91
70. राधामाधवयोर्जयन्ति यमुनाकूले रहः केलयः। —गीतगोविन्द
71. भगवत् रसिक : अनन्य निश्चयात्मक ग्रन्थ, पृ. 43
72. वासुदेव गोस्वामी : भक्तकवि व्यास जी : हित हरिवंश जी के निम्न पद को उन्होंने सुना था :
आजु अति राजत दम्पति भोर।
सुरति रंग के रस में भीने, नागर नवल किशोर। —जीवनी खण्ड, पृ. 54
73. गोस्वामी हित हरिवंश सम्प्रदाय और साहित्य।
74. राधावल्लभ सम्प्रदाय : सिद्धान्त और साहित्य।
75. राधावल्लभ सम्प्रदाय : सिद्धान्त और साहित्य, डॉ. विजयेन्द्र स्नातक, पृ. 106
76. कहते हैं कि वृन्दावन चलते समय उनकी प्रथम पत्नी रुक्मिणी देवी बच्चों के छोटा होने के कारण आ नहीं पायी थीं। क्या यह सम्भव नहीं कि किसी कारणवश कष्ट होने के कारण साथ न दे सकी हो, एवं तरुण भक्त हित हरिवंश की भक्ति-पद्धति की ओर वह ब्राह्मण और उसकी कन्याएँ भी आकर्षित हुई हों एवं परिणाम इस विवाह के रूप में हुआ हो। (इस स्वप्न में कहा गया है कि राधा ने कहा था कि यह विवाह उनके भक्ति-भाव का विरोध न होगा। इससे भी यह ध्वनि निकलती है कि सम्भवतः प्रथम पत्नी उनकी भक्ति-पद्धति से सहमत न थी। गृहस्थी के साथ भक्त के आदर्श का पालन करने वाले हित हरिवंश जी एवं उस युग की बहुविवाह-प्रथा को देखते हुए चारित्रिक दृष्टि से यह बात अनुचित नहीं प्रतीत होती।
77. डॉ. विजयेन्द्र स्नातक : राधावल्लभ सम्प्रदाय : सिद्धान्त और साहित्य, पृ. 108
78. त्वमसि श्रीहरिवंश श्यामचन्द्रस्य वंशे, परमरसदनादैर्मोहितः सर्वविश्वः।
अनुपमगुणदामैर्निमितोऽसि द्विजेंद्र, मम हृदि तव गाथाश्चित्रलेखेव लग्नाः॥ —प्रबोधानन्द
79. 'राधासुधानिधि' के बारे में यह ख्याति है कि वह उन्होंने शैशव में ही लिखी थी।
80. आर.ए. निकल्सन : लिटरेरी हिस्ट्री ऑफ दि अरब्स, पृ. 229
81. एनसाइक्लोपीडिया ऑफ इस्लाम, पृ. 681-682
82. ए लिटरेरी हिस्ट्री ऑफ दि अरब्स, पृ. 392
83. वही, पृ. 392
84. मार्गरिट स्मिथ : अल ग़ज़ाली : दि मिस्टिक, पृ. 104
85. "इसमें सन्देह नहीं कि सूफ़ियों को अद्वैतवाद पर लाने वाले प्रभाव अधिकतर बाहर वाले थे।" पं. रामचन्द्र शुक्ल : जायसी ग्रन्थावली की भूमिका, पृ. 131-132
86. (क) वही, पृ. 132
(ख) डॉ. मुंशीराम शर्मा : भक्ति का विकास, पृ. 151
87. द मिस्टिक्स ऑफ इस्लाम, भूमिका पृ. 9
88. वही, पृ. 9
89. वही, पृ. 18

90. योर गॉड इज वन गॉड, देयर इज नो गॉड सेव हिम, द बेनीफिशन्ट दि मर्सीफुल—ग्लोरियस क़ुरान, 2 ।163
91. अल्लाह इज ऑल एम्ब्रेसिंग, ऑल नोंइग, वही, 50 ।4
92. वही, पृ. 514
93. वही, पृ. 3 ।148
94. ए.जे. आरबेरी : सूफ़िज्म, पृ. 13
95. आरबेरी : सूफ़िज्म, पृ. 43
96. मागरेट स्मिथ : राबिया द मिस्टिक, पृ. 27
97. आरबेरी द्वारा पृ. 42 पर उद्धृत
98. युसूफ़ हुसैन : ग्लिम्पसेज ऑफ मेडीवल इण्डियन कल्चर, पृ. 35
99. रामपूजन तिवारी : सूफ़ीमत : साधना और साहित्य, पृ. 205
100. यूसुफ़ हुसैन : ग्लिम्पसेज ऑफ मेडीवल इण्डियन कल्चर, पृ. 36
101. सियाकल औलिया (यूसुफ़ हुसैन द्वारा पृष्ठ 43 पर उद्धृत)।
102. डॉ. विमल कुमार जैन : सूफ़ीमत और हिन्दी साहित्य, पृ. 83 पर उद्धृत।
103. "भक्ति के साधन-पक्ष में श्री वल्लभाचार्य जी के सम्प्रदाय पर श्री रूपगोस्वामी द्वारा विवेचित भक्ति-पद्धति का किसी हद में प्रभाव, श्री विट्ठलनाथ जी के समय में अवश्य हुआ। सम्भव है कि श्री वल्लभाचार्य जी ने अथवा गोस्वामी विट्ठलनाथ जी ने गान और वाद्य की महत्ता चैतन्य महाप्रभु की प्रेरणा से ली हो।" —डॉ. दीनदयालु गुप्त : अष्टछाप और वल्लभ सम्प्रदाय, पृ. 58 द्रष्टव्य है कि गान और वाद्य की यह महिमा अन्य वैष्णव-सम्प्रदायों में भी स्वीकार की गयी एवं उसका चरम रूप स्वामी हरिदास में उपलब्ध होता है।
104. भक्त कवि व्यास जी, पृ. 197, पद संख्या 26

द्वितीय अध्याय

भक्ति-विवेचन

भक्ति के तत्त्व

पिछले अध्याय में हम कह चुके हैं कि भक्ति की प्राचीन परम्परा 15वीं-16वीं शताब्दी में आकर एक नये आवेश और शक्ति से समृद्ध हो उठती है। इसी काल में देश के विभिन्न भागों में विभिन्न भक्ति-सम्प्रदायों का उद्‌भव होता है। यद्यपि बाद को भी कुछ सम्प्रदाय अस्तित्व में आये, पर वे सभी मूलतः इन्हीं की शाखा-प्रशाखाएँ हैं। इस अध्याय में हम भक्ति के स्वरूप-विश्लेषण का प्रयास करेंगे। भक्ति की विविध परिभाषाओं के अनुशीलन से हमें ऐसा लगा कि भक्ति के कतिपय सामान्य तत्त्व निर्धारित किये जा सकते हैं। आचार्यों ने अपनी पूजा, भाव या दर्शन-विशेष के अनुसार इनमें से कभी किसी एक पर बल दिया है और कभी किसी दूसरे पर। नीचे हम भक्ति की कतिपय परिभाषाएँ दे रहे हैं :

1. *महात्मानस्तु मां पार्थ दैवीं प्रकृतिमाश्रिताः।*
भजन्त्यनन्यमनसो ज्ञात्वा भूतादिमव्ययम्।।
सततं कीर्तयन्तो मां यतन्तश्च दृढव्रताः।
नमस्यन्तश्च मां भक्त्या नित्ययुक्ता उपासते।।

(गीता, 9।13-14)

2. *या प्रीतिरविवेकानां विषयेष्वनपायिनी।*
त्वामनुस्मरतः सा मे हृदयान्मापसर्पतु।।

(विष्णु पुराण, 1-20।20)

(अविवेकी पुरुषों की विषयों में जैसी अविचल आसक्ति रहती है, तुम्हारा अनुस्मरण करते हुए तुम्हारे प्रति मेरी भी वैसी ही अविचल प्रीति रहे, वह मेरे हृदय से कभी दूर न हो।)

3. *सर्वोपाधिविनिर्मुक्तं तत्परत्वेन निर्मलम्।*
हृषीकेण हृषीकेश सेवनं भक्तिरुच्यते।।

(नारद पाञ्चरात्र, कल्याण, भक्ति अंक, पृ. 261 पर उद्धृत)

(तत्परतापूर्वक सम्पूर्ण उपाधियों से रहित होकर इन्द्रियों से विशुद्ध भगवत्सेवा ही भक्ति कही जाती है।)

4. (क) *मद्‌गुणश्रुतिमात्रेण मयि सर्वगुहाशये।*
मनोगतिरविच्छिन्ना यथा गंगाम्भसोऽम्बुधौ।।
लक्षणं भक्तियोगस्य निर्गुणस्य ह्युदाहतम्।
अहैतुक्यव्यवहिता या भक्तिः पुरुषोत्तमे।।

(श्रीमद्‌भागवत, 3।29।11-12)

(सागर में स्वतः प्रवाहित गंगा के जल की धारा के समान जो मनोगति मेरे गुण-श्रवण मात्र से फलानुसन्धानरहित तथा भेददर्शनविहीन (अनन्य भाव) होकर सर्वान्तर्यामी मुझ पुरुषोत्तम में अविच्छिन्न भाव से निहित होती है, वह मनोगति रूपा भक्ति ही निर्गुण भक्तियोग का स्वरूप है।)

तथा

(ख) *देवानां गुणलिंगानामानुश्रविककर्मणाम्।*
सत्व एवैकमनसो वृत्तिः स्वाभाविकी तु या।।
अनिमित्ता भागवती भक्ति..................

(श्रीमद्‌भागवत, 3।25।32-33)

(तात्पर्य यह कि सांसारिक विषयों का ज्ञान देने वाली इन्द्रियों की स्वाभाविक प्रवृत्ति निष्काम रूप से जब भगवान में लगती है तो उसे भक्ति कहते हैं।)

5. *मोक्षकारणसामग्र्या भक्तिरेव गरीयसी।*
स्वस्वरूपानुसन्धानं भक्तिरित्यभिधीयते।।
स्वात्मतत्त्वानुसन्धानं भक्तिरित्यपरे जगुः।

(शंकराचार्य, विवेक चूडामणि, 32-33)

(मुक्ति की कारणरूप सामग्री से भक्ति ही सबसे बढ़कर है और अपने वास्तविक स्वरूप का अनुसन्धान करना ही 'भक्ति' कहलाता है। कोई-कोई स्वात्मतत्व का अनुसन्धान ही भक्ति है—ऐसा कहते हैं।)

6. *भज इत्येष वै धातुः सेवायां परिकीर्तिता।*
तस्मात् सेवा बुधैः प्रोक्ता भक्तिसाधनभूयसी।।

(गरुड पुराण, अ. 231)

(भजू धातु का सेवन के अर्थ में प्रयोग होता है, इसलिए बुद्धिमानों ने सेवा को ही भक्ति में प्रधान कहा है।)

7. *पूज्येष्वनुरागो भक्तिः* (पूज्य जनों में अनुराग ही भक्ति है।)

(देवी भागवत, 7।31)

8. (क) *सा परानुरक्तिरीश्वरे* (वह ईश्वर में परानुरक्ति है।)

(शाण्डिल्य भक्तिसूत्र, 2)

(ख) *द्वेषप्रतिपक्षभावाद्रसशब्दाच्च रागः।* (वही, 6)

9. (क) *सात्वस्मिन् परमप्रेमरूपा* (वह ईश्वर के प्रति परम प्रेमरूपा है।)

(नारद भक्तिसूत्र, 2)

(ख) (नारद भक्तिसूत्र में बताया गया है कि भगवान की पूजादि में 'अनुराग' पाराशर के अनुसार भक्ति है तथा कथाओं आदि में 'प्रेम' गर्ग मुनि के अनुसार भक्ति की परिभाषा है। सूत्र 16 एवं 17)

10. (क) *"स्नेहपूर्वकमनुध्यानम्"*—रामानुज, विशिष्टाद्वैत कोश,

(सम्पादक, डी.टी. ताताचार्य, पृ. 184)

(ख) *महनीयविषये प्रीतिरेव प्रीतिरूपापसन्ध्यानम्, सा एव भक्तियोगः; परमाभक्तिरतिशयिता प्रीतिः* (परमाभक्ति अतिशय प्रेम है।)

(वेदान्त देशिक, वही पृ. 184)

11. श्री वैष्णव सम्प्रदाय के अनुसार, "भक्ति का सार है प्रपत्ति...प्रपत्ति की उपासना से भगवत्कृपा सम्पादित होती है और इसी भगवत्कृपा से ही भक्ति की प्राप्ति होती है।" (वही पृ. 217-18)

12. *कृपास्य दैन्यादियुजि प्रजायते*
यया भवेत् प्रेमविशेषलक्षणा।
भक्तिह्यनन्याधिपतेर्महात्मनः
सा चोत्तमा साधनरूपिकापरा।।

(निम्बार्काचार्य, दशश्लोका, 9)

(दैन्यादि गुणों से युक्त पुरुष के ऊपर भगवान श्रीकृष्ण की कृपा प्रकट होती हे। उस कृपा के द्वारा उन सर्वेश्वर परमात्मा में प्रेम विशेष रूपा भक्ति उत्पन्न होती है। यह भक्ति दो प्रकार की है—एक साधन रूपा अपराभक्ति और दूसरी उत्तमा-पराभक्ति)

13. माध्व सम्प्रदाय में मलरहित निर्दोष (निःस्वार्थ) अमलाभक्ति को सायुज्य मुक्ति का उपाय माना है।

(बलदेव उपाध्याय, भागवत सम्प्रदाय, पृ. 226)

14. *सा तैलधारासमा नित्य-संस्मृतिः सन्तानरूपेशपरानुरक्तिः।*
भक्तिर्विवेकादिकसप्तजन्या तथा यमाद्यष्टसुबोधकांगाः॥

(रामानन्द, वै.म.भा., श्लोक 65)

(तेलधारा के समान अविच्छिन्न रूप से नित्य स्मरणपूर्वक परम अनुराग ही भक्ति है। वह सात विवेकादि उपायों से उत्पन्न होती है तथा यमादि के आठ अंग उसके बोधक हैं।)

15. *माहात्म्यज्ञानपूर्वस्तु सुदृढः सर्वतोऽधिकः।*
स्नेहो भक्तिरिति प्रोक्तस्तया मुक्तिर्न चान्यथा॥

(वल्लभाचार्य : त.दी.नि. शास्त्रार्थ प्रकरण, 46)

(भगवान के माहात्म्य ज्ञानपूर्वक उनमें सर्वाधिक और दृढ़ स्नेह का होना ही भक्ति है और उसी से मुक्ति होती है। मुक्ति का अन्य कोई उपाय नहीं है।

16. *अन्याभिलषिता शून्यं ज्ञानकर्माद्यनावृतम्।*
आनुकूल्येन कृष्णानुशीलनं भक्तिरुत्तमा॥

(रूप गोस्वामीः हरिभक्ति-रसामृत सिन्धु, पूर्वक विभाग, 1।11)

(सम्पूर्ण अभिलाषाओं से रहित तथा ज्ञान और कर्म से अनाच्छादित श्रीकृष्ण के अनुकूल अनुशीलन उत्तमा भक्ति है।)

17. *द्रुतस्य भगवद्धर्माद् धारावाहिकताङ्गता।*
सर्वेशे मनसो वृत्तिर्भक्तिरित्यभिधीयते॥

(मधुसूदन सरस्वती : भक्ति-रसायन, 1।3)

(भागवत धर्मों को सेवन करने से द्रवित हुए चित्त की भगवान सर्वेश्वर के प्रति जो धारावाहिक (अविच्छिन्न) वृत्ति है, उसी को भक्ति कहते हैं।)

18. *भक्तिर्मनस उल्लासविशेषः।*
(भक्ति मन का विशेष उल्लास है।)

(भक्ति-मीमांसा-सूत्र, 1)

19. *सर्वात्मना निमित्तैव स्नेहधारानुकारिणी।*
वृत्तिः प्रेमपरिष्वक्ता भक्तिर्माहात्म्यबोधजा॥

(शाण्डिल्य संहिता, कल्याण, भक्ति-अंक, पृ. 247 पर उद्धत)

20. *निसिदिन हरि सों चित्तासक्ति, सदा ठग्यो सो रहिये।*
कोऊ न जानि सके, यह भक्ति प्रेम लक्षणा कहिये ॥

(सुन्दरदास, ज्ञानसमुद्र, भक्ति निरूपण, 40)

इन परिभाषाओं तथा सम्बन्धित साहित्य के अध्ययन के पश्चात् हम भक्ति के निम्नलिखित तत्त्व निर्धारित कर सकते हैं—

(1) **प्रेम**—भक्ति का सर्वाधिक महत्त्वपूर्ण तत्त्व प्रेम है, यह कहना तनिक भी अनुचित न होगा।[1] वास्तव में यह तत्त्व ही वह आधार है जो भक्ति को अन्य साधनामार्गों से पृथक् ही नहीं करता, श्रेष्ठ भी बनाता है। यों तो भागवतकार ने कहा है "जो पुरुष भगवान में निरन्तर काम, क्रोध, भय, स्नेह, ऐक्य या सौहार्द का भाव रखते हैं वे भी तन्मयता को प्राप्त हो जाते हैं।"[2] तथा वल्लभाचार्य ने भी लिखा है 'सर्वदा सर्वभावेन भजनीयो व्रजाधिपः... ।[3] परन्तु जैसा कि पूर्व-कथित परिभाषाओं[4] से ज्ञात होगा कि रागतत्त्व का भक्ति के क्षेत्र में, जैसा श्रेष्ठ प्रकाशन प्रेमभावना (अनुरक्ति, स्नेह, लगाव) में होता है, वैसा अन्यत्र कहीं नहीं। यह प्रेमभावना अनेक रूप ले सकती है, इसकी चर्चा हम आगे करेंगे।

यहीं पर प्रश्न यह उठाया जा सकता है कि इस प्रेम से तात्पर्य क्या है? चैतन्य सम्प्रदाय में प्रेम को काम से अलग करते हुए उसे कृष्णसुख-तात्पर्य कहा।[5] पुष्टिमार्गीय गोपेश्वर महाराज ने अपने 'भक्तिमार्तण्ड' नामक ग्रन्थ में प्रेमसम्बन्धी कतिपय विचारों का संकलन किया है। इस संकलन के अनुसार 'भक्ति-चिन्तामणि' में योग-वियोग-वृत्ति को प्रेम कहा गया है यानी योग में वियोग की शंका और वियोग में योग की उत्कण्ठा ही प्रेम है। इसी से मिलता-जुलता गुणाकार का मत उद्धृत है—यथा 'योगे वियोगवृत्तिः प्रेम तथा वियोगे योगवृत्तिरपि प्रेम।[6] गोविन्द चक्रवर्ती का मत है कि जो तमाम आपत्तियों के एवं कठिनाइयों बीच भी नहीं छीजता, ऐसा गाढ़ व्यसन ही प्रेम है।[7] परमार्थ ठक्कुन के अनुसार वस्तु के प्रति एक (गहन) अवर्णनीय पुकार (या खिंचाव) को प्रेम कहते हैं।[8]

इन मन्तव्यों में एक विशेष आकर्षण या आकांक्षा-तत्त्व को प्रेम के मूल में स्वीकार किया गया है एवं मनोवैज्ञानिक दृष्टि से यह अनुचित भी नहीं है। विष्णुपुराण, रामचरितमानस[9] सुन्दर दास के ज्ञानसमुद्र[10] आदि में इसी आकर्षण को स्वीकार किया गया है।

आकर्षण जो जड़ के प्रति है, वह चिद् के प्रति हो जाये—शर्त केवल इतनी है। जीव गोस्वामी ने अपने 'भक्ति-सन्दर्भ'[11] में स्पष्ट कहा है, "तत्र विषयिणः स्वाभाविको विषयसंसर्गेच्छामयः प्रेम रागः यथा चक्षुरादीनां सौन्दर्याय, तादृश एवात्र भक्तस्य श्रीभगवत्यपि राग इत्युच्यते।[12] अर्थात् जैसे विषयी पुरुषों का स्वभावतः ही विषयों के प्रति विषय-संसर्ग की इच्छा से युक्त आकर्षण होता है, जैसे आँखों आदि का सौन्दर्य के प्रति झुकाव होता है, उसी प्रकार भक्त का जब भगवान के प्रति आकर्षण उत्पन्न होता है, तब उसे राग कहते हैं।

परन्तु गोपेश्वर महाराज राग के इस आकांक्षा-तत्त्व को स्वीकार नहीं करते। उनके अनुसार आकांक्षा एक अन्य आकांक्षा (पुरुषार्थ) का विषय नहीं बन सकती। उनके अनुसार भक्ति में 'भज्' धातु है एवं 'क्तिन्' प्रत्यय है। धातु का अर्थ सेवा है और प्रत्यय का प्रेम। इन दोनों से मिलकर यह शब्द बनता है और दोनों ही अर्थों को लक्षित कराता है। बिना प्रेम के सेवा कष्टकर होती है एवं सेवा के बिना प्रेम पूर्ण नहीं होता है।[13]

इस विवेचन से हम भक्ति के दूसरे तत्त्व पर पहुँचते हैं और वह है सेवा।

(2) **सेवा**—'गरुड पुराण' की परिभाषा में व्युत्पत्ति की ओर संकेत करते हुए ही सेवा को भक्ति का साधन कहा गया है। 'नारद पाञ्चरात्र' की परिभाषा में भी इन्द्रियों द्वारा सभी उपाधियों से मुक्त होकर तत्परतापूर्वक सेवा करने का ही निर्देश किया गया है।[14] निम्बार्क सम्प्रदाय में स्वयं निम्बार्क ने कहा है कि कृष्ण के चरण कमलों की सेवा छोड़कर अन्य कोई उपाय नहीं हैं—

नान्या गतिः कृष्णपदारविन्दात्
संदृश्यते ब्रह्मशिवादिवन्दितात्।
भक्तेच्छयोपात्त-सुचिन्त्य-विग्रहा
दचिन्त्यशक्तेरविचिन्त्य साशयात्।[15]

वास्तव में जहाँ भी सखी-भाव या मंजरी-भाव की उपासना स्वीकृत है, वहाँ पर सेवा-भावना अनिवार्य है। निम्बार्क, चैतन्य, राधावल्लभीय, हरिदासी एवं रामभक्ति के मधुरोपासक, इन सभी सम्प्रदायों में सखी द्वारा युगल रूप की सेवा सर्वात्मना स्वीकृत है। पुष्टिमार्ग को तो सेवामार्ग भी कहते हैं। वहाँ पर तनूजा, वितजा और मानसी तीन प्रकार की सेवाएँ मानी जाती हैं। वल्लभाचार्य के अनुसार 'कृष्ण सेवा सदा कार्या मानसी सा परा मता।'[16] वल्लभाचार्य ने अपने ग्रन्थ सेवा-फल में सेवा का स्वरूप एवं परिणाम सभी विवेचित किये हैं। उनके अनुसार सेवा के तीन फल प्राप्त होते हैं—अलौकिक सामर्थ्य, सायुज्य एवं सेवोपयोगी देह। इनमें प्रथम सबसे श्रेष्ठ है जो कि मानसी सेवा का परिणाम है। पुष्टिमार्ग के प्रसिद्ध आचार्य हरिराय जी ने भी सेवा का विशेष विवेचन किया है। उनके अनुसार भी तीन प्रकार की प्रभु-सेवा में मानसी सेवा ही फल-रूपिणी एवं निरोधरूपा है तथा वह ब्रजभक्तों में यहीं दिखाई देती है। हरिराय जी ने तो सेवा और पूजा का भी अन्तर स्पष्ट करते हुए बताया है कि सेवा में स्नेह के साथ लौकिक युक्ति से परिचर्या होती है तथा पूजा में शास्त्रानुकूल अर्चना की जाती है।[17] गोस्वामी विट्ठलनाथ जी ने सेवा-विधि की सांगोपांग व्यवस्था की थी। इस तत्त्व के अन्तर्गत ही विविध सम्प्रदायों की अष्टयाम सेवा भी आती है। दास-भाव की भक्ति का तो मुख्य आधार ही सेवा-तत्त्व है। वात्सल्य में पुत्र की सेवा होती है और साख्य भाव में भी सेवा का अभाव नहीं है।

सेवा या तो प्रिय की होती है (और प्रेम-तत्त्व को हम ऊपर स्वीकार कर चुके हैं) या फिर महत् की। इस स्थापना के साथ ही हम भक्ति के तीसरे तत्त्व पर आते हैं।

(3) **माहात्म्य-ज्ञान**—नारद ने अपने भक्तिसूत्र में भक्तिभावना के लिए 'यथाब्रजगोपिकानाम्'[18] कहा है। तत्पश्चात् अगले सूत्र में ही कह दिया है कि इस अवस्था में भी (गोपियों में) माहात्म्य-ज्ञान की विस्मृति का अपवाद नहीं, क्योंकि उसके बिना वह प्रेम जारों के प्रेम के समान है।[19] बोपदेव ने इसी बात को अपने 'मुक्ताफल ग्रन्थ' में दुहराया है कि स्नेह निषिद्ध तत्त्व तब बन जाता है, जबकि देवता को देवता की तरह न देखकर मित्र के समान देखा जाता है।[20] वास्तव में बिना माहात्म्य-ज्ञान के जो प्रेम होगा वह स्वसुख की ओर अधिक ध्यान देगा एवं जब तक अहंता विद्यमान है तब तक प्रभु-प्राप्ति होती नहीं। माहात्म्य-ज्ञान होने पर ही प्रेम 'तत्सुखी' बनता है। इसीलिये वल्लभाचार्य ने 'सुदृढ़' एवं 'सर्वतोऽधिक प्रेम' को माहात्म्य-ज्ञानपूर्वक होने पर ही भक्ति कहा है।[21] यद्यपि प्रेम की श्रेष्ठतम स्थितियों में 'माहात्म्य-ज्ञान' का महत्त्व कम हो जाता है, ऐसा विद्वानों का कथन है। स्वयं गोस्वामी हरिराय के अनुसार, "श्री आचार्य जी के मारग को स्वरूप कहा गया है जो माहात्म्य-ज्ञानपूर्वक दृढ़ स्नेह सो सर्वोपरि है, से ठाकुर जी को बहुत प्रिय है, परन्तु जीव माहात्म्य राखे। सो काहे ते। जो माहात्म्य बिना अपराध को भय मिट जाये तासों प्रथम दशा में माहात्म्य-युक्त स्नेह आवश्यक कहिए...सो ठाकुर जी भक्तन के स्नेहवश होय भक्तन के पाछे-पाछे डोलते हैं; सो जहाँ ताईं ऐसो स्नेह नाहीं होय, तहाँ ताईं माहात्म्य राखनो...तासों माहात्मय विचारे और अपराध सो डरपे तो कृपा होय। जब सर्वोपरि स्नेह होयनों तब आप ही ते स्नेह ऐसो पदार्थ जो माहात्म्य कूं छुड़ाय देयगो।"[22] पर हमारा विचार है कि इस स्थिति तक पहुँचते-पहुँचते माहात्म्य-ज्ञान अवचेतन में इतना गहरे पैठ चुका होता है कि बिना ऊपर से ध्यान रखे वह साधक के कार्यों का नियामक बन जाता है।

(4) **अविच्छिन्नता या नैरन्तर्य**—यदि प्रेम-भावना, सेवा या माहात्म्य-ज्ञान आदि कभी-कभी ही मन में आये तो मन में वह तीव्रता आ ही नहीं सकती जो भक्त और भगवान को निजी सम्बन्धों में बाँध देती है। इसी कारण भक्ति के परिभाषाकारों एवं व्याख्याताओं आदि ने बार-बार भक्ति की अविच्छिन्नता, नैरन्तर्य, धारावाहिकता या अव्यभिचारित्व एवं सातत्य की ओर संकेत किया है। पीछे दी गयी परिभाषाओं में गीता, भागवत, रामानन्द, मधुसूदन सरस्वती, शाण्डिल्य संहिता, सुन्दरदास आदि ने इसी तथ्य की ओर ध्यान दिलाया है।[23] पुष्टिमार्ग, चैतन्य, राधावल्लभ आदि सभी सम्प्रदायों में भक्ति के इस नैरन्तर्य वाले तत्त्व की ओर इंगित किया गया है। देवी भागवत भी तैलधारा के समान अविच्छिन्नता को स्वीकार करती है।[24]

(5) **अनन्यता**—अविच्छिन्नता का ही अलग चरण अनन्यता है। भागवतकार ने इस क्रम को अत्यधिक काव्यात्मक रूपक में कहा है। उनके अनुसार सागर में स्वतः

प्रवाहित गंगाजल की धारा के समान जब मनोगति अनन्य भाव से भगवान में निहित होती है, तो उसे निर्गुण-भक्ति कहते हैं।[25] गंगा की धारा जहाँ नैरन्तर्य की द्योतक है, वहीं सागर में ही गिरना उसकी अनन्यता है। इसी प्रकार मात्र इष्ट देव में ही प्रेम, सेवा आदि निरन्तर लगे रहें, तभी भक्ति की स्थिति सम्भव है। जब तक मन में द्विविधा, संशय या व्यभिचारित्व विद्यमान है, तब तक वह एकाग्रता आ ही नहीं सकती जो भक्त और भगवान को एक कर देती है। तुलसीदास ने अपने चातक के आदर्श[26] के माध्यम से इसी अनन्यता की ओर संकेत किया है। निम्बार्क की तथाकथित दशश्लोकी का "नान्यागतिः कृष्णपदारविन्दात्" (श्लोक 8) इसी अनन्यता की ओर संकेत करता है। गीता इसी अनन्यता की चाह करती है–

अनन्याश्चिन्तयन्तो मां ये जनाः पर्युपासते।
तेषां नित्याभियुक्तानां योगक्षेमं वहाम्यहम्।।[27]

अर्थात् जो अनन्य प्रेमी भक्तजन मुक्त परमेश्वर का निरन्तर चिन्तन करते हुए भजते हैं, उन नित्य निरन्तर मेरा चिन्तन करने वाले पुरुषों के योगक्षेम का मैं स्वयं वहन करता हूँ। नारद भक्तिसूत्र के अनुसार भक्ति निरोधरूपा होती है।[28] भगवान में अनन्यता एवं प्रतिकूल विषय में उदासीनता को निरोध कहते हैं।[29] फिर अनन्यता की व्याख्या करते हुए वे कहते हैं, दूसरे आश्रयों के त्याग का नाम अनन्यता है।[30] वास्तव में प्रेमी भक्त के मन में अपने प्रियतम को छोड़कर और किसी की कल्पना ही नहीं होती है। रहीम ने ठीक कहा है है–

प्रीतम छबि नैनन बसी, पर छबि कहाँ समाय।
भरी सराय रहीम लखि, आपु पथिक फिरि जाय।।

इसी प्रकार सुन्दरदास ने भी अपने ज्ञान-समुद्र में भक्ति-निरूपण वाले अध्याय में कहा है–

सुनै न कान और की, द्रसै न और अच्छना।
कहै न बात और की, सुभक्ति प्रेम लच्छना।।[31]

प्रह्लाद जब भगवान से अविचल भक्ति माँगते हैं, तब इसी अनन्यता की ओर ही इंगित करते हैं।[32] श्री रूप गोस्वामी ने अपनी भक्ति की परिभाषा[33] में यद्यपि अनन्यता का उल्लेख नहीं किया है, पर परिभाषा का विश्लेषण करने पर हम अनन्यता वाले तत्त्व को निश्चित रूप से उपलब्ध करते हैं। जब कोई अन्य अभिलाषा नहीं है, ज्ञान-कर्मादि से अनावृत है और मात्र अनुकूलभाव से कृष्णानुशीलन है तो अनन्यता स्पष्ट प्रतीत होती है। इसी प्रकार 'नारद पाञ्चरात्र' की परिभाषा[34] में भी अनन्यता का अभिप्राय निहित है। वास्तव में प्रेम-भावना के पश्चात् दूसरा सबसे अधिक महत्त्वपूर्ण तत्त्व अनन्यता ही है। श्री सम्प्रदाय में प्रपत्ति के तीन विशेषण–अनन्य शेषत्व, अनन्य साधनत्व एवं अनन्य भोगत्व भी इसी तथ्य की ओर इंगित करते हैं। अन्य भक्तिमार्गों की साधना-पद्धतियाँ भी अनन्यता को बराबर स्वीकार करती हैं।

(6) **शरणागति या प्रपत्ति**—अनन्य या अविच्छिन्न भाव से किये जाने वाले प्रेम और सेवा की वह स्वाभाविक परिणति है कि भक्त अपने को सम्पूर्णतया भगवान के चरणों में अर्पित[35] कर दे। इस अर्पण का सर्वश्रेष्ठ रूप शरणागति[36] है, जहाँ पर भगवान पर ही अपने सारे योग-क्षेम का भार सौंपकर वह निश्चिन्त हो जाता है। श्रीमद्भगवतद्गीता में इस शरणागति एवं आत्मसमर्पण के भाव की अत्यधिक विवृति हुई है—

तमेव शरणं गच्छ सर्वभावेन भारत।
तत्प्रसादात्परां शान्तिं स्थानं प्राप्स्यसि शाश्वतम्।
मन्मनाभव मद्भक्तो मद्याजी मां नमस्कुरु।
मामेवैष्यसि सत्यं ते प्रतिजाने प्रियोऽसि मे
सर्वधर्मान् परित्यज्य मामेकं शरणं व्रज।
अहं त्वां सर्वपापेभ्यो मोक्षयिष्यामि मा शुचः।[37]

अपनी सुरक्षा अधिक शक्तिशाली के हाथ सौंप देना स्वाभाविक ही नहीं विवेकपूर्ण भी है। पीछे हम परिभाषा संख्या 11 में श्री सम्प्रदाय का मत उद्धृत कर चुके हैं कि भक्ति का सार प्रपत्ति है। वल्लभाचार्य ने भी शरणागति को बहुमान दिया है।[38] जीव गोस्वामी ने अपने भक्ति-सन्दर्भ में वैधी भक्ति के जिन 11 तत्त्वों की चर्चा की है, उनमें प्रथम शरणागति है एवं अन्तिम आत्मनिवेदन मानो एक ही भाव की दो स्थितियों से उसे सम्पुटित किया गया हो। नवधा-भक्ति का अन्तिम तत्त्व आत्म-निवेदन तो सर्वविदित ही है। रामानन्द ने भी भक्ति के क्षेत्र में आत्मसमर्पण को अत्यधिक महत्त्व प्रदान किया है।[39]

आगम ग्रन्थों में प्रपत्ति का बहुत महत्त्वपूर्ण स्थान है।[40] 'अहिर्बुध्न्य संहिता' एवं 'नारद पाञ्चरात्र' में उसे 6 प्रकार का बताया गया है।[41] प्रथम है भगवान की अनुकूलता का संकल्प अर्थात् जो भगवद्भाव के अनुकूल कर्तव्य हो उनके पालने का नियम। द्वितीय है प्रतिकूलता का त्याग। तृतीय प्रकार यह विश्वास है कि प्रभु निश्चय ही हमारी रक्षा करेंगे। एकान्त में भगवान से अपनी रक्षा के लिए प्रार्थना करना (लक्ष्य-निर्धारण) शरणागति का चौथा प्रकार है। पंचम है आत्म-निवेदन, अपने को सम्पूर्णतया भगवान को समर्पित कर देना तथा कार्पण्य या कातरता का प्राकट्य (अन्य दिशाओं में) प्रपत्ति का छठा रूप है। पर लौकिक व्यवहार एवं मनोवैज्ञानिक दृष्टि से अधिक अनुकूल क्रम यों होगा—

(1) कार्पण्य, (2) आत्म-निवेदन, (3) विश्वास, (4) गोप्तृत्व का वरण, (5) प्रतिकूलता का वर्जन, (6) अनुकूलता का संकल्प।

शरणागति और आत्म-समर्पण की महत्ता को भागवतकार ने अत्यधिक दृढ़ शब्दों में व्यक्त किया है—

मर्त्यो यदा त्यक्तसमस्तकर्मा,
निवेदितात्मा विचिकीर्षितो मे।
तदामृतत्वं प्रतिपद्यमानो
ममाऽऽत्मभूत्याय च कल्पते वै ॥[42]

यानी मनुष्य जब सारे कर्मों का त्याग करके मुझे आत्मसमर्पण कर देता है, तब वह मेरा विशेष माननीय हो जाता है तथा जीवन्मुक्त होकर मत्सदृश ऐश्वर्य की प्राप्ति के योग्य हो जाता है।

जब साधक अपने को पूर्णतया भगवान के भरोसे छोड़ देता है, तब उस परम ऐश्वर्य, परम मधुर एवं परम प्रिय से यह आशा करना अनुचित नहीं है कि वह भक्त पर कृपा करेगा। शरणागति के 6 रूपों में हम यह देख आये हैं कि उनमें से एक है—रक्षा का विश्वास। इस प्रकार जैसा कि श्री-सम्प्रदाय में कहा गया है, शरणागति या प्रपत्ति से प्रभु-कृपा प्राप्त होती है और वही कल्याण करने वाली होती है।

(7) **प्रभु-अनुग्रह**—इस प्रकार भक्ति का सातवाँ तत्त्व प्रभु-अनुग्रह सिद्ध होता है। मध्यकाल के लगभग सभी भक्ति-सम्प्रदायों में प्रभु की कृपा स्वीकार की गयी है। ऊपर हम अभी 'श्री' सम्प्रदायानुसार प्रभु-कृपा प्राप्त होने की बात कह चुके हैं। वल्लभ-सम्प्रदाय का पुष्टिमार्ग नाम ही प्रभु-कृपा पर आधृत है।[43] रामानुज प्रपत्ति के द्वारा प्रभु-कृपा सम्पादित करने को कहते हैं, जबकि वल्लभ ने क्रम बदल दिया। यहाँ पर प्रभु-कृपा प्रधान हो गयी। भगवान के अनुग्रह से ही भक्त के हृदय में भक्ति का उदय होता है, इसलिए भक्त को अपना सब कुछ भगवान को हो समर्पित करना होता है। वल्लभ ने स्पष्ट कहा है, पुष्टिमार्गीय भक्ति केवल प्रभु-अनुग्रह द्वारा ही साध्य है;[44] तथा भगवान का अनुग्रह ही पुष्टिमार्गीय भक्त के सम्पूर्ण कार्यों का नियामक है।[45] हरिराय जी ने भी पुष्टिमार्ग-लक्षणानि में कहा है, "अनुग्रहेणैव सिद्धिर्लौकिकी यत्र वैदिकी।"[46]

निम्बार्क की भक्ति-परिभाषा[47] में भी कृष्ण-रूपा का स्पष्ट उल्लेख है। इस परिभाषा की आत्मा और वल्लभ के विचारों में पर्याप्त साम्य जान पड़ता है। यहाँ पर भी परमात्मा की कृपा से दैन्यादि गुणों वाले व्यक्ति पर प्रभु की कृपा का उत्पन्न होना माना गया है और इस प्रभु-कृपा से ही उन सर्वेश्वर परमात्मा में प्रेम-विशेषरूपा भक्ति की उत्पत्ति स्वीकार की गयी है। निम्बार्क-सम्प्रदायानुसार सत्ता का अनुभव या साक्षात्कार श्रीकृष्ण की कृपा से उनके अनन्य भक्त को ही होता है[48] तथा प्रभु की कृपा का फल प्रभु की शरण की प्राप्ति करना है।

गौड़ीय वैष्णव-मत में तीन प्रकार की भक्ति मानी गयी है—साधन-भक्ति, भाव-भक्ति तथा प्रेम-भक्ति। ये उत्तरोत्तर एक-दूसरे से श्रेष्ठ हैं एवं एक स्थिति से दूसरी में प्रयाण होता है, परन्तु यह अनिवार्य क्रम नहीं है। कृष्ण-कृपा से किसी भी स्थिति में कोई भी प्रेम उत्पन्न हो सकता है। भक्ति का तीन प्रकार से उद्भव रूप गोस्वामी ने माना है—

साधनअभिनिवेशजा, कृष्णप्रसादजा, कृष्णभक्तप्रसादजा।[49] गोस्वामी ने भी प्रेमभक्ति के दो प्रकार के रूप माने हैं–भावोत्थ तथा हरिप्रसादोत्थ[50]। इस प्रकार हरिकृपा को पर्याप्त महत्त्व यहाँ भी प्राप्त है।

राधावल्लभीय सम्प्रदाय के बारे में डॉ. विजयेन्द्र स्नातक ने लिखा है, "सहचरी या सखी शब्द राधावल्लभ-सम्प्रदाय में जीव के निज रूप की पारमार्थिक स्थिति का नाम है...। जब तक वह जीव-रूप में अपने को मानकर इस लोक में लीन रहता है, भ्रम के जाल में भटकता रहता है, किन्तु जब उसके ऊपर श्री राधा की कृपा होती है, तब वह सहचरी-रूप को प्राप्त होकर लौकिक सुख-दुख की अनुभूतियों से ऊपर उठकर उस आनन्द को प्राप्त करने का अधिकारी बनता है जो नित्य-विहार के दर्शन से उपलब्ध माना गया है।[51] स्वामी हरिदास के सम्प्रदायानुयायी विहारिणि दास का भी कहना है कि साधन और उद्यम सब व्यर्थ हैं, प्रभु की कृपा ही मुख्य है।[52] वास्तव में भक्त-कवियों के दर्जनों उदाहरण ऐसे दिये जा सकते हैं, जिनमें प्रभु-कृपा की महिमा का गान किया गया है। वस्तुतः निर्विशेष-समर्पण की यह अनिवार्य परिणति है और यह तत्त्व भी उसे अन्य साधन-मार्गों से विशिष्ट बनाता है।

(8) **निष्काम एवं अहैतुकी वृत्ति**–यद्यपि श्रीभद्भागवत में सात्त्विक, राजस एवं तामस भक्तों को सकाम-भावना से युक्त बताया गया है, पर उसे श्रेष्ठ नहीं माना गया। वहाँ पर भी निर्गुण-भक्ति को अहैतुक्यव्यवहिता कहा गया है।[53] गीता आदि में भक्ति का उद्देश्य या भक्त का काम्य मुक्ति अथवा भगवान की प्राप्ति कहा गया है।[54] मध्य ने सायुज्य मुक्ति को लक्ष्य माना था।[55] नारद भक्तिसूत्र में भी कहा गया है कि मुक्त होने की इच्छा रखने वालों को भक्ति ही ग्रहण करनी चाहिए।[56] वल्लभ की परिभाषा में भी मुक्ति को स्थान दिया गया है।[57] पर ध्यान में रखना होगा कि इन सबने भक्ति को निष्काम भावना भी माना था। नारद भक्तिसूत्र में ही तैंतीसवें सूत्र तक पहुँचने के पूर्व ही उसे 'सा न कामायमाना'[58] तथा स्वयं 'फलरूपत्वात्'[59] कहा गया है। ऐसा लगता है कि धीरे-धीरे यह विचार उठने लगा होगा कि मुक्ति की कामना भी कामना ही है। अतः मुक्ति की बात को भी भगवत्प्रेम एवं सेवा के आगे छोटा करार दिया जाने लगा। भक्त जब प्रसन्न हो गया तथा भगवान ने उसके योगक्षेम को वहन करने का भार ले लिया, तब फिर मुक्ति की कामना क्यों? सम्भवतः इस बात को सबसे पहले भागवतकार ने स्पष्ट शब्दों में कहा है, (भागवत का समय ई. की 6-7वीं शती माना जाता है।)....ऐसे भक्तजन मेरी सेवा के सिवा सालोक्य, सार्ष्टि सामीप्य, सारूप्य और कैवल्य मोक्ष को दिये जाने पर भी ग्रहण नहीं करते"[60] भागवत में ही वृत्रासुर ने भगवान की सेवा छोड़कर सब प्रकार के वैभवों एवं मुक्ति को ठुकराने की बात कही है।[61] यों गीता में यह भावना अपरिचित नहीं है। गीताकार ने उपलब्धि के रूप में केवल भक्ति की ही चर्चा की है–

ब्रह्मभूतः प्रसन्नात्मा न शोचति न कांक्षति।
समः सर्वेषु भूतेषु मद्‌भक्तिः लभते पराम् ॥ 18।54

इसी भाव की और अधिक विवृति आगे होती है जब काल के भक्तकवि एवं आचार्य मुक्ति को छोड़कर भक्ति को ही अपनाने की बात कहते हैं।[62] पुष्टिमार्ग में भाव-भक्ति द्वारा पराभक्ति (निष्काम प्रेम) को प्राप्त करना ध्येय माना गया है। पराभक्ति अहैतुकी है। उस समय भक्त को भगवान के प्रेम के अतिरिक्त कोई अन्य काम्य पदार्थ—धर्म, अर्थ, काम, मोक्ष—नहीं चाहिए।[63] गौड़ीय वैष्णव-सम्प्रदाय में तो प्रेम को ही परम पुरुषार्थ माना गया है—"प्रेमा पुमर्थो महान।" कृष्णदास कविराज ने कहा है :

पंचम पुरुषार्थ सेई प्रेम महाधन कृष्णेर माधुर्य रस कराम आस्वादन।[64]

तथा 'भक्ति-फल प्रेम प्रयोजन।'[65] राधावल्लभीय भक्त ध्रुवदास का कहना है कि गोपियों के प्रेम में भी सकामता थी, इसी कारण निष्काम भाव-सम्पत्ति वाली सखियों की भावना उनसे भी श्रेष्ठ है :

गोपिन के सम भक्त न आहीं, उद्धव बिधि तिनकी रज चाहीं।
तिन मन कछू सकामता आयी, ताते बिच अन्तर परयो माई।
दुख को मूल सकामता, सुख को मूल निहकाम।
विरह वियोग न तहाँ कछु, रस में ध्रुव सुखधाम।[66]

परिभाषा सं. 3, 4, 13, 16, 19 इसी तथ्य की ओर संकेत करती हैं। इस प्रकार हम देखते हैं कि इस तत्त्व के दो विभाग हैं—प्रथम निष्काम भाव, दूसरे कामना के क्षेत्र में केवल भगवान की सेवा या प्रेम को प्राप्त करने की अभिलाषा अर्थात् भक्ति का प्रयोजन भक्ति ही इस युग में स्वीकार कर लिया गया था।[67]

(9) सर्वजन अधिकारित्व-भक्ति-भावना प्रारम्भ से ही लोकचेतना के साथ सम्पृक्त रही है। जो भी धर्ममत लोक के निकट आता है, निश्चय ही भक्तिभाव को स्वीकार करता है। गीता में भगवान कृष्ण ने भुजा उठाकर घोषणा की है—

मां हि पार्थ व्यपाश्रित्य येऽपि स्युः पापयोनयः।
स्त्रियो वैश्यास्तथा शूद्रास्तेऽपि यान्ति परां गतिम् ॥[68]

हे अर्जुन! स्त्री, वैश्य, शूद्र तथा पापयोनि में कोई भी हो, वे भी मेरी शरण में आकर परम गति को प्राप्त होते हैं। भागवत में भी भगवान ने कहा है कि मेरी निर्मल सुयश-सुधा में गोता लगाने से चाण्डाल तक सम्पूर्ण जगत् पवित्र हो जाता है, इसीलिए मैं विकुण्ठ कहलाता हूँ।[69]

'शाण्डिल्य-भक्तिसूत्र' में भी भक्ति की इस विशेषता की ओर इंगित करते हुए कहा गया है :

"आनिन्द्ययोन्यधिक्रियते पारम्पर्यात् सामान्यवत्।"

वल्लभाचार्य ने भी कहा, "किसी साधन-सम्पत्ति द्वारा भगवान भक्त से सन्तुष्ट

नहीं होते परन्तु उसके केवल एक दैन्य भाव से ही वे सन्तुष्ट होते हैं।"[70] तथा जब उन्होंने कहा कि "भगवान सर्वभाव से भजनीय हैं"[71] तब भी इसी सर्वजन-अधिकारित्व की ओर ही संकेत किया गया था। गौड़ीय वैष्णव मत में भी जीव-मात्र का साध्य भगवत्प्रेम ही बताया है।[72] राधावल्लभ सम्प्रदाय में भी समान रूप से प्रत्येक को प्रेम करने का अधिकार है।

इसके अतिरिक्त विषय-विरक्ति एवं रसात्मकता भक्ति के दो अन्य लक्षण कहे जा सकते हैं। शंकराचार्य के आधार पर भक्ति का एक और लक्षण स्वस्वरूप का अनुसन्धान है (परिभाषा सं. 5)। भक्तिकाल के कवि को यह नितान्त अस्वीकृत नहीं है। सूरदास ने बड़ी सशक्त भाषा में इस तथ्य की ओर संकेत किया है। मनुष्य अपना "अपुनपो" भूल जाता है, इधर-उधर भटकता रहता है। अपने सहस्रशः पदों में इस भरमने वाले की ही वास्तविकता का अनुसन्धान भक्ति के माध्यम से उन्होंने कराना चाहा है।[73]

भक्ति के प्रकार

प्रारम्भ से ही भक्ति के विवेचकों का ध्यान भक्ति के प्रकारों की ओर रहा है। यहाँ पर हम विभिन्न विचारकों द्वारा उपस्थित किये गये प्रकरों के चार्ट प्रस्तुत कर रहे हैं। उनके सम्यक् अनुशीलन से प्रतीत होता है कि साधारणतः भक्ति के प्रकार-विभाजन के मूलाधार दो ग्रन्थ, श्रीमद्भागवत और श्रीमद्भगवद-गीता ही रहे हैं। भागवत (दे. चार्ट सं. 2) में गुणों के आधार पर भक्ति का विभाजन किया गया है। आगे चलकर देवी भागवत (चा. 3) नारद भक्तिसूत्र (चा. 6) सूरदास (चा. 12) एवं बोपदेव (चा. 23) आदि के विभाजनों पर हम 'भागवत पुराण' के भक्ति-प्रकार-निर्णय का स्पष्ट प्रभाव देख सकते हैं। बोपदेव ने तो विस्तृतियों तक में भागवत (3।29।8, 9-10) का अक्षरशः अनुसरण किया है। 'गीता' के विभाजन का आधार भक्त-भेद है (चा. 1)। 'शाण्डिल्य भक्तिसूत्र' (चा. 5), 'नारद-भक्तिसूत्र' (चा. 6) में उसे पूरी तरह स्वीकार किया ही गया है। उसके अतिरिक्त वल्लभाचार्य ने जब तीन प्रकार के 'जीव-भेद' स्वीकार करके तदनुकूल तीन प्रकार की पुष्टि भक्ति (चा. 10) मानी तो वे गीता की ही तर्क-पद्धति पर चले थे। कृष्णदास कविराज ने भी 'भक्त-भेद' के आधार पर भक्ति का विभाजन किया है (चा. 14)। साधनों के आधार पर 'नवधा' भक्ति का जो निरूपण भागवत में किया गया (7।5।23-24), उसे भी आगे बराबर स्वीकार ही नहीं किया गया, साधन-भक्ति के और भी प्रकार निश्चित हुए और उनमें नवधा भक्ति को अन्तर्भावित करने की बराबर चेष्टा की गयी। नवधा के आधार पर विकसित दशधा 'प्रेमाभक्ति' को विशेष मान्यता इस युग में मिली।

भक्ति के प्रकार-भेद के सम्बन्ध में एक अन्य द्रष्टव्य बात यह है कि भक्ति के दो स्पष्ट रूप प्रारम्भ से ही स्वीकार कर लिये गये थे। उन्हें सामान्यतः गौणी और परा कहते हैं। उन्हीं को अपरा और परा, नवधा और दशधा, साधन-भक्ति और भाव या प्रेम-भक्ति, मर्यादा-भक्ति और पुष्टि-भक्ति, मध्यमा और उत्तमा आदि अनेक नाम दिये गये हैं। भक्ति-क्षेत्र में वास्तव में दो न्याय प्रारम्भ से ही स्वीकार किये गये हैं। मर्कट-किशोर-न्याय' एवं 'मार्जार किशोर न्याय।[74] 'बन्दर का बच्चा अपनी माँ को स्वयं पकड़े रहता है पर बिल्ली स्वयं अपने बच्चे को मुख में दबाकर ले जाती है। इस प्रकार प्रथम में साधना की स्थिति आती है। साधना की स्थिति में प्रभु के ऐश्वर्य और शक्ति आदि का ध्यान रखते हुए पूज्य बुद्धि की आवश्यकता रहती है। दूसरी दशा में प्रभु-अनुग्रह मुख्य होने के कारण प्रभु के प्रति प्रेम-भावना मुख्य हो जाती है। हम भक्ति के अधिकांश प्रकारों में इन दोनों धारणाओं की छाया देख सकते हैं। गो. हरिराय जी एवं कृष्णदास कविराज के विभाजन (चा. 13 एवं चा. 18) इस तथ्य को भली-भाँति उजागर करते हैं। श्री रूप गोस्वामी (चा. 14) एवं सुन्दरदास (चा. 22) ने इन्हीं दो मुख्य प्रकारों को तीन भागों में बाँट दिया है। इन लोगों ने पराभक्ति को ही दो भागों में और बाँटा है। बोपदेव की (चा. 23) निषिद्धा, तो भक्ति में परिगणन योग्य है ही नहीं, विहिता के दो विभाजन वास्तव में परा और गौणी ही हैं। भागवत की सात्त्विकी भक्ति (चा. 2), निम्बार्क की अपरा भक्ति (चा. 8), वल्लभ की मर्यादा भक्ति (चा. 9), रूप गोस्वामी आदि की वैधी भक्ति (चा. 14) एवं बोपदेव की सात्त्विकी कर्म-मिश्रा (चा. 23), रसिकदेव की नवधा (चा. 21) एवं सुन्दरदास की कनिष्ठा (चा. 22) में कोई तात्त्विक अन्तर प्रतीत नहीं होता। ये सभी साधन भक्ति की ही विविध संज्ञाएँ हैं। इसी प्रकार पराभक्ति के लिए भी विभिन्न नामों का संकेत पीछे किया जा चुका है।

साधन या गौणी भक्ति वास्तविक भक्ति (परा, निर्गुण, पुष्टि, प्रेम, हित, उत्तमा आदि) को प्राप्त करने की प्रथम सीढ़ी है। प्रभु का प्रेम प्राप्त करना इसका लक्ष्य है। इस लक्ष्य को प्राप्त कर लेने के बाद और कुछ प्राप्त करना शेष नहीं रहता। यही पराभक्ति की अवस्था है। यहीं पहुँचकर नारद-भक्तिसूत्र के शब्दों में मनुष्य न किसी भी वस्तु की इच्छा करता है, न शोक करता है, न द्वेष करता है न किसी वस्तु में आसक्त होता है और न ही उसे (विषय-भोगों में) उत्साह होता है।[75] यह प्रेम-भाव की सर्वोत्तम अवस्था होती है, यही भक्त का चरम प्राप्य है, चरम सुख है, परम पुरुषार्थ है।[76]

चार्ट सं. 1

भक्ति

- आर्त की भक्ति
- जिज्ञासु की भक्ति
- अर्थार्थी की भक्ति
- ज्ञानी की भक्ति

(श्रीमद्भगवद्गीता, 7 ।16)

चार्ट सं. 2

भक्ति

- तामसी भक्ति
- राजसी भक्ति
- सात्त्विकी भक्ति
- निर्गुणा भक्ति

(यह भेद मनुष्यों के स्वभाव एवं गुणभेद के अनुसार है।
इनमें से प्रथम तीन के पुनः तीन-तीन भेद हैं)

(श्रीमद्भगवद्गीता, 3 ।29 ।7)

चार्ट सं. 3

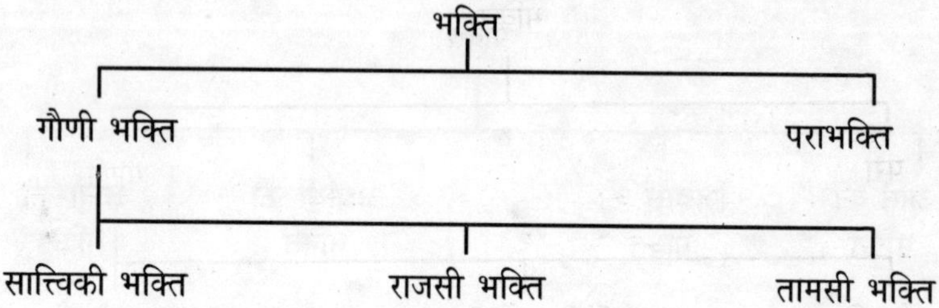

(देवी भागवत, 7-37
कल्याण, भक्ति अंक, पृ. 64 के आधार पर)

चार्ट सं. 4

गुणभेद से भक्ति तामसी, राजसी और सात्त्विकी प्रत्येक से दूसरी स्थिति में पहुँचा जा सकता है। सात्त्विकी भक्ति की परिणति अन्ततः पराभक्ति में होती है। इसका चार्ट इस प्रकार अधिक ठीक होगा।

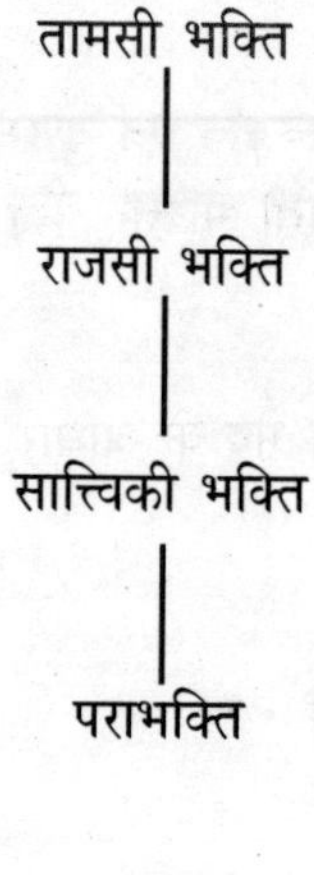

(देवी भागवत, 7।37।11-12)

चार्ट सं. 5

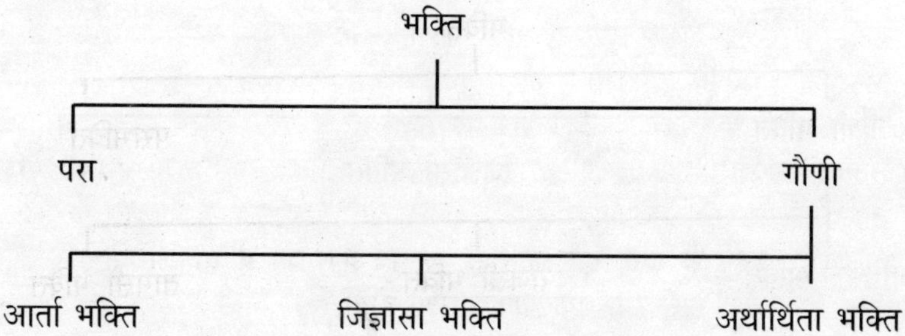

गौणी भक्ति को परा भक्ति के साधन रूप में स्वीकार किया है।

(शाण्डिल्य-भक्तिसूत्र, 2 I2 I56 तथा 2 I2 I72)

चार्ट सं. 6

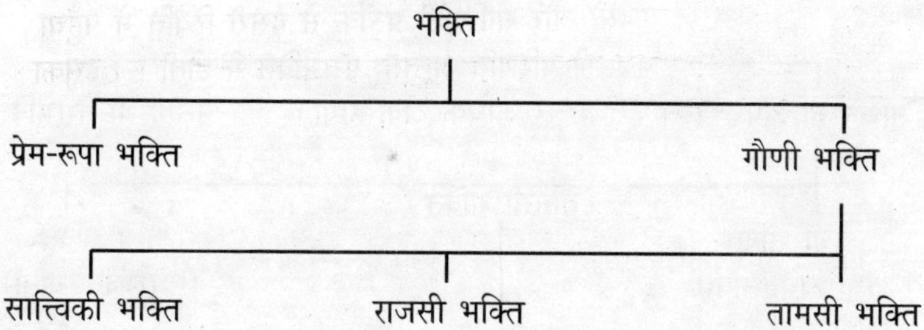

एक दूसरा विभाजन आर्तादि भेद के आधार पर भी होता है।

(नारद भक्तिसूत्र, 56)

चार्ट सं. 7

गौणी

- आर्ता भक्ति
- जिज्ञासा भक्ति
- अर्थार्थी भक्ति

इनमें से उत्तर-उत्तर क्रम से पूर्व-पूर्व क्रम की भक्ति अधिक कल्याणकारिणी होती है।

(नारद भक्तिसूत्र, 57)

चार्ट सं. 8

भक्ति

- साधन या अपराभक्ति
  - वैधी भक्ति (महैश्वर्यप्रधाना)
  - रुचि भक्ति (मधुरैश्वर्यप्रधाना)
- उत्तमा या पराभक्ति

उपासना के भाव

- भृत्य
- पुत्र
- मित्र
- प्रिया

(मन्त्र रहस्यषोडशी, 16)

हरिव्यास देव ने नवधा भक्ति को साधन रूप में स्वीकार किया है तथा साध्य प्रेमलक्षणाभक्ति को माना है।

(सिद्धान्त-रत्नांजलि, पृ. 37 के आधार पर।
निम्बार्क-सम्प्रदाय)

चार्ट सं. 9

पुष्टिमार्ग

मर्यादा भक्ति — पुष्टि भक्ति

चार्ट सं. 10

जीव तीन प्रकार के होते हैं—पुष्टिमार्गी, मर्यादामार्गी एवं प्रवाही।

इस जीव-भेद से तीन प्रकार की भक्ति

पुष्टिपुष्ट भक्ति — मर्यादापुष्ट भक्ति — प्रवाहपुष्ट भक्ति

इनके अतिरिक्त सिद्धावस्था की एक शुद्ध पुष्टि भक्ति भी मानी गयी है।

चार्ट सं. 11

पुष्टिमार्ग के अनुसार एक और विभाजन किया जा सकता है–

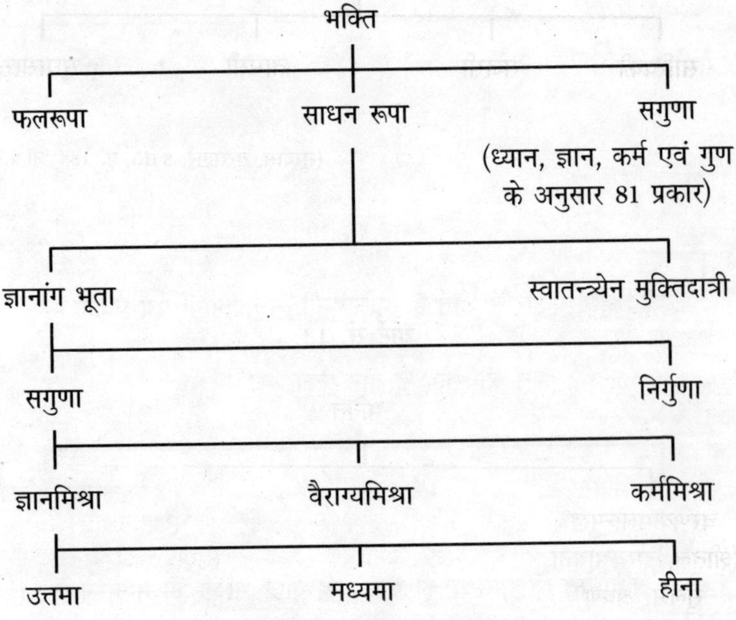

(एस.एन. दासगुप्ता : ए हिस्ट्री ऑफ इण्डियन फिलॉसफी, भाग-4 में पृ. 353-354 के आधार पर।)

चार्ट सं. 12

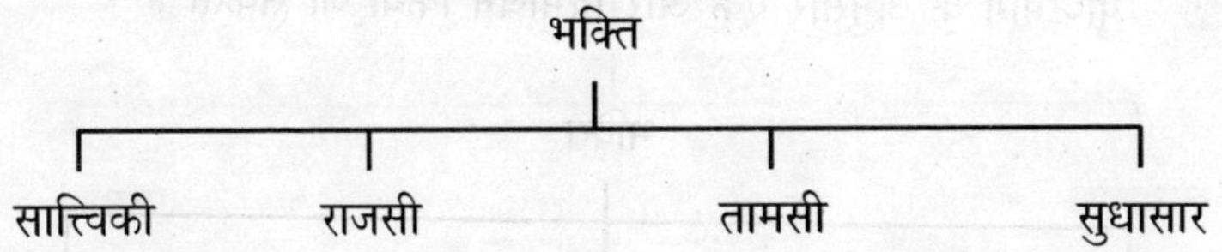

(सूरदास, सूरसागर, 3।13, पृ. 133 'ना.प्र.स.')

चार्ट सं. 13

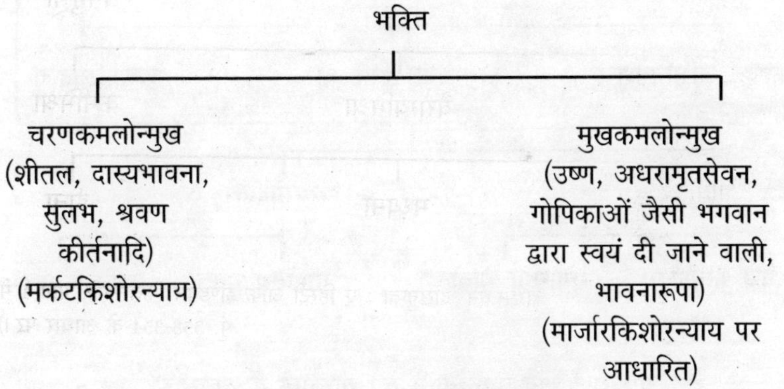

श्री हरिराय जी

(श्री हरिराय, भक्ति द्वैविध्य-निरूपणम्, श्लोक, 1-2-3)

चार्ट सं. 14

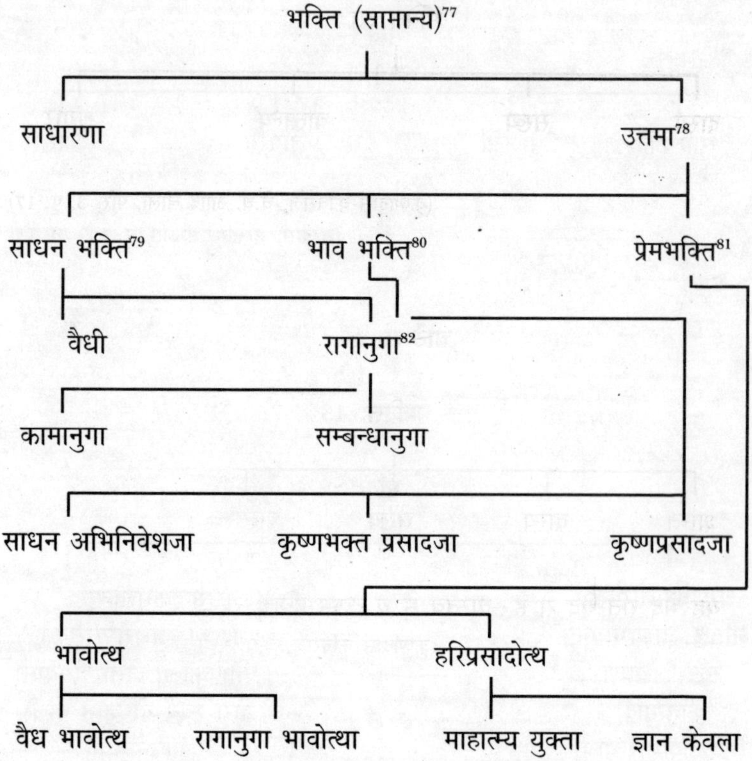

गौड़ीय वैष्णव-मतानुयायी रूप गोस्वामी के अनुसार

चार्ट सं. 15

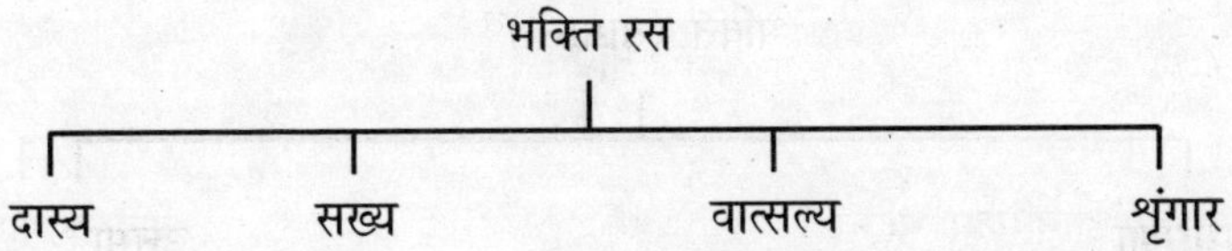

(कृष्णदास कविराज, चै.च. आदि लीला, परि. 3, पृ. 17)

चार्ट सं. 16

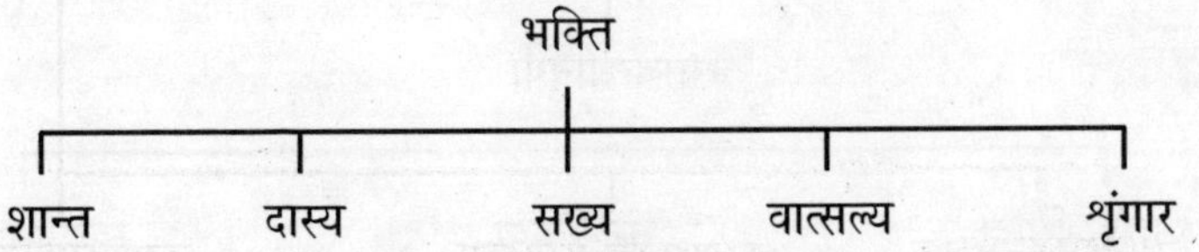

यह भेद रति-भेद से है—वास्तव में ये कृष्णभक्ति रस के पाँच भेद हैं।

(कृष्णदास कविराज, चै.च. मध्यलीला, परि. 19, पृ. 252)

चार्ट सं. 17

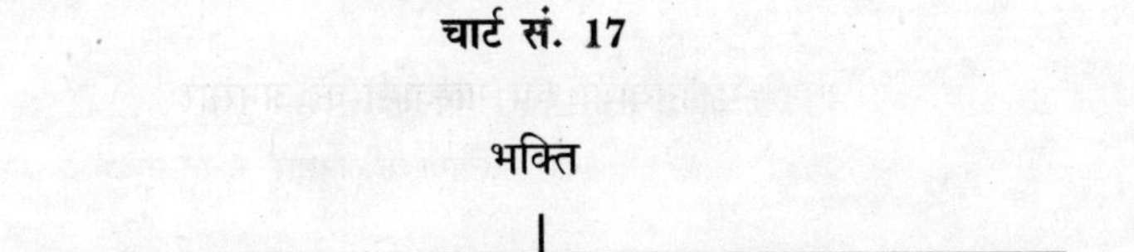

यह विभाजन साधन-भेद से है।

(कृष्णदास कविराज, मध्यलीला, परिच्छेद 22, पृ. 284)

चार्ट सं. 18

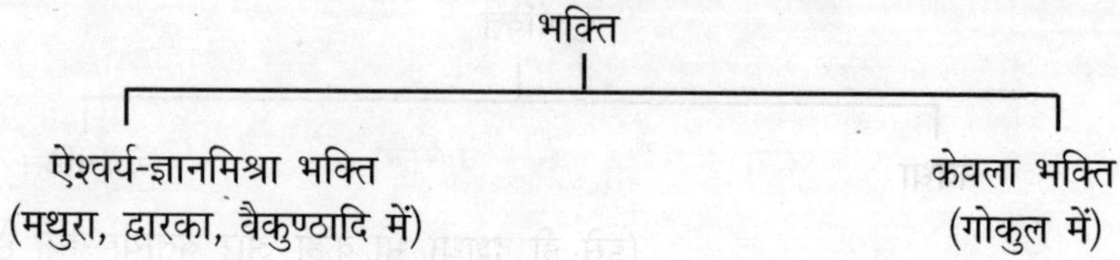

कृष्ण के स्वरूप-ज्ञान के भी प्रकार-भेद हैं।

(कृष्णदास कविराज, चै.च. मध्यलीला, परि. 19, पृ. 252)

चार्ट सं. 19

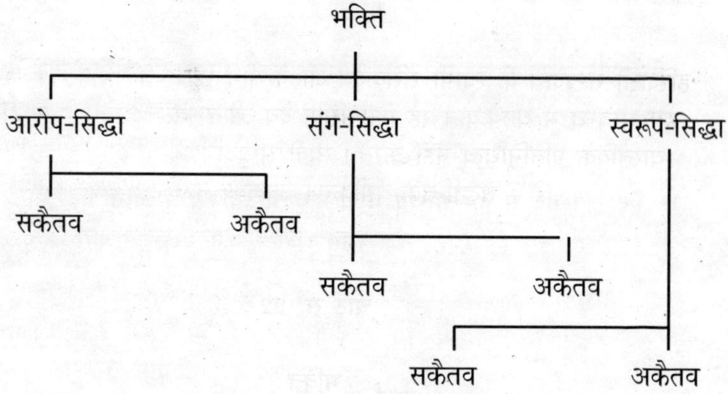

इसे अकिंचन भक्ति भी कहते हैं।

(जीव गोस्वामी के अनुसार, भक्ति-सन्दर्भ के आधार पर)

चार्ट सं. 20

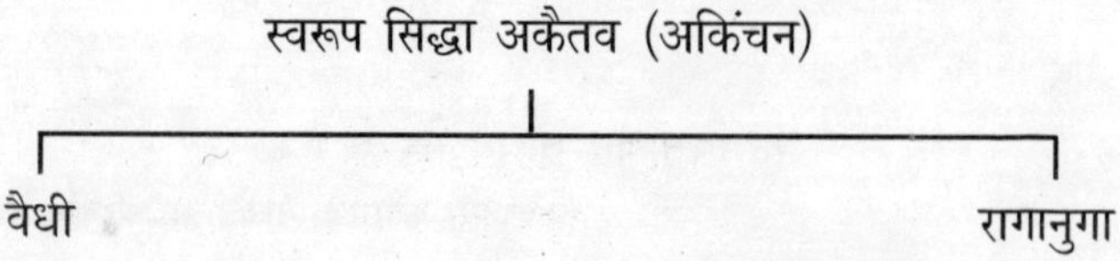

(जीव गोस्वामी के अनुसार, भक्ति-सन्दर्भ के आधार पर)

चार्ट सं. 21

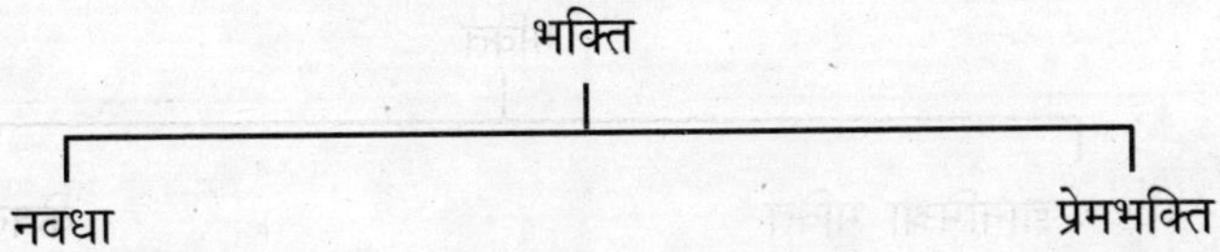

(इसे ही दशधा भी कहा और बताया गया है कि यह भक्ति गोपियों की है। इसी को शुद्ध भक्ति भी कहते हैं, जिसमें और किसी भाव का मेल नहीं होता। इसकी ही परिणति सखी-भावना में उन्होंने दिखाई है।)

(स्वामी रसिक देव जी, भक्ति-सिद्धान्त-चिन्तामणि, 72/73 तथा 89)

हरिदासी सम्प्रदाय के स्वामी रसिकदेव जी ने तीन प्रकार की भक्तियाँ मानी हैं। इस सम्बन्ध में यह ध्यान रहे कि रसिक देव जी इस सम्प्रदाय की आत्मा का वास्तविक प्रतिनिधित्व नहीं करते। सखी सम्प्रदाय में भक्ति का ऐसा कोई सैद्धान्तिक वर्गीकरण उपलब्ध नहीं है।

चार्ट सं. 22

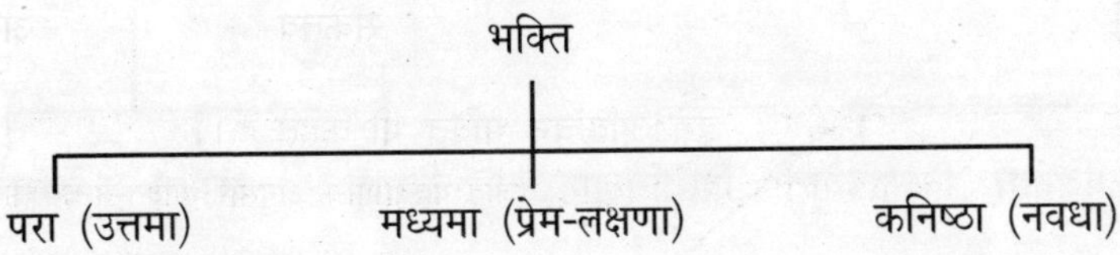

(सुन्दरदास, ज्ञानसमुद्र : भक्ति-निरूपण, छन्द 4)

चार्ट सं. 23

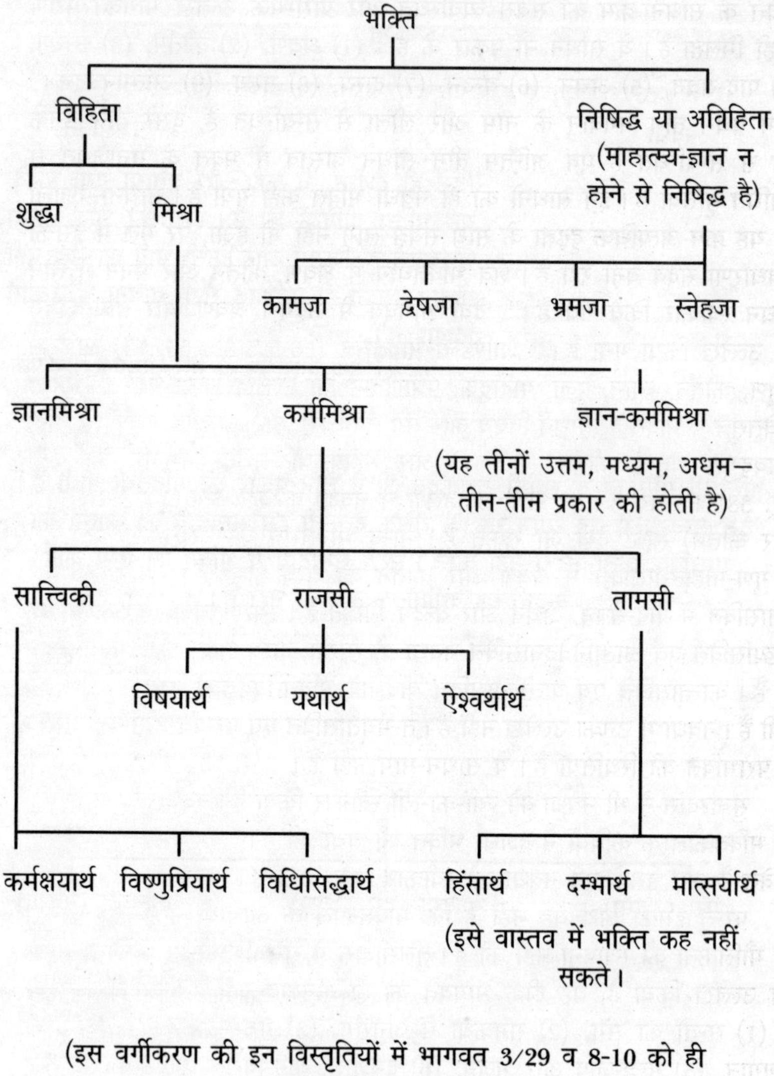

(इस वर्गीकरण की इन विस्तृतियों में भागवत 3/29 व 8-10 को ही स्पष्ट किया गया है)

(बोपदेव, मुक्ताफल के आधार पर।)

भक्ति साधना-क्रम

भक्ति के साधना-क्रम का सबसे व्यवस्थित और प्रारम्भिक उल्लेख भागवत पुराण में ही मिलता है। ये साधन नौ प्रकार के हैं : (1) श्रवण, (2) कीर्तन, (3) स्मरण, (4) पाद-सेवन, (5) अर्चन, (6) वन्दन, (7) दास्य, (8) सख्य, (9) आत्मनिवेदन।[83] इनमें प्रथम तीन भगवान के नाम और लीला से सम्बन्धित हैं, दूसरे तीन उनके रूप से सम्बन्धित हैं एवं अन्तिम तीन साधन वास्तव में भक्त के मनोजगत् से सबधित वृत्तियाँ हैं। इन साधनों को ही नवधा भक्ति कहा गया है। साधना-प्रणाली का यह क्रम अत्यधिक दृढ़ता के साथ सर्वत्र लागू नहीं भी हुआ, पर मूल में इसकी अवधारणा सदैव बनी रही है। शैव भक्तियोग में श्रवण, कीर्तन और मनन में तीन साधन स्वीकार किये गये हैं।[84] 'देवी भागवत में सद्गुण श्रवण और नाम-कीर्तन का उल्लेख किया गया है।'[85] शाण्डिल्य-भक्तिसूत्र (56-57, 65, 66, 74) आदि में श्रवण, कीर्तन, ध्यान, पूजा, पादोदक, पत्रादिदान का उल्लेख किया गया है। नारद भक्तिसूत्र में भक्ति के साधन विषय और संग त्याग (सू. 35), अखण्ड भजन (सू. 36) भगवद्गुण श्रवण, कीर्तन (सू. 37) और महापुरुषों अथवा भगवान की कृपा (सू. 38) कहे गये हैं। इन सभी उदाहरणों में नवधा के कुछ अंग (विशेषतः श्रवण और कीर्तन) स्पष्ट देखे जा सकते हैं। नारद भक्तिसूत्र की ग्यारह आसक्तियों[86] में गुण-माहात्म्यासक्ति में श्रवण और कीर्तन का तत्त्व प्राप्य है। रूपासक्ति और पूजासक्ति में पाद-सेवन, अर्चन और वन्दन निहित है। स्मरणासक्ति, दास्या-सक्ति, संख्यासक्ति एवं आत्मनिवेदनासक्ति नवधा के स्मरण, दास्य सख्य एवं आत्मनिवेदन ही है। कान्तासक्ति एवं वात्सल्यासक्ति बाद को भक्ति-विवेचकों द्वारा स्वीकार की गयी हैं। नवधा में उनका उल्लेख नहीं है। तन्मयतासक्ति एवं परमविरहासक्ति वास्तव में पराभक्ति की स्थितियाँ हैं। ये साधन-मार्ग नहीं हैं।

सुन्दरदास ने भी नवधा को ज्यों-का-त्यों स्वीकार किया है। नवधा के आधार पर ही भक्तिकाल के कवियों ने दशधा भक्ति की चर्चा की है।[87] यह दसवीं प्रेम-लक्षणा भक्ति है और इसके पूर्व नवधा को स्वीकार किया गया है।

परन्तु इसका अर्थ यह नहीं है कि भक्तिकाल के आचार्यों ने इसमें नवीनता या मौलिकता की स्थापना नहीं की है। तुलसीदास ने रामचरितमानस में जिस नवधा का उल्लेख किया है, वह ठीक भागवत का ही अनुवाद नहीं है। उसका क्रम यों है (1) सन्तों का संग, (2) रामकथा में अनुराग, (3) गुरु-सेवा, (4) भगवान का गुणगान, (5) मन्त्र-जाप और भजन, (6) दमशील, कर्म-विरति एवं सद्धर्म में रति, (7) संसार को भगवानमय देखना एवं राम से भी अधिक सन्त का सम्मान करना, (8) यथालाभसन्तोष तथा परदोष देखने की वृत्ति का नितान्त अभाव, (9) छलहीनता, सबसे सरलता, भगवान में भरोसा तथा दीनता (दुख) का अभाव और हर्ष।[88] तुलसी

ने अपनी नवधा में आचारपरायणता का भी समन्वय कर लिया है। स्वामी चरणदास ने भी अपनी नवधा में जहाँ भागवत के सारे तत्त्वों को स्वीकार किया है,[89] वहीं तुलसी के समान आचार के भी तत्त्वों-साधु-संगति, भक्तों की सेवा, धैर्य, दृढ़ता, क्षमा, शील, सन्तोष, दया को नवधा के अन्तर्गत ही माना है।[90]

गौड़ीय वैष्णवों में वैधी के जो 11 लक्षण बताये गये हैं, उनमें से अन्तिम 9 भागवत के ही हैं एवं प्रथम दो शरणागति तथा गुरु-सेवा और बढ़ा दिये गये हैं।[91] उन दोनों ही बातों को भक्तिकाल में अत्यधिक मूल्यवान समझा गया था। वैधी भक्ति के चौंसठ साधन गौड़ीय वैष्णव गोस्वामियों ने बनाये हैं। इनमें नवधा का समावेश हो जाता है। इन 64 अंगों में पाँच को चैतन्यदेव ने सर्वश्रेष्ठ माना था। ये पाँच साधन हैं : साधु-संग, नाम-संकीर्तन, भागवत-श्रवण, मथुरावास एवं श्रद्धा समेत मूर्ति-पूजन।[92] हरिव्यास देव (निम्बार्क सम्प्रदाय) ने दशधाभक्ति के समान भक्ति की दश-पैड़ियों का उल्लेख किया है। वे इस प्रकार हैं—(1) रसिक जनों की सेवा, (2) हृदय में दयाभाव, (3) धर्मनिष्ठा, (4) कथा-श्रवण, (5) भगवच्चरणों में अनुराग, (6) भगवान के रूप में मन को लगाना, (7) हृदय में प्रेम-वृद्धि, (8) रूप, ध्यान, गुण-गान, (9) निश्चय और दृढ़ता का ग्रहण, (10) रस की सरिता का हृदय में प्रवाह।[93] हरिव्यास देव की इन दश पैड़ियों में भागवत की नवधा के कुछ तत्त्व तो मिल ही जायेंगे, पर अपनी मौलिकता भी द्रष्टव्य है। तुलसी के समान ही उन्होंने भी आचार के गुणों का उल्लेख किया है। यों साधक के आचार और रहन-सहन की ओर पहले भी ध्यान दिया गया था, पर भक्तिकाल में आकर भक्ति की लोकवादिता तथा वाममार्गी साधनाओं की आचारहीनता की प्रतिक्रिया के कारण भक्ति के साधनों के अन्तर्गत ही अनेक मानवीय गुणों एवं सदाचार को स्पष्ट स्थान दिया गया।[94]

गुरु-सेवा एवं साधु-संग को और अधिक महत्त्व मिला। हरिदासी, राधावल्लभीय आदि रसोपासक सम्प्रदायों में यद्यपि साधन-भक्ति या नवधा भक्ति को स्वीकार नहीं किया गया, परन्तु गुरु-सेवा, रसिक-संग, आत्मसमर्पण, नाम-स्मरण, वाणी-अनुशीलन, अहंकार और विषयहीनता तथा उपास्य-परिचर्या को वास्तव में साधन ही कहना चाहिए।

गौड़ीय वैष्णवों का साधनाक्रम अत्यधिक मौलिक एवं मनोवैज्ञानिक है। चैतन्यमतानुयायी गोस्वामियों ने साधक देह और सिद्ध देह, भक्त की दो अवस्थाओं को स्वीकार किया है। प्रथम अवस्था की चरम परिणति प्रेम में है, और प्रेम की श्रेष्ठतम परिणति महाभाव में होती है जिसकी श्रेष्ठतम प्रतीक राधा हैं। यह क्रम इस प्रकार है : (1) श्रद्धा (यह भक्ति का बीज है—श्रद्धा विशेष बीज...(भक्ति सन्दर्भ), (2) साधु-संग, (3) भजन-क्रिया, (4) अनर्थ-निवृत्ति, (5) निष्ठा, (6) रुचि, (7) आसक्ति, (8) भाव (रति)। जब आसक्ति रुचि के द्वारा चित्त को मसृण बना देती है, तब उसमें शुद्ध सत्व विशेषात्माभाव का जन्म होता है। यह प्रेम-रूप सूर्य के उदय होने के पूर्व की अरुणोदय जैसी स्थिति है (9) प्रेम।[95] प्रेम उदय हो जाने

पर साधक सिद्ध देह में आ जाता है। 'धार्मिक चेतना' (द रिलिजस कान्शसनेस) नामक अपने ग्रन्थ में जे.बी. प्रैट ने रहस्यवादी साधना की तीन स्थितियाँ मानी हैं—(1) निषेधात्मक साधना—इसके अन्तर्गत विषय-त्याग, नैतिक पवित्रता वैराग्य, व्रत-उपवास, प्राणायाम, अनिद्रा आदि का उल्लेख किया है। (2) विधेयात्मक—इस स्थिति को ध्यानपरक (मेडिटेटिव) या आलोकपरक (इल्यूमिनेटिव) कहा है। ध्यान, समाधि, चिन्तन, मूर्ति या लीला-कल्पना आदि इस अवस्था के भीतर हैं। (3) तीसरी अवस्था को एकात्म (यूनिटिव) स्थिति कहा गया है। इस अवस्था में ईश्वर-मिलन का परमानन्द प्राप्त होता है। यह स्थिति बहुधा तीव्र आवेश या मूर्च्छा के क्षणों में स्वीकार की गयी है।[96]

उपास्य एवं उपासक के मध्य भाव सम्बन्ध

भक्त और भगवान के मध्य एक वैयक्तिक सम्बन्ध की कल्पना भक्तिमार्ग की सबसे बड़ी विशेषता है। भक्ति का मनोभाव कुछ ऐसा संकुल होता है कि उसमें सम्भ्रम, भय, पवित्रता, निर्भरता, प्रेम, विश्वास आदि अनेक वृत्तियाँ और गुण गुणित रहते हैं। ईश्वर की रहस्यानुभूति अनेक रूपों में हो सकती है और उसके स्वरूप की अवधारणा ही यह निश्चित करती है कि ईश्वर और भक्त के मध्य सम्बन्धभाव (रिलेशनशिप) क्या रहे? हम जीवन में अनेक प्रकार के सामाजिक सम्बन्धों के सम्पर्क में आते हैं। इन सम्बन्धों के साँचे व्यवहार में ढले-ढलाये उपस्थित रहते हैं और उन्हीं में रहस्यानुभूति का द्रव ढल जाता है। उसी रूपान्तर के माध्यम से ही उस परम रूप को अभिव्यक्त किया जाता है। इस बात की निश्चिन्तता तब और बढ़ जाती है, जब ईश्वर धर्म 'संस्थापनार्थाय' एवं 'विनाशाय दुष्कृताम्' इस पृथ्वी पर अवतार लेता है। इस अवतार-कल्पना के साथ जब रक्षक का रूप मिल जाता है, तब उसकी प्रभविष्णुता सहस्र गुणित हो उठती है। उसको हम पिता, माता, शिशु, गुरु, स्वामी, प्रिय, प्रेमिका या मित्रादि सामाजिक सम्बन्धों के रूप में भावित करने लगते हैं। यह एक प्रकार का प्रतीकवाद है। ऐसे प्रतीकों के माध्यम से दिव्य प्रेम एवं अलौकिक प्रेम के मध्य साहचर्य की स्थापना संसार के सभी आस्तिक धर्मों की विशेषता है। ऐसे स्थलों पर मूलतः अलौकिक सम्बन्ध प्रस्तुत हैं एवं लौकिक सम्बन्ध अप्रस्तुत। प्रारम्भ में तो ये साहचर्यमूलक ही होते हैं और उपमेय के एकाध तत्त्वों की ही समानता उपमान में मिलती है पर प्रगाढ़ सम्बन्ध एवं सतत ध्यान से धीरे-धीरे यथार्थमूलकता का भी इनमें प्रवेश हो जाता है। हमारे समीक्ष्य युग में ये सम्बन्ध साहचर्य से हटकर यथार्थमूलक ही हो गये थे। वैदिक साहित्य[97] बृहदारण्यक उपनिषद् (4, 3, 21) आदि में केवल साहचर्य तत्त्व पर ही बल दिया गया है। गीता में थोड़ा आगे बढ़कर साहचर्य से यथार्थ भूमि में लाया गया है।[98]

पर यहाँ भी बल साहचर्य-भावना या उपासना पर ही है। नारद भक्तिसूत्र में परम प्रेम-रूपा में रूप शब्द साहचर्य पर बल देता है एवं परम शब्द से ज्ञात होता है कि इससे भिन्न भी कोई प्रेम था। वास्तव में जब यह धारण बल पकड़ती है कि भगवान भजनीय ही नहीं सर्वभाव से भजनीय है[99] तभी सम्बन्धों पर अधिक बल दिया जाने लगता है, क्योंकि हमारा भाव-जगत् हमारे प्रत्यक्ष व्यावहारिक सम्बन्धों से ही अनुशासित होता है। यों तो भगवान सर्वभाव से भजनीय हैं पर प्रेमभाव ही वास्तविक है। क्योंकि जीवन का सबसे गहरा और स्थायी भाव रति है। यह मनोवैज्ञानिकों को भी अमान्य नहीं है। इसलिए रतिभाव की विभिन्न छायाओं को ही वैष्णव-विचारकों ने मुख्य रूप से उपस्थित किया। उनके अनुसार भाव या रति पाँच प्रकार की होती है, जिनके अनुकूल ही पाँच रस-भक्तियाँ हो जाती हैं। शम, प्रीति, प्रेय, वात्सल्य और मधुरा—ये पाँच रतियाँ हैं जिनसे शान्त, दास्य, सख्य, वात्सल्य और मधुर भाव की पाँच भक्तियाँ भक्ति रस उद्रिक्त होती हैं।

इष्ट देवता और उसके परिकर के प्रतीक विशिष्ट निजी सम्बन्ध की विविध स्थितियाँ गौड़ीय वैष्णव मत की अपनी मौलिक देन है[100] क्योंकि उसके बिना यह सम्बन्ध एकदम अरूप साहचर्य का हो जाता है और अचिन्त्यभेदाभेदवादी दर्शन के मध्य इस सम्बन्ध को पहचानना कठिन हो जाता है। इसीलिए इन वैष्णव आलंकारिकों ने भक्ति-भाव (कृष्णा-प्रीति) की प्रारम्भिक स्थिति शान्त मानी है। इस दशा में भक्त और भगवान का सम्बन्ध स्पष्ट आकार नहीं ले पाता। संसार से विरक्ति ईश्वर के प्रति चित्तवृत्तियों का लगाव तो हो जाता है परन्तु ईश्वर को निजी सम्बन्धों की परिधि के भीतर नहीं देखा जा सकता।

वास्तव में शान्त का स्थायी भाव शम एक ऐसी मानसिक अवस्था का द्योतक है, जहाँ पर परमात्मा के साथ एकत्व की चेतना तो आ जाती है पर राग का आवेश नहीं होता। मध्ययुगीन वैष्णव रहस्यानुभव की आवेगमयी स्थिति के भीतर न समा सकने के कारण इसे वैष्णव आलंकारिकों ने कृष्णरति में सबसे नीचे की अवस्था में रखा है। वास्तव में प्रेम-प्रतीकवाद का यह यथार्थ भूमि की ओर संचरण है।

शान्त भक्ति

संकल्प-विकल्प से रहित मन की वृत्ति शान्त रति है। इसे शाम भी कहा जाता है। यह ममता-गन्ध-शून्य होता है। भागवत में उसे निष्ठा बुद्धि[101] कहा गया है। इस मानसिक स्थिति को ही गीता में ब्रह्मभूत और प्रसन्नात्मा कहा गया है।[102] विष्णु धर्मोत्तरपुराण में कहा गया है, 'जहाँ न सुख, न दुख, न चिन्ता, न द्वेष, न राग, न कोई इच्छा है, मुनीन्द्रगण उस शम-प्रधान को शान्त कहते हैं।'[103] यह भक्ति वास्तव में मूलतः मन में वैराग्य-भावना को उत्पन्न करती है। वास्तव में सारे संसार

के रहस्यवादियों ने ईश्वर के मिलन के पूर्व वैराग्य द्वारा शरीर-कामनाओं को नष्ट करने की पद्धति को स्वीकार किया है। शान्त भक्ति भी वैराग्यमूलक है, पर यह निषेधात्मक न होकर विधेयात्मक है तथा प्रेम भावना की प्रारम्भिक स्थिति को पल्लवित करती है। प्रैट द्वारा गिनायी गयी प्रथम अवस्था (परगेटिव स्टेज) शान्त भक्ति के निकट की ही वस्तु है।[104]

शान्त भक्ति एक प्रकार की ज्ञानमिश्रा भक्ति है और इसका लक्ष्य मुक्ति प्राप्त करना होता है। पर जैसा कि पहले ही कहा जा चुका है कि परा या प्रेमा भक्ति का साधक मुक्ति न चाहकर भगवान का प्रेम चाहता है। प्रेम सदैव व्यक्तिगत सम्पर्क पर ही आधृत होता है। इसलिए भक्ति या श्रद्धा का तत्त्व होते हुए भी शान्त भक्ति श्रेष्ठ स्थान की अधिकारिणी नहीं हो पाती। यद्यपि इसका अस्वीकरण नहीं किया गया। इस भक्ति के आदर्श सनत्कुमार आदि माने गये हैं। पर प्रेमा भक्ति की आदर्श तो ब्रजगोपिकाएँ हैं।[105] हमारे आलोच्य काल से सम्बन्धित सम्प्रदायों में शान्त भक्ति का अधिक रूप देखने को नहीं मिलता। निर्गुण साधकों में ही मुख्य रूप से हम इस भक्ति को देख सकते हैं। इनमें भी सूफ़ी कृष्णोपासक प्रेम-भक्तों के प्रभाव एवं प्रेम-प्रतीकवाद के आग्रह से यत्र-तत्र दास्य भाव या कान्ता भाव का स्वरूप मित्रता है। निर्गुण कवियों में "पतिव्रता कौ अंग" तथा 'विरहिणी कौ अंग' में कान्ता भाव की मधुर अभिव्यक्ति भी हुई है।[106] पर सब मिलाकर निर्गुणोपासक सभी सम्प्रदायों की भक्ति मुख्यतया शान्त भाव की ही है। इन लोगों ने संसार की असारता, क्षण-भंगुरता आदि को दिखाते हुए वैराग्य के अंग की बड़ी चर्चा की है और इसी प्रसंग में बार-बार राम का नाम रटने, राम से भक्ति करने का निर्देश भी करते जाते हैं। डॉ. वर्मा के निबन्ध में बताया गया है कि चेतावनी और उपदेश के अंग मुख्यतः शान्त रस से सम्बन्धित हैं।[107] क्रम और संख्या तालिका में इनका स्थान तीसरा है। उपदेश और चेतावनी से सम्बन्धित साखी और शब्दों की संख्या क्रमशः 268 और 235 है। यह इनके महत्त्व का द्योतक है।

सगुणोपासक सम्प्रदायों में संसार की विरक्ति सम्बन्धी शान्त रस की अभिव्यक्ति अवश्य हुई है, पर वह वास्तव में दास्य, सख्य, वात्सल्य या मधुरभाव की अंगभूत अभिव्यक्ति है। इनके अनुसार ये पाँचों भाव एक-दूसरे से निरपेक्ष नहीं हैं। उत्तरोत्तर एक का दूसरे में अन्तर्भाव होता चलता है तथा सर्वश्रेष्ठ कान्ता (प्रियता) भाव में पाँचों भावों का समन्वय रहता है।[108] इस प्रकार सगुणोपासक (चैतन्य, वल्लभीय, हरिदासी, राधावल्लभीय, रामोपासक) सम्प्रदायों में शान्त भक्ति मुख्य नहीं है। वह भक्ति के अन्य भावों की पोषक मात्र है। शान्त भक्ति के विभावों की चर्चा करते हुए भक्ति-रसामृत-सिन्धु में भगवान चतुर्भुज तथा आत्माराम एवं तापस भक्तों को शान्त भक्ति का आलम्बन माना है।[109] सगुणोपासक सभी सम्प्रदायों के अनुयायी कवियों ने अपने पूर्ववर्ती कवियों, भक्तों एवं गुरुओं की प्रशंसा में बहुत अधिक

स्तुतियाँ की हैं। उन्हें हम शान्त रस के अन्तर्गत ही परिगणित कर सकते हैं। निम्बार्क-सम्प्रदाय के कवियों द्वारा गुरु-वन्दन एवं सिद्धान्त-निरूपण के प्रसंग में ईश्वर के स्वरूप-दर्शन, गुणगान आदि की चर्चा से युक्त तत्सम्बन्धी प्रभूत साहित्य की रचना हुई है। 17वीं शती के अन्तिम भाग के निम्बार्कीय आचार्य और कवि परशुराम देव का परशुराम-सागर तो मुख्यतः शान्त रस का ही ग्रन्थ है। हमारे आलोच्य युग में घनानन्द, नागरीदास में शान्त रस के यथेष्ट उद्धरण मिल जाते हैं।

हरिदासी सम्प्रदाय के अष्टादश सिद्धान्त के पद, रसिक दास की रचनाएँ आदि सैद्धान्तिक निरूपण इसी के अन्तर्गत आयेंगे। इसी प्रकार सेवक, हरिराम व्यास, ध्रुवदास, रूपलाल, चाचा हित बृन्दाबन दास आदि में शान्त भक्ति की रचनाओं का विशाल भण्डार प्राप्त है। कृष्णदास कविराज की गौरगणोद्देश-दीपिका प्रियादास की भक्त-सुमिरनी, भक्तमाल की टीका आदि शान्त रस के ही ग्रन्थ कहे जायेंगे। सिद्धान्त-निरूपण एवं गुरु-महिमा-गान वाली शान्त भक्ति का अभाव पुष्टिमार्ग में भी नहीं है। रामोपासना की मधुर साधना के अन्तर्गत भी शान्त रस का निषेध नहीं है।[110] शान्त भक्ति के जिन अनुभावों, उद्दीपनों एवं संचारी भावों की गणना वैष्णवाचार्यों ने की है, उनका भी अभाव उन सम्प्रदायों में नहीं है। पर ये सभी अन्ततः मधुर भाव की ओर मोड़ दिये गये हैं।

दास्य-भक्ति

भक्ति के क्षेत्र में निजी वैयक्तिक सम्बन्धों का प्रथम स्फुरण दास्य भाव में होता है। निजी सम्बन्धों के कारण भक्ति-भावना यहाँ पर अधिक प्रगाढ़ हो जाती है। शान्त भक्ति की विशेषताओं के अतिरिक्त उसमें एक विशेषता और जुड़ जाती है कि भक्त भगवान को अपना स्वामी मानकर उसकी सेवा के भाव को जगा लेता है। इस प्रकार रूपवर्णहीन शान्त की अपेक्षा यह श्रेष्ठतर है। इसमें भगवान शाश्वत स्वामी एवं उनका परिकर शाश्वत सेवक माना जाता है।

इसमें भक्त के मन में सदैव यह धारणा रहती है कि भगवान मेरे ऊपर अनुग्रह करने वाले हैं और मैं अनुग्राह्य हूँ। वे मेरे स्वामी हैं और मैं उनका सेवक हूँ। भगवान मेरी रक्षा और लालन-पालन करने वाले हैं और मैं उनका लाल्य या पाल्य हूँ। प्रीत या दास्य भक्ति में इस प्रकार रूप गोस्वामी ने सम्भ्रम और गौरव के दो भाव माने हैं।[111] सम्भ्रम में भगवान से भक्त अपने को अत्यन्त दीन एवं हीन समझता है।[112] भगवान के एक-एक रोम में कोटि-कोटि ब्रह्माण्ड निवास करते हैं, वे कृपा के समुद्र हैं, क्षमाशील एवं शरणागत पालक हैं तथा वरीयान, बलवान एवं प्रेमवश्य हैं।[113] ऐसे प्रभु के प्रति उसका जो आश्रित, आज्ञाकारी एवं विश्वास का भाव तथा प्रभुता-ज्ञान से नम्र हुई बुद्धि है, वही उसका सम्भ्रम प्रीत वाला दास भाव है।[114] दास चार प्रकार

के होते हैं, अधिकृत, आश्रित, पारिषद एवं अनुग।[115] उनके भी अनेक भेदोपभेद हैं। विस्तार-भय से हम उन सबकी चर्चा यहाँ नहीं करेंगे। सम्भ्रम-प्रीति उत्तरोत्तर बढ़कर प्रेमा, स्नेह एवं राग अवस्था को प्राप्त होती है।[116]

गौरव-प्रीति-सम्पन्न भक्त में सदा भगवान के द्वारा रक्षित और पालित होने की इच्छा रहती है अथवा कृष्ण के द्वारा ही वह लालित और पालित होता है। यह अभिमान (लाल्याभिमान) रहता है।[117] इस प्रकार सेवकों में ऐश्वर्य-ज्ञान की ही प्रमुखता रहती है। गौरव-प्रीति भी प्रेमा, स्नेह एवं राग इन तीन अवस्थाओं में उत्तरोत्तर विकसित होती जाती हैं।

जब प्रीति इतनी गाढ़ एवं बद्धमूल हो जाये कि उसको ह्रास की तनिक भी आशंका न रहे, तब उसे प्रेमा कहते हैं।[118] इसी प्रेमा भाव की सान्द्रता में तरलायित हुए चित्त को स्नेह कहते हैं। इस अवस्था में प्रभु का क्षणिक विश्लेषण भी सह्य नहीं होता। स्नेह का उत्कर्ष राग में परिवर्तित होता है तथा भक्त प्रभु के साक्षात्कार या तत्तुल्य स्फुरण अथवा कृपालाभ से कृष्ण का अन्तरंग बन जाता है। इस अवस्था में दुख भी सुख हो जाता है। राग की अवस्था में उसे अपने प्राणनाश का भी भय नहीं रह जाता।[119]

स्पष्ट है कि दास्य भक्ति में प्रभु के माहात्म्य-ज्ञान के साथ ही शरणागति या प्रपत्ति का भाव मिला रहता है। शरणागति या आत्मा-समर्पण प्रेम के राज्य में एक ऊँची चीज है। इसके अतिरिक्त दास्य भक्ति में सेवा का जो अंश है, वह भक्ति का एक अनिवार्य तत्त्व है। उसे सभी प्रकार की भक्तियों एवं भक्ति-सम्प्रदायों में स्वीकार किया गया है। गोस्वामी तुलसीदास ने तो यहाँ तक कह दिया है कि—

"सेवक सेव्य भाव बिनु भव न तरिअ उरगारि"[120]

वल्लभाचार्य ने भी दास्य भाव का तिरस्कार नहीं किया। अन्तःकरण प्रबोध नामक ग्रन्थ में उन्होंने कहा है, "यदि भक्त को फल नहीं मिलता तो उसे पश्चात्ताप नहीं करना चाहिए। वह यही समझे कि मैं तो भगवान का सेवक मात्र हूँ। श्रीकृष्ण को लौकिक स्वामी की तरह कभी न देखना चाहिए। सेवक का तो धर्म है कि वह स्वामी की आज्ञा का पालन करे"।[121] 'कृष्णाश्रय' ग्रन्थ में भी दैन्य-भावना (जो दास-भाव का ही अंग है) को उन्होंने स्थान दिया है। वल्लभ-सम्प्रदाय के भक्तों में दास्य भाव के प्रचुर उद्धरण मिलते हैं।[122] डॉ. दीनदयालु गुप्त के अनुसार इस बात का कोई प्रमाण नहीं है कि सूर ने विनय एवं दैन्य के पद वल्लभाचार्य से मिलने के बाद नहीं लिखे और वह भी उस स्थिति में जबकि स्वयं वल्लभ ने 'दास्य भक्ति तथा दास्य-भाव की सेवा का भी विधान अपनी भक्ति-पद्धति में रखा है।'[123]

रामानुज एवं रामानन्दी सम्प्रदायों में दैन्य दास भाव को सदैव बहुमान मिला है। तुलसीदास की भक्ति दैन्य भाव की थी, यह बात प्रसिद्ध ही है। आगे चलकर जब रामोपासना मधुर-भावापन्न हो उठती है, उस समय भी अष्टयाम सेवा, अपनी हीनता आदि की भावनाएँ बराबर बनी रहती हैं।[124]

निम्बार्क द्वारा भक्ति की परिभाषा में उद्धृत श्लोक (दशश्लोकी) में दैन्यादि गुणों की उत्पत्ति प्रभु-कृपा से मानी गयी है। इस प्रकार दास्य-भावना इस सम्प्रदाय में पूर्णतया मान्य है। यद्यपि निम्बार्क-सम्प्रदाय एवं हरिदासी तथा राधावल्लभीय सम्प्रदायों में जिस समय रसोपासना का विकास होता है, उसी समय रामोपासना के समान ही सेवक-भाव या कैंकर्य अंगीभाव न रहकर युगल-किशोर के माधुर्य का अंग और साधन मात्र हो जाता है। जीव का परतत्त्व से सम्बन्ध सेवक-सेव्य भाव का इन सम्प्रदायों में मान्य है। स्वा. हरिदास जब कहते हैं, "श्री हरिदास के स्वामी श्यामा कुंजबिहारी प्रानन के आधारिनि"।[125] तब स्वामी शब्द से यह सेवक, सेव्य-भाव प्रकट हो जाता है। वास्तव में सखी सहचरी, मंजरी या किंकरी भाव मूलतः दास्य भावना की ही अभिव्यक्तियाँ हैं। स्त्रीपदवाची होने से अन्तरंग विलास में इनका प्रवेश हो जाता है, जबकि पुरुष, दास या सेवक का अधिकार नहीं होता। पर मनोवैज्ञानिक दृष्टि से दास या दासी में कोई अन्तर नहीं है।

गौड़ीय वैष्णवों में भी दास्य भाव अमान्य नहीं है। ऊपर हमने हरिभक्ति रसामृत सिन्धु के आधार पर ही इसका विवेचन किया है। इस भक्ति रस को रूप गोस्वामी, कृष्णदास कविराज एवं जीव गोस्वामी आदि ने पाँच मुख्य भक्ति रसों में ही माना है। पर उनके अनुसार उत्तरोत्तर विकास-क्रम में दास्य का भी अन्तभाव मधुर भाव में हो जाता है। मधुर भाव ही श्रेष्ठ है, इस धारणा के कारण गौड़ीय भक्तकवियों ने भी मधुर भावान्तर्गत ही इसका चित्रण किया है।

निर्गुणी कवियों ने अवश्य इसकी शुद्ध प्रचुर अभिव्यक्ति की है। डॉ. राम कुमार वर्मा द्वारा विवेचित (पीछे उद्धृत) तालिका में शब्दों एवं सखियों की सबसे अधिक संख्या विनय या विनती के अंगों की 280 है।[126] इस प्रकार सर्वाधिक महत्त्व दास्य या प्रीति भक्ति को ही निर्गुण कवियों ने दिया, ऐसा प्रतीत होता है। दास्य के दैन्य, विनय, आत्मदोषकथन शरणागति आदि के अतिरिक्त राजा[127] स्वामी,[128] पिता,[129] जननी[130] आदि रूपों में जहाँ कल्पना की गयी है, वे स्थल भी दास भाव के ही हैं। इन प्रतीकों के माध्यम से दास्य भाव की ही अभिव्यक्ति हुई है।

सख्य-भक्ति (प्रेयस् रति)

दास भावना में प्रभु के गौरव एवं महत्ता की अनुभूति के कारण साधक का बहुत समीपी सम्पर्क नहीं हो पाता। स्वामी और सेवक के मध्य एक प्रकार का दुराव अवश्य रहता है। इसके अतिरिक्त स्वामी को सेवक के कार्यों में उतनी गाढ़ी रुचि भी नहीं होती।

अतः भक्ति की और विकसित स्थिति में जिस सामाजिक भाव-सम्बन्ध की कल्पना की गयी, वह सरूप भाव है। सखाओं में परस्पर सामीप्य-बोध अधिक होता

है, उनमें पारस्परिक अन्तरंगता हो जाती है। वे एक-दूसरे के गुप्त रहस्यों से परिचित ही नहीं होते, एक-दूसरे के कार्यों में गहरी रुचि भी लेते हैं।

दास्य भक्ति के सम्बन्ध में हमने सम्भ्रम शब्द का नाम लिया था। रूप गोस्वामी के अनुसार सम्भ्रम की समाप्ति अथवा विश्रम्भ यानी बिना किसी प्रकार के अन्तराय के गाढ़ विश्वास को ही सख्य का स्थायी कहना चाहिए।[131] गाढ़ विश्वास वाली यह सख्य रति बढ़कर प्रणय, प्रेमा, स्नेह तथा राग में परिणत होती है।[132] इनकी फिर अनेक स्थितियों का निरूपण रूप गोस्वामी ने किया है।

सखा भी पुर तथा ब्रज-सम्बन्ध से दो प्रकार के माने गये हैं।[133] ब्रज-सखाओं के पुनः चार भेद है—सुहृत, सखा, प्रियसखा, प्रिय नर्म सखा।[134] इनमें अन्तिम सर्वश्रेष्ठ होते हैं। सुहृत सखा कृष्ण से आयु में बड़े और कृष्णा के प्रति किंचित् वात्सल्य से युक्त माने गये हैं। सखा भगवान से आयु में कुछ कम, प्रिय सखा समान आयु के। प्रिय नर्म सखा उनसे भी अधिक मान वाले तथा अन्तरंग गोपनीय लीलाओं के सहचर होते हैं।[135]

इन सभी सखाओं के आलम्बन कृष्ण सुन्दर वेश धारण करने वाले, सुपण्डित, अत्यन्त प्रतिभाशाली, दक्ष, वीर शेषर, विदग्ध-बुद्धिमान, समृद्ध एवं सुखी हैं। ऐसे भगवान के साथ उपर्युक्त सम्बन्धों का अनुकरण करते हुए जो भाव-प्रतिभा मन में स्थापित होती है, वह सखा-भक्ति की ही होती है। इसमें शान्त भक्ति के निरभिमान, विरक्ति आदि भी हैं, दास का सा सेवा-भाव है (सखा सेवा भी करता है) और साथ ही मित्रता का खुलापन और आत्मीयता भी हैं—इसी कारण इसे पूर्वोक्त दोनों से श्रेष्ठ माना गया है।

पुष्टि-सम्प्रदाय में सख्य-भावना को सबसे अधिक स्वीकृति और पूर्णता मिली है। अष्टछाप के कवियों ने कृष्ण की गोप-लीलाओं की ही चर्चा नहीं की है—पारस्परिक प्रेम, सौहार्द और मित्रता की समस्त छायाओं को उन्होंने अत्यधिक यथार्थ एवं मनोवैज्ञानिक भूमि पर प्रतिष्ठित किया है। इस निरूपण में ऊपर गिनाये गये ब्रज-सखाओं के समस्त भेद और उपभेद भी हमें सूरदास में मिल जाते हैं, पर केवल लीला-गान में ही नहीं अपने वास्तविक जीवन में भी अष्टछाप के कवि सखा-भाव की मानसिक अवस्था का अनुभव करते थे। वार्ता-साहित्य में गोविन्द स्वामी एवं चतुर्भुजदास के जीवन के सख्य भाव को प्रकट करने वाले अनेक प्रसंग आते हैं। वे श्रीनाथ जी के साथ सखा जैसा ही व्यवहार करते थे। वल्लभ-सम्प्रदाय के अष्टछाप के कवियों को अष्ट सखा भी कहा जाता है और कृष्णा के आठ सखाओं का ही प्रतिरूप उन्हें मानते हैं।

रामोपासक सम्प्रदाय में भी सख्य भाव की स्वीकृति है। सख्य रसावेशी भक्तों ने अन्य रसों को सख्य के अन्तर्गत ही माना है।[136] उनके अनुसार हितैषणा, स्नेह तथा एकात्म भावना सख्य के, विशिष्ट रूप से, अपने गुण हैं और वे वात्सल्य में

कृपा-रूप से, दास्य में सेवा-रूप से एवं शृंगार में काम रूप से व्याप्त रहते हैं। उनकी धारणा है कि शृंगार में जो प्रिया के प्रति आसक्ति है, वह वास्तव में नारी-विशिष्ट में केन्द्रित सख्यासक्ति ही है। इसी आधार पर उन्होंने सखी भाव और सखा भाव को एक माना है। रूप गोस्वामी से मिलते-जुलते सखाओं के विभाजन यहाँ भी किये गये हैं। मधुर सखा राम से आयु में छोटे होते हैं, ये अवध की गलियों में खेलते हुए महलों में समाचार पहुँचाते हैं, नर्म सखा श्रीरामचन्द्र का शृंगार करते हैं,[137] लीला के समय ये कैंकर्य[138] सीता जी की सेवा करते हैं।[139] प्रिय सखा अन्तरंग और बहिरंग दोनों प्रकार की सेवाएँ करते हैं। रसमयी बातों में योग देते हैं तथा हास्य-विनोद एवं भोजन में भी साथ देते हैं।[140]

सुहृत सखा आयु में राम से बड़े माने गये हैं। ये लोग रास में भाग नहीं लेते तथा राम-सीता के विवाह, द्विरागमन लीलाओं के आयोजन और ध्यान में व्यस्त रहते हैं। उनके राज्य, कोष, प्रासाद आदि की रक्षा में तत्पर रहते हैं, जिससे युगल अपनी लीलाओं में निर्विघ्न रत रहें।[141] रामभक्ति शाखा में सख्य भाव की रसोपासना के मुख्य प्रवर्तक रामसखा हुए हैं। ये अपने को राम का प्रिय सखा मानते थे।

स्पष्ट है कि इस सख्य भाव की परिणिति भी अन्ततः रस-भावना या मधुर उपासना की ओर है। साधक दम्पति-लीलाओं में सख्य भाव के आवेश में सम्मिलित हो सकता है। इस सम्प्रदाय में, जैसा कि पीछे कहा जा चुका है, सखा भाव और सखी भाव में उतना भेद नहीं किया गया।

पर कृष्णोपासकों में सखा भाव और सखी भाव में स्पष्ट अन्तर माना जाता है। स्त्री-रूप में ही सर्वस्व अर्पण है—स्वसुख और तत्सुख दोनों ही रूपों में। ब्रज-भूमि के रसोपासकों ने इसी कारण सखा भाव को महत्त्व नहीं दिया है। पुष्टिमार्ग के अतिरिक्त गौड़ीय वैष्णवों में ही इस भाव को छोड़ दिया है। हरिदासी, राधावल्लभीय आदि सम्प्रदायों में सखियों की भावना ही मान्य है। निर्गुण-सम्प्रदायों में मित्र के प्रतीक[142] रूप में सख्य भाव की अभिव्यक्ति हुई है पर सब मिलाकर भक्ति के इस रूप का वहाँ नितान्त अभाव है। वास्तव में सख्य भक्ति क्रीड़ापरक एवं लीलागान पर ही आधृत होती है। निर्गुण-मतावलम्बी चूँकि सगुण-लीला पर विश्वास नहीं करते अतः भगवान के साथ सख्य सम्बन्ध भी बनाना उनके लिए कठिन होता है। इसके अतिरिक्त सख्य की समानता का भाव भी शून्य महल में रहने वाले अविनाशी, अनीह, अखण्ड, निर्गुण ब्रह्म के साथ स्थापित करना उनके लिए मनोवैज्ञानिक दृष्टि से सम्भव नहीं था। इसी कारण प्रतीक रूप में भी मित्र भाव का प्रकाशन इन सन्त कवियों द्वारा कम ही हुआ है।

वात्सल्य-भक्ति

मित्रता में समानता का व्यवहार होता है। यदि एक मित्र (चाहे वह प्रभु ही क्यों न हो) भाव का प्रतिदान देने में समर्थ नहीं है तो वह मित्रता ठहर नहीं सकती। इस तरह प्रदान के साथ आदान सख्य भाव में अनिवार्य हो जाता है, परन्तु पुत्र के स्नेह न करने पर भी माता-पिता उससे प्रेम करते रहते हैं। अतएव निष्कामता की अभिव्यक्ति पुत्र-स्नेह में सबसे अधिक होती है। इसके अतिरिक्त माता-पिता पुत्र की सेवा दास से भी अधिक करते हैं, सखा के समान उसका मनोरंजन करते हैं, उसके साथ खेलते-खिलाते हैं। इस रूप में पूर्व कथित भाव-दशायें भी वात्सल्य में अन्तर्भुक्त हो जाती हैं। जीवन की तीन मूल वृत्तियों—जिजीविषा, कामेच्छा एवं सृजन-कामना में से एक सृजन-कामना का साकार विग्रह सन्तान होती है। इस रूप में भी वात्सल्य जीवन का अत्यधिक व्यापक और सार्वभौम भाव है। लौकिक जीवन के इस अनुभव को भी पारमार्थिक जीवन के क्षेत्र में घटाया गया है।

जिस समय भक्त परमात्मा को पुत्रवत् मानकर (नन्द, यशोदा, दशरथ, कौशल्या आदि की भाँति) उन्हें लाड़ लड़ाता है, उनकी सुरक्षा और सुविधा का ध्यान रखता है एवं बिना प्रतिदान में कुछ चाहे निष्काम भाव से उनके प्रति स्नेह रखता है, तब ऐसी भाव-भक्ति को वात्सल्य भक्ति कहा जाता है। यहाँ पर न तो सम्भ्रम है और न विश्रम्भ, बल्कि अनुकम्पनीय पर अनुकम्पा का भाव ही स्थायी है।[143] यह वात्सल्य रति पूर्वकथित अन्य रतियों की भाँति ही प्रौढ़ होने पर प्रेमा, स्नेह एवं राग अवस्थाओं को प्राप्त होती है। श्यामल गात, रुचिर, समस्त श्रेष्ठ लक्षणों से युक्त, प्रियवाक्, सरल, बुद्धिमान, विनयी, माननीयों का मान करने वाले भगवान कृष्ण (या राम) इस रति के आलम्बन हैं।

माता, पिता, ज्येष्ठ भ्राता, गुरुजन आदि इस भाव के आश्रय होते हैं। कुमारादि वय, रूप, वेष, शैशव की चपलता, जल्पना, स्मिति आदि लीलाएँ ही उद्दीपन हैं।[144] मस्तक का सूँघना, आशीर्वाद, आज्ञा, हितोपदेशदान, चुम्बन, आश्लेष तथा स्तन्यस्राव आदि अनुभाव हैं।[145]

रामोपासकों में वृद्ध वात्सल्य एवं लघु वात्सल्य, ये दो भाग किये गये हैं। वृद्ध वात्सल्य से तात्पर्य ऊपर विवेचित वात्सल्य से है, पर लघु वात्सल्य है, जब राम-सीता को पिता-माता मानकर साधक स्वयं को शिशु रूप में कल्पित करता है।[146]

जहाँ तक शिशु की क्रीड़ाओं, बाल-लीलाओं आदि के वर्णन का प्रश्न है, वात्सल्य भाव की निवृत्ति संसार के समस्त साहित्य में प्राप्त होती है। सूरदास तो इस चित्रण के अधीश्वर ही हैं। बाल-लीला एवं माता-पिता की अनुभूतियों का उनसे बड़ा चितेरा संसार में दूसरा उत्पन्न नहीं हुआ है पर मानसिक धरातल पर इस भाव की साधना अत्यधिक कठिन है। जो भगवान है, ईश्वर है, परमात्मा है, समस्त चराचर ब्रह्माण्ड

की उद्‌भव स्थिति एवं निलय का हेतु है, उसे एक नगण्य साधक शिशु मानकर व्यवहार करे—यह स्थिति तनिक कठिन है।[147] स्वयं को शिशु एवं ईश्वर को पिता मानकर एक प्रकार की प्रतीकोपासना सम्भव है, लेकिन यहाँ भी एक सुविकसित-प्रौढ़ व्यक्तित्व बालचेष्टाएँ, कठिनता से ही धारण कर सकेगा। इसलिए इस भाव की अभिव्यंजना हमें मध्यकालीन वैष्णव-साहित्य में कम मिलती है।

वल्लभ-सम्प्रदाय में कृष्ण के बाल-रूप की प्रतिष्ठा अवश्य है एवं सूर और परमानन्ददास ने वात्सल्य भाव-सम्बन्धी प्रचुर एवं उत्तम साहित्य की रचना भी की।' परन्तु फिर वल्लभ-सम्प्रदाय में भी मधुर भाव की साधना ही बढ़ती गयी। स्वयं सूरदास ने अपने अन्तिम पद में 'युगल रूप' में ही अपनी चित्तवृत्ति के रमे रहने का उल्लेख किया है।'[148]

गौड़ीय वैष्णव-कवियों ने इस भाव के प्रकाशन की ओर बिल्कुल ही ध्यान नहीं दिया। उनका मन कृष्ण और राधा की किशोर-लीलाओं में ही रमा रहा।

निम्बार्क-सम्प्रदाय में भट्ट, हरिव्यास देव, वृन्दावृन देव[149] घनानन्द आदि ने बाल-क्रीड़ाओं के वर्णनों के अतिरिक्त बधाई के पदों में वात्सल्य की अभिव्यक्ति की है। यों सब मिलाकर इस सम्प्रदाय का मुख्य काम्य मधुर रस ही है। वात्सल्य के वर्णनों में भी बहाने से राधा-कृष्ण मिलन के प्रसंग इन्होंने ढूँढ़ लिये हैं। गोपाल वन से गोचारण के उपरान्त लौट रहे हैं तो दूल्हे के समान हैं[150] और सखियों के यूथ के आगे-आगे आ रही राधा दुलहिन के समान हैं। "इस सम्प्रदाय के कवियों के वात्सल्य रस के वर्णन में इस रस का वर्णन कवियों का मुख्य उद्देश्य नहीं है वरन् उससे सम्बन्धित रति बालक कृष्ण और राधा के पोषण में सहचरी भाव की नित्य-विहार-दर्शन की सुख-लालसा छिपी है।"[151]

हरिदासी एवं राधावल्लभीय सम्प्रदाय में ब्रजलीलाओं का महत्त्व ही नहीं है। वहाँ तो युगल की नित्य-विहार-लीलाओं का ही गान है, अतः वात्सल्य भाव की अभिव्यंजना का प्रश्न ही नहीं उठता। यों सखी-सम्प्रदाय (हरीदासी) के अष्टाचार्यों में से एक रसिकदास इसके अपवाद हैं। उन्होंने वात्सल्य भाव का पर्याप्त अंकन किया है। यद्यपि यहाँ भी प्रवृत्ति वात्सल्य के मध्य मधुर भाव के प्रसंगों की योजना की ही रही है। बाललीला नामक एक छोटी-सी 49 छन्दों की इनकी पुस्तक है, उसमें कृष्ण के जन्म, बालापन आदि का वर्णन है तथा अन्त में एक गोपी राधा को कृष्ण से गोचारण के बहाने लाकर वन में मिला देती है। युगल-मिलन में परिसमाप्ति होते हुए भी सम्प्रदाय की दृष्टि से यह ग्रन्थ कुछ अनोखा है। यों रसिकदास जी ने स्वयं अपनी भावना स्पष्ट करते हुए लिखा है कि युगल किशोर एक ओर सदा नित्य विहार में लगे रहते हैं एवं दूसरी ओर नन्द तथा वृषभानु के घर जन्म भी लेते हैं।

रसोपासक सम्प्रदायों में वात्सल्य-भावना को रामोपासना के भीतर पर्याप्त स्थान मिला है, यद्यपि प्रवृत्ति 'युगल किशोर' के नित्य विहार में सहायक होने की है।

राम-सीता का विवाह, गौना करा दिया जाये, उनके विहार में कोई कष्ट-असुविधा न रहे, यह भाव इन भक्तों में मुख्य है इसके अतिरिक्त राम-सीता की बालचेष्टाओं आदि का भी चित्रण शुद्ध वात्सल्य की दृष्टि से भी मिल जाता है। 'रामप्रियाशरण' प्रेमकली ने अपने 'सीतायन' नामक विशाल प्रबन्धकाव्य में 'सीता' की बाल-लीलाओं का अच्छा वर्णन दिया है—

छबीली जनक ललिन की जोरी
करि सिंगार निरखति नयनन भरि, जननि सकल तृण तोरी।
छम-छम चलति अरति पुनि दौरति, मणि प्रतिबिम्ब गहोरी।

इसी प्रकार सूरकिशोर जी की जानकी जी में वात्सल्यनिष्ठा थी। कहते हैं कि ये अयोध्या का पानी भी नहीं पीते थे, दामाद के नाते राम से परमपद तक की उन्होंने याचना नहीं की। पं. उमापति वसिष्ठ भाव से भगवान की आराधना करते थे। वे इसी कारण राम को प्रणाम नहीं करते थे।

निर्गुणोपासकों में न तो बाल-लीलाओं का स्थान है और न ही प्रभु को पुत्र मानने का ही प्रश्न है। इसी कारण वात्सल्यभाव की विवृत्ति वहाँ पर नहीं के बराबर है। स्वयं ईश्वर की पिता-रूप में चर्चा अवश्य आयी है—पर वह मात्र प्रतीक है। इससे अधिक उसका महत्त्व नहीं है। पिता या माता रूप में अनेक सन्त-कवियों ने ईश्वर को माना है, इसकी चर्चा हम पीछे दास्य भक्ति के प्रसंग में कर चुके हैं।

मधुरा या कान्ता भक्ति

वात्सल्य में भी एक प्रकार की दूरी माता, पिता और पुत्र के मध्य अवश्य रहती है। जैसा सर्वस्व समर्पण, जितना सान्द्र प्रेम एवं जितनी एकात्मानुभूति स्त्री-पुरुष के प्रेम में होती है, उतनी अन्यत्र नहीं। स्त्री-पुरुष के मध्य की काम-भावना जीवन की गहनतम, व्यापकतम एवं सार्वभौम वृत्ति है। इस भावना में पूर्ववर्ती सभी भावों का अन्तर्भाव हो जाता है। पत्नी सेवा भी करती है, सखा-सखी की भाँति मनोरंजन भी करती है, माँ के समान हित-चिन्ता भी करती है एवं पत्नी के रूप में अपना सम्पूर्ण व्यक्तित्व पति को अर्पित कर देती है। प्रेमभाव की यह सर्वोच्च अवस्था है एवं संसार के सभी आस्तिक धर्मों में इस प्रतीक का व्यवहार किया गया है। पर वैष्णवों में यह प्रतीक के स्तर पर न रहकर वास्तविकता के स्तर पर ले आया गया है। गोपियाँ इस प्रेम की आदर्श आश्रय हैं एवं गोपियों में राधा साक्षात् महाभावरूपा हैं। सौन्दर्य एवं माधुर्य के धनविग्रह श्याम सुन्दर ही इसके आलम्बन हैं। भगवद्रति का श्रेष्ठतम रूप यह मधुर भाव ही है। हमारे आलोच्य युग में इसी मधुर प्रेम के सूर्य की किरणों से सारे सम्प्रदाय आलोकित हो उठे थे। इस साधना की पृष्ठभूमि, विकास, स्वरूप एवं विभिन्न सम्प्रदायों में उसके रूप की विस्तृत चर्चा हम अगले अध्याय में करेंगे।

ऊपर हम जिन पाँचों भक्तियों का उल्लेख कर आये हैं उनके अनुरूप भाव-सत्ता वाले प्राणी पहले हो चुके हैं। चाहे सनक-सनन्दन जैसे सन्त हों, या हनुमान, शुकदेव, संजय, विदुर जैसे दास हों, अर्जुन, श्रीदामा, सुबल जैसे सखा हों, दशरथ, कौशल्या, नन्द, यशोदा, वसिष्ठ जैसे गुरुजन हों या ब्रज-गोपिकाएँ (राधा आदि) सीतादि हों—ये सभी अखिल भुवन-मोहन श्यामसुन्दर के प्रति तत्तत् भावों की प्रतिमाएँ थीं। इनकी रति रागात्मिका थी। (इष्ट में गाढ़ तृष्णा राग का स्वरूप-लक्षण एवं इष्ट की आविष्टता उसका तटस्थ लक्षण है।[152]) इस रागभाव की भक्ति ही रागात्मिका होती है। ब्रजवासी-जनों की प्रीति ऐसी ही थी।[153]

जीव स्वभावतः कृष्ण-दास है, वह ब्रजवासी जनों के समान तो नहीं है, पर उसे चाहिए कि अपनी योग्यता एवं रुचि के अनुसार ब्रजवासियों के उस-उस भाव का अनुकरण करे। इसे ही रागानुगा भक्ति कहते हैं यानी रागात्मिका का अनुकरण करने वाली। साधक अपने भावानुसार स्वयं को दास, सखा, माता-पिता या प्रिया अनुभव करे। अपने ही ऊपर उनका आरोप करे। धीरे-धीरे अभ्यास से वह वैसे ही भाव एवं प्रेम को मन में जगा सकेगा। सारे संसार के साधकों में संवेग, कल्पना आदि रोमान्स तत्त्वों की प्रबलता मनोवैज्ञानिकों ने स्वीकार की है।[154]

उपर्युक्त परिगणित भाव-भूमियाँ वास्तव में उस मनोवैज्ञानिक प्रक्रिया पर आधारित हैं, जिसमें अनुभूति और कल्पनाएँ तथा इन पर उसका विश्वास एक-दूसरे के सहारे बढ़ते जाते हैं तथा इन्हीं के साथ उसकी संवेगात्मक जिन्दगी और उसकी श्रद्धा भी समय के साथ बढ़ती जाती है।.... (हिज इमोशनल लाइफ एण्ड हिज फेथ इन इट इन्क्रीजिंग विद द इयर्स)।[155]

सन्दर्भ

1. (क) तत्त्ववस्तु कृष्ण, कृष्णभक्ति प्रेमरूप। —चै.च.आ.ली., परि. 2, पृ. 10
   (ख) प्रीति बिना नहिं भगति दृढ़ाई। —रा.च.मा., उ. का 89
2. श्रीमद्भागवत 3129।15।
3. चतुःश्लोकीः 1।
4. द्रष्टव्य परिभाषा संख्या : 2, 7, 8, 9, 10, 12, 14, 15, 18, 19 एवं 20
5. आत्मेन्द्रिय प्रीति इच्छा, तार नाम काम
   कृष्णेन्द्रिय प्रीति-इच्छा धरे प्रेम नाम
   कामरे तात्पर्य निज सम्भोग केवल
   कृष्ण-सुख-तात्पर्य प्रेम तो प्रबल
   आत्म-सुख-दुख गोपी ना करे विचार
   कृष्ण-सुख-हेतु करे सद्व्यवहार।
   कृष्णदास कविराज : चैतन्य चरितामृत, आदि लीला, परिछेद 4, पृ. 28

6. अब हम आगे चलकर देखेंगे कि राधावल्लभ-सम्प्रदाय जैसे रसिक मतों की प्रेम-भावना पर ऐसे मतों का गहरा प्रभाव है।
7. गाढ-व्यसन-साहस्त्रसम्पातेऽपि निरन्तरम्।
न हीयते यदिहेति स्वादु तत् प्रेमलक्षणम्॥ —भक्ति-मार्तण्ड, पृ. 75
8. वस्तुमात्रविषयिणी...प्रेम। —वही
9. 1 ।20 ।20
10. अन्तिम दोहा।
11. भक्ति निरूपण, 43
12. जीव गोस्वामी : भक्ति सन्दर्भ (षट् सन्दर्भ) पृ. 648 (प्र. श्यामलाल गोस्वामी, कलकत्ता)।
13. ए हिस्ट्री ऑफ इण्डियन फिलॉसफी : (चतुर्थ खण्ड) एस. एन. दासगुप्ता, पृ. 351
14. देखिए परिभाषा सं. 6
15. निम्बार्क : दशश्लोकी : श्लोक 8
16. वल्लभाचार्य, सिद्धान्त-मुक्तावली, 1
17. गोस्वामी हरिराय : स्वमार्गीय सेवाफल-निरूपण, रूप-निर्णय, श्लोक 48
18. ना. भ. सूत्र, 21
19. वही, सूत्र 22-23
20. के.सी. वरदाचारी : 'आस्पेक्ट्स ऑफ भक्ति' (मैसूर यूनिवर्सिटी, 1956) में उद्धृत, पृ. 15
21. (क) परिभाषा सं. 15 एवं 19
(ख) वेदान्त देशिक (परि. सं. 10 (ख) ने महनीय विषय में प्रीति कहकर माहात्म्य-ज्ञान की ही ओर संकेत किया है।
22. अष्टछाप-वार्ता-कांकरौली, पृ. 18
23. दे. परिभाषा सं. 1, 2, 14, 17, 19 एवं 20
24. देवी हिमालय से पराभक्ति के विषय में कहती है कि उसका साधक सदा-सर्वदा मेरा गुण-श्रवण तथा नाम-कीर्तन किया करता है एवं "कल्याणगुण-रत्नानामाकराणां मयि स्थिरम्। चेतसो वर्त्तनं चैव तैलधारासमं सदा।। 7। 37। 11-12
25. श्रीमद्भागवत 3। 29। 11-12
26. चातक चौंतीसी, दोहावली-277 से 312
27. गीता 9। 22 अथवा 11। 15
28. ना. भ. सू. 7
29. वही, 9
30. वही, 10
31. ज्ञानसमुद्र : भक्ति निरूपण, छन्द 39
32. नाथ योनिसहस्त्रेषु येषु व्रजाम्यहम्।
तेषु तेष्वचला भक्तिरच्युतास्तु सदा त्वयि। विष्णु पुराण 1। 20। 19
33. दे. परिभाषा सं. 16
34. दे. परिभाषा सं. 3
35. गीता, 18। 62
36. वही, 18। 65
37. वही, 18। 66

38. तस्मात् सर्वात्मा नित्यं श्रीकृष्णशरणं मम।
वदद्भिरेव सततं स्थेयमित्येव मे मतिः ॥ —वल्लभाचार्य, नवरत्न श्लोक, 9।
(कल्याण, सन्त-वाणी अंक में संकलित)

39. बलदेव उपाध्याय, भागवत सम्प्रदाय, पृ. 265

40. के. सी. वरदाचारी : आस्पेक्ट्स ऑफ भक्ति, पृ. 41

41. आनुकूलस्य संकल्पः प्रातिकूलस्य वर्जनम्
रक्षिष्यतीति विश्वासो, गोप्तृत्वे वरणं तथा।
आत्मनिक्षेपकार्पण्ये षड्विधा शरणागतिः (अ. शं. 37। 18)।

तथा

प्रपत्तिरानुकूलस्य संकल्पो प्रतिकूलता।
विश्वासो वर्णनन्यासः कार्पण्यम् इति षड्विधः ॥ —नारद पाञ्चरात्र, वरदाचारी द्वारा उद्धृत पृ. 41

42. श्रीमद्भागवत 11। 29। 34

43. पोषणं तदनुग्रहः—भागवत 2। 10। 4

44. पुष्टिमार्गोऽनुग्रहैकसाध्यः, अणु भा. 4। 4। 9 की टीका।

45. अनुग्रहः पुष्टिमार्गे नियामक इति स्थितिः। —वल्लभ : सिद्धान्त-मुक्तावली, श्लोक 18

46. पुष्टिमार्गलक्षणानि। —श्लोक 2

47. परि. सं. 12

48. डॉ. नारायणदत्त शर्मा : निम्बार्क सम्प्रदाय और उसके कृष्ण भक्ति हिन्दी कवि (अप्रकाशित प्रबन्ध, पृ. 128)

49. कृपाफलं चेतस्प्रपत्तिलाभलक्षणमित्येतत्। —निम्बादित्य-दशश्लोकी, हरिव्यास देव, पृ. 38
—हरिभक्ति रसामृत सिन्धु, पू. वि., तृतीय लहरी, श्लोक 4

50. वही, पू.वि., चतुर्थ लहरी, श्लोक 3।

51. राधावल्लभ सम्प्रदाय : सिद्धान्त और साहित्य, पृ. 219

52. साधन श्रम कछु ना कियो ना कछु करिबे योग
कृपा बिहारिणिदास की सहज संयोगी भोग।
ऐसी स्वामिनि साहि बिन रसिक अनन्य उदार
बिहारिणि दासि प्रसन्न व्है दियो अहार विहार। —विहारिणिदास, रस के दोहा, 150 और 151

53. श्रीभद्भागवत 3। 29। 12

54. गीता 7। 14 एवं 8। 5, 15 अथवा 10। 10

55. भागवत सम्प्रदाय, पृ. 226, बलदेव उपाध्याय।

56. ना.भ.सू., 33

57. परिभाषा सं. 15

58. ना.भ.सू. 7

59. वही सू. 26

60. श्री भा. 3। 29। 13

61. वही 6-11। 24-25

62. जब लगि भगति सकामताँ तब लगि निर्फल सेव।
कहैं कबीर वे क्यूँ मिलैं निहकामी निज देव। —कबीर ग्रन्थावली, पृ. 29-20

63. डॉ. दीनदयालु गुप्त : अष्टछाप और वल्लभ सम्प्रदाय, पृ. 538 (दि. भा.)।

64. चैतन्यचरितामृत, 1-7-137

65. वही, 2-23-2
66. ध्रुवदास : अनुराग लता लीला। —बयालीस लीला, पृ. 273
67. (1) प्रेम-प्रेम ही पाइयै तौ करै प्रेम को अंग।
प्रेमहि प्रेम पिछान लै झूठौ साँचो संग।
(स्वामी बिहारिणिदास, सिद्धान्त के दोहा, ह. लि. प्रति)
(2) भक्ति को साधन भक्ति जु आई।
रसिक दे, भक्ति-सिद्धान्त-मणि, 60
68. गीता 9। 32
69. भागवत, 3। 16। 6
70. सुबोधिनी, फल प्रकरण, अध्याय 4
71. चतुःश्लोकी, श्लोक 1
72. श्रीमद्वैष्णव सिद्धान्त-रत्न-सग्रह, हकीम श्यामलाल, पृ. 165
73. अपुनपौ आपुन ही बिसरयौ
जैसे स्वान काँच मन्दिर मे भ्रमिभ्रमि भूँ कि मरयौ। —सूरसागर, ना. प्र. सं., 369
तथा
अपुनपो आपुन ही मैं पायौ।
सब्दहिं सब्द भयो उजियारो, सतगुरु भेद बतायो। —सूरसागर, ना. प्र. स., 369
74. इन्हें आत्यन्तिक मानकर न चलना चाहिए। प्रथम से दूसरी स्थिति में भी प्रयाण होता है और अनायास भी प्रभु-भक्ति का आविर्भाव हो सकता है।
75. ना.भा.सू., 5
76. भक्ति समानी भाई में भक्तन में भगवान।
श्री बिहारीदास साँची कहैं श्री भागवत प्रमान। —श्री बिहारिणिदास, रस की दोहा, 569
77. हरिभक्ति-रसामृत-सिन्धु प.वि. प्रथम लहरी
78. वही, द्वितीय लहरी 1
79. वही 2 ।3
80. वही 2 ।75
81. वही 3 ।4
82. वही 4 ।3
83. श्रीमद्भागवत 7, 5, 23-24
84. शिव पुराण, विश्वेश्वर संहिता । 21
85. देवी भागवत 7। 37। 11
86. ना.भ.सू. 82
87. सूरदास, सूर सारावली-सूरसागर पृ. 5 तथा 69 'परमानन्द दास, ताते दशधा भक्ति भली' (परमानन्द सागर) स्वामी रसिकदेवः भक्ति सिद्धान्त मणि : दोहा 72
'दशधा भक्ति सुनौ मन लाय। ताको साधन नवधा आय।'
88. रामचरितमानस, उत्तरकाण्ड, 35-36
89. भक्ति-सागर, पृ. 181
90. वही, पृष्ठ 180
91. एस.के. देव : वैष्णव फेथ एण्ड मूवमेण्ट, पृ. 280-282
92. चैतन्य चरितामृत, मध्यलीला, परि. 22, पृ. 284-285

93. महावाणी, पृ. 181
94. पुष्टि भक्ति के 16 आन्तरिक और बाह्य साधनों में भी साधनों और आचार-धर्मों, दोनों का ही समन्वय है।
95. हरिभक्ति रसामृत सिधु, पूर्व विभाग, 4 लहरी, श्लोक 6-7
96. जे.बी. प्रैट : द रिलिजस कान्शसनेस, अध्याय 27 एवं 28 के आधार पर
97. डॉ. मुंशीराम शर्मा : भक्ति का विकास, पृ. 128-132
98. पितेव पुत्रस्य, सखेव सख्युः प्रियः प्रियायार्हसि देव सोढुम्। —गीता, 11 । 44।
99. भागवत, 10 ।29 ।15
100. एस.के.दे : वै.फे.मू., पृ. 286
101. भागवत, 11 । 19 । 36
102. गीता, 18 ।54
103. हरिभक्ति रसामृत सिन्धु, पश्चिम विभाग, प्रथम लहरी श्लोक 29-30 तथा नारायण भट्ट : भक्ति-रस-तरंगिणी, पृ. 113 पर उद्धृत।
104. जे.बी. प्रेट : द रिलिजस कान्शसनेस पृ. 374
प्रैट ने इसका मनोवैज्ञानिक अध्ययन करते हुए बताया है कि चरित्र और आध्यात्मिकता की भावना को दृढ़ करने में वैराग्य भाव बहुत सहायक होता है। बल्कि एक मत तो यह भी है कि मनुष्य के मन के जितना निकट अहंकार है, उतना ही निकट वैराग्य और त्याग भी। आधुनिक काल में उसका जितना अवमूल्यन हुआ है, वह ठीक नहीं है (385-386)। वास्तव में इन साधनाओं के द्वारा अनाकांक्षित-अवांछित एवं विभ्रम उत्पन्न करने वाले तत्त्वों को दूर रखने का मूल्यवान कार्य सम्पन्न होता है।
105. नारद भक्तिसूत्र, 21 तथा शाण्डिल्य भ. सू., 14
106. डॉ. रामकुमार वर्मा ने भारतीय हिन्दी परिषद प्रयाग द्वारा प्रकाशित हिन्दी साहित्य में पृ. 241 पर अट्ठाइस सन्त कवियों की वानियों के आधार पर विभिन्न अंगों की जो तालिका दी है, उससे प्रतीत होता है कि सन्त-सम्प्रदायों में प्रेम का स्थान काफी ऊँचा रहा है। इस तालिका में प्रेम के अंगों की शब्द और साखी संख्या 298 है तथा उसका क्रमानुसार पाँचवाँ स्थान है। प्रेम-प्रतीकों पर आधारित अंगों में 'पतिव्रता' का स्थान 15वां है तथा उसकी शब्द-साखी संख्या 38 है तथा विरह या विरह का उराहना का स्थान प्रेम के बाद है। उसके अंगों की संख्या 142 है। 'व्यभिचारिन कौ अंग' का स्थान 17वां है और साखी संख्या 8 हैं।
107. वही, पृ. 234
108. नारायण भट्ट ने भक्ति रस-तरंगिणी में कहा है कि अंगी रसों में परस्पर अंगांगीभाव रहता है। वत्सलादौ शान्तस्य यथा। —भक्ति रस-तरंगिणी, पृ. 110 (बाबा कृष्णदास द्वारा प्रणीत)।
109. रूप गोस्वमी : हरिभक्ति रसामृत सिन्धु, पश्चिम विभाग, 1 । 13-15।
110. रामोपासक : कामदेन्द्रमणि जी ने शान्त रस के उपासकों को भी प्रभु के परिकरों में माना है। उनको रुक्ष और रस-रूप दो भागों में बाँटते हुए उन्होंने कहा है कि रस-रूप के उपासक महली सेवा और रस-भोग का मर्म जानते हैं। युगल-लीला में उनकी आस्था होती है। (भगवतीप्रसाद सिंह, रामभक्ति में रसिक-सम्प्रदाय, पृ. 222-223 पर उद्धृत।)
111. हरिभक्ति रसामृत सिन्धु, पं. वि., द्वि. लहरी, 4
112. वही, 40
113. वही, 7, 11
114. वही, 12

115. वही, 13
116. वही, 43
117. वही, 64
118. वही, 44
119. हरिभक्ति रसामृत सिन्धु प. वि. द्वि. 46 और उसकी दुर्गम, संगमनी टीका, पृ. 343
120. रा.च.मा., उ.कां. 119 (क)।
121. अन्तःकरण प्रबोध, षोडश ग्रन्थ, रमानाथ शर्मा, पृ. 56-57
122. डॉ. दीनदयालु गुप्त, अष्टछाप और वल्लभ सम्प्रदाय, पृ. 602। 609
123. वही, पृ. 602-203
124. रामोपासक महात्मा रसरंगमणि (19वीं शती) ने वात्सल्य और दास्य को ही सब रसों का हेतु और आधार माना है :

    वात्सल्य माता पिता, सब रस को है रेतु।
    तिहि बिन जग लीला जुगल, वनत नहीं रस केतु।
    बिना दासता भक्ति नहिं, भक्ति बिना रस नाहि।
    रसिक जीव रस रंग मणि, रामदास सब आहिं।। —राम रस रंग, दोहा, पृ. 10-11

    पर वास्तव में वात्सल्य और दास्य को उन्होंने अन्ततः 'युगल लीला' की ओर प्रयोजित कर दिया है। अतः शास्त्रीय दृष्टि से ये अंगी न होकर अंग ही हुए।
125. अष्टादास सिद्धान्त के पद, 2
126. हिन्दी साहित्य (द्वितीय भाग), भा. हि. परिषद्, पृ. 241
127. कबीर ग्रन्थावली, पृ. 143
128. वही, ग्रन्थावली, पृ. 6
129. वही, ग्रन्थावली, पृ. 184
130. वही, ग्रन्थावली, पृ. 123
131. ह.भ.र.सि.प.वि. 3 ।54-55
132. वही, 3 ।56
133. वही, 3 ।6
134. वही, 3 ।10
135. वही, 3 ।20
136. अवधशरण : सख्य-सिन्धु-चन्द्रोदय, पृ. 32
137. हनुमत्संहिता, पृ. 31
138. नृत्य-राघव-मिलन, दोहा, पृ. 45-46
139. महाराज रघुराज सिंह : भक्ति-विलास, पृ. 47
140. वही, पृ. 47
141. महाराज रघुराज सिंह : भक्ति-विलास पृ. 47
142. कबीर ग्रन्थावली, पृ. 7
143. हरिभक्ति रसामृत सिन्धु, प. वि., 4 । 24
144. वही, 4 ।273
145. वही, 4 ।8
146. वही, 4 ।20-22
147. रामभक्ति में रसिक सम्प्रदाय : डॉ. भगवती प्रसाद सिंह, पृ. 250

148. चौरासी वैष्णवन की वार्ता, भवप्रकाश, पृ. 786
149. बृन्दाबन देव की रचना 'गीतामृत-गंगा' का प्रथम घाट जन्मोत्सव एवं द्वितीय घाट पौगण्ड-लीलाओं का है।
150. गोपाल लाल, दूलह बराती।
गोधन आगे सखिन यूथ में राधा दुलहिन लाल गवाती।
दुन्दुभि दूध दोहन की बाजी राजी सब गोपाल सजाती।
आरति पलक गहि जल मोती, श्रीभट रूप पिवाती। —श्री युगल शतक, पद 20
151. निम्बार्क-सम्प्रदाय के कृष्णभक्त हिन्दी कवि : डॉ. नारायण दत्त शर्मा, पृ. 517 (अ. प्र.)।
152. इष्टे गाढ़तृष्णा राग एइ स्वरूप लक्षण।
इष्ट आविष्टता एइ तटस्थ लक्षण।। —चैतन्य चरितामृत, मध्य ली., परि. 22। 86:
153. ह.भ.र.सि., पू. वि. 2। 60-62
154. द मिस्टिक इज इसेन्शियली ए रोमैण्टिसिस्ट। बाइ सेइंग दिस आई मीन दैट ही एक्जिबिट्स इन अ लार्ज डिग्री दैट कॉन्फिडेन्स इन इमोशन एण्ड इमेजिनेशन विच आर एट द बाटम ऑफ रोमैण्टिसिज्म'। (रहस्यवादी अनिवार्यतः स्वच्छन्दतावादी होता है। यह कहने से मेरा तात्पर्य है कि वह उन कल्पनाओं और संवेगों पर अधिकांशतः वैसा विश्वास प्रदर्शित करता है जो कि स्वच्छन्दतावाद के मूल में होते हैं।) —जे.बी. प्रैट : द रिलिजस कान्शसनेस, पृ. 366
155. वही, पृ. 367

तृतीय अध्याय

उज्ज्वल रस-मीमांसा

मधुर-भाव का विकास : पृष्ठभूमि-स्थित विविध तत्त्व

मधुरा भक्ति के मूल में स्त्री-पुरुष के प्रेम-सम्बन्ध की धारणा विद्यमान है। अपने इष्टदेव कृष्ण के प्रति जो राग (स्वारसिकी आविष्टता) ब्रजगोपिकाओं के हृदयों में था, उसी का अनुगमन करके मन में जो भावचिन्तन किया जाता है, वही मधुरा भक्ति में परिणत हो जाता है। समस्त साधना इसी उज्ज्वल भाव तक पहुँचने के लिए होती है। साधना के इस स्वरूप को हम आगे स्पष्ट करेंगे। यहाँ पर हम संक्षेप में इस साधना की ऐतिहासिक पृष्ठभूमि और विकास की रेखा स्पष्ट करने का प्रयास करेंगे।

इस साधना का प्रारम्भिक और एतत् सम्बन्धी रूप काफी पुराना एवं उपमानपरक है। लौकिक सम्बन्ध उपमान एवं पारलौकिक सम्बन्ध उपमेय होता है। वैदिक संहिताओं के ऐसे अंशों की ओर संकेत किया गया है। वृहदारण्यक उपनिषद् का एक मन्त्र भी इस सम्बन्ध में बहुधा उद्धृत किया जाता है–

तद्यथा प्रियया स्त्रिया सम्परिष्वक्तो न बाह्यं किंचन वेदनान्तरम्।
एवमेवायम् पुरुषः प्राज्ञेनात्मना सम्परिष्वक्तो न बाह्यं किंचन वेदनान्तरम् ॥[1]

यहाँ पर वास्तव में सम्बन्धों के भी सादृश्य की ओर संकेत न करके स्थिति-सादृश्य को व्यंजित किया गया है। इस उपनिषद वाक्य में यौन-सम्मिलन से उत्पन्न विलय को समाधि के आनन्द के समतुल्य बताया है। ब्रह्म और जीव के मध्य का स्त्री-पुरुष वाला सम्बन्ध दिखाना उद्दिष्ट प्रतीत नहीं होता।

'काम' जीवन की एक प्रधान और महत्त्वपूर्ण वृत्ति है। वैदिक ऋषि ने अनुभव किया था कि जगत्-जीवन के मूल में काम है–'कामस्तदग्रे समवर्तताधि मनसो रेतः प्रथमं यदासीत्' ।[2] भारतीय समाज-चिन्तकों ने इस शक्तिशाली वृत्ति को पालतू बनाने के लिए विवाह की जिस संस्था का निर्माण किया, उसने काम को उन्नीत अवस्था में लाकर उसके माध्यम से पितृ-ऋण जैसे महत्त्वपूर्ण कार्य सम्पादित कराने चाहे। पतिव्रत एवं पत्नीव्रत के रूप में जो आदर्श सामने आते हैं, वे इस अमर्यादित

वृत्ति को सीमाबद्ध करते हैं। पति-पत्नी विवाह के पश्चात् लौकिक वासना की तृप्ति करते हुए भी एक अभिन्न एवं अपरिवर्तनीय सूत्र में बँधकर जो सुखलाभ करते हैं, उसमें 'काम' महत्त्वहीन हो जाता है अथवा यों कहें कि अधिक उदात्त बनकर मनुष्य को शक्ति और प्रेरणा देता है। धीरे-धीरे स्त्री की सामाजिक हैसियत पुरुष की अपेक्षा गिरती जाती है। पतिव्रत धर्म का महत्त्व बढ़ जाता है एवं एक पत्नीव्रत का आदर्श समाप्त हो जाता है। पत्नी समर्पणशीला बन जाती है, पति की दुर्बलताओं एवं तिरस्कार को सहन करके भी वह अपनी असीम गम्भीर प्रेमवृत्ति के साथ पुरुष के प्रति अनुरक्त रहती है। उसके चरित्र में एक कोमल मानवीय गहनता के साथ ही दिव्य एवं अलौकिक गुणों का अपूर्व समन्वय दिखाई देता है। इस निष्ठावान अधिबल प्रेम की प्रतिमूर्ति ही भारतीय काव्य-पुराण की नायिकाएँ हमें मिलती हैं। हमें लगता है कि बहुपत्नीवाद के बीच से फूटकर आये हुए इस निष्ठावान अखण्ड प्रेम के नारी-आदर्श ने मधुर भाव को विकसित होने में यथेष्ट सहायता दी है। एक परमपुरुष की जीवात्मा रूपी अनेक स्त्रियाँ हैं एवं ये स्त्रीरूपी जीवात्माएँ अपने प्रियतम से ऐसा ही दृढ़ प्रेम करें, जैसा कि स्त्री अपने पति से करती है—यह आदर्श महत्त्वपूर्ण बन जाता है।

स्त्री-पुरुष-सम्बन्धों एवं प्रेम-वृत्ति के सामन्तीकरण (फ्यूडलाइजेशन ऑफ लव) का एक और प्रभाव भी हमें मधुर साधना में विकसित होता मिलता है। जैसे एक सामन्त के ऊपर दूसरा सामन्त होता है और उसकी सीढ़ी-दर-सीढ़ी सेवा होती है। प्रेम की लगभग वैसी ही सेवा हमें उत्तर-मध्ययुग में प्राप्त होने लगती है। राधा हैं, कृष्ण हैं, उनकी प्रधान-प्रधान सखियाँ हैं, यूथेश्वरियाँ हैं फिर उनकी भी सेविकाएँ, दासियाँ या मंजरियाँ हैं। यह सारा ढाँचा पूरी तौर से सामाजिक व्यवस्था पर आधारित है। मध्ययुग में व्यक्ति का व्यक्ति से प्रेम या घृणा अधिक सशक्त थे। देश भक्ति की भावना की अपेक्षा शरण में आये हुए को रक्षा देने की या मित्र के लिए प्राण देने की या प्रेमिका के लिए सब कुछ बलिदान कर देने की भावनाएँ बड़ी प्रबल थीं। इस वैयक्तिक आवेश के कारण ही प्रेम और विश्वासघात, दोनों का ही रूप महान था। मध्ययुग में प्रेम का आवेग एक नये रूप में शक्तिशाली हो उठा, यह बात दूसरी है कि उसकी वेशभूषा कुछ पुरानी ही रही। नम्रता, शिष्टता एवं एक प्रकार का व्यभिचार भी इस प्रेम के अंग बन गये। सामन्त और प्रजाजन का सम्बन्ध प्रेम के क्षेत्र में नम्रता के रूप में प्रकट हुआ। दरबारी शिष्टता के मानदण्ड प्रेम के क्षेत्र में प्रेमी-प्रेमिका के पारस्परिक व्यवहार में प्रतिबिम्बित होते हैं। तीसरे तत्त्व व्यभिचार के कारण और गहरे हैं। सामन्ती विधान के भीतर पत्नी सम्पत्ति के एक टुकड़े की भाँति स्वीकृत थी, अतः उसके साथ प्रेम के अति आदर्शीकरण या रूमानी भावना को जोड़ने का प्रश्न नहीं उठता था। वह तो 'प्राप्त' ही थी। जमींदार के लिए जैसे भूमि वैसे पति के लिए स्त्री—यह सामान्य धारणा थी। इस प्रकार विवाह 'प्रेम' के

लिए बहुत उपयोगी नहीं था। यों विवाह की उपयोगिता और पत्नी की आवश्यकता स्वीकृत थी—'ऐन्द्रिक प्रसन्नता तथा घरेलू सुख-भावना के लिए। पर इसमें मध्ययुग का वह रोमान्स कहाँ उभर पाता है? परिणाम परकीया प्रेम हुआ। वही स्त्री अपने पति के लिए महत्त्वहीन, पर वही स्त्री प्रेमी के लिए प्राणाधिक प्रियतमा हो जाती है। सी.एस. लेविस का यह कथन इस प्रसंग में नितान्त सार्थक है—एनी आइडियलाइजेशन ऑफ सेक्सुअल लव, इन ए सोसाइटी ह्वेयर मैरिज इज प्योरली यूटिलिटेरियन, मस्ट बिगिन बाई बीइंग ऐन आइडियलाइजेशन ऑफ ऐडल्टरी"।[3] (अर्थात् विवाह को मात्र उपयोगी मानने वाले समाज में, यौनप्रेम का आदर्शीकरण निश्चित ही व्यभिचार के आदर्शीकरण से प्रारम्भ होगा।) उत्तर-मध्ययुग में परकीया प्रेम के इस आदर्शीकरण के उदाहरण भारतीय भाषाओं के वैष्णव-भक्ति साहित्य में विरल नहीं हैं।[4]

इस परकीया प्रेम के पीछे एक और मनोवैज्ञानिक कुण्ठा भी स्वीकार की जा सकती है। पीछे हम कह चुके हैं कि दाम्पत्य जीवन में जिन हिन्दू आदर्शों की प्रतिष्ठा हुई थी, उनमें 'काम' का स्थान महत्त्वहीन हो गया था। धीरे-धीरे उद्दाम आवेगमय वासनात्मक प्रेम को धर्म के वैराग्यशील पक्ष ने अनुचित ठहराना शुरू किया। स्त्रियों की भाँति-भाँति की निन्दा के स्वर हमें गौतम बुद्ध से लेकर उत्तर मध्ययुग के कवियों-साधकों तक में मिलते हैं। परन्तु साहित्य में, चित्रों में जब-जब परकीया प्रेम का चित्रण हुआ, वह मानो एक प्रकार से धार्मिक वर्जनशीलता के प्रति विद्रोह था। विद्रोह की आत्यन्तिक विजय तब होती है, जबकि साहित्य की प्रेमदेवी राधा अनन्यशक्तिरूपा बनकर धर्म के सिंहासन पर भी आसीन हो जाती है एवं राधा-कृष्ण का उद्दाम प्रेम, आवेगमयी लीलाएँ शत-शत कण्ठों से धर्म की पवित्रता के साथ फूट पड़ती हैं। परकीयावाद इन्हीं के साथ एक बौद्धिक-दार्शनिक व्याख्या की मान्यता भी प्राप्त कर लेता है तथा इस विद्रोह का सबसे ऊबड़-खाबड़ रूप हमें वज्रयानियों के वेद-विरोधी धक्कामार स्वर में मिलता है।

इस प्रकार हम देखते हैं कि पत्नी के समान आत्मसमर्पण, दृढ़निष्ठा एवं परकीया जैसा उद्दाम प्रेम एवं लीला एक ही समाज व्यवस्था की मनः स्थितियों की देन हैं।[5]

इस सामाजिक प्रेरणा के अतिरिक्त पूर्व वैदिक युग के मातृसत्ताक कुटुम्बों ने भी धर्मसाधनाओं के भीतर से इस माधुर्य भाव को विकसित होने में सहायता दी है। स्त्री की प्रजनन-सामर्थ्य के कारण धर्म साधनाओं एवं सृष्टि-सम्बन्धी विश्वासों में मूलतः एक शक्ति की कल्पना मातृसत्ताक कुटुम्बों की देन मानी जा सकती है। इस शक्तिवाद के साथ ही एक प्रकार की गुह्य-यौगिक साधना भी इस देश में प्रारम्भ से ही पल्लवित होती रही है। इन दोनों ने समस्त भारतीय साधनाओं, धर्ममतों, उपासना-प्रणालियों एवं दार्शनिक मान्यताओं को भीतर-भीतर प्रभावित किया है। इस शक्तिवाद के प्रभाव की विस्तृत विवेचना डॉ. शशिभूषणदास गुप्त ने अपने ग्रन्थ 'श्री राधा का क्रम-विकास' में की है।[6] शक्तिमत के प्रभाव में ही प्रत्येक देवता के

साथ उसकी शक्ति की कल्पना की गयी है। दार्शनिक रूप में शक्ति का चाहे जो स्वरूप हो, अपने लोक-बोध के अनुरूप धर्म-बोध को ग्रहण करने वाला समाज देवता और शक्ति को पति-पत्नी के रूप में देखता है तथा सामाजिक जीवन के पति-पत्नी के आदर्श ही उनके ऊपर आरोपित करता है। यह शक्तिवाद ही वैष्णवों में श्री या लक्ष्मी का रूप धारण करता है। अर्हिन्य संहिता में परमात्म-धर्म-धर्मी लक्ष्मीरूपा शक्ति को जगत् की योनि कहा गया है—या च सा योनिर्लक्ष्मीस्तद्धर्मधर्मिणी।[7] यह शक्तिवाद जब आर्य-दार्शनिक मेधा के सम्पर्क में आया तो एक निरपेक्ष सत्ता के प्रवृत्त्यात्मक और निवृत्त्यात्मक दो रूप माने गये। निरपेक्ष रूप में अद्वय स्थिति मानी गयी पर 'होने' की प्रक्रिया में तथा सृष्टि-निर्माण में यह इन दो रूपों में बँट जाती है। इस द्वित्व की भावना से गुजरना ही बन्धन और दुख है और उससे छुटकारा ही मोक्ष है। तमाम गुह्य साधनाएँ इस द्वैत के नाश और अद्वैत की प्राप्ति का ही प्रयास करती हैं। अद्वैत की इस अवस्था को ही अद्वय, मिथुन, युगनद्ध, यामल, समरस, युगल, सहजसमाधि अथवा शून्यसमाधि कहा गया है।

यह सृष्टि क्यों होती है, इसकी व्याख्या के दौरान में लीलावाद की उत्पत्ति हुई। वैष्णव पंचरात्रों में लीलावाद का स्पष्ट स्वर हमें मिलता है। समस्त सृष्टि को ही लीलास्पन्दन कहा गया तथा भगवान को लीलारस समुत्सुक बताया गया है।[8] अहि. सं. में ही शरणागति के छह प्रकारों की गिनती हुई है, शरणागति के इस रूप के साथ पहले विवेचित पत्नी-प्रेम के आदर्श को मिलाकर देखा जाये तो आश्चर्यजनक समानता प्राप्त होती है। इस समानता ने भी माधुर्य भाव के विकास में सहायता पहुँचायी होगी। डॉ. विजयेन्द्र स्नातक ने इस समानता पर ध्यान तो नहीं दिया पर शरणागति-तत्त्व को मधुर-उपासना में सहायक अवश्य माना है।[9]

पुराणों आदि के माध्यम से शक्तितत्त्व पत्नी प्रतीक को स्वीकार करता प्रतीत होता है। पुराणों में तत्त्व दर्शन एवं लोक-प्रचलित उपाख्यान एक में मिल जाते हैं। (आगे चलकर सूफ़ियों में भी यही प्रतीकवाद किंचित् बदले रूप में प्राप्त होता है) परन्तु उनमें युगल तत्त्व की स्वीकृति नहीं है। इस मिलन में लोक-प्रचलित किंवदन्तियाँ ही नहीं, साधनाएँ, विश्वास और रूढ़ियाँ भी सम्बन्धित हो गयी हैं। परिणामस्वरूप तत्त्वदर्शन के क्षेत्र में पुराणकारों ने बड़ी आसानी के साथ सांख्य के पुरुष और प्रकृति को तन्त्र के शिव-शक्ति से और वैष्णवों के विष्णु-लक्ष्मी से बिल्कुल अभिन्न कर डाला है। इसके फलस्वरूप पुराणों में वर्णित लक्ष्मी स्तव में विष्णु और लक्ष्मी, वेदान्त के ब्रह्म और माया सांख्य के पुरुष और प्रकृति, तन्त्र के शिव और शक्ति सभी अपनी-अपनी स्वतन्त्रता छोड़कर मिल-जुलकर एक युगल मूर्ति धारण किये हुए हैं। बाद वाले काल के राधाकृष्ण ने भी बड़ी आसानी से आकर इस युगल के सामने ही आत्मसमर्पण किया है।[10] इस प्रकार भारतीय हृदय के पुरामान्य आदि युगल को हम प्रतिष्ठित देखते हैं। यह सब इतने लौकिक स्तर पर सम्पन्न होता है

कि तत्त्वदर्शन का प्रतीक न रहकर वास्तविक सामाजिकता का भ्रम (इल्यूजन ऑफ रियलिटी) पैदा कर देता है।

यह शक्तिवाद वैष्णव मतवाद को ही नहीं, शैव, शाक्त और बौद्ध-साधनाओं को भी प्रभावित कर रहा था। वैष्णव, शैव और शाक्त शास्त्रों में प्राप्त शक्तिवाद भाव भाषा या विचार किसी भी दृष्टि से परस्पर बहुत भिन्न नहीं हैं।

बौद्ध साधना का मार्ग जब महायान के अन्तर्गत जनसाधारण के लिए उन्मुक्त हो गया, तब सहज ही लोग अपने परम्परागत विचारों 'मान्यताओं, देवी-देवताओं 'भूत प्रेत' जादू-टोने के विश्वासों समेत उसके भीतर आ गये। उनके साथ ही हठयोग, लययोग, राजयोग, मन्त्रयोग भी घुसे और इन सबने एक व्यवस्थित बौद्ध तान्त्रिक साधना-विधि खड़ी कर दी जिसका नैतिक-धार्मिक दृष्टिकोण ही मूलरूप से भिन्न हो गया।[11] इसी में मिथुनयोग भी आ मिला। यहीं पर धार्मिक निषेध की पूर्वचर्चित प्रतिक्रिया को हम याद कर लें। इस प्रतिक्रिया के कारण ही इन लोगों ने जिन पंचमकार आदि प्रतीकों का प्रयोग किया, वे मनुष्य की उद्दाम यौन वृत्तियों से भी सम्बन्धित थे।

अस्तु, शिव-शक्ति, विष्णु-लक्ष्मी, शून्यता और करुणा, प्रज्ञा और उपाय, चन्द्र और सूर्य ही राधा-कृष्ण तथा राम-सीता का रूप उत्तर मध्ययुग में धारण कर लेते हैं। भारतीय धर्म-साधना के क्षेत्र में शक्तिवाद तीन रूपों में दिखाई पड़ता है :

1. एक अद्वय समरस तत्त्व निरपेक्ष सत्ता है। शिव और शक्ति दोनों उसके अंशमात्र हैं।

2. शिव ही परमतत्त्व तथा शक्ति के मूल आश्रय हैं। अतः वे ही उपास्य हैं और शक्ति उन्हीं में निहित है।

3. शक्ति ही परमतत्त्व है और जिसके भीतर वे आधारीभूता हैं, वे ही शिव हैं। अतः उपास्य शक्ति है, न कि शिव।

बौद्ध साधनाओं एवं सहजिया वैष्णव में प्रथम स्थिति अधिक मान्य रही है, शैवों तथा प्रारम्भिक वैष्णव सम्प्रदायों (श्री निम्बार्क एवं वल्लभ) में दूसरी स्थिति के निकट पहुँचती हुई मान्यताएँ स्वीकृत हैं। गौड़ीय वैष्णवों में तीसरी विचारधारा शाक्तमत की ओर झुकाव होता है जो कि हरिदासी, राधावल्लभीय और हरिव्यासी (परवर्ती निम्बार्कीय मत) सम्प्रदायों में अधिक विकसित हुआ है तथा जिसकी चरण पराकाष्ठा वृन्दावन के 'ललित-सम्प्रदाय' में दिखाई पड़ती है।

साधना के क्षेत्र में बौद्ध सिद्धों, रसेश्वर दर्शनों एवं कौल, कापालिक सम्प्रदायों में पिण्ड में ही ब्रह्माण्ड की कल्पना करके अद्वय या युगनद्ध स्थिति की उपलब्धि का प्रयास किया जाता था। उनके अनुसार स्त्री और पुरुष अंश... (शिव और शक्ति) मनुष्य-शरीर के भीतर ही हैं। उनकी अद्वय उपलब्धि के लिए विभिन्न प्रकार की यौगिक प्रणालियों का आश्रय लिया जाता था तथा स्त्री का प्रयोग साधन के रूप

में भी स्वीकार्य था। सब मिलाकर इनमें यौन-यौगिक साधनाएँ प्रचलित थीं। इन्होंने मधुरभाव के प्रसार में पर्याप्त सहायता दी।

सहजिया वैष्णवों में आकर इस विश्वास का रूप थोड़ा बदल गया। यहाँ पर प्रत्येक पुरुष में कृष्ण और प्रत्येक स्त्री में राधा का तत्त्व स्वीकार किया गया। इसके लिए 'आरोप' साधना की कल्पना की गयी। पुरुष किसी स्त्री में राधा का आरोप कर वैसा ही चिन्तन करे, उसके लिए व्याकुल हो एवं स्त्री पुरुष को कृष्ण-रूप में देखे। इस प्रकार स्त्री-पुरुष दोनों के ही शरीर साधन बन गये। इस आरोप-साधना के लिए परकीया भाव स्वीकार किया गया क्योंकि मिलन की चेष्टा वहीं अधिक तीव्र एवं मनोवैज्ञानिक दृष्टि से गहन होती है।

गौड़ीय वैष्णवों को यह सहजिया साधना उत्तराधिकार में मिली। उन्हीं के प्रभाव में उन्होंने परकीया भाव को स्वीकृति भी दी जो कि मध्य देश में आकर या तो स्वकीया हो जाती है—(पुष्टिमार्ग) या परकीया-स्वकीया-विवर्जित (राधावल्लभीय)। पर सहजिया वैष्णव-आरोप-साधना वैष्णव मतवादों में आकर कुछ भिन्न रूप धारण कर लेती है। यहाँ पर किसी दूसरे की स्त्री पर राधा या दूसरे पुरुष पर कृष्ण का आरोप करने के स्थान पर अपने मन पर किसी पूर्व रागात्मिका भक्ति के साधक का आरोप करना होता है। इसे ही रागानुगा भक्ति कहा गया है। आरोप की यह साधना मनोवैज्ञाननिक शब्दावली में आत्म-सुझाव (ऑटो-सजेशन) कहलायेगी तथा रहस्यानुभूति के क्षेत्र में इसको सर्वत्र मान्यता मिली है। पर दोनों प्रकार के आरोपों में आरोप का केन्द्र बदल जाता है। सहजिया वैष्णवों में किसी दूसरे को राधा या कृष्ण मानकर चलना होता है एवं वैष्णव मतवादों में अपने को ही नन्द-यशोदा, हनुमान, सुबल, उद्धव या गोपी आदि अनुभव करने का अभ्यास करना पड़ता है।

आरोप के इस अभ्यास के सफल हो जाने के बाद ही वैष्णवों ने भाव और प्रेम-भक्ति की अवस्थाएँ मानी हैं। उस समय के आनन्द की कोटियों में समानता है। साधना की दृष्टि से बौद्धों, नाथ-तन्त्रों और वैष्णवों आदि में एक समानता और भी है। तन्त्रों के सात आचारों में सर्वश्रेष्ठ कौलाचार माना गया है जिममें कोई भी नियम नहीं है। वैष्णवों के यहाँ भी प्रेम की श्रेष्ठ स्थितियों में किसी भी प्रकार के विधि-निषेध को स्वीकार नहीं किया गया है।

अस्तु, इस मधुर-साधना की पृष्ठभूमि को सामाजिक प्रेरणा एवं समसामयिक साधनाओं के अतिरिक्त, प्रभावित करने वाला तीसरा तत्त्व है—साहित्य की परम्परा। साहित्य का अवलम्बन करके ही राधा का आविर्भाव और प्रसार हुआ है। इसके अतिरिक्त राधा प्रेम का ढाँचा पूर्ववर्ती प्रेम-कविता से ही लिया गया है।[12] भारतीय साधारण काव्य-प्राणाली तथा प्रचलित कवि-प्रसिद्धियों को ही वैष्णव-भक्त कवियों ने पूरी तरह ग्रहण कर लिया है। इसमें उन्होंने अपनी-अपनी प्रतिभा और कल्पना से नये प्रसंगों, नयी लीलाओं, नये काव्यरूपों एवं कथन-भंगिमाओं का भी समावेश किया है।

चौथा अन्यतम तत्त्व है दक्षिण की भक्ति का प्रभाव। सी.एच. वादवील ने कहा है कि भागवतधर्म (महाभारत-गीताकाल) लौकिक प्रेम-सम्बन्ध तथा लोकोत्तर प्रेम अथवा भक्ति के बीच सादृश्य स्वीकार नहीं करता था।[13] भक्त की आत्मा कृष्ण के प्रति वैसी ही भावना रखे, जैसी एक निष्ठावती नारी अपने पति के प्रति रखती है, यह बात कहीं भी ध्वनित नहीं होती।[14] लेखिका के अनुसार तमिल शैव सन्त माणिक वाशकर का 'तिरुक्कोवह' ब्रलजीव के गूढ़ सम्बन्ध को व्यक्त करने के लिए लोकप्रिय रोमांस के प्रतीकात्मक प्रयोग का प्रथम प्रयास माना जा सकता है।[15] वादवील ने एक लोककथा के बहाने इस सम्बन्ध की अभिव्यंजना का सम्बन्ध सूफ़ी प्रभाव से जोड़ा है।[16] हम इस बात की विस्तृत परीक्षा न करके मात्र इतना संकेत करना चाहते हैं कि पुराणों में लोकाख्यानों और तत्त्ववाद, दोनों को समन्वित करके प्रेम-प्रतीकवाद के यथेष्ट उदाहरण मुस्लिम-पूर्व युग के मिल जाते हैं। जैनियों में भी प्रेमकथाओं के माध्यम से वैराग्य के उपदेश दिये गये हैं। यह बात दूसरी है कि जैनियों के उपसंहार कुछ भद्दे ढंग से आते हैं, पर यह तो कलात्मक विकास हो सकता है—तथा लक्ष्यों की भिन्नता के कारण भी सम्भव है।

अस्तु, शैवभक्तों के प्रेम प्रतीकवाद को वास्तविकता के स्तर पर आलवार भक्त ले आये। नाम्मालवार तथा आण्डाल ने अपने को गोपी तथा श्रीरंगम की पत्नी मानकर परमात्मा से प्रेम किया। यह भी एक प्रकार से सहजिया वैष्णवों की आरोप भावना के अनुकूल था। नारद भक्तिसूत्र में इसे ही 'यथा ब्रजगोपिकानां' कहा-गया है। शाण्डिल्य-सूत्र के स्वप्नेश्वर भाष्य में भी तीसरे सूत्र के संस्था शब्द के अर्थ की ओर एक संकेत दिया गया है। महाभारत के एक अवतरण के आधार पर संस्था का आशय पति के प्रति पत्नी की भक्ति से है। उत्तर भारत की वैष्णव मधुर भाव की साधना में इस भाव के उत्तराधिकारी अधिकांशतः निर्गुण साधक और मीराबाई हैं। अन्य साधकों ने अपनी कल्पना सखा या सखियों के रूप में की है, न कि प्रेमिका या पत्नी के रूप में। वास्तव में दक्षिण के भक्तों में प्रेम-प्रतीकवाद विकसित हुआ था, जबकि उत्तर भारत में युगल रूप का तत्त्वदर्शन। इसी कारण दक्षिण के उत्तराधिकारी अपने को 'राम की बहुरिया' कहते हैं, पर राधावल्लभा, हरिदासी, निम्बार्कीय आदि सम्प्रदायों में नित्य विहार लीला के दर्शन और उस विहार में परिचर्या का महत्त्व है। पुष्टिमार्ग, शुक सम्प्रदाय एवं स्वसुखा शाखा के रामोपासकों में प्रेम-प्रतीकवाद दक्षिण की परम्परा में ही विकसित हुआ है।

माधुर्योपासना को बढ़ावा देने वाला अन्तिम मुख्य तत्त्व है—सूफ़ी तत्त्व दर्शन। सूफ़ी भी अपने इष्ट को लौकिक प्रेम-प्रतीकों के माध्यम से अभिव्यक्त करते हैं। विरह भाव का इनमें अत्यधिक प्राधान्य है। इन्होंने भी निर्गुणोपासकों को मुख्य रूप से अपने इश्क के रंग में रंगा है।[17] यों सगुणोपासकों में वल्लभ एवं गौड़ीय वैष्णवों में जो विरह का भाव है, उस पर भी सूफ़ी मतवाद की छाप देखी जा

सकती है। रसोपासकों में नित्य विहार के अन्तर्गत विरह की स्थिति सूफ़ी भाव से भिन्न हो गयी है।

ऊपर कही हुई सारी बातों को यदि समेटकर देखा जाये तो प्रतीत होगा कि मधुर भाव के मूल में दो तत्त्व हैं : (1) लीलावाद तथा (2) मधुर रस (कान्ता भाव)। प्रथम तत्त्व का विकास शक्तिवाद के माध्यम से विभिन्न साधनाओं के बीच से हुआ है तथा द्वितीय तत्त्व का आरम्भ प्रेम-प्रतीकवाद के रूप में होता है जो धीरे-धीरे यथार्थता का बाना धारण कर लेता है। सम्भवतः इन दोनों का प्रथम कलात्मक समन्वय श्रीमद्भागवत में होता है एवं चरम परिणति 16वी-17वीं शती के वैष्णव काव्य में प्राप्त होती है।

मधुर रस का स्वरूप

काव्यशास्त्र में शृंगार को रसराज कहा गया है।

इसी प्रकार रागमूलक शृंगार का भक्ति के क्षेत्र में भी सर्वश्रेष्ठ स्थान है। मनोवैज्ञानिक दृष्टि से लौकिक आलम्बन के प्रति जो रति होती है, उसी का जब उन्नयन हो जाता है और उसका विषय स्वयं भगवान हो जाता है, तब वह मधुर रस में परिणत होता है। भक्ति रसशास्त्र में जैसा कि पूर्व ही कहा जा चुका है, कृष्ण विषया रति ही मूल स्थायी भाव होता है और उसी के पाँच मुख्य एवं सात गौण प्रकार होते हैं। इस प्रकार सब मिलाकर 12 रसों (9 काव्यशास्त्र के तथा दास्य, सख्य और वात्सल्य) को इस ढाँचे के भीतर स्थापित किया गया है। इनमें पाँच मुख्य (शान्त, दास्य, सख्य, वात्सल्य और मधुर) में से चार का संक्षिप्त परिचय हम पिछले अध्याय में दे चुके हैं। श्री रूप गोस्वामी जी ने पंचम मधुर रस को भक्तिरसराट्[18] तथा निवृत्तों के लिए अनुपयोगी, दुरूह तथा विततांग बताया है।[19] निवृत्तों के लिए अनुपयोगी कहकर उन्होंने यह पहले ही संकेत कर दिया है कि लौकिक शृंगार रस के यह सदृश है, पर वास्तव में यह सादृश्य ऊपरी है। वैष्णव रसशास्त्रियों (रूप, जीव, विश्वनाथ चक्रवर्ती, कृष्णदास कविराज) ने बार-बार इस बात के लिए सावधान किया है कि इसे लोक के शृंगार के समान समझने का भ्रम न किया जाये। अस्तु इस भक्ति रसराज के निरूपण के लिए रूप गोस्वामी ने 'उज्ज्वल नीलमणि' नामक महत्त्वपूर्ण ग्रन्थ लिखा। इस ग्रन्थ का नाम जितना ही प्रतीकात्मक है,[20] उतना ही सूक्ष्म, जटिल विद्वत्तापूर्ण विश्लेषण है।

अस्तु इस मधुर-रस की परिभाषा करते हुए उन्होंने कहा है कि वक्ष्यमाण विभावादि के द्वारा पुष्ट मधुरा रति मनीषियों (भक्तों) के हृदय में, आस्वादित होकर मधुर भक्ति रस कहलाती है।[21] मधुरा या प्रियता रति का स्वरूप वे 'हरिभक्ति रसामृत सिन्धु' में पहले ही स्पष्ट कर चुके हैं। उसके अनुसार श्रीकृष्ण

एवं गोपियों को दोनों को परस्पर संयोग[22] लिए प्रेरणा देने वाली मधुरा या प्रियता रति कही जाती है।

मधुर रस की यह सारी योजना पूरी तरह से संस्कृत काव्यशास्त्र (शिंग भूपाल के रसार्णव सुधाकर का आधार सबसे अधिक लिया गया है) पर आधारित है। इसके लिए प्रयुक्त पारिभाषिक शब्दावली और सामान्य धारणायें (जनरल कन्सेप्ट्स) सीधे-सीधे संस्कृत काव्यशास्त्र से उठा ली गयी है, परन्तु उन सबको 'कृष्ण रति' की ओर किस प्रकार मोड़ा गया है, जिस ढंग से तमाम विस्तृतियों का सूक्ष्म विश्लेषण हुआ है एवं फिर समस्त कथनों को नाना स्रोतों से समर्थित, अनुमोदित एवं उदाहरणों द्वारा पुष्ट किया गया है, वह सब आश्चर्यजनक है।

नायक कृष्ण एवं उनकी नायिकाओं, परिकर आदि की विविध मनःस्थितियों पहलुओं, परिस्थितियों, क्रिया, चेष्टा, वचन आदि का जैसा मार्मिक विवेचन एवं उद्घाटन श्री रूप गोस्वामी (जीव गोस्वामी, कृष्णदास कविराज, विश्वनाथ चक्रवर्ती नारायण भट्ट आदि ने भी लगभग उन्हीं का अनुकरण-समर्थन किया है।) ने किया है, वह अन्यत्र दुर्लभ है। यही कारण है कि अन्य समस्त समसामयिक वैष्णव सम्प्रदायों को इस भक्ति रसशास्त्र ने गहरे ढंग से प्रभावित किया है। सारे के सारे अलंकारशास्त्र को उन्होंने भक्ति की ओर जिस प्रकर मोड़ा, वह उनके व्यक्तित्व की प्रौढ़ता, पाण्डित्य एवं प्रतिभा का स्पष्ट परिचायक है। अलंकारशास्त्र एवं भक्ति-भावना का उनमें विचित्र मणि-कांचन-संयोग था।

अस्तु, इस प्रियता या मधुरा रति के सर्वतोभावेन आलम्बन हैं—नायक चूड़ामणि कृष्ण एवं उनकी वल्लभाएँ।[23] नायक के रूप में कृष्ण में विविध (25) गुण गिनाये गये हैं[24] और वे स्वभाव से धीरोदात्तादि चार प्रकार के बताये गये हैं।[25] नायिका की दृष्टि से पति और उपपति के भेद से पुनः कृष्ण के दो रूप हैं। उपपति के रूप में वे कन्याओं एवं प्रोढ़ाओं के प्रेमी हैं। यहीं पर यह याद दिला देना आवश्यक है कि सहजिया वैष्णव साधना तथा कामशास्त्र से प्रभावित अलंकारशास्त्र के प्रभाव में उपपति (परकीया भाव) की धारणा का समावेश तो उन्होंने किया है पर रूप और जीव दोनों ही गोस्वामियों ने यह बताने में अत्यधिक परिश्रम किया है कि वास्तव में उपपतित्व ऊपर से प्राकृत लीला में हैं, वस्तुतः वे नायक स्वाकीयाओं के ही हैं। गौड़ीय वैष्णवों में परकीया भाव 18वीं शती में विश्वनाथ चक्रवर्ती की मुहर पाकर ही पूर्णतया प्रामाणिक बन पाता है। इसके पूर्व दार्शनिक स्तर पर जीव गोस्वामी आदि ने इसे स्वीकार नहीं किया था। इस उपपति वाले रूप में ही शृंगार की सर्वश्रेष्ठ सत्ता है।[26]

नायक कृष्ण के अनुकूल, दक्षिण, शठ और धृष्ट—ये चार रूप प्रेमी-चरित्र के अनुसार और भी बताये गये हैं।

परम्परागत अलंकारशास्त्र के अनुसार ही नायिकाओं का विभाजन किया गया है,[27] परन्तु एक मौलिक विभाजन उन्होंने भक्ति एवं धर्मशास्त्र की दृष्टि से किया

है। यह विभाजन महत्त्वपूर्ण है, क्योंकि इसमें कृष्णवल्लभाओं को सीधे-सीधे भक्त की यथार्थता दे दी गयी है। इस विभाजन को आगे दिये गये खाके से समझा जा सकता है।[28] इस विभाजन के अनुसार सर्वश्रेष्ठ नित्य प्रिया नायिकाओं में साक्षात् महाभावस्वरूपिणी राधा सर्वश्रेष्ठ है।[29] राधा की प्रामाणिकता तन्त्रों इत्यादि के माध्यम से प्रतिष्ठित करते हुए उन्हें ह्लादिनी या महाशक्ति कहा गया है।[30] हरि के समान ही संख्यातीत गुणों वाली वृन्दावनेश्वरी राधा की पाँच प्रकार की सहचरियाँ हैं—सखी, नित्यसखी, प्राणसखी, प्रियसखी, परम श्रेष्ठ सखी।[31] सखियों सम्बन्धी अवधारणा मधुरोपासना में अत्यधिक महत्त्वपूर्ण है। हम आगे इस पर विस्तार से विचार करेंगे।

नायिका की सखियों के समान ही नायक के भी चेट, विट, पीठमर्द, विदूषक तथा प्रिय नर्मसखी आदि सहायक हैं। शृंगार-अभिसार में दूती का महत्त्वपूर्ण कार्य होता है। 'उज्ज्वल नीलमणि' का एक पूरा अध्याय इस विवेचन में लगा है।

नायिका के भागवत प्रयोजन की दृष्टि से मधुरा रति साधारणी, समंजसा और समर्था तीन प्रकार की मानी गयी है। साधारण रति में नायिका में स्वसुख की भावना होती है, जैसे कि कुब्जा ने कृष्ण के अंगसंग से स्वयं आनन्द चाहा था। समंजसा में नायक के भी सुख का ध्यान अपने सुख के साथ ही होता है। इसमें पत्नीस्वाभिमान भी रहता है। समर्था रति में अपने सुख की तनिक भी चाह नहीं होती, मात्र कृष्ण-सुख की ही कामना रहती है। गोपियों की रति ऐसी ही थी। यह महाभाव की अवस्था तक संचरण करती है।[32]

कृष्ण एवं नायिकाओं की कायिक, मानसिक एवं वाचिक चेष्टाओं तथा प्रकृति आदि उद्दीपन विभावों की भी लम्बी सूची है। इसी प्रकार भाव, हाव, हेला, सात्त्विक आदि परम्परागत अनुभाव समेटे गये हैं। इसके अतिरिक्त नीवी विश्रृंसन, उत्तरीय स्खलन जैसे सात उद्भास्वरस अनुभावों का परिगणन लेखक की मौलिकता है। वाचिक अनुभावों को भी निपुणतापूर्वक उपस्थित किया गया है।[33] व्यभिचारी भावों के प्रकरण में भी प्रचलित काव्यशास्त्र के ही संचारियों को गिनाया गया है। उग्रता एवं आलस्य को अवश्य छोड़ दिया गया है। भावोत्पत्ति (भावोदय), भावसन्धि, भावशलता एवं भावशान्ति का भी संक्षिप्त निरूपण इसी प्रकरण में प्राप्त हो जाता है।[34]

स्थायी भाव प्रियतारति को प्रबुद्ध करने वाले कारण अभियोग, विषय, सम्बन्ध, अभिमान, उपमा तथा स्वभाव होते हैं। उत्तरोत्तर एक-दूसरे से इनमें श्रेष्ठ होता है। अभियोग में प्रत्यक्ष या परोक्ष रूप से अपनी भावनाओं का आरोप होता है। शब्द, स्पर्श, गन्ध आदि इन्द्रियों के विषय दूसरी कोटि के अन्तर्गत आते हैं। इनके कारण भी रति उत्पन्न होती है। सौन्दर्य, कुल आदि के गौरव की भावना सम्बन्ध है तथा एक विशेष वस्तु को ही अपने पास रखने की इच्छा अभिमान के अन्तर्गत है—जो कि रति-प्रादुर्भाव का हेतु बन सकती है। किसी सुन्दर वस्तु को कृष्ण सदृश देखना उपमा के अन्तर्गत है तथा बहिर्हेतुओं का अनपेक्षी निसर्ग

या स्वरूप दो प्रकार वाला स्वभाव होता है। यह कृष्णनिष्ठ भी हो सकता है और ललनानिष्ठ भी।[35]

धीरे-धीरे मधुरा रति सान्द्र होती हुई विभिन्न स्थितियों को पार करके महाभाव की सर्वश्रेष्ठ अवस्था में पहुँचती है, जैसे–ईख का बीज ही इक्षु दण्ड, रस, गुड़, खण्ड, शर्करा, मिश्री, सितोपल (ओला) आदि अवस्था भेद से अनेक रूप धारण करता है, वैसे ही रति भी प्रेम, स्नेह, मान, प्रणय, राग, अनुराग, भाव (महाभाव) की अवस्था तक पहुँचती है।[36]

(1) **प्रेम**–नाश का कारण होते हुए भी जो कभी नाश नहीं होता है तथा जो दोनों (नायक-नायिका) को भावबन्धन में बाँधता है, वह प्रेम है। प्रौढ़, मध्य और मन्द भेद से यह तीन प्रकार का होता है। प्रौढ़ प्रेम में वियोग एकदम असह्य होता है। मध्य प्रेम में कष्टपूर्वक वियोग सह्य बन जाता है तथा मन्द प्रेम में भगवान सम्बन्धी स्मृति कभी-कभी मलिन भी पड़ जाती है।[37]

(2) **स्नेह**–प्रेम के परम उत्कर्ष की दशा में द्रवीभूत चित्त की वृत्ति ही स्नेह कहलाती है। यह भी श्रेष्ठ, मध्यम और कनिष्ठ, उत्कृष्टता भेद से तीन प्रकार का होता है।[38] स्नेह भी घृत स्नेह और मधु स्नेह दो प्रकार का होता है। प्रथम में धारावाहिकता होती है तथा दूसरे में अत्यन्त ममतामय मधुरता।[39]

(3) **मान**–जो स्नेह उत्कर्ष को प्राप्त होकर एकदम अनुभूत आस्वाद का अनुभव कराते हुए वामता (बाह्य उपेक्षा) भाव को धारण करता है, वह मान कहलाता है।[40] स्नेह ऊपर दो प्रकार के कहे जा चुके हैं, ये ही क्रमशः उत्कृष्टता को प्राप्त कर उदात्त (घृत स्नेह द्वारा) एवं ललित (मधु स्नेह द्वारा) मान में परिवर्तित हो जाते हैं। चन्द्रावली प्रथम प्रकार के आदराश्रित मान की आश्रय है एवं श्री राधा अतिशय कुटिलता धारण करने वाले 'ललितमान' की आश्रय हैं। यहीं यह कह देना भी अनुचित न होगा कि भारतीय कामशास्त्र का 'मान' शब्द अपने आपमें अप्रतिम है। इसमें प्रेम, मिलनोत्कण्ठा, उपेक्षा, रूठना इत्यादि इतने मनोवेग मिले हैं कि इसे सहज ही दूसरी भाषा बोलने वाले के लिए समझना कठिन हो जाता है।

(4) **प्रणय**–जब प्रिय के गौरव का भाव एकदम मिट जाता है तथा विश्रम्भ और विश्वास का उदय होता है, तब गाढ़ हुआ मान ही 'प्रणय' कहलाता है।[41] इस अवस्था में कान्त और कान्ता के प्राण, मन, बुद्धि, देह आदि के मध्य भेद की भावना नहीं रहती। इसे यों भी समझना चाहिए कि मान में तो वामगन्धता होती है, पर मान खुलने पर प्रिया अपने प्रियतम से एकमेक होकर मिलती है, जैसे बाँध तोड़कर नदी समुद्र से मिलती है। यह उत्कृष्ट भावावेग की अवस्था होती हैं। प्रणय भी दो प्रकार का होता है–सुमैत्र प्रणय एवं सुसख्य प्रणय।[42] प्रथम में गौरव की भावना किंचित् अवशिष्ट रहती है पर दूसरे में बिल्कुल नहीं। वास्तव में ये उदात्त और ललित मान के क्रमशः विकसित रूप हैं। यों विकास-क्रम में यह भी स्वीकार

किया गया है कि कभी मान से प्रणय उदित होता है और कभी-कभी प्रणय से मान भी उद्भूत होता है।[43]

(5) **राग**—प्रणय और अधिक उत्कृष्ट हो जाने पर 'राग' कहलाता है। इस अवस्था में दुख भी सुख में परिणत हो जाता है।[44] यह राग भी रूप गोस्वामी के अनुसार नीलिमा और रक्तिमा दो भाँति का हो सकता है। नीलिमा राग के पुनः दो भेद हैं : (1) नीली राग, जो कि व्यय-सम्भावनाहीन, बाहर अधिक न प्रकाशित होने वाला तथा बहुत कुछ अव्यक्त रहता है। (2) श्यामा राग, नीली राग की अपेक्षा किंचित् प्रकाशमान, भीरुतामिश्रित तथा विलम्ब से सिद्ध होने वाला श्यामा राग होता है। रक्तिमा राग के भी दो भेद हैं—कुसुम्भ राग एवं मंजिष्ठा राग। (1) कुसुम्भ राग में चित्त शीघ्र ही रंजित हो जाता है तथा यह अन्य राग-छवि को भी व्यंजित करता है। (2) मंजिष्ठा राग कभी नष्ट नहीं होता, उसे अन्य रागों की अपेक्षा नहीं होती तथा उसकी कान्ति कभी नष्ट नहीं होती। राधा-माधव के मध्य यही राग प्रतिष्ठित रहता है।[45]

(6) **अनुराग**—सदा अनुभूत होने वाले प्रियतम को भी जो राग नित्य नव-नव रूप में दिखलाता रहता है, उसे अनुराग कहते हैं।[46] इसके अनेक पहलू होते हैं तथा परस्पर वशी भाव, प्रेमवैचित्य (मिलन में भी विरह की आशंका) अप्राणिजन्य जड़ वस्तुओं में जन्म धारण करने की लालसा तथा विप्रलम्भ में विशेष कृति आदि इस अवस्था में विरह में भी प्रिय की झलक प्राप्त होती रहती है।

(7) **भाव**—अनुराग 'स्वसंवेद्य' दशा को प्राप्त होकर यानी जब उसका अनुभव अनुराग को छोड़कर अन्य किसी भाव से न किया जा सके, प्रकाशित हो तब यह वृत्ति भाव कहलाती है।[47] स्वयं कृष्ण की पट्टमहिषियाँ (समंजसारति) भी इस दशा को नहीं पहुँच पाती, ब्रजदेवियों द्वारा संवेद्य यह भाव ही महाभाव भी कहलाता है। इसके पुनः दो भेद हैं :

(i) **रूढ़**—इस अवस्था में सात्त्विक अपने चरम उद्दीप्त रूप में पहुँच जाते हैं। रूढ़ भाव की अवस्था में एक क्षण का भी वियोग असह्य हो उठता है, इसमें समीपवर्ती जनों को भी आलोड़ित कर सकने की क्षमता होती है, कल्प को क्षण (सुख में) एवं क्षण को कल्पवत् (वियोग में) समझने की सामर्थ्य आ जाती है। प्रिय के सौख्य में भी आर्ति की आशंका रहती है, अमूर्च्छित अवस्था में भी अपने आप तथा अन्य अपने से सम्बन्धी वस्तुओं का विस्मरण प्रेमी कर देता है।[48]

(ii) **अधिरूढ़**—जिस अवस्था में रूढ़ के ऊपर कहे गये अनुभाव एक विशिष्ट अवस्था को प्राप्त होते हैं, उसे अधिरूढ़ कहते हैं।[49] इसके भी मोदन और मादन दो प्रकार माने गये हैं।[50] (i) **मोदन**—सात्त्विकों का अत्यन्त उद्दीप्त सौष्ठव मोदन के अन्तर्गत होता है। यह राधा यूथ में ही प्राप्त होता है तथा विश्लेष की अवस्था में इसे ही मोहन कहते हैं।[51] इस अवस्था के भी अत्यन्त प्रभावशाली सात्त्विकों का

उल्लेख इसकी सान्द्रता को सूचित करता है। यह जब राधा में उदित होता है तो दूर अन्य कान्ताओं से आलिंगित होते हुए भी कृष्ण मूर्च्छित हो जाते हैं।[52] सारे ब्रह्माण्ड में क्षोभ उत्पन्न हो जाता है। राधा दिव्य उन्माद की अवस्था में आ जाती हैं। दिव्य उन्माद भी उद्घूर्ण एवं चित्र जल्पादि अनेक भेदों वाला कहा गया है। कोई एक विलक्षण विवशतामयी चेष्टा का नाम उद्घूर्ण है। प्रियतम के मित्र के साथ भेंट होने पर रोष से अनेक भावमय जल्पों का उदित होना एवं उसके अन्त में तीव्र उत्कण्ठा का उदय 'चित्रजल्प' कहलाता है। इस चित्रजल्प की भी दस अवस्थाएँ होती हैं।

(ii) **मादन**—जब ह्लादिनी शक्ति का सार स्वरूप प्रेम 'रति' से लेकर 'महाभाव' पर्यन्त सब भावों के उद्गम से उल्लसित होता है, मोदन, मोहन आदि से जो परात्पर है एवं श्री राधा में ही जिसकी प्रतिष्ठा है, ऐसे भाव को 'मादनाख्य' महाभाव कहते हैं।[53] इस अवस्था में विरह का अभाव होता है। हजारों नित्य लीलाएँ इस भाव की विलास हैं।[54] उ.नी.म. के स्थायी भाव-प्रकरण के श्लोक सं. 208 की टीका में विश्वनाथ चक्रवर्ती ने इसकी विचित्रता की ओर संकेत करते हुए कहा है, "प्रकाश भेद से मिलन और विच्छेद पृथक् विद्यमान रहते हैं और प्रकाश भेद से इन दोनों में अभिमान का भी भेद रहता है अर्थात् जिस प्रकाश में सम्भोग विद्यमान रहता है, वहाँ प्रिया जी को यह अभिमान रहता है कि मैं संयोगिनी हूँ और जिस प्रकाश में विच्छेद होता है, उस जगह श्री राधारानी को यह अभिमान होता है कि मैं विरहिणी हूँ। जिस समय मादनाख्य "महाभाव का स्वयं उदय होता है, उस समय चुम्बन, आलिंगन आदि सुखों के अनुभवों के मध्य भी वे विविध प्रकार के वियोगों का अनुभव करती हैं। इस प्रकार एक ही प्रकाश के रहते हुए दो प्रकाश-धर्मों का अनुभव होना ही विलक्षणता है।[55] इस अवस्था में ईर्ष्या का कारण न होने पर भी ईर्ष्या होती है तथा सम्भोगकाल में भी नायक से सम्बन्धित विविध बातों का चिन्तन, स्मरण आदि होता है।"

हम रति के साधारणी, समंजसा और समर्था तीन भेद ऊपर कह आये हैं। इनमें साधारणी रति केवल प्रेम की अवस्था तक पहुँचती है, अनुराग तक समंजसा रति का संचरण होता है पर भावदशा तक एकमात्र समर्था रति ही पहुँच पाती है। भावदशा का ही श्रेष्ठ स्तर महाभाव है। राधा स्वयं महाभाव स्वरूपा हैं। उनके पूर्व की जो रति से लेकर भाव तक की आठ अवस्थाएँ हैं, वे मधुर भाव की साधना की दृष्टि से अत्यधिक महत्त्वपूर्ण हैं।

अस्तु, इस भाव-दशा में पहुँचकर मधुरा या प्रियता रति उज्ज्वल शृंगार रस को प्राप्त होती है।

परम्परागत काव्यशास्त्र के अनुसार रूप गोस्वामी ने इस शृंगार के भी विप्रलम्भ और संयोग दो भेद किये हैं। विप्रलम्भ के बिना संयोग पुष्ट नहीं होता है तथा इसके पूर्वराग, मान, प्रेम-वैचित्य एवं प्रवास पुनः चार भेद हैं।[56] इनमें से 1, 2 और 4 तो काव्यशास्त्र के ही हैं पर प्रेम-वैचित्य एक नये प्रकार है जिसमें प्रिय की उपस्थिति में

भी विरह की आशंका बनी रहती है।[57] इन विविध विप्रलम्भ-प्रकारों के भी अनेक उप प्रकार इस ग्रन्थ में गिनाये गये हैं।

सम्भोग शृंगार भी मुख्य और गौण दो प्रकार का होता है—जाग्रत अवस्था में होने वाले प्रत्यक्ष सम्भोग के भी चार भेद (विप्रलम्भ की चारों दशाओं के समरूप) होते हैं—संक्षिप्त (पूर्वराग के पश्चात्), संकीर्ण (मान के पश्चात्), सम्पन्न (थोड़ी दूर के प्रवास के बाद), समृद्धिमन्त (सुदूर प्रवास के अनन्तर)।[58] स्वप्न आदि की अवस्था में होने वाला सम्भोग गौणसम्भोग शृंगार होता है। इसके भी संक्षिप्त, संकीर्ण सम्पन्न एवं समृद्धिमान चारों भेद रूप गोस्वामी ने गिनाये हैं।[59] दर्शन स्पर्श, वर्त्मरोधन (राह रोकना), रास, वृन्दावन क्रीड़ा, यमुना जलकेलि, नौकाविहार, वंशी चोरी, वस्त्रहरण, चुम्बन तथा साक्षात् यौन-सम्प्रयोग आदि शृंगार के विभिन्न तत्त्व या चेष्टाएँ हैं। श्री रूप गोस्वामी के अनुसार—

अयमुज्ज्वल-नीलमणिर्गहनमहाघोष-सागर-प्रभवः।
भजतु तव मकर-कुण्डल-परिसर-सेवौचितीं देव ॥[60]

काम और भगवत प्रेम में अन्तर

पीछे हम कह चुके हैं कि भक्ति रस के विवेचकों ने अपने सामाजिक उत्तरदायित्व को ध्यान में रखते हुए बार-बार भगवद्-रति को लौकिक काम से भिन्न कहा है। भक्ति रस के आकर ग्रन्थ श्रीमद्भागवत ने स्वयं इस शंका को ध्यान में रखते हुए स्पष्ट कहा था :

न मय्यावेशितधियां कामः कामाय कल्पते।
भर्जिता क्वथिता धानाः प्रायो बीजाय नेष्यते ॥ 10।22।26

जिनकी बुद्धि मुझमें लीन रहती है, उनकी कामनाएँ संसार के भोगों के हेतु नहीं होती (उनसे सांसारिक विषय सुख नहीं उत्पन्न होते क्योंकि उनका विषय साक्षात् परमात्मा होता।), जैसे—भुने या उबले हुए धान अंकुर नहीं उत्पन्न कर सकते।

श्री रूप गोस्वामी ने जब उसे निवृत्तों के लिए अनुपयोगी बताया था, तब भी वे यह संकेत कर रहे थे कि यह लौकिक काम से मिलता-जुलता है। गौतमीय तन्त्र में कहा भी गया है—"प्रेमैव गोपरामाणां काम इत्यगमत् प्रथाम्" गोपरामाओं का प्रेम ही लोक में काम कहा गया था, परन्तु यह वास्तव में लौकिक काम से भिन्न है। इस तथ्य की ओर जीव गोस्वामी एवं कृष्णदास कविराज ने स्पष्ट ध्यान दिलाया है। जीव गोस्वामी ने 'भक्तिसन्दर्भ और प्रीति-सन्दर्भ' में कहा है कि गोपियों की कृष्ण के प्रति रति लौकिक काम नहीं है। यदि यह काम है भी तो गोपियों में यह प्रेम के रूप में परिवर्तित हो जाता है—तादृशीनां कामो हि प्रेमैकरूपः। क्योंकि समस्त 'कामसम्भोग-सी' लगने वाली लीलाओं में गोपियों ने कभी भी अपने सुख की चाह

नहीं की, उनकी सारी प्रकृत-सी लगने वाली चेष्टाएँ कृष्ण के आनन्द के लिए थीं। कृष्णदास कविराज ने भी इसी बात को कहा है—

आत्म सुख दुःख गोपी ना करे विचार।
कृष्ण सुख हेतु करे सब व्यवहार।
कृष्ण बिना और सब करि परित्याग।
कृष्ण सुख हेतु करे शुद्ध अनुराग।[61]

इसी कारण उनका स्पष्ट मत है कि गोपीगणों का प्रेम शुद्ध और निर्मल है। वह काम कभी नहीं है।[62] कामक्रीड़ा से कुछ साम्य होने के कारण लोग उसे काम कह देते हैं अन्यथा वह तो सहज प्रेम है।[63] काम और प्रेम के अन्तर को स्पष्ट करते हुए कविराज ने अत्यन्त सही परिभाषा दी है—

आत्मेन्द्रिय प्रीति इच्छा तार नाम काम।
कृष्णेन्द्रिय प्रीति इच्छा धरे प्रेम नाम।[64]

इस कसौटी पर गोपियों के प्रेम को कसने पर उनका निर्णय है कि "गोपी-भाध का तात्पर्य कृष्ण-सुख है, गोपियों को निजेन्द्रिय सुख-वाँछा नहीं थी, वे कृष्ण को ही सुख देने के लिए संगम और विहार करती थीं।"[65]

इस कसौटी पर कुब्जा की प्रीति व्याघात उपस्थित करती है, इसे विचक्षण पण्डित एवं दार्शनिक जीव गोस्वामी ने अनुभव कर लिया था। अतः वे एक तर्क प्रयोजन नहीं बल्कि आलम्बन के स्तर पर देते हैं। उनके अनुसार कुब्जा ने यद्यपि स्वसुख के लिए कृष्ण-सम्भोग की चाह की, पर महत्त्वपूर्ण बात यह है कि उसने कृष्ण से तुच्छ सांसारिक विषय-भोग न चाहकर साक्षात् भगवान की कामना की एवं उसकी चाह में मन का आवेग पूरी तीव्रता से उपस्थित था।[66] ऐसी स्थिति में उस प्रेम को गोपियों के प्रेम से तो हीन माना जा सकता है, पर लौकिक काम से वह नितान्त भिन्न ही है।[67]

जीव गोस्वामी ने दार्शनिक स्तर पर भी इस शंका का समाधान किया है। वेदान्त-सूत्रों के 'लोकवत् तु लीला कैवल्यम्' (2।1।33) के अनुसार उन्होंने बताया है कि परम तत्त्व अपने ही अनन्त रस में स्वतः स्फूर्त लीला किया करते हैं।[68] यह लीला यद्यपि अप्राकृत होती है पर लौकिक जीवों के सदृश ही उसका भी रूप होता है। इसके अतिरिक्त गोपियाँ ब्रह्म की ह्लादिनी शक्ति की ही अंशरूपा हैं और उनके साथ क्रीड़ा ब्रह्म की एक स्वाभाविक वृत्ति है।

जीव गोस्वामी ने व्यावहारिक जीवन के आधार पर एक चौथा तर्क भी दिया है। उनके अनुसार पद्मपुराणादि में वर्णन आता है कि ज्ञानियों, मुनियों एवं श्रुतियों तक ने इस लीला में भाग लेने की इच्छा प्रकट की थी और उन्होंने ही गोपियों के रूप में अवतार लिया था। पीछे हम दिखा चुके हैं कि रूप गोस्वामी ने अपने नायिका-भेद में इनको परिगणित किया है। उद्धव जैसे विरक्त ने भी गोपियों के समान ही प्रेम

की आकांक्षा प्रकट की थी। स्त्रियाँ ही नहीं पुरुष भी चूँकि इस प्रेम-चेष्टा को प्राप्त करने की कामना करते हैं। अतः जीव गोस्वामी का निष्कर्ष है कि यह ऐन्द्रिकता से सर्वथा रहित प्रेमभाव है—न प्राकृतकामदेवोद्भावितः प्राकृतः कामोऽसौ।"[69]

यदि हम मनोवैज्ञानिक दृष्टि से इन तर्कों पर विचार करें तो ज्ञात होगा कि वास्तव में यह प्रेम काम ही है पर उसका उदात्त-उन्नयित रूप है और इसीलिए श्रेष्ठ और वरेण्य है। प्रथम तर्क स्वसुख और परसुख सम्बन्धी दिया गया है। आधुनिक मनोविज्ञान मानता है कि परसुख में भी एक प्रकार का सुख मिलता है। द्वितीय तर्क में आलम्बन का देवत्व है तथा तीसरा दर्शन को आधार बनाता है। आलम्बन बदल जाने से सूत्र मनोवृत्ति का बदलना मनोविज्ञान को स्वीकार्य नहीं है तथा दर्शन का क्षेत्र उसके परीक्षण के क्षेत्र से बाहर का है। जहाँ तक चतुर्थ तर्क है तो फ्रायड इन सारे सम्बन्धों (समलिंगी, पूज्य) के प्रति रति या दूसरे की रति में आनन्द प्राप्त करना आदि को कामभावना के अन्दर ही रखता है बल्कि इन्हें तो वह काम की विकृति (परवर्जन) कहना पसन्द करेगा।[70]

यों प्रेम को काम का पर्याय मनोवैज्ञानिक भी नहीं मानते। प्रेम एक भाव (इमोशन) है तथा काम मनोवृत्ति (इन्सटिन्क्ट) है। शैंड के अनुसार प्रेम विचित्र परिस्थितियों में विभिन्न मनःस्थितियों को समुचित व्यवहार के भीतर संयोजित करता है।[71] अर्थात् प्रेम एक पद्धति है जिसमें अनेक प्रकार के संवेग सन्निहित होते हैं। शैंड की इस परिभाषा के आधार पर हम भक्ति के प्रेम को भी इसी भाँति समझ सकते हैं। भक्ति के क्षेत्र का प्रेम भी विभिन्न स्थितियों में उन अनेक संवेगों एवं व्यवहारों को जन्म दे सकता है, जो भक्ति रस विवेचकों द्वारा उपस्थित किये गये हैं। सरलीकृत रूप में हम कह सकते हैं कि भक्ति लौकिक प्रेम का ही उन्नयन है और यही इसकी सार्थकता भी है।

भक्ति रस का इतिहास : काव्यशास्त्र के आधार पर

भारतीय काव्यशास्त्र के चिन्तन में रसों की संख्या को लेकर एक विवाद चलता रहा है, परन्तु यह एक विचित्र बात है कि इस सारे विवाद के बावजूद प्रामाणिक रूप से रसों की संख्या बढ़ाई नहीं जा सकी। रस की संख्या सम्बन्धी परम्परागत धारणा ही कार्य करती रही है। भरत मुनि ने अपने नाट्यशास्त्र में आठ ही रस स्वीकार किये थे। शान्त को उन्होंने स्पष्ट मान्यता नहीं दी।[72] उनके द्वारा स्वीकृत रस हैं—शृंगार, हास्य, करुण, रौद्र, वीर, भयानक, बीभत्स तथा अद्भुत। इन्हीं के क्रमशः स्थायी भाव हैं—रति, हास, शोक, क्रोध, उत्साह, भय, जुगुप्सा तथा विस्मय।[73] सम्भवतः वैराग्य प्रधान धर्मों (जैन, बौद्ध) के प्रसार के साथ-साथ शान्त को भी रसरूप में मान्यता देने की बात जोर पकड़ती गयी तथा अन्ततः अभिनव गुप्त द्वारा यह मान्यता पूर्णतया

प्रतिष्ठित हो गयी। अभिनव गुप्त का समय वि. 11वीं शताब्दी का पूर्वार्द्ध स्वीकार किया जाता है। हम जानते हैं कि इस समय तक भक्तिमार्ग का यथेष्ट प्रचार हो चुका था। अधिकांश पुराण एवं उप-पुराण बन चुके थे। नयनारों, आलवारों के भावविह्वल गान जनमानस को आन्दोलित कर रहे थे। भक्तिपरक स्तुतियाँ एवं स्तोत्र उस काल तक प्रभूत मात्रा में लिखे जा चुके थे। सम्भवतः 'नारद भक्तिसूत्र' एवं 'शाण्डिल्य-भक्तिसूत्र' भी इसी युग के आसपास निर्मित हुए होंगे। भागवत पुराण, नारद एवं शाण्डिल्य के भक्तिसूत्र भक्ति के आनन्द को ब्रह्मानन्द व मोक्ष-सुख से भी ऊपर बता चुके थे। ऐसी स्थिति में यह स्वाभाविक ही है कि भक्ति को भी रसरूप में परिगणित कराने की बात और जोर पकड़े।

छठी और सातवीं शताब्दी में भामह और दण्डी ने कथन के एक प्रकार विशेष 'प्रियतराख्यानम्' को प्रेयम् कहा था।[74] रुद्रट ने नौवीं शताब्दी उत्तरार्द्ध में 'प्रेयस्' को दसवाँ रस मानने की बात उठायी। अलैंगिक प्रेम के लिए उन्होंने 'प्रेयम्' नाम प्रस्तुत किया था क्योंकि शृंगार केवल पुरुष के प्रेम के लिये ही प्रयुक्त होता था और यह रति कामगन्ध-मुक्त होती है। इस तरह 'प्रेयस्' के साथ भक्ति जैसे प्रेम-सम्बन्धों को भी काव्यशास्त्र में प्रविष्ट होने का रास्ता खुलता है। यद्यपि रुद्रट के काव्यालंकार में 'प्रेयान्' को मैत्रीभाव के रूप में ही लिया गया है, पर धीरे-धीरे चार प्रकार के अलैंगिक प्रेम अलंकारिकों के समक्ष आते हैं :

(1) मैत्री भाव, (2) वात्सल्य, (3) प्रीति–(नेता एवं अनुगतों, राजा एवं दरबारियों का पारस्परिक प्रेम) तथा (4) भक्ति–पूज्य व्यक्तियों या परमेश्वर के प्रति अनुराग। इन सभी का अन्तर्भाव 'प्रेयस्' के भीतर होता रहा, परन्तु धीरे-धीरे भक्तिकाव्य के निर्माण के साथ-साथ भक्ति (वात्सल्य का भी) का अधिकार बढ़ता गया। अभिनव गुप्त ने स्पष्ट कहा कि लोग ईश्वर प्रणिधान विषयक भक्ति, श्रद्धा आदि को भी रसरूप में स्वीकार करने को कहते हैं।[75] पर अभिनव गुप्त उन्हें शान्त रस का ही अंग मानने का निर्णय देते हैं। अभिनव गुप्त के समकालीन धनंजय ने दशरूपक में प्रीति और भक्ति का अलग-अलग उल्लेख करते हुए उन्हें हर्ष, उत्साह आदि ऐसे ही भावों के अन्तर्गत परिगणित करना चाहा है।[76] 'सम्भवतः ईश्वर विषयक एकता (आलम्बनगत एकता) के कारण अभिनव ने भक्ति को शान्त के अन्तर्गत करना चाहा था। इसके अतिरिक्त उस समय तक भक्ति को मुक्ति से नितान्त अलग भी नहीं किया गया था बल्कि अधिकांशतः उसे भी मुक्तिदात्री ही समझा जाता था। उधर शान्त रस में भी वैराग्य एवं मोक्ष कामना स्वीकार थी, अतः अभिनव अपने समय तक बहुत अनुचित नहीं थे; पर धनंजय का हर्ष, उत्सांहादि में अन्तर्भावीकरण समझ में नहीं आता। सम्भवतः प्रयास के उत्साह तथा हर्ष के परिणाम (अनुभावादि) को सोचकर उन्होंने यह सम्मिलित किया होगा। मम्मट (12वीं शती) ने देवादि विषयक रति को भावदशा के अन्तर्गत रखकर उसे रस

मानने से इनकार कर दिया।[77] हेमचन्द्र ने काव्यानुशासन (पृ. 68) में स्नेह, भक्ति और वात्सल्य रति के ही विशेष रूप माने।

शार्ङ्गदेव ने 'संगीत रत्नाकर'[78] में कहा कि कुछ लोग भक्ति, स्नेह एवं लौल्य को तीन रस मानते हैं तथा श्रद्धा, आर्द्रता और अभिलाषा इनके स्वामी स्थायी भाव बताते हैं, पर यह असत् है। ये रति के ही भेद हैं तथा स्थायी न होकर व्यभिचारी मात्र हैं। 14वीं शती उत्तरार्द्ध के प्रसिद्ध काव्यशास्त्री विश्वनाथ कविराज ने अपने 'साहित्य-दर्पण' में वात्सल्य की तो प्रतिष्ठा कर दी पर भक्ति को रस उन्होंने भी नहीं माना। अन्तिम प्रसिद्ध संस्कृत काव्यशास्त्री पण्डितराज जगन्नाथ (विक्रमीय 18वीं शती) के समय तक गौड़ीय वैष्णवों का 'भक्ति रस' सम्बन्धी पाण्डित्यपूर्ण एवं गहन विश्लेषणयुक्त विवेचन सामने आ चुका था, अतः वे उसकी उपेक्षा नहीं कर सके। उन्होंने भक्ति के विभाव, अनुभाव, संचारी भावों आदि का सम्यक् उल्लेख तो किया पर इससे 'मुनि वचन खण्डित होता है', यह कहकर परम्परा के संकीर्ण नाम पर उसे रस मानने से अस्वीकार कर भाव ही माना।[79] हिन्दी में देव ने भक्ति रस पर विचार किया है और उसके प्रेम, शुद्ध एवं प्रेम शुद्ध तीन भेद किये हैं। पर उसे निर्भ्रान्त एवं प्रामाणिक रूप से स्वतन्त्र रस की सत्ता दे सकने में वे भी असमर्थ रहे।

इस प्रकार हम देखते हैं कि आधुनिक युग के पूर्व तक काव्यशास्त्र में भक्ति रस को प्रामाणिक मान्यता नहीं मिल सकी। जिस देश में इतने अधिक परिमाण में भक्तिकाव्य की रचना हुई हो, उसमें यह स्थिति वदतो व्याघात-सी प्रतीत होती है। इस सारी परम्परा में केवल कवि कर्णपूर का 'अलंकार कौस्तुभ' एक अपवाद है जो परम्परागत अलंकारशास्त्र का ग्रन्थ होकर भी 'प्रेमन् और भक्ति' को रस के रूप में स्वीकार करता है।[80] पर 'अलंकार कौस्तुभ' भारतीय काव्यशास्त्र का बहुत मान्य ग्रन्थ नहीं है। इसके अतिरिक्त कर्णपूर स्वयं चैतन्य के जीवनीकार एवं मतानुयायी थे।

ऐसी स्थिति में भक्ति की रसात्मकता की स्थापना का भार स्वयं भक्ति-शास्त्रियों पर पड़ा। भागवत, नारद एवं शाण्डिल्य के 'भक्तिसूत्र', 'हरिभक्ति रसामृत सिन्धु', 'उज्ज्वल नीलमणि', 'भक्ति सन्दर्भ', 'प्रीति सन्दर्भ', कृष्णदास कविराज का 'चैतन्य चरितामृत', नारायण भट्ट की 'भक्ति रस-तरंगिणी', मधुसूदन सरस्वती का 'भक्तिरसायन' आदि ग्रन्थों के माध्यम से इस रस को प्रतिष्ठित करने का प्रयास हुआ है।

भागवत के प्रारम्भ में ही भगवान-सम्बन्धी अलौकिक रस तथा उसका अहरह पान करने वाले भावुक रसिकों का उल्लेख किया गया है।[81] नारद भक्तिसूत्र में उसे परम प्रेम रूपा और अमृत स्वरूपा[82] बताकर रसता की ओर भी संकेत किया गया है। कर्मज्ञान योग से अधिक बताकर[83] नारद ने मानो उसे शान्त रस से सन्निविष्ट करने के अभिनव गुप्त के प्रयास का प्रत्याख्यान किया है। शाण्डिल्य ने उसे रस शब्द से प्रतिपाद्य रागस्वरूपा बताया है।[84]

इन्हीं बातों को अधिक व्यवस्थित काव्यशास्त्रीय ढंग पर मधुसूदन सरस्वती ने

अपने भक्तिरसायन में उपस्थित किया है। उन्होंने भक्ति को परम पुरुषार्थ[85] माना (धर्म, अर्थ, काम, मोक्ष के अतिरिक्त) तथा ज्ञान को उसका संचारी बना दिया। इस प्रकार मोक्ष और ज्ञान, दोनों से अलग करके उन्होंने अभिनव गुप्त के आधार पर ही प्रहार किया। उन्होंने यह भी कहा कि ज्ञान और भक्ति पृथक्-पृथक् अधिकारियों के लिए हैं। इस प्रकार आश्रय-भिन्नता के द्वारा भी भक्ति को शान्त के अन्तर्गत मानने का निरसन कर दिया।

अपने विवेचन में उन्होंने भक्ति को एक नया मनोविज्ञान ही दिया। इसके अनुसार अन्तःकरण की भगवदाकारता ही भक्ति है। भक्ति की पीछे दी गयी परिभाषा में भी इसी तथ्य की ओर संकेत है। चित्त तरल होकर भगवान की ओर प्रवाहित होता है एवं उस साँचे में वही आकार धारण कर लेता है। इस बात को उन्होंने टीका में और अधिक स्पष्ट कर दिया है।

उनके मतानुसार भगवान आलम्बन हैं, तुलसी चन्दनादि उद्दीपन विभाव है, नेत्र विक्रियादि अनुभाव हैं, निर्वेदादि व्यभिचारी हैं तथा भगवदाकार चित्त-वृत्ति ही स्थायी भाव है।[86] स्थायी भाव के नाम से कुछ नवीनता अवश्य है पर आगे पृ. 16 पर उन्होंने इस चित्तद्रुति को प्रणय, अनुराग, स्नेह आदि रति के विभिन्न पर्यायों से भी अभिहित किया है। इस संयोग से परमानन्दरूप जिस रस को निष्पत्ति होती है, वह स्वयं भगवान है। (भगवान को रस के साथ पर्याय के रूप में देखने की यह प्रवृत्ति आगे रसोपासकों को बल देती है।) भक्ति के अतिरिक्त उन्होंने काम, क्रोध, भय, स्नेह, हर्ष, ह्रास, विस्मय, उत्साह, शोक, जुगुप्सा और काम उन 11 स्थायी भावों को रस के रूप में परिणत होने वाला माना है। इनमें से उत्साह के धर्मवीर, दयावीर, वीभत्स, शम, ईर्ष्या से उत्पन्न द्वेष, भय, रौद्र और भयानक—ये भक्ति रस के अंग नहीं बन सकते। शेष में भक्ति रस के अंग बनने की क्षमता है। इस विभाजन में सबसे महत्त्वपूर्ण बात यह है कि मधुसूदन सरस्वती शान्त को भक्ति से पृथक् कर देते हैं। शान्त को वे अद्रुत चित्त के लिए मानते हैं पर भक्ति के लिए चित्तद्रुति अनिवार्य है। मम्मट आदि के देवादि-विषयारति का उत्तर देते हुए वे कहते हैं कि यह बात अन्य देवताओं इन्द्रादि के लिए लागू होती है, परमानन्द रूप परमात्मा के लिए नहीं। उनके अनुसार भक्ति ही वास्तविक रस है, वह सूर्य के समान है तथा श्रृंगारादि अन्य रस खद्योतों के तुल्य हैं।[87]

अद्वैतवादी मधुसूदन सरस्वती के पश्चात् सर्वाधिक महत्त्वपूर्ण एवं पूर्णतम कार्य भक्ति रसशास्त्र के क्षेत्र में गौड़ीय वैष्णव रूप गोस्वामी का है। रूप गोस्वामी का रचनाकाल विक्रम की 16वीं शती का अन्त एवं 17वीं शती का प्रारम्भ है। 'भक्ति-रसामृत-सिन्धु' का रचनाकाल सं. 1598 है। उज्ज्वल नीलमणि इससे कुछ बाद का होगा। इस समय तक उत्तर भारत भक्ति के मेघजल से आप्लावित हो चुका था। वैष्णव प्रेमकाव्य की प्रभूत रचना हो चुकी थी। काव्य-गुणों की दृष्टि से ये रचनाएँ

सर्वश्रेष्ठ काव्य में परिगणन योग्य हैं, पर परम्परागत काव्यशास्त्र या तो इन्हें भाव मात्र मानता है या फिर लौकिक शृंगार रस के अन्तर्गत इनका विवेचन करता है—जो कि इन भक्तत-कवियों का किसी भी प्रकार अभिप्रेत नहीं है। रीतिकाल की शृंगारी कविता भक्तिकाव्य को सही परिप्रेक्ष्य में न लेकर उसे सामान्य शृंगार की प्रेरणाभूमि के रूप में ही स्वीकार करती रही, इसका मुख्य दोष समीक्षकों (काव्यशास्त्रियों) पर है।

अस्तु, रूप गोस्वामी ने अपने दो ग्रन्थों 'हरिभक्ति-रसामृत-सिन्धु' एवं 'उज्ज्वल नीलमणि' में इस वैष्णव प्रेम-भक्तिकाव्य का पूरा व्याकरण और शास्त्र उपस्थित कर दिया। भक्ति को रंग कहकर उसकी भावात्मकता को प्रतिष्ठा देने के बाद उन्होंने उसके मनोविज्ञान को पूरी तौर पर विवेचित किया। इस विवेचना की सारी शब्दावली और धारणाएँ परम्परागत काव्यशास्त्र या कामशास्त्र की ही हैं। सहृदय का स्थान भक्त ले लेता है। इस भक्त के हृदय में कृष्ण रति-रूप स्थायी भाव समुचित विभाव, अनुभाव और संचारी भावों से पुष्ट होकर भक्ति रस का रूप ग्रहण करता है। इस सम्बन्ध में 'हरिभक्ति-रसामृत-सिन्धु' का यह अंश द्रष्टव्य है। 'विभाव' अनुभावादि की परिपुष्टि से भक्ति परम रस रूपा हो जाती है। विभाव, अनुभाव, सात्त्विक भाव तथा व्यभिचारी भावों से भक्तों के हृदय में आस्वाद्यत्व को प्राप्त कराया गया जो कृष्ण-रति रूप स्थायी भाव है, वह भक्ति में परिणत होता है। जिनके हृदय में प्राक्तन अथवा आधुनिक जन्म की सद्भक्ति की वासना या संस्कार हैं, भक्ति रस का आस्वाद उन्हीं के हृदय में होता है।[88] इसे सहृदय भक्तों के और भी गुण गिनाये गये हैं। इस प्रकार काव्यशास्त्र को अन्यत्र चतुरतापूर्वक भावनात्मक भक्ति के क्षेत्र में व्यवहृत किया गया है एवं इन समस्त स्थापनाओं को लगभग 600 उद्धरणों (स्वयं रूप द्वारा रचित तथा प्रचलित भावनात्मक एवं धार्मिक साहित्य से गृहीत) द्वारा समर्थित किया गया है। सारा-का-सारा दृष्टिकोण साहित्यिक, शृंगारिक एवं धार्मिक वृत्तियों का विचित्र समन्वय है एवं समस्त योजना अत्यधिक जटिल है।[89]

रूप गोस्वामी ने 'कृष्णा-रति' को ही मुख्य स्थायी भाव माना और फिर उसी के पाँच प्रमुख तथा सात गौण भेद किये। उसी के अनुसार 5 मुख्य भक्ति रस—शान्त, क्षम्य, सख्य, वात्सल्य एवं मधुर माने तथा 7 गौण रस हैं—हास्य, अद्भुत, वीर, करुण, रौद्र, भयानक और बीभत्स। इस सारी योजना को ध्यान से देखने पर ज्ञात होता है कि उन्होंने काव्यशास्त्र के नवों रसों को भी इसी कृष्णभक्ति रस के अन्तर्गत ले लिया है। उनके शान्त एवं शृंगार मुख्य रसों में परिगणित हैं तथा शेष गौण रस हैं। इसके अतिरिक्त भामह और दण्डी के युग से ही जो सख्य और वात्सल्य (और प्रीति, दास्य भी) के सम्बन्ध में मत चले आ रहे थे, उनको भी मुख्य भक्ति रसों में परिगणित कर लिया। इस तरह दोनों परम्पराओं का समन्वय उन्होंने अपने ग्रन्थ में किया। लौकिक काव्यशास्त्र का रसराज शृंगार यहाँ भक्ति के क्षेत्र में मधुर नाम से 'भक्ति रसराज' कहा गया है। इस सारी योजना के लिए श्री सुशील कुमार के

द्वारा दिये गये चार्ट हम आगे उपस्थित कर रहे हैं। यहाँ अलग से इनका विवेचन हम विस्तार-भय से नहीं कर रहे हैं।

कृष्णदास कविराज, जीव गोस्वामी एवं नारायण भट्टादि ने रूप गोस्वामी का ही मुख्यतः अनुकरण किया है। जीव ने कुछ काव्यशास्त्रीय प्रश्नों को उठाकर अवश्य अपनी मौलिकता का परिचय देते हुए इस विवेचन को और अधिक पूर्ण बनाया।

रूप गोस्वामी ने भक्ति को रसरूप में स्थापित तो कर दिया था पर उन्होंने काव्यशास्त्रियों के भक्ति को रस न मानने के आक्षेपों का उत्तर नहीं दिया था। भक्ति को रस कहा जाना चाहिए। इसके पक्ष में जीव ने शक्तिशाली ढंग से तर्क उपस्थित किये। वास्तव में जीव गोस्वामी की प्रवृत्ति कुछ तार्किक थी। यह सारा विवेचन अत्यधिक शास्त्रीय शैली पर है। उनके अनुसार भगवत्-प्रीति ठीक ही स्थायी भाव मानी जाती है। प्रीति के नाते इसमें भावत्व तो है ही तथा साथ ही लौकिक काव्यशास्त्रों द्वारा निरूपित स्थायी भाव के लक्षण भी इसमें विद्यमान हैं। भक्ति रसावस्था को नहीं पहुँच सकती, मम्मट आदि के इस तर्क का उत्तर उन्होंने भी मधुसूदन सरस्वती की ही भाँति देते हुए कहा है कि यह सामान्य देवताओं से सम्बन्धित रति (प्राकृत देवादि विषया) के बारे में तो कहा जा सकता है, परमतत्त्व कृष्ण के बारे में नहीं। कृष्णरति में सारे तत्त्व विद्यमान हैं। उनके अनुसार वास्तव में कृष्णरति से सम्बन्धित विभाव, अनुभावादि ही अलौकिक होते हैं। काव्यशास्त्र के विभावादि लौकिक एवं इसीलिए दोषपूर्ण एवं हीनतर होते हैं। उनका अलौकिकत्व कवि की प्रस्तुतीकरण की चतुराई के कारण दिखता है। लौकिक प्रीति माया-शक्ति द्वारा उत्पन्न प्राकृत सत्वगुण का ही संशोधित रूप है और इसलिए स्वरूप-शक्ति द्वारा उत्पन्न भगवत्-प्रीति के सुख और रसत्व की वह समता नहीं कर सकती। लौकिक रति क्षणिक एवं अन्ततः दुख लाने वाली होती है। पर अलौकिक रति स्थायी विशुद्ध आनन्द है। इसलिए यह कहना गलत है कि लौकिक विभावादि से ही रस उद्बुद्ध हो सकता है। वास्तविक रस तो अलौकिक कृष्ण आदि ही जगा सकते हैं, रस के तथाकथित सारे तत्त्व कृष्णरति के साथ विद्यमान हैं।

रस की निष्पत्ति किसके हृदय में होती है—इस प्रश्न को भी जीव गोस्वामी ने उठाया है। उन्होंने काव्यशास्त्र के चार मत उद्धृत किये हैं—(1) अनुकार्यों में, (2) अनुकर्ता में, (3) सहृदय सामाजिक में, (4) अनुकर्ता एवं सामाजिक में। जीव के अनुसार भगवत्-प्रीति रस के रूप में अनुकार्य, अनुकर्ता भक्तादि एवं सामाजिक, (भक्तिकाव्य आदि को पढ़ने वाला) तीनों में निष्पन्न होती हैं। पर अनुकार्यों (भगवान का परिकर) में रस की उत्पत्ति मुख्य है। वही रागात्मिका है और उसी का अनुकरण अनुकर्ता रागानुगा भक्ति के नाम से करते हैं। इस रस के लिये भक्ति होना आवश्यक है और इस प्रकार अनुकर्ता और सामाजिक दोनों भक्त ही होते हैं। इसके अतिरिक्त उन्होंने आलम्बन, उद्दीपन, अनुभाव, सात्त्विक भाव, व्यभिचारी

भाव, रसाभाव आदि का भी लगभग रूप गोस्वामी से मिलता-जुलता विस्तृत निरूपण किया है। विस्तार-भय से हम उसे यहाँ पर नहीं दे रहे हैं। इसी अंश में उन्होंने लीला के प्राकृत-अप्राकृत तत्त्वों को समझाते हुए उसकी 'काम' से अलौकिकता तथा 'परकीया' भाव का वास्तविक अर्थ भी विवेचित किया है।[90] आगे 18वीं शती में विश्वनाथ चक्रवर्ती ने इस परकीया भाव को पूर्ण शास्त्रीय सिद्धता प्रदान की तथा उसे श्रेष्ठतम रति बनाया। परम्परागत काव्यशास्त्र परकीया प्रेम को शृंगार रस के अन्तर्गत नहीं रखना, पर विश्वनाथ चक्रवर्ती की वैष्णव रसशास्त्र को यह प्रमुख देन थी। यद्यपि परकीया की धारणा भागवत, वल्लभ, चैतन्य, रूप, सनातन, जीव आदि में भी प्राप्त होती है, पर उन लोगों ने उसके दार्शनिक एवं प्रतीकात्मक अर्थ करके नैतिक दृष्टि से सम्मान्य बनाने का प्रयास किया है, जबकि विश्वनाथ चक्रवर्ती ने उसे प्रत्यक्ष रूप से स्वीकार करके प्रामाणिकता दी।

आचार्य हजारी प्रसाद द्विवेदी का अनुमान है कि वल्लभ, हित हरिवंश एवं रसिकोपासक राम सम्प्रदाय में भी कोई-न-कोई 'आध्यात्मिक रस सिद्धान्त' अवश्य होगा।[91] अब तक की हुई खोजों के अनुसार फुटकर सिद्धान्त ग्रन्थ एवं संकेत तो प्राप्त होते हैं, किन्तु पूर्व-चर्चित ग्रन्थों की भाँति सांगोपांग विवेचन करने वाले ग्रन्थ प्राप्त नहीं हुए। रामभक्तों के रसिक सम्प्रदाय में 18वीं शती में गलता गद्दी पर मथुराचार्य थे। उनका जीव गोस्वामी की टक्कर का लिखा गया छः सन्दर्भों का ग्रन्थ पूरा प्राप्त हो जाने पर शायद अभीष्ट की पूर्ति कर सके। अभी तक उसका केवल 'सुन्दरमणि' सन्दर्भ ही प्राप्त है। (वैदिक मणि सन्दर्भ का केवल एक भाग मिला है।) प्राप्त भाग में सीता जी का चरित्र ही मुख्यतः वर्णित है, रसशास्त्रीय संकेत यत्र-तत्र अवश्य मिल जाते हैं। हम आशा करते हैं कि शायद भविष्य में यह पूरा ग्रन्थ प्रकाश में आ सके। यों अब तक उपलब्ध सामग्री के आधार पर हम अन्यत्र विभिन्न सम्प्रदायों की रसोपासनाओं का तुलनात्मक अध्ययन प्रस्तुत करेंगे।

अस्तु, ऊपर किये गये विवेचन से इतना स्पष्ट प्रकट होता है कि भक्ति रस और काव्य रस की दो शास्त्रीय परम्पराएँ मध्यकाल में अस्तित्व में आ गयी थीं। भक्तिशास्त्री भक्ति को ही एकमात्र रस मानता था तथा काव्यशास्त्री भक्ति को भाव से आगे स्वीकार करने को प्रस्तुत न थे। शायद दोनों ही अनुभव करते थे कि सचमुच ही इनकी सत्ता अलग है। वस्तुतः विभावन व्यापार का बहुत बड़ा उत्तर इन दोनों के मध्य में है एवं दोनों के सामाजिकों के लिए जिस संस्कार या साधना की आवश्यकता होती है, वह परस्पर बहुत भिन्न जाति की होती है। काव्य का सामाजिक एक सामान्य सांस्कृतिक वातावरण एवं अभिरुचि से सम्बन्धित होता है, जबकि भक्त वैयक्तिक साधना के द्वारा भक्ति रस के रसास्वाद के लिए अपने को तैयार करता है। हमारा विचार है कि दोनों को अलग-अलग मानने का मध्यकालीन विवेचकों का आग्रह अनुचित नहीं था।

गौड़ीय वैष्णव, नित्य-विहारोपासक, रामोपासक, निर्गुणवादी एवं सूफ़ियों के प्रेम-दृष्टिकोण सम्बन्धी अन्तर

भक्ति-विवेचन के प्रसंग में पीछे हम देख चुके हैं कि प्रेम उसका एक अनिवार्य एवं सर्वप्रधान तत्त्व है। प्रेम ही वह मुख्य साधन है जो भगवान को खींच लाता है। श्रीमद्भागवत में भी भगवान की प्रेमवश्यता स्वीकार की जा चुकी थी। यह प्रेम मानव-सम्बन्धों के पाँच आकारों में मुख्य रूप से ढलता है जिनमें सर्वश्रेष्ठ माधुर्य भाव है। इन सबका विस्तृत विवेचन करते हुए हम यह भी देख चुके हैं कि रूप गोस्वामी एवं मधुसूदन प्रभृति विद्वानों ने इन्हें 'रस रूप' में प्रतिष्ठित कर दिया था। यह सब होने के बावजूद प्रेम की भावना थी साधन ही—साध्यवस्तु थी भगवान की कृपा या स्वयं भगवान। रस की प्रतिष्ठा प्राप्त करने के पूर्व लौकिक या मानवीय प्रेम सादृश्य-व्यंजक था पर चूँकि भक्ति में सम्बन्धमूलकता का आग्रह अनिवार्य है, इसलिए जो प्रेम-प्रतीकवाद था वह भक्ति रस तक आते-आते भाव-जगत् का सत्य बन गया। संवेदना एवं गहरी भावनामूलकता से यह क्षेत्र आप्यायित हो उठा, परन्तु यह अन्तिम परिणति न थी, धीरे-धीरे प्रेम साध्य हो गया, रस लक्ष्य बन गया, काव्यशास्त्रीय चिन्तन में ही न रुककर वह स्वयं शास्त्र अथवा दर्शन बन गया। इस क्षेत्र में भक्ति की वे समस्त विस्तृतियाँ, जिनका अत्यन्त परिश्रमपूर्वक उद्‌घाटन रूप गोस्वामी ने किया था, बहुत अर्थवान नहीं रहीं। आगे के पृष्ठों में हम उज्ज्वल रस एवं रसोपासकों के विभिन्न सम्प्रदायों के साम्य, वैषम्य विकास या संकोच तथा पारस्परिक प्रभाव की रेखाओं का अध्ययन प्रस्तुत करेंगे।

गौड़ीय वैष्णव-रसशास्त्रियों के सामने एक समस्या और भी थी जिसको उन्हें शास्त्रीय तर्कसिद्ध रूप देना था। भागवत, विष्णु ब्रह्मवैवर्त आदि पुराण एवं वैष्णव तन्त्रों आदि में श्रीकृष्ण की नाना प्रकार की लीलाएँ थीं। रूप, सनातन, जीव प्रवृत्ति गोस्वामियों ने इन लीलाओं को भक्ति-काव्यशास्त्र के रस-विवेचन के अन्तर्गत स्वीकार करने का उत्तरदायित्व भी निभाया एवं इन्हें दार्शनिक पीठिका पर प्रतिष्ठित भी रहने दिया। इसी कारण उसके रस-विवेचन में कतिपय असंगतियाँ भी प्राप्त होती हैं। सबसे विचित्र असंगति यह है कि वे काव्यशास्त्र की परिपाटी तो स्वीकार करते हैं पर काव्य-सृजन-प्रक्रिया को स्वीकार नहीं करना चाहते।[92] काव्य-प्रक्रिया में कवि-प्रतिभाजन्य विभावन-व्यापार को महत्त्वपूर्ण स्थान प्राप्त है। यह व्यापार ही काव्य के क्षेत्र में लोक की प्रत्यक्ष ऐन्द्रिक अनुभूतियों को अलौकिक रसास्वादन बदल देता है—इसी कारण अनुकार्यों में रस की स्थिति मानने वाले लोल्लट एवं शंकुक के मन को रसनिष्पत्ति के क्षेत्र में अमान्य करार दिया गया, परन्तु जैसा कि हम पीछे मधुर रस के विवेचन के प्रसंग में कह चुके हैं, जीव गोस्वामी ने भक्ति रस की अलौकिकता, विभावादि (अनुकार्य आदि) निष्ठ कर दी, न कि विभावन-व्यापारनिष्ठ। काव्य रस की

सत्ता क्षणिक है, पर विषय (आलम्बन) की गरिमा एवं भक्त का समस्त रहती-करनी आदि को दृष्टिपथ पर रखने के कारण उन्होंने रस की सत्ता को भक्ति के क्षेत्र में नित्य स्वीकार किया। यों आधुनिक मनोविज्ञान प्रथम तर्क का उतर देते हुए कह सकता है कि अनुकार्य एवं सामाजिक के रस में कोई मौलिक अन्तर नहीं है, एक का ही परिष्कृत एवं परिवर्तित रूप दूसरा है तथा गौड़ीय वैष्णव रस-शास्त्रियों ने रागात्मिका एवं रागानुगा का जो अन्तर पहले ही विवेचित कर दिया है, वह रस की मनोविज्ञान-सम्मत प्रत्यक्ष एवं परोक्ष अनुभूतियों के औचित्य की कसौटी पर खरा उतरता है। जहाँ तक रस की नित्यता का प्रश्न है, यह तो भक्ति रसशास्त्री भी नहीं कहते कि सदैव भक्त रसावेश में ही रहता है, परन्तु इस विवेचन के बाद भी यह तर्क अनुत्तरित ही रहता है कि काव्य-सृजन की प्रक्रिया वे स्वीकार नहीं करते।

यह बात काव्यशास्त्र का एक सामान्य विद्यार्थी भी जानता है कि कवि-प्रतिभाजन्य विभावन-व्यापार रस-सिद्धान्त में मूलतः अनिवार्य है। उसके स्थान पर जब आलम्बन की अलौकिकता, महत्ता, गुरुदया प्रभु-अनुग्रह अथवा भक्त (सामाजिक) की अपनी साधना पर बल दिया जाने लगता है तो ऐसा प्रतीत होता है कि यह रस काव्यरस से कुछ भिन्न प्रकार का है। वास्तव में ऐसी विसंगतियाँ धर्मदर्शन एवं काव्यदर्शन को एक में ही मिला देने से उत्पन्न होती हैं। इस विसंगति के होते हुए भी गौड़ीय वैष्णवों का यह विवेचन काव्यशास्त्र की विकृतियों में इतना सूक्ष्म और प्रामाणिक है तथा कृष्ण की समस्त काव्य-पुराणादि में वर्णित लीलाओं को इतनी निपुणता के साथ अपने भीतर समेट लेता है कि साधारण बुद्धि को तर्क की आवश्यकता ही नहीं पड़ती। इसलिए इस रसशास्त्र का बड़ा गहरा प्रभाव हमें अन्य समकालीन एवं परवर्ती विचारों पर प्राप्त होता है। निम्बाकीर्य हरिव्यास देव[93] की 'सिद्धान्त रत्नांजलि' में रसों के प्रकार आदि में उनका अनुगमन किया गया है :

शान्तं दास्यं च वात्सल्यम् सख्यमुज्ज्वलमेव च।
अमी पञ्च रसा मुख्या ये प्रोक्ता रसवेदिभिः ॥

(सि.र., रस प्रकरण, पृ. 125)

रामोपासक सम्प्रदाय की रसिक-भाव की साधना का रसशास्त्र गौड़ीय वैष्णवों का ही है जिसे राम के प्रचलित स्वरूप के अनुसार ढाल लिया गया है। शुक सम्प्रदाय के भी ऊपर इस रसशास्त्र का प्रभाव है। पुष्टिमार्ग का अलग से कोई रसशास्त्र प्राप्त नहीं होता। पुष्टिमार्गीय भक्तों ने सम्भवतः इसी शास्त्र को स्वीकार किया था, हाँ प्रभु-अनुग्रह सेवाशैली आदि के क्षेत्र में उनकी अपनी देन है। रसोपासकों (सखी एवं राधावल्लभ प्रभृति सम्प्रदाय) ने यद्यपि रस-विवेचन के क्षेत्र में एकदम नया रास्ता अपनाया पर जाने-अनजाने गौड़ीय वैष्णव रस-विचारों से वे प्रभावित होते रहे (सम्भवतः प्रभावित करते भी रहे हैं)। इन सम्प्रदायों ने काव्यशास्त्र का पल्ला पकड़ा ही नहीं—प्रारम्भ से ही इन्होंने भक्ति रस की अपेक्षा रस-भक्ति की बात कही और

अन्त में वृन्दावन रस को प्रतिष्ठित किया। अपने इस रस को उन्होंने काव्य के रस या लोक के रस से भिन्न ही रखा—उन्हें समान स्तर पर रखने की आवश्यकता ही नहीं थी। यहाँ पर न आलम्बन है, न आश्रय।[94] भगवान स्वयं रस-स्वरूप हैं, आनन्द-स्वरूप हैं, प्रेम-स्वरूप हैं, यह प्रेम क्रीड़ा-परायण होता है और इसीलिए युगल के रूप में अवतरित होता है। यह युगल सहज ही प्रकट होता है, अजन्मा है, नित्य किशोर है, सम वयस् है। वे पहले भी थे, अब भी हैं, आगे भी रहेंगे।[95]

यह स्थापना उन तमाम भागवत एवं काव्यादि में वर्णित कथाओं को व्यर्थ कर देती है जिनको ऐतिहासिक रूप से सत्य मानने के कारण रूप गोस्वामी प्रभृति विद्वानों को नाना प्रकार के सम्बन्धों की कल्पना करनी पड़ी थी। कोई कृष्ण का दास है, कोई सखा है, कोई माता-पिता है तो कोई वल्लभा के रूप में हृदय दे बैठा है। इन्हें भक्त मानते हुए नाना प्रकार के सम्बन्धों के आधार पर भक्ति रसों की कल्पना करनी पड़ती है। स्वयं मधुर भाव वाले उज्ज्वल शृंगार रस के क्षेत्र में नाना प्रकार की हरिवल्लभाएँ, सखियाँ, सखा, दूती, विरह, मिलन आदि को स्थापित करके गौड़ीय वैष्णवों ने समस्त कृष्ण लीलाओं को औचित्य प्रदान कर दिया है। चूँकि इन लौकिक-सामाजिक सम्बन्धों का उदात्तीकरण विवेचना में हुआ था, इसीलिए लौकिक काव्यशास्त्र की परिपाटी को भी ग्रहण करना आवश्यक हो गया था। बिना उसकी राह को स्वीकार किये वे सफल नहीं हो सकते थे। वास्तव में गौड़ीय वैष्णवों ने इस अर्थ में भी अत्यन्त गुरुतम दायित्व को वहन किया कि समस्त लिखित या मौखिक परम्परा को क्रमशः स्वीकार कर लेने के बाद उसे अध्यात्म की राह मोड़ दिया। साधारण शक्ति का कार्य यह नहीं था। इस सारी परम्परा को उन्होंने एक अनोखी व्याख्या दे दी।

रसोपासक (हरिदासी, राधावल्लभीय, परवर्ती निम्बार्कीय आदि) चूँकि इस सारी परम्परा को अस्वीकार कर सके थे, इसीलिए उनका रस-सम्बन्धी चिन्तन भी परम्परागत काव्यचिन्तन से पृथक् रह सका। प्रेम या रस या हित ही वह परतत्त्व है जो सृष्टि में प्रवाहित हो रहा है। युगल किशोर उसी के साक्षात् विग्रह हैं। वे दिन-रात प्रेमकेलि में पड़े रहते हैं। अप्राकृत प्रेम और काम के दो सिन्धु उनके प्रहृदयों में प्रवाहित हैं।[96]

प्रेम के रूप का बड़ा मार्मिक चित्रण ध्रुवदास ने किया है, "प्रेम को निज रूप चाह, चटपटी, अधीनता, उज्ज्वलता, कोमलता स्निग्धता, सरसता, नूतनता, सदा एक रस रुचि तरंग बढ़त रहे। सहज सुछन्द मधुरता, मादिकता, जाको आदि अन्त नहीं, छिन-छिन नूतनता स्वाद।"[97] नेम, मदन, काम आदि को लगभग समानार्थक रूप में इस साहित्य में प्रयुक्त किया गया है, पर यह काम भी सामान्य नहीं है। इसे प्रेम का प्रकाशन अथवा प्रेम की अभिव्यंजना भी कह सकते हैं लेकिन इसकी अलौकिकता इस बात में है कि यह सब प्रेम द्वारा यन्त्रित होता है। लोक में काम स्वतन्त्र होता है, पर यहाँ प्रेम द्वारा यन्त्रित होने में ही उसकी सार्थकता होती है।[98] निज प्रेम

ही नेम है जिसे शृंगार रस के पोषण के लिए अलग से कहा गया है।[99] प्रेम तो अनादि, अनन्त है पर काम या मदन या नेम आदि और सांत है। काम क्रीड़ा है, प्रेम मूल वृत्ति है। क्रीड़ा में चैतन्यता आवश्यक है, भाव-वृत्ति अपने में विवश कर लेती है—इस मनोवैज्ञानिक तथ्य को ध्रुवदास प्रतिष्ठापित कर सके थे।[100] इस प्रकार प्रेम और काम दोनों ही नित्य विहार में बने रहते हैं।[101] ललित किशोरी देव के मत से प्रतीत होता है कि प्रेम का निवास नेत्रों में है और काम का अंगों में। प्रेम में प्रेमी एक-दूसरे को देखते रहना चाहते हैं, काम में एकमेक हो जाना चाहते हैं। जब एक-दूसरे को देख नहीं पाते तब भी छटपटा उठते हैं, जब एक-दूसरे से केलि नहीं कर पाते तब भी अधीर हो उठते हैं....

जब दरसें तब परसनचाह, जब परसें तब दरसन दाह।
तनु मन मिले मिलन की आस, अंग अंग सिथिल मंदधन वास।। 678
दरस जु कहिये प्रेम रस, परस केलि सुख काम।
गौर स्याम आसक्ति अति रोम रोम अभिराम।। 757

(स्वा. ललित किशोरी देव, साखी)

इस प्रेम और काम की लोक से एक स्पष्ट भिन्नता और है। लोक में काम दो भिन्न व्यक्तियों को परस्पर निकट लाता है। उनकी पारस्परिक दूरी को वह कम करता है परन्तु इस प्रेम में एक ही तत्त्व दो रूपों में विभक्त होकर भोक्ता और भोग्य के रूप में रस का आस्वादन करता है। फिर लौकिक प्रेम और काम निज स्वार्थ के लिए होने पर यह प्रिय-सुख के लिए है। एक-दूसरे के सुख की चिन्ता ही इन्हें रहती है। जो[102] जो प्यारे कहते हैं, वही प्यारी को अच्छा लगता है एवं जो-जो प्यार करे, वही तो प्रिया को पसन्द आता है। प्यारी प्रियतम के नेत्रों में ठौर बनाना चाहता है, प्रियतम भी प्यारी के नैनों की पुतलियाँ बनने में ही अपनी सार्थकता समझते हैं। राधा के लिए वल्लभ अपने तन, मन और प्राण से भी अधिक प्यारे हैं एवं वल्लभ वल्लभा के लिए अपने कोटिक प्राण हारने के लिए प्रस्तुत रहते हैं। यहाँ न और वल्लभाएँ हैं और न गोपियाँ जो लोक कानि, आरज पथ छोड़कर गंगा के समान सागर की ओर उमड़ती चली आयें। यह तो अनन्यता का क्षेत्र है। प्रेम का यही एक स्वरूप है। रूप गोस्वामी ने भी समर्था रति का रूप यही दिया है पर अन्य लोक प्रचलित चरित्रों के कारण साधारणी एक समंजसा रतियों की भी कल्पना उन्हें करनी पड़ी है। पर यहाँ इन चरित्रों की अवधारणा न होने से ऐसी कोई रति-श्रेणी-भेद मानने की आवश्यकता ही नहीं पड़ी। फिर जब वे अनादि हैं, अजन्मा हैं। केवल नित्य विहार ही जिनके ध्येय हैं, जिन्हें ठकुरई सुहाती नहीं,[103] सारे अवतारों के स्वामी जो हैं[104] वह केवल ब्रजलीलाओं में बँधा नहीं है।

भक्ति के विविध प्रकारों (सम्भवतः गौड़ीय पद्धतियों को ध्यान में रखकर) के प्रसार के लिए[105] अथवा रस के विस्तार के लिए ही यह युगल स्वरूप ब्रजलीला करता

है।[106] ऐसे युगल तत्त्व के बीच स्वकीया, परकीया, विरह, मान, प्रवास आदि का प्रश्न ही नहीं उठता। न तो उन्हें गुरुजन का भय या संकोच है, न सोते का डर और न प्रवास आदि का ही प्रश्न उनके सामने है। परिणामस्वरूप वहाँ विरह और मान भी प्रेम की नित नवता के लिए उठने वाली तरंगें मात्र हैं—स्थूल विरह या स्थूल मान का प्रश्न ही नहीं उठता। देह का न्यारा हो जाना या अंचल की ओट हो जाना ही विरह है।[107] बल्कि कभी-कभी तो मिलन ही में विरह की अनुभूति होने लगती है,[108] इसी कारण मिलन में भी मिलन की चाह बनी ही रहती है।[109] गौड़ीय वैभवों ने इसे प्रेम-वैचित्य की अवस्था कहा है, पर जैसा कि पूर्व विवेचन में कहा जा चुका है कि यह विरह के चार प्रकारों में से एक है एवं महाभाव की अवस्था में भी इस प्रकार की अनुभूति मानी गयी है। पर इन युगल विहार के रसोपासकों में अन्य दशाओं की चर्चा ही नहीं है। इसी प्रकार मान के भी यहाँ स्थूल कारण नहीं हैं पर मान में रस की जो प्रतिक्षण वर्द्धमान स्थिति होती है, उसके लिए प्रिया-प्रियतम इस छद्म मान को भी धारण करते हैं। इसे लाड़ भाव भी कहा गया है—

अति प्रवीन है लाड़िली रतिपति चाह बढ़ाय।
लाड़ मान रूखी भई, कपट प्रगट मुसकाय।।[110]

मान में मनाने का जो सुख है और रूठने में प्रिय के लगाव का जो अनुभव है उससे यह नित्य जोड़ी वंचित कैसे रह सकती है? इसीलिए उन्हें तूठने से रूठना अधिक पसन्द है—

रुठनौ तूठनौ रस बूठनौ तूठनैं तै अति रूठनौं भावै।
प्रेम प्रवीण प्रिया पिया आतुर चातुर केलिकला गुरु गावै।
नाहिं करै तब पाईं परै, हंस आसल यों मन मोद बढ़ावै।
श्री बिहारीदास के प्रेम अभंग सुरंग मैं रंगअनंग लड़ावै।

(विहारिणिदेव, सवैया, 145)

ऐसे ये युगल केलि में रत रहते हैं। वास्तव में वे दोनों प्रेम के ही खिलौने हैं। प्रेम के खेल ही खेलते हैं, प्रेम के पुष्पों से ही उनकी प्रेमशय्या रचित है। उनकी चितवनि, मुसुकानि प्रेम की ही है। प्रेम से रंजित बातें करते हैं एवं दोनों के मध्य प्रेमकेलि मची है।[111] यों सूरदास ने भी कहा है कि प्रेम प्रेम से ही उत्पन्न होता है, प्रेम से व्यक्ति पार होता है, प्रेम से ही संसार बँधा है एवं प्रेम से ही परमार्थ की प्राप्ति होती है और प्रेम का जो निश्चय है, उससे गोपाल मिलते हैं। जबकि इन रसोपासकों को युगल नहीं युगल-केलि रस की वांछा रहती है और इसी में उन्हें रस मिलता है। उनके प्राणों का आधार यह निकुंज-माधुरी ही है।[112] नारद, शाण्डिल्य, भागवतकार आदि ब्रज देवियों के प्रेम को श्रेष्ठ बताते हैं। 'हरिभक्ति रसामृत सिन्धु' में गौतमीय तन्त्र का उल्लेख हुआ है कि 'प्रेमैव ब्रज-गोपरामाणां कामं इत्यगमत् प्रथाम्।[113] पर कहा यह जाता है कि उनके काम में कृष्ण-सुख की चाह ही अधिक थी। कृष्णदास

कविराज ने भी गोपी-प्रेम को 'कृष्ण-सुखैक-तात्पर्यप्राप्त' ही कहा है। पर वास्तव में अंग-संग द्वारा सुख तो वहाँ प्राप्त होता है और इस प्रकार शारीरिकता की गन्ध बनी ही रहती है। पर इन रसोपासकों ने सहचरियों को केवल इस निकुंज माधुरी रस से ही आप्यायित होना माना है और इसीलिए इसे गोपियों के प्रेम से भी ऊपर कहा है–

गोपिनु के सम भक्त आहीं, उद्धव विधि तिनकी रज चाहीं,
तिन मन कछू सकामताँ आई, तातें बिच अन्तर परयौ माई।
दुख कौ मूल सकामताँ, सुख को मूल निंहकाम।
विरह वियोग न तहाँ कछु रस में ध्रुव सुखधाम।[114]

इन गोपियों के मन में तनिक भी विकार नहीं है। इस बात को स्वयं राधा भी जानती हैं कि जो उनको अच्छा लगता है, वही सखियों को भी रुचता है–

मो मन मोहे साँवरो मेरे नहीं विकार।
हौं तोहिं पूछों लाड़िली ताकौ कहा विचार।
तब हंसि बोली राधिका सखि कत पूँछत मोहिं।
जो मेरे मन में बसैं सो मोहत है तोहिं।।

(स्वामी रसिकदेव, सि. के दोहा 5, 6)

सहचारियाँ इस रस-क्रीड़ा की अनिवार्य अंग है। 'सखी' सम्प्रदाय में तो हरिदास स्वामी को खिलाड़ी तथा लाड़िली लाल को खेल कह दिया गया है। इस प्रकार खेल खिलाड़ी के वश में रहता है।[115] प्रेम की उत्तुंग तरंगों वाली नदी में विहार के आवर्त में पड़े युगल को सखी ही अपने साहस से किनारे लाती हैं।[116] यह लीला रस सखियों के लिए ही है।[117] इन सखियों का प्रेम सर्वोपरि है, इसके ऊपर न और सुख है, और रस।[118] लाल लाड़िली के प्रेम से ही इन सखियों का प्रेम भी सरस है–

लाल लाड़िली प्रेम ते सरस सखिनु को प्रेम।
अटकी हैं निजु प्रेम रस, परसत तिनहिं न नेम।[119]

सखियाँ ही इस रस की इस प्रकार प्रेरक भी हैं। और वे इस प्रेम रस का आस्वादन भी करती हैं। युगल-रूप भी रस-रूप है–'रसो वै सः' तथा भोक्ता और भोग्य (लाल और लाड़िली) रूप में प्रकट होकर आस्वादक भी हैं। इस प्रकार हम कह सकते हैं कि रस ही कार्य है, रस ही कारण है और रस ही प्रयोजन है।[120] प्रिया प्रियतम एक हैं, वे रस के लिए ही दो हैं और जीव स्थानीया सहचरियों का भी परम प्रयोजन इस रसकेलि का आनन्द लेना है। गौड़ीय वैष्णव 'प्रेमा पुमर्थो' महान तक पहुँचे थे, पर इन्होंने एक कोटि और आगे स्थापित की कि युगल प्रेम का रस ही परम पुरुषार्थ है। केवल प्रेम कह देने से तो स्वयं भगवान के प्रति किसी भी भाव से (प्रिया भाव से भी) भजन हो सकता है, पर इस रसचिन्तन में इसके लिए अवकाश नहीं छोड़ा गया। रसिक उपासक का प्रेम युगल-स्वरूप लाल-लाड़िली की प्रेम-मदन मयी केलि से रस-रूप बना रहता है। जो प्रेम श्यामा-श्याम के हृदयों में प्रवाहित है,

उसी का प्रकाश उपासक के चित्त में भी है। इस प्रकार यह रस अनुकार्यनिष्ठ होते हुए भी सामाजिकनिष्ठ भी हो जाता है। इसे विवेचकों ने 'वृन्दावन रस'[121] कहना चाहा है। वृन्दावन रस इसलिए कि इसमें ब्रजलीला की मर्यादाएँ नहीं हैं। यों इसे उज्ज्वल रस, मधुर रस आदि नामों से प्राचीन वाणीकारों ने अभिहित किया है। इस रस की प्रकृति को ठीक ही पहचानकर हरिराम व्यास ने कहा था—

यहि रस नवधा भक्ति उबीटी,
रति भागौति कथा की।
रहनि कहनि सब ही तें न्यारी,
'व्यास' अनन्य सभा की।

(व्यास वाणी, पद 76, भ. कवि. व्यास जी, पृ. 211)

रस सम्बन्धी इन अन्तरों के होते हुए भी यह भक्ति अपने चरित्र और स्वभाव में रागानुगा ही है। ब्रज के जनों की भक्ति रागात्मिका कही गयी है तथा उनका अनुकरण करने वाली भक्ति रागानुगा है जिसमें विधि-निषेध की मर्यादा नहीं होती। कूलों को उचारती नदी-सी इसकी गति होती है। ठीक वही स्थिति नित्यविहारोपासकों की भी है। अन्तर इतना ही है कि वहाँ ब्रज के परिकर में अनेक भावनाओं वाले व्यक्ति हैं पर यहाँ पाँच सखियाँ हैं। अतः उन सखियों के ही गुणों का गान करते हुए उनकी सेवा को ही हृदय में विचारते रहना चाहिए। ध्रुवदास ने 'सिद्धान्त-विचार लीला' में स्पष्ट कहा है या रस की अधिकारनी सखी हैं कै जिन भक्तनि के सखियन को भाव है।[122] उनका निर्देश है कि "इनको भाव धरि याही रस की उपासना में कपट छांड़ि भ्रम छाँड़ि निशिदिन मन दे यह विचार में रहे।"[123] अन्यत्र उन्होंने सखियों के नाम, रूप एवं क्रिया आदि की चर्चा करते हुए कहा है कि 'गौतमी तन्त्र' में इन सबके नाम दिये हुए हैं, सबसे प्रथम इनके चरणों की वन्दना करके स्यामास्याम का सेवन करो। सखियों की इस सेवा को जो नित्त विचारता रहता है उसे यह प्रेम रस निश्चित ही मिलता है तथा उसी सुख से उसका चित्त रंगीन रहता है।[124] इस स्थिति पर पहुँचने के लिए आवश्यक है कि मन से पुरुष-भाव एकदम समाप्त हो जाये। रागानुगा की श्रेष्ठतम अवस्था यही तो है, जब भक्त अपनी भौतिक देह के स्थान पर भावदेह ग्रहण कर लेता है।[125] नित्य विहार की इस साधना का परिणाम और फल यही है कि जब तक यह हाड़-मांस का शरीर है, तब तक प्रिया का भजन एवं तन छूट जाने पर प्रिया के संग के नित्य परिकर में प्रवेश।[126] रागानुगा के समान ही विधिनिषेध के जंजाल को दूर करके ही स्वा. हरिदास की पद्धति प्रारम्भ हुई है।[127]

श्री बांके बिहारी जी की सेवा-पद्धति में स्वा. हरिदास जी ने विधिनिषेध को निकालकर रसोपासकों की माधुर्य की भावना के अनुकूल पूजा-पद्धति बताई।[128] राधावल्लभ सम्प्रदाय के मुख्य भक्त एवं सिद्धान्त प्रतिपादक सेवक जी का भी मत है 'या रस में विधि नहीं निषेध, तहाँ न लगन ग्रहन के वेध, तहाँ कुदिन दिन में

कछु नहीं। नहीं शुभ अशुभ मान अपमान, स्नान क्रिया जप तप नहीं।[129] भक्ति में न जनेऊ का प्रश्न है न जाति का।'[130] वास्तव में विधि-निषेध के बन्धन तो अन्य धर्मरूपी मृगों के लिए हैं, भागवत धर्म तो केहरि के समान निर्पन्ध है, उसके लिये इन नियमों की क्या आवश्यकता।[131] यहीं पर इतना ध्यान दिला देना हम आवश्यक समझते हैं कि विधि-निषेध की मर्यादा के उल्लंघन का तात्पर्य सामाजिक आचार एवं नैतिक मर्यादाओं का अस्वीकरण नहीं है। समस्त भक्ति सम्प्रदायों में नैतिकता, वैराग्य, परोपकार, निरभिमानता, अक्रोध, करुणा और सहानुभूति आदि नैतिक मानवीय मूल्यों को महत्त्वपूर्ण माना गया है। इन भक्तों का नैतिक प्रदेय वास्तव में अपने आपमें एक स्वतन्त्र अध्ययन का विषय है, इसीलिए हम उसे यहाँ विस्तार से विवेचित नहीं कर रहे हैं। विस्तार में जाना हमारे लिए प्रसंगान्तर भी होगा। वस्तुतः विधिविषेध के अस्वीकरण का तात्पर्य मात्र इतना है कि बाह्य साधनों पर अधिक अवलम्बित रहने की अपेक्षा अपने वैयक्तिक परिष्कार, चिन्तन (कण्टेम्प्लेशन) एवं प्रभुकृपा पर अधिक विश्वास रखना चाहिए। इन सम्प्रदायों में साधन भक्ति (वैधी भक्ति, मर्यादा भक्ति, गौणी भक्ति, विहिता भक्ति, अपरा भक्ति, शास्त्र भक्ति आदि) का कोई स्थान न होकर मात्र फल-भक्ति (रागानुगा, प्रेमा, परा, अविहिता, साध्य, पुष्टि आदि) का ही विवेचन हुआ है।

रामोपासक सम्प्रदायों में भी रागानुगा भक्ति ही विकसित हुई है। जो छोटे-मोटे अन्तर प्राप्त होते हैं, वे राम की ऐतिहासिक-पौराणिक लीला के आग्रह के कारण हैं जबकि कृष्ण के प्रसंग में द्वारका-मथुरा की लीलाओं को उपेक्षित करके माधुर्य-भाव को ही सर्वोत्तम बताया जा सका था, वहीं पर राम का राजा रूप इतना अधिक प्रतिष्ठित था कि उसकी उपेक्षा सम्भवतः साधारणीकृत भावन के विपरीत बैठती। इसी कारण माधुर्य के साथ ऐश्वर्य-भाव भी उस साधना में प्रतिष्ठित बना रहा।[132] ऐश्वर्य भाव की इस स्वीकृति के कारण परिकर, धाम, सेवाविधि एवं भाव-सम्बन्धों में भी कुछ छूट देनी पड़ती है। जिस समय नित्यविहारोपासना में लोग स्वीकार करते हैं, उस समय भी ऐसे जनों की कल्पना अनिवार्य हो जाती है। जो राज्य की व्यवस्था करते हैं, परामर्श देते हैं या अन्य ऐसी व्यवस्थाएँ करते हैं जिससे युगल के विहार में व्याघात न उपस्थित होने पाये। परिकर का यह विस्तार हो जाने से शान्त, दास्य, सत्य या वात्सल्य के वे सम्बन्ध जीवित रूप से स्वीकृत हो जाते हैं जिनका कृष्ण-भक्ति माधुर्य के वेग में कृष्णोपासक सम्प्रदायों में अभाव हो गया था। राजा को राजभवन में अनिवार्य रूप से रहना ही चाहिए, बन-विपिन उनके लिये कुछ काल के लिए ही हो सकते हैं। इसी कारण वृन्दावन धाम जैसी कल्पना इस सम्प्रदाय में नहीं हुई।

कनक-भवन अवश्य कल्पित हुआ पर वृन्दावन का जैसा माहात्म्य प्रतिष्ठित नहीं हुआ। वास्तव में रामोपासकों में सखी-भावना एवं गोपी-भावना जैसा स्पष्ट अन्तर बहुत विकसित नहीं हुआ। सीता की भी श्रेष्ठतम परिणति इस सम्प्रदाय में वैसी नहीं

हुई, जैसी कि कृष्णोपासक, राधावल्लभीय या ललित-सम्प्रदाय में हुई है। इसे हम यों भी समझ सकते हैं कि रामोपासकों में विविध सम्प्रदायों का स्पष्ट विभाजन एवं धारणाओं का स्पष्ट अन्तर नहीं हुआ। गद्दियाँ एवं अखाड़े अलग हुए पर जैसे सम्प्रदाय वृन्दावन में अलग-अलग विकसित हुए हैं, उसका रामोपासकों में अभाव रहा है। इसी कारण रामोपासना अधिक समन्वय-प्रधान रह सकी है। सम्भवतः इसी कारण डॉ. भगवती प्रसाद सिंह ने उसे 'मध्यम मार्ग' की साधना कहा है[133] परन्तु इन कतिपय लीला-सम्बन्धी अन्तरों के होते हुए भी रस-दृष्टिकोण रामोपासकों का गौणीय वैष्णवों से अभिन्न है। जो कुछ वहाँ कृष्ण एवं राधा को ध्यान में रखकर कहा गया है, उसी को राम एवं सीता तथा परिकर के लिए अपने पक्ष में मोड़ लिया गया है। मूल रस-दृष्टि की इस एकता के कारण ही हम उसका अलग से विवेचन नहीं कर रहे हैं।

जहाँ तक निर्गुणवादियों के रस-दर्शन का प्रश्न है, उसे पंच भक्तिरसों के विभाजन के अन्तर्गत लाया तो जा सकता है परन्तु एक विशिष्टता को ध्यान में रखना होगा कि वे लोग किसी प्रकार की ऐतिहासिक-पौराणिक सगुण-लीला एवं अवतारतत्त्व को स्वीकार नहीं करते। इस कारण रागानुगा विधि उन पर लागू नहीं होती। अपने भीतर पूर्ववर्ती किसी व्यक्ति के भावों को जगाने के स्थान पर प्रत्यक्ष रूप से (बिना किसी माध्यम के) प्रभु से सम्बन्ध जोड़ते हैं। पर प्रभु की कोई सगुण-साकार कल्पना भी उन्हें स्वीकार नहीं है, दूसरी ओर भक्ति में प्रभु के साथ एक निजी सम्बन्ध की कल्पना अनिवार्य है। इस द्वैध स्थिति में एक ही रास्ता शेष रहता है कि भगवान के लिए प्रतीक-पद्धति में ही वे जनक, जननी, स्वामी व राजा, प्रियतम या भरतार हो जाने हैं एवं भक्ति के आवेश में जब ये प्रतीक वास्तविकता ग्रहण करने लगते हैं तो उसे हम रागात्मिका भक्ति कह सकते हैं, न कि रागागुगा।

सूफ़ियों में भी प्रेम-प्रतीक वाली भाव-पद्धति ही स्वीकार्य है, पर काव्य के क्षेत्र में उसका प्रकाशन कहानी के माध्यम से होता है। स्पष्ट है कि कहानी में पात्र, घटनाएँ, परिस्थितियाँ एवं स्थल विशेष होंगे। इस रूप में एक प्रकार की लीला-कल्पना अपने आप हो जानी है। सूफ़ी साधक इस प्रकार सगुण-लीला-गायकों के कुछ निकट आते प्रतीत होते हैं। पर एक दूसरा अन्तर यहाँ ध्यान में रखना होगा : सगुणोपासकों की लीला ऐतिहासिक एवं पौराणिक सन्दर्भों द्वारा अनुकूलित होकर जन-मानस में प्रतिष्ठिन रहती है एवं गौड़ीय वैष्णवों आदि को उस सीमा के भीतर ही सिद्धान्त-कथन नया कलात्मक अभिव्यंजनाएँ करनी पड़ी हैं, पर सूफ़ियों के सम्मुख ऐसा कोई बन्धन नहीं रहता। वे कथा का संघटन, प्रतीकों एवं अभिप्रायों का प्रयोग अपने मनोनुकूल करने के लिए स्वतन्त्र होते हैं। इतना ही नहीं, कथा के ये पात्र, घटनाएँ आदि भी प्रतीक ही होते हैं। अतः यदि कहानी का तत्त्व अलग कर दिया तो अपनी प्रतीक-पद्धति एवं भक्ति-योजना में ये निर्गुणोपासकों के निकट आ जायेंगे। इतना अवश्य है कि कहानी तत्त्व एवं सुन्दर वस्तु में परमात्मा का

परिशिष्ट-क (भक्ति रस-सम्बन्धी विविध चार्ट)

डॉ. सुशील कुमार दे के आधार पर

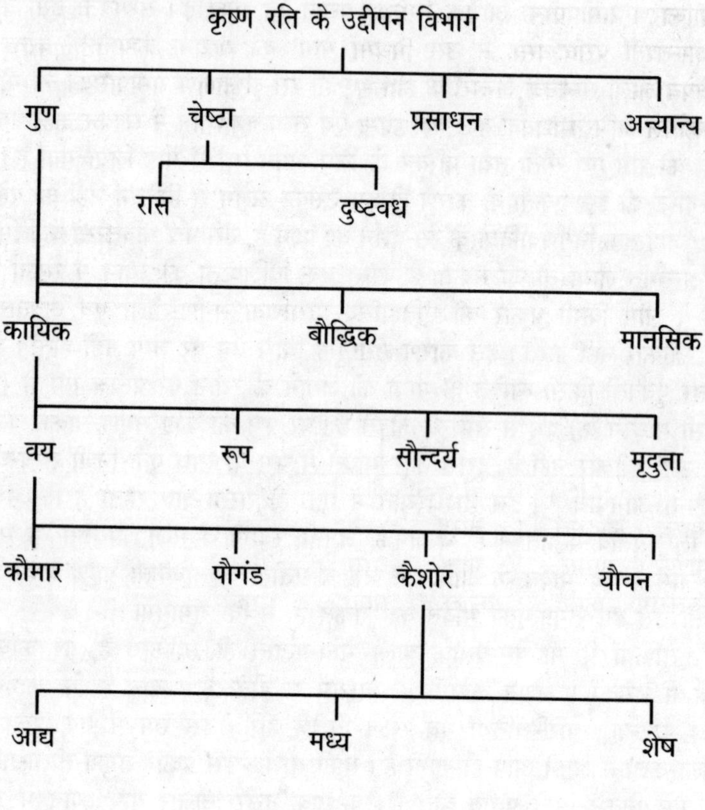

(वै.फे.मू., पृ. 138)

मुख्य भक्ति रस

रस-शान्त	प्रीत	प्रेयस्	वात्सल्य	मधुर
भाव-शान्त	विश्वस्त	मित्रता	स्नेह	(प्रियाप्रीतम)
रंग-श्वेत	चित्र	अरुण	शोण	श्याम
देवता-कपिल	माधव	उपेन्द्र	नृसिंह	उज्ज्वल कृष्ण

(पृ. 145)

गौण भक्ति रस

रस-हास्य	अद्भुत	वीर	करुण	रौद्र	भयानक	वीभत्स
रंग-पाण्डुर	पिंगल	गौर	धूसर	रक्त	काला	नील
देवता-बलराम	कूर्म	कल्कि	राघव	भार्गव	वाराह	मत्स्य

(पृ. 145)

कृष्ण रति के मुख्य स्थायी भाव

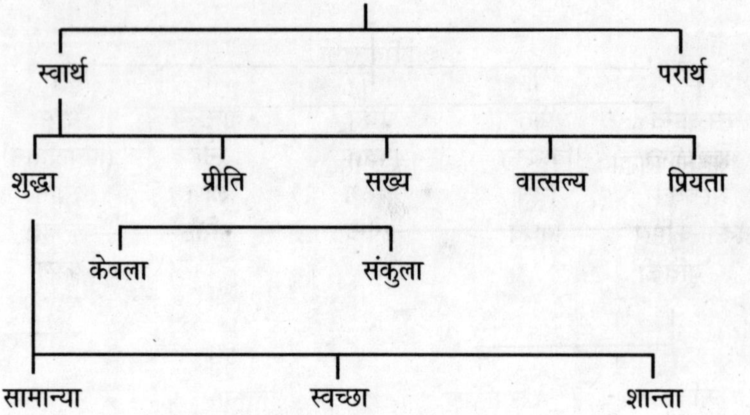

(नृ. 144)

कृष्ण-रति के गौण स्थायी भाव

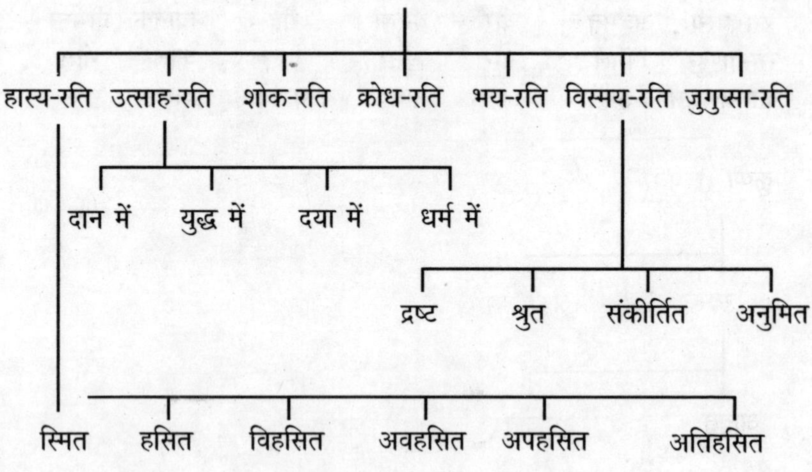

(पृ. 144)

(1)

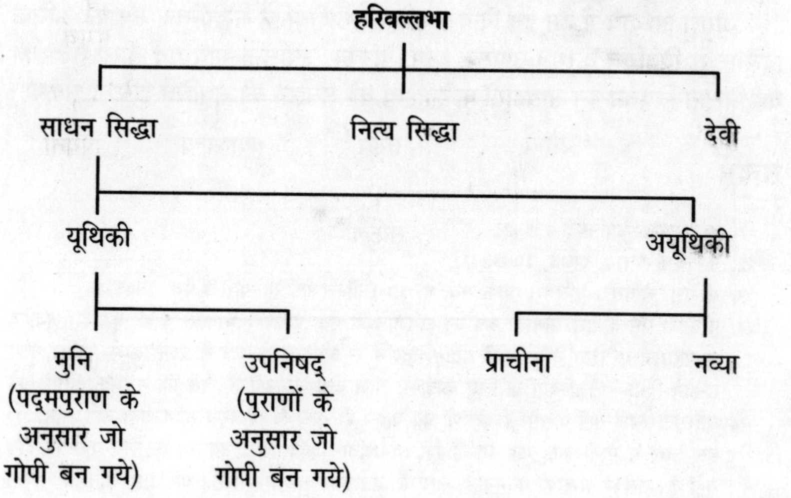
हरिवल्लभा
साधन सिद्धा
नित्य सिद्धा
देवी
यूथिकी
अयूथिकी
मुनि (पद्मपुराण के अनुसार जो गोपी बन गये)
उपनिषद् (पुराणों के अनुसार जो गोपी बन गये)
प्राचीना
नव्या

(पृ. 156)

(2)

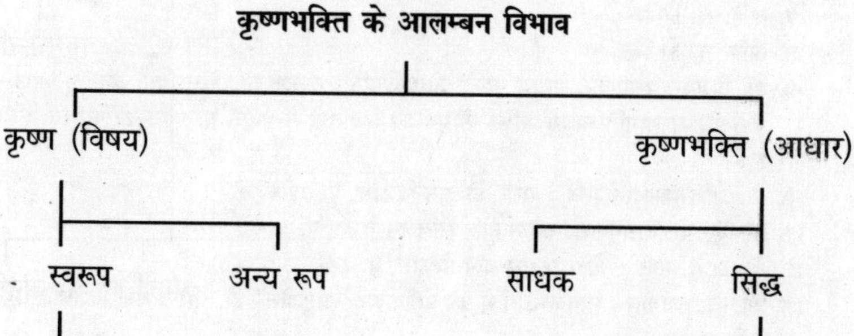
कृष्णभक्ति के आलम्बन विभाव
कृष्ण (विषय)
कृष्णभक्ति (आधार)
स्वरूप
अन्य रूप
साधक
सिद्ध
आवृत
प्राकृत
संप्राप्तसिद्ध
नित्यसिद्ध
साधना से
कृपा से

(पृ. 136)

स्वरूप देखने की प्रवृत्ति के कारण सूफ़ियों की अभिव्यक्तियाँ अधिक भाव-प्रवण एवं रसात्मक प्रतीत होने लगती हैं।

अगले अध्याय में हम इन विविध भक्ति-सम्प्रदायों के सैद्धान्तिक रूप को अधिक विस्तार से विवेचित करेंगे। उपास्य, धाम, परिकर, उपासना-भाव एवं लीला-तत्त्व का यह विस्तृत विवेचन इन सम्प्रदायों के साहित्य को समझने की समुचित दृष्टि दे सकेगा।

सन्दर्भ

1. वृहदारण्यक उपनिषद् 4।3।21
2. ऋग्वेद 8।7।17, अथर्व, 19।52।1
3. सी.एस. लेविस : एलिगरी ऑफ लव, पृ. 13 (ऑक्सफोर्ड यूनिवर्सिटी प्रेस, 1948)।
4. परकीया प्रेम के इस सामन्ती रूप का अनजाने ही एक प्रकाशन भागवत में हो गया है। शुकदेव से महाराज परीक्षित ने कृष्ण के पदाराभिदर्शन के औचित्य के बारे में प्रश्न किया, उसका उत्तर उन्होंने दिया—"तेजस्वियों के लिए कोई भी चीज दोष की नहीं है, जैसे कि सर्वभुक् अग्नि (को मलिनता स्पर्श नहीं करती) ईश्वरगणों का वाक्य ही सत्य है, आचरण सदैव सत्य नहीं होता...।" इस उत्तर में मानो कोई कह रहा है कि सामर्थ्यवान शक्तिशाली सामन्त के लिए कुछ भी दोष नहीं है। उसका शब्द ही कानून है, सत्य है और सब कुछ मिथ्या है। यह उत्तर सामन्ती भावना की आत्मा के एकदम अनुकूल है।
5. इस विषय का विस्तृत अध्ययन अत्यधिक महत्त्वपूर्ण एवं रोचक हो सकता है। विस्तार एवं प्रसंग से बाहर चले जाने के भय से हमने इस सम्बन्ध में केवल संक्षिप्त रूपरेखा ही दी है।
6. देखिए प्रथम से लेकर षष्ठ अध्याय तक।
7. अहि. सं. 59।7
8. अहि. सं. 41।4
9. डॉ. विजयेन्द्र स्नातक : माधुर्य भक्ति की पृष्ठभूमि : अनुशीलन धीरेन्द्र वर्मा अंक, पृ. 495—'यह षड्विधि शरणागति माधुर्य भक्ति के पूर्व की स्थितियों में प्रपत्ति या पुष्टि का परिचय देने वाली है।
10. डॉ. शशिभूषणदास गुप्त : राधा का क्रम-विकास, पृ. 72
11. डॉ. एस.बी. दासगुप्ता : ऑब्सक्योर रिलिजस कल्ट, पृ. 21-22
12. डॉ. श.भू. गुप्त : श्री राधा का क्रम-विकास, पृ. 148
13. सी.एच. वादवील : भागवत धर्म में प्रेम प्रतीकवाद—अनुशीलन डॉ. धीरेन्द्र वर्मा विशेषांक, पृ. 271
14. वही, पृ. 269
15. वही, पृ. 272
16. वही, पृ. 274
17. निर्गुणोपासक एवं सूफ़ियों दोनों का ही सम्मिलन राजपूताने एवं पंजाब में मुख्य रूप से प्रारम्भ में हुआ होगा। यह प्रभावग्रहण 13-14वीं शताब्दी में ही पूरी तरह हुआ होगा।
18. मुख्यरसेषु पुरा यः संक्षेपेणोदितो रहस्यत्वात्।
    पृथगेव भक्तिरसराट् स विस्तरेणोच्यते मधुरः।। —उ.नी.म., पृ. 4
    श्री जीवगोस्वमी ने अपने 'प्रीति सन्दर्भ' (पृ. 704-715 तक) में भगवान की दो प्रकार की लीलाएँ, ऐश्वर्य एवं माधुर्य बतायी है तथा इनमें उन्होंने माधुर्य को श्रेष्ठ बताया है। इस प्रकार

भी मधुर रस ही श्रेष्ठ सिद्ध होता है। (काव्यमाला संस्करण, निर्णय सागर प्रेस, बम्बई, 1932)

19. निवृत्तानुपयोगित्वाद् दुःरूहत्वादयं रसः।
रहस्यत्वाच्च संक्षिप्य वितताङ्गोऽपि लिख्यते ॥
—ह.भ.र.सिं., प.वि., 5। 2 (अच्युत ग्रन्थमाला, काशी, संवत् 1988)

20. शृंगार के लिए उज्ज्वल शब्द का प्रयोग भरत ने भी किया है, शृंगार का वर्ण नील (श्याम) माना गया है तथा मणि समुद्र से निकलती है, इस प्रकार हरिभक्ति रसामृत सिन्धु से निकला हुआ वह उज्ज्वल नीलम है जो सदैव धारण करने योग्य है।

21. उ.नी.म. 1—3, पृ. 5 अथवा ह.भ.र.सि., प.वि., 5। 1

22. मिथो हरेर्मृगाक्ष्याश्च सम्भोगस्यादिकारणम्।
मधुरापरपर्याया प्रियताऽऽख्योदिता रतिः ॥ —ह.भ.र.सिं., द.वि., 5।27-28

23. अस्मिन्नालम्बनाः प्रोक्ताः कृष्णस्तस्य च वल्लभाः। —उ. नी. म., पृ. 5

24. वही पृ. 8

25. उ.नी.म., पृ. 9

26. अत्रेव परमोत्कर्षः शृंगारस्य प्रतिष्ठितः। वही, पृ. 14

27. कृपया संलग्न चार्ट देखिए।

28. उ.नी.म., पृ. 63-64, 67 के आधार पर।

29. उ.नी.म., पृ. 73

30. ह्लादिनी य महाशक्तिः सर्वशक्तिवरीयसी।
तत्सारभावरूपेयमिति तन्त्रे प्रतिष्ठिता ॥ —उ.नी.म., पृ. 75-77

31. तास्तु वृन्दावनैश्चर्याः सख्यः पञ्चविधा मताः।
सख्यश्च नित्यसख्यश्च प्राणसख्यश्च काश्चन।।
प्रियसख्यश्च परमश्रेष्ठसख्यश्च विश्रुताः। —वही, पृ. 97

32. वही, पृ. 407 से 415 तक।

33. वही, पृ. 265 से 340 उद्दीपन और अनुभाव प्रकरण।

34. वही, व्यभिचारी प्रकरण, पृ. 342 से 388

35. उ.नी.म., पृ. 390-406

36. वही, पृ. 416-417

37. वही, पृ. 418-424

38. वही, पृ. 424-426

39. (क) वही, पृ. 428-431
(ख) मधुसूदन सरस्वती ने भी अपने भक्ति रसायन में चित्त की द्रुति तथा धारावाहिकता को अत्यधिक महत्त्व दिया है।

40. वही, पृ. 432

41. उ.नी.म., पृ. 437

42. वही, पृ. 438

43. वही, पृ. 440

44. वही, पृ. 443

45. वही, पृ. 446-451

46. वही, पृ. 454

47. उ.नी.म., पृ. 459-460

48. वही, पृ. 462
49. वही, पृ. 472
50. वही, पृ. 473
51. वही, पृ. 477, एवं चै.चै., म.ली., परि. 23, पृ. 290
52. वही, पृ. 477
53. उ.नी.म., पृ. 499
54. वही, पृ. 502
55. वही, (आनन्द चन्द्रिका टीका), पृ. 503
56. वही, पृ. 506-508
57. वही, पृ. 548
58. उ.नी.म., पृ. 571-576
59. वही, पृ. 591-592
60. वही, अन्तिम छन्द, पृ. 607
61. चै.चै., आ.ली. परि. 4, पृ. 28 (पूर्णचन्द्र शील, कलकत्ता)।
62. वही, पृ. 28
63. वही, म.ली., परि. 8, पृ. 152
64. वही, आ.ली., परि. 4, पृ. 28
65. वही, म.ली., परि. 8, पृ. 152
66. सा तु भगवन्तमेव कामयते इति परमसुमनीषीत्येवेति भावः। –भक्ति सन्दर्भ, पृ. 657
67. सेरन्ध्र्यास्तु भावो रिरंसा-प्रायत्वेन श्री गोपीनामिव केवलं-तत्-तात्पर्य्याभावात्तदपेक्षयैव निन्द्यते, न तु स्वरूपतः। –वही, पृ. 656 (षट् सन्दर्भ)।
68. लीला त्वत्र स्वभावतैव सिद्धा। –भक्ति सन्दर्भ, पृ. 657
69. वही, पृ. 658
70. फ्रायड : ए जनरल इण्ट्रोडक्शन टु साइको-एनालिसिस का बीसवाँ व्याख्यान।
71. ए.एफ. शैण्ड : फाउण्डेशन्स ऑफ कैरेक्टर, पृ. 50। (द्वितीय संस्करण, 1920)
72. डॉ. वी. राघवन के अनुसार नाट्यशास्त्र के वे अंश प्रक्षिप्त हैं जिनमें शान्त सहित नौ रसों का उल्लेख हुआ है। –नम्बर ऑफ रसाज, पृ. 15-16।
73. नाट्यशास्त्र (काव्यमाला संस्करण) 6।15-17
74. दण्डी ने भक्ति के महत्त्व को स्वीकार किया था तथा भक्ति और प्रीति को पर्यायवाची रूप में प्रयुक्त किया है। –काव्यादर्श, 2। 277
75. अभिनव भारती, 1।6।340 (गायकवाड़ सीरीज)।
76. दश रूपक, 4।83 (साहित्य निकेतन, कानपुर, संस्करण)।
77. काव्य प्रकाश, 4।35 (चौखम्भा प्रकाशन)।
78. संगीत रत्नाकर, पृ. 839
79. रस गंगाधर, पृ. 45-46
80. कवि कर्णपूर की अलंकार कौस्तुभ में प्रेमन् की धारणा कुछ विचित्र-सी है। वैष्णव आलंकारिकों के मधुर रस को उन्होंने यह संज्ञा दी है। ऐसा प्रतीत होता है कि राधा-कृष्ण की प्रेम-लीला जब सखी भाव से सेव्य हो गयी, तब इस रस की कल्पना की आवश्यकता पड़ी। इसी कारण इसे अंगीरस भी उन्होंने स्वीकार किया है। कर्णपूर के अनुसार प्रेमन् अंगी है और शृंगार अंग बल्कि अन्य सारे रस इस रस समुद्र में उठने वाली तरंगों के समान हैं। –अलंकार कौस्तुभ, पृ. 148

81. श्रीमद्भागवत, 1।1।3
82. ना.भ.सू., संख्या 2, 3
83. वही, 25
84. शा.भ. सू., 6
85. भक्ति रसायन, 1।1
86. भ.र. पृ. 13 (टिप्पणी भाग)।
87. वही, प्रथम उल्लास, पृ. 74-78
88. ह.भ.र.सि., द.वि. 1।5-7
89. एस.के.दे : वै.फे.मू., पृ. 125 —जनरल प्रिण्टर्स एण्ड पब्लिशर्स, कलकत्ता, संस्करण 1942
90. एस.के.देः वै.फे.मू., पृ. 304-309 के आधार पर।
91. आलोचना अंक 9, पृ. 86-87
92. श्री ललिता चरण गोस्वामी : गोस्वामी हित हरिवंश : सम्प्रदाय और साहित्य।
93. हरिव्यास देव को लोग 16वीं शती के पूर्वार्द्ध तक खींचते हैं, पर श्री गोपालदास शर्मा के मत (हरिदासी सम्प्रदाय और उसका वाणी साहित्य : अ. प्र.) से हम सहमत हैं कि उनका समय 17वीं शती का पूर्वार्द्ध है। सिद्धान्त रत्नांजलि का रस-विवेचन भी उन्हें परवर्ती ही सिद्ध करता है। यदि वे पूर्ववर्ती होते तो रूप गोस्वामी निश्चित रूप से उनको प्रमाणरूप में उद्धृत करते। सिद्धान्त रत्नांजलि के श्लोक के रस वेदिभिः भी हमें गौड़ीय वैष्णवगण मालूम पड़ते हैं।
94. तहाँ न नायक नायका रस करवावत केलि

—ध्रुवदास : रति मंजरी लीला, (बयालीस लीला, पृ. 194)।

95. माई री सहज जोरी प्रकट भई रम्भ की गौर श्याम घन दामिनि जैसे,
प्रथमहुँ हुती अबहूं आगेहूँ रहिहें न टरिहें तैसे।
अंग अंग की उजराई सुघराई चतुराई सुन्दरता ऐसे।
श्री हरिदास के स्वामो स्यामी, कुंजविहारी समवैसे जैसे। —स्वा. हरिदासः केलिमाल, पद 1
तथा
मेरे नित्य किशोर अजन्मा, विहरत एक प्रान द्वै तन माँ। —बिहारिणिदास : चौबोला 142
96. प्रेम मदन के सिन्धु द्वै बहत रहत दिन हीय।
कगहुँ बिबस चेतत कबहुं छिन-छिन प्यारी पीय।
छिन-छिन प्यारी पीय मधुर रस विलसत ऐसे।
सूक्ष्म प्रेम की बात कहो कोउ वरने कैसे।

—ध्रुवदास : सिद्धान्त विचारलीला, बयालीस लीला, पृ. 49

97. ध्रुवदास : सिद्धान्त विचार लीला (ब. ली., पृ. 43-44)।
98. वही, पृ. 45
99. वही, पृ. 47
100. जब प्रेम रूपी सिन्धु के तरंग छावै तब विजस होइ।
जब मदन रूपी सिन्धु के तरंग छावे तब चैतन्य होहि।
कबहूँ खिलारी खेल वस, कबहू खिलारी बस खेल। वही, पृ. 49
101. जहाँ काम तहं प्रेम है, जहाँ प्रेम तहं काम।
इन दोउन की सन्धि में विलसत श्यामाश्याम।

—वही, पृ. 49 ललित किशोरी देव, साखी सं. 869

102. जोई जोई प्यारो करै सोई सोई भावै।

भावै मोहि जोई सोई सोई करैं प्यारे।
मोकों तो भांवती ठौर प्यारे के नैनिन में।
प्यारो भयो चाहै मेरे नैननि के तारे।
मेरे तन मन प्राण हूँ ते प्रीतम प्रिय,
अपने कोटिक प्राण प्रीतम मोसों हारे। —श्रीहित हरिवंश : हित चौरासी, पद 1

103. ताहि सुहाइ न ठकुरई बड़ो प्रताप बिस्तार। —बिहारिणिदास : रस के दोहे, 142

104. अंसकला सब अवतारिन अवतारी भरतार। —बिहारिणिदास सिद्धान्त के पद, 141

105. श्रीकृष्ण चरित्र घात्र भूवन बहुभक्ति भेद विस्तार, वही

106. एक समैं विहरत बन मांही, कियो मतो विवि दुन की छांही।
यह निज रस कीजै विस्तारा, रसिक जननि को अति प्यारा।
रस निधि लीला ब्रज प्रगटाई, रसिक जननि कौ अति सुखदाई।
—ध्रुवदास : ब्रजलीला, ब. ली., पृ. 256

107. ध्रुवदास, सिद्धान्त विचारलीला, ब. ली., पृ. 50।

108. मिलैं तो जिय व्याकुल रहें, बिछुरे रह्यो न जाइ,
जहाँ अपुनपा भूलई, ता सुख सुखै समाई।। —स्वा. बिहारिणिदास की साखी।

109. परम नेह की बात यह मो पै कही न जाय।
तनु मन सों प्यारी मिती तऊ लाल अकुलाय। —ललित किशोरी देव : साखी 140

110. ललित किशोरी देव : साखी, 914

111. प्रेम के खिलौना दोऊ, खेलत हैं प्रेम खेल।
प्रेम फूल फूलनि सों प्रेम सेज रची है।
प्रेम ही की चितवनि, मुसुकनि प्रेम ही की।
प्रेम रंगी बाते करें, प्रेम केहिल मची है।
—ध्रुवदास (ललिता चरण गोस्वामी द्वारा गो. हित हरिवंश : सिद्धान्त और साहित्य में, पृ. 182

112. ध्रुवदास : सिद्धान्त विचार लीला, ब. ली., पृ. 45

113. प्रस्तुत लेखक को गौतमीय तन्त्र की उपलब्ध प्रति में यह कथन प्राप्त नहीं हो सका है।

114. ध्रुवदास : अनुरागलता लीला, बयालीस लीला, पृ. 240-241

115. ललितकिशोरी देव : सिद्धान्त की साखी 773 एवं 841

116. तरुन तरंगिनि में परे उरझे वार सिवार।
पैरहिं साहस सषी के अति आवर्त विहार।। 129
श्रमहि निवारत कर धरत, कबहूँ लावत तीर।
श्रीबिहारिनिदास हुलास मन देत अधीरन पीर। 130 —बिहारिणिदास : सिद्धान्त दोहा।

117. दिव्य केलि कल जगल विराजैं।
लीलारस सखियन हित काजैं। —गो. हितरूपलाल : रस रत्नाकर, हस्तलिखित प्रति।

118. ध्रुवदास : सिद्धान्त विचार लीला, ब. ली., पृ. 45

119. वही, प्रेमलता लीला, वही 245

120. जब रसिकन पै रस सुनि पायो, रसै समुझि रसिकन में आयो।
रस स्वादी रस स्वाद बतायो, स्वाद पाइ रस गाइ बताओ।
—स्वा. बिहारिणिदास : रस के चौबोला, सं. 15

121. रसिक अनन्यनि कृपा मनाऊँ, वृन्दावन रस कछु इक गाऊं,
—ध्रुवदास : रस मुक्तावली, ब. ली., पृ. 147

122. ध्रुवदासः ब. ली., पृ. 49
123. वही, पृ. 45
124. वही, रस मुक्तावली लीला, पृ. 152
125. सखी भाव तब जानिये, पुरस भाव मिट जाई। –स्वा. रसिकदेव : सिद्धान्त के दोहा, 13
126. जौं तन रहे तो प्रिया भजै, तन छूटे प्रिया संग,
दोउ विधि आनन्द अति निरषैं केलि अमंग। –ललित किशोरी देव : साखी 323
127. रसिक अनन्य हरिदास जू, गायो नित्य विहार,
सेवा हू में दूरि किय विधि निषेध जंजार। –ध्रुवदास : भक्तनामावली लीला, पृ. 28
128. गोपालदत्त शर्मा : स्वामी हरिदास जी का सम्प्रदाय और उनका वाणी साहित्य, पृ. 441 (अप्र. प्र.)।
129. सेवक वाणी, पृ. 82
130. "भक्ति में कहा जनेऊ जाति"। –हरिराम व्यास : पद 104 (भक्त कविव्यास जी, पृ. 217)।
131. विधि निषेध के बन्ध हैं और धर्म मृग मानि।
केहरि पुनि निर्बन्ध है, भगवत धर्महि जान। –ध्रुवदास : भजन सन्त लीला, ब. ली., पृ. 72
132. गहि केवल ऐश्वर्य करि, माधुरि रीति में अंक।
तेहिं न उपासक मानिये, महारुक्ष मति रंक।।
गहि केवल माधुर्य पुनि, धरैं न चित्त ऐश्वर्य।
रसिक ताहि नहि मानिये, राम उपासक वर्य।।
–जनक राज किशोरी शरण : रसिक अली। अनन्यतरंगिनी, पृ. 3
133. रामभक्ति में रसिक-सम्प्रदाय, पृ. 148

चतुर्थ अध्याय

प्रेमाभक्ति का साधना-दर्शन

लीला-तत्त्व का परिप्रेक्ष्य

पीछे हम ब्रज-लीला एवं वृन्दावन अथवा निकुंज-लीला का अनेक बार उल्लेख कर चुके हैं। ब्रज एवं निकुंज-लीलाओं के पीछे स्थित धारणाओं का मुख्य अन्तर लीलाओं के इन स्वरूपों को लेकर हुआ है। मध्ययुग के वैष्णव-साहित्य की दो मुख्य विशेषताएँ कही जाती हैं—लीलावाद तथा मधुर रस की प्रधानता। यों तो हरिलीला-तत्त्व की परम्परा विद्वानों ने वेदों से ढूँढ़ निकाली है[1] पर उसके ऐतिहासिक क्रम-विकास को दिखाना हमारा उद्दिष्ट कार्य नहीं है। इस ऐतिहासिक क्रम-विकास में हमारे लिए महत्त्वपूर्ण बात है कि लीला सृष्टि-क्रिया से आगे बढ़कर स्वरूप-शक्ति से सम्बन्धित हो जाती है। प्रारम्भ में सृष्टि-तत्त्व की व्याख्या के रूप में ही लीला तत्त्व सम्मुख आता है, मूल में इसके शक्ति-तत्त्व था। शक्ति-तत्त्व मातृसत्ताक प्रथा का प्रदेय है धर्म-साधना को। शाक्त ग्रन्थों में विश्वव्यापिनी आद्याशक्ति को योनिरूपा कहा गया है। पाञ्चरात्रों में भी परमात्म धर्मधर्मी लक्ष्मी-रूपा शक्ति को जगत् की योनि सम्बोधित किया गया है।[2] इसी पाञ्चरात्र संहिता में भगवान पुरुषोत्तम को 'लीलारस समुत्सुक' भी बताया गया है।[3] इस प्रकार स्त्री-पुरुष-मिथुन के प्रतीक-रूप में यह कल्पना आ जाती है। शैव दर्शनों में भी 'प्रसरच्छक्तिकल्लोलजगल्लहरिकेलये' कहकर धारामयी शक्ति के कल्लोल के अन्दर से ही संसाररूपी लहरी की सम्भूति मानी है। इस जगत्-लहरी को लेकर ही परमेश्वर केलि या लीला करते हैं। इस प्रकार लीला का क्षेत्र बहिः सृष्टि तक रहा, पर श्री वैष्णवों ने लीलावाद को ब्रह्म की स्वरूपभूता शक्ति के साथ सम्बद्ध कर दिया। पद्म पुराण में भी इस सम्बन्ध में एक अस्पष्ट संकेत प्राप्त होता है जिसमें परव्योम (विष्णु के स्वधाम) को भोगार्थ एवं निखिल जगत्-लीला के लिए कहा गया है। भोग में ही उनकी नित्य स्थिति भी स्वीकार की है। भोग और लीला दोनों ही उनकी शक्तिमत्ता पर आधृत है[4] पर अभी भोग शब्द लीला से अलग बना हुआ है। श्री वैष्णवों ने उसे पूरी तरह स्वरूप-शक्ति के

साथ सम्बन्धित कर दिया। यामुनाचार्य ने जिस भाव-विभोर कण्ठ से लीला-गान किया है, परवर्ती वैष्णव काव्य की रस-विदग्ध लीलाएँ दार्शनिक दृष्टि से भी ठीक उसकी परम्परा में ज्ञात होती हैं–

अपूर्वनानारसभावनिर्भर-प्रबुद्धया मुग्धविदग्धलीलया।
क्षणांबुवत् क्षिप्तपरादिकालया प्रहर्षयेत महिषीं महाभुजाम् ॥[5]

अर्थात् परादिकाल जहाँ क्षण के समान नगण्य हैं, ऐसी अपूर्व नाना रस-भाव निर्भर, प्रबुद्ध, मुग्ध और विदग्ध लीला द्वारा ही विशाल भुज (पुरुषोत्तम) अपनी वल्लभा को हर्षयुक्त कर रहे हैं।

इस उद्धरण में निर्भ्रान्त रूप से लीला स्वरूप-शक्ति के साथ सम्बन्धित ही नहीं होती, मधुरता की ओर भी प्रयाण करती है। इसी से मिलाकर 12वीं शती में रचित लीलाशुक बिल्वमंगल के कृष्णकर्णामृत का निम्न श्लोक पढ़ा जाये तो ज्ञात होगा कि यामुनाचार्य में जो लीला वर्णनमात्र है, वह भक्त का प्रयोजन बन जाती है। श्लोक यों हैं–

यानि त्वच्चरितामृतानि रसनालेह्यानि धन्यात्मनां
ये वा शैशवचापलव्यतिकरा राधावरोधोन्मुखाः।
ये वा भावितवेणुगीतगतयो लीलामुखाम्भोरुहै
धारावाहिकया वहन्तु हृदये तान्येव तान्येव मे ॥[6]

अर्थात् तुम्हारा जो चरितामृत धन्यात्माओं द्वारा आस्वादन योग्य है तथा शैशव एवं चपलता से उत्पन्न राधा के अन्तःपुर (में केलि करने के लिए) की ओर उन्मुख जो क्रीड़ाएँ हैं अथवा तुम्हारे मुखारविन्द पर जो भावयुक्त वेणुगीत गति लीलाएँ हैं, वे ही धारावाहिक रूप से निरन्तर मेरे हृदय में बहती रहें।

इस प्रकार स्वरूप-शक्ति के साथ की जाने वाली ये लीलाएँ प्रधान ही नहीं हो उठती हैं, उनका आस्वादन परमपुरुषार्थ भी बन जाता है। लीला-दर्शन, लीला-आस्वादन एवं लीला-गान ही भक्तों का ध्येय बन जाता है। सहस्रों कवियों, भक्तों ने लक्ष-लक्ष पदों में नाना भाव से इसी को उपलब्ध करना चाहा है। स्वयं जयदेव ने भी दूर से ही इस लीला को गाया है।[7] बहिर्लीला का एक प्रयोजन था–सृष्टि-रचना पर इस स्वरूप-लीला का कोई प्रयोजन नहीं रहा। वल्लभाचार्य ने स्पष्ट कर दिया–"नहि लीलायाः किंचित् प्रयोजनमस्ति, लीला एवं प्रयोजनत्वात्।"[8] इस दृष्टिकोण की ही तर्कसिद्ध परिणति है जब यह कहा गया कि लीला-आस्वादन ही अपने आपमें चरम ध्येय है, मुक्ति या भगवत्प्राप्ति भी नहीं। मध्ययुग का सारा वैष्णव साहित्य इस दृष्टिभंगी से पूरी तरह अनुरंजित है। यहीं पर यह याद कर लेना भी अनुचित न होगा कि साहित्य की प्रेमदेवी राधा जब वैष्णव तत्त्व-दर्शन से सम्पृक्त हुई तो वे साक्षात् भगवान की स्वरूप-शक्ति की श्रेष्ठतमवृत्ति ह्लादिनी शक्ति की सारभूत विग्रह मान ली गयीं। उन पर आधारित सारा प्रेम-काव्य इस नव-तत्त्वदर्शन के आलोक में एक

नये अर्थ से भर ही नहीं उठा, उससे आगे के साहित्य के लिए जो राजपथ उद्‌घाटित हुआ, वह 19वीं शताब्दी तक बराबर जनाकुल बना रहा।

पद्मपुराण के पीछे उद्धृत अंश में परव्योम को ही भोगार्थ कहकर उसके धामत्त्व का संकेत किया था। परन्तु ऐतिहासिक, पौराणिक, साहित्यिक एवं दार्शनिक अनेक उपादान आदि आ जुड़े तो ब्रज, मथुरा, द्वारका, वृन्दावन, गोलोक, श्वेतद्वीप, साकेत-अयोध्या आदि तत्स्थानीय बन गये। इसी क्रम में परिकर, उनके नाम-रूप-सेवा, उपास्य एवं परिकर के मध्य विविध सम्बन्ध आदि भी सम्मिलित एवं विवेचित होते गये। परवर्ती वैष्णवों के विविध सम्प्रदायों के अन्तर मुख्यतः इन विस्तृतियों को लेकर ही हैं। परात्पर-तत्त्व की लीला का दर्शन, ज्ञान एवं आस्वादन सबका काम्य है (निर्गुणियों एवं सूफ़ियों की चर्चा हम अलग से करेंगे)। इस सम्बन्ध में हमें तनिक भी मत-वैभिन्य प्राप्त नहीं होता। सभी इस लीला की मुख्य प्रवृत्ति प्रेम, रति या भक्ति का जयगान करते हैं, पर इसके बाद अनेक प्रश्न उठ खड़े होते हैं—युगल का स्वरूप क्या है? उनमें से प्रत्येक का अलग-अलग स्वरूप एवं गुण तथा पारस्परिक सम्बन्ध क्या है? इन दोनों में प्रधान कौन है? भक्त पर अनुग्रह किसका होता है? फिर इनकी लीलाएँ कौन सी हैं? शास्त्र-पुराण-वर्णित या और कोई? ये लीलाएँ कहाँ पर होती हैं तथा उस धाम का स्वरूप, गुण एवं प्रभाव क्या है? इस लीला में भाग लेने वाले परिकर में कौन-कौन हैं? उनके नाम, रूप, गुण, क्रिया एवं सम्बन्ध क्या हैं? साधक के लिए इस सारे विस्तार में क्या करणीय है? ये ही कुछ प्रश्न हैं जिन पर विभिन्न वैष्णव सम्प्रदायों में हमें मत-वैभिन्य दिखाई पड़ता है और जिनके आधार पर प्रत्येक अपनी स्वतन्त्र सत्ता की घोषणा करता है। आगे हम इन्हीं प्रश्नों की चर्चा करते हुए इन विभिन्नताओं, पृथक्तासूचक तत्त्वों अथवा समानताओं का रूप स्पष्ट करने का प्रयास करेंगे।

चैतन्य-सम्प्रदाय में कृष्ण, राधा, वृन्दावन, गोपी एवं सखी-सम्बन्धी धारणाओं का सैद्धान्तिक विवेचन

उपास्य, धाम एवं परिकर का स्वरूप

उत्तर मध्ययुग की समस्त हिन्दी काव्य-धारा राम और कृष्ण इन दो नामों के चतुर्दिक ही प्रवाहित है। इन दोनों नामों में इतिहास एवं तत्त्वदर्शन का कुछ ऐसा विचित्र मेल हो गया है कि इनका व्यक्तित्व अभूतपूर्व आकर्षण से भर उठा है। यद्यपि हमारे आलोच्य काल तक आते-आते इन देवताओं का रूप बहुत कुछ स्थिर हो चुका था, परन्तु फिर भी नयी-नयी लीलाएँ कल्पित होती रहीं, नये सन्दर्भ में वे प्रतिष्ठित किये जाते रहे। सारांश यह कि संवत् 1500 से सं. 900 वि. तक के काल में उनका रूप

निरन्तर नवनवायमान हो रहा। उनकी रूप-माधुरी, उनकी लीला, उनका विलास, उनका अनुग्रह अप्रतिरोध्य गति से हिन्दी प्रदेश के जनमानस में संचरण करता रहा। वे कृष्ण बने, गोपीवल्लभ हुए, राधा-अधर-सुधा-लम्पट हुए, कुंज-बिहारी हुए, भक्त पर सहज अनुकम्पा, का वारि बरसाने वाले वारिद भी बने। मथुराधीश, द्वारकापति, रुक्मिणीकान्त, गोपसखा, नन्दपुत्र, यशोदा-सुवन आदि नाना प्रकार के स्वरूप भी उनके हुए। राम शार्ङ्गपाणि जो धरा का भार हटाने आये थे तथा गीता में जिनके लिए कहा गया था—रामः शस्त्रभृतामहं, वे भी तुलसी के मर्यादा पुरुषोत्तम बने; पर वहीं तक न रुककर और विकास होता है। इस विकास में परिकर द्वारा नाना भाव से सेवित और उपास्य तो है ही, साथ ही—"जानक्या सह सम्प्रीतः क्रीडारसविलग्नः" तथा "महारासरसोल्लासी विलासी सर्वदेहिनाम्" भी हो गये। आगे विविध सम्प्रदायों की अवधारणाओं के अनुसार इन लीला-विग्रहों का रूप स्पष्ट करने का प्रयास करेंगे।

गौड़ीय वैष्णव-सम्प्रदाय में कृष्ण, उनके धाम एवं परिकर-सम्बन्धी धारणा

गौड़ीय वैष्णव-सम्प्रदाय ने कृष्ण को पूर्ण ब्रह्म माना है। ब्रह्म को साधारणतया निर्विशेष माना जाता है, पर इस सम्प्रदाय में वे सविशेष एवं सशक्तिक हैं। भागवत के श्लोक—

वदन्ति तत्तत्त्वविदस्तत्त्वं यज्ज्ञानमद्वयम्।
ब्रह्मेति परमात्मेति भगवानिति शिष्यते ॥ 1।2।11

में कहे गये ब्रह्म, परमात्मा एवं भगवान इन तीनों शब्दों में भगवान शब्द को ही स्वीकार करके सर्वोच्च माना गया। दार्शनिक दृष्टि से शक्ति-प्रकाश के प्रकार-भेद और तारतम्य को लेकर एक ही अद्वय-अखण्ड परमतत्त्व की तीन अवस्थाएँ ब्रह्म, परमात्मा एवं भगवान हैं। पर भगवान में सभी शक्तियाँ अपने सर्वश्रेष्ट रूप में रहती हैं, इसलिए उनको इस मत में श्रेष्ठतम माना गया है।[9] इसके पश्चात् भागवत के आधार पर कृष्ण को स्वयं भगवान माना गया।[10] इस प्रकार कृष्ण ही अवतारी हैं, शेष अवतार हैं।[11] पुरुषावतार, गुणावतार, लीलावतार सब उन्हीं के प्रकाश हैं। अद्वय-ज्ञान और तत्त्ववस्तु कृष्ण ही हैं[12] तथा कृष्णदास कविराज के अनुसार—

कृष्णा एक सर्वाश्रय कृष्ण सर्वधाम।
कृष्णेर शरीरे सर्व विश्वेर विश्राम ॥[13]

वे सर्वकारण कारण हैं।[14] वे विरुद्ध धर्माश्रय हैं[15] यों तो भगवत्-तत्त्व की अनन्त शक्तियाँ हैं पर इनमें तीन प्रधान हैं—स्वरूप-शक्ति, माया-शक्ति और जीव-शक्ति। इन्हें अन्तरंगा, बहिरंगा और तटस्था शक्ति भी कहते हैं।[16] अन्तरंगा या स्वरूप-शक्ति सर्वश्रेष्ठ है। कृष्ण का स्वरूप सत्, चित् और आनन्दमय है, अतः यह स्वरूप-शक्ति भी तीन प्रकार की है। आनन्द वंश से उद्भूत शक्ति ह्लादिनी और सत् यश से उद्भूत शक्ति सन्धिनी और चिर अंश से उद्भूत शक्ति संवित कहलाती है।[17] स्वरूप-शक्ति

के इन प्रकारों की चर्चा हम आगे श्री राधा के प्रसंग में करेंगे। वहीं पर हम देखेंगे कि गौड़ीय वैष्णव मतवाद में इनका स्थान कितना महत्त्वपूर्ण एवं अनिवार्य है। बहिरंगा या माया-शक्ति है जो जगत् का कारण है तथा तटस्था-शक्ति जीव-शक्ति है जो अनन्त है।[18] इस शक्ति-कल्पना के पीछे विष्णु-पुराण की परा-क्षेत्रज्ञ-अविद्या शक्तियों का कथन विद्यमान है। स्वयं जीव गोस्वामी ने उन्हें प्रमाण के रूप में उद्धृत दिया है (भगवत सन्दर्भ, पृ. 66)। यहीं पर यह भी याद रखना होगा कि ये शक्तियाँ भगवान ही हैं। भगवत्-तत्त्व में स्वरूप-शक्ति एवं माया-शक्ति दोनों का ही योग है—केवल एक नहीं। बहिरंगा-शक्ति के रूप में भी भगवान का ही वैभव प्रकाशित एवं विकीर्ण होता है। इसे शंकर की माया के समान भ्रमात्मक न समझना चाहिए।

इस प्रकार जगत् की उत्पत्ति भगवान की ही बहिरंगा-शक्ति से बनाकर जगत् को सापेक्ष रूप से सत्य ही नहीं, भगवान की शक्ति का परिणाम भी बना दिया है। वास्तव में सारे वैष्णव सम्प्रदाय परिणामवादी हैं, विवर्तवादी नहीं। जीव-सम्बन्धी इनकी धारणा भी महत्त्वपूर्ण है। जीव न नो अन्तरंगा-शक्ति है, न बहिरंगा। उसमें दोनों सीमा की ओर जाने की क्षमता या प्रवृत्ति होती है—वह दोनों से ही सम्बन्धित है और दोनों से अलग प्रकार से तटस्थ ही नहीं, मध्यस्थ जैसी उसकी स्थिति है।[19] इन शक्तियों के अतिरिक्त भी भगवान की अनन्त शक्तियों की कल्पना की गयी है तथा भगवत्-तत्त्व की नराकार कल्पना में इन शक्तियों को स्त्री रूप में देखा गया है।[20] इस नराकार वैयक्तिक भगवत्-तत्त्व के साथ ही लीला, धाम एवं परिकर की कल्पना न्यायोचित ही है। जीव गोस्वामी ने इनका विस्तृत विवेचन 'भगवत् परमात्म-तत्त्व एवं कृष्ण' सन्दर्भ में किया है, यहाँ हम उस सारी दार्शनिक धार्मिक चर्चा में नहीं पड़ेंगे।

पर इससे यह न समझ लेना चाहिए कि कृष्ण कुछ अजीब अद्भुत हैं। वैष्णव कवि की स्पष्ट घोषणा है कि कृष्ण के जितने भी खेल हैं, उनमें सर्वोत्तम नरलीला है। नरवपु ही उनका स्वरूप है, वे गोपवेशधारी हैं, वेणुकरधारी हैं, नवकिशोर हैं, नटवर हैं और अपने अनुरूप ही नवलीलाएँ करते हैं—

कृष्णेर जतेक खेला, सर्व्वोत्तम नरलीला, नरवपुताहार स्वरूप।
गोपवेशवेणकर, नवकिशोर नटवर, नव लीला हय अनुरूप ॥[21]

भगवत्-तत्त्व की चर्चा करते हुए गौड़ीय वैष्णव दार्शनिकों ने उसे विशिष्ट रूपाकार एवं गुणों वाला पूर्णतम व्यक्तित्व प्रदान किया है। इस व्यक्तित्व-प्रदान का यह स्वाभाविक विकास है कि देवता का एक अपने ही अनुरूप सबको अतिक्रान्त करता हुआ धाम हो, उसका अपना वर्ण एवं प्रसाधन-सज्जा हो तथा अपने सहयोगी (परिकर) हों। यद्यपि यह सत्य है कि वह जीव में भी रहता है एवं जगत् में भी उसकी व्याप्ति है क्योंकि ये सब उसकी शक्तियों के ही अंश हैं, परन्तु माया-शक्ति और जीव-शक्ति का आवास परमात्मा है, न कि साक्षात् भगवान। भगवत्-तत्त्व के

रूप में उसका अपना एक पृथक् धाम, रूप एवं परिकर है। रंग उसका श्याम है एवं आकार के रूप में मानवाकृति की कल्पना है। नाना प्रकार के प्रतीकार्थों वाले उसके आभरण भी गिनाये गये हैं, उन सबकी चर्चा में पड़ना हमारे लिए प्रसंगान्तर होगा।

धाम को परमात्मा की स्वरूपभूत प्रकाशशक्ति कहा गया है।[22] तात्पर्य यह कि भगवान और उनके परिकर का आवास और धाम स्वरूप-शक्ति की ही अभिव्यंजना है। स्वरूप-शक्ति के प्रकाश इस लोक को स्वरूप-शक्ति के ही एक अन्य प्रकाश भक्ति के द्वारा ही प्राप्त किया जा सकता है।[23] इस प्रकार धाम भगवान का नित्य और सत्य अंश हो जाता है, भगवतविग्रह के समान ही सत्य होते हुए भी यह उस साधक के लिए ही प्रकट होता है जो द्वारका, मथुरा, वृन्दावन आदि भौमिक स्थानों में नित्य होने वाली लीला की धारणा करता है।[24]

यही बात भगवान के परिकर के लिए भी कही जा सकती है। परिकर भी ह्लादिनी शक्ति का विलास है।[25] परिकर उनके माधुर्य का उपभोग करता है, न कि ब्रह्मत्व का। यह धारणा महत्त्वपूर्ण है। इसी से सम्बन्धित गोपी भाव, सखी भाव आदि की साधनाएँ हैं। इस सम्बन्ध में हम आगे अधिक विस्तार से विवेचना करेंगे। जीव गोस्वामी ने 'भगवत् सन्दर्भ' के अन्त में अपने सारे भगवत्-तत्त्व विवेचन को संक्षेप में अत्यन्त सारगर्भित शब्दों में उपस्थित किया है। इसमें कहा गया है कि : "जो सच्चिदानन्दैकरूप, स्वरूपभूत-अचिन्त्यविचित्र अनन्त-शक्तियुक्त हैं, जो धर्म होकर भी धर्मी हैं, निर्भेद होकर भी भेदयुक्त हैं, अरूप होकर भी रूपी हैं, व्यापक होकर भी परिच्छिन्न है, जो परस्पर विरोधी अनन्त गुणों के निधि हैं, जो स्थूल-सूक्ष्म-विलक्षण स्वप्रकाशखण्ड स्वरूपभूत श्रीविग्रह हैं, स्वानुरूपा स्वशक्ति को आविर्भाविलक्षणा लक्ष्मी के द्वारा जिनका वामांश रंजित है, जो निजधाम में स्वप्रभाविशेषाकार-रूप-परिच्छद और परिकर-सहित विराजमान है, जो आत्माराम मुनिगणों के चित्त को भी स्वरूप शक्ति के विलासरूप अद्भुत गुणलीलादि द्वारा लीलारस से चमत्कृत करते रहते हैं जो स्वयं सामान्य प्रकाशाकार में ब्रह्मतत्त्व के रूप में अवस्थित है, जो जीवाख्य तटस्था-शक्ति के और जगत्-प्रपंच की मूलीभूता माया-शक्ति के आश्रय है, वही भगवान है।"[26]

भगवान सम्बन्धी इन दार्शनिक स्थापनाओं की रूपरेखा देने का तात्पर्य यहाँ पर मात्र इतना है कि आगे के विवेचन के लिए अपेक्षित परिप्रेक्ष्य बना रहे। जब कृष्ण को 'स्वयं भगवान' कहा गया तो उसका अर्थ स्पष्ट रूप से यह है कि कृष्ण में वे समस्त विभूतियाँ, नित्यत्व विशिष्टताएँ स्वीकार की जायें जो भगवत्-तत्त्व के बारे में कही जा चुकी हैं। इसी स्थल पर गौड़ीय वैष्णवों की महत्त्वपूर्ण देन प्रारम्भ होती है। उन्हें सारी कृष्णलीला की दार्शनिक व्याख्या करनी थी, उसे शास्त्र एवं धर्म की मान्यता देनी थी। ऐसा लगता है कि कृष्ण-लीला-वर्णन के क्षेत्र में भी दो स्पष्ट परम्पराएँ थीं जिनका समझौता एवं समन्वय उन्हें करना पड़ा है। एक परम्परा भागवत पुराण की थी जिसमें गोपियों को सर्वश्रेष्ठ भक्त मान लिया गया था, नारद

एवं शाण्डिल्य के भक्तिसूत्र इसी परम्परा को दृढ़ करते हैं। दूसरी परम्परा लौकिक (सेकुलर) साहित्य की थी जो राधा को कृष्ण की प्रेमिका के रूप में उपस्थित कर रही थी। 12वीं शताब्दी तक आते-आते इस दूसरी परम्परा को धर्म एवं तत्त्व-दर्शन के भीतर स्थान मिलता प्रतीत होता है। इस प्रकार एक ओर गोपियाँ प्रेम की आदर्श थीं जिन्होंने अपना सब कुछ कृष्ण को अर्पण कर दिया था और दूसरी ओर राधा थीं जो प्रेम की सर्वश्रेष्ठ प्रतीक थीं। भक्ति के क्षेत्र में कान्ता भाव के ये दो आदर्श सामने थे। पर भागवत पुराण में गोपी भाव को ही स्वीकार किया गया। यहीं पर एक प्रश्न उठता है कि भागवतकार ने राधा नाम क्यों नहीं अपनाया। इस सम्बन्ध में यही कहा जा सकता है कि या तो भागवतकार को राधा नाम ज्ञात नहीं था या वह राधा-भाव का विरोधी था। पर इतना तो 'अनया राधितो नूनम्' (10।30।24) वाले श्लोक से लगता ही है कि एक कृष्णप्रिया गोपी से वह परिचित है, भले ही उसका उपयोग गर्वहरण के नैतिक उपदेश के लिए किया गया हो।

भागवत के पहले के विष्णुपुराण[27] और खिल हरिवंश में भी एक विशेषप्रिया गोपी का उल्लेख मिलता है, अतः इस गोपी से भागवतकार यदि परिचित था तो कोई आश्चर्य की बात नहीं है। इसके अतिरिक्त राधा-कृष्ण की प्रेमगीतियों की परम्परा हाल की 'गाहा सतसई' से लगातार प्रकीर्ण रूप से उपलब्ध होती है। भागवतकार जैसा सिद्धवाक् साहित्यकार इस परम्परा से अपरिचित रहा हो, यह भी स्वीकार करने के मन नहीं करता। ऐसा प्रतीत होता है कि भागवत के तत्त्व-दर्शन के बहुत अनुरूप राधा नहीं पड़ती थीं। गोपियाँ तो जीव की प्रतीक हैं, जो सर्वस्व अर्पित कर देती है; भक्त स्थानीया हैं जो निस्संकोच निर्विशेष भाव से कृष्णशरणापन्न हो जाती हैं पर राधा का स्वरूप परम्परा से ऐसा न था। वे कुछ बराबर की हकदार थीं। 'गीत गोविन्द' में हम स्पष्ट देखते हैं (इस लौकिक काव्य-परम्परा की सर्वोत्तम परिरगति इसमें ही हुई है) कि राधा ही कृष्ण के विरह में व्याकुल नहीं होतीं, कृष्ण भी राधा के अभाव में विह्वल दिखाई पड़ते हैं। ऐसा पात्र भागवत पुराण की प्रतीक-योजना के बहुत अनुकूल नहीं प्रतीत होता। शरदरास एवं वसन्तराम की जिन पृथक् परम्पराओं का अनुमान आचार्य हजारी प्रसाद द्विवेदी ने लगाया है,[28] सम्भव है कि वे गोपी भाव एवं राधाभाव अथवा भागवत-प्रेम-प्रतीकवाद एवं लौकिक शृंगारिक-भावनामूलक प्रेम की परम्पराओं से सम्बन्धित रही हों। गौड़ीय वैष्णव दार्शनिकों ने इन दोनों परम्पराओं एवं आदर्शों का अत्यन्त निपुण भाव से धर्म-दर्शन के स्तर पर सामंजस्य किया। इस सामंजस्य से राधा-कृष्ण लीलागान की परम्परा को अत्यधिक बल मिला, यही नहीं एतत्सम्बन्धी तत्त्व-विवेचना ने पूरे प्रेमाभक्ति के साहित्य के मूल की दार्शनिक आधार-भूमि का कार्य किया। ऊपर के निर्माणशिल्प में कुछ कंगूरे या जालियाँ अथवा बाह्य सज्जा में भले ही कुछ अन्तर हो, पर मूलाधार वही रहा।

गौड़ीय वैष्णवों के सामने एक दूसरी समस्या और भी थी, "गौड़ीय गोस्वामियों

के आविर्भाव के बहुत पहले ही वृन्दावन, मथुरा, द्वारका में श्रीकृष्ण की विचित्र लीला काव्य-पुराणादि में बहुप्रकार से पल्लवित हो उठी थी। 16वीं शताब्दी के पहले राधा की कहानी भी लोकमानस का आकर्षण बन चुकी थी। वृन्दावन के गोस्वामियों को जब राधा-कृष्ण-तत्त्व की व्याख्या करनी पड़ी तो श्रीकृष्ण की विचित्र लीला से सम्बन्धित उपाख्यानों को उन्हें लेना पड़ा और उनके मूल-सिद्धान्त से संगति रखकर व्याख्या करनी पड़ी।"[29] अस्तु, ब्रज, मथुरा, द्वारका आदि विविध स्थानों पर फैली विविध प्रेम-प्रसंगों को कल्पित करने वाली उस अनन्त वैचित्य वाली लीला की भी चूल अपने सिद्धान्त के साथ उन्हें मिलानी थी। इन गौड़ीय तत्त्व-विवेचकों ने इस समस्या का भी सामना अपनी प्रतिभा के बल पर किया। बल्कि कहना यों चाहिए कि दोनों ही समस्याओं का समाधान उन्होंने एक ही स्तर पर किया। आगे हम इसी की चर्चा कर रहे हैं।

यह सारा दुष्कर-सा प्रतीत होने वाला कार्य, वास्तव में भगवान की शक्ति-कल्पना पर आधारित है। प्रमुख शक्तियों की चर्चा हम पीछे कर चुके हैं तथा यह भी कह चुके हैं कि एक ही परमतत्त्व शक्ति की वैचित्री एवं स्फुरणा के आधार पर ही ब्रह्म, परमात्मा या भगवान कहा जाता है। ब्रह्म में शक्ति का अस्तित्व या लीलावैचित्री का अनुभव नहीं होता, परमात्मा में जीव-शक्ति एवं माया-तत्त्व से प्रत्यक्ष्य सम्बन्ध होता है परन्तु भगवान-तत्त्व में इन तटस्थ एवं बहिरंग शक्तियों का मूल आश्रयत्व तो रहता ही है, साथ ही स्वरूप-शक्ति के साथ प्रत्यक्ष लीला-मग्नता भी विद्यमान रहती है। इस प्रकार भगवान लीलानन्दमय एवं महैश्वर्यशाली पुरुषोत्तम सिद्ध होते हैं।[30]

भगवत्-तत्त्व के प्रकटीकरण की एक और क्रम-पद्धति भी इस सम्प्रदाय में स्वीकार की जाती है। शक्ति के त्रिधा भेद के स्थान पर प्रकटीकरण की चार भूमिकाएँ भी मानी गयी हैं। प्रथम तो सदा स्वरूप में अवस्थान, श्रीकृष्ण परम तत्त्व के ऐसे ही प्रथम अवस्थान हैं। दूसरी भूमिका तद्रूपवैभव में अवस्थान की है। भगवान कृष्ण के अवतारादि शुद्ध सत्वयुक्त वैकुण्ठादि धाम एवं धाम के नित्य परिकरगण इस द्वितीय भूमिका के ही प्रकाशन हैं। यह दोनों ही भूमिकाएँ स्वरूप-शक्ति से सम्बन्धित हैं। तटस्था-शक्ति द्वारा परमतत्त्व के अवस्थान की तृतीय भूमिका जीव है एवं बहिरंगा-माया-शक्ति द्वारा जगत् के रूप में परिणति इस तत्त्व के अवस्थान की चतुर्थ भूमिका है।[31] यह सब भगवान की अचिन्त्य शक्ति द्वारा सम्भव होता है। अचिन्त्य होने के कारण ही ये शक्तियाँ कल्पना न होकर स्वाभाविकी हैं।

इस प्रकार हम देखते हैं कि स्वरूप-शक्ति के द्वारा पूर्ण-भगवान, धाम, परिकर आदि के रूप में परमतत्त्व व्यंजित होता है तथा माया-शक्ति के द्वारा जगत्-रचना का कार्य होता है। माया-शक्ति का रूप बहुत कुछ परम्परा प्राप्त ही है, पर उसे परमतत्त्व के ही एक रूप में परमात्मा से सम्बन्धित करके माया-सृष्टि को मिथ्या नहीं सत्य सिद्ध कर दिया गया है।[32] इस बात का उल्लेख हम पीछे भी कर चुके हैं।

गौड़ीय वैष्णवों के शक्ति सिद्धान्त में तटस्था-शक्ति की कल्पना बड़ी महत्त्वपूर्ण है। साधारणतः जीव को माया-शक्ति के अन्तर्गत माना जाता है पर इस सिद्धान्त में वह तटस्था-शक्ति है जो न पूरी तरह माया-शक्ति के अधीन है और न वह स्वरूप-शक्ति के ही अन्तर्गत है। वह दोनों ओर जा सकता है। माया यदि विमोहित कर ले तो वह विषय-वासनाओं में लिप्त हो जाये पर यदि भक्ति (जो स्वरूप-शक्ति ही है) जाग जाय तो वह स्वरूप-शक्ति की लीला वैचित्री का आनन्दपान करने में समर्थ हो जाता है। माया चूँकि जड़ है, अतः वह इस चेतन-शक्ति को विमोहित कर सकने में सदैव समर्थ नहीं होती। लीला के क्षेत्र में भगवान की स्वरूप-शक्ति सबसे अधिक महत्त्वपूर्ण है। स्वरूप-शक्ति के साथ ही भगवान का विचित्र लीला-विलास चलता है। इसी शक्ति के सन्दर्भ में भगवान में पूर्ण ऐश्वर्य एवं पूर्ण माधुर्य की सत्ता होती है। भगवान कृष्ण सच्चिदानन्द हैं—यानी उनके पूर्णस्वरूप में सत्, चित् और आनन्द ये तीन धर्म होते हैं। इन्हीं तीनों धर्मों का अवलम्बन करके स्वरूप-शक्ति भी त्रिधा हुई—सन्धिनी, संवित् और ह्लादिनी। सन्धिनी-शक्ति सत्ताकारी है, उसके द्वारा भगवान स्वयं सत्तारूप होकर भी सत्ता धारण करते हैं और कराते हैं, इसे सर्वदेशकालद्रव्यादि प्राप्तिकरी भी कहा गया है। संवित् विद्या-शक्ति है—भगवान स्वयं ज्ञानरूप हैं पर इस शक्ति के द्वारा वे स्वयं जानते हैं और दूसरों को भी जनाते हैं। गुणोत्कर्ष से उत्तरोत्तर श्रेष्ठ होते हुए इनमें सर्वोच्च ह्लादिनी होती है—यह वह शक्ति है जिसके द्वारा स्वयं ह्लादक भगवान ह्लादित होते हैं एवं दूसरे को भी आह्लादित करते हैं।[33]

भगवान की इस मूल-शक्ति के भीतर एक स्वप्रकाशता-लक्षणवृत्ति-विशेष है। इस स्वप्रकाशता-लक्षणवृत्ति-विशेष के द्वारा जब भगवान के स्वरूप या स्वरूप-शक्ति का आविर्भाव होता है तो उसी को विशुद्ध सत्व कहते हैं।[34] भगवान की यह स्वरूप-शक्ति दो प्रकार से प्रकट होती है—एक अपने स्वरूप में और दूसरी अपने स्वरूपविभव में। विशुद्ध-सत्व से ही पूर्ण भगवान श्रीकृष्ण के धाम, परिकर, सेवकादि रूप-वैभव का विस्तार होता है। अपने इस वैभव के साथ ही रसमय श्रीकृष्ण को लीला-वैचित्र्य होता है। जिस प्रकार भगवान नित्य हैं, उसी प्रकार उनका धाम नित्य है, पार्षद, परिकर और सेवक नित्य हैं तथा वहाँ की लीला भी इसीलिए नित्य है। वास्तव में ये सब एक ही हैं, केवल भगवान के प्रकार-विशेष वैचित्र्य को प्रकट करने के लिए हैं।

जीव गोस्वामी ने 'भगवत्-सन्दर्भ' की इन स्थापनाओं को स्पष्ट एवं व्यावहारिक धरातल पर 'श्रीकृष्ण-सन्दर्भ' में उपस्थित किया है। वस्तुतः ऐसा लगता है कि कृष्ण की काव्य-पुराणादि वर्णित लीला उन लोगों के लिए ठोस ऐतिहासिक सत्य थी और उसको ही सब प्रकार से प्रामाणिक एवं सब प्रकार से सार्थक सिद्ध करने के लिए ही पूर्वालोचित तत्त्व विवेचन का सिस्टम खड़ा किया गया था। 'श्रीकृष्ण-सन्दर्भ' में इसीलिए उन्होंने कृष्ण-लीला से सम्बन्धित सभी स्थानों, व्यक्तियों एवं घटनाओं आदि को पूर्व विवेचित भगवत्-लीला का ही प्रकट रूप माना। दोनों प्रकार की

लीलाओं को अभिन्न बताने का प्रयास गौड़ीय तत्त्व-विवेचकों ने बराबर किया। रूप गोस्वामी का प्रयास दार्शनिक-धार्मिक स्तर पर न होकर काव्यशास्त्र के स्तर पर है। जीव गोस्वामी का प्रयास दार्शनिक-धार्मिक स्तर पर हुआ। काव्य के वर्णन प्रसंगों के अन्तर्गत कृष्णदास कविराज ने उसे ही उपलब्ध करना चाहा। नारायण भट्ट, बलदेव विद्याभूषण एवं विश्वनाथ चक्रवर्ती प्रभृति समस्त चैतन्यमतानुयायियों का प्रयास इसी दुष्कर प्रतीत होने वाले कार्य को सुकर बनाना था।

इस कार्य को लीला की प्रकट और अप्रकट[35] विशेषता के माध्यम से सम्पन्न किया गया। श्रीकृष्ण के वपु, लीला, धाम, परिकरादि का स्वरूप प्रकट भी है और अप्रकट भी। इस प्रकट और अप्रकट में कोई भेद नहीं है। दोनों स्वरूपतः एक ही हैं। श्रीकृष्ण की अचिन्त्य-अनन्त शक्ति के द्वारा युगपत यह प्रकट और अप्रकट धाम और लीला विस्तारित होती हैं।

धाम

वैकुण्ठ, गोलोक आदि धामों की चर्चा वैष्णवों के बीच पहले से ही होती आयी है। जीव गोस्वामी ने इन्हीं का चतुरतापूर्वक उपयोग करते हुए पुराणादि के अनुसार ही सृष्टि के लोकों आदि की चर्चा करते हुए वैकुण्ठादि धामों में गोलोक को सर्वोच्च धाम माना।[36] यही गोकुल भी है—तदेव गोलोकं वर्णयित्वा तस्य गोकुलेन सहाभेदमाह।[37] यह गोलोक भी श्रीकृष्ण के समान ही प्रापंचिक और अप्रापंचिक (प्रकृत और अप्रकृत) वस्तुओं में व्याप्त होता है तथा नाना रूपों में व्यक्त होता है।[38] जब भगवान प्रकृत-जगत् में अपने स्वरूप को प्रकट करते हैं, तभी धाम भी परिकर समेत प्रकट होता है परन्तु भगवान के सदृश ही वे अपने अप्रकृततत्त्व को कभी नहीं खोते, क्योंकि धाम, परिकर आदि भगवान के समान ही शुद्ध-सत्व के प्रकाश होने के करण माया-प्रकृति से परे होते हैं। कृष्ण दोनों ही स्थानों पर विराजमान रहते हैं। वास्तव में जैसे भगवद्-विग्रह की कल्पना नराकार रूप में हुई है, वैसे ही धाम की कल्पना पौराणिक स्थानों के आधार पर ही इस सम्प्रदाय में हुई है। गोलोक (अप्रकट धाम) में वैसे ही नदी, वृक्ष, कुंज, लता, गोपी-गोपी आदि की कल्पना की गयी है, जैसी इस लोक की पौराणिक कथाओं में वर्णित है।[39] दोनों प्रकार के धामों में अन्तर इतना ही है कि लोक-वृन्दावन में कृष्ण प्रकट और अप्रकट दोनों रूपों में रहते हैं पर अप्रकृत गोलोक में केवल अप्रकट रूप में ही विद्यमान हैं। यदि कोई यह कहे कि एक ही साथ धाम की यह दुहरी सत्ता नहीं हो सकती तो जीव गोस्वामी का जवाब होगा कि जैसे एक ही श्री विग्रह बहुत रूपों में प्रकाशित हो सकता है, वैसे ही धाम भी अनेक रूपों में समान गुण और नाम से प्रकाशित हो सकता है। इस प्रकार "गोलोकगोकुलयोरभेदेनैवोक्तम्।"[40]

धाम-सम्बन्धी एकता के प्रतिपादन के पश्चात् भी एक समस्या जीव गोस्वामी के सामने शेष थी कि कृष्ण की पौराणिक लीला केवल गोकुल (वृन्दावन) ही नहीं मथुरा एवं द्वारका के साथ भी घनिष्ठ रूप से सम्बन्धित है। अतः जीव गोस्वामी ने प्रकाश-भेद से कृष्ण-लोक के तीन रूप माने हैं—द्वारका, मथुरा और वृन्दावन। इन तीनों धामों में लीला, परिकरादि भी तीन प्रकार के हो जाते हैं।[41] प्रकाश-भेद से तात्पर्य है कि भगवान के जिस रूप में जैसी लीला जहाँ पर है, उसी के अनुसार अन्तर हो जाता है। ये धाम मात्र ऐसे स्थान नहीं हैं, जहाँ भगवान की प्रतिमा स्थापित हो या जहाँ पर परम-दैवत् का सूक्ष्म रूपत्व हो, बल्कि भगवान के साक्षात् निवासस्थान हैं तथा ये प्रपंचातीत, नित्य अलौकिक एवं भगवान नित्यास्पद हैं। इन तीनों धामों में भी वृन्दावन-लीला ही सर्वोत्तम है। यहीं पर माधुर्य अपने विशुद्ध रूप में है, ऐश्वर्य से आच्छन्न नहीं है।

भगवत्-सन्दर्भ में जीव गोस्वामी ने माधुर्य को ह्लादिनी-शक्ति का ही एक पक्ष बताया है। माधुर्य की अभिव्यक्ति के लिए ही वे यहाँ सुन्दर किशोर रूप में रहे। अपनी समस्त प्रकट-लीला में तो वे यहाँ किशोर रूप में रहे ही,[42] उसके बाद वृन्दावन में अप्रकट-लीला में वे किशोर रूप में ही विद्यमान हैं। इसीलिए किशोरावस्था को ही लीला की वास्तविक वय मानना चाहिए। चूँकि यह वय वृन्दावन में ही है, अतः वृन्दावन को ही सर्वश्रेष्ठ धाम मानना होगा।[43] गोकुल, ब्रज और वृन्दावन को इस सम्प्रदाय में समानार्थक रूप में प्रयुक्त किया गया है।

लीला

पीछे हम भगवान की प्रकट और अप्रकट लीला[44] की चर्चा कर आये हैं और यह भी कहा था कि गौड़ीय वैष्णव-विवेचन में लीला के इन दो रूपों की धारणा अत्यधिक महत्त्वपूर्ण है। दोनों ही लीलाएँ नित्य हैं, बल्कि यों कहें कि एक ही लीला दो रूपों में प्राकृत जीव की सीमाओं के कारण व्यक्त होती है। माया-शक्तिबद्ध जीव के लिए लीला अप्रकट है पर अपने साधकों के ऊपर कृपा, दया तथा प्रेम के कारण वह प्रकट होती है। इस प्राकृत जगत् में भी अप्रकट-लीला प्राकृत जगत् और उसके विषयों से एकदम अस्पर्शित रहती है—प्रापंचिकलोकैस्तद्वस्तुमिश्चामिश्रा।[45] इसकी निरन्तरता के बारे में जीव गोस्वामी का कहना है कि काल के समान यह भी आदि, मध्य और अवसान से रहित स्वप्रवाहा है—कालवदादिमध्यावसान-परिच्छेदरहितस्वप्रवाहा।[46] इस लीला में भी यादवेन्द्रत्व, ब्रजयुवराजत्व आदि बने रहते हैं (यानी ब्रज, द्वारका आदि के पौराणिक चरित्र नित्य अप्रकट लीला में भी विद्यमान बताकर समस्त पौराणिक लीला का दैवीकरण कर दिया गया)। प्रकट-लीला भी भगवान के विग्रह के समान ही कालादि से अपरिच्छिन्न है, पर स्वरूप-शक्ति की इच्छा के कारण आरम्भ और

अन्त भी प्रतीत होता है, प्राप्त होता है, प्रापंचिक और अप्रापंचिक के मिश्रण के साथ ही कृष्ण के जन्म-मृत्यु आदि की बातें भी आभासित होती है।[47]

अप्रकट-लीला पुनः दो प्रकार की है—मन्त्रोपासनामयी तथा स्वारसिकी। इनमें से प्रथम एक स्थान विशेष में सीमित नियत स्थिति की एवं उसी-उसी मन्त्र ध्यानमयी होती है।[48] यानी जिस मन्त्र का ध्यान होता है, उसी के अनुरूप स्वरूप, धाम एवं परिकर होता है। इस प्रकार भगवान की विराट लीला बहुत सीमित एक पक्ष-विशेष में ही साधक को अनुभूत होती है। (मन्त्रोपासनामयी लीला ही मानो भक्ति के क्षेत्र में साधन या वैधी भक्ति है)। स्वारसिकी लीला में भगवान स्वयं प्रेम एवं कृपावश अपनी अनन्त लीलाएँ भक्त के लिए प्रकट एवं सुलभ कर देते हैं। मन्त्रोपासना की भी पर्यवसति स्वारसिकी में हो सकती है (जैसे कि वैधी रानानुगा में परिणत हो जाती है।) इस स्वारसिकी अप्रकट-लीला का कोई एक नियत स्थान या समय नहीं है, यह यथावसर विविध स्वेच्छामयी होती है। अपने नाना लीला-प्रवाह रूप में यह गंगा की धारा के समान होती है, जबकि एक-एक लीलावाली मन्त्रोपासनामयी उस एक किसी ह्द, (सरोवर) या ह्रद श्रेणी के समान होती है जो मुख्य धारा से सम्भूत है)।[49]

पौराणिक कृष्ण-लीला के सन्दर्भ में उपर्युक्त विवेचन से सम्बन्धित एक प्रश्न उठाया जा सकता है कि जब स्वरूप, धाम, परिकर आदि सब एक ही हैं, नित्य हैं तब वृन्दावन से मथुरा चले जाने पर कृष्ण का गोप-गोपियों से वियोग अथवा द्वारका-लीला की समाप्ति पर यादवों से वियुक्ति को कैसे समुचित ठहराया जाये? जीव गोस्वामी का जवाब होगा कि वास्तव में प्राकृत प्रकट-रूप में ही यह वियोग है, अप्रकट रूप में वहाँ नित्य-मिलन और विहार ही है। एक ही स्वरूप अनेक प्रकाश प्राप्त करता है और प्रकाश-भेद से अभिमानभेद (सम्बन्ध-भेद) तथा क्रिया-भेद हो जाता है जो अलग-अलग भी सत्य है तथा एक ही समय में भगवत्-स्वरूप अनेक रूपों में अलग-अलग प्रकाशित होकर अलग-अलग लीलाएँ भी कर सकता है। अतः जब एक प्रकट-लीला में वियोग है, तब उसी समय अप्रकट-लीला में संयोग की स्थिति भी बनी रहती है और यह सब भगवान की अचिन्त्य शक्ति के कारण है।[50] यह ध्यान रहे कि गौड़ीय वैष्णवों में 'अचिन्त्य' वह ट्रम्प कार्ड है जिसका प्रयोग प्रत्येक विरोध की शान्ति के लिए वे कर लेते हैं।

परिकर

पीछे हम धाम की चर्चा में परिकर के सिद्धान्त को स्पष्ट करते हुए कह चुके हैं कि परिकर स्वरूप-शक्ति का ही प्रकाश है। इस सिद्धान्त के अन्तर्गत ही गोकुल, मथुरा एवं द्वारका के परिकरों की सार्थकता धाम के साथ ही सिद्ध की गयी है।

रूप गोस्वामी के हरिभक्ति-रसामृत-सिन्धु एवं नीलमणि में इस परिकर को ही विभिन्न प्रकार के भक्ति रसों में अन्तर्भुक्त करने का पाण्डित्यपूर्ण एवं निपुण प्रयास किया गया है। यह भी कहा जा चुका है कि भगवान से कान्ता-भाव का सम्बन्ध ही सर्वश्रेष्ठ माना जाता है—माधुर्य-गुण ही भगवान की ह्लादिनी-शक्ति से सम्बन्धित होता है। ऐसी स्थिति में एक प्रश्न उठता है कि पौराणिक लीला में कान्ता-भाव को अपनाने वाले विविध पात्रों का जो वर्णन मिलता है, उनमें मात्र गोपियाँ ही कैसे श्रेष्ठ हैं? ब्रज में गोपियाँ, मथुरा में कुब्जा और द्वारका में कृष्ण की 1608 महिषियाँ है जिनमें 8 पट्ट-महिषियाँ भी हैं—सभी कृष्ण को पति या प्रेमी के रूप में चाहती हैं, अतः उनमें पुराण द्वारा स्थापित गोपी भाव की श्रेष्ठता को कैसे बनाये रखा जाये?

गौड़ीय तत्त्व-व्याख्याता इसका दो प्रकार से उत्तर दे सकते हैं। प्रथम उत्तर तो स्वकीया-परकीया-भाव के आधार पर दिया जा सकता है। कृष्णदास कविराज ने कुछ इसी लहजे में उत्तर दिया था कि—

परकीय भावेअति रसेर उल्लास
ब्रज बिना इहार अन्यत्र नाहि वास
ब्रजबधूगणेर इह भाव निरवधि
तार मध्ये श्रीराधार भावेर अवधि

(चै.च., आ.ली.परि. 4)

यदुनन्दन ने अपने कर्णानन्द में भी परकीयावाद को ही मुख्यता दी। उनके अनुसार तो जीव गोस्वामी का भी वास्तविक तात्पर्य परकीयाभाव से ही था।[51] आगे चलकर जीव के श्यामानन्द एवं श्रीनिवास ने भी परकीयावाद को ही महत्त्व दिया है। श्री निवास की शिष्य-परम्परा में राधा मोहन ठाकुर ने तो मुर्शिदाबाद के नवाब ज़फ़र अली के दरबार में कहते हैं, स्वकीयावादियों को बिल्कुल निरस्त कर दिया था। इस सम्बन्ध में शीला भट्टारिका के "यः कौमार हरः" एवं रूप के "प्रियः सोऽयं कृष्णः"[52] का बहुधा परकीया-समर्थन में उल्लेख किया जाता है, परन्तु वास्तव में इनकी व्याख्या स्वकीयात्व के आधार पर भी की जा सकती है। इस परकीयावाद को विश्वनाथ चक्रवर्ती ने अपने ग्रन्थों एवं टीकाओं में पूरी तरह स्थापित कर दिया था, परन्तु प्रारम्भ में रूप एवं जीव की विचार-पद्धति स्वकीयावाद के ही पक्ष में थी। यद्यपि उज्ज्वल-नीलमणिकार ने परकीया में शृंगार के परमोत्कर्ष की बात कही है[53] फिर कुछ स्पष्टीकरण करते हुए बताया है कि इस भाव की हीनता केवल प्राकृत नायकों के सन्दर्भ में ही है, 'रसनिर्यासस्वादार्थ' अवतारी कृष्ण के प्रसंग में यह लघुत्व को प्राप्त नहीं होता।[54] वास्तव में परकीया सूत्र का कथन एवं उसका स्पष्टीकरण ठीक भागवत की ही परम्परा में है। भागवत में गोपियों का वर्णन बहुधा कन्या या परस्त्री के रूप में हुआ है—रास के समय कृष्ण की मुरली के स्वर से गृहीतमानस

गोपियाँ अपने सारे घर-गृहस्थी के कार्य, पति, पुत्र आदि को छोड़कर कृष्ण की ओर दौड़ पड़ी थीं।[55] उनके पति, पिता, भ्राता और बन्धुओं ने उन्हें बहुत-कुछ रोका, किन्तु श्री गोविन्द ने उनके चित्तों को ऐसा खींच लिया था कि वे मुग्धा बालाएँ उनके रोके न रुकीं–

ता वार्यमाणाः पतिभिः न पितृभिर्भ्रातृबन्धुभिः।
गोविन्दापहृतात्मानो न न्यवर्तन्त मोहिताः ॥10।29।8

इस प्रत्यक्ष अनैतिक-सी दिखने वाली क्रीड़ा के प्रति परीक्षित ने सन्देह प्रकट किया था कि "जगदीश्वर भगवान श्रीकृष्ण ने धर्म की स्थापना और अधर्म के उच्छेद के लिए ही अपने पूर्ण अंश से अवतार लिया था, फिर धर्मसेतु के वक्ता, स्रष्टा एवं रक्षक होकर भी उन्हींने परस्त्रीगमन जैसा प्रतीप आचरण क्यों किया?[56] भागवतकार ने जो उत्तर दिया था, रूप गोस्वामी का उत्तर ठीक उसी की प्रतिध्वनि है। भागवतकार ने स्पष्टीकरण करते हुए कहा था कि "जो गोपियों, उनके पतियों और सम्पूर्ण देहधारियों के अन्तःकरण में विद्यमान हैं, उन सर्व (बुद्धयादि) साक्षी भगवान ने ही लीला से शरीर धारण कर भूलोक में अवतार लिया था।[57] अर्थात् तत्त्वतः जो समस्त प्राणियों के शरीर और अन्तःकरण में विराजमान रहकर निरन्तर रमण कर रहे हैं, उनके लिए परस्त्री जैसी कोई चीज नहीं है और इसीलिए परदारानिदर्शन जैसा कोई प्रश्न ही नहीं उठता। रसनिर्यासस्वादार्थ अवतारी कृष्ण की बात उठाकर रूप गोस्वामी ने दूसरे शब्दों में इसे ही दुहराया है।

रूप एवं जीव दोनों ही विद्वान स्वकीया के पक्ष में थे। रूप ने ललित माधव नाटक के 10वें अंक में राधा और कृष्ण का विवाह करवाया है। विदग्ध माधव के प्रथम अंक में भी देखते हैं कि राधा का अभिमन्यु गोप से विवाह सच्चा नहीं है, यह केवल योगमाया का कार्य था। यों राधादि कृष्ण की नित्य प्रेयसी है। रूप की ही विचारधारा का अनुकरण करते हुए जीव गोस्वामी ने भी परकीयावाद को मायिक कहकर नित्य प्रेयसीत्व पर ही बल दिया है। उन्होंने स्वकीयावाद का समर्थन नैतिक परम्परा एवं रसशास्त्र दोनों दृष्टियों से करना चाहा है। साहित्य-दर्पण में कहा गया है–"उपनायक-संस्थायां मुनिगुरुपत्नी-गतायां च। बहुनायक-विषयायां रतौ तथानुभयनिष्ठायाम्। प्रतिनायकनिष्ठत्वे तद्वदधमपात्रतिर्यगादिगते। श्रृंगारेऽनौचित्यम्...।"[58]

भक्ति को रस मानने वाले जीव गोस्वामी ने यह सिद्ध करना चाहा कि गोपियों ने कृष्ण को पति के रूप में प्राप्त किया था, जार के रूप में नहीं। जार शब्द का प्रयोग केवल उनके प्रेमाधिक्य की एक मानसिक अवस्था विशेष का द्योतक है।[59] भागवत में आये कात्यायनी व्रत[60] से भी ज्ञात होता है कि कृष्ण की वर के रूप में ब्रजकन्याओं ने वांछा की थी और भक्तवांछाकल्पतरु कृष्ण उनकी कामनाओं को पूरा न करें यह कैसे सम्भव है।[61] इसके अतिरिक्त 'सिद्धान्त-रसशास्त्र-सम्मता' भी इस लीला को उन्होंने माना। जीव ने अपने गुरु रूप गोस्वामी के ललित माधव वाले

राधाकृष्ण विवाह की ओर भी संकेत किया है। जीव के अनुसार गोपियों के साथ न तो गोपों ने कभी विवाह किया और न गोपियों को कभी स्पर्श ही किया। अतः परकीयात्व या परस्पर्शत्व के अधर्म का दोष उन पर नहीं लगता। वस्तुतः गोपों के साथ गोपियों के मायिक शरीर का ही विवाह हुआ था और माया-शक्ति द्वारा उत्पन्न देह के साथ ही गोपगणों का संयोग होता था। इस सम्बन्ध में उन्होंने भागवत के इस श्लोक का भी उपयोग किया है—

नासूयन्खलु कृष्णाय मोहितास्तस्य मायया।
मन्यमानाः स्वपार्श्वस्थान्स्वान्स्वान् दारान् ब्रजौकसः ॥ 10।33।38

अर्थात् भगवान की माया से मोहित हो जाने के कारण ब्रजवासियों ने अपनी-अपनी स्त्रियों को अपने पास ही समझकर कृष्णचन्द्र के प्रति तनिक भी असूया नहीं की।

इसी आधार पर उनका मत है कि यदि कभी पति आदि शब्दों का प्रयोग होता भी है तो उसे बाहरी समझना चाहिए, न कि आन्तरिक।[62] इसी प्रकार पीछे उद्धृत भागवत के श्लोक (10।29।8) में आये पुत्र शब्द के बारे में उनका कहना है कि यह दूसरे के पुत्रों के लिए है क्योंकि पुत्रवती माँ के साथ भी प्रेम-सम्बन्ध रसशास्त्र की दृष्टि से परिपक्व नहीं हो पाता। इस प्रकार भागवत के प्रसंगों का अपने अनुकूल अर्थ करते हुए जीव गोस्वामी की सम्मति है कि गोपियाँ उनकी स्वरूप-शक्ति का प्रकाश हैं, नित्य प्रेयसी हैं, उनके साथ कृष्ण का सम्बन्ध इसलिए अधर्मपूर्ण व्यभिचार का कार्य नहीं है। रूप गोस्वामी के पीछे उद्धृत श्लोक की टीका में भी इस सम्बन्ध में उन्होंने विस्तृत विवेचन करके यही कहा है—तदेव श्रीकृष्णेन तासां नित्यदाम्पत्ये सति परकीयात्वे च मायिके सति...।[63]

ऊपर के विवेचन से यह स्पष्ट है कि जीव और रूप, दोनों गोस्वामी परकीया भाव के समर्थक न थे। परकीया का उल्लेख उन्हें राधा-कृष्णा एवं कृष्ण-गोपियों के परम्परा-प्राप्त रूप के कारण करना पड़ा था। कृष्णदास कविराज को पीछे हमने परकीया-समर्थक रूप में उद्धृत किया है, पर आदि लीला के चतुर्थ परिच्छेद में ऐसे संकेत मिल जाते हैं कि वैकुण्ठ लीला में उपपति-भाव का प्रचार नहीं है—

वैकुण्ठाद्येनाहि ये लीलार प्रचार।
से से लीला करिब पाते मोर चमत्कार।
मो विषये गोपीगणेर उपपति भावे।
योग माया करिबेन आपन प्रभावे।

सम्भवतः परकीया-भावना सहजिया वैष्णवों की देन है। प्रारम्भ में वृन्दावन गोस्वामियों ने इसे पूर्ण शास्त्रीय प्रतिष्ठा नहीं मिलने दी, परन्तु उनके पश्चात् परकीया-भावना इस सम्प्रदाय में पूर्णरूपेण स्वीकार कर ली गयी।

अस्तु, इस उपयुक्त प्रसंगान्तर के पश्चात् हम फिर अपने मूल प्रश्न की ओर

आते हैं कि क्यों वृन्दावन की 'ब्रज गोपरामाणां' को इतना महत्त्वपूर्ण स्थान मिला। इसके लिए एक तर्क तो परकीयावाद का है जो प्रारम्भिक गोस्वामियों को बहुत दूर तक मान्य नहीं है। जीव गोस्वामी ने एक तर्क और दिया है। 'भगवत्-सन्दर्भ' में उन्होंने भगवत्-तत्त्व की स्वरूप-शक्ति को उनकी लीला सहायिका माना है और वहाँ उसका नाम लक्ष्मी बतलाया है लक्ष्मी की भू, कृपा, पुष्टि आदि आठ विशिष्टता रूपी विग्रहों की भी चर्चा की गयी है। द्वारका, मथुरा में स्वरूप-शक्ति महिषी नाम से अभिहित होती है। इनमें से रुक्मिणी स्वयं लक्ष्मी हैं तथा आठों पट्ट महिषियाँ स्वरूप-शक्ति की ही अन्य पहलू भू, कृपा आदि हैं। सामूहिक रूप से वे लक्ष्मी से एकात्म हैं[64] परन्तु गोकुल में कृष्ण की स्वरूप-शक्ति का प्रकाशन ब्रजदेवियों के रूप में हुआ है। वे कृष्ण की श्रेष्ठतम ह्लादिनी शक्ति की विशेष अभिव्यक्ति हैं। इसलिए मथुरा एवं द्वारका की महिषियों से श्रेष्ठ हैं।[65] वे सब-की-सब वृन्दावन-लक्ष्मी हैं—श्री वृन्दावन लक्ष्म्यस्त्वेता एवेति।[66] गोपाल-तापनी उपनिषद् में गोपियों को 'अविद्या-कलाप्रेरक' कहा गया है। इसकी व्याख्या करते हुए लेखक ने कहा है 'आ' का अर्थ है सम्यक्, विद्या परम-प्रेम-रूपा है और कला उनकी वृत्तिरूपा है।[67] ह्लादिनी की तत्तत् क्रियाओं में प्रवर्तक हैं ब्रज बधुएँ—इसलिए तास्तु नित्यसिद्धा एव। ह्लादिनी की सारवृत्ति प्रेम है और उसी के रससार विशेष का उनमें प्राधान्य है एवं इसीलिए उनका प्राधान्य है—

"आसां महत्त्वन्तु ह्लादिनी सारवृत्तिविशेषप्रेमरससारविशेषप्राधान्यात्।"[68]

ये गोपियाँ 'आनन्द-चिन्मय-रस-प्रतिभाविता' कही गयी हैं। अतएव इस प्रेम-प्राचुर्य के प्रकाश-हेतु श्री भगवान का भी इनमें परमोल्लास प्रकाश होता है एवं उसी से भगवान में रमणेच्छा प्रादुर्भूत होती है।[69] इस प्रकार एक भिन्न दार्शनिक आधार पर ब्रज-देवियों को श्रेष्ठता प्रतिपादित की गयी है।

परन्तु समस्त ब्रज-देवियों को नित्यसिद्धा या नित्यप्रिया मान लेने पर एक असंगति सामने आती है। जीव को तटस्था-शक्ति के अन्तर्गत रखा गया है एवं नित्यसिद्धा गोपियाँ स्वरूप-शक्ति के अन्तर्गत नित्य सहचरी हो जाती हैं। ऐसी स्थिति में गोपी भाव की साधना के क्या अर्थ होते हैं? दूसरे शब्दों में हम कह सकते हैं कि नित्य सिद्धत्व साधना की वस्तु नहीं है। इस असंगति से बचने के लिए गोपियों के साधनपरा, देवी और नित्यप्रिया तीन भेद किये गये हैं।[70] पूर्वजन्म की साधना से जो भक्त जन गोपीदेह पाते हैं, वे साधनपरा गोपियाँ है। इनके अनेक भेद किये गये हैं पर उस विस्तार में हमें नहीं जाना। पर साधना द्वारा गोपी भाव की प्राप्ति इस प्रकार स्वीकार कर ली गयी है। जब-जब कृष्ण अंश-रूप में देवयोनि में जन्म लेते हैं, तब-तब उनके सन्तोष-साधन के लिए नित्य प्रियाओं के अंशों का भी जन्म होता है, यही देवियाँ हैं। कृष्ण के ब्रज-अवतरण में यही देवियाँ गोप-कन्याओं के रूप में नित्य प्रियाओं की प्रिय सखी स्थानीय होती हैं।[71]

इस प्रकार देवी के रूप में सखी भाव को इन लोगों ने स्थान दिया। साधनपरा के प्रकार में गोपी भाव को महत्त्व मिला। यह ध्यान रहे कि साधनपरक गोपी-तत्त्व ही जीव का साध्य है, नित्य प्रिया गोपीत्व कभी भी साध्यवस्तु नहीं है, यह नित्य सिद्ध है। यों सब मिलाकर उस सम्प्रदाय में साधना की दृष्टि से गोपी भाव की अपेक्षा सखी भाव का ही उत्कर्ष है।

राधा

पीछे हम कह चुके हैं कि गोपी-लीला एवं राधा-लीला की दो परम्पराओं का समन्वयन गौड़ीय वैष्णवों ने किया है। इस समन्वय में राधा प्रमुख हो उठी हैं एवं अन्य गोपियाँ उन्हीं की अंगभूता या अंशरूपा हो गयी हैं। रूप गोस्वामी ने नित्यप्रिया हरि-वल्लभाओं के नाम गिनाते हुए बताया—

तत्रापि सर्वथा श्रेष्ठे राधा चन्द्रावलीत्युभे।
यूथयोस्तु ययोः सन्ति कोटिसंख्या मृगीदृशः ॥[72]

इन सर्वश्रेष्ठ राधा और चन्द्रावली में भी उनके अनुसार गुणों में अति वरीयसी एवं महाभाव स्वरूपा राधा ही सर्वाधिका हैं—

तयोरप्युभयोर्मध्ये राधिका सर्वथाधिका।
महाभावस्वरूपेण गुणैरतिवरीयसी ॥[73]

इसी से मिलती-जुलती बात जीव गोस्वामी ने भी प्रतिपादित की है। उनके अनुसार इन परममधुरप्रेमवृत्तिमयी में भी राधा तत्सारांशोद्रेकमयी हैं, राधिका में ही प्रेमोत्कर्ष की पराकाष्ठा दिखाई पड़ती है। ऐश्वर्यादि समस्त शक्तियाँ इस प्रेमवैशिष्ट्य का अनुगमन करती हैं, अतः वृन्दावन में श्री राधिका में ही स्वयं लक्ष्मीत्व हैं।[74] यानी ह्लादिनी का सार प्रेम, प्रेम का भी सार भाव और भाव की ही पराकाष्ठा का नाम महाभाव है और राधा ठकुरानी यही महाभावस्वरूपा हैं।[75] तात्त्विक दृष्टि से वे सर्वशक्ति वरीयसी ह्लादिनी शक्ति ही है तथा भगवत् रति की परिणति के सर्वोच्च शिखर महाभाव की साक्षात् विग्रह हैं।[76] वे प्रेम का साक्षात् स्वरूप हैं, उनकी देह प्रेम से विभावित हैं, वे कृष्णा की प्रेयसी हैं। यह समस्त संसार में विदित है।[77] कृष्ण को रसपान कराके वे पूरा काम करती हैं।[78] वास्तव में लक्ष्मीगण, महिषीगण एवं ब्रज देवीगण उन्हीं का अंश हैं। उनमें ब्रज देवीगण आकार-भेद से राधा की ही कामव्यूह रूप हैं। ये रस का कारण हैं, इन्हीं की सहायता से राधा कृष्ण को रसपान कराती हैं। राधा पूर्णशक्ति हैं, कृष्ण पूर्णशक्तिमान हैं। कृष्णदास कविराज ने तो यहाँ तक कह दिया है कि वे वास्तव में एक ही हैं, लीला रस के आस्वादन के लिए ही दो रूपों में वह प्रकट हुए हैं—

राधा पूर्णशक्ति, कृष्ण पूर्णशक्तिमान्
दुइ वस्तु भेद नाहि, शास्त्रेर प्रमाण।
राधा कृष्ण एके सदा एकइ स्वरूप
लीला रस आस्वादिते धरे दुइ रूप ॥[79]

जीव गोस्वामी ने भी इस अभिन्नत्व का निर्भ्रान्त प्रतिपादन किया है—परमशक्ति शक्तिमत्वेनातिशायित-महाभाव-रसेन वा परस्परमभिन्नतां गतयोरैक्येनैव विवक्षते तदिति।[80] अतः वृन्दावन में राधा-कृष्ण की युगलित स्थिति ही कृष्ण का सर्वाधिक सान्द्रानन्द चमत्कारकर प्रकाश है।[81] यहाँ पर दोनों ही नित्य कैशोरावस्था में क्रीड़ा करते रहते हैं, यही लीला एक मात्र आस्वाद्य है। दोनों एक होकर भी लीला के बहाने दो हैं—यह अभेद में भेद अचिन्त्य शक्ति के बल पर है, यही अचिन्त्य भेदाभेद है।

पीछे हम कह चुके हैं कि भगवत्-सन्दर्भ में भक्ति को भी ह्लादिनी शक्ति का ही एक पक्ष माना गया है। राधा भी ह्लादिनी है। भगवान का स्वरूप रसमय है। इस रसमयता का कारण ह्लादिनी शक्ति है। इस शक्ति के द्वारा भगवान स्वयं आह्लादित होते हैं और दूसरों को भी आह्लादित करते हैं। इस प्रकार उनका प्रवेश दोनों ओर है। भगवान के साथ वह लीला-सहचरी बनकर उन्हें रसास्वादन कराती हैं तथा भक्त के हृदय में भक्ति बनकर भगवत् आनन्द में उसे लीन करती हैं। चूँकि ह्लादिनी की सारभूत विग्रह राधा है, अतः राधा का भी दोनों पक्षों में प्रवेश गोस्वामियों ने विवेचित किया है—

ह्लादिनी कराय कृष्णे आनन्दास्वादन।
ह्लादिनी द्वाराय करे भक्तेर पोषण ॥[82]

वस्तुतः इन तत्त्व-विवेचकों ने एक ओर उन्हें कृष्ण की नित्य प्रियतमा के रूप में श्रेष्ठतम स्थान पर पहुँचा दिया, दूसरी ओर भक्ति के क्षेत्र में सर्वश्रेष्ठ भक्त भी कह दिया। इसे हम यों भी कह सकते हैं कि राधा की प्रतिष्ठा स्वरूप-शक्ति की श्रेष्ठतम वृत्ति के रूप में भी की गयी, भगवान के प्रति पाँच मुख्य भाव-सम्बन्धों में भी श्रेष्ठतम कान्तारति के श्रेष्ठतम रूप समर्था रति की अन्यतम प्रतिनिधि भी वे ही मानी गयीं और प्रेम भाव के विकास की श्रेष्ठतम परिणति महाभाव के साथ उन्हें एकात्म दिखाकर सर्वश्रेष्ठ भक्त भी सिद्ध कर दिया गया। इस प्रकार वे सर्वोच्च शक्ति हैं, सर्वाधिक मधुर कान्ता हैं और सर्वश्रेष्ठ भक्त हैं।

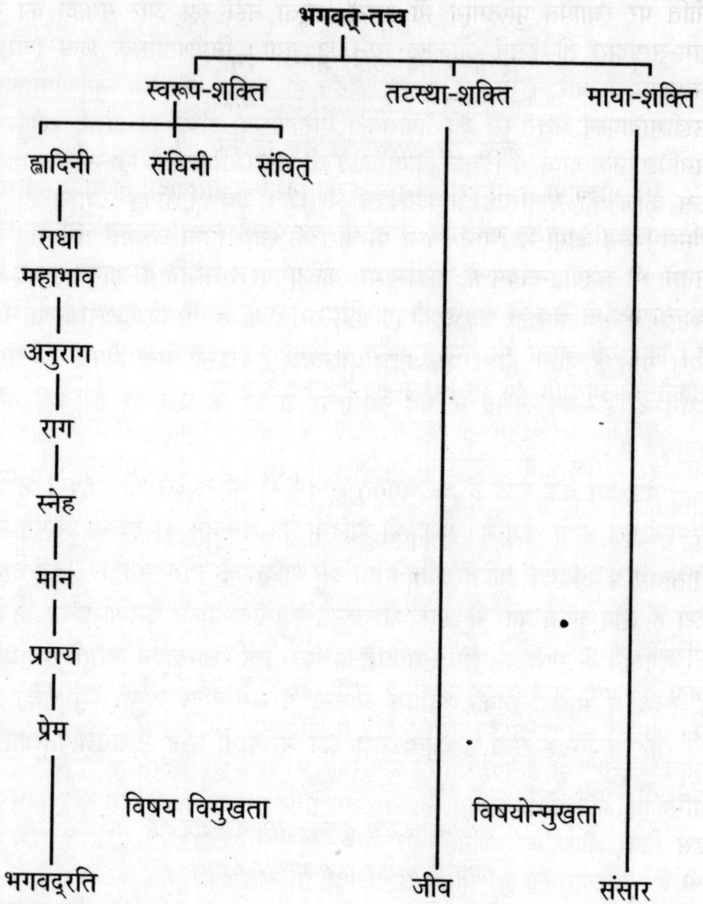

सखी

भारतीय प्रेम-काव्य की अनिवार्य रूढ़ि के रूप में सखी की सत्ता सदैव मान्य रही है एवं जिस प्रकार प्रेम-काव्य की रसनिर्भर नायिका राधा धर्म और दर्शन के सिंहासन पर भली-भाँति आरूढ़ हो जाती है, वैसे ही सखी भी साधना के क्षेत्र में अत्यधिक महत्त्वपूर्ण स्थान को प्राप्त करती है। लगता है कि सखी-भाव धीरे-धीरे जड़ पकड़ता जा रहा था एवं 16वीं शताब्दी में अनेक सम्प्रदायों में अचानक ही फूट पड़ा। हरिदासी, राधावल्लभी एवं चैतन्य सम्प्रदाय इसके प्रारम्भिक उत्स बने एवं बाद को तो इसने अपने समकालीन प्रत्येक सगुण भक्ति सम्प्रदाय को प्रभावित किया। पुष्ट दार्शनिक

नीति पर स्थापित पुष्टिमार्ग भी इससे अछूता नहीं रहा और मर्यादा का स्थापक राम-सम्प्रदाय तो इसमें आकण्ठ मग्न हो गया। निर्गुणोपासक शुक (चरणदासी) सम्प्रदाय के बारे में तो यह कहना कठिन हो गया है कि यह निर्गुणोपासक है या सखीभावापन्न मधुर रस का उपासक। ऐतिहासिक दृष्टि को अलग रखकर केवल मनोवैज्ञानिक दृष्टि से विचार किया जाये तो हमारा विचार है कि सखी भाव-साधना उस काल की मानसिक आवश्यकता भी थी। जब लीलावपु उपास्य हो, जिसके भिन्न-भिन्न धामों में भिन्न-भिन्न परिकरों के साथ नित्य लीलाएँ चल रही हों और उनमें भी लक्ष्मी, रुक्मिणी, सत्यभामा, कुब्जा या राधा जैसी कान्ताएँ भी हों, तब कान्ताभाव के क्षेत्र में अपने को भी प्रिया मानना अपने को कुछ खो देने ही जैसा है। फिर वह लीला भी क्या कुछ कम मोहक है। इसके अतिरिक्त प्रियतमा बन सकने की योग्यता का भी तो सम्पादन करना चाहिए।

मामूली से किसान की लड़की भाग्य से रानी बन जाये यह बात दूसरी है, पर वह किसी तत्कालीन सामन्त या बादशाह की प्रिया बन सकने की अपेक्षा उस समय सेविका ही अधिक बन सकती थी। ऐसी स्थिति में यदि इन साधकों में सखी भाव का प्रचार हुआ हो तो उसे ऐतिहासिक-मनोवैज्ञानिक आवश्यकता ही समझनी चाहिए। ऐतिहासिक दृष्टि से गोपी भाव, राधा भाव एवं सखी भाव—यह विकाम का क्रम रहा है तथा साधनागत विकास की दृष्टि से हमें लगता है कि गोपी भाव की चरम परिणति राधा भाव है। राधा कृष्ण-प्रियतमा होने के साथ-साथ सर्वश्रेष्ठ भक्त भी हैं, जहाँ तक कि अन्य भक्त पहुँच ही नहीं सकते, जिसका दर्शनमात्र दूसरे को भक्ति का आनन्द देने वाला है। ऐसी स्थिति में सामान्य जन के लिए जिस साधनामार्ग की आवश्यकता पड़ी, उसके लिए ब्रज परिकर में सखी की कल्पना की गयी। इस प्रकार प्रेमिकाएँ और भक्त गोपियाँ हैं, श्रेष्ठतम प्रेमिका एवं भक्त राधिका हैं एवं सखियाँ इस नित्य लीला का दर्शन करने वाली हैं। इस विकास के पीछे कुछ अन्य तथ्य भी हैं। भारतीय नैतिक जीवन का आदर्श बहुलतावादी नहीं है, मनोवैज्ञानिक दृष्टि से भी प्रेम की परम निष्ठा एक के ही प्रति हो सकती है—इन तथ्यों ने गोपियों के स्थान पर एक प्रमुख गोपी राधा की कल्पना अनिवार्य करा दी (चाहे वह स्वकीया हो या परकीया। रस के अतिरिक्त भक्ति के क्षेत्र में सेवक-सेव्य भाव भी सर्वथा मनोवैज्ञानिक है। ईश्वर अपने से बड़ा है—भले ही उसे अधिक वैभवशाली न कहकर सर्वतोभावेन रसमय कह दिया जाये, इससे कोई अन्तर नहीं पड़ता—उसके प्रति सेवाभाव अनिवार्य है। अतः जब कान्ता भाव या मधुर रस का जोर बढ़ा, तब उसी के भीतर से सेव्य-सेवक सम्बन्ध पर आधृत सखी भाव भी उभरकर आ गया। पुराने दास्य भाव से इसका अंकुर मात्र इस बात में है कि वहाँ पर प्रभु में विभुत्व अधिक है, यहाँ पर रसमयता प्रधान है। एक दूसरा अन्तर यह भी है कि यहाँ पर सेवा में भी अन्तरंगता अधिक है। स्त्री-पुरुष की रतिकेलि के मध्यकालीन चित्रों एवं मूर्तियों

में सम्भोगकाल में दासियों की उपस्थिति दिखाई गयी है, भक्ति-साधना की दृष्टि से उनमें अन्तरंगता का तत्त्व और जोड़कर सखी का स्थान दे दिया गया। इस प्रकार सखी भाव की साधना मधुर रस के मध्य से सेव्य-सेवक सम्बन्ध का ही पुनरुत्थान है।

चैतन्य सम्प्रदाय में इन सखियों का महत्त्वपूर्ण स्थान है। यह कहना ठीक नहीं है कि चैतन्य सम्प्रदाय में सखी भाव को पर्याप्त स्वीकृति नहीं मिली है। अन्य सखीभावोपासकों में जो कुछ कहा गया है, उसका सारतत्त्व यहाँ पर भी विद्यमान है, पर यह सब कृष्ण की समस्त लीलाओं, उनके बारे में प्रचलित धारणाओं को स्वीकार करके ही है और जिस ढाँचे के भीतर उस सबको स्थान दिया गया है, उसी के भीतर ये भी हैं, अलग से इस भाव को स्फीत उन्होंने नहीं करना चाहा। 'उज्ज्वल नीलमणि' में वर्णित राधा के गुणों में से एक गुण यह भी है कि वे सखी प्रणयाधीना हैं।[83] इन सखियों को भी रूप गोस्वामी की विश्लेषण-प्रवण प्रतिभा ने पाँच भागों में बाँटा है—सखी, नित्यसखी, प्राण सखी, प्रिय सखी और परम श्रेष्ठ सखी। इनके नाम भी गिनाये गये हैं। परम श्रेष्ठ सखियों में ललिता, विशाखा, चित्रा, चम्पकलता, तुंगविद्या, इन्दुलेखा, रंगदेवी और सुदेवी हैं, ये आठों सर्वश्रेष्ठ एवं सर्वगुणाग्रिमा बतायी गयी हैं[84] तथा इनका राधा और कृष्ण, दोनों के प्रति पराकाष्ठा का प्रेम रहता है। कभी राधा के प्रति यह प्रेम अधिक होता है (विश्वनाथ चक्रवर्ती ने अपनी टीका में बताया है कि यह समय वह है जब राधिका खण्डिता नायिका होती है) एवं कभी कृष्ण के प्रति इनका प्रेमाधिक्य हो जाता है (विश्वनाथ चक्रवर्ती के अनुसार जब राधिका मानिनी होती है)।[85] उज्ज्वल नीलमणि के तो दो पूरे प्रकरण ही सखी से सम्बन्धित हैं, सखी प्रकरण एवं सखी विशेष प्रकरण।[86]

कृष्णदास कविराज ने इन सखियों के महत्त्व का बड़ा मनोहारी निदर्शन किया है। उनके अनुसार सखियों के बिना इस लीला की पुष्टि नहीं होती। सखियाँ ही लीला-विस्तारक भी हैं और आस्वाद भी वे ही हैं। सखियों के बिना इस लीला की और कोई गति ही नहीं है। कृष्णदास कविराज स्पष्ट बताते हैं कि जो सखी भाव से इनका अनुगमन करना है, वही राधाकृष्णकुंज-सेवारूपी साध्य को प्राप्त कर सकता है। अत्यन्त गद्गद भाव से वे इन सखियों का अद्भुत गुण बताते हैं (जिसे वे पनकथ्य कथन कहते हैं) कि इन सखियों में कृष्ण संगसुख की स्पृहा नहीं होती। राधिका के साथ ही कृष्ण की लीला कराने में ही उन्हें अपनी केलि से कोटिगुना अधिक सुख मिलता है। राधा स्वयं कृष्ण के प्रेम की कल्पलता हैं एवं ये सखियाँ उस लता के पल्लव, पुष्प एवं पत्रों की भाँति हैं, अतः जैसे लता की जड़ सींचने से पल्लवादि को स्वयं रस प्राप्त हो जाता है, वैसे ही राधा की रस-प्राप्ति ही उन्हें रसपुष्ट करती रहती है—

सखी बिनु एइ लीलार पुष्टि नाहिं हय।
सखी लीला विस्तारिया सखी आस्वादय।।

सखी बिनु एइ लीलार अन्येर नाहिं गति।
सखी-भावे येइ तारे करे अनुगति।।
राधाकृष्ण-कुंज सेवा-साध्य सेइ पाय।
सेइ साध्य पाइते आर नाहिक उपाय।।
सखीर स्वभाव एक अकथ्य कथन।
कृष्ण सह निज लीलाय नाहिं सखीर मन।।
कृष्ण सह राधिकार लीला ये कराय।
निज केलि हैते ताहि कोटि सुख पाय।।
राधार स्वरूप कृष्ण-प्रेम-कल्पलता।
सखीगण हय तार पल्लव पुष्प पाता।।
कृष्ण लीलामृते यदि लता के सिन्चयः।
निज सेव्य हय ते पल्लववाछेर कोटि सुख हय।।[87]

इस प्रकार कृष्ण की प्रेयसी या पत्नी बनकर अंगसंग-सुख लेने के स्थान पर राधाकृष्ण की ही लीला में आनन्द प्राप्त करने का तत्त्व साधना के स्तर पर उभरता है। कृष्णदास कविराज ने तो गोपी भाव एवं सखी भाव को समानार्थक रूप में प्रयुक्त किया है–

अतएव गोपी भाव करि अंगीकार।
रात्रि दिन चिते राधा कृष्णेर विहार।।
सिद्ध देह चिंति करे ताहात्रि सेवन।
सखी भावे पाय राधाकृष्णेर चरण।।
गोपी अनुर्गात बिना ऐश्वर्य ज्ञाने।
भजि लेह नाहि पाय बजेन्द्रनन्दने।।

(चै.च., म. लीला, परि. 8, पृ. 133)

जीव गोस्वामी ने भी बताया है कि नायक-नायिका (राधा-कृष्ण) का स्थायी भाव 'साक्षात् उपभोगात्मक' होता है, पर सखियों में यह 'तद् अनुमोदनात्मक' होता है।[88] जयदेव के गीत-गोविन्द में लीला-आस्वादन का जो तत्त्व हम पीछे स्पष्ट कर चुके हैं,[89] वही साधना की दृष्टि से सखी भाव में परिणत हो जाता है।

हम यह भी कह चुके हैं कि गोपियों को राधा का काय-व्यूह रूप माना गया है। पीछे उद्धृत रूप गोस्वामी एवं कृष्णादास कविराज के कथन से यह भी ज्ञात होता है कि ये सखियाँ भी उनकी काय-व्यूह रूप ही हैं। इस प्रकार सखियाँ भी स्वरूप-शक्ति का ही प्रकाश सिद्ध होती हैं। इसे यों अधिक ठीक से समझा जा सकता है कि राधा जो ह्लादिनी शक्ति है, उन्हीं की वृत्ति भक्ति भी है। वे सर्वश्रेष्ठ भक्त भी हैं और भक्ति रस प्रवाहिका भी हैं। सखियों के रूप में ह्लादिनी की यह भक्तिरसता ही मानो प्रवाहिका होती है। इस दृष्टिकोण की यह स्वाभाविक परिणति है कि यह

भी स्वीकार कर लिया जाये कि राधिका स्वरूपत्व की प्राप्ति या राधा के भाव से कृष्ण की सेवा जीव के लिए कभी सम्भव नहीं है। इसीलिए जीव के सखी भाव की साधना की बात उठती है, परन्तु उस क्षेत्र में भी अपनी दार्शनिक मान्यताओं एवं भक्ति रस-सम्बन्धी स्थापनाओं की संगति के लिए उन्होंने रागात्मिका एवं रागानुगा का सम्बन्ध स्पष्ट कर दिया है। दार्शनिक दृष्टि से सखियाँ ब्रज-परिकर के भीतर सम्मिलित होकर स्वरूप-शक्ति का प्रकाश हो जाती हैं, पर जीव तो तटस्थ-शक्ति है; इसलिए उसकी सेवा वही नहीं हो सकती जो इन नित्य सखियों की होती है। इसलिए स्वातन्त्र्यमयी सेवा और आनुगत्यमयी सेवा—ये दोनों भेद स्वीकार किये गये हैं।

ब्रज की सखियों की सेवा स्वातन्त्र्यमयी (रागात्मिका) है, जीव या साधक की इन्हीं के अनुगमन पर आनुगत्यमयी होती है। यही रागानुगा भक्ति है। इसका तात्पर्य है उन्हीं के अनुरूप सेवा का आचरण तथा श्रवण-स्मरण आदि के द्वारा अनुरूप राग से रुचि उद्‌बोधित करके लीला का रसास्वादन। डॉ. शशिभूषणदास गुप्त का यह मन्तव्य इस सम्बन्ध में द्रष्टव्य है, "राधा-प्रेम ही पूर्ण मधुर रस का रागात्मक प्रेम है, वह एक राधा के सिवा और कहीं भी सम्भव नहीं है। इस राधा की काय-व्यूह स्वरूप हैं सखियाँ, मंजरीगण उन सखियों की अनुगता सेवादासी हैं, श्री रूप मंजरी आदि ये मंजरीगण भी गोलोक की नित्य परिकर हैं; अनुग भाव से उनकी सेवा और लीला-आस्वादन ही जीव का श्रेष्ठ काम्य है।"[90] इस प्रकार की सेवा का ही रूप अष्टयाम की सेवा और लीला में विकसित हुआ है। चैतन्य चरितामृत की भूमिका में श्री राधा गोविन्दनाथ ने सखियों एवं मंजरियों के स्वरूप को और अधिक स्पष्ट किया है। उनके अनुसार, "सेवा के प्रकार भेद से गोपियों को दो मार्गों में विभक्त किया गया है—सखी तथा मंजरी। जो गोपियाँ श्री राधा की समजातीया सेवा से श्रीकृष्ण की प्रीति का विधान करती हैं, उन्हें सखी कहते हैं।....जो श्री राधा-गोविन्द के मिलन एवं सेवा का आनुकूल्य ही सम्पादन करना अपना प्रधान कर्तव्य समझती है, उन्हें मंजरी कहते हैं। ये राधा की किंकरी हैं एवं अन्तरंग-सेवा की अधिकारिणी हैं। अन्तरंग-सेवा में सखियों की अपेक्षा मंजरियों का अधिकार अधिक है। मंजरीगण सखीगण से न्यूनवयस्का हैं। ये भी स्वरूप-शक्ति हैं। साधनसिद्धा गोपीगण सब मंजरी ही हैं। मंजरीवर्ग में नित्यसिद्ध जीव भी हैं।"[91]

हम इस बात को जोर देकर कहना चाहते हैं कि चैतन्य सम्प्रदाय में भागवत् की गोपियों की नित्य प्रेयसी वाले रूप को साधक की साधना के स्तर पर स्वीकार नहीं किया गया। राधा भाव से भजने का तो कोई प्रश्न ही नहीं उठता, साधक के लिए लीला का आस्वादन ही रह जाता है और उसके लिए सखियों के भाव का अनुगत होना पड़ता है। परिकर के रूप में इस लीला का स्मरण और लीला का आस्वादन—यही गौड़ीय भक्तों का परम साधन और साध्य है। गौड़ीय वैष्णव भक्ति रस-दर्शन में सखियों का कितना महत्त्वपूर्ण स्थान है, इस बात पर श्री सुशील कुमार डे के इस

वक्तव्य को उद्धृत करके हम इस अंश को समाप्त करेंगे। डॉ. डे के अनुसार—

चैतन्य-सम्प्रदाय के धर्म-दर्शन (थियोलॉजी) एवं रसशास्त्र में सखी एक महत्त्वपूर्ण व्यक्तित्व है। बिना उसके राधा और कृष्ण की सरस एवं मधुर (शृंगारिक) केलि न तो विस्तारित होती है और न पुष्ट होती है। इस केलि में सखी एवं उसके भाव का अनुकरण करने वाले (रागानुगा ढंग से) भक्त को छोड़कर अन्य किसी का प्रवेश नहीं है।[92]

यहीं पर यह कह देना भी उचित होगा कि प्रारम्भ में तो साधनपरा गोपी भाव की साधना इस सम्प्रदाय में स्वीकार्य रही, परन्तु धीरे-धीरे अन्य सम्प्रदायों के प्रभाव एवं राधा के अधिक उत्कर्ष के साथ (यह परवर्ती सहजियों का भी प्रभाव था जो नित्यानन्द के साथ सम्प्रदाय में प्रविष्ट हो गये थे) सखी भाव का ही प्राधान्य हो गया। पिया-प्यारी की क्रीड़ा का ही शत-शत पदों में गान दिखाई पड़ने लगता है, अन्य गोपियाँ मात्र सखियों के रूप में ही दिखाई देती हैं। स्वयं रूप गोस्वामी की पद्यावली एवं उनके शिष्य माधुरीदास की 'माधुरी वाणी' में यह अन्तर देखा जा सकता है। रूप गोस्वामी में गोपी-प्रेम के चित्र उपलब्ध हो जाते हैं,[93] पर माधुरी वाणी में स्वयं कृष्ण का राधा-संग-विहार ही वर्णित हुआ है। माधुरी वाणी का वक्तव्य सब मिलाकर सखी भावोपासकों के अधिक निकट बैठता है।[94] इस प्रवृत्ति को हम आगे और विकसित होता हुआ 19वीं शती के कवियों में देख सकते हैं।

गौड़ीय वैष्णव-तत्त्ववाद की रूपरेखा

(1) कृष्ण ही परात्पर भगवत्-तत्त्व हैं। ब्रह्म और परमात्मा उनसे हीन कोटि की अवस्थाएँ हैं।

(2) कृष्ण ही अवतारी हैं, शेष अवतार।

(3) कृष्ण की तीन मुख्य शक्तियाँ हैं—अंतरंगा स्वरूप-शक्ति, बहिरंगा माया-शक्ति और तटस्था जीव-शक्ति। इनमें स्वरूप-शक्ति ही श्रेष्ठ है।

(4) स्वरूप-शक्ति के द्वारा ही भगवान अपनी लीला का विस्तार करते हैं।

(5) धाम, परिकर, लीला सब उसी स्वरूप-शक्ति के प्रकार हैं।

(6) स्वरूप-शक्ति की तीन मुख्य वृत्तियाँ—ह्लादिनी, सन्धिनी एवं संवित् है। इनमें ह्लादिनी ही सर्वश्रेष्ठ है।

(7) ह्लादिनी परम मधुर शक्ति है, यही भगवान को नित्य सहचरी राधा के रूप में आनन्द देती है एवं भक्ति के रूप में जीव को लीलारस का आस्वाद कराकर आनन्द प्रदान करती है।

(8) राधा इस प्रकार कृष्ण की सर्वोत्तम ह्लादिनी-शक्ति भी हैं और सर्वोत्तम भक्त भी। उनका और कृष्ण का अन्तर शक्ति और शक्तिमान का है।

(9) धाम गोलोक है। गोलोक और गोकुल में कोई भेद नहीं है।

(10) इस धाम का भी त्रिधा प्रकाश होता है—वृन्दावन (ब्रज), मथुरा और द्वारका।

(11) प्रत्येक धाम का परिकर एवं लीला भिन्न-भिन्न है। इनमें सर्वोत्तम लीला एवं परिकर वृन्दावन धाम का है।

(12) लीला के प्रकट और अप्रकट दो रूप हैं।

(13) भक्त का साध्य न तो नित्यप्रिया गोपीत्व है और न राधात्व की प्राप्ति ही उसका लक्ष्य है।

(14) गोपीनाथ से साधना का तात्पर्य साधनपरा गोपियों का अनुगत्य स्वीकार करना है।

(15) राधात्व की निकटता की दृष्टि से राधा की सखी रूप में लीला का विस्तार, लीला में सेवाभाव और लीला का आस्वादन करने वाले का अनुगत्य है।

(16) साध्य की दृष्टि से भगवान की लीला ही यहाँ साध्य है।

(17) भगवत्तत्त्व चूँकि स्वयं कृष्ण हैं, अतः इस सम्प्रदाय में तात्त्विक दृष्टि से प्रधानता कृष्ण की है। यद्यपि राधा को भी पर्याप्त मान मिला है एवं 17वीं शती से राधा को भी कृष्ण के बराबर स्थान प्राप्त होने लगा था।

(18) प्रारम्भ में भी इस सम्प्रदाय में परकीया को कुछ-न-कुछ स्वीकृति प्राप्त रही है और बाद में तो 18वीं शती तक पहुँचते-पहुँचते परकीया भाव को पूर्णतया प्रधानता मिल जाती है तथा परकीयात्व के ही आधार पर गोपियाँ कृष्ण-प्रियाओं में श्रेष्ठ गिनी जाती हैं।

(19) परकीया-भाव की इस स्वीकृति का परिणाम है कि इस सम्प्रदाय के कवियों ने प्रेम-वर्णन के क्षेत्र में विरह और उत्कण्ठा आदि के प्रभूत रसात्मक चित्र प्रस्तुत किये हैं।

इस सम्प्रदाय की साधना की समीक्षा के संक्षिप्त संकेत

(1) कृष्ण से सम्बन्धित समस्त परम्पराओं को आत्मसात् करने का प्रयत्न हुआ है।

(2) इनमें से दो परम्पराएँ मुख्य हैं—मानवतादि पुराणों एवं महाभारतादि ग्रन्थों में वर्णित कथा एवं काव्य के क्षेत्र में राधा-कृष्ण की ललित प्रेमगाथा।

(3) प्रथम में गोपियाँ, कुब्जा, महिषियाँ, उनकी प्रेमिकाएँ एवं पत्नियाँ हैं दूसरी में राधा। प्रथम में सर्वोत्तम प्रेमिका (इसलिए भक्त भी) गोपिकाएँ हैं एवं दूसरी परम्परा में इस पद की निर्विवाद रूप से अधिकारिणी श्री राधा हैं।

(4) अपने समन्वय में इस सम्प्रदाय के आचार्यों ने पहले तीनों धर्मों ब्रज, मथुरा एवं द्वारका—में ब्रज की गोपिकाओं को श्रेष्ठ माना और फिर इन गोपिकाओं में भी राधा को सर्वोच्च स्थान प्रदान किया।

(5) पर इस समन्वय के बावजूद दो प्रकार की साधनाओं के आदर्श साधक के सामने उपस्थित होते हैं—

(क) पहला आदर्श तो गोपियों का है पर इन्हें स्वरूप-शक्ति कहा जा चुका था; अतः साधनपरा गोपियों के भाव का अनुमान करने का आदेश देकर गोपी भाव की साधना की परम्परा सुरक्षित रखी गयी।

(ख) राधावाद को प्राधान्य दे देने के बाद जिस साधना-पद्धति का उदय हुआ, उसी को सखी भाव कहा गया। कृष्ण एवं गोपिकाओं की क्रीड़ा नहीं, राधा-कृष्ण की केलि का ये सम्पादन और रसास्वादन करती हैं।

(6) इस समन्वय एवं अभिनवीकरण में उन्होंने अपने शक्ति-सिद्धान्त का अत्यधिक उपयोग किया है। बिना इन शक्तियों की कल्पना के यह कार्य सम्भव ही नहीं था।

(7) इसके बावजूद तमाम परस्पर विरोधी दिखने वाली बातों का समाहार एवं समाधान उन्होंने भगवान की अचिन्त्य-शक्ति के बल पर कर लिया है। जब इतनी तर्क-प्रवण मेधा वाले पण्डितों के सम्प्रदाय का यह हाल है, तो सहज ही यह जाना जा सकता है कि भक्तिकाल तर्काश्रित या बुद्धिप्रवण न होकर रागपरक है और इनका दर्शन वस्तुतः रहस्यपरक है। इन साधकों को 'प्रेम-रहस्यवाद' (Love Mysticism) का ही पथिक माना जाना चाहिए।

ब्रजलीला एवं निकुंज-लीला : भिन्नता की मानसिक पृष्ठभूमि

गौड़ीय वैष्णव तत्त्व-दर्शन को तनिक विस्तार से उपस्थित करने का तात्पर्य मात्र इतना है कि पृष्ठभूमि में स्थित दार्शनिक विचारधारा से परिचित हुआ जा सके। मध्यकाल के विविध भक्ति सम्प्रदायों में काव्य-पुराणादि वर्णित लीला को इस प्रकार दार्शनिक स्तर पर व्याख्यायित करने का यह प्रयास अपने आपमें अप्रतिम है। दर्शन की दृष्टि से वल्लभ-सम्प्रदाय बहुत ही पुष्ट एवं दृढ़ है, पर वहाँ भी लीला के बारे में ऐसा सांगोपांग विवेचन प्राप्त नहीं होता। आगे चलकर 18वीं शताब्दी में रामोपासकों ने रामकथा को भी ऐसा ही मोड़ देना चाहा है (उसकी चर्चा हम आगे करेंगे)। लेकिन उस पर गौड़ीय वैष्णव व्याख्या-पद्धति एवं विचारधारा का बड़ा गहरा और व्यापक प्रभाव है। गौड़ीय वैष्णवों के समकालीन अन्य वृन्दावनीय सम्प्रदायों ने साधना के शुद्ध व्यावहारिक धरातलों और अपनी रहस्यानुभूतियों के आधार पर ही इस लीला को ग्रहण किया। पर लगता है कि इस सबके मूल में दार्शनिक दृष्टि लगभग वही रही है जो गौड़ीय वैष्णवों की थी। हमारा अनुमान है कि विष्ण, भागवत, पद्म, ब्रह्मवैवर्त पुराणादि के साथ ही वैष्णवाचार्यों द्वारा कल्पित स्वरूप-शक्ति से सम्बन्धित लीला का दर्शन सामान्यतः स्वीकार कर लिया गया था। इसी कारण अन्य सम्प्रदायों

में भी गौड़ीय वैष्णव-तत्त्वदर्शन से मिलती जुलती अभिव्यक्तियाँ हमें प्राप्त हो जाती हैं, इनमें स्थापना के बाद पारस्परिक आदान-प्रदान का क्रम भी बढ़ता रहा, इसने भी समानताएँ उत्पन्न और विकसित कीं, परन्तु फिर भी कतिपय साधना एवं सिद्धान्तगत अन्तर प्राप्त होते ही हैं।

हमारा अनुमान है कि इस अन्तर का मुख्य कारण है गौड़ीय तत्त्वदर्शन रहस्यानुभूतियों पर आधारित न होकर परम्पराप्राप्त साहित्य की नींव पर खड़ा है। उस साहित्य की व्याख्या अवश्य अपने ढंग से उन्होंने की है, पर व्याख्या में पर्याप्त स्वतन्त्रता की सुविधा होते हुए भी उस सारे साहित्य एवं विचार की अपनी कुछ सीमाएँ और मर्यादाएँ भी होती हैं। यद्यपि स्वयं चैतन्य सम्भवतः मध्यकाल के श्रेष्ठतम एवं गहनतम रहस्यानुभूतियों वाले व्यक्ति थे पर स्वयं उन्होंने कुछ लिखा नहीं है जिससे उस रहस्यानुभूति के आधार का पता लगता। उनके जीवनचरित्रकारों ने जो कुछ चैतन्य के मुख से कहलवाया है, उसके बारे में यह कहना कठिन है कि कितना चैतन्य का है और कितना उनके मुख में जीवनीकारों ने अपनी ओर से रख दिया है। उसकी जीवनी से केवल इतना निश्चित रूप से कहा जा सकता है कि वे कान्ता भाव को स्वीकार करते थे एवं मधुर भाव की अत्यधिक सान्द्र स्थितियों में गहन आवेश में मग्न भी हो जाते थे। अपनी पिछली शब्दावली में कहना चाहें तो कह सकते हैं कि महाभावस्वरूपिणी श्री राधा के भाव का मानो मूर्तिमान विग्रह थे। चैतन्य मतानुयायी तत्त्व-विवेचकों ने कुछ उनसे संकेत लेकर शास्त्रों के आधार पर अपना दार्शनिक, व्यावहारिक साधना का ढाँचा तैयार किया था, परन्तु हरिदासी या राधावल्लभीय सम्प्रदायों में इससे भिन्न स्थिति रही। इनके संस्थापकों स्वामी हरिदास एवं श्री हित हरिवंश ने अपनी रहस्यानुभूतियों को स्वयं ही अभिव्यक्त किया है, इसके लिए किसी आप्त-प्रमाण को उन्हें खोजने की आवश्यकता नहीं पड़ी। उनका अपना अनुभव स्वयं ही प्रमाण रहा।

प्रमाण की दृष्टि से एक और मजेदार विकास हम देख सकते हैं—पुष्टिमार्ग में प्रमाण-चतुष्टय की मान्यता है। गौड़ीय वैष्णवों में केवल भागवत को ही पूर्ण प्रमाण स्वीकार किया गया; परन्तु हरिदासी एवं राधावल्लभीय सम्प्रदायों में भागवत इत्यादि को सम्मान तो दिया गया परन्तु प्रमाण रूप में उन्हें स्वीकार करने का प्रश्न नहीं उठा। अतः प्रमाण स्वानुभव ही रहा।[95] इस तथ्य ने एक-दूसरे परिणाम पर इन सम्प्रदायों को पहुँचा दिया। इन्हें कृष्ण की विविध काव्य पुराणादि वर्णित लीलाओं को शिरसः स्वीकार करके अपने सैद्धान्तिक ढाँचे के भीतर स्थान देने की आवश्यकता का अनुभव ही नहीं हुआ। इसे हम यों भी कह सकते हैं कि कृष्ण-लीलाओं के भीतर सार रूप से जो राधा-कृष्ण के प्रेम का तत्त्व है, उसे ही उन्होंने स्वीकार किया। माता, पिता, गुरुजन, सखा, गोपी, गोप, मथुरा, द्वारका, दैत्यवध, अत्याचारी का विनाश, धर्म की स्थापना आदि जितनी भी बाह्य बातें हैं, उन्हें छोड़कर मात्र आन्तरिक प्रेम-तत्त्व को

स्वीकार किया गया। इसी कारण इन सम्प्रदायों में हमें लीला एक भिन्न स्तर पर दिखाई देती है एवं लीला की इस भिन्न स्तर वाली स्थिति के भीतर ही साधना के क्षेत्र में सखी भाव का चरम विकास हुआ। आगे हम इन सम्प्रदायों की उपास्य, उपासक एवं लीला-सम्बन्धी धारणाओं का विवेचन करेंगे।

सखी (हरिदासी) सम्प्रदाय में उपास्य, लीला, धाम, परिकर एवं साधना-भाव

भक्त-चरित्रों के विश्रुत गायक नाभा जी ने स्वामी हरिदास के बारे में लिखते हुए कहा है—

युगल नाम सौ नेम जपत नित कुंजबिहारी।
अवलोकत रहैं केलि सखी सुख के अधिकारी।।
गानकला गन्धर्व श्याम श्यामा को तोषैं।
उत्तम भोग लगाय मोर मरकट तिमि पोषैं।।
नृपति द्वार ठाढ़े रहै दर्शन आसा जासु की।
आसधीर उद्योत कर रसिक छाप हरिदास की।।[96]

यह छप्पय ही बताता है कि वे युगलोपासक थे, कुंजबिहारी-केलि के सखी भाव से आस्वादक थे तथा ये युगल श्यामा और श्याम थे।

पीछे गौड़ीय वैष्णव-सिद्धान्त-चर्चा में हम भगवत्-तत्त्व पर विचार कर आये हैं। वहाँ पर हमने देखा था कि भगवान और कृष्ण एक ही हैं, अन्य सारे अवतार कृष्ण के ही अंश हैं, पर वे स्वंयं भगवान हैं। वे शक्तिमान हैं और उनकी विविध शक्तियाँ हैं। धाम, परिकर आदि सब शक्तियों का ही प्रकाश है एवं उनकी प्रकट और अप्रकट लीलाएँ चला करती हैं। सखी-सम्प्रदाय में इस प्रकार का कोई व्यवस्थित विवेचन उपलब्ध नहीं होता। इसके कारण का निर्देश हम पीछे कर चुके हैं कि ये साधक रहस्यदर्शी अधिक है, व्यवस्थित नियामक कम। परन्तु फिर भी यत्र-तत्र उनके कथनों से कतिपय निष्कर्ष निकाले जा सकते हैं।

स्वामी हरिदास युगलोपासक थे। उन्होंने अपनी अधिकांश रचनाओं में युगल को सम्बोधित करके या उनका नाम लेकर ही अपनी बात कही है। उनके 'केलिमाल' ग्रन्थ में जहाँ युगल का नाम पूरा-पूरा उद्धृत नहीं भी हुआ है, वहाँ पर अभिप्रेत वही है। केवल 'अष्टादश-सिद्धान्त' के पदों में पन्द्रह पद ऐसे हैं, जिनमें युगल को सीधे सम्बोधित नहीं किया गया है। इन पन्द्रह पदों में भी पाँच पदों में बिहारी अथवा कुंजबिहारी शब्द आया है जो लक्षणा से युगल-रूप का ही बोध देता है तथा तीन पदों में कमल-नैन, आनन्दनन्दिस एवं श्याम शब्द प्रयुक्त हुआ है—शेष 6 पदों में उन्होंने केवल हरि शब्द का प्रयोग किया है।[97]

गौड़ीय वैष्णवों से सखी-सम्प्रदाय का पहला सबसे प्रत्यक्ष और मौलिक अन्तर है

कि जहाँ प्रथम में कृष्ण को स्वयं भगवान कहा गया है, वहाँ दूसरे में कृष्ण नाम ही छोड़ दिया गया गया है। यह बात ही सूचित करती है कि कृष्ण के नाम से सम्बन्धित तमाम व्यक्तियों, घटनाओं, परिस्थितियों, स्थानों एवं लीलाओं को अनिवार्य नहीं माना गया। पीछे हम देख चुके हैं कि गौड़ीय वैष्णवों को इन्हें स्वीकार करने के कारण तमाम समस्याओं के समाधान के लिए अनेक स्तरों पर व्याख्याएँ करते हुए उनके मध्य संगति स्थापित करनी पड़ी थी। पर यह समस्या स्वामी हरिदास के सामने न थी। उनके सम्प्रदाय में कृष्ण नाम को छोड़कर श्याम-श्यामा, कुंजबिहारी-बिहारिनि, लाल-लाड़िली, लाड़िली-लाड़िले, प्रिया-प्रियतम, छबीलो-छबीली आदि शब्दों का प्रयोग हुआ है। न वे नन्द-नन्दन हैं और न वे वृषभानुनन्दिनी। राधा नाम अवश्य सम्प्रदाय में प्रयुक्त हुआ है। राधा के साथ चूँकि ऐश्वर्य की पूर्व-कल्पित परम्पराएँ न होकर प्रेयसी का उद्दाम रूप ही सम्बद्ध था, इसी कारण राधा सम्भवतः स्वीकार्य रहीं। वास्तव में कृष्ण नाम स्वीकार करने ने बाद एक प्रश्न उठता है कि कृष्ण तो द्वापर में हुए थे, उसके पहले और बाद की क्या स्थिति रही? अवतार के सन्दर्भ में काल-विशेष का दोष आ जाता है। चैतन्य-मतानुयायियों ने इस समस्या का उत्तर नित्य प्रकट एवं अप्रकट लीला कहकर दे दिया था। पर स्वामी हरिदास अपने उपास्य को अत्यन्त सहज भाव से एक-देशीयता से छुटकारा दे देते हैं। उनके अनुसार गौर-श्याम वर्णी यह जोड़ी सहज ही प्रकट हुई है। तात्पर्य यह कि ये नित्य और अजन्मा हैं। किसी एक काल में ही उनकी विद्यमानता न कहकर यह स्वीकार किया है कि यह जोड़ी पहले भी थी, अब भी है और आगे भी रहेगी। सौन्दर्य के क्षेत्र में तो वे आगे हैं ही, समवयस् भी हैं—

माई री सहज जोरी प्रकट भई रंग की गौर श्याम घनदामिनि जैसे।
प्रथमहुं हुती अबहूं अगेहूँ रहहिं न टरिहै जैसे।
अंग अंग की उजराई सुघराई चतुराई सुन्दरता ऐसे।
श्री हरिदास के स्वामी स्यामा, कुंजबिहारी समवैस वैसे।[98]

स्वा. बिहारिणि दास जी ने मानो इसे ही स्पष्ट करते हुए कहा है—

मेरे नित्य किशोर अजन्मा
बिहरत के प्राण द्वै तन्मा।[99]

इस युगल-रूप के प्रकटीकरण एवं क्रीड़ा की सहजता, स्वाभाविकता एवं अलौकिकता की ओर अत्यन्त लाक्षणिक संकेत करते हुए उन्होंने कहा है—

रुचि के प्रकास परस्पर खेलन लागे। [100]

वे रुचि या प्रेम के प्रकाश हैं, यह तथ्य भी अत्यधिक महत्त्वपूर्ण है यानी श्याम-श्यामा वास्तव में एक अन्य तत्त्व-रुचि या प्रेम या रस के प्रकाश हैं। गौड़ीय वैष्णव-सिद्धान्त में हमने देखा था कि राधा कृष्ण की स्वरूप-शक्ति का प्रकाश है, उनका सम्बन्ध शक्ति और शक्तिमान का है, पर यहाँ एक ही तत्त्व रुचि के ये दोनों

ही प्रकाश हैं और इस प्रकार शक्ति-शक्तिमान वाली व्याख्या की आवश्यकता नहीं पड़ती। इस उपपत्ति का परिणाम है कि दोनों को समानता का स्तर प्राप्त हो जाता है। 'परस्पर खेलन लागे' कथन प्रकटीकरण की अलौकिकता, पारस्परिक प्रेम-भावना एवं क्रीड़ा-परायणता की ओर संकेत करता है।

इस सहजता, अनादि तत्त्व आदि को ध्यान में रखने के कारण ही सम्भवतः स्वामी बिहारिणि दास (इस सम्प्रदाय के सर्वश्रेष्ठ सिद्धान्त-व्याख्याता) ने कहा था—

मन नसा आसा मगन तन की कछू न सम्भार।
श्री बिहारीदास नाम न कहै निरषै नित्य बिहार ॥
नामी नाम न भावई तन मन मनसा प्रान।
आसा दास विहार कियौ बसि रसिकाने धाम ॥
नाम न कछु विहार बिन ठाली नाम निवारि।
नामी नाम सुहावनौ जब देख्यो करत बिहार ॥
कहा नाम नामी कहा सखी सुख पूछौ तोहिं।
तन मन मगन बिहार में तहाँ ढूढ़ि ले मोहिं ॥[101]

इस प्रकार मुख्य बात नित्य-बिहार है, नाम नहीं। तात्पर्य यह कि इस युगलरूप का मुख्य परिचय नाम से नहीं नित्य-विहार-तत्त्व से दिया जा सकता है। यदि कोई नाम दिया भी जायगा तो युगल के पारस्परिक बिहार, प्रेम एवं केलि को प्रकट करने वाला ही होना चाहिए। यों नाम और नामी का सम्बन्ध अन्यत्र उन्होंने बीज एवं तरुशाखा का माना है जिसमें साधनरूपी अपार पुष्प खिलते हैं।[102]

वास्तव में युगल एक ही हैं, केवल इच्छा से ही दो होते हैं। इसी कारण बहुत-से लोग इस सम्प्रदाय के दर्शन का नाम 'इच्छा-द्वैत' बताते हैं। पर वास्तव में इच्छा से दो होने का सिद्धान्त लगभग सभी वैष्णव-सम्प्रदाय स्वीकार करते हैं। अन्तर इतना ही है कि यहाँ पुरुष-तत्त्व (श्याम) की ही प्रधानता नहीं है। दोनों को समान पद प्राप्त है। बिहारिणि दास ने उनके एकत्व की एक बड़ी अनोखी उपमा दी है कि चना जैसे एक ही होता है पर उसके भीतर दो दालें हो जाती हैं, वैसे ही एक होते हुए भी ये दो हैं—

बहुत भाँति इनको कहै श्री बिहारिणि दास विचारि।
विकल बिना आलिंगनै एक चना द्वै दारि ॥[103]

अथवा जैसे एक ही मूल के दो स्कन्ध एक ही समय में होते हैं, वैसे ही ये भी हैं—

एक मूल अस्थूल लौ, द्वै स्कन्ध समवैस।[104]

यह जोड़ी ऐसी विचित्र बनी है, जैसी कि किसी ने न देखी है, न सुनी है और न मानी है।[105] ये प्यारे को प्यारी अच्छी लगती है और प्यारी को प्रियतम बहुत भाते हैं, दोनों को ही युगल किशोर जानना चाहिए।[106] जैसे 'घन-दामिनी' सदा साथ रहते हैं, वैसे ही ये भी हैं। ऐसी अद्भुत जोड़ी है कि मन, वचन और कर्म से इन्हीं का

संग करने का मन होता है फिर और किसी ओर दृष्टि टलती ही नहीं है।[107] जिस प्रकार पृथ्वी में गन्ध है परन्तु उसका रूप सूक्ष्म है, उसी प्रकार श्याम के रूप में गौर अंश सूक्ष्म रूप से विद्यमान ही रहता है–

ज्यों पृथ्वी में गन्ध है सूक्षम धरे सरूप।
यों गौर स्याम में मिल रह्यौ भिन्न न कहिये रूप।[108]

न ये लक्ष्मी और नारायण हैं और न ही ये ब्रज के राधाकृष्ण हैं–वे लोग तो इनके रस के लिए ललचाने और बिललाते रहते हैं–

अभिमानौ दरवान ज्ञान की कौन कहै कुसरात।
याही तै दुर्लभता सबकौ लछिमीपति ललचात।
यद्यपि राधा कृष्ण बसत ब्रज बिन बिहार बिललात।[109]

वेदादि में जो निर्गुण ब्रह्म की चर्चा आती है, मुनिगण जिस निराकार की बात कहते हैं, वह सब इन नित्य-बिहारी की आभा मात्र है–

निर्गुण ब्रह्म जो बर्नत वेद, ताकौ सुनौ जुदो इक भेद।
सो नित्त बिहारी की आभा आहि,
निराकार मुनि बदत जो ताहि।[110]

यदि कोई यह प्रश्न करे कि विविध अवतारों का कारण क्या है तो स्वामी रसिक देव का उत्तर होगा कि इन अवतारों के उद्भव का कारण युगल का यह नित्य-विहार ही है–

नारायण आदि सकल औतार, तिन कारन नित्य विहार।[111]

यों वे और किसी के आश्रित नहीं हैं पर मन के लिए तो कोई सहारा चाहिए और वे अगोचर भी हैं, अतः दिखाई कैसे पड़े। मन इस दिव्य केलि-रूपी आलम्बन के सहारे टिका रहता है, इस प्रकार लीला का भी कारण नित्य विहार प्रतीत होता है।[112] यह अंग हमें सूरदास के "अवगति गति कछु कहत न आवै" को याद दिला देता है। स्वामी ललितकिशोर देव ने इस नित्य विहार-लीला का कारण प्रभु का वह अनुग्रह माना है जो सखी को आनन्द देना चाहता है, अन्यथा उनका रूप तो वेदों के लिए भी अलख और अगोचर है–

निगम अगोचर अलख है क्यों हू लख्यौ न जाय।
प्रेम सहचरी भाव सों युगल रूप दरसाय।[113]

यो दोनों ही विहार के इतने लालची हैं कि इनके बिना जो समय बीतता है, वह उनके शरीरों को अत्यधिक शिथिल कर देता है, उन्हें वे विरह के क्षण प्रतीत होने लगते हैं–

व्याकुल विरह विहार बिनु नखसिख लोभी लीन।
श्री बिहारिणि दास अंग सिथिलई स्वासन गनत अधीन।[114]

इनके विहार को ही लेकर सखी-सम्प्रदाय के भक्तों ने सहस्त्रों दोहों, पदों, कवित्त,

सवैयों में रस की धारा बहाई है। पर किसी को यह न समझना चाहिए कि इनके विहार में प्राकृतिक मल-मैथुन या काम का आवेश है—

इनके मल मैथुन कछु नाहीं, ए दिव्य देह विहरत बन माँहीं
काम प्रेम रस विवस विहारी, सावधान सहचरि सुकुमारी।[115]

इस अलौकिक काम-प्रेम के रस में वे इतना मग्न हो जाते हैं कि उन्हें अपनी सुधबुध ही नहीं रहती। सावधान सखी उनकी चिन्ता ऐसे क्षणों में करती है।

ऊपर के विवेचन से यह स्पष्ट हो जाता है कि सखी-सम्प्रदाय का उपास्य गौड़ीय वैष्णवों से पृथक् है। वहाँ पर उसे सत्-चित्-आनन्द कहा गया है, पर इनकी विहारिणी और वल्लभ उसमें भी उज्ज्वल है—

विहारिनि वल्लभदुर्लभ जानूँ।
सत् चिद् आनन्द ब्रह्म जोति तिनहूँ ते उज्ज्वल मानूँ।[116]

युगल में प्रधानता

जब उपास्य का रूप युगल हो जाता है, तब यह प्रश्न बहुत समीचीन नहीं रहता कि दोनों में कौन श्रेष्ठ है पर इधर हिन्दी समीक्षा के क्षेत्र में जब से युगलोपासना और सखी-भाव को महत्त्व प्राप्त हुआ है, तब से घुमा-फिराकर राधा को अधिक महत्त्वपूर्ण सिद्ध करने का प्रयास किया जाता है और इस राधा-प्रथा को इन सम्प्रदायों का विशेष प्रदेय माना जाता है।[117] इस साहित्य के आन्तरिक अध्ययन में मुझे यह निष्कर्ष एकांगी प्रतीत होता है। यह सत्य है कि राधा की श्रेष्ठता-सम्बन्धी अंश इस साहित्य में यथेष्ट है परन्तु कुंजबिहारी को ही श्रेष्ठतम मानने वाले उद्धरणों की भी कमी नहीं है। वास्तव में ये श्रेष्ठताएँ सापेक्षिक हैं और भिन्न-भिन्न स्तरों पर है। जहाँ पर सैद्धान्तिक परात्पर तत्त्व आदि की चर्चा आ जाती है और अवतार, सृष्टि आदि के प्रसंग आ जाते हैं, वहाँ पर कृष्ण की श्रेष्ठता का निदर्शन होता है; परन्तु जहाँ पर निकुंज-विहार की प्रेम-पद्धति है, वहाँ पर राधा अधिक गम्भीर एवं प्रधान दिखाई देती है। पर यह विशेषता तो प्रेम भाव के कारण है। गौड़ीय वैभवों ने महाभाव की जिस अवस्था का तादात्म्य राधा के साथ किया था, उसी की अत्यन्त स्वाभाविक परिणति प्रेम के प्रदेश में राधा की यह श्रेष्ठता है। इसके अतिरिक्त ह्लादिनी-शक्ति की जिस भक्ति का आनन्द देने वाली वृत्ति की चर्चा हम पीछे कर चुके हैं, उसके अनुसार राधा को उपास्य मानना कृष्ण की अवमानना नहीं है। इसी प्रकार जैसे कि स्वा. हरिदास या गुरु को भी उपास्य से भी कभी-कभी अधिक महत्त्व देना युगल रूप का अपमान नहीं है। अपना स्त्री-सुलभ कोमलता से राधा भक्त के लिए अधिक सुलभ है तथा राधा एवं सखी दोनों के ही स्त्रीरूपा होने से तत्सुखित्व का भाव भी अधिक सहज एवं स्वाभाविक हो जाता है। कृष्ण को उपास्य-रूप में अधिक मान्यता

देने से गोपी भाव से कृष्ण को कान्त मानने की अभिलाषा भी जाग सकती है। हमारा विचार है कि प्रधानता-सम्बन्धी द्वैत की स्थापना इन सम्प्रदायों की युगलोपासना एवं नित्य-विहार की आत्मा के विरुद्ध है। अस्तु, अगले पृष्ठों में हम 'विहारी' एवं 'विहारिणी' दोनों के स्वरूप को स्पष्ट करने का प्रयास करेंगे।

प्रियतम

अपने अष्टादश-सिद्धान्त के पदों में स्वा. हरिदास ने उन्हें हरि नाम से सम्बोधित करते हुए बताया है कि उनकी मायाबाजी विचित्र रूप से फैली हुई है और उसमें मुनिगण तक भ्रमित हो जाते हैं।[118] मृगतृष्णा-रूपी जग में हरि का ही सब खेल व्याप रहा है।[119] इसको प्रत्येक दिन वे बुनते भी हैं और उधेड़ते भी है, इस प्रकार प्रपंच के इस सागर (जगत्) का निर्माण और विनाश सब उन्हीं की माया है—

निशिदिन बुनत उधेरत जात प्रपंच कौ सागर।[120]

संसार को माया का परिणाम एवं माया को भगवान से सम्बद्ध करके वे वैष्णव-तत्त्व-दर्शन एवं सृष्टि-क्रिया के मानने वाले ही सिद्ध होते हैं। जो कुछ प्रभु चाहते हैं, वही होता है। जीवन कितना ही फड़फड़ाये, पर प्रभु-इच्छा के पिंजड़े में बद्ध है और उसी के अनुरूप वह कार्य कर सकने में समर्थ होता है—

ज्यों ही ज्यों ही तुम राखत हो, त्यों ही त्यों रहियतु हौं हरि,
और तो अचरचे पाइधरौं, सो तो कहौ कौन के पेड़ भरि।
यद्यपि कीयौ चाहौ अपनौ मनभायौ,
सो तो क्यों करि सकौ राख्यौ हौं पकरि।
कहि श्री हरिदास पिंजरा को जनावर ज्यों,
फड़फड़ाय रह्यो उड़िबे को कितोउ करि।[121]

उनके परात्परत्व की ओर सखी-सम्प्रदाय के श्रेष्ठ व्याख्याता स्वा. बिहारिणी देव जी ने बड़े स्पष्ट संकेत किये हैं। उनके अनुसार वे मात्र अपनी इच्छा से लीला-शरीर-रूपी विग्रह भारी बनते हैं, अन्यथा वे तो अवतारी हैं और सब भले ही अवतार हों। लक्ष्मीपति नारायण ही नहीं, ब्रजाधीश कृष्ण के लिये भी वे सुलभ नहीं हैं, उनसे बड़ा और कौन अधिकारी है—सबसे बड़े वे स्वयं हैं। ईश्वरों के भी ईश्वर हैं। अन्य अवतार उनकी अंशकलाएँ हैं, भृकुटमणि कुंजबिहारी अवतारी हैं, पति हैं—

इच्छा विग्रह धर लीला वपु सब अवतारन पर अवतारी।
लक्ष्मीपति ब्रजपति कौ दुरलभ, इनते कौन बड़ी अधिकारी।।[122]

एवं

सकल ईश के ईश हैं, अंशकला अवतार।
श्री कुंज बिहारी मुकुटमणि, अवतारी भरतार।।[123]

अथवा

निर्गुण ब्रह्म जो बरनत वेद, ताकौ सुना जुदो इक भेद।
सो नित्त बिहारी की आभा आहि, निराकार मुनि बदत जु ताहि।।[124]

या

अंस कला सब अवतारनि को अवतारी भरतार।[125]

ऐसे विराट् को यह समझना भी भूल होगी कि वे चतुर्भुज हैं, षड़यन्त्र हैं या कि ब्रजेश्वर कृष्ण हैं; वे मात्र द्विभुजधारी हैं। हाँ, अनुपम कुंजबिहारी अवश्य हैं। इस प्रकार अत्यन्त कोमल मानवीय स्तर पर उनकी कल्पना की गयी है–

चतुर्भुज छभुज भये ब्रजभूप, कुंजबिहारी दुभुज अनूप।[126]

यद्यपि उनका अन्त कोई नहीं पाता,[127] पर फिर भी जो पण्डित लोग माहात्म्य का मिश्रण करके उनके स्वरूप का वर्णन करते हैं, वे मानो इस माहात्म्य के आधार पर व्यापार करते हैं :

कागद मसि लिखि लीक लिवारी, बहुमत रत पण्डित पटवारी।
महातम मिश्रित ते रुज़िगारी, जना जाति वंचित जंजारी।[128]

यह माहात्म्य-रहित कहा जाने वाला अत्यन्त कोमल मानवीय व्यक्तित्व सदा सर्वदा सबके ऊपर है और नियन्ता है। कोई यह भी न समझे कि उनमें लीला का अभाव है–"यह लीलासागर नटनागर अपनी रुचि में रमावे"।[129] सबका यह स्वामी आदि, मध्य एवं अवसान सभी में एक-रस रहता है।[130] वास्तव में स्याम ही एकमात्र सिंह हैं–शेष सभी तो शृगालवत् हैं।[131] वस्तुतः अपने-अपने भाव के अनुसार ही लोग अपने उपास्य को देखते हैं। रसिकों के लिए तो मोहन अत्यन्त मृदुल वेषधारी हैं। यों सखी सम्प्रदाय के आचार्य ब्रज-लीलाओं को तिरस्कृत नहीं करते, उनके अनुसार ब्रज-लीला आदि के उपासक उन लीलाओं में भी उसे देख लेते हैं (पर उसका रूप तो वही है जो रसिकों को दृश्यमान है।)–

जिहिं जैसा तिनि तैसा देखा, रसिकन कौ मोहन मृदु भेसा।
विधि निषेध तजि भक्ति कर निदरि,
दुविधा गये हिये आवे दृष्टि।
इक मन साधन कर वृज जाई, इक चितचीर हरन सुखदाई।
मुरली रब रसिक रमाई, ते बनिता सथ जूथ कहाई।[132]

परन्तु जैसा कि ऊपर संकेत कर चुके हैं, प्रेम के क्षेत्र में, निकुंज-लीला के क्षेत्र में यही अवतारी, भरतार माया की बाजी पसारने वाले कोटि-काम लावण्य-विहारी राधा का मुख जोहते रहते हैं–उनकी कृपा की अभिलाषा रखते हैं। राधा की छाँह से ही उनमें सुधराई आयी है।[133] उनका मन होता है कि प्यारी के प्राण से प्राण मिले रहें एवं तन में तन समाया रहे, आँखों से आँखें लगी रहें राधा के वशीभूत उन्हें भ्रूक्षेप भी बरदास्त नहीं है।[134] उनकी जितनी विभुता हम पीछे

देख चुके हैं, वह सब प्रेमराज्य के लिए नहीं हैं। यहाँ तो महत्ता-सूचक ठाकुर सम्बोधन उन्हें संकुचित कर देता है। प्रिया की जूठन खाने के लिए वे लालायित रहते हैं एवं सखियों से याचना करते हैं कि प्यारी के साथ मुझे बिहार का अवसर प्रदान करती रहो। स्वा. विहारिणि दास ने इन कोमल, चतुर चिकनिये लाल के लिए लिखा है—

अति टौंड़क अति चिकनिया, अधिक चतुर इतराइ।
कितै विमौ कित ठकुरई जूठन को ललचाइ।
जाचै जूठन पाइये, पां परि हा हा खाइ।
जौ ठाकुर करि बोलियै, सकुचि तनकु हवै जाइ।
ताहि सुहाई न ठकुराई बड़ो प्रताप विस्तार।
जाचत है दिन जीव का सखी मोहि अहार विहार।
प्रान पलित पाइनि परै परसै होत निहाल।
यहै दसा सेवत सखी दूलह दुलहिन लाल।[135]

राधा

हम यह पहले ही कह चुके हैं कि राधा का परम्परा-प्राप्त स्वरूप प्रेम-मूर्ति का था। ऐश्वर्य, वैभव की परम्पराएँ उनके साथ सम्बन्धित नहीं थीं। इसी कारण राधा को स्वीकारने में उन्हें बहुत संकोच नहीं हुआ। पर इस काल तक राधा ब्रज-लीलाओं के भीतर अनन्य भाव से गुम्फित हो चुकी थीं। इसी कारण 18वीं शती के आचार्य ललितकिशोरी देव को यह बात कहने की आवश्यकता पड़ी कि ये राधा न तो ब्रज की हैं और न ही रास-विलास वाली हैं। यह तो तीसरी राधा हैं जो कुंज में हरिदास द्वारा दुहराई जाती हैं यानी कि जो निकुंज-लीला-विलास में मग्न हैं, वे ही ये हैं। न तो इनका जन्म होता है, न कर्म—दोनों ही समान वय वाले एक रस निकुंज-विहार में रत रहते हैं। यह तो साधक की रुचि पर निर्भर करता है कि उन्हें राधा कहे या कुंजविहारिणी संज्ञा से सम्बोधित करे। वास्तव में नाम और नामी (वस्तु) में अभेद है, भेद लीला का परिणाम मात्र है—

एक राधा ब्रज में बसैं एक राधा रास विलास।
तीजी राधा कुंज में दुलरावै हरिदास।
राधा नाम विभाग करि समझौ रसिक सुजान।
जनम कर्म जाको नहीं इकरस वैस समान।
भावै तो राधा कहौ, भावै कुंजविहारिणि नाम।
नाम वस्तु अभेद है, लीला भेद परिणाम।[136]

कालिदास की उक्ति "क्षणे क्षणेयन्नवतामुपैति तदेव रूपं रमणीयतायाः" उनके

लिए पूरी तरह लागू होता है। प्यारी राधा का मुख ज्यों-ज्यों लाड़ले देखते हैं, उन्हें प्रतिक्षण नया ही लगता है—

प्यारी जू जब जब देखौं तेरो मुख तब तब नयौ नयौ लागति।[137]

उनका मुख नहीं है मानो अमृत की पंक है, जिसमें प्यारे के नयन फँस गये हैं।[138] वास्तव में कृष्ण की जितनी भी सुघराई है, सब उन्हीं की छाँह में रहने के कारण है—

सुधर भये बिहारी याही छाँह ते।
जे जे गटी सुधर जानपने की ते ते याही बाँह ते।[139]

स्वयं प्यारे अपने मुख से कहते हैं कि जहाँ-जहाँ प्रिया के चरणों की छाप पड़ती है, वहीं-वहीं उनका मन छाया करता रहता है—

जहाँ जहाँ चरन परत प्यारी जू तेरे तहाँ—
तहाँ मन मेरौ करत फिरत परछाहीं।[140]

यों तो ब्रह्माण्ड में अगणित नारियाँ हैं, वे रूपवती एवं चित्ताकर्षिणी भी हैं पर जो शोभा, जो सौन्दर्य, जो सुषमा इनमें है वह न देव-नारियों में है, न नाग-नारियों में और न किसी और महिला-समाज में। इसके अतिरिक्त यह भुवन मोहन सौन्दर्य न पहले सुना गया है, न अभी है और निश्चित रूप से आगे भी नहीं होगा—

देव नारि नाग नारि और नारि
ते न हौंहि और की औरै।
पाछे न सुनी ऐसी अबहूँ आगे हू न ह्वै है,
यह गति अदभुत रूप की अद्‌भुत और की औरै।[141]

लाल को इसी बात का भय रहता है कि प्यारी जी कभी उनसे कुमया न कर जायें—

प्यारी जू एक बात कौ मोहि उर आवत है री।
मति कबहूँ कुमया करि जांति।[142]

वास्तव में किशोरी ही सुख का सार-समूह हैं। रूप की आगार, रंग की साक्षात् सागर, परम विचित्र एवं अत्यन्त लोभी श्यामा जी के आगे श्याम सदैव आधीनी करते हैं।[143] श्याम भोक्ता है एवं श्यामा भोग्या हैं, अपने इस रूप में वे आलम्बन रूप भी हो जाती हैं, यही उनकी प्रधानता है। इसी रूप में वे लाल के प्राणों का पोषण करती हैं, सम्पूर्ण सुख देती हैं एवं प्रिय के जीवन के लिए रसिकता का आगार हैं—

भोगी स्याम भोग हैं प्यारी, पोषत प्राण लाल हितकारी।
स्वामिनि सब सुख पूरण दानि, पिय की जीवन रसिक निधानि।[144]

भोग्य की इस सहज प्रधानता के वशीभूत होकर अपने प्रताप को दुराकर पति रति की याचना करते हैं, अपनी इस रसरीति को प्रकट करने के बाद के प्रिया के चरणों में प्रणत होकर अपने को धन्य मानते हैं, वे सबके स्वामी हैं, पर उनकी भी स्वामिनी राधा हैं—

मानदान दे प्रान प्रिया पति रति जाचत परताप दुरायन।
बिनु रसरीति प्रतीति प्रकट करि धन्य जन्म मानत परि पायन।
कर कंकन दरपन देषहु न श्रीविहारिनि दास लहै मन भाइन।
सब ठाकुर कौ ठाकुर हरि ता ठाकुर कौ ठाकुर ठकुराइन।[145]

इस प्रेमावेग में ही एक अन्य स्थान पर वे सर्वोपरि कुंजविहारिनी रानी बता दी गयी हैं। यहाँ तक कि ब्रजराज भी उनकी प्रजा है।[146] इस प्रेमाधिक्य के कारण ही प्रिया की भौंह का मैला होना भी लाल के लिए प्राणान्तक होता है।[147]

यों एक स्थान पर यह भी प्रतीत होता है कि कृष्ण की अनेक वल्लभाएँ थीं। राधा मान किये हैं, सखी उनसे आकर कहती है कि यदि सर्वोपरि होना चाहती हो तो चलो–

आजु त्रनु टूटत है ललित त्रिभंगी पर।
चरन-चरन पर मुरली अधर धरै, चितवनि बंक छबीली भू पर।
चलहु न बेगि राधिका पिय पै, जौ भयो चाहति हौ सर्वोपरि।[148]

परन्तु इस एक ही प्रसंग को अधिक खींचना उचित न होगा। इसके अतिरिक्त सर्वोपरि की व्याख्या अन्य अर्थों में भी की जा सकती है।

परन्तु जैसा कि पीछे हम अपना मन्तव्य प्रकट कर चुके हैं, राधा की यह प्रधानता निकुंज-लीला के प्रेमाधार को दिखलाने के लिए है। उनका वास्तविक रूप युगल का ही है–प्रधानता-अप्रधानता की यहाँ चर्चा नहीं होनी चाहिए। पर इतना अवश्य ध्यान रहे कि गौड़ीय वैष्णवों जैसा शक्ति एवं शक्तिमान का यहाँ पर कोई विभाजन नहीं है। इन दोनों के मध्य निरवधि नित्य-विहार की केलि होती रहती है। इस केलि-महारस में ही वे भी डूबे हैं एवं सखियाँ भी इसी रस में आनन्द लाभ करती रहती हैं। विहारिणिदास ने दोनों का समन्वय एक स्थान पर अत्यन्त सुन्दर रीति से किया है। उनके अनुसार 'विहारिणी' पर भाव रखकर कुंज-बिहारी राव का भजन करो–

यौ भजि कुंज बिहारी राव।
श्री विहारनि रानी पर धरि भाव।[149]

परिकर

जैसा पीछे इंगित किया जा चुका है, लीला के विस्तृत रूप के स्थान पर सारभूत तत्त्व को अपनाने के कारण सखी-सम्प्रदाय में परिकर की वैसी कोई व्यापक एवं पुष्ट धारणा नहीं है, जैसी कि गौड़ीय वैष्णवों में हमें उपलब्ध होती है। यहाँ पर केवल मात्र कुछ सखियों का संकेत मिलता है। सखियों के भी नाम, रूप, सेवा, प्रकार आदि का पृथक् विवेचन नहीं हुआ है। केवल सेवाकार्य या मान के समय मनाने

आदि के प्रसंग में कुछ सखियों का उल्लेख हो जाता है। केलिमाल में 'हरिदासी' नाम सखी के रूप में उल्लिखित हुआ[150] एवं केवल एक अन्य स्थान पर ललिता का उल्लेख है।[151] अन्य स्थानों पर एक वचन या बहुवचन में सखी की ही चर्चा आयी है, परन्तु ऐसा प्रतीत होता है कि स्वामी हरिदास सखियों को भगवान का ही अंश मानते थे। कम-से-कम एक पद में तो उन्होंने सखियों को कृष्ण-मूर्ति ही कहलाया है। लाल कह रहे हैं—

जहाँ-जहाँ चरन परत प्यारी जी तेरे तहाँ
तहाँ मन मेरो करत फिरत परछाहीं।
बहुत मूरत मेरी चौर ढुरावत कोऊ
बीरी खवात एक व आरसी लै जाहीं
और सेवा बहुत भाँति की जैसी ये कहै
कोऊ तैसी ये करौ ज्यों रुचि जानो नाहीं।
श्री हरिदास के स्वामी स्यामा कों।
भले मनावत दाइ उपाहीं[152]

सखियाँ केलि की व्यवस्था करती हैं, मानिनी को मान के समय मनाकर केलिसमुत्सुक बनाती हैं, साथ में छिरका खेलती है, रास के समय भी साथ रहती हैं एवं उस शोभा का पान करते रहने की ही उनकी आकांक्षा रहती है—"ऐसे ही देखत रहौ जनम सुफल करि मानो तथा "हंसत खेलत बोलत मिलत देखो मेरी आखिन सुख।"[153]

इन विविध सखियों में एक सखी अधिक प्रमुख है, इसका भी संकेत अनेक स्थानों पर मिल जाता है। हरिदासी एवं ललिता नाम का उल्लेख हमने अभी किया है तथा सम्प्रदाय में इन दोनों को एक ही स्वीकार किया जाता है, अतः यह निष्कर्ष अनुचित न होगा कि मुख्य सखी हरिदासी या ललिता ही है। एक अन्य स्थान पर स्वयं प्रिया जी कहती हैं कि अनन्त जिह्वाओं से भी तेरे गुणों का गान नहीं हो सकता :

रोम-रोम जो रसना होता तौऊ तेरे गुनन बखाने जात।
कहा कहौं एक जीम सखीरी बात की बात।[154]

बाद के सम्प्रदायाचार्यों ने इन अन्तरंगा सखियों के रूप को और अधिक विकसित किया है। परवर्ती लोगों ने युगल के समक्ष ही हरिदासी सखी को स्थापित कर दिया है। विहारिणिदास के अनुसार तो प्रेम की तरुण तरंगों वाले सिन्धु में सखी के सहारे ही लाल-लाड़िली तैर पाते हैं। उनके विहारजन्य श्रम का निवारण, तीर पर लाने का कार्य एवं प्रेमाभिभूत अधीर युगल को धैर्य बँधाने का काम उन्हीं का है—

तरुन तरंगिनि मैं परे उरझे बार सिवार।
पैरहिं साहस सखी के अति आवर्त बिहार।

श्रमिहिं निवारत कर धरत कबहूँ लावत तीर।
श्री विहारिनिदास हुलास मन देत अधीरन धीर।[155]

स्वामी हरिदास के महत्त्व को ललितकिशोरी देव ने पूरी तरह स्थापित करते हुए प्रियालाल को धन एवं हरिदास को धनी माना–

प्रियालाल है धन सही, धनी सही हरिदास।
महालाड़ अति चाव सौ, विलसत केलि विलास।[156]

एक अन्य रूपक द्वारा उन्होंने समझाना चाहा है कि खिलाड़ी हरिदास जी हैं एवं लाड़लीलाल खेल हैं तथा खेल सदा खिलाड़ी के बस में रहता है यानी प्रिया और प्रिय हरिदास-सखी के वंश में ही हैं–

खिलाड़ी श्रीहरिदास हैं खेल लाड़िली लाल।
राखत अद्‌भुत रंग मै जानि महा निजु हाल।
खेल खिलाड़ी बस रहै ऐसे जुगुल किशोर
श्री हरिदासी लाड़ सौ नहि जानत निसि मोर।[157]

इस तथ्य को और अधिक पूर्णता प्रदान करते हुए लाल, लाड़िली एवं हरिदास तीनों के मध्य अभिन्नता स्थापित की गयी है। जैसे कि एक ही छिलके के भीतर तीन चने हों, वैसे ही (वृन्दावन भूमि) अँचल में यह तीनों हैं :

तीन चना इक छौलका ऐसे धर्म विचार
श्री विहारी विहारिनिदास उर अंचल बीच विहार।[158]

अभिन्नता का कारण रस-प्राप्ति है। लाल-लाड़िली को परस्पर विहार से शरीर-सुख मिलता है एवं श्री हरिदास उनके सुख से सुखी होते हैं–

कहिबे कौ तो तीन है सुख विलास में एक।
तनु मन विलसे दोइ मिलि मन करि विलसे एक।
ततसुख विलसे मनमई सो सुख तनहि विलास
गौर श्याम तनु सुख सुखी तत सुख श्री हरिदास।[159]

सम्प्रदाय ने उनको पूर्णरूपेण उपास्य बना दिया है। यहाँ तक कि लाख बार हरि-हरि कहने की अपेक्षा एक बार 'हरिदास' कह देने से लाड़िली प्रसन्न होकर सदैव वृन्दावन-विपिन (निकुंज-स्थल) का वास दे देती है–

लाख बार हरि-हरि कहै एक बार हरिदास
अति प्रसन्न श्री लाड़िली सदा विपुन को वास।[160]

अथवा यदि भूल से ही एक बार हरिदास नाम निकल जाय तो नित्य-विहार का अनवरत रसपान वह करने लगता है–

श्री स्वामी हरिदास कहै जो भूलि कै।
हरि हाँ नित्य विहारै लहै रहै रस झूलि कै।[161]

और इतना निश्चित है कि बिना स्वामी हरिदास के न तो यह केलि कभी

दृश्यमान हुई है और न होगी। यह बात वैसी ही असम्भव है, जैसे कि लड़कपन में खेल-खेल में कोई वैराग्ययुक्त वनवास करने की बात कहे। वस्तुतः जिस प्रकार रात्रि बिना चन्द्र प्रकाश एवं शोभाहीन होता है, वैसे ही स्वामी हरिदास के बिना भक्ति का भाव व्यर्थ है, इसलिए नित्य विहार को चाहने वाले को स्वामी हरिदास का गान करना चाहिए–

ना पाई ना पाइ है श्री स्वामी बिनु केलि।
विपुन बसै वैराग्य जुत ज्यों लारिका खेलि।
जैसे चन्द्रा रैनि बिनु स्वामी बिन भाव।
चाहे नित्य विहार तो श्री हरिदासै गाव।[162]

हम जानते हैं कि जीवन का चरम लक्ष्य यही नित्य विहार-रस ही है।

धाम

स्वामी हरिदास में धाम की वैसी कोई पुष्ट दार्शनिक कल्पना हमें प्राप्त नहीं होती जैसी कि गौड़ीय वैष्णवों के सम्प्रदाय में है। इस सम्प्रदाय में सबसे महत्त्वपूर्ण धाम निकुंज है। निकुंज की ही सत्ता वृन्दावन में स्वीकार की जाती है एवं वृन्दावन ब्रज में है, इसलिए सभी महत्त्वपूर्ण स्वीकार किये गये हैं पर यह ध्यान रहे कि इनकी श्रेष्ठता का क्रम अपरपूर्व है या सब मिलाकर धाम के रूप में वृन्दावन को ही स्वीकार किया गया है। स्वामी हरिदास ने अपनी रचनाओं में एकाधिक स्थानों पर वृन्दावन का उल्लेख किया है। उनके अनुसार वृन्दावन से बन को ही गुँजमाल की तरह हाथ में पोहना चाहिए।[163] अन्यत्र ऋतु-वैभव के साथ ही वृन्दावन की सुषमा भी वे वर्णित करते हैं–

ऐसी ऋतु सदा सर्वदा जौ रहै बोलति मोरनि।
नीके बादर नीकी धनुष चहूँ दिशि नीको
श्री वृन्दावन आछी नीकी मेघन की घोरनि
आछी नीकी भूमि हरी हरी
आछी नीकी बूँदनि की रेंगनि काम की रौरनि
श्री हरिदास के स्वामी स्यामा के मिल गावत।
जम्यौ राग मल्हार किशोर-किशोरनि।[164]

अन्य भी उन्होंने विहार के प्रसंग में वन का उल्लेख किया है। यह कहना अनुचित न होगा कि यह वन वृन्दावन ही है। परवर्ती सम्प्रदायाचार्यों ने वृन्दावन को और अधिक महत्त्व प्रदान कर दिया। बिहारिणिदास ने तो अन्य धामों का उल्लेख करते हुए वृन्दावन को सर्वश्रेष्ठ बता दिया–

तीरथ सकल लोक बैकुण्ठ तै मधुपुरी अधिक सन्देह नसानौ।
ताते अधिक निकट ब्रज वैभो ब्रह्मा वेदनि प्रकट प्रवानो
श्री बिहारनिदास निकुंजनि सेवत ताज राधा रवन रवानौ।
विद्यमान हरि मन्दिर राजत, श्री वृन्दावन रस खानि खदानौ।[165]

धर्म, अर्थ, मोक्ष आदि पुरुषार्थ एवं भक्ति के अनेक भेद बताये गये हैं पर जो सुख वृन्दावन में, जो पवित्रता यमुना के कूल के सौरभ में है, वह अन्यत्र कहीं नहीं हैं—

श्री बृन्दावन को सुख कहूँ न लह्यो।
धर्म, अर्थ, कामना मुक्ति पद भेद भक्ति बहु भाँति कह्यो।
परम पवित्र पुलिनि सौरभ कन पावन जमुना तीर बह्यो।[166]

अन्य मत-मतान्तरों, पुराणों आदि में वर्णित वैकुण्ठ, महावैकुण्ठ आदि भी उनके धाम हैं पर वृन्दावन विपिन तो राजधानी है। वृन्दावन को यदि रस की खानि कहा जाये तो अनुचित न होगा। क्योंकि साक्षात् रस-विग्रह गौर-श्याम यहाँ नित्य-विहार करते रहते हैं। राधा-कथा यहाँ नित्य है, विपिन का यह विलास भी नित्य है एवं कोटि-कोटि गोलोक का आलोक यहाँ के एक-एक पत्ते में है—

वैकुण्ठ महा वैकुण्ठ लौ सबछी धामै जानि
रजधानी बृदाविपुन अद्भुत रस की खानि।
अद्भुत रस को खानि है श्री वृन्दावन नित्त
गौर श्याम विहरै जहाँ एक प्रान द्वैं मित्त।
नित्य हो राधा कृस्न है नित्य ही विपुन विलास।
कोटि कोटि गोलोक लै एक पत्र परकास।[167]

उपासना का स्वरूप और भाव

सखी-सम्प्रदाय नाम ही यह सूचित करता है कि उपासक को सखी भाव से उपासना करनी होती है। सखियाँ ही दम्पति-रस-भोग का आनन्द ले पाती हैं। विहारिणिदास जी इसीलिए कहते हैं—

सहचरी है भजौ पल पास क्यौ जतौ संग बसिहो मनि कौट नाते।[168]

महन्त किशोरदास का भी निर्देश है कि सहचरी-भाव से नित्य निकुंज विहार का भजना ही उचित है।[169] सखी भाव की श्रेष्ठता बताते हुए वे कहते हैं—

और भाव ते अधिक अति, सखी भाव को अंग।
किशोरदास दम्पति निकटि सहचरि करत प्रसंग।
सब भावन को मुकुट मणि, सहचरि भाव अनूप।
किशोरदास और न निकटि, सखी भाव तद्रूप।

सांति दास्य अरु सष्य हू, वात्सल्य तहाँ न जात।
किशोरदास सहचरि निकट, संतत सुख दरसात।[170]

परन्तु सहचरी भाव की पहचान क्या है? केवल अपने को सखी कह देने से ही तो काम नहीं चलता। वास्तव में सखी भाव की साधना सहज नहीं है। जब तक पुरुषत्व का अभिमान शेष है, तब तक सखी भाव का अनुसरण सम्भव ही नहीं है। निर्विकार शरीर में ही सखी-भाव का आरोप हो कस्ता है, मन से स्त्री सहवास की आकांक्षा निकाल देनी होती है—

उलटिं लगे मन स्याम सो प्रीया भाव ह्वै जाइ।
सखी भाव तब जानियै पुरुष भाव मिठि जाइ।
पुरुष भाव छूटै नहीं, मन में बसि रही जोइ।
सखी भाव तब जानियै, निर्विकार तन होइ।[171]

पुरुष-भाव के मिटा देने और स्त्रीस्वरूप का आरोप कर लेने पर प्रेम के प्रतीकवाद का परिणाम यह भी हो सकता है कि श्याम को प्रियतम मानकर उनसे रति-सुख की कामना की जाये। पीछे हम देख चुके हैं कि गोपियों ने कृष्ण-संग-सुख की स्पृहा की थी। पर सखियों के लिए यह मार्ग नहीं है। रसिक देव जी ने इस सम्बन्ध में सावधान करते हुए सखियों के स्वभाव-सम्बन्धी एक प्रसंग का उल्लेख करते हुए उनके स्वरूप का और अधिक स्पष्टीकरण किया है। सखी का मन साँवरे मोहते जरूर हैं पर उनके मन में भोगेच्छा का विकार नहीं है। प्रिया जी भी इसे जानती हैं कि जो कुछ उनको अच्छा लगता है, वही सहचरियों को भी प्रिय है। सखी लाड़िली जी से पूछती है—

मो मन मोहे साँवरो मेरै नहीं विकार।
हौं तोहि पूछी लाड़िली ताकी कहा विचार।[172]

प्रिया जी का निर्भ्रान्त उत्तर है...

तब हंसि बोली राधिका सखि कित पूछति मोहि।
जो मेरे मन में बसै सो मोहतु है तोहि।[173]

इस प्रकार सखियों का आनन्द प्रिया-प्रियतम के आनन्द से सम्बन्धित है। उनके प्रेम को तत्सुखी इसीलिए कहा जाता है। उन्हीं (युगल दम्पति) के सुख से सुखी होना इनकी विशिष्टता है—

निर्विकार सहचरि समझि, ततसुख सुखित सुजान।
ततसुख ही निज सुख गिनत, दास किसोर निदान।[174]

स्वामी रसिक देव जी ने भी इसे स्पष्ट करते हुए बताया है कि अपने सुख के अवगाहन के स्थान पर प्रिया-प्रियतम के सुख की कामना करे—

ततसुख सखी की एही रीति, तन में रहै अपनपौ जीति।
प्रिया प्रीतम को निजु सुख चाहै, अपनो सुख नहि मन अगाहे।

(भक्ति सिद्धान्त मणि 40)

इस भाव के लिए साधना का निर्देश भी स्वामी रसिक देव ने किया है कि सिद्ध सखियों के भाव का अनुसरण करना चाहिए। इस प्रकार रागानुगा भक्ति की ही प्रस्थापना उन्होंने की है—

जुगल ध्यान कीजै चित लाइ, सखी भाव करि महल समाइ।
साधक रूप सेवा इत करै, सिद्ध सखीन कै भाव अनुसरै।[175]

सखियों एवं प्रिया जी का इतना अभिन्नत्व हो जाता है कि उसके लिए अद्वैतवादी शब्दावली का प्रयोग करके स्पष्ट किया गया है। सखियाँ जल हैं एवं प्रिया तरंग हैं अथवा प्रिया जी जल हैं और सखियाँ तरंग—

हम जल प्रिया तरंग है प्रीया जल है हम है तरंग।
तन मन मिलि एकंत सुख छिन छिन बाढ़त रंग।[176]

अथवा

प्रीया हमारे अन्तर है, हम प्रीया के अन्तर।
अंग संग निरखौं केलि सुख सदाई रहै निरन्तर।[177]

इन सखियों के मन में प्रेम ही भरा रहता है। प्रेम ही उनका सर्वस्व है। चूँकि प्रेम-वारि बरसने से प्रेम ही उत्पन्न होता है, प्रेम ही फलता-फूलता है, प्रेमियों की इस पुकार को सुन कर सखियाँ जब प्रेम-व्यापार के लिए बढ़ती हैं तो रास्ते में प्रेम-ही मिलता है प्रेम ही उनका पति है, उनकी वास्तविक गति भी प्रेम ही है। उनका नेम भी प्रेम ही है; यहाँ तक कि उनका बिछौना, ओढ़ना और भोजन प्रेम ही है एवं इन प्रेम-स्वरूपा सखियों का अतिथि भी साक्षात् प्रेम ही होता है—

प्रेम प्रेम ही ऊपजे जौ करै प्रेम की वारि।
तब ही प्रेम फूले फल्यौ प्रेमिनि कह्यो पुकारि।
प्रेम बनिजनै हौ चली आगे मिलिया प्रेम।
प्रेमै पति गति पाइ सखी मोहि प्रेम कौ नेम।
प्रेम डिसौना, ओढ़ना अचवत भोजन प्रेम।
प्रेम प्रैम कौ पाहुनो प्रेम प्रेम कौ नेम।[178]

सखियों का यह नाता महल का नाता है एवं यह इतना सच्चा नाता है कि और सब नाते इसके आगे झूठ ही नहीं पड़ जाते बल्कि यह नाता सखियों के मन को एक दुर्जय आत्म-विश्वास से भर देता है—

हमारे महल को नातो साँचो।
ताही के बल गरजत सबसौ आवत नाहीं आँचो।
श्रीकुंजबिहारिनि ललित लाड़िली इनहि हिये में खाँचो।
श्रीहरिदासी रसिक सिरोमणि मन मिलि पोषत पाँचौ।[179]

प्रिया का नाम ही इनके महान मुख का आधार है। यह नाम अत्यधिक आनन्द देने वाला ही नहीं है, रूप और रस का भण्डार भी है। यहाँ तक कि समस्त सार-तत्त्वों

का भी सार-तत्त्व यही है। जिसकी रसना से, भूल से भी, यह नाम निकल जाय वह प्रिया के उर का हार हो जाये–

महासुख प्रिया नाम आधार।
अति आनन्द रूप निधि रस निधि सकल सार कौ सार।
जाकी रसना भूलिहू निकसै होइ प्रिया उर हार।
श्री ललित रसिकवर की निज जीवनि अद्भुत नित्य बिहार।[180]

सान्द्र प्रेम के इस बल पर ही तो वे बिहारी की भी परवाह नहीं करती, उनसे भी उनका व्यवहार ऐड़ का ही होता है–

किये रहै ऐड बिहारीय सौं हैं बेपरवाह बिहारनि।[181]

इस सम्प्रदाय में सखियों के वैसे भेद-प्रभेद हमें प्राप्त नहीं होते, जैसे कि गौड़ीय वैष्णवों या निम्बार्कीयों में अथवा राम-भक्ति के रसिक-सम्प्रदाय में प्राप्त होते हैं। सभी सखियाँ निकुंज-विहार की ही व्यवस्था करती हैं एवं कुंज के रन्ध्रों से उसी विहार का वर्णन कर सुखी होती हैं।

बहुत थोड़े में श्री भगवत्रसिक ने इस सम्प्रदाय का रूप निम्नलिखित कुण्डलिया में अत्यधिक स्पष्टता के साथ उपस्थित किया है–

आचारज ललित सखी, रसिक हमारी छाप।
नित्यकिशोर उपासना, जुगुल मन्त्र कौ जाप।
जुगुल मन्त्र कौ जाप, वेद रसिकनि की वानी।
श्री वृन्दावन धाम, इष्ट स्यामा महारानी।
प्रेम देवता मिले बिना, सिधि होइ न कारज।
भगवत सब सुख दानि, प्रकट में रसिकाचारज।[182]

हरिदासीय एवं राधावल्लभीय सम्प्रदाय का अन्तर

युगल-रूप, परिकर, धाम, उपास्य-भाव एवं नित्य विहार आदि सभी में हरिदासीय सम्प्रदाय राधावल्लभीय सम्प्रदाय में बहुत अधिक समानता है। डॉ. विजयेन्द्र स्नातक का सुचिन्तित मत है कि : "श्रीस्वामी हरिदास जी तो हित हरिवंश जी के समसामयिक थे। स्वामी जी ने सखी भाव के साथ नित्य विहार और निकुंजलीला का ठीक उसी रूप में गायन किया, जिस रूप में श्री हित हरिवंश जी ने प्रस्तुत किया था। उनका तथा उनकी शिष्य-परम्परा का जो भक्ति साहित्य मिलता है, उसमें तथा राधावल्लभीय भक्ति साहित्य में विचार-धारा और भावना का विशेष अन्तर नहीं है। प्रायः एक ही भावभूमि पर दोनों ने साहित्य-सृजन किया है।[183] दोनों के मध्य दो सामान्य भिन्नताओं की भी चर्चा उन्होंने की है। उनके अनुसार ये अन्तर हैं–

(1) स्वामी हरिदास की साधना में वैराग्य का प्राधान्य था। तथा

(2) हरिदासीय (निम्बार्कीय भी) सम्प्रदाय में स्वकीया भावना को महत्त्व प्राप्त है जबकि 'राधावल्लभी सम्प्रदाय में लौकिक दृष्टि से स्वकीया की स्वीकृति होने पर भी राधा को स्वकीया-परकीया-भेद-विवर्जित माना गया।[184]

हमारे लिए डॉ. स्नातक की विभिन्नता सम्बन्धी इन स्थापनाओं से सहमत होना कठिन है। प्रथम स्थापना के सम्बन्ध में इतना तो हम स्वीकार करते हैं कि स्वामी जी के सम्प्रदाय में विरक्त शिष्यों का स्थान महत्त्वपूर्ण रहा परन्तु इसके साथ ही सिक्के का दूसरा पहलू यह भी है कि उनके शिष्यों की गोस्वामी-परम्परा गृहस्थ होती आयी है। जहाँ तक वैराग्य-भावना के मूल का प्रश्न है, राधावल्लभ सम्प्रदाय में संसार के प्रति विरक्त रहने को कम मान नहीं दिया गया है। हित हरिवंश जी का निम्न पद विशुद्ध वैराग्य-भावना का द्योतक है—

मानुष कौ तन पाय भजौ ब्रजनाथ कों।
दबी लै कै मूढ़ जरावत हाथ कों।
श्री हित हरिवंश प्रपंच विषय रस मोह के।
हरि हाँ बिन कंचन क्यों चलै पचीसा लोक के।[185]

वस्तुतः भक्ति की आन्तरिक प्रेम-भावना और उपासना में वैराग्य वाला यह अन्तर तनिक भी सिद्ध नहीं होता।

जहाँ तक स्नातक जी द्वारा स्थापित दूसरी भिन्नता का प्रश्न है, वह भी समुचित प्रतीत नहीं होती। स्वयं स्नातक जी ने माना है कि लौकिक व्यवहार की दृष्टि से राधावल्लभ सम्प्रदाय में स्वकीया भाव को स्वीकार किया गया है। ठीक यही बात सखी सम्प्रदाय के बारे में भी कही जा सकती है। सैद्धान्तिक रूप से दोनों ही सम्प्रदाय नित्य-किशोर-अजन्मा युगल की कल्पना करते हैं, पर प्रकट लीला (व्यवहार का लोक) के क्षेत्र में दूलह-दुलहिन का रूपक कभी-कभी कवियों ने बाँधा है। चाचा हितवृन्दावनदास (राधावल्लभीय) ने भी राधा-कृष्ण का विवाह कराया है तथा स्वा. रसिक देव हरिदासीय ने भी श्याम-श्यामा का विवाह वर्णित किया है। जो बात डॉ. विजयेन्द्र स्नातक ने राधावल्लभ सम्प्रदाय के लिए कही है, वही बात डॉ. गोपाल दत्त शर्मा ने हरिदासीय सम्प्रदाय के प्रसंग में कही है। उन्होंने राधावल्लभ सम्प्रदाय की ओर इंगित करते हुए लिखा है—

"कोई श्री राधा को स्वकीया मानते हैं, किसी-किसी ने भी राधा और कृष्ण के विवाह का भी वर्णन किया है तथा स्वामी हरिदास जी के सम्प्रदाय के उपासना रस का नाम है—निरवधि नित्य विहार, इनकी ठकुराइन कुंज विहारिणी राधा स्वकीया तो हैं किन्तु वे वृषभानु गोप के घर जन्म नहीं लेतीं और न इनके ठाकुर कुंज बिहारी ही नन्दबाबा के घर प्रकट हुए"।[186]

ये परम्पर विरोधी वक्तव्य, वस्तुतः हमें एक ही निष्कर्ष तक पहुँचाते हैं कि स्वकीया-सम्बन्धी कोई विवाद या अन्तर दोनों में नहीं है, परन्तु इसका अर्थ यह

भी न लिया जाये कि दोनों सम्प्रदाय ठीक एक-दूसरे के प्रतिरूप है। उनमें कतिपय अन्य अन्तर अवश्य हैं। संक्षेप में हम नीचे इन अन्तरों को उपस्थित कर रहे हैं–

(1) प्रारम्भ में ब्रजलीला वृन्दावन निकुंज लीला में कोई स्पष्ट अन्तर की धारणा राधावल्लभ सम्प्रदाय में नहीं थी जबकि यह धारणा प्रारम्भ से हरिदासीय सम्प्रदाय में विद्यमान थी। पीछे हम दिखा चुके हैं कि सखी सभ्यदाय में कृष्ण, नन्द, सुवन, ब्रजपति जैसे नाम लगभग नहीं आते हैं, पर राधावल्लभ सम्प्रदाय में प्रारम्भ से ही इनका प्रभूत उपयोग हुआ है। हित हरिवंश जी ने अपनी रचनाओं में कृष्ण, नन्दनन्दन, गोवर्धनधर, ब्रजनाथ एवं वृषभानुनन्दिनी जैसे शब्दों का उपयोग किया है।[187] उन्होंने राधा एवं कृष्ण के जन्म की बधाइयाँ भी गायी हैं–

चलौ वृषभानु गोप के द्वार।
जन्म लियौं मोहन हित श्यामा आनन्द निधि सुकुमार।[188]

तथा

आनन्द आज नन्द के द्वार।
दास अनन्य भजन रस कारण प्रगटे लाल मनोहर पवार।[189]

श्री हित हरिवंश ने रास के अनेक मनोहर वर्णन किये हैं। उनमें एक स्थान पर स्पष्ट रूप से भागवत की परम्परा में वे युवतियों को उचित रूप से परिरम्भन, चुम्बन और आलिंगन का सुख कृष्ण से प्रदान करवाते हैं–

सकल उदार नृपति चूड़ामणि सुख वारिद वरषायौ।
परिरम्भन चुम्बन आलिंगन उचित जुवति जन पायौ।[190]

पर इस प्रकार के वर्णन सखी-सम्प्रदाय में नितान्त विरल हैं।

(2) सखियों के क्षेत्र में स्वामी हरिदास ने केवल ललिता (हरिदासी) का नाम लिया है, पर हित हरिवंश जी ने ललितादिक कहकर जैसे पौराणिक ललितादिक सखियों की ओर संकेत किया हो।[191] इस संकेत को ही मानो ग्रहण कर आगे चलकर अब ध्रुवदास जी ने अष्ट प्रमुख सखियों, फिर उनकी आठ-आठ सखियों तथा अन्य सखियों का उल्लेख किया है। ललिता, विशाखा, रंगदेवी, चित्रा, तुंगविद्या, चम्पकलता, इन्दुलेखा एवं सुदेवी अष्ट प्रमुख सखियाँ हैं।[192]

यह अष्ट सखियाँ मानो साक्षात् हित (प्रेम) की मूर्तियाँ हैं तथा सेवा में अत्यधिक प्रवीण हैं, इनके भी आठ-आठ सखियाँ हैं, जो उन्हीं के सुख में रंगी रहती हैं। उनके नाम, वर्ण, सेवा एवं वस्त्रों का विवरण ध्रुवदास जी ने पुराणों के अनुसार दिया है–

अष्टसखी मनो मूरति हित की, अति प्रवीण सेवा करै चित की।
आठ-आठ सहचरि तिन संगा, रंगी निरन्तर तेहि सुख रंगा।
नाम वरन सेवा वसन, जैसे सुने पुरान।
ते सब व्यौरे सौ कहौं, आपति मति अनुमान।।[193]

इन सबका उपरोक्त क्रम में वर्णन करने के बाद लेखक ने पुनः अपने सूचना-स्रोत

का नाम निर्भ्रान्त रूप से स्पष्ट कर दिया है। यह स्रोत है 'गौतमीय तन्त्र'—

कहे गौतमी तन्त्र में, इन सखियन के नाम।
प्रथमबन्दि इनके चरन, सैवहु स्यामा स्याम।[194]

अष्ट सखियों आदि के नामों की यही परम्परा गौड़ीय वैष्णवों में भी स्वीकृत है। ऐसा लगता है कि ध्रुवदास के समय तक रूप एवं जीव गोस्वामी का प्रभाव यथेष्ट रूप से अन्य सम्प्रदायों के सिद्धान्त-व्यवहार पर पड़ चुका था। पर लगता है कि अष्ट सखियों के नामों के बारे में ध्रुवदास निश्चित नहीं थे। रसानन्द लीला में एक दूसरी ही परम्परा उन्होंने प्रतिष्ठापित की है। इसके अनुसार ललिता, विशाखा, वृन्दा, स्यामा, चन्द्रा, मुदिता, नन्दिनी एवं भामा ये आठ मनभाई सखियाँ हैं जो कि रूप-दर्शन से कभी भी तृप्त नहीं होती हैं। इन आठों के भी सेवाकार्य का विवरण वहीं पर लेखक ने दिया है।[195]

परन्तु हरिदासी सम्प्रदाय में इस प्रकार सखियों का कोई निरूपण अथवा विभाजन हमें प्राप्त नहीं होता। हरिदासी सम्प्रदाय में यदि मुख्य सखी कोई है भी तो स्वयं हरिदासी (या ललिता), शेष सब सखियाँ मात्र सखी हैं। हरिदासी के स्थान पर हितरूपा सखी की कल्पना राधावल्लभ-सम्प्रदाय में भी है, पर ब्रजलीला की पौराणिक कल्पना सखियों के नाम, रूप, सेवा, वस्त्र आदि के वर्णन में इस सम्प्रदाय के भीतर प्रविष्ट अवश्य हो गयी है। इतना अवश्य है कि सखियों में भी पाँच प्रकार की सखियों या सखी मंजरी आदि के भेद इन सम्प्रदायों में उपलब्ध नहीं होते।

इसके अतिरिक्त कुछ सामान्य अन्तर—जिनका परिमाणवाची कोई पुष्ट समर्थन नहीं किया जा सकता—और भी पढ़ते-पढ़ते प्रतीत होते हैं। राधावल्लभ-सम्प्रदाय में राधा का रूप हमें सखी-सम्प्रदाय की अपेक्षा अधिक उभरता प्रतीत होता है। इसी प्रकार वृन्दावन के बारे में भी राधावल्लभियों के कथन अधिक भाव-विह्वल एवं विदग्ध लगते हैं। ध्रुवदास ने अग्नि सम्प्रदाय के रस का नाम ही वृन्दावन रस अभिहित किया है।[196]

कालक्रम में पूर्ववर्ती होने के कारण हमने हरिदास सम्प्रदाय के युगल उपास्य, धाम, परिकर उपासना भाव को विस्तार में उपस्थित किया है। समानता की मात्रा के आधिक्य के कारण राधावल्लभ-सम्प्रदाय के प्रसंग में भी उन्हीं बातों को दोहराना उचित नहीं है। इसीलिए हम यहाँ राधावल्लभ-सम्प्रदाय के उपास्य धाम परिकर, उपासनामात्र आदि का निरूपण अलग से नहीं कर रहे हैं।

हरिदासी एवं राधावल्लभीय सम्प्रदाय की मुख्य विशेषताएँ

1. प्रेम ही परतत्त्व है।
2. उसका प्रकाशन श्याम-श्यामा के रूप में होता है।
3. श्याम-श्यामा नित्य विहार में निमग्न रहते हैं।

4. शक्ति-शक्तिमान जैसे सम्बन्ध इन दोनों के पारस्परिक सम्बन्ध को व्याख्यायित नहीं कर सकते।
5. प्रेम और भक्ति के क्षेत्र में राधा का स्थान प्रमुख है।
6. अन्य सारे अवतार बिहारी जी के ही अंश हैं, पर सृष्टि के पालन, सृजन या संहार से उनका प्रत्यक्ष सम्बन्ध नहीं है। यों संसार की सृष्टि भी उनकी माया ही है पर वास्तविक नित्य स्वरूप नित्य विहार में ही है।
7. यह रूप नित्य-किशोर अजन्मा है।
8. ब्रज, मथुरा, द्वारका आदि की काव्य पुराणादि वर्णित लीलाओं से इन सम्प्रदायों का कोई प्रत्यक्ष सम्बन्ध नहीं है। यहाँ तक कि ब्रजलीला का माधुर्य रस इस विहार रस के एक कण के छलक जाने से उत्पन्न है।
9. इसी कारण परिकर धाम की जो विस्तृत विवेचना गौड़ीय वैष्णवों में उपलब्ध है, यहाँ पर उसका अभाव है। पर यह अभाव किसी प्रकार की हीनता का सूचक नहीं है। यह आवश्यकता न होने के कारण है।
10. गुरु श्री राधा के समान होता है। दोनों ही सम्प्रदायों ने अपने-अपने संस्थापकों को उपास्य के पद तक पहुँचा दिया है।
11. जीव को उपासना सहचरी भाव से करनी चाहिए।
12. सहचरी भाव में पुरुष भाव का अभाव हो जाता है, तन-मन निर्विकार हो जाते हैं एवं नित्य-कुंज-विहार में सेवा करने की उत्कण्ठा तथा विहार-दर्शन की ही लालसा रहती है।
13. सहचरी लाल-लाड़िले के सुख में ही सुखी रहती है, इसलिए उसके भाव को तत्सुखी भाव कहते हैं।
14. सहचरी के स्वरूप में प्रेम, दास्य एवं सख्य का अद्भुत संयोग रहता है।
15. नित्य-विहार-दर्शन ही जीवन का परम पुरुषार्थ है।

गोपी भाव एवं सखी भाव की तुलना

गोपी भाव	सखी भाव
1. कृष्णा ही परात्पर तत्त्व हैं।	1. रस ही परात्पर तत्त्व है।
2. (क) श्री कृष्ण की ब्रजलीलाएँ उपास्य हैं।	2. (क) नित्य वृन्दावन-धाम की निकुंजलीला ही उपास्य है।
(ख) ब्रजलीला का अप्रकट स्वरूप गोलोक-लीला है।	(ख) निकुंजलीला उपासकों के लिए नित्य प्रकट और सांसारिक जीवों के लिए अप्रकट है।

3.	राधाकृष्ण की क्रीड़ाओं में निस्संग सुखानुभव यहाँ नहीं है।	3.	निस्संग सुखानुभव विद्यमान रहता है।
4.	नायिकाओं में स्वकीया-परकीया का भेद, परकीया के आधार पर विरह की प्रोज्ज्वलता और तीव्रता गोपी भाव की साधना में ही है।	4.	इसमें विरह को कोई स्थान नहीं है। स्वकीय-परकीय-भेद भी नहीं है।
5.	ब्रजलीला का सारा प्रसंग पौराणिक है। लोक में घटने वाली समस्त घटनाएँ यहाँ संकलित हैं।	5.	पुराणों का आधार छोड़ दिया गया है।
6.	श्रीकृष्ण के अवतार-काल की रास-सहचरी गोपियाँ हैं।	6.	गोपियाँ नित्य-धाम की नित्य-सहचरी हैं।

निम्बार्क-सम्प्रदाय में उपास्य, परिकर, धाम एवं उपासना भाव की कल्पना

सम्प्रदाय में नित्य विहारोपासना का इतिहास

रसोपासना के ऐतिहासिक विकास-क्रम में निम्बार्क-सम्प्रदाय की स्थिति अत्यधिक विवादास्पद है। बल्कि यह कहना अधिक उचित होगा कि निम्बार्क मत में कम बातें ऐसी निकलेंगी जो निर्विवाद रूप से सबको स्वीकार्य हों। स्वयं निम्बार्काचार्य के उद्भव के सम्बन्ध में परस्पर इतनी भिन्न राय और प्रमाण उद्धृत किये जाते हैं कि सत्य उन प्रमाणों से ही आवृत्त हो जाता है। रसोपासना के क्षेत्र में विवाद और संशय का क्षेत्र और अधिक बढ़ जाता है। निम्बार्कीय मानते हैं कि रसोपासना या युगलोपासना के प्रणेता निम्बार्काचार्य ही थे; प्रमाणस्वरूप दशश्लोकी का पाँचवाँ श्लोक—

अंगे तु वामे वृषभानुजा मुदा, विराजमानामनुरूपसौभगाम्।
सखी सहस्रैः परिसेविता मुदा, स्मरेण देवी सकलेष्टकामदाम्।।

उद्धृत किया जाता है कि निम्बार्क का समय भी सम्प्रदाय के उत्साही शोधक विक्रम की छठी से 8वीं शताब्दी तक निश्चित करते हैं।[197] इस प्रकार दशश्लोकी का समय भी यही हो जाता है, परन्तु दूसरी ओर आचार्य हजारीप्रसाद द्विवेदी ने दशश्लोकी को 19वीं शती की प्रक्षिप्त रचना माना है।[198] निम्बार्क सम्प्रदाय के रस-सम्बन्धी आकर-ग्रन्थों, आदिवाणी और महावाणी के सम्बन्ध में पर्याप्त शंका प्रकट की गयी है। पर्याप्त विचार एवं मनन के बाद हमारा मत है कि निम्बार्क-सम्प्रदाय में मधुर रागमयी उपासना बाद को प्रचलित हुई है।

इस स्थापना का प्रथम प्रमाण यह है कि निम्बार्क-सम्प्रदाय के संस्कृत ग्रन्थों में हमें माधुर्य-उपासना के विवरण लगभग नहीं ही उपलब्ध होते हैं। इस बात को स्वयं

निम्बार्क के अन्य शोधक भी स्वीकार करते हैं।[199] यदि दशश्लोकी को प्रमाण भी माना जाये तो उससे सखी-भावोपासना या युगल अद्वय रूप की वैसी स्पष्ट कल्पना प्राप्त नहीं होती। इसके अतिरिक्त इन संस्कृत ग्रन्थों में युगलोपासना के सहचरी-रूप का समुचित विवरण उपलब्ध नहीं होता।

यह आश्चर्य की बात कही जायेगी कि जो छिपाने की वस्तु है, वह जन-भाषाओं में व्यक्त हो गयी थी और जो भाषा उसे छिपा सकती थी, उसमें वह अप्रकट ही रही। गीता की केशवकाश्मीरीकृत तत्त्वार्थ-प्रकाशिका व्याख्या की अनुक्रमणिका से भगवान के जन्म लेने का प्रयोजन बताया गया है जो इस प्रकार है–

"भागवत्-धर्म के प्रचलन का अभाव देखकर संसारी जनों के उद्धार के लिये अपने स्वरूप, ज्ञान और भक्ति का प्रचार करने के लिए तथा अपने दर्शनार्थ चातकवत् उत्कण्ठित अनन्याश्रित प्रेमी भक्तों को सौन्दर्य-माधुर्य-लावण्य आदि से परिपूर्ण अपनी छवि के दर्शन मधुर आलाप, मनोहर लीला आदि उनकी मनोभिलाषा पूर्ति करने के लिए अपने समग्र गुण और शक्ति समेत भूमाहरण के बहाने से भगवान श्रीकृष्ण प्रकट हुए थे।"

इस अंश को उद्धृत करते हुए डॉ. नारायण दत्त शर्मा ने निष्कर्ष निकाला है कि इसमें भगवान के आविर्भाव का प्रयोजन भक्तों की रसमयी उपासना को ही बतलाया है।[200] हम इस निष्कर्ष से सहमत नहीं हैं। भगवान के अवतार का हेतु भक्तों की लीला-दर्शन कराना, आनन्द देना है, यह मन्तव्य भक्तिकाल के सम्पूर्ण सम्प्रदायों का रहा है। तुलसीदास ने भी 'भगत-हेतु' भगवान राम का जन्म लेना माना है एवं गौड़ीय वैष्णवों में भी विश्वास था कि भक्तों पर अनुग्रह करने एवं स्वलीला कीर्ति-विस्तार के लिए भगवान प्रकट होते हैं।[201]

संस्कृत एवं हिन्दी की इन रसमयी उपासना वाले ग्रन्थों में निम्बार्क की सिद्ध देह को लेकर भी दो परम्पराएँ प्रकट हुई हैं। पुरानी साम्प्रदायिक परम्परा के अनुसार वे भगवान विष्णु के सुदर्शन चक्र के अवतार हैं एवं वाणीग्रन्थों के अनुसार उन्हें रंग देवी सखी का अवतार माना गया है। स्पष्ट है कि एक भगवान विष्णु और उनके विभुत्व तथा शक्तिशालित्व से सम्बन्धित परम्परा है एवं दूसरी कृष्ण के माधुर्य एवं विलास से सम्बन्धित है। ऐसी स्थिति में यह निष्कर्ष निकालना अनुचित न होगा कि रसमयी उपासना की परम्परा सम्प्रदाय की नवीन अर्जित सम्पत्ति है। यह बात तनिक भी अपमानजनक नहीं होगी कि नयी परिस्थितियों में उपासना का नवीनीकरण किया जाये। यह बात दूसरी है कि इसे स्वीकार कर लेने से समस्त माधुर्य-भावना का स्रोत एवं प्रस्तोता बनने का गौरव छिन जाता है। पर हिन्दी-काव्य में तो इस परम्परा के प्रथम प्रयोक्ता का गौरव शेष रह ही सकता है। कुछ विद्वानों ने इस गौरव को शोध की अधिकृत मुहर लगाकर प्रामाणिक बना देना चाहा है।[202]

इस अध्याय के पूर्व लिखित पृष्ठों में हमने माधुर्योपासना के क्षेत्र में दो स्पष्ट

परम्पराएँ देखी हैं। एक हम ब्रज-लीला गायकों की परम्परा कह सकते हैं। दूसरी परम्परा शुद्ध वृन्दावन-माधुरी या निकुंज-लीला के गान की है, जिसमें प्रवेश सखी भाव से ही हो सकता है। निम्बार्क-सम्प्रदाय के वाणी-साहित्य एवं तत्सम्बन्धी लेखन में ये दोनों परम्पराएँ विचित्र भाव से गुँथी हुई हैं। कभी-कभी ऐसा लगता है कि अत्यन्त योजनाबद्ध रूप से समस्त परम्पराओं के उल्लेख्य प्रसंगों या विचारों को अपने सम्प्रदाय के अन्तर्गत भी दिखाया जाय एवं इन बातों को सम्प्रदाय के साहित्य में काफी पहले का दिखाकर परम्परा के प्रस्थापक की महिमा भी बटोर ली जाये।

श्रीभट्ट की आदिवाणी एवं श्री हरिव्यास देव की महावाणी इस सम्प्रदाय की रसोपासना के मुख्य आकर ग्रन्थ हैं, परन्तु इन दोनों के कालनिर्णय के सम्बन्ध में बड़ा भ्रम है। नाभादास के भक्तमाल में इन दोनों व्यक्तियों का उल्लेख हुआ है, इससे इतना तो निश्चित हो जाता है कि 17वीं शती विक्रमी के पूर्वार्द्ध में ये अवश्य उपस्थित रहे होंगे। यों अभी हाल में ही नाभा जी के भक्तमाल में 18वीं शती के प्रथम दशक के कवियों (यथा भगवतमुदित एवं राधावल्लभीय चतुर्भुजदास) का संकेत प्राप्त किया गया है[203] और इसे स्वीकार कर लेने पर इन महानुभावों का समय विक्रम की 17वीं शती के अन्तिम भाग तक खींचा जा सकता है तथा 'नयम बान पुनि राम शशि गनौ अंक गति बाम' में 'राम' के स्थान पर 'राग' पढ़ने से से जो संवत् 1652 समय आता है, उसकी भी रक्षा हो सकती है। पर इधर यह सिद्ध हो गया है कि यह दोहा बाद का जोड़ा गया है, पुरानी प्रतियों में यह उपलब्ध नहीं है।[204] डॉ. गोपालदत्त शर्मा ने उनका समय सं. 1550 के आस-पास अनुमान किया है। बहरहाल संवत् के विवाद में पड़ना हमारा उद्देश्य नहीं है, पर मेरा अनुमान है कि श्रीभट्ट जी 16वीं शती वि. के उत्तरार्द्ध के पूर्व नहीं थे। डॉ. गोपालदत्त जी ने इसी प्रसंग में आगे हरिव्यासदेव जी का समय 1625 के आसपास माना है, जो अधिक सन्तुलित प्रतीत होता है।[205] यह संवत् नृसिंह-परिचर्या के लेखन के आधार पर है। नृसिंह-परिचर्या उतनी महत्त्वपूर्ण पुस्तक नहीं है। अतः बहुत सम्भव है कि हरिव्यास देव का उल्लेख्य कार्यकाल इससे बाद का संवत् 1650 के आसपास का हो।

अस्तु डॉ. गोपालदत्त शर्मा द्वारा सुझाये गये सम्वतों को स्वीकार कर लेने के बाद भी आदिवाणी एवं महावाणी को और अधिक परवर्ती मानने के लिए हम बाध्य हैं। कहा जाता है कि इन दोनों ग्रन्थों का संकलन श्रीरूपरसिक देव जी ने किया था। निम्बार्क सम्प्रदाय के योगदान की प्राचीनता के अत्यन्त उत्साही समर्थक डॉ. नारायण दत शर्मा ने लिखा है...'युगल-शतक को निजभजन-भाव-रुचि से श्रीरूपरसिक जी ने ही विभिन्न सुखों में विभाजित किया है। ऐसी स्थिति में यह कहना कठिन हो जाता है कि इस संकलन में रूपरसिक देव जी की स्वयं की कितनी भजन, भाव, रुचि मिल गयी है। इस समय युगल-शतक की जो प्रकाशित प्रति

प्राप्त है, उसमें भी उसके सम्पादक-प्रकाशक ने भाषा-छन्दादि के परिवर्तन कर दिये हैं।"[206] फिर प्राचीन प्रतियों में भी छन्द-संख्या को लेकर लगभग दुगुने का अन्तर है। अर्वाचीन प्रतियों में 100 दोहा और 100 पद मिलते हैं, जबकि प्राचीन प्रति में 92 पद और 12 दोहे। इस प्रकार दोहे और पद मिलाकर संख्या 104 हो जाती है। ऐसी स्थिति में युगल-शतक की प्राचीनता अथवा प्रामाणिकता पर भरपूर शंका उठती है। नाभादास के छप्पय से इतना तो सिद्ध है कि वे मधुर भाव-संकलित भगवान की ललित-लीला-संवलित-छवि को देखने गये थे एवं उस प्रेम की वर्षा में सुन्दर कविताएँ लिखी थीं।[207] पर इस प्रेम और लीला के स्वरूप में कितना इन परवर्ती संशोधकों ने जोड़ा है, इसका निर्णय नितान्त दुष्कर हो गया है। बहुत सम्भव है कि यह लीला-माधुरी सूरदासादि के समान रही हो। पर इतना अवश्य लगता है कि निम्बार्क सम्प्रदाय की वैधी परम्परा के स्थान पर रागमयी भक्ति के क्षेत्र में श्रीभट्ट जी का प्रवेश हो गया था।[208]

आदिवाणी (युगल शतक) से भी अधिक विवाद हरिव्यासदेव जी की महावाणी को लेकर है। आचार्य हजारी प्रसाद द्विवेदी ने तो उसे 19वीं शती की रचना माना है। नाभादास ने अपने भक्तमाल में उन्हें परम वैष्णव, देवी को भी दीक्षा देने वाला बताया है, पर इनकी रस-रीति की चर्चा नहीं की है। हरिराम व्यास ने भी महावाणी जैसे वाक्सिद्ध रस-ग्रन्थकार का उल्लेख नहीं किया है। अतः यह शंका होती है कि महावाणी का सृजन उनके द्वारा नहीं हुआ। निम्बार्कीय इसका कारण यह बताते हैं कि अत्यधिक गोप्य होने के कारण ही इसका प्रचार नहीं हुआ। पर गोपनीयता की बात तो रसोपासकों ने प्रत्येक सम्प्रदाय में कही है। इससे भी अधिक शंकित कर देने वाला तथ्य है कि महावाणी हरिव्यास देव जी ने रूपरसिक देव जी को स्वप्न में प्रदान की थी और उसकी रस-साधना को विस्तार देने का आदेश दिया था। यही नहीं परशुराम देव जी से विरक्त वैष्णवों दीक्षा ग्रहण करने का भी उन्हें आदेश हुआ।[209]

इस तथ्य को तनिक इस क्रम से रखकर विचार किया जाये तो बात अधिक स्पष्ट हो जाती है–

1. हरिव्यास देव जी को अपने जीवनकाल में रसिक साधक के रूप में प्रसिद्धि प्राप्त नहीं हुई थी। यों शायद श्री भट्ट जी के प्रभाव में वे लीला रस-समुत्सुक रहे हों, पर उसके समर्थ प्रस्तोता या प्रयोक्ता वे नहीं थे।
2. उन्होंने महावाणी का लेखन स्वयं नहीं किया था, बल्कि स्वप्न में रूपरसिक देव जी को प्रदान किया था।
3. हरिव्यास देव जी के 12 प्रमुख शिष्य थे और इनमें भी सलेमाबाद-पीठ के परशुराम देव जी सर्वप्रमुख थे। हरिव्यास देव जी ने इनमें से किसी को भी अपनी रस-रीति प्रदान नहीं की।

4. रूपरसिक देव जी ने परशुराम देवाचार्य से ही वैष्णव दीक्षा ग्रहण की, अतः उन्हीं के शिष्य हुए।
5. परशुराम देव जी बड़े आचार्य ही नहीं थे, समर्थ कवि भी थे, परशुराम सागर उनका प्रमुख काव्य-ग्रन्थ है, जिसके आधार पर डॉ. नारायण दत्त शर्मा ने निर्णय दिया है कि...'परशुराम देव जी महान कवि हैं।'
6. इस ग्रन्थ का मुख्य प्रतिपाद्य-शृंगार या माधुर्य भाव नहीं है। इसका मुख्य रस शान्त है एवं निर्गुणी परम्पराओं को इसमें जमकर अभिव्यक्ति मिली है।
7. ऐसी स्थिति में यदि यह निष्कर्ष निकाला जाये कि रूपरसिक देव जी के मन में परशुराम जी की निर्गुण-सगुण-समन्वय वाली भावना के प्रति विशेष आकर्षण नहीं था एवं उसके स्थान पर समकालीन रसोपासना उन्हें आकर्षित कर रही थी,[210] आधुनिक मनोविज्ञान का स्वप्न दर्शन इस आधार पर यही कहेगा कि उसके अवचेतन में पड़ी इन दोनों बातों ने ही स्वप्न में आकार ग्रहण किया। गुरु के प्रति जो अनाकर्षण था, उसने गुरु के भी गुरु को स्वप्न में बुला लिया एवं युगल की रसमयी उपासना शैली तो प्रत्यक्ष ही 'प्रकट' हुई। इस प्रकार निम्बार्कीय होते हुए भी वे निम्बार्कीय परम्पराओं से अलग हुए एवं अन्य समकालीन कवियों अथवा साधनाओं से प्रभावित होकर महावाणी रचना रूपरसिक जी ने की। डॉ. नारायण दत्त शर्मा ने भी स्वीकार किया है कि रूपरसिक जी के हाथों भी कुछ संस्कार सम्भव है। इसकी प्रतीति हरिव्यास यशामृत में महावाणी के महिमागान से होती है।[211]
8. निम्बार्कीय परम्पराओं से पृथक् हो जाने की बात इससे भी सिद्ध होती है कि रूपरसिक देव के समकालीन या परवर्ती बृन्दाबन देवाचार्य (विक्रम की 18वीं शती के उत्तरार्द्ध) का गीतामृत-गंगा ग्रन्थ भी वैसा शुद्ध रसोपासना का ग्रन्थ नहीं है, जैसा कि महावाणी है।

रूपरसिक देव जी के काल-निर्णय का झगड़ा फिर खड़ा होता है। उनके गन्थ लीला-विंशति के संवत् निर्धारण के लिए दो पाठों वाला दोहा प्राप्त है। एक में संवत् 'पदरासै जु सत्यासिया' आता है एवं दूसरे पाठ में 'सतरासे जु सत्यासिया' बताया गया है। प्रतियों के संकेतों के मिलान या निर्णय का कार्य हमारे क्षेत्र के बाहर है पर एक तथ्य की ओर इंगित करना उपयुक्त होगा। रूपरसिक देव जी परशुराम देव जी से दीक्षा लेते हैं एवं परशुराम जी का समय सं. 1680 के बाद तक माना जाता है। इधर रूपरसिक देव के समय के बारे में हमें कुछ अन्य तथ्य भी प्राप्त हुए हैं। वंशी अलि जी के शिष्य किशोरी अलि जी की वाणी का संग्रह हमें उपलब्ध हुआ है। प्रति 19वीं शती की प्रतीत होती है तथा खण्डित भी है। इस प्रति में संवत् 1831 तक के पत्रादि भी संगृहीत हैं। इसके आधार पर ज्ञात होता है कि रूपरसिक

जी 18वीं शती के अन्त एवं 19वीं शती के प्रारम्भ में विद्यमान थे। अगले अध्याय में रूपरसिक जी का काल-निर्णय करने में हम इस पुस्तक की सामग्री को पूरी तरह उपस्थित करेंगे, परन्तु इस आधार पर परशुराम देव एवं हरिव्यास देव का समय और अधिक परवर्ती प्रतीत होता है।

पीछे कहे गये एक और तथ्य को हम यहाँ दोहरा देना चाहते हैं कि हरिव्यास देव जी ने सिद्धान्तरत्नाञ्जलि आदि में जिस प्रकार पंच भक्ति रसों का विवेचन किया गया है, वह ठीक गौड़ीय वैष्णव परम्परा में है। हमें लगता है कि या तो ये अंश प्रक्षिप्त हैं या फिर हरिव्यास देव गौड़ीय वैष्णवों के बाद हुए हैं। हमारा अनुमान है कि ऐसे प्रयास बाद में सम्प्रदाय के अनुयायियों द्वारा किये गये हैं। एक ओर उन्होंने शास्त्र के स्तर पर भक्ति का विवेचन गौड़ीय वैष्णवों के प्रभाव में किया और दूसरी ओर हरिदासीय एवं राधावल्लभीय मतों के रस उपासना-सम्बन्धी दृष्टिकोणों को भी ग्रहण किया। समन्वय एवं ग्रहण का यह कार्य 17वीं-18वीं शतियों में पूर्णरूपेण सम्पन्न हुआ है। आलोच्य शोधकाल में माधुर्योपासना या प्रेमाभक्ति का पर्याप्त प्रसार इस सम्प्रदाय में हो चुका था, अतः इन ग्रन्थों के आधार पर हम उपास्य-उपासना आदि का निरूपण कर सकते हैं।

इस सम्बन्ध में पहली ध्यान देने योग्य बात है कि निम्बार्कीय दृष्टिकोण में (जैसा कि हम पीछे भी संकेत कर चुके हैं) गौड़ीय वैष्णव एवं सखी-साधना दोनों का ही समन्वय हुआ है। दार्शनिक दृष्टि से वैसा पुष्ट निरूपण इनमें हमें प्राप्त नहीं होता, जैसा कि गौड़ीयों में हम देख चुके हैं।

सर्वेश्वर

इस सम्प्रदाय के मुख्ध उपास्य श्री सर्वेश्वर हैं। यह शब्द उनकी विभुता एवं ऐश्वर्य का संकेत करता है। यही परात्पर तत्त्व हैं, यही आदि-मध्य-रहित कृष्ण भी हैं। सारे अवतार उन्हीं के अंश हैं। एक रस रहने वाले वे समस्त संसार के कार्यों एवं वस्तुओं के कारण हैं।[212] वे अजन्मा तो हैं ही, अत्यन्त सुन्दर एवं आनन्दमय भी हैं। वे परम सुन्दर वैकुण्ठ के निवासी, समस्त सुखों के सारतत्त्व, अतुलनीय माधुर्य एवं असीम ऐश्वर्य के निधि हैं।[213] वे जो एक अद्वय तत्त्व हैं, अपनी इच्छा से ही दो हो जाते हैं।[214] बृन्दाबन देव जी ने तो उनको मूर्तिमान शृंगार एवं सब रसों का आधार कहा है। रस-पोषण करने वाली समस्त शक्तियों को साथ लेकर वे ब्रज-विहार कर रहे हैं—

मूर्तिमान शृंगार हरि, सब रस को आधार।
रस पोषक सब शक्ति ले, ब्रज में करत विहार।।[215]

राधा उनकी आह्लादिनी शक्ति हैं, जिनके साथ वे नित्य विहार करते हैं।[216] राधा को कृष्ण की स्वकीया[217] के रूप में ही स्वीकार किया गया है। निम्बार्क सम्प्रदाय

में इस प्रकार दोनों परम्पराओं का समन्वय करने का प्रयास हुआ है। इच्छा से ही एक तत्त्व दो रूपों में विभाजित हो जाता है, यह बात सखी-सम्प्रदाय के अनुकूल है एवं राधा ह्लादिनी शक्ति हैं, वे शक्तिमान हैं, यह कथन गौड़ीय वैष्णव-मतवाद का स्मरण कराता है, परन्तु राधा का स्वकीयात्व गौड़ीय वैष्णवों से नितान्त पृथक् है। यों युगल-रूप के चित्रण में एकदम सखी-सम्प्रदायों जैसी भावना के दर्शन होने लगते हैं–

प्यारी जी प्यारे की जीवन, प्यारो प्यारी प्रान अधार।
प्यारी प्यारे की उरमाला, प्यारो प्यारी के उरहार।
प्यारी प्यारे रंग महल में, रंग भरे दोउ करत बिहार।[218]

श्री भट्ट जी ने अपने उपास्य का रूप एकदम स्पष्ट शब्दों में उपस्थित करते हुए कहा है कि वृन्दावन में विलास करने वाले प्रिय-प्यारे ही हमारे सेव्य हैं। नन्द-नन्दन एवं वृषभानु-नन्दिनी के चरणों के वे अनन्य उपासक हैं–

सन्तो, सेव्य हमारे श्री प्रिय प्यारे बृन्दाविपिन विलासी।
नन्द नन्दन वृषभानु नन्दिनी चरण अनन्य उपासी।
मत्त प्रणय वश सदा एक रस विविध निकुंज निवासी।
श्री श्रीभट युगल वंशीवट, सेवत मूरति सब सुखरासी।[219]

धाम

महावाणी में धाम के रूप में वृन्दावन की बड़ी ही उदात्त कल्पना की गयी है। उसका चित्रण भी बड़े विस्तार से हुआ है। उसकी विराटता का तनिक यह गणित देखिए–

अखिल ब्रह्माण्ड वैराट के ठाट सब
महा वैराट के रोम के कूप।
सावकाशै उड़त रहत नित सहज ही
परम ऐश्वर्य आश्चर्य मय रूप।
सो प्रथम एक ही शून्य मधि सम रह्यो
जैसे तृसरेनु को रेनु शत अंश।
याते दश दशगुनी सहस्रशत शून्य पुनि
तिनते लख सहस्र महाशून्य अवतंश।
तिन महाशून्य के शिखा परतेज कौ
कोटि गुन ते गुनो अति अमित विस्तार।
तहाँ निजधाम बृन्दाविपिन जगमगे
दिव्य वैभवन को दिव्य आगार।[220]

ऐसे वृन्दावन में जहाँ पर राधा और उनके प्रिय निरन्तर नित्य-विहार करते रहते हैं, जय हो–

जय बृन्दावन नित्य जय नित्य निकुंज सुख सार।
जय श्रीराधा पिय जहाँ, विहरत नित्य विहार।।[221]

श्री भट्ट जी ने उसे आनन्द-मूल कहा है तथा नाम लेते ही युगल-किशोर की प्रणयरति देने वाला बताया है।[222]

परिकर

परिकर में सखियों की ही कल्पना की गयी है। गौड़ीय एवं राधावल्लभीय सम्प्रदायों की भाँति ही यहाँ पर सखियों के यूथों, अष्ट प्रमुख सखियों एवं फिर उनकी आठ-आठ सखियों (कुल 576) की कल्पना की गयी है। इन सखियों के नाम, रूप, वेश एवं सेवा आदि की यहाँ पर भी विस्तृत चर्चा है।[223]

लीला

लीला की दृष्टि से निम्बार्कियों में फिर दोनों परम्पराएँ स्पष्ट हैं। यहाँ पर निकुंज-लीला (कर्णिका-लीला) तथा ब्रज-लीला (आवरण-लीला) दोनों ही का वर्णन किया गया है। इसलिए दोनों ही लीलाओं की संज्ञाएँ एवं पात्र भी हैं। इसी कारण गोपियों का भी वर्णन मिल जाता है,[224] पर गौड़ीय वैष्णवों के समान लीलाओं को विशिष्ट व्याख्या देकर एक दार्शनिक 'सिस्टम' के भीतर समेटने का कोई प्रयास निम्बार्क सम्प्रदाय में उपलब्ध नहीं होता।

उपासना-भाव

युगल-शतक एवं महावाणी दोनों ही में जीव के लिए साधना-मार्ग सहचरी-रूप में ही स्वीकार किया गया है। यद्यपि इस अवस्था तक पहुँचने के पूर्व दस पैड़ियों की कल्पना की गयी है और ये पैड़ियाँ बहुत कुछ वैधी भक्ति की हैं। सम्भवतः इन पैड़ियों की स्थिति को ध्यान में रखकर ही आचार्य हजारी प्रसाद द्विवेदी ने निम्बार्क सम्प्रदाय में वैधी भक्ति की ही स्थिति को स्वीकार किया है।[225] पर वास्तव में मात्र वैधी प्रारम्भ में ही स्वीकृत रही है, अपने इस परवर्ती विकास में सम्प्रदाय में रागानुगा को पूरी तरह स्वीकार कर लिया गया है। महावाणी आदि में सखियों की विविध सेवाओं का विस्तार से उल्लेख है एवं साधक को उन्हीं सहचरियों के भाव का अनुगमन करके राधा-माधव के विहार का तत्सुखी भाव से आनन्द-लाभ करना ही परम काम्य माना

गया है। इस सम्बन्ध में निम्बार्क सम्प्रदाय और अन्य सखी-सम्प्रदायों में विभेद दृष्टिगोचर नहीं होता।

उझकति सहचरि निरखि सुख हिय में भरी हुलास।
नव निकुंज रस पुंज छवि श्यामा श्याम विलास।[226]

डॉ. विजयेन्द्र स्नातक ने इस समानता को लक्षित करके ही कहा है—

"श्री भट्ट जी के युगल-शतक नामक ग्रन्थ में राधा का स्वरूप नित्य-विहार और सहचरी-स्वरूप को बड़ी सरस शैली में प्रतिपादित किया है। यह ग्रन्थ भावना में राधावल्लभीय पद्धति से साम्य रखता है।....मूलतः निम्बार्क मत में सखी का स्वरूप युगल-शतक की सहचरी से कुछ भिन्न था, किन्तु रस-मार्ग का प्रवर्तन होने पर रसोपासना के अंगभूत सखी का ही रूप वहाँ भी स्वीकृत हुआ। महावाणी में तो रसोपासनानुकूल सहचरी वर्णित हुई है।"[227]

वल्लभ सम्प्रदाय में कृष्ण, परिकर धाम इत्यादि की कल्पना

वल्लभ सम्प्रदाय में पूर्ण पुरुषोत्तम ब्रह्म की कल्पना की गयी है। अक्षर ब्रह्म तथा अन्तर्यामी ब्रह्म भी पूर्ण पुरुषोत्तम ब्रह्म के ही स्वरूप हैं। वास्तव में इस सम्प्रदाय में ब्रह्म के तीन मुख्य रूप हैं, पूर्ण पुरुषोत्तम परब्रह्म कृष्ण, अक्षर ब्रह्म एवं अन्तर्यामी रूप।[228] अक्षर ब्रह्म ही स्वभाव, कर्म, काल भेद से रुद्रादिक देवताओं के रूप में प्रकट होता है।[229] ब्रह्म को एक से अनेक होने की इच्छा हुई और उसने अपने खेल के लिए ही अपना स्वरूप प्रकट किया। इस प्रकार सृष्टि आदि उसकी इच्छा-शक्ति के परिणाम हैं।[230] यह इच्छा-शक्ति ही वल्लभ सम्प्रदाय में माया-शक्ति है। पर माया यहाँ पर झूठी नहीं है। इस बात पर वल्लभ सम्प्रदाय में बहुत बल दिया गया है। ब्रह्म इस सृष्टि के सम्प्रदायी और निमित्त कारण है।[231] ब्रह्म रसो वै सः श्रुति के अनुसार रस रूप भी वह है। वह आनन्दाकार विग्रह से अपने अक्षर धाम (गोलोक) में अपनी इच्छानुसार लीला-मग्न रहता है। यह सच्चिदानन्द ब्रह्म नित्य है और उसकी लीला भी नित्य है।[232] वह अनन्त रूपों वाला एवं विरुद्ध धर्मों का आश्रय है।[233]

कृष्ण

इस सम्प्रदाय के अनुसार स्वयं कृष्ण ही रसात्मा, रमेश, विरुद्ध धर्माश्रयी पूर्ण ब्रह्म हैं।[234] सूरदास आदि ने भी उन्हें इसी रूप में देखा है।[235] भागवत के "एते चांशकला पुंसः, कृष्णस्तु भगवान् स्वयम्" का उपयोग इस सम्प्रदाय में भी किया गया है। हरिदासी सम्प्रदाय के सन्दर्भ में हम लक्ष्मीपति नारायण के ललचाने की बात कह चुके हैं। सूरदास भी कुछ उसी टोन में कहते हैं—

नारायण धुनि सुनि ललचाने श्याम अधर धुनि बैन।
कहत रमा सों सुनि सुनि प्यारी बिहरत है बन श्याम।[236]

'म्लेच्छकान्तेषु देशेषु' श्लोकों वाले श्री कृष्णश्रय स्तोत्र के लेखक श्री वल्लभाचार्य यदि मात्र रसात्मक लीलाओं से हटकर धर्म-संस्थापन में भी विश्वास करें तो आश्चर्य न होना चाहिए। वल्लभ सम्प्रदाय में उनके चतुर्व्यूहात्मक (धर्म-संस्थापक)[237] एवं रसात्मक[238] दोनों रूपों को स्वीकार किया गया है। देवकी नन्दन वासुदेव धर्मरक्षक रूप हैं तथा नन्दसुवन यशोदालाल रसरूप हैं, परन्तु सम्प्रदाय में इसी दूसरे रसरूप की ही विशेष महिमा है। इसी कारण वल्लभ सम्प्रदाय के कवियों ने लीलावपु कृष्ण की ही अनन्त वैचित्री का गुणगान किया है। धर्मरक्षक रूप की ओर यत्र-तत्र संकेत मात्र है।

राधा

प्रारम्भ में सम्प्रदाय में राधा का महत्त्व हमें प्राप्त नहीं होता। परिवृढाष्टक में वल्लभाचार्य ने 'पशुपजा' गोपकन्या की चर्चा अवश्य की है जिसे विद्वान राधा के रूप में स्वीकार करना चाहते हैं। पर इस बात का कोई स्पष्ट प्रमाण नहीं है। इसके अतिरिक्त वह राधा ही है तो फिर राधा नाम लेने में आचार्य को हिचक क्यों रही? पीछे हम कह चुके हैं कि विष्णु पुराण, भागवत पुराण आदि से एक अधिक सौभाग्यशालिनी गोपी का पता लगता है। 'पशुपजा' सम्भवतः उसी परम्परा में है। हमें यह भी प्रतीत होता है कि सामाजिक उद्देश्य को दृष्टिपथ से ओझल न करने वाले वल्लभ प्रारम्भ में राधा तत्त्व को स्वीकार नहीं करना चाहते थे। इसी कारण उन्होंने राधा तत्त्व को स्वीकार नहीं किया एवं बालभाव की उपासना पर ही बल दिया,[239] परन्तु भागवत को प्रमाण मानकर चलने वाला व्यक्ति कान्ता भाव से बच नहीं सकता। स्वयं वल्लभ ने गोपियों को अपना गुरु 'गोप्यस्तु अस्माकं गुरुः' माना है[240] तथा एक अन्य स्थान पर उन्होंने यह आकांक्षा व्यक्त की है कि मेरे हृदय में गोपियों के विरह का दुख पैदा हो जाये।[241] वल्लभाचार्य ने श्रीनाथ जी की सेवा में दो गौड़ीय वैष्णवों को नियुक्त किया था, उन्होंने सम्प्रदाय में राधा या गोपी भाव को लाने में सहायता दी होगी। इसके अतिरिक्त 16वीं शती के समाप्त होते-होते चैतन्य, सखी एवं राधावल्लभीय आदि सम्प्रदायों में राधा-भाव का जो स्फूर्तन होता है, उसमें वल्लभ सम्प्रदाय भी बचा नहीं रह सका एवं गो. विट्ठलनाथ जी ने राधाभाव को पूर्णतया स्वीकार कर लिया। श्रीनाथ जी की वल्लभ द्वारा प्रवर्तित सेवा-पद्धति में राधा या कान्ता भाव का स्थान नहीं है, परन्तु विट्ठलनाथ जी ने सेवा के मण्डान में राधा को ब्रह्मोत्सवों में सम्मिलित कर लिया। श्रीकृष्ण के जन्मोत्सव की तरह राधा का जन्मोत्सव भी मनाया जाने लगा। विट्ठलनाथ जी ने 'स्वामिन्याष्टक', स्वामिनो स्तोत्र, एवं 'शृंगार रस मण्डन' की रचना करके राधा एवं दाम्पत्य भाव को महत्त्वपूर्ण प्रतिपादित किया,

परन्तु इससे यह नहीं समझना चाहिए कि वल्लाभाचार्य ने कान्ता भाव का नितान्त तिरस्कार किया है। उन्होंने जब भगवान को सर्वभाव से भजनीय बताया, तब उसके अन्तर्गत रतिभाव स्वतः आ जाता है। भागवत के श्लोक—

कामं क्रोधं भयस्नेहमैक्यं सौहृदमेव च।
नित्यं हरौ विदधतो यान्ति तन्मयतां हिते ॥[242]

की व्याख्या करते हुए अपनी सुबोधिनी टीका में उन्होंने कहा है कि काम स्त्री भाव में, सौहार्द सख्य भाव में होते हैं। इस प्रकार स्त्री भाव की स्वीकृति उनमें है। 'सूर निर्णय' के लेखकों ने आचार्य वल्लभ द्वारा विवेचित तीन प्रकार की गोपियाँ गोपांगना, गोपी, ब्रजांगना—उद्धृत की हैं। गोपांगनाएँ परकीया भाव से भजती हैं, वे साक्षात् 'पुष्टि-पुष्ट रूप' हैं। गोपी वास्तव में कुमारिकाएँ हैं जो कात्यायनी आदि व्रतों के माध्यम से कृष्ण को प्राप्त करना चाहती हैं, ये 'मर्यादा पुष्ट' हैं एवं ब्रजांगनाएँ कृष्ण को बाल भाव से भजती हैं, ये 'पुष्टिप्रवाह रूप' हैं।[243] परिवृढाष्टक में उन्होंने पशुपजा का शृंगारी रूप ही चित्रित किया है—

कलिन्दोद्भूतायास्तटमनुचरतीं पशुपजाम्।
रहस्येकां दृष्ट्वा नवसुभगवक्षोजयुगलाम्
दृढं नीवीग्रंथिं श्लथयति मृगाक्ष्या दृढतरम्
रतिप्रर्दुर्भावो भवतु सततं श्रीपरिवृढे ॥

इसी प्रकार मधुराष्टक हैं, उन्होंने कृष्णा के अंग, चेष्टा, क्रियादि को मधुर ही कहा है। सुबोधिनी भाष्य में उन्होंने अनेक स्थानों पर रति भाव की ओर संकेत किये हैं।[244] यों हम पहले भी कह चुके हैं कि भागवत को प्रमाण मानकर चलने वाला व्यक्ति मधुर भावना को अस्वीकार नहीं कर सकता। हमारा अनुमान है कि लोक-दृष्टि की विकृति के भय से उन्होंने बाल भाव पर जोर दिया है अन्यथा उनकी भक्ति भावना कान्ताभाव को अस्वीकृत नहीं करती, पर राधा-भाव उन्हें अवश्य बहुत स्वीकार्य नहीं लगता।

अस्तु, वल्लभ सम्प्रदाय में चाहे जैसे भी हो, राधा का चित्रण होता है एवं यह चित्रण अपनी शक्ति में किसी भी अन्य सम्प्रदाय से कम नहीं है। राधा और कृष्ण का सम्बन्ध प्रकृति-पुरुष का शाश्वत सम्बन्ध माना जाने लगता है। सूरदास ने प्रीति की इस निरन्तरता की ओर बार-बार संकेत किया है।[245] उन्होंने दोनों की अभेदता का बराबर चित्रण किया है। वे युगल स्वरूप हैं—

सदा एक रस एक अखण्डित आदि अनादि अनूप।
कोटि कल्प बीतत नहि जानत दिरहत युगल स्वरूप।[246]

लौकिक सम्बन्ध की दृष्टि से राधा कृष्ण की स्वकीया ही हैं। सूर, परमानन्ददास, आदि ने राधा-कृष्ण का विवाह कराया है। इस युगल रूप में गौड़ीय वैष्णव एवं रसोपासक दोनों ही मतों का अद्भुत समन्वय हुआ है। कृष्ण के जाने के बाद वे

विरह की साक्षात् विग्रह दिखाई पड़ती हैं। उद्धव-संवाद के पदों में राधा एकमात्र प्रेयसी के रूप में नहीं दिखाई पड़ी है, उनमें विरहिणी गोपियों की हृदय-वेदना ही प्रकट हुई है। अष्टछाप के कवियों ने युगल स्वरूप का सखी भाव से लीला-स्वादन भी किया है।[247] वास्तव में संयोग और वियोग की वे समस्त स्थितियाँ इन कवियों में सहज ही प्राप्य हैं जिनकी चर्चा प्रेम के सन्दर्भ में की जाती है।

गोपी

वल्लभ सम्प्रदाय में प्रेम का वास्तविक आदर्श गोपिकाएँ ही हैं। राधा भी दार्शनिक दृष्टि से कृष्ण से अभिन्न होते हुए भी (यों तो जीव और जगत् भी ब्रह्म से भिन्न नहीं हैं) काव्य-चित्रण के क्षेत्र में गोपी ही हैं। गौड़ीय वैष्णवों में राधा के प्रभा-मण्डल में गोपियों की कान्ति मलिन पड़ जाती है, परन्तु वल्लभ सम्प्रदाय में गोपियाँ अपने महत्त्व को खोती नहीं। इसका कारण यह भी है कि लीला-वर्णन में श्रीमद्भागवत का अनुसरण इन कवियों ने किया है। सैद्धान्तिक स्तर पर गोपियों के दो रूप हैं—एक रूप में तो वे नित्य गोलोक में होने वाले रसरूप कृष्ण के नित्य रास की संगिनियाँ हैं जो कि भगवान की आनन्द प्रसारिणी शक्ति रूप ही हैं। इस रूप में कृष्ण और उनका सम्बन्ध धर्म और धर्मी का है। कृष्ण की ब्रजलीलाएँ उनकी नित्य लीलाओं की ही अवतार हैं। कृष्ण ने अपने समस्त परिकर, राधा, गोप, गोपी, गो, गोवत्स आदि समेत अवतार लिया था।[248] भक्त (जो सत्, चित् से युक्त पर आनन्द से रहित होता है) अपने आनन्द अंश की खोज में गोपी स्वरूप प्राप्त करना चाहता है। उनके राग का अनुकरण करके रागानुगा भक्ति की साधना करता है। साधना की दृष्टि से यह दूसरा रूप ही विशेष महत्त्वपूर्ण है। बहुत-से विद्वान कृष्ण-लीला के आध्यात्मिक प्रतीक को स्पष्ट करने के लिए गोपियों को आत्मा और कृष्ण को परमात्मा भी सिद्ध करते हैं एवं इस प्रकार भक्तात्मा के लिए इस भावमार्ग का उपस्थापन करते हैं।

पीछे हम वल्लभ द्वारा बतायी गयी तीन प्रकार की गोपिकाओं की चर्चा कर चुके हैं : गोपांगना, गोपी एवं ब्रजांगना। इन्हीं को अन्यपूर्वा, अनन्यपूर्वा एवं सामान्या कहा गया है। इनमें से रास में सम्मिलित होने का अधिकार प्रथम दो प्रकार की गोपियों तथा एक अन्य प्रकार निर्गुणा को है। उन्होंने सुबोधिनी में रास में प्रवेश पाने वाली इन्हीं तीन वर्गों की 19 प्रकार की गोपियों का विवरण दिया है।[249] इनमें भी अन्यपूर्वा (जो परकीया होते हुए भी कृष्ण को कान्त मानती थीं) भाव को भक्ति का श्रेष्ठतम रूप माना है। इसे पुष्टि-पुष्ट भाव की भक्ति कहते हैं। राधा को भले ही स्वकीया माना गया हो, पर गोपी भाव की भक्ति में तो परकीया भाव को ही वल्लभ सम्प्रदाय में महत्त्व दिया गया है। सूरदास, परमानन्द दास, नन्ददास आदि ने अनेक बार कुलकानि भेंट कर मिलने वाली गोपियों की चर्चा है।

वल्लभ ने एक स्थल पर यह भी कहा है कि निस्साधन भक्त केवल स्त्री भाव से भगवान का रसास्वादन कर सकने में समर्थ होते हैं।[250] यहीं पर कार्डिनल न्यूमैन की भी प्रसिद्ध उक्ति याद आ जाती है। उसने कहा था कि यदि तुम्हारी आत्मा को उच्चतर आध्यात्मिक आनन्द में आना है तो तुम्हें निश्चय ही स्त्री बन जाना चाहिए। (इफ दाई सोल इज टु गो इनटु हाइली स्प्रिचुअल ब्लेस्डनेस, दाऊ मस्ट बिकम ए वूमन।)

अपना सब कुछ समर्पित कर देने वाली इन स्त्रियों के प्रति भागवत में कृष्ण कह उठे थे कि मैं तुम्हारी कृतज्ञता के पाश से कभी मुक्त नहीं हो सकता।[251] परमानन्द दास ने भी इन गोपियों की भूरि-भूरि प्रशंसा की है। उन्होंने उन्हें प्रेम की ध्वजा कहा है।[252] गोपी के निराले अनन्य प्रेम, जिममें समस्त मर्यादा को मिटाकर वे कृष्ण की प्राण प्यारी बनी थी, के अनुसरण का वे स्पष्ट उपदेश देते हैं–

ये हरि रस ओपी सब गोप-तियन ते न्यारी।
कमल नयन गोविन्द चन्द की प्रानहु ते प्यारी।।
निरमत्सर जे सन्तत अहहि चूड़ामणि गोपी।
निरमल प्रेम प्रवाह सकल मरजादा लोपी।।
जो ऐसे मरजाद मेटि मोहन गुन गावे।
क्यों नहि परकानन्द प्रेम भगति सुख पावे।।[253]

उनके अनुसार गोपियों के प्रेम की बराबरी कौन कर सकता है। उनके चरणारविन्द का रस उद्धव अपने शीश पर धारण करते हैं। स्वयं साक्षात् ब्रह्म उनके भाव का वरण करना चाहते हैं।[254] उन्होंने तो यहाँ तक कह दिया है कि यदि गोपियों का प्रेम और भागवत पुराण न होता तो सभी लोग औघड़ पन्थों के अनुयायी बनकर 'गमैया ज्ञान' का कथन करते–

जो गोपिन के प्रेम न होतौ अरु भागवत पुरान।
तौ सब औघड़ पन्थहिं होती कथन गमैया ज्ञान ॥[255]

वस्तुतः अष्टछाप का सम्पूर्ण काव्य गोपी-महिमा से भरा पड़ा है। भ्रमरगीत एवं रासपंचाध्यायी के प्रसंग गोपियों के प्रेम को अप्रतिम रूप से उज्ज्वल भूमिका में स्थापित कर देते हैं। अष्टछाप के कवियों ने गोपियों के भी तीनों रूपों–अनन्यपूर्वा, अन्यपूर्वा एवं सामान्या में किसी एक के रागात्मक सम्बन्ध का अनुगमन करना चाहा था। वल्लभ सम्प्रदाय का भक्त निकुंज-लीला का कुंज-रन्ध्रों से दर्शक ही नहीं है, वह स्वयं ईश्वर को कान्त रूप से प्राप्त कर उनके साथ रमण करना चाहता है एवं इस रूप में वह गौड़ीय वैष्णवों की अपेक्षा, आलवारों, निर्गुणियों एवं सूफ़ियों के अधिक निकट है परन्तु 18वीं शती तक पहुँचते-पहुँचते सखी भावना का पर्याप्त प्रवेश वल्लभ मत में भी हो जाता है।

धाम

धाम की दृष्टि से वल्लभ एवं गौड़ीयों में कोई स्पष्ट अन्तर हमें प्राप्त नहीं होता। इस सम्प्रदाय में परब्रह्म इस संसार में अकेला ही अवतरित नहीं होता, साथ ही उसकी आनन्द-प्रसारिणी शक्तियों एवं अक्षरधाम भी जन्म लेते हैं। यह लीलाधाम उसका स्वरूपभूत अंश होने के कारण मायिक शक्ति से रचित संसार के गुणात्मक रूप में भिन्न होता है। ब्रजभूमि रसरूप भगवान के लीलाधाम गोलोक या गोकुल ही का अवतार है।[256] यह भी मायिक जगत् से परे है।[257] सूरदास ने वृन्दावन को निजधाम[258] एवं आदि अजिर[259] कहा है, परन्तु यह ध्यान रहे कि सखी सम्प्रदाय की भाँति इस मार्ग में वृन्दावन और ब्रज अलग-अलग न होकर तात्पर्यवाची हैं—

बृन्दाबन ब्रज को महतु कापै बरन्यो जाई।
चतुरानन पग परसि के लोक गयो सुख पाई।[260]

वल्लभाचार्य ने गोलोक या गोकुल का महत्त्व वैकुण्ठ से भी अधिक माना है।[261] सूर के कृष्ण की मुरली की ध्वनि जब वैकुण्ठ पहुँचती है तो नारायण उसके लिए उत्कण्ठित हो उठते हैं।[262] ब्रज, गोकुल, वृन्दावन एवं यहाँ के निवासियों की स्तुति में परमानन्ददास ने लगभग दो दर्जन पद लिखे हैं[263]—सूरदास, परमानन्ददास इत्यादि ने यमुना की महिमा का भी गुणगान किया है।

पुष्टिमार्ग की विशेषताएँ

(1) **अनुग्रह-तत्त्व की अत्यधिक प्रतिष्ठा**—भक्ति के क्षेत्र में यों तो प्रत्येक सम्प्रदाय ने प्रभु-अनुग्रह पर बल दिया है, पर उसे विशिष्ट रूप से सैद्धान्तिक स्तर पर स्वीकार करने का श्रेय वल्लभ सम्प्रदाय को ही है। पुष्टिमार्ग का नामकरण ही अनुग्रह से सबन्धित है। भागवत के 'पोषणं तदनुग्रहः' के आधार पर ही इसे पुष्टिमार्ग की संज्ञा दी गयी। वल्लभ ने अपने अणुभाष्य में स्पष्ट कर दिया है कि पुष्टिमार्ग एकमात्र अनुग्रह साध्य है—पुष्टिमार्गेष्वनुग्रहैकसाध्यः।[264] 'तत्त्वदीप निबन्ध' के भागवतार्थ प्रकरण में भी उन्होंने कालादि के प्रभाव को रोकने वाली श्रीकृष्ण कृपा को पुष्टि कहा है। अन्यत्र भी उन्होंने लिखा है कि पुष्टिमार्ग में अनुग्रह की नियामक स्थिति होती है।[265] गो. हरिराय जी ने पुष्टिमार्ग के लक्षण बताते हुए इस तत्त्व का स्पष्ट निरूपण करते हुए सर्वसिद्धियों का हेतु भगवान का अनुग्रह ही माना है—

अनुग्रहेणैव सिद्धिर्लौकिकी यत्र वैदिकी।
न यत्नादन्यथा विघ्नः पुष्टिमार्गः स कथ्यते ॥[266]

(2) अनुग्रह-तत्त्व को अनुकूलित करने वाला तथ्य (कण्डीशनिंग फैक्टर) है कि भक्त आत्मसहित समस्त आत्मीय वस्तुओं को भी भगवदर्पण कर दे। सर्वात्मना भाव

से नित्य ही श्रीकृष्ण की शरण में रहने का निर्देश मन में त्याग भाव को भी जन्म देता है एवं अहन्ता का निवारण भी करता है।

(3) पुष्टिमार्ग वास्तव में सिद्धान्त नहीं सेवा का मार्ग है। निष्क्रिय भाव-भक्ति मन को स्थायित्व नहीं देती। तनूजा, वित्तजा और मानवी सेवा के क्रम को स्थापित करके और उसमें मानसी सेवा को श्रेष्ठतम एवं सदा करणीय[267] बताकर उन्होंने भावात्मकता के साथ क्रियाशीलता का अटूट सम्बन्ध स्थापित कर दिया है। तनूजा सेवा में भक्त अपना शरीर भगवान को देता है, वित्तजा में धन-सम्पत्ति आदि भी भगवदर्पण हो जाते हैं एवं सर्वश्रेष्ठ मानसी सेवा में भावात्मकता का प्राधान्य है। जब भक्त के हृदय में भगवान से मिलने की विकलता के कारण विप्रयोग उत्पन्न होता है, तब प्रभु सम्पूर्ण हृदय में लीला का अनुभव कराते हैं और फिर स्वतः ही रसात्मक प्रभु का हृदय में आविर्भाव हो जाता है।[268] सेवा को पूजा से अलग करते हुए हरिराय जी ने बताया है कि सेवा में स्नेह के साथ लौकिक युक्ति से परिचर्या होती है तथा पूजा में शास्त्रानुकूल अर्चना की जाती है—

सेवायां लौकिकी युक्तिस्तथा स्नेहो नियामकः।
पूजायां तु विधिः स्नेहविरुद्धा इति निश्चयः।।[269]

इस प्रकार सेवामार्ग में स्नेह-भाव वाले तत्त्व की अनिवार्य रूप से नियामक स्थिति बनी रहती है।

विट्ठलनाथ जी ने सेवा-विधि का बहुत बड़ा मण्डन बाँधा। यद्यपि आगे चलकर सेवा-विधि के इस वैभवशाली रूप के कारण सम्प्रदाय में कतिपय विकृतियाँ भी उत्पन्न हुईं पर उस समय मुस्लिम वैभव के समक्ष मनोवैज्ञानिक रूप से हिन्दू जनता को इसने खड़े होने की दृढ़ता दी होगी। इस विधि में सामन्ती वैभव एवं आदर्शों का जमकर उपयोग किया गया। भक्तिमार्ग में दास भाव (महत्त्व की भावना के प्रति समर्पण) आवश्यक है। वैधी भक्ति के अनुयायियों ने तो इसे मान दिया ही है, सखी भाव में भी इसे अपनाया गया एवं पुष्टिमार्ग ने भी इसे अपने ढंग से स्वीकार किया है।

(4) भाव की दृष्टि से गोपी भाव को जितनी शक्ति के साथ इस सम्प्रदाय ने स्थापित किया, उतना उसके समकालीन किसी भी अन्य सम्प्रदाय ने नहीं किया। यह भाव सखी-भावना के परवर्ती प्रभाव में भी समाप्त नहीं हुआ। गो. हरिराम जी ने स्वयं सखी-भावनापरक साहित्य की रचना की है पर अपने 'भक्ति द्वैविध्य निरूपण' में उन्होंने गोपी भाव की कृष्णभक्ति को ही श्रेष्ठ एवं दुर्लभ बताया है। इस मत के अनुयायी भक्त भगवान के चरणों के सरोवर में (नवधा आदि के द्वारा) शीतल मज्जन नहीं चाहते, ये तो भगवान के पद्म मुख के पराग का पान करना चाहते हैं, अधरों के अमृत का आस्वादन चाहते हैं, वैसा ही आस्वादन जैसा कि गोप-सीमन्तनियों ने प्राप्त किया था—

भक्तिर्द्विधा पदाम्भोजवदनाम्बुजभेदतः।
प्रथमा शीतला भक्तिर्यतः श्रवणकीर्तनात् ॥
तत्रैव मुख्यसम्बन्धः सुलभो नारदादिषु।
द्वितीया दुर्लभा यस्मादधरामृतसेवनात् ॥
तद्भावनारूपा विरहानुभवात्मिका।
गोपासीमन्तिनीनाम् च सा हरिणा स्वतः ॥[270]

भावनारूपा एवं विरहानुभावात्मिका यह भक्ति विरह के तत्त्व को भी अन्य सम्प्रदायों की अपेक्षा ऊँचाई पर प्रतिष्ठित करती है। यह सर्वमान्य बात है कि अष्टछाप के कवियों ने श्रेष्ठतम वियोग-काव्य का सृजन किया है। इस विरह भावना की उच्चता के समकक्ष सूफ़ियों की विरह-भावना को ही रखा जा सकता है। हमारा अनुमान है कि पुष्टिमार्ग के विरह-तत्त्व पर सूफ़ियों का भी प्रत्यक्ष-अप्रत्यक्ष कुछ-न-कुछ प्रभाव अवश्य विद्यमान है। सूरदास ने तो स्पष्ट लिखा है, 'अधो विरही प्रेम करै।'[271]

(5) पुष्टिमार्ग में पुष्टि, प्रवाह और मर्यादा मार्गों की कल्पना करके अन्य साधना मार्गों को भी स्वीकृति दी गयी है तथा पुष्टिमार्ग में भी शुद्ध पुष्ट, पुष्टि पुष्ट, मर्यादा पुष्ट एवं प्रवाह पुष्ट, इन चार प्रकार के जीवों की कल्पना करके भक्ति के अनेक सम्प्रदायों को स्वीकृति देनी चाही हैं। ऐसा लगता है कि अपने मन का प्रचार करते हुए भी वल्लभ अन्य साधना-मार्गों सम्प्रदायों के प्रति पूर्णरूपेण उदार थे।

(6) पुष्टिमार्ग के दार्शनिक सिद्धान्तों पर आधारित होते हुए भी वल्लभ सम्प्रदाय में प्रेमाभक्ति को अत्यन्त पुष्ट व्यावहारिक आधार पर प्रतिष्ठित किया गया। दार्शनिक भित्ति होने के कारण रहस्यानुभूति की प्रामाणिकता भी इसमें नहीं, परन्तु भावना के वेग में रहस्यात्मक संकेतों की नितान्त उपेक्षा भी नहीं की गयी।

(7) कृष्ण ही इस सम्प्रदाय के आराध्य हैं। राधा की प्रधानता दिखाने वाले पद वल्लभ सम्प्रदाय में कठिनता से मिलेंगे। सूरदास राधा से भी कृष्णचरण की ही भक्ति माँगते हैं।[272]

(8) वात्सल्य, सख्य एवं मधुर इस सम्प्रदाय के कवियों के मुख्य भक्ति-रस रहे हैं। इस प्रकार मानव के मानसिक संगठन के एक बड़े भाग को यह सम्प्रदाय अभिव्यक्त एवं परितुष्ट करता है।

ललित सम्प्रदाय में उपास्य, लीला, नाम परिकर एवं उपासना भाव की धारणा

ललित सम्प्रदाय वृन्दावन का एक छोटा-सा सम्प्रदाय है, जिसकी स्थापना 18वीं शती के अन्तिम चरण में महात्मा वंशी अलि जी ने की थी। यह सम्प्रदाय इस दृष्टि से अत्यधिक महत्त्वपूर्ण है कि राधावाद अपनी पराकाष्ठा पर इसी सम्प्रदाय में पहुँचता है। शक्ति की धारणा इस सम्प्रदाय में अत्यधिक व्यापक रूप में हुई है। पीछे हम

सखी राधावल्लभी सम्प्रदायों के विवेचन के प्रसंग में कह चुके हैं कि प्रेम के क्षेत्र में राधा की प्रमुखता उन सम्प्रदायों में स्वीकृत हो गयी थी, पर दार्शनिक स्तर पर कृष्ण ही परात्पर तत्त्व बने रहे। शक्ति और शक्तिमान की कल्पना उनमें शक्तिमान के महत्त्व की दर्शिका है, परन्तु ललित सम्प्रदाय में शक्तिमान को नहीं शक्ति को ही प्राधान्य प्राप्त हुआ। राधा ही इस सम्प्रदाय में परात्पर तत्त्व मान ली गयीं।

यहीं पर यह भी याद दिला देना उचित होगा कि राधा को परात्पर तत्त्व स्वीकार करने का अर्थ यह नहीं कि इस सम्प्रदाय में केवल शक्ति-रूपा (शक्ति-भावना के अनुरूप) राधा की ही उपासना होती है। यह सम्प्रदाय भी सखी या राधावल्लभी सम्प्रदायों की भाँति ही युगलोपासक है। स्वामी हरिदास गो. हित हरिवंश का उल्लेख उन्होंने बड़े सम्मान से किया है।[273] ऐसा प्रतीत होता है कि इन दोनों सम्प्रदायों का उन पर गहरा प्रभाव था। पीछे सखी-सम्प्रदाय की चर्चा करते हुए हम कह चुके हैं कि स्वामी हरिदास को ललिता का अवतार स्वीकार किया गया है एवं उनका अत्यधिक महत्त्व बताया गया है। ललित सम्प्रदाय में भी गुरु को ललिता रूप ही माना गया है।[274] अथवा ललिता को ही गुरु कहा है।[275] राधा को प्रमुखता देने का संकेत सम्भवतः उन्हें राधावल्लभीय सम्प्रदाय में प्राप्त हुआ होगा। वंशी अलि जी के पश्चात् भी ललित सम्प्रदाय राधावल्लभ सम्प्रदाय के आचार्यों के मध्य घनिष्ठ सम्पर्क रहा है। हमारे देखने में वंशी अलि जी के शिष्य किशोरी अलि जी की वाणी का हस्तलिखित संकलन आया है। उसमें किशोरी अलि एवं गो. चन्दलाल (राधावल्लभीय) के मध्य होने वाले पत्र-व्यवहार का भी संग्रह है।[276] उसमें ज्ञान होता है कि गो. चन्दलाल के मन में किशोरी अलि उनकी राधोपासना के लिए अत्यधिक सम्मान का भाव था।[277]

राधा एवं उनकी लीला

महात्मा वंशी अलि जी ने अपने 'राधा सिद्धान्तम्' ग्रन्थ में प्रारम्भ में ही बता दिया है कि सौन्दर्य राशि, नित्य प्रेमासक्त किशोरी राधा ही अनन्य भाव से हमारी उपास्य है।[278] वे चाहते हैं कि समस्त इन्द्रियों का विषय राधा ही हो—

राधा जीभ रटों सदा सुनों सुकान।
श्री राधा नयनन देखिहों राधा बिननहिं आन।[279]

राधिका का रूप स्पष्ट करते हुए उन्होंने कहा है कि ब्रह्म तथा भगवान को रचने वाली एवं अधिष्ठात्री शक्ति वे ही हैं।[280] सब कुछ को अनुस्यूत रखने वाली एवं ब्रह्म की अपर पर्याय वे ही हैं। वे सर्वतन्त्र स्वतन्त्र हैं, परन्तु वे स्वतन्त्र शक्ति होते हुए भी भक्त के अधीन हैं[281] एवं श्रीकृष्ण उनके भक्त हैं तथा उनकी भक्ति के अधीन होकर समान भाव में कृष्ण के साथ विहार करने के लिए उन्होंने अवतार धारण किया है।[282] वृषभानु के घर में भी जन्म उन्होंने साधकों पर अनुग्रहार्थ ही

लिया है।[283] वास्तव में लोक में लीला का समस्त विस्तार ही 'साधकानां प्रसादाय' ही है।[284] वे वास्तव में सर्वेश्वरैश्वरी हैं, अतः पत्नी भाव (कृष्ण के प्रति) जो दिखाई पड़ता है, वह भक्तों को लीला का दर्शन कराने मात्र के लिए है।[285] इस प्रकार सपाट रूप से कृष्ण की सत्ता मात्र भक्ति की राह जाती है। कृष्ण, सखियों या अन्य राधा पदाश्रित व्यक्तियों के भाव में ही राधा की उपासना करने का निर्देश उन्होंने दिया है—

कृष्णः सख्यश्च राधायाः भक्ताः राधापदाश्रयाः।
तद्भक्तभावतः सेव्या नमस्या राधिकाश्रितैः ॥[286]

अन्यत्र भी उन्होंने नन्द कुमार को सेवक ही कहा है।[287] वास्तव में इस अंश से तो ऐसा प्रकट होता है कि सम्प्रदाय में कृष्ण को एकदम निष्कासित कर दिया गया है, परन्तु यह सत्य नहीं है। 'हृदय सर्वस्व' के दोहा में राधा के युगल रूप एवं विहार का भी सहज एवं सरल चित्रण हुआ है—

श्री वृषभानु कुमारि नित नाम कुँवर नन्दनन्द।
बूड़े रहत विहार में सहचर आनन्द कंद।[288]

नित्य विहार का भी वर्णन पूर्वोल्लिखित रसोपासना जैसा ही यहाँ पर भी है—

खान पान सुध नेक नहीं, सखी करत[289] *सब काज।*
अंगन ही में सब समय सिज्जा हो को राज।।1।।
नयन से श्रृंगार सब होत है आँगन माँझ।
बिरहन में बूढ़े रहें नहीं जानत[290] *दिन साँझ।।2।।*
नयन ही में नयन रहें, हिय में समाय[291]*।*
भुजन भुजा लपटी रह, यही एक रस माय।।3।।

ऐसे गाढ़ विहार में रत रहने वाले कृष्ण में उन्होंने दास भाव ही देखा है, ईश्वरता तो वंशी अलि जी के मतानुसार राधा में ही है—

ईश्वरताई कुर्वरि में दासन्तन हैं लाल।
कृपादृष्टि किये आपस में करत[292] *अनोखे ख्याल।।4।।*

पर वे साक्षात् मूर्तिमान श्रृंगार हैं और प्रेम के कारण ही ब्रज में सर्वश्रेष्ठ है एवं लीला निर्वाह के लिए कान्त भाव से अलंकृत हैं।[293]

ललिता एवं अन्य सखियाँ

ललिता को इस सम्प्रदाय में बहुमान मिला है। उन्हें कहीं-कहीं पर राधिका से अभिन्न कहा गया है।[294] ललिता को युगल रूप की करुणा, प्रीति एवं स्वरूप-शक्ति बताया गया है।[295] युगल को उन सहचरी के अचल में ही रहने वाला अथवा एक प्राण तीन मित्र (तीन देह) की संज्ञा भी उन्होंने दी है।[296] यहाँ तक कि दोनों के हृदय में ललिता का विशाल स्नेही नाम विद्यमान रहता है।[297]

अन्य समस्त सखियाँ ललिता की सहचरी हैं एवं ललिता की ही रीति से उपासना करने का निर्देश भी उन्होंने दिया है।[298] ललितादिक अष्ट सखियों के नाम एवं जन्मतिथियाँ भी गिनायी हैं।[299] ये सखियाँ राधा के बिना एक पल भी नहीं रह सकतीं। वास्तव में वे राधा को अपना भर्ता मानकर ही अपने को सौभाग्यवती मानती हुईं सौभाग्यसूचक चूड़ा, नथ आदि चिह्नों को धारण करती हैं।[300] वास्तव में राधा, कृष्ण, ललिता, वृन्दावन एवं सखी में कोई अन्तर नहीं है।[301] सिद्धावस्था में यह अद्वय की द्योतिका भूमि है। वर्षगाँठ आदि उत्सवों एवं जलविहारादि लीलाओं में सखियाँ अपने-अपने भाव में सुख लेती रही हैं।[302]

उपासना भाव

महात्मा वंशी अलि जी ने गौड़ीय वैष्णवों के अनुकरण पर वैधी, रागात्मिका एवं रागानुगा के भक्ति-प्रकारों को भी स्वीकार किया है। उनकी परिभाषाएँ भी पुरानी ही हैं।[303] रागात्मिका भक्ति में भी दास, सखा (सखी) वात्सल्य एवं उज्ज्वल का उल्लेख एवं उनके आश्रम तथा विभाव की चर्चा भी की गयी है।[304] इनमें भी उज्ज्वल मधुर रस को ही उन्होंने श्रेष्ठतम माना है क्योंकि मणिसमूहों के मध्य से गुजरने वाले सूत्र की भाँति ही उसमें सब अनुस्यूत रहते हैं—मधुरादिविशेषास्तु सूत्रे मणिगणा इव[305] एवं इनमें में किसी भी भाव में भजने का वे निषेध नहीं करते, परन्तु ललिता की गुरु रूप में कल्पना करके उनके भाव से भक्ति करने का उन्होंने जो इंगित किया है, वह उनके झुकाव को सखी-उपासना की ओर ले जाता है। स्वयं वे अपने को राधा की चेरी मात्र कहते हैं—

राधा चेरी हों सखी मेरे मन नहिं आम।
वंशी अलि नीज जीव को सब विध राधा मान ॥[306]

सक्षेप में उन्होंने सिद्धान्तों का सार करते हुए कहा है कि वृन्दावन विहारिणी श्रीराधा जी का नाम ही हमारी परमगति है। श्री ललिता जी हमारे सिद्धान्त की गुरु हैं। उनकी कृपा से राधा के स्वरूप में मेरा प्रेम हो।[307]

रामभक्ति-साहित्य में रसोपासना का स्वरूप

इतिहास

विद्वानों का अनुमान है कि भारतीय जन-मानस के दूसरे सर्वोत्तम उपास्य देवता राम की अवतार-रूप-कल्पना पहली शताब्दी ई.पू. के आसपास की है[308] परन्तु अवतार रूप में कल्पित हो जाने के बहुत दिन बाद तक उनके प्रति प्रगाढ़ भक्ति-भावना का

आविर्भाव नहीं होता। श्री आर.जी. भण्डारकार का अनुमान है कि यद्यपि ईसवी सन् के प्रारम्भ में राम विष्णु के अवतार माने गये थे, किन्तु उनकी विशेष रूप से प्रतिष्ठा ग्यारहवीं शताब्दी के लगभग ही प्रारम्भ हुई है।[309] डॉ. कामिल बुल्के[310], डॉ. भगवती प्रसाद सिंह[311] आदि का अनुमान है कि रामभक्ति का आविर्भाव दक्षिण-भारत के आलवार सन्तों में सर्वप्रथम हुआ है। 8वीं शताब्दी के आसपास से रामभक्ति का साम्प्रदायिक रूप प्रमुखता प्राप्त करने लगता है।

जहाँ तक रामभक्ति में माधुर्योपासना के प्रवेश का प्रश्न है, उसका निर्णय करना विवादास्पद है। हिन्दी साहित्य में माधुर्यभाव भक्ति में रामभक्ति की रचनाएँ तुलसीदास के बाद की ही प्राप्त हुई हैं।[312] डॉ. भगवती प्रसाद सिंह ने अपने महत्त्वपूर्ण शोधग्रन्थ 'रामभक्ति में रसिक सम्प्रदाय' में उस भावना की प्राचीनता को वाल्मीकीय रामायण तक पहुँचाया है, परन्तु ऊपर के निर्णयों से यह ध्वनित होता है कि वाल्मीकि-रामायण रामभक्ति का ग्रन्थ नहीं है। विद्वानों ने उसमें भक्ति वाले अंश प्रक्षिप्त माने हैं। अतः राम-सीता का शृंगारी भावना का अंकन उसमें काव्य के आग्रह से ही मानना उचित होगा। अन्य जिन नाट्य एवं काव्य-ग्रन्थों का उल्लेख डॉ. सिंह एवं पं. भुवनेश्वर नाथ मिश्र 'माधव' (रामभक्ति में मधुर उपासना) ने किया है, वे भी भक्तिकाव्य न होकर सरस साहित्य के अन्तर्गत ही परिगणनीय है। स्वयं डॉ. सिंह ने स्वीकार किया है कि वास्तव में ये (लेखक) साधक नहीं, कवि थे किन्तु थे इस भावना के समर्थक। अतएव उनकी रचनाएँ स्वयं साधनात्मक न होते हुए श्री रसिक-साधना के लिए उपयुक्त पृष्ठभूमि बन गयी।[313] प. भुवनेश्वर नाथ मिश्र माधव ने जिन संहिता ग्रन्थों, स्तवराज एवं गीतियों तथा रामायणों आदि[314] की चर्चा की है, वे सभी परवर्ती प्रतीत होती हैं। स्वयं लेखक ने उनके काल-निर्णय का कोई प्रयास नहीं किया है। डॉ. भगवती प्रसाद सिंह ने माना है कि ऐतिहासिक दृष्टि में आलवार सन्तों को माधुर्यभाव का प्रथम भक्त मानना चाहिए[315] परन्तु जैसा कि पीछे हम कह चुके हैं, आलवारों की माधुर्य-भावना प्रेम-प्रतीकवाद के अन्तर्गत परिगणनीय है, वह भाव एवं दर्शन-क्षेत्र की वस्तु नहीं है। उस माधुर्य भाव तथा परवर्ती राम एवं कृष्ण-सम्प्रदायों के माधुर्य-भाव (रसिक-साधना) में गुणात्मक अन्तर है। वास्तव में इस बात को अस्वीकार करना कठिन है कि रामभक्ति की रसोपासना पर कृष्णभक्ति के सम्प्रदायों का गहरा प्रभाव है। इस बात के प्रमाण मिलते हैं कि 19वीं शती तक रामभक्त रसोपासना का मर्म समझने के लिए वृन्दावन जाते रहे हैं। यों जिन तान्त्रिक साधनाओं एवं शक्तिवाद का प्रभाव कृष्णभक्ति की माधुर्य भावना तथा रागवाद, सखीवाद आदि पर पड़ा है, वे मूल प्रभाव-स्रोत रामभक्ति को भी बराबर प्रभावित करते रहे हैं, इस बात को भी अस्वीकार नहीं किया जा सकता।

रामभक्ति-साहित्य में तुलसीदास एक ऐसे विशाल वट-वृक्ष के समान हैं, जिसकी सुखद छाया को छोड़कर साधारणजन अन्यत्र नहीं जाना चाहता। यद्यपि तुलसीदास के

युग तक (मृत्यु सं. 1680) कृष्ण-भक्ति-सम्प्रदायों में रसिकोपासना एवं सखी भाव का व्यापक प्रचार हो चुका था, पर अपने अप्रतिम लौह व्यक्तित्व के बल पर लोक-संग्रही तुलसीदास ने राम, सीता, कौशल्या, भरत, हनुमान आदि चरित्रों के माध्यम से जिस वैधी भक्ति मर्यादा-मार्ग को प्रतिष्ठित कर समाज के लिए मेरुदण्ड का कार्य किया, वह मेरु ऐसे अविचल भाव से दृढ़ रहा कि उस पर परवर्ती रसिक-साधनाओं का तनिक भी प्रभाव नहीं पड़ सका, उत्तरी भारत के अधिकांश सामान्यजन उससे प्रेरणा लेते रहे। दार्शनिक दृष्टि से देखने पर तुलसी के राम और सीता कृष्ण एवं राधा से भिन्न स्थिति वाले नहीं दिखाई देंगे। राम ही परब्रह्म हैं जो भक्तिवश कौशल्या की गोद में जन्म लेते हैं—

ब्यापक ब्रह्म निरंजन निर्गुण न बिगत बिनोद।
सो अज प्रेम भगतिवश कौशल्या की गोद।[316]

उनके वाम भाग में छविनिधि, आदि शक्ति श्री सीता जी शोभायमान हैं। उनके भृकुटि विलास से ही संसार उत्पन्न होता है।[317] वे संसार को उत्पन्न ही नहीं करतीं उसके लालन-पालन एवं हरण का कार्य भी परब्रह्म के संकेत पर जानकी ही करती है—

श्रुति सेतु पालक राम तुम्ह जगदीश माया जानकी।
जो सजति जगु पालति हरति सख पाइ कृपानिधान की।।[318]

उन्हें तुलसीदास ने ब्रह्म की परमशक्ति कहा है—

नारद वचन सत्य सब करिहौं
परम सक्ति समेत अवतरिहौं।।[319]

पीछे गौड़ीय वैष्णवों आदि के प्रसंग में हम कह चुके हैं कि राधा भक्ति देने वाली भी हैं। सूरदास ने भी राधा से कृष्णचरण-रति माँगी थी। तुलसीदास भी अपनी अर्जी सीता के हाथ ही राम तक भिजवाते हैं।[320] इन युगल में प्रेम कम नहीं है, पर किसी को दिखाने के लिए न होकर यह सहज रूप से मर्यादित प्रेम है। इसका मर्म राम और सीता ही जानते हैं। बल्कि यों कहना चाहिए कि इस प्रेम का मर्म राम का मन जानता है और वह मन मदा सीता के पास रहता है, इस प्रीति-रस को इतनी ही बात से समझा जा सकता है—

तत्त्व प्रेम कर मम अरु तोरा, जानत प्रिया एक मन मोरा।
सो मन रहत सदा तोहिं पाहीं, जानु प्रीति रस एतनैहिं माहीं।[321]

परन्तु इन प्रिया-प्रियतम के सम्बन्ध की अभिव्यक्ति मर्यादित रही है। परवर्ती रामरसिकोपासकों को यह दार्शनिक रूप ज्यों-का-त्यों उपलब्ध हो गया, उसमें लीला की कल्पना व प्रेम-सम्बन्धों का मुक्त प्रसार और जुड़ गया। आदि शक्ति को आह्लादिनी में परिवर्तित करके, फिर उसे रसदात्री बनाने में देर नहीं लगी। सम्भवतः तुलसीदास के जीवनकाल में ही यह प्रक्रिया प्रारम्भ हो गयी थी।

रसिक-सम्प्रदायों में अग्रदास इस साधना के प्रवर्तक माने जाते हैं उनका

आविर्भाव-काल संवत् 1642 है एवं तुलसी का मृत्यु-संवत् 1680 है, इस प्रकार अग्रदास के जीवन का प्रारम्भिक अंश तुलसी के उत्तरार्द्ध के समकालीन रहा है। ऐसा लगता है कि कृष्णभक्ति की रसिकता रामभक्तों को भी आकृष्ट कर रही थी। अग्रदास ने इस प्रवृत्ति को पहचानकर उसे व्यवस्थित साधना पद्धति का रूप दे दिया। धीरे-धीरे राम-सम्प्रदाय में यही साधना बल पकड़ती गयी एवं 19वीं शती का रामभक्ति-साहित्य सर्वतोभावेन इसी माधुर्य भाव में डूबा हुआ दिखाई देता है।

कृष्णभक्ति का प्रभाव स्वीकार करके राम-सीता को युगलबिहारी कह तो दिया गया, परन्तु वास्तव में यह कार्य उतना सरल नहीं था। राम के चरित्र एवं लीलाओं की जो धारणा आदिकाल से लेकर मध्यकाल तक चली आ रही थी, उसमें शृंगारिकता का न्यूनतम प्रवेश हुआ था। राम-सीता को राधा-कृष्णा एवं कृष्ण-गोपियों जैसी प्रेम-गाथाएँ चित्रित करने वाली न तो कोई पुष्ट प्रकीर्णक-पथों की ही परम्परा अब तक उपलब्ध हो सकी है और न भागवत जैसा कोई पुष्ट-ग्रन्थ एवं गीत-गोविन्द जैसा ललित काव्य ही हमें प्राप्त होता है, जिसमें राम-सीता के इस उज्ज्वल रसपरक रूप को स्पष्ट किया गया हो। इसके स्थान पर राम का प्रजावत्सल, दुष्ट-संहारक एवं मर्यादा पुरुषोत्तम रूप अधिक स्थापित रहा है। तुलसी ने उनके इन गुणों को और सुदृढ़ भूमि पर स्थापित कर दिया था। रामकथा के सारे पात्र वास्तव में परिवार एवं समाज के विविध सम्बन्ध-सूत्रों के अत्यधिक उदात्त स्तर पर प्रातष्ठित किये गये थे। रसिकोपासकों ने इन सबको स्वीकार करते हुए भी माधुर्यपरक व्याख्या करनी चाही। रामकथा की इन्हीं आवश्यकताओं के कारण ही हमें सिद्धान्त-पक्ष में यत्र-तत्र कृष्ण भक्ति के सम्प्रदायी की अपेक्षा अन्तर प्राप्त होता है, अन्यथा व्यापक रूप से गौड़ीय वैष्णव-तत्त्व-दर्शन (बाद को हरिदासी आदि सम्प्रदायों की भी विचारधारा) को ही रामभक्तों ने स्वीकार किया है। नीचे इन समानताओं एवं वैषम्यों का संक्षिप्त विवरण हम उपस्थित कर रहे हैं। रामलीला को माधुर्यभावपरक मोड़ देने का सबसे अधिक शास्त्रीय एवं पाण्डित्यसाध्य प्रयत्न मधुराचार्य जी ने किया था। उन्होंने वाल्मीकीय रामायण को वेदादि की भी अपेक्षा अधिक प्रमाण एवं सारे वाङ्मय का कारण[322] बताते हुए उसकी शृंगार रसपरक व्याख्या करने का अद्‌भुत प्रयत्न किया था। संस्कृत व्याकरण की कामधेनुता के सहारे शब्दों को खींच-खाँचकर जो अर्थ निकाले गये हैं, उनसे आज का पाठक तो खीझ सकता है, पर उस साधना के समझने में ऐसे अर्थ महत्त्वपूर्ण हैं। ऐसे प्रयत्नों का मनोरंजक उदाहरण है कि रामकथा के वनगमन वाले प्रसंग को इन लोगों ने वास्तविक न मानकर माया-जन्म माना। इन विवेचकों के अनुसार राम-सीता, लक्ष्मण चित्रकूट से आगे गये ही नहीं, वे चौदह वर्ष वहीं विहार करते रहे। रावण के संहार के लिए वास्तव में राम की आज्ञा से लक्ष्मी, नारायण एवं शेष गये थे—सीता, राम एवं लक्ष्मण के वेश में।

राम की उसी प्रकार परब्रह्म-रूप में यहाँ पर भी कल्पना है, जिस प्रकार कि अन्य रसोपासक सम्प्रदायों में हम कृष्ण का रूप देख चुके हैं।[323] वे सच्चिदानन्द हैं।[324] वे द्विभुज परात्पर हैं।[325] नृत्य-राघव-मिलन में उन्हें लीला के क्षेत्र में दक्षिण नायक कहा गया है :

कहुँ दक्षिण नायक रस लीला, कहहिं राम सुन्दर मृदुशीला।[326]

दक्षिण नायक होने के नाते उन्हें अनेक प्रियाओं का वल्लभ होना पड़ता है। सहस्रों मुनि-कन्याओं, राज-कन्याओं, नाग-कन्याओं तथा गन्धर्व-कन्याओं को उनकी पाणिग्रहीता भार्या माना गया है।[327] वास्तव में जब कृष्ण के इतनी भार्याएँ या वल्लभाएँ थीं तो फिर राम की क्यों न होतीं? फिर रास के लिए भी तमाम प्रियाओं की आवश्यकता थी। इसी कारण मधुराचार्य, राम-सखे इत्यादि ने उनकी अनेक भार्याओं की कल्पना की है, पर दूसरी ओर राम का एक पत्नीव्रत परम्परा में अत्यधिक आदर चला आ रहा था। इन दोनों परस्पर विरोधी दिखने वाली बातों के मध्य संगति स्थापित करने के लिए बहुभार्यात्व की एक दार्शनिक व्याख्या उन्होंने देनी चाही।

इस व्याख्या के अनुसार राम की पराशक्ति सीता से ही उत्पन्न उन्हीं की अंशभूता अन्य समस्त स्त्रियाँ या सखियाँ हैं, अतः वे वास्तव में सीतारूप ही हैं। इस तरह राम का एक पत्नीव्रत खण्डित नहीं होता। मधुराचार्य ने जनक की ऐसी ही शंका का समाधान स्वयं जानकी से सुन्दरी-तन्त्र के द्वितीय पटल के एक उद्धरण द्वारा कराया है। जानकी कहती है :

"हे पिता, आप पुरुषोत्तम श्रीराम जी की रस-रूप शक्ति मुझे जानें। श्रीराम महादेव हैं, वे सत् और असत् से परे हैं, वे भोक्ता है। मेरी ईक्षणकला के आक्षेप से श्रीरामचन्द्र शरीर धारण करते हैं और उनकी इच्छा से मेरा शरीर है, ऐसा समझिये। श्रीरामचन्द्र और मेरे शरीर के ऐक्यभाव से यह रसरूप परब्रह्म है जो आत्यन्तिक सुखरूप है। इसी से विश्व सुखी होता है। इसी रस से बहुत से रस वीर, करुण, हास्य, भयानक आदि—उद्भिन्न हुए हैं, सभी शक्तियाँ मुझसे निकली हैं, जो शुद्ध सत्वरूपा हैं और विकार-रहिता हैं।....ये सब श्रीरामचन्द्र की भोग्यरूपा हैं, सदानन्दा और, रस-मोद विहारिका हैं। ये मेरे ही समान हैं। इन सबके भोक्ता रघुनन्दन ही हैं।"[328]

मधुराचार्य ने यह व्याख्या तो दी ही है, पर यह भी कह दिया है कि जो लोग उनके निरवधि नित्य-विहार को नहीं जानते तथा लोक-वेद के किंकर हैं, वही लोग उन्हें एक पत्नीव्रत-धारी समझते हैं अन्यथा वे तो सुखैश्वर्य-रसज्ञः कामिनी-कामवर्द्धक हैं। मधुराचार्य के अनुसार—

"जो लोग नीरस चित्त के हैं अर्थात् जो लोग श्री रामचन्द्र के निरंकुश निरवधिक

नित्य विहार रस के ज्ञाता नहीं हैं, केवल एक पत्नीव्रत वचनों के छायानुसारी हैं। जितेन्द्रियत्वादि बल वाले श्रीरामचन्द्र जी की अघटित-घटना पटीयसी शक्ति के जानकार नहीं हैं, वे अपरिमित ज्ञानानन्दा-श्रेयभूत परब्रह्म श्री रामदेव के शृंगार रस का परम उत्कर्ष तथा उनके सुखैश्वर्य की पराकोटि में संकोच करते हैं कि परब्रह्म-स्वरूप पत्नीव्रती रामचन्द्र जी में यह विहारलीला सम्भव नहीं हो सकती। ये लोग लोक और वेद के किंकर हैं, इस कारण धर्म-विषयक भक्ति में अन्ध हैं। वे इस रस को समझ नहीं सकते, अपनी सीमा में आप ही बँधे हुए हैं। मैं उन्हें नमस्कार करता हूँ। ये दूषणीय नहीं हैं, भूषणीय ही हैं। दूषणीय इसलिए नहीं हैं कि उनकी दृष्टि श्री रामजी के नित्य ऐश्वर्य, नित्य माधुर्य और नित्य सौकुमार्य रूपों तक जा नहीं पायी है, नहीं तो वाल्मीकि जी ने अत्यन्त स्पष्ट शब्दों में कह रखा है कि 'रामचन्द्रसुखैश्वर्यरसज्ञः सन् कामिनी-काम-वर्द्धनः' हैं।[329]

उनके अनुसार शृंगार रस के विश्राम स्थल केवल राम हो सकते हैं। कृष्ण में भी यह क्षमता है, पर वे अंशावतार मात्र हैं। रामावतार की श्रेष्ठता का शृंगारिक दृष्टि से प्रमाण देते हुए उन्होंने वाल्मीकि रामायण से उद्धरण देते हुए कहा है कि जहाँ कृष्ण के प्रति मात्र स्त्रियाँ ही आकृष्ट होती थीं, वहीं राम के अद्‍भुत भुवन-मोहन रूप को देखकर पुरुष भी रमणेच्छु हो उठते हैं। वन में ऋषि-मुनि भी उनके साथ स्त्री रूप से रमण करने के लिए आकुल हो उठे थे।[330]

सीता

राम-प्रिया सीता दार्शनिक विचार से राम की आह्लादिनी शक्ति है।—जयति सिया आह्लादिनी शक्ति शक्तिगन भूप।[331] हनुमत्संहिता में भी उन्हें आह्लादिनी शक्ति-रूपा बताया गया है।[332] भगवान एकाकी रमण नहीं करते, उन्हें दूसरे की आवश्यकता होती है, इसीलिए एक ही ब्रह्म पति-पत्नी का रूप धारण कर लेते हैं।

एकाकी नहिं रमन ह्वै चहत सहायहिं सोइ।
रमत एक ही ब्रह्म यह पति पत्नी तनु होइ।[333]

वे राम के मन की गति को जानकर अपने शरीर में ही सहस्त्रों नारियों को उत्पन्न करके उन्हें सन्तुष्ट करती हैं—

रामस्य हृद्‍गतिं ज्ञात्वा, जानकी स्वांगतः सृजन्।
नार्यष्टादशसहस्रोत्तरशतैर्युतमष्टोत्तरम् ॥[334]

राम को करोड़ों ब्रह्माण्डों में भी वैसा सुख नहीं मिलता, जैसा कि प्रिया जी के मुख-कमल के मकरन्द का पान करने में उपलब्ध होता है। प्रियबस प्रिया हैं एवं प्रियाबस प्रिय हैं। वे एक-दूसरे के प्राण हैं एवं दिन-रात उनके चित्त एक-दूसरे में उलझे रहते हैं—

पिय वस प्रिया प्रिया बस पीय, उरझे रहत रैन दिन हीय।
हिय के जीवन हैं पीय, पीय के प्रान जीवन धन सीय।।[335]

वास्तव में एक के बिना दूसरे की कल्पना भी नहीं की जा सकती—

सीता रामं विना नैव रामः सीतां विना नहि।
श्रीसीतारामयोरेषः सम्बन्धः शाश्वतो मतः।।[336]

इस प्रकार उनका नित्य सम्बन्ध है। उनकी लीला और विहार अनाहत, अबाधित भाव से नित्य होती रहती हैं। राम-सीता का वियोग वास्तव में प्रकाश-लीला के अन्तर्गत है—वास्तव में संयोग ही नित्य है। सीता अविद्या का नाश एवं विद्या का प्रकाश करती हैं।[337]

इस प्रकार हम देखते हैं कि अपने रूप, शक्तित्व, लीला साहाय्य एवं नित्यत्व आदि की दृष्टि से स्वरूपतः सीता एवं पूर्व विवेचित राधा में कोई तात्त्विक अन्तर नहीं है। हाँ, इतना अवश्य है कि सीता सर्वथा स्वकीया नायिका हैं। मधुराचार्य ने परकीया भावना का अत्यधिक खण्डन किया। उनके अनुसार 'प्रच्छन्नकामुकत्व' की जिस बात को उठाकर परकीया-भाव का समर्थन किया जाता है, वह लौकिक दृष्टि से ही ठीक हो सकती है। भगवत्पक्ष में तो वस्तुतः स्वकीया प्रेम ही उत्तम प्रीति सुख का हेतु है।

परिकर

परिकर की एक विराट् कल्पना गौड़ीय वैष्णवों में हम देख चुके हैं। उनका कारण बताते हुए हमने कहा था कि ब्रज, मथुरा एवं द्वारका की त्रिविध लीलाओं को उन्हें समेटना पड़ा था एवं इसी कारण परिकर की नाना रूप में कल्पना की गयी थी, परन्तु साथ ही यह भी हमने ध्यान दिलाया था कि इनमें मुख्यतः ब्रज-लीला (वृन्दावन-लीला) को ही प्राप्त रही। राम की लीला में धाम सम्बन्धी ऐसे वैविध्य तो नहीं हैं परन्तु अयोध्या में वे राजपद पर तो प्रतिष्ठित हैं ही। इसलिए लीला, धाम, परिकर एवं भाव-सम्बन्धों आदि की दृष्टि से इस राजसत्ता के ऐश्वर्य को ध्यान में रखना पड़ता है। रामभक्ति में इसी कारण ऐश्श्यर्य का त्याग कहीं नहीं हुआ। माधुर्य और ऐश्वर्य दोनों का समन्वय इसमें रहा है।

अस्तु, राम के ऐश्वर्य एवं माधुर्य-समन्वित रूप के अनुरूप ही परिकर में विविध भाव-सम्बन्धों की कल्पना की गयी है। गौड़ीय वैष्णवों के समान ही इस परिकर की नित्य रूप में कल्पना की जाती है—लीला की जितनी भी विभूतियाँ हैं, वे सभी परिकर रूप ही हैं।[338] दिव्य धाम में समस्त पदार्थ अप्राकृत, अल्प चैतन्य रूप में ही रहते हैं।[339]

इस परिकर में सर्वश्रेष्ठ स्थान सखीगणों का ही है। इनकी कल्पना ठीक अन्य

रस-सम्प्रदायों के अनुरूप ही रामभक्ति सम्प्रदायों में भी की गयी है। वे सीताजी का अंश हैं–श्री सिय अंश सुखी सरूपा।[340] जिस प्रकार सीता और राम प्रसन्न रहते हैं, वही सखियाँ करती हैं–

जेहिंविधि रहहिं मुदित सियरामा, सोइ सब अलिगन करहिं सुकामा।[341]

सखियों के अनेक वर्गों में विभाजन भी रसिकों ने किये हैं। सखी एवं किंकरी के भी भेद स्पष्ट किये हैं। राम एवं सीता की अलग-अलग सखियों की भी कल्पना की गयी है, परन्तु यह विस्तार हमारे लिए अनावश्यक है।

धाम

धाम तत्त्व त्रिपाद विभूति के अन्तर्गत ही है।[342]

वृहद् उपासना रहस्य के धाम-प्रसंग में गोलोक के मध्य में अति विस्तारित एवं ललाम इस धाम की कल्पना की गयी है। अपने स्वरूप में धाम की यह कल्पना भी पीछे विवेचित कृष्णोपासकों से भिन्न नहीं है। जिस प्रकार वहाँ पर वृन्दावन की महिमा है, वैसे ही यहाँ साकेत की महिमा है। विविध लोकों से परे गोलोक एवं उसके भी मध्य साकेत है।[343] साकेत के अन्तर्गत ही मध्य भाग में 'कनक भवन है' (यह भी राजा रामचन्द्र की गरिमा के अनुकूल ही है।) यही उनका विहार प्रसाद है।[344] यहीं पर अनन्त सखियों के साथ विद्यमान सीता जी के साथ राम रास-लीला आदि क्रीड़ाओं में मग्न रहते हैं।[345] साकेत राम की अप्राकृत लीला का धाम हो गया। प्राकृत प्रकट लीलाओं के धाम के रूप में अयोध्या का बड़ा महत्त्व है। राम प्रिया शरण 'प्रेमकली' ने अपने 'सीतायन' ग्रन्थ में राम एवं सीता के समान ही अयोध्या को भी अनादि कहा है–

राम अनादि सीता अनादि अवध अनादी।
तुम्हरी पुरी अनादि सकल कह वेद के बादी।

तुलना की दृष्टि से अयोध्या को ब्रज का प्रतिरूप एवं साकेत को वृन्दावन का प्रतिरूप कहा जा सकता है। यों बन-विहार के लिए चित्रकूट को सर्वाधिक मान्यता सम्प्रदाय में प्राप्त है। सीता की प्रकट लीला की जन्म-भूमि होने से मिथिला भी सम्प्रदाय में आदरपूर्ण दृष्टि से धामवत् देखी जाती है।

लीला

राम मर्यादा पुरुषोत्तम तो थे ही, रस-साधना की आवश्यकतावश वे लीला पुरुषोत्तम भी बने। निर्गुण-सगुण प्रकट एवं अप्रकट तथा तात्त्विकी एवं अतात्त्विकी लीला के अनेक भेद भी किये गये हैं। यों विविध भावी के अनुरूप माधुर्य, सख्य आदि लीलाएँ

भी भगवान राम की होती रहती है। वय एवं काल के अनुसार भी लीला भेद हो जाते हैं। ये सभी नित्य हैं।

राम के परम्परा-सिद्ध उद्धारक रूप के अनुकूल ही लीला का एक उद्देश्य जीव का उद्धार एवं लीला-पुरुषोत्तम की लीला का प्रयोजन स्वरूपानन्द की प्राप्ति कैंकर्यसुख प्रदान है।[346] लीला में प्रवेश भगवदनुग्रह एवं आचार्य तथा मन्त्र की मध्यस्थता से होता है।[347]

उपासना भाव

राम भक्तों में रसिक साधना के अन्तर्गत पाँचों भक्ति भावों को स्वीकार किया जाता है[348], जबकि कृष्णोपासकों में रस-साधना माधुर्य भाव की ही द्योतक है। रसिक सम्प्रदाय में इन पाँचों भक्ति भावों की सम्बन्ध दीक्षा दी जाती है। यही नहीं—इन सम्बन्धी को केवल राम के पक्ष से ही नहीं देखा जाता, सीता-पक्ष से भी सम्बन्ध-कल्पना इस सम्प्रदाय की एक विशिष्ट देन है। इस सम्प्रदाय के महात्मा सूर किशोर जी सीता को पुत्री एवं राम को जामाता मानते थे एवं प्रयागदास जी सीता को बहन एवं राम को बहनोई के भाव से देखते थे। अन्य सामाजिक पारिवारिक सम्बन्धों को भी इस क्षेत्र में अभिव्यक्ति मिली है तथा मर्यादाहीनता न होने से उन सम्बन्धों का निर्वाह भी किया गया है। कृष्णोपासकों में ऐसी सम्बन्ध-कल्पनाओं का अभाव है। इसका मुख्य कारण यह है कि कृष्ण का वैसा पारिवारिक रूप पुरानी गाथाओं में स्पष्ट नहीं हो सका था, जैसा कि राम का प्रतिष्ठित हुआ था। इसी प्रकार राम की मधुर लीलाओं को प्रधानता देते हुए भी राम के ऐश्वर्य-प्रधान एवं पारिवारिक चरित्र के प्रति श्रद्धा कम नहीं है।

सिद्धान्त की दृष्टि से भक्ति के पाँचों रसों को इस मार्ग में पूर्ण महत्त्व प्राप्त है। इनमें से किसी का भी आलम्बन लेकर साधना करने वाले अनन्त समय तक साकेत में लीला-सुख प्राप्त कर सकते हैं, परन्तु इस धाम में इन साधकों की प्रवेश-सम्बन्धी अवस्थिति में कुछ भेद है। अन्तरंग विहार-कक्ष तक प्रवेश सखियों का ही, अधिकांशतः स्वीकार किया गया है,[349] यों वे सख्यभावोपासक नर्म सखाओं की भी पहुँच विहार में स्वीकार करते हैं।[350] रामभक्ति को इस साधना में शृंगार एवं सख्य दो को विशेष महत्त्व प्राप्त हैं। यों वात्सल्य एवं दास्य को भी अंगी रसों के रूप में कल्पित किया गया है—

वात्सल्य माता पिता, सब रस कौ है हेतु।
तिहि बिन जग लीला जुगल, बनत नहीं रस केतु ॥
बिना दासता भक्ति नहि, भक्ति बिना रस नाहिं।
रसिक जीव रस रंग मणि, राम दास सब आहिं ॥[351]

शान्त रस को बहुत अधिक महत्त्व नहीं मिल सका है। सामान्य प्रजा-जनों को ही शान्त रसावलम्बी परिकरों के रूप में कल्पित किया गया है।[352] इस प्रकार धाम के बाहरी आवरण में ही उनकी अवस्थिति स्वीकार की गयी है। सब मिलाकर शान्त, दास्य एवं वात्सल्य भावोपासक साधकों की संख्या इस धारा में कम ही रही है। मुख्यतः दो ही सशक्त परम्पराएँ प्राप्त होती हैं—एक अग्रदास में प्रारम्भ होने वाली माधुर्य भाव की साधना एवं दूसरी रामसखे तथा कामदेन्द्र मणि की सख्य-भावावेशी साधना। प्रथम में साधक के लिए सखी भाव धारण करना पड़ता है एवं दूसरे में सखी की ही पुरुषाकार कल्पना की गयी है। अतः तात्त्विक दृष्टि में दोनों में बड़ा अन्तर नहीं प्रतीत होता। सभी सखियाँ नित्य विहार में प्रवेश नहीं प्राप्त करतीं एवं इसी प्रकार सभी सखा विहार-क्षेत्र में निष्कासित नहीं हैं। हम ऊपर बता चुके हैं कि नर्म सखाओं की उपस्थिति स्वीकार की गयी है। एक बात में अन्तर अवश्य हो जाता है कि सखियाँ रामभोग्या भी हैं, परन्तु सखाओं के प्रसंग में ऐसा कोई भाव नहीं उठता।

जहाँ तक सखी भावना का सम्बन्ध है, राम-सम्प्रदाय में स्वसुखी एवं तत्सुखी दोनों प्रकार की सखियों की मान्यता है। ऐसा लगता है कि कृष्णोपासकों में जिसे गोपी भाव सखी भाव कहा गया था, वह स्वसुखी एवं तत्सुखी सखी-साधनाओं के रूप में राम-सम्प्रदाय में प्रविष्ट हो जाता है। कभी-कभी एक विरोधाभास भी इस स्थिति के कारण प्रतीत होता है। कृष्णोपासकों में गोपी भाव ब्रज-लीला से सम्बन्धित हो गया था एवं सखी-भाव वृन्दावन-लीला से। ऐसा कोई आत्यन्तिक विभाजन न होने से रामोपासकों में पारस्परिक क्षेत्रों का अतिक्रमण होता अनुभव होता है। ऐसा लगता है कि पतनोन्मुख सामन्ती आदर्शों की छाया में ग्रहण की जाने वाली कृष्ण-लीलाओं के पौराणिक रूप के अनुकरण पर उन्हें बहुपत्नी पति भी बनाया गया, सम-सामयिक सखी भाव के उपासकों की छाया में राम-सीता की ही केलि के सुख की प्राप्ति ही जीवन का चरम काम्य भी स्वीकार कर ली गयी।[353] जिस प्रकार कृष्णोपासकों में 'निकुंज-रस' या 'भगति माधुरी' की चर्चा है, वैसे ही यहाँ पर भी 'निकुंज-रस' या 'महल माधुरी' की चर्चा आती हैं।[354]

साधना की विविध स्थितियों, प्रेम की विविध दशाओं आदि की दृष्टि में रामोपासकों की इस रागानुगा भक्ति एवं कृष्णोपासकों की रागानुगा में कोई अति उल्लेखनीय अन्तर नहीं है। जो थोड़े-बहुत अन्तर प्राप्त होते हैं, वे या तो दोनों लीलाओं की पुराण-गाथा सम्बन्धी भिन्नता के कारण हैं या फिर व्यावहारिक उपासना में विस्तार के अन्तर हैं। विस्तार-भय से इनकी चर्चा हम यहाँ नहीं करेंगे। यों यह चर्चा प्रसंग की दृष्टि में अमहत्त्वपूर्ण भी होगी।

रामोपासक रसिक साधना की मुख्य विशेषताएँ

(1) इस साधना में :
   (क) ऐश्वर्य एवं माधुर्य, दोनों स्वरूपों का समन्वय है।
   (ख) वैधी एवं रागानुगा, दोनों का समन्वित रूप ही स्वीकार किया गया है।

(2) यह साधना मर्यादा का उल्लंघन नहीं करती। प्रत्येक साधक अपनी भाव-साधना के अनुसार सामाजिक मर्यादाओं का दृढ़तापूर्वक पालन करता है।

(3) सखी-भावना एवं मधुर रस का पर्याप्त महत्त्व होते हुए भी अन्य भाव-सम्बन्धों या भक्ति रसों को न्यून नहीं माना गया है।

(4) सखी-भावना में राम एवं सीता की सखियाँ अलग-अलग हैं। सीता की सखियाँ राम भोग्याएँ भी हो जाती हैं। विहार-योजना इन्हीं के जिम्मे होती है।

(5) सखी-भावना के अन्तर्गत तत्सुखी के साथ ही स्वसुखी शाखा भी रसिक अली की परम्परा में स्वीकार की गयी। एकमात्र राम को पुरुष एवं जीवात्मा को स्त्रीरूप में कल्पित करके राम के साथ स्त्री-पुरुष सम्बन्ध की भावना करके इन लोगों ने प्रकारान्तर से कृष्ण भक्ति के गोपी भाव को स्वीकार किया था।

(6) रामोपासना में बहुभार्यात्व तो है लेकिन परकीया भावना का निषेध है। यहाँ स्वकीया की ही एकमात्र सत्ता है।

(7) रामोपासकों का सख्य भाव भी कुछ विशिष्ट है। वह सखी-भावना का ही पुरुष संस्करण है। नित्य-विहार में सख्योपासकों ने नर्म सखा की उपस्थिति स्वीकार की है।

(8) सब मिलाकर धाम, लीला, परिकर एवं काम्यतत्त्व की दृष्टि से राम एवं कृष्ण-रसोपासकों में समानता की मात्रा बहुत अधिक है।

शुक-सम्प्रदाय में उपास्य, लीला, धाम, परिकर एवं उपासना भाव की धारणा

इतिहास

विक्रम की 18वीं शती के उत्तरार्द्ध में शुक-सम्प्रदाय की स्थापना महात्मा श्यामचरणदास ने की थी। इस समय के आते-आते समन्वय की एक प्रवृत्ति सारे देश में जाग्रत हो चुकी थी। भक्ति-सम्प्रदायों में पुराना आवेग तो नहीं रह गया था, पर सिद्धान्तगत्

दूरी पारस्परिक सम्पर्क के कारण कम होती जा रही थी। निर्गुण और सगुण के मध्य के अन्तर तीखे नहीं रह गये थे। वास्तव में भक्तिकाल में ही निर्गुण में भी गुणों की स्थापना प्रेम-भावना के कारण स्वतः हो गयी थी एवं सगुण-मतवादियों ने यह कभी अस्वीकार नहीं किया कि ब्रह्म निराकार भी होता है। धीरे-धीरे समन्वय की जो वृत्ति बढ़ी, वह शुक-सम्प्रदाय जैसे समन्वयवादी मार्गों को जन्म देती है।

इस सम्प्रदाय के संस्थापक श्यामचरणदास पहले एक लम्बे अरसे तक योग-साधना में लगे रहे हैं, बाद को वे प्रेममार्गी सगुण-भक्तों के लीला-गायन को पूरी तरह अपना लेते हैं। एक ओर उन्होंने अष्टांग-योग, अष्ट प्रकार के कुम्भक, छहों कर्म, हठयोग आदि का वर्णन किया है जो शुद्ध रूप से या तो योगमार्ग की परम्परा में है या फिर निर्गुणी भक्तों की शब्दावली एवं वक्तव्य की अनुगूँज है।[355] दूसरी ओर उन्होंने भक्ति पदार्थ का ही वर्णन नहीं किया है, चीरहरण-लीला[356], दान-लीला[357], माखनचोरी-लीला[358], काली-नथन-लीला[359], मटकी-लीला[360], कुरुक्षेत्र-लीला[361] आदि का भी जमकर वर्णन किया है। अनहद नाद, शून्य नगर में की जाने वाली साधना हमारे विवेचन क्षेत्र से बाहर है, उनकी प्रेमाभक्ति के सम्बन्ध में संक्षेप में विचार-विमर्श अवश्य करना है।

सेव्य

चरणदास का सेव्य हरि-नाम से भी पुकारा गया है, निर्गुणियों की परम्परा में उसे राम भी कहा गया है, परन्तु सगुण भक्ति के क्षेत्र में वे कृष्ण, श्याम, नटनागर, कुँवरकिशोर, नन्दराय कुँवर, कन्हैया आदि नामों का सम्बोधन करते हैं। यह परमतत्त्व लीला सिन्धु है, उसकी अगाध गति है। संसार की उत्पत्ति, पालन एवं विनष्टि का वही हेतु है। पलक मारते ही करोड़ों ब्रह्माण्डों की सृष्टि कर देते हैं और जब चाहते हैं, तब कुछ नहीं शेष रहता। उसे न निर्गुण कहा जा सकता है और न सगुण। वास्तव में उस रूप के समान दूसरा है ही नहीं। वे अपनी उपमा आप हैं—

निरगुण सगुण कहा न जावै, चरणदास शुक्र देव सुनावें।
चरणदास वा रूप की, पटतर दई न जाहि।
राम सरीखे राम हैं, और बतावों काहि।।[362]

यह भी अविगत, अविनासी, आदि पुरुष हैं, नाना प्रकार के कौतुक किया करते हैं, अनेक प्रकार के रूप धारण करते रहते हैं। स्वयं ही मोहनलाल ग्वाल बनकर मुरली बजाते हैं और आप ही ब्रजस्त्री बनकर जंगल को दौड़ी आती हैं। आप ही गोपी भी हैं और आप ही कान्ह बनकर रास रचाने वाले भी हैं। यही नहीं, अन्तर्धान होकर आप ही अपने को ढूँढ़ते भी हैं और व्याकुल होते हैं। स्वयं अपनी ही लीला देखने के लिए प्रेम उत्पन्न करते हैं। कभी एक हैं और कभी अनेक हो जाते हैं।

आदि पुरुष अविगत अविनासी नाना कौतुक लावै रे।
आपहिं आप और नहिं कोई बहुत रूप बनावैं रे।
आपहिं मोहन लाल ग्वाल हो मुरली आनि बजावै रे।
आपहिं ब्रज की बनिता होकर बन को दौरी आवै रे।
आपहिं गोपी कान्ह विराजे आपहिं रास रचावै रे।
अन्तर्द्धान होये फिर आपहिं आपहिं ढूँढ़न धोवे रे।
आपहिं व्याकुल अप देखन कूँ लीला प्रेम बनावै रे।
परगट होय सबन सुख देवै आपहिं रंग बढ़ावै रे।
भोर भये जब खेल मचावै आप आप रह जावै रे।
कबहुँ एक अनेक कभी है विधि निषेध गति भोवे रे।[363]

नारायण, लक्ष्मी, ब्रह्मा, शंकर, विष्णु, वेद और समस्त संसार उन्होंने क्षणमात्र में उत्पन्न कर दिया है।[364] न उसका आदि, मध्य, अवसान है, न उसका कोई रंग है वह पुष्प की गन्ध और नाद से भी झीना है। तीनों गुणों और पाँचों तत्त्वों के आगे है, न प्रकट है और न गुप्त; फिर भी उसमें अगणित गुण भरे पड़े हैं।[365] ऐसे आदि पुरुष का कहना है कि जो कोई सब कुछ तजकर मुझसे प्रीति करता है, मैं उसी के हाथ बिका रहता हूँ।[366] प्रेम के वे ऋणी हैं तथा प्रेमियों के लिए ही वे अवतार ग्रहण करते हैं। भक्त और उसमें कोई अन्तर नहीं होता।[367] वास्तव में भक्तिहेतु ही उन्होंने नन्दगृह में अवतार लिया है—

भाषैं चरणदास शुक देव के प्रताप सेती,
आदि पुरुष भक्ति हेतु नन्द गेह आयो है।[368]

तीनों लोकों एवं सातों भुवनों के बाहर जो अमर लोक है, उसी के मध्य वह पुरुष-ब्रह्म रहता है जो कि सबके मन में भी विद्यमान है। यह अमर लोक गोलोक भी कहलाता है।[369] अमर लोक के मध्य ही निज धाम है जिसका अंश वृन्दावन हैं—

अमर लोक विच है निज धामा, जाको अंश वृन्दावन नामा।[370]

यों पुरुषोत्तम अपने धाम में रहते हैं पर प्रेम के कारण ब्रज में आकर रहते हैं। वे लीलाधारी पुरुषोतम वृन्दावन में सदैव विहार करते रहते हैं।

पुरुषोत्तम निज धामा माँ ही, कारण प्रेम रहें ब्रज आयी।
पुरुषोत्तम प्रभु लीला धारी, वृन्दावन में सखा बिहारी।।[371]

गोल चबूतरे एवं चौसठ खम्भों वाले वृन्दावन में राधा प्यारी के साथ वे विहार करते हैं। वे नित्य किशोर हैं और वे नित्य किशोरी। दोनों की बारह वर्ष की वय है।[372] रसिक केलि के लिए वहाँ अनेक कुंजे हैं—

रसिक केलि एहु कुंज हैं।[373]

इस अजर पुरुष, पुरुषोत्तम स्वामी, अविनाशी परब्रह्म के बायें अंग रूप की राशि (राधा) विद्यमान हैं।[374] राधा प्यारी नाना प्रकार के अलकारों से सज्जित हैं, उनकी

मुस्कान विद्युतवत् है। वास्तव में करोड़ों चन्द्रमा उन पर न्योछावर हैं।[375]

परिकर

पाँच तत्त्व एवं तीनों गुणों से न्यारी सखियाँ-सहेलियाँ खम्भे के निकट खड़ी युगल पर चँवर दुलाती रहती हैं। सबकी सब नित्य किशोरी गोरी व वस्त्राभूषण सज्जित हैं।[376] सखियाँ सदा सुहागिनें हैं, चूड़ी पहने रहती हैं–

सदा सुहागिनि पहिने चूरी, सुबक पछेली बंगरी रूरी।[377]

सखियाँ हरि के साथ विचरण करती रहती हैं।[378] इसी परिकर के साथ वृन्दावन में अपूर्व रासकेलि होती रहती है। चरणदास के मन को 'रास' अत्यधिक उन्मथित कर सका था। उन्होंने बार-बार उसका चित्रण किया है।

इस धाम में सखा भाव में पहुँचते हैं एवं सखी भाव से भीतर प्रवेश होता है–

सखाभाव पहुँचत यहि ठाँई, सखी-भाव भीतर का जाई
घेरे स्वरूप अनुपम भारी, सदा सुहागिनी हरि पिय प्यारी।
परम पुरुष पुरुषोत्तम पावे, निकट रहें नित केलि बढ़ावें।[379]

उपासना भाव

परन्तु जिस प्रकार चरणदास ने निर्गुण एवं सगुण दोनों के प्रभाव ग्रहण किये हैं, उसी प्रकार केवल सखी भाव को ही उन्होंने नहीं स्वीकारा। उन्होंने गोपी-लीलाओं का भी गद्‌गद कण्ठ से गान किया है। चीरहरण-लीला, दान-लीला, मटकी-लीला आदि में इन लीलाओं का रोचक चित्रण किया गया है। गोपी-विरह-निवेदन में वल्लभ सम्प्रदाय के कवियों की भाँति ही प्रियतम कृष्ण के अभाव में विप्रयुक्त गोपिकाओं ने विलाप किया है। गोपियाँ कुब्जा के प्रति ईर्ष्या प्रकट करती हैं, अनेक पुराने संयोग-प्रसंग स्मरण करती हैं[380] और आँखों को दोष देती हैं कि कृष्ण की रूप-माधुरी में अटककर क्या इन्होंने कुछ अच्छा काम किया है? लोक और कुल की लाज नष्ट हो गयी है, स्वयं भी अत्यन्त व्याकुल होकर आँसुओं से भरी रहती हैं। खाना, पीना और सोना छूट गया है, विरह की अग्नि हृदय में जलती रहती है–

अंखियन कहा नीकी करी।
श्याम सुन्दर छवि निरख के जहाँ जाय अरी।
अतिहिं व्याकुल धीर नाहीं रहत असुवन भरी।
तजो खान अरु पान सोवन, प्रेम की लागी लरी।
बिरह पीड़ा उठत निशिदिन, हिये पावक जरी।
नेह पाके भई औरी, ढूँढ़ी गरी-गरी।
चरणदास शुकदेव के अब, कौन फंदे परी।।[381]

इन अंशों में तथा अन्यत्र भी ऐसे पदों की कमी नहीं है जिनमें युगल-विहार-दर्शन की अभिलाषा न होकर मात्र कृष्ण की प्रीति की वाँछ प्रकट की गयी हो। यह बात सखी-सम्प्रदायों की आत्मा के नितान्त विरुद्ध है। यह स्वसुखी प्रेम कहा जा सकता है, तत्सुखी नहीं। एक उदाहरण लें–

तुम्हारे रूप लोभानी हों।
जाति बरन कुल खोय के भई प्रेम दिवानी हों।
खान-पान सब सुधि गयी और अकबक बानी हों।
तुम्हरे चरण कमल मन मेरो रहो लिपटानी हों।
सुन्दर सूरति सोहनी मेरे नैन समानी हों।
तुम बिन चैन नहीं दिन राती सुनि पिय बानी हों।[382]

इस पद में गोपी-प्रेम ही नहीं है, परकीया भावना भी स्पष्ट है। सूरदास की भाँति इन गोपी-प्रेमिकाओं से चरणदास ने मुरली को उपालम्भ भी दिलवाये हैं।

बस री बैरन बाँसुरी, तू ही ब्रज के माँहि।
लगी रहत पिय मुख जू ते, पल छिन छाँड़त नाहिं।
जब तू बाजत तान सूँ, एवंशी बड़ भाग।
कसक उठत जियरा जरै, तन मन लागत आग।[383]

राम को पति मानकर अन्य पतिव्रता भाव से प्रेम करने का निर्देश इस सम्प्रदाय में किया गया है।[384] हम कह चुके हैं कि पतिव्रता के रूपक को निर्गुणी भक्तों ने बहुत अपनाया है। सूफ़ी-प्रेम के प्रभाव में पली विरहिणी कबीर की भी याद दिला देती है–

गद्‌गद वाणी कण्ठ में, आँसू टपके नैन।
वह तो विरहिनि राम की, तलफत है दिन रैन।[385]

वस्तु, साधनागत अनेक भाव एवं प्रणालियाँ हमें चरणदास में उपलब्ध हो जाती हैं, परन्तु मूल में एक बात उन्हें याद रहती है कि मुख्य वस्तु प्रेम है–

प्रेम बराबर योग ना, प्रेम बराबर ज्ञान।
प्रेम भक्ति बिन साधुवा, सबही थोथा ध्यान।
प्रेम छुड़ाये जगत कूँ, प्रेम मिलावे राम।
प्रेम करै गति और ही, लै पहुँचे हरि धाम।[386]

यह प्रेम यदि विविध रूपों में प्रकट हो सकता है तो चरणदास इन रूपों को अपनी मौज में आकर अपना लेंगे। उन्हें उनके सैद्धान्तिक मत-वैभिन्य से कोई मतलब नहीं प्रतीत होता। नवधा भक्ति को भी वे बहुमान देते हैं और सखी भाव से निजधाम में प्रवेश भी चाहते हैं। विरहिणी बनकर गद्‌गद कण्ठ से प्रिय को टेरते भी हैं और रंगमहल में निर्गुण सेज पर सोने की व्यवस्था भी करते हैं।

सूफ़ी प्रेम-दर्शन

सूफ़ी तत्त्ववाद के बारे में कुछ भी कहने के पूर्व इतना याद दिला देना आवश्यक है कि सूफ़ी मत का विकास किसी आचार्य द्वारा प्रतिपादित दार्शनिक पद्धति पर नहीं हुआ है। वह क्रियाशील साधकों का एक गतिशील सम्प्रदाय रहा है जो अपने विकास में नाना प्रकार के तत्त्व और प्रभाव ग्रहण करता गया है। इसी कारण सूफ़ी-दर्शन का एक सर्वमान्य स्वरूप खड़ा करना सम्भव नहीं प्रतीत होता, परन्तु जैसा कि प्रारम्भ में ही हम कह चुके हैं, सूफ़ी तत्त्ववाद के लिए बीजरूपी सामग्री क़ुरान में ही उपलब्ध थी तथा यह भी ध्यान में रखने की बात है कि सूफ़ियों ने कभी भी अपने को इस्लाम से पृथक् घोषित नहीं किया, वे सदैव इस्लामी धर्म के केन्द्र से अपने को सम्बन्धित किये रहने का प्रयास करते रहे हैं। इसी कारण अपने लिए प्रामाणिकता उन्होंने क़ुरान एवं पैगम्बर के जीवन में खोजी है। इस प्रवृत्ति का परिणाम यह हुआ है कि क़ुरान की व्याख्या उन्होंने अपने ढंग से करनी चाही है तथा अपने अनुकूल स्थलों पर ही अधिक बल दिया है।

सनातनपन्थी मुसलमानी धारणा के अनुसार ईश्वर की सत्ता जगत् बाह्य स्वीकार की गयी है। वह स्वर्ग में रहकर सबका नियन्त्रण करता है परन्तु उसके गुणों का जैसा वर्णन किया गया है, वह सगुण मतवाद के निकट की वस्तु है। पीछे हम एतत्सम्बन्धी कतिपय उद्धरण क़ुरान से दे चुके हैं। वह सृष्टि का कर्ता है,[387] एकमात्र वही परमात्मा है, अन्य कोई नहीं।[388] वह नित्य और सर्वशक्तिमान है।[389] वह द्रष्टा, श्रोता, साक्षी और स्वतः पूर्ण है।[390] सब कुछ उसी से उत्पन्न एवं सब कुछ उसी में विलयमान है।[391] वह अपरिसीम रूप है।[392] ऐसे सगुण परमात्मा के स्वरूप के सम्बन्ध में सूफ़ियों में दो वर्ग स्पष्ट रूप से देखे जा सकते हैं।[393] 'वहदतुल वुजूद' एवं 'वहदतुल शुहुद' के सिद्धान्त इन दोनों के विभाजक तत्त्व हैं।

पहते मत के अनुसार हक़ और खल्क़ यानी कि सृजनकर्ता और सृष्टि में एकात्म भाव है। इब्नुल अरबी के अनुसार समस्त वस्तुओं और दृश्यों के पीछे ईश्वर की एकता है। ईश्वर के सिवा कुछ है ही नहीं, अस्तित्व में केवल वही है। 'वहदतुल वुजूद' का सिद्धान्त वास्तव में 'तौहीद' के इस्लामी सिद्धान्त का ही विकास है। तौहीद के अनुसार परमात्मा केवल एक है। वुजूद के सिद्धान्त में केवल यह कह दिया गया है कि परमात्मा के अतिरिक्त और कुछ भी अस्तित्व में नहीं है। इस प्रकार इस मत के अनुसार दिव्य ज्ञान सर्वातिशायी (इमिनेण्ट) है। इस सिद्धान्त का प्रभाव हिन्दी के भक्तिकाल के सृष्टि पर बहुत अधिक रहा है। 'वहदतुल शुहूद' के अनुसार स्रष्टा और सृष्टि के मध्य एकत्व नहीं होता है। सर्वाशयिता के सिद्धान्त को भी इसमें स्वीकार नहीं किया जाता। मनुष्य और ईश्वर के बीच में केवल स्वामी और दास का सम्बन्ध हो सकता है, न कि प्रेमी और प्रिय का। इस सिद्धान्त का प्रभाव भारतवर्ष में 17वीं-18वीं शताब्दी में अधिक पड़ा।

सृष्टि

अधिकांशतः सूफ़ी सृष्टि को ही ईश्वर की अभिव्यक्ति मानते हैं। इस अर्थ में वे वैष्णव परिणामवादियों के निकट है। ईश्वर ने सृष्टि की रचना की है, यह तो क़ुरान भी स्वीकर करता है। सृष्टि-रचना का कारण बताते हुए हल्लाज ने कहा है कि सुष्टि-रचना के पूर्व निरपेक्ष एकत्व में ईश्वर स्वयं को प्यार करता था और प्रेम के द्वारा ही उसने अपने आपको अपने सम्मुख उद्घाटित किया।[394] रूमो ने बताया है कि संसार निर्मल दर्पण के समान है और जब आँखों के बादल नष्ट हो जाते हैं तभी वह दिखाई देता है।[395] सनाई अत्तार ने इसी को और स्पष्ट करते हुए कहा है, "वह (प्रभु) छिपी हुई निधि है तथा दृश्यमान जगत् वह साधन है जिसके माध्यम से हम उसे खोज सकते हैं।"[396] इस प्रकार लीलावाद एवं प्रतिबिम्बवाद की भी स्वीकृति किन्हीं न किन्हीं अंशों में सूफ़ी मत में प्राप्त हैं।

सूफ़ियों का प्राप्य

परमात्मा के साथ एकत्व को प्राप्त करना ही उनका चरम लक्ष्य प्रतीत होता है। पर यहाँ एक प्रश्न उठता है कि इस एकत्व का तात्पर्य क्या है? परमात्मा में पूर्ण लय हो जाना एकत्व है अथवा स्वतन्त्र व्यक्तित्व रखते हुए परमात्मा में वास करना इसका तात्पर्य माना जाये? प्रारम्भ में बौद्ध-दर्शन के निर्वाण-तत्त्व के प्रभाव में 'फ़ना' तत्त्व के अन्तर्गत प्रथम विचार को स्वीकार किया गया पर धीरे-धीरे 'फ़ना' के बाद 'बक़ा' की स्थिति स्वीकार की गयी। 'फ़ना' की अवस्था में साधक अपने अस्तित्व को लय कर देता है, पर 'बक़ा' की अवस्था में ईश्वर के साथ शाश्वत जीवन व्यतीत किया जाता है। वैष्णव तत्त्ववादों में इन दोनों की समानान्तर स्थितियाँ स्पष्ट रूप से देखी जा सकती हैं। 'फ़ना' तो स्पष्ट रूप से आवागमन-निरपेक्ष मोक्ष है जिसे भक्तिकाल का वैष्णव कवि स्वीकार नहीं करता, पर 'बक़ा' की स्थिति नित्य परिकर में प्रवेश पाने जैसी है और यह वैष्णव कवि की परम आकांक्षा होती है।

साधन-मार्ग

सूफ़ी परमात्मा को चूँकि जगत्-बाह्य रूप में नहीं देखते, इसलिए वे उसे इसी जगत् के भीतर और सबसे अधिक अपने मन के भीतर ढूँढ़ते हैं। प्रेम की राह से चलकर ही उसका भावन किया और कराया जा सकता है। इब्नुल अरबी ने एक स्थल पर कहा है कि ज्ञानी अपनी अनुभूति दूसरों को भावित नहीं करा सकते। समान अनुभव वालों को प्रतीक के माध्यम से वे इंगित मात्र कर सकते हैं।[397] अरबी ने स्पष्ट घोषित किया कि ईश्वर के प्रति प्रेम और चाह वाले मत से अधिक उदात्त धर्म दूसरा नहीं

है।[398] ज्ञान के समान प्रेम भी प्रभु-अनुग्रह से ही इन सूफ़ियों ने माना है। इतना ही नहीं, ईश्वर भी अपने प्रेमियों से प्रेम करता है[399] अपना स्वरूप एवं लक्ष्य प्राप्त कराने के लिए। वास्तव में प्रेम आत्मा का दिव्य प्रेरक वृत्तिरूप होता है। रूमी ने आत्मा और परमात्मा के पारस्परिक प्रेम के ऐक्य को लक्षित किया था।

प्रभु-अनुग्रह के अतिरिक्त गुरु-निष्ठा एवं ज़िक्र (नाम-स्मरण) का इस साधन-मार्ग में अत्यधिक महत्त्व है। ज़िक्र का तात्पर्य है कि परमात्मा का स्मरण करते-करते एक ऐसी स्थिति को उपलब्ध करना जिसमें मन समस्त विषय-विकारों से दूर हटकर मात्र ईश्वर में ही लग जाता है।

सूफ़ियों ने अपने साधन-क्रम के बड़े विशद एवं प्रतीकात्मक विवरण दिये हैं। उस विस्तृत चर्चा में पड़ना हमारे लिए अप्रासंगिक होगा।

सन्दर्भ

1. डॉ. मुंशीराम शर्मा : भारतीय साधना और सूर साहित्य—चतुर्थ अध्याय।
2. या च सा योनिर्लक्ष्मीस्तद्धर्मधर्मिणी—अहिर्बुध्न्य संहिता—59। 7।
3. वही 41। 4
4. पद्म पुराण 227। 9-10
5. यामुनाचार्य : श्री स्तोत्र रत्न : 44
6. लीलाशुक कृष्णामृत 106
7. राधामाधवयोर्जयन्ति यमुनाकूले रहः केलयः—जयदेवरचित गीत-गोविन्द श्लोक 1
8. वल्लभाचार्य : अणुभाष्य, पृ. 601 (ब्रह्मसूत्र 2। 1। 33 का भाष्य)।
9. जीव गोस्वामी, तत्त्व-सन्दर्भ (षट सन्दर्भ, संस्करण)।
10. एते चांशकलाः पुसः कृष्णस्तु भगवान् स्वयम्—भागवत 1। 3। 28
11. अवतार सब पुरुषेर कला अंश स्वयं भगवान कृष्ण सर्व अवतंस चै. च., आ. ली., परि. 2, पृ. 14
12. वही, पृ. 14
13. वही, पृ. 16
14. ईश्वरः परमः कृष्णः सच्चिदानन्दविग्रहः।
    अनादिरादिगोविन्दः सर्वकारणकारणम्। —ब्रह्म-संहिता 5-1
15. श्रीमद्वैष्णव सिद्धान्तरत्न संग्रह, पृ. 58
16. शक्तिश्च त्रिधा, अन्तरंगा बहिरंगा तटस्था च। —जीव गोस्वामी : भगवत्सन्दर्भ, पृ. 65।
17. चैत. चरि. म. ली. परि. 8, पृ. 149 (सं. क्षीरोदचन्द्र गोस्वामी पूर्णचन्द्र शील कलकत्ता।
18. (क) चै. चरि. आ. ली. परि 20, पृ. 16
    (ख) तत्रान्तरंगया स्वरूपशक्त्याख्यया पूर्णेनेव स्वरूपेण वैकुण्ठादि-स्वरूप-वैभव-रूपेण च तदवतिष्ठते, तटस्थया रश्मि-स्थानीयचिदेकात्मशुद्धजीवरूपेण बहिरंगया मायाख्यया प्रतिच्छविगत-वर्णशावल्यस्थानीय तदीय-बहिरंग-वैभव-जडात्म-प्रधानरूपेण चेति चतुर्धात्वम्। जीव गोस्वामी, भग. सन्दर्भ, पृ. 65-66
19. (क) एस. के. दे. : वै. फे. मू., पृ. 212-213

(ख) जीव गोस्वामी, भग. सन्दर्भ पृ. 65-74
20. जीवगोस्वमी, भगवत् सन्दर्भ, पृ. 298
21. लै.च., म.ली., परि. 21, पृ. 275
22. जीव गोस्वमी भगवत् सन्दर्भ, पृ. 196
23. वही, पृ. 194 ह्लादिनी सारांशप्रधाना गुह्यविद्या एवं भक्तिः तत्प्रवर्तकलक्षणा वृत्तिद्वयैकया गुह्यविद्यया तद्वृत्तिरूपा प्रीत्यात्मिका भक्तिः प्रकाशते।
24. एस. के. दे. : वै. फे. मू., पृ. 222
25. जीव गोस्वामी : भगवत् सन्दर्भ, पृ. 198
26. वही, पृ., 199-200।
27. अत्रोपविश्य सा तेन कापि पुष्पैरलंकृता।
अन्यजन्मनि सर्वात्मा, विष्णुरभ्यर्चितो यया। —विष्णु पुराण, 5। 13। 35
28. आचार्य हजारी प्रसाद द्विवेदी, मध्यकालीन धर्मसाधना, पृ. 135
29. डॉ. शशिभूषण दास गुप्त : श्री राधा का क्रम-विकास : पृ. 214
30. श्री जीव गोस्वामी के भगवत् सन्दर्भ के आधार पर।
31. डॉ. श.भू. गुप्त : रा.क्र.वि., पृ. 188
एवं
जीव गोस्वामी : भगवत् सन्दर्भ, पृ. 65-67
32. वही-परमात्म सन्दर्भ, पृ. 71-73
33. जी.गो. : भगवत् सन्दर्भ, पृ. 191
34. तदेवं तस्या मूलशक्तेस्त्रयात्मकत्वे सिद्धे येन स्वप्रकाशतालक्षणेन तद्वृत्तिविशेषेण स्वरूपं स्वयं स्वरूपशक्तिर्वा विशिष्टं वाविर्भवति तद् विशुद्ध-सत्वम्। —वही, पृ. 191
35. जी.गो. : श्रीकृष्ण सन्दर्भ, पृ. 404 —"श्रीकृष्णलीला द्विविधा, अप्रकटरूपा प्रकटरूपा च।"
36. जी.गो. : श्रीकृष्ण सन्दर्भ पृ. 369 —तदेव सर्वोपरि श्रीकृष्णलोकोऽस्तीति सिद्धम्।
37. वही, पृ. 369
38. स गोलोकः सर्वगतः श्रीकृष्णवत् सर्वप्रापचिंकाप्रापचिंकवस्तु-व्यापकः महान् भगवद्रूप अत एव।
—जीव गोस्वामी : श्रीकृष्ण सन्दर्भ, पृ. 368
39. वही, पृ. 371-372 के आधार पर।
40. वही, पृ. 374
41. वही, पृ. 370 (स च लोकस्तत्तल्लीला परिकरभेदेनांशभेदात् द्वारकामथुरागोकुलाख्यस्थानत्रयात्मक इति निर्णीतम्।
42. अत्र पूर्णकिशोरव्यापिन्येव व्रजे प्रकटलीलारोपा-जीव गोस्वामी—श्रीकृष्ण. सं., पृ. 421
43. (क) श्रीमद्वैष्णव सिद्धान्तरत्न संग्रह-राधा गोविन्द नाथ (हिन्दी अनु. हकीम श्यामलाल), पृ. 75
(ख) एस. के. दे. : वै. फे. मू., 264-264
44. श्रीकृष्णलीला द्विविधा, अप्रकटरूपा प्रकटरूपा च। —जी. गो. : श्रीकृ. सं., पृ. 405
45. जी.गो. : श्री कृ. सं. पृ. 404-404
46. वही, पृ. 405
47. जीव गोस्वामी : श्रीकृष्ण सन्दर्भ, पृ. 405
48. वही, पृ. 405
49. वही, पृ. 406

(क) मन्त्रोपासनामयत्वेऽपि स्वारसिक्यामेव पर्यवसितः।

(ख) यथावसरविविध-स्वेच्छामयी स्वारसिकी।

(ग) तत्र नानालीलाप्रवाहरूपतया स्वारसिकी गंगेव। एकैकलीलात्मतया मन्त्रोपासनामयी तु लब्धा तत्सम्भव-हृद्श्रेणिरिवाज्ञेया।

50. जीव गोस्वामी : श्रीकृष्ण सन्दर्भ, पृ. 407-409।

51. बाह्यार्थबुझये ताहा स्वकीया वलिया।
मितरेर अर्थमात्र केवल परकीया।
श्री जीवेर गम्भीर हृदय बुझिया।
बहिर्लोक वार्तालये स्वकीय वलिया। —यदुनन्दन-कर्णानन्द, पृ. 88

52. रूप -गोस्वामी, पद्मावली श्लोक, 382-383

53. अत्रैव परमोत्कर्षः श्रृंगारस्य प्रतिष्ठितः (17) —उ. नी. म., पृ. 14

54. लघुत्वसूत्रं यत्प्रोक्तं तत्त प्राकृतनायके, न कृष्णे रसनिर्यासस्वादार्थमवतारिणि। —वही, पृ. 14-15

55. श्रीमद्भागवत, 10-29-5-7

56. श्रीमद्भागवत, 10। 33। 27-28

57. गोपीनां तत्पतीनां च सर्वेषामेव देहिनाम्। योऽन्तश्चरति सोऽध्यक्षः क्रीडने स्नेहदेहभाक्।
—श्रीमद्भागवत, 10।33।36

58. साहित्य-दर्पण, तृतीय परिच्छेद श्लोक 263-264 (चौखम्भा, वाराणसी, 1957)।

59. जीव श्रीस्वामी : श्ररीकृष्ण सन्दर्भ, पृ. 428

60. श्रीमद्भागवत, 10। 22। 4

61. जीव गोस्वामी : श्रीकृष्ण सन्दर्भ, पृ. 429

62. क्वचित्ताभिरेव तेषु यत् पतिशब्दः प्रयुक्तस्तत्बहिर्लोके व्यवहारत एव नान्तर्दृष्टितः। —वही, पृ. 431

63. उ.नी. मणि, पृ. 23

64. जीव गोस्वामी : श्रीकृष्ण सन्दर्भ, पृ. 439-442

65. जीव गोस्वमी : श्रीकृष्ण सन्दर्भ, पृ. 442-444

66. वही, पृ. 443

67. वही, पृ. 443

68. वही, पृ. 443

69. आनन्दचिन्मयरसप्रतिभाविताभिरिति। अतएव तत् प्राचुर्यप्रकाशेन श्रीभगवतोऽपि तासु परमोल्लासप्रकाशो भवति, येन ताभी रमणेच्छा जायते। —वही, पृ. 443-444

70. उ. नी. मणि, पृ. 63

71. देवेष्वंशेन जातस्य कृष्णस्य दिवि तुष्टये
नित्यप्रियाणामंशास्तु या जाता देवयोनयः। 50
अत्रदेवावतरणे जनित्वा गोपकन्यकाः
अंशिनीनामेवासां प्रियसख्योऽभवन्ब्रजे। 51 —उ.नी. म., पृ. 69-70

72. उ.नी.म., पृ. 73

73. उ.नी.म., पृ. 73

74. तदेव परममधुर-प्रेमवृत्तिमयीषु तास्वपि तत्सारांशोद्रेकमयी श्रीराधिका तस्यामेव प्रेमोत्कर्षपराकाष्ठाया दर्शितत्वात्...तत् प्रेमवैशिष्ट्यं ऐश्वर्यादिरूपा अन्याः शक्तयो नात्याहा अप्यनु-गच्छतीति श्रीवृन्दावन श्रीराधिकायामेव स्वयं लक्ष्मीत्वम्। —जीव गोस्वामी : श्रीकृष्ण सन्दर्भ, पृ. 444

75. ह्लादिनी सार प्रेम, प्रेम सार भाव।
भावेर परमकाष्ठा नाम महाभाव।
महाभाव स्वरूपा श्री राधा ठकुरानी।
सर्वगुणखानि कृष्णकान्ता शिरोमणि। —चै. चरि., आ. ली. 4 परि., पृ. 24
76. ह्लादिनी या महाशक्तिः सर्वशक्तिवरीयसी। —उ. नी. म., पृ. 75
77. प्रेमेर स्वरूप देह प्रेमे विभावित, कृष्णेर प्रेयसी श्रेष्ठ जगते विदित।
—चै. चरि, म. ली., परि 4, पृ. 149
78. वही, पृ. 149
79. चै.चरि., आ.ली. परि 4, पृ. 24-25
80. जीव गोस्वमी : श्रीकृष्ण सन्दर्भ, पृ. 447
81. अतः सर्वतोऽपि सान्द्रानन्द-चमत्कारकरश्रीकृष्णप्रकाशे श्रीवृन्दावनेऽपि परमाद्भुतप्रकाशः श्रीराधया युगलितस्तु श्रीकृष्ण इति। —वही, पृ. 447
82. चै. चरि., आदि लीला, परि. 4, पृ. 24
83. उ.नी.म., पृ. 95
84. उ.नी.म., पृ. 97 एवं 98
85. वही, पृ. 98
86. उ.नी.म., पृ. 190-236
87. चैतन्य चरितामृत : मध्यलीला, परि. 8, पृ. 152
88. जी.गो. : प्रीति सन्दर्भ, पृ. 867, एष च स्थायी साक्षादुपभोगनात्मकस्तदनुमोदनात्मकश्चेति द्विविधः। पूर्वः साक्षान्नायकानाम।
उत्तर : सखीनाम्।
89. राधामाधवयोर्जयन्ति यमुनाकूले रहः केलयः। —गीतगोविन्द, श्लोक 1
90. शशिभूषण गुप्त : रा. क्रा. कि., पृ. 238
91. हकीम श्यामलाल द्वारा अनूदित उक्त अंश के हिन्दी रूप : श्रीमद् वैष्णव सिद्धान्त रत्न संग्रह, पृ. 103-104
92. एस. के. दे : वै. फे. मू., पृ. 158
93. रूप गोस्वामी : पद्यावली, संख्या 154-157
94. माधुरी वाणी : प्रकाशन बाबा कृष्णदास, कुसुम सरोवर, मथुरा।
95. अहमक यामै अर्थ न पायो काहे को पढ़ियै वेद पुराना।
कागद के अंकनि उन्माना।
अनुभै करि प्रीतम पहिचाना, भया प्रतिछिन कछू प्रवाना। —स्वामी विहारिणि देवः चौबोला-6-7
96. भक्तमाल : छप्पय संख्या 91
97. अष्टादश सिद्धान्त के पद, प्रकाशक कुंजबिहारी पुस्तकालय, वृन्दावन।
संख्या 2, 3, 12 में श्यामा-कुंजबिहारी, संख्या 7, 8, 11, 15, 18 में बिहारी या कुंजबिहारी, संख्या 7 में कमलनैन, 9 में आनन्दनन्दिस एवं 16 में श्याम तथा शेष में हरि का प्रयोग है।
98. स्वा. हरिदास : केलिमाल, सं. 1
99. साखी, 142
100. केलिमाल, 2
101. स्वा. बिहारिणीदास : साखी, 130-133
102. नाम बीजु नामी तरुसाखा साधन पहुप अपार। —वही सिद्धान्त के पद, 144 (पृ. 104)

103. स्वा. बिहारिणिदास : साखी 114
104. वही, वही 111
105. स्वा. हरिदास : केलिमाल, 31
106. वही—वही, 3
107. वही—वही, 4
108. ललितकिशोरी देव : सिद्धान्त के दोहा (कालक्रम से परवर्ती इस उद्धरण में कृष्ण का रूप शक्तिमान का-सा प्रतीत होने लगता है)। —स्वा. ह. सम्प्रदाय और वाणी साहित्य, पृ. 295 पर उद्धृत।
109. बिहारिणिदास : सिद्धान्त के पद, 142
110. स्वा. रसिकदेव : भक्ति-सिद्धान्तमनि, 87
111. वही, 88
112. निरालम्ब नहि मन की विष बचन अगोचर क्यों करि लखै।
    दिव्य केलि औलम्बन दीनो, लीलारस यो जनहित कीनो। —वही रससार 12-13
113. स्वा. ललितकिशोरी देव : सिद्धान्त के दोहा। —स्वा. ह. सं. वा. सा., पृ. 298 पर उद्धृत।
114. वही, साखी 135
115. स्वामी ललितकिशोरी देव : रस के चौबोला, 11
116. किशोरदास : सिद्धान्त-सार-संग्रह 11 । 1
117. (क) इस प्रकार लाड़िली जी प्रधान उपास्य हैं...। डॉ. गोपाल दत्त शर्मा : स्वामी हरिदास और उनके सम्प्रदाय का वाणी साहित्य, पृ. 306
    (ख) श्रीकृष्ण का स्थान राधा की तुलना में इसलिए और भी कम महत्त्व का हो जाता है कि इस सम्प्रदाय में उसे परतत्त्व न मानकर राधा को परतत्त्व के रूप में स्थापित किया गया है। डॉ. विजयेन्द्र स्नातक : राधावल्लभ सम्प्रदाय : सिद्धान्त और साहित्य, पृ. 215
    (ग) राधावल्लभ सम्प्रदाय में प्रधान रति राधा के चरणों में मानी जाती है। ललिताचरण गोस्वामी : गो. हित हरिवंश—सम्प्रदाय और साहित्य, पृ. 204
    (घ) प्रथम उपास्य स्वरूप निश्चय...करिबो ही ठीक है...जाकूँ आगम निगमादि समस्त आर्ष पौरुष यथा उचित वर्णन करै तो श्यामा उपास्य रहीं।—बा. कन्हैयादास : श्रीस्वामी हरिदास जी की उपासना शैली। —श्री स्वा. हरिदास अभिनन्दन ग्रन्थ, पृ. 35-36
118. तुम्हारी माया बाजी पसारी विचित्र
    मोहे मुनि सुनि काके भूले कोड़।—अष्टादश सिद्धान्त के पद, 5
119. वही, 13
120. अष्टादश सिद्धान्त के पद, 14
121. स्वा. हरिदास : केलिमाल, पद 1
122. बिहारिणिदास : सवैया 28
123. ललितकिशोरी देव : सिद्धान्त की साखी। —स्वा. ह. सं. वा. सा., पृ. 309 पर उद्धृत।
124. रसिक देव : भक्ति-सिद्धान्त-मणि, 87
125. बिहारिणिदास : सिद्धान्त के पद, 141
126. वही, रस के चौबोला, 16
127. ताको अन्त न कोऊ पावै।—वही, रस के चौबोला 18, पृ. 55
128. वही, रस के चौबोला, 13 (पृ. 53)
129. वही, सिद्धान्त के पद, 83
130. वही, 86

131. वही, 117
132. वही, रस के चौबोला, 19, 20, 21
133. केलिमाल, 24
134. वही, 35
135. स्वा. बिहारिणिदास : साखी, 238-241
136. ललितकिशोरी देव : सिद्धान्त की साखी।
—गोपाल दत्त शर्मा द्वारा स्वा. ह. सं. वा. सा. में पृ. 303 पर उद्धृत।
137. केलिमाल, 34
138. वही, 7 : प्यारी तेरौ बदन अमृत की पंक तामे बींधे नैन द्वै।
139. वही, 24
140. वही, 53
141. केलिमाल, 54
142. वही : 78
143. सुख को सार समूह किशोरी। रूप निधान रंग को सागर परम विचित्र महा अतिभोरी छिन छिन लाल करत अधीन सदाइ प्रसन्न रहौ तुम गोरी। —ललितकिशोरी देव : रस के पद 20
144. स्वा. ललितकिशोरी देव : रस की साखी, चौपाई।
145. बिहारिणिदास, सवैया, 116
146. वही, 116
147. केलिमाल—10
148. केलिमाल 18
149. बिहारिणिदास : सिद्धान्त के पद, 16
150. केलिमाल 25
151. वही 94
152. केलिमाल, 53
153. वही, 3 तथा 32
154. वही, 40
155. बिहारिणिदास : साखी, 127-128
156. ललित किशोरी देव : साखी, 96
157. वही, 98 एवं 82
158. बिहारिणिदास : साखी, 113
159. ललित किशोरी देव : सिद्धान्त की साखी।
—श्री गोपालदत्त शर्मा द्वारा स्वा. हरिदास स. वा. सा. में पृ. 317 में उद्धृत।
160. वही, साखी, 310
161. वही, 16
162. वही, 56-57
163. स्वामी हरिदास : अष्टावश सिद्धान्त के पद, 12
164. वही, केलिमाल, 89
165. बिहारिणिदास : सवैया कवित्त, 60
166. बिहारिणिदास : सिद्धान्त के एक पद, 17
167. ललितकिशोरी देव : सिद्धान्त की साखी, 169-171

168. बिहारिणिदास : परम उज्ज्वल श्रृंगार रस के पद, 23
169. नित्य निकुंज विहार भजि, सजि सहचरि उरभाव। —किशोरदास : सिद्धान्त सरोवर, 832
170. किशोरदास : सिद्धान्त सरोवर, 635-637
171. स्वा. रसिकदेव : साखी, 13-14
172. रसिक देव : साखी, 5
173. रसिक देव : साखी, 6
174. किशोर दास : सिद्धान्त सरोवर, 639
175. रसिक देव : भक्ति-सिद्धान्त-मणि, 89
176. ललित किशोरी देव : साखी, 297
177. वही, वही, 300
178. बिहारिणि दास : साखी, 87-89
179. ललितकिशोरी देव : सिद्धान्त के पद, 45
180. ललितकिशोरी देव : सिद्धान्त के पद, 48
181. बिहारिणिदास, सवैया, 111
182. भगवत रसिक, अनन्य निश्चात्म-ग्रन्थ, पृ. 43-44
183. डॉ. विजयेन्द्र स्नातक : राधावल्लभ सम्प्रदाय। —सिद्धान्त और साहित्य, पृ. 584
184. वही, पृ. 584
185. हित हरिवंश : स्फुट वाणी, सं. 9
186. डॉ. गोपालदत्त शर्मा : स्वामी हरिदास का सम्प्रदाय और उसका वाणी-साहित्य, पृ. 295 (अप्र. प्रब.)।
187. हित हरिवंश : स्फुटवाणी, 4, 7, 8, 11, 15, 16, 18, 19
वही हित चौरासी, 18, 30, 33, 43, 45, 48 आदि।
188. वही, स्फुट वाणी, 16
189. वही, 11
190. वही, हित चौरासी, 36
191. खेलत रास दुलहिनी दूलहु।
सुनहू न सखी सहित ललितादिक, निरखि निरखि नैननि किन फूलहु। —हि. चौ. 62
तुलनीय
एवं परिष्वंग-कराभिमर्श-स्निग्धेक्षणोद्दाम-विलास-हासैः।
रेमे रमेशो ब्रजसुन्दरीभिर्यथार्भकः स्वप्रतिबिम्बविभ्रमः॥ —श्रीमद्भागवत, 10। 33। 17
तथा
शिलष्यति कामपि, चुम्बति कामपि, कामपि रमयति रामाम्।
—गीतगोविन्द, पृ. 11 (चौखम्भा संस्कृत सीरीज, 1948)।
192. ध्रुवदास : सभामण्डल लीला। —बयालीस लीला, पृ. 131-132
193. वही, रस मुक्तावली लीला। —बयालीस लीला, पृ. 148
194. वही, पृ. 152
195. वही, रसानन्द लीला, पृ. 250
196. (क) रसिक अनन्यनि कृपा मनाऊं, वृन्दाबन रस कुछु इक गाऊं।
—ध्रुवदास : रसमुक्तावली लीला (ब. ली., पृ. 147)।
(ख) वसना निधि अरु कृपानिधि श्री हरिवंश उदार।
वृन्दावन रस कहन कौ, प्रकट धर्‌यो अवतार। —वही, रहस्यमंजरी लीला, पृ. 184

197. (क) श्री ब्रजवल्लभशरण वेदान्ताचार्य : युगल शतक की भूमिका, पृ. 19-20
(ख) डॉ. नारायण दत्त शर्मा : निम्बार्क सम्प्रदाय और हिन्दी-कृष्ण-भक्त-कवि, पृ. 119
198. डॉ. ह.प्र. द्विवेदी : हिन्दी साहित्य, पृ. 119
199. डॉ. ना.द. शर्मा : नि.सं.हि.कृ.म.क., पृ. 127
200. डॉ. नारायण दत्त शर्मा : निम्बार्क सम्प्रदाय और हिन्दी कृष्ण भक्ति-कवि (अप्र. प्रब.), पृ. 125
201. लघु-भागवतामृत, पृ. 243
202. (क) श्री भट्ट जी एवं हरिव्यासदेव जी रसिक-भावना के क्षेत्र में सभी रसिकों के पूर्ववर्ती थे। ...अतः निकुंजोपासना प्रवर्तन का श्रेय निम्बार्क सम्प्रदाय के आचार्यों को ही जाता है। डॉ. ना. द. शर्मा : अप्र. प्रब., पृ. 601
(ख) श्री भट्ट जी ब्रजवाणी के सर्वप्रथम अमर गायक हैं।...युगल शतक की परम पवित्र परिष्कृत एवं ललित भाषा ब्रजकाव्य का प्रथम रूप है। वही, पृ. 603-604
203. वासुदेव स्वामी : नागरी प्रचारिणी पत्रिका, वर्ष 64, संवत् 2016, अंक 3-4
204. डॉ. गोपाल दत्त शर्मा : स्वा. ह. सं. बा. सा. (अप्र. प्रब.), पृ. 430
205. वही, पृ. 434
206. डॉ. नारायण दत्त शर्मा : अप्र. प्रब., पृ. 234
207. भक्तमाल, पृ. 76
208. आचार्य ह. प्र. द्विवेदी : हिन्दी साहित्य, पृ. 199
209. डॉ. ना. द. शर्मा : अप्र. प्रब. पृ. 320
210. डॉ. ना. द. शर्मा : अप्र. प्रब., पृ. 311
211. डॉ. ना. द. शर्मा : अप्र. प्रब., पृ. 266
212. महावाणी, पृ. 177-178, पद संख्या 14
213. वही, सिद्धान्त सुख 9, पृ. 176
214. वही, सिद्धान्त सुख 14, पृ. 177
215. बृन्दाबन देव : गीता मृतगंगा, प्रथम घाट, 5
216. वही, प्रथम घाट, 3
217. महावाणी, सिद्धान्त सुख, 5 तथा युगल शतक पद 19-20
218. महावाणी, सिद्धान्त सुख, पद 9, पृ. 26
219. युगल शतक, 5
220. महावाणी, सिद्धान्त सुख, पृ. 176
221. महावाणी, सिद्धान्त सुख, पृ. 170
222. युगल शतक, पद 3
223. महावाणी, सिद्धान्त सुख, पृ. 178-184
224. बृन्दाबन देव, गीतामृत-गंगा, प्रथम घाट।
225. डॉ. हजारी प्रसाद द्विवेदी : हिन्दी, साहित्य, पृ. 198-199
226. श्री भट्ट : युगल शतक, दोहा, 74
227. डॉ. विजयेन्द्र स्नातक : राधावल्लभ सम्प्रदाय : सिद्धान्त और साहित्य, पृ. 222
228. व्यष्टिः समष्टिः पुरुषो जीवभेदास्त्रयो मताः
अन्तर्याम्यक्षरं कृष्णो ब्रह्मभेदास्तथापरे। —त. दी. नि., सर्वनिर्णयप्रकरण, श्लोक 119, पृ. 315
229. अक्षरस्य स्वभावकर्मकालाभेदा रुद्रादयः। —वही, श्लोक की वल्लभकृत व्याख्या।

230. अनन्तमूर्तिः तद्ब्रह्म ह्यविभक्तं विभक्तिमत्। बहुस्यां प्रजायेयेति, वीक्षा तस्य ह्यभूत्सती। 30
तदिच्छामात्रस्तस्माद् ब्रह्मभूतांशचेतना।
सृष्ट्यादौ निर्गताः—सर्वे, निराकारास्तदिच्छया। 31 —त. दी. नि. शास्त्राज्ञर्थ प्रकरण, पृ. 87

231. डॉ. एस.एन. दासगुप्त : ए हिस्ट्री ऑफ इण्डियन फिलॉसफी, खण्ड 4, पृ. 328-329

232. डॉ. दीनदयालु गुप्त : अष्टछाप और वल्लभ सम्प्रदाय, दूसरा भाग, पृ. 402

233. तत्त्वार्थ दीपनिर्णय, पृ. 115

234. वल्लभाचार्य : सिद्धान्तमुक्तावली, श्लोक 3 (परंब्रह्म तु कृष्णो हि सच्चिदानन्दकं बृहत्) तथा श्लोक 15

235. सकल तत्त्व ब्रह्माण्ड देव पुनि माया सब विधि काल।
प्रकृति पुरुष श्रीपति नारायण सब हैं अंश गोपाल। —सूरसागर, ना. प्र. स. 1600

236. सूरसागर, ना. प्र. स., 1687

237. गोकुल प्रकट भये हरि आई।
अमर उधारन, असुर संहारन अन्तर्यामी त्रिभुवनराई। सू. सा. 631

238. नित्यधाम बृन्दाबन स्याम, नित्यरूप राधा ब्रजबाम।
नित्यरास जल नित्य बिहार, नित्य मान खण्डितामिसार।
ब्रह्म रूप एई करतार, करण हरन त्रिभुवन संसार। —वही, 3461

239. डॉ. मुंशीराम शर्मा : भारतीय साधना और सूरसाहित्य, पृ. 128
तथा
डॉ. गोवर्धननाथ शुक्ल : परमानन्द सागर, भूमिका, पृ. 23

240. गोपिका : प्रोक्ता गुरवः साधनं च तत्। संन्यास निर्णय, 8

241. वल्लभाचार्य, निरोधलक्षणम्-1

242. भागवत, 10। 29। 15

243. द्वारकादास पारिख एवं प्रभु दयाल मीतल : सूर निर्णय, पृ. 204

244. वल्लभाचार्य, सुबोधिनी भाष्य, 10। 31। 7, 13 व 10। 33। 26 आदि।

245. सूरसागर, ना. प्र. स. 1291, 1301, 1332, 1333, 1350

246. सूर सारावली, वे. प्रे., पृ. 38

247. सूरसागर, ना. प्र. स. 2463। परमानन्द सागर, 689, 694, 816

248. डॉ. दीनदयालु गुप्त : अष्टछाप और वल्लभ सम्प्रदाय, पृ. 505-506

249. वल्लभाचार्य : सुबोधिनी, रास पंचाध्यायी, फल प्रकरण अध्याय 3। 2-5

250. अतो हि भगवान कृष्ण : स्त्रीषु रेमेऽहर्निशम्। सुबोधिनी, तामसफल प्रकरण। 4

251. न पारयेऽहं निरवद्यसंयुजां स्वसाधुकृत्यं विबुधायुषापि वः।
यामाभजन् दुर्जरगेह श्रृंखलाः, संवृश्च्य तद् वः प्रतियातु साधुना॥ —भागवत, 10। 32। 22

252. परमान्ददास : परमानन्द सागर, 825

253. वही, पृ. 826

254. वही, पृ. 823

255. वही, पृ. 824

256. डॉ. दीनदयालु गुप्त : अष्टछाप और वल्लभ सम्प्रदाय, पृ. 405

257. अणुभाष्य, अध्याय 4, पद 2, सूत्र 15

258. सूर सारावली, वे. प्रेस, पृ. 34

259. वही, पृ. 2

260. सूरसागर, दशम स्कन्ध वे. प्रे., पृ. 158

261. अणुभाष्य, 4 । 2 । 15

262. सूरसागर, ना. प्रचारिणी सभा, 1682

263. परमानन्द सागर—पद सं. 835 से 860 विशेष रूप से।

264. अणुभाष्य, अ. 4, पाद 4, सूत्र 9

265. वल्लभाचार्य : सिद्धान्त मुक्तावली, श्लोक 18

266. पुष्टिमार्गलक्षणानि, श्लोक 2 (हरिराम वाङ्मय मुक्तावली-1)।

267. कृष्णा सेवा सदा कार्या मानसी सा परामता (सिद्धान्त मुक्तावली-1)।

268. गो. हरिराय : स्वमार्गीय सेवा फल निरूपण, रूप निर्णय, श्लोक 5

269. वही, श्लोक 48

270. गो. हरिराय : भक्ति द्वैविध्य निरूपण, 1, 2, 3
नन्ददास ने भी कहा है—
धन्य कहति भई ताहि नाहि कछु मन में कोपी
निरमत्सर जे सन्त तिनति चूरामणि गोपी
इन नीके आराधे हरि ईश्वर वर जोई
ताते अधर सुधारस निधरक पीवत सोई। —रास पंचाध्यायी, अध्याय 2, 38-39

271. भ्रमर गीतसार, पद सं. 175

272. सूरसागर : दशम स्कन्ध, नागरी प्रचारिणी सभा, 1673
रसना एक, नहीं शतकोटिक शोभा अमित प्यारी।
कृष्ण भक्ति दीजै श्री राधे सूरदास बलिहारी।।

273. (क) श्री हरि वैश स्वरूप हैं श्री हरिदास उदार।
जे जे बातें महल की वरणत नित्त विहार।। —वंशी अलि, हृदय सर्वस्व, छन्द संख्या 18
(ख) श्री ललिता हरिवंश वधु प्रघटी रस निधि आय।
चरन माधुरी कुंवर की दीनी सबन जनाय।। —वही, 16

274. श्री गुरु ललिता रूपमम तिनको नाम रटन्त।
पाठं सम्पत राधिका श्री बृन्दाविपुन वसन्त।। —वही, 25

275. गुरुः श्रीलहि लता ज्ञेया सातु तस्या परा सखी।
—वंशी अलि : श्रीराधा सिद्धान्तम् : श्लोक 3

276. डॉ. शरण बिहारी गोस्वामी के संग्रह से प्राप्त।

277. किशोरी अलि की वाणी, पत्र संख्या 190 और आगे।

278. स्वसौन्दर्यमहाराशौ नित्यं सक्तकिशोरिका।
राधास्माकमुपास्यास्ति तदनन्येन चेतसा।। —वंशी अलि, राधा सिद्धान्तम् 1

279. वही, हृदय सर्वस्व, 28

280. शक्तेर्वा ब्रह्मणो वापि तथा भगवताऽपि हि।
कर्त्री श्रीराधिका श्रेया अधिष्ठात्री तथैव च।। —वही, रा. सि., 2

281. वही, 7 एवं 6

282. नित्यं भक्तपराधीना तेन राधा विहारिणी।
साम्यं भजति भक्तेन रसे कृष्णेन लीलया।। —वही, पृ. 2

283. वही, 28

284. वही, 23
285. वही, 22
286. वही, 5 तथा श्लोक संख्या 76 भी द्रष्टव्य।
287. सेव्या सदा श्रीराधिका सेवक नन्द कुमार।
दूने सेवक सहचरी सेवा विपुन विहार। —वही, हृदय सर्वस्व, सं. 5
288. वही, 4
289. वही, हृदय सर्वस्व, सं. 5। —वही 3
290. वहीं, 6
291. वही, 8
292. वही, 7
293. शृंगारानुकृतिः कृष्णो ब्रजे प्रेम्णा महत्तमः।
लीलामात्रैकनिवहि कान्तत्वाहं कृति मता।। —वही, रा. सि. 13
294. वही, राधा सिद्धान्तम्, 4
295. ललिता दोउजन प्रीति हैं करुणक्ति स्वरूप।
आलिंगन वपु सों रहत रचत विहार अनूप।। —वही, हृदय सर्वस्व, 13
296. वही, 15
297. वही, 17 हृदय सर्वस्व।
298. वही, 19
299. वही राधा सिद्धान्तम्, 78-80
300. वही, 45-46
301. वही, हृदय सर्वस्व, 29
302. वही, सं. 10-12
303. वंशी अलि, रा. सि., सं. 29-34
304. वही, 37 तथा 41-48
305. वही, 49
306. वही, हृदय सर्वस्व, 33
307. वही, रा. सि. 103
308. डॉ. कामिल बुल्के : रामकथा (उत्पत्ति और विकास), पृ. 145
309. डॉ. भण्डारकर : वैष्णविज्म-शैविज्म, पृ. 66
310. डॉ. कामिल बुल्के : रामकथा, पृ. 150
311. डॉ. भ. प्र. सिंह : रा.भ.र.स., पृ., 54
312. आचार्य ह. प्र. द्विवेदी : मधुराचार्य और उनका मणि-सन्दर्भ, 'कल्पना अप्रैल' 1955, पृ. 5
313. डॉ. भ.प्र. सिंह : रा.भ.र.स., पृ. 76
314. भुवनेश्वरनाथ मिश्र, 'माधव', 'रामभक्ति में मधुर उपासना', पृ. 141-186
315. डॉ. भ. प्र. सिंह : रा.भ. र. स., पृ. 76
316. रामचरितमानस, बालकाण्ड, 198, 341, अरण्यकाण्ड 22, 93, किष्किन्धा काण्ड 26, उत्तरकाण्ड 13, 34, 81, 130 आदि।
317. वही, बा. का., 148
318. वही, अ. काण्ड, 126
319. वही, बा. का., 187

320. विनय पत्रिका पद 41, 42
321. रामचरितमानस, सु. का, 15
322. मधुराचार्य : सुन्दरमणि-सन्दर्भ, पृ. 23
323. रसिक अलि : अनन्य तरंगिणी, पृ. 4
324. बालअली : ध्यान मंजरी (रा.भ.म.उ., पृ. 211)।
325. रसिक अली : सिद्धान्त मुक्तावली (वही पृ. 237) तथा नृत्य राघव मिलन, पृ. 6
326. नृ. रा. मि., पृ. 41
327. बालअली : सिद्धान्ततत्त्व दीपिका, 31
328. मधुराचार्य : सु.भ.सं., प. 432-434
329. मधुराचार्य : सु. म. सं., पृ. 327-328
330. वही, पृ. 106
331. बाल अली : नेह प्रकाश, 1
332. ह.स., पृ. 21
333. बाल अली नेह प्रकाश, 2
334. हनुमत्संहिताः पृ. 10
335. बाल अली : नेह प्रकाश। –राधावल्लभ म. उ., पृ. 201 पर उद्धृत।
336. रा. त. प्र. में जानकी-विलास से उद्धृत।
337. प्रेमलता, वृ. उ. पृ. (राधावल्लभ, म. उ., पृ. 341)।
338. प्रेमलता, बृहत् उपासना रहस्य। –रा. भ. म. उ., पृ. 344
339. रामरस रंग विलास, पृ. 24
340. उ. र., पृ. 111 (रा. भ. र. स., से उद्धृत)।
341. वही, (रा. भ. म. उ., पृ. 344)।
342. वही, पृ. 341
343. रामनवरत्नसारसंग्रह, पृ. 31 (14)
344. वही, पृ. 40 एवं उपासनात्रय सिद्धान्त, पृ. 86
345. वही, पृ. 40
346. अनन्य तरंगिनी, पृ. 2 एवं राघव मिलन, पृ. 45
347. (क) हनुमत्संहिता, पृ. 7 तथा
(ख) बृहद् ब्रह्मसंहिता, पृ. 69-70
348. वात्सल्य शृंगार वा, सान्ति सख्य अरुदास।
पाँचहु रसिक सुभाव सह, सेवहिं प्रभु पिदव खास। तथा डॉ. भ. प्र. सिंह : रा.भ. र. सं., पृ. 143
349. ललित लीला लाल सिय की त्रिगुन माया पार।
पुरुष तहं पहुँचे नहीं केवल अली अधिकार।

–रसिक अली : अन्दोल रहस्य दीपिका (रा.भ.म.उ., पृ. 240)

पुरुष भावना जो हिय धारे, दास सखाहि तदपि प्रभु प्यारे।
गुप्त बिहार न देखन आवहिं, हठ वश परेउ दूरि पछितावहिं।
हनुमदादि शिव धरि अलि रूपा, निरखहिं गुप्त रहस्य अनूपा।
तब ते दास सरबादिक भावा, राखहिं उर तिय भाव सुछावा।
प्रभुहिं मिलन हित भाव सुनारी, धरि उर सेइय जनक दुलारी।
प्रभुहिं मिलन हित भाव सुनारी, धरि उर सेइय जनक-दुलारी।

–प्रेमलता : वृ. उ. र., (रा.भ.म.उ., 5-346)।

350. कामदेन्द्र मणि : राघवेन्द्र रहस्य रत्नाकर, पृ. 27
351. राम रसरंग गीता : राम रसरंग दोहा, पृ. 10-11
352. कामदेन्द्र मणि : माधुर्य केहिल कादम्बिनी, पृ. 52
353. सतगुरु दया सखी तनकीर, निज रंग महल रस रहसि निहारे।
तन कृत करि गुरु प्रेम भाव का आयसु पाय महल पगु धारे।
मधुर मधुर गति मधुरभाव सो मधुर मनोहर सेज सँवारें। —कृपानिवास पदावली, पृ. 4
354. युगल निकुंज रहस्य नवल रस, सो सद्गुर उपवेश करै तस
—कामदेन्द्र मणि : माधुर्य केलि कादम्बिनी, पृ. 51

तथा

श्री प्रसाद प्रसाद करि अष्ट सखी गुन गाय।
अलि निकास जिनकी मया, महल माधुर्य पाय।
—कृपानिवास, भावना पचीसी (रा.म.भ.उ., पृ. 225)।

तथा

रसिक अली जीवन यही ध्यावै रटै दिन रैन।
बिनु जुगल रस लीला लखे दिन पल हिये किमि चैन।
—रसिक अली : अन्दोल-रहस्य-दीपिका (रा.भ.भ.उ., पृ. 240)।

355. चरणदास : भक्ति सागर, पृ. 53-162
356. वही, पृ. 220-231
357. वही, 486-489
358. वही, 490-491
359. वही, 492-495
360. वही, 496-502
361. वही, 511-554
362. वही, भक्तिपदार्थ-वर्णन, पृ. 175
363. चरणदास : शब्द का वर्णन, पृ. 461-462
364. वही, पृ. 254
365. वही, 76
366. वही, 171
367. वही, 171
368. वही, 474
369. चरणदास अमर लोक अखण्ड धाम वर्णन, पृ. 17
370. वही ब्रज चरित्र वर्णन, पृ. 7
371. वही, पृ. 7
372. वही, पृ. 9
373. वही, अमर लोक अखण्ड धाम वर्णन, पृ. 18
374. वही, पृ. 21
375. वही, पृ. 221
376. वही, 22-23
377. वही, ब्रज चरित्र वर्णन, पृ. 9
378. चरणदास, अमर लोक अखण्ड धाम वर्णन, पृ. 19

379. वही, पृ. 19
380. वही, गोपी विरह निवेदन, 497-500
381. वही, पृ. 501
382. चरणदास खब्द वर्णन, पृ. 359-360
383. वही, पृ. 358
384. वही, भक्ति पदार्थ वर्णन, पृ. 188
385. वही, पृ. 182
386. वही, पृ. 12
387. ग्लोरियस क़ुरान, सू. 13 । 16
388. वही, 3 । 2
389. वही, 2 । 263
390. वही, 2 । 224
391. वही, 3 । 109
392. वही, 62 । 4
393. वही, रामपूजन तिवारी : सूफ़ी मत : साधना और साहित्य, पृ. 270
394. एन्साइक्लोपीडिया ऑफ रिलिजन एण्ड एथिक्स, खण्ड 12, पृ. 14-15
395. एफ. एच. डेविस : द पर्शियन मिस्टिक्स जलालुद्दीन रूमी, पृ. 63
396. डॉ. विमल कुमार जैन : 'सूफ़ी मत और हिन्दी साहित्य', पृ. 49 पर उद्धृत।
397. आर. ए. निकल्सन : मिस्टिक्स ऑफ इस्लाम, पृ. 103 पर उद्धृत।
398. वही, पृ. 105 पर उद्धृत।
399. वही, पृ. 112

पंचम अध्याय

विभिन्न भक्ति-सम्प्रदायों का अठारहवीं शती का ब्रजभाषा प्रेमाभक्ति-काव्य

18वीं शती में चैतन्य सम्प्रदाय का ब्रजभाषा-साहित्य : पृष्ठभूमि और संक्षिप्त रूपरेखा

पिछले अध्यायों के विवेचन के आधार पर यह धारणा सहज ही बन जाती है कि भक्ति के क्षेत्र में सिद्धान्त एवं प्रभाव, दोनों ही दृष्टियों से चैतन्य-सम्प्रदाय का महत्त्व अभूतपूर्व रहा है। इस सम्प्रदाय के अनुयायी भक्तों ने प्रभूत साहित्य की रचना की है परन्तु उस रचना-क्षमता का सर्वोत्तम प्रकाशन संस्कृत एवं बंगला के माध्यम से ही हुआ है। ब्रजभाषा उतना सशक्त माध्यम इस सम्प्रदाय में नहीं बन सकी। स्वयं ब्रज-प्रदेश में ही 'चैतन्यचरितामृत' जैसे ललित एवं महत्त्वपूर्ण ग्रन्थ की रचना हुई तथा यहीं पर रूप-सनातन-जीव की दार्शनिक-काव्यात्मक उपलब्धियाँ भी प्रस्तुत हुई हैं। प्रबोधानन्द का 'बृन्दाबनशतक', नारायण भट्ट की 'भक्ति रस-तरंगिणी', बलदेव विद्याभूषण का 'गोविन्द भाष्य' तथा विश्वनाथ चक्रवर्ती के महत्त्वपूर्ण भाष्य एवं टीकाएँ ब्रजभूमि में ही आकार ग्रहण कर सकी थीं, परन्तु ऐसा लगता है कि इन कृतियों के सम्मुख इस सम्प्रदाय के रचनाकारों की ब्रजभाषा कृतियाँ बौनी हैं। इसके कारणों की यहाँ हम खोज नहीं करेंगे, परन्तु इतना तो प्रत्यक्ष है कि हमारे आलोच्य काल में भी स्वतन्त्र-भौतिक रचनाएँ इस युग में कम ही लिखी गयीं। भगवत् मुदित, सुबल श्याम, वृन्दावनदास आदि की कृतियाँ विशुद्ध अनुवाद हैं। गौरगणदास, ब्रजगोपाल या मनोहर राय जैसे रीतिकाव्य की परम्परा से अधिक प्रभावित हो रहे थे। भक्ति का आवेश उनमें कम होता प्रतीत होता है।

स्वतन्त्र ब्रजभाषा-काव्य-रचना की कमी होते हुए भी यह सम्प्रदाय इस युग में अत्यधिक प्रभावशाली बना रहा है। 18वीं शताब्दी में ही राधावल्लभीय रसिकदास ने वृन्दावन गोस्वामियों के अनेक ग्रन्थों का ब्रजभाषा में अनुवाद किया था। गो.

रूपलाल के 'रस रत्नाकार'[1] तथा स्वामी रसिकदेव (हरिदास सम्प्रदाय) के रस-सार[2] के सिद्धान्त-विवेचन पर स्पष्ट रूप से गौड़ीय वैष्णव छाया है। इन दोनों ही ग्रन्थों में धाम, लीला, परिकर, नित्य सिद्धा, साधन सिद्धा सखियों आदि का विवेचन विशुद्ध रूप से गौड़ीय वैष्णव आधार पर है। स्वामी हरिव्यासदेव द्वारा रचित कहे जाने वाले ग्रन्थ 'सिद्धान्त रत्नांजलि' का भक्ति-विवेचन 'हरिभक्ति रसामृत सिन्धु' एवं 'उज्ज्वल नीलमणि' पर पूरी तरह आधृत है।

इस युग के चैतन्य सम्प्रदाय की एक दूसरी विशेषता यह है कि सखी भाव से युगलोपासना इस सम्प्रदाय में भी पूरी तरह व्याप्त होती प्रतीत होती है। ब्रह्मगोपाल की हरिलीला में अपवाद के लिए ही एक पद ऐसा प्रतीत नहीं होता जिसमें युगल दम्पति का वर्णन न हो। अकेले कृष्ण या अकेले राधा को चित्रित वे करते ही नहीं। इसी प्रकार प्रियादास ने भी युगल तत्त्व का ही अपनी रचनाओं में गान किया है। वृन्दावन (ब्रज नहीं) का भी महत्त्व युगलोपासना के साथ ही बढ़ता है। इस प्रकार यह सम्प्रदाय प्रभावित ही नहीं कर रहा था, स्वयं भी राधावल्लभ एवं हरिदासी सम्प्रदायों से प्रभावित भी हो रहा था।

चैतन्य मतानुयायी कवि

मनोहर राय

यह गोपाल भट्ट गोस्वामी की शिष्य-परम्परा में रामशरण चट्टराज के शिष्य थे। उनके रचे हुए ग्रन्थ 'श्री राधारमण रससागर' की समाप्ति 1957 वि. में वृन्दावन में हुई थी। इसे प्रकाशित भी किया जा चुका है। इसके अतिरिक्त 'रसिक जीवनी', 'सम्प्रदाय बोधिनी' नामक दो अन्य रचनाएँ भी उनकी कही जाती हैं, पर प्रभुदयाल मीतल का अनुमान है कि 'सम्प्रदाय बोधिनी' किन्हीं और मनोहरराय की रचना है।[3] बाबा कृष्णदास ने उनके द्वारा सम्पादित 'क्षणदा गीति चिन्तामणि' नामक ब्रजभाषा ग्रन्थ की भी चर्चा की है।[4] यह एक सशक्त कवि थे। 'भक्तमात' के प्रसिद्ध टीकाकार प्रियादास जी मनोहरराय जी के शिष्य थे। मनोहरराय जी पर रीतिकालीन दृष्टिकोण का भी पर्याप्त प्रभाव है। भाषा, अलंकार योजना, वर्णन-चित्र एवं चमत्कार-योजना की दृष्टि से वे रीतिकाल के कवि सहज ही अनुमित किये जा सकते हैं। शुक्लाभिसारिका नायिका का एक चित्र लीजिए—

सरद की रैनि उजियारी अभिसार प्रिया,
प्रीतम पै सेत सारी खौर अंग कीने हैं।
मालती मुकता मल्ली माला, अंग अंग सौहैं,
आभूषन हरिनि जटित रंग भीने हैं।।

चाँदनी में अलि चलीं देखन न पावै अली,
अंग की सुगन्धि अनुसार के हूँ कीने हैं।
राधिका संग मिले मनोहर भाँति-भाँति,
खिले नैन झिले मानो शोभा जल मीनें हैं।।

विहार के लिए जिन राजसी उपकरणों एवं साधनों को जुटाया गया है, वे भी रीतिकाल के पद्माकर आदि की याद दिलाते हैं।

शुद्ध संवेगात्मक चित्रणों में भी मनोहरराय जी पर्याप्त कुशल थे। अनुराग और आतुरता को व्यंजित करने वाला यह कवित्त रीतिकाल के ऐसे ही टकसाली कवित्तों में स्थान पाने योग्य है–

तैसी रहीं जोइ सोइ चली है तमकि तैसी,
काहू की न मानैं कोऊ आतुरता बढ़ी है।
अस्त-व्यस्त भूषन वसन मन-मन काम,
मनमथ राज चटसार मानों पड़ी है।
सनमुख नाद सुधी में गति न भई-बाधा,
आगे पूजी साधा प्रेम गजराज चढ़ी हैं।
रमण सौं मिली राधा शोभा सिन्धु तैं अगाधा,
मानो हर मूरति सनेह साँचे गढ़ी हैं।

इस रीतिवृत्ति के कारण उनका भक्ति का स्वर बड़ा दबा-सा प्रतीत होता है।

प्रियादास

ये पूर्वोक्त मनोहर दास (राय) के शिष्य थे। नाभादास के 'भक्तमाल' की इनकी 'भक्त रस बोधिनी' टीका प्रसिद्ध है। इसके अतिरिक्त बाबा कृष्णदास ने इनकी 'रसिक मोहिनी', 'अनन्य मोहिनी', 'चाँद बैली', 'भक्त सुमरिणी' नामक छोटी-छोटी रचनाएँ एक ही जिल्द में प्रकाशित की हैं। प्रियादास सूरतनगर राजपुरा के रहने वाले वासुदेव एवं गंगाबाई के पुत्र थे। जन्म संवत् का यद्यपि निश्चित पता नहीं है, पर संवत् 1735 के आसपास उसका अनुमान इस आधार पर किया जा सकता है कि भक्तमाल की 'भक्ति रस बोधिनी' टीका उन्होंने संवत् 1769 में समाप्त की थी। अतः इस समय के 30-35 वर्ष पूर्व उनका आविर्भाव अनुचित सम्भावना नहीं है। अपने एक अन्य ग्रन्थ 'रसिक मोहिनी' में उन्होंने रचनाकाल संवत् 1794 दिया है। इस प्रकार 16वीं शती का उत्तरार्द्ध उनका रचनाकाल कहा जा सकता है। प्रियादास जी का सबसे प्रिय छन्द दोहा है, यद्यपि अन्य समसामयिक छन्दों का भी प्रयोग उन्होंने किया है। दोहों में उनकी भाषा अत्यधिक विदग्ध रूप में प्रकट हुई है। अपनी कला-योजना में दोहे कभी-कभी बिहारी से टक्कर लेते प्रतीत होते हैं–

घिरति रहे ब्रज भूमि में झूमि नैन अकुलाय,
घूम-घूम तन लोट के, उठे रूप गुन गाय।
बिना पलक द्दग द्दग जुरे देख्यों अचरज सार,
गुरु जनहूँ जक धक सजै इक टक रहे निहार।

परन्तु सब मिलाकर उनका यह शृंगार वर्णन लीलावाद के निकट की वस्तु बना रहता है।

भगवत् मुदित

भगवत् मुदित जी के सम्बन्ध में नाभादास ने अपने 'भक्तमाल' में एक छप्पय लिखा है जिसकी प्रियादास जी ने 5 कवित्तों में टीका की है। इस वर्णन के अनुसार यह माधवदास (माधव मुदित) के पुत्र थे तथा सूजा (शुजाउल्मुल्क) के आगरा के दीवान थे। गौड़ीय सम्प्रदाय के भक्त हरिदास के यह शिष्य थे। अपने गुरु ब्राह्मणों, ब्रजवासियों इत्यादि में इनकी अत्यधिक श्रद्धा थी। नाभादास के अनुसार यह सखी भाव के उपासक थे तथा नित्य केलि में ही उनकी चित्तवृत्ति रमी रहती थी।

इनके 'रसिक अनन्यमाल' में राधावल्लभीय भक्तों के चरित्रों का संग्रह किया गया है। ऐसा प्रतीत होता है कि गुरु-दीक्षा से गौड़ीय वैष्णव मतानुयायी होते हुए भी वे राधावल्लभीय भक्ति भाव से विशेष प्रभावित थे। उनका दूसरा ग्रन्थ 'बृन्दाबनशतक' प्रसिद्ध महात्मा प्रबोधानन्द के 'बृन्दावन महिमामृत' का ही यत्किंचित् रूपान्तर है। प्रबोधानन्द जी के बारे में भी यही प्रवाद है कि सम्प्रदाय से चैतन्य मतानुयायी होने पर भी वे हित हरिवंश और उनकी भजनरीति से अत्यधिक प्रभावित रहे।

भगवत् मुदित सुकवि प्रतीत होते हैं। उनकी मौलिक रचनाएँ यद्यपि कम हैं, पर 'बृन्दाबनशतक' के अनुवाद में भी उनका कवित्व प्रकाशित हुआ है। नीचे हम एक उदाहरण दे रहे हैं—

नव किशोर चित चोर, तरुण तन भोर है।
कोटि कोटि छवि काम, स्याम दुति गौर है।
दोउ मूरति तन एक जीव जीवन रस भोगी।
कौतुक केलि बिलास सदा आनन्द उपयोगी।
चलत फिरत नव कुंज में, कब व्है है मम पुलक मन।
देखि नवल नागरी वेपथु गति है परति तन।

मित्र बन्धुओं ने उनके चार ग्रन्थ—'रसिक अनन्य भाल', 'बृन्दाबनशतक' 'हित चरित्र' तथा 'सेवक चरित्र' बनाये हैं, पर वास्तव में हित चरित्र राधावल्लभीय उत्तमदास की रचना है एवं सेवक चरित्र, रसिक अनन्यमाल का ही अंश है। इस प्रकार मुख्यतः उनके प्रथम दो ही ग्रन्थ सिद्ध होते हैं। कुछ स्फुट पद उनके यत्र-तत्र

और भी उपलब्ध हो जाते हैं। उनके रसिक अनन्य माल का ऐतिहासिक दृष्टि से बहुत महत्त्व है। उसका रचनाकाल संवत् 1707 है।

किशोरीदास

किशोरीदास जी का समय भी प्रभुदयाल मीतल ने विक्रम की 18वीं शती का पूर्वार्द्ध माना है।[5] किशोरीदास जी बंगाली ब्राह्मण थे एवं गोस्वामी वंशीदास जी उनके गुरु थे। सनातन गोस्वामी की पाँचवीं पीढ़ी में वे मदनमोहन मन्दिर वृन्दावन के आचार्य थे। इस दृष्टि से उनका समय 18वीं शती उत्तरार्द्ध तक जाता है, यद्यपि पीढ़ी की दृष्टि से काल-निर्णय करना बहुत वैज्ञानिक नहीं प्रतीत होता।

कुसुम सरोवर के बाबा कृष्णदास के पास हमने उनकी बानी का संग्रह 'किशोरीदास की बानी' देखा है। ग्रन्थ में स्फुट पद हैं एवं प्रत्येक पद में राग-रागिनी के नाम तथा ताल दिये हुए हैं। ऐसा लगता है कि वे संगीत के बहुत अच्छे जानकार थे। उक्त वाणी ग्रन्थ से तीन पद हम नीचे दे रहे हैं—प्रथम दो पद निकुंज-लीला से सम्बन्धित हैं एवं तृतीय पद ब्रजलीलागान की परम्परा में है। प्रथम छन्द राग मारू जलद तिताला में है, दूसरा राग कान्हकीर में गाया जा सकता है तथा तृतीय तिताले में सारंग राग के अन्तर्गत दिया हुआ है।

झूलत कदम्ब छइयाँ,
धीरे-धीरे जमुना तीर पिय प्यारी, पटुली पर बैठे दोऊभर बहियाँ।
उर के वार हार सुरझावत वरु समरस चित चहियाँ।
किशोरीदास ब्रजचन्द प्यारी, छवि देवे कूटतर नइयाँ।

खेलत चौपर पीतम प्यारी।
अपनी अपनी जीत विचारत, ढारन पासै चोपन भारी।

आओ सिमिट सबै ब्रजवासी, लै लै गैया अपनी संग।
रहो गिरि की छैंया सब सब सुख नाचौ गावौ करहु बहुरंग।
पर्वत को परभाव लखोंने तब दै मन मांहि उमंग।
श्री ब्रजचन्द किशोर अहै नग मधुवा को मान करिहै भंग।

गौरगणदास

गौरगणदास की एक रचना 'गौरांग' भूषणा मंझावली बा. कृष्णदास द्वारा प्रकाशित हो चुकी है। इसकी भूमिका में इन्हें सनातन गोस्वामी चरणों के आश्रित प्रिय शिष्य

बताया गया है, पर यह रचना परवर्ती प्रतीत होती है। मीतल जी ने उनका समय 18वीं शती का पूर्वार्द्ध माना है।[6] इस पुस्तिका में, माँझों के अतिरिक्त अन्य ब्रजभाषा रचनाएँ भी हैं। उन्होंने अपनी साधना को स्वयं ब्रजगोपी भावाश्रित बताया है।

चिन्तामनि ब्रजभूमि विलोकन नित नूतन नव भाव भरी।
धूसरि धूरि अंग ब्रज रज में प्रेम मन्त्र जनु घाव करी।
गुरु अनुसरव भाव कौ वारिधि, उमंगि उमंगि बह्यों गौर हरी।
श्री रूप सवातव आसा उर में ब्रजगोपिन अनुभाव सरीं।

'गौरांग भूषण मंझावली' की भाषा फ़ारसी, पंजाबी एवं ब्रज-मिश्रित खड़ी बोली है। रचना-शैली अत्यधिक दुरूह तथा अटपटी है। कलात्मकता की दृष्टि से भी कृति बहुत उल्लेखनीय नहीं है, पर भाषा-विज्ञान के विद्यार्थियों के लिए इसमें बहुत सामग्री मिल जायेगी।

सुबल श्याम

इन्होंने 'चैतन्यचरितामृत' के प्रथम दो खण्डों का इसी नाम से ब्रजभाषा में अनुवाद किया है। बाबा कृष्णदास ने इन्हें प्रकाशित किया है। ये नारायण भट्ट के वंशज यदुपति सिंह के शिष्य थे। इनका कुछ ज्ञात नहीं है, पर नारायण भट्ट से छठी परम्परा में होने में अनुमानतः यह 18वीं शती के अन्त एवं 19वीं शती के प्रारम्भ में विद्यमान रहे होंगे। इनके अनुवाद का एक सरस उदाहरण हम उपस्थित कर रहे हैं—

लीला राधाकृष्ण की अति निगूढ़ तर सोय।
वात्सल्यादिक भावकहि वहिं गोचर है जोय।
एक सखीगण बिन जु लीला पुष्ट न होय,
विस्तारै लीला सखी, आस्वाढै उन सोय।
तिहि लीला मधि सखी बिन नहीं अन्य गति जोय,
तिनहीं को अनुगति करैं, सखी भाव जो होय,
दम्पति सेदा कुंज की साध्य पाय है सोय,
पैबे को तिहि साध्य को नहि उपाय अरु कोय।

(म. लीला। परि. 8, पृ. 67)

यह अंश 'चैतन्यचरितामृत' के मध्यलीला खण्ड के अष्टम परिच्छेद के प्रसिद्ध सिद्धान्त कथन का अनुवाद है जिसमें सखी का महत्त्व बताया गया है। अनुवाद पर्याप्त स्पष्ट एवं सरल हुआ है, पर उस लालित्य का इसमें अभाव है जो मूल ग्रन्थ में उपलब्ध होता है।

साधु चरणदास

साधु चरणदास के बारे में भी कुछ प्रामाणिक सामग्री प्राप्त नहीं है, परन्तु उनका रचित 'रसिक विलास' नामक ग्रन्थ हस्तलिखित रूप में हमने बाबा कृष्णदास के पास देखा है। इस ग्रन्थ की रचना का काल तथा ग्रन्थ का उद्देश्य एवं कथ्य उन्होंने प्रारम्भ में ही स्पष्ट कर दिया है। इस कथन से ज्ञात होता है कि ग्रन्थ संवत् 1758 (अथवा 1798) में पूरा हुआ था।

संवत् सत्रह सै अठानवा पायो इन
माह सुदि शुक्लपक्ष पंचमी सुहाई है।
सनिश्चर-वार ऋतुराज हू कौ आगम हो
ताही दिन ग्रन्थ यह पूरण सुहाई है।
रसिक विलास नाम ग्रन्थ अभिराम अहै
सुनै नित स्याम आइ सुखदाई है।
आज्ञा मन भाई साधु चरण बनाइ पोथी,
अति सुखदाइ जमकाइ छवि छाई है।
रसिक विलास नाम ग्रन्थ अभिराम किधौं...
कौ है घामता कौ उपमा विचार्‌यो है।
किधौं भक्ति अंग देखिबे को इहै आरसी है
किधौं साधिबे कौपाटी विधि सुधार्‌यो है।
किधौं जन्त्रसाला मन मोहिवै को मोहन की,
किधौं चटसाला भक्ति तत्त्व ले उचार्‌यो है।

इस ग्रन्थ में श्यामानन्द, रसिकानन्द, रसिक मुरारी आदि द्वारा किये जाने वाले भक्ति-प्रचार का भी उल्लेख हुआ है। यद्यपि लेखक ने प्रारम्भ में ही ग्रन्थ की क्षमता के सम्बन्ध में गर्वोक्ति की है। समस्त ग्रन्थ चैतन्य सम्प्रदाय की भक्ति पद्धति को स्पष्ट करता है। काव्य के रूप-निर्माण पर समसामयिक रीति-प्रणाली का स्पष्ट प्रभाव दृष्टिगोचर होता है।

ब्रह्मगोपाल

नित्यानन्द प्रभु के परिवार में प्रसिद्ध रामराय गोस्वामी के अनुज प्रभु चन्द्रगोपाल गोस्वामी के पौत्र थे। इनके पिता गो. राधिकानाथ भी चैतन्य मत के अनुयायी एवं कवि थे। रामराय जी विक्रम की 17वीं शती में विद्यमान थे, ऐतिह्य के बारे में निश्चित ज्ञान न होने पर भी इतना तो अनुमान युक्ति-युक्त प्रतीत होता है कि उनके लघु भ्राता के पौत्र 18वीं शती में विद्यमान रहे हों।

ब्रह्मगोपाल जी का 'हरिलीला' नामक छोटा-सा ग्रन्थ बाबा कृष्णदास ने प्रकाशित किया है। हरिलीला में पहले दोहा और फिर एक पद में उसकी विवृत्ति की गयी है। रचना की यह पद्धति रीतिकाल के उन लक्षण ग्रन्थों की याद दिला देती है, जिनमें दोहे में लक्षण एवं कवित्त या सवैये में उसका उदाहरण दिया गया है। इससे यह प्रतीत होता है कि रीतिकाल की परम्पराएँ भक्ति भाव की रचनाओं पर प्रभाव डालने लगी थीं अथवा दोनों के सामने एक ही प्रकार के आदर्श थे। इस पद्धति का एक उदाहरण देखें—

दोहा—रस रसाल रस माधुरी सहज रसीले लाल।
प्रीति बेलि प्यारी परम प्रियतम प्रेम तमाल।।

इसकी निवृत्ति निम्न पद में इस प्रकार हुई है—

जुगलकर सहज रसीले लाल।
मधुर माधुरी प्रीतम प्रेमी, रसिक रसील रसाल।
ललिता कुंज ललित लीलाधर ललित लाड़िली लाल।
लिपटी प्रीति बेलि पुलकित अति सुन्दरि प्रेम तमाल।
बीती सकल सर्वरी प्यारी मुख अम्बुज धरि जाल।
चौंप चौगुनी बात परस्पर सुन शर कोटि विहाल।
प्यारी प्रीतम कण्ठ मालिका पीतम प्यारी लाल।
श्री प्रिया सखी लखि ललिता सहचरि
निज रस कुंज निहाल।

काव्य-सम्पदा की दृष्टि बहुत महत्त्वपूर्ण एवं कल्पनापूर्ण न होते हुए भी ब्रह्मगोपाल जी की ब्रजभाषा अत्यन्त प्रवाहमयी, सहज तथा श्रुतिमधुर है। उसकी पदावली पर भी रीतिकाल की अलंकृति की स्पष्ट छाया देखी जा सकती है।

बृन्दाबनदास

बृन्दाबनदास ने 18वीं शती के अन्तिम भाग एवं 19वीं शती के प्रारम्भ में बंगला के ग्रन्थों का ब्रजभाषा में पद्यानुवाद किया था। देवकीनन्दनदास कृत वैष्णववन्दना, नरोत्तमदास ठाकुर कृत 'प्रेमभक्ति चन्द्रिका' नामक बंगला पुस्तकों के अतिरिक्त उन्होंने रघुनाथदास गोस्वामी की संस्कृत रचना 'विलाप कुसुमांजलि' का भी ब्रजभाषा में पद्यानुवाद किया था। ये अद्वैताचार्य के परिकर में थे। 'प्रेमभक्ति चन्द्रिका' के प्रारम्भ में उन्होंने इस ग्रन्थ के अनुवाद का जो उद्देश्य कहा है, उससे ज्ञात होता है कि सुगम भाषा में भक्ति के इस श्रेष्ठ ग्रन्थ के अनुवाद का निर्देश श्री हरिवल्लभ जी ने उनको दिया था। यद्यपि ये कृष्णा चैतन्य मतानुयायी थे पर 'सीतापति' को अपना ईश कहा है, जो इनकी समन्वय बुद्धि का परिचायक है। सम्पूर्ण ग्रन्थ दोहा,

चौपाई, सोरठा की रामचरितमानस वाली शैली में अनूदित हुआ है। बीच-बीच में कवित्त भी एकाध आ गये हैं।

भनक सुनत ही तनक जिहि लहै मोद निरधार।
जुगल विमल उज्ज्वल सुरस लसै सरस अधार।

बृन्दाबनदास ने गौतमीय तन्त्र के 'गोपालस्तवराज' का भी ब्रजभाषा में अनुवाद किया है—

अस गोपिन मधि बसत कबहु इम लसत गुपाल।
उमड़ि घिरयो घन घुमड़ि सुजिनि विच दामिन जाल।
कबहुँ जमुन जल लील कबहुँ वर मित्रनि माँही,
गुच्छ केलि रस झेलि कराहीं अति सचु पाहीं।।

विलाप कुसुमांजलि का अंश निम्नलिखित है—

तव भुज प्रिय के शयन में जु जब छाय रहैं छवि।
प्रिय भुज सों तुव नमित अंस परसंस रहैं छवि।
गावत पुनि तिह संग अनंग जु गीत मधुर गति।
कब दैहौ बलि जाँहि सुभग मुखि मोहि मोद अति।

(विलाप कुसुमांजलि, पृ. 13)

हरिवासी सम्प्रदाय में 18वीं शती का ब्रजभाषा-काव्य

पृष्ठभूमि और संक्षिप्त रूपरेखा

नित्य विहारोपासना के प्रथम प्रयोक्ता हरिदासी या सखी-सम्प्रदाय में भी प्रभाव ग्रहण की प्रक्रिया प्राप्त होती है। वल्लभ-सम्प्रदाय, गौड़ीय वैष्णव या निम्बार्कीय जहाँ निकुंज-लीला एवं सखी भावोपासना की ओर झुकते हैं, वहीं 18वीं शती में हरिदासी-सम्प्रदाय में नित्य विहार का परिशुद्ध रूप ब्रज लीला व गोपी भाव से मिश्रित हो जाता है। स्वामी नरहरि देव, रसिक देव, पीताम्बर देव आदि कवियों ने स्थूल विरह, स्थूल मान, परकीया भाव, कृष्ण के प्रति गोपियों का कान्ता भाव इन सभी की अभिव्यक्ति की है। रसिक देव ने तो बाल-लीलाओं का भी चित्रण किया है। सम्प्रदाय में कुछ विशृंखलता भी इस काल में आती है। रसिक बिहारी, गोरे लाल आदि स्थानों का उदय इसी काल में होता है। स्वामी ललित किशोरी देव ने 'टट्टी सस्थान' की परम्परा इसी युग में स्थापित की। ललित किशोरी जी ने पूर्वोल्लिखित मिश्रणों को दूर कर पुनः नित्य विहार का शुद्ध रूप अपनी परम्परा के अन्तर्गत प्रस्थापित किया। ललित किशोरी जी कवि रूप में भी महत्त्वपूर्ण हैं, पर उससे भी अधिक महत्त्वपूर्ण साधनानुभूति की दृष्टि से हैं। उनके काव्य में साधनागत निष्ठा का अद्भुत आवेग

प्राप्त होता है। अपने सीमित क्षेत्र के भीतर उन्होंने अत्यन्त सशक्त शब्दावली में अपनी अनुभूति को अभिव्यक्त किया है, परन्तु इस अभिव्यंजना में सचेष्टता या पच्चीकारी की ओर ध्यान नहीं दिया गया है।

समग्र रूप से देखने पर यह अवश्य ज्ञात होता है कि प्रस्तुत सम्प्रदायानुयायियों ने काव्य-रचना की ओर सचेष्ट ध्यान नहीं दिया है। सम्भवतः संगीत की ओर अधिक ध्यान अवश्य रहा है। एक और विचित्र तथ्य है कि गृहस्थ एवं विरक्त इन दोनों परम्पराओं की प्रस्तुत युग तक काव्य-रचना केवल विरक्तों के अन्तर्गत ही प्राप्त होती है। उनमें भी आचार्यों को छोड़कर अन्य अनुयायियों की रचना भी अत्यधिक विरल है। यह भी सम्भव है कि अन्य रसिका की रचनाओं के रक्षण पर ध्यान न दिया गया हो।

हरिदासी सम्प्रदाय के कवि

नरहरिदास

स्वामी हरिदास की पाँचवीं शिष्य पीढ़ी में नरहरिदास जी हुए हैं। उनके गुरु का नाम स्वामी सरस देव था। नरहरि देव जी सम्प्रदाय की गद्दी पर संवत् 1683 में स्वामी सरसदास की मुत्यु के पश्चात् प्रतिष्ठित हुए थे। इनके प्रधान शिष्य स्वा. रसिक देव जी ने अपने 'गुरु मंगल' में उन्हें बुन्देलखण्ड के गुढ़ा (या गुढ़यौ) नामक ग्राम का निवासी तथा विष्णुदास का पुत्र बताया है। उनके अनुसार नरहरिदास जी की जन्मतिथि ज्येष्ठ कृष्ण द्वितीया है। स्वा. पीताम्बर देव इत्यादि परवर्ती जन भी अपनी बधाइयों में इन्हें ज्येष्ठ कृष्ण द्वितीया को ही उत्पन्न मानते हैं।[7] अपने क्षेत्र बुन्देलखण्ड में ही भक्ति का ये प्रचार करते रहते थे। निजमत सिद्धान्त में किशोरदास ने बताया है कि स्वा. सरसदास ने बुन्देलखण्ड जाकर ही उन्हें अपना शिष्य बनाया था।[8] निजमत सिद्धान्त में उनके जन्म का संवत् 1640 बनाया है जो अनुचित नहीं प्रतीत होता। पौष शुक्ला सप्तमी संवत् 1741 में नरहरि देव जी का वृन्दावन में स्वर्गवास हो गया था। स्वा. नरहरि देव जी से कुछ विचित्र परम्पराएँ भी सम्प्रदाय में प्रविष्ट हो गयी थीं। कहना यों चाहिए कि विश्रृंखलता का प्रारम्भ इन्हीं के समय से हुआ था। इनके पूर्वाचार्यों ने वृन्दावन के बाहर बहुत कम प्रस्थान किया था, पर नरहरि देव जी बहुधा बाहर रहकर प्रचार-कार्य में लगे रहते थे। ऐसा लगता है कि भक्ति का प्रारम्भिक आवेश निःशेष हो चला था और साम्प्रदायिक प्रतिष्ठा बनाने की धारणा अधिक बलवती हो उठी थी। नरहरि देव जी निधिबन छोड़ वर्तमान रसिक बिहारी जी के मन्दिर के स्थान पर रहने लगे थे। उनके उपास्य आजकल गोरेलाल जी के मन्दिर में स्थापित हैं।

अष्टाचार्यों की वाणी की जो प्रतिलिपि हमें उपलब्ध हो सकी है, उसमें नरहरि देव के संग्रह का परिमाण बहुत कम है। पाँच साखियाँ, एक सिद्धान्त का पद तथा 10 रस के पद ही उनके इस संग्रह में संकलित हैं। अलग से उनका कोई ग्रन्थ अब तक उपलब्ध नहीं हो सका है।

साखियों में जाति-पाँति के खण्डन के साथ ही बाह्य कर्मकाण्ड के प्रति कबीर जैसी अवहेलना का स्वर हमें प्राप्त होता है–

नरहरि धागा सूत को गर्व करौ मति कोइ
जद्यपि चन्द कलंक है, जगत उजेरो होइ।[9]

यद्यपि विरह की स्वीकृति हरिदासी सम्प्रदाय में नहीं है, पर नरहरिदास जी का एक सुन्दर विरह का पद मिलता है–

अरे कारे बदरा ताही में स्याम हिरानैं।
ताही तै तू अन्तरंग त्यो विरहिन पीर न जानैं।
परसि दुकूल यामिनी अति चमकति सत मुख सागर तानैं।
मन्द मन्द मुरली धुनि गावत बाजत मदन निसानैं।
रंग-रंग मिलि सुख उपजत आन रंग क्यौ बानैं।
श्री नरहरिदास जे अन्तर कारे-कारे सौ रति मानैं।[10]

यों इतनी अल्प रचना के आधार पर उनकी कवित्व शक्ति का मूल्यांकन क्या किया जाय? पर जितना भी कुछ है, उससे वे समर्थ कवि प्रतीत नहीं होते। भाव की सम्पदा तो सम्प्रदायानुकूल मन में अवश्य थी, पर उसके पल्लवन के लिए जिस कल्पना-शक्ति, जिस अप्रस्तुत विधान-योग्यता एवं भाषा सामर्थ्य की आवश्यकता है, उसका उनमें अभाव मिलता है। वह युग अलंकरण का था, पर नरहरिदास में इस अलंकरण का भी बाहुल्य नहीं है। उत्प्रेक्षाओं का अवश्य उन्होंने कुशल प्रयोग किया है, पर सब मिलाकर उनकी रचना काव्य-कला की दृष्टि से बहुत महत्त्वपूर्ण नहीं है। उनके अच्छे पदों में से एक निम्नलिखित है–

प्रीया प्रीय सूरत सेज उठि जागे।
घूमत नैन अरुन अलसानै मनहुँ समर सर नागे।
सिथिल अंग छूटी सिर अलकै बदन स्वेद कन लागे।
मानहुँ विधु कुसुम निकरि पूज्यो अंग अंग अनुरागे।
चितै परस्पर ही उत दोऊ काम केलि रस पागे।
श्री नरहरिदास अंगछवि निरखति गण्ड पीक सो पागे।[11]

युगल केलि का यह चित्र रसिक साधना के अनुरूप है।

स्वामी रसिक दास (रसिक देव)

स्वामी नरहरि देव जी के पश्चात् सम्प्रदाय की गद्दी उनके ज्येष्ठ शिष्य स्वामी रसिक देव जी को संवत् 1741 में मिली। श्री अमोलक रामशास्त्री ने लिखा है कि संवत् 1691 में वसन्ता पंचमी के दिन इन्होंने दीक्षा ली।[12] जन्म-संवत् के बारे में कोई निश्चित प्रमाण नहीं मिलता, यहाँ तक कि निजमत सिद्धान्तकार जैसे पटु इतिहासज्ञ (?) ने भी उनके जन्म-संवत् का उल्लेख नहीं किया। सहचरिशरण ने जन्मतिथि वसन्त पंचमी मानी है तथा इनके शिष्य पीताम्बर देव जी की बधाई से भी इसका समर्थन होता है–

प्रगटे श्री रसिक देव सुख सार।
मंगल बसन्त पंचमी भू पर छायो नित्य विहार।[13]

सम्भव है कि गुरु ने इनका जन्मदिन ही गुरु-दीक्षा के लिए चुना हो। यदि संवत् 1691 इनका दीक्षा-संवत् है तो जन्म-संवत् 1670 से पूर्व ही मानना होगा। सहचरि शरण की 'गुरु प्रणालिका' के अनुसार ये बुन्देलखण्ड निवासी सनाढ्य ब्राह्मण थे।

इनके बारे में यह प्रसिद्ध है कि प्रारम्भ में गुरु ने इनसे अप्रसन्न होकर निकाल दिया था। ये बाहर जाकर भी किसी-न-किसी बहाने अपने गुरु की सेवा करते रहे। अन्त में इनकी गुरु-निष्ठा पर प्रसन्न होकर स्वा. नरहरिदास ने इन्हें पुनः बुला लिया और गद्दी का अधिकारी घोषित किया।

गद्दी पर बैठने के बाद डूंगरपुर से श्री रसिक बिहारी का विग्रह मँगाकर उन्होंने उसकी प्रतिष्ठा कराई। यही वर्तमान रसिक बिहारी का मन्दिर है। रसिकदास जी के 52 प्रमुख शिष्य थे। इनमें तीन सर्वश्री गोविन्द देव, पीताम्बर देव एवं ललित किशोरी देव प्रधान थे। इन्हीं तीनों से क्रमशः गोरेलाल, रसिक बिहारी एवं टट्टी स्थान की परम्पराएँ प्रारम्भ हुई हैं।

अष्टाचार्यों की वाणी में संगृहीत उनकी रचनाओं का परिमाण भी अल्प ही है। उक्त संग्रह में रसिकदास जी की 16 साखियाँ, 5 सिद्धान्त के पद एवं 22 रस के पद प्राप्त होते हैं। उनके अतिरिक्त इनके लिखे हुए 8 छोटे-छोटे ग्रन्थ और भी प्राप्त हुए हैं जिनमें से 5 को भ्रमवश किशोरी शरण अलि जी ने अपनी साहित्य रत्नावली में राधावल्लभीय रसिकदास की रचनाओं में सम्मिलित कर लिया है।[14] ये आठ रचनाएँ निम्नलिखित हैं–

(1) भक्ति सिद्धान्त मणि, (2) रस-सार, (3) रसार्णव पटल, (4) गुरु मंगल, (5) बाल लीला, (6) पूजा-विलास, (7) कुंज कौतुक तथा (8) वाराह संहिता।

इनके अतिरिक्त ध्यान-लीला भी इनका एक ग्रन्थ कहा जाता है जिसे निम्बार्क माधुरी में ब्रह्मचारी बिहारी शरण द्वारा संकलित किया गया है। साहित्य रत्नावली में भी रसिकदास के नाम पर उसका उल्लेख 266 नम्बर पर हुआ है। डॉ. गोपाल

दत्त शर्मा ने उनकी एक संस्कृत रचना 'गुरु परम्परा' का भी उल्लेख किया है जो हमारे लिए अप्रासंगिक है। इन आठ ग्रन्थों में 'रस सार' तथा राधावल्लभीय गो. रूपलाल के 'रस रत्नाकर' में इतना अधिक साम्य है कि यह शंका होती है कि इनमें में कम-से-कम एक अप्रामाणिक होगा। यों यह भी सम्भव है कि किसी अन्य संस्कृत की सिद्धान्त-पुस्तिका को भाषा में दोनों ही महानुभावों ने उपस्थित किया हो। 'भक्ति सिद्धान्त मणि' एवं 'रस सार' का प्रकाशन भी 'सिद्धान्त रचनाकर' के अन्तर्गत निम्बार्कीयों ने किया है।

स्वामी रसिकदास ने सखी सम्प्रदाय की वास्तविक आत्मा को मन से स्वीकार नहीं किया। ऐसा लगता है कि सम-सामयिक ब्रजलीला के गायक अन्य सम्प्रदायों के प्रभाव में उन्होंने उस अनन्यता को खो दिया जो हरिदासी सम्प्रदाय की निधि थी। फुटकर छन्दों के स्थान पर सम्प्रदाय में पहली बार व्यवस्थित ग्रन्थ-रचना ही उन्होंने नहीं की, सैद्धान्तिक दृष्टि से भी वे व्यूह, आवरण, ब्रज-लीला, गोपी भाव, सखीनामावली आदि के स्वीकरण एवं वर्णन में निरत हो गये थे। अष्टाचार्यों की वाणी में संगृहीत इनके पद शुद्ध सखी भाव के प्रतिष्ठापक हैं। उनका उपयोग हम सम्प्रदाय के सिद्धान्त-विवेचन में कर आये हैं।

काव्य की दृष्टि से रसिकदास जी इस सम्प्रदाय के महत्त्वपूर्ण कवि ठहरते हैं। ऐसा लगता है कि काव्य के अभिव्यंजना-पक्ष के प्रति इनका सचेष्ट ध्यान था। इसी कारण छन्दों और अलंकारों का ही व्यवस्थित प्रयोग तो हुआ है, भाषा भी अपेक्षाकृत परिमार्जित एवं समर्थ है। दोहा, चौपाई उनके सबसे प्रिय छन्द हैं तथा पद रोला छन्द का भी उन्होंने प्रयोग किया है। उनका यह रूपक भी अपने चमत्कार के लिए द्रष्टव्य है—

मन सीखी राधा अतर नखसिख भरी बनाइ।
ताहि देखत मोह्यों साँवरौ भँवर वासु लपटाय।।[15]

साम्प्रतिक नये काव्य में क्रियाशील बिम्बों को बहुत अधिक महत्त्व प्राप्त हुआ है। स्वा. रसिकदास द्वारा चित्रित यह बिम्ब भी गतिशीलता की व्यंजना में अत्यन्त मार्मिक बन पड़ा है—

जब पौढ़न को समयौ भयो।
इत आयी दुम की परछाईं उत ढरि चन्द गयौ।
उमरि ढरे दोउ सुरति सेज पर बाढ्यौ रंग नयौ।
श्री रसिक बिहारी बिहारिनि पौढ़े अति सुख दृगनि दयौ।[16]

इस पद में उमगि ढरे जहाँ क्रिया और गति को प्रकट करता है, वहीं दूसरी पंक्ति प्रकृति के व्यापार को भी पूरी गतिशीलता में बिम्बित करने में समर्थ हुई है।

ऐसा लगता है कि स्वामी रसिकदास जी वास्तव में भीतर से कवि थे। सम्प्रदाय की अत्यन्त सीमित परिधि के भीतर उनकी सृजन-शक्ति पूरी तरह से

अभिव्यंजित नहीं हो पा रही थी, उस परिधि को तोड़कर उन्होंने लीला को विस्तार देना चाहा पर वह सम्प्रदाय में मान्य नहीं हुई—परिणामस्वरूप वह विस्तृति उनके साथ ही समाप्त हो गयी। उनके शिष्य स्वा. ललित किशोरी देव ने पुनः सम्प्रदाय की वास्तविक प्रणाली की स्थापना की। आगे हम रसिकदास जी के ग्रन्थों का संक्षिप्त परिचय दे रहे हैं—

रसिक देव जी के ग्रन्थों का परिचय

(1) **भक्ति सिद्धान्त मणि**—सम्प्रदायानुमोदित भक्ति सिद्धान्तों का निदर्शन इस ग्रन्थ में है। भक्ति के मुख्य लक्षण, साधन, गुरु की मुख्य विशेषताएँ, शिष्य के लक्षण, धर्म-विवेक, पुण्य के कर्म, पाप-कर्मों के लक्षण और उनकी संज्ञा, भक्तों की कार्यावली, साधु लक्षण, नवधा भक्ति और जुगल किशोर आदि विषयों की विवेचना सरल एवं सहज रूप में इस ग्रन्थ में उपलब्ध होती है। ग्रन्थ के अन्त में नित्यविहारोपासना का मार्मिक निरूपण हुआ है। इस प्रकार की साधना के लिए कवि का कहना है कि शिष्य को गुरु में अत्यन्त निष्ठा रखते हुए गुरु देव को श्री राधास्वरूप मानना चाहिए और स्वयं को मात्र सखी कल्पित करके श्रीकृष्ण चन्द्र जी को उपास्य एवं परमात्मतन्त्र स्वीकार करना चाहिए। यह ब्रजभाषा में चौपाई छन्द में लिखा गया है। बीच-बीच में दोहे हैं। कुल छन्द संख्या 100 है। सिद्धान्त विवेचन की दृष्टि से ग्रन्थ में मौलिकता एवं गहराई का अभाव है। लगता है कि इसका उद्दिष्ट पाठक मोटी अक्ल का भक्त है।

(2) **पूजा-विलास**—यह 20-25 पृष्ठों का छोटा-सा ग्रन्थ है। पूजा के विविध विधि-विधानों की संक्षिप्त पर सांगोपांग चर्चा इसमें की गयी है। यह भी दोहा-चौपाइयों में लिखा गया है जिनकी संख्या 108 है। पूजा-विधि के अतिरिक्त भक्ति के अन्य अंगों की भी चर्चा इसमें आयी है।

(3) **सिद्धान्त के पद**—इनमें वृन्दावन, ब्रजरज, राधा कृष्ण-सौन्दर्य, नित्य विहार, मान-वर्णन, संसार की असारता आदि पर फुटकर पद लिखे मालूम पड़ते हैं। पद अत्यधिक सरस एवं मधुर बन पड़े हैं। शृंगार के वर्णन भी अमर्यादित नहीं हैं। उपासना एवं इष्ट-स्वरूप को इनमें मुख्यतः व्यक्त किया गया है।

(4) **रस के पद**—निकुंज रस और दाम्पत्य प्रेम-लीला का सान्द्र वर्णन इनमें है।

(5) **भक्ति सिद्धान्त की साखी**—इस ग्रन्थ का वर्णित विषय प्रथम ग्रन्थ जैसा ही है। यह अष्टाचार्यों की वाणी में संगृहीत है।

(6) **कुंज कौतुक**—इसमें निकुंज लीलाओं का गान है। विविध कुंजों के माध्यम से ऋतुचर्या का भी नियोजन किया गया है। इसका छन्द रोला है और संख्या 111 है। इसमें सब मिलाकर 360 कुंजों की संख्या बतायी गयी है, जहाँ विहार होता रहता है।

(7) **रस-सार**—रसोपासना का अन्तरंग अर्थ इस ग्रन्थ में व्यक्त हुआ है। राधाकृष्ण की सापेक्षिक स्थिति, मार्ग की कठिनाइयाँ, काम और प्रेम का अन्तर, राधाकृष्ण का तात्त्विक स्वरूप, सखी-उपासना और उसके भेद, निकुंज-लक्षण और शोभा इस ग्रन्थ में अत्यन्त सहज स्वाभाविक रूप में वर्णित हुए हैं। इस ग्रन्थ में सब मिलाकर केवल 45 दोहे एवं चौपाइयाँ हैं।

(8) **गुरु मंगल यश**—अपने गुरु श्री नरहरि देव के प्रति यह उनकी श्रद्धांजलि है जिसमें उन्हें अगणित गुणों का आकर माना गया है। यह चार-चार चरण की 51 चौपाइयों का संग्रह है।

(9) **बाल-लीला**—वास्तव में बाल-लीला में भी श्यामा-श्याम के बीच के माधुर्यपरक भावों का ही चित्रण किया गया है। मधुर रस की प्रेरक एवं पुष्ट करने वाली अनेक प्रवृत्तियों, मुद्राओं, क्रीड़ाओं एवं बालचर्याओं का ही अंकन किया गया है। चौपाई एवं दोहों में यह भी लिखी गयी है। कुल छन्द संख्या 49 है।

(10) **ध्यान-लीला**—यह गुरु नरहरिदास, वृन्दावन धाम, राधा एवं सहचरीगण तथा नित्य विहार के ध्यान सम्बन्धी छोटी-सी पुस्तिका है।

(11) **वाराह संहिता**—उनकी महत्त्वपूर्ण कृति है। इसमें वृन्दावन रस, नित्य विहार लीला, बृहत वृन्दावन (जनपद) आदि का वर्णन किया गया है। वृन्दावन का पौराणिक एवं समसामयिक वर्णन अत्यधिक महत्त्वपूर्ण है। मूल वाराह संहिता को भाषा में संक्षिप्त रूप में उपस्थित करना ही इस ग्रन्थ का लक्ष्य ज्ञान होता है। यह भी 218 दोहा-चौपाइयों की छोटी-सी पुस्तक है।

(12) **रसार्णव पटल**—सखियों से घिरे हुए कर्णिकापट-स्थित युगल की नित्य विहार शोभा को चित्रित करने वाले इस ग्रन्थ को 84 रोला छन्दों में समाप्त किया गया है।

पीताम्बरदास (पीताम्बर शरण देव)

स्वामी रसिक देव के तीन प्रमुख शिष्यों में से एक पीताम्बरदास जी गुरु की मृत्यु के पश्चात् संवत् 1758 में रसिक बिहारी गद्दी के अधिकारी हुए। कहते हैं कि स्वामी ललित किशोरी देव एवं गोविन्द देव ने गुरु की साधना-प्रणाली से असन्तुष्ट होने के कारण यह गद्‌दी लेनी अस्वीकृत कर दी थी। इन्हीं पीताम्बरदास जी के शिष्य महन्त किशोरदास जी हुए जिन्होंने 'निजमत सिद्धान्त' नामक ग्रन्थ लिखा है। वास्तव में निम्बार्क एवं हरिदासी सम्प्रदाय के सम्बन्ध को लेकर जो वाद-विवाद है, उसके जन्मदाता यही गुरु-शिष्य हैं। अपने पक्ष को प्रबल करने के लिए इन्होंने अपनी परम्परा निम्बार्क से जोड़ ली थी।

अस्तु, 'निजमत सिद्धान्त' के अनुसार नारनौल (शाहजहाँपुर) के रहने वाले चौबेलाल नामक गौड़ ब्राह्मण के पुत्र थे। इनका घर का नाम प्रयागदास था तथा

भाद्रपद कृष्ण 8 को वे जन्मे थे। किसी व्यापारी मनोहरदास के माध्यम से ये स्वामी रसिकदास के सम्पर्क में आ गये थे।

हमारे देखने में 'श्री पीताम्बर देव जी की वाणी' नामक एक ग्रन्थ आया है जिममें निम्नलिखित रचनाएँ संगृहीत हैं—(1) केलिमाल की टीका, (2) समय-प्रबन्ध, (3) गुरु-परम्परा नामावली, (4) गुरु मंगल, (5) सिद्धान्त और रस की साखी, (6) सिद्धान्त और रस के पद, (7) माँझ, (8) बधाई। इनमें से काव्य की दृष्टि में महत्त्वपूर्ण चौथे और पाँचवें हैं, परन्तु सब मिलाकर पीताम्बर देव में काव्य का न तो अभिव्यंजनागत चमत्कार है और न गहरी भावात्मकता। परम्परा से प्राप्त लीलाओं या दृश्यों को उन्होंने उपस्थित किया है। इनमें से काव्य के वैभव की दृष्टि से कुछ ही अंश महत्त्वपूर्ण हैं। एक उदाहरण लें—

रस रस को रसकेलि रसिकदा रस की बनी बसन्त।
रसिक बनी रस की रस देख्यौ रसिक पीय रसवन्त।
रस के रंग अंग रसकीली रसिक आदि सब अन्त।
रस कों रसिक रसिकनी रस के रस कारण पीताम्बर कन्त।[17]

उन्होंने कवित्त, सवैया, दोहा, चौपाई, छप्पय, पद-सोरठा एवं माँझ आदि विभिन्न छन्दों का प्रयोग किया है। रचनाओं का मुख्य कथ्य गुरु-निष्ठा, नित्य विहार-वर्णन, गुरु-शिष्य का स्वरूप, भक्ति का स्वरूप, रूप-वर्णन, प्रिया-प्रियतम के अनुराग एवं केलि का चित्रण है।

पीताम्बरदास द्वारा लिखित 'केलिमाल की टीका' अत्यन्त विशाल तथा नित्य विहार को समझने में अत्यधिक उपयोगी है। पीताम्बर देव जी के व्यक्तित्व पर चाहे कोई आरोप लगते भी हों पर उनकी रचनाओं के आधार पर यह कहा जा सकता है कि साधना की दृष्टि से वे सखी सम्प्रदाय की मूल आत्मा के निकट रहे। अपने गुरु रसिकदास के समान उन्होंने सम्प्रदाय के प्रकृत पथ को छोड़ा नहीं है। ललित किशोरी देव जैसी साधनानुभूति की तीव्रता उनमें अवश्य नहीं है, परन्तु निकुंज लीलाओं के गान में किसी प्रकार पीछे नहीं हैं। बल्कि कहना तो यह चाहिए कि लीला का वैविध्य उनमें ललित किशोरी देव की अपेक्षा अधिक है। नीचे हम जुगल के शरद्-विहार सम्बन्धी कुछ दोहों को उद्धृत कर रहे हैं। इनमें पीताम्बर देव जी द्वारा चित्रित उज्ज्वल वर्ण की छटा दर्शनीय है—

स्वेत महल अति स्वच्छता, स्वेत सेज पट स्वेत।
पहिरे भूषन स्वेत छवि, निरखत दृष्टि अचेत।।
स्वेत चन्द्रमा चाँदनी, ताकी झलकति स्वेत।
सीतलता व्यापी तनहिं, स्वेत विपुन रसखेत।।
स्वेत मई फूली तहाँ, रजनी नवल नवेलि।
हरषि निरखि तन्मय रंगे, अद्भुत उज्ज्वल केलि।।

चन्द्रमनिन की कुंज मधि, उज्वल बसन बधारि।
उज्वल मुक्ताफलनि की, माला पहिरि सम्भारि।।
उज्वल भूषन सब किये, तन मन उज्वल रूप।
उज्वल मण्डल सरद निशि, अद्भुत सरस अनूप।।[18]

श्री ललित किशोरी देव

ललित किशोरी जी का स्थान सम्प्रदाय के इतिहास में अत्यधिक महत्त्वपूर्ण है। वे श्रेष्ठ रचनाकार ही नहीं थे, सम्प्रदाय की सैद्धान्तिक धारा के विपथगा हो जाने पर उसे पुनः समुचित पीठिका पर प्रतिष्ठित करने वाले साधक थे। इस दृष्टि से सम्प्रदाय में उनका स्थान विहारिणिदास के समकक्ष है। विहारिणिदास सम्प्रदाय की रीति एवं सिद्धान्तों के प्रथम व्याख्याता थे तथा ललित किशोरी जी दूसरे। वास्तव में स्वामी रसिकदास के युग में (और उनकी रचनाओं में भी) सखी-सम्प्रदाय की निराली रीति विलुप्त होकर ब्रज-रस के अन्य सम्प्रदायों के प्रभाव में आ गयी थी। जैसा कि हम पीछे कह चुके हैं कि रसिकदास जी ने बाल-लीला, विवाह एवं विरह आदि का वल्लभ आदि सम्प्रदायों की भाँति ही वर्णन किया है जो कि सम्प्रदाय की आत्मा से मेल नहीं खाता। ललित किशोरी जी ने निधुवन ही नहीं छोड़ा, इस विकृत होती हुई साम्प्रदायिक रीति को पुनः परिशुद्ध किया। सम्भवतः निधुवन को छोड़कर टट्टी स्थान में आने के पीछे उनका यह सैद्धान्तिक मत-वैभिन्य भी रहा होगा। उनके इस कृतित्व की ओर बधाई लिखने वालों ने ध्यान दिलाया है। सिद्धान्त रत्नाकर में संगृहीत एक ऐसी ही बधाई में कहा गया है कि वे न प्रकट होते तो नित्य बिहार न प्रकट होता—

लोक वेद नवधा प्रसिद्ध सुख कौन तरै लीला अवतार।
कर्म धर्म की आस त्रास नित अति भैभीत बहत संसार।
लोभी लोग भोग के लालच पचि मरते विद्या आचार।
जो न प्रकटती ललित किशोरी तो न प्रगटतो नित्य विहार।

(सिद्धान्त रत्नाकर, पृ. 116)

उनके ही शिष्य शील सखी जी ने अपने 'आचार्य मंगल' में ललित किशोरी जी को स्वामी हरिदास का दूसरा रूप कहा है—

श्री ललित किशोरी कृपा सरूप, श्री स्वामी को दूजौ रूप।
सब रसिकन कौ है यह भूप, निर उपमा ये सहज अनूप।

ललित किशोरी जी का जन्म-संवत् निश्चित नहीं है पर सहचरी शरण की 'आचार्योत्सव सूचनिका' के आधार पर मार्गशीर्ष कृष्ण अष्टमी सम्वत 1733 इनका जन्म-समय स्वीकार किया जाता है।

अपने गुरु रसिकदास जी के समय में ही वे अपना अधिकांश समय यमुना के किनारे बिताया करते थे। उनकी मृत्यु के पश्चात् वे स्वामी हरिदास का करुआ और गुदरी लेकर चले आये और एक पेड़ के नीचे रहने लगे। कुछ लोगों ने उस स्थान के चारों ओर टट्टियाँ लगा दी थीं, कालान्तर में उसी स्थान को टट्टी स्थान कहा जाने लगा। इनके शिष्य स्वामी ललित मोहिनी देव के काल में इस स्थान की अत्यधिक उन्नति हुई। संवत् 1758 में वे इस स्थान पर आये थे एवं संवत् 1823 में उनकी यहीं पर मृत्यु हुई।

आपका पहला नाम गंगाराम था तथा भदावर प्रदेश के हथकान्ति गाँव में माथुर ब्राह्मणों के यहाँ उत्पन्न हुए थे। जगन्नाथ पुरी में स्वामी हरिदास की महिमा सुनकर वृन्दावन आ गये और यहाँ पर स्वामी रसिक देव जी के शिष्य हुए। इनका दीक्षा-नाम ललित किशोरी रखा गया। ब्रज-रज से ही वे सन्तुष्ट नहीं हुए और हरिदासी साधना का मर्म जानकर ही इन्हें सुख मिला। इस मर्म को उन्होंने प्राचीन वाणियों के अध्ययन से उपलब्ध किया था। वे बड़े ही त्यागी एवं भक्त थे। इसी त्यागवृत्ति के वशीभूत होकर वे निधुवन के पीठ को छोड़कर यमुना के किनारे आ गये थे। आपके वाणी और 'वचनिका' दो ग्रन्थ हैं तथा सम्प्रदाय के अनुकूल नित्य विहार की भावना को ही आपने अपनी रचनाओं में मुख्य रूप से अपनाया है। उसी के अन्तर्गत आने वाले विविध विषय, जैसे—वृन्दावन महिमा, सखी भाव, जुगल स्वरूप की महता, सिद्धान्त-वर्णन, साम्प्रदायिक आचार, विधि-निषेध एवं मर्यादा को उन्होंने अपनी कृतियों से स्पष्ट किया है। प्रारम्भ में स्वामी हरिदास की वन्दना है। फिर अन्य आचार्यों का स्मरण किया गया है। तदनन्तर अन्य विषयों का प्रतिपादन हुआ है।

अष्टाचार्यों की हमें उपलब्ध वाणी में इनकी रचना का परिणाम विपुल है। उसमें 328 साखियाँ, 4 कवित्त सवैये, 107 सिद्धान्त के पद, 108 रस के पद एवं बधाइयाँ संकलित हैं। साखियों में केवल दोहे ही नहीं हैं, अरिल्ल, सवैया एवं चौबोला भी संगृहीत हैं। इनके अतिरिक्त भी उनका साहित्य उपलब्ध है। डॉक्टर गोपालदत्त जी के अनुसार सब मिलाकर लगभग 1200 साखियाँ, 50 रस की चौपाइयाँ, 130 सिद्धान्त के पद, 147 रस के पद तथा 25 बधाई के पद प्राप्त होते हैं।[19] वृन्दावन में एक स्थान पर हमें फ़ारसी लिपि में उनकी साखियों का एक संग्रह देखने को मिला था परन्तु इस लिपि से अनभिज्ञ होने के कारण हम उस संग्रह का अधिक उपयोग नहीं कर सके तथा उसकी प्रामाणिकता का भी ठीक निश्चय नहीं हो सका। उनका वचनिका ग्रन्थ वास्तव में मौखिक उपदेशों का संग्रह है जिसे शिष्यों ने संगृहीत किया था। उसे किन्हीं वंश गोपाल ने दोहा-चौपाइयों में परिवर्तित कर दिया। टट्टी स्थान से ब्रजभाषा गद्य में 'वचनिका सिद्धान्त' का प्रकाशन हो चुका है। इस ग्रन्थ में उनकी 133 सूक्तियों का संग्रह है। इसी में अपने शिष्य ललित मोहिनी देव को दिये जाने वाले 8 निर्देश भी अन्त में दिये गये हैं जो इस प्रकार हैं—

(1) प्रसाद की प्रनीति (प्रसाद का महत्त्व)
(2) रज सों भवि (वृन्दावन रज का महत्त्व)
(3) कण्ठी तिलक कौ भाव (साम्प्रदायिक चिह्नों की महत्ता)
(4) श्री वृन्दावन सों बाहर निकसिवे को मनोरथ न करें (वृन्दावन अनन्यता)
(5) कोउ चींटी पर्यन्त दुखावै नहीं (अहिंसा)
(6) स्वामी हरिदास ज़ी की वाणी में प्रतीति (स्वामी हरिदास में निष्ठा)
(7) कोउ सों माँगे नहीं (अयाचन)
(8) इष्ट सों रति (उपास्य के प्रति अनन्य प्रेम-भावना)

श्री ललित किशोरी जी का काव्य उत्कृष्ट कोटि का है। वे सखी-सम्प्रदाय के श्रेष्ठतम कवियों में परिमाण एवं गुण, दोनों ही दृष्टियों में परिगणनीय हैं। सिद्धान्त-कथन की अनन्यता एवं वास्तविकता ही उनमें नहीं है, साधनगत अनुभूति की तीव्रता एवं निष्ठा उनमें अत्यन्त संवेगात्मक स्तर पर प्रकट हुई है। राधा का रूप-वर्णन सैकड़ों कवियों ने किया है, पर ललित किशोरी देव का स्वर अपना ही है। यह रूपक द्रष्टव्य है—

राधे रूप रसाल, क्षण-क्षण उठत तरंग प्रति।
अद्‌भुत नैन विशाल, ललित किशोरी प्राण है।

गुलाब की यह रंगारंग कली जिस भ्रमर के संकेत से विकसित होती है, वह भ्रमर किसी विदग्ध कवि की ही सृष्टि हो सकता है। महत्त्व की बात रूपक अलंकार मात्र कह देना नहीं है, बल्कि उन सारे अनुषंगों को ध्यान में रखना है जो इस चित्र से मन में उठते हैं। भ्रमर के संकेत की गत्यात्मकता में छिपा गहन रतिभाव, क्षण-क्षण खुलने और बन्द होने में सौन्दर्य की जिस चपलता व अनुराग की विह्वलता तथा विविध रंगों से रंगी जो चित्रात्मकता उपस्थित होती है, वह अन्यत्र विरल है—

विकसित कली गुलाब की श्याम भ्रमर संकेत।
खिन विकसित खिन बँध करि, अरुण असित पित खेत।

निम्नांकित पद में कृतज्ञता की भावना द्रष्टव्य है—

लडैती तेरी कृपा कही नहि जाई।
छिन-छिन प्रति अति तोषति आनन्द उर न समाई।
अपनी कहि-कहि रंग बढ़ावत हंसि-हंसि कण्ठ नलाई।
श्री हरिदासी रसिक सिरोमनि छके रहै महा भाई।

(सिद्धान्त के पद, 80)

बनीठनी जी

किशनगढ़ के प्रसिद्ध भक्त नरेश महाराज सावन सिंह (नागरीदास) की उपपत्नी बनीठनी जी थीं। अपने प्रिय के साथ ही वे भी वृन्दावन आ गयी थीं तथा हरिदासी

सम्प्रदाय में स्वा. रसिकदास जी से उन्होंने वैष्णवी दीक्षा ले ली। यह भी यहीं पर द्रष्टव्य है कि स्वयं नागरीदास जी वल्लभ कुल के शिष्य थे तथा निम्बार्क मत से अत्यधिक प्रभावित थे, परन्तु बनीठनी जी ने रसिकदास जी से दीक्षा ली—यह उस समय की उदार मनोवृत्ति का भी द्योतक हो सकता है तथा रसिकदास की समन्वित ब्रज रस-पद्धति के कारण भी सम्भव है। उनके जीवन के सम्बन्ध में अन्य कोई प्रामाणिक विवरण प्राप्त नहीं है परन्तु उनकी समाधि पर जो छतरी बनी हुई है, उससे यह अश्वय ज्ञात होता है कि अषाढ़ शुक्ल 15, संवत् 1822 में उनका स्वर्गवास हुआ था। अपने पति एवं गुरु के प्रभाव में लिखी गयी उनकी जो रचनाएँ उपलब्ध होती हैं, उनमें हरिदासी सम्प्रदाय का विशुद्ध नित्य विहार चित्रित नहीं हुआ बल्कि ब्रज लीलाओं एवं गोपी भाव का ही चित्रण हुआ है।[20] उनके पदों की संख्या भी अधिक नहीं है। 'रसिकबिहारी छाप' से उन्होंने जो थोड़ी रचना की है, काव्य-गुण की दृष्टि से वह बहुत समृद्ध न होने पर भी इसलिए महत्त्वपूर्ण है कि मध्यकाल के वातावरण में एक निष्ठावान भक्त नारी के वे उद्‌गार हैं। उनकी रचना के दो उदाहरण हम दे रहे हैं। रचना में ब्रजभाषा के साथ ही राजस्थानी शब्दों का भी प्रचुर उपयोग हुआ है—

रंगि रह्या युगल रूप रंग मोही।
कुंज महल में दर्पन साम्हे दिया रहै गलबाहीं
कदेक सम्भ्रम स्यामा रै नीड़ै स्याम छताहीं।
कदेक रीझि रहै रसिक बिहारी देखि-देखि परछाँहीं।
ये बसुरिया बारे ऐसे जिन बतराय रे।
यों न बोलिये और घर बसे लाजनि दबि गयी हाय रे।
हौं धाई या गेलहिं सों रे नैंक चल्यौ धौ जाय रे।
रसिक बिहारी नाँव पाय के क्यों इतनो इतराय रे।[21]

रूपसखी जी

रूपसखी जी का लौकिक परिचय कुछ भी ज्ञात नहीं है, परन्तु उनके द्वारा रचित साहित्य का परिमाण विशाल है। सिद्धान्तों के पदों में ऐसा प्रतीत होता है कि वे स्वामी रसिकदास जी के शिष्य थे[22] तथा ललित किशोरी देव जी का समकालीन माना जा सकता है। ललित किशोरी जी का समय संवत् 1758 से 1823 तक है। अतः विक्रम की 18वीं शती के उत्तरार्द्ध ही रूपसखी जी का समय भी माना जा सकता है। स्वामी रसिकदास के प्रति उनके मन में अत्यधिक श्रद्धा थी। उनकी अनेक बार उन्होंने स्तुतिमूलक चर्चा की है। एक स्थान पर उन्हें श्री हरिदास स्वामी की गादी प्रकट करने वाला बताया गया है।[23] दूसरे स्थान पर उन्हें रसिकों में शिरोमणि एवं

भूप की संज्ञा दी गयी है।[24] आगे उन्होंने पुनः सम्प्रदाय के अन्य आचार्यों की चर्चा करते हुए सुख की राशि कहा है।[25] ये अंश भी रसिकदास का शिष्य होना ही सूचित करते हैं। पर सम्भवतः इसके बाद शीघ्र ही रसिकदास जी का गोलोकवास हो गया होगा तथा सम्प्रदाय के आचार्य-पीठ पर ललित किशोरी जी विराजमान हुए होंगे। सम्प्रदाय इस समय अनेक भागों में बँट जाता है, ललित किशोरी देख टट्टी स्थान की स्थापना करते हैं। बहुत सम्भव है कि रूपसखी जी टट्टी स्थान पर ललित किशोरी जी के साथ ही आ गये हों। एक दोहे में उन्होंने ललित किशोरी जी की ही कृपा से नित्य विहार प्राप्त करने की बात कही है।

रूपसखी जी की सिद्धान्त-सम्बन्धी वाणी 'निम्बार्क-शोध-मण्डल' के संग्रह ग्रन्थ 'सिद्धान्त रत्नाकर' में प्रकाशित हो गयी है। इसमें 157 पद, कवित्त, सवैये तथा 92 साखियाँ संगृहीत हैं। इसके अतिरिक्त उनके लगभग 900 रस के पद एवं कवित्त-सवैये 'निम्बार्क-शोध-मण्डल' के संग्रहालय में प्राप्य हैं।

रूपसखी जी मध्यम कोटि के अच्छे कवियों में ज्ञात होते हैं। सीधी-सादी एवं सरल भाषा में उनके भक्तिपूर्ण हृदय की अभिव्यंजना हुई है। कलागत परिपक्वता, वाग्वैदग्ध्य अथवा चित्रात्मकता या अलंकृत अभिव्यक्ति की ओर उनका अधिक ध्यान प्रतीत नहीं होता, परन्तु हृदय की सहज भावना उनमें बहुधा तीव्र रूप से फूट पड़ी है। श्री हरिदासी की सेविका रूपसखी कुंज के द्वार पर खड़ी है, श्याम उनसे बार-बार बात पूछते हैं, उस समय वे जब अपना परिचय देते हैं, वह उनकी निष्ठापूर्ण भावना का श्रेष्ठ निदर्शन है—

रूप गुन भरी प्रिया पाइनि पलोटति हो,
उनही के नाते ए जू तुम तन हेरी हौ।
परम प्रवीन लवलीन होतो धीर धरो,
अरज करोगी स्याम स्यामा तन नेरी हौ।
मति अकुलाउ हाउ भाव निजुचाव चहौं,
नाना गति मति चारु चकरीलो फेरी हौ।
बार-बार कहा कुंज द्वार बात पूछति हो,
स्वामी हरिदास की खवासिन की चेरी हौ।

(रूपसखी की वाणी, कवित्त 117, पृ. 24
सिद्धान्त रत्नाकर)

यों यत्र-तत्र उपमा, रूपक, उत्प्रेक्षा, यमक एवं अनुप्रासादि की योजना भी मिल जाती है, पर उस ओर कवि सचेष्ट नहीं है। अपनी इस प्रवृत्ति के कारण वे प्रवृत्या भक्तिकाल के अधिक निकट हैं, न कि रीतिकाल की अलंकृति के।

शील सखी

शील सखी जी का परिचय उपलब्ध नहीं है। 'सिद्धान्त रत्नाकर' की भूमिका में श्री गोविन्द शर्मा ने उन्हें माथुर चौबे कहा है।[26] पर इस बात का कोई प्रमाण नहीं है। आचार्य मंगल के अन्त में जो "दो चार सिष्यन के जस" दिया हुआ है, उसका अन्तिम दोहा स्यामदास के बारे में है एवं उससे यह प्रतीत होता है कि स्यामदास जी माथुर चौबे थे, न कि शील सखी। दोहा यों है—

माथुर कुल को मुकुट मणि, जगमगात चहुँ ओर
मानु ज्योति जिमि-द्रगन में, उलुक अन्ध भये चोर।[27]

सम्भवतः इसी आधार पर उन्हें चौबे कहा गया है। पर इस सम्बन्ध में यह द्रष्टव्य है कि कोई भी लेखक अपने को अपने कुल का मुकुटमणि नहीं कहता; दूसरे यह दोहा स्यामदास जी के प्रसंग में ही आया है।

'आचार्य मंगल' ग्रन्थ से इतना सिद्ध होता है कि वे ललित किशोरी जी के शिष्य थे। ग्रन्थ में सम्प्रदाय के आचार्यों का (स्वामी हरिदास से ललित किशोरी देव तक) तथा ललित किशोरी जी के दो-चार प्रमुख शिष्यों के गुण, शील-साधनादि की स्तुत प्रशंसा की गयी है। सम्पूर्ण ग्रन्थ में गुरुभक्ति की अपूर्व निष्ठा प्राप्त होती है। शीलसखी जी का ध्यान काव्यकला की ओर भी तनिक भी नहीं था। छन्द उनके लिए गुरुनिष्ठा व्यक्त करने का माध्यम मात्र है। शील सखी में भी भक्ति भाव का अनाविल स्रोत विद्यमान था—

लाड़िली की विनोद किधौ प्रीतम कौ प्रेम नित्य,
सरस गुन गर्व रस चाहन समेत हैं।
सेज को सुबास किधौं रंग कौ विलास,
आली सुख कौ निवास मन आनन्द निकेत हैं।
रूप की निकुंज सोभा फूली हाव भावन सों,
चाव चित्त चातुरी कौ आतुर अचेत हैं
ललित किसोरी रूप प्रगटी कृपा अनूप,
रसिक अनन्यनि के आनन्द के हेत हैं।[28]

चरणदास जी

स्वामी रसिक देव के ही शिष्य चरणदास थे। स्वामी रसिक देव की मृत्यु संवत् 1758 में हुई थी, अतः इसके पूर्व ही उन्होंने दीक्षा ले ली होगी। इस प्रकार चरणदास जी का जन्मकाल विक्रम की 18वीं शती का पूर्वार्द्ध स्वीकार किया जा सकता है। इनके रचे हुए चार ग्रन्थ प्राप्त होते हैं, जिनके नाम इस प्रकार हैं—

(1) शिक्षा प्रकाश, (2) भक्तिमाला, (3) रहस्य दर्पण, (4) रहस्य चन्द्रिका। नागरी प्रचारिणी सभा की हस्तलिखित ग्रन्थों की सन् 1924 की खोज रिपोर्ट में सं. 37 पृ. 51 पर इनका उल्लेख हुआ है। रिपोर्ट के अनुसार इनका रचनाकाल संवत् 1753 से 1761 के बीच रहा है जो अनुचित नहीं प्रतीत होता। उस रिपोर्ट के अनुसार ये ग्रन्थ बाई इन्दु कुँवारी एवं बाई श्यामादासी के लिए लिखे गये थे।

चरणदास जी के ग्रन्थों में सखी भावानुसार नित्य केलि का सहज और प्रवाहपूर्ण वर्णन हुआ है। अपने कथ्य की ओर संकेत करते हुए उन्होंने स्वयं लिखा है—

श्री ललिता हरिदास नित सहचरि कुंजन केलि।
तिनकी कृपा मनाय कहूँ, कछु दम्पति रस केलि।।
बहु दम्पति रस केलि, कहत हौ वर विहार की।
विहरत कुसुमित कुंज सेव्य तित कोटि मार की।
तहाँ अखण्डित बहत, प्रेम पूरि सुख सरिता।
नेह-नाव सेवक प्रवीन हरिदासी ललिता।

(रहस्य चन्द्रिका)

किसी के आग्रह पर ग्रन्थ लिखने की परिपाटी रीतिकाल का प्रभाव भी मानी जा सकती है।

18वीं शती में राधावल्लभ-सम्प्रदाय का ब्रजभाषा-काव्य : पृष्ठभूमि और संक्षिप्त रूपरेखा

काव्य के परिमाण की दृष्टि से राधावल्लभ सम्प्रदाय का महत्त्व अत्यधिक है। वल्लभ सम्प्रदाय को छोड़कर अन्य किसी सगुणोपासक सम्प्रदाय में इतनी प्रभूत मात्रा में साहित्य नहीं लिखा गया। राधावल्लभ सम्प्रदाय यों तो निकुंज-लीला का रसोपासक सम्प्रदाय है, परन्तु प्रारम्भ में ब्रज लीला का भी किंचित् समावेश उसमें रहा है। सेवक जी एवं ध्रुवदास जी ने उसे पूरी तरह निकुंजोपासक विचारधारा में ढाल दिया। ध्रुवदास जी इस सम्प्रदाय के अत्यधिक समर्थ कवि हुए हैं। उनका समय 17वीं शती का अन्तिम चरण है। संवत् 1700 के आस-पास उनकी मृत्यु हो गयी थी।[29] इस प्रकार हमारे आलोच्य काल के प्रारम्भ में ध्रुवदास जी द्वारा स्थापित निकुंज लीला प्रेम के उदात्त स्वरूप की सशक्त परम्परा प्राप्त होती है। परिणामतः 18वीं शती के राधावल्लभीय सम्प्रदाय के भक्तों का साहित्य सखी भाव एवं वृन्दावन रस की शुद्ध भूमि पर बना रहता है, परन्तु रसिकदास जी गौड़ीय वैष्णव छाया ग्रहण करते प्रतीत होते हैं। उन्होंने गौड़ीय वैष्णवों कतिपय ग्रन्थों के भाषानुवाद भी किये थे। इसके पश्चात् 18वीं शती के अन्तिम हिस्से में प्रभाव-ग्रहण की यह प्रकिया और अधिक तीव्र हो जाती है। गो. रूपलाल जी में यह गौड़ीय प्रभाव और अधिक स्पष्ट हो

जाता है तथा 19वीं शती के प्रारम्भ में चाचा हित वृन्दावनदास ब्रज-लीलाओं का भी जमकर गान करते हैं। साथ ही यह भी उतना ही सत्य है कि हित हरिवंश, हरिराम व्यास एवं ध्रुवदास ने अपने समसामयिक जनों को प्रभावित भी किया है। गौड़ीय वैष्णव प्रियदास (भक्तमाल के टीकाकार) ने अपने अनन्य मोदिनी ग्रन्थ में हरिराम व्यास के 11 पद प्रमाण के रूप में उद्धृत किये हैं।[30]

रसिकदास : कवि-परिचय

राधावल्लभ सम्प्रदाय में पाँच व्यक्तियों का रसिकदास नाम से उल्लेख प्राप्त होता है। हमारे उल्लेख्य रूपरसिकदास का 18वीं शताब्दी के प्रारम्भ में जन्म हुआ था। उनकी रचनाओं पर दिये हुए संवतों से ज्ञात होता है के संवत् 1743 से 1753 तक इनका रचनाकाल रहा है।[31] इनकी लिखी बीस लताएँ, श्री हिताष्टक, रस कदम्ब-चूड़ामणि तथा कुछ फुटकर पद हैं। गोस्वामी धीरीधर के वे शिष्य थे तथा प्रसादलता में उनका सश्रद्ध भाव से उल्लेख किया गया है। रसिकदास जी संस्कृत के भी विद्वान थे तथा उन्होंने संस्कृत वर्णवृत्तों का संस्कृत-पदावली के साथ उपयोग किया है।

'रस कदम्ब चूड़ामणि' में पौराणिक और तान्त्रिक ढंग पर वृन्दावन का चित्रण किया गया है। 'लता' नाम से अभिहित ग्रन्थों में रूप-चित्रण, युगल-विहार प्रेमाभिलाष आदि का वर्णन है। लताओं के नाम अपने प्रतिपाद्य का संकेत देते हैं, जैसे सौन्दर्य लता में राधाकृष्ण की छवि का आकलन है। (रीतिकाल की छाया यहाँ भी देखी जा सकती है) यद्यपि उनमें वाणीगत नवीनता का अभाव है पर अपने विषय और भावना का सरस चित्रण अवश्य किया गया है—

कहा अनंगी धनुष सम भू भंगी नव बाल।
जाकी भंगी में नचत नवल त्रिभंगीलाल।
आहिं मैन खरसान ये कुण्डल कहौं न बैन।
तीछन अनियारे भये जिन सो लगि-लगि नैन।

(सौन्दर्य लता)

को सरबेसर की रही छवि-सर लागत नेज।
बेधत मोहन मन मृगहिं समर खेत सुकि सेज।

(माधुर्य लता)

प्रेम के विलास साँझ भूलि जाँहि भोर साँझ,
सोह गये वे सम्भार वसनन परिहर।
कहूँ चीर चीरा कहूँ अंग-अंग राजे दुहुं,
मुक्ता हार रहे हियन पर करहर।
गजरा खुलि किंकनी भुरी चुरी नीलमनी,

डरी परी झलकैं सेज केसु तरहर।
ललिता जू लै बुलाय करि कर में देवभाइ,
सोभा मेरी देखें शौंभा को न सरवर।

(गो. रूपलाल के हस्तलिखित संग्रह से)

नाथ रूप सिंगार वर नाना छवि उल्लास।
नाना गुन रस प्रेम कल पूरण आनन्द रास।

(रास कदम्ब चूड़ामणि)

रसिकदास के ग्रन्थों की सूची–

(1) प्रसाद लता, (2) मनोरथ लता, (3) मनोरथ लीला, (4) अभिलाष लता, (5) सौन्दर्य लता, (6) माधुर्य लता, (7) सौभाग्य लता, (8) विनोद लता, (9) तरंग लता, (10) विलास लता, (11) सुखसार लता, (12) अद्भुत लता, (13) कौतुक लता, (14) रहस्य लता, (15) रतन लता, (16) अतन लता, (17) रति रंग लता, (18) हुलास लता, (19) आनन्द लता, (20) चारुलता, (21) सुक सारी लता, (22) रस कदम्ब चूड़ामणि, (23) रस कदम्ब चूड़ामणि द्वितीय भाग।

दोहा, कवित्त, सवैया आदि प्रचलित छन्दों के अतिरिक्त संस्कृत वर्णवृत्तों का भी आपने उपयोग किया है। मनोरथ लता में तो वर्णवृत्त ही नहीं भाषा-शैली पर भी संस्कृत का गहरा रंग है। रसिकदास में भक्त एवं रीतिसिद्ध कवि का समन्वय मिलता है।

गो. गुलाबलाल जी

19वीं शती के मध्य भाग में विद्यमान गो. गुलाबलाल जी द्वारा रचित ग्रन्थों की संख्या 37 बताई जाती है।[32] उनकी सम्पूर्ण वाणी की प्रति गो. रूपलाल जी के यहाँ विद्यमान है। गुलाबलाल जी 18वीं शती के राधावल्लभीयों में प्रमुख हैं। यद्यपि उनकी वाणी में रीतिकाल के प्रभावान्तर्गत चमत्कार व कौशल का अतिरेक नहीं हुआ है, पर वैराग्य, उपासना और नित्य विहार का साफ सुथरी ब्रजभाषा में चित्रण खूब उपलब्ध होता है। कश्य की दृष्टि से उनकी वाणी में सिद्धान्त एवं रस, दोनों ही प्राप्त होते हैं। उनकी वैराग्य-भावना का सूचक निम्न कवित्त इस कथन को प्रमाणित करने के लिए पर्याप्त है–

कर्मन कौ कहैं ते तो भर्म भव परिबे को,
एक एकादशी सोप्रसाद सौ सदा अरे।
तीरथ मैं वासना उपासना न नित्य कहूँ,
अहो अब जीव या प्रवाह में सो क्यों तरे।

ग्रह और ग्रहिनी सुत बन्धु मित्र दुष्ट जान,
ज्यों-ज्यों मेरी के त्यौं नर्कन में जा परै।[33]
एहो हरिवंश एक करुणा विचारिये जू,
हित सौं गुलाब मन तै छवि ना टरै।

उनके ग्रन्थों की सूची इस प्रकार है–

(1) प्रार्थनाष्टक, (2) अनन्य सभामण्डल, (3) मंगल आरती, (4) लाड़िली वर्णन, (5) श्याम वर्णन, (6) जुगल वर्णन, (7) न्यारी भावना, (8) वर्षोत्सव के पद, (9) पत्री, (10) पंचाध्यायी, (11) अनन्याष्टक, (12) हिंडोला, (13) पत्री सेवक कूँ, (14) अनन्य रीति, (15) गुरु प्रताप, (16) मात-पिता सुख, (17) प्रसाद निष्ठा, (18) आचार्य अर्थ, (19) अनन्य सभा मिलन, (20) दृढ़ निश्चय, (21) सनेह सिद्धान्त, (22) साधु लक्षण, (23) सिद्धान्त सुख, (24) आनन्द सेवक चेतावनी, (25) वेद चेतावनी, (26) रेखता, (27) स्फुट पद, (28) भक्त दुख मोचन, (29) हृदय सिद्धान्त, (30) श्री हित प्रताप, (31) श्री वृन्दावन प्रताप, (32) यमुना प्रताप, (33) नाम प्रताप, (34) श्री गुरु प्रणाली, (35) इतिहास नाट्य को, (36) इतिहास वेदन को, (37) सम्प्रदायार्थ।

इनमें से प्रथम 13 रस ग्रन्थ हैं, शेष सिद्धान्त ग्रन्थ या सम्प्रदाय के इतिहास से सम्बन्धित हैं। अधिकांश ग्रन्थ कतिपय पदों के संकलन मात्र हैं।

अनन्य अली

उन्होंने अपने 'स्वप्न विलास' नामक ग्रन्थ में अपने बारे में जो कहा है, उससे जन्म-संवत् का तो पता नहीं चलता पर यह ज्ञात होता है किसी राधा-वल्लभीय कुल में उनका जन्म हुआ था। 8 वर्ष की अवस्था में ही उन्होंने सम्प्रदाय की दीक्षा ले ली थी तथा संवत् 1759 में अपने गुरु गोविन्द लाल जी के साथ वृन्दावन चले आये थे। इनका घर का नाम भगवानदास था तथा जाति से वैश्य प्रतीत होते हैं, बीस वर्ष की आयु में वृन्दावन आये थे। अतः 1739 उनका जन्म-संवत् ठहरता है। आपके लिखे 79 ग्रन्थ कहे जाते हैं।[34] ये ग्रन्थ 'अनन्य अली' की वाणी के नाम से संकलित हैं। इनका रचनाकाल संवत् 1759 से 1790 तक है। 1790 वि. के आसपास उनकी मृत्यु हुई। ग्रन्थों की एक हस्तलिखित प्रति गो. मनोहरलाल जी अहमदाबाद के पास सुरक्षित है। डॉ. विजयेन्द्र स्नातक के अनुसार इनके पदों की संख्या 6000 के लगभग होगी।[35] सिद्धान्त प्रतिपादन और रसमभक्ति का श्रृंगारपरक शैली में आपकी वाणी में विवेचन किया गया है। छन्द-रचना में अत्यधिक प्रवीण हैं। प्रसाद और माधुर्य गुण उनकी रचनाओं में प्रचुर मात्रा में हैं। व्यापार सम्बन्धी

रूपक उपमाएँ, उत्प्रेरण रचनाओं में खूब मिलती हैं।

चित डाँडी पलरा नयन प्रेम डोरि सों बांनि
दियौ तराजू लेहु कर तौल रूप मन सानि।

(आशा अष्टक)

उनके ऋतु-वर्णन, नखशिख-वर्णन (सहस्राधिक दोहे) पर रीतिकालीन शृंगार-परम्पराओं का गहरा प्रभाव है।

परसन को कर तरसहीं दरसन दृग चपलाइ।
होड़ परी भुज नैन सौं लम्पट अति तरलाइ।[36]

युगल प्रेम विहार के अतिरिक्त आपकी रचनाओं में बृन्दाबन महिमा, गुरु महिमा, नाम प्रताप, सखी स्वरूप आदि पर भी सामग्री प्राप्त होती है।

उनके ग्रन्थों की सूची इस प्रकार है–

(1) स्वप्न विलास, (2) जीव प्रकार, (3) मन विनती लीला, (4) आशा अष्टक, (5) श्री हरिवंशाष्टक, (6) श्री बृन्दाबनदास की प्रथम अवस्था, द्वितीय अवस्था, तृतीय अवस्था, चतुर्थ अवलोकन अवस्था, (7) चरणप्रताप लीला, (8) श्री क्रीड़ा सर लीला, (9) प्रतिबिम्ब लीला, (10) श्री लाड़िली जू की नामावली, (11) श्री लाल जू की नामावली, (12) श्री हित हरिवंश जू की नामावली, (13) बृन्दाबन रजधानी लीला, (14) वंशी विलास लीला, (15) परिचर्या विलास लीला, (16) षट-ऋतु लीला, (17) स्वप्न लीला, (18) रहसि बचन विलास लीला, (19) सुरतान्त विलास लीला, (20) मंगल विनोद लीला, (21) कुंज विलास लीला, (22) स्नान विलास लीला, (23) सिंगार विलास लीला, (24) जुगल सभा विनोद लीला, (25) राजभोग लीला, (26) उत्थायन समय विलास, (27) सन्ध्या समय विलास, (28) शयन समय विलास, (29) सज्जा समय विलास, (30) वसन्त ऋतु लीला, (31) ग्रीष्म ऋतु लीला, (32) पावस ऋतु लीला, (33) शरद ऋतु लीला, (34) शिशिर ऋतु लीला, (35) हिम ऋतु लीला, (36) फूल रचना विलास, (37) झीने चीर शोभा विलास, (38) चन्द चित्र, (39) महाशीतल विनोद विलास, (40) चंग खेल विलास, (41) जल नौका विलास लीला, (42) जल विहार लीला, (43) चरन अष्टक, (44) नवल जुगल विनोद लीला, (45) ब्याह विनोद लीला, (46) चौपर खेल लीला, (47) शतरंज खेल विलास, (48) थल नौका खेल लीला, (49) गेंद खेल लीला, (50) भड्डू खेल विलास लीला, (51) आँखमिचौनी खेल अपूर्ण, (52) वचन विलास, (53) हास विलास, (54) विरह विलास, (55) मंगल विलास लीला, (56) छवि चन्द्रावलि लीला, (57) संजोग विलास, (58) लज्जा विलास, (59) मान विलास, (60) दान विनोद लीला, (61) रूप विलास, (62) सेवा विलास, (63) छवि लता, (64) ललिता लता विलास लीला, (65) माधुरी लता विलास लीला, (66) रवमी लता विलास लीला, (67) लावण्य प्रभा

विलास लीला, (68) कंचनलता विलास लीला, (69) चन्द्रलता लीला, (70) मृदुता विलास लीला, (71) सुकुमारिता की सीमा, (72) मोहनता की सीमा, (73) नवल विलास लीला, (74) विमल विलास लीला, (75) सौरभ विलास लीला, (76) चातुर्य विलास लीला, (77) भक्ति विलास लीला, (78) नेत्र विलास लीला, (79) दरस विलास लीला, (80) फुटकर दोहे।

हित अनूपजी एवं वंशीधरजी

18वीं शती के आरम्भ में अनूप जी का जन्म सहसबान जिला बदायूँ में हुआ था। वे किशोरावस्था में ही कुटुम्ब के साथ वृन्दावन चले गये थे। 'माधुर्य विलास' नामक एक अपूर्ण ग्रन्थ इनका प्राप्त होता है जिसे इनकी मृत्यु के उपरान्त उनके मित्र वंशीधर जी ने 1773 में पूरा किया। यह भी गो. कमल नयन जी के शिष्य थे। इसके पूर्वार्द्ध-291 दोहा-चौपाइयों में भगवान के माधुर्य-विलास का विवेचन किया गया है। इस विलास के वपु, सौन्दर्य, सजाति और मैन सम्बन्ध के आधार पर चार भेद होते हैं जिनसे क्रमशः आत्मता-रस, रूप-रस सख्य-रस' एवं शृंगार रस निष्पन्न होते हैं। शृंगार रस के प्रसंग में अनूप जी ने स्वकीया-परकीया नायिकाओं के विविध भेदों का वर्णन किया है। (इस वर्णन में काव्यशास्त्र एवं रूप गोस्वामी का प्रभाव द्रष्टव्य है)। पूर्वार्द्ध में ही ब्रज-वृन्दावन का मनोरम चित्रण भी हुआ है तथा रसिक उपासकों की तीन अवस्थाओं आदि, मध्य और प्रगल्भ को मनोवैज्ञानिक दृष्टि से विवेचित भी किया गया है। सिद्धान्त-निरूपण की दृष्टि से यह ग्रन्थ गहन और मौलिक है तथा ब्रजभाषा में हुए सिद्धान्त-विवेचनों में श्रेष्ठ निरूपणों में से एक माना जा सकता है।

उत्तरार्द्ध में वंशीधर जी ने इन स्थापनाओं के (हित अनूप जी के विचारानुसार) उदाहरण दिये हैं जो अनूप जी की अपेक्षा कम शक्तिपूर्ण हैं। यहाँ पर लक्षण एवं उदाहरण वाली काव्यशास्त्रीय परिपाटी हमें उपलब्ध होती है।

9 अर्द्धालियों के बाद एक दोहा वाला क्रम भी स्वीकार हुआ है। इस दिशा में सूफ़ियों एवं तुलसी के स्पष्ट प्रभाव हैं। धाम प्रभाव का दिग्दर्शक एक दोहा देखें—

धाम नाम मुख उच्चरत हित अनुप सुनि बात।
नख शिख तैं सब गात के अंग-अंग घिरि जात।

माधुर्य विलास की यह परिभाषा भी देखिये—

ईश्वरता ब्रह्मत्व जहाँ नहीं लवले कोऊ त्रास।
केवल लीलका लोकवत सो माधुर्य विलास।

इस कथन पर ब्रह्मसूत्रों के लीला लोकवतुकेवल्यम् का प्रभाव स्पष्ट देखा जा सकता है।

चन्द्रसखी

विक्रम की 18वीं शती के आरम्भ में विद्यमान थे।[37] राधावल्लभ सम्प्रदाय के बालकृष्ण के वे शिष्य थे। उनके पदों में बालकृष्ण की छाप भी मिलती है। उनकी फुटकर रचनाएँ ही प्राप्त होती हैं, उनके कुछ लोकगीत हैं और कुछ भक्तकवियों जैसे पद हैं। पदों में बृन्दाबन-महिमा, बसन्त, होली, रास आदि लीलाएँ युगल-छबि और प्रेमासक्ति का ही सरस वर्णन हुआ है। लोकगीतकार और भजनकार के रूप में उनके नाम से प्रचलित रचनाओं की संख्या बहुत अधिक है। उनकी ये रचनाएँ बहुत बड़े भूभाग में मालवा से लेकर ब्रज तक प्रचलित हैं। प्रादेशिक वातावरण के अनुसार इनमें संयोग, वियोग, अनुराग, उपालम्भ, अमर्यादित प्रेम और गृहस्थ-जीवन के विविध प्रसंगों का उल्लेख हुआ है, नारी-भावों की सहज अभिव्यक्ति भी उनमें हुई है। पुरुष होकर भी मीरा जैसी तल्लीनता उनमें मिलती है, यह भक्ति की गम्भीर भावना के कारण हुआ है।

सं. 1700 के कुछ पूर्व अनुमानतः उनका जन्म ओड़छा में हुआ था। वे पहले मोठ के थानेदार रह चुके हैं, बाद में वैराग्य वृत्ति के वशीभूत होकर वृन्दावन चले आये और बालकृष्ण स्वामी के शिष्य हो गये। राधावल्लभ सम्प्रदाय के प्रचारार्थ साधुओं की जमात सहित उन्होंने देशाटन भी किया था। उस यात्रा में प्रचारार्थ उन्होंने आनन्द-भजनों और लोकगीतों की भी रचना की जो उक्त राज्यों में प्रचलित हो गये। संवत् 1758 के लगभग उनकी मृत्यु ओड़छा में ही हो गयी थी। वृन्दावन में केसीघाट पर उनकी बनवायी हुई 'चन्द्र सखी की कुंज' अभी भी विद्यमान है।

श्री राधा रानी! दैं डारो न बाँसुरी मोरी।
जा बंशी में मेरे प्रान बसत हैं, सो बंसी गयी चोरी।
सोने की नाहीं कान्हा! रूपे की नाहीं, हरे बाँस की पोरी।
काहे से गाऊँ राधे! काहे से बजाऊँ, काहे से लाऊं गैया छोरी।
मुख से गाओ कान्ह! ताल सों बजाओ,
लकुटी से लाओ गैया घेरी।
'चन्द्र सखी' भल बाजकृष्ण फवि, हरि चरनन की चेरी।[38]

वे हमारे आलोच्य युग के एक प्रसिद्ध एवं महत्त्वपूर्ण कवि हैं। उनके सम्पूर्ण लेखन के संग्रह एवं सम्पादन का प्रयास श्री प्रभुदयाल मीतल एवं श्रीमती पद्मावती 'शबनम' कर रही हैं। भक्तकवि का रूप लोककवि का उस युग में भी समाप्त नहीं हुआ था, इसका प्रमाण चन्द्रसखी का काव्य है।

चन्द्रसखी जी यद्यपि राधावल्लभ सम्प्रदाय के नित्य-विहार के अनुयायी थे, परन्तु उनकी उपलब्ध रचनाएँ ब्रजलीलागान की परम्परा में हैं। वास्तव में इन्हें वल्लभ सम्प्रदाय की भावना का अनुयायी मानना चाहिए।

श्रीकृष्णदास 'भावुक'

यह 18वीं शताब्दी के अन्तिम भाग में विद्यमान थे। सं. 1791 में 'हित चतुरासी' की प्रेमदास विरचित टीका में इनका सादर उल्लेख प्राप्त होता है—कृष्णदास जू हैं मम प्राणधन। इनके द्वारा लिखित कोई ग्रन्थ तो नहीं प्राप्त होता पर बधाई उत्सवों के पद तथा बृन्दाबनाष्टक एवं हरिवंशाष्टक प्राप्त होते हैं। एक उदाहरण लीजिए—

डाले झूलत राधिका नागरी।
झुकनि हिलोरिनि में उर लगत श्याम बड़ भाग री।
मधुर-मधुर मृदु बैननि चढ़त मैन रस पाग री।
बिबस विलोकि भुजनि भरि प्रीतम हरषि ढरत अनुराग री।
अंग अनंग उमंग सुरंगनि झेलत खेलत फाग री।
कृष्णदास हित निपट निकट ह्वै गावत गीत सुहाग री।

ऊपर के पद में झूले की झकोरों की गति का चित्रण बड़ा सजीव बन पड़ा है एवं इन झकोरों के साथ ही जो विवश होकर एक-दूसरे को देखना एवं भुजाओं में भर लेना है, वह भी गति-चित्र ही है। भावुक जी सचमुच ही भावुक कवि थे।

सहचरि सुख (सुख सखी)

गोस्वामी कमलनैन जी के शिष्य थे। कमलनैन जी का समय 1692 से 1754 तक है। अतः 18वीं शती के पूर्वार्द्ध में ही सहचरि सुख का भी जन्म मानना उचित होगा। रचनाकाल इनका 18वीं शती का उत्तरार्द्ध रहा होगा। इनकी साधना का नाम सुख सखी भी था। इनका अब तक कोई ग्रन्थ उपलब्ध नहीं हो सका है। नागरी प्रचारिणी सभा की 1911 की खोज-रिपोर्ट में बनारस के किन्हीं सज्जन के पास 'रंगमाला' नामक ग्रन्थ की सूचना अवश्य उपलब्ध होती है, पर उससे अधिक कुछ ज्ञात नहीं है। वर्षोत्सव में इनके द्वारा रचित कुछ पद अवश्य उपलब्ध होते हैं जो काव्य-दृष्टि से महत्त्वपूर्ण हैं। ध्रुवदास जी की साधना-प्रणाली का इन पर यथेष्ट प्रभाव है। इनके पदों में लक्षणा का सुन्दर उपयोग हुआ है—

भुज सिंगार विपट माधविका छाँह छैल हिय छावै।
उकसनि देत न मान धूप सनमानहिं अधिक बढ़ावै।

कुसुम वसन्ती दबि गये, जब प्रगटौ सहज सुबास।
रीझि छके उपमान सौं याते पिय फिरत उदास।

शृंगारी प्रेम के मधुर अनुभावों का बड़ा स्वाभाविक वर्णन इन्होंने किया है—

इकटक निहारत बदन पल सहि सकत पलक न पीर।
तिय परसि पुलकत पीत पट पिय रसि सुन्दर चीर।
हंसति लपटति सिलत सकुचति घरकि होत अधीर।
लड़कानि ललना की सम्हारत लाल गहि-गहि धीर।

रूप का प्रभाव–

चक चौंधति लखि कुंवर कौं हो शशि जीतति जे वाम।
आरत ढिग कीरति सुता तब ही हरि दीसत स्याम।[39]

सहचरि सुख का कथ्य सम्प्रदाय की सरणि के अनुसार नित्य-विहार-लीला-वर्णन ही था। इस सीमित क्षेत्र का अधिक-से-अधिक-उपयोग कवि करते आ रहे थे, अतः कथा की मौलिकता उनसे बहुत नहीं प्राप्त होती, परन्तु अपने उक्ति-सौन्दर्य तथा लाक्षणिक प्रयोगों के कारण एक अतिरिक्त चमक उनके काव्य में अवश्य आ गयी है। कहते हैं कि उन्होंने पंजाबी के माँझ एवं कवित्त-सवैया छन्दों का भी प्रयोग पदों एवं दोहों के साथ किया है। अपनी शब्द-साधना, रुचिर और नम्र उक्तियों एवं वाग्वैदग्ध्य के कारण रीतिकाल के कवियों के समकक्ष उन्हें रखा जा सकता है।

रानी बखत कुँवरि 'प्रिया सखी'

'मध्यकालीन हिन्दी कवयित्रियाँ' नामक ग्रन्थ में लेखिका ने इन्हें दतिया राज्य की रानी माना है।[40] किसी राधावल्लभीय गुरु की ये शिष्या थीं। 'प्रिया सखी' इनका साधनागत उपनाम था। इनकी लिखी एक रचना 'प्रिया सखी की बानी' उपलब्ध होती है। उसमें रचनाकाल स. 1734 वि. दिया हुआ है।

राधावल्लभीय परम्पराओं के अनुसार वे सखी-भाव की उपासिका थीं एवं श्याम और राधा के विहार का इन्होंने ललित वर्णन किया है–

सखी ये दोई होरी खेलैं।
रंग महल में राधावल्लभ रूप परस्पर झेलैं।
रूप परस्पर खेलत होरी, खेलत खेल नवेलैं।
प्रेम पिचक पिय नैन मेरे तिय, रूप गुलाल सुमेलैं।
कुन्दन तन पर केसरि फीकी स्याम गौर भये मेलैं।
समर समर के सुर लरत दोई टूटत हार हमेलैं।
सम्मुख सख मुसक्याति झमकि झुकि लाड़िली लालहिं पेलैं।
प्रिया सखी हित यह छवि निरखत, सुख की रासि सकेलैं।[41]

रूपक, यमक का चमत्कार तो है ही, साथ ही सौन्दर्य के प्रतियोगी पारस्परिक वैभव एवं उसका प्रभाव पद में भली प्रकार अभिव्यक्त हो सका है।

परन्तु यहीं पर एक बात याद कर लेनी होगी कि स्त्री होने के नाते सखी भाव

की मनःसाधना स्त्रियों के लिए उतनी प्रयत्नसाध्य नहीं होती, परिणामतः साधनागत अनुभूति का आवेश हमें सखी भाव की स्त्री-भक्तों में प्राप्त नहीं होता, परन्तु जिस समय अपनी जैविक स्थिति के कारण वे ब्रह्म को प्रियतम रूप में भावित करती हैं, उस समय उनका भावात्मक आवेश द्रष्टव्य हो जाता है। ऊपर के पद में चमत्कार अवश्य अधिक है, पर अनुभूति की जैसी गहरी व्यंजना निम्न पद में हुई है, वैसी प्रथम पद में प्राप्त नहीं होती–

प्रीतम हरि हिय बसत हमारे।
जोई करूं सोइ करत रैन दिन, छिन पल होत न जिय तें न्यारे।
जित तित तन-मन रोम-रोम में वहै रहे मेरे नैननि तारे।
अति सुन्दर वर अन्तर्यामी, प्रियासखी हित प्रानहिं प्यारे।[42]

श्री हित रूपलाल

गो. हितरूप लाल के ध्रुवदास की निकुंज-लीला को बढ़ाकर पुनः ब्रज-लीला को भी रस-शक्ति के अन्तर्गत ले लिया। उनका जन्म वैसाख कृष्ण सप्तमी स. 1738 को हुआ था। उन्होंने किशोरावस्था से ही कविताएँ लिखनी प्रारम्भ कर दी थीं। उन्होंने ब्रज-लीला ही नहीं सामन्तों जैसे लोक-प्रचलित अन्य उत्सवों को भी राधाकृष्ण की लीलाओं से युक्त करके क्षेत्र का ही विस्तार नहीं किया, उसे लोकजीवन के निकट भी पहुँचाया। राजा जयसिंह ने राधावल्लभ सम्प्रदाय को अवैदिक घोषित करके उसकी जड़े हिला दी थीं परन्तु रूपलाल अत्यन्त शान्त भाव से स्वयं एवं अपने शिष्यों द्वारा राधावल्लभीय प्रेम-पद्धति का व्याख्यान करते हुए उसे वेदातीत या वेदसम्मत सिद्ध करने का निरन्तर प्रयास करते रहे। इसके लिए उन्होंने अनेक छोटे-छोटे पद्यबद्ध ग्रन्थों का निर्माण किया। प्रेम की अकथ कथा, रूप का मार्मिक प्रभाव, सौन्दर्य और विलास के मनोहारी दृश्य उन्होंने अत्यन्त सहज-सरल और सीधे ढंग में उपस्थित कर दिये हैं। इनके 84-84 पदों के दो संग्रह–'प्रथम विजय चौरासी', 'द्वितीय विजय चौरासी' हैं तथा वर्षोत्सव संग्रहों में अन्य अनेक पद मिल जाते हैं। दोहों में लिखे अन्य अनेक ग्रन्थ भी प्राप्त होते हैं। चाचा हित वृन्दावनदास के अनुसार सं. 1801 में इनकी मृत्यु हो गयी थी। "संवत् विगत अठारह से इक सोम कुंज मग चली"[43] उनके दो पद हम नीचे दे रहे हैं। इनमें प्रथम रस का पद है और दूसरा सिद्धान्त निदर्शक है–

सोधे भरी कमौरी ओरी लावहीं,
कुम-कुम मेलि फुलेलि मुखै लपटावहीं।
लियौ कपूर पराग झोरि भरि-भरि तबै,
उड़त अबीर गुलाल कहत हो-हों सबै।

झूमक दै दै नाचत दम्पति लाड़िले,
नेह भरे सिलवार पके चित्त वाड़िले।
नील पीत पट गाँठ जोरि ललिता दई,
निरखि हंसत मुख मोरि रूप हित बलि गयी।

(गो. ललिता के चरण संग्रह से)

सुनौं चित्त लाइ रसिक रस रीति
दुर्लभ मानुष देह न है हरि साधु संग में प्रीति।
जनम सहस्त्रनि जो करि हारै तप अरु ध्यान समाधि।
छीन पाय अति शुद्ध हृदय मधि उपजै भक्ति अबाधि।
साधन भक्ति करत बहु जमननि होम जु ब्रज अनुराग।
ताहू कौ फल विपिन उपासन प्रेम प्रीति बड़ भाग।
याहू तैं निज तत्त्व जुगल रस नित्य निकुंज विहार।
हित अलि रूप अनुप हृदय दृढ़ कुँवरि कृपा कौं सार।

(गो. रूपलाल के वर्तमान संग्रह से)

दूसरे पद में नित्य निकुंज विहार की महत्ता स्थापित करने का सचेष्ट प्रयत्न है। गो. हित रूपलाल जी के ग्रन्थों का परिमाण विशाल है। श्री किशोरी शरण 'अलि' ने उनके निम्नलिखित 74 ग्रन्थों का उल्लेख किया है। पर यह सूची नितान्त प्रामाणिक नहीं मानी जा सकती। बहुत कुछ चेष्टा करने के बाद भी इनमें से अधिकांश ग्रन्थ हमारे देखने में नहीं आ सके तथा जो ग्रन्थ देखने को मिले भी, उन पर पं. रामचन्द्र शुक्ल की नागरीदास सम्बन्धी टिप्पणी पूरी तरह लागू होती है। कुछ ग्रन्थ तो थोड़े से पदों के संग्रह मात्र हैं। बहुधा पुनरुक्तियाँ भी प्राप्त होती हैं। उनके 'रस रत्नाकर' नामक ग्रन्थ की जो हस्तलिखित प्रति गोस्वामी ललिता चरण जी के पास हमारे देखने में आयी, उसमें तथा हरिदासी सम्प्रदाय के स्वात रसिकदास के 'रस सार' (निम्बार्क शोध मण्डल) द्वारा प्रकाशित सिद्धान्त रत्नाकर में संगृहीत में आद्यन्त इतना साम्य है कि यह कहना कठिन है कि यह रचना किसकी है। कुछ शब्दों के हेर-फेर के अतिरिक्त पूरे ग्रन्थ का क्रम एवं वर्ण सब एक ही है। रूपलाल जी का वास्तविक महत्त्व कवि के रूप में उतना नहीं है, जितना आपत्ति के समय सम्प्रदाय को सुदृढ़ बनाये रखने वाले आचार्य के रूप में है। राधावल्लभ सम्प्रदाय के प्रसिद्ध कवि चाचा हित बृन्दाबनदास उन्हीं के शिष्य थे। अस्तु, रूपलाल के ग्रन्थों की सूची (अलि द्वार प्रकाशित) निम्न है—

(1) साधु लक्षण, (2) सर्वस्व सिद्धान्त भाषा सार, (3) आचार्य गुरु सिद्धान्त, (4) रूप सनातन वल्लभाचार्य सहित स्वकीया परकीया चर्चा, (5) तिलक व्योरा, (6) दिव्य रत्नमाला, (7) सिद्धान्त के पद, (8) समय प्रबन्ध, (9) गुरु शिक्षा, (10) गूढ़ ध्यान, (11) मन शिक्षा बत्तीसी, (12) सिद्धान्त का सार, (13) सर्वतत्त्व

सिद्धान्त, (14) भक्ति भाव विवेक रत्नावली, (15) साधक लीला विलास, (16) नित्य वंशी स्वरूप प्रागट्य, (17) श्री राधावल्लभीय सम्प्रदाय निर्णय, (18) हित रत्न माला, (19) सिद्धान्त पद, (20) चर्चा निवारण, (21) श्री हित प्रागट्य, (22) वंशावलि, (23) सेवाधिकार, (24) वंशी अवतार कलि प्रगट विलास, (25) रंगीलाल प्रागट्य वर्णन, (26) रघुपति वर प्रसाद, (27) रुक्मिणी वर प्रसाद, (28) कृष्णदासी मनोहारी प्रसाद, (29) राधिका वर मन्त्र प्राप्ति, (30) श्री राधा वल्लभ तथा चतुरासी प्रागट्य, (31) गादी सेवा प्राकट्य, (32) श्री राधावल्लभ अभिषेक, (33) श्री नरवाहन परिचय, (34) हरिवासरे महाप्रसाद श्री कृष्णानुसार, (35) रूप सनातन भट्ट त्रय प्रति-युगल दर्शन प्राप्ति, (36) व्यास परिचय, (37) कोष प्राप्ति, (38) हित प्रताप परिचय, (39) हित प्रागट्य प्रमाण (रुद्रयामल), (40) हरिवंश नामावलि, (41) राधा स्तोत्र, (42) गौतमीय तन्त्र-मन्त्र पंचाशन पटल, (43) विजय चतुरासी, (44) खिचरी शृंखला, (45) वर्षोत्सव, (46) बृन्दाबन रस रहस्योद्‌गार, (47) मानसिक सेवा समय प्रबन्धोल्लास, (48) रस रत्नाकर, (49) वंशीयुक्त, (50) वंशीयुक्त युगल ध्यान, (51) साँझी, (52) ब्रजभक्ति भाव प्रकाश, (53) प्रेमवर्धक पत्रिका, (54) वाणी विलास, (55) माँझ हिंडोरा, (56) भावना व्यौरा, (57) शृंगार समयोल्लास, (58) जलक्रीड़ा प्रबन्धोल्लास, (59) राजभोग क्रीड़ा, (60) सन्ध्या समय क्रीड़ा, (61) शयन क्रीड़ा, (62) प्रिया ध्यान, (63) नित्य विहार जुगल ध्यान, (64) पद्यावलि वसन्त धमार, (65) वर्सोत्सव के पद, (66) मानमोचन स्तोत्र, (67) मुख्या सखी वर्णन, (68) रस वाणी, (69) दान वेली, (70) राम नवमी, (71) नृसिंह चतुर्दशी, (72) प्रेम वैचित्र्यी लीला, (73) मुरली गान लीला, (74) बन लीला, (75) निकुंज केलि लीला, (76) पंचाध्यायी।

इनके अतिरिक्त कुछ अन्य ग्रन्थ भी श्री किशोरी शरण अत्रि ने साहित्य रत्नावलि में गिनाये हैं, पर उनका या तो प्रामाण्य नितान्त सन्दिग्ध है अथवा वे पूर्व-कथित ग्रन्थों के ही हेर-फेर हैं। इस युग के कतिपय अन्य प्रमुख रचनाकारों के नाम और उनके द्वारा रचित कही जाने वाली रचनाएँ भी हम नीचे प्रस्तुत कर रहे हैं। इन लेखकों की कृतियाँ चाहने पर भी हमें उपलब्ध नहीं हो सकी हैं। इसी कारण उनका विस्तुत परिचय देने में हम असमर्थ हैं। यों श्री किशोरी शरण 'अलि' ने 18वीं शताब्दी में 63 कवियों 351 ग्रन्थों के नाम गिनाये हैं,[44] परन्तु यह सूची बहुत प्रामाणिक नहीं है। इसमें से बहुत-से कवि या रचनाएँ अन्य सम्प्रदायों से भी सम्बन्धित हैं, जैसा कि हरिदासी सम्प्रदाय के साहित्य की चर्चा करते हुए हमने स्वामी रसिक देव के सन्दर्भ में बताया है कि हरिदासी रसिक देव के कई ग्रन्थ राधावल्लभीय रसिकदास के खाते में इस सूची में डाल दिये गये हैं। वास्तव में यह पूरा साहित्य स्वतन्त्र अनुसन्धान की अपेक्षा रखता है।

गो. अतिवल्लभ जी

अतिवल्लभ जी के समय का निर्णय करना कठिन है, परन्तु सम्प्रदाय की मान्यताओं ने अनुसार उनका समय वि. की 18वीं शती का उतरार्द्ध प्रतीत होता है। 'बृन्दावन रस' की लीलाओं के अतिरिक्त उन्होंने सैद्धान्तिक एवं ऐतिहासिक साहित्य की भी रचना की है। बृन्दावनाष्टक में बृन्दाबन की अलौकिक महिमा का गान हुआ है। उनका वार्ता साहित्य सम्बन्धी एक ग्रन्थ अप्राप्य है। समय प्रबन्ध में उन्होंने 'युगल माधुरी' एवं केलि का ललित वर्णन किया है। 'हित-पद्धति' एवं 'मन्त्र-ध्यान-पद्धति' साम्प्रदायिक सिद्धान्तों एवं मान्यताओं को स्पष्ट करने वाली रचनाएँ हैं तथा हित वंशावली', 'गुरु प्रणाली' नामक कृतियों में राधावल्लभीय वंशावली एवं गुरु-परम्परा क्रमशः दी हुई हैं। कवित्व की दृष्टि से अतिवल्लभ जी बहुत महत्त्वपूर्ण कवि नहीं हैं। वे राधावल्लभियों की नाद-परिवार की परम्परा के कवि थे।

गो. रसिकलाल

गो. रसिकलाल जी का रचनाकाल स. 1724 से 1734 तक उनके ग्रन्थों के निर्देश के आधार पर अनुमानित है, युगल-लीला-रस का गान करने वाले उनके फुटकर पद्य ही उपलब्ध हैं। इसके अतिरिक्त उन्होंने 'हित चतुरासो' कर्णानन्द एवं गीत-गोविन्द की टीकाएँ भी लिखी हैं।

गो. ब्रजलाल

गो. ब्रजलाल जी मुख्यतः संस्कृत के रचनाकार थे, पर उनके अष्टयाम एवं वर्षोत्सवों सम्बन्धी कतिपय फुटकर कविताएँ भी समूहों में उपलब्ध हो जाती हैं।

लोकनाथ

'राधा सुधानिधि' तथा 'हित चौरासी' की टीकाओं के अतिरिक्त 'वृन्दावन स्वरूप' एवं 'निज महल' उनकी रस सम्बन्धिनी कृतियाँ हैं। 'अनन्य लक्षण' में रसिक के लक्षणों का सैद्धान्तिक निरूपण किया गया है।

गो. कमल नयन जी

गो. कमल नयन का समय संवत् 1692 से 1754 वि. तक सम्प्रदाय में मान्य है। कमल नयन जी बड़े ही त्यागी एवं उदार महात्मा थे। उनके लेखन का परिमाण बड़ा

नहीं है। अष्टयाम पद्यावली तथा वर्षोत्सवों सम्बन्धी कतिपय मुक्तकों के संग्रह भी प्राप्त होते हैं। इनमें भी अष्टयाम की प्रति हमारे देखने में नहीं आयी। ज्ञात हुआ है कि श्री रूपलाल जी के संग्रह में उसकी प्रतिलिपि खो गयी है, परन्तु बाबा वंशीदास के पास उनके पदों का अच्छा संग्रह है।

निम्बार्क सम्प्रदाय का 18वीं शताब्दी का ब्रजभाषा काव्य : पृष्ठभूमि और संक्षिप्त रूपरेखा

पीछे हम कह चुके हैं कि निम्बार्क सम्प्रदाय प्रारम्भ में वैधी भक्ति का अनुयायी था। 16वीं शती में भक्ति के प्रेमावेश का प्रभाव इस सम्प्रदाय पर भी पड़ने लगा। श्री भट्ट ने युगलशतक में राधा-कृष्ण की लीलागान की परम्परा को सबसे पहले इस सम्प्रदाय में प्रतिष्ठित किया, परन्तु 'युगल शतक' के प्रामाणिक पाठ के अभाव[45] में इस लीलागान का वास्तविक रूप निर्धारित करना कठिन प्रतीत होता है। 17वीं शती में परशुराम देवाचार्य की रचनाएँ, सगुण-निर्गुण दोनों परम्पराओं को आत्मसात् करने का प्रयास करती प्रतीत होती है। 18वीं शती में निम्बार्क सम्प्रदाय के प्रमुख आचार्य बृन्दाबन देवाचार्य की रचनाएँ नित्य विहार के अन्तर्गत किसी प्रकार भी परिगणनीय नहीं हैं। उनके गीतामृत गंगा की परम्परा गोपी भाव ब्रजलीला की है। प्रख्यात कवि घनानन्द भी निम्बार्क सम्प्रदाय के ही अनुयायी थे, पर उनका काव्य भी मात्र युगलोपासना का ही नहीं है लेकिन 18वीं शती विक्रमी के अन्तिम भाग तक पहुँचते-पहुँचते रूपरसिक देव जी ने इस सम्प्रदाय में विशुद्ध रूप से निकुंज-लीला गान की परम्परा स्थापित कर दी।

हमारे आलोच्य युग में काव्य-वैभव की दृष्टि से निम्बार्क-सम्प्रदाय यथेष्ट समृद्ध प्रतीत होता है। एकमात्र घनानन्द ही किसी भी सम्प्रदाय के लिए गौरव के विषय हो सकते हैं। यों तो बृन्दाबन देव जी एवं रूपरसिक जी का काव्य भी कलात्मक दृष्टि से प्रसंशनीय है।

निम्बार्क-सम्प्रदाय के कवि

श्री बृन्दाबन देवाचार्य जी

बृन्दाबन देव जी निम्बार्क-सम्प्रदाय की सलेमाबाद गद्दी पर (परशुराम जी का द्वार) संवत् 1754 विक्रमी में आरूढ़ हुए थे। इनके गुरु का नाम नारायण देव था। बृन्दाबन देव जी अपने समय के प्रभावशाली महापुरुषों में से थे। साम्प्रदायिक लेखकों के अनुसार वे गौड़ ब्राह्मण थे तथा स. 1700 के लगभग निम्बार्क-सम्प्रदाय में दीक्षित हुए थे।[46] उनका स्वर्गवास सं. 1797 में हुआ था।[47]

आमेर के राजा जयसिंह द्वितीय, बीकानेर नरेश राजसिंह तथा कृष्णगढ़ का राजकुल इनके प्रभाव में था। कृष्णगढ़ राजकुल के अनेक व्यक्ति इनके शिष्य एवं भक्त हुए हैं। ब्रजभाषा के कवि घनानन्द भी उनके शिष्य थे। घनानन्द ने उनकी प्रशंसा में भी लिखा है जो इस प्रकार है–

सदा कृष्ण-गुन-कथन-रत मत-मण्डन-जय-रूप।
विमुखन अण्डनि वचन वर-रचना तुण्ड अनूप।
दीन-सरन दायक करुन हरन अखिल-दुख-दोष।
अब तिन पाट प्रसिद्ध जग करन जीव परितोष।
बीस विसे महिमा तिन्हें ताहि कोस है बीस,
सदा बसौ नीके लसौं कृपा ईस मो सीस।।[48]

रीतिकाल के प्रसिद्ध कवि मण्डन ने इनका अत्यन्त श्रद्धापूर्वक उल्लेख किया है। कृष्णगढ़ राज्य के चित्रागार में उनका एक चित्र प्राप्त हुआ है, जिस पर अंकित निम्न पंक्तियाँ उनके महिमाशाली व्यक्तित्व को अभिव्यक्त करती हैं–

दिनकर लौ जगमग प्रताप जशजक्त अखण्डित।
रस भाषा कविराज महा दिग्विजयी पण्डित।
अति निमयो, ऐश्वर्य भूप भये आज्ञाकारी।
अन्त समय लौ परमधर्म मर्यादा फली।
श्री निम्बादित्य पद्धति बहे हरिव्यास देव गादी स्थिति
श्री बृन्दाबन देव महान्त से दिग्गज भये न होंहि छिति।[49]

बृन्दाबन देव जी में संगठन की भी भरपूर सामर्थ्य थी। कहते हैं कि शैव साधुओं से वैष्णवों की रक्षा करने के लिए रामानन्द सम्प्रदायानुगामी स्वामी बाला नन्द द्वारा जो सम्मेलन जयपुर में बुलाया गया था, उसके संयोजकों में से एक आप भी थे एवं संवत् 1791 के गालवाश्रम में बुलाये गये दूसरे सम्मेलन के वे अध्यक्ष भी थे।

रचनाएँ

बृन्दाबन जी की उपलब्ध रचना इस समय केवल 'गीतामृत गंगा' नाम का ग्रन्थ है। प्रसिद्ध है कि इन्होंने अन्य रचनाएँ भी लिखी थीं परन्तु इस समय वे उपलब्ध नहीं हैं। 'गीतामृत गंगा' का मुख्य प्रतिपाद्य कृष्ण, राधा एवं गोपियों की ब्रज-लीलाओं का वर्णन है। ग्रन्थ के प्रारम्भ में ही कवि ने बता दिया है कि सच्चिदानन्द भगवान रसरूप हैं तथा राधा उसी ब्रह्म की आह्लादिनी शक्ति हैं। वे एकाकी नहीं रहते, रमण करना ही उनका नित्य धर्म है। अपनी रस-पोषक शक्ति के साथ भगवान शृंगार रस के साक्षात् विग्रह हैं। इस रस में चर-अचर समस्त ब्रह्माण्ड को मोहित करने की शक्ति है। भागवत, गीत-गोविन्द एवं अन्य रस-शास्त्रों को मथ करके इस

गीतामृत रसगंगा का सृजन हुआ है।[50] सम्पूर्ण ग्रन्थ चौदह अध्यायों में विभाजित है जिन्हें लेखक ने घाट कहा है। राधाकृष्ण जन्मोत्सव, पौगण्ड लीला, गोरसदान लीला, कैशोर लीला, रास विलास, मान-लीला, दम्पति-रति लीला, खण्डिता वचन, वसन्त होली वर्णन, कृष्ण के नाम चरित-गुण-कीर्तन, कंसवध, तीर्थवर्णन क्रमशः प्रथम द्वादश घाटों में वर्णित हुए हैं। त्रयोदश घाट में भक्ति सम्बन्धी प्रकीर्णक पद हैं एवं चर्तुदश घाट में संगीत की राग-रागनियों के नाम गिनाये गये हैं। कृष्ण से सम्बन्धित इन लीलाओं का चित्रण होने पर भी ग्रन्थ में कथा-काव्य की प्रबन्धात्मकता नहीं है। ग्रन्थ पूर्णतः मुक्तक काव्य है। रचना प्रधानतः पदों में हुई है परन्तु अन्य छन्दों का भी उपयोग हुआ है। दोहे और सवैये प्रचुर मात्रा में प्रयुक्त हुए हैं। वात्सल्य, सख्य एवं शृंगार तीन मुख्य रसों का चित्रण हुआ है। ब्रजभाषा में होते हुए भी राजस्थानी, पंजाबी, मराठी एवं मैथिली शब्द भी मिल जाते हैं।

भाषा में जनप्रचलित मुहावरों का प्रयोग अच्छी तरह हुआ है। कूल्हरि में गुड़ फोड़ना', 'मान्यों तो देव न भीत को लेव', 'आखिन गूद छयोजू' ऐसे ही सुन्दर मुहावरे हैं। सम्पूर्ण रचना में समतामूलक अलंकारों का प्राधान्य है। संगीत की दृष्टि से समस्त पद 80 राग-रागिनियों में विभक्त हैं। उनकी रचना के कतिपय उदाहरण निम्न हैं। प्रेममार्ग के बारे में गोपियाँ कह रही हैं—

नेह निगोड़े को पैंड़ो ही न्यारो
जो कोइ होय के आँधौ चले,
सु लहै प्रियवस्तु चहूँधा उजारो।
सो तो इतै उत भूल्यौ फिरें न लहै कछु गो कोउ होय अध्यारो।
बृन्दाबन' सोइ याको पथिक है,
जा पै कृपा करे कान्हर प्यारो।[51]

उपयुक्त छन्द को पढ़कर घनानन्द का प्रसिद्ध छन्द याद आ जाता है जिसमें उन्होंने कहा है "अति सूधो सनेह को मारग है जहं नेकु सयानप बांक नहीं" कृष्ण का रूप सौन्दर्य ऐसा है। गोपियों को अफसोस होता है कि आँखों को पंख क्यों नहीं मिले अन्यथा वे कृष्ण के कमलमुख के मकरन्द का भ्रमर के समान पान करतीं—

आँखिन पाखि दई न दई, किन
प्रीतम नलिन बदन मकरन्दहि मधुप ज्यों पीली आवति प्रतिदिन
क्यों हूँ चैन परै दिन रैन सु मैन दहै तन कों छिन ही छिन।
बृन्दाबन प्रभु विरह कसाई मोहि करी जकरी बकरी इन।

(गीतामृत गंगा, चतुर्थ घाट, 74)

'गीतामृतगंगा' में रीतिकालीन रचना-पद्धति का भी अच्छी तरह ग्रहण हुआ है।

बृजदासी

बृजदासी का वास्तविक नाम बाँकावती था। कौमार्यावस्था का इनका एक नाम ब्रज कुँवरि भी कहा जाता है। ये लिवाण नरेश बाँकावत आनन्दसिंह की पुत्री थीं। कृष्णगढ़ नरेश महाराजा राजसिंह से संवत् 1776 में इनका विवाह हुआ था। श्रीमद्भागवत का सरल एवं मधुर भाषा में इन्होंने पद्यबद्ध अनुवाद किया है। यह अनुवाद 'ब्रजदासी भागवत' के नाम से प्रसिद्ध है। इस ग्रन्थ की एक प्रति गीताप्रेस गोरखपुर में भी सुरक्षित है। उसमें भागवत के ग्यारहवें स्कन्ध का अनुवाद नहीं है। शेष स्कन्धों का अनुवाद उसमें उपलब्ध होता है। यह प्रति संवत् 1885 विक्रमी की है। सम्पूर्ण ग्रन्थ दोहा एवं चौपाई छन्दों में लिखा गया है, कहीं-कहीं अन्य छन्द—कवित्त, सवैया तथा छप्पय—भी प्रयुक्त हुए हैं। अनुवाद एकदम शाब्दिक न होकर भावपरक भी हैं। मूलग्रन्थ की उलझाने वाली गुत्थियों को भी अपने ढंग से ब्रजदासी जी ने सुलझाने का प्रयास किया है। मूलग्रन्थ के एकाधिक शब्द संकेत को पकड़कर उन्होंने जिस प्रकार कलात्मक ढंग से चित्रित किया है, वह उनकी रचना-क्षमता तथा कल्पना-शक्ति का द्योतक है। उदाहरणार्थ भागवत में रासपंचाध्यायी के अन्तर्गत कहा गया है—

निशम्य गीतं तदनंगवर्द्धनं
ब्रजस्त्रियः कृष्णगृहीतमानसाः
आजग्मुरन्योन्यमलक्षितोद्यमाः
स यत्र कान्तो जवलोलकुण्डलाः।।

पर यहाँ एक समस्या रह जाती है कि ब्रज स्त्रियाँ ही क्यों कृष्ण के पास दौड़कर गयी थीं। ब्रजपुरुष क्यों नहीं? ब्रजदासी जी ने अपने अनुवाद में इस गुत्थी को खोलना चाहा था। इस अंश का अनुवाद करते हुए उन्होंने लिखा है—

सो मुरली को सबद सुढार, सुनति भई गोपीं ता बार।
सबद सुन्यों नहिं ग्वालेन वाहीं, सुनें न रहते वे गृह-माँही।।
चले आवते प्रभु के पास, तौ मिट जातो रंग-विलास।

इस प्रकार ब्रजदासी जी का उत्तर है कि गोपी ने इस ध्वनि को सुना ही नहीं था। सुना इसलिए न था कि वे भी दौड़ आते और फिर रासरंग में विघ्न पड़ जाता।

इसके बाद इन गृहीत मानस गोपियों के कृष्ण के पास जाने का हृदय-ग्राही चित्रण हमारे सन्मुख एक बिम्ब उपस्थित कर देता है—

सुनि मोहित ह्वै जब ब्रजबाला, छिप-छिप इक-इक चली सुचाला।
दौरत उछरत अंचर-हारा किंकिन नूपुर बजत सुढ़ारा।।
स्रबनत (श्रवनत) कुण्डल-हलंत सुहाई, अलक कपोलन पै घुटि छाई।
जिन-मन कृष्ण कुमंर हरि लीन्हों, गोपिन-हृदै ध्यान निज दीनों।।

तथा

ज्यों सरिता, सावन उंमड़ाहीं, किहुं सों रोकी रहति जुनाहीं।
कहुँ के कहूँ आमरन पैहरें, तिन्ह की सुधि न कछु चित धरें।।
पोंहची प्रभु के निकटहिं जाइ, गोपी महामोद मन पाइ।
तबै जोग-माया सब भूषन, जदा-जोग किय ठीक सु तंन तंन।।

दूसरा अंश मूल भागवत के व्यस्तवस्त्राभरणः की कहीं अधिक विशद एवं मनोहर व्याख्या है। इस प्रकार अवसर पाते ही ब्रजदासी जी की रचना-शक्ति जाग्रत हो उठती है। वे अनुवाद की अपेक्षा सूरदास एवं नन्ददास की परम्परा में मौलिक सृजन करने वाली प्रतीत होती है। इस प्रकार का मुक्त अनुवाद (Free Translation) अपने आप में रचना है और आज के बहुत-से अनुवादकों के लिए सिद्धान्त भी है और चुनौती भी।

घनानन्द

नवीन खोजों के आधार पर घनानन्द का जन्म संवत् 1740 एवं मृत्यु संवत् 1817 के आसपास स्वीकार किया गया है।[52] वे जाति के भटनागर कायस्थ थे तथा मोहम्मद शाह के दरबार में मीर मुंशी के पद पर आसीन थे। संगीत पर इनका अच्छा अधिकार था। कहते हैं कि एक बार स्वयं बादशाह के कहने पर इन्होंने गाना अस्वीकार कर दिया था परन्तु अपनी प्रेमिका सुजान नामक दरबार की वेश्या के अनुरोध पर तत्काल अपनी कला का प्रदर्शन कर दिया था। बादशाह ने इसे अपना अपमान समझकर उन्हें दिल्ली से निष्कासन का दण्ड दे दिया। प्रेमी घनानन्द ने चाहा कि सुजान भी साथ चले परन्तु उसने अस्वीकार कर दिया। निराश प्रेमी घनानन्द विरक्त होकर बृन्दाबन चले आये और निम्बार्क सम्प्रदाय के अनुयायी हो गये। लौकिक प्रेम को उनकी रचना-शक्ति ने उदात्त बनाकर अलौकिकता की ओर मोड़ दिया। सुजान वेश्या के स्थान पर सुजान 'प्रिया-प्रियतम' के मुरीद हो गये।

भक्तिमार्ग में निम्बार्क सम्प्रदाय के अन्तर्गत सलेमाबाद पीठ के आचार्य बृन्दाबन देव के वे शिष्य थे।

रचनाएँ

घनानन्द की 40 रचनाओं का संग्रह 'घनानन्द ग्रन्थावली' के नामे से संवत् 2009 में प. विश्वनाथ प्रसाद मिश्र द्वारा सम्पादित होकर प्रकाशित हुआ है। इस संकलन में रचना स्तर के दो स्पष्ट अन्तर देखे जा सकते हैं। रचनाओं का प्रथम स्तर वह है जिसमें इन्होंने या तो वैयक्तिक, स्वच्छन्दतावादी (रोमैण्टिक) प्रेम की लाक्षणिक व्यंजनाएँ की हैं अथवा राधाकृष्ण की मधुर लीलाओं का रस निर्भर गान किया है।

रचना का दूसरा स्तर अपेक्षाकृत उन निबन्ध रचनाओं का है जिनमें उन्होंने भक्ति-सिद्धान्तों एवं सम्प्रदाय के नियमों का पद्यबद्ध वर्णन किया है। 'घनानन्द ग्रन्थावली' में निम्नलिखित 40 ग्रन्थों का संग्रह किया गया है—

(1) सुजान हित, (2) कृपाकन्द, (3) वियोगिबेलि, (4) इश्क लता, (5) यमुनायश, (6) प्रीति पावस, (7) प्रेम प्रत्रिका, (8) प्रेम सरोवर, (9) ब्रज विलास, (10) सरस बसन्त, (11) अनुभव चन्द्रिका, (12) रंग बधाई, (13) प्रेम पद्धति, (14) ब्रजभानु पुर सुषमा वर्णन, (15) गोकुल गीत, (16) नाम माधुरी, (17) गिरि पूजन, (18) विचार सार, (19) दान घटा, (20) भावना प्रकाश, (21) कृष्ण कौमुदी, (22) घाम चमत्कार, (23) प्रिया प्रसाद, (24) बृन्दाबन मुद्रा, (25) ब्रज स्वरूप, (26) गोकुल चरित्र, (27) प्रेम पहेली, (28) रसनायश, (29) गोकुल विनोद, (30) ब्रज प्रसाद, (31) मुरलिका मोद, (32) मनोरथ मंजरी, (33) ब्रज व्यौहार, (34) गिरिगाथा, (35) पदावली, (36) परिशिष्ट, (37) त्रिभंगी छन्द, (38) छन्दाष्टक, (39) प्रकीर्णक, (40) परम हंस वंशावली।

यह कहने की आवश्यकता नहीं है कि घनानन्द ब्रजभाषा के श्रेष्ठतम कवियों में हैं। अपनी लाक्षणिक एवं खरादी हुई ब्रजभाषा, छन्दों की चमक, अलंकारों के वैविध्यपूर्ण एवं उपयुक्त प्रयोग, प्रेम भाव की स्वच्छन्द व्यंजना आदि के कारण वे हिन्दी के प्रमुख कवि गिने जाते हैं। साहित्यिक मूल्यांकन वाले अध्याय में हम उनकी रचनावादिता का उपयोग करेंगे। दो-एक उदाहरण केवल बानगी के तौर पर लें—

रूप के भारनि होति है सौहीं लजौं हियै दीठि सुजान यों झूली।
लागिये जाति, न लागी कहूँ निसि, पागी तहीं पलकौंमति भूली।
बैठिये जू हिय पैठति आजु कहाँ उपमा कहियै समतूली।
आये हौ भोर भये घन आनन्द आखित साँझ तौ साँझ सी फूली।

(सुजान हित, 23)

विरहिणी का यह मार्मिक कथन भी द्रष्टव्य है—

इत बाँट परी सुधि, रावरे भूलनि कैसे उराहनों दीजिये जू।
अब तो सब सीस चढ़ाय लई जु कछू मन भाई सु कीजियै जू।
घन आनन्द जीवन-प्रान सुजान तिहारिये बातनि जीजियै जू।
नित नीके रहौ तुम्है चाड़ कहाँ पै असीस हमारियौ लीजियै जू।

रूपरसिक देव

निम्बार्क सम्प्रदाय के अनुयायियों के अनुसार रूपरसिक देव का समय 16वीं शती का उत्तरार्द्ध है, परन्तु अन्य जन इन्हें 18वीं शती के उत्तरार्द्ध में मानते हैं। 'लीला विंशति' का रचनाकाल बताने वाला संवत् 'पन्द्रह से सत्ता-सिया एवं संवत् सत्तरा

से सत्तासिया'[53] का द्वन्द्व ही उस मत-वैभिन्य के मूल में है। इधर हमें जो प्राचीन पोथियों के पूर्वग्रहरहित प्रमाण मिले हैं वे यह सूचित करते हैं कि रूपरसिक देव 18वीं शती के अन्तिम भाग एवं 19वीं शती के पूर्वार्द्ध में विद्यमान थे। यही नहीं उन्हें महावाणी प्रकट करने वाला भी कहा गया है।

ललित सम्प्रदाय के महात्मा वंशी अलि के शिष्य किशोरी अलि की बानी की एक प्रति हमें वृन्दावन में अनायास ही उपलब्ध हो गयी है। प्रति खण्डित है, उसके अन्त के ही नहीं बीच-बीच के पृष्ठ भी खो गये हैं, पर कागज, लिखावट एवं प्रति की जर्जर स्थिति उसे 19वीं शती (विक्रमीय) से बाद का नहीं सिद्ध करती। इस सम्बन्ध में यह भी ध्यान में रखना है कि प्रस्तुत वाणी किसी साम्प्रदायिक विवाद से सम्बन्धित नहीं है। किशोरी अलि जी वि. की 19वीं शती के पूर्वार्द्ध के प्रसिद्ध महात्मा थे। वे वृन्दावन के तत्कालीन सन्तों में समादृत थे। प्रस्तुत प्रति में उनकी रचनाएँ (बानी) तो संकलित हैं ही, उनके बारे में लिखे गये समकालीनों के प्रशंसामूलक छन्द भी संकलित हैं तथा प्रसिद्ध राधावल्लभीय गोस्वामी चन्दलाल (संवत् 1825 के लगभग) के साथ उनके पत्र-व्यवहार का भी संग्रह किया गया है। इस प्रकार ग्रन्थ साम्प्रदायिक विवाद से सम्बन्धित न होकर एक प्रसिद्ध महात्मा के महत्त्व-स्थापन का प्रयास है जो मध्यकाल में विरल नहीं है। इस प्रति में 208 अन्तिम पृष्ठ हैं पर बीच-बीच में कुछ अन्य पृष्ठ खो गये हैं। इसमें एक स्थान पर हरिदास, हरिराम व्यास, ललित किशोरी आदि की प्रशंसा करते हुए रूपरसिक जी के बारे में कहा गया है—

रूपरसिक से रूपरसिकवर
दिव्य महाबानी रस सानी प्रकट करन प्रकटे अवनी पर।
अति रहस्य रस की परिपाटी लखिबे इनकी कोउ न सरवर।
उमड़ि घुमड़ि हिय भाव घटा सों बरसत नित प्रति आनन्द को झट।
गौर स्याम के रंग झकोरे कोरे जो आये नारी नर।
नैननि की सैननि सों अलि कों दरसायो नवकेलि कुंज घर।

इस पद की अन्तिम पंक्ति से ऐसा लगता है कि किशोरी अलि को रसरहस्य का कुछ संकेत भी रूपरसिक जी ने दिया था।

इसी प्रकार पृ. 191 पर गो. चन्दलाल जी के पत्र में भी उन्हें याद किया गया है—

रूपरसिक जन कृपा सों होत सकल मन काज।
प्रीति सहित बंदित रहौं तिनकौं मेरी लाज।

इस पत्र के उत्तर में श्री जगन्नाथ भट्ट (किशोरी अलि) ने जो उत्तर लिखा (पृ. 183) उसमें भी रूपरसिक जी तक सन्देश पहुँचाने एवं उत्तर में उनकी प्रणति लिखी है—

रूपरसिक जी सों कही श्री राधावल्लभलाल।
उनहू सुनि हिय हुलसि कै प्रणति करी तिहि काल।

ऐसा लगता है कि गो. चन्दलाल जी एवं रूपरसिक जी में प्रत्यक्ष पत्र-व्यवहार की घनिष्ठता नहीं थी पर पारस्परिक समादर का भाव विद्यमान था एवं किशोरी अलि के माध्यम से ही एक-दूसरे को प्रीति पहुँचाते थे। पृ. 184 पर इसका स्पष्ट संकेत है। गो. चन्दलाल जी के पत्र में कहा गया है—

रूपरसिक जू सौं वहाँ कहिय अमित प्रणाम।
उनकौं पत्री आप हौ करिहौ सब विधि काम।

इसी प्रकार पृ. 186 पर की गद्य की पत्री में कहा है—"श्री रूपरसिक जी को बड़ी पत्री आप हौ।"

इन सभी पत्रों पर तिथियाँ तो नहीं पड़ीं, पर पृ. 190 पर चन्दलाल जी के शिष्य रतनलाल ने जगन्नाथ भट्ट को जो पत्र लिखा है, उसमें तिथि एवं संवत् का इस प्रकार उल्लेख हुआ है—"मिती अषाढ़ शुक्ल पक्ष 7 सप्तमी संवत् 1831 में लिखी।" इस प्रकार अधिकांश पत्र सं. 1825 के आसपास के माने जा सकते हैं। इन पत्रों आदि के आधार पर इस समय तक रूपरसिक जी का विद्यमान होना सिद्ध होता है। इस काल तक उन्हें महावाणीकार एवं रस-रहस्य के ज्ञाता के रूप में पर्याप्त प्रसिद्धि भी मिल चुकी थी। अतः संवत् 1787 के लगभग रचना नितान सम्भव है।

इस हस्तलिखित प्रति से रूपरसिक जी के पुत्र एवं कृपापात्रों का भी परिचय मिलता है। किशोरी अलि जी की प्रशंसा में जिनके स्तुतिमूलक प्रशंसापरक छन्द एकत्र किये गये हैं, उनमें रूपरसिक जी के पुत्र हरिजनदास जी द्वारा लिखे गये बधाई के पद पृ. 143 एवं 144 पर संगृहीत हैं एवं रूपरसिक जी के कृपा पात्र 'गोपालदास' के पद पृ. 145-146 पर संकलित हैं। इससे भी उनका समय वि. की 18वीं शती का उत्तरार्द्ध ही सूचित होता है।

अस्तु, इस प्रति के आधार पर भी हमारा पूर्व अनुमान सत्य ही सिद्ध होता है कि रूपरसिक जी का रचनाकाल 18वीं शती है एवं इस बात को स्वीकार कर लेने के बाद हरिव्यास देव का समय 17वीं शताब्दी के मध्य भाग से पहले नहीं खींचा जा सकता।

रचनाएँ

निम्बार्क सम्प्रदाय में रूपरसिक देव जी का अत्यधिक महत्त्वपूर्ण स्थान है। इस सम्प्रदाय में रसोपासना की व्यवस्थित परिपाटी इन्हीं से प्रारम्भ होती है। कहते हैं कि हरिव्यास देव जी ने उन्हें स्वप्न में महाबानी प्रदान की थी तथा श्री भट्ट जी के युगल शतक का सम्पादन भी उन्होंने किया था। इन दो ग्रन्थों के अतिरिक्त उनके लिखे चार ग्रन्थ और बताये जाते हैं—

(1) हरिव्यास यशामृत सागर
(2) नित्य विहार पदावली
(3) लीला विंशति
(4) बृहदोत्सव मणिमाल

(1) हरिव्यास यशामृत सागर

यह रूपरसिक देव जी की प्रारम्भिक कृति माना जाता है।[54] हमारा मत है कि महावाणी उनकी प्रथम रचना है। यशामृत सागर में महावाणी की अलौकिक अवतारणा का प्रसंग 21 बार आया है।[55] यह बात ही हमारे मत को पुष्ट करने के लिए पर्याप्त है। अस्तु, हरिव्यास यशामृत सागर में हरिव्यास देव जी की कीर्ति का विशद गान हुआ है। सम्पूर्ण ग्रन्थ चौबीस लहरियों में पूरा हुआ है। हरिव्यास देव जी के चरित्र के अतिरिक्त रसिक-साधना के सैद्धान्तिक पक्ष की भी पर्याप्त चर्चा हुई है। जीवन के नैतिक-व्यावहारिक पक्ष का भी निरूपण किया गया है। ग्रन्थ का प्रकाशन वृन्दावन से हो चुका है।

(2) लीला विंशति

इनका दूसरा मुख्य ग्रन्थ है। इसे रूपरसिक देव जी की बानी भी कहा जाता है। सम्पूर्ण ग्रन्थ मंजरी, विलास, माधुरी एवं सुख—इन चार विभागों में विभक्त है एवं प्रत्येक विभाग में पाँच-पाँच उपविभाग हैं। प्रस्तुत ग्रन्थ की रचना एवं सिद्धान्त दोनों ही दृष्टियों से अत्यधिक प्रौढ़ ग्रन्थ हैं। प्रौढ़ता, परिपक्वता की दृष्टि से इसे कवि का अन्तिम ग्रन्थ मानने में संकोच न होना चाहिए। बीसों लीलाओं के नाम विभागानुसार इस प्रकार हैं—

1. शिक्षा मंजरी, 2. रस मंजरी, 3. रसिक मंजरी, 4. तरंग मंजरी, 5. प्रेम रस, 6. नव विलास, 7. भावना विलास, 8. नित्य विलास, 9. रास रति विलास, 10. फूल विलास, 11. नामावलि माधुरी, 12. माधुर्य माधुरी, 13. वृन्दावन माधुरी, 14. सिद्धान्त माधुरी, 15. हरिभक्ति माधुरी, 16. सार सुख, 17. सगेह सुख, 18. सरूप सुख, 19. सुहाग सुख, 20. होरी सुख।

लीला विंशति में निकुंज-लीला और उसकी विधायक साधना-पद्धति का सांगोपांग, विशद एवं मनोहर वर्णन उपस्थित किया गया है। निम्बार्क-सम्प्रदाय की नित्य विहार-उपासना का यह श्रेष्ठ ग्रन्थ है। ग्रन्थ का प्रकाशन बाबा माधुरी दास ने वृन्दावन से सं. 2015 में कर दिया है।

(3) बृहदोत्सव मणिमाल

सम्प्रदाय के विविध उत्सवों में गाये जाने वाले पदों का संग्रह है। वसन्त होली, फूल डोल, रामनवमी, अक्षय तृतीया, जानकी नवमी, नरसिंह जन्मोत्सव, जलयात्रा हिण्डोलोत्सव, वामन द्वादशी, रास महोत्सव, दीप मालिका, गोवर्द्धन पूजा, राधाकृष्ण विवाहोत्सव आदि के अवसरों पर गाने के लिए इसमें पद संकलित हैं। यह ग्रन्थ अभी अप्रकाशित ही है।

(4) नित्य बिहारपदावली

निकुंज रस के फुटकर पदों का संकलन है। निम्बार्क शोध मण्डल वृन्दावन की प्रति में 72 पद हैं। श्यामा-श्याम की एकान्त रसात्मक लीलाओं का भावपूर्ण चित्रण इन पदों में किया गया है। लीला विंशति के साथ ही इन पदों का भी प्रकाशन हो गया है।

रूपरसिक देव अच्छे कवियों में हैं। उनकी भाषा सरल, सहज एवं प्रसाद गुण पूर्ण ब्रजभाषा है जिसमें पर्थ-यत्र राजस्थानी एवं पंजाबी शब्दों का भी मिश्रण प्राप्त हो जाता है, परन्तु कथन के ढंग में वक्रता कभी-कभी रीतिकालीन अभिव्यंजना की याद दिलाती है। दोहा उनका सबसे प्रिय छन्द है, साथ ही अरिल्ल, सवैया एवं अनुरूप छन्दों के साथ भक्तिकाल की पद-शैली एवं पंजाबी माँझ भी उन्होंने अपनाए हैं। पदों आदि पर राग-रागिनियों का संकेत भी मिलता है। यह कहना कठिन है कि ये संकेत स्वयं उनके द्वारा दिये गये हैं या परवर्ती हैं। नायिका के सात्त्विक भाव की यह झलक देखिए–

अनोखे बेनी गूथनहार।
लागे नीर चुचान पुलक तन नीठि सुखाये बार।[56]

बिहारी का ठीक इसी भाव को व्यक्त करने वाला दोहा इसे पढ़कर सहज ही याद हो आता है। प्रिया की यह लीला भी द्रष्टव्य है–

रमकि रमकि रस में सनी, झमकि झमकि झमकाति।
चमकि चमकि चपलानि सी दमकि दमकि दमकाति।[57]

यह रूपक भी उनकी काव्यकला का नमूना है–

सहज दोउ सुख के सिन्धु सरीर।
स्यामा स्याम स्वरूप उजागर नागर गुन गम्भीर।
अंग-अंग उठत तरंग रुचि उमंग नेह नव तीर।
रूपरसिक जन अंचवत है नित, सुरस सुधा की सीर।[58]

नेत्रों का यह अलसाया सौन्दर्य भी देखिये–

उनींदे नैन मैन रंग मीनें सलज हंसोहीं सैनं।
रतनारे कारे सु ढरारे अति अनियारे ऐंन।
झपकौने दौनेंरस कैसे सहज सलौंने मन हरि लैंन।
रूपरसिक राग रंगे सुहागे अनुरागे नैंन।।

(नि.वि. पदावली, 17)

श्री गोविन्द देव

आप श्री बृन्दाबन देवाचार्य के शिष्य थे और जयराम शेष के साथ होने वाले झगड़े के अनन्तर संवत् 1800 में सलेमाबाद पीठ पर आचार्य पद पर प्रतिष्ठित हुए थे। आपका गोलोकवास संवत् 1814 में हो गया था।

ऐसा लगता है कि गोविन्द देव जी में राजनीतिक कुशलता अधिक थी, इसी कारण 'जयराम शेष' जैसे विद्वान को ये आचार्य पद से हटा सकने में समर्थ हो सके थे। उनकी रचनाकुशलता का प्रमाण हमें विशेष रूप से उपलब्ध नहीं होता। उनकी रचना 'जयति चतुर्दश' में विभिन्न पूज्य एवं सेव्य जनों का गुणगान किया गया है, पर रचना साम्प्रदायिक गन्ध से भरपूर है। 'गुरु परम्परा जयति' में चैतन्य महाप्रभु एवं नित्यानन्द स्वामी को केशव काश्मीरी भट्ट का शिष्य गिना दिया गया है। ब्रह्मचारी बिहारी शरण ने इनका रचनाकाल 100 वर्ष पहले खींचकर संवत् 1670 के आसपास बताया है[59] जबकि संवत् 1770 के आसपास रचनाकाल स्वीकार करना ही तर्कसंगत होगा। उनके 'राधिका जयति' वाले अंश की कतिपय पंक्तियाँ रचना के उदाहरणस्वरूप उपस्थित की जा रही हैं–

जयति नव नागरी रूप गुण आगरी कृष्ण सुख सागरी महोदारा।
जयति श्री स्वामिनी, महा अभिरामिनी, देह दुति दामिनी छवि अपारा।
जयति आह्लादिनी, प्रान प्रियावादिनी, प्रेम उत्पादिनी कृष्ण मित्रा।
जयति पिय बस करी, भरी रति रंग सहचरी, अमित रानी विचित्रा।
जयति नव नायिका, कृष्ण रस दायिका, प्राणप्रिय गोपिका, अति नवीना।
जयति नव भामिनी, महा कल कामिनी, ब्रजेश्वर नामिनी पिय अधीना।

'श्री युगल रस माधुरी' काव्य-सम्पदा की दृष्टि से उनकी श्रेष्ठतर रचना है। इसमें उपासना का भाव नित्य विहार-रस के अनुकूल पूर्णरूपेण प्रस्फुटित दिखाई देता है। समतामूलक अलकारों का इसमें बहुत अधिक उपयोग किया गया है। कुछ उदाहण लें–

प्रीतम सुन्दरस्याम प्रिया छवि फबी गुराई।
मनु सिगार रस संग सिंगार किय सुन्दरताई।

(गोविन्द देव नि. मा., पृ. 171)

दीपसिखा-सी नाक मुक्त पर मुख ढिंग डोलै।
मनहुं चन्द की गोद चन्द को कुँवर कलोलैं।।
उरसि उरबसी मध्य अरुण नग यों छवि छाजत।
तिय हिय को अनुराग विदित जनु बाहर राजत।।

(वही, पृ. 172)

18वीं शती में वल्लभ सम्प्रदाय के ब्रजभाषा काव्य : पृष्ठभूमि और संक्षिप्त रूपरेखा

18वीं शती तक आते-आते पुष्टिमार्ग का प्रारम्भिक आवेग मद्धिम पड़ गया था। ऐसा लगता है कि अष्टछाप के कवियों के अश्वत्थ रूप के तले अन्य प्रतिभाएँ या तो विकसित ही नहीं हो सकीं या फिर उस विराटता के आतंक के नीचे बौनी ही रह गयीं। समीक्षकों एवं शोधकों का ध्यान भी उसी काव्य-वैभव के द्वारा आकर्षित कर लिया जाता है। हम अपने शोध के आधार पर कतिपय कवियों के नाम और परिचय उद्धृत तो कर रहे हैं, परन्तु उनकी रचनाओं की सूची पढ़ने से ही यह पता लग जाता है कि पूर्व-पुरुषों की कीर्ति को वार्ता साहित्य के माध्यम से ही वे उपस्थित करके अपने को गौरवान्वित कर रहे थे। सृजन की नयी शक्ति के दर्शन उनमें कम होते हैं। चिन्तन एवं सिद्धान्त-निरूपण की दृष्टि से गो. हरिराय जी श्री गोपेश्वर महाराज महत्त्वपूर्ण अवश्य हुए हैं, परन्तु जहाँ तक रचनात्मक क्षमता का प्रश्न है वह कतिपय स्फुट पदों, बधाइयों अथवा श्यामा-श्याम की बहुचर्चित एवं चित्रित लीलाओं तक ही सीमित है।

18वीं शताब्दी की वल्लभ-सम्प्रदायान्तर्गत लिखी जाने वाली रचनाओं से एक अन्य तथ्य का भी पता लगता है कि इस काल में सखी भाव वाले रसिक सम्प्रदायों का महत्त्व बढ़ गया था तथा वल्लभ-सम्प्रदाय भी युगलोपासना को पूरी तरह अपनाता दिखाई पड़ता है। युगलोपासना की प्रवृत्ति हमें अष्टछाप में ही दृष्टिगोचर होने लगी थी, वह इस युग तक आकर प्रौढ़ एवं परिपक्व हो जाती है।

वल्लभ-सम्प्रदाय के कवि

गो. हरिराय जी

गो. हरिराय जी गोकुलनाथ जी के बाद पुष्टिमार्ग के श्रेष्ठतम आचार्य हुए हैं। ये गो. विट्ठलनाथ के प्रपौत्र थे तथा पिता का नाम कल्याण राय था। कल्याण राय जी स्वयं बड़े विद्वान और लेखक थे। हरिराय जी का जन्म संवत् 1647 है एवं मृत्युकाल सं. 1772 वे संस्कृत, गुजराती तथा ब्रजभाषा के अच्छे विद्वान थे। वल्लभ

एवं गोकुलनाथ की तरह उन्हें भी महाप्रभु या प्रभुचरण की पदवी दी जाती है। रसिक, रसिकराय, हरिधन, हरिदास आदि अनेक नामों से इन्होंने संस्कृत, ब्रजभाषा एवं गुजराती में भक्ति-सम्बन्धी साहित्य की रचना की है। औरंगज़ेब के युग में जब श्री नाथ जी के विग्रह को उदयपुर ले जाया गया था, तब वे भी साथ गये थे। हरिराय जी के निम्नलिखित ग्रन्थ ब्रजभाषा में रचित कहे जाते हैं—

(1) नित्य लीला, (2) स्नेह लीला, (3) गोवर्द्धन लीला, (4) चिन्तन प्रकार, (5) चरण चिह्न, (6) दामोदर लीला, (7) बन यात्रा, (8) नवरात्रि, (9) पुष्टि दृढाव (गद्य), (10) दानलीला, (11) होरी भावना, (12) यमुना जी के घोल पद, (13) बालकन कौ स्वरूप, (14) श्री गोकुलेश के रास के प्रसंग, (15) श्री गोकुलनाथ जी के बैठक-चरित्र, (16) श्री नाथ जी चरण चौकी के चरित्र, (17) भाषा शिक्षा पत्र गद्य, (18) अनेक वार्ताओं के भाव प्रकाश वाली टीकाएँ (गद्य), (19) श्री नाथ जी की प्राकट्यवार्ता, (20) श्री महाप्रभु जी की प्राकट्य वार्ता इनके अतिरिक्त 104 से ऊपर संस्कृत के छोटे-बड़े ग्रन्थों, टीकाओं, वृत्तियों आदि का उल्लेख कण्ठमणिशास्त्री ने 'वल्लभीय सुधा' (वर्ष 6, अंक 2, पृ. 18-19) में किया है। उनके कुछ पद कीर्तन संग्रहों में बिखरे पड़े हैं। कीर्तन-संग्रहों से ही हम उनके दो पद नीचे उद्धृत कर रहे है। ये पद अधिकांशतः सिद्धान्त-सम्बन्धी हैं। गो. हरिराय जी का स्थान सम्प्रदाय के इतिहास में सिद्धान्त-निरूपण की दृष्टि से अत्यधिक महत्त्वपूर्ण है। उन्होंने वल्लभाचार्य आदि पूर्ववर्ती आचार्यों के ग्रन्थों की पुनर्व्याख्या की है। इस व्याख्या में उन्होंने वल्लभ-सम्प्रदाय को युगलोपासना की ओर मोड़ने का भी महत्त्वपूर्ण कार्य किया है। यों तो युगल-उपासना के पद हमें अष्टछाप के कवियों में ही मिल जाते हैं, पर सखी भाव को पूरी प्रतिष्ठा गो. हरिराय जी ने ही दी है। पर इसका तात्पर्य यह नहीं है कि गोपी भाव का उन्होंने तिरस्कार किया है। निम्न पद में उन्होंने गद्गद कण्ठ से गोपियों के सौभाग्य का ही गुणगान किया है—

परम रस पायो ब्रज की नारि।
जो रस ब्रह्मादिक को दुर्लभ सो रस दियो मुरारि।
दरशन सुख नैनन को दीनों रसना को गुन गान।
बचन सुगन श्रवनन को दीनों बदन अधर रसपान।
आलिंगन दीनों सब आँगन भुवन दियो भुजबन्ध।
दीनी चरम विविध गति रस की नासा को सुख गन्ध।
दियो काम सुख भोग परम फल त्वचा रोम आनन्द।
ढिग बैठिबो नित बन ले उछंग नन्द नन्द।
मन को दियो सदा रस भावन सुख समूह की खान।
'रसिक' चरन ब्रज-जुवतिन ही अति दुर्लभ जिय जान।

(कीर्तन संग्रह, भाग-3, पृ. 150-151)

हमारे साहित्य को हरिराय जी की सर्वोत्तम देन वार्ता साहित्य है। 'चौरासी वैष्णवन की वार्ता' एवं 'दो सौ बावन वैष्णवन की वार्ता' का संकलन-सम्पादन उन्हीं का किया हुआ है तथा उन पर 'भाव प्रकाश' टिप्पणी भी गो. हरिराय जी की ही है।

हमें ज्ञात हुआ है कि इधर गो. हरिराय जी के पद बड़ी संख्या में उपलब्ध हुए हैं, पर दुर्भाग्यवश वे हमें देखने को नहीं मिल सके। उनके अद्यावधि उपलब्ध पदों के आधार पर हमें यह विश्वास है कि इन पदों का समुचित विश्लेषण एवं मूल्यांकन भविष्य में कवित्व की दृष्टि से भी उन्हें महत्त्वपूर्ण सिद्ध करेगा।

श्री जगन्नाथ कविराय

श्री जगन्नाथ गोस्वामी विट्ठलनाथ के दौहित्र थे। इनकी माँ यमुना जी विट्ठलनाथ जी की चौथी पुत्री थीं। इस प्रकार इनका उपस्थिति-काल 17वीं शती का अन्तिम एवं 18वीं शती का प्रथम चरण माना जा सकता है। संस्कृत में इनका 'गंगालहरी' ग्रन्थ प्रसिद्ध है। ब्रजभाषा के कुछ पद कीर्तन संग्रहों में उपलब्ध हो जाते हैं। उदाहरणार्थ एक पद यह है—

कान्ह रस मीनी ग्वालिनी और गौरस तजि कुल कान।
ना घर में ना अंगना वाको मन जो लाज के पान।
जोवन रूप रिझोते नैननि में, वाकी परी चितवन की बान।
डफ मुरली सुनि गयी कोर तजि, पानी के उत्तर ठान।
खेलत मोहन गहि काजर दै, हँसी पीत पट तान।
जगन्नाथ कविराय के प्रभु सों, फाग खेलत खिलरान।

(कीर्तन संग्रह, भाग-2, पृ. 134-135)

कवित्व की दृष्टि से यह पद अष्टछाप की परम्परा में होने के साथ ही रसात्मक भी है।

श्री गिरधर जी (तृतीय घर)

संवत् 1662 जन्म-संवत् है। इनके 6 ग्रन्थ कहे जाते हैं जिनमें से तीन गद्य ग्रन्थ हैं।

(1) सर्वोत्तम बधाई, (2) सर्वोत्तम के पद, (3) स्फुट कीर्तन (पद्य), (4) तृतीय गृह की उत्सव मालिका, (5) शरणमन्त्र व्याख्या, (6) सज्ञानपट को खयाल (गद्य)।

जीवन के विषय में विशेष कुछ ज्ञात नहीं है। तीनों काव्य-ग्रन्थ भी वस्तुतः स्फुट पद ही हैं। यत्र-तत्र कीर्तन संग्रहों में इन पदों को देखा जा सकता है। अलग से कोई ग्रन्थ हमारे देखने में नहीं आया है। एक उदाहरण लें—

एक अली भुज गहे एक पटका झकझोरे।
एक धरे हरी दसे एक मुख सों मुख जोरे।
एक कहेरी छांड़िये कहिये गरम दुभाय।
एकन बातन लाय लाल की मुरली लई छिनाय।
छूटन पाओ तबे देवी फगुआ मनमान्यो।
रंगरंग वसन मंगाय दियो जाहि जैसी ही बान्यो।
एक नयन की सैन दे एक नतन मुसिक्याय।
एक आको मर लें चले हरी सबको भलो मनाय।
नाना भोग विलास रास बृन्दावन कीनों।
हरखी वल्लभी नारि परम सुख सबको दीनों।
मदन लजानों देख के कमल नयन की केलि।
गिरधर पिय आये घरे सब सुख सागर झेलि।

(कीर्तन संग्रह, भाग-2, 144)

उनकी रचनाओं में ब्रजभाषा का परिनिष्ठित रूप या प्रवाह उपलब्ध नहीं होता। ऐसा लगता है कि यह ब्रजभाषा-भाषी की रचना नहीं है।

श्री ब्रज भूषणजी (कांकरौली)

आपका जन्म 1765 ई. में हुआ था। 18वीं शती का उत्तरार्द्ध उनका रचनाकाल रहा है। आपके संस्कृत के भी अनेक ग्रन्थ उपलब्ध होते हैं। (1) स्फुट रचना, (2) लित्य विनोद (गद्य), (3) नीति विनोद, (4) श्याम श्यामा लीला, (5) दान लीला, (6) साँझी, (7) श्री द्वारिकाधीश की प्राकट्य वार्ता, (8) श्री महाप्रभु जी श्री गुंसाई जी का चरित्र। इनमें से काव्य-सम्बन्धी ग्रन्थ प्रथम, चतुर्थ, पंचम एवं षष्ठ ही हैं। नीचे हम उनका रचित एक स्फुट पद दे रहे हैं—

आज बने सखी दूल्हे श्री द्वारकानाथ।
रतन जटित को शीश सेहरो कञ्चन पंहोंची हाथ।
अंग-अंग पीत अमित माधुरी शोभा बरनी न जाय।
श्री ब्रजभूषण चरण शरण गहे जा दिन किये सनाथ।

(कीर्तन संग्रह, भाग-3, पृ. 130-131)

ये समस्त सम्प्रदाय की लीला-भावना के अनुरूप ही हैं। इसी कारण अष्टछाप की स्पष्ट छाप इन कवियों पर उपलब्ध होती है। ब्रजभूषण जी के पदों में भी लीला-सम्बन्धी नवीनता का अभाव है, परन्तु कवित्व की शक्ति भी उनमें बहुत प्राप्त नहीं होती है। लीलाओं का उन्होंने वर्णन किया है, चित्रण नहीं जबकि काव्य की परिपाटी चित्रण की होती है।

श्री द्वारिकेश जी (पंचमगृह)

इनका जन्म-संवत् 1751 में एवं संवत् 1800 के आसपास मृत्यु हुई थी। निम्नलिखित ग्रन्थ आपके लिखे बताये जाते हैं—

(1) पद्योपदेश, (2) मूल पुरुष, (3) अष्टसखान के दोहा (भाव संग्रह), (4) नित्यलीला, (5) श्री आचार्य जी का जन्म, (6) श्री नाथ जी आदि सात स्वरूप की भावना, (7) धनुमति भावना, (8) उत्सव भावना, (9) फुटकर रचना, (10) यमुना नाम टीका, (11) शिक्षा श्लोक टीका का अनुवाद, (12) भगवदीय गुण मणिमाला।

इनकी रचना गुजराती एवं संस्कृत में भी उपलब्ध है। ब्रजभाषा के पद कीर्तन-संग्रहों में भी मिल जाते हैं।

जेंवत श्री बृषभानुनन्दिनी कान्ह कुँवर की परछाईं।
जोइ सोइ व्यंजन भावत रुचि सों सोइ-सोइ सब ललिता ले आई।
हित सों जिमावत मोहन प्यारौ, मधु मेवा पकवान मिठाई।
अति अनुराग बढ़्यो जु परस्पर, द्वारकेश तहाँ बलि-बलि जाई।

(कीर्तन संग्रह, भाग-3, पृ. 103)

आप पंचम गृह कामवन के अधिपति थे। यह पद युगलोपासना के अन्तर्गत आता है एवं कवि का सखी भाव की ओर सम्मान सूचित करता है।

श्री काका वल्लभ जी

आपका जन्म-संवत् 1703 में हुआ था। मृत्यु संवत् का ठीक निश्चय नहीं है। द्वारकादास परीख इनके निम्नलिखित ग्रन्थ मानते हैं—

(1) 84 वै. का लीला भावना का घोल, (2) 252 वै. का लीला भावना घोल, (3) स्फुट पद रचनाएँ, (4) चरण चिह्न, (5) 52 वचनामृत (गद्य), (6) सर्वोत्तम बधाई।

उनकी रचना के उदाहरण रूप में हम एक पद उद्धृत कर रहे हैं। उनके पद कीर्तन संग्रहों में यत्र-तत्र मिल जाते हैं—

उठे प्रात अलसात कहत मीठी तोतरी बात।
माँगत है सद माखन लाई है यशोदा भात।।
वाजत नूपुर सुहात नाचत त्रैलोकनाथ।
देखत सब गोपी वाल नाहीने अघात।।
नन्द नन्दन सुखपाइ चिर जीयो री कन्हाई।
निरखत सुख या ढोटा को जीजत दै माई।।
बालकेलि देखा आयी रोम-रोम सचु पाई।
'वल्लभ' हरख निरख लेत हैं बलाई।।[60]

उपर्युक्त पद में अनुप्रास की आन्तरिक स्थापना छन्द को अतिरिक्त सांगीतिक गुण से मण्डित कर देती है।

कृष्ण जीवन लछी राम

ये गोकुलनाथ जी के शिष्य थे। 18वीं शती के पूर्व भाग में इनकी उपस्थिति अनुमानित है—क्योंकि संवत् 1698 तक गोकुलनाथ जी ही जीवित रहे थे। इनका लिखा 'करुणा भरण' नाटक प्रसिद्ध है। कीर्तन-संग्रहों में आपके कुछ फुटकर पद भी प्राप्त होते हैं। एक उदाहरण यह है—

चलो सखी बाग तमासे प्यारो मोहन खेलत होरी।
सगरी सखी मिलि देखन निकसी, पातरी कुँवारी गोरी भोरी।
काहू है गुलाब काहू पै केसर, अबीर लिये भरि-भरि झोरी।
'कृष्ण जीवन' लछीराम के प्रभु बने किशोर किशोरी।

(कीर्तन संग्रह, भाग-2, पृ. 152)

अरे ढोटा भर देई यमुनजल मेरी सौं तु मो तन चिते चोरे।
मेरे संग की दूर निकसि गयी मोहि ठाड़ी कीनी।
भरिये नागर जिन हित बोरे।
बाट घाट में रोकत झगरत रही रैन वितबो रे।
कृष्ण जीवन लछीराम के प्रभु माई अकेली जन जिन निरवोरे।

(कीर्तन संग्रह, भाग-3, पृ. 179)

आली री मन्द मन्द मुरली धुनि बाजत नृत्यत कुँवर कन्हैया
तैसीये शरद की चाँदनी, निरमल तैसी बनी दुल्हैया
चन्दन की खार कीये और बनमाल हिये कंचन की बेलीमानों बनी दुल्हैया
कृष्ण जीवन लछीराम के प्रभु प्यारे दौड़कर लेत बलैया।

(कीर्तन संग्रह, भाग-3, पृ. 179)

नागरीदास

नागरीदास का वास्तविक नाम सावन्त सिंह था। नागरीदास उनका भक्ति-क्षेत्र का नाम है। ये किशनगढ़ के राजा महाराज सिंह के पुत्र थे। संवत् 1756 में इनका जन्म हुआ था। मध्यकाल में हिन्दी में अनेक नागरीदास हो गये हैं परन्तु उनमें सबसे अधिक प्रमुख, महत्त्वपूर्ण एवं उत्कृष्ट प्रस्तुत नागरीदास ही हैं।

बाल्यावस्था से ही सावन्त सिंह बड़े वीर एवं साहसी थे। पिता की मृत्यु के पश्चात् इन्हें राज्य का उत्तराधिकार प्राप्त हुआ था, परन्तु छोटे भाई बहादुर सिंह

ने, जिस समय ये दिल्ली में ही थे, गद्दी पर अधिकार कर लिया। कुछ दिनों तक सिंहासन प्राप्त करने के लिए राजनीतिक कुचक्रों में वे फँसे रहे, परन्तु उसे प्राप्त करने में कृतकार्य नहीं हो सके। एक बार मराठों से सहायता लेने के लिए दक्षिण जा रहे थे, रास्ते में वृन्दावन में किसी वैष्णव ने इनसे कहा कि राज्याधिकार प्राप्त करने का योग आपको नहीं आपके पुत्र को है। आपको तो भगवद्भजन करना चाहिए। उसके परामर्श को स्वीकार कर इन्होंने अपने पुत्र सरदार सिंह को बहादुर सिंह के विरुद्ध लड़ने के लिए भेजा और स्वयं वृन्दावन में रहकर भगवद्भजन करने लगे। इनके भाई ने इनके पुत्र से सन्धि कर ली और राज्य का एक भाग सरदार मिंह को दे दिया। संवत् 1814 में सावन्त सिंह ने वृन्दावन से आकर सरदार सिंह का राजतिलक किया और पुनः वृन्दावन चले गये। इनकी भगवद्भक्ति-निष्ठता का सूचक सवैया हम नीचे उद्धृत कर रहे हैं जो कि उन्होंने जयपुर के राजा सवाई माधव सिंह के अनेक प्रश्नों के उत्तर में कहा था—

जाति के हम हैं तो ब्रजवासी जू ना रही औरहु जात की बाधा।
देश है घोष नै चाहत मोख को तीरथ श्री जमुना सुख साधा।
सन्तन को सतसंग आजीविका कुंज विहार अहार अगाधा।
नागर के कुलदेव गोवर्धन मोहन मन्त्र अरु इष्ट है राधा।

नागरीदास जी वल्लभ सम्प्रदाय के गोस्वामी रणछोड़ जी के शिष्य थे।[61] डॉ. फ़य्याज़ अली खां ने उन्हें परम पुष्टिमार्गीय माना है।[62] इसके अतिरिक्त मिश्रबन्धु, प. रामचन्द्र शुक्ल एवं विगोगी हरि ने भी उन्हें वल्लभ मतानुयायी माना है। इधर डॉ. नारायण दत्त शर्मा ने निम्बार्क सम्प्रदाय के कृष्णभक्त हिन्दी कवियों पर लिखे अपने शोध-प्रबन्ध में उन्हें निम्बार्क सम्प्रदाय का अनुयायी बताया है।[63] हमें ऐसा प्रतीत होता है कि प्रारम्भ में उन्होंने वैष्णवीय दीक्षा किसी पुष्टिमार्गीय गुरु से ली है किन्तु बाद को वे अपने परिवार की परम्पराओं के अनुरूप ही निम्बार्क सम्प्रदाय की ओर आकृष्ट हो गये थे। इसी कारण उनके काव्य में पुष्टिमार्ग की ब्रजलीला, गोपी भाव की साधना तथा निम्बार्कीयों का निकुंजलीलागान तीनों ही उपलब्ध हो जाते हैं। पीछे जिस सवैये को हम उद्धृत कर चुके हैं, उसमें राधा को इष्ट मानना इन्हें सखी-सम्प्रदायों के निकट ले आता है। यों उनके काल तक पुष्टिमार्ग में सखी-भावना का प्रवेश पर्याप्त मात्रा में हो चुका था।

नागरीदास का स्वर्गवास संवत् 1821 रु में वृन्दावन के कृष्णगढ़ राज्य की कुंज में हुआ था। वर्तमान समय में इसे नागरकुंज कहते हैं। वहाँ पर इनकी छतरी, चरण चिह्न आदि विद्यमान हैं। समाधि पर उनकी प्रशस्ति में एक लेख भी खुदा हुआ है तथा भादों सुदी 5 संवत् 1821 मृत्युतिथि भी दी हुई है।

नागरीदास बड़े कला-प्रेमी और कवि थे। काव्यकला, चित्रकला एवं संगीत के प्रेमी ही नहीं गहरे पारखी भी थे। कवियों के वे आश्रयदाता थे। कहते हैं कि कुछ

कवि उनके साथ बराबर निवास करते रहे। ब्रजभाषा के विख्यात कवि घनानन्द इनके परम मित्रों में थे।[64] नागरीदास का साहित्य मात्रा में विशाल है। इनके 69 ग्रन्थों का संग्रह 'नागर समुच्चय' के नाम से बहुत पहले बम्बई से प्रकाशित हुआ था। यह वैराग्य सागर, सिंगार सागर और पद सागर नामक तीन खण्डों में विभाजित है। उसमें संगृहीत ग्रन्थों की सूची इस प्रकार है—

1. वैराग्य सागर

(1) भक्तिमग दीपिका, (2) देहदसा, (3) वैराग्य बटी, (4) रसिक रत्नावली, (5) कलि वैराग्य वल्ली, (6) अरिल्ल पच्चीसी, (7) छूटकपद, (8) छूटक दोहा, (9) तीर्थानन्द, (10) रामचरित्रमाला, (11) मनोरथ मंजरी, (12) पद प्रबोधमाला, (13) जुगल भक्त विनोद, (14) भक्ति सार और (15) श्रीमद्‌भागवत पारायन विधि प्रकास।

2. शृंगार सागर

(1) ब्रजलीला, (2) गोपी प्रेम प्रकाश, (3) पद प्रसंगमाला, (4) ब्रज बैकुण्ठ तुला, (5) ब्रजसार, (6) बिहार चन्द्रिका, (7) भोर लीला, (8) प्रातरस मंजरी, (9) भोजनानद-अष्टक, (10) जुगलरस माधुरी, (11) फूलविलास, (12) गोधन-आगम, (13) दोहनानन्द-अष्टक, (14) लगानाष्टक, (15) फागविलास, (16) ग्रीष्मविहार, (17) पावस पचीसी, (18) गोपी-बैन विलास, (19) रास-रसलता, (20) रैनरूप रस, (21) सीतसार, (22) इश्क चिमन, (23) छूटक-दोहा मजलस मण्डन, (24) रास अनुक्रम के दोहे, (25) अरिल्लाष्टक, (26) सदा की माँझ, (27) वर्षा ऋतु की साँझ, (28) होरी की माँझ, (29) शरद की माँझ, (30) श्री ठाकुर जी के जनम उच्छब के कवित्त, (31) श्री ठकुरानीजी के जनम उच्छब के कवित्त, (32) साझी के कवित्त, (33) साँझी फूल बीननि समय सम्वाद अनुक्रम, (34) रास के कवित्त, (35) चाँदनी के कवित्त, (36) दिवारी के कवित्त, (37) गोवर्द्धन धारन के कवित्त, (38) होरी के कवित्त, (39) फाग खेल समैं अनुक्रम, (40) वसन्त वर्णन के कवित्त, (41) फाग विहार, (42) फाग गोकुलाष्टक, (43) हिण्डोरा के कवित्त, (44) वर्षा के कवित्त, (45) छूटक कवित्त, (46) बन विनोद, (47) बालविनोद, (48) सुजनानन्द, (49) रास अनुक्रम के कवित्त, (50) निकुंज विलास और (51) गोविन्द परचई।

3. पद-सागर

(1) बन जन प्रशंसा, (2) पद मुक्तावली और (3) उत्सवमाला।

उपर्युक्त 69 ग्रन्थों के अतिरिक्त नागरीदास के बनाये नौ ग्रन्थ और कहे जाते हैं। उनके नाम ये हैं—

(1) छूटक विधि, (2) शिखनख, (3) नखशिख, (4) चरचरियाँ, (5) रेखता, (6) बैन विलास, (7) गुप्त रस प्रकाश, (8) धन्य धन्य और (9) ब्रज सम्बन्धी नाममाला।

इस प्रकार नागरीदास के ग्रन्थों की कुल संख्या 78 होती है, परन्तु जैसा कि पण्डित रामचन्द्र शुक्ल ने कहा है, इन सभी को ग्रन्थ की संज्ञा देना उचित न होगा। क्योंकि इनमें कुछ तो ऐसे हैं जिनमें पाँच-पाँच और दस-दस पद्यों से अधिक नहीं हैं। वास्तव में ये ग्रन्थ न होकर वर्ण्य-विषय के शीर्षक मात्र हैं।[65]

वर्ण्य-विषय की दृष्टि से नागरीदास राधाकृष्ण की प्रेमलीलाओं के गायक थे। वल्लभ सम्प्रदाय में विरह को पर्याप्त मान मिला था पर जैसा कि हम पीछे कह चुके हैं, रसोपासकों में मिलन ही मान्य है, विरह एवं मान वहाँ पर 'छद्म' हैं। 18वीं शती तक आते-आते रसोपासकों द्वारा निर्मित वातावरण ही अधिक मुख्य हो उठा था। इसी प्रभाव के अन्तर्गत नागरीदास की सप्रयोगपरक रचनाएँ अधिक भास्वर एवं प्रभविष्णु प्रतीत होती हैं, परन्तु सब मिलाकर उनका काव्य ब्रजलीलागान की परम्परा के भीतर आता है और इसी कारण पूर्व राग, मान, विरह आदि के भी मार्मिक चित्र उनमें उपलब्ध होते हैं।

भक्तिकाल के कवियों की अभिव्यंजना के मुख्य काव्यरूप गेयपद थे। पर नागरीदास एवं उनके अन्य सहयोगी कवित्त, सवैया, छप्पय, दोहा आदि अन्य छन्दों का सुष्ठु प्रयोग करते प्राप्त होते हैं। काव्यगत भावभूमि के सकुचन की क्षतिपूर्ति इन लोगों ने छन्दों के नक्काशीदार प्रयोगों, अलंकार-वैचित्र्य, चित्रात्मकता एवं वाग्वैदग्ध्य से करनी चाही है। नागरीदास प्रारम्भ से ही चित्रकला के शौकीन थे, उनके संरक्षण में किशनगढ़ शैली के कितने ही मनोहर चित्र लिखे गये थे। चित्रकला की इस रंग एवं रेखा-योजना का प्रभाव नागरीदास की कविता पर भी पड़ा था। इस चित्रता का एक उदाहरण देखिये—

भादों की कारी अंध्यारी निसा, झुकि बादर नन्द फुही बरसावै।
स्यामा जू आपनी ऊँची अटा में छकी रसरीति मलारहिं गोवैं।
ता समै मोहन की हम दूरि ते आतुर रूप की भीख यों पावैं।
पौन मया करि घूँघट टारे दया करि दामिनी दीव दिखावैं।

(नागर समुच्चय से)

वल्लभ सम्प्रदाय के कुछ अन्य कवियों के नाम और उनकी रचनाओं के शीर्षक हम दे रहे हैं। सम्प्रदाय में इन नामों के साथ इन ग्रन्थों की स्वीकृति है, परन्तु हमें प्रयास करने पर भी इन लोगों की रचना के उदाहरण नहीं मिल सके। इसी कारण केवल नाम उद्धृत कर रहे हैं। इनके रचनाकाल का निर्णय हमने वल्लभीय सुधा (वर्ष

6 अंक 2) में प्रकाशित पुष्टिमार्गीय विद्वान द्वारकादास परीख के आधार पर किया है।

श्री ब्रजभूषण जी

जन्म 1715 वि. है। इससे अधिक कुछ ज्ञात नहीं है (1) 84 वै. का घोल, (2) नवरत्न का घोल, (3) सर्वोत्तम का घोल, (4) स्फुट घोल, (5) श्री हरिराय जी का घोल।

श्री सुन्दरवतां बहु जी

ये श्री हरिराय जी की बहू थीं। जन्म-मृत्यु संवत् का पता नहीं है, पर इतना निश्चय है कि रचनाकाल 18वीं शती था। ब्रजभाषा में इनकी कुछ स्फुट रचनाएँ मात्र हैं तथा गुजराती में 'चिन्तन घोल' नामक एक ग्रन्थ है। लगता है कि इनकी मातृभाषा गुजराती थी।

श्री ब्रजराय जी (सूरत)

जन्म-संवत् 1682 माना जाता है। रचनाकाल 18वीं शती का प्रथम भाग। इनके द्वारा रचित तीन ग्रन्थ प्राप्त हुए हैं :

(1) नित्य सेवा विधि, (2) स्फुट कीर्तन, (3) सर्वोत्तम जी का घोल

ललित सम्प्रदाय का 18वीं शती का साहित्य : संक्षिप्त रूपरेखा

ललित सम्प्रदाय का उद्भव 18वीं शती के अन्तिम चरण में होता है। राधा-प्राधान्य इस सम्प्रदाय में अपनी चरम सीमा को प्राप्त करता है। काव्य की दृष्टि से यह सम्प्रदाय 19वीं शती में अधिक महत्त्वपूर्ण स्थान का अधिकारी बनता है, जब किशोरी अलि एवं अलबेली अलि जैसे कवि इस सम्प्रदाय में उत्पन्न होते हैं। हमारे आलोच्य युग में केवल इस सम्प्रदाय के प्रतिष्ठापक महात्मा वंशी अलि जी ही आते हैं।

ललित सम्प्रदाय के कवि

वंशी अलि जी

ललित सम्प्रदाय के प्रतिष्ठापक थे। उनके पूर्वज नवला वंश के प्रसिद्ध नारायण मिश्र थे। नारायण मिश्र भी भक्त रूप में प्रख्यात थे। नाभादास ने अपने भक्तमाल में

उनके ऊपर भी एक छप्पय लिखा है।[66] श्री नारायण मिश्र जी सारस्वत ब्राह्मण थे एवं लाहौर से आकर मथुरा रहने लगे थे। उन्हीं के वंश में नवीं पीढ़ी में वंशी अलि का जन्म आश्विन शुक्ल 1 संवत् 1764 में हुआ। उनके घर का नाम वंशीधर था। उनके पिता प्रद्युम्न मिश्र का दिल्ली के बादशाह बहादुरशाह के दरबार में अच्छा सम्मान था। वे भागवत के ज्ञाता पण्डित थे। भक्ति और भागवत की परम्परा वाले इस वंश में बालक वंशीधर को प्रारम्भ से ही भक्ति साधना का वातावरण मिला और शीघ्र ही उनके हृदय में उपस्थित भक्ति का अंकुर लहलहा उठा।

उनके बारे में प्रसिद्ध है कि वे राधिका जी की वंशी के अवतार थे तथा श्री राधा के नाम में उन्हें शैशव से ही रुचि थी। बिना राधा नाम सुने वे माँ का दुग्धपान भी नहीं करते थे। 15 वर्ष की आयु में उनका विवाह हो गया था एवं बीस वर्ष की आयु में वे एक पुत्र के पिता भी हो गये। संवत् 1794 में वे वृन्दावन आ गये एवं 1798 में तो उन्होंने वैराग्य ही ले लिया। उनका गोलोकवास संवत् 1822 में आश्विन शुक्ल एक को वृन्दावन के गोविन्द घाट के ललित कुंज में हुआ।

भागवत कथा के वे भी मर्मज्ञ व्याख्याता थे तथा राधा नाम को दार्शनिक पूर्णता तक उन्होंने पहुँचा दिया। राधा परतत्त्व सिद्ध कर दी गयीं। सिद्धान्तों की चर्चा हम अन्यत्र कर चुके हैं। अतः यहाँ हम उसे विवेचित नहीं करेंगे। वंशी अलि उनका सखी भाव का साधनागत नाम है।

उन्होंने 'राधा-तत्त्वप्रकाश' तथा 'राधा-सिद्धान्त' नामक ग्रन्थों की संस्कृत में रचना की। इसके अतिरिक्त मोक्षवाद, शक्ति स्वातन्त्र्य परामर्श एवं राधोपनिषत् की टीकाएँ भी उन्होंने लिखी हैं, परन्तु वे ब्रजभाषा के मर्म के भी पैने जानकार थे। उन्होंने रासपंचाध्यायी एवं हृदय सर्वस्व के अतिरिक्त लीला के तमाम पदों की भी रचना की है। उनकी वाणी में सिद्धान्त के 41 पद, वात्सल्य के 49 पद, माधुर्य शत के 124 पद तथा अन्य उत्सव-सम्बन्धी पद भी प्राप्य हैं। विभिन्न बधाइयाँ, वंशावली, हृदय सर्वस्व एवं महारास भी इस वाणी में संगृहीत है। इसके अतिरिक्त भी उनके पद यत्र-तत्र मिल जाते हैं। प्रस्तुत लेखक को इस सम्प्रदाय की एक महत्त्वपूर्ण वाणी प्रति मिली है, उसमें यद्यपि मुख्य रूप से 'किशोरी अलि' जी की रचनाएँ संगृहीत हैं पर कुछ पद एवं उनका राधाष्टक भी उसमें सम्मिलित है।

वंशी अलि जी अत्यन्त मधुर एवं सरस कवि हैं। सहज, अकृत्रिम ब्रजभाषा में अत्यन्त स्वाभाविक शैली में उन्होंने अपनी राधानिष्ठा एवं कुंजविहार को प्रकट किया है। अलंकारों की चमक-दमक उनमें नहीं है, लक्षणा-व्यंजना के मार्मिक प्रयोग भी वंशी अलि जी की रचनाओं में प्राप्त नहीं होते, परन्तु उनके सिद्धान्त-कथन एवं लीला-गान अपनी सादगी व अकृत्रिमता में तथा भाव-संवेदना में मन को सहज ही आकर्षित कर लेते हैं। उनके हृदय सर्वस्व के कुछ दोहे लें—

सेव्य सदा श्री राधिका सेवक नन्द कुमार।
पूजे सेवक सहचरी सेवा विपुन विहार।।
नयनन से श्रृंगार सब होत है अंगन माँझ।
विहिरन में बूड़े रहें नहीं जानत दिन साँझ।।
नयन नासिका राधिका राधा मन विच आइ।
विछुरत नाहीं राधिका मो को परोसुभाय।30
राधा अंग सिगार हो जावक देहुँ पाँव।
राधा ही सो झगर हों मोहि नहीं कहि ठाँव।38

वंशी अलि जी के किशोरी अलि एवं अलबेली अलि नामक दो समर्थ शिष्य थे जिन्होंने प्रभूत साहित्य की रचना की। यह साहित्य मात्रा की ही दृष्टि से नहीं काव्य-गरिमा की दृष्टि से भी महत्त्वपूर्ण हैं, परन्तु इन दोनों महानुभावों का रचनाकाल 19वीं शती का प्रारम्भिक अंश है, इसी कारण हम उनकी विस्तृत चर्चा नहीं कर रहे हैं।

18वीं शती का राम भक्तों का ब्रजभाषा साहित्य : पृष्ठभूमि और संक्षिप्त रूपरेखा

रामभक्ति काव्य एवं गोस्वामी तुलसीदास के नाम बहुत दिनों तक हिन्दी में पर्यायवाची से बने रहे। कुछ अन्य परवर्ती लोगों के नाम सामने आये भी, पर आचार्य शुक्ल जी ने उनकी ऐसी तीखी आलोचना[67] की कि बहुत दिनों तक उन कवियों के बारे में गम्भीरतापूर्वक सोचा ही नहीं गया, पर इधर पिछले कुछ वर्षों में आचार्य हजारी प्रसाद द्विवेदी, डॉ. भगवती प्रसाद सिंह, श्री भुवनेश्वरनाथ मिश्र 'माधव' एवं डॉ. कामिल बुल्के आदि के सद्प्रयत्नों से गो. तुलसीदास-परवर्ती रामभक्ति का प्रभूत साहित्य सामने आया है। इस साहित्य के विलेषण से ज्ञात होता है कि श्रृंगारी उपासना इसमें प्रमुख है। यद्यपि शान्त, दास्य, सख्य, वात्सल्य भावों की भी स्वीकृति इस साहित्य में है, परन्तु इन सभी भावों को सीता-राम के विहार में ही अन्ततः नियोजित किया गया है। कृष्ण की श्रृंगारी उपासना का इस सम्प्रदाय के साहित्य पर गहरा प्रभाव है। लीलागान की दृष्टि से राम के राजा रूप का ऐश्वर्य एवं उपासना का माधुर्य, दोनों ही इसमें स्वीकृत रहे। 17वीं शती में अग्रदास के साथ यह परम्परा प्रारम्भ होती है, 18वीं शती में बाल अली, राम सखे, मधुराचार्य आदि इसे प्रकट करते हैं परन्तु अपने चरम वैभव पर यह साधना और साहित्य 19वीं शताब्दी में पहुँचती है। रीतिकालीन श्रृंगार की छाया भी इस साहित्य पर बहुत स्पष्ट है।

इस सम्प्रदाय का अधिकांश साहित्य अवधी में लिखा गया है, यद्यपि ब्रजभाषा में भी यथेष्ट साहित्य की रचना हुई है।

रामोपासक कवि

बालानन्द

डॉ. भगवती प्रसाद सिंह ने इनका जन्म साम्प्रदायिक ग्रन्थों के अनुसार सं. 1710 निर्धारित किया है।[68] ये राजस्थान के किसी गाँव में पैदा हुए थे एवं बाल्यावस्था के प्रथम चरण में ही विरक्त हो गये थे।

बालानन्द जी का स्थान वैष्णव सम्प्रदायों में अत्यधिक महत्त्वपूर्ण है। 17वीं-18वीं शताब्दियों में जब शैव साधुओं के अत्याचार बहुत बढ़ गये थे, तब जयपुर में वैष्णवों ने अपनी रक्षा के उपाय सोचने के लिए संवत् 1750 के आसपास एक सम्मेलन बुलाया था। इस सम्मेलन में वैष्णवों को भी फौजी ढंग पर शिक्षित करने का निश्चय हुआ था। इस वैष्णव अनी एवं अखाड़ों के संगठन का भार बालानन्द जी को ही दिया गया था। अपनी संगठन-शक्ति, प्रतिभा एवं शौर्य से उन्होंने शीघ्र ही वैष्णवों की एक व्यवस्थित सेना खड़ी कर दी, इस व्यवस्था ने शैवों के आतंक को समाप्त कर दिया।

बालानन्द जी राम के बलरूप के उपासक थे; गो कि ऐश्वर्य एवं माधुर्य रूपों के प्रति भी उनके मन में आदर का भाव कम न था। काव्य-रचना की ओर उनकी अधिक प्रवृत्ति नहीं प्रतीत होती, केवल कुछ पद प्रकीर्ण रूप से यत्र-तत्र मिल जाते हैं। उनकी रचना का एक उदाहरण देखिए–

कमल मुखी कमला मुख हेरें, प्रेम प्रीति रस भीजै।
मन क्रम बचन तुम्हें प्रभु सेवै, चपला अचल करीजै।
मन्द-मन्द मुसकात छबीले, बोलत बचन रसीले।
बालानन्द को देहे किंकरी, श्रीपति ऐसे सुसीले।

बालकृष्ण नायक 'बाल अली'

बाल अली का रचनाकाल विक्रम की 18वीं शती का पूर्वार्द्ध है। उनका ग्रन्थ 'ध्यान मंजरी' सं. 1726[69] में लिखा गया था तथा नेह प्रकाश का सृजनकाल सं. 1749[70] है। प्रारम्भ में वे रामानुजाचार्य की वैधी भक्ति वाले सम्प्रदाय में दीक्षित हुए थे। पर उस युग के व्यापक प्रभाव के अन्तर्गत उन्होंने आचार-प्रधान इस साधना को छोड़कर रैवासा जाकर अग्रदास की परम्परा के पाँचवें आचार्य चरणदास से रसिक-साधना की दीक्षा ले ली। चरणदास जी के बाद वे रैवासा गद्दी पर आचार्य के रूप में अधिष्ठित हुए थे।

उनके पदों में 'बाल अली' की छाप मिलती है। उनके बनाये हुए आठ ग्रन्थों

का पता लगता है—(1) ध्यान मंजरी, (2) नेह प्रकाश, (3) सिद्धान्त तत्त्व दीपिका, (4) दयाल मंजरी, (5) ग्वाल पहेली, (6) प्रेम पहेली, (7) प्रेम परीक्षा, (8) परतीत परीक्षा। इन आठों ग्रन्थों में काव्य एवं सिद्धान्त की दृष्टि से प्रथम तीन ध्यान मंजरी, नेह प्रकाश एवं सिद्धान्त तत्त्व दीपिका अधिक महत्त्वपूर्ण है। नेह प्रकाश के 148 दोहों में सम्प्रदाय की मान्यताओं के अनुसार आह्लादिनी शक्ति का विचार, सखियों की नामावली व उनकी सेवाओं का विवरण प्रारम्भ में ही उपस्थित किया गया है। राम का सीता से प्रणय-निवेदन भी है एवं रस, प्रेम तथा रूप के विलास हैं। सखियों के राम और जानकी के प्रति प्रीतिवचन तथा सीता की छवि का भव्य वर्णन भी इस ग्रन्थ में उपलब्ध होता है। सीता की छवि का एक प्रभावशाली वर्णन देखिए—

अरुण वरण तब चरण नख हैं कि तरुणि शिर मौर।
अनुरागी दृग लाल के बसे आय इहि ठौर।
सब दिशि कंचन मय करत तन-तन जोति अनूप।
मनु झर झरि अंगन परै अंग रमावै रूप।
सिय तव रूप अपार पिय पियतन नैन अघाय।
भये चहत सुर राज से नियरे अति अकुलाय।

ये दोहे अपने कसाव एवं अभिव्यक्ति-मुद्रा में रीतिकालीन कवियों के दोहों के समान ही हैं। यह ध्यान रहे कि बिहारी हमारे प्रस्तुत कवि के समकालीन थे। यह बात सूचित करती है कि दोहों के द्वारा शृंगारी अभिव्यक्ति की एक व्यापक परम्परा थी, जिसमें मूर्धन्य बिहारी सिद्ध हुए, पर उनके आसपास के स्तर पर ही अन्य कवि भी अभिव्यक्तियाँ प्रकाशित करते रहे। 'बाल अली' जी ऐसे ही श्रेष्ठ कवियों में थे।

उन पर सूफ़ी प्रबन्ध पद्धति का भी गहरा प्रभाव मिलता है। सिद्धान्त तत्त्व-दीपिका में सूफ़ी-पद्धति के प्रभाव में समासोक्ति एवं अन्योक्ति के आधार पर परमतत्त्व की रसिकजनसम्मत व्याख्या उपस्थित की गयी है। सूफ़ी-प्रभाव की दृष्टि से यह ग्रन्थ बड़ा महत्त्वपूर्ण है। इसकी भाषा अवधी है। 9 अर्द्धालियों के बाद दोहे का क्रम इसमें भी स्वीकार किया गया है। इसमें प्रभावती साधन है, सम्भ्रमा माया है, कृपावती गुरु हैं, भगवत्प्राप्ति इष्ट मिलन है और रसिक-साधना के अनुसार मधुरा भक्ति का सन्देश दिया गया है। इस ग्रन्थ में 36 प्रकाश हैं। ब्रजभाषा का न होने के कारण हम यहाँ उसकी विस्तृत विवेचना नहीं करेंगे। 'ध्यान मंजरी' में भी रसोपासना का ही निरूपण किया गया है। भाषा अत्यन्त मुहावरेदार भावना तीव्र एवं रस साधना का सूक्ष्म विवेचन इसमें उपलब्ध है।

सुनि सिय चरित सुमुखि मन हरष्यो, उर आनन्द जलद क्यों बरष्यो।
सिय पद प्रेम बड़ै नित वाकें और न सुधि आवै उर ताकै।
उलही किधों सिंगार बेलि चह मदन सुहाई।
नाभि कूप के सलिल सो सींचि बढ़ाई।

रामप्रिया शरण 'प्रेमकली'

जनकपुर की गद्दी पर ये महन्त थे तथा संवत् 1760 के लगभग विद्यमान थे। 'रामायण' के अनुकरण पर लगभग 634 पृष्ठों के 'सीतायन' नामक महत्त्वपूर्ण ग्रन्थ की उन्होंने रचना की थी। इस ग्रन्थ में सीता-चरित्र का अत्यन्त उदात्त एवं महिमामण्डित चित्रण हुआ है। बालकाण्ड, मधुरमाल काण्ड, जयमाल काण्ड, रसमाल काण्ड, सुखमाल काण्ड, रसाल काण्ड और चन्द्रिका काण्ड इन सात काण्डों में पूरा ग्रन्थ विभाजित है, पर जैसा कि इनके शीर्षकों से ही अनुमानित है, इस ग्रन्थ में सीता-चरित्र का परिपाटी-विहित परम्परा से प्राप्त चित्रण नहीं है। इसमें रसिक-भावना के अनुरूप केवल बाल एवं यौवन की अवस्थाओं की विहार-लीला का ही वर्णन किया गया है। इनमें से बालकाण्ड और मधुरमाल काण्ड प्रकाशित हो चुके हैं। रहस्य प्रमोदबन, जानकी घाट, अयोध्या एवं छतरपुर राज्य पुस्तकालय में ग्रन्थ की हस्तलिखित प्रतियाँ सुरक्षित हैं। रसिक-साधना की दृष्टि से वास्तव में यह बड़ा महत्त्वपूर्ण ग्रन्थ है। मधुरमाल काण्ड में कवि ने अपना परिचय भी इस प्रकार दिया है—

प्रिया शरण गुरु भावना अरु निज भाव समेत।
युगल नायका करि कहौ प्राप्ति भाव के हेत।
नेह कली आचार्य मम प्रेम लली मम रूप।
युगल सुनयना की सुता अद्भुत युगल स्वरूप।
वय सन्धिनी मधुराननी, परम मनोहर अंग।
गौर वरण सिय कुंज में, रहत सदा सिय संग।
मधुर भावना युगल की, अरु शृंगार रस रीति।
सो सब वर्णन करत हौं, अति प्रसन्न अति प्रीति।

इस प्रकार उन्होंने अपने गुरु का नाम, अपना साधनागत स्वरूप, सेवा और स्थान तथा उपासना भाव एवं ग्रन्थ अभिव्यंजित भावना को स्पष्ट कर दिया है।

सीतायन की भाषा टकसाली अवधी है, पर बीच-बीच में ब्रजभाषा का भी पुट उन्होंने दिया है।

जानकी रसिक शरण 'रसमाला'

जिस प्रकार 'सीतायन' की रचना संवत् 1760 में ही हुई थी, वैसे ही 'रसमाल' जी का 'अवधी सागर' भी संवत् 1760 में ही सम्पूर्ण हुआ था। 'रसमाला' उनका साधनागत नाम है एवं माधुर्यभावपरक सीताराम की बिहार-क्रीड़ाओं का वर्णन अवधी सागर में हुआ है। 'अवधी सागर' की रचना भी अवधी में ही हुई है, इसी कारण हम विस्तार

से उसकी चर्चा नहीं कर रहे हैं, पर उन्होंने कुछ फुटकर पद एवं भजन आदि भी लिखे हैं और इनमें अवधी के साथ ही 'ब्रजभाषा' का भी प्रयोग हुआ है। इनके छन्दों में रसमाला के अतिरिक्त 'रस मालिनि', 'रस मालिका' आदि अन्य छापें भी मिलती हैं। उनकी रचना का एक उदाहरण हम नीचे दे रहे हैं—

झूलैं सिय पिय संग हिण्डोरे।
प्रीतन के संग रमक बढ़ावत साँवरी सखियाँ चहु ओरैं।
घन गरजत बिजुली अति चमकत, बरसत रिमझिम पवन झकोरैं।
'रस मालिनि' प्रीतम मनमोहन बोलत खगरव मोरं चकोरैं।

रूपलाल 'रूपसखी'

बाल अली के शिष्य थे। 'होरी' नामक रचना प्राप्त है, इनका समय 18वीं शती का मध्यभाग है।

फागुन भागन भरि चढ्यो अलिन बढ्यो अनुराग।
अब हिलमिल हम खेलिबो लली लाल संग फाग।
लालन लालन की जरी, भरी रंग पिचकारि।
आंस छोड़ छबि सो दिसि, सिय उर ओर निहारि।
दुरि विमला तब दौरि के उठी, हिलिमिलि नवल किशोर।

प्रेमसखी

विक्रम की 18वीं शती के अन्तिम भाग में प्रेमसखी जी विद्यमान थे। ये महात्मा रामप्रसाद बिन्दुकाचार्य के समकालीन थे। कहते हैं कि प्रयाग के निकट शृंगवेरपुर में एक ब्राह्मण के घर इनका जन्म हुआ था। बाल्यावस्था में ही वैराग्य ग्रहण कर ये महात्मा रामदास गूदर के शिष्य हो गये थे। मिथिला, अयोध्या आदि में घूमते-घामते एवं रसिक-साधना की दीक्षा लेते हुए ये चित्रकूट आ गये थे एवं वहीं पर रहकर राम-सीता की दिव्य क्रीड़ाओं का चित्रण एवं चिन्तन करते रहे। कहते हैं कि रामप्रसाद बिन्दुकाचार्य से अवध के नवाब सआदत अली खाँ ने पूछा कि अपनी टक्कर के दूसरे भक्त का नाम लीजिए और उन्होंने 'प्रेम सखी' का सादर उल्लेख किया। 'सीताराम नखशिख' उनकी कीर्ति का आधार मुख्य ग्रन्थ है। इसके अतिरिक्त 'होली' एवं कवित्तादि प्रबन्ध में उनकी फुटकर रचनाओं का संग्रह है। इन छन्दों में भी नित्य विहार का ही वर्णन हुआ है।

सीता-राम के नख-शिख का अत्यन्त मोहक बिम्ब उपस्थित कर देने वाला चित्रण उन्होंने किया है। इस चित्रण को रीतिकालीन कवियों के नख-शिख चित्रणों

की तुलना में सुविधापूर्वक रखा जा सकता है। भाषा एवं शब्द-चयन की खराद, अनुप्रास एवं अलंकारों की सजावट तथा छन्द की सुघरता, सभी दृष्टियों से प्रस्तुत ग्रन्थ साहित्यिक एवं रसात्मक है, सीता के शरीर की रोम राजि का यह वर्णन किसी भी रीतिसिद्ध कवि के लिए ईर्ष्या का विषय हो सकता है परम्परासिद्ध उपमानों का सघन चित्रण इसमें हुआ है—

नीलम नीली कसी ससी है मध्य कंचन के तन
जाति कैधों सिंगार पाँति साजी है।
आयी स्यामताई की निकाई सब सिमिट के
जाहि देखि-देखि रोम-रोम पिय राजी हैं।
झीनी दरसात हैं बिसात छवि सरसात रूप
सुधासर में सँवार-सी विराजी है।
प्रेम सखी मेरी जान सुखमा समूह राजी गुनगन
राजी धौं सिया की रोम राजी है।

यह ग्रन्थ संवत् 1791 में लिखा गया था।

विलास क्रीडाओं के अन्तर्गत निम्न छन्द में राम को नववधू बनाकर सीता के 'हूजूर' में पेश किया जा रहा है—

जावक लगायो जल जात ऐसे पायन में
बिछिया कलित है अधिक छवि छाई है।
घूमि रह्यो घेरवारो लहँगो सबजारंग
नील जरतारी सारी कंचुकी सुहाई है।
प्रेमसखी अंग-अंग भूषण विविध साजि
बहू-बहू कहत वधूटी गहिल्याई है।
सुभगा सखी सिवा जू के तुरत हजूरि
कियो नवल वधूटी एक सासुरे ते आयी है।

इस स्त्रैणता को यदि रसिक-साधना के सन्दर्भ में देखा जाये तो अनुचित ठहराने की आवश्यकता नहीं पड़ेगी।

रामसखे

रामसखे का स्थान रामभक्ति के रसिक सम्प्रदाय में अत्यधिक आदरणीय है। वे सख्य भाव के मुख्य प्रतिष्ठापक एवं प्रवर्तक थे। विक्रम की 18वीं शती का अन्तिम चरण एवं 19वीं शती का प्रारम्भिक चरण उनका मुख्य कार्यकाल रहा है। वे जयपुर राज्य के किसी ब्राह्मण के पुत्र थे। कुछ बड़े होने पर रामभक्ति में मग्न

होकर तीर्थयात्रा करते हुए दक्षिण के प्रसिद्ध माध्व केन्द्र 'उडुपी' जा पहुँचे। वहीं उन्होंने तत्कालीन माध्व आचार्य वशिष्ठ तीर्थ से दीक्षा ली। फिर अयोध्या, चित्रकूट, उचेहरा आदि स्थानों पर काफ़ी दिनों तक निवास कर वार्धक्य में मैहर चले गये और वहीं उनकी मृत्यु हुई।

उनके साधनागत भाव के विषय में अष्टछाप के कवियों के समान ही प्रसिद्ध है कि दिन में वे सखा भाव से उपासना करते थे एवं रात को सखी भाव से दम्पति की रासलीला में सेवा करते थे। उनकी 10 कृतियों का उल्लेख डॉ. भगवतीप्रसाद सिंह ने किया है जो इस प्रकार है–(1) द्वैत भूषण, (2) दान-लीला, 3) पदावली, (4) बानी, (5) रूप रसामृत सिन्धु, (6) मंगल शतक, (7) राममाला, (8) नृत्य राघव मिलन दोहावली, (9) नृत्य राघव मिलन कवितावली, (10) रास्य पद्धति।[71] इसके अतिरिक्त 'जानकी नौ रत्न माणिक्य' नामक ग्रन्थ संवत् 1899 में कानपुर के डायमण्ड जुबली प्रेस से प्रकाशित भी हो चुका है। वास्तव में डॉ. सिंह द्वारा गिनायी गयी दान-लीला, जानकी नौरत्न माणिक्य की ही अंश प्रतीत होती है। इस ग्रन्थ में कृष्ण-लीला के अनुकरण पर दान-लीला चित्रित हुई है। इसके अतिरिक्त राम द्वारा सीता का शृंगार, कुंज विहार, राम-विलास धामलीला एवं नाम की उपासना का आकर्षक एवं भावित वर्णन हुआ है। दान-लीला का एक छन्द इस प्रकार है–

विपिन प्रमोद सो जोरि महा व्है आओ यही लै बड़ी अलबेली।
मानत न डर काहू को नेत कहू पाई अचानक आजु अकेली।
दीजौ हमें करि नेग तुम्हैं भावतौ चित्त की चोर हो रूप नवेली।
बात हमारी सुनो सब कान दे हौ तुम तो दय जोग सवेली।

'नृत्य राघव मिलन' उनका दूसरा प्रसिद्ध ग्रन्थ है, जिसकी रचना संवत् 1804 में हुई थी। दोहे, चौपाई एवं कवित्त छन्दों में इसकी रचना हुई है। दोहे एवं चौपाइयों की भाषा अवधी है, पर कवित्तों में ब्रजभाषा का प्रचुरता से उपयोग हुआ है। इस ग्रन्थ में सैद्धान्तिक निरूपण की ओर प्रवृत्ति अधिक है, लीला-चित्रण की ओर अपेक्षाकृत कम ध्यान दिया गया है। इसकी भाषा अपेक्षाकृत सीधी-सादी है।

राम को रूप अनूप समुद्र में,
आगरि नाव निवाह नहीं है।
आँखिन्ह देखि जु जाति वही सब,
डूबि अथाहन थाह मही है।
घेरि फिरे न घिरावन हार को,
फेरे रहे सो उठाऊ वही हैं।
रामसखे मति चाप करौ,
चित चुम्बक लोइ की लीक सही है।

वेंकटेश्वर प्रेस से संवत् 1779 में मुद्रित उनकी पदावली से एक पद हम उद्धृत कर रहे हैं जिसमें राम-सीता के होली खेलने का शृंगारी चित्रण हुआ है—

अहो पिय राम पकरि सिय लीन्हो कटि पट सरिवयन छीनो।
होरी समै रास मण्डल में मन भायो सो कीनो।
मुख सों मसलि मैथिली अखियन अंजन दीनो।
रामसखे लखि अबध लाल प्रभु प्यारी के रंग मीनो।

राम प्रपन्नः मधुराचार्य

रसिक-साधना के क्षेत्र में मधुराचार्य का नाम 'मधुर प्रिया' कहा जाता है। वे गलता गद्दी के आचार्य थे और कील्ह स्वामी की पाँचवीं पीढ़ी में थे। कहते हैं कि षड्यन्त्रपूर्वक उनकी गद्दी छीन ली गयी थी, पर वे निर्द्वन्द्व भाव से चित्रकूट चले आये और सारा जीवन रसिक-सिद्धान्तों के विवेचन, विमर्श एवं प्रचार में लगाया। वस्तुतः अब तक प्राप्त साहित्य में मधुराचार्य से बड़ा विद्वान एवं तत्त्व-चिन्तक रामभक्ति की रसिक-शाखा में दूसरा व्यक्ति प्राप्त नहीं होता। दार्शनिक-धार्मिक (फिलोसॉफिकल-थियोलॉजिकल) दृष्टि से गौड़ीय वैष्णव में जो स्थान जीव गोस्वामी का है, वही स्थान रामशाखा में मधुराचार्य जी का है, परन्तु इनका अधिकांश सृजन संस्कृत में है, हिन्दी में कुछ पद मात्र मिलते हैं। संस्कृत में इनके लिखे चार ग्रन्थ कहे जाते हैं—

(1) **भगवद् गुण दर्पण**—जीव गोस्वामी के 'भागवत सन्दर्भ' की भाँति यह भी छह सन्दर्भों में विभाजित था। पर अब केवल 'सुन्दर मणि सन्दर्भ' एवं अधूरा 'वैदिक मणि सन्दर्भ' प्राप्त होते हैं। सुन्दर मणि सन्दर्भ के प्रारम्भ में ही जीव गोस्वामी की 'यस्य ब्रह्मेति संज्ञा' वाले श्लोक की भाँति ही मधुराचार्य ने मंगलाचरण में ही अपना मत स्पष्ट कर दिया है—

प्रोद्यद्भानुसपत्नरत्ननिकरैः देदीप्यमाने महा,
मोदे दिव्यतरातिमंजुवनितावृन्दैः सदा सेविताम्।
रासोल्लासमुखे च व्याकृततमे दिव्ये महामण्डपे,
ऽयोध्यामध्यप्रमोदशुभ्रविपिने रामं ससीतं भजे॥

(अयोध्या के मध्य में स्थित सूर्य के समान प्रभा-विस्तार करने वाले रत्न-समूहों से आलोकित शुभ्र प्रमोद-बन में मंजु वनिता-वृन्द से सेवित रासोल्लास के आरम्भ में दिव्य महामण्डल में आसीन सीता-सहित राम की वन्दना करता हूँ।)

(2) **माधुर्य केलि कादम्बिनी**—इसमें राम-सीता की केलि का अत्यन्त ललित वर्णन है।

(3) **वाल्मीकि रामायण की टीका (शृंगारपरक)**—यह उपलब्ध नहीं है।

(4) **राम तत्त्व प्रकाश**–इस ग्रन्थ में भी सम्प्रदाय के सिद्धान्तों के अनुसार ही राम की लीलाओं का दार्शनिक लीलापरक विवेचन किया गया है। रसिक भक्तों में इसका प्रमाण ग्रन्थ के समान ही आदर किया जाता है।

उनकी हिन्दी रचना उतनी भास्वर नहीं है। नीचे हम एक उदाहरण दे रहे हैं–

सखि मैं आज गयी सिय कुंज।
देखि नृपति किशोर दौरे घेरि पिचका पुंज।
तब कहीं मैं सुनहुँ लालन लाल कौशलजन्य।
फाग मिस का करहु चोरी चलहु हमरे संग।
'मधुर प्रीतम' आजु तुमकौं जीतिहौं रतिरंग।

पं. हजारी प्रसाद द्विवेदी ने 'कल्पना' अप्रैल 1955 के अंक में उनका समय वि. की 18वीं शताब्दी का मध्य माना है।

सिया सखी

विक्रम की 18वीं शती के उत्तरार्द्ध में विद्यमान सिया सखी का वास्तविक नाम गोपालदास था। ये भी जयपुर राज्य के अन्तर्गत एक ब्राह्मण परिवार में उत्पन्न हुए थे। कुछ दिनों तक ये जयपुर के सीताराम मन्दिर में महन्त भी रहे पर उनके साधक चित्त को वहाँ शान्ति न मिली और ये चित्रकूट चले आये। बहुत दिनों तक चित्रकूट के कामद गिरि पर रस-साधना के उपरान्त पुनः जयपुर लौट गये थे। प्राचीन संग्रहों में इनके कतिपय पद उपलब्ध होते हैं, जिनमें ब्रजभाषा के साथ राजस्थानी का भी मिश्रण है–

सिया बाई जू सुनियो अरज हमारी।
औरन के तो और भरोसो म्हारे आस तिहारी।
करनी की तुम और न देखो अपनी बिरद सम्हारी।
ऐसो होने नहीं या जग में लोग हँसै दै तारी।
रंग महल में आवन दीजौ सुनो पिया अवध बिहारी।
सिया सखी के सरबस तुम हो और लगै नहि सारी।

महाराज छत्रसाल

औरंगजेब एवं मुग़ल सेना से जीवनपर्यन्त युद्ध करने वाले एवं शिवाजी के साथ ही हिन्दू राष्ट्रीयता का ध्वज ऊँचा करने वाले छत्रसाल पन्ना के बुन्देला राजा चम्पतराय के पुत्र थे। इनका जन्म ज्येष्ठ शुक्ला 3, सं. 1706 में हुआ था। सारे जीवन उन्होंने मुग़लों और पठानों में युद्ध किया तथा संवत् 1786 में उनकी मृत्यु पन्ना में हुई। प्रसिद्ध वीर रस के कवि भूषण

को इन्होंने अपने यहाँ आश्रय दिया था। अपने वीरत्व के कारण और भूषण के आश्रयदाता के रूप में उनकी कीर्ति बहुत फैली पर उनकी सृजनात्मक शक्ति का अधिक प्रसार नहीं हो सका। छत्रसाल का जीवन वास्तव में शौर्य एवं पराक्रम के क्षेत्र में एक मिशनरी भावना का जीवन था। अपने उद्देश्य की पूर्ति में उन्हें ईश्वर-भक्ति से यथेष्ट प्रेरणा एवं शक्ति प्राप्त होती थी। इसी कारण रीतिकाल की अपेक्षा उनकी रचनाओं का टोन भक्तिकाल का है। वियोगी हरि द्वारा सम्पादित 'छत्रसाल ग्रन्थावली' में उनकी आठ रचनाओं को संगृहीत किया गया है। वे रचनाएँ हैं–(1) रामावतार के कवि, (2) रामध्वजाष्टक, (3) हनुमान पचीसी, (4) श्री राधाकृष्ण पचीसी, (5) कृष्णावतार के कवित्त, (6) महाराज छत्रसाल प्रति अक्षर अनन्य के प्रश्न, (7) दृष्टान्ती और फुटकर कवित्त, (8) दृष्टान्ती तथा राजनीतिक दोहा समूह।

छत्रसाल में भक्ति का साम्प्रदायिक आग्रह नहीं था। यद्यपि वे मुख्यतः रामभक्त थे पर कृष्ण के प्रति उनकी श्रद्धा कम नहीं थी। प्रणामी सम्प्रदाय के प्रवर्तक प्राणनाथ जी उनके गुरुतुल्य थे तथा पन्ना में ही रहते थे। उस सम्प्रदाय की एक मुख्य पीठ वहाँ पर आज भी है। प्राणनाथ जी सर्वधर्म-समन्वय में विश्वास रखते थे। सम्भवतः उन्हीं के प्रभाव में छत्रसाल में धार्मिक सहिष्णुता एवं समन्वय वृत्ति आयी होगी। इस वृत्ति का सुन्दर निदर्शन उनके निम्नांकित कवित्त में हुआ है–

सीतानाथ, सेतुनाथ, सत्यनाथ, सम्भुनाथा,
नाथ-नाथ, देव-नाथ, दीननाथ दीनगति।
रघुदेव, ज देव, जच्छदेव, देव-देव
विश्वदेव, वासुदेव, व्यासदेव, देवरति।
रनबीर, रघुबीर, जदुबीर, ब्रजबीर,
बलबीर, बीर-बीर, ब्रतबीर, चारुमति।
रागपति, रंगपति, रमापति, छतापति,
राधापति, रसपति, रसापति, रासपति।

ऐसा लगता है कि रस एवं रास के स्वामी की रसिक साधना का इन पर पर्याप्त प्रभाव था। यह प्रभाव चित्रकूट की स्थानगत निकटता का भी हो सकता है एवं सखी सम्प्रदाय की रसिक-भावना का भी परिणाम हो सकता है। छत्रसाल के हृदय में राम की मधुर लीला के प्रति पर्याप्त आकर्षण था तथा उनके कृतित्व में राम-विहार सम्बन्धी रचनाएँ पर्याप्त हैं। उदाहरण लें–

तीज पर्व पावनि सुहावनि है आयी आजु,
पूजन को सोमबट गोठि वनितानि की।
मानों घनश्याम को रिझाइबे अनेक वेष,
आईं चारु चन्द्रमुखी तुल्य तड़ितान की।
कैधों कान्ति दीपमालिका की चन्द्रमालिका की,
एक ओर है करोर एक ओर है जानकी।

जोरि जोरि पानि सीता कहैं राम 'छत्रसाल'
राम कहै सीता ले के बोदर लतान की।

(छत्रसाल ग्रन्थावली, पृ. 44)

कृष्ण की माधुर्य लीला का एक प्रसन्न कवित्त हम नीचे उद्धृत कर रहे हैं जो अपने कसाव, सौन्दर्य एवं शब्द-सामर्थ्य की दृष्टि से देव एवं पद्‌माकर की घनाक्षरियों की तुलना में सहज ही उपस्थित किया जा सकता है—

स्याम स्याम रंग एक ग्वाल ग्वालिनी अनेक,
गोद लै गुलाल लाल धालै मुरि-मुरि कै।
बोलत धमार मंजु फाग और फबीलो राग,
स्यामा बनी स्याम, स्याम स्यामा नेह धुरि के।
कहे छत्रसाल ऐसो चूकिबे न दाँव आजु,
कीजै अनुराग फाग वाही ठौर जुरि के।
रूप रसरंग की हिलोरनि में बोरो अंग,
जोरो नवनेह लाल रंग में हिलुरि के।

महात्मा सूर किशोर

28वीं शती के मध्य भाग में ही कील्ह स्वामी के पौत्र शिष्य सूर किशोर जी हुए हैं। मधुराचार्य जी के ये समकालीन थे और उनके गलता छोड़ देने पर ये भी गलता छोड़कर सीकर रहने लगे। सीता को ये पुत्री के समान मानते थे, अतः वात्सल्य भाव से राम और सीता की भक्ति करते थे। कहते हैं कि राम को जामाता मानने के कारण ये अयोध्या में जल भी ग्रहण नहीं करते थे। सीता की बालक्रीड़ाओं का यह चित्र देखिये—

जनक लली मधुरे सुर गावैं।
कोइ सखि-रैन दिवस सुधि भूलीं कोइ सखि ब्याह की बात चलावैं।
कोइ सखि रीझि-रीझि गुन गावें कोइ सखि मुख पर भँवर उड़ावैं।
कोइ सखि मधुर-मधुर सुर गावें चन्द्रकला अलिबीनि बजावैं।
'सूर किशोर' बलैया लेहीं बिन सखियाँ कोउ जान न पावैं।

अवधी भाषा में इनका मिथिला विलास नामक ग्रन्थ उपलब्ध है। शेष फुटकर पद उनके मिलते हैं। कवि के रूप में उन्हें उतनी प्रसिद्धि नहीं मिल सकी है, जितनी कि अपनी वात्सल्य निष्ठापूर्ण भक्ति-भावना के लिए प्राप्त हुई है। मिथिला में रहने की यह निष्ठा देखिए। अवधी एवं ब्रज, दोनों ही भाषाओं का रंग छन्द में मिला हुआ—

नृप के गृह बाल विहार करें सिय की पद रेनु जहाँ लहिये।
मुनिवृन्द उपासक राम विवाह सोई निजठौर हिये गहिये।
कह 'सूर किशोर' विचार वही हिम वो तप वो बरषो सहिये।
चिउरो चवि के पलिवो भीख के, मिथिला मंह बांधि कुटी रहिये।

ऊपर उद्धृत दोनों छन्द 'मिथिला विलास' से लिये गये हैं।

हर्याचार्य 'हरि सहचरी'

रामभक्ति की रसिक शाखा के प्रमुख व्याख्याया मधुराचार्य के शिष्य थे तथा उनके बाद गलता गद्दी की आचार्य पीठिका पर प्रतिष्ठित हुए थे। राम की रास-लीला ये बड़ी धूम-धाम से मनाया करते थे। हिन्दी में इनका एक अष्टयाम तथा कुछ स्फुट पद मात्र मिलते हैं। संस्कृत में गीत-गोविन्द के अनुकरण पर 'जानकी गीत' नामक एक ललित ग्रन्थ की रचना की थी। उनकी ब्रजभाषा के कृतित्व का एक उदाहरण निम्नलिखित है—

माई री रास रच्यो सरजू तट सोम श्रवन बट छाँहीं।
नाचत राम गोपाल कुंज में दै सीता गर बाहीं।
रागिनि में अनुराग लता खिली वन प्रमोद के माहीं।
हरि सहचरि सुख चहल-पहल में लोक वेद सुधि नाहीं।

18वीं शती का उत्तरार्द्ध एवं 19वीं शती का प्रथम चरण इनका रचनाकाल है। इनके बारे में निश्चित तिथियों को जानने का कोई साधन उपलब्ध नहीं है।

गुरु गोविन्द सिंह

सिखों के प्रसिद्ध दसवें गुरु गोविन्द सिंह जी केवल लड़ाकू वीर योद्धा ही नहीं थे, वे भावुक भक्त भी थे। यद्यपि सिख सिद्धान्तों के अनुसार वे निर्गुणोपासक थे, परन्तु वास्तव में उनका झुकाव पूरी तरह सगुणोपासना की ओर था। सम्भवतः देवी-देवताओं की श्रद्धा उनके भीतर उस मानसिक शक्ति को स्फुटित करती थी, जिसकी उस संकट के समय में उन्हें अत्यधिक आवश्यकता थी। उनका जन्म संवत् 1723 में हुआ था और संवत् 1765 में मृत्यु हो गयी थी। वे स्वयं तो कवि थे ही, कवियों को आदर भी बहुत देते थे। उनके दरबार में वीर रस के छन्द कहने वाले अनेक कवि सम्मान प्राप्त करते रहते थे।

अपने ग्रन्थ 'गोविन्द रामायण' में रामकथा का सुन्दर और प्रभावशाली चित्रण उन्होंने किया है। सम्भवतः राम का प्रतापी, ऐश्वर्यशाली, चतुर, दमनकारी एवं मर्यादा पुरुषोत्तम रूप उनकी आदर्श भावना के अधिक निकट था। इनकी रचना शुद्ध रूप

से रसिक भावना के अन्तर्गत नहीं आती। वास्तव में वे तुलसी की परम्परा के कवि थे। उनका एक कवित्त हम उद्धृत कर रहे हैं—

निर्जन निरूप हौ, कि सुन्दर स्वरूप हौ,
कि भूपन के भूप हौ, कि दानी महादान हौ?
प्रान के बचैया, दूध, पूत के देवैया,
रोग सोग के मिटैया, किधौं मानी महामान हौ?
विद्या के विचार हौ, कि अद्वैत अवतार हौ,
कि सुद्धता की मूर्ति हौ, कि सिद्धता की सान हौ?
जीवन के जाल हौ, कि कालहू के गाल हौ,
कि सत्रुन के साल हौ, कि मित्रण के प्राण हौ?

इसी प्रकार निम्नलिखिन सवैये में उन्होंने प्रभु-प्राप्ति में प्रेम का महत्त्व बताया है—

काह भयो दुहु लोचन भूपि कै बैठि रह्यो बक ध्यान लगायो।
न्हात फिरयो लियो सात समुद्रन, लोक गयो परलोक गँवायो।
वासु कियो विखियान सो बैठि के ऐसिहि ऐस सु बैस बितायो।
साचु कहौं सुनि लेहु सबै जिन प्रेम कियौ तिन ही प्रभु पायो।

रामप्रसाद विन्दुकाचार्य

आपका जन्म संवत् 1760 में अवध प्रदेश के मलिहाबाद नामक स्थान में एक कान्यकुब्ज ब्राह्मण कुल में हुआ था। तरुणावस्था के प्रारम्भ में ही ये विरक्त होकर अयोध्या चले आये। कहते हैं कि एक बार जानकी नवमी के दिन संवत् 1787 में स्वयं जानकी जी ने अपने हाथ से इनके तिलक लगा दिया था। मृत्यु इनकी संवत् 1861 में मानी जाती है। इनके नाम से 'शिक्षा पत्री' और 'गीता तात्पर्य निर्णय' दो रचनाएँ कही जाती हैं, परन्तु इनका महत्त्व कवि के नाते न होकर साधना एवं प्रभाव की दृष्टि से बहुत अधिक है। अपने समय के ये अत्यन्त प्रसिद्ध एवं प्रभावशाली सन्त थे।

मामा प्रयागदास

साधना एवं निष्ठा की दृष्टि से इस युग के एक अन्य प्रसिद्ध महात्मा हुए हैं।

18वीं शती का निर्गुणमार्गीय ब्रजभाषा-काव्य : पृष्ठभूमि तथा संक्षिप्त रूपरेखा

निर्गुण भक्तिमार्ग प्रेम-प्रतीक-भावधारा के आधार पर विकसित हुआ है। सगुण साकार लीलागान की परम्परा एवं अवतारवाद की अस्वीकृति के कारण रागानुगा पद्धति के

व्यवहार की आवश्यकता निगुर्ण मार्ग में नहीं थी। राधा, गोपी, सखी नन्द, सुबल या हनुमान अथवा वशिष्ठ के भाव की कल्पना करके जैसे ही भाव या कार्य की योजना का स्वीकरण निर्गुणियों की पद्धति के अनुकूल नहीं था। इसी कारण उनके सारे सम्बोधन एवं अभिव्यक्तियाँ सामाजिक सम्बन्धों के प्रतीकों पर आधारित हैं। इस दृष्टि से वे सूफ़ी सिद्धान्तों के अधिक निकट है। ईश्वर को सामान्यतः इन लोगों ने स्वामी, पिता-माता अथया पति के रूप में देखा है। यह परम्परा 18वीं शताब्दी के निर्गुणिया कवियों में पूर्णतया सुरक्षित रही है। यारी, बुल्ला मलूकदास, सुन्दरदास रज्जब सभी कवियों ने भगवान को इन्हीं रूपों में भावित किया है।

इस समय के निर्गुणमार्गी कवियों में समन्वय की वृत्ति और भी मिलती है। सगुणोपासना एवं अवतार तत्त्व का ऐसा तीखा विरोध इनमें नहीं है, जैसा कि हमें कबीर में प्राप्त होता है। चरणदास एवं प्राणनाथ के बारे में तो यह कहना ही कठिन है कि वे सगुणोपासक थे या निर्गुणोपासक।

निर्गुणी कवियों के बारे में एक तथ्य और भी द्रष्टव्य है कि वे या तो पूर्वीय प्रदेशों में केन्द्रित रहे या फिर राजस्थान उनका मुख्य केन्द्र रहा। इसका परिणाम यह हुआ कि शुद्ध ब्रजभाषा में काव्य-रचना निर्गुणमार्गियों द्वारा कम ही हुई है। पूर्वीय प्रदेशों के सन्तों की भाषा या तो भोजपुरी रही या फिर ब्रजभाषा में भी पूर्वीय प्रयोगों का यथेष्ट उपयोग किया गया। राजस्थान में राजस्थानी शब्दों का भी अत्यधिक मिश्रण ब्रजभाषा में किया गया। रज्जबदास जैसे कवियों में यह राजस्थानी छाया अच्छी तरह देखी जा सकती है। सुन्दरदास की भाषा अवश्य स्वच्छ एवं प्रवाहशील ब्रजभाषा बनी रही है। सम्भवतः सन्तों में सर्वाधिक अधीन व्यक्ति भी वही थे। प्राणनाथ जैसे सन्त जहाँ तथ्य के क्षेत्र में समन्वयवादी हैं, वहीं भाषा में भी तरह-तरह के मिश्रण उन्होंने किये हैं। गुजराती, सिन्धी, फ़ारसी, तुर्की, ब्रजभाषा, बुन्देली, राजस्थानी आदि अनेक भाषाओं की खिचड़ी उनमें उपलब्ध हो जाती है। कभी-कभी तो उसको समझना भी कठिन हो जाता है।

इस युग की एक अन्य विशेषता है कि सन्त मत अनेक छोटे-छोटे सम्प्रदायों में बँटता है। यह विघटन की प्रवृत्ति भी थी और एक प्रकार का धार्मिक पुनरुत्थान भी। इस प्रवृत्ति की समानान्तर स्थितियाँ राजनीतिक जीवन में भी देखी जा सकती हैं।

दादूपन्थ के कवि

रज्जब जी—सन्त सम्प्रदायों में कबीर-पन्थ के बाद सर्वाधिक महत्त्वपूर्ण सम्प्रदायों में से एक दादूपन्थ है। दादू का व्यक्तित्व एवं महत्त्व लगभग कबीर जैसा ही है। दादू के सैकड़ों शिष्य थे, उनमें से तीन—रज्जब जी, सुन्दरदास एवं जगन्नाथ प्रमुख हैं। इनमें से प्रथम दो का कार्यकाल विक्रम की 18वीं शताब्दी के पूर्वार्द्ध तक रहा है।

रज्जब जी का जन्म सांगानेर के एक प्रतिष्ठित पठान वंश में सं. 1624 में हुआ था। रज्जब अली खाँ इनका वास्तविक नाम था। रज्जब जी के विरक्त हो जाने के बारे में एक बड़ी विचित्र किंवदन्ती है। इस किंवदन्ती के अनुसार 20 वर्ष की वय के तरुण रज्जब अली खाँ अपना विवाह करने के वर-वेश में सांगानेर से आमेर जा रहे थे। रास्ते में दादू जी से साक्षात्कार हो गया। दादू ने उनके मन को इतना प्रभावित किया कि तत्काल विवाह का विचार छोड़कर उन्होंने उनका शिष्यत्व ग्रहण कर लिया तथा दादू के साथ ही रहने लगे। रज्जब जी के बारे में यह भी प्रसिद्ध है कि आजीवन वे दूल्हे के वेश में ही रहे। वे कहा करते थे कि जिस वेश ने सद्‌गुरु के दर्शन कराकर उचित राह पर लगा दिया, उसे छोड़ना उचित नहीं है। मध्यकाल के सभी कवियों में हमें गुरु के प्रति आदर का भाव प्राप्त होता है परन्तु रज्जब जी जैसी निष्ठा के दर्शन कम ही होते हैं। दादू दयाल जी की मृत्यु का इन्हें बहुत कष्ट हुआ था। उनकी मृत्यु के पश्चात् कहा हुआ रज्जब का यह वाक्य प्रसिद्ध है—

दीन दयाल दिनों दुख दीनन, दादू सी दौलत हाथ सो लीनी।
रोष अतीतन सौ जु कियौ हरि, रोजी जु रंकनि की जग छीनी।[72]

रज्जब जी की बानी ज्ञानसागर प्रेस बम्बई से संवत् 1975 में प्रकाशित हो चुकी है। इसमें 194 अंगों में विभाजित उनकी 5428 साखियाँ हैं[73] तथा 218 पद, 116 सवैये, 83 अरिल्ल, 89 छप्पय तथा कुछ त्रिभंगी छन्द की फुटकर कविताएँ भी संगृहीत हैं। कुछ अन्य छोटी-छोटी रचनाएँ भी इस ग्रन्थ में प्रकाशित हैं। इस बानी के अतिरिक्त उन्होंने दो अत्यधिक महत्त्वपूर्ण ग्रन्थों का सम्पादन भी किया है। दादू जी की रचनाओं का संकलन सम्पादन 'अंगबधू' के नाम से एवं विभिन्न महात्माओं की रचनाओं का संकलन 'सर्वंगी' के नाम से रज्जब ने किया है। सर्वंगी अत्यधिक महत्त्वपूर्ण ग्रन्थ है। इसके द्वारा उस समय के सन्तों की वाणियों का प्रामाणिक रूप ही उपलब्ध नहीं होता, रज्जब जी की उदारतावादी विचारधारा भी प्रकट होती है।

रज्जब जी के साहित्यिक महत्त्व का आकलन करते हुए आचार्य हजारी प्रसाद द्विवेदी ने कहा है—"रज्जबदास निश्चय ही दादू के शिष्यों में सबसे अधिक कवित्व लेकर उत्पन्न हुए थे। उनकी भाषा में राजस्थानीपन और मुसलमानीपन अधिक है, तथाकथित शास्त्रीय काव्य-गुण का उसमें अभाव है, फिर भी एक आश्चर्यजनक विचार-प्रौढ़ता, वेगवत्ता और स्वाभाविकता है। और लोग जिसको कई पदों में कहते हैं, रज्जब उस तत्त्व को सहज ही छोटे-छोटे दोहे में कह जाते हैं। इनके वक्तव्य विषय भी वही हैं जो साधारणतः निर्गुण या भावापन्न साधकों के होते हैं, पर साफ और सहज अधिक।[74] ऐसा लगता है कि रज्जब जी कथा-वार्ता की शैली के मर्मज्ञ थे, इसी कारण दृष्टान्तों के बड़े मार्मिक प्रयोगों द्वारा एक प्रकार की नाटकीयता की स्थापना उन्होंने अपने काव्य में की है।

थकित होत पाका सुमन, ज्यूँ कण हाँडी माहिं।
काचा कूदै ऊघलै, निहचल बैठे नाहिं।[75]

मुसलमान होने के कारण सम्भवतः वे सूफ़ी प्रभाव को अधिक स्वाभाविक रूप में ग्रहण कर सके थे; इसी कारण उनके काव्य में प्रेम का वेग अतिरिक्त रूप से तीव्र एवं प्रवाहशील है। विरहिणी की मर्मान्तक वेदना को विचित्र करने वाला पद नीचे हम उद्धृत कर सके हैं—भाषा का राजस्थानी रंग भी उल्लेख्य है—

म्हारो मन्दिर सूनो राम बिन बिरहिण नींद न आवै रे।
पर उपगारी नर मिलै, कोइ गोविन्द आन मिलावै रे।
चेती बिरहिण चिन्त न भाजै, अविनासी नहि पावै री।
बहु वियोग जागे निसबासर, बिरहा बहुत सतावै री।
बिरह बियो बिरहिणी बीधी, घर बन कछु न सुहावे रे।
दह दिसि देखि भयो चित चकरित, कौन दसा बरसावै रे।
ऐसा सोच पड़्या मन माहीं, समझि समझि घूँ धावै रे।
बिरहबान घटि अन्तर लाग्या, घायल ज्यूँ घूमावै रे।
विरह अगिनि तनपिंजर छीनाँ, पिव कुँ कौन सुनावै रे।
जन रज्जब जगदीस मिले बिन, पल-पल बज्र बिहावै रे।[76]

विरह के महत्त्व को प्रतिपादित करने वाला निम्नलिखित दोहा तो ठेठ सूफ़ी शब्दावली एवं भावना को ही व्यंजित करता है—

दरद नहीं दीदार का, तालिब नाहीं जीव।
रज्जब विरह वियोग बिन, कहाँ मिलै सो पीव।

रज्जब की मृत्यु संवत् 1746 में मानी जाती है। इस प्रकार उन्हें 122 वर्ष की लम्बी आयु मिली थी।

सुन्दरदास

आचार्य रामचन्द्र शुक्ल ने अपने साहित्य के इतिहास में सुन्दरदास के महत्त्व की स्थापना करते हुए कहा है, "निर्गुणपन्थियों में ये ही ऐसे व्यक्ति हुए हैं जिन्हें समुचित शिक्षा मिली थी और जो काव्य-कला की रीति आदि से परिचित थे। अतः इनकी साहित्य रचना साहित्यिक और सरस है। भाषा भी काव्य की मँजी हुई ब्रजभाषा है।... उन्होंने सिद्धहस्त कवियों के समान बहुत-से कवित्त और सवैये रचे हैं। सन्त तो ये थे ही, पर कवि भी थे। इससे समाज की रीति-नीति और व्यवहार आदि पर भी पूरी दृष्टि रखते थे।"[77]

ऐसे महत्त्वपूर्ण व्यक्ति सुन्दरदास का जन्म वैश्य कुल में जयपुर राज्यान्तर्गत दौसा नामक कस्बे में सं. 1653 चैत्र शुक्ल 9 को हुआ था। 6 वर्ष की आयु में ही

इनके पिता ने दादी जी के चरणों में डालकर इनको दीक्षा दिला दी थी। उसके बाद से अधिकांशतः वे दादी जी के पास ही रहने लगे। जगजीवन जी इनके ज्येष्ठ गुरुभाई थे और वे स्नेहपूर्ण ढंग से सम्प्रदाय की साधना का मर्म उनके सम्मुख उद्‌घाटित करते चलते थे। दादू की मृत्यु के पश्चात् वे जगजीवन जी के प्रयत्नों में संवत् 1663 में विद्याध्ययन के लिए काशी आये। काशी में विविध शास्त्रों का गम्भीर अध्ययन लेकर सं. 1682 में वे फतेहपुर (शेखावाटी) लौट आये। काशी से लौटने के बाद उन्होंने लगभग 12 वर्ष योगाभ्यास किया, फिर तमाम देश का पर्यटन कर अनुभव प्राप्त करते रहे। योगाभ्यास एवं देशाटन इन दोनों के अनुभव उनके काव्य में हमें उपलब्ध हो जाते हैं। घूमघाम कर वे फिर सांगानेर (रज्जब जी की जन्मभूमि) चले आये। रज्जब जी के प्रति उनके मन में अत्यधिक स्नेह एवं आदर का भाव था। कहा जाता है कि संवत् 1746 में रज्जब जी की मृत्यु की वेदना से ही इन्होंने अपने प्राण त्याग दिये। इस प्रकार सं. 1746 ही उनका भी मृत्यु संवत् है।

सुन्दरदास द्वारा रचित साहित्य का परिमाण विशाल है। दो भागों में अत्यन्त सुरुचिपूर्ण ढंग से सम्पादित करके उनकी रचनाओं का संग्रह 'सुन्दर-ग्रन्थावली' के नाम में पुरोहित हरि नारायण शर्मा ने प्रकाशित कराया है। उनमें संकलित छोटे बड़े ग्रन्थों की संख्या 42 है परन्तु 'ज्ञानसमुद्र' एवं 'सुन्दर विलास' ही आकार महत्त्व दोनों ही में बड़े हैं। 'ज्ञानसमुद्र' में पाँच उल्लास या अध्याय हैं, जिनमें क्रमशः गुरु, नवधा भक्ति, अष्टांग योग, सेश्वर सांख्य मत एवं अद्वैत ब्रह्मज्ञान का पाण्डित्यपूर्ण निरूपण किया गया है। ग्रन्थ पूर्णरूपेण सिद्धान्तपरक कहा जा सकता है। सुन्दर विलास में सन्तों द्वारा निरूपित विषयों आत्मानुभूतियों का ललित काव्यात्मक शैली में वर्णन किया गया है। इस ग्रन्थ को सवैया भी कहा गया है। इसमें कुल 563 छन्द हैं। पं. परशुराम चतुर्वेदी जी ने उनके सम्बन्ध में रज्जब जी से तुलना करते हुए एक टिप्पणी दी है। उसमें कहा है—"अपनी विद्वत्ता में ये अपने गुरुभाई रज्जब जी से भी बढ़े-चढ़े थे और साहित्यिक प्रवीणता भी इनमें उनसे अधिक थी।[78] पण्डित हजारी प्रसाद द्विवेदी के अनुसार जब कभी वेदान्त का तत्त्वज्ञान छोड़कर ये अन्य विषयों पर लिखते थे, तब निस्सन्देह रचना उत्तम कोटि की होती थी।"[79]

सुन्दरदास की इन दार्शनिक, योगपरक रचनाओं से हमारे आलोच्य विषय का सम्बन्ध नहीं है। प्रस्तुत प्रसंग में वे अनावश्यक ही कही जायेगी, परन्तु जहाँ पर प्रेम और भक्ति की अनुभूतिप्रवण कलात्मक रचनाएँ उन्होंने की हैं, वे हमारे लिये अवश्य ही प्रासंगिक एवं विवेचनीय हैं। नीचे हम उनकी ऐसी ही कतिपय रचनाएँ उद्धृत कर रहे हैं। निम्न दोहे में प्रेम एवं अनन्यता के साथ ही व्याकुलता की भी अनुभूति छिपी हुई है—

प्रीतम मेरा एक तू, सुन्दर और न कोइ।
गुप्त भया किस कारज, काहि न परगट होइ।

निम्नांकित सवैये में उन्होंने प्रेम का शरीर एवं चित्तवृत्तियों पर पड़ने वाला प्रभाव स्पष्ट किया है। इस पराभक्ति की अवस्था में उनके अनुसार नवधा भक्ति से भक्ति करने का भी अवकाश शेष नहीं रहता। प्रेमाभक्ति की यह परिभाषा भी है और उसका व्यावहारिक रूप भी–

प्रेम लग्यो परमेस्वर सों, तब भूलि गये सब ही घरबारा।
ज्यौ उनमत्त फिरै जित ही तित नेकु रही न सरीर सम्भारा।
साँस उसास उठे सब रोम, चलै दृग नीर अखण्डित धारा।
सुन्दर कौन करे नवधा विधि छाकि परयौं रस पी मतवारा।[80]
न लाज कानि लोक को न वेद को कहो करे।
न संक भूत प्रेत की न देव यक्ष ते डरे।
सुने न कौन और की, द्रसे न और इच्छना।
कहे न कहू और वात, भक्ति प्रेम लच्छना।[81]

गोपी भाव और इस प्रेमाभक्ति की समानता और एकता दिखाते हुए भी उन्होंने कहा है कि–

प्रेम अधीनो क्यों डोलै, क्यों की क्यों ही बानी बोलै।
जैसे गोपी भूली देहा, ता कौं चाहे जासों नेहा।[82]

उनके समस्त पाण्डित्य, कलात्मकता, कारुकारिता एवं व्यापक अनुभव को स्वीकार करते हुए भी हमें यह कहने में संकोच नहीं है कि आत्मानुभूति की जिस तीव्रता के दर्शन हमें रज्जब जी में होते हैं, उसका सुन्दरदास में अपेक्षाकृत अभाव है, परन्तु फिर भी वे हमारे आलोच्य युग के कुछ अत्यधिक महत्त्वपूर्ण एवं श्रेष्ठ कवियों मैं से हैं।

सत्तनामी सम्प्रदाय के कवि

जगजीवन दास

सत्तनामी सम्प्रदाय की कोटवा शाखा के पुनः संगठनकर्ता जगजीवनदास जी का जन्म सं. 1727 माना जाता है तथा इनका देहान्त सं. 1818 में हुआ था। वे बाराबंकी जिले के सरदहा नामक गाँव के रहने वाले थे जो कोटवा से 4 मील दूर है। जगजीवनदास जी यावत्‌जीवन गृहस्थी में ही रहे। इन्होंने परमात्मा को अधिकतर सत्त या सत्य कहा है, उसी के प्रति अपनी भक्ति प्रदर्शित की है। शरणागति एवं प्रभु-कृपा का इस सम्प्रदाय में बहुत अधिक महत्त्व है। उनके काव्य की भाषा यद्यपि अवधी है पर कहीं-कही ब्रज के भी प्रयोग उनमें उपलब्ध हो जाते हैं। यत्र-तत्र उनमें सूफ़ी-भावना की झलक भी मिल जाती है। उनका एक पद इस प्रकार है–

पपिहै पीय पुकारेउ पंछिन आगे रोय।
तीनि लोक फिरि आयेउ बिनु दुख लख्यो न कोय।
जोगिन ह्वै जग ढूढ़ेउ, पहिरयों कुण्डल कान।
पिय को अन्त न पायेउ खोजत जनम सिरान।

जगजीवनदास के रचे हुए सात ग्रन्थ कहे जाते हैं जिनमें से शब्द-सागर प्रकाशित हो चुका है। अन्य ग्रन्थों के नाम हैं—प्रथम ग्रन्थ, ज्ञान प्रकाश, आगम पद्धति, भद्दा प्रलय, प्रेम और अघ विनाश।

दूलनदास

सत्तनामी सम्प्रदाय की कोटवा शाखा के पुनः संगठनकर्ता जगजीवन साहब के शिष्य दूलनदास का जन्म लखनऊ जिले के समेसी ग्राम में सं. 1717 माना जाता है। मृत्यु आपकी संवत् 1835 में हुई थी। ये एक जमींदार कुटुम्ब में पैदा हुए थे और जीवन का अधिकांश भाग गृहस्थ-रूप में जमींदारी की व्यवस्था करते हुए बिताते रहे। इस सांसारिक जीवन के बावजूद उन्होंने अपना जीवन बड़े सादे ढंग से बिताया एवं आध्यात्मिक चिन्तन में सदैव लीन रहे। जीवन के अन्तिम भाग में अपना साधनात्मक जीवन रायबरेली जिले में एक गाँव में बसकर व्यतीत करते रहे।

अवधी भाषी प्रदेश में उत्पन्न दूलनदास के लिए यह स्वाभाविक ही था कि वे अवधी में काव्य-रचना करते। फिर भी ब्रजभाषा में उनके कुछ-न-कुछ पद अवश्य प्राप्त हो जाते हैं, यद्यपि इनमें भी पूर्वीय प्रयोगों की प्रचुरता रहती है। सन्त दूलनदास के सम्बन्ध में बात विशेष रूप से ध्यान देने योग्य है कि यद्यपि वे निर्गुणमार्गी सत्तनामी सम्प्रदाय के अनुयायी थे, पर उनकी अभिव्यक्तियाँ सगुण भाव के रंग में पूरी तरह रंगी हुई हैं। उन्होंने सगुण-लीला के अनेक प्रसंगों का बहुधा उल्लेख किया है, परन्तु वे उन्हीं घटनाओं या लीलाओं की ओर आकृष्ट हुए हैं जो प्रभु के रक्षक, शरणागत प्रतिपालक, दीनबन्धु रूप को स्पष्ट करती हैं। गजेन्द्र मोक्ष, दौपद्री लाज-रक्षा आदि प्रसंगों का उन्होंने कृतज्ञ एवं आतुर भाव से उल्लेख किया है। इस प्रकार सगुण मतवाद का उन पर प्रभाव पड़ रहा था। उनका गजेन्द्र मोक्ष का पद इस प्रकार है—

जब गज अरध नाम गुहरायो।
जब लगि आवे दूसर अच्छर, तब लगि आपुहि धायो।
पाय पियादे में करुनामय, गरुड़ासन बिसराये।
धाइ गजेंद्र गोद प्रभु लीन्हों, आपनि भक्ति दिढ़ाये।[83]

इस प्रकार उन्हें दास भाव का भक्त माना जा सकता है।

शुक-सम्प्रदाय के कवि

चरणदास

शुक-सम्प्रदाय के प्रतिष्ठापक स्वामी श्यामचरणदास का प्रारम्भिक नाम रणजीत था। भाद्रपद शुक्ल तृतीया सं. 1760 को इनका जन्म भार्गव वंश में हुआ था।[84] भागवत कथा के गायक शुकदेव मुनि को ये अपना गुरु मानते थे तथा सरस माधुरी जी के अनुसार 19 वर्ष की अवस्था में ही उन्होंने गुरुदीक्षा ले ली थी। सम्भवतः प्रारम्भ में वे योग-साधना में लगे रहे, परन्तु उससे मन नहीं भरा और संवत् 1793 में ब्रज चले आये, यहाँ पर प्रेमाभक्ति के शीतल जल ने उन्हें सन्तुष्ट किया। एक स्थल पर उन्होंने लिखा है—

चार वेद किये व्यास ने, अर्थ विचार विचार।
ता में निकसी भक्ति ही, रामनाम तत सार।

यह बात सूचित करती है कि उनका मन भक्ति में ही सन्तुष्टि प्राप्त कर सका था। यद्यपि इस सम्बन्ध में यह कहना कठिन है कि पहले वे भक्ति के मार्ग पर गये हैं या योग के। परन्तु इतना निश्चित है कि उनकी रचनाओं में भक्ति, योग, ज्ञान का अनुभूत संयोग है। भक्ति के इस क्षेत्र में भी उन्होंने विविध विचारधाराओं का समन्वय अपनी रचनाओं में किया है। पीछे चतुर्थ अध्याय में हम इन सब बातों का विस्तृत विवेचन कर चुके हैं। साधनागत इन समन्वयों के अतिरिक्त नैतिक शुद्धता सद्व्यवहार आदि को भी उन्होंने पर्याप्त स्थान दिया है।

सन्त चरणदास के ग्रन्थों के बारे में कुछ विवाद है। कुछ लोग इनके 21, 15 या 12 ग्रन्थ मानते हैं। 15 ग्रन्थों का एक संग्रह श्री वेंकटेश्वर प्रेस, बम्बई से प्रकाशित हो चुका है। लखनऊ के नवलकिशोर प्रेस से इनके ग्रन्थों का संग्रह 'भक्ति सागर' के नाम से प्रकाशित हुआ है। उसमें निम्नलिखित ग्रन्थ संगृहीत हैं—ब्रज चरित्र, अमरलोक अखण्ड धामवर्णन, धर्म जहाज, ज्ञान स्वरोदय, अष्टांग जोग, पंचोपनिषद् सन्देह सागर, भक्ति पदारथ वर्णन, मन विरक्त करन सार गुटका, ब्रह्मज्ञान सागर, भक्ति सागर। इसके अतिरिक्त उदयपुर के सरस्वती भण्डार पुस्तकालय में इनके हस्तलिखित ग्रन्थों का प्रामाणिक संकलन उपलब्ध है।[85] इसमें संगृहीत ग्रन्थ लगभग वही हैं जो नवलकिशोर प्रेस के संग्रह में हैं। अपने ग्रन्थ-लेखन का रचना संग्रह संवत् उन्होंने एक स्थान पर संवत् 1781 बताया है। निर्गुण और सगुण भक्ति दोनों को सूचित करने वाली हम इनकी दो रचनाओं को उद्धृत कर रहे हैं। प्रथम रचना निर्गुण प्रेमप्रतीक भाव-धारा के अन्तर्गत परिगणनीय है—

गद्‌गद वाणी कण्ठ में, आँसू टपके नैन।
वह तो विरहन राम की, तड़फत है दिन रैन।

हाय-हाय हरि कब मिलै छाती फाटी जाय।
ऐसा दिन कब होयगा, दरसन करूँ अघाय।
पीव चहो कै मत चहौ, वह तो पी की दास।
पी के रंगराती रहै, जग सू होय उदास।
आज्ञाकारी पीव की, रहै पिया के संग।
तन मन सों सेवा करै और न दूजो रंग।

चरणदास जी ने राधा और कृष्ण की तथा कृष्ण और गोपियों की अनेक लीलाओं का गान किया है। रास-नृत्य में निरत राधाकृष्ण का यह चरित्र किसी भी युगलोपासक के लिए स्पृहणीय हो सकता है—

रास में निरत करत बनवारी।
मुदित मनोहर रंग बढ़ावत संग वृषभानु दुलारी।
मोर मुकुट छवि शीश विराजत नाक बुलाक सुधारी।
कर मुरली कटि काछनि काछै अलकै घूंघरवारी।
राधा जी के शीश चन्द्रिका नीलाम्बर जरतारी।
गावै सखी श्याम श्याम संग नखशिख रूप उजारी।
ताधिना ताधिना धीन बजत पखावज ताल बीन गति न्यारी।
ठनन ठनन ठन नूपुर की धुनि झनन-झनन झनकारी।
चरणदास शुकदेव दया सूँ पायो दरश मुरारी।[86]

चरणदास के अनुशीलन से ऐसा ज्ञान होता है कि वे बहुश्रुत और बहुपठित व्यक्ति थे। उनके काव्य में यद्यपि कृत्रिम आलंकारिता का स्थान नहीं है परन्तु फिर भी अभिव्यंजनागत चमत्कारों का उनमें नितान्त अभाव नहीं है। यों सीधी-सादी सरल शैली में उन्होंने अपने कथ्य को उपस्थित किया है। ब्रज के अतिरिक्त उनकी भाषा में राजस्थानी, पंजाबी एवं रेखता के भी प्रयोग हैं। प्रेम और भक्ति के प्रसंगों में उनकी वाणी में एक अतिरिक्त भास्वरता आ जाती है।

सहजोबाई

सहजोबाई महात्मा चरणदास की शिष्या थीं तथा संवत् 1800 में वे वर्तमान थीं।[87] उनका रचनाकाल 18वीं शती का अन्तिम भाग एवं 19वीं शती का प्रथम चरण माना जा सकता है। साधना एवं भावात्मकता की दृष्टि से सहजोबाई के काव्य में निष्ठा की एक दीप्ति प्राप्त होती है। अपने गुरु के प्रति इनके मन में अगाध निष्ठा थी—

निस्चौ यह मन डूबता मोह लोभ की धार।
चरनदास सतगुरु मिला, सहजो लाई उबार।[88]

सहजोबाई के काव्य में साधनानुभूति की तीव्रता और निष्ठा के साथ ही जीवन

के अनुभव एवं काव्य की चमत्कारिकता भी सँजोयी हुई है। उन्होंने सांसारिक कष्टों के प्रभावशाली चित्र उपस्थित करते हुए प्रभु-भक्ति का उपदेश दिया है। यह अंश कवयित्री की काव्य-कुशलता एवं कल्पनाशक्ति का प्रमाण है। यों तो संसार की असारता दिखाकर सभी सन्तों ने आध्यात्मिक पथ की ओर मन को मोड़ना चाहा है, परन्तु उस असारता का काव्य की परिपाटी पर जो बिम्बग्रहण होना चाहिए, उसे कराने में या तो अधिकांश सन्त असफल हुए हैं अथवा उनकी प्रवृत्ति उस ओर नहीं रही है, परन्तु सहजोबाई ने मनुष्य के जीवन से लेकर मृत्यु तक के अनेक कष्टों के मार्मिक चित्र उपस्थित किये हैं। अर्थ सम्बन्धी कष्ट का एक चित्र देखिए—

द्रव्यहीन भटकत फिरै, ज्यों सरांय को स्वान।
झिड़कि दियो जेहि घर गया, सहजो रह्यो न मान।[89]

सहजोबाई ने प्रेममार्ग के भी अनेक मार्मिक वर्णन किये हैं—

प्रेम दीवाने जो भये, प्रीतम के रंग माहिं।
सहजो सुधि बुधि सब गयी, तन की सोधी नाहिं।
प्रेम दीवाने जो भये, पलटि गयो सब रूप।
सहजो दृष्टि न आवई, कहा रंक कहा भूप।
प्रेम दीवाने जो भये, कहैं बहकते बैन।
सहजो मुख हांसी छूटै, कबहूँ टपके नैन।[90]

दयाबाई

दयाबाई सहजोबाई की गुरु बहन तथा महात्मा चरणदास की शिष्या थीं। इसीलिए इनका भी समय 18वीं शताब्दी का अन्तिम भाग माना जा सकता है। दयाबाई में लगभग वही प्रवृत्तियाँ हमें मिलती हैं, जिनकी चर्चा हम सहजोबाई के प्रसंग में कर चुके हैं बल्कि उनमें स्त्रियोचित भावावेग का प्राबल्य अधिक है। उनके कुछ उद्‌गार आन्दाल, राबिया एवं मीरा के समकक्ष रखे जा सकते हैं। कतिपय उदाहरण निम्नलिखित हैं—

जनम-जनम के बीछुरे, हरि! अब रह्यो न जाय।
क्यों मन कूँ दुख देत हो, विरह तपाय-तपाय।
काग उड़ावत थके कर, नैन निहारत बाट।
प्रेम सिन्धु में परयो मन, ना निकसन को घाट।
बौरी है चितवत फिरूँ, हरि आवे केहि ओर।
छिन उठूँ छिन गिरि परूँ, राम दुखी मन मोर।।[91]

दयाबाई के काव्य में सहजता एवं स्वाभाविकता का गुण बड़ी मात्रा में है। विद्वत्ता एवं व्यापक जीवनानुभवों के स्थान पर सहज पारिवारिक चित्रों के माध्यम

से उन्होंने अपनी बात कही है। उन्होंने भगवान और भक्त के मध्य माता एवं पुत्र का सम्बन्ध भी उपमान के रूप में उपस्थित किया है–

नहिं संजम नहिं साधना, नहिं तीरथ ब्रत दान।
मात भरोसे रहत हैं, ज्यों बालक नादान।
लाख चूक सुत से परै, सो कुछ तजि नहि देह।
पोष चुचुक ले गोद में, दिन-दिन दूनों नेह।[92]

बावरी पन्थ के कवि

यारी साहब

बावरी सम्प्रदाय के अनुयायी यारी साहब का पूरा नाम यार मुहम्मद था। अपने सांसारिक जीवन में वे सम्भवतः ऐश्वर्य-सम्पन्न थे तथा उस वैभव को छोड़कर उन्होंने फकीराना वेश अपनाया था। परशुराम चतुर्वेदी का अनुमान है कि वे प्रारम्भ में सूफ़ी थे परन्तु बाद को बावरी पन्थ के बीरू साहब के सम्पर्क में आने पर सन्त मत में दीक्षित हो गये थे।[93] यारी साहब की एक रचना 'रत्नावली' नाम से बेलवेडियर प्रेम से प्रकाशित हो चुकी है, उसके सम्पादक के अनुसार वे संवत् 1725 से 1780 के बीच वर्तमान रहे होंगे, परन्तु परशुराम जी का अनुमान है कि 18वीं शती के मध्य भागमें उनका स्वर्गवास हो गया होगा।[94] उनकी समाधि दिल्ली नगर में अब भी वर्तमान है।

यारी साहब के काव्य के बारे में अपना मत प्रकट करते हुए परशुराम चतुर्वेदी ने कहा है कि "इनकी पंक्तियों में तल्लीनता एवं निर्द्वन्द्वता के भावविशेष रूप से लक्षित होते हैं और अनुमान होता है कि ये सदा किसी ऊँचे भाव-स्तर पर रहा करते थे। यारो साहब, चूँकि तसव्वुफ़ के भी निकट सम्पर्क में रह चुके थे इसलिए उनके काव्य में प्रेम की मार्मिक दीप्ति प्राप्त होती है। यह हम पहले भी कह चुके हैं कि निर्गुणियों एवं सूफ़ियों की प्रेम-पद्धति लगभग समान होती है। कहानी का आवरण हटा देने के बाद शुद्ध प्रेमानुभूति ही दोनों में अवशिष्ट रहती है। यारी साहब के निम्न पदों में हमें प्रेम की यही मार्मिकता मिलती है। प्रथम छन्द विरहिणी आत्मा का उद्‌बोधन है एवं द्वितीय में प्रेमानुभूति में पगी आत्मा की अभिलाषा व्यक्त हुई है–

विरहिणी मन्दिर दियना वार।
दिन जाती बिन तेल जुगुति सों बिन दीपक उजियार।
प्रान प्रिया मेरे घर आयो, रचि पचि सेज सँवार।
सुखमन सेज परमतत रहिया, पिय निरगुन निरंकार।
गावहु री मिलि आनन्द मंगल, यारी मिलके यार।

(रत्नावली, शब्द सं. 1)

हौं तो खेली पिया संग होरी।
दरस परस पतिबरता पिया की छवि निरखत भई बौरी।
सोरह कला सम्पूरन देखा, रवि ससि में इक ठौरी।
जब ते दृष्टि परो अविनासी लागो रूप ठगोरी।
रसना रटत रहत निसिवासर, नैन लगो यहि ठौरी।
कहें यारी भवती करूँ हरि की, कोई कहै सो कहो री।

(रत्नावली, शब्द सं. 2)

केशवदास

यारी साहब के पाँच प्रमुख शिष्यों में से एक केशवदास थे। उनकी एक छोटी-सी पुस्तिका 'अमी घूँट' के नाम से प्रकाशित हो चुकी है। इस पुस्तक की भूमिका में उन्हें संवत् 1750 से 1825 के मध्य में स्वीकार किया गया है।[95] परन्तु यदि परशुराम चतुर्वेदी का यह अनुमान ठीक है कि यारी साहब का रचनाकाल 18वीं शती का पूर्वार्द्ध था तो फिर केशवदास का समय अधिक-से-अधिक 18वीं शती का उत्तरार्द्ध माना जा सकता है। प्रेम एवं पति-पत्नी के प्रतीक का प्रयोग केशवदास जी ने भी किया है—

अविनासी दूलह बने मन मोह्यो, जा को निगम बतावै नेत।
निरंकार निरअंक निरंजन, निर्विकार निरलेस।
अगद अजोनि भवन भरि पायो, सतगुरु के उपदेश।[96]

मारवाड़ी-राजस्थानी शब्दों के प्रयोग के समेत कुछ पंक्तियाँ इस प्रकार हैं—

पिय प्यारे रूप भुलानी हो।
प्रेम ठगौरी मन रह्यो, बिन दाम बिकानी हो।
भँवर कमल रस बोधिया, सुख स्वाद बखानी हो।
दीपक ज्ञान पतंग सों, मिलि जोति समानी हो।[97]

बुल्ला (बूला) साहब

यारी साहब के एक अन्य प्रमुख शिष्य बुल्ला साहब थे। इन्होंने बावरी पन्थ का प्रचार पूर्वी क्षेत्रों में किया था। गाजीपुर जिले में भुरकुड़ा ग्राम इनका मुख्य केन्द्र था। इनके बारे में प्रसिद्ध है कि वे कुनबी या कुरमी जाति के थे एवं यारी साहब के सम्पर्क में आकर वैराग्य के क्षेत्र में आ गये थे तथा शीघ्र ही पहुँचे हुए सन्तों में उनकी गिनती होने लगी थी। परशुराम चतुर्वेदी के अनुसार उनका जन्म संवत् 1689 में हुआ था तथा मृत्यु संवत् 1766 में। बुल्ला साहब की रचना 'शब्दसार' के नाम से बेलवेडियर प्रेस, प्रयाग से प्रकाशित हुई है। इनकी रचनाओं में भी अपने गुरु के

ही समान प्रेम-प्रतीक-प्रधान भक्ति-भावना का प्रकाशन हुआ है। नीचे जो पद हम उद्धृत कर रहे हैं, उसमें से यदि शून्य भवन जैसे कुछ शब्द निकाल दिये जायें तो यह कहना कठिन हो जायेगा कि यह किसी गोपी का वचन है अथवा निर्गुणमार्गी भक्त का उद्‌गार। पद इस प्रकार है—

आली आजु कि रैन प्रीति मन भावे।
गाय बजावत हँसत हँसावत, सब रस लेय मनावें।
जन बुल्ला हरि-चरन मनावै, निरखि सुरति गति आपु मैं पावें।

(शब्दसार, पृ. 15)

हरि हम देख्यौ नैननि बीच, तहाँ बसन्त धमारि कीच।
आदि अन्त मधि बन्यो बनाय, निरगुन सरगुन दोनों भाय।
चीन्हेव तिन्ह को लियो लगाय, अनबूझो रहिगो मुँह बाय।
सुन्न भवन मन रह्यो समाय, तहं ऊठत लहरि अनन्त आय।
जगमग-जगमग है अंजीर, जनबुल्ला है सेवक तीर।

(शब्दसार, पृ. 18)

आठ पहर चौंसठ घड़ी, भरो पियाला प्रेम।[98]
बुल्ला कहै विचारि कै, इहै हमारो नेम।

यों अपने प्रियतम को उन्होंने नित्य एक रस तथा सर्वगुणसम्पन्न बताया भी है।

ना वह टूटै ना वह फूटै, ना कबहीं कुम्हिलाय।[99]
सर्वकला गुण आगरो, मो पै वरनि न जाय।

(तुलनीय किशोर कृष्ण से)

गुलाल साहब

बूला साहब और गुलाल साहब के मध्य बड़ा विचित्र सम्बन्ध रहा है। कहते हैं कि अपने लौकिक सांसारिक जीवन में गुलाल साहब मालिक थे और बूला साहब (बुलाकीराम) नौकर। परन्तु जब बुलाकीराम सन्त मत में दीक्षित होकर बूला साहब बन गये, तब गुलाल साहब ने भी उनसे सन्त मत की दीक्षा ली और वे उनके प्रमुख शिष्यों में से गिने गये। गुलाब साहब की बानी भी बेलवेडियर प्रेस, प्रयाग से प्रकाशित हो चुकी है। इसके अतिरिक्त ज्ञान-पुष्टि और राम सहस्त्रनाम भी कहे जाते हैं। गुलाब साहब का समय भी सं. 1750 से लेकर सं 1817 तक माना जाता है। भुरकुडा की गद्दी पर वे सं. 1766 से लेकर सं. 1817 तक आसीन रहे।[100] इनकी रचनाओं में भाषा का स्वर पूर्वी रचनाओं का है, परन्तु ब्रजभाषा के प्रयोग भी उनकी रचनाओं में प्राप्त होते हैं। इनकी रचना एवं प्रेमकृति का एक पद नीचे उद्धृत कर रहे हैं—

राम चरन चित अटको।
सहज सरूप भेख जब कीन्हेयाँ, प्रेम लगन हिय लटको।
लागि लगन हिय निरखि निरखि छवि, सुधि बुधि बिसरी उर के नयन।
उठत गुंज नभ गरजि दसहु दिसि, निरपट झरत रतन।
भयो है मगन पूरन प्रभु पायो, निर्मल निर्गुनसत तटनी।
कह गुलाल मेरे वही लगन है, उलटि गयो जैसे नटनी।[101]

भोजपुरी-अवधी मिश्रित ब्रजभाषा में प्रभु अनुग्रह पर विश्वास प्रकट करने वाली ये पंक्तियाँ भी द्रष्टव्य हैं—

यह मन चंचल चोर अन्याई,
भक्ति न आवत एक किना।
कृपा कियौ प्रभु दृष्टि निहार यों।
सब थकि लागि रहल को ना।[102]

18वीं शती के कतिपय अन्य ब्रजभाषा-काव्य की रचना करने वाले सन्त कवि

मलूकदास

मलूकदास का जन्म संवत् 1631 में इलाहाबाद के कड़ा नामक ग्राम में हुआ था। जाति से ये खत्री तथा पेशे से व्यवसायी थे। प्रारम्भ से ही ये कोमल प्रकृति के थे तथा बहुत कम आयु में ही ये वैराग्य की ओर आकर्षित हो गये थे। लड़कपन से ही ये साधुओं का स्वागत और सत्संग किया करते थे। उन्होंने तीर्थाटन भी किया था तथा सबसे अधिक महत्त्वपूर्ण बात यह है कि गुरु से दीक्षा लेने के उपरान्त भी यावज्जीवन गृहस्थ ही बने रहे। इनकी मृत्यु संवत् 1729 में हुई थी। मलूकदास के रचे हुए नौ ग्रन्थ परशुराम चतुर्वेदी ने बताये हैं जिनके-नाम इस प्रकार है—[103]

(1) ज्ञानबोध, (2) रतन खान, (3) भक्त बक्षावली, (4) भक्त विरुदावली, (5) पुरुष विलास, (6) रस रत्नग्रन्थ, (7) गुरु प्रताप, (8) अलख बानी, (9) रामावतार लीला।

मलूकदास का एक दोहा संसार में प्रसिद्ध है—

अजगर करै न चाकरी पंछी करै न काम।
दास मलूका कह गये सबके दाता राम।।

परन्तु मलूकदास आलस्य का उपदेश कभी नहीं देना चाहते। वास्तव में उन्हें ईश्वर और उसके अस्तित्व पर बहुत अधिक विश्वास था। यद्यपि वे सन्त मतानुयायी एवं निर्गुण उपासक थे परन्तु भावना के आवेग में निर्गुण के बन्धनों को त्यागकर

एक परमेश्वर से अपना निजी सम्बन्ध स्थापित कर लेते हैं। दैन्य एवं विनय के भाव की व्यंजना करने वाला उनका यह सवैया इस बात को स्पष्ट करने में समर्थ है—

दीन दयाल सुनी जब तै, तब तै हिय में कुछ ऐसी बसी है।
तेरो कहाय के जाऊँ कहाँ, मैं तेरे हित की खैंच कसी है।
तेरोई एक भरोस मलूक को, तेरे समान न दूजो जसी है।
एहो मुरारि पुकारि कहो अब मेरी हँसी नहि तेरी हंसी है।[104]

मलूकदास पूर्वी प्रदेश में जन्मे थे और वही उनका कार्यक्षेत्र रहा। इसलिए उनकी रचनाएँ पूर्वी भाषाओं के अन्तर्गत आती हैं। ब्रजभाषा में उनकी रचनाएँ कम ही प्राप्त होती हैं। मलूकदास ने मलूकदासी पन्थ का प्रवर्तन भी किया था।

सन्त तुलसीदास निरंजनी

आपका समय संवत् 1700 के आसपास है। वे राजस्थान के प्रसिद्ध निरंजनी सम्प्रदाय के अनुयायी थे तथा ऐसा प्रतीत होता है कि दर्शन तथा वेदान्त का उनका अच्छा अध्ययन था। उनकी रचनाओं का एक बड़ा संग्रह डॉ. बड़थवाल के पास था। सन्त तुलसीदास ने नवधा भक्ति का वर्णन अपने सम्प्रदायानुसार किया है—

तुलसी यह साधन भगति तरलौं सींची सोय।
तिन प्रेमाफल पाइया प्रेम मुक्ति फल जोय।।[105]

परन्तु सब मिलाकर उनकी रचनाओं में भावात्मकता का अभाव मालूम पड़ता है। सिद्धान्त कथन, वैराग्य, निर्गुण-उपासना आदि की ही चर्चा उन्होंने अधिक की है। भाषा भी मधुर एवं चामत्कारिक नहीं हो सकी है।

धरणीदास

बावा धरणीदास का रचनाकाल 17वीं शती का अन्तिम एवं 18वीं शती का प्रथम चरण था। उनके जीवन-मृत्यु के संवतों का प्रामाणिक निर्णय नहीं हो सका है पर उनके ग्रन्थ 'प्रेम प्रगास' से ज्ञात होता है कि सं. 1713 में उन्होंने वैराग्य लिया था। वे छपरा के किसी कायस्थ के पुत्र थे। रामानन्द की शिष्य-परम्परा में विनोदानन्द को उन्होंने अपना गुरु बताया है। धरणीदास के शब्द प्रकाश, प्रेम प्रगास तथा रत्नावली नामक तीन ग्रन्थ कहे जाते हैं। इनमें से 'प्रेम प्रगास' ग्रन्थ में एक प्रेम-कहानी दी हुई है। इस कहानी की योजना यह बताती है कि उन पर सूफ़ी प्रभाव की स्पष्ट छाया थी। इसके अतिरिक्त सगुण मतवादियों से उन्होंने ईश्वर के दयालु, दीनबन्धु वाले रूप को ग्रहण किया है। प्रिय एवं प्रिया (परमात्मा एवं आत्मा) के प्रतीक के साथ ही रक्षक, प्रतिपालक आदि रूपों को भी उन्होंने स्वीकारा है—

प्रभु जी अब जनि मोंहि बिसारो।
असरन सरन अधम जन-तारन, जुग-जुग विरद तिहारो।[106]

प्रेम की प्रगाढ़ व्यंजना उनके द्वारा रचित भोजपुरी के पदों में अधिक सुन्दर हो सकी है। ब्रजभाषा का तो प्रयोग ही उनमें अत्यन्त विरल है।

प्रणामी सम्प्रदाय के कवि

प्राणनाथ

प्राणनाथ जी प्रणामी सम्प्रदाय के संस्थापक हैं। 18वीं शती की धर्मसाधना के क्षेत्र में उनका स्थान अत्यधिक महत्त्वपूर्ण है। उन्होंने सर्वधर्म-समन्वय का अपूर्व प्रयास उस युग में किया था। कहते हैं कि औरंगज़ेब की धर्मान्धता से क्षुब्ध होकर वे उसे समझाने दिल्ली भी गये थे, परन्तु वहाँ पर किसी ने इनकी बातों पर ध्यान नहीं दिया। वहाँ से निराश होकर प्राणनाथ जी पन्ना चले गये एवं छत्रसाल की हिन्दू राष्ट्रीयता के पीछे भी उनका आशीर्वाद रहा है। इनके सम्प्रदाय की दो मुख्य गद्दियों में आज भी एक पन्ना में है और दूसरी सूरत में। 1675 वि. के आस-पास उनका जन्म हुआ था एवं संवत् 1751 में वे स्वर्गवासी हुए थे। प्राणनाथ जी के गुरु का नाम देवचन्द था और सम्भवतः वे कृष्णोगसक हरिदासी (सखी) सम्प्रदाय के शिष्य थे। राधाकृष्ण की युगल-लीलाओं के गान की शिक्षा उन्हें सम्भवतः अपने सखी भावोपासक गुरु से ही मिली थी, पर प्राणनाथ जी का महाप्राण व्यक्तित्व केवल गुरु द्वारा बताई उपासना-विधि में समा नहीं सका। उन्हें और भी जिज्ञासा हुई और अनेक धर्मग्रन्थों का पारायण करके उन्होंने अपने लिए जो रास्ता निकाल लिया है, उसका समझना दूसरों के लिए भले ही कठिन हो पर स्वयं प्राणनाथ जी अविचल विश्वास के साथ अपने सामंजस्यवादी मार्ग पर चलते रहे परन्तु वैष्णव प्रेममार्ग का तिरस्कार उन्होंने कभी नहीं किया। उनके अत्यन्त महत्त्वपूर्ण ग्रन्थ तारतम सागर (स्वरूप सागर) से चुनकर 'प्रेम-पाठ' नामक पुस्तक प्रकाशित की गयी है।[107] अधिकारियों के हाथ में ही वितरित की जाने वाली इस पुस्तक की एक प्रति हमें प्राप्त हो गयी है, उससे ज्ञात होता है कि राधाकृष्ण के लीला-गान का उन्होंने बाद को भी प्रत्याख्यान नहीं किया। इस वाणी में यद्यपि निर्गुण अथवा अन्य धर्म भावापन्न रचनाएँ प्रभूत हैं, पर लीला-गान का अंश भी कम नहीं है।

प्राणनाथ जी की रचनाओं के बारे में कुछ भी कहना इस समय कठिन है। 14 से लेकर 23 तक उनके ग्रन्थ माने जाते हैं—(1) रामग्रन्थ, (2) प्रकाश ग्रन्थ, (3) षट्ऋतु, (4) कलस, (5) सम्बन्ध, (6) किरतन, (7) खुलास, (8) खेलवात, (9) प्रकरण इलाही दुलहन, (10) सागर सिंगार, (11) बड़े सिंगार, (12) सिन्धि

भाषा, (13) मारफत सागर, (14) कयामत नामा। ये 14 ग्रन्थ ग्राउज ने अपने मथुरा मेमॉयर्स में पृ. 231 पर गिनाये हैं। परशुराम चतुर्वेदी ने (1) प्रकट बानी, (2) ब्रह्म बानी, (3) बीस गिरोहों का बाब, (4) बीस गिरोहों की हकीकत, (5) कीर्तन, (6) प्रेम पहेली, (7) तारतम्य, (8) राज विनोदों नामक इन 8 रचनाओं का उल्लेख डॉ. बड़थ्वाल के आधार पर किया है।[108] चतुर्वेदी जी ने खोज रिपोर्ट के आधार पर विराट चरितामृत पदावली की भी चर्चा की है,[109] परन्तु जैसा कि हम ऊपर कह चुके हैं कि 'कुलज़मे शरीफ़' इनका सबसे महत्त्वपूर्ण एवं प्रामाणिक ग्रन्थ है। डॉ. शरण विहारी गोस्वामी ने बताया है कि इस सम्प्रदाय के सखी भावोपासक 'तारतम सागर' को उनका सर्वाधिक महत्त्वपूर्ण ग्रन्थ मानते हैं।[110]

इन रचनाओं का न तो ठीक से प्रकाशन हुआ है और न ही व्यवस्थित अध्ययन। अतः उनके सम्बन्ध में प्रामाणिक रूप से कुछ कहना कठिन है। प्राणनाथ जी में समन्वय का एक विचित्र खिचड़ी रूप मिलता है। उन्होंने विविध धर्मों से प्रभाव ग्रहण किये, पर लगता है कि सबको पचाकर एक व्यवस्थित साँचे में ढाल नहीं सके एवं उसी प्रकार उन्होंने हिन्दी (ब्रज, खड़ी, मारवाड़ी), उर्दू, गुजराती, फ़ारसी, संस्कृत, सिन्धी आदि विविध भाषाओं का एक साथ प्रयोग किया है। इस कारण वे दुरूह ही नहीं बने, काव्य की रसात्मकता भी खो दी है। प्राणनाथ जी अपने युग के अत्यधिक महत्त्वपूर्ण एवं विचित्र व्यक्ति हैं जो सर्वधर्म समन्वय भी करते हैं एवं छत्रसाल के हिन्दू राष्ट्रवाद को भी गति देते हैं तथा सखी भाव से (इन्द्रावती उनका सखी साधना का नाम था) श्याम-श्यामा को लाड़ लड़ाने की एकान्तिक रहस्य-साधना भी करते हैं। उनकी ब्रजभाषा रचना का एक उदाहरण निम्नलिखित है–

निसिदिन गहिरा प्रेम सों, युगल स्वरूप के चरन।
निर्मल मन होनायाही सो, और धाम बरनन।।

प्राणनाथ जी की रचना का एक अन्य उदाहरण है–

यह सब इच्छा सो जो मँगावै, पर सखियों को सेवा भावै।
सैया सेवा करन बेलि लावै, लेवै एक दूजी पै छिनावै।
श्री राज बैठे वार्ता करै, श्री स्याम जी चित्त धरै।
सखियाँ अरस परस करै हास, लेवै धनीजी को विविध विलास।
सखियाँ दौरि-दौरि के जावै, आरोगन की वस्तु लावै।
हुआ सन्ध्या का अवसर, श्री राज स्यामा जी बैठे सिंगार कर।

(प्रेम पाठ, पृ. 26)

निर्गुण प्रेम-पद्धति के अनुसार भी इनकी रचनाएँ मिल जाती हैं–

मेरे धनी धाम के दूलहा, मैं कर ना सकी पहिचान।
सो रोऊँ मैं याद कर-कर, जो मारे हेत के बान।

(प्रेम पाठ, पृ. 114)

महात्मा मुकुन्द दास जी

ये स्वामी प्राणनाथ के शिष्य थे। इनकी रचनाएँ अधिक उपलब्ध नहीं हैं। केवल कुछ पद मिलते हैं। नीचे कुछ पंक्तियाँ हम उद्धृत कर रहे हैं—

वेद रिचा तलफत ब्रज घोड़ी, विरह दाह में जारी।
कृष्ण द्वारिका काहे न बुलाई, गोकुल गोप कुमारी।
लीला त्रिविध भई नाना विधि, बाल तरुन भा बृध मारी।
कहत मुकुन्द सतगुरु समरथ, कोई न सके निरवारी।

(शरण विहारी गोस्वामी के हस्तलिखित पद संग्रह से)

भूषण दास

प्रणामी धर्म के अनुयायी थे। इनका समय सं. 1755 के लगभग माना गया है।[111] 'वृत्तान्त मुक्तावली' तथा 'बोध सागर' इनके दो मुख्य ग्रन्थ हैं। देवचन्द्र जी (प्रणामी धर्म के संस्थापक) ने गुरुदीक्षा कैसे ग्रहण की एवं गुरु ने उनको कौन-सा मार्ग बताया, इसका प्रवाहपूर्ण वर्णन भूषणदास ने किया है—

अखण्ड नित्य वृन्दावन भाख्यो, सो हरिदास चित्त में राख्यो।
ताकी चर्चा करै प्रेम सो, सेवै नित आचार नेम सो। 13
निज शिक्षा गुरु और बताई, सो देवचन्द चित्त सो लाई।
अपनो सखी भाव करि लीजै, पुरुष भाव अपनो तजि तीजै। 77
श्री कृष्णचन्द्र जानै गुरु आपन, श्यामा निज उपासना थापन।
सखी बिना इत पुरुष न पहुँचे, कोटि कष्ट करि जो मन शौचै। 78
ताते सखी भाव करि लीजै, पुनियह नाम मन्त्र रस पीजै।
कहै शिष्य स्वामी विधि नीकी, इच्छा पुरुष भाव की फीकी।

(श्री सर्वेश्वर : वृन्दावनांक, पृ. 1001)

अथवा

नित्य वृन्दावन का वर्णन करते हैं—

जहाँ छहो ऋतु निशाकर युत, विरह नाहि विजोग।
जहाँ श्याम श्यामा सखिन सहित, कटाक्ष प्रेम संजोग।
जहाँ हरष शोक न जरा आरति, सत्व रज तम नाहिं।
उद्वेग बिछुरन जहाँ नहि है सदा आनन्द माहिं।[112]

18वीं शती का ब्रजभाषा सूफ़ी प्रेमाख्यानक-काव्य : पृष्ठभूमि और संक्षिप्त रूपरेखा

प्रथम अध्याय में सूफ़ी मत की ऐतिहासिक रूपरेखा स्पष्ट करते हुए हमने कहा था कि भारतवर्ष में हिन्दी का भक्तिकाल तसव्वुफ़ का स्वर्ण युग रहा है। वहीं यह भी कहा गया है कि इब्नुल अरबी का 'वहदतुल वुजूद' सिद्धान्त भक्तिकाल के सूफ़ियों को प्रभावित कर रहा था। यह सिद्धान्त प्रेम-प्रधान वैष्णव अद्वैतवादियों के निकट था। इसी कारण पारस्परिक सम्मिलन और प्रभाव की इतनी सम्भावना हो सकी थी, परन्तु हमारे आलोच्य युग तक आते-आते यह उदारतावाद निःशेष हो चला। 17वीं-18वीं शताब्दी में धर्मान्धता अपना मस्तक उठाती प्रतीत होती है। 'वहदतुल वुजूद' के स्थान पर 'वहदतुल शुहूद' की मान्यता बढ़ने लगती है। नक्शबन्दी सम्प्रदाय (वि. की 17वीं शती का मध्य भाग भारतवर्ष में प्रवेश का समय है) को केन्द्र बनाकर यह प्रेममार्ग की अपेक्षा शरीअत को प्रधानता देने वाली प्रवृत्ति आगे बढ़ती है। इस रूढ़िवाद को औरंगज़ेब जैसा सशक्त एवं दुराग्रही शासक सरंक्षक के रूप में उपलब्ध भी हो जाता है। उदारतावाद के अन्तिम एवं सर्वोत्तम विचारक तथा संरक्षक दाराशिकोह के वध के साथ ही मानो उस विचारधारा की भी हत्या हो जाती है। हिन्दू-मुसलमानों के मध्य की खाई चौड़ी होने लगती है। यह भी द्रष्टव्य है कि इसी काल में हिन्दू राष्ट्रवाद भी उभरता है। मराठा, जाट, गूजर, सिख एवं राजपूत शक्तियाँ मुग़ल शासन के विरुद्ध विद्रोह करती हैं। इससे भी अन्तराल बढ़ता है। सूफ़ी प्रेमाख्यानकों पर भी इसका प्रभाव पड़ता है। पूर्ववर्ती सूफ़ी प्रेमाख्यानकों में भारतीय जन-जीवन, कथा-अभिप्रायों एवं प्रतीकों को जिस अकुण्ठित भाव से स्वीकार किया गया था, उसका अब अभाव होने लगा। अपनी हिन्दू वंश-परम्परा की पृष्ठभूमि के बावजूद जान कवि ने लैला-मजनूँ, तमीम अनसारी, ख़िज्र ख़ाँ, देवल देवी आदि प्रेम-कथाओं के कथानकों को अपनाया है। प्रेमाख्यानकों की जो विशुद्ध भारतीय परम्परा (जायसी आदि की) थी, उसका प्रवाह समाप्तप्राय था। उसके स्थान पर दकनी (हिन्दी या उर्दू) खड़ी बोली में चली आने वाली फ़ारसी-प्रभावित परम्परा से महत्त्वपूर्ण हो उठती है। जान कवि जैसे व्यक्ति प्रथम परम्परा से एकदम विलग तो नहीं हुए हैं, पर दूसरी परम्परा के प्रभाव में आ अवश्य गये हैं।

प्रेमाख्यानक कवि

जान कवि

जान कवि उनका लेखन सम्बन्धी उपनाम था। वास्तविक नाम नियामत ख़ाँ था।

उनके पूर्वज सीकर के कुलीन चौहान वंशीय क्षत्रिय थे जो संवत् 1440 में मुसलमान हो गये थे। अतः परम्परागत संस्कारों की दृष्टि से वे हिन्दू हृदय के निकट थे। वे संस्कृत, अरबी, फ़ारसी एवं ब्रजभाषा आदि अनेक भाषाओं के अच्छे जानकार थे। कहते हैं कि जान कवि में आशुकवित्व भी था। उनके जन्म-मृत्यु का ठीक पता नहीं है, किन्तु ग्रन्थों पर जो रचनाकाल उन्होंने दिया है, उससे ज्ञात होता है कि संवत् 1671 से 1721 तक लगभग 50 वर्षों के विस्तृत अन्तराल में उनका रचनाकाल फैला हुआ है। उनके द्वारा रचित 75 ग्रन्थों में से 21 ग्रन्थ तो सूफ़ी परम्परा में शुद्ध रूप से प्रेमाख्यानक हैं। काव्य-वैभव की दृष्टि से जान कवि सर्वोत्तम सूफ़ियों में नहीं ठहरते, परन्तु एक मौलिकता उनकी द्रष्टव्य है। उन्होंने मसनवियों की दोहा-चौपाई वाली शैली तो स्वीकार की पर माध्यम अवधी के स्थान पर ब्रजभाषा को अपनाया। माध्यम का यह परिवर्तन कथा की स्वाभाविकता और प्रवाह को कहीं से भी नष्ट नहीं करता। कहानी कहने की उनमें सहज एवं जन्मजात प्रतिभा ज्ञात होती है। सरल, प्रचलित ब्रजभाषा में कहानी का प्रवाह लोककथा-गायक की सहज मन्थर गति से निरन्तर बढ़ता रहता है। ब्रजभाषा के कवियों ने भाषा के सम्बन्ध में बहुत अधिक स्वतन्त्रता ली है, जान कवि की भाषा अत्यधिक व्यवस्थित भी है और प्रसंगोचित भी। एक उदाहरण लें—

पद्मिनि कहै कहा भयो भेद।
नैन-सजल तव आवत स्वेद।
रतन कह्यौ मों सीस पिरात।
प्रगट न करत पैमु की बात।
पद्मिनिकह्यौ सुनहुरतनावलि।
जौलों मेरी पीरिन पावति।
तौं लों तेते पीरि न जाइ।
मेरी पीरि चढ़ी सिर आइ।
रतन कह्यौ सुनि पद्मिनिरानी।
हों तो मोहन हाथ बिकानी।
तैं मुहि दीनों कुँवर दिखाइ।
किधों दई तैं चेटक लाइ।
पद्मिनि को भाये ये बैन,
कह्यो चलहु देखहु भरि नैन।
रतन कह्यो अछिरा सब जागे।
चल्यौ न जै देखत इन आगै।
अरध निशा अछिरा गयी सोइ।
पदमिनि रतन चली ये दोइ।

आगे बैठो हो यहि मोहन।
लग्यो दूरहू ते अति सोहन।

जान कवि द्वारा रचित ग्रन्थों की सूची निम्नलिखित है—

(1) मदन विनोद, (2) ज्ञानदीप, (3) रस मंजरी, (4) अलफ खाँ की पैड़ी, (5) कायम रासो, (6) पुहुप वरखा, (7) कंवला वती कथा, (8) बरखा ग्रन्थ, (9) छवि सागर, (10) कलावती कथा, (11) छीता की कथा, (12) रूप मंजरी, (13) मोहनी, (14) चन्द्र सेन राजा सील निधान की कथा, (15) अरदेसर पातिसाह की कथा, (16) काम रानी या पीतमदास की कथा, (17) पाहन परिच्छा, (18) शृंगार शतक, (19) भाव शतक, (20) विरह शतक, (21) बलुकिया विरही की कथा, (22) तमीम अनसारी की कथा, (23) कथा कलन्दर की, (24) कथा निर्मल की, (25) सतवन्ती की कथा, (26) शीलवती की कथा, (27) कुलवती की कथा, (28) खिजर खाँ साहिजादा व देवल देवी, (29) कनकावती की कथा, (30) कौतूहली की कथा, (31) कथा सुमतराय की, (32) बुधिसागर, (33) कामलता कथा, (34) चेतननामा, (35) सिख ग्रन्थ, (36) सुधासिख ग्रन्थ, (37) बुधिदायक, (38) बुधिदीप, (39) घूंघट नामा, (40) दरसनामा, (41) अलकनामा, (42) दरसननामा, (43) बारह मास, (44) सतनामा, (45) वर्तनामा, (46) वांदीनामा, (47) वाजनामा, (48) कबूतर नामा, (49) गूढ़ ग्रन्थ, (50) देसावली, (51) रस कोष, (52) उत्तम सबद, (53) सियासागर, (54) वैद्यक सिख शतपद, (55) शृंगार तिलक, (56) प्रेम सागर, (57) वियोग सागर, (58) षट्त्रतु पवंगम छन्द, (59) वसन्त रागिनी, (60) रतन मंजरी, (61) नल-दमयन्ती, (62) पैमुनामा, (63) मान विनोद, (64) विरही के मनोरथ, (65) जफ़रनामा, (66) पदनामा, (67) भाव कल्लोल, (68) कन्दर्प कल्लोल, (69) नाम माला अनेकार्थी, (70) रतनावली, (71) सुधा सागर, (72) खास संग्रह, (73) लैला-मजनूँ, (74) कवि वल्लभ और (75) वैदक मति।[113]

जान कवि के काव्य में तसव्वुफ़ के आध्यात्मिक आवेश के स्थान पर परिपाटी विहित वर्णन का आग्रह अधिक प्रतीत होता है। यह भी एक प्रकार से प्रेमाख्यानकों के क्षेत्र में रीतिकाल का प्रभाव कहा जा सकता है।

दुख हरनदास

दुख हरनदास कायस्थ थे एवं प्रसिद्ध सन्त मलूकदास के शिष्य थे। उन पर सूफ़ी प्रेम-मार्ग एवं सिद्धान्तों का प्रचुर प्रभाव था। ग़ाज़ीपुर ज़िले में इनका जन्म हुआ था। यद्यपि जन्म-समय का ठीक निश्चय नहीं है, पर इतना प्रामाणिक रूप से ज्ञात है कि संवत् 1726 में 'पुहुपावती' नामक प्रेमाख्यानक की उन्होंने रचना की। रस ग्रन्थ का आदर्श जायसी की प्रेम कथा पद्मावत है। ध्यान देने योग्य बात यह है

कि पद्मावत के समान ही अवसर पाते ही लेखक ने आध्यात्मिकता के संकेत दिये हैं एवं प्रेम मार्ग की कठिनाइयों या सिद्धान्तों की चर्चा की है। सम्पूर्ण ग्रन्थ अवधि में दोहा-चौपाई की परम्परा प्राप्त शैली में लिखा गया है, पर बीच-बीच में घनाक्षरी एवं सवैयों में ब्रजभाषा का भी प्रयोग लेखक ने किया है। ब्रजभाषा का एक कवित्त उदाहरण के लिए नीचे हम उद्धृत कर रहे हैं :

बन भवो भवन गवन जब कोन्हों पीव,
तन लागे तवन मदन लाइ तापनी।
भूत भवो भूखन वो चूरी चुरइल भई,
हार भयो नाहर करेंगे घूटी साँप की।
दुःख हरन पीव बिनु मरन की गति गयी,
कासो मैं बरनि कहौं विधा कहौ आपनी।
फूल भवो सूल मूल कली भई काँटा ऐसी,
रात राकसिनी भई सेज भई साँपिनी।

18वीं शती में रीति प्रवृत्तियों की छाया में पलने वाला ब्रजभाषा-काव्य एवं उसके अध्ययन की दिशा–प्रेमाभक्ति की अभिव्यक्ति : पृष्ठभूमि और रूपरेखा

प्रस्तुत प्रबन्ध के समय की सीमा संवत् 1700 से संवत् 1800 तक है। रीतिकाल का पूर्वार्द्ध भी यही है। ब्रजभाषा का काव्य ही हमारा भी विवेच्च है तथा रीतिकाल की प्रवृत्तियों का 90 प्रतिशत काव्य भी ब्रजभाषा के माध्यम से ही अभिव्यक्त हुआ है। प्रेमाभक्ति के जिन विभिन्न सम्प्रदायों के सिद्धान्तों की विवेचना हमने पीछे की है, उनमें हम देख चुके हैं कि कृष्ण-राधा एवं कृष्ण-गोपियों की मधुर लीला ही प्रमुख रही है। इन भक्ति-सम्प्रदायों के 18वीं शती के जिन कवियों का विवरण पीछे प्रस्तुत किया गया है उनमें भी हमने यह ध्यान दिया था कि वक्तव्य का स्वर शृंगारिक था तथा अभिव्यक्ति की विधि आलंकारिक। इस तथ्य को अगले अध्याय में हम और अधिक विस्तार से देखेंगे। रीतिकाल में भी ठीक यही प्रवृत्ति है। शृंगार एवं आलंकारिकता दोनों ही रीतिकाव्य की प्रधान विशिष्टताएँ हैं। फिर कितने ही रीतिकवि भक्ति-सम्प्रदायों के अनुयायी भी थे। इन कवियों के जीवन सम्बन्धी यदि सभी तथ्य सामने आ जायें तो हमारा अनुमान है कि रीतिकाव्य के अधिकांश रचयिता किसी-न-किसी सम्प्रदाय (मुख्यतः वैष्णव-सम्प्रदाय) से सम्बन्धित दिखाई देंगे। ऐसी स्थिति में प्रेमाभक्ति-काव्य एवं रीतिकाल के मध्य एक सामान्य विभाजक रेखा खींचनी कठिन है। आचार्य हजारी प्रसाद द्विवेदी ने रीति-कवियों की कविताओं पर भक्ति का आवरण भी माना है[114] तथा उनकी ईमानदारी भी स्वीकार

की है।[115] इस ईमानदारी को स्वीकृति देते हुए भी डॉ. बच्चनसिंह ने उसे क्षणिक और अस्थिर कहा है।[116] भक्ति-भावना की यह ईमानदारी स्वीकार कर लेने के बाद समीक्षक के सामने समस्या उठ खड़ी होती है कि क्या इन अपेक्षाकृत अस्थिर किन्तु भक्ति-भावापन्न रचनाओं को रीतिकाव्य से पृथक् करके प्रेमाभक्ति काव्य के अन्तर्गत परिगणित किया जाय? हमारा विचार है कि इस विश्लेषण एवं पृथक्करण के द्वारा ही इन कवियों के ऐसे काव्य के प्रति न्याय किया जा सकेगा। अतः आवश्यकता इस बात की है कि रीतिकाव्य के प्रणेताओं की रचनाओं का सूक्ष्मता से विश्लेषण करके यह निश्चित किया जाय कि इनमें से कितना अंश शुद्ध भक्ति-भावापन्न है एवं कितना अंश ऐहिक शृंगार का है जिसके साथ राधा-कृष्ण के नाम भर जोड़ दिये गये हैं। वास्तव में सामाजिक कवच[117] दूसरे प्रकार वाला काव्य है। जहाँ तक आत्मसन्तुष्टि या आत्मग्लानि के दबाव में[118] भक्तिपरक काव्य रचना का प्रश्न है वह काव्य सृजन-प्रक्रिया में किसी भी प्रकार उपेक्षणीय या कम मूल्यवान नहीं है। मनोवैज्ञानिक आवश्यकता तथा सामाजिक कवच वाली बात के सन्दर्भ में स्वयं धर्म के बारे में कहा गया कार्ल मार्क्स का यह कथन विचार्य है—"धार्मिक वेदना एक ओर वास्तविक वेदना की अभिव्यक्ति है एवं दूसरी ओर वास्तविक कष्ट के प्रति विरोध भी। धर्म-दलित व्यक्तियों की आह है, हृदयहीन जगत् का हृदय है एवं आत्मारहित परिस्थितियों की आत्मा है। यंह जन की अफीम है।[119] रीतिकाव्य के भक्ति सम्बन्धी उद्‌गार ऐसे ही आह, हृदय या आत्मा रूप हैं और उनकी किसी भी प्रकार अवहेलना न होनी चाहिए। आश्रयदाता की रुचि से अनुकूलित होने को बाध्य उसकी प्रवृत्ति ऐहिक शृंगार से आमुष्मिक प्रेम के क्षेत्र में प्रयाण कर वास्तव में वास्तविक कष्ट की अभिव्यक्ति ही करनी होगी।

परन्तु येहीं पर यह कह देना भी आवश्यक है कि इन कवियों के प्रेमाभक्ति सम्बन्धी उर्द्‌गारों में वह सहज, अकुण्ठ वृत्ति नहीं मिलती जिसका कि भक्त कवियों में अभाव नहीं है।

रीति-कवियों ने सिद्धान्त-कथन के क्षेत्र में भी नीति, वैराग्य, परोपकार आदि के वैसे ही वचन कहे हैं जैसे कि पूर्व-वर्णित कवियों में हमें उपलब्ध हो जाते हैं।

अस्तु, आगे हम जिन रीति-कवियों को उपस्थित कर रहे हैं उनके नाम एवं रचनाएँ छाँटने में हमने उन्हीं को स्वीकार किया है जिनमें सचमुच ही भक्ति-भाव की झलक प्राप्त होती है। स्थानाभाव से यह विवरण हमें बहुत थोड़े में सीमित करना पड़ता है—अन्यथा इस कसौटी पर रीतिकाव्य की विस्तृत समीक्षा और मूल्यांकन सम्भव है।

प्रमुख रूप से रीति और गौणतः प्रेमाभक्ति कवि

सेनापति

सेनापति के बारे में कुछ विशेष विवरण ज्ञात नहीं है। अपने ग्रन्थ 'कवित्त रत्नाकर' में उन्होंने पिता का नाम गंगाधर तथा पितामह का नाम परशुराम दीक्षित बताया है। हीरामन दीक्षित के शिष्यत्व में उन्होंने विद्याध्ययन किया था।[120] सेनापति उनका कवि-नाम था तथा किसी मुसलमान दरबार से भी वे सम्बन्धित रहे हैं।[121] उन्होंने अपना ग्रन्थ कवित्त रत्नाकर किसी राजा को समर्पित किया था। सेनापति बड़े ही स्वाभिमानी कवि थे। उनका कवित्त रत्नाकर ग्रन्थ संवत् 1706 में लिखा गया था। काल की दृष्टि से वे भक्तिकाल और रीतिकाल की सन्धि में ज्ञात होते हैं। आचार्य हजारी प्रसाद द्विवेदी ने उन्हें अपने साहित्य के इतिहास में रीतिमुक्त काव्य-धारा में रखा है।[122] आचार्य शुक्ल ने उन्हें भक्तिकाल की फुटकर रचनाओं में स्थान दिया है।[123] नागरी प्रचारिणी सभा वाले हिन्दी साहित्य के वृहत् इतिहास के रीतिकाल वाले खण्ड (छठा भाग) में भी उन्हें रीति-कवि न कहकर भक्ति काल का कवि कहा गया है।[124]

वास्तव में सेनापति में रीतिकाल एवं भक्तिकाल दोनों की प्रवृत्तियों का सुन्दर समन्वय है। कवित्त रत्नाकर ग्रन्थ की पाँचों तरंगों का संक्षिप्त विश्लेषण भी इस तथ्य को प्रकट करने के लिए पर्याप्त होगा। इस ग्रन्थ की पहली तरंग श्लेष वर्णन में प्रयुक्त हुई है। इस तरंग में प्रत्येक छन्द में सभंग या अभंग पद श्लेष का अत्यन्त कुशलता से निर्वाह किया गया है। श्लेष का गठन, शोभा और आग्रह रीतिकाल के किसी भी अलंकार प्रेमी कवि के लिए ईर्ष्या का विषय है। दूसरी तरंग में शृंगार-वर्णन हुआ है। शृंगार-वर्णन भी नायिका-भेद, नख-शिख वर्णन आदि की भाँति रीतिकालीन पद्धति पर ही है। इतना अवश्य है कि शृंगार की अपेक्षा वियोग-वर्णन में उनका मन अधिक रमा है परन्तु विरह-वर्णन में मानसिक स्थितियों का वैसा सूक्ष्म विलेषण और अभिव्यंजन सेनापति में नहीं प्राप्त होता जैसा कि घनानन्द आदि स्वच्छन्द धारा के कवियों के काव्य में हमें उपलब्ध होता है। तीसरी तरंग प्रकृति-वर्णन की है। यह उनकी प्रसिद्धि का मुख्य आधार है। प्रकृति के कुछ संश्लिष्ट चित्र उपस्थित कर उन्होंने बहुत से सहृदयों की प्रशंसा प्राप्त की है। प्रकृति के उनके ये चित्र उन्हें अवश्य रीतिकालीन परिपाटी से अलग घोपित करते हैं; क्योंकि सेनापति के ये प्रकृति-चित्र स्वतन्त्र एवं निरपेक्ष रूप से प्रभाव उत्पन्न कर सकने में समर्थ हैं, परन्तु इस निरपेक्ष प्रकृति-चित्रण के साथ ही ऐसे छन्दों की भी कमी नहीं है जिनमें प्रकृति पृष्ठभूमि के रूप में ही उपस्थित की गयी है।[125] चौथी एवं पाँचवीं तरंग में सेनापति की रामभक्ति-भावना अभिव्यंजित हुई है। इनमें राम का चरित्र वर्णित है, परन्तु राम के शृंगारी रूप की अपेक्षा पराक्रम और ऐश्वर्य से मण्डित विग्रह के प्रति ही उन्होंने

अपनी रुचि दिखाई है। भगवान के इस रूप के प्रति उनके मन में पूर्ण श्रद्धा थी। उनके भगवान भक्त-वत्सल थे, विराट थे। उस भक्त-वत्सलता तथा विराटता के सम्मुख उनका हृदय आत्मग्लानि तथा पश्चात्ताप से भर जाता है। वह सोचता है कि क्यों हमें सेवक का पद भगवान ने दिया है।

आलस की निधि, बुधि बाल, सुजगतिपति।
सेनापति सेवक कहा धौं जानि कीनों है।[126]

शरणागति में भक्त को अपनी रक्षा का पूरा विश्वास रहता है। यह बात हम द्वितीय अध्याय में भक्ति-विवेचन के प्रसंग में कह चुके हैं।

सेनापति भी कहते हैं–

सोवै सुख सेनापति सीतापति के प्रताप।
जाकी सब लागै पीर ताही रघुबीर ही।[127]

क्योंकि उसे विश्वास है कि–

अति अनियारे, चन्दकला से उजारे तेई,
मेरे रखवारे नरसिंह जू के नख है।[128]

पंचभक्ति-भावों की दृष्टि में सेनापति गोस्वामी तुलसीदास की परम्परा में दास भाव के उपासक माने जावेंगे। तुलसी के समान ही उन्होंने अपने इष्टदेव के अतिरिक्त अन्य देवताओं के प्रति भी श्रद्धा व्यक्त की है। उनका निम्न पद किसी भी वृन्दावन रसोपासक कवि की रचना में खप सकता है–

महा मोह-कंदनि में जगत जकंदनि में,
दिन दुःख दंदनि में जात है बिहाय कै।
सुख को न लेस है कलेस सब भाँतिन को,
सेनापति याही ते कहत अकुलाय कै।
आवैं मन ऐसी घर बार परिवार तजौं,
डारौं लोक लाज के समाज विसराय कै।
हरिजन पुंजनि में वृन्दावन कुंजनि में,
रहौं बैठि कहूँ तरवर-तर जाय कै।[129]

इस प्रकार हम देखते हैं कि सेनापति में भक्तिकाल एवं रीतिकाल दोनों की प्रवृत्तियाँ समान रूप से मिली हुई हैं। पं. उमाशंकर शुक्ल का यह मत उचित ही मालूम पड़ता है कि यद्यपि सेनापति ने "रीतिकालीन परिपाटी पर रचना नहीं की है परन्तु फिर भी रीति-युग की प्रवृत्तियों की छाप उनकी रचनाओं में प्रचुरता से पायी जाती है।"[130]

आगे हम रीतिकालीन कुछ कवियों का परिचय देने जा रहे हैं जिनमें कि प्रेमभक्ति की भावना अभिव्यंजित हुई है। सेनापति इन कवियों से इस अर्थ में भिन्न हैं कि जहाँ रीतिकालीन कवि लौकिक काव्य और भक्ति-परक दोनों ही रचनाओं में कृष्ण

के शृंगारी स्वरूप का आश्रय ग्रहण करते हैं वहीं सेनापति अपनी भक्तिभावना में आलम्बन के पराक्रम और ओज को व्यंजित करते हैं एवं स्वयं दास-भाव के भक्त हैं, न कि माधुर्य भाव के। परन्तु अपने लौकिक काव्य में उन्होंने शृंगार एवं लक्षण-ग्रन्थों की परिपाटी को पूरी तरह से स्वीकार किया है। इस प्रकार उनके काव्य के दो बहुत स्पष्ट पक्ष सामने आ जाते हैं। एक आमुष्मिक और दूसरा ऐहिक।

सेनापति हमारे आलोच्य युग के बहुत समर्थ कवियों में से हैं। उनका कथ्य और उनकी अभिव्यंजना दोनों ही सक्षम हैं। उनके बारे में आचार्य शुक्ल जी ने लिखा है : "भाषा पर ऐसा अच्छा अधिकार कम कवियों का देखा जाता है।"[131]

बेनी

हिन्दी साहित्य के इतिहास ग्रन्थों में तीन बेनी नामधारी कवियों का उल्लेख हुआ है। एक तो बैंती के भण्डौआ वाले बेनी तथा दूसरे लखनऊ के बेनी प्रवीन। ये दोनों ही परवर्ती कवि हैं। प्रस्तुत तीसरे बेनी कवि असनी के बन्दीजन थे और संवत् 1700 के आस-पास विद्यमान थे।[132] उनका रचा हुआ कोई स्वतन्त्र ग्रन्थ उपलब्ध नहीं है, परन्तु फुटकर कुछ छन्द मिल जाते हैं। भक्तिकाल के अन्तिम भाग में होने वाले बेनी में भक्ति का भाव पूरी तरह विद्यमान था। वे राधाकृष्ण युगल के नित्यविहार सुख के आकांक्षी थे। हमारा अनुमान है कि उनका काव्य वास्तविक रूप से मात्र शृंगारपरक न होकर युगल दम्पति के विहार से भी सम्बन्धित है। बेनी कवि की निम्न अभिलाषा उनके भक्तिभाव को स्पष्ट करने में सहायक सिद्ध होती है–

लहरै सिर पै छवि मोर पखा उनकी तथ के मुकता थहरैं।
फहरै पियरे पट बेनी इतै, उनकी चुनरी के झबा झहरैं।
रस रंग निरै अमिरै हैं तमाल दोऊ, रस प्याल चहैं लहरैं।
नित ऐसे सनेह सों राधिका स्याम हमारे हिये में सदा विहरैं।

चिन्तामणि

चिन्तामणि रीतिकाल के प्रारम्भिक रीति-निरूपक आचार्यों में से हैं। आपका जन्म-संवत् निश्चित नहीं हो सका है। कानपुर जिले के तिकवाँपुर ग्राम के ये रहने वाले थे। प्रसिद्ध है कि भूषण और मतिराम इनके छोटे भाई थे पर इधर इस सम्बन्ध में संशय प्रगट किया गया है। काव्य विवेक, कविकुल कल्पतरु, काव्य प्रकाश, रस मंजरी पिंगल और रामायण उनके पाँच ग्रन्थों का उल्लेख मिलता है। यद्यपि काव्य के विविध अंगों पर उन्होंने ग्रन्थ लिखे हैं पर उनके महत्त्व का कारण उनका काव्य है न कि काव्य-निरूपण। भक्तिकाल एवं रीतिकाल की सन्धि में होने के कारण उनमें

भक्ति की स्पष्ट छाया मिलती है। योगक्षेमं वहाम्यहम् कहने वाले के प्रति उनका यह विश्वास का भाव द्रष्टव्य है—

येई उधारत हैं जिन्हें जे भरे मोह महोदधि के जले-फेरे।
जे इनको पल ध्यान धरैं मन, तेन परैं कबहूँ जम घेरे।
राजे रमा-रमनी-उपधान अभै वरदान रहैं जन नेरे।
हैं बल भार उदण्ड भरे हरि के भुजदण्ड सहायक मेरे।

बिहारीलाल

बिहारीलाल का जन्म काफी विवाद का विषय रहा है परन्तु अब लगभग यह स्वीकार कर लिया गया है कि उनकी स्थिति संवत् 1652 से 1720 के मध्य रही है। सम्भवतः उनके काव्य के सृजन का सर्वोत्तम युग संवत् 1700 के आस-पास रहा होगा।[133] अभिव्यक्ति का जो संयम और अनुशासन उनके काव्य में प्राप्त होता है, वह सूचित करता है कि प्रथम तारुण्य का आवेग न होकर प्रौढ़ होते हुए व्यक्ति की वह अभिव्यक्ति है। उसमें भी नीति उपदेश, जीवनानुभव एवं तत्त्व-दर्शन के जो अंश हैं, ऐसा हमारा अनुमान है कि वे संवत् 1700 के आसपास के ही होंगे।

बिहारीलाल धौम्य गोत्रीय सोती घरवारी माथुर चौबे थे। ओड़छे के वे रहने वाले थे। किशोरावस्था में ही बिहारी अपने पिता के साथ वृन्दावन आ गये थे। इस प्रकार उनका बचपन बुन्देलखण्ड में बीता था, किशोरावस्था में वे ब्रज में आ गये। वृन्दावन में हरिदासी सम्प्रदाय के स्वामी नरहरिदास का शिष्यत्व उन्होंने स्वीकार कर लिया था। युगल रूप की दीक्षा इस प्रकार उन्हें अपने जीवन के प्रथम चरण में ही मिल गयी थी। उनके काव्य के शृंगारी स्वरूप के नीचे यह दीक्षा यदि लगातार कार्य करती रही हो तो आश्चर्य न होना चाहिए।

नित प्रति एक ही रहत बैस बरन मन एक।
चहियत जुगल किशोर लखि लोचन जुगल अनेक।

जिसका स्वरूप स्वामी नरहरि देव ने उनके सम्मुख स्पष्ट किया होगा। उस रूप का ही पल्लवन अपनी कवि-कल्पना, लक्षण ग्रन्थों के दबाव एवं आश्रयदाता की रुचि के अनुरूप उन्होंने किया है।

स्वामी नरहरि देव ने ही शाहजहाँ से बिहारी की काव्य-कला की प्रशंसा करते हुए उन्हें परिचित करा दिया था, जिसके फलस्वरूप वे मुग़ल-दरबार में आ गये थे। इस तथ्य से यह भी प्रकट होता है कि वृन्दावन निवास-काल में उन्होंने अपने गुरु के समक्ष काव्यकला का प्रदर्शन अवश्य किया होगा। इसी तथ्य की तार्किक परिणति यह भी है कि यह काव्य श्याम-श्यामा की लीलाओं से ही सम्बन्धित रहा होगा। विरक्त स्वामी नरहरि देव लौकिक नायक-नायिकाओं की काम चेष्टाओं पर क्यों मुग्ध होने लगे?

आगरे के मुग़ल-दरबार की शान-शौकत एवं फ़ारसी प्रभाव लेकर ये जीविका की खोज में जयपुर के राजा जयसिंह के दरबार पहुँचे थे एवं अपनी प्रतिभा तथा वाग्वैदग्ध्य के बल पर सम्मान भी अर्जित किया। पतनोन्मुख सामन्ती व्यवस्था वाले राजपूती जीवन की विलास-क्रीड़ाओं ने भी उनके काव्य को अनुकूलित (कण्डीशन) किया है। इस प्रकार धार्मिकता की प्रारम्भिक भावभूमि पर फ़ारसी परम्परा एवं सामन्ती विलासिता तथा लक्षण ग्रन्थों की रीतिबद्धता का आश्रय लेकर उनके काव्य का शीशमहल खड़ा होता है।

बिहारी के काव्य में मधुरा भक्ति का पुट निश्चित रूप से प्रतीत होता है। इस सम्बन्ध में एक पुरानी किंवदन्ती हमें बड़ी महत्त्वपूर्ण लगी। असनी के प्रसिद्ध ठाकुर कवि ने अपने आश्रयदाता देवकीनन्दन के लिए 'सतसैया वर्णार्थ' नामक बिहारी सतसई की टीका लिखी है। इसमें बिहारी का विस्तृत वृत्तान्त भी दिया है। उसकी वर्णित एक घटना की ओर हम विद्वानों का ध्यान आकर्षित करना चाहते हैं। उस वर्णन के अनुसार जयसिंह से अपनी सतसई पर पुरस्कृत होने के पश्चात् बिहारी राजा छत्रसाल के दरबार में पहुँचे। छत्रसाल ने अपने गुरु प्राणनाथ जी (धामी सम्प्रदाय के संस्थापक) के पास परीक्षा के लिए उसे भेजा। प्राणनाथ जी ने उसकी शृंगारिकता की निन्दा करते हुए अस्वीकृत कर दिया। इस पर पत्नी के परामर्श के अनुसार बिहारी ने परीक्षा के लिए एक दूसरी कसौटी सुझाई। इस कसौटी के अनुसार पन्ना के युगल किशोर मन्दिर में रात्रि को सतसई एवं प्राणनाथ जी की धर्म-पुस्तक हस्ताक्षर के लिए रख दी गयी। प्रातःकाल सतसई पर युगल किशोर जी के हस्ताक्षर प्राप्त हुए प्राणनाथ की वाणी पर नहीं।[134] इस घटना की प्रामाणिकता का निर्णय हमारा कार्य नहीं है। इसके द्वारा हम इतना मात्र निवेदित करना चाहते हैं कि युगल-रूप की माधुर्य-भावना सतसई में है, इस विचार का अस्तित्व काफी पुराने समय में भी पाया जाता है। ध्यान रहे कि यह टीका संवत् 1861 में लिखी गयी थी।[135]

इसी प्रसंग में यह भी स्पष्ट कर देना उचित रहेगा कि बिहारी विशुद्ध रूप से साधनानुभूति का काव्य नहीं लिख रहे थे। इसी कारण लौकिकता का प्राधान्य तो है ही, साथ ही नित्य निकुंज लीला का सीमित क्षेत्र भी उन्होंने नहीं स्वीकार किया। गुरु-परम्परा उनकी निकुंज लीला की थी, परन्तु कवि-कल्पना को अधिक मुक्त आकाश देने के लिए ब्रजलीलाओं का वैविध्य उन्होंने स्वीकार किया था। इसी कारण चीरहरण, रास, पूतना वध, गोवर्धन धारण, दावानलपान, भ्रमरगीत आदि अनेक लीलाएँ उनके काव्य में चित्रित हुई हैं। भक्ति सम्प्रदाय के कवियों के समान नैतिक (वैयक्तिक एवं सामाजिक दोनों प्रकार की नैतिकताएँ) एवं दार्शनिक सिद्धान्त-कथन भी बिहारी में उपलब्ध होते हैं। सब मिलाकर सतसई में लगभग 100 दोहे प्रत्यक्ष-अप्रत्यक्ष रूप से भक्ति एवं नीति से सम्बन्धित हैं।

जहाँ तक बिहारी की काव्यकला, अनुभाव-विधान, हस्तलाघव कौशल भाषा की

शक्ति, चित्रमयता, सांगीतिकता, नाटकीयता एवं ध्वन्यात्मकता आदि का प्रश्न है, बिहारी के महत्त्व की स्थापना पूरी तरह से हो चुकी है। ये रीतिकाल के सर्वश्रेष्ठ दो कवियों में तथा हिन्दी के सुन्दरतम व्यंजनाओं वाले कवियों में से एक गिने जाते हैं। नीचे हम उनके भक्ति सम्बन्धी कतिपय दोहे मात्र उद्धृत कर रहे हैं—

मेरी भव बाधा हरो, राधा नागरि सोइ।
जा तन की झाईं परैं, स्यामु हरित दुति होई।।[136]

स्याम सुरति करि राधिका तकति तरणिजा तीर।
अंसुवनि करत तरौंस कौं खिनकु खरौंहों नीर।।[137]

उर लागै अति चटपटी सुनि मुरली धुनि धाइ।
हौं निकसी हुलसी सु तौ गौ हुलसी हिय लाइ।।[138]

जस अपजसु देखत नहीं देखत साँवल गात।
कहा करौं, लालच भरे चपल नैन चलि जात।।[139]

कहा लड़ैते दृग करे परे लाल बेहाल।
कहुँ मुरली कहुँ पीतपट कहूँ मुकुट बनमाल।।[140]

गोपिनु संग निसि सरद की रमत रसिकु रस रास।
लहा छेह अति गतिनु की सबनु लखे सब पास।।[141]

जौ न जुगुति पिय मिलन की धूरि मुकुलि मुँह दीन।
जौ लहिये संग सजन तौ धरक नरक हूँ कीन।।[142]

गिरि तैं ऊँचे रसिक-मन बूढ़े जहाँ हजारू।
वहै सदा पसुनरतु कौ प्रेम-पयोधि पगारू।।[143]

आलोचकों ने यह बात नोट की है कि बिहारी का विरह-वर्णन तो ऊहात्मक हो गया है पर मिलन के उनके चित्र अत्यन्त प्रसन्न एवं उस उल्लास को सजीव करने वाले हैं। वस्तुतः इस तथ्य के मूल में बिहारी के सम्प्रदाय की नित्यविहारोपासना विद्यमान है। हम पहले ही कह चुके हैं कि नित्यविहारोपासना में चिन्तन की ही स्वीकृति है, विरह की नहीं। यह तथ्य बिहारी ही नहीं रीतिकाल के अन्य कवियों के सन्दर्भ में भी दूर तक काव्य-सृजन को अनुकूलित करता है।

मतिराम

मतिराम बिहारी के कुछ बाद के कवि हैं। उनका जन्म संवत् 1661 के लगभग बनपुर जिला कानपुर में वत्सगोत्रीय त्रिपाठी कान्यकुब्ज ब्राह्मण के घर हुआ था। उनके पिता का नाम विश्वनाथ था। डॉ. महेन्द्र कुमार ने मतिराम का मृत्यु संवत् काफी ऊहापोह के पश्चात् संवत् 1758 वि. के आस-पास निश्चित किया है।'[144] मतिराम को देव की भाँति ही अनेक आश्रयदाताओं की खोज में भटकना पड़ा था। कहते हैं कि ये मुग़ल-दरबार का भी चक्कर अपनी बढ़ती वय में लगा आये थे तथा अनेक राजपूतों की भी जीवनचर्या के समीपी पर्यवेक्षक बनने का अवमर उन्हें मिला था। इसी कारण उनके काव्य में ये दोनों प्रभाव मिल जाते हैं।

उनके सात ग्रन्थ इस समय उपलब्ध हैं—फूल मंजरी, रस राज, ललित ललाम, सतसई, अलंकार पंचाशिका, छन्द सार पिंगल और वृत्त कौमुदी। मतिराम द्वारा रचित 'साहित्य सार' एवं 'लक्षण शृंगार' नामक दो अन्य ग्रन्थों की भी चर्चा की जाती है। 'बरवै नायिका भेद' नामक उनके द्वारा सम्पादित एक ग्रन्थ भी बताया गया है। वस्तुत यह ग्रन्थ उनके द्वारा सम्पादित नहीं है तथा 'साहित्य सार' एवं 'लक्षण शृंगार' प्राप्त नहीं हैं। उनकी प्रसिद्धि का मुख्य आधार 'रस राज' नामक उनका नायिका-भेद का ग्रन्थ है। इसमें दोहों में लक्षण एवं कवित्त-सवैया आदि छन्दों में उदाहरण दिये गये हैं। उनका दूसरा मुख्य ग्रन्थ ललित ललाम अलंकार-सम्बन्धी है। उनकी सतसई के बारे में आचार्य रामचन्द्र शुक्ल ने कहा है, इसके दोहे सरसता में बिहारी के दोहों के समान ही हैं।[145]

उपर्युक्त ग्रन्थों के वर्ण्य विषयों का अनुशीलन करने से ऐसा लगता है कि बिहारी रीतिबद्ध काव्य-रचना करने वाले शृंगारी कवियों के अन्तर्गत परिगणनीय हैं, परन्तु जैसा कि रीतिकाल के बहुत से कवियों के लिए कहा जा सकता है, मतिराम को भी राधा और मोहन का नाम लेकर पवित्रता बोध जगाना पड़ा है। उनके धार्मिक सिद्धान्तों की चर्चा करते हुए डॉ. महेन्द्र कुमार ने उन्हें शुद्धाद्वैत से प्रभावित माना है।[146] हमारा विचार है कि इन कवियों को सदैव किसी-न-किसी धार्मिक-दार्शनिक मत से जोड़ने की आवश्यकता नहीं है। इसका अतिरिक्त जिन तर्कों के आधार पर उन्हें शुद्धाद्वैत सम्प्रदाय का माना गया है उन्हीं तर्कों के आधार पर मध्यकालीन गोपी-भाव के किसी भी सम्प्रदाय के अन्तर्गत उन्हें रखा जा सकता है। यों मूलतः रीतिकाल के कवियों का एक बड़ा भाग स्मार्तमतानुयायी प्रतीत होता है। स्वयं मतिराम ने गणेश[147], शिव,[148] शक्ति[149], सरस्वती[150], रामचन्द्र[151] आदि विभिन्न देवी-देवताओं की स्तुतियाँ लिखी हैं, परन्तु वातावरण (धार्मिक एवं सामाजिक) में जो शृंगार व्याप्त था, उसने उन्हें माधुर्य-भावपरक बनने में सहायता दी। इस स्थिति में किस समय वे भाव-विभोर होकर राधा-कृष्ण या गोपी की बात कह रहे हैं या सामान्य नायक-नायिका का, यह

कहना कठिन हो जाता है। नीचे हम एक सवैया दे रहे हैं, इसे क्यों न प्रेमविह्वला गोपी का वचन माना जाय? मध्यकालीन समाज में नायक-नायिका इस प्रकार के स्वच्छन्द मिलन की कामना तो कर नहीं सकते थे—ऐसी स्थिति में कृष्ण एवं गोपी की मधुर लीलाएँ यदि उसे आकर्षित करें तो अनुचित न कहा जाना चाहिए। भक्ति का भाव मूलतः भक्ति का ही है—चाहे वह किसी मनोवैज्ञानिक आवश्यकता के वशीभूत हो या सामाजिक दबाव का परिणाम। अस्तु सवैया इस प्रकार है—

क्यों इन आँखिन सों निरसंक है मोहन को तन पानिप पीजै।
नेकु निहारें कलंक लगै इहि गाँव बसे कहो कैसे के बीजै।
होत रहे मन यों मतिराम कहूँ बन जाय बड़ो तप कीजै।
है बनमाल हिये लमिये अरु है मुरली अधरा रस पीजै।[152]

इस सवैये की श्रृंगार संवलित भक्ति के अन्तर्गत विवेचना करते हुए एक विद्वान ने कहा, शुद्धभक्ति-भावना में भक्त भगवान के चरणों का सान्निध्य चाहता है। भक्त की दृष्टि भगवान के चरणों पर ही रहती है, किन्तु प्रेमी-प्रियतम के मुखारविन्द का मकरन्द-पान करके ही जीवित रहता है। मतिराम की भक्ति भावना में श्रृंगार भाव का ही पुट है, क्योंकि कवि की दृष्टि मोहन के चरणों पर नहीं, अपितु उनके हृदय और अधरों पर है। इस श्रृंगार-भाव की पूर्ति के लिए ही वह बनमाला और मुरली बनने की अभिलाषा कर रहा है[153] परन्तु यहीं पर समीक्षक महोदय यह भूल गये हैं कि पुष्टिमार्ग में ही गो. हरिराय जी ने 'शीतल' और 'उष्ण' भक्तियों के दो विभाजन किये थे। शीतल भक्ति का भक्त प्रभु के चरण-सरोवर में निमज्जित होकर शीतलता चाहता है तथा 'उष्ण' भक्ति का साधक प्रभु के अधरों का आसवपान करना चाहता है।[154] वह सचमुच ही मुरली बनकर अधरों एवं बनमाल बनकर हियरे में लगना चाहता है। यह भी ध्यान देने योग्य है कि उष्ण भक्ति ही पुष्टिमार्ग के भक्त के लिए काम्य थी। उनके कतिपय अन्य मधुर भावापन्न दोहे नीचे उद्धृत हैं—

मों मन तम तोमहिं हरौ राधा को मुखचन्द्र।
बढ़े जाहिं लखि सिन्धु लौ नन्दनन्दन आनन्द। [155]
गुंज गुंज के हार उर मुकुट मोर पर पुंज।
कुंज बिहारी बिहरिये मेरे ई मन कुंज। [156]
राधा मोहन लाल कौ जाहि न भावत नेह।
परियौ मठी हजार दस ताकी आँखिनि खेह। [157]
मुरलीधर गिरिधरन प्रभु पीताम्बर घनस्याम।
बकी विदारन कैस अरि चीर हरन अभिराम। [158]

मतिराम की जैसी साफ़-सुथरी प्रकृत ब्रजभाषा लिखने वाले कवि रीतिकाल में भी कम मिलेंगे। आचार्य हजारी प्रसाद द्विवेदी के अनुसार मतिराम भाषा की नाड़ी पहचानते थे।[159] शुक्ल जी की सम्मति है कि भाषा के ही समान मतिराम के न तो

भाव कृत्रिम है और न उनके व्यंजक व्यापार और चेष्टाएँ[160] मतिराम में चित्र-निर्माण की अद्‌भुत क्षमता थी। साथ ही पारिवारिक जीवन में उनकी गहरी रुचि भी थी। उनका अलंकार-विधान इसीलिए अधिक मार्मिक एवं सहज हो सका है।

कुलपति

कुलपति मिश्र के बारे में यह प्रसिद्ध है कि वे महाकवि बिहारी के भागिनेय थे। वे आगरा के रहने वाले माथुर चतुर्वेदी ब्राह्मण थे। इनके रचे पाँच ग्रन्थों का उल्लेख साहित्य के इतिहासों में होता है—द्रोण पर्व, मुक्ति तरंगिणी, नखशिख, संग्राम सार और रस रहस्य। उनमें से अन्तिम ग्रन्थ रस-निरूपक ग्रन्थ है। तृतीय एवं चतुर्थ भी शृंगार से ही सम्बन्धित प्रतीत होते हैं। प्रथम महाभारत के द्रोण पर्व के आधार पर रचित काव्य प्रतीत होता है एवं दूसरे ग्रन्थ मुक्ति तरंगिणी का शीर्षक उसे आध्यात्मिक अभिव्यंजना का काव्य सिद्ध करता है। उनका रचनाकाल 18वीं शती का पूर्वार्द्ध है। रस-रहस्य उन्होंने संवत् 1727 में बनाया था। कुलपति मिश्र आचार्यत्व की दृष्टि से तो महत्त्वपूर्ण हैं ही साथ ही सुकवि भी थे। सीधी एवं सहज ब्रजभाषा में हृदय के स्वाभाविक उद्‌गार उन्होंने प्रकट किये हैं।

भक्ति-भावना का उनमें अभाव न था। 'रस रहस्य' के प्रारम्भ में ही कृष्ण की वन्दना उन्हें वैष्णव सिद्ध करती है। कृष्ण को आराध्य मान लेने के बाद स्वाभाविक रूप से उनकी मधुर लीलाओं की ओर व्यक्ति का ध्यान आकृष्ट होता है। ऐसे ही एक विहार-प्रसंग का उल्लेख निम्न छन्द में प्रतीत होता है—

ऐसिय कुंज बनी छवि पुंज रहे अलि गुंजत यों सुख लीजै।
नैन विशाल हिये वनमाल विलोकत रूप सुधा भरि पीजै।
जामिनि-जान की कौन कहैं जुग जात न जानिये यों छिन छीजै।
आनन्द यों उमग्योई रहै, पिय मोहन को मुख देखिबो कीजै।

वृन्द

नीतिकार के रूप में वृन्द कवि की हिन्दी में पर्याप्त ख्याति है, परन्तु वृन्द केवल नीतिकार ही नहीं थे, वे एक श्रेष्ठ कवि भी थे। वृन्द कवि का जन्म संवत् 1700 के आस-पास मेड़ता (जोधपुर) में हुआ था। ये जाति के सेवक या भोजक थे। काशी में साहित्य, दर्शन तथा विभिन्न शास्त्रों का उन्होंने विधिवत् अध्ययन किया था। काशी से लौटने पर अपने पाण्डित्य एवं प्रतिभा के कारण जोधपुर के महाराजा जसवन्त सिंह (प्रथम) से आपको सम्मान भी प्राप्त हुआ था। बाद में ये औरंगजेब के दरबार में भी पहुँच गये थे। औरंगजेब की काव्य-संगीत आदि कलाओं-सम्बन्धी उदासीनता

प्रसिद्ध है, परन्तु कहते हैं कि वृन्द ने उसके मुख से भी प्रशंसा एवं हाथों से धन प्राप्त कर लिया था। औरगंजेब ने उन्हें दरबार में स्थान देने के साथ ही अपने पौत्र अज़ीमुश्शान का अध्यापक भी नियुक्त कर दिया। अज़ीमुश्शान जब बंगाल का सूबेदार हुआ तब वे उसके साथ ढाका चले गये। डॉ. मेनारिया का कथन है कि सं. 1764 के आस-पास किशनगढ़ के महाराज राजसिंह ने अज़ीमुश्शान से वृन्द को माँग लिया था और अच्छी भूमि देकर अपने यहाँ बसा लिया।[161] किशनगढ़ में ही वृन्द की मृत्यु सं. 1780 में हुई थी। वृन्द कवि के रचे हुए 11 ग्रन्थों की सूची इस प्रकार है—

(1) समेत सिखर छन्द (रचना 1725), (2) भाव पंचाशिका (1743), (3) शृंगार शिक्षा (1748), (4) पवन पच्चीसी, (5) हितोपदेश सन्धि, (6) वृन्द सतसई (1761) इसका निर्माण ढाका में अज़ीमुश्शान के अनुरोध पर हुआ था, (7) वचनिका (1762), (8) सत्य स्वरूप (1764), (9) यमक सतसई, (10) हितोपदेशाष्टक, (11) भारत कथा।

इन रचनाओं में विषय का बहुत वैविध्य है। वास्तव में वृन्द को देशाटन एवं जीवनानुभवों को अर्जित करने का पर्याप्त अवसर मिला था। इन अनुभवों को उन्होंने अपने काव्य में रोचक अभिव्यक्ति दी है। उनके नीति-कवि के पीछे भी जीवन का यही विशाल अनुभव विद्यमान था।

रीतिकाल के कवियों जैसा शृंगार रस एवं नायिका भेद का वर्णन उन्होंने भाव पंचाशिका एवं शृंगार शिक्षा में किया है। उनका वृन्द सतसई अपने नीतिपरक दोहों के लिए प्रसिद्ध ही है, पर उसके अतिरिक्त उनकी यमक सतसई भी है। यमक सतसई के अधिकांश दोहे शृंगार रस के हैं एवं प्रत्येक दोहे में यमक अलंकार की स्थापना हुई है। यह रचना भी आलंकारिकता की दृष्टि से रीतिबद्धता ही सूचित करती है।

वृन्द अपने ज़ीवन के प्रारम्भिक भाग में चाहे जैसे कवि रहे हों, पर वार्द्धक्य की अवस्था में वे भक्ति की ओर उन्मुख हो गये थे। किशनगढ़ राज्य का पूरा कुटुम्ब ही भक्त और कवि था। राजपरिवार के प्रभाव में ही वृन्द भी निम्बार्कीय सम्प्रदाय के प्रसिद्ध आचार्य एवं कवि बृन्दाबन देव के शिष्य हो गये थे। बृन्दाबन देव ने स्वयं 'गीतामृत गंगा' में आलंकारिक शैली में ब्रजलीलाओं का गान किया है। नीचे हम वृन्द कवि के कतिपय भक्तिभावपरक छन्द उद्धृत कर रहे हैं, परन्तु इन पर भी रीतिकाल की चमत्कार-योजना का प्रभाव देखा जा सकता है—

पटु पराग पट पीत, सुखद सुन्दर तन सोहत,
बंसी बंस बजाय, सुमन खग मृग मन मोहत।
करि विलास रस केलि, लता ललिता पुंजन में।
सदन सदन संचरत, धरि विचरत कुंजन में।
जलन्हात पद्मिनीवास हर, चढ़त सुविटप कदम्ब पर।
माधव स्वरूप माधव पवन, कहत वृन्द आनन्द कर।

(पवन पच्चीसी से)

कुंज बिहारी कुंज में, छरी छरी दिखराइ।
चित उनकी चितवत चकी, परतन परतन पाइ।
बनी माँहि राधे बनी, बनी बनी की भाँति।
भई देखि सिर उनमनी, सबै उनमनी कांति।

(यमक सतसई से)

देव

देव कवि का पूरा नाम देवदत्त था। देव उपनाम से वे कविताएँ लिखते थे। डॉ. नगेन्द्र ने देव के अन्तःसाक्ष्य के आधार पर उनका जन्म संवत् 1730 माना है।[162] वे इटावा के रहने वाले कश्यप गोत्रीय कान्यकुब्ज ब्राह्मण थे।[163] अपने जीवन-निर्वाह के लिए देव को कई आश्रयदाताओं के पास भटकना पड़ा था। देव की मृत्यु संवत् 1824-25 के आस-पास हुई थी।[164] देव के उपलब्ध ग्रन्थों की संख्या अट्ठारह है। यों 52 या 72 ग्रन्थ भी बताये जाते हैं। इनमें से काव्यशास्त्रीय ग्रन्थ हैं—प्रेम चन्द्रिका, राग रत्नाकर, देव शतक, देव चरित और देव माया प्रपंच भक्ति, संगीत एवं अध्यात्म से सम्बन्धित है। प्रेम चन्द्रिका में उन्होंने प्रेम का माहात्म्य प्रतिष्ठित किया है। इसमें साधारण प्रेम के अतिरिक्त भक्ति के प्रेम का भी महत्त्व प्रतिपादित किया गया है। देव शतक में प्रेम पच्चीसी के अन्तर्गत भी प्रेमतत्त्व का वर्णन करते हुए उन्होंने परमात्मा को केवल प्रीति द्वारा प्राप्य बताया है। 'देव चरित' में कृष्णजीवन से सम्बन्धित विविध प्रसंगों एवं लीलाओं का सक्षिप्त वर्णन है।

देव हमारे आलोच्य काल के अत्यन्त समर्थ कवियों में से हैं। राधा और कृष्ण के युगल-रूप के अनेक मार्मिक चित्र उनके काव्य में उपलब्ध होते हैं। मधुर भावापन्न जिन भक्ति-सम्प्रदायों की चर्चा हम इस प्रबन्ध में कर चुके हैं उनमें राधा तथा कृष्ण और गोपियों के जो चित्र हमें प्राप्त होते हैं उनसे देव के चित्र भिन्न नहीं प्रतीत होते और वह भी उस स्थिति में जबकि देव के काव्य में भक्ति-सम्बन्धी उद्‌गार निश्चित रूप से उपलब्ध हो जाते हैं। जहाँ तक अलंकरण और अभिव्यंजना की सचेष्टता का प्रश्न प्रेमाभक्ति के साम्प्रदायिक कवियों में भी वह उपलब्ध हो जाती है तथा इसी कसौटी पर भक्ति को भी यदि कसा जाता है तो अभिव्यंजना की सचेष्टता एवं रीतिबद्धता तुलसीदास में भी प्राप्त होती है। अतः देव जैसे कवियों की समीक्षा में किसी रूढ़ दृष्टि को अपनाने की अपेक्षा प्रत्येक छन्द पर स्वतन्त्र रूप से विचार करना अधिक समीचीन होगा। उनके कतिपय प्रेमाभक्ति सम्बन्धी छन्द नीचे उद्धृत हैं—

बटुहैं नटुहै कै रिझावै जिन्हें हरि, देव कहैं बतियाँ तुतरी।
विधि ईस के सीस बसी बहु बारन कोटि कला रज सिन्धु तरी।

जगमोहनि राधे तू पाइं परौं वृषभान के मौन अभै उतरी,
गुन बाँधै नचावति तीनिहुँ लोक लिये कर ज्यों कर की पुतरी।
'देव' मैं सीस बसायौ सनेह कै भाल मृगम्मद विंदु कै भाख्यो।[165]
कंचंकी में चुपर्‌यो करि चौवा लगाय लियो उर सौं अभिलाख्यो।
कैं मखतूल गुहे गहने रस मूरतिवंत सिंगार कै चाख्यौ।
साँवरे लाल को साँवरे रूप मैं नैननि में कजरा करि राख्यौ।[166]

कालिदास त्रिवेदी

कालिदास अन्तर्वेद के रहने वाले कान्यकुब्ज ब्राह्मण थे। इनका जन्म-संवत् निश्चित नहीं है, पर अनुमानतः वे संवत् 1725 के पूर्व ही उत्पन्न हुए थे, क्योंकि 1745 की गोलकुण्डा वाली चढ़ाई में वे औरंगजेब की सेना के साथ गये थे।[167] उस समय उनकी आयु कम-से-कम 20 वर्ष की तो रही ही होगी। इनके ग्रन्थ इस प्रकार हैं--वधू (वार वधू) विनोद, राधा माधव-बुध मिलन-विनोद तथा सम्पादित ग्रन्थ कालिदास-हजारा। वारवधू विनोद नखशिख एवं नायिका-भेद का प्रसिद्ध ग्रन्थ है, पर प्रस्तुत विवरण में हम उससे अधिक सम्बन्धित न होकर दूसरे ग्रन्थ से सम्बन्धित हैं। राधा माधव-बुध-मिलन-विनोद के छन्दों से ऐसा ज्ञात होता है कि कालिदास युगलोपासक किसी सम्प्रदाय में दीक्षित हो गये थे तथा उसी के अनुरूप वे कविता (साधना) करते थे। रीतिकालीन कवियों ने राधा-कृष्ण के वियोग या संयोग की चेष्टाओं का वर्णन किया है, पर नित्य विहार के वास्तविक रूप के दर्शन उनमें कम होते हैं। कालिदास त्रिवेदी की रचनाएँ ब्रजलीला की अपेक्षा इसी निकुंज-लीला के अधिक निकट हैं। उदाहरणार्थ छन्द लें--

एक ही सेज पै राधिका माधव धाइ लै सोइ सुभाइ सलोने।
पारे महाकवि कान्ह कों मद्धि पै राधा कहै यह बात न होने।
द्वै हौं न साँवरी साँवरे तैं अलि बावरी बात सिखाई है कोने।
सोने को रूप कसौटी लगै पै कसौटी को रंग लगै नहिं सोने।

निम्न छन्द में उन्होंने अपनी भक्ति-भावना एकदम स्पष्ट कर दी है--

छाय रहै जु छहों रित जा घर प्रेम जंजीर जकरि कै।
कालिदास राधा माधव के पूजौं पाइ पकरि कै।

उदयनाथ कवीन्द्र

प्रसिद्ध कवि कालिदास त्रिवेदी के पुत्र कवीन्द्र का जन्म-समय आचार्य रामचन्द्र शुक्ल ने सं. 1736 के लगभग माना है।[168] इस प्रकार इनका कविता-काल, 18वीं शती का अन्तिम चरण माना जा सकता है। 'रामचन्द्रोदय', 'विनोद चन्द्रिका', 'जोग लीला'

नामक ग्रन्थों का उल्लेख भी शुक्ल जी ने किया है। रस चन्द्रोदय शृंगार रस का ग्रन्थ है और वही इनकी ख्याति का मुख्य आधार है। प्रेम की वेदना का अत्यन्त मार्मिक रूप उन्होंने उपस्थित किया है। इस प्रेम-चित्रण पर सूफ़ी प्रभाव भी देखा जा सकता है—

कैसी ही लगन जामें लगन लगायी तुम,
प्रेम की पगनि के परेखे हिय कस के।
केतिको छिपाय के उपाय उपजाय प्यारे।
तुम तें मिलाय के बढ़ाये चोप चस के।
भनत कबिन्द हमैं कुंज में बुलाय कर।
बसे कित जाय दुख देकर अबस के।
पगनि में छाले परे नांछिबे को नाले परे।
तऊ लाल लाले पर रावरे दरस के।

महाराज बुद्धसिंह

हाड़ा के राजपूत बूँदी नरेश अनिरुद्ध सिंह के पुत्र बुद्धसिंह का जन्म सं. 1742 में एवं मृत्यु सं. 1796 में हुई थी। संवत् 1752 में बूँदी की गद्दी पर आसीन हुए। यद्यपि उनका सारा जीवन युद्धों एवं राजनीतिक उथल-पुथल में ही बीता, पर फिर भी उनका कलाकार मन रचना के लिए अवसर निकालता ही रहा। बुधसिंह का 'नेह तरंग' नामक, 14 तरंगों वाला रीति-निरूपक ग्रन्थ है। वे एक सुकवि प्रतीत होते हैं। भ्रमरगीत के प्रसंग पर लिखी हुई उनकी यह घनाक्षरी द्रष्टव्य है—

ऊधौ एक सुनिबे हैं अरज हमारी और,
एते पर उनहूँ कैं मन मैं न आती हैं।
भौन भयौ भाखसी सौ साखसी सौ दिन भयौं,
राकसी सी रैंनि भई देखैं न सुहाती है।
कहियो जू एती दई मन में जौ आवै क्यों हूँ,
देखन जो पाऊँ केती कहिबैं न आती है।
चढ़ि-चढ़ि नेह निधि कढ़ि-कढ़ि लाज हम,
सूखैं पानी सफरी लौं बढ़ि-बढ़ि जाती हैं।

राजसिंह

ये किशनगढ़ के महाराज मानसिंह के पुत्र थे। आपका जन्म संवत् 1731 में हुआ था। देहावसान उनका सं. 1805 में हुआ। वे निम्बार्क-सम्प्रदाय के अनुयायी थे। राजसिंह बड़े ही गुण-ग्राही, कलाप्रेमी एवं स्वयं कवि थे। अज़ीमुश्शान से वृन्द को वे

ही माँग लाये थे। राजसिंह से किशनगढ़ राज्य में एक काव्य-परम्परा ही प्रारम्भ हो जाती है। राजसिंह स्वयं कवि थे। उनकी पत्नी ब्रजदासी जी के भागवत अनुवाद की चर्चा हम पीछे कर आये हैं। नागरीदास उनके पुत्र थे तथा सुन्दर कुँवरि जी उनकी पुत्री। उनकी पौत्री छत्र कुँवरि भी कवयित्री थीं। अस्तु राजसिंह के लिखे दो ग्रन्थ हैं—बाहु विलास एवं रसा पाय। प्रथम ग्रन्थ में श्रीकृष्ण-रुक्मिणी का विवाह वर्णित है एवं द्वितीय ग्रन्थ में रीतिकाल के प्रभाव के अन्तर्गत नायकों के गुणावगुण बताये गये हैं। आपके कतिपय फुटकर पद भी मिलते हैं—

ए अखियाँ प्यारे जुलुम करैं।
यह महरेरी लाज लपेटी झुकि-झुकि घूमैं भूमि परैं।
नगधर प्यारे होड़ न न्यारे हा हा तो सौं कोटि करैं।
राजसिंह को स्वामी नगधर बिनु देखे दिन कठिन परैं।

सूरति मिश्र

'हिन्दी साहित्य के बृहत् इतिहास' में सूरति मिश्र के बारे में कहा गया है कि इनके सम्बन्ध में किसी प्रकार की सामग्री उपलब्ध नहीं है।[169] प. रामचन्द्र शुक्ल ने इनका रचनाकाल विक्रम की अठारहवीं शताब्दी का अन्तिम चरण माना है।[170] डॉ. मोतीलाल मेनारिया ने सूरति मिश्र का जन्म सं. 1746 के आस-पास अनुमानित किया है।[171] सभी इतिहासकार इन्हें कान्यकुब्ज ब्राह्मण तथा आगरे का निवासी मानते हैं। जहानाबाद, जयपुर, बीकानेर आदि राज्यों से वे सम्बन्धित रहे हैं। इनके लिखे ग्रन्थों की संख्या 15 से ऊपर है। 'रसिक प्रिया', 'कवि प्रिया' एवं 'बिहारी-सतसई' की उन्होंने ब्रजभाषा गद्य में टीकाएँ भी की हैं तथा अनेक रीति-ग्रन्थ (अलंकार माला, नखशिख, रस सरस, रस ग्राहक चन्द्रिका, रस रत्न माला, काव्य सिद्धान्त और शृंगार सार) हैं। संस्कृत के 'प्रबोध चन्द्रोदय' नाटक तथा 'बैतालपचविंशति' के अनुवाद भी सूरति मिश्र ने किये थे। भक्ति विनोद, राम चरित्र, कृष्ण चरित्र, रास लीला व दान लीला उनके भक्तिमार्ग से सम्बन्धित ग्रन्थ हैं। भक्तिकाल की दृष्टि से उनकी रचनाएँ भी पर्याप्त मात्रा में प्राप्त होती हैं, एवं भक्ति-काव्य का सरस रंग भी उन पर मिलता है। प्रेमाभक्ति के कवियों को होली का उत्सव अत्यधिक प्रिय रहा है। नीचे उद्धृत छन्द भी होलिकोत्सव से ही सम्बन्धित हैं—

फागुन के दिन बावरे ये इनमें न सयानपना निबहै हैं।
काम दुहाई रही घिरि कै अब कोउन काउ की फूक लहै हैं।
आय कै रंगनि सौं भरि है हरिहै नहीं नागर साँची कहै हैं।
चोरी नहीं बरजोरी नहीं होरी मैं कौन धौं केरि रहै हैं।

(भक्ति विनोद)

श्रीपति

श्रीपति कवि का अधिक प्रामाणिक विवरण उपलब्ध नहीं है।[172] वे कालपी के रहने वाले कान्यकुब्ज ब्राह्मण थे। उनके 'काव्य सरोज' नामक ग्रन्थ का रचनाकाल सं. 1777 वि. है। अतः विक्रम की अठारहवीं शती के अन्तिम चरण में वे विद्यमान थे। उनके 7 ग्रन्थ कहे जाते हैं पर वे सभी रीति-निरूपण या रीतिबद्ध काव्य के प्रतीत होते हैं। काव्यशास्त्र के आचार्य रूप में वे अत्यधिक महत्त्वपूर्ण हैं। यत्र-तत्र उनके कुछ फुटकर भक्ति पदों में भाव-सम्बन्धी उद्‌गार भी मिल जाते हैं। एक उदाहरण निम्नलिखित है—

तातहू की जाति नीकी निगम प्रतीति नीकी।
श्रीपति जू प्रीति नीकी, लागै हरिनाम की।
रेवा नीकी बानर खेत, मुंदरी सुवा की नीकी।
मेवा नीकी काबुल की, सेवा नीकी राम की।

सोमनाथ

सोमनाथ को आचार्यत्व प्रबन्ध-कवि की दृष्टि से शुक्ल जी ने रीतिकाल का महत्त्वपूर्ण कवि माना है।[173] उनका 'रसपीयूष निधि' नामक रीति का विस्तृत विवेचन करने वाला ग्रन्थ संवत् 1794 में लिखा गया था। इस आधार पर शुक्ल जी ने इनका रचनाकाल संवत् 1790 से 1810 माना है। इनका 'माधव विनोद' नामक नाटक संवत् 1807 में लिखा गया था।[174] ये माथुर ब्राह्मण थे तथा भरतपुर नरेश मर्दनसिंह के छोटे पुत्र के आश्रित थे। इनके पाँच ग्रन्थ उपलब्ध हैं—रस पीयूष निधि, शृंगार विलास, कृष्ण लीलावती, पंचाध्यायी सुजान विलास। इनमें से प्रथम दो ग्रन्थ काव्य-शास्त्र से सम्बन्धित है। कृष्ण लीलावती नाम ही कृष्णलीलाओं का सूचक है, पंचाध्यायी प्रकाशित हो गयी है और भागवत की परम्परा में कृष्ण की रास-लीला को चित्रित करती है। पंचाध्यायी का रचनाकाल सं. 1800 है। इस प्रकार यह रचना हमारे आलोच्य युग के अन्तिम बिन्दु पर स्थित है। इनके अतिरिक्त 'सुजान विलास' (सिंहासन बत्तीसी का अनुवाद) एवं 'माधव विनोद' नाटक दो ग्रन्थ और कहे जाते हैं।[175]

उपयुक्त चर्चा से यह स्पष्ट है कि सोमनाथ में प्रेमाभक्ति का गहरा संस्कार था। गोपियाँ रास के समय कृष्ण से तिरस्कृत होती हैं। उस समय गोपियों के मार्मिक वचन सोमनाथ जी के इस छन्द में पूरी वेदना के साथ उपस्थित हुए हैं—

रावरी हाँसी बिलोकन सो,
अरु बांसुरी की सुन तान तरेरी।
जागि उठी मनमत्थ की आगि
छिनोछिन बाढ़ति भाँति अमेरी।

सींचों हमें अधरामृत से,
शशिनाथ कहौ जिन बात करेरी।
नातरु या विरहानल में,
जरिहोयेगी कान्ह भभूत की देरी। [176]

यह छन्द भागवत के निम्न श्लोक के भावावेग कों पूरी तरह सुरक्षित रख सका है–

सिंचांग नस्त्वदधरामृत-पूरकेण,
हासावलोककल गीतजहृच्छयाग्निम्।
नो चेद्वयं विरहजाग्न्युपयुक्त-देहा,
ध्यानेन याम पदयोः पदवीं सखे ते। [177]

सोमनाथ का एक और सुन्दर छन्द निम्न है, नायिका का स्वप्न दर्शन अत्यन्त मनोहर एवं भावपरक बन पड़ा है–

आये गुपाल सखी सपने में समीप हमारे रतीक डरै नहीं।
हौं कितनौं समुझाइ रही तऊ लाजतें नैन उतै ठहरे नहीं।
चाइन सौं मुसकाइ कछू ललचाइ कै वे तौ धरीक टरै नहीं।
मैं ही अयानपन्यौ परस्यौ जु निसंक ह्वै मोहन अंक भरै नहीं। [178]

आलम

आलम नाम से हिन्दी में दो कवियों की चर्चा होती है। आलम मुअज़्ज़म (बहादुरशाह) के आश्रित थे। बहादुरशाह का गद्दी-काल संवत् 1764 से आरम्भ होता है। अतः आलम को भी 18वीं शती के उत्तरार्द्ध में माना जा सकता है। इनके सम्बन्ध में एक मनोहर प्रेमकथा कही जाती है। कहते हैं कि वे ब्राह्मण थे, पर किसी शेख रंगरेजिन के प्रणय में उन्होंने अपना धर्म त्याग कर इस्लाम ग्रहण कर लिया था। उससे उन्होंने विवाह कर लिया। रंगरेजिन भी कवयित्री थी और कहते हैं कि 'आलमकेलि' में शेख की भणिति वाले छन्द उसी के हैं। पर इधर डॉ. मनोहरलाल गौड़ ने युक्तियुक्त प्रमाणों के आधार पर इस मत का खण्डन किया है। उनके अनुसार शेख आलम कवि का पूरा नाम था और 'आलमकेलि' के समस्त छन्द उन्हीं के हैं। शेख उनकी पत्नी का नाम नहीं था। रंगरेजिन वाली प्रेमकथा सत्य हो सकती है पर उससे उनकी स्त्री का शेखनामधारी होना निश्चित नहीं होता।[179]

आलम की दो रचनाएँ हैं–आलमकेलि एवं सुदामा चरित्र। इन दोनों रचनाओं से ऐसा लगता है कि आलम के पास हृदय हिन्दू का ही था। सुदामा चरित्र की भाषा में फ़ारसी और रेख्ता का प्रयोग अवश्य हुआ है, पर इस कथानक का चित्रण ही उनकी उदारता का सूचक है। आलमकेलि में शृंगार और विशेषकर विप्रलम्भ शृंगार के अत्यन्त अनुभूति-प्रवण चित्र उपलब्ध होते हैं। निम्न छन्द में स्मृति कथन की

तीव्रता द्रष्टव्य है। नायिका मिलन की शारीरिक बात नहीं करती, मात्र प्रकृति के उन दृश्यों को देखकर मन में एक गहरी वेदना का अनुभव करती है। वेदना-जन्य ऐसी अनुभूतियाँ रीति के स्थान पर भक्ति-प्रवृत्ति को प्रकट करती हैं। दोनों (विरह-मिलन) ही स्थितियों को एक-दूसरे के परिपार्श्व में रखकर अपेक्षित विरह-व्यथा की व्यंजना कवि की शक्ति का प्रमाण है—

जा थल कीन्हें विहार अनेकन ता थल कांकरी बैठि चुन्यौं करैं।
जा रसना सों करी बहु बात सु ता रसना सों चरित्र गुन्यौं करैं।
आलम जौन से कुंजन में करी केलि तहाँ अब सीस धुन्यौं करैं।
नैनन में जो सदा रहते तिनकी अब कान कहानी सुन्यौं करैं।

भिखारीदास

प्रतापगढ़ के ट्योंगा ग्राम के निवासी कायस्थ थे। वे विक्रम की 18वीं शती के अन्तिम दशक एवं 19वीं शती के प्रथम दशक में रचनाकार्य में अधिक क्रियाशील रहे हैं। उनके सात ग्रन्थ उपलब्ध होते हैं—रस सारांश, काव्य निर्णय, शृंगार निर्णय, छन्दोर्णव पिंगल, शब्द-नाम प्रकाश, विष्णु-पुराण भाषा और शतरंज-शतिका। भिखारीदास रीतिकाल के सर्वोत्तम आचार्य कवियों में से एक हैं। काव्य-सौष्ठव की दृष्टि से भी दास जी अत्यन्त महत्त्वपूर्ण कवि हैं। रूप सौन्दर्य में ठगी राधा का यह चित्र देखिए जिसे विषम अलंकार के माध्यम से कवि ने उभारा है—

जेहिं मोहिबे काज सिंगार सज्यो तेहि देखत मोह में आइ गयी।
न चितौनि चलाइ सकी उनहीं की चितौनि के भाय अघाय गयी।
वृषभान लली की दसा यह 'दास' जू देत ठगौरी ठगाय गयी।
बरसाने गयी दधि बेचन को तह आपुहि आपु बिकाय गयी।

भिखारीदास यद्यपि प्रमुखतः रीति ग्रन्थों के ही प्रणेता थे। पर वातावरण में भक्ति की जो मधुरता और ब्रजरस का जो प्राचुर्य था, उसे अभिव्यंजित करने से अपने को रोक नहीं सके। इधर उद्धृत छन्द इसी भक्तिपरक अनुराग का व्यंजक है।

सन्दर्भ

1. रत्नाकर : गो. रूपलाल (ललिताचरण गोस्वामी के पास की ह. लि. प्रति के आधार पर)।
2. रस सार : सिद्धान्त रत्नाकर (निम्बार्क शोध मण्डल, वृन्दावन)।
3. हिन्दी अनुशीलन (धीरेन्द्र वर्मा अंक) पृ. 413
4. कृष्णदास : राधारमण रस सागर की भूमिका, पृ. 3
5. प्रभुदयाल मीतल : हिन्दी अनुशीलन (धीरेन्द्र वर्मा विशेषांक), पृ. 412
6. प्रभुदयाल मीतल : हिन्दी अनुशीलन (डॉ. धीरेन्द्र वर्मा विशेषांक, वर्ष 13 अंक 1-2), पृ. 412
7. सिद्धान्त रत्नाकर, पृ. 99 एवं 109

8. निजमत सिद्धान्त, अवसान खण्ड।
9. साखी, 3
10. रस के पद : 4
11. रस के पद : 2
12. अमोलक राम शास्त्री : आचार्य स्तव माला, 86
13. सिद्धान्त रत्नाकर : स्वामी पीताम्बर देव कृत स्वामी रसिक देव जी की बधाई, पृ. 110
14. किशोरी शरण अलि : साहित्य रत्नावली, पृ. 25 सं. 260, 261, 264, 265, एवं 267
15. साखी, 9
16. डॉ. नारायण दत्त शर्मा द्वारा स्वामी हरिदास जी का सम्प्रदाय और उसका वाणी साहित्य (अप्र. प्रब.), पृ. 402 पर उद्धृत।
17. पीताम्बर देव की बानी : बसन्त के पद, 5
18. पीताम्बर देव की बानी, दोहा सं. 4, 5, 6, 12 एवं 13
19. डॉ. गोपाल दत्त शर्मा : स्वामी हरिदास का सम्प्रदाय और उसका वाणी साहित्य, पृ. 406
20. निम्बार्क माधुरी : पृ. 605
21. वही, पृ. 605
22. गुरु श्री रसिकदास महाराज : सिद्धान्त रत्नाकर, कवित्त 127, पृ. 26
23. सेवा हरि गुरु सन्त की, रसिक सिरोमनि पास।
गादी श्री हरिदास की, श्री रसिकदास प्रकास। —सिद्धान्त की वाणी, 77 (सिद्धान्त रत्नाकर में संगृहीत)।
24. श्री विपुल विहारिनि सरसवर, नागरि नरहरि रूप।
श्री स्वामी फिर अवतरे, रसिक सिरोमनि भूप।—सिद्धान्त की वाणी, 78
25. राजत बीठल विपुल प्रकासि। श्री गुरुदेव विहारनि दासि।
सरसदास जै नरहरि दासि। श्री रसिक सिरोमनि सुख की रासि। —वही, 88
26. सिद्धान्त रत्नाकर, ग्रन्थ परिचय (भूमिका भाग), पृ. 50
27. शील सखी : आचार्य मंगल, दोहा 17 (सिद्धान्त रत्नाकर में संगृहीत)।
28. शील सखी : आचार्य मंगल, कवित्त 9
29. डॉ. विजयेन्द्र स्नातक : राधावल्लभ सम्प्रदाय : सिद्धान्त और साहित्य, पृ. 427
30. प्रियादास ग्रन्थावली, पृ. 17-21
31. डॉ. विजयेन्द्र स्नातक : राधावल्लभ सम्प्रदाय : सिद्धान्त और साहित्य, पृ. 500
32. किशोरीशरण 'अलि' : साहित्य-रत्नावली, पृ. 20-22
33. हस्तलिखित संग्रह : अष्टक 1
34. डॉ. विजयेन्द्र स्नातक, राधावल्लभ सम्प्रदाय : सिद्धान्त औरर साहित्य, पृ. 491
35. वही, पृ. 492
36. राधावल्लभ सम्प्रदाय : सिद्धान्त और साहित्य, 493
37. चन्द्रसखी के भजन और लोकगीत, प्रभुदयाल मीतल, भूमिका पृ. 6 'घ'।
38. चन्द्रसखी के भजन और लोकगीत, पृ. 23
39. उपर्युक्त उद्धरण ललिता चरण गोस्वामी के संग्रह से लिये गये हैं। इनमें से कुछ अंश उन्होंने अपने ग्रन्थ श्री हितहरि वंश गोस्वामी : सम्प्रदाय और साहित्य के पृ. 468-473 में संकलित किये हैं।
40. डॉ. सावित्री सिन्हा : मध्यकालीन हिन्दी कवयित्रियाँ, पृ. 171
41. वही, पृ. 172

42. वही, पृ. 172
43. हित रूप अन्तर्धानबेली।
44. किशोर शरण 'अलि' : साहित्य रत्नावली, पृ. 13 से 43 तक।
45. चतुर्थ अध्याय में निम्बार्क सम्प्रदाय में इसकी हमने विस्तार से चर्चा की है। पृ. 246-253
46. ब्रह्मचारी बिहारी शरण निम्बार्क माधुरी, पृ. 143
47. श्री सर्वेश्वर : वृन्दावन धामांक, पृ. 223
48. घनानन्द ग्रन्थावली, पृ. 610
49. निम्बार्क शोधमण्डल वृन्दावन में संगृहीत चित्र।
50. गीतामृत गंगा, प्रथम घाट, पृ. 1
51. गीतामृत गंगा, 4 । 70
52. डॉ. मनोहर लाल गौड़ : घनानन्द और स्वच्छन्द काव्यधारा, पृष्ठ 21-27
53. पंदरा सै सत्यासिया, मासोत्तम आसोज।
    यह प्रबन्ध पूरन भयो शुकला शुभ दिन योग।। —लीला विंशति, वृन्दावन माधुरी, 82
54. डॉ. नारायणदत्त शर्मा : नि. सं. कृ. भ. हि. कं., पृ. 325
55. वही, पृ. 326
56. नित्य विहार पदावली, पृ. 72, संख्या 40
57. लीला विंशति : माधुर्य माधुरी सं. 20, पृ. 25
58. नित्य विहार पदावली 12
59. ब्रह्मचारी बिहारीशरण : निम्बार्क माधुरी, पृ. 166
60. द्वारकादास परीख : पुष्टिमार्गीय ब्रजभाषा के कवियों की ग्रन्थ सूची : वल्लभीय सुधा पत्रिका, वर्ष 6, अंक 2 (सं. 2011-12), पृ. 24
61. कीर्तन संग्रह, भाग 3, पृ. 17
62. नागर समुच्चय, पृ. 11 (भूमिका)।
63. डॉ. फ़य्याज अलीखां : भक्त और नागरीदास—इनके काव्य विकास से सम्बन्धित प्रभावों और प्रतिक्रियाओं का एक अध्ययन, पृ. 116 (अप्रकाशित प्रबन्ध)।
64. डॉ. फ़याज अली खाँ : भक्त और नागरीदास, पृ. 477
65. हिन्दी साहित्य का इतिहास पृ. 321
66. भक्तमाल, छ. स. 134
67. पं. रामचन्द्र शुक्ल : हिन्दी साहित्य का इतिहास, पृ. 140-142
68. डॉ. भगवतीप्रसाद सिंह : रामभक्ति में रसिक सम्प्रदाय, पृ. 389
69. सत्रह से षड्विंश बरस मास पुनि फाल्गुनि।
    शुक्ल पक्ष पंचमी अमल सुमवार लग्न दिन।।
    तेहि अवसर यह ध्यान मंजरी प्रगट भई है।
    परम सुमंगल करनि बरनि वर मोदमई है।। —ध्यान मंजरी, पृ. 54
70. प्रगटी नव श्रुति सिन्धु शशि गनित समय सुभसोय।
    —नेह प्रकाश की पुष्पिका (सभा खोज रिपोर्ट, 1917-भाग 2, सं. सं. 16 ब)।
71. रा. म. र. स., पृ. 406
72. परशुराम चतुर्वेदी : उत्तरी भारत की सन्त-परम्परा, पृ. 425
73. वही, सन्त काव्य, पृ. 370 पर दी गयी संख्या के आधार पर।
74. हजारी प्रसाद द्विवेदी : हिन्दी साहित्य, पृ. 147

75. सन्त काव्य, पृ. 382
76. कल्याण : सन्तवाणी अंक, पृ. 257
77. आचार्य रामचन्द्र शुक्ल : हिन्दी साहित्य का इतिहास, पृ. 81-82
78. सन्त काव्य, पृ. 385
79. हिन्दी साहित्य, पृ. 146
80. ज्ञान समुद्र : भक्ति निरूपण, 38
81. ज्ञान समुद्र : भक्ति निरूपण, 39
82. वही, 41
83. कल्याण : सन्तवाणी अंक, पृ. 229
84. भक्ति-सागर में सरस-माधुरी द्वारा वर्णित चरणदासाचार्य, पृ. 9 (नवलकिशोर प्रेस लखनऊ)।
85. डॉ. मोतीलाल मेनारिया : राजस्थान का पिंगल साहित्य, पृ. 199
86. चरणदास : भक्ति सागर, पृ. 356-357
87. सहजोबाई की बानी, बेलवेडियर प्रेस, प्रयाग में सहजोबाई का जीवन चरित्र।
88. वही, पृ. 10
89. सहजोबाई की बानी, पृ. 26, दोहा सं. 78
90. सहजोबाई की बानी, पृ. 36, दोहा सं. 3-4-5
91. दयाबाई, कल्याण, सन्तवाणी अंक, पृ. 271
92. वही, वही, पृ. 271
93. परशुराम चतुर्वेदी : उत्तरी भारत की सन्त परम्परा, पृ. 378
94. वही, पृ. 379
95. अमी घूँट (बेलवेडियर प्रेस, प्रयाग), जीवन चरित्र, पृ. 4
96. वही, पृ. 4
97. वही, पृ. 6
98. बुल्ला साहब का शब्द सार, साखी 2, पृ. 31
99. वही, साखी, पृ. 31
100. परशुराम चतुर्वेदी : उत्तरी भारत की सन्त परम्परा, पृ. 484
101. कल्याण सन्तवाणी अंक, पृ. 222
102. वही, पृ. 228
103. उत्तरी भारत की सन्त परम्परा, पृ. 508
104. परशुराम चतुर्वेदी : सन्त काव्य, पृ. 358
105. सन्तकाव्य, साखी 9
106. प.रा. चतुर्वेदी : सन्त काव्य, पृ. 400
107. प्रेमपाठ (प्राणनाथ की बानी), प्रकाशक : अमर दास वनमालीदास शर्मा, दार्जिलिंग।
108. उत्तरी भारत की सन्त परम्परा, पृ. 532
109. वही, पृ. 532
110. डॉ. शरण बिहारी गोस्वामी : हिन्दी कृष्ण भक्ति काव्य में सखी भाव, पृ. 360
111. श्री सर्वेश्वर : वृन्दावनांक, पृ. 100
112. वही, पृ. 100-101
113. डॉ. मोतीलाल मेनारिया : राजस्थान का पिंगल साहित्य, पृ. 82। (हिन्दी ग्रन्थ रत्नाकर-बम्बई, 1958)

114. हिन्दी साहित्य, पृ. 303
115. हिन्दी साहित्य की भूमिका, पृ. 119 (दूसरा संस्करण)।
116. डॉ. बच्चनसिंह, रीतिकालीन कवियों की प्रेम व्यंजना, पृ. 104
117. डॉ. नगेन्द्र, रीतिकाव्य की भूमिका, पृ. 180 तथा
आचार्य हजारी प्रसाद द्विवेदी : हिन्दी साहित्य, पृ. 303
118. डॉ. नगेन्द्र इसे ही मनोवैज्ञानिक आवश्यकता कहते हैं। —रीतिकाव्य की भूमिका, पृ. 83। 4
119. जार्ज थामसन के 'ऐन एसे ऑन रिलिजन' में पृ. 4 पर उद्धृत।
120. कवित्त रत्नाकर पृ. 1-5
121. वही, पृ. 1-5
122. हिन्दी साहित्य, पृ. 342-343
123. हिन्दी साहित्य का इतिहास, पृ. 206-210
124. हिन्दी साहित्य का बृहत् इतिहास, षष्ठ भाग, सम्पादक डॉ. नगेन्द्र, पृ. 205
125. कवित्त रत्नाकर 3। 56। 57। 58। 59। 61 आदि।
126. वही, 5। 24
127. वही, 5। 16
128. वही, 5। 36
129. कवित्त रत्नाकर, परिशिष्ट 7, पृ. 122
130. कवित्त रत्नाकर भूमिका, पृ. 4
131. हिन्दी साहित्य का इतिहास : रामचन्द्र शुक्ल, पृ. 208
132. हिन्दी साहित्य का बृहत् इतिहास (षष्ठ भाग) (ना. प्र. सभा, वाराणसी)।
133. बिहारी रत्नाकर, सं. 2381
134. हिन्दी साहित्य का बृहत् इतिहास, षष्ठ भाग, पृ. 510-511 पर दी गयी कथा के आधार पर।
135. आचार्य रामचन्द्र शुक्ल : हिन्दी साहित्य का इतिहास, पृ. 350
136. बिहारी रत्नाकर, 1
137. वही, 92
138. वही, 560
139. वही, 157
140. वही, 154
141. वही, 291
142. वही, 75
143. वही, 251
144. (क) डॉ. महेन्द्र कुमार : मतिराम : कवि और आचार्य, पृ. 23-34
(ख) आचार्य हजारी प्रसाद द्विवेदी एवं आचार्य रामचन्द्र शुक्ल जैसे विद्वानों ने उन्हें तिकवांपुर (जि. कानपुर) का निवासी माना है। शुक्ल जी ने अपने इतिहास में इनका जन्म संवत् 1674 माना है (पृ. 233)। डॉ. महेन्द्र कुमार ने अपने शोध प्रबन्ध में इन सभी मतों की परीक्षा करके उपर्युक्त तथ्य निश्चित किये हैं।
145. हिन्दी साहित्य का इतिहास, पृ. 533
146. डॉ. महेन्द्र कुमार, : मतिराम : कवि और आचार्य, पृ. 147
147. ललित ललाम, छन्द 1
148. वही, 119

149. वही, 379
150. छन्दसारू मंगलाचरण का छन्द।
151. सतसई, 703
152. रस राज, 60
153. हिन्दी साहित्य का बृहत् इतिहास, षष्ठ भाग, पृ. 162
154. देखिये, द्वितीय अध्याय, भक्ति के प्रकार, चार्ट सं. 13
155. सतसई, 1
156. सतसई, 2
157. वही, 4
158. वही, 700
159. हिन्दी साहित्य, पृ. 313
160. हिन्दी साहित्य का इतिहास, पृ. 234
161. डॉ. मोतीलाल मेनारिया : राजस्थान का पिंगल साहित्य, पृ. 99
162. डॉ. नगेन्द्र : देव और उनकी कविता, पृ. 17
163. वही, पृ. 18-20
164. वही, पृ. 32
165. निम्बार्क माधुरी, पृ. 482 के संग्रह से।
166. डॉ. नगेन्द्र द्वारा 'देव और उनकी कविता' पृ. 102 पर उद्धृत।
167. आचार्य रामचन्द्र शुक्ल : हिन्दी साहित्य का इतिहास, पृ. 241
168. हिन्दी साहित्य का इतिहास, पृ. 250
169. हिन्दी साहित्य का बृहत् इतिहास, षष्ठ भाग, पृ. 340
170. हिन्दी साहित्य का इतिहास, पृ. 249
171. राजस्थान का पिंगल साहित्य, पृ. 132
172. हिन्दी साहित्य का बृहत् इतिहास, षष्ठ भाग, पृ. 348
173. हिन्दी साहित्य का इतिहास, पृ. 262-263
174. सोमनाथ रत्नावली की भूमिका में उनके 10 ग्रन्थ गिनाये गये हैं। सोमनाथ रत्नावली (आलोक पुस्तक माला, प्रयाग) पृ. 5-6
175. वही
176. वही, छन्द 68, पृ. 37
177. श्रीमद्भागवत्, 10। 29। 35
178. सोमनाथ रत्नावली, स्फुट कविता, छन्द 34
179. डॉ. मनोहरलाल गौड़ : शेख आलम—हिन्दी अनुशीलन (डॉ. धीरेन्द्र वर्मा विशेषांक), पृ. 395-396

षष्ठ अध्याय

अठारहवीं शती के ब्रजभाषा प्रेमाभक्ति-काव्य का साहित्य-विश्लेषण और मूल्यांकन

प्रेमाभक्ति-काव्य की तीन परम्पराएँ : संक्षिप्त परिचय

विक्रम की 18वीं शती के हमारे समीक्ष्य साहित्य में तीन परम्पराएँ अत्यन्त स्पष्ट रूप से देखी जा सकती हैं। एक परम्परा निकुंज-लीला या सखी-भावोपासकों की है। दूसरी परम्परा ब्रजलीला अथवा गोपी-भाव के साधकों की है। ये दोनों परम्पराएँ रागानुगा-भक्ति के अन्तर्गत परिगणनीय हैं। तीसरी परम्परा सगुण लीलागान की न होकर निर्गुण के प्रति प्रेमाभाव की है—इसे हम प्रेम-प्रतीक-भाव-धारा भी कह सकते हैं। निर्गुण-सम्प्रदायों एवं सूफ़ियों की भक्ति इसी प्रेम-प्रतीकवाद पर मुख्यतः आश्रित हैं; परन्तु यह ध्यान रहे कि वे प्रतीक प्रस्तुत युग तक प्रतीकात्मकता खोकर वास्तविकता ग्रहण कर लेते हैं। अस्तु, इन तीनों परम्पराओं में दूसरी एवं तीसरी परम्पराएँ इस अर्थ में परस्पर अधिक निकट हैं कि उनमें वियोग-तत्त्व को ही मान्यता प्राप्त नहीं है बल्कि प्रिय को सीधे-सीधे कान्त या कान्ता-भाव से प्राप्त करने की चेष्टा भी है। पहली और तीसरी परम्परा में निकटता एक-दूसरे स्तर पर है। सूफ़ी भी किसी कथा के पात्र में अपने सौन्दर्य-प्रेम आदि के आदर्शों को केन्द्रित करके अभिव्यक्त करते हैं एवं नित्यविहार के गायकों ने उस सारे सौन्दर्य, प्रेम आदि को राधा-कृष्ण (या राम-सीता) के युगल में राशिभूत करके देखा है। प्रथम एवं द्वितीय परम्पराओं के पारस्परिक नैकट्य या पार्थक्य की चर्चा हम चतुर्थ अध्याय में कर चुके हैं। द्वितीय परम्परा (गोपी-भाव) के भावबोध का ही चरम विकास हमें प्रथम परम्परा के नित्यविहार एवं सखीभावपरक उपासना में प्राप्त होता है।

यहीं पर इतना संकेत कर देना ठीक रहेगा कि हमारे साहित्य में काव्य-सृजन के स्तर पर वैविध्य के लिए द्वितीय परम्परा का विकास मुख्य रूप से होता है, यद्यपि

अन्य धाराएँ भी इस परिणति में अपना योग दे रही थीं। इस समस्त विकास-प्रक्रिया का विवेचन हम आगे विस्तार से करेंगे, परन्तु इसका तात्पर्य यह नहीं है कि सखी-भाव एवं प्रेम-प्रतीक-भाव की धाराएँ निःशेष हो गयी थीं। हमारे आलोच्य काल में तो वे अत्यधिक बलवती रही हैं एवं 19वीं शती तक उनका वेग कम नहीं पड़ा; परन्तु ऐसा लगता है कि मुख्य काव्य-धारा से कटकर वे मात्र रहस्यानुभूति के सरोवर बन गयी थीं। वस्तुतः ये दोनों (प्रथम एवं द्वितीय) परम्पराएँ मुख्यतः रहस्यानुभूति पर ही आधृत हैं। इस रहस्यानुभूति की ऐकान्तिकता के कारण ही उनको साहित्य-सरिता के मुख्य बहाव से अलग हो जाना पड़ा था। अस्तु, आगे हम अपने आलोच्य काल की इन्हीं तीनों परम्पराओं के कथ्य एवं शिल्प के विश्लेषण तथा मूल्यांकन का प्रयास करेंगे।

नित्यविहारोपासकों द्वारा सृजित काव्य

निर्गुणियों एवं सूफ़ी-प्रेमाख्यानकारों को छोड़कर नित्यविहार की स्वल्पाधिक अभिव्यक्ति हमें इस युग के प्रत्येक सम्प्रदाय में प्राप्त हो जाती है। यहाँ तक कि निर्गुण कहे जाने वाले प्रणामी (धामी)[1] एवं चरणदासी (शुक)[2] सम्प्रदाय भी इस भावना से बच नहीं सके हैं। पीछे चतुर्थ अध्याय में हम कह चुके हैं कि गोपी-भाव वाले सगुणोपासक गौड़ीय वैष्णव तथा वल्लभ-सम्प्रदाय एवं मर्यादामार्गी रामभक्ति-सम्प्रदायों में भी राधावाद (सीतावाद) प्रमुखता प्राप्त कर लेता है एवं नित्यविहारोपासना की भरपूर अभिव्यक्ति प्रस्तुत युग तक आते-आते उन सम्प्रदायों में होने लगती है। पीछे के अध्यायों में विभिन्न सम्प्रदायों के कवियों की चर्चा करते हुए हम इस तथ्य की ओर इंगित कर चुके हैं कि नित्यविहार की भावना बराबर बल पकड़ती गयी है। राधा और कृष्ण (सीता-राम) सौन्दर्य, प्रेम एवं केलि के साक्षात् रस-विग्रह स्वीकार कर लिये गये थे। रीतिकाल की नायक-नायिका सम्बन्धी कल्पनाओं में नित्यविहारोपासकों की इन धारणाओं ने अत्यधिक बल दिया होगा।

चतुर्थ अध्याय में हम कह चुके हैं कि नित्यविहारोपासक सखी-भाव के अनुग है। लाड़िली और लाल के अहर्निशि चलने वाले विहार में सेवा एवं उसी विहार का दर्शन उनका एकमात्र काम्य लक्ष्य होता है। अतः उनकी समस्त अभिव्यक्तियाँ इसी केन्द्र के चारों ओर सदैव रहती हैं। इस साहित्य में मुख्य रूप से जिन बातों, दृश्यों एवं परिस्थितियों को अभिव्यंजना मिली है, उनकी विवेचना हम कर रहे हैं।

इन सम्प्रदायों में चूँकि परात्पर-तत्त्व की कल्पना मधुर एवं सुन्दर के रूप में ही हुई है[3], अतः परात्पर-तत्त्व की अभिव्यक्ति जिन युगों (राधा-कृष्ण एवं सीता-राम) के रूप में हुई है वे भी निखिल सौन्दर्य की राशि एवं परम मधुर रूप में ही चित्रित हुए हैं। ऐश्वर्य, तेज, बल, प्रताप आदि गुण इस क्षेत्र में उपेक्षित ही हैं।[4] आचार्य

रामचन्द्र शुक्ल ने शील, शक्ति और सौन्दर्य की जिस वृहत्त्रयी को विभु में देखना चाहा है उसमें से केवल सौन्दर्य ही इन अभिव्यक्तियों में गृहीत है। इसी कारण इन कवियों ने अपने उपास्य युगल के रूप का अत्यन्त विशद, मनोहारी एवं सर्वातिशायी प्रभावकर रूप में चित्रण किया है। इस रूप से सखियाँ एवं समस्त जड़-चेतन तो प्रभावित होते ही हैं, वे दोनों परस्पर भी इस रूप की ठगौरी में एक-दूसरे की ओर सतत आकर्षित रहते हैं। परस्पर का यह आकर्षण ही प्रेम है और यह रंगीला आकर्षण एवं चटकीला प्रेम उन्हें निरन्तर मिलनोत्सुक बनाए रखता है। मिलन की यह आकुलता पलकान्तर या अंचल की ओट में भी तीव्र विरह को उत्पन्न करने में समर्थ होती है तथा विहार की उत्कट वांछा ही तनिक-सी बाधा प्राप्त होते ही मान का रूप ग्रहण कर लेती है, परन्तु विरह और मान के वास्तविक कारणों का अभाव उन्हें छद्म ही बनाए रखता है। फिर अभिसार है, अभिसार की नाना चेष्टाएँ हैं। सुरत एवं सुरतान्त के मादक, मदिर चित्र हैं, रासक्रीड़ा का उत्फुल्ल वैभव है तथा अन्य अनेक मिलन लीलाएँ हैं और इन सभी में सखियों की **प्रसन्न परिचर्या एवं सेवाविधि** है। इन सभी को युगलोपासक प्रस्तुत कवियों ने अपने सहस्रों छन्दों में सँजोया है, प्रकाशित किया है। यह तो लीलागान हुआ, पर इस लीलागान को सही परिप्रेक्ष्य में समझा जा सके, वह भ्रमपूर्ण धारणाओं में न लपेटा जाय, इसके लिए उन्होंने सिद्धान्त-कथन भी प्रभूत मात्रा में किया है। रीतिकाल के लक्षण-ग्रन्थ और प्रेमाभक्ति के सिद्धान्त एक ही मनोभूमि से उपजे जान पड़ते हैं—समझने की दृष्टि देना ही इनका लक्ष्य प्रतीत होता है। इस प्रकार इन कवियों के तथ्य की संक्षिप्त सप्तसूत्री रूपरेखा यों बनती है—(1) रूप-चित्रण, (2) आकर्षण और प्रेम, (3) मिलनाकुलता, (4) छद्म-विरह और छद्म-मान, (5) विहार-क्रीड़ा, (6) सखियों की सेवा-परिचर्या, (7) सिद्धान्त-कथन। इस परम्परा में, जैसा कि पूर्व ही कहा जा चुका है[5], राधा और कृष्ण अजन्मा, नित्य किशोर, नित्य विहाररत माने गये हैं, इसी कारण न तो शैशव के रूपचित्र हैं एवं न बालक्रीड़ाएँ। बहु-वल्लभत्व की स्वीकृति न होने से नाना प्रकार के नायिका भेदों एवं नायक-रूपों की कल्पना का भी अभाव है। स्थूल विरह और स्थूल मान का भी इस स्थिति में चित्रण सभव नहीं है। ब्रज-लीलाओं की स्वीकृति न होने के कारण लीला का वैविध्य भी नहीं है। रामचरित्र में भी वन-गमन आदि की स्वीकृति न होने से लीला की अनेक रूपता में व्याघात पड़ा है। अस्तु आगे हम इस सप्त सूत्री को स्पष्ट करने का प्रयास कर रहे हैं।

(1) रूप-चित्रण

इस सम्बन्ध में कुछ लिखने के पूर्व इतना याद दिला देना आवश्यक है कि प्रेम और माधुर्य को प्रधानता देने वाले इस काव्य में राधा या सीता का महत्त्व रूप-चित्रण की

दृष्टि से कहीं अधिक है। श्याम के रूप का चित्रण करने वाले संकेत अपेक्षाकृत विरल भी हैं और कम कल्पनाशील भी। परन्तु प्रिया का वह रूप जो प्रिय को भी उन्मथित कर देता है, प्रभूत मात्रा में अंकित हुआ है। यों सैद्धान्तिक रूप से दोनों एक ही हैं एवं विहार काल के जो शोभाचित्र हैं वे दोनों मादक रूप को उपस्थित करते हैं। सैद्धान्तिक एकता की ओर भी यत्र-तत्र संकेत मिल जाते हैं। सब मिलाकर विहार से तटस्थ युग्म के रूप का अंकन इस साहित्य में बहुत कम है। सम्भवतः इसका कारण यह है कि इन कवियों के मन में नित्य-विहार से तटस्थ युग्म की धारणा का स्थान ही नहीं था। एक क्षण के लिए भी अलग हैं तो निश्चय ही विरह और मान की स्थिति है। इसी कारण युग्म के तटस्थ रूप सैद्धान्तिक अधिक एवं बिम्बाधायक कम हैं। बिहारी का प्रसिद्ध दोहा है—

नित प्रति एकत ही रहत बैस बरन मन एक।
चहियत जुगल किशोर लखि लोचन जुगल अनेक।[6]

इस दोहे में सखी की उस भावात्मक स्थिति की ओर संकेत अधिक है जिसमें कि युगल की उस अनिन्द्य रूपमाधुरी के ग्रहण के लिए दो नेत्र पर्याप्त नहीं होते। रामोपासक महात्मा बालअली ने सखी की मनःस्थिति से भी असम्पृक्त होकर युगल का उल्लेख किया है।

एक चित्त दाउ एक वय एक नेहु इक प्राण।
एक रूप इक वेश है, क्रीड़त कुँवर सुजान।[7]

एक-दूसरे रामोपासक प्रेम सखी जी ने अवश्य ही दोनों के युग्म-रूप का वर्णन एक साथ किया है; परन्तु यह चित्रण अत्यधिक परम्परामुक्त शैली में हुआ है। चन्द्रमा जैसा भाल, कमान जैसी भृकुटी एवं कुंद से दाँत कवि-कल्पना की समृद्धि नहीं सूचित करते—

गोरे श्याम रंग रति कोटिन अनंग संग
जाकी छवि देखि होत लज्जित विचारे हैं।
चन्द कैसो भाग भाल, भृकुटी कमान ऐसी
नासिका सुहाई, नैन जोर छोर वारे हैं।
ओठ अरुणारे तैसे कुन्द से दसन प्यारे
ललित कपोलन पै कच घुघरारे हैं।
अस भुज धारे दोऊ नील पीत पट धारे
प्रेम सखी[8] राम सिया जीवन हमारे हैं।

यद्यपि इसी कवि ने इस अंश के कुछ पूर्व सीता की छवि का कहीं अधिक कलात्मक एवं विदग्ध-वर्णन किया है।

हरिदासी सम्प्रदाय के स्वामी पीताम्बर देव ने भी युग्म के शृंगार का चित्रण किया

है।[9] यह शृंगार ऐसा है कि परस्पर एक-दूसरे पर रीझ कर विहार करने लगते हैं–

आजु सिंगार हमारौ भाई, सब दिन भाँवते अधिकाई।
भूषन वसन कुसुम नहिं भावत श्री गुरुमहलनि सैन बताई।
सावधान सहचरि सब देखत घोरि सुगन्ध विविध विधि ल्याई।
फबि गयौ रंग अंग संगी सुख देखत बना-बनी सुखदाई।
बार बचाय अंग तन लेपन सिख ते नख लौं चित्र बनाई।
रहि गये रीझि परस्पर दोई तन सों तन-मन मनहिं मिलाई।
यही गान संमान भोग जल सरस सिंगार सेज सुखदाई।
रसिक सुगन्ध भई पीताम्बर देखत बनें कही नहि जाई।।

प्रस्तुत पद में रूप या शृंगार का वस्तुपरक स्वरूप नहीं उपस्थित किया गया है, केवल कुछ वस्तुओं (रंग-सुगन्ध आदि) के माध्यम से किये जाने वाले अपूर्व शृंगार का संकेत करके पुनः उस स्थिति के दर्शन के लिए कवि का मन प्रभावित हो गया है जहाँ वे एक-दूसरे की शोभा देखकर बस 'रहि गये रीझि' तथा तन से तन एवं मन से मन मिलने की क्रीड़ा प्रारम्भ हो जाती है। दोनों की एक समान स्थिति की ओर राधावल्लभ-सम्प्रदाय के अनुयायी अनन्य अलि जी ने इंगित किया है। भोलेपन (इनोसेंस) के सौन्दर्य की बहुधा प्रशंसा की जाती है–पर युगल भी वैसा ही है। इसीलिए इस भोले और बावले युगल को देख-देख सखियाँ निहाल होती रहती है भोलेपन पर रीझना अपने आप में निहायत रोमाण्टिक धारणा है–

ये भोरे ये बावरे दोऊ एक हवाल।
निरखि निरखि निज सखी सब कहत निहाल निहाल।[10]

प्रिया एवं प्रियतम सारी रात अनुराग के रंग में रंगे जागते रहते हैं, उस समय उनके उनींदे नेत्रों का सौन्दर्य रूपरसिक देव (निम्बार्कीय) को सहज ही आकर्षित करता है। मदन के रंग में भीने, सलज्ज हंसौहीं इंगित वाले लाल एवं काले वर्णों से समन्वित ढरारे एवं अनियारे नेत्रों का सौन्दर्य द्रष्टव्य है–

उनींदे नैन मैन रंग मीने सलज हंसौंही सैंन।
रतनारे कारे ढरारे रुअति अनियारे ऐंन।।
झपकोंने दोंने रस कैसे सहज सलोने मन हरि लैंन।
रूपरसिक सगवगे सुहागे अनुरागे जागे रैंन।।

इस छन्द में व्यंजित आँखों का सौन्दर्य मध्यकालीन साहित्य के नेत्रों के श्रेष्ठतम वर्णनों से टक्कर ले सकता है। ढरारे एवं अनियारे जहाँ उनके आकार को व्यंजित करते हैं वहीं रतनारे काले नेत्र वर्ण-योजना को तथा अनुराग को भी प्रकट करते हैं। सलज हंसौंही सैंन एवं उनींदे नेत्रों का झपकने का स्वाभाविक गुण क्रियाशीलता को भलीभाँति व्यंजित करने में समर्थ हैं। मदन का रंग एवं रस के होने का उपमान आन्तरिक रूप, गुण, लावण्य एवं प्रभावात्मकता को प्रकट करने के लिए लाये गये

हैं। इसके अतिरिक्त अभिव्यंजना का जो साँचा और जो ताना-बाना (टेक्सचर) अपनाया गया है, वह भी वक्तव्य को बिम्ब रूप में उपस्थित करने में नितान्त सक्षम है। छन्द के प्रथम दो शब्द हैं 'उनींदे नैन', अन्तिम शब्द हैं 'अनुरागे जागे रैन।' इन दोनों का कार्य-कारण सम्बन्ध है। रातभर अनुराग में जागे हैं, अतः नैन उनींदे हैं एवं इस सम्बन्ध के भीतर ही छन्द में चित्रित अन्य समस्त गुण एवं धर्म हैं। इसी कारण कवि ने इन दोनों के द्वारा छन्द को सम्पुटित किया है। फिर इस अनुराग के पीछे भी मदन का रंग है अतः अनुराग का लाल रंग एवं श्रृंगार का नील (काला) रंग अगली पंक्ति में कवि रंगबोध को स्पष्ट करते हैं। तो अभिप्रायगत रंग हुए पर स्वाभाविक रूप से भी उनींदे नयन लाल होते हैं एवं आँखों की पुतलियों को काला होना ही है। सुरतान्त में दम्पति में लज्जा का आगमन भी सहज एवं मनोवैज्ञानिक है, पर साथ ही आनन्द लाभ की स्मिति भी है, इसलिए सैंन (चितवनि) को सलज्ज एवं हंसौंहीं बताया गया है। यों हास्य का उज्ज्वल वर्ण आँखों की श्वेत भूमि को भी इंगित करता है। ढरारे एवं अनियारे आकार के उस रूप को अत्यन्त शक्ति के साथ स्पष्ट कर देते हैं जो अनायास भाव से प्रिय की ओर ढलक कर नुकीलेपन के साथ कटाक्ष करता है। तीसरी पंक्ति का प्रथम शब्द झपकोने पुनः सारे सन्दर्भ का उनींदे से जोड़ देता है। नींद से भरी आँखें झप-झप पड़ती हैं तथा मदन का रंग भी आँखों को झपका देता है। एक-दूसरे की रूप-मदिरा भी उन्हें 'झपकोनें' बना सकने में समर्थ है। झपकोनें शब्द वास्तव में कवि की शब्द-चयन-सामर्थ्य का प्रतीक है। यह शब्द एक साथ अनेक व्यंजनाएँ भी कर देता है एवं नेत्रों का एक क्रियाशील बिम्ब (functional image) भी खड़ा कर देता है। इसके पश्चात् कवि आँखों के लिए जिस उपमान को लाता है, वह नेत्रों के उस गुण की ओर इंगित करता है जो सखी, पाठक या दर्शक पर पड़ता है। उनींदे नैन क्या हैं—मानो रस के दोने हैं। दोने आकार की ओर भी सूक्ष्म संकेत कर जाते हैं तथा रसात्मकता तो स्पष्ट ही है। रस सामान्यतः मधुर होता है, पर ये सहज 'सलौने' भी हैं। यह लावण्य नेत्रों के आन्तरिक गुण, रूप विशेषता को भी संकेतित करता है। ऐसे नेत्र यदि मन हर लेते हैं तो कोई विचित्र बात नहीं है, यह तो सामान्य वक्तव्य हुआ। पर अभी कुछ छूट गया था, अतः कवि ने 'अनुरागे जागे रैन' के पहले दो विशेषण और जोड़ दिये—'सगबगे' और 'सुहागे'। सगबगे शब्द एक प्रकार की निर्बोधता, सरलता एवं आश्चर्यपूर्ण शंकित स्थिति की व्यंजना करता है। अंगरेजी शब्द 'इनोसेंस' में जो ध्वनि है कुछ-कुछ वैसी ही ध्वनि इस शब्द में भी है परन्तु संग-बगे होना कोई बुराई नहीं है, दुर्भाग्य भी नहीं है इसी को अगला शब्द स्पष्ट कर देता है सुहागे—सौभाग्यशील। इस प्रकार यह छन्द नेत्रों की सुषमा वर्णित करने वाले श्रेष्ठतम छन्दों में से एक है। आकार, वर्ण, गुण, धर्म, क्रिया आदि सभी बातों को—पूरी चित्रात्मकता के साथ इसमें उपस्थित किया जा सका है। यह ध्यान रहे कि इस छन्द का सौन्दर्य रूपक,

उपमा या अनुप्रास का नहीं है। पूरे छन्द के संघटन में ही इस सौन्दर्य को रूपायित किया जा सका है।

कृष्ण या राम का सौन्दर्य

जैसा कि पीछे अभी संकेत किया जा चुका है, इन भक्तों ने युगल के पुरुष-तत्त्व के रूपचित्रण की ओर कम ध्यान दिया है। चूँकि यहाँ पर मुख्यता प्रिया के रूप की है अतः प्रिय का रूप उन्हें बहुत आकर्षित नहीं कर सका। उसमें एक साधनागत रहस्य भी प्रतीत होता है। जब भक्त पुरुष भाव को छोड़कर सखी भाव का अनुगामी बनता है तब मनोवैज्ञानिक दृष्टि से यह उचित ही होगा कि पुरुष-रूप की ओर वह अधिक ध्यान न दे। यदि पुरुष के रूपसौन्दर्य पर ध्यान देगी (देगा) तो बहुत सम्भावना है कि उसके मन में भी काम-भावना जाग्रत हो जाय; परन्तु जैसा कि चतुर्थ अध्याय में सिद्धान्त-विवेचन के प्रसंग में कहा जा चुका है, सखी को निर्विकार होना चाहिए। सम्भवतः इस साधनागत आपत्ति के कारण इन सखि भावोपासक कवियों ने स्वतन्त्र रूप से लाल के रूप-चित्रण की ओर अधिक ध्यान नहीं दिया है। अधिकांशतः वे या तो युगल-रूप में दर्शनीय हैं अथवा उनका रूप प्रिया पर रीझने वाला, प्रिया के लिए व्याकुल, प्रिया के साथ विहाररत ही चित्रित हुआ है। फिर भी कतिपय स्वतन्त्र चित्र प्रकीर्ण रूप से उपलब्ध हो जाते हैं।

हरिदासी सम्प्रदाय के स्वामी नरहरिदेव ने कृष्ण का परम्परा-बद्ध शैली में चित्रण करते हुए कहा है–

सखी री आजु बनें पीय साँवरे।
रूप अनूप अधिक छवि राजत कुटिल केस मनो भांवरे।
टेढ़ी पाग ग्रीवा कटि टेढ़ी चितबनि को बलि जाव रे।
श्री नरहरिदास पीय की छवि निरखति प्यारी रूप सभाव रे।[11]

इस पद की तृतीय पंक्ति अवश्य कृष्ण की त्रिभंगी मुद्रा का एक चित्र उपस्थित करती है, अन्यथा समस्त पद से रूप और सौन्दर्य का बिम्ब न उपस्थित होकर कथन मात्र सम्मुख आता है। यहीं पर यह भी याद रखना उचित होगा कि स्वामी नरहरि देव के समय से सखी-सम्प्रदाय (हरिदासी) में शुद्ध विहार के स्थान पर ब्रजलीला की भावना घर करने लगी थी। अष्टाचार्यों की वाणी में संगृहीत हम उनका एक अन्य सिद्धान्त का पद उपस्थित कर रहे हैं, वह भी कृष्ण के रूप को सखी नहीं गोपी-भाव से उपस्थित करता है। पद इस प्रकार है–

जाकी मनमोहन दृष्टि परे।
सो तो भयो सावन को अन्धो सूझतर रंग हरे।
जड़ चेतन कछु नहिं समझत जित देख्यो तित स्याम खरे।

विह्वल विकल संभार न तन की घूँमत नैना रूप भरे।
करनी अकरनी दोउ विधि भूली विधि निषेध सब रहे धरे।
श्री नरहरि दास जै भये बावरे ते प्रेम-प्रवाह परे।[12]

कृष्ण सौन्दर्य के प्रभाव में विधि-निषेध का भूलना एवं सावन के अन्धे की हरियाली की भाँति सारे संसार का कृष्णमय देखना नित्यविहार की युगलोपासना के अनुकूल नहीं है।

गौड़ीय वैष्णव मतानुयायी मनोहरदास के राधारमण रस सागर में कृष्ण का रूप चित्रण इस प्रकार हुआ है—

केशर की झूमिका पै जरी खिरकी की पाग,
झूमिका कनक स्वच्छ मोर पच्छ लटकै।
झगा बूंटेदार दोदामी को कष्ट बार रग्यों,
उपरेनी पटुका सुनेली चित्र चटकै।
छुद्रावलि बाजूबन्द पहुचीयाँ अतलस,
सूवन नूपुर सुर पग चूरौ मटकै।
जगमग राधिका रमण सिंहासन ठाढ़े,
मनोहर मन मुसकान मोही अटकै।[13]

कृष्ण के रूप का यह वस्तुपरक वर्णन प्रथम तो सौन्दर्य की उस भूमिका तक नहीं पहुँचता जिसकी की अपेक्षा थी। यह विशुद्ध रीतिकालीन नायक की वेश-भूषा का वर्णन प्रतीत होता है। दूसरे 'राधारमण रससागर' में छन्दों की ही अधिकता है जो नायक-नायिकाभेद, गोपी भाव एवं ब्रजलीलाओं का वर्णन करते हैं। अतः शुद्ध विहारोपासक की दृष्टि में किया गया चित्र इसे भी न मानना चाहिए।[14]

उपयुक्त विवेचन से यह स्पष्ट प्रतीत होता है कि इन कवियों में शुद्ध विहार के स्तर पर कृष्ण या राम के रूप-सौन्दर्य की स्वीकृति नहीं है।

प्रिया (राधा या सीता) रूप-चित्रण

युगलोपासक वैष्णव कवि जिस समय प्रिया जी का रूप-वर्णन करने बैठता है, उस समय लगता है कि उसका चित्त तरलायित होकर निछावर हो उठता है। उसे उपमाएँ ढूँढे नहीं मिलतीं, उत्प्रेक्षाएँ हीन प्रतीत होने लगती हैं और रूपक असमर्थ।[15] उसके मन में यह धारणा स्पष्ट रूप से विद्यमान है कि स्वयं परात्पर ब्रह्म लाल जी (कृष्ण या राम) उनके इस रूप पर बलि-बलि जाते हैं। इस रूप को वे आँखों से पीते रहते हैं पर कभी तृप्त नहीं होते।[16] राधा के समान राधा ही हैं, अन्य कोई उनकी समता नहीं कर सकता।[17] इसीलिए युगलोपासक उनके रूप-वर्णन में अपनी सारी शक्ति लगा देना चाहता है।

इस नारी-रूप-वर्णन में इन कवियों ने सौन्दर्य का वस्तुपरक अंकन भी किया है तथा इसके उस पक्ष का भी अंकन किया है जो मानसिक अनुभूति का विषय है।

वस्तुपरक सौन्दर्यांकन

वस्तुपरक अंकन में इन कवियों ने रूढ़ उपमानों का अत्यधिक उपयोग किया है। उपमानों के इस चयन में सर्वदा यह ध्यान नहीं दिया गया कि रूप का वास्तविक बिम्ब हमारे सामने उपस्थित हो सके। परम्परा-निर्वाह के ढंग पर अंगों के उपमानों को उपस्थित कर दिया गया है। परन्तु कभी-कभी आकार या व्यापार का चित्र अधिक मार्मिक एवं चित्रात्मक हो सका है। उन्हीं के अन्तर्गत ये चित्र भी आते हैं जिनमें प्रिया के उपमानों का प्रिय के लिए क्या महत्त्व है, इसे भी बताया गया है।

वस्तुपरक रूप के चित्रण में 'नखशिख' वर्णन अनिवार्य रूप से आता है। विभिन्न अंगों के लिए अनेक प्रकार के उपमान भारतीय कवियों ने सदैव से जुटाये हैं। नीचे हम कतिपय वे अंश उपस्थित कर रहे हैं जिनमें नारी-अंगों को चित्रित किया गया है।

नेत्र

रघुवर मन रंजन निपुण गंजन मद रस मैन।
कंजन पै खंजन किधौ अंजन अंजित नैन।।[18]

सीता के नेत्रों का प्रभाव भी यद्यपि इसमें दिखाने की चेष्टा हुई है, पर वास्तव में दोहा कोई अनुभूति जगा सकने में असमर्थ है। नेत्र राम के मन-रंजन में चतुर हैं तथा कामदेव के मद को खण्डित करने वाले हैं—इतना तो सामान्य कथन मात्र है। दूसरी पंक्ति में सन्देह अलंकार के माध्यम से रूप खड़ा करने की चेष्टा है। नेत्रों का आकार कमल से व्यक्त होता है एवं अंजन-अजित होने का जो वर्णन है वह खंजन की श्यामता से परिलक्षित होता है। इसके अतिरिक्त खंजन की चंचलता नेत्र- व्यापार को प्रकाशित कर देती है, परन्तु यह सारी योजना रूढ़ उपमानों के चमत्कार पर है। सहृदय के मन में कोई गहरी अनुभूति जगाने में यह समर्थ नहीं है।

सूरदास जैसे कवियों ने परम्परा सिद्ध अप्रस्तुत विधान को कथन की भिन्न-भिन्न भंगिमाओं में रख कर जिस प्रकार देखा है वह उपमानों को नवीनता प्रदान कर देती है पर इन कवियों में कथन की वे नानावर्गी भगिमाएँ प्राप्त नहीं होतीं।

इसी प्रकार प्रेम सखी ने भी सीता के नेत्रों के लिए उपमानों का जो ढेर लगाया है, वह चमत्कार-प्रधान ही है अनुभूति प्रधान नहीं।[19] इस उपमान-राशि के भीतर से नयनों का यथार्थ रूप खोज निकालना बहुत कठिन है। इस प्रकार के वर्णनों में रीतिकाल की चित्तवृत्तियों का समानान्तर रूप स्पष्ट ही देखा जा सकता है।

निम्बार्क-मत के प्रसिद्ध नित्यविहारोपासक रूपरसिक देव के निम्नांकित छन्द में नेत्रों की निकाई का वर्णन हुआ है—

खंजन तें नीके हैं ए कंजन तें नीके है,
कुरंगन ते नीके हैं ए नैन अति नीके हैं।[20]

पर काव्य के रसिक जानते हैं कि मात्र यह बताना कि यह वस्तु उस वस्तु से अच्छी है, काव्य चित्रण की परिपाटी नहीं है।

घनानन्द ने नेत्रों में व्यापारों का वर्णन किया है, पर यहाँ भी परम्परा-सिद्ध उपमानों के जाल में उनकी विशेषता बहुत उभर नहीं सकी है, यद्यपि उनके प्रभाव की ओर वे अधिक मार्मिक संकेत कर सके हैं—

बंक विसाल रंगीले रसाल छबीले कटाक्ष कलानि में पण्डित।
साँवल सेत निकाई निकेत हियो हरि लेत हैं आरस मण्डित।
बेधि के प्रान करें घिरिदान सुजान खरे भरे नेह अखण्डित।
आनन्द आसन घूमरे नैन मनोज के चाजनि ओज प्रचण्डित।[21]

सीता की आँखों की चितवनि का एक प्रभावशाली और अपेक्षाकृत नया रूप प्रेम सखी के निम्न छन्द में प्राप्त होता है। यद्यपि इससे नेत्रों की शोभा का भावन नहीं होता, परन्तु उसके तीन गुणों के कथन में कवि की मौलिकता द्रष्टव्य है—

वा अनियारी विलोकनि की छवि गाइबे को विधि की बुधि हीन है।
प्रेम सखी मिथिलेश सुता की कटाक्ष के कोर भये गुन तीन है।
मीचु समान दशानन की सुर धेनु समानि सु पालत दीन है।
रूप सुधा की तरंगिनी सों निशद्योस जहाँ हरि को मन मीन है।[22]

तीन प्रकार के लोगों के लिए उसमें तीन गुण हैं। रावण के लिए वह चितवनि संहारक है एवं दीन जन के लिए कामधेनु सी प्रतिपालक पर प्रियतम राम के लिए तो वह रूप-सुधा की तरंगिणि है जिसमें उनका मन मीन बना निवास करता रहता है। इसमें उपमानों का नयापन अपेक्षाकृत वर्णन अधिक प्रभावशाली बना सका है।

अन्य नारी अंग

नारी के अप्रधान यौन अंगों में कुचों का अत्यधिक महत्त्व है, पर यह बात कुछ विचित्र-सी लगेगी कि प्रेमाभक्ति के कवियों ने स्तनों का वर्णन बहुत नहीं किया। रूप रसिक देव ने तो उनकी गोलाई, ऊँचाई एवं कठोरता आदि का चलता हुआ संकेत मात्र किया है।[23] बाल अली ने उल्लेख अलंकार के सहारे कुचों का सुन्दर वर्णन किया है—

हैं अलि सुन्दर उरज युग रहे तब उर जु प्रकाश।
नवलनेह के फन्द द्वै अति पिय सुख की रासि।

इस वर्णन की विशेषता यह है कि इस वर्णन में उद्दाम शृंगार की मांसलता नहीं आने पायी है।

अस्तु, केश, नासिका, नथ का मोती, भालपट्ट, पीठ, कटि उरु द्वय, नाभि आदि के वर्णन परम्परा-प्राप्त शैली पर ही अधिक हुए हैं, पर बीच-बीच में अपनी मौलिकता के भी यथेष्ट दर्शन उन्होंने दिये हैं। उदाहरणार्थ राधावल्लभीय रसिकदास द्वारा मस्तक पर हुई पत्र-रचना की शोभा देखिये—

अति छबीलों स्वच्छ रचि वृक्ष लिलार लसाइ।
पियमन पक्षी लक्ष्यगति विहरत हित मण्डराय।।[24]

इसी प्रकार नासिका की नथ का मोती हिलता हुआ ऐसा प्रतीत होता है मानों ह्रास और अनुराग की शोभा हिण्डोले पर चढ़ी है।[25] मूर्त्त के लिए अमूर्त्त उपमान उपस्थित करने की यह लाक्षणिक शैली घनानन्द जैसे कवियों में ख़ूब मिलती है। इसी प्रकार दाँतों को उन्होंने प्रसन्नता के बीज कहा है।

बालकृष्ण नायक 'बाल अली' ने सीता की तन ज्योति का बड़ा मार्मिक वर्णन किया है। यह वर्णन वास्तव में उपमान-परक उतना नहीं है जितना कि अनुभूति-परक। सीता के शरीर की छवि-ज्योति दिशाओं को कंचनमय कर देती है, ऐसा लगता है कि मानो यह स्वर्ण शरीर से झर रहा हो और जिसे कि रूप (चाँदी) अपने अंग में रमा लेता है—

सब दिशि कंचन मय करत तब तन जोति अनूप।
मनु झरि झरि अँगन परे अंग रमावे रूप।[26]

राम-सीता के सौन्दर्य पर अपने अपनपौ का जो 'राईलून' उतारते रहते हैं वह भी सौन्दर्य का अनुभूति-परक वर्णन ही है—

वारि अपनपौ दृगन ते उरि अलि कछू कछून।
रहत उतारत हीय महिं पियहू राई लून।[27]

राधा के रूप का व्यापक प्रभाव दर्शाने वाला यह रूप भी द्रष्टव्य है। राधा दुलहिन के वेश में कल्पतरु पूजने जा रही है। इस वधूवेश की छवि का वर्णन करते हुए हरिदासी सम्प्रदाय के स्वामी रसिकदेव कहते हैं कि जब अपने नूपुर की रुनुक-झुनुक करती हुई पद रखती है तो पृथ्वी को उस छवि से छवि प्राप्त होती है—

रुनुक झुनुक पग धरति धरनि पर छवि पावति अवनी।
छिटकि सुगन्ध मूल तरु पूज्यो फूलनि माल धनी।।[28]

श्याम पीताम्बरधारी प्रसिद्ध हैं परन्तु एक दिन राधा ने पीत-शृंगार किया, इस रूप-शृंगार के आगे कृष्ण चकित हुए कि अरे यह कौन पीताम्बरधारी आ गया? पीले रंगों की यह सज्जा उपमान रहित निरलंकृत निम्न पद में दर्शनीय है—

पीरी सारी पहिरें प्यारी।
अंगिया लहंगा तिहीं रंग की तापरि जरद किनारी।

पियरे ही भूषनि कुसुमनि के कर गेंदुआ लिये फूल हजारी।
प्रीतम प्रेम प्रवाह परे लखि यहै कौन पीताम्बर धारी।।[29]

ऐसा ही एक उपमान (रति के उल्लेख द्वारा प्रतीप अवश्य आ गया है) रहित पुष्प-शृंगार राम ने सीता का किया था, पर सौन्दर्य का कोई मानसिक प्रभाव उसमें उभर नहीं पाता, केवल फूलों और उनसे बनाये जाने वाले वस्त्राभूषणों का परिगणन मात्र हुआ है–

घूम घुमारौ गुलाब को घाघरौ पीत चमेली की ओढ़नी झीनी।
कँज की लाल कसे कल कंचुकी नील जुही की संजा पुजु दीनी।
चम्पे का हार कनेरि की चन्द्रिका देखि के चित्त भई रति हीनी।
फटिक शिला पैं रामसखे पिय, फूल सिंगार सिया छवि कीनी।[30]

ललित किशोरी देव जी के एक सोरठे के बाद इस अंश को हम समाप्त करेंगे। इस दोहे में एक ओर तो चित्रात्मकता है एवं दूसरी ओर वह सूक्ष्मता है जो सम्पूर्ण चेतना पर व्याप्त हो जाती है–

राधे रूप रसाल, क्षण क्षण उठत तरंग प्रति।
अद्भुत नैन विशाल, ललित किशोरी प्राण है।[31]

(2) आकर्षण और प्रेम

रूप की यह अपार राशि प्रिय के मन में गहन आकर्षण और प्रेम को जन्म देती है। इस सम्बन्ध में यह द्रष्टव्य है कि चूँकि प्रेम की देवी एवं सौन्दर्य की राशि के रूप में प्रिया जी की कल्पना हुई है अतः आकर्षण एवं प्रेम का आधिक्य कृष्ण में दिखाया गया है, परन्तु सैद्धान्तिक रूप से प्रेम, रूप, आकर्षण आदि की एकता दम्पति में ही मानी गयी है। राधावल्लभीय रसिकदास जी ने बताया है कि प्रेम भी कहता सब कोई है पर वास्तव में वह राधा और लाल के ही हृदय में पूर्णरूप से भरा हुआ है अन्यत्र तो उसकी लघु मात्रा ही दी है; तथा रूप भी संसार में एक कण मात्र है, वास्तविक अमायिक सौन्दर्य तो दम्पति में ही है तथा दम्पति का रस लोक को दूलह-दुलहिनियों में थोड़े काल के लिए होता है पर यह दम्पति ऐसे हैं कि कल्प भी इनके लिए पल के समान बीत जाता है। लोक में जो शृंगार का 'गरुवा रस' कहलाता है वह नित्य एवं एक रस राधा में ही है, उन्हीं से उसे अपना महत्त्व प्राप्त होता है–

और दुलहिनी दूलह दिन दस ही जु कहावैं
ये दिन दूलह न्याइ कलम पल सम जु विहावैं।
गरुवौ रस सिंगार लोक लोकनि जु कहावैं,
नित्य एक रस श्री राधा से यह कवि पावैं।
प्रेम प्रेम सब कहै कहूँ लघु दरसि पर्यो है,

पूरन राधा लाल हिय नित रहतु भर्‌यो है।
रूप रूप सब कहें लोक भा इक-इक कण हैं,
सत चित्त आनन्दरूप अमाइक दम्पति तन है।
ता रस रूप प्रेम आनन्द भोगता दोऊ,
भेदी बिरले रसिक और जाने कहा कोऊ।[32]

कृष्ण और राधा के पारस्परिक एकत्व, प्रेम, आकर्षण आदि के लिए जल-तरंग का अप्रस्तुत बहुधा इन कवियों ने उपस्थित किया है।[33] महावाणी में दोनों के पारस्परिक आकर्षण एवं अन्योन्याश्रयत्व का बड़ा ही उदात्त वर्णन हुआ है।

प्यारी जू प्यारे की जीवन प्यारो प्यारी प्रान अधार।
प्यारी प्यारे के उर माला, प्यारो प्यारी के उर हार।
प्यारी प्यारे रंगमहल में, रंग भरे दोऊ करत विहार।[34]

वास्तव में स्वर्ण एवं उसकी लाली का जैसा सहज प्राकृतिक संग होता है वही स्थिति इस दम्पति की है–

ज्यों लाली अरु हेम कों संग निरन्तर देखि।
तैसें नित्य विहार सुख, लाल लाड़िली लेखि।[35]

गौड़ीय वैष्णव मतानुयायी ब्रह्मगोपाल जी ने एक-दूसरे की इस प्रेमाधीनता को यों वर्णित किया है–

श्री राधामाधव रंगे सुरति रंग रस लीन।
प्यारी पिय के प्रेम वश पिय प्यारी आधीन।।[36]

इस प्रकार युगल के पारस्परिक आकर्षण को व्यक्त करने वाले पद तो बहुँत से मिल जावेंगे, परन्तु राधा की आकर्षणजन्य विह्वलता का अलग से चित्रण इस उपासना-पद्धति के बहुत अनुकूल नहीं है। युगलोपासक जिन कवियों में ये चित्रण उपलब्ध हो जाते हैं उन्हें हम गोपी भाव वाली ब्रजलीला की उपासना के अन्तर्गत विवेचित करेंगे। इस अंश में हम कृष्ण की उत्सुकता वाले अंशों की ही चर्चा करेंगे। पीताम्बर देव एवं रूपरसिकदेव ने तो कृष्ण के नेत्रों को राधा रूप की आरती उतारने वाला कहा है।[37]

उनका मन राधा के रूप-तन-वन में रसिक बना मण्डराया करता है।[38] प्रिया दास के अनुसार घनश्याम कृष्ण चातक हैं एवं राधा गोरी घटा हैं।

ढिंग विलास-गढ़ दान गढ़ और मान-गढ़ नाम।
गोर घटा उनवति इहां चात्रिक वह घनस्याम।।[39]

राधा के काले लम्बे सचिक्कण सुगंधित केशों पर प्रिय बार-बार अपने प्राण निछावर करते रहते हैं।[40] बालअली जी के राम स्वयं सीता से कहते हैं कि जैसा आनन्द तुम्हारे मुख कमल के मकरन्द पान से मुझे मिलता है, वैसा आनद तो मुझे कोटि ब्रह्माण्ड मिलने पर भी नहीं प्राप्त होता है।[41] ललित किशोरी देव ने राधा-रूप

का कृष्ण पर पड़ने वाला प्रभाव बड़े सशक्त शब्दों में प्रस्तुत किया है। कतिपय अनुभावों के माध्यम से मन की प्रेमदशा की व्यंजना में यह दोहा बिहारी या मतिराम किसी के भी कलात्मक दोहे के साथ सुविधा से रखा जा सकता है—

हरष हरष मुसकात ए भरि भरि देखत नैन।
पुलकि पुलकि अँगनि उठे दल दल भरि रति सैन।[42]

(3) मिलनाकुलता

इस रूपाकर्षण एवं प्रेम-भावना का सहज विकास है कि मन में मिलन की तीव्र आकुलता उत्पन्न हो जाय। यह आकुलता प्रिय के प्रसंग में अत्यधिक भावावेग के साथ चित्रित की गयी है। रामसखे के राम सीता को स्वप्न में देखते हैं, उनके उस स्वप्न वाले रूप का वर्णन करते हुए कहते हैं—

कैसे मिले प्रसिद्धि प्रिया वह करों सो जतन बनाई।
रामसखे कहि-कहि है सीते सुधि-बुधि सब बिसराई।।[43]

राधा के मोहन रूप में मोहित हुए मोहन राय उस रूप की प्राप्ति के लिए ललचाते रहते हैं।[44] वास्तव में मोहन का मन मधुप है जो प्यारी-पदारविन्द के मकरन्द को चखते-चखते इस फन्दे में फँस गया है—

मोहन को मन मधुप है, पर्‌यौ आनि इहि फन्द।
प्यारी पद अरविन्द कौ, चाखि-चाखि मकरन्द।[45]

कृष्ण स्वयं राधा से निवेदन करते हैं कि चलो प्यारी किसी एकान्त निभृत कुंज में विहार करें जहाँ पर कि किसी पक्षी तक का खटका न हो और फिर ऋतु भी विहार की है—

एक बात कहौं श्रवन लगि चित दे सुनहु पियारी।
सुभग फूल फूले वृन्दावन तैसी ये सरद उजियारी।
चलि राधे अंतर सुख लूटै सखी रहै सब न्यारी।
मोहिं तोहिं जहाँ अपनुपौ भूले रहे न सुरति सभारी।
जहाँ न षरकों होइ पंछी को यों दुरि कहत बिहारी।
नरहरिदास पीय मन की जानी आगे सेज सँवारी।[46]

सिद्धान्ततः दोनों नित्य एक रस विहार में निमग्न माने गये हैं; ऐसी अवस्था में सहज ही यह प्रश्न उठ सकता है कि मिलन की यह आकुलता कैसी? पर यही तो इस प्रेमी युगल की विशेषता है कि गौर श्याम तन-मन से मिले रहते हैं, पर फिर भी मिलन की चाह बनी ही रहती है।

छिन-छिन उत्सव रसिक के महाकेलि के भाइ।
गौर स्याम तन मन मिले मिलन को चाइ।।[47]

प्रिया को तन-मन से प्रियतम मिले रहते हैं और लाल को तन-मन से प्यारी पर इस मिलन और नेह की बात कुछ अनोखी ही है, इसके बारे में कुछ भी कह पाने में ललितकिशोरी देव अपने को असमर्थ पाते हैं। है भी तो यह अनिर्वचनीय मिलन और प्रेम—

कहा कहौ या मिलन की जो मिलिबो जिय होइ।
तन मन सो प्रीतम तऊ मिलन की खोइ।[48]
परम नेह की बात यह मो पै कही न जाय।
तन मन सो प्यारी मिली तऊ लाल अकुलाय।[49]

यही दशा राम की भी है। यद्यपि दम्पति सदा रसलीन रहते हैं पर प्रिय अपना अपनपौ त्याग कर अधिक आधीन हो गये हैं। वे सीता के नीलाम्बरों के पुण्य की सराहना करते हैं, (कि उन्हीं के समान तन से लिपटे रहें) उनके नेत्र अंगराग हो जाना चाहते हैं—

यद्यपि दम्पति परस पर सदा प्रेम रस लीन।
रह अपन पौ हारि कै पै पिय अधिक अधीन।
श्यामवरण अम्बरन को सुकृति सराहत लाल।
छराहरा अंग राग भौ चाहत नैन विशाल।।[50]

(4) विरह और मान

साहित्यशास्त्रियों ने विरह के चार अंग माने हैं—पूर्व राग, मान, प्रवास और करुण।[51] इनमें से अजर, अमर, अजन्मा, नित्य विहाररत दम्पति के मध्य पूर्वराग, प्रयास एवं करुण का प्रसंग ही नहीं उठता। ब्रजलीलाओं के अस्वीकरण के कारण इनमें से किसी भी अवस्था के स्वीकार करने का प्रश्न ही नहीं उठता था। इसी कारण विरह की केवल मानवाली स्थिति ही यहाँ पर स्वीकृत है। पर चतुर्थ अध्याय में हम यह कह चुके हैं कि मान के वैसे कोई स्थूल कारण यहाँ पर नहीं हैं जैसे कि ब्रजलीला गायकों द्वारा स्वीकार किये गये हैं। साहित्य दर्पण में मान के दो भेद किये गये हैं—प्रणय मान और ईर्ष्या मान।[52] प्रणय मान के प्रसंग में विश्वनाथ कविराज ने कहा है कि नेम की कुटिल-गति होने से अकारण ही कोप होता है। ईर्ष्या मान नायक की अन्य किसी पर अनुरक्ति जानकर होता है।[53] प्रथम नायक और नायिका दोनों में स्वीकार किया गया है।[54] इन रसोपासकों में शास्त्रीय दृष्टि से प्रणय मान की ही स्वीकृति है पर उभयपक्षीय न होकर यह नायिका में ही चित्रित किया गया है। संस्कृत में एक सूक्ति प्रसिद्ध है—

नदीनां च वधूनां च भुजंगानां च सर्वदा।
प्रेमिणामपि गतिर्वक्रा कारणं तत्र नेष्यते ॥

नदियों, वधुओं, सर्पों एवं प्रेम की गति अकारण ही वक्र होती है (साहित्य दर्पणकार ने प्रेम की वक्रता बताई है।) प्रेम एवं वधूजन की यह अकारण वक्रता इन नित्य विहारी-विहारिणि में मान के रूप में व्यक्त हुई है।

राधा अचानक ही मान कर बैठी, एक सखी आकर उन्हें समझाती है और उनके इन वक्र स्वभाव के लिए कुछ डाँटती भी है। उसके अनुसार श्यामा का तो स्वभाव ही मान का पड़ गया है, कौन यह निर्णय करे कि अपराध किसका था—इनका या तुम्हारा? वास्तव में ये तो तुम्हारे रूप-रस के लोभी हैं, मुख देखते ही उनका दिन बीतता है। तुम तो क्षण मात्र में ही रस को विरस कर देती हो। राधे! जरा समझ बूझकर देखो, तुम तो बिना पानी की नाव चला रही हो (बिना कारण ही मान किये जा रही हो।)

तुम्हारो तो पर्‌यो मान को सुभाव।
तुम्हारी खोट कैइनकी कहिये, कौन करे यह न्याव।
ये तो तिहारे रूप रस लोभी मुख जोवत दिन जाव।
छिन में रस बेरस करि डारत कोप करे करवाब।
समझि देख राधे मन माहीं बिन पानी की नाव।
श्री रसिक बिहारी रस बस कीने अपने-अपने दाव।[55]

यहीं पर यह याद दिला देना अनुचित न रहेगा कि सहचरियाँ यद्यपि प्रिया-प्रियतम दोनों को समान प्रिय होती हैं पर मान के समय वे प्रिय का पक्ष लेकर प्रिय के मान-मोचन का प्रयास करती है। उपरोक्त पद में सखी यही कार्य कर रही है—उसने श्याम का पक्ष लिया है। इस सखी ने कुछ शिकायत एवं आक्षेप के स्वर में मान-मोचन करना चाहा था, दूसरी सखी 'साम' नीति का सहारा लेकर प्रिय की वकालत करती है और सफल भी हो जाती है--

मानु न कीजै रसीले स्याम सों।
तुम तो हो लालन की अँखियाँ बँधे तिहारे दाम सों।
बिनु आगस जिय दोष धरति हो निरखि आयु सी वाम सो।
श्री रसिक बिहारी जानि अपुनपौ विहसि मिली पीय धाय सो।[56]

विश्वनाथ कविराज ने मान भंग के छह उपाय (साम, भेद, दान, नति, उपेक्षा और रसान्तर) साहित्य दर्पण में बताए हैं,[57] उनमें में भेद और साम का उल्लेख ऊपर हो चुका है। स्वामी नरहरिदेव ने 'नति' का एक मनोहर उदाहरण दिया है। कई बार मनाने का प्रयास किया गया, पर वह अपना हृदय और कठिन बनाकर मान गहे रही। तब प्रिय ने पैर पकड़कर आधीनी करके विश्वास दिलाया कि मेरी प्रिया मात्र तू ही है जो कि मानिनी बन बैठी है। जब प्रिया ने (प्रिय के हृदय में) अपना ही रूप देखा और किसी स्त्री को वहाँ न पाया तब जाकर कहीं मन से मान की छरक गयी और सुख की वह राशि हँसकर प्रिय से बोली थी। छन्द यों है—

केहू बार कही मानित न मान गही
हियो कठिन कछू और ही ठईरी।
पाइ गहि मनाई आधीन कीये माई सु
तू एक प्यारी मानिनि भई री।
जब देख्यो आपनो रूप और न कोई त्रीय
अनूप मान की छरक तबही हीय ते नई री।
हँसि बोली सुख की रासि मन भाई
नरहरिदास बाढ़े प्रीति नयी री।[58]

परन्तु सब मिलाकर मान-सम्बन्धी रचनाएँ 18वीं शती के नित्यविहारोपासकों में विरल ही हैं। उनका ध्यान विहाररत युगल की नाना चेष्टाओं को चित्रित करने की ओर ही अधिक रहा है।

(5) विहार क्रीड़ाएँ

इन कवियों की प्रतिभा और प्रेरणा का मुख्य क्षेत्र दम्पति की नाना विहार-क्रीड़ाओं और आनन्द के लिए रस-निर्भर का गद्-गद् गान है। विहार-क्रीड़ाओं में भी उनका मन अधिकांशतः शैया के ही आस-पास मँडराता रहा है। सुरत एवं सुरतान्त के असंख्य मनोहर चित्र इस काव्य में सँजोए हुए हैं। सेज के बाद, रास क्रीड़ाओं के चित्रण में भी उनका मन रमा है। उत्सवों में होली एवं हिण्डोल उनके सबसे प्रिय उत्सव हैं। वसन्त एवं वर्षों के चित्रों का इसीलिए इस काव्य में बाहुल्य है। दम्पति को लेकर ही अनेक अन्य हास-परिहास एवं क्रीड़ाएँ भी उपलब्ध हो जाती हैं। इस सारे साहित्य को आधुनिक नैतिक मानदण्डों से नापने पर बहुसंख्यक स्खलन के स्थल दिखाई पड़ेंगे। संयोग शृंगार के निरावरित ऐसे वर्णन बहुत से मिलेंगे जिन्हें शुद्धतावादी (प्यूरिटन) अश्लील भी कहना चाहेंगे। पर इस सम्बन्ध में यह ध्यान में रखना आवश्यक है कि इन कवियों की अनुभूति साधना की है। ये समस्त कवि साधना-पथ के सक्रिय पथिक थे एवं प्रिया-प्रियतम के इस नित्यविहार को आध्यात्मिक-मानसिक स्तर पर अत्यन्त उदात्त भाव से स्वीकार करते थे। वास्तव में यह सारी साधना एक प्रकार के 'प्रेम रहस्यवाद' (Love Mysticism) की है। इसमें बौद्धिक उन्नयन नहीं भावात्मक संवेग की एक मनः संस्कार (Mental Culture) जन्य स्थिति होती है। ये समस्त रचनाएँ किसी आश्रयदाता को रिझाने के लिए भी नहीं लिखी गयीं, दम्पति के स्वरूप का भावन ही इनकी मुख्य प्रेरणा थी। अतः लौकिक नीति के मानदण्डों पर इन्हें परखना ठीक न रहेगा। मनोवैज्ञानिक दृष्टि से भले ही इनमें काम की अतृप्ति मानी जाय, पर साधना के क्षेत्र में इससे कामगन्ध-शून्य कहना ही उचित होगा।

आगे हम कतिपय इन क्रीड़ाओं के रूप को स्पष्ट करने का प्रयास करेंगे।

अभिसार

जैसा कि अभी हमने कहा है, इन कवियों का मन सर्वाधिक प्रिया-प्रियतम के अभिसार-वर्णन ही में लगा है। अभिसार-क्रीड़ाओं की अनेक रस-निर्भर स्थितियों की चर्चा इन कवियों ने की है। विहार का ऐसा ही अनुभूतिपरक पर साथ ही ऐन्द्रिक चित्र रसिकदास (राधावल्लभीय) का है। रस के सिन्धु में झकोरे लग रहे हैं, भाव की तरंगें उठ रही हैं एवं प्रेम में पगे हुए अभिलाषाओं की मरोड़ में अंचल झकझोरते हैं, पसीने की थोड़ी-थोड़ी बूँदें झलक आयी हैं। एक-दूसरे पर नेत्र लगे हुए हैं, सुख के रोर में बन्धन छोरते हुए रात जगे हैं। ऐसी बुद्धि कहाँ जो इस सबका वर्णन किया जा सके—

रस सिन्धु झकोरै भाव हिलोरै चाव मरोरै प्रेम पगे,
अंचल झकझोरै श्रमकन थोरै पटलो भोरै अंग लगे।
दृग बुहू ओरै अति सुख रोरैं बधन छोरैं रैन जगे,
सुकहामन मोरै सादर जोरै त्रिभुवन ओरै ओर नगे।[59]

कभी-कभी तो यह मिलन-लीला मन ही मन हो जाती है। सखियाँ जान भी नहीं पातीं। मन ही मन एक-दूसरे को अंक में भरकर आनन्द भी ले लेते हैं और चोरा-चोरी कटाक्ष भी चला देते हैं। कह भी लेते हैं, नट भी लेते हैं, रीझते भी हैं, खीझते भी हैं एवं हिलमिल भी लेते हैं—

दोउजन नैनन ही बतरावै।
स्यांमास्यांम सखिन के संगहि भेद न कोउ पावै।
रहसि रंग राते रसभाते खिजिआवत हिलत मिलत लगि जावै।
मन ही मन बिम्ब अंक भरत पुनि हिय आनन्द बढ़ावै।
चोरा चोरी चलत कटाछनि सबकी दीठि बचावै।[60]

अभिसार समय की अभिलाषा का अत्यन्त मार्मिक दृश्य अनन्य अली जी ने प्रस्तुत किया है। दो अंगों की पारस्परिक प्रतिद्वन्द्विता दिखाकर विहार की उत्कट लालसा और व्याकुलता इसमें प्रकट की गयी है। स्पर्श करने के लिए हाथ तरसते हैं एवं देखने के लिए दृग ललचाते हैं, इस प्रकार भुजाओं एवं नयनों के मध्य होड़ पड़ी है। इस दोहे में प्रेम की उस गहन अवस्था का संकेत है जब बिना देखे भी नहीं रहा जाता और देख लेने पर स्पर्श-आलिंगनादि भी अनिवार्य हो जाते हैं।[61]

काव्य की सर्वोत्तम सिद्धि होती है जब किसी एक सूक्ष्म संकेत के द्वारा किसी पूरे दृश्य का बिम्ब उपस्थित कर दिया जाता है। व्यंजना-शक्ति की पूरी सामर्थ्य होने पर ही यह उपलब्धि कवि को मिलती है। रूपरसिक देव का निम्नांकित दोहा ऐसी ही व्यंजना-शक्ति से भरपूर है। कवि सुरति का चित्रण करना चाहता है, पर उसे स्पष्ट ऐन्द्रिक रूप में न करके एक संकेत दे देता है कि प्यारी जब प्रिय को अपने चरण कमलों की माला पहनाती है तब अनिर्वचनीय आनन्द मिलता है—

कहा कहौ तिहि समैं को, सुख आनन्द रसाल।
पहिरावति प्यारी जबहिं, पियहिं पदंबुज माल।[62]

परिरम्भन आदि की इसी क्रिया को ब्रह्मगोपाल अत्यन्त स्थूल रूप में वर्णित कर देते हैं—

प्रिया प्रिय पोढ़ि रहे पर्यंक।
प्रेमविवश खेले निश सारी भरि भरि निजु निजु अंक।
परिरम्भन चुम्बन आलिंगन करत सहज निःशंक।।[63]

अभिसार ऐसा सघन गुंफित है कि प्रिय का कुण्डल प्रिया की अलक से एवं कर का कंकण माला से एवं मन से मन तथा नेत्रों में नेत्र परस्पर उलझ गये हैं—

पिय कुण्डल तिय अलक सों कर कंकण सो माल।
मन सो मनीदृगन सों रहे उरझि दोउलाल।।[64]

मिलन समय के हास-परिहास एवं पारस्परिक छेड़-छाड़

रीझने के साथ खीझना और खिझाना शृंगार-तरु के अनुपम फल हैं। यह खीझ एवं छेड़छाड़ रति द्वारा पुष्ट होती है एवं रति को और अधिक पुष्ट करती है। ऐसी अपेक्षाकृत सूक्ष्म एवं आन्तरिक क्रीड़ाओं की ओर भी इन रसोपासकों का ध्यान गया है। स्याम-स्यामा रूप-रस चख रहे हैं। कुंज महल में अकेले हैं, कोई झाँकता भी नहीं है। ऐसे एकान्त में राधा बैठी हैं, लाल ठाढ़े हैं एवं रति के लिए बार-बार कर पकड़ते हैं। पर राधा हैं कि खिझा रही है—मधुर स्वर में कहती हैं कि अभी खड़े रहो एवं किंकनी सँवारो, यद्यपि एक-दूसरे के अंग एक-दूसरे के लिए ललचा रहे हैं, हृदय में अभिलाषाएँ उमड़ रही हैं—

स्यामा स्याम रूप रस चाखै।
कुंजमहल अकेले दोउ तहाँ न कोऊ झाँखै।
बैठी आपु ठाढ़े लाल पकरि पकरि कर राखै।
ठाढ़े रहो किंकनी सँवारो मन्द मधुर सुर भाखै।
अंग अंग ललचाइ रहे मन उमगी उर अभिलाखै।[65]

पर श्याम भी खिझाने में पीछे नहीं हैं। प्रिया जी सोना चाहती है—नयन मूँद लेती हैं पर प्रिय फूँक देकर जगा देते हैं, भले ही प्रिया भौंह तरेरे। कभी-कभी चुटकी भी बजाने लगते हैं। अन्ततः प्यारी भी रतिवश होकर ललक कर प्रिय के कण्ठ लग जाती है—

पलकैं झपकति प्रिया जू की ज्यों ज्यों पिय दै फूँक जगावै।
त्यों त्यों तरुनि तरेरे त्योरे सों सोंहनि भोंह चढ़ावै।
कबहुँक कर पलवनि सों कोमल चट चटुकी चटुकावै।
रूपरसिक जब प्यारी पिय के ललकि कण्ठ लपटावै।[66]

प्रेम की यह खींचातानी भोजन के समय भी देखी जा सकती है। यमुना पुलिन पर कुंज में दोनों भोजन कर रहे हैं और एक-दूसरे के कर से झुक-झुक कर कौर छीन लेते हैं। इस प्रकार हँसते हुए बहुत प्रकार से मनभाया करते हैं।[67] जलक्रीड़ा में डुबकी लेकर पानी के भीतर ही भीतर प्रिया के अंगों का स्पर्श कर आते हैं, कोई इस भेद को जान ही नहीं पाता।[68] संगीत और गान की गोष्ठियों का भी वर्णन इनमें मिल जाता है।

अभिसार के चित्र बहुधा मांसल और ऐन्द्रिक हो जाते हैं, पर नीचे हम सखी-सम्प्रदाय के स्वामी रसिकदेव का एक पद उद्धृत कर रहे हैं। इस पद में अभिसार का ऐन्द्रिक बिम्ब नहीं है पर उसमें ऐसी गहन अनुभूति का ऐसा सम्प्रेषण कराया गया है जो सारी चेतना पर अनायास ही छा जाता है—

लेत परस्पर अंग सुवास।
मन तरंग उठति मनमथ की और न कछु प्रकास।
रोम रोम तन यह सुख विलसत भोजन भूख न प्यास।
श्री रसिकबिहारी मगन रहत, नित गहत न खटक उसास।[69]

अंग की गन्ध लेने से मन में मदन की तरंगें उठती हैं और किसी बात के लिए अवकाश नहीं रहता। रोम-रोम में यही आनन्द विलसता है, न भोजन की भूख है और न प्यास। नित्यप्रति समस्त खटक और चिन्ता से दूर इसी में वे मग्न रहते हैं। समस्त चित्र गहन मानसिक अनुभूति को उपस्थित करता है।

सुरतान्त एवं जागरण

सुरतान्त एवं जागरण-काल के अलस-सौन्दर्य का भी अत्यन्त कुशल एवं बारीक रेखाओं में अंकन इन कवियों ने किया है। सुरति के सेज पर उठकर जागे हुए युगल का यह शारीरिक चित्र देखिए—

प्रिया प्रीय सुरति सेज उठि जागे।
घूमत नैन अरुन अलसाने मनहुँ समर सर लागे।
सिथिल अंग छूटी सिर अलकै बदन स्वेद कन लागे।[70]

यह अभिसार वस्तु चित्रण रूप में हुआ है, पर अधिक सूक्ष्म रूप में पीताम्बर देव ने इसे उपस्थित किया है। कठिन सुरति की भोर उठने वाली छबीली को मूर्तिमती रागिनी (राग की शर्वरी) कहा है जिसके कि सौन्दर्य का नीराजन स्वयं किशोर करते हैं—

तबै छबीली तान सुनि कठिन सुरत की भोर।
उठी राग की सरवरी आरति करत किसोर।[71]

राघव भोर होने पर जागते हैं पर आँखों में नींद भरी है। मन्द-मन्द मुसकाते हैं एवं आलस्य में सिया तन की ओर झुक-झुक पड़ते हैं। सिया तन की ओर झुक-झुक

पड़ना जहाँ नींद भरे होने का संकेत करता है वहीं राम की गहरी अनुराग व्यंजना भी होती है। ऐन्द्रिक बिम्ब के साथ मानसिक पक्ष का मणिकांचन संयोग इसमें हो सका है—

राघव भोर ही नींद भरी अँखियन मन भावन।
बैठि उठे फूलन शय्या पर कोटिन काम लजावन।
मृदु-मुसक्यात जम्हात सिया तन झुकि झुकि परत सुहावन।
राम सखे या मधुर रूप लख मो जिय अतिहिं जिवावन।[72]

होली एवं हिण्डोल आदि उत्सवों के भी प्रभूत वर्णन इन कवियों ने किये हैं। ऐसे छन्दों की संख्या सहस्रों में पहुँच सकती है जिनमें वसन्त, होली, वर्षा एवं झूलने की शोभा वर्णित हो। शरद् ऋतु एवं रासलीला के भी पर्याप्त चित्र उपलब्ध होते हैं। विस्तार-भय से हम इनके उदाहरण यहाँ पर नहीं दे रहे हैं।

(6) सहचरी-सेवा

नित्य विहारोपासकों की साधना सखी भाव की होती है, यह हम पहले ही कह चुके हैं। सखी भाव में सखियाँ युगल दम्पति की सुख-सुविधा की सारी व्यवस्था करती हैं, उनके नित्य-विहार का दर्शन-सुख लूटती हैं एवं इस सेवा तथा इस दर्शन में ही वे अपनी कृतार्थता मानती है। रामोपासकों की स्वसुखी शाखा को छोड़कर अन्यत्र सर्वत्र वे तत्सुखी भाव से ही साधना करती हैं। अष्टयाम की सेवा-विधियाँ इन्हीं की सेवा के लिए स्थापित हुई हैं। वे उन्हें सबेरे गा-गाकर जगाती हैं, मुख धुलाती हैं, भोजन कराती है, शृंगार कराती हैं, उन्हें सिंहासन पर पधराती है, पान खिलाती हैं, विहार के लिए कुंज में चलने के लिए प्रेरित करती हैं, संगीत-नृत्य के आयोजन करती हैं, रास रचाती हैं, शैया बिछा देती हैं एवं शयन-समय सोने का अनुरोध करती हैं।[73] मान के समय वे मान-मोचन करती हैं, विहार के समय सेवा। 'स्याम' दूल्हा हैं एवं सखियाँ बराती बन जाती हैं—

सखी बरात पिय स्याम कंत।
अरुण साज बन राज धाम, पीत फूल तन पहिरि धाम।
अंब भौरि ले सिर धारि मौरि-द्रुम सुछत्रपति पत्र पोरि।
फल प्रवाल तोरन बनाय छुवत पवन बसि परसि धाय।
पिय प्यारी बन तन सुवास सहचरि भ्रमरी सब आस पास।[74]

सखियाँ साथ में अद्भुत क्रीड़ाएँ भी करती हैं। एक बार सखियाँ कृष्ण को अपने समान स्त्री-वेश पहना वहाँ ले आयीं जहाँ ललिता, विशाखा, चंपकलता एवं चित्रा आदि सखियाँ थीं। वे सब चकित हैं—

लख्यों सखी सिरमौर रूप इह कौन वपू कित आयी।
सबके मन को करत हरत बस निरखत सुधि विसराई।

परन्तु एक चतुर सखी जान गयी–वह दौड़कर गयी और प्रिया को प्रिय का रूप देकर ले आयी और उस वधू कृष्ण से कहा–

ये पतिनी ये पीव तिहारे मिलि विलसो सुखदाई।

सब सखियाँ उत्साहपूर्वक विवाह का कर्म ठान देती हैं एवं धूम-धाम से दोनों का विवाह करा देती हैं।[75]

राम की सखियाँ तो और भी ढीठ मालूम देती हैं। वे राम से कहती हैं कि तुम्हें स्त्रीवेश में सजाकर हम लोग लाड़ली जी के 'हुजूर' में नचावेंगी–

कंचन की गुजरी बिछिया तुमको लहँगो अँगिया पहिराइहो।
कंचुकी साजु खवाइ विरी पहिराय चुरी अबतंस बनाइहो।
माँग सँवारि के प्रेम सखी शिर सेन्दुर में फिरि अंक लगाइहो।
दै तिय को छवि सुन्दर जू हम लाड़िली जू के अजूरि नवाइहो।[76]

वास्तव में पीताम्बरदेव ने ठीक ही कहा है–

तपत पीव सीतल प्रिया प्रेम अन्ध अँधियार।
सहचरि रस जल बरसही, ग्रीष्म रति सुखसार।।[77]

(7) सिद्धान्त-कथन

इस युग के समस्त कवियों की यह सामान्य विशेषता है कि उन्होंने सिद्धान्त-कथन अलग से किया है। गुरु-निष्ठा, परोपकार, वैराग्य, विषयों से अरुचि, श्यामा श्याम की एकता, सहचरी-भाव आदि के सम्बन्ध में उन्होंने ख़ूब लिखा है। चतुर्थ अध्याय में हम उन अंशों को उद्धृत कर चुके हैं, अतः यहाँ पर दोहराना ठीक न रहेगा। उदाहरण के लिए हम ललित किशोरी देव की कतिपय साखियाँ उद्धृत कर रहे हैं–

1. *ललित लाड़ले ललित वर ललित सुकेल उदार।*
   जै जै श्री हरिदास को अद्‌भुत नित्य विहार।
2. *तन करि मन करि पवन करि कीजे पर उपकार।*
   ताही में हरि मिलत हैं निहवें करि उर धार।
3. *भजन करों भोजन करों सोवौं पाइ पसारि।*
   कुंज बिहारिनि लाड़िली नैकु न भूलै पारि।[78]

ब्रज-लीला-गायकों द्वारा सृजित काव्य

राधा और कृष्ण (सीता और राम) यद्यपि आलम्बन यहाँ भी रहते हैं, पर उनके परिकर का विस्तार बढ़ जाता है। वल्लभाओं की संख्या बढ़ जाने के कारण भिन्नता की मात्रा बहुत बढ़ जाती है। नाना प्रकार की नायक एवं नायिका सम्बन्धी धारणाएँ

जन्म लेती हैं।[79] नायिकाओं के बढ़ने के साथ ही स्वकीया-परकीया, विरह-मान इत्यादि की स्वीकृति अनिवार्य हो जाती है। दूती या सखी का दायित्व भी किंचित् भिन्न ही है। किशोर-लीलाओं के अतिरिक्त ब्रजलीला की स्वीकृति के कारण बाल एवं पौगण्ड लीलाएँ भी इस साहित्य में चित्रणीय हैं एवं उपास्य के साथ युगल तत्त्व पूरी तरह आरोपित नहीं होता। यहाँ राधा भी हैं तथा अन्य गोपियाँ भी हैं। राधा की स्थिति अधिक से अधिक प्रधान गोपी की रहती है। इस अन्तर के पड़ जाने के कारण विहार-लीलाओं में भी बड़ा अन्तर पड़ जाता है। नित्य-विहारोपासकों में हमने दो बातों को विशेष रूप से लक्षित किया था–

(1) कृष्ण-सौन्दर्य का चित्रण अत्यन्त विरल है।

(2) राधा की व्याकुलता, मिलनवांछा आदि का चित्रण भी न्यूनतम हुआ है।

कृष्ण का रूप एवं राधा की अभिलाषाएँ केवल युगल-स्वरूप-चित्रण के समय ही कवियों का ध्यान आकर्षित करती हैं अन्यथा रूपवती राधा हैं; एवं अभिलाषमय कृष्ण। परन्तु इन लोगों में यह बात नहीं है। ब्रज-लीला (गोपी भावोपासक)–गायकों ने राधा एवं गोपियों के रूप के विवरण भी दिये हैं पर मोहन के जिस भुवनमोहन रूप और रूप-प्रभाव को उन्होंने चित्रित किया वह उन्हें पूर्व-विवेचित साधना और काव्य से नितान्त अलग कर देता है।[80] इसी प्रकार यद्यपि मोहन की मिलन एवं अभिसार की आकांक्षा व्यक्त करने की भी चेष्टा की है; परन्तु उनका अधिक ध्यान गोपिकाओं या राधा के तन-मन की प्रवृत्ति का चित्रण करने की ओर अधिक रहा है। होली, झूलना आदि उत्सवों तथा संयोग काल की क्रीड़ाओं के अतिरिक्त विरह की विभिन्न स्थितियों, कुब्जा के प्रति ईर्ष्या अथवा मुरली-उपालम्भ आदि के भी मार्मिक चित्र इन कवियों द्वारा उपस्थित किये जा सके हैं। हम इन कवियों के कथ्य के प्रधान-प्रधान पक्षों के विश्लेषण एवं उद्घाटन की चेष्टा करेंगे।

(1) रूप-चित्रण

जैसा कि अभी ऊपर संकेत किया जा चुका है, स्त्री और पुरुष दोनों ही तत्त्वों के रूप का चित्रण करने का प्रयास इन कवियों ने किया है; परन्तु चित्रण की प्रणाली और अभिव्यंजना की शैली वही है जिसे कि पीछे हम विवेचित कर चुके हैं।

कृष्ण का रूप सौन्दर्य और उसका प्रभाव

परम्परा-प्राप्त उपमानों के आधार पर कृष्ण के रूप के वस्तुगत चित्रण के ये कतिपय उदाहरण हम दे रहे हैं–

इन्द्र नील इन्दीवर घन छवि छनित श्याम शरीर री।
भौंहें चाप सर कुंकुम टीकौ, नासा राजत कीर री।

अधर बिम्ब मृदु हास चन्द्रिका दशन सिषिर मनि पाँति री।
चारु चिबुक अम्ब फलवादी ग्रीव कम्बु मणि कान्ति री।[81]

ऊपर की पंक्तियाँ विभिन्न अंगों के लिए उपमा जुटाती हैं; परन्तु इनसे इन अंगों का कोई कल्पनाग्राही रूप हमारे नेत्रों के सामने नहीं आता। चैतन्य मतानुयायी मनोहर दास ने भी कृष्ण के रूप को वर्णित करना चाहा है, परन्तु न तो उस रूप का कोई बिम्ब हमारे सामने उपस्थित हो पाता है और न उस रूप की अनुभूति ही हमें भली प्रकार हो पाती है। उपमानों की मधुर कल्पना के स्थान पर इस छन्द में केवल वस्त्राभूषण ही गिनाये गये हैं–

केसर की भूमिका पै जरी खिरकी की पाग,
झूमिका कनक स्वच्छ मोर पच्छ लटकैं।
झगा बूंटेदार दोदामी को कष्ट बार रंग्यो
उपरेंना पटुका सुनेली चित्र चटकैं।
छुद्रावलि बाजूबन्द पहुँचीयाँ अतलस,
सूथन नूपुर सुर पग चूरी मटकै।
जगमग राधिका रमण सिंहासन ठाढ़ै
मनोहर मुसकान मांही अटकैं।[82]

देव का छन्द ठीक इसी परम्परा में है। यह बात दूसरी है कि उन्होंने अपने छन्द में कलागत लाघव का अधिक प्रयोग किया है, तथा देव का छन्द उसके प्रभाव की ओर भी संकेत करता चलता है–

पायन नूपुर मंजु बजै, कटि किंकिन में धुनि की मधुराई।
साँवरे अंग लसै पटपीत, हिये हुलसै बनमाल सुहाई।
माथे किरीट बड़े दृग चंचल, मद हँसी मुख चन्द जुन्हाई।
जै जग मन्दिर दीपक सुन्दर श्री ब्रज दूलह देव सहाई।[83]

इस प्रकार के वस्तुगत अलंकार-प्रधान रूपचित्रण में यत्र-तत्र कल्पना का भी रुचिर प्रयोग मिल जाता है। कृष्ण की मिली पगड़ी वाम भाग को झुकी हुई है और उसके ऊपर मोर की चन्द्रिका सुसज्जित है। ऐसा प्रतीत होता है कि सुमेर पर्वत पर अखण्ड इन्द्रधनुष उगा हुआ है। रत्न-जटित मणि-कुण्डल मुख पर ऐसे प्रतीत होते हैं मानो नक्षत्रगण अपना राजा समझ कर चन्द्रमा की सेवा कर रहे हों–

पीत पाग रही वामे भाग झुकि तापर शिखी शिखण्ड री
मानुहुँ मेरु शृंग पर ऊग्यो मधवा धनुक अखण्ड री।
रतन पेच मणि कुण्डल राजत छाजत उपम अनूप री।
मनु उडुगण सेवत मुख चन्दहिं जान आपने भूप री।[84]

रूप का वह चित्रण सदैव अधिक मार्मिक होता है जिसमें वस्तुगत स्वरूप के

स्थान पर प्रभाव की व्यंजना होती है। सोमनाथ का निम्नलिखित छन्द रूप का प्रभाव ही अधिक उत्पन्न करता है।

मोहन पंकज से दृग हैं इतने,
पै तकौं तिरछे मुसकाय कै।
कोटि मन्मथ के मथि प्रान
करौ कल कान गरूर गराय कै।
औ 'शशिनाथ' लगै अचकों जब
कानन बाँसुरी की धुनि आय कै।
को वह नारि जु धीर धरै उर
प्रेम की पीर गम्भीर पचाय कै।[85]

(रास पंचाध्यायी, छन्द 95, पृ. 41)

बिहारी का निम्नलिखित दोहा भी एक चेष्टा विशेष के द्वारा ही रूप की व्यंजना करता है—

भृकुटी मटकनि पीत पट, चटक लटकती चाल।
चल चख चितवनि चोर चित लियौ बिहारी लाल।[86]

सौन्दर्य का वस्तुपरक एवं अनुभूतिपरक रूप समन्वित ढंग पर मतिराम के निम्नांकित सवैये में व्यक्त हुआ है। प्रारम्भिक पंक्ति में बाह्य श्रृंगार का चित्रण हुआ है। दूसरी पंक्ति में मुस्कान-चेष्टा तथा कुण्डल के हिलने से उत्पन्न होने वाली गत्यात्मक शोभा चित्रित हुई है। तृतीय पंक्ति में शरीर के अंग विशेष नेत्र के आकार एवं नेत्रों के व्यापार का प्रभाव कवि ने चित्रित किया है और अन्त में इन सभी को समेट कर मन में जो अनुभूति जगती है, उसके लिए नायिका विरोध-मूलक उक्ति को अपनाती है। बहुधा जहाँ वाणी शिथिल और असमर्थ होने लगती है, वहीं ये अलंकार उसकी सबसे अधिक सहायता करते हैं—

मोरपखा मतिराम किरीट मै कण्ठ बनी बनमाल सुहाई।
मोहन की मुसकानि मनोहर कुण्डल डोलनि मै छवि छाई।
लोचन लोल विसाल विलोकनि को न विलोकि भयो बस माई।
बा मुख की मधुराई कहा कहौं मीठी लगै अंखियान लुनाई।[87]

समर्थ कवि कभी-कभी रूप की वस्तुगत अंकन-शैली को छोड़कर प्रभाव को व्यंजित करने वाली किसी सूक्ष्म रेखा से भी बहुत बड़ा काम ले सकता है। बृन्दाबन देव ने निम्न पंक्तियों में यही किया है। कृष्ण के अंग, श्रृंगार आदि के लिए उपमान का वर्णन न जुटा कर नायिका मात्र इतना कह देती है कि उस रूप राशि के एक अंग का अवलोकन संसार की किसी भी नारी को अपनेपन से बाहर कर देने के लिए पर्याप्त है—

आजु भली विधि देखि कै माई सु आयी गोवर्धननाथहि हौंरी।
एक ही अंग निहारि जो नारि रहै अपनैपन ताहि बदौरी।[88]

पतिव्रत के सारे अभिमान उस रूप को निहार लेने के बाद धरे रह जाते हैं—

सुरी किन्नरी नरी विश्व में को है ऐसी नारि री
रहै आपनैपन पतिब्रत लिये एक ही अंग निहारि री।[89]

बात बड़ी कह दी गयी है। कोई करे क्या, यह रूप ही ऐसा है—नायिका की चुनौती है कि त्रैलोक्य में उसके प्रभाव से कोई बच ही नहीं सकता, फिर उसी के ऊपर दोष क्यों?

नायिका रूप-चित्रण

नायिका का रूप-चित्रण परम्परागत आलंकारिक शैली में ही इन कवियों ने भी किया है। नायिका के केशों का यह आलंकारिक वर्णन रीतिकाल के किसी भी वर्णन के समकक्ष है—

सुकुमार सिंवार से मर्कत तार से कज्जल सार से वार निवारि सुकावति वाला।
मार के जार सिगार के चौंर से ऐडी छिये पुनि ऐसे विसाला।
श्याम घटा ते मनौ निकसै मुखचन्द दिपै तन दामिनि माला।
बृन्दाबन प्रभु ओट भये लखि पांनि पै रीझन नन्द के लाला।[90]

सोमनाथ का निम्न वर्णन भी केशों की इसी शोभा का वर्णन करता है। शब्दावली भी मिलती-झुलती है केवल क्रियात्मकता का अंश बढ़ गया है—

तिमिर के तार हैं बसीकरन हार हैं,
काम करतार हैं कि प्यारी तेरे बार हैं।[91]

इस आलंकारिकता के साथ ही सौन्दर्य की अन्तर्दीप्ति इन कवियों में मिल जाती है। बृन्दाबन देव की ही निम्न पंक्ति है—

तन जोवन यौं जगमगै ज्यों खच्यौ रतन अमोल री।
रूप चुचानौ सौ परै ज्यौं मुख रच्यौ तम्बोल री।[92]

घनानन्द का सम्पूर्ण काव्य अपने सूक्ष्म एवं अनुभूतिपरक चित्रण के लिए प्रसिद्ध ही है। निम्न सवैये में सौन्दर्य की आन्तरिक दीप्ति उपस्थित की गयी हैं—

झलकै अति सुन्दर आनन गौर, छके दृग राजत काननि छ्वै।
हंसि बोलनि मै छवि फूलन की वरषा उर-ऊपर जाति है ह्वै।
लटलोल कपोल कलोल करें, कल कण्ठ बनी जलजावति है।
अंग अंग तरंग उठै दुति की, परि है मनौ रूप अबै धर च्वै।[93]

(2) नायिका भेद

जैसा कि ऊपर हम संकेत कर चुके हैं ब्रजलीला में बहु वल्लभाओं की धारणा के कारण इस साहित्य में भी नायिकाभेद के अनुरूप चित्रण पाये जा सकते हैं। परकीया अयौतिकी नायिका के ये चित्र देखिये–

(क) *लई कन्हैया ने हौ घेरि।*
खोरि साँकरी माँझ संझोके आइ गयौ कितहुँ ते हेरि।
कौरी भरी उर धरी औचका अकेली काहि सुनाऊँ टेरि।
आनन्द घन धुरि सराबोर करि पठई घर लौ निपट लथेरि।[94]

(ख) *पाछै गोपाल आगे गुरुलोग रही अति लाजनि सों दबि नीठ मै।*
ग्रीव फिरायन चाहि सकी मुरि सो के न आये वे मेरी ए दीठ मै।
नागर प्यारे के देखनि कौ सखि वास मै आनी यहै उर नीठ मै।
आँखें भई मुखपै किहिं काज या वेर क्यों आँखैं भई नहि पीठ मै।[95]

(ग) *कैसे जल लाऊँ मैं पनिघट जाऊँ?*
होरी खेलत नन्दलाडिलो क्यों कर निबहन पाऊँ।
दे तो निलज फाग-मदमाते हौं कुलबधू कहाऊँ।
जो छुवै 'रसिक बिहारी' अंचर तो धरती फार समाऊँ।[96]

इसी प्रकार मनोहर दास जी द्वारा चित्रित शुक्लाभिसारिका नायिका का यह चित्र है–

सरद की रैंनि उजियारी अभिसार प्रिया,
प्रीतम पै सेत सारी खौर अंग कीने हैं।
मालती मुकता मल्ली माला अंग अंग सोहे,
आभूषन हीरनि जटित रंग भीने हैं।
चाँदनी में मिलि चली देखन न पावै आली,
अंग को सुगन्धि अनुसार के हू चीने हैं।
राधिका रमन मिले मनोहर भाँति भाँति,
खिले नैन झिले मानो शोभा जल मीने हैं।[97]

बृन्दाबन देव का निम्नांकित छन्द खण्डिता के बचन उपस्थित करता है–

पतंग को रंग है नेह तिहारौ।
दिन चार तौ चटकीलौ लागै बहुरि यौं परिजाइ सु फीकौ फिकारौ
ऐसीये पाटी पढ़े धुरते तन मन साँवरो है मन तै सोई कारौ।
बृन्दावन प्रभु कारे पै रंग न दूजो चढ़ै तिहारौ कहा चारौ।[98]

लक्षिता नायिका का उदाहरण मतिराम के निम्न दोहे में देखा जा सकता है–

सतरौहीं भौहन नहीं, दुरै दुरायौ नेह।
होत नाम नन्दलाल के, नीपमाल सी देह।[99]

वस्तुतः इस प्रकार के शृंगारी काव्य में नायिकाभेद के विभिन्न रूप ढूँढ़े जा सकते हैं। यों नायिकाभेद का शास्त्रीय आधार पर इस काव्य में नायिकाओं का चित्रण नहीं हुआ है।

आकर्षण एवं मिलनेच्छा

इन कवियों ने नायक और नायिका के पारस्परिक आकर्षण एवं एक-दूसरे के लिए व्याकुलता के अत्यन्त मनोरम चित्र उपस्थित किये हैं। नीचे हम नागरी दास का एक अत्यन्त ललित छन्द उपस्थित कर रहे हैं। नायिका (राधा) परकीया है, अपनी अटा पर वर्षा ऋतु में मदमस्त बनी मलार गा रही हैं, इधर श्याम दूर से खड़े यह आशा लगाये हैं कि कब एक ही साथ प्रकृति की दो शक्तियाँ उनकी सहायता करें। पवन कृपा करके उनका घूँघट उघाड़ दे और उसी समय दया करके विद्युत दीपशिखा बनकर उस मुख के दर्शन करा दे—यह प्रतीक्षा और यह आकुलता अनुराग के गहन रंग को अत्यन्त सशक्त रेखाओं में उपस्थित करने में समर्थ है। यह चित्र सब मिलाकर इतना गतिशील है कि चित्रकला की स्थिर रेखाओं द्वारा लिखा ही नहीं जा सकता, इसके लिए भाषा की सम्पूर्ण शक्ति की आवश्यकता पड़ती है—

भादौं की कारी अंध्यारी निसा झुकि बादर मंद फुही बरसावैं।
श्यामा जु आपनी ऊँची अटा पै छकी रस रीति मलारहिं गावैं।
ता समै मोहन के दृग दूरि ते आतुर रूप की भीख यों पावैं।
पौन मया करि घूँघट टारैं दया करि दामिनि दीप दिखावैं।[100]

रूप की उत्कण्ठा का यह दृश्य भी द्रष्टव्य है। एक ही उपमा में दो-दो अप्रस्तुतों का सम्मिलन कवि की रचना-शक्ति का भी प्रमाण है और अलंकार की सार्थकता का भी। अलंकार द्वारा ध्वनित दृश्य गोपिकाओं की मनःस्थिति और शारीरिक अवस्था को पूर्णतया भावन करा देने में समर्थ है और यही काव्य की सार्थकता होती है। प्यासा जिस प्रकार तीर के समान जल पर टूटता है, वैसे ही अत्यन्त आतुरता से वे प्रिय से मिलती हैं। यह बिम्ब पुनः भावप्रेरित कल्पना द्वारा प्रसूत है एवं भाषा ही इसे सम्प्रेषित कर सकने का एकमात्र माध्यम है—

लालहिं देखन बाल चली हैं।
गृह गृह तैं सजि भूषण अम्बर मूल तै कामलता सी फली हैं।
प्यास्यो ज्यों नीर पै तीर ज्यों टूटत यों अतिआतुर जाय मिली है।
श्री बृन्दाबन प्रभु कौ अवलोकत मानहु मैन की सैनफली हैं।[101]

इसी प्रकार मतिराम[102], देव[103], घनानन्द[104], सोमनाथ[105], चरण दास[106],

मनोहरदास[107], आदि में अभिलाषा एवं उत्कण्ठा के प्रभूत चित्रण उपलब्ध हो जावेंगे। सीमित क्षेत्र एवं सीमित उपमानों के माध्यम से भी इन कवियों ने अभिलाषा तथा उत्कण्ठा जैसी वृत्तियों के आकर्षक अनुभूतिप्रवण बिम्ब उपस्थित किये हैं।

(3) मिलन और अभिसार की लीलाएँ

इन कवियों ने मिलन एवं अभिसार के वैसे रसीले चित्र नहीं खींचे हैं जैसे कि विरह-वेदना के। इस वेदना के घनीभूत प्रवाह को उन्होंने अपने काव्य में और उसके द्वारा उत्पन्न करना चाहा है। संयोगकाल के जो चित्र ये कवि उपस्थित करते हैं, वे तत्त्वतः युगलोपासना के क्षेत्र में पहुँच जाते हैं, परिणामतः पीछे विवेचित चित्रों से तनिक भी भिन्नता हमें दृष्टिगोचर नहीं होती, पर अभिसारोन्मुख कुछ अन्य क्रीड़ाएँ जिनका कि या तो नित्यविहारोपासकों में अभाव है या फिर मात्र राधा और कृष्ण के मध्य वे छद्म क्रीड़ाएँ हैं उनका सखियाँ रस के लिए आयोजन करती हैं। यह आयोजन कृत्रिम-सा लगने के कारण उतना रस-निर्भर नहीं हो पाता जितना कि ब्रजलीला उपासकों में राधा-कृष्ण के बीच होने पर भी प्रिय लगता है। इसका कारण है कि परकीया-प्रसंग के भीतर ही दान-लीला आदि मार्मिक हो पाती हैं। इसके अतिरिक्त वहाँ पर केवल राधा और कृष्ण ही भाग नहीं लेते, कृष्ण अन्य गोपिकाओं के संग भी गोरस-दानलीला की क्रीड़ाएँ करते हैं।

बृन्दाबन देव के 'गीतामृत गंगा' में इस दानलीला का अत्यन्त नाटकीय एवं भव्य वर्णन हुआ है। ब्रजांगनाओं का समूह गोरस बेचने निकलता है, कृष्ण के सखा रास्ते में टोक कर पूछते हैं—तुम लोग जिसकी बहू और बेटियाँ हो; बिना गोरस-दान के जा नहीं सकोगी। गोपिकाएँ भी मुँह तोड़ उत्तर देती हैं कि तुम्हारी कौन-सी थाती हमने रख ली है जो नुम ऐसी बातें करते हो। वे कहती हैं—

अपनै अपनै घर ठाकुर हैं सब आँखि करत कापै तुम रातीं।[108]

(अध्यात्म पक्ष में इसका अर्थ यों भी लग सकता है कि सभी ब्रह्म-रूप ही हैं फिर ऊँच-नीच का कोई प्रश्न ही नहीं है) और फिर यदि ठाकुर हो ही तो—

मान्यो तो देव न मीति को लेव कहा भयो जानि बड़ो जो नयो जू।[109]

लगता है कि तुम लोगों के दिमाग़ चढ़ गये हैं—आँखों में गूद चढ़ गया है। गोपियों और सखाओं में और भी तमाम झड़प होती है, आख़िरकार चिढ़कर कृष्ण-सखा कहते हैं—

समझो कहा आख़िर होई गँवारि करी बहुतै हम कानि तिहारी।
ज्यौं ज्यौं गही नरमी हम त्यौं ही त्यौं मूड़ चढ़ी बढ़ि बोलत सारी।
बोहनी तौ कर जाहु न बोलत आयी बड़े घर की जु सकारी।
बृन्दाबन प्रभु गोपनि राव हैं नन्द जु को घर छोनौ कहा री।[110]

तुम गँवारिनों की मर्यादा का निबाह अब तक हमने बहुत किया, हम नरमी से बोलते थे, इसलिए सर पर चढ़कर आयी हो, पर बिना बोहनी किये जा नहीं सकती हो, गोपों के राव नन्द जू के पुत्र हमारे साथ हैं।

पर गोपियों पर इस झिड़की का कोई प्रभाव नहीं पड़ता, वे मुँहतोड़, प्रत्युत्पन्नमतित्व से भरा हुआ, उत्तर देती हैं कि हाँ जी हम तो गँवारिनें हैं ही पर यदुवंशियों के राव तुम भी तो हमारे ही बीच पले हो (और कहीं स्थान नहीं मिला) और हमारे ही समान गँवारपने का कार्य, रास्ता रोककर, कर भी रहे हो, अतः रोके सकोगे भी कैसे?

तुम तो जदुवंशिन राव हुते तउ आय गँवारिन माँझ पले हो।
पूँछ बड़ी सु उड़ाइ दै आपकी लाभ तुम्है जु प्रवीन भले हो।
हमैं तो सब जाने गँवारि हैं ये सब तो तुमहूँ हम मांझ रले हो।
बृन्दाबन प्रभु कैसे रहो तुम रोके गँवारनि चाल चले हो।[111]

इस प्रकार ये नाटकीय संवाद चलते रहते हैं और फिर चतुराईपूर्वक कृष्ण दान ले ही लेते हैं। बृन्दाबन देव का यह अंश अत्यन्त नाटकीय एवं संवादकौशल से भरा हुआ है, उत्तर-प्रत्युत्तर एवं पुनः उसका उत्तर अत्यन्त कुशल संवाद-कला के आधार पर है। केशव को छोड़कर ऐसी संवाद-कला भक्तिकाल के कवियों में भी कम ही देखने को मिलेगी।

चरणदास द्वारा चित्रित दान-लीला में भी नाटकीयता एवं स्वाभाविकता का सुन्दर संयोग हो सका है।[112] इस दान-लीला के अन्तर्गत चित्रित एक प्रसंग लीजिए। श्याम की जबरदस्ती से खीझ (रीझ) कर एक गोपी कहती है कि अच्छा! ओक बनाओ, लो हम तुम्हें पेट भरकर गोरस पिलाती हैं। कृष्ण बैठ जाते हैं तो दही की मटकी से डहका कर वे अँगूठा दिखा देती हैं और पूछती हैं कि जरा स्वाद तो बताइये, मन भाया मीठापन है न?

उठ बोली एक ग्वारिनी, भौंह मटक कर मुसकाय।
पीवो गोरस पेट भर, तुम दोऊ कर ओक बनाय।
बैठ उकहूँ चाव सौं, कीनी ओक बनाय।
पीवन की इच्छा करी, मन मैं अति ही ललचाय।
मटकी सों डहकाय के गुंठा दियो दिखाय।
कहो स्वाद बतलाइये, कछू मीठो है मन भाय।[113]

कृष्ण की इन दान-लीलाओं के अनुकरण पर राम-भक्तों में रामसखेजी ने भी दान-लीला की ठीक ऐसी ही कल्पनाएँ की हैं। यहाँ पर सीताजी अकेली ही राम को मिल जाती हैं—

विपिन प्रमोद से बोरि महा है आवो दही लै बड़ी अलबेली।
मानत ना डर काहू को नेकहू पाई अचानक आजु अकेली।

दीजौ हमै करि नेग तु है भावतो चित्त की चोर हौ रूप नवेली।
बात हमारी सुनौ सब कान दै हौ तुम तो दय जोग सहेली।[114]

रास-लीला

दान-लीला के समान ही इन दोनों प्रकार के सगुणोपासकों (निकुंज एवं आवरण लीला के गायक में रासलीला) में भी यह अन्तर है। हमारे प्रस्तुत समीक्ष्य काव्य की रासलीला भागवत की परम्परा में है। शरद् की छिटकी हुई चाँदनी में गोपिकाएँ मुरली की ध्वनि सुनते ही अपने-अपने घरों से कृष्ण की ओर दौड़ पड़ती हैं–

तैसी रही जोइ सोइ चली है तमकि तैसी,
काहू की न मानै कोऊ आतुरता बढ़ी है।
अस्त व्यस्त भूषन बसन मन मन काज,
मनमथ राज चटसार मानो पढ़ी है।
सनमुख नाद सुधी गति में न भई बाधा,
आगे पूनी साधा प्रेम गजराज चढ़ी है।
रगण सों मिली राधा शोभा सिन्धु ते अगाधा,
मानी हर मूरति सनेह साँचे गढ़ी है।।[115]

गोपिकाएँ जैसे-तैसे कृष्ण के पास पहुँचती हैं, पर वे रूखे ढंग से पूछते हैं कि तुम कैसे यहाँ आयीं? उन्हें अपना-अपना धर्म याद दिलाकर घर लौटने के लिए प्रेरित करते हैं। इस पर वे उत्तर देती हैं–

रावरी हाँसी कि लोकन सों,
अरु बांसुरी की सुन तान तरेरी।
जाग उठी मनमत्थ की आगि,
छिनोछिन बाढ़ति भाँति अनेरी।
सीचौ हमें अधरामृत सौ,
'शशिनाथ' कहौ जिनि बात करेरी।
नातरु या विरहानल में
जारि होयँगी कान्ह भभूति की ढेरी।[116]

बिहारी ने रासलीला के उस अंश की ओर संकेत किया है जिसमें गोपियाँ कृष्ण के साथ मदमत्त होकर रास करती हैं एवं प्रत्येक गोपी को यह अनुभव होता है कि कृष्ण उसी के पास हैं–

गोपिनु संग निसि सरद की रमत रसिकु रसरास।
लहाछेह अति गतिनु की सबनु लखे सब पास।[117]

इस अद्‌भुत गति से होने वाले परम रमणीय रास को देखने के लिए देव-वधुएँ

भी व्याकुल हो रही हैं। वृन्दावन के ऊपर सुरों के विमानों की भीड़ लग गयी है—

बृन्दाबन कानन पै भीर है विमान की
देव बधू देखि देखि भई है मनचला।
बंशी कल गान कै वितान धुनिवाय बन्ध्यो
रमालोक लोमित है भूली उर अंचला।
द्वै द्वै बिच गोपिन कै ललित त्रिभंगी लाल
नागरिया पदन्यास बाजै छनछदला।
रास रंग मण्डल अखण्ड नृत्य होन लाग्यो,
संग है भ्रमत मानो मेघचक्र चंचला।[118]

जल-क्रीड़ा

रास के पश्चात् जल क्रीड़ा में थकावट दूर करने का प्रसंग भागवत में भी आता है।[119] बृन्दाबन देव ने वहाँ से प्रेरणा लेकर अपने रासलीला वाले अंश में उसका वर्णन किया है। यह वर्णन निहायत परम्परामुक्त एवं भावशून्य प्रतीत होता है। इस तरह के वर्णन एक प्रकार के संस्कार (Ritual) जैसे प्रतीत होते हैं।

क्रीड़त कालिन्दी तट गोपिन संग लीनैं।
सुन्दर विशाल नैन सुरत रंग भीनैं।
मनौ मीन बाल उपय लोहित वपु कीनैं।
उरसि तिय नख प्रकार सोहत अति नीकौ।
जाहि देखै द्वैज चन्द्र लागत अति फीकौ।[120]

होली

बसन्त ऋतु में होली का मदनमय उत्सव माधुर्य-भाव के उपासक सभी कवियों के मन को आकर्षित कर सका था। आगे चलकर रीतिकाल में दरबारी कवियों ने होली के अनेक रंग-भरे चित्र उपस्थित किये हैं। पद्माकर का 'लला फिर आइयो खेलन होरी' वाला छन्द प्रसिद्ध ही है। रीतिकाल के होली-सम्बन्धी अंशों के पीछे वस्तुतः उन कवियों का होली-वर्णन विद्यमान था।

इन कवियों ने होली के खेल का ही वर्णन नहीं किया है, होली खेलने की अभिलाषा को भी पहिचाना है। होली मनभाया करने का त्योहार होता है, ऐसी स्थिति में नायिका यदि प्रारम्भ से ही उस दिन की प्रतीक्षा करती हुई होली खेलने की योजना बनावे तो वह नितान्त स्वाभाविक होगा। पुष्टिमार्गीय जगन्नाथ कविराय का पद इसी आकांक्षा को व्यक्त करता है—

अहो हरि होरी में तब जो गये तुम भाजि।
गारी देहूं भरूं भराउं
मुख माड़ोंगी आज।
हों अपनो मन भाओ करि हों
सुनि ब्रज राज कुमार।
जगन्नाथ कविराय के प्रभु
भई सकल घोष सिरताज।[121]

बनीठनी जी के पद में नायिक-नायक को वर्जित कर रही है कि मेरे ऊपर रंग न डालो। धमकाई भी है कि यदि न मानोगे तो पिचकारी छीन लूँगी। पर कृष्ण शायद नहीं मानते तो कहती है कि अब तुम मुझसे गाली सुनना चाहते हो। इस वर्जन एवं निषेध में अनुराग एवं स्वीकार की गहरी व्यंजना है यह रसिकों से छिपा नहीं है—

ए जु! नीके तुम जाहु चले जिन भरो मेरी सारी।
सुनि श्याम सुनि श्याम सौं है तिहारी, नाही छिनाय लेहुँ कर तें पिचकारी।
अब कछु मोपै सुन्यौ चाहत हो गारी, घर में सीखे ढंग रसिक बिहारी।[122]

होली के चित्र नित्य विहारोपासकों में उतने ललित नहीं बन पड़े हैं जैसे कि इन कवियों के हैं।

इसी प्रकार अन्य उत्सवों के पद भी कीर्तन-संग्रहों आदि में बिखरे पड़े हैं। अष्टयाम-सेवा-विधि से सम्बन्धित पदों की संख्या भी विशाल है।

(4) विरह

नित्य विहारोपासकों एवं ब्रजलीला गायकों के मध्य विरह सम्बन्धी एक बड़ा अन्तर है। निकुंज-लीलाओं में विरह अत्यन्त सूक्ष्म (मन की वृत्ति विशेष) स्वीकार किया गया है क्योंकि राधा और कृष्ण के मध्य वियोग की स्थिति युगलोपासना की आत्मा के विपरीत है। पर ब्रज-लीला-गायकों ने स्थूल विरह का जम कर गायन किया है। सूरदास का—'ऊधो विरहौ प्रेम करे', हम चतुर्थ अध्याय में उद्धृत कर चुके हैं। वहीं पर हमने इस सम्भावना की ओर भी संकेत किया था कि विरह को मूल्यवान् मानने के पीछे सूफ़ी-प्रभाव भी हो सकता है। गोपियों के अनुग-भाव से प्रभु के प्रति सीधे विरह एवं प्रेम-निवेदन तथा किसी लौकिक प्रेम-कहानी के माध्यम से प्रेम एवं विरह की तीव्र अभिव्यंजना में बड़ा अन्तर प्रतीत नहीं होता।

अस्तु भौतिक विरह के विविध रूप हमें इस साहित्य में उपलब्ध हो जाते हैं। घनानन्द ने निर्भ्रान्त शब्दों में घोषित किया था कि यदि मन में गोपियों की सिसक और कसक न आयी तो रसिक कहलाना व्यर्थ ही है। रसिकता कुछ और ही वस्तु है।[123] इसी कारण इस सिसक और कसक का वर्णन इन कवियों ने अत्यधिक मन लगाकर किया है।

काव्यशास्त्रियों ने विरह के पूर्वराग, मान, प्रवास और करुणा ये चार भेद किये हैं। रतिकालीन कवियों ने इन सभी का चित्रण परिपाटी निर्वाह के लिए किया था। प्रेमाभक्ति के इन कवियों में इनमें से प्रथम तीन स्थितियाँ मिल जायेंगी पर उदाहरण देने के लिए नहीं हैं। करुण विप्रलंभ की भगवान के परिकर में स्वीकृति नहीं है। पर शेष तीनों को उन्होंने यथार्थ के स्तर पर भावित किया है।

पूर्वराग

विरह का प्रथम प्रकार पूर्वराग माना गया है। 'साहित्य-दर्पण' में इसकी परिभाषा देते हुए कहा गया है कि इसमें अभिप्राय है रूप-सौन्दर्य आदि के श्रवण अथवा दर्शन से परस्पर अनुरक्त नायक-नायिका की उस दशा का जो कि उनके समागम से पहले हुआ करती है।[124] घनानन्द द्वारा वर्णित यह विरह पूर्वराग ही है जो रूप-दर्शन से उत्पन्न हुआ है—

आँखि ही मेरी पै चोरी भई लखि फेरी फिरै न सुजान की छेरी।
रूप छकि तित ही बिथकी, अब ऐसी अनेरी पत्याति न बेरी।
प्राननै साथ परी परहाथ बिकानि की बानि पै कानि बखेरी।
पायन पारि लई घन आनन्द चायनि बावरी प्रीति की बेरी।[125]

सोमनाथ की यह विरहिणी भी प्रिय के दर्शन से उन्मत्त बनी चली आयी है—

सोमनाथ बानिक विलोकि छवि छाकी छकी,
दीन्ही अऐंचि गाँसी पंचबान बखियान में।
गागरि गिराय बिसराइ कुल कानि ग्वालि,
ल्यई भरि मोहन कौ नेह अँखियान में।[126]

प्रवास

ब्रज-लीला के अन्तर्गत कृष्ण का ब्रज छोड़कर मथुरा एवं द्वारका चले जाना विरह-काव्य का अक्षय स्रोत रहा है। अपनी प्रीति बढ़ाकर कृष्ण चले जाते हैं। आने की अवधि भी दे जाते हैं, पर आते नहीं। गोपियाँ इस कठिन वियोग में दग्ध होती रहती हैं। इस घटना ने अगणित कवियों के मानस को आन्दोलित किया है एवं सहस्रशः छन्दों में वियोग की यह गाथा फूटी है। बृन्दाबन देव का छन्द इसी दुःख को व्यक्त करता है—

आयो है मास सावन न आये मन भावन जे लाये गुन गावन ए
चातक हू चहूँदिश।
दुख की निशानी इह ठाँनी विधि विरहिन कौ पीव पीव बानी
सुनिहोत मन महारिश।

वे तौ महाज्ञानी कछु मन में न आनी पै और नेही प्रानी अब
जीवं लागि कौन मिश।
बृन्दाबन प्रभु पानी जानै न बिरानी पीर मीन की कहानी इह
याहि तो अधिक तिश।[127]

बिहारी का यह दोहा भी प्रवास-जन्य विरह की वेदना को अभिव्यक्त करता है। राधा यमुना के किनारे श्याम की याद करती हुई जो आँसू बहा रही हैं वे यमुना के जल को भी खारा बना देते हैं–

स्याम सुरति करि राधिका, तकति तरणिजा तीर।
अँसुवनि करत तरौंस कौ खिनकु खरौहौं नीर।[128]

चन्दसखी के इन लोक-गीतों में भी प्रवास जन्य विरह ताप प्रकट हुआ है–

पलक न लगै स्याम बिन पलक न लागै मेरी।
हरि बिन मथुरा ऐसी लागत है, चन्दा बिन रैन अँधेरी।
इत मथुरा उत गोकुल नगरी, बिच-बिच जमुना गहरी।
साँवरे की खातिर जोगन हूँगी, घर घर दूँगी फेरी।
चन्द सखी भज बालकृष्ण छवि, हरि चरनन की चेरी।[129]

मान

नित्य-विहारोपासकों के काव्य-विवेचन के प्रसंग में मान की चर्चा हम कर चुके हैं। प्रेम के क्षेत्र में मान का बड़ा ही महत्त्वपूर्ण स्थान होता है। मान का इन कवियों ने बहुत चित्रण किया है। अन्तर इतना है कि अकारण मान के साथ ही सकारण मान भी इन कवियों ने चित्रित किया है, परन्तु एक समानता है–प्रिया का ही मान इन कवियों के लिए भी चित्रणीय रहा है। यह सम्भवतः काव्य परिपाटी का दबाव था। हिन्दी काव्य की परम्पराओं में प्रियतमा के मान की ही परिपाटी रही है।

प्रिया मान किये बैठी है, लाल की सखी आकर समझाती है कि रात छोटी है, यह मधु यामिनी यों ही बीत जायेगी, इसलिए कुंज-भवन चलकर रमण करो। यह सत्य है कि प्रिय के निकट शताधिक कामिनियाँ हैं, परन्तु सच्चाई यह है कि तुम्हारे बिना वे सारी सलोनी कामिनियाँ अलोनी लग रही हैं। उनके साथ तो तेरी ही शोभा होती है जैसे कि स्वर्ण के साथ माणिक्य या कि साँवले बादलों के साथ विद्युत शिखा ही शोभा पाती है। अतः ये मानिनी, मान थोड़ी देर के लिए ही अच्छा है। वह उपमा देती है कि दूध के उफान के समान ही मान करना ठीक है (दूध का उफान पानी के छींटे पड़ते ही शान्त हो जाता है, वैसे ही दूती-वचन की शीतलता मान को समाप्त कर देने के लिए पर्याप्त होनी चाहिए) मान के लिए दूध के उफान की उपमा देना स्वतन्त्र निरीक्षणशक्ति का प्रमाण है–

दूध को उफान ऐसो मान कीजै मानिनी,
बैठे कुंज भवन रमन गमन कीजै,
बीती जात बातन ही मधु यामिनी।
तो बिनु सलौनी सब लागत अलोनी,
जदपि निकट हैं अनेक शत कामिनी।
बृन्दाबन प्रभु संग तूहीं यौं विराजति है,
जैसे हेम मानिक और श्याम घन दामिनी।[130]

दूती मनाते-मनाते थक जाती है पर वह प्यारी मानती नहीं है। कुशल वाक्पटु दूती अनेक कौशल करके हार जाती है, लौटकर वह स्पष्ट कह देती है कि तुम्हारी प्रिया रूपवती तो बहुत है, ऐसा लगता है कि वह रूप का प्रकाश है, स्वयं विधि के हाथ की वह सँवारी हुई है, परन्तु (मुझे क्षमा किया जाय) ऐसी अनखारी नारी मैंने नहीं देखी है। यह तो तुम्हीं जानते होगे कि तुमने अपनी प्रीति अन्यत्र कहाँ विस्तारित की है पर वह सुकुमारी आपका नाम लेते ही गाली देने लगती है। उसके (दूती के) अनुसार आज तो उसका रूप इतना निष्ठुर है कि पैर पड़ने पर भी वह मानने के लिए प्रस्तुत न होगी–

हौं तो पचिहारी बिहारी मानति न प्यारी तिहारी।
रूप की उजारी भारी विधिना सँवारी पैं,
ऐसी अनखारी नारि मैं न निहारी।
तुम जानौ प्रीति न्यारी और कासौ विसतारी,
ढिग की गये तै गारी देति सुकुमारी।
बृन्दाबन प्रभु ऐसी देखी मैं निठुर आज
मानिहै न पांइ परै कहै हूँ हहा री।[131]

प्यारे को मनाने जाना ही पड़ता है। वे 'नति' का आश्रय लेकर मानवती प्रिया की चरण सेवा करते हैं। ऐसी स्थिति में मान को टूटना ही चाहिए, वह टूटता है–

मान कियो मानिनि मनायो हू न माने।
नेक मानहुँ में सोय रही मानिनि न मान के।
उझकि पिय देखे आय चौपत चरण।
सखी सैन दै उठाई पिय बैठे पगपान के।
पिय को परस जान जान के भई अजान।
चतुर बिहारी जु सों बोली मिष आन के।
रहो रहो रसिक राय छिनहुँ न होहु न्यारे
हम तुम पौढ़े दोऊ एक पट तान के।[132]

प्रेम-वैचित्य

गौड़ीय वैष्णव आलंकारिकों ने करुणा विप्रलम्भ के स्थान पर प्रेम-वैचित्य नामक एक नया प्रकार स्वीकार किया है। प्रेमोत्कर्ष के कारण स्वाभाविक रूप से ही प्रिय के निकट होने पर भी जब विरह जैसी अनुभूति होती है तब उसे प्रेम-वैचित्य कहा जाता है।[133] प्रेम-काव्य की अमूल्य निधि घनानन्द के काव्य में प्रेम-वैचित्य के हृदयस्पर्शी चित्रण हमें मिलते हैं। एक उदाहरण—

ढिग बैठे हू पैठि रहैं उर में धरकै खरकै दुख दोहतु है।
दृग आगे ते बैरी कहूँ टरै न जग जोहनि अन्तर जोहतु है।
घन आनन्द मीत सुजान मिलै बसि बीच तऊ मति मोदतु है।
यह कैसी संजोग न बूझि परै जु वियोग न क्यौं हू विछोहतु है।[134]

(5) उपालम्भ

प्रेम और वियोग के क्षेत्र में उपालम्भ काव्य भी सहृदयों के मध्य सदैव आदर पाता रहा है। भ्रमरगीत के नाम पर लिखा गया उपालम्भ-काव्य हमारे साहित्य के सर्वोत्तम अंशों में से एक है। कुब्जा और मुरली के प्रति दिये गये उलाहने भी कृष्ण-काव्य में कम नहीं हैं।

अत्यन्त सहज स्त्रियोचित शब्दावली में बृन्दाबन देव ने ब्रजबालाओं से यह शिकायत कराई है। गोपियों को प्रिय के प्रेम पर कैसे विश्वास आवे—मथुरा कौन बहुत दूर है पर तनिक-सा सन्देश भी उन्होंने नहीं दिया। हृदय एकदम निष्ठुर कर लिया, उस प्रेम की बात उन्होंने सोची ही नहीं। इसके ऊपर भी एक विशेष काम उन्होंने किया है—कुब्जा के प्रेमरंग में रंग गये हैं।[135] कुब्जा के लिए उलाहना चन्द्रसखी ने भी दिलाया है।[136]

नागरीदास ने मुरली-उपालम्भ-सम्बन्धी अत्यन्त मार्मिक दोहे लिखे हैं। गोपिकाएँ मुरली से कहती हैं कि हमें क्षमा कर, हम तेरे पैरों पड़ती हैं, तेरी स्वर लहरी और सबको प्रिय होगी पर हमें नहीं। हम तो उससे और दुःखी होती हैं। गोपिकाएँ वंशी को अपने पक्ष में करने के लिए एक बड़ा मनोवैज्ञानिक अस्त्र फेंकती हैं। उनका कहना है कि हम दोनों ही ब्रज की हैं, अत एक स्थान में रहने की बात तो सोचनी ही चाहिए। फिर वंशी और ब्रजनारी इनकी महिमा तो त्रैलोक्य में है, यह नाता भी वंशी के लिए विचारणीय है—

तु हू ब्रज की मुरलिया हमहू ब्रज की नारि।
एक वास की कानि करि पढ़ि पढ़ि मंत्र न मारि।
मत मारै शर तानि कै नातो इतो बिचारि।
तीन लोक संग गाइये बंशी अरु ब्रज नारि।[137]

पर वंशी मानती नहीं है। गोपिकाएँ खीझ कर कहती हैं कि जड़ से हमारी कुछ चलती है? यह मौन गहती ही नहीं—

हम हारी गारी जु दै जड़ सौ कहा बसाय।
मौन गहत नहिं मुरलिया, हाय हाय फिर हाय।[138]

चरण दास की गोपियों ने भी मुरली को उलाहना दिया है कि तनिक से बाँस की बनी हुई यह बाँसुरी गर्व से भरी गर्जना करती रहती है तथा उनका कलेजा दग्ध करती रहती है—

तनक बाँस की बनी बँसुरिया गर्व भरी अति गाजै री।
तैं वश कियो शुकदेव हमारो सुनत कलेजो दाझै री।[139]

ऊपर के विवेचन से स्पष्ट हो गया है कि विरह-सम्बन्धी काव्य इस परम्परा में अत्यधिक समृद्ध है। वह अपने कथ्य को लगभग उपयुक्त शिल्प में ढाल सका है।

(6) बाललीलाएँ

यह विवेचन माधुर्य भाव की दृष्टि से किया गया है, पर ब्रजलीला के अन्तर्गत अन्य भक्ति-भावों का भी समावेश है। बल्लभ-सम्प्रदाय की उपासना का प्रवर्तन बाल-भाव के अनुकूल हुआ था। इसी कारण इस युग में भी वात्सल्य-भाव सम्बन्धी कतिपय रचनाएँ प्राप्त हो जाती हैं। नागरीदास वल्लभ मतानुयायी थे, उन्होंने कृष्ण की बाल-लीलाओं का भी चित्रण किया है, परन्तु बाल-लीला के चित्रण में इन कवियों का मन बहुत नहीं लगा है। नागरीदास निम्न पद में कृष्ण के बालरूप का वस्तुगत ढंग पर चित्रण करके रह जाते हैं, उस मानसिकता की स्थापना नहीं कर पाते जो सूर या परमानन्द दास के काव्य में हमें उपलब्ध होती है। पद इस प्रकार है—

कबहुँ गहि फिरत पूँछ बछियान की,
किंकिनी कनक कटि मधुर बाजैं।
गोप-गोपिन दृगनि से खिलौना खिलत,
मुख-कमल मुरि हंसनि भ्राजैं।
बदन दधि-छवि, धूरि-धूसरित अंग,
अबहिं ते मदन-गति पगनि पेलैं।
कण्ठ बधना दिये पाय पैंजनि झनक,
दास 'नागर' हिये आँगन खेलैं।[140]

हरिदासी सम्प्रदाय में यद्यपि बाल-लीला की स्वीकृति नहीं है, पर स्वामी रसिक देव ने बाल-लीला नामक 49 छन्दों की एक छोटी-सी पुस्तिका भी लिखी है जिसमें बाल-लीला की अपेक्षा बालक कृष्ण एवं बालिका राधा के मिलन पर अधिक ध्यान दिया गया है। इसमें बाल-भाव को माधुर्य-भाव की ओर मोड़ने की चेष्टा की गयी है।

निम्बार्कीय बृन्दाबन देव की रचना 'गीतामृत गंगा' का प्रथम घाट बाल-लीलाओं का है तथा द्वितीय घाट पौगंड-लीलाओं का। बृन्दाबन देव का भी मन इन लीलाओं में अधिक नहीं रमा है। जन्म की बधाइयाँ गा देने अथवा सूचना रूप में कुछ कह कर वे आगे बढ़ जाते हैं, भावात्मक चित्र कम ही उपलब्ध होते हैं। ऐसा ही एक पद निम्न कहा जा सकता है–

ब्रजरानी की गोद विनोद करै हरि,
मोद भरी यौं लड़ावति मैया।
नये गावत गीत नचावति दै चुटकी तिहिं
जो तिहुँ लोक नचैया।
समात न नन्द आनन्द में देखि सुतैं
सु मनोरथ पूरयो है दैया।
कबहूँ दिन व्है वहूँ मो लला सु
बृन्दाबन जै हैं चरावन गैया।[141]

इसी प्रथम घाट में ही उन्होंने श्याम सगाई भी उपस्थित कर दी है।[142] चन्दसखी के भजनों में भी बाल लीला के कतिपय पद उपलब्ध हो जाते हैं।[143]

(7) सिद्धान्त-कथन

पूर्व-विवेचित नित्य-विहारोपासकों के समान सिद्धान्त-कथन-सम्बन्धी साहित्य इन भक्तों में भी उपलब्ध हो जाता है; परन्तु ध्यान से अनुशीलन करने पर एक तथ्य नितान्त उजागर हो उठता है कि नित्य-विहारोपासको में अनिवार्य रूप से सिद्धान्त-कथन किया है परन्तु इन कवियों में यह अनिवार्यता नहीं है। इसका परिणाम यह भी हुआ है कि परिमाण की दृष्टि से नित्य-विहारोपासको में सिद्धान्त-कथन की मात्रा कहीं अधिक है। इसका कारण हमें यह प्रतीत होता है कि जिस ऐकान्तिक (रहस्यात्मक) भक्ति-पद्धति को उन्होंने स्वीकार किया था, उसके बारे में लौकिकता एवं ऐन्द्रियता का भ्रम हो सकने का अवकाश था। इसी कारण वे सिद्धान्त-कथन के लिए विवश हो गये थे। इन लोगों का सिद्धान्त-कथन एक प्रकार से अपनी रचना की व्याख्या ही है। निकल्सन ने बताया है कि ईरानी सूफ़ियों को भी इस भ्रम से बचने के लिए अपनी रचनाओं का अर्थ स्पष्ट करना पड़ा था।[144] अस्तु, ब्रजलीला-नायकों के समक्ष ऐसी कोई समस्या नहीं थी। पुराण हमारे यहाँ धर्म-ग्रन्थों के रूप में मान्य थे तथा पुराणों में यह शृंगारादि की लीला भली भाँति चित्रित एवं व्याख्यात हो चुकी थी; सामान्य जन के हृदय में उसकी यथेष्ट प्रतिष्ठा हो चुकी थी। इस कारण सिद्धान्त-कथन द्वारा अपने युगल एवं उनकी केलि के मन्तव्य को स्पष्ट करने का प्रश्न इन कवियों के सामने नहीं उठा था। फिर भी यत्र-तत्र हमें सिद्धान्त-कथन के कुछ-न-कुछ अंश

उपलब्ध होते ही हैं। संसार से विराग,[145] 'गुरु का महत्त्व-स्थापन[146], प्रेम-धर्म का महत्त्व एवं गोपियों का महिमा-गान[147] आदि सिद्धान्त-सम्बन्धी अनेक बातें इनमें कही गयी हैं। गोपियों के महत्त्व को स्वीकार करने वाला गो. हरिराम का निम्न पद द्रष्टव्य है, जिसमें साथ ही साथ वल्लभाचार्य एवं बिट्ठलनाथ जी की स्तुति भी है—

हौं वारी इन बल्लभियन पर।
मेरे तनका करों बिछौना सीस धरों इनके चरणन तर।
नेह भरी देखो मेरी अँखियन मण्डल मध्य विराजत गिरिधर।
यह तो मेरे प्राण जीवनधन दान दिये श्री वल्लभ वर।
पुष्टि प्रकार प्रगट करिबे को फिर प्रकटे श्री विट्ठल वपु धर।
रसिक सदा आस इनकी कर बल्लभियन की चरण रज अनुसर।[148]

गो. हरिराय जी ने एक अन्य पद में कहा है कि हे! मनुष्य तुझे लज्जा आनी चाहिए यदि तूने गोपाल-लीला का गान नहीं किया, रसाल लीला में मन नहीं लगाया, सुबोधिनी सुनी नहीं, घड़ी-आध-घड़ी हरि की सुस्वादु सेवा नहीं की तथा कृष्ण का नाम रटा नहीं, वल्लभ एवं विट्ठल प्रभु की शरण में जाकर तूने शीश नहीं झुकाया।[149]

सन्त-परम्परा के अन्तर्गत रचा गया प्रेमाभक्ति-काव्य

चतुर्थ अध्याय में सगुणोपासक प्रेमाभक्ति-सम्प्रदायों में उपास्य, लीला धाम एवं परिकर आदि की चर्चा करते हुए हमने देखा था कि ये सभी तत्त्व नित्य स्वीकार किये गये हैं। ब्रज, बृन्दाबन, साकेत आदि स्थल भी भगवान की स्वरूप शक्ति के ही विलास हैं—इस धारणा ने "उन सम्प्रदायों में प्रतीक-पद्धति की स्थापना नहीं होने दी। प्रतीक में मूल वस्तु का परिचय किसी अन्य वस्तु के द्वारा दिया जाता है।" अब प्रस्तुत पर अप्रस्तुत का अभेदारोप हो और प्रस्तुत स्वयं निगीर्ण रहे, तब अप्रस्तुत ही प्रस्तुत का स्थानापन्न बन कर प्रतीक का काम देता है।[150] परन्तु राधा, कृष्ण गो, गोप, गोपी, बृन्दाबन, अयोध्या आदि किसी परोक्ष प्रस्तुत के लिए प्रयुक्त होने वाले प्रतीक नहीं हैं। वे स्वयं नित्य हैं। अतः प्रतीक, संकेत या अन्योक्ति-पद्धति का इन सगुण-भक्ति-सम्प्रदायों में नितान्त अभाव है।

निर्गुणभाव-धारा के भक्तों की स्थिति बदल जाती है। वहाँ पर ब्रह्म नित्य हैं परन्तु उसके आकार, रूप, धाम या परिकर अथवा लीला-कृत्यों की कोई धारणा प्रकल्पित नहीं हुई है। जब इस परोक्ष-सत्ता की अनुभूति या उसके विषय में किसी विचार को वे अभिव्यक्त करते हैं तब उन्हें ऐसे अप्रस्तुतों की आवश्यकता पड़ती है जो उनकी पहुँच के भीतर भी हों तथा उस अनुभूति को अभिव्यक्त भी कर सकें। इस प्रकार अप्रस्तुत ही प्रस्तुत का स्थानापन्न बन जाता है। स्पष्ट है कि यह पद्धति प्रतीकवाद की है। भक्ति की प्रेम-सम्बन्धिनी इसी विशेषता के कारण वे उपास्य

को विविध सामाजिक सम्बन्धों के रूप में प्रत्यक्षतः भावित करते हैं। प्रेम के आवेश में वह प्रिय बन जाता है, माहात्म्य-बोध के समय स्वामी बनता है, प्रभु-अनुग्रह की भावना जब बल पकड़ती है तब वह दातृत्व, दयालुता, मातृत्व, शरणागत रक्षक आदि गुणों से विभूषित कर दिया जाता है। अपनी साधना की अनुभूति वह नाना प्रकार के रूपकों, उपमाओं, द्रष्टान्तों से कह देता है।

इस साहित्य का अनुशीलन करने पर इस काव्य के दो स्पष्ट स्तर हमें दिखाई देते हैं। एक स्तर वह है जहाँ वे संसार की असारता का संकेत करते हैं, त्याग एवं वैराग्य पर जोर देते हैं, गुरु के प्रति अपनी श्रद्धा एवं निष्ठा चित्रित करते हैं एवं प्रभु से प्रेम करने का सन्देश देते हैं। इन सभी बातों की चर्चा सगुण-लीलावादी भक्त भी करते हैं। उनके सिद्धान्त-सम्बन्धी वचन इन्हीं बातों से सम्बन्धित हैं; परन्तु फिर भी इन दोनों प्रकार के कथनों में एक सूक्ष्म अन्तर है।

सगुण-धारा के कवियों के ये कथन सिद्धान्त वाक्य हैं पर निर्गुण भक्ति के कवि के कथन शान्त-भक्ति के अन्तर्गत परिगणनीय होने चाहिए। प्रभु से लगाव रखने के लिए इन सब बातों को त्यागना होता है।[151] सगुण भक्ति के कवि, केवल प्रभु-प्रेम की रुचि (या लगाव) का ही निर्देश नहीं करता, वह प्रभु की लीला भी बताता है एवं उस लीला में प्रवेश करने के लिए विशेष प्रकार की भावनाओं वाले प्रवेशद्वार भी। निर्गुण-मार्गी को चूँकि लीला-धाम तक नहीं पहुँचना होता, इसीलिए वह भाव-सम्बन्धों की छानबीन में भी नहीं पड़ता। वह मात्र प्रभु-प्रेम की बात करता है। कैसा प्रेम हो—इसकी उसे चिन्ता नहीं है। अतः वैराग्य आदि के साथ प्रभु-प्रेम का स्वीकरण उसे शान्त-भक्त सिद्ध करता है। इसी कारण ये सिद्धान्त-कथन निर्गुण-मार्गीय काव्य में अधिक महत्त्वपूर्ण भी हो जाते हैं और उनका परिमाण भी कहीं अधिक हो जाता है। सिद्धान्त-कथन सम्बन्धी कतिपय उदाहरण कथ्य के इस रूप को अधिक अच्छी तरह स्पष्ट कर सकेंगे। सुन्दर दास कहते हैं कि हे संसारी जन, तुम देह, गेह, धन, परिवार 'सेवक' आज्ञा आदि में 'मेरे पन' को देखते हो। कुलीन वंश का अभिमान करते हो और समझते हो कि अपनी तरुणी पत्नी के तुम प्यारे हो, पर—

"सुन्दर कहत मेरौ मेरौ कर जानै सठ,
ऐसे नहिं जानै मैं तो काल ही को चारौ हौं।"[152]

इसी कारण सहजोबाई भी कहती हैं—

पानी का सा बुलबुला यह तन ऐसा होय।
पीय मिलन की ठानिये रहिये ना पड़ि सोय।[153]

ईश्वर की प्राप्ति के लिए अत्यन्त सहज साधन है—नाम-जप। सन्त गुलाल साहब का कहना है कि तू अन्य सारे व्यवहार छोड़कर केवल नाम-जप को अपना ले।

करु मन सहज नाम व्योपार, छोड़ि सकल व्योहार।
निसु वासर दिन रैन ढहत हैं, नेक न धरत करार।[154]

नाम-जप कई साथ 'अन्तःशुद्धि' का भी बड़ा महत्त्व बताया गया है। सन्त रज्जबदास का कहना है कि—

रज्जब अज्जब राम हैं, कहे सुने में नाहिं।
यह अशुद्ध अन्तःकरण, वह देखै दिल मांहि।[155]

इस साधना में गुरु का अत्यधिक महत्त्व है। शिष्य बनराजि के समान है, जिस पर गुरु ज्ञान का जल बरसाता है, जिससे कि छोटे-बड़े विविध स्वादों वाले अंकुर स्वाभाविक रूप से उग आते हैं—

जन रज्जब गुरु ज्ञान जल, सींचे सिख बनराय।
लघु दीरघ अरु स्वाद विध, ह्वै अंकुर स्वभाव।[156]

इसी प्रकार नम्रता, साधु संगति, परोपकार आदि नैतिक वृत्तियों को इस काव्य में बार-बार उपस्थित किया गया है।

उपास्य के सम्बन्ध में विचार करते समय या तत्सम्बन्धी स्वानुभूति की व्यंजना करते समय इन कवियों का काव्य एक विशेष भास्वरता से दीप्त हो उठता है। उपमा और रूपक, प्रतीक और संकेत बार-बार उसे प्रकट करने का प्रयास करते हैं। रज्जब कहते हैं कि शरीर-घट घटा के समान है जिसमें कि ब्रह्म रूपी विद्युत् का निवास है, पता नहीं कब वह अन्तर में प्रकट हो जाय—

रज्जब बूँद समंद की, कित सरकै कहूँ जाय।
साझा सकल समद सों, त्यूँ आतम राम समाय।।[157]

चरणदास एकदम कबीर के स्वर को ही अपना कर कहते हैं, न वह सीमा के भीतर है न बाहर—

हद कहूँ तो है नहीं बेहद कहूँ तो नांहि।
हद बेहद दोनों नहीं, चरणदास भी नाहिं।[158]

अपने आत्मानुभव को स्पष्ट करने हुए सुन्दरदास ने कहा कि आत्मानुभव का आनन्द अनिर्वचनीय है। जो अमृत पी लेता है, वही उसका स्वाद बता सकता है, बिना पिये तो बकवाद होता है—

मुख तें कह्यौ न जात है, अनुभव को आनन्द।
सुन्दर समझैं आपको, जहाँ न कोई द्वन्द।।
सुन्दर जिनि अमृत पियों, सोई जानै स्वाद।
बिन पीये करतौ फिर, जहाँ तहाँ बकवाद।[159]

इस ब्रह्म के साथ अपने भाव सम्बन्धों को स्पष्ट करते समय इन कवियों ने प्रिया-प्रियतम के प्रतीक बहुत अपनाए हैं। कुछ उदाहरण हम नीचे दे रहे हैं—

(1) *अविनासी दूलह मन मोह्यो,*
जाको निगम बतावै नेत।[160]

(2) *काग उड़ावत कर थके, नैन निहारत बाट*

प्रेम सिन्धु में परयो मन, ना निकसन को घाट।[161]

(3) *पतिव्रता कै पीव बिन, पुरुष न जनम्यौ कोई।*
त्यूं रज्जब रार्माह रचैं, तिनके दिल नहि दोई।[162]

(4) *जो हरि कौं तणि आन उपासत सो मतिमंद फजीतहिं होई।*
ज्यों अपने भरतारहि छांड़ि भई विभचारिनि कामिनी कोई।
सुन्दर ताहिं न आदर मान फिरै विमुखी अपनी पति खोई।
बूड़ि मरै किनि कूप झंझार कहा जग जीवत है सठ सोई।[163]

(5) *अजहु मिलो मेरे प्रान पियारे।*[164]

परन्तु यहीं पर यह कह देना आवश्यक होगा कि यह माधुर्यभाव की भक्ति नहीं है। प्रिया-प्रियतम यहाँ उपभान भर हैं, उपमेय तो वह 'परात्पर तत्त्व' हैं, जिसके प्रति ये कवि प्रेम रखते हैं। यों सगुण-भावधारा के प्रभाव के अन्तर्गत कभी-कभी पिय से होली खेलने की भी योजना बनती हं। यारी साहब, चरणदास आदि कवियों ने होली-मिलन की अभिलाषा प्रकट की है, पर वास्तव में होली प्रसंगों में प्रतीकार्थ को ही लेना समीचीन होगा।

शान्त भक्ति एवं प्रेमपरक इन प्रतीकों के अतिरिक्त दास-भाव के भी यथेष्ट प्रसंग इन कवियों में उपलब्ध हो जाते हैं। सन्त भीखा साहब प्रार्थना करते हैं—

प्रभु जी करहु अपनो चेर।
मैं तो सदा जनम को रिनिया, लेहु लिखि मोहि केर।[165]

सामान्यतः प्रभु को बाल या सखा भाव से भेजने की धारणा इन सम्प्रदायों में नहीं है।

इन निर्गुणिया प्रेममार्गी भक्तों का काव्य इस प्रकार पिछली दो प्रकार की रचनाओं से भिन्न है, परन्तु यहाँ तक प्रेम की महत्ता का प्रश्न है वह समान भाव से विद्यमान है। एक दूसरी समानता यह भी है कि अभिव्यंजना कौशल का अपेक्षाकृत निखार निर्गुण-प्रेममार्गी काव्य में भी उपलब्ध होने लगता है गो कि उसकी मात्रा उतनी नहीं है जितनी कि सगुण परम्पराओं में दृष्टिगोचर होती है।

18वीं शती के ब्रजभाषा-प्रेमाभक्ति साहित्य का मूल्यांकन

आलोच्य युग के प्रेमा-भक्ति साहित्य की भाव-सम्पदा एवं वक्तव्य का विश्लेषण करते समय तथा कवियों का परिचय देते समय हम बीच-बीच में अभिव्यंजनागत विशेषताओं का बराबर उल्लेख करते गये हैं। वास्तव में रचना में एक ऐसी अन्विति विशेष होती है जिसके कारण भावपक्ष एवं कलापक्ष का आत्यन्तिक विभाजन सम्भव ही नहीं होता। पीछे रूपरसिक देव द्वारा लिखे छन्द की ऐसी ही द्वित्व-रहित मीमांसा हमने की है। अतः यहाँ पर अभिव्यंजना कौशल पर विस्तृत विचार करना

उचित न होगा। इसके अतिरिक्त यदि मात्र अलंकार, छन्द, मुहावरे गिना देने से ही काव्य-सम्पदा का महत्त्व निर्धारित हो सकता है तो हम कहना चाहेंगे कि इस काव्य में अधिकांश अलंकार एवं बड़ी संख्या में छन्द रूप तथा भाषा सम्बन्धी विशेषताएँ उपलब्ध हो जावेंगी। यों इस साहित्य में काव्य के कुछ श्रेष्ठतम अंश भी मिल जावेंगे और एकदम हीन कोटि की तुकबन्दियों की संख्या भी कम नहीं है। पर हम इस समग्र साहित्य का उसके पूर्ववर्ती एवं समसामयिक साहित्य के सन्दर्भों में मूल्यांकन करना चाहते हैं।

मूल्यांकन-निकष

किसी भी कवि, रचना या युगविशेष के साहित्य का आकलन करते समय एक प्रकार की तुलनात्मक दृष्टि अनिवार्य हो जाती है। जिस समय हम यह खोजना चाहते हैं कि वह क्या है जो रचना को विशिष्ट तथा महत्त्वपूर्ण बनाता है, उस समय हम स्वाभाविक रूप से उसे समकालीन ही नहीं वल्कि पिछली पीढ़ी या परम्परा के परिदृश्य में देखने लगते हैं। प्रस्तुत काव्य का मूल्यांकन करते समय भी यह कसौटी हमें अनिवार्य लगती है। रचना का विश्लेषण करते समय उसे एक इकाई मान कर चला जा सकता है, परन्तु जहाँ मूल्य आँकने का प्रश्न आ जाता है, यह अनिवार्य प्रक्रिया है कि हम अन्य वैसी ही या मिलती-जुलती वस्तुओं के साथ तुलना कर लें।

पूर्ववर्ती भक्ति-काव्य से 18वीं शती के प्रेमाभक्ति-काव्य की तुलना

(1) भक्ति काल के साहित्य के परिपार्श्व में देखने पर बात एकदम स्पष्ट रूप से सामने आती है कि 18वीं शती के प्रेमाभक्ति-कवि अनुगामी हैं। भक्तिकाल के कवियों द्वारा जिन तथ्यों, घटनाओं, कथाओं अथवा लीलाओं का वर्णन और चित्रण सहस्रशः पदों में हुआ है, उन्हीं को ये कवि भी उपस्थित करते हैं। परिणाम स्पष्ट है कि यह साहित्य पिष्टपेषण जैसा प्रतीत होने लगता है।

(2) इस पिष्टपेषण का कारण अनुभूति-ग्रहण की अक्षमता या किसी प्रकार की अशक्तता नहीं है। कारण है लीला के अत्यन्त सीमित क्षेत्र को स्वीकार करना। काव्यानुभूति के लिए कच्चा माल इन्हें जिस क्षेत्र से मिलना था, वह अत्यधिक सीमित था। नित्यविहारोपासकों में तो एकदम संकीर्ण क्षेत्र उपजीव्य रहा। राधा और कृष्ण का विहार कितना ही अपूर्व एवं नित्य क्यों न हो, मानवीय भाषा और उसकी अभिव्यंजना-क्षमता तो अनित्य है केवल अद्भुत कह देने से ही अद्भुत का चित्र सामने नहीं आता, उसके लिए नयी लीलाओं एवं नये बिम्बों की आवश्यकता पड़ती है। यद्यपि सैकड़ों कवियों ने हजारों पदों की रचना इस बीच में की है, पर

आश्चर्य होता है कि राधा-कृष्ण के रूप, शृंगार एवं विहार में ही ये कैसे लगे रहे? काव्य की दृष्टि से यह भक्ति का अपव्यय था और प्रेम साधना की दृष्टि से अपूर्व निष्ठा का उदाहरण।

(3) इतने सीमित क्षेत्र में सीमित रहने के लिए कोई दबाव होना चाहिए और हमारी समझ में यह दबाव सम्प्रदाय-निष्ठा का था। शासन, धर्म, दल आदि जब साहित्य का नियमन करने लगते हैं तो निश्चित रूप से रचनाकार की क्षमता में ह्रास होता है। यह स्थिति इस समय उत्पन्न हो गयी थी। इस युग तक आते-आते सम्प्रदायों के बन्धन कड़े होने लगे थे। काव्य-सृजन के प्राकृत विकास का मार्ग अवरुद्ध होने लगा था लेकिन यहीं पर यह याद रहे कि इन कवियों का मुख्य प्रयोजन था साधना, काव्य सृजन नहीं। चिन्तन-मनन की दृष्टि से जड़ बन गये, देश में प्रेरक धर्म में भी नये आयामों का अभाव हो गया था, अतः घूम-फिर कर उन्हीं बिन्दुओं के आस-पास उन्हें रहना पड़ता था। वस्तुतः परिवर्तन के लिए आवश्यकता थी कि पतनोन्मुख सामन्ती सामाजिक व्यवस्था बदले। उत्पादन, वितरण विनियम के साधनों का रूप बदले बिना सामाजिक संगठन में परिवर्तन सम्भव न था। स्वयं समाज की विविध इकाइयाँ भी बदलने की बजाय अधिकाधिक प्रस्तरीकृत (Fossilized) हो रही थीं। बदलाव की प्रक्रिया, इसी कारण, उन्नीसवीं शती में आकर ग्रहण करती है जब नयी सामाजिक शक्तियाँ सामने आती हैं और तभी काव्य में नयी अभिव्यंजनाएँ भी रूप ग्रहण करती हैं।

(4) सम्प्रदाय-निष्ठा के साथ ही यह भी स्मरण रखना होगा कि इस समय सखी-भाव का क्षेत्र बढ़ता जा रहा था। वल्लभ, चैतन्य, निम्बार्क आदि विविध सम्प्रदायों में सखी-भाव से युगलोपासना बढ़ रही थी। पतनशील सामन्ती व्यवस्था के हीनवीर्य प्रेम और विलास में यह स्वाभाविक भी था तथा व्यभिचार के खुले वातावरण में ऐसा प्रेम एक आदर्श भी था।

(5) भक्तिकाल के प्रेमाभक्ति के कवियों में सम्प्रदाय के सिद्धान्तों की विवेचना बहुत कम हुई थी, परन्तु आलोच्य-युग तक आते-आते सिद्धान्त-कथन की मात्रा बढ़ गयी। ऐसा लगता है कि इन कवियों के मन में यह शंका उठने लगी थी कि शायद उनकी बात को सही परिदृश्य में नहीं समझा जा रहा है। शृंगारिकता का जो भ्रम उनके काव्य से उत्पन्न हो सकता था, सम्भवतः उसी के निवारण के लिए यह प्रभूत सैद्धान्तिक साहित्य रचा गया है। इस साहित्य को पढ़ते समय बहुधा रीतिकाल के लक्षण-ग्रन्थ याद आ जाते हैं। दोनों ही प्रकार की रचनाएँ लक्षण-ग्रन्थ हैं। कभी-कभी तो प्रेमाभक्ति के सैद्धान्तिक विवेचन में शैली भी रीतिकाल की ही स्वीकार की गयी है। रूपरसिक देव द्वारा सम्पादित युगल-शतक तथा महावाणी में दोहों में लक्षण एवं पदों में उसकी निवृत्ति की गयी है। चैतन्य-मतानुयायी ब्रह्मगोपाल की हरिलीला का भी क्रम यही है। जहाँ पर यह शैली नहीं भी स्वीकार की गयी, वहाँ सिद्धान्त-कथन

अलग से किया गया है। इस तथ्य से यह निष्कर्ष निकाला जा सकता है कि भक्ति का वह तीव्र आवेग कम पड़ने लगा था, जिसकी शक्ति के कारण भक्तिकाल के कवि को सिद्धान्त-कथन में अपनी शक्ति नष्ट नहीं करनी पड़ी थी।

(6) भक्ति के आवेग की शिथिलता का एक और प्रमाण दिया जा सकता है। गुरु का महत्त्व भक्तिकाल में भी बहुत था। गोविन्द से बड़ा गुरु को मान लिया गया था, परन्तु पूरी गुरु-परम्परा को लेकर सहस्रशः पदों में उसकी स्तुति, प्रशंसा या बधाई गाने की परम्परा भक्तिकाल में हमें उपलब्ध नहीं होती। 17वीं शती के प्रारम्भ में हरि राम व्यास इत्यादि ने जब अपने गुरु की प्रशंसा की थी, तब बधाइयों का यह अतिरेक नहीं था। इसके अतिरिक्त हरिदास या हित हरिवंश अपने समय के श्रेष्ठतम महात्मा थे एवं उनके विराट् व्यक्तित्व को श्रद्धा मिलनी स्वाभाविक थी, परन्तु 18वीं शती के कवियों में 'गुरु मंगल आचार्य यश' अथवा 'बधाइयों' का ढेर लग जाता है। ऐसा ज्ञात होता है कि स्वयं की सामर्थ्य की अपेक्षा उन्हें पूर्वजों की गरिमा पर अधिक विश्वास था और वही उनका प्रेरणा-स्रोत था। इस प्रसंग में सूरदास के सम्बन्ध में कही जाने वाली वह कथा याद हो आती है जिसमें मृत्यु-समय उनसे कहा गया था कि तुमने लाखों पद गाये पर वल्लभाचार्य जी का गुणगान किसी पद में नहीं किया। सूरदास ने 'भरोसो दृढ़ इन चरनन केरो' पद बनाकर सुना तो दिया, पर उनका उत्तर उनकी शक्ति का बड़ा प्रमाण है। सूरदास ने कहा था कि इन लाखों पदों में गुरु की ही स्तुति तो मैंने की है। सचमुच शिष्य की सबसे बड़ी श्रद्धा यही है कि गुरु का सन्देश अपनी रचना-शक्ति से आगे बढ़ाये। अस्तु, आलोच्य-युग में यह रचनाशीलता क्षीण होने लगती है और गुरुवचन की अपेक्षा गुरु के व्यक्तित्व का गान अधिक होने लगता है। आधुनिक भाषा में यह एक प्रकार का 'पर्सनैलिटी कल्ट' है।

(7) भक्तिकालीन काव्य एवं हमारे आलोच्य काव्य के मध्य धीरे-धीरे एक अन्तराल और बढ़ता गया है। प्रस्तुत काव्य में अभिव्यंजना को अधिक अलंकृत करने की चेष्टा हुई है। बृन्दाबन देव, गोविन्द देव, मनोहर दास, पीताम्बर देव, रूपरसिक देव आदि अधिकांश कवि अलंकृति के प्रति आकर्षित प्रतीत होते हैं। इसे हम समसामयिक कलायुग का प्रभाव मान सकते हैं। इसके अतिरिक्त यह प्रवृत्ति सूचित करती है कि अनुमति का वेग मन्द पड़ने लगा था और इस अनुभूति की अशक्ति को कला-सज्जा के आवरण में छिपाया जाने लगा था। इस तमाम काव्य के मध्य हरिदासीय ललित किशोरी का काव्य अपनी अलंकरणहीनता एवं आवेगात्मकता में अपवाद ज्ञात होता है तथा घनानन्द का काव्य अनुभूति और अभिव्यंजना के मणिकांचन संयोग में अद्वितीय।

समसामयिक रीतिकाव्य से 18वीं शती के प्रेमाभक्ति-काव्य की तुलना

पूर्ववर्ती भक्तिकाव्य में तुलना करते समय हमने रीतिकाव्य के साथ इसकी समानता इंगित की थी। वस्तुतः इन दोनों प्रकार की रचनाओं के मध्य इतनी समानता है कि तनिक भी असावधानी उनके रहे-सहे अन्तर को मिटा देती है। इसके पूर्व कि हम इस सम्बन्ध में और कोई स्थापना करें, इन दोनों काव्यों के कुछ समानता सूचक अंश उपस्थित कर देना उचित रहेगा–

(1) *प्यारी तू कमनैती कित पढ़ी।*
बिन ही पनचि बेसि हिय डारैं भौंह रहत नित चढ़ी।

(रूपरसिक देव, नि. वि. पदावली, 39)

तुलनीय

तिय कित कमनैती पढ़ी, बिनु जिहि भौंह कमान।
चल चित बेझैं चुकति नहिं बंक बिलोकनि-बान।।

(बिहारी सतसई, 356)

(2) *अनौखे बैंनी गूंथन हार।*
लागे नीर चुचांन पुलक तन नीठि सुकाये वार।

(रूपरसिक देव, नि. वि. पदावली, 42)

तुलनीय

रहो, गुह्यौ बेनि लखे गुहिबे के त्यौनार।
लागे नीर चुचान, जे नीठि सुकाए बार।।

(बिहारी सतसई, रत्नाकर, 480)

(3) *लाल उर बसी उर बसी प्यारी।*
मनि भूषन कौं धरत उतारी एउ कबहूं नहि न्यारी।

(रूपरसिक देव, नि. वि. पदावली, 43)

तुलनीय

तौ पर बारौ सरवसी, सुनि, राधिके सुजान।
तू मोहन के उरबसी है उरबसी समान।

(बिहारी सतसई, रत्नाकर, 25)

(4) *सुकुमार-सिवार से मरकत तार से, कज्जल-सार में बार-*
निकारि सुकावति बाला।
मार के जार, सिगार के चौर से,
एड़ी दिएं पुनि ऐसे विशाला।
स्यामघन तै मनौं निकसे,
मुख चन्द दिये तन दामिनी माला।

बृन्दाबन प्रभु ओट भए लखि,
पाँनि परी सुत नन्द के लाला

(बृन्दाबन देव, गीतामृत गंगा, 4/88)

तुलनीय

सुन्दर सुढार मुख सर के सिवार किधौ
राजत सिंगार के चमर निरधार हैं।
मोहन मयूर पखवान कि जमुन चारु,
दीरघ अपार कि फनिंद परवार हैं।
सोमनाथ सहज सुगन्ध सुकवार छके
नन्द के कुमार री निहार इक बार है।
तिमिर के तार हैं बसीकर हार हैं,
काम करतान हैं कि प्यारी तेरे बार हैं।

(सोमनाथ, स्फुट कविता छन्द, 50)

अथवा

भौंर-चौंर सवाल तम जमुना को जल मेह
मोर पच्छ सम बरनिए केसव सहित सनेह।

(केशवदास, कवि प्रिया)

ये अंश वस्तुचित्रण एवं भावगत एकता के सूचक हैं। इसी प्रकार उपमानों के क्षेत्र में अत्यधिक समानता मिल जायेगी। देव कवि ने 'दूध के उफान' का व्यापार एक स्थान पर उपमान के रूप में रखा है :

पायों न सिरावन सलिल-छिमा छींटन सों,
दुध सों जनम बिन जाने उफनायगो।

(देव, ब्रजमाधुरी सार, पृ. 309 पर संगृहीत)

अथवा

माखन सौंतन दूध सौं यौवन, दधि सों अधिकै उमगै ईठी—

बृन्दाबन देव ने इसी उपमान का प्रयोग एक-दूसरे स्थल पर किया है, जो कि प्रशंसान्तर के कारण दोनों स्थानों पर उपमान अलग-अलग सौन्दर्य की व्यंजनाएँ करता है। मानवती नायिका से दूती कहती है कि अधिक देर तक मान न करना चाहिए : उसके अनुसार—

दूध को उफान ऐसी मान कीजै भामिनी

(गीतामृत गंगा, 6 ।5)

ये कुछ अंश अनायास ही कविताओं से उठा लिये गये हैं, परन्तु यदि प्रयासपूर्वक समान अंश ढूँढ़े जायें तो भाव, भाषा, औपम्य-विधान एवं शिल्प की प्रभूत समानताएँ मिलेंगी। केवल यदि छन्द-रूपों को लिया जाये तो प्रेमाभक्त-कवियों में पदों के साथ

ही कवित्त, सवैया, रोला, दोहा, सोरठा, चौपाई, पद्धरी, अरिल्ल, छप्पय आदि छन्द प्रयुक्त हुए हैं। इनमें भी दोहा इन कवियों का अत्यधिक प्रिय छन्द है। पीछे इसी अध्याय में हम देख चुके हैं कि प्रेमाभक्ति के कवियों के काव्य में नायक-नायिकाभेद के उदाहरण भी मिल जाते हैं। यह नायिका-भेद उज्ज्वल-नीलमणि के अनुकरण पर न होकर काव्य-शास्त्र के अनुकरण पर है। इतना अवश्य है कि यत्नपूर्वक इन भेदों-प्रभेदों के उदाहरण उन्होंने उपस्थित नहीं करने चाहे हैं।

इतनी समानताओं के होते हुए भी एक बड़ा अन्तर भी मिल जायेगा। हम इस अन्तर पर प्रकाश डालने के पूर्व कुछ अन्य तथ्य उपस्थित कर रहे हैं–

(1) प्रस्तुत प्रबन्ध में ही शुद्ध प्रेमाभक्ति के अस्सी से अधिक कवियों का परिचय दिया गया है, जबकि हिन्दी-साहित्य के बृहत् इतिहास (पृष्ठ भाग, नागरी प्रचारिणी सभा) में रीति-कवियों की संख्या केवल पचासी ही है। स्मरणीय यह है कि प्रबन्ध का आलोच्य काल केवल सौ वर्षों का ही है, जबकि इतिहास में दो शताब्दियों के कवियों पर विचार किया गया है। इसके अतिरिक्त भक्त-कवियों के साहित्य की साम्प्रदायिक गोपनीयता और रूढ़िवादिता के कारण अनुपलब्ध रीति कवियों के समान राज्याश्रम के अभाव के फलस्वरूप दरबारी पुस्तकालयों की सुरक्षा के अभाव में कृतित्व की विनष्टि ने न मालूम कितने कवियों को प्रकाश में ही नहीं आने दिया। अन्तिम बात है कि जहाँ प्रेमाभक्ति सम्बन्धी शोधकार्य अपनी प्रारम्भिक अवस्था में है एवं जिसकी सीमाओं से यह प्रबन्ध भी परे नहीं है, वहीं यह इतिहास अद्यतन खोज की चरम परिणति और विश्वास के साथ सामने आता है।

(2) कवियों की संख्या ही नहीं कवियों की रचना का परिमाण भी रीतिकालीन कवियों की अपेक्षा कहीं अधिक है। पृथक्-पृथक् भी कवियों ने प्रभूत साहित्य का सृजन किया है। अनन्यअली, रसिकदास, हित रूपलाल, नागरीदास, आनन्दघन, रूपरसिक देव जैसे कवियों की रचनाओं की संख्या काफी बड़ी है। सम्मिलित रूप से भी इस साहित्य का योग सम्पूर्ण रीतिकाल के कवियों से अधिक ही सिद्ध होगा।

इन तथ्यों से दो निष्कर्ष बिना किसी विवाद के सामने आ जाते हैं–(1) अधिकांश भक्तजन कवि भी थे तथा (2) इन कवियों के सम्मुख अभिव्यक्ति-संयम का कोई अनुशासन नहीं था। इन दोनों बातों की ही विवेचना उचित होगी–

(1) अधिकांश भक्तकवि थे–भक्ति के क्षेत्र में लीला-दर्शन चरम साध्य है। इसके लिए जिस साधना-मार्ग को स्वीकार किया गया है, उसमें लीला-गान अत्यन्त सहायक होता है। वल्लभ, सखी, चैतन्य, राधावल्लभीय, निम्बार्क आदि सभी सम्प्रदायों में कीर्तन एवं संगीत का पूजा-विधि एवं सेवा-प्रणाली में महत्त्वपूर्ण स्थान है। परिणामस्वरूप भक्त के चारों ओर एक ऐसा वातावरण बना रहता है जिसके कारण उसे भी काव्य-रचना के लिए प्रेरणा और उत्साह रहता है। इसके अतिरिक्त काव्य-सृजन-प्रकिया में उसे युगलरूप या अन्य उपासना-सम्बन्धी तथ्यों का भावन

भी करना होता होगा। ऐसी स्थिति में भक्तकवि को अपनी रहस्यानुभूति में सहायता भी मिलती होगी। काव्य-रचना से लीला-गान ही नहीं होता, लीला-ध्यान भी हो जाता है। अतः काव्य साधन हो जाता है एवं रहस्यानुभूति साध्य। सूफ़ियों के बारे में भी कहा गया है कि प्रत्येक सूफ़ी विचारक कवि था।[166] यही बात वैष्णव-भक्त के लिए भी कही जा सकती है, परन्तु रीति-कवि इसी स्थल पर एक भिन्न भूमि पर खड़ा दिखाई देता है। उसके सामने रचना करने की न तो ऐसी कोई तात्कालिक प्रेरणा ही थी कि प्रतिभा हो या न हो पर कुछ पद लिखे ही जायें और न किसी मानसिक साधना में ही उसे सहायता लेनी थी। परिणामस्वरूप रीति-कवि वे ही जन हैं जिनमें प्रतिभा का कुछ-न-कुछ विलास अवश्य था। इसके अतिरिक्त रीति-कवि के सामने अभिव्यक्ति के अनुशासन की समस्या थी। उसे ऐसी बात कहनी थी, जिसे 'समझवार सराहें' एवं 'सुकवि रीझें'। पर भक्तकवि के सम्मुख श्रोता-समाज या पाठक-समाज का ऐसा तनिक भी बन्धन नहीं था। वह मनचाहे ढंग से टूटती लय एवं बिखरते शब्दों में भी अपनी बात कह सकता था। प्रशंसा उसे कवि-रूप में अर्जित करनी नहीं थी, जीविका का साधन वह थी नहीं। ऐसी स्थिति में अभिव्यक्ति सँवारने-सजाने का काम करने को उसे कभी आवश्यकता ही नहीं पड़ी।

इन तथ्यों का परिणाम यह हुआ कि जहाँ रीति-कवि एवं कविताओं की संख्या कम है, वही काव्य-कला की दृष्टि से वे अधिक समृद्ध हैं। प्रेमाभक्ति का एक सामान्य कवि रीति काव्य के सामान्य कवि की अपेक्षा इसी कारण काव्य-कला की कसौटी पर हीन उतरता है। घनानन्द जैसे अपवादों की बात को अलग ही रखना चाहिए।

ऐसी अवस्था में एक प्रश्न उठता है कि फिर रीतिकाल के अलंकरण आदि के प्रभाव कैसे आ गये? इसका सहज ही उत्तर है कि एक तो वे तत्त्व समस्त वातावरण में व्याप्त थे, दूसरे प्रेमाभक्ति के भी अच्छे कवि रीतिकाल के अच्छे कवियों के कुछ सम्पर्क में आते ही रहते थे। किशनगढ़, जयपुर, जोधपुर के दरबारों पर बृन्दाबन देव का प्रभाव था। वृन्द, राजसिंह, ब्रजदासी, सुन्दरि कुँवरि जैसे कवि उनके निकट सम्पर्क में थे। बिहारी नरहरि देव के सम्पर्क में आये थे। घनानन्द नागरीदास तो दरबारों से सम्बन्धित या दरबारों के स्वामी रहे हैं। फिर रीतिकाल के कवि स्वयं जब भक्तिपरक रचनाएँ करते थे तो उनकी कलागत सचेष्टता स्वभावतः आ जाती होगी। कभी-कभी भक्तों ने ऐहिक काव्य को स्वयं पारमार्थिक अर्थ में भी ग्रहण किया (चैतन्य महाप्रभु, विद्यापति एवं जयदेव की रचना के गहरे समर्थक थे)। इस प्रकार के आदान-प्रदानों ने पारस्परिक प्रभावों को गति दी होगी।

ऊपर विवेचित अन्तरों में दोनों प्रकार के काव्यों के मूल स्वरों का अन्तर समझना समझदार पाठक के लिए कठिन न होगा। एक के मूल में साधनानुभूति का स्वर है एवं दूसरे की जड़ में काव्यानुभूति। यों नकली सिक्कों की कमी दोनों

ही क्षेत्रों में नहीं है, उनसे सावधान रहने की आवश्यकता है और व्युत्पन्न पाठक में ऐसी सावधानता की अपेक्षा सदा की जाती है।

अभिव्यंजना के क्षेत्र में रीतिकाल ने इन कवियों को यदि कुछ प्रदान किया है तो इनसे ग्रहण भी कम नहीं किया है। लीलागान की दोनों परम्पराओं ब्रज-लीला एवं निकुंज लीला की समस्त स्थितियों, दृश्यों, घटनाओं के ऊपरी स्वरूप को राधाकृष्ण के नाम के साथ ही रीतिकालीन कवियों ने प्रेमाभक्ति के कवियों से ले लिया है। मूल दार्शनिक दृष्टि उन्होंने छोड़ दी थी एवं उन लीलाओं को अपने लौकिक शृंगारपरक अर्थों की ओर उन्होंने मोड़ लिया था। इस परिणति का एक शुभ प्रभाव भी हुआ कि रीतिकाल का काव्य उन्हीं लीला को चित्रित करते हुए भी भक्तिकाल से एक भिन्न रसात्मक स्तर पर प्रतिष्ठित दिखाई देता है, जबकि प्रेमाभक्ति का साहित्य उसी स्तर पर पूर्ववर्ती भक्ति की अपेक्षा नीचे स्तर पर उतर आता है।

परन्तु इससे इस प्रेमाभक्ति-काव्य का महत्त्व तनिक भी कम नहीं होता। प्रारम्भिक भक्तों एवं रीति-कवियों की मध्यवर्ती कड़ी ये कवि हैं। भक्तिकाल की परिणति रीतिकाल में होती है, यह बात हिन्दी साहित्य के इतिहास-ग्रन्थों में बहुधा कही गयी है, परन्तु इस विकास की प्रक्रिया क्या रही है, इसे स्पष्ट करने के उपयुक्त प्रयासों का कुछ अभाव-सा दृष्टिगोचर होता है। इससे यह धारणा बन जाती है कि सूरदास, तुलसीदास, कबीर या मीरा का काव्य ही देव, प्रताप साहि या भिखारीदास में परिणत हो गया था, पर वास्तव में भक्तिकाल के पर्यायवाची समझे जाने वाले कवियों एवं रीति कवियों की मध्यवर्ती कड़ी प्रेमाभक्ति की माधुर्योपासना वाले ये विविध सम्प्रदाय हैं। इन्हीं सम्प्रदायों की विविध लीला-परम्पराएँ आपस में टकराकर घुलती-मिलती रही हैं। और उन्हीं का समन्वित रूप 18वीं शती तक आते-आते उभर ही नहीं पाता, जनप्रिय भी हो जाता है। प्रेमाभक्ति के सम्प्रदायों का प्रचार-प्रसार होता है तथा दूसरी ओर युगल-लीलाओं अथवा ब्रज-लीलाओं के तत्त्व-दर्शन को प्रत्येक व्यक्ति न तो समझ पाता है और न वैसी मानसिक साधना ही कर पाता है जिसमें यह समस्त अभिव्यक्तियाँ लौकिक काम से ऊपर उठ जाती हैं।

इस स्थिति में राधा-कृष्ण का स्थूल रूप एवं भक्ति-भाव दोनों ही जनमानस में एक साथ चलते रहते हैं। लोक-मानस ऐसे विरोधाभासों को लिए बहुधा आगे बढ़ता रहता है। इस प्रकार धर्म-साधना एवं लीला-गान एक विकास-प्रक्रिया से होकर आगे बढ़ता है एवं इस प्रक्रिया का जब अन्य सामाजिक-राजनीतिक परिस्थितियों से संयोग होता है तो अपने ढंग का एक अपूर्व कलात्मक रंगीन काव्य रीतिकालीन काव्य के रूप में प्रादुर्भूत होता है।

परन्तु इसका तात्पर्य यह नहीं है कि यह साहित्य रीतिकाव्य को अपनी कतिपय विशेषताएँ समर्पित कर निःशेष हो जाता है बल्कि जैसा कि ऊपर संकेत किया जा चुका है, वह रीतिकाव्य से स्वयं भी प्रभाव गहराकर समानान्तर गति से आगे बढ़ता

है। 18वीं शती के उत्तरार्द्ध में भक्ति के ये विविध सम्प्रदाय एक बार पुनः संगठित होकर पुनरुत्थान का प्रयास करते हैं। ललितकिशोरी देव रूपरसिक देव, विश्वनाथ चक्रवर्ती, गो. हरिराय वंशी अलि जी, चरणदास, बारन अली आदि भक्त और कवि विघटित होती हुई भक्ति-भावना सम्प्रदायों के पुनः संघटन का प्रयास करते हैं। यह पुनरुत्थान 19वीं शती के मध्य भाग तक विशेष गतिशील रहा। राम-सम्प्रदाय की रसिक शाखा इसी काल में फलती-फूलती है—परन्तु 19वीं शती के उत्तरार्द्ध से नये युग की परिस्थितियों से टकराकर यह पुनरुत्थान भी समाप्त हो जाता है। वस्तुतः मध्यकालीन धर्म-भावना की यह अन्तिम लौ थी और 19वीं शती के समाज की नयी शक्तियों ने सबसे पहले इसी को समाप्त करने की चेष्टा की। ब्रह्म समाज, आर्य समाज आदि सामाजिक-धार्मिक आन्दोलन प्रेमाभक्ति की मूल आत्मा के निकट कहीं से भी न थे। विकृतियों से भरी पतनोन्मुख सामन्ती व्यवस्था ने इस प्रेमाभक्ति के स्वरूप को भी इतना अधिक विकृत अथवा स्वाभाविक सीमाओं से दूर हटा दिया था कि स्वस्थ जीवन एवं पुष्ट धर्मचेतना के लिए इनको हटाना आवश्यक हो गया था। यों प्रवाहपतित जल की भाँति आज भी इस परम्परा में साधना और काव्य-रचना हो रही है पर स्पष्ट है कि वह जीवन्त प्रवहमान स्रोतस्विनी नहीं है।

सन्दर्भ

1. परशुराम चतुर्वेदी : उत्तरी भारत की सन्त परम्परा, पृ. 528-538
2. वही, पृ. 596-606
3. दे. प्रस्तुत प्रबन्ध का चतुर्थ अध्याय।
4. राम-सीता के रूप में ऐश्वर्य की भावना का मिश्रण अवश्य है, पर वह मुख्य नहीं है। इसके अतिरिक्त ऐश्वर्य की इस समाविष्टि के कारण की चर्चा हम चतुर्थ अध्याय में कर चुके हैं।
5. दे. चतुर्थ अध्याय।
6. बिहारी सतसई, 238 (रत्नाकर)।
7. बालअली : नेह प्रकाश (रामभक्ति साहित्य में मधुर उपासना में संगृहीत अंश से, पृ. 206)
8. प्रेम सखी : सीताराम नख-शिख वर्णन (रामभक्ति साहित्य में मधुर उपासना के संग्रह, पृ. 402 से)
9. पीताम्बरदेव की बानी, पृ. 68 (ह.लि. प्रति)।
10. अनन्य अली की वाणी : भोरता लीला (ह.लि.प्र.)।
11. अष्टाचार्यों की वाणी : नरहरिदेव की बानी, शृंगार रस के पद, 3
12. वही, सिद्धान्त के पद, 1
13. मनोहरदास : राधारमण रस सागर : 11
14. रामोपासक राम सखे इत्यादि में यत्र-तत्र राम का रूप-वर्णन मिल जाता है। पर राम सखे सख्य-भक्ति के उपासक थे, यह हम पिछले अध्याय में कह चुके हैं। अतः उन चित्रणों को नित्य-विहारोपासकों के साथ मिलाना उचित न रहेगा।
15. श्री फल कंचन गिरि किधैं कुन्दन कलस अनूप।
    उपमां सब फिसली परें सुनि ले इनको रूप।। —अनन्य अली की वाणी (ह. लि. प्र.)।

16. (क) कुटिल लंब कल चीकने घने मिही महकान।
बार बार बर देत प्रिय बार बार निज प्रान।।
(ख) कहा अनंगी धनुष सम भूमंगी नव बाल।
जाकी भंगी मैं नचत नवल त्रिभंगीलाल।। –रसिकदास : सौन्दर्यलता।
(ग) मंगल आरति करत किशोर,
दीप दृगन करि चरन डंडवत, चित्र जानकी रहिमन ठौर।
–पीताम्बर देव की बानी, पद 42

17. तोसी तुही हरिदास दुलारी,
तेरी सरिहू जौनहिं कोऊ तेरे रस वस कुंज बिहारी।
तेरो रूप कहत नहिं आवै तैसीये तेरी प्रीति महारी।
तैसी ये ललित केलि सुवैरासी रसिक सिरोमनि प्रान अधारी।।
–ललित किशोर देव : सिद्धान्त के पद, 68

18. बाल अली : नेह प्रकाश।
19. नैन अनियारे तारे पुंडरीक पान सारे
पुतरनि पे द्विरेफमन वारे है।
कछु कजरारे, सील सागर सुधा सुधारे
बरुनी विशाल धारे जोर छोरवारे हैं।
दीन पै सनेह वारे प्रीतम के प्रान प्यारे
उपमा न पावत विरंचि रचि हारे हैं।
मीन मृग खंजन बनाये विधि प्रेम सखी
वारि वन व्योम बसे लज्जित विचारे हैं। –प्रेम सखी : सीताराम नखशिख वर्णन।
20. रूपरसिक देव : नित्य विहार पदावली, 56
21. घनानन्द : सुजान हित, 18। –घनानन्द ग्रन्थावली, पृ. 8
22. प्रेम सखी : सीताराम नखशिख वर्णन।
23. रूपरसिकदेव : नित्य विहार पदावली, 50, 51, 53।
24. रसिकदास : सौन्दर्य लता। 2
25. वही, 5
26. वही, 6
27. बाल अली : नेह प्रकाश।
28. रसिकदेव : रस के पद 22। –अष्टाचार्यों की बानी, ह. लि. प्रति।
29. पीताम्बरदेव की बानी, पद 33
30. रामसखे : जानकी नौ रत्न माणिक्य।
–राम भक्ति साहित्य में मधुर उपासना में संगृहीत, पृ. 323
31. ललित किशोरीदेव : साखी।
32. रसिकदास : श्री राधा विपिनेश्वरी को परत्व। –ह. लि. प्रति, पृ. 93
33. (क) ज्यों जल और तरंग है त्यों पिय प्यारी रूप।
पूर्ण प्रेम माधुर्य मय श्री वृन्दावन भूप।। –गो. रूपलाल : रस रत्नाकर (ह. लि. प्रति)।
(ख) तू सिय पिय के रंग रंगी रंगे पीव तव रंग।
रहे अली इक रूप ह्वै जल मिले तरंग।। –बालअली : नेह प्रकाश।

34. महावाणी, सेवासुख, पद संख्या 9, पृ. 26
35. गो. रूपलाल : रस रत्नाकर (ह. लि. प्रति)।
36. ब्रह्मगोपाल : हरिलीला, दोहा 4, पृ. 3
37. (क) मंगल आरति करत किसोर

दीप दृगन करि चरन डंडवत चित्र जावकी रहि मन ठौर। —पीताम्बर देव, पद 42

(ख) करत कवनीय किशोर कुंवर वर नीराजन नैननि सों।

—रूपरसिकदेव : नि. वि. पदावली, 69

38. रूपरसिक देव : नि. वि. पदावली, 54
39. प्रियादास : रसिक मोहनी, दोहा 23
40. रसिकदास : सौन्दर्यलता।
41. बालअली : नेह प्रकाश, रामजी के वचन सीताजी के प्रति।
42. ललितकिशोरी देव की बानी, साखी।
43. राम सखे : पदावली। —भुवनेश्वरनाथ मिश्र 'माधव' : रा. भ. म. उ. में संगृहीत, पृ. 325
44. रूपरसिकदेव : नि. वि. पदावली, पद 50
45. वही, लीला विंशति 'प्रेम मंजरी' 5
46. स्वामी नरहरि देव : रस के पद 6। —अष्टाचार्यों की बानी।
47. ललित किशोरी देव : साखी 138
48. वही, 139
49. ललित किशोरी देव : साखी 140
50. बालअली : नेह प्रकाश।
51. विश्वनाथ कविराज : साहित्यदर्पण, तृतीय परिच्छेद, श्लोक 187
52. वही, 3। 198
53. विश्वनाथ कविराज : साहित्य दर्पण, 3। 199
54. वही, 3। 198
55. स्वामी रसिकदेव (हरिदासी सम्प्रदाय) : सिंगार रस के पद, सं. 13, (अष्टाचार्यों की वाणी)।
56. स्वा. रसिकदेव : सिंगार रस के पद, 14 (अष्टचार्यों की वाणी)।
57. साहित्य दर्पण, 3। 201
58. नरहरिदेव : पद 8 (अष्टाचार्यों की वाणी)।
59. रसिकदास : अष्टक 7 (ह. लि. प्रति, पत्र 26)।
60. रूपरसिकदेव : नि. वि. पदा., 29
61. परसन को कर तरसहीं दरसन दृग चपलाइ।

होड़ परी भुज नैन सो लम्पट अति तरलाइ।।

—अनन्य अली की वाणी (डॉ. विजयेन्द्र स्नातक द्वारा राधावल्लभ सम्प्रदाय : सिद्धान्त और साहित्य में पृ. 493 पर उद्धृत)।

62. रूपरसिकदेव : लीला विंशति, फूल विलास, 7
63. ब्रह्मगोपाल : हरिलीला, 9
64. बाल अली : नेह प्रकाश, प्रेम विलास।
65. स्व. रसिकदेव : सिंगार रस के पद, 3
66. रूपरसिकदेव : नि. वि. पदावली, 67
67. रसिकदास : कीर्तन संग्रह, भाग 3, पृ. 261

68. रूपरसिकदेव : नि. वि. पदा., 35
69. स्वा. रसिकदेव : सिंगार रस के पद, 7
70. स्वा. नरहरिदेव : शृंगार रस के पद, 2
71. पीताम्बरदेव : परमोज्ज्वल शृंगार रस की साखी, 5
72. राम सखे : पदावली (रा.भ.सा.म.उ., पृ. 325)।
73. सखियाँ सेज-रचना करके राधा से अनुरोध कर रही हैं—
निज करि सेज सँवारी पचि पचि,
पौढ़िये जू प्यारी बलि जाऊँ।
सुमन सुमन विचि रचि-रचि पचि-पचि,
सुभग वे सारी बलि जाऊँ।
सौरभ-सनी धनी धन हित,
चित दै चतुरारी बलि जाऊँ।
रूपरसिक सुख बिलसहु हुलसहु,
हों वलि बलिहारी जाऊँ। —रूपरसिकदेव : नि. वि. पदावली, 64
74. पीताम्बरदेव : पद 51
75. पीताम्बरदेव : पद 39
76. प्रेम सखी : सीताराम नखशिख वर्णन। —रा.भ.म.उ., पृ. 402
77. पीताम्बर देव : परमोज्ज्वल शृंगार रस की साखी, 10
78. ललित किशोरी देव : साखी 88, 222, 277
79. शीर्षक हमने ब्रजलीला नायक दिया है, पर इसके अन्तर्गत हम विवेचना के लिए रामभक्ति-साहित्य की भी वे रचनाएँ ले रहे हैं जो शुद्ध नित्यविहारोपासना या तत्सुखी शाखा से भिन्न हैं। इसे आवरण-लीला भी कहा जा सकता है।
80. चतुर्थ अध्याय में इन बातों का हम विस्तार से विवेचन कर चुके हैं।
81. बृन्दाबन देव : गीतामृत गंगा, 4। 66
82. मनोहर दास : राधारमण रस सागर, सं. 11
83. देव : बृज माधुरी सार, पृ. 102
84. बृन्दाबन देव : गीतामृत गंगा, 4। 66
85. सोमनाथ : रास पंचाध्ययी, छन्द 95, पृ. 41
86. बिहारी लाल : सतसई, सं. 302 (बिहारी रत्नाकर, ग्रन्थागार, बनारस)।
87. मतिराम, रसराज, छन्द 410
88. बृन्दाबन देव : गीतामृत गंगा, 2। 22
89. वही, 4। 66
90. बृन्दाबन देव : गीतामृत गंगा, 4। 88
91. सोमनाथ रत्नावली, स्फुट छन्द, सं. 50
92. बृन्दाबन देव : गीतामृत गंगा, 4। 31
93. घनानन्द : प्रकीर्णक, सं. 2
94. घनानन्द : आनन्द पदावली, 167
95. नागरी दास : निम्बार्क माधुरी, पृ. 621 पर उद्धृत।
96. बणीठणी जी (रसिक बिहारी), निम्बार्क माधुरी, पृ. 604 पर उद्धृत।
97. मनोहरदास : राधारमण रस सागर, छन्द सं. 19

98. बृन्दाबन देव : गीतामृत गंगा, 8 । 37
99. मतिराम : रसराज, 78
100. नागरीदास : निम्बार्क माधुरी, पृ. 620 पर उद्धृत।
101. बृन्दाबन देव : गीतामृत गंगा, 2 । 10
102. रसराज, 60
103. ब्रजमाधुरी सार, पृ. 312, छन्द 32
104. घनानन्द : प्रकीर्णक, 13 । 6
105. सोमनाथ रत्नावली, स्फुट, 34
106. भक्ति सागर, पृ. 500
107. राधारमण रससागर, छन्द 25
108. गीतामृत गंगा, 3 ।5
109. वही, 3 । 7
110. वही, 3 । 12
111. गीतामृत गंगा, 3 । 33
112. दानलीला वर्णन : भक्ति सागर, पृ. 486-489
113. चरणदास : भक्ति सागर, पृ. 488
114. राम सखे : जानकी नौरत्न माणिक्य (रा.भ.म.उ., पृ. 323 पर संगृहीत)।
115. मनोहरदास : राधारमण रस सागर, स. 25
116. सोमनाथ : रास पंचाध्यायी, पृ. 37
117. बिहारी रत्नाकर, दोहा 291
118. नागरीदास : निम्बार्क माधुरी, पृ. 620
119. श्रीमद्‌भागवत्, 10 । 33 । 23-25
120. बृन्दाबन देव : गीतामृत गंगा, 5 । 16
121. जगन्नाथ कविराय : कीर्तन संग्रह भाग 2, पृ. 45
122. बनीठनीजी (रसिक बिहारी), निम्बार्क माधुरी का संग्रह, पृ. 604
123. गोपिन की ससक कसक जौ न आई मन, रसिक कहाए कहा रस कहू ओरई। –प्रकीर्णक, 31
124. विश्वनाथ कविराज : साहित्य दर्पण, 3 । 188
125. घनानन्द : सुजान हित, 2
126. सोमनाथ रत्नावली, स्फुट 36
127. गीतामृत गंगा, 8 । 58
128. बिहारी-रत्नाकर, 292
129. चंदसखी के भजन और लोक गीत (प्रभुदयाल मीतल), 129, पृ. 45
130. बृन्दाबन देव : गीतामृत गंगा 6 । 5
131. वही, 6 । 16
132. गो. हरिराय : (रसिकराम), कीर्तन संग्रह, तीसरा भाग, पृ. 208
133. उ. नी. म., पृ. 548
134. सुजान हित 104 (घन आनन्द ग्रन्थावली)।
135. बृन्दाबन देव : गीतामृत गंगा, 8 ।49
136. चन्द्रसखी और उनका काव्य (सम्पादिका : पद्‌मावती शबनम), पृ. 46-47
137. ब्रजमाधुरी सार, पृ. 202

138. श्री सर्वेश्वर में नागर समुच्चय से संकलित (वर्ष 3, अंक 12 सं. 1012 वि.)।
139. चरणदास : शब्द वर्णन, भक्ति सागर ग्रन्थ, पृ. 358
140. नागरीदास : ब्रज-माधुरी-सार, पृ. 202
141. गीतामृत-गंगा, 1 ।22
142. गीतामृत गंगा, 1 ।28
143. पद्मावती शबनम् : चन्द्रसखी और उनका काव्य, पृ. 10
144. आर.ए. निकल्सन : दि मिस्टिक्स ऑफ इस्लाम, पृ. 102
145. नागरीदास : ब्रज माधुरी सार, पृ. 190-191
146. कीर्तन संग्रह, भाग 3, पृ. 257-258 आदि।
147. वही, पृ. 259
148. कीर्तन संग्रह, भाग 3, पृ. 259
149. वही, पृ. 257
150. डॉ. संसारचन्द्र : हिन्दी-काव्य में अन्योक्ति, पृ. 69
151. देखिये द्वितीय अध्याय, शान्त-भक्ति-विवेचन, पृ. 104-107
152. साखी, सुन्दर विलास, काल चितानी को अंग, छन्द 15
153. सहजोबाई की बानी, पृ. 43
154. गुलाल साहब, कल्याण सन्तवाणी अंक, पृ. 226
155. सन्त काव्य, पृ. 375
156. वही, पृ. 374
157. वही, पृ. 376
158. चरणदास : ब्रह्मज्ञान सागर वर्णन (भक्तिसागर) पृ. 311
159. साखी आत्मानुभव को अंग, 1 और 10
160. केशवदास : अमीघूंट, पृ. 4
161. दयाबाई : कल्याण, सन्तवाणी अंक, पृ. 271
162. सन्तकाव्य, पृ. 377
163. सुन्दर विलास : पतिव्रत को अंग, 1
164. धरनीदास : सन्त काव्य, पृ. 401
165. कल्याण, सन्तवाणी अंक, पृ. 233
166. हादी हसन : स्टडीज इन पर्शियन लिटरेचर, पृ. 39

उपसंहार

18वीं शती के ब्रजभाषा के प्रेमाभक्ति-काव्य का अध्ययन करने के उपरान्त कतिपय बातें हमारे सम्मुख अत्यन्त स्पष्ट रूप में उभरकर आ जाती हैं। उन्हें संक्षेप में इस प्रकार उपस्थित किया जा सकता है—

(1) भाव की दृष्टि से प्रेमाभक्ति को पाँच प्रमुख भक्ति-भावों—शान्त, दास्य, सख्य, वात्सल्य और मधुर में विभाजित किया जा सकता है। इनमें भी 18वीं शती के साहित्य में प्रधानता शान्त, दास्य एवं शृंगार की ही है।

(2) लीला की दृष्टि से 18वीं शती के ब्रजभाषा के प्रेमाभक्ति-साहित्य में तीन परम्पराओं की स्पष्ट स्थिति देखी जा सकती है—

(क) ब्रज-लीला (आवरण-लीला)

इस लीला-प्रकार में समस्त शास्त्रपुराणादि-वर्णित कृष्ण-चरित्र की घटनाएँ एवं अभिव्यक्तियाँ स्वीकार की गयी हैं। काव्य-चित्रण की दृष्टि से इस लीला की प्रमुख विशेषताएँ निम्नलिखित हैं—

(एक) इसमें कृष्ण के रूप-चित्रण की ओर अधिक ध्यान दिया गया है।

(दो) इस परम्परा के काव्य-चित्रों के अनुसार कृष्ण बहु-वल्लभापति हैं।

(तीन) इस काव्य में मिलन-प्रसंगों में आवश्यक रूप से राधा का ही वर्णन नहीं किया जाता। जहाँ पर राधिका-चित्रण की ओर ध्यान भी है, वहाँ उनका रूप परकीया नायिका का अधिक है और स्वकीया पत्नी का गृहस्थ-रूप विरलता से ही उपलब्ध होता है।

(चार) ब्रज-लीला-काव्य में परकीया-भाव को बहुमान प्राप्त हुआ है।

(पाँच) ब्रज-लीला में विरह, पूर्वराग, मान प्रवास एवं प्रेम वैचित्य—इन सभी की स्वीकृति है। वास्तव में विरह-तत्त्व का चूड़ान्त रूप ब्रज-लीलाओं में है।

(छह) ब्रज-लीला में प्रेम का आदर्श गोपी-प्रेम है। इस प्रकार मधुर-भाव

के क्षेत्र में भी यह लीला गोपी-भाव पर अधिक बल देती है। इसी कारण इस परम्परा के काव्य में गोपी-भाव की अभिव्यक्ति नाना प्रकार से हुई है।

(सात) गोपी-भाव में भगवान के प्रति प्रत्यक्ष कान्ता जैसा प्रेम निवेदित किया जाता है। रामोपासकों की रसिक शाखा का स्वसुखी भाव गोपी-प्रेम का ही प्रतिरूप है। कृष्ण या राम को कान्ता रूप से पाने की अभिलाषा इस साहित्य में प्रचुर मात्रा में प्रकट हुई है।

(आठ) इन आवरण या ब्रज-लीलाओं में उद्धव, हनुमान, सुबल, अर्जुन, नन्द-यशोदा, दशरथ-कौशल्या आदि के भावों का अनुगामी बनकर भी उपासना की जा सकती है। इसी कारण आवरण लीला-परम्परा के काव्य में मधुर भाव के अतिरिक्त अन्य प्रेम भाव भी प्राप्त हो जाते हैं।

(नौ) कृष्ण की ब्रज-लीला की एकदम समानार्थक स्थिति रामोपासकों में भी स्वीकृत है। साकेत-लीला ब्रज-लीला का ही पर्याय है।

(दस) ब्रज-लीला एवं साकेत-लीला का मुख्य अन्तर है कि साकेत-लीला में ऐश्वर्य की अनिवार्य स्वीकृति है, पर ब्रज-लीला में एकमात्र माधुर्य-भाव ही मान्य है।

(ग्यारह) दोनों लीलाओं का यह अन्तर कृष्ण एवं राम-सम्बन्धी पौराणिक आख्यानों के कारण हुआ है।

(बारह) 18वीं शती में वल्लभ, निम्बार्क एवं शुक मुख्यतः ब्रज-लीलाओं को अभिव्यक्ति देने वाले सम्प्रदाय हैं। इसके अतिरिक्त स्वामी नरहरि देव एवं स्वामी रसिक देव जैसे सखी-सम्प्रदायानुयायी जन भी ब्रज-लीला को स्वीकार करते प्रतीत होते हैं। राधावल्लभीय गो. हितरूप लाल में भी गोपी-भाव की स्वीकृति का अभाव नहीं है।

(तेरह) रीतिकाल की श्रृंगारिक प्रवृत्तियों एवं विलास-चेष्टाओं में ब्रज-लीला की अन्तिम परिणति हुई है।

(चौदह) काव्यगुण की दृष्टि से इस लीला के गायकों का साहित्य अधिक सम्पन्न है।

(ख) निकुंज-लीला

निकुंज-लीला शास्त्र-पुराणादि में वर्णित कृष्ण-लीला को एकदम अस्वीकृत करके विकसित होती है। लीला-गान को इस कृतित्व का मुख्य प्रदेय निम्नलिखित है—

(एक) राधा के अद्भुत रूप-सौन्दर्य का अंकन इस परम्परा के काव्य में प्रभूत मात्रा में हुआ है।

(दो) राधा की अपेक्षा कृष्ण में चाह एवं अभिलाषा का आधिक्य दिखाया गया है।

(तीन) युगल-स्वरूप के नित्य विहार के अत्यन्त मोहक शृंगारी काव्य-चित्र इस परम्परा की एक मुख्य विशेषता है।

(चार) इस परम्परा के अन्तर्गत मिलन की ही स्वीकृति है, विरह की नहीं।

(पाँच) लीला-वैचित्य के लिए मात्र छद्म विरह एवं छद्म मान इस परम्परा में स्वीकृत हैं। इस कारण प्रेमदशा का एक नया आयाम इस काव्य में उद्घाटित हुआ है जिसका पूर्ववर्ती काव्य में चित्रण नितान्त विरल है।

(छह) परकीया की धारणा तो इस लीला में वर्जित है ही, स्वकीया पर भी कोई बल नहीं दिया गया। कारण यह है कि युगल को 'नित्य किशोर' एवं 'अजन्मा' माना जाता है। अतः निकुंज-लीला सम्बन्धी साहित्य में राधा को परकीया रूप अपवाद के लिए भी प्राप्त नहीं होगा। व्यावहारिकता के क्षेत्र में 'दूलहा-दुलहिन' सम्बन्ध का सादृश्य व्यंजित होता है।

(सात) साधक के लिए एकमात्र सखी-भाव ही इस लीला में स्वीकृत है। दास, सखा आदि का प्रश्न इस साधना में नहीं उठता। इसी कारण बाल या ऐश्वर्य-लीलाएँ इस काव्य के क्षेत्र से दूर ही रखी गयी हैं।

(आठ) रामोपासकों की तत्सुखी शाखा, सखी-भावोपासना का ही प्रति रूप है। इस भाव में एकमात्र नित्य-दम्पति के सुख की ही भावना रहती है। इस साधना-प्रकार में अपना सुख उस सुख पर ही आधारित स्वीकार किया गया है। इसी कारण नित्य-विहारोपासकों ने युगल-केलि का अत्यन्त उल्लासमय एवं संवेग-प्रवण चित्रण किया है। युगल-विहार के प्रसंग आते ही सखी भावोपासक का मन तरलायित होकर नाना छन्दों में ढुलक जाता है।

(नौ) हरिदासी, राधावल्लभीय एवं ललित, इस लीला के मुख्य प्रतिष्ठापक सम्प्रदाय हैं, यद्यपि उसका प्रभाव प्रत्येक सम्प्रदाय पर प्राप्त हो जाता है। 18वीं शती में सम्भवतः एक भी भक्ति-सम्प्रदाय ऐसा न मिलेगा जिसके अनुयायियों ने सखी-भाव की अभिव्यक्ति न की हो। परिणामस्वरूप 18वीं शती का प्रेमाभक्ति-साहित्य मुख्यतः सखी-भावापन्न निकुंज-लीला का गान है। इसी कारण प्रकृति के अनेक उद्दीपन विभावान्तर्गत चित्र भी अंकित हुए हैं। प्रस्तुत काव्य

में प्रकृति का ही उपयोग है दम्पति के विहार का साधन बनना।

(दस) अत्यन्त सीमित क्षेत्र में संचरण करने के कारण प्रस्तुत काव्य में नव-नव रूप निर्माण क्षमता-प्रतिभा के दर्शन कम होते हैं और आधुनिक पाठक को कभी-कभी एक रस प्रतीत होने लगता है।

(ग) प्रेम-प्रतीक-भावधारा

(एक) यह परम्परा सगुण-लीला से एकदम पृथक् है। यहाँ पर लीला यदि है भी तो प्रभु के अनुग्रहों के रूप में ही व्यक्त हुई है। निर्गुणमार्गियों एवं सूफ़ियों में अवतार-तत्त्व स्वीकृत नहीं था। नरवपु में भूलोक में किसी स्थल (ब्रज या कोशल) पर लीला का प्राकट्य अथवा अन्य लोक में लीला का अहरह चलने वाला व्यापार इन मार्गों की पद्धति के अनुकूल नहीं है। इसी कारण इन सम्प्रदायों की भक्ति को रागानुगा न कहकर रागात्मिका कहना ठीक होगा, क्योंकि ये सम्प्रदाय किसी पूर्व-स्वीकृत चरित्र के भावों का अनुगमन करने के स्थान पर प्रभु से प्रत्यक्ष सम्बन्ध स्थापित करना चाहते हैं।

(दो) वस्तुतः गुणों की स्थापना कर देने के बाद भी ब्रह्म की निराकार धारणा वैष्णव-लीलावाद के अनुरूप नहीं थी। इसी कारण इन लोगों का 'प्रेम' प्रतीकों के माध्यम से व्यक्त हुआ है।

(तीन) भावावेग की तीव्रता के कारण ये प्रतीक बहुधा व्यावहारिक वास्तविक प्रतीत होते हैं।

(चार) इन प्रतीकों में पति-पत्नी एवं सेवक-स्वामी के प्रतीक सन्तों को अत्यधिक प्रिय थे।

(पाँच) सूफ़ियों एवं सन्तों की प्रेम-भावना में मूलतः बड़ा अन्तर नहीं है। कहानी का आवरण हटा देने पर दोनों तत्त्वतः एक ही प्रतीत होते हैं।

(छह) प्रेम-प्रतीकवाद होने के कारण स्वकीया-परकीया का प्रश्न यहाँ पर नहीं उठाया जा सकता, परन्तु सन्तों ने इस प्रेम-प्रतीकवाद का आदर्श एक दूसरा प्रतीक 'पतिव्रता' उपस्थित किया है। इससे प्रतीत होता है कि प्रेम की अनन्यता के क्षेत्र में वे स्वकीया की नैतिक दृष्टि को स्वीकार करते थे।

(सात) विरहानुभूति इस परम्परा के काव्य की एक मुख्य विशेषता है। आवरण-लीला (ब्रज-लीला) के गायकों ने विरह-वृत्ति को जो मान दिया है, सम्भवतः उसके मूल में यह विचारधारा विद्यमान थी।

(3) साधना की दृष्टि से यह काव्य 'प्रेमपरक रहस्यवाद' के अन्तर्गत परिगणित किया जाना चाहिए। बाह्य प्रतीकोपासना के साथ ही नित्यलीला की एक नितान्त मानसिक साधना इसमें अपेक्षित है। निकुंज-लीला के गायक तो शुद्ध रूप से इस प्रेम-रहस्यवाद के अन्तर्गत माने जा सकते हैं।

(4) 18वीं शती का ब्रज-भाषा का प्रेमाभक्ति-काव्य अपने कथ्य एवं शिल्प की दृष्टि से भक्तिकाल एवं रीतिकाल का मध्यवर्ती है। इस सम्बन्ध में मिश्र तथ्य ध्यान में रखने होंगे–

(क) इस साहित्य में व्यक्त लीलाओं का रूप एवं उनकी मूल विचार-वस्तु भक्तिकाल का ठीक अनुसरण है। इसी कारण काव्य की दृष्टि से पढ़ने वाले व्यक्ति को यह काव्य पिष्टपेषण-युक्त एवं एक सीमा के बाद उबाने वाला प्रतीत होता है, परन्तु यह ध्यान में रखा जाना चाहिए कि यह काव्य शुद्ध काव्य-रचना की दृष्टि से न रचा जाकर साधना-साधन के रूप में लिखा गया था।

(ख) मूल-तत्त्व-दर्शन की समानता होते हुए भी 18वीं शती का यह साहित्य अनुभूति की आवेगात्मकता की दृष्टि से भक्तिकालीन प्रेमाभक्ति-काव्य की अपेक्षा हीनतर है। ऐसा प्रतीत होता है कि वैयक्तिक-साधना में पूर्ववर्ती तीव्रता एवं आत्मविश्वास का अभाव होने लगा था। इस काव्य में सम्प्रदायाचार्यों के गुणगान का बढ़ता हुआ स्वर इस आत्मविश्वास की क्षीणता का द्योतक है।

(ग) अलंकृति, भाषा के परिष्करण एवं अभिव्यंजना के उपादानों-प्रसाधनों का अधिक सचेष्ट प्रयोग इस काव्य में है। इस दृष्टि में प्रस्तुत साहित्य के शिल्प-विधान पर रीतिकालीन प्रवृत्तियों की स्पष्ट छाया है।

(घ) रीतिकालीन काव्य ने नायिका-भेद, नायक के रूप और रूप-प्रभाव, विरह की विविध दशाओं, बहुवल्लभाओं के साथ नाना क्रीड़ाओं आदि के प्रसंग एवं भाव, प्रेमाभक्ति की ब्रज-लीला (आवरण-लीला)–परम्परा से प्राप्त किये हैं। संयोग एवं मिलन की धनीभूत संवेगात्मकता, नायिका का सौन्दर्य एवं सौन्दर्य का प्रभाव, नायक की मिलनाकुलता आदि दशाएँ निकुंज-लीला परम्परा से ग्रहण की गयी हैं। बिहारी जैसे कवियों में आलोचकों ने मिलन-प्रसंगों की जो उत्कृष्टता देखी है, उसके मूल में कवि का साधनागत भाव विद्यमान है।

(ङ) प्रेम-प्रतीकवादी भावधारा ने रीतिकाव्य को बहुत प्रभावित भी नहीं किया एवं अपने शिल्प-विधान में यह धारा रीतिकाव्य से कम-से-कम प्रभावित भी होती है। सुन्दरदास या चरणदास जैसे कवि कम ही मिलेंगे, जिन पर कला-युग का स्पष्ट प्रभाव दृष्टिगोचर होता है।

(5) इस प्रकार भक्तिकाल की प्रवृत्तियों का संक्रमण प्रेमाभक्ति की विविध स्थितियों के माध्यम से रीतिकाव्य में होता है। 18वीं शती का यह साहित्य इन दोनों कालों की प्रवृत्तियों की मध्यवर्ती कड़ी ही नहीं, अपितु रीतिकाव्य की समकालीन

समानान्तर प्रवहमान जीवन्त धारा भी है, जो 19वीं शती तक अनवरुद्ध गति से संचरित होती रहती है। यदि इन दोनों प्रकार के साहित्यों का समीपी एवं तुलनात्मक अध्ययन किया जाये तो इस सम्बन्ध की दिशा एवं काव्य-परम्परा के ऐतिहासिक बढ़ाव का अधिक साफ़ रूप सामने आ सकेगा और बहुत सम्भव है कि रीतिकाल-सम्बन्धी बहुत से विवादों का इससे परिशमन भी हो सके।

ग्रन्थ में प्रयुक्त शब्द-संक्षेप-सूची

अ.	अध्याय
अप्र.प्रब.	अप्रकाशित प्रबन्ध
अ.का.	अरण्य-काण्ड
अहि.सं.	अहिर्बुध्न्य-संहिता
आ.	आचार्य
उ.नी.म.	उज्ज्वल-नीलमणि
कि.का.	किष्किन्धा-काण्ड
चै.च.	चैतन्य चरितामृत
चै.	चौबोला
जी.गो.	जीव गोस्वामी
डॉ.	डॉक्टर
त.दी.नि.	तत्त्वदीपनिर्णय
द.वि.	दक्षिण विभाग
दी.द. गुप्त, डॉ.	डॉक्टर दीनदयालु गुप्त
दे.	देखिए
ना.प्र.स.	नागरी प्रचारिणी सभा
ना.भ.सू.	नारद भक्तिसूत्र
ना.द. शर्मा, डॉ.	डॉक्टर नारायण दत्त शर्मा
नि.वि.	नित्य विहार
नि.सं.कृ.भ.	निम्बार्क-सम्प्रदाय के कृष्णभक्त
हि.क.	हिन्दी कवि
नृ.रा.मि.	नृत्य-राघव-मिलन
प.रा.चतुर्वेदी	परशुराम चतुर्वेदी
परि.	परिच्छेद (परिभाषा के लिए भी यथास्थान देखें)
पू.वि.	पूर्व-विभाग

पृ.	पृष्ठ
ब.ली.	बयालीस लीला
बा.का.	बाल-काण्ड
भ.र.	(भगवत) भक्ति रसायन
भ.प्र.सिंह, डॉ.	डॉ. भगवती प्रसाद सिंह
(ह.) भ.र.सि.	(हरि) भक्ति-रसामृत-सिन्धु
म.ली.	मध्य लीला
रा.क्र.वि.	राधा का क्रमिक विकास
रा.च.मा.	रामचरितमानस
रा.त.प्र.	राम-तत्त्व-प्रकाश
रा.भ.म.उ.	रामभक्ति में मधुर-उपासना
रा.भ.र.सं.	राम-भक्ति में रसिक-सम्प्रदाय
ली.वि.	लीला विंशति
वै.	वैष्णव
वै.एण्ड शै.	वैष्णविज्म, शैविज्म एण्ड अदर माइनर रिलिजस सिस्टिम्स
वै.फे.मू.	अर्ली हिस्ट्री आफ़ दि वैष्णव, फेथ एण्ड मूवमेण्ट इन बेंगाल
श.भू. गुप्त, डॉ.	डॉ. शशि भूषणदास गुप्त
शा.भ.सू.	शाण्डिल्य-भक्तिसूत्र
सि.	सिद्धान्त
सु.का.	सुन्दर-काण्ड
सु.म.सं.	सुन्दर मणि-सन्दर्भ
सू.सा.	सूरसागर
सं.	संख्या या संवत्
स्वा.	स्वामी
स्वा.ह.सं.वा.सा.	स्वामी हरिदास का सम्प्रदाय और उसका वाणी-साहित्य
श्री.कृ.सं.	श्री कृष्ण-सन्दर्भ
ह.प्र.द्विवेदी	हजारी प्रसाद द्विवेदी
ह.सं.	हनुमत्संहिता
ह.लि.प्र.	हस्तलिखित प्रति
नि.मा.	निम्बार्क माधुरी

सहायक ग्रन्थ-सूची

1. अनन्य-तरंगिणी — श्री रसिक अली
2. अनन्य-निश्चयात्म-ग्रन्थ — श्री भगवतरसिक
3. अनन्य मोदिनी — श्री प्रियादास
4. अमीघूँट-केशवदास — बेलवेडियर प्रेस, प्रयाग
5. अष्टछाप और वल्लभ-सम्प्रदाय (दो भाग 2) — डॉ. दीनदयालु गुप्त
6. अष्टछाप परिचय — श्री प्रभुदयाल मीतल
7. अष्टादश सिद्धान्त के पद — स्वामी हरिदास
8. अष्टादश सिद्धान्त के पदों की टीका — श्री अमोलकर राम
9. उत्तरी भारत की सन्त-परम्परा — श्री परशुराम चतुर्वेदी
10. कन्हैयालाल पोद्दार अभिनन्दन ग्रन्थ — सम्पादक. डॉ. वासुदेव शरण अग्रवाल
11. कबीर-ग्रन्थावली — डॉ. श्यामसुन्दर दास
12. कर्णानन्द (बंगला-ग्रन्थ) — श्री यदुनन्दन
13. कवित्त-रत्नाकर — श्री सेनापति
14. कीर्तन-संग्रह (भाग 2-3) — श्री लल्लुभाई छगनलाल देसाई, अहमदाबाद
15. केलिमाल — स्वामी हरिदास
16. गीतामृत गंगा — श्री बृन्दाबन देव
17. गुजराती और ब्रजभाषा कृष्ण-काव्य का तुलनात्मक अध्ययन — डॉ. जगदीश गुप्त
18. गोस्वामी हित हरिवंश : सिद्धान्त और साहित्य — श्री ललिताचरण गोस्वामी
19. गौरांग-भूषण मंजावली — गौरगणदास (बाबा कृष्णदास-प्रकाशक)

20. घनानन्द (ग्रन्थावली) — सम्पादक, श्री विश्वनाथ प्रसाद मिश्र
21. घनानन्द और स्वच्छन्द काव्यधारा — डॉ. मनोहर लाल गौड़
22. चन्द्रसखी और उनका काव्य — सम्पादिका : सुश्री पद्मावती शबनम
23. चन्द्रसखी के भजन और लोकगीत — सम्पादक : श्री प्रभुदयाल मीतल
24. चिन्तामणि, भाग 1 — आचार्य रामचन्द्र शुक्ल
25. चैतन्य चरितामृत (बंगला-ग्रन्थ) — श्री कृष्णदास कविराज
26. चैतन्य चरितामृत (ब्रजभाषा) — श्री सुबल श्याम (बाबा कृष्णदास)
27. चौरासी वैष्णव की वार्ता — विद्या-विभाग, कांकरौली
28. जायसी ग्रन्थावली — सम्पादक : आचार्य रामचन्द्र शुक्ल
29. तसव्वुफ और सूफ़ीमत — श्री चन्द्रबली पाण्डेय
30. तुलसी-ग्रन्थावली, भाग 2 — आचार्य रामचन्द्र शुक्ल
31. देव और उनकी कविता — डॉ. नगेन्द्र
32. दोहाकोश — राहुल सांकृत्यायन
33. नागर समुच्चय — नागरीदास
34. निजमत-सिद्धान्त — किशोरदास
35. नित्य विहार-पदावली — रसिक देव
36. निम्बार्क-माधुरी — सम्पादक : ब्रह्मचारी विहारीशरण
37. पद्मावत-भाष्य — डॉ. वासुदेव शरण अग्रवाल
38. परमानन्द-सागर — सम्पादक : डॉ. गोवर्द्धनलाल शुक्ल
39. प्रियादास-ग्रन्थावली — प्रकाशक : बाबा कृष्णदास
40. प्रेमपाठ-(प्राणनाथ वाणी) — अमरवास बनमालीदास शर्मा (दार्जिलिंग)
41. प्रेमभक्ति-चन्द्रिका — श्री बृन्दाबन दास
42. प्रेमयोग — स्वामी विवेकानन्द
43. बयालीस लीला — ध्रुवदास
44. बिहारी रत्नाकर — सम्पादक : जगन्नाथदास रत्नाकर
45. ब्रह्मसूत्रों के वैष्णव-भाष्यों का तुलनात्मक अध्ययन — डॉ. रामकृष्ण आचार्य
46. भक्तकवि व्यास जी — सम्पादक : वासुदेव गोस्वामी
47. भक्त नामावली — श्री बृन्दाबन दास
48. भक्तमाल — श्री नाभादास
49. भक्ति का विकास — डॉ. मुंशीराम शर्मा
50. भक्ति-दर्शन — डॉ. सरनाम सिह

51. भक्ति-योग — स्वामी विवेकानन्द
52. भक्ति-विलास — महाराज रघुराज सिंह
53. भक्ति-सागर — श्री चरणदास
54. भक्ति-सिद्धान्तमणि — श्री रसिक देव
55. भागवत-सम्प्रदाय — श्री बलदेव उपाध्याय
56. भारतीय-दर्शन — डॉ. उमेश मिश्र
57. भारतीय-दर्शन — श्री बलदेव उपाध्याय
58. भारतीय दर्शन का इतिहास — डॉ. देवराज
59. हिन्दुत्व — श्री रामदास गौड़
60. भारतीय साधना और सूर-साहित्य — डॉ. मुंशीराम शर्मा 'सोम'
61. मतिराम और उनका काव्य — डॉ. महेन्द्र कुमार
62. मध्यकालीन धर्म-साधना — डॉ. हजारी प्रसाद द्विवेदी
63. मध्यकालीन प्रेम-साधना — श्री परशुराम चतुर्वेदी
64. मध्यकालन श्रृंगारक प्रवृत्तियाँ — श्री परशुराम चतुर्वेदी
65. मध्यकालीन हिन्दी कवयित्रियाँ — डॉ. सावित्री सिन्हा
66. महाकवि जायसी — श्री जयदेव कुलश्रेष्ठ
67. महावाणी — श्री हरिव्यास देव
68. माधुरी वाणी — श्री माधुरी दास
69. मुंशी अभिनन्दन-ग्रन्थ — सम्पादक : श्री रमाकान्त दीक्षित
70. मुक्तक काव्य-परम्परा और बिहारी — डॉ. रामसागर त्रिपाठी
71. युगल-शतक आदिवाणी — श्री भट्ट (सं. ब्रजवल्लभ शरण)
72. रस-सार — रसिक देव
73. रसराज — श्री मतिराम
74. राजस्थान का पिंगल-साहित्य — डॉ. मोतीलाल मेनारिया
75. राधावल्लभ सम्प्रदाय : सिद्धान्त और साहित्य — डॉ. विजयेन्द्र स्नातक
76. राधारमण-रस-सागर — श्री मनोहरदास (सं. बाबा कृष्णदास)
77. राधा सुधानिधि — श्री हित हरिवंश
78. रामकथा : उत्पत्ति और विकास — डॉ. कामिल बुल्के
79. रामचरितमानस — गोस्वामी तुलसीदास
80. रामभक्ति में रसिक-सम्प्रदाय — डॉ. भगवती प्रसाद सिंह
81. रामभक्ति साहित्य में मधुर-उपासना — श्री भुवनेश्वरनाथ मिश्र 'माधव'
82. राम-रस-रंग — श्री रसरंगमणि

ख.	रामानन्द-सम्प्रदाय तथा हिन्दी साहित्य पर उसका प्रभाव	डॉ. बदरीनारायण श्रीवास्तव
83.	रास पंचाध्यायी	श्री नन्ददास
84.	रीतिकालीन काव्य में प्रेम-व्यंजना	डॉ. बच्चन सिंह
85.	रीतिकाव्य की भूमिका	डॉ. नगेन्द्र
86.	लीला विंशति तथा नित्य बिहार-पदावली	श्री रूपरसिक देव (प्रकाशक—माधुरीदास)
87.	विद्यापति	डॉ. शिवप्रसाद सिंह
88.	विलाप-कुसुमांजलि	बृन्दाबन दास
89.	वैष्णव-धर्म	श्री परशुराम चतुर्वेदी
90.	ब्रज-माधुरी-सार	श्री वियोगी हरि
91.	शब्दसार	श्री बुल्ला साहब
92.	शैव-मत	श्री यदुवंशी
93.	श्रीमद् वैष्णव सिद्धान्त रत्न-संग्रह	हकीम श्यामलाल, वृन्दावन
94.	श्री राधा का क्रम-विकास	डॉ. शशिभूषण दास गुप्त
95.	श्री हरिलीला	श्री ब्रह्म गोपाल (प्रका. : बाबा कृष्णादास)
96.	श्री हरिव्यास-यशामृत	श्री रूपरसिक देव (प्रका. : रामचन्द्रदास)
96ए.	हित हरिवंश गोस्वामी सम्प्रदाय और साहित्य	ललिता चरण गोस्वामी
97.	सहजोबाई की बानी	बेलवेडियर प्रेस, प्रयाग
98.	साहित्य-रत्नावली	किशोरी शरण अलि
99.	सिद्धान्त-रत्नाकर	निम्बार्क शोध-मण्डल
100.	सिद्ध-साहित्य	डॉ. धर्मवीर भारती
101.	सीताराम-नखशिख-वर्णन	प्रेमसखी
102.	सुन्दर-ग्रन्थावली	पुरोहित हरनारायण शर्मा
103.	सेवक-वाणी	सेवक जी
104.	सूफ़ीमत और हिन्दी-साहित्य	डॉ. विमल कुमार जैन
105.	सूफ़ीमत : साधना और साहित्य	रामपूजन तिवारी
106.	सूर और उनका साहित्य	डॉ. हरवंशलाल शर्मा
107.	सूर की झाँकी	डॉ. सत्येन्द्र
108.	सूर-निर्णय	द्वारिकादास पारिख, प्रभुदयाल मीतल
109.	सूरपूर्व-ब्रजभाषा-काव्य	डॉ. शिवप्रसाद सिंह
110.	सूरसागर	सूरदास
111.	सूर-साहित्य	डॉ. हजारी प्रसाद द्विवेदी

112. सूर-सौरभ	डॉ. मुंशीराम शर्मा 'सोम'
113. सोमनाथ-रत्नावली	सोमनाथ
114. सन्त-काव्य	परशुराम चतुर्वेदी
115. स्फुट-वाणी	हित हरिवंश
116. स्वामी हरिदास अभिनन्दन-ग्रन्थ	सं. : छबीलेवल्लभ गोस्वामी
117. हित-चौरासी	हित हरिवंश
118. हिन्दी और कन्नड़ में भक्ति-आन्दोलन का तुलनात्मक अध्ययन	डॉ. हिरण्मय
119. हिन्दी और बंगाली के वैष्णव कवि (16वीं शती)	डॉ. रत्नकुमारी
120. हिन्दी काव्य में अन्योक्ति	डॉ. संसारचन्द्र
121. हिन्दी काव्य में शृंगार-परम्परा और महाकवि बिहारी	डॉ. गणपतिचन्द्र गुप्त
122. हिन्दी-साहित्य (द्वितीय भाग)	डॉ. धीरेन्द्र वर्मा (सम्पादक)
123. " "	डॉ. हजारी प्रसाद द्विवेदी
124. हिन्दी-साहित्य का बृहत् इतिहास (षष्ठ भाग)	डॉ. नगेन्द्र
125. हिन्दी-साहित्य का बृहत् इतिहास (प्र. भाग)	डॉ. राजबली पाण्डेय
126. हिन्दी-साहित्य की भूमिका	डॉ. हजारी प्रसाद द्विवेदी
127. हिन्दी-साहित्य-कोश	डॉ. धीरेन्द्र वर्मा (सम्पादक)
128. हिन्दी-साहित्य का इतिहास	आचार्य रामचन्द्र शुक्ल
129. हृदय-सर्वस्व	वंशी अलि (सं. एवं प्रकाशक नृसिंहदत्त किंगण)

1. अप्रकाशित हिन्दी-ग्रन्थ

1. अनन्य अली की वाणी (बाबा तुलसीदास, बाबा वंशीदास, गो. रूपलाल जी से कुछ सामग्री प्राप्त)
2. अष्टाचार्यों की वाणी (डॉ. शरण बिहारी गोस्वामी के संग्रह से)
3. किशोरी अलि की वाणी (डॉ. शरण बिहारी गोस्वामी के संग्रह से)
4. किशोरीदास की बाणी (बाबा कृष्णदास के संग्रह से)
5. गुलाबलाल कृत अष्टक (गो. हित रूपलाल)
6. गौतमीय तन्त्र (डॉ. श. बि. गो. के संग्रह से)

7. निम्बार्क सम्प्रदाय और उसके हिन्दी कृष्ण-भक्तकवि (डॉ. नारायण दत्त शर्मा)
8. पीताम्बर देव की बानी (डॉ. श. वि. गो. के संग्रह से)
9. रस-कदम्ब-चूड़ामणि-ग्रन्थ-रसिकदास (बाबा कृष्णदास के संग्रह से)
10. रसिकदास का अष्टक (गो. रूपलाल के संग्रह से)
11. रसिक विलास-साधुचरण दास (बाबा कृष्णदास के संग्रह से)
12. रस-रत्नाकर-हितरूपलाल (गो. ललिता चरण के संग्रह से)
13. वृन्दावन-शतक—भगवत् मुदित (डॉ. श. वि. गो.)
14. बृहदुत्सव मणिमाल—रूपरसिक देव (ब्रजवल्लभशरण वेदान्ताचार्य के संग्रह से)
15. स्वामी हरिदास जी का सम्प्रदाय और उसका वाणी-साहित्य डॉ. गोपालदत्त शर्मा
16. सौन्दर्यलता—रसिकदास (बाबा वंशीदास के सौजन्य से)
17. हिन्दी कृष्ण-भक्ति-काव्य में सखी-भाव—शरणबिहारी गोस्वामी
18. श्री कृष्णदास जी भावुक के कतिपय पद गोस्वामी ललिताचरण जी से प्राप्त हुए।
19. इसके अतिरिक्त कुछ फुटकर पद, कुछ पुस्तकालयों के संग्रहों से भी प्राप्त हुए।
20. भक्तवर नागरीदास—इनके काव्य-विकास से सम्बन्धित प्रभावों और प्रतिक्रियाओं का एक अध्ययन।

—डॉ. फ़य्याज़ अली खाँ

2. अंग्रेजी-ग्रन्थ

1. एलिगरी ऑफ़ लव — सी.एस. लेविस
2. ऑन रिलिजन : मार्क्स एण्ड एंगेल्स — मॉस्को पब्लिकेशन
3. ऑब्सक्योर रिलिजस कल्ट्स — डॉ. शशिभूषणदास गुप्त
4. आस्पेक्ट्स ऑफ़ भक्ति — के.सी. वरदाचारी (1956)
5. इण्डियन साधूज़ — जी. एस. घुर्ये
6. ए कॉम्प्रीहेन्सिव हिस्ट्री ऑफ़ इण्डिया, भाग 2 — सपादक—के.ए.एन. शास्त्री
7. ए जनरल इण्ट्रोडक्शन टु साइकोएनालिसिस — फ्रॉयड
8. एनसाइक्लोपीडिया ऑफ़ रिलिजन एण्ड एथिक्स—भाग 12 — फ्रॉयड

9. ऐन आउटलाइन ऑफ़ रिलिजस लिटरेचर ऑफ़ इण्डिया	जे.एन. फर्कुहर
10. एस्थैटिक एक्सपीरियन्स इन रिलिजन	गैडिस मैक ग्रेगर
11. ए हिस्ट्री ऑफ़ इण्डियन फ़िलॉसफ़ी	एस.एन. दासगुप्त, (1955)
12. ग्लिम्पसेज़ ऑफ़ मेडीवल इण्डियन कल्चर	यूसुफ़ हुसैन
13. चैतन्य-मूवमेण्ट	एस.टी. कैनेडी
14. डेवलपमेण्ट ऑफ़ हिन्दू आइक्नोग्राफ़ी	जे.एन. बनर्जी
15. द ग्लोरियस क़ुरान	एम. पिक्थैल
16. द परशियन मिस्टिक्स	एफ़.एच. डेविस
17. द पोस्ट चैतन्य सहजिया कल्ट ऑफ़ बंगाल	मणीन्द्र मोहन बोस कलकत्ता युनि. (1930)
18. द माइण्ड एण्ड हार्ट ऑफ़ लव	एम. सी. डार्सी (फेबर एण्ड फेबर, लन्दन)
19. द मिस्टिक्स ऑफ़ इस्लाम	आर.ए. निकल्सन
20. द वैराइटीज ऑफ़ रिलिजस एक्सपीरियन्स	विलियम जेम्स
21. द साइकॉलॉजी ऑफ़ रिलिजस मिस्टीसिज़्म	जे.एच. हवा
22. पाथवेज़ टु गॉड इन हिन्दी लिटरेचर	आ.डॉ. रानडे
23. फ़ैशन एण्ड सोसाइटी	डेनिस डि रूजमा (फेबर एण्ड फेबर, लन्दन)
24. फ़ाउण्डेशन ऑफ़ कैरेक्टर	ए.एफ़. सैण्ड
25. बेंगाली लिटरेचर	जे.सी. घोष (ऑक्सफोर्ड लन्दन)
26. भक्ति-कल्ट इन एन्शिएण्ट इण्डिया	बी.के. गोस्वामी
27. मिस्टीसिज़्म इन महाराष्ट्र	आर.डी. रानाडे
28. मैटिरियल्स फॉर द स्टडी ऑफ़ दि अर्ली हिस्ट्री ऑफ़ द वैष्णव सैक्ट	हेमचन्द्र रायचौधरी
29. रिलिजस कांशसनेस	जे.बी. प्रैट

30. एसेज़ ऑन द रिलिजस सैक्ट्स ऑफ़ हिन्दूज़	एच.एच. विल्सन
31. लिटरेरी हिस्ट्री ऑफ़ दि अरब्स	आर.ए. निकल्सन
32. वैष्णव फ़ेथ एण्ड मूवमेण्ट	एस.के. डे
33. वैष्णविज़्म, शैविज़्म एण्ड माइनर रिलिजस सिस्टम्स	डॉ. आर. जी. भण्डारकर
34. स्टडीज़ इन पर्शियन लिटरेचर	हादी हसन
35. सूफ़ीइज़्म	ए.जे. आरबेरी
36. हिन्दूइज़्म एण्ड बुद्धिज़्म	चार्ल्स इलियट
37. हिन्दूइज़्म थ्रू दि एजेज़	डी.एस. शर्मा

3. संस्कृत-ग्रन्थ

1. अणुभाष्य	वल्लभाचार्य
2. अन्तःकरणप्रबोध	वल्लभाचार्य
3. अलंकार-कौस्तुभ	कवि कर्णपूर
4. अहिर्बुध्न्यसंहिता	ऋग्वेद
5. आचार्य-स्तव-माला	अमोलक राम, शास्त्री
6. उज्ज्वल-नीलमणि	रूप गोस्वामी
7. कृष्ण-कर्णामृत	लीलाशुक
8. काव्यप्रकाश	आचार्य मम्मट (डॉ. सत्यव्रत सिंह का अनुवाद)
9. गीतगोविन्द	जयदेव
10. तत्वार्थ-दीप-निर्णय	श्रीवल्लभाचार्य
11. दशरूपक	धनंजय (डॉ. गोविन्द त्रिगुणायत का अनुवाद, साहित्य निकेतन, कानपुर)
12. दशश्लोकी	निम्बार्काचार्य
13. नारद भक्तिसूत्र	गीता प्रेस, गोरखपुर
14. पद्म-पुराण	
15. पद्यावली	सम्पादक : रूप गोस्वामी (बृन्दावन)
16. प्रमेय-रत्नावली	श्री बलदेव विद्याभूषण, संस्कृत साहित्य परिषद्, कलकत्ता (सन् 1927)

17. ब्रह्मसंहिता	गौड़ीयमत, मद्रास
18. भक्ति-द्वैविध्य-निरूपणम्	गोस्वामी हरिराय
19. भगवद् भक्ति-रसायन	मधुसूदन सरस्वती (प्र. : साङ्ग वेद विद्यालय वाराणसी, सन् 1950)
20. हरिभक्ति-रसामृत-सिन्धु	रूप गोस्वामी
21. भक्ति-रस-तरंगिणी	नारायण भट्ट
22. रस-गंगाधर	पण्डितराज जगन्नाथ
23. लघु-भागवतामृत	रूप गोस्वामी
24. विवेकचूडामणि	शंकराचार्य
25. विष्णुपुराण	
26. बृहदारण्यकोपनिषद्	
27. वैष्णवभक्ताब्जभास्कर	रामानन्द
28. शिवपुराण	
29. शुद्धाद्वैत-मार्तण्ड	गोस्वामी गिरधर जी
30. श्री देवीभागवत	
31. श्री राधा-सिद्धान्तम्	महात्मा वंशी अलि
32. श्री स्तोत्र-रत्न	यमुनाचार्य
33. षट्-सन्दर्भ	जीवगोस्वामी (प्रकाशक : श्यामलाल गोस्वामी, कलकत्ता)
34. षोडश-ग्रन्थ	वल्लभाचार्य (भट्ट रमानाथ शर्मा तथा कल्याण, सन्तवाणी अंक)
35. साहित्य-दर्पण	श्री विश्वनाथ कविराज
36. सुबोधिनी-भाष्य	श्री वल्लभाचार्य
37. सुन्दर-मणि-सन्दर्भ	श्री मधुराचार्य
38. हनुमत् संहिता	
39. हरिराय-वाक्यमुक्तावली	प्रकाशक, पुष्टिमार्गीय पुस्तकालय नडियाड
40. श्री राम-तत्त्व प्रकाश	श्री मधुराचार्य
41. विशिष्टाद्वैतकोश	सं. डी.टी. ताताचार्य
42. रामनवरत्न सार संग्रह	श्री रामचरणदास
43. हरि-भक्ति रसामृत सिन्धु	रूप गोस्वामी

पत्र-पत्रिकाएँ

1. आलोचना
2. कल्पना
3. कल्याण
4. नागरी-प्रचारिणी-पत्रिका
5. भारतीय-साहित्य
6. भण्डारकर-ओरियण्टल-रिसर्च-इंस्टीट्यूट-जर्नल
7. ब्रज-भारती
8. वल्लभीय सुधा पत्रिका
9. श्री सर्वेश्वर
10. सम्मेलन-पत्रिका
11. हिन्दी-अनुशीलन एवं अन्य खोज-रिपोर्ट्स तथा विवरण इत्यादि।

परिशिष्ट

डॉ. देवीशंकर अवस्थी : जीवनवृत्त

जन्म : 5 अप्रैल, 1930, ग्राम-सथनी बालाखेड़ा, जनपद-उन्नाव (उ.प्र.)

शिक्षा : आरम्भिक शिक्षा गाँव में और व्यक्तिगत स्तर पर। डी.ए.वी. कॉलेज, कानपुर से 1951 में बी.ए. और 1953 में एम.ए. (हिन्दी) प्रथम श्रेणी में। 1960 में आचार्य हजारी प्रसाद द्विवेदी के निर्देशन में 'अठारहवीं शताब्दी के ब्रजभाषा काव्य में प्रेमाभक्ति' विषय पर पीएच.डी.। 1952 में 'लॉ' की भी डिग्री ली।

आजीविका : 1953 से 1961 तक डी.ए.वी. कॉलेज, कानपुर में हिन्दी के प्राध्यापक। जुलाई, 1961 से मृत्युपर्यन्त दिल्ली विश्वविद्यालय के हिन्दी विभाग में प्राध्यापक रहे।

निधन : 11 जनवरी, 1966 को दिल्ली में एक सड़क दुर्घटना के चलते ब्रेन हेमरेज से 13 जनवरी, 1966 को आकस्मिक अवसान।

प्रकाशित पुस्तकों का इतिवृत्त : **(1) मौलिक : आलोचना**–(i) आलोचना और आलोचना–1961, प्रज्ञा प्रकाशन, कानपुर, पुनःप्रकाशन–1995, वाणी प्रकाशन, दिल्ली; (ii) अठारहवीं शताब्दी के ब्रजभाषा काव्य में प्रेमाभक्ति–1968, अक्षर प्रकाशन, दिल्ली, पुनःप्रकाशन–2015, स्वराज प्रकाशन, दिल्ली; (iii) रचना और आलोचना–1979, मैकमिलन प्रकाशन, दिल्ली, पुनःप्रकाशन–1995, वाणी प्रकाशन, दिल्ली; (iv) भक्ति का सन्दर्भ–1997, वाणी प्रकाशन, दिल्ली; (v) आलोचना का द्वन्द्व–1999, वाणी प्रकाशन, दिल्ली; (vi) विवेक के कुछ और रंग–2003, स्वराज प्रकाशन, दिल्ली; (vii) देवीशंकर अवस्थी : संकलित निबन्ध–2008, नेशनल बुक ट्रस्ट, इण्डिया, नयी दिल्ली; (viii) देवीशंकर अवस्थी : रचना संचयन–2012, साहित्य अकादेमी, नयी दिल्ली।

(2) सम्पादित पुस्तकों का इतिवृत्त : (i) कविताएँ १९५४, साहित्य निकेतन, कानपुर (श्री अजित कुमार के साथ); (ii) कहानी-विविधा–1963, राजकमल प्रकाशन, दिल्ली; (iii) 'भूले-बिसरे चित्र' उपन्यास के संक्षिप्त संस्करण की भूमिका और सम्पादन–1963, राजकमल प्रकाशन, दिल्ली; (iv) विवेक के रंग–1965, भारतीय ज्ञानपीठ, वाराणसी, पुनःप्रकाशन–1995, वाणी प्रकाशन, दिल्ली; (v) नयी कहानी :

सन्दर्भ और प्रकृति—1966, अक्षर प्रकाशन, दिल्ली, पुनःप्रकाशन—1973, राजकमल प्रकाशन, दिल्ली; (vi) साहित्य विधाओं की प्रकृति—1981, मैकमिलन प्रकाशन, दिल्ली, पुनःप्रकाशन—1993, राधाकृष्ण प्रकाशन, दिल्ली; (vii) 'कलजुग' पत्रिका, फरवरी 1957 से जून-जुलाई 1957 (पाँच अंक) तक कानपुर से सम्पादन एवं मार्गदर्शन।

(3) **पत्र संकलन :** (i) 'हमकों लिख्यौ है कहा'—2001, भारतीय ज्ञानपीठ, नयी दिल्ली (मित्रों के पत्र देवीशंकर के नाम); (ii) मेरे प्रेम-पत्र (पत्नी कमलेश के नाम)—2012, संवेद पुस्तिका, दिल्ली।

(4) **पुस्तक अनुवाद :** 'ईश्वर चन्द्र विद्यासागर' विनय घोष की अंग्रेजी पुस्तक का हिन्दी अनुवाद, जून 1968, प्रकाशन विभाग, भारत सरकार।

(5) **देवीशंकर अवस्थी पर प्रकाशित पुस्तकें :** (i) मौलिक : देवीशंकर अवस्थी—2006, अरविन्द त्रिपाठी, साहित्य अकादमी से 'भारतीय साहित्य निर्माता सीरीज' में प्रकाशित विनिबन्ध (मोनोग्राफ); (ii) सम्पादित : आलोचना का विवेक—2004, सं. : राजेन्द्र कुमार (डॉ. देवीशंकर अवस्थी के अवदान पर एकाग्र) लोकभारती प्रकाशन, इलाहाबाद।

देवीशंकर अवस्थी रचनावली

विविधा

खण्ड चार

'बानी ते पहचानिये
सब्दहि देत लखाय'

देवीशंकर अवस्थी रचनावली

विविधा

खण्ड चार

सम्पादक

रेखा अवस्थी

कमलेश अवस्थी

वाणी प्रकाशन

वाणी प्रकाशन

4695, 21-ए, दरियागंज, नयी दिल्ली 110 002

शाखा

अशोक राजपथ, पटना 800 004

फ़ोन : +91 11 23273167 फ़ैक्स : +91 11 23275710

www.vaniprakashan.in
vaniprakashan@gmail.com
sales@vaniprakashan.in

DEVI SHANKER AWASTHI RACHNAWALI-4
Edited by Rekha Awasthi, Kamlesh Awasthi

ISBN : 978-93-87648-27-2
Rachnawali

© 2018 कमलेश अवस्थी

प्रथम संस्करण

सम्पूर्ण (सेट) मूल्य : ₹ 7500

इस पुस्तक के किसी भी अंश को किसी भी माध्यम में प्रयोग करने के लिए प्रकाशक से लिखित अनुमति लेना अनिवार्य है।

सिटी प्रेस, दिल्ली-110 095 में मुद्रित

वाणी प्रकाशन का लोगो मक़बूल फ़िदा हुसेन की कूची से

लालगंज, 1948

अध्ययन कक्ष : मामा जी का गोदाम, कानपुर, 1952-53

कानपुर में मामा जी के गोदाम में अजित कुमार, शिवप्रसाद भदौरिया और बालकिशन गुप्ता (टानी), 1953

बीच रास्ते में बालकिशन गुप्ता (टानी) के साथ, 1953

'आज कॉलेज में की खूब फरुहाई'
डायरी.....
डी.ए.वी. कॉलेज, कानपुर के खेल मैदान में विकास के लिए छात्रों के साथ श्रमदान, 6 सितम्बर, 1954

1 जुलाई, 1956, विवाह के उपरान्त युगल दम्पति

पत्नी कमलेश के साथ स्नातक डिग्री के दीक्षान्त समारोह के बाद साथ में बड़ी साली विजयलक्ष्मी, 1957-58

अनुक्रम

ललित गद्य (1955-1966)

एकांकी (1957-1965)

चिट्ठियाँ और पत्र (1956-1964)

रचनावली के बारे में

देवीशंकर अवस्थी रचनावली खण्ड चार की 'विविधा' संज्ञा व्यंजनागर्भित ही नहीं अति ध्वन्यात्मक भी है। मेरे मन में बार-बार इस खण्ड को साहित्य का जलतरंग या साहित्य का आर्केस्ट्रा कहने की इच्छा हो रही है। इस आर्केस्ट्रा के कम्पोजर, संचालक-नियोजक और वादकवृन्द तीनों क्या अनेकों की भूमिका वे स्वयं निभा रहे हैं। आलोचनात्मक लेखन के साथ-साथ डायरी लिख रहे हैं, कविता लिख रहे हैं, एकांकी लिख रहे हैं, ललित निबन्ध लिख रहे हैं। यह क्रम यहीं नहीं खत्म होता है। उन्होंने यात्रा-वृत्तान्त, यात्रा-संस्मरण, रेखाचित्र और व्यंग्य भी लिखे। पत्र और चिट्ठियाँ लिखना तो उनके कार्यभार का हिस्सा प्रतीत होता है। इन पत्रों, चिट्ठियों में उनके विचार और भाव सघनता की अभिव्यक्ति मिलती है। यहाँ यह कहना सर्वथा उपयुक्त है कि राग संवेदना की तीव्रता से भरीपूरी यह रचनाशीलता उनके आलोचनात्मक विवेक को परिपक्व बनाने में बड़ी भूमिका निभाती है। जिस दौर में वे रचनात्मक लेखन कर रहे थे, वह साहित्यिक आन्दोलन की दृष्टि से नयी कविता, नयी कहानी और नयी समालोचना में तमाम तरह की वैचारिक गहमागहमी और शैलीगत नये प्रयोगों का काल था। उनका यह बहुआयामी एवं बहुरूपी लेखन इस माहौल में देवीशंकर की अपनी तैयारी का साक्ष्य या कहें दस्तावेज़ है।

इन विभिन्न साहित्य विधाओं में निरन्तर आवागमन की विभिन्न साहित्य तरंगों की जलतरंगीय ध्वनियों का रचनावली में संयोजन किस तरह किया जाये कि विधाओं की प्रकृति एवं छवि को सुरक्षित रखा जा सके, यह बहुत मुश्किल चयन की पद्धति से गुजरना था। फिर भी प्रयास किया है कि रचनावली के खण्ड चार 'विविधा' को पाँच उपखण्डों में इस तरह संयोजित करूँ कि डॉ. देवीशंकर अवस्थी की राग-संवेदना की अभिव्यक्ति के शिल्पगत और विधागत वैविध्य के साथ हिन्दी समाज परिचय और तादात्म्य स्थापित कर सके।

विविधा : डायरी

डायरी उपखण्ड में डॉ. देवीशंकर अवस्थी की 14 डायरियाँ संकलित हैं। पहली डायरी

सन् 1948 की है, जब वे किशोरावस्था में हैं और दसवीं कक्षा प्रथम श्रेणी में उत्तीर्ण कर चुके हैं। सन् '48 के बाद 3 वर्ष की डायरियाँ कहीं खो गयी हैं। भाई साहब के दिल्ली आने पर किताबों इत्यादि सामानों को दिल्ली लाने के क्रम में या उनके निधन के बाद दिल्ली में कई बार मकान बदलने या भाभी के दिल्ली से वापस कानपुर को स्थायी निवास बनाने के क्रम में 1949, 1950 और 1951 की डायरी लापता हो गयीं और अब मिल नहीं सकीं। इसी तरह 1963 की डायरी भी नहीं मिल सकी। निरन्तरता के लिहाज से प्रश्न किया जा सकता है कि 1948 से क्यों, 1952 से क्यों नहीं? हमें भी शुरू में कुछ इसी तरह की शंका उत्पन्न हुई थी। परन्तु सभी डायरी पढ़ने और समझने के बाद महसूस किया कि 1948 की डायरी के बिना हम समझ ही नहीं पायेंगे उनकी शिक्षा की ललक, ज्ञान संचय की प्रवृत्ति, बड़े-छोटे हर व्यक्ति से सहयोग करने के लिए तत्पर रहने का स्वभाव, पिता की असामयिक मृत्यु के अवसाद से उभरने के प्रयास में निरन्तर व्यस्त रहने के लिए जगह-जगह आना-जाना। पितृपक्ष में पिता के लिए तर्पण करना तथा जीविकोपार्जन के लिए हिसाब्र-किताब की तत्कालीन भाषा मुडिया सीखने का अभ्यास आदि...। मुडिया प्रैक्टिस के कुछ नमूने स्कैन करके डायरी के पन्नों के रूप में लगा रही हूँ। खर्च का हिसाब डायरी के हर पन्ने पर लिखा है। अर्थाभाव तथा ईमानदारी के कारण एक-एक पाई का हिसाब वे लिखते हैं क्योंकि जिस सम्बन्धी ने रुपये दिये हैं यदि वह जानना चाहे तो खर्च का पूरा हिसाब दिया जा सके, कभी लज्जित न होना पड़े। इसलिए खर्च के भी कुछ नमूने दिये जा रहे हैं। 30 जनवरी, 1948 की तारीख में महात्मा गाँधी की हत्या का उल्लेख है और 31 को अपनी भावनात्मक प्रतिक्रिया नोट की है।

1 जनवरी, 1948 की नोटिंग से यह संकेत मिल जाता है कि आगे पढ़ाई जारी रखने के लिए वे ननिहाल लालगंज आ जाते हैं। दोनों मामा से बात होती है यानी फीस इत्यादि के बारे में...। इसीलिए रायबरेली से प्राइवेट इण्टरमीडियेट करने का निर्णय लेते हैं। अगले वर्षों की डायरी पढ़ने से पता चलता है कि देवीशंकर अवस्थी ज्ञानार्जन के लिए मामा के यहाँ रहते हैं पर अवस्थी परिवार के छोटे-बड़े प्रत्येक सदस्य से गहरा आत्मीय सम्बन्ध बनाये रखते हैं। आधुनिक शिक्षा और सामाजिक सोच में पाण्डेय परिवार अवस्थी परिवार से अधिक जागरूक और प्रगतिशील था। यद्यपि 1949, 50 और 51 की डायरी उपलब्ध नहीं हुई पर यह तथ्य है कि 1949 में बड़े मामा उमाशंकर पाण्डेय, जो कानपुर में लोहे के थोक विक्रेता थे, की अनुमति से उनके लोहा रखने के गोदाम के एक कमरे में कुर्सी मेज के साथ उनके पढ़ने की व्यवस्था हुई और उन्होंने डी.ए.वी. कॉलेज, कानपुर में बी.ए. में दाखिला लिया। यही वह 'गुदाम' और बाद में 'गोदाम' है जिसका जिक्र 1956 तक की डायरियों एवं तमाम मित्रों के संस्मरणों में आज तक मिलता है। यही वह गोदाम है जो लेखक मित्रों का अड्डा बनता है और बड़े मामा सब मित्रों के मामा। यद्यपि सभी बड़े मामा से डरते भी बहुत थे।

सन् 1948 से अंग्रेजी शब्दों, मुहावरों-कहावतों को डायरी में नोट करने के बजाय 1952 में 21 जनवरी से वे अंग्रेजी में ही डायरी लिखने लगते हैं। यद्यपि वाक्य विन्यास में अशुद्धियाँ हैं पर उन्हें ज्यों का त्यों ही प्रकाशित किया जा रहा है क्योंकि यह अंग्रेजी सीखने का ऐसा प्रयास है जिसमें अंग्रेजी का डर निकल जाता है। 1952 की डायरी में दूसरी अत्यन्त महत्त्वपूर्ण इन्दराज पहली लोकसभा-विधानसभा के चुनावों की गहमागहमी और चुनाव प्रचार अभियान का है। 25, 26, 27 जनवरी को रायबरेली और उन्नाव जनपद में चुनाव के दौरान इन्दिरा गाँधी के चुनाव प्रचार का भी जिक्र है। चुनाव के बाद तत्काल वे पढ़ाई में व्यस्त हो जाते हैं क्योंकि 18 मार्च से एम.ए. प्रथम वर्ष की परीक्षाएँ हैं। परीक्षा समाप्त होते ही गुरुवर कृष्णशंकर शुक्ल की सलाह पर एक संचयन तैयार करने के लिए 6 अप्रैल को गयाप्रसाद शुक्ल 'सनेही' से मिलते हैं। 28 अप्रैल को आचार्य महावीर प्रसाद द्विवेदी के जयन्ती कार्यक्रम में उनके गाँव दौलतपुर में महादेवी जी से मिलते हैं और उनका साक्षात्कार भी लेते हैं। 12 जून को आचार्य विनोबा भावे लालगंज आते हैं। देवीशंकर अभिभूत हो उनकी सेवा में तत्पर रहते हैं। 1952 की डायरी एक ऐसे ऊर्जावान नवयुवक की डायरी है जो अपनी कर्मशीलता से सभी को उपकृत करता और आह्लादित रखता है। अर्थाभाव के कारण किसी-न-किसी से बार-बार उधार लेने से मुक्त होने के लिए वे 1952 में एम.ए. (प्रथम वर्ष) परीक्षा के बाद कोई नौकरी करना चाहते हैं पर नौकरी मिलती नहीं तो अन्ततः 18 दिसम्बर से ट्यूशन पढ़ाने को मजबूर होते हैं।

वर्ष 1953 उनकी उपलब्धियों का वर्ष है। 3 जनवरी को पहली कविता डायरी में दर्ज है। 25 अगस्त को डी.ए.वी. कॉलेज, कानपुर में प्रवक्ता पद की नौकरी ज्वाइन करते हैं। अजित शंकर चौधरी से पहली मुलाकात बहुत जल्दी घनिष्ठ मित्रता में बदल जाती है। स्टाफ रूप में बैठते झेंप महसूस करते हैं कि कल तक जहाँ शिक्षकों से मिलने आते थे, अब वहीं खुद शिक्षक के रूप में बैठना है। 6, 7, 8 सितम्बर को कॉलेज में खेल के मैदान को बराबर करने के लिए विद्यार्थियों को प्रोत्साहित करके उनके साथ श्रमदान करते हैं। 13 सितम्बर को गोदाम में पहली कवि गोष्ठी करते हैं जिसमें अजित कुमार, शिव बहादुर सिंह और राम मनोहर त्रिपाठी काव्यपाठ करते हैं। 2 सितम्बर से चार दिन तक संगीत समारोह में शामिल होते हैं और 19 सितम्बर को संगीत समारोह का रिव्यू लिखने का जिक्र है। अक्तूबर में अजित कुमार के साथ पटना अधिवेशन में जाते हैं। नालन्दा राजगीर भी घूमते हैं। लौटते वक्त बनारस में आचार्य हजारी प्रसाद द्विवेदी और नामवर सिंह से मिलते हैं। कानपुर लौटते हैं फिर लखनऊ चले जाते हैं। सबसे आश्चर्यजनक लगता है कि 19 अक्तूबर को कानपुर में आयोजित दंगल देखने भी जाते हैं। यह वर्ष अध्ययन, अध्यापन, भ्रमण, गोष्ठीबाजी के साथ आर्थिक परनिर्भरता से मुक्ति का वर्ष सिद्ध होता है। 1953 में

कानपुर-लखनऊ के साथ इलाहाबाद-बनारस भी जुड़ जाते हैं। डायरी में साहित्यिक टिप्पणियाँ लिखनी शुरू हो जाती हैं।

वर्ष 1954 में पहाड़ी क्षेत्रों की यात्राओं, विशेष रूप से नैनीताल-रानीखेत की सौन्दर्य सुषमा का वर्णन है। 'कहानी' पत्रिका की सदस्य संख्या दर्ज है। 7 और 14 जनवरी को अपनी कविता लिखते हैं। 9 और 15 नवम्बर को भी कविता दर्ज है। पर 1954 की डायरी की विशेषता यह भी है कि इसमें ब्रिटिश कवि कैनेथ पैचन की तीन कविताओं का भावानुवाद है और एक कविता मूल अंग्रेजी रूप में नोट की है। 1954 के अन्त आते-आते उनकी डायरी का स्वरूप बदलने लगता है। अब घटनाओं, सूचनाओं, हिसाब-किताब की जगह एक कोने में सिमट जाती है। विश्व प्रसिद्ध लेखकों, चिन्तकों, आलोचकों का अध्ययन-मनन डायरी की जगह घेरने लगता है। लेखकों के नोट्स के साथ अपनी राय और उदाहरण साथ-साथ लिखने लगते हैं।

वर्ष 1955 की 1 जनवरी को वर्ष भर में यायावरी, मित्रों के स्नेह, अपरिचितों के सौहार्द और सबके कल्याण की कामना जरूर करते हैं पर 3 जनवरी से इसे अपना वर्ष बनाने के लिए उनकी साहित्यिक साधना शुरू हो जाती है। 4, 5, 6, 7 जनवरी की टिप्पणियाँ इस दृष्टि से बहुत महत्त्वपूर्ण हैं। G.M. Young, J. Issacs, V. Lee के उद्धरणों को अपने सन्दर्भ से व्याख्यायित करते हैं। डायरी लिखने की यह पद्धति आगे जारी रहती है। उदाहरणस्वरूप **23 जनवरी, 1955** का यह उद्धरण बहुत गौरतलब है—

> *We judge our contemporaries by their predecessors.*
>
> *प्रमुख धारा और उसकी उपशाखाओं से परिचय न होना बहुधा भ्रम और उथलापन उत्पन्न कर देता है। हमारा जीवन एक ऐसे फ्रेम पर होता है जो एक साथ Past और Present है।*
>
> *हमें साहित्यकार के व्यक्तित्व के सम्बन्ध में जानना पड़ता है। उनका उद्देश्य (Purpose) क्या था, किन परिस्थितियों के भीतर वे पले और परिश्रम किया उनका तात्कालिक देय (Contribution) तथा उनकी ultimate importance क्या है। क्यों प्रसाद प्रसाद हैं निराला नहीं। क्यों अज्ञेय अज्ञेय हैं, दिनकर नहीं। हमारा युग संघर्षों का युग है। हमारे राजनीतिक और नैतिक दर्शनों में गहरा मतभेद है और साहित्य इन सबको प्रतिबिम्बित करता है। पर मनुष्य का कल्याण सब चाहते हैं, Personality in technical society पर अस्तित्ववादी भी विचार करते हैं, मार्क्सवादी भी, धार्मिक भी और गाँधीवादी भी।*
>
> *आज का साहित्यकार भी समझ रहा है "The proper study of mankind is man." वे उसकी कमज़ोरियों और पराजयों से परिचित हैं पर उसके जयचिह्नों और महानताओं से भी वाक़िफ़ हैं।*

इस तरह हम देखते हैं कि वर्ष 1955 की डायरी डॉ. देवीशंकर अवस्थी की आलोचना सम्बन्धी तैयारी, पर्सपेक्टिव एवं मूल्यांकन के मानदण्डों की निर्मिति की दृष्टि से बहुत महत्त्वपूर्ण है। Modernity, Anatomy of inspiration, poetic images जैसे विषयों पर लम्बे-लम्बे नोट्स डायरी में लिखे गये हैं। 1955 की डायरी में उद्धृत अथवा नोट किये गये, अंग्रेजी, फ्रेंच, जर्मन या कियी अन्य भाषा के महान लेखकों की किताबों का उल्लेख, उनके उद्धरण या नोट्स की संख्या कुल मिलाकर 100 से ज्यादा ही होगी। कोई भी ऐसी महत्त्वपूर्ण किताब या रचनाकार न होगा जो उद्धृत न हुआ हो या नोट्स न लिये हों। कुछ नाम इस प्रकार हैं : C.D. Lewis, Cyril Connolly, Herbert Read, Aristotle, Dryden, Coleridge, Mathew Arnold, T.E. Hulme, P. Thomson, John Middelton, V. Lee, J. Issacs, T.S. Eliot, Ezra Pound, W.B. Yeats, Paul Valery, Schiller, Dallas, G. Barker, Stephen Spender, A.C. Bradley, Caudwell, Robert Graves, William Hazlitt, Edmund Wilson, Walter Raleigh, Christina Rossetti, John Keats, E.M. Forster, J.D. Beresford, G.M. Young, H.G. Wells, Virginia Woolf, Catherine Mansfield, Graham Green, I.A. Richards, Joseph Conrad और Irving Howe आदि-आदि। ये कुछ नाम लेखकों के हैं। लम्बा-चौड़ा होने के डर से किताबों के नाम नहीं दे रही हूँ। उनको विद्वत्जन डायरी में पढ़ ही लेंगे, ऐसा विश्वास है।

इनके अतिरिक्त शोध सम्बन्धी सूचनाएँ एवं पुस्तकें भी इस वर्ष की डायरी में दर्ज हैं। आय-व्यय के विवरण तथा सभा संगोष्ठियों की सूचनाएँ भी दर्ज हैं। एक छोटी डायरी में साहित्यकारों, परिचितों एवं पत्रिकाओं के फोन नम्बर और डाक पता भी लिखे हुए हैं।

वर्ष 1956 में ज्यादा प्रविष्टियाँ नहीं मिलतीं। सम्भवतः तब तक उन्होंने अपने नोट्स के लिए कुछ कापियाँ और रजिस्टर बना लिए थे। इसके अलावा यदि हम उनके लेखन का चार्ट देखें तो पता चलेगा कि 1956 में उन्होंने लेख लिखे, कविताएँ, ललित गद्य और एकांकी लिखे परन्तु सबसे ज्यादा कविताएँ 1956 में ही लिखीं। वे सब डायरी में नोट हैं। 23 अप्रैल और 26 अप्रैल को अजित कुमार जी के सन्दर्भ में की गयी दो नोटिंग्स से उनकी व्यथा का, उनकी मित्रता का भाव मर्मस्पर्शी है—

23 अप्रैल, 1956

आज अजित के farewell *में पार्टी थी। पर मजा देखिए कि वही जनाब गायब। बिना दूल्हे के बारात। यहाँ पर देवर और तलवार से भी काम नहीं चलता। खासा मजाक रहा। अजित शायद इसलिए नहीं आये कि उन्हें* formal invitation *नहीं मिला था। आज के युग में मनुष्य क्यों इतना* formal *होता जा रहा है? स्नेह का दान चुक गया। केवल* formality *के सूखे तारों पर यह सामाजिक व्यवहारों की बिजली दौड़ रही है।*

26 अप्रैल, 1956

आज अजित चले गये। मुझे शान्ति के बाद पहली बार किसी के जाने पर इस प्रकार कष्ट हुआ है। लगता है कि एक महत्त्वपूर्ण अंग रिक्त हुआ जा रहा है। भगवान जाने क्यों हम सम्बन्धों के इतना निकट रहना चाहते हैं।

अजित से बीच में कुछ मतभेद भी मेरा हो गया था पर मेरे मन में उनके लिए अत्यधिक स्नेह था। इतना ही कहूँगा कि दोस्त जहाँ भी रहो, उन्नतगामी रहो।

11 जून, '56 की नोटिंग में रचनाकारों की जिजीविषा और उनके व्यक्तित्व की भिन्नता को लेकर लिखा गया वक्तव्य विचार प्रधान है। इसके बाद वे अपने विवाह की तैयारियों में व्यस्त हो गये होंगे क्योंकि आर्थिक जिम्मेदारी उन्हीं की थी। इसीलिए विवाह के खर्चे लिखते रहे। 1 जुलाई को विवाह सम्बन्धी भावनाओं, रीति-रिवाजों एवं सात फेरों का वर्णन अधिकाधिक प्रेम और माधुर्य से छलकता हुआ लिखा गया है। भाभी श्रीमती कमलेश अवस्थी ने 'देवीशंकर अवस्थी : व्यक्तित्व और परिवेश' (प्रथम खण्ड) लेख में विवाह के बाद का वर्णन बहुत तफसील के साथ किया है। 1 जुलाई की इस नोटिंग के साथ भाभी का लेख पढ़कर प्रेम के इस पारावार में डूबना स्वाभाविक ही होगा। 1 जुलाई के बाद 23 अगस्त और उसके बाद सीधे 31 दिसम्बर की तारीख की नोटिंग में भाईसाहब ने दो कविताएँ लिखी हैं। इतने लम्बे अन्तराल का कारण यही समझ में आया कि अगस्त में भाभी के विदा होने से गौना होने की अवधि (8 या 9 महीने) के बीच देवीशंकर अवस्थी ने लगभग 35 पत्र पत्नी को लिखे हैं। कभी-कभी तो एक ही तारीख में दो पत्र भी। और 33 या 34 पत्र बाद के आठ वर्षों के दौरान लिखे गये हैं। 1956-57-58 का समय देवीशंकर अवस्थी के जीवन का वह समय है जब प्रेम के माधुर्य से तृप्त एक लेखक अपने लेखन और कर्मक्षेत्र में पूरी मुस्तैदी से जमा हुआ है। कितने ही लेख, समीक्षाएँ, एकांकी, व्यंग्य, कविताएँ, संस्मरण और वृत्तान्त उन्होंने इस बीच लिखे। यही वह दौर भी है जब उन्होंने 'कलजुग' के 5 अंकों का सम्पादन भी किया।

आगे के 8 वर्षों यानी 1957, 58, 59, 60, 61, 62, 64 और 1965 की डायरियाँ आप स्वयं पढ़ें और निर्णय करें। 6 वर्षों की डायरियों का यह छोटा-सा वृत्तान्त मात्र इस प्रयोजन से लिखा है कि वह 17 वर्षीय किशोर किस तरह अपने जीवन के उतार-चढ़ावों के बीच आत्मबल एवं कर्मठता से तथा अपनी माँ दुर्गावती और अन्य स्वजनों के प्रेम एवं संरक्षण से 15 वर्षों से भी कम समय में हिन्दी साहित्य संसार में अपना अनूठा स्थान बनाता है। यह उल्लेख भी यहाँ जरूरी है कि देवीशंकर अवस्थी की ये 14 डायरी पहली बार मुकम्मल रूप में रचनावली में प्रकाशित हो रही हैं। इससे पहले कभी-कभी कुछ अंश 'लहर', 'माध्यम', 'तद्भव' और 'पक्षधर' में छप चुके हैं। एक सूचना यह कि देवीशंकर अवस्थी ने लगभग 20-25 कविताएँ डायरी

में लिखी थीं, विभिन्न वर्षों के बीच। उन सभी को 'विविधा : कविता' उपखण्ड में तिथिक्रम से संकलित किया गया है। केवल उन तारीखों में कविता की सूचना डायरी में दे दी गयी है।

विविधा : कविता

आलोचक देवीशंकर अवस्थी ने पचासेक कविताएँ लिखीं। कुछ डायरी में विभिन्न वर्षों के बीच लिखी हैं और कुछ अन्य कापियों या पत्रिकाओं में छपने के बाद उनके रचना-संकलन की फाइल में मिली हैं। 1955-56 तक उनकी कई कविताएँ ए.डी. शंकरन के नाम से 'युगचेतना', 'राष्ट्रवाणी', 'प्रवाह' आदि पत्रिकाओं में छप चुकी थीं। अधिकांश कविताओं में लिखने के बाद उन्होंने तारीख और स्थान का उल्लेख किया है जैसे पांडेनपुरवा, नैनीताल, कानपुर, पटेल चेस्ट, दिल्ली इत्यादि। कविताओं की तारीखों से पता चलता है कि सन् 1954, 55, 56 में उन्होंने सबसे ज्यादा कविताएँ लिखी हैं अन्यथा अन्य वर्षों में दो या तीन कविताओं का औसत है। सन् 1964 में पुनः हमें पटेल चेस्ट इंस्टीट्यूट के अस्पताल में इलाज के दौरान भर्ती होने पर 9-10 कविताएँ एक साथ डायरी में 5 से 10 दिसम्बर के बीच लिखी मिलती हैं।

देवीशंकर अवस्थी के निधन के बाद 'धर्मयुग', 'लहर', 'कल्पना', 'माध्यम' आदि कई पत्रिकाओं ने 1966 में उनकी कविताओं को पहली बार प्रकाशित किया। 1990 में षष्टिपूर्ति आयोजन के बाद भी कई पत्रिकाओं ने उन्हें उनकी कविताओं के प्रकाशन के माध्यम से याद किया है। सन् 2005 के आस-पास 'तद्भव' और इधर 'पक्षधर' ने भी उनकी डायरी और कविताओं को पुनः प्रकाशित किया है। कविता संकलन के रूप में ये कविताएँ पहली बार रचनावली में एक साथ प्रकाशित हो रही हैं। 3 जनवरी, 1953 से 10 दिसम्बर, 1964 के बीच लिखी इन कविताओं में कई तरह के कथ्य, भावभंगिमाएँ, काव्य की शैलीगत भिन्नता सहज परिलक्षित होती है। नयी कविता के दौर की अमूर्त्तता का कोई प्रभाव इन कविताओं पर दिखायी नहीं देता। सहज मन से गहरी भाव-व्यंजना वाली इन कविताओं में बिम्ब-विधान के साथ हास्य-व्यंग्य का भी प्रयोग किया गया है। 'तमस : तीन आशय' कविता का चित्र इस प्रकार है—

पर आओ
उतरें गहरे मन में, जीवन में
सत्य के फानूसी स्तरों में।

X X

अन्धकार के सहारे
क्योंकि
प्रकाश वहाँ निष्फल है।

प्रकृति और लोकजीवन के रंग के साथ शुरू हुई उनकी काव्य-यात्रा की अन्तिम कविता में गन्ध, स्पर्श आदि इन्द्रिय संवेदन का सामंजस्य इस प्रकार अभिव्यक्त हुआ है—

मैंने पहली मंजिल की अपनी खिड़की से हाथ बढ़ाकर
चुटकी भर पीला गुलाब बगल में खिले लाल गुलाब पर डाल दिया
और बगल में ही खिले सफेद और काले गुलाबों की ओर
धूप को थोड़ा-सा खिसका दिया।
गन्ध का रंग और धूप की हवा ऊपर तक चली आयी
जिसे मैंने दूसरी मंजिल की खिड़कियों तक जाने से रोक लिया।
फिर जमीन और आसमान दोनों से ही अलग
धूप, (और) गन्ध और मर्मर सब केवल मुझ तक रह गये।
मैं खुश हूँ कि स्वार्थी नहीं हूँ?

10 दिसम्बर, 1964

जबकि अपनी पहली कविता में एक अवधी लोकोक्ति 'महुआ रोवे ठाढ़ आम बौराय' की परिहासात्मक व्यंजना को वसन्त ऋतु के प्राकृतिक सौन्दर्य वर्णन में प्रयुक्त करते हैं।

कविताएँ तिथिक्रम से संयोजित की गयी हैं।

विविधा : ललित गद्य

रचनावली खण्ड चार के इस तीसरे उपखण्ड 'विविधा : ललित गद्य' की प्रकृति बहुरूपी-बहुआयामी है। गद्य में रचनाशीलता के विभिन्न विषय देवीशंकर अवस्थी की सृजन प्रक्रिया का हिस्सा हैं। विभिन्न विषयों पर मन की काल्पनिक उड़ान उनकी सृजनशीलता को स्पन्दित करती है और भावनात्मक स्फूर्ति को तर्क के फलक पर प्रस्तुत करती है। ऐसे ही कुल ग्यारह आलेख इस उपखण्ड में संयोजित हैं। तिथिक्रम से संयोजित ये आलेख जून 1955 से अप्रैल 1966 की अवधि के बीच विभिन्न पत्रिकाओं में प्रकाशित हैं। 'विवेक के कुछ और रंग' पुस्तक में इनमें से दस लेख संकलित हैं। एक आलेख 'साइकिल और घोड़े का अन्तर' पहली बार रचनावली में संकलित किया जा रहा है, वह भी आधा-अधूरा...। इस व्यंग्य लेख के दो पन्ने कहाँ विलुप्त हो गये, कुछ कहना नामुमकिन है। जबकि यह उनका पहला व्यंग्य लेख है और जून 1955 में 'प्रवाह' पत्रिका में छपा था। एक अन्तर्कथा के साथ रचनावली में इसे संगृहीत कर रही हूँ। देवीशंकर जी मन्द-मन्द मुस्कुराते हुए स्थितियों, परिस्थितियों, व्यक्तियों, मनोवृत्तियों, आदतों, विश्वासों, धारा-विचारधारा, व्यवस्था-अव्यवस्था के जितने भी कोने-अतरे हैं और हो सकते हैं—सबका खुलासा ऐसे ठिकाने से करते हैं कि आप ठठा कर हँसेंगे भी और आह-आह करते हुए बचने की भी कोशिश करेंगे। 'शार्टकट और शून्य',

'इण्टरव्यू', 'चौराहा दर्शन', 'दिल्ली-दंगल', 'लेखक परिचय : यानी बकलम खुद' लेखों में व्यंग्यात्मक टिप्पणियाँ गद्य-शैली की नयी भंगिमा प्रस्तुत करती हैं। उपर्युक्त ये पाँचों लेख आज भी उतने ही प्रासंगिक हैं जितने 52 से 60 साल पहले थे। व्यंग्य का यह पुट इस उपखण्ड में संकलित सभी आलेखों में अन्तर्धारा की तरह अन्तर्निहित है।

'दुलारे दउवा' संस्मरणात्मक रेखाचित्र की गद्य-शैली में लिखा गया ललित आलेख है। 'पहाड़ और दोस्त' पत्र-शैली में पहाड़ यात्रा के सूचनात्मक विवरणों के साथ पहाड़ों के सौन्दर्य का वृत्तान्त है। 'डेफ़ोडिल के फूल' के माध्यम से सौन्दर्यबोध की हमारी अतिवादी मनोवृत्ति का अत्यन्त लालित्य के साथ वर्णन है। 'मतभेद और झगड़े का भेद' में शब्द-व्युत्पत्ति की मदद से वैचारिक अर्थ व्यंजनाओं का वर्णन व्यंग्य विधान के साथ किया है। 'छोटी यात्राएँ : फुटकर बातें' यात्रा कोलाज है जो डायरी में दर्ज अनेक वास्तविक घटनाओं को आपस में जोड़कर लिखा गया फोटो अलबम प्रतीत होता है।

विविधा : एकांकी

आलोचक देवीशंकर अवस्थी के उपलब्ध सात एकांकी (ध्वनि रूपक) में से चार 'श्रमजीवी' पत्रिका में जनवरी, 1957 से दिसम्बर, 1957 के बीच प्रकाशित हुए। 'परामर्श लिमिटेड एक अनाटक' 'कलजुग' पत्रिका में मार्च, 1957 के अंक में प्रकाशित हुआ था। दो एकांकी 'मदारी की करामात' और 'प्रेरक छन्दों की गूँज' किसी पत्रिका में प्रकाशित नहीं हुए परन्तु देवीशंकर जी के रचना संग्रह 'विवेक के कुछ और रंग' में संकलित हैं। रचनावली खण्ड चार के 'विविधा : एकांकी' उपखण्ड में ये सातों एकांकी तिथिक्रम से संगृहीत हैं। एक और एकांकी 'आखिरी भत्ता', जिसका जिक्र पत्नी कमलेश को लिखी 15.11.1956 की चिट्ठी में देवीशंकर अवस्थी के सूचित करने से मिलता है कि 'परसों 17 तारीख को शाम 6:10 से 6:30 बजे के बीच में मेरा लिखा फीचर 'आखिरी भत्ता' ब्राडकास्ट होगा।' 17.11.1956 को दिन में लिखे पत्र में भी फीचर सुनने की याद दिलाते हैं। आ. भाभी ने तो जरूर सुना होगा पर यह फीचर हमें मिल नहीं सका। आकाशवाणी, लखनऊ केन्द्र से इतने वर्षों बाद इसे प्राप्त करना असम्भव ही है। देवीशंकर अवस्थी के 'पत्नी के नाम चिट्ठी' से यह सवाल तो अवश्य उठता है कि अवस्थी जी ने अपने इस तरह के लेखन को 'फीचर' कहा है तो हम उसे एकांकी संज्ञा क्यों दे रहे हैं। फीचर वास्तव में पत्रकारिता का शब्द है और कहानी भी उसमें होती है। पर संवाद शैली में लिखे होने तथा मंचन के अनुकूल दृश्य विधान होने के कारण अभिनेयता की पूरी सम्भावना से भरपूर हैं ये फीचर, अतः इन रचनाओं को एकांकी कहना, इनकी परिधि का विस्तार करना है।

'बोनस की बदौलत', 'सम्पति की सीख', 'तिल का ताड़' मजदूरों के जीवन से जुड़ी सामाजिक-आर्थिक समस्याओं तथा मजदूर एकता से सम्बद्ध एकांकी हैं इसीलिए 'श्रमजीवी' पत्रिका में प्रकाशित भी हुए। श्रमिक नगरी कानपुर से प्रकाशित होने वाली पत्रिका 'श्रमजीवी' के अब भी यदा-कदा अंक दिल्ली से प्रकाशित हो जाते हैं, जिन्हें देखकर भाईसाहब और कानपुर की याद आ ही जाती है।

'परामर्श लिमिटेड : एक अनाटक' मध्यवर्ग के असंगत मंसूबों से सम्बद्ध हास्य-व्यंग्य प्रधान एकांकी है। 'मदारी की करामात' का मंचन सम्भव नहीं है, अन्यथा सभी एकांकी मंच पर अभिनेय हैं और ध्वनि माध्यम से रेडियो पर प्रसारित भी हो सकते हैं। 'मदारी की करामात' एकांकी का नुक्कड़ नाटक की शैली में या ध्वनि माध्यम से मंचन और प्रसारण बहुत रोचक शैली में सम्भव है। इस एकांकी में भाखड़ा नंगल बाँध के बारे में सभी जरूरी सूचनाएँ मिल जाती हैं। 1965 के भारत-पाक युद्ध की पृष्ठभूमि पर लिखे गये 'प्रेरक छन्दों की गूँज' एकांकी में भारतेन्दु, जयशंकर प्रसाद, निराला, रामनरेश त्रिपाठी, शिवमंगल सिंह 'सुमन', रामधारी सिंह दिनकर, माखन लाल चतुर्वेदी, सुभद्रा कुमारी चौहान, बालकृष्ण शर्मा नवीन की देशभक्ति प्रधान कविताओं को आधार बनाया है और समूह गान शैली में रचित इस एकांकी के द्वारा देशवासियों में साहस और मनोबल का संचार करने के लिए उद्बोधनात्मक नाट्यव्यंजना प्रस्तुत है।

विविधा : चिट्ठियाँ और पत्र

पत्नी कमलेश के नाम चिट्ठियाँ : रचनावली खण्ड चार के इस अन्तिम उपखण्ड में देवीशंकर अवस्थी की पत्नी कमलेश के नाम लिखीं लगभग 70 चिट्ठियाँ संकलित हैं। 1 जुलाई, 1956 को विवाहोपरान्त एक-डेढ़ महीना साथ रहने के बाद पत्नी के विदा होकर मायके जाने के बाद 18 अगस्त, 1956 को पहला पत्र लिखा, वह भी लखनऊ से कानपुर आने के रास्ते में बस स्टेशनों पर रुकने के दौरान...। उन्होंने अगस्त 1956 से मई 1956 की 8 महीने की अवधि में लगभग 35 पत्र और जून 1956 से फरवरी 1964 के 8 वर्षों में भी लगभग 33 या 34 पत्र पत्नी को लिखे हैं। प्रेम और साहचर्य से उत्पन्न समझदारी का गहरा भाव माधुर्य को कितने उन्नत रूप में प्रतिष्ठित कर सकता है इसका अत्यन्त उच्च उज्ज्वल रूप इन पत्रों में पढ़ा जा सकता है। 25 फरवरी, 1964 का पत्र इन संकलित पत्रों में अन्तिम पत्र है। इस अवधि के बीच लिखे गये पत्र कानपुर के अतिरिक्त आगरा, वृन्दावन, लखनऊ, जालन्धर, दिल्ली से भी लिखे गये हैं। श्रीमती कमलेश अवस्थी की यह सदाशयता है कि अपने व्यक्तिगत प्रेम को उन्होंने सार्वजनिक बनाकर अपने अनन्य पति-प्रेमी के विलक्षण प्यार की सान्द्रता और भावसंकुलता से साहित्यजगत और सामान्य पाठक

को परिचित कराया। देवीशंकर अवस्थी उर्फ श्याम की यह प्रेम दीवानगी फरहाद और मजनूँ से अलग होकर भी एक-सी प्रतीत होती है। सामाजिक मान-मर्यादाओं और रीति-रिवाजों के कारण विवाहित होकर भी आठ-नौ महीने अलग रहना, एक-दूसरे को देखकर भी संकोचवश बात न कर पाने आदि की अति मार्मिक छवियाँ इन पत्रों में दर्ज हैं। गौना हो जाने के बाद की भी पत्नी के नाम की चिट्ठियों में भाव-विह्वलता की कोई कमी नहीं प्रतीत होती। यहाँ तक पहले पुत्र के जन्म के बाद अस्पताल में कुछ दिन और रुकने के लिए समझाते हुए जिस प्यार के साथ वह पत्र (1.7.1958) एक पति और पिता के रूप में उन्होंने लिखा है वह अद्‌भुत है। गृहस्थ-जीवन में पूरी तरह रम जाने पर भी पत्नी के प्रति देवीशंकर अवस्थी के प्यार में रत्ती भर भी कमी नहीं आयी। कहीं भी आने-जाने पर वे पत्नी कमलेश को प्रीति-पत्र लिखते जरूर हैं और पत्नी से भी अपेक्षा रखते हैं कि वह भी उन्हें उसी प्रीति के साथ पत्र लिखें। वास्तव में देवीशंकर अवस्थी के प्यार की गहराई की दास्तान हैं पत्नी कमलेश के नाम चिट्ठियाँ। देवीशंकर अवस्थी की इन चिट्ठियों में व्यक्त प्रेम की गहराई की यह दास्तान यदि हमें अभिभूत करती है तो उन जैसे सजग, कर्मठ और जिम्मेदार बुद्धिजीवी की आर्थिक दबावों में निरन्तर जीवन जीने की दास्तान हमें व्यथित भी बहुत करती है। यहाँ तक कि दिसम्बर, 1964 की बीमारी के बाद 1965 की डायरी में 4 जनवरी को ही दिल्ली विश्वविद्यालय के मेडिकल अवकाश के नियम नोट कर लेते हैं।

मित्र नामवर सिंह को सम्बोधित पत्र : रचनावली में संगृहीत डॉ. नामवर सिंह को लिखे इन चार पत्रों में देवीशंकर अवस्थी की 'मित्रप्रियता' और 'संवादप्रियता' के माध्यम से दो समकालीन आलोचकों की आपसी साहित्यिक बातचीत एवं योजनाओं को क्रियान्वित करने के प्रयासों का विस्तृत परिचय मिलता है। ये ऐसे प्रयास हैं जो साठ के दशक के साहित्यिक-सांस्कृतिक परिदृश्य को साक्षात कर देते हैं। इन पत्रों में साहित्यिक चर्चाओं, सूचनाओं, प्रस्तावों, आकांक्षाओं के साथ पारिवारिक आत्मीयता का भाव मैत्री और घनिष्ठता को स्थायित्व प्रदान करने में बहुत उत्प्रेरक है। डॉ. नामवर सिंह के देवीशंकर अवस्थी को लिखे पत्र 'हमकों लिख्यौ है कहा'* पत्र संकलन में संगृहीत हैं। उन पत्रों में डॉ. नामवर सिंह ने देवीशंकर अवस्थी के अनुज सुधीर (श्री उदयशंकर अवस्थी) की अत्यन्त स्नेहिल भाव से सूचनाएँ दी हैं। भाईसाहब ने नामवर जी को ही उनका स्थानीय संरक्षक बनाया था। देवीशंकर जी के डॉ. नामवर सिंह को लिखे इन पत्रों में अनुज काशीनाथ सिंह के प्रति भी वही उत्कण्ठा और प्रेम दिखाई देता है।

इस तरह रचनावली के 'विविधा : खण्ड चार' में आलोचक देवीशंकर अवस्थी के बहुआयामी एवं वैविध्यपूर्ण लेखन की यह साहित्य मंजूषा आप सभी के सम्मुख प्रस्तुत है।

---

* 'हमकों लिख्यौ है कहा' पृ. 282, प्रकाशक : भारतीय ज्ञानपीठ, 2001

आभार स्वीकार

हमारा पूरा परिवार डॉ. नामवर सिंह का आभारी है कि उन्होंने अपने पास सुरक्षित रखे मित्र देवीशंकर अवस्थी के पत्रों को प्रकाशन के लिए हमें उपलब्ध कराया। हमारी भाभी श्रीमती कमलेश अवस्थी ने भाई साहब के सभी मित्रों और समकालीन साहित्यकारों से इस बाबत सम्पर्क किया, अनुरोध किया। लेकिन सहयोग डॉ. नामवर सिंह का ही मिला। साहित्यिक उतार-चढ़ावों के बावजूद पारिवारिक आत्मीयता ही आज भी हमारे सम्बन्धों में बनी हुई है।

देवीशंकर अवस्थी रचनावली के प्रकाशन की इस महती परियोजना में जैसे-जैसे काम आगे बढ़ा वैसे-वैसे हमारे मददगारों का कारवाँ भी बढ़ता गया है। सभी मित्रों, साथियों और शुभेच्छुओं का हार्दिक आभार।

अनेक वर्षों के प्रयासों के बाद दिसम्बर, 2017 के अन्तिम सप्ताह से रचनावली के काम ने रफ्तार पकड़ी और अब मार्च, 2018 के अन्तिम दिनों में पूर्णता की ओर अग्रसर है। इस गतिशील सहयोग के लिए वाणी प्रकाशन के प्रबन्ध निदेशक श्री अरुण माहेश्वरी, उनकी सम्पादकीय और मुद्रण विभाग की टीम का बहुत-बहुत हार्दिक आभार।

पिछले दिनों रचनावली की परिकल्पना, संयोजन और सम्पादन करने के दौरान आदरणीय अग्रज डॉ. देवीशंकर अवस्थी की डायरी, पत्र, कविताएँ एवं ललित गद्य पढ़ते हुए दुनिया भर के कितने ही लेखकों और उनकी किताबों व रचनाओं से परिचय हुआ। बचपन की तरह आज सत्तर साल की उम्र में भाईसाहब के तमाम मित्रों-दोस्तों के साथ एक बार पुनः रहने, घूमने, इन्तजार करने का अवसर मिला। कितनी ही भूली यादें ताजा हो गयीं। स्मृतियाँ और प्रगाढ़ हो गयीं। मुझे अच्छी तरह याद है कि बड़े मामा के गोदाम से सुधीर भाई और मैं भाई साहब के दोस्तों—राममनोहर त्रिपाठी, कृष्णचन्द्र खेमका, अजित कुमार के साथ मेस्टन रोड तक अकसर घूमने जाया करते थे। सादर नमन के साथ उन सभी के स्नेह की स्मृतियाँ आज भी हमारा सम्बल और पाथेय हैं।

आ. हजारी प्रसाद द्विवेदी, पं. मुंशीराम शर्मा 'सोम', डॉ. नगेन्द्र, डॉ. सावित्री सिन्हा, स. ही. वात्स्यायन 'अज्ञेय', हरिवंश राय बच्चन, कृष्णशंकर शुक्ल, विद्यानिवास मिश्र, मोहन राकेश, कमलेश्वर, श्रीकान्त वर्मा, कवि कमलेश, कान्ता जी, राजेन्द्र यादव, निर्मल वर्मा, महेन्द्र भल्ला, रवीन्द्र कालिया, उपेन्द्रनाथ 'अश्क', रमेश गौड़, सर्वेश्वर दयाल सक्सेना आदि को देखने-मिलने का सौभाग्य घर पर ही मिला। श्री श्रीलाल शुक्ल, नेमिचन्द्र जैन, रेखा जैन, सुरेश अवस्थी, इन्दुजा अवस्थी, कुँवर नारायण, केदारनाथ सिंह, सुरेन्द्र तिवारी, कन्हैयालाल नन्दन, कैलाश बाजपेयी, विजयेन्द्र स्नातक, शिवकुमार मिश्र, पी.सी. जोशी आदि सदैव परिवार के शुभेच्छु

रहे। रचनावली के प्रकाशन के अवसर पर उपर्युक्त सभी रचनाकारों को स्मृतियों के साथ सादर नमन और श्रद्धासुमन।

डायरी, चिट्ठियों और संस्मरणों के पन्नों पर हिन्दी के रचनाकार ही नहीं परिवार के सदस्यों को भी खूब जगह मिली है। सबसे पहले अपनी परम आदरणीया अम्मा का सादर स्मरण कर रही हूँ। तमाम विपरीत परिस्थितियों के बावजूद ऊपर उठने का हौसला उन्होंने कभी छोड़ा नहीं बल्कि हम भाई-बहनों के हौसले भी खूब बुलन्द किये। स्नेहमयी बड़ी बहन दिदिया की स्मृति को प्रणाम कर रही हूँ। दिदिया का प्रेम और सरोकार धरोहर की तरह हरदम याद रहेगा। परिवार में बड़े मामा, दद्दू-चच्चू और दद्दा की भूमिकाएँ बहुत महत्त्वपूर्ण रहीं। इन तीनों महानुभावों ने समाज में, प्रदेश में अपनी उच्च सामाजिक, राजनीतिक और बौद्धिक हैसियत के कारण सम्मान और स्वाभिमान के साथ जीना सिखाया। रचनावली के प्रकाशन के अवसर पर आप सभी का कृतज्ञता के साथ सादर स्मरण।

कृष्णा सोबती, प्रो. जी.के. दास, विष्णु खरे, विश्वनाथ त्रिपाठी, अशोक वाजपेयी, नित्यानन्द तिवारी, राजेन्द्र कुमार, मैनेजर पाण्डेय, मंगलेश डबराल, उदय प्रकाश, अर्चना वर्मा, नन्दकिशोर आचार्य एवं विजय कुमार का हमारे परिवार को सहयोग और मार्गदर्शन के लिए हृदय से आभार।

5 अप्रैल, 2018 को देवीशंकर अवस्थी के 89वें जन्मदिन पर लोकार्पण के माध्यम से आलोचना : संवाद, आलोचना : सरोकार, आलोचना : भक्ति एवं विविधा की यह साहित्य निधि हिन्दी साहित्य संसार को समर्पित है।

रेखा अवस्थी

11 मार्च, 2018
220, सहयोग अपार्टमेंट्स
मयूर विहार, फेज-I
दिल्ली-110091
मो. : 9818183255

डायरी
(1948-1965)

1948 1952 1953

1954 1955 1956

1957 1958 1959

1960 1961 1962

1964 1965

1948

बृहस्पतिवार, 1 जनवरी, 1948

लालगंज में रहा। पढ़ाई और स्वास्थ्य के बारे में बातें हुईं। आगे प्राइवेट पढ़ने का तय हुआ। आँखों की तकलीफ के बारे में भी बात हुई। (about eye operation)

खर्च Nil.

शुक्रवार, 2 जनवरी, 1948

धोतियाँ मंजूर कराने के लिए रायबरेली गया। 3 जोड़ा जनानी मंजूर हुए। 5 जोड़े लाकर गद्दी में जमा किये। शाम को लारी से आया।

शनिवार, 3 जनवरी, 1948

सवेरे कानपुर होकर लखीमपुर के लिए रवाना हुआ। बड़े मामा से रुपये मिले। रात को बारह बजे लखीमपुर पहुँचा। पिता जी* से eye operation के बारे में बात हुई।

जमा ३०	खर्च	
	२ ।)	किराया कानपुर
	=)	राह खर्च
	=)	कुली
	१=)	इक्का
	) ॥	अमरूद
	१=)	इक्का
	=)	कुली
	१।।=)	किराया लखनऊ
	।)	राह खर्च
	७॥)	किराया लखीमपुर

* पं. वंशीधर मिश्र (देवीशंकर जी के ममेरे बड़े भाई डॉ. रामनारायण पाण्डेय के ससुर) लखीमपुर और कांग्रेस के सशक्त नेता।

।)	कुली
।)	जलपान
=)	कुली
॥)	इक्का
)॥	फुटकर
१४ ।=)	

सोमवार, 5 जनवरी, 1948

लखीमपुर रहा। शाम को डॉ. शर्मा आये, लेकिन instruments न लाने के कारण देख न सके। दूसरे दिन को बुलाया। दद्दा को पत्र लिखा। मुन्नू से मिला।

खर्च Nil.

मंगलवार, 6 जनवरी, 1948

लखीमपुर में रहा। डॉ. शर्मा को दिखलाया। उन्होंने fibrolysin बताया और normal saline prescribe किया। तबीयत कुछ भारी रही।

खर्च 3।।) मफलर

बुधवार, 7 जनवरी, 1948

लखीमपुर में रहा। शाम को मीनार के सम्बन्ध में पिता जी से पूछा तो पता चला कि यह Cavana's folly कही जाती है। Cavana साहब ने दुर्भिक्ष निवारणार्थ इसे बनवाया था, लेकिन सरकार के मंजूर न करने पर यह उनकी तनख्वाह से काटी गयी।

खर्च Nil.

शाम के समय स्वामी दयाल के साथ महराज नगर गया। गाँव, दद्दा, प्रताप को पत्र लिखा।

बृहस्पतिवार, 8 जनवरी, 1948

लखीमपुर में रहा। पिता जी लखनऊ में रहे। हम और भाभी वगैरह मोटर द्वारा घूमने गये।

शुक्रवार, 9 जनवरी, 1948

लखीमपुर में रहा। दोपहर तक किसान प्रदर्शन होता रहा। शाम को 4.30 बजे मैं पिता जी, माता जी, भाभी, गोपाल, बेबी* के साथ सीतापुर गया। सीतापुर में

---

* डॉ. रामनारायण पाण्डेय की 2 वर्षीय बेटी।

डॉ. महेश को आँख दिखलाई। उन्होंने Operation की सलाह दी। रात को 8 बजे लखीमपुर आ गया। Operation की 11 तारीख निश्चित हुई।

सोमवार, 12 जनवरी, 1948

मोजे, तौलिया, चप्पल, खटपटी, फल खरीदे।

मंगलवार, 13 जनवरी, 1948

।)	दूध
१)	लकड़ी
।)	प्रेमनारायण जीजा के नाम
।।।=)	इक्का
१)	किराया लारी
१=)	पिसाई
।)	साबुन
।।)	साग हल्दी नमक
५)	गाड़ी भाड़ा
१)	खुराकी पल्लेदारों की
२।)	किराया रेल
१३।।=)	
।।।)	
१४।=)	

मंगलवार, 20 जनवरी, 1948

कौटलीय अर्थशास्त्र– By Dr. R. RamShashtri
प्रकाशक– मैसूर राज्य
कौटलीय अर्थशास्त्र–भगवान दास केला।
An outline of the history of Kashmir– By R.C. Kak
वैदिक सम्पत्ति–रघुनन्दन शर्मा
(आर्य साहित्य, मण्डल लिमिटेड, अजमेर)

शुक्रवार, 30 जनवरी, 1948

राष्ट्रपिता की हत्या की गयी। मोतीपुर रहा।

शनिवार, 31 जनवरी, 1948

मोतीपुर रहा। बापू तुम महान थे। महान ही तुम्हारी मृत्यु हुई।

रविवार, 1 फरवरी, 1948

लखीमपुर आ गया।

मंगलवार, 3 फरवरी, 1948

लालगंज रवाना हुआ।

बृहस्पतिवार, 5 फरवरी, 1948

Indian History Part II– By Aiyanger.
Chapt. II

शनिवार, 17 अप्रैल, 1948

आँख का ऑपरेशन (**Eye operatization**)

सोमवार, 17 मई, 1948

मनुष्य परिस्थितियों का दास है या नियामक? जीवन में त्याग का क्या महत्त्व है? प्रेम परिवर्तनशील है या चिर? जीवन का सुख क्या है? मस्ती? पाप क्या है?

मंगलवार, 18 मई, 1948

संसार में पाप कुछ भी नहीं है। वह केवल मनुष्य के दृष्टिकोण की विषमता का दूसरा नाम है। मनुष्य अपना स्वामी नहीं परिस्थितियों का दास है।

बुधवार, 19 मई, 1948

माखनलाल

हृदय के निर्मल भावों में
सब अभाव हों हरे-भरे।

प्रसाद

मधुप कब एक कली का है।
पाया जिसमें प्रेम रस सौरभ और सुहाग

बेसुध हो उस कली से मिलता भर अनुराग
बिहारी कुंज गली का है।

बृहस्पतिवार, 20 मई, 1948

'कवित्व वर्णमय चित्र है जो स्वर्गीय गान गाया करता है।'

शुक्रवार, 21 मई, 1948

Practical Science in life depends more upon physical health than is generally imagined.

As a rule life is what we choose to make it.

शनिवार, 22 मई, 1948

वीर्य शक्ति है। शक्ति जीवन और तरुणाई है। शक्ति की कमी बुढ़ापा है। और शक्ति का नाश ही मृत्यु है।

रविवार, 23 मई, 1948

'1. परिवर्तन ही सृष्टि है, जीवन है। स्थिर होना मृत्यु है। निश्चेष्ट शान्ति मरण है।
2. पुरुष है—कुतूहल और प्रश्न, और स्त्री है—विश्लेषण, उत्तर और सब बातों का समाधान।
3. अत्याचार के श्मशान में ही मंगल का, शिव का, सत्य और सुन्दर संगीत का समारम्भ होता है।
4. पवित्रता की माप है मलिनता, सुख का आलोचक है दुख, पुण्य की कसौटी है पाप।
5. जहाँ हमारी सुन्दर कल्पना आदर्श का नीड़ बनाकर विश्राम करती है वही स्वर्ग है, वही विहार का, वही प्रेम करने का स्थान, स्वर्ग है। और वही इसी लोक में मिलता है। जिसे नहीं मिला वह संसार में अभागा है।
6. नीरव जीवन और एकान्त व्याकुलता कचोटने का सुख मिलता है।'

मंगलवार, 25 मई, 1948

1. Prevention is better than cure.
2. The world is tragedy to more who feel and comedy to those who think.

3. Action is thy duty reward is not thy concern.
4. A man without a purpose is a ship without rudder.
5. An idle man's brain is devils workshop.
6. Eat to live but live not to eat.
7. Example is better than precept.
8. Fortune knocks once atleast at everyman's gate.
9. Poverty is next door to stupidity.
10. Sweat are the uses of adversities? Shakespeare
11. The old order changeth yielding place to new. Tennyson
12. A think of beauty is a joy forever. Keats
13. Beauty is truth, truth is beauty. Keats
14. We learn in suffering what's we teach in song. Dryden
15. Impossible is a word only to be found in fool's dictionary. Napolean
16. Some of our sweetest songs are those that tell of saddest things. Shelly
17. In character, in manners, in style in all things, the supreme excellence is simplicity. Long fellow
18. The world is comedy to those who think and tragedy to those who feel. Horace Walpole
19. A picture is a poem without words. Horace Walpole
20. That government of the people, by the people, for the people shall not perish from the earth. Lincoln
21. Art is long and True is feeling.

शनिवार, 29 मई, 1948

रामकुमार वर्मा

मैं भी तो चलता रहता हूँ
निशि दिन आठों धाम
नहीं सुना मेरे भावों ने
शान्ति शान्ति का नाम
हास्य कहाँ है उसमें भी है रोदन का परिणाम
प्रेम कहाँ है घृणा उसी में
करती है विश्राम।

रविवार, 30 मई, 1948

अंचल

यह राह नहीं मेरी देखी
कुछ भय सा लगता चलने में
जीवन से मुझको मोह नहीं
कब मैं मरने से.......
पर पथ का यह—एकाकीपन
जैसे मुझको खाये जाता।

सोमवार, 31 मई, 1948

That is the best state of Society in which there is some work for every man's leisure and some leisure for every man's work.

मंगलवार, 1 जून, 1948

नारी पुरुष की एकमात्र कमजोरी है।

बुधवार, 2 जून, 1948

दो नैना हैं सावन भादों
नित बरसत हैं शाम सबेरे।

x x x

हो जाने दे गर्क नशे में
मत आने दे फर्क नशे में
ज्ञान ध्यान पूजा पोथी के
फट जाने दे हर्फ नशे में।

बृहस्पतिवार, 3 जून, 1948

Beauty is worst than wine, it intoxicates both holder and beholder.

(सुन्दरतम)

बापू तुम तो संसारी थे,
भगवान न बनना था तुमको
इस दानवता की दुनिया में
इन्सान न बनना था तुमको।
इस पतित राष्ट्र के अकलुष बापू

रंगे तुम्हारे उष्ण रक्त से
आज राष्ट्र के इन हाथों का
तुमको बारम्बार प्रणाम।

शुक्रवार, 4 जून, 1948

(विश्वासघात)
नारी की झांई परत, अन्धा होत भुजंग
कबिरा तिनकी कौन गति, नित नारी के संग
x **x** **x**
दुनिया तेरा दूसरा नाम मक्कारी और स्वार्थ है।

शनिवार, 5 जून, 1948

Read not to loose (lose) yourself but read to find yourself. Love laughs up at locksmith.

रविवार, 6 जून, 1948

मुहब्बत की नहीं जाती
मुहब्बत हो ही जाती है।
निगाहें चार होते ही
मुहब्बत रंग लाती है।
मोहब्बत के मरीज़ों को कहते सुना हमने
मोहब्बत की नहीं जाती
मोहब्बत हो ही जाती है।

सोमवार, 7 जून, 1948

धर्म की रसात्मक अनुभूति का नाम भक्ति है। धर्म है ब्रह्म के सत्स्वरूप की व्यक्त प्रवृत्ति जब भीतर का चित्त बाहर के सत् का साक्षात्कार करता है तब आनन्द का आविर्भाव होता है।

हमारे परस्पर के व्यवहारों का प्रेरक हमारा रागात्मक या भावात्मक हृदय होता है।

मंगलवार, 8 जून, 1948

गरुड़ध्वज
दुखी प्राणी सत्य का स्वरूप देख लेता है।
आसक्ति जिस किसी की हो प्राण का मोह नहीं करती।

केवल तम जीवन की अस्वीकृति है और केवल भौतिक विलास जीवन का उपहास।

बुधवार, 9 जून, 1948

निर्माण ही में मनुष्य अमर.....है।
निर्माण में भेद का भाव कहाँ है?
भोग्य से तुष्टि और तुष्टि से प्राप्ति होती है।
नारी शक्ति से ही पुरुष को विजय मिलती है।
प्रकृति के संहार में निर्माण के बीज रहते हैं।

बृहस्पतिवार, 10 जून, 1948

पथिक (त्रिपाठी)
मिलन अभी है मधुर प्रेम का
और विरह जीवन है।
विरह प्रेम की जाग्रत गति है
और सुषुप्ति मिलन है।
जग में सचर अचर जितने हैं सारे कर्म निरत हैं
धुन है एक न एक सभी को सबके निश्चित व्रत हैं।
छिटक रही थी स्निग्ध चाँदनी पवन तान भरता था।
ज्योत्स्ना में पत्ते हिलते थे जल छप-छप करता था।

सोमवार, 21 जून, 1948

निर्मला* का देहावसान।

बुधवार, 30 जून, 1948

घड़ी खरीदी रात को 9 बजे
K.G. Thakurdas, Mall, Kanpur.
Name – Alpina (Swiss made)
Dial – Shady
No. – 272340
Size – 5½
All proof. Rs. 35.

---
* अवस्थी जी की मँझली बहन, आयु 10 वर्ष।

सोमवार, 9 अगस्त, 1948

१=)	टिकट
)।।	अख़बार
-)	आम
=)	इक्का
=)।।	दही
५)	घड़ी
१)	सिनेमा
=)	दूध
=)।।	दही
=)	जलेबी
१।।)	इक्का
६। =) ॥	

मंगलवार, 17 अगस्त, 1948

गाँव में आज पूजा हुई।

मंगलवार, 24 अगस्त, 1948

४।)	टिकट लालगंज से कानपुर
=)।	टिकट सधऊ मामा
=)	बर्फी बीघापुर
।)	कुली कानपुर
॥=)	इक्का फीलखाना
=) ॥	कुली फीलखाना
=)।।	दही
=)।।	दूध

बुधवार, 25 अगस्त, 1948

२)	इक्का डॉ. के यहाँ
१।।)	दवा सुधीर
।)	प्रसाद तपेश्वरी देवी
३।।।)	

शुक्रवार, 27 अगस्त, 1948

।।=)।। Cinema Ticket
-) Loss by Lakshmi
-) Refreshment Moongfali
)।। Cycle Stand

शनिवार, 28 अगस्त, 1948

)।। साइकिल में हवा
।=) Intermediate forms and regulations

मंगलवार, 28 सितम्बर, 1948

१=) तौलिया (पितृ तर्पण के लिए)
=) पितृ तर्पण की पुस्तक
४) फोटो
)॥ साइकिल में हवा

बुधवार, 29 सितम्बर, 1948

Dalendrine Tablets

१) पेड़ा पिण्डदान एवं
पण्डित भोजन को

रविवार, 3 अक्तूबर, 1948

१५) दूध वाले का हिसाब
२०) जीजा को दिये फाउण्टेन पेन फोटो और Stationery के लिए
२) साधैं
२=) टिकट
इक्का
कुली
प्लेटफार्म टिकट
Sound Box की बनवाई
कुली लालगंज

मंगलवार, 12 अक्तूबर, 1948

चाय, मूँग की दाल

Hydrozen Peroxide

Scented Hair Oil, छोटे मामा से रेडियो वाले योगी का बताया। छींट क़ा थान नापना। माई के पास सामान रखना। सुधीर को फल भेजना।

बुधवार, 13 अक्तूबर, 1948

कानपुर से सामान लेना व गाँव से मँगवाना। Papers 'Visharad' Fountain Pen, फोटो, ऊनी कपड़ा, काँच का गिलास, प्याला, गुड़, फंकिया, भगोना।

बृहस्पतिवार, 2 दिसम्बर, 1948

मध्यमा रोल नं. 1966 (1966)

शुक्रवार, 3 दिसम्बर, 1948

Intermediate - 8145

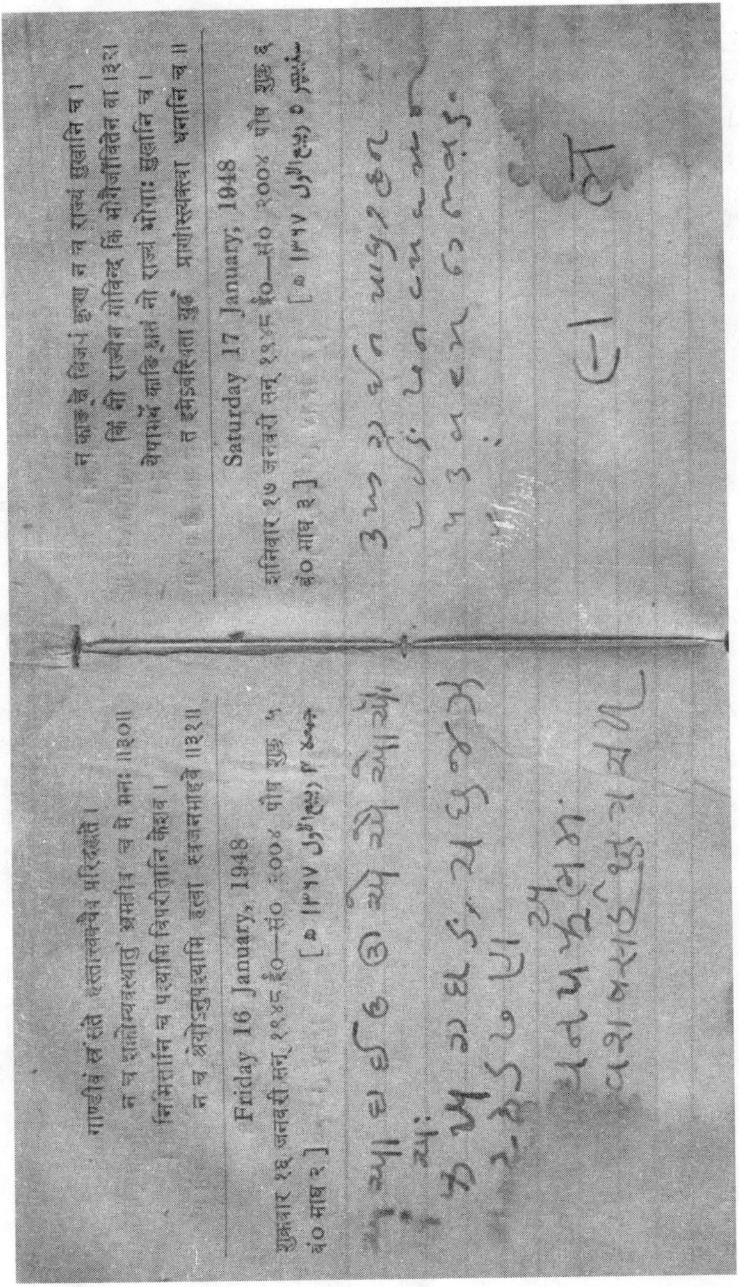

गाण्डीवं स्रंसते हस्तात्त्वक्चैव परिदह्यते ।
न च शक्नोम्यवस्थातुं भ्रमतीव च मे मनः ॥३०॥
निमित्तानि च पश्यामि विपरीतानि केशव ।
न च श्रेयोऽनुपश्यामि हत्वा स्वजनमाहवे ॥३१॥

Friday 16 January, 1948

शुक्रवार १६ जनवरी सन् १९४८ ई०—सं० २००४ पौष शुक्ल ५
बं० माघ २]   [ه ١٣٦٧ ربیع الاول ٤ جمعه

न काङ्क्षे विजयं कृष्ण न च राज्यं सुखानि च ।
किं नो राज्येन गोविन्द किं भोगैर्जीवितेन वा ॥३२॥
येषामर्थे काङ्क्षितं नो राज्यं भोगाः सुखानि च ।
त इमेऽवस्थिता युद्धे प्राणांस्त्यक्त्वा धनानि च ॥

Saturday 17 January, 1948

शनिवार १७ जनवरी सन् १९४८ ई०—सं० २००४ पौष शुक्ल ६
बं० माघ ३]   [ه ١٣٦٧ ربیع الاول ٥ سنیچر

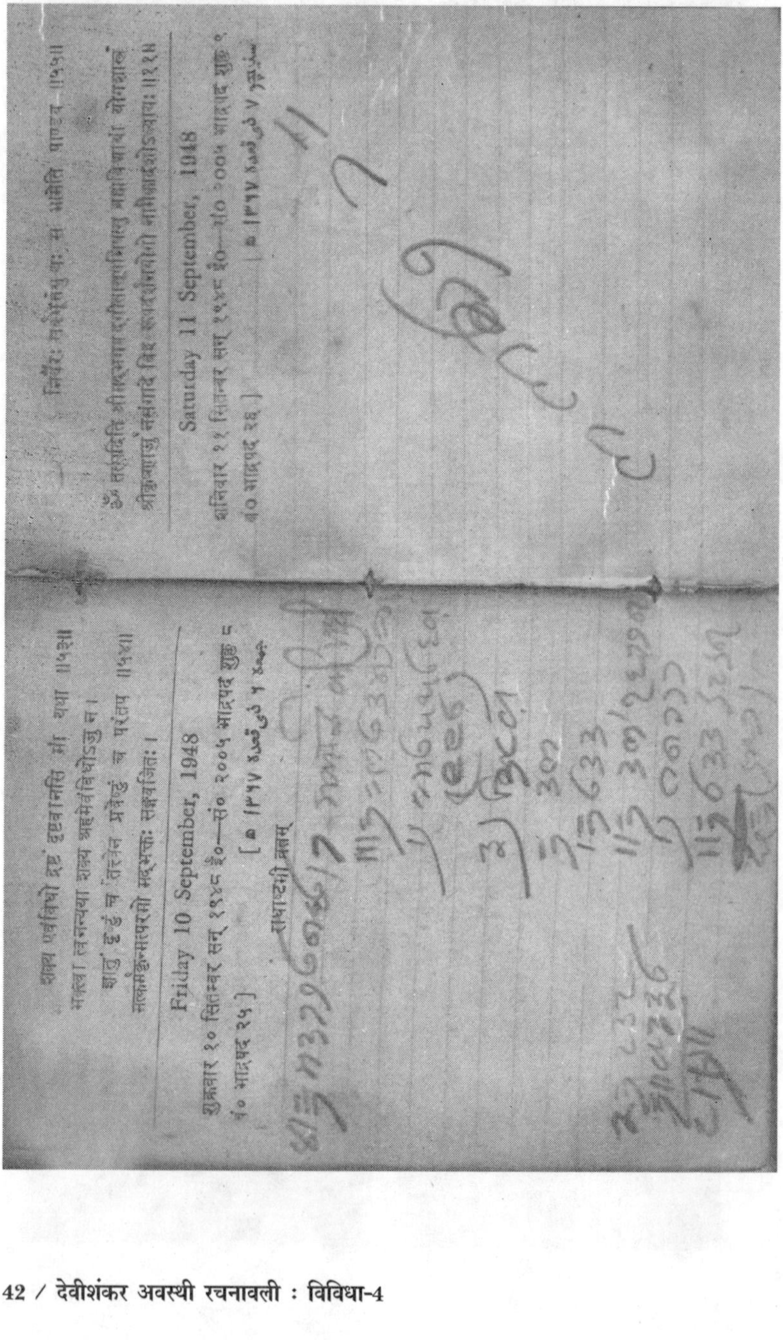
Friday 10 September, 1948
Saturday 11 September, 1948

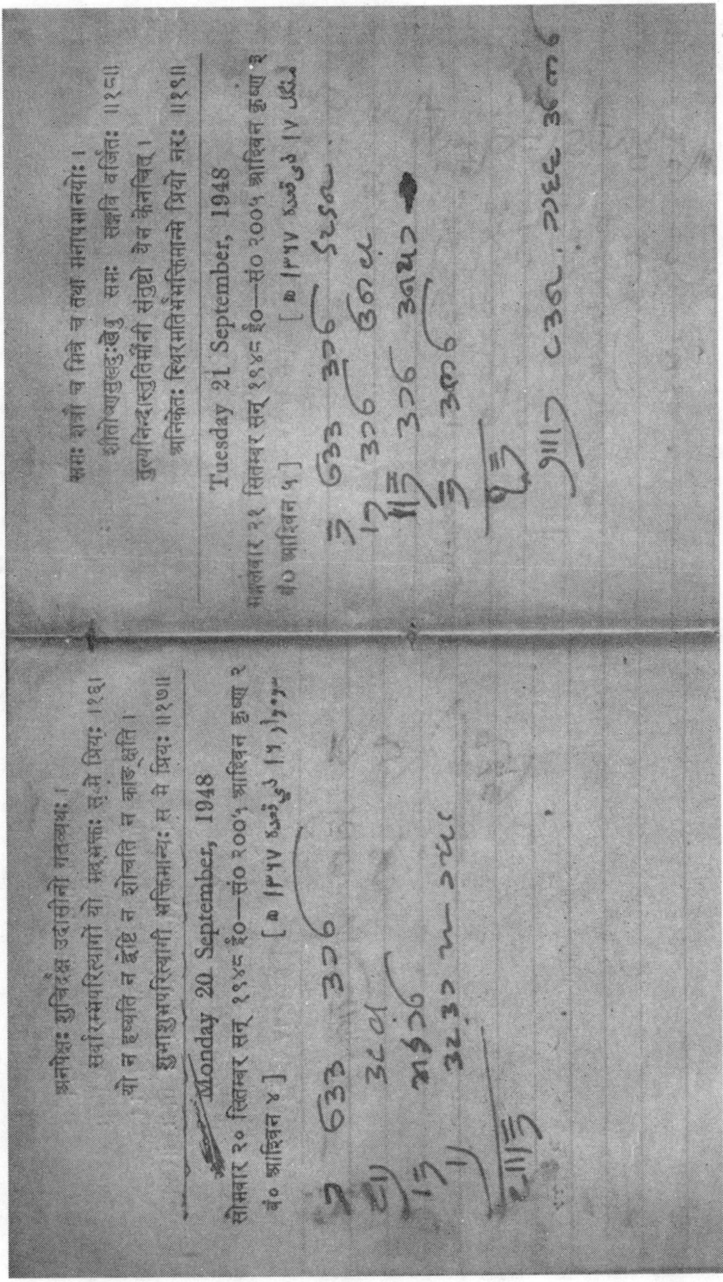
अनपेक्षः शुचिर्दक्ष उदासीनो गतव्यथः।
सर्वारम्भपरित्यागी यो मद्भक्तः स मे प्रियः ॥१६॥
यो न हृष्यति न द्वेष्टि न शोचति न काङ्क्षति।
शुभाशुभपरित्यागी भक्तिमान्यः स मे प्रियः ॥१७॥

Monday 20 September, 1948
सोमवार २० सितम्बर सन् १९४८ ई०—सं० २००५ आश्विन कृष्ण २
बं० आश्विन ४]   [ھ ١٣٦٧ ذی قعدہ ١٦ دوشنبہ

समः शत्रौ च मित्रे च तथा मानापमानयोः।
शीतोष्णसुखदुःखेषु समः सङ्गविवर्जितः ॥१८॥
तुल्यनिन्दास्तुतिर्मौनी संतुष्टो येन केनचित्।
अनिकेतः स्थिरमतिर्भक्तिमान्मे प्रियो नरः ॥१९॥

Tuesday 21 September, 1948
मङ्गलवार २१ सितम्बर सन् १९४८ ई०—सं० २००५ आश्विन कृष्ण ३
बं० आश्विन ५]   [ھ ١٣٦٧ ذی قعدہ ١٧ منگل

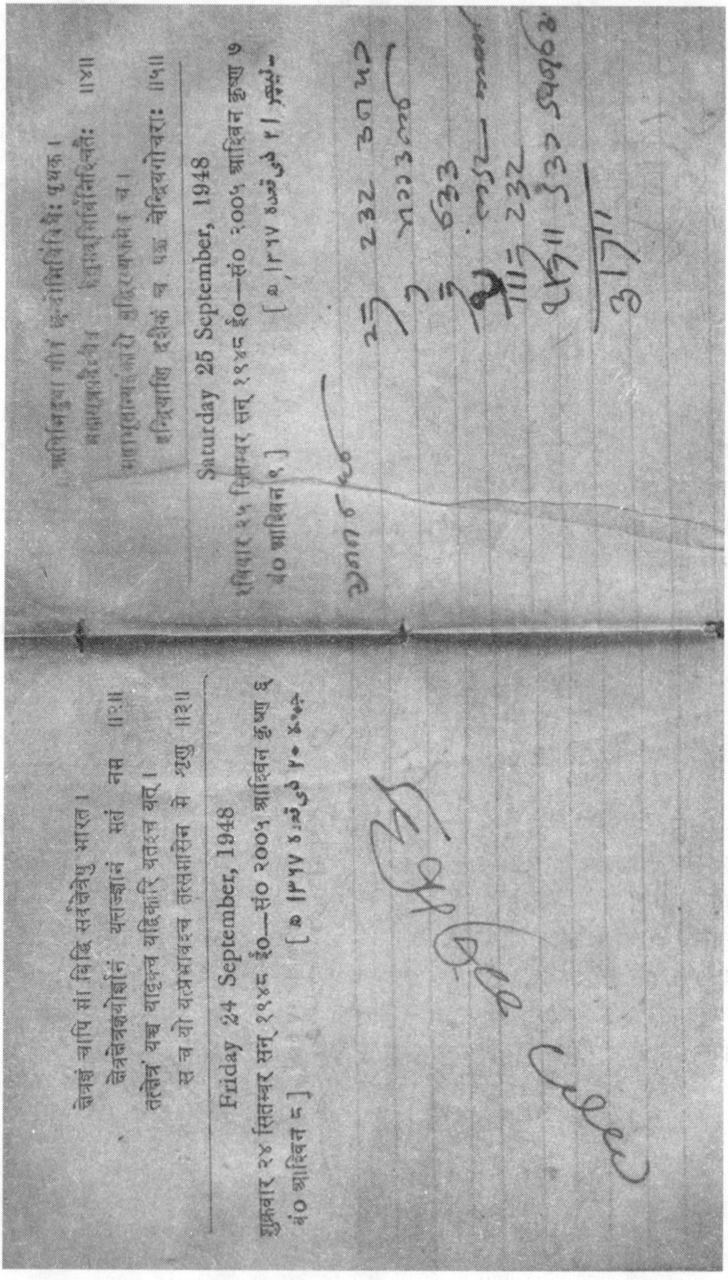
Friday 24 September, 1948
Saturday 25 September, 1948

1952

मंगलवार, 1 जनवरी, 1952

प्रातःकाल शीघ्र ही उठकर ट्रेन द्वारा लालगंज से कानपुर आया। बीघापुर में मिस्टर, भाई चच्चू तथा ईश्वर (लखनऊ) मिले। कमरे की सफाई कानपुर पहुँचकर की। शाम को मनीराम बगिया होता हुआ गयाप्रसाद तथा मारवाड़ी पुस्तकालयों में गया। मारवाड़ी पुस्तकालय में हरीश जी मिले। रोमाण्टिक साहित्यशास्त्र के बारे में जानकर मनीराम बगिया से खाना खाता हुआ रात में श्याम नारायण के साथ गुदाम आया।

१। = टिकट
॥) रिक्शा कुली
१७॥) दवा पाण्डे जी
१६॥ =)

बुधवार, 2 जनवरी, 1952

सवेरे उठने में कुछ देर हो गयी। झटपट तैयार होकर कॉलेज गया। कॉलेज से डाकखाने होते हुए, साहित्य निकेतन होकर, मनीराम बगिया से गुदाम आया। किताबें बाहर की आलमारी में ठीक कीं। खाना खाकर चौक के डाकखाने में धर्मयुग पहेली रजिस्ट्री करके रोमाण्टिक साहित्यशास्त्र की फिराक में घूमता हुआ खेमका के घर गया। 5 पुस्तकें उनसे लेकर गुदाम आया। गाँधी नगर तिवारी जी के पास गया। शंकरदयाल बीमार थे। वहाँ से फिर साहित्य निकेतन होकर रात में आकर देर से भोजन करके 11 बजे के लगभग सोया।

१॥) पोस्टल ऑर्डर
=)॥ रजिस्ट्री
॥) घड़ी का पट्टा
॥) आजकल
=) चाय
३=)॥

बृहस्पतिवार, 3 जनवरी, 1952

सवेरे तैयार होकर मनीराम बगिया से रुपये लेकर लखनऊ गया। डॉ. बोस से पण्डितजी के बारे में पूछकर अपनी पेट की दवा ली। A.P. Sen Road पर खाना खाया। खाना खाकर सी.बी. गुप्ता के यहाँ जाकर दद्दा से मिला। लौटकर Radio पर कमेण्ट्री सुनता रहा। फिर बाँदा पैसेन्जर से कानपुर लौट आया। गुदाम में दवा रखकर मनीराम बगिया में खाना खाकर गुदाम लौट आया। मनीराम बगिया में गाना बजाना हो रहा था। बिट्टी दिदिया मिलीं।

२॥-) टिकट लखनऊ आने-जाने की
।) किराया बस
-) वजन कराई
-) सिंघाड़ा
३—)

शुक्रवार, 4 जनवरी, 1952

सवेरे कॉलेज गया। नीरज जी* के साथ लौटते हुए मनीराम बगिया, दुकान पर से घर आया। बक्से की किताबें और अलमारी ठीक की। नहा-खाकर कंट्रोल ऑफिस सुरजू मामा के परमिट की तारीख बढ़वाने गया। वहाँ से लौटकर गुदाम में सब हिसाब-किताब ठीक किया। शाम को पाण्डे जी के Calcium gluconate के इंजेक्शन लाया। शोभनाथ मामा के हाथ सामान लालगंज भेजा।

शनिवार, 5 जनवरी, 1952

सवेरे कॉलेज गया। कॉलेज में पं. मुंशीराम जी के उत्सव के सम्बन्ध में विचार-विमर्श हुआ। कॉलेज से पं. ब्रह्मानन्द** के घर में निमन्त्रण देता हुआ स्टेशन गया। सुमति को उनके घर पहुँचा कर गुदाम आया। नहा-धोकर खाना खाया तथा कुछ देर पढ़ता रहा। सुमति के साथ सूरज, सत्तू आये थे। शाम को पाँच बजे के लगभग पं. लक्ष्मीचन्द्र जी वाजपेयी के घर निमन्त्रण देने गया। लक्ष्मीचन्द्र जी से लगभग पौन घण्टे साहित्य-चर्चा होती रही। हितैषी के पास से होकर प्रणयेश को निमन्त्रण देते हुए गयाप्रसाद लाइब्रेरी में जाकर सुगम वर्ग पहेली नं. 02 का हल देखा। 5 त्रुटियाँ निकलीं। मनीराम बगिया में खाना खाता हुआ भारत रेस्तराँ से घर आया। शोभनाथ मामा लालगंज से आ गये थे। दूकान में बुलावा हुआ। रात को दूकान से लौटकर पढ़ता रहा। लक्ष्मीकान्त पाण्डेय मिले।

---

* कवि नीरज

** कानपुर के वरिष्ठ नेता, कांग्रेस पार्टी

रविवार, 6 जनवरी, 1952

सवेरे Extra Class पं. प्रेमनारायण का था। उसमें गया। वहाँ से 10½ बजे के करीब लौटा। सूरज और सत्तू के हाथ दिदिया का सामान लालगंज भेजा। हजामत बना करके नहाया। खाना खाकर थोड़ी देर सोता रहा। तीन बजे के लगभग तैयार होकर मनीराम बगिया गया। वहाँ से चच्चू की कार में कॉलेज गया। कॉलेज के सामने एक रिक्शे और मोटर कार का एक्सीडेण्ट हो गया था। रिक्शे वाले को मोटर में बैठाकर अस्पताल भिजवाया तथा उसका रिक्शा वगैरह उठवाकर एक किनारे रखवाया। कॉलेज में फोटो ग्रुप और पार्टी में सम्मिलित हुआ। आयोजन का प्रारम्भ किया। पण्डित जी को श्रद्धांजलि अर्पित की। साहित्य और संगीत-गोष्ठी के पश्चात् मनीराम बगिया से चेस्टर लेकर लालजी राम की कवि-गोष्ठी में गया। राममनोहर त्रिपाठी* मिले। रात में बड़ी देर तक नींद नहीं आयी।

सोमवार, 7 जनवरी, 1952

सवेरे कॉलेज गया। विष्णुकुमार तिवारी को एक चिट्ठी ड्राफ्ट कराई। मनीराम बगिया होता हुआ घर आया। दिन भर घर में पढ़ता रहा। शाम को मनीराम बगिया गया। खाना खाया। लक्ष्मीकान्त पाण्डेय मिले। राममनोहर ने आने को कहा था, पर आये नहीं।

मंगलवार, 8 जनवरी, 1952

सवेरे कॉलेज गया। लौटते समय रास्ते में दद्दू चच्चू ने पण्डित ब्रह्मानन्द के जुलूस में आने के लिए कहा। दोपहर में खाना खाकर डेढ़ बजे पण्डित जी के जुलूस में मिस्टर, लक्ष्मी के साथ गया। 4:30 बजे तक जुलूस के साथ रहा। बेगमगंज से वापस चला आया। 5:30 के लगभग पण्डित जी के साइकिल जुलूस पर हटिया में आक्रमण किया गया। उसमें जाकर शान्ति कराई। सवेरे बड़े मामा लखनऊ जाते समय 1100/- दे गये। 100/- ठाकुर प्रसाद के मार्फत बैंक भिजवाया। 1000/- जुलूस में जाते समय ठाकुर प्रसाद को दे गया। शाम को जल्दी ही सोया।

बुधवार, 9 जनवरी, 1952

सवेरे देर से उठा। कॉलेज गया। मनीराम बगिया होकर लौटा। कुछ देर तक पढ़ता रहा। 11:30 बजे के लगभग मनीराम बगिया साइकिल लेने गया। साइकिल बाबू ले गये थे। छोटकउनू बाबा आ गये। चाय पीकर लक्ष्मी के साथ बिट्टो की धोती

* हिन्दी कवि, गीतकार। बाद में महाराष्ट्र में कांग्रेसी सरकार में मन्त्री रहे।

छपने दी। फीलखाना, बिरहाना रोड होते हुए खेमका के घर गया। वह मिला नहीं। तदुपरान्त लाल इमली एजेन्सी होकर लाइब्रेरी गया। लाइब्रेरी से मनीराम बगिया आकर हजारी प्रसाद द्विवेदी की हिन्दी वार्ता सुनी। रमारतन चच्चू रास्ते में मिल गये। रामरतन घर पर आये। रात में घर आकर पढ़ता रहा। शोभनाथ मामा लालगंज से पत्र और रुपये लाये थे। उन्होंने ठेले पर का सब माल भी उतारा।

बृहस्पतिवार, 10 जनवरी, 1952

सवेरे कॉलेज गया। लौटते समय डबल रोटी और मक्खन की टिकिया लेकर आया। रात में पंची आये थे। घर आकर पढ़ता रहा। फिर मक्खन का डिब्बा लाया। खाना खाकर प्रेमनारायण जी के घर गया। वहाँ से सुमति के घर चाय पी। सवेरे डॉ. मिश्रा ने चाय पर बुलाया था। सुमति के यहाँ से गुदाम आया। फिर हूलागंज गेहूँ देने गया। हूलागंज से खेमका और शर्मा फोटोग्राफर्स के यहाँ होकर बगिया आया। लक्ष्मी कपड़ा डालने बगिया से भजन के यहाँ आये। दूध पीकर पढ़ता रहा।

शुक्रवार, 11 जनवरी, 1952

सवेरे कॉलेज गया। वहाँ से लक्ष्मी से साइकिल लेकर B.N.S.D. कॉलेज गया। तिवारी जी नहीं मिले। साइकिल बगिया में रखता हुआ घर आया। बराबर पढ़ता रहा दोपहर में सो गया। शाम को घर से निकला। ठण्डक अधिक थी। हाल्सी रोड में पण्डित जी के चुनाव कार्यालय में दद्दू चच्चू, करुणेश से मिला। उनको समय देने का वायदा किया। परेड पर किशोर के यहाँ गया। वहाँ से साहित्य रत्नालय होता हुआ विद्यापति पदावली लेकर मनीराम बगिया आया। कापियाँ लेकर गुदाम आया।

शनिवार, 12 जनवरी, 1952

सवेरे Extra Class में गया। ठण्डक अधिक थी। वहाँ से लौटकर मनीराम बगिया गया। क्रिकेट मैच का टिकट खरीदने गुदाम होकर K.G. Thakurdas के यहाँ गया। मनीराम बगिया में खाना खाकर ग्रीनपार्क मिस्टर के साथ गया। दोपहर लंच टाइम मनीराम बगिया में फिर टिकट रखकर ग्रीनपार्क कार से गया। शाम को लौटकर खाना मनीराम बगिया में खाया। गुदाम आया। शोभनाथ लालगंज गये।

रविवार, 13 जनवरी, 1952

सवेरे कॉलेज गया। वहीं से मैच में गया। दोपहर का खाना वहीं पर खाया। शाम को मनीराम बगिया होकर खाना खाकर गुदाम लौटा। लालटेन में बड़े मामा काम कर रहे थे। अतः दूध पीकर शीघ्र ही सो गया।

सोमवार, 14 जनवरी, 1952

सवेरे देर से उठकर मनीराम बगिया गया। चाय पीकर दद्दू चच्चू की अलमारी से अपनी धोती निकालकर गुदाम आया। नहा धोकर 1000/- बड़े मामा से लेकर दद्दू चच्चू को दिये। मैच देखने गया। दोपहर में मैच समाप्त हो गया। मनीराम बगिया में रसगुल्ले वगैरह खाकर गुदाम आया। जय नारायण के यहाँ रास्ते में बिट्टो को धोती कढ़ने को दी। जयनारायण नहीं मिले। गुदाम में शोभनाथ मामा लालगंज से आये थे, पत्र दिया। बड़े मामा, रामशंकर लालगंज जा रहे थे। उनके साथ संतरा, टमाटर भेजे। दवायें लाया। मनिराम बगिया में खाना खाया। 8:30 बजे घर आया।

मंगलवार, 15 जनवरी, 1952

सवेरे कॉलेज गया। कॉलेज से गयाप्रसाद लाइब्रेरी होता हुआ गुदाम आया। लालगंज को पत्र लिखा। धोबी कपड़े लाया। हजामत वगैरह बनाई। खाना खा-पीकर मनीराम बगिया गया। वहाँ से 2 बजे के लगभग पण्डित ब्रह्मानन्द के प्रधान चुनाव कार्यालय में बैठा रहा। दद्दू, चच्चू, करुणेश* जी इत्यादि मिले। 4:30 बजे गुदाम गया। पढ़ता रहा, फिर लालगंज सामान भेजकर उमा के यहाँ भाभी का ब्लाउज ठीक होने को दिया। पण्डित जी के ए.बी. रोड चुनाव कार्यालय गया। मनीराम बगिया में खाना खाकर गुदाम आया।

बुधवार, 16 जनवरी, 1952

सवेरे कॉलेज गया। नरेश भाई** के साथ लौटकर मनीराम बगिया होता हुआ गुदाम आया। दोपहर तक पढ़ता रहा। खाना खा-पीकर पाण्डे जी के लिए सन्तरे लाया। पण्डित जी के चुनाव कर्यालय में जाकर लिस्ट में Correction करवाये, कुछ कार्ड लिखवाए, तदुपरान्त मनीराम बगिया से साइकिल लेकर सुमति के यहाँ गया। रामरतन मिले। सुमति के यहाँ से मालरोड और बिरहाना रोड में लाउडस्पीकर्स छोटे मामा के लिए पता लगाता रहा। रात में 9:30 बजे गुदाम आकर खाना खाया। 11 बजे तक पढ़ता रहा, फिर सो गया।

बृस्पतिवार, 17 जनवरी, 1952

सवेरे कॉलेज गया। लौटकर पढ़ता रहा। दोपहर में खाना खाकर सो गया। फिर पण्डित जी के चुनाव कार्यालय में जाकर कार्ड लिखवाता रहा। मनीराम बगिया में खाना खाकर रामरतन के साथ बिरहाना रोड होकर गुदाम आया। रात को 12 बजे तक पढ़ता रहा। बड़े मामा लखनऊ गये।

---

* कवि

** नरेश भाई—नरेश चन्द्र चतुर्वेदी

शुक्रवार, 18 जनवरी, 1952

सवेरे कॉलेज से मनीराम बगिया होता हुआ गुदाम आया। दोपहर में बड़े मामा लखनऊ से लौटकर आये। दोपहर में सोता रहा। फिर लाउड स्पीकर के लिए गया। मनीराम बगिया में अमृत बाबू के Through तय करके दुकान आया। रेल पर सामान देने गया। वहाँ से 33 नं. चेक के ऑफिस में गया। साहित्य निकेतन तथा रत्नालय में गया। प्रेम नारायण जी, प्रणयेश जी तथा आनन्द जी मिले। लौटकर मनीराम बगिया में खाना खाकर गुदाम आया।

शनिवार, 19 जनवरी, 1952

सवेरे कॉलेज गया। लौटकर गुदाम से दूध इत्यादि पीकर लाउड स्पीकर की फिराक में गया। उन्होंने भाव तेज बताया पर अमृत से मिलकर ठीक-ठीक किया। दोपहर में मोटर से रामशंकर, शिवनाथ एवं भारत सिंह को लालगंज भेजा। लाउड स्पीकर नहीं मिल सका। बिरहाना रोड में ताँगा, साइकिल एक्सीडेण्ट में काफी चोट खा गया। शाम को राजू के साथ फिर लाउड स्पीकर देखा-भाला। तय नहीं हुआ। रात में नौ बजे खाना खाकर घर आया। थोड़ी देर पढ़ता रहा, फिर सो गया।

दूध का हिसाब साफ।

रविवार, 20 जनवरी, 1952

सवेरे Extra Class में गया। 9 बजे के लगभग लाउड स्पीकर वाले के पास गया। उसे 25/- per day के हिसाब से तय करके बड़े मामा के पास गया। उन्होंने उसे 12 बजे के लिए आने को कहकर लौटा दिया। फिर तय नहीं किया। मैं मनीराम बगिया गया। लौटकर बाल कटवाये। नहा धोकर खाना खाकर पढ़ता रहा। 3:30 बजे मोटर ठीक होकर आने पर शोभनाथ मामा उसे लेकर लालगंज गये। मैं शाम को धर्मशाला होता हुआ नेहरू जी की सभा में गया। रात को लौटकर खाना बना खाकर सोया।

सोमवार, 21 जनवरी, 1952

Went to college in the morning, after returning from there came to godam and began the Ram's Ithihas at 12 A.M. After bathing reached to shop and after that cooked the food at 2 P.M. Mama refused to take food and I went on again in my study room, after taking food. Mister and Lakshmi departed for village by the noon train. I went to Mani Ram Bagia and from there to Gandhi Nagar, through Dukan, met Shanker Dayal, and returned from there at 9:15 P.M. Cooked the food and went for sleeping in the night at about 11:30 P.M.

मंगलवार, 22 जनवरी, 1952

Went to college, listened Acharya Kriplani and returned to godam 12:15 P.M. After taking my bath and food I took some rest. In the evening met with Khemka in his house and then visited library from there via buddha Devi reached in the Moolganj at Raja Daddu's shop and from there to Apna Restaurent and Sahitya Niketan. In the night after taking my food in Bagia came to godam where Prayag Narayan (dada) and Bhim Shanker were waiting, slept late in the night.

बुधवार, 23 जनवरी, 1952

Went to College, returned via G.P. Library, Bagia and Daddu's shop. In the shop asked the details of Guptaji's election and went to godam where after taking food came to Dukan from where went in the search of loud speakers, after enquiring in the various shops of Meston Road and Birhana Road decide to hire from Sarna & Co. Then gave advance Rs. 58/- to the owner, then went to station accompanied with Raju and sent the loud speaker with Jaggu to Lalganj, From station went to Mall Road, Library and Bagia then came to godam taking Glucose and Butter.

बृहस्पतिवार, 24 जनवरी, 1952

Went to college in the morning, returned with Mr. V.K. Tiwari on his cycle, went to Mani Ram Bagia, G.P. Library and Medical store. Returned to godam via Mandi. Then again came to Mani Ram Bagia, taking Bhabhi with myself reached station. She went to Sathni* with Bhai Chachchu and Babu. I reached Lalganj for election purpose. After ½ an hour Manyeen and Diddi with Sudhir and Suraj came from village. Mama came at 9 P.M. accompanied with Jata Shanker. After talking and consultations I slept.

शुक्रवार, 25 जनवरी, 1952

Mama accompanied with Mr. Diwakar Shastri went for their election tour without giving any instructions to me. After taking my meals I departed by motor lorry for Ghatampur at 12:30 P.M. Reached Ghatampur at 2 : 30 pm. Met with all the members of Sathni family and other villagers, I casted my vote for Shri Vishnu Dutta shukla in his Tarazu symbol for state assembly and one to congress and one to socialist for Parliament. Returned to Lalganj by night train with Babu. I met in the way at Bighapur Shobhnath, Kripa Shanker and Bhim Shanker.

* सथनी—अवस्थी जी का पैतृक गाँव।

शनिवार, 26 जनवरी, 1952

Went on the election tour accompanied with Mr. Shastri in the morning at 8:30 A.M. Reached Gegason at about 10 A.M. After addressing two meeting there, started for Dalmau. But in the way motor failed thrice. At about 4 P.M. addressed (exploited) one meeting in Ambara which was organised for Mrs. Indira Gandhi and then addressed the Bahai and Dalmau meeting. From Dalmau we started for Surasana and Bharsana but reached to a village Barraha, then returned to Lalganj at about 8 P.M. Here Shanker Dayal, Shobhnath and Ganga Kishnu were present who reached here by noon train. Mama came at 12 A.M.

रविवार, 27 जनवरी, 1952

In the morning met with the Tehsildar of Dalmau, Mama after giving so many instructions to me and others departed with Shastriji for Dhai area where the rest of two motors were lying useless. I, Shanker Dayal and Bhim Shanker Started cycles for personal approach to near by village. Reached to Ambara and its purwa's then, Uttara Gauari for convassing socialist party. On the way we met with Mrs. Indira Gandhi, Rama Khazur gano and Ram Shanker Diwedi. Returned to Lalganj. After taking food I arranged other election works. Sent Bighapur some men on their circle (Bahai area). Started by afternoon train for Dalmau. Ganga Kishan, Kripa Shanker, Bhim Shanker and Tiwariji also left for their Stations. Night passed in the house of Girija Duttji.

सोमवार, 28 जनवरी, 1952

It was too cold a night after 12, Awakened early in the morning at 5:00 A.M. After daily routine started for polling station where reached at 6:30 A.M. One Mr. S.B. Sinha Vakil of Rae Bareli Tai Ji met me there. At 7:00 A.M. Presiding officer Mr. Singh (Munsif) came. He issued Admission cards to us (Polling Agents). For whole of the day we remained there, Polling was poor upto noon time. Only 400 votes were polled, but after the lunch it was too heavy. 1191 votes were polled, Mama's voting was poor enough. There were slight disturbances. I lodged the 1st objection on Mr. Abdul Aziz. He lodged false objection on me. Shrikant met there and some others else. In the evening came by car to Lalganj with mama, Tiwariji came by night train, K.K. Pande, U.P. Tiwari etc also came.

मंगलवार, 29 जनवरी, 1952

All the guests including Tiwariji, Mr. K.K. Pande and U.P. tiwari left for their respective places. Bhupendra Kanungo met me. Gajendra singh informed about the results of elections. Pt. Jagdish shanker Pathak and Lakshmi shanker Bajpai came in the evening.

बुधवार, 30 जनवरी, 1952

This was a market day. Dispatched the Sugam Varg Paheli and brought vegetables for Pandeyji, Suraj came from Kanpur and returned by the night train.

बृहस्पतिवार, 31 जनवरी, 1952

I came to Kanpur by the morning train. Bade Mama was in Lucknow I went to mani Ram Bagia and taken there my noon meal, then started by car for election inspection. Yusuf and Raja Ram Shastri were winning. Returned to Mani Ram Bagia where Daddu Chachchu brusted into tears before me on the question of Lakshmi's marriage. I promised him to settle the matters right. Discussed the matter with Lakshmi and Baba. Then went to sahitya Niketan. Came in the night after taking food, Mama returned from Lucknow.

शुक्रवार, 1 फरवरी, 1952

I went to College and Shobhnath to Lucknow. After returning from College via G.P. Library began to prepare the food, After taking the food I took rest for some time, then again started reading. At 4:30 went to Mandi for fruits and packed them in a Jhola for sending to Lalganj. Went to Bagia where again the marriage matter was discussed between myself, both the Chachu's and Lakshmi. Returned at 10 late in the night and slept at 11:15 in the night.

शनिवार, 2 फरवरी, 1952

Went to College, returned to godam directly. Ram Lal informed about the call of chachu at Bagia. I went there and chachu asked me whether he can give my chakra to Mr. Karunesh and whether I shall obey him or not. I answered in the affirmation and said please consult Mama and Mother. He said alright. Then went to Naya ganj Post office withdrawn 200 rupees from the account of Pandeyji. Returned to godam via Bagia. Ajia came in the evening. Lakshmi accepted the marriage. I went to Ram Manohar Tripathi's house and heard the lyrics of Tripathi. Went to Sahitya Niketan.

रविवार, 3 फरवरी, 1952

Went to College for Prem Narain Ji's Period. Returned via Mani Ram Bagia. Chaturbhuj came to godam after returning from Darjeeling. Bade Mama infuriated upon me and Jaggu was beaten by him due to handovering of keys by me to Jaggu. He said, "I am leaving you unbeaten due to your relation of Bhanja." After taking my food I went to C.B.'s house where Mister, Ram Ratan and Onkar were present. Onkar put before us his problem that is he told the ultimatim given to him by his father. Then all of us went to Pratap's house, after taking tea there accompanied by Prakash Rishikesh etc. We went to Phoolbagh to hear the results of Hamid's election. Brahmanand was much below to him. Returned to home via Bagia. Badhi Pande we present there.

सोमवार, 4 फरवरी, 1952

Went to college, Returned via Bagia, Daddu Chachchu asked about the clothes and suits of Lakshmi. Mother's letter came about my marriage. She advised me to marry. I postponed the idea of going to Bighapur. Manjhali Mayne's letter also came. I after taking rest went in the evening to Hulaganj from where to station and then to Bagia. After taking food and talking with Bappa* returned to Godam.

Weight – १/52

मंगलवार, 5 फरवरी, 1952

After returning from college via Bagia came to godam. Lunch was taken late at 2 : 30 P.M. Lakshami came in the noon. I gave him 6 copies of my politics notes for Lala Phool Chand. Ram Ratan remained in the godam for whole of the afternoon time. We talked about many topics including Pratap's immorality. In the evening went to Pt. Krishna Shanker Shukla's house. He was also not present. Then reached to Chaturbhuj's house, where we remained for long time. Then came to godam via Bagia, Baba came from Banaras.

बुधवार, 6 फरवरी, 1952

Went to college, returned via G.P. Library. Mama told me about the Bhaujai's condition and asked to phone dadda. In the noon at 11:45 I again went to Dukan. After returning from there I slept for 1½ hours. After taking food at 3 P.M. started the study. At 5 P.M. went to Sahitya

---

* सबसे बड़े चाचा

Niketan and then to Agrawal Medical Stores then again came to Dukan. Bhim Shanker was there. Then came to godam via Bagia. George VI died Today.

बृहस्पतिवार, 7 फरवरी, 1952

Went to college but on the way came to know that college shall remain closed on account of the death of King George VI. I returned from the Golden Bakery. Came to Bagia. Daddu Chachchu asked about the clothes of my, Sudhir-Rekha and told me to prepare the list of invitees, came to godam. At 2 P.M went to Arya Nagar at Pt. Munshi Ram Sharma's residence, he was sleeping, from there went to Pt. Shukla's home. Niraj also came there. Returned with Prem Narain ji. Then came to Bagia, prepared the list of invitees and came to godam.

शुक्रवार, 8 फरवरी, 1952

Went to college returned via Bagia. Today was the day for Beohar Barichcha of Lakshami. They came, (Karunesh etc.), 9 guinees and 250 rupees were given by them. I also received rupees 4. Bappa etc. were present. Lakshami was not there. Shivpal came from Lalganj and returned immediately. Sent the goods and rupees 140 to sister there. Amma's letter came. Went in the evening to Bagia and Uma's shop then returned to godam.

शनिवार, 9 फरवरी, 1952

Went to college, returned in the 4th period and came direct to godam. In the noon at 1 P.M. went to Bagia. Chachchu asked about the clothes. For whole of the afternoon time was passed in hearing the running, commentry. In the evening accompanied with Chaturbhuj went to Prayag Narain Mandir, Kahukothi, Birhana Road, Meston Road and to Vishwakarma Khaddar Bhandar. Then taken my food in the Bagia went to Uma's shop and returned to godam.

रविवार, 10 फरवरी, 1952

Went to college. Returned via Bagia. Pt. Bansidhar Misra came accompanied with Rajjan. After sleeping in the afternoon I went to Khemka's house and then to Pt. K.S. Shukla's house. Shuklaji met at the Canal Road. We talked for some time, then came to Bagia. Pratap, Prakash, Chaturbhuj, Lallu Pandit, Phool Chand etc. were present. Came to godam, continued the studies upto 2:30 A.M. in the night.

सोमवार, 11 फरवरी, 1952

Awakened at 8 A.M. After finishing the daily routine, started the studies. At 12:30 P.M. after taking the bath went to Khemka's house then to Bagia via Sirki Mohal, Kahu Kothi and Khaddar Bhandar. Then went to the Vishwakarma Khadi Bhandar. Then returned to Bagia and taken some rest. After taking the evening tea, came to godam and went to Raja Daddu's house and Uma tailoring shop, from where to Bagia again. Returned to godam accompanied by Ram Ratan.

मंगलवार, 12 फरवरी, 1952

Went to college, returned via Bagia, Daddu Chachchu asked me to come at 3 for clothes. I reached there at 3 but he was not present. Then went to Chaturbhuj's house, where taken the meals, then went to college in Mr. Krishna Shanker Shukla's Class. Returned with Shuklaji via Phool Bagh and then went to Chaturbhuj's house from where to Bagia, Uma Tailoring Shop and then to godam. Uma Babu gave the blouse of Bhabhi which was lying with him for the last one month.

बुधवार, 13 फरवरी, 1952

Went to college, returned with Naresh Chandra Saxena. In the noon at 2 P.M. went to Bagia, Daddu Chachchu gave Rs. 22/10 for clothes. At 4 P.M. I went for sleeping in the godam. Rose at 6 A.M. and went to Bagia. Today there was Lakshmi's Tilak, there I remained upto 10 P.M. Mama also went there. Jaggu also participated in the feast. Returned to godam.

बृहस्पतिवार, 14 फरवरी, 1952

Went to college. I was late. Pt. Krishna Shanker Shukla was delivering his lecture upon Kabir's Nirgun Ram. He gave me Kabir Rachnamrit. Returned with B.N. Gupta, S.S. Awasthi, and Naresh. B.N. Gupta seemed to me loving Shanti Tiwari. Came to Bagia, From where accompanied with Phoofa went to his house then to godam. At 2 P.M. went to Khaddar Bhandar with Mister. Then in the godam I slept and rose at 6:30 and went to Bagia, Dr. Misra's dispensary, Sahitya Niketan and cleared the accounts of Dr. Misra and Uma. In the tailoring shop 2 Kurtas were given by me for sewing. Returned via Surendra's house.

शुक्रवार, 15 फरवरी, 1952

Went to college, Returned with B.N. Gupta and Surendra Shanker

Awasthi, Came to godam via Awasthi's house. He also came with me to see my residence. In the noon, I sent Jaggu for cycle to Bagia. Mister promised to send cycle in time ½ hours. But he did not come. At 2 : 30 P.M. went to Pt. S. N. Mishra's and Pt. P.N. Shukla's residence. Both of them were absent. Then I reached to Gandhi Nagar. Sumati was also absent. Tiwariji was present. Then in the godam I slept for 1½ hours. Then went to Khadi Bhandar, changed the spoiled dhoti and went to Bagia via Sahitya Niketan, Uma Tailoring Shop. Then accompanied by Chachchu went to Adarsh Printing Press for seeing the proof of invitation cards. Returned to godam then Vishnu Shanker came in the night.

शनिवार, 16 फरवरी, 1952

Went to college. Returned with Surendra Shanker Awasthi, lunched with Surendra Shanker Awasthi in his house. His Bhabhi (Mister's Sali) was present. Then we came to godam for whole of the afternoon time. Then we went to Sahitya Niketan, changed the Riti Kavya Ki Bhumika. I returned to godam via Bagia after taking the tea, Karunesh's wife expired today. Lakshmi's marriage was postponed for a future date. Sent the letter to Lalganj, Bhim Shanker was not there. At 8 P.M. went to Bagia for taking meals. Returned after taking Kurtas for the Uma's shop.

रविवार, 17 फरवरी, 1952

Went to college. There was Pt. K.S. Shukla's extra class. Returned with S.S. Awasthi and met in his way to shant. Diddi came from Lalganj accompanied by Lallu. Went to Sumati's house. In the evening attended the feast at Chaturbhuj's residence. Pratap infuriated too much upon ourselves. Returned at 9:30 in the godam. Surendra Shanker did not come.

सोमवार, 18 फरवरी, 1952

Went to college. Returned with B.N. Gupta Who came here to see my residence. Went to both the places of Bagia, taken my food, returned to godam. Surendra Shanker came and remained here upto 5 P.M. Shiv Shanker Pande came from Lalganj, Drank the Thandai and went in the marriage ceremony of Chaturbhuj. Returned via Meston Road, Bagia and Surendra's House. Ram Kishore Pande was with me. Bhai Chachchu was ill. Lakshami's marriage was settled for the 3rd March. Diddi, Sumati and Shanker Dayal alo met today.

मंगलवार, 19 फरवरी, 1952

Went to college. Returned with B.N. Gupta, taking tea in the Chauraha Hotel. Went to Bagia in the both places. Pachora inhabitants came. Cancelled the programme of noon train and sent Diddi by the evening train. In the evening accompanied by Lakshami, Mister and Rup Narain participated in the feast of Chaturbhuj's marriage. Returned and slept without reading.

बुधवार, 20 फरवरी, 1952

Went to college. Returned via Bagia. Prem Narain Ji did not take his class. Talked about the function in honour of Nand Dulare BajpaI. Came to godam and slept a little, when Surendra Shanker Awasthi came. We studied Kamayani upto 5 P.M. Baijnath has not come today also. At 6:30 reached Bagia from where to Kahu Kothi to give congratulations and pay my good wishes for his honeymoon. Returned direct to godam.

बृहस्पतिवार, 21 फरवरी, 1952

Went to College. This was a rainy day. Returned with Surendra Shanker Awasthi. We were wet in the rains. Surednra came and we read Kamayani today. In the evening at 6 P.M. I went to Bagia, G.P. Library and Uma Tailoring shop. Returned to godam. Laxami Kant Pandey met in the way. Jaggu returned from Lalganj with mother's letter.

शुक्रवार, 22 फरवरी, 1952

Went to College via Awasthi's house. Returned after attending the class of Pt. M.R. Sharma with Awasthi and Baij Nath. Started the studies from 12 A.M. and finished at 5 P.M. I was not feeling well today. Went to Bagia and G.P. Library, Harishji met today. Returned to godam. Slept at 9 P.M.

शनिवार, 23 फरवरी, 1952

Went to college. Pt. Prem Narain and Sharmaji none of them taken classes. Returned to house after taking my food at the house of Mr. Awasthi. Finished studies at 2. Went in search of music Artists. Taking cycle from Bagia came to godam and after changing the clothes went to college to attend the annual function of M.A. (Hindi) which was addressed by Pt. Nand Dulare Bajpai. Head of the Hindi Dept. Sagar University. Returned to godam at 9P.M.

रविवार, 24 फरवरी, 1952

Awakened at 7 A.M. Went in the noon to Awasthi's house, he was not present. He did not come to godam today. In the evening went to Bagia. Bappa was present. He brought my Nagra shoes from Ghatampur. Came to godam.

सोमवार, 25 फरवरी, 1952

Awasthi came at 8 in the morning. We studied upto 10 A.M. Then I slept for sometime, After taking my food. Awasthi returned at 1:30 P.M. Then we read upto 4:30 P.M. In the evening I went to Sumati's house, Prem Narain's and Sharmaji's house. Then went to station for seeing off Pt. Nand. Dulare Bajpai, returned at 11 P.M. in the night. Din Bandhuji, Prem Narain ji, Shri Narain Agnihotri were also present.

मंगलवार, 26 फरवरी, 1952

Went to college. Returned at 9:30 with Awasthi, read up to 11. Then went to Bagia via shop. Mama came from lalganj with my letter. We studied up to 5 P.M. Then went to market, send the Butter, Bread and letter to lalganj. Then went to Bagia, Uma Tailoring shop, Mohan Homeo Stores and returned to godam. Jaggu broken the lamp's glass.

बुधवार, 27 फरवरी, 1952

Went to college. Appointed time for asking from Pt. K.S. Shukla. Returned to house. Chachchu called me. Went to Bagia but he was not present. Returned to godam and slept for some time. Awasthi came and we started Ratnakar from 12 finished it at 3:30 P.M. In the evening went to Chaturbhuj's house, Library and Bagia. Harish Ji met today. Returned to godam. Dinner was taken in the godam.

बृहस्पतिवार, 28 फरवरी, 1952

Went to college... etc... did not come today. Returned via Bagia. In the evening went to Chaturbhuj's house. He told about the miracle of his fortunes and about his idea of with pair party. I welcomed it, handed over the invitation card to him. Went to Dharamshala. Ajia Baba etc. came today from village. Returned to godam via Meston Road. Uma Tailoring Shop etc.

शुक्रवार, 29 फरवरी, 1952

Went to college. Khemka met there. Returned to home. In the evening went to Dharmashala, Library, Naresh's house etc. Sheo Shanker Pande came from Lalganj with mother's letter and gajar halwa. In Dharamshala Dada, Bhabhi were present. Mama asked in the evening about mother's arrival in Lakshami' marriage. Evening food was taken in the godam, slept at 1 A.M. in the night.

दूध का हिसाब साफ।

शनिवार, 1 मार्च, 1952

Remained in the godam for whole of the day. The goods were sent to Lalganj through Sheo Shankar Pande. For whole of the day it was raining and cold day. Nothing particular. Chatrubhuj came at 10 A.M. We prepared a draft for the Jugal Kamana (कामना) on the occasion of Prakash's marriage.

रविवार, 2 मार्च, 1952

शाम को धर्मशाला गया। सवेरे केवल अवस्थी के घर तक गया था। उन्होंने सितार के कार्यक्रम के लिए बुलाया था। पर मैं गया नहीं। शाम को लाइब्रेरी भी गया। धर्मशाला में सबको खाना वगैरह परोसा। सुमति आ गयी थीं। लौटते समय गाड़ी से गोदाम आया। सुमति का नौकर भी साथ आया। रात दो बजे तक पढ़ता रहा।

सोमवार, 3 मार्च, 1952

सवेरे कॉलेज गया साइकिल से अवस्थी के साथ। बैजनाथ के साथ वापस आया। ...बड़े मामा लालगंज से दिद्दी को लेकर आये, अम्मा नहीं आयीं। दोपहर में चच्चू मिले पर मुझसे बोले नहीं। खाना धर्मशाला में खाया। दिद्दी...घर आया बगिया। सुमति दिद्दी यहीं थीं। अम्मा दिदिया का पत्र दिया। विक्टोरिया सैलून में बाल कटवाये। दिद्दी वगैरह को लेकर धर्मशाला आया। वहाँ से गोदाम आकर सब तैयारी की। 5 बजे धर्मशाला पुनः लौट गया। गोदाम में बड़े मामा से बात होती रही है। पता लगा दिदिया को निमन्त्रण ही नहीं दिया गया।

धर्मशाला में सबकी खातिरदारी आदि का....। कपड़ों का एक सेट दादा की बक्स में रखवा दिया। सरन पाण्डेय से मुलाकात हुई। खेमका वगैरह सब आये। बस से आर्य नगर गये। मिस्टर वगैरह दूसरी बस से देर से आये। 8 बजे के लगभग आगवानी के लिए चले। शंकरदयाल भी आ गये। 9 बजे लौटकर प्रकाश की शादी में कुली बाजार में सम्मिलित हुए। लौटकर गुदाम आ गये।

मंगलवाल, 4 मार्च, 1952

सवेरे से पढ़ता रहा। Went to college at 3 P.M. in Pt. Prem Narain's class from where to Arya Nagar, Bappa and Chachchu asked about the non-coming of mother. I answered in the negative. Chaturbhuj was also angry. He and Ram Ratan were Present there. In the night, there was Bhat which finished at 11:20 P.M. I remained there for whole of the night.

बुधवार, 5 मार्च, 1952

Prem Narain Ji met there. He also came in the Janvasa. I returned to godam by car via college. Went to Ram manohar Tripathi's home. In the noon went to Arya Nagar and Brahma Nagar. From Brahma Nagar again returned to Arya Nagar with Khemka where we played playing-cards. In the evening Nevtani and Kavi Gosthi were performed. Late in the night at 2:30 बड़हार was done, remained in the night at Arya Nagar. Pt. Krishna Shanker Shukla met. He was furiously angry upon me.

बृहस्पतिवार, 6 मार्च, 1952

In the morning came to godam at 3, went to college, from there to Arya Nagar. Mandap Ceremony was performed. At 9 P.M. went to Pt. M.R. Sharma's home where two class-girls were also present. Pt. ji dictated something on Vinaya Patrika, Prem Narain also came, Sharma ji and Shukla ji asked about Pt. K.S. Shukla. Then I came to Karunesh Ji's home. From where returned at 11 : 30 P.M. to Dharamshala and then to godam. Chachchu asked about the sending of Mister to Lalganj for taking Didiya to Kanpur. I replied in the affirmative.

शुक्रवार, 7 मार्च, 1952

In the morning rose at 6:30 Awasthi came at 11 A.M. Daddu Chachu wept bitterly before Mama for mother's behaviour. Shiva Pal went to Lalganj, Mama came from Lalganj with goods to be given to Diddi. With Diddi I went to Sumati's house for that purpose but we returned disappointed. Sumati also came. Leaving them in Bagia I went go godam. In the evening went the Dharmshala, Bappa discussed all the matters regarding Mother even about my marriage. I talked frankly. Mama also came to Dharmshala to pay Beohar. Mister went to Lalganj. Borrowed from Me...

शनिवार, 8 मार्च, 1952

In the morning went to college to deposit the fees. Returned to godam via Dharmshala. Didiya was present. She came by the night train. In the evening I again went to Dharamshala, talked with Didiya and brought all the things of her. Returned to godam at late in the night. Finished vinaya Patrika today.

रविवार, 9 मार्च, 1952

In the morning went to Dharmshala via Diddi's home. Didiya was absent. I handed over the double role to Chhoti Didiya, Bappa began murmuring on the question of didiya's departure. I returned to godam. At 2:30 went to college. Returned with Baij Nath doing some laugherism. Finished Raso, went to Library and Dharmshala. Mister returned from Lalganj. Return to godam.

सोमवार, 10 मार्च, 1952

Studied for whole of the day. Awasthi came at 11:30 A.M. started vidyapati from 1 P.M., finished at 8:30 P.M. We drank Thandai of cream and oranges mixed with hemp. It caused some trouble to me. I was unable to study and slept at 10 P.M. Went in the evening to Diddi's house. She handed me over my Jalpan. Returned to godam ... Jaggu went to Lajganj.

मंगलवार, 11 मार्च, 1952

Studied for whole of the day. Shobhnath Mama went to Lalganj, Mama given me Rs. 2. In the evening, B.N. Gupta came at shop from where we went to godam via Uma Tailoring shop, Sahitya Niketan, Khemka's house and then to dharmshala. Returned to godam. Studied upto 2 A.M. in the night.

Remained in the godam for whole of the day. Awasthi did not come also today. In the evening I went to Awasthi's house, diddi's house and then to Dharamshala. In the Dharmshala Pandey Jija, Misra Ji etc. etc. were present. Returned at 9 A.M. to godam. Ram Lal went in the night to his son's residence. I remained alone for whole of the night studied upto 2 A.M.

बृहस्पतिवार, 13 मार्च, 1952

Remained in the godam. Ram Lal came at 7 A.M. in the morning. Awasthi also came at 7:30. We studied Jayasi upto 3 P.M. At 4 I went to

Bagia and then to Dharmshala and then to Khemka's house. Brought two books from him. Rochana ceremony was performed. Came at 7:45 P.M. to godam. Chaturbhuj met today upto 2 A.M.

शुक्रवार, 14 मार्च, 1952

In the noon at 12 : 30 P.M.went to college with Awasthi for Admission Cards but we did not receive them. Then went to Shanti Tiwari's home for taking Bihari Bodhini. Returned to godam. At 7:30 went to Naresh's house and then to Dharmshala via Library.

Studied upto 2 A.M.

रविवार, 15 मार्च, 1952

Awasthi did not come in the morning at 10:15. I went to the college for taking Admission Cards. Returned via Awasthi's house. Awasthi came at 1 P.M. We studied upto 3 P.M. Then we went to his house and I after taking rest of one and a quarter hour again started my studies. At 7:30 went to Dharmshala for taking food. Returned via Bagia (Diddi). Didiaya's letter came. Shyam Narayna came for taking Tins of Chachi which were in my godam sent by Didiya. Studied upto 2 A.M.

रविवार, 16 मार्च, 1952

In the evening went to Dharmshala. Phool Chand asked for Kavya ke Rupa. Slept at 3 A.M.

सोमवार, 17 मार्च, 1952

In the evening went to Dharmshala and Bagia (Diddi). Diddi was in Dharmshala. Today was Ganga Mela after Holi. Sometimes in the evening remained in the Dukan. Slept at 12 P.M.

मंगलवार, 18 मार्च, 1952

At 10:15 went to college with Awasthi. Today was modern Poetry's paper. It was a good paper. Returned at 2:45 P.M. Mamas were present at Dukan. He came today from Lalganj. In the evening, cooked the food, studied upto 12 P.M. only. I was not feeling well today.

बुधवार, 19 मार्च, 1952

Today was the paper of Medieval Texts. It was rather a bad paper in my ideas. Though, I have done well, but after all it was not satisfactory. Returned via shop. Ram Charan Misra cooked the evening food. Studied upto 2 A.M. in the night.

बृहस्पतिवार, 20 मार्च, 1952

Reached at the college at proper time. Today paper of old Text was thoroughly a good paper. I have done it excellent. Returned at godam. Panchi came from Lalganj. Sent Medicines, fruits Lalganj. B.N. Gupta and his friend came at 5 P.M. We went to Meston Road.

शुक्रवार, 21 मार्च, 1952

Today was holiday. Remained whole of the day in godam. In the evening only went to shop for closing it down. Then went to put the Deepak in the temple. Studied upto 4.15 A.M. in the night.

शनिवार, 22 मार्च, 1952

Went to college. This paper V Principles of Criticism and history of Literature was a very good paper. Done excellent. After taking tea in college canteen. returned with Awasthi, went to Bagia, Diddi was present there.

रविवार, 23 मार्च, 1952

In the morning went to Pt. Prem Narain's house at 8 am with Awasthi. Returned via Chunniganj at 9:30. B.N. Gupta met in the way, then all of us went to M.G. Girls College and Gwaltoli, came to Awasthi's house, taken sweets. Went to Bagia and to Prakash's house for copies. Returned to godam at 12:4 5, at 5 went to Gandhi Nagar, Returned at 6 : 30, I, Awasthi, Gupta went to exhibition and to Megh Pushp, where I was taken today. Went to Moti Mahal to see the Saagi... Returned to godam at 2 A.M.

सोमवार, 24 मार्च, 1952

In the morning rose late at 7 A.M. At 10:45 went to Naya Ganj Post Office. The Clerk refused to pay the accounts without attestation. Went to Shastri but he refused to attest on behalf of M.D. Pande. Returned to godam. In the evening went to Bagia and Pt. Krishna Shanker Shukla's house. He initiated me for the collection of Sanehi Ji's Literature. I promised to him for the work. Returned to godam. Panchi came from the night train.

मंगलवार, 25 मार्च, 1952

In the evening went to Bagia (Diddi) at 10 A.M. But Daddu (Pande) refused to attest also. Then went to Meston Road, bought Butter and Bread. Diddi, Mama, Panchi went to their respective places. Went to Khemka's house, returned at 1 P.M. sent all the goods and letter to Lalganj by Panchi. After taking food went to Dukan. At 4:30 handed over the book to L.K. Pande and went to Bagia from where to Library. Harish Ji and Prabhat ji met there. I handed over the application of Harish ji. Returned with Prabhat. Sanehi ji gave me time in April. Evening food was taken in Bagia.

बुधवार, 26 मार्च, 1952

In the morning went to Bagia. Prepared the application, went to Maheshwari Library to see the Herald but was unable to find out the paper. Opened the shop. At 2 P.M. went to Employees State Insurance Corporation. Handed over my application to Superintendent. He was a good man. Mister was also with me. In the evening went to Bagia again, where Chachchu gave the ... then went to Bhaya's shop. He was not present, then via Sahitya Niketan reached to Phool Bagh and Naya Ganj, Returned to Tilak Hall. Niraj met there. Returned via Bagia.

बृहस्पतिवार, 27 मार्च, 1952

In the morning went to Pt. Prem Narain's house, returned via Bagia. Opened the shop. Mama did not come by the morning train. In the afternoon he came via Lucknow. At 5:30 I and Mister went to Onkar's house on his invitation. returned at 7 P.M. Bhim Shanker was at Dukan. Asked the permission for going back now Slept at 10 P.M.

शुक्रवार, 28 मार्च, 1952

In the morning at 10:30 went to Nayaganj Post Office for withdrawing jija's account. Post Master refused to pay the accounts because signature was not proper. I was outraged on the and abused him.

Chhoti Didiya and Prem Narain Jija went to Lalganj. I came to Lucknow by the 1:40 P.M. train. Pitaji* and Dadda** met. Manyeen was greatly dissatisfied due to Bhabhi's behaviour. In the evening I went to Dr. Bose's dispensary and Aminabad.

---

* पं. वंशीधर मिश्र

** डॉ. रामनारायण पाण्डेय

शनिवार, 29 मार्च, 1952

In the morning Misraji went to Fatehpur. I remained all the day in the house. At 3 P.M. went to Council House, met Raghuvir Sahaya Misra, Umapati Tiwari and K.K. Pande. Returned via Kaiserbagh. Misraji came at 11 P.M.

रविवार, 30 मार्च, 1952

In the morning twice booked the Trunk-Call for Gopinath Singh M.P. But both time no answer came from his house and so they were cancelled. In the evening went to Babuganj and Mawaiya then went to Hon. C.B. Gupta's house at 8 P.M. Prem Narain Dixit came from Lalganj.

सोमवार, 31 मार्च, 1952

In the morning Misra ji telephoned to the Gopinath Singh M.P. and Suraj Prasad Awasthi M.L.A. Mr. Awasthi number was cut off a few days ago. From 5:15 P.M. train I came to Kanpur. In the way I was cheated by one- who broken away my pride of wisdom. I became aware of future for such auctions. Brought a pair of scissors in Rs. 4. Went to Hulalganj and Bagia. Returned at 10:15 P.M.

मंगलवार, 1 अप्रैल, 1952

In the morning went to Gwaltoli via Hulalganj and Bagia, Mr. Awasthi was absent. Returned via Tilak Hall and Bagia, Lala Phool Chand came to godam. In the evening went to station to send the letters to Lalganj. Went to Hulalganj. Returned at 10:30 via Khemka's house.

बुधवार, 2 अप्रैल, 1952

In the morning went to Gwaltoli via Hulalganj with Mr. J.N. Misra. Returned at 9 : 15 to Godam. In the Gwaltoli Mr. Awasthi was absent. Mr. Gopi Nath Singh met me with courtesy. Went to Bagia and Head Post Office where Mr. Kirpa Shanker Pande asked about his copies in Lucknow. At 3 P.M. went to Bagia. Send the letter to Lalganj by Jata Shanker Pande. Went to Chaturbhuj's house and library. Mr. Ram Chandra typed the application. In the night Bhadoria Shiv Bahadur Singh, Rammanohar Tripathi etc. came. A poetical synposium was held.

बृहस्पतिवार, 3 अप्रैल, 1952

In the morning handed over Misraji's letter to Mr. Surya Prasad Awasthi and a copy of application to both Mr. Awasthi and Gopi Nath Singh. Then went to Arya Nagar, Brahma Nagar and Gandhi Nagar. Returned via Bagia and opened the shop. Umapati Tiwari came, closed the shop at about 12 Noon. Came to godam and taken rest. In the evening went to Bagia, then via C.B. to Hulalganj from where to Phool Bagh. Returned to godam via Bagia.

शुक्रवार, 4 अप्रैल, 1952

In the morning went to Pt. Prem Narain's house. Sahitya Ratna result came. I examined near about 20 copies and returned at 10:30 to godam-opened the shop. Mama came from Lalganj. He brought my certificates and letters. Chaturbhuj came at 12:15 and went at 2 P.M. After taking food I went to shop. Mama came here then went to Parmat. I at 7:45 went to Bagia and Prakash Pen Company.

शनिवार, 5 अप्रैल, 1952

Remained in the godam upto 10:15. Went to Bagia from where in motor car to Head P.O. and then to Nayaganj Post Office via Chumra khan's Furniture Shop. Withdrawn Rs. 280 from the Post Office Handed over Rs. 100 to Nand Lal. Prepared the food. Prem Narain Ji met today called for Monday Sent the medicines etc. to Lalganj, Mama was disappointed today. I gave him Santvna. Went to Baij Nath's house and Harish, Prabhat met. Returned at 10:5.

In the Morning went to Bagia and Hulalganj. Came to godown (godam) cooked the food. At about 1:45 went to Bagia from where to Acharya Sanehi's house. He gave me morning time.

Went to Khemka's house from where to Baij Nath Gupta 'Library' A.V. Road, Phool Bagh, Hulalganj, Ram Kishore Dixit came. Sent Malti's Dhoti by him.

सोमवार, 7 अप्रैल, 1952

In the morning went to Acharya Sanehi's hosue. Started the work of collection from today. Returned at 12:15 and prepared the food. Went to Prem Narain's house at 2:30 P.M. He did not meet me. Returned to shop at 4:15. Went to the goshthi of Hindi Sahitya Mandir. Returned at 10 : 45 via Bagia. Mama came from Lucknow at 1 A.M. in the night.

मंगलवार, 8 अप्रैल, 1952

In the morning went to Gwaltoli. Met Mr. Awasthi and Gopi Nath Singh MP. Awasthi ji called for the 9th April. Cooked the food. In the noon went to station to send the letter to Lalganj. At 3:30 went to Sanehi and Bagia. Prayag Narain Dada came and delivered mother's letter.

बुधवार, 9 अप्रैल, 1952

6/8" Plate was stored, the godam. Went to Sanehi ji's residence. Cooked the food. Chhote Mama came from Lalganj and returned immediately. I did not meet him. In the evening Prabhat came.

बृहस्पतिवार, 10 अप्रैल, 1952

Went to Gwaltoli. Mr. Awasthi did not take heed of me and went in car. Prabhat ji came in the noon and remained upto 4 P.M. here. Then we went to Library via Bagia. In the evening I went to Dr. Misra but he was also absent.

शुक्रवार, 11 अप्रैल, 1952

In the morning went to Gwaltoli, Brahma Nagar, Siddharth Misra, Gandhi Nagar but no body was present. Then went to Khemka's residence and Bagia.

शनिवार, 12 अप्रैल, 1952

All the day remained in the godam and dukan. Prabhat, Baij Nath, Asim Dixit came. In the night went to Bagia, Bring the cycle.

रविवार, 13 अप्रैल, 1952

In the morning went to Gwaltoli, met with Mr. Awasthi and Gopi Nath Singh. At 10:30 went to G.N.K. College in social works conference. Waited their upto 2 P.M. Then Awasthi ji introduced me to Mr. J.N. Agarwal. He called me in his office next day, Mama was too much anxious today. Chachchu came. Baij Nath came. In the night I went to Lala Phool Chand and Khemka. Returned at 11:45.

सोमवार, 14 अप्रैल, 1952

Went twice the bank and deposited Rs. 7000. Went to Employees

State Insurance Corporation. But due to Official meeting I was unable to seek an interview for Dr. Agarwal. In the night went to Phool Chand, Returned at 12:15.

मंगलवार, 15 अप्रैल, 1952

At 10 A.M. phoned Mr. Gopinath Singh. At his call, went to Gwaltoli. He gave me only a Character Certificate instead of doing telephone. Went to S.I.C. Mr. J.N. Agrawal was out. I passed near about 2 hours in the labour office. At 3:45 Mr. Agrawal called me and I with failing conscious heard the first experience in my life that is no vacancy Sir. Returned the house with disappointed. In the Night went to Library.

बुधवार, 16 अप्रैल, 1952

In the morning went to Bagia. Told about the no vacancy and he assured me of M. Board. Khemka came, Cooked the food. At 2 P.M. Prabhat ji came, I went to P.t. Prem Narain's house. Examined the elementary Hindi copies of Intermediate. At 6 P.M. I started for station send the letter. Came to godam. Prabhatji came again.

बृहस्पतिवार, 17 अप्रैल, 1952

In the morning went to Khemka. After day meals went to Bagia and then to Shukla's house. Cycle's bursts were repaired twice. Chaturbhuj came to godam with me. He was much worried on his circumstances. Night food was taken in Bagia. Mama went somewhere. Diddi not come in the night.

शुक्रवार, 18 अप्रैल, 1952

Went for the morning walk. In Bagia taken my tea. Ram Lal was suffering from fever since yesterday. In the evening went to Library and Phool Bagh. Consulted about the programme and office bearer of Hindi Sahitya Mandir.

शनिवार, 19 अप्रैल, 1952

Went no where except Bagia and Library and Khemka. Sent the letter and fruits etc. to Lalganj. Prabhat remained here.

रविवार, 20 अप्रैल, 1952

Went to morning walk...in Bagia. In the noon attended the meeting of Sahitya Mandir and interviewed Mr. K. S. Shukla.

सोमवार, 21 अप्रैल, 1952

Bathed in the river Ganga. Mama did not come from Lalganj. Went to see the 'Sansar' with Chachi and attended the Kavi Gosthi of Hindi Sahitya Mandir.

मंगलवार, 22 अप्रैल, 1952

Mama came from Lalganj. Twice went to station to send the letter to Lalganj. Given my watch for repairing to M/S K.G. Thakurdas. Went to Library and Khemka's house. Cooked the food.

बुधवार, 23 अप्रैल, 1952

Came to Lalganj by night train which was late by more than one hour.

बृहस्पतिवार, 24 अप्रैल, 1952

Remained in the Lalganj.

शुक्रवार, 25 अप्रैल, 1952

Remained in the Lalganj. I have written the letters to various places for jija's residence.

शनिवार, 26 अप्रैल, 1952

Remained in Lalganj.

रविवार, 27 अप्रैल, 1952

Remained in Lalganj upto 4 P.M. Surju refused to take me up in his cart. I came in by own cost upto Palia and then on foot with Bachcha. Manjhali Manien, Bhabhi and Ziledar, Sudhir, Suraj were in the village.

सोमवार, 28 अप्रैल, 1952

At 8 A.M. went to Daulatpur to attend the Acharya Mahavir Prasad Dwevedi Jayanti celebration. I and four others interviewed Mrs. Mahadevi Verma in the closed room of Acharya Dwevedi. Returned in night with Suraj and Shobhnath. Flour Mill was started today.

मंगलवार, 29 अप्रैल, 1952

Remained in Pure Pande. Flour mill was started today again.

बुधवार, 30 अप्रैल, 1952

Remained in the Purwa.

बृहस्पतिवार, 1 मई, 1952

Remained in Purwa, Mother's letter came.

शुक्रवार, 2 मई, 1952

Remained in Purwa. Kashi Misra came from Lucknow. Sent 300 Amiyas to Lalganj through Rameshwar. Laxmi Kant Pande came and invited me for his marriage celebration.

शनिवार, 3 मई, 1952

Remained in the Purwa, Chhote Mama came from Lalganj. It was busy day in the Chakki. Surya Kumar Pandey came from Kharagpur. We went to Dariapur. Mama stayed in the Purwa for the night.

रविवार, 4 मई, 1952

At noon Chhote Mama came from Purwa to Lalganj. I also returned to Lalganj. Started from there at 5 P.M. Engine was not working today. Reached Lalganj at 8:30. Bitola Mausi came from the night train.

सोमवार, 5 मई, 1952

Remained in Lalganj.

मंगलवार, 6 मई, 1952

Remained in Lalganj. Manyeen and Chhoti Didiya came from Sandbara (सांढ़बरा). Pt. Chandra Shekhar of Daulatpur came.

बुधवार, 7 मई, 1952

From Morning train came to Kanpur. Went to Pt. Prem Narain, Siddhnath, Pt. Munshi Ramji and Sumati's house. Diddi was present there. We searched Mrs. Kesar Bajpai's home. She refused to recognise diddi. Went to Khemka's house then to Sahitya Niketan.

बृहस्पतिवार, 8 मई, 1952

After washing the clothes, I went to diddi's house. Talked and consulted diddi and Daddu. In the evening went to godam and then to purchase goods for Lalganj. Received my watch after repairing from M/S. K.G. Thakurdas. Went to station. Khemka, Lala Phool Chand went to purchase a dari.

शुक्रवार, 9 मई, 1952

Remained in Kanpur. In the evening went with Khemka to Sahitya Niketan and Apna Restaurant. We met Mr. Nisha Nath Dixit.

शनिवार, 10 मई, 1952

लक्ष्मीकान्त का विवाह

From Banda Passanger I came to Lucknow. In Unnao Mr. Ramesh Awasthi came. I came to A.P. Sen Road, after washing my clothes, I went to Janwasa Ismailia Lodge. At 9 P.M. went to Laxmi Kant Pande's marriage. Returned to Faijabad Road at 11. Bhat was held at 3 A.M. in the morning.

। -) टिकट उन्नाव तक
-) किराया रिक्शा
≡) क़िराया बस
१ ॥) खटपटी
२-)

रविवार, 11 मई, 1952

In the morning at 8 A.M. came to A.P. Sen Road and at 3 P.M. went to Saria Mali Khan. A Kavi Gosthi was held there and in the night we went to Bazar and Badhar (बड़हार).

।=) किराया
-) माला
। ≡)

सोमवार, 12 मई, 1952

In the morning went to Imambara and came to A.P. Sen Road via Aminabad. Ram Manohar was ill today.; In the night we again came to Aminabad and then to Badhar (बड़हार).

≡) टिकट इमामबाड़ा
।) ॥ बस टिकट
१) चाट
११≡) ॥

मंगलवार, 13 मई, 1952

In the morning went Zoo Banarsi Bagh. In the evening Mandap Ceremony was held. At 9 : 30 P.M. I returned to A.P. SenRoad.

-) ॥ किराया बस
=) ॥ दही
-) माई
।)

बुधवार, 14 मई, 1952

Remained in Lucknow. Shanker Dayal came in the morning at 3 P.M. went to P.C.C. Council House and then again to disciplinary action against Chachchu. In the evening went to Regal Theatre to see 'Andhian' Picture.

बृहस्पतिवार, 15 मई, 1952

Remained in Lucknow. In the evening went to station to see Mr. Laxmi Kant off. who was going to Rae Bareli with his newly married wife. Shanker Dayal went to Kanpur in the evening. I went to Hazartganj and Dr. Bose's dispensary. Returned at 9:30 P.M.

≡) ॥ Platform etc.

शुक्रवार, 16 मई, 1952

Remained whole of the day in A.P. Sen Road.

शनिवार, 17 मई, 1952

In the evening went to Mawaiya, Lal Kuan and Aminuddaula Public Library. Returned via Aminabad. U.P. Ministry was declared today. Mr. Gautam came to 6 A.P. Sen Road in the evening.

Rs. 4 to Dadda.

रविवार, 18 मई, 1952

Remained whole of the day in 6 A.P. Sen Road.

सोमवार, 19 मई, 1952

लखनऊ रहा। एसेम्बली देखने गया। पं. वासुदेव मिश्र से यूथ कांग्रेस के बारे में बात हुई।

मंगलवार, 20 मई, 1952

लखनऊ रहा। आज एसेम्बली देखता रहा। स्पीकर का चुनाव हुआ। शाम को यूथ कांग्रेस के डिवीजनल संयोजकों की कॉन्फ्रेंस में भाग लिया।

-) ॥ बस किराया

बुधवार, 21 मई, 1952

लखनऊ रहा। आज एसेम्बली में गवर्नर मोदी का भाषण सुना। कांग्रेस पार्टी की मीटिंग में गया। एसेम्बली लाइब्रेरी में पढ़ता रहा। शाम को घर लौट आया। मुन्नू ददोले बरेली से आये थे।

-)॥ दही
)। बरफ
।☰) दूध

बृहस्पतिवार, 22 मई, 1952

Remained all the day in Lucknow at 6 A.P. Sen Road.

२६।।।) दवा
=) ॥ दूध
२६।।।=) ॥

शुक्रवार, 23 मई, 1952

At 4 P.M. went to P.C.C. office, Rama Ratan etc. were present there. Returned via Aminabad and Lal Kuan.

।-) धर्मयुग
।) चाट के बतासे

शनिवार, 24 मई, 1952

Remained in Lucknow.

रविवार, 25 मई, 1952

Remained in Lucknow.

सोमवार, 26 मई, 1952

Misra ji talked about me from Hon. Kamalapati Tripathi. He asked my name etc. I returned to Kanpur from 5 : 30 train.

=) लस्सी दही
१=) टिकट कानपुर
–) किराया इक्का
१ ।=)

मंगलवार, 27 मई, 1952

Daddu Chachchu sent me Lucknow again for his disciplinary action. Lakshmi also went with me.

=) प्लेटफार्म
।) एटम
=) रिक्शा
॥) चाट
१)

बुधवार, 28 मई, 1952

Remained in Lucknow.

बृहस्पतिवार, 29 मई, 1952

Returned to Kanpur by the 7:43 train.

१ । । ।) दवा
।) ॥ डबल रोटी
=) ॥ लस्सी
।=) ॥ पपीता
२ ।=) ॥ मक्खन
) ॥ बरफ
=) पानी
) ॥ बरफ
५ ।-)

शुक्रवार, 30 मई, 1952

In the morning went to S.S. Awasthi's house. But he was not present. Then from C.B's cycle went to Pt. Munshi Ram Sharma's house and then to Prem Narain's where Khemka was present. Pt. Ji refused at that time to give Bhashavigyan. Then went to Sumati's house. She was at Deputy ka Parao. I went there. From the 6:48 train came to Lalganj. Train was late. Reached Lalganj at 11:15 P.M.

शनिवार, 31 मई, 1952

Remained in Lalganj. Diwakarji met there. Munnu came in the evening from Purwa.

रविवार, 1 जून, 1952

In the morning came to Purwa by Mama's Cycle.

सोमवार, 2 जून, 1952

Remained in Purwa. In the evening went to Dariapur.

मंगलवार, 3 जून, 1952

In the morning went to Gegason for taking bath in Holy Ganga. Returned in the evening.

बुधवार, 4 जून, 1952

Today was Chhoti Manyeen's Udyapan. Remained in Purwa.

बृहस्पतिवार, 5 जून, 1952

Remained in Purwa.

शुक्रवार, 6 जून, 1952

Remained in Purwa. Dadda came in the evening from Lucknow by Pick-up. Diddi also came. Whole the village drank the Thandai today on account of my success in the examination.

शनिवार, 7 जून, 1952

Dadda, Bhabhi etc. went to Lucknow. Amma also went upto Lalganj. Returned with Bade Mama in the evening.; I remained in Purwa.

रविवार, 8 जून, 1952

Bade Mama remained in Purwa. I also in Purwa, We captured the culprits of Gangapar after an encounter in Chharian Khera.

सोमवार, 9 जून, 1952

Remained in Purwa.

मंगलवार, 10 जून, 1952

Remained in Purwa, Mama went to Kanpur.

बुधवार, 11 जून, 1952

Remained in Purwa.

बृहस्पतिवार, 12 जून, 1952

Went to Lalganj. Acharya Vinoba Bhawe came today at Lalganj. Really he is a saint, Acharya and a worthy leader of outstanding influence. Suresh was present at Lalganj. I arranged for the bedding of Acharya, He received 4478.8 Acres of Land as donation in Bhumi Dan Yagna.

शुक्रवार, 13 जून, 1952

Remained in Lal ganj, Mama came from Kanpur.

शनिवार, 14 जून, 1952

Went to Rai Bareli with Lal saheb of semri in his jeep. Due to expiry of time I was unable to receive the money. Met with Vaidya ji. Acharya Bhave was present at Rai Bareli in Govt. High School. Returned at 6:30 to Lalganj.

रविवार, 15 जून, 1952

Remained in Lalgnaj.

सोमवार, 16 जून, 1952

Went to Rai Bareli and Received the amount from Treasury. Mister came from Kanpur to Lalganj.

मंगलवार, 17 जून, 1952

Mister and myself came to purwa via Bajpai Khera. Cycle was not in proper condition. Anyhow we reached here. Chakki was closed today for repairing.

बुधवार, 18 जून, 1952

Remained in Purwa. Mister returned to Lalganj. Attended Ramayana which was held at the door of Shiv Narain Mama.

बृहस्पतिवार, 19 जून, 1952

Remained in Purwa.

शुक्रवार, 20 जून, 1952

Remained in Purwa.

शनिवार, 21 जून, 1952

Remained in Purwa. Engine house's roof was made today. Lala returned with repaired piston from Kanpur.

शुक्रवार, 22 जून, 1952

Remained in Purwa, Akhand Ramayan was started in Imli Tola. Today Chhote Mama came from Lalganj. I became nervous at first in reciting Ramayan.

सोमवार, 23 जून, 1952

Remained in Purwa, Ramayana concluded Today. I shot two fires at its conclusion. Mama remained in Purwa.

मंगलवार, 24 जून, 1952

Remained in Purwa.

बुधवार, 25 जून, 1952

Remained in Purwa.

बृहस्पतिवार, शुक्रवार, शनिवार, 26, 27, 28 जून, 1952

Remained in Purwa.

रविवार, 29 जून, 1952

Remained in Purwa, Akhand Ramayana Path was organised by me. Whole of the village co-operated with me. Surja Kumar, Munari, Munnu, Prem Shanker, Jata Shanker, Chandrika Prasad and Devi Shanker was on the Vyas Gaddi. It was a rainy day and night.

सोमवार, 30 जून, 1952

Ramayana concluded today at 2 pm. In the morning Lakar Bagha came. Ramayana was preceded and followed by Gita.

मंगलवार, 1 जुलाई, 1952

Remained in Purwa.

बुधवार, 2 जुलाई, 1952

Remained in Purwa. Shobhnath Mama went to Kanpur.

बृहस्पतिवार, 3 जुलाई, 1952

Remained in Purwa. Chhote Mama came from Lalganj in the morning. He did not take food in the evening due to closed doors.

शुक्रवार, 4 जुलाई, 1952

Mama returned to Lalganj. He ordered to close the Chakki.

शनिवार, 5 जुलाई, 1952

Remained in purwa. There was great rush in the Chakki. It was a losing day for chakki.

रविवार, 6 जुलाई, 1952

Remained in Purwa. Today was a crowdy day.

सोमवार, 7 जुलाई, 1952

Engine was opened.

मंगलवार, 8 जुलाई 1952

Remained in Purwa.

बुधवार, 9 जुलाई, 1952

Remained in Purwa.

बृहस्पतिवार, 10 जुलाई, 1952

Remained in Purwa. Deposited the Gandhi Pravachan and Hamare Janvar in the School Library.

शुक्रवार, 11 जुलाई, 1952

Remained in Purwa.

शनिवार, 12 जुलाई, 1952

In the morning started for Lalganj at 7:15 by cycle. Kaushal and Bhimji Ahir started earlier. Cycle punctured near Semrapaha. Came to Lalganj at 9. Bade Mama came from Kanpur by the night train. He gave us the pleasing news of the birth of Male child to Shakuntala didiya.

रविवार, 13 जुलाई, 1952

Came to Kanpur by the Morning train accompanied by Kaushal Kishore Pandey. Went to Hulalganj, Bagia and Parmat. Chachhu talked about his case returned to godam at 9:15 P.M.

सोमवार, 14 जुलाई, 1952

It was a rainy day and I was unable to go to college due to rains upto 10 A.M. then I went to college via Bagia with Laxmi after taking food there. Returned at 1 P.M. Went to Jai Narain and Pratap Narain Misra. At 5:30 went to Hospital to see the baby of Babu dada.

मंगलवार, 15 जुलाई, 1952

In the morning went to college, at 2 P.M. Went to Pt. Prem Narayan Ji's house at 5 P.M. to Shanker Dayal Tiwari's house. Returned from there at 8 : 30 sent the medicines to Lalganj for Jija. Came today. also Shobh Nath Mama came to me in the noon time.

बुधवार, 16 जुलाई, 1952

In the morning went to Khemka's hosue and then to library. Mama came from Lalganj. In the noon went to Pt. Prem Narain's house where he dictated his thesis to me over reformism.

बृहस्पतिवार, 17 जुलाई, 1952

In the morning went to college. I took admission.there returned via Bagia. Lalganj's bank babu came with didiya's letter. Pachora Bhabhi returned from hospital. Went to Pt. P.N. Shukla and to Pt. Munshi Ram Sharma's house on foot. Munshi Ram Ji supported my idea about sanskrit the VII paper. Tanken 33 from Prakash Pen Co. on uncle's account.

शुक्रवार, 18 जुलाई, 1952

In the morning went to Bagia, returned to godam and prepared the food. Then Via A.B. Road, Prade went to Shukla ji's house. Chandrika guru and Shyam Hari Tiwari were present there. We returned at about 7 P.M. Shyam Hari came with me, given him the novel 'Pride and Prejudice'. Went to Ranjana Restaurent and Bagia. Started the Ramayan and Studied upto 170 pages.

शनिवार, 19 जुलाई, 1952

Went to college, taken food at Bagia, came to godam, read the Ramayan and then slept for a while, went to Sahitya Niketan and Bagia. Today a meeting was organised against Chachchhu. We went there it was postponed. I bought Khaddar worth about Rs. 17/3 = With poet Niraj I went to Various places, then via library and Khemka's house I came to Bagia to take my food. Came to godam in Night at 10:45 P.M.

रविवार, 20 जुलाई, 1952

Examined the language of economics Book written by Mahavira Charan Saksena of S.N. College Unnao. Went to Bagia at 12. S.S. Awasthi met on the way played playing cards upto 1 P.M. Then went for walking to Phool Bagh. In the night heavy showers came.

सोमवार, 21 जुलाई, 1952

Remained all the day in Bagia. In evening went to Dharmshala. Khemka came with me to godam and remained here upto 10:15. Surendra Shanker Awasthi came in the night at 11 P.M. He asked to write a Abhinandan Patra for Ustad Mustaque Hussain Khan. I promised to him to write it in the morning. I was not feeling well. Pt. Prem Narain ji's nephew commited suicide yesterday.

मंगलवार, 22 जुलाई, 1952

In the morning prepared the Man patra. Awasthi came to bring that and Invited me to attend the function. I was not feeling well today also. I was feeling myself tired and exhausted.

बुधवार, 23 जुलाई, 1952

Remained in Kanpur.

बृहस्पतिवार, 24 जुलाई, 1952

In Kanpur regular classes started from today in the college.

शुक्रवार, 25 जुलाई, 1952

In Kanpur.

शनिवार, 26 जुलाई, 1952

In Kanpur, Mama went to Purwa, Laxmi etc. also to Sathani.

रविवार, 27 जुलाई, 1952

Remained in Kanpur. Taken my food in Bagia. Went to Khemka's house.

सोमवार, 28 जुलाई, 1952

Went to Pt. Prem Narain ji's house.

मंगलवार, 29 जुलाई, 1952

Mama came with letter of mother.

बुधवार, 30 जुलाई, 1952

In Kanpur went to Pt. Prem Narain ji's house.

बृहस्पतिवार, 31 जुलाई, 1952

Went to Pt. Prem Narain ji's house. Lala mechanic came from village for the repairing of broken parts of Engine. He also brought my breakfast and letter of sister.

Remained all the day in Bagia. In evening went to Dharmshala. Khemka came with me to godam and remained here upto 10:15

शुक्रवार, 1 अगस्त, 1952

Mama went to Lalganj of noon train. I went to M/S. Byrainji & Co. to settle the terms of Engine. They demanded Rs. 600. I came to godam via Khemka, Sahitya Niketan, Bagia.

शनिवार, 2 अगस्त, 1952

Mama returned and went to Lalganj again. I have sent the medicines to Lalganj by Lal's mistri.

रविवार, 3 अगस्त, 1952

Remained in Kanpur. I was not feeling well due to jukam. Taken my food in Bagia where I have also played the playing cards. Then went to Phool Bagh and Library.

सोमवार, 4 अगस्त, 1952

Went to college. Returned with Bal Krishna Gupta, I have given him 4 books for reading. l went to Bagia, take my food at 3 P.M. went to Ganga Par for picnic. Dal Bati and Thandei was prepared there. We returned here at about 9:30 P.M. Mama was present here. I cooked the food then slept.

मंगलवार, 5 अगस्त, 1952

Mama remained here. I cooked the food. Went to Bagia, Tilak Hall, Khemka's house and then Ram Manohar Tripathi met me in subzi mandi, with him went to Maya babu's house then to Khemka and Shekhar's house. No body was present. We both and Laxmi Jaya Shanker Shukla went to Phool Bagh where we heard Mr. Tripathi's poem. In the night after taking food in Bagia came to godam.

बुधवार, 6 अगस्त, 1952

At 12 Khemka and Pratap Krishna Nagar came. They remained upto 2 P.M. Mama went to Lalganj. I began an article for 15 August supplement fo Vishwa Mitra. At 3:45 Ram Manohar came. We went to Arya Nagar Prem Narain ji's house and then to Sumati's house returned at 8:15. After taking my food returned to godam. Studied for Half an hour.

बृहस्पतिवार, 7 अगस्त, 1952

Went to college, from there to Dosar Vaishya, Kanya Kubja, Marwari and Bhartiya Vidyalaya, Returned to godam. Prepared the food. Mama came from Lalganj.

शुक्रवार, 8 अगस्त, 1952

Remained in Kanpur. A parliamentary Board was organised under the auspices of Democratic progressive party. I was its member.

शनिवार, 9 अगस्त, 1952

Remained in Kanpur. Filed my nomination paper of M.L.A. ship of College Assembly.

रविवार, 10 अगस्त, 1952

Remained in Kanpur.

सोमवार, 11 अगस्त, 1952

After returning from college went to Lalganj by 12:30 train. Mama was in Lalganj. Went to Purwa. Reached there at 7:30 P.M.

मंगलवार, 12 अगस्त, 1952

Remained in Purwa. It was a rainy day. In the evening went to Lohraman with Kashi Dada. In the night ceremonised Krishna Janam. Fired two shots from gun.

बुधवार, 13 अगस्त, 1952

Surja Kumar's son expired about 10 A.M. I started from Purwa at 4 P.M. Its Cycle's paddle broken in the way. Reached Lalganj at 6 : 30. Amma also came, started from Night Train for Kanpur.

बृहस्पतिवार, 14 अगस्त, 1952

Went to College. Triloki Tandon was fighting for Presidentship of Pol. Sci. Ass. Went to Electricity House, Date was extended for 25 August.

शुक्रवार, 15 अगस्त, 1952

Near about for whole of the day remained in Hostel. Returned at 3 : 15 in the night to godam.

शनिवार, 16 अगस्त, 1952

Association election was held today. Triloki was defeated. All of us were nervous.

रविवार, 17 अगस्त, 1952

With Ram Manohar wandered here and there.

सोमवार, 18 अगस्त, 1952

Went to College.

मंगलवार, 19 अगस्त, 1952

Remained in Kanpur, A wall poster was pasted by Vizzy's party in abusing language.

बुधवार, 20 अगस्त, 1952

Remained in College, Kanpur.

बृहस्पतिवार, 21 अगस्त, 1952

Assembly elections were held. I was victorious. Began to obtain the signs.

शुक्रवार, 22 अगस्त, 1952

Sign hunting remained on progress.

शनिवार, 23 अगस्त, 1952

A protest strike against the U.P.C.A. was observed, though it was unsuccessful due to communists. In the evening ... informed that a report has been filed against us. I observed Anshan today because I was not feeling well.

रविवार, 24 अगस्त, 1952

In the noon I, Mister Babu and Chachhu went to Arya Nagar in the lunch given by Karunesh ji, Returned at 2:30 went to Ram Manohar's house from where accompanied by him went to Bagia. At 5 P.M. went to Vishwamitra Karyalaya from where to Tilak Nagar in Saligh Ram Shukla's Kavi Goshthi, returned at 11 P.M. in the night.

सोमवार, 25 अगस्त, 1952

Went to college. In the college a little quarrels (quarell) broken out between Tandon and K.D. Sharma. Returned at 12. Prepared the food, went to college again in the evening.

मंगलवार, 26 अगस्त, 1952

Went to college. Returned at 1 P.M. Mama cooked the food. I was unable to get the food in Dopahar. Ram Manohar came at 3. We went to Khemka's house at 5:30. Remained there upto 9:15 P.M. Returned and cooked the food. Mama did not take it.

बुधवार, 27 अगस्त, 1952

कानपुर रहा। कवि सम्मेलन के कार्य की तैयारियाँ करता रहा। वर्षा अधिक होने के कारण कॉलेज नहीं गया।

बृहस्पतिवार, 28 अगस्त, 1952

कानपुर रहा। सवेरे कॉलेज गया। राम मनोहर के साथ लौटा। राम मनोहर ने अपना खाना खाया। बगिया से पास वगैरह लेकर घर आया। खाना बनाया। शाम को प्रदीप जी से मिलने अस्पताल गया।

शुक्रवार, 29 अगस्त, 1952

सवेरे कॉलेज गया। जल्दी ही तिलक हॉल होकर लौटा। बाल कटाये। खाना बनाया। शाम को राम मनोहर के घर होकर तिलक हॉल गया। बंशीधर जी के साथ कूलिका चाय पीने गया। यूरोपियन स्टाइल की सामग्री खाने में कुछ अटपटी-सी लगी। राम गोपाल जी बगुला भगत बने बातें करते रहे। सौ-सौ चूहे खा बिल्ली हज्ज चली। कार से कॉलेज गया, रात को घर आकर खाना बनाया।

शनिवार, 30 अगस्त, 1952

सवेरे कॉलेज गया। तिलक हॉल होकर लौटा। गौतम जी का भाषण हो रहा था। खाना बनाया।

मंगलवार, 16 दिसम्बर, 1952

साहित्य निकेतन से 'प्राचीन भारत के कलात्मक विनोद' लाया। ट्यूशन के इण्टरव्यू के लिए गया। मन में कुछ कचोटता रहा था।

बुधवार, 17 दिसम्बर, 1952

'साहित्य' (रवीन्द्र) तथा 'अर्चना' (निराला) खरीद लाया। कपूर साहब का ३२॥) बिल चुकता किया। 56/- रुपये निकाले। मि. अग्रवाल के दरवाजे तक जाकर लौट आया। बड़ी झेंप-सी लग रही थी।

बृहस्पतिवार, 18 दिसम्बर, 1952

आज से ट्यूशन शुरू किया। जब पहुँचा तो समझ में ही नहीं आता था क्या पढ़ाऊँ? एक तो Hedard English School है, ऊपर से मेरा प्रथम दिन। बड़ा साहस बटोरकर गया था। न मुझे Grammer याद है और न मुझे Algebra, Geometry समझ में आता है, कैसे क्या होगा। पर शुरू तो कर ही दिया। Family बड़ी gentle है। शाम को डॉ. शर्मा के यहाँ गया। साहित्य निकेतन से आलोचना इतिहास अंक लाया। विश्वमित्र कार्यालय भी गया।

शुक्रवार, 19 दिसम्बर, 1952

सवेरे बालमुकुन्द गुप्त के क्लास में गया। Final की लड़कियों ने उत्सव में भाग लेना स्वीकार किया। पर चन्दा केवल दो-दो रुपये ये देना चाहती हैं। आज फिर ड्यूटी पर जाकर पढ़ा आया। 'बड़ा उखड़ा-सा काम' लगता है। घर आकर खाना बनाया। English Grammer पढ़ता रहा। खेमका का पत्र आया।

शनिवार, 20 दिसम्बर, 1952

पानी बरसा। सवेरे बालकृष्ण से बात हुई थी। फर्रुखाबाद जाने की वजह से वह आया नहीं। चच्चू से दिदिया के लिए मकान को पूछा। उन्होंने हामी भर दी। रात की ट्रेन से 79/- रुपये लेकर गाँव गया।

रविवार, 21 दिसम्बर, 1952

सवेरे लालगंज आया। 9 बजे गाँव के लिए रवाना हुआ। शाम को 4 बजे गाँव से लालगंज के लिए चल दिया। रात की ट्रेन से कानपुर आया।

सोमवार, 22 दिसम्बर, 1952

साढ़े आठ बजे सोकर उठा। सवेरे से पानी बरसता रहा। शाम को नया गंज गया। साहित्य निकेतन से लाला मुरारीलाल को पुस्तकें खरीदवाकर घर आया। रात 11 तक पढ़ता रहा।

मंगलवार, 23 दिसम्बर, 1952

पण्डित प्रेम नारायण जी के यहाँ बालकृष्ण के साथ गया। शाम 6 बजे वापस लौटा। शास्त्रीय अध्ययन लेता आया। कपूर साहब और 'भारत' होकर घर आया। 1 बजे तक पढ़ता रहा। मौरावाँ, फर्रुखाबाद का प्रोग्राम कैंसिल हुआ। खेमका को पत्र लिखा।

बुधवार, 24 दिसम्बर, 1952

सवेरे साढ़े नौ बजे अग्रवाल के यहाँ गया। सुरेन्द्र भी आ गये। 'रत्न' के Prospectus के बारे में कुसुम से बात हुई। 2:30 बजे पुनः जाकर प्रसाद और उनके नाटक पढ़ता रहा। 4:30 बजे वहाँ से लौट आया। शिवबहादुर, राममनोहर आये थे।

1953

शनिवार, 3 जनवरी, 1953

आम थे बौराये...

('कविता उपखण्ड' में संकलित)

सोमवार, 5 जनवरी, 1953

१०४) जमा

१५) दिदिया के हिसाब में
५) मेरा खाते का
११) दवा
६।।) रमेश बुक डिपो
७।।।=)।। दूध
२) अखिल
१) गोदाम राशन
५१।=)।।
५२।।)।। शेष

मंगलवार, 13 जनवरी, 1953

११)।। शेष

५) फुटकर खर्च
–चाय, धोबी, घर खर्च, डाक खर्च
६)।। शेष रहे

बुधवार, 14 जनवरी, 1953

६) शेष रहे
२०) खेमका से लिए

२०)   कपूर साहब से
४६)
।।)   सिलाई
१)   दवा
१)   स्वाध्याय मण्डल
१)   खिचड़ी दान
।।)   साइकिल ब्रेक बनवाई
-)   अमरूद
१०)   अम्मा को भेजे
१४)
३१।।।=) शेष रहे।

सोमवार, 19 जनवरी, 1953

३१।।।=) शेष रहे।
२) सूरज की फीस
१।) सिनेमा
१) गाजर का हलुआ
४।)
२७।।=) शेष रहे।

बुधवार, 21 जनवरी, 1953

२७॥=) शेष रहे।
१५) जमा कपूर साहब से
४२।।=)

१०) पूरन
१०) सुमति को छोटी मांई की धोतियों के लिए
२) चाय जलपान
२२)
२०।।=) शेष

शनिवार, 23 जनवरी, 1953

२०।।=) शेष रहे
१०) दिदिया से

२५) कपूर साहब से चेक के द्वारा लाया
५५।।=)

५) फुटकर लालगंज आने-जाने में
३) अम्मा का सामान
४५) अम्मा को...
५३)
२।।=) शेष

रविवार, 1 फरवरी, 1953

२।। =) शेष रहे
१) लकड़ी वगैरह
१ ॥ =) शेष

बुधवार, 4 फरवरी, 1953

६ ॥) शेष रहे
१०) निकेतन के द्वारा

=) अख़बार
॥-) ॥ फल
—) ॥ दूध काफी को
☰) ॥ गोलमाल खाते में
३।।। =) दवा

बृहस्पतिवार, 5 फरवरी, 1953

१४॥-) ॥ शेष
=) रिक्शा
२) दिदिया

मंगलवार, 14 जुलाई, 1953

गतिरोध
1. कोई गतिरोध नहीं
2. राजनीतिक विशृंखलता
3. उपरले स्तर के लोगों का प्रचार

शुक्रवार, 21 अगस्त, 1953

भटनागर साहब से मिला था। कोई विशेष बात नहीं हुई।

शनिवार, 22 अगस्त, 1953

सायंकाल 6 बजे से ही भयंकर वर्षा प्रारम्भ हो गयी थी। कुछ कम पड़ने पर मैं साहित्य निकेतन से उठ कर हास्टल और कॉलेज गया। कोई नहीं मिला। फिर बाबू जी के बँगले पर पहुँचा। मीटिंग प्रारम्भ हो चुकी थी। बेढ़ब उपस्थित था। Discussion प्रारम्भ हुआ। मेरा नाम सबके ऊपर चल रहा था। Niraj से Qualifications का Comparison भी हुआ। आखिर में भटनागर साहब ने Steno को Dictate किया। देवीशंकर अवस्थी and Chaudhary (अजित कुमार)। साहित्य निकेतन होता हुआ नया गंज गया। वहाँ से 9 बजे भटनागर साहब को फोन किया। उन्होंने भी Confirm कर दिया।

रविवार, 23 अगस्त, 1953

दिन भर भयंकर वर्षा होती रही। बड़े मामा लखनऊ गये। गुदाम* सब चू रहा था। शाम को 6 बजे के लगभग भटनागर साहब के घर गया। 8:30 बजे लौटकर नया गंज गया। चच्चू को रात कालरा हो गया। अधिकांश रात जागते ही बीता।

सोमवार, 24 अगस्त, 1953

सवेरे 11 बजे गुदाम से कपड़े बदलकर भारत रेस्ट्रां होता हुआ, खेमका को लेकर चंदू बाबू से मिला। फिर सुरेन्द्र अवस्थी, बालमुकुन्द गुप्त जी से मिलकर नया गंज में खाना खाया। तत्पश्चात् प्रेम नारायण जी, मुंशीराम जी व अयोध्यानाथ जी से मिला। पं. कृष्ण शंकर जी से मिलकर विश्वमित्र होकर घर लौटा। रात गुदाम गया। वर्षा बन्द हो गयी थी।

मंगलवार, 25 अगस्त, 1953

प्रातःकाल शीघ्र उठकर निवृत्त हुआ। फिर दाढ़ी बनाकर नहाया। कॉलेज 8 बजे के लगभग पहुँचा। ज्योतिष वाजपेयी से बातें होती रहीं। तब तक और सभी लोग आ गये। 8:30 के लगभग अपने नवीन सहयोगी श्री अजित शंकर जी से मिला। आशंका के प्रतिकूल बड़े ही शीलवान और सौम्य व्यक्ति थे। मिलकर बड़ा हर्ष हुआ। फिर त्रिलोकी के साथ घूमता रहा। 10 बजे के लगभग Joining report दी। तत्पश्चात् पं. प्रेमनारायण व सिद्धनाथ जी के साथ कॉलेज से परेड पर आकर चाय

* मामा का आवास जहाँ देवीशंकर 1949 से 1956 तक साथ रहे।

वगैरह पी। फिर अजित जी के साथ साहित्य निकेतन आया। शंकर दयाल तिवारी से मिला। प्रदीप जी से मिला। Staff room में बैठते झेंप लग रही थी।

बुधवार, 26 अगस्त, 1953

प्रातःकाल 8:45 के लगभग कॉलेज गया। होस्टल में छात्र लोक के लिए Matter approve किया। कॉलेज में चौधरी के साथ Classrooms के चक्कर में चक्कर लगाता रहा। खेमका के कमरे में खाना खाया। काफी बातचीत होती रही। लाइब्रेरी से पुस्तकें issue करवाईं। सिद्धनाथ जी ने IIyr. Sc. में Introduce करवाया। फिर अजित जी के साथ बाबू ब्रजेन्द्र स्वरूप से मिलकर साहित्य निकेतन होकर घर आया। घर से फिर नौघड़े से जग्गू के लिए धोती लेकर नया गंज में खाना खा कर घर आया।

बृहस्पतिवार, 27 अगस्त, 1953

प्रातःकाल 6:30 बजे कॉलेज पहुँचा। पर Classrooms की दिक्कत के कारण Class नहीं ले सका। साहित्य रत्न के Forms का कार्य देखता रहा। III C में ब्रजलाल जी ने Introduce किया पर Class नहीं लिया। आज Boldness अधिक थी। आशा बँध रही थी कि Class को Control कर लूँगा। दोपहर में बगैर खाना खाये फिर कॉलेज गया पर आज भी कोई class नहीं लिया। Staff Room में बैठकर कुछ लड़कों से बातचीत अवश्य की। कपड़ा १३। ≡ का खरीद कर निकेतन में रखा, फिर विश्वमित्र प्रेस गया। वहाँ से नया गंज में खाना खा कर घर आया। कुछ कागज देखे। फिर तलवार के यहाँ फोटो उतरवाई। वहाँ से फिर Simla Tailor में कुछ कपड़े दिये। फिर पं. विश्वनाथ जी के साथ चौक तक आया।

शुक्रवार, 28 अगस्त, 1953

सवेरे चतुर्थ पीरियड की समाप्ति पर कॉलेज पहुँचा। साहित्य रत्न के फार्म लेता रहा। फिर सुरेन्द्र अवस्थी के साथ कुसुम के घर से दिनेश को लेकर एम.जी. College गया। वहाँ से घर आकर खाना खा कर कॉलेज गया। पं. सिद्धनाथ जी ने I-A में Introduce किया और ब्रजलाल जी ने I-B में। मैंने आज general पढ़ाया। हिन्दी साहित्य और कबीर पर बोला। कोई परेशानी नहीं हुई। तत्पश्चात् II Sc. C. को लिया। लड़कियों की कक्षा होने के कारण कुछ अधिक प्रगल्भ थी। पर नियन्त्रण बना रहा। कक्षा भी मैंने शीघ्र ही छोड़ दी। इस कक्षा में कुछ डर लगा रहता है। ब्रजलाल जी के घर पर चाय आदि पी। वहीं पर प्रयोगवाद के ऊपर एक अच्छी-खासी गोष्ठी हो गयी। साहित्य निकेतन से पुस्तक लेकर गुदाम आया। रात 11 बजे तक पढ़ता-लिखता रहा।

शनिवार, 29 अगस्त, 1953

रात नींद अच्छी नहीं आयी। सवेरे 6:15 पर उठा। 7:15 तक कॉलेज पहुँचा। आज III G की कक्षा ली। Attendance के पश्चात् प्रसाद पर एक general लेक्चर दिया। प्रसाद जी की नाट्यकला की विशेषताएँ बताता रहा। लेक्चर Conclude नहीं हो सका था। नया गंज गया तो ज्ञात हुआ कि कल 11:45 बजे दिदिया को पुत्ररत्न प्राप्त हुआ था। ईश्वर उसे चिरायु, स्वस्थ और सौभाग्यशाली बनावे। अस्पताल में दिदिया से मिलने गया। रजनी की सी शक्ल थी। फिर कॉलेज पहुँचा। पानी के कारण कोई कक्षा नहीं हुई। लाइब्रेरी में बापट साहब से बातें करता रहा। कपूर साहब से मिलकर घर आया। मेल से लखनऊ गया। रात को लक्ष्मीकान्त से मिलने गया। मिश्रा जी बीमार थे।

रविवार, 30 अगस्त, 1953

सवेरे लक्ष्मीकान्त के यहाँ चाय पीकर त्रिलोकी नारायण जी के यहाँ गया। वे मिले नहीं। लौटकर 10:35 की गाड़ी से रायबरेली होकर लालगंज पहुँचा। साइकिल से दद्दा के साथ गाँव गया। अम्मा इत्यादि बहुत प्रसन्न हुईं।

सोमवार, 31 अगस्त, 1953

आज गाँव से लगभग 4 बजे लालगंज के लिए चला। लालगंज में रात रहा। दूसरे दिन सवेरे रायबरेली से नौकर लेकर लखनऊ आया। रायबरेली में अमरेश से भेंट हुई थी। लखनऊ में त्रिलोकी नारायण जी से बातचीत होती रही। रिसर्च के टापिक भी Discuss हुए। रात की गाड़ी से कानपुर आया। गाड़ी 2।। (ढाई घण्टे) लेट थी।

बुधवार, 2 सितम्बर, 1953

सवेरे कॉलेज गया। H Section में प्रसाद की नाट्य कला Discuss की। राममनोहर भी कक्षा में चुपचाप आकर खड़े हो गये। मुझे कुछ हँसी आ रही थी। II Sc. C. का सेक्शन हल्की सी उलझन लाता है। पता नहीं क्यों केवल इस सेक्शन में ही Class Consciousness महसूस होती है। वत्सराज उदयन पढ़ाया। रात में Music Conference।

बृहस्पतिवार, 3 सितम्बर, 1953

आज IV Year में Prose का Class लिया। Response अच्छा रहा। लड़के काफी शान्त और शिष्ट हैं। आज III yr. G. में प्रसाद की नाट्य कला Conclude की। यहाँ भी वातावरण पूर्णरूपेण शान्त था। Music Conference में गया, रात के 2:45 गाड़ी पर लौटा कुसुम वगैरह के साथ।

शुक्रवार, 4 सितम्बर, 1953

आज फिर H Section में general lecture देता रहा। राममनोहर कक्षा में आया और चुपचाप पीछे खड़ा रहा। J A & B के Sections में आज Poetry पढ़ाई। अजित के साथ घर आया, भारत में चाय पीते हुए। फिर उन्हें कलक्टर गंज में छोड़कर नया गंज होकर कपूर साहब के यहाँ गया। वहाँ से श्याम नारायण कपूर व पाण्डे के साथ Music Conference में गया। रात को तीन बजे घर आया।

शनिवार, 5 सितम्बर, 1953

IV. F. में आज भारतीय संस्कृति वाला पाठ पढ़ाया। विक्टर ह्यूगो वाली कथा से लोग बड़े प्रभावित हुए। भटनागर साहब (डी.ए.वी. कॉलेज के प्राचार्य) ने राउण्ड लगाया। मुझे देखकर मुस्कराये। III G. में आज *स्कन्दगुप्त* प्रारम्भ किया। सवेरे भटनागर साहब का भाषण हुआ था। शाम को elementary और general के classes लिये थे। आज गंगाप्रसाद उपाध्याय का भाषण व At Home हुआ था। प्रेम नारायण जी से काफी बातें हुईं। रात को अजित के साथ संगीत सम्मेलन गया।

रविवार, 6 सितम्बर, 1953

सवेरे 7 बजे श्रमदान के लिए D.A.V. College ground में गये। वहाँ पर काफी फरूहाई हुई। 'छात्र जगत' आज वितरित हुआ। कमठान साहब बहुत नाराज हुए। वहाँ से प्रेम नारायण जी के साथ आनन्द जी के यहाँ गया। आनन्द जी ने आज मेरे appoint होने के उपलक्ष्य में दावत खिलाई। वहाँ से सायंकाल 5 बजे पं. सिद्धनाथ जी को लेकर डॉ. शुक्ल के घर पर पुस्तकें छाँटीं। नया गंज होकर घर आया।

सोमवार, 7 सितम्बर, 1953

सवेरे श्रमदान के लिए 8:30 बजे के लगभग पहुँचा। पानी बरसने से काफी भींग गया। लौटकर नया गंज से कपड़े बदल कर दीनबन्धु जी के घर गया। वहाँ पर चाय, जलेबी, पकौड़ी आदि खायी। फिर नया गंज होकर घर आये। घर में सोते रहे। मेज ठीक की। शाम को भटनागर साहब के घर गया। वहाँ मिलने पर... डॉ. शर्मा और श्याम हरि से मुलाकात हुई। लौटकर भटनागर साहब के साथ कार में उर्सला अस्पताल आया जले लड़के को देखने। वह मर गया था। फिर चित्रसेन के यहाँ होकर लौटा।

मंगलवार, 8 सितम्बर, 1953

सवेरे पहले ground पर गया। फिर घर लौटकर पढ़ता रहा। 10 बजे भारत में चाय पीकर ब्रजलाल जी के साथ Gurtia की अर्थी के साथ भैरोघाट गया। जीवन

की सम्पूर्ण असारता चिता... की लपटों के साथ मूर्तिमान हो रही थी। लौटकर नहा कर खाना खाया। फिर सोता रहा।

बुधवार, 9 सितम्बर, 1953

कॉलेज में 4th Pd. नहीं हो सका। ताले में कुंजी लगवाकर घर आया। फिर 1 बजे कॉलेज पहुँचा। कुछ देर हो गयी थी। अजित के साथ निकला। शाम को भटनागर साहब के घर गया। बहुत-सी बातें होती रहीं। कल 6 बजे के लिए बुलाया। रात को भारत में चाय पी कर घर आये। रात 11½ बजे तक पढ़ता रहा।

बृहस्पतिवार, 10 सितम्बर, 1953

आज दिदिया के लड़के की मूल शान्ति थी। रामकिशोर दीक्षित से मुलाकात हुई। रात को देर से घर लौटा।

शनिवार, 12 सितम्बर, 1953

आज सायंकाल श्री सुरेन्द्र जी के साथ चाय पी। रात में अजित जी, टानी, खेमका, मैं, अवस्थी जी, श्यामनारायण पाण्डे, कपूर साहब 12 बजे तक घूमते रहे। आज बहुत दिन बाद हर्ष और परिहास के mood में लौटे थे। एक-दूसरे को बनाना और छींटाकशी चल रही थी।

रविवार, 13 सितम्बर, 1953

पं. कृष्णशंकर के घर गया। कपूर साहब के यहाँ खाना और कविताएँ हुईं। रात में मारवाड़ी पुस्तकालय गये। शिव बहादुर गोदाम में ही रहे। आज कविताएँ खूब सुनी गयीं। अजित जी की कुछ कविताएँ और भदौरिया के कुछ गीत बड़े ही सुन्दर बन पड़े थे।

सोमवार, 14 सितम्बर, 1953

आज अजित का रेडियो प्रोग्राम दिन में सुना। सुरेश चन्द्र गुप्ता के घर चाय पी गयी। फिर श्याम हरि तिवारी, भटनागर साहब व मुंशीराम जी के घर गये। करुण और करुण विप्रलम्भ के बीच का अन्तर पूछा। मिलन, आशा और श्रृंगार तथा शोक स्थायी भाव प्रधान अन्तर माने गये। रात में 10:55 को गाड़ी से अजित जी उन्नाव गये।

मंगलवार, 15 सितम्बर, 1953

आज *स्कन्दगुप्त* कॉलेज में खोया। मक्कू लालगंज से आये। शाम को Law classes में नाम लिखवाया। आज election थे। जयशंकर शुक्ल को जिताया। त्रिलोकी इत्यादि के साथ लौटा। साहित्य में गतिरोध पर लिखने को उत्साहित हुआ। गतिरोध के कारणों पर विचार करना है।

बृहस्पतिवार, 17 सितम्बर, 1953

भटनागर साहब के घर गया। अजित कुमार जी भी साथ थे। काफी प्रसन्न मुद्रा में थे।

शुक्रवार, 18 सितम्बर, 1953

श्री ब्रज लाल वर्मा और अजित जी के साथ जनेश्वर वर्मा के घर गया। जनेश्वर थे नहीं, वहाँ से फिर कानपुर रेस्ट्रां में चाय पी। फिर विद्यार्थी श्री ओंकार नाथ जी के घर गया। नया गंज होकर कॉलेज पहुँचा। साहित्य निकेतन होते हुए घर आया।

शनिवार, 19 सितम्बर, 1953

आज सवेरे music conference का review लिखा। बैजनाथ और बालकृष्ण आये। मैं सोच रहा हूँ मनुष्य की इस कमजोरी को कि वह अभिनन्दन हर स्थान पर चाहता है फिर वाजपेयी जी से ही लोग क्यों रुष्ट हों। उनका तो फिर भी contribution है परन्तु जिस ढंग से group बनाने की इन्होंने सोची है वह बहुत अधिक व्यावहारिक नहीं है। इतना संकीर्ण दायरा अच्छा भी नहीं और अज्ञेय, भारती जैसे scholars ही कहाँ हैं इनके पास। रात को सुरेन्द्र से प्रभाकर अवस्थी के बारे में बातें होती रहीं।

रविवार, 20 सितम्बर, 1953

आज स्वाध्याय मण्डल की बैठक 10.30 बजे प्रारम्भ हुई। कैलाश नारायण जी ने 'भारतीय संस्कृति और तुलसीदास' निबन्ध पढ़ा। निबन्ध काफी घिसापिटा सा था। संस्कृति का सतही विवेचन अवश्य था पर उसका प्रतिफलन अन्त में तुलसी पर नहीं दिखाया गया था। मैं सोच रहा हूँ अगली के लिए मुझे लिखना है।

दिन भर पढ़ता रहा। सायं पं. कृष्ण शंकर जी के साथ टहलता रहा। रात्रि में प्रेम नारायण जी के घर गया। वे विवाह एवं अन्य परिस्थितियों पर बातचीत करते रहे। 10.30 बजे घर आया।

सोमवार, 21 सितम्बर, 1953

आज दिन भर पढ़ता-लिखता रहा। सायंकाल कपूर साहब के यहाँ अखण्ड रामायण हुई। मैं रात भर जागा।

मंगलवार, 22 सितम्बर, 1953

प्रातःकाल घर आकर कुछ देर सोता रहा। फिर नया गंज में खाना खाकर 2 बजे कपूर साहब के यहाँ पहुँच गया। रात को 2 बजे रामायण समाप्त हुई।

बुधवार, 23 सितम्बर, 1953

आज कॉलेज में अधिकांश classes नहीं लिये। अजित से पटना जाने के सम्बन्ध में बातचीत हुई।

बृहस्पतिवार, 24 सितम्बर, 1953

आज जनेश्वर जी के घर पर चाय पी। अजित जी और विद्यार्थी जी भी थे। जनेश्वर जी बड़े ही टिपटाप अंग्रेज आदमी लगे। सारी चीजें करीने से सँभली हुई थीं। देख कर ईर्ष्या होती थी।

शुक्रवार, 25 सितम्बर, 1953

ब्रजलाल जी के साथ छोटे वाले रेस्ट्रां में आकर चाय पी। फिर लौट कर कॉलेज में पढ़ाया। सुरेश का फार्म भरवाया। रात में आस्कर वाइल्ड पढ़ता रहा। बड़ी सुन्दर कहानी लगी।

शनिवार, 26 सितम्बर, 1953

सवेरे कॉलेज गया। साधना प्रेस होते हुए लौटा। दोपहर में ओंकारेश्वर पाण्डेय आये।

रविवार, 27 सितम्बर, 1953

स्वाध्याय मण्डल में निबन्ध पाठ।

बृहस्पतिवार, 1 अक्तूबर, 1953

१00)	जमा	२।।।=)	सुपाड़ी, कत्था, शकर
		१)	आलोक
		)।।	हवा
		६।।)।।	घी
		२)	निर्गुण अवस्थी
		५0)	एल एल जे—यू ले
		६२।=)	
		३७।।=)	शेष रहे

शुक्रवार, 2 अक्तूबर, 1953

३६ ।। =)	शेष	।=)	चाय
	जमा	१।।।=)	दवा
	।-)	५)	दिदिया
३६॥ ≡)		१।।≡)	किराया गाँव
		१)	फुटकर खर्च गाँव
		२५)	अम्मा
		३४ ।।।≡)	
		३)	शेष रहे

शनिवार, 3 अक्तूबर, 1953

गाँव रहा। पिता जी की श्राद्ध की।

रविवार, 4 अक्तूबर, 1953

गाँव रहा।

सोमवार, 5 अक्तूबर, 1953

३) जमा

१) टिकट
।=) भाई चच्चू
।) टिकट कानपुर
॥ =) बाल कटवाई
=) चाय
।=) कपड़े धुलाई
१।।)

मंगलवार, 6 अक्तूबर, 1953

≡) शेष रहे	।=) साबुन
५० जमा	=) केला
५० ≡)	=) टेलीफोन
	॥ =)
	४६ ॥ =) शेष

पं. कृष्णशंकर, डॉ. सोम, प्रिन्सिपल भटनागर, सिद्धनाथ जी व सुमति से मिला। घर आया। 4 बजे के लगभग अजित, उनकी छोटी बहिन और आदित्य राम मिश्र आये। साहित्य निकेतन होकर 'War of the World' तस्वीर देखने गये। नया गंज में खाना खाकर लौटा।

ओमप्रकाश सक्सेना मिले। वही बेकारी का रोना। B.Sc. पास करके भी कहीं ठिकाना नहीं और मैं War of the World देखकर लौटा था। वैज्ञानिक आविष्कारों पर Satire था H.G. Wells का। शायद भारत को भी अन्त में धर्म की ही शरण लेनी पड़े। दुनिया में जिस कदर तबाही फैली हुई है, क्या कहा जाय।

बृहस्पतिवार, 8 अक्तूबर, 1953

पटना पहुँचा। अधिवेशन—भारतीय हिन्दी परिषद का।

शुक्रवार, 9 अक्तूबर, 1953

अधिवेशन।

शनिवार, 10 अक्तूबर, 1953

अधिवेशन।

रविवार, 11 अक्तूबर, 1953

नालन्दा, राजगीर और पावापुरा।

सोमवार, 12 अक्तूबर, 1953

आज सन्ध्या साढ़े चार बजे पटना से बनारस आते हुए कर्मनासा के दर्शन और बिहार को प्रणाम।

मंगलवार, 13 अक्तूबर, 1953

पं. सीताराम चतुर्वेदी से भेंट।

बुधवार, 14 अक्तूबर, 1953

आचार्य हजारी प्रसाद द्विवेदी, नामवर आदि से भेंट।

बृहस्पतिवार, 15 अक्तूबर, 1953

आचार्य द्विवेदी से भेंट। इलाहाबाद के लिए प्रस्थान।

शुक्रवार, 16 अक्तूबर, 1953

इलाहाबाद रहा।

शनिवार, 17 अक्तूबर, 1953

कानपुर शाम को आया।

रविवार, 18 अक्तूबर, 1953

लखनऊ गया।

सोमवार, 19 अक्तूबर, 1953

लखनऊ से सन्ध्या कानपुर आया। दंगल देखने गया।

मंगलवार, 20 अक्तूबर, 1953

कॉलेज खुला।

बुधवार, 31 अक्तूबर, 1953

3) हिसाब दूध का साफ।

सोमवार, 2 नवम्बर, 1953

आज general strike थी। कॉलेज से दोपहर में लौटा। लौटकर अजित के साथ विश्वमित्र और नया गंज गया। फूलबाग होकर ए.वी. रोड आया। रात में गुण्डों के आतंक को समाप्त करने चच्चू वगैरह के साथ निकला।

मंगलवार, 3 नवम्बर, 1953

सवेरे भारत में चाय पीकर कॉलेज गया। वहाँ भटनागर साहब से बातें हुईं। किशनचन्द जैन के बुलाने पर तिलक हाल आया। भटनागर साहब वगैरह भी थे। काफी discussions हुए। Statement दिया गया। लौट कर घर आया। खाना खाया।

शनिवार, 21 नवम्बर, 1953

आजकल बात को सीधे-सादे ढंग से अभिव्यक्त करने पर जोर दिया जाता है। पर Poetry without Imagery की क्या कल्पना की जा सकती है? यदि नहीं तो फिर Medium का प्रश्न उठता है, दृश्य विधान के लिए चित्रात्मकता की आवश्यकता पड़ती है। फिर चित्रात्मकता में शब्द चित्र भी आते हैं, और भाषा की रंगीनी भी स्वाभाविक हो जाती है।

रविवार, 22 नवम्बर, 1953

उपन्यासों में लोग Type चरित्रों की अपेक्षा individual character श्रेष्ठ मानते हैं। नारमन डगलस ने इसको (type) नकारते हुए कहा था कि टाइप करेक्टर में मनुष्य जीवन के असंख्य पक्षों में से दो-तीन प्रमुख Facets को चुन लिया जाता है, "It consists I should say in a failure to realise the complexities of the ordinary human mind" पर प्रश्न यह उठता है कि प्रमुख तत्त्व तो लिए जाते हैं यदि तन्खा या खन्ना गोदान में मिल और शेयर के ही सौदे करते हैं तो हमारे दैनिक जीवन में हम सभी मौके-बेमौके अपने ही पेशे की बात करते हैं। अतः टाइपों का निर्माण उतना गर्हित नहीं। पर और भी समस्याएँ मिलती हैं। पर कोई समाधान नहीं है।

1954

देवीशंकर अवस्थी
डी.ए.वी. कॉलेज, कानपुर।

कहीं से ढूँढ़कर ला दे, हमें भी ऐ गुले.......
वोह ज़िन्दगी, जो गुज़र जाये मुस्कराने में।

हस्ताक्षर

नाम	:	देवीशंकर अवस्थी
घर का पता	:	76/342, कुली बाज़ार, कानपुर।
कार्यालय का पता	:	डी.ए.वी. कॉलेज, कानपुर।
टेलीफ़ोन नं.	:	3744
तार का पता	:	उमाशंकर केदारनाथ, हालसी रोड, कानपुर
घड़ी नं.	:	272340 Alpina
जन्मतिथि	:	5 अप्रैल, 1930

कहानी ग्राहक नं. 446

सर्वे लाभाः साभिमानाः
इति सत्यवती श्रुतिः।

महाभारत शान्तिपर्व

इस पृष्ठ के पीछे

Give give thine all
All thou hast and do'est

give, till thy hands
and heart and
head are free

अज्ञात लेखक

शुक्रवार, 1 जनवरी, 1954

पार्श्व गिरि का नम्र, चीड़ों में
डगर चढ़ती उमंगों-सी
बिंधी पैरों में नदी, ज्यों दर्द की रेखा
विहग शिशु मौन नीड़ों में
मैंने आँख भर देखा।
दिया मन को दिलासा— पुनः आऊँगा
भले ही बरस-दिन-अनगिन
युगों के बाद।
क्षितिज ने पलक सी खोली
तमक कर दामिनी बोलीः
'अरे यायावर रहेगा याद।'

'अज्ञेय'

शनिवार, 2 जनवरी, 1954

जनं बिभ्रती बहुधा विवाचसं
नानाधर्माणं पृथिवी यथौकसम्।

यह पृथिवी जन की धात्री है। जन की भाषाएँ अनेक और उसके धर्म अनेक हैं। इस अनेकता में एक जीवन का वरदान छिपा हुआ है, यदि हम बुद्धिपूर्वक उसको समझ सकें।

'पृथिवी सूक्त'

रविवार, 3 जनवरी, 1954

अक्षधुरि सुखासीना
मक्षिकैकावदत् पुरा।
उत्थाप्यते मया मार्गे पांशुराशिरहोकियान्।

गाड़ी की धुरी पर सुखपूर्वक बैठी हुई मक्खी ने एक बार कहा—"वाह राह पर मेरी वजह से कितनी धूल उड़ रही है।"

सोमवार, 4 जनवरी, 1954

अहो सिद्धार्थता तेषां येषां सन्तीह पाणयः।
न पाणिलाभादधिको लाभः कश्चन विद्यते॥

महाभारत शान्तिपर्व

काम करने के लिए जिनके पास हाथ हैं, सचमुच उनके सभी अर्थ सिद्ध हैं। सबसे बड़ा लाभ तो यही है कि कृतित्व का अभिमानी हाथ हमारे पास है।

मंगलवार, 5 जनवरी, 1954

ऊर्ध्वबाहुः विरौम्येष
नैव कश्चिच्छृणोति मे।
धर्मादर्थश्च कामश्च
स धर्मः किं न सेव्यते॥

'व्यास'

बृहस्पतिवार, 7 जनवरी, 1954

मैंने पूछा : ...

('कविता उपखण्ड' में संकलित)

रविवार, 10 जनवरी, 1954

ये ग्रेनाइट की चट्टानें, वह दूर्वादल के मूल...

('कविता उपखण्ड' में संकलित)

शनिवार, 13 फरवरी, 1954

कन्वोकेशन
कवि सम्मेलन

खर्च

३) अमरेश
३५) अजित
१०) पं. बलभद्र प्रसाद
१) रिक्शा गोपाल व्यास
२) शिवबहादुर, राममनोहर, खाना, रिक्शा
१) रिक्शा रमानाथ अवस्थी

रविवार, 14 फरवरी, 1954

उदयपुर लोक कलामण्डल का नृत्य संगीत समारोह।

बुधवार, 17 फरवरी, 1954

साधना देशकालातीत नहीं होती, इसीलिए उसको भंग किया जा सकता है, व्यवधान पड़ सकता है। वह इच्छा साध्य है।

रविवार, 21 फरवरी, 1954

डॉ. धीरेन्द्र वर्मा का अभिभाषण cancelled.

बृहस्पतिवार, 22 अप्रैल, 1954

आज अवस्थी जी ने वह समाचार सुनाया जिसे मैं कभी न सुनना चाहता था पर जिसकी उत्सुकतापूर्वक प्रतीक्षा भी कर रहा था और आशा भी। आज फिर सोच रहा हूँ कि नहीं, मन को आग्रहपूर्वक दबाना चाहिए और बुद्धि को जबरदस्ती सामने रखना चाहिए। अस्तु परसों आई.पी. एक्ट का पर्चा है, पढ़ नहीं पा रहा हूँ, पर पढ़ूँगा अवश्य क्योंकि बुद्धि को ऊपर रखना है अवश्य।

सोमवार, 10 मई, 1954

Today I have suffered the second greatest stock of my life, the first was death of my father and the second one is death of ....?

बुधवार, 12 मई, 1954

From 11:15 to 11:30 pm these were the best and worst moments of my life. Drops in eyes and भर्राये हुए गले के साथ हमेशा के लिए अलग हो जाने की बात...।

शनिवार, 29 मई, 1954

जगत की रीतिनीति में बहुत बड़ी जीत चाहिए...

('कविता उपखण्ड' में संकलित)

रविवार, 1 अगस्त, 1954

बाल विद्यापीठ के पुस्तकालय का संयोजक चुना गया।

सोमवार, 23 अगस्त, 1954

प्रयाग रहा।

मंगलवार, 24 अगस्त, 1954

प्रयाग से काशी गया।

बुधवार, 25 अगस्त, 1954

काशी रहा।

बृहस्पतिवार, 26 अगस्त, 1954

सवेरे कानपुर।

रविवार, 3 अक्तूबर, 1954

कानपुर से बड़ी शीघ्रता के साथ 2 बजे की गाड़ी से अम्मा, सुधीर, रेखा को लेकर लखनऊ आया। सीधे बशीरतगंज पहुँचा पर वहाँ अभी कोई न आया था, तब गणेशगंज गया। रात को साढ़े आठ के लगभग किशोरभाई पटेल के साथ स्टेशन आया। आर.जे. टिकट लेकर भीतर गया। एम.के. भटनागर व ब्रजेन्द्र स्वरूप सक्सेना पिण्डारी ग्लेशियर जाते हुए मिले। ऊपर की बर्थ पर सो गया। जगह काफ़ी मिल गयी थी।

सोमवार, 4 अक्तूबर, 1954

सवेरे भोजीपुरा पर नींद खुली। नित्यकर्मों से निवृत्त हुआ। रास्ते में खूब पानी भरा था। किच्छा से लालकुआँ तक ट्रेन 3-4 मील की गति से आयी। हलद्वानी में टी.सी. ने उतरने को एलाऊ नहीं किया। भटनागर वग़ैरह यहीं उतर गये। काठगोदाम से बस मिली। रास्ता बड़ा खूबसूरत मिला। मसूरी से ज़्यादा सुन्दर। इस बार Beauty की Subjectivity समझ में आयी। कौला नदी के बहाव को देखकर सेना की उपमा नदी से अत्यन्त श्रेष्ठ मालूम हुई। उछल-उछल कर आगे बढ़ना बड़ा रमणीक और भयानक लगता है। बस स्टैण्ड से घर मन्ना के साथ आया। ताश खेलता रहा। शाम को फ्लैट्स पर घूमने गया। Exhibition देखी। बाज़ार में घूमते रहे। वासुदेव द्विवेदी मिले।

मंगलवार, 5 अक्तूबर, 1954

चाय वगैरह पीकर हम, जनार्दन व शान्ति नीचे आये। मन्ना अपने लिए स्वेटर

देखते रहे। फिर झील में बोटिंग की। तल्लीताल बस स्टैण्ड पर अग्निहोत्री जी की प्रतीक्षा की, फिर घर लौटकर खाना खाया। सन्ध्या को फिर फ्लैट्स पर गये। आज नैना देवी के दर्शन किये। मानता मानी। झील पर Exhibition का प्रतिबिम्ब देखते रहे। पता नहीं कैसे प्रतिबिम्ब को लोग झूठ कहते हैं, वह तो real से भी अधिक सुन्दर होता है। मेरे विचार से तो Reality + Imagination = Reflection = Art = Absolute Truth. रात को ऊपर चले आये। अजित की कविताएँ व मुशायरा सुना। चिट्ठियाँ लिखीं।

बुधवार, 6 अक्तूबर, 1954

सवेरे राइडिंग के लिए गये परन्तु घोड़े ही नहीं मिले। तब फिर बोटिंग करते रहे। दोपहर में मिस्टर अग्निहोत्री आ गये। 4 बजे जनार्दन कानपुर लौट गये। शाम को फ्लैट्स पर नुमायश देखने गये। लौटकर डॉ. प्रेमनारायण की टॉक सुनी। अच्छी भी लगी और ख़राब भी। Propaganda बहुत था। रात पढ़ता रहा। मन भी कुछ ऊब रहा था। डॉ. सुनीति कुमार की Talk सुनी।

बृहस्पतिवार, 7 अक्तूबर, 1954

चाय पीकर टिफिन टॉप गया। Dorothy Seat पर लगभग घण्टे भर रहा। प्रकृति प्रेमिका इस आंग्ल सुन्दरी का चित्र मेरे मन पर उभरता रहा जो यहाँ घण्टों बैठकर चित्रकारी किया करती थी। सचमुच बड़ी खूबसूरत जगह है। यहाँ से मैदान और बर्फानी चोटियाँ, झील और नदी सभी दिखायी पड़ते हैं। नैनीताल की सुषमा अपने द्वार यहाँ उन्मुक्त किये हैं। शाम को शान्ति, अग्निहोत्री के साथ घूमने गया। Exhibition में घूमता रहा।

शुक्रवार, 8 अक्तूबर, 1954

चाय पीकर फ्लैट्स पर आया। छोटी नाव लेकर बोटिंग करता रहा। तल्लीताल का बाज़ार देखा। पोस्टकार्ड लेकर रिक्शे से लौटा। रिक्शे पर लखनऊ के ध्रुव नारायण मिश्र 5, गणेशगंज लखनऊ मिले। सेब लेकर घर लौटा। खाना खाकर शान्ति से बातें होती रहीं। फिर कुछ देर पढ़ता रहा। दोपहर में सोया भी। शाम को नीचे घूमने गया। नुमायश में जंगबहादुर सिंह से खादी दुकान में भेंट हुई।

शनिवार, 9 अक्तूबर, 1954

नहाकर, चाय पीकर Lands End देखने गये। क्या विचित्रता है कि वहाँ की सड़क का नाम Prospect Road है। सचमुच जहाँ Land समाप्त, वहीं पर Prospect भी खतम। वहाँ से Short cut से Tiffin Top गया। बड़ा ही Lovely रास्ता है।

भटकने का रस भी जाना और अकेलेपन का आनन्द भी। रास्ते में खूब गाता था और चिल्लाता था। मानो सारी impulses के value खुल गये थे। मन साफ था। Every Impulse that we strive to strangle broods in our mind and poisons us. शाम को शान्ति के साथ Dorothy देखने गये। लौटकर सुरेन्द्र वग़ैरह की पहुँच का तार मिला। बड़ा आनन्द हुआ।

रविवार, 10 अक्तूबर, 1954

सवेरे स्नान कर नीचे गया। घोड़े पर तल्लीताल आया। बस से सुरेन्द्र और मन्ना आये। नाव से लौटे। ऊपर आकर खाना वग़ैरह खाया। पढ़ते व गाने सुनते रहे। शाम को घूमने गये। इधर-उधर घूमे। सुरेन्द्र को बताते व मन्ना को बनाते रहे। Allied Stores में अवस्थी Brandy लेने गये। उसने 8 बजे जाने के कारण इनकार कर दिया। रात घर लौटे। कवि-सम्मेलन रेडियो पर सुना। जा.व. शास्त्री, अज्ञेय, भारती, सुमन की कविताएँ अच्छी लगीं। शम्भुनाथ भी अच्छे थे।

सोमवार, 11 अक्तूबर, 1954

आज शरद पूनो थी। दोपहर में भोजन करके Lands End सुरेन्द्र के साथ गये। लौटकर आराम करते रहे। अम्मा, बड़े मामा, खेमका व प्रेमनारायण जी के पत्र आये। सुरेन्द्र अग्निहोत्री के व्यवहार से कुछ असन्तुष्ट थे। पर किया क्या जाये। लोगों में officialdom आ ही जाता है। बाज़ार में घूमता रहा। सुरेन्द्र ने Brandy खरीदी। अम्मा व खेमका को पत्र लिखा।

मंगलवार, 12 अक्तूबर, 1954

चाय पीकर चीना पीक सुरेन्द्र के साथ गया। बाज़ार से सेब वग़ैरह लेते गया था। एक ही Stretch में ऊपर पहुँचा। रास्ते में, चीड़, देवदारु व अंजीर के पेड़ों की पर्वत की शृंखला के मध्य शोभा देखते ही बनती थी। मानो सारे शरीर में हरिताभ मुकुट धारण किये हैं। उनका Slope किसी सुघड़ शिल्पी के पटु शिल्प की याद दिलाता था। प्राकृतिक दृश्य सचमुच कभी-कभी मनुष्य को Overjoyed कर देते हैं। आज हम लोग समस्त सभ्यता को ताक पर रख आदिम मनोवृत्तियों के अत्यधिक निकट पहुँच गये। Erotic sentiments जैसे वहाँ अधिक तीखे हो गये। लौटते समय कुछ खतरे में पड़ गये थे। घर लौटकर खाना व चाय आदि पी। ताश खेलते-खेलते सुरेन्द्र की Superiority Complex के कारण झगड़ा हो गया। सचमुच बड़ा ही स्वार्थी और तंगदिल आदमी है। He is not fit for friendship. पन्त की टॉक रेडियो पर सुनी। दिदिया और शिवप्रसाद सिंह का पत्र आया। अम्मा को व मामा को पत्र लिखा।

बुधवार, 13 अक्तूबर, 1954

आज शान्ति, जनार्दन, अग्निहोत्री बरेली के लिए व सुरेन्द्र कानपुर के लिए तैयार हुए। सुरेन्द्र का बिल चुकता किया। 18 सेर सेब खरीद कर लाया। १) सेर। कुछ देर सोया। 2 बजे के लगभग सबको पहुँचाने बस-स्टैण्ड आया। फिर गुफ़ा महादेव के दर्शन किये। दुर्गाशाह लाइब्रेरी में पढ़ता रहा। कश्मीरी की दुकान से एक शाल और एक अखरोट की लकड़ी की ट्रे खरीदी। नुमायश से बुकरैक और गुड़िया खरीदी। जंगबहादुर से बातें करता रहा। फिर ऊपर आकर नरेश और सुशील के साथ खाना खाया तथा सुरेन्द्र के व्यवहार पर टीका-टिप्पणी हुई। सुरेन्द्र ने मेरे नमस्कार का प्रत्युत्तर नहीं दिया।

बृहस्पतिवार, 14 अक्तूबर, 1954

सवेरे नहा-धोकर व चाय पीकर सामान ठीक किया। खाना खाया और ताश खेले। 12 बजे के लगभग नीचे जाकर 2 सेर सेब और खरीदे। खेमका व राधाकृष्ण को पत्र डाला। ऊपर आकर सामान को 'फ़ाइनली' बाँध कर ताश खेलता रहा। साढ़े तीन के लगभग चाय पी तथा एक बाजी रमी खेल चल दिया। के. सिंह के 11/= दिये। रास्ते में नरेश मिले। 4:45 पर बस चली। 6 के लगभग काठगोदाम आयी। स्टेशन मास्टर से रिज़र्वेशन मिला। 7:35 पर गाड़ी रवाना हुई और हलद्वानी में 8 बजे मैं लिख रहा हूँ।

सोमवार, 1 नवम्बर, 1954

यदि मनुष्य के Erotic sentiments को ऊपर उठाया जा सकता, तो शक्ति का बड़ा ही महत्त्वपूर्ण उपयोग हो सकता है। मनुष्य को ज़रा-सा मौक़ा मिला नहीं कि वह उसी भाँति की बात करने लगता है। पशुत्व आज तक रोका नहीं जा सका।

मंगलवार, 9 नवम्बर, 1954

आज मेरा प्यार उमड़ा है...

('कविता उपखण्ड' में संकलित)

शुक्रवार, 12 नवम्बर, 1954

भावानुवाद

रात्रि, तू संगीत हो,
जिससे वह गन्धर्वों की वीणा

वाले देश को जा सके।
समुद्र, तू हाथ हो,
जिससे उसके सपने
तेरे रक्षकों को संसार की मांसल देह
स्पर्श करते देख सकें।
आकाश, तू शब्द हो,
जिससे कि उसकी सुन्दरता गिनी जा सके।
और प्रतियोगिता में तारे अपने शान्त चेहरों
को छुपा सकें।
उसके सौन्दर्य के प्रतिबिम्ब के सम्मुख
पृथ्वी, तू राजपथ हो,
जिससे उसका अभिगमन
तुझे स्वर्ग की वक्र ऊँचाइयों तक
ले जा सके
ईश्वर, तू खुद एक संसार और सिंहासन बन जा
जिससे वह अनुकूल ऋतु पा सके।
और बच्चों की पोथी में चित्रित घण्टियों
की आत्माएँ अपनी
दूरागत मन्द्र ध्वनि से तेरे
विचित्र महल में ले जा सकें उसे।

कैनेथ पैचन की कविता 'Be music, night' का भावानुवाद

रविवार, 14 नवम्बर, 1954

'पुकारता तुम्हें'...

('कविता उपखण्ड' में संकलित)

सोमवार, 15 नवम्बर, 1954

प्रथमाक्षर

धीमे से बोलो; सूर्य जा रहा है नीचे...

('कविता उपखण्ड' में आकांक्षा नाम से संकलित)

बुधवार, 17 नवम्बर, 1954

For whose adonment the mouths
of roses open in languorous speech;
And from whose grace the trees of heaven
learn this while standing.

(I must go now to cash in the milk bottles
So I can phone somebody
For enough money for our supper)

Kenneth Patchen
'inperspective of'

बृहस्पतिवार, 18 नवम्बर, 1954

भावानुवाद

जब वह मेरे पार्श्व में
होती
नींद का नगर उसके चारों ओर घिरता
और जिज्ञासु बालक ऊँची खिड़कियों
से झाँकने की कोशिश करते
उस कमरे की, जहाँ हम थे।
और बहुत सी आवाज़ें आतीं
दुनिया की, चर्खे की, लकड़ी की
कपड़े और सर्ज के सूट की।
और फिर आवृत्त के भीतर हम
घिर जाते तब तक को
कि हम भी उसी नगर में चले जाते
जो हमारा आदर्श का नगर
और विश्रान्ति का स्थल है।

कैनेथ पैचन की कविता
'So when she lay be side me' के एक अंश का भावानुवाद

शुक्रवार, 19 नवम्बर, 1954

भावानुवाद

ज़मीन पर बर्फ़ गहरी है।
हमेशा रोशनी गिरती धीमे से,

मेरी प्रियतमा के बालों पर।
यह दुनिया सुन्दर है।
लड़ाई खुद हारी है।
ईश्वर हमें न भूलेगा
जिसने बर्फ़ को प्यार की प्रतीक्षा
के लिए बनाया है।

केवल कुछ पागल हो जाते हैं
आकाश अपनी शुभ्रता में घूमता है
एक बूढ़े दयालु बादशाह के वरदहस्त सा
ईश्वर हमें न भूलेगा,
जिसने कि आकाश को हमारे
प्यार का साक्षी बनाया है।

ज़मीन पर बर्फ़ खूबसूरत लगती है
और सदैव स्वर्गिक आलोक धीमे-से
मेरी प्रियतमा के बालों पर उतरता है।

कैनेथ पैचन की कविता
'The snowin deep on the ground' का भावानुवाद

1955

शनिवार, 1 जनवरी, 1955

1955 मेरे लिए यायावर का वर्ष हो।
1955 मित्रों के स्नेह का वर्ष हो।
1955 अपरिचितों के सौहार्द का वर्ष हो।
1955 कल्याण का वर्ष हो।
1955 मेरा वर्ष हो।

रविवार, 2 जनवरी, 1955

अहो सिद्धार्थता तेषां येषां हि सन्तीह पाणयः।
न पाणिलाभादधिको लाभः न कश्चन विद्यते॥

महा. शान्ति पर्व

ऊर्ध्व-बाहुः विरौम्येष नैव कश्चिच्छृणोति मे।
धर्मादर्थश्च कामश्च, स धर्मः किंनु सेव्यते॥

महाभारत

सोमवार, 3 जनवरी, 1955

1. आज जैसे व्यक्ति मिथ्या है, मैं मिथ्या हूँ, मेरा परिवार एवं परिजन स्नेह झूठा है। है तो केवल समूह। बड़ी इकाई के लिए छोटी इकाई अमहत्त्व की घोषित कर दी गयी है। अपना नाम लेने से व्यक्तिवादी कहकर तिरस्कृत किये जाने का डर है, परन्तु साहित्य वैयक्तिक संवेदना के स्तर पर ही निर्मित होता है। वैसी ही संवेदनाएँ दूसरों में भी होने से उसके साधारणीकरण में बाधा नहीं पड़ती।

इस अन्तर्विरोध ने कवि को भी अजीब परिस्थिति में डाल दिया है। वह जनवादी बनना चाहता है, पर अपेक्षित जनवाद को भीतर अनुभव नहीं कर पाता।

2. Wishful thinking उसको पलायनवादी भी बनाती है। यह भी उस भीड़ के दबाव के कारण ही करता है।

मंगलवार, 4 जनवरी, 1955

युग चेतना की अभिव्यक्ति के लिए अपना एक छन्द चाहिए। सवैये में प्रत्येक पंक्ति में एक नया विचार, भाव या चित्र आ जाता है। उसकी प्रत्येक पंक्ति में एक अपेक्षित स्वतन्त्रता होती है। यह छन्द उस युग के लिए ठीक था जब जीवन अपेक्षाकृत बहुत सीधा-सादा था। थोड़े से संकेत में अपेक्षित व्यंजना हो जाती थी।

गीत के प्रत्येक Stanza में एक-एक अलग-अलग चित्र होता है और उन्हें एक सूत्र में अन्तर की भावना पिरोती है। यह एक कदम आगे बढ़ा हुआ चरण था। गीत Subjective Poetry होने के कारण भावना की इस एकात्मकता का अन्दर से निर्वाह कर लेता है। फिर उस युग में मनुष्य जागा था। विज्ञान ने उसके अन्दर नयी आस्था उत्पन्न कर दी थी। वह मनुष्य की महानता घोषित करने लगा था, इसीलिए उस Subjectivity का इतना महत्त्व था।

पर उसी विज्ञान ने फिर से मनुष्य को नीचे ला गिराया। इस टेक्निकल सोसाइटी में उसका व्यक्तित्व (Personality) जैसे खोने लगा। वह समूह का उपेक्षित अंग-सा बन गया। अहम् उसका पहले जाग्रत हो चुका था। अतः उसे Subjectivity को Objectivity में पिरोकर उपस्थित करना है। जीवन अत्यधिक जटिल, ज्ञान- विज्ञान अधिकाधिक अन्योन्याश्रित और मिश्रित हो गये। यहाँ तक कि Philology और Mythology एक साथ चलने लगे। इस स्थिति ने ऐसे छन्द की आवश्यकता को जन्म दिया जो इस जटिल Sensibility को अभिव्यक्ति दे सके। Free verse इसी की देन है। इसमें पंक्ति चित्र या खण्ड चित्र की आवश्यकता नहीं। एक बात को अविभाजित ढंग से पूरे छन्द में फैला कर कहा जा सकता है। तात्पर्य यह कि मुक्त छन्द अधिक बड़ा और व्यापक Canvass है।

सवैये की अन्तिम पंक्ति जोरदार होती थी, गीत की पहली और अब पंक्ति का प्रश्न हट गया, यह भी सामूहिकता का द्योतक है।

"यह गीत स्नेह भरा..."

गुरुवार, 6 जनवरी, 1955

पिछले पन्द्रह वर्षों में पहली बार हिन्दी साहित्य ने जीवन की विविध भावभूमियों और अनेक पक्षों, रूपों को साहित्य में अभिव्यक्ति दी है। पहली बार वह परम्परा की शृंखला तोड़ सका है। और भक्ति काल के बाद प्रथम बार उपलब्ध ज्ञान-विज्ञान की दृष्टि से समस्याओं को देख सका है। एक तरह से कहें तो उसने विश्व दृष्टि को अपनाया है।

चारों ओर संघर्ष, संक्रान्ति, कलह कहा जा रहा है। ऐसी परिस्थिति कलाकार के मस्तिष्क को भी आक्रान्त कर देती है। Such situation obsesses the writers of the age.

शुक्रवार, 7 जनवरी, 1955

जीवन की व्याख्या—ही नहीं करनी पड़ती बल्कि जीवित रहने की प्रक्रिया भी खोजनी पड़ती है।

History is not so much what happened as what people said about it while it was happening.

G.M. Young

लेखक के पास एक ऐसा दृष्टिकोण अवश्य होना चाहिए जो उसे Stimulate करे। चाहे वह एक निश्चित दर्शन के रूप में हो या किसी Vague form में हो।

वर्तमान लेखक के मस्तिष्क की पृष्ठभूमि में क्या है जो कभी-कभी उभर कर सामने की भी भूमि में आ जाता है? पिछले तीस वर्षों से हम यह कहते आ रहे हैं कि संक्रान्ति काल से गुजर रहे हैं; क्या यह सत्य है? ऐतिहासिक प्रक्रिया के किस युग से हम गुजर रहे हैं और कौन सी क्रान्ति हमारी बाट जोह रही है?

शनिवार, 8 जनवरी, 1955

"The whole of the 'waste-land' (Eliot) reflected the chaos which confronted Europe. Its material was chaos but in itself it was not chaotic.

J. Issacs

शेखर में भी यही दशा है।

प्रयोगवादी-प्रगतिवादी साहित्यकारों ने संसार के नये Chaos की अभिव्यक्ति के लिए नया मुहावरा खोजा है। भले ही वह उन्होंने इलियट से प्राप्त किया हो। परन्तु अभी हम 'नयी कविता' पढ़ना नहीं सीख पाये।

बहुत से कवियों के मन में एक ओर मध्यवर्गीय संस्कारों की कटु अतृप्ति है और दूसरी ओर सामाजिकता को अंगीकार करने का बौद्धिक रुझान।

इस बीच अंगरेजी एवं अन्य समृद्ध भाषाओं के साहित्यों के अध्ययन की ओर अधिक उदार दृष्टिकोण अपनाया गया।

रविवार, 9 जनवरी, 1955

The artist's raw material is life, experienced through the senses, patterned by the mind and given divinity by that mysterious thing we know nothing.

J. Issacs

जीवन की सादगी में जो आकर्षणहीनता लग रही थी, वह समाप्त हो चली है।

कवित्त, सवैये की आखिरी पंक्ति जोरदार होती थी पर गीत की पहली, पर अब समग्रता पर अथवा मध्य पर अधिक तीव्रता से ध्यान जाता है। आदि और अन्त चाहे आकस्मिक और झकझोरने वाले ही क्यों न हों।

सोमवार, 10 जनवरी, 1955

'प्रक्षोभ' नामक एक रस होता है। जिसमें घृणा और वीभत्स संचारी होते हैं। आधुनिक कविता में यह प्राप्त होता है–

'मूत्र सिंचित मृत्तिका वृत के भीतर खड़ा है धैर्य-धन गदहा'

'नये रसों और नये स्थायी भावों की छानबीन होना चाहिए।'

छायावादी कुहासे में वैयक्तिक प्रणय भावना (बच्चन, नरेन्द्र)

मिलाकर आधुनिक गीत i.e. राम मनोहर का 'बे मौसम बादल'।

'Poet turns forms into shapes'

V. Lee

व्याकुलता मन को मथती है और मथने की क्रिया किसी न किसी प्रकार कुछ न कुछ मक्खन देती ही है, यदि वह पानी न हो तो। इसी भाँति व्याकुलता व्युत्पन्न और संवेदन युक्त हृदय से कुछ उत्पन्न करती ही है।

मंगलबार, 11 जनवरी, 1955

उल्टे-सीधे विराम चिह्न, अंक और सीधी तिरछी लकीरें, नामों से, अधूरे वाक्यों से अभिव्यक्त करने का ढंग वैसा ही है जैसे किसी अभिनेता का संवादों के साथ अभिनय।

सोमवार, 17 जनवरी, 1955

ऐसे भी लोग होते हैं–

जो उत्सव के लिए भयंकर परिश्रम करते हैं, भाषण के लिए मंच तैयार कराते हैं, और सारे क्रम की धुरी होते हैं। परन्तु जब उत्सव होता है, भाषण प्रारम्भ होता है, कार्यक्रम सम्पन्न होता है तो या तो वे दूर जाकर बैठ जाते हैं या फिर नज़दीक भी बैठकर कुछ अन्य बात ही सोचते हैं। उनसे पूछें कि भाषण में क्या पसन्द आया तो आश्चर्यपूर्वक आपका मुँह देखने लगेंगे जैसे कुछ अललटप्पू बात कह दी गयी है। उन्हें तो इसी में सन्तोष रहता है कि व्यवस्था मेरी की है। ऐसे ही परोपकारी कहे जाते हैं। पर वास्तव में क्या ऐसा कहना सच है?

Complex + frustration

साहित्य में भी Important स्थलों आदि को पढ़ते समय यदि बात न सूझती तो निशान लग जाता कि भविष्य में इसका कोई खण्डन दिमाग को अवश्य सूझेगा। पर प्रतिभा पर जमा यह विश्वास बहुधा धोखा ही देता है।

बुधवार, 19 जनवरी, 1955

तस्योत्संगे प्रणयिन इव
स्रस्तगंगादुकूलाम्
न त्वं दृष्ट्वा न पुनरलकां,
ज्ञास्यसे कामचारिन्।
या वः काले वहति सलिलोद्
गारमुच्चैर्विमानम्
मुक्ताजालग्रथितमलकां
कामिनीवाभ्रवृन्दम् ॥

कैलाश पर्वत रूपी कामी पति की गोद में अलका नगरी प्रणयिनी सी कामविह्वल हो बैठी है। उसका गंगा-रूपी लज्जादुकूल अपने आप उसके सुकोमल सुन्दर शरीर से खिसक गया है, सजल श्यामल मेघ माला ऐसी सुशोभित हो रही है मानो अलका सुन्दरी का वह मसृण कोमल केश हो जिनमें उसकी बूँदें मोतियों की माला सी गुँथी हैं।

शनिवार, 22 जनवरी, 1955

सायं 7:45 बजे अजित की रेडियो टॉक।

8 बजे सायं, सोशल रिसर्च ब्यूरो की मीटिंग।

रविवार, 23 जनवरी, 1955

सायं 6 बजे नीहारिका में 'गल्प गोष्ठी'।

प्रातः 8:30 बजे प्रेम विद्यालय, नया गंज में भारतीय परिषद् की कार्यकारिणी की मीटिंग।

We judge our contemporaries by their predecessors.

प्रमुख धारा और उसकी उपशाखाओं से परिचय न होना बहुधा भ्रम और उथलापन उत्पन्न कर देता है। हमारा जीवन एक ऐसे फ्रेम पर होता है जो एक साथ Past और present है।

हमें साहित्यकार के व्यक्तित्व के सम्बन्ध में जानना पड़ता है। उनका उद्देश्य (Purpose) क्या था, किन परिस्थितियों के भीतर वे पले और परिश्रम किया उनका तात्कालिक देय (Contribution) तथा उनकी ultimate importance क्या है। क्यों प्रसाद प्रसाद हैं निराला नहीं। क्यों अज्ञेय अज्ञेय हैं, दिनकर नहीं।

हमारा युग संघर्षों का युग है। हमारे राजनीतिक और नैतिक दर्शनों में गहरा मतभेद है और साहित्य इन सबको प्रतिबिम्बित करता है। पर मनुष्य का कल्याण सब चाहते हैं, Personality in technical society पर अस्तित्ववादी भी विचार करते हैं, मार्क्सवादी भी, धार्मिक भी और गाँधीवादी भी।

आज का साहित्यकार भी समझ रहा है "The proper study of mankind is man." वे उसकी कमज़ोरियों और पराजयों से परिचित हैं पर उसके जयचिह्नों और महानताओं से भी वाकिफ़ हैं।

मंगलवार, 25 जनवरी, 1955

जिन्दगी में बहुत जन प्यारे लगते...

('कविता उपखण्ड' में संकलित)

शुक्रवार, 28 जनवरी, 1955

सुमति के घर भोज-सन्ध्या 7 बजे

नरेशचन्द्र चतुर्वेदी के अनुज का यज्ञोपवीत-सन्ध्या 3 बजे

प्रातः 9:30 बजे डॉ. बृजेन्द्र स्वरूप के घर निमन्त्रण

1 बजे से II Yr. Sc. का extra class

3 बजे union का उद्घाटन

प्रातः 9 बजे राधाकृष्ण अवस्थी, कैलाश त्रिपाठी के यहाँ ठंडाई

12 बजे सरस्वती पूजन व जुलूस–तिलक हाल में (वसन्त पंचमी)

सन्ध्या 7 बजे श्री प्रभाकर तिवारी के यहाँ गोष्ठी

रात्रि 8 बजे संगीत सम्मेलन–तिलक हाल में।

शनिवार, 29 जनवरी, 1955

कॉलेज कन्वोकेशन 3 बजे से

रुचि के बारे में–

बहुधा लोग यह कहते हैं कि वे यह जानते हैं कि क्या पसन्द करते हैं जबकि अधिकांशतः वे वही पसन्द करते हैं जो जानते हैं।

J. Issacs

रविवार, 30 जनवरी, 1955

नीहारिका की गोष्ठी (गिरिजा कुमार माथुर)

6 बजे सायं

मंगलवार, 1 फरवरी, 1955

कवि सम्मेलन डी.ए.वी. कॉलेज में at 8 P.M.

Back ground of modern poetry J. Issacs.

Selective awareness of literary relations sets the poet somewhat apart from his public, because there is no common body of reference and no community of beliefs' on what is meant or demanded by poetry.

कविता सदैव Modern रही है और इसकी समस्याएँ वास्तविक रही हैं।

काव्य का वास्तविक इतिहास तभी स्थापित हो सकता है जब काव्य को कवि से अलग कर लिया जाये। (अर्थात् कवि का Chronological वर्णन न रहे।)

हमें Chronology की अपेक्षा perspective की आवश्यकता है। Perspective based on what was really happening in poetry itself, rather than in certain prominent and successful poets, a history of consumers rather than of producers, we need the history of struggle rather than the achievements, of the process of poetry as seen by the reading public.

बुधवार, 2 फरवरी, 1955

music conference in D.A.V. at 8P.M.

क्या खबर थी कि यह
इन्कलाब आयेगा।
तुम बदल जाओगे,
जब शबाब आयेगा।

वर्तमान कविता को भविष्य की पुस्तकों में एक सुविधा प्राप्त रहेगी बजाय पिछली कविता के, क्योंकि जो कुछ हो रहा है उसके प्रति हम अधिक सजग हैं और हम लोगों ने अपने विवादों और भ्रमों को सुरक्षित रख छोड़ा है जबकि बीते युग ने उन सबको नष्ट कर दिया है।

Text books do not answer the important questions. The questions we want answered arise out of our heightened awareness of our own problems.

कब से कवियों ने अपने को गम्भीरता से स्वीकारा? कब से कवियों ने अपनी जनता (पाठक) की फ़िक्र की, उसकी प्रशंसा और सूझ की तथा प्रसिद्धि की? आधुनिक या नवीन का विचार कब से उनके मस्तिष्क में आया। हमारे अनुसार कौन से कवि Contemporary थे। कब से कवियों ने संसार का भार अपने कन्धों पर लेना चाहा? कब से कवियों ने कविता की परिभाषा देनी प्रारम्भ की और कब से उन्होंने उस मन्तव्य को भलीभाँति जानना चाहा जिसके लिए वे उद्योग करते हैं (आदर्श की परख

और पहचान)? कब उन्होंने पहले पहल युगीन चेतना को ग्रहण करना चाहा? These questions all add up to an implied portrait of modern poetry.

नयी कविता का जन्म विविधताओं के मध्य हुआ है। देशी परम्पराएँ, विदेशी प्रभाव, इसके प्रयोग और मिथ्या प्रारम्भ, इसकी अतियाँ और ज्यादतियाँ आदि अनेक स्रोत उद्‌भव के कारण हैं।

श्रीयुत गोपाल व्यास, अध्यक्ष हिन्दी विभाग
माधव कॉलेज, उज्जैन

बृहस्पतिवार, 3 फरवरी, 1955

कवि सम्मेलन in D.A.V. Girls Section at 5 P.M.

सिफ़त यह कि तन मचले, जब मन
मचल जाता है।
वाक़या यह कि जब तन संभले तब भी
मन मचलता है।

हर्ष हो या प्यारे दोस्त ग़म पर
सिर्फ़ ऐसे ही दुनिया में जिया जाता है।

शुक्रवार, 4 फरवरी, 1955

10) सर्वोदय स्वाध्याय मण्डल के लिए गोस्वामी को...

What is Modernity

What is that peculiar note of our time which we recognise and instinctively love or hate when we find it in poetry? Is it obscurity, private reference, Ecophony. Is it immediate and not the eternal, the particular and not the general? Is it the personal and satiric note or anti heroic and debunking– यह समस्या आसान नहीं है। अन्तर्विरोध हैं इसमें। विषय वस्तु की दृष्टि से यह सूक्ष्म मतभेदों की कविता है और आकार की दृष्टि से यह Tensions and conflict की तुलना है। (Texture & Structure)

कविता तुलना (Comparison) से बनती है। इन तुलनाओं के मिश्रण से समृद्धता आती है। यह मिश्रण Mechanical & chemical दो प्रकार का होता है। जब प्रथम द्वितीय बनता है तब विस्फोट होता है।

गद्य में सभी तुलनाएँ simple होती हैं जबकि कविता में compound and mixed metaphors होते हैं।

आज भी कविता और गद्य की भाषा का अन्तर भावावेश की भाषा का अन्तर है। Excitement lifts it above prose. परन्तु यहाँ पर भय इतना ही है कि यह भावावेश may not be communicated. अतः भाषा speech मूलतः गद्यात्मक होती है। यह एक आधुनिकता है।

प्रतीकवादियों के शुद्ध कविता के आन्दोलन का Decadence भी आधुनिकता है।

It is morbidly self conscious age, We want to know what we are doing while we are doing it.

शनिवार, 5 फरवरी, 1955

सन्ध्या 5:30 बजे नुमायश का उद्‌घाटन, पी.पी.एन. ग्राउण्ड में।

4 बजे धीरेन्द्र मजूमदार का भाषण कॉलेज में।

'सर्वोदय स्वाध्याय मण्डल'

An Anatomy of Inspiration by Rosamond Harding

जब एक सही पंक्ति बन जाती है तो उसमें परिवर्तन सम्भव नहीं। यह Psychological आवश्यकता है। उस पंक्ति में परिवर्तन उस रचना के लिए फिर उचित नहीं है अन्य के लिए भले ही हो।

किसी पंक्ति की rightness & wrongness के अन्तर को देखना हो तो किसी कवि की Corrected manuscript देखना चाहिए। तब हम उस inevitability को देख सकेंगे जो सही पंक्ति के लिए होना चाहिए। यह inevitabilities किसी आन्दोलन या निर्देश पर न होकर वैयक्तिक स्तर पर होती हैं।

Literature — of Achievement
— of Direction

रविवार, 6 फरवरी, 1955

2 बजे मध्याह्न से साहित्य समाज की गोष्ठी।

I want musical poetry, which is by no means the something as melodious poetry.

सोमवार, 7 फरवरी, 1955

इलियट का कहना है कि "कभी-कभी कोई कविता या उसका कुछ अंश केवल एक विशेष प्रकार की लय में अनुभूत होता है, पूर्व इसके कि वह शब्दों में अभिव्यक्ति प्राप्त करे और यह लय विचार और Image को उत्पन्न कर सकती है।"

यह विरोधाभास भले ज्ञात हो परन्तु अन्ततः all poetry is about poetry. कविता कविता के लिए में सत्य यह है कि कवि का चरम न्याय यह है कि वह तमाम

शक्लों, प्रकारों, सृष्टियों और आकारों के मध्य Coherence और संगति अपने ढंग से स्थापित करे। वह लिखे चाहे जिसके बारे में परन्तु यह Coherence आवश्यक है।

मंगलवार, 8 फरवरी, 1955

इलियट के अनुसार वह ऐसी कविता चाहता है कि कविता भले न दिखाई पड़े पर कविता का वक्तव्य स्पष्ट सामने हो।

कवि इसी रूप में prophet है कि उसके युग में उसके लिए कुछ श्रोता होते हैं। पर भविष्य पर उसे बहुत अधिक आश्रित नहीं रहना है। "The poet should point out what is happening while it is happening, he is not to deliver funeral orations."

"I do not believe that Eienstein has given are real image to poetry because poetry must get emotional and not intellectual response."

"The poet is one of those lucky people whose lottery tickets are all prize-winners."

बुधवार, 9 फरवरी, 1955

अस्तित्ववाद– ज्याँ पाल सार्त्र

चेतना और अस्तित्व अस्मिता के दो रूप हैं। चेतना अपने से भिन्न किसी दूसरी अस्मिता से भिन्न भी है और सम्बन्धित भी। काव्य आदि को विज्ञान की केवल वही शाखाएँ प्रभावित करती हैं जो मनुष्य को widely affect करती हैं। केवल कतिपय उपयोगिनी अथवा विशेषज्ञता वाले अंग नहीं (what is the distinction between scientific age and machine age)

19वीं सदी विज्ञान का युग था, बीसवीं सदी यन्त्र युग है।

"Not that science as we usually understand it, dominates the poetry of our time, but that it takes its place for the first time, as an equal along side the other sciences, as a source of imagery and feeling.

बृहस्पतिवार, 10 फरवरी, 1955

20) Tagore Society के लिए ब्रज बिहारी गोस्वामी को दिये।

The coming of the Image-Movement began in 1908. Hulme founded a poet's club where it began. His 'Autumn' was the first and most famous imagist poetry.

"An image is that which presents an intellectual and emotional complex in an instant of time".

Pound E

Imagist के अनुसार "Poetry is a spoken and not a written art".

Among the many sources of Imagist poetry was the suggestive Japanese form known as the stop short, because the words stopped and meaning went on.

The imagists have much to offer, their conciseness, their exploration of the prose tradition inverse, their hardness their relevance, their craft man's conseives, their horor of Rhetoric their suckle and flexible speech their absence of emotional slither, sublet melody to sing etc.

"Any musical innovation is full of danger to the whole state and ought to be prohibited." "When modes of music change the fundamental laws of the state always change with them."

Plato, The Republic-IV Book

शुक्रवार, 11 फरवरी, 1955

मुन्नर का जनेऊ।

शनिवार, 12 फरवरी, 1955

गाँव (सथनी) रहा।

रविवार, 13 फरवरी, 1955

"किसी भी युग में काव्य का मूल्य तत्कालीन मूल्यांकन से घनिष्ठ रूप से सम्बन्धित रहता है।"

"The value of poetry in any age is closely related to the current valuation of man."

G.R. Hamilton

'Value is a word derived from Economics.'

वर्तमान वातावरण संघर्षों, Cross currents, tentative experiments भ्रमों और अनिश्चयों का तथा नये और पुराने के विरोध का है। (यूरोप में 16वीं शती में ऐसी ही अवस्था आयी थी और सम्भवतः भारत में भी11-12वीं शती की अवस्था कुछ ऐसी ही थी) निरीक्षण, स्पष्ट मार्मिक पैठ और जिज्ञासा आज के विज्ञान की कतिपय विशेषताएँ हैं।

ज्ञान-विज्ञान की आज विविध दिशाएँ हैं। कुछ सामाजिक हैं और कुछ वैयक्तिक। कोई भी व्यक्ति भूगर्भ शास्त्र, समाज शास्त्र, शरीर शास्त्र अथवा मनुष्य की प्रागैतिहासिक दशा के अध्ययन बिना अपने स्वयं के अनुभव को चैलेन्ज भले नहीं कर सकता है। उसे बार-बार यह याद दिलाई जाती है कि व्यक्तित्व के कई पक्ष तथा Social economy में उसका स्थान unexplored और unexemplified

पड़े हैं। हम उन संवेदनाओं, अनुभूतियों, स्मृतियों, निकटताओं, नये शक्ति सम्मिलनों, (आध्यात्मिक और ऐन्द्रिक) को याद करते हैं जो ऐसे ही इसलिए गुजर गये हैं क्योंकि उचित पारिभाषिक शब्दावली के भीतर उन्हें बाँधा नहीं जा सका अथवा उनका साध्य और object जाना नहीं जा सका, परन्तु यही awareness बीसवीं शती की संस्कृति का Nerve Centre है।

परन्तु कठिनाई इसके बाद आती है। किसी भी रचनात्मक कल्पनाशील लेखक ने इस सारी चेतना को अभिव्यक्ति देने योग्य शैली नहीं दी है। विचार उत्पन्न और विकसित हुए हैं परन्तु उनका आध्यात्मिक संघटन और मूर्तीकरण (Spiritual organisation and presentment) पिछड़ा रहा है।

किसी ने अपने को इतना नहीं सिखाया कि कैसे मोड़ा जा सके अपने वैयक्तिक संस्पर्शों को जो मनोविश्लेषक, रसायनशास्त्री, नृतत्त्ववेत्ता अथवा लोक साहित्य मर्मज्ञ के सम्पर्क से आये हैं, उनकी सुषमा और उष्णता को सुरक्षित रख कर कहा जा सके, परन्तु फिर भी मूल बात आगे बढ़ी है और एक प्रकार की सोद्देश्यता तमाम confusion के बीच भी आयी है। यह unifying विचार है सामाजिक और मनोवैज्ञानिक मनुष्य की अन्योन्याश्रित और अन्योन्याशमित (Interpenetration) स्थिति। प्रत्येक पक्ष दूसरे के विचार द्वारा अधिक विस्तृत एवं गहरा होता है।

H.V. Routh

आगे बढ़ने की आशा है, आकांक्षा है पर वह सांस्कृतिक स्थिति नहीं है जो अन्तर और बाह्य को एकाकार कर महान वस्तु उत्पन्न करा सके।

इस युग ने एक बृहत् पाठक समाज को इकट्ठा कर लिया है जो कि किसी भी साहित्यकार का भाग्य बना बिगाड़ सकता है। इसके अतिरिक्त इस युग ने सैकड़ों आलोचकों को जन्म दिया है जो पाठक को यह बोध कराने को तुले हैं कि कैसे किसी प्रतिभा को (उसके विकसित होने के पूर्व ही) appreciate किया जाय।

Importance of its study

यह अनिश्चय का युग है और ऐसा अनिश्चय जो हमारी चेतना और इन्द्रियों के सामने से गुजर रहा है तथा इस युग के साहित्य का अध्ययन हमारे भविष्य के बढ़ाव का भी अध्ययन है।

यह नया युग किसी मेनीफेस्टो या आन्दोलन या वाद को लेकर प्रारम्भ नहीं हुआ बल्कि पाठक की रुचि परिवर्तित होने से आरम्भ हुआ है। साहित्यकार भी जनता का अंग है उसने केवल नेतृत्व किया। पुरानी शैली के काव्य का मुहावरा, शैली, कल्पना, तुक तथा संघटन जैसे पूर्ण चमक को छोड़ रहा था। यद्यपि यह सही था कि उसमें अनघड़पन Matter और Manner की दृष्टि से न था केवल शब्द नया संवेदन जगाने में असमर्थ रहता था। इस प्रकार पहली खाई रुचि परिवर्तन में दिखाई पड़ी।

Art must be renewed. Its creative influence depends upon surprise.

When once the freshness of the presentment has faded, the reader relapses into his daily habits. He looks for a vision and sees only phenomena.

इस प्रकार 20वीं शती में साहित्य के सभी उपकरण-विचार (Ideas), अनुभव, Moods, attitudes बदल गये।

"The spirit of man may be always the same, but, like other ruminants, it has to seek new pastures."

नये मूल्यों की स्थापना के पूर्व ही पुराने मूल्य टूटने लगे।

20वीं शती में परम्परा सिखाती थी कि भौतिक पदार्थों की अपेक्षा आध्यात्मिक जगत में अधिक रुचि रखनी चाहिए पर कठोर यथार्थ इस तथ्य को उलट देता था।

प्राचीन क्लासिकल साहित्य और बुद्धि तथा मध्यकालीन पावनता की भावना के अनुसार मनुष्य एक spiritual प्राणी है, परन्तु यह युग अधिकाधिक बल के साथ यह महसूस कर रहा था कि मनुष्य सामाजिक प्राणी है। जो पहले self-perfection के लिए प्रयत्न करते थे वे अब परोपकार (Duty of working for others) को स्वीकारने लगे।

विज्ञान के प्रभाव, धन के महत्त्व और पैतृक बन्धन के कमजोर पड़ जाने के बाद 'love became much less of a romance and much more an experience'.

पुराने विचार को एक नया attitude देने की अनिवार्य आवश्यकता आयी। नयी व्याख्याएँ दी गयीं। एक fresh point of view और fresh technique की अनिवार्यता सम्मुख दिखाई दी।

इस सारे तोड़फोड़ के पीछे 'वैज्ञानिक विचार' था। Scientific truths appeal to mass-thinking.

वे या तो सबकी समझ में आ जाते हैं या फिर साधारण व्यक्ति की सीमा से परे होते हैं।

इस युग में सभ्यता ने अपने को यन्त्रों, मशीनों, सिविल संगठनों में, उद्योगों में ढाल लिया। (It resolved itself into the science of power)

नये अध्ययन और शिक्षा का अन्तर्विरोध स्पष्ट है।

Science which reduced man to an animal has nevertheless given that animal so much power that he can count himself greater than the universe out of which he evolved.

यहीं पर Personality in technical society का frustration सामने आया।

इस प्रकार हमारे पास इतने स्रोत और resourcefullness आयी कि अधिकांश उसकी जिम्मेदारियों और implications को समझ ही नहीं पाये।

बहुधा वह और उसके पाठक स्पष्टतया यह नहीं समझ पाते कि संस्कृति बिगड़ी या स्थापित हुई है, इस शताब्दी में। (दुरूहता का एक यही कारण है।) कुछ लोग

यान्त्रिकता से बुरी तरह प्रभावित हो उसे ही object मान बैठे तो दूसरी ओर कुछ लोग घबड़ा कर दूसरी सीमा पर चले गये।

मशीन का आइडिया हमारे मस्तिष्कों पर छाता जा रहा है और एक प्रकार का mathematical adjustment और simplicity of design ला रहा है। (Skyscrappers and Ajanta or Taj Mahal की कारीगरी)

बुधवार, 16 फरवरी, 1955

एतावानेव पुरुषो यदमर्षी यदक्षमी।
क्षमावान्–निरमर्षश्च नैव स्त्री
न पुनः पुमान् ॥

महाभारत: विदुला का कथन

(पुरुषों का पौरुष इसी से नापा जाता है कि कितना अमर्ष वह रख सकता है, और कितना वह सहन न करते हुए उठ खड़ा हो सकता है। जो अमर्ष न करेगा और अत्याचार को सहकर चुप हो रहेगा वह न स्त्री है न पुरुष।

रविवार, 20 फरवरी, 1955

कामेकपत्नीव्रतदुःखशीलां
लोलं मनश्चारुतया प्रविष्टाम्।
नितम्बिनीमिच्छसि, मुक्तलज्जां
कंठे स्वयंग्राहनिषक्तबाहुम् ॥

"क्या चाहते हो राजन्! क्या किसी दृढ़व्रता पतिव्रता की सुन्दरता में तुम्हारा चंचल मन रम गया है। आज्ञा करो तो उसके मन को मथ दूँ जिससे वह लाज छोड़ अपनी बाहुएँ तुम्हारे कण्ठ में अपने आप डाल दे।

(कुमारसम्भव: कामदेव इन्द्र से कहता है।)

सोमवार, 21 फरवरी, 1955

1900 के आसपास एक नयी रीडिंग पब्लिक के सामने आयी। यों तो सभ्यता के नये phase ने पुरानी जनता की भी रुचियों को परिवर्तित कर दिया होता। पर अब तो असंख्य पाठक सामने आये। इन लोगों ने महसूस किया कि intellectual refinement का क्षेत्र इनकी पहुँच के निकट है। पर यह लोग Scholar के परिश्रम और अवकाश साध्य साहित्यिक रुचि के निकट नहीं पहुँच सकते थे। इन्हें तो झटपट कुछ मिलना चाहिए। इस प्रकार नये युग में इन्हीं easy made ढंग की चीजें पत्रिकाओं, पैम्फलेटों आदि द्वारा दी जाने लगीं। Short cuts की प्रवृत्ति आयी। यहाँ पर आकर रीडिंग जनता के दो भाग हो जाते हैं, एक तो जो desciplined ढंग से

पढ़ते थे, दूसरे जो cheap ढंग से। कुछ लेखकों ने दोनों को लक्ष्य बनाया, कुछ ने अलग-अलग। और यही समस्या है To think everybody else's thoughts into distrust one's own and savours more of a journalist in sight than a poet's perception.

पूर्व काल के पाठक सुधी होते थे, अब यश के व्यापक मोह ने Cheapness और चमत्कार को प्रश्रय दिया। उस युग के श्रव्यगुण ने चमत्कार पैदा किया था, इस युग में नयी जनता ने।

यह पाठक समाज अपनी विचारधाराओं में अनिश्चित है। अपनी पृष्ठभूमि से Detached है तथा दूसरों द्वारा प्रभावित और दूसरों द्वारा wanted to be led. So some authors could not resist trying to lead them in the quickest, easiest way, playing on their susceptibilities and exploiting their enthusiasms.

आथर का सबसे बड़ा Intention है to increase his circulation.

Function of literature– It creates intellectual and emotional pleasure out of experiences from within. At the same time it has to suggest this pleasure through experience, from outside.

Style and technique supply half the pleasure, since they enable us to see further than our own eyes can see. (चश्मा और आँख)

पूर्वकाल में लेखक और पाठक एक स्तर पर हुआ करते थे। पर बीसवीं शती में साहित्यकार अपने matter और पाठक के साथ सुविधापूर्वक एक ही स्तर पर तथा at home नहीं हैं।

"So the dawn of twentieth century brought with it a spirit of regression as well as of progress.

Out of these tensions a unique literature has arisen abnormally difficult to assess irresistibly fascinating to study we shall find success, adventures, experiments which seem at first to be irresponsible, but gradually acquire a common spirit of discovery peculiar to the age... the study of twentieth century literature is inseparable from the study of ideas.

रविवार, 27 फरवरी, 1955

जिन्दगी है, इसलिए जिये जाता हूँ
आदमी हूँ, इसलिए कहे जाता हूँ
वरना, आजकल आदमीयत से
मेरा सिर्फ छत्तीस का नाता है,

इन्सान हूँ इन्सानियत का दम भरता हूँ
अपने से और अपनों से प्यार भी करता हूँ,

झूठ नहीं सच कहता हूँ, इसी तरह
किसी क़दर मन को झुठलाया करता हूँ।

सोमवार, 28 फरवरी, 1955

हर तरह से हम दबे आज तक...

('कविता उपखण्ड' में संकलित)

मंगलवार, 1 मार्च, 1955

हिन्दी का वर्तमान कलाकार बहुत self-complaisant और अधिक self-concious है। वह अपने moods का चित्रण तो कर सकता है पर ours (हम लोगों) को अभिव्यक्ति देने में उतना समर्थ नहीं है।

'Poetry so transparent that we should not see the poetry.'

T.S. Eliot

'Stark, bare, rocky directness of statement.'

D.H. Lawrence

'Poetry should be dry and hard.'

Hulme

आधुनिक प्रयोगवादियों की भी यही स्थिति है।

"In free verse we look for the insurgent naked throb of the instant moment."

D.H. Lawrence, Preface to 'New Poems'

बुधवार, 2 मार्च, 1955

नये साहित्य के पाठक के सामने एक समस्या यह भी है कि उसको पढ़ाया संस्कारी काव्य जाता है, नये में उसे असंस्कारी ढंग की चीजें प्राप्त होती हैं। वह इससे झुँझलाता भी है, परन्तु साथ ही उसे values अधिक सही इसमें मिलते हैं। अतः रस भी मिलता है। इस स्थिति का सामना और प्रभाव नये सृजनकर्ता को भी करना पड़ता है।

(अर्थ के प्रश्न पर ग्रामीण भी—'दादा बड़ा न भैया सबसे बड़ा रुपैया' मानते हैं।)

बृहस्पतिवार, 3 मार्च, 1955

दोपहर 2 बजकर 5 मिनट पर रेडियो टॉक (मेरी)

शुक्रवार, 4 मार्च, 1955

यदि कोई deficiency की याद दिला कर मन को कुरेद दे तो बुरा क्या? इस कुरेद में उत्पन्न क्षोभ को दबाना या बहलाना भी एक अकथनीय सुख को जन्म देता है।

शनिवार, 5 मार्च, 1955

तार सप्तक : "काव्य के प्रति एक अन्वेषी का दृष्टिकोण उन्हें समानता के सूत्र में बाँधता है।"

मुक्तिबोध Migration Instinct पर बहुत ज़ोर देते हैं।

सोमवार, 7 मार्च, 1955

विदेशी पुस्तकों के अनुवाद किस-किस सन् में हुए, उनका क्या प्रभाव पड़ा। कब कौन-सी पुस्तक को प्रमुखता मिली।

(1) नये काव्य की पृष्ठभूमि

सामाजिक मनोवैज्ञानिक

(2) नये काव्य का वक्तव्य और विचारपक्ष

(3) नये काव्य का बिम्ब विधान

(4) नये काव्य में कल्पना का महत्त्व

(5) नयी कविता का छन्द और संगीत

(6) नयी कविता के विविध प्रभाव स्रोत

(विदेशी, लोकभाषा, प्रान्तीय भाषा, उर्दू)

(New conciousness, obscurity, कविकर्म) कल्पना शाश्वत, महान

(7) नयी कविता में surrealist तथा अस्तित्ववादी प्रवृत्तियाँ एवं प्रभाव

(8) विज्ञान और कविता

(9) आधुनिक कविता में राजनीति का तत्त्व

(10) नयी शब्दावली—क्लासिकल और पारिभाषिक

बुधवार, 9 मार्च, 1955

हिन्दी कविता में नया बिम्ब विधान

(1) कविता में चित्र विधान की आवश्यकता।

(2) चित्र का उदय और कल्पना से उसका सम्बन्ध।

(3) कल्पना का आधार।

(4) युग सापेक्षता और बिम्ब।

(5) बिम्ब क्यों आधुनिक होना चाहिए।

(6) नये साहित्य में प्रयुक्त होने वाले कतिपय बिम्बों की आधुनिकता और उनकी पृष्ठभूमि–

1. यान्त्रिक आविष्कारों से सम्बन्धित।
2. ज्ञान-विज्ञान की नयी शाखाओं से समर्थित (मनोविज्ञान, समाजशास्त्र, नृतत्त्वशास्त्र आदि से सम्बन्धित)।
3. नवीन युग-चेतना को प्राचीन या नवीन बिम्बों द्वारा ध्वनित करने का प्रयत्न
4. भाषा सम्बन्धी विकास और उसका बिम्ब बोध में उपयोग।
5. जन भावना के प्रतीक ग्रामीण दृश्यावली–Landscape (Impressionist) तथा Dialects का प्रयोग।

शुक्रवार, 11 मार्च, 1955

कंकरीट के पोर्च को देखकर free association के द्वारा कवि के मन में उस 'मौलसिरी के गाछ' की ओर चला जाता है जहाँ उसने 'एक दिन दो आने की विलायती मलाई की बर्फ़ खाई थी' (वह सोच लेता है कि डाक्टरनी का पोर्च पराया है और मौलसिरी सर्वसाधारण की है) पर इस बिम्ब और बिहारी के उस बिम्ब के free Association में अन्तर है जिसमें उड़ती हुई पतंग देखकर नायिका को रोमांच हो जाता है।

शनिवार, 12 मार्च, 1955

चरण पर धर
सिहरते-से चरण
आज भी मैं इस सुनहले मार्ग पर
पकड़ लेने को पदों से
मृदुल तेरे पद-युगल के अरुण तल की
छाप वह मृदुतर
जिसे क्षण भर पूर्व ही निज
लोचनों की उछटती-सी बेकली से
मैं चुका हूँ चूम बारम्बार–
कर रहा हूँ प्रिये–तेरा मैं अनुकरण
मुग्ध तन्मय–
चरण पर धर
सिहरते-से चरण।

कोई नया चित्र न होते हुए भी इसकी भाषा का अन्तर छायावाद और बच्चनवाद दोनों से अलग है।

अभी माघ भी चुका नहीं
पर मधु का गरवीला
अगवैया कर उन्नत शिर
अंगड़ाई लेकर उठा जाय

या यह देखें –

कली री पलास की।
टिमटिमाती ज्योति मेरी आस की
या कि शिखा ऊर्ध्वमुखी मेरी दीप्त प्यास की।
वासना-सी मुखरा, वेदना-सी प्रखरा
दिगन्त में
प्रान्तर में प्रान्त में
खिल उठ, झूल जा, मस्त हो,
फैल जा वनान्त में
मार्ग मेरे प्रणय का प्रशस्त हो!

भारती का 'ठण्डा लोहा' कविता नवीन युग की भावना की देन है। Frustration की, ऐसे ही 'माथे पर टूटे नक्षत्रों की छाँव'।

आज मैं पहचानता हूँ राशियाँ, नक्षत्र
ग्रहों की गति, कुग्रहों के कुछ उपद्रव भी,
मेखला आकाश की;
जानता हूँ मापना दिनभान;
समझता हूँ अमन-विषुवत्,
सूर्य के धब्बे, कलाएँ चन्द्रमा की
गति अखिल इस सौर-मण्डल के विवर्तन की–
और इन सबसे परे, मैं सोचता हूँ

(पहले का कवि इन सबसे परे तो सोचता था, पर इनके बारे में नहीं)

मंगलवार, 15 मार्च, 1955

Landscape का चित्रण रामविलास ने बहुत अच्छा किया है जैसे 'कतकी' 'शारदीया' 'सिलहार' 'प्रत्यूष के पूर्व' आदि। इनमें वातावरण के साथ उद्देश्यपरकता भी है। माचवे की 'वह एक' 'निम्न मध्यवर्ग' आदि वर्णनात्मक पर अव्यंजनात्मक कविताएँ हैं। बात को सीधे-सीधे कह दिया गया है। उनमें Lack of passion है। आकर्षक चित्र के लिए संवेदना की गहराई आवश्यक है।

Artistic inconsistency and Incongruity of image with theme :

जिन्दगी उधार है, इसलिए बज रहा साँस का सितार है।

अथवा शिवबहादुर की, 'मछली वह छमक' (This is irrational and unintelligible)

बुधवार, 16 मार्च, 1955

कामायनी के आशा सर्ग में रजनी का बिम्ब विधान आदि Image sequence द्रष्टव्य है।

'खंजन मंजु' में बिना किसी विशेष Image के केवल भाषा और मुद्रा कथन के बल पर Image है।

कामायनी की कथा का structure उसे different sources से Images tap करने देता है।

(1) देवताओं के कारण Mythological (2) मनु के कारण वैदिक (3) आधुनिक विज्ञान (4) Romantic (5) Classic आदि।

पन्त की 'परिवर्तन' कविता तथा निराला की 'तुम और मैं' या फिर 'बादल राग' की images.

बृहस्पतिवार, 17 मार्च, 1955

Poetic Image
C.D. Lewis

The nature of Images

Every attempt is a wholly new start and different kind of failure too.

"A critic who imposes his own abstractions upon poetry may be writing good History, good Sociology, good Psychology, but he will never be writing literary criticism".

C.D.L.

"In the Present age the poet... seems to propose to himself as his main object and as that which is the most characterstick of his art, new and striking images... In his diction and metre on the other hand he is comparatively careless".

Coleridge

Poetic image में निम्न विशेषताएँ होनी चाहिए :

"Novelty, audacity, fertility of Image.

The image is the constant in all poetry and every poem is itself an Image."

"I think, we should always be prepared to Judge a poet...by the force and originality of his metaphors."

H. Read

"The greatest thing by far is to have a commond of Metaphor. This alone can not be imparted by another; it is the mark of genius".

Aristotle

"Imaging is in itself, the very height and life of poetry."

Dryden

रोमाण्टिक आन्दोलन के साथ-साथ यह भावना आयी कि 'इमेज' कविता का केन्द्र बिन्दु है तथा विविध बिम्बों के समुच्चय द्वारा स्वयं भी एक बिम्ब है।

काव्य-बिम्ब से हमारा तात्पर्य है, शब्द द्वारा निर्मित चित्र Epithet, रूपक, उपमा भी Image create कर सकते हैं। or an image may be presented to us in a phrase or passage on the face of it purely discriptive, but conveying to our imaginations something more than the accurate reflections of an external reality. Every poetic image therefore, is to some degree metaphorical.

सबसे Common images दृष्टि सम्बन्धी होती है। पर वे अन्य इन्द्रियों से सम्बन्धित भी हो सकती हैं। श्रवण, स्पर्श, गन्ध।

एकदम विशुद्ध भावनात्मक एवं बौद्धिक बिम्ब में भी ऐन्द्रियता की झलक अवश्य मिल जाती है।

"A poetic image is a word picture charged with emotion or passion."

C.D.L.

"Images however beautiful... do not themselves characterize the poet. They become proofs of original genius only as far as they are modified by a predominant passion, or by associated thoughts or images awakened by that passion".

Coleridge

नये कवि इस आवेग और उसके प्रवाह की बलि चढ़ा रहे हैं केवल to the glare and glitter of perpetual Imagery, yet broken and heterogenous imagery or rather to an amphibious something made up, half of Image, and half of abstract meaning.

A Poetic image is:

1. More or less sensuous picture in words
2. To some degree metaphorical
3. An undernote of human emotions in its context
4. Also charged with and releasing into the reader a special poetic emotion or passion

(here Lewis distinguishes between human emotion and poetic passion. I think that number 3 is concerned with poet himself his conception, reflections of life over his mind, heart and imagination, where as no. 4 is concerned with reader, that is its communicability and power to arouse 'रस')

(Often conventional similes are no more than symbols)

x x x

According to John Middleton Murry—'Precision and revelation are very important.'

T.E. Hulme says that, in poetry 'The great aim is accurate, precise and definite description'.

The Poet's task, said Hulme, is 'to see things as really are, and he must train himself for the concentrated state of mind, the grip over oneself which is necessary in the actual expression of what one sees. 'Poetry' chooses fresh epithets and fresh metaphors, not so much because they are new... but because the old cease to convey a physical thing and become abstract counters.'

"It is only when you get these fresh metaphors and epithets employed that you get this vivid conviction which constitutes the purely aesthetic emotion that can be got from Imagery".

Hulme

According to Lewis the precision is not everything perhaps not even the chief thing, in poetic imagery either.

प्रत्येक कवि को यह ठीक है कि चीजों को उसी रूप में देखना चाहिए, 'as they really are'. पर यह यथार्थ अपने आप में एकान्त में, isolation में नहीं है। यथार्थ सम्बन्धों को समेटता है। सम्बन्धों (relationships) के आते ही emotions आ जाते हैं। अतः as they really are देखना कठिन एवं precision असम्भव हो जाता है।

Ezra Pound remarked, "It is better to present one image in life time, than to produce volumnous works" पर यह सच नहीं है। 'दीपशिखा' की Image ऐसी ही Image थी पर कालिदास को सम्पूर्ण 'रघुवंश' की रचना करनी पड़ी थी।

बहुधा कविता में यह भी होता है कि कोई कविता इतनी Isolate हो जाती है अथवा उसकी कुछ Images बहुत चमकदार पर औरों से असंपृक्त हो जाती हैं और उनका सम्मिलित प्रभाव नष्ट हो जाता है। वास्तव में सम्बन्धों की यथार्थता के कारण Images में सम्बन्ध और Inter dependence होना आवश्यक है। और इन्हीं के कारण रूपक, उपमा हमें आनन्द देते हैं।

Yeats says "Wisdom speaks first in images" that is to say metaphor was the begining of wisdom.

काव्य जगत (जो कृत्रिम है) और यथार्थ जगत के बीच व्यवहार Image pattern (बिम्ब विधान) के द्वारा होता है। और रूपक इन व्यवहारों (correspondence) को पाठक के सम्मुख स्पष्ट करता है।

Primitive Poetry was in fact, education of instincts through the imagination.

"...The poetic myth are dead; and the poetic image, which is the myth of the individual, reigns in their stead."

C.D.L.

क्लासिकल दृष्टिकोण भयानक को रुचिकर सहनीय बना कर उपस्थित करता है, नया दृष्टिकोण भयानक को अपने Pattern का एक अंग समझता है।

अपने बिम्ब विधान और रूपक रचना के द्वारा काव्य का महत्त्वपूर्ण कार्य है Pattern के नये सम्बन्धों की खोज और पहचान। सतत परिवर्तमान Pattern होने के कारण कोई भी बिम्ब निरपेक्ष सत्य नहीं पाता।

Actual verification कविता को अधिक अपील नहीं दे पाता। बहुधा इसके स्थान पर उसमें एक emotional logic होता है जैसे कि सूर्य के डूबने और मृत्यु होने के वर्णन के Images को एक साथ पिरो दिया जाय।

रूपक त्रिकोण होता है। उपमान, उपमेय और दोनों के पारस्परिक सम्बन्धों का पाठक पर प्रभाव।

"The poet's task is to recognize pattern wherever he sees it."

C.D.L.

बृहस्पतिवार, 31 मार्च, 1955

"The production of imagery....belongs to the general action of the mind, in the dusk of unconciousness.

बिम्ब विधान में ताज़गी, गहराई, उद्दीपन शक्ति (Freshness, intensity and evocative power) होनी चाहिए।

C.D.L.

ताज़गी के अन्तर्गत शैली और वस्तु दोनों की नवीनता है। अलग-अलग भी और एक साथ भी।

गहराई से तात्पर्य है छोटे से स्थान में सर्वाधिक, सम्भावित महत्त्व (significance) की स्थापना। Intensity is achieved not only in the separate image, but through the closeness of the pattern within which a poem's images are related.

उद्दीपन शक्ति से तात्पर्य उस शक्ति से है जो हममें काव्य के आवेग के प्रति

response जगा सके। कुछ कमल, चन्द्र, चन्दन, मधु आदि ऐसी Images हैं जो सदैव इस शक्ति से युक्त होती हैं। यह consecrated images कही जाती हैं (बिम्ब जो पवित्र बना दिये गये हैं)। यह शक्ति वैयक्तिक आधार पर परखी जानी चाहिए। जबकि पहली दोनों विशेषताएँ Objective होती हैं। Boldness और emotional precision उद्दीपनशक्ति की स्थापना करते हैं।

प्रतीक और बिम्ब में अन्तर है। प्रतीक एक विशिष्ट वस्तु या भाव के लिए प्रयुक्त होता है जबकि बिम्ब में response subjective variations का हो सकता है।

"If there is any essential in imagery, it is not boldness or intensity, but congruity– that the image should be congruous, with the passionate argument and also with the form of the poem."

C.D. Lewis

"Still more characterstic of poetic genius does the imagery become, when it moulds and colours itself to the circumstances, passion or character, present and foremost in the mind."

Coleridga

"Bold, intense or closely wrought images are in appropriate to verse written for music since they tend to destroy the balance between the word pattern and the melodic lines."

C.D. Lewis

(There is a difference between conceit and Image)

यहाँ पर ध्यान रखने की बात यह है कि bold images वाली काफ़ी कविताएँ संगीत पर सेट की गयी हैं, परन्तु already existing tunes के लिए जो कविता लिखी जाय, यानी कि जो पहले ही मानकर लिखी जाय कि इसे गेय होना है, वहाँ पर यह बात लागू होती है।

The divorce of lyric poetry from music was perhaps the greatest revolution that has ever occured in English Poetry.

C.D.L.

बहुधा लोग image के स्थान पर inferences देने लगते हैं। यथा नागार्जुन की 'कालिदास के प्रति'। अधिक एन्द्रियता और अधिक वैचारिकता बिम्ब को paralyse कर देती है। माथुर की 'हेमन्ती पूनो', अज्ञेय की 'पृथ्वी प्रियतम', 'तीन ऋतु चित्र'*। विचार भी वहाँ नष्ट हो जाता है जहाँ छोटे-छोटे टुकड़ों और कल्पनात्मक बिम्बों में बँट जाता है।

Mathew Arnold condemned poetry which is no more than "a shower of isolated thought and images."

---

* 'माघ-फागुन-चैत'

Image सदैव functional होनी चाहिए Decorative नहीं। नहीं फिर वह superfluous हो जायेगी।

(Conceit और Image के Difference याद रखने चाहिए) अजित की चाँदनी चन्दन सदृश में conceit है, image नहीं)।

छायावादी कवियों का बिम्ब विधान over Inflation तथा Imprecision का दोषी है। वहाँ पर वस्तु out of focus magnify की गयी है। यथा पन्त की 'बादल' कविता।

Romantic Imagery की एक विशेषता है कि वह पाठक के पास व्याख्या के लिए कुछ नया मसाला छोड़ देती है और यह व्याख्या उन मूल तत्त्वों को फिर से पकड़ने पर नहीं हो पाती जिनसे वह Image बनी थी।

The Romantic Image is a mode of exploring reality...

C.D.L.

Classical बिम्ब विधान का एक स्पष्ट उद्देश्य, विचार होने के कारण दायरा (Radius) अपेक्षाकृत छोटा होता है जबकि Romantic Poet की Image-seeking faculty काफ़ी दूर-दूर तक धावा मारती है। 'वाल्मीकि classical और कालिदास Romantic'.

'The faculty which creates or transmits poetic images is the imagination.'

काव्य की कल्पना से हमारा अर्थ है एक ओर तो एक सामान्य सहानुभूति जो प्रत्येक में होती है, कवि में कुछ विशिष्ट रूप से, तथा दूसरी ओर उन दिशाओं की ओर सतत प्रयास तथा उन वस्तुओं के प्रति सहानुभूति जिन्हें हम प्राप्त नहीं कर सकते, भूत की ओर, भविष्य की ओर, अनुपस्थित की ओर—यानी कि वह सब जो वर्तमान अनुभव से परे है। इसी कारण Cyril Connolly ने Imagination को 'The Nostalgia for the past, the absent कहा है।

The Identification of the poet with objects which appeal to his senses is the initial step in image-making.

दूसरी स्थिति की ओर W.B. Yeats ने संकेत किया है। 'One must allow the images to form with all their associations before one criticizes. उसका यह भी कहना है कि अपने सम्मुख से बिम्बों को तेजी से गुजरने दो, तथा यह भी आवश्यक है कि इच्छा और तर्क (बुद्धि) को कुछ क्षणों के लिये suspend कर दिया जाय to bring up from the subconcious anything you already possess a fragment of.

तीसरी स्थिति काव्य रचना की है जब कवि समीक्षा प्रारम्भ करता है, बुद्धि का सक्रिय प्रयोग करता है। इस stage पर the selection or rejection associated images in confirmity with now emerging pattern of Poem.

C.D.L.

"The perception with me is at first without a clear and definite object; this forms itself later. A certain musical mood of mine precedes and only after this does the poetical idea follow with me.

Schiller

कल्पना को विचार से पृथक न समझना चाहिए ऐसा Dallas का कहना है। उसके अनुसार वह विचार का अपने स्वयंचालित (automatic) तथा अचेतन भाव से कार्य करना।

जब कोई संवेदनात्मक पंक्ति हमारे गहरे में जाती है तो अचेतन से एक बिम्ब उदित होता है। प्रत्येक अनुभव एक नवीन बिम्ब में परिवर्तित हो जाता है।

जब बिम्ब के रूप में एक थीम उदित होती है तो फिर कवि उससे पूछता है, प्रश्न करता है अर्थात् विविध पक्षों का ज्ञान प्राप्त करना चाहता है। इस Interrogation में अन्य सहयोगी और सहायक बिम्ब आते हैं जिनमें से कि उसे congruous को छाँटना पड़ता है। यह Associated Image के Flow के साथ-साथ चयन करना काफ़ी कठिन कार्य है।

Paul Valery said, I believe, that the need for a certain Rhyme altered the whole course of one of his poems.

बहुधा लिखते-लिखते spontaneously कोई striking Image सम्मुख आ जाती है और फिर सारी कविता की गठन उसी के अनुसार करनी पड़ती है। इस क्रिया में बहुधा जो हम पहले कहना चाहते थे, उससे अलग भी हो जाते हैं।

बहुधा Mixed Metaphors और Incongruious Images हमें सफल मालूम पड़ते हैं इसलिए कि जितना ही वे sensuous Appeal hack करते हैं उतना ही सफल ज्ञात होंगे।

(प्रसाद का शीतल दाह ऐसा ही Mixed Metaphor है) तथा इनमें emotional propriety का भी प्रश्न उठता है तथा सन्दर्भ का प्रश्न भी बना रहता है।

कवि अपनी भाषा को क्रमबद्ध करके अपने अनुभवों को हमें व्यवस्थित रूप में देता है।

Congruity of Image means consistency of Impression which is the result of successful ordering of the experience from which the poem is derived.

कविता की थीम किसी एक अनुभव से उठी हुई हो सकती है पर उसका बिम्ब विधान हमारे जीवन के समग्र अनुभवों द्वारा सम्पादित हो सकता है।

"The images in a poem are like a series of mirrors set at different angles so that, as the theme moves on, it is reflected in a number of different aspects. But they are magic mirrors : they do not merely reflect the theme, they give it life and form; it is in their power to make a spirit visible."

C.D.L.

"Whether in verse, then, or in prose, the principle that organize the images is a concoral between Image and theme, the images lighting the way for theme and helping to reveal it step by step to the writer, the theme as it thus grows up controlling more and more the deployment of the images."

उपमा, रूपक आदि कवि की उस सहानुभूति प्रभा के चिह्न हैं जो वह अपने से बाहर की वस्तुओं में अनुभव करता है।

कोई भी विषय आन्तरिक रूप से (Inharently) अकाव्यात्मक नहीं होता है। कोई कवि किसी object से image बना सकता है यह दो बातों पर निर्भर है; प्रथम तो उसकी स्वयं की कल्पना शक्ति का उस विषय के प्रति response तथा दूसरे यह कि उस विषय को General conciousness ने कहाँ तक आत्मसात किया है।

(Incongruity is the source of all humour)

यदि इंजिन, ऐरोप्लेन या और नये प्रकार के दृश्यों, वस्तुओं को बिम्ब रूप में ग्रहण किया जायगा तो शायद पाठक एतराज़ करेगा। यह शायद General conciousness के विरुद्ध है, परन्तु "If a poet is not more sensitively alert than his contemporaries he is nothing, and if he is more sensitive then he will see connections invisible as yet to the contemporary eye."

C.D.L.

That freshness and audacity of image which we admire would be much more difficult to achieve if the poet were restrained from using the intuitions that flash for him off novel sense-data.

परन्तु एक भय भी है वह अपने Intuition की गहराई को Misjudge कर सकता है और परिणाम होगा कि बिम्ब के स्थान पर बिम्बाभास मात्र रह जायेगा। यह भय नये कवि के सम्मुख बड़ा स्पष्ट होना चाहिए।

दूसरा भय है कि Modern Imagery की कविता out of date हो सकती है। भविष्य के वैज्ञानिक विकास में एंजिन, हवाई जहाज़, ईथर केवल वैज्ञानिक इतिहास की वस्तुएँ रह जा सकते हैं तब ऐसी कविता का क्या होगा। पर वास्तव में कवि आने वाली पीढ़ी पर दृष्टि रख कर नहीं लिखेगा, वह अपनी पीढ़ी को आनन्द दे ले, यही बहुत है। (अज्ञेय को उद्धृत)*

A dramatic context provides greater scope for the use of audacious metaphor and novel Imagery than a lyric or a contemplation one. (Verse drama, भारती, माथुर)*

---

* नोट्स लेते हुए देवीशंकर अवस्थी हिन्दी के सन्दर्भ ब्रैकेट्स में लिखते चलते हैं। इसी क्रम में अज्ञेय, भारती, माथुर का उल्लेख है। सं.

बहुधा कोई-कोई कविता रूपकों से भरी होने पर भी केवल एक statement अथवा अपने किसी वैयक्तिक द्वन्द्व को स्पष्ट करने के लिए होती है। अतः ऐसी Images में वैयक्तिक संवेदना वाले बिम्ब निर्वैयक्तिक रूप धारण करके आते हैं।

कभी-कभी पूरी कविता में प्रारम्भ से ही ऐसी ही भूमिका तैयार की जाती है कि हम अन्त के बिम्ब पर जाकर एक बार फिर से पूरे Image sequence को देख लेते हैं और उसके महत्त्व को आँक लेते हैं।

Poetic generalizations are often rising from personal to Impersonal.

आज का कवि छोटी से छोटी वस्तु को भी काव्य के लिए अग्राह्य नहीं मानता है तथा दूसरी ओर वे सारे काव्य माध्यम जो उसके पूर्ववर्तियों के लिए खुले थे उन्हें वह बन्द पाता है। ऐसी स्थिति उसके ऊपर काफ़ी strain डालती है विशेषकर Technique सम्बन्धी। उसे असीम दृश्य अदृश्य बिम्बों को अपनी शैली के भीतर लेना है और वह शैली अर्धगीतात्मक या अर्धविचारात्मक है।

और यह strain उसके आलंकारिता के प्रति हेय भावना तथा नियमित शैली या कृत्रिमता के विरोध के कारण और बढ़ जाती है। अतः एक विशेष दबाव उत्पन्न हो जाता है जो विविध बिम्बों के द्वारा अर्थ को अधिक से अधिक व्यंजित कराता है और उस काव्य सूत्र पर कम से कम ज़ोर डालता है जो उन्हें जोड़ता है। इस तरह यह दबाव दो रूपों में सम्मुख आता है : Intensifying and accumulating of Images.

दो Modern Images :

1. The falling cliff
That like a melting face
collapsing through its features,
leaves a stare.

G. Barker

2. Goodbye now goodbye :
to the early and sad hills
Dazed with their houses like a faint migraine.

Stephen spender

(बिम्बों को accumulate करने की प्रवृत्ति भक्तिकाल में भी एक बार जोर से उमड़ी थी) परन्तु यह प्रवृत्ति यदि विचार सम्पत्ति के साथ हो तब तो ठीक अन्यथा नहीं।

कुछ बिम्ब functional होते हैं, पर यह तभी सफल होते हैं जबकि कवि को contemporary situation और उसकी गहराई का अनुभव होता है। इस परिस्थिति में functional images बड़ी शक्ति के साथ मुख्य संवेदना उपस्थित करती है। अंग्रेज़ी में Auden ऐसे रूप विधानों में चतुर है। वास्तव में नये बिम्बों और उपमाओं के साथ नये विचार भी आवश्यक हैं। बिना उसके नये बिम्ब विधान अनुचित ज्ञात होते हैं।

"If a poem is to be anything like great, it must in one sense, be concerned with the present. What ever its subject may be, it must express something living in the mind from which it comes and the minds to which goes. Wherever its body is, its soul must be here and now."

A.C. Bradley

"For the creation of a master-work of literature two powers must concur, the power of the man and the power of the moment."

M. Arnold

परन्तु वर्तमान अत्यन्त confused चश्मा है। आज ही sheer mass of sense-data पिछले डेढ़ सौ वर्षों में बहुत अधिक बढ़ गया है। वैज्ञानिक आविष्कार और सिद्धान्त बढ़ते रहते हैं पर उनमें किसी समन्वय का अभाव है और फिर इन सबको कवि के दिमाग को प्रभावित करने के सैकड़ों उपाय हैं जो अनिवार्य रूप से उसका ध्यान खींचते हैं।

अब यदि इस नयेपन को प्रेषित करना है तो पाठक तक तो निश्चित रूप से इसका complex, परिवर्तन तथा नयापन निश्चित रूप से नये बिम्ब विधान को, जो इसका वहन करेगा, प्रभावित करेगा।

आज जब जीवन को furnish करने वाली वस्तुओं का आविष्कार और निर्माण बढ़ता जा रहा है तब फिर कविता भी Imagery से अधिक से अधिक भरती जायगी। तथा कवि को Preoccupation with Images is also a sign of the modern poet, effort to elucidate and control the modern sense, the modern situation. Metaphor is the natural language of tension of excitement : (अन्धायुग) images. Images are... a breaking down of the high tension of life so that it can be safely used to light and warm the individual heart.

Reality today presents "Immense, moving, confused spectacle."

C.D.L.

"Every successful Image is the sign of a successful encounter with the real."

C.D.L.

आज के कवि की सबसे बड़ी कमज़ोरी, उसकी असफलता का मुख्य कारण है 'The impatient irritation of mind' (M. Arnold) है। आज हमारी जिज्ञासा को उभाड़ने वाले तत्त्वों की अधिकता है। आज का कवि प्रत्येक कार्य और वस्तु में अर्थ ढूँढ़ता है। वह फल पकने के पहले ही रस ले लेना चाहता है। वह उन सब विषयों (Objects) का प्रयोग कर लेना चाहता है, जिन्होंने उसको अपनी ओर आकर्षित किया है इसके पूर्व ही कि they are fully matured in Images (यानी कि सामान्य स्वीकृति उन्हें मिल सके)।

आधुनिकता शैली, बिम्ब अथवा संवेदना किसी भी चीज़ में प्रदर्शित हो सकती है। (शायद अज्ञेय में शैलीगत Modernity है, सर्वेश्वर दयाल (भाषण) में संवेदनागत तथा नरेश एवं माथुर में बिम्बगत)। हम किसी कवि के भाषा के मुहावरे में वह तत्त्व लक्ष्य क्रर सकते हैं जो उसे पूर्वजों से अलग कर समकालीनों के साथ बैठाता है। यह मुहावरा उस युग के प्रचलित बोलचाल के मुहावरे की लय और चरित्र के अनुकूल ही होगा।

हम देख सकते हैं उन कवियों को जिन्होंने पुराने subject (अन्धायुग) को नये अर्थों में प्रयुक्त किया है, तथा उस कवि को जिसने पुरानी थीम के variations को अधिक अपनाया है (जैसे माथुर) तथा उस कवि को जिसने नये को अपनाया है पर कर कुछ नहीं सका (जैसे पाषाण)।

इसमें से कुछ हमें appeal करते हैं, कुछ एक चमत्कार मात्र उत्पन्न कर पाते हैं और शेष कुछ नहीं।

यह Modernity केवल इच्छा मात्र से अथवा सीधी तिरछी लाइनों, या मशीन तथा विज्ञान की कुछ उपमाओं द्वारा नहीं लायी जा सकती।

बहुधा पुरातनवादी समीक्षक subject और थीम को एक साथ confuse कर देता है और इतिहास को भुला देता है। तुलसी और वाल्मीकि का subject एक ही है– राम; परन्तु theme पृथक् है और साकेत की तो और भी पृथक्। यदि आज भी कवि लिखे तो और भी पृथक् होगी। यहाँ इतिहास को न भूलना चाहिए जो Contemporary trends को गवर्न करता है। तुलसी, वाल्मीकि और गुप्त अपने-अपने युग के Modern कवि हैं परन्तु रामचरित उपाध्याय अथवा द्वारका प्रसाद मिश्र नहीं। भारती Modern poet हैं अन्धा युग में।

पुरातनवादी समीक्षक कहेगा कि शाश्वत विषयों—मृत्यु, प्रेम, प्रकृति आदि पर लिखना चाहिए। पर केवल अस्तित्व को छोड़कर कुछ भी शाश्वत नहीं है। जैसे कि सामाजिक परिवर्तन के साथ-साथ यौन सम्बन्धों में भी परिवर्तन हुआ और इसके साथ ही हमारा प्रेम सम्बन्धी response भी—केवल बाहरी और दिखावे के रूप में ही नहीं बल्कि हमारी सम्पूर्ण मानसिक प्रतिक्रिया उस ओर धावित होती है। मेघदूत का प्रेमप्रसंग, मतिराम का प्रेमवर्णन, छायावादी का प्रेम और आज के प्रयोगवादी के प्रेम कितने पृथक् हैं। स्वयं छायावादी प्रेम और बच्चनवादी प्रेम में अन्तर है।

अतः यह इतिहास कवि को नये मूर्त संवेदन ही बिम्बविधान के लिए नहीं देता बल्कि प्रेम, मृत्यु, प्रकृति आदि के प्रति होने वाली मानवीय स्वभावगत प्रतिक्रिया के changing patterns के लिए नये बिम्ब भी खोजता है, इन एकदम परम्परावादी और अक्षय भावों के लिए।

"New objects, new ideas, new modes of behaviour breed new images, which in their turn necessitate new styles."

C.D.L.

तर्क (Reason) और मूलवृत्ति (Instinct) का द्वन्द्व हमारे मस्तिष्क को हमारे विरुद्ध करने वाला सबसे बड़ा संघर्ष है।

Image एक ढंग है विषयवस्तु के ऊपर एक प्रकार के आत्मिक (Spiritual) कण्ट्रोल का assert या Reassert करना है। वह इसके द्वारा Reason और revelation में सामंजस्य स्थापित करना चाहता है।

कल्पना वह साधन (Instrument) है जो यथार्थ के पैटर्न को खोजती है तथा बिम्ब उस पैटर्न को हमारे सामने अनाच्छादित (अभिव्यक्त reveal) करने वाली विशेषताएँ (High lights) हैं।

Modern बनने के इच्छुक कवि के सम्मुख लेविस ने अनेक कठिनाइयाँ दिखाई हैं—

1. आधुनिक बिम्ब विधान का Material शीघ्र ही पुराना (obsolete) और अर्थहीन हो जायेगा because of हमारे समय की द्रुत परिवर्तनशीला गति के कारण।

2. यह Material भावनात्मक साहचर्य (emotional associations) से रहित है क्योंकि यह अपरिचित सा है अतः इसका अधिक उपयोग सम्भव नहीं है।

3. आधुनिक कवि उस जनप्रिय माध्यम—छन्दनाट्य, व्यंग्यात्मक और वर्णनात्मक कविताओं— को Lack करता है जो इन Images के लिए अधिक उपयुक्त हैं।

4. सही या गलत तौर से उस आलंकारिकता से वह घृणा करता है जिसके द्वारा उसके पूर्वज अपनी काव्यात्मक उक्तियों (arguments) करौं कुवत जग कुटिलता... पर जोर देते थे या उन्हें स्पष्ट करते थे। इसके स्थान पर आधुनिक कवि केवल बिम्ब विधान पर आश्रित हो जाता है, उसके द्वारा ही वह पार करना चाहता है और यह बात उसके आन्तरिक Texture पर बड़ा ज़ोर (strain) डालती है।

5. Modern Images के सफल प्रयोग के लिए कवि को भी आधुनिक होना पड़ेगा—यानी कि केवल समकालीन विचारधाराओं से ही परिचित न होगा (नवीन या डॉ. सोम परिचित हैं पर Modern नहीं हैं), बल्कि उसमें इतनी शक्ति और संवेदना होगी कि वह सहानुभूति और ग्राहकता (Receptive) पूर्वक वर्तमान में रह सके। वह वर्तमान जो कि विशेष ढंग से संकुलता (Complexity) तथा मतिभ्रम (confusion) से युक्त है।

एक समस्या और भी है जहाँ आधुनिक कवि किसी भी चीज़ को अकाव्यात्मक नहीं मानता है वहीं कोई बाह्य authority ऐसी नहीं है जो उसे विषय वस्तु के चुनाव में निर्देश दे सके या उसके बिम्ब के मूल्य निर्धारण में निकष का कार्य कर सके। इसे हम कवि कर्म काठिन्य भी कह सकते हैं।

Bradley ने कहा है—

"The poet who knows everything and may write about anything has, after all a hard task."

तथा classical कवियों के लिए वह कहता है—

"...his matter, as it existed in the general imagination, was already highly poetical...a world not of bodiless thoughts and emotions, but of scenes, figures, action and events. For the most part he lived in unity with it; it appealed to his own religious and moral feelings and beliefs."

इसी दृष्टिकोण को वह एक स्थान पर फिर स्पष्ट करता है–

"The fall of man is really a more favourable subject than a puinshed... that is to say, (it) offers opportunities of poetic effects wider in range and more penetrating this appeal. And the fact is that such a subject, as it exists in the general imagination, has some aesthetic value before the poet touches it. It is...an inchoate poem or the debris of a poem. It is not an abstract idea or a bare isolated fact, but an assemblage of figures, scenes, actions and events, which already appeal to emotional imagination : and it is already in some degree organised and formed."

Bradley

इस पर यह कहा जा सकता है कि जैसे प्राचीन ग्रीक या संस्कृत कवि Myths आदि पर आश्रित होकर–जो स्वयं अर्ध कविता थी–लिखता था और वह इसीलिए popular imagination को ग्रहण कर लेता था; तो फिर नया कवि क्यों नहीं उनको उसी रूप में ग्रहण कर लेता है। पर यह बात स्पष्ट रहनी चाहिए कि myths का वह popular imagination नष्ट हो चुका है। अब तो वे चीजें Museums की बन गयी हैं। उन पर यदि कवि लिखेगा भी तो केवल Museum Interest से अपना नया अर्थ लाद कर, अतः फिर Popular imagination का सहारा लेकर सम्प्रेषित करने का कोई प्रश्न ही नहीं उठता। यहाँ तक कि प्रसाद जैसे Modern poet ने भी मनु की कथा में नया अर्थ जोड़ा है। सच तो यह है कि नये कवि के लिए न कुछ unpoetic है और न कुछ अनिवार्यतः poetic, क्योंकि वह नये Reason के आलोक में किसी स्थापित विश्वास का सहारा नहीं ले सकता।

"Animism lies surely at the very source of poetic image" मानवीकरण (personification) तथा pathetic fallacy भी animism के रूप हैं। आधुनिक कवि भी मशीनों आदि को सजीव बनाता है, यह भी इसी का उदाहरण है। अरूप को स्थान और रूप दे देता है।

"General imagination (Bradley) तथा general conciousness में अन्तर होता है। हमारी भावनाओं के नये विषय general conciousness स्वीकार कर लेगा पर वे General Imagination में न आ पावेंगे। General Imagination का क्षेत्र आजकल बड़ा सीमित है। उदाहरण के लिए तार के खम्भे सामान्य चेतना (General Conciousness) के भीतर आ गये हैं। लैण्डस्केप के चित्रण में वे आ जाते हैं पर उन्हें General Imagination में स्वीकारने के लिए काव्यात्मक ढंग से अनुभव करने की आवश्यकता है–जैसे कि उनसे गुजरता हुआ तार मानो सारे हृदयों का तार है और वह खम्भा मानो ध्रुव प्रदेश में स्थित है।

अतः ऐसे विषयों को काव्यात्मक बनाना उसका कार्य है पर General Imagination से सहायता न मिलने के कारण यह बड़ा कठिन है तथा उसे coldness से प्रारम्भ करना होता है। आज उसके चारों ओर इतना आश्चर्य है कि उसका अचंभे का sense ही दब गया है। Reason and instincts are kept apart.

किसी भी General Imagination के न होने के कारण आज कवि के ऊपर कोई ऐसा अंकुश नहीं है और न कसौटी है जिस पर वह अपने बिम्ब विधान को कस सके। जब तक जन-साधारण उसके सत्य के साथ सहानुभूति नहीं कर पाता तथा उसके यथार्थानुशीलन को स्वीकारता नहीं तब तक उसके ऊपर मूल्य सम्बन्धी (Image के) कोई चेक नहीं रह सकता except personal and technical (वैयक्तिक या यान्त्रिक)।

That is perhaps the chief cause of the obscurity, the erratic touch and the centrifugal strain we find in so much modern verse."

C. Day Lewis

अब विषय वस्तु का प्रश्न आता है। विषय वस्तु वह सहारा है जिस पर थीम चढ़ती है और बिम्ब उसकी पत्तियाँ हैं जो उसके बढ़ने के साथ निकलती हैं। जब कविता पूरी विकसित होती है तब यह सहारे (थूनियां) बेकार सी प्रतीत होती हैं और अलग की जा सकती हैं। पर बिना इनके जो कविता बढ़ेगी वह एक बाधा का अनुभव सदैव करेगी। क्लासिकल कविता में यह supports बहुत थीं—जनप्रिय लोककथाओं और पुराणगाथाओं पर कवि अपनी संवेदना को चढ़ा सकते थे। शेक्सपियर या मिल्टन या वाल्मीकि, तुलसी तथा कालिदास के काल में अनेक कथाएँ प्रचलित थीं, पर आज स्थिति भिन्न है। आदम और ईव की कथा या ब्रह्मा के जन्म की कथा आज नानी की कहानी या फुरसत का मनोरंजन भले ही हो, कोई अर्थ नहीं रखती। "So poets today will often prefer to look for their subjects in the apparently trivial."

परन्तु युद्ध की Common suffering ने एक प्रकार के General Imagination को जन्म दे दिया है। जैसे नीरज और मनोहर श्याम जोशी की कविताएँ सफल हो गयी हैं, परन्तु युद्ध ने किन्हीं New modes of spiritual development को जन्म नहीं दिया है। अतः यह general Imagination बहुत दिनों नहीं टिक सकता। तो क्या कवि को फिर टूटे-फूटे Images में गुजर करना होगा?

"... The educated reading public has developed analytic powers which have not been generally matched by a corresponding development of the coordinating arts of the poet...The analytic spirit has been, I believe, responsible both for the present coma of religion among our educated classes and for the disrespect into which poetry and the fine arts have fallen."

Robert Graves

"It can not be concealed, however, that the progress of knowledge and refinement has a tendency to circumscribe the limits of the imagination and to clip the wings of poetry. The province of the imagination is principally visionary, the unknown and undefined the understanding restores things to their natural boundaries and strips them of their fanciful pretensions. Hence the history of religion and poetical enthusiasm is much the same, and both have received a sensible shock from the progress of experimental philosophy."

William Hazlitt

शुक्रवार, 1 अप्रैल, 1955

मनुष्य के भीतर कुछ ऐसा अवश्य होता है जो उसे ऊर्ध्वमुखी बनाता है। वरना यह 60 फुट या 80 फुट से कूदना क्या केवल पेट के लिए है। शायद नहीं। यश के लिए भी ऐसा नहीं। कुछ ऐसा Zeal होता है जो जोखिम कराता है।

रविवार, 3 अप्रैल, 1955

बनवारी लाल जैन
Rare Book Dealer
Moti Katra, Agra (U.P.)

श्री शरणबिहारी गोस्वामी
8/11, आर्य नगर, कानपुर

सोमवार, 4 अप्रैल, 1955

7:45 PM दिल्ली एक्सप्रेस पर आ. द्विवेदी जी को देखना।

सोमवार, 11 अप्रैल, 1955

कविता की स्थिति वास्तव में centripetel (केन्द्राभिमुख) होती है, centrifugal नहीं। वह अपने सब बिम्बों को एक संवेदना की ओर अभिमुख करती है। यद्यपि देखने में ऐसा लगेगा कि एक संवेदना से यह फूट कर बह रहे हैं।

शुक्रवार, 15 अप्रैल, 1955

ज्वालाप्रसाद खेतान की एक कविता 'आधार' में पढ़ी। हर पंक्ति में एक उपमा

थी। मुझे ऐसा लगता है कि जब इतनी अधिक उपमाएँ दी जाती हैं तो उसका तात्पर्य है कि कवि ने अपने कथ्य को पूरी तौर पर conceive नहीं किया है। उसके मन में एक उलझन स्वयं है जिसे वह अभिव्यक्ति नहीं दे पा रहा है। ये उपमाएँ बहुत असम्बद्ध और Image making faculty से शून्य होती हैं।

रविवार, 17 अप्रैल, 1955

यां चित्तयामि सततं मीम सा विरक्ता
साप्यन्यमिच्छति जनं स जनोऽन्यसक्तः।
अस्मत्कृते च परितुष्पति काचिदन्या
चिकि् तां च मदनं च इमां च मां च॥

बृहस्पतिवार, 21 अप्रैल, 1955

अधिकांशतः यश की प्रेरणा आज अधिक प्रधान हो उठी है। विशेषतः वे लोग जो साहित्य और राजनीति में जाते हैं। इसी के वशीभूत हो जाते हैं, उनमें भी विशेषतः द्वितीय श्रेणी के लोग...।

बृहस्पतिवार, 28 अप्रैल, 1955

आज अख़बार की निश्चित गति ने कल्पना को कुण्ठित कर दिया है। एक प्रकार की आत्म चेतना एवं विश्लेषण शक्ति कविता के लिए अवरोधक शक्ति बन रही है। प्राचीन काल में वीर गीत, कथाएँ, किंवदन्तियों और मुक्तक मुक्त भाव से जनता में प्रसार पाते थे पर अब तो समाचार प्रवाह स्थान पाता है।

इसके अतिरिक्त आधुनिक कवि के सम्मुख प्रेषणीयता की भी बहुत बड़ी समस्या है। वर्तमान दृश्य की जटिलता, परिवर्तनशीलता के अतिरिक्त साधारण आदमी में कल्पना का वह वैभव समाप्त हो चला है जो कविता का एक प्रकार से आधार विधान है। (हिन्दी में अभी ऐसी स्थित नहीं है) और उसके स्थान पर Precise and exact की माँग होने लगी है। शिक्षित वर्ग इतना अधिक शंकालु और आत्म चेतन हो गया है कि कल्पना पर वह विश्वास ही नहीं कर पाता, फलतः Image और उसके द्वारा भाव का प्रेषण सम्भव नहीं रह पाता। अतः कवि एक प्रकार से shock treatments से काम लेता है और सोचता है कि शायद इस शिक्षित पाठक का resistance ऐसे कम हो जायेगा।

अतः आधुनिक कवि अपने बिम्ब विधान द्वारा एक ओर तो आधुनिक Confusion के बीच अपना रास्ता निकालना चाहता है और दूसरी ओर भावनात्मक और बौद्धिक रूप से तथा एक अत्यन्त प्रबुद्ध तर्कशाली और कृत्रिम पाठक पर

कुछ प्रभाव डालना चाहता है। अतियथार्थवादी इस Shock treatment का ज्वलन्त उदाहरण है। इस प्रकार कार्य कारण की परम्परा से पृथक अतर्कशील बिम्बों की अवधारणा की जा रही है।

पर इन अक्रमयुक्त तथा illogical में यह बात छिपी है कि तार्किक पाठक को ऐसे क्षेत्र में ले चलो जो स्वीकृत सभ्यता से पृथक् है जहाँ उसकी तार्किकता काम न दे सके।

परन्तु यह है regression ही। rational काव्य के तर्क से पृथक् अवश्य है पर उससे नितान्त भिन्न भी निश्चित रूप से नहीं है।

वास्तव में कल्पना विचार और अनुभूति को एक single poetic whole में पिरोती है। पर आज का irrational attitude इस whole को नष्ट कर थीम की आलंकारिता और विस्तार के ऊपर वाले प्रभुत्व को भी नष्ट कर देता है। अब Image as such का व्यवहार होता है किसी भावनात्मक argument में नहीं।

प्रतीकवादी आन्दोलन के साथ-साथ वैयक्तिक Images का व्यवहार प्रारम्भ होता है। यह कवि के अपने अनुभव के प्रकाशक हैं जिन्हें पाठक केवल सन्दर्भ के बल पर अनुमान कर जान सकता है। वह इनके गुप्त ढंग (allusive manner) से एक विशेष आनन्द प्राप्त कर लेता है जैसे कि एक अजनबी दो मित्रों की बातचीत के बीच आ पड़े।

"The symbols of the symbolist school are usually choses arbitrarily by the poet to stand for special ideas of his own– they are a sort of disguise for these ideas."

Edmund Wilson

यह Private Images, Personal Images से पृथक् हैं। फिर Private Image और Private symbol में भी अन्तर है। प्रथम उतना arbitrary नहीं होता तथा उसका कोई न कोई भावनात्मक या ऐन्द्रिक लगाव अवश्य होता है।

"An increasingly complex civilization will justify more complex image patterns within the poem; an era which throws up masses of new ideas and sense-data will call for a response in bold novel imagery : but it does not at all follow from this that the right answer to a disintegrated civilization is a disintegrated poem."

C.D.L.

क्योंकि कल्पना न तो कोई दर्पण है और न बिम्ब मात्र प्रतिच्छाया। क्योंकि कल्पना सक्रिय होती है, वह हमारे Chaos में पड़े हुए मस्तिष्क को एक order में ला सकती है। यहाँ तक कि सिर्फ Chaos की अभिव्यक्ति में भी Poetic reason एक प्रकार के पैटर्न को जन्म देती है। किसी काली रात का चित्र बनाते समय चित्रकार कैनवास पर कोयला नहीं पोत देगा।

अतः हम नये कवि से पूछ सकते हैं कि टूटी-फूटी तथा असंगत (Hitrogenous) बिम्बों का कारण क्या है (अकेली न जैयो राधे जमुना के तीर) तथा काव्य-तर्क (Poetic logic) के स्थान पर उसने क्या रखा है जो सारी Images को एक सूत्र में बाँधता है।

"Poetic logic is development of a theme तथा कवि का बिम्ब से बिम्ब अथवा विचार से बिम्ब पर संक्रमण intelligible होना चाहिए। Intelligible में अर्थ Logical consequent से उतना नहीं है जितना acceptable to the Imagination से तथा उसमें earlier स्थितियों का खण्डन (refutation of earlier stages) न होना चाहिए।

"It is very generally through a change of mood or a change of position that poetical conclusions are reached by poetical logic. That is poetical logic, not the proving of a position through discourse and evidence, but the change of position, so that every stage is satisfactory to the mind of the hearer, and the transition., intelligible and the progress not refutation of earlier stages.

आधुनिक कवि इनके उत्तर में कह सकता है कि इस तरह की abstract बात changes of mood आदि की व्यर्थ है। वास्तव में बात केवल इतनी है कि या तो आप बिम्ब और भाव के—कविता के भीतर के कवित्व को, साधारण पद्यों के द्वारा जोड़ते हो या नहीं जोड़ते। तो ऐसे साधारण पद्य महाकाव्य या लम्बी कविताओं के लिए आवश्यक हो सकते हैं, मेरे लिए नहीं। मैं अपनी Images को प्रत्यक्षतः प्रेषित करना चाहता हूँ, पाठक तथा किसी गद्यात्मक व्याख्याता के द्वारा नहीं।

(द्रष्टव्य अज्ञेय में : कट गयी होंगी पूलें खेत की/गिन रहा होगा महाजन सेंत की। इसमें कोई प्रत्यक्षतः तंजपवदंसपजल न होते हुए भी एक अव्याख्यायित तर्क है) तथा यदि कभी मैं यह नहीं कर पाता तो अशक्ति मेरी है सिद्धान्त की नहीं (पृ. 119 CDL)। वह कहेगा कि काव्य तर्क वास्तव में एक काल्पनिक नाम है एक बड़ी भूल को छिपाने के लिए; बड़ी भूल यह कि कविता कार्यकारण की परम्परा के द्वारा ही विकसित होती है। वह causation के सिद्धान्त का खण्डन करने वाली Modern philosophy का विश्वासी हो सकता है तथा कवि कह सकता है कि मैं आज के सर्वाधिक नवीन कलारूप सिनेमा का अनुयायी हूँ जिसमें कि speeding up and intensifying of image sequences की टेकनीक प्रयोग में लायी जाती है।

पर इस तर्क का उत्तर है कि सिनेमा में नाटकीयता द्वारा दृश्य बिम्बों की दूरी ढँक जाती है पर काव्य में यह सम्भव नहीं है।

दूसरी बात यह कि यदि कवि यह कहता है उसके काव्य के विषय 'modes of inmost being to which to attributes of time and space are in applicable and alien' हैं तो फिर उसमें Time और space की Imagery भी न आनी चाहिए।

वास्तव में कविता में आदि, मध्य और अन्त होना ही चाहिए। उसमें लय और समय तथा दिशा (space) के बिम्ब होने चाहिए तथा थीम विकसित होनी चाहिए। थीम के भीतर Images के सही सम्बन्ध होने चाहिए। आधुनिक दर्शन कुछ भी कहे पर किसी न किसी प्रकार के sequence को पाठक हमेशा मानेगा। कवि कार्यकारण को एकदम छोड़कर सतत वर्तमान में विद्यमान नहीं रह सकता (अस्तित्ववाद) (See पृ. 121 also)।

कविता को Images के बीच से स्वाभाविक रूप से उगना चाहिए (क्यों?)।

वर्तमान चित्रकला में कुछ लोगों ने देखा कि प्रकृति में Form (रूप) और रंग में एक सम्बन्ध है, परन्तु इस सम्बन्ध का उचित भावन न कर सकने के कारण उन्होंने रंग में ही आकार (to design in colour) के प्रयोग प्रारम्भ किये। कुछ ऐसी ही स्थिति काव्य की है कि उपमा और रूपक के मध्य कविता के रूप के प्रयोग होने लगे हैं और यही कारण है "the glare and glitter of perpetual, yet broken and hitrogenous Imagery" का। यह उत्तर भी आधुनिक कवि का है।

"The tendency of purer poetry (not decorative or any else) is to substitute images for the abstract idea, that is for the statement of this idea in poetic but non-pictorial terms. As a result, the reader sees nothing but a succession of pictures, can not see the theme behind them : and the more personal and arbitrary these images are, the less the whole, pictures, the poem itself has 'reference to general human experience' for the poet has discarded those non-pictorial passages by which the image could be related and a theme made explicit."

"आजकल कवि does not have an idea and then find the best image for it; he comes at the form and fullness of the idea through the image." (पृ. 122 पर डायलन थॉमस का वक्तव्य द्रष्टव्य है)।

इस वक्तव्य के अनुसार (i) कि उसकी किसी कविता में जीवन किसी केन्द्रीय बिम्ब के चारों ओर नहीं घूमती बल्कि केन्द्र से बाहर आती है (ie. centrifugal character) उसमें केन्द्र में कोई central image न होकर Host of images होती हैं और केन्द्रीय बीज एक साथ सृजनात्मक एवं ध्वंसात्मक होता है अतः (ii) द्वन्द्व की प्रणाली से इस Host of images से कविता का जन्म होता है। प्रत्येक दूसरी Image पहली को contradict करेगी and so on. अब यह खण्डन निश्चित है कि किसी तर्क या भौतिक विरोध का नहीं है। और न यह उस स्थिति का सूचक है जिसमें कि Images मस्तिष्क में सोचते समय आने वाली Images के प्रतिरूप में उत्पन्न होती है, क्योंकि थॉमस ने अपने Intellectual और critical forces को इस प्रणाली में प्रयोग में लाने का दावा किया है। अतः खण्डन (Contradictions) का तात्पर्य इतना ही हो सकता है कि ऐसे बिम्बों का विधान किया जाये जिनमें आपस में कोई

समीपता न हो। अथवा ऐसा विधान जो consistency of impression (प्रभाव की एकात्मता और विद्यमानता) न बना सके।

(Theory of ambivalence)

वास्तव में खतरा इस सेण्ट्रीफ्यूगल character से है और Pure poetry की आवाज़ से है।

"The worst of it is you can not lecture on really pure poetry any more than you can talk about the ingredients of pure water it is adulterated methylated, sanded poetry that makes the best lectures."

(Walter Raleigh– When speaking on christina Rossetti)

Herbert Read का कहना है–

"Poetry is an essence which we have to dilute with grosser elements to make it viable or practicable. A Poem that is pure imagery would be like a statue of crystal—something too cold and transparent for our animal senses."

आज की प्रवृत्ति द्वन्द्व और खण्डन में से किसी सत्य की खोज है जबकि पुराने गीतकाव्य या सवैयाकार को विरोधाभास सदैव गीतात्मक या काव्यात्मक बहाने से आता था, आज स्वयं अपना उद्देश्य लेकर सम्मुख है।

"The poetry which results from this image-lit exploring into the heart of contradictions is therefore metaphysical rather than lyrical in quality."

CDL

रीड के grosser elements हैं Emotion, sensousness and prose-meaning.

क्योंकि यदि ये न होंगे तो कविता के भीतर likeness और antithesis (ambivalence)– जो आज की कविता में बहुत है–एक साथ न आ सकेंगे।

"The modern poetry tends to sacrifice variety and humanity in the attempt to sound the depth of individual experience."

"Impassioned poetry is an emanation of the moral and intellectual part of our nature as well as of the sensitive." (See page 133)

Hazlitt

कविता को poetic reason और intense feeling cold होने से बचाती है।

"The conclusion seem inescapable, that the two dangers which threaten all pure poetry, all poetry whose meaning is deliberately concentrated within its images are really one and the same danger. Whether the images are too strong for their context and quarelling among themselves, tear into shreds; or whether they are so purified of human associations that our common, earth-bound imagination cannot warm to them, in either case, the result is the same a poem brilliant, perhaps in the detail piercing deep perhaps with its momentary intuitions, but unsatisfying in the round; and incomplete poem : a heap of broken images."

C.D. Lewis

"The eternal spirit's eternal pastime."

1. "Poetry should strike the reader as a wording of his own highest thoughts and appear almost a remembrance."

Keats

2. "The greatest of all the functions of the poet is to aid in his readers the fulfilment of the cry, which is that of nature as well as of religios. Let not my heart forget the things mine eyes have seen."

Coventry Patmore

3. "It is perhaps true to say that memory is the faculty of poetry, because the imagination itself is an exercise of memory. There is nothing we imagine which we do not already know. And our ability to imagine if ur ability to remember what we have already once experienced and to apply it to some different situation."

Stephen Spender

यह Different situation क्या है? लेविस के अनुसार यह थीम या संवेदना है कविता की। "These memories being thus transferred from their original context and modified by the demands of theme, are used metaphorically and appear to us as images."

C.D.L.

इस प्रकार उसके अनुभव और स्मरण काव्यात्मक संवेदना के क्षेत्र में खिंच आते हैं। अब प्रश्न उठता है कि कवि के इन अनुभवों और स्मरणों को पाठक क्यों कर स्वीकारे। लेविस के अनुसार इसका उत्तर है कि "एक सामान्य सत्य (General Truth) की कवि द्वारा प्रस्तुत व्याख्या ही थीम है।'' अथवा "Let us say that a theme is a general truth, interpreting itself through the language of the poet's experience."

इस प्रकार सिद्धान्ततः इमेजरी के दो स्तर कविता में हो जाते हैं–

1. Its separate images relating to a theme

2. Its theme imagins a general truth.

General truth are something taken for granted, वे वैज्ञानिकों के प्रयोग सापेक्ष नहीं हैं।

The general truths of poetry are recognizable only through their emotional effects (and not by intelligence as the philosophic or scientific truths).

एक ओर तो कवि को modern and ever-changing सत्ता के रुख का ध्यान करना पड़ता है। उसे नये अनुभव, नयी स्मृतियों के फलस्वरूप नये दृश्यविधान प्रभावित करते हैं। दूसरी ओर उसके अन्तस्तल में Archetypal patterns (जिन्हें जुंग ने Psychic residue of numberless experiences of the same type) of response to nature inherited from numberless generations of ancestors रखते हैं। और इस प्रकार Private memories को प्रभावित करते हैं। यह Archetype of image किसी कविता में कवि के पर्सनल विज़न के बिना सक्रिय नहीं हो सकते। "They are apprehended only by the ecstatic, distanced, impersonal vision of art."

मस्तिष्क के इस conformation को जिसके द्वारा दोनों प्रकार की images में कवि का प्रवेश होता है, रीड के शब्दों में इस प्रकार कहा जा सकता है–

"We might picture the regions of the mind as three superimposed strata in which a phenomenon comparable to a 'fault' in geology has taken place. As a result—the layers become discontinuous, and exposed to each other at unusual levels; the sensational awareness of the ego being brought into direct contact with the id, and from that 'see thing cauldron' snatc.ıing some archetypal form, some instinctive association of words, images or sounds, which constitute the basis of the work of art."

H. Read.

जुंग ने कलात्मक सृजन को दो Types में बाँटा है–मनोवैज्ञानिक तथा कल्पनात्मक (Visionary)। प्रथम मानवीय चेतना के क्षेत्र से उपादानों को लेकर प्रयुक्त करता है तथा साधारण अनुभवों को साधारण स्तर से उठाकर काव्य के स्तर तक लाता है। तथा द्वितीय coming from "The hinterland of man's mind, not 'intelligible' as the forms." उसका कहना है कि it arises from timeless depths, it is foreign and cold, many sided, demonic and grotesque. फाउस्ट के द्वितीय भाग को उसने इसी हिस्से में रखा है।

पर यह विभाजन आत्यन्तिक रूप से सही नहीं है। एक ही कविता में दोनों चीजें प्राप्त हो सकती हैं–

"...emotions generated collectively, persist in solitude so that one man, alone, singing a song, still feels his emotion stirred by collective images. He is already exhibiting that paradox of art-man withdrawing from his fellows into the world of art, only to enter more closely into communion with humanity.

Caudwell.

मॉड बाडकिन ने भी इसी सामूहिक अनुभव पर जोर दिया है। (See page 143-44)

"Perfect things teach hope"

Nietzsche

Poetic craftmanship तो आखिरी conscious stage है बिम्बों के चित्रण और विधान की। Bodkin के अनुसार– "a whole of far reaching significance, concentrated like a force behind each stanza or line." यह force प्राचीन अनुभवों तथा स्वयं के प्राप्त ज्ञान के आधार पर unconscious में पड़ी रहती है।

"In my view it is the poet's need for the realization of a potential theme by means of the images out of it must grow a realization working first through unconscious, then through conscious stages—that makes for the association of images."

C.D.L.

यदि इस बात को न माना जाय तो फिर यह मानना पड़ेगा कि कोई general truth जो पुराना सार्वभौम तथा आकर्षक संवेदना की तह में है, उसे ढूँढ़ना पड़ेगा। इसे rebirth Archetype कहा है। कामायनी में मनु के घायल होने पर फिर आनन्द की प्राप्ति यही rebirth Archetype है। यही Ancient mariner (coleridge) में बाडकिन ने Trace किया है। वह कौन-सी शक्ति है जो बिम्ब हीन स्थानों पर भी बिम्ब जगा सकती है। और ऐसा बिम्ब जगा सकती है जो भावनात्मक और स्पष्ट बिम्बों को पीछे छोड़ दे। लेविस का उत्तर है कि 'It is the power of general truth— the spontaneous human utterance of a feeling to which all men must at times surrender.

(खंजन मंजु तिरीछे नैननि...में यही बात है।) ऐसी कविताओं में कवि का व्यक्तित्व, चरित्र तथा कल्पना एकात्म रहते हैं (are integrated).

"It seems there is a kind of poetry in which the poet, not burrowing towards the roots of his own experience, not swaddling himself in his own many coloured sensations, but looking freely outwards upon the human situations, may all unwillingly give us a creative image of himself; a creative image, because it creates a better understanding of the human virtues of which it is born and a sympathetic response to them."

इस objectivity के cause को आगे बढ़ाते हुए उसने लिखा है–"The question rather is should not there be a poetry today which looks outward, which keeps its eyes firmly focused upon the subject in the external world and, brooding passionately over that object, percieving at last its value, its necessary part in the scheme of things, may disinterestedly reflect upon it an image of human virtue"?

"If poetry is still to do its civilizing work, this kind of poetry is needed.

For, without it, the moral and intellectual passions which distinguish man as social being must lack their images, and poetry itself cut off from those passions, be impoverished. Some may feel that ours is no sort of a world for the poet to contemplate.

उसके अन्तस्तल में मृत होकर पड़ी Archetypes उसकी कल्पना को प्रभावित कर सकती हैं। पर उसे उस मृत के सम्मुख सचेतन भाव से रक्षा करनी है, उसे आत्म समर्पण नहीं। इसका उपाय जीव मात्र मनुष्य तथा प्रकृति से सहभाव की स्थापना है।

इलियट की Prufrock poem इसी बाह्य दृष्टि जो मानवता पर स्थित है तथा उसकी अन्तःसंज्ञा दोनों को एक सत्य में Focus करती है। "Art enlarges us through making us feel small."

E.M. Forster

रविवार, 1 मई, 1955

G R P Mail से लखनऊ जा रहा हूँ। कानपुर स्टेशन पर इसमें काफी भीड़ आती है। गोंडा, बस्ती के अपढ़ काफी संख्या में इससे सफ़र करते हैं।

मेरे डिब्बे में एक बड़ा परिवार काफी सामान के साथ आता है। जल्दी-जल्दी इधर-उधर सामान रखना चाहता है। परिवार में एक वृद्धा, एक अधेड़ भी और एक किशोरी कन्या है जिसके पंजाबी चेहरे पर भी मंगोल रक्त की छाप स्पष्ट है। 4-5 नौजवान लड़के एक अधेड़, एक वृद्ध और 5-6 बच्चे थे। दो बर्थों पर उन्होंने अधिकार किया। एक पर बैठे हुए लोगों को महिलाओं के नाम पर अन्यत्र बैठाया। यह कितना दयनीय है कि पुरुष महिला के नाम पर concession माँगे और महिला भी inspire करे। यद्यपि वह समानाधिकार भी चाहती है।

ट्रेन पर Mob-Psychology और परिवार का सौहार्द मिला रहता है—एक डिब्बे में घुसने तक दूसरा उतरने तक।

शनिवार, 7-8 मई, 1955

फर्रुखाबाद अधिवेशन।
प्रा.हिं.सा. सम्मेलन

बुधवार, 11 मई, 1955

प्रातः 8:30 Radio Talk

भारतीय साहित्य का भविष्य

शुक्रवार, 13 मई, 1955

A bulb of 40 wts consumes 40 wts of Electricity in one hour and 1000 wts means 1 unit or 1 kwt.

Fans (Ceiling) are generally 40 or 60 wts and table fans of 15 or 25 wts.

रविवार, 15 मई, 1955

रेलवे इंजन के पीछे माल के डिब्बे क्यों होते हैं? इसके बारे में दो सहयात्रियों ने बड़े मज़ेदार ढंग से बताया। एक ने कहा ड्राइवर इसमें कहीं कुछ मिल जाय तो रख लेने के लिए लगा लेते हैं। दूसरे ने डाँटते हुए कहा कि नहीं क्या बिना सरकार के permission के लगा लेंगे। उसने बताया कि accident से बचाव के लिए।

जाहिर है कि दूसरा अधिक बुद्धिमान पर कम original है। पर दोनों ने मुझसे कहा था कि अरे यह भी नहीं जानते और मेरी अज्ञानता पर विवशता सी प्रगट करते हुए यह बताया था।

बृहस्पतिवार, 19 मई, 1955

1. श्री कृष्ण दास महाराज
गोवर्धन, कुसुम सरोवर,
वृन्दावन
(रामकृष्ण दास)

2. श्री राधामाधव जी का मन्दिर
बिहारीपुरा, श्रीधाम, वृन्दावन
दुसायत
(नारायण भट्ट का साहित्य पूछना)

3. आचार्य श्री यमुनावल्लभ गोस्वामी
दुसायत राधामाधव का मन्दिर
आदिवाणी से पहले और काम के ग्रन्थ
गोविन्द जी मथुरा (Son of नवनीत जी)

4. श्री ब्रजवल्लभ शरण
श्री वियोगी विश्वेश्वर
(अधिकारी, श्री निम्बकाचार्य पीठ)

5. ब्रजसाहित्य मंडल
ब्रजभारती साहित्य वर्ष-4 (5-6)

6. श्री कृष्णदत्त वाजपेयी
7. श्री प्रभुदयाल मीतल
8. रूप मंजरी देवकीनन्दन दास
(कोई छपी हुई चीज या प्रश्न तथा वल्लभ साहित्य)
9. ब्रह्मचारी बिहारीशरण
निम्बार्क माधुरी
10. नागरीदास—म्यूजियम से
(नागर समुच्चय)

शुक्रवार, 20 मई, 1955

1. History of Religion & Ethics—Hastings
2. Gazetteers of Mathura
3. चाचा वृन्दावन दास के लिए
'वृन्दावन सागर'

शनिवार, 21 मई, 1955

"It is very difficult comrades, to live on freedom alone".

Stalin

सोमवार, 23 मई, 1955

Twentieth Century Literature

The new century began to accelerating what had been fought so bitterly in the nineteenth century, the new view of the world as a machanism as a process rather than the work of a beneficiant diety, Heaven undermined by science.

This century moves from the age of biology to the atomic age or that it begins as the sociological age and continues a psychological era.

The twentieth century was being dovetailed into the nineteenth, and striding across the join was the new figure who was to own the new century the common man.

वेल्स की experiments in Autobiography में इस युग का पूरा ख़ाका, आशा, आकांक्षा और व्याघात मिल जाते हैं।

It lays bare that strain of inferiority feeling, which may perhaps give this age its historical label, the uneasiness of an epoch of discontent, and that obsession with sex which is the hall-mark of adolscent maladjustments whether is a man or generation.

With Dostoevsky literature plunged into profundities hither to unknown, instructive, intuitive, profundities, below the surface of consciousness. The door to the unknown surface was being pushed open. The known surface of man had seemingly been explored to exhaustion– the naturalist approach, the realist approach, the sociological approach.

Psycho-analysis came in time for the war and it joined the influence of Dostoevsky, Where anthropology and Frazer's Golden Bough had raised doubts about the origin and nature of religion and the validity of modern social organisations Freud had imposed a pattern on the secret evolution of mankind.

"That of all theories of the nature of man ever put forward by a reputable scientist, that of Sigmund Freud is the most attractive and adaptable for the purposes of fiction."

J.D. Beresford in 1920

"The arrival of the new psychology had much of the excitement that attended the arrival of the new learning at the Renaissance.

G.M. Young

हमें consumer's that is reader's history of literature भी चाहिए। वे क्या चाहते हैं, केनन क्रेज़ेज़ क्या हैं? बिक्री कैसी है? टेस्ट क्या है?

1910-30 has been a period of investigating and probing, of uneasiness and unrest and creation...

The catch word of 17th century was 'reason' and 18th was 'nature' and one our's is 'the human predicament'.

Our own preoccupations are shown by the frequency with which we talk of frustration, bewilderment, maladjustment and disintegration, the intensity with which we discuss and are aware of cruelty, violence and sadism, the all pervading sense of anxiety and in the background a feeling of guilt, sin, humiliation and despair. Never faith hope or charity. It is a universal and collective malady. It seems as though all sensitive writers of today are displaying themselves in the nude, saying urgently as great writers have always done. "That's where it hurts".

वे अपने दर्द और पीड़ा को कृत्रिम मुस्कान और स्वास्थ्य के द्वारा बचाकर विषय नहीं बदलते, परन्तु किसी भी रोग ग्रसित समाज, किसी प्लेगी शहर में सदैव कुछ न कुछ लोग ऐसे भी होते हैं जो कहते हैं कि उन्हें वह सब व्याप्त नहीं है, वे boast करते हैं कि वे infected नहीं हैं तथा वे एक आत्मिक शक्ति रखते हैं जो

उन्हें इन सबसे अलग किये रखती है—and there are many writers today who ignore the plague and complain bitterly of what they call, abnormality, morbidity, pessimism, self-pity and squalor.

This is the age of anxiety. Now in the new world of beaurocracy there is a new fear, the fear of the secret and adverse report and the fatal rumour of political unreliability.

आर्थिक और वैयक्तिक स्तर की ही अरक्षा नहीं है, एक और गहरी anxiety है जो साहित्यिक निर्माण को प्रभावित करती है। यह और गहरे स्तर पर व्यक्ति की ईश्वर और जगत के सम्बन्ध में Instability, विज्ञान के नये साँचों में उसकी insignificance, जो इतनी तेज़ी से बदल रहे हैं तथा his consequent inability to decide on a religion, or even to allow, with equanimity, the decision to be made for him. It was not necessary for the poets to accept scientific doctrines, it was sufficient for them to be aware of them and to be worried by them.

There is also obsession of death worse than death even death in life, where the nineteenth century feared the spiritual death which comes from the loss of religious faith, twenteith century fears that death in life which is the loss of sexual potency. अणु बम से उनके लिए उतनी चिन्ता नहीं है जो मारे गये हैं, but the sterilization of those who survive.

H.G. wells once pointed out that the earlier novel was produced in an atmosphere of security, for the entertainment of secure poeple who liked to feel established and safe for good. Now a days the novel is produced in an atmosphere of insecurity for the further mortification of those who wish their agonies of insecurity to be perpetuated... Instead of being an entertainment, the serious novel is a continual rubbing of salt in the wound.

नया उपन्यास काव्य के माध्यम को अपना रहा है—the method of implication, of metaphor and of symbol, the method of splintered symbolised, symbol of seediness, shabiness and suqalor.

जब समीक्षक आधुनिक कथा साहित्य पर आक्षेप करता है कि उसमें यही तीन चीजें प्राप्त होती हैं तो वह भूल जाता है कि उसका (उपन्यासकार का) दिमाग sordid नहीं है बल्कि चारों ओर का वातावरण उसके दिमाग को ऐसा रंग रहा है।

Seediness is the mark of a world that has seen better days– seediness can be used as a symbol of the disintegration of civilization or it can stand for spiritual degradation.

The civilization which is breaking down is a civilization of great cities, vast, proliferating cities. And that is why some of the best modern novels have taken the city as an image of man, in all his richness and variety.

Anxiety की अभिव्यक्ति के लिए allegories प्रयुक्त हुई हैं।

In our age of explosives almost everybody is a neurotic, the whole civilized world is having a nervous breakdown, and we are apt to see ourselves the victims of some lurid and fantastic plot.

सभी जासूसी और रोमांचक कहानियाँ पढ़ते हैं। "If the allegory is the escape form of the age of anxiety, the thriller is the scapegoat of the age of violence loaded with all its sins.

Now a days, the tale of terror has proliferated in every direction. The pressure of civilization and the mechanism of publicity have dulled our responses, so that we need greater and greater stimulus. The art of public relations have dulled private relations.

The tale of horror is simultaneously saddistic tale and has the same divisions, political, scientific, sexual, sadism as a fine art even religious sadism.

"Our fears are infinitely more precise than our hopes."

Paul Valery

The stream of consciousness one of the most interesting things about the twentieth century is the way in which the novel has finally the dominant form of literature.

The fight for dominance has always been between the novel, whether in prose or in verse, and the drama.

उषन्यास की प्रगति आश्चर्यजनक रही है बहुत कुछ चित्रकला के समानान्तर। जैसे–पेंटिंग ने अपने को सिर्फ फोटोग्राफी से मुक्त कर perspective, anatomy, प्रकाश, रंग, घनत्व के क्षेत्रों पर विजय प्राप्त की है वैसे ही उपन्यास ने सिर्फ पात्र, घटना या परिस्थिति के विकास को छोड़ दिया है।

Novelists "can no longer develope character, situation or plot. Flaubst, Henry James, Proust, Joyce and Virginia Woolf have finished off the novel. Now all will have to be reinvented from the begining.

यह reinvention कलाओं में सदा से होता आया है।

17वीं शती में सर्वेण्टीज़ ने पहले पहल उपन्यास को व्यक्तित्व, उद्देश्य और प्रसंगानुकूलता प्रदान की सिर्फ adventure and tale के स्थान पर।

अठारहवीं शती में सैमुअल रिचार्डसन ने sensibility and the art of the close-up introduce किया।

19वीं शती में स्टेण्ढल और फ्लाबेयर ने detachment, aloofness और dispassionate statement की आधुनिक विशेषता दी। उन्होंने उपन्यास को सचेत कला और style के सर्वाधिक महत्त्व को सामने रखा। शैली किसी अलंकरण के रूप में नहीं बल्कि style as constructive, artistic conscience इसे Doctrine of controlled effect भी कह सकते हैं।

दास्तोवस्की और टाल्स्टाय are the masters of the headlong and the intuitive of apparently uncalculated effects.

20वीं शती के उपन्यासकार की समस्याएँ भी लगभग वैसी ही हैं जैसी कि आज के पेण्टर की हैं। ढंग प्रत्यक्ष या प्रच्छन्न हो? प्रातिनिधिक तथा फोटोग्राफ़िक या प्रभावात्मक एवं अरूप। संक्षेप में सत्य की अभिव्यंजना और यथार्थ की प्राप्ति सभी चाहते हैं पर यह सत्य क्या झूठ के माध्यम से कहां जाय?

"To tell the truth as a liarcan." (पेज 79 का पहला पैराग्राफ द्रष्टव्य है।)

Catherine Mansfield

अच्छे उपन्यास में जार्ज मूर के अनुसार समकालीन इतिहास तथा एकदम exact reproduction of social surroundings of the age we live in.

आइजक्स के अनुसार अच्छे उपन्यास में समकालीन इतिहास तो होगा क्योंकि यह समकालीन संवेदनाओं से प्रस्तुत किया जाता है परन्तु exact और complete के अर्थ क्या हैं और सामाजिक परिवेश में क्या 'people' (लोग) भी आते हैं। तथा 'युग' जिसमें हम जीते हैं का क्या अर्थ लिया जाय।

नये उपन्यासकारों ने इन प्रश्नों को उठाया है और अपने उपन्यासों में उनका उत्तर दिया है Infact the intimate fusion of texture and structure is one of the paramount achievements of twentieth century fiction.

The novel is "A conviction of our fellow-men's existence strong enough to take upon itself a form of imagined life clearer than reality."

Joseph Conrad

The twentieth century novel lives permanently inside the minds of its characters.

Not objective portraiture, but mind from the inside, the mind allowed to speak for itself, under minute control but without any intrusion by the author withot comment and without analysis. It is in the purest forms of what is known as the stream of consciousness method, where speech is quoted without inverted commas and without labels like "He said" or "She answered", and thought flows, in coherently if necessarily, illogically, with the special grammar and the special logic of unconscious.

"Life is not a series of gig lamps symmetrically arranged; life is a luminous halo, a semi-transparent envelope surrounding us from the begining of consciousness to the end."

Virginia Woolf

"Let us record the atoms as they fall upon the mind in the order in which they fall, let us trace the pattern, however disconnected and incoherent in appearance, which each sight or incident scores upon the consciousness."

V. Woolf

This stream of consciousness method is impressionist method. Oblique writing, prattle, solilogy, internal monologue are the techniques of this method.

टाल्स्टाय, दास्तोएव्स्की अपनी थीम और मोटिव को आलोकित कर देते हैं एक complex system of searchlights के द्वारा, जो कि मूड और परिस्थिति to be constructed, पर पड़ती है।

The stream of consciousness answered a need of the age. It shows, "the very body of the time him from and pressure", and when we ask what kind of consciousness is revealed, we can only answer that it is the collective consciousness of the age, growing deeper as modern consciousness grows rich and more complex. Controlled texture and tempo are an essential element in the musical architecture of the twentieth century novel.

"Maturity can come only when the process of growing is finished."

Culture, Chaos and order

"The novel has become the dominant form of modern literature. We therefore demand from it that interpretation of life and of the process of living which we have hitherto demand from poetry and from Drama.

The main thing is that writers should have a point of view to stimulate them it may be a point of view in the form of a definite philosophical system, or just a vague. It need not between writer's own philosophy. (Page 106 last paragraph)

आधुनिक साहित्यकार महसूस करता है कि एक सार्वभौम Chaos है और यह एक प्रकार revelation है। यह है या नहीं यह दूसरी बात है पर इससे वह भयाक्रान्त है इतना निश्चित है।

"The human race is implicated in some terrible aboriginal calamity."

Graham Green + Cordinal Newman

"The whole of the *waste land* reflected the chaos which confronted Europe. Its material was chaos, but in itself it was not chaotic. It was the poet's personal order built out chaos and imposed on chaos. One of the great debts which literature owes to Mr. Eliot, and not in England alone, is the provision of a new idiom to present the new chaos of western culture. It has taken us thirty years to learn how to read a poem.

"It is living in a society in which men are no longer supported by tradition without being aware of it, and in which therefore, every individual who wishes to bring order and coherence into the stream of sensation, emotions, and ideas entering his consciousness, from without and within, is forced to do deliberately for himself what in previous ages had been done for him by family, custom, church and state– namely, the choice of the principles and presuppositions in terms of which he can make sense of his experience."

उपन्यास और समाचार-पत्र आज की इस स्थिति में पड़े हुए मनुष्य को कुछ Guidance देते हैं। इन दोनों के बीच (स्थायी और क्षणिक साहित्य) कई प्रकार की श्रेणियाँ हैं।

उपन्यास व्यक्ति के, सामाजिक मनुष्य के, सामुदायिक मनुष्य के तथा फिर उससे ऊपर मनुष्य की गिरी दशा (Predicament) मनुष्य की destiny के जिसके साथ कि उसके धर्म की समस्या जुड़ी हुई है तथा मनुष्य का अमनुष्य के साथ सम्बन्ध, इन सब पर लिखे गये हैं या जा रहे हैं।

इन कोटियों के अतिरिक्त एक दूसरा विभाजन और हो सकता है एक जो सतह के साथ (with surface) काम करते हैं और दूसरे जो गहराई (in depth) में जाते हैं।

प्राउस्ट के साथ दोनों हैं वह पहले युग की तस्वीर देता है फिर उसकी व्याख्या करता है (Interpretation) तथा अन्ततः verdict देता है। यह वर्डिक्ट implied होती है। यह किसी क्रम में नहीं, तीनों चीजें simultaneously होती हैं। and it is this simultaneity of impression and expression which is one of the characterstics of our time and the new art-form the cinema specializes in this and has taught something of it to the novel.

व्यक्ति मनुष्य, सामाजिक मनुष्य और आध्यात्मिक जीव में एक hierarchy ही नहीं है बल्कि यहाँ पर मनुष्य के विकास का एक साँचा है। (See Page 114-115)

उपन्यासों का यह शेप या structure क्यों है; कैसे और क्यों युग की दार्शनिक तथा अन्य समस्याओं ने वह शक्ल उन पर लाद दी है (Forced) and how in turn the novel helps in confronting and exploring the problems of human destiny.

The serious novelist is an artist, conscious artist, not mere a tale spinner. वह बहुत सी समस्याओं की योजनाएँ उठाता है, पूरा कर पाता है कुछ ऐसे भी छूट जाती हैं। पर सब सचेत भाव से गढ़ता है।

One of the reproaches against the arts in this age of ours is that the artist has discarded his sacred detachment and allowed us to wander round his workshop, he has abandoned. Now a days one of the most noteworthy thing in fiction is the way in which the novelist not only intrudes but makes his intrusion an integral part of the work of art he is presenting.

The conscious novelist स्वयं ही उपन्यास का एक भाग नहीं है बल्कि बहुत महत्त्वपूर्ण भाग है। (See Page 117) उपन्यास के भीतर डायरी का महत्त्व।

In this century we are obsessed with time. Philosphers analyse it, scientists abolish it, mathematicians transform it, and men of letters have it on the brain. (See more in 123)

The greater the chaos, the greater the order which results from subduing it.

A thousand paths must be used to approach it, allegory and analogy, the philosophy of history, the personally conducted tour through it; the neat tidy packeted sample of chaos, of the help of cinema with its flux and montage its power of darting, its devices of narration, its controlled ecstasies of chase and climax, its camera angles and simultaneity, its wedding of music and motion.

T.S. Eliot and poetic Drama

(काव्य नाटक के अन्य नाटकों से अन्तर के बारे में देखें, पेंज 142-143)

In short there is a wider theatrical equipment harnessed to a deeper poetical purpose.

The modern poetic drama, whether its purpose is religious or political, wishes to turn the audience into participants sharing a common myth while still remaining spectators.

"I am the nicest person in this room" इस तरह के कथन के या action को आइज़क्स common myths कहता है। (See also page 145-146)

("The secret of the best-seller was a judicious mixture of sex and religion Hallcaine) (again see page 157)

The Verdict

"Break the rhyme rather than the story directness of speech. The essence of poetry, with us in this age of stark and unlovely actualities is a stark directness, without a shodow of lie, or a shadow of deflection anywhere. Everything can go but this stark, bare, rocky directness of statement, this alone makes poetry today.'

D.H. Lawrance

The same thing happened in poetry as in fiction. There was first the poetry of individual sensibility, then the social poetry and in a strange way the chaos, and now we seem to be on the threshold of a synthesis, in which the individual, having undergone these storms, is putting forward a personal view again.

(In Anden group the poetry was full of the paraphernalia of modern civilization and full of politics, social injustice) It was deliberately political. It existed in that uneasy gap between the great slump and the second great war. (See Page 117 for poets like बच्चन या गीतकार)

Quite apart from mobilising writers and forcing them to face or evade fundamental problems, a war forces a writer into contact with types, idioms and accents not normally of his own circle the living speech that reflects the living temperament, the fish queue, the markets, the barrack room, three months in a cargo boat going round the cape etc. The other side of the medal is the position of exile. The exile from his own contrary fades out because he has lost the living envelope of speech in which he is wrapped daily, so that even though he is still in using his own language, he is writing, as it were in translation. (जैसे माथुर की न्यूयार्क वाली कविताएँ)

सभी लोग सहमत हैं कि सिनेमा का आधुनिक कथा-साहित्य पर बड़ा प्रभाव पड़ा है।

Whether by giving the novelist a panoramic view from a height or by forcing him to break his work up into tiny scenes, or by insisting on a narrative style in which not dialogue, which is the smallest part of talkie, but carefully balanced fragments are united into a resultant impression.

(The most maddening verdict to the artist is "Not guilty, but don't do it again."

It is a sad thing that among the enemies of literature there are so many people who imagine themselves lovers of literature, and are lovers of literature, but who will not permit literature to advance beyond the stage at which they themselves discovered it. Their own modernity remains the frontier line.

If there is to be a renaissance and there are already signs that there will be—there must be experiement. Without experiment literature is dead, without experiment the age is dead. But it must be honest experiment, not smartness, not catch penny cleverness, not Snobbishness, but grim, independent, even verbal experiment, with a constant re-assessment in the light of literary history with a climate of opinion to support it and a critical magazine to encourage it. It is necessary to know what is going on, and what has been going on in the past.

"If it had not been so frequently assumed that a critic who can not deal intelligently with a contemporary becomes, by some queer metamorphosis, intelligent when discussing a classic, literary history would not have become the dustbin that it is."

Edgell Rickword

रविवार, 29 मई, 1955

The hatred of luxury is not an intelligent hatred. It implies a hatred of the Arts.

V. Hugo (In les Miśerables)

No power is without its worshippers, no fortune is without its court. The seeker of the future revolve about the splendid present.

V. Hugo

सोमवार, 30 मई, 1955

बड़े मामा के चरित्र की सबसे बड़ी विशेषता है कि वे भविष्य पर जीते हैं, जबकि average man सदैव past पर जीता है।

मंगलवार, 31 मई, 1955

"Contemporary admiration is nothing but short sightedness."

V. Hugo

शुक्रवार, 1 जुलाई, 1955

मेरे दर्द की कहानी तेरे नाम तक न पहुँचे
मैं नज़र से पी रहा था तो ये दिल ने बद्दुआ दी
तेरा हाथ जिन्दगी भर कभी जाम तक न पहुँचे
उन्हें अपने दिल की ख़बरें मेरे दिल से मिल रही हैं
जो कहीं मैं रूठ जाऊँ तो पयाम तक न पहुँचे

ज़ो नक़ाबे रुख़ हटा दी तो ये शर्त भी लगा दी
उठे हर निगाह लेकिन कोई बाम तक न पहुँचे
ये निगाह बेनियाज़ी तुझे बेवफ़ा मुबारक
मगर ऐसी बेरुखी क्या कि सलाम तक न पहुँचे
नयी सुबह पे नज़र है मगर साथ यह भी डर है
रफ़्ता रफ़्ता यह सुबह भी कहीं शाम तक न पहुँचे।

मंगलवार, 5 जुलाई, 1955

When I am dead, my dearest
sing no sad songs for me;
Plant thou nor roses at my head,
Nor shady cypress tree;

Be the green grass above me,
        with showers and dewdrops wet;
and if thou will remember
        and if thou will forget.
I shall not see the shadows
        I shall not feel the rain
I shall not hear the nightingale
Sing on, as if in pain;
        And dreaming through the twilight
That doth not rise nor set,
        Happily I may remember
and happily may forget.

C Rosseth

Hask, how the peoples surge and sigh
and laughters fail and greetings die;
Hopes dwindle; yea,
Faiths wastes away,
Affections and enthusiasms numb;
Thou canst not mend these things
if thou dos come.

Hardy

I said to my soul, be still, and wait without hope
For hope would be hope for the wrong thing; wait without love
For love would be love for the wrong thing; there is yet faith
But the faith and the love and the hope are all in waiting.

T.S. Eliot

You are not the same people who left that station
Or who will arrive at any terminus
While the narrowing rails slide together behind you.

T.S. Eliot

Time present and time past
Are both perhaps present in time future
And time future contained in time past.

T.S. Eliot

The knowledge imposes a pattern and falsifies
For the pattern is new every moment
And every moment is a new and shocking
Valuation of all we have been.

T.S. Eliot

We are the hollow men
We are the stuffed men
leaning together
Headpiece filled with straw.

T.S. Eliot

For last year's word belong to last year's language
And next year's words await another voice.
The end is where we start from
Every phrase and every sentence is one end and begining
Every poem an epitapts.

T.S. Eliot

Sing of human unsuccess
In a rapture of distress.

Auden

We fall away into a future, and all
The seven seas, and the milky way
And morning, and evening,
And hi – cockalorum are in it.
Nothing is with the past except the past.
So you can make merry with the world.

Rosabel

My grateful thanks

Christofer Fry

What is that, Mother?
That, dear, is a wood.
Can we go in?
Yes, if you like.
What's this mother?
That's a tree, dear.
And this? and this? and this?
All trees, dear
And this?
That's a tree, too, I think, only it has
run a little wild
oh mother, where's the wood gone to?
It's still here, dearest, we are in it;
but you can see it for the trees.
From Mickle John's Instructional Album

(Key to modern – English Poetry)

M. Gilkes

सोमवार, 11 जुलाई, 1955

लगी चहकने वहीं पै बुलबुल हुआ जहाँ पै जमाल पैदा
कमी नहीं कद्रदां की अकबर करे तो कोई कमाल पैदा।

अकबर इलाहाबादी

बुधवार, 13 जुलाई, 1955

The Three Voices of Poetry

T.S. Eliot

The first is the voice of the poet talking to himself or to nobody. The second is the voice of the poet addressing an audience, whether large or small. The third is the voice of the poet when he attempts to create a dramatic character speaking in verse; when he is saying, not what he would say in his own person, but only what he can say within the limits of one imaginary character. पहली और दूसरी आवाज़ का अन्तर काव्यात्मक प्रेषण (Poetic communication) की समस्या से सम्बन्धित होता है, the distinction between the poet addressing other people in either his own voice or an assumed voice, and the poet inventing speech in which imaginary characters address each other, points to the problem of the difference between dramatic, quasi-dramatic and non-dramatic verse.

प्रश्न पूछा जा सकता है कि क्या केवल एक व्यक्ति के लिए ही कविता नहीं लिखी जा सकती है। (विशेष रूप से प्रेम काव्य)

इलियट के अनुसार a poem may be addressed to one person; there is a well known form not always amatory in content, called the epistle. परन्तु a good love poem, though it may be addressed to one person, is always to be overheard by other people. Surely, the proper language of love—that is, of communication to the beloved and to no one else—is prose.

(यानी कि कविता एक से अधिक के पास जायगी)। I have come to the conclusion that in writing verse to be read or recited.

Verse to be spoken by a choir should be different from verse to be spoken by one person; and that the more voices you have in your choir, the simpler and more direct vocabulary, the syntax, and the contents of your lines must be.

Murder in the cathedral की चर्चा करते हुए इलियट कहता है कि उसमें women of canterbury के कोरस को लिखते समय मैंने उन औरतों को अपने साथ identify करने के स्थान पर स्वयं उनके साथ identify करने का प्रयास किया।

The third, or dramatic voice did not make itself audible to me until I first attacked the problem of presenting two or more characters in some sort of conflict, misunderstanding, or attempt to understand each other, character with each of whom I had to try to indentify myself while writing the words for him or her to speak.

In a verse play, you will probably have to find words for several characters differing widely from each other in background, temperament, education and intelligence, you can not afford to identify one of these characters with yourself, and give him or (her) all the poetry to speak. The poetry must be as widely distributed as characterisation permits, and each of your characters, when he has words to speak which are poetry and not merely verse, must be given lines appropriate to himself. चरित्र के सुख को लेखक का mouthpiece न होना चाहिए। And these lines of poetry must also justify themselves by their development of the situation in which they are spoken.

बहुधा लेखक या तो चरित्र के अनुरूप काव्य पंक्तियाँ नहीं देते या फिर वे पंक्तियाँ कार्य व्यापार को आगे बढ़ाने में सहायक नहीं होतीं। वास्तव में यह समस्या समस्त imaginative fiction में आती है।

थोड़े से पात्रों और थोड़े से समय के भीतर कार्य करने के लिए विवश नाटककार को should sympathise profoundly with all of his characters. However whether it is possible to make completely real a wholly villaneous character... We need an ad mixture of weakness with either heroic virtue or satanic villainy, to make character plausible...It seems to me that what happens, when an author creates a vital character, is a sort of give and take. Some bit of himself that the author gives to a character may be the germ from which the life of the character starts. On the other hand a character which succeeds in interesting its author may elicit from the author latent potentialities of his own being. I believe that author imparts something of himself to his characters, but I also believe that he is influenced by the characters he creats.

तीसरी आवाज़, काव्य नाटक की आवाज़, का यदि non-dramatic poetry which has a dramatic element in it के साथ तुलना की जाय तो बात और स्पष्ट हो जाती है। ब्राउनिंग के dramatic monologue की अत्यधिक प्रशंसा करते हुए

भी इलियट का कहना है कि उसकी नाटकीय उपलब्धियाँ न्यून हैं अतः दोनों प्रकार की आवाजें स्पष्ट रूप से अलग हैं।

ऊपर कहा जा चुका है कि नाटककार को परस्पर विरोधी पात्रों के प्रति भी पूरी तरह सहानुभूति रखनी होती है और उसे काव्य का allocation उन काल्पनिक पात्रों की सीमाओं के मध्य करना होता है। This necessity to divide the poetry implies some variations of style of the poetry according to the character to whom it is given. यह तथ्य कि हर पात्र अपने लिए काव्य चाहता है लेखक को विवश करता है कि अपना काव्य उन पर लादने की अपेक्षा उनसे ही poetry extract करे। Dramatic Monologue में ऐसी कोई बात नहीं होती। वहाँ दोनों एक-दूसरे से identify कर सकते हैं। वहाँ पर स्वयं लेखक ही किसी पात्र का नकाब ओढ़े रहता है।

(Dramatic monologue can not create a character.) In the dramatic monologue, then, it is surely the second voice, the voice, of the poet talking to other people, that is dominant.

The second, voice is, in fact, the voice most often and most clearly heard in poetry that is not of the theatre : In all poetry, certainly that has a social conscious purpose. The voice of the poet addressing other people is the dominant voice of epic, though not the only voice. कभी-कभी Dramatic voice भी महाकाव्यों में सुनायी पड़ती है। But the epic is essentially a tale told to an audience, while drama is essentially an action exhibited to an audience.

What about the poetry of the first voice– I must make the point that this poetry is not necessarily what we call loosely 'lyric poetry'. The term lyric itself is unsatisfactory. उसका संगीत से कोई खास सम्बन्ध नहीं रहा। तथा संक्षिप्तता poet's own thoughts and sentiments भी कोइ खास criteria नहीं है।

Gottfried Benn a german poet in a very interesting lecture entitled 'problem of the lyric' thinks of lyric as the poetry of the first voice. Where he speaks of lyric poetry then I should prefer to say 'meditative verse'.

"What asks Herr Benn in this lecture, does the writer of such a poem. 'addressed to no one' start with? There is first, he says, an inert embryo or 'Creative Germ' and, on the other hand, the language, the resources of the words at the poet's command. He has something germinating in him for which he must find words; but he can not know what words he wants until he has found the words; he can not identify this embryo until it has been transformed into an arrangement of the right words in right order. When you have the words for it, the 'thing' for which the words had to be found has disappeared, replaced by a poem, what you start from is nothing so definite as an emotion in any ordinary sense; it is still more certainly not an idea..."

In a poem which is neither didactic nor narrative, and not animated by any other social purpose, the poet may be concerned solely with expressing in verse—using all his resources of words with their history, their connotations, their music—this 'obscure impulse'.

इस स्टेज पर वह (कवि) अन्य व्यक्तियों से सम्बन्धित न होकर केवल उपयुक्त या कम से कम भ्रामक शब्द के लिए प्रयास करता है। एक प्रकार से he is going to all that trouble, not in order to communicate with anyone, but to gain relief from acute discomfort; and when the words are finally arranged in the right way—or in what he comes to accept as the best arrangement he can find—he may experience a moment of exhaustion, of appeasement, of absolution, and of something very near annihilation which is in itself indescribable.

परन्तु किसी कविता की व्याख्या के लिए उसके मूल की ओर जाने से उस कविता के वास्तविक गन्तव्यों से हट जाना होगा।

कवि का पहला प्रयास स्पष्टता की प्राप्ति स्वयं अपने लिए होना चाहिए, अपने को यह आश्वस्त करने के लिए कि कविता right outcome of the process that has taken place है। The most bungling form of obscurity is that of the poet who has not been able to express himself; the shoddiest form is found when the poet is trying to persuade himself that he has something to say when, when he has not.

(बेन शायद इन voices को अलग-अलग देखता है। पर इलियट को बहुधा एक साथ प्राप्त होती हैं– Non– dramatic poetry में पहली और दूसरी तथा Dramatic Poetry में तीसरी के साथ पहली-दूसरी भी।)

यद्यपि लिखते समय कवि का ध्यान एक audience की ओर न रहा होगा, पर बाद को वह अवश्य उनकी प्रतिक्रियाएँ जानना चाहेगा। The final handing over, so to speak, of the poem to an unknown audience, for what that audience will make of it, seems to me the consummation of the process begun in solitude and without thought of the audience, the long process of the gestation of the poem, because it marks the final separation of the poem from the author. Let the author, at this point, rest in peace.

I think that in every poem, from the private meditation to the epic or drama, there is more than one voice, to be heard. If the author never spoke to himself, the result would not be poetry, though it might be magnificant rhetoric, and part of our enjoyment of overhearing words which are not addressed to us. But if the poem were exclusively for the author, it would be a poem in a private and unknown language, and it will not be a poem at all. Poetic drama में तीनों आवाजें श्रुतिगम्य हैं। एक आवाज़ केवल चरित्र की, दूसरी लेखक और चरित्र के मध्य तीसरी एकदम अवैयक्तिक जो न चरित्र की है न लेखक की।

तीनों प्रकार की कविताओं जिनसे कि तीन प्रकार की आवाजें correspond करती हैं, उनकी प्रक्रियाएँ कुछ भिन्न होती हैं। पहली आवाज वाली रचनाओं में the 'psychic material', tends to create its own form—the eventual form will be to a greater or less degree the form for that one poem and for no other. Simultaneous development of form and material; for the form affects the material at every stage तथा material हर unsuccessful attempt के मुख पर यह कहता है "Not that, not that." But I've the poetry of II and III voice, the form is already to some extent given. It is likely, of course, that it is in the beginning the pressure of some rude unknown psychic material that directs the poet to tell that particular story to develop that particular situation. And on the other hand, the frame, once chosen, within which the author has elected to work, may itself evoke other psychic material; and then lines of poetry may come into being, not from the original impulse, but from a secondary stimulation of the unconscious mind परन्तु अन्त में आवाज़ों की Harmony होनी चाहिए।

बुधवार, 27 जुलाई, 1955

एक अस्पष्ट प्रतीत हो रही कविता में पाठक को यह याद रखना चाहिए कि वह जो कुछ प्रयास कर रहा था सम्भवतः उन शब्दों में उस वस्तु को रख रहा था जो अन्य किसी रूप में अट नहीं पा रहा। तथा rhetrical कवि की कविता में उन क्षणों को ढूँढ़िये जब वह पाठक को address न करके merely allowing himself to be overheard तथा verse play में पहले तो उसके entertainment (face value) को लीजिए, चरित्रों को जो वास्तविकता लेखक ने दी है, उन्हें देखें और फिर यदि महान नाटक है तो अन्य आवाज़ों को सुनने का भी प्रयास होना चाहिए।

The world of a great poetic dramatist is a world in which the creation is every where present, and every where hidden.

T.S. Eliot

Obscurity in Poetry

Herbert Read

One of the greatest pleasures of a literary life, to which a reader may be driven by a too close familarity with the poetry of his own language, and equally by an increasing awareness of the narrow range of creative expression in general, is the exploration of the poetry of another language. This pleasure seems to me to increase with the nearness of a language its contemporaneity and its consanguinity.

No one whose blood is not coeval and congenital with the language he uses ever attains the last perfection of poetic expression.

I experience the poetry as a direct impact; a sensation of sound allied to expressive epithet and metaphor and in some cases there is visual perception, rather an intuition of presence.

Actually I believe the sensation has to do with the immediate obscurity of the verse.

(ऐसा लगता है कि रीड दुरूहता के उस आनन्द की ओर संकेत करते हैं जब व्यक्ति दुरूहता को भेद कर revelation का shock महसूस करता है) अस्पष्टता की एक Positive value अतः होती है जिसे कि उनके विरोध में स्वीकार किया जाना चाहिए जो काव्य को एकदम खुला और प्रत्यक्ष मानते हैं।

रीड के अनुसार The Poetry remains in the obscurity—is, in some way, the obscurity itself. उसके अनुसार Ambiguity और obscurity—में अन्तर करना चाहिए। प्रथम सदैव ग्रेमेटिकल होती है और दूसरी Imaginative—it arises before the logical, and therefore grammatical, stage of expression.

(Imagination is a substitute of knowledge)

Poetic logic is the elaboration of a myth. Out of this poetic logic, as a necessary result, came the metaphor. It originated in mythology which endowed in animate things with human sentiments and passions. It is a fable summarized in a phrase, and it still retains all the irrationality of its origins, (जैसे कि किसी opening को मुख कहा जाता है, वायु को whistles, पर्वत को गोद) Many other 'figures of speech', have a similar pre-logical origin, but so much is obvious.

According to Italian Philospher Vico– श्रेष्ठ काव्य की तीन अनिवार्यताएँ हैं—उदात्तता, जनप्रियता तथा वह भावात्मक शक्ति (emotional power) जो काव्यात्मक प्रभाव देती है। काव्य का very character ही है to render the impossible credible.

(असम्भव को विश्वसनीय बना दे) इस काव्य दर्शन से वह काव्य-तर्क की ओर बढ़ता है।

(ऊपर रूपक वाला अंश देखें।)

We might say of Coleridge's poetry in general, that its poetic worth is in inverse ratio to its logical sense, reaching its greatest intensity in the incoherent imagery of 'Kublakhan'.

अपने कार्य की व्यवस्था, पुनर्व्यवस्था तथा चयन, जो कि एक बौद्धिक स्तर पर होता है, अतिरिक्त कलाकार अपने को इस बिन्दु के beyond प्रक्षेपित करता है और वहाँ वह अन्तिम निर्देश या प्रेरणा चाहता है। यह बिन्दु एक emotional complex होता है, which intelligence can help to resolve in musical (or poetical) terms, but which in itself is more than music and more than intelligence.

सर्जना के इस ढंग से रोमाण्टिक ढंग वैलरी के अनुसार जुदा है। Romanticism is afraid of ideas, of the process of thought involved in this mode of creation, and relies for its effect on descriptive epithets, contrasts of detail. Jewelled words (यहाँ पर छायावाद और प्रयोगवाद के अन्तर को समझाया जा सकता है)।

पाल वैलरी ने भी कविता की शक्ति को एकदम आदिम ढंग पर देखा है, बिल्कुल magical फार्मूले को अप्लाई किया है।

कवि अपने लक्ष्यवेध के लिए परम्परा से प्राप्त भाषा आदि को अपने ढंग से मोड़ लेता है, उसमें नये शब्दों और मुहावरों का आविष्कार कर लेता है। He refuses the immediate solution suggested to him on every side. And this is no more than defending himself, precisely in the details and elementary functioning of mental life, against automatism.

We see therefore that मूलतः अस्पष्टता कवि में नहीं हममें होती है। हम स्पष्ट और लाजिकल इसलिए हैं क्योंकि superficial and inexact हैं जबकि कवि, more exactingly, seeks absolute precision of language and thought, and the exigencies of this precision demand that he should exceed the limits of customanry expression and therefore <u>invent</u>, words, phrases, figures of speech and above all <u>Metaphor</u>. We should always be prepared to judge a poet, to the exclusion of all other qualities, by the force and originality of his metaphors.

रूपक को दो वस्तुओं का चमकदार correspondence कहा जा सकता है। पर यह भी सही नहीं है नये कवि ने रूपक को पार कर, Image जैसी चीज एक नयी, Figure of speech को प्राप्त कर लिया है।

"No Image is produced by comparing two disproportionate realities".

Pierre Reverdy

रूपक में एक ज्ञात वस्तु की दूसरी ज्ञात वस्तु से तुलना होती है जबकि इमेज discovers one thing with the help of another, and by their resemblance makes the unknown known.

There is a fundamental obscurity in the actual thought process involved—an obscurity due to the honesty and objectivity of the poet. He works outwards from an emotional unity. In order to remain faithful to inner language form, the poet must invent words and create images, he must mishandle and stretch the meaning of words. The emotional unity of the poem is given the correspondence in words must be created; and that is why poet is called a Creator.

अतः काव्य का अर्थ पूछना गलत दरवाज़ा खटखटाना है, उसे reasoning द्वारा नहीं नापा जा सकता, कविता बिना प्रश्न के प्रत्यक्षतः ली जानी चाहिए तथा प्रिय होनी चाहिए या घृणा की जानी चाहिए। It is impervious to reason, (यहाँ पर तर्क के कारण गूढ़ता आयी इस थ्योरी में) and if it has no discoverable meaning, it has immeasurable power. कवि ने अपने संवेदनात्मक अनुभवों, समानार्थी शब्दों में अभिव्यक्त कर दिया वे शब्द सेन्स न बना सकें भले, पर emotion पैदा कर सकते हैं and reproduce the minds internal echo of the imperfect sound.

Lyric meant originally poem a short enough to set to music and sing for a moment's pleasure. From the poets point of view we might define the lyric as a poem which embodies a single or simple emotional attitude, a poem which expresses directly an uninterrupted mood or inspiration.

शुक्रवार, 5 अगस्त, 1955

प्रसाद, पन्त या रवीन्द्र की अलंकृत भाषा को हम पसन्द करते हैं पर आज यदि कोई वैसी भाषा लिखे वैसे भावों को अभिव्यक्त करे तो हम उसे नापसन्द करते हैं। ऐसा आखिर क्यों?

सम्भवतः अनजाने ही प्रबुद्ध व्यक्ति के चेतन में एक प्रकार का historical और social perspective उसके मन में विद्यमान रहता है जो उसके रसबोध को प्रभावित करता है।

यह इससे भी सिद्ध है कि जो प्रबुद्ध नहीं हैं और इस चेतना से रहित हैं, वे लोग पुराने ढंग की ही अभिव्यक्ति करते हैं और वही appriciate भी करते हैं।

मंगलवार, 9 अगस्त, 1955

Imagery के लिए 142 पृ. चिन्तामणि में शुक्ल जी का कथन। 144 पृ. पर दूसरा Paragraph और मनोहर श्याम जोशी की कविता। पृ. 156-157 में शुक्ल जी नये ज्ञान विज्ञानों के perspective में काव्य का क्षेत्र बढ़ाने का विचार करते हैं।

बृहस्पतिवार, 11 अगस्त, 1955

कवि सम्मेलन हो रहा है। लोग loudspeaker पर दो शब्द कहने के लिए आतुर हैं। कविगण धराऊ कपड़े धारण कर जहाँ शान से आते हैं और आयोजकों की बात का पहले झटके में उत्तर देना अपमान समझते हैं। मुझसे सभापतित्व करने का आग्रह था, पर मैं देर से जाकर सबसे पीछे बैठा। संयोजक ने कहा कि हमारे मनोनीत सभापति प्रोफेसर देवीशंकर नहीं आये अतः मैं श्री..... का नाम प्रस्तावित करता हूँ। और फिर कितने ही उदीयमान जाज्वल्यमान, गण्यमान तथा श्रीमान कवियों का कविता पाठ सुना नहीं बल्कि कानों में उँड़ेला।

संयोजक प्रत्येक कविता का आशय भी समझा देते हैं। हिन्दी कविता का सही गतिरोध इन कवि सम्मेलनों में ही देखने को आता है।

रविवार, 21 अगस्त, 1955

राधाकृष्ण अवस्थी unnecessarily superioty complex से पीड़ित हो रहे हैं। उनका सबसे बड़ा दोष यह कि वे प्रत्येक व्यक्ति की प्रतिद्वन्द्विता में अपने को खड़ा कर लेते हैं। मसलन डॉ. शुक्ल तथा नरेशचन्द्र के।

उनका यह कहना कि मुझे प्रत्येक स्थान पर support करो, निहायत गलत है। इसके मानी हैं कि मैं अपनी personality को supress करूँ और उन्हें नेता मानूँ। न–यह असम्भव है। मुझे चिन्ता है कि राधाकृष्ण इन बातों में पड़कर कहीं अपना भविष्य तथा कैरियर लूज़ न कर दें। He wants to rise at other's costs. फिर उनके मन में वस्तुओं की यथार्थता के प्रति बड़ा भ्रम भी है। साहित्य को वे हलुए के कौर जैसा आसान समझते हैं। बिना किसी साधना के, धैर्य के कहीं भी Laurels हासिल करना जरा कठिन होता है।

राधाकृष्ण मुझे बुरा न मानो की धमकी देते हैं और यह बुरा क्या होगा, यह आज मैं लिखे देता हूँ कि डॉ. राजबली पाण्डेय वाले व्याख्यान में मेरा नाम निमन्त्रण पत्र पर न होगा, विद्यापीठ की कार्यकारिणी में न होगा। पर वे यह क्यों नहीं समझते कि मेरी adolescent अवस्था नहीं है (शायद उनकी हो)। इन बातों को मैं अत्यन्त क्षुद्र गिनता हूँ तथा किसी स्थान पर सम्पादकीय में नाम आ जाय, मुझे न बढ़ा सकेगा। देखा जायगा।

बृहस्पतिवार, 1 सितम्बर, 1955

Marxism and Poetry

P. Thomson

मनुष्य दो उपकरणों के कारण पशु से आगे है—Tool (माध्यम, यन्त्र and speech

हाथ) उसके साधन हैं। इन दोनों में घनिष्ठ सम्बन्ध है। हाथ और मस्तिष्क close coordination of sight and touch, binocular vision and muscular control.

वह अपने Tools का प्रयोग प्रकृति को अपने कब्जे में लाने के लिए करने लगा। तब उसने Objective necessity natural laws को महसूस किया और उन्हें अपने अनुसार बदलने का प्रयत्न करने लगा। जहाँ वह इसमें सफल नहीं हुआ, वहाँ वह जादू का प्रयोग करने लगा। वास्तव में जादू (Magic may be described as an illusory technique supplementing the deficiencies of real technique; or more exactly it is the real technique in its subjective aspect).

सभ्यता की प्रारम्भिक स्थिति में उत्पादन का स्वरूप सामूहिक था। इसके फलस्वरूप एक प्रकार के सम्प्रेषण (Communication) के साधन की आवश्यकता पड़ी। In Inventing tools man invented speech.

कार्य के साथ एक प्रकार से स्वर का सहयोग भी बना रहा।

मानवीय skill के विकास के साथ यह स्वर सहकार आवश्यक न रहा, पर उस सामूहिक रूप के अवशेष एक प्रकार के कार्य के प्रारम्भ में होने वाले Mimetic Dances में अवशिष्ट रहा।

Meanwhile speech developed. Starting as a directive accompaniment to the use of tools, it became language as we understand it. So we find in all languages modes of speech-common speech and poetic speech.

अगर यह account सही है तो इसके अर्थ हुए कि काव्य भाषा साधारण भाषा की अपेक्षा अधिक Primitive है। क्योंकि यह अधिक अंशों में लय, नाद, कल्पना को अपने आन्तरिक रूप में सँजोए है। यह इस बात से भी सिद्ध होता है कि आदिम भाषाओं से आज भी दोनों प्रकार की भाषाओं में अत्यधिक न्यून अन्तर है।

वास्तविक टेकनीक को जो जादू काल्पनिक टेकनीक द्वारा Suppliment करता है वह एक प्रकार से to impose illusion of reality. परन्तु इसका एक दूसरा प्रभाव भी है। मान लीजिए कि खेती को हवा से बचाने के लिए लड़कियाँ Dance करती हैं तो इससे आँधी तो न रुकेगी पर लड़कियों को अधिक बल प्राप्त होगा। उस नृत्य से यह प्रेरित होकर कि फसल बच जावेगी वे अधिक आशा, विश्वास और शक्ति के साथ काम में लगेंगी जिसका कि अनिवार्य फल अच्छा उत्पादन होगा। इस प्रकार, It changes their subjective attitude to reality and so indirectly it changes reality.

Poetry has grown out of magic.

Why do poets crave for impossible? Because that is the essential function of poetry, which it has derived from magic. The poet's function is to stimulate in his fellow-men the desire for that which is realisable but as yet unrealised. That is 'Idealisation of reality'

Belinsky

"Our art must rise above reality and raise man above it without detaching him from it."

M. Gorky

Rhythm may be defined in its broadest sense as a series of sounds arranged in regular sequences of pitch and time. उसका ultimate origin शारीरिक है, शायद हृदय की धड़कन से सम्बन्धित है। पर यह तो पशुओं में भी होती है। In man rhythm has been humanised, that is it has developed. A social function to organise men's wills for some concerted action or later to organise their emotions so as to draw them closer together in a union of mutual sympathy. It is not hard to see that this humanised rhythm orginated from the use of tools.

जाँत के गीत, धान लगवाई के गीत, चर्खे के गीतों आदि का कार्य है—to expedite the labour of production by imparting to it a rhythmical hypnotic character.

Best of Rhythm is rooted in the primitive labour process.

The three arts of dancing, music, and poetry began as one. Their source was the rhythmical movement of human bodies engaged in collective labour. This movement had two components-corporal and oral. पहले से नृत्य दूसरे से भाषा का उदय हुआ। starting from inarticulate cries designed to mark the rhythm, language was differentiated into poetical speech and common speech. Discarded by the voice and reproduced by the percussion with the tools, the inarticulate cries became the nucleus of instrumental music. (अस्पष्ट)

नृत्य के elimination के साथ काव्य का पहला चरण होता है। यह हमें गान देता है। गान (song) में कविता संगीत का content है और संगीत कविता का form. बाद को ये दोनों भी पृथक हो गये। कविता का फार्म इसका लयात्मक आकार है। यह उसने song से लिया है पर इतना simplified कर दिया कि उसके logical content पर अधिक concentration रहे। Poetry tells a story, which has an internal coherence of its own, in dependent of its rhythmical form और बाद में कविता से Prose Romance या उपन्यास का उद्‌भव हुआ जिसमें कि Poetic diction के स्थान पर कामन स्पीच आ गयी; and rhythmical integument has been shed - except in so for as the story is cast in balanced harmonious form.

इसी बीच एक प्रकार के संगीत का वर्धन हुआ जो विशुद्ध रूप से instrumental है। यदि उपन्यास में speech without rhythm है तो इस संगीत में rhythm without speech है। इसके माने यह नहीं कि एक में symphony नहीं और एक में Content नहीं। उपन्यास में symphony घटनाओं के लयात्मक परिचालन (Movement) के sequence में है और संगीत में content उन melodies के द्वारा है जो वह जनप्रिय गानों एवं नृत्यों से लेता है और वहाँ तक यह speech से सम्बन्धित भी रहता है।

शुक्रवार, 2 सितम्बर, 1955

II class में लखनऊ आ रहा था। 12 सीटर में 12 ही थे। मैं तेरहवाँ था। पर सब आँखें फाड़ कर देखने लगे। जैसे कि मैं अनधिकृत रूप से उनके स्थानों पर कब्जा करना चाहता हूँ। सेकण्ड की इस Aristocracy में कितना खोखला दम्भ और मैं जानता हूँ कि इनमें से अधिकांश अपने पैसे का उपयोग करते नहीं हैं। पर मेरा अन्तर्मन इस सबसे विद्रोह करता है। पर सब क्यों? हर एक अपने अख़बार में गड़े बैठा है। इसमें दम्भ के अतिरिक्त परम्परागत सभ्यता का प्रभाव भी है।

बुधवार, 7 सितम्बर, 1955

Improvisation and Inspiration.

Our poetry is a written art, more difficult than common speech, demanding of conscious deliberation.

Improvised poetry lacks the stamp of an individual personality क्योंकि यह एक व्यक्ति नहीं पूरी कम्युनिटी की उपज है। शिष्ट काव्य एक ऊँची individualised society का कार्य है।

पर कविता का कार्य आज भी है नित्य (Perpetual) संसार से चेतना को Fantasy कल्पना के लोक में ले जाना। यह कल्पना का संसार वास्तविक संसार से पृथक् नहीं है केवल उसकी आकस्मिकताओं और अनावश्यकताओं से रहित होता है।

"The purpose of rhythm is to prolong the moment of contemplation, the moment when we are both asleep and awake, by hushing up with an alluring sense of monotony, while it holds us waking by variety, to keep us in that state of trance, in which the mind, liberated from the pressure of the will, is unfolded in symbols."

Yeats

The language of poetry, being rhythmical is hypnotic. Inspired का अर्थ है—

And when man in his agony is dumb I have God's gift to utter what I suffer.

Goethe

शुक्रवार, 9 सितम्बर, 1955

The conflict between society and nature

The basis of magic - is over laid by a conflict between the individual and society—the basis of poetry.

आदिम कवि लिखता नहीं था recite करता था। वह compose नहीं improvise करता था। उसके लिए श्रोता आवश्यक थे और वे श्रोता भी तत्काल response करते थे। फौरन उस illusion में मग्न हो जाते थे। आज जब हम कविता पढ़ते या सुनते हैं तो deeply move हो सकते हैं पर शायद ही कभी उसके साथ बहाये जा सकें।

हिस्टीरिया आदि को आदिम काल में किसी आत्म या देवता का आवेश माना जाता था। उसके ऊपर कोई गान गाया जाता था। यहाँ पर कविता जादू टोने के स्तर पर है अथबा यों कहें तो Therapeutic magic से कविता उद्भूत हो रही है फिर उसके बाद की अवस्था prophecy की होती है जब उस आविष्ट आत्मा से नाम कबूलवाया जाता है, उससे गाने के लिए कहा जाता है। और यह आविष्ट आत्मा भय, आशा या भविष्य के anticipations करती है। और अन्ततः Prophet becomes a poet, poet को भी बेलिंस्की के शब्दों में, कवि को समाज के आध्यात्मिक और आदर्शात्मक जीवन का प्रतिनिधि होना चाहिए। जैसे Prophets predictions command general acceptance, so the poet's utterance stirs all hearts.

शनिवार, 10 सितम्बर, 1955

Epic

आज सभ्यता का निहित अर्थ है कि एक निष्क्रिय वर्ग दूसरों के परिश्रम का लाभ उठाता रहे–सभ्यता ने उत्पत्ति के साधनों में इतना विकास कर लिया है कि शासक वर्ग के मध्य–जिसके कि पास अवकाश है–जादू (magic) तत्कालीन (immediate) आवश्यकताओं में apply नहीं की जा सकती। यह एक ओर विज्ञान का और दूसरी ओर कला का रूप धारण कर लेती है। Science springs from its objectives aspect– the outward struggle against nature; art springs from its subjective aspect– the inner psychical struggle.

रविवार, 11 सितम्बर, 1955

The epics had once been songs.

The evolution of minstreis (गवैया-वर्ग) is now clear. It began with the primitive combination of leader and chorus, solo and refrain. The leader and solo developed, the chorus and refrain dies away. Then the soloist discarded his instrument and the song became a poem. That is how epic came into being.

The disinctive beauty of epic diction, as compared with written poetry is its fluency and freshness. That is the virtue of improvisation.

महाकाव्य का जो प्राचीन रूप था उसमें ओरल extempore वाचन होता था। कुछ set, दृश्य और उनके वर्णन जैसे जन्म, शैशव, पालन, लड़ाई के पूर्व की तैयारियाँ, वाद-विवाद, लड़ाई के दृश्य, प्रेयसी या वधू की शोभा, घोड़ों आदि के वर्णन, हथियारों की सज्जा आदि घूम फिर कर जोड़े जाते थे और इस प्रकार महीनों improvisation के द्वारा यह वीरगीत चलते थे। इन्हीं के individualised रूप से महाकाव्यों का जन्म हुआ। यह परम्परा श्रुति से—बाप-बेटे की परम्परा द्वारा चलती थी। इनका प्राचीन ग्रीस में एक Clan था, जिसे homerdai (sons of Homer) कहते थे। इलियड और ओडेसी 6th century B.C. में लिपि में सुरक्षित किये गये, वरना पहले वे मौखिक रूप में ही चलते रहे। इनमें सब बातें रहते हुए भी घटनाओं आदि के sequences में परिवर्तन गायक कर देते थे। पर इन्हें व्यवस्थित रूप में नोट करना काफ़ी कठिन कार्य रहा होगा। क्योंकि Improvised होने के कारण जो गति extempore में होगी वह यों नहीं।

मंगलवार, 13 सितम्बर, 1955

The Illiad and Odyssey are made of the same stuff as primitive epics, and made in the same way, but in them the qualities inherent in improvised verse were nursed upto the point at which without losing any of their spontaneity they blossomed into art.

The Evolution of Drama

Drama invloves action, impersonation. It is inherently mimetic. It is more primitive than epic in greece. As an art form it belongs to a later phase of society. वास्तविक कार्यारम्भ के पूर्व, आदिम काल में, नृत्य एक प्रकार का रिहर्सल था। इस स्थल पर विश्वास करो (Make-believe) और यथार्थ में सीधा-सादा सम्बन्ध था। पर ज्यों-ज्यों टैकनीक विकसित हुई रिहर्सल superfluous हो गया। और श्रम की प्रक्रिया से नृत्य का सम्बन्ध हटने लगा। मैजिक स्वयं स्पेशलाइज्ड होने लगा और नृत्य आदि इन स्पेशलाइज्ड मैजिशियन्स या पुरोहितों के निरीक्षण में जन साधारण के हित के लिए आवश्यक माना जाने लगा पर इसका उत्पादन के श्रम से सम्बन्ध टूट गया और रिहर्सल के स्थान पर संस्कार (Rite) हो गया।

Epic was inspired by warfare. The impetus of drama came from the development of agriculture.

युद्ध पुरुषों का क्षेत्र था कृषि स्त्रियों का। कृषि, शिकार, फल चयन, पशुपालन आदि की अपेक्षा अधिक जटिल है। अतः उसके लिए नये magical rites की आवश्यकता पड़ी। यदि इसका social context में अध्ययन किया जाय तो ज्ञात होगा कि crops blessed or belighted by goddesses of childbirth.

Mimic dances का विकास Priest-poet-actor इस क्रम में होता है।

The priest had been possessed, the inspired and down to the last days of greek drama a certain sanctity attached to members of the acting profession. Their sanctity flowed from their origin. क्योंकि वे एक जमाने में जो ईश्वर की आवाज़ थी उसको अभिव्यक्त करने के माध्यम हैं।

आधुनिक बूर्जुआई के उदय के साथ ट्रेजेडी नाटक का उदय होता है—पहले एथेन्स में फिर पश्चिमी यूरोप में।

Under the landed aristocracy social relations had been simple, direct and definite. उनका शोषण Concrete shape में श्रम या kind के रूप में होता था। एक दूसरे से भली प्रकार परिचित रहते थे। all this destroyed by money.

यदि अथीनियन प्रजातन्त्र धन के द्वारा निर्मित हुआ तो उसका विनाश भी धन के कारण ही हुआ। Athens became an aggressive power, attempting to preserve her democracy by the negation of democracy, until eventually destroyed, Such was the destructive contradiction that troubled the minds of throughtful men consciously and unconsciously.

प्राचीन ग्रीक ट्रेजेडीकारों ने स्पष्ट कहा कि ऐसी कोई चीज़ नहीं जिसे धन न खरीद सके या ऐसा कुछ नहीं है जिसे धन के सहारे मनुष्य बना न सके। और उसके अनिष्टकारी प्रभाव को देखकर यूरीपाइडीज़ ने उसे denounce भी किया।

'All the foul growths current in the world. The worst is money.'

लोगों ने देखा कि जिस माध्यम को उन्होंने अपनी सुविधा के लिए आविष्कृत किया वही उनका स्वांमी बन बैठा। और चूँकि वे उसका नियमन नहीं कर सकते थे या समझने में असमर्थ थे उसे एक सार्वभौम कानून की तरह Idealise कर दिया। इसका एक स्वाभाविक परिणाम यह हुआ कि प्रत्येक कार्य या वस्तु के अतिवाद से बचने का विचार आया। Plato ने कहा कि In the seasons of the year, in the life of plants, in the human body, and above all in civil society, excessive action results in a violent transformation into its opposite.

And Aristotle defines tragedy as a representative of an action involving a reversal of fortune brought about by some error on the part of the protagonist. This reversal of fortune is or tends to be catastrophic.

The Future

Under capitalism the social status of the poet has changed. With the industrial revolution poetry became commodity, the poet a producer for the open market, and with a decreasing demand for his wares. During the past half century पूँजीवाद has ceased to be a progressive force. और न बूर्जुवा एक प्रगतिशील वर्ग रह गया है। अतः बूर्जुआई संस्कृति including कविता अपनी शक्ति (Vitality) lose कर रही है। हमारी समकालीन कविता शासकवर्ग की नहीं बल्कि community के एक छोटे से isolated section, मध्यवर्गीय प्रबुद्ध लोगों की उपज है। ये लोग शासकवर्ग द्वारा उन्मूलित और उपेक्षित हैं परन्तु अब भी प्रालेतैरियत मासेज़ के साथ हाथ मिलाने में हिचक रहे हैं जबकि यह जनता ही पूँजीवाद के एकाधिपत्य के चक्र को तोड़ सकती है। और अतः बूर्जुआई कविता ने has lost touch with underlying force of social change. Its range has contracted the range of its content and the range of its appeal. जब तक कवि अपने को reorientate नहीं करेगा उसकी कोई सुनने वाला नहीं रहेगा।

All poetry is in origin social act, in which poet and people commune. Our poetry has individualised to such a degree that it has lost touch with its source of life.

Homer stood near the begining of class society, we stand near the end.

You can not raise the cultural standards of people without raising their economic standards.

सोमवार, 19 सितम्बर, 1955

Central Asia के कज़ाक, किरगीज़ 1917 के पहले तक बहुत कुछ आदिम अवस्था में थे परन्तु 25-30 वर्षों के भीतर ही वे आर्थिक, शैक्षिक, सामाजिक और सांस्कृतिक दृष्टि से they have ceased to be primitive. ऐसा ही इंग्लैण्ड वगैरह में हुआ, परन्तु कम्युनिस्ट क्रान्ति के बाद इस आदिम सभ्यता की शक्ति एक नयी ज़िन्दगी जो अधिक शक्तिवान और सम्पन्न है उसमें फूट रही है। The potentialities of this cultural renaissance are incalculable and they will have repercussions all over the world. जबकि इंग्लैण्ड वगैरह में ऐसा नहीं हो सका।

(भारत की सम्भावना भी Russia जैसी ही है।)

समाजवादी व्यवस्था में कवि का status वैसा ही सम्मानित बना रहता है जैसा कि primitive सभ्यता में Tribe के भीतर उसका रहता है। कज़ाक का उदाहरण द्रष्टव्य है।

उन लोगों ने दो विकास किये हैं—The absorption of bourgeois European culture and the revival of primitive Asiatic culture– are momentuous in themselves.

These new songs (समाजवादी व्यवस्था के बाद आने वाले) of the liberated peoples of the earth will be national in form, socialist in content. This change of content is so profound that the poetry it produces will be a new kind of poetry. Just as the civilised poet differs from the prophet or magician in being conscious of his illusion as an illusion, so the socialist poet differs from the poet of class society in his understanding of the social process from which inspiration springs.

यहाँ यह कहा जा सकता है कि जहाँ पर primitive sort of poetry already extinct है वहाँ revival क्या होगा। Thomson उत्तर देते हैं कि राष्ट्रीय परम्पराओं का विकास बड़ा गहरा होता है, वे नीचे चली जाती हैं पर नष्ट नहीं होतीं।

रविवार, 25 सितम्बर, 1955

Literature for an age of science.

Levy & Spalding

The Matrix of society

हम आत्म-सचेत (self-conscious) युग में रहते हैं। हम अपने बारे में इतने सजग (aware) हैं कि हम अपने को पूर्ण और स्वतन्त्र समझने लगते हैं।

we have a great deal more in common with our neighbours than most people would care to admit और यह हमारी शारीरिक या दैनिक दिनचर्या को लेकर ही सच नहीं है बल्कि हमारी आन्तरिक subjective जिन्दगी के बारे में भी सही है।

It is true even of our values, and this fact is reflected in the multitude of social conventions we automatically accept. Every society from the earliest, most primitive civilisations until the present day, has always created a world picture out of the pattern of ideas, images and emotions that were forced on it, its own view of the what rational was like, its own system of relative values that reflected the needs and desires of that society, and gave point to the struggle to maintain itself permanent and everlasting. This craving for survival, for permanence and final security is again reflected in the insistence on the values and the social structure itself as being absolute and everlasting at each social stage. Each phase is regarded as the ultimate to be held fast and unchanging at all costs, and is associated with a world picture built around, values whose permanence is regarded as resting on something outside the society, on supernatural authority.

एक बार यह world picture स्थापित हो जाने के बाद पूरी तरह नष्ट नहीं की जा सकती, यद्यपि इसे drastically transform किया जा सकता है।

19वीं शताब्दी जिसमें कि व्यक्तिवादी दृष्टिकोण को प्रधानता प्राप्त हुई, तब से सामाजिक संगठन में मौलिक (fundamental) परिवर्तन हो गये हैं और परिणामतः world picture में भी। परन्तु अब भी व्यक्तिवाद बना हुआ है। शुरुआत में बनी सामाजिक संस्थाओं में यह persist कर रहा है और जीवन के नये स्तर और तदनुसारी (corresponding) जगत चित्र के अनुरूप अपने को टाल नहीं पा रहा है।

दो कारणों से यह बिल्कुल अप्रत्याशित नहीं है– प्रथमतः यह अर्धशती संक्रान्ति काल (persistent social crisis) का समय रहा है और एक नये स्तर की तब तक आशा नहीं की जा सकती जब तक कि यह crisis एक नये सामाजिक संघटन (social integration) में परिणत न हो जाय। दूसरे यह परिवर्तन वर्तमान जनसंख्या के एक बड़े भाग की जिन्दगी में हो रहे हैं जो कि इन परिवर्तनों के लिए शीघ्रता करने के लिये बाध्य किये जा रहे हैं; पहले की पीढ़ियों में यह शीघ्रता न थी।

"Moreover while basic conflicts remain unresolved, it is inevitable that many will see them as accidents of history rather than milestones in its development; as destructive of a previous way of life rather than as constructive of a future that is growing out of the present. They thus unconsciously or consciously refuse to accept facts as they are, and to readjust their world-picture accordingly.

इस प्रकार जब हम अपने विचार, भावनाएँ और अनुभूतियाँ अभिव्यक्त करते हैं उस समय हम ideas, feelings, assumptions को अभिव्यक्त करते हैं। That are engrained in the past and present history of the society in which we have been cradled.

बृस्पतिवार, 29 सितम्बर, 1955

मनुष्य ब्रह्माण्ड का छोटा और नगण्य जीव है पर धीरे-धीरे उसके ज्ञान क्षेत्र का विस्तार हो रहा है।

Aspects of life and of the world around, of which he was previously unaware, have then not be fitted into a wider and more embracing pattern of understanding, मनुष्य ज्यों-ज्यों संसार को बदलता है त्यों-त्यों स्वयं अपने को बदलता है जिससे कि he mounts unevenly from one level of awareness to another.

यद्यपि मनुष्य और उसके वातावरण के ये परिवर्तन एक ही process हैं फिर भी मनुष्य में जो परिवर्तन होते हैं वे भौतिक वातावरण से गुणात्मक रूप में कुछ भिन्न होते हैं। प्रबुद्ध मनुष्य सोचता है, अनुभव करता है, निर्णय करता है, मूल्य आँकता

है, भूत की समीक्षा और भविष्य के दर्शन करता है। उसकी आशाएँ तथा उनकी पूर्ति मनुष्य के भावनात्मक जीवन की अंग हैं। भूत उसके लिए भविष्य के विश्लेषण की सामग्री मात्र नहीं है बल्कि अनुभूत वस्तुओं के दुख-सुख को भी प्रतिबिम्बित करता है। These are the qualities of living men, acutely felt in the past, relived in memory and summated in the present. A store of emotional and intellectual understanding, they embody the essence of present personal awareness. The outward and visible universe has left its inward imprint on him, in its own specific way. This is characterstic of living man.

परन्तु यह भी एक प्रक्रिया है। The outwordly seen and the inwordly felt are two elements of one objective universe.

Thought is an imaginative effort, the mind constructs its images from the familiar and seeks to bring new and unfamiliar into a mental pattern that together with these images fits into a workable, a consistent whole. जब मनुष्य भावनात्मक रूप से बढ़ता है तो वह कल्पनात्मक (imaginatively) भी बढ़ता है और जब वह सोचता है तो वह कल्पनात्मक और भावनात्मक रूप से सक्रिय होता है। All three processes are involved together in varying degrees, thinking, imaging and feeling.

वैज्ञानिक बाह्य प्रकृति के साथ प्रयोग करता है, उसके pattern को स्पष्ट करता है और उसे मनुष्य के प्रयोग के लिए निकट लाता है। अब तक अनेक अनजानी चीजों को वह प्रकाश में लाया। उसी प्रकार कलाकार भी प्रकृति के साथ प्रयोग करता है, That particular part of it which concerns the inward experience of living man. जीवित मनुष्य के लिए महत्त्वपूर्ण पैटर्न को वह भी काम में लाता है और इस प्रकार वह दूसरों का अब तक अनुभूत अनुभवों के द्वारा नेतृत्व करता है। मनुष्यों में नये गुणों को जन्म देता है and bringing to light new depths of appreciation, of understanding and of emotion.

रविवार, 2 अक्तूबर, 1955

बहुत अधिक सफेद रंग को पसन्द करना भी चटकीलेपन का द्योतक है जैसे बहुत अधिक सज्जनता और संतपन Mannerism का।

मंगलवार, 4 अक्टूबर, 1955

Thought is an imaginative effort. (Their scientists etc) creative power for change is a measure of their awarenerss.

When we speak of awareness we are refering to a quality in social life that manifests itself through the individual.

To know and to understand the social and physical necessities of the world we live in is to put in our hands the instrument for conscious evolution.

But the dead hand of old humanistic tradition still rests on the universities.

The written word

Words may call up mental images, evoke emotions in us and command us to action. The images and the emotions are always in the present and relate to the 'now' activity that we call living, but they also link us with the past. Memory is a mental and emotional bridge between past & present.

A word has a shape and a sound-but it is not the 'thing' itself. The context of the thing is transferred to the word, and the seeing of the word on the paper is a conditioned stimulus that immediately arouses the appropriate mental or emotional images.

अयथार्थ शब्द केवल महत्त्वपूर्ण होने का भ्रम पैदा करते हैं, वे विचार सरणि को confuse करते हैं,- उनके द्वारा लाई जाने वाली प्रतिमाएँ बिम्ब भी भ्रमित करने वाले होते हैं। (छायावाद) इसीलिए Human actions पर विश्वास करने वाले व्यक्ति को शब्दों का सही और यथार्थ जगत से युक्त अर्थ वाला शब्द ही प्रयोग करना चाहिए।

"Words then are coined as a currency for exchange of ideas and feelings and anyone who values the purity of this traffic of ideas and of experience must ensure that the currency is not debased. Bad coinage drives good coinage out of circulation. Mental and emotional confusion destroys clarity of thought, feeling and action.

With visual memory come also remembered feelings.

भाषा में हमारा जोर sight पर अधिक होता है।

शुक्रवार, 14 अक्तूबर, 1955

1. श्री चैतन्य चन्द्रामृत

श्री संगीत माधवम्

2. ब्रह्मसूत्र गोविन्द भाष्यम्

3. श्रीश्री चैतन्य चरितामृत सुबल श्याम

मोतीराम बुकसेलर

अठखंभा, वृन्दावन।

4. ब्रजभक्ति विलास

मंगलवार, 18 अक्तूबर, 1955

एतावानस्य महिमाऽतोज्यायांश्च पुरुषः ।

पुरुष सूक्त

(यह तो मेरी महिमा का एक भाग है, पुरुष तो इसके आगे है)

रविवार, 30 अक्तूबर, 1955

House hold is a bottomless pit (in which you need to pour enormously and abundanting but with no filling)

Irving Stone in 'lust for life'

मंगलवार, 1 नवम्बर, 1955

1. Sociology of Religion. Joachim Wach
2. The economic order and religion Frank Knight
3. Chekhav and his Russia : A Sociological Study
4. Man of Letters and the English Public in the 18th Century, 1660-1744.
Dryden, Addison, Pope
5. Diagonosis of ourtime
Korl Mannheim
6. The Escape from freedom
Erich Fromm

शनिवार, 5 नवम्बर, 1955

To be wicked does not insure prosperity.

V. Hugo

बृहस्पतिवार, 15 दिसम्बर, 1955

(D.A.V. College Kanpur के पुस्तकालय के acc. No. के साथ)

1. American Critical Essays - 824.91 Foe 2162
2. Gujrat and its Literature - 899.8G Mun 2250
3. A key to modern English Poetry - 821.09 Gil, 2283
4. The Early history of the vaishnasect. - 201 M Roy 21706
5. Future of poetry
6. Pratik (प्रतीक-पत्रिका)

सोमवार, 19 दिसम्बर, 1955

New Indian Antiquary
N.I.A.I. April (Feb)
Poetic Image (1447) 821 Lew
Imagism and the Imagists 821.09 (10470)

Gleen Hughes

शुक्रवार, 23 दिसम्बर, 1955

Exploring poetry

Rosenthal & Smith

Elements of poetry - pub. (1955)

James R Kruzer

रविवार, 25 दिसम्बर, 1955

Beauty and other Forms of Literature
On Literature, Culture and Religion

Irving Babbit

Russeon & Romanticism

Irving Babbit

Why dictators - Hallgarten Pub. (1954)

George W.F.

वैष्णविज्म—Indian Historical Quarterly खण्ड-तीस, संख्या-4, दिसम्बर 1954

1956

रविवार, 8 जनवरी, 1956

नये साल की डायरी आज मिली तो मेरा मन ऐसा हो आया कि जैसे आज ही नया वर्ष लगा हो। पर पता नहीं क्यों मन भर-भर आता है।

नये साल पर बहुत-सी कविताएँ पढ़ीं, आशा के, विश्वास के, आस्था के अनेक स्वर मेरे सिर पर से जैसे निकल गये। कान में गूँज भी नहीं समा पायी। पर आज के भरे मन में कहीं भीतर से एक आशा का स्वर उठाना चाहता हूँ, शायद दुबका पड़ा भी है।

31 दिसम्बर की रात्रि को 12 बजे जब उन्नाव का एक साहित्यिक उत्सव देखकर लौट रहा था तो ठीक 12 बजे के शून्य क्षण में कानपुर प्लेटफार्म पर लगी घड़ी पर नजर गयी थी। दोस्तों से बार-बार दुहराई जाने वाली यह बात फिर कही गयी कि 55 में चले और 56 में आये। पर इससे अधिक अन्तर में कुछ जगा नहीं।

गवर्नर मुंशी का सैलून देखा, उस पर भी छींटे कसे कि क्या इसमें सवेरे उठकर यहाँ से वहाँ तक दौड़ेंगे।

चाय पी और समोसे भी खाये, पर सब कुछ वैसा ही रहा। न कानपुर स्टेशन बदला, न हालसी रोड। सन्नाटे में प्रतिदिन की भाँति बजने वाले तेज रिक्शों की घण्टियाँ भी बजती रहीं, पर कहीं वो कुछ नया नहीं। फिर मेरे ही मन में नयी बात क्यों उठे। कैसे उठे।

पर आज मैं यह सब क्यों लिख रहा हूँ?

शुक्रवार, 23 मार्च, 1956

मैं लकीर पत्थर की हूँ...

('कविता उपखण्ड' में संकलित)

मंगलवार, 23 अप्रैल, 1956

आज अजित के farewell में पार्टी थी। पर मजा देखिए कि वही जनाब गायब। बिना दूल्हे के बारात। यहाँ पर देवर और तलवार से भी काम नहीं चलता। खासा मजाक

रहा। अजित शायद इसलिए नहीं आये कि उन्हें formal invitation नहीं मिला था। आज के युग में मनुष्य क्यों इतना formal होता जा रहा है? स्नेह का दान चुक गया। केवल formality के सूखे तारों पर यह सामाजिक व्यवहारों की बिजली दौड़ रही है।

बृहस्पतिवार, 26 अप्रैल, 1956

आज अजित चले गये। मुझे शान्ति के बाद पहली बार किसी के जाने पर इस प्रकार कष्ट हुआ है। लगता है कि एक महत्त्वपूर्ण अंग रिक्त हुआ जा रहा है। भगवान जाने क्यों हम सम्बन्धों के इतना निकट रहना चाहते हैं।

अजित से बीच में कुछ मतभेद भी मेरा हो गया था पर मेरे मन में उनके लिए अत्यधिक स्नेह था। इतना ही कहूँगा कि दोस्त जहाँ भी रहो, उन्नतगामी रहो।

रविवार, 29 अप्रैल, 1956

आज बाँदा पैसेंजर से लखनऊ जा रहा हूँ। छोटा डिब्बा: जैतीपुर तक काफी भीड़ रही। मेरी बगल में पैंट-बुश्शर्ट-चश्मे में एक प्रौढ़ सज्जन बैठे थे। साथ में दो-एक मित्र। कुछ देर तक तो वे नेशनल हेरल्ड पढ़ते रहे। पर गंगाघाट पहुँचते-पहुँचते जो उन्होंने उर्दू शायरी पर अपना अधिकार जमाना प्रारम्भ किया तो मैं चकित। बड़ी देर बाद देखा कि उनकी बगल में एक newly wed couple बैठा है। इसीलिए उस काफी बदसूरत लड़की को वे सुना रहे थे। देखने-सुनने में गम्भीर लगने वाले वे कितने low taste के थे।

हैरानी में मैं पेशाब करने गया तो मेरी woman of Rome उनके दूसरे साथी ने उठाकर, उसकी भूमिका से जोर-जोर से पढ़ना शुरू किया, यह impression सम्भवतः उस शिक्षिता पर दिखाने के लिए कि वे पढ़े हैं अंगरेजी। मैं उन्हें कैसे समझाऊँ कि यह मेरी पुस्तक है, कि यह गलत attitude है और उनका उच्चारण भी गलत है। उनसे अच्छा तो बगल वाला पण्डा बद्रीधाम था।

रविवार, 10 जून, 1956

आज महादेवी जी से मिलने गया। गंगाप्रसाद पाण्डेय भी मिले। तमाम ऊटपटाँग उपदेश देते रहे। जड़ से चेतन और चेतन से जड़ की ओर। अज्ञेय को प्रतिभा-सम्पन्न, पर दम्भ-स्तूप बताते रहे। महादेवी जी ने वही सर्व साधारण आरोप लगाया कि राजमार्ग है नयी कविता, जो चाहे लिखो और उसे कविता कहो।

पाण्डेय जी ने कवितायें नये पैटर्न पर लिखी हैं, पर नये को गाली देते हैं। बुरी तरह modern poetry से obsessed हैं, पर ख्याति न मिलने की कुण्ठा भीतर-भीतर विरोधी बना देती है।

उनकी मेज पर हर्बर्ट रीड की Form in Modern Poetry रखी हुई थी। पण्डित

मुंशीराम जी भी Modern thoughts पढ़ते हैं। पर वास्तव में ये लोग modern को catch नहीं कर पाते। क्यों? उत्तर बड़ा कठिन नहीं है। ये लोग accomodate नहीं करते। अपने विचारों को उनसे supplement भी करना चाहते हैं, mould नहीं कर पाते। कुछ अंश उनसे उड़ेल लेना चाहते हैं।

सोमवार, 11 जून, 1956

सवेरे से तबियत ठीक नहीं थी, पड़े-पड़े lust for life पढ़ता रहा। ऊपर का वाक्य लिखते-लिखते मुझे जैनेन्द्र जी की विचित्र शैली याद हो आयी। गत वर्ष मैंने एक मित्र को जैनेन्द्र जी की 'सुनीता' दी। उन्होंने बेहद नापसन्द किया, विशेष रूप से उसकी शैली को। पर मुझे तो जैनेन्द्र के उपन्यास बहुत अच्छे लगते हैं। हाँ, तो 'lust for life' पढ़ा। वॉन गॉग की दुर्दम जिजीविषा अभिव्यक्त करने की अबाधित आकांक्षा अभिभूत करके रख देती है। वॉन गॉग के साथ मुझे निराला याद आते हैं। डॉ. गैचेट का कहना है कि यदि यह लोहे का आदमी न होता, तो खेतों में ही मर गया होता। यदि निराला भी लोहे के न होते तो हम सब उन्हें कब का मार चुके होते। वैसे ही कठोर बदन, वैसा ही परिश्रम, वैसा ही पागलपन, सृष्टि की वैसी ही आकांक्षा, नये रंग, नये दृश्य और images, नये फॉर्म और नवीन कथ्य की अभिव्यंजना, जैसे एक identity है दोनों में।

अज्ञेय और निराला में शायद वैसा ही अन्तर है, जैसा Seurat और Von Gogh में या Cezanne में। पर artist क्यों abnormal होता है, क्यों उसे craze होती है। Society तो normality माँगती है, खासकर इस democracy के युग में। प्रजातन्त्र कहता है, हर आदमी important है, हर एक की अपनी जिम्मेदारियाँ हैं। उनका पालन करें। उसे क्यों liberties and concessions दिये जायें।

शनिवार, 16 जून, 1956

।=)	रिक्शा बगिया से स्टेशन
२।=)	टिकट
।=)	कुली, कानपुर
।=)	कुली, लखनऊ
।।)	रिक्शा
४	
=)	बरफ़
।।=)	दूध, बस
।।।=)	

।=) लिफाफा पोस्टकार्ड
) साइकिल स्टैण्ड
।) Cold drink
।) रिक्शा
१६ ।=।) दुपट्टा
।) रिक्शा, घर
=) साइकिल स्टैण्ड
१८ ।।)।

मंगलवार, 19 जून, 1956

।) रिक्शा
१) वाल्दा D.D.T.
३) किराया कानपुर
।) रिक्शा
) मजदूर
=) दही, बरफ
।) लस्सी
१८ ।।=) रेशमी कपड़ा कुरते का
=) चाय
२३ ।।।-)

बुधवार, 20 जून, 1956

Cash १९५ ।।=)
१००)
२१५ ।।।)

२) धोबी
२) पंखा
।।।) फार्म L.T.
१५ ।।।) कपड़ा
२) पोस्टकार्ड, लिफ़ाफ़ा
।।।) लस्सी वगैरह
२६ ।=) निमन्त्रण-पत्र

४) सिलाई सुधीर, जीजा
=) पालिश
२७) शार्क स्किन
४८) रेशमी कपड़ा
१२८।।।=)
८७) शेष

बृहस्पतिवार, 21 जून, 1956

८७) शेष

१) रिक्शा
-) आलोक
४।।=)।। खादी कुरता
३१) फ्रेम चश्मा
।)।। मिठाई
-।) फुटकर
३७।)
४०।।।) शेष

शुक्रवार, 22 जून, 1956

४८।।।) शेष
३०)
१७)
६५।।।)
१=) फार्म
६६=)

-) बरफ वगैरह
२०।।।) जूता सुधीर इ.
५) Advance जूता
६।) कमीज कपड़ा
३।।=) चाय
५) दालमोट
१) चश्मा

१७।।) धोती
१=) जलपान सवेरे
१=) दूध बड़े मामा
२) डाक टिकट
६५)
३१) शेष

शनिवार, 23 जून, 1956

३१) शेष
।।=) आलूचा वगैरह फुटकर
१।।) रिक्शा
१।।) कुली
१०=) टिकट
१=) मार्ग जलपान
१।।) कुली
१।।) रिक्शा
१७=)
।।) सिवाजाल
१७।।=)
१३।) शेष

रविवार, 24 जून, 1956

१३।=) शेष —) टेलीफोन
३३।=) जमा
५०।।।)

सोमवार, 25 जून, 1956

८।=) Toilet
१५=) सदरी का कपड़ा
२) नागरा advance
१) जलपान
=) Hanger
।=) टिकट
।=) रिक्शा

खर्च २८।=)
२२।)	शेष

मंगलवार-बुधवार, 26-27 जून, 1956

१।)	धुलाई कपड़ों की
१।।=)	कानपुर जाने का खर्चा
६)	कुरता सिलाई
८।)	जीजा के जूते
१)	जलपान
१०।।=)	पेठा
१८)	जूता मेरा
१२।।)	चदरा तकिया का खोल
२०)	अटैची कपूर साहब
४=)	गिलास
।)	अखबार
।।)	जलपान
३)	Toilet
४१)।।	दवा
३।।)	लखनऊ आने का खर्च
१)	फुटकर

खर्च ६६)।।
२)	शेष
५०।।)	जमा
५=)
५७।।)

=)	रिक्शा
।)	रिक्शा
।=)	टिकट
१।।।)	सेब का रस
५।।।=)	नागरा
।।।)	रिक्शा
२३।।।)	सिलाई

५।।।) धुलाई
२।।) मोजा
खर्च ४१।=)
शेष ८)
४) सिलाई सदरी
४) धुलाई

शनिवार, 30 जून, 1956

लगभग एक सप्ताह पूर्व तक मनःस्थिति बड़ी डाँवाडोल रही। लगता था कि जबरदस्ती विवाह हो रहा है। as if I am not getting even what I wished.

जिस दिन से परीक्षाफल का परिणाम आ गया, उस दिन से काफी reaction decrease हुआ पर घर की uncoordinated स्थिति, जिम्मेदारी से बचने की वृत्ति और सबसे अधिक किसी ठीक-ठाक व्यक्ति का अभाव, लखनऊ की shifting—सब मन को अशान्त करे रहे। पर पिछले तीन दिन से मैंने mood cheerful बनाने का प्रयत्न किया।

आज सवेरे से कार्याधिक्य इतना अधिक रहा कि कुछ सोचने-विचारने और reflections का मौका ही नहीं मिला।

रविवार, 1 जुलाई, 1956*

दिन भर की थकान और परिश्रम के बाद शाम को निकासी वगैरह के संस्कार प्रारम्भ हुए। नहा-धोकर वे सारे कार्य कराये। अम्मा तथा अन्य बहनों के हर्ष का कोई परावार न था, भाभी ऐसा लगता था कि अभी भीतर से छलक पड़ेंगी हर्ष के मारे। इन सारे स्नेहीजनों की ममता देख-देखकर मेरा भी मन उमड़ा पड़ता है। घर से देवी, देवी से दरवाज़े फिर परिछन वगैरह में, इतने अधिक पैसे लुटाये गये कि कुछ कहना नहीं। घर की भी अजब शोभा थी। आज बहुत अच्छा लग रहा था। सारी सृष्टि ही अजब नये रंगों में रंगी नये रूपाकारों में ढली मालूम पड़ती थी।

धीरे-धीरे बारात उठकर लड़की वालों की ओर चली। मौसम सुहावना था, हवा में ठण्डक थी। बादल भी छाये पर अवर्षी थे। सभी मित्र हँस रहे थे, मजाक कर रहे थे, मैं भी खूब प्रसन्न मुद्रा में था। द्वारचार के तिलक के बाद तो फिर मंगल और अमृतवर्षी क्षण आया जिसने मेरी सारी Prejudices को एक क्षण में नष्ट कर दिया, जैसे सारी-की-सारी thinking process ही बदल गयी।

पहले तनिक संकोच और फिर smartness के साथ उठते हुए पैर, नतमुख

* देवीशंकर अवस्थी का विवाह 1 जुलाई, 1956 को हुआ था।

नतनयन, अपनी दो-तीन बहनों से घिरी 'वह' जिस समय आयी, मैं एक क्षण के लिए अपने को भूल गया। सुनता हूँ कि उसने एक नजर उठाकर देखा भी, यह भी पता लगा कि फिर मित्रों ने तालियाँ बजायीं पर मैं सुन नहीं पाया। सच पूछो तो उस एक झलक ने ही मेरे सारे व्यक्तित्व को, चेतना को अभिभूत कर लिया। मुझे ऐसा लगा कि जैसे सब कुछ मिल गया। जब सुरेन्द्र तिवारी ने कहा first of all please accept my congratulations. तभी मुझे यह भान हुआ कि जैसे कुछ श्रेष्ठ मिल गया। अजित ने remark कसा—'बड़ी हसीन लौंडिया मार दी यार।' मैं केवल इतना कह सका Yes, she is beyond my expectations फिर तो मौज का आलम था।

रात भाँवरों पर गया, मन में आसक्ति उत्पन्न हो चुकी थी, हाथ में कन्यादान लेने पर वह आसक्ति मोह में परिणत हुई, पर उसी समय मेरी देह जैसे एकबारगी काँप गयी। जिम्मेदारी का भान हुआ। लगा सचमुच इस अपरिचितता, अस्पर्श्या और अक्षता बाला का हाथ हमारे हाथ में आ रहा है, यह जैसी मेरी हुई और मैं इसका। मैं जान नहीं पा रहा था कि उसके मन में कैसी प्रतिक्रियाएँ उठ रहीं थीं। उन कमल कोमल नहीं शिरीषमृदुल हथेलियों के कोमल दबाव का सुखद अनुभव शायद जीवन भर न भुला पाऊँ। हर क्षण मन का स्नेह बढ़ता जा रहा था। जब कन्यावचन वर के प्रति (सात) आदि सुनाये जाने लगे तो मेरा मन यह कहने को होता था कि बिल्कुल ठीक, यही नहीं मैं इनके द्वारा माँगे गये सभी वचन दता हूँ। शायद उसके भी मन में कुछ ऐसी ही बात थी।

पण्डित कहने लगा कि पत्थर की भाँति अटल और धैर्यवान आपका जीवन है। उससे तो मैंने शुभकामनाएँ मात्र ही माँगी पर मन कहता था उससे भी अधिक यहाँ landslides न होंगे। ईश्वर मन के साहस का साथ दे। लहकौरि के समय कहा गया जूतों की पूजा के लिए, मैंने विनोदपूर्वक कहा कि अभी देवताओं के सामने प्रतिज्ञा की है अब धोखाधड़ी न हो, उसने छुआ नहीं, अन्दाजा है कि उसके मन में स्नेह का बीज पड़ चुका है। लड़की sensitive, forward और intelligent ज्ञात होती है।

मंगलवार, 3 जुलाई, 1956

जीवन के समस्त संचित
प्रणयावेगों
एवं
प्रियतम भावनाओं के साथ
कमलेश को,
'श्याम' का प्रेमोपहार
लखनऊ

बृहस्पतिवार, 23 अगस्त, 1956

आज Egyptian Counsellor का लेक्चर सुनने गया, यह सोचकर कि वे Suez problem पर बोलेंगे। सामयिकता के प्रति हमारे मन में गहरा मोह होता है न। वहाँ पर Modern Egyptian Literature पर व्याख्यान हुआ। Accent ऐसा था कि पल्ले कुछ पड़ नहीं रहा था, पर उठने में विवश था, नहीं तो लोग कहते कि साहित्य के अध्यापक साहित्यिक होकर भी चले गये। सो इस लाज की रक्षा के लिए बैठा रहा। यह लोकलाज कैसे समय भी नष्ट कराती है और हमें Hypocrite भी बनाती है।

सोमवार, 31 दिसम्बर, 1956

यह वर्ष ख़त्म फिर एक बार...

('कविता उपखण्ड' में संकलित)

नया साल कल आवेगा यानी सिर्फ दो घण्टे बाद आवेगा। सन् 56 तो आज बीत रहा है। पर मन कुछ उद्वेग जगाना चाहकर भी नहीं जगा पाता। केवल यह याद कर लेता हूँ कि पिछले साल आज उन्नाव गया था एक कवि सम्मेलन सुनने। साल बीत गया। कुछ महत्त्वपूर्ण बातें हुईं। नये लोग मिले, नये नाते जुड़े और सब पुराने बनकर निकट आ गये। क्या यह वर्ष भी वैसे ही निकट आ जावेगा।

1957

डायरी का प्रथम स्मरण पृष्ठ

Credit	नवनीत दीपावली अंक
सुरेन्द्र दीक्षित – निकष	३/-
3) प्राप्त खेमका Current से	४।।)
कैलाश तिवारी	२।।=)
	४)
	६।।=)
	२।।)
	५१=)
	कुल २१।।।)=

N.K. Nair 24 ।।।)

Bal Krishna Gupta ५।।।)

Debit

८/-	अजित को
५/-	सदरी सिलाई
५।।/-	सा.र.
२०/-	Current Book
१४/-	Book corner
५/-	Bal krishna
~~६/=~~	~~मोहनलाल कुकरेती~~
~~१/~~	~~महेन्द्र जी~~
~~१२/=~~	अख़बार
~~६६।।/-~~	
कुल	५७।।/-

डायरी का तीसरा स्मरण पृष्ठ

1. Hindu Art in its social setting —Miss P.N. Dubash
(Nat. Lit. Publishing, 1936)
2. Hindu Woman and her future —Dr. Mrs. C.A. Hate
(New Book Co. 1948)
3. Five centuries of religion —G.G. Coulton (3 vol.)
4. The religions of India —A.F. Karmarkar
5. तत्त्वदर्शी (पत्रिका) —सं. भगवताचार्य, अहमदाबाद, (रामानन्दी सम्प्रदाय)
6. विरक्त (पत्रिका) —अयोध्या— सं. अयोध्याचार्य— (रामानन्दी) (विरक्त महामण्डल की ओर से)
7. Early history of the vaishnawa faith and movement in Bengal (1942) —S.K. De
8. Indian sadhus —G.S. Ghurye
(Popular Book Depot, Lamington Road, Bombay-7)

डायरी का चौथा, पाँचवाँ स्मरण पृष्ठ

नं. 764 ककरहा कुआँ की भूमिधारी सनद जो पुरवा से भेजी गयी थी, वह बाबा से लानी।

राजेन्द्र यादव - 67-बी, डायमण्ड हार्बर रोड, कलकत्ता-23

पं. कैलाशचन्द्र पाण्डेय - आर्यसमाज, लखनऊ

उन्नाव डिस्ट्रिक्ट बोर्ड

रामप्रसाद पाण्डेय

कमला नेहरू बालिका विद्यालय (प्राइमरी स्कूल)

ग्राम: सन्दाना, नया मौरा को बोर्ड से ग्राण्ट दिलाना

अभी 15/- की सहायता बोर्ड ने दी है।

श्रीकान्त वर्मा

"भारतीय श्रमिक" 17, जनपथ, नयी दिल्ली

दुष्यन्त कुमार 173, रोशन बाग, इलाहाबाद-3

बृहस्पतिवार, 3 जनवरी, 1957

Principal
Pedagogical Institute
(बाबू राम सक्सेना का भांजा)
1. The outsider
2. Religion and the Rebel

Colin Wilson

रविवार, 27 जनवरी, 1957

श्री रघुवीर सहाय
B.D. 868, विनय नगर, नयी दिल्ली

सोमवार, 28 जनवरी, 1957

Mr. D.N. Chaturvedi
Dist: Indu. officer, Kanpur
Sanjaya Chaturvedi, Bashir Building, Pandarika, LKO
48/243 जनरलगंज — जमुनाशंकर बाजपेयी मे. कालीचरन
जगदम्बा प्रसाद — कृपाशंकर महेश तिवारी

रविवार, 10 फरवरी, 1957

श्री गया प्रसाद शुक्ल
17, सेवका श्रम (अलका)
11/235, Souter ganj
Society and culture in Mughal age – D.N. Chopra Rs. 8/-
(M/S Shiv Lal Agarwal, Agra)

बृहस्पतिवार, 14 फरवरी, 1957

शेखर जोशी,
पर्वतीय परिषद, 23, क्लाइव रोड, इलाहाबाद
VI world youth festival
Buddha vihar, Risaldar Park, Lucknow

श्री रघुवीर सहाय
श्री बी. सहाय, हिन्दी यूनिट एक्सटर्नल सर्विसेज,
आल इण्डिया रेडियो, नयी दिल्ली
श्री जागेश्वर प्रसाद अवस्थी U.P. Excise

रामप्रसाद शर्मा, शर्मा होटल वालों का मकान, किदवई पार्क रोड, राजामण्डी आगरा
प्रभात
के सी कॉलेज, बम्बई-1
भगवती निवास, लेडी हार्डिज रोड, महीम, बम्बई 16, मातुंगा (W.R.)

बृहस्पतिवार, 28 फरवरी, 1957

Central News Agency
Connaught Place
New Delhi

श्री पुरुषोत्तम खरे
414, दीक्षित पुरा, जबलपुर

सनीचर
16ए, रामकनाई अधिकारी मार्ग
कलकत्ता-12

डॉ. रामविलास शर्मा
12, अशोक नगर
आगरा

Largectill for Colic Pain

बृहस्पतिवार, 7 मार्च, 1957

अहीरिनि मन की गहीरिनि
उतरू न देय
नैना करै मथनियाँ
मनु मथि लेय।

माखन सौं तन दूध सौं यौवन
दधि सौं अधिकै उमगै ईठी
जा छवि आगे छपाकर छाँछ
समेत सुधा वसुधा सब सीठी।
नैनन नेह चुवै कवि देव
बुझावति बैन वियोग अँगीठी
ऐसी रसीली अहीरी अहै
तब क्यों न लगै मन मोहनै मीठी।

देव

रविवार, 10 मार्च, 1957

तलवा में चमके सहरी मछरिया
रन चमकै तलवार रे
बीच बजरिया में सैंया जी की पगिया
सेजिया में बेंदिया हमार रे।

20 जनवरी को लखीमपुर जा रहा हूँ। गतिशीला रेल भागती चली जा रही है। और मैं 'बावरा अहेरी' की प्रति में डूबा हूँ। कुछ Remarks लगा देता हूँ। सामने एक सम्भ्रान्त तरुण कुछ जिज्ञासामूलक निर्वेद से मुझे देख रहा है। उसके मन में शायद मेरे प्रति उपेक्षा भाव भी है। पर मेरे कार्य में उसे किंचित दिलचस्पी है। बहुधा जीवन में हम लोग यह द्विविध रुख बनाये रहते हैं।

पर लो एक क्रौंच पक्षी इसी बीच में कूका। उसकी आवाज डिब्बे में भर गयी और दूसरे ही क्षण ट्रेन आगे बढ़ गयी। मेरा मन कविता लिखने का हुआ, पर छन्द नहीं सूझा तो यह लिख रहा हूँ। मेरा मन पिछली घटनाओं, आकृतियों पर घुमड़ना चाहता है। मीठी कूकें ट्रेन की गति में छूट जाती हैं और हम भी कविता रचते-रचते रह जाते हैं। सृष्टि अधूरी है।

शुक्रवार, 22 मार्च, 1957

18A–19A में Invigilation (M.A. History)

31 में से 27 Hindi में attempt कर रहे हैं। शेष चार में से एक लड़की है।

कपड़े सिर्फ एक लड़के के upto the mark हैं। लड़कियाँ अपेक्षाकृत well to do हैं, पर उनके भी कपड़े काफी cheap हैं। केवल रंगीनी भर है। फिर भी उच्च शिक्षा नीचे के तबकों में स्त्रियों में नहीं है, जबकि एकाध पुरुष तो काफी निम्न वर्ग के प्रतीत होते हैं। लड़कियों में चार सफेद साड़ी और लाल ब्लाउज पहने हैं, Combination अच्छा है पर सिर्फ एक के शरीर पर खिल रहा है। बाकी पर तो

चिपकाया लगता है। लड़कियों की वेशभूषा से यह भी प्रतीत होता है कि हमारा लोगों का Aesthetic sense and colour sense काफी भोंड़ा हो गया है। सुरुचि का अभाव है।

जूते पुरुषों में से एक के भी ऐसे नहीं दिखे जिन्हें पिछले तीन महीनों के पहले का न कहा जाये। तीन-चार जोड़े तो दो साल से भी पुराने प्रतीत होते हैं।

टोपी अधिकांश लोग नहीं लगाये। कुछ लोगों ने पिछले हफ्ते से शायद दाढ़ी भी नहीं बनाई। एक लड़का अभी मोजे पहने है जिससे प्रतीत होता है कि जाड़ों के मोजों को अब तक चला रहा है। सबसे कीमती साड़ी एक वार्धक्य को प्राप्त महिला की रेशम की प्रतीत होती है। चश्मे सभी 10/- के फ्रेम के नीचे और फाउण्टेन पेन केवल 2/- या 3/- रुपये वाले। घड़ियाँ खासे लोगों के पास हैं (समय की आवश्यकता), पर कितनी कीमती होंगी, यह कहना कठिन है।

महिलाओं के सबसे प्रिय आभूषण कानों के प्रतीत होते हैं, एकाध की ही नाक में कील है, गले में जंजीर भी साधारणतः हर एक के है। एकाध हाथों में सोने की चूड़ियाँ भी पहने हैं। एक लड़की के गले में (दूसरे कमरे में) नेकलेस देख आया हूँ जो भद्दा लगता है।

निरीक्षक बेचारा आखिर करे क्या? तीन घण्टे वह क्या सोचे? सो नहीं सकता, बात नहीं कर सकता, पढ़ नहीं सकता, लिख नहीं सकता। हर समय चोर पकड़ा नहीं जा सकता फिर यही तो करेगा कि कपड़े देखे, गहने देखे और यदि नौजवान हुआ तो लड़कियों की खूबसूरती देखे, उन पर मन-ही-मन रिमार्क पास करे। जैसे कि यह मेरे सामने वाली लड़की के बाल घुँघराले, पर माँग के पास झड़ गये हैं सो खराब लगते हैं। 2-3 साल पहले यह सुन्दर कही जा सकती होगी, पर शायद शादी न होने पर भी लड़कियों का रंग उतर जाता है।

यह जयप्रकाश भी पूरा बोर है। Philosophy लोगों को खासा बोर और abnormal बना देती है।

शुक्रवार, 5 अप्रैल, 1957

आज मेरी वर्षगाँठ थी, पर सारा दिन उत्सवहीन-सा बीत गया। मुझे न हर्ष हुआ और न विषाद। लगता है कि आयु की वह सीमारेखा है जबकि बड़े होते जाने, जिम्मेदार समझे जाने का सुख भी नहीं मिलता और बुढ़ापा आने की आशंका कष्ट भी नहीं देती। यह अवस्था 25 से 35 तक रहती है। Fully grown up, natured full of vigour but no expectation of any addition.

शनिवार, 6 अप्रैल, 1957

Invigilation की भी क्या Psychology है। जिस कमरे में ड्यूटी लगी है वह तो

जेल मालूम पड़ता है, बाकी हर कमरा आरामदेह। प्रश्न गति और स्थिरता का भी है।

सोमवार, 8 अप्रैल, 1957

आज परमानन्द की डायरी पढ़ी। मैंने एक बात जो कही थी, उसका बीच में reference था। मन प्रसन्न हो गया। यद्यपि मेरा नाम नहीं था। प्रकट या प्रच्छन्न अपना नाम देखकर खुश होना क्या बुरी बात है?

मंगलवार, 9 अप्रैल, 1957

एक कवि-गोष्ठी attend की। और तो सब नहीं सुन सका पर एक adolescent कवि की वह आविष्ट मुद्रा मेरे मन से नहीं उतर पाती जो कविता पढ़ते समय उसकी थी। यद्यपि कविता निकृष्ट, पर मन का यह भुलावा भी कैसा था जो उसे इतने ऊँचे आसन पर बिठाये था। मेरे मन में आता है कि बहुधा अनेक धार्मिक लोगों के मुखतेज की जो बात करते हैं, वह तेज कुछ ऐसी ही आविष्ट पर व्यर्थ मुद्रा का होता है। राजनीतिक नेताओं के भी मुख पर यह यत्र-तत्र झलक उठता है।

शुक्रवार, 12 अप्रैल, '957

आज ससुराल में ऊपर छत पर चाँदनी में रात को गया। आसपास दिखने वाले मकानों में ज्यादातर किसी-न-किसी कमरे की बत्ती जल रही थी जिनके आसपास लड़के-लड़कियाँ पढ़ रहे थे। मुझे अपने परीक्षा के दिन याद हो आये, ये भी कैसी खब्तुल हवासी के दिन होते हैं। दिन-रात किताबों, इम्तहान, important की धूम। मन और कहीं नहीं लगता, पर मैं आज इन temporary योगियों के रूप में नहीं भोगियों के रूप में जाग रहा था। 'कि जागें योगी कि जागें भोगी।' पर मैं चाह रहा हूँ कि वे दिन फिर लौट आवें, फिर इम्तहान दूँ।

अन्धकार से भरे हुए घरों में छुटपुट प्रकाश करते ये टेबुल लैम्प ज्ञान-शिखा से प्रतीत होते हैं।

रविवार, 14 अप्रैल, 1957

सिद्धेश्वर ने कुछ paintings और मूर्तियों के फोटोग्राफ दिखाये। मद्यपान की बनाई एक रूप-सज्जा करती नायिका की अद्‌भुत मूर्ति थी। Rhythm, सौष्ठव, भाव विभोरता सभी तो कूट-कूटकर भरी थीं उसमें। गवर्नर मुंशी उसे देख रहे थे। मूर्ति के पास ही एक और व्यक्ति पायजामा, कुर्ता सदरी पहने खड़ा था। मुंशी जी मूर्ति से अभिभूत थे और वह व्यक्ति गवर्नर को एकटक देख रहा था। मेरा मन कुछ क्षणों के लिए वितृष्णा से भर उठा; देखो इतनी सुन्दर मूर्ति जो फोटो में भी अद्‌भुत है, उसे न देखकर यह व्यक्ति शासक की ओर देख रहा है। कला का यह अपमान

था। पर तब तक सिद्धे भाई ने कहा यह कला मात्र है। मेरी दृष्टि ही बदलगयी। मुझे ऐसा लगने लगा कि कलाकार अपनी सृष्टि का विदग्ध प्रभाव निहार रहा है। गवर्नर मुंशी जैसा-रस सम्पन्न कलाकार उसकी रचना से कैसे अभिभूत हो रहा है, यह वह देख रहा है। To the eye which catches the object is important not the object. पर यह भी कैसे कहूँ?

बृहस्पतिवार, 2 मई, 1957

आज भटनागर साहब के बड़े लड़के की मृत्यु की खबर आयी। भला कोई कैसे अन्त हुए बिना यह कह सकता है कि फलाँ व्यक्ति की जिन्दगी successful है। Eldest son, इतना अच्छा posted, भरापूरा परिवार, पर अचानक वज्र टूटता है—कल तक का कानपुर का सर्वाधिक सुखी परिवार आज दुखी परिवारों में से एक है।

तब विशिष्ट था, अब सामान्य यानी जीवन में दुख की स्थिति सामान्यीकृत है। वह विशेष अल्पकाल के लिए होती है, जैसे आज के दिन भटनागर साहब का परिवार विशिष्ट दुखी परिवार है तथा सुख विशेषीकृत होता है लम्बे अरसे के लिए भी।

रविवार, 12 मई, 1957

उत्सव के मध्य एकान्त की स्थिति ideal होती है।

रेल पर भार्गव मिला था। वह अपने विगत जीवन के कॉलेज के रोब सुना रहा था। मैं वितृष्ण भाव से सुन रहा था। जैसे अपने मन को compensate कर रहा था कि मैं कैसा जोरदार आदमी था। कुछ लोग व्यतीत पर जीते हैं। उसे याद कर वे शक्ति प्राप्त करते हैं।

बृहस्पतिवार, 6 जून, 1957

बर्क़ ने काश न देखा होता

(कविता उपखण्ड में संकलित)

रविवार, 9 जून, 1957

कहते हैं ग़म से परेशान हुए जाते हैं।
ये नहीं कहते कि इंसान हुए जाते हैं। जोश

अहले ख़िरद ने दिन ये दिखाये
घट गये इंसाँ, बढ़ गये साये। जिगर

तेरी बातों से जो दिल में मलाल ऐ यार आता है
मगर जब देखता हूँ तेरी सूरत, प्यार आता है। अक़बर इलाहाबादी

यह न थी हमारी क़िस्मत
कि विसाले-यार होता
कुछ और दिन जो जीते
यही इन्तज़ार होता।

बृहस्पतिवार, 11 जुलाई, 1957

Fantasy becomes confused with reality, when many persons prefers it.

बृहस्पतिवार, 15 अगस्त, 1957

सूचना विभाग की ओर से एक साहित्यिक आयोजन था, लोक-साहित्य के उन्नयनकारी तत्त्वों पर। मैं भी अचानक अनाहूत आ पहुँचा। मन अत्यधिक खिन्न हुआ। कुछ ऐसा लगा कि सरकार तो चाहे न corrupt करती हो पर सरकार के निकट जाकर साहित्यकार रुपये के लोभ में corrupt अवश्य हो उठता है। वहाँ पर मुख्य प्रश्न यह था कि सरकार से T.A. लेना है और उसके लिए कुछ शब्द बोल देने हैं। इसी कारण इतना well planned जिसे कि विद्यानिवास जैसे प्रबुद्ध और सुरुचि सम्पन्न व्यक्ति ने आयोजित किया था, जिसमें कि विवाद के सूत्रों की synopsis दी हुई थी, प्रत्येक स्वतन्त्र बक रहा था।

हाँ एक बात है, चूँकि रुपये देने होते हैं, इसलिए अधिकारी वर्ग भी गलत आदमियों को छाँट लेते हैं, अथवा सही आदमी के न आने पर भरती कर लेते हैं।

उठकर हजरतगंज की ओर कुछ मित्रों के साथ आया। मुँह से बेसाख्ता निकल पड़ा। यह वही चौराहा है, जहाँ पर रेखा और भुवन पहली बार मिले थे और यह वही कॉफी हाउस है, जहाँ उन्होंने दर्जनों बार बैठकर कॉफी पी है और 'सत्य तथ्य' के तत्त्व निकाल ढूढ़े हैं। जैसे कि रेखा और भुवन सचमुच ही यथार्थ रहे हों। मैं सोचना चाहता हूँ कि यथार्थ क्या है? साहित्य का यह प्रभाव जो मानसी सृष्टि को भौतिकवत उपस्थित करता है, क्या यथार्थ है; अथवा जो हमारी चेतना में गहरे उतर जाये, वही यथार्थ हैं। बता दो भाई, रेखा, भुवन को यथार्थ समझा जाय या नहीं।

जब तक ये बातें मेरे मन पर कौंधीं, तब तक दूसरे कवि मित्र बोल उठे, यहाँ तो रंग ही रंग है, रेखा कहाँ है और सामने से कुछ इठलाती जाती नवेलियों की ओर देख मुस्करा पड़े। योग देते हुए मुँह से निकला—नहीं रेखायें तो बिल्कुल स्पष्ट हैं, रंग उनके भीतर भी है और इधर-उधर बाहर आकर फहरा भी रहा है।

चलो दोस्त, कॉफी पियें।

बृहस्पतिवार, 5 सितम्बर, 1957

If we wish to know the force of human genius we should read Shakespeare. If we wish to see the insignificance of human learning we may study his commentators

W. Hazlitt : On the ignorance of the learned

रविवार, 8 सितम्बर, 1957

Poetry is the spontaneous overflow of powerful feelings. It takes its origin from emotions recollected in tranquality.

Wordsworth

बृहस्पतिवार, 12 सितम्बर, 1957

1. Poetry is the sister of sorrow, every man that suffers and weeps, is a poet, every tear is a verse and every heart is a poem.

Andre

2. He who, in an enlightened and literary society aspires to be a great poet, must first become a little child.

Thomas B. Macaulay

3. The office of poetry is not to make us think accurately but feel truly.

F.W. Robertson

4. Sad is his lot, who once at least in his life, has not been a poet.

Lamartine

5. Poetry is the record of the best and happiest moments of the happiest and best minds.

Shelly

6. Poetry may be defined the expression of Imagination.

Shelly

रविवार, 15 सितम्बर, 1957

बड़ा कागज आँजा है आज
भरी आँखों में हल्की लाज
अधर पर धर क्या सोयी रात
अजाने ही मेहँदी के हाथ

भला होगा केसर अंगराग
तभी पुलकित चम्पक गात

आज तेरा भोलापन चूम
हुई चूनर भी अल्हड़ प्राण
हुए अनजान अचानक ही
कुसुम से मसले बिखरे साज़
बड़ा काजल आँजा है आज

गिरिजा कुमार माथुर

पूस की ठिठुरन भरी इस रात में
कितनी तुम्हारी याद आये।
याद आये मिलन वे
मसली सुहागिन सेज पर के सुमन वे।

बृहस्पतिवार, 19 सितम्बर, 1957

तुर्गनेव का *बाप बेटे* पढ़ा। दो पीढ़ियों के वैचारिक अन्तर को बड़ी खूबी से चित्रित किया गया है। बैजारोव का चरित्र बहुत आकर्षक बन पड़ा है। उसे पढ़कर शेखर की याद आती है। वैसा ही निष्फल औद्धत्य उसका भी है। 'निहलिस्ट' विचारधारा की निस्सारता भी प्रकट होती है। चरित्र सबके सब बड़े स्पष्ट उभरे हैं। कथा की एक बिन्दु पर आदर्श संहति उपन्यास में हुई है। पैवेल पैट्रोविच तथा अन्ना सर्ज़ेवना आदिन्त्सोवा बहुत उभर कर आये हैं। आर्केडी एक ढुलमुल चरित्र है जो किसी से भी प्रभावित हो सकता है।

कुछ दिन पूर्व *बराबास* पढ़ा था। यदि परम्परा का नामांकन करें तो यह दास्ताएस्की की परम्परा है। *Crime and Punishment* जैसा मनोद्वन्द्व इसमें भी है। पर वह विशुद्ध मानवीय धरातल पर है जबकि इसमें धार्मिक भावनाएँ जुड़ी हैं। फिर भी एक छोटे व्यक्ति के द्वारा सारा युग प्रतिबिम्बित हुआ है, इस दृष्टि से इसे हम हरमनहेस के सिद्धार्थ के समकक्ष रख सकते हैं, परन्तु सिद्धार्थ का विचार पक्ष अधिक प्रौढ़ है। उपर्युक्त दोनों उपन्यासों के सम्मुख यह छोटा पड़ता है। कथावस्तु की रोचकता में भी और चरित्र के गठन में भी।

बृहस्पतिवार, 26 सितम्बर, 1957

जब आदमी के पास कहने के लिए कुछ नहीं होता है, तब या तो वह भाषा की समीक्षा करता है, उसके गुण-दोष बताता है या फिर काव्य रस जैसी Abstract चीजों की दुहाई देता है। यह बात गोष्ठी के Discussions के लिए मैं कह रहा हूँ।

सिद्धिनाथ जी का कहना है नये ज्ञान-विज्ञान के अनुसार पुराने साहित्य को परखा जा रहा है तो पुराने ज्ञान के अनुसार नये साहित्य को क्यों न परखा जाये। ज्ञान के क्षेत्र में इस अनावश्यक द्वैत की बात मेरी समझ में बिल्कुल नहीं आती। नया ज्ञान पुराने ज्ञान को अपने भीतर समाहित करके ही तो विकसित होता है। वह बीच में से तो फूट नहीं पड़ता। फिर यह आग्रह क्यों, वास्तव में ज्ञान में द्वैत नहीं है। द्वैत हो जाता है पुराने व पुराने के advanced रूपों को जज्ब करने वाले व्यक्तियों में।

रविवार, 29 सितम्बर, 1957

यह हैं हिन्दी के शुद्धतावादी.....। एक ओर जनप्रियता एवं जनवाद के नाम पर अंगरेजी के शब्दों को निकालना चाहते हैं और दूसरी ओर 'ताज़ा' जैसे शब्द को नवीन द्वारा replace करना चाहते हैं। भगवान बचाये।

मैं रवीन्द्र सहाय की तरह Hetrogenous से घबड़ाता नहीं हूँ। मुझमें शक्ति होगी तो या तो ये लोग हमारे पक्ष में जा जावेंगे या फिर Eliminated हो जावेंगे।

बृहस्पतिवार, 3 अक्तूबर, 1957

नयी कविता का Comparision संस्कृत या ब्रज की नहीं खड़ी बोली की कविता से किया जाना चाहिए। इतना निश्चित है कि छायावाद से यह कविता बड़ी भले न हो पर छायावाद से आगे बढ़ी अवश्य है। जहाँ तक बड़ाई या छोटाई का प्रश्न है वहाँ तक तो इतिहास के परिदृश्य में महत्त्वपूर्ण कार्य करने से कोई आदमी बड़ा छोटा होता है। जैसे कि गुप्त जी अच्छे कवि न होते हुए भी बड़े कवि माने जाते हैं और इतिहास भी उनकी रक्षा करेगा।

रविवार, 6 अक्तूबर, 1957

लियनहार्ड फ्रैंक का उपन्यास *कार्ल और अन्ना* पढ़ा। व्यक्तित्व की clearcut lines का अद्भुत समावेश है। एक विशेष situation का निर्माण और उसके भीतर मनोवैज्ञानिक ऊहापोह कुशल शिल्प की ही अपेक्षा नहीं रखती बल्कि High and fertile Imagination तथा Discipline की आवश्यकता है। इसके साथ ही 100 से भी कम पृष्ठों के भीतर युद्ध के सोसाइटी के स्ट्रक्चर पर पड़ने वाले प्रभाव की सम्यक व्यंजना है। ऐसी ही परिस्थितियों को शायद Fox लेखक का यथार्थ से युद्ध बतलाता है। लघु उपन्यासों में दास्ताएव्स्की की परम्परा में यह एक श्रेष्ठ जर्मन उपन्यास है।

बृहस्पतिवार, 10 अक्तूबर, 1957

Gogol के *इंस्पेक्टर जनरल* में reality का इतना Perfect Coalition हुआ है कि प्रशंसा करते बनती है। नाटककार ने वातावरण निर्माण के द्वारा पात्रों की

मनोवैज्ञानिक प्रक्रिया को उभारकर सामने रख दिया है। पहले नाटककार यह सूचना देता है कि इंस्पेक्टर जनरल छद्मवेश में आवेगा उसके बाद क्लर्क का घबड़ाकर अपनी परिस्थिति को स्पष्ट रूप से कहना और मेयर का उसको दूसरी Light में लेना जहाँ एक ओर पात्रों की मानसिक स्थिति का पता देता है वहीं श्रेष्ठ हास्य की भी सृष्टि करता है। रिश्वत के उधार माँगने वाले ढंग को भी फिट किया गया है। समस्त भ्रष्टाचार तथा अफसरों की दुरभिसन्धि अत्यन्त नाटकीय ढंग से सम्मुख लायी गयी है। Social satire का इससे अच्छा उदाहरण मिलना कठिन है।

रविवार, 13 अक्तूबर, 1957

डॉ. देवराज की *पथ की खोज* पढ़ी। नैतिक प्रश्नों को जिस boldness के साथ उन्होंने उठाया है वह बधाई के योग्य हैं। चित्रलेखा से जो प्रश्न उठा था उसी को नये समाज में, नवीन परिस्थितियों में अधिक यथार्थवादी ढंग से उठाया गया है।

पर structure कमजोर है। Texture भी उतना घना नहीं हो सका। कुछ तो कथा कहने की प्रवृत्ति इसमें बाधक हुई है और कुछ अतिरिक्त बौद्धिकता। व्यक्तित्व की रेखाएँ भी कहीं-कहीं डूब गयी हैं। पर सब मिलाकर साधना आकर्षक है और चन्द्रनाथ भी स्मरणीय। नैतिक प्रश्नों की दृष्टि से यह—*नदी के द्वीप* की अपेक्षा अधिक significant है, परन्तु उसका जैसा कलात्मक बोध देवराज के पास नहीं है।

830 पेजों को समेट कर 500 पेजों में लाया जा सकता था। तब उसका घनत्व बढ़ जाता और अधिक गठन आ जाती।

बृहस्पतिवार, 24 अक्तूबर, 1957

दादा धर्माधिकारी:

द्वितीय पुरुष को प्रथम पुरुष बनाने का नाम क्रान्ति है। इसी के अनुसार क्रान्ति के सारे मूल्य होंगे।

परिस्थिति को इतना बदल दो कि मनुष्य बुराई न कर पावे: यह सशस्त्र क्रान्ति है। इसे दर्शन में behaviourism कहते हैं—यह faith in human nature.

झूठ अपने नाम पर नहीं चलती। वह सत्य के रूप में लायी जाती है। Diplomacy = सत्य का चेहरा पहने झूठ जो अपने नाम पर नहीं चलता वह मूल्य नहीं। Categories of value = 1. शाश्वत 2. निरपेक्ष 3. अनिराकरणीय 4. अपने नाम पर चलता हो 5. उसे किसी दलील की ज़रूरत न होनी चाहिए।

(मनुष्य का स्वभाव न्याय नहीं दया है—गाँधी)

(गाँधी ने व्यक्तिगत गुणों को सामाजिक मूल्यों में बदला। काडवेल ने भी कुछ ऐसा ही कहा है।)

जो सार्वत्रिक नहीं वह स्वभाव नहीं। बिना सम्बन्ध के संघर्ष नहीं और संघर्ष

हमारा स्वभाव नहीं है। मनुष्य की सामाजिकता दूसरे को जिलाने में है।

मनुष्य ने अपने सारे सम्बन्धों एवं शरीर धर्मों को प्राकृतिक रूप से संस्कार बना दिया है।

Fit in the unfit to survive.

Thomas Huxley

यह सामाजिकता का सूत्र है (जिलाने के लिए जिओ)

अक्षम को सक्षम बनाना civilization की प्रक्रिया है।

x x x

विनोबा ने अस्तेय और अपरिग्रह को सामाजिक मूल्य बनाया।

शास्त्री ग्रन्थनिष्ठ होता है और क्रान्ति भी वस्तुनिष्ठ अथवा तत्त्वनिष्ठ। सामाजिक मूल्यों का आचरण जिसने अपने व्यक्तिगत जीवन में किया हो, वही परिस्थिति की परिपक्वता को समझ सकता है। समाज क्रान्ति का मूल्य ऐसा ही व्यक्ति पहचान सकता है।

साधन में साध्य छिपा होना चाहिए, ऐसा गाँधी का मत था।

साधन की पराकाष्ठा का नाम ही साध्य है।

क्रान्ति की प्रक्रिया ऐसी हो कि उसके बाद प्रतिक्रान्ति का भय न हो।

उत्पादन की सारी प्रेरणायें सब की सब परमार्थिक होती हैं।

रविवार, 3 नवम्बर, 1957

नयी कविता–

आस्था, अनास्था
शंका द्विविधा,
भय
मस्ती
Anxiety and distress
honesty
self awareness
universality in outlook
individual in character

लघु मानव : लघु परिवेश
लघु मानव : विराट परिवेश
अति मानव या शक्ति पुंज मानव
(मीण सर्प, केदार की कविताएँ)

क्षण में जीना
कल उगना।

इतिहास
पृष्ठभूमि—reasons – facts, newness
सैद्धान्तिक बात
पृष्ठभूमि

बृहस्पतिवार, 7 नवम्बर, 1957

हमारी राष्ट्रीयता की पृष्ठभूमि में पश्चिम है। इसने एक प्रकार की Intellectual Indolence दी है। हम प्रति वाक्य प्रामाणिकता ढूँढ़ते हैं। समस्याओं को स्वयं face करते डरते हैं।

इस समय हमारे देश में फिर एक प्रकार का revivalism आया है, यह आर्यसमाजी revivalism से अधिक उदार है, नयेपन को स्वीकारता है (जनसंघ, आर्यसमाज का उदय आकस्मिक नहीं है)—प्रथम इस प्रवृत्ति का प्रतिनिधि है, फिर से प्राचीन ज्ञान, शास्त्र, विद्या, दृष्टिकोण पर जोर दिया जाने लगा है। शायद यह नयी योजना, नयी शक्ति की पृष्ठिभूमि हो, पर इसका आत्यन्तिक स्वरूप कुछ घातक सा है।

शुक्रवार, 13 दिसम्बर, 1957

वाचयति नान्य—लिखितं
लिखितमनेन वाचयति नान्यः।
अयमपरोऽस्य विशेषः
स्वयमपि लिखितं स्वयं न वाचयति ॥

(वह व्यक्ति दूसरे का लिखा नहीं बाँच सकता, उसका लिखा और लोग नहीं बाँच सकते। यह विशेषता है कि वह खुद भी अपना लिखा नहीं बाँच सकता।)

रविवार, 15 दिसम्बर, 1957

अयं पटो मे पितुरंगभूषणम्।
पितामहाद्यैरुपभुंक्तयौवनं
अलंकरिष्यत्यथ पुत्रपौत्रकान्
मयाधुना पुष्पवदेव धार्यते ॥

मंगलवार, 16 दिसम्बर, 1957

अव्ययस्य अप्रमेयस्य निष्कलस्य अशरीरिणः।
साधकानां हितार्थाय ब्रह्मणो रूपकल्पना ॥

बृहस्पतिवार, 19 दिसम्बर, 1957

मान लीजिए कि भविष्य में साम्यवाद पूरी तरह स्थापित हो जाता है तो फिर उसमें आज के साहित्य की उपयोगिता, आज के यथार्थ का उपयोग केवल ऐतिहासिक जानकारी भर को ही होगा।

डॉ. रामविलास ने इस प्रश्न का उत्तर कुछ इस भाँति दिया था कि मनुष्य के संस्कार दीर्घव्यापी होते हैं। अतः उस व्यवस्था में भी इन संस्कारों से लड़ने और इनका अनिष्टकर रूप जानने के लिए इस साहित्य की आवश्यकता पड़ेगी, परन्तु फिर उसके बाद।

समस्या को दूसरे शब्दों में रखें: कालिदास के युग का यथार्थ तो आज जीवित नहीं रहा, वह social order नहीं है, पर जीवित क्यों है वह साहित्य। स्पष्ट है कि basically मनुष्य कुछ एक है, उसके राग विराग सदा प्रिय लगते हैं चाहे जैसी प्रणालियों के माध्यम से व्यक्त हुए हों। तो फिर social order मुख्य नहीं हुआ, मुख्य तो मानवीय संवेदनाओं का perception हुआ।

Soviet Literature के एक अंक में यह कहा गया कि फलां नाटक इसलिए श्रेष्ठ नहीं है क्योंकि उसमें Party organisation का रूप नहीं उभरा है। यह समीक्षा क्षणिक ही तो होगी।

बृहस्पतिवार, 26 दिसम्बर, 1957

जीनियस की प्रशंसा नहीं होती। या तो उसकी निन्दा होती है या फिर applause होता है। प्रशंसा (Praise) सदैव 'मीडियाकर' की होती है। मसलन वह बहुत अच्छा पढ़ाता है, या उसका स्वभाव बहुत अच्छा है या वह बड़ा सज्जन है। ये सारे शब्द और विशेष 'मीडियाकर' के पर्याय हैं।

मंगलवार, 31 दिसम्बर, 1957

रात बारह बजे। उन्नाव से ठीक बारह बजे के सन्धिकाल में कानपुर स्टेशन उतरा। प्राचीन वर्ष समाप्त हुआ। नये वर्ष के स्वागत में स्टेशन पर चाय पी गयी। नया वर्ष—हर एक के लिए शुभ हो।

माथा सहलाती है
बाहर ले जाती है,
ठण्डी छत पर लिपट-लिपट जाती है
बतियाती है
बावरिया बिना बात
चाँदनी सोने नहीं देती सारी रात।

भारती

वही मधु ऋतु की गुंजित डाल
झुकी थी जो यौवन के भार
अकिंचनता में निज तत्काल
सिहर उठती— जीवन है भार
आज पावस नद के उद्गार
काल के बनते चिह्न कराल
प्रात का सोने का संसार
जला देती सन्ध्या की ज्वाल
अखिल यौवन के रंग उभार
हड्डियों के हिलते कंकाल
कुचों के चिकने काले व्याल
केंचुली, कांस, सिवार
गूंजते हैं सबके दिन चार
सभी फिर हाहाकार।

पन्त

राष्ट्रवाणी
E/2 सहकार निवास
गोखले रोड, दक्षिण दादर
बम्बई-28

होम्योपैथिक दवा नं. 11565
Prakash Pen 4692
R.N. Pandey 148, New
Bashiratganj-3609 Lucknow
D.B. Trivedi, Kali Sadan-5473
Sunder Bagh, Lucknow

केन्द्रीय समाज कल्याण बोर्ड
10, किचनर रोड, नयी दिल्ली

श्री प्रभाकर तिवारी 3958
7/159 स्वरूप नगर, कानपुर

कामगर
18, गुरुद्वारा रोड, नयी दिल्ली

डॉ. ब्रजेन्द्र स्वरूप 2499-4027
D.A.V. College, KNP 3390
K.P. Bhatnagar 2696

श्री नारायण मिश्र
236/2 बाबूपुरवा, कानपुर

कुँवर नारायण 3359
भगवती चरण वर्मा 4482
अमृत लाल नागर 3501

'गोरी'
नेशनल हाउस
6, टुली रोड

सूर्य नारायण चौबे 5506
Balkrishna Sri Gopal 3594
(बलदुआ जी)

अपोलो ओपेरा, बुम्बई
राजेन्द्र यादव
5A Greek Church Road
Calcutta 26

प्रेम प्रिंटिंग प्रेस 3785
Pribhadas J. Ram 375
Sharma Restaurant
Chandulal Babu Ram 2678
Purushottam Kapur 2274
Railway Enquiry 2121, 2440
Roadways Enquiry 3444, 3259
रमा सिंह 3748
दिनेश 3202
पं. बंशीधर मिश्र (Royal hotel) 4033
सन्तशरण पाण्डेय 3135
रघुवीर सहाय मिश्र 3479
Conventions and revolt on poetry – Read Henny
डिप्टी का पड़ाव—म्युनिसिपल नार्मल ट्रेनिंग स्कूल

दद्दा 3862/2404
देवकुमार जैन 3033
ला. फूलचन्द गुप्त 5062
Radha Krishna Awasthi 8/4049
ला. मुरारीलाल 2234
Ramesh Awasthi 2554
त्रिलोकी टण्डन 5426
विद्यानिवास मिश्र 4245
Madhuri Nigam 5372

1958

स्मरण पृष्ठ

२२४॥) दो सौ चौबीस रुपये आठ आने साहित्य से

1957 का लेखा-जोखा मिलाने पर यह वर्ष अनेक दृष्टियों से महत्त्वपूर्ण रहा। इस वर्ष कुछ अधिक गहराई के साथ साहित्यिक क्षेत्र में आया। 'कलजुग' के सम्पादन के माध्यम से फिर से नयी शक्ति मिली, बाहर से कुछ सम्बन्ध जुड़े।

कॉलेज में एम.ए. पढ़ाना प्रारम्भ हुआ। इस तरह लेखन और अध्यापन दोनों क्षेत्रों में कुछ बढ़ा, परन्तु अनुसन्धान-कार्य शून्यवत् रहा। 1958 का bid अब मुख्यतया अनुसन्धान और विदेश-गमन है।

पारिवारिक जीवन के सूत्र अधिक गहन हुए। रस अधिक सान्द्र हुआ।

आर्थिक दृष्टि से वर्ष कुछ बहुत अच्छा नहीं रहा। इस वर्ष लेखन और प्रसारण दोनों से ही आर्थिक लाभ बहुत थोड़ा रहा। ख़र्चे भी बढ़े रहे। एक प्रकार से यह वर्ष आर्थिक संकट का ही कहा जाना चाहिए।

दूसरा स्मरण पृष्ठ

अकृत्वा परसन्तापं अगत्वा खलमन्दिरम्।
अनुल्लंघ्य सतां मार्गं, यत्स्वल्पमपि तद्बहु॥

महाभारत

जइ पुच्छउ घर बड्डाइ तो बड्डा घर ओइ।
बिहलिअजण अब्भुद्धरण कंत कुडीरइ जोइ॥

बुधवार, 1 जनवरी, 1958

1958 उल्लास की नयी दिशाएँ लावे।
1958 लम्बी यात्राओं का वर्ष हो।

1958 नूतन उपलब्धियों को बटोरे।

1958 सम्पन्नता का, शान्ति का वर्ष हो।

1958 मेरा वर्ष हो। मेरे परिवार का वर्ष हो।

1958 यानी नया वर्ष आ गया। सर्दी तो वैसी ही है, बदली भी लगभग वैसी ही है, फिर नयापन क्या? नयापन यही न, कि हम जानते हैं कि नया वर्ष आ गया। उसका साज-सरंजाम बाँधते हैं। नववर्ष की बधाइयाँ, शुभकामनाएँ दोस्तों के पास से आ रही हैं, जा रही हैं। कुछ रेस्तराँ आदि सजाए भी गये हैं और सबसे बड़ी बात यह कि मैं नयी डायरी लाया हूँ, उसके अछूते पृष्ठों पर पहला अक्षर लिखने का आनन्द–अरे वही तो नववर्षानन्द-सहोदर है। नये वर्ष तुम्हारा स्वागत–तुम आ रहे हो, इस ज्ञान का स्वागत।

बृहस्पतिवार, 2 जनवरी, 1958

ऊर्ध्वबाहुः विरौम्येष नैव कश्चित् शृणोति मे।
धर्मादर्थश्च कामश्च स धर्मः किं न सेव्यते ॥

व्यास

रविवार, 5 जनवरी, 1958

कबहूँ मिलिबौ, कबहूँ मिलिबौ मन ही मन धीर धरैबौं करैं।
उरतें कढ़ि कै पै गरेतें फिरैं, मन की मन ही में सिरैबौ करैं।
कवि बोधा न चाव सरी कबहूँ, नित ही हरबा सों हिरैबो करैं।
सहतेई बनै कहते न बनै मन ही मन पीर पिरैबौ करैं।।

बोधा

जावक के भार पग धरति धरा पै भन्द
जल भार कुचन परी हैं छूटि अलकैं।
द्विजदेव तैसिपै विचित्र बरुनी के भार
आधे आधे दृगनि खुली हैं अध पलकैं।।
ऐसी छवि देखि अंग अंग की अपार
बार बार लोल लोचन सु काहू कै न ललकैं।
पानिप के भारन सँभारि ना सकति गात
लेव लचि लचि गात कचभारन के हलकैं।।

द्विजदेव

सोमवार, 6 जनवरी, 1958

रोस करि पकरि परौस तें लियाई घरै पी को
प्राणप्यारी भुजलतीन भरैं भरैं।
कहै पद्माकर न ऐसो दोस की जौ फेरि सखिन
समीप यों सुनावति खरैं खरैं।
प्यौ छल छपावै बात हँसि बहरावै तिय गद्गद
कण्ठ दृग आँसुन झरैं झरैं।
ऐसी धन धन्य धनी धन्य है सु ऐसो जाहि फूल की
छरी सों ख़री हनति हरैं हरैं।

पद्माकर

माखन सौं तन दूध सौं यौवन
दधि सौं अधिकै उमगै ईठी।
जा छवि आगे छपाकर छाछ
समेत सुधा वसुधा सब सीठी।
नैनन नेह चुवै कवि देव
बुझावति बैन वियोग अँगीठी।
ऐसी रसीली अहीरी अहै तब,
क्यों न लगै मनमोहनै मीठी।

देव

मंगलवार, 7 जनवरी, 1958

अहीरिन मन कै महीरिनि उतरु न देय
नैना करै मथिनियाँ मनु मथि लेय।
लैकै सुघर खुरपिया पिउ के साथ
जैबे घन अमरैया सुअना हाथ।

प्रेम प्रीति कौ बिरवा, चले लगाय
सींचन की सुधि लीजौ, मुरझि न जाय।
जलवा में चमकै उजरी मछरिया
रन के बीच तरवारि।
सभा बीच मोरे पिउ की पगरिया
सिजिया मैं बिंदिया हमारि।

बुधवार, 8 जनवरी, 1958

इससे ज़्यादा कहने सुनने की ताब नहीं।
पर यह क्या? कहाँ चलीं बैठो भी तो
यह सब कहने का मतलब कुछ आदाब नहीं।

अच्छा हूँ पूछ लिया काफ़ी है यही दया
हाँ, और अपेक्षा नहीं, सुखी हूँ पर यह क्या

नस-नस में कुछ तीखा-तीखा-सा तैर गया।

मैं जो कुछ भी लिखता हूँ, व्यर्थ नहीं है।
हूँ जहाँ खड़ा, तुम अगर वहाँ आ जाओ
फिर कह न सकोगे—इसमें अर्थ नहीं है।

मालूम न पड़ती जीवन में कुछ खामी
सब कुछ था—होते रोटी के दो टुकड़े
अपने भी होते ठाठ उमर खय्यामी।

आ रहा बेदर्द झोंका मौत का,
ज़िन्दगी का दीपक बुझाने को।
हिल उठे हैं दूर कुछ संकेत,
अपने देश में मुझको बुलाने को।
आह ममता के कठिन ये पाश दाही
गला देंगे मुझे, मत बाँधो।
दो घड़ी यों देख पाओगे अधिक,
अब जा रहा हूँ फिर न आने को।

कवि स्व. सूर्यप्रताप सिंह

बृहस्पतिवार, 9 जनवरी, 1958

टेरि कहौं सिगरे ब्रज लोगनि
काल्हि कोऊ कितनो समुझैहे
माई री वा मुख की मुसुकानि
सम्हारि न जैहै न जैहै, न जैहै।

रसखान

कवि ठाकुर प्रीति करी है, गुपाल सो
टेरि कहौं सुनौ ऊँचे गले,
हमैं नीकी लगी सो करी हमने
तुम्हैं नीकी लगै न लगै तो भले।

ठाकुर

शुक्रवार, 10 जनवरी, 1958

राधा मोहन लाल को जिन्हैं न भावत नेह
परियौ मुठी हजार दस, तिनकी आँखिन खेह।

मतिराम

हाँसी में हरि हार हरौ रसखानि सु जो कहुँ नेकु तगा टुरि जैहे
एक ही मोती के मोल लला सिगरे ब्रज हाटक हाट बिकैहे।

रसखान

मन मोहन के बिछुरे सजनी
अजहूँ तो नहीं दिन द्वै गये हैं।
सखि वे, तुम वे, हम वे ही रहीं
पै कछू के कछू मन ह्वै गये हैं।

पद्माकर

शनिवार, 11 जनवरी, 1958

माँझी न बजाओ वंशी, मेरा मन डोलता
मेरा मन डोलता है, जैसे जल डोलता
जल का जहाज जैसे पल-पल डोलता
माँझी न बजाओ वंशी, मेरा प्रण टूटता
मेरा प्रण टूटता है जैसे तृण टूटता
तृण का निवास जैसे बन बन टूटता
माँझी न बजाओ वंशी मेरा तन झूमता
मेरा तन झूमता है, तेरा तन झूमता
मेरा तन तेरा तन एक बन झूमता।

केदारनाथ अग्रवाल

घुन खाये शहतीरों पर की बारह खड़ी विधाता बाँचे
फटी भीत है, छत चूती है, आले पर बिसतुइया नाचे

बरसा कर बेबस बच्चों पर मिनट-मिनट में पाँच तमाचे
इसी तरह से दुखरन मास्टर गढ़ता है आदम के साँचे

नागार्जुन

रविवार, 12 जनवरी, 1958

कुन्दन कौ रंग फीको लगै, झलकै अति अंगन चारु गुराई।
आँखिन में अलसानि, चितौनि में मंजु बिलासन की सरसाई।
को बिन मोल बिकान नहीं, 'मतिराम' लहे मुसुकानि-मिठाई।
ज्यों-ज्यों निहारिए नेरे ह्वै नैननि, त्यों-त्यों खरी निखरै-सी निकाई।

x x x

मुंज भणइ मुणालवइ जुव्वण गयुं न झूरि
जो सक्कर सय खण्ड थिय सोविस मीठी चूरि।

x x x

हँसि हँसि यहु आलिंगन देल
मनमथ अंकुर कुसुमित भेल
जब निबि बन्ध खसाओल कान
तोहर सपथ हम किछु जदि जान।

x x x

ऐसा ही श्लोक सम्भवतः अमरुक में भी है—

धन्यासि या कथयति प्रियसंगमेऽपि
विश्रब्ध चाटुकशतानि रतान्तरेषु
नीवीं प्रति प्रजिहिते तु करे प्रियेण
सख्यः शयामि यदि किञ्चिदपि स्मरामि।

सोमवार, 13 जनवरी, 1958

प्रीतम-छबि नैनन बसी, पर छबि कहाँ समाय
भरी सराय 'रहीम' लखि, आप पथिक फिरि जाय।

कोऊ कहूँ भूलि जिन कहियो, नेकी सों यह बाँनी
कैसे भिदै तासु उर अन्तर, ज्यों पाथर में पाँनी।

(प्रेमाभक्ति की 'बानी' सम्बन्ध में बख़्शी हंसराज)

कानन दूसरौ नाम सुनें नहिं, एक ही रंग-रंग्यौ यह डोरौ।
धोखेहु दूसरौ नाम कढ़ै, रसना मुख बाँधि हलाहल बोरौ।

'ठाकुर' चित्त की वृत्ति इही, हम कैसे हुँ टेक तजैं नहिं भोरौ।
बावरी वे अँखियाँ जरि जाउ, जो साँवरौ-छाँड़ि निहारतीं गोरौ।

मंगलवार, 14 जनवरी, 1958

चंचल न दूजै नाथ, अंचल न खैंचो हाथ,
सोवै नेक सारिकाऊ, सुक तौ सोवायो जू।
मन्द करौ दीप दुति चन्दमुख देखियत,
दारिकैं दुराय आऊ द्वार तौ दिखायो जू।
मृगज मराल बालबाहिरै बिडारि देऊँ,
भायो तुम्हैं केशव सो मोहूँ मनभायो जू।
छल के निवास ऐसे वचन विलास सुनि,
सौगुनो सुरत हू तें स्याम सुखपायो जू।

केशवदास

श्रम जलकन झलकन लगे, अलकनि कलित कपोल।
पलकनि रस छलकन लगे, ललकन लोचन लोल।

मतिराम

बुधवार, 15 जनवरी, 1958

फूल गुलाब के फूलि रहे दृग किंसुक से अधरा अधकारे।
झारि के लाज चतौवन किसलै सम जावक हैं अरुनारे।
तोष लखे मृग के मद की तन लीक अली अवली पतवारे।
मोद अनन्त भयो उर अन्तर आये बसन्त है कन्त हमारे।।

बलभद्र मिश्र

जहाँ ते पधारे, मेरे नैननि ही पाँव धारे,
बारे पे बिचारे प्रान, पैंड-पैंड पै मनो।
आतुर न होहु हाहा नैकु फैंट छोरि बैठों,
मोहि वा बिसासी को है ब्योरो बूझिबे घनौ।
हाय निरदई कों हमारी सुधि कैसैं आयी,
कौन बिधि दीनी पाती दीन जाति कैं मनौ।

घनानन्द

कहिबे को विथा, सुनिबे को हँसी, को दया सुनि के उर आनतु है।
अरु पीर घटे, तजि धीर सखी, दुख को नहीं कापै बखानतु है।

कवि बोधा कहे में सवाद कहा, को हमारी कही सुनि मानतु है।
हमें पूरी लगी कै अधूरी लगी, यह जीव हमारोई जानतु है।

बोधा

अति छीन मृणाल के तारहु तो तेहि ऊपर पाँव दै आवनो है।
सुई बेह कै द्वार सकै न तहाँ, परतीत को टाँड़ो लदावनो है।
कवि बोधा अनी घनी नेजहुँ ते चढ़ि,तापै न चित्त डिगावनो है।
यह प्रेम को पन्थ करार है री, तरवार की धार पै धावनो है।

बोधा

सूधी चितौनि चितै न सकै औ सकै न तिरीछी चितौनि चितै
गुड़ियान को खेलिबो फीको लगै अरु कामकला को बिलास कितै।
लरिकापन यौवनसंधि भई दुहू बैरु को भाव मिलै न हितै
बिबि चुम्बक बीच को लोहो भयो मन जाइ सकै न इतै न उतै।

चिन्तामणि

शुक्रवार, 17 जनवरी, 1958

तोहिं गयी सुनि कूल कलिन्दी के हौहूँ गयी सुनि हेलि हमारी।
भूली अकेली कहुँ कर पी मन में लखि कुंजन पुंज अध्यारी।
गागर के जल के छलके घर आवत लौं तन भीगिगो भारी।
कम्पत त्रासन ये ही बिसासिनि मेरी उसास रहे न सम्हारी।

कुमारमणि भट्ट

वा निरमोहिनि ने रूप की रासि जऊ डर हेतु न जानति ह्वैहै।
बारहिं बार बिलोकि घरी घरी सूरतितो पहिचानति ह्वैहै।
ठाकुर या मन की परतीति है जो पै सनेह न मानति ह्वैहै।
आवत हैं नित मेरे लिए इतनौ तौ विसेष कै जानति ह्वैहै।

ठाकुर

अपने-अपने सुठि गेहनि मैं चढ़े दोऊ सनेह की नाव पै री।
अँगनान में भीजत प्रेम भरे समयो लखि मैं बलि जाऊँ पै री।
कहै ठाकुर दोउन की रुचि सौं रंग ह्वै उमड़े दोउ ठाँव पै री।
सखी कारी घटा बरसै, बरसाने पै गोरी घटा नन्दगाँव पै री।

ठाकुर

शनिवार, 18 जनवरी, 1958

कालिह ही गूँथी बबा की सौं मैं
गज मोतिन की पहिरी अति आला।
आयी कहाँ तै यहाँ पुखराज की
संग एई जमुनातट बाला।
न्हात उतारी हौं बेनी प्रवीन
हँसै सुनि नैनन तैन रसाला।
जानति ना अंग की बदली
सब सों बदली बदली कहै माला।

बेनी प्रवीन

या जोवन अंजुरी को जल है
ज्यौं गोपाल भावै त्यों दीजै।

रविवार, 19 जनवरी, 1958

कमला क्लब में बच्चन जी का कविता-पाठ था। श्री राधेश्याम टण्डन और...जी बच्चन जी से अपनी पुरानी मित्रता भुनाना चाह रहे थे। एक समय के साथी आगे चलकर जब भिन्न स्थितियों में होते हैं, तो कमजोर उसे अपने पुराने दिनों के स्तर पर लाकर सन्तोष-लाभ करता है। जबकि इसी बात में सशक्त की महत्ता छिपी होती है। राधेश्याम जी का बार-बार बच्चन जी को Class fellow कहना इसी inferiority का द्योतक था।

अमीरों की आतिथ्य-भावना का स्वरूप ही दूसरा है—नौकर व्यवस्था करें।

बुधवार, 22 जनवरी, 1958

"I hate all bungling like sin; but most of all, bungling in state affairs, which produces nothing but mischief to thousands and millions" and "Mind, the politician will devour the poet. To be a member of the states, and to live amid daily jostlings and excitements, is not for the delicate nature of a poet. His song will cease, and that is in some sort to be lamented."

Goethe in his last conversation with Eckermann, March 1, 1832.

बृहस्पतिवार, 23 जनवरी, 1958

These terms, classic and romantic, stand for more than difference of style. The classic sees man as master and the romantic as victim of his environment.

Alex Comfort

शनिवार, 25 जनवरी, 1958

आयी खेलि होरी घरैं नवल किसोरी कहूँ
बोरी गयी रंग में सुगन्धनि झकोरै है।
कहैं 'पद्‌माकर' इ कंत चलि चौकी चढ़ि
हारन के बारन के फंद-बन्द छोरै है।
घांघरे को घूमुनि सु अरुनि दुबीचै दाबि,
आँगी हूँ उतारि सुकुमारि मुख मोरै है।
दन्तन अधर दाबि दुनरि भई सी चाँपि
चौहर पचौहर के चूनर निचौरै है।

x x x

देखु पद्‌माकर गोविन्द को अमित छवि
संकर-समेत विधि आनन्द सों बाढ़ो हैं।
झिलिकत झूमत मुदित मुसुकात गहि
अंचल को छोर दोऊ हाथन सों आढ़ो है।
पटकत पाँय होत पैंजनी झुनुक रंच
नैंकु नैंकु नैनन तें नीरकन काढ़ो है।
आगे नन्दरानी के तनक पय पीवे काज
तीन लोक-ठाकुर सो ठुनुकत ठाढ़ो है।

शुक्रवार, 31 जनवरी, 1958

आज महीना बीत गया। डायरी लाया था तो सोचा था कि रोज़ कुछ न कुछ लिखूँगा। पर कितना नीरस बीत गया, जैसे कुछ लिखने को सूझा ही नहीं।

शनिवार, 1 फरवरी, 1958

चन्द्रकान्ता के नृत्य से अधिक देखने योग्य उन रूप-लोभियों की मुद्राएँ जो उसके चारों ओर मँडरा रहे हैं पर छू नहीं पा रहे।

शनिवार, 8 फरवरी, 1958

कुछ पुस्तकें लाया हूँ; पुस्तकें कविताओं की: मालिक उनके भिन्न-भिन्न।
एक अध्यापक हैं—कविता विशेष पर लिखा है व्यतिरेक, अप्रस्तुत प्रशंसा।

उद्दीपन, विभाव, और रोला छन्द।

एक शोधक हैं—अध्यापक भी शायद—इस पंक्ति पर कालिदास की छाया है और इससे मिलती-जुलती पंक्ति घनानन्द और रत्नाकर की भी है।

एक पाठक की है—

कविता मन को छूती है।

भाषा कुछ टेढ़ी है।

एक पत्रिका है जिस पर तीन वाक्य किसी विद्यार्थी ने लिखे हैं—

1. Come along with me and let me kiss you.
2. My kisses are not so dangerous as the fatal kisses of Juddu.
3. You will be kissed by me very affectionately.

आज स्टेशन पर एक T.C. महोदय की आँखों में एक लड़की के प्रति ऐसा सतृष्ण भाव दिखा कि मन हुआ कि उस लड़की से कह दूँ कि भाई इन्हें Kiss कर लेने दे।

सोमवार, 10 फरवरी, 1958

आज लखनऊ से लौटते समय एक सज्जन को यह जानकर अत्यधिक आश्चर्य हुआ कि मैं हिन्दी का अध्यापक और अवस्थी होकर भी प्राचीन मान्यताओं को बदलने वाला हूँ। हिन्दी के अध्यापक के साथ रूढ़ि का भाव अन्योन्य भाव से लगा हुआ है। उसे प्राचीनता-प्रेमी होना ही चाहिए। वास्तव में यह वह मनोभूमि है जिसके माध्यम से 'नयी कविता' के प्रति स्थापित सारे दृष्टिकोण को समझा जा सकता है।

उन महाशय का कथन है कि कपड़ों में भी विशेषता होती है। मसलन विवाह के समय जामा, मौर इत्यादि का पहनना नितान्त आवश्यक होता है। इसके माध्यम से एक पवित्रता का Stimulus मिलता है। उन्हें कौन समझाये कि कपड़े वातावरण (प्राकृतिक जलवायु) और सामाजिक आवश्यकताओं के अनुरूप ही होते हैं। कुरता, धोती गरम देश के लिए हैं, पर पैण्ट, कोट आज की Industrial age की पोशाक है।

शुक्रवार, 14 फरवरी, 1958

जिससे खोई थी नींद मीर ने कल
इब्तदा फिर वही कहानी की।

शनिवार, 15 फरवरी, 1958

मुद्दतें गुज़रीं, तेरी याद भी आयी न हमें—
और हम भूल गये हों तुझे, ऐसा भी नहीं।
ग़ौर कर इस कैफ़ियत पर कुछ समझ यह सोज़ो-साज़—
इश्क में दिल दर्द हो जाता है, दिल दुखता नहीं।

फ़िराक़

कहते हैं गम से परेशान हुए जाते हैं
ये नहीं कहते कि इन्सान हुए जाते हैं।

जोश

अहले खिरद ने ये दिन दिखाये
घटते गये इन्सां, बढ़ते गये साये।

जिगर

तेरी बात से गो दिल में मलाल ऐ यार आता है
मगर जब देखता हूँ तेरी सूरत, प्यार आता है।

अकबर इलाहाबादी

रविवार, 16 फरवरी, 1958

बर्क ने काश न देखा होता
आज नशेमन अपना होता।
दे न सका आवाज़ अगर मैं
मुड़ के तुम्हीं ने देखा होता।
कैसे कहूँ वो गुज़रे इधर से
दिल तो यकीनन धड़का होता।

सोमवार, 17 फरवरी, 1958

न किसी की आँख का नूर हूँ न किसी के दिल का क़रार हूँ
जो किसी के काम न आ सके, मैं वह एक मुश्ते गुबार हूँ।
मैं नहीं हूँ नगमा-ए-जां-फ़िज़ा कोई सुनके मेरी करेगा क्या?
मैं बड़े ही दर्द की हूँ सदा किसी दिलजले की पुकार हूँ
मेरा रूपरंग बिगड़ गया, मेरा हुस्न मुझसे बिछुड़ गया
जो चमन खिज़ां से उजड़ गया मैं उसी की फ़स्ले-बहार हूँ
कोई फ़ातिहा पास आये क्यों, कोई चार फूल चढ़ाये क्यों
कोई आके शम्मा जलाए क्यों कि मैं बेकसी का मज़ार हूँ।
न ज़फ़र किसी का रक़ीब हूँ
न ज़फ़र किसी का हबीब हूँ
जो उजड़ गया वह नसीब हूँ
जो उजड़ गया वह दयार हूँ।

ज़फ़र

मंगलवार, 18 फरवरी, 1958

इश्क में तबीयत ने ज़ीस्त का मज़ा पाया।
दर्द दी दवा पायी, दर्द बेदवा पाया।

ग़ालिब

इससे बढ़ कर दोस्त कोई दूसरा होगा नहीं
सब जुदा हो जायें, लेकिन ग़म जुदा होता नहीं।

ज़िगर

इश्क सुनते थे जिसे हम, वोह यही है शायद
खुद बखुद दिल में है एक शख़्स समाया जाता।

हाली

दर्द से वाक़िफ़ न थे, ग़म से शनासाई न थी
हाय क्या दिन थे, तबीयत जब कहीं आयी न थी।

जलील मानिकपुरी

हम जिस पै मर रहे हैं वोह है बात ही कुछ और
आलम में तुझसे लाख सही, तू मगर कहाँ।

हाली

बुधवार, 19 फरवरी, 1958

मेरे दर्द की कहानी तेरे नाम तक न पहुँचे
मैं नज़र से पी रहा था तो ये दिल ने बद्दुआ दी
तेरा हाथ ज़िन्दगी-भर कभी जाम तक न पहुँचे।
उन्हें अपने दिल की ख़बरें मेरे दिल से मिल रही हैं
जो कहीं मैं रूठ जाऊँ तो पयाम तक न पहुँचे।
जो नक़ाबे-रुख़ हटा दी तो ये शर्त भी लगा दी
उठे हर निग़ाह लेकिन कोई बाम तक न पहुँचे।
ये निगाह बेनियाज़ी तुझे बेवफ़ा मुबारक
मगर ऐसी बेरुख़ी क्या कि सलाम तक न पहुँचे।
नयी सुबह पै नज़र है मगर साथ यह भी डर है
रफ़्ता-रफ़्ता यह सुबह भी कहीं शाम तक न पहुँचे।

शकील बदायूँनी

बृहस्पतिवार, 20 फरवरी, 1958

माधव हम रहल दुर देस
केओ न कहइ कुसल सनेस
युग-युग जीवहू वसकु लाख कोस
हमर अभाग हुनक नहिं दोस।
हमर करम भेल विहि विपरीत
तेजलनि माधव पुरबिल प्रीत
हृदयक वेदन बान समान
आनक दुख आन नहिं जान।

कुछ खटकता तो है, पहलू में रह-रह कर
अब खुदा जाने तेरी याद है, या दिल मेरा।

ज़िगर मुरादाबादी

शुक्रवार, 21 फरवरी, 1958

मैं चाहता हूँ कि बस एक ही ख़याल रहे
मगर ख़याल से पैदा ख़याल होता है।

अकबर इलाहाबादी

यह सर जो सलामत है दीवार को देखूँगा
या मैं रहूँ ज़िन्दां में या वो रहे ज़िन्दां में।

बिगड़ी है कुछ ऐसी कि बनाये नहीं बनती
इससे है ये ज़ाहिर कि यही हुक़्मे-ख़ुदा है।

इश्क में हर शै उल्टी नज़र आती है
लैला नज़र आता है, मजनूं नज़र आती है।

ऐ दिल तेरी अदा-ए-वहशत देखी
तेरी नैरंगी-ए-तबीयत देखी
खुलता नहीं भेद कि ए दिल तुझमें
हँस देने की रोते-रोते आदत देखी।

शनिवार, 22 फरवरी, 1958

बस कि दुश्वार है, हर काम का आसां होना
आदमी को भी मयस्सर नहीं, इन्सां होना।
रात दिन, ग़र्दिश में हैं सात आसमां
हो रहेगा कुछ न कुछ, घबरायें क्या?

मेहरबां होके बुला लो मुझे, चाहो जिस वक़्त
मैं गया वक़्त नहीं हूँ, कि फिर आ भी न सकूँ।

हम वहाँ हैं, जहाँ से हमको भी
कुछ हमारी ख़बर नहीं आती।

कहते हैं जीते हैं उम्मीद पे लोग
हमको जीने की भी उम्मीद नहीं।

बोझ वह सर से गिरा है, कि उठाये न उठे
काम वह आन पड़ा है, कि बनाये न बने।

हज़ारों ख़्वाहिशें ऐसी, कि हर ख़्वाहिश पे दम निकले
बहुत निकले मेरे अरमान, लेकिन फिर भी कम निकले।

रविवार, 23 फरवरी, 1958

सौदा ख़ुदा के वास्ते कर क़िस्सा मुख़्तसर
अपनी तो नींद उड़ गयी तेरे फ़साने से।

सौदा

गो हाथ को जुम्बिश नहीं, आँखों में तो दम है
रहने दो अभी साग़र-ओ-मीना मेरे आगे

ग़ालिब

चलता हूँ थोड़ी दूर हर इक के साथ तेज शै
पहचानता नहीं हूँ अभी राहबर को मैं।

ग़ालिब

बृहस्पतिवार, 6 मार्च, 1958

गाढालिङ्गनवामनीकृतकुचप्रोद्भूतरोमोद्गमा
सान्द्रस्नेहरसातिरेकविगलच्छ्रीमन्नितम्बाम्बरा।
मा मा मानद! माति मामलमिति क्षामाक्षरोल्लापिनी
सुप्ता किं नु मृता नु किं मनसि मे लीना विलीना नु किम् ॥

अमरुकशतक

किमपि किमपि मन्दं मन्दमासत्तियोगाद्
अविरलितकपोलं जल्पतोरक्रमेण।
अशिथिलपरिरम्भव्यापृतैकैकदोष्णोः
अविदितगतयामा रात्रिरेवं व्यरंसीत् ॥

उत्तररामचरित: राम का कथन

(अनुराग के सम्बन्ध से गाल सटाकर कुछ-कुछ धीरे-धीरे क्रम के बिना कहते हुए और एक-एक बाहु को गाढ़ आलिंगन में लगाते हुए हम दोनों की, बीते हुए प्रहरों का भी पता न लग कर रात ही बीत गयी।)

शुक्रवार, 7 मार्च, 1958

त्रस्तैकहायनकुरंगविलोलदृष्टेः
तस्याः परिस्फुरितगर्भभरालसायाः।
ज्योत्स्नामयीव मृदुबालमृणालकल्पा
क्रव्याद्भिरंगलतिका नियतं विलुप्ता ॥

उत्तररामचरित: राम का कथन

(डरे हुए एक साल के मृग के सदृश चंचल नेत्रों वाली और कम्पित गर्भ-भार से आलस्ययुक्त उन सीता का कोमल छोटे मृणाल के सदृश, चन्द्रिका से बने हुए की तरह और लता तुल्य कृश शरीर हिंस्र जन्तुओं से निश्चय ही नष्ट हुआ होगा।)

शनिवार, 8 मार्च, 1958

नाहं यियासोर्गुरुदर्शनार्थमर्हामि कर्तुं तव धर्मपीडाम्।
गच्छार्य पुत्रैहि च शीघ्रमेव विशेषको यावदयं न शुष्कः ॥

अश्वघोष: सौन्दरानन्द

(गुरु के दर्शनार्थ जाना चाहते हो, धर्माचरण में बाधा नहीं डालूँगी। जाओ, आर्यपुत्र निस्सन्देह, पर शीघ्र इस विशेषक की गीली रेखाओं के सूखने के पूर्व ही लौट आओ।)

आशां महत्तरां मन्ये पर्वतादपि सद्रुमात्।
आकाशादपि वा राजन्नप्रमेयैव वा पुनः ॥

(राजन्, मैं आशा को वृक्ष सहित पर्वत से भी बहुत बड़ी मानता हूँ, अथवा वह आकाश से भी बढ़कर अप्रमेय है।)

नास्ति जातु रिपुर्नाम मित्रं नाम न विद्यते।
सामर्थ्ययोगाज्जायन्ते मित्राणि रिपवस्तथा ॥

(न कभी कोई शत्रु होता है और न मित्र होता है, आवश्यक शक्ति के सम्बन्ध से लोग एक-दूसरे के मित्र और शत्रु होते हैं।)

रविवार, 9 मार्च, 1958

न विश्वसेदविश्वस्ते विश्वस्ते नातिविश्वसेत्।
विश्वासाद् भयमुत्पन्नमपि मूलानि कृन्तति ॥

(जो विश्वासपात्र न हो, उस पर कभी विश्वास न करें और जो विश्वासपात्र हो, उस पर भी अधिक विश्वास न करें, क्योंकि विश्वास से उत्पन्न हुआ भय मनुष्य का मूलोच्छेद कर डालता है।)

प्रह्लाद और इन्द्र की कथा से ज्ञात होता है कि जहाँ शील है, वहाँ धर्म; जहाँ धर्म, वहाँ सत्य; जहाँ सत्य, वहाँ सदाचार; जहाँ सदाचार, वहाँ बल; जहाँ बल, वहीं पर लक्ष्मी का निवास।

आशा या आशावान् की दुर्बलता के समान और किसी की दुर्बलता नहीं है।

अद्रोहः सर्वभूतेषु कर्मणा मनसा गिरा।
अनुग्रहश्च दानं च शीलमेतत् प्रशस्यते ॥

सोमवार, 10 मार्च, 1958

स्तुति-रूपी कन्या अभी क्वाँरी ही है, क्योंकि सज्जनों को वह पसन्द नहीं आती और असज्जनों को वह पसन्द नहीं करती।

एक संस्कृत सुभाषित

यस्मिन् महीं शासति वाणिनीनां
निद्रां विहारार्धपथे गतानाम्।
वातोऽपि नास्रंसयदंशुकानि
को लम्बयेदाहरणाय हस्तम् ॥

मंगलवार, 11 मार्च, 1958

असारे खलु संसारे, सारद्वयमुदाहृतम्।
कासारः शर्करायुक्तः, कंसारिचरणद्वयम्।
असारे खलु संसारे, सारं श्वसुरमन्दिरम्।
हरो हिमालये शेते, हरिः शेते पयोनिधौ।
असारे खलु संसारे सारमेतच्चतुष्टयम्।
काश्यां वासः सतां संगः गंगाम्भः शिवदर्शनम्।
असारे खलु संसारे, सारद्वयमुदाहृतम्।
काव्यामृतरसास्वादः संगतिः सुजने जने।

बुधवार, 12 मार्च, 1958

यः कौमारहरः स एव हि वरस्ता एव चैत्रक्षपा
स्ते चोन्मीलितमालतीसुरभयः प्रौढाः कदम्बानिलाः।
सा चैवास्मि तथापि तत्र सुरतव्यापारलीलाविधौ
रेवारोधसि वेतसीतरुतले चेतः समुत्कण्ठते ॥

(जो मेरा कौमार्य हरण करने वाला था, वही आज मेरा पति है, आज भी वैसी ही चैत की रात है, वही विकसित मालती की गन्ध है, कदम्ब फूलों से सुवासित परिणत वय का वही अनिल है, मैं भी वही हूँ, किन्तु जाने क्यों रेवा के तट पर कदम्ब तरुछाया में जो सुरत-व्यापार की लीलाएँ हुई थीं, उन्हीं में मेरा चित्त उत्कण्ठित हो रहा है।)

बृहस्पतिवार, 13 मार्च, 1958

पिब खाद च वामलोचने यदतीतं वरगात्रि तन्न ते।
नहि भीरु गतं निवर्तते समुदयमात्रमिदं कलेवरम् ॥

पुरातनप्रबन्ध, पृ. 19

(भोज की कन्या को नीलपरी दर्शनियों का उपदेश)

(खाओ-पियो, मौज करो, जो बीत गया सो कभी नहीं लौट सकता। अगर तुमने तय किया और कष्ट उठाया, तो वह तुम्हारे लिए बिल्कुल बेकार है, क्योंकि वह जो गया सो गया। असल बात यह है कि यह शरीर सिर्फ़ जड़ तत्त्वों का संघात मात्र है।)

मा गर्वमुद्वह कपोलतले चकास्ति
कान्तस्वहस्तलिखिता मम मंजरीति।
अन्यापि कापि सखि भाजनमीदृशानाम्
वैरी न चेद्भवति वेपथुरन्तरायः।।

(ऐ सखी, तू प्रिय की अपने हाथों अंकित मंजरी को इस प्रकार दिखाती हुई

गर्व कर रही है, यह उचित नहीं है। दूसरी कोई भी इस प्रकार के सौभाग्य का पात्र बन सकती थी, यदि हाथ की कँपकँपी बीच में विघ्न न पैदा कर देती।)

शुक्रवार, 14 मार्च, 1958

'धम्मपद' से

दीघा जागरतो रत्ति दीघं सनतस्स योजनं।
दीघो बालानां संसारो सद्धम्मं अविजानतं॥

5/1

(अनिद्रित के लिए रात बड़ी होती है, थके हुए के लिए रास्ता, सद्धर्म के अज्ञानी मूर्खों के लिए संसार (आवागमन का चक्र) बड़ा होता है।)

न पुप्फ गन्धो परिवातमेति
न चन्दनं तगरमल्लिका वा
सतञ्चगन्धो परिवातमेति
सब्बा दिसा सप्पुरिसो पवाति।

4/11

(चन्दन हो या तगर अथवा चमेली पुष्प की गन्ध हो, वायु के विपरीत नहीं जा सकती। पर सज्जन सत्पुरुष की सुगन्धि वायु के विपरीत भी फैलती है। सत्पुरुष सभी दिशाओं में अपनी गन्ध से व्याप्त हो जाते हैं।)

सील दस्सन सम्पन्नं धम्मठं सच्चवादिनं
अत्तनो कम्म कुब्बानं तं जनो कुरुते पियं।

16/9

(श्रेष्ठ चरित्र, अन्तर्दृष्टि-सम्पन्न धार्मिक, सत्यवादी एवं कर्तव्यनिष्ठ व्यक्ति जनप्रिय होता है।)

शनिवार, 15 मार्च, 1958

कर्णोत्तालितकुन्तलान्तनिपतत्तोयक्षणासंगिना
हारेणेव वृतस्तनी पुलकिता शीतेन सीत्कारिणी।
निर्धौताञ्जनशोणकोणनयना स्नानावसानेऽङ्गना
प्रस्यन्दत्कबरीभरा न कुरुते कस्य स्पृहार्द्रं मनः॥

क्षेमेन्द्र

(कर्णमूल से लेकर केशान्त पर्यन्त गिरते हुए जलकणों के संसर्ग से चक्राकार स्तनों पर हार की शोभा को धारण करने वाली, शीत से रोमांचित होकर सीत्कार करती हुई, अंजन के धुलने से लाल नेत्र प्रान्त वाली, खुले केशों से जल बरसाती

हुई रमणी स्नान की समाप्ति पर किसके मन को अभिलाषा से द्रवीभूत नहीं कर देती है।)

रविवार, 16 मार्च, 1958

एकस्य तिष्ठति कवेर्गृह एव काव्य–
मन्यस्य गच्छति सुहृद्भवनानि यावत्।
न्यस्याविदग्धवदनेषु पदानि शश्वत्
कस्याऽपि सञ्चरति विश्वकुतूहलीव।।

काव्यमीमांसा : 4 अध्याय

(कुछ कवि ऐसे होते हैं, जिनकी रचना अपने घर की चहारदीवारी के भीतर ही विचरण करती रह जाती है। कुछ कवियों की रचनाएँ उनके मित्रों के भवनों तक पहुँच जाती हैं और कुछ कवि ऐसे होते हैं, जिनकी रचना सभी के मुख पर पदन्यास करती हुई विश्वभ्रमण की इच्छा पूर्ण करती है, अर्थात् उनकी रचना के पद पठित तथा अपठित सभी के मुख पर स्थान प्राप्त कर लेते हैं।)

सोमवार, 17 मार्च, 1958

जीर्णा तरिः सरिदतीव गभीरनीरा
बालाः वयं सकलमित्थमनर्थहेतुः।
निस्तारबीजमिदमेव कृशोदरीणां
यन्माधव! त्वमसि सम्प्रति कर्णधारः ॥

जगदानन्द राय (पद्यावली, 270)

(नौका जीर्ण है, श्री यमुना जी भी अति गम्भीर नीरपूरित हैं एवं हम सब बालिका हैं। ये तीनों बातें यद्यपि अनर्थ की कारण हैं, तथापि हे माधव! कृशोदरी गोपिकाओं के निस्तार का एक-मात्र बीज तो यही है कि इस समय तुम कर्णधार हो।)

मंगलवार, 18 मार्च, 1958

साहित्य की परिभाषा–

अपूर्वं यद्वस्तु प्रथयति विना कारणकलाम्
जगद्भावप्रख्यं निजरसभरात्सारयति च।
क्रमात्प्रख्योपाख्या प्रसरसुभगं भासयति तत्
सरस्वत्यास्तत्त्वं कविसहृदयाख्यं विजयतात्।।

अभिनवगुप्ताचार्य

बुधवार, 19 मार्च, 1958

स्थलं नास्ति क्षणं नास्ति नास्ति प्रार्थयिता नरः।
तेन नारद नारीणां सतीत्वमुपजायते।।

पद्मपुराण, सृष्टि खण्ड, 49/20

(स्थान, समय और व्यक्ति के अभाव में ही नारी सती रह सकती है।)

शुक्रवार, 21 मार्च, 1958

Give give thine all
All thou ha'st and do'st
Give till thy hands and heart
And head are free.

Unknown

शनिवार, 22 मार्च, 1958

When I am dead, my dearest
Sing no sad songs for me;
Plant thou no roses at my head
Nor shady cypress tree.
Be the green grass above me
With showers and dew drops wet
And if thou wilt remember
And if thou wilt forget.
I shall not see the shadows
I shall not feel the rain
I shall not hear the nightingale
Sing on, as if in pain.
And dreaming through the twilight
That doth not rise nor set,
Haply I may remember
And haply may forget.

C. Rosseth

रविवार, 23 मार्च, 1958

About Love
I am one who when love
Inspires me, note, and in the
way that he

Dictates within, I give the outword

Dante

Love comes at his hour,
Comes with the flowers in spring,
Leaving the land of his birth,
Kypros, beautiful isle
Love comes, scattering
Seed for man on earth.

Theognis

सोमवार, 24 मार्च, 1958

To bring the dead to life
Is no great magic,
Few are Wholly dead :
Blow on a dead man's embers
And a live flame will start.

Let his forgotten griefs be now,
And now his withered hopes;
Subdue your pen to his handwriting
Until it prove as natural
To sign his name as yours.

Limp as he limped
Swear by the oaths he swore;
If he were black, affect the same;
If he had gouty fingers,
Be yours gouty too.

Assemble tokens intimate of him
A ring, a hood, a chairs—
Around these elements then build
A home familiar to
The greedy revenant.

So grant him life, but reckon
That the grave which housed him
May not be empty now!

You in his spotted garments
Shall yourself lie wrapped.

Robert Graves

(इसे Historical Novel के सन्दर्भ में देखा जा सकता है।)

शनिवार, 5 अप्रैल, 1958

1. The Philosophy of literary form — Kenneth Burke
2. The Armed Vision. — S.E. Hyman
3. The critical performance — Hyman
4. The fire and the fountain — John press
5. Poet's grammar — Francis Berry
6. Teaching poetry — James Reeves
7. Form in Modern Poetry — H. Read
8. The disinherited Art — Perspectives in criticism series California Uni press
9. The Elements of critical theory
10. Context of criticism — Harry Levin
11. Critics and criticism — R.S. Crane
12. Methods and aims in the study of Literature — Cornell University Studies in English Literature — Lane Cooper

The Institutes of Vishnu — Jolly J
An Intepretation of India's Religious History 1911 — Hume R.A.
Comprehensive History of the Religion of Hindus.
3 Vols. 1962-5. — Pol. D
Sri Ras Panchadhyayi — Trivedi M.A.
सुधर्म बोधिनी — लाड़िलीदास (with ललिताचरण जी)
History of Dvaita Literature — B.N. Krishna, Murari Sharma — Annamalai Varsity
Development of Hindu Iconography — J.M. Banerjee
सिद्धान्त रत्नाकर — निम्बार्क सम्प्रदाय वाले विश्वेश्वरशरण
श्रृंगार रस सागर — बा. तुलसीदास
कीर्तन संग्रह — कांकरोली
रसिक अनन्यमाल — भगवत मुदित (नागरी प्रचारिणी सभा)

रसिक अनन्य सार — जतन लाल (बाबा वंशीदास)
रसिक माल — उत्तम दास (बाबा वंशीदास)
श्री राधावल्लभ का भाष्य — राजा विश्वनाथ सिंह, रीवाँ
(म.प्र. अग्रवाल, दरबार कॉलेज वाले)
अनन्य अली की वाणी (सम्पूर्ण) बाबा वंशीदास तथा बाबा तुलसीदास से प्राप्त
गो. रूपलाल की वाणी — बाबा राधाकृष्ण चरणदास से प्राप्य
रसिकदास की वाणी — बाबा वंशीदास से प्राप्य
ब्रज प्रेमानन्द सागर — मुखिया ब्रजवल्लभदास
History of Medieval Hindu India — C.V. Vaidya
Monograph on the Religious (Seets) in India — D.A. Pai
(A.U. Library)

The Bhakti Doctrine in Shandilya Sutra

Dr. B.M. Barua

सोमवार, 21 अप्रैल, 1958

Cyrano De Bergerac — A Play by Edmond Rostand

"You think a man who has handsome face must be a fool." Roxane

"While I stood in the drarkness underneath, other climbed up to win the applouse the Kiss."

Cyrano to Roxane

".....I had never known womanhood and its sweetness for you,
My mother did not love to look at me
I never had a sister later on,
I feared the mistress with a mockery, Behind her smile.
But you, because of you, I have had one friend not quite
all a friend,
Across my life, one whispering silken gown."

Cyrano

I never but loved one man in my life,
and I have lost him - twice.....
"Gascoynes are free fighters, free lovers and free spenders."

Cyrano

"...homesickness a hunger more noble than the hunger of the flesh."

Laugh and be merry together like brothers akin,

guesting a while in the rooms of beautiful inn,
glad till dancing till steps stops,
and the lilt of music ends,
Laugh till the game is played,
and be you merry, my friends.

John Masefield
(Laugh and be merry)

रविवार, 11 मई, 1958

सन्ध्या, आँधी पानी में भीगते हुए महाराजा कॉलेज होस्टल मैसूर पहुँचे। बत्ती ग़ायब, भोजन भयंकर, चारपाई पर मैं सोऊँ या मेरे ऊपर वह सोये। देखा जायगा।

रविवार, 25 मई, 1958

आज शिवसमुद्रम, सोमनाथपुरम्, श्री रंगपट्टनम, वृन्दावन गार्डेन्स गया। भयंकर थकावट है, पर शिवसमुद्रम का वह बीहड़ सौन्दर्य, बल्कि भयानक सौन्दर्य जो एकबारगी अपनी ओर खींचता है और वृन्दावन का कृत्रिम सौन्दर्य कितने विपरीत हैं। सौन्दर्य की categories complimentation में ही सदा नहीं होतीं।

शनिवार, 31 मई, 1958

यह पृष्ठ तो कुछ याद रखने के लिए है, पर क्या-क्या याद रखूँ। स्मृतियाँ तो ऐसी हैं कि आती हैं चली जाती हैं–पीछे छूटे साथियों की, आगे चले जाने वाले यायावरों की, साथ में रस-भीनी बातें करने वाले संगियों की। पुण्य न कर पाने के, या रसीले पाप करने के अवसर चूक जाने की स्मृतियाँ, सभी तो मोहक हैं। पर–पर ज़िन्दगी को तो आगे बढ़ना है, कुछ आज साथ हैं, कुछ कल होंगे, पर समस्या आ जाती है कि, कुछ को हम बराबर साथ रखना चाहते हैं, पर वह हो नहीं पाता। मसलन आज मैं चाहता था कि इस मैसूर की झील के किनारे मैं कमलेश के साथ घूमूँ पर वह कानपुर में है, पर आशा का बन्धन तो है ही।

सोमवार, 2 जून, 1958

आषाढस्य प्रथमदिवसे, मेघमाश्लिष्टसानु
वप्रक्रीड़ापरिणतगजप्रेक्षणीयं ददर्श।
तस्य स्थित्वा कथमपि पुरः कौतुकाधान हेतो
रन्तर्बाष्पश्चिरमनुचरो राजराजस्य दध्यौ।

X X X

"रूपं दर्शय नाऽत्र शंकरभयं सर्वे वयं वैष्णवाः।।"

(हे कामदेव) अपना रूप दिखाओ, यहाँ शंकर का भय नहीं है। हम सभी वैष्णव हैं।

"शिप्रावातः प्रियतम इव प्रार्थनाचाटुकारः।"

मंगलवार, 3 जून, 1958

तन्वी श्यामा शिखरिदशना पक्वबिम्बाधरोष्ठी
मध्ये क्षामा चकितहरिणीप्रेक्षणा निम्ननाभिः।
श्रोणी भारादलसगमना स्तोकनम्रा स्तनाभ्यां
या तत्र स्याद्युवतिविषये सृष्टिराद्येव धातुः।।

उ.मे. 19

याच्ञा मोघा वरमधिगुणे नाधमे लब्धकामा

पू.मे. 6

(गुणी जन से याचना करना अच्छा है, चाहे वह निष्फल ही रहे; अधम से माँगना अच्छा नहीं, चाहे वह सफल भी हो।)

बुभुक्षितैर्व्याकरणं न भुज्यते
न पीयते काव्यरसः पिपासितैः।
न विद्यया केनचिदुद्धृतं कुलं
हिरण्यमेवार्जय निष्फलाः कला।

माघ

बुधवार, 4 जून, 1958

क्व प्रस्थितासि करभोरु घने निशीथे
प्राणाधिको वसति यत्र जनः प्रियो मे।
एकाकिनी, वद कथं न विभेषि बाले
नन्वस्ति पुंखितशरो मदनः सहायः।

कवीन्द्रवचनसमुच्चय (509 संख्या)

(इस गहरी रात में ही करभोरु तुम कहाँ जा रही हो? प्राणों से भी अधिक प्रिय जो प्राणी है, वह जहाँ रहता है, वहीं जा रही हूँ। हे बाला, तुम्हें अकेले डर क्यों नहीं लग रहा है? क्यों, पुष्पित शर मदन मेरा सहाय जो है।)

शनिवार, 7 जून, 1958

बेलूर होयसला राजाओं की कुछ समय तक राजधानी रहा तथा हलेबीद या द्वार समुद्र की विनष्टि के बाद विजयनगर के राजाओं की राजधानी भी बना रहा।

यहाँ का केशव मन्दिर विष्णुवर्धन के द्वारा 1117 ई. में बनवाया गया। The most exquisite specimen of Hoysala architecture which according to Ferguson, "combines constructive prosperity with exuberant decoration to an extent not often surpassed in any part of the world.

मुख्य मन्दिर में गर्भगृह, सुरभासी या vestibule, नवरंग या केन्द्रीय हॉल जिसमें तीन द्वार हैं पूर्व, दक्षिण और उत्तर। मुख्यद्वार (पूर्व) के स्तम्भों पर रति और कामदेव की सुन्दर मूर्तियाँ। द्वार के दाहिने ओर महाभारत की कथाएँ या रामायण की कथाएँ। इस पक्खे पर आठ स्तरों पर विविध मूर्तियाँ खुदी हैं।

Above the rails with their fringes are pierced stone windows or perforated screens, nearly twenty in number of which ten are sculptured with puranic scenes and the rest decorated with geometrical designs. The bracket figures on the pillar supporting the caves are of great artistic beauty. Two of them represent Durga and three huntresses holding a bow and the other shooting birds with arrows. Most of the other figures are either dancing or playing on musical instruments or dressing or decorating themselves. उत्तरी स्वर्गद्वार पर चौरी डुलाने वाली। उत्तर-पूर्व पर एक संहार का दृश्य—गरुड़ शरभ पर आक्रमण कर रहा, जो कि सिंह पर, जो कि हाथी पर, जो कि साँप पर, जो कि चूहा निगल रहा तथा एक सन्त इन पर आश्चर्य की दृष्टि डाल रहा है।

बृहस्पतिवार, 12 जून, 1958

आज एक कविता Quest में पढ़ी। अंग्रेजी में Emily Folk की कुछ यों है—

अनाहूत यह दिन जो आया है
कितना नीरस, अजब उदासी लाया
लौटा दूँ कैसे इसको
अनायास जीने तक चढ़ जो आया है।

भावानुवाद

बृहस्पतिवार, 19 जून, 1958

Script from A.I.R.
Indira Bhawan Hotel में Dinner.

सोमवार, 23 जून, 1958

आज हैदराबाद में उस्मानिया यूनिवर्सिटी देखने जा रहा था—रास्ते में प्रभुत्व ज्वर अस्पताल पड़ा, पर Government fever Hospital के लिए यह हिन्दी थी और बगल में ही मिनिस्टरों के बँगले थे। शायद प्रभुत्व का ज्वर वहीं से आया था।

शनिवार, 28 जून, 1958

एक वकील साहब अदालत में बड़ी देर तक कारण बताते रहे कि उनके मुवक्किल का गवाह क्यों नहीं हाज़िर हो सका। सबसे अन्त में जो कारण उन्होंने बताया, वह था कि 'गवाह मर गया है।'

X X X

कादम्बरी में वर्णन आता है कि राजा के न रहने पर दरबार के सारे जन जिस समय असंयत हो उठते थे, उस समय लोग भिन्न-भिन्न कार्यों में मशगूल हो जाते थे, 'कुछ चतुर लोग बन्दीजनों से राजा के पूर्वपुरुषों की यशोगाथा सुनते थे।'

रविवार, 29 जून, 1958

एक गोष्ठी हो रही थी कुँवर चन्द्र प्रकाश सिंह के सम्मान में। वे बड़ौदा यूनिवर्सिटी में हिन्दी के अध्यक्ष नियुक्त हुए हैं। काफ़ी से अधिक प्रशंसा और औपचारिकता के बाद उन्होंने बोलना प्रारम्भ किया in most unimpressive way. हमारे यहाँ के अध्यापकों का एक बड़ा दोष है कि वे विशेषण-बहुल भाषा और एक प्रकार के Pseudo-Philosophism में बहुत पड़ जाते हैं। कुछ Literary Jargons और catch words हैं, जिनसे श्रोता पर असर डाला जाता है। आज इस प्रवृत्ति के बढ़िया उदाहरण फिर मिले।

कुँवर जी बोल रहे थे...हिन्दी की ज्योतिर्मयी आध्यात्मिक परम्परा को आगे बढ़ना ही चाहिए। मैं कुछ समझ ही नहीं पा रहा था कि हिन्दी की यह कौन-सी ज्योतिर्मयी परम्परा है और फिर आध्यात्मिक परम्परा—राम ही मालिक है। अगर आध्यात्मिक परम्परा ही है, तो फिर भाई दर्शन लिखो—धर्म-सिद्धान्तों में सर मारो—रस के, भौतिकता के इस क्षेत्र में क्यों आते हो। भक्ति काल के सूरदास जैसे श्रेष्ठ कवियों की भी—जिन्होंने कि धर्म को लोक-रस से मज्जित कर दिया—उसके आध्यात्मिक अर्थ किये जाने लगे हैं। जाने कब यह चिन्ता जाड्य दूर होगा, जब केवल टीकाएँ करना दूर होगा अपने मतलब की। 'हमसे कत करत रिसैयों' जब आध्यात्मिक अर्थ में प्रयुक्त होता है, तो ऐसा लगता है कि मिठाई से प्रहार करने का काम लिया जा रहा है। पर हिन्दी की ज्योतिर्मयी परम्परा के ठेकेदारों से कौन, कुछ, कह भी कैसे सकता है। वास्तव में हिन्दी के बौद्धिक क्षेत्र में एक बहुत बड़ी गड़बड़ी या overlapping है। यहाँ पर साहित्य-सर्जक, समीक्षक, अध्यापक, अनुसंधाता और भाष्यकार के क्षेत्र अलग-अलग नहीं हैं। और सबके क्षेत्र अलग-अलग भी हों, पर अध्यापक को जैसे यह जन्मसिद्ध अधिकार प्राप्त है कि वह हर दिशा में अधिकार जमाये रखे।

समीक्षक बन कर तो वह शायद माँ के पेट से आता है। विद्यार्थी की चमकदार

रचनाओं को भी वह अपने स्पर्श से मलिन करता रहता है। हर नये सिद्धान्त का विरोध करने का उसने ठेका ले रखा है। साहित्य सृजन करने वाले के लिए उसके मन में कोई सम्मान नहीं है। Ph.D. करने की, अनुसन्धान की तो उसे सहज व्यावसायिक आवश्यकता पड़ती है और साहित्य का व्याख्याता होने के कारण टीका, व्याख्या या भाष्य तो कम से कम वह कर ही सकता है। इस कारण हिन्दी के साहित्यिक क्षेत्र में अनेक भ्रम फैलते रहते हैं। इन लोगों के कारण नवीन रचनाओं के लिए कभी शिक्षा के क्षेत्र में अवकाश ही नहीं मिलता। विद्यार्थी की नवीन विचार-सरणि को भी ये दबाते हैं। परिणाम यह है कि हिन्दी का पाठक-समाज इतना अप्रबुद्ध है कि जिसकी कल्पना नहीं की जा सकती। उस समाज में केवल catch words की प्रशंसा होती है—मौलिक या विचारोत्तेजक बात का वहाँ कोई सम्मान न होगा।

.....जी ने जब कहा, कवि का काम असुन्दर में-से सुन्दर को निकालना है। वह सत्य का ग्रहीता ही नहीं, दाता भी है। जब.....जी ने कहा.....'मानव सत्य के पास पहुँच कर ही महान बनता है।' तो खूब ताली पिटेगी। पर यदि कोई वक्ता सत्य का लेखक के लिए क्या 'मूल्य' होता है—सौन्दर्य की अनुभूति की प्रक्रिया क्या होती है, इनके बारे में कुछ नया विचार रखना चाहे, तो सचमुच ही कुछ न मिलेगा।

बुधवार, 2 जुलाई, 1958

हिन्दी साहित्य के इतिहास की समस्याएँ :

1. 10-11 शती में देशी भाषाओं में श्रेष्ठ साहित्य नहीं मिलता जब कि तक्षण और स्थापत्य कला उस समय चरम सीमा पर थे। संस्कृत काव्यशास्त्र के मूर्धन्य आचार्य उसी समय हुए हैं।
2. प्रेम की allegory भक्त कवियों में किस रूप में आयी है। संवेदना को दर्शन और फिर Logical conclusion तक।
3. वीरगाथा काल की court poetry और रीतिकाल की court poetry में अन्तर?
4. क्या प्रेमाभक्ति revival है भक्ति का? किन सामाजिक परिस्थितियों में वह आगे बढ़ी?
5. 19वीं शती में जिस समय उर्दू में ग़ालिब और मीर बढ़ रहे थे (जो मुस्लिम शासन का decadant काल था वह) उस समय हिन्दी में एक तरफ़ से Mediocre ही क्यों हो रहे थे?
6. तात्त्विक रूप से भक्तिकाल और रीतिकाल का अन्तर क्यों बढ़ा?
7. Shifting of Literacy centres later रीतिकाल में बैसवारा एवं बुन्देलखण्ड, आधुनिक काल में काशी, कानपुर, काशी-प्रयाग और फिर अब दिल्ली—छोटे centres लखनऊ, पटना, कलकत्ता, हैदराबाद, बम्बई....

शुक्रवार, 4 जुलाई, 1958

लोग कहते हैं कि काव्य की भाव-भूमि नहीं बदलती—नहीं। भाव मूल में भले ही नहीं बदलें पर संचरण-भूमि बदल जाती है।

आज लोक व्यवहार का ज्ञान, कान्तासम्मित उपदेश, कीर्ति की प्राप्ति कवि के लक्ष्य नहीं रहे। वह यथार्थ के गहरे अनुभव से सम्पृक्त होना चाहता है, मात्र व्यवहार ज्ञान नहीं। कान्तासम्मित उपदेश कवि से अधिक कहानीकार, उपन्यासकार, निबन्धकार ने ले लिया है। 'जीवन की व्याख्या', 'जीवन की आलोचना', 'आत्माभिव्यक्ति', 'spontaneous outburst of personal feelings', मानवता के अंतस्तल' में निहित एकता की उपलब्धि चाहने लगे हैं। "युगचेतना को स्वर देना कवि का कर्तव्य माना जाने लगा है, मानव संस्कृति का निर्माण करना उसका लक्ष्य समझा जाने लगा है। अब उसे दरबार को जीत कर कवियश पाने का अधिकारी नहीं माना जाता।"

(ह.प्र. द्विवेदी)

वास्तव में यह बात वैसी ही है कि कोई कहे गुप्त काल की करेन्सी और आज की करेन्सी में कोई अन्तर नहीं है। अर्थशास्त्र का तनिक भी ज्ञान रखने वाली इसके पीछे की जटिल अर्थव्यवस्था, Modern Currency and banking and foreign exchange की समस्याएँ हैं। फिर आज के सिक्के का जितना महत्त्व और जितना बड़ा क्षेत्र है, उतना पहले नहीं था। लगभग यही दशा आधुनिक साहित्य की है।

प्राचीन काल में अभ्यास द्वारा काव्य सृजन-शक्ति का उपलब्ध होना स्वीकार किया गया है। पर आधुनिक काल में कवि को ऐसी कोई छूट देने को प्रस्तुत नहीं है। अब चमत्कृति ही महत्त्वपूर्ण नहीं रही।

राजशेखर ने काव्य मीमांसा में काव्य रचना की अपेक्षा काव्य पाठ को अधिक महत्त्वपूर्ण माना है—

करोति काव्यं प्रायेण संस्कृतात्मा यथा तथा।
पठितुं वेत्ति स परं यस्य सिद्धा सरस्वती।

यह दरबारी काव्य का दर्शन था। पर आज, पाठ करने वाले को गायक कह देते हैं। यह सामान्य परिवर्तन नहीं है। राजशेखर ने तो सुन्दर पाठ करने वाले को वाग्देवी का वल्लभ तक कह दिया है।

विज्जका ने उन सहृदयों को श्रद्धा अर्पित की है, जो कवि के अभिप्राय को समझकर फिर गद्गद कण्ठ से इस प्रकार काव्य पाठ करते हैं कि कण्ठावरोध हो जाता है।

कवेरभिप्रायमशव्दगोचरं
स्फुरन्तमार्द्रेषु पदेषु केवलम्।
वदद्भिरगैः कृतरोमांविक्रियैः
जनस्य तूष्णीं भवतोऽयमञ्जलिः।

पर आज का पाठक कहाँ मस्ती से झूम-झूम कर पाठ करता है। द्विवेदी जी के कथनानुसार उसका मन बुद्धि से सूक्ष्म आँखों से भर गया है। वह शोषक-शोषित के वर्ग-संघर्ष देखने लगता है। फ्रायड के प्रतीक एवं जुंग के Archetypal Patterns को ढूँढ़ने लगता है।

(काव्य में भी तो गुण होना चाहिए। ऐसा गुण जो चुगलखोर और दुर्जनों को भी सहृदय बना दे। जिस काव्य को सुनकर मात्सर्याहतचेता व्यक्ति रोमांच-कण्टकित न हो उठे, उसका सिर अपने आप न हिल उठे, उसके कपोल देश पर लालिमा न दौड़ पड़े, उसकी आँखों में आँसू न आ जायँ और उसकी वाणी अध्यारोपित वस्तु के कीर्तन में तन्मय न हो उठे, तो भला वह भी कोई काव्य है।)

संस्कृत कवि वल्लभ के श्लोक का रूपान्तर

मंगलवार, 8 जुलाई, 1958

कवि के status में अन्तर होता आया है—वैदिक काल में वह क्रान्तदर्शी है। ईश्वर भी 'कविर्मनीषी' है।

काव्येतिहास युग में वह प्रतिभावान् और व्युत्पन्न (सर्वज्ञ) माना जाने लगा। पर आधुनिक काल में उसकी सर्वज्ञता समाप्त हो गयी है। कलाओं का स्वतन्त्र क्षेत्र एवं स्वतन्त्र प्रभाव मान लिया गया है। अब वह राजकुमारों जैसे कोमल मति वालों (साहित्य दर्पण-काव्य मीमांसा) को ज्ञान सिखाने का साधन नहीं रही।

बुधवार, 9 जुलाई, 1958

चिन्तासमं यस्य रसैकसूतिरुदेति चित्राकृतिरर्थसार्थः।
अदृष्टपूर्वो निपुणैः पुराणैः कविः स चिन्तामणिरद्वितीयः।

राजशेखर : काव्यमीमांसा

(जिसके श्लोक का अर्थ, समझ में आते ही, सहृदयों को रस से ओतप्रोत कर देता है और जिसकी कविता में विचित्र कल्पनाओं का वह अलौकिक स्फुरण होता है, जो पुराने कवियों की दृष्टि से भी बाहर है, उस अद्वितीय कवि का नाम 'चिन्तामणि' है।)

बृहस्पतिवार, 31 जुलाई, 1958

आज प्रेमचन्द जयन्ती थी। कॉलेज में भी मनायी गयी और नगर में भी। दोनों जगहों के व्याख्यान वही stereo-typed, full of catch words। हिन्दी का पाठक कितना कम प्रबुद्ध होता है, इसंके उदाहरण फिर मिले। प्रेमचन्द के नये मूल्यांकन को किसी ने करना ही नहीं चाहा और यदि एकाध ने कुछ attempt किया भी तो उसे applause नहीं मिला। 'वे भारतीय जीवन के कलाकार थे', 'वे आदर्शोन्मुख यथार्थवादी थे', 'वे विश्व के या भारत के श्रेष्ठ कलाकार थे' आदि phrases ही

गूँजते रहे–पर ये चीजें वे जिन अर्थों में थे, किसी ने भी इसे नहीं कहना चाहा।

एक दूसरी प्रवृत्ति और मिली। जो लोग संस्मरणात्मक बोल रहे थे, वे प्रेमचन्द की अपेक्षा अपने बारे में अधिक कह रहे थे। कोई कह रहा था कि मैंने ही उन्हें हिन्दी में लिखने के लिए प्रेरित किया, किसी ने बताया कि मेरी नियुक्ति की स्वीकृति उन्होंने ही post की। फिर ऐसी-ऐसी बातें कि प्रेमचन्द ने विभिन्न वर्गों का चित्रण किया, इसलिए वह किसानों के ही नहीं थे। एक सज्जन 'ग़बन' को सर्वश्रेष्ठ मान रहे थे।

सोमवार, 4 अगस्त, 1958

अप्रयासबोध और सहजानुभूति में अन्तर होता है। अंगद का पैर कह देने से अप्रयासबोध होता है सहजानुभूति नहीं।

शुक्रवार, 22 अगस्त, 1958

Preface to Les Miserables

So Long as there shall exist, by reason of law and custom, a social condemnation, which in the face of civilisation, artifiially creates hells on earth, and complicates a destiny that is divine, with human fatality; so long as the three problems of the age —the degradation of man by proverty, the ruin of woman by starvation, and the dwarfing of childhood by physical and spiritual right–are not solved, so long as in certain regions, social asphyxia shall be possible; in other words, and from yet more extended point of view, so long as ignorane and misery remain on earth, book like this can not be useless.

Victor Hugo, 1862 A.D.

रविवार, 24 अगस्त, 1958

It is a sign of mediocre intelligence to be able to fix one's attention upon details when comtemplating a great work of art; on the other hand, it is a sign of the mediocrity of a work of art (poetic or plastic) if one can not get beyond the details, if they, so to speak, impede the way to the whole.

C.Friedric Hebbel in his Journal (German writer)

Lyric poetry has something childlike about it, dramatic poetry something manly, epic poetry something senile.

C.F. Hebbel

A genuine drama may be compared to one of those great buildings which have almost as many passages and rooms below the earth as about it. Ordinary poeple only the former; the architect knows the latter also.

C.F. Hebbel

To present the necessary, but in the form of the accidental; that is the whole secret of dramatic style.

Ibid

The understanding no more makes poetry than salt makes food, but it is necessary to poetry as salt is to food.

C.F Hebbel

सोमवार, 25 अगस्त, 1958

That aspect of literature which symbolizes the substance of the originating experience we may call diction; the aspect which symbolizes the unity of the substance in a single act of comprehensive attention; we call the form of a piece of literature.

L. Abercrombie

बुधवार, 27 अगस्त, 1958

व्यंग्य और हास्य में अन्तर यह है कि पहले में मुद्रा गम्भीर रहनी चाहिए और हास्य में दंतुलियाँ खुल जाती हैं।

बृहस्पतिवार, 28 अगस्त, 1958

कुछ व्यक्तियों की एक गोष्ठी जमी हुई थी। Anatomical Analysis चल रही थी। वह जो सरला नटवानी है न B.A. पार्ट II में, उसकी आँखों में गज़ब का पानी है और अमिता सेन तो बिल्कुल मुग्धा प्रतीत होती है। भई, मेरी मानो या न मानो, पर सरोजिनी शर्मा की चाल अद्भुत है, शोभा है अंगरेज़ी विभाग की। आपने कुछ सुना Mrs. चावला का affair कपूर से चल रहा है। "अरे भाई इस समय तो सारे संसार में संगम करहिं तलाब-तलाई की स्थिति है।"

बाद में पता लगाने पर ज्ञात हुआ कि सब-के-सब यूनिवर्सिटी की कक्षाओं में अनुशासन पर लम्बे उपदेश देने वाले अध्यापक थे।

शुक्रवार, 29 अगस्त, 1958

अध्यापक मित्र ने फ़तवा दिया, आज का सारा साहित्य चौपट चिन्तामणि है। प्रसाद की दार्शनिकता, पन्त का सौन्दर्य, गुप्त का तुक विधान, हरिऔध के गठे संस्कृत छन्द लिखने को साधना चाहिए और आजकल के कवियों की साधना कॉफ़ी हाउस है। इन लोगों ने केवल निराला का फूहड़पन और अस्पष्टता ले ली है। आचार्य पण्डित वहीं बैठे थे—बोल पड़े, क्या बक रहे हैं। पन्त, प्रसाद ने हिन्दी भाषा को चौपट कर दिया। साधना, काहे की साधना। दालमण्डी में तमाखू बेची प्रसाद

ने और ज़िन्दगी-भर निठल्लू बने घूमे पन्त। अरे लिखते थे हरिऔध जी, लिखते हैं सनेही जी। क्या मजाल जो छन्द के बीच सुई भी डाल सके।

एक पुराने कवि की आत्मा कहीं भटक आयी—बोल पड़ी—'क्या हरिऔध और सनेही की रट लगा रखी है। ऊटपटाँग खड़ीबोली घसीटने लगे। ब्रजभाषा का कसाव और चमक लाने के लिए साधना के खराद पर चढ़ना पड़ता है और ये बीसवीं सदी वाले साधना करना क्या जानें।

मैं वहाँ से भाग आया कि कहीं अभी रत्नाकर और भारतेन्दु को भी साधना की कसौटी से उतारने के लिए बोधा, पद्माकर या बिहारी न टूट पड़ें। एक चिट लिखकर सिर्फ मित्र के पास छोड़ दी कि कुछ नयी पत्र-पत्रिकाएँ, कुछ नया रचनात्मक साहित्य पढ़ और समझकर फ़तवा देने की कृपा करें—वरना आपकी साधना भी फ़तवेबाज़ी तक ही सीमित रह जायेगी।

(ठाकुर का कवित्त—"लोगन कवित्त करिबो खेल करि जानो है")

बृहस्पतिवार, 4 सितम्बर, 1958

अच्छा वक्ता वह होता है, जो अधिकांशतः नयी बातें न कहकर श्रोताओं की जानी हुई बातों को ही आकर्षक ढंग से दुहरा देता है। (इसमें अत्यन्त intellectual श्रोता अपवादस्वरूप होते हैं।)

बुधवार, 10 सितम्बर, 1958

"Everything that exalts life increases at the same time, its absurdity."

A. Camus

"By his very function, the artist is a witness for liberty and it is a justification for which he sometimes has to pay dearly."

Camus

"It is not the combat which makes artist out of us, but art which compels us to be combatants.

All normal people......had more or less desired the death of those they loved, at some time or another."

Camus

शुक्रवार, 12 सितम्बर, 1958

Talk from A.I.R. Lucknow at 8 P.M.

सोमवार, 22 सितम्बर, 1958

Talk from A.I.R. Lucknow at 2 P.M.

रविवार, 21 दिसम्बर, 1958

युगचेतना की फाइल में हेनरी जेम्स तथा फार्स्टर के उपन्यास सम्बन्धी विचार।

बुधवार, 24 दिसम्बर, 1958

सात लोक :
(1) पृथ्वी (2) अन्तरिक्ष (3) स्वर्ग (4) महर (5) जन (6) तपस् (7) सत्य।

सात पाताल :
अतल, वितल, सुतल, रसातल, तलातल, महातल और पाताल।

बृहस्पतिवार, 25 दिसम्बर, 1958

हरिदासी सम्प्रदाय के कवियों में 18वीं शती में नाम बढ़ाना—
(1) रूप सखी—वाणी सिद्धान्त रत्नाकर में

निम्बार्क में जोड़ना—
(1) रूप रसिक देव

1959

बृहस्पतिवार, 1 जनवरी, 1959

1959 स्वास्थ्य का वर्ष हो।

1959 अध्ययन का वर्ष हो।

1959 उच्च डिग्री का वर्ष हो।

1959 कीर्ति का वर्ष हो।

1959 सम्पन्नता का वर्ष हो।

1958 की बैलेन्स शीट मिलाने पर लगता है कि यदि दिसम्बर कष्ट, रोग, व्यथा न लाता तो श्रेष्ठ वर्ष कहा जा सकता था। लगभग 10,000 मील की लम्बी यात्रायें की गयीं (वर्ष प्रारम्भ की इच्छा पूरी हुई)। भाषाविज्ञान का अध्ययन हुआ। रिसर्च भी कुछ आगे बढ़ी। इस वर्ष इण्टर का परीक्षक पद भी मिला। रेडियो एवं साहित्य से भी आमदनी हुई। साहित्य के क्षेत्र में भी कुछ-न-कुछ बढ़ा, परन्तु वर्ष की समाप्ति बुरी हुई। चालू वर्ष के लक्ष्य स्वास्थ्य एवं Ph.D. हैं। भगवान सफलता दे।

वर्ष 1958 में साहित्य तथा परीक्षा सम्बन्धी आय रही 724/-

शनिवार, 3 जनवरी, 1959

अरे रे वाहदि काण्ह णाव छोड़ि
डगमग कुगति ण दीहि
तई इत्थि णइहि सन्तार टेइ जो चाहहि सो लेहि।

(प्राकृत पैंगलम् 12/9)

रविवार, 4 जनवरी, 1959

To speak ill of others is a dishonest way of praising ourselves.

Will Durant

मंगलवार, 6 जनवरी, 1959

अस्पताल से घर आ गया। डॉ. मिश्र की दवा शुरू हुई।

मंगलवार, 13 जनवरी, 1959

डॉ. लक्ष्मी बहादुर निगम की दवा शुरू हुई।

बृहस्पतिवार, 22 जनवरी, 1959

High Potency दवा ली।

शनिवार, 24 जनवरी, 1959

मुंशी अभिनन्दन ग्रन्थ समर्पण समारोह।

रविवार, 25 जनवरी, 1959

लेखक सम्मेलन।

शनिवार, 31 जनवरी, 1959

सोचा था कि इस बार 1 जनवरी को ही डायरी लाकर लिखना शुरू कर दूँगा। पर हैलट अस्पताल में विवश पड़ा रहा। डायरी कहाँ मिली और मिलती भी तो लिखता क्या? परेशान खुद, पर दूसरों को New Year Greetings केवल wish करता रहा। संयोग भी देखो, आज जब महीने का अन्तिम दिन है तो टहलते-टहलते 'साहित्य निकेतन' आ पहुँचा और यह डायरी मिल गयी, तो लिखने बैठा हूँ। 1 जनवरी का पेज पूरा भर डाला। पर जैसे नया वर्ष तो पुराना पड़ चुका है, वह उत्साह कहाँ से लाऊँ? पर चलो मान लो कि जब से डायरी मिली तभी से नया वर्ष। डायरी नववर्ष की प्रतीक। पर ऐसे कितने ही प्रतीक हैं जो subjective हैं और इसी कारण खोखले भी—असाधारणीकृत।

रविवार, 1 मार्च, 1959

III C, सायंकाल 6:30, गद्य।

मंगलवार, 3 मार्च, 1959

सायंकाल 9 बजे भुवनेश जी घर पर किताबें और पेपर्स

बुधवार, 4 मार्च, 1959

The Novel is a mirror carried along a roadway.

Stendhal

बृहस्पतिवार, 5 मार्च, 1959

आज के जीवन में वैयक्तिक intuition का स्थान expert advice लेती जा रही है और हम लोग इसके कला पर पड़ने वाले प्रभाव पर कम ध्यान देते हैं। आज की स्थिति में व्यक्ति यह अनुभव करता है कि सरकार अधिकतम जानती है—This is the age of knowledge.

शुक्रवार, 6 मार्च, 1959

Difference between vision and fact.

Poetry is responsible to the logic of poetry, which is partly the poet's fidelity to those sequences of imagery which are the thoughtful processes of the imagination, partly in his power to develop imagery and metaphor correctly and partly in his observation of the (often unwritten) rules of technique.

बुधवार, 13 अगस्त, 1959

आज मैं defeated महसूस कर रहा हूँ और उस defeat का frustration. M.A. class में humiliation मुझे लगातार उठानी पड़ रही है—पिछले वर्ष के propaganda से ही (इसमें प्रमुख हाथ राजकुमार, ब्रजलाल एवं शायद प्रेम नारायण जी एवं सिद्धनाथ का भी रहा है।) इस वर्ष वह चरमसीमा पर है जब सूरवाले लड़कों ने आने से इनकार किया। लड़कियाँ तो चली गयीं।

मैं ईमानदारी से कहना चाहता हूँ कि जिस दिन मैं यह अनुभव कर लूँगा कि मैं सचमुच ही अच्छा टीचर नहीं हूँ, उसी दिन कॉलेज की नौकरी छोड़ दूँगा—इस पेशे को छोड़ दूँगा। पर मन है कि 'यह अभिमान गवैहैं गये हू न प्रान' कि मैं विभाग के बहुत-से लोगों से अच्छा पढ़ाता हूँ और अच्छे लोगों के standard पर ही पढ़ाता हूँ।

यह challange भी देना चाहता हूँ कि मुझे full class का compulsory पेपर दे दिया जाये और यदि मैं उसके साथ न्याय न कर पाऊँ, Reputation न बना लूँ तो मैं इस्तीफा दे दूँ। हो कैसे यह?

पर सचमुच ही जो authority में होते हैं, वे कितना अधिक परेशान कर सकते हैं। खासकर जब राजकुमार जैसा clerk प्रधान बन बैठता है, तब यही होता है—

"रहिमन चुप ह्वै बैठिये, देखि दिनन को फेर
जब नीके दिन आइहें, बनत न लगिहै देर।"

1960

Personal Memoranda

Policy No.	– 7210393
Insurance falls due on	– 21.12.60
Radio No.	– 981951 (Regd) J447112 Model No. TO 298
License No.	– J. 447112 Expires 31.12.60
Telephone No.	– 26004, 26305
Telegraphic Address	– Awasthi, Bagia, Kanpur
Name	– Devi Shanker Awasthi
Address	– 32/147, Mani Ram Bagia, Kanpur

मंगलवार, 5 जनवरी, 1960

Tale Review

Sidney Review

London Magazine

Partison Review–

कहानी, कथा-कहानी, वसुधा, नयी जिन्दगी, लहर, सरस्वती, दक्षिण भारती, युग प्रभात, इकाई, वसुधा।

साहित्य कोश : प्रथम भाग

: द्वितीय भाग

अनगता की आँखें, शब्द दंश: कल्पना

मधुरिमा – ज्ञानोदय

सती मैया का चौरा-कृति

संतुलन की रचना और समीक्षा

बृहस्पतिवार, 7 जनवरी, 1960

हिन्दी शब्द बनाइये

Integral, structure, form, texture, material, matter, finished denominator, norms, common, pattern, inter subjectives, signs, explication.
Craftsmanship (काश्तकारिता)

शनिवार, 9 जनवरी, 1960

Section S–9
Ministry of Education
Block No. A, Room No. IW3,
Curzon Road, Barracks
New Delhi
(Self addressed envelope 8"x4")
for Rumanian scholarship)

रविवार, 10 जनवरी, 1960

M.A. Extra class at 3 P.M.
11 AM. D.B.S. staff Meeting in the games room of D.A.V. college.

सोमवार, 11 जनवरी, 1960

५०) K.P. Bhatanagar com. volume
२१) आगरा खर्च 31 दिसम्बर, 59
१५) आगरा खर्च 6 जनवरी upto
३) डाक खर्च
८६)

आगरा ता. 28.3.60 को जाना

मंगलवार, 19 जनवरी, 1960

"Colour and fragrance and manifestations of spiritual energy are rare."

Ranade

(मीरा, रामानन्द में है)

बृहस्पतिवार, 21 जनवरी, 1960

Literary essays of Ezra Pound
Ed. T.S. Eliot

सोमवार, 25 जनवरी, 1960

५४) कपड़ा
८) सुधीर का पैंट
४) टिकट मेरे पास
२) टिकट अम्मा
८०) गेहूँ
२६) मसाला
५०) पेरी व परजों के कपड़े
२४०) शक्कर 2 बोरा
२५) चावल

बुधवार, 27 जनवरी, 1960

1. Literary Criticism 620.9
   Short history, 31744
2. Forms of modern Fiction 823.04 van. 31728
3. South India to Indian culture
   8934 Aij, 21824
4. पोद्दार अभिनन्दन ग्रन्थ—22333 890 45A.Aqr
5. रामभक्ति में रसिक सम्प्रदाय 27563 891.2 Sing
   Religious consciousness 150.2

शुक्रवार, 29 जनवरी, 1960

१०) जमा
७०)
    ४) दिदिया ता. 3.4.60
    २) टिकट
    ।=) दही
    ।।=) रिक्शा शक्कर के लिए
    १) श्याम के A/c में

Notes after 31 जनवरी

Agra Varsity Library
1. The Disinherited of Art. 820.01, F 37 D

By soloman Fishman (Writer and Background)
2. The study of Literature – David Daiches 820.01 D 135

शुक्रवार, 5 फरवरी, 1960

Kavi Sammelan

Shri N.D. Singh
11, Pusa Road, New Delhi Telephone 36286

रविवार, 7 फरवरी, 1960

In the losing battle that the plot fights with the character, it often takes a cowardly revenge. Nearly all novels are feeble at the end. This is because the plot required to be wound up.

मंगलवार, 9 फरवरी, 1960

जनेऊ खर्च

८१)	धर्मशाला
२६)	मसाला
८०)	गेहूँ
७२)	शक्कर
२)	सूप

शनिवार, 20 फरवरी, 1960

क्वालिटी हॉल में सवेरे 9:30 पर नीरज अभिनन्दन समारोह।

रविवार, 21 फरवरी, 1960

Extra class B.A. 11 : 10 A.M.

बृहस्पतिवार, 25 फरवरी, 1960

Seminar ललित कला/विद्यापीठ की ओर से। Valerio House में 4:30 बजे
7 A.M. M.A. Extra class.

रविवार, 28 फरवरी, 1960

अशोक हॉल में कथा-साहित्य पर 3 बजे बोलना है।

2 बजे शर्मा रेस्तराँ में चाय। Dedication ceremoney of B.N. Gupta's Book.
12:30 बजे बाबू पुरवा
5 बजे K.K. College B.Y.S.

29 फरवरी के बाद Notes में

उपन्यासकारों की कविताओं पर एक लेख–धर्मयुग
विजनवती–इलाचन्द्र जोशी

मंगलवार, 1 मार्च, 1960

Extra class B.A. II 5 P.M.
submission of M.A. Attendence at 9 : 30 A.M.

बुधवार, 2 मार्च, 1960

शंकरदयाल के यहाँ जनेऊ
Extra class B.A. II 8 : 30 A.M.

बृहस्पतिवार, 3 मार्च, 1960

Ah, my Beloved, fill the cup that clears
Today, of past regrets and future tears
Tomorrow? Why, tomorrow I may be
Myself with Yesterday's
Seven thousand years.

Khayyam

शनिवार, 5 मार्च, 1960

7 : 45 A.M. गोपीनाथ दीक्षित।

रविवार, 6 मार्च, 1960

Extra class at 2 P.M.

सोमवार, 7 मार्च, 1960

कु. यश कौर लखनऊ से 8:30 बजे
शाम को 4 बजे कृष्ण नारायण कक्कड़ घर पर

मंगलवार, 8 मार्च, 1960

विशिष्ट द्वैतिक भक्ति दर्शन—सरनाम सिंह
कृष्णा ब्रदर्स, अजमेर

मंगलवार, 15 मार्च, 1960

1. Indian and Indonesian Art

A. Coomarswamy

2. Moghul paintings

P. Brown

3. Christian and oriental philosophy of Art.

A. Coomarswamy

4. Indian Architecture — Percy Brown
5. History of Indian and Eastern Architecture — James Fergusson

शनिवार, 9 अप्रैल, 1960

Each song is love's stillness
Each star is time's stillness
A knot of time
Each sign is the stillness
of the shrick

Lorca

बुधवार, 13 अप्रैल, 1960

अग्रवाल टाइप स्कूल
(रज्जन टाइपराइटर मैकेनिक)
सवेरे 10"-11 के भीतर, शाम 3 से 6 तक।

शुक्रवार, 15 अप्रैल, 1960

Typing Instructions :

1. प्रेम को ठीक टाइप करें—मात्रा नहीं आ रही है।
2. संस्कृत श्लोकों की ओर अधिक ध्यान दें। प, य, म, द में confusion है। व, ब का अन्तर।
3. विराम चिह्नों का ध्यान रखें। लेखक के नाम के बाद : आखिर में पूर्ण विराम, रचना के नाम के बाद : आखिर में पूर्ण विराम।
4. तत्त्व।

मंगलवार, 26 अप्रैल, 1960

7 P.M. at S.M. Shukla's place Patakapur

बुधवार, 7 सितम्बर, 1960

गोस्वामी से षट् सन्दर्भ तथा गोपालदत्त वाली थीसिस।

शुक्रवार, 9 सितम्बर, 1960

लाइब्रेरी में
सूर सागर से
1. अपुन पौ आपुन ही बिसरयौ
2. अपुन पौ आपुन ही मैं पायो

मंगलवार, 8 नवम्बर, 1960

To Agra.

बुधवार, 9 नवम्बर, 1960

Viva– Voce of Ph.D. at Agra at 10 A.M.

शुक्रवार, 11 नवम्बर, 1960

आ. महावीर प्रसाद द्विवेदी
जन्म बैशाख शुक्ल 4, सं. 1927
मृत्यु पौष कृष्ण 30 सं. 1995

रविवार, 13 नवम्बर, 1960

श्री लक्ष्मी नारायण दुबे
अध्यक्ष, हिन्दी विभाग, नर्मदा महाविद्यालय
होशंगाबाद
for नवीन जी (अशोक से)

शुक्रवार, 25 नवम्बर, 1960

सवेरे नवजीवन पुस्तकालय।

1961

Pocket Diary

देवीशंकर अवस्थी

Name	–	Devi Shanker Awasthi, M.A., Ph.D.
Address	–	Institute of Post graduate (Evening) studies Delhi University, Delhi-6
Telephone No. (Business)	–	25334
Watch No.	–	Alpina, 272340
Bank Account No.	–	2045 (S/T P.N. Bank, kamla Nagar, Delhi)

In event of an accident please notify–
Mrs. Kamlesh Awasthi, M.A.
32/147, Mani Ram Bagia, Kanpur
Insurance Policy No. – 7210393 – 21.12.59

रविवार, 1 जनवरी, 1961 (**आगरा**)

950/- in the last year

Let this be a year of health, prosperity and fame.

आज जीवन में एक नया अनुभव हुआ। पुराना वाइस चान्सलर हट रहा है, नया आ रहा है। यूनिवर्सिटी ऑफिस में एक विचित्र feeling है। हम लोगों का मन भर-भर आता है। एक आपाधापी भीतर से, पर ऊपर से एकदम प्रशान्त। कुछ ऐसा वातावरण है—आज यहाँ का।

इस बार डायरी 1 जनवरी के पूर्व ही मैंने खरीद ली थी। सारे दिन बड़ी चहल-पहल भी रही। पर मन में कुछ लिखने का उत्साह नहीं था। अब रात्रि को एकदम शान्त भाव से लिखना चाहता हूँ—पर मन उमग नहीं रहा।

आज सवेरे-सवेरे ही भटनागर साहब को New year greet किया। कम्मो की याद बहुत आ रही है—अम्मा भी याद आ रही हैं। उनके पास जाने का मन है।

मंगलवार, 3 जनवरी, 1961 (आगरा)

भटनागर साहब के जाने के बाद Guest House कितना श्रीहीन हो गया है। मेरा भीतर आने को मन नहीं करता।

बृहस्पतिवार, 5 जनवरी, 1961

D.A.V. Liberary :

1. The business of criticism 31643, 8204 Gar — Helen Gardner,
2. The writer and his craft 31677, 8204 Cow — R.W. Cowden,
3. Critics and criticism 8204, Cra 31595 — R.S. Crane
4. Critical Approches to Literature 8204, Dia, 26290 — D. Daiches
5. An Introduction to Research in 31665 8209 San — Chaumcey Sandars
   English Literary History

Anatomy of Criticism

Bank Draft	Varanasi	KO–44762
	Kanpur	KO–44761

बुधवार, 11 जनवरी, 1961

6 P.M. Lalta Prasad Shukla

MC Taggart – Philosophy of Love

शनिवार, 14 जनवरी, 1961

7.30 Extra class M.A.

5.30 Iscus की शाम को मीटिंग।

रविवार, 15 जनवरी, 1961

आगरा

रात 11 बजे आगरा

Agra Varsity, Library

1. Study of Literature
2. Creative process 801G 42C.

सोमवार, 16 जनवरी, 1961 (आगरा)

1. Art of Poetry 821.9 V 25A (7) Valery
2. The philosophy of Literary form 820. B95 P Kenneth Burke

मंगलवार, 17 जनवरी, 1961

आगरा

भटनागर अभिनन्दन ग्रन्थ का समर्पण।

बृहस्पतिवार, 19 जनवरी, 1961

एकान्त उत्सव, कुहरिल रहस्यमय वातावरण। उत्सव की औपचारिकता और वाग्जाल की विभीषिका। मन करता है उठकर चला जाऊँ।

शनिवार, 21 जनवरी, 1961

सौरभ का अन्नप्राशन।

रविवार, 22 जनवरी, 1961

मुन्नो का विवाह।

मंगलवार, 24 जनवरी, 1961

संध्या 7-7:30 खन्ना को भोजन पर बुलाया है।

शुक्रवार, 27 जनवरी, 1961

गाँव जाना है।

शनिवार, 28 जनवरी, 1961

रविवार, 29 जनवरी, 1961

गाँव में रहना है।

मंगलवार, 31 जनवरी, 1961

टेलीफोन from 4479

1. ता. 1, 4,

3. लोकल 4, 4,

1 ट्रंकाल लखनऊ 4. 4.

बुधवार, 1 फरवरी, 1961

Obsessive Images. Joseph Waren Beach
The image in the Modern French Novel. Ulmani

शनिवार, 4 फरवरी, 1961

सन्ध्या 4 बजे कथाकार सम्मेलन Ch. Ch. college.
5:30 बजे फूलबाग में अमेरिकन प्रदर्शिनी।
7:30 बजे डॉ. श्री नारायण की लड़की की शादी (Macrobertganj में)।

शुक्रवार, 17 फरवरी, 1961

Prof. Nagappa 'Triveni' 6 P.M.

शनिवार, 18 फरवरी, 1961

प्रातः 8 बजे नागप्पा जी का भाषण।

मंगलवार, 28 फरवरी, 1961

Preparation Leave for M.A.

बुधवार, 8 मार्च, 1961

संध्या 6 बजे staff club का होली मिलन।

बृहस्पतिवार, 9 मार्च, 1961

At 9 : 30 P.M. संस्कृत पढ़ाने के लिए शास्त्री जी आवेंगे।

मंगलवार, 14 मार्च, 1961

Preparation Leave for B.A. Departure for Delhi from Janta.

बुधवार, 15 मार्च, 1961

Interview at Delhi, Room 245 C, North Block, Central Secretariat

बृहस्पतिवार, 16 मार्च, 1961

M.A. Exams

सोमवार, 27 मार्च, 1961

लखनऊ-कानपुर बस, किताबों का Vender कह रहा है—टैगोर, बंकिम, शरत की किताबें देखिये, जासूसी में क्या रखा है?

मुन्नन...जनेऊ, बाजपेयी जी को देखना है।

मंगलवार, 28 मार्च, 1961

At 5 P.M. tea to Nandan

शुक्रवार, 31 मार्च, 1961

Dr. S.N. Sharma Dinner

शनिवार, 15 अप्रैल, 1961

लखनऊ।

रविवार, 16 अप्रैल, 1961

At 6 P.M. Meeting of Bharat Varsh Sahakari Samiti at Sahyogi Karyalaya.

बुधवार, 19 अप्रैल, 1961

1. Tilokotsawa at Modi's place of Dinesh Chandra Agarwal at 6 P.M. Dinner also.
2. Dinner at K.N. Sharma's place at 7 P.M.

रविवार, 23 अप्रैल, 1961

अनुराग का मुण्डन।

सोमवार, 24 अप्रैल, 1961

दिल्ली के लिए प्रस्थान।

मंगलवार, 25 अप्रैल, 1961

Interview in the V.C.'s Room at 10 : 30 A.M. at Delhi

बुधवार, 26 अप्रैल, 1961

Last date for Inter marks.

शुक्रवार, 28 अप्रैल, 1961

Last date for B.A. marks
for Dehradun

शनिवार, 29 अप्रैल, 1961

नवीन जी की वर्षी B.N.S.D. में 4:30 शाम।

मंगलवार, 2 मई, 1961

लखनऊ।

शुक्रवार, 5 मई, 1961

रवीन्द्रशती में टैगोर को लेकर बंगालियों का एक विचित्र...।

रविवार, 7 मई, 1961

अशोक सेन एवं कृष्ण मेनन कानपुर की रवीन्द्र समिति की ओर से बुलाये गये थे। मिनिस्टरों की ही धूम इस नगर में है—कोई यहाँ से है नहीं न! शाम का ballet भी बड़ा बोर रहा।

सोमवार, 8 मई, 1961

टैगोरशती के कानपुर के Lectures सुने। एक सज्जन केवल Superlatives की वर्षा करते रहे— ला. दीवानचन्द गाँधी के संस्मरणों एवं गीतांजलि तक सीमित रहे— He was listless– कानपुर के अनुरूप ही इस साहित्य-सभा के लिए वक्ता चुने गये थे।

बुधवार, 17 मई, 1961

प्रातः 9, श्री रमेश श्रीवास्तव के घर पर स्वरूप नगर में ज्ञानदेव अग्निहोत्री का नाटक-पाठ।

रविवार, 21 मई, 1961

नरेन्द्र सक्सेना के यहाँ पर डिनर—पाण्डव नगर में।

मंगलवार, 30 मई, 1961

रात जनता से दिल्ली को रवाना।

बृहस्पतिवार, 1 जून, 1961

शाम चार बजे W.U.S. Health Centre, Delhi University में Medical examination.

रविवार, 18 जून, 1961

लालगंज में सन्तोष का जनेऊ।

बुधवार, 5 जुलाई, 1961

"He is the only American I know of who has made what I call adequate Preparation for writing. He has actually trained himself and modernized himself on his own."

Ezra Pound

About T.S. Eliot in a letter to Harriet Mornoe dated 30.9.1914

शनिवार, 8 जुलाई, 1961

लखनऊ।

रविवार, 9 जुलाई, 1961

लखनऊ—आज कुछ कलाकारों से मिला।

सोमवार, 10 जुलाई, 1961

संध्या 5-5:30 बजे शर्मा जी के यहाँ चाय।

मंगलवार, 11 जुलाई, 1961

दोपहर में यादव चन्द्र जैन के यहाँ भोजन।
प्लाट, रेखा का एडमीशन।
घुट्टी, चच्चू, रुपयों वगैरह, सुधीर के कपड़े।
भटनागर साहब से HBTI
ए.पी. भटनागर : Library.

बुधवार, 12 जुलाई, 1961

सवेरे 9 बजे कॉलेज में।
शाम 8 बजे Shri S.K. Chauhan.
शाम 6:30 बजे कैलाश त्रिपाठी के यहाँ चाय।
श्याम सुन्दर राजा से शशि के बारे में (रमेश कुमार दीक्षित) कहना।

श्री प्रेमनारायण M.A. Geog III
for L.T. D.A.V.
or for B.T. in Unnao
पं. मुन्नालाल मिश्र को Psych. में प्रवेश के लिए कहना।

बृहस्पतिवार, 13 जुलाई, 1961

संध्या 7 बजे B.N.S.D. में साहित्यिकी की ओर से farewell
शाम 5 बजे कपूर साहब के यहाँ चाय।
3 बजे आदित्य भटनागर के यहाँ।

शुक्रवार, 14 जुलाई, 1961

शाम 6 बजे परिपूर्णानन्द वर्मा के निवास पर राही द्वारा आयोजित farewell.
सवेरे 8 बजे S.P. Nigam.
शाम 4 बजे A.P. Bhat.
40/- पंजाब टेलरिंग को देना।
20/- साहित्य निकेतन, ब्लॉक।

शनिवार, 15 जुलाई, 1961

दिल्ली प्रस्थान सन्ध्या 8:50-11 UP से।

सोमवार, 17 जुलाई, 1961

आज दिल्ली में ज्वाइन कर लिया। लगता है कि एक नये सिरे से जिन्दगी शुरू हो रही है। यह परिवर्तन थोड़ा-सा invigorate भी करता है। नये उत्साह से पढ़ना-पढ़ाना प्रारम्भ होता है। अपनी worth प्रमाणित करना सुखद ही है।

Continued
6:45-7:30
II Pd. Modern poetry V Paper.
I Pd. VII paper prasad.

मंगलवार, 18 जुलाई, 1961

III Pd. Modern poetry.
IV Pd. Essay & Translation.

बुधवार, 19 जुलाई, 1961

Padmavat IV Pd. Pre.
II Pd. History of Hindi literature.

बृहस्पतिवार, 20 जुलाई, 1961

III Pd. Chintamani + Novel.

शुक्रवार, 21 जुलाई, 1961

III Pd. Modern poetry
IV Pd. History of Hindi literature.

शनिवार, 22 जुलाई, 1961

Tutorial.

शनिवार, 29 जुलाई, 1961

आज अजित के लड़के की वर्षगाँठ थी, कम्मो, तुनुआँ और राजी की बड़ी याद आयी।

रविवार, 30 जुलाई, 1961

शाम को 5 बजे श्री गिरिजा कुमार माथुर के घर पर।

शनिवार, 12 अगस्त, 1961

Meter Reading 160:04

शुक्रवार, 18 अगस्त, 1961

रामजस कॉलेज में तुलसी जयन्ती सन्ध्या 3:30

सोमवार, 21 अगस्त, 1961

At 3.20 in the Hindi dept. Km. Sushma Pal for dessertation

बृहस्पतिवार, 14 सितम्बर, 1961

संध्या 8:30 डॉ. सुरेश अवस्थी के यहाँ भोजन

रविवार, 17 सितम्बर, 1961

Sociology of Aesthetics — Ph.D. thesis from Lucknow University

मंगलवार, 3 अक्तूबर, 1961

सुनना भी बड़ा धैर्य चाहता है।...

('कविता उपखण्ड में संकलित)

बुधवार, 4 अक्तूबर, 1961

1. प्रातः नयी दिल्ली स्टेशन
2. अजित से मिलना
3. बैंक
4. Provisions

बृहस्पतिवार, 5 अक्तूबर, 1961

भक्त कवियों का शरद-वर्णन निश्चित रूप से भेजना।

रविवार, 5 नवम्बर, 1961

'The failure and Trumph'

D.H. Lawrence Vivas

शनिवार, 25 नवम्बर, 1961

11 : 30 Meeting } Uni.
1 P.M. Lunch

बृहस्पतिवार, 30 नवम्बर, 1961

At Suresh Awasthi's place

रविवार, 3 दिसम्बर, 1961

Essays by diverse hands — Ed. Peter green (O : M3 : M2) K2
Literature & Belief — Ed M.H. Abram (O : M73 : N44 J8)

बृहस्पतिवार, 7 दिसम्बर, 1961

फो.—617664 श्री प्रभाकर माचवे, 128 रवीन्द्र नगर, नयी दिल्ली

1962

स्मरणीय (प्रथम पृष्ठ)

नाम	–	देवीशंकर अवस्थी
जन्मतिथि	–	5 अप्रैल, 1930
कार्यालय का पता	–	हिन्दी विभाग, इवनिंग स्टडीज, दिल्ली विश्वविद्यालय, दिल्ली-6
बैंक पासबुक नं	–	2845 S/F 002829 Fixed Deposit Receipt

सोमवार, 1 जनवरी, 1962

'न था कुछ तो खुदा था कुछ न होता तो खुदा होता
डुबोया मुझको होने ने न होता मैं तो क्या होता।'

ग़ालिब

हर एक चेहरे से उठती लपट
शहर में आग लगी हो जैसे।

मंगलवार, 2 जनवरी, 1962

5 जनवरी	–	An experiment in criticism (Notes)
12 फरवरी	–	Quotations about Fiction
5 अप्रैल	–	काव्य सम्बन्धी उद्धरण
15 मई	–	साहित्य और आलोचना सम्बन्धी उद्धरण
30 जून	–	फुटकर, विविध
21 अक्तूबर	–	प्रजातन्त्र पर टाकेवील का उद्धरण
30 अक्तूबर	–	Character in Fiction (Article by Mary Mecarthy)

4 नवम्बर — Science and Poetry – I.A. Richards (Notes)
3 जनवरी तथा 27 दिसम्बर – किताबें

बुधवार, 3 जनवरी, 1962

1. The Fiction and Reading Public	Q.D. Leavis
2. The Rise of Novel	Yan Watt
3. Long Journey	Raymond Williams
4. Poetry : A Critical Introduction	Batecon (Longmanns)
5. A Grammar of Metaphor	Christian Brooke Rose
6. The Mirror and the Lamp	Abraham
7. A Modern book of Aesthetics	Rader
8. The failure and Triumph of D.H. Lawrence	Vivas
9. Society and culture	Raymond Williams
10. The Age of Reason	Yoor Winters
11. The Psychology of Religion –The MacMillan Company, New York	W.H. Clark
12. Understanding Poetry	Brooks & Warren
13. Verbal Icon (Paperback)	Wimsatt
14. Understanding Fiction	Brooks & Robet Penu Warren
15. Art as Experience	Dewey
16. Morris Problems	Weitz in Aesthetics
17. Aesthetics (Philosophy of Art Criticism)	Beardsley
18. Contexts of Criticism	Harry Levin
19. Preliminary Essays	John Wain
20. The Author and the Public : Problems of communication, 1956 Proceedings (Hutchinson)	P.E.N.
21. The Romantic Survival : A study in Poetic Evolution	John Bayley
22. Sound and Poetry, 1956	Congwin Instt. Essays
23. The chequered shade : Reflections on obscurity in Poetry	John Press
24. The Intellectuals : A Controversial Portrait	Ed. George B.de Luszar
25. The Language Poets use	Nowttonney

शुक्रवार, 5 जनवरी, 1962

An Experiment in Criticism –G.S. Lewis; I chapter : ....

बुरी अभिरुचि बुरी किताबों की ही अभिरुचि नहीं है। पढ़ने के ढंग पर निर्भर करता है। अच्छी किताब एक ढंग से और बुरी किताब दूसरे ढंग से पढ़ी जाती है।

(1) बहुसंख्या एक चीज को दुबारा नहीं पढ़ती।

(2) अधिकतर लोग इसे समय बिताने का एक जरिया मानते हैं और अधिक दिलचस्प जरिया मिल जाने पर बीच में ही छोड़ देते हैं।

(3) किसी कलाकृति को पढ़ने के बाद भी अधिकतर लोगों पर कोई प्रभाव नहीं पड़ता जबकि Literary लोगों की चेतना को ऐसा ही बदल देती है, जैसे प्रेम, धर्म या कोई गहन शोक।

(4) अन्ततः जहाँ अधिकांश लोग एक बार पढ़े हुए की कभी चर्चा नहीं करते, वहीं कुछ लोग होते हैं जो उन पर लगातार बात करेंगे, पंक्तियाँ दोहराएँगे, गुनगुनाएँगे–उनकी एक मूर्तिमती सत्ता सामने उपस्थित रहेगी।

अस्तु यह अन्तर केवल पसन्द (Like) करने का नहीं है, एक भिन्न activity है। यही स्थिति अन्य कलाओं और प्राकृतिक सौन्दर्य के बारे में भी कही जा सकती है।

Chapter-II : False Characterizations

कुछ और बहुत पीछे की हुई चर्चा में इतनी सावधानी और आवश्यक है कि जो बहुत-से हैं, उनमें भी ऐसे लोगों की कमी नहीं है जो बौद्धिक, नैतिक, मानसिक, स्वास्थ्य की दृष्टि से हमसे (साहित्यिक कुछ) हीन नहीं होते। उनमें व्यावहारिकता, अच्छे मैनर्स एवं adaptability होती है जबकि हममें से कितने ही मूर्ख, अनैतिक आदि भी हो सकते हैं।

इसके अतिरिक्त एक कोटि से दूसरी कोटि में संक्रमण भी होता रहता है। इसके अतिरिक्त जो एक कला में एक कोटि का है, वह दूसरी कला में दूसरे ढंग का भोक्ता हो सकता है और जिनके responses सभी कलाओं के लिए क्षुद्र (Trivial) हैं, वे भी अत्यन्त बुद्धि प्रवण, अधीत एवं सूक्ष्म शक्ति (Subtle) हो सकते हैं।

पर ऐसे लोगों की बुद्धिमत्ता आदि भिन्न क्षेत्रों में होती हैं–उनकी सूक्ष्मता दर्शन या फिजिक्स में हो सकती है। इसी प्रकार प्रोफेसरों, स्कॉलरों एवं व्यस्त पुस्तक समीक्षकों का हाल है। उनके लिए text केवल कच्चा माल है। इसीलिए अपने विश्रान्ति के समय वे जो पढ़ते हैं, वह बहुत कुछ बहुमत जैसा होता है। कभी-कभी महत्त्वाकांक्षा एवं प्रतिद्वन्द्वितावश भी इसी दूसरी कोटि का पढ़ना होता है। Status Seaker भी इन्हीं में होता है जो कि फैशन के साथ अपनी रुचियाँ बदलता है। केवल समसामयिक चर्चा वाली वस्तुएँ पढ़ता है।

पर संस्कृति का पुजारी अपने को स्वीकार्य बनाने के लिए नहीं पढ़ता, सुनता या देखता बल्कि अपनी क्षमताओं को विकसित करने के लिए, अपने परिष्कार

(Improvement) के लिए, एक अधिक पूर्ण व्यक्ति बनने के लिए पढ़ता है। पर क्लासिक्स का अध्ययन करने वाला यह व्यक्ति भी साहित्य का वास्तविक प्रेमी नहीं हो सकता। वह थोड़े ही प्रयोग करता है और थोड़े ही उसके प्रिय लेखक (हर देश के महनीय) होते हैं। (यह अन्तर game and exercise– क्रीड़ा और व्यायाम—का है।)

यह जो परिश्रम प्रसूत अध्ययन (जिसमें संस्कृति को ग्रहण करने की इच्छा ही रहती है।) है, यह आधुनिक युग में साहित्य को स्कूलों एवं विश्वविद्यालयों में एक विषय बना देने के कारण बढ़ती पर है। सचेतन एवं submissive तरुणों के मन में यह बैठा दिया जाता है कि महान लेखकों को पढ़ना गुण (Meritorious) है। ऐसे में सबसे शोचनीय अवस्था उनकी होती है जो स्वयं सन्देहशील (agnostic) हैं पर जिनके पूर्व puritan थे—परिणामतः बिना puritan the dag के वे puritan consciousness में पलते रहते हैं, जैसे कि चक्की के पाटों को कुछ पीसने को न मिले और एक-दूसरे को वे रगड़ते रहें।

साहित्य का वास्तविक पाठक इस अर्थ में सीरियस होता है कि वह सम्पूर्ण मन (whole Heartedly) से पढ़ता है। वह अपने को अधिक-से-अधिक ग्रहणशील बनाता है। पर इसी कारण वह हर कृति को Solemnly या gravely नहीं पढ़ेगा। हलके हास्यमय को हास्य के रूप में ही वह ग्रहण करेगा और त्रासदी को त्रासदी के रूप में ही (न कि उससे purgation के लिए)।

यहीं पर साहित्यिक puritan से वह अलग होता है। शुद्धतावादी अपने पठन-पाठन में अतिरिक्त रूप से गम्भीर होता है। वे किसी भी वस्तु को हलके ढंग से लेने को तैयार ही नहीं होंगे। अफसोस यह है कि विश्वविद्यालय से ऐसे ही सीरियस पाठक निकल रहे हैं।

साहित्यिक पाठक को Mature भी कहा जा सकता है। पर इसका अर्थ यह नहीं है कि अपने मनोवैज्ञानिक विकास में प्रत्येक इस maturity को पा सकता है और प्रत्येक प्रारम्भ में बहुमत की भाँति पढ़ता है। लेविस का ख़याल है कि नर्सरी कथाओं के प्रति react करने की स्थिति से ही दोनों प्रकार के पाठक अलग होने लगते हैं।

पर यह अन्तर hasty हैं और attitudes को अधिक सतर्क रूप से देखना होगा।

Chapter-III : How the Few and the Many Use Pictures & Music

जिन चित्रों की बहुधा प्रशंसा होती है या बिकते हैं, वे वस्तुतः अपनी Narrative quality (चित्र के द्वारा जो वस्तु सामने आती है) के कारण आदर पाती हैं। रंग, रेखा या कम्पोजीशन पर शायद ही कभी ध्यान जाये। यथार्थ और उसमें वास्तविक या कल्पित सृजन की कठिनता ही प्रशंसा प्राप्त करती है by many.

पर एक बार खरीद लिए जाने के बाद इन चित्रों से उन लोगों की दिलचस्पी एकदम समाप्त हो जाती है, जैसे कि एक बार का पढ़ा हुआ उपन्यास।

यह दृष्टिकोण चित्र के उपयोग (Using) का है। इसके द्वारा कतिपय भावात्मक,

कल्पनात्मक गतिविधियों के लिए Self-starter का काम लिया जाता है। You do things with it. आप अपने को उसके सामने इस भाँति मुक्त नहीं करते हैं कि अपनी समग्रता में आपके साथ कुछ कर सके, न कि आप उसे इस्तेमाल करें।

अस्तु यह दृष्टिकोण वैसा ही है, जैसा कि एक पूजामूर्ति या खिलौने के प्रति होता है, जिसका कलात्मक होना जरूरी नहीं—उससे मात्र कुछ भावनाएँ या गतिविधियाँ जगनी चाहिए। बल्कि विशेषताएँ न हों, वही अच्छा है। लड़के की कल्पना को सबसे कीमती या जीवन में यथार्थ जैसा ही आकर्षित नहीं करता।

और इस प्रकार के उपयोग वाला दृष्टिकोण Vulgar या Silly ही नहीं होता। यह आत्मपरक प्रतिक्रियाएँ नाना प्रकार के स्तरों पर उठती हैं और नाना प्रकार की दिशाओं में मानवीय गतिविधि को प्रेरित करती हैं। एक चित्र वासना जगा सकता है एक के मन में, दूसरे के द्वारा कविता लिखा सकता है। पर इतना अवश्य है कि यह चित्र का सराहन नहीं होगा।

वास्तविक सराहन वह होगा जबकि हम चित्र के सम्मुख एकदम पूर्वग्रह रहित होकर बैठें और उसके द्वारा कोई आन्तरिक क्रिया हम परिचालित करें, स्वयं चित्र को अपने ऊपर कुछ करने दें। We sit down before the picture in order to have something done to us, not that we may do things to it.

समर्पण पहली शर्त है। देखो, सुनो और प्राप्त करो। समर्पण के पहले आप यह कह ही नहीं सकते कि कृति समर्पण योग्य थी या नहीं?

अधिकांश कला का उपयोग (use) करते हैं और कुछ उसे प्राप्त (receive) करते हैं। प्राप्त करने वाला समर्पण के बाद देखना है कि यह योग्य थी या नहीं और यदि नहीं तो उससे एकदम मुँह मोड़ लेगा।

खजुराहो की मूर्तियों में जो अश्लीलता देखेगा, वह अधिक-से-अधिक ऐसी मूर्तियाँ, यहाँ तक कि फोटोग्राफ देखने लगेगा जो सामाजिक नैतिकता की मर्यादा के भीतर हों। पर 'कुछ' लोग किसी बुरी रचना को वह reception नहीं दे सकते जो अच्छी रचना को देंगे।

इसलिए यह कहना गलत होगा कि अधिकांश enjoy bad pictures, वस्तुतः वे उन बुरी तस्वीरों द्वारा ध्वनित बुरे विचारों को enjoy करते हैं। चित्र को उसी रूप में वे देखते ही नहीं हैं। वस्तुतः ऐसे लोग बुरे composition से आनन्द नहीं प्राप्त करते, बल्कि उन बुराइयों को जान ही नहीं पाते।

संगीत में तो हम सभी many के साथ प्रारम्भ करते हैं और केवल 'ट्यून' की ओर ध्यान देते हैं। इस tune के प्रति भी एक दुहरा response होता है। एक तो सामाजिक, सान्धिक (Social and organic) होता है कि हम साथ ही गुनगुनाना या सिर हिलाना चाहते हैं और दूसरा भावात्मक response होता है। हम हीरोइक, उदास, हर्षोन्मत्त आदि बनते हैं as the tune seemed to invite us.

एक बार भावात्मक प्रतिक्रिया जाग्रत हो जाने के बाद कल्पनाएँ उत्पन्न होने लगती हैं। अत्यन्त शोक, बहादुरी से लड़े गये मैदान उभरने लगते हैं और इनसे ही हम रस प्राप्त करते हैं। पर यह organic या social response. अनुचित ही नहीं कहे जा सकते।

'कुछ' भी गुनगुना सकते हैं, उनके मन में भी भावात्मक प्रतिक्रियाएँ जाग सकती हैं। पर वे उस समय नहीं गुनगुनाते जबकि संगीत चल रहा होता है, वे तो बाद को उसका स्मरण करते हैं तथा एक या कुछ टुकड़ों का प्रत्यक्ष भावात्मक प्रभाव भी उन पर नहीं पड़ता है। वे सुनते हैं, ध्यान देते हैं और रचनाकार की रचना के पूरे structure को समझ लेने के बाद जो भावात्मक प्रतिक्रिया जागने देते हैं वह अधिक intelligent भी होती है और गहरी भी। वे उस रचना के कुछ अंश या संक्षेप (Precis) को चुनकर उसे समग्रता में ग्रहण करते हैं।

चित्र और संगीत के जनप्रिय उपयोग में समानता बहुत है। उनको use किया जाता है, न कि रिसीव। कैनवास पर दृश्य या संगीत रचना में श्रव्य बहुत कुछ अनदेखा या अनसुना इसी कारण रह जाता है। यदि उनमें इस्तेमाल कर सकने योग्य कुछ catchy न हुआ तो उसे अस्वीकृत कर दिया जायेगा। बहुत-से कुछ के संक्रमण की स्थिति में एक बेहूदी पर क्षणिक गलती भी होती है। ऐसा व्यक्ति जिन तस्वीरों में popular demand के तत्त्व होते हैं या संगीत में ऐसी धुनें सुनता है तो उसे अनिवार्यतः उपेक्षणीय मानने लगता है।

पर वास्तविक संगीत या चित्र प्रेमियों में यह transient होती है जबकि status seekers और devotees of culture में यह कभी-कभी एकदम रूढ़ और बद्धमूल (fixation) हो जाती है।

Chapter-IV : The Reading of the Unlitrary

शब्दार्थ की सत्ता और क्रम के कारण संगीत के दोनों सराहकों की भाँति साहित्य के कुछ और बहुत में अन्तर नहीं किया जा सकता। संगीत में सांगीतिक तत्त्व से अलग जाकर एकदम अश्रुत या असांगीतिक क्षेत्र में पहुँचना गलत हो सकता है, पर शब्द तो अपने से परे इंगित करता है, इसलिए जाना ही होता है।

(1) असाहित्यिक ढंग से पढ़ने वाले केवल Narrative पढ़ते हैं। सबसे निम्न कोटि के News फिर cheap fiction.

(2) उनके कान नहीं होते, मात्र आँख से पढ़ते हैं। लय वे पकड़ ही नहीं सकते।

(3) उन्हें शैली की कोई पहचान नहीं होती और न उस ओर ध्यान जाता है।

(4) कम-से-कम शाब्दिक गुण के साथ जो वर्णन होते हैं, उन्हें ही वे पसन्द करते हैं।

(5) वे Swift moving narrative चाहते हैं। unmusical मात्र tune चाहता है और असाहित्यिक मात्र 'घटना' (event)।

Most of the things which good writing gives or bad writing fails to give are things he does not want and has no use for. यह तथ्य बताता है कि क्यों अच्छे लेखन को वह महत्त्व नहीं प्रदान करता तथा क्यों वह बुरा लेखन पसन्द करता है। They lack the attentive and obedient imagination जो उन्हें इस क्षमता को प्रदान करें कि किसी दृश्य या भाव का full and precise वर्णन का समुचित उपयोग कर सकें। दूसरी ओर उस उर्वर कल्पना का भी अभाव होता है कि मात्र तथ्यों पर कुछ खड़ा कर सकें।

अच्छा लेखन उन्हें परेशान ही करता है।

एक और प्रकार का पाठक होता है जो शैली पर ही बल देकर पढ़ता है। (वह उर्दू, संस्कृत के प्रभाव, तत्सम, तद्भव शब्द, विशेषण, Preposition आदि को गिनता रहेगा, पर यह ध्यान न देगा कि इन सभी तथ्यों का अभिव्यंजन-क्षमता पर क्या प्रभाव पड़ा है? शब्द की 'वर्णध्वनि' या उसके महत्त्व (significance) पर उसका ध्यान कभी नहीं रहता। भाषा की अर्थवत्ता की ओर उसका ध्यान नहीं जाता। ऐसा व्यक्ति Anti-literary होता है (मुख्यतः अध्यापक इसी प्रकार का होता है)।

जहाँ तक 'घटना' चयन का प्रश्न है, असाहित्य के तीन मुख्य प्रकार हैं :

1. जो 'उत्तेजक' हो—तात्कालिक, खतरे से भरा, सिर के बल खड़े कर देने वाला।

2. कुतूहल भाव की जागृति, प्रलम्बिति, अन्तिम सीमा तक खिंचाव एवं सन्तुष्टि चाहते हैं।

3. They like stories which enable them to participate in pleasure or happiness.

यह स्पष्ट रहना चाहिए कि असाहित्यिक इसलिए असाहित्यिक नहीं है कि इन ढंगों से वे कहानी को पसन्द करते हैं बल्कि इसलिए कि वे और किसी ढंग से उन्हें पसन्द ही नहीं कर पाते। वे साहित्यानुभव को समग्रता में ग्रहण करने में अक्षम होते हैं।

Chapter-V : On Myth

कुछ कथाएँ ऐसी होती हैं जो अपने साहित्यिक रूप से स्वतन्त्र भी मूल्यवान होती हैं, जैसे 'आरफियस की कथा'। इसके द्वारा आन्दोलित होना, उन कवियों द्वारा ही आन्दोलित होना नहीं है। (रामकथा) पर बहुमत की पसन्द वाली crude stories ऐसी ही नहीं होतीं—उनका संक्षेपीकृत रूप सन्तुष्ट नहीं करता, they need written up.

सहज मूल्यवान ये कथाएँ Myth कही जानी चाहिए। पर मिथ अपने ग्रीक या नृतत्त्वशास्त्रीय अर्थ में नहीं। तमाम ऊटपटाँग पुरानी कथाओं के बीच से केवल कुछ कथाएँ उभरती हैं। काफ्का की 'The Castle' जैसी कहानियाँ भी Myth हैं।

(1) यह साहित्येतर होती हैं।

(2) कुतूहल या आश्चर्य पर वह शायद ही कभी निर्भर करे।

(3) Human Sympathy is at a minimum. हम अपने को उन चरित्रों में दृढ़ता

के साथ प्रक्षेपित नहीं करते। वे पात्र किसी दूसरे संसार में आकार ग्रहण करते लगते हैं–जो कि हम यह भी महसूस करते हैं कि उनके कार्यों का pattern हमारे अपने जीवन से गहरी संगति रखता है, परिणामतः उनके माध्यम से एक व्यक्ति नहीं पूरे मानव समुदाय के प्रति भावनाएँ जगती हैं।

(4) यह अति मानवीय, अतिप्राकृत, fantastic होती हैं।

(5) उसका अनुभव दुख या सुखकारी हो चाहे, पर होगा गम्भीर (Grave)। Comic myth is impossible.

(6) The myth is not only grave but awe-inspiring. हम महसूस करते हैं कि एक महान क्षण को प्रेषित किया गया है।

अस्तु जो व्यक्ति मिथ को महान रूप में स्वीकार करता है, वह उसकी शैली, लेखन-विधि आदि पर ध्यान नहीं देता। पिछले अध्याय के अनुसार यह असाहित्यिक है पर वस्तुतः मिथ के ऐसे प्रेमी एवं कहानी के 'घटना' वाले पाठक में अन्तर होता है। अन्तर यह है कि while both use the same procedure, he used it where it is proper and fruitful and they do not.

प्रथम उस मिथ द्वारा तब तक move होता रहेगा, जब तक कि जीवित रहेगा, जबकि कथाप्रेमी 'घटना' को तत्काल भुला देगा। मिथप्रेमी extra-literary होता है और कथाप्रेमी unliterary.

कोई कथा कितना मिथ बन सकी है, यह पढ़ने वाले पर निर्भर करता है। असाहित्यिक incredible पर विश्वास करता है, पर impossible preternatural को तत्काल अस्वीकृत कर देगा। उसे वे silly समझेंगे। उनमें fantasy हो सकती है पर fantastic को वे नापसन्द ही करेंगे।

Chapter-VI : The Meanings of Fantasy

फैण्टेसी शब्द साहित्यक भी है और मनोवैज्ञानिक भी। वह narrative जो असम्भव एवं अतिप्राकृत से deal करे, साहित्यिक अर्थ में fantasy होगी। मनोवैज्ञानिक अर्थ में उसके तीन अर्थ होते हैं :

(1) delusion (हमारे लिए अनावश्यक)

(2) दिवास्वप्न morbid castle building.

(3) वे दिवास्वप्न जिन्हें कभी-कभी मनबहलाव के लिए प्रयोग में लाया जाता है और कभी-कभी ये आगे के कार्य के लिए प्रेरणा भी दे जाते हैं। Normal castle building.

यह तीसरा प्रकार भी egoistic and disinterested– दो प्रकार का हो सकता है। इनमें पहली से दूसरी अवस्था में संक्रमण होता है तथा दूसरी अवस्था से literary invention या construction, fiction की स्थिति आ सकती है। असाहित्यिक जब पात्रों में अपने को प्रक्षेपित कर किसी कथा में आनन्द लेता है तो एक प्रकार का

egoistic castel building ही होता है। पर भूत-प्रेतों या मखौल वाली कथाओं में वह दर्शक मात्र रहना पसन्द करता है, यह disinterested (and better) castle building है।

प्रेम, सफलता या उच्च वर्गों की कहानियाँ ऐसी होती हैं जिनके साथ प्रक्षेपण होता है और यह popular भी खूब होती हैं। यह प्रक्षेपित आनन्द वैसा ही है, जैसा कि दिवास्वप्नों से होता है—जिसके कि वे अभ्यस्त होते हैं। ऐसे पाठक Literary Fantasies पसन्द नहीं करेंगे—ये मनोवैज्ञानिक अर्थ वाली फैण्टेसी के ही प्रेमी होते हैं। इसका उल्टा अवश्य सत्य है। साहित्यिक टाइप इन फैण्टेसीज में भी रस ले सकता है।

असाहित्यिक टाइप, विचित्र मनोविज्ञान, अद्‌भुत संयोग (Monstrous psychology, preposterous concidence) को स्वीकार कर लेगा पर जिन प्राकृतिक नियमों एवं सामान्य साधारणताओं (General ordinariness) (भोजन, वस्त्र, मकान, रहन-सहन व्यवहारादि) से वह परिचित होता है, उन्हें दृढ़तापूर्वक लिखित देखना चाहता है। इसका एक कारण तो निष्क्रिय कल्पना है—उतना वे देख, पढ़, सुन चुके हैं, उसे ही भावित कर सकते हैं। पर एक अन्य गहरा कारण भी है—

He knows the day dream is unrealised : he demands that it should be. That is why the slightest hint of impossibility ruins his pleasure.

जितना अधिक पूर्ण एक व्यक्ति का पठन egoistic Castle building का होगा, उतना अधिक वह सतही यथार्थ की माँग करेगा। और उतना ही कम वह fantastic को नापसन्द करेगा। वह धोखा खाना चाहता है और कोई वस्तु धोखा नहीं दे सकती यदि यथार्थ से उसकी सहजता न होगी।

On Realism

साहित्य में एक यथार्थवाद प्रस्तुतीकरण का हो सकता है जिसमें निरीक्षित या कल्पित विस्तृतियों के द्वारा किसी वस्तु को हमारे निकट आस्वाद्य या विशद बनाया जाता है।

एक दूसरा यथार्थ वस्तु का होता है। A fiction is realistic in content when it is probable or true to life. इसमें पात्रों की बातचीत, व्यवहार, वस्त्र, स्थान, मौसम आदि नहीं पहचाने जा सकते पर सब कुछ सम्भाव्य एवं सच प्रतीत होता है।

ये दोनों यथार्थ एकदम अलग-अलग हो सकते हैं। एक साथ हो सकते हैं या एकदम कोई भी नहीं हो सकते।

ये चारों ही लेखन के अच्छे ढंग हो सकते हैं पर वस्तु का यथार्थ अधिक महत्त्वपूर्ण है आजकल। एक सामान्य धारणा है कि कथा वही अच्छी होती है जो यथार्थपरक होती है। जीवन की सत्यता की माँग साहित्य की अन्य सभी माँगों के ऊपर दिखाई देती है। जिनको पढ़ने के बाद हम कहें कि हाँ जिन्दगी इस तरह की होती है—एक तो सत्यता यह होती है पर जब हम यह कहते हैं कि ऐसा होता है

तो इसका क्या अर्थ है ऐसा सदैव होता है या ऐसा हो सकता है या कभी किसी प्रकार हो चुका है। हम उन घटनाओं या स्वभाव को देखते हैं जो मनुष्य जीवन के लिए सम्भव एवं विशिष्ट हैं, यदि परिस्थिति विशेष हो। पर यह परिस्थिति अपने आपमें इतनी सम्भव नहीं होती। अचानक कोई गरीब से अमीर बन जाये तो यह सम्भव परिस्थिति पर उतनी नहीं है, पर ऐसी परिस्थिति आ जाने पर मानव-व्यवहार की यथार्थता सम्भव धरातल पर व्यक्त की जा सकती है। अतः यह यथार्थ उससे भिन्न होगा जिसमें सब कुछ वैसा है जो हर एक के जीवन में घटित हो सकता है, जैसे कि 'वार एण्ड पीस' या 'गोदान'। आधुनिक युग के पूर्व की समस्त कथाएँ पहले वाले यथार्थ की हुआ करती थीं और आधुनिक युग की दूसरी प्रकार की।

अगर यथार्थवादी कथा को श्रेष्ठ मानने में यह कह दिया जाये कि यह दूसरे प्रकार वाला ही यथार्थ श्रेष्ठ होता है तो अतीत की तमाम क्लासिक कथाएँ बेमानी हो जाती हैं (जैसे ऑडिपस)। तर्क यह हो सकता है कि ऐसी कथाओं में इस प्रकार के जीवन की सम्भावना छिपी रहती है। पर क्या कोई यह कह सकता है कि क्या ये कहानियाँ एक remote accident से अलग (जीवन की सम्भावना आदि) पर विचार करने के लिए आमन्त्रित करती हैं? लेविस का कहना हे कि Attention is fixed on something concrete and individual. यही matter करता है, न कि जिन्दगी। सम्भावित यथार्थ वाली कहानियों की situations के आगे प्रश्नचिह्न लोग नहीं लगाते। अगर ठीक बन गयी तो उसे probable मान लेंगे।

वस्तुतः ऐसी कथाओं को यथार्थवादी सिद्धान्त में फिट करना बहुत उचित नहीं है। इन कथाओं को इसलिए मूल्यवान नहीं समझा गया कि इनसे यथार्थ का ज्ञान या बोध बढ़ेगा बल्कि इसके विलोम होता है—The hypothetical probability is bought into make the strange events more fully imaginable. अतः बजाय इस माँग के कि सम्पूर्ण साहित्य में यथार्थ होना ही चाहिए, अधिक उचित माँग होगी कि हर किताब में यह यथार्थ इतना अवश्य होना चाहिए, जितना कि होने का वह आभास दिलाती है (Pretends to have)।

बहुधा यथार्थवादी चाहेंगे कि केवल यथार्थवादी वस्तु पढ़ी जाये (शायद वे परियों की कथाएँ या रोमान्स को जब्त करा दें, क्योंकि वे मनुष्य को छलावे में डालती हैं।)

पर पहले कहा जा चुका है कि जो लोग egoistic castle building के छलावे में रहते हैं, वे एक ऊपरी सतह का यथार्थ अवश्य चाहते हैं। No one can deceive you unless he makes you think he is telling the truth. घोषित फैण्टेसी कभी भी छलावे में नहीं डालेगी। वस्तुतः डर उन गम्भीर दिखने वाले उपन्यासों आदि से होता है जो सम्भावित की आड़ में कोई सामाजिक, नैतिक, धार्मिक या अधार्मिक 'Comment on Life' देते हैं। हाँ, यह अवश्य है कि 'कुछ' के लिए ये comments झूठे होते हैं— वह पढ़ते हुए इनसे अप्रभावित रह सकता है, He will not mistake art for life or philosophy. वह बिना स्वीकार या अस्वीकार उसे पढ़ सकता है।

पर पलायन के बारे में?

इतना स्पष्ट है कि पढ़ते समय तात्कालिक और मूर्त से हम निश्चित रूप से पलायन करते हैं (इतिहास या विज्ञान पढ़ते समय भी) मात्र कल्पित या concieved वस्तुओं में। मुख्य बात यह है कि हम what we escape to कुछ अहंपरक हवाई किले बनाने में पलायन करते हैं, और यह अगर लाभप्रद नहीं तो हानिरहित, मनोरंजक, निर्मम या megalomanac हो सकता है। कुछ मात्र क्रीड़ा में, अपने को divert करने में तथा कुछ लोग disinterested castle building में तथा कुछ realistic fiction में। 'A grim and reader's actual distressful tale may offer a complete escape from the distress' नितान्त सामयिक एवं यथार्थपरक कथाएँ भी ऐसा करती हैं।

इस प्रकार पलायन हर प्रकार का पाठक करता है। पलायन अनिवार्य रूप से 'पलायनवाद' (ism) से बँधा नहीं होता। बहुधा लोग अयथार्थ (fantasy) वाली रचनाओं को बचकाना बताते हैं; क्योंकि उनका विचार होता है कि केवल बच्चे ही ऐसी चीजें पढ़ने वाले होते हैं। वस्तुतः यह आधुनिक युग की धारणा है। यह केवल फैशन के कारण बड़ों की जड़ीभूत अभिरुचि का परिणाम है। वस्तुतः यह बचकाना टेस्ट नहीं बल्कि normal and perennial human taste, temporarily a trophical in their elders by a fashion. उनका नहीं हमारा वाद व्याख्या माँगता है। यों बहुत से बच्चे भी इन कथाओं को वैसे ही नहीं पसन्द करते, जैसे कि बहुत-से बड़े पसन्द करते हैं।

इसके अतिरिक्त यदि 'बचकाना' शब्द को असहमति के अर्थ में प्रयोग करते हैं तो इस बारे में निश्चित हो जाना चाहिए कि ये बच्चों की उन विशेषताओं के बारे में हैं, जिन्हें कि overgrow करके हम सुखी और सन्तुष्ट हो जाते हैं। वे नहीं जिन्हें कि हर समझदार अपने पास रखना चाहता, अगर वह रख सकता। हम शारीरिक दृष्टि से तो बचकानेपन से दूर होकर सन्तुष्ट हो सकते हैं (गोकि यहाँ पर भी ईर्ष्या के बिन्दु हो सकते हैं।) यदि हम उतने घमण्डी, ईर्ष्यालु, निर्दय न हों, जितने कि बच्चे होते हैं, तो अच्छा होगा, पर who in his senses would not keep, if he could, that tireless curiosity, that intensity of imagination, that facility of suspending disbelief, that unspoiled appetite, that readiness to wonder, to pity and to admire? इसलिए बड़े होने में मूल्य है gain करने का, न कि खोने का। Marvels and adventures को रुचि न दे पाना सुखद नहीं है।

अगर फैण्टेसी-अस्वाद को हम बुरे अर्थ में बचकाना कहते हैं तो उसकी कमज़ोरियों को दिखाना होगा। एक मज़ेदार बात यह कि बचकानेपन से घृणा सबसे अधिक बचकानापन है। हम बच्चों के साथ कसी चीज़ को enjoy करने में शर्म क्यों महसूस करें?

शुक्रवार, 26 जनवरी, 1962

On Misreading by the Literary

कभी-कभी साहित्यिक गलत ढंग से और असाहित्यिक सही ढंग से पढ़ता है। बहुधा साहित्यकारों की उनकी कलाकृति के लिए नहीं बल्कि उनके ज्ञान देने वाले facts के लिए प्रशंसा की जाती है। Literature of power को Literature of knowledge के रूप में ग्रहण किया जाता है। यह सच है कि 12 और 20 वर्ष की आयु के भीतर हम तमाम सूचनाओं (कभी-कभी गलत भी) को ग्रहण करते हैं, पर उनका इस रूप में प्रयोग बड़े होते जाने के साथ बन्द होता जाता है। पर बहुत-से असाहित्यिक गण इससे बच जाते हैं। वह कला को ज्ञान या जिन्दगी न मानेगा। अपने व्यवहार में वह नितान्त यथार्थवादी होगा पर कलाकृति एवं यथार्थ में confuse नहीं करता।

पर नितान्त सूक्ष्म और अनजानी रीति से यह गलत साहित्यिकों में विद्यमान मिलेगी। बहुधा लोग Tragic sense, view or philosophy of life के लिए Tragedy पढ़ना मूल्यवान मानेंगे। उसके कथ्य में मुख्यतः दो बातें मानी जाती हैं: (1) That great miseries result from a flow in the principal order. (2) That these miseries, pushed to the extreme, reveal to us a certain splendour in man, or even in the universe.

ये बातें भी हो सकती हैं, पर यदि उनको comment on life, इस रूप में लिया जाये कि मानवीय कष्ट का यह typical or usual रूप है तो गलत बात होगी। तमाम चीजें इनके अतिरिक्त हो सकती हैं। Real sorrow ends neither with a bang or whimper. The tragedian dare not present the totality of suffering as it usually is in its uncouth mixture of agony with littleness, all the indignities (Save for pity) and the uninterestingness, of grief. It would ruin his play, it would be merely dull and depressing. He selects from the reality just what his art needs; and what it needs is the exceptional. शोक में पड़े किसी आदमी को tragic ideas के grandeur के साथ approach करना नितान्त मूर्खता होगी।

यह निर्विवाद मालूम पड़ता है कि ट्रेजेडी को एक जीवन-दर्शन के रूप में लेना एक दुराग्रही एवं Camouflaged of all wish fulfillments है—क्योंकि इसमें pretentions are so apparently realistic. यह भ्रम त्रासदीकार द्वारा नहीं, आलोचक द्वारा उत्पन्न किया जाता है। लेखकों ने अपनी कला की माँग के अनुसार कहानियाँ चुनी थीं, न कि Human misery के रूप में दर्शाने के लिए। Tragedy और Comedy में जीवन की सत्यता का अन्तर नहीं होता।

वास्तविक जिन्दगी से दोनों क्रियाएँ अपने अनुरूप चयन करती हैं। The raw materials are all around us, mixed anyhow. It is selection, isolation and patterning, not a philosophy that makes the two sorts of play. ट्रेजेडी हो या कॉमेडी या force. वे जिन्दगी के stuff से बनाई जाती हैं वे हैं additions to life rather than comments on it.

पर इसका अर्थ यह नहीं कि कलाकार किसी प्रकार विचार या भावनाओं में हल्का होता है—उसकी समस्त बुद्धि, ज्ञान, अनुभव तथा वास्तविक जीवन का एक flavour or feel, उसकी रचना में विद्यमान रहता है। पर इसमें कोई जीवन-दर्शन ढूँढ़ना बुद्धिमानी नहीं है। कोई भी रचना, complex and carefully made object होती है। Attention to the very objects, they are/is our first step. उनसे निष्कर्षित नीतियों की ओर ध्यान देना using होगा, instead of recieving. यह object क्या है?

One of the prime achievements in every good fiction has nothing to do with truth or philosophy. It is the triumphant adjustment of two different kinds of order. एक ओर तो घटनाओं (कथानक plot) का समयानुसार एवं कार्यकारण क्रम होता है (जैसा कि जीवन में होता है) और दूसरी ओर design के सिद्धान्तों के अनुसार विभिन्न दृश्यों या विभागों का एक-दूसरे से परिसम्बन्धन होता है। सारा विकास इस प्रकार का होता है कि shape of the whole work will be felt inevitable and satisfying. लेकिन इस दूसरे क्रम को पहले के साथ confuse नहीं करना चाहिए। हर घटना, व्याख्या, वर्णन, संवाद—यहाँ तक कि हर वाक्य-को आनन्ददायी होना चाहिए for its own sake.

कुछ लोग इसे मात्र टेक्नीक कहना चाहेंगे, पर वस्तुतः यह मात्र नहीं है। वस्तुतः आकार की उपेक्षा करके 'जीवन-दृष्टि' को महत्त्व देना आत्मछलावा है। जब हम किसी नाटक या उपन्यास के विन्यास के भीतर से गुजरते हैं तो उससे हमें अनेक interesting reflections ध्वनित होने चाहिए।

In reading imaginative work, I suggest, we should be much less concerned with altering our own opinions than with entering fully into the opinions and therefore also the attitudes, feelings and total experience of other men.

In good reading there ought to be no problem of belief. आजकल 'साहित्य' अकादेमिक विषय बन जाने के कारण गलत ढंग से पढ़ना बढ़ गया है। तमाम बुद्धिमान पर अरसिक जन पढ़कर उसका 'उपयोग' करने वाले ढंग पर सोचते या प्रश्न करते हैं।

'जीवन-दृष्टि' ढूँढ़ने वाले जन यदि स्वयं अच्छे विचारक होंगे तो उनके विचार अवश्य मूल्यवान होंगे।

IX – Survey

(1) एक कलाकृति या तो 'प्राप्त' की जा सकती है या 'प्रयुक्त'। प्रयुक्त

करना प्राप्त करने की अपेक्षा हीनतर है क्योंकि इसके द्वारा हमारी जिन्दगी अधिक चमकदार, सहज या कठिन हो सकती है पर कुछ जुड़ नहीं सकता।

(2) साहित्य के माध्यम शब्द होते हैं, अतः यहाँ पर उनका प्रयोग आवश्यक हो जाता है वस्तु तक पहुँचने के लिए। प्रयोक्ता यहाँ इस वस्तु तत्त्व को एक समय बिताने के माध्यम के रूप में, पहेली के रूप में, हवाई किले बाँधने में या जीवन-दर्शन के रूप में इस्तेमाल करता है, पर प्राप्तकर्ता कुछ देर के ही लिए सही, उसी में रहना चाहता है—an end for him. धार्मिक ध्यान या क्रीड़ा से उसकी तुलना की जा सकती है।

(3) यह विचित्र मालूम देगा पर प्रयोक्ता कभी भी शब्द का पूरा प्रयोग नहीं करता—उसके लिए एक हल्का-सा आभास काफी है वस्तु तत्त्व का। Words are for him mere pointers or signposts, पर अच्छे पठन में शब्द केवल सूचित नहीं करते। इसीलिए शब्दों के वर्ण, गन्ध, टेक्सचर, flavour या race की बात की जाती है।

(4) Good reading is always aural as well as visual (sound) ध्वनि भी अर्थ का हिस्सा होती है।

(5) What bad reading wholly consists in many enter as an ingredients into good reading. Excitement and curiosity obviously do. So does vicanious happiness; not that good readers ever read for the sake of it, but that when happiness legitimately occurs in a fiction they enter into it...(but) egoistic castle-building will not survive long in the right reader. पर तरुणाई (Youth) या अन्य किसी असुखी समय में यह उसे पुस्तकों के निकट भेज सकती है।

जहाँ तक मनोरंजन का प्रश्न है, यदि उसका अर्थ Light and playful pleasure है तो उसे साहित्यिक कृति से मिलना ही चाहिए, जहाँ तक पॉपुलर रोमान्स जैसी grip का प्रश्न है, उसे हर पुस्तक में होना चाहिए। A good book will be more; it must not be less. Entertainment in this sense, is like a qualifying examination. लेकिन जो एक को grip करता है, वह दूसरे को नहीं भी कर सकता।

जहाँ तक 'आलोचनात्मक अध्ययन' का प्रश्न है: ideally we must first receive it then evaluate it– पर ज्यों-ज्यों हम...

मंगलवार, 6 फरवरी, 1962

Modern Criticism

(Modern Literature Criticism : An Anthology)

Irving Howe

It is now in moments of extreme tension between writers and audience, that criticism takes place on a unique importance. To indulge in a useful simplification : the more problematic modern literature seems, the more does criticism need to rehearse the nature of the problem. And that, in response to the growth during the present century of a distinctively modern literature, is what critism has for the most part been doing.

Inner shifts of critical doctrine have been less important than the common task of confronting the 'avaret garde' poetry and fiction of our time.

The most intense moment in the history of modern criticism, the moment of its greatest hold upon the imagination of serious young poeple, has probably just come to an end. This was a moment in which the sense of the collapse of received beliefs had become unusually acute. One generation had been wounded by the debris of political idealogies, another had come to feel that public life was inherently repulsive. Religion seemed for a time to claim the minds of a good many literary poeple, but most of these apparently felt that a genuine conversion placed demands upon their energy and credulity which they could not meet. As a result, religion tendes to become religious experience, and the study myths as the buried foundation of literature became a fascinating strategy for approaching religion without yielding to it.

In an age where intellectuals were both unusually sophisticated and usually susceptible to social malaise, it began to seem that literature retained a purity and good faith which few other experiences could provide. Literature alone had not betrayed modern man, literature alone could not betray him – so, one suspects many people have felt during the past few decades.

Criticism in turn, became the vehicle through which a cultivated elite not only exercised its powers of perception but reflected upon its sense of the human condition in the middle of the twentieth century; a sense that came through most significantly in the literature of our time but which seemed also to need a partial conceptualizing that criticism could provide. The critic became a guardian of taste, a priest of values, a protector of the undefiled word. And in some ways he seemed even more accessible to the audience than the poet or novelist, for the critic alked directly about the problems which the poet or novelist presented imaginatively.

शनिवार, 10 फरवरी, 1962

If idealism has been shown to be misguided philosophy then criticism founded on it will be misleading. If no serious philosopher now is an Idealist, then we must assume that critics who still use Idealist terms are unaware of the implications of the recent development in philosophy. This is by no means trivial point. Our whole intellectual outlook will be different if we believe that there is some fixed Reality or Right, to be apprehended by intellectual intuition; our grandfathers did believe this; we do not. The collapse of Idealism typifies one of the fundamental changes that have come over our thought recently.

—Leo Aylem in 'Greek Tragedy and the Modern World'.

"Pre-social end, but as a felt relation– as a relation experienced from within... Whenever larger purposes be may glimpse in other situations, it is truth universally acknowledged that a single man in possession of a good novel must be in want of society."

(G. Armour Graig : The unpoetic compromise : on the relation between private vision and social order in 19th Century English fiction).

बुधवार, 14 फरवरी, 1962

A defence of Fiction

(Hudson Review Vol. XVI No. I Spring)

George P. Elliott

चार प्रकार की कथाएँ, Four types of fiction–

1. Narrative may look like an account of actual happenings (realistic Fiction).
2. Autobiography yet it must be wholly imagined.
3. The fiction may propose Ideas (Anatomy of satire).
4. As empty of ideas as a dream (Romance)

"A good story is a narrative fantasy which generates an imaginative reality and incarnates an idea of moral reality."

कथावाचक की कथा कहने की impulse के साथ चार प्रकार की impulses और मिश्रित होती हैं: (1) to dream, (2) to tell what happened, (3) to explain the nature of things, and to make a likeness.

1. Tale and Romance, "...As I slept I dreamed a dream. I dreamed, and behold, I saw..." Pilgrims Progress.

It is the fantasist's alchemy to obey the obscure laws of dream and of story at once, in such a way that his words will stimulate the same fantasy in the reader...a good tale is like a dream, is unlike a dream, and touches the truth.

नैरेटिव फैण्टेसी इन कुछ विधियों से स्वप्न जैसी लगती है: The poeple and images it evokes are vivid, solid and particular, and immediate yet around then loves a penumbra of significance. The fantasy puts disjunct parts of the world together in its own way, into a thing radically different from the visible world. ...In a good fantasy it is also done as a way of saying that the invisible world is not like the world we see and commonly live in but thus. Identity is impermanent : substitution, metamorphosis, disguise are the stock in trade of romance.

In romance, in tales, in dream like stories, all things are pure and highly coloured. Motives appear to be clear : malice, fidelity, courage, desire, revenge, all the types of human impulse unpolluted. These are laws, some strange, some obscure, many usual, which cause and explain everything.

जो संयोग मालूम देता है, वह वस्तुतः immanent destiny होता है। यह एक प्राकृतिक नियतिवाद (Natural determinism) भी नहीं है क्योंकि there is nothing moral about the decision.

परन्तु विशुद्धतम फैण्टेसी कथा स्वप्न से जितना मिलती-जुलती है, उतना ही भिन्न भी होती है। स्वप्नदर्शी के पास वह दूरी नहीं होती अपने स्वप्न से जो कथावाचक या श्रोता को अपनी कथा से होती है।

Distance is one of the great goods of fcition– that distance midway between the abstractness of essay and the confrontation of drama, a wonderful distance permitting both a kind of extreme intimacy with characters and also a panorama of generations, both the full cold light of analysis and some of the heat of the scene.

A crucial difference between dream and story is language.

Fiction does not deal very much with those clear, definable sorts of truth which like the law of gravity explain the behaviour of things by a formula. Isolated, such formulas as stories yield may be wise and subtle. It psychology, moral philosophy and sociology among them could manage to encapsulate the truths of our behaviour in accurate formulas, there would be no further use for story except to amuse.

A symptom of story's excellena is that, as one reads along, one's mind enjoys a play of speculation about the story's meanings.

रविवार, 18 फरवरी, 1962

Stories of what Happened (Autobiography)

The story teller's own experience of men and things, whether for good or ill–not only what he has passed through himself, but even events which he has only witnessed or been told of– has moved him to an emotion so passionate that he can no longer keep it shut up in his heart. Again and again something in his own life or in that around him will seem to the writer so important that he cannot bear to let it pass into oblivion. There must never come a time, he feels, when men do not know about it.

The tale of Genji

The three forms of telling what happened are biography, history and autobiography.

Biography (and history) lacks one of science's fundamental tools, the verification of hypothesis by experiment, and the variables and imponderables it deals with are beyond control, are beyond identifying. इसीलिए अत्यधिक तथ्यात्मकता A Historical Novel– The subject matter of history proper is large social forces, their creation, movement, corruption, interplay, ossification, destruction, individuals are portrayed as they cause, lead or exemplify these forces. But the subject matter of fiction is the relationships among and within individuals as such, whatever their connection or lack of connection with society. These are mutually incompatible modes of representing character.

A kind of stubborn value attaches to an actual event which an imaginary event lacks. In many ways writers rely upon this to help them hold their readers. The obvious value that attaches to narrating actual events is truth, reality. But literarily, true story is only one of many ways to achieve this value; the value is essential, the way is not... The truth of a story is its conformance to reality, and reality does not often manifests itself powerfully in actual events or lines, but surely sometimes it does. Essentially the biographer, the autobiographer, and the writer of a fiction in the form of biography or autobiography are engaged in the same literary task : Behold the man.

एक वास्तविक और काल्पनिक व्यक्ति की जीवन-कथा का एक महत्त्वपूर्ण अन्तर यह भी है कि जो वास्तविक घटना है, उसकी एक सीमा है पर काल्पनिक की सीमाएँ अनिश्चित होती हैं। आदमी जो कुछ भी सोच या कर सकते हैं, वह इसकी सीमा के भीतर आ सकता है। It is especially attracted by strange and obscure motives; it blends with all the other communing forms of discourse, poetry, dramas, essay conversational, self. मात्र इस कारण, एक बड़ी सीमा तक लेखक और पाठक के लिए यह सुरक्षा होती है कि एक वास्तविक घटना या व्यक्ति के वर्णन से एक सीमा निश्चित हो गयी। यह सीमा सम्भाव्य या सम्भव की न होकर वास्तविक की होती है। A writer who is deficient in invention, and who is at the same time able to subordinate himself to another is especially at ease in biography.

As a piece of writing a well-executed-imaginary document is precisely as authentic as an actual one.

From The Long Revolution

Realism and the Contemporary Novel

Raimond Williams

Realism is not an object, to be identified, pinned down and appropriate. It is, rather, a way of describing certain methods and attitudes and the descriptions, quite naturally have varied in the ordinary exchange and development of experience.

यथार्थ का सामान्य प्रारम्भिक अर्थ था, कुछ दृश्यमान विस्तृतियों का सूक्ष्म एवं जीवन्त चित्रण करना (अश्क)—realism as opposed to idealisation and carricature। लेकिन प्रारम्भ से ही this technical sense was flanked by a reference to content. एक प्रकार की चीजें अधिक यथार्थवादी मानी जाती थीं, बजाय दूसरी प्रकार के। The most ordinary परिभाषा दैनिक, समसामयिक, हर रोज के यथार्थ के Term में भी बजाय वीरत्व, रोमैण्टिक या legendery subjects के। यह स्थिति मध्य वर्ग के उदय के साथ आयी है।

जब यथार्थवादी चित्रण प्रारम्भ हुआ तो एक और विकास हुआ कि within the main stream of ordinary, contemporary, everyday reality a particular current of attention to the unpleasant, the poor and the sordid could be distinguished. Realism thus appeared as in part a revolt against the ordinary, bourgeo is view of the world; the realists were making a further selection of ordinary material with the majority of bourgeois artists preferred to ignore. Thus relaism, as a watch word, passed over to the progressive and revolutionary movements.

फिर Naturalism आया जिसे प्रारम्भ में simple, ordinary everyday life के अर्थ में लिया गया। फिर unncessarily faithful, faithful portrayal of offensive incidents (Daily News : 1881) कहा गया। फिर उसे 'ईश्वर-विरोधी' बताया गया। और अन्त में उसे 'यथार्थवाद' से अलग कर लिया गया।

'Naturalism in art was reserved to the simple technical reference while realism, though retaining elements of this used to describe subjects and attitudes to subjects.'

20वीं शती का विकास और विचित्र रहा। पश्चिम में उसका प्रयोग in the sense of fidelity to psychological reality दिखाई पड़ा। तात्पर्य यह कि we can be convinced of the relaity of an experience, of its essential realism, by many different kinds of artistic method, and with no necessary restriction of subject matters to the ordinary, the contemporary, and the every day. सोवियत रूस में पुराने अर्थों को बनाये रखते हुए उसे 'समाजवादी यथार्थवाद' तक

बढ़ा दिया गया। इसके चार तत्त्व हैं–(1) Norodnost is in effect technical, though also an expression of spirit : the requirements of popular simplicity and traditional clarity as opposed to the difficulties of 'formalism', (2) Ideinost and Paritnost refer to the ideological content and partis on affiliations of such realism, समाजवादी, यथार्थवाद और बूर्जुआयथार्थवाद को इन तीन आधारों पर आसानी से अलगाया जा सकता है। पर चौथे तन्त्र Tipichnost के साथ समस्या चौड़ी हो जाती है।

ऐंजिल्स ने यथार्थवाद की परिभाषा दी थी, "Typical characters in Typical situations" इस कथन में पूरा मार्क्सीय चिन्तन है। Tipichnost इसी परिभाषा का विकास है और यथार्थवाद के पूरे प्रश्न को प्रभावित करता है। सोवियत सिद्धान्ती कहेंगे कि टिपिकल को भ्रमित नहीं करना चाहिए। With that which is frequently encountered, the truly typical is based on 'comprehension of the laws and perspectives of future social development.' We can see that the concept of Tipichnost alters realism from its sense of the direct reproduction of observee reality! 'realism' becomes, instead, a principled and organised selection. If 'typical' is understood as the most deeply characteristic human experience, in an individual or in a society, then it is clearly not far from the developed sense of the 'convincingly real' criterion, now common place in the West in relation to works of many kinds, both realist and non-realist in technique. And it is not our business to pick from this complex story the one use that we favour, the one true 'realism'.

Contemporary themes, ordinary everyday life के faithful description, observed reality आदि का अंकन आज कम नहीं हुआ है। हम अकसर कहते हैं कि यथार्थवादी उपन्यासों की जगह मनोवैज्ञानिक उपन्यासों ने ले ली है–Yet realism as an intention, in the description of these states (direct study of certain states of consciousness, certain newly apprehended psychological facts), has not been widely abandoned. Is it merely that 'everyday, ordinary reality, is now differently conceived and that new techniques have been developed to describe this new kind of reality, but still with wholly realistic intentions. The questions are obviously very difficult, but one way of approaching an answer to them may be to take this ordinary belief that have abandoned (developed beyond) the realistic novel and to set beside it my own feeling that there is a formal gap in modern fiction which makes it incapable of expressing one kind of experience, a kind of experience which I find particularly important and for which, in my mind, the word, 'realism' keeps suggesting itself.

Novel is not so much a literary form as a whole literature in itself.

When I think of the realist tradition in fiction, I think of the kind of novel which creates and judges the quality of a whole way of life in terms of the qulalities of persons. The balance involved in this achievement is perhaps the most important thing about it. प्रारम्भ में यह सामान्य-सी बात मालूम पड़ती है पर इसका मुख्य अन्तर इसमें है कि it offers a valuing of a whole way of life, a society that is larger than any of the individuals composing it, and at the same time valuing creations of human beings who, while belonging to and affected by and helping to define this way of life, are also, in their own terms, absolute ends in themselves. Neither element, neither the society nor the individual, is there is a priority. The society is not a background against which the personal relationships are studied, nor are the individuals merely illustrations of the aspects of the way of life. Every aspect of the personal life is radically affected by the quality of general, yet the general life is seen at it most important in complete personal terms. We attend with our whole senses to every aspect of the general life, yet the centre of value is always in the individual human person– not any one isolated person, but the many persons who are the reality of the general life.

सोमवार, 19 मार्च, 1962

The obvioust value that attaches to narrating actual events is truth, reality. But literarily, true-story is only one of many ways to achieve this value, the value is essential, the way is not. The truth of a story is its conformance to reality and reality does not often manifest itself powerfully in actual events or lives. It is the task of biographer of a person, real or fictional to choose and arrange a sequence of apparent events so as to manifest to the reader their hidden reality. Essentially the biographer, the autobiographer, and the writer of a fiction in the form of a biography or autobiography are engaged in the same literary task.

शनिवार, 31 मार्च, 1962

सौदा .ख़ुदा के वास्ते कर क़िस्सा मुख़्तसर,
अपनी तो नींद उड़ गयी तेरे फ़साने से।

रविवार, 1 अप्रैल, 1962

मौत भी ज़िन्दगी में डूब गयी,
ये वो दरिया है जिसकी थाह नहीं।

फ़िराक़

आज पैग़ाम कोई लबे-एजाज़ तो दे,
मौत की आँख भी खुल जायेगी, आवाज़ तो दे।

फ़िराक़

क़ैदे-हयात औ बन्दे ग़म अस्ल में दोनों एक हैं।
मौत के पहले आदमी ग़म से नज़ात पाये क्यों?

ग़ालिब

ग़मे-जहाँ हो, ग़मे-घर हो, कि तीरे सितम,
जो आये, आये, कि हम दिल कुशादा (विस्तीर्ण) रखते हैं।

फ़ैज़

मुझसे पहली-सी मुहब्बत मेरी महबूब न माँग,
मैंने समझा था कि तू है तो दुरख़्शां है हयात।

फ़ैज़

रात यूँ दिल में तेरी खोई हुई याद आयी,
जैसे बीराने में चुपके से बहार आ जाये,
जैसे सहराओं में हौले से चले बादे नसीम,
जैसे बीमार को बेवजह करार आ जाये।

फ़ैज़

मंगलवार, 1 मई, 1962

पण्डित जी का स्वभाव ही asocial है—कोई करे क्या? जीवन भर इतना self centred रहे कि उन्हें कभी किसी में अच्छाई नहीं दिखी।

बुधवार, 9 मई, 1962

आज कुछ अस्वस्थ अनुभव करता रहा। शायद ठण्ड लग गयी है। शाम को भारत रेस्तराँ गया। डॉ. जगदीश गुप्त आ गये। मेरी असावधानी कि बिना बिल का पेमेण्ट किये बाहर चला गया। उन्होंने बैरा दौड़ाया, बुरा तो लगा पर असावधानी मेरी थी। शायद अवचेतन में यह विद्यमान था कि सिन्दूर payment करेंगे। पर यह क्यों? अनुराग को आज चोट लग गयी थी, उसके कारण मन बड़ा चिन्तित रहा।

जगदीश गुप्त से वार्षिकी वाली उनकी रिव्यू की बात हुई। obstinacy अवश्य थी पर अन्ततः सारे तर्क स्वीकार कर लिये। मुझे नयी कविता में लिखने के लिए cursorily आमन्त्रित किया, पर ऐसे मैं क्यों लिखने गया?

बृहस्पतिवार, 10 मई, 1962

शिकागो स्कूल के Critics and Criticism की रिव्यू करते हुए W.K. Wimsatt ने कहा था "The Chicago critics are people who have a fine blue print of an automobile and sit around complaining that Henry Ford got started on the wrong principles."

In their hundreds of pages of theory and the history of theory only two examplifications of their method were offered : Maclean on 'Lear' and Crane on 'Tom Jones'.

(यही हाल हिन्दी के सिद्धान्तशास्त्रियों का है)

"What Eliot's criticism might look like without the poetry? It might seem less weighty because the reader inevitably tries to find the poet hiding behind the critic," Willard Yhorp in American writing in the 20th century.

इलियट Quotable quotations का आलोचक है—कवि भी like Pope.

मंगलवार, 15 मई, 1962

"Criticism, when it performs its functions, not merely expresses and defines the 'contemporary sensibility' : it helps to form it."

F.R. Leavis : scrutiny : 3, P, Page 319

"Where there is a steady and responsible practice of criticism a 'Centre of real consensus' will, even under present conditions, soon make itself felt.

Ibid

मंगलवार, 26 जून, 1962

Modern Art - for what it is worth is a return to infancy. Its perennial theme is the discovery of things, a discovery that can come about, in its purest form, only in the memory of infancy. That in the effect of 'all-pervading' consciousness of the modern artist, which makes him live from sixteen onwards in a state of tension, i.e. a sense, no longer propitious to the absorption of new ideas, no longer open-minded. And in art a thing can be well expressed only when it has been absorbed with an open mind. All that is left for artists to do is to go back and seek inspiration from the period when they were not yet artists, and that period is infancy.

Cesare Pavese in his Diary
(This business of living 12-2-42)

बुधवार, 27 जून, 1962

Great modern art is always ironic, just as ancient art was religious. In the same way that a sense of sacred was rooted in visions beyond the world of reality, giving them backgrounds and antecedents pregnant with significance, so irony discovers, beneath and within such visions, a vast field for intellectual sport, a vibrant atmosphere of imaginative and closely reasoned methods of treatment that make the things that are represented into symbols of a more significant reality. To treat a thing ironically it is not necessary to make a joke of it (Just as treating some thing as sacred did not mean making it into a liturgy). It is enough to create imaginative visions according to a standard that transends or governs them.

The same thing is apparent in your own initial approach to work that has turned out well : you begin with a discourse broader than the story that is to follow; you view that story with a certain non-challance, as though your interest embraced, a wider field than the story will cover; and you make it your aim to preserve this viewpoint, arranging the whole story, from the first word, the first comma, insuch a way that there shall be nothing superfluous in respect of the material play of the facts. It is a matter of avoiding digression and projecting clear-cut realism on to an enormous imaginary screen.

Cesare Pavese : Diary
26 Feb. 1942

शुक्रवार, 29 जून, 1962

'Symbol', it brings before you objectively, a vast countryside, as if seen through the wrong end of a telescope, presenting it as something wholly your own, implying infinite possibilities.

Pavese diary, 26.6.48

Our trouble is that we no longer believe in the distinction between things sacred and profane. Consequently things are either wholly profane or wholly sacred.

Taking it on a higher level, which means detaching oneself from profane things in order to come closer to sacred things, changes the viewpoint.

शनिवार, 30 जून, 1962

On Tradition

There is a concern for tradition that is modern concern, provoked by something so simple as a sense of alienation from past, a feeling for history as distinct. It is motivated by the persuasion that tradition has been lost and is recoverable only in ...lty. From this arises a corollary concern with modernity in poetry.

The modern poet, then, is modern only in the light of tradition, only as distinguished from the old. His forms, his models, his subjects and his attitudes are different from and in opposition to the customary and expected forms, models subjects, and attitudes of his own youth and of his readers. Consequently to be modern depends on a tradition different from, upon the firm existence of customary expectations to be disappointed.

रविवार, 1 जुलाई, 1962

The new is parasitic upon the old. But when the new has itself become the old, it has lost its quality of newness and modernity and must shift for itself.

When the audience for poetry becomes satisfied with a customary response to a customary poem, when they demand of the poet that he writes to their expectations, when distinction is lost in commonness, there is need for the modern in art, for a poetry that is consciously different, even if its often mistakes difference form distinction. The poet must exasperate his reader, or succumb to him.

(J.V. Cunningham : Tradition & Modernity : Wallace Stevens, Poetry December 1949)

सोमवार, 2 जुलाई, 1962

Myth of Modernity Charles Baudouin

पिछली दो शताब्दियाँ Myth of progress से सुपरिचित थीं, हमारी अपनी नाती ने Myth of modernity को अख़्तियार कर लिया है। यह दूसरी मिथ अकसर पहली की शब्दावली में ही उपस्थित की जाती है।

But the tone of the myth is different and the words in which it is expressed have a different meaning.

Let us try to follow the transition :

प्रगति में विश्वास भविष्य में एक बेहतर संसार को देखता था; अतः यह अच्छा था कि भविष्य की ओर जल्दबाजी की जाये; अतः परिवर्तन और तृप्ति की Prestige. belief in progress beheld in science, and the techniques which science introduces, its most trust-worthy instrument; hence the prestige of the machine. And then, as will happen, the end was forgotten even as one approached it, the means became an end in themselve.

Speed and the machine are among the principal elements of the new myth. As speed is a product of the machine, and as, moreover, both speed and the machine are modern conquests, these three entities : speed, machinery and modernity, are immediately associated in a single closely-knit complex.

Thus, the modern myth is the myth of 'Modernity' yet all bygone epochs, were modern in their time. But this is not true. Our epoch has invented the trick of glorying in the fact of its own existence. Modernity's way of priding itself on its modernity is entirely, 'modern'. What has been called the end of eternity, is precisely reverse.

पर प्रगति का लक्ष्य हमने क्यों छोड़ा? दोनों महायुद्धों ने इस विचार को घातक चोट पहुँचायी।

Men ceased to believe in progress; but only to pin their faith to more tangible realities, whose sole original significance had been that they were the instruments of progress.

This exaltation of the present (not so much because it is the present as because it is something new) is a corollary of that very faith in progress which people claim to have discarded. The present is superior to the past, by definition, only in a mythology of progress. Thus one retains the corollary while rejecting the principle. There is only one way of retaining a position of whose instability one is conscious. One must simply refrain from thinking and surrender oneself to the vortex of the corollary. And then speed comes to our aid.

But every speed may be exceeded; every machine improved, will not the vortex end by plunging into the abyss? For every where the myth of modernity.

'Are not persons of distinction beginning to use the description of 'Modern' as an insult. (पर हिन्दी में ठीक इसका उल्टा है।) results in rising costs, in inflation.

प्रगति की मिथ में मानवता की अपनी आकांक्षाएँ होती हैं और 'आदर्श' का एक अर्थ होता है। पर 'आधुनिकता' की मिथ में मानवता पीछा करने वाले के आगे-आगे भागती लगती है। प्रथम में बीतते हुए क्षण को लक्ष्य की दूरी के घटाव से नापा जाता है पर दूसरे में कोई अन्त नहीं है; the value of the passing moment is measured by records, by comparison with previous moments; the most a man can do is incessantly to flee from the past, which he feels always at his heels.

प्रथम मानवता को reasons for happiness देता है पर दूसरा reasons for unhappiness क्योंकि उसमें मनुष्य अपने आपसे भागता है।

However, the contrast between the 'people' and the 'parvenu' is tending to become less obvious.

इन तीन समानान्तरताओं पर विचार किया जाना चाहिए–

The substitution of modernity for progress, of the record for ideal, of the philosophy of dictatorships for the ideology of democracy.

Distinction is opposed to modernity as equality is to quantity.

क्योंकि इस विचारधारा में factors of quantity की प्रमुखता है।

If one recalls the myth of Mercury who flies with wings at his heels, and is at once the god of speed and the god of thieves, one may come to believe, can it be true that whatever gives us wings delivers us from earnestness?

When one seems to have grown lighter, when one travels quickly, one is inclined to 'make a get-away', the temptation is so strong! The love of risk plays its part.

Honesty is based on a contract, and the contract, in its turn, is essentially a guarantee of stability. It brings matters to a stands till and says, thus shall remain. Every promise is the magnificent attempt of man to put fetters on time, to immobilize the flux of things.

The clean sweep

The modern man hankers after sensation...our rapid means of transport and information enable him to gratify this taste to Satiety. 'Satiety' : that is the operative word.

The great characterstic of the modern man is the fact that he forgets 'the dimensions of humanity.'

If it happens that we have to abandon the speed, we are struck by the fact that our sensations, less numerous, have in compensation become denser, more real, more rich in content and we are not sure that we have not after all gained by the change.

We ought to realise that there are things which call for discerning and respectfull attention and which can neither be simplified nor cut through, or they ...of it. And they are the most precious things.

रविवार, 8 जुलाई, 1962

"हमारे विश्वविद्यालयों के गम्भीरतावादी महानुभाव, जो सनातन शास्त्रीय पद्धति पर साहित्य के सिद्धान्तों का संग्रह करने में महाराज दक्ष की लक्षणा का लक्ष्यभेद कर चुके हैं, पर जिनका सामयिक साहित्य की परीक्षा करने का व्यावहारिक ज्ञान कछुए में मुँह के समान सदैव कायाप्रवेश ही किये रहता है। उक्त अन्तर्दृष्टि के बहुत बड़े हिस्सेदार हैं। अपनी क्षुधापूर्ति के लिए यदा-कदा जब इनकी जीभ खुलती है, तब एक

ही लपेट में किसी को सूफ़ी किसी को अभारतीय बनाती हुई अपना काम बना लेती है। बस, फिर वही कायाप्रवेश! क्या आश्चर्य है यदि सामयिक साहित्य को इन्हीं के कारण वांछित प्रगति न प्राप्त हो रही हो! ये ही अन्तराय बनकर अभ्युदयशील साहित्यिकों में दिग्भ्रम उत्पन्न करते हैं। उनसे सचेत रहना हम सबका काम है।"

नन्ददुलारे वाजपेयी, जयशंकर प्रसाद, पृ. 70

सोमवार, 9 जुलाई, 1962

It is all very well to cut our way through traditions. Traditions, whether they relate to dress, or customs, or morals, are complicated things, as confused as the ancient portions of our cities... It is only too easy for the rationalistic mind to denounce the illogicality, and even the absurdity, of these survivals attempting to drive through their jungles the straight highways which are more to its taste.

In our own times the offensive against tradition has pushed forward in all directions with a fine in genous energy...As we discard ever more and more boldly, so we proceed to overturn whole catogories of opinions and conceptions. Yet, sooner or later the moment comes when we see, in some accidental fashion, that tradition had its merits.

It is true that traditions are the resultant of the play of conflicting empiricisms that fit themselves together as best they can.

One has to choose one's experiences.

मंगलवार, 10 जुलाई, 1962

Baudelaire and the Modern Man

The delibrate enology of the artificial, the unnatural, the declaration of war upon that nature which romanticism had regarded a kindly, but with which it had finally nauseated the more fastidious; and then an inverted romanticism, an anti-Roussean romanticism, a black mass of romanticism, that is what is incontestably new in Baudlaire, in contestably modern.

Baudelaire's attitude to nature; "Nature is a dictionary. The artist according to him takes his raw materials from nature, but he does not consider that nature already has a structure nor that she is worth representing for her own sake, nor that she is worth representing for her own sake, nor that she has a soul which the artist must divine ('for the forest of symbols' which she offers us, serves us to express ourselves only and not Nature : she is always the dictionary.) "To those doctrinaires who are so satisfied with nature, an imaginative man would assuredly have the right to reply : I find it useless and wear some to represent that which exists, because nothing that exists satisfies me. Nature is ugly, and I prefer the monsters of my imagination to positive triviality."

It has been said that Baudelaire, in departing from nature, inaugurated the poetry of 'modernity' and 'the capitals'.

As for B's satanism is it not simply rejection of Nature in favour of his 'monsters'. शैतानिज्म की महानता है its will to create another world, to date the world from today. पर नीत्शे की बात बादलेयर में अधूरी रहती है। वह 'मूल्य-सृजन' या 'अतिमानव' की चर्चा नहीं करता। वह बात करता है 'the artificial' और 'the dandy' की। शैतानिज्म की misery यह है कि वह lost paradise के बदले में 'artificial paradise' प्राप्त करता है, and it is not deluded by them.

रूसो के लिए 'प्रकृति' और 'नैतिकता' एक ही हैं। कुछ लोग एक की कीमत पर दूसरे को नकार सकते हैं—बादलेयर के लिए दोनों चीजें अभी भी united हैं। He does not think it possible to shake off of the yoke the one without repudiating the other. And this is B's tragedy; for now only one path remains open to him : 'the artificial' which for him is identical with the perverse; he is in an 'impasse.'

The very notion of perversity proceeds from the belief in ... goodness of nature since, it defines the anti-natural and believes to be immoral. Suppress the dogma of the goodness of nature, and ... is no longer any place for the Baudelarian attitude, which is really the negative of romanticism.

Our epoch, which has killed nature, which has created modernity and the machine which like painted faces and has invented surrealism is unwilling to admit the B's genius went beyond his denial of nature in favour of 'artificial paradises'. It regards him as its precursor and its justification. It is because it sees him from this angle that it so rashly contrasts him with Hugo.

उनकी महानता को— We see in the complete artistic personality which was able to perceive the 'correspondences' of colour, perfume, sound, and ideas, and so to penetrate the essence of symbol. The greatness of Baudelaire is not to be found in the grimace which he imposed upon himself in order to obtain forgiveness for his greatness, and which is all that the more bigoted 'Baudelarians' are able to perceive. He was great, not so much because he sufficiently announced the modern world as because he for saw it sufficiently to be tortured by it. We do not find anything of his greatness in the 'maquillage', which he enlogised, but in the bitterness that impelled him to paint the complexion of a dandy or a pervert on the demigod that he harboured withing him.

रविवार, 15 जुलाई, 1962

'केवल सन्दर्भ नया होता है और वही नया अर्थ दे देता है, वह अपने आप नया हो जाता है और उसमें से नया अर्थ बोलने लगता है।'

अज्ञेय : आत्मनेपद, 139

बुधवार, 15 अगस्त, 1962

Lorca Poems

(1) Songs of the Whithered Orange Tree
Woodcutter
Cut my shadow.
Deliver me from the torture
of beholding myself fruitless.

Why was I born surrounded by mirrors?
The day turns round me.
And the night reproduces me
in each of her stars.

I want to live without seeing myself
and I shall dream
that ants and hawks
are my leaves and birds.
Woodcutter
cut my shadow.
Deliver me from the torture
of beholding myself fuitless.

(2) Farewell :
If I die,
leave the balcony open.
The child eats oranges
(From my balcony I see him).
The harvester seythes the corn

(From my balcony I hear him)
If I die,
leave the balcony open.

(3) The Dumb child :
The child is searching for his voice
(The king of the cricket had it).
In a drop of water the child was searching for his voice.
I do not want it to speak with,
I shall make with it a ring
that my silence will wear on its little finger.
In a drop of water the child was searching for his voice.
(The captive voice, in the distance, was putting on the garb of a cricket).

(4) Each song :
Each song is love's stillness.
Each star is time's stillness a knot of time.
Each sigh is the stillness of the shriek.

शनिवार, 1 सितम्बर, 1962

दोपहर 2:30 बजे डॉ. नगेन्द्र के कमरे में National Text Books (Hindi) के Board of General & working Editors की मीटिंग में भाग लेना।

बुधवार, 26 सितम्बर, 1962

"...all committees, at all times, are morally and intellectually inferior to the average level of the human beings who sit on them." Arnold Toynbee (Mankind the invincible mule : Limits of control.)

शुक्रवार, 28 सितम्बर, 1962

शाम 2:30 बजे देशबन्धु कॉलेज में छायावादोत्तर हिन्दी साहित्य की सामाजिक व्याख्या पर बोलना है।

रविवार, 30 सितम्बर, 1962

National Text Books (Hindi) Board of working Editors की मीटिंग।

शनिवार, 13 अक्तूबर, 1962

Nature of critical process–Your winters.

1. The statement of such historical or biographical process knowledge लेखक के mind और method को समझने के लिए जितना आवश्यक हो।

2. उसके साहित्यिक सिद्धान्तों का विश्लेषण, जिससे कि वह क्या कर रहा है, जाना जा सके।

3. Paraghrasable content का एक rational critique (Motive of the poem)

4. Rational critique of the feeling motivated यानी भाषा और टेक्नीक (style) की विशेषतायें।

5. Final act of Judgment.

रविवार, 28 अक्टूबर, 1962

Exotic Perfumse

When, on an autumn evening, with closed eyes,
I breathe the warm dark fragrance of your breast,
Before me blissful shores unfold, caressed,
By dazzling fires from blue unchanging skies.
And there, upon calm and drowing isle,
grow luscious fruits amid fantastic trees,
These men are lithe : the woman of those seas,
Amaze one with their gaze that knows no quite,
Your perfume wafts me thither like a wind,
I see a harbour thronged with masts and sails
Still weary from the tumult of the gales,
And with the sailors song that drifts to me.
Are mingled odours of the tamarind,
And all my soul is scent and melody.

Baudelaire

सोमवार, 29 अक्तूबर, 1962

On Democracy

As social conditions become more equal, the number of persons increases who, although they are neither rich nor powerful enough to exercise any great influence over their fellows, have nevertheless acquired or retained sufficient education and fortune to satisfy their own wants. They owe nothing to any man, they expect nothing from any man, they acquire the habit of always considering themselves as standing alone, and they are apt to imagine that their whole destiny is in their own hands.

Thus not only does democracy make every man forget his ancestors, but it hides his descendants and separates his contemporaries from him, it throws him back forever upon himself alone and threatens in the end to confine him entirely within the solitude of his own heart.

Alexis De Tocqueville
(Democracy in America)

मंगलवार, 30 अक्तूबर, 1962

Character in Fiction

Mary Mecarthy. (Partisan Review
March-April (1961)

मेरी मेकार्थी ने उपन्यास में चरित्र के ह्रास की चर्चा करते हुए लिखा है कि 20वीं शती में दो दिशाओं में कथा-प्रयोग हुए हैं : Sensibility and Sensation. पहले को उसने Feminine एवं दूसरे को Masculine कहा। पहले का विकास इंग्लैण्ड में, दूसरे का अमरीका में। पर उसके अनुसार विषय-वस्तु पर इन दोनों का प्रभाव एक-सा रहा। 'Sensation and sensibility are the poles of each other, and both have the effect of abolishing the social, sensibility, like violent action, annihilates the sense of character.

Sensibility is only a refinement of sensation प्रेम क्रिया (रति) में हम सभी एक जैसे होते हैं, बजाय बातचीत या अन्य कार्यों में लगने के। रति की चरम सीमा में हम अपने को भी भूल जाते हैं। Sex annihilates identity तथा आधुनिक उपन्यासों में Sex को जितना स्थान मिला है, उतना 'चरित्र की अनुपस्थिति' का ज्ञापक है। इसी प्रकार वूल्फ़ की हीरोइन Mrs. Dalloway अपनी perambulating sensibility के कारण एक parnographic Novel की नायिका की भाँति ही remains a palpitant Organ. लेडी चैटरलीज़ लवर का 'पति' नपुंसक होने के कारण ही अधिक 'चरित्र' है।

Sensation and Sensibility are highest in a child.

अत्यधिक शोक या लोक गम्भीरता (Public solemnity) के अवसर पर सभी लोगों के साथ यह अनुभव होता है कि वे अपनी feeling को उनके वास्तविक स्रोतों या कारणों से हटाकर attach arbitarily to sights, smells and sounds. बच्चा तो इस attentive state of detachment में अधिकतर रहता है।

Now two characteristics of the child are that he can not act (to any purpose) and he can not talk (expressively); hence he is outside, dissociated.

And it is just this state of the dissociated outsider, that is at the centre of modern literature of sensibility and sensation alike. (कामू के 'अनजबी' या डॉ. ज़िवागो के माँ की मृत्यु वाले दृश्य इस स्थिति के रोचक उदाहरण हैं।)

इस तरह के inappropriate sensations, gestures, feelings आदि स्टेण्ढाल या टॉल्स्टॉय में भी मिल जाते हैं पर The world of twentieth century sensibility, in contrast to that of Tolstoy, is a world in a slow motion a world which, however happy it may seen, is a world of paralyzed grief, in which little irrelevent things, things that do not belong, are noticed or registered on the film of consciousness, exactly as they are at a funneral service or by a bored child in the Church.

In the modern novel of sensibility the shimmer of consciousness occupies the whole field of vision. Hapenings are broken down into tiny discrete sensory impressions.

बच्चे के लिए बोरडम के बीच एकमात्र यही रास्ता बचता है कि वह कुछ-कुछ तोड़ दे या किसी को पीट दे—चाहे अपनी माँ को ही—It can not cause things to happen in the world. This is precisely the situation of the hero of the novel of sensation; violence becomes a substitute for action. In the novel of sensibility, nothing happens, as people complain, there is no plot.

(A sustained power of mimicry is the secret of all creators of character. Joyce had it while woolfe did not. ज्वायस ने एक प्रकार की स्वगतोक्तियों के द्वारा 'चरित्र' को जीवित रखा है। यह कथन ही perfect mimicry है—Society के साथ उसके सम्बन्ध के द्योतक हैं।

A tragic novel might be written in an age not conducive to tragedy : it would be less reasonable to examine the general climate of thought in relation to such a novel, and it would be less reasonable to expect novels of such a nature to arise because the climate of thought was as it was.

रविवार, 4 नवम्बर, 1962

Science and Poetry

I.A. Richards

Both a passionate knowledge of poetry and a capacity for dispassionate analysis are required if it is to be victorily prosecuted.

Prosecuted

It will be best to begin by asking what kind of a thing, in the widest sense, is poetry? इसके उत्तर के बाद किस प्रकार हम इसका उपयोग या दुरुपयोग (use or misuse) कर सकते हैं? 'तथा' तथा इसको मूल्यवान मानने के क्या कारण (reasons) हैं?

मानवीय व्यवहार में कविता का स्थान और भविष्य निश्चित करने के लिए पहला कदम यह देखना होगा कि एक अनुभव (कविता का अनुभव जिसे दूसरे ही महसूस कर सकते हैं) का general structure क्या है? इसे धीरे-धीरे पढ़ना शुरू करें—अच्छा हो कि तनिक मुखर होकर—हर syllable को इतना समय देते हुए कि वह इस पर पूरा प्रभाव छोड़ सके तथा Let us read it experimentally, repeating it, varying our tone of voice until we are satisfied that we have caught its rythm as well as we are able, and whether our reading is such as to please other people or not– that we ourselves at least are certain how it should 'go'.

The first things to occur are the sound of the words in the mind's ear and the feel of the words imaginarily spoken. These together give the full body, as it were to the words, and it is with the full bodies of words, that the poet works, not with their printed signs. The full bodies reflect the whole meaning of the words as the printed signs cannot.

Next arise various pictures 'in the mind's eye, not of words but of things for which the words stand.

इसके बाद यह अनुभव जो आन्दोलन उत्पन्न करता है, दो धाराओं प्रमुख और गौण (Major and Minor) में बँट जाता है। गोकि इनके अगणित अन्तर्सम्बन्ध आगे भी होते रहते हैं। The Minor branch we may call the intellectual stream; and the other, which we may call the active or emotional, stream, is made up the play of our interests. पर बौद्धिक धारा माध्यम या उपकरण मात्र है, गोकि यही सरल है follow करने में। विचार उन वस्तुओं की ओर इंगित करते हैं जिनके कि वे हैं।

The real of pure thought is not an autonomous state...our thoughts are pointers and it is the other, the active, stream which deals with the things which thoughts point to.

Every experience is essentially some interest or group of interests swinging back to rest.

To understand what an interest is we should picture the mind as a system of very delicately poised balances, a system which so long as we are in health is constantly growing. Every situations we come into disturbs some of these balances, to some degree. The ways in which they swing back to a new equipoise are the impulses with which we respond to the situation. And the chief balances in the system are our chief interests.

It is incredibly complex assemblage of interests to which the printed poem has to appeal. Sometimes the poem is itself the influence which disturbs us, sometimes it is merely a means by which already existing disturbances can right themselves. More usually perhaps it is both at once.

1964

स्मरण पृष्ठ

रघुवीर सहाय	:	दृश्यालेख के कवि, Poet of Common sense.
मुक्तिबोध	:	Critic as poet
शमशेर	:	Miniaturist or a pure poet (A sensitive (emotional, non visual)
कुँवर नारायण	:	An intellectual
अज्ञेय	:	An Exotic
केदारनाथ सिंह	:	A sensitive pure poet

Determined–प्रतिविहित

अजित–1. धूमकेतु : एक श्रुति
आलोचना के आठ-दस अंक
2. Poetry-Drew तथा अन्य बहुत-सी किताबें
रज्जबबानी–सुश्री कानन बाला
अशोक–Poetry : Feb. May 1964
French number
Times literary supplement, arant Garde No. Sense & sensibility in Modern poetry Miror and the lamb

Abrams

दीर्घतपा
रमेश गौड़–परिन्दे
क ख ग
श्री रामदरश मिश्र– 1. मानवमूल्य और साहित्य
2. उर्वशी

श्री विश्वनाथ त्रिपाठी—आधुनिक साहित्य बोध : परिसंवाद
आलोचना का 26वाँ अंक

PERSONAL MEMORANDA

Name	:	Devi Shanker Awasthi
Address	:	C–5/16 Model Town, Delhi–9 Post-Graduate Evening Institute Delhi University, Delhi
Telephone	:	Office 225334
Scooter No.	:	DLO 4788
Life Insurance Policy No.	:	7210393
Premium Due	:	21.12.64
General	:	Prize Bonds : AB 693432, 33, 34, 35, 36 AB 694222, 23, 24 , 25, 26

बृहस्पतिवार, 2 जनवरी, 1964

An Introduction of Existentialism...... Robert G. Olson

अरस्तू ने साधारण व्यक्ति के मूल्य दैहिक सुख, सम्पत्ति और सम्मान बताये थे, स्पिनोज़ा ने सम्मान के स्थान पर 'यश' रखा और शायद बहुत से लोग आज उसके स्थान पर सामाजिक स्वीकृति रखना चाहें।

लेकिन ऐसे दार्शनिक बराबर होते आये हैं जो इन सामान्यजन मान्य मूल्यों को denounce करके एक ऐसे mode of life पर बल देते आये हैं जिसमें कि इन मूल्यों से उत्पन्न होने वाले frustrations को mitigate किया जा सके। अस्तित्ववादी भी इसी परम्परा के दार्शनिक हैं।

The tragic sense of life which gives impetus to movements of salvation is far from being nihilistic पश्चिम में महान लेखनों-ऐस्काइलस-शेक्सपियर की तरह अस्तित्ववादी have mastered the technique of reaffirming the value of life while boldly depicting its horrors.

सामान्यजन की कही जाने वाली मूल्य धारणाओं के साथ ही परम्परा से प्राप्त कुछ और मूल्य भी होते हैं जो बराबर लोगों के मन में रहते हैं और जाने-अनजाने second line of defence का काम करते हैं। अतः जब अस्तित्ववादी proclaims that the messages of salvation and consolation sanctioned by tradition are no less vain than the hope of fulfillment through wordly pursuits, the ordinary man is doubly offended. अस्तित्ववादी कहता है कि despair था, इसीलिए मेरे कहने पर तुम उसके प्रति conscious हुए और यदि अगर और ध्यान दोगे तो I will help you master despair.

If, of course, the existentialist's un-compromising rejection of the so called wordly values and of traditional messages of salvation is unwarranted or if their own message of salvation rests upon illusions peculiar to themselves, then the movement may properly be regarded as nihilistic in effect. But the movement is not nihilistic in intent.

शुक्रवार, 10 जनवरी, 1964

Ways of knowledge and experience

Louis Arnaud Reid
(Allen & Unwins)

बृहस्पतिवार, 6 फरवरी, 1964

सवेरे वात्स्यायन जी को फोन

शुक्रवार, 7 फरवरी, 1964

अनुसन्धान परिषद् की गोष्ठी

रविवार, 9 फरवरी, 1964

कृष्णबल की बहिन का विवाह, सायं 7 बजे

सोमवार, 10 फरवरी, 1964

At 3 : 30 Meeting with Dr. Nagendra, Arts Faculty

मंगलवार, 11 फरवरी, 1964

विशेष दीक्षान्त समारोह 3:30 P.M.

बुधवार, 12 फरवरी, 1964

रमेश गौड़ से शाम को 6 बजे wenegers में।
5 बजे कॉफी हाउस में परसाई
'Ivan's childhood' रिवोली में शाम 3:30

शनिवार, 15 फरवरी, 1964

डॉ. नगेन्द्र 12 बजे
सुरेश अवस्थी को सफ़दरजंग अस्पताल में देखना 4 बजे

शुक्रवार, 21 फरवरी, 1964

कानपुर के लिए प्रस्थान, रात्रि को 10 बजे

रविवार, 23 फरवरी, 1964

प्रयाग में विवेचना की गोष्ठी में 'चारुचन्द्रलेख' पर निबन्ध पाठ

सोमवार, 24 फरवरी, 1964

वाराणसी

मंगलवार, 25 फरवरी, 1964

लखनऊ

रविवार, 1 मार्च, 1964

दिल्ली लौटना

सोमवार, 2 मार्च, 1964

To LIC Rs. 352.66 Cheque No. B 152618/UP Co-operative Bank D.A.V. College, Kanpur

शनिवार, 7 मार्च, 1964

डिनर अशोक के साथ रात 8 बजे

रविवार, 8 मार्च, 1964

पिकनिक, लोदी गार्डेन्स

रविवार, 15 मार्च, 1964

10 A.M. writer's Meet विज्ञान भवन तथा लंच 1:15 P.M.

बृहस्पतिवार, 2 जुलाई, 1964

The Modern Poets

M.L. Rosenthal

Exquisite chaos

Philip Larkin is typical of a younger group of self snubbers and self loathers (who, neverthless, have never thought to put down their wretched mirrors) He is forever promising to be a wit and then appealing to the reader to pity him instead......not a world's sorrow and loss of meaning, but the sullenness of a man who finds squalor in his own spirit and fears to liberate him self from it.

Robert Lowell and the Poetry of confession

A reluctance to destroy himself any more rapidly than he was already doing may have been one of the causes of Dylan Thomas's refusal to look steadily into the abyss in his poetry. But in the most powerful work of the modern period the great push is often precisely in that direction. Eliot's interest in the inexpressibly horrible Pound : violence, crane's suicidal symbolism and the psychological self-probings of younger poets all point the same way. किसी इनमें से लिखा है– 'I get the feeling' one of them has written me that the madhouse is not for away from many poets, writing now. I think there is something wrong in both my feeling that this should become accepted as part of the state of affairs and my feeling that this should be countered consciously and fiercely...I think too that this kind of writing...will hurl poetry us a tree it can't descend from...where will it go? Can it make a 'return', can it reaccept the culture that after all fed it and flung it on its way?

We are now far from the great Romantics who, it is true, spoke directly of their emotions, but didnot give the game away even to themselves. They found, instead, cosmic equations and symbols, transcendental reconciliations with, this lime tree lower my prison, or titanic melancholia in the course of which merging a sense of tragic fatality-with the evocations of the nightingale's song the poet lost personal complaint in the music of universal forlornness whitman took American poetry to the very edge of the confessional in his 'calamus' poems and in the quivering avowal of his helplessness before the seductions 'blind loving wrestling touch, sheath'd hooded sharptoothend touch'. more recently under the influence of symbolists Eliot and Pound brought us into the forbidden realm itself, although a certain indirection in their work masks the poet's actual face and psyche from greedy eyes.

Robert Lowell's poetry has been a long struggle to remove the mask, to make his speaker unequivocally himself. His chief mask has been that of the 'crucified' man overwhelmed by compassion and at the same time a boisterous participant in the human ordeal. For him it is a mask of moral guilt, for the present decadence of values and the crash of a great tradition. He charges himself with all the meanness of contemporary New England, as he sees it sunken commerialist degradation. He is also a social critic as uncomproming in his structure as any marxists. So his mask is a composite one.

शुक्रवार, 21 अगस्त, 1964

1 P.M. Lunch Gwyer hall, DU

मंगलवार, 1 सितम्बर, 1964

शमशेर की काव्यानुभूति की बनावट–वि.ना. साही

"नयी कविता की बहसों में यह मान्यता अन्तर्भुक्त रही है कि न सिर्फ कविता का ऊपरी कलेवर बदला है, या नये प्रतीकों या बिम्बों या शब्दावली की तलाश हुई है, बल्कि गहरे स्तर पर काव्यानुभूति की बनावट में ही परिवर्तन आ गया है लेकिन बहस में इस पर बल कम दिया गया है। चेतना के जो तत्त्व काव्यानुभूति के आवश्यक अंग दिखते थे, उनमें से कुछ अनुपयोगी या असार्थक दिखने लगे, कुछ अन्य जो पहले अनावश्यक या विरोधी लगते थे, काव्यानुभूति के केन्द्र में आ गये और कुल मिलाकर काव्यानुभूति और जीवन की काव्येतर अनुभूतियों में जो रिश्ता दिखता था, वह रिश्ता भी बदल गया।"

हमारे चारों ओर रोजमर्रा का एक जीवन है। इसी का अतिक्रमण करने की कोशिश कविता करती है (शमशेर)। आत्मपरकता की वस्तुपरकता की तलाश करते हैं। तलाश की यह मुद्रा वस्तुपरकता या सच्चाई की अनुपस्थिति अर्थात काव्यानुभूति की अपर्याप्तता मानकर चलती है।

चीजें जन्म लेती हैं, लेकिन वे अपनी गति से निरन्तर अस्तित्व में स्थापित नहीं होतीं। इस निरन्तर अस्तित्व के लिए एक बाहरी प्रमाण की आवश्यकता है। यही शमशेर की काव्यानुभूति का आरम्भ स्थल है।

'आज तक हिन्दी में विशुद्ध सौन्दर्य का कवि यदि कोई हुआ है तो वह शमशेर है। शमशेर ने किसी विषय पर कविताएँ नहीं लिखी हैं। उन्होंने कविताएँ, सिर्फ कविताएँ लिखी हैं। या यों कहें कि एक ही कविता बार-बार लिखी है।'

'वक्तव्य उन्होंने सारे प्रगतिवाद के पक्ष में दिये', कविताएँ उन्होंने बराबर वे लिखीं जो प्रगतिवाद की कसौटी पर खरी न उतरतीं। मार्के की बात यह है कि इनमें से कोई भी पहलू दिखावा नहीं है। ये दोनों ही मुद्राएँ उनके निजीपन की वास्तविक

आवश्यकता से ही उपजती हैं। उनकी कविताएँ तो उनके लिए नितान्त निजी हैं ही, प्रगतिवाद से उनका उलझाव भी कम निजी नहीं है। ...इन दोनों के बीच एक खाई है, जिसे वे भर नहीं पाते?

मनोविश्लेषण को ही काव्य-विश्लेषण का पर्याय मानने वाले इस स्थिति को विभाजित व्यक्तित्व का सटीक उदाहरण समझकर सन्तुष्ट हो जायेंगे लेकिन मनोविश्लेषण आदमी के व्यक्तित्व के बारे में जो कुछ भी बतलाता हो, कविता के बारे में कुछ नहीं बतलाता। क्योंकि कविता का आधार वह निजीपन है, मनोविश्लेषण का 'अहं' जिसके आगे सतही मालूम पड़ता है।

शमशेर का प्रगतिवाद उनकी कविता के हाशिये तक सीमित रह गया। क्या इस निष्कर्ष से शमशेर की काव्यानुभूति के केन्द्र तक पहुँचने में सहायता मिलती है?

शायद! क्योंकि प्रगतिवाद शमशेर के लिए मात्र वह नहीं है जो वह है, बल्कि वह है जो उसकी निजी जरूरत को पूरा करता है, उनकी काव्यानुभूति की बनावट का अंग बनकर प्रस्तुत होता है।

कविता और जीवन की अभिन्नता अनुभूति के स्तर पर है। काव्यानुभूति और जीवनानुभूति एक ही वस्तु है।

काव्यानुभूति और प्रगतिवाद एक तरह के सह-अस्तित्व में आमने-सामने दर्पण की तरह रखे हुए हैं—कविता और हाशिए पर की लिखावट की तरह, लेकिन यह सहअस्तित्व निरपेक्षता नहीं है, साक्षात्कार है। रिश्ते का अभाव नहीं है, रिश्ते की सम्भावना है। वस्तुतः सम्भावना ही वह आधारभूमि है जिसमें आत्म और वस्तु दोनों का अस्तित्व है। इस सम्भावना को सिर्फ दिमागी कौल की तरह नहीं, बल्कि सीधी, माध्यमहीन जीवन की धड़कन की तरह अनुभव करना ही काव्यानुभूति है।

'बिम्बों का सृजन ही काव्यानुभूति की वह नैसर्गिक अवस्था है, जहाँ वह जीवन की अनुभूति से एकाकार होती है। बिम्ब आत्मा की वस्तुता और वस्तु की आत्मा की तलाश है।'

शमशेर की कविता के हाशिए पर सिर्फ मार्क्सवाद का ही नाम नहीं लिखा है। दूसरी तरफ एक और हाशिया है जिस पर एक और इबारत है जो एक दूसरे अर्थ में वर्जित है। उस इबारत का नाम शमशेर देते हैं—अति यथार्थवाद। उनके लिए अतियथार्थवाद शुद्ध आत्मपरकता है, जिस तरह मार्क्सवाद शुद्ध वस्तुपरकता है। दोनों हाशियों की तरफ कवि का रुख एक जैसा नहीं है—मार्क्सवाद या वस्तुपरकता वह है जिसका कवि क़ायल है, लेकिन जिसे वह काव्यानुभूति में ला नहीं पाता। अतियथार्थवाद वह है जो बरबस काव्यानुभूति में फूट पड़ता है पर कवि जिसका कायल नहीं है, जिसे दबा कर, निकाल कर कविताओं में से अलग कर देना चाहता है। ......इन दोनों हाशियों के बीच शमशेर की काव्यानुभूति एक व्याकुल शान्ति की तरह स्थिर है।

शब्द के पोले पड़ने का मतलब है कि अर्थ को परिभाषा के तात्विक कैवल्य की भाँति नहीं बल्कि प्रक्रिया की तरह देखा जाय। तब शब्द के अर्थ टूटने लगते हैं, और वे परिभाषा का अर्थ नहीं, जीवन की अनुभूति का अर्थ देने लगते हैं। शब्द की अर्थशक्ति में इतना बड़ा परिवर्तन हिन्दुस्तान में एक बार और हो चुका है, जब गुमनाम ध्वनिकार ने व्यंजना शक्ति का आविष्कार किया। ...ध्वनि-सिद्धान्त तत्त्वतः घटित को अस्तित्व की तरह फैलता हुआ देखने का प्रयास है। क्या ध्वनि-सिद्धान्त और बाद में विकसित होने वाले विशिष्टाद्वैत और शुद्धाद्वैत में कोई असंलक्ष्यक्रम रिश्ता है? ...शब्दों के प्रति शमशेर की, और समूची नयी कविता की दृष्टि हिन्दुस्तान की पुरानी उपलब्धियों से अलग नहीं है, बल्कि उनके मध्य में स्थापित है। आज की कविता की समस्या लगभग उसी शक्ल में सामने आती है, जिस तरह वह ध्वनिकार के सामने आयी थी। उसमें पहले की सभी दृष्टियों का समाहार हो गया। शमशेर की कविता, समूची नयी कविता को ठीक-ठीक देखने के लिए नयी कविता के प्रतिमान की ज़रूरत नहीं है बल्कि कविता के नये प्रतिमान की जरूरत है।

कविता शब्दों और शब्दों के संयोग से नहीं बनती, बल्कि शब्दों का जाल जो यथार्थ पर फेंका जाता है, उससे बनती है। यह फेंका हुआ जाल ही अर्थ है और अगर यथार्थ स्थिरता नहीं, गत्यात्मक प्रक्रिया है तो शब्दार्थ को भी गत्यात्मक प्रक्रिया होना पड़ेगा। यही शमशेर के शिल्प की समस्या है।

माध्यम : जुलाई, 1964

बुधवार, 2 सितम्बर, 1964

बाँस का पुल की रिव्यू–लक्ष्मीकान्त वर्मा

'पिछले दो दशकों के बीच हिन्दी-कविता की सारी छटपटाहट दो सीमाओं के बीच बँधी रही है: पहली तो यह कि रोमाण्टिक मिज़ाज से मुक्त हो, वह सर्वथा नये भावों के धरातल छूने में सफल हो जाय और दूसरे यह कि वह प्रयोग के माध्यम से और कुछ नहीं तो एक नया क्रम, एक नयी व्यवस्था के उपादान जुटा सके।'

'क्या नयी कविता केवल बिम्ब के जाल में उलझ कर समाप्त हो जायगी?'

'क्या वास्तविकता को सही-सही व्यक्त करना काव्य का आदर्श है या परिवेश के सन्दर्भ से संपृक्त सार्थक अभिव्यक्ति और अनुभूति की गहराई, कविता का धर्म है? हर अच्छी कविता वास्तविकता के अतिरिक्त भी कुछ होती है जो वास्तविकता को अर्थ देती चलती है या उस अतिरिक्त के सन्दर्भ में वास्तविकता का अर्थ सार्थक हो जाता है।'

'विषय महत्त्वपूर्ण तब होगा जब हम इन विषयों को नये अर्थ-सन्दर्भों से जोड़ सकें।'

हमारी अपनी पीढ़ी को जिस व्यंग्यात्मक स्थिति का दर्द है उसे मुद्रा, बिम्ब और चीख की सीमाओं को पार करके एक नये धरातल पर, शायद सन्तुलन के धरातल पर, तटस्थता के धरातल पर ले आना चाहिए। अज्ञेय से लेकर तीन सप्तकों तक की कविता हमारी गत पीढ़ी के मेलोड्रामा की प्रतिक्रिया में कहीं मसोसी हुई अनुभूतियों के बीच झूलती रही है।

The Poet understand also that the events of ones own time rarely touch the poet or artist. His knowledge of the present is not a knowledge of wars, what's in the newspaper and latest high brow opinion, but of how his contemporaries talk.

माध्यम : जुलाई, 1964

मंगलवार, 1 दिसम्बर, 1964

Patel Chest Hospital में भरती हुआ Endocarditis रोग के कारण

बुधवार, 2 दिसम्बर, 1964

मन बड़ा खिन्न रहा। जीवन में पहली बार मृत्यु भय लगा in the context of family responsibility

बृहस्पतिवार, 3 दिसम्बर, 1964

आज भी मन प्रसन्न नहीं था, सफ़दरजंग जाने की तैयारी में रहा।
शाम को Dr. Pental आये।

शुक्रवार, 4 दिसम्बर, 1964

आज तबियत बेहतर रही। Patel Chest में ही रहने का निश्चय हुआ।

शनिवार, 5 दिसम्बर, 1964

यथा अर्थ
यह एक जीवित उपस्थिति है...

('कविता उपखण्ड' में संकलित)

मेरे बेड के चारों ओर बेड हैं...

('कविता उपखण्ड' में संकलित)

बत्ती बुझाकर नर्स ताश खेलने लगी।...

('कविता उपखण्ड' में संकलित)
पटेल चेस्ट इंस्टीट्यूट, दिल्ली, 5 दिसम्बर, 1964

सोमवार, 7 दिसम्बर, 1964

वात्स्यायन जी आये। काफ़ी देर बैठे।

मंगलवार, 8 दिसम्बर, 1964

आज Sponging कराई। नर्स गोखले ने बहुत सावधानी से स्पांजिंग करायी। शरीर बड़ा हल्का रहा।

बुधवार, 9 दिसम्बर, 1964

श्रीमती कमला सांघी आयीं।

बृहस्पतिवार, 10 दिसम्बर, 1964

खिड़की पर की चार कविताएँ

हवा को...

('कविता उपखण्ड' में संकलित)

इस खिड़की के बाहर भी...

('कविता उपखण्ड' में संकलित)

आह ऊँचा करो पलँग को...

('कविता उपखण्ड' में संकलित)

खिड़की पर टँगा...

('कविता उपखण्ड' में संकलित)

पटेल चेस्ट इंस्टीट्यूट, दिल्ली, 10 दिसम्बर, 1964

खिड़की पर से दो कविताएँ

अपनी खिड़की से मैं सुनता हूँ...

('कविता उपखण्ड' में संकलित)

मैंने पहली मंजिल की अपनी खिड़की से हाथ बढ़ाकर...

('कविता उपखण्ड' में संकलित)

पटेल चेस्ट इंस्टीट्यूट, दिल्ली, 10 दिसम्बर, 1964

शुक्रवार, 11 दिसम्बर, 1964

भारत जी, बिन्दु जी, डॉ. निर्मला जैन आये।

मंगलवार, 15 दिसम्बर, 1964

आज Sponging करायी पर नर्स मूर्ख थी और callous तकलीफ़ हुई। ठण्डे पानी के कारण। द्विवेदी जी आये देखने।

बुधवार, 16 दिसम्बर, 1964

आज से institute में Duty resume कर ली। काफ़ी नाटक रहा।

बृहस्पतिवार, 17 दिसम्बर, 1964

डॉ. साहा से Fitness Certificate ली। दोपहर में सपरिवार डॉ. रमानाथ त्रिपाठी आये।

बुधवार, 23 दिसम्बर, 1964

Last working day before vacations

शनिवार, 26 दिसम्बर, 1964

Last pages of the Diary – Notes

चिट्ठियाँ लिखानी

1. निशंक
2. मार्कण्डेय
3. मनोज
4. Link
5. हरिव्यास
6. माधव जी

Addresses

Ved Prakash (पुष्पा गुप्त)
2723/Churi Wallan
Delhi
Telephone : 272506

Kanta
27/26 East Patel Nagar,
New Delhi–12
Telephone : 566611

ओमप्रकाश
4/14 रूप नगर, दिल्ली
Telephone : 221108/274718 office

भारतभूषण अग्रवाल
टेलीफोन : 73618/साहित्य अकादेमी
43981

S.P. Trivedi
Ram Kuti 24, Ram Nagar
New Delhi

R.S. Kushwaha
Telephone : 31123

A.P. Saxena
7, Sikandara Hutments
New Delhi
Telephone : 43379/35102

नेमिचन्द्र जैन
3 एफ, जंगपुरा एक्सटेंशन
नयी दिल्ली—14
टेलीफोन : 70162

डॉ. चानना
टेलीफोन : 52210

कामनवेल्थ एश्योरेन्स कं.
3620/21, नेताजी सुभाष मार्ग
दरियागंज, दिल्ली-6
Telephone : 271889

अशोक वाजपेयी
Telephone : 618384

W.U.S. Health Centre
Telephone : 228908

स. ही. वात्स्यायन
Telephone : 74674

श्रीकान्त वर्मा
Telephone : 33580

डॉ. प्रभाकर माचवे
Telephone : 627664/40161/Ext.

Lal Behari Pandey
C/37, Rohatak Road (Barsati)
Delhi
Telephone : 5197

Smt. Kamla C/o Mahandra Acharya
13 C, Firojshah Road
New Delhi
Telephone : 40616

श्री अशोक सेक्सरिया
16, लार्ड सिनहा रोड
कलकत्ता-16

डॉ. स्नातक
टेलीफोन : 221643

पुरुषोत्तम प्रसाद
I-सी, 34 रोहतक रोड
नयी दिल्ली-5

डॉ. सावित्री सिन्हा
टेलीफोन : 224231

श्री सुरेश अवस्थी
टेलीफोन : 273585/271524

डॉ. नगेन्द्र
टेलीफोन : 226344

देवेन्द्र कुमार
Telephone : 44251

आय विवरण 1964-65

43)	कल्पना
20)	धर्मयुग
47)50	वार्षिकी
30)	रेडियो
1500)	टैक्स्ट बुक
100)	चारुचन्द्रलेख की रिव्यू और T.A.

Pay details Deductions

520	626.60	43.33	PF
65	84.12	25.00	Income Tax
41.60	542.48	11.79	Premium
626.60		4.00	Health centre
320.00	अनुवाद 84.12		
40.00	माध्यम (10 शुल्क)		
40.00	हिन्दुस्तानी		

40)	चेक धर्मयुग मार्च
40	आजकल
50)	धर्मयुग जुलाई
41)80	परीक्षक का Uni.
30)	परीक्षक H.S.
100)	किताब बिक्री साथी से
100)	किताब 'साहित्य'
50)	रानी
50)	सा. हिन्दुस्तान
60)	धर्मयुग
40)	रेडियो 21 अक्तूबर
150)	कहानी विविधा की रॉयल्टी
40)	रेडियो फरवरी
30)	आजकल
821)80	

1965

Personal Data

Name	Devi Shankar Awasthi
Address	C 5/16 Model Town, Delhi–9
	Deptt. of Hindi And Instt. of Post Graduate (Evening) Studies, University of Delhi–6.
Telephone	Business 225334 (2 PM – 9 PM)
Telephone	Residential 224216 (Mr. Srivastava)
Bank A/C	S/F Saving Bank A/C 2845
Life Insurance	I 7210393, II 7274202 (S.S)
Scooter Regd. No.	UP1–6336

Incase of accident please communicate with
Mrs. Kamlesh Awasthi, C 5/16 Model Town, Delhi–9

शुक्रवार, 1 जनवरी, 1965

मंगल	III Final	
बुध	II Pre	III F
बृह.	II final	III Pre.
शुक्र	II pre.	

To say more than human things with human voice,
That can not be; to say human things with more
Than human voice, that, also can not be;
To speak humanly from the height or from the depth
of human things, that is a cutest speech.

(Wallace Stevens :
Collected poems, P. 300)

From my balcony, I survey the yellow air,
Reading where I have written,
'The spring is like a belle undressing.'

(Wllace Stevens)

सोमवार, 4 जनवरी, 1965

The half pay leave to a teacher in respect of each completed year of service shall be admissible to 20 days. The half pay leave may be mentioned to a teacher on medical certificate on private affairs. No half pay leave may be granted to a teacher in temporary employment except on medical certificate.

Half pay leave may be given in advance on production of medical certificate to a permanent teacher of the University for a period not exceeding 90 consecutions days at any one time at the discretion of the sanctioning authority only commutted leave.

The commutted leave not exceeding half the amount of half pay leave may be granted on medical certification only to a teacher in permanent employment subject into following conditions :

(1) Commutted leave during the entire service shall be admitted limited to a maximum of 240 days.

(2) When Commutted leave is granted, twice the amount of such leave will be debited to the half pay leave.

gross : On left page
550
90
68.75
44
752.75

Deductions : P.F. : 45–83
I.T 28
WUS : 4.50
L/C pre : 11.79

बृहस्पतिवार, 7 जनवरी, 1965

Hindi Directrate Library
1. Modern Book of Aesthetics Rader (Melim)
701.17; R117M; R5XN J7, K2

2. The language of criticism
And
The structure of poetry 019 J 32 (92954) R.S. Crane
3. Structure of Aesthetics 24221 By F.E. Starshott
(हिन्दी निदेशालय पुस्तकालय)

रविवार, 10 जनवरी, 1965

New letter No. Collector of Central Excise letter No. II–79–ET/64/25556
Dated 28.7.65
Ministry of Steel mines & industry.
D–I/A–7 Lodhi Road N.D.

सोमवार, 11 जनवरी, 1965

The Bourgeois poet – Karl Shapiro

I am an atheist who says his prayers.
I am an anarchist, and a full professor at that.
I take loyalty oath.

बृहस्पतिवार, 14 जनवरी, 1965

खेमका के लिए
Bible, Translation in India, Pakistan and Ceylon J.S.M. Hooper
Revised by W.J. Culshaw, Oxford university press. 1963

शुक्रवार, 15 जनवरी, 1965

1. दो चट्टानें—रमेश गौड़
2. संक्षिप्त हिन्दी शब्द सागर—श्रीमती सिन्हा
3. अणिमा : 4—स्नेहमयी
4. मित्रोमरजानी—भारतभूषण

सोमवार, 18 जनवरी, 1965

हसन शहीर की चित्र प्रदर्शिनी त्रिवेणी गैलरी, 3 पी.एम.

बुधवार, 20 जनवरी, 1965

1. Fiction and the criticism of Fiction

Kenyon review : 1956 Philip Rahum

2. Mass Society & Post Modern Fiction

Irving Howe, Partisan Review (Summer 1959)

3. Partisan Review 1948

बुधवार, 20 जनवरी, 1965

4. Techniques in fiction

Robie Macauley and George Lanning

5. Realism in our time : Literature and the class struggle

George Lukacs
(Harper & Row)

सोमवार, 25 जनवरी, 1965

Shanker Chattopadhaya
160A, Lans down road, Cal. 29. Phone : 46–2956

बृहस्पतिवार, 28 जनवरी, 1965

Dr. Saha को दिखाना 10 A.M.
श्री रमाकांत त्रिपाठी
47, एन, एस. रोड, कलकत्ता-34
श्री रामाधार सिंह
Language Division P.P.N. 1/222
Calcutta-14

शनिवार, रविवार, 30-31 जनवरी, 1965

भाषा की जो समस्या इस समय सरकार की सारी गलतियों के कारण उत्पन्न हो गयी है, उसका एक ही परिणाम मुझे नजर आता है कि अगले पच्चीस वर्षों में भारतवर्ष तीन भागों में बँट जायेगा। पूर्वी भारत में पूर्वी और पश्चिमी बंगाल को एक में मिलाकर असम और उड़ीसा के कुछ हिस्सों के साथ एक शासन होगा। दक्षिण भारत हैदराबाद के उत्तरी हिस्से को छोड़कर एक हो जायेगा और मुख्य भारत में उत्तर भारत, गुजरात तथा महाराष्ट्र होंगे। इस विघटन को रोकने का एक ही

उपाय है कि सख्ती और दृढ़ता से मन, वचन और कर्म से एक भाषा को स्वीकार कर लिया जाये, भले ही वह अंग्रेजी ही क्यों न हो।

मंगलवार, 2 फरवरी, 1965

रेडियो पर रेकार्डिंग, 11 बजे सवेरे

बुधवार, 3 फरवरी, 1965

एकेडेमिक काउंसिल के इलेक्शन।

बृहस्पतिवार, 4 फरवरी, 1965

अशोक की दावत।

बृहस्पतिवार, 18 फरवरी, 1965

Health Centre :
Eye
Wed 10.2
Thurs 05.0
Friday 12.2
Dental
Mon 8.30 – 9.30
Wed 8.30 – 10.30
Fri 8.30 – 9.30
ENT :
Mon 10.30
Thurs 10.30
Satur 10.30

बृहस्पतिवार, 25 फरवरी, 1965

In my craft or sullen art
Exercised in the still night
When only the moon rages
and the lovers lie abed
with all their griefs in arms.

I labour by singing light
Not for ambition or bread
or the strut and trade of charms
on the ivory stages
But for the common wages
of their most secret heart

Dylan Thomas

राशन कार्ड नं. 177227
नया स्कूटर 5835

सोमवार, 1 मार्च, 1965

डी.एच. लॉरेन्स की ब्रिटिश बूर्जुआ सोसाइटी पर:–
Nicely groomed like a mushroom
standing there so sleek and erect and eyeable
and like a fungus, living On the remains of a bygone life
Sucking his life out of the dead leaves of greater life than his own
(How beastly the bourgeois is)

बृहस्पतिवार, 4 मार्च, 1965

Auden's picture of the invalidism of middle class British Society, with its obvious similarity to Lord Chatterley's condition :–

I don't want any
more hugs,
make me some fresh tea
fetch me some rugs.
(It's no use raishing a shout)

सोमवार, 22 मार्च, 1965

Greek Tragedy and the Modern World

Leo Aylen

मनुष्य के बारे में एक बात एकदम निश्चित है कि उसकी मृत्यु होगी। इस स्थिति में अभी दो ही रास्ते हैं कि या तो इन चीजों को भुलाए रखने की कोशिश

की जाये या फिर धीरे-धीरे हम अपने को इस तरह तैयार कर सकते हैं कि मरते समय तक भय न रह जाये।

हमारी पीढ़ी के लिए जो बात बड़ी विशिष्ट है वह है Intellectual nature of awareness of the destructive forces with which we are surrounded. One of the functions of tragedy is to help people to come to terms with the thought of death. The greek tragedies at any rate are conspicuous for their clear headed acceptance of the fact of death.

हम अपनी सीमाओं से भी परिचित होते हैं। एथेन्सवासियों को ट्रेजेडी सहायता नहीं थी, जब वे भले-बुरे के बारे में सोचते थे। और उन सबमें मानवीय सामर्थ्य की सीमा का सतत बोध मिलता है।

अपनी परम्परा के मूल्यों के प्रति सप्रश्न होने के लिए हम विवश हैं। हम अपने द्वारा किये जाने वाले अभूतपूर्व लाभों एवं विनाशों से परिचित हैं। Should we say that christianity and scientific method are responsible for more human misery that all the quietist eastern ways of life put together? Is it because both church and scientists forgot the whole community of which they we both members? Is it because the community was too lazy to think deeply about the aims of either church or scientists? इनके कोई प्रत्यक्ष उत्तर नहीं हैं।

इस तरह के सवालों का उत्तर देते समय या सामाजिक इतिहास की विवेचना में हम अपनी जिन्दगी को कला, विचार, धर्म, राजनीति आदि के शीर्षकों में बाँटकर नहीं देख सकते।

इस प्रकार हम विवश हैं अपनी और अपने समाज की मृत्यु की awareness के प्रति मानवीय शक्ति और सीमा के प्रति तथा अपनी परम्परा के प्रति सप्रश्न होने के लिए—ऐसी जिज्ञासा जो न केवल राजनीतिक है और न नैतिक, न धार्मिक और न कलात्मक। हम जिन्दगी को अपने पूर्वजों की बजाय निम्न तरीके से देखते हैं। यह मुख्यतः विज्ञान के विकास के कारण हुआ है। उदाहरणार्थ, quantum physics का प्रभाव has been to make us see that no intellectual system is certain.

The kind of awareness which has been forced on us seems very similar in many ways to the kind of awareness which produced greek tragedy.

I believe that our society has a need which only tragedy can fill.

There can not be a tragic drama unless the audience to some extent shares the writer's pre-occupations are tragic ones.

It seems obvious that there is no such thing as tragedy. There are only plays, some of which have always been called tragedies, some which have always been called tragedies, some of which have usually been called tragedies at certain times in history the atmosphere has been conductive to the production of such plays.

There are those who say that religion appeals to the irrational in us. I am saying that religous beliefs should be tested by ordinary experience. There are those who say that in matters of moral action, we can intuit? What is right? I am not sure that I understand, what moral action is; all conscious action is a result of decision between opposing courses, and in all decisions we use value-judgements.

There are those who say that we should judge art by separate values from those of real life, presumably adhering to the idealist belief, in a separate science of aesthetics. Hobson says, we have no right to resent in the theatre an authors philosophy merely because it is different from our own.

Of course we have right to resent it. अगर हम गलत का प्रतिरोध नहीं कर सकते तो रंगमंच गम्भीर समस्याओं के लिए अनुपयुक्त हो जायेगा।

We are asked sometimes to abandon our values in the theatre. But 'our values' is the exact equivalent of the way in which we judge."

It used to be thought possible to reach objectivity. Now not even scientists talk in these terms. If this is true of science, how much more necessary is it for a critic of tragedy which touches on all the fundamental things of life to realize that there is no objectivity.

The common Ground of Tragedy

We could say of every extant greek tragedy that it was a lively meditation, conducted in public, into some issue of permanent significance, using song and dance and verse dialogue to represent an event in ancient history which embodied the particular issue, so that the audiences understanding of the issue should be deepened. This is the common ground of the tradegy.

तीन fundamental points :

(i) In every tragedy the action is initiated by both men and 'theoi', Every tragedy represents action that is doubly determined. The world view of greek tragic poets is one where men's actions are complimented by the actions of other beings, and men's action are given significance by fulfilling the purposes of other beings.

(ii) In every tragedy chorus is central. The chorus speaks beyond their own understanding, and thereby enelighten ours.

(iii) The poetry, especially that of choruses, has multiple reference. It is possible to see these plays as thought provoking images of religious moral and socio-political issues. But the images have application at one and the same time to all these categories. The tragedians attitude of mind was determined by a desire to bring all facets of experience to bear on the issues about which they were concerned, with the result that it is impossible to say if an issue is religious, political or moral.

The tragedians have a determination to feel after some utilimate, in expressible order behind human experience and the powers of nature, personal and impersonal; they have a hope that somehow this order and the process of human justice can be related. The experiences of tragedy affronts our belief in the order, or our hope in its relation to human justice.

It is necessary to add that great tragedy is not 'patriotic'.

(i) The greek poets are not concerned primarily with 'making a good plot' they allow in consistencies, and fail to fill in gaps in the story. हमें याद रखना चाहिए कि अरस्तू ने जिस mythos को ट्रेजेडी का सबसे आवश्यक तत्त्व माना है, उसका वास्तविक अर्थ ‘plot’ न होकर story है। इसलिए यह कहना उचित होगा कि story पर ध्यान दिया गया है, न कि प्लाट पर।

(ii) यह नाटक ‘चरित्र’ के नहीं हैं। General pattern द्वारा subordinated चरित्र-चित्रण। आवश्यकता पड़ने पर इस क्षेत्र में वे पूरी ऊँचाई पर उठ जाते हैं।

चरित्र-चित्रण characterisation is shown often by means of highly pregnant lines of poetry. इसीलिए इसे अभिनेता या दर्शक के लिए miss कर देना बहुत आसान होता है।

(iii) All the talk of tragic hero is irrelevant.

The purpose of tragic poet was didactic; they were concerned to show the way in which a person should live, and the limits of human power; they were especially concerned with life in the society they knew, and used their drama to present the images of what that society could be. Their method was historical and ritualistic, a use of poetry to understand the way in which the world's order had worked in the past, as the best, or only way of understanding how it works now. Their means was of drama put on a festival for the entire population. It was an all purpose drama including song, dance, verse, ritual and slapstick. The Centre of the drama was an image of the community, a dancing, singing chorus. It was a means for everyone to discuss and ponder the important issues of life and death, and at the same time a union of all social activities. Tragedy is vulger; it is blantantly, theatrical, it is for the ordinary poeple; it is about vulgar things activity like death.

Tragedy represents wrong actions and their consequences.

The Greek poets described in actions which disrupted the order of things, where a person, our stepped the limits of human ‘moira’. As a result catastrophic follows and innocent human beings suffer. our sympathies are roused by the predicament after innocent suffers, but the poets do no more than show us the reasons why they suffer, comfortless as thereafter are.

The tragic writer looks at a mass, a group of people killed for no apparent reason, and tries to find some reason. जैसे एक करने में एक तथा शक्ति और सौन्दर्य होता है, दूसरी ओर विवशता भी, वैसे ही In tragedy we are asked to watchmen being swept down waterfalls, not only the man waterfalls two. In Greek Tragedy which has no heroes, we are asked to watch the waterfall, in Shakespeare more to watch the man.

एक ईसाई के लिए all experience is to be seen as experience of God. इसमें आनन्ददायी अनुभव को तो समेटना आसान है पर दुखदायी अंशों को ईश्वर के साथ सम्बद्ध करके अनुभव करने में Tragedy उभरती है।

The viewpoint of tragedy is the view point of death.

We become aware of a desperate need for life to shape itself into a pattern, and as the pattern forms we discover with horror that we have to make a choice, to accept the pattern as real, or deny it as illusion. We have to declare or deny our relationship with avlanche as it crushes us, the lion as he tears us, our own invention as it explodes on us. It is because this reasons to be the fundamental part of the activity we call tragedy.

Tragedy + Philosophy Great drama does not arise from conditions in society.

Most useful intellectual skill is that of in mentioning or discriminating between images and analogic for our experience. The aims suggest that the activity should be imaginative, speculative, eclectic provisional and above all, not specialised. Philosophy with its certain systems is not a possible medium for this activity. Rational Poetry such as Greek tragedy is.

The development of quantum physics has meant an end of certain philosophical systems. Before this the most important rational activity was the understanding of logical connections; now it is the making of relevant images, secondly, if there are no certain systems, there is only me, and my experience, and the experience of others in so far as I can understand it by analogy with my own. Profitable discussion, therefore will be in terms of analogies and images. And the medium for this is rational poetry.

शुक्रवार, 9 अप्रैल, 1965

Poetry and the Theatre

Philosophy has come to an end, and philosophers no longer claim that their craft can illuminate experience in the way that people need, Scientists, when they talk in ordinary words about the nature of the world, can only use analogy. Moralists, when they claim to intuit the light, are confronted with different and conflicting claims.

The wheel has come full circle, and we now see that primitive cultures which thought analogy was the best way of understanding the world were right. To master the method of analogy in the craft of poetry.

If the dramatist is to enlarge his audience's understanding he will have to represent decision in an artificial way.

Shakespear's uses of history

Geoffrey Bullough

उद्देश्य

1. Values of human life which Shakespeare apparently wished to foster by writing about history.

2. Dramatic use he made of historical themes for theatrical purposes.

The first use of history was to make him select significant moments, to form patterns out of the chaos of the chronicle's details, to search for parallels and contrasts in character and incident, to seek ways of suggesting that the bitter quarrels, the downfalls of selfishmen and parties were cosmically fated and fell into a design of poetic justice.

He may be said to have learned his dramatic craft largely in the school of history. By the time he had finished his first tetralogy he knew how to organize the most refractory material into a dynamic, well inter-related design, how to modulate through narrative, discussion, passionate utterance, irony, pathos, of logue and solilogy, how to keep his separate to shift the focus between individuals, पर कमज़ोर चरित्र को दिलचस्प बनाना आगे चलकर सीखा।

In treating of English history Shakespeare had chosen periods of descard and class dissension of war either civil or foreign, in order to teach the lessons of concord and degree.

In both of his great love tragedies Shakespear's poetic opulence is used not only to enforce the or same opportunities afforded by story and character but also to rise above them. In Antony and Cleapatra the poetry makes us suspend our ethical standards and accepts and rejoice in behaviour which sets law, duty morality, as we share in a fever and a passion which are not only of the flesh but of the spirit.

The appeal is from sober reason and judgement to our fellow feeling, ouur participation in natural passions and appetites which are good in themselves and so powerful that most of us have had both bliss and bane from them. By with and eloquence which rise above but do not ignore the ways of ordinary lovers, Shakespeare refines, and intensifies the Antony-

Cleopatra relationship and makes it enviable as well as reprehensible, until finally we regard their deaths as both morally right and artistically suited to a passion which so enlarges the sphere of our emotiobnal experience. In Antony and cleopatra the ethical uses of history are for once transcended and Shakespeare has at last written an historical tragedy in which the whole movement is a poetic unity in conception and execution.

बुधवार, 14 अप्रैल, 1965

Understanding Drama C. Bruts

Fiction & Drama

1. कहानी का method नाटक के समान objective हो सकता है।
2. उसका प्रभाव sharp contrasts पर निर्भर हो सकता है।
3. बहुत कम description हो।
4. तथा परिस्थिति को ज्यादातर संवाद से आगे बढ़ाया गया हो।

Differences :– सामान्यतः कथा में बहुत थोड़ा action होता है, what goes on consists almost entirely of the comments of the characters on a situation. Not much happens overtly. The characters talk, about a situation instead of participating in it, they are not really influenced by it and so what we have is a kind of photographic glimpse of static characters. But in general drama apperently works with the greater success when characters act out a situations themselves instead merely viewing it, even though they be very diverse and significant spectators.

2. दूसरे कहानी में सूच्य या लिखित चीजें भी महत्त्वपूर्ण पार्ट अदा करती हैं पर नाटक में यह सुविधा नहीं प्राप्त होती।

3. लेखक कहानी में मानसिक दशाओं का एक प्रत्यक्ष, तात्कालिक वर्णन उपस्थित कर सकता है, नाटक नहीं।

4. Drama demands a more overt form of action. The ability of fiction to describe setting and properties of all kinds to look at both the outer world of things and the inner world of mind, to shift easily from present to past, means that it has a variety of resources with which to take an apparently slight or trivial situation and extend it as it were, into a much fuller and richer meaning. It can take a difference of attitude which appears only, at the level of casual conversation and give it a dramatic substance. Lacking all these devises, drama must present the difference of attitude in an actual clash of character, where the words are not merely descriptive but are accompaniments of action or indications of action to come.

Poetry & Drama

The poem can be said to be dramatic in these ways : the emotion springs from some definite occasion; the play of thought and feeling is developed in terms of the occasion (rather than expressed in abstract terms); and the poet's attitude to the situation is carefully controlled even involving dramatic shifts and sharp reversals, (that is, it does not get out hand, becoming sentimental, vague or monotonous.)

Drama and poetry are both concerned with presenting situations which will be meaningful, poetry uses imagery, rhythm, symbols, statements, as the words of the author or some character, spoken to himself or someone else. Drama depends almost entirely on what people do and say to each other : meanings, thought, feelings must in the main be externalised in conduct (though the conduct need not be violent or sensational).

Drama is brief compressed, concerned with crucial events, people are disturbed unusually tense; there is a great increase in emotional pressure. So poetic language becomes natural in drama which achieves real intensity.

बुधवार, 29 अप्रैल, 1965

प्रेमधन

दृश्य रूपक का नाटक

कार्तिक-1938 वै. आ. का.

नये नाट्यशास्त्र की आवश्यकता : प्रथम हमारे भाषा के नाटक लिखने वालों के अर्थ भाषा दृश्य-काव्य के निरूपण लक्षण तथा भेद, रीति, नियम और उदाहरण का बताने वाला कोई साहित्य का ग्रन्थ नहीं, और जो संस्कृत में 'षष्ठ परिच्छेद', साहित्य दर्पण में श्री विश्वनाथ कविराज रचित, दशरूपक सूत्र इत्यादि हैं, अब उनमें बहुत-से गड़बड़ समय और भाषा-परिवर्तन के कारण हो गये और कितनी बातों का विरोध पड़ गया। अतएव मुख्य तो इनका आश्रय लेकर और उस समय से इधर के बने नाटक तथा अंग्रेजी, बँगला, इसी रीति से हमारी भाषा के भी (जो हैं) और गुजराती, महाराष्ट्री से भी जाँचकर नये तरह पर खासकर इस नागरी भाषा में कोई ग्रन्थ होना अत्यन्त आवश्यक है।

(इसके बाद फार्म सम्बन्धी गड़बड़ियों की ओर संकेत)

लेखन + अभिनय

जानना चाहिए कि नाटक वहाँ तक नहीं है कि जहाँ तक उसमें नकलपन आवे,

किन्तु नाटक और अभिनय वह वस्तु है जब देखने वाले को इसका परिज्ञान न रह जाये कि हम नाटक देखते हैं वा सत्य लीला; जिसके शब्द-शब्द से रस चूता और पद-पद पर नये आनन्द का मजा मिलता जाये और देखने वाले उस रस में रंगकर तनमय दशा को प्राप्त हो जायें। अवश्य उत्तम नाटक और अभिनय वही है परन्तु तब तक यह कैसे हो सकता है कि जब तक सत्कवि की कविता न हो, और चतुर नट नाट्य में प्रवीण न हो, निश्चय जानिए कि दोनों एक-एक मिल तब ही ग्यारह की संख्या प्राप्त करते हैं, केवल बनाने वाला क्या करेगा जब खेलने वाला ठीक नहीं। ...मण्डली जो बड़ी होती है...अच्छे-अच्छे नाटकों को भी वे अपनी तौर पर सँवारती और बनाती भी हैं।

(आरम्भ शूर की बात करके उन्होंने कहा कि पारसी कम्पनियों के आने के साथ सारा जोश ठण्डा हो गया)

संयोगिता स्वयंवर और उसकी आलोचना

'कथा वा बीज उत्तम है' 'परन्तु ग्रन्थ प्रबन्ध और नाटक रचना इसकी बिल्कुल ही निकम्मी निकली।'

"अब थोड़ा-सा प्रस्तावना के ख़ात्मा और कथा-प्रवेश पर लिहाज करना उचित है—

प्रथम तो लिखते हैं कि 'पृथ्वीराज वेश बदलकर चन्द्र के संग जयचन्द्र की सभा में आते हैं।' (बस काफी था और यदि आप पात्र सूचना या कथारम्भ के योग्य नहीं मानते तो बेफायदा: नाटक का मजा खराब करने वाली गुप्त बात क्यों यहाँ प्रगट करते हैं?)

'...बलिहार-बलिहार कहाँ तो संयोगिता आती है और आप अभी साज-सामान ठीक करना चाहते हैं। प्रस्तावना काहे को यह तो बनियों का ठाठ हुआ कि कोई सौदा पटता ही नहीं। जाओ जोरू से भी सलाह कर आओ।'

अब देखिए समागम की दशा आप देख ही चुके, नायक-नायिका के स्वभाव का परिचय मिल ही गया होगा, नाटक के प्रबन्ध का कुछ कहना ही नहीं, एक गँवार भी जानता होगा कि स्थान परिवर्तन के कारण गर्भांक की आवश्यकता होनी है अर्थात् स्थान के बदलने में परदा बदला जाता है, और इसी परदे के बदलने को दूसरा गर्भांक मानते हैं; सो आपने एक ही गर्भांक में तीन स्थान बदल डाले...।

(इसे नाटक व्याख्या कहें या कहानी)

हम नहीं जानते इस अंक से क्या फल सिद्धि समझी गयी है।

सोमवार, 31 मई, 1965

Radical Innocense

Ihab Hassan

American Novel does not only over presence : it explores and enlarges the modalities of our being, "to be alive, to both the whole man alive; that is the point". "D.H. Lawerence, and at its best, the novel and the novel supermely, can help you. It can help you not to be a dead man in life."

ज्यादा महत्त्वपूर्ण enquiry होगी the nature of the contemporary self in action and reaction, in stress and freedom, in ascent and denial sallying forth to confront experience and recoiling again to preserve its sanity or innocense.

The actions and recoils of the contemporary self engage that dense area of reality wherein our epochal consciousness and our literary forms meet. The movements of the self suggest, the regions of tension and repose in our cultural life : The hero while life still beats in his fictive art, mediates between self and world in that imaginative dialectic form we have agreed to identify as the novel.

A dark impulse of 'resistance' permeats contemporary letters, ओ कोनोर और नॉर्मन मेलर दोनों ही ने माना है कि violence and distortion must be the means of projecting a vision to which society is hostile, contemporary world presents a continued affront to man, and that his response must therefore be the response of the rebel or victim, living under the shadow of death.

The Contemporary self is also post romantic. The contemporary recoils, from the world against itself, It has discovered absurdity. Its recoil is one of its awareness, a strategy of its will.

"If the modern temper, as distinct from the romantic, lies in the admission that men are mortal, this admission determines the nature of the raw material with which the artist much work. An element of despair, a destructive element is one of the signs by which we shall know him– the other is the constructive use to which this element is put."

Wright Morris

Precisely what the new hero stands for, no one can yet define. He is not exactly the liberals's idea of the victim, not the conservative's idea of the pariah, not the radical's idea of the rebel or perhaps वह यह सब कुछ है और विशेषतः इनमें से एक भी नहीं है।

His capacity for pain seems very nearly saintly, and his passion for heresy almost criminal. But flawed in his sainthood and grotesque in his criminality he finally appears as an expression of man's quenchless desire to affirm, despite the voids and vicissitudes of our age, the human sense of life.

बृहस्पतिवार, 29 जुलाई, 1965

Fiction and the criticism of fiction

Philip Rahv

The Novel is at the present time universally recognized as one of the greater historic forms of literary art. Its resources and capacities appear to be commensurate with the realities and consciousness of the modern epoch and its practitioners, having inherited a good many of the functions once exercised by poetry and drama, no longer feel the slightest need to engage in the kind of apologeties that were quite common even as late as a hundred years ago उपमा को unruly, unpredictable, ungovernable, rude plgbean energy from unprocessed reality से मिली।

Now that the novel is broadening, growing, begining to be a great serious impassioned living from of literary study and social research, now that by means of analysis and psychological enquiry it is turning into contemporary, moral history, now that the novel has imposed, upon itself the investigations and duties of science, one may again make a stand for its liberties and previleges." Goneourt Brothers in the introduction of their novel 'germinie Lacerteux" (1864).

इसमें विज्ञान वाली बात छोड़ दी जाये तो अब भी मान्य होगा।

The one question arising in connection with it is whether it is still necessary at this date again to make a stand for the novel's liberties and privileges.

20वीं शती की आलोचना एक सिद्धान्त और व्यावहारिक पद्धतियों (practical procedures) dealing with the prose medium that are as satisfactory is their exactness, subtlety and variety as the theory and procedures worked out in the past few decades by the critics of poetry.

The criticism of poetry has of late acquired a rich consciouness which may be defined objectively as the self consciousness of the medium-an historic acquisition that, acting as a force in its own right, has already considerably affected the writing of poetry and may be expected to affect it even more in the near future.

इतने श्रेष्ठ उपन्यासकारों ने भी Theory of fiction के क्षेत्र में उस कोटि का

योग नहीं दिया जैसा कि कवियों ने दिया है। इन लोगों ने अपने व्यवहार से कथा माध्यम को प्रभावित किया है—सिद्धान्त-चर्चा से अलग रहते हुए। केवल प्रोफेशनल आलोचक और पण्डित ही काम करते रहे।

It is precisely the fact of signal progress that we have witnessed in the criticism of poetry that accounts in some ways for the obserable lag in the criticism of fiction. किसी अन्य क्षेत्र की भाँति ही आलोचना के क्षेत्र में भी प्रगति एवं रेखात्मक, संगत और अग्रसारित नहीं होती। एक क्षेत्र में प्राप्त लाभ को दूसरे क्षेत्र में मुआवजा देना पड़ता है। कविता-क्षेत्र में आलोचना की अत्यधिक सफलता ने कथा-समीक्षा को प्रभावित करना शुरू किया है और यह प्रभाव सदैव शुभ या स्वस्थ ही नहीं है।

For the commanding position assumed by poetic analysis has led to the indiscriminate importations of its characteristic assumptions and approaches into a field which requires generic critical terms and criteria of value that are unmistakbly its own. Just as Zola or ejarcourt brothers associated the novel with science for the sake of the prestige that this conjuction seemed to confer upon their literary ambitions, so now critics of fiction are attempting to assimilate, it to the poem, thus impeding an adequate inspection of the qualities and effects of prose-medium. This effort to deduce a prosdics from a poetics is 'an fond' doomed to fail for it is simply not the case that what goes for a microscopic unit such as the lyric poem goes equally well for the macroscopic compositions of the writer of narrative prose.

इस प्रभाव के तीन biases हैं :

The first bias is manifested in the current absession with the search for symbols, allegories and mythic patterns in the novel - a search conducted on the unanalysed assumption that to locate such symbolistic fictional work is somehow tantamount to a demonst ration or its excellence यह तथ्य कि इस प्रकार के प्रतीक या पैटर्न उत्तम और अधम सभी प्रकार के उपन्यासों में मिलते हैं, उनके दिमाग में नहीं आता।

The second bias, even more plainly deriving from the sensibility of poetry, is the one identifying style as the essential activity of imaginative prose, and identification that confuses the intensive speech proper to poetry with the more openly communicative, functional and extensive language proper to prose.

The third bias is that of technician, which may be defined as the attempt to reduce the complex structure and content of the novel to its sum of techniques, among which language is agian accorded a paramount place.

जहाँ तक पहले आग्रह का प्रश्न है एक तो symbolism, allegory myth आदि पर्यायों की तरह प्रयुक्त होने लगे हैं। The younger critics have taken to using all three terms almost inter changeably and always with an air of offering an irrefutable proof of sensibility, with the result that they have been nearly emptied of specific meaning and turned into little more than pretentious counters of approbations. But the more these terms lose their reference to anything concrete beyond themselves, the easier becomes their conversion into verbal symbols in their own right, symbols of admission and belonging to a school at present academically and critically dominant.

इसमें उपन्यास के कथात्मक विकास की ओर ध्यान न देकर किसी एक स्थिति या भाषा-प्रयोग का विश्लेषण किया गया है।

What at bottom is the animating idea behind this exaltation of symbolism in current critical practice? As I see it its source is not directly literary but is to be traced to an attitude of distaste towards the actuality of experience an attitude of radical devaluation of the actual if not down right hostility to it, and the symbol is ofcourse reality available as a means of flight from the actual into a realm where the spirit abideth forever. अगर थर्टीज में साहित्य और जिन्दगी के अन्तर को भुला दिया गया था तो अब उनके नजदीकी और अनिवार्य सम्बन्ध की चेतना नहीं रह गयी है।

Hence the effort now we are witnessing to overcome the felt reality of art by converting it into some kind schematism of spirit; and since what is wanted is spiritualisation at all costs, critics are disposed to purge the novel of its characteristically detailed imagination working through experiential particulars– the particulars of scene, figures and action : to purge them, that is to say, of their gross immediacy and direct empirical expressiveness. It is as if critics were saying that the representation of experience, which is the primary asset of the novel, is a mere appearance; the really and truly real is to be discovered, somewhere else at somewhere else at some higher level beyond appearance, the novel, however, is the most empirical of all literary genres; existence is its original and inalienable datum; its ontology if we may employ such a term in relation to it, is 'naive' commonsensical, positing no split between appearance and reality.

फिक्शन की व्याख्या एक चीज है और उसे dissolve करना दूसरी। और प्रतीकों में dissolve करना यथार्थ का अस्वीकार है। वस्तुतः यह सिद्धान्त प्रतीकवाद का भी न होकर Meta physics का है। The obsession with symbolisation is at bottom expressive of the reactionary idealism that now afflicts our literary life and that passes itself off as a strict concern with aesthetic form.

This is not to say that fiction excludes symbolisation बल्कि उसमें बहुत अधिक होते हैं, symbolics devices प्रचुरता से और उनका प्रतीकात्मक import भी। लेकिन symbolic import के माने हैं that is nothing more mysterious then its overplus of meaning its suggestiveness over and above its tissue of particulars, the actual representation of which it is comprised, and that is scarcely the something as treating these particulars as clues which it is the ingenious critics task to follow up for hidden or burried meanings that are assumed to be the 'real point' of the text under examination पर इसमें धीरे-धीरे text का महत्त्व समाप्त हो जाता है। एक बार प्रतीकों की खोज के बाद उसकी उपयोगिता समाप्त हो जाती है। पर text एक शीशी या पीपा नहीं है। वह अपने आपमें सम्पूर्ण है और प्रतीक खोजी आलोचक भाव और कला के पुराने अस्वीकृत द्वैध को ही स्थापित करते हैं। प्रतीक fictive reality के integral part होते हैं और इसीलिए नितान्त बौद्धिक specification को व्यर्थ कर देते हैं।

दूसरी bias भाषा सम्बन्धी है। इसमें style के आधार पर टॉलस्टॉय को जेम्स या जेन ऑस्टिन से inferior उपन्यासकार कहा जायेगा। जबकि in applying other criteria character creation, for instance, or the depth of life out of which a novelist's moral feeling springs or the capacity in constructive a plot (plot, that is the Aristotetion sense, as the soul of an action) to invest the contingencies of experience with the power of the inevitable– we shall be persuaded soon enough that Tolstoy far outranks Jane Austen. जाहिर है कि कठिनाई भाषा वाली कसौटी के कारण है। Which when applied unilatelly is likely to expose us to false valuations.

F.R. Leavis भी इस खतरे को समझते हुए कहते हैं, "with the novel it is so much harder to applly in a critical method the realisation that everything the novelist does is done with words here, here and here, and that is to be judged as an artist (if he is one) for the same kind of reason as a poet is. Poetry works by concentration; for the most part, success or failure is obviously locally. But prose depends ordinarily on cumulative effect, in such away that a page of novel that is on the whole significant may appear undistinguished or even bad.

पर इस खतरे को समझते हुए भी लीविस इसी को अपनाते हैं क्योंकि उन्हें दूसरा रास्ता नहीं दिखता।

The trouble lies in his reluctance to draw a sharp enough distinctions in principle between prosaic and poetic speech. Is it really the case that language plays the same role in both media? In looking to narrative prose for "fictional analogues of lyrical moments" are we not in effect ignoring the crucial differences between the use to which language is put in poetry as against its use in prose and hence denying the latter the status of a seperate genre?

रूसी रूपवादी आलोचकों ने भी भाषा का यही कविता वाला दृष्टिकोण उपन्यास पर अपनाना चाहा था। अपेक्षाकृत उदार रूपवादी विक्टर Zhirmunsky ने विरोध करते हुए कहा था :

A novel and a lyric poem are not to be equated as works of verbal art because the relation in them between theme and composition is quite different. Words in a novel say by Tolstoy or Stendhal are closer to everyday speech and openly communicative in function whreas in a poem the verbalization is wholly determined by the aesthetics design and is in that sense an end in itself. निश्चय ही शुद्ध रूपवादी गद्य भी होता है, जिसमें शैली और संघटन (composition) के तत्त्व प्रमुख होते हैं पर यह अलंकृति ही निश्चित रूप से इसे स्टेण्डल, टॉलस्टॉय या दास्तोवस्की जैसे उपन्यासों की नैरेटिव भाषा से अलग करती है। लोग extensive rather than intensive verbal means से मुख्यतः ये लोग expressiveness प्राप्त करते हैं। This ornamenty prose is mainly distinguished by the fact that it keeps the reader's attention fixed on the small detail : The words, their sounds, their rhythm. 'It is the opposite of Tolstoy's or Stendhal's analytic prose इसमें अपेक्षाकृत छोटी इकाई बड़े फ्रेम से स्वतन्त्र होती है, उससे कृति की समग्रता नष्ट होती है। इसका अर्थ केवल काव्यात्मक उदात्त भाषा ही नहीं है, यह crudely realistic भी हो सकती है, जैसे कामू का प्रोज़।

The norms of the novel cannot accomodate a declaration of independence by the smaller unit, the word, the phrase, the sentence or the paragraph. Normatively the language of the novel does not possess the autonomous valve that it has in poetry. In prose the relation between the word or sigh and its represent is more firmly fixed and necessarily conventionalised than in poetry, where this relation is continually man suverted so as to exploit the discard no less than the concord of sign and referent.

सुजान लैंगर ने प्रश्न किया है कि क्यों सभी साहित्य विधाओं में गीत सबसे अधिक शाब्दिक माध्यम (verbal means)–शब्द और इसकी शक्तियाँ, ध्वनि, छन्द, अनुप्रास, तुक और अन्य लयात्मक devices पर निर्भर करता है। उसका उत्तर है: the motif...of a lyric is usually nothing more that a thought, a vision, a mood, or a poignant emotion, which does not offer a very robust frame work for the creation of a piece of virtual history. "The lyric poet uses every quality of language because he has neither plot nor fictitious characters nor usually any intellectual argument to give his poem continuity. The lure of verbal preparation and fulfillment has to do nearly everything."

Actually the dramatic as well as the narrative resources of the modern poetic medium are extremly limited and the imagery it employs, however dramatic its impact on its own chosen ground, is not substitute for bodying forth of character in action.

क्रिस्टोफर काडवेल ने कविता और गद्य की भाषाओं का अन्तर बताया है : Poetic word is the logos, the word made flesh, the active will ideally ordering, whereas the novel's word is the sign, the reference, the conversationally pointing gesture... Poetry concentrates on the immediate affective associations of the word "where as the story goes first to, the object or entity symbolized by the word." In order to draw its association with that, "The poem and the story both use sounds which awake images of outer reality and affective reverberations; but in poetry the affective associations are organised by the structure of the enter reality portrayed. Hence here of the novel is not like the 'hero' of poetry, a universal common 'I', but a concrete individual. "कविता का पाठक कविता और उसके शब्दों में रहता तथा कवि से तादत्म्य करता है जबकि उपन्यास का पाठक लेखक के 'कथात्मक संस्कार' में डूबता है जिसमें कि he finds 'a more or less' consistent mock reality that has sufficient stuff in it. To stand between him and the external reality 'यानी की तादत्म्य शब्दों से नहीं उनके माध्यम से mock reality से होता है। इसीलिए लय, precision और style are alien to the novel... Novels are composed of scenes, actions, stuff and people, just as plays are." A 'jewelled' style.

is a disadvantage to the novel because it distracts the eye from the things and people to words–not as words as black outlines but as symbols to which a variety of feeling-tone is directly attached."

सार्त्र ने एक बार कहा था कि 'poet is writer who refuses to 'utilize language' उपन्यासकार के बारे में उलटकर कहा जा सकता है 'novelist is a writer who is more often than not perfectly willing to utilize language.

कवि के लिए हमेशा मुख्य समस्या style की है, पर उपन्यासकार के लिए नहीं। जेम्स या दास्तोवस्की जैसे लेखकों की नोटबुक्स बताती हैं कि उनका सरोकार to define their subject, to see their way through the plot, the complications of the intrigue, the arrangement of scenes, the temproral sequence the narrative perspective or point of view आदि रहे हैं, न कि भाषा।

भाषा के मामले में हम उपन्यासकार से केवल यह माँग कर सकते हैं कि उसकी

भाषा कथ्य के अनुरूप रहे जिससे fiction reality खण्डित न हो। नदी के द्वीप का कथ्य गोदान की भाषा में नहीं कहा जा सकता। अज्ञेय की Themes प्रूस्त की भाँति undramatic हैं, वे poetic ironic हैं।

Memory the intermittences of heart, nostalgia for childhood, the vocation of the artist, illusion and disillusion with the great social world. There is of course action in froust but this action is rendered undramatically, mode shifting from analytic meditation to rhapsody and back again; and meditation and rhapsody are closely allied to the poetic medium. The intrinsic nature of prousts themes and his conception of them as enchanted realm's as he put it in which 'the dust of reality is mixed with magic sand' are such that they demand a master of language for their realization.

मंगलवार, 3 अगस्त, 1965

So far as Mr. Mark Schorer's essay "Technique as Discovery" is concerned I think I have already dealt with it to the extent that it ur uniquely puts emphasis on style as an element of novelistic technique. For the rest, what is mainly to be objected to in Mr. Schorer's approach is his exclusive and almost vindictive emphasis on technique which leads him to say that "When we speak of technique in the novel we speak of nearly everything." His notion is that because technique objectifies the materials of art it also ipso facto evaluates, them in a moral and intellectual sense. To me this formulation represents a monistic scheme a violent simplification that leaves out of account any number of problems, such as that of creative personality, of the conditioned historical outlook prompting writers to settle upon some techniques while rejecting others, and the problem of the personal and unforeseen which, as malraux has noted is always present in our experience of a masterpiece. If by some chance the text of Hamlet had been lost to us, we would plainly be unable to imagine it despite all our accumulated knowledge of Shakespear's techniques. And how are we to reconcile Mr. Schorer's point of view with Proust's precept that style is essentially a matter not of technique but of vision? The implication of that precept is that the technique of a true artist is dictated by an inner need and can be initated only superficially vision is inimitable.

In a way everything Mr. Schorer says about the importance of technique is true, but true only in the trite sense that the novelist cannot render a single scene without some kind of technique, adequate, But does

Mr. schorer really intend us to understand him in this altogether obvious manner. He remarks that if Thomas Wolfe had the right sort of respect for technique and the ability to pursue it.

He would have written "a great novel on his true subject the dilemma of romantic genius." Plausible at this sounds, does it actually mean anything more than if wolfe had been a different kind of man he would have written different books? Tautologies are not insights. There is something interior to technique and that is sensibility. Wolfe's sensibility was such that he was unable to coneine of the subject of romantic genius ungenuinely novelistic spirit; all he could do is spill the subject rather than express it : and the sensibility of wolfe is not something he could alter. Sensibility can be cultivated under the appropriate conditions but it can scarely be learned as a technique is learned. Let us beware of regarding Technique of as some sort of gimmick which it takes a certain account of intelligence to master after which the writer is at liberty to create to the top of his bent, one detects in such idea an unconscious predisposition toward scientism, toward purely manipulated notions of the creative process and tendency to subject to rationalisation. Let us recall T.S. Elliot's statement about massenger that he to as a brilliant master of technique without being in any profound sense an artist. This can only mean that even though without technique we can do nothing in art, Technique is not merely enough.

सोमवार, 9 अगस्त, 1965

American short Novels की भूमिका में R.P. Blackur

Fictions are what we make of ourselves, and they cannot help reflecting something of our character and forecasting something of our fate one of the honest common places of conversation is that knowledge of a strange country is better gained from its imaginative literature than from its guidebooks, history and statistics.

(महाभारत में दिल्ली में सहायता नहीं मिलती।)

In the sense in which it is pertinent today this can be detached from the mass of impertinence every writer is necessarily in some relation to his actual society and its culture when it has one and the relation remains actual even when the writer lies, exaggerates or denies, or revolts against that society.

Great writers perhaps prophesy and enact the history and characters of great countries by giving their feelings form and their thought the special twist of idiom. The writers at the time their countries reach a new stage of identity, Lesser writers perhaps reflect that identity, its lapses and recoveries, the hypocrises and sincerities of custom and behaviour by which it gets along.

Literature is the free will of the soul cireling about the will of things and the will of history.

शुक्रवार, 13 अगस्त, 1965

Time (13/8/65)

India (Pride and Reality)

(1) Tiny and turkey necked, shy as a school boy in his rumpled dhoti and brown loafers, Shastri both matches the diminished stature of India and reflects its inchoate strength.

(2) What threatens it today is bureaucracy—
an Indian nightmare more overwhelming than
anything dreamed of by Kafka...New Delhi
is being strangled in Paper.

(3) The key to Indian art, letters and entertainments is escape.

बुधवार, 18 अगस्त, 1965

The condition of the Novel.

(1963 में लेनिनग्राद में होने वाले परिसंवाद की Report, New Left Review. No. 29, Jan-Feb 1965)

Alain Robbe-grillet

'...The novel is not a tool and that from society's point of view, it indeed probably serves very little purpose at all.

The Novalist is certainly engaged he is bound to be a anyway but no more or less than anyone else in the sense that he is a citizen of system and lives within certain social customs and rules, among them religious and sexual prescriptions. He is engaged to the exact extent that he is unfree. And one of the particulars and very virulent, forms that this restriction of freedom takes place at the moment is precisely the pressure brought to bear by society when it tries to make the writer believe that he is writing for it or against it, which comes to the same thing.

The writer suffers, likeway one else, from the misfortunes of his fellow men. It is dishonest to pretend that he writes to cure them.

The form of a novel seems much more important to me than the plot – even an anti-fascist plot. At the moment of creation I feel the necessity to use certain forms, but I don't know what they mean and even less consequently what purpose they can serve.

The novel is not a means of expression by which I mean that it knows in advance the truths or the questions which it sets out to express. The novel for us, means search which does not even know what it is searching.

I write to try to understand why I feel the desire to write.

The socialist camp sharing the illusions of the bourgeois world, about the political power of art, sharing the same cult of obsolate artistic forms, the same language in which to couch its criticism and in the end same values.

"Decadent"? in relation to what? In human? Is'nt it rather your conception of man which needs revivifying... We only have the right to address the masses when we have pleased the ruling elite.

Sartre– (sum up करते हुए उठे हुए विचार बिन्दुओं को रखा)

In the east as in the west we do not choose our situation. We do not decide to write for a minority public, while the writers from the socialist countries choose a mass one. It is an objective fact that a mass public is not yet available to western writers or if it is they have to pass by way of the bourgoisie to reach it.

2. Reality– शकाली सारूत ने कहा कि–

This reality had to be discovered. This is the core of whole problem; Creation? Expression? or Discovery? There is no contradiction between these terms– one can certainly discover through creation, but one should make this clear. समाजवादी यथार्थवाद expression of reality की बात करता है पर वह भी creation ही होता है–उपन्यास creation ही होता है–उपन्यास 'Every writer lies in order to tell the truth.'

3. Values– रोब्ब गिये ने कहा कि 'नोवा रोमां' का विरोध करने वाले established values के आधार पर बात करते हैं। जैसे कि संसार बना-बनाया प्राप्त हुआ है और उसे वर्णित कर देता है, पर ज्यानोव Zdanov तक ने कहा है कि For socialist realism the task is to interpret the present in the light of the future.

शुक्रवार, 22 अगस्त, 1965

जो यथार्थ हमारे सामने है, सचमुच भयावह है

धर्मयुग, 15 अगस्त, 65, गुलाबदास ब्रोकर

Modern Man in search of a soul
Contributions to Analytic psychology

सोमवार, 25 अगस्त, 1965

If one is to suppose that the future is as regourously determined as the present, the statement is terriable, it binds the writer hand and foot... But if as I think the future, though it can no doubt be thought of with optimism, is nonerthless a development which is by definition unknown, uncertain, than to treat the existing world from the point of view of what it will become, of what others are going to make it, is precisely to contest the present in the name of the future. This is why literature must always retain a critical function even if one's perspective is optimistic as a matter of principle, perhaps there has precisely been too much insistence here on the positive role of literature and not enough on its function of discovery and as a critical mirror. In any case, this problem of the novelist's discovery of his values should be discussed further.

मंगलवार, 26 अगस्त, 1965

4. Decadent का क्या अर्थ है?

कोई समाज डिकेडेण्ट होता है, इसलिए उसके व्यंजक साहित्य को भी कहना चाहिए? पर तब फ्यूडल समाज के लिए प्रेमचन्द डिकेडेण्ट हो जायेंगे। यों लेखक के निजी contradiction से भी नये रूप उभर सकते हैं।

Is there a dialectical relation between social developments and the novel?

5. The relation of man to man, that is to say responsibility.

The totality is what the writer and his readers have a common. साहित्य अनिवार्यतः कमिटेड होता है। For a man's totality today is the fact that we risk dying in an atomic war if we do not concert our efforts to prevent it. This does not mean that the writer is obliged to write about atomic war : it means that a man who is afraid of dying like a rat can not be quite. sincere if he is satisfied writing poems about birds. Something of his epoch must be related in his work in one way or another.

शुक्रवार, 27 अगस्त, 1965

Artsfaculty गीता कपूर

बुधवार, 1 सितम्बर, 1965

Fictions are what we make ourselves and they cannot help reflecting something of our characte: and forecasting something of our fate.

The writers come....at the time their countries reach a new stage of identity. Lesser writers perhaps reflect that ideality.

R.P. Blackmur
In the Introduction of American short novel.

मंगलवार, 19 अक्तूबर, 1965

L.C. Jain, M.I.C. की अदालत में 10 बजे

मंगलवार, 16 नवम्बर, 1965

सविता जैन: 4:30 बजे

Last page

Pledged to M/S Prem Nath Motors Pvt. Ltd., Sindhia House, New Delhi for fiat car – 2021034 Pass Book No.

Last page of name & address & Tel No.

Taxi stand (मॉरिस नगर) 227110
दुर्गाशंकर अवस्थी, 289/88 मोती नगर (नारायण कुटीर), लखनऊ
दिवाकर पाण्डेय, उदासीन काटेज, हुसैनी आलम, हैदराबाद-2
सुदेश कपूर, 3570 जटवाड़ा स्ट्रीट, दरियागंज, दिल्ली-6
गीता कपूर, 3754/3 कूचा परमानन्द, फैज़ बाज़ार, दिल्ली-6
Uberoi opticians, 43-N कनॉट सर्कस, नयी दिल्ली (कान्टेक्ट लेन्स)
जावेद अहीर, जैन ग्लेज़िंग नं. 13, सदर थाना रोड, दिल्ली
उपेन्द्र के नौकर के लिए 226664
Director Public Relations, Delhi 223481

Last pages of the Diary 1965

मनोहर काले 24/29 शक्ति नगर, दिल्ली
कु. सविता जैन 7/35 दरियागंज, दिल्ली

ईवनिंग इन्स्टीट्यूट 225334

श्रीकान्त 33579
डॉ. नगेन्द्र 226344
श्रीमती सिन्हा 224231
डॉ. स्नातक 221643

डॉ. सुरेश अवस्थी 273585/45947
425548
श्री नेमिचन्द्र जैन 70162
श्री भारतभूषण अग्रवाल
73618/43581 Ext.
श्री वात्स्यायन 74674
राजकमल प्रकाशन 274463/274718
खेमका 265749/48016 (होटल)
श्रीवास्तव जी 224612
K.L. Gandhi 225251
रघुवीर सहाय 76230 घर/277520
K.M. Agrawal 263879 घर/55359
कान्ता 566681
ओम प्रकाश 221108
प्रयाग नारायण त्रिपाठी 40527
श्रीमती विमला गुप्त 221235, 44713
श्री बालकृष्ण राव (दिल्ली में) 77763
राजेन्द्र अवस्थी 77341

श्याम सुन्दर पाण्डेय 272663
40091 हिन्दुस्तान टाइम्स

श्री परमेदर सिंह सेठी 225360
1240 चालीगंज, कश्मीरी गेट, दिल्ली-6
मोहन राकेश 522, राजेन्द्र नगर,
नयी दिल्ली-52167

महेन्द्र भल्ला 51911
श्री कृष्ण गोपाल वर्मा 169
जुबली हॉल
श्री रमेश काला Fc/18 ग्वायर हाल
A.P. Saxena 43379
श्रीमती निर्मला जैन·224074
सिस्टर अनम्मा सी 9/ए मॉडल टाउन
डॉ. ओझा 225658
डॉ. रामसिंह (लॉ) 145 जुबली हॉल

राजेन्द्र यादव 229961
लक्ष्मीचन्द्र जैन (कलकत्ता) 75522

राजीव सक्सेना 619315, II–E/24, लाजपत नगर
डॉ. कैलाश बाजपेयी H. 26ए साउथ एक्सटेंशन-I, नयी दिल्ली
डॉ. रामचरन मेहरोत्रा 0/4, जयपुर 76275
विपिन बिहारी मिश्र, कानपुर 39008 for kanpur 051
उमाशंकर केदारनाथ, कानपुर 36004 052/23609
वीरेन्द्र स्वरूप उर्फ वच्चू बाबू कानपुर 35925
नरेश चन्द्र चतुर्वेदी दुकान 36935/38303

कविताएँ
(1953-1964)

आम थे बौराए
महुए की कलियाँ भी टपकीं
कवि देख रहा है
प्रकृति सुन्दरी को
देखा उसने अज्ञात यौवना को
कवि मानस मचल उठा
बोल फूटे लोकगीत के
'औचक आप जोबनवा मारेसि बान'
अचानक लगा मदन का बाण
भीग गया तन-मन-प्राण
और तभी
'महुआ रोवे ठाढ़ आम बौराए'

3 जनवरी, 1953, पांडेनपुरवा (रायबरेली)

मैंने पूछा :
तुमसे, उनसे, सबसे;
कितना बोझा सर पे,
भय का, धी का, आत्मा का।

फिर इन पर भी
टाइपराइटर की 'की' पर
टूटती उँगली का
रेडियो ऐक्टिव* तरंग का
भीतर की उमस
बाहर के दबाव का।

आकाश पर चढ़ा हूँ।
भूगह्वर में गया हूँ।
उबर नहीं सका हूँ।
तारक पुंज, नीहारिका, नेबुला
ग्रहों, उपग्रहों की गति
स्तर भेद पृथ्वी के
सर्दी गर्मी के नाप के
सबका, यानी कि
ज्ञान का बोध
अजाने के अजान का बोध
जिज्ञासा का दुख
लाया हूँ।

---

* रेडियो ऐक्टिव—रेडियम का प्रभाव डालने वाला यानी विद्युत प्रभाव डालना।

पूछता हूँ फिर तुमसे केवल तुमसे
या फिर अपने भर से :
क्या करूँ? कैसे उतारूँ सर से?
अज्ञान ज्ञान के अन्तर को
अनजान कर यूँ।
कहो फिर गुफा गह्वर निवासी
बन दिखा दूँ।

पर, पर कुछ नहीं।
पर यह व्यर्थ
उत्तर...उत्तर...उत्तर, उत्तर इतना मात्र है
केवल इतना मात्र
कि टूटने दो मत कमर
सहज, दृढ़शील होवे उमर।
हर क्षण के अंकुर–पल्लव–फल
को ग्रहण कर लो।
शक्ति ले लो
बोझा ढो लो।
शायद भविष्य की सन्तानें कृतज्ञ हो पाएँ
इसलिए वर्तमान को जी लो।

7 जनवरी, 1954, कानपुर

ये ग्रेनाइट की चट्टानें, वह दूर्वादल के मूल
असंख्य द्रुमों की छायाएँ गये आज हम भूल
गये आज हम भूल, याद रहा यूरेनियम
माइसीन, अल्फाड्रग औ' कुण्ठा का कर्दम
रहे ताकते स्विच, रडार, अणु, विविध आँकड़े
मन छूट गया, रही खोजती बुद्धि भाव
ये ग्रेनाइट की चट्टानें।

10 जनवरी, 1954

जगत की रीति-नीति में बहुत बड़ी जीत चाहिए
मनुष्यता के गीत में हमें संगीत चाहिए
नादवृन्द ध्वनि मन्द्र हो—
मनुष्यता जहाँ पै इन्द्र हो
उसी समाज में युद्ध
की पीठिका पै द्वन्द्व हो

29 मई, 1954

जी चाहता है तोड़ दूँ, हर महल दीवार को
मनुष्य की साधना दुर्निवार को।
हर तरफ नष्ट की ध्वनि
हर ओर गिरता हुआ जीवन
मैं निहारूँ आँख से
मैं सुनूँ कान से।
ऐसी कुछ भावना मेरे मन समाई है
कि मैं तुमसे, उनसे, अपने से
कहूँ : नहीं चिल्लाऊँ या दहाड़ूँ जोर से
या कि बिलख-बिलख कर रोऊँ।
यों वर्णनीय कहने को कुछ कथ्य नहीं
सुनने योग्य श्रुतिगोचर कुछ तथ्य नहीं
आत्मा में उपलब्ध सत्य नहीं
पर वक्तृत्व शक्ति पर बस मेरा है।
अचानक ही जेनेवा, बॉय्, कॉफी,
पालम का अड्डा, हड़ताल की माफी,
भूख औ' टूटी आशाएँ,
फिर इन सबसे ऊपर अपनी
बेकारी कहो सुनायें या भोंपू पर चिल्लायें।
ऐसा कुछ मन मेरा है :
कहूँ मैं अपने से
चिल्लाऊँ तुमसे
दहाड़ूँ उनसे
आखिर रोऊँ सबसे।

1954, कानपुर

एक दिन तारे ने चाँद से कहा
अन्धकार ने प्रकाश से कहा
पशु ने फिर मनुष्य से कहा
कि :
मान जा
हार जा
ओरे बावरे
फिर से जीतेंगे हम
फिर से सद्यःस्फुटित धरित्रिखण्ड
की भाँति ज्वालाएँ उबलेंगी
फिर से गैसें भभकेंगी
फिर से हम होंगे
'क्या आत्मा वही दिन है'।
(मनुष्य स्वगत –क्या सचमुच हम हार मान गये हैं?)

1954, कानपुर

अनिवार्यता

जाऊँगा नहीं, मैं
जाऊँगा नहीं :
करौंदी के, बेत के
कचनार के उन निकुंजों में
जो अब अनस्पर्शित नहीं रहे
जो अब सबके सब रौंद गये।

अतिपरिचय है बन्धु!
जीवन की अति साधारणता;
सम्बन्ध का दृढ़बन्ध
मन को न सोहता
अपरिचित का आकर्षण
फिर मुझे खींचता, मोहता।

यह प्यास! आह कितनी दुर्दमनीय!
इन अतल जलवाली गम्भीराओं में
पुण्डरीकों वाले जलाशयों में
कूप में, तड़ाग में
बहते अन्तःसलिल में भी तृप्त होती नहीं।

बन्धु! मैं तो पपीहा हूँ
चातक हूँ, सीपी हूँ,
हाँ, सर्प भी हूँ
स्वाति का अनाघ्रात बिन्दु मेरी अनिवार्यता।

ए.डी. शंकरन, 1954, कानपुर

आज मेरा प्यार उमड़ा है।
जानना चाहोगे क्यों,
आज मैंने बेची मूँगफली
ठेले भर थी।
पैसे जेब में छह रुपये तीन आने हैं।
पकौड़ियाँ भरोसे की
और दूध पल्टू की दूकान
का रात के भोजन के साथ
मैं उसे खिलाऊँगा स्वयं।
तभी तो मेरा प्यार उमड़ा है
समझे क्यों?

9 नवम्बर, 1954, कानपुर

पुकारता तुम्हें

पुकारता तुम्हें
जब मैं तो जैसे
नीरवता बढ़ जाती है
निविड़ नीरव और नीरन्ध्र
अन्धकार में मैं
घबड़ा रहा।
चाहता हूँ तुम्हारा नाम जपूँ
चिल्लाऊँ जोर से
जिससे कि प्रतिध्वनि
होती हो।

आकांक्षा

धीमे से बोलो,
सूर्य जा रहा है नीचे दृष्टिपथ से दूर—
निकट मेरे आओ।
गिरते-मरते पंखियों के पंख-सा;
मेमने की अन्तिम पुकार-सा
सूरज यह—
घिर रहे तम के विरुद्ध
कर रहा आखिरी शिकायत।
हरी घास पर सूरज का लाल रक्त
काला पड़ता जाता है।
वायु में चरमराती पत्तियों का,
इनमें छिपे झींगुरों का
शोर सिर्फ रह जाता है।

वर्धमान अन्धकार में
आकुलता मन में पसर रही
ज्यों सोख्ते पर काली स्याही।
मन करता है—
तुम्हारा नाम जपूँ : चिल्लाऊँ जोर से;
जिससे आये प्रतिध्वनि
निकट तुम्हारी भाँति।

दिन के विरल और छोटे आकार
वस्तु के, बढ़ते जाते हैं
अब प्रमदाजन की आकांक्षा बढ़ती जाती
मैं भी तुम्हारे कपोल पर होंठ रख विश्राम चाहता।

वृन्त से टूटे कुसुम को
जैसे कि गिरे तारे को
मुलायमियत से–
धरती सहज स्नेहवश ले लेती है
वैसे ही हम-तुम, आओ
सोने चलें :
परस्पर सुकुमार गुम्फित हो।

18 नवम्बर, 1954, नैनीताल
'माध्यम' पत्रिका के अगस्त, 1966 अंक में प्रकाशित

लेना, देना और जीना

जीवन की अशेष सम्भावनाएँ चुकें नहीं
मन के विकार ये यों ही मिटें नहीं
निर्धूम अग्नि-से
निस्पन्द वायु-से
निस्तब्ध ताल-से
निर्विकार स्थितप्रज्ञ से
हमको होना नहीं।

यह सही है कि
पूर्व युगों से लेना हमें,
और आगे आने वाली पीढ़ियों को
बहुत कुछ देना हमें।
फिर भी हम भूलें क्यों
कि लिया है और लेना है
जीवित वर्तमान से
क्षण की विराटता से।
फिर वर्तमान में हम चुकें नहीं,
डूबें नहीं, थकें नहीं, बस।

ए.डी. शंकरन, 1954, कानपुर
'युगचेतना' पत्रिका में प्रकाशित

जिन्दगी में बहुत जन प्यारे लगते,
बहुत दृश्य मन को अपने भाते।
माँ की स्नेहभरी चुमकार
बहन का ममतामय दुलार।
स्नेही मित्र, शुभचिन्तक, सम्बन्धी
यक्षप्रिया, अज की इन्दुमती
और मृणाल के बन्दी।

खड़ी फसल, लहलहाते धान
गन्ध वायु पर मेघों की सरपट चाल
अभिराम हरिताभ पहाड़ी
निर्झर, सरिता, तटिनी
तट के वृक्षों की माल।
पर नहीं कभी उतने भाये
मेरे मन को।
जितना यह शब्द
मुझे मन भाता है।
नहीं प्रिया भी इतनी प्यारी
ना प्रिय लगती मुझे नौकरी।
जितना इसके सुझाव, अर्थ
गर्म छवि और
स्मृति के सेन्सेशन*
एक साथ नाच जाते मस्तिष्क में
बचपन की हमजोल जोड़ियाँ
औ वयःसन्धि की उसके
संग लुकाछिपी।

* सेन्सेशन—प्रत्यक्ष अनुभव, बोध।

कॉलेज के मृदु मधुर स्वप्न
नरगिसी, बाल मधु की तरल हँसी।
जीवन का, मधु का, तरुणाई का
सचमुच यह सबसे
प्यारा मोहक शब्द
बना है 'प्यार–प्यार'

25 जनवरी, 1955, कानपुर

हर तरह से हम दबे आज तक
मन मुड़ गया कटकर के शक
राह ही जोहते रहे हम जिन्दगी भर
कब मिलेगा अहं को मेरा (या गैर) मस्तक।

दुनिया ने दी मुझको शिकायत
मैंने भी की दुनिया की शिकायत
नतीजा क्या हुआ नहीं मालूम
पर तब से मेरे और उसके बीच
चलती रहती है एक जंग की हालत

28 फरवरी, 1955, कानपुर

ऐसे में मेरा उत्तर

जब नींद सारी दुनिया को आती हो
जब व्याकुलता मन को कुरेद जाती हो
जब ऊर्जस्वित मेघ अजस्र धार को आकुल हो
जब स्नेह की सम्पूर्ण चुक गयी थाती हो :

तो...
तब...
ऐसे में...
गन्धमादन सुरभि को प्राणी में
ओषधि-द्रुमाली से आच्छादित दरियों में
हम क्या विचरें, आत्म-सर्जना करें?
यदि हाँ!
तो मैं प्रश्नहीन
हम अति विपन्न दीन।

पर मेरा प्राप्तव्य
मेरा उत्तर सम्भाव्य
कुछ और ही
जो इन टूटी हुई जंजीरों से
(जो हमें अब भी मरोड़ती जाती हैं)
मुक्त है
पर जो वृत्त के भीतर है
जो केन्द्र से सम्पृक्त है।

प्राप्त कर जिसे
जग सो सके
जिससे कि शान्ति मिल सके
और मेघ-धार
उगाने में स्नेह का पौधा
समर्थ हो सके।

27-28 फरवरी, 1955, कानपुर
'माध्यम' पत्रिका के अगस्त, 1966 अंक में प्रकाशित

बवण्डर

आता है
आने दो
जीवन की धूलि को छितराने दो
दबाव कम है वायुमण्डल में
एक विशिष्ट स्थान और काल में
उसे भरने दो
समतल करने दो
उसको आना है।

अतिव्याप्ति, अव्याप्ति को
मौसमी सन्तुलन से साधे है।
उच्छृंखलता नहीं गति से भरा है।
अन्तरिक्ष के दबाव को
तराजू की डंडी-सा
साधने दो
समता के स्तर पर लाने दो
उसे व्याप्त होना है।

कहते हैं कि प्रेत बाधा
परिवर्तन की चक्रगति को
रूढ़ि का विश्वास कर रहा आधा।
यह न तेजी का तीर निकला
यह गति मध्य ठहरता चला।
पतित पदत्राण को

घुमाकर, झकझोरकर
जीवन के कथ्य से भरने दो
उसे कहना है।

तेजोष्ण चक्रवात आता है
प्रखर मध्याह्न के प्रतीक को आने दो
रश्मि का प्रतीक ही नहीं
परिणाम भी है।
आता यदि तोड़ने तो तोड़ जाने दो
रुद्ध वातावरण को प्रखर अभिव्यक्ति देने दो
तेजोमय उसे करना है।
दानी आता है
शक्ति का सोता है
गगन के खोखले को
स्रोतस्विनी-सा
गहरे गर्त को भरने दो।
भँवर-सा चक्र के वेग में
कुछ तो नष्ट होने दो;
क्योंकि आखिर समता का हेतु है,
दान करना है।

ए.डी. शंकरन, 1955, कानपुर
'माध्यम' पत्रिका के अगस्त, 1966 अंक में प्रकाशित

पत्थर, बालू और पानी की लकीरें

पत्थर की लकीर
मैं :
शाश्वत हूँ, नित्य हूँ
आगामी शक्तियों की मैं आलोक रेखा
मुझमें केन्द्रित
इतिहासों की, युगों की
दुर्निवार अनाहत आत्मा
इतिहास :
जो भूत से भविष्य तक फैला।
मैं हूँ नहीं
कोमल-कमल-पाणि
अँगुलियों से खचित रे
बल्कि यों कहें
नुकीली अनियारी तेज धार
अथवा
सहस्र-सहस्र लहरों का अविराम प्रहार
निर्माण की मेरे पीठिका है।
इसलिए मेरी विनष्टि भी
लाख-लाख अणुओं की अविराम वर्षा
हथौड़े, छेनी की अबाधित तृषा है।

मित्र मेरी!
यह सच है,
तुम सब कुछ हो;
पर इतना भी स्वीकारो

कि मात्र एकरस-एकरूप हो।
मेरे जाने;
अहं तुम्हारा स्रष्टा का ही बाधक है।
मैं वृंत पर फुल्लप्राय, विकसित
औ' सहज सुगन्धि प्रधावित
अन्ततः झरितमान कलिका-सी
केवल बालू की रेखा हूँ।
समीपी अतीत औ'
सन्निकट भविष्य तक ही फैली
मेरी आलोक कणिका है।
पर ओ अमर आलोक रेखा!
ओ आलोक की क़ालखण्ड व्यापिनी कणिका!
पाऊँ कैसे मैं यह
अहं की दिगन्त प्रसारित मरीचिका।
पर क्षोभ नहीं, खेद नहीं
मेरी यह जीवन की अन्तः सार्थकता
वर्तमान के जीवित अंशमात्र में ही
रहती मैं उपस्थिता।
मेरा अस्तित्व मिटता है
तो अनागत की असंख्य लकीरों को
रास्ता भी छोड़ता है।
आने वाले हर नये जल में
निर्माता के हर नये शिल्पी द्वारा
मैं सतत बनती रहूँगी
मिटती रहूँगी।
मैं रूखा आलोक नहीं
जल की सरस रेखा।

एं.डी. शंकरन, 23 मार्च, 1956
'राष्ट्रवाणी' पत्रिका के दिसम्बर, 1956 अंक में प्रकाशित

संक्रमण

प्रखर शिशिर के हहराते झोंकों-से
जीवन के दिन बीत गये।
पतझड़ के नीरस तरु के पत्तों-से
भी रीत गये।

कितना दौड़े-भागे
अपने सबके पीछे-आगे
पर रह न सके ये पत्ते जो सबके सब पीले।

यों ही खड़े रहे ठूँठ-से
मन को मार
दिन दो-चार
फिर उन सारे झोंकों से हम जीत गये।

उन गिरते पत्तों की पीताभा
आयी पहले अँखुओं में
फिर बदल गयी ललछौंही पत्ती की
स्वस्थ गाल की लाली में।
अँखुए, कोंपल
फूल, फल
गदराई सुरभि, बिखरती शोभा
सबके प्रति मनुपुत्रों का मन भी लोभा
अनायास ही बसन्त की मादकता जो ठहर गयी।

ए.डी. शंकरन, 1956
'माध्यम' पत्रिका के अगस्त, 1966 अंक में प्रकाशित

चश्मा पहने, तहमद बाँधे
झुका मेज पर,
लिखता जाता, पढ़ता जाता
बढ़ता जाता, बोझ ज्ञान का।

यह नन्ही, छोटी, उत्पाती
आती, शोर मचाती
मिट्टी तिनके चिथड़े लाती
दवात गिराई, निब तोड़ी
नहीं इसे किंचित आभास
लिखता मैं नाटक-उपन्यास
गढ़ता कविता की परिभाषा सप्रयास।

मैं अब वह कवि रहा नहीं
मैं वैसा लेखक बना नहीं
यह बतलाना चाह रहा मैं उसको!
जो देखे चिड़िया, तीतर, पंखने डैने
बेसुध हो कविता रचता, गाता गाने

यह तो मैं हूँ,
खुली अलमारियाँ कमरे भर की
चारों ओर कुसुम नहीं, कागज फैलाये
मोटी पोथी, चाय की चुस्की; बस मन भाये
बस इतना ही मन भाये
छोटी चिड़िया कभी न आये

1956

परीक्षार्थी और निरीक्षक

निरीक्षक— बनी-बनाई ये शृंखलाएँ
सूखे मुँह, व्यस्त केश
उड़ते पर्चे, लिखते पेन
बेतरतीब बढ़ी ये दाढ़ियाँ
ही क्या कम हैं
जो यहाँ हम हैं।

वाचक— मत्थे पर सिकुड़न पड़ती
सुखे बाल खुजाये जाते
"हे भगवान! अन्नपूर्णा देवी
बुद्धामाता!
सब कष्टों की हो तुम ज्ञाता
यह सेवक इस चक्रव्यूह में पड़
शरण तुम्हारी आता
रक्षा कर दो माता
तुम्हें चढ़ाऊँगा माँ! मैं दूध-बताशा।"

निरीक्षक— अध्यापक हूँ या पुलिसमैन
यह ओहदा मैं समझ न पाया
हो इनविजिलेटर गद्दी पर पदासीन।
हर विद्यार्थी मेरे लिए चोर बना है
हर विद्यार्थी का मैं दुश्मन।
कर रहा हूँ चहलकदमी
रगड़ूँ एड़ियाँ तीन घण्टे।
मिलें तब दो रुपये टंकारते

(भले साल भर बाद)
अच्छा हटाओ जी, आओ चलें चाय पियें।

वाचक— परीक्षाएँ हो रही हैं
क्योंकि नौकरी चाहिए
कुमारी को वर चाहिए
वर को सुशिक्षित वधू चाहिए।

1956

बलि और वामन

आने वाले दिन पंक्तिबद्ध हैं।
दिन जो हम जीते हैं
वही विराट हैं
हैं विशालतम
फिर आगे के क्षण :
छोटे धुँधले पड़ते जाते हैं।

हम बौने हैं
वामन का प्रतिरूप :
नापेंगे इस विराट को।

पर बड़ा नहीं है क्या
वह नरपति बलि का बल
जो धुँधले छोटे क्षण की
आस लगाये बैठा है।
बैठा है आस लगाये
कर अस्वीकार इस विराट को।

दूरागत वह क्षण ही
उसकी आशा, मर्यादा, आस्था
जिसकी खातिर वह जीता है।
पर हम तो बौने हैं
नापेंगे इस विराट को ही
वर्तमान को ही।

ए.डी. शंकरन, 1956

मन में कितने ही वाल पेग
यानी कि खूँटियाँ
टँगे हैं विविध वस्त्र सज्जित,
नामांकित हैं।
बुना किसने
सिला किसने
धोने और परिष्कृत करने वाले
का नाम भी जड़ित है।

और लो अचानक ही एक दिन
सारी खूँटियाँ ढक गयीं
और फिर खूँटियाँ न रहीं
केवल दीवाल रह गयी
और ये रंगीन कपड़े मात्र

ए.डी. शंकरन, 1956, कानपुर

पत्र की समस्या

पाती तुम्हें लिखूँ तो कैसे...?
बहुत दिनों से अलग हुई हो।
डर लगता है क्या लिख बैठूँ,
हाँ, तुम बिल्कुल छुई-मुई-सी हो
तुम जो बिल्कुल छुई-मुई हो।
विरह-गीत लिखना,
प्यार के उपमान देना
चुम्बनों का भेजना
सच जानो : कठिन हुआ है।
तुमसे कितने दिन से अलग हुआ हूँ;
भूल गया हूँ।

कभी शुरू-शुरू के आकर्षण प्यार से,
फिर घर-बच्चों के दुर्वह भार से
बस, कठिन सरकती गाड़ी में जुते बैल-सा
हतप्रभ रहने का मैं केवल अभ्यस्त बना।
यह बोझ बहुत दिनों में लगता है हल्का
खाली यों ही बैठे खींचा करता कुछ बीता खाका।
और न आओ कुछ दिन तो सच मानो
रातें होंगी चाँदी की, दिन भी होगा सोने का।

पाती तुम्हें लिखूँ तो कैसे, डर लगता है,
और पाती लिखने को, बड़ा मन करता है,
कुछ घड़ियाँ हैं ऐसी जो उकसा देती हैं;
सुनो, व्यर्थ का मान पिया से कर बैठी हो,
और पिया का चैन सदा को हर बैठी हो।

एडी. शंकरन, 1956, कानपुर
'माध्यम' पत्रिका के अगस्त, 1966 अंक में प्रकाशित

तमस : तीन आशय

● प्रकाश आता है :
आँखों के परदे उन्मुक्त कर जाता है।
पर मन को
सम्पुटित भी तो कर जाता है।

लाल-पीले और ताड़ के
यानी–
रंग और सुगन्ध के
सुन्दर और शिव के
मध्य हमें व्यस्त भर कर जाता है।

पर आओ
उतरें गहरे मन में, जीवन में
सत्य के फानूसी स्तरों में।
पर कैसे?
मैं बताऊँ;
अन्धकार के सहारे
क्योंकि
प्रकाश वहाँ निष्फल है।

●● प्रकाश में रात को नींद नहीं आती
मन में विचार नहीं आता
स्वप्न भी केवल ललचाता है।
इसलिए आओ :
हम-तुम, सब

प्यारे तम की गोद में चलें;
जहाँ चिन्तन का पथ है,
जहाँ स्वप्न का जल है,
जहाँ नींद की नगरी है,
जो शक्ति का पहला सोता है,
तथा हम सभी को प्यार देता है।

●●● कक्ष अन्धकाराच्छन्न
मन मोहाविष्ट
ऐसे में
कैसे मन को
अन्तरतम को
लौ मिल जाये।

अचानक ही जब
कहीं से कोई खोई-सी किरण कौंध जाये।
प्रतिभा को उन्मुक्त कर दे
मन को जाग्रत बना दे
तब तम का प्रभाव-प्रसार
सार्थक हो जाये।

ए.डी. शंकरन
'राष्ट्रवाणी' पत्रिका के मई, 1956 अंक में प्रकाशित

एक मोनोलॉग

बहुत थक गया हूँ।
क्यों...............?
धरती नापी आज बहुत है।
'क्यों..............?'
विधि का कहना, मन की छलना,
सामाजिक रहना।
'तो फिर क्या?'
यही कि शक्ति देगी एक प्याला चाय
'आमलेट के संग?'
सोने में सुगन्ध।

ए.डी. शंकरन
'राष्ट्रवाणी' पत्रिका के मई, 1956 अंक में प्रकाशित

प्रवाह के साँचे

मन के सहस्र कगार
प्रवृत्ति की सहसा धार
टूटे : स्रोत फूटे।

व्यक्तित्व बह जाय
इस रस से आलुप्त हो
डूब भी जाय।

पर तुम रह जाओ;
यों कि—
उनसे भी कह जाओ
जिनको अभी आना है।

मेरा अहं नहीं—
तो फेन ही पहुँचे
नमी से जाँचे :
यों ही इस प्रवाह को
मिल जायेंगे कुछ साँचे।

ए.डी. शंकरन
'राष्ट्रवाणी' पत्रिका के मई, 1956 अंक में प्रकाशित

एक रचनात्मक सुझाव : नये सूट का उद्घाटन

बनवाया सूट नया सर्ज का
सिलवाया अब्दुल टेलर से।
जा रहा पहनकर था, कॉलेज को,
इतने में आये मेरे दोस्त—
"सूट सिलाया दो सौ का
अरे सूम दस और निकाल।"
कहा, "अरे इनॉगुरेशन तो करा दे।
नाम अखबार में छपेगा
नये रास्ते का खोजी जायेगा कहा"
बात कुछ नयी थी,
साथ ही परम्परा की गोद में पली थी।
यश के साथ उपयोगिता मिली थी;
यही कि,
कुछ लोगों—उद्घाटनकर्ताओं
को और भी रोजी मिली थी।
हुए परस्पर विचार गुम्फित—
बुलाया कौन जाये।
कई नाम सुझाये।
नेता, मिनिस्टर, साहित्यिक
प्रिंसिपल औ' प्रोफेसर
अफसर, डायरेक्टर एवं
मठ के महात्मा याद आये।
पर न कोई फिट बैठ पाया
न योग्यता की कसौटी
पर पूरा उतर पाया

तभी यह रचनात्मक सुझाव याद आया :
बोले सर्वहारा मित्र मेरे
'क्रान्ति होनी चाहिए
इनॉगुरेशन के ढंग में।'
कुछ रीति ऐसी हो कि शोषित,
दलित लोगों के काम आये।
हुआ निश्चय सर्वसम्मति से
"सभी कपड़ों का—सभी नये कपड़ों का—
करें उद्घाटन ऐसे
कि जो बेकपड़े हों।"
पिलाई उन्हें चाय जाय
और एक दिन का मेहमान भी
जिससे कि चम्पत हो न जायँ।
करने लगें यदि हम सब लोग
ऐसा ही तो
चौथाई गृहहीन, वस्त्रहीन, अन्नहीन
दिन-प्रतिदिन पाते रहें
वास वसन और सुमधुर अंश
कुछ अपनी सरकार का भी
बोझ हल्का हो जाय।
मानो-न-मानो
पसन्द आपको आये-न-आये;
इसलिए मतार्थ प्रचारित है।
सम्मतियाँ भेजें
विचार प्रकट करें
तब सुझाव पारित किया जाये।

17 दिसम्बर, 1956, कानपुर

कंचनवती का संशय

पीड़ा क्या सच ही
प्रतीक्षारत है?
पर हमने तो उसे चाहा नहीं
स्वीकारा नहीं;
बन्धु क्योंकर उसने किसी
दूसरे को सँवारा नहीं?
यह सौभाग्य है मेरा?
सफलता यह सारी कर्म-विधि की है?
अदृष्ट की है या खुद मेरे ही द्वारा
सृष्ट की है?
इतना तो मैंने जाना नहीं
पहचाना सुखमात्र को;
फिर यह सारी भवितव्यता
क्योंकर
मुझको गढ़ेगी, रूपाकार देगी?
क्या इसलिए कि—
सुख-मात्र अधूरा है,
उससे निर्मित व्यक्तित्व भी खण्डित है।
इसीलिए हम क्या प्रताड़ित हो लें?
दुख सह लें?
अकथ्य पीड़ा में भी दह लें?
पकी ईंट-से
तपाये कंचन का वर्ण ले लें?

ए.डी. शंकरन
'राष्ट्रवाणी' पत्रिका के दिसम्बर, 1956 अंक में प्रकाशित

यह वर्ष खत्म फिर एक बार
फिर से नूतन संकल्प जगें
नूतन संकल्पों का मिथ्यापन
फिर एक बार।

नया नहीं कुछ
पर फिर से नूतनता
फिर से ग्रीटिंग* का
शिष्टाचार
यह वर्ष खत्म फिर एक बार

31 दिसम्बर, 1956

* ग्रीटिंग—अभिवादन

नये वर्ष के पहले दिन
तुम क्या सच ही नूतन?
गये वर्ष के अन्तिम दिन
सच ही तुम हुए पुरातन।
पर केवल उतने ही नये रहे तुम
आने वाला
जितना हर दिन होता
बीता दिन हुआ पुराना उतना ही
जितना हर गुजरा क्षण लगता है।
वर्ष-वर्ष का लेखा ले लो
वर्ष-वर्ष की शीट मिला लो
यों बस मन को हल्का-भारी कर लो।

31 दिसम्बर, 1956

चिटक गयीं मन की दीवारें
लालसा फिर निर्बन्ध हुई
भगीरथ अनुगामी गंगा में डूब गया
अनजाने ही सगरपुत्रों का मोक्ष हो गया
यद्यपि मैं तपस्यारत हो न सका।

1957, कानपुर

जी हाँ! मैं कुण्ठाग्रस्त हूँ।
मेरा सारा व्यक्तित्व समर्पित इन कुण्ठाओं को,
ये वे प्राचीरें जिनसे मैं रक्षित, पालित
जिनकी सहज शक्ति से मैं परिचालित।
जिनमें जीवन का, कामना का
रस परिरक्षित है
मुझमें पशु की नहीं, मनुष्य की कुण्ठाएँ ही
जीवित हैं।

1957, कानपुर

हम देवताओं के गुनाह हैं

हम देवताओं के गुनाह हैं
क्योंकर उन्होंने हमें पाला
क्योंकर पिलाया दूध का प्याला।
इसीलिए हम सर्प बने स्याह हैं।
यों परिमल—परागप्रिय
यह सत्य है,
सत्य यह भी है कि
अधिवेशनों में देवी के वचन
हमने पत्थरों पर खुदवाये हैं
मंच पर लटकाये हैं।
मिथ्या यह भी नहीं कि
हमने उनके चरण भी चापे हैं
गुरु कहा है
आचार्य माना है।
पर तब था, उद्देश्य कुछ और :
'वह क्या?'
निज स्वार्थ लाभ ही आस्था का चरम आयाम है।
मानिए आप या न मानिए
अग्रदूत उनको माना है
इसीलिए उनसे
उद्घाटन भी करवाया
'क्व सूर्यप्रभवः वंशः'
माना है।
पर वह सब अतीत है
वह सब बीता व्यतीत है।

'वह भी' था,
पर अब 'वह' मिथ्या है
'यह भी' देख लो
हो सकता है 'यह भी' मिथ्या हो
सच में तो
हम न 'यह' हैं
और न 'वह' हैं।
हम खुद ही क्या हैं
धुरी से उतरे पहिये हैं।
बुरा न मानो देवियो
आचार्यो
आदरणीयो
हम हैं वे पुंसत्वहीन
जिनका बुरा न मानो।
धुरी, आस्था,
मर्यादा, प्रभु
ये सब वे तालियाँ
जिन्हें बजा हम जीते हैं।
यों हम आपके ही गुनाह हैं
सर्प स्याह हैं।

1958, कानपुर

यह संझा भी प्रतिदिन जैसी ही बीत गयी
खड़िया बादल लिपटाये
हुए सुनहले, ललछौहें
फिर सारी वेला कालेपन में डूब गयी।
गोल सुनहरे चित्रों वाले बादल

आकाश, क्षितिज, पेड़ों की फुनगी
सबमें तम की अखण्डता व्याप गयी।
ट्विन* इंजन वाला जहाज
सर पर से निकल गया

और मेरे मन में एक भय की लहर दौड़ गयी
कहीं परीक्षण करने न निकला हो
हाइड्रोजन बम का
और फिर यह मेरी लहराती गृहस्थी
जीवन की सरस अशान्तियाँ
किसी जहरीली ध्वंसोपरान्त की

शान्ति की सफेदी या कालिमा में न डूब जाये।

1958, कानपुर

* ट्विन–दो

दर्द तो नहीं
दर्द की याद बाकी है।
जो कचोटती नहीं
पर हल्की-सी सिहरन भर दे जाती है।
दर्द के वे पुराने खँडहर
मैंने रक्षित नहीं छोड़े व्यतीतों
नये प्रासाद उन बीतों पर
मन ने, तन ने जोड़े।
पर यह कहते निशान :
"दर्द कभी यहाँ था
व्यक्तित्व पर छाया था।"
अब भी बाकी है।
यों एक संशय भी शेष है
कि दर्द की नींव क्या
कमजोर होती है?
उस पर सम्प्रति बने भवन का
क्या खँडहर होना बाकी है?

दर्द तो नहीं
पर दर्द की याद बाकी है।

1960, कानपुर

सुनना भी बड़ा धैर्य चाहता है।
अहं की तुष्टि
जीवन का उद्दिष्ट अर्थ
पर वक्ता का अहं
करता है केवल अनिष्ट

3 अक्टूबर, 1961, दिल्ली

उदासी : तीन बिम्ब

1. नूपुर झर गये
   यूँ ही
   सपने ज्यूँ।

2. बाढ़ थी जो
   सहसा उतर गयी।
   तर न सके पर
   हम सहसा।

3. मेज, कुरसी, दवात, गिलास
   सबमें भरी स्याही
   पर कागज के श्वेतपत्र
   केवल श्वेत, श्वेत, श्वेत...।

21 फरवरी, 1962, दिल्ली

यथा अर्थ

यह एक जीवित उपस्थिति है
जिसे समय नहीं तोड़ सका।
आकृति विचित्र
                    रूखी चट्टानों के केश
                    और लटकती लम्बी नाक
जिसे किसी भी घूँसे से तोड़ा जा सकता है।
पर शायद केश नहीं काट सकता कोई भी,
न डिलाएला और न लैला।
चेहरा-मोहरा सब शायद अदुरुस्त
पर पॉलिश्ड।
और दिमाग में हैं कुछ कविताएँ
कुछ काले-सफेद चित्र खासे बोल्ड!
यह मेरी जीवित उपस्थिति है
तोड़ नहीं सकता जिसे समय

5 दिसम्बर, 1964, पटेल चेस्ट इंस्टीट्यूट, दिल्ली
अवस्थी जी की प्रथम पुण्य तिथि के अवसर पर
15 जनवरी, 1967, 'धर्मयुग' में प्रकाशित

मेरे बेड के चारों ओर बेड हैं
और बेड पर मरीज हैं
एक मरीज मैं हूँ।
और बेड, बेड नहीं दर्पण हैं
और हर मरीज मेरा चेहरा है।
टूटा, लिजलिजा, रोता
जीने के लिए बिलबिलाता।
काश, मेरे पास इन सारे मेरे
प्रतिबिम्बों के प्राण होते
तोतों, चिड़ियों में बन्द।
मैं उन सबकी गरदनें मरोड़ देता
और फिर ये मेरे ही लिजलिजे
प्रतिबिम्ब जीने की भीख न माँगते
इन मुर्दा डॉक्टरों और सड़ी हुई नर्सों से।

5 दिसम्बर, 1964
पटेल चेस्ट इंस्टीट्यूट, दिल्ली

बत्ती बुझाकर नर्स ताश खेलने लगी।
सिर ढककर मरीज सब कराहने लगे।
नींद की गोलियाँ शीशियों में भड़भड़ाने लगीं।
और यह सभी मिलकर इस भयावह कमरे को भरा-पूरा बना गये।
ड्यूटी रूम की चारपाई अजब ढंग से चरमराने लगी।
सहसा कमरे में अन्धकार उतर आया
और
अकेले-अकेले मरीजों से भरा यह सूना कमरा
एकदम से समृद्ध हो उठा।
अकेलापन चारपाइयों के नीचे दुबक गया
खर्राटे इस समृद्धि का संगीत बन गये।
नींद की गोलियाँ निगलते हुए मैंने भी
अन्ततः इस समृद्धि को भोगना चाहा।

5 दिसम्बर, 1964
पटेल चेस्ट इंस्टीट्यूट, दिल्ली

खिड़की पर की चार कविताएँ

I

हवा को
और धूप के रंगों को
आकार देता
ऊपर बाहर टँगा
गुम्बद एक आसमानी
नीचे गुलाबों के पास खिले गुलाब
और पाम के नीचे मरीजों का झुण्ड
जो गुलाबों से अनजान।
और इन सबों से लोहा लेती
यह खिड़की जो
इन सबसे भी बनी रहती अनजान।
यही मेरा भी कवच है
निरस्त्राण है, इनसे लड़ने को;
और शायद यही चश्मा भी,
इन सबको निहारने को
खासकर लाल और पीले गुलाबों की गन्ध
मैं यहीं से, केवल यहीं से
देख पाता हूँ
और धूप को सूँघ लेता हूँ
और हवा को भी मनमाफिक
ढाल लेता हूँ।

10 दिसम्बर, 1964
पटेल चेस्ट इंस्टीट्यूट, दिल्ली

II

इस खिड़की के बाहर भी
एक दुनिया होगी
पर मैं नहीं जाऊँगा।
उस दुनिया से ही शायद बसों का
शोर आता है
और रेहड़ी के घोड़ों की पटापट टपाक।
वहीं कहीं से गुलाब और कुन्द
की मिली-जुली गन्ध,
इस ऊँचाई तक घुस आती है
पर मैं वहीं नहीं जाऊँगा।
ये कहकहे, ये शोर
ये चिल्लाती हुई आवाजें
आह बन्द करो
इस खिड़की को।
मैं न जाऊँगा, न जाऊँगा, न जाऊँगा
इस ऊँचाई से नीचे।

10 दिसम्बर, 1964
पटेल चेस्ट इंस्टीट्यूट, दिल्ली

III

आह! ऊँचा करो पलँग को
मैं धूप देखना चाहता हूँ।
इस खिड़की के बाहर के आकाश
में टँगे होंगे कुछ सितारे
धूप रहते भी जो मुझे नजर आते।
और उनके पार का एक रंगीन शोर
जो छनकर पहुँचता है
और सब कुछ को व्यर्थ कर जाता है
मुझको, खिड़की को,
तुमको और
मैं यहीं से कूदकर
इस मुक्तिप्रदा आत्महत्या के माध्यम से
उस शोर और धूप में मिल जाना
चाहता हूँ।

10 दिसम्बर, 1964
पटेल चेस्ट इंस्टीट्यूट, दिल्ली

IV

1. खिड़की पर टँगा
   आश्वस्त भी करता है,
   मुझे,
   आकाश का टुकड़ा, नीला-चौकोर
   कुछ कटा-पिटा भी
   पेड़ों से, मकानों से, बियाबानों से।

2. आँखें माध्यम हैं
   नहीं वाहन हैं
   गन्ध की :
   जो खिड़की के बाहर की
   खुली-चटकीली धूप से आती है।
   धूप की गन्ध यह
   कुछ खास तरह की होती है
   जिसमें सड़क भी है और बस के मुसाफिर भी
   और लम्बे कोटों वाली लड़कियाँ भी
   उसी में घुली-मिली हैं।
   धूप गन्धवती है-
   और आँखें सिर्फ बाह्य हैं।

10 दिसम्बर, 1964
पटेल चेस्ट इंस्टीट्यूट, दिल्ली

खिड़की पर से दो कविताएँ

I*

अपनी खिड़की से मैं सुनता हूँ
लाल गुलाब की गन्ध
और जगे हुए पेड़ों का शोर।
खिली हुई धूप का संगीत भी
मुझ तक चुपचाप चला आता है।
और मैं इस बेड पर लेटा, सोया
इन सबके सपने देखता हूँ
पर मित्रों से बहाना भी करता हूँ
कि मैं स्वप्न नहीं देखता।

10 दिसम्बर, 1964
पटेल चेस्ट इंस्टीट्यूट, दिल्ली

* इस कविता का शीर्षक अवस्थी जी ने 'बहाना' दिया था। परन्तु कविताओं की एकरूपता की दृष्टि से शीर्षक हटा लिया है। सं.

II

मैंने पहली मंजिल की अपनी खिड़की से हाथ बढ़ाकर
चुटकी भर पीला गुलाब बगल में खिले लाल गुलाब पर डाल दिया
और बगल में ही खिले सफेद और काले गुलाबों की ओर
धूप को थोड़ा-सा खिसका दिया।
गन्ध का रंग और धूप की हवा ऊपर तक चली आयी
जिसे मैंने दूसरी मंजिल की खिड़कियों तक जाने से रोक लिया।
फिर जमीन और आसमान दोनों से ही अलग
धूप, (और) गन्ध और मर्मर सब केवल मुझ तक रह गये।
मैं खुश हूँ कि स्वार्थी नहीं हूँ?

10 दिसम्बर, 1964
पटेल चेस्ट इंस्टीट्यूट, दिल्ली

ललित गद्य
(1955-1966)

साइकिल और घोड़े का अन्तर

पहाड़ और दोस्त

डेफ़ोडिल के फूल

शार्टकट और शून्य

दुलारे दउवा

छोटी यात्राएँ : फुटकर बातें

मतभेद और झगड़े का भेद

इण्टरव्यू

चौराहा दर्शन

दिल्ली-दंगल

लेखक का परिचय-आलेखन स्वयं यानी बकलमखुद

साइकिल और घोड़े का अन्तर

(देवीशंकर अवस्थी का यह पहला व्यंग्य लेख जून, 1955 में 'प्रवाह' पत्रिका में छपा था। इसके साथ जुड़ी एक अन्तर्कथा यह है कि 'प्रवाह' में भेजने से पहले यह व्यंग्य लेख उन्होंने 'युगचेतना' में डॉ. देवराज को भेजा था। डॉ. देवराज ने 28 मार्च, 1955 को यह कहते हुए चिट्‌ठी लिखी कि चित्र अच्छा है पर छोटा है। दुर्भाग्य से इस लेख का एक-दो पन्ना खो गया है। इसलिए यह और छोटा हो गया है पर है ऐतिहासिक। इसलिए अधूरा ही पूरा मान लें। अगर 'प्रवाह' का यह अंक किसी से मिल जाय तो लेख पूरा हो सकता है। सं.)

प्यारे दोस्त,

तुम्हारा पत्र ठीक समय पर मिल गया था, उत्तर की देर के लिए माफी चाहूँगा। बड़े जिद्दी हो, जानता हूँ जल्दी क्षमा न करोगे। तुम्हारा स्वभाव ही हमेशा से कुछ अफसरी बू से भरा हुआ रहा है, सो भाई, एक्सप्लेनेशन ले लो; और क्या करोगे? बीच में एक सप्ताह के लिए बाहर चला गया था—अपने परिवार के एक शुभचिन्तक के यहाँ। वे बड़े आदमी हैं, व्यापार करते हैं और अनुभवी कहलाते हैं। पिता जी को मित्र और हितेच्छु के नाते लिखा था, "वह शिव पढ़-लिख बहुत चुका। एम.ए. करके आखिर करेगा क्या? आजकल तो पचासी रुपये की नौकरी भी ढूँढ़े नहीं मिलती। इसे मेरे पास भेज दो, कुछ रोजगार-पात सीख कर चार पैसा पैदा करने की जतन करे। तुम्हें भी बुढ़ापे में कुछ सहायता ही मिलेगी।"

उन्होंने संकेत कर दिया था कि यों तो होता सब ग्रहों के प्रताप से है, फिर भी वे चार पैसे अपने पास से लगा कर कोई न कोई धन्धा करा देंगे। बात सब घर को जँची और कुछ ताजगी तथा नयेपन के आनन्द में मैं भी चला गया।

अपने उन शुभचिन्तक की छत्रछाया में (जिन्हें सब लोग पण्डित जी सम्बोधित करते हैं) एक सप्ताह गुजार कर लौटा हूँ, प्राण बचाकर और बड़ा भारी जीवन-दर्शन का पुलिन्दा बाँधकर। चाहो तो तुम्हें भी कुछ हिस्सा पार्सल कर दूँ। इस पत्र में

अपनी वहाँ प्रथम दिन की दिनचर्या लिखे दे रहा हूँ—शायद मेरी परिस्थिति का कुछ अनुमान कर सको। फिर यदि क्षमायोग्य समझा जाऊँ तो क्षमा कर देना।

रात की गाड़ी से दो के लगभग वहाँ पहुँचा और फिर अपनी पुरानी आदत भी ठहरी; तुम अनुमान कर सकते हो कि जिस कदर बमुश्किलतमाम सबेरे आठ बजे नींद टूटी। सामने सहन में पण्डित जी...

प्रवाह : जून, 1955

पहाड़ और दोस्त

प्रिय मित्र,

तुम्हें याद होगा कि पहली बार जब मैं मसूरी जा रहा था, तो वह मेरा पहाड़ देखने का पहला अवसर था। यों कानपुर से बनारस के रास्ते में विंध्याचल की छोटी-छोटी पहाड़ियाँ पड़ती हैं, पर संयोग की बात ऐसी कि रात को ही सदैव उधर से निकला और अन्धकार तथा नींद दोनों ने पर्वतीय शोभा ही नहीं, आकार-प्रकार को भी देखने से वंचित रखा। मुझे याद है कि उस बार की मसूरी यात्रा में मेरा मन उत्कण्ठा और कुतूहल से भरा हुआ था। और इस बार नैनीताल आने के समय हृदय में उल्लास उफना रहा था। उस बार की उत्कण्ठा के पीछे मेरे मन में शायद गहरे में एक बात और थी, कहना यह चाहिए कि इस युग में सबसे गहरी बात वही होती है। मसूरी जब जा रहा था तो पहाड़ देखने से भी बड़ी उत्कण्ठा नौकरी प्राप्ति की थी। नौकरी—जो पहाड़ की चढ़ाई से भी अधिक मुश्किल है और उसके पा लेने पर पहाड़ी की चोटी पर शीतल वायु में विश्रान्ति पाने से कहीं अधिक सुख प्राप्त होता है—के लिए ही उस बार जून में मसूरी गया था। भाई! तुमने मजाक उड़ाया था कि अबे मैं जानता हूँ, नौकरी वगैरा का तो बहाना है, जा रहा है अम्माँ से रुपये लेकर गर्मियों में पहाड़ का आनन्द लेने। मेरी एक भी सफाई सुनने को तुम तैयार नहीं थे, पर आज जब अक्टूबर के महीने में वाकई मैं नैनीताल घूमने आया हूँ, तो तुमको यह विश्वास दिलाना चाहता हूँ कि 95 फीसदी मैं नौकरी के लिए ही गया था; रहा गर्मियों का प्रश्न, सो गर्मियों में तो मैं अब भी पहाड़ पर नहीं जाता। अपने राम ठहरे जरा देहाती आदमी, बचपन से ही जेठ-आषाढ़ के महीने अमराइयों में बीते हैं। मुझको तो दोपहर में लू के थपेड़ों में सुनसान सड़कों पर घूमने में उतना ही मजा आता है, जितना कि दिसम्बर की रात में हम लोगों को बिहारी केवट की नाव लेकर गंगा-विहार करने में आता था।

लगे हाथों तुम्हें एक सलाह दे दूँ कि यदि पर्वतीय रमणीयता का आनन्द लेना हो, चटखदार मौसम के मजे लूटने हों, तो यहाँ सितम्बर-अक्टूबर के महीने में आना चाहिए। जून के महीने में तो यहाँ कुछ ठण्डक अवश्य होती है, बाकी सब

कूड़ा-नागर-सभ्यता के सारे दोष, श्री-हीन प्रकृति दिखाई देती है। मुझे याद है कि मसूरी में जून के महीने में 'केमिल्स बैंक' के सामने नंगी पहाड़ियाँ खड़ी रहती हैं और इस बार मैंने देखा कि भोजीपुरा से लेकर यहाँ तक हरियाली, सुषमा और नाना प्रकार की वनस्पतियाँ फैली हुई हैं। चार-पाँच दिन पहले ही पानी बरस कर बन्द हो चुका था। प्रसाद जी मुझे याद आ रहे थे–

धीरे-धीरे हिम आच्छादन
हटने लगा धरातल से।
जगीं वनस्पतियाँ अलसाई
मुख धोतीं शीतल जल से।।

भोजीपुरा के बाद नींद खुलने के बाद दो ही चीजें दिखाई देती थीं–या तो पानी या हरियाली। हलद्वानी के कुछ पहले से ही रेलवे लाइन के किनारे-किनारे एक प्रकार की घास प्रचुर मात्रा में उगी हुई थी। उसके छोटे-छोटे कसरत से खिले हुए लाल फूल, उनके पीछे धानों की धानी हरीतिमा, उनके भी पीछे केले के या गन्ने के खेत और फिर दूर पर पेड़ों से भरी पहाड़ियाँ सचमुच ही उस महाकवि की पंक्तियाँ बार-बार गुनगुनाने को बाध्य कर रही थीं–

स्वर्ण-शालियों की कलमें थीं,
दूर-दूर तक फैल रहीं।
शरद-इन्दिरा के मन्दिर की
मानो कोई गैल रही।।

काठगोदाम से नैनीताल का रास्ता तो बेहद खूबसूरत है। बायीं ओर खिले फूल, ऊँचे पेड़ और सहज अकृत्रिम ढंग से उगी हुई झाड़ियाँ, दाहिनी ओर गहरे खड्ड, घाटी में बहती हुई कौला नदी, सीढ़ीनुमा खेत और इन सबके मध्य छाया-प्रकाश के नाना रंग और सड़क के मोड़ सब इतने मधुर हैं कि कुछ कहा नहीं जा सकता, 'सिम्पली-वण्डरफुल'। प्यारे भाई, तुमसे नैनीताल आते समय मन के उल्लास की बात कह रहा था। सौन्दर्य की 'सब्जेक्टिविटी' को मैंने इस बार किताबों के बाहर स्वयं भी अनुभव किया। यों हरद्वार से देहरादून तक का शिवालिक की पहाड़ियों के मध्य से गुजरने वाला रास्ता कहीं अधिक आकर्षक है, बजाय किच्छा से काठगोदाम के रास्ते के। परन्तु वे सारे दृश्य मेरे मन को इतना उल्लास-रंजित नहीं कर पाये थे। उस बार दिनकर का 'मेरे नगपति मेरे विशाल' बार-बार मन में गूँज जाता था और उस गूँज के पीछे बढ़िया नौकरी की आकांक्षा विद्यमान थी, परन्तु इस बार इस शोभा का केवल पान कर रहा था, कोई कामना नहीं थी। चरम-सुख और चरम-दुख वहीं होता है जब आदमी की वृत्तियाँ शिथिल पड़ जायें, विशेषकर इच्छाएँ।

मुझे सड़क के पहाड़ी मोड़ बहुत भाते हैं। घुमावदार सड़क मानो कोई अजगर पड़ा हो। इन मोड़ों पर जब बस घूमती है तो और भी अधिक आनन्द मिलता है।

एक अच्छी-खासी मजेदार बात याद आ रही है कि चक्करदार सड़क के प्रभाव से मेरे पीछे दाहिनी ओर सीट पर बैठी हुई खूबसूरत और चंचल लड़की के चेहरे पर हवाइयाँ उड़ रही थीं। चिंगम, नीबू और सन्तरों का कुछ असर नहीं पड़ रहा था। उसे बार-बार कै हो जाती थी। मैं सोच रहा था कि त्रिया-चरित्र तो बड़ा विषम बताया गया है फिर इन विषम सड़कों पर क्यों वे परेशान होती हैं। पर मेरे वैज्ञानिक दोस्त दिनेश का कहना है कि पाजिटिव दोनों हो जाते हैं असल में एक को तो निगेटिव होना ही चाहिए। एक बात और, वाहिनी शब्द का अर्थ विद्वानों ने सेना और नदी बताया है। सेना की उपमा उमड़ती हुई नदी से दी जाती है। रास्ते में जब कौला या किच्छा नदी की पत्थरों से टकराकर उछल-उछलकर बढ़ती हुई लहरें मैंने देखीं, तो लगा कि जोश में घोड़े कुदाती हुई सेना और इन लहरों की गति में सचमुच बड़ा साम्य होता है।

तुम्हारे स्वार्थ की एक बात। तुम बहुत बड़े भक्त हो न? अकसर मेरी नास्तिकता पर मुझे बुरा-भला कहते हो। यहाँ आकर एक दिन शाम को मैं आस्तिक हो गया और नैनीताल की मशहूर नैना देवी के मन्दिर में सादर प्रणाम कर एक मनौती मान आया हूँ कि इस बार यदि मेरा प्यारा बबर शेख (तू), हे नैना देवी, यदि किसी सुनयना के साथ हनीमून मनाने यहाँ आ सका, तो मैं तुम्हारा पाँच पैसे का प्रसाद चढ़ाऊँगा (और खुद ही खा जाऊँगा)। सब मित्रों का समाचार देना। आशा है कानपुर अपनी जगह पर कायम होगा।

सस्नेह

....

(2)

प्रिय बालकृष्ण,

हटन काटेज, नैनीताल

अक्टूबर, 55

तुमने अपने पत्र में नैनीताल और मसूरी का अन्तर पूछा है। जहाँ तक उसकी स्थिति का प्रश्न है, मैं अपने आतिथेय श्री अग्निहोत्री जी (जो यों तो विज्ञान के विद्यार्थी हैं, पर अब जंगल (विभाग) वाले हो गये हैं) द्वारा दी गयी एक बहुत बढ़िया प्रयोगवादी उपमा लिख रहा हूँ। उनका कहना है कि नैनीताल सीधी रखी हुई कड़ाही की तरह है जिसकी तलहटी में झील है और उसकी उठी हुई ऊँचाइयाँ ये पहाड़ियाँ हैं जिन पर यह नगर बसा हुआ है; जबकि मसूरी उल्टी हुई कड़ाही है जिस पर कि नगर स्थित है। बनावट के इस आकार-प्रकार के कारण नैनीताल में ऊँचाइयाँ-निचाइयाँ बहुत हैं और मसूरी अपेक्षाकृत सपाट। पर शहर मसूरी ज्यादा शानदार और चकाचौंध

करने वाला है। तुम्हारे जैसे तड़क-भड़क के प्रेमी मसूरी को ज्यादा पसन्द करेंगे। यों नैसर्गिक सुषमा की दृष्टि से नैनीताल का मसूरी कोई मुकाबला नहीं कर सकती। एक बात सुनकर शायद तुम्हें हर्ष होगा कि यदि अधिक दिन मैं यहाँ रह गया, तो मेरी आतिथेया मुझे बिल्कुल सभ्य बना देगी और फिर तुम्हें शिकायत का मौका नहीं मिलेगा। आने के बाद तीन-चार दिन तक तो प्रातःकाल उठकर नल का ठण्डा-ठण्डा पानी मैं प्रेम से पीता था, पर उस दिन शान्ति जी ने देख लिया, बहुत नाराज हुई और अब बेड-टी पीने लगा हूँ। सभ्य होने लगा न?

तुम कद में जरा छोटे हो, इसलिए तुम्हें नैनीताल की सबसे ऊँची चोटी का नाम बताता हूँ—चीनापीक। शुरुआत में तो इसका रास्ता बड़ा सूखा और नीरस है, पर लगभग आधी दूर पहुँच जाने के बाद चीड़, देवदार और अंगूर के पेड़ों के जो घने अंचल प्राप्त होते हैं, उनको देख ऐसा प्रतीत होता है कि मानो किसी अति पटु शिल्पी ने पन्ने के वस्त्र इन पर्वतों को पहना दिये हैं। पेड़ों से भरे हुए ढाल बड़े लुभावने लगते हैं और इनके बीच से निकलते हुए बादलों को देखकर मुझे एक ग्रीक पुराणगाथा को चित्रित करने वाले चित्रकार की याद आ जाती है। चित्रकार का नाम शायद बुजेल है। गाथा यों हैं कि सर्वशक्तिमान जुपिटर एक बार इयो (Io) नामक एक सुन्दरी पर आसक्त हो गया। अपनी पत्नी के भय से वह बादल के वेश में जाकर अपनी प्रेयसी से मिला था। चीनापीक के इस दृश्य को देखकर मुझे ऐसा लगता था मानो जुपिटर इयो से मिल रहा है।

पिताजी को मेरा प्रणाम कहना। यदि छुट्टी मिल जाये तो चार-छह दिन के लिए घूम जाओ।

स्नेही

....

(3)

प्रिय राधाकृष्ण,

हटन काटेज, नैनीताल

अक्टूबर, 55

तुम्हारा कहना था कि मसूरी तुम्हें ज्यादा सुन्दर लगती है। मेरा अनुमान है कि बालकृष्ण की भाँति तुम भी नगर की चकाचौंध से काफी अभिभूत हो, अन्यथा निसर्ग-सुषमा की दृष्टि से नैनीताल और मसूरी का कोई मुकाबला नहीं। नैनीताल की पहाड़ियों में वन्य-सम्पदा ही अधिक नहीं है, वहाँ झील की अपनी निराली शोभा भी है। वास्तव में झील ही नैनीताल की प्राण-शक्ति है। इस झील में चलने वाली पालदार नावों (Yacht) को देखकर मेरे मन में मेघदूत की विप्र-क्रीड़ा 'परिणत गज

प्रेक्षणीयं ददर्श' पंक्ति बार-बार गूँज जाती है। मुझे ये नावें श्वेत गज की भाँति ही (आकार में भी और समाज पर बोझ की दृष्टि से भी) ज्ञात होती हैं। पर घबड़ाओ नहीं, किसी यक्ष-प्रिया को मुझे सन्देश नहीं भेजना। इस झील पर जानते हो सबसे अधिक आनन्द किस समय प्राप्त होता है—जब मैं सबसे छोटी वाली नाव को अकेले ही बिना मल्लाह के लेकर उस जलराशि में घण्टों चक्कर लगाया करता हूँ। इस बड़ी झील के अतिरिक्त और भी कुछ छोटे-छोटे तालाब सरीखे हैं। ऐसा ही एक छोटा-सा ताल सेक्रेटेरियट के पास है। दूसरा 'लैण्ड्स एण्ड' से 'टिफिन टाप' जाने के रास्ते में पड़ता है। एक बड़ी मजेदार बात बताऊँ, 'लैण्ड्स एण्ड' जाने वाले रास्ते का नाम 'प्रासपेक्ट रोड' है। मैं रास्ते में सोचता जा रहा था कि सचमुच पृथ्वी ही सबसे बड़ा 'प्रासपेक्ट' है और जहाँ पृथ्वी का अन्त, वहीं 'प्रासपेक्ट' भी समाप्त। 'लैण्ड्स एण्ड' नैनीताल की पहाड़ियों के पश्चिमी सिरे पर है। यहाँ पर पहाड़ एकदम सीधा खड़ा है और सामने दूर तक फैले हुए हरियाले मैदान दिखाई पड़ते हैं। नीचे एक तालाब के किनारे एक छोटी-सी बस्ती है।

'लैण्ड्स एण्ड' से 'टिफिन टाप' गया। अकेला था ही। यह रास्ता बड़ा ही मनमोहक है—एकदम सुनसान, पेड़-पौधों, घास और झाड़ियों से भरा हुआ। वैजयन्ती जैसे कुछ फूल खूब खिले हुए थे। बीच-बीच में या तो चिड़िया चहकती थीं, या कोई कीड़ा घास से होकर निकले, तो उसकी सुरसुराहट अथवा पहाड़ियों के मध्य से गुजरने वाली हवा की गूँज सुनाई देती थी। प्रकृति की एकान्त सुषमा मन को कितना उन्मुक्त कर देती है, यह मैंने उसी दिन जाना था। चलते-चलते पहाड़ियों के बीच में रुक कर मैं जोर-जोर से विचित्र ध्वनियाँ मुँह से निकालने का प्रयत्न करता, उनकी गूँज पहाड़ियों में प्रतिध्वनित हो उठतीं और मैं आनन्द से विभोर हो उठता। आस्कर वाइल्ड ने एक बहुत बढ़िया बात कही है—"Easy impulse that we strive to strangle broods in our mind and poisons us" उस दिन मैं अपने मन के जमे हुए विष को उस एकान्त में जैसे निकाल डालना चाहता था। भाषा की उत्पत्ति के इस सिद्धान्त में निश्चित रूप से कुछ सचाई है कि मनुष्य ने पशु-पक्षियों की बोली की नकल की होगी। जब कोई निश्चित समय और निश्चित गन्तव्य सामने न हो, तो भटकने का वास्तविक सुख प्राप्त होता है। उस दिन ऐसे ही मैं इधर-उधर घण्टों भटकता रहा। खूबसूरत पत्तियाँ और फूल चुनता रहा। वह सारी अमूल्य-श्री मैंने किताबों के बीच रख दी है, आकर दिखाऊँगा। जब ऐसे ही भटकता, अपने गर्दभ स्वर में गाता 'टिफिन टाप' पहुँचा तो वहाँ दस-बारह 'टूरिस्ट' इकट्ठे थे। कैमरे क्लिक-क्लिक कर रहे थे। अपने साथ लाये हुए अण्डे, मक्खन और डबलरोटियाँ उड़ाते जा रहे थे। पत्नियाँ और प्रेयसियाँ उन्हें अधिक प्रगल्भ बना रही थीं। मुझसे भी वहाँ की छोटी-सी चाय की दुकान वाले ने पूछा, साहब, कुछ चाय-बिस्कुट लाऊँ? मैं झुँझला उठा था, यहाँ इस सुन्दर स्थान पर यदि चाय और बिस्कुट न होते; यदि

केवल पानी पीने के लिए एक नल मात्र होता तो कौन-सा कहर बरपा हो जाता, पर मैं जानता हूँ ऐसा सोचने वाले कम ही हैं। मनुष्य प्रकृति और पहाड़ से असली प्रेम खो बैठा है; उसे वहाँ भी उतने ही सुख-साधन चाहिए जितने अपने ड्राइंगरूप में उपलब्ध हैं। तभी तो यह चाय की दुकान, तड़क-भड़क कपड़ों में प्रणयिनी पत्नियाँ। मुझको उस वातावरण के भीतर यह सब इतना 'अनफिट' महसूस हो रहा था कि कुछ समय के लिए वहाँ से उतर कर नीचे पेड़ों के बीच की समतल भूमि पर चला गया। यहाँ पर तो वास्तव में वन्य, अकृत्रिम सौन्दर्य ही होना चाहिए था। लिपस्टिक, रूज और कासमेटिक्स से मुक्ति यहाँ पर तो लोगों को मिले, जिससे कि ये युवक, कैमरामैन इस सुषमा का अधिक जमकर उपयोग कर सकते। कृत्रिम चुहलबाजियाँ नहीं, उच्छलित आनन्द की प्रगल्भता उन मुखरा तरुणियों में मुझे अपेक्षित लगती थी। पर मेरी कौन सुनेगा और मैं सुनाऊँ ही क्यों?

'टिफिन टाप' को 'डोरोथीसीट' भी कहते हैं। यहाँ बैठकर डोरोथी नामक अतल सुन्दरी इस नैसर्गिक सुषमा को रंगों और कूची के द्वारा अंकित करती थी। मैंने उसके चित्र देखे नहीं, पर फिर भी ऐसा लगता है कि इस स्थान की शोभा बिहारी की उस नायिका से कम नहीं है जिसकी छवि आँकने के लिए अनेक चित्रकार आते, पर उस प्रतिक्षण वर्द्धमाना शोभा चित्रण करने में समर्थ न होते थे। यहाँ से हिमालय के हिम-तुषार मण्डित शिखर भी दिखाई पड़ते हैं और दूर तक फैले हुए हरिताभ मैदान भी; नैनीताल की फीरोजी झील, गोल्फ के मैदान, फ्लैट की सक्रियता यहाँ से देखे जा सकते हैं। यह चोटी मानो निर्विकार स्थितप्रज्ञ की भाँति हर एक की गति को निहारा करती है।

पर सबसे सुन्दर दृश्य तो रात के समय झील पर पड़ने वाले प्रकाश के प्रतिबिम्बों का है। तुम दर्शन और मनोविज्ञान के आदमी हो। एक फार्मूला लिख रहा हूँ जो सम्भवतः अरस्तू से मान्यता भी प्राप्त कर सकता है। पता नहीं तुम्हारी मान्यता उसे प्राप्त हो या नहीं, क्योंकि दूसरे की बात को मानना तुम्हारे लिए नितान्त अपमानजनक है। अस्तु, फार्मूला यह है—यथार्थ + कल्पना = प्रतिबिम्ब = कला = निरपेक्ष सत्य। इसके बारे में विस्तृत व्याख्या और बहस वहाँ आकर करूँगा। तुम्हारी एक भविष्यवाणी सत्य हुई कि चलते समय जो पन्द्रह किताबें लाद कर लाया था उनमें से सात पेज और ग्यारह लाइन पढ़ सका हूँ, बाकी तो घूमना, सोना, रमी खेलना और गप्प उड़ाना बस इतना ही हो पाता है। अब दो-एक दिन में चलने ही वाला हूँ। मन में एक ही बात बढ़ रही है कि यहाँ सुरेन्द्र से अकारण लड़ जाने के कारण, 'नदी के द्वीप' पढ़कर नौकुछिया ताल का जो बिम्ब मन में बन गया था, उसे देखने न जा सका। पर मन ही मन अज्ञेय की इस सान्त्वना को दुहरा रहा हूँ—

पार्श्व गिरि का नम्र, चीड़ों में
डगर चढ़ती उमंगों सी

बिछी पैरों में नदी, ज्यों दर्द की रेखा
विहग शिशु मौन नीड़ों में
मैंने आँख भर देखा।
दिया मन को दिलासा—पुनः आऊँगा
भले ही बरस दिन-अनगिन युगों के बाद।

भाभी को मेरा सलाम कहना।

स्नेही

....

प्रतिभा : फरवरी, 1956

डेफ़ोडिल के फूल

कहते ही नहीं, बल्कि कविता गवाह है कि एक जमाने में डेफ़ोडिल के फूल ने वर्ड्सवर्थ के मन पर गहरा प्रभाव छोड़ा था। आप कविता के प्रेमी चाहे न हों, पर हाईस्कूल, इण्टरमीडिएट अथवा डिग्री कक्षाओं में कहीं न कहीं, किसी न किसी ने वर्ड्सवर्थ की ये पंक्तियाँ अवश्य पढ़ी होंगी। आइए, एक बार हम फिर कवि के मन में गहरे अंकित उस पुष्प-मुद्रा को देखें—

For oft, when on my couch I lie
In vacant or in pensive mood,
They flash upon that in ward eye
Which is the bliss of solitude;
And then my heart with pleasure fills,
And dances with the daffodils.

और यह पुष्प कवि को मदमस्त करे भी क्यों न? मेरे एक बॉटनी पढ़े मित्र का कहना है, यह नरगिस की जाति का फूल है। पता नहीं, यह कहाँ तक सही है; पर कर्णिकारवर्णी (पीले कनेर) इस पुष्प की शोभा अपनी ही है। नीचे के चार दलों पर खिला यह कुसुम सचमुच ही स्वर्णपत्रों पर खिले पीत अरविन्द जैसा ज्ञात होता है।

पर मेरा दुख दूसरा है। आज इसे लेकर, लखनऊ जैसे सांस्कृतिक नगर में तीन घण्टे चक्कर लगा आया, पर ऐसा न मिला कोई, जिसे यह भेंट कर सकता। भेंट के लिए सुपात्र, और सुपात्र के लिए भेंट कठिन सम्भावनाएँ हैं। मैं सोच रहा था कि साइकिल के हैंडिल पर—वृन्त को भीगे कपड़े से लपेटे—लगे इस डेफ़ोडिल के फूल की ओर कोई तो आकर्षित होकर पूछे, 'यह काहे का फूल है?' और मैं अपना पुष्प-ज्ञान प्रदर्शित करते हुए कह सकूँ कि इतना भी नहीं जानते, इसको तो वर्ड्सवर्थ अमर कर गये हैं : यह डेफ़ोडिल है, डेफ़ोडिल! अथवा मेरा मन करता कि हजरतगंज में विचरती हुई किसी सुन्दरी को एकाएक यह भेंट देकर, मैं निःशब्द आगे बढ़ जाऊँ; धन्यवाद भी न सुनूँ। इस विचार के साथ ही मेरे मन में कालिदास गूँजने लगते हैं। उनके जमाने में नागरियाँ अपनी नील अलकों को पीत कर्णिकार से

मण्डित करती थीं; और यदि यह मेरी अरालकेशी इस फूल को धारण करे, तो...सुनते हैं, प्राचीन 'गुड ओल्ड डेज़' में उज्जयिनी और कौशाम्बी, पाटलिपुत्र और कांची की नगरियों में सुन्दरियों के यूथ पुष्पोद्यानों में निस्संकोच भाव से पुष्पभेंट ग्रहण किया करते थे। मैं यही निस्संकोच भाव ही तो चाहता हूँ। एक अर्थ में फ्रायड गलत नहीं है। पर उसके व्याख्याताओं (जो एक-दो नहीं, अब लाखों हैं और उसका नाम लेकर पानी पीते हैं) ने उसे गलत प्रचारित कर दिया है। हाँ, तो मैं दावे के साथ इतना भर कहना चाहता हूँ कि मेरा मन इस दुविधाहीन भाव की उपलब्धि मात्र चाहता है। यदि कोई स-इन्द्रियता इस भाव में है भी, तो वह निष्कलुष और सहज है। पर स्थूल नैतिकता से दब कर, आज के पुरुष-स्त्री का मन यौन-अभिभूत हो गया है। फ्रॉयडीय व्याख्याताओं ने इस आब्सेशन को और बढ़ावा ही दिया है। फिर भला, क्यों निःशब्द भाव से दी गयी मेरी भेंट को कोई स्वीकार करे!

न करे स्वीकार। मैं कॉफीहाउस में पहुँच गया। वहाँ इसे एक कवि-मित्र को समर्पित कर दिया। उन्होंने शिष्टाचार के नाते ग्रहण कर (क्योंकि शिष्टाचार ही तो आज की संस्कृति का द्योतक है) उसे सूँघा और चट से कहा : No Smell : गन्धहीन। तो क्या सचमुच गन्ध आवश्यक है? निर्गन्ध पुष्प का आकार क्या पर्याप्त नहीं है?? उसकी प्राणशक्ति गन्ध तो नहीं; और फूल का प्राकृतिक अभिप्राय तो नासिका से नहीं, चक्षु से है। इन्द्रियों की इस सापेक्षिक ग्राह्यता को लेकर, अकसर विवाद और मिथ्या भ्रम की सृष्टि हो जाती है। चाक्षुष 'आब्जेक्ट' नासिका के विषय बन गये हैं, और परिणाम है कि फूल मिलते ही हम सूँघना चाहते हैं; चाहे कमल हो, या डेफ़ोडिल। उसे देखना मात्र हमें गवारा नहीं; वैसे ही जैसे कि मुद्रित पृष्ठ को भी लोग आँख से पढ़ना नहीं, कान से सुनना चाहते हैं। फलस्वरूप अनावश्यक रूप से संगीतात्मकता पर जोर दिया जाता है। यदि यह प्रवृत्ति बढ़ जाये, तो सम्भव है कि कुछ दिनों में लोग नासिका से आगे बढ़ कर, हर फूल को मसल कर देखने का अभ्यास डालें कि यह कोमल है या कठोर; और उसी के अनुसार उसकी श्रेष्ठता या निकृष्टता का निर्धारण करना चाहें। कविता में कोमलकान्त पदावली स्थापित ही हो चुकी है। यदि फूल में भी हो जाये, तो सम्भवतः ऐसे अतीन्द्रियों को अधिक सन्तोष मिले, जो उसका मापदण्ड गन्ध बनाये हैं। पर ऊपर से कैसा भी अभ्यास डालें, भीतर से हमारी सहज दृश्यलुब्धता उभर ही आती है। हम फूल को वन और उपवन में, लता और क्षुप में ही नहीं रहने देते, उसे सामने मेज पर भी रखते हैं; प्रिया की लम्बमान नील अलकों को भी उससे सज्जित करते हैं और कोट के बटनहोल में स्थान देते हैं। उद्यान से ही पवन-विकीर्णित सुगन्धि हमें तृप्ति नहीं दे णती, उसके रंग और रूपाकार हमें मुग्ध करते हैं। उसकी सुरभि ही नहीं, वर्ण, गठन और शैली का इसी कारण विशेष महत्त्व है।

इन्द्रियबोध की इस विषमता की बात करते-करते मुझे एक अन्य मजेदार प्रसंग

याद आ गया है। आन्द्रेज़ीद ने अपने जर्नल्स में एक परिचित का उल्लेख किया है, जो अपनी खाने की मेज पर तमाम-फलों के ढेर को सजा लेता था। उन्हें देख कर ही उसे एक प्रकार का ऐस्थेटिक आनन्द मिलता था। परन्तु उन फलों को न वह स्वयं खाता, और न मेज पर उपस्थित अन्य किसी को खाने देता। यह व्यक्ति भी रसना की वस्तु को आँखों का विषय बना बैठा था। इस व्यक्ति की याद करते ही, मुझे आजकल के अनेक पण्डित और आलोचक याद आ जाते हैं, जो नये साहित्य को न स्वयं पढ़ते हैं (मैं व्यक्तिगत रूप से हिन्दी के अनेक स्वनामधन्य विद्वानों से पूछ चुका हूँ कि वे हिन्दी की कौन-कौन सी पत्रिकाएँ पढ़ते हैं। उत्तर नकारात्मक मिला है, अथवा यह कि जो मुफ्त आ जाती हैं, कभी-कभी उन्हें उलट-पुलट कर उसी समय देख लेते हैं, जब वे आती हैं। इस पर भी ये लोग विरोध करने को सदा तैयार रहते हैं। मन होता है, कहूँ कि भाई आप क्लासिक्स ही पढ़ें और उन्हीं पर लिखें, पर दोहरी चाल क्यों चलते हैं।), और न यह चाहते हैं कि कोई दूसरा पढ़े, और आँख की वस्तु को कान से सिद्ध करने का प्रयास करते हैं। यदि कभी आँख से देखना भी चाहते हैं, तो परिचित दृश्यमात्र और यदि कभी हम उन्हें कान से सुनाना भी चाहें, तो केवल अभ्यस्त राग और परिचित शब्द ही वे सुन सकते हैं। शब्द, अर्थ और दृश्य का नयापन उनके लिए ऊलजलूल और दिमागी बहक मात्र है।

मेरा तो यह निश्चित मत है कि काव्य के लिए बिम्ब (इमेज) अधिक आवश्यक है, बजाय श्रुतिसुखदाता के। बड़ा कवि वह है, जो विराट अनुभूतियों, सूक्ष्म भावनाओं एवं गूढ़ विचारों के भी बिम्ब उपस्थित कर दे; न कि उन्हें संगीतमय बना कर कर्णप्रिय कर दे। तभी वाल्मीकि या व्यास जयदेव से कहीं अधिक बड़े कवि हैं। मैं फिर जोर देकर कहना चाहता हूँ कि काव्य का संगीत की अपेक्षा चित्र से अधिक गहरा सम्बन्ध है; और चित्र के लिए जैसे सदैव नवीनीकरण आवश्यक है, पुरानी कृतियों की प्रतिकृतियाँ आनन्द देती हैं, पर उनसे चित्रकला आगे नहीं बढ़ती। उसका उपयोग अभ्यास के लिए अच्छा हो सकता है, पर आगे का विकास नहीं द्योतित किया जा सकता। वैसे ही काव्य के लिए नये बिम्बों, दृश्य-विधानों, रूपकों एवं उपमानों की अनिवार्य आवश्यकता है। इस तथ्य को स्वीकारना होगा।

तो, भाई कविमित्र, मेरे दिये हुए इस डेफ़ोडिल के फूल को सूँघो मत, उसे देखो, देख कर फिर पहचानो, यह उससे भी बड़ी बात है।

कल्पना : 1956

शार्टकट और शून्य

तीसरा पहर बीतता जा रहा है। जाड़े के दिन हैं, अन्धकार सोख्ते पर तेजी से पसरती हुई स्याही की भाँति चारों तरफ से बढ़ता आ रहा है। खून की गरमी मर चुकी है, हड्डियों में दर्द उभर आता है, ठण्डी हवा बेधती चली जाती है। जिन्दगी के साठेपन तक तो मन में पाठा बनने की उम्मीद सँजोए रहा, पर आज तीन दिन से वह भी जाती रही। साठ पार किये बरस बीत गया पर तब से ढला हूँ, बढ़ा नहीं। लगता है जिन्दगी की ऊबड़-खाबड़ पहाड़ी ढलान पर आ गया हूँ। परसों मेरे सहपाठी शिवशंकर शर्मा अचानक आ गये थे। बचपन की बहुत-सी बीती बातें याद आयीं। घटनाएँ और कहानियाँ दुहराई गयीं। शर्मा अपनी जिन्दगी को सफल कहता है; स्वाभाविक रूप से वही अधिक बोलता रहा; अपनी सफलताएँ गिनाईं—कैसे रोमांस से लेकर ऊँचे पदों तक उसने हाथ मारे। आज भी मेरा कन्धा दुख रहा है जहाँ पर हाथ मारते हुए उसने सहानुभूति से भरा कहकहा लगा पूछा था—यार! तू जिन्दगी भर बुद्धू ही बना रह गया। आखिर बात क्या है? पहले तो तू बहुत तेज था पढ़ने में भी और बात करने में भी, पर अब तो लू लगे हुए आम के समान तू सिकुड़ कर रह गया है।

शर्मा जैसे मरम को कुरेद गया हो। जिस प्रश्न को मैं अन्तर के कोने में दुबकाए था, जिसे ऊपर लाने का मेरा साहस न पड़ता था, उसे ही शर्मा अनायास कह गया। तब से मैं सोच रहा हूँ, सचमुच बात क्या है? वह सही ही तो कह गया, मेरा, आज धुँधियाले बिन्दु से अधिक व्यक्तित्व ही क्या है? सरस्वती की मुझ पर कृपा हुई नहीं, लक्ष्मी दयालु सिद्ध नहीं हुई, काम की मार भी जैसे अनदेखी चली गयी। जिन्दगी के बहीखाते को खोल कर देखना चाहता हूँ, पर इतना साहस अब भी नहीं जुटा पाया हूँ कि उसे उलट-पुलट सकूँ। आँखों के सम्मुख अन्त का बड़ा-सा शून्य और विराट आकार धारण कर लेता है।

आज सोचता हूँ कि मनुष्य पर कितने-कितने प्रभाव कहाँ से आकर पड़ते हैं, उसके जीवन को विविध मोड़ इनसे ही प्राप्त होते हैं। तब बारह, तेरह वर्ष की अवस्था थी, बड़े भाई साहब नगर में पढ़ते थे और मैं भी नगर में रहने की लालसा से डट कर पढ़ता, और जम कर खेलता था। नाते-रिश्तेदार 'होनहार बिरवान के

होत चीकने पात,' 'कहते और मैं कहावत का अर्थ तो न समझता पर अपनी प्रशंसा अवश्य भाँप जाता। इस प्रशंसा से उत्साहित हो और अधिक प्रशंसा की कामना रख परिश्रम करता। यहीं से मन में प्रशंसा और प्रसिद्धि प्राप्त करने की आकांक्षा जाग्रत हो गयी। नगर पहुँचा, उन दिनों स्वातन्त्र्य आन्दोलन की धूम थी, मुझे प्रसिद्धि का एक नया मार्ग मिल गया। लीडर का चस्का लगा, कक्षा में प्रथम से उतर द्वितीय श्रेणी में पहुँच गया। इसी समय हाल ही में ब्याह कर आयी कवयित्री भाभी ने साहित्य में रुचि बढ़ाई, उन्होंने कविताओं की पुस्तकें भेंट कीं और मैं धीरे-धीरे साहित्य और राजनीति का सम्मिलित प्राणी बन बैठा अथवा यों कहें कि मैं यशलिप्सु बना, राजनीति की 'चमक' और साहित्य की 'वाहवाही' दोनों बटोरनी चाहीं। कॉलेज यूनियन के निर्वाचनों में भाग लेता, उत्सवों का संयोजक बनता, बड़े लोगों के भाषण करवाता और फिर चन्दे की रकम से चाय पी सन्ध्या समय कविगोष्ठियों में जाता, जहाँ तुकबन्दियों के सुनाने में मैं भी हिस्सा लेता। धीरे-धीरे पढ़ाई समाप्त कर रोजी का प्रश्न हल करने के लिए अध्यापकी ग्रहण की, पर मन ऊँची छलाँगें भर रहा था, मिनिस्टिरी के सपने देखा किया और कुछ समझ आ जाने के कारण कविता छोड़ आलोचना लिखना चाहा।

सौभाग्य या दुर्भाग्यवश किसी कहानीकार की एक कहानी पढ़ राजनीति के बालुकाभीतिवत यश को छोड़ साहित्य में पूरी तरह आने का संकल्प किया। मुझे याद है कि शहर की राजनैतिक पार्टी की एक अत्यावश्यक बैठक में मैं इसलिए न पहुँच पाया था क्योंकि मुझे ट्रेन पर रुक उधर से गुजरते हुए साहित्य महारथी से भेंट करने स्टेशन जाना था (तब मेरे मन कुछ ऐसी धारणा बन गयी थी कि पढ़ने-लिखने से अधिक आवश्यक कार्य साहित्यकारों से व्यक्तिगत सम्पर्क बनाना तथा अपना दल खड़ा करना है)। परिणाम यह हुआ था कि मुझे म्युनिसिपैलटी का टिकट न मिल सका था। धीरे-धीरे राजनीति से अपने को बिल्कुल खींच लिया, पर पढ़ने में ठीक से मन न लगता (कक्षा के लिए अधिक पढ़ने की आवश्यकता नहीं होती)। धन्यवाद है पाठ्यक्रम निर्धारण करने वालों को, कि एक ही कोर्स 10-5 वर्ष चलता था और एक बार का पढ़ा दस-पाँच वर्ष काम देता था। कॉफी हाउस में पुराने-नये मित्रों के साथ गप्पें हाँकी जातीं या फिर परनिन्दा साहित्य का निर्माण कर समय का काम तमाम किया जाता। राजनैतिक दल से इस्तीफा दिया तो नगर साहित्यकार समाज में दाखिल हो गया, उसका संयोजक भी बना। परिणाम आज सोचता हूँ—अन्य मित्र अपने निबन्ध, कहानियाँ और कविताएँ पढ़ते, मैं उनकी रिपोर्ट बना कर अखबार में भेजता, जहाँ समस्त सूचना के बाद छपता—संयोजक सूर्य वर्मा। मैं इतने पर ही फूल उठता। कभी कोई मुझसे लिखने को कहता तो बड़े गर्व से उत्तर देता, भाई, इस कदर सोशल हो गया हूँ कि फुरसत ही नहीं मिलती। पाँचेक वर्ष बाद पाया कि मैं साहित्य के पथ पर जहाँ का तहाँ खड़ा हूँ जबकि साथी लोग साहित्य के इतिहास की शोभा बढ़ाने लगे हैं।

इन्हीं दिनों मेरे मौसेरे भाई ने अपने व्यापार में एक लम्बी रकम पैदा की। उनकी सामाजिक स्थिति ऊँचे आसन पर बिराजने लगी। बहुधा सभा-समितियों का उन्हें अध्यक्ष बनाया जाता जहाँ मैं साधारण आमन्त्रित व्यक्ति की भाँति उपस्थित होता। मैंने भी व्यवसाय करने की ठानी। शीघ्र ही नौकरी छोड़ पुस्तकों के प्रकाशन एवं बिक्री का कार्य प्रारम्भ किया। माताजी के पुराने जेवरों के बल पर यह कार्य प्रारम्भ हुआ। प्रकाशन के कार्य में लाभ धीमी गति से होता है और पुस्तकों की बिक्री तो भारतवर्ष में केवल दो महीने होती है। मैंने कुछ दिन लम्बी रकम मिलने का रास्ता देखा, लाटरी और क्रासवर्ड पहेली में भी हाथ आजमाया पर 200-300 रुपये हाथ से निकालने के अतिरिक्त मिला कुछ नहीं। खाली समय में शैतान, अंग्रेजी कहावत के अनुसार, दिमाग पर हावी रहता, बुद्धि कुछ न कुछ तिकड़में सोचती रहती। एक अन्य हमपेशेवर के सुझाव पर स्कूल में चलने वाली एक पुस्तक का जाली संस्करण निकालने की सोची गयी। पर शीघ्र ही चार सौ बीस में जेल में बन्द होने की नौबत आ गयी। इसी शिवशंकर शर्मा ने समय पर सहायता कर छुड़ाया, वरना...।

शर्मा ने एक बार फिर से राजनीति में भाग लेने के लिए उत्साहित किया। उसका कहना था कि अपनी बुद्धि का प्रयोग मुझे राजनीति में करना चाहिए। 'गट्स' हों तो राजनीति में बढ़ते क्या देर लगती है? दूसरे दिन से ही शहर की राजनीति में भाग लेने लगा। दुकान पार्टी के अधिवेशनों, हैण्डबिलों, निमन्त्रणपत्रों और सूचनाओं के छपने में लग गयी। कुछ लगन से काम करने पर प्रान्तीय कमेटी का सदस्य भी चुन गया। पर आखिर मन तो मेरा ही ठहरा न—कुत्ते की पूँछ 12 वर्ष बन्द करने पर भी टेढ़ी की टेढ़ी ही रहती है। उन्हीं दिनों प्रान्तीय असेम्बली के लिए चुनाव हुए। मुझे अपनी पार्टी का टिकट न मिला तो क्रोधित हो दूसरी पार्टी में सम्मिलित हो गया। दूसरे चुनाव तक पुलिस की दलाली से लेकर अछूतोद्धार तक अनेक कार्य किये। इस बार दूसरी पार्टी का टिकट अवश्य मिला पर पहली से जीत न सका। मन में असीम निराशा व्याप गयी। पेटीशन दायर कर एक दिन ट्रेन पर आते समय एक पत्रिका खरीद ली। पहली कहानी मेरे एक पुराने विद्यार्थी की थी जिसमें उसे सम्पादकीय टिप्पणी लगाकर सशक्त कथाकार घोषित किया गया था।

मन में सुषुप्त साहित्य प्रेम फिर से जाग्रत हुआ। फिर कलम उठानी चाही। थोड़ा-बहुत पढ़कर दो-एक निबन्ध प्रकाशनार्थ भेजे, परन्तु कुछ दिनों बाद ससम्मान उत्तर आ गया कि 'यह तो साहित्य में दो युग पीछे की समीक्षा-प्रकृति है। आज जीवन के मान बदल चुके हैं, नवीन ढंग का मूल्यांकन होना चाहिए। केवल व्याख्या और भावोच्छ्वास अब उचित नहीं है।'

यह उत्तर पाकर कुछ नये लोगों से पूछताछ कर और एकाध निबन्धों में उद्धरण पढ़ नये कवियों की रचनाएँ खरीद लाया। उन्हीं दिनों एक मित्र ने बताया कि हिन्दी के नये साहित्य पर अंग्रेजी और फ्रांस के नये साहित्यकारों का बहुत प्रभाव है। अतः

इलियट, एज़रा पाउण्ड, लारेंस, ज्वायस, सार्त्र और लुई मैक्नीस आदि साहित्यकारों की कृतियों पर अच्छी-खासी रकम खर्च की। पर न रस आया, न मन लगा और न इतनी शक्ति दिखी कि सब पढ़ कर पचा सकूँगा। अंग्रेजी कवियों में कभी वर्ड्सवर्थ, शेली और टेनीसन कुछ समझ में आ भी जाते थे, पर इन लोगों का तो सही अर्थों में एक भी अक्षर पल्ले नहीं पड़ा। इतना होने पर भी मन को बहुत दिन चलाता रहा कि एक न एक दिन सरस्वती का ऐसा वरदान मिलेगा कि अचानक ही मैं कविता करने लगूँगा, नया उपन्यास लिख डालूँगा, निबन्धकार बन जाऊँगा और न जाने क्या-क्या...। इस प्रतिभा को प्राप्त करने के लिए पहाड़ों पर गया, समुद्र के तट पर घण्टों बैठा, अजन्ता और खजुराहो देखा तथा ढलती उम्र में एक विवाह भी किया; पर वह वरदान नहीं ही प्राप्त हुआ।

आखिरकार फिर से मुदर्रिसी खोज पढ़ाने लगा और साल भर होने को आया रिटायर हो गया हूँ। मिले हुए प्राविडेंट फण्ड से घर का खर्च चला रहा हूँ।

जिन्दगी के आखिरी दिन हैं। सोचता हूँ काश एक बार फिर से तरुणाई लौट आती तो किसी एक दिशा में जमकर काम करता। यश के गहरे आकर्षण और जल्दबाजी ने किसी ओर का न रखा। मिनिस्टर बन न सका, साहित्य के इतिहास में अमर हो न सका, कामिनियों के भ्रू-विलास का लक्ष्य बनने के स्वप्न भी न देख पाया और वैभव की सुखदायी गोद कभी नसीब न हुई। जिन्दगी का लेखा-जोखा गिनकर देखता हूँ तो रोकड़ बाकी शून्य नजर आता है।

पर अभी दो हौसले बाकी हैं—एक तो शतरंज का मशहूर खिलाड़ी बनना चाहता हूँ और दूसरे, उपनिषदों का अध्ययन कर उनकी सामाजिक व्याख्या करना। पता नहीं ये मनमोदक कभी साकार भी हो सकेंगे।

युगचेतना : दिसम्बर, 1956

दुलारे दउवा

दुलारे दउवा 82 वर्ष के हैं। वे बीमार हैं सुनकर मैं जैसे अप्रतिभ रह गया। जन्म और आन से ठाकुर, पेशे से किसान और स्वभाव से मनुष्य, ऐसे हैं दुलारे दउवा। पिछले 60 वर्षों में वे सिर्फ एक बार बीमार पड़े हैं—वह भी मियादी बुखार था, ऐसा गाँव के बड़े-बूढ़ों का कहना है; बाकी न मालूम इंफ्लुएंजा, प्लेग, हैजा और चेचक के कितने मरीजों को वे कन्धे पर लाद कर सिंघौर के घाट पहुँचा आये होंगे। मुझे स्वयं याद है कि पिछले 15 वर्षों में उनकी कार्यविधि और शैली में कोई अन्तर नहीं पड़ा है। सुबह से शाम तक निरन्तर काम से रहना उनकी आदत है। और कुछ नहीं तो घर में बैठे हुए वे सनई की गुण्डी बगल में दबाए चर्खी पर सुतली कातते ही मिल जायेंगे या जानवरों की चरही साफ करने में जुट जायेंगे। ऐसे दुलारे दउवा बीमार हैं। वे गठिया से, खाँसी से जकड़ गये हैं।

मेरा मन इस कर्मवीर को देखने के लिए बेचैन हो उठता है; पर मैं ठहरा बीसवीं शती के उत्तरार्द्ध का प्राणी—मेरा समय, कार्य और अवकाश महीनों पहले घड़ी की टिकटिक के द्वारा निर्धारित किया जा चुका है। जाने दो, दुलारे दउवा तुम यहीं से मेरा प्रणाम लो, शुभकामनाएँ स्वीकारो और यदि तुम्हारी मृत्यु निकट ही आ गयी हो तो जीवन में जैसी वज्र-दृढ़ता तुमने दिखाई है वैसी ही दृढ़ और स्थिर शान्ति के भागी बनो। तथा हम लोग जिन्हें कि तुम सदैव टिटिहरी की उपमा देकर मजाक उड़ाते थे—टिटिहरी जो सदा पी-पी चिल्लाया करती है, कभी अपने आप पानी लेने का साहस नहीं कर पाती—वे तुम्हारी आत्मा की शान्ति के लिए प्रार्थना करेंगे (गोकि ईश्वर—पर आस्था का अभाव है, पर निश्चित शब्दावली द्वारा कर्तव्य जो पूरा करना है), एकाध स्केच लिखेंगे, और संस्मरणों की भी सोचेंगे (क्योंकि जनयुग है न!) अथवा अपने उपन्यास में तुम्हें गाँव का हीरो बनाकर रखना चाहेंगे (क्योंकि प्रेमचन्द की परम्परा में नये हस्ताक्षर करने हैं)। पर मैं जानता हूँ, तुम इन सबसे बड़े हो, तुम उन लोगों में हो जिन्हें समाज की धुरी कहा जाता है, उन लोगों में हो, जिनके कारण गाँव अभी भी पवित्रता का स्पर्श किये रहते हैं; उनमें हो जो अभी भी सामन्तों के उच्च गुणों को बचाये हैं।

दउवा मझोले कद, साँवले रंग के कसे हुए व्यक्ति हैं। इस बुढ़ापे में भी होली का रंग समाप्त हो जाने के बाद जब वे अपनी सफेद दाढ़ी को बीच से काढ़कर ऊपर बाँध देते हैं और शीश पर जयपुरी साफा बाँधते हैं तो अनायास ही राजस्थान के मध्ययुगीन वीरों की याद ताजा हो उठती है। आजकल भी 15 घण्टे रोज का परिश्रम करते देख जब मैंने दउवा की शक्ति का रहस्य पूछा तो हँसते हुए बड़े स्नेह से उन्होंने उत्तर दिया—'का कहित है बबुआ, तुम लोग सीकिया पहलवान बने हौ। अरे करी का, का कहित है, न घिव मिलै न दूध, माठा तक सार नसीब नहीं। हमरी महतारी दूनों जून अढ़ाई-अढ़ाई सेर दूध चढ़ाय देंय। जब औटत-औटत सेर भर रहि जाय तब सारे का चढ़ाइ जाई। कहित रहे लाला, लोंदवा भरि तो घिव खाइत रहै।'

दुलारे दउवा अपनी तरुणाई में जवार के कसरती जवान माने जाते थे। दउवा को कसरत और गठे हुए शरीर के प्रति इतना प्रेम था कि वे जीव सुलभ वासनाओं से अपने को अधिकांशतः मुक्त रख पाये थे। बातों ही बातों में दउवा ने एक दिन बताया कि 'लाला, का कहित है जवानी मां 1500 बैठक और आठ सौ दण्ड रोजाना भांजित रहै। पचीस बरस तक मेहरिया ससुरी का पास नहीं फटकै दीन (दउवा का विवाह 13 साल की अवस्था में और गौना 18 साल में हुआ था), गर्मी, जाड़ा, बरसात खेत-खरिहान में राति बितै देइत रहै। जसकन्ना, कनकुआ, छुनका देखित है, सारि घरै मां लहँगा के तरे नहिं बैठि रहत; बाहर खैतनौ माँ पसिनी, चमरनिन कैती निहारा करत हैं। तबहीं, का कहित है कौनौ के खाँसी आवति है, कौनौ के खरहरी (डायरिया) होति है।"

परन्तु कसरती शरीर का यह पट्ठा कभी दंगल में न उतरता था। इसलिए नहीं कि दंगल में लड़ने से दउवा डरते थे, बल्कि इसलिए कि दंगल में उतरना वे अपनी पुरानी खँडहर शान के विरुद्ध समझते थे। आजकल की भाषा में कहें तो दंगलों को वे 'प्रोफेशनुमा' लोगों के लिए मानते थे और वे ठहरे 'अमेच्योर' पहलवान। जिसका लड़ने का मन हो, जो उनकी 'गिरह' और 'टँगड़ी' की करामात देखना चाहता हो, आकर घर के अखाड़े में लड़े। खिलाएँगे उसको वे, आतिथेय वे स्वयं होंगे, स्वागत में नौकर की भाँति खुद इधर-उधर दौड़ेंगे। पर जिस समय लँगोट बाँधकर अपनी नम्र दृढ़ता के साथ वे अली पर मिट्टी चढ़ा कर जय बजरंग कहते हुए हाथ मिलाते थे, वह धज देखते ही बनती। कहते हैं कि एक बार सिंहोलेश्वर के दंगल में कुछ गंगापारियों ने उन्हें बार-बार एक जोड़ के लिए ललकारा—क्योंकि अपने घर के अखाड़े में किसी नामी गंगापारी को वे हरा चुके थे—तो मारे क्रोध के दंगल में अपने जीवन में पहली और अन्तिम बार उतर एक पहलवान को इतनी जोर से उठा कर पटक दिया कि वह बड़ी मुश्किल से मरने से बचा और दुलारे दउवा को दो साल तक रायबरेली की कचेहरी का दौड़ा करने के बाद मुक्ति मिली। तभी से मामला, मुकदमा और कचेहरी का नाम सुनते ही वे कान पकड़ने लगते हैं।

गीता का यह श्लोकार्द्ध 'कर्मण्येवाधिकारस्ते मा फलेषु कदाचन' उन पर पूरी तरह लागू होता है। उन्होंने मेरे देखते-देखते कलमी आम का एक बाग लगाया, कटहल का जखीरा तैयार किया तथा अमरूद, नीबू और पपीता का बड़ा-सा बागीचा खड़ा कर दिया। इस अमरूद के बाग की कथा अत्यन्त रोचक है। एक बार दउवा मेरे यहाँ आये; पेड़-पौधों के शौकीन होने के कारण वे हमारा अमरूदों का बाग देखने चले गये। बाग-घूमते घामते कहीं उन्होंने दो-चार अमरूद तोड़ लिए। तकवाह ने कुछ मुँह बनाया और मन ही मन कुछ बड़बड़ाया भी। दउवा की अनुभव से पकी आँखों से ताकने वाले का यह मनोभाव छिपा न रह सका। पानीदार आदमी ठहरे वे। अमरूद वहीं तकवाह के सामने फेंक कर चले आये और दूसरे ही दिन उन्होंने अपने 'उसरहवा' खेत में पाँच पेड़ अमरूद के, आठ मील दूर सेमरपट्टा के बाग के कुंजड़े से लाकर गाड़ दिये। उनका दिन-रात चौबीसों घण्टे का समय वहीं बीतने लगा, अकसर वे अपनी रोटी भी वहीं मँगा कर खा लेते थे। हहराती लू के झोंके और गरजते गगन घन की अजस्र धार, शिशिर की मर्मान्तिक तीखी वायु जैसे उनके शरीर को परस ही न पाते हों। अनाघ्रात भाव से काम करते हुए दउवा को उस समय अपनी धान की खेती से जो बारह सौ मिले उन्हें वहीं आठ फुट का कुँआँ बनवाने में खर्च कर दिया।

गाँव के नवयुवक उन्हें 'उसरहवा भूत' कहते, स्त्रियाँ आपस में खुसुर-फुसुर करतीं कि दउवा आजकल प्रेत सिद्ध कर रहे हैं, पर असल में उनके तो मन को बात गड़ चुकी थी। आज उस बंजर-बन्ध्या धरती में तीन बीघे का लहलहाता बाग खड़ा है। बाग के एक हिस्से के लगभग 20 पेड़ों को उन्होंने सेहुंड़ और नागफनी से अलग घेर दिया है, यह हिस्सा गाँव के लड़कों को अमरूद खाने के लिए है। लड़के वहाँ जायें, मनपसन्द अमरूद खाएँ पर मजाल नहीं कि 15-16 साल से ऊपर का लड़का वहाँ घुस जाय। जब तक अमरूद न पकेगा, दउवा स्वयं रखवाली करेंगे, उस समय लड़के भी नहीं जा सकते। इस नियम को सभी इतना समझ गये हैं कि परम्परा की भाँति इसका पालन होने लगा है। लड़कों को भी अपना यह हिस्सा इतना प्रिय है कि वे इसके सींचने और गोड़ने में तो मदद देते ही हैं, उसके पेड़ों की डालों पर 'गलहर' भी नहीं खेलते।

जिस समय दउवा बाग में हों और आप पहुँच जाइए। वे एक-एक पेड़ दिखावेंगे, एक-एक पत्ती और फूलों का विवरण देंगे। वनस्पतिशास्त्र के विद्यार्थी भी उतना ध्यान अपने प्रयोगों के विकास पर नहीं देते जितना कि बीस तक की गिनती मात्र जानने वाला यह निर्लिप्त ग्रामीण। हर पेड़-पौधे की पूरी हिस्ट्री उन्हें जबानी याद है। ग्राफ और चार्ट सब उनके मस्तिष्क पर अंकित रहते हैं। अकसर वे मेरे यहाँ के बाग से पेड़-पौधे ले जाते हैं। एक बार मैं अपने वनस्पति प्रेमी अग्रज के साथ दुलारे दउवा के बाग पहुँच गया। डहलिया और गुलदाउदी को जिस समय डलिया और गुलयादी

कहते हुए इन फूलों के सौन्दर्य को उन्होंने दिखाया तो उनकी आँखों में आँसू भर आये। अँगोछे के छोर से आँखें पोंछता हुआ चार पुत्रों का यह कृषक पिता अपने वनस्पति पुत्रों से भी इतना स्नेह रखता है, इसकी मैंने कभी कल्पना भी नहीं की थी। वास्तव में मैंने यह बहुत बाद में अनुभव किया कि दउवा के स्नेह का स्रोत इतना अनाविल और मुक्त है कि वह एक ही ओर नहीं बहता। महान पुरुषों की प्रतिभा की भाँति अनेक पक्षों को वह आप्लावित करता है। मैंने दउवा का यही निर्मल स्नेह बाद को पशुओं के प्रति देखा। तकिया के मेले से लाये बछेड़े के बीमार पड़ने पर उन्होंने तीन दिन नींद और भोजन का परित्याग कर उसकी परिचर्या की। कहते हैं कि अपनी जमीन की कमाई का एक खासा बड़ा हिस्सा दुलारे दउवा घोड़ों और बैलों पर खर्च कर चुके हैं। पशुओं के रंग, रूप, गुण, दोषों की उन्हें अद्भुत पहचान है।

कर्मठ दउवा को आज के जीवन के सबसे अधिक कर्मरत पेशे राजनीति से कोई मतलब नहीं है। गाँव पंचायत में वोट डालने वे जाते नहीं, राजनैतिक दलों के स्वरूप में वे अब तक केवल टोपी के अन्तर को स्पष्ट कर पाये हैं, बाकी उनके अनुसार सब एक ही थैली के चट्टे-बट्टे हैं जो अपना-अपना स्वार्थ सिद्ध करने में लगे हैं। नमक सत्याग्रह तो उनकी समझ में आ गया था, क्योंकि उसको भगवान के अवतार महात्मा गाँधी चला रहे थे, पर आगे की बातें उनकी समझ में आती नहीं। जमींदारी का हटना उनके लिए दुनिया का सबसे बड़ा आश्चर्य हुआ।

स्नान करने के बाद एक लोटा जल शिवलिंग पर चढ़ाने तक उनके धर्म की सीमा है, तीर्थ गेगासों की गंगा तथा व्रत जन्माष्टमी, देवउठान एकादशी और शिवरात्रि वर्ष में तीन हैं। परन्तु उनका मन कितना प्रबुद्ध है अपने दैनिक व्यवहार में, उनका धर्म भीतर से कितना दृढ़ है और उनकी नैतिकता कितनी पुष्ट है, यह दउवा के तनिक भी सम्पर्क में आने वाला जान सकता है। आलसी और चोर को वे एक ही दिन में पहचान जाते हैं, पाप और पुण्य की उनकी परिभाषा अच्युत है तथा 82 वर्ष के बूढ़े दुलारे दउवा गाँव की बहू-बेटियों की मर्यादा और लज्जा के सबसे सशक्त और सजग रक्षक हैं।

टूट जाये पर झुके नहीं ऐसे तुम्हारे व्यक्तित्व को मेरे अनन्त श्रद्धा संवलित प्रणाम, लो दउवा स्वीकार करो।

साहित्यकार : जून, 1957

छोटी यात्राएँ : फुटकर बातें

रायबरेली से कानपुर जाने वाली पैसेंजर ट्रेन में इंजिन के पीछे कुछ माल के डिब्बे लगे हुए थे। उनके बारे में दो सहयात्रियों ने बड़े मजेदार ढंग से बताया कि ये क्यों लगे हुए हैं? एक ने कहा, 'आजकल कलयुग में सारी दुनिया हो गयी है बेईमान। ये साले ड्राइवर इसलिए इन डिब्बों को जोड़ देते हैं कि कहीं कुछ मिल जाये तो उठा कर रख लें। आम, अमरूद, गन्ना, गल्ला, दूध, भूसा जो भी हाथ लग गया, वह इन डिब्बों में हुआ गायब। कोई देख भी नहीं सकता और अपना काम तो सध ही गया।' दूसरे यात्री ने पहले को डाँटते हुए कहा, 'इसी अक्ल से बम्बई तक नौकरी करने जाओगे? कहीं सरकार के हुकुम के बिना ऐसा हो सकता है कि कोई डिब्बा जोड़ ले अपने मन से।' उसने बतलाया कि आजकल रेलों पर दुर्घटनाएँ बहुत होती हैं और उनमें ज्यादातर आगे के डिब्बों में बैठे हुए मुसाफिरों को ही खतरा रहता है, इसलिए सरकार ने सवारी गाड़ियों में इंजिन के बाद मालगाड़ी के खाली डिब्बे लगाने शुरू कर दिये हैं, जिससे मुसाफिरों की जान की हिफाजत हो सके।

ज़ाहिर है कि दूसरा अधिक बुद्धिमान, पर कम 'ओरिजिनल' है। पर दोनों ने मुझसे कहा कि आप यह भी नहीं जानते और मेरी अज्ञानता पर खेद और विवशता प्रकट करते हुए यह सब बताया था।

लखनऊ आ रहा था। डिब्बा छोटा, जैतीपुर तक खासी भीड़ रही। मेरे पार्श्व में पैंट, बुश्शर्ट, चश्मे में आवेष्टित एक भलेमानुस से बैठे थे। साथ में एक और मित्र भी थे। उनके मित्र अभी युवावस्था पार करने की ओर थे, पर मेरे भलेमानुस प्रौढ़ावस्था की नियताप्ति पर थे। कुछ देर तक *नेशनल हेरल्ड* पढ़ा (या उलटा) पर गंगापुल पर पहुँचते-न पहुँचते गाड़ी के खड़खड़ के ऊपर अपनी आवाज हावी कर उन्होंने शेरोशायरी का करिश्मा दिखाना शुरू किया। इस कमाल को सुनने के लिए मैंने भी अपने कान खड़े किये (साहित्य में दिलचस्पी अकसर फेस करता रहता हूँ न!)। छह-छह पैसे से लेकर टकइहल तक शेरों का खजाना खुला हुआ था। एक स्टेशन

और पार हो गया पर शायरी का प्रवाह अप्रतिहत रहा। मैंने कुछ चिढ़कर इस न्यूसेन्स का कारण जानना चाहा। थोड़ी देर के बाद ही मैं समझ पाया कि भलेमानुस पड़ोसी के पड़ोस में ही एक सद्यःपरिणीत युग्म बैठा हुआ है। पर सद्यःपरिणीत के जो भावात्मक निहितार्थ हैं–लजाई, संकुचित पर आन्तरिक अभिलाषाओं से प्रदीप्त आँखें एवं मसृण कोमल सौन्दर्य–उसका वहाँ अभाव था। पर वह शायद दोस्त उस काली बदशकल लड़की पर अपनी इस मुखर प्रतिभा का रोब जमा रहे थे। देखने-सुनने में समझदार, गम्भीर लगने वाले महाशय कितनी हीन रुचि एवं नीच वृत्तियों से आक्रान्त निकले? मुझे गहरा धक्का लगा।

मैं 'वूमन ऑफ रोम' पढ़ रहा था। उसे अपनी सीट पर रखकर मैं पेशाब घर की ओर गया। लौटकर देखा तो उसकी भूमिका को उतने ही जोर से उनके मित्र पढ़ रहे थे। यह उपचार शायद मित्र की शायरी के रुआब को निष्फल कर अपनी अंग्रेजी प्रतिभा का सिक्का जमाने के लिए प्रारम्भ हुआ था। एक ओर अनवरत गति से काव्य पाठ और दूसरी ओर अंग्रेजी किताब का सस्वर पारायण–मैं कबीर को याद करने लगा–

चलती चक्की देखि कै दिया कबीरा रोय।
द्वै पाटन के बीच में साबित बचा न कोय।।

इन दोनों पाटों के मध्य में मैं किससे कहूँ–'भाई जान, यह मूर्खता है, इससे कुछ लाभ नहीं, आप मेरी पुस्तक उठाकर शिक्षित होने का केवल ढोंग रच रहे हैं।' मेरा मन हो रहा था कि कह दूँ कि आपसे अच्छा तो यह बद्रीनाथ का पण्डा है जो लड़ता-झगड़ता डब्बे के भीतर घुस आया है और अब आराम से फर्श पर बैठ कर बीड़ी सुलगाने के चक्कर में है। पर इस सबसे क्या? मुझे लखनऊ तक मन को कसमसाते हुए आना पड़ा, अपनी किताब मुझे तभी वापस मिली और उस काव्य-रस से तभी वंचित होने का सौभाग्य आया जब लखनऊ स्टेशन से कुछ पहले मवैया ब्रिज के निकट गाड़ी सिगनल के अभाव में खड़ी हो गयी। वे दोनों अत्यन्त शीघ्रता से प्रसन्न मुद्रा में रेल के नीचे उतर गये।

कुमाऊँ की पहाड़ियों की यात्रा! पीलीभीत में किसी ने टॉयलेट के सामान का झोला ही उड़ा दिया। मैंने भी सोचा कि चलो चोर की हजामत बनेगी। काठगोदाम पहुँचा, वहाँ दो दिन से सारा ट्रैफिक रुका पड़ा था क्योंकि वर्षा के कारण पहाड़ियाँ टूट गयी थीं और रास्ते बन्द थे। अजीब-अजीब चेहरे, पर सभी के मुखों की मुद्राएँ परेशानी से अंकित। मुझे इन चेहरों और मुद्राओं का अध्ययन करने में मजा आ रहा था। प्रथम श्रेणी के विश्राम-गृह के बाहर एक समृद्ध परिवार बैठा था। प्रौढ़ा

माँ का कहना था कि दो दिन से पड़े हुए हैं, हमें प्रयाग लौट चलना चाहिए पर किशोरी कन्या का हठ था कि नहीं, एक दिन तो इन्तजार करो। इतने में पिता ने आकर बताया कि रोडवेज वाले कह रहे हैं कि निश्चित सूचना हमें 11 बजे के बाद दे सकेंगे। तीन-चार विश्वविद्यालय के नौजवान एक स्थान पर खड़े थे। वे यदाकदा सतृष्ण भाव से सुन्दरियों का अवलोकन करते तथा पैदल ही नैनीताल चलने का कार्यक्रम बना रहे थे। एक कहता कि 15 मील ही तो है, पर दूसरा कहता कि बच्चू, यह हजरतगंज की ट्रिप नहीं है, पहाड़ पर चढ़ना पड़ेगा तो हुलिया तंग हो जायेगी, तब तक एक नवयुवती पार्श्व से होकर गुजरती है और तीसरे जन जरा जोर से कहते हैं कि लास्ट इयर मैंने कश्मीर में पच्चीस-पच्चीस मील की सैर एक ही दिन में की है।

लगभग तीन घण्टे बाद साढ़े दस के करीब रास्ते खुले और अपना मोटरों का कारवाँ आगे बढ़ा। गत वर्ष की याद हो आयी जब मैं नैनीताल अक्टूबर में गया था। उस साल भी अक्टूबर में ऐसी भयंकर वर्षा हुई थी कि मोटर की कौन कहे, ट्रेन भी दो-तीन स्टेशन पहले ही रुक जाती थी। पर जिस दिन मैं गया, उस दिन ही रास्ता खुल गया था और आज भी मेरे जाने के दिन ही रास्ते खुल गये। इस Coincidence को याद कर मेरा मन मिथ्या गर्व से भर उठा। मैं अब सोच रहा हूँ कि मनुष्य अपने कर्तव्य का ऐसा ही मिथ्या अभिमान करता है, अन्यथा मुझसे और रास्ते के खुलने से शायद बादरायण सम्बन्ध भी नहीं है, पर मन तो नानाविध सम्बन्ध जोड़ता रहता है।

•

कानपुर से लखनऊ दूसरे दर्जे में जाने की सोची (क्योंकि तीसरे दर्जे की खिड़की पर बहुत भीड़ थी और गाड़ी छूटने वाली थी)। डिब्बे में जब दरवाजा खोल कर घुसने लगा, तो उस बारह सीटर डिब्बे के बारहों मुसाफिर मुझे आँखें फाड़कर देखने लगे—गोया मैं अनधिकृत रूप से उनके स्थानों पर कब्जा जमाना चाहता हूँ। उन आँखों की अमर्षमूलक अवज्ञा ने तत्काल मुझे तीसरे दर्जे की याद दिला दी। जहाँ कि निश्चित स्थान से अधिक का बैठना ही स्वाभाविक है और कम बैठना आश्चर्य की बात, यात्री का डिब्बे में जाना, वहाँ अमर्ष को जन्म नहीं देता है; अधिक से अधिक आसपास बैठे दो-चार मुसाफिर कुनमुनाए और फिर सहज भाव से स्थिति की स्वीकृति। पर इस दर्जे के खोखले सभ्यों—

We are the hollow men
We are the stuffed men

में केवल एक भावना काम करती है—'मैंने अधिक पैसे खर्च किये हैं उनका मैं भरपूर

उपयोग कर लूँ।' यदि वह सारे डिब्बे में अकेला ही पैर फैला सके, तो सबसे अधिक खुश हो, उसकी ट्रेजडी यह है कि अपनी तुलना तृतीय श्रेणी से नहीं, प्रथम श्रेणी से करता है। इस वर्ग के बारे में सोचते-सोचते मुझे फिर इलियट याद आ जाते हैं–

Shape without form, shade without colour,
Paralysed force, gesture without motion.

अगल-बगल बैठे चाहे जिन्दगी बीत जाये, शून्य दृष्टि से क्षितिज ताकते-ताकते आँखें दर्द करने लगें, 'टाइम्स' और 'रीडर्स डायजेस्ट' नींद भले ही ला दें पर पड़ोस के मानव प्राणी से खुलकर मिलने और बात करने में इनका 'एट्टीकेट' नष्ट होता है। हाय रे शिष्टाचार! आओ श्याम एक बार फिर थर्ड क्लास की ओर लौट चलें, वहाँ जिन्दादिली है, मनुष्य का आन्तरिक एकत्व बाहर मूर्तिमान होकर उपस्थित है। वहाँ पर मौसम की हरियाली या बदकिस्मती है। क्या नहीं है वहाँ? बस, आँख और कान भर चाहिए आपके पास। बाबा तुलसीदास को याद कर लो, सेकण्ड क्लास छोड़ने के पूर्व–

आवत ही हरषे नहीं, नैनन नहीं सनेह।
तुलसी तहाँ न जाइए कंचन बरसत मेंह।।

रानीखेत महीने भर बाद फिर आया हूँ। खूबसूरत घाटियाँ बादलों से भरी हुई हैं। लगता है बादलों की झील लहरा रही है। इस अंचल को लोग बहुधा पत्थरों का देश कहते हैं, पर मेरा मन होता है कि मैं इसे बादलों का देश कहूँ। हाथ में बादल, कोट की बांह के भीतर बादल, मुँह फैलाओ तो भीतर बादल, साँस लो तो नाक में बादल, घाटी बादलों की, झील और चोटी बादलों की, आरामकुर्सी जिससे कभी-कभी ढुलक भी पड़ते हैं और शिखर ऊपर दिखलाई पड़ते हैं। अज्ञेय की पंक्ति है–

शरद चाँदनी बरसी,
अंजुरी भर कर पी लो।

मैं कहना चाहता हूँ–

आओ बादल को मुँह, जेबों, गोदी में भर लो।
अंजुली भर कर पी लो।।

रानीखेत से चौबटिया गया। ऊँचे-ऊँचे मैजेस्टिक देवदारुओं के मध्य से निकलती तारकोल की सड़क अखिल विश्व के बीच यात्री की जिज्ञासा की भाँति बंकिम गति से चली जाती है।

चौबटिया का उद्यान : उसके बारे में क्या कहा जाये? वहाँ एक पेड़ का नाम है 'मजनू' उसके पास पिकनिक लायक स्थान बनाये गये हैं। इन प्रमोद कुंजों में

जाकर उस रोमाण्टिक वातावरण में रोमाण्टिक संवेदना आपने आप जाग पड़ती है। इस वातावरण के मध्य यदि थोड़ी-सी 'हनीमूनिंग' हो जाती है, तो क्या बुरा?

आज दोपहर एक मित्र और सहयोगी सपरिवार आ गये, एक दिन की 'प्लेज़र ट्रिप' पर। इन लोगों ने उन्हें रोक लिया। कैम्प में रात को साथ ही सोए। रात में उनके एक बच्चे ने बिस्तर खराब कर दिया। इस गड़बड़ी में उनके सभी बच्चों ने जो हंगामा मचाया, तो हम सभी जाग पड़े और प्लेज़र ट्रिप में रात को सोने का हम सभी का आनन्द जाता रहा। मैं सोचता रहा कि बच्चे जहाँ एक ओर अनगिनत घरों में आनन्द और उल्लास की सृष्टि करते हैं—वहीं घूमने-घामने के आनन्द को नष्ट करते हैं, मनुष्य को अगत्यात्मक और सुरक्षा प्रिय बना देते हैं पर वे कभी-कभी सामाजिक जीवन के लिए, व्यक्तिगत जीवन के लिए चेक्स और वैलेंसेज का काम भी करते हैं। मेरी मिसेज दोस्त सवेरे अस्वस्थ होते हुए भी घूमना चाहती थीं, पर उनके छोटे बच्चे ने जिद करके रोक दिया। मैं प्रसन्न होकर मित्र-दम्पति को वहीं छोड़ अकेला ही घूमने चल दिया।

आगरे से मथुरा वृन्दावन की ओर जा रहा था। अशिक्षित से सहयात्री ने पूछा, 'कहाँ जा रहे हो बाबू?' मेरे बतलाने पर कहा, 'दर्शन करने जा रहे हो, तब तो आप गिरिराज (गोवर्द्धन पर्वत) भी जायेंगे।' मैंने उत्तर दिया, 'हाँ, यदि अवसर मिल गया तो अवश्य जाऊँगा।' उसने कहा, 'बाबू जरूर जाना, वहाँ तो लला-लली नित्य विहरें।' मैं इस श्रद्धा और विश्वास को देख दंग रह गया। उपर्युक्त वाक्य कहते-कहते उसका मुख जैसे चमक उठा था। अचानक ही मेरे मन में ब्रजभाषा के अनेक कवि कौंध उठे—

टेरि कहौं सिगरे ब्रजलोगनि,
काल्हि कोऊ कितनो समुझै है।
माई री वा मुख की मुसुकानि
सम्हारि न जैहे, न जैहै, न जैहे।।

मथुरा में नाव वाले ने मुझे बताया कि ब्रज है यह, यहाँ तो सब रसिया रहत हैं। इसी रस में बावरे होकर सूर को कहना पड़ा था शायद—

ऊधो मोहि ब्रज बिसरत नाहीं।
हंससुता की सुन्दर कगरी अरु कुंजन की छाँहीं।।
वे सुरभी, वे बच्छ दोहनी, खिरक दुहावन जाहीं।।

वसुधा : जुलाई, 1957

मतभेद और झगड़े का भेद

अभी उस दिन विदेश के एक हवाई अड्डे पर पत्रकारों से बातें करते हुए नेहरू जी कह रहे थे कि यह सही है कि हममें मत-विभिन्नता हो जाती है, आपस में तीखा मतभेद हो जाता है, पर उसके मानी यह नहीं हैं कि झगड़ा हो गया है। रेडियो पर यह रिपोर्ट सुन मैं तनिक चौंका। मतभेद और झगड़े का तात्विक अन्तर समझने की चेष्टा कर रहा हूँ क्योंकि अब तक उनमें मैं एक प्रकार की एकता देखता था जैसी कि अद्वैतवादी ब्रह्म और जीव में देखता है। यानी कि मतभेद बीज है, अंकुर झगड़ा। मतभेद भस्मावृत्त अग्नि तथा झगड़ा प्रस्फुटित रिपोर्ट स्फुलिंग। पर अब रेडियो के नये आलोक में नये अर्थों का भावन करने की कोशिश की।

मतभेद को यदि दो खण्डों में तोड़ दिया जाये तो इसका रूप होगा—मत+भेद—मतभेद। मत के अर्थ नकारात्मक होते हैं जैसे कि यह काम मत करो यानी कि यह काम न करो। सो इसके अनुसार इसका अर्थ हुआ कि भेद नहीं। पर दूसरे विद्वान मित्र का कहना है कि यह तब होता जब कि शब्द 'भेदमत' होता। परन्तु इस अर्थ के एसोसिएशन से मैं असह्य अर्थ पर पहुँच गया, यानी कि मत अगर बाद में आता तो नकारात्मक होता पर हुआ उल्टा अर्थात पहले आ गया, सो यह निगेटिव अब पॉजिटिव हो गया और मतभेद का अर्थ हो गया भेद करो, भेद हुआ।

परन्तु एक उलझन फिर आ जाती है कि भेद करो और झगड़ा करो। इन दोनों में सूक्ष्म विभेद क्या कोई सम्भव है? पर होगा जरूर क्योंकि नेहरू जी ने कहा है, और आज आप्तता कहीं होती है तो केवल राजनेता के वाक्यों में। सभ्यता ने इस दृष्टि से बहुत अधिक विकास किया है। वाक्य की आप्ता विकसित होकर ऋषि, मुनि, अध्यापक, पण्डित, विचारक से राजनेता के पास पहुँच गयी है। विश्वास न होता हो तो अखबार उठा कर देख लें। साहित्यकारों को कान्फ्रेंस का उद्‌घाटन मुख्यमन्त्री कर रहे होंगे और समाचारपत्र के चार कालम उनके भाषण के टेक्स्ट से भरे हैं, आधा कालम उस कान्फ्रेंस की तैयारी और साजबाज के वर्णन में और आधा कालम उस सम्मेलन के साहित्यकार सभापति के भाषण और प्रमुख अभ्यागतों के नाम गिनाने में बीत गया होगा! यूनिवर्सिटी टीचर्स एसोसिएशन के सदस्यों को कर्तव्य

का, ज्ञान का, नीति का और सद्विचार का उपदेश दे रहा होगा राज्य का शिक्षित (?) शिक्षामन्त्री। कहना व्यर्थ है कि विज्ञान कांग्रेस का अधिवेशन तो प्रधानमन्त्री के आशीर्वाद बगैर सफल ही नहीं हो सकता।

पर बात मैं विकास की कर रहा था; श्याम कहता है कि राजपुरुष का सम्मान तो पहले भी अधिक था। छत्रसाल ने जब भूषण की पालकी में कन्धा लगाया तो यही स्वाभाविक रूप से व्यंजित होता है कि वह अधिक बड़ा व्यक्ति था। इस बड़प्पन के कारण ही तो उसका कन्धा मशहूर हो गया, पर उस पालकी को बुन्देलखण्ड से महाराष्ट्र तक ले जाने वाले बदलू या मंगल ऐसे ही किसी कहार का नाम अमर नहीं हो पाया। यह कोई भी इतिहासवेत्ता नहीं कह सकता कि कालिदास विक्रमादित्य की अपेक्षा अधिक सम्मानित अथवा सम्पन्न था। कालिदास ने अपने युगादर्श को रघुवंश में प्रतिबिम्बित करते हुए कहा है कि राजा गवाक्ष से अपने पैर नीचे लटका देता था और दर्शनोत्सुक जनता प्रफुल्ल मन लौट जाती थी। आप कहेंगे कि आगत युग कवि अथवा कलाकार को मान देता है पर यदि वाल्मीकि, कालिदास या भवभूति अमर हैं तो राम, विक्रमादित्य अथवा अशोक को आगत परम्परा ने कम मान नहीं दिया। वास्तव में बड़ा व्यक्ति हर क्षेत्र का बराबर होता है। पर यह भी कैसे कहूँ बकौल धर्मवीर भारती हाकी के खिलाड़ी ध्यानचन्द के बराबर का पदक मिलने के कारण महादेवी जी का मान-महत्त्व कम हो गया है—तर्क को आगे बढ़ा कर देखें तो आपको यह भी ध्वनित हो सकता है कि ओलम्पिक खेलों की अपेक्षा परिमल-पर्व अधिक महत्त्वपूर्ण होता है। पर हम अवान्तर प्रसंगों में चले गये, बात तो सभ्यता के विकास की हो रही थी। तब राजपुरुष सम्मानित अधिक था, उसकी सत्ता भी बड़ी थी, समृद्धि का वही स्वामी था, पुरस्कार, पदक और उपाधि वही वितरित करता था; परन्तु विचारक, उपदेशक और नीतिज्ञ का ढोंग नहीं भरता था (अपवादों की बात मैं नहीं कर रहा—जनक जैसे नीतिवान विचारक थे और आज भी चिन्तक राजसत्ताधीश हो सकते हैं) वह सलाहें लेने आश्रम जाता था, दीक्षान्त भाषण करने नहीं। वह उपदेश ग्रहण करने जाता था, प्रवचन और वक्तृता के लिए नहीं। राजनेता संस्कृति के क्षेत्र में अनुगामी था अग्रचेता नहीं। और आज...है न विकास? एक घटना इसी सबन्ध में याद आ गयी है। मेरे एक मित्र एक प्रदेश के शिक्षामन्त्री से मिलने गये कि उनके महाविद्यालय की एक सांस्कृतिक संस्था का उद्घाटन कर दें। उनका विद्यालय उस राज्य की सबसे बड़ी शिक्षण संस्थाओं में से एक है। मन्त्री महोदय ने कहा क्या मिनिस्टर इतना चीप हो गया कि वह कॉलेज की समितियों का उद्घाटन करता घूमे, आज आप मुझे बुलाते हैं कल जवाहरलाल को बुलाइएगा। मेरे मित्र ने उनको समझाना चाहा कि चीपनेस (सस्तापन) तो आपके मन का है, बाकी मेरे कॉलेज की समितियों-संस्थाओं में डॉ. सी.बी. रमन, निराला, रामचन्द्र शुक्ल, प्रो. रुद्र तथा इसी कोटि के दर्जनों अन्य विद्वान आ चुके हैं तथा मिनिस्टरों में भी

कोड़ियों आ चुके हैं, उनके नाम नहीं गिनाऊंगा क्योंकि 'वह' तो सीवर टट्टी का भी उद्घाटन करता है। मिनिस्टर साहब की वाणी इस मीठी फटकार को सुनकर नरम तो पड़ गयी, पर मेरे स्वाभिमानी मित्र यह कहते हुए उठ कर चले आये कि 'चलिए कोई तो आदर्श उपस्थित करने वाला मिनिस्टर मिला, आपके आदर्श पर बधाई।'

यह दूसरी बात है कि उसी हफ्ते अखबार में यह खबर पढ़ने को मिली कि...के शिक्षामन्त्री ने आज एक जलपानगृह का उद्घाटन करते हुए अच्छी मिठाइयों के महत्त्व पर जोर देते हुए राष्ट्र की स्वास्थ्य योजना में रेस्तरां के महत्त्व को बतलाया।

फिर हम लोग भटक गये। बात तो मतभेद और झगड़े के भेद की हो रही थी। आप फिलहाल यह भी सोच सकते हैं यह भी वैसी ही कोई राजनयिक पदावली है कि जैसे कि 'अमरीका की पीपुल्स कैपिटलिज़्म और रूस चीन की पीपुल्स डेमोक्रेसी।' डेमोक्रेसी की परिभाषा लिंकन ने पीपुल (जन) के साथ सम्बद्ध करके ही दी थी। परन्तु पीपुल माने जन और 'जन' रूसी राज्यशास्त्र में होता है सर्वहारा और सर्वहारा का अर्थ होता है एक रहस्यमय ढंग से कम्युनिस्ट पार्टी का सदस्य, सो पीपुल्स डेमोक्रेसी (जनवादी प्रजातन्त्र) का असली अर्थ है, पार्टी-प्रजातन्त्र और यह पार्टी प्रजातन्त्र भी 'पोलित ब्यूरो' प्रजातन्त्र में कैसे बदल जाता है इसको जानने के लिए आपको या तो रूस जाना पड़ेगा या फिर अमरीका। अमरीका को हमारे गाँव के लोग पाताल लोक भी कहते हैं और इस प्रकार जो हमारे यहाँ मूल है, वह वहाँ पर ऊर्ध्व है। वेदान्त ऊर्ध्व मूल अश्वत्थ की विवेचना पहले ही कर चुका है और गीता का भी कहना है–

या निशा सर्वभूतानां
तस्यां जाग्रति संयमी।
यस्यां जाग्रति भूतानि
सा निशा पश्यतो मुनेः।

यानी कि ज्ञान के क्षेत्र में सारे अर्थ उलट जाते हैं। एक चीनी कथा भी है कि बुद्धि के विकसित होने पर ज्ञान की किंचित उपलब्धि के बाद वस्तुओं के प्रकृत अर्थ बदल जाते हैं, 'वह पहाड़ के रूप में नहीं देखता, समुद्र और पृथ्वी, गृह और नक्षत्र सब उसके निकट बदल जाते हैं (आगे इस कथा में कहा गया है परन्तु जब ज्ञान की पूर्णावस्था होती है तो फिर से प्रकृत अर्थ लौट आते हैं और पहाड़, समुद्र, नक्षत्र आदि अपने नॉर्मल अर्थों में सामने आ जाते हैं)। सो ज्ञानी अमरीका में भी सब कुछ प्रतीक है। वहाँ पीपुल-जन के मानी हैं जो जन को अपने साथ दौड़ा सके, यानी कि अखबार का मालिक है, प्रचार और विज्ञापन के अधुनातन उपकरणों से इस जन पर आक्रमण करने के लिए लैस है। इतना धनी है कि कांग्रेस और सीनेट को अपने जरखरीदों से भर सके और साम्यवाद को तथा तटस्थ व्यक्ति को भरपेट ही नहीं चौड़े मुँह गालियाँ दे सके; यह है पीपुल्स कैपिटलिज़्म। इस कैपिटलिज़्म (पूँजीवाद)

में प्रधान चीज है कैपिटल यानी पूँजी, पीपुल नहीं क्योंकि वह और उसकी मनुष्यता तो कौड़ियों के मोल खरीदी जा सकती है।

आपको यह सारी चीजें असंगतियाँ प्रतीत होती हैं। पर असंगति तो मौलिकता का मूल लक्षण है। यदि ये एकेडेमिक (अकादमीय?) शब्द होते तो इनका अर्थ भी निश्चित होता। मेरे लिखे तो एकेडेमिक दृष्टिकोण और मौलिकता परस्पर विरोधी बात है। जीवन के अन्य सारे क्षेत्रों में मौलिकता सम्भव है पर अकादमियों एवं 'इंस्टीट्यूट ऑफ स्टडीज' में? शान्त भी रहिए। आप सहमत हों न हों पर रसवाद को सर्वश्रेष्ठ, सार्वभौम और सार्वकालिक घोषित करना होगा तथा प्रेमचन्द के कथा-साहित्य अथवा अज्ञेय (पर नहीं अज्ञेय या बच्चन कोर्स में रखने लायक हैं ही कहाँ, हिन्दी कविता तो विपथगा हो चुकी है। प्रसाद, पन्त, निराला और महादेवी ने आखिरी लुटिया डुबो दी है) की कविताओं को विभाव, अनुभाव और संचारी भाव में बाँटना होगा। यदि इन खानों में ये नहीं अँट पाते तो निर्विवाद भाव से उन्हें निकृष्ट घोषित कर दें। पर खबरदार आलोचना के इस शाश्वत (?) मानदण्ड पर उँगली उठाई। विश्वविद्यालयों, कॉलेजों के धुरन्धरों के पास चले जाइए और भक्तिकाल, रीतिकाल की उन्मुक्त प्रशंसा सुनिए। और आधुनिक साहित्य की पतनोन्मुख अवस्था पर हम एक उपदेश भी (यह दूसरी बात है कि पिछले 10 वर्ष में उन्होंने किसी पत्रिका का एक अंक भी न देखा हो) ग्रहण करें। इन लोगों के इसी मत के अनुसार पुस्तकालयों में केवल आलोचना की पुस्तक खरीदनी चाहिए और इस प्रकार इन अध्यापकों-विद्यार्थियों के माध्यम से साहित्य को रचना चाहिए।

इस सारी लिखा-पढ़ी के बाद भी यदि आप मतभेद और झगड़े का भेद न समझ पाये हों तो इसमें मुझसे आपका केवल मतभेद हो सकता है, अनुरोध है कि झगड़ा न कीजिएगा।

धर्मयुग : 3 मार्च, 1957

इण्टरव्यू

इण्टरव्यू शब्द ही बड़ा मजेदार है। यों इण्टरव्यू आपका होता है यानी कि या तो आप इतने बड़े हैं कि कोई विभिन्न समस्याओं (अगर समस्या भी न हो तो कुछ समस्या स्वयं उत्पादित कर) पर आपका मत जानने के लिए इण्टरव्यू देने की आपसे प्रार्थना करता है; अथवा आप इतने आत्म-प्रशंसक, गरजमन्द हैं कि दूसरों से अपना इण्टरव्यू लेने की प्रार्थना करते हैं। 'आपन मुख आपनि करनी, भाँति अनेक बार बहु बरनी' वाली बात चरितार्थ करते हैं तथा नौकरी माँगते हैं।

भाइयो, मैं इतना बड़ा आदमी नहीं कि कोई मुझसे इण्टरव्यू देने की प्रार्थना करे। मेरा स्थान दूसरी श्रेणी में आता है। सच कहता हूँ मुझे तो इण्टरव्यू का बुलावा मिलते ही इतनी प्रसन्नता, सिहरन और उत्सुक्ता ज्ञात होती है जितनी कि सुहागरात के दिन किसी को अपनी नयी-नयी बीवी से मिलने जाते समय होती होगी (यह उपमा बुजुर्गों के कथन के आधार पर है)। इण्टरव्यू का एक और सुख है जो विवाह से बिल्कुल मिलता-जुलता है, वह है वेशभूषा सम्बन्धी! कुछ नये कपड़े पिताजी से कहकर इसी बहाने बन जाते हैं; आप विश्वास करें खुशहाल शौकीन दोस्तों के शृंगार प्रसाधन—क्रीम, स्नो, पाउडर तथा सुगन्धित केशरंजन इण्टरव्यू के लिए मिल जाते हैं जो कि फिर कभी वापस नहीं होते।

फिर सबसे बड़ी बात यह कि जीने का सहारा भी तो इस जटिल जिन्दगी में चाहिए। नया सूट कटवाने से लेकर सुन्दर सी बीवी लाने के सपने दिन-रात आने लगते हैं (सोते में कम, जगते में अधिक)। दोस्तों को डिनर, लंच तथा सिनेमा के अग्रिम वादे मिल जाते हैं और वे बेवकूफ डिनर आदि की उम्मीद में मुझे उस दिन क्रीम-कॉफी पिला देते हैं। इण्टरव्यू से महानतम लाभ यह कि पिताजी घर से निकालते नहीं। जैसे ही मामला क्लाइमैक्स पर पहुँचने को हुआ, वैसे ही कोई न कोई इण्टरव्यू मेरी अप्लाई किये रहने की बुद्धिमानी के कारण आ टपकता है और मेरा दैनिक कार्यक्रम यथावत चालू रहता है; यानी कि सवेरे देर तक सोना, शाम को देर तक हजरतगंज में घूमना और दिन में अखबारों की कटिंग काट कर टाइप कराने की व्यवस्था करना, गरज यह कि बेकार होते हुए भी बेकार न मालूम पड़ना।

कभी न कभी आपको भी इण्टरव्यू के लिए जाना ही पड़ेगा। अतः आप लोगों को कुछ गुरुमन्त्र बता दूँ ताकि वक्त जरूरत 'आश्चर्य मल्हम' की तरह काम आये। दुनिया-देखे लोगों का कहना है कि 'विद्या साथ होनी चाहिए', 'जिसम मौका महल' 'देखकर काम निकाला जा सके।

पहली बात तो यह कि प्रार्थना-पत्र भेजने के बाद पहला कर्तव्य इण्टरव्यू-पत्र मँगाने की व्यवस्था करना होता है। तात्पर्य यह कि सम्बन्धित क्लर्क या सुपरिटेण्डेण्ट को कभी-कभी कैप्स्टन सिगरेट पिला दें, दो बीड़े मगही पान थमा दें, आते-जाते दोनों हाथ जोड़ खीस निपोर और मस्तक को किंचित टेढ़ा झुका कर अकसर नमस्ते किया करें। सौभाग्य से यदि कॉफी हाउस के निकट मिल जायें तो पोटैटो वेफर्स की प्लेट के साथ बनी-बनाई कॉफी का एक प्याला देने से न चूकें।

इसके पश्चात आपके पिताजी, चाचाजी या बछिया के ताऊजी (यानी आप बछिया के समान घिघियाने वाले हुए) जरा अच्छे से कपड़े बनवा ही देंगे। कपड़ों में भी बहुत ध्यान देने की आवश्यकता है। जरा मौकामहल का ध्यान यहाँ रखना आवश्यक है। उदाहरणार्थ आप रेडियो में नौकरी के लिए जा रहे हैं तो जरा क्लीनशेव हों, पाउडर का प्रयोग कर शार्कस्किन का सूट पहनकर जायें और यदि सूचना या पंचायत या समाज कल्याण विभाग को सुशोभित करना चाहते हों तो खद्दर का कुरता-पायजामा और सदरी यथेष्ट है। नियोजन विभाग के ग्रामीण हिस्से में खाकी हाफपैण्ट और गबरून की कमीज अच्छा प्रभाव डालती है। लखनऊ यूनिवर्सिटी के लिए सूट के साथ टाई आवश्यक है और इलाहाबाद के लिए बो। आगरा विश्वविद्यालय में भिन्न-भिन्न रंगों के कोट-पैण्ट अथवा मात्र पैण्ट-कमीज से काम चल जाता है। हिदू विश्वविद्यालय के लिए दुलंगी खद्दर की धोती और कुरता अच्छी पोशाक मानी गयी है यों वहाँ की जातीय पोशाक अँगोछा है। अलीगढ़ के लिए पालीगढ़ी पायजामा प्रसिद्ध हो ही गया है, उसके ऊपर अचकन हो तो सोने में सुहागा वरना चिकन के काम का कलीदार कुरता भी अच्छा रहता है। इसके भी ऊपर बिना क्रीज के ऊँची गाँधी टोपी (मिल के कपड़े की) बड़ा प्रकाश फेंकती है।

कपड़े बन गये, जूते आपके कुछ नये-पुराने पड़े ही होंगे जरा उनको भी सहेज लें। पर बिना होल्डाल और अटैची के ठाठ अधूरे हैं। इनके बिना आपके हमपेशा लोगों पर प्रभाव नहीं पड़ता। ओह, ठीक, जरा याद कीजिए कि गनपत का होल्डाल फटा है, महेन्द्र की अटैची तो काफी खूबसूरत है और क्या मौके पर याद आया कि गोपी के पास नया होल्डाल है। फिर क्या, जरा चलो तेजी से दोनों चीजें स्वयं लाओ, वापस लेने वस्तु का स्वामी स्वयं आवेगा; सिद्धान्त यही है।

तीसरे यह पता लगाइए कि जहाँ आप जा रहे हैं क्या वहाँ कोई आपके परिचितों और जानकारों का परिचित और जानकार तो नहीं रहता, जिसके यहाँ आराम से दो-एक दिन ठहरा भी जा सके और दुखिया पेट को भी कुछ...।

चौथी बात यह कि यदि आप सौभाग्य या दुर्भाग्यवश साहित्यकार हैं, तो एक बोझ और उठाइए—अपनी रचनाओं की फाइल का। इस फाइल में आपके कस्बे से निकलने वाले 'विश्व सन्देश' से लेकर अनुसन्धान पत्रिकाओं तक में छपी आपकी रचनाएँ नत्थी रहनी चाहिए। यदि इतने पर भी बोझ काफी न होता हो, फाइल पतली हो रही जा रही हो तो कश्यप, व्योमकेतु, उरोज, श्याम, गुंजार, शेफाली वर्मा और अकलंक शर्मा आदि अनेक छद्मनामों और तखल्लसों से लिखी रचनाओं को भी अपनी कहकर फाइल में लगा सकते हैं। एक फाइल चाहें तो अप्रकाशित रचनाओं की भी ले लें (इसमें हाई स्कूल से एम.ए. तक लिए गये 'नोट्स' बीच-बीच में लगाकर मोटा करें और यह बतावें कि यह आपका रिसर्च का कार्य है) और इण्टरव्यू के समय धीरे से यह भी बता दें कि आप लक्ष्मण पर एक ऐतिहासिक उपन्यास, कालिदास पर एक सांस्कृतिक नाटक अथवा एक महाकाव्य लिख रहे हैं, जिसमें विश्व की प्रमुख नैतिक और सामाजिक समस्याओं यथा युद्ध और शान्ति या होमोसेक्सुअल प्रश्नों का नया हल प्रस्तुत किया जायेगा।

अब अन्तिम और सबसे महत्त्वपूर्ण बात आपको बतानी है, वह है जिसके लिए कबीरदास 500 वर्ष पूर्व ही प्रतीकात्मक भाषा में कह गये थे—

कासी काठें घर करै, पीवे निर्मल नीर।
मुकुति नहीं हरिनांव बिनु, यों कहे दास कबीर॥

मैं जानता हूँ कि आप पाठकों में से कइयों की भौंहों में बल पड़ गये हैं। आप जानना चाहते हैं कि इसका क्या अर्थ? तो संक्षेप में बात यह कि कबीर का कहना है कि चाहे जैसी योग्यता हो, चाहे जैसे ठाठ हों और चाहे जैसी शकल हो, बिनु सिफारिश मुक्ति नहीं होनी। सो प्यारे भाइयो! जरा पहले यह पता लगाइए कि इण्टरव्यू लेने वालों पर किसका 'पडवा' जोरदार बैठता है। बस उसी के खालिस 'डालडा' के एक टीन की मालिश कर दीजिएए आपका काम फतह। एक बात का ध्यान आप भी रखें कि असली मक्खन की तलाश में घूमे कि मामला बण्टाढार हुआ।

यह तो हुआ सिद्धान्त पक्ष यानी 'थ्योरी'! कुछ व्यावहारिक जगत में हुए करिश्मे भी जान लें तो आपको मौके पर काम देंगे। मेरा अनुमान है कि इतना तो आप सब जानते ही हैं कि इण्टरव्यू लेने के लिए एक समिति या बोर्ड का गठन किया जाता है; इसमें मैंने एक से लेकर 15 आदमी तक बैठते देखे हैं। आपको पहले ही यह चेतावनी दे देना चाहता हूँ कि इन सदस्यों के बारे में जरा होशियार रहें, क्योंकि इनमें एक से एक 'लतहे' जानवर आ सकते हैं। जैसे कि मान लीजिए, कोई 'सेठ एण्ड कम्पनी' आपका इण्टरव्यू अपने कॉलेज की नियुक्ति के लिए ले रही है, आप विश्वास रखें कि कोई भी मोटी तोंद पर हाथ फेर जरा गला साफ करके यह पूछ सकता है, 'क्यूँ जी, आपने पीएच.डी. पास की सो तो की, एम.ए. भी करी या ना करी।' आप जरा सँभल कर उत्तर दें, क्योंकि अगले ही क्षण यह प्रश्न हो सकता है

कि 'एम.ए. में आपके कितने विषय थे?' यदि आप बुद्धिमान हैं तो तत्काल अपने सातों या आठों पर्चों के नाम गिना सकते हैं।

सुनते हैं इण्टरव्यू लेने वालों में ऐसे भी अद्भुत जीनियस होते हैं जो यह पूछ बैठते हैं कि इस कमरे की लम्बाई 16 फीट और चौड़ाई 12 फीट, मेरी उम्र बताइए। आप स्वयं सोच सकते हैं कि कमरे के आकार से उम्र का क्या सम्बन्ध? परन्तु उत्तर देने वाले भी कम नहीं होते! सुना है कि ऐसे प्रश्न का उत्तर दिया गया 56 साल। स्पष्ट करते हुए उन्हीं ने बताया कि मेरे एक चेचेरे भाई की वय 28 साल है और वे आधे पागल हैं, इसलिए आपकी उम्र निश्चित रूप से दुगुनी होनी चाहिए।

तो बन्धुओ! इण्टरव्यू के किस्से कहाँ तक सुनाऊँ, वे तो अनन्त हैं और उनकी कथा भी अनन्त है। आपको नाना भाँति के अनुभव और उपदेश उनमें मिलेंगे। परन्तु सबसे बड़ा अनुभव तो अस्वीकृत होकर लौटने में है। उस समय शंकर का सारा मायावाद जिसको बड़े-बड़े पण्डित घोखते-घोखते मर जाते हैं, एक क्षण में समझ में आ जाता है। बल्कि यों कहें कि कौंध जाता है। मन सांसारिक मोहमाया को त्याग कर राम की बहुरिया बनने को उत्सुक हो उठता है।

एक बात और जरा अपने इण्टरव्यू के अनुभवों और मेरे परामर्श के परिणामों को अवश्य लिख कर मेरे पास भेज दें (बैरंग नहीं)।

धर्मयुग : 25 मार्च, 1957

चौराहा दर्शन

जब कभी अपने घर के इस तिकोने बारजे पर आकर खड़ा होता हूँ तो मेरा मन केवल इस नीचे सामने वाले चौराहे को देखते रहने का हुआ करता है। पता नहीं कैसे विचार, कितने दृश्य मेरे सामने से आते-जाते रहते हैं। ये जो हजारों व्यक्ति पास से गुजर जाते हैं, इनके मन में क्या है? मैं जानना चाहता हूँ, इनके पीछे कौन-सा इतिहास है जो इनकी आँखों में झाँका करता है। वे कौन-सी परिस्थितियाँ हैं जो इन्हें इधर-उधर दौड़ा रही हैं। प्रभु, मुझे संजय बना दो, यह जो महाभारत इनके घरों में, पेटों में, दिलों और दिमागों में छिड़ा हुआ है इसे मैं जान लूँ, देख लूँ। लिखने-पढ़ने का व्यवसाय करता हूँ और बकौल मुंशी प्रेमचन्द लेखक को अपनी आँखें खुली रखनी चाहिए। पर मुंशी जी, आँखें खुली रखने से ही तो सब कुछ नहीं हो जाता। आँखों के पीछे देखने वाली नजर भी तो आवश्यक है, पर जो कुछ जरूरी है वह सब क्या यहाँ मिल जाता है?

यह जो चिन्तामग्न चेहरा लिए युवक चला जा रहा है, क्या इसकी चिन्ता एक है, जो मैं अनुमान कर लूँ। इसे नौकरी नहीं मिल रही है, सूट सिलाने को बाप ने पैसे नहीं दिये, प्रेमिका को सिनेमा दिखाने और क्वालिटी में चाय पिलाने लायक जेब नहीं है। यह सब तो अर्थ के विविध रूप हैं, और इसी आधार पर आप मार्क्स को सही मान सकते हैं। पर मैं और देख रहा हूँ। इस युवक की चिन्ताएँ इतनी ही नहीं हैं। यह आज कॉलेज के इलेक्शन में हार गया है, आज इसके छोटे भाई ने इसका कहना नहीं माना है, इसकी तथाकथित प्रेयसी ने इसे प्रेम का प्रतिदान नहीं दिया है, उसका कहना है कि वह किसी दूसरे से प्रेम करती है।

पर जाने भी दीजिए, ये तो सब युवकों के चोंचले हैं। वह किशोर भी देख ले जिसका गेंद नाली में गिर गया है। उसकी माँ आज उसे बिना बताए किसी पड़ोसी के घर गप्पें लड़ाने चली गयी है और वह भूखा है। या फिर सामने की दुकान की लाल इमरतियों की ओर सतृष्ण भाव से ताकने वाली उस लड़की को ही आप निहार लें, लालसा मूर्तिमती हो उठी है, पर करे क्या। बप्पा ने उसे आज एक अधन्ना मुश्किल से दिया है, उसकी मूँगफली तो मिल सकती है, पर इमरती...! जाने भी दो,

संसार मिथ्या है, इमरती मिथ्या है, इनका मोह उचित नहीं है,—कुछ ऐसी ही शनि दृष्टि से मुँह बिचका कर चलते-चलते एक नजर से इमरती के थाल की ओर देखकर वह आगे बढ़ गयी। मुझे हिन्दी की एक कहावत याद हो आती है—

नारि मुई घर सम्पति नासी, मूड़ मुड़ाय भए संन्यासी।

अर्थ मुझसे न पूछिए, मैं तो केवल वैराग्य की बात कह रहा हूँ। मेरे एक दोस्त हैं वे सुन्दर वस्तुओं का भावन करते हैं, उन्हें ताकते नहीं। मेरे एक दिन बहुत पूछने पर उन्होंने बताया कि 'भाई संस्कार गहरे हैं, हिम्मत नहीं पड़ती बगल से गुजरती हुई सुन्दरी को देखने की, पर मन में चाव तो होता ही है। दृष्टि को निराशापूर्ण बनाना होता है।' मुझको एक सुविधा है, चौराहे के ऊपर खड़े होकर मैं सभी को ताक सकता हूँ।

अभी-अभी दो रिक्शे चौराहे पर से निकले। एक नया रंगीन था, दूसरा कुछ टूटा सा। पहले पर एक तुंदिल सेठ जी और दूसरे पर एक हल्का-फुल्का रंगीन नौजवान। पहले का चालक अधिक स्वस्थ था पर पीछे वाला टुटियल रिक्शा आगे निकल गया। मैं सोचने लगा, बोझ भी कितनी महत्त्वपूर्ण बात है। हजार रंगीनी हो, लाख उमंग हो, पंखों में उड़ने की ताकत भी हो परन्तु बोझ रख दीजिए कि सब गायब। पुराने तौर-तरीके के माँ-बाप इसीलिए बोझ रख देते थे कि लड़का उड़कर जाने न पावे, उनके सर पर शादी का भार लाद दो। एक सहपाठी थे मेरे, मेरी उनकी कक्षा में प्रतिद्वन्द्विता थी—प्रेम की नहीं, परीक्षा के अंकों की—और उसमें बहुधा वे जीत जाया करते थे। मैं उस स्कूल के दरजों को पास कर कॉलेज चला आया और उनका पिण्ड छूट गया। पाँच-छह साल बाद मिले तो मालूम हुआ कि डाकखाने में क्लर्क हैं। बताया कि इण्टर से फिर पढ़ना छोड़ दिया क्योंकि घर में बीवी ही नहीं उसका प्राकृतिक परिणाम एक बच्चा भी आ चुका था, उनका भरण-पोषण करना था। मैं एक डिग्री कॉलेज में पढ़ा रहा हूँ तथा अभी भी उमंगें लहरें लेती हैं।

रिक्शे के बोझ की ही एक घटना और याद हो आयी जो मेरी एक मित्र ने सुनाई थी। एक दिन वे एक रिक्शे से आ रही थीं। रिक्शे वाला भी कुछ रंगीन तबियत का रहा होगा। उसने रिक्शा तेजी से आगे बढ़ाया (युवती जब दिलों की धड़कन को तेज कर देती है तो बेचारे रिक्शे वाले के पैरों का क्या दोष?) और बगल से निकलते हुए तीन-चार छात्रों की साइकिलों को पार कर गया। युवक छात्रों की भी धड़कन तेज हुई, एक ने दूसरों को ललकारा क्या बुड्ढों की तरह चल रहे हो। रिक्शा वाला एक सवारी बैठा कर भी हमसे आगे निकल गया; दूसरा कुछ हाजिर जवाब था, उसने कहा कि एक तो अगर ऐसी ही सवारी हमारी साइकिल पर होती तो इतना ही तेज मैं चलाता और फिर 'मैडम इज़ ओनली फेदरवेट' (मेरी मित्र शरीर से क्षीणकाय और दुर्बल हैं)।

मेरा यह चौराहा भी कुछ अजीब है। यह पहली बात तो छराहा है, यानी कि

यहाँ से छह रास्ते गये हैं या छह रास्ते यहाँ से निकलते हैं। उद्गम और मुहाना दोनों यहीं माने जा सकते हैं। इस कथन से आप बहुत से दार्शनिक तथ्य निकाल सकते हैं पर मैं तो फिलहाल ऐसे ही छोड़े दे रहा हूँ, फिर कभी दर्शन-चर्चा करूँगा। हाँ तो इस चौराहे के एक नुक्कड़ पर सोने-चाँदी की दुकान है और उसके ठीक सामने हलवाई बैठता है। हलवाई की दुकान के नीचे ही नीम की दातून की छड़ें बेचती हुई एक बुढ़िया। क्या तुक मिला है दाँत साफ कीजिए तब मिठाई खाइए। चौराहे के विविध कोनों में अनेक रूप रूपाय वाले यशःकार्यों को आप देख सकते हैं। यह बोधराज है, इसका कहना है कि जूते में उसकी जैसी पालिश सारे हिन्दुस्तान में कोई नहीं कर सकता। दूसरे सज्जन मण्डी का चुना हुआ फल बेचते हैं और तीसरे सज्जन अखबारों की दुकान लगाते हैं जिनके यहाँ खरीदने वाले कम और पढ़ने वाले अधिक होते हैं। यहाँ पाठक भी अनेक प्रकार के हैं। एक सज्जन एक अखबार खरीदते हैं पर खरीदने के पहले तीन-चार अखबार 'देख' लेते हैं और यह देखना पन्द्रह मिनट का होता है जिसमें से पाँच मिनट वे 'वांटेड' का कालम देखते हैं। दूसरे यह कहते हुए आते हैं कि मेरी 'न्यूज' आयी हो तो खरीद लूँ और फिर वे न्यूज देखने में पूरी न्यूज देख कर अत्यधिक निराशापूर्वक (?) सर हिलाते हुए रख देते हैं। एक और पाठक हैं जो पत्रिका तभी खरीदेंगे जब उनके मित्रों की कोई चीज उसमें हो और यदि मित्रों की चीज हुई तो फिर खरीदना बेकार है क्योंकि वह तो उन्हें उनसे पढ़ने को मिल ही जायेगी। पर एक सज्जन अत्यधिक 'कांशस' हैं। वे दो गज की दूरी पर खड़े होकर अन्य अखबार पढ़ने वालों के साथ अखबार पढ़ा करते हैं अपने हाथ से छूते ही नहीं हैं।

आज इतनी चर्चा इस चौराहे की, आगे फिर आपको इसके निहितार्थों से परिचित कराऊँगा। फिलहाल तो कापियाँ जाँचनी हैं, कॉलेज में छात्र जान खाए हैं।

कलजुग : फरवरी, 1957

दिल्ली-दंगल

प्रिय भाई,

आप भी बड़े दंगली जीव हैं, मैं भाग रहा हूँ और आप हैं कि ललकारे जा रहे हैं—अरे, लड़ने के लिए नहीं तो लिखने के ही लिए। लिखना भी किसके बारे में—दिल्ली के दंगल की बाबत। लिखने के पहले जरा खोपड़ी के बाल सहला लेने होते हैं, पता नहीं मेरे अराल केश रहेंगे भी या नहीं? भाईजान, दिल्ली अपने आपमें लिखने का विषय है फिर उसके दंगल के पीछे ही आप क्यों पड़े हैं? देखिए, हमारे उपराष्ट्रकवि ने तो दिल्ली के बारे में नीम के पत्ते चबाते हुए (या एम्प्रेसो कॉफी पीते हुए) अनेक कविताएँ लिख डाली हैं और उनका चलाया हुआ विशेषण 'रेशमीनगर' वैसे ही चल गया है जैसे सरकारी टकसाल का नया पैसा। अब आप ही बताइए कि रेशमी नगर की सरसराहटों में जो दंगल होगा उसे देखने के लिए मामूली सामर्थ्य की जरूरत पड़ेगी? पर मैंने पहले ही कहा कि आप दंगली जीव हैं—दंगलशास्त्र में इनके दो प्रकार बताए गये हैं : प्रथम तो वे जो स्वयं लँगोटा बाँध कर भुजदण्ड ठोंकते हुए मैदान में ललकारते हैं और दूसरे वे जो लड़ने वालों को और ललकारते हैं कि लड़ जा बेटा; पर आप एक तीसरे किस्म के हैं जो शास्त्रों में नहीं मिलते : यानी कि आप ललकारते हैं दर्शकों को। उन्हें देखने के लिए ही नहीं ललकारते, देख कर बयान देने के लिए भी विवश करते हैं।

माना कि आप सम्पादक हैं और इस नाते आपका पुनीत दायित्व है कि लोगों से जबरदस्ती लिखवाएँ। पुराने जमाने में मार-मार कर हकीम बनाया जाता था और अब चिट्ठी पर चिट्ठी लिख कर लेखक। युग-परिवर्तन का यह ज्वलन्त उदाहरण पता नहीं 'परिवर्तन' लेखक पन्त जी (सुमित्रानन्दन) के दिमाग में क्यों नहीं आया? अस्तु, कठिनाई मेरे सामने सबसे बड़ी यह है कि इस माया नगरी में कोई एक दंगल होता हो तो उसकी रिपोर्टिंग की जाये? यहाँ तो ना जाने केहि वेष में नवदंगल मिलि जाय। अब मैं रहता हूँ दिल्ली नगर की उत्तरी सीमा में, वहाँ से दक्षिणी सीमा तक पहुँचने में जो 20-22 मील का पैराव पैरना (तैराव तैरना) पड़ता है वह अपने आप में अमरीकन फ्रीस्टाइल दंगल है। दिल्ली की बसों का इन्तजार मैं उसी प्रकार करता

हूँ जैसे कोई अपनी प्रिया का करें और बसें इस तरह मटकती, उछलती, गजगामिनी बनी चली जाती हैं जैसे कि आपकी वांछिता कोई लिफ्ट ही न दे। लिफ्ट मिल भी जाये दो घण्टे की मंजिल पार कर पहुँचने के बाद तो दंगल में दिलचस्पी कम हो जाये तो अस्वाभाविक न कहा जायेगा। पर चूँकि आपका आग्रह था इसलिए चाय, कॉफी, कोको कोला पीते हुए मैंने साहस को बनाये रखा।

अब दंगल वर्णन लिख्यते : दिल्ली राजधानी है और सबसे बड़े दंगल राजनीति के स्तर पर होते रहते हैं। अब आप जानते ही हैं कि फरवरी से लेकर अब तक चुनाव, मन्त्रिमण्डल आदि के जोड़े अखाड़े में छूटते रहे हैं। इन दंगलों में जो पट्ठे उतरते हैं वे भी व्यक्ति नहीं होते उनके पीछे राष्ट्रीय-अन्तर्राष्ट्रीय राजनीति के दांवपेंच होते हैं, व्यापक आर्थिक नीतियों के निर्धारण का प्रश्न रहता है। देखिए, आप तो बम्बई के निवासी हैं और इस अखाड़े के दो उस्तादों की भिड़न्त वहीं पर हुई थी। और फिर जब उस्ताद मेनन पहलवान जीत गये तो राजधानी में महीनों अटकलबाजी चलती रही—कॉफी हाउस इस अफवाह से भरे रहे कि अब मुरारजी भाई का होल्डाल पैक होने वाला है और तथाकथित दक्षिणपन्थियों को हटा दिया जायेगा। टी.टी.के. साहब के वक्तव्य इस तरह से आने लगे गोया कि वे फाइनेंस मिनिस्टर हों। पर यह जो नेहरू नाम का रेफरी है, इसने अपना करिश्मा दिखाया—सब कुछ ज्यों-का-त्यों रहा। पूँजीपतियों को इस स्टेटस से चैन मिली और दिल्ली के पूँजीपति अखबारों ने नेहरू की प्रशंसा में, कैबिनेट-निर्माण क्षमता की दाद में कालम पर कालम रंगे। पर अभी भी मामला निबटा कहाँ है, टी.टी.के. साहब को कैसे समेटा जाये? उस व्यक्ति की पार्लियामेण्ट में उपस्थिति ही भाई मोरारजी के लिए सिरदर्द है और अगर वह महाशय कैबिनेट में भी कूद आये तो क्या सचमुच ही कांग्रेस का वामपक्षीय दल अधिक शक्तिशाली न हो जायेगा। अब तक का इतिहास यह रहा है कि नेहरू (वामपक्षीय) सरकार के प्रधान रहे पर वास्तविक शक्ति दक्षिणपन्थियों या यथास्थिति बनाये रखने वालों के हाथ रही है। पर अब शतरंज के मोहरे स्थिति बदल रहे हैं। घोड़ा ढाई घर की मार करने लगा है (घोड़ा अधिक प्रगतिशील होता है न)—नेहरू चाचा हैं ही, स्वराष्ट्र मन्त्रालय उनके विश्वस्त शास्त्री जी सँभाले हैं, सुरक्षा मेनन पहलवान के पास है अब अगर इसी टीम में टी.टी.के. महोदय भी आ गये तो भाई जी कहाँ तक वाक आउट करेंगे? पर नहेरू जी हैं कि आँसू पोंछते ही रहते हैं, पाटिल थे ही, साथ में उनके ही दर्शनानुगामी रामसुभग सिंह को लगा दिया गया है। खेती कराओ, अन्न उपजाओ और चीन के बवण्डर को मत उकसाओ। इस दंगल के इस नियम से आपको परिचित हो जाना चाहिए कि जो बहुत शोर मचाता है उसके मुँह में लगाम देना होता है और लगाम है सरकार में कोई पद। पड़े-पड़े खेत गोड़िए, बाकी दिल्ली में पूछता कौन किसे है?

इस दंगल के और भी दाँवपेंच हैं, अब आपको कहाँ तक गिनाऊँ पर अगर

दिल्ली के अखबारों की नाड़ी पर हाथ रखे रहें तो बहुत कुछ यों ही समझ में आ जाता है। इनमें गायत्री देवी को पार्लियामेण्ट की हीरोइन बनाया जायेगा, सुरक्षा विभाग के विरुद्ध तनिक-सी रिपोर्ट मिलते ही सम्पादकीय टिप्पणी जड़ी जायेगी। बजट के प्रस्ताव समाजवादी व्यवस्था के हैं या नहीं इसके लिए इनकी प्रतिक्रिया मैं पढ़ लेता हूँ, आँकड़ों के गोरखधन्धे में कौन फँसे? जिस दिन मैंने पढ़ा कि बजट 'रियलिस्टिक' है उसी दिन समझ गया कि पूँजीपतियों के लाभ के लिए गुंजाइश काफी होगी। भाई, अब थक गया हूँ। अभी दो घण्टे बस में यात्रा करने के बाद अपने घर पहुँच पाऊँगा। दिल्ली में एक बड़ा दंगल आजकल 'हिन्दी' को लेकर भी हो रहा है—अगर सकुशल रहा तो अगली किस्त में उसके हालचाल लिखूँगा।

आप अच्छे होंगे। जरा बदन पर मालिश कराते रहें, पता नहीं किस दिन किस दंगल में घसीट लिए जायें।

रंग : जून, 1962

लेखक का परिचय-आलेखन स्वयं यानी बकलमखुद

(एक वयोवृद्ध कवि को अभिनन्दन ग्रन्थ भेंट किया जाना है। आयोजकों की योजना है कि उक्त ग्रन्थ में नगर के प्रत्येक प्रमुख साहित्यकार का चित्र एवं परिचय रहे। प्रस्तुत लेखक के पास चित्र और परिचय भेजने का परिपत्र आने पर उसने जो कुछ अपने बारे में लिखा, उसे ग्रन्थ सम्पादकों के पास भेजने के बजाय गलती से 'तुंग शृंग' के सम्पादक के नाम पोस्ट कर रहा है। —लेखक)

श्री..........अभिनन्दन ग्रन्थ के सम्पादक जी,

आपने अपने सम्पादकत्व में श्रद्धेय.......... जी के साथ ही जो हम लोगों का भी अभिनन्दन करने का निश्चय किया है, वह एकदम मौलिक सूझ तो है ही—हम लोगों के चित्त को अत्यधिक आलादित करने वाला प्रसंग भी है।

अब देखिए यदि आपकी आज्ञा हो (मेरी अत्यन्त तीव्र अभिलाषा है) तो मैं अपने 10-12 मुद्राओं के चित्र भेजना चाहता हूँ (कहिए तो ब्लाक बनवा कर भेज दूँ या फिर छापने के लिए फ़ी चित्र कुछ फीस दे दूँ)। इन चित्रों द्वारा मेरे जीवन के वे अनेक पहलू जनता के सामने आवेंगे जिनसे कि वह वैसे ही लाभान्वित होगी जैसे कि श्रमदान करते हुए मन्त्री के चित्र से। तथा मेरी ही भाँति अन्य पाठकगण चित्र खिंचवाने का आयोजन करके आत्मतुष्टि प्राप्त कर सकेंगे। एक बात और—चित्र के व्यवसाय में लगे हुए लाखों व्यक्तियों का रोजगार बरकरार ही नहीं, वर्द्धमान भी रहेगा (ठीक संख्या हमारे आँकड़ा विभाग के डिप्टी सेक्रेटरी बता सकेंगे)।

हाँ तो मैं विविध मुद्राओं के चित्र छपवाना चाहता हूँ। एक चित्र में मैं किताबों-कागजों के बीच फाउण्टेन पेन लिए नीचे सर गड़ाए बैठा हूँ। बगल में टेबुल लैम्प जल रहा है, पृष्ठभूमि में किताबों से भरा रैक और आलमारी है (आपको एक राज़ की बात बता दूँ, यह फोटो मैंने अपने एक धनी दोस्त के यहाँ खिंचवाया था; क्योंकि अपने यहाँ न तो मेज है, न कुर्सी। किताबें पिछली सात पुश्त से कोई आलमारी भर कर मेरे घर कभी नहीं रहीं, आगे कभी 'मित्रों की पुस्तक माँग कर वापस न की' करने की मेरी काया से हो जाये तब दूसरी बात है, परन्तु मार्क ट्वेन की तरह मुझे यह शिकायत तो तब भी बनी रहेगी कि दोस्त कम्बख़्त आलमारियाँ भी क्यों

नहीं देते?)। इसी के साथ दूसरा चित्र है, जिसमें मैं टेलीफोन कान से लगाये बैठा हूँ, सामने टाइप राइटर रखा है, कागज इधर-उधर बेतरतीब बिखरे हैं, तनिक मेरी व्यस्तता का अनुमान तो लगाइए। एक चित्र में चाय की मेज पर कुछ साहित्यकारों-पत्रकारों के बीच भी घुस बैठा हूँ, एक में मोटर चला रहा हूँ, और जनाब एक फोटो में तो मैं असली बरजिया घोड़े पर सवार हूँ, लगाम मेरे दाँतों के बीच दबी है (सुना था कि महारानी लक्ष्मीबाई इसी प्रकार लगाम पकड़े दोनों हाथों से तलवार चलाती थीं) और दोनों हाथों में राइफल लिए निशाना साधे हुए हूँ (पर सम्पादक जी क्या कहूँ उस मरे घोड़े को, ठीक से खड़ा ही नहीं होता था, सो दो आदमियों ने उसे दो तरफ से थाम भी रखा है)। बहरहाल मेरे इन चित्रों द्वारा आपको एवं 'पबलक' को यह ज्ञात हो जायेगा कि मैं कैसी प्रतिभा एवं रुचि वाला व्यक्ति हूँ।

प्रिय सम्पादक जी, अब सवाल उठता है परिचय का। सो हमारे अब्बाजान का नाम-धाम जानकर आप कीजिएगा क्या? कोई पुलिस में तो देना नहीं है। रहा मेरा नाम, सो आप यों भी जानते हैं और मैं हर फोटो के पीछे बड़े-बड़े हरूफों में लिखे भी दे रहा हूँ। पर ध्यान रखिएगा कि मैं शंकर में श के ऊपर बिन्दी रखता हूँ, आप ङ्न् में क लगाकर शङ्कर लिखने की शुद्धता न करें। तथा अगर अंग्रेजी में नाम छापना हो (दोनों भाषाएँ ही रखनी ठीक होंगी इस इंडिया दैट इज़ भारत में) तो Shanker में Ker के स्थान पर Kar न कर दें और अवस्थी में W के तथा अन्त में आई के स्थान पर आपके यहाँ V और Y न कम्पोज कर दिया जाये, इसका भी ध्यान रखिएगा। मेरे लिए यह बातें भाषाविज्ञान के अहम प्रश्न हैं, इसीलिए लिख रहा हूँ।

शिक्षा की बात तनिक सूक्ष्म-सी है। आखिर शिक्षित किसे कहा जाये और शिक्षा का मापदण्ड क्या है? हमारे तो आदि गुरु सुदामा ब्राह्मण हैं, उन्होंने अपनी सारी समस्याएँ समाधित कर दी हैं : 'शिक्षक हौं सिगरे जग को'। जन्म से ही जब मैं शिक्षक होकर पैदा हुआ हूँ तो फिर शिक्षा की बात उठाना सरासर बेवकूफी ही कही जायेगी। यों अपना एक रूप कवि ओंकार नाथ पाण्डेय के शब्दों में यों भी है—

तोता मैना आहिन ना
पढ़ै कहौ कैसे पढ़ी
खोपरी खपावै का,
रटबु जाय भारे मां।
खेती पाती कहौ काम
काजु काछी कुरमिन क्यार
बनिया न बाटू परै
को कबारे मां।
चारि मास आम खाब,
चारि अठूली चबाय

चारि मास बीति जइहें
ससुरारि के सहारे मां।
करित नाहीं ठठ्ठा,
हम घोटित सिलबट्टा
बातैं गढ़ित गट्ठा
ऐसी रहित बैसवारे मां।

भाई, इधर मैंने साहित्यिक कार्यों में एक अभिनव प्रयास किया है। साहित्य की मेरी व्याख्याएँ सर्वथा मौलिक हैं। उदाहरणार्थ, एक आर्थिक व्याख्या उपस्थित कर रहा हूँ। प्रसाद जी की ये पंक्तियाँ आपको याद ही होंगी—

शशि मुख पर घूँघट डाले
अंचल में दीप छिपाए
जीवन की गोधूली में
कौतूहल से तुम आये।

ये पंक्तियाँ उस समय लिखी गयी थीं जब सुँघनी साहू की मशहूर दुकान घाटे पर चलने लगी थी। पैसों की कमी थी इसलिए पाउडर खरीदकर नहीं आ पाया तथा चेहरे पर काली झुर्रियाँ भी पड़ने लगी थीं (चन्द्रमा में भी कालिमा होती ही है) जिनको कि पाउडर से ढका जा सकता था, पर अब घूँघट डाल लिया गया है (हाथों-पैरों के गोरेपन से लोग सुन्दर समझ लेंगे)। दीप दो कारणों से अंचल के भीतर छिपा हो सकता है—दोनों कारण आर्थिक ही हैं—उसमें स्नेह (चिकनाई) की कमी होगी और लोग देखेंगे तो क्या कहेंगे या फिर इस डर से कि यदि कहीं बुझ गया तो बिना पैसे इसे जलाने की दियासलाई कहाँ से आवेगी?

मेरी शोध का विषय भी अनुसन्धान के क्षेत्र में सर्वथा अभिनव प्रयोग है। उपेक्षित विषयों की ओर अनुसन्धित्सु समाज का ध्यान खींचने का मेरा यह प्रयास ऐतिहासिक महत्त्व प्राप्त करेगा। विषय है, 'हिन्दी गालियों का ऐतिहासिक, मनोवैज्ञानिक एवं भाषावैज्ञानिक विवेचन।' इस अध्ययन में गालियों का इतिहास, मूल स्रोत, व्यापकता के मानदण्ड, व्युत्पत्ति, ध्वनि-अर्थ सम्बन्धी-परिवर्तन आदि अनेक अध्याय होंगे, बीच-बीच में कुछ अनध्याय चर्चा भी रहेगी। (इसकी प्रेरणा मैंने डॉ. बरसाने लाल से चुरा ली है, वे नाराज होंगे तो क्या कर लेंगे?)

इधर आपने एक विचित्र प्रवृत्ति देखी होगी—किताबों के फ्लैप पर प्रकाशक की ओर से लेखक और रचना की एक स्तुतिमूलक टिप्पणी छपी रहती है जो अधिकांशतः लेखक के हाथ की लिखी होती है। कतिपय उदाहरण लें—

1. *हिन्दी के समसामयिक कवियों में नये अर्थबोध, काव्य-सौष्ठव और शब्दों की ध्वन्यात्मकता की दृष्टि से अज्ञेय का स्थान बहुत ऊँचा है। 'इन्द्र धनु रौंदे हुए ये' की विज्ञप्ति।*

2. साफ-सुथरी खरी और गहरी आलोचनाओं के लिए नामवर सिंह पूर्व परिचित हैं (इतिहास और आलोचना की प्रकाशकीय विज्ञप्ति)।

3 ......ह्रासोन्मुख नैतिक मानदण्डों के बीच जिस उदीयमान मर्यादा की स्थापना की गयी है वह केवल लेखक की पैनी दृष्टि तथा अपने युग के व्यापक विक्षोभ और अन्तर्मन के सूक्ष्म ज्ञान का परिचय देती है (अन्धायुग की प्रकाशकीय स्तुति)।

प्यारे भाई, अब पता नहीं अभिनव शोधों वाली अपनी अलिखित पुस्तकें कोई छापे, या न छापे; इसलिए तब तक आप ही प्रस्तावित अभिनन्दन ग्रन्थ में निम्न बातें छापने का कष्ट करें, मैं कृतकृत्य हो जाऊँगा।

श्री...हिन्दी ही नहीं समस्त भारतीय भाषाओं की नयी पीढ़ी के विवेकपूर्ण समीक्षकों में अग्रणी हैं। उन्होंने यद्यपि लिखा कुछ भी नहीं है, पर जो कुछ सोचा-विचारा है, उसमें इतनी धार है कि वह अभी किसी प्रचलित माध्यम या मापदण्ड पर पूरा अट नहीं पा रहा है। उनसे हमें भविष्य ही में नहीं, वर्तमान में भी बहुत आशा है। वे पढ़ते-लिखते चाहे कम हों, पर सोचते कलपते (यह कलपते शब्द उसी मूल 'क्लृप्' धातु से निकला मानिएगा जिससे 'कल्पना' बना है) ज्यादा हैं।

उनकी रचनाओं (कृति-साहित्य) में भावशबलता का गुण पूरी मात्रा में है। पर यह भावशबलता काव्यशास्त्र के ग्रन्थों में वर्णित शबलता से भिन्न है। यह दोनों पक्षों में एक-दूसरे की पूरक बनती है। तात्पर्य यह कि श्री.....की शृंगार रस की रचना में सहृदय समाज हास्य रस प्राप्त करता है और हास्य-व्यंग्य की कृतियों से वीभत्स और करुण की निष्पत्ति होती है। यहाँ भी यह ध्यान देने योग्य है कि केशवचन्द्र वर्मा के उस हास्य-व्यंग्य से यह नितान्त भिन्न श्रेणी की बात है, जिसके मूल में पं. इलाचन्द्र जोशी ने वेदना ढूँढ़ निकाली है।

- श्री.....ने कुछ सामाजिक-राजनीतिक विषयों पर भी निबन्ध लिखे हैं जिनमें भारतवर्ष की आध्यात्मिक समस्याओं का निरूपण हुआ है (भारत-साधु-समाज और नन्दाजी के वे अत्यन्त काम के होंगे, उन्हें चाहिए कि लेखक से पत्र-व्यवहार करके प्रकाशित करवा दें)।
- वे कई पत्रों के भविष्य सम्पादक और आकाशवाणी के आगामी सफल वार्ताकार हैं।

मुझे अपने बारे में संक्षेप में तो केवल इतना ही कहना है। आशा है प्रकाशित करने में असुविधा न होगी। हाँ, यह तो बताइए कि मेरे साथ चाय पीने कब आ रहे हैं? आशा है, शरीर से पुष्ट और मन से कुण्ठाग्रस्त होंगे।

भवदीय,
आपका ही
स्नेही...

पुनश्चः सम्पादक जी! क्या बताऊँ इन नयी शैली वाक्यों के मारे अजहद परेशानी है। बातें ये सब ऐसे ढंग से लिख देते हैं कि मन को छू जाती हैं पर कमबख़्ती में यह जो शिक्षक की वैनिटी है, उनका महत्त्व भी स्वीकार नहीं करने देती। अब जनाब इनको लीजिए : और कुछ नहीं तो अपने शौक और व्यसन ही गिनाने लगे और किस अदा, किस मस्ती के साथ। कोई कॉफी पीने का शौकीन है तो कोई छायादार सड़कों पर घूमने का; किसी को एकान्त पसन्द है तो दूसरे को मोटर हाँकना अच्छा लगता है; एक जनाब विवाह न होने को खुशकिस्मती मानते हैं (पता नहीं अब भी मानते हैं या नहीं, तो दूसरे साहब बहादुर बेकारी को अपना पेशा समझते हैं। अब मेरे सामने समस्या यह है कि कौन से शौक कैसे गिनाऊँ कि पूरी लाइट पड़ जाये। बहरहाल सोच-समझ कर लिख रहा हूँ, आपको इनसे अच्छे सूझ जायें तो अपनी ओर से घटा-बढ़ा भी सकते हैं–

- दूसरे की नकल करना (लाभ बहुत से हैं, कभी लिखूँगा)।
- सुन्दर वस्तुएँ (जिनमें लड़कियाँ मुख्य हैं–जरा कान में कह रहा हूँ, अध्यापक की मर्यादा भी तो रखनी है न!) देखने का।
- दूसरा कोई पिलावे तो ठण्डे रम से लेकर ह्विस्की तक पीने का व्यसन है।
- गर्मी की धूप में सड़क पर घूमना और जाड़े की रात में नौका विहार करना मेरे विशिष्ट व्यसन हैं (गोकि इन्हें प्रयोग में कभी नहीं लाता)।

(जन्म संवत जानबूझकर भूला हूँ क्योंकि, असली उम्र जरा घटा कर रखना चाहता हूँ। वैसे यदि लिखना जरूरी हो तो आप सन् 32 से लेकर 35 तक रख सकते हैं, यह आपके ऊपर छोड़ता हूँ।)

लहर : अप्रैल, 1966

एकांकी

(1957-1965)

बोनस की बदौलत

सम्पत्ति की सीख

परामर्श लिमिटेड : एक अनाटक

बैरंग बारात

तिल का ताड़

मदारी की करामात

प्रेरक छन्दों की गूँज

बोनस की बदौलत

पहला दृश्य

(मिल मजदूरों की छुट्टी होने का शोर। पृष्ठभूमि में मिल, सामने सड़क का दृश्य। जिस पर से होकर कुछ लोग आ-जा रहे हैं। फुटपाथ से मिली हुई एक छोटी-सी चाय की दुकान है। दुकान टीन और लकड़ी के तख्तों से बनी है। भट्ठी पर एक बड़ी-सी अलमुनियम की केटली चढ़ी है। दुकान के सामने एक काठ की तिपाई पड़ी है जिस पर दो-तीन आदमी बैठे हैं। दो-तीन आदमी दुकान के सामने खड़े चाय पीते हैं और बात भी कर रहे हैं। खड़े-खड़े चाय पीने वालों में से एक आदमी सड़क की ओर मुँह करके आवाज देता है–'अरे शिवराम, इतनी जल्दी कहाँ दौड़े जा रहे हो, आओ, एक प्याला चाय तो बुद्धु की बनाई पी लो।')

सड़क पर जाता हुआ व्यक्ति : *(जिसे शिवराम कहा गया था)* भाई बहुत जल्दी में हूँ, हमको अगर छोड़ दो तो बहुत अच्छा हो, रामजियावन भइया।

रामजियावन : अरे ऐसी भी क्या जल्दी है?

शिवराम : भाई, आजकल कुछ विशेष काम में फँसा रहता हूँ।

रामजियावन : कौन-सा काम? क्या भावी लड़के की शादी का अभी से कुछ डौल बाँधने लगे हो?... *(हँसता है)*

रामजियावन : अरे ऐसी भी क्या जल्दी है?

शिवराम : भाई, तुमसे मजाक में तो हम पार पाने से रहे। कल इतवार है, हमारे घर आओ सब लोग, तब तुमको सब बताएँ। तुम्हारी भाभी गाँव से बढ़िया गुड़ लायी है। कल सवेरे हमारे ही घर कुछ चाय-पानी हो और वहीं सबको वह काम भी बतावेंगे। काम ऐसा जिसमें समय भी खराब न हो और कुछ मिलने का भी डौल रहे।

बुद्धू : *(चाय वाला)* अच्छा, कल सवेरे तो हम लोग चाय पिएँगे ही, अभी यह लो एक प्याला तुम पियो।

शिवराम : लाओ बुद्धू भाई, अब तुम कह रहे हो तो पी ही ली जाये। सब जल्दी-जल्दी चाय पीते हैं और फिर एक-दूसरे को जयराम जी कहते हुए चल देते हैं।

दूसरा दृश्य

(एक मजदूर के मकान का दृश्य। एक हाते के भीतर मकान है। मकान में भीतर जाने का एक दरवाजा है जो बाहर के एक खपरैल में खुलता है। खपरैल में शिवराम बैठा दिखाई देता है। तीन व्यक्ति आते हैं और जयराम जी कह कर अभिवादन करते हैं, एक-दूसरे का)

शिवराम : आओ भाई जियावन, लालता, बुद्धू आओ। *(घर की ओर घूम कर)* अरे सुनती हो, जरा कुछ खाने-पीने को दे जाओ और गरम-गरम चाय भी।

स्त्री आवाज : अच्छा, अभी लल्लू के हाथ भेज रही हूँ। *(एक लड़का हाथ में एक बड़ी सी पीतल की तश्तरी में कुछ खाद्य पदार्थ लाकर रखता है।)*

जियावन : *(खाते हुए)* हाँ, यह तो बताओ, कल तुम कौन-सा काम कह रहे थे?

शिवराम : भइया देखो, इस महँगी के जमाने में 60 रुपये में तो गुजर होती नहीं। खर्चा ठहरा लम्बा, एक तो शहर में ऐसे ही बीवी-बच्चों को लेकर रहना और फिर गाँव में बप्पा को भी हर महीने कुछ न कुछ खर्च भेजना ही पड़ता है। एक दिन ऐसे ही कुछ परेशानी में बैठा था कि पड़ोस के गोपाल बाबू ने पूछा—'क्या बात है? जब मैंने सब बताया तो कहने लगे कि तुम मिल के टाइम के अलावा कुछ और काम ऐसा क्यों नहीं कर लेते जिसमें तुम्हारी बीवी भी मदद किया करे और उससे कुछ आमदनी हो जाये।

लालता : यह गोपाल बाबू कौन हैं?

विराम : बड़े अच्छे आदमी हैं, यहीं कालेज में ऊँची दर्जा में पढ़ते हैं।

लालता : तो फिर उन्होंने कौन-सा काम सुझाया?

शिवराम : काम तो उन्होंने कई सुझाए पर सब में कुछ न कुछ रकम

लगती है। मैं बड़े पसोपेश में पड़ा था कि उसी बीच मालिकों ने बोनस की घोषणा कर दी। उसी से तथा थोड़ा-सा और जोर-बटोर कर हमने काम चलाया। कहो बुद्ध, तुम कैसे चुपचाप बैठे हो?

बुद्धू : भाई, यह गोरख-धन्धा हमारी समझ में आ नहीं रहा है। तुम्हारे घर में रंग-बिरंगे कपड़े चारों तरफ फैले हैं। चारपाई के बान, पाटी, सेरवा सभी पर रंग पड़ा है। यह सब माजरा क्या है?

शिवराम : अरे, यही सब देखने के लिए तो तुम लोगों को बुलाया है। आओ, जरा भीतरी कोठरी में चल कर देखो।

तीसरा दृश्य

(कोठरी 12 फुट लम्बी तथा 8 फुट चौड़ी होगी। एक दरवाजा सामने खुलता है और एक पीछे। एक बिजली का बल्व लगा है और कुछ रंगीन कपड़े, एक छोटी-सी काठ की चौकी तथा रंग एवं छापे इधर-उधर रखे हुए हैं।)

शिवराम : गोपाल बाबू से सलाह लेने के बाद यह तय पाया गया कि काम कुछ हल्का होना चाहिए, जिसमें अधिक सीखने, ट्रेनिंग लेने की जरूरत न पड़े। हमको लगा कि छपाई का काम ऐसा ही है, इसको औरतें और समझदार बच्चे भी कर सकते हैं, इसीलिए इसको शुरू किया।

बुद्धू : लेकिन कुछ तो सीखना पड़ता ही है।

शिवराम : यों तो घास काटना भी सीखना पड़ता है, नहीं तो खुरपी, हँसिया घास की जगह हाथ काट लेती हैं। एक छापे वाले के यहाँ काम सीखा है।

बुद्धू : तो कुछ फीस-वीस भी देनी पड़ती होगी।

शिवराम : कुछ नहीं, शुरुआत में 15-20 दिन तो कुछ नहीं, बाद में दुकानदार खुद थोड़ी मजदूरी भी मुझको देने लगा था। शुरू में हम 8 आने गज की सस्ती मारकीन 15-20 गज ले आये थे, उसी पर सीखते रहे। बाद को जब अच्छी तरह सीख गये तो अपना यह काम जमा लिया।

जियावन : यह सब कैसे क्या लाये हो, इनको कहते क्या हैं, जरा यह तो बताओ।

शिवराम : जरा सब्र करो सब बताता हूँ। देखो यह छोटी-सी चौकी जो है इसे पटिया कहते हैं, 4-5 रुपये में मिल जाती है। इस पर आठ रुपये के करीब यह कम्बल जड़ा हुआ है। यह रंग घोलने वाला जो बर्तन है इसे ठटरी-पटरी या गदिया कहते हैं—3 रुपये में यह मिल जाता है। शुरुआत में हम छापा सिर्फ 80 रुपये का लाये थे। बाद को धीरे-धीरे और लाते गये। अब तो हमारे पास 200 रुपये के आसपास के छापे होंगे। कपड़ा भी शुरुआत में 40 रुपये का ही लाये धे। और रंग-गोंद में 6-7 रुपये खर्च हुए थे। इस तरह सब मिला कर हमने 140 रुपये के लगभग खर्च किये थे, शुरुआत में।

लालता : लेकिन कपड़े रंग कर क्या तुम फेरी लगा कर बेचने जाते थे या कहीं और कोई दुकान भी खोल ली है जिस पर भाभी बैठती हों बेचने के लिए।

शिवराम : *(थोड़ा-सा मुस्करा कर)* मिल में काम करने और कपड़ा छापने के बाद फेरी लगाना बूते की बात नहीं है और अपने ठहरे मेहनतकश आदमी, दुकान-ऊकान अपने बस का रोग नहीं।

बुद्धू : तो फिर कैसे बेचते हो?

शिवराम : शुरुआत में जो कपड़ा हम खरीद कर लाये थे वह रंग कर यहाँ के कपड़े के दुकानदारों के यहाँ बेच आये। कुछ दिन ऐसे ही चलता रहा और अब तो हमको अपना कपड़ा भी नहीं खरीदना पड़ता, दुकानदार खुद कपड़ा दे देता है, हम छाप कर दे आते हैं और अपनी मजदूरी ले आते हैं। अब तो सुना है कि सरकार कोआपरेटिव के जरिए हम लोगों की कुछ सहायता भी करेगी और छापे की नयी-नयी डिजाइनें भी सिखाने का इन्तजाम करेगी। सुनते हैं कि अमरीका में छापे के कपड़े की बड़ी माँग है। अच्छा, आओ चले चाय पी लें, वहाँ बाकी बातें होंगी।

चौथा दृश्य

(सेटिंग वैसी हो जैसी कि दूसरे में थी, कोई कटोरी में चाय पी रहा है कोई गिलास में। एक लोटे में बनी बनाई चाय रखी है।)

शिवराम : यह काम कैसा लगा आप लोगों को?

जियावन : काम तो बहुत अच्छा है। पर एक बात नहीं बताई कि आमदनी इसमें कितनी हो जाती है?

शिवराम : आमदनी तो अगर जम कर काम करें तो ज्यादा भी हो सकती है, पर हम लोग ऐसे ही थके-माँदे रहते हैं इसलिए थोड़ा ही काम कर पाते हैं। फिर भी डेढ़ से लेकर 2 रुपये रोज तक कमा लेते हैं। हमारी तो सलाह है कि तुम लोग भी कोई काम करो।

लालता : हाँ, अपने गोपाल बाबू से जरा एक दिन हम लोगों को भी मिला दो। आज तो देर हो गयी है, फिर जिस दिन उनको फुरसत हो पूछ लो, हम लोग आ जायेंगे, उनकी सलाह से कोई काम कर लेंगे।

जियावन : आज दिन बड़ा अच्छा शुरू हुआ। अब हम लोग चलें शिवराम भाई।

लालता : हाँ, हाँ, अब चला जाये देर हो रही है।

(सब लोग आपस में जयराम जी की करते हुए चले जाते हैं)

(पटाक्षेप)

श्रमजीवी : कानपुर, 3 जनवरी, 1957

सम्पति की सीख

(एक मिल मजदूर के मकान का दृश्य, भीतर से हुक्का गुड़गुड़ाने तथा एकाध बच्चों के रोने का स्वर सुनाई देता है। बाहर से एक पुरुष पुकारता दिखाई देता है।)

पुरुष स्वर : सम्पति भाई...ओ, सम्पति भाई...

(भीतर से आवाज आती है)

: अरे कौन? जगतू दादा हैं क्या?
आओ, आओ, दादा, भीतर दहलीज में चले आओ।

जगतू : *(भीतर जाते हुए)* आया भाई आया, कहो, क्या कर रहे हो?

(मजदूर के घर का भीतरी भाग, एक अँगीठी के सामने सम्पति टाट पर बैठा है)

सम्पति : ऐसे ही जरा हाथ सेक रहा था, जाड़ा काफी पड़ रहा है। और बताओ दादा, क्या हालचाल हैं? आज कैसे भूल पड़े?

जगतू : अरे भाई, झंझटों में फँसे रहने के कारण मिलना-जुलना कम होता है। सोचा कि चलूँ, तुमसे बहुत दिनों से भेंट नहीं हुई सो मिल लूँ और कुछ काम भी था तुमसे।

सम्पति : कौन काम है दादा? *(दूसरी ओर मुँह करके)* अरे सुनती हो, जगतू दादा आये हैं, जरा कुछ चाय-पानी तो इनको पिलाओ। हाँ दादा, अब बताइए कैसे आये?

जगतू : सम्पति भाई, अब तुमसे क्या कहें? तनखाह में ठीक से पूरा नहीं पड़ पाता। कोई न कोई झंझट ऐसा निकल आता है कि हाथ खाली का खाली रहता है। परसों झुल्लू का मुण्डन है और टेंट में अब कुल पाँच रुपये बचे हैं, सो भाई दसेक रुपये का इन्तजाम करा दो तो काम चल जाये।

सम्पति : दादा, आप अपने हैं, आज्ञा हो तो एक बात कहूँ।

जगतू : कहो भाई।

सम्पति : इसे तो आप मानेंगे ही कि अपनी आमदनी के भीतर पैर न फैलाकर दूसरे के आगे हाथ फैलाना बुरी बात है। अभी पिछले महीने आपको जो भत्ता मिला था उसे आपने क्या खर्च कर डाला। पर दादा, यह न समझना कि आपको रुपये दे रहा हूँ इसलिए यह सब सफाई माँग रहा हूँ। असल में बहुत दिनों से आपसे इस बारे में बात करना चाहता था।

जगतू : भाई, उन रुपयों का यह समझ लो कि 20 रुपये गाँव भेज दिये। नहर की सींच भरनी थी। 20 रुपये सत्यनारायण की कथा में खर्च हो गये झुल्लू के जनम की मानी पड़ी थी। उसकी अम्मा बहुत दिनों से झगड़ रही थी सो उसे 50 रुपये की 'हवेल' बनवा दी।

सम्पति : दादा, हम लोगों के घरों की तो यही खराबी है कि बेकार के कामों में तो हम बहुत खर्च कर देते हैं और अपनी आमदनी बढ़ाने का कोई उपाय न करके करम पर हाथ धरे बैठे रहते हैं और इन औरतों को तो सिवा गहने-कपड़े, कथा, ब्याह-शादी के और कुछ सूझता ही नहीं है।

(एक थाली में चाय का लोटा, दो गिलास और एक पीतल की तश्तरी में कुछ खाने का सामान लिए हुए सम्पति की स्त्री का बगल के दरवाजे से प्रवेश)

स्त्री : हाँ, ले बैठे न मेहरारुओं की बुराई। मैं तो कहती हूँ कि जहाँ दो मर्द इकट्ठे हुए कि लगे कुबड़ाई' करने औरतों की। न हों हम लोग तो आटा-दाल का भाव मालूम पड़ जाये। खाने को नसीब न हो जो बैठे-बैठाए हुकुम चला देते हो। लो दादा, चाह-पियो, जीजी अच्छी तरह हैं न, उनसे कह देना कि हमने बुलाया है। दादा तुम इनकी बेकार की बातों पर ध्यान न देना। मेहरिया तो घर की लच्छिमी होती हैं, जेवर बन गया तो घर में ही तो सम्पदा रही, कहीं बाहर तो नहीं चली गयी। मुझको तो कहते-कहते...।

सम्पति : *(बीच में टोकते हुए)* अच्छा, अच्छा, देखो, तुम्हारी दाल में उफान आ रहा है, उसे जाकर सम्हालो फिर हँसुली-टीका बनवाना।. दादा, चाय पीते जाओ नहीं तो ठण्डी हो जायेगी।

जगतू : बात तो तुम ठीक ही करते हो। छोटे हो पर बुद्धिमान हो, बेटा तुम्हीं कुछ बताओ कि कैसे क्या किया जाये।

सम्पति : दादा, यह तो सब आप लोगों का आशीर्वाद है पर जो सबसे पहली ध्यान में रखने की बात है वह है कि खर्चा ठीक कामों में होना चाहिए। दूसरी बात यह है कि हम लोगों को अपनी आमदनी बढ़ाने के जरिए ढूँढ़ने चाहिए।

जगतू : भइया, जरा मुझे खुलासा करके समझा।

सम्पति : आप अपने को ही देखिए। आपको सौ रुपये के करीब भत्ता मिला था। आपने उसमें से 20 रुपये सिर्फ कथा में खरच किये। चाहते तो कथा 5 रुपये में भी हो सकती थी। भगवान की भक्ति तो अपने मन की भावना है, उसको तड़क-भड़क और दिखावे से तो कुछ मतलब है नहीं, आपने पूरे मुहल्ले में परसाद न बाँटा होता तो भगवान नाराज थोड़े ही होते, और अगर चढ़ावे में इतनी ज्यादा रकम रख दी गयी तो भगवान कोई रोजगार तो करते नहीं हैं कि जितने ही जो रुपये लगावे उतना ही उसको बढ़िया चीज देंगे। दादा, आप यह न समझें कि भगवान की पूजा का मैं विरोध कर रहा हूँ।

जगतू : अब तो कहोगे कि झुल्लू के मुण्डन में भी कम खर्च करो। पर पास-पड़ोस, जाति-बिरादरी के लोग क्या कहेंगे?

सम्पति : दादा, फिर तुम दिखावे के चक्कर में पड़े। हम लोगों का यही तो दोष है कि अपनी हैसियत से बाहर दिखाने की कोशिश करते हैं। जाति-बिरादरी वाले जो समझदार होंगे, कभी भी फजूलखर्ची की तारीफ नहीं करेंगे। ऐसे कामों में शह वही लोग देते हैं तो मौके पर फिर एक पैसे की भी सहायता नहीं करते। अब अगर आप झुल्लू के मुण्डन में पूरे मुहल्ले को भोज देने के बजाय सिर्फ एक-एक कप चाय सब को पिला दें तो क्या कुछ बुरा होगा? यह तो दादा अपनी-अपनी समाई की बात है, उसी के हिसाब से खर्च करना चाहिए। आपस की बढ़ा-चढ़ी इस मामले में बहुत नुकसानमन्द है।

जगतू : सो कैसे?

सम्पति : मान लीजिए आज आप अपने सामने वाले नरायन दाऊ के पोते के छेदन की बात मन में सोच कर उसी हिसाब से कर्ज लेकर खर्च करना चाहते हैं। कल आपका पड़ोसी या मैं खुद उसी तरह आपसे भी दूना कर्ज लेकर अपने लड़के का उत्सव मनाने की बात सोचूँगा। इस तरह समाई का ख़याल न करके आपस की बढ़ा-चढ़ी सबको नुकसान पहुँचाती है।

और फिर लड़के का प्रेम क्या रुपये खर्च करने से थोड़े ही प्रकट होता है। वह तो आपके मन में है ही। उसी रुपये को लड़के के हित में दूसरी तरह आप खर्च कर सकते हैं।

जगतू : सम्पति भाई, तुम तो बड़ी नयी-नयी बातें कर रहे हो। अच्छा यह बताओ कि लड़के के हित में दूसरी तरह रुपये खर्च करने का क्या मतलब है?

सम्पति : यही कि इस रुपये को आप उसके पढ़ाने-लिखाने में खर्च कर सकते हैं। इस रुपये को आप बचा कर लड़के को घी-दूध खिलाने की अलग से व्यवस्था कर सकते हैं जिससे कि उसकी तन्दुरुस्ती बने।

जगतू : भइया, तुमने अभी गहनों को बुरा कहा है। पर गहना तो अपने घर में ही रहता हैं, धन मौके के लिए पड़ा रहता है, जरूरत पर काम आता है। हारी-बीमारी में उसे बेच कर काम चलाया जा सकता है।

सम्पति : मैं आपकी इस बात से दादा बिल्कुल सहमत नहीं हूँ। हम लोगों को चाहिए कि जिस चीज की जिस समय ज्यादा आवश्यकता हो, उस समय उसी पर खर्च करना चाहिए। गहने न होने से हमारा कोई काम रुकता नहीं है। हम मजदूरों को विलास की चीजों से दूर ही रहना चाहिए। हमारी मुख्य जरूरतें हैं कि खाने को भरपेट भोजन मिले, पहनने को मजबूत कपड़ा मिले, रहने को साफ-सुथरा मकान हो और हमारे बच्चों की पढ़ाई-लिखाई का ठीक-ठाक बन्दोबस्त हो। जब यह सब हो जाये तो फिर गहना गढ़ाने की बात उठती है।

जगतू : परन्तु मौके-बेमौके के लिए उनके रूप में धन तो घर में पड़ा रहता है। इस बात का तुमने कोई जवाब नहीं दिया।

सम्पति : दादा, मैं खुद ही कह रहा हूँ। एक बात बताइए कि सोने-चाँदी की जो चीज आप गड़ाते हैं, वह क्या एकदम शुद्ध मिलती है?

जगत : न, उसमें कुछ न कुछ मेल अवश्य हो जायेगा। यह तो सम्भव ही नहीं कि सुनार के हाथ से चीज शुद्ध निकल आये।

सम्पति : इसके मानी हैं कि जितने का सोना खरीदा, दाम उससे कम हो गये। दूसरी बात यह है कि जिस भाव आप सोना-चाँदी खरीदते हैं, जब बेचने जाते हैं क्या उसी भाव बिकता है?

जगतू : यों तो भाई यह बात बाजार के रुख पर है, पर रोजाना के

लेन-देन में सराफों के यहाँ के खरीदने और बेचने के भावों में एक-दो रुपये का अन्तर जरूर होता है।

सम्पति : यानी कि दाम और भी कम हुए। अब आप सरकार द्वारा दी गयी सुविधाओं का तनिक ध्यान दें। डाकखाने में रुपया जमा कर दें, मारे जाने का कभी डर नहीं। जब कि गहने को चोर चुरा ले जा सकता है। आपको ब्याज अलग से मिलेगा। वहाँ से आप नेशनल सेविंग सर्टीफिकेट खरीद दें आपको 12 साल बाद ड्योढ़ा रुपया वापस मिलेगा। सरकार में ही नहीं और बैंकों में भी इसी तरह अपना रुपया जमा कर सकते हैं।

जगतू : पर भाई, डाकखानों, बैंकों में तो बड़ी-बड़ी रकमें जमा होती होंगी? हमारे जैसे लोग वहाँ कैसे जा सकेंगे?

सम्पति : ना दादा, ऐसी बात नहीं। डाकखाने और बैंकों के सेविंग वाले खाते में आप छोटी-छोटी रकमें जमा कर सकते हैं। इसके अलावा आप अपनी सहकारिता समिति के हिस्से खरीद सकते हैं जिन पर आपको लाभ मिलेगा। और छोटे-मोटे फुरसत के धन्धे चला सकते हैं जिनसे आमदनी बढ़ेगी। बात ठीक कह रहा हूँ या नहीं, आप ही बताइए जगतू दादा।

जगतू : बेटा, तुम बिल्कुल सही कह रहे हो। तुमने आज मेरी आँखें खोल दीं। भगवान तुम्हें सुखी रखे। अच्छा अब मैं चलूँगा। थका हूँ, आराम करने का मन है। राम-राम, अब मैं रुपये न लूँगा, ऐसे ही काम चलाऊँगा।

सम्पति : अच्छा दादा, जयराम जी की।

(जगतू जाने को उठता है, भीतर से स्त्रीकण्ठ की आवाज आती है : दादा, हमारी जीजी को जरूर भेज देना।)

जगतू : अच्छा बहू।

(पटाक्षेप)

श्रमजीवी : कानपुर, फरवरी, 1957

परामर्श लिमिटेड : एक अनाटक

आखिर इस नाम को पढ़ते ही आप चौंकते क्यों हैं? साधारण-सी तो बात है इस परम मौलिक (?) जमाने में। आपको किसी भी प्रकार के परामर्श की जरूरत है, सीधे हमारे कार्यालय में पधारें, हम सेवानुसार आज्ञा देने को प्रस्तुत हैं।

लिमिटेड शब्द से भी घबड़ाने की बात नहीं है। इसका अर्थ हमने युगीन संवेदनाओं की अभिव्यक्ति के लिए थोड़ा मौलिक कर लिया है, इसके द्वारा आपको अपेक्षाकृत 'नये अर्थ का भावन' होगा क्योंकि पुराने शब्दों का 'मुलम्मा' उतरने उतराने लगा है। लिमिटेड कम्पनी कई आदमी मिलकर चलाते हैं, इसके नये अर्थ के अनुसार एक ही आदमी कई प्रकार के परामर्श दे सकता है; जैसे कि वह इनकमटैक्स और सन्तति निग्रह, गृहकलह और दिल के वाल्व की खराबी, फेफड़ों के रोग और जेल से निकल भागने की तरकीब आदि अनन्त प्रकार की समस्याओं पर आजमूदा सलाह दे सकता है।

आइए कुछ देर आपको अपने इस परामर्श कार्यालय की हवा खिला दूँ। यह देखिए, बाबू जगमोहन लाल किसी सम्बन्ध में आ रहे हैं। जरा आप काउण्टर के पीछे छिप कर सुनें।

पहला दृश्य

जगमोहन लाल : परामर्श की जरूरत है, यह लीजिए फीस पाँच रुपये।

परामर्शद : अपनी समस्या तत्काल कह दीजिए।

जगमोहन लाल : मैं शादी करना चाहता हूँ।

परामर्शद : कर लीजिए अभी आपकी आयु ही क्या है?

जगमोहन लाल : पर पहली बीवी घर में घुसने नहीं देगी।

परामर्शद : तो दूसरा मकान बनवा लीजिए।

जगमोहन लाल : रुपये कहाँ से लाऊँ?

परामर्शद : कर्ज लीजिए या फिर किराए पर रहिए।

जगमोहन लाल : और यदि बीवी मुकदमा दायर करे तो।

परामर्शद : पाँच रुपये और निकालिए तो मुकदमे के बारे में सलाह दूँ।

जगमोहन लाल : अभी तो नहीं हैं।

परामर्शद : अच्छा तो कल दस बजे आना तब तक इस बारे में विचार कर रखेंगे। जरा एक सिगरेट तो निकालना।

दूसरा दृश्य

परामर्शापेक्षी : जरा एक कठिन परामर्श के लिए आया हूँ।

परामर्शद : स्पेशल फीस एक रुपया निकालिए।

परामर्शापेक्षी : गुरु, यह लो। बात यह है कि आजकल लोग नाना प्रकार के दौड़ों पर निकलते हैं। मिनिस्टर के, कलक्टर के, नेता के, पुलिस के तो दौड़े सुने थे, पर अब लोगों के पैदल, सायकिल, मोटर आदि के दौड़े होने लगे हैं। मतलब यह कि इनके 'वर्ल्ड टूर' होने लगे हैं।

परामर्शद : तो क्या आप इन्हें बन्द करवाना चाहते हैं। यह बहुत आसान बात है। हर देश की सरकार को लिख भेजिए कि ऐसे लोगों को बन्द कर दे। बस काम खतम।

परग्मर्शापेक्षी : आपने पूरी बात तो सुनी नहीं। मैं भी कोई वर्ल्ड टूर करना चाहता हूँ, जरा कोई मौलिक योजना सुझाइए।

परामर्शद : पर तुम क्यों टूर पर निकलना चाहते हो, अपना मतलब समझा कर कहो। दूसरे यह बताओ कि तुम्हारे पास समय कितना है। मतलब यह कि कहाँ और क्या चाहते हो।

परामर्शापेक्षी : टूर करने का मतलब ही जब आप नहीं समझते तो सलाह क्या खाक दीजिएगा।

परामर्शद : नहीं बात यह है कि तुम्हारा उद्देश्य जान लेने पर उसी हिसाब से सलाह दूँगा। लेकिन देखो जरा जल्दी करो क्योंकि दस मिनट से अधिक समय मैं किसी को नहीं देता।

परामर्शापेक्षी : अब देखिए आप कि इन टूरिस्टों की अखबार में फोटो छपती है। लड़के-लड़कियाँ उनके हस्ताक्षरों के लिए दौड़ते हैं। चाय और डिनर की धूम मचती है, दुनिया ऊपर से देखते हैं। हमने सुना है कि खर्चा भी इन्हें कुछ विशेष नहीं पड़ता। हर

देश की सरकार इन्तजाम करती है। रही समय की बात सो अपने राम रोड इंस्पेक्टर ही कहे जा सकते हैं। मुझको समय का तनिक भी लालच नहीं है और फिर यह भी तो शुभ कार्य महान साहस का ठहरा।

परामर्शद : बिलकुल महान कार्य है प्यारे। *(दो-चार सेकण्ड रुक कर)* तुमको बैलगाड़ी पर वर्ल्ड टूर करना चाहिए। एक छोटी आरामदेह हल्की सी गाड़ी, उस पर एक बोरा सत्तू और एक बोरा शक्कर। सतुआ कई प्रकार के हों और अलग-अलग पैकटों में हों जैसे मकई के सत्तू नीले रंग के पैकेट में, चने के सफेद रंग के पैकेट में और मखाने तथा लाई के गुलाबी रंगों के पैकेटों में रखे जा सकते हैं। बैल जरा मजबूत होने आवश्यक हैं। बस फिर क्या जहाँ तुम पहुँचो वहीं तुम्हारे लिए हिन्दुस्तान से खाने के लिए यह एनर्जी पाउडर (सत्तू) हवाई जहाज से मँगाया जाया करेगा। आप यों खाइए सब कुछ, पर दिखावा यह रहे कि सतू ही मुख्य भोजन है। तुम भी अखबारों में अमर और तुम्हारी बैलगाड़ी तथा भोजन भी अमर। अच्छा नमस्कार।

परामर्शापेक्षी : धन्यवाद। आठ-दस रोज बाद मैं ऐसा ही करूँगा और आपका प्रचार अन्य देशों में भी करूँगा।

तीसरा दृश्य

एक परामर्शक : परामर्शद जी, मैं नेता बनना चाहता हूँ। उसके बारे में मुझे कुछ ऐसे मूल सूत्र बताइए जिससे कि मैं सफल बन सकूँ। यदि नेता न बन जाऊँ तो अफसर ही बन जाऊँ। दोनों सलाहों के लिए यह 10 रुपये लीजिए।

परामर्शद : नेता की अनेक मूलभूत विशेषताएँ होती हैं उन्हें मैं तुम्हें लिखाए दे रहा हूँ। मुझे पूरी उम्मीद है कि एक दिन तुम नेता बन सकोगे।

पहला सिद्धान्त तो यही जान लो कि जबान और पान बदलने पर ही अच्छे रहते हैं। भौतिक जीवन के हर क्षेत्र में आगे बढ़ने के लिए आवश्यक है कि अपनी पिछली बातों, विचारों या कथनों पर चिपके न रहें।

दूसरी मुख्य बात यह है कि हर एक से मीठा बोलें पर जड़ अपनी छोड़कर प्रत्येक दूसरे की काटें।

तीसरे, विश्वास किसी का न करें पर अपने अवसर की ताक में सदैव रहें।

चौथे, नानारूपा-नाना वेशा या 'जेहि दिशि बहै बयारि, पीठि ताही दिशि दीजै' सफलता का मूल मन्त्र है।

पाँचवें, लोगों से मेल-जोल खूब बढ़ावे परन्तु हर एक पर अपने व्यक्तित्व का सिक्का जमाने का प्रयत्न करें।

छठे, ईमानदारी आपकी उन्नति के मार्ग में रोड़ा है।

सातवें, जब आपका छोटा-सा दल बन जाये तो फिर अपने बड़े स्वार्थ और दल के लोगों के छोटे स्वार्थों का ध्यान सदैव रखें।

अफसर पर भी यह बातें कुछ न कुछ लागू होती हैं। कुछ बातें छूट भी जाती हैं और कुछ बढ़ भी जाती हैं। अफसर को केवल अपने अफसर से मीठा बोलना चाहिए बाकी से कड़वा।

दूसरे, उसे जनता से सदैव अपने को दूर रखना चाहिए।

तीसरे, तीन दिन में होने वाले काम को तीन वर्ष के लिए लटका रखना चाहिए। चौथे, सदैव अपने छोटे-बड़े स्वार्थ का ध्यान रखना चाहिए।

अच्छा भाई मेरा समय समाप्त, अब आप जा सकते हैं, मैं आपकी सफलता की कामना करता हूँ। यों असफल भी हो जायें तो मुझे कुछ दुःख न होगा क्योंकि फीस मिल गयी है। आओ मेरे दोस्त, काउण्टर के पीछे से निकल आओ। देखा मेरा बिजनेस; मुझे बधाई दो और अपने घर जाओ।

कलयुग : मार्च, 1957

बैरंग बारात

(पृष्ठभूमि में शहनाई बजती रहती है। कुछ लोगों की बातचीत का कोलाहल भी सुनाई देता है।)
(चलो भाई, मुहूर्त का समय हो गया। जल्दी करो, मोटर तैयार है। दूल्हे को कहो जरा जल्दी करे। देखो, उधर रामधन को मिठाई खिलाओ, पानी लाओ इधर...अरे भाई पान तो लाना, ठण्डाई मीठी ज्यादा है और मिर्च का झल्ला भी जोरदार है।)

एक आवाज : अरे राधे चच्चा, अब देर दार काहे की? हम सब बाराती सजे बैठे हैं। देखो मसुरी पण्डित तक धोबी के ऐसे दामाद बने ठने गले में दुपट्टा, सर पर साफा बाँधे जमे हैं।

दूसरी आवाज राधेलाल की : *(गम्भीर स्वर में)* हूँ, हूँ सब ठीक है।

पहली आवाज : ठीक क्या है चच्चा काहे की खातिर मुँह लटकाए बैठे हो। अभी लड़की वालों की तरफ से अगवानी का बुलौवा नहीं आया कि आपको मिठाई खाने को नहीं मिली सो मुँह लटकाए बैठे हो।

राधेलाल : *(कुछ तेज होकर)* सोमनाथ, खोपड़ी न चाटो। अगवानी नहीं होगी।

सोमनाथ : अगवानी नहीं होगी तो क्या शादी बिना अगवानी के होगी।

राधेलाल : *(बिगड़ कर)* शादी नहीं करेंगे। बारात लौट जायेगी। जब तक पाँच हजार रुपये और एक मोटर साइकिल मुल्लु के लिए न आ जायेगी, हम शादी नहीं करेंगे। जाओ, चुपचाप बैठो। मैंने उनसे कहला भेजा है; घण्टा भर होने को आये अब तक जवाब तक नहीं आया। अपने को न जाने कहाँ का नवाब समझ रखा है। पड़े हैं मेरे पाले। मिल का मैनेजर है मेरा लड़का, उसे सेंत में ब्याह लेना चाहते हैं।

(कुछ क्षणों के बाद)

एक स्वर : लड़के वाले तो बड़े रोजगारी मालूम होते हैं। शादी करने आये हैं कि लड़का बेचने।

दूसरा स्वर : कहते हैं पाँच हजार नकद और एक मोटर साइकिल या उसके दाम पहले हमारे हाथ आ जायें तभी बारात उठेगी ऐसे नहीं। अब तुम्हीं बताओ शंकर, क्या किया जाये।

शंकर : चलो दादा, हम बात करते हैं।

(विश्राम)

शंकर : चच्चा, भाँवरों की मुहूर्त दो घण्टे बाद है। वहाँ सब तैयार है, अगवानी के लिए चलिए न।

राधेलाल : हमको कुछ मूर्ख समझ रखा है क्या? तुम्हारे जैसे हजारों हमने चराए हैं। बिना हमारी माँग पूरी किये...

शंकर : चच्चा, हम लोग तो सेवक हैं, आपकी बारात की सब तरह से खातिर करना चाहते हैं पर आप ही सोचिए कि इतनी बड़ी रकम कैसे सम्भव है?

राधे : नहीं सम्भव है तो बारात लौट जायेगी।

शंकर : चच्चा, आपको हमारी इज्जत बिगाड़ने से क्या मिल जायेगा। और फिर आप ही तो कहते थे कि हम करार-मदार कुछ नहीं करेंगे। जो देना हो अपने आप दे देना, हम एक रुपये में शादी करते हैं।

राधे : मुझको यह नहीं मालूम था कि आप लोग इतने नीच हैं। सात हजार रुपया सिर्फ लड़के की पढ़ाई में खर्च हुआ है। मिल का मैनेजर है हमारा मुल्लू। हीरा जैसा लड़का तुमने सोचा था मुफ्त में ही भँवराय लेंगे। बिना इतना लिए हम एक कदम नहीं बढ़ाएँगे। चाहे मकान बिके चाहे जेवर, पर मुझे इतने मिलने चाहिए। इतना देने की समाई नहीं थी तो हमारे दरवाजे क्यों आये थे? बैठाए रहो लड़की अपने घर।

शंकर : चच्चा, कुछ देर का समय दीजिए। देखिए जो इन्तजाम हो सकेगा करूँगा।

(विश्राम)

(फिर बारातियों की विविध आवाजें। बुड्ढा बड़ा खुर्राट है।...ठीक तो है इतने पढ़े-लिखे मैनेजर लड़के के लिए रकम ज्यादा तो है नहीं।... दूसरे की इज्जत लेना ठीक नहीं है। ...देखो क्या होता है आदि।)

शंकर की आवाज : राधे, चच्चा कहाँ हैं?

कई आवाजें
एक साथ : इधर हैं। भाई साहब इधर आ जाइए।

शंकर : चच्चा, जरा इधर एकान्त में आ जाइए।

राधे : सब यह लोग हमारे ही हैं, कोई संकोच नहीं। जो कुछ कहना हो निस्संकोच कह डालिए।

शंकर : चच्चा, खेद के साथ कहना पड़ता है कि...

राधे : *(बीच में टोक कर)* रुपये का इन्तजाम नहीं कर पाये।

शंकर : नहीं, रुपये के इन्तजाम का सवाल ही नहीं उठ पाया। लड़की शादी से इनकार कर रही है।

एक स्वर : क्यों?

शंकर : उसका कहना है कि ऐसे नर-पिशाचों से मैं शादी नहीं करूँगी, जो लोग विवाह के पवित्र कार्य को रोजगार और पैसा कमाने का साधन बनाये हैं। उसका कहना है कि आप लोग उसके साथ अपने लड़के की शादी के लिए तो आये नहीं, आप तो रुपये के साथ शादी करना चाहते हैं। उसका कहना है कि रुपये के बल पर वह हर्गिज शादी नहीं करेगी। यदि करना है तो ऐसे ही करें, वरना वापस लौट जायें।

राधे : *(तमतमाए स्वर में)* यह मजाल, सोमनाथ, सबसे कह दो बारात वापस चलेगी, फौरन तैयारी करो। मुल्लू, तेरा चेहरा क्यों उतर गया। इससे बढ़िया तेरी शादी करेंगे। तू भी कपड़े उतार दे। जल्दी चलने की तैयारी कर। वे चन्दौसी वाले 20 हजार दे रहे थे, उनको आज ही तार किये दे रहे हैं।

सोमनाथ : अरे चच्चा, एक तो आप बैरंग बारात वापस लिए चल रहे हैं ऊपर से कहते हैं कि मुल्लू का चेहरा उदास क्यों है? मुल्लू जरा सुनो तुम।

(दो सेकण्ड के बाद)

बातचीत धीमे किन्तु स्पष्ट स्वर में होती है।

सोमनाथ : मुल्लू, यार तुम लोग क्या तमाशा कर रहे हो। चारों ओर लोग क्या कहेंगे। हँसेंगे, जब बिना शादी हुए बारात लौट जायेगी।

मुल्लू : तुम तो मेरे बड़े पुराने साथी हो सोम, तुम्हीं बताओ पिताजी की आज्ञा का उल्लंघन मैं कैसे कर सकता हूँ। आखिरकार वे पागल तो नहीं हैं। अनुभवी आदमी हैं, कुछ ठीक ही बात कर रहे होंगे।

सोमनाथ : यह सब बातें तुम मन से कह रहे हो? अपनी धन-लिप्सा को तर्क का आधार भर दे रहे हो। क्या अपनी मिल के हर वृद्ध अनुभवी की बात मान लेते हो।

मुल्लू : पर पिताजी की आत्मा को कष्ट पहुँचेगा।

सोमनाथ : मुझे तब आश्चर्य होता है जब तुम्हारे जैसा समझदार आदमी ऐसी बात करता है। उनकी आत्मा को नहीं लोभवृत्ति को धक्का लग रहा है। वे पुराने ख़यालों के आदमी हैं, रुपये वगैरह को इतना महत्त्व देते हैं। जरा समझाकर कह दो कि रुपये का लालच वह त्याग दें, फिर थोड़ा सा नाराज भी हो जायेंगे तो क्या बारात तो बैरंग नहीं लौटेगी? मेरी यह पक्की सलाह है तुम्हें।

मुल्लू : धन्यवाद दोस्त। मैं ऐसा ही करता हूँ।

(कुछ सेकण्डों के बाद)

(शोर होता है, राधेलाल की आवाज सबसे ऊपर सुनाई देती है– जल्दी से बारात अगवानी के लिए चले। बाजे बजने लगते हैं।)

(कुछ क्षणों के बाद)

सोमनाथ : कहो मुल्लु बाबू, पत्नी कैसी मिली? प्रसन्न हो न। मेरी सलाह अनुचित तो नहीं रही?

मुल्लू : लज्जित न करो भाई, मैं तुम्हारा बड़ा एहसानमन्द हूँ।

सोमनाथ : लो राधे चच्चा आ रहे हैं। चच्चा पैर छूता हूँ। सुना है आप बहुत नाराज हैं कि बारात बिना रुपये के बैरंग लौट आयी, आपको अपने घर से खर्च करना पड़ गया।

राधेलाल : बेटा, मुझे माफ कर दे। मैं नाराज जरूर था पर वह तो लक्ष्मी आयी है। मेरी बारात बैरंग नहीं लौटी वह तो बीमा होकर लौटी है। मैं गलत था उस समय। शादी रुपये के लिए नहीं बहू के लिए होती है। अरे मुल्लू, इसको मिठाई तो खिला।

श्रमजीवी : कानपुर, 12 दिसम्बर, 1957

तिल का ताड़

(पृष्ठभूमि में कई पुरुष स्वरों की ध्वनियाँ, एक स्वर कुछ ऊँची आवाज में उठता है और फिर धीरे-धीरे अन्य स्वर शान्त हो जाते हैं।)

पुरुष स्वर : दोस्तो, आज हम सब यहाँ क्यों इकट्ठा हुए हैं, यह सब आप लोग जानते ही हैं। अकसर हम सब देखते हैं कि आपस में हम लोग एक-दूसरे से मारपीट करने और लड़ने को तैयार हो जाते हैं। गोकि होता यह सब गलतफहमी के कारण है। आमने-सामने सीधी बात न करके सुनी-सुनाई बातों के आधार पर ही लोग बहकने लगते हैं।

कई स्वर : हाँ जयराम भइया, होता तो अकसर ऐसा है। आप जैसा समझें हम लोगों को बतावें।

जयराम : अब इसी भूरेलाल को लिया जाये। कल यह गली के नुक्कड़ पर गुस्से से लाल डण्डा लिए मुझे मिल गया। पूछने पर मालूम हुआ कि जनाब जा रहे थे मौजीलाल से युद्ध करने। क्यों भाई भूरे, क्या बात थी?

भूरेलाल : भइया, वह तो आप मिल गये और मुझे लौटा ले आये वरना उसकी हड्डी-पसली कल तोड़ कर रख दी होती। पता नहीं क्यों यह आजकल हमसे खार खाए बैठा है। इसने हमारे लड़के रमउवा को कल नल से पानी नहीं भरने दिया। इसके लड़के ने उसे कल मारा भी। बुधुवा का कहना है कि यह दो-तीन दिन पहले हमारी औरत पर बुरे-बुरे इलजाम भी लगा रहा था।

जयराम : क्यों मौजी, क्या बात है? यह भूरे ठीक कह रहा है क्या?

मौजी : मैं क्या बताऊँ जयराम दादा, पता नहीं कहाँ-कहाँ की बातें यह कर रहा है। जहाँ तक नल से पानी लेने का सवाल है,

वह मेरे बाप-दादों का तो है नहीं जो मैं मना कर सकूँ और हो भी तो लोग कुआँ-पौशाला चलाते हैं, मैं क्यों मना करने लगा। बात सिर्फ इतनी हुई थी कि कल मेरी ड्यूटी सवेरे थी और इसकी दूसरी शिफ्ट में थी। मुझे जल्दी नहा कर मिल पहुँचना था सो हमने रमुआ से दो मिनट रुकने को कहा था। वह मानता नहीं था तो जरा-सा कान पकड़कर अलग कर दिया था और कोई मेरी दुश्मनी तो थी नहीं।

भूरे : पर कल ही तुम्हारे लड़के घनश्याम ने रमुआ को पीटा। क्या तुमने सिखाया नहीं था?

मौजी : भूरे, तुम तो मुफ्त में इलजाम लगाते हो। मुझको तो मालूम भी नहीं कि किसने किसको पीटा। ऐसा ही था तो तुम आकर मुझसे कहते या खुद ही दो चांटे लगा दिये होते।

जयराम : लेकिन भूरे, मैंने तो कल दोपहर में खुद दोनों लड़कों को लड़ने से अलग किया था। पहले कबड्डी खेल रहे थे, फिर खेलते-खेलते आपस में लड़ने लगे। घनश्याम कुछ तगड़ा पड़ता था इसलिए मारने में वह बीस पड़ गया, बाकी मार एक-दूसरे को दोनों रहे थे। असल में अब वे दोनों पढ़ने-लिखने लायक हो गये हैं, उनको अब स्कूल भेजा करो तो उनका मन किसी रचनात्मक काम में लगे, वरना खाली समय वे दिन भर शैतानी और लड़ाई की ही सोंचेंगे।

भूरे : पर भइया अभी सबसे बड़ी बात तो रही गयी। हमारी औरत पर मौजी ने इलजाम कैसे लगाया, यह जरा इनसे आप पूछिए। बुद्धू ने अपने कानों आप सुना था।

मौजी : मैंने तो इसकी मेहरिया की कोई बात ही नहीं की। आप बुद्धू से जरा पूछिए।

जयराम : क्यों बुद्धू, तुमने कौन-सी चुगली जाकर भूरे से की, जो वह मरने-मारने को तैयार हो गया।

बुद्धू : दादा, कल संझा को मैं गली से निकल रहा था, तो मौजी मियाँबीवी बातें कर रहे थे और उसमें किसी लछमीना का जिकर कर रहे थे, जिसका चरित्र अच्छा नहीं है। लछमीना भौजी भूरे की बीवी का नाम है, सो यही बात मैंने भूरे से कही थी। इसमें मैंने झूठ क्या कहा, जो आप डाँट रहे हैं।

मौजी : राम-राम बुद्धू, पहले हमसे तो पूछ लिया होता, बस सुनी और ले दौड़े। लछमीना हमारे गाँव की एक औरत का नाम है।

कल चिट्ठी आयी थी कि वह कहीं भाग गयी है, उसी की बातें हम लोग कर रहे थे। विश्वास न हो, तो यह चिट्ठी देख लो, हमारी जेब में पड़ी है। अब जयराम भइया, आप ही निपटारा कर दें कि कसूर किसका है, जो इसने जाकर फोरमैन से हमारी शिकायत की कि मौजी हड़ताल के लिए मजदूरों को उकसाता है।

जयराम : क्यों भूरे, क्या ख़याल है तुम्हारा?

भूरे : *(शर्मिन्दगी के साथ)* मुझसे गलती हुई है मौजी भाई, माफ कर दो। कल फोरमैन से मैं खुद कबूल कर लूँगा कि मैंने गलत बात कही थी।

एक अन्य स्वर : भइया, अभी मौजी ने हड़ताल की बात कही। इधर खबर उड़ रही है कि मालिक लोग बोनस बाँटने से इनकार कर रहे हैं तथा बैठकी भी करने वाले हैं।

जयराम : शीतल दादा! यह खबर कौन उड़ा रहा है।

शीतल : मिल में सुनाई पड़ा था। कोई कह रहा था कि अखबार में निकला है। मजदूरों में आज बड़ी हलचल मची थी। कुछ लोग तो कल से ही गेट पर धरना देने और भूख-हड़ताल करने की सोच रहे थे।

जयराम : मेरी समझ में नहीं आता, ये कुछ स्वार्थी लोग क्यों बेकार के लिए वितण्डावाद फैला कर तुम लोगों का नुकसान कराने को तैयार रहते हैं। और आप लोग हैं कि चट से बहकावे में आ गये। मिल-जुल कर पहले इकट्ठे होकर बात तो जान लेते, यूनियन से सलाह कर लेते, फिर आगे कुछ करने को तैयार होते।

शीतल : अच्छा, तो भइया अब तुम्हीं बताओ कि असली बात क्या है?

जयराम : बात अभी ऐसी कुछ खास नहीं है। मालिकों ने सरकार को लिखा है कि इस साल उन्हें लाभ बहुत कम हुआ है, सो वे लोग बहुत थोड़ा बोनस दे सकेंगे।

शीतल : यह तो गलत बात वे लोग कह रहे हैं।

जयराम : एक वाक्य में तो गलत-सही का निपटारा होता नहीं, शीतल दादा। इस सवाल पर सरकार भी विचार करेगी, आप लोगों की यूनियन भी पूरी जाँच-पड़ताल करेगी और फिर उस हिसाब से मालिकों से बातचीत करनी होगी। लाभ-हानि बहुत सी

चीजों पर निर्भर करती है, उसकी पूरी छानबीन किये बिना किसी की नीयत पर सन्देह न करना चाहिए। हो सकता है कि वाकई मालिकों की नीयत में कुछ खोट हो, पर पहले से कुछ चिल्लाना या उत्तेजित होना बुद्धिमानी का काम नहीं है। यह ठीक नहीं है कि किसी ने कहा—कौवा नाक ले गया और आप बजाय यह देखने के कि नाक अपनी जगह पर है या नहीं, कौवे के पीछे दौड़ने लगें।

शीतल : और बैठकी के बारे में क्या खबर है?

जयराम : हाँ, यह तो बताना मैं भूल ही गया था। बात यह है कि इस बीच कुछ रेलों की आवाजाही की गड़बड़ी के कारण यहाँ पर कोयला बहुत कम आ पाया है। मिलों में कोयले का बहुत थोड़ा स्टाक है। मालिकों ने सरकार को केवल यह खबर दी है कि कोयले का यदि जल्दी प्रबन्ध न किया गया तो उन्हें बैठकी करनी पड़ेगी। पर सरकार ने, हमारे लेबर कमिश्नर को यह आश्वासन दे दिया है कि कोयला बहुत जल्दी पहुँच रहा है। रास्ते में इस समय मालगाड़ियाँ हैं और 2-4 दिन में कानपुर पहुँच जायेंगी। इसलिए बैठकी की कोई सम्भावना नहीं है, आप लोग उससे घबड़ाएँ नहीं।

शीतल तथा अन्य मजदूर : लो हम लोग बेकार ही भड़भड़ा रहे थे। खामखाह तिल को ताड़ बनाये परेशान थे। छाया को भूत कह कर चिल्ला रहे थे।

जयराम : देखो भाई लोगो, आज से एक बात की गिरह बाँध लो कि कभी बिना सही बात को आमने-सामने समझे मुफ्त में बात का बतंगड़ नहीं बनाओगे। चाहे आपसी मसले हों या मिल के, कभी भी तिल का ताड़ बना कर परेशान न होना। आपस में मिल-जुलकर यूनियन वगैरह से बात करके सही चीज को हमेशा पहले जान लो फिर उसी के अनुसार काम करो। अच्छा भाई, अब चला जाये। मुझको एक जगह और जाना है। मौजी भाई, भूरे भाई राम-राम, अब लड़ना नहीं तुम लोग।

सभी मजदूर : नहीं भइया, आप निश्चिन्त रहें।

(राम-राम, नमस्ते आदि की ध्वनियाँ धीरे-धीरे डूब जाती हैं)

श्रमजीवी : कानपुर, 1957/58

मदारी की करामात

(पृष्ठभूमि में डमरू बजने की आवाज)
डिग डिग डिग डिग

एक पुरुष स्वर : आ जाओ भाई, आ जाओ।
देखो नाच बन्दर का, बताएगा हाल समन्दर का, यह घूम-घूम कर आया है, नाच-नाच कर आया है। तरह-तरह के खेल देख लो, बन्दर का भाई नाच देख लो।
आओ भाई आओ।

कुछ लड़कों व पुरुषों के स्वर : 'हे बन्दर वाले इधर आओ'
'आया बाबू आया' 'बबुआ साहब आया' मैं खेल दिखाने आया।
'देखो नाच बन्दर का' कहते हुए—**फेड आउट**

(पाज़)

फेड इन : अरे नाच बेटा नाच, देख बाबू लोग खड़े हैं, देख बेटे देख, ये बच्चे तेरा नाच देखने को बेकल हैं। तू नाच दिखा दे नाच, अच्छा-अच्छा, अब समझा, तूने कपड़े नहीं पहने हैं, सो रूठा बैठा है। ले पहन ले यह जरी का कामदार कुरता, यह ले सलवार जो पंजाब में बनवाया है। यह टोपी जो तू काश्मीर से लाया है।
तुम ठुमुक-ठुमुक कर नाचो बन्दर, तुम कूद-कूद कर नाचो बन्दर। अरे, वह नाच दिखा दे जो तूने दिल्ली में दिखलाया था। वह नाच दिखा दे जो तूने कुरुक्षेत्र के क्षेत्र में दिखाया था, जहाँ सरकार विकास का काम कर रही है, उसको क्या कहते हैं बेटा 'सामुदायिक योजना'।

डमरू बजता है, मदारी वाह भाई वाह, कमाल कर दिया, वाह भाई वाह कहता जाता है।

अच्छा जरा यह तो बता दे कि वे बुढ़ऊ वहाँ बाबूपुरवा के श्रमदान में टोकरी लेकर कैसे चलते थे। हाँ, ठीक भाई ठीक, जरा कमर भी झुका लो। हाँ, ऐसे ही तो सड़क पर वे मिट्टी डाल रहे थे।

(भीड़ से हँसी की आवाज तथा अस्फुट ध्वनि वाकई बिल्कुल बुड्ढे की नकल कर रहा है बन्दर)

जरा तू भी इस लकड़ी पर चढ़ जा। अरे नहीं चढ़ता। चढ़ जा बेटे जैसे खतीमा के बिजली घर पर तार बाँधने वाला खम्भे पर चढ़ गया था। ठीक, थोड़ा और चढ़ जा, थोड़ा और। अच्छा बच्चू-जरा किताब तो पढ़ दो। यह बबुआ जो तुम्हारे सामने खड़े हैं, समझते हैं कि यही पढ़े हैं। अरे, तुम तो कितने ही मदरसों को घूम आये हो, हाँ जी मुआयना कर आये हो, जरा दिखा दो कि कैसे कुरसी पर बैठकर डेस्क पर किताब रख कर लड़के पढ़ते हैं।

अरे भाई, तुम तो भूल गये। इतना सर झुकाकर किताब पढ़ोगे तो आँखों पर बहुत जोर पड़ेगा, एक फुट की दूरी से पढ़ो। हाँ-हाँ।

यह रही तुम्हारी कुरसी, यह रही डेस्क। लो लड़को देखो, मेरा बन्दर तुमसे अच्छा पढ़ रहा है।

एक लड़के की आवाज : पढ़ कहाँ पा रहा है। पन्ने तो पलटता ही नहीं और बोलता भी नहीं।

मदारी : अरे हमारा बन्दर होशियार विद्यार्थी है, तुम्हारी तरह थोड़े ही है। पन्ना पूरा पढ़ने पर ही तो पलटेगा।

(इसी समय पेज पलटने की ध्वनि)

यह देखा न पन्ना पलटा। और जोर-जोर से तो पढ़ने पर शोर होता है, यह मन ही मन समझ कर पढ़ता है, याद करता है। क्यों रे समाजी, ठीक है न?

अच्छा सिर हिला रहे हो, बोल नहीं रहे हो, हम अब समझे, तो तुम ससुराल जाना चाहते हो। जाओ भाई, पर जरा अपना होल डाल, चमड़े का सूट केस तो ठीक कर लो। जरा कपड़े-लत्ते पहन लो। कुछ बीवी के लिए सौगात भी ले

जाओगे कि ऐसे ही जाकर मूसल ऐसे खड़े हो जाओगे। क्या ले जाओगे, हैण्डलूम का बेड कवर ले जाओगे कि बनारस की साड़ी या काश्मीर का दुशाला, चलो तुमको सहकारी समिति वाली दुकान से खरीद दें।

यह देख तुम्हारी ससुराल। नेक सासु जी, ससुर जी के पैर तो छू लो। हाँ-हाँ, और पहली बार बीवी के भी पैर छूने चाहिए। अरे लो तुम तो नाराज होकर हमीं को मारने दौड़े। *(डण्डा पटकने की आवाज)* अच्छा भाई अच्छा, बीवी के पैर न छुओ पर नाराज न हो, नहीं समझेगी कि उजड्ड हो।

पर देखो, बीवी नाराज हो गयी। तुम्हारे साथ आने को तैयार ही नहीं है। तुम्हारी सासु के पीछे छिप रही है। अरे लेव तुम तो बड़े गुस्सैल हो। डण्डा लेकर उसी को मारने दौड़ पड़े। अरे भाई नहीं, नहीं न मारो बस बस।

(बन्दर की सी चीखने की आवाज, कुछ डण्डों के धमाके की ध्वनि)

(पाज़)

अच्छा भाई चलो। चलो बहूरानी मान जाओ, चलो।

अच्छा भाई, अब तो तुम्हारी बहू भी आ गयी। इसी खुशी में एक नाच तुम दोनों का हो तो जाये।

(डमरू की ध्वनि फेड इन)

(फिर फेड आउट)

दिखाओ भाई, डर क्यों रहे हो।

तुमने तो इससे बड़ी-बड़ी भीड़ें देखी हैं। वहाँ भाखरा में जब पं. नेहरू ने बाँध का उद्घाटन किया था तब भी तो तुमने नाच दिखाया था, तब कितनी भीड़ थी पर तुम नहीं डरे थे। जब लाखों मन पानी नहरों में दौड़ पड़ा था तब उसको देखकर तुम नहीं डरे थे। जब हजारों आदमियों की खुशी की आवाजें सारे आकाश में भर गयी थीं तब तुम भी खुशी से उछल पड़े थे। सड़कें बनती तुमने देखी हैं, बनती रेल लाइनों के किनारे तुम नाचे हो, पुलों और बाँधों को तुमने पार किया है। इंजन और हवाई जहाजों की घरघराहट तुम चितरंजन और बंगलौर में देख चुके हो, फिर क्यों डरते हो।

अरे राम रे राम, इस कुत्ते से डर रहे हो। भाग-भाग कुत्ते। *(एक डण्डा पड़ने और कुत्ते के चीख कर भागने की आवाज)*

(डमरू की ध्वनि और हल्के-हल्के पैरों में घुँघरू बजने की आवाज)

ठुमुक-ठुमुक कर नाचो, घूम-घूम कर नाचो।
देश-देश के हाल बताओ, जगह-जगह के ख़ेल दिखाओ।
घर बाहर औ अन्दर, उछल-कूद कर नाचो बन्दर।
बस बेटे बस।

तो अब भूखा है, पैसे माँग ला, रोटी ले आ, अमरूद-केले ले आ। दे दो बाबू भूखा है, बड़ी दूर से चलकर आया है। पैसों की ध्वनि।

एक लड़के की आवाज-ले बन्दर लड्डू। दूसरी आवाज-ले बन्दर चुकन्दर। भीड़ के डिस्पर्स होने की ध्वनि और फेड आउट होती हुई डमरू की ध्वनि तथा 'नाच देख लो बन्दर' की आवाज।

1962 (अप्रकाशित)

प्रेरक छन्दों की गूँज

(पहले कतिपय अस्पष्ट ध्वनियाँ जय भारत माता आदि अस्फुट रूप से सुनाई पड़ती हैं। धीरे-धीरे कुछ दूर दो दिशाओं से हल्की, पर स्पष्ट निम्नलिखित पंक्तियाँ एक के बाद एक उभरती हैं। उठ जाग मुसाफिर भोर भई अब रैन कहाँ जो सोवत है? झण्डा ऊँचा रहे हमारा तथा विजयी विश्व तिरंगा प्यारा।)

एक गम्भीर पुरुष स्वर : आज पन्द्रह अगस्त है, हमारा स्वतन्त्रता दिवस है। हमें स्वतन्त्र हुए 16 वर्ष बीत गये हैं पर कहीं निकट के ही मुहल्लों से आती...प्रभात फेरी की इन पंक्तियों ने मन के वातायन अनायास मुक्त कर दिये हैं। उस ऐतिहासिक राष्ट्रीय संग्राम के कितने ही चित्र-विचित्र दृश्य मन-पटल पर उभरे आ रहे हैं। आशा और निराशा के, उत्साह और क्रान्ति के उद्‌बोधन और मिट जाने की कामना करने वाले कितने ही स्वर जैसे काल के विस्तीर्ण अन्तराल को एक क्षण में पाटकर स्मृतियों के सेतु से कानों में भरे जा रहे हैं।

स्त्री स्वर : कैसा अद्‌भुत वह समय था, जब राष्ट्रीय चेतना के विविध वेतालकों के शत-शत कण्ठों से निनादित होता स्वर कोटि-कोटि जनों की मरने की, मिटने की, शहीद हो जाने की प्रेरणा दे सका था। कैसी ज्वलनशील वह स्थिति थी जब्र प्रलय के आवाहन किये जाते थे, जब जड़ चेतन को उठ खड़े होने के लिए उद्‌बोधन किया जाता था, एवं जब वर्तमान की दयनीय दशा को व्यतीत के गौरवमय परिप्रेक्ष्य में देख कर कवि का मन मुक्ति की अप्रतिहत वांछा से भर उठता था।

पुरुष स्वर : आज मेरे मन-क्षितिज पर उन प्रेरक छन्दों के स्वर फिर गूँज उठे हैं। यह गूँज केवल स्मृति की ही नहीं है जैसे कह रही है कि अभी भी कार्य पूरा नहीं हुआ है। ये छन्द आज भी प्रेरक हैं, प्रेरणा देते हैं कि राष्ट्र की समृद्धि का अभी विकास होना

है। भूमि मिल गयी है, पर भवन अभी निर्मित नहीं हो सका।

स्त्री स्वर : और ये स्वर हमें यह भी याद दिलाते रहते हैं कि हमने जो स्वातन्त्र्य-मणि अर्जित की है, यह अनायास लब्ध न होकर संघर्ष और बलिदान द्वारा अर्जित की गयी है। उसकी हमें रक्षा करनी है। सम्भवतः उन स्वरों की तल्खी आज भी हमें डुबो जाती है। सचमुच ही मन के आकाश पर आज उन्हीं स्वरों के मेघ घुमड़ रहे हैं।

पुरुष स्वर : अंग्रेजी साम्राज्यवाद की झुलसाने वाली तपन में भारतेन्दु जैसे नाहर कवियों से भारतवर्ष की दुर्दशा देखी नहीं गयी। वे दुर्दशा के मूल कारण को समझ कर ही सब भाइयों को मिल् कर संघर्ष करने के लिए आमन्त्रित करते हैं और यदि कुछ नहीं कर सकते ये लोग तो जिस बात की वे कामना करते हैं वह मुर्दों को भी जिन्दा कर देने वाली है।

स्त्री स्वर : हाय पंचनद, हा पानीपत, अजहूँ रहे तुम धरनि विराजत।
हाय चित्तौर निलज तू मारी, अजहूँ खरो भारतहि मंझारी।
जा दिन तुर्क अधिकार नसाओ, सो दिन क्यों नहिं धरनिसमायो।
रह्यो कलंक भारत नामा, क्यों रे तू बारानसि धामा।
तुम में जल नहिं जमुना गंगा, बढ़हू वेग करितरल तरंगा।
धोवहु यह कलंक की रासी, बोरहु बिन लट मथुरा कासी।
कुस कन्नोज अंग अरु बंगहि, बोरहु किन निज कठिन तरंगहि।
बोरहु भारत भूमि सवेरे, मिटै करक जिय के तब मेरे।

राष्ट्रीय इतिहास बोध की पहली स्थिति थी तथा संगठन के अभाव में कुछ न कर सकने की विवशता थी जो कम से कम रोने के ही लिए मिल कर बैठने के लिए आमन्त्रित करती है। परन्तु स्थिति वही नहीं रहती है। भारतीय राष्ट्रीय कांग्रेस के मंच और माध्यम से शीघ्र स्वातन्त्र्य की माँग उठने लगी–'स्वतन्त्रता हमारा जन्मसिद्ध अधिकार है।' गाँधी के नेतृत्व में कोटि-कोटि जन इस संघर्ष के संकल्प के लिए हथेली में प्राणों का जल लेकर उठ खड़े हुए। इस नये दौर में उत्साह और विश्वास का स्वर ही अधिक स्पष्ट नहीं होता, अपने इतिहास की भी अधिक सूक्ष्म चेतना प्राप्त हो जाती है। अतीत के स्मरण चिह्नों के भीतर नये अर्थों एवं भावसंकल्पों की प्रतीति होने लगती है। यह देखें–स्कन्दगुप्त के मातृगुप्त नहीं हैं। भारतवर्ष के जयशंकर प्रसाद हैं जो मातृभूमि के

वीरों के सामने देश का गौरवपूर्ण इतिहास उपस्थित कर रहे हैं, जिसमें कि सभ्यता की प्रथम किरणें भारतवर्ष को ही आलोकित करती हैं जहाँ पर निर्वासित होते हुए भी राजकुमार राम का उत्साह सिन्धु सा ही विस्तृत और अथाह रहा तथा जिनके पौरुष का प्रतीक सेतुबन्ध आज भी रत्नाकर में भग्न-भग्न पड़ा है। इस देश ने जातियों का उत्थान-पतन भी देखा और नाना प्रकार की विपदाओं को हँसते-हँसते झेला भी है। निराशा की कोई बात नहीं है। आज भी हमारे पास वही सम्पदा है। आओ उसी पर हम सर्वस्व निछावर कर दें
हिमालय के आँगन में उसे प्रथम किरणों का दे उपहार।

स्त्री स्वर : हिमालय के आँगन में उसे प्रथम किरणों का दे उपहार।
उषा ने हँस अभिनन्दन किया और पहनाया हीरक हार।
जो हम, लगे जगाने विश्व लोक में फिर फैला आलोक।
व्योम तम पुंज हुआ तब नष्ट अखिल संसृति हो उठी अशोक।
विमल वाणी ने वीणा ली, कमल कोमल कर में सप्रीत।
सप्त स्वर सप्त सिन्धु में उठे, छिड़ा तब मधुर साम संगीत।
बचा कर बीज रूप में सृष्टि, नाव पर झेल प्रलय का शीत।
अरुण केतन लेकर निज हाथ, वरुण पथ में हम बड़े अभीत।
सुना है दधीचि का वह त्याग, हमारा जातीयता का विकास।
पुरन्दर ने यष्टि से है लिखा अस्थि-युग का मेरा इतिहास।
सिन्धु का विस्तृत और अथाह एक निर्वासित का उत्साह।
दे रहा अभी दिखाई भग्न भग्न रत्नाकर में वह राह।

एक पुरुष स्वर : यवन को दिया दया का दान, चीन को मिली धर्म की दृष्टि।
मिला था स्वर्ण भूमि को रत्न, शाल की सिंह को भी सृष्टि।
जातियों का उत्थान-पतन, आँधियाँ झड़ी प्रचण्ड समीर।
खड़े देखा झेला हँसते—प्रलय में पले हुए हम वीर।
चरित के पूत भुजा में शक्ति, नम्रता रही सदा सम्पन्न।
हृदय के गौरव में था गर्व, किसी को देख न सके विपन्न।

स्त्री स्वर : हमारे संचय में था दान, अतिथि थे सदा हमारे देव।
वचन में सत्य हृदय में तेज प्रतिज्ञा में रहती थी टेव।
वही है रक्त वही है देश, वही साहस है वैसा ज्ञान।
वही है शान्ति, वही है शक्ति, वही हम दिव्य आर्य-सन्तान।
जिए तो सदा उसी के लिए, यही अभिमान रहे यह हर्ष।
निछावर कर दें हम सर्वस्व, हमारा प्यारा भारतवर्ष।

पुरुष स्वर : राष्ट्र कवि की भारत-भारती प्राचीन इतिहास के परिप्रेक्ष्य में वर्तमान अधोगति एवं भविष्यत के लिए सन्देश देने वाला युगान्तकारी काव्य हमारे मानस को एकबारगी कभी आन्दोलित कर सकता था।

समयावरण से पार करके ऐतिहासिक दृष्टि की।
जो देखते हैं आज भी हम पूर्वकालिक सृष्टि की।
तो दीखता है दृश्य ऐसा भारतीय विकास का।
प्रतिबिम्ब एक सजीव है जो स्वर्ग या आकाश का।

स्त्री स्वर : परन्तु इसी पृष्ठभूमि पर हम देखते हैं कि कितना बड़ा परिवर्तन हो गया है—

वे ही नगर, वन, शैल नदियाँ जो कि पहले थीं यहाँ।
हैं आज भी, पर आज वैसी जान पड़ती हैं कहाँ?
कारण कदाचित है यही—बदले हम स्वयं आज हैं।
अनुरूप ही अपनी दशा के दीखते सब साज हैं।

दूसरा पुरुष स्वर : इस विश्वास से सम्भवतः घबरा कर कवि प्रकृति की गोद में एकान्त की ओर भागा था। पर शीघ्र ही उसने अनुभव किया कि अरे यह तो अपने देश की सुषमा है जो अनन्त आकारों में रूपायित हो उठी है। फिर तो उसका राष्ट्र-प्रेम द्विगुणित हो उठा। देश की निसर्ग शोभा के कितने ही ध्वनिचित्र मन को मसृण और संवेदनशील बनाने लगे। एकबारगी इस शोभा को निहार रामनरेश त्रिपाठी पूछ उठे—

वह देश कौन-सा है?
मन मोहनी प्रकृति की जो गोद में बसा है।
सुख स्वर्ग सा जहाँ है, वह देश कौन-सा है?
जिसका चरण निरन्तर रत्नेश धो रहा है।
जिसका मुकुट हिमालय, वह देश कौन-सा है?
नदियाँ जहाँ सुधा की, धारा बहा रही हैं।
सींचा हुआ सलोना, वह देश कौन-सा है?
जिसके बड़े रसीले फल, कन्द, नाज मेवे।
सब अंग में सजे हैं, वह देश कौन-सा है?

अधिक विश्वस्त, प्रदीप्त एवं निश्चित स्वरों में इस नैसर्गिक गरिमा का अंकन निराला की वाणी ने किया था—

स्त्री स्वर : भारति जय विजय करे, कनक शस्य कमल धरे।
लंका पदतल-शतदल, गर्जितोर्मि सागर जल।

धोता शुचि चरण-युगल, स्तव बहु अर्थ मरे।
तरु-तृण-वन-लता-वसन, अंचल में खचित सुमन।
गंगा ज्योतिर्जल, कण, धवलधार हार गले।
मुकुट शुभ्र हिम, तुषार, प्राण प्रणव ओंकार।
ध्वनि दिशाएँ उदार, शतमुख शतरव मुखरे।

प्रथम पुरुष स्वर : देश के प्रति अनुराग की इस वृद्धि के साथ यह स्वाभाविक ही था कि उसके लिए जूझने की प्रेरणा भी सामने आवे। चन्द्रधर शर्मा 'गुलेरी' जैसे भाषाविद् की 'झुकी कमान' संघर्ष के लिए प्रस्तुत मनोवृत्ति की प्रतीक है। उसके साथ ही जो आकाशवाणी विभिन्न वर्गों को सम्बोधित करती हुई लड़ने के लिए प्रोत्साहित करती है वह कवि की अपनी, दिल की आवाज है।

प्रथम स्त्री स्वर : छोड़ो अधूरा अब यज्ञ ब्रह्मण। वेदान्तपारायण को बिसारो।
विदेश ही का बलि वैश्य देव, और तर्पणों में रिपु-रक्त डारो।
शास्त्रार्थ-शस्त्रार्थ अभी से चलो दिखाओ, हम अग्रजन्मा।
धोती सम्हाल, कुश छोड़, सबाण दौड़े, आगे गयी धनुष के संग व्योमवाणी।

दूसरा स्त्री स्वर : कभी-कभी प्रतीकात्मक रूप से पुराने वीरों के माध्यम से भी जागरण का यह सन्देश प्रसारित किया जाता रहा है। यह निराला के गुरु गोविन्द सिंह हैं जो एक-एक पर सवा-सवा लाख सुसज्जित सेनाओं की भी बलि दे देने का साहस रखते हैं। भारतवर्ष के शेरों की गोद में जो स्वर आ गये हैं, उन्होंने सिंह की गोद से उसका शिशु छीनना चाहा है, ऐसे क्षणों में बकरे की माँ विवश भाव से मौन रह जाती है। सिंहनी नहीं, इसलिए फिर एक बार जागो का यह निर्घोष है :

पुरुष स्वर : जागो फिर एक बार,
समर अमर कर प्राण।
गान गाए महा सिन्धु से,
सिन्धु नद तीरवासी।
सैंधव तुरंगों पर,
चतुरंग संग।
सवा-सवा लाख पर,
एक को चढ़ाऊँगा।
गोविन्द सिंह निज नाम कहाऊँगा।

किसने सुना था वीर, जन महेन अति दुर्जय संग्राम राग।
फाग को खेला रण—बारहों महीनों में।

द्वितीय पुरुष स्वर : शेरों की माँद में—आया आज स्यार। जागो फिर एक बार।
सिंह की गोद से—छीनता है शिशु कौन?
मौन भी क्या रहती वह—रहते प्राण? रे अजान।
एक मेषमाता ही—रहती है निर्निमेष।
दुर्बल वह—
छिनती सन्तान जब—जन्म पर अपने अभिशप्त।
तप्त आँसू बहाती है—किन्तु क्या योग्य जन जीता है।
पश्चिम की उक्ति नहीं—गीता है, गीता है।
स्मरण करो बार-बार—जागो फिर एक बार।

यह उद्‌बोधन के स्वर प्रेरित न करें—यह सम्भव नहीं था। कितने ही अपना घर-द्वार, परिवार, पत्नी, प्रेमी, पुत्र छोड़ कर इस राह के राही बने। पर कवि को कभी-कभी संशय होता है कि कहीं ऐसा न हो कि बलिदान के क्षणों में मन में कायरता आ जावे और इस शहीदाने पथ को वे बिसर जायें। 'सुमन' पहले से ही सावधान किये देते हैं—

स्त्री स्वर : रणभेरी सुन कह विदा, जब सैनिक पुलक रहे होंगे।
हाथों में कुंकुम थाल लिए कुछ जलकण ढुलक रहे होंगे।
कर्तव्य प्रलय की उलझन में—पथ भूल न जाना पथिक कहीं।
वेदी पर बैठा महाकाल—जब भर अंजलि चढ़ा रहा होगा।
बलिदानी अपने ही कर से, निज मस्तक बढ़ा रहा होगा।
तब उस बलिदान प्रतिष्ठा में—पथ भूल न जाना पथिक कहीं।
कुछ मस्तक कम पड़ते होंगे—जब महाकाल की माला में।
माँ माँग रही होगी आहुति—जब स्वतन्त्रता की ज्वाला में।
पल भर भी पड़ असमंजस में-पथ भूल न जाना पथिक कहीं।

दूसरा स्त्री स्वर : ज्यों-ज्यों संग्राम का रूप गहरा होता है, ज्यों-ज्यों मन में आवेग घर करता है एवं जितना ही वर्तमान हीनावस्था के प्रति मन में ग्लानि और आक्रोश बढ़ता है, कवि के उद्‌बोधन का क्षेत्र उतना ही विस्तृत बनता है एवं उसका स्वर उतना ही सशक्त और सधा हुआ होता जाता है। उद्‌बोधन एवं संघर्ष के लिए आमन्त्रण चेतन मनुष्यों को ही नहीं, जड़ पर्वत के प्रति भी उन्मुख होता है। गंगा, जमुना सागर आदि को भारतेन्दु ने भी सम्बोधित किया था, पर उस सम्बोधन में

विवशता की निराशा थी, पर दिनकर का हिमालय के प्रति सम्बोधन राष्ट्रीय संग्राम के इस दृप्त सैनिक का है जो अतीत की याद तो करता है, वर्तमान की दुर्दशा भी दिखाता है पर संघर्ष के लिए अविनयभाव से सन्नद्ध है :

पुरुष स्वर : मेरे नगपति! मेरे विशाल। साकार दिव्य गौरव विराट!
पौरुष के पुंजीभूत ज्वाल—मेरी जननी के किरीट।
मेरे भारत के दिव्य भाल—मेरे नगपति मेरे विशाल।
जिसके द्वारों पर खड़े क्रान्त—सीमापति तूने की पुकार।
पद दलित इसे करना पीछे—पहले ले मेरा सिर उतार।
उस पुण्य भूमि पर आज तभी—रे आन पड़ा संकट कराल।
व्याकुल तेरे सुत तड़प रहे—हँस रहे चतुर्दिक विविध व्याल।

स्त्री स्वर—तीखा : कितनी मणियाँ लुट गयीं। मिटा-कितना मेरा वैभव अशेष।

एक करुण स्वर : तू ध्यान मग्न हो रहा इधर—वीरान हुआ प्यारा स्वदेश।
कितनी द्रुपदा के बाल खुले—कितनी कलियों का अन्त हुआ।
कह हृदय खोल चित्तौर यहाँ—कितने दिन ज्वाल बसन्त हुआ।

वृत गम्भीर पुरुष स्वर : रे रोक युधिष्ठिर कौन यहाँ—जाने दे उनको स्वर्ग धीर।
पर फिरा हमें गाण्डीव गदा—लौटा दे अर्जुन भीम वीर।
कह दे शंकर से आज करें—वे प्रलय-नृत्य फिर एक बार।
सारे भारत में गूँज उठे, हर-हर बम का फिर महोच्चार।

—दिनकर

स्त्री स्वर : युद्ध का रंग और गहरा होता है। सफलता बार-बार हाथ आते-आते रह जाती है। साम्राज्यवाद अपना चंगुल और मजबूत करता है, स्वतन्त्रता का सैनिक और अधिक शक्ति से भर कर प्रलय मचा देना चाहता है। आवेश की यह चरम परिणति है जब सैनिक कवि नवीन ऐसी तान सुनना चाहते हैं जिससे चारों ओर प्रलय मच जाय, विप्लव की आधी में सब नष्ट हो जाय।

विप्लव गान

पुरुष स्वर : कवि! कुछ ऐसी तान सुनाओ, जिससे उथल-पुथल मच जाये।
एक हिलोर इधर से आये—एक हिलोर उधर से आये।
प्राणों के लाले पड़ जाये—त्राहि-त्राहि रव नभ में छाये।
नाश और सत्यानाशों का—अन्धकार जग में छा जाये।
बरसे आग जलधि जल जाये—भस्मसात भूधर हो जाये।

पाप पुण्य सद् असद् भाव की—धूल उड़ उठें दाएँ बाएँ।
नभ का वक्षस्थल फट जाये—तारे टूक-टूक हो जायें।
कवि कुछ ऐसी तान सुनाओ, जिससे उथल-पुथल मच जाये।

दूसरा पुरुष स्वर : स्पष्ट है कि प्रलय जैसे इस संघर्ष में कितने ही गोलियों के शिकार हुए, कितने ही घोड़ों के नीचे कुचले गये, जेलों में सड़ाए गये। साम्राज्यवाद ने बेहिसाब अत्याचार के द्वारा जनता के नैतिक बल को तोड़ देना चाहा पर बड़े से बड़ा दमन आज तक स्वतन्त्रता की पुकार को रोक नहीं सका, जनता सदा से जीतती आयी है। दिल की कविता शहीदों के इस बलिदान से भयभीत होने का सन्देश न देकर खुशी का समाचार मानती है।

स्त्री स्वर : यही दिन था शहीदे कौम ने जब प्राण त्यागा था।
यही दिन था हमारा रहनुमा जब हम से बिछुड़ा था।
जनाजा धूम से उस वीर वर का हमने उठाया था।
चढ़े वह देश वेदी पर यही वर उसने माँगा था।
विजय की घड़ी थी वह, उसे हम गम नहीं कहते।
वह शादी कौम की थी हम उसे मातम नहीं कहते।

पुरुष स्वर : सुभद्रा कुमारी चौहान प्रथम स्वतन्त्रता संग्राम की ज्वलन्त आहुति झाँसी की रानी लक्ष्मीबाई की याद दिला कर संग्राम के नैतिक बल को और अधिक प्रबुद्ध करनी चाहती हैं। 'बुन्देले हरबोलों के मुख से' सुनी गयी यह कहानी रानी की मर्दानगी है जो फिरंगी को देश से दूर करने के लिए प्रयुक्त हुई थी। मर कर भी वास्तव में वह उस ज्योति को जला गयी है जिसकी रक्षा आज के सैनिक को करनी है।

दूसरा स्त्री स्वर : सिंहासन हिल उठे, राजवंशों ने भृकुटी तानी थी।
बूढ़े भारत में फिर से, आयी नयी जवानी थी।
गयी हुई आजादी की, कीमत सबने पहचानी थी।
दूर फिरंगी को करने की, सबने मन में ठानी थी।
चमक उठी सन् सत्तावन में, वह तलवार पुरानी थी।
बुन्देले हरबोलों के मुँह, हमने सुनी कहानी थी।
खूब लड़ी मर्दानी वह तो, झाँसी वाली रानी थी।

प्रथम स्त्री स्वर : कुटिया में थी विषम वेदना, महलों में आहत अपमान।
वीर सैनिकों के मन में था, अपने पुरखों का अभिमान।
नाना धुंध पन्त पेशवा, जुटा रहा था सब सामान।

बहिन छबीली ने रणचण्डी का कर दिया प्रकट आह्वान।
हुआ यज्ञ प्रारम्भ उन्हें तो, सोयी ज्योति जगानी थी।
बुन्देले हरबोलों के मुँह, हमने सुनी कहानी थी।
खूब लड़ी मर्दानी वह तो, झाँसी वाली रानी थी।

पुरुष स्वर : कवि का स्वर एवं शहीदों का बलिदान कभी व्यर्थ नहीं जाता, वह उपजाऊ धरती है जिस पर कमजोर बीज भी पनप जाता है। जब ये दोनों कवि का स्फूर्तिदायी स्वर एवं शहीद के बलिदान, एक साथ मिल कर देश को अनुप्राणित करें तो यह आश्चर्य की बात न होगी कि सुकुमार पुष्प भी यही कामना करे कि उसे मातृभूमि के लिए शीश चढ़ाने के लिए जाने वाले वीरों के पथ पर फेंक दिया जाये, उसे प्रेमी-माला में गुँथ कर प्रियतमा को आकृष्ट नहीं करना है, सम्राट के शव पर भी नहीं चढ़ना, यहाँ तक कि देवार्चन के लिए उसका उपयोग किया जाये यह भी वांछा नहीं है, यह वांछा वस्तुतः माखनलाल चतुर्वेदी के फूल की ही नहीं देश के प्रत्येक व्यक्ति और वस्तु की थी—

द्वितीय स्त्री स्वर : चाह नहीं मैं सुरबाला के, गहनों में गूँथा जाऊँ।
चाह नहीं, प्रेमी माला में बिंध प्यारी को ललचाऊँ।
चाह नहीं सम्राटों के, शव पर हे हरि डाला जाऊँ।
चाह नहीं देवों के सिर पर चढ़ूँ, भाग्य पर इठलाऊँ।
मुझे तोड़ लेना वनमाली, उस पथ पर देना तुम फेंक।
मातृ भूमि पर शीश चढ़ाने, जिस पथ जावें वीर अनेक।

प्रथम स्त्री स्वर : वन्दना के स्वरों में स्वर ही नहीं, अर्चना के रनकणों में एक कण और मिला देने का ही नहीं, स्वयं कवि अपना शीश बलिदान कर देने के लिए उत्सुक है। कवि सोहनलाल द्विवेदी के इस निवेदन को कौन भूलेगा—

पुरुष स्वर : वन्दना के इन स्वरों में, एक स्वर मेरा मिला लो।
बन्दिनी माँ को न भूलो, राग में जब मत्त झूलो।
अर्चना के रत्न कण में, एक कण मेरा मिला लो।
जब हृदय का तार बोले, शृंखला के बन्द खोले।
हों जहाँ बलि शीश अगणित, एक सिर मेरा मिला लो।

स्त्री स्वर : माधव शुक्ल की यह सात्विक और बलिदानी भावना हमारे मन में आज भी प्रेरणा बनकर गूँज जाती है। आज भी यह बात उतनी ही सार्थक है जितनी उस समय थी। हम गरीब

रहें पर हमारा देश आजाद रहे, हमारा सर हमारे प्राण चाहे न रहें पर राष्ट्र हमारा स्वतन्त्र रहे!

दूसरा पुरुष स्वर : मेरी जां न रहे मेरा सर न रहे, सामां न रहे ये साज रहे।
फ़कत हिन्द मेरा आजाद रहे मेरी माता के सर पर ताज रहे।
मेरी टूटी मड़इया में राज रहे, कोई गैर न दस्तनदाज़ रहे।
मेरी बीन के तार मिले हों सभी, इक भीनी मधुर आवाज रहे।
ये किसान मेरे खुशहाल रहें, पूरी फसल ही सुख साज रहे।

और इस परवाने ने अपना स्वरूप भी स्पष्ट किया है। उनकी वास्तविक प्रेमिका आजादी है। ये तूफानी दरिया हैं और सबसे बड़ी बात यह कि वे मनुष्य हैं एवं उनके अनुसार मनुष्यता की सबसे बड़ी विशेष कला यही है कि वह *दानवता* के आगे शीश नहीं झुकाती। एक अप्रसिद्ध कवि की यह प्रेरक वाणी आज भी *दानवता* को भयभीत करने के लिए यथेष्ट है–

भोले हरिणों के युगल नयन, उस दुष्ट वधिक से थे।
मेरे आँसू सरिता में, तू अपने पाँवों को धो ले।
मेरा इसमें कुछ दोष नहीं, हम तो स्वर के दीवाने हैं।
है आजादी जिनको लैला, हम वे मजनू मस्ताने हैं।
मृदु तानों पर मरने वाले, हम बीन बजाना क्या जानें।
हम वे सागर गम्भीर नहीं, जो मर्यादा में मरते हैं।
हम तो तूफानी दरिया हैं, जो बाँध तोड़ कर बहते हैं।
तरु होकर अपने कुसुमों को, हम कैसे स्वयं मसल डालें।
इन विद्रोही उद्‌गारों को, हम कैसे स्वयं कुचल डालें।
मानव हैं दानव के आगे, हम शीश झुकाना क्या जानें।

स्त्री स्वर : धीरे-धीरे यह अनुभव किया जाने लगा कि देश उठ कर जाग रहा है। अब एक नयी राष्ट्रीयता, एक नयी कौमियत हिलोरें लेने लगी है। युगों के बाद भारतमाता फिर जागी है, फिर से देशवासियों में निराली लगन लग गयी है–

उठो सोने वालो सवेरा हुआ है, वतन के फकीरों का फेरा हुआ है।
जगो तो निराशा निशा खो रही है, चलो मोह की कालिमा धो रही है।
न अब कौम कोई पड़ी सो रही है, तुम्हें किसलिए मोह घेरे हुआ है?

उठो सोने वालो सवेरा हुआ है।

इस जागरण के हिमाद्रि तुंग श्रृंग से स्वयं प्रभा समुज्ज्वला स्वतन्त्रता की पुकार पर देश के जो अमर्त्य वीर पुत्र आगे बढ़े तो फिर कोई शक्ति उन्हें रोक नहीं सकी।

पुरुष स्वर : निराला ने जिस श्यामा का आह्वान किया था वह जमकर नाची। उस नृत्य की लय में स्वतन्त्रता आकर रही। और आज जब ये छन्द मन में प्रेरणा बन कर गूँजते हैं तो यह भी कहने को मन होता है कि इस गूँज का उपयोग होना चाहिए। छन्दों का यह क्रम जुड़ता रहे। यह गूँज परम्परा बन जाये, यही हम सबकी कामना भी है और प्रयास भी।

पर नहीं और भी स्मारक होंगे—देश का निर्माण उनका सर्वश्रेष्ठ स्मारक होगा और कठिनाइयों के इन प्रेरक छन्दों की गूँज उनकी सर्वोत्तम यादगार होगी। हम विश्वास करते हैं कि छन्दों का यह क्रम जुड़ता रहेगा और शहीदों के प्रति हमारी श्रेष्ठतम श्रद्धांजलि भी होगी।

1965 (अप्रकाशित)

चिट्ठियाँ और पत्र
(1956-1964)

पत्नी कमलेश के नाम चिट्ठियाँ

मित्र नामवर सिंह को सम्बोधित पत्र

पत्नी कमलेश के नाम चिट्ठियाँ

32/147, बगिया मनीराम, कानपुर
18.08.56

सबसे अधिक प्रिय,

यह पत्र मैं तुम्हें लखनऊ रोडवेज के बस स्टैण्ड से लिखना शुरू कर रहा हूँ ताकि कानपुर पहुँचते-पहुँचते पूरा हो जाये और तत्काल तुम्हारे पास भेजा जा सके। लखनऊ मैं परसों 16 को दोपहर में कानपुर से आया था और इस समय 3 बजे लखनऊ से प्रस्थान कर रहा हूँ।

यह हिस्सा 4 के लगभग नवाबगंज से लिखा जा रहा है। मेरे आगे ही एक लड़की अपने पति या सम्बन्धी के साथ बैठी है और मैं अपनी सीट पर अकेला बैठा हूँ, बादल घिरे हैं, हल्की फुहार पड़ रही है और मुझे तुम याद आ रही हो, रानीखेत की यात्रा याद आ रही है, जबकि मेरे पार्श्व में इसी लड़की की भाँति तुम बैठी हुई थीं, और मैं बजाय बाहर के दृश्य देखने के तुम्हारी छविमुद्रा का पान करने लगता था। सच रानी, मन विह्वल हो उठा है इस समय। दिनेश तुम्हारे जाने के बाद जब आया था तो उसने कहा कि श्याम अभी जाना उतना नहीं अखर रहा होगा, चार-छह दिन बाद और अधिक मन व्याकुल होगा। बात उसने बड़े अनुभव की और सत्य कही थी। पिछले 4 दिनों से सचमुच ही मन तुम्हारी याद कर-करके थकने लगता है। छोटे वाले कमरे में ही अधिकांशतः रहता हूँ और उसकी दीवारें लगता है कि काटने दौड़ पड़ेंगी। बार-बार तुमसे मिलने को उत्कण्ठित हो उठता हूँ। मन की दशा को कैसे लिखूँ।

उन्नाव 5 बजे : पत्र तुम्हारा सुधीर के हाथ लखनऊ चलते समय मिल गया था। एक दवा Senecio होम्योपैथिक भेज रहा हूँ। इस शीशी में दो खुराकें हैं—एक अभी रात में ले लेना और दूसरी कल सुबह। कुछ थोड़ा-सा मन में गरमी या सिर में दर्द लगे तो परेशान न होना। यदि यह दवा कल रात तक असर न करे तो परसों सवेरे ही मुझे सूचना मिल जानी चाहिए, जिससे कि दूसरी दवा भेज सकूँ। उम्मीद तो है कि इससे काम चल जायेगा।

लखनऊ में जिज्जी के घर में गया था। उनकी सबसे छोटी वाली लड़की की

3-4 दिन हुए मृत्यु हो गयी है। तिवारी जी भी मिले थे। जिज्जी कुछ दुखी थीं।

हाँ बिट्टन जी से कह दूँगा कि उनके ऊपर मैं कोर्ट में मुकदमा चलाने वाला हूँ, क्योंकि 15 अगस्त को मेरा पता लगाते हुए पाण्डेय जी वहाँ लखनऊ में दद्दा के घर आये थे। मैंने कल सोचा कि उनसे मिल लिया जाये। नतीजा यह कि 2 से 3 तक मैं उनके मोहल्ले का चक्कर लगाता रहा, पर पाण्डेय जी के दौलतखाने का पता नहीं लगा और मैंने कल रात फिर 10 बजे बशीरतगंज पहुँचकर ही खाना खाया, उस चक्कर में दोपहर का भोजन ही नसीब नहीं हुआ।

कानपुर छह बजे : रात तक चाय, कॉफी और दूध ही जीवनाधार रहा। अतः जो मुझे मानसिक और शारीरिक कष्ट उठाना पड़ा, उसके लिए हर्जाने का दावा मैं करना चाहता हूँ, यह दूसरी बात है कि पाण्डेय जी को ही मैं अपना वकील बनाऊँ। हाँ यह भी सोच रहा हूँ कि ब्रजेश को इस मुकदमे का जज बना दिया जाये। बिट्टनजी तक मेरा अभियोग पहुँचा देना और फिर उनसे कह देना कि अपने प्यारे खत में (जो वे पाण्डेय जी को लिखेंगी) इस कटु बात को वहाँ तक पहुँचा दें।

सुधीर को बुखार आ गया है तेजी से। अब समस्या सामने यह है कि यह दवा और पत्र लेकर तुम्हारे पास कौन आये। तुम्हारे यहाँ की दुकान में भाई साहब ही नहीं, बापू और मामा भी बैठे हैं, नहीं तो उन्हीं को दे देता। खैर यदि दवा न पहुँच पाये और तुम्हारे पास केवल डाक से खत पहुँचे तो कल कैलाश को दोपहर के पहले ही मेरे पास घर पर ही भेज देना।

स्वीटेस्ट, तुम चार लाइनों के छोटे से खत में टरका देती हो तथा आज 10 दिन में कुल दो खत तुमने लिखे, जबकि कायदे से अब तक 5 पत्र कम से कम आने चाहिए थे। आज लखनऊ से लौटते ही मैंने लेटर बाक्स खोला, घर पर पूछा, पर तुम्हारा कोई पत्र नदारद। यह बहुत बुरी बात है।

स्वीटी कमल, छुट्टियाँ मेरी 21 तक हैं, एक दिन को बुलवा लो न। मन तुमसे मिलना चाहता है, लाखों बातें हैं। किसी तरह से तिकड़म लगाओ। रानी फिर वहीं पढ़ाई-लिखाई की भी बातें हो जायें।

हाँ डार्लिंग एक बात मजेदार सुनो। नागार्जुन की एक कविता है 'कालिदास के प्रति' उसकी पहली लाइन है—'तुम कवियों की ईर्ष्या के विषय चिरन्तन' इसी वजन पर बहुत से दोस्त कवियों ने मिलकर एक कविता बनाई है 'श्याम के प्रति' 'तुम पतियों की ईर्ष्या के विषय चिरन्तन'। हाँ, सुरेन्द्र दीक्षित भी मिले थे और बनारस के मेरे एक प्यारे दोस्त और मधुर कवि केदारनाथ सिंह ने तुम्हें प्रणाम कहा है।

पत्र खूब लिखना।

शतशत चुम्बन भेजता और याद करता हुआ

तुम्हारा ही 'श्याम'

पुनश्चः एक कविता भेज रहा हूँ। अब से 8-9 वर्ष पहले यह मुझे पूरी याद

थी। एक दिन दद्दा कहीं जा रहे थे तो मैंने भाभी को जाकर यह कविता दिखाई, उन्हें भी यह अच्छी लगी, क्योंकि शायद उनके मन की बात थी इसमें। उन्होंने पूरी कविता उस अखबार से उतार ली और याद कर लिया था। कल उनके पुराने कागजों में यह लखनऊ में मिल गयी। भाभी ने मुझे दिखाया और मैं इसे लेते आया। भेज रहा हूँ, पढ़ना। मेरे मन की भी ऐसी अवस्था है, अन्तर इतना है कि इसमें प्रवासी शब्द है और तुम मेरे लिए प्रवासिनी बन बैठी हो। कविता सुरक्षित रखना। हाँ गीत की अन्तिम पंक्तियों से मैं सहमत नहीं हूँ।

हमारा यह दृढ़ विश्वास है कि प्रणय का गीत पूरा रहेगा। उन्मत्त होकर मैं गाता हूँ और गाने को उद्यत हूँ।

इस पते पर भी लिख सकती हो, पर लिफाफे पर तुम्हारा नाम कहीं न रहे।

77/1 हाल्सी रोड,
कानपुर।

•

32/147, मनीराम, बगिया, कानपुर
20.08.56

(5 PM)

कमल मधुरतम,

तुम्हारे ऊपर गुस्सा लगातार बढ़ता जा रहा था, और बहुत डाँटकर पत्र लिखने जा रहा था कि तब तक जीजा ने पत्र लाकर दिया, वहाँ रमेश बुक डिपो में डाकिया दे गया था, सवेरे से तीन बार Letter box मैंने खोला और अभी-अभी तुम्हारा पत्र मिलने के आधा मिनट पहले बालकृष्ण से दिखलाया। पत्र का मिलना था कि गुस्सा वैसे ही गायब हो गया जैसे ईथर को हवा में रख देने से उड़ जाता है यानी कि मुझे Etherial Anger था। आज तुम्हारे पत्र के लिए जितना मैं तड़पा हूँ, डियरेस्ट तुम उसकी कल्पना भी नहीं कर सकतीं। मैं सवेरे से बेचैन था। इतनी अधिक उत्कण्ठा या न मिलने पर गुस्सा तो उस दिन लखनऊ से लौट कर भी न आया था, क्योंकि उस दिन जब तुम्हारा पत्र न मिला तो चिन्ता हुई कि अब दवा और पत्र कैसे भेजा जाये (सुधीर को बुखार आ गया था) सोचा कि बापू की दुकान की ओर चलूँ, यदि कोई कैलाश, गणेश मिल जाये तो उनको ही दे दूँ। वहाँ पहुँचकर देखा कि भाई साहब फुटपाथ पर खड़े दुकान बन्द करवा रहे हैं, बापू थे नहीं। मैं साहस कर चला गया और फिर घुमा-फिरा कर उन्हें पत्र दे दिया और यह भी हालाँकि कह दिया कि यह अनुचित है कि आपके हाथ पत्र भेजूँ, पर इस समय क्षमा करना, क्योंकि और कोई रास्ता नहीं है। दवा की शीशी पत्र में रखी ही थी, उनसे केवल इतना कह दिया कि उसमें केवल एक टूटने वाली चीज है, जरा सँभाले रहिएगा।

दवा होम्योपैथिक की एक आध दिन में असर करती है। तुम मुझे परसों तक प्रतीक्षा करके समाचार दो, यदि कोई असर नहीं है तो फिर एक Sure दवा मैं भेजूँगा, वह काफी कीमती भी है, लखनऊ से मैं 8-10 दवाएँ जान आया हूँ। तुमको By the way इतना बतला दूँ कि लखनऊ जाने का मेरा प्रमुख उद्देश्य इन दवाओं की जानकारी ही थी। असल में यहाँ होतीं तो, अब तक मैंने सब ठीक कर लिया होता, पर तुम्हारे वहाँ होने के कारण बड़ी ही असुविधा है। किससे दवा भेजूँ, कैसे Instructions दूँ और कैसे समाचार जायें! कभी-कभी तो मन होता है कि छोड़ूँ इस लोकलाज को, आखिर मैं बेशर्म तो हूँ ही और बिना बुलाए ही तुम्हारे यहाँ आ जाऊँ। अम्मा से भी दो एक बार तुम्हारे बुलाने को इशारा किया तो उन्होंने कहा कि अगहन में (नवम्बर शायद पड़े) आवेगी, गौने के बाद ही, इससे पहले कैसे आ सकती हैं।

ऐसी स्थिति में मुझे तो लगता है कि अक्टूबर में भी मैं दशहरे में तुमसे न मिल पाऊँगा, क्योंकि तुम्हारे यहाँ कोई इतनी Care या बुद्धिमानी दिखाता ज्ञात नहीं होता कि एकाध बार झूठमूठ ही बुला भेजे। जब तुम यहाँ थीं तब तो अम्मा ने दो-चार बार कहला भेजा कि मिल जायें, पर अब वह कुछ नहीं दिखाई देता। खैर, तुम्हारा मन तो वहाँ बहनों-भाइयों की उछलकूद में रमने लगा और मेरी याद अब उतनी नहीं आती, पर जरा मुझसे मेरी उत्कण्ठा और व्याकुलता दिन-दिन बढ़ती जाती है। Darling you won't believe but I was unable to sleep today in the noon. I was merely tossing over the bed. I who was a object of complaints from you that you sleep too much, you want to sleep for whole of the dayAnd whole of the night. I often try to concentrate over studies but it's all futile. Since morning I could not read even two pages of a book, after reading one or two sentences my mind goes to you, I begin to brood and recollect about you, about the days spent with you. Sometimes you and often your words and deeds creep in my mind. In such a state of mind you may imagine how I can read or think about literature. I repeat sentences and words but I do not understand them as if their meanings and implications have gone with you, Kamal, my sweet heart, infact you have given new meanings, new ideas and new outlook about the things and world and now this changed out look is again in vacuum without you.

I am glad to know Rani, that you are reading something and that you have finished 'Meghdut' the most sweet and enchanting work of that immortal poet 'Kalidas.' Here I May tell you the psychology of present state of your mind. Now a days due to seperation of your clear one, you are at an state of emotional temprament and so you have liked the emotional part that of message of 'विरह' in the 'उत्तर मेघ'। But the 'पूर्व मेघ' Part of that book is neither less important nor less beautiful. The descriptive beauty shows the keen observation to the poet and best of it is that poet has a deep and profound love and aquaintance with his country; one thing more, this portion depicts the cultural aspect of that age. I have marked some loving passages which are very much dear to me. You may read them again, one is 'तस्योत्संगे प्रणयिनि स्रस्त गंगादुकूलम' and now you may Imagine this simile with the position when you are lying in my lap (गोद) in the same position as described in that stanza.

Dear, the whole book is a marvellous example of poetic genius and it is the most lovely garland of 'विरहीजन' live I and you. You need not send that book as I have another copy with me, instead to sending it to me you may please quote some pieces which appeal to your liking. One thing more please do write atleast one page in English in every letter, so that you may have a practice of writing in English. This will prove helpful for your exams also.

प्रिये, जानती हो कहाँ सोता हूँ, छोटे वाले कमरे में तुम्हारे ही पलँग पर, पर उतना चौड़ा पलँग इधर-उधर करवटें बदलने का ही काम देता है। इस समय मेरी आँखों के सामने रानीखेत का वह दृश्य फिर आ गया है, जहाँ अपने होटल से हम लोग थोड़ा-सा ऊपर जाकर एक पुल की मुँडेर पर बैठा करते थे।

पत्र तुम्हारे सब मेज पर नहीं, जेब में डाले रहता हूँ और जब मन होता है निकालकर पढ़ने लगता हूँ।

तुम्हारे कॉलेज जाने के बारे में क्या निश्चित हुआ और हाँ 'भारत दुर्दशा' की डॉ. प्रेमनारायण शुक्ल वाली पुस्तक तुम भेज देना, तुम्हारे पास और भेज दूँगा, अभी भाभी के लिए लखनऊ भेजनी है।

Picture के कार्यक्रम में यदि घर भर आ सकता है तो फिर तुम क्यों नहीं आ सकतीं। आ जाओ दुलारी प्यारी कमल, तुम्हें जिससे देख तो लूँ। तुम्हारी तस्वीर ही आजकल मेज पर रखी सहारा देती है।

बालकृष्ण कह रहे हैं कि भाभी को लिख दो कि श्याम की और मेरी दशा एक ही है, तुम लोगों की याद में हम लोग तड़प रहे हैं। उसकी भी बीवी आजकल मायके में है नागपंचमी से ही)।

स्वास्थ्य मेरा ठीक हो रहा है। तुम चिन्ता न करना। मेरा घूमना और भीगना जारी है बाकायदा। आज मैं सवेरे श्री द्वारिका प्रसाद मिश्र, Vice chancellor, सागर यूनिवर्सिटी से मिलने गया था। उनके यहाँ स्थान होने पर उन्होंने मुझे वहाँ ले लेने का वादा किया है। इस साल भी वहाँ जगहें थीं, पर मुझे पता न चल पाया था।

अपने समाचार देती जाना, पढ़ना भी खूब। यदि 'नीलकण्ठ' पढ़ चुकी हो तो मुझे भेज देना। अपनी सम्मति भी स्पष्ट रूप से उसके ऊपर लिखना। M.C. को लेकर मैं बहुत परेशान हूँ, परसों शाम को दवा भेजूँगा। फिर हो सके तो कैलाश को

किसी बहाने भेज देना, न हो सुधीर के ही बहाने। सुधीर का बुखार अभी उतरा नहीं है, कुछ कम है। कल श्याम नारायण शायद कुछ सामान लेकर आवेंगे। पत्र जैसे ही मिले, वैसे ही समाचार देना। एक पत्र परसों सवेरे ही डाल देना कि M.C. हुआ या नहीं। चिन्ता न करना।

With Profound Love,

तुम्हारे लिए पागल
'श्याम'

•

32/147 मनीराम बगिया, कानपुर
21.8.56

प्रियतमे,

कल एक खत लिख चुका हूँ, जब तक यह पहुँचेगा, तब तक वह मिल चुका होगा। सबसे जरूरी बात जो कहनी है, वह यह कि पत्र मुझे, देवीशंकर C/o उमाशंकर केदारनाथ, हाल्सी रोड के पते पर भेजा करो। जो खत Urgent हों, उन्हें बगिया के पते पर भेजो पर उनमें ऊपर ए.डी. शंकरन लिखा करो बजाय देवीशंकर अवस्थी के तथा C/o मुरलीधर पाण्डेय अवश्य लिख दिया करो, क्योंकि यदि देवीशंकर के नाम से मनीराम बग़िया चिट्ठियाँ आती हैं तो डाकिया रमेश बुक डिपो में दे जाता है और वहाँ से एकाध चिट्ठी के गायब हो जाने का खतरा है। जैसा कि तुम जानती हो कि Newly married couples की चिट्ठियाँ अक़सर लोग पढ़ना चाहते हैं।

श्यामनारायण सिंह आ रहे हैं, जरा इनकी खातिर करा देना, बिल्कुल नौकर की तरह Treat न करना।

आज लेख को पूरा करने के निमित्त अभी अंचल के संग्रह 'वर्षान्त के बादल' के पन्ने उलट रहा था। एक स्थान पर मन अटक गया।

सारी रात हवा गरजी है, बादल बरसे सारी रात।
बिजली की तड़पन में मेरे प्राण न सोये सारी रात।।

पर रात ही क्यों, दिन भी तो इन छुट्टियों में उतना ही दूभर हो उठा है—

आज बरसते बादल, दिन काटे न कटे।
धुँधला-धुँधला सूनापन गहरा होता है,
बिछुड़न डूबा मन व्याकुलता में रोता है
आ जाती हो लौट-लौट कर बार-बार तुम मेरे मन में
आँसू रुकी मचलती आँखों की श्यामलता ले चितवन में
दग्ध पपीहे सा मेरा मन
जल बूँदों के गीत बिसरकर

प्राण! तुम्हारा नाम रहे

आज बरसते बादल दिन काटे न कटे।

इसी संग्रह में 'अंचल की एक और कविता है 'मेरी तुम'। वह कविता मेरे बारे में अत्यन्त सही है। लो, सुनो—

मेरे पौरुष की दृढ़ता का भाल झुका—गौरव टूटा
मिलते ही पहले दिन तुमने मेरा विजयी मन लूटा
डोल उठा संकल्प हुआ अस्थिर सुख का विश्वास अचल
मेरी अविनाशी क्षमता में जागी कैसी क्षुब्ध अनल
जी करता है कर दूँ, तुमको नयी शक्ति का उदयाचल
तुम्हें विजित जीवन पर छायी कहूँ अमरता की हलचल।

तुम्हें तमाम कविताएँ सुना-सुना कर बोर कर रहा हूँ, यद्यपि यह जानता हूँ कि तुमको कविता-साहित्य आदि से उतना प्रेम नहीं है, पर आदत से और पेशे से मजबूर हूँ। इस सम्बन्ध में एक मजेदार कहानी तुम्हें सुनाता हूँ। पुराने जमाने में किसी गुरुकुल में एक विद्यार्थी पढ़ता था, उसे पहलवानी, कुश्ती आदि का बड़ा शौक था और वह हर समय मल्लयुद्ध की ही बातें करता था। उसका विवाह हुआ, गुरुओं ने आशीर्वाद देकर उसे गृहस्थ जीवन में प्रवेश करने की आज्ञा दी। सुहागरात को उसने रात के दो बजे के लगभग आकर अपने गुरु का दरवाजा खटखटाया। गुरु जी ने घबराकर पूछा—बात क्या है, खैरियत तो है। उसने कहा कि खैरियत ही तो नहीं है। 'वह' तो बैठी रो रही है। गुरु जी ने कहा-सब हाल विस्तार से बताओ। चेले ने कहा कि "जब हम लोग शयनकक्ष में गये तो वह मुँह झुकाए बैठी रही, मुझे बात करने का कोई Topic न सूझा तो मैंने कहा कि लाओ हाथ बढ़ाओ, तब तक हम पंजा लड़ावें। मैंने पंजा लड़ाने के लिए हाथ बढ़ाया तो वह मुँह घुमाकर रोने लगी और मैं तब से हैरान हूँ कि कैसे चुप करूँ।" गुरू जी ने डाँटते कहा कि तू अपनी आदत से वहाँ भी मजबूर रहा। सुहागरात प्रेम करने के लिए होती है कि पंजा लड़ाने के लिए।

यही दशा इस समय मेरी है, मैं तुम्हें कविताएँ लिखता जा रहा हूँ। खैर!

'युगचेतना' का एक अंक भेज रहा हूँ। 'साहित्यकार' का भी नया अंक आया है, उसे एकाध दिन बाद भेजूँगा, पर मेरी सारी पत्रिकाएँ सुरक्षित रखना। उपन्यास 'चाणक्य' भी तुम्हारे पढ़ने के लिए भेज रहा हूँ। इसको शीघ्र ही पढ़कर वापस कर देना।

कल मेरा कॉलेज 11.45 से 2.45 तक का है। चार बजे के लगभग घर आऊँगा। यदि श्यामनारायण जल्दी में हों तो फिर डाक से लिखना। जल्दी में चार लाइन घसीटकर फुरसत न पाना। बाकी सब ठीक ही है। सुधीर अभी पूरी तरह अच्छा नहीं हुआ। अजय को भी आज बुखार आ गया है। रेडियो पर गाना

सुनकर वह अकसर कहता है कि मोटर वाली मामी बोल रही है। उसे इस समय 103.3 बुखार है।

मेरा स्वास्थ्य ठीक है। भीगने-भागने से थोड़ी-सी खाँसी गले में खराश हो जाने के कारण हो गयी थी, पर अब वह भी ठीक हो रही है। लो मेरे हजार चुम्बन स्वीकार करो,

मिलने को उत्सुक

'श्याम'

•

1 PM
21.08.56

अभी-अभी मैंने एक डॉक्टर को और Consult किया, उन्होंने सबसे अधिक प्रभावशाली एक इन्जेक्शन का नुस्खा लिखकर दिया है। नुस्खा तुम्हारे पास भेज रहा हूँ। यदि थोड़ा Bold बन सको तो वहाँ किसी डॉक्टर के यहाँ इनको लगवा लो। अब मैं क्या बताऊँ, तुम्हारा वहाँ भेजना मुझको बहुत अखर रहा है, इस बात को लेकर। यह इन्जेक्शन, तो पहले लगातार दो दिन लगेंगे और फिर दो दिन का Gap छोड़कर फिर दो इन्जेक्शन लगातार लगेंगे। चारों इन्जेक्शन 12-13 रुपये के लगभग आवेंगे। पहले दो शायद 1 रुपये में आ जावेंगे, पर दूसरे दोनों 11-12 के हैं। यदि तुम लगवाने की व्यवस्था वहाँ कर सको तो इन्जेक्शन मैं भेजूँ। जल्दी सूचना दो।

कपड़े ज्यादातर तुम्हारी रुचि के पहनता हूँ यानी धोती, कुर्ता (रेशमी) और नागरा तथा जगाने का अब प्रश्न नहीं उठता, क्योंकि ठीक से नींद ही नहीं आती है। रानी, मैं तो खुद तरस रहा हूँ कि कब कमल आकर परेशान करे, कब मैं उसको घूँसे मारूँ और दबाकर चूम लूँ।

दिनेश का Appointment नहीं हो सका, क्योंकि वे Fit in नहीं करते थे Qualification में। दिनेश तुम्हारी बहुत याद करते रहे। इस समय रात के बारह बज रहे हैं, सामने मेज पर तुम्हारी फोटो रखी है, उसे उठाकर चूम लेता हूँ, पर इससे तो दर्द और भी उभरता है। सच में, इस समय मन किस कदर छटपटा उठा है, तुमसे मिलने के लिए। मन बन्धन तोड़ने लगता है मर्यादा के, बरसाती नदी के समान।

भेंट की आशा में,

तुम्हारा ही तो बहुत प्यारा
'श्याम'

•

32/147, मनीराम बगिया, कानपुर
24.08.56

मेरी कमल, Dearest to the soul,

मेरे मन में इस समय कितनी पीड़ा है, इसे इस कागज पर कैसे लिखूँ? आज तीन-चार दिन हुए उत्कण्ठित हृदय लेकर घर आता हूँ, कम्पित हाथों से लेटर बॉक्स खोलता हूँ और किंचित भर्राए गले से आकर पूछता हूँ 'मेरी कोई डाक'। और उत्तर हर व्यक्ति से 'न'। बोलो रानी, यह क्या अच्छी बात है, जो तुम मुझे इतना कष्ट देती हो? अभी-अभी सवेरे का गया रात 10 बजे आया और तुम्हारा कोई समाचार न पाकर मेरे आँसू उमड़ पड़ना चाहते हैं, बरबस रोके हूँ। कहते हैं कि पुरुष की आँखों में आँसू न आने चाहिए और सचमुच मैं कड़े दिल का गिना जाता रहा हूँ, जिसके कि शीघ्र आँसू नहीं आते, पर कमल डियर, तुमने न मालूम क्या बना दिया है कि हर बार याद कर मन उमड़ पड़ता है, और फिर जब चार दिन से सान्त्वना का पत्र भी न मिला हो। मैं नियमित रूप से पत्र लिख रहा हूँ, पर तुम्हारी ओर से कोई उत्तर ही नहीं मिलता। मन न माना, इसलिए शिकायत कर दी, खैर, पर अब परेशान न करूँगा, अपने दर्द को मन के भीतर दबा लूँगा। क्यों अपनी पीड़ा की शिकायत कर तुम्हारे मन को भी दुखाऊँ, तुम्हारे मन के हर्ष को कम करूँ। यहाँ मन नहीं लगता, सोचता हूँ 4-6 दिन की छुट्टी लेकर कहीं बाहर ही घूम आऊँ।

कल बापू और भाई साहब मिले थे। बापू से सम्बन्धित एक Application का Draft भी मैंने लिखा था। भाई साहब ने यह भी कहा कि बापू ने कहा है कि यदि अवस्थी जी चाहते हैं तो जब से चाहें, भरती करा दें। उनसे तो मैंने कुछ नहीं कहा, पर यह बात मेरी समझ में नहीं आती कि इसके द्वारा वे क्या कहना चाहते हैं। क्या उनका मतलब है कि मैं तुमको वहाँ से लेकर कॉलेज आऊँ और फिर- आने-जाने का प्रबन्ध भी सब कर दूँ। यदि ऐसी ही बात है तो फिर वहाँ बुलाया क्यों था? मैं यहाँ अपनी रुचि का आप प्रबन्ध कर लेता। मैं वहाँ इस तरह करने नहीं आऊँगा। भाई साहब कॉलेज आवें, मैं फार्म भरवा दूँगा। उसको वे ले जाकर ऑफिस में जमा करें, मोटर वाले से बात भी करवा दूँगा। तुमको लेकर कॉलेज आवें, वहाँ तुम्हारे नाम लिखने व Classes की सब व्यवस्था करा दूँगा और यदि यह सब करने में वे असमर्थ हैं तो फिर सूचना देना, मैं दूसरा Step सोचूँगा।

भाई साहब, यह भी कहने लगे कि किसी दिन हो जाइए। मैंने हाँ हूँ में बात टाल दी, पर मुझे थोड़ा बुरा अवश्य लगा, यह बुलाने का क्या ढंग है? यदि उन्हें साथ ही बुलाया था तो यह कहते कि आपको अम्मा ने बुलाया है, कल आप अवश्य

आ जाइए या अन्य किसी ढंग से कह सकते थे, यह चलती बात मुझे बुरी लगती है। खैर पर तुम किसी से कुछ मत कहना, यह तो केवल तुम्हारी Information के लिए लिख दिया।

इन्जेक्शन लेने शुरू कर दिये होंगे। उनका असर शीघ्र लिखो। प्रिये, तुम्हारा पत्र कई दिन से न आने से मुझे यह भी शंका है कि कहीं तुम्हारी तबीयत खराब न हो गयी हो अतः यदि बहुत अनुचित न समझो तो शीघ्र ही समाचार दे दो, वरना कोई बात नहीं है, मैं मजबूर न करूँगा। अपने जीवन का तो एक ही सिद्धान्त रहा है कि अपने सुख के लिए दूसरों को कष्ट मत दो।

हरदोई से पाण्डेय जी का पत्र आया है। कोई खास बात नहीं लिखी, बस कुशल-क्षेम लिखा है और यह पूछा है कि लखनऊ मैं कब तक आ रहा हूँ। मैंने उत्तर कल दे दिया है। बिट्र्टन से बता देना।

लखनऊ रेडियो का मेरा कार्यक्रम शायद 25 सितम्बर को फिर होगा, अभी बिल्कुल भी निश्चित नहीं है। हाँ तुम्हें एक चीज लिखना भूल गया था कि इस बीच एक दिन 'जोगन' देख आया था और कल 'Helen of Troy' देखना चाहता हूँ, सोमवार-मंगल तक 'देवता'। चलोगी तो नहीं किसी में। तुम्हारे बालिका वाले कार्यक्रम का क्या हुआ। तुम यदि पसन्द करो तो बालिका में भी Admission ले सकती हो और सब समाचार देना। घर में सबको मेरा यथायोग्य। जिज्जी तो चली गयी होंगी। बिट्टन जी एवं ब्रजेश को मेरा स्मरण कराना।

कल क्राइस्ट चर्च वाले जनेश्वर वर्मा मिले थे। उन्होंने विवाह की बधाई देते हुए ससुराल के बारे में पूछा, जब मैंने बताया कि कैलाश चन्द्र पाण्डेय की छोटी साली से मेरा विवाह हुआ है तो कहने लगे कि उनके यहाँ तो एक बार मैं खाना भी खा आया हूँ। अरे आज दोपहर में सुरेन्द्र पाण्डेय का लड़का धीरेन्द्र पाण्डेय मिला (धीरेन्द्र का नाम बालकृष्ण ने हरिजन रखा था। कैसे? यह सब मिलने पर बताऊँगा) वह कहने लगा कि अवस्थी जी आपकी शादी विपिन की बहिन के साथ हुई है न? कहने लगा कि उनके घर के Each and every member of the family को जानता हूँ और वे लोग भी मुझे By name जानते हैं।

रात्रि के 12 बज रहे हैं। इस समय मन बड़ा विक्षिप्त है, अब बन्द कर रहा हूँ यद्यपि नींद न आवेगी।

शतशत चुम्बनों के साथ,

तुम्हारी ही नहीं,
तुम्हारे पत्र की भी प्रतीक्षा में,
'श्याम'

•

24.08.56

पुनः अभी तय नहीं है, पर शायद इतवार को पिकनिक पर बिठूर जाऊँ। अपने प्रोग्राम लिखना।

'श्याम'

25.8.56 (प्रातः 8 बजे) कल रात बहुत ऊटपटाँग लिख गया हूँ क्षमा करना। उस समय की मानसिक अवस्था ही ऐसी थी।

'श्याम'

•

Department of Hindi
D.A.V. College, Kanpur
25.08.56

कम्मो प्रिये,

देखो तुम्हारे ऊपर 10 पेज का कर्ज लदा हुआ है और तुम हो कि ब्याज चुकाने का भी नाम नहीं लेती हो। यह बहुत बुरी बात है। एक भी खत तूने पिछले 10 दिन से नहीं लिखा और जब नक्शा दिखाना होगा, तब मेरे ऊपर असर दिखा देगी क्यों न कमोल।

परसों शाम को लखनऊ गया था, पर बशीरतगंज तक गया ही नहीं, बाहर ही बाहर कल सवेरे लौट आया। रात सुरेन्द्र के यहाँ रहा था। सुरेन्द्र की पत्नी ने तुम्हें लखनऊ बुलाया है और मैं उन्हें बुला आया हूँ।

और रानी, एक मजेदार बात बताऊँ। कल रात 10 बजे के लगभग भाई साहब और भाभी सिनेमा (दो आँखें और बारह हाथ) देख कर शर्मा रेस्ट्रां की ओर आये। बालकिशन वगैरह के साथ मैं खड़ा था, भाई साहब थोड़ा-सा झेंपे, फिर साथ ही हम लोगों को भी ले गये। खैर खाने-पीने का मन हम लोगों का था ही नहीं, सिर्फ एक-एक कोका-कोला पिया। भाई साहब ने कहा कि 'दो आँखें और बारह हाथ' बहुत अच्छी तस्वीर है, तो कम्मो डार्लिंग तुम कब उसे देखने चलोगी? तुम लोग 'नया दौर' जो देखने जाने वाली थीं, उसका क्या हुआ?

तुम जो उस दिन अस्पताल हो आयीं, उसके लिए बिट्टी दिदिया बहुत खुश हैं, तुम्हारी बड़ी प्रशंसा कर रही थीं। बिट्टन का वहाँ जाने के बारे में क्या निश्चय हुआ। चित्रा, सन्तोष को कल यहाँ भेज देना, मैं कल शायद दोपहर में तीन बजे की गाड़ी से जाऊँगा, अतः दोपहर में ही भेज देना।

और जो नये समाचार हों, देना। दीवाली की बधाइयाँ अभी से। तुम्हारे लोगों के फार्म कालेज में कब तक भरे जावेंगे? दीवाली की छुट्टी कितने दिन की हो रही है?

कल रात तेरी बड़ी याद आती रही। मैं बिहारी सतसई पढ़ रहा था और जितना

ही·पढ़ रहा था, उतना ही तुम्हारी याद भी आ रही थी। कल यदि शाम की गोष्ठी 9.30 बजे न समाप्त हुई होती तो मैं शायद कल रात वहाँ पर अवश्य आता।

और अपने हाल दो। तुम चिकन की साड़ी ले आयी या नहीं। यदि लखनऊ से मँगाना चाहती हो तो मुझे रुपये दे देना, मैं वहाँ से लेता आऊँगा।

जवाब जल्दी से देना। आजकल तुमसे रोज कॉलेज आकर मिलने का मन होता है और नये हाल क्या हैं? बताओ न डियर।

अच्छा लो अनगिनत चुम्बन।

तेरा ही

तो

•

77/1, Halsey Road, Kanpur

हिन्दी विभाग, दयानन्द कॉलेज, कानपुर

30.08.56

Dearest Darling,
My own Kamal.

आज सवेरे लखनऊ से लौटा, यद्यपि जानता था कि तुम्हारा पत्र मुझे आज मिलेगा नहीं, पर मन में कहीं एक क्षीण आशा विद्यमान थी कि शायद मिल ही जाये, पर आशा दुराशा मात्र रही। तुम्हें तो मुझे तड़पाने में ही मजा आता है न? मनोविज्ञान में इसे Sadism कहते हैं।

कम्मो डियर, तुम यह जानने को उत्सुक होगी कि लखनऊ जाने का मेरा मिशन सफल हुआ या नहीं? मुझे अफसोस है कि हम लोग सफल नहीं हुए। कैलाश बाबू काफी जिद्दी किस्म के आदमी हैं, वे झुकने के लिए तैयार नहीं हुए और न हमारे प्रस्ताव को स्वीकार किया। वास्तव में उसके कुछ और Complication भी पैदा हो गये हैं। जब तुम्हें मिलूँगा, तब बताऊँगा। मुझे ऐसा लगता है कि उस लड़की का Love-Affair और भी किसी से।

भाभी तुम्हें बहुत जोरों से पूछ रही थीं। मन्नो जिज्जी वहाँ पर गयी थीं, अनूप की तबीयत ठीक नहीं थी। बिट्टन के बारे में भी भाभी पूछ रही थीं। परसों अपनी शादी की दूसरी मास तिथि है। याद है न? उसे Celebrate कर लेना, थोड़ी देर चाहे बाहर ही घूम आना और मुझे एक प्यारा सा खत जरूर लिखना।

My sweet heart, now come to the real problem. What is the reaction of those injections? Have they gone futile and if they proved useless, have you taken advice from that compounder? Please intimate me with latest developments. One thing more, I think you and bittan both of you, should get your urine examined to ascertain the pregnancy. Tomorrow I shall be going to Dr. Seth about bittan's admission and then I will talk about the examination of urine.

Ask your compounder to give advice and if he fails to do anything, inform me at once I will try once more either medically or mechanically.

What about your studies? Has form arrived? No then write down a letter to the registrar again. I think 'Bhai Sahab' must have taken admission by this time.

कल Tablets भी भेज दूँगा, पर वे उतना Effective नहीं होंगे जितना कि यह इन्जेक्शन होंगे। आज ही श्याम नारायण के द्वारा अपना मन्तव्य सूचित करो। मैं तो समझता हूँ कि मैं इन्जेक्शन भेज दूँ और तुम दो दिन पहले और फिर दो दिन का Gap देकर किसी अपनी Friend आदि से मिलने के बहाने इन्जेक्शन लगवा आओ। इस समय थोड़ा Bold बन जाओ और जरा लज्जा का त्याग कर दो, नहीं तो फिर खासी परेशानी में फँसना पड़ेगा। इस समय मैं भी बहुत अधिक Perturbed हूँ। जल्दी सूचना दो।

तुम्हारा ही तो
'श्याम'

इन्जेक्शन का पर्चा नहीं भेज रहा, क्योंकि लेकर तो मैं ही भेजूँगा, तुम कहाँ खरीदने जाओगी, पर अपने विचार लिखो

'श्याम'

•

4.30 PM
मनीराम बगिया, कानपुर
02.09.56

बड़ी सुहानी कम्मो रानी,

अभी-अभी 'कल्पना' पढ़ रहा था, उसमें एक कहानी है, 'देवी या दानवी'। कहानी की एक पात्र है 'इन्द्रा'। इन्द्रा को पढ़ते ही मेरा मन भर आया, इस समय आँखों में आँसू आ गये हैं। क्यों? तुम्हारी याद अत्यन्त तीव्रता से आयी और मैं तुम्हें पत्र लिख रहा हूँ। शायद कैलाश आता होगा, उसको दे दूँगा।

एक और बात सुनो प्रिय, थोड़ी देर पहले सो रहा था, उतने में रेखा की एक सहेली लीलो आयी। उसकी आवाज कान में पड़ी और मैंने सपना देखा कि कैलाश आया है और कह रहा है, जीजाजी लो यह पत्र लो, कमलेश जीजी ने दिया है। 'बस' नींद खुल गयी और मैंने पूछा क्या कैलाश आया है? मालूम हुआ नहीं।

कल जब बड़े चौराहे से तुम गुजर रही थीं तो मुड़-मुड़ कर मैं देखता जा रहा था कि एक बार तो मुड़ कर तुम भी देख लो, पर मैं जानता हूँ कि भाई साहब और

बिट्टन के संकोच के कारण तुमने सिर नहीं घुमाया। घर में रात आकर मैंने बता दिया था कि कमलेश इत्यादि के साथ मैं संगीत सम्मेलन गया था। दिदिया कह रही थीं कि मुझे मालूम होता तो मैं भी चलकर कमलेश को देख आती।

तुम्हारे पढ़ने के बारे में मैं Registrar को Special permission के लिए लिख रहा हूँ। देखो यदि मिल जाये। अम्मा कह रही हैं कि Admission नहीं लिया तो Tutor वगैरह से पढ़ती रहें। मुझको बहुत डाँटा कि सब तुम्हारी वजह से हुआ। एक और मजेदार बात याद आ गयी। अभी 4-5 दिन पहले अम्मा कह रही थीं कि मुझे आजकल ऐसे सपने आते हैं कि मुझे लगता है कि श्यामे की बहू के लड़का होने वाला है। मैं मन ही मन मुस्कराता रहा। उम्मीद है कि आज तुम्हें नहा-धोकर छुटकारा मिल गया होगा। अम्मा और कुछ तो नहीं कह रही थीं। दूसरी पुड़िया खाने की तो जरूरत नहीं होगी। वह नुस्खा जो मैंने Injections के साथ भेजा था, सुरक्षित रखना।

बिट्टन ने यदि न शुरू की हो तो उनसे कहो कि दवाइयाँ खानी शुरू कर दें, क्योंकि वे ताकत की दवाइयाँ हैं और उनके लिए तो इस Pregnancy Period में और भी आवश्यक है। मैं चाहता हूँ कि 5 सितम्बर से तुम आना शुरू कर दो।

यशोधरा भाभी ने भेज दी है, उन्हें दूसरी मिल गयी है, उसे किसी के हाथ भेज दूँगा। 'अर्थशास्त्र में मूलाधार' नामक एक किताब Economics की मेरे पास है, कहो तो भेज दूँ।

नये हाल सभी देना। अपने स्वास्थ्य का ध्यान रखना, क्योंकि इसके बाद यदि खाने-पीने में जरा गड़बड़ी करोगी तो फिर Women's diseases में बुरी तरह फँस जाओगी। ...सम्बन्धी शिकायत ऐसे तो तुम लोगों को रहती है। इसलिए जरा दूध, घी और फलों का नियमित प्रयोग करना तथा अधिक गरम एवं अधिक ठण्डी पर बादी वस्तुओं का कुछ दिनों के लिए बिल्कुल बहिष्कार कर दो जैसे कि घुइयाँ आदि।

अपने और समाचार देना। खुश हो न? पढ़ाई बराबर किये जाओ। उसमें किसी प्रकार की ढील न पड़नी चाहिए? तुम्हें Good second class लाना है, इतना ख़याल रहे।

हाँ तुम्हें Family planning centre में मुझे दिखाना है, जिससे कि तुम्हारा danger period निकाला जा सके।

सारे समाचार विस्तार से देना। तुम्हें जिस चीज की आवश्यकता हो निःसंकोच लिखना। मेरे मन में तो यह साध होती है कि कमल मुझसे कुछ लाने की इच्छा तो प्रकट करे, पर तू है कि कह देती है कि मुझे किसी बात की आवश्यकता ही नहीं है।

अच्छा, अब बोर तो नहीं हो रही है मेरी सबसे प्यारी कमल, ले पत्र समाप्त कर रहा हूँ। I have not written any thing in English in this letter but you will try in full then atleast a part of that answer would be in english. I am sending back that envelope, you may see it again.

With love which is fathoms
deep and always encircles you,
yours only
'Shyam'

पुनः आज मेरे एक बहुत घनिष्ठ मित्र राधाकृष्ण अवस्थी (जिनसे विवाह में न आने के कारण मैं गुस्सा था) मिले थे। वे और उनकी श्रीमती जी हम लोगों का सप्ताह के पहले किसी दिन entertain करना चाहते हैं Valerio या Shadygrove में। तुम्हारा क्या विचार है। सूचित करना।

•

रात्रि दो बजे के लगभग
हिन्दी विभाग, दयानन्द कॉलेज, कानपुर
14-15.12.56

My Darling kammo,

I have just finished the fairing work of article. नयी कविता : कुछ सैद्धान्तिक विचार। I was deeply longing for when doing this job and again I am in dire necessity of you after finishing it. I wish that I could have received a warm kiss from you as a reward for this article; but my dearest you are at distance from me and perhaps may be sleeping a sound sleep and this is all useless wishful thinking. I have one thing more with me to be faired up, will you help me in that?

कमल पलकें बुरी तरह भारी हो रही हैं, आँखें झपक रही हैं और मैं बुरी तरह drowsiness महसूस कर रहा हूँ। अतः अब सवेरे-सवेरे 10 बजे। आज प्रातः 4 बजे के लगभग मैं तुम्हारा बड़ा ही मधुर सपना देख रहा था कि First class compartment में तुम्हारे साथ बैठा हुआ रेल से कहीं जा रहा हूँ। थोड़ी देर बाद तुम्हारी गोद में सिर रखकर सो जाता हूँ। फिर न जाने।

हाँ धर्मयुग की फोटो के बारे में डियर, लोगों के क्या Reactions रहे? किसने-किसने देखा? यहाँ तो काफी लोगों ने देखा है, कॉलेज में भी कई अध्यापकों ने देखकर बधाई दी। फोटो मैंने नहीं फड़वाई। सबको देखने दो न, फिर यदि उससे मैं फाड़ने को कहता तो वह उत्तर यह न देता कि फिर छपवाई ही क्यों है?

Girl's section के Librarian से मैंने कह दिया है, और अब उससे परिचय करा दूँगा तुम लोगों का। जिस किताब की आवश्यकता होगी, वह तुम लोगों को अपने या बालकृष्ण के नाम से Issue कर देगा।

प्रिये, उस दिन तुम लोगों को चाय न पिलाने का कारण यह था कि पाण्डेय जी आये नहीं थे, भाई साहब बड़े भी हैं, और College में Students भी हैं। Staff के कमरे में ले जाकर पिलाते नहीं बना। कुछ संकोच भी हो आया, तुम सोच ही रही थीं कि कैसे लड़के घूर-घूर कर देख रहे थे।

'श्याम'

•

हिन्दी विभाग, दयानन्द कॉलेज, कानपुर

मेरे मधुर हृदय,

ए.डी. शंकरण के नाम Addressed तुम्हारी पाती आज मिली। कैलाश के हाथ एक पत्र भेज भी चुका हूँ और एक पत्र बिट्टन के हाथ सवेरे मिला होगा। जरा सब मिलाकर जोड़ डालो कितने हुए।

Dearest, आज तुम्हें कॉलेज में देखकर कितनी प्रसन्नता हुई, उसका अन्दाज नहीं कर सकती हो, पर तुमसे वहाँ पर एक वाक्य भी नहीं बोल सका, क्योंकि वहाँ पर मुझे अध्यापक की गुरु गम्भीर मुखमुद्रा (जिसमें भृकुटियाँ जरा टेढ़ी हों, हँसी गायब हो) बनानी पड़ रही थी, पर मन हो रहा था कि बढ़कर तुम्हें बाँहों में भर लें और तेरे शिरीष मृदुल कपोलों पर दो-दो चपतें उस समय लगा देता, जब तुम क्लास रूम से बढ़कर तेजी से मेरी ओर आना चाह रही थीं। बिट्टन से मैं बात कर रहा था और इधर-उधर तुमको ढूँढ़ रहा था। तुम दिखाई नहीं दे रही थीं और मैं परेशान। सोचा कि जरा सहेलियों की लज्जा कर रही होगी। तब तक तू कूदती दिखाई दी। फिर क्या कहूँ उस क्षण को। मैं असल में लगभग 11-12 से Girl's section के Staff-Room में बैठा हुआ था, तुम लोगों का Mrs. Saxena वाला Class हो रहा था। Staff-Room में आकर उन्होंने ही मुझे बताया कि विजय लक्ष्मी और कमलेश आयी हैं।

पर तुम लोग काफी बुद्धिमान निकलीं। मैं दो बार 3.15 पर वहाँ गया पर आप लोग नदारद। तब तक तो बिट्टन का History का Class ही था। मैंने रमेश श्रीवास्तव से कह दिया था। Mrs. Verma से भी बता दिया था। शाम को College Staff Council की मीटिंग में दोनों मुझसे पूछने लगे कि आपकी साली साहिबा आयीं नहीं। मैंने कहा शायद कल से आवेंगी। मेरा वहाँ जाने का उद्देश्य क्या था दुबारा, जानती हो? तुम्हारे लिए Scarf वहाँ लाया था कि प्रथम दिन अपने College में आने के उपलक्ष्य में तुम्हें दूँगा। उस समय इसलिए न दिया था कि फिर सारे समय कहाँ लिये रहोगी, पर तुम लोग जल्दी ही भाग आयीं।

हिन्दी में पं. कृष्णशंकर का Class attend किया होगा। उनसे मैंने कह दिया था। कहने लगे वह तो मेरी बेटी की तरह है। मैंने कहा—नहीं, बहू कहिए। फिर बताने लगे कि उसकी बड़ी बहन (बिट्टन) को तो मैंने देखा है। इसको भी देखा है, जब

काफी छोटी थी। तुम लोग हिन्दी Attend किये रहो और Sociology भी Attend करो। मदन मोहन और V.K. Mathur दोनों से मैंने कह दिया है और चन्दू बाबू से हर एक के पास लिखवाकर भिजवा दिया है। अब ठाठ से हर Class Attend करो। कभी कोई पूछे तो मेरा Reference दे देना।

प्रिये, अब एक खबर सुनकर जरा खुश हो लो। तुम आज ही कॉलेज आयीं और आज ही 15 रुपये महीने हम लोगों को D.A. मिलने की घोषणा की गयी। मेरी कम्मो सचमुच बड़ी भाग्यशालिनी है।

रानी, अब देख कल जल्दी मत भाग आना। 11 बजे तक रुकना, उस समय मैं वहाँ आऊँगा, अपने पीरियड्स समाप्त करके तो तुझे Scarf दूँगा, यशोधरा में रख कर। शायद दोपहर में 11 के बाद भी मैं आऊँगा।

अम्मा, दिदिया भी आज खुश थीं कि तुम कॉलेज जाने लगीं। अम्मा पूछने लगीं कि अब मैं दूसरों से यह कह सकती हूँ या नहीं कि बहू को कॉलेज में भर्ती करा दिया है। मैंने कहा अब ढोल पीट दो कि बहू ठाठ से पढ़ रही है।

बिट्टन के क्या हाल हैं? वे भी प्रसन्न हैं न? अम्मा आज क्या कह रही थीं? तुमसे फिर बहुत-सी बातें करने का मन है। हरदोई वाले पाण्डेय जी कब आ रहे हैं। बिट्टन से बता देना बहुत से लोग बिट्टन को ही मेरी बीवी समझ रहे थे। Mrs. Indra Verma (History Deptt.) पूछ रही थीं कि विजय लक्ष्मी अवस्थी, मैंने कहा नहीं पाण्डेय। कहने लगीं यह कैसे? तब मैंने समझाया कि कमलेश अवस्थी है, यह मेरी Sister-in-law हैं। उन्हें यह जानकर कुछ खेद हुआ कि मेरी Wife History नहीं लिये है।

पूरे समाचार देना। पत्र मुझे बराबर लिखोगी। यह मत समझना कि अब तो उनके कॉलेज में ही पहुँच गयी हूँ। प्राणाधिके, सचमुच हम लोग कॉलेज में रोजाना थोड़े ही मिल पायेंगे और फिर बात तो बिल्कुल ही नहीं कर पावेंगे। तेरी कुछ सहेलियाँ मिली होंगी। हमारे-तुम्हारे बारे में क्या कह रही थीं। मुझे देखकर काफी कानाफूसी लड़कियाँ इधर-उधर करने लगी थीं। उत्तर अतिशीघ्र देना।

'श्याम'

•

32/147, बगिया मनीराम, कानपुर
21.09.56

Kammo, my darling,

यह खत तुम्हें निहायत Depressed mood में लिख रहा हूँ। रानी, अगर मैंने आज तुम्हें किसी समय डाँट दिया हो तो क्षमा करना, मेरी मनःस्थिति आज सन्ध्या को बड़ी विचित्र हो गयी थी। तुम्हारे यहाँ से लौटकर बालकृष्ण को भी डाँटा, खुद

पर बड़ा गुस्सा आया कि या तो मैं शाम को भाषण में फिर जाता ही नहीं या फिर तुम्हें ही उस समय ओमप्रकाश के यहाँ न ले जाकर सीसामऊ छोड़ जाता। द्विधामूलक स्थिति में न तो मैं भाषण सुन सका, न व्यवस्था में कुछ भाग ले सका और न तुम्हारे Sweat सम्पर्क में Evening ही Enjoy कर सका। तुम्हारे घर से साइकिल चलाता हुआ तब 8 मिनट में आर्यसमाज हॉल पहुँचा तो भाषण समाप्त होने में कुल 20 मिनट बाकी थे। हम लोगों के पहले ही डॉ. अग्रवाल वहाँ आ गये थे। मैं तो वह 20 मिनट भी भाषण में Concentrate न कर सका, क्या बताऊँ मन तुम्हारे ही पास रखा हुआ था। बार-बार तुम्हीं दिमाग में सामने आ जाती थीं। डिनर में भी डॉ. अग्रवाल के यहाँ गया, पर बोलने का मन न हुआ और फिर उन्हें पहुँचाने स्टेशन भी नहीं गया। इस समय अत्यधिक थकावट महसूस कर रहा हूँ। एक तो आज Cycling भी बहुत करनी पड़ी। भाई साहब को भी मैंने एक Mild झाड़ बताई। सच कमल! इस समय मन हो रहा है कि रो पड़ूँ पर एक ओर जीजा पढ़ रहे हैं, अम्मा भी थोड़ी दूर पर हैं, नीचे दिदिया हैं, यह विवश मन इस समय रोने के लिए स्थान भी नहीं पा रहा है। कम्मो, इस समय तुम क्यों नहीं दौड़कर मेरे पास आ जातीं, तुम्हें आलिंगन में कस लेने से मेरे आँसू सूख जावेंगे। मन कितना छटपटा रहा है, इसकी पीड़ा को क्योंकर अनुभव करोगी। टाक Fair करनी है, पर इच्छा है कि फाड़कर फेंक दूँ। यदि तुम्हें मेरे से इतनी दूर रहना है तो बता डियर फिर आकर मेरे मन को क्यों इतना मथ दिया? तूने आज मुझसे शाम को क्यों नहीं जोर देकर यह कहा कि नहीं भाषण में जाने का कोई काम नहीं है, चलो मेरे साथ घूमने चलो। यदि तुमने इतना कह दिया होता तो क्या मैं चल न देता; मेरे लिए तू अधिक Important है, बजाय उस भाषण के जिसे कि वाकई मैं सुन भी नहीं सका। सारा समय सड़कों की दूरी नापने में कट गया। मेरे मन में तुलसीदास की एक पंक्ति ही गूँज रही है—

"डासत ही गयी बीति निशा;
कबहुँ न नाथ नींद भरि सोयो"।

बिस्तर बिछाने में ही रात बीत गयी कभी नींद भर सो ही नहीं पाया।

और उर्दू का एक शेर तो तुमने सुना ही होगा—

न खुदा ही मिले, न विसाले-सनम—या
दुविधा में दोनों गये, माया मिली न राम।

मैं अपना थोड़ा-सा मानसिक विश्लेषण उपस्थित करना चाहता हूँ जिससे भविष्य में तुम मुझे उचित राय दे सको।

जिस समय मैं किसी द्विविधा या अन्तर्द्वन्द्व में होता हूँ, मैं रोशनी के लिए दूसरों की ओर देखता हूँ और उस समय तनिक से संकेत में मुड़ना चाहता हूँ। जैसे कि आज मैंने तुम्हारी इच्छा की एक झलक भर पा जाने के उपरान्त वैसा ही करना

चाहा। अगर तुम तनिक जोर देकर कह देतीं तो में शाम आज तुम्हारे ही साथ बिताता, पर तुम्हारी मेरे ऊपर ढालने की वृत्ति और चुप्पी ने विवश कर दिया कि मैं Wrong Step लेता चला जाऊँ।

मैं जो दरवाजे से भाग आया तो कोई कुछ कहता तो नहीं रहा। अम्मा बुरा तो नहीं मान गयी। मैं जल्दी में उनसे यह भी कहना भूल गया कि कल सवेरे उनको डॉ. बनवारीलाल के यहाँ जाना है। अब उनसे कह देना कि सोमवार को सवेरे 9 बजे वे वहाँ पर आ जायें। मुझे आज बिट्टन और ओमप्रकाश पर भी बड़ा गुस्सा आया। पहले बिट्टन तुम्हें छोड़कर चली गयीं और फिर मैं ओमप्रकाश के घर इसलिए गया कि उनकी पत्नी आवेंगी तो साथ ही तुम भी चली आओगी, पर वे न आयीं, इस कारण भी काफी अव्यवस्था हो गयी। Any how throw it away, be happy and cheerful. We should be careful in future not to commit such mistakes. You have not written me in English since a long time has passed. Please do write in English to me. One thing more After our departure from meston road, so many ladies came to that function. Whether Bittan was asking some thing or not? तुम कहीं उन पर जाकर अपने स्वभाव के अनुसार बरस तो नहीं पड़ी थीं। अपने को Control में रखने का सतत् प्रयत्न करना चाहिए।

ऊपर चाँदनी फैली हुई है और सुमन की यह पंक्तियाँ मन में फिर उभर रही हैं–

"चाँदनी छाई किसी की याद आयी"। उस दिन ऊपर छत की चाँदनी में मदमस्त होकर हमारा-तुम्हारा जीना और परिरम्भ मुझे फिर आकुल बना रहा है। अज्ञेय की एक पंक्ति है–

शरद चाँदनी बरसी
अंजुली भरकर पीलो।

मैं चाँदनी को अंजलि भरकर पीना और तुम्हारे मदिर होंठों को पिलाना चाहता हूँ जिनके तनिक से स्पर्श से मेरा रोम-रोम प्रफुल्लित हो उठता है।

अम्मा पूछ रही थीं कि कमलेश वगैरह भाषण में आयी थीं या नहीं। मैंने ना ही कर दी। कौन उनको पूरा विवरण बताने बैठे। हाँ मेरी Radio-talk के बारे में तय नहीं है कि 9-9:30 के बीच होगी या 2-2:30 के बीच। तुम दोनों समयों पर सुनना। 9 बजे न हो तो कॉलेज से जरूर चली आना, पर सुनना जरूर। मैं अपनी टाक का एक ही श्रोता चाहता हूँ–कम्मो को।

और नये समाचार देना। मेरा स्वास्थ्य ठीक है, परेशान न होना। इधर दो-तीन दिनों में Strain ज्यादा पड़ गया था, पर अब ठीक हो जायेगा। तुमने आज तो Tonic मँगाया नहीं होगा। भाभी के Injection लगने शुरू हो गये होंगे। उनकी रिपोर्ट मुझे देना। और अगर Successful हो जाये तो भाभी से कहना कि मेरी फीस Consultation की भेज दें।

तुम्हारे लिए एक किताब 'अर्थशास्त्र के मूलाधार' रखी है, किसी दिन भेज

दूँगा। अपने हाल देती रहना। लखनऊ जाने के पूर्व मुझे तुम्हारा पत्र मिल जाना चाहिए। मैं सोमवार की शाम को लखनऊ जाऊँगा। 4:30 बजे शाम की गाड़ी से बालकृष्ण भी जावेंगे। और घर के समाचार देना। खूब प्रसन्न रहना। रोना बिल्कुल नहीं। सम्भव हुआ तो 1 अक्टूबर को पुनः मिलूँगा।

तो इस लिफाफे में लिपटे मेरे लाखों चुम्बन आ रहे हैं, इन्हें स्वीकार करना। मेरा मन इस समय चारों तरफ से तुमसे घिरा है और तुमको घेरे रहना चाहता है। मैं तो सोचता हूँ कि 25 दिन की छुट्टियों में तुमसे दूर बाहर कैसे रहूँगा।

तेरे ही लिए

विह्वल और पागल
'श्याम'

•

22.09.56

My sweet heart,

इस समय रात के सवा दस बजे हैं, दिन भर की थकावट से चूर हूँ। सवेरे 11 बजे कॉलेज गया था और शाम को 7 बजे लौट कर घर पहुँचा हूँ। 11 बजने में दस मिनट बाकी थे, तब परेड होकर मैं तुम्हारे कॉलेज के फाटक पर से गुजरा, पर तुम नहीं दिखाई पड़ीं। कॉलेज में आज Radio-Talk साफ की, फिर उसे शाम को Post किया।

इस समय रानी, मन नहीं लग रहा है। फ्रांसीसी उपन्यासकार इमाइल जोला का उपन्यास 'Germinal' पढ़ रहा था, पर 20 पृष्ठ के आगे पढ़ने का मन नहीं हुआ। नींद भी नहीं आ रही है, क्या करूँ? कम्मो, जरा तुम आकर मुझे सुला जाती तो कितना अच्छा होता। मेरे एक मित्र हैं पं. रमानाथ अवस्थी, उनकी कविता है–

रात आयी सुधियाँ लायी
दिन बटोर ले गया।

दिन में तो काम की भागदौड़ के कारण मन लगा रहता है, पर शाम होते ही उदासी घेरने लगती है। याद आने लगती है। सच बताना कि क्या तुमको भी इतनी ही याद आती है।

हाँ एक बात बताओ, वह मेरी खूबसूरत फाइल, जो छोटी-सी थी और खटके के साथ बन्द होती और खुलती थी, क्या तुम्हारे पास है। समझ गयी न, काली-काली थी। मुझे यहाँ मिल नहीं रही है और एक डायरी भी गायब है। रमानाथ अवस्थी की किताब 'रात और शहनाई' का भी पता नहीं है, लिखना इनमें कोई चीज तुम्हारे पास है तो नहीं?

डियर, आज मैंने तुम्हारे खत की इन्तजारी बहुत की, पर तुमने तो जैसे शपथ खा रखी है कि तड़पने दो श्याम को, पर पत्र न लिखूँगी। ठीक है अपना-अपना भाग्य। मेरे जैसे डाक के शौकीन आदमी को उसकी बीवी ही पत्र नहीं लिखती। परसों मैं लखनऊ जाऊँगा। यदि बहुत परेशानी न हो तो पत्र लिख देना, जिससे कि लखनऊ से लौटते-लौटते मुझे कम-से-कम तुम्हारा एक पत्र तो मिल जाये। बुधवार को मेरी Class डेढ़ बजे समाप्त हो जायेगी। क्या उस दिन कुछ देर कहीं घूमा-घामा जाये?

और नये समाचार देना। मेरा कल का खत मिल गया होगा।

तुम्हारा ही
'श्याम'

•

प्रातः : 9:30
Department of Hindi
D.A.V. College, Kanpur
26.09.56

मेरी ही कमल,

आज रात 1 बजे के लगभग जब लखनऊ से घर आया तो तेरी प्यारी मीठी चिट्ठी मिली। पढ़ते-पढ़ते तेरी याद इतनी उमड़ी कि मेरे आँसू आ गये, मैंने दो बार पढ़ा और फिर उसी समय उत्तर देने की सोची, पर फिर लिखा भी कि कोई जाग रहा है, अम्मा दिदिया कहेंगी चैन नहीं है, आते ही प्रेम-पत्र लिखा जाने लगा, क्योंकि तुम्हारी याद सारी रात Haunt करती रही, मैं ठीक से सो नहीं सका।

प्रिये, कल तुमने Radio Talk सुनी होगी। मैं रेडियो पर बोलता जा रहा था और सोच रहा था—तुम्हारे बारे में। मुझे ऐसा लगा कि तुम मेरे सामने बैठी हुई प्रेममयी नजरों से देख रही हो। Talk के दोष लिखना। घर में और किसने-किसने सुना था?

I also went in the girl's section and remained at the gate, Bal krishna went inside but he was not able to search you or Bittan.

तुमनें जब बिट्टन से कहा कि श्याम बहुत नाराज हो रहे थे तो कुछ कहा तो नहीं उन्होंने। लखनऊ में तुम्हारी बड़ी याद आ रही थी। 'धर्मयुग' के चित्र को लेकर बड़ी चर्चा है, लोग बड़ी शिकायतें कर रहे हैं कि मुझे बताया तक नहीं। सुरेन्द्र दीक्षित और सुरेन्द्र तिवारी दोनों तुमको पूछ रहे थे। दिनेश तो कानपुर ही आया हुआ है। उसको उसकी ससुराल भेज रहा हूँ कि बिना बुलाये चले जाओ। जन्मपत्री उसको दी है, अब गणना करके बताएगा, पर general features काफी अच्छे हैं।

मुझसे उस दिन एक बड़ी गलती हो गयी। मैं सोमवार को सवेरे अस्पताल आने के लिए बिल्कुल भूल गया। अम्मा कहीं आयी हों और आकर लौट गयी हों, मैं

सचमुच बड़ा शर्मिन्दा हूँ। उनसे कह देना कि श्याम माफी माँग रहे हैं। हाँ अब मुझे फुरसत है, जिस दिन वे चाहें, उस दिन मैं उनको दिखा दूँ। तुमसे या भाई साहब से कहला दें एक दिन पहले और मैं आ जाऊँगा अस्पताल।

मेरा स्वास्थ्य बिल्कुल ठीक है। गोकि तुम्हारे चले जाने के बाद मेरा वजन चार पौण्ड घट गया है। पहले 8 पौण्ड बढ़ गया था, शादी के बाद।

और वहाँ घर के समाचार देना। गिरिजा कुमार माथुर आजकल मास्को गये हुए हैं। वहाँ से लौटकर आने के बाद उनका Transfer भोपाल हो जायेगा।

हाँ जिज्जी के यहाँ मैं कल जा नहीं पाया। पिछली बार जब खेमका के साथ गया था, तब भी उन्हें मालूम हो गया था। कहीं नाराज न हो गयी हों। मैं इस बार जाना तो चाहता था, पर एक दिन में कहाँ-कहाँ जाया जाये। फुरसत ही नहीं मिल पायी और आज छुट्टी होते हुए भी इसलिए भाग आया कि यहाँ तेरा पत्र रखा होगा और मेरा मन लखनऊ में लग नहीं रहा था। जरा सोच, कम्मो रानी कि पहले मुझे लखनऊ में कभी बुरा न लगता था, पर कल Talk के बाद ही मुझको लगा कि जल्दी-से-जल्दी निकल जायें। 'धर्मयुग' वाली फोटो जिज्जी ने भी देखी थी, फिर सारे मुहल्ले में देखी गयी। डॉ. मेहरोत्रा के यहाँ तो 'धर्मयुग' आता ही है, उन्होंने भी उसे देखा और दद्दा के यहाँ कह कर भेजा था। भाभी आजकल खूब पढ़ने में जुटी हैं। तुम भी खूब पढ़े जाना, तुम्हारे नम्बर सबसे अच्छे आने चाहिए, इतना याद रखना। तुमको जितना समय और सुविधा मिल रही है और किसी को नहीं मिल रही है। मेरा एक लेख 'कल्पना' में आ रहा है। एक 'युग चेतना' में भेज रहा हूँ। खूब मौज से रहना। मैं कहीं जाने का वैसा कार्यक्रम बनाऊँगा।

तेरा
'श्याम'

•

27.09.56
या
28.09.56

प्रियतमे,

इस समय रात के 12-1 बजे हैं, तुम्हारा पत्र मुझे आज शाम को मिला। इसलिए मैं सवेरे 10.45 पर लाल इमली के पास तुम्हें नहीं मिल सका। कल मिलने पर प्रोग्राम तय करूँगा, पर यदि न आ पाऊँ तो बुरा मत मानना, क्योंकि कल मैं जरूरत से ज्यादा व्यस्त हूँ प्रताप नारायण मिश्र जयन्ती समारोह के सिलसिले में। फिर मैं और किसी दिन श्रीमान के दर्शन प्राप्त करूँगा।

डियर, यह पत्र भी शायद तुम्हें कॉलेज जाते समय मिलेगा और तुम इसको पढ़ने का जल्दी कष्ट न करके घर में रखकर कालेज चली जाओगी और फिर शाम को फुरसत के समय पढ़ने के बारे में देखा जायेगा और उत्तर देने के बारे में तो कहा ही क्या जाये? ऐसे पत्र तो रोज ही न ननद को, न देवर को, स्वेटर बुना, बस आते ही अपने दूल्हे के लिए शुरू कर दिया। इसलिए तुम आराम से मेरे स्वेटर का विचार छोड़ अपनी पढ़ाई में लगो। अपनी तो जिन्दगी ही मस्ती और फक्कड़पन की रही है।

पत्र से ऐसा मालूम पड़ता है कि 25 को ए.बी. रोड के चार घण्टे के चक्कर में रेडियो टॉक भी नहीं सुनी, नहीं तो कुछ लिखती अवश्य, जबकि मैं केवल तुम्हारे ध्यान के लिए ही टॉक पढ़ रहा था, रेडियो पर, पर बेकार की चीजों में समय नष्ट करना ठीक नहीं। मैं व्यर्थ ही में तुम्हें बार-बार समय नष्ट करने के लिए कहता हूँ। मुझे दुख है कि मैंने लोई को तुम्हारे पास गाँठ लगाने भेजकर खामखाह सबकी नजरों में नीचा बनाया और शर्मिन्दा किया।

In Dushahra recess I intend to visit Agra and Mathura in connection with my research work, but it is not yet certain, much of the programme depends upon the purse and other circumstances. I have purchased one magazine 'समाज कल्याण' for your Sociology paper. If it is helpful to you then keep it with you otherwise return it to me.

Don't bother about my health. Somehow it is alright. Mentally I am not unsound and physically I am not a cripple and this is enough about one's health in the present time. Today I caught slight cold but I know tomorrow I shall be alright and will be able to paddle my 'Dakota' over the Kanpur streets.

And about 1st October, the decision depends solely upon you. I will come to the girl's section and if you are not in your... then please accompany me and if you are then ask Bittan to inform me about your inability. But if you are in a position to accompany me, then come to the college after taking permission from अम्मा and others to remain outside upto 7 P.M.

•

6 पी.एम.
मनीराम बगिया, कानपुर
29.09.56

मेरी कम्मो रानी,

तू है तो बड़ी सुहानी, पर करती है मनमानी। आज सवेरे से तेरे पत्र का इन्तजार कर रहा था गोकि मन में यह भी था कि नाराज होकर इस नालायक व्यक्ति को उत्तर

न दो। अभी-अभी तुम्हारा पत्र मिला। उसका हल्का कलेवर देखते ही समझ गया कि गुस्सा काफी है और फिर पहला सम्बोधन तो खैर सब कुछ प्रकट कर देता है।

खामखाह अपनी बातों को मेरे ऊपर ढालने का प्रयत्न करती हो। मुझे पत्र लिखना और पाना अच्छा लगता है, पर तुम लिखती हो कि लिखने वाले की गुस्ताखी माफ कीजिएगा। मुझे तुम्हारे साथ घूमना सुखद लगता है, पर जनाब का निर्देश है कि 1 अक्टूबर को मैं कहीं न जाऊँगी, क्योंकि मुझे परेशानी होगी और समय नष्ट होगा। अच्छा ही है मेरे भाग्य पर तरस खाओ, पर मेरा साथ हमेशा दो।

रानी, क्यों मुझे इस कदर रुला रही हो। तुम अगर मुझसे कहलाना ही चाहती हो तो तुम्हें क्षमा कर दिया। यो उसमें कोई क्षमा करने की बात तो तब उठती, जब मैं दोषारोपण करता और तुम्हें तो मैं इतना प्यार करता हूँ कि क्षमा या दोष उसके दायरे के बाहर है। इन शब्दों में तो एक परायापन है। जो हमारे-तुम्हारे बीच है ही नहीं। जानती हो, आज आँसू IV Yr. में पढ़ा रहा था, जब उसमें यह पद आया— 'बाँधा था किसने विधु को इन काली जंजीरों से' तो मेरे सामने तुम आ उपस्थित हुईं।

पर डार्लिंग, कभी-कभी मन को जब कोई बात चुभ जाती है तो कह डालता हूँ क्योंकि यदि कहा न जाये तो फिर बात मन में पड़ी-पड़ी गाँठ बन जाती है, जो दो प्रेमी हृदयों के लिए ठीक नहीं। भला तुमने तनिक यह सोचा कि जब मैं लखनऊ रेडियो स्टेशन पर बैठा तुम्हारी मूर्ति को अपनी कल्पना से प्रत्यक्ष किये टॉक पढ़ रहा था, जब बीच-बीच में मेरा मन तुम्हारे पास आ जाये कि कमल ऊपर बैठी टॉक को प्रेम से सुन रही होगी, कि उसका श्याम बोल रहा है और जब मैं यह उम्मीद करता था कि पहुँचते ही तुम्हारी प्रशंसात्मक चिट्ठी मिलेगी तो उसके स्थान पर होता यह है कि तुम टॉक सुन ही नहीं सकीं। मेरे दिल को इससे कितना धक्का लगा। तुम्हे मेरी डायरी का वह अंश याद होगा। उसे मैंने Second Night बाद लिखा था। उसमें तुम्हारे उस शाबाश शब्द पर, जो कि तुमने मेरा Academic career जानकर कहा था, टिप्पणी दी थी कि इससे अधिक बहुमूल्य पुरस्कार मुझे जीवन में अपनी पढ़ाई के सम्बन्ध में दूसरा नहीं मिला। अतः मैं तो अपनी टॉक पर तुम्हारी राय और प्रशंसा चाहता था, और दुनिया भर की नहीं, पर तुम बिट्टन की बात की Care कर लेती हो, स्वेटर के मामले में घर वालों की बातों की Care करने को तैयार हो, पर मेरी प्यारी कमल, मेरे भी मन की तो Care कर लो। मैं तो सारी दुनिया की परम्पराओं और रूढ़ियों को तुम्हारे लिए तोड़ता हूँ और तुम उन्हीं में बँधना चाहती हो। I don't care for anybody else I simply care for you.

तुमको मैंने वह पत्र लिख तो दिया, पर तुम सोच नहीं सकती कि परसों से मैं कितना क्षुब्ध हूँ।

कल सवेरे बरसते पानी में मैं कॉलेज से बकरमण्डी के चौराहे तक आया-गया और आज भी सीसामऊ तक आया कॉलेज से, पर तुम शायद आज कॉलेज जल्दी

आ गयी थीं क्योंकि लाल इमली के सामने से जब मैं गुजरा हूँ तब घड़ी में 10.43 थे। रास्ते में अनेक रिक्शे दो-दो लड़कियों के मिले। हर रिक्शे को दूर से ही देखकर मेरा मन उछल पड़े कि तुम हो, कि अब मिली कम्मो, पर हर बार निराश होना पड़ता। आखिर गोपाल टॉकीज का चौराहा आ गया और मुझे लौट आना पड़ा। फिर छेदीलाल गुप्त (लाइब्रेरियन) से मालूम हुआ कि तुम बालकिशन को पूछ रही थी। हम लोग पौने चार पर girl's section फिर पहुँचे, पर तुम नहीं मिलीं। मेरा मन इस समय इस कदर छटपटा रहा है कि कुछ कहना नहीं। कैसे तुमसे मिलूँ। इस समय पितृपक्ष है, कल पिताजी का श्राद्ध है, अन्यथा मैं अभी वहीं आ खड़ा होता। इस समय मुझे नैनीताल याद आ रहा है, जब तुम मेरे कन्धे पर हाथ रखकर ऊपर चढ़ रही थीं।

पर अब फिर देखो, तुम मेरे मन को दुखा रही हो। तुम कहती हो कि पहली को तुम न चलोगी कहीं घूमने। मैं क्या कहूँ सिवा इसके कि मेरे मन को इसमें गहरी पीड़ा होगी। दूसरी बात तुमने लिखी कि 11 और 2.45 के बीच मिल लेना, जिस समय Girl's Section लड़कियों से खचाखच भरा होता है, काफी तानाकशी होगी। यदि तुम्हें यह पत्र कॉलेज आने के पहले मिल जाये तो 3.15 तक रुकना। 3 P.M. पर मैं कॉलेज आऊँगा। सम्भव हुआ तो रास्ते में ही भेंट करूँगा। आज जब छेदीलाल से मालूम हुआ कि बालकिशन के बारे में तुम पूछ रही थीं तो मेरा ख्याल हुआ कि शायद अभी आठवें घण्टे में तुम General Section आओ। मैं Class में पढ़ाता जाऊँ और इधर-उधर किसी लड़की को देखते ही चौकन्ना होऊँ कि तुम आ रही हो, पर तुम नहीं आयी।

आज 10 दिन होने को आये, तुम्हारी शक्ल तक नहीं देखी। अच्छा जरा मुस्कराकर बता दे कि अब नाराज तो नहीं हो।

हाँ, तूने Ring वाला जूड़ा बाँधना सीखा या नहीं। पहली को Ring वाला जूड़ा कर कॉलेज आना और White dress में। मैं dress और जूड़ा देखते ही समझ जाऊँगा कि मेरा पत्र मिला या नहीं और मेरी रानी मुझसे प्रसन्न है या नहीं? और Scarf भी लेती आना, शाम को घूमने के समय बाँध लेंगे। मैंने जो Programme पहली के बारे में लिखा था, वह तुम्हें पसन्द है या फिर सिनेमा का ही तय रखूँ।

हरदोई वाले पाण्डेय जी का पत्र आया है। मैंने उनका उत्तर दे दिया है। पत्र में उनकी हिन्दी में भी काफी गलतियाँ हैं, पर यह बात कहीं बिट्टन से न कह बैठना।

तुमने यह नहीं लिखा कि अम्मा अस्पताल अब किस दिन आयेंगी। मैं आज भाई साहब से कहना भूल गया था। 'समाज कल्याण' मेरे ख़याल से तुम्हारे Sociology वाले Papers में काम देगा। मैं हर महीने इसे Contribute करने की सोच रहा हूँ। एकाध लेख भेज दूँगा तो सब पैसे वसूल भी हो जायेंगे।

और नये समाचार देना। भाभी के समाचार भी। मैं यह जानकर कृतज्ञ हुआ कि घर में अकसर लोग मुझे याद करते हैं। कल मुझे श्री परमात्मा शरण जी कचहरी

में दिखाई पड़े थे, पर कोई बात नहीं हुई। लखनऊ से मेरी शिकायत लिखते हुए बड़ी जिज्जी का कोई पत्र तो नहीं आया। हाँ देखो इधर मेरे 3 लम्बे पत्र तुम्हारे पास पहुँचे हैं, उनका एक साथ खूब लम्बा उत्तर मुझको लिखो, तब तुझे क्षमा करूँ, समझी न और ले यह दो चाँटे भी, दण्डस्वरूप अपने हाथों लगा लेना।

श्रीमती जी, मेरा स्वेटर बुनना कब से शुरू कर रही हो और स्वेटर में ही टरका दोगी कि कोटी भी बुन दोगी।

बहुत-सी बातें करनी हैं, पर तेरी शक्ल देखते ही याद रही तो सोमवार को करूँगा। घर से आज्ञा लेकर आना शाम को 7 बजे तक की।

अमित प्यार और अनन्त चुम्बनों के साथ,

तेरे लिये पागल
'श्याम'

•

Department of Hindi
D.A.V. College, Kanpur
मनीराम बगिया
02.10.56

मेरी अपनी कमल,

वहाँ से लौटकर फिर कल तेरी बड़ी याद आयी। रात को गोदाम सोने के लिए चला गया था, क्योंकि नीचे नौटंकी हो रही थी, वहाँ बड़ी देर तक फिर तेरी याद करता रहा था।

मैंने घर में यह बता दिया था कि तुम गिर पड़ी थीं, अम्मा बहुत चिन्तित हो उठीं। कहने लगीं कि वह शायद अच्छी मुहूर्त में नहीं गयी, जब से गयी, कोई-न-कोई परेशानी उसके ऊपर बनी ही रहती है, लोगों ने नजर भी लगा दी।

हाँ, कल बुधवार होगा। कॉलेज जल्दी समाप्त हो जायेगा। मेरी Class तो 11 से 1.30 तक होगी। डेढ़ के बाद में कॉलेज आऊँगा तेरे यहाँ। यदि मुझे देर हो जाये तो 2 बजे के करीब Girl's Section के दरवाजे पर मेरा इन्तजार करना, बल्कि यही अच्छा रहेगा कि 2 बजकर पाँच या 10 मिनट पर मैं उस जगह जाऊँ, जबकि अधिकांश लड़कियाँ चली गयी हों। बिट्टन से भी कह रखना कि ऊन लेने चलना है। कॉलेज से फिर हम लोग परेड की ओर आ जायेंगे Refugee market में और वहाँ फिर मेरे ख़याल से वही खरीद ली जाये लाल इमली वाली।

मुझे एक जगह जाना है, अतः जल्दी में और बड़ा पत्र नहीं लिख रहा हूँ और फिर बारी तो तेरी बड़ा पत्र लिखने की है। सुधीर से कल घूमने वगैरह के विषय में कुछ मत कहना।

हाँ, आदित्य भटनागर आज कह रहा था कि आजकल बड़ी Badminton प्रैक्टिस हो रही है, क्या यूनिवर्सिटी चैम्पियनशिप जीतने की बात चल रही है? मैंने कहा बड़े नालायक हो, जो दूसरे की बीवी के बारे में इस कदर Interested रहकर पता लगाया करते हो। ओमप्रकाश भी तुम्हें पूछ रहा था। तुम्हारे पेन में क्या खराबी है, मेरी समझ में नहीं आता। Flow तो काफी बढ़िया है, निब जरा-सा खरखराती है। मैं उसी से लिख रहा हूँ क्योंकि मेरी कलम कल कहीं गिर गयी, शायद Shady grove में। हाँ एक बात और कल तुम्हें मैं तुम्हारे रुपये दे आया था या नहीं? मेरे पास वह लिफाफा है नहीं और यह मुझे याद नहीं पड़ता कि तुम्हें जीने में दे दिया था या नहीं। कल तुम मुझे ऊपर ले गयीं और फिर मैं मुश्किल से छूट पाया और वह भी घण्टे सवा घण्टे बाद।

पत्र लिखना। चोट कहीं तंग तो नहीं कर रही।

तेरा ही तो
'श्याम'

•

दोपहर : 12.15
हिन्दी विभाग, दयानन्द कॉलेज, कानपुर
09.10.56

बहुत गुस्से में रूठी, मुँह फुलाये
मेरी कम्मो,

सुन तुझे एक पुरानी कहावत सुनाऊँ—'उल्टा चोर कोतवाल को डाँटे।' तो यह कहावत मुझे आज पूरी होते हुए दिखाई दी। कहाँ तो मैं कल शाम से इस कदर नाराज था कि तुम्हें खूब-खूब नाराज होकर पत्र लिखूँगा, पर रात दस बजे तक फुरसत ही मिली, प्रेमचन्द जयन्ती के अवसर पर मुझे भाषण देना था, उस नाराजी के ही कारण मैं खूब जोश-खरोश से बोल आया और सवेरे तक गुस्सा जरा ठण्डा पड़ गया, इसलिए पत्र न लिखा था। अभी 12 बजे सुधीर ने खाना खाते समय लेटर बॉक्स से तुम्हारा पत्र निकालकर दिया और कहा कि भाभी की चिट्ठी आयी है। चिट्ठी पढ़ी तो तेरा गुस्सा पढ़कर मजा आ गया। मैंने सोचा चलो बराबर हुआ। जितना कष्ट मुझे कल हुआ, उतना ही मैडम कमलेश अवस्थी को भी हुआ, खूब मजा आ रहा है, इस समय अहा हा-हा-हा। क्या बात हुई है, ला तेरे मुँह को चूम लूँ।

Darling, अब कैफियत सुनो। तुमसे बालकृष्ण ने यह बताया था कि मेरा आठवाँ पीरियड है। यह Class सितम्बर में लगना शुरू हुआ, अतः बहुत पिछड़ा था। फिर पिछले दो Turns में लखनऊ जाने के चक्कर में इसे छोड़ चुका था। अब यदि इसे

रोज-रोज छोड़ दूँ तो बुरा लगता है। लड़के शिकायत करते हैं। 'आँसू' खत्म करना था। अतः 3 बजे मैंने बालकृष्ण को भेजा कि जाओ कम्मो से कह आओ कि मैं 3:15 के लगभग आऊँगा, तब तक इन्तजार कर लें। वह वहाँ जब पहुँचा, तब तक आप जा चुकी थीं। उधर 3.15 पर Class छोड़कर जब मैं भागा-भागा वहाँ पहुँचा तो तुम मुझे नहीं मिलीं। मैंने हवा के Against बकरमण्डी में चौराहे तक अत्यन्त तीव्र गति से साइकिल भगायी, पर तुम्हारा रिक्शा नहीं मिला। मैं इतना अधिक उदास हो गया कि चुपचाप कॉलेज लौटकर Department के कमरे में कुर्सी पर सिर रखकर लेट गया। विभाग की मीटिंग हो रही थी। लोगों ने पूछा क्या बात है, मैंने कह दिया तबीयत ठीक नहीं है। मैं तो खुद ही यह सुनकर कि तुमने मुझे बुलाया है और बिट्टन नहीं है, बड़ा प्रसन्न हुआ था कि आज इम्पीरियल चाट हाउस में चाट खावेंगे, खूब बातें करेंगे और सेंट भी वही Evening in Paris जो मैं लाया था और तनिक-सा मुस्करा दे और देख जब मेरे पास कल आवेगी तो खूब सज-धजकर। जरा अच्छी-सी साड़ी पहनकर, पाउडर और सेंट लगाकर और चोटी करके ही। मैं भी तो अपनी कम्मो का रूप कल जी भरकर निहारूँ।

अभी कॉलेज जाना है। थोड़ी देर अब सोऊँगा। इसलिए भी कि शायद आज ही शाम को आना पड़े तो फिर रात्रि जागरण के लिए तैयार रहूँ। अब नाराज तो नहीं हो। अच्छा मुझे माफ कर दो।

With love and affection
mingled with kisses
yours own
'श्याम'

•

कुछ देर घूमे पर तू न मिली। जरा देर तुझसे इन्तजार न करते बना, मैंने तो तेरा इन्तजार 25 साल किया है। मुझे तो यह बड़ी प्रसन्नता थी कि तूने मुझे बुलाया तो। अरी कम्मो, तूने जहाँ इतनी देर Wait किया था, बेशर्मी करके वहीं थोड़ी देर और रुक जातीं। जब तुमने मुझे बुलाया तो फिर यह तो तुझे निश्चित ही रहना चाहिए था कि मैं आऊँगा अवश्य। कल शाम को स्वयं मेरा Mood बहुत खराब हो गया था। बालकिशन को बड़ी बुरी तरह डाँटा कि तुम ठीक टाइम से नहीं गये, इसीलिए वह चली गयीं।

अच्छा जी, खैर जाओ माफ किया। अब आइन्दा ऐसा मत करना, नहीं तो दोनों कान पकड़कर तेरे होंठों का चुम्बन लूँगा। समझीं।

पाण्डेय जी का मन नहीं माना, आ ही गये। उन्हें मेरा नमस्कार देना, अगर पूछें तो। पसनी में अगर बुलाया जायेगा तो अवश्य आऊँगा, अन्यथा उसके बाद अपने

मन से इस बार तुझे रोज शाम को घुमा दूँगा। पसनी में भइया को तू क्या-क्या देगी, यह कुछ लिखा ही नहीं मारे गुस्सा में। अरे भई बिट्टन के हाथ जो पत्र भेजा था, उसका तो उत्तर दे देती।

अच्छा एक बात और तूने फिर Inland Letter का झगड़ा चलाया। लिफाफा लिख, बड़े-बड़े पत्र रख, समझीं मेरी प्यारी कमल रानी।

अब तो कल मिलेंगे ही। रोजाना दिन गिनता हूँ। आज अगर कॉलेज आवेगी तो मिलेगी ही। बड़ी बेसब्री है।

अच्छा जब आऊँ, तब खूब सुना लेना। मैं सिर झुकाकर, नाक रगड़कर, हाथ जोड़कर तेरे सारे अभियोग सुन लूँगा और तेरा दण्ड भी स्वीकार कर लूँगा, पर दण्ड कौन-सा? 'प्रभात फेरी' में नरेन्द्र शर्मा वाला 'अपराधी' गीत पढ़ लेना। मैंने शायद किताब की पोख्ती पर लिख भी दिया है।

'हूँ दण्डनीय स्वीकार मुझे
कर लो बन्दी निज भुज बन्धन में
चुप कर दो चंचल अधरों में
बस एक अचेतन चुम्बन में।'

पर हाँ देख, एक गजब न करना कि तू कहीं यह प्रतिज्ञा कर बैठे कि मेरे साथ कभी घूमने न जायेगी या कि कभी कॉलेज में न मिलोगी।

इस समय कुछ सूझता ही नहीं कि क्या लिखें। तेरा गाल फुलाये, आँसू भरा चेहरा केवल सामने उभर आता है। अच्छा अब मुँह धो डाल, पाउडर लगा ले।

•

शरद पूर्णिमा
दोपहर : 12 बजे
C/o Lt. Col K.P. Bhatnagar
Vice Chancellor, Agra University, Agra
12.10.56

Kammo Darling,

अभी दस बजे मैं लगभग आगरा पहुँचा हूँ। ट्रेन में रात काफी भीड़ रही, फिर भी मैं सोता ही आया, क्योंकि तुम जानती ही हो कि मैं कितना धाकड़ सोने वाला हूँ। कल शाम को मेरी यह बड़ी इच्छा हो रही थी कि तुमको भी अपने साथ आगरा लेता आऊँ। दुनिया भर से आज लोग ताजमहल, उस सौन्दर्य के अमर प्रतीक, जिसके लिए सरोजिनी नायडू ने कहा था, 'Tajmahal was built on bones of beauty, which were once alive' की शोभा निहारने आते हैं। सौन्दर्य और प्रेम की इस जीवित पुकार के साथ बहुत से लोग अपना Honeymoon

प्रारम्भ करते हैं। ऐसी स्थिति में तुम खुद सोच सकती हो कि मेरा मन लाने को क्यों न करता तुम्हें। पर-पर...लोग कहते Research को नहीं, घूमने जा रहे हैं। शायद तुम भी तैयार न होतीं। अतः मन मारकर चला आया। मेरा एक खत आज सवेरे मिला होगा।

भटनागर साहब के बँगले में ठहरा हूँ। Vice Chancellor का मेहमान हूँ, मेरे भी ठाठ हैं। रहने, खाने-पीने का घर से अधिक आराम है, इतना ही समझ लो। मैं जिस कमरे में ठहरा हूँ, उसमें वैसे ही ठाठदार दो पलँग बिछे हैं जैसे रानीखेत में मालरोड वाले उस ठाठदार होटल में देखे थे। दूसरा पलँग खाली पड़ा है, और फिर से मुझे तुम्हारी याद सता रही है। मुझे रानीखेत और नैनीताल के दृश्य पुनः अपनी याद में प्रत्यक्ष दिखाई पड़ रहे हैं।

रानी, मेरा स्वेटर जल्दी से बुन डालो, क्योंकि अब सर्दी पड़ने लगी है और बिना स्वेटर के मुझको कष्ट होता है और यह तो मैं भूल ही गया था कि जाड़े में बिना दस्तानों के साइकिल चलाने में अजहद तकलीफ होती है। सो तुम्हें दस्ताने भी बुनने होंगे। देखो तुम्हें काम-पर-काम बताता चला जा रहा हूँ, नाराज न होना कि श्याम तो पढ़ने ही नहीं देता।

सुधीर इतवार को तुम्हारे घर आवेगा। अजातशत्रु समीक्षा उसे दे आया हूँ। बिट्टन वगैरह के कुछ हाल मिले क्या? भाभी के समाचार दो, मुझे अत्यधिक उत्सुकता है। मैंने तो भाई साहब को काफी मना कर दिया, पर वे मान नहीं रहे थे।

अभी पत्र समाप्त कर रहा हूँ। रात को ताजमहल के सामने से तुम्हें दूसरा पत्र लिखूँगा, और थोड़ी देर में खाना खाऊँगा और फिर दो घण्टे सोकर थकान उतारूँगा रात की। आज मैंने नहाया भी खूब है। नहाने से सफर का सारा Strain जैसे धुल गया। सो लेने के बाद यूनिवर्सिटी की लाइब्रेरी जाऊँगा, वहाँ से तीन घण्टे पढ़कर फिर घूमने निकल जाऊँगा और रात को फिर ताज देखकर लौटने का विचार है। यहाँ आगरा में जमुना में खूब बाढ़ आयी हुई है। नदी के किनारे की सड़कों पर पानी भरा है और एक-आध जगहों पर तो छोटी वाली रबड़ की नावें भी चल रहीं हैं, पर इससे परेशान मत होना कि श्याम कहीं अरक्षित न हों। जहाँ पर मैं ठहरा हूँ, वह जगह नदी से 2-3 मील दूर है और यहाँ तक पानी कभी नहीं आ सकता। समझ लो कि परमट में बाढ़ है और मैं सीसामऊ में तुम्हारे घर बैठा हूँ।

अपने पूरे समाचार विस्तार से देना। घर के भी हालचाल लिखना। मेरे आने के बाद अम्मा वगैरह कुछ कह तो नहीं रही थीं। उनका चश्मा अभी बन गया कि नहीं।

पत्र मुझे तत्काल लिखना, क्योंकि यहाँ बाहर तुम लोगों के पत्र ही साहस देते हैं और पत्र छोटा-सा मत लिखना, खूब बड़ा लिखना। मैं सोचता हूँ कि आगरा में

मंगल या बुध तक रहूँ और फिर यहाँ से मथुरा या वृन्दावन जाऊँगा। मथुरा में सम्भवतः मेरा पता होगा...

C/o पं. कृष्णदत्त बाजपेयी
क्यूरेटर
मथुरा म्यूजियम, मथुरा

शेष शुभ। तुम स्वस्थ होगी।

अशेष प्यार के साथ

तेरा
'श्याम

पुनः डियर, यह ले शरद पूनो के उपलक्ष्य में तुझे एक तोहफा भेज रहा हूँ। पिछली पूर्णिमा को तुम्हें याद हो, हम दोनों ऊपर छत पर थे, जब तेरे दर्द हो गया था।

•

रात्रि : 10 बजे
ताज मैदान, शरद पूनो
19.10.56

मेरी मधुर कम्मो,

फाउण्टेन पेन घर में ही छोड़ आया हूँ, अतः पेंसिल से लिख रहा हूँ जो रास्ते में भटनागर साहब के चपरासी से ले ली थी। यद्यपि अक्षर दिखलाई नहीं पड़ रहे, पर अन्दाज से लिखता जा रहा हूँ।

Darling इस समय मैं ताजबीबी के सामने बैठा लिख रहा हूँ। मुझे यह शब्द ज्यादा Appeal करता है, बजाय ताजमहल के। ताजमहल शब्द में सौन्दर्य की उस प्रतिमा को उचित स्थान नहीं मिल पाता, जिसके लिए यह बनाया गया है। अब एक मुसलमान के अभी-अभी उच्चारण किये गये उस शब्द ने मुझे उस अर्थ को और पहचानने में सहायता की।

पत्र दोपहर में लिख गया था, पर डाक में डालने की याद नहीं रही, अतः अब साथ ही यह पत्र भी आ रहा है, गोकि अब सब पत्र तुम्हें सोमवार को ही मिल पावेंगे।

इस समय इस कम्पाउण्ड में लगभग तीस-चालीस हजार आदमी होंगे। चारों ओर शोरगुल मचा हुआ है, पर मेरा मन इन सबसे दूर या तो चमकते हुए इस सौन्दर्य को देखता है या शाहजहाँ और मुमताज की ओर लौट जाता है या फिर अपनी स्वीटी कमल के पास दौड़ आता है।

यहाँ अनेक खूबसूरत लड़कियाँ अपने प्रेमियों, पतियों एवं सब किसी के साथ घूम रही हैं, ऐसे उद्दीपन में मुझे तेरी याद क्यों न आवे। यद्यपि सुनते हैं कि इस साल औरतें कम आयी हैं, क्योंकि पिछले दो-तीन साल यहाँ बड़ी गुण्डई हुई। कई

लड़कियों को Molest किया गया। इस साल तो पुलिस आदि का भी प्रबन्ध बहुत है।

ताजमहल का सौन्दर्य, मेरी सुन्दर कम्मो, दो प्रकार का है। उसमें एक Massive grandeur भी है और Decorative beauty भी। इसी के साथ एक तीसरा भी पक्ष है उस कथा का, जो इसके साथ जुड़ी हुई है, जिसके कारण ताजमहल सुन्दर इमारत ही नहीं, प्रेम और सौन्दर्य का अमर प्रतीक भी बन गया है।

आज मुझे पाण्डेय जी की भी बड़ी याद आती रही। उनका शरीर इस भीड़ में सहायता कर सकता था। उन्हें भी आज एक पत्र लिख रहा हूँ। आज यहाँ रिक्शा आदि के भाव बहुत बढ़ गये हैं। मैं 1 रुपये सवारी पर रिक्शे में आया था। अब देखो लौटते समय क्या लें। यहाँ से भटनागर साहब का बँगला 3-4 मील है भी। चाँदनी में ही यह पत्र लिखा जा रहा है।

चाँदनी में ताजमहल की शोभा अनेक गुना बढ़ जाती है। उसका श्वेत पत्थर और पच्चीकारी का काम उसमें चमक उठता है। ऐसा लगता है कि फूलों-पत्तियों के स्थान पर बल्ब जड़े हुए हैं। पीछे जमुना अपने उफान पर है। आगरा की कई सड़कों पर पानी भरा है। मेरा रिक्शा भी पानी के बीच से आया था।

मुझे इस भीड़ को देखकर ऐसा लग रहा है कि लोग ताजमहल देखने नहीं तमाशा देखने आये हैं। उसके वास्तविक सौन्दर्य का अनुभव तो बहुत थोड़े लोग कर पाते हैं। अच्छा अब बन्द कर रहा हूँ क्योंकि मेरे अगल-बगल बैठे लोग मुझे सनकी समझ रहे हैं। एक ने रिमार्क कसा है कि कोई विरही है, दूसरा कह रहा है, नहीं कवि है और तीसरे ने जो कहा, उसे मैं सुन नहीं पाया, बाकी बँगले पर पहुँचकर लिखूँगा।

प्रेममूर्ति ताज तेरी जय हो। मैं तुझे प्रणाम करता हूँ। तुझसे एक वरदान और आशीष चाहता हूँ कि मेरा और मेरी कम्मो का प्रेम अक्षय, अटूट और मंगलमय हो। हम दोनों भी तुझे एक साथ प्रणाम करने आवेंगे, पर आज मेरा अकेला प्रणाम स्वीकार कर लो।

•

रात्रि : 12:30
20.10.56

बँगले में लौट आया हूँ। इस समय ताज में बुरी तरह भीड़ बढ़ चुकी थी। भीतर घुसने के लिए चार फर्लांग लम्बा 'क्यू' लगा हुआ है। लोग इस समय भी जा रहे हैं। भारत ही नहीं, विदेशों से भी अनेक लोग इसकी सुषमा का पान करने आये हैं। लौटते समय भी मैंने 1 रु. दिया रिक्शे के लिए।

आज लाइब्रेरी गया था। तीन घण्टे वहाँ काम करता रहा।

डीयर, एक बात तुझे विचित्र-सी बताऊँ। मैं जीवन में अब तक बाहर जाने के लिए कभी भी नहीं हिचकिचाया, पर ना जाने क्यों अबकी बार मेरा मन कानपुर

छोड़ने का नहीं हो रहा था। इसलिए चलते-चलते इतनी देर हो गयी। सोच सकती हो, ऐसा क्यों? मन तो तुम्हारे पास रखा रहता है। यदि मुझसे कोई जोर देकर कहता कि मत जाओ, तो मैं न आता।

आज मैंने जब अपना पैण्ट पहना तो उसमें रानीखेत वगैरह के तमाम कागज और टिकट वगैरह निकले। टिकट गणेश, कैलाश के लिए भेज रहा हूँ। यहाँ पर लोग कोट-पैंट पहनने लगे हैं, अभी, पर मैं तो सूती बुश्शर्ट ही पहनकर ताज देखने गया था।

अच्छा अब सोने की आज्ञा दें एक मीठे चुम्बन के साथ। दिन भर का थका हूँ। खूब जल्दी से मीठा-मीठा उत्तर लिखो।

तेरा ही तो प्रेमी
'श्याम'

•

वृन्दावन
27.10.56

Kammo, the dearest,

आज सवेरे वृन्दावन आया। गोकि तुम्हारे ऊपर गुस्सा बहुत था कि इतना कहकर आया था कि तुमने एक भी पत्र नहीं लिखा। पता नहीं लोग कहते हैं कि नारी का हृदय कोमल होता है। आज 10 दिन पूरे हो गये, न तो तुम्हारा कोई पत्र, न घर से और न उस बालकृष्ण ने ही कुछ समाचार दिया।

पर वृन्दावन की उस प्रेमभूमि में, जिसके कण-कण में राधा-कृष्ण और कृष्ण-गोपियों की प्रणय लीलाएँ अंकित हैं, जिसके हर वृक्ष की पत्ती रासलीला, दानलीला, चीरहरण और महारास की साक्षी हैं, उसी मधुर स्थल पर मेरा भी प्रेमी मन तुम्हारे लिए समुत्सुक हो उठा। मैं चाहने लगा कि मेरी भी राधा, श्याम की श्यामा यहाँ पर होती। तुम जानती हो कि प्रेमाभक्ति पर मैं रिसर्च कर रहा हूँ और प्रेमाभक्ति में रसराग कृष्ण से भी अधिक महत्त्व 'रसिकेश्वरी' का है। अतः स्वाभाविक था कि मैं अपना मान भूलकर अपनी मानिनी कम्मो को सबसे पहले पत्र लिखूँ। अब तक निश्चित कर रखा था कि एक पत्र तुम्हें अवश्य और लिखूँगा यहाँ से चलने से पहले, पर यह Shortest Possible होगा यानी उसका मैटर यों होता—

O.K.
Shyam

पर यह पत्र तो वृन्दावन लिखा रहा है, जिसके लिए स्वयं भगवान कृष्ण ने कहा था—

ऊधो, ब्रज बिसरत नाहीं
हंस सुता की सुन्दर कगरी औ' वृक्षन की छाँहीं।
वै सुरभी, वै बच्छ, दोहनी, खरिक दुहावनि जाहीं।

प्रिये, आज जब सवेरे मैं बस से उतरा तो अपने अनुसन्धान कार्य के नीरस प्रसंग में उलझने के पूर्व मैंने सोचा कि वृन्दावन के कुछ खास-खास स्थान देख लूँ। कॉलेज के एक कामर्स विभाग के सहयोगी सपरिवार आये थे, वे भी मिल गये। उनके साथ घूमता रहा। जब शाह बिहारीलाल के मन्दिर पहुँचा तो मुझे तुम्हारी बड़ी जोरों की याद आयी। अन्दाज लगाओ वहीं पर क्यों? नहीं बूझ पायी तो लो सुनो। जरा याद करो कि टेढ़े खम्भे वाले मन्दिर का चित्र तुमने कहीं देखा है। जब बिट्टन और पाण्डेय जी परसाल घूमने आये थे तो टेढ़े खम्भों वाले मन्दिर की सीढ़ियों से उतरते हुए बिट्टन की एक फोटो है, बस मुझे वही याद हो आयी और मैंने सोचा कि अगर आज तुम भी उसी प्रकार हमारे साथ होती तो कितना अच्छा होता। यों तो हर जगह मैं अकेले गया, पर हर जगह तुम्हारी याद, तुम्हारा मुख मेरे मानस चक्षुओं के सामने ही रहा।

कल मैंने ठाकुर का एक सवैया पढ़ा था, यद्यपि तुम्हारी रुचि कविता में नहीं है, फिर भी शायद तुम्हे यह पसन्द आ जाये–

ऐसे कबौं कहा कारज होत है जो मग माँझ कबौ दरसाने।
ये दिन ऐसे ही बीतत हैं, हमहूँ तरसी, तुमहूँ तरसाने।
ठाकुर और विचार कछू नहिं, ये अभिलाख हिये सरसाने।
कै हमहीं बसियै नन्दगाँव, कि आप ही आप बसौ बरसाने।

इसका अर्थ लगाओ और न समझ में आवे तो जब मैं आऊँ तो पूछना, बता दूँगा। एक पंक्ति और सुन लो–

"मोहिनी डारि कै मोहन जू वह मोहनी मूरत क्यों न दिखावत।"

Dear, तुम किसी प्रकार की चिन्ता न करना। मथुरा में भी मैं बड़े आराम से ठहरा हूँ। म्यूजियम के क्यूरेटर महोदय हैं। उनके कारण अनुसन्धान-कार्य में भी बड़ी सुविधाएँ मिल जाती हैं। खाना भी उन्हीं के यहाँ खाता हूँ।

वृन्दावन से शाम को मथुरा लौट जाऊँगा और फिर कल सवेरे आऊँगा। परसों मथुरा रहूँगा तथा फिर 30 तारीख को सवेरे वृन्दावन आऊँगा और शाम को फिर मथुरा। 31 को दोपहर तक आगरा पहुँचूँगा और वहाँ से 1 तारीख को कानपुर प्रस्थान। तुम चाहो तो मुझे आगरे को पत्र लिख सकती हो। यह पत्र तुम्हें 29 को मिल जायेगा और यदि तत्काल उत्तर लिखकर डाल दो तो मुझे 30 को नहीं तो 31 को शाम तक अवश्य आगरा आ जायेगा। आगरा का पता वही C/o भटनागर साहब, वाइस चांसलर।

स्वेटर मेरा पूरा होने को आ रहा होगा। क्या मैं उम्मीद करूँ कि जब तक मैं कानपुर पहुँचूँगा, तब तक पूरा हो जायेगा?

भाभी के समाचार क्या हैं? भाई साहब ने ऑपरेशन कराया ही होगा। आशा है कि ऑपरेशन कुशलतापूर्वक Successful सिद्ध हुआ होगा।

बिट्टन का क्या कोई समाचार आया। उनके क्या हाल हैं? दीवाली बाद कानपुर आवेंगी या नहीं? बापू के मुकदमे में क्या हो रहा है। सारे समाचार Along with your sweet words and tender feelings should come to me at once. I am longing for them. I must get them in Agra upto 31st of October.

Rest is O.K. How are your studies? I hope you are busy with your books now.

With sweet kisses and deep, clasped embraces.

your's lover

'Shyam'

यह प्रेम पाती तुम्हारे ही श्याम द्वारा लिखी गयी, जो हमारी प्यारी कम्मो को मिलनी है।

•

University Guest House

Agra University, Agra

30.10.56

मेरी मधुर कम्मो,

आज सवेरे ही मथुरा से एक पत्र तुम्हें डाला है। पत्र कुछ नाराजी में लिखा था, पर अब तुम उसे पढ़कर नाराज न होना। मेरा सारा गुस्सा तेरे पत्र ने धो दिया है, पर इतना तुम सोच सकती हो कि मेरा क्रोध उचित ही था। भला सोचो कोई इतनी दूर पड़ा हो और उसकी प्यारी कम्मो की एक लाइन भी उसे न मिले, तो कितनी निराशा हो। मैं दिन भर सवेरे 7 बजे से लेकर शाम को 7 बजे तक वृन्दावन की गलियों, सड़कों, गोस्वामियों एवं महन्तों के घरों की खाक छानकर शाम को जब लस्त-पस्त भूखा मथुरा लौटता, तो मन में केवल एक उत्साह होता कि कम्मो का पत्र आया रखा होगा, पर जब वाजपेयी जी से पूछें—कोई डाक? तो उत्तर मिले न। अब जरा मेरी मानसिक स्थिति का तुम तनिक अनुमान लगाओ। खाना फिर अच्छा न लगे और सोना उससे भी बुरा।

पर पता नहीं डाक में क्या गड़बड़ी है, जो तुम्हारा 19 तारीख का लिखा पत्र मेरे मथुरा जाने तक यानी 25 तारीख तक न आया था और आज लौटकर आने पर मिला, पर इतनी शिकायत फिर भी है कि तुमने 25 के बाद कोई पत्र और नहीं लिखा। देखो आज शाम की डाक और कल की डाक का मैं और इन्तजार करूँगा। कल दोपहर को मैं यहाँ से रवाना होऊँगा और शाम को कानपुर पहुँच जाऊँगा। मेरा

यह पत्र शायद तुम्हें कल शाम की डाक में मिले और मथुरा से लिखा पत्र शायद सवेरे ही मिल जाये। अस्तु रानी, कल 1 नवम्बर है, ध्यान रखना। मैं तुम्हारी याद लिये इतनी दूर चला आऊँगा।

तुम्हारे लिए मैं कुछ नहीं ला पा रहा हूँ, इसका मुझे बड़ा कष्ट हो रहा है, पर क्या बताऊँ, पॉकेट बिल्कुल खाली हो गयी है, वृन्दावन में तमाम किताबें खरीदनी पड़ गयीं।

डाक निकलने का टाइम हो रहा है, इसलिए अब और बड़ा पत्र न लिखूँगा। भाभी को मेरी ओर से Clear off पर Congratulate कर देना। आखिरकार भाई साहब नहीं माने।

ब्रजेश का स्वास्थ्य, आशा है अब ठीक हो रहा होगा। और सब ठीक है।

बस इस समय लगता है कि कैसे जल्दी से कानपुर पहुँच जाऊँ तेरे पास और तुझे आलिंगन में कसकर उत्कण्ठा से चूमता रहूँ। भगवान ने चाहा तो अब दो-एक दिन में मिलेंगे ही।

और नये समाचार देना। बस प्यार और उत्कण्ठा के साथ।

तेरा ही पागल

'श्याम'

कम्मो रानी बड़ी सुहानी
मत करना तुम मनमानी।
पढ़ते जाना कसकर तुम
जिससे रहे न कोई सानी।

ए.डी. शंकरन की ओर से कमलेश को।

●

रात्रि : 10 बजे

Department of Hindi

D.A.V. College, Kanpur

15.11.56

कम्मो,

यह तो तुम्हें मालूम ही हो चुका है कि मैं बीमार हूँ पर शायद यह अनुभव तुम नहीं करना चाहतीं कि बीमारी में यदि तुम्हें अपने पास पाने में असमर्थ हूँ तो कम-से-कम तुम्हारे पत्र की आशा मैं अवश्य कर सकता हूँ। बुखार परसों दोपहर से है, पर कल दोपहर तक मैं उसे Neglect करके घूमता रहा। आखिरकार फिर बुखार और बढ़ा तथा उसने लेटने को मजबूर कर दिया। दवा डॉ. राजेन्द्र जैन की हो रही

है। आज अभी तक कोई विशेष फायदा नहीं है। शायद कल कुछ मालूम पड़े। कल 10 बजे इंजेक्शन लगाने आवेगा। बुखार में पैर और सिर दोनों बहुत दर्द करते हैं, यह तुम्हें मालूम ही होगा।

बिट्टन के लिए पाण्डेय जी ने एक Present और बहुत से प्रेम सन्देश दिये थे, वे जब मैं मिलूँगा, तब उनको दूँगा, बता देना बिट्टन से।

परसों 17 तारीख को शाम को 6 बजकर 10 मिनट से लेकर 6:30 के बीच में मेरा लिखा फीचर 'आखिरी भत्ता' ब्रॉडकास्ट होगा, अगर बोर न महसूस करना तो उसे सुन लेना।

मेजपोश के लिए जो कपड़ा तुम लाई थीं, उसका उपयोग अभी तक हुआ या नहीं।

परसों लाइब्रेरी से किताब तो तुम लायी थीं?

आशा है कि सोमवार को कॉलेज जा सकूँगा। आज वे सज्जन आये थे, जो अपनी लड़की की शादी करवाने के लिए मेरे पीछे पड़े हैं। जिनकी पत्नी बहुत लड़ाका है। कुछ देर बैठकर चले गये थे।

तुम्हारा ही
'श्याम'
(बुखार में)

•

प्रातः : 10.30 बजे
हिन्दी विभाग
दयानन्द कॉलेज, कानपुर
मनीराम बगिया
17.11.56

मेरी प्राणशक्ति कम्मो,

कल दोपहर तक तुम्हारे पत्र का इन्तजार करने के बाद अपनी आदत के मुताबिक तुम्हें झल्लाकर एक पत्र लिखा है, शायद आज मिला होगा। पढ़कर तुम रोई जरूर होगी, पर तुमने भी अपना बदला निकाल लिया है, शाम को जब लेटर बॉक्स से तुम्हारा पत्र लाकर सुधीर ने कहा—लो दादा, भाभी का पत्र आया है, तो मैं काँपते हाथों से पत्र लेकर पढ़ने बैठा। सुधीर सामने खड़ा था और तुम्हारा पहला पैराग्राफ पढ़ते-पढ़ते मेरी आँखों में आँसू आ गये। मैंने पत्र पुनः बन्द करके रख दिया। जब सुधीर चला गया तो मैंने पुनः उसे पढ़ना शुरू किया। मेरे आँसू बहते जा रहे थे और मैं पत्र पढ़ रहा था। सच मान रानी, कल मैं खुद तुझसे मिलने के लिये व्याकुल था। मुझे बार-बार तेरे Eye-sore की याद हो आती थी और सोच रहा था कि अपनी उतनी भयंकर तकलीफ में भी जो कम्मो बराबर मेरे

आराम और सोने का आग्रह कर रही थी और अन्ततः मुझे सुला ही दिया था, अगर आज वह मेरे पास होती तो मुझे कितना सुख देती। खैर, तू पास न थी, पर मेरी डार्लिंग की अनन्त कामनाएँ और असंख्य चुम्बन तो मेरे चारों ओर कवच की भाँति मुझे सुरक्षित किये रहते हैं। तो खुश हो जा, मेरा बुखार आज उतर गया है। सवेरे टेम्परेचर 97.1 था, यदि शाम तक न बढ़ा (जैसी कि उम्मीद है) तो फिर परसों शायद कॉलेज भी आ सकूँ। यह भी हो सकता है कि Weakness आ जाने के कारण परसों की बजाय कॉलेज मंगल को आऊँ। आज तो दोपहर में केवल डबलरोटी का एक टुकड़ा लूँगा, खाना कब मिलेगा। डॉ. राजेन्द्र दिन में एक-दो बार देख जाता है, बड़ी लगन से दवा दे जाता है और तुम्हें पूछ जाता है। एक दिन उसने अपने घर खाने पर बुलाया है।

दिदिया कोटी के लिए नाराज नहीं है। स्वेटर के लिए उन्होंने कहा था कि तुम पढ़ने में व्यस्त होगी, इसलिए खुद बुन देने के लिए कहा था, पर कल चूँकि तुम्हारे यहाँ से मुझे देखने कोई नहीं आया, इसलिए दिदिया को कुछ बुरा लगा था। तुम जानती ही हो कि हमारे घर इस तरह की Formalities पर लोग बहुत ध्यान देते हैं, जिन पर कि तुम्हारे यहाँ नहीं दिया जाता। दिदिया कह रही थी कि आज भाई साहब अगर दुकान वगैरह में व्यस्त थे तो कैलाश, ब्रजेश वगैरह तो देखने आ सकते थे। ऐसे तो अब सब कोई हो गया है, तो क्या बीमारी में ब्रजेश वगैरह नहीं आ सकती हैं। मैंने कहा कि उन लोगों के यहाँ बीमारी वगैरह का इतना महत्त्व नहीं है, पर दिदिया को बहुत सन्तोष नहीं हुआ। कहने लगीं कि बेचारी कमलेश घबड़ा रही होगी और मारे संकोच के किसी से यहाँ तक आने को कह भी न सकती होगी। तुम अब चिन्ता न करना, पढ़ती जाना। सम्भव हुआ तो बुध को मैं थोड़ी देर के लिए आ जाऊँगा, तब उस किताब से तुम्हें कुछ पढ़ा दूँगा।

आज शाम को 6:10-6:30 के बीच मेरा फीचर 'आखिरी भत्ता' सुनना, अब शायद मेरी टॉक 4 दिसम्बर अथवा 11 दिसम्बर को होगी। रडियो पर कुछ काम हो गया था। पाण्डेय जी को उस दिन भर मैंने बड़ा बोर भी किया और मेरे चक्कर में पड़कर दिन भर वे भूखे भी रहे (यानी दोपहर को केवल चाय-टोस्ट पर रहना पड़ा) इसके लिए बिट्टन से तुम मेरी ओर से क्षमा माँग लेना।

पाण्डेय जी की चिट्ठी कल मेरे पास आयी है। पुलिस वाला रिजल्ट आ गया, उसमें वे नहीं आये। अब उन्होंने सरकार से nomination की कोशिश कराने के लिए कहा है, कल वे दद्दा से मिलने आये भी होंगे लखनऊ। मैंने भी दद्दा को लिख दिया है, पर हमें उम्मीद नहीं कि कुछ हो सकेगा। पाण्डेय जी को उत्तर मैंने

कल ही लिखा है। बिट्टन से कह देना कि उनको पत्र लिख रही हों तो लिख दें कि आज ता. 17 नवम्बर के National Herald में रेलवे में 12 Sub-Inspector of Railway Protection Force की जगहें उनके लायक निकली हैं, उनमें वे Apply कर दें। जगहें अच्छी हैं, कुछ कोशिश देखी जायेगी, बाद को।

लखनऊ में जिज्जी के यहाँ भी गया था मैं। पाण्डेय जी नहीं गये। इस बार तिवारी जी भी मिले थे। तुम्हारी जिज्जी की मूर्खता इस बार भी मेरे सामने आयी। मुझसे पूछ रही थीं कि महीने में कितने चक्कर सीसामऊ के लगते हैं। मैंने कहा कि यह तो आप बजाय मुझसे पूछने के अपने माँ-बाप को लिखकर पूछ लीजिए, क्योंकि मैं तो झूठ भी बोल सकता हूँ।

सूट के लिए भाई-साहब आये तो थे, पर मैं बीमार पड़ा था, इसलिए जा नहीं सका। आज भी शायद वे आवें, पर अभी आज मैं बाहर जाने की स्थिति में नहीं हूँ। भाई साहब और भाभी को भी तो उनकी ससुराल से सूट और कोट मिलना है। भाभी के लिए तो भाई साहब कहने लगे कि रुपये की चिन्ता न करिए, बढ़िया-से-बढ़िया कपड़ा खरीदवा दीजिए। मैंने उन्हें बताया कि लेडीज कोट लायक एक विलायती कपड़ा मैं 30 रुपये गज देख आया हूँ। अब अच्छा हो जाऊँ तो एक दिन तुम भी चलकर सब कपड़े देख लो और जो चाहो पसन्द कर लो। घर से तो तुम लोगों के कोट बनने की कोई उम्मीद होगी नहीं और सब क्या हाल है? सावित्री, सुषमा नहीं आयीं तो अब तुम आने के लिए उनसे न कुछ कहना और न Invite ही करना। मुझे सोमवार को ही यह मालूम हो गया था कि वे लोग नहीं गयीं। आदित्य कहने लगा कि ये लीग Sports देखने चली गयी थीं और सुषमा मारे संकोच के इसीलिए आज Girl's section की ओर नहीं गयी।

अबकी बार लखनऊ में भाभी से और मुझसे एक हल्की-सी झड़प हो गयी थी। मिलने पर बताऊँगा।

प्रिये, अब थक गया हूँ। गोकि पत्र बन्द करने का मन नहीं हो रहा है! उत्तर फौरन देना, सुधीर के ही हाथ। इसको थोड़ी देर चाहे रोक लेना।

प्यार भरे हृदय के साथ
तुम्हारा ही
'श्याम'

अजय की तबीयत भी खराब है। उसे 3-4 दिन से काफी तेज बुखार है। कल रात से उसे काफी बेचैनी है। तुमने दिदिया के पत्र का जवाब भी नहीं दिया। उन्हें अलग से पत्र लिखना।

•

दोपहर : 1.15
Department of Hindi
D.A.V. College, Kanpur
18.11.56

My Sweet Angel,

अभी-अभी सुधीर ने तुम्हारा प्यारा लिफाफा लाकर दिया। उसकी मोटाई देखकर मन प्रफुल्लित हो उठा। ऊपर आकर खोला तो उसमें एक पुराना पत्र भी निकला। पत्र तो कल का लिखा हुआ था और मेरे पत्र के उत्तर में कुछ लिखा नहीं गया था। इधर-उधर के References भी सब के सब Disjointed हैं।

मुझको कल शाम को ही यह पता चल गया था कि Mrs. Shukla कॉलेज आयी थीं और मैंने यह अन्दाज लगाया था कि वे तुमसे जरूर मिली होंगी। एक दिन उनके यहाँ चलना जरूर है। यह भी सूचना आ गयी थी कि तुमने बालकृष्ण का पता लगाने की कोशिश की थी।

मेरी तबियत, डार्लिंग, अब बिल्कुल ठीक है। बुखार अब बिल्कुल नहीं है। अभी-अभी 5 दिन बाद मैंने मूँग की दाल, रोटी, लौकी की सब्जी तथा टमाटर का सूप एवं नींबू का अचार खाया है। (तुम्हारे मुँह में पानी तो नहीं भर आया) दवा राजेन्द्र की ही खा रहा हूँ। रोज आकर देख जाता है। उसने Complete rest लेने के लिए कहा है।

बिट्टन वाले पत्र से जो उद्धरण तुमने दिया, उससे यह Clear नहीं हो पाता कि 'हम लोग अस्पताल में कब मिले थे।'

बिट्टन की जो 'Present' है, वह तुम्हें बताये देता हूँ पर उनको मत बताना, वरना सारा मजा किरकिरा हो जायेगा। छोटा-सा सफेद कंघा जो पाण्डेय जी की जेब में था, वह उन्होंने निकालकर मुझे दिया था कि यह मेरी प्रेम भेंट दे देना, पर देखो बताना मत। जरा उत्सुकता बढ़ने दो।

मेरा वह पत्र मिलते ही फौरन मुझे डाक से पत्र लिखना, मैं कल शाम की डाक में तुम्हारे पत्र का इन्तजार करूँगा। खूब बड़ा Poet या लेखक या प्रश्न पर तुम लोग Notes चाहती हो। कुछ Notes तो Already तुम्हें मैं दे आया हूँ। मुझसे तो Text और Questions बैठकर Discuss करो, यह शायद अधिक लाभप्रद हो। Questions तो कॉलेज में लिखाये ही जावेंगे। Mrs. Shukla के यहाँ जब चलना तो उनसे भी उनके Notes माँग लाना।

Something more about love,

1. Upon the thresholds of wedding nights, stand an angel smiling, his fingers on his lip.

2. Love is the sublime crucible in which is consummated the fusion of man and women.

3. To love is a consummation.

Rest O.K.

Love and kisses to my sweet
Kammo
By his only
'Shyam'

•

लखनऊ
05.12.56

Darling,

यह लाइनें समय निकालकर, दूसरों की आँखें बचाकर लिख रहा हूँ। इस समय मन का बाँध टूट गया है। मन तुम्हारी ओर भाग रहा है। कपूर साहब के छोटे भाई की शादी में थोड़ी देर पहले सम्मिलित हुआ था। खत्रियों में जयमाल बड़े समारोह से होता है। वधू जयमाल लिये धीरे-धीरे मृदु मन्द मन्थर गति से आयी, नीची आँखों, काँपते हाथों से उसने वर के गले में जयमाल डाली। वर ने भी अपने अरमानों का हार उसे पहनाया। तुम स्वयं समझ सकती हो कि उस समय मेरे मन की आँखों के आगे तुम्हारे कितने चित्र नहीं गुजर गये। तुम्हारी जयमाल के समय की सलज्ज मुद्रा, वही गति और दृष्टि-निक्षेप सभी याद हो आये। 1 जुलाई की सन्ध्या मेरी आँखों में उतर आयी। उस वर-वधू की आँखों में मुझे अपने सारे सपने, समस्त उमंगें, सम्पूर्ण अभिलाषाएँ, निखिल भावनाएँ दिखाई पड़ रही थीं। रानी, मैं कुछ लिख नहीं पा रहा हूँ। रत्नाकर के कृष्ण जैसी मेरी स्थिति है–

नेकु कही नैनन सों अनेक कही सैननि सों
रही सही सोऊ कहि दीनि हिचकीनि सों।

मेरा गला भरा हुआ है, मेरे नेत्र भरे हुए हैं, मेरा मन भरा हुआ है। कम्मो तू आ जा, तुझे चिपटाकर रो लेने का मेरा मन है। सच, क्या तू इस समय मुझे नहीं मिलेगी, मेरी

Kammo, The dearest.

•

कानपुर
07.12.56

कानपुर अभी 10:30 के करीब आया, रास्ते में भाई साहब मिले। मामा की दुकान पर पहुँचा तो कैलाश आ गया। उसने तुम्हारी कापी दी, पुर्जा उसके भीतर मिला।

गोकि मैंने कापी बड़ी ललक से खोली थी कि तुम्हारा पूरा पत्र होगा। फिर भी कानपुर आते ही तुम्हारी भाभी मिलीं तो मुझे ऐसा लगा कि मेरा फूलों से स्वागत किया गया है।

तुमने जो परसों चिट्ठी दी, उसे मैंने अभी तीसरी बार पढ़ा। कम्मो मेरी प्राण! जितनी बार मैंने पढ़ा है, मेरी आँखों ने आँसू बहाये हैं। मुझे डार्लिंग माफ कर दो, मैंने तुम्हें व्यर्थ में ही तमाम डाँटा था। मुझे इस समय बड़ा दुख हो रहा है, बल्कि आश्चर्य हो रहा है कि अपनी कोमल कम्मो को मैंने इतना डाँटा कैसे? बोलो, माफ कर दिया न, तुमने यह कैसे सोच लिया कि तुम कॉलेज आतीं और मैं मुँह घुमा लेता। ऐसी स्थिति आने के पहले ही...।

मेरे तो मन का यही कष्ट था कि तुमने मेरे प्रेम का रिक्शे में तिरस्कार कर दिया था। जब तुम ऊपर घर जाने लगी थीं, उस समय भी एक बार कह देतीं कि ऊपर आ जाओ तो मैं सब कुछ भूल जाता। तुम कल्पना नहीं कर सकतीं कि रिक्शे से उतरने के बाद मेरा मन कैसे छटपटा रहा था। सुमति के यहाँ गया, पर बैठा न रहा गया तो फिर लौटकर आया, पर इसीलिए और जल्दी उठकर भागा कि कहीं बापू के आगे मैं जोर से रो न पड़ूँ या ऊटपटाँग कहकर चिल्ला न पड़ूँ। ए.वी. रोड गया, पर कहीं मन न लगा, बालकिशन के साथ घर आया। दो-चार झाड़ उन पर भी पड़ी।

दूसरे दिन बुधवार को मुझे पहले-पहल सूट पहनना था, मेरा मन सूट पहनने का नहीं था। मैं सोच रहा था कि पहले-पहल मैं सूट पहनूँ और तुमसे कलह किये हूँ। मैंने जबरदस्ती उसे पहना, पर नहीं मेरा सूट अत्यन्त सौभाग्यशाली है। उसने तुम्हें मुझसे ला मिलाया। जिस समय तुम लाइब्रेरी में आयी और बालकृष्ण ने मेरी बाँह दबाकर तुम्हारी ओर इशारा किया तो मेरा मन हुआ दौड़कर तुमको चूम लूँ, माफी माँग लूँ और कहूँ कि मेरी कम्मो रानी, इस तरह मुझसे नाराज होकर इतना कष्ट अब कभी न देना, पर अध्यापक जो ठहरा, अपने को संयमित किया। वहाँ चपरासी खड़ा था, लड़के खड़े थे और तुम्हारी राज खड़ी थी। एक बात बताऊँ मेरे मन में उस दिन कुछ ऐसी भावना थी कि शायद तुम आ जाओ, तुम आ गयी–

'जाको जा पर सत्त सनेहू,
सो तेहि मिलहि न कुछ सन्देहू।'

तुम्हारा आँसू वाला प्रश्न पूरा कर दिया है। कल आऊँगा, तुम्हारे 10 रुपये मेरे ऊपर उधार रहे। लखनऊ में न पाण्डे जी से मिल सका और न जिज्जी के यहाँ ही गया। मेरी रेडियो टॉक अब 8 जनवरी को निश्चित हुई है। तुमको इस बार Fair करना होगा। अच्छा, लो मेरे अनगिनत चुम्बन, आलिंगन। मेरे हृदय की अजस्र भावनाएँ लो। लो अपने पागल क्रोधी श्याम के मन का अमित प्यार भी, मेरी Kammo, the dearest.

•

दोपहर : 2 बजे
21.12.56

मेरी ही कम्मो,

अभी 2 घण्टे पहले तुम्हारा पत्र मिला था। मैं कल शाम पत्र की प्रतीक्षा में बहुत अधिक रहा। पौने पाँच बजे मैं एक काम से बाहर चला गया था, पर 5.30 पर फिर लौटकर घर इसीलिए आया कि तुम्हारा पत्र मिलेगा, नाराज तो नहीं हुआ, पर कुछ उदास अवश्य हो गया। सोचा कि शायद डाक में लेट हो गया होगा। आज सवेरे से भी तीन बार लेटरबॉक्स देखा, फिर 11:30 पर सुधीर ने आकर कहा कि दादा, लो भाभी की चिट्ठी आयी है, मैं बड़ा प्रसन्न हो गया।

असल में तुमने मुझे जो दुबला देखा और यहीं से जाने पर हर बार देखती हो, पर दो दिन में ही मैं वहाँ दुरुस्त हो जाता हूँ, उसका कारण भी तुम्हीं हो। यदि यहीं पर तुम रहो तो मैं स्वस्थ हो जाऊँ। तुम्हें याद होगा कि जब तुम यहाँ थीं तो अकसर लोग कहते थे कि शादी के बाद अवस्थी का स्वास्थ्य अच्छा है और जब तुम्हारे पास वही रहता हूँ तो तुम्हारे सान्निध्य का आनन्द मुझे मोटा कर देता है, तो अभी आओ न?

तुमको मैंने नहीं लिखा था, इधर मेरा स्वास्थ्य जुकाम बिगड़ जाने से लगातार ठीक नहीं रहता था, फिर 2-4 दिन दवा खायी तो अब जाकर ठीक हुआ हूँ। जिस दिन तुम्हारे यहाँ आया था, उस दिन तो मैंने खाना 4 बजे शाम को खाया था।

अजित तुम्हारी प्रशंसा में मुझे बधाई दे रहा था। तुमसे मिलकर वह भी प्रसन्न था। तुम्हारा पत्र, उसने पहला पैराग्राफ पढ़ लिया था। सूट और टाई उसने देखी थी। कहने लगा कि हाँ हमारे कहने पर तो कभी पहना नहीं, अब बीवी के कहने पर पहन रहे हो।

बनारस मैं 26 की शाम को जाऊँगा। 2-3 दिन बनारस रहूँगा। फिर लालगंज जाऊँगा। 1-2 तारीख तक कानपुर लौटूँगा।

तुम Darling मुझे बड़ी कड़ी सजा दे रही हो कि मैं बनारस से लौटने पर तुम्हारे पास आऊँ। जब तक मैं बनारस से लौटूँगा, उस समय तक तुम...में होगी और मैं फिर कई दिन प्रतीक्षा करूँ, तब जाकर कहीं यानी जनवरी तक तुमसे मिल पाऊँ। यह कितना बड़ा अत्याचार मेरे ऊपर होगा। आज 21 है, 8 जनवरी तक 15 दिन से भी ऊपर हुए। और हम लोगों को मिले भी 10-12 दिन हो चुके हैं। यदि तुम आज्ञा दे दो तो अथवा 25 की शाम को केवल एक रात के लिए आ जाऊँ, खाना मैं अपने घर से खाकर कुछ लेट यानी 9 बजे के लगभग पहुँचूँ और सवेरे तुम्हारे यहाँ

से चाय पीकर लौट आऊँ। मुझे लिखना, मैं तुम्हारी आज्ञा की प्रतीक्षा में रहूँगा। उस दिन मेरा मन बहुत विवश हो उठा था, यदि अजित के स्थान पर और कोई होता तो मैं शायद रवाना करता और रात भर रह जाता। तुमको मैं बनारस ले चलता, परन्तु वहाँ पर दादा, भाभी, बाबा वगैरह सभी लोग हैं, उनके सामने घूमना अच्छा नहीं लगता है। एक प्रकार का चैक लग जायेगा वहाँ पर। फिर मैं Conference में भी Busy होऊँगा, पर तुम्हारे साथ मेरा कहीं बाहर घूमने चलने का मन है। अब से जनवरी तक देखा जायेगा।

कल कॉलेज में मुझे तुम्हारी मधुरिमा मिली थीं। मैं Mrs. Baijal के पास प्रेमचन्द स्मारक के सम्बन्ध में गया था। वहाँ पर हरा कोट पहने वे इम्तहान दे रही थीं। मुझे देख-देखकर बहुत मुस्करा रही थीं, पर मैंने उस समय कोई खास Lift नहीं दी और लड़कियाँ भी देख-देखकर मुस्करायीं। बैजल मुझसे पूछने लगीं कि आपकी ही पत्नी फोर्थ इयर में पढ़ रही है। मैंने कहा—जी हाँ। कहने लगीं कि कौन तपस्या आपने की थी जो इतनी सुन्दर और Well behaved लड़की आपको मिली। कहने लगीं कि Class में भी उसका Behaviour बहुत अच्छा है। मुझसे कहा कि उसे M.A. जरूर कराइएगा। फिर कहने लगीं कि वहाँ से क्यों आती है, यहाँ क्यों नहीं बुला लेते। मैंने कहा कि अब आपकी आज्ञा है तो बुला लूँगा। पूछा कि नाम क्या है, मैं भूल गयी हूँ। इसी प्रकार बड़ी देर तक तुम्हारी बड़ाई करती रही और मुझे जलन होती रही कि कम्मो की तारीफ कर रही हैं, मेरी नहीं। मधुरिमा अगर मिलेंगी तो तुम्हें बतावेंगी, क्योंकि वे सबसे आगे बैठी सुन रही थीं।

भाभी आने वाली थीं, आयीं या नहीं और समाचार देना। कॉलेज 3 जनवरी को खुल रहा है। कॉलेज से कुछ कापियाँ आवेंगी, तब तुम्हारे पास देखने के लिए भेज दूँगा।

इंगलिश में जो किताब कॉलेज में पढ़ाई जानी है, उसे ही तुम खरीदना, मेरे ख़याल से Prose वाली ही ठीक रहेगी। ठीक से पढ़ती जाना। उत्तर बहुत शीघ्र देना।

प्यार के साथ
कम्मो को यह
पत्र लिखा उसके Darling ने।

कापियाँ कॉलेज से आ गयी हैं। हिन्दी का B.A. II का पर्चा भेज रहा हूँ। इसे सँभाल कर रखना तुम भी और बिट्टन भी। मैं आकर देखूँगा और पर्चा मत खोना। यही एक है।

'श्याम'

•

148, New Bashiratganj
Rajindra Nagar, Lucknow
Rajendra Mansion, Pandariba, Lucknow
24.02.57

Sweetie,

कल शाम को चार बजे तक तुम्हारा पत्र न आया तो मुझे बड़ी निराशा हुई। यद्यपि मैं Awfully काम में Busy था, पर फिर मन न लगने लगा। कई बड़ी-बड़ी गलतियाँ कर गया। तब तक भाभी का टेलीफोन आया कि मेरा पत्र आया है। मैंने फौरन मँगवाया। उस समय यहाँ कश्मीर के प्रधानमन्त्री बख्शी गुलाम मुहम्मद थे, पर मैं पढ़ूँ कैसे, यह मेरे लिए अधिक महत्त्वपूर्ण था। किसी प्रकार Bathroom जाकर भीतर से दरवाजा बन्द किया। बड़ी ही खुशी थी। यद्यपि पत्र छोटा था, पर साथ का चित्र सारी बातें स्वयं कह रहा था, पर कम्मो मैं तो इतना सुन्दर नहीं हूँ जितना तुमने मुझे बनाया है, पर चित्रकला में आजकल एक पद्धति Impression के नाम से चल रही है, उसके अनुसार चित्रकार के मन में जैसी भावना होती है, उसको वही रूप वह देता है, ना कि उसकी निश्चित रूपरेखा की ओर ध्यान देने के। सो मैंने तो सोचा कि शायद तुम मुझे अपने मन में इतना ही सुन्दर समझती हो। बहरहाल मेरे मन को बड़ा सन्तोष मिला।

अब सुनो, काम की हालत यह है कि खाना, पीना, सोना सब यहीं पे होता है। रात को 3:30 बजे सोता हूँ, सवेरे 6:30 बजे उठता हूँ और दिन में एक भी मिनट सोने को नसीब नहीं होता है। खाना सिर्फ एक समय खाता हूँ। गरदन की चिक अभी ठीक नहीं हुई, पर उसकी परवाह करना बेकार है। तुम सोच नहीं सकती हो कि यहाँ काम की दशा क्या है। अभी कल तक यही हाल रहेगा। बालकिशन भी लखनऊ में हैं। हाँ, बिट्टन से बता देना कि परसों शाम से पाण्डेय जी भी मेरे चक्कर में पड़कर इसी प्रकार दो रातों से जग रहे हैं और काम कर रहे हैं। रात को रह भी मेरे ही साथ रहे हैं। हम लोग अकसर तुम लोगों की याद कर लेते हैं। पाण्डेय जी एक लड़की को पढ़ाते हैं, उसका घर का नाम बिट्टन है तथा स्कूल का नाम कमलेश। एक और मजेदार बात, कल वोटर लिस्ट में एक नाम था कमलेश भंटनागर। दिनेश ने मुझे दिखाया और मुझे उस समय तुम्हारी बड़ी याद आयी। दिनेश दिन में कई बार अपनी बीवी से टेलीफोन पर बात करता है, मेरे मन में होता है कि यदि तुम्हारे यहाँ फोन होता तो मैं भी यहाँ से दो-तीन बार तो ट्रंक मिलाता ही। मेरे आसपास दो-दो टेलीफोन रखे रहते हैं, पर मैं तुमसे बात नहीं कर पाता। इन दिनों कॉलेज में भी छुट्टी है, वरना मैंने वहीं को मिलाया होता। कल सवेरे ही तुम्हारे खत का बेसब्री से इन्तजार करूँगा। नहीं लिखोगी तो मुझे बड़ा कष्ट होगा।

छोटा ही पत्र लिखो, पर लिखना जरूर। कल मैं एक शादी में गया था। वहाँ पर हम लोगों की शादी की लोगों ने कई बार याद की थी।

प्रिये, मैं तुम्हारे इम्तहानों में कानपुर ही रहूँगा। कहोगी तो तुम्हारे पास ही रहूँगा वरना दिन में एक बार तो मिल ही जाऊँगा। तुम्हारी English और Sociology का परचा एक ही दिन है? राज मिलें तो कह देना कि उसके भाई का काम 28 को अवश्य हो जायेगा। पहले ही हो गया होता, पर Concerning आदमी इलाहाबाद चला गया था। अब वे लौट आये होंगे।

पढ़ाई ठीक से चलाये जाना। मैं 27 की शाम या 28 को सवेरे आऊँगा। अच्छा अब विदा दो, लो मेरे चुम्बन। टेलीफोन की घण्टियाँ घनघना रही हैं, मेरी पुकार हो रही है। किसी प्रकार इतना समय निकाल पाया हूँ जबकि दद्‌दा ने यह समझ लिया है कि मैं तुम्हें पत्र लिख रहा हूँ।

बिट्टन ठीक होंगी। लो गुप्ता जी भी आ गये। अब भागूँ।

तेरा ही तो
'श्याम'

•

26.02.57

प्रियतमे,

परसों तुम्हें एक खत लिखा था, कल दिन भर इलेक्शन था, एक मिनट को भी दम मारने की फुरसत न थी। परसों रात भर जागा और कल सवेरे 8:45 बजे से मोटर लेकर निकला हूँ तो फिर रात 10 बजे फुरसत मिली। उस समय तक थककर इतना चूर हो चुका था कि फिर हिम्मत न थी कि कुछ लिखने बैठता। कल चौथी रात को जाकर सोया। पाण्डेय जी भी लगातार मेरे साथ ही रहे थे। आज भी दोपहर तक साथ रहे। सवेरे हम लोग मन्नो जिज्जी के यहाँ गये थे।

डार्लिंग, देखो इतने दिनों के बीच तुमने मुझे कुल एक पत्र लिखा। कल भी कुछ नहीं और आज भी कुछ नहीं आया। देखो यह बड़ी बुरी बात है। मैं यों तो अत्यधिक व्यस्त हूँ परन्तु फिर भी एकान्त के क्षणों में तुम्हारी कितनी याद आती है, यह कभी सोचा है, जबकि दिनेश दिन में 20 बार टेलीफोन पर बात करता है। डॉ. मेहरोत्रा अपनी पत्नी से बातें करते हैं, यहाँ तक कि बालकिशन की भी पत्नी यहीं पर हैं। कल पोलिंग एजेण्ट Mrs. Dinesh and Mrs. Mehrotra को बनाया गया। मैं सोचने लगा कि यदि तुम यहाँ होतीं तो तुमको भी बनाया गया होता।

डियर, मैं परसों 28 को सवेरे यहाँ से चलूँगा और तुमसे सम्भव हुआ तो 28 को ही कॉलेज में मिल लूँगा या फिर एक मार्च को घर आऊँगा। तुम तैयार रहना, हम लोग उस दिन 'बसन्त बहार' देखने चलेंगे।

और अपने समाचार कभी-कभी तो दो। लो वे सारी चीजें जो मैं हर पत्र में भेजता हूँ।

पता मैंने अपने हाथ से टाइप किया है।

कम्मो का 'श्याम'

•

19.04.57

मेरी कम्मो,

तुमको कल खत मैंने इसलिए नहीं लिखा कि शायद पाण्डेय जी बोटिंग का प्रोग्राम बनावें और जब कल शाम को 4-5 बजे वह आये तो मैं एक बार बहुत प्रसन्न हुआ कि शायद तुम अभी मिलोगी, पर निराशा ही हाथ लगी। हम लोग (पाण्डेय जी, बालकृष्ण और मैं,) फिर शाम को नाव पर घूमने गये। काफी देर घूम-घामकर फिर लौटे। मैंने तो पाण्डेय जी से कह दिया था कि वे आज भी रुकें और कल बिट्टन के इम्तहान खत्म होने पर शाम को कोई कार्यक्रम रखें, पता नहीं कि वे रुके या नहीं।

सुना कि उस दिन अम्मा काफी नाराज थीं। पहले तो बोली नहीं और फिर जब तुमने जॉनी वॉकर की तरह 'तेल मालिश' की आवाज लगायी तो एक झाड़ पड़ी। लिखना क्या Reaction थे घर-भर के।

रानी और तुमने ब्लाउज अभी अपना सिला या नहीं। मैं आज अपने लिए कुरते का कपड़ा लेने जाऊँगा। चप्पलें भी लाना चाहता हूँ पर यह सब पहनकर तुम्हें दिखायें कैसे? तुमने तो अपने घर का दरवाजा ही मेरे लिए सवा महीने के लिए बन्द कर लिया है। डार्लिंग, तुम कितनी कठोर हो! मैं कैसे यह सारा समय बिना तुम्हारे बिताऊँगा। अम्मा-दिदिया रोज कहती हैं कि कमलेश के अब तो इम्तहान खत्म हो गये, तुम क्यों नहीं जाते, जाओ दो-एक दिन रह आओ पर मैं टरका देता हूँ बहाना करके। किसे क्या बताऊँ? तुम्हें तो मैं खुद समझा रहा था, पर मैं क्या करूँ, मुझे कौन समझावे, कभी-कभी मन बहुत ही बेचैन हो उठता है कम्मो; लगता है तुम बहुत दूर पड़ी हो, मैं बहुत दूर। मैं बहुत शीघ्र अब कानपुर के बाहर चला जाऊँगा, क्योंकि यहाँ पर रहकर तुमसे न मिलना, मेरे ऊपर बहुत बड़ा Torture होगा, डियर। यहाँ मैं तड़पूँगा। तुम्हारे बिना बाहर रहूँगा तो विवशता का सन्तोष रहेगा। मेरी रानी, तुम भी रोना नहीं, दुखी न होना। किसी प्रकार थोड़े दिन और काट डालो, फिर तो हम लोग साथ-साथ रहेंगे। दिनेश का पत्र आया था। उसकी बीवी के बेबी होने वाला है, पर भाई साहब की तरह वे भी Oprate कराने के चक्कर में हैं। लक्ष्मी के लड़के के बारे में तुम्हें बता ही चुका हूँ। भाभी का Sociology का पहला पेपर खराब हो गया है।

Mrs. Mehrotra के Economics वाले पेपर अच्छे नहीं हुए। बिट्टन के History

वाले पेपर्स कैसे हुए हैं? कल का पर्चा तो अच्छा नहीं आया था। क्या बताया जाये इस बार फोर्थ इयर के पेपर का ट्रेण्ड जेनेरली खराब रहा। आज मैं चन्दू बाबू से बात करने की सोच रहा हूँ। कल शायद मैं लखनऊ जाऊँगा।

डार्लिंग मेरी जो किताबें तुम्हारे पास हैं उनको तुम कैलाश के हाथ भेज देना, विशेषरूप से लाइब्रेरी की जो किताबें हों, उनको तो फौरन ही भेज देना। लाइब्रेरी में तत्काल जमा करनी हैं। वहाँ Annual stock taking हो रही है और सुनो तुम्हारे आसपास कोई कुमुदलता वर्मा रहती है, यदि तुम्हें उसका घर मालूम हो तो उसके पास से लाइब्रेरी (Girls Section) की एक किताब है, उसे मँगवा कर भेज देना। छेदी लाल ने मुझसे कई बार कहा मैं तुमसे हर बार कहने को भूल जाता रहा। यदि सम्भव हो तो जरूर मँगवा लेना। राज को पत्र अवश्य लिख देना।

तुम्हारे यहाँ 28 ता. को क्या Function है। मैं तो शायद 23 को चला जाऊँगा और फिर 2 ता. को सवेरे लौटूँगा, फिर 3 को सवेरे जाऊँगा तो 6 को लौटूँगा, फिर 8 को चला जाऊँगा तो फिर 23 को वापस होऊँगा। 26 को तुम्हारा गौना बनता है। 3-4 दिन यहाँ रहकर फिर हम लोग गाँव के ट्रिप पर 10-15 दिन को चलेंगे।

तेरे पढ़ने के लिए कहो तो कुछ उपन्यास वगैरह भेज दूँ। जल्दी लिखना, जिससे कि जाने के पहले ही मैं तुम्हें भेज दूँ बल्कि जो मेरी किताबें लेकर आवे, उसी के हाथ मैं रवाना कर दूँ। कुछ पढ़ती-लिखती रहना। मुझे पत्र का उत्तर बराबर दिये जाना। अपने लिए इस बार 2-3 रंग के साटन के पेटीकोट, दो-एक काले ब्लाउज जरूर बनवाना। यदि तुम्हारे लिये कपड़े आवे तो जार्जेट की साडियों की बजाय बढ़िया सूती धोतियाँ खरीदना।

और अगले पत्र में। मेरे अशेष चुम्बन और आलिंगन।

तेरा ही
'श्याम'

•

दोपहर : 2 बजे
26.04.57

My sweetheart,

तुम्हारा पत्र कल रात मिला। मैं उस दिन सोच-सोचकर हैरान था कि सुधीर को मैंने इतना प्यार भरा और लम्बा खत दिया, पर तुमने उत्तर न दिया। सुधीर ने लौटकर मुझे यह भी नहीं बताया था कि पत्र उन्होंने रास्ते में बस में गिरा दिया है। कल रात तुम्हारा पत्र पाने के बाद मैंने उसे उसके लिए खूब डाँटा। क्या बताऊँ कम्मो, उस समय मुझे बड़ा कष्ट हुआ, मुझे रात बड़ी देर तक नींद नहीं आयी। एक तो जिसने उस पत्र को पढ़ा होगा, वह क्या कहेगा और दूसरे इसलिए कि मैंने उसमें

20 रुपये रख दिये थे कि मोटर साइकिल वाले हिसाब में इस महीने 20 रुपये की कमी रही जा रही थी, वह पूरी हो जाये। एक-एक पैसा जोड़कर ही समझो कि मैंने वे रुपये तुम्हें भेजे थे, पर क्या बताऊँ मेरे साथ यही हमेशा होता है कि जहाँ मैंने कुछ रकम बचाने की कोशिश की, वहीं मेरे ऊपर एक करारी चपत बैठ जाती है। कल मोटर साइकिल खरीदने का मेरा सारा उत्साह भंग हो गया।

कम्मो, तुम सोच नहीं सकतीं कि तुमसे मिलने के लिए मैं कितना परेशान हूँ। मैं कितने दिनों से कितनी लालसा के साथ 19 अप्रैल का इन्तजार कर रहा था कि बस उसी दिन से मौज, बोटिंग, सिनेमा, मार्केटिंग की Chain शुरू कर दी जायेगी। तुम्हें दिन-रात मैं अपनी बाँहों में कसे रहूँगा, तुम्हारे होंठों को अपने होंठों में बन्द रखूँगा। तुम मेरी अंकशायिनी बनी रहोगी, पर दो दिन पहले ही बापू ने सब गड़बड़ कर दिया। मुझे इससे जबरदस्त Shock लगा है। तुम्हें मैं समझाता रहा हूँ पर मेरा मन स्वयं बड़े दबसट में पड़ गया था। क्या बताऊँ अपनी-अपनी तकदीर है। मेरे भाग्य में कुछ नहीं लिखा है कि देर से तुम मिलीं, फिर तुम्हारे गौने में देर लगी और फिर निर्लज्जतापूर्वक मैंने बराबर आना-जाना शुरू किया तो वह भी लोगों से न देखा गया और एक रोक लगा दी गयी। कम्मो, तुम्हीं बताओ मैं कैसे धैर्य धारण करूँ। मुझे तमाम प्रारम्भिक रातें याद हो आती हैं।

अभी राधाकृष्ण और उनकी Wife कह रही थीं कि देवीशंकर भी कितने बेवकूफ हैं कि वहाँ जाते नहीं। इन्तजार के बाद में यही तो दिन हैं, मजे लूटने के, इन दिनों ये नहीं जाते। दिनेश भी यही कह रहा था कि अब तो परीक्षा वाला भूत भी सिर से उतर गया, अब तो तुम्हें जाना ही चाहिए, पर मैं अपना कष्ट किसे सुनाऊँ। 'बिरह बिथा की कथा अकथ अथाह महा।' कम्मो मेरा मन कभी-कभी इतना व्याकुल हो उठता है कि सब लोकलाज, मर्यादा-बन्धन, सम्मान-अपमान भूलकर मैं दौड़ आऊँ और तुम्हारे वक्ष की गहराइयों और गहराइयों में अपना मुख छुपा लूँ पर तुम और तुम्हारे घर वाले सभी बहुत निष्ठुर हैं। इनसे अच्छी मेरी अम्मा हैं जो Young Heart के aspirations का ख़याल रखती हैं। तुम्हारे यहाँ तो मेरा आना burdan होता है, यह कोई नहीं सोचता कि इससे हमें-तुम्हें कितना सुख मिलता है।

रानी, एक पत्र मेरा तुम्हें कल मिला होगा। अज्ञेय की एक कविता है–

"अकारण उदास भर सहमी उसाँस अपने सूने
कोने (कहाँ तेरी बाँह?) मैं जाता हूँ सोने
फीके आकास के तारों की छाँह में बिना
आस, बिना प्यास अन्धा विश्वास ले, कि तेरे
पास आता हूँ मैं तेरा ही होने। अपने घरौंदे
के उदास सूने कोने मैं जाता हूँ सोने।"

यही हालत तो मेरी है।

जब यह पत्र पहुँचेगा तो तुम्हारे यहाँ काफी धूमधाम हो रही होगी। तुम सभी कार्यों में व्यस्त होगी और मैं इस घरौंदे के उदास कोने में चुपचाप पड़ा होऊँगा। मेरी भी याद कर लेना कम्मो। मैं रात को भी आजकल सिर्फ तुम्हें सपने में देखता हूँ।

Poetry Selection मिल गया। मुझे इसी की जरूरत थी।

मैंने दो कुरते और एक पैण्ट तथा एक बुश्शर्ट (सब खद्दर के) और सिलवा ली है। एक जोड़ी खूबसूरत से चप्पल भी खरीद लाया हूँ। कॉलेज अब बन्द है। मैं आज रजिस्टर ठीक कर रहा हूँ, क्या तुम कराने नहीं आओगी। देखो, मैं तुम्हारी इतनी याद कर रहा हूँ।

मुनआँ का रिजल्ट आज निकल गया, पास हुए या नहीं, समाचार देना। तुमने राज को पत्र लिखा कि नहीं। न लिखा हो तो अवश्य लिख देना। ...में मुझे कुल 40 रु. के लगभग मिले। उनमें भी 20 रु. तो गिर ही गये, शेष सब भी खर्च हो गये हैं, उपन्यास अब तुम्हारे लिए अच्छे-अच्छे भेज दूँगा। मुंशी का एक रखा हुआ है, जरा साहित्यिक Taste को ही develope करो, पर मैं तुम्हें कमलेश श्याम क्यों न लिखूँ। मैं किसी से नहीं डरता और न मुझे किसी की शरम है। पिछली घटना से मुझे बड़ा क्षोभ है। मैं किसी की कोई भी Care नहीं करूँगा। मेरा कोई ख़याल नहीं रखता तो मैं ही क्यों रखूँ।

बापू का स्वास्थ्य अब कैसा है। उस दिन सुधीर जब तुम्हारे यहाँ आया, तब भी अम्मा से और यह कहते नहीं बना कि अवस्थी जी को भेज देना। खैर जाने दो। इस समय तो अपने मन की विफलता का अनुभव मैं ही करता हूँ।

अब मैं शायद 3 तारीख को प्रातः इलाहाबाद जाऊँगा।

तुम अपने सब समाचार देना। आज दिद्दी आयी हैं। तुम्हारी याद यहाँ पर हर एक प्रत्येक दिन कर लेता है। बड़ी उत्सुकता से 26 मई की प्रतीक्षा हो रही है। मेरा स्वास्थ्य अगर तुम्हें ठीक रखना है तो अब तुम मेरे पास आ जाओ। आजकल मेरा सारा कार्यक्रम फिर बिगड़ गया है। खूब मीठे-मीठे चुम्बन भेज रहा हूँ और नमकीन से आलिंगन भी (क्योंकि नमक तुझे पसन्द है।)। लम्बा उत्तर लिखना। Sex वाली किताबें पढ़ डालीं या नहीं।

सप्रेम तेरा ही

'श्याम'

•

रात्रि : 11 बजे

11.05.57

मेरी मधुरे,

आज अभी फिलासफी झाड़ते हुए तुम्हारा पत्र मिला। मुझे कल से ही तुम्हारे

पत्र की अत्यधिक उत्सुकता थी। आज सवेरे भी जाकर लेटरबॉक्स देखा, अभी शाम को घर से निकलते समय मैंने बड़ी आशा के साथ लेटरबॉक्स में झाँककर देखा तो लिफाफा दिखा, मैंने सोच लिया–तुम्हारा ही होगा। सौभाग्य से वह तुम्हारा ही निकला। साथ में पाण्डेय जी का भी पत्र था। अम्मा वगैरह को वह पत्र जल्दी से पढ़कर सुनाया और ऊपर के कमरे में जाकर पत्र पढ़ना शुरू किया। शुरुआत ही बहुत प्यारी थी यानी तुम्हारी चित्रकला के साथ जो भावनाएँ आ रही थीं, वे बहुत ही महकदार थीं। यद्यपि भीतर पत्र तुमने कुछ परेशान होकर लिखा था। मेरा भी एक पत्र तुम्हें आज ही मिला होगा।

पर कम्मो तुम्हारा अभियोग बिल्कुल मिथ्या है कि मैं तुमको अब पत्र नहीं लिखता। इधर लगातार मैं तुम्हारे साथ ही रहा हूँ और जब साथ नहीं रहा तो हमेशा ही उतने ही लम्बे-लम्बे पत्र लिखे हैं। अब सही बताओ कि क्या सचमुच ही मेरे पत्र अब रूखे होते हैं। असल में तुम अपने प्रेम की अधिकता में यह सोचना भूल जाती हो कि दूसरा भी उससे कम प्रेम नहीं करता (ज्यादा भले करता ही, क्योंकि बकौल तुम्हारे तुम्हारा स्वभाव बच्चों जैसा है और बच्चे जल्दी ही प्यार करते हैं और भूल भी जल्दी जाते हैं, उनके प्रेम में उतनी स्थिरता नहीं होती है, जबकि Matured love अधिक गहरा होता है, emotional उतना भले ही न हो।)।

डियर, ऐसे पत्र की आशा मैं बहुत दिनों से कर रहा था। तुम्हें याद होगा कि एक बार जब मैंने अपनी Analysis तुम्हें लिखी थी। (तब अस्पताल में झगड़ा हुआ था) तभी तुम्हें लिखा कि तुम भी अपने बारे में ऐसी ही विवेचना कर डालो, पर उस समय तुमने ध्यान नहीं दिया। मैं चुपचाप अब तक प्रतीक्षा करता रहा कि कब तुम्हारा आत्मविश्लेषण आवे और कब मैं सारी परिस्थिति को एक नये Perspective में तुम्हारे सामने उपस्थित करूँ।

देखो रानी, अब तक हम लोगों ने अपने-अपने Viewpoint रखे हैं, पर पति-पत्नी are not separate persons, they make a whole, a complete self इसलिए let us think in the terms of this whole. मेरी आदत सबसे सम्मान पाने की, सबसे आज्ञा पालन कराने की बन गयी है। एक प्रकार का Authoritative attitude मैंने अपना लिया और दूसरी ओर तुम स्वयं कह रही हो कि मेरी बातों पर तुम ध्यान नहीं देतीं तथा तुम्हारी आदत Avoid करने और आज्ञा के उल्लंघन की पड़ गयी है। अब इन दो विरोधी बिन्दुओं में संगति कैसे बैठे? तुमने एक दिन अभी कहा कि यदि मैं 24 घण्टे सिर्फ तुम्हारे निकट रहूँ तो तुम प्रसाद चढ़ाओ, ऐसे ही कभी-कभी मेरा मन करता है कि यदि बिना विरोध किये तुम मेरी एक भी बात मान लो तो मैं प्रसाद चढ़ाऊँ। अभी इलाहाबाद जाने के पहले तुमने स्वयं मुझे बुलाया और कहा कि घूमने चलेंगे, परन्तु जब मैं आया कि चलो चलना है, अम्मा भी आवेंगी तो तुमने पचास अड़ंगे लगाये। तो फिर हो क्या? कम्मो, तुम शायद मानने को तैयार

न होगी, पर मैं अपना सारा अधिकारी वाला रूप तुमसे अलग ही रखने की चेष्टा करता हूँ। तुम्हें मनाकर, प्यार कर, समझाकर ही बात कहता हूँ पर तुम अम्मा की बात का, बापू की बात का, बिट्टन या ब्रजेश की बात का ध्यान रखोगी, पर मेरी बात का नहीं, बस यही मुझे बुरा लग जाता है। मुझे ऐसा महसूस होने लगता है कि तुम मुझे अपने अन्तरमन से प्यार नहीं करतीं, पर हाँ तुम्हें थोड़ा-सा सीरियस अवश्य होना चाहिए। मन से यह भ्रम निकाल दो कि सीरियसनेस बुढ़ापे की निशानी है, पर जिम्मेदारियाँ कुछ सीरियसनेस अवश्य माँगती हैं। यों मैं स्वभाव से ही बहुत भावनात्मक कभी नहीं रहा। जब छोटा था, तब भी नहीं। मेरे सारे दोस्त मुझे सदैव ही बुद्धिवादी कहा करते थे।

तुम मेरे कपड़ों पर इतनी बार नाराज हुई, पर क्या तनिक भी मेरे अनुसार साफ-सुधरे रहने की तुमने कोशिश की। मेरी 25 साल की आदत छुड़ाना चाहती हो और अपनी आदत सुधारने की आयु होते भी नहीं। फिर विशेषकर जब भगवान ने तुम्हें रूप दिया है तो मैं भी उस रूप को उचित वेश में देखना चाहता हूँ। रही Active होने की बात तो Active होने के कारण ही तो मैं कपड़ों पर ध्यान नहीं दे पाता। दुनिया में कहीं भी Active आदमी अपनी रूप-सज्जा पर ध्यान दे ही नहीं सकता, क्योंकि इनके लिए जितना समय खर्च करना पड़ता है, वह उसे बेकार नष्ट होता प्रतीत होता है। मैं स्वयं (यहीं रात को पानी बरसने लगा जिसकी बूँदें पड़ी हुई हैं) कभी-कभी महसूस करता हूँ कि जितनी देर में पैण्ट मैं लोहा करूँगा, उतनी देर में तो कुछ पढ़-लिख डालूँगा या और दूसरा काम कर लूँगा।

मुझे तो रानी आश्चर्य तब होता है जब Life की Values तुम कपड़ों-लत्तों आदि में देखती हो, तब भी स्वयं ठीक से नहीं रहती हो। मेरा जिस परिवार में लालन-पालन हुआ, वहाँ लाखों रुपयों की आमदनी होते हुए भी खद्दर आदि ही पहने जाते रहे। तो जीवन के अन्य क्षेत्रों में बड़ा बनना चाहता हूँ क्योंकि Ultimately कपड़ों का महत्त्व नहीं रहता। डियरेस्ट, इसी आदर्श को लेने के कारण आज मैं अपना थोड़ा-बहुत स्थान बना सका हूँ। मैं Self-made आदमी हूँ जो कुछ अर्जित किया, स्वयं मैंने। बाप या भाई के रुपये, पद या अधिकार मेरे पीछे नहीं रहे। अपने से कहीं अधिक धनी आदमियों को मैं इसी कारण अपने पीछे चलाता रहा हूँ। यह मैं आत्म-प्रशंसा के भाव से नहीं कह रहा पर यह भी नहीं कहता कि अच्छे कपड़े पहनना मुझे पसन्द नहीं है। स्वभाव से मुझे खूबसूरत चीजें पसन्द हैं, पर मैं अपनी Care नहीं कर पाता। यदि तुम्हें मुझको ठीक से देखना है तो आकर स्वयं मेरी व्यवस्था सँभालो, जो शायद तुम्हारे किये न हो।

अब रही ससुराल की बात। सो यह सत्य है कि मुझे गहरा असन्तोष है। इससे अधिक प्रेम (सत्कार की तो मैं बात भी नहीं करता, क्योंकि यह समायी की बात है।) मुझे अपने मित्रों के यहाँ मिला है। मैं महीनों खेमका आदि के यहाँ रह आया

हूँ पर कभी ऐसा नहीं लगा कि उनको खल रहा हूँ पर तुम्हारे यहाँ तो सबका भाव ऐसा रहता था, जैसे कि मैं उनके सिर पर बोझ हूँ और यह भाव बापू-अम्मा, भाई साहब आदि सभी में उभर आता था। सबसे कम यह भाव बिट्टन में उभरा है, शायद इसलिए कि वे समझती थीं कि मेरे आने से उनका फायदा अधिक है, नुकसान तो थोड़े-से खाने भर को है, पर मुझे उनके बारे में कुछ अधिक नहीं कहना, क्योंकि वह भी जिन्दगी का एक पहलू और एक अनुभव था। ईश्वर न करे कि अब तुम्हें वहाँ कभी अधिक दिन रहना पड़े और जब तुम वहाँ न होगी तो मेरे सीसामऊ आने का कोई प्रश्न नहीं उठता।

तुमने और भी अनेक बातें बिल्कुल गलत लिखी हैं मेरी स्वीटी। यह कहना कि तुम मुझे दिल भर प्रसन्न न कर सकीं, ठीक नहीं है। तुमने मुझे प्रसन्न ही अधिक रखा है, अप्रसन्न कम। यह सब जो अभी लिखा है, वह इसलिए कि अप्रसन्नता के जो कारण हैं, वे भी न रह जायें।

पर जो बात मुझे सबसे अधिक कष्ट दे रही है, वह मेरी रानी, तुम्हारी आत्मपीड़न की वृत्ति है। जब कहीं कोई बात नहीं है, तब तो तुम प्राण देने की सोचती हो, यदि सचमुच ही कोई गम्भीर समस्या हो तो क्या होगा? इतनी Defeatist mentality क्यों? मुझे तुम क्यों इस प्रकार नष्ट कर देना चाहती हो, क्या तुम्हारे बिना मैं एक क्षण भी जीवित रह सकूँगा।

राज को तुमने पत्र लिख दिया होगा। कहानियों की एक और किताब रखी हुई है। 'सेमल के फूल' किसी के आते-जाते भेज देना। मधुरिमा के यहाँ हो आओ न। सुषमा के घर जब यहाँ आ जाओगी, तब चलेंगे। राज को लिख देना कि तुम 29 तारीख तक यहाँ आ जाओगी।

पढ़ाई के बारे में अब कुछ अफसोस करने से बनता नहीं। मैं शायद कल 12 तारीख, इतवार को लखनऊ जाऊँ। ब्रजेश से मिल आऊँगा।

पाण्डेय जी को अपनी नौकरी में तमाम U.P. के देहातों का दौरा करना पड़ेगा। 2-3 दिनों में निकलेंगे, फिर शायद 15 जुलाई तक लौटकर आयेंगे। तब तक बिट्टन टापेंगी बैठकर और मुझे गालियाँ देंगी कि अवस्थी जी ने कहाँ भिजवा दिया है। घड़ी के बारे में लिखना कि मामा लाये या नहीं।

समाचार पूरे दिये जाना। अब तुम्हारे आने के आज से 15 दिन रह गये हैं। रोज दिन गिनता जाता हूँ। परेशान न होना। मैं तुमसे तनिक भी नाराज नहीं हूँ मेरी प्यारी कम्मो। मैं तुझे डाटूँगा भी नहीं, पर मेरी बात मान लिया करोगी, ऐसी मुझे आशा है।

अच्छा लो बहुत-बहुत प्यार और अगणित चुम्बन और आलिंगन। प्रसन्न हो न! नाराज न होना।

तेरा ही पागल
'श्याम'

•

शाम : 6 बजे
मनीराम बगिया
13.05.57

मेरी मानिनी

दो पत्र लिख चुका हूँ। यह तीसरा है। कल रात जब ऊपर जाकर लेटा तो चाँदनी खूब खिली हुई थी। बड़ा ही सुहावना मौसम था। मुझे अचानक वह पूर्णिमा याद हो आयी, सोचो कौन-सी? वह जिसमें रात को सीसामऊ में सबसे ऊपर छत पर हम लोग गये थे। शायद भादों की रात थी। है न तुम्हें याद? तुम्हारी इतनी याद आयी कि मुझे फिर घण्टों नींद ही नहीं आयी। तुम्हारे अनेक रूपचित्र मेरी आँखों के सामने से गुजरते रहे। क्या तुम्हें भी किसी दिन चाँदनी देखकर मेरी याद आयी है।

आज बुद्ध पूर्णिमा है। सवेरे अपने एक मित्र वीरेन्द्र जैन की एक लम्बी कविता पढ़ता रहा और बार-बार यशोधरा के बहाने तुम्हारी याद आती रही। आज तीन-चार दिन से मेरी तबीयत ठीक नहीं है। डॉक्टर ने Complete rest करने के लिए कहा है, पर उस उल्लू को कौन समझाये कि तुम्हारे बिना मुझे Rest मिल ही कैसे सकता है।

पता नहीं क्यों आज तीन-चार दिन से मेरी कामिनी कम्मो मुझे बड़े बुरे-बुरे ख़याल आते हैं। अकसर मेरे दिमाग में आता है कि मेरा हार्ट फेल हो जायेगा। फिर सोचता हूँ तुम्हारा क्या होगा? कहीं ऐसा न हो कि राह चलते ही हार्ट फेल हो जाये और मैं तुमसे बात भी न कर पाऊँ। इसी तरह की बेसिर-पैर की बातें दिमाग में गूँजा करती हैं, पर डियर तुम घबड़ाना नहीं, कोई खास बात नहीं है। तुम्हारे यहाँ पर न होने के कारण जो despondency दिमाग में छायी रहती है, वही इस रूप में प्रकट होती है।

तुम्हें पिछले पत्र में बहुत ऊटपटाँग लिख गया हूँ, बुरा तो नहीं माना। बुरा न मानना मेरी प्यारी, कह दो कि नाराज नहीं हो। मुझे ऐसा लगता है कि तुम बहुत नाराज हो।

हाँ, कल मुझे अपने मकान के नीचे राज मिल गयी थी। कहने लगी कि मैं तो सोचती थी आ गयी होंगी। मैंने बता दिया कि 29 तक आयेंगी। कह रही थी कि कमलेश जरूर पास हो जायेगी। उसकी general Knowledge काफी है। बग़ल में सुमन से मिलने आयी थी। तुमने उसे पत्र लिखा या नहीं।

कल आदित्य के घर गया था। सुषमा कह रही थी कि भाभी मुझसे बहुत लड़ती हैं। कहती हैं भाभी न कहो। पूछ रही थी कि भाई साहब आप ही बता दीजिए कि क्या कहा करूँ? मैंने कहा—जो आदमी कुछ कहने से चिढ़ता है तो उसे नहीं कहा जाना चाहिए।

आज भाई साहब को अम्मा ने बुलाया था। चच्चू वगैरह के लिए पूछने को। तुम्हारी अम्मा की क्या बात हुई।

मैंने रन्नो के लिए जो लड़का बताया था, वह रन्नो को देखना चाहता है।

एक Instruction बुरा न मानो तो पहले भी मैं तुमको लिख चुका हूँ कि इस बार सस्ती 20-22 वाली रद्दी साड़ियाँ आप न खरीदें। लेना ही है तो 20-25 की सूती धोतियाँ बढ़िया आती हैं, उन्हें ही खरीदना।

आज सवेरे एक किताब पढ़ रहा था, उसमें मतिराम के एक सवैये में कहा गया था कि शादी होकर आते ही लला जी अपनी दुलही के चेरे हो गये। अपने हाथ से बाल बाँधते हैं, शृंगार करते हैं और आभूषण पहनाते हैं। मैं चाहता हूँ कि तुम भी आ जाओ तो ऐसा ही मैं भी करूँ।

मेरी तबीयत के लिए परेशान न होना, दो-चार दिनों में ठीक हो जाऊँगा। इधर दौड़-धूप में कुछ Strain ज्यादा पड़ गया है।

आज भाई साहब से यह भी ज्ञात हुआ कि मौसी की मृत्यु हो गयी है। सुनकर दुख हुआ। ईश्वर उनकी आत्मा को शान्ति दे।

जिज्जी के अभी कुछ हुआ या नहीं। कैलाश दुकान आता हो तो कह देना कि यहाँ हो ले, मैं तुम्हारे पढ़ने के लिए और अच्छी किताबें दे दूँगा। और पूरे समाचार लिखना। यहाँ सब कोई ठीक है। जीजा अपने Transfer को रद्द कराने के लिए दो महीने की छुट्टी ले रहे हैं।

तुम्हारे प्रियतम के अनेक चुम्बन और आलिंगन। लखनऊ कल नहीं गया।

तुम्हारा ही
'श्याम'

●

कानपुर
25.06.57

मेरी ही कम्मो,

अभी-अभी ब्रजेश का पत्र मिला। मैं आज आदित्य भटनागर के यहाँ बेहद व्यस्त हूँ। सवेरे का गया अभी शाम को 5 बजे घर कपड़े बदलने आया हूँ। मैं तुम्हें लिवाने कल शाम के पहले यहाँ से चल नहीं सकता, परन्तु तुम जरा सोचो कि अम्मा से क्या कहूँ तथा जिज्जी और तिवारी जी वहाँ पर क्या समझेंगे। मान लो अभी (ईश्वर न करे) जिज्जी की तबीयत कुछ गड़बड़ हो गयी तो तुम्हें भी जिन्दगी भर का पछतावा रहेगा। यह मैं जानता हूँ कि जिज्जी का व्यवहार जरा सख्त और रूखा होगा, पर आदमी कड़े-से-कड़े व्यवहार को बर्दाश्त करता है। समझ लो कि

10-15 दिन के लिए जेल में बन्द हो। अस्पताल में तुम्हारा मन जब जरा ऊब जाये तो स्पष्ट होकर जिज्जी से कह दो कि तुम थोड़ी देर को घर जाना चाहती हो, पर अभी आना बहुत उचित मुझे नहीं लगता है। फिर भी यदि तुम आना चाहती हो तो मुझे एक पत्र तत्काल फिर से दो, लिफाफा मैं साथ रखे दे रहा हूँ जिससे 28 तक मुझे मिल जाये और मैं जालन्धर जाने के पूर्व सुधीर वगैरह किसी को तुम्हें लेने भेज दूँगा। कल मैं अम्मा के पास भी जाऊँगा। उनसे भी सलाह लूँगा। तुम्हें पढ़ने के लिए किताबें पहुँचाने को मैंने दिनेश को भी लिख दिया है तथा अपने एक और दोस्त परमानन्द श्रीवास्तव को भी लिखा है। शीघ्र ही तुम्हारे पास किताबें पहुँच जायेंगी।

तुम्हारी खाँसी और तबीयत को सुनकर मुझे बहुत चिन्ता हो रही है तथा तुम वहाँ, डाक्टर को दिखलाकर दवा अवश्य ले लो। यह याद रखना कि यदि तुम तनिक भी मेरी आज्ञा मानने को तैयार हो तो दवा अवश्य ले लेना तथा Thoroughly डॉक्टर को अवश्य दिखा देना। इसके लिए मैं कोई Excuse भी सुनना पसन्द नहीं करूँगा। यदि तुमने डाक्टर को नहीं दिखाया तो मेरी जबर्दस्त लड़ाई तुमसे हो जायेगी तथा अपने स्वास्थ्य का समाचार लगातार देती जाना। खाँसी-जुकाम तुम्हें है तथा बर्फ वगैरह से बचाये रखना। इस समय लखनऊ में एन्फलुएन्जा बड़ी जोरों से फैला हुआ है। समझ गयी न मेरी जिद्दी कम्मो जी।

तुम मेरे ऊपर नाराज अवश्य हो रही होगी कि मैं तुम्हें लेने नहीं आ रहा, पर दूरदर्शिता के नाते मैं आना उचित नहीं समझता। मैं तुम्हें अपने निकट रखने के लिए उतना ही बेचैन हूँ, जितना तुम मेरे पास रहने को। आज भी मैं आदित्य से शिकायत कर रहा था कि ऐसा चांस आ जाता है कि तुम्हें अपने पास रख ही नहीं पाता। डार्लिंग, मैं तुम्हें 5 जुलाई के लगभग आकर अवश्य ले जाऊँगा। तब तक तुम थोड़ा-सा धैर्य धारण किये रहो, यही अम्मा और दिदिया की भी सलाह है।

बाकी सब ठीक है। मेरे गले में भी आज तीन दिन से तकलीफ है, खराश काफी जोरों पर है। मैं गरम पानी के गरारे करता हूँ तथा Throat paint भी इस्तेमाल करता हूँ, चिन्ता न करना।

और नये समाचार देना, मेरा जी लगा रहेगा। अच्छा अब चलूँ, आदित्य इन्तजार कर रहा होगा। वहाँ तुम्हें सब बहुत पूछते हैं। अच्छा गर्मागर्म बहुत से चुम्बन और आलिंगन भी।

तुम्हारा ही
'श्याम'

पुनः यदि तुम्हारा मन न लग रहा हो तो तत्काल लिखो। पत्र लिखने में संकोच न करना, अस्पताल में बैठे-बैठे लिख देना।

•

रात्रि : 10 बजे
जालन्धर
01.07.57

मेरी अपनी मधुरे,

तुम कल्पना नहीं कर सकती हो कि कितनी याद तुम्हारी आ रही है। हर क्षण पारसाल की उन्हीं क्षणों में घटित होने वाली घटनाएँ दिमाग में छायी हुई हैं, लोगों को ठीक से उत्तर देने की स्थिति में नहीं हूँ। दिमाग पर एक अजीब-सा नशा सवार है। जैसे दौड़कर सुरेश बाबू से कहना चाहता हूँ कि Importance तुम्हारी नहीं, मेरे दिन की है। आज मेरा Wedding day है, आज मैं उसी का उत्सव कर रहा हूँ। कैसे कहूँ पर मैं सबको यह बताये दे रहा हूँ कि आज मेरे लिए कितना-कितना प्यारा दिन है।

और अब यह पत्र लिखने बैठा हूँ तो लगभग वही समय है, जबकि पारसाल जयमाल का Function हो रहा था। मैं आज बहुत प्रसन्न हूँ पर तुम नहीं हो, इसलिए यह सारी प्रसन्नता व्यर्थ-सी ज्ञात होती है, पर मैं रोके हूँ। आज तो मेरे जीवन के चरमतम हर्ष उल्लास के दिन की वर्षगाँठ है। आज ही तो मुझे सारे जीवन की सार्थकता की उपलब्धि हुई थी। कम्मो, मेरी समझ में नहीं आता तुम्हारे लिए क्या लाऊँ। तुम देखो मुझे कैसी परेशानी में डाल देती हो कि मैं सोच ही नहीं पा रहा कि क्या लाऊँ। अगर कुछ ख्वाहिश किये रहो तो मुझे लाने में ऐसी परेशानी न मालूम पड़ा करे।

तुम कानपुर आ गयी होगी, इसी आशा से यह पत्र भी कानपुर को ही लिख रहा हूँ और दोपहर में एक Greetings का तार भी तुम्हें अपने बालकृष्ण और खेमका के नाम से भेजा है।

डार्लिंग, मैं जहाँ तक 4 जुलाई की रात तक कानपुर पहुँच जाऊँगा। कल तो शायद मैं अमृतसर जाऊँ, फिर परसों 3 तारीख को सवेरे फर्रुखाबाद को प्रस्थान और वहाँ से फिर कानपुर।

रानी, मुझे माफ कर देना कि मैं 1 जुलाई को तुम्हारे साथ न रह सका, पर कोई बात नहीं अगले साल मैं अवश्य रहूँगा। दिल्ली में खेमका की Wife से भी मिल आया। आज सुरेन्द्रशंकर अवस्थी के यहाँ गया था, उनकी पत्नी भी तुम्हें पूछ रही थीं। कल उनके साथ ही मार्केट जाऊँगा। मार्केट में शायद तुम्हारे लिए कुछ अच्छी चीज मिल जाये।

जिज्जी का स्वास्थ्य ठीक होगा। हाँ देखो, यह पत्र मिलते ही मुझे एक पत्र तुम मनीराम बगिया के पते से लिख देना, जिससे कि मुझे वह घर पर रखा मिले।

कम्मो 1 जुलाई की मेरी करोड़ों, असंख्य बधाइयाँ भी। रानी, यह दिन कितना मीठा है, कैसा प्यारा है। मेरे अनन्त चुम्बन, संख्यातीत आलिंगन लो मेरी हृदयेश्वरी।

स्वीटी मुझे भी अपने चुम्बन भेज दो न, देखो तुम्हारा श्याम तुम्हारे लिए पागल हो रहा है। जल्दी से उसे मिल जाओ न।

मैं यहाँ आराम से हूँ। एक शानदार कोठी में ठहरा हूँ। खाने-पीने रहने का सभी ठाठ का प्रबन्ध है। रास्ते में भी बड़े आराम से आये। स्पेशल बोगी रिजर्व थी, उसी में हम लोग घर की तरह लेटे आये। मेरा स्वास्थ्य अच्छा है। तुम्हारा गला वगैरह अब कैसा है? मुझे उसी की बहुत चिन्ता है। अपने स्वास्थ्य का समाचार अति शीघ्र देना।

उत्तर अति शीघ्र,
तुम्हारी याद में बेचैन
तुम्हारा अपना
'श्याम'

•

Golden Day
1.7.58

Kammo Darling,

आज 1 जुलाई है, हम लोगों का Wedding day है, और तुम हो कि आज प्रसन्नता की बजाय रो-रोकर दिमाग और खराब कर रही हो तथा दिन को अप्रसन्न बना रही हो। यह बुरी बात है। मैं जितनी भी देर रहा, तुम रोती रहीं, एक भी बात नहीं की। यदि ऐसा ही है तो कहो मैं भी न आऊँ। एक तो ऐसे ही दूसरे लोग घेरे रहते हैं, जो दो-चार मिनट का समय बचता भी है, उसको तुम इस प्रकार नष्ट कर देती हो।

देखो पागलपन न करो। यहाँ घर ले आने में कोई Complication पैदा हो सकता है। बच्चे को Jaundice (पीलिया) हल्का-सा है, उसे दस्त भी हो रहे हैं, इसलिए भी दो-तीन दिन Hospital में रहना ठीक है। तुमको मैं प्रतिदिन पुस्तकें दे जाया करूँगा। नर्सों से भी दोस्ती करो। वे तो कुछ पढ़ी-लिखी हैं। उनसे पढ़ने-लिखने, देश-दुनिया की बातें करो। कहानी की किताबें उन्हें भी पढ़ने को दिया करो। 'युग चेतना' का अंक और भेज रहा हूँ। उसमें मेरा भी निबन्ध है। नर्सें शिकायत कर रही थीं कि तुम Care नहीं करती हो बच्चे की। यह बुरी बात है। उसकी देखभाल ठीक से करो। वह कमजोर है। डॉ. आनन्द से नीचे जीजा-दिदिया ने बात की थी। वे हँस रही थीं, बहुत कुछ तुमको समझाया भी होगा। मुझको तुम बैठकर प्यारी-प्यारी चिट्ठियाँ ही वहाँ से लिखा करो। तुमको पैड वाले कागज कुछ भेजे दे रहा हूँ। डॉ. आनन्द ने कहा था कि जैसे ही नारा गिरेगा, वैसे ही मैं फुर्सत दे दूँगी। तुम वहाँ की और

दूसरी औरतों से भी बात किया करो। Sociology तुमने पढ़ी है। Hospital और बच्चों में Social problems हैं। वहाँ औरतों से मीठे ढंग से बात करके बच्चा पैदा होने, उनकी Care रखने, Hospital के बारे में उनके दृष्टिकोणों या उनकी Opinion व्यवस्था के बारे में यह सब Collect करो। देखो, तुम्हें कितना मजा आवेगा। दूसरों के जो Genuine कष्ट हों, उनको नर्स या डॉक्टर से कहकर दूर कराने की कोशिश करो, पर लड़ना नहीं, बल्कि धीरज से और प्रेम से Approach करो। कभी-कभी डाँट पड़ जायेगी पर उन्हें tactfully handle करो—मसलन कि और भाई मुझे डाँट लो, पर उस बेचारी की ओर कुछ ध्यान दे दो। कभी उनसे Indirectly यह बता दो कि Health ministry में हम लोगों की पहुँच है, यदि वे लोग Transfer वगैरह चाहें तो कुछ कराया जा सकता है। यही सब नुस्खे होते हैं। बहरहाल तुम Hospital की Problems की Sociological Study कर डालो। तुमको बहुत मजा मिलेगा। Points note करती जाओ, बाद को एक निबन्ध उसी का बन जायेगा।

अच्छा bye-bye। अब प्यार से एक मीठा चुम्बन भेज दो। तुम्हें तो मैं अनगिनत भेज रहा हूँ। पहली जुलाई की अमित बधाइयाँ और प्यार। अब बिल्कुल ही मत रोना। मुझे आज ही एक पत्र लिखकर रख लेना, चाहे आज चार ही अक्षर लिखो। कल उसे पूरा करके तब भेजना, पर लिखना शुरू कर दो। तुम्हारा पत्र मैंने पढ़ लिया है। उस पर कुछ भी टीका-टिप्पणी करना व्यर्थ है। इतना ही कहूँगा कि यदि ऐसे ख़याल अपने से दूर रख सको तो मुझे जरूर सुकून मिलेगा। अच्छा अब रानी जरा हँस दो और मेरे बच्चे को मेरी ओर से प्यार करते हुए एक बार चूम लो, चूम लिया न! अच्छा प्यार-प्यार।

तेरा

'श्याम'

•

77/1, हाल्सी रोड, कानपुर

25.10.58

प्रिय कमलेश,

अभी-अभी तुम्हारा पत्र डाक से मिला। एक पत्र कल शाम कापी के साथ मिला था। इसी समय गणेश आ गया है, अतः जल्दी में यह पत्र लिखकर भेज रहा हूँ।

अनाम को ग्राइपवाटर न पिलाना। Abdec Drops के लिए यदि तुम्हारे पास रुपये हों तो मँगा लेना, वरना मेरे रुपये आने पर मैं भेज दूँगा। बार-बार इधर-उधर की दवाएँ बदलना ठीक नहीं रहता। ईगल चप्पल कम्पनी मेस्टन रोड में इस समय Clearance sale हो रहा है, पर क्या बताऊँ आज मेरे पास बिल्कुल रुपये नहीं हैं।

कम्मो, तुम्हारा पत्र पढ़कर मेरा मन अत्यधिक खिन्न एवं उद्विग्न हुआ। मुझे

सचमुच अपनी अम्मा पर अत्यधिक गुस्सा आ रहा है कि उन्होंने बेकार बात का बतंगड़ बनाया। मैंने तो केवल उस शादी के Probable Consequences उपस्थित किये थे। इसके अतिरिक्त मेरा कोई उद्देश्य न था। तुम बिना किसी संकोच के यह बात कह दो कि चूँकि मामा ने विरोध नहीं किया, इसलिए हम लोगों का कोई भी विरोध कहीं पर नहीं है। वे शौक से करें, अम्मा के नाम एक पत्र रख दे रहा हूँ। उन्हें चाहो तो दे देना। इस समय मैं क्षोभ में शायद कुछ कड़ा लिख जाऊँगा, बाद को शान्ति के साथ लिखूँगा।

तुमको इस समय इस तनाव की हालत में रहने पर कुछ असुविधा मालूम होती हो तो लिखो, मैं ले जाऊँ—किसी की आँख देखने की बरदाश्त मेरे भीतर नहीं है। भाई साहब ने मुझसे बात किये बिना कैसे मेरे ऊपर सारे दोष लगा दिये। दूसरी बात यह कि यदि कैलाश अथवा भाई साहब इत्यादि को यहाँ आना बुरा लगता है तो तुम बिल्कुल न भेजा करो। मुझे आवश्यकता होगी तो सुधीर को भेजकर या स्वयं आकर काम कर जाऊँगा। तुम व्यर्थ में किसी को तकलीफ न दो। नोट्स आज सुमन के यहाँ से मँगवाऊँगा। दिनेश से मैं कह दूँगा कि शीघ्र ही भिजवा दें।

घर लगभग पुत गया है। तुम्हारे कमरे में मैंने अपना पढ़ने-लिखने का इन्तजाम जमीन पर कर लिया है। पढ़ने वाले कमरे में तुम्हारा पलँग कर दिया है। मैं इसी में पढ़ता हूँ और इसी में जमीन पर ही सोता हूँ। यद्यपि तुमको थोड़ी Inconvenience होगी, पर मेरी पढ़ाई में अधिक disturbance न होगा।

और सब ठीक है। कॉलेज 27 तारीख सोमवार को खुल जायेगा। कॉलेज जब आना तो मुझसे मिलना। विवेक या अनाम की पसनी में मैं न आऊँगा, क्योंकि क्रोध में शायद कोई बात मेरे मुँह से गलत ढंग से निकल जाये।

और समाचार देना। अनाम को प्यार। तुम्हें भी।

तुम्हारा ही 'श्याम'

•

26.10.58

कम्मो डार्लिंग,

एक पत्र कल भेज चुका हूँ, मिला होगा। भाई साहब के नाम एक पत्र भेज रहा हूँ। उसे पढ़कर दे देना। मैं समझता हूँ कि काफी Coolly यह पत्र मैंने लिखा है। जानबूझकर ही कहीं पर कोई व्यंग्य मैंने आने नहीं दिया। फिर भी यदि कोई अंश तुमको खटके तो बाकायदा तुम्हें सेंसर करके उतना काट देने का अधिकार है। पढ़कर फिर भाई साहब को दे देना और स्वयं अपनी ओर से मेरी स्थिति Clear कर देना। तुमने जो मिथ्या भ्रम अम्मा के मन में पैदा कर दिया था कि पाण्डे जी को मैंने भड़काया है, वह भी साफ कर देना।

यह भी आज ही लिखना कि कल मुझे किस समय वहाँ आना चाहिए। ऐसा हो कि मेरा समय भी खराब न हो तथा उन लोगों को बुरा भी न मालूम हो। मन्नो जिज्जी आ रही हैं या नहीं? यदि कल मैं न आऊँ तो कैसा रहे? ऐसा न हो कि तुम्हारी अम्मा नाराज हों कि मौके पर अवस्थी जी नहीं आते। देखो, तुम्हारे घर वालों से मैं कितना डरने लगा हूँ।

तुमको हरा वाला खद्दर का कपड़ा मिल गया होगा, पर यह नहीं लिखा तुमने कि कैसा लगा? सुधीर तुम्हारे लिए कुछ खर्चा लेकर आ रहे हैं। विवेक को जो कुछ देना चाहो, इससे मँगा लेना। तुम्हारे पास तो पैसा बिल्कुल न होगा। मुन्नो के पास मैं गया था, पर उसने अभी तक नकल ही नहीं की है। तुम्हारी समाजशास्त्र की एक कापी मुझे यहाँ मिल गयी है, उसे भी मैं भेज रहा हूँ—लिखो कि भेजूँ या नहीं। आज रात को दिनेश जावेंगे। बालकृष्ण की पत्नी परसों यहाँ आयी थीं।

और नये हाल देना। यह देखो 8 दिन के भीतर मेरा चौथा पत्र है। शेष सब ठीक है। सुमन के यहाँ से कापी मँगा ली है। उसे भी आज भेज दूँगा। मेरा अनाम अच्छा होगा। उससे कह देना कि उसके पापा याद करते हैं।

इस बार चुम्बन तुम्हारे लिए नहीं, उसके लिए है। अच्छा होगा 5 तुम भी ले लो। दो आँखों पर, एक होंठों पर और दो गालों पर।

स्वास्थ्य तुम्हारा ठीक होगा। मेरे रुपये जैसे ही आयेंगे, वैसे ही तुमको Abdec Drops लेकर भेज दूँगा।

तुम्हारा
'श्याम'

भाई साहब के पत्र को पढ़ने के बाद लिफाफा बन्द करके देना।

●

32/147, Mani Ram Ki Bagia, Kanpur
20.11.58

Kammo Dolly,

सोचता हूँ कि अब तुम एक बेटे की माँ बन गयी हो, अतः Dolly न लिखकर और कोई बड़ा भारी नाम सम्बोधित करूँगा, जो काफी गुरुता एवं बड़प्पन से भरा हो, पर मुझे तो अपनी कम्मो बिल्कुल गुड़िया जैसी भोली-भाली और प्यारी लगती है, जो कभी-कभी रूठ जाती है। है न यही बात।

अच्छा पहले एक खुशखबरी सुनो, फिर लड़ाई-दंगा होगा। मैंने 'स्वास्थ्य सुधारो आन्दोलन' कल से प्रारम्भ कर दिया है। परसों शाम को 7 रुपये की दवाएँ लाया हूँ। एक शीशी स्वर्ण मधु और एक शीशी पाचन सुधा और इस तरह की चार शीशियाँ खानी होंगी। पर देखो दवाओं के रुपये तुमसे वसूल करूँगा, क्योंकि तुम्हारे कहने

पर ही इसे शुरू किया है, पर सिर मुड़ाते ही ओले पड़े—कल से दवा खानी शुरू की और कल से ही मुझे जुकाम हो गया। रात को तो काफी तकलीफ रही और उस समय तुम्हारी याद भी बहुत आयी कि यदि तुम होती तो जरा प्यार से चिपटाकर कुछ कष्ट कम कर देती। हाँ, तुमने Calron मँगाई या नहीं। इस बीच फिर तुम बहुत weak हो गयी हो। अगर न मँगाई हो तो मँगवा लेना, क्योंकि तुम्हारा Health ठीक रहने से मेरे अनाम का भी स्वास्थ्य ठीक रहेगा। अनाम प्यारे के टीके अब बिल्कुल ठीक होंगे। लिखना, मुझे उसकी बड़ी चिन्ता लगी रहती है।

और कम्मो Menses हो गये, यह कितना अच्छा हुआ। जैसे पूरा भार दूर हो गया। उस दिन डॉ. कमला न मिलीं, यह अच्छा ही हुआ, नहीं तो बेकार ही दो-चार रुपये मत्थे ठुक जाते। अच्छी तरह से हो गया है न?

परसों शाम को जनेश्वर वर्मा और उनकी पत्नी मिली थीं। तुम लोगों को बहुत पूछ रहे थे।

शनिवार को बस तुम एक बात कहकर फौरन भागी। मैं तो तुमसे बात भी न कर पाया। यह लिखना कि पिछले हफ्ते सूरज, जो मिर्जापुर रिहन्द बाँध में हैं, तुमसे मिलने आये थे कि नहीं। यहाँ मुझसे पत्र तो लिखा ले गये थे।

डियर कम्मो, मैं तुम्हारी तलाश में इतना और अधिक रहा कि तुम सोच नहीं सकती। इधर मुझे अपनी जिन्दगी में बहुत अधिक अकेलापन रहा है। उस दिन मैंने देखा कि मेरे पास कमीजें बिल्कुल नहीं हैं तो मैं कमीजें लेने के लिए बाहर निकला, पर मेरे साथ कोई था ही नहीं। मैंने बीच में सोचा कि कोई दोस्त मिल जायेगा, पर कोई भी न मिला और मैं refugee market तक जाकर बिना कपड़ा देखे लौट आया। बालकिशन भी न थे और इस बीच तुम भी नहीं थीं। मैं कल भी सवेरे कॉलेज में तुमको खोजता रहा कि यदि मिल जाओ तो साथ चलकर कपड़ा खरीद लावें, पर तुम नहीं मिलीं, फिर आखिर आदित्य के साथ जाकर मैंने एक कमीज खरीद ली। अभी एक कमीज का कपड़ा और लेना है, वह जिस दिन तुम चलोगी, उसी दिन लाऊँगा। कल तुम कॉलेज क्यों नहीं आयी थी। मैं सारे कॉलेज में ढूँढ़ता रहा। सिद्धान्तालंकार वाली Anthropology की किताब निशंक के हाथ भेजी है, मिली होगी और हाँ मुरारी का स्मृति ग्रन्थ अब लौटा दो। उसे बहुत दिन हो गये, नहीं तो फिर बेकार पैसे पड़ जायेंगे।

राज मिली थी। उसने Girl's section जाना शुरू कर दिया है। मैं कल वहाँ गया था। एक दिन राज कॉलेज भी आयी थी।

और समाचार देना। बिट्टन के कोई समाचार इधर तो नहीं मिले? अम्मा की साँस कैसी है? ब्रजेश के क्या हाल हैं?

इन दिनों यदि तुम दूध के साथ बादाम ले लिया करो तो बहुत अच्छा रहे। After delivery तो तुम कुछ ठीक से खा-पी न सकीं। सम्भव हो तो अब ले लो

और हाल क्या हैं? यहाँ सभी ठीक हैं। अच्छा तो बहुत-सा प्यार और तमाम चुम्बन। अनाम को भी मेरी ओर से प्यार कर लेना। तुमको यहाँ कब बुलावाया जाये। बम्बई वाले कपड़ों के बारे में किसी ने कुछ कहा तो नहीं?

तुम्हारा ही
'श्याम'

•

Vice-Chancellor's Lodge
Agra University, Agra
26.12.60

कम्मो डियर,

मैं परसों दो बजे दिन में यहाँ आ गया था। खाना तुमने जो बना दिया था, उसे रास्ते में ही खा लिया था। इस बार डार्लिंग आगरा में तुम्हारी बड़ी याद आयी। जानती हो क्यों? जहाँ-जहाँ तुम्हारे साथ पिछली बार घूमने गये थे, वे सारे स्थान याद आते रहे। ट्रेन जैसे ही जमुना ब्रिज पार करके घुसी, वैसे ही फोर्ट दिखाई पड़ा और मुझे याद आया कि हम लोग ताँगे पर बैठकर इसी सड़क से एतमातुद्दौला देखकर लौटे थे, फिर जब मैं रिक्शे से आ रहा था तो एतमातुद्दौला भी दिखाई पड़ा, पर सबसे ज्यादा याद तो कल आयी, जब मैं फोटो लेने के लिए बाजार गया। मैंने अपना रिक्शा ठीक ताज कॉरोनेशन होटल के सामने रुकवाया और एक बार मन हुआ कि ऊपर जाकर पूछें कि 11 नम्बर कमरे में कौन ठहरा है?

फोटो मैं ले आया हूँ, फोटो सब मिलाकर अच्छी हैं। तुम्हारी फोटो ज्यादा अच्छी आनी ही चाहिए।

अभिनन्दन ग्रन्थ[1] छप रहा है और मैं उसका कार्य देख रहा हूँ। अभी तय तो नहीं है, पर शायद मैं 2 तारीख तक वहाँ पहुँचूँगा। इसी बीच Linguistics वाला Seminar भी Attend कर लूँगा।

कल दोपहर मैं मथुरा चला गया था। वहाँ पर Kishori Raman Girl's degree college का Convocation था। भटनागर साहब के साथ ही मैं भी पहुँच गया था।

तुम सीसामऊ किस दिन पहुँची? घर में और कोई खास बात तो नहीं हुई। तुम्हारा स्वास्थ्य ठीक होगा। तुनुआँ[2] के क्या हाल हैं? उसकी तबीयत ठीक होगी। मेरी याद करता है या नहीं। चि. सौरभ[3] के तो रोने वाले चौके-छक्के लग ही रहे

---

1. अभिनन्दन ग्रन्थ—कालका भटनागर अभिनन्दन ग्रन्थ।
2. तुनुआँ—देवीशंकर जी का ज्येष्ठ पुत्र, जिसे वे लाड़ से तब तुनुआँ कहकर पुकारते थे। वास्तव में अन्ततः उनका नाम अनुराग रखा गया। उनका जन्म 27.06.58 को हुआ।
3. सौरभ—देवीशंकर जी का कनिष्क पुत्र, जिसे कभी-कभी वे राजी बाबू भी कहते थे। अन्ततः उनका नाम वरुण रखा गया। उनका जन्म 27.8.60 को हुआ।

होंगे। इस बार उसे लक्ष्मी बहादुर को अवश्य दिखा लेना—उनके घर जाकर दिखा लेना, पर उसके पेट, गैस आदि तथा रोने और जगने के सारे Symptoms बता देना। एक कागज पर पहले से ही सारे Symptoms लिख लेना। इस काम को तत्काल करना, देर न हो और सब ठीक है। वहाँ सभी लोग ठीक होंगे। ब्रजेश के हाल देना। सबसे मेरा यथायोग्य कहना।

और सब ठीक है। मेरी चिन्ता न करना। मैं बड़े आनन्द से हूँ।

तुम्हारा ही तो
'श्याम'

•

श्री वी.एन. खन्ना
Incharge Publications,
Agra University, Agra
01.01.61

कम्मो स्वीटी,

सबसे पहले नये वर्ष की मेरी शुभ कामनाएँ एवं ढेर सारे प्यार की गठरी लो।

आज बहुत सर्दी है यहाँ, कल से पानी बरस रहा है और इस समय दिन भर की आपाधापी और थकान के बाद मैं अपने पलँग पर बैठा हूँ तो तेरी बड़ी याद आ रही है। मुझे लग रहा है कि कैसे दौड़कर पहुँच जाऊँ, पर नये साल का पहला कष्ट मैं यही दे रहा हूँ कि अभी 5 तारीख तक यहीं रहूँगा और 6 को सवेरे कानपुर पहुँचूँगा। कानपुर से तत्काल ही लखनऊ चला जाऊँगा। लखनऊ में उस दिन मेरी 8:30 बजे रात को टॉक है। लखनऊ जाने के पहले मिल अवश्य लूँगा। सवेरे 10 बजे के पहले ही मैं तुमसे मिलने आऊँगा।

यहाँ मैं Linguistics वाला सेमिनार भी Attend कर रहा हूँ तथा छपाई[1] का काम भी बड़ी जोरों से चल रहा है। परसों छपने का काम खत्म हो जायेगा और फिर जिल्द बँधनी प्रारम्भ हो जायेगी।

अरे हाँ, तेरा एक Formal सा पत्र परसों शाम को मिला था। तुम मुझसे तो नाराज होती हो, पर कैफियत यह कि यहाँ पर आदित्य, कृष्णशंकर जी[2], रेखा आदि सभी के पत्र पहले मिल गये। मुझे तुम्हारा पत्र सबसे बाद में मिला और वह भी इतना औपचारिक लगता था कि किसी दूर की परिचिता ने लिखा है। मैंने कई बार पढ़ा कि शायद कुछ प्यार की बात मिल जाये, पर वहाँ तो रूखी-सूखी चर्चा मात्र थी।

---

1. छपाई—कालका प्रसाद भटनागर अभिनन्दन ग्रन्थ।
2. कृष्णशंकर जी—डी.ए.वी. कॉलेज, कानपुर में अवस्थी जी के गुरु, बाद में सहयोगी, बाद में भी दिल्ली विश्वविद्यालय के हिन्दू कॉलेज में अध्यापन के लिए आ गये थे।

रानी, इस समय मुझे सचमुच ही घर की बड़ी याद आ रही है। कानपुर से मेरी सारी चिट्ठियाँ यहाँ आ गयी हैं। तुम लोग, आशा है, खूब मजे में होंगे। ब्रजेश के क्या हाल हैं? बाजपेयी जी तो अब आ रहे होंगे। भाई-साहब के लिए मैं कोशिश करूँगा, पर वह काम तो कानपुर से ही होगा। Sports Committee के Chairman चन्दूबाबू हैं।

भटनागर साहब ने आज नये वाइस चांसलर श्री एल.पी. माथुर को चार्ज दे दिया। परसों शाम से ही यहाँ इस Change over के कारण बड़ी उथल-पुथल रही। भटनागर साहब कल दोपहर को दो बजे कानपुर के लिए चल देंगे। मैं रहूँगा तो उनके ही बँगले में, पर खाना मेरा खन्ना के यहाँ से आ जाया करेगा। तुम लोग कोई भी चिन्ता न करना।

दवा मेरी बिल्कुल खत्म हो गयी है, पर किया क्या जाये? और चारा भी नहीं है। कल से मेरा पेट कुछ गड़बड़ है, पर कोई खास परेशानी की बात नहीं है। डार्लिंग, मेरी समझ में नहीं आता कि मैं कैलाश, गनेश, मुनन जी के लिए क्या लाऊँ, मेरे यहाँ रहते-रहते तुम उत्तर तो क्या दे पावोगी, पर यदि तीन तारीख को तुम पत्र डाल दोगी तो मुझे 5 को मिल जायेगा।

भाभी कहाँ हैं? अम्मा-बापू को मेरा प्रणाम कहना।

तुम्हारा ही
'श्याम'

•

2, साउथ मार्केट फ्लैट
किदवई नगर, नयी दिल्ली-3
02.06.61

प्रिय कम्मो,

जिसकी हम लोग शंका कर रहे थे, वही हो रहा है। मेरे Heart को लेकर काफी बड़ा तूफान उठ खड़ा हुआ है। यहाँ दिल्ली यूनिवर्सिटी में Heart के रोगों का बहुत बड़ा research centre है। यहाँ के Specialist को मेरा Case refer किया गया है। आज सवेरे Electro Cardiogram हो गया है, पर एक्स-रे अब सोमवार को होगा। देखो क्या होता है? स्थिति बहुत अच्छी नहीं है। यहाँ नयी जगह में कोई जोर वगैरह भी नहीं चलता। देखा जायेगा। सब कुछ भगवान के अधीन मानकर चलना ही ठीक है। तुम परेशान न होना। अभी किसी से कुछ कहना भी नहीं। मैं 6 या 7 तारीख को सवेरे पहुँचूँगा।

मेरा मन स्वयं परेशान और क्षुब्ध है, लेकिन क्या करूँ? जैसे पहली बार एक जबरदस्त Fail होने की अनुभूति हो रही है अथवा जैसे कि परोसी हुई थाली वापस

खिंची जा रही है, पर अपना-अपना भाग्य। मुझे शायद यह अपमान और मानसिक अशक्ति भी बरदाश्त करनी है।

कम्मो डार्लिंग, पर तुम निराश न होना। तुनुआँ और राजी दोनों अच्छी तरह होंगे। मेरी याद करते हैं कि नहीं? कम्मो, इस समय मन हो रहा है कि यदि तुम पास होतीं तो बड़ा अच्छा होता। कुछ सान्त्वना मिलती रहती।

अच्छा, शेष मिलने पर। तुम्हारे मामा जी से उनके ऑफिस में मिल आया हूँ। बड़े प्रेम से मिले थे।

शेष ठीक ही है।

तुम्हारा ही
'श्याम'

मनीराम बगिया को सूचना मैंने दे दी है।

●

दिल्ली विश्वविद्यालय
18.07.61

कम्मो डार्लिंग,

आखिरकार मैं दिल्ली आ ही गया। उस दिन की अपनी भावनाओं का वर्णन कर सकने में मैं स्वयं असमर्थ हूँ। मुझे लगता था कि जैसे स्नेह के एक बड़े स्रोत से मैं कटकर अलग हो रहा हूँ। इसी कारण स्टेशन पर मैं बुरी तरह से रो पड़ा था। मुझे सबसे अधिक रुला दिया था पं. कृष्णशंकर जी ने। वे स्वयं रो पड़े और फिर जिस बाँध को मैं रोके हुए था, वह टूट ही गया। शुक्ल जी सचमुच ही मुझे बेटे की तरह चाहने लगे थे। मैं स्वयं उनके बिना यहाँ अभाव का अनुभव करूँगा।

कम्मो, सच कहूँगा कि उस दिन तुम सब लोगों का अभाव नहीं, बल्कि मित्रों का बिछोह मुझे कष्ट दे रहा था, क्योंकि यह जानता था कि तुम लोग तो अभी कुछ दिनों में मेरे निकट आ जाओगी, पर ये सारे प्यारे मित्र और सम्बन्धी शायद हमेशा के लिए कुछ दूर पड़े जा रहे हैं। तुम्हारे पास मैं जानबूझकर आने से कतराता रहा, क्योंकि यह निश्चित था कि तुम रो पड़ोगी, पर कम्मो यहाँ साउथ एवेन्यू में आकर तुम सबसे अधिक याद आ रही हो। मैं कल से अनेक बार कल्पना कर चुका हूँ कि इस समय इस Well furnished flat में अगर तुम होतीं तो कितना अच्छा लगता। इस समय सब खाली-खाली लगता है। कल रात तो बड़ी देर तक उसी कारण नींद नहीं आयी। इस समय भी मैं पत्र लिख रहा हूँ और तिवारी जी की प्रतीक्षा कर रहा हूँ कि शायद तुम्हारा पत्र ला रहे हों। दस बज रहे हैं, पर वे आये नहीं। शायद ट्रेन लेट हो।

तुनुआँ के पैर उस दिन स्टेशन में दर्द कर रहे थे, रात को बहुत परेशान तो नहीं किया। मैं सोचता हूँ कि यदि वह होता तो अनेक चीजों को देख-देखकर पूछता कि 'डैडी यह क्या है?' राजी बाबू के क्या हाल हैं? स्टेशन पर भी—वह मेरा चश्मा खींच रहा था। दोनों मेरी याद करते हैं या नहीं? सुधीर[1] से तुमने बैंक का चेक जमा करा दिया होगा। सुधीर भटनागर साहब के पास गये या नहीं? यदि न गये हों तो मेरा पत्र तथा अलबम और फोटो ग्रुप लेकर उनसे मिल आवे। अलबम और ग्रुप उन्हें ही देते आवे।

कम्मो, मेरी बरसाती तथा वह कंघा जो हम लोग खरीदकर लाये थे, भेज देना। मेरी दिल्ली यूनीवर्सिटी एवं बीमावाली फाइल तथा टाइम-टेबुल भी वहीं रह गये हैं। इन सबको शीघ्र ही भेजना और हाँ बड़े कमरे में सामने वाली अलमारी के बीच और नीचे वाले खण्ड में जो किताबें हैं, उन्हें भी भेजना। उनमें सूरदास पर जो किताबें हैं, उन्हें लक्ष्मी[2] के साथ ही रवाना कर देना। यदि लक्ष्मी वे सभी किताबें ला सकें तो बहुत ही अच्छा हो। 'भ्रमरगीत सार' नाम की एक पुस्तक शायद नीचे वाले खण्ड में है, यदि नीचे वाले खण्ड में न होगी तो छोटे कमरे में ऊपर वाली खुली अलमारी में दाहिने हाथ रखी होगी। उसे यदि लक्ष्मी चले आये हों तो Ordinary Book-Post से भेज देना। छोटे कमरे में सबसे ऊपर रखी किताबों में 'सूरसौरभ' अष्टछाप परिचय, सूरदास (ब्रजेश्वर वर्मा) तथा बड़े कमरे में बक्सों के पीछे वाली अलमारी के बीच वाले खण्ड में 'सूर और उनका साहित्य' हरवंश लाल शर्मा, 'भारतीय साधना और सूर साहित्य' रखी होंगी। उन्हें भी भेज देना। गोविन्द नगर वाली अलमारियों में, रेडियो के नीचे वाली में चन्द्रगुप्त नाटक एवं उसकी समीक्षा से सम्बन्धित दो-तीन पुस्तकें तथा 'अजातशत्रु' की समीक्षा वाली पुस्तकें रखी हुई हैं। इन्हें भी लक्ष्मी के हाथ भेज देना।

19.07.61

इतना ही लिख पाया था कि तिवारी जी आ गये। बड़ी प्रसन्नता हुई। मैंने फौरन किताबों वाला बण्डल खोल डाला और उसमें तुम्हारा इतना प्यारा पत्र मिला कि कई बार आँखों में आँसू भरे हुए पढ़ा। सच कम्मो, तेरी याद बहुत आती है और हाँ अपने दोनों बेटों की भी। बरसाती और दिल्ली वाली फाइल मिल गयी है, पर दिल्ली शहर वाला Map जो भाई साहब देख रहे थे, शायद वहीं रह गया है। कभी उसे भी भेजना। सोच रहा हूँ कि आज लक्ष्मी शायद आवे और फिर तुम्हारा प्यारा पत्र मिलेगा।

युनिवर्सिटी Classes लेने, पहले ही दिन से, शुरू हो गये हैं। ईश्वर की कृपा

1. सुधीर—अवस्थी जी के छोटे भाई उदयशंकर अवस्थी, घर में सब उन्हें सुधीर कहते थे।
2. लक्ष्मी—अवस्थी जी के चचेरे भाई।

से मेरा पढ़ाना ठीक ही प्रारम्भ हुआ है। जहाँ तक मेरा अनुमान है, लड़के असन्तुष्ट नहीं हैं। अभी केवल फाइनल की कक्षा लग रही है, उसमें 100 के लगभग विद्यार्थी हैं तथा लड़कियाँ भी 15-20 हैं, पर अपनी कम्मो के पैरों की धूल का मुकाबला कर सकने योग्य एक भी नहीं है। दो पीरियड मुझे पढ़ाने हैं, पर उनका समय ही नहीं है। किसी दिन लगातार दोनों हैं तथा किसी दिन बीच में एक पीरियड का gap है। मैं हिन्दी साहित्य का इतिहास, रीतिकाल, आधुनिक कविता में साकेत, भ्रमरगीत सार, निबन्ध और अनुवाद, प्रसाद के नाटक फाइनल में पढ़ा रहा हूँ। प्रीवियस की कक्षाएँ 24 तारीख से लगनी शुरू होंगी। चिन्ता न करना, ईश्वर चाहेगा तो सब ठीक ही रहेगा।

खाने-पीने में कोई कंजूसी न होगी, तुम निश्चिन्त रहना। M.P. Canteen जो सामने ही है, उसमें खाना खाता हूँ और 1.25 रु. में Fairly good खाना मिल जाता है, तिवारी जी से पूछ लेना। अभी तक शाम की व्यवस्था ठीक नहीं हो पायी है, क्योंकि यूनिवर्सिटी से लौटते-लौटते 10:30 बज जाते हैं, और उस समय Canteen बन्द हो जाती है, अतः दो दिन से शाम डबलरोटी पर कटती है, पर उससे मुझे कोई कष्ट नहीं है। मोती[1] के आ जाने से वह व्यवस्था भी ठीक हो जायेगी।

...क्रमशः

19.7.61

कल तुम्हारे मामा जी से मिला था। उनके पास बातें अधिक हैं, काम करा सकने की स्थिति कम है। कम-से-कम मकान दिला सकने की शक्ति उनमें मुझे नहीं दिखी। मॉडल टाउन में जो कि यूनिवर्सिटी से लगभग 1-1/2 मील है, मुझे 90 रुपये का मकान मिल रहा है। डॉ. चौधरी का भी इसी किराये के आसपास का खाली होने वाला है पहली अगस्त को, पर मैं यूनिवर्सिटी के और नजदीक चाहता हूँ इसलिए एकाध दलालों तथा अपने कुछ विद्यार्थियों को मैंने Contact किया है, और हो सकता है, एकाध सप्ताह में मुझे कोई-न-कोई मकान मिल जाये। तुमको, मकान मिलते ही, मैं शीघ्र ही बुलाना चाहूँगा। इसी बीच 10-20 दिन के लिए तुम चाहो तो सीसामऊ[2] भी हो आओ।

यहाँ एक उड़ीसा के सज्जन मेरे मित्र हो गये हैं, वे भी इंस्टीट्यूट में इसी साल अंगरेजी में नियुक्त होकर आये हैं। मकान की खोज उन्हें भी है।

खेमका के साढू के घर भी गया था, पर मकान की व्यवस्था शायद वहाँ नहीं है। यों वे मिले नहीं, पटना गये हुए हैं। डाक मेरी जो आवे, उसे Redirect कर देना। यहाँ आते ही ज्वाइन करने के साथ ही 'धर्मयुग' से भारती की चिट्ठी मिली।

---

1. मोती–घर का काम करने वाला लड़का।
2. सीसामऊ–अवस्थी जी की ससुराल के मोहल्ले का नाम।

बालकिशन के यहाँ टाइपराइटर गया या नहीं? अगर आवे तो कह देना कि 'धर्मयुग' से नरेन्द्र सक्सेना के विवाह वाला फोटो लौट आया है, क्योंकि विवाह के फोटो छपने अब बन्द हो गये हैं।

मेरे यहाँ आने के कोई Reactions सुनाई पड़ें तो लिखना, और सब ठीक है। अगर मकान मिला तो रुपये की शायद जरूरत पड़ेगी, क्योंकि एक महीने का किराया Advance देना पड़ता है और सब समाचार देना। तुनुआँ मेरी याद करता होगा। दोनों को मेरी ओर से चूमना। अच्छा तुझे भी बहुत-बहुत प्यार और ढेर सारे चुम्बन और आलिंगन। अब लक्ष्मी के हाथ पत्र भेजूँगा।

तुम्हारा ही तो
'श्याम'

•

42 साउथ एवेन्यू,
नयी दिल्ली
25.07.61

मेरी पगली,

आज शाम को यूविर्सिटी में तेरे दो पत्र मिले—एक लिफाफा 20 का लिखा और एक पोस्टकार्ड 22 का लिखा। तुझे आज सवेरे ही एक लम्बा पत्र लिख चुका हूँ। अब तुमको जरा हिसाब लगवा दूँ। 6 पेज का पत्र तिवारी जी के हाथ और 6 पेज का आज डाक से और 3 पेज के बराबर यह Inland–कुल 15 पेज और तुमने मुझे लिखे हैं 4+1+5=10 पृष्ठ। तुमसे ड्योढ़ा मैंने लिखा और उल्टा चोर कोतवाल को डाँटे। तुझे तो फिर भी सब अपने लोग मिल जाते हैं, पर यहाँ दिल्ली ऐसी जगह है जहाँ दोस्त भी मुश्किल से मिल पाते हैं। यह तुम क्या समझोगी कि मैं कितना Long करता हूँ तुम्हारे लिए। सवेरे से शाम तक साउथ एवेन्यू में अकेले बैठे रहने पर कितना boredom हो सकता है, इसकी तुम सहज ही कल्पना कर सकती हो, पर तू इतनी पगली और Pessimistic है कि इतने में ही दुनिया भर की कल्पना कर डाली। पहले दोनों पत्र तो बसों में बैठकर केवल प्रारम्भिक समाचार देने के लिए लिखे गये थे। अब तुम्हीं बताओ कि क्या तुम्हें उसी प्रकार के पत्र लिखा करूँ। अगर केवल कुशल-समाचार वाले पत्र चाहो तो तुम्हें रोज एक पत्र लिख दिया करूँ। फिर मेरी रानी, मैं नयी-नयी यूनिवर्सिटी के पढ़ाई के चक्कर में, कभी मकान के चक्कर में स्वयं परेशान हो उठता हूँ। पैसों की कमी के कारण हर जगह बस से ही आता-जाता हूँ। इसी कारण कभी-कभी पत्र लिखने में विलम्ब हो जाता है, पर तू मुझे बराबर लिख दिया कर। मैं कभी तेरी याद करता हूँ तो कभी तुनुआँ की। इस बार तो मुझे सौरभ सबसे ज्यादा

याद आता है। वह इधर मुझसे बहुत हिल-मिल गया था। मैं अकसर तुम सबकी याद से परेशान हो उठता हूँ।

डार्लिंग, बस तुमसे मेरा एक ही अनुरोध है कि मुझे गलत न समझो। मैं प्यार का प्रदर्शन शायद बहुत नहीं कर पाता हूँ पर मैं नहीं जानता कि मुझसे अधिक गहरा प्यार कौन रख सकता है। यह जरूर है कि ऊपर से बहुत Emotional मैं नहीं हूँ। घर भर की जिम्मेदारी ओढ़े रहने के कारण तथा अपनी साहित्यिक रुचि के कारण तुम्हें बहुत समय भी नहीं दे पाता, पर तुम इतनी निराशावादिन इसी कारण बन जाओ, यह ठीक नहीं है। My honey please do not misunderstand me. तुम बहुत छोटी बातों में हैरान हो उठती हो। अच्छा ले अब हँस दे। मैं तुम्हें बहुत जल्दी-जल्दी पत्र लिखा करूँगा।

और हाँ, दिल्ली तो तुझे बुलाना ही चाहता हूँ पर पैसों की Problem है। मैं अपनी economy ठीक करके तुम्हें लाऊँगा। कहीं ऐसा न हो कि जिन्दगी में पहली बार हम लोग अलग रहें और पैसे की समस्या से सारा मजा किरकिरा हो जाये। बिना पैसे की गृहस्थी में तमाम Maladjustments और कलह उत्पन्न हो जाते हैं। हम लोग कुछ दिन अलग भले रहें, पर उन कलहों से बचना चाहते हैं। इसीलिए सोचता हूँ कि तुम्हें सितम्बर में या तो बुलाके या फिर 12-13 अक्टूबर को जब छुट्टियों कानपुर में बिताकर लौटूँ तो साथ लेता आऊँ। यहाँ पर 4 से 13 अक्टूबर तक छुट्टी रहती है। तुम्हारी क्या सलाह है, उसी प्रकार मैं अम्मा को लिखूँ।

बाबूलाल जी अभी तक तो आये नहीं। छुट्टी मिलने पर आवेंगे ही। न हो तो उनका पता मुझे लिख देना, मैं ही सामान ले आऊँगा। यों शायद शनिवार को वे आवें, क्योंकि सवेरे तो ऑफिस चले जाते होंगे। शाम को थके-माँदे लौटने पर दिल्ली में, जहाँ दूरियाँ बहुत अधिक हैं तथा बस की व्यवस्था बिल्कुल प्राणहन्ता है, कहीं पहुँचना कठिन हो जाता है। इलाहाबाद वाला बिल बेकार ही भेजा यहाँ। उसे कानपुर में ही कॉलेज में मेरे एकाउण्ट में जमा कर देती, अपने आप भुगतान होकर आ जाता। यहाँ से शायद कुछ देर भी लगेगी और कमीशन भी चाहे कटे, क्योंकि उत्तर प्रदेश के बाहर हैं न अब हम लोग। वहाँ पर इसी से Overdraft भी Adjust हो जाता।

बिट्टन की तबीयत क्या खराब हो गयी थी? ब्रजेश कहाँ पर हैं, वाजपेयी जी ने नयी जगह ज्वाइन कर ली या छिबरामऊ में ही हैं?

अब नाराज नहीं हो न। सुधीर के admission के हाल तुरन्त देना। मैं उसके लिए चिन्तित हूँ। रेखा के चलाए अगर Psychology न चले तो फिर Education ले लें। यों Psychology भी ठीक ही है। और सब ठीक है।

तेरा ही 'श्याम'

धर्मयुग वाला चेक जमा करा दिया होगा। नये महीने की 'नयी कहानियाँ' तथा 'कल्पना' नहीं आयी क्या? आज के अखबार में एक बढ़िया खबर है कि दिल्ली A Class शहर करार दिया गया है अतः हमारी तनख्वाह 32 रुपये के करीब और बढ़ जायेगी यानी कि 495 रुपये के लगभग हो जायेगी।

'श्याम'

•

रात्रि : 11 बजे
30.07.61

मेरी प्यारी कम्मो,

अगर तुमसे यह बताऊँ कि कल से तुम मुझे फिर बहुत याद आ रही हो तो केवल लिखने का ढंग ही न मानना। कल अजित के लड़के का जन्म दिन था, उन्होंने एक पार्टी दी थी, उसमें अधिकांश आमन्त्रित सपत्नीक आये थे—एक मैं ही तुम्हारे बिना वहाँ पर था और ऐसे में तुम्हारी याद आना स्वाभाविक ही है, फिर कल से ही 15 दिन की सख्त गर्मी के बाद घमासान पानी बरसने और बादल गरजना शुरू हुए हैं, पर लगता है कि अभी कुछ दिन तुम्हारे बिना ही मुझे रहना होगा। तुमसे भी अधिक मुझे तुनुआँ की याद आ रही है। हम लोग उसकी वर्षगाँठ इस साल नहीं मना सके। मुझे कल सारे दिन उसकी बातें याद आती रहीं। कैसे वह मुझसे कहता था, डैडी, मम्मी पास हमको नहीं ले चलोगे? हमको टॉफी ले दोगे? आदि-आदि। कम्मो, यादव बाबू से पुछवा लेना कि क्या वे 15 अगस्त के आसपास आने वाले हैं?

कल मैं अजित के यहाँ के निमन्त्रण के कारण यूनिवर्सिटी नहीं गया था, पर मेरा अन्दाजा है कि तुम्हारा पत्र वहाँ आया होगा, कल जाऊँगा तो जरूर मिलेगा। तुमने सुधीर के एडमिशन के बारे में कुछ नहीं लिखा, मैं बड़ा चिन्तित हूँ।

बाबूलाल की मैं रोज प्रतीक्षा करता हूँ पर आज इतवार भी बीत गया और वे नहीं आये। मुझे उनका पता जीजा से पूछकर लिख दो तो मैं खुद ही जाकर ले आऊँ। जूतों के बिना मुझे बड़ी दिक्कत हो रही है।

मकान पहले एक नब्बे रुपये वाला देख आये थे, पर आज वह Reject कर दिया। उसके रुपये जो मैंने 40 रुपये जमा किये थे, वे वापस मिल जावेंगे। हमारे सहयोगी डॉ. चौधरी वाला मकान खाली हो गया है और 100 रुपये पर वही ले लिया है। यूनिवर्सिटी के कायदे के अनुसार अब 108 रुपये तक का मकान मैं किराये पर ले सकता हूँ क्योंकि अब 15 प्रतिशत मुझे यूनिवर्सिटी से किराया मिलेगा—A grade लागू हो जाने के कारण। इस नये मकान में मैं या तो कल शिफ्ट कर जाऊँगा या फिर परसों, पर पत्र अभी यूनिवर्सिटी के पते पर ही देना। वो मकान का पता होगा—डॉ. सत्यदेव चौधरी, F. 11/12, मॉडल टाउन, दिल्ली। यह यूनिवर्सिटी से 1-1/2

मील दूर पड़ता है। आज दिन भर तुम्हारे मामा जी मेरे साथ मकान देखने के चक्कर में दौड़ते रहे। डॉ. चौधरी वाले मकान को उन्होंने भी पसन्द किया है। उनके एक परिचित के मकान का एक Portion भी खाली होने वाला है और उसने Promise किया है कि मुझे ही देगा 15-20 दिन बाद। पर यह भी सम्भव है कि तुम्हें दशहरे के पूर्व ही मुझे बुलाना पड़े, क्योंकि बहुधा मकान मालिक यह नापसन्द करते हैं कि औरतें साथ न लायी जायें। अतः आना भी पड़ सकता है।

और समाचार विस्तार से देना। अम्मा, जीजा, दिदिया को प्रणाम। चि. सुधीर, रेखा, अजय, अन्य, अनुराग एवं सौरभ को स्नेहाशीष। तुमको बहुत-बहुत प्यार।

तुम्हारा

'श्याम'

अच्छा टा...टा...! अब नये मकान में पहुँचकर लिखूँगा। तुम अच्छी तरह होगी। क्या मिलने गयी थीं? 'कल्पना' मिल गयी है। 'ज्ञानोदय' शायद आज मिले।

खाना कल मामा के यहाँ ही खाया था। वे कह रहे थे कि दलिया बनवाकर दे जाऊँगा, मैंने कहा कि नहीं, अभी कोई आवश्यकता नहीं है। क्या तुम्हारी अम्मा ने उनसे कह दिया था?

मेरे नाम छपे कार्ड भेज देना।

●

दिल्ली

01.08.61

कम्मो डार्लिंग,

आज पहली अगस्त है और हर पहली तारीख हमको-तुमको कितनी प्रिय लगती है। फिर इस बार तो कल ही तेरे दो-दो लम्बे पत्र मुझे मिले हैं। एक शाम को डाक से इंस्टीट्यूट जाने पर मिला और दूसरा पत्र बाबूलाल जी के हाथ वाले सामान के साथ मिला। पढ़कर बड़ा सुख मिला। दोनों पत्र कई-कई बार पढ़े। तुमको इस बीच में मेरा पत्र न मिलने से बड़ी परेशानी में रहना पड़ा, कम्मो इसका मुझे बड़ा कष्ट है। सचमुच थोड़ी ढिलाई मुझसे हुई, पर असल में मैं तुम्हें neglect नहीं करना चाहता था, केवल Matter of Fact। पत्र न लिखकर बड़ा पत्र लिखना चाहता था, इसी कारण ऐसा हुआ। Matter of Fact पत्रों में भी तुम्हारे लिए सन्देश निहित रहता था कि मैं अच्छी तरह हूँ। हैरान न होना। उधर अम्मा को भी सन्तोष हो गया होगा कि श्याम ने मुझे पत्र लिखा है। फिर तिवारी जी को पत्र 20 तारीख को पहुँचा देना चाहिए था, पर उन्होंने उसे पहुँचाया नहीं। खैर तुमने तो अब मुझे माफ कर दिया है न मेरी रानी। अब तुमको कितने नियमित पत्र मैं लिख रहा हूँ। एक

पत्र कल सुबह छोड़ चुका हूँ। कम्मो, कल तुम्हारा पत्र पढ़कर मुझे भी रुलाई आ गयी थी। सच बताऊँ, जब यहाँ फ्लैट में लौटता हूँ तो मन होता है कि फिर भाग जाऊँ। वही मोती और वही कमरा। कभी तुम याद हो आती हो और कभी सौरभ तथा अनुराग की। मुझको इधर कई दिनों से तुनुआँ की बड़ी याद आती है। कल सुधीर का भी 27 तारीख का लिखा पत्र मिला। उसमें सौरभ, अमी तथा अंजू की तरफ से भी लिखा हुआ था। सुधीर ने लगता है कि हाथ पकड़कर लिखाये थे। तबसे इन तीनों की याद और अधिक आने लगी है।

बाबूलाल जी शनिवार की शाम को यूनिवर्सिटी में आये थे, पर उस दिन अजित के यहाँ निमंन्त्रण होने के कारण मैं यूनिवर्सिटी गया ही नहीं था, इस कारण मुझसे भेंट नहीं हो सकी। अतः वहीं मेरे कॉलेज के दफ्तर में सामान रखकर चले आये थे, बिल डॉ. दशरथ ओझा को इण्टर बोर्ड वाला दे गये थे। मैं जब कल गया तो सब सामान मिला। वहाँ से लादकर फिर घर लाया। बाबूलाल जी का घर का पता लिखना, उनसे मिल आऊँगा।

प्रीवियस में भी वही सब पढ़ा रहा हूँ जो फाइनल में। प्रसाद के नाटक, चिन्तामणि, साकेत, भ्रमरगीतसार, हिन्दी साहित्य का इतिहास, रीतिकाल, निबन्ध एवं अनुवाद, यही सब पढ़ा रहा हूँ—दोनों में। काफी Wide course है, पर तुम्हारे प्यार का प्रताप यह है कि अभी तक तो कोई निन्दापरक बात सुनाई नहीं पड़ी। क्लास पहले दिन से जम गया था। यत्र-तत्र प्रशंसा के स्वर ही सुनाई पड़े हैं। यों यूनिवर्सिटी में यहाँ अनुशासन की कोई समस्या दिन की कक्षाओं में भी नहीं होती, शाम को तो ऐसे भी कुछ अधिक उम्र वाले एवं Employed लोग पढ़ते हैं। अतः समस्या होती ही नहीं। फाइनल में 88 लड़के हैं एवं प्रीवियस में 61। यहाँ लड़कों का बड़ा Rush रहता है। 300 में छाँटकर 61 लड़के प्रीवियस में लिये गये हैं। लड़कियाँ फाइनल में 13-14 हैं और प्री. में 9-10 पर मुझे केवल एक लड़की फाइनल में अच्छी लगती है और एक ही प्रीवियस में। बस यही दोनों मेरी प्रेमिकाएँ हैं, बाकी तो सब कूड़ा हैं। तमाम लड़के-लड़कियाँ तो आयु में मुझसे भी बड़े हैं। 5-6 बच्चों के पिता तो कई हैं। विभाग के सदस्यों से भी प्रेम-व्यवहार ही है। गोकि यहाँ पर Formality अधिक है और यह स्वाभाविक ही है। नगेन्द्र जी की Opinion अच्छी ही होगी। मैं तो पहले दिन उनसे मिला था और फिर परसों गिरिजा कुमार माथुर के साथ उनके घर गया। तब रात को 10 बजे तक हम लोग साथ-साथ घूमते रहे। यहाँ दूर होने के कारण उधर के लोगों से मैं अभी मिल नहीं पाया हूँ। सब ठीक ही हो जायेगा। गिरिजा कुमार माधुर आजकल यहीं पर हैं। उन्होंने परसों अपने घर चाय पर बुलाया था। उनकी पत्नी शकुन्तला माथुर ने अपनी तमाम कविताएँ सुनाईं। एक दिन सुरेश अवस्थी के घर भी गया था। सबसे धीरे-धीरे मिले जा रहा हूँ।

आज दोपहर के बाद मॉडल टाउन वाले घर में जाने का विचार है। बात यह है

कि यहाँ रहने में कोई लाभ नहीं है। जब तक मैं मकान के किराये की रसीद नहीं दिखाऊँ, तब तक मुझे House Rent allowance नहीं मिलेगा। 43 रुपये के ऊपर 108 रुपये तक जितना होगा, उसे यूनिवर्सिटी देगी। उससे अधिक होने पर फिर मुझे देना होगा। यहाँ रहने पर मेरे 43 रुपये तो जरूर बचते हैं पर 30 रुपये के आसपास खर्च भी करना पड़ जाता है। इसके अलावा प्रतिदिन 3 घण्टे आने-जाने में खराब होते हैं और परेशानी उठानी पड़ती है सो अलग। इसी कारण मैं शिफ्ट कर जाने की सोच रहा हूँ। गोकि इस फ्लैट जैसा आराम, ऐसा फर्नीचर, इतनी सुविधाएँ कहाँ मिलनी हैं? पर अपना घर अपना ही है। आखिरकार इसको छोड़ना तो पड़ेगा ही। यों अगर मामा जी जिससे Contract कर आये हैं, अगर वह मकान दे देगा तो फिर कोई परेशानी न होगी। वह घर अधिक अच्छा है। फिलहाल जो लिया है, डॉ. चौधरी वाला, वह भी नीचे का ही है। लड़कों के गिरने की बात पहले से ही मेरे दिमाग में थी। अब वहाँ पहुँचकर चारपाई, फर्नीचर आदि सभी की व्यवस्था करनी पड़ेगी। सोचता हूँ कि बेंत के हल्के मोढ़े तब तक खरीद लूँगा और बेंत की ही एकाध आलमारी भी। अभी जब तक घर फाइनली कोई न ले लूँगा, तब तक अधिक सामान बढ़ाऊँगा भी नहीं, वरना Shift करने में उतनी ही अधिक कठिनाई भी होती है।

और सब ठीक है। मोती सब कुछ-कुछ ठीक बनाने लगे हैं। रोटी अब उतनी पापड़ नहीं बनाते। धीरे-धीरे सीख जावेंगे। डाँटता मैं कभी-कभी ही हूँ, जैसे कि कल रात 10 बजे मैं बहुत भूखा और परेशान लौटा तो क्या देखता हूँ कि केवल दाल-रोटी बनाये रखे हैं जबकि साग घर में रखा हुआ था। तब फिर मैंने डाँटा था, पर यों मैं बड़े पुचकार के काम लेता हूँ। अजित के घर उस दिन दावत में लेता गया था। उसे कुछ पैसे भी वहाँ मिल गये थे और खाने-पीने को भी सब कुछ मिला था।

इधर मामा जी ने कुछ वास्तविक दिलचस्पी ली है, मेरी व्यवस्था के बारे में। इतवार को तो बेचारे दिन भर दौड़ते रहे और हाँ, डॉ. चौधरी वाले मकान में एक पंखा भी है, इसी कारण मैंने उसे और ले लिया है। अच्छा, अब पत्र नये घर में पहुँचकर तब लिखूँगा।

देखो, रुपये जहाँ तक बन पड़े, किसी से भी मत लेना। पिछले महीने में चलते समय 300 रुपये मैं रख आया था। क्या 15 दिन में वे सभी खर्च हो गये? मैं समझता हूँ कि तुम इस समय सीसामऊ चली जाओ तो खर्च का बोझ कुछ कम रहेगा। अगले महीने से तो मैं सम्पूर्ण Economy ठीक ही कर लूँगा। एक महीने की बात है कम्मो, बुरा न मानना। अब लम्बे समय के लिए रहना कठिन हो जायेगा। यदि रुपये लेने ही पड़े तो सौ-पचास से अधिक किसी से भी मत लेना। एकाध सप्ताह बाद कॉलेज जाकर अग्निहोत्री जी से पूछकर Overdraft ठीक कर आना। 'धर्मयुग'

से मेरा अब कुछ पैसा आने ही वाला है। 'कल्पना' वालों का भी पत्र आया है कि कुछ भेज रहे हैं, पर बैंक एक सप्ताह बाद जाना, जिससे कि बम्बई वाला चेक जो तुमने जमा किया है, उसका रुपया भुनकर आ जावे।

जब बैंक जाना तो तनिक यह भी पता लगा लेना कि मेरे Saving Bank वाले एकाउण्ट में तो चेक जमा नहीं हुआ है? मेरा Saving का भी एकाउण्ट देख लेना। एक पत्र बैंक के मैनेजर के नाम रख रहा हूँ कि यदि Transfer कर दें। तुम अपना पासबुक भी बैंक से लेते आना। जरा भाई साहब से कहना कि यह पता लगावें कि मेरे स्कूटर का नम्बर कब तक आ रहा है?

F. 11/12, मॉडल टाउन—मैं शाम को 5 बजे यहाँ आ गया। अभी यूनिवर्सिटी में पत्र मिला पं. कृष्ण शंकर जी का। सुधीर बेचारा डी.ए.वी. में रो पड़ा, यह जानकर कम्मो मैं स्वयं रो रहा हूँ। मैं अपने मन की अवस्था का वर्णन नहीं कर सकता। उस बेचारे पर क्या बीत रही होगी। कभी कोई बाधा तो सामने नहीं आयी, मेरा मन इस समय ठीक नहीं है। तुमको फिर लिखूँगा। सुधीर के बारे में तत्काल लिखो अन्यथा मैं शनिवार की शाम को यहाँ से चल दूँगा।

तुम्हारा
'श्याम'

•

12.8.61

सवेरे 7-11,

दिल्ली से 12 अगस्त, 61 को अपनी अत्यन्त प्यारी कम्मो रानी को पत्र लिखते समय मेरे दिमाग में उसका यही चित्र घूम रहा है कि सवेरे 6 बजे से बार-बार सड़क पर झाँक जाती होगी कि उसका श्याम नहीं आया और फिर झुँझला कर तथा दुखी होकर रो देती होगी, पर उसका श्याम यहाँ बैठा स्वयं दुखी मन से पत्र लिख रहा है। इस बात की राह देख रहा है कि पानी बन्द हो तो जाकर मकान मालिक से बात करे। कम्मो तुम मोती से पूछ लेना, मैंने सारी तैयारी कानपुर की कर ली थी, उसी बीच में एक मकान देखने गया—वहाँ सरदारिन ने कहा कि मैणूँ तो बिण औरतों के मकान न देऊँ। गोकि वह औरत स्वयं बड़े अच्छे स्वभाव की दिखी। मकान में दो अच्छे बड़े कमरे हैं, एक स्टोर है, एक रसोईघर और एक बाथरूम। पखाना Common है, पर वे सरदार-सरदारिन और तीन छोटे-छोटे (तथा एक पेट में) बच्चे हैं। अतः दिक्कत न होगी। मकान के सामने और बगल में वैसी ही खुली जगह (चारदिवारी से घिरी) है, जैसी कि बँगलों में होती है और किराया मात्र 80 रुपये। दिल्ली को देखते हुए एकदम सस्ता Dam cheap को अगर मकान मालिक मकान बिना औरतों को बुलाये देने को तैयार न हुआ तो फिर तुमको आना पड़ेगा।

मकान की खराबी अभी इतनी है कि आलमारियों में किवाड़ नहीं लगे हैं तथा फर्श मौजेक का नहीं है, पर धीरे-धीरे वह भी करवाने की चेष्टा करेंगे—A Class शहर होने का फायदा जब मिलने लगेगा तो उसका किराया बढ़ा देंगे और यह चीजें ठीक करा लेंगे। बहुत पैसे वाले नहीं हैं, अतः उनको दबाया भी जा सकेगा। A Class शहर होने से मकान का Allowance 15 प्रतिशत हो जायेगा, पर वह तभी मिलेगा जबकि हम किराये की रसीद दिखावेंगे। सुना है कि एक Move यह भी चल रहा है कि हम लोगों को Compensatory Allowance भी मिले। यदि वह मिल गया तो नकद 35 रुपये तनख्वाह और बढ़ जावेगी। इस प्रकार सब मिलाकर 530 रुपये मिलने लगेंगे। खैर, यह सब देखा जायेगा।

कम्मो स्वीटी, मुझे चौहान किताबें नहीं दे गये, उनके यहाँ से मँगवा लेना। तुम परेशान न होना और यादव बाबू के आने की तारीख पुनः पूछकर लिखवाना। न हो तो निशंक से कहकर टिकट मँगवा लेना और वही मुझे भेज देगा। मैं एकाध दिन की छुट्टी लेकर चला आऊँगा। यों मैं लक्ष्मी को लिख रहा हूँ कि तुमको छोड़ जावें।

दोपहर दो बजे—अभी थोड़ी देर पहले मकान मालिक से बातें करके लौटा हूँ। मकान मैंने ले लिया है और वह इस बात पर राजी हो गया है कि फैमिली, मैं, कुछ दिनों बाद लाऊँ। अतः अब तुम लोग परेशान न होना। अम्मा को बता देना कि अब कोई जल्दी नहीं है। लक्ष्मी को भी लिखे दे रहा हूँ। यदि बीच में Insist करेगा तो फिर चाहे तुम, चाहे अम्मा चली आना। कल एक पोस्टकार्ड मैं अम्मा को लिख चुका हूँ कि तुमको भेजने की तैयारी करें। अतः अब यदि तुम सीसामऊ में हो तो अम्मा को सूचित कर दो कि फिलहाल कुछ दिनों के लिए मामला ही टल गया है। इधर इन्हीं दिनों में मैं कुछ फर्नीचर वगैरह के लिए भी रुपये इकट्ठे कर लूँगा और फिर जब तुम आओगी तो साथ चलकर मकान को सही करने का सामान ले आऊँगा। जीजा से कहना कि फर्नीचर बनवाने का प्रबन्ध करें, मैं रुपये का प्रबन्ध करके शीघ्र ही भेजूँगा। फर्नीचर वगैरह कानपुर से ही लाने में पड़ता पड़ेगा, यहाँ तेज मिलता है। वहाँ से ट्रक में बड़ी आसानी से सोफा, मेज, कुर्सी, आलमारी चली आवेगी। उपेन्द्र से कहना कि किसी ट्रक वाले से बात कर लें। यों मैं गोविन्द नगर वाली दोनों आलमारियाँ चाहता हूँ कि चली आवें और बेंत वाली कुर्सी तथा छोटी वाली मेज भी। मेरे आने की व्यवस्था अब अगले सप्ताह जरूर करो। मेरा आने का मन बहुत जोर से है, अतः बीच में भी एक दिन की छुट्टी लेकर आ सकता हूँ। वहाँ से क्रॉकरी वगैरह भी लेता आऊँगा। चि. अमी और राजी के क्या हाल हैं? घर में सबसे प्रणाम और छोटों को आशीष कहना। सुधीर के एडमिशन के बारे में जानकर अत्यधिक प्रसन्नता हुई। समाचार फौरन देना।

यह पत्र लिखने के बाद नये मकान में Decorate करने जा रहा हूँ। कानपुर वाला राशन अब खत्म है।

यादव बाबू का प्रोग्राम जरूर लिखना। 26 अगस्त को शायद रक्षाबन्धन है—उस दिन शनिवार है, अतः दो दिन की छुट्टी उधर भी मिल सकती है। निशंक से भी पुछवाना और सब हाल लिखना। बहुत-बहुत चुम्बनों के साथ—

तुम्हारा
'श्याम'

•

रात्रि : 10 बजे
सी-7/7, मॉडल टाउन, दिल्ली-9
14.08.61

तेरे दोनों प्यारे खत आज शाम को यूनिवर्सिटी में एक साथ मिले, मेरा भी एक पत्र आज ही तुझको मिला होगा। यह जानकर बड़ा मजा आया कि तू वहाँ खूब मेरा इन्तजार करती रही और यादव बाबू पर मन-ही-मन नाराज होकर कोसती रही। इधर मकान के चक्कर में मैं स्टेशन उनको देखने पहुँच ही नहीं पाया था। अच्छा ले तुझे इम्पीरियल चाट हाउस वाला (या Kwality के समोसे वाला) एक बढ़िया किस भेज रहा हूँ। कम्मो डियर, उस दिन तो मेरा भी मन कानपुर उड़ आने को हो रहा था, पर अचानक ही मकान ठीक दिखाई पड़ गया। अगर उस दिन रुककर मैं उसे ले न लेता तो फौरन ही उठ जाता। मेरे बाद एक सज्जन आकर 90 देते रहे, पर मकान मालिक ने मुझसे रुपया ले लिया था।

कम्मो, यह घर कुछ-कुछ मेरे मन का है। विश्वविद्यालय से केवल 1-1½ मील दूर होने के कारण कुछ असुविधा है, बाकी सभी चीजें हैं। टट्टी जरूर Common है, पर मकान मालिक शरीफ किस्म के मालूम होते हैं। गोकि तुम सरदारों से घबराती हो। जगह भी काफी है तथा 2-4 मेहमान भी आ जायें तो दिक्कत न होगी। यहाँ तक कि यदि जरूरत पड़ जाये तो हम-तुम, अम्मा, सुधीर-रेखा सभी रह सकते हैं। मामा जिस मकान को दिला रहे थे, वह अभी खाली नहीं हुआ है। वह मकान उतना खुला नहीं है, उसमें दो मंजिलें हैं और नीचे का हिस्सा है। भीतर आँगन है, पर बाहर सड़क है, जबकि इस मकान में बच्चों को खेलने की बड़ी सुविधा है। कमरे भी इसके ज्यादा बड़े हैं, पर वह यूनिवर्सिटी के नजदीक है और वहाँ पर सभी चीजों का बाजार है। मैं कोशिश कर रहा हूँ कि यूनिवर्सिटी एरिया में ही कोई Sub-let कर दे। दो-एक प्रोफेसरों से बातचीत हो रही है, हो सकता है कि वहीं जगह मिल जाये। वैसी हालत में तो फिर पूरी सुविधा हो जायेगी।

कम्मो, तुमको बुलाने से अभी मुझे भी यहाँ परेशानी बढ़ जायेगी और तुम भी हैरान हो जाओगी। जब तक मैं किसी मकान को तय करके उसे जमा न लूँ, तब तक तुम्हें और भी अधिक असुविधा होगी।

मेरा काम तो किसी-न-किसी प्रकार चल ही जाता है। अब अपेक्षाकृत मेरे मन को भी शान्ति है। आज मैं एक चारपाई बनवा लाया हूँ–12-13 रुपये सब मिलाकर लगेंगे। दो मोढ़े तथा एक चटाई ले आया हूँ पौने नौ रुपये में। एक निवाड़ की चारपाई तुम्हारे लिए मामा से कह दिया है कि बनवा दें। आज मेरे पास सौ रुपये रह गये हैं। मुझे उम्मीद है कि इनमें से 50 बचा लूँगा। 50 का फर्नीचर सितम्बर के पहले सप्ताह को लूँगा या जमा कर लूँगा और जब तुम आओगी, तब लाऊँगा। कानपुर से आया हुआ राशन सब खत्म हो गया है। अब कल मामा के पास जाकर गेहूँ, दाल, चावल सब कुछ लाऊँगा। अचार खत्म हो गया है। छोटे के हाथ न हो तो थोड़ा-सा सूखा भेज देना या फिर सिरका। दलिया मामा के यहाँ बनवा लूँगा। यों हर हफ्ते जगदीश अवस्थी आते-जाते हैं। कभी कोई छोटी-मोटी चीज उनके हाथ भेज सकती हो।

मैंने यहाँ काफी, यू.पी. वाले, मित्र ढूँढ़ लिये हैं। मॉडल टाउन में ही चार-पाँच मिल गये हैं। कुछ तो कानपुर के ही हैं। सुधीर कभी भी यादव बाबू के साथ चले आवें। उनके तो सितम्बर तक Classes नहीं हैं। वे आवें तो फिर क्रॉकरी (चाय का सेट, चार बड़ी प्लेटें) और कुछ राशन भी ले आवें। अमी बाबू के लिए मैं दो-एक दिन में न होगा तो टॉफी का डिब्बा भेज दूँगा। उसे मेरी ओर से अंगूर वगैरह ले दिया करो। (अच्छा अब 11 बज रहे हैं, कल बाकी पत्र लिखूँगा।) साधना प्रेस को चेक तुमने दे दिया होगा। नवीन ज्वैलर्स को भी चेक दे देना कि जमा कर लें तथा बाकी जितना बिल होगा, वह मैं आकर अक्टूबर में दे दूँगा। चेक का डाले रखना ठीक नहीं है। इण्टर वाले बिल के बारे में तुमने अब तक नहीं लिखा है और ही एक जरूरी काम और। सुधीर के हाथ 11 रुपये 79 पैसे श्री परमेश्वरी दयाल श्रीवास्तव, एकाउण्टेण्ट डी.ए.वी. कॉलेज के पास जरूर भेज देना। कह दें कि मेरी पॉलिसी की किश्त के रुपये हैं। चाहे तो चेक ही भेज देना अपना। उनको अलग से पत्र मैं लिखे दे रहा हूँ।

कैलाश के दोस्त बेचारे ऐसे समय में आये, जबकि मैं उनको चाय भी नहीं पिला पाया। उस समय सभी चायघर बन्द हो चुके थे। तुमने यह नहीं लिखा कि वाजपेयी जी कहाँ पर हैं और समाचार देना। तुम लखनऊ जरूर हो आओ।

तुनुआँ के लिए मैं टॉफी जल्दी ही भेजूँगा। उसे तथा सौरभ को बहुत-बहुत प्यार। अम्मा, बापू को प्रणाम। भाई साहब, भाभी, बिट्टन को नमस्कार तथा कैलाश, गणेश, मुन्नन जी, कुक्कू, विवेक, बीनू बेबी को प्यार।

चुम्बनों सहित–

तुम्हारा Obedient
'श्याम'

•

15.08.61

आज सवेरे से पानी बरस रहा है। कहीं जा नहीं सका और सोचता हूँ कि तुम होती तो खुश होती कि भले पानी बरसा, घर पर तो रहे। 'जीवन के सौ-सौ सुख सुविधाओं में मेरा मन बनवास दिया सा', पर मिलेंगे यही विश्वास है। आजकल मैं यूनिवर्सिटी में उर्मिला का विरह वर्णन पढ़ा रहा हूँ और बराबर तुम्हारी याद आती है।

सुनो, चि. शशि की फीस का क्या हुआ? उससे पूछकर लिखना। उससे कहना कि डॉ. अम्बिकाप्रसाद बाजपेयी, ललितमोहन अवस्थी तथा श्यामसुन्दर 'राजा' से मिल ले। अवस्थी और राजा को मैंने उसके लिए आज अलग डाक से पत्र भी लिख दिये हैं। अब कल तुम्हारे पत्र का इन्तजार करके लिखूँगा, शायद तुम बैंक हो आयी हो तो उसी हिसाब से इण्टरमीडिएट वाला बिल भी रजिस्ट्री कर दूँगा।

तुमने बड़े तकिये का एक ही गिलाफ दिया है। अतः एक गिलाफ और तथा मेरी मसहरी भेज देना। इस मोहल्ले में कुछ मच्छर भी हैं।

बापू की दूकान का किस्सा सुनकर कष्ट हुआ। लगता है कि सीसामऊ में अब कुछ कष्ट के दिन आ गये हैं। बुढ़ापे में बेचारे बापू को तमाम परेशान होना पड़ रहा है। भाईसाहब को मैंने पत्र लिखा था, उसका उन्होंने उत्तर ही नहीं दिया।

16.08.61

कैलाश के दोस्त के हाथ चश्मा मिल गया। उस समय जल्दी में जवाब नहीं दे सका। वे रात में 9 बजे के लगभग आये थे। यहाँ जो आया करे, उसे बता दिया करो कि मेरे Classes 6 से 9 के बीच में Arts Faculty Building के कमरा नं. 65-66 में लगते हैं, ऐसे परेशानी होती है। सोमवार को 6 से 7:30, मंगल को 7:30 से 9, बुधवार को 6:45 से 9, बृहस्पतिवार को 6 से 8:25, शुक्रवार को 7:30 से 9, शनिवार 6 से 9 Classes लगते हैं।

आज तीन दिन से यहाँ बेहद पानी बरस रहा है। सुनता हूँ कि ऐसी वर्षा दिल्ली में बहुत दिनों से नहीं हुई है यों तो बादल-वर्षा पिछले 17-18 दिन से है, पर तीन दिन से तो झड़ी ही लगी हुई। वहाँ क्या हाल है।

•

7/7, Model Town, Delhi
23.08.61

कम्मो डियरी,

कल शाम जब भीगते हुए यूनिवर्सिटी पहुँचा तो देर हो जाने के कारण लड़के तो जा चुके थे, पर सान्त्वना यह हुई कि तुम्हारा पत्र मिला। सोचा कि आने-जाने के पैसे और परिश्रम सफल हो गया। रानी, मैं तो सोच रहा था कि तुम लखनऊ चली

गयी होगी, पर तुम कभी कोई निश्चय नहीं कर पाती हो। कम्मो, अभी-अभी मेरी खिड़की पर कबूतर शोर मचा रहे थे, मैंने सोचा कि उड़ा दूँ तो देखा कि वे दोनों आपस में बुरी तरह संलग्न थे और मुझे तुम्हारी याद हो आयी तथा फिर मैंने उनको नहीं उड़ाया—मुझे लगा कि यही तो मैं भी चाहता हूँ। आज पुनः मूसलाधार वर्षा हो रही है। ठण्डी हवा चल रही है, मुझे बार-बार जाड़ा लग आता है और सोचता हूँ कि यदि तुम होतीं तो कितना अच्छा लगता। अम्मा ने मुझे लिखा अवश्य है कि मैं आकर तुम्हें ले जाऊँ और मेरा मन भी हो आया है, पर जैसी कि तुमने सलाह दी है, मैं एक महीना और काटने की कोशिश करूँगा, 'अगर लक्ष्मी की व्यवस्था आ जायेगी तो मैं इतवार को सवेरे आ जाऊँगा, पर यदि कुछ न आया तो न जाऊँगा। तुम इतवार तक मेरी प्रतीक्षा कर लेना, और यदि न आऊँ तो सोमवार को फिर लखनऊ जरूर चली जाना। लखनऊ में वैसे ही बिस्कुट बनवा लेना, जैसे कि जिज्जी ने मुझे दिये थे। अक्टूबर के आसपास जिज्जी से कह देना कि बनवा रखें। एक दिन के लिए मैं लखनऊ जाऊँगा, तब लेता आऊँगा।

कम्मो, मुझे यह जानकर ताज्जुब हुआ कि तुमको मेरा पत्र नहीं मिला। मैंने तो तुमको और अम्मा को साथ-साथ पत्र डाला था, अम्मा का जवाब भी आ गया और तुमको पत्र ही नहीं मिला। चश्मा मिल गया है और चौहान वाली किताबें भी मिल गयी हैं, उन्होंने किसी के हाथ भिजवा दिया था। कानपुर से भेजा हुआ सब राशन और मसाला खत्म हो गया है। अब नये सिरे से मँगाया है। अभी-अभी ग्यारह आने का एक पाव कड़वा तेल मोती लेकर आये हैं। चीजें यहाँ पर इस कदर महँगी हैं कि समझ में नहीं आता क्या किया जाये? गेहूँ 11 रुपये मन बढ़िया खरीदा था।

लखनऊ तुम अवश्य हो आना और फिर वहीं से लौटकर तैयारी शुरू करना। तुम्हारे साथ सामान काफी आयेगा, क्योंकि ऊनी कपड़े, रजाई, गद्दा वगैरह सभी कुछ आना है। असल में, उस समय लक्ष्मी की आवश्यकता अवश्य पड़ेगी। यों अगर इतवार को मैं आऊँगा तो रजाई-गद्दा वगैरह तथा कुछ ऊनी कपड़े लेता आऊँगा। राशन तो नहीं, पर मसाला, अचार तुम अपने साथ काफी मात्रा में कूट-पीसकर लाना। टी सेट वहीं वाला मैं लाऊँगा, क्योंकि अधिक दिन रखी रहने से भी ये चीजें खराब हो जाती हैं। जब बन पड़ेगा, तब नया खरीदकर कानपुर में और रख देंगे।

कम्मो डार्लिंग, तुनुआँ कैसे गिर पड़ा? मुझे उसकी चोट को सुनकर बड़ी चिन्ता हुई। बरसात के दिन हैं, पकने न पाये। डॉक्टर को दिखा कर न हो तो पेन्सिलिन लगवा देना। मैं जानता हूँ कि चाहे ऊपर से न कहे, पर भीतर से मेरी अनुपस्थिति बहुत Feel करता होगा। वह बहुत अन्तर्मुखी है न। उसके लिए टॉफी तथा राजी जी की वर्षगाँठ के लिए कोई चीज मैं शीघ्र ही भेजूँगा। अगर आया तो सारा ही लाऊँगा और समाचार देना। भाई साहब का पत्र मिला है। स्कूटर के सम्बन्ध में

दो-तीन दिन बाद लिखूँगा। बाजपेयी जी और ब्रजेश के समाचार तुमने नहीं दिये। वे लोग छिबरामऊ में ही हैं या Transfer हो गया। बिट्टन का स्वास्थ्य कैसा है? वे हरदोई कब तक जा रही हैं। एक विज्ञापन भेज रहा हूँ। पाण्डेय जी के पास भिजवा दें, चाहें तो Apply कर दें।

और सब ठीक है। मोती दुरुस्त है, पर उसमें बुद्धि है ही नहीं। कितना ही समझाओ, पर उसके दिमाग में कुछ बैठता ही नहीं। कच्चा उतार लेना, बिना नमक का बनाना तो उनके बायें हाथ का खेल है। सफाई की ओर बिल्कुल ध्यान नहीं देता। बरतनों में दूध, चिकनाई या मिट्टी लगी रहती है। शायद धीरे-धीरे समझ जाये, पर हाँ Sincere बहुत है।

यहाँ पूरा अगस्त पानी की बरसात में बीता है। पिछले 17 वर्ष से अगस्त के महीने में ऐसा पानी यहाँ कभी नहीं बरसा। मेरा तो मन इस पानी से ऊब उठा है। तुम होती तो शायद इसे कुछ Enjoy भी करते, हाँ, तुमने मेरे लेखों के बारे में पूछा सो अभी 20 अगस्त के 'धर्मयुग' में मेरा एक लेख—'लखनऊ का यंग पेण्टर्स ग्रुप' नाम से आया है। वह डायरी का एक अंश है। 'लहर' के कहानी अंक में भी मेरा लेख आ रहा है। उसके Off-prints आ गये हैं—अंक एकाध दिन बाद आवेगा। 'धर्मयुग' में ही एकाध और चीजें आनी हैं और तो कहीं कुछ भेजा नहीं है। इधर तो मुझे स्वयं पत्र-पत्रिकाएँ देखने को नहीं मिलीं। अगस्त की 'कल्पना' शायद मनीराम बगिया में आयी हो, यहाँ तो मुझे मिली नहीं।

और सब ठीक है। मामा से इधर 10-15 दिन से भेंट नहीं हुई। कल-परसों तक उधर जाऊँगा।

और सब ठीक है। सबके समाचार देना। लखनऊ तुम सोमवार को चली जाना। मेरी कोई याद करता है क्या? बापू के सेल्स टैक्स वाले किस्से में क्या हुआ?

उत्तर जल्दी!

चुम्बनों समेत तुम्हारा
'श्याम'

•

7/7, Model Town, Delhi-9
29.08.61

कम्मो डार्लिंग,

तुम्हारा पहले वाला पत्र आज शाम को यूनिवर्सिटी में मिला। पढ़कर लगा कि भले कानपुर हो आया, चाहे थोड़ी देर के लिए ही सही—गोकि 16-17 रुपये खर्च हो गये।

कम्मो, मुझे तुनुआँ और राजी दोनों ही बार-बार याद आ रहे हैं। मुझे डर लग रहा है कि तुनुआँ कहीं मेरे आने के Shock में बीमार न पड़ जाये। उसे कम्मो तुम इस समय डाँटना नहीं और रोज कह देना कि डैडी अबकी जब टॉफी लेकर आवेंगे तो हम सब लोग दिल्ली चलेंगे। मुझे तो भूलता नहीं है कि कैसे स्टेशन पर मुझसे चिपटा हुआ था, छोड़ नहीं रहा था। जब टाटा करने लगा तो उसका मुँह एकदम उतर गया था। कम्मो रानी, अपने बच्चे कितने प्यारे लगते हैं। राजी भी इस बार किस कदर मुझे अपना दुलार दिखाता था। वह भी रो रहा होगा।

स्वीटी, तुमसे मैंने कहा था कि आज रात पत्र लिखूँगा, सो लिख रहा हूँ। प्रसन्न हो न। अब तक मन यही करता है कि जल्दी से तुमको यहाँ ले आऊँ।

कम्मो, तुमने सामान रखने में ध्यान नहीं दिया—न तो मेरी मसहरी रखी और न गुड़ ही रखा। बिना मसहरी के बड़ी तकलीफ होती है। अगर कोई मिल जाये तो मसहरी जरूर भेजवा देना। सोचता था कि 2-4 दिन के नाश्ते भर को लड्डू वगैरह ही कुछ बना दोगी, पर तुमने तो कुछ भी नहीं दिया। खैर कोई बात नहीं है। सुधीर ने उस दिन साधना प्रेस में चेक पहुँचा दिया होगा। तुम अब लखनऊ जरूर हो आना। लखनऊ में बिस्कुट बनवा आना, जब मैं अक्टूबर में जाऊँगा, तब ले आऊँगा।

खेमका का पत्र आया है, कल 30 तारीख को वे आवेंगे और 2-3 दिन फिर रहेंगे। उनकी पत्नी से भी अब तभी भेंट होगी।

मुझको लखनऊ पहुँचकर पत्र लिखना और तभी मैं अब अगला पत्र लिखूँगा। अगर न हो तो फौरन ही लिखना।

जयपुर के इण्टरव्यू में मैं न जाऊँगा। अभी डॉ. नगेन्द्र से पूछा नहीं है, पर मैं स्वयं सोच रहा हूँ कि जाना कोई बहुत बुद्धिमानी का कार्य नहीं होगा। एक तो राजस्थान से यहाँ के Grades better हैं, दूसरे अगर न लिया जाऊँगा तो दिल्ली यूनिवर्सिटी की बदनामी होती है। एक यूनिवर्सिटी से दूसरी में जाने में अगर better हैसियत मिले, तब तो कोई बात है।

और सब ठीक है। सबके समाचार देना। तुनुआँ और राजी को प्यार। कम्मो तुम सुनकर प्रसन्न होगी कि यहाँ पर भी मेरे रेडियो प्रोग्राम शुरू हो रहे हैं। आज ही contract मिला है। 14 अक्टूबर के लिए एक Script भेजनी है, 10 मिनट की। अब शुरुआत हो रही है। फिर और अधिक भी मिल सकते हैं। मोती अच्छी तरह है। उस दिन उसे बहुत चोट नहीं आयी।

तेरा ही

'श्याम'

•

सी-7/7, मॉडल टाउन, दिल्ली-9
07.09.61

कम्मो डियर,

इस बार तुम जुलाई वाला बदला ले रही हो। मैंने तुम्हें आते ही एक भी पत्र नहीं दिया। मैं तो अब तक तीन पत्र लिख चुका होता, पर यह तो ज्ञात हो कि तुम हो कहाँ? यह पत्र भी लिखना शुरू कर दिया है, पर शाम को यूनिवर्सिटी में जा कर देखूँगा कि कोई पत्र आया है या नहीं? यदि न आया होगा तो सीसामऊ के पते पर डाल दूँगा। तुम शायद लखनऊ में होगी, पर इसका अर्थ यह तो नहीं है कि मुझे भुला ही दो। लखनऊ जाकर तो मेरी याद और अधिक आनी चाहिए थी। कम्मो, कल शंकर दयाल त्रिपाठी आवेंगे। सोचता हूँ कि शायद वही कोई समाचार लावें। मुझे भय है कि किसी की तबीयत खराब न हो। दो-तीन दिन से मैं सोते-सोते जाग पड़ता हूँ। तुनुआँ और राजी दोनों अच्छे हैं न? यदि तुम कानपुर होगी तो कल शंकरदयाल के हाथ राजी की वर्षगाँठ के लिए कुछ उपहार तथा तुनुआँ के लिए टॉफी भेजूँगा। इस बार तुम सबकी याद मुझको बहुत सता रही है। मैं सोचता हूँ कि तुमको लेता आता और फिर दशहरे की छुट्टियों में यहीं रहता, बड़े दिन पर कानपुर चला आता। यहाँ 1 अक्टूबर से 10 अक्टूबर तक Post-Graduate Hindi Teaching Seminar हो रहा है, उसमें सारे हिन्दुस्तान की यूनिवर्सिटी के व्यक्ति भाग लेंगे। मैं उसमें दो-चार दिन ठहरना चाहता हूँ। खैर, देखा जायेगा।

कम्मो, परसों से मेरी तबीयत ठीक नहीं है, और तुम जानती हो कि मेरे न तो फुड़ियाँ निकलती हैं और न सिरदर्द होता है, पर परसों शाम से बराबर सिरदर्द कर रहा है तथा सिर में ही दाहिनी ओर फुड़ियाँ भी निकल आयी हैं, वह अलग तन्ना रही हैं। इससे मेरा मन बड़ा क्षुब्ध है। मुझे यह भी डर लग रहा है कि कहीं मुझे बुखार न आ जाये। एक तो इतने मच्छर काटते हैं कि मलेरिया का आ जाना स्वाभाविक ही होगा।

बीच में यहाँ खेमका आये थे। दो-तीन दिन रहे थे। एक दिन मैं दिन भर उनके साथ ही रहा। सवेरे की चाय से लेकर रात के भोजन तक, सब उन्हीं के साथ हुआ। उनकी पत्नी भी थीं। चाय पर सवेरे अजित और स्नेह जी भी आये थे। फिर हम सभी लोग साथ-साथ अंगरेजी फिल्म Madam Bovary देखने गये। मुझे उस दिन फिर तुम्हारी याद आयी और दोनों तो अपनी बीवियों के साथ थे—एक तुम्हारे बिना मैं ही था। कम्मो, यहाँ कनाट प्लेस में एक बहुत ही अच्छा रेस्तराँ है, तुम आओगी तो साथ-साथ वहाँ कॉफी पीने चलेंगे। सुमति—तिवारी जी आये हैं। उनके हाथ अब पत्र भेजूँगा। मँगवा लेना। तुम्हारा पत्र मिल गया। सौरभ के समाचार देना। मेरा

जी लगा है। टी सेट ठीक आ गया है। मुँगौरी भी मिल गयीं। सुमति भी आयीं। शेष ठीक। चुम्बनों समेत।

तुम्हारा ही तो
'श्याम'

•

C-7/7, Model Town, Delhi-9
09.09.61

कम्मो स्वीटी,

तुम्हारा पत्र मिला था। एक मेरा भी पत्र मिला होगा। आशा है चि. सौरभ का स्वास्थ्य अब ठीक होगा। उसकी वर्षगाँठ 15 को है न। उसके लिए Presents में दो सूट भेज रहा हूँ। एक बढ़िया है और एक Ordinary। Ordinary वाला चाहो तो किसी और को भी दे सकती हो। तुनुआँ के लिए टॉफी भेज रहा हूँ। उसको उसके टॉफी वाले डिब्बे में बन्द करके दे देना कि डैडी ने भेजे हैं। दोनों के हाल-चाल लिखना। मेरा मन वहीं लगा है। सुमति से उस दिन ज्ञात हुआ कि तुनुआँ उनके घर गया था और खूब खेलता रहा—यह जानकर बड़ी खुशी हुई। फिर शायद मनीराम बगिया चला गया था, अभी लौटकर तुम्हारे पास आया कि नहीं?

अब तो तुम्हारे आने में थोड़े ही दिन रह गये हैं। मैंने नयी वाली बेडशीट एक दिन निकाली, फिर उसे रख दिया कि हम तुम उस पर साथ-साथ लेटेंगे। टेरीलीन की शर्ट्स यों तो एक ही भाव मिलती हैं दिल्ली-कानपुर में, पर यहाँ कभी-कभी पुराने स्टॉक का सेल सस्ता हो जाता है। अगर कैलाश अपनी नाप भेज दें तो मैं देखकर भाव लिख दूँगा।

मेरे रुपये अभी कहीं से नहीं आये हैं। 'कल्पना' वालों को डाँटकर एक पत्र मैंने लिखा है और कहीं से तो आने भी नहीं हैं। 'धर्मयुग' से अपने टाइम पर चेक आ ही जावेगा।

तुम अब शायद ही लखनऊ जा सको। यदि सचमुच जाना ही हो तो 16 तारीख को जाकर 21-22 तक रह आओ अन्यथा फिर न जा पाओगी, इतना मैं बताये देता हूँ। बिट्टन के क्या हाल हैं? वे हरदोई कब तक जा रही हैं? ब्रजेश छिबरामऊ चली गयी होंगी। आलू वाले व्यापार का कुछ ज्ञात तो नहीं हुआ। उससे भाई साहब का Payment कर देना है। बापू की तबीयत ठीक होगी या फिर न हो तो मेरे नाम से Vespa बुक करा देना।

और सब ठीक है। मोढ़ों के Circumference के नाप के डोरे भेज रहा हूँ। गद्दी बनाने में मामूली कपड़ा ही लगाना, क्योंकि उनके ऊपर से तो खोल चढ़ जावेगा। अगर एलगिन मिल में सेल हो तो फिर परदों आदि के लिए रंगीन खादी खरीद

लेना। तुम्हारे एकाउण्ट में 'धर्मयुग' से रुपया आ गया होगा। अम्मा को 150 रुपये मैं सुमति के हाथ भेज रहा हूँ। 105 रुपये Housing Cooperative Society की मेम्बरशिप के जमा कर रहा हूँ। 80 रुपये मकान किराया दे दिया। इस प्रकार 350 रुपये के आसपास तो खर्च हो गये। 424 रुपये कुल मिले थे, बाकी पूरे महीने का खर्च मुझे 75 रुपये में ही चलाना है, पर क्या किया जाये। 'कल्पना' वाले आ गये तो आराम रहेगा, नहीं फिर देखा जायेगा। तुम परेशान न होना। मोढ़ों की नाप में Circumference के अलावा Diameter 12-13 इंच के लगभग हैं। सामान्य मोढ़े बाजार में देखकर भी तुम बना सकती हो और सब ठीक है। जीजा को फर्नीचर के लिए लिख रहा हूँ। समाचार फौरन देना।

चुम्बन और आलिंगन समेत

'श्याम'

•

15.09.61

कम्मो डियर,

मेरा पत्र तुम्हें मिल गया होगा, पर हाँ उसका तो तुमने उत्तर भी दे दिया। आज सौरभ की वर्षगाँठ रही होगी, वहाँ खूब धूम-धाम से दावत हुई होगी। सब हाल विस्तार से लिखना। कौन-कौन आया था? क्या किसी मेरे दोस्त को भी बुलाया था? मैं दिन भर आज तुम्हारी, लोगों की याद करता रहा, पर दावत खाने को मुझे भी आज मिल गयी थी। मैंने सोचा कि यह भी राजी बाबू की वर्षगाँठ में ही है। कम्मो, आज मैं बड़ा खुश हूँ। जानती हो क्यों? दिल्ली विश्वविद्यालय की एक परीक्षा में आज मैं और उत्तीर्ण हुआ। यहाँ एक 'हिन्दी अनुसन्धान परिषद' है, उसमें आज मेरा निबन्ध पाठ था। दिल्ली विश्वविद्यालय के हिन्दी के सभी मूर्धन्य विद्वान वहाँ पर उपस्थित थे। सारे कॉलेजों के लगभग 100 लोग तो रहे ही होंगे। मैं बहुत डरते-डरते गया था–पर कम्मो, नक्शा अच्छा ही रहा। मेरे निबन्ध की काफी प्रशंसा हुई। अनुसन्धान परिषद में ही एक चाय पार्टी भी थी–एक महिला को डॉक्टरेट मिलने के उपलक्ष्य में। तो मैंने खूब जमकर खाया। इस प्रकार आज दिल्ली विश्वविद्यालय में जमने का एक कदम और पूरा हुआ। वहाँ पर खूब बहस होती है, सवाल पूछे जाते हैं। अब ज्यादा न लिखूँगा, नहीं तो तुम कहोगी कि अपनी बड़ाई हाँकते हैं।

अम्मा से कहना कि मोती मुहाल वाले बाबू मामा की पुत्रवधू डॉ. ऊषा पाण्डेय से भी आज उसी गोष्ठी में भेंट हुई थी। उन्होंने एक दिन घर पर बुलाया है। अब जाऊँगा। अम्मा से पूछना कि उनके पति (उनकी अभी थोड़े दिन पूर्व मृत्यु हो गयी थी।) का क्या नाम था? तथा वे मुझसे आयु में बड़े थे या छोटे। मैंने तो उन्हें भाभी बना लिया है।

कल डॉ. सुरेश अवस्थी के यहाँ शाम को खाना खाने गया था, वहाँ तीज वाला सामान भी खाया। फिर तुम सभी लोगों की याद आयी कि घर भर ने व्रत रखा होगा। अम्मा ने सबको उस दिन डाँटा होगा, दिदिया ने अंजू-अजय को जरूर पीटा होगा।

अच्छा कम्मो, तू तो बड़ी जल्दी घबड़ा उठती है। Seminar यहाँ अक्टूबर से शुरू हो रहा है। मैं अधिक-से-अधिक 5-6 अक्टूबर तक उसे Attend करूँगा और फिर वहाँ आ जाऊँगा। उसमें हिन्दुस्तान की तमाम यूनिवर्सिटियों के लोग आवेंगे, कुछ परिचय बढ़ेगा, आगे काम देगा। फिर यह भी सम्भव है कि Official ढंग से मुझे कुछ Duty दे दी जाये। अतः तुम्हें लिखा था कि आने में देर हो सकती है, पर यह सब जरूरी नहीं है। फिर तुमको तो अब यहीं पर आना ही है। आओगी तारीख 13-14 तक ही। इसलिए बेकार में परेशान होती हो। घर में भी सबसे कह देना कि मैं एक सप्ताह तो अवश्य ही रहूँगा वहाँ पर।

हाँ, सुनो तुमको जो कुछ भी खरीदना हो, वह बैंक से रुपया निकालकर खरीद लो। 'धर्मयुग' वाला रुपया आ गया होगा। 'धर्मयुग' का एक 50/- का चेक और भेज रहा हूँ। इसे तत्काल जमा कर देना, जिससे कि रुपया आ जाये और फिर इसे भी तुम निकाल सकती हो। मेरा अनुमान है कि इस महीने के अन्त तक एक चेक 'धर्मयुग' से 40-50 रुपये का और आ जावेगा। अभी 10 सितम्बर के अंक में मेरा Article कानपुर के ऊपर था। मँगाकर देख लेना। अब अक्टूबर के अंक में मेरी एक टिप्पणी और आवेगी। तब तक कुछ और भेज दूँगा। 'धर्मयुग' इस समय बड़ा सहायक सिद्ध हो रहा है। 'कल्पना' से रुपया अब तक नहीं आया। आज बहुत डाँटकर पत्र लिख रहा हूँ। 'त्रिपथगा' से भी आना है, पर अब तक तो आया नहीं। खैर देखा जायेगा। हाँ, अब एक खुशखबरी सुनो कि हम लोगों को compensatory allowance मिलना तय हो गया है तथा House Rent भी 15 प्रतिशत तक मिलेगा यानी मेरी तनख्वाह अब 530 हो जायेगी। मकान और लेने के चक्कर में हूँ क्योंकि कायदे से मैं 110 रुपये तक का मकान ले सकता हूँ तो क्यों न उसे Utilise कर लूँ।

सुमति, शंकरदयाल यहाँ दो दिन रहे। मैंने भरसक खातिरदारी की थी। उसी से शायद प्रसन्न होकर रेखा के लिए भी टॉप्स ले गयी थीं। शंकरदयाल यहाँ उसी अमेरिकन स्कॉलरशिप के लिए आये थे जिसमें शर्मा जी गये थे।

तुम्हारा यदि सचमुच ही लखनऊ जाने का मन हो तो हो आओ, क्योंकि फिर जा नहीं पाओगी और सब ठीक है, अपने तथा घर भर के समाचार देना।

अच्छा बहुत-बहुत प्यार और चुम्बन।

चेक नहीं भेज रहा हूँ। उसे मैंने यहीं जमा कर दिया है, क्योंकि मेरे पास बिल्कुल रुपया नहीं था।

तुम्हारा ही
'श्याम'

•

सी-7/7, मॉडल टाउन, दिल्ली-9
23.09.61

कम्मो स्वीटी,

कई दिनों के इन्तजार के बाद तुम्हारा पत्र मिला। मैं इस बार रोज राह देखता था। राजी बाबू की वर्षगाँठ की दावत का समाचार थोड़ा-बहुत पं. कृष्ण शंकर के पत्र से चल गया था, पर तुम लोगों का पत्र नहीं आया था। मैं बड़ा चिन्तित भी था और नाराज भी। और जानती हो जब कल शाम को विश्वविद्यालय से लौटने पर तुम्हारा पत्र मिला तो पढ़ने के पहले ही मन में यह निश्चय कर लिया था कि तुमको अब कम-से-कम 4-5 दिन उत्तर नहीं देंगे, क्योंकि तुमने भी देर से उत्तर दिया है, पर कम्मो तुनुआँ का समाचार पढ़कर मेरी आँखों में आँसू आ गये और मैं इतना चिन्तित रहा कि कल रात बड़ी देर तक मुझे नींद नहीं आयी। तरह-तरह के खराब विचार मन में आते रहे। सचमुच मेरा ख़याल है कि इस बार वह मेरे लिए मानसिक रूप से परेशान होकर ही बीमार पड़ता है। मेरा मन हो रहा था कि किसी प्रकार दौड़कर उसके पास पहुँच जाऊँ। वह बुखार में भी कहता है कि डैडी को लिख दो कि जल्दी से आ जायें। क्या करूँ—विवश होकर मुझे भी रोना आ जाता है। कम्मो, तुनुआँ मुझे बहुत प्यारा है, उसकी ठीक से देखभाल करना। डॉक्टर को ठीक से दिखा लेना। तुम्हारे घर में बीमारी में न तो ठीक दवा की जाती है और न देखभाल ही होती है। उससे कहना कि डैडी बहुत जल्दी कम्पट, टॉफी लेकर आवेंगे। सौरभ के भी हाल देना, आशा है दोनों ही अब ठीक हो गये होंगे। अब तुम्हारा लखनऊ जाना बेकार-सा ही है। जितनी बार तुम जाने को तैयार होती हो, कोई-न-कोई बच्चा बीमार हो जाता है।

पलँग के बारे में मैंने कुछ तय नहीं किया है, वह पलँग मुझे बहुत पसन्द तो है नहीं और वजनदार बहुत है, लेकिन यह भी है कि 14-15 रुपये फिलहाल उसे लाने से बच जावेंगे। अगर पलँग न भी लावेंगे तो उसकी निवाड़ जरूर ले आवेंगे। उस पलँग का सबसे बड़ा Defect तो उसका छोटा होना है—या तो फिर उसकी पाटी लम्बी करा लेंगे। हमारी मकान मालकिन के पास मशीन है तो, पर इस शहर में परस्पर का विनिमय तनिक कम होता है। यों आपस में पटने पर निर्भर करता है। बहुत सम्भव है कि पहली तारीख को यह मकान छोड़ भी दूँ। कमला नगर में एक और मकान की बातचीत चल रही है।

फर्नीचर की मुझे आवश्यकता तो बहुत है, पर वहाँ नहीं बनेगा तो फिर यहीं दिल्ली में खरीद लूँगा या फिर लकड़ी ले आऊँगा और यहीं पर बनवा लूँगा। असल में शंकरदयाल जैसे लोगों की विचारधारा मुझसे बहुत मिलती नहीं है तथा वे हर चीज को कानपुर के Angle से सोचते हैं। कानपुर में तो इतने दिन से मैं बिना फर्नीचर

के रह रहा हूँ पर दिल्ली में तभी आप rise कर सकते हैं, जब जरा Decent living हो आपकी। आपके घर कोई आवे और चार कुर्सियाँ भी बैठने के लिए न हों तो विचित्र-सा मालूम पड़ता है। यहाँ और सब ठीक है। इधर कोई नया समाचार नहीं है। अक्टूबर वाले धर्मयुग में मेरी एक रचना और आ रही है—तुम देख सकती हो। अक्टूबर वाला अंक़ 27-28 तक बाजार में आ जाता है।

हरदोई से पाण्डेय जी का पत्र आया है। उन्होंने एक A.D.O. (Industries) के लिए Apply किया है। आलू वाला काम अभी कुछ निबटारे तक पहुँचा या नहीं? तुमने बैंक में इस बार Fixed deposit कितने दिन के लिए Renew कराया है? मैंने भी हाँ पंजाब नेशनल बैक में अपना एकाउण्ट खोला है, क्योंकि चेक वगैरह जमा करने में बड़ी कठिनाई होती है।

और सबके हाल-चाल देना। तुनुआँ-राजी के स्वास्थ्य के समाचार फौरन दो। मुझे बहुत चिन्ता है। मेरा मन कर रहा है कि Seminar वगैरह Attend किये बिना ही कानुपर निकल आऊँ। ज्यों-ज्यों दिन नजदीक आते हैं, त्यों-त्यों मन की आकुलता बढ़ती जाती है। यह तुम्हें मालूम हो गया है कि डॉ. कैलाशनाथ शर्मा की नियुक्ति काशी विद्यापीठ में हो गयी है—22 को उन्होंने ज्वाइन कर लिया होगा। उनका पत्र आया था। यहाँ दिल्ली में एक दिन तुम्हारे Sociology वाले V.N. Seth भी मिल गये थे। अच्छा चुम्बनों समेत,

तुम्हारा
'श्याम'

•

11.05.62

कम्मो डार्लिंग,

एक पत्र मिला होगा। तो अब नाराजी दूर करो और मेरी मानिनी कानपुर आने पर खूब मान कर लेना—मैं तुझे मना लूँगा। देखूँगा कि कैसे मेरे मनाने पर तू मानती नहीं है। अच्छा सच बता इतना पढ़ते-पढ़ते तू मुस्करा रही है न। बस तो हो गयी मेरी जीत। आखिर कम्मो मेरी है तो पगली ही और मुझे प्यार भी तो कितना करती है।

एक खुशी की बात और, बस अब किसी भी दिन मैं पहुँचने ही वाला हूँ। अब मन नहीं लग रहा है। जिस दिन मन ऊबा, उसी दिन बोरिया-बिस्तर लिये अवस्थी जी ट्रेन पर लदे दिखाई देंगे। यों फिलहाल प्रोग्राम 15 को चलने का है। 13 को रेडियो टॉक रेकॉर्ड करवा दूँगा। 14 को द्विवेदी जी चण्डीगढ़ से आवेंगे, उनसे मिल लूँगा और 15 तक अन्य काम निबटाकर उड़न छू। लो इसी बात पर एक मीठा-सा चुम्बन हवा में उछाल दे, मेरे पास चला आवेगा। आज मैं बहुत ही खुश हूँ क्योंकि

सवेरे से खाना नहीं मिला है। कॉफी हाउस के डोसा पर ही गुजर हो रहा है और यह पत्र रिसर्च फ्लोर पर बैठकर रिसर्च के रूप में लिखा जा रहा है।

तुम्हारी महरी ने आने से साफ इंकार कर दिया। उसको डर लगा होगा कि कहीं मैं उसके साथ...। रोज आँधी आती है और कमरे धूल से रंग जाते हैं, फिर मैं बाकायदा सफाई करता हूँ। कल तो पानी भी खूब बरसा और रात को इतनी ठण्डक थी कि कमरे में सोया और बादल देखकर मुझे किसी की याद आती रही।

अभी रूसी एवं सागरी चेक नहीं मिले हैं, जरा उनकी भी चिन्ता में लगा हुआ हूँ। तुम तो मौज से होगी। सुनो, अपने दाँत साफ करती हो या नहीं? ब्रश-मंजन मेरा न मिला हो तो बाजार से मँगवा लेना और उसी ढंग से सफाई करते रहना। यदि इसमें गलती हुई तो Kiss नहीं दूँगा और न लूँगा। समझ गयीं न। अपनी बुश्शर्ट के लिए वाफ्ता सिल्क लाया हूँ—तुम्हारा ब्लाउज भी निकल आवेगा और तुनुआँ-राजी की बुश्शर्ट भी। कम्मो इस बार तुम पसन्द कर रखना। जुलाई को तुम्हें मैं Raw silk की साड़ी Present करूँगा।

इस पत्र का जवाब फौरन दो, जिससे कि मुझे 15 तक अवश्य मिल जाये। मनीराम बगिया से रेखा का पत्र आया है—उन्हें जवाब दे दिया है। बच्चे सब ठीक होंगे।

अच्छा टा-टा। बहुत प्यार। बापू—अम्मा को प्रणाम और सबको सलाम, प्यार, आशीष वगैरह। बिट्टन का रिजल्ट आउट हो चुका होगा।

तुम्हारा ही
'श्याम'

•

C/o श्री राजेन्द्र कुशवाहा
सी-5/14, मॉडल टाउन, दिल्ली-9
11.07.62

कम्मो डियर,

कल मैं आ गया। फ्रेंच में एडमिशन मैंने ले लिया है। सरदार का मकान खाली था, पर आज सवेरे जब मैं गया तो उन्होंने कहा कि कल शाम को ही मैंने उसे दे दिया है। यों मकान अब अच्छा हो गया है। खैर, आज दो दिन हो गये हैं, पर अभी कोई मकान ढंग का तय नहीं हुआ। यों जिसमें सामान रखा है, वह भी खाली हो गया है और जिसमें अनिल जी रहते थे, वह भी खाली है। कल तक कुछ और मकान देखने के बाद अगर कोई समझ में न आया तो इन्हीं में से कोई थोड़े समय के लिए ले लेंगे। मकान बन रहे हैं, पर पूरी तरह तैयार अच्छे मकान हैं नहीं या फिर बहुत तेज हैं। बहरहाल तुम्हारे आने के पहले कोई-न-कोई मकान मैं अवश्य ले लूँगा।

मैं कुशवाहा के यहाँ ठहरा हूँ। परेशानी कोई नहीं है। डॉ. द्विवेदी भी आ गये हैं। आज खेमका एस.डी. कॉलेज के इण्टरव्यू में यहाँ आये थे, पर उनकी नियुक्ति नहीं हो सकी है। बिना पीएच.डी. के बड़ा कठिन हो गया है। रायबरेली के एक कॉलेज के डॉ. गौतम हुए हैं।

French के मेरे Classes सवेरे 9 से 10 तक हुआ करेंगे। सुधीर आज बनारस चला गया होगा। रुपये की व्यवस्था सब हो गयी होगी। सुधीर का पंजाब यूनिवर्सिटी चण्डीगढ़ का Chem. Engg. का इण्टरव्यू यहाँ दिल्ली के पते पर आया पड़ा था।

और सब ठीक ही होगा। जब आना तो थोड़े से आम अवश्य लेते आना। मेरे कपड़े नीचे वाली कम्पनी से मँगा लेना। कुर्ते में चुन्नट जरूर डलवा लेना। चौहान ने चप्पल भेज दिये होंगे। लेटरहेड भी मँगा लेना। सीसामऊ में सब ठीक-ठाक होगा। रविवार को सवेरे जनता के टाइम पर मैं पहुँच जाऊँगा।

यहाँ पानी काफी बरस चुका है। पूज्या अम्मा, दिदिया, जीजा को प्रणाम। चि. रेखा, अजय, अंजू, अपर्णा, तुनुआँ एवं राजी को स्नेह।

P.S.- किताबों में देख लेना कि एक बड़े लिफाफे के भीतर की जो रिव्यू मैंने लिखी थी, वे टाइप रखी हुई हैं। उनको सँभालकर लेते आना। अगर किताबें ज्यादा दिखें तो कुछ कम कर देना, पर डीएवी लाइब्रेरी वाली जरूर ले आना। पत्र-पत्रिकाएँ भी कम कर सकती हो।

तुम्हारा
'श्याम'

•

सी-3/5, मॉडल टाउन, दिल्ली-9
10.10.62

कम्मो डार्लिंग,

मैं परसों रात 11 बजे के लगभग घर पहुँचा था। दशहरा होने के कारण बस बड़ी मुश्किल से मिली थी। रात को खाना खाते, डाक पढ़ते 12 बज गये थे। फिर सो गया—जाने सोते समय कैसा-कैसा लगता रहा। तुम्हारी याद बराबर आयी। घर अच्छा नहीं लगता। सबसे ज्यादा याद तो तुनुआँ और सौरभ की आती है। कल सवेरे विश्वनाथ त्रिपाठी के यहाँ गया—उनके मकान मालिक के लड़के का भी मुण्डन हुआ है और उसे देखते ही मुझे सौरभ की याद आयी। शाम को अजित के यहाँ जा रहा था तो एक माँ अपने लड़के को पीट रही थी—मुझे उस दिन की याद आयी, जब मैंने तुनुआँ को पीटा था। बड़ी ग्लानि हुई और निश्चय किया कि अब उसे मारूँगा नहीं। तुम भी दोनों को पीटना नहीं।

सवेरे द्विवेदी जी को पहुँचाने जा नहीं पाया, क्योंकि नींद देर से खुली थी।

सवेरे-सवेरे मिश्रा जी के यहाँ से चाय और बिस्किट आ गये थे, उन्हें पीकर त्रिपाठी और पण्डित जी के यहाँ गया था। पण्डित जी के यहाँ हलुआ खाया और दूध पिया था। पण्डित जी ने कहा कि भोजन की व्यवस्था वहीं कर लूँ। काफी आग्रह करते रहे, पर मैंने अस्वीकार कर दिया। कुछ मैंने कहा भी नहीं। मिश्रा जी ने कहा है कि मैं बिना किसी संकोच के उनके यहाँ भोजन कर लिया करूँ। उनसे भी मैंने कह दिया है कि जब आवश्यकता होगी, तब कह दूँगा। गोकि वे बहुत जोर देकर कह रहे थे, फिर भी मैं सोच रहा हूँ कि क्यों अहसान लूँ? मिश्रा जी एवं श्रीमती मिश्रा जाने वाले हैं। यहाँ पर बच्चे और महराजिन रह जावेंगे। लइया मैंने दे दी है, पर श्रीमती मिश्रा से अभी तक कोई बात नहीं हुई है। कल रात मैं अजित के यहाँ रह गया था। उनका बच्चा कल रात को पुनः अस्पताल में भरती कराया गया है। उसे बुखार आ गया है और डर है कि कहीं relapse न कर गया हो टायफाइड। अजित अभी तक यह निश्चय नहीं कर पाये हैं कि किरोड़ीमल ज्वाइन करेंगे या नहीं? मुझे लगता है कि शायद ज्वाइन नहीं करेंगे। सरकारी नौकरी की सुविधाएँ उन्हें बहुत आकर्षित कर रही हैं। उनका यह भी ख़याल है कि शायद बच्चन जी के रिटायर होने के बाद वह स्थान उन्हें ही मिल जाये।

रास्ते में उस दिन रेडियो टॉक लिखी थोड़ी-सी, पर मन जमा नहीं। कल यहाँ पर नये सिरे से लिखा। शायद तुमने सुना हो।

●

दिल्ली
16.10.62

कम्मो डार्लिंग,

अभी-अभी बड़ी प्रतीक्षा के उपरान्त तुम्हारा पत्र मिला। कल सवेरे से ही तुम्हारा पत्र पाने को मेरा मन मचल रहा था। आज सवेरे तो तुमको पत्र लिखने जबरदस्ती मैंने अपने मन को रोका कि अभी लड़ जाऊँगा कम्मो मै।

स्वीटी, सच क्या तू यही सोचती है कि मैं किताबों एवं व्यस्तताओं में तुझे भूल गया हूँ। यह तेरी ज्यादती हैं—मैं तुझे अपने मन के भीतर से कितना प्यार करता हूँ, मैं ही जानता हूँ और मेरा अनुमान है कि तू भी जानती हँ—

तत्त्व प्रेम कर मम अस तोरा, जानत प्रिया एक मन मोरा।
सो मन रहत सदा तोहि पाहीं, जानु प्रीतिरस एते नहिं माहीं।

व्यस्तताएँ तो जीवन-संघर्ष की द्योतक हैं—तेरा प्रेम तो उनसे लड़ने में शक्ति देता है। सचमुच कम्मो, मैं अपने को बड़ा सौभाग्य वाला मानता हूँ कि तू मुझे मिली है।

आज कॉलेज खुलने जा रहा है। अभी यह पत्र लिखकर मैं चला जाऊँगा।

दोपहर का खाना महराजिन ने खिला दिया है। शाम को कहीं अन्यत्र खा लेता हूँ। कल शाम को सुरेश जी के यहाँ खाया था। अभी कृष्ण बिहारी को देखता हुआ जाऊँगा। यदि वे आ गये होंगे तो शाम को उनके यहाँ ही खा लिया करूँगा। इस बार का टाइम टेबुल अच्छा है। बुधवार को एकदम छुट्टी रहा करेगी तथा हफ्ते में केवल दो दिन 9 बजे तक क्लास है। शनिवार को केवल एक ही पीरियड पौने सात से साढ़े सात का है।

अजित का बच्चा बीमार है, वह अस्पताल में ही है और वे अभी एक सप्ताह शायद ज्वाइन नहीं करेंगे।

तुमने मेरा बैग मँगवा लिया होगा। आना तो लखनऊ वाली बढ़िया सौंफ, नया गुड़ और अच्छा वाला अमरस जरूर लाना। कुर्सियों की गद्दियाँ खादी भण्डार में साढ़े पाँच रुपये के आसपास मिल रही हैं। सोचता हूँ कि 5 रुपये की कुर्सियाँ हैं, उनसे कीमती गद्दियाँ क्या लगाऊँ। खैर एक-दो ले आऊँगा। अपने लिए खादी भण्डार से एक बुश्शर्ट का कपड़ा ले आया हूँ। तुम्हारे पास रुपये हों तो खादी भण्डार की नुमाइश से थोड़ा-सा शहद ले लेना। यहाँ मैं लाया हूँ पर 11 रुपये किलो पड़ता है। थोड़ा दलिया भी ले आया हूँ।

तुनुआँ को जरा प्यार से बैठाकर समझाओ तो समझ जायेगा कि किसी को मारना नहीं चाहिए। इस समय उसे डाँटोगी तो और बिगड़ जायेगा। उसे लगातार अपने पास बैठाकर समझाओ और रंगने के लिए कलर बॉक्स वगैरह ले लो और समाचार देना। लक्ष्मी ने किस तारीख को भेजने के लिए कहा है? मेरा मन होता है कि दीवाली पर मैं भी चला आऊँ। यहाँ उस दिन मन बहुत ऊबेगा। अम्मा आ रही हैं या मोती की तैयारी है। तुमने बिट्टन को नौकर के लिए पुनः पत्र लिखा है या नहीं? न लिखा हो तो लिख देना। राजी बाबू का जबान का टीका डॉक्टर को दिखाया है या नहीं? भई जरूर दिखा लेना, आपरेशन चाहे यहीं कराया जाये।

और सबके समाचार देना। तुमने असलम वाला मंजन मेरे साथ आखिर नहीं ही रखा था। तुम्हारी दाढ़ के क्या हाल हैं? अम्मा, दिदिया, जीजा को प्रणाम। चि. सुधीर, रेखा, अजय, अंजू, अपर्णा को स्नेह। तुनुआँ एवं राजी को मेरी ओर से खूब प्यार करना। अच्छा तो कमीशन में तुम्हें भी कुछ प्यार और थोड़े-से चुम्बन भेज रहा हूँ। नहीं लड़ोगी कि अपने बेटों को ज्यादा प्यार करते हैं।

फौरन पत्र लिखना। मिसेज मिश्रा आजकल गयी हुई हैं। दो-चार दिन में लौटेंगी। तुमको पूछ रही थीं।

तुम्हारा
'श्याम'

•

University of Delhi
Delhi-6
18.10.62

कमलेश डियर,

मेरा एक पत्र मिला होगा। सुनो, भाई साहब से कहना कि मेरे स्कूटर के लिए ग्राहक से बात किये रहें। सुधीर चौधरी साहब से पूछ लेंगे। अगर चौधरी साहब लें, तब तो भाई साहब से कहने की आवश्यकता नहीं है, पर यदि वे न लेने को कहें, तो फिर उनसे कहना कि सरदार जी से बात कर लें। यहाँ मेरी बात हुई है और उम्मीद है कि 15 नवम्बर तक मुझे स्कूटर मिल जायेगा। ऐसी हालत में कानपुर वाला बेच देना ही ठीक रहेगा। शायद सरदार जी रुपया पहले ही देने को तैयार हैं। अगर चौधरी साहब लें, तब भी भाई साहब से कह देना कि मार्केट में इस समय का Price क्या है? भाई साहब से यह भी पूछना कि बेचने पर Bank गारण्टी का कैसे हिसाब होगा?

इस चक्कर में शायद मुझे आना भी पड़ जाये।

जब तुम आना तो 'आलोचना और आलोचना' की पाँच प्रतियाँ अवश्य लेते आना। यहाँ रह नहीं गयी हैं।

आजकल पैसों की बड़ी परेशानी है। फ्रेंच की फीस भी जमा करनी है—दो किताबें भी खरीदनी हैं। खाने-पीने पर भी खर्च होता ही रहता है। आज मेरी जेब में 3 रुपये रह गये हैं। समझ में नहीं आता कैसे हिसाब-किताब चलेगा? अक्षोभ्येश्वरी ने दिया नहीं है। रेडियो से भी अब तक चेक नहीं मिला है। बड़े संकट के दिन हैं। खैर, सब कट जायेगा।

कृष्ण बिहारी की माँ बीमार हैं, सो अब तक आये नहीं? शायद सोमवार तक आवेंगे। आज रात का खाना सेठी साहब के यहाँ खाया था—दोपहर में ग्वायर हाल में राजेन्द्र यादव के साथ। कल रात में दास के यहाँ डिनर तय हुआ है। भोजन का तो कोई कष्ट नहीं है, पर तुम्हारे बिना कष्ट है।

सेठी साहब आप कह रहे थे कि दीवाली बाद ऊपर वाला कमरा बनवा देंगे। मिसेज मिश्रा अभी नहीं लौटी हैं।

और समाचार देना। तुनुआँ-राजी मौज में होंगे। उन्हें खूब-खूब प्यार। बस तुम्हारे आने की प्रतीक्षा कर रहा हूँ।

तुम्हारा ही
'श्याम'

•

बैजनाथ आज तुम्हारा पत्र लाये। तुनुआँ के CIE वाले स्कूल मैं कल जाऊँगा। आज सवेरे यह पत्र लेकर शशि से मिलने स्टेशन गया, पर बस न मिलने से देर से पहुँचा और जैसे ही मैं प्लेटफार्म पर पहुँचा, वैसे ही गाड़ी छूट गयी। बड़ा अफसोस हुआ। कम्मो, मेरे पास पैसे बिल्कुल नहीं हैं, अतः मैं दीवाली पर न आ पाऊँगा।

तुम्हारी प्रतीक्षा अब मैं यहीं करूँगा। कल एक मकान देखने डॉ. चौधरी ने बुलाया है। यों मैं सोचता हूँ कि इसे न बदलें। मंजन और बैग मिल गये। बैग अच्छा तो बन गया है। बनवाई क्या पड़ी है? तुमने अपनी अम्मा को 33 रुपये दिये या नहीं? देना।

तुम्हारा ही

'श्याम'

भाई साहब से यह भी कहना कि आते-जाते यह भी जान लें कि कितनी देर है अभी वहाँ आने में। मेरा न. 135 है।

•

दिल्ली

24.10.62

कम्मो स्वीटी,

मेरा पत्र तुझे इतवार को मिल गया होगा और आज बुधवार की रात है तथा तुम्हारा पत्र नहीं आया। मैं अभी लौटा हूँ और सोच रहा था कि तुम्हारा पत्र मिलेगा। कम्मो, तुम यह क्यों नहीं सोचती कि जब तुम लोग नहीं होती तो कितनी अधिक उत्सकुता होती है पत्र प्राप्त करने की। डियर, तुम अब अलग न रहा करो, मुझे बड़ा कष्ट होता है—कष्ट खाने-पीने का उतना नहीं, जितना अकेलेपन का। घर आओ तो जैसे काट खाने दौड़ता है। अजीब-सी उलझन होती है। अच्छा अब जरा जल्दी से दौड़कर आ तो जाओ और मैं तुझे कस कर चिपका लूँ और...!

और हाँ, तुनुआँ का एडमिशन हो गया है। अभी कुछ दिनों तक वे बीच-बीच में कुछ दिनों के लिए बुलावेंगी—Periodical Student की तरह, फिर कुछ दिनों में रेगुलर कर लेंगी। पाँच रुपये उसकी एडमिशन फीस के भी मैंने जमा कर दिये हैं। यों 11 रुपये महीने उसकी फीस लगेगी। लाहौर माण्टेसरी की फीस भी 10 रुपये है। तुम कम्मो कम-से-कम उसके लिए दो ऐसी नीली पैण्ट एवं अच्छी पापलीन की दो-तीन सफेद कमीजें अवश्य बनवाए लाना, नहीं फिर परेशानी होगी। न हो तो नायलॉन के एकाध जोड़ी मोजे भी छोटे के यहाँ से ले लेना। एक जोड़ी मौजे अपनी पसन्द के नायलॉन के मेरे लिए भी छोटे से लेते आना। न होगा तो रुपये

बाद को भेज देंगे। तुनुआँ के लिए एक पैण्ट भी इस बार तुम बुनना। यों शायद वहाँ की कोई Prescribed Dress नहीं है। तुनुआँ को 31 अक्टूबर को सवेरे 9 बजे से उन्होंने बुलाया है। इसलिए मैं समझता हूँ कि 30 तारीख को भइयादूज करके दोपहर की गाड़ी से चली आओ। यदि किसी कारणवश उस दिन न आ सको तो फिर 31 को तो अवश्य ही आ जाओ—किसी-न-किसी समय। मुझे लिख देना। मैं गाड़ी के समय पर स्टेशन पहुँच जाऊँगा।

आजकल दोपहर का खाना जुबली हॉल में खाता हूँ और आज शाम से शाम का खाना कृष्ण बिहारी के यहाँ खाना शुरू किया है। कृष्ण बिहारी परसों सवेरे आये हैं। अब तो तुम्हारे आने में 7-8 ही दिन की देर है, कोई चिन्ता की बात नहीं है।

अजित ने अभी ज्वाइन नहीं किया है। उनके बच्चे की तबीयत अभी एकदम ठीक नहीं है। दूसरे उन्हें दफ्तर से तभी छुट्टी मिलेगी, जब वे विनय नगर वाला मकान खाली कर देंगे। इसलिए पहले मकान लेना है, फिर बच्चा जब तक अस्पताल से घर नहीं आ जाता, तब तक तो और भी सम्भव नहीं है। शायद दीपावली के बाद वे ज्वाइन करें।

और कोई नये समाचार नहीं हैं। एफ ब्लाक में एक मकान और देखा था—मुझे पसन्द भी था, पर किराया वे 140 रुपये माँग रहे थे। मैं 125 रुपये से अधिक इस समय देने की स्थिति में नहीं हूँ। मकान सुन्दर बिल्कुल नहीं था, पर जगह काफी थी और आरामदेह भी।

और सब ठीक ही है। तुमने राजी बाबू को डॉ. भटनागर को दिखाया या नहीं। तुम्हारी याद के क्या हाल हैं? आज मैंने अपना आँखों का टेस्ट कराया है। कल भी जाना होगा।

फौरन पत्र लिखो कि कब आ रही हो? नया नौकर आया या नहीं? अम्मा भी आ रही हैं न!

घर में सबको यथायोग्य। भाई साहब ने क्या स्कूटर वालों से पूछ लिया है कि कब तक नम्बर आवेगा। सुधीर न गये हों तो चौधरी साहब के यहाँ भेजकर पुछवा लेना। चि. तुनुआँ एवं सभी को प्यार। तुझे उतने और उतने ही सुगन्धित चुम्बन, जितने नीचे चमेली में फूल खिले हैं। आलिंगन भी। पत्र की प्रतीक्षा में।

तेरा ही तो
'श्याम'

मित्र नामवर सिंह को सम्बोधित पत्र

Dr. Devi Shanker Awasthi
Department of Hindi, Institute of Post Graduate
Evening Studies

University of Delhi
Delhi-6
10.10.62

प्रिय भाई,

एक पत्र ड्राफ्ट के साथ भेजा था—मिल गया न! आजकल यहाँ श्री राजेन्द्र यादव आये हुए हैं। उनसे कल काफी देर तक बात हुई। जैसा कि आपने ही बताया था कि एक पत्रिका की योजना उनकी भी है—अपने लोगों का कार्यक्रम भी मैंने उनसे बताया। स्पष्ट था कि दो-दो स्थानों से शक्ति का अपव्यय क्यों हो—जबकि उद्देश्य मिलते-जुलते हों? यों श्री राजेन्द्र यादव का प्लान उतना महत्त्वाकांक्षी नहीं है—वे Times Literary Supplement की तरह की चीज निकालना चाहते हैं। विज्ञापन के कुछ पृष्ठों आदि के द्वारा उन्हें विश्वास है कि इतनी व्यवस्था कर सकेंगे कि लेखक को भी कुछ दिया जा सके। वे सम्पादक के रूप में आपको चाहते थे तथा सहायिका के रूप में किरण जैन (शिक्षायतन, कलकत्ता की हिन्दी विभागाध्यक्षा) को। किरण जैन शायद कार्यालय-भार सँभाल लेंगी।

हमारे प्लान में Austerity Budget की योजना आप बना ही गये थे। भैरव भाई से बात हुई और उन्होंने कहा था कि आप लोग काम कीजिए, प्रकाशन की व्यवस्था हो जायेगी। मैंने राजेन्द्र यादव से कहा कि यदि वे दोनों योजनाएँ अपने सारे साधनों सहित मिलाई जा सकें तो अधिक अच्छा production भी हो सकेगा। यह बात स्वीकार तो वे भी करते हैं पर जिन आर्थिक साधनों को वे pool कर सकते हैं, उनके लिए अति आवश्यक है कि योजना का एक महत्त्वपूर्ण सिरा कलकत्ते में रहे। यानी राजेन्द्र यादव को तो हम लोगों ने पहले भी सोचा था, श्रीमती किरण जैन को भी किसी महत्त्व के साथ (Just like convening Editor or so) लेना होगा। यों

भी कि उसका सम्पादकीय कार्यालय कलकत्ता रखना होगा। प्रकाशन, मुद्रण और वितरण दिल्ली से हो पर सम्पादन में नाम कलकत्ते का होना चाहिए—हो भले ही वह वाराणसी। दिल्ली का जो प्रकाशक हमें मिले उससे यह लोग यह तय कर सकते हैं कि जितने पृष्ठ का विज्ञापन हम लोग (यानी राजेन्द्र यादव के माध्यम से) देंगे, वह पैसा केवल लेखकों के लिए हमें दे दिया जायेगा—प्रकाशक न अपनी ओर से उसमें जोड़ें और न काट पायें।

कृपया यह पत्र पाते ही उस सम्बन्ध में अपनी राय हमें तत्काल सूचित करें। यादव जी 4-6 दिन अभी दिल्ली में हैं। हम चाहते हैं कि इसी सप्ताह यह सारी बात तय हो जाये। अशोक भी सागर से अभी तक लौटे नहीं हैं। मैं कुछ दुविधा में हूँ। यों व्यक्तिगत रूप से मुझे यह प्रस्ताव पसन्द है।

और समाचार दें। काशी को नमस्कार कहें।

आपका
देवीशंकर

•

सी-3/5, मॉडल टाउन, दिल्ली-9
07.11.62

प्रिय भाई,

पत्र मिला। राजेन्द्र यादव वाला अंश काटकर उन्हें पोस्ट कर दिया है। आपका पत्र आने पर शायद वे चले गये थे। आपसे शायद भेंट हो गयी होगी। 'सन्धान' का कार्य आगे बढ़ रहा होगा। सुना है कि *सन्दर्भ* नामक कोई पत्रिका भी नामवर जी एवं विष्णुचन्द्र शर्मा के सम्पादकत्व में निकल रही है। यह तो खैर सुना ही था कि उन्हीं के सम्पादन में *विश्लेषण* भी निकलने वाला था और interpretations भी।

काशी ने apply किया है। यह मुझे आपने तब लिखा जबकि यहाँ इण्टरव्यू हो चुके थे। उनकी एप्लीकेशन लगता है प्रारम्भिक चयन में ही अलग कर दी गयी है। मुझे तनिक भी ज्ञात होता तो शायद बहुत कुछ काम हो गया होता। डॉ. नगेन्द्र से आपका पत्र मिलने के पूर्व भी मेरी बात हुई थी। उन्होंने काशी भाई के बारे में उत्सुकता भी प्रकट की थी। पर शायद उन्हें भी ज्ञान न था कि उन्होंने apply किया है। खैर फिर सही। कुछ दिनों में शायद हिन्दू कॉलेज में भी एक स्थान विज्ञापित हो। (अगर चीनी आक्रमण का प्रभाव न पड़ा तो)। और हाँ, अब तो दिल्ली आये आपको बहुत दिन हो गये हैं न।

और सब ठीक ही है। अनुराग जितनी बार भैरव भाई के घर के पास से गुजरते हैं, उतनी बार आपको याद कर लेते हैं।

डॉ. नामवर सिंह
लोलार्क कुण्ड, भदैनी

आपका
देवीशंकर

•

सी-5/16, मॉडल टाउन, दिल्ली-9
14.07.63

प्रिय भाई,

खेमका जी के हाथ समीक्षाओं वाला कागज मिला और कुछ गालियाँ भी। हुजूर, जितनी समीक्षाएँ आपने स्वीकृत कीं लगभग वे सभी तो मैंने आपको लिखी थीं—एकाध को छोड़कर। उसके बाद भी तोहमत यह कि कुछ भेजना था इसलिए भेज दिया। जरा लम्बी सूची इसलिए कर दी थी कि आप यह न समझें कि पत्रिकाएँ मैंने उल्टी-पुल्टी नहीं। मैंने तमाम सामग्री निकाली थी, उसमें से कुछ लिख भेजी थीं। आपके द्वारा प्रस्तावित सूची में कुछ बातें—

आषाढ़ का एक दिन की रिव्यू सुरेश अवस्थी ने नहीं लिखी। मुझे कोई ढंग की रिव्यू दिखी भी नहीं। *आँगन के पार द्वार* की समीक्षा विद्यानिवास ने कहाँ लिखी है? मेरे देखने में तो कोई आयी नहीं। *अपने-अपने अजनबी* के सम्बन्ध में उन्होंने अवश्य लिखा था। *धूप के धान* की एक अच्छी समीक्षा अजित कुमार ने *आलोचना* में लिखी थी पर उनकी समीक्षा 'कला और बूढ़ा चाँद' वाली आपने प्रस्तावित की है। शमशेर के संग्रहों की कोई ढंग की चर्चा मेरे देखने में नहीं आयी—आपको याद आ जाये तो बतायें। *परिन्दे* की रिव्यू मैं आप वाली देना पसन्द करूँगा। कुँवर नारायण की दो रिव्यू *झूठा सच* और *अपने-अपने अजनबी* की यथेष्ट हैं। कुछ लोगों की दो रिव्यूज भी जा सकती हैं। नामवर सिंह, कुँवर नारायण, रामविलास शर्मा या नेमिचन्द्र जैन ऐसे लोगों में हो सकते हैं।

बलचनमा, कुछ कविताएँ, धूप के धान, वंशी और मादल, जिन्दगी और जोंक, पत्थर की आँख आदि महत्त्वपूर्ण पुस्तकों की अच्छी समीक्षाएँ यदि नहीं मिलतीं तो या तो छोड़ दी जायें या फिर नयी समीक्षाएँ लिखाई जायें। इस सम्बन्ध में आपकी क्या राय है? आलोचना सम्बन्धी पुस्तकों को आपने एकदम छोड़ दिया है। मुझे लगता है कि नीचे दी गयी पुस्तकों की चर्चा अवश्य होनी चाहिए—

1. *भाषा और समाज* (रामविलास), 2. *साहित्य का इतिहास* (नलिन),

3. *संस्कृति का दार्शनिक विवेचन* (देवराज)—समालोचक में इस पर एक बढ़िया समीक्षा है, 4. *कामायनी एक पुनर्विचार*—(मुक्तिबोध), 5. *छायावाद* (नामवर सिंह), 6. *आत्मनेपद* (अज्ञेय), 7. *भारतीय काव्यशास्त्र की भूमिका* (नगेन्द्र), 8. *हिन्दी साहित्य का आदिकाल* (हजारी प्रसाद), 9. *कलम का सिपाही* (अमृत राय)।

नरेश मेहता के कविता संग्रह एवं उपन्यासों में से *संशय की एक रात* तथा *धूमकेतु* को लेना चाहिए—यदि कुछ मिल जाये अगले कुछ दिनों में।

और अब यह बताइए कि आपने जो खेमका से शिकायत की कि मैं भी भगवत् भजन में लग गया—सो किस आधार पर? सुरेश अवस्थी ने जिस रिव्यू की चर्चा आपसे की थी, उसे सुना था क्या आपने? इतना तो जाहिर है कि उसके विरुद्ध मैं उस प्रकार नहीं लिख सकता था, जैसा कि आपको अच्छा लगता पर प्रशस्ति मैंने नहीं की थी। पर आप स्वयं ऐसी किताबों पर क्यों नहीं जमकर प्रहार करते? यह बहाना न बनाइएगा कि ऐसी किताबों की नोटिस न लेनी चाहिए क्योंकि नोटिस तो अपनी सत्ता के बल पर ये दिला लेते हैं और मुख्य संघर्ष भी तो आलोचना के क्षेत्र में ऐसी ही लोगों से करना है।

24/7 *आलोचना* का नया कूड़ा अंक देखा? अपने मतलब की दो चीजें उसमें हैं—*उर्वशी* की मुक्तिबोध कृत रिव्यू और *झूठा सच* पर रमेश कुन्तल मेघ की। *कलम का सिपाही* की भी रिव्यू इसमें से ली जा सके—शायद। प्रसन्न होंगे। इधर आ तो नहीं रहे?

पुनश्चः राजेन्द्र यादव का पत्र आया है। उन्होंने *नये बादल* पर कोई रिव्यू नहीं लिखी।

आपका
देवीशंकर

•

सी-5/16, मॉडल टाउन, दिल्ली-9
07.02.64

श्रीमान् जी,

पत्रिका सम्बन्धी परिपत्र का एक ड्राफ्ट आपकी सेवा में भेजा था—कोई उत्तर नहीं मिला। अब तो आरा-पटना होकर आ चुके होंगे। राजेन्द्र यादव के पत्र से पता लगा कि इलाहाबाद भी थे आप। जवाब तो दें। यों 16 फरवरी भी अब आ रही है—क्या विचार अभी भी शेष है दिल्ली आने का? यों हम सब तो आशा छोड़ चुके हैं—ओमप्रकाश भले ही बुला लें।

काशी से कह दें कि हिन्दू कॉलेज के इण्टरव्यू शायद जून तक के लिए स्थगित

कर दिये गये हैं—इस ओर का सेशन समाप्त हो रहा है, अतः कुछ महीनों का रुपया वे बचा लेना चाहते हैं।

यह तो आप जानते ही हैं कि मुझे 23 फरवरी को इलाहाबाद आना है—आज्ञा हो तो बनारस भी आपके दर्शन करने आ जाऊँ। एक बात और बिहार के जिन लेखकों का सहयोग उस पत्रिका को मिलने वाला था, क्या उस बीच यानी 24-25-26 फरवरी को बनारस में एक बैठक में उनकी उपस्थिति सम्भव होगी। मैं चाहता हूँ कि काम बढ़ना हो तो फिर देर क्यों की जाये अन्यथा फिर विचार ही छोड़ दिया जाये और उपलब्ध Forms का ही अधिकाधिक प्रयोग किया जाये। कम-से-कम आपसे तो बातें करने और सलाह करने का मन बहुत है। किसी प्रकार मिलें। यों मार्च भर दिल्ली रहने का कार्यक्रम आप क्यों न बनायें।

शेष शुभ। प्रसन्न होंगे। *ज्ञानोदय* वाले स्तम्भ का? कहानी वाली किताब की प्रतीक्षा है।

आपका
देवीशंकर

डॉ. देवीशंकर अवस्थी : जीवनवृत्त

जन्म : 5 अप्रैल, 1930, ग्राम-सथनी बालाखेड़ा, जनपद-उन्नाव (उ.प्र.)

शिक्षा : आरम्भिक शिक्षा गाँव में और व्यक्तिगत स्तर पर। डी.ए.वी. कॉलेज, कानपुर से 1951 में बी.ए. और 1953 में एम.ए. (हिन्दी) प्रथम श्रेणी में। 1960 में आचार्य हजारी प्रसाद द्विवेदी के निर्देशन में 'अठारहवीं शताब्दी के ब्रजभाषा काव्य में प्रेमाभक्ति' विषय पर पीएच.डी.। 1952 में 'लॉ' की भी डिग्री ली।

आजीविका : 1953 से 1961 तक डी.ए.वी. कॉलेज, कानपुर में हिन्दी के प्राध्यापक। जुलाई, 1961 से मृत्युपर्यन्त दिल्ली विश्वविद्यालय के हिन्दी विभाग में प्राध्यापक रहे।

निधन : 11 जनवरी, 1966 को दिल्ली में एक सड़क दुर्घटना के चलते ब्रेन हेमरेज से 13 जनवरी, 1966 को आकस्मिक अवसान।

प्रकाशित पुस्तकों का इतिवृत्त : **(1) मौलिक : आलोचना**–(i) आलोचना और आलोचना–1961, प्रज्ञा प्रकाशन, कानपुर, पुनःप्रकाशन–1995, वाणी प्रकाशन, दिल्ली; (ii) अठारहवीं शताब्दी के ब्रजभाषा काव्य में प्रेमाभक्ति–1968, अक्षर प्रकाशन, दिल्ली, पुनःप्रकाशन–2015, स्वराज प्रकाशन, दिल्ली; (iii) रचना और आलोचना–1979, मैकमिलन प्रकाशन, दिल्ली, पुनःप्रकाशन–1995, वाणी प्रकाशन, दिल्ली; (iv) भक्ति का सन्दर्भ–1997, वाणी प्रकाशन, दिल्ली; (v) आलोचना का द्वन्द्व–1999, वाणी प्रकाशन, दिल्ली; (vi) विवेक के कुछ और रंग–2003, स्वराज प्रकाशन, दिल्ली; (vii) देवीशंकर अवस्थी : संकलित निबन्ध–2008, नेशनल बुक ट्रस्ट, इण्डिया, नयी दिल्ली; (viii) देवीशंकर अवस्थी : रचना संचयन–2012, साहित्य अकादेमी, नयी दिल्ली।

(2) सम्पादित पुस्तकों का इतिवृत्त : (i) कविताएँ १९५४, साहित्य निकेतन, कानपुर (श्री अजित कुमार के साथ); (ii) कहानी-विविधा–1963, राजकमल प्रकाशन, दिल्ली; (iii) 'भूले-बिसरे चित्र' उपन्यास के संक्षिप्त संस्करण की भूमिका और सम्पादन–1963, राजकमल प्रकाशन, दिल्ली; (iv) विवेक के रंग–1965, भारतीय ज्ञानपीठ, वाराणसी, पुनःप्रकाशन–1995, वाणी प्रकाशन, दिल्ली; (v) नयी कहानी :

सन्दर्भ और प्रकृति—1966, अक्षर प्रकाशन, दिल्ली, पुनःप्रकाशन—1973, राजकमल प्रकाशन, दिल्ली; (vi) साहित्य विधाओं की प्रकृति—1981, मैकमिलन प्रकाशन, दिल्ली, पुनःप्रकाशन—1993, राधाकृष्ण प्रकाशन, दिल्ली; (vii) 'कलजुग' पत्रिका, फरवरी 1957 से जून-जुलाई 1957 (पाँच अंक) तक कानपुर से सम्पादन एवं मार्गदर्शन।

(3) पत्र संकलन : (i) 'हमकों लिख्यौ है कहा'—2001, भारतीय ज्ञानपीठ, नयी दिल्ली (मित्रों के पत्र देवीशंकर के नाम); (ii) मेरे प्रेम-पत्र (पत्नी कमलेश के नाम)—2012, संवेद पुस्तिका, दिल्ली।

(4) पुस्तक अनुवाद : 'ईश्वर चन्द्र विद्यासागर' विनय घोष की अंग्रेजी पुस्तक का हिन्दी अनुवाद, जून 1968, प्रकाशन विभाग, भारत सरकार।

(5) देवीशंकर अवस्थी पर प्रकाशित पुस्तकें : (i) मौलिक : देवीशंकर अवस्थी—2006, अरविन्द त्रिपाठी, साहित्य अकादमी से 'भारतीय साहित्य निर्माता सीरीज' में प्रकाशित विनिबन्ध (मोनोग्राफ); (ii) सम्पादित : आलोचना का विवेक—2004, सं. : राजेन्द्र कुमार (डॉ. देवीशंकर अवस्थी के अवदान पर एकाग्र) लोकभारती प्रकाशन, इलाहाबाद।

❑❑